1st EDITION

AF814302

POWER PACK

SSC सामान्य अध्ययन

चैप्टरवाइज

7000+ TCS MCQ

All SSC Exams PYQs Till Jan. 2025

SSC CGL, CHSL, CPO, MTS, GD, Selection Post, etc.

लेखक
रवि शंकर
अजीत कुमार,

arihant
SUCCESS AND NOTHING LESS

arihant

SUCCESS AND NOTHING LESS

अरिहन्त पब्लिकेशन्स (इण्डिया) लिमिटेड

卐 रजि. कार्यालय

'रामछाया' 4577/15, अग्रवाल रोड, दरिया गंज, नई दिल्ली- 110002

फोन: 011-47630600, 43518550

卐 मुख्य कार्यालय

कालिन्दी, टी०पी० नगर, मेरठ (यूपी)– 250002

फोन: 0121-7156203, 7156204

卐 शाखा कार्यालय

आगरा, अहमदाबाद, बरेली, बंगलुरु, चेन्नई, दिल्ली, गुवाहाटी, हैदराबाद, जयपुर, झाँसी, कोलकाता, लखनऊ, नागपुर तथा पुणे

卐 मूल्य ₹ 595.00

PO No : TXT-XX-XXXXXXX-X-XX

PUBLISHED BY ARIHANT PUBLICATIONS (INDIA) LTD.

'अरिहन्त' की पुस्तकों के बारे में अधिक जानकारी के लिए हमारी वेबसाइट **www.arihantbooks.com** पर लॉग इन करें या **info@arihantbooks.com** पर सम्पर्क करें।

Book Available at

amazon Flipkart

प्रोडक्शन टीम

पब्लिशिंग मैनेजर
महेन्द्र सिंह रावत, अमित वर्मा

प्रोजेक्ट हैड
दिव्या गुसाई

कवर डिज़ाइनर
बिलाल हाशमी

इनर डिज़ाइनर
अंकित प्रजापति

पेज लेआउट
संदीप सैनी, अजीत कुमार

प्रूफ रीडर्स
प्रीति रंधावा, ललिता कश्यप

POWER PACK

CHAPTER INDEX

स्टेटिक जी.के

POWER PACK

प्राचीन इतिहास

क्र.सं.	टॉपिक	परीक्षा	पृष्ठ संख्या	प्रश्न	प्रश्नों की संख्या
1.	भारतीय इतिहास के स्रोत, हड़प्पा सभ्यता और वैदिक काल	2024-2021	198-205	1-63	63
2.	जैन व बौद्ध धर्म तथा महाजनपद काल	2024-2021	206-208	64-82	19
3.	मगध, मौर्य तथा गुप्त साम्राज्य	2024-2021	208-217	83-108	95
4.	उत्तर भारतीय राजवंश	2024-2021	218-223	178-230	53
5.	दक्षिण भारतीय राज्य	2024-2021	223-229	231-289	59

मध्यकालीन इतिहास

क्र.सं.	टॉपिक	परीक्षा	पृष्ठ संख्या	प्रश्न	प्रश्नों की संख्या
1.	भारत में मुस्लिम आक्रमण तथा सल्तनतकाल	2024-2021	230-240	1-86	88
2.	क्षेत्रीय राजवंश एवं धार्मिक आन्दोलन	2024-2021	240-243	87-111	21
3.	मुगल साम्राज्य, विजयनगर साम्राज्य तथा बहमनी साम्राज्य	2024-2021	243-253	112-206	97
4.	मराठा, सिख और परवर्ती मुगल	2024-2021	254-256	207-221	15

आधुनिक इतिहास

क्र.सं.	टॉपिक	परीक्षा	पृष्ठ संख्या	प्रश्न	प्रश्नों की संख्या
1.	यूरोपीय कम्पनियों का आगमन, बंगाल वायसराय	2024-2021	257-267	1-90	90
2.	1857 का विद्रोह तथा सामाजिक एवं धार्मिक आन्दोलन	2024-2021	268-279	91-202	112
3.	क्रांतिकारी संगठन, समाचार-पत्र, पुस्तकें, शिक्षा, प्रेम	2024-2021	279-285	203-266	64
4.	ब्रिटिश शासन में किसान एवं मजदूर आन्दोलन व विभिन्न आन्दोलन	2024-2021	286-289	267-298	32
5.	भारतीय राष्ट्रीय आन्दोलन और संवैधानिक विकास	2024-2021	289-302	299-409	111

POWER PACK

विश्व का भूगोल

भारत का भूगोल

पर्यावरण एवं पारिस्थितिकी

POWER PACK

भारतीय राजव्यवस्था

क्र.सं.	टॉपिक	परीक्षा	पृष्ठ संख्या	प्रश्न	प्रश्नों की संख्या
1.	संविधान निर्माण, प्रस्तावना, भाग, अनुसूचियाँ, स्रोत	2024-2021	402-408	1-46	46
2.	नागरिकता, मौलिक अधिकार, मौलिक कर्त्तव्य, नीति–निदेशक सिद्धान्त	2024-2021	408-425	47-202	156
3.	केन्द्र सरकार (राष्ट्रपति, लोकसभा, राज्यसभा)	2024-2021	425-436	203-301	99
4.	राज्य सरकार (राज्यपाल, विधानसभा, विधानपरिषद्)	2024-2021	437-444	302-356	55
5.	न्यायपालिका	2024-2021	445-451	357-399	43
6.	विभिन्न संस्थाएँ	2024-2021	452-456	400-431	32
7.	पंचायती राज, राजभाषा, अन्तर्राज्यीय परिषद्, संविधान संशोधन	2024-2021	457-465	432-495	64

भारतीय अर्थव्यवस्था

क्र.सं.	टॉपिक	परीक्षा	पृष्ठ संख्या	प्रश्न	प्रश्नों की संख्या
1.	भारतीय अर्थव्यवस्था एवं राष्ट्रीय आय	2024-2021	464-475	1-75	75
2.	पंचवर्षीय योजनाएँ, नीति आयोग, निर्धनता, बेरोजगारी	2024-2021	476-484	76-151	76
3.	भारत का बजट, कर संरचना	2024-2021	485-491	152-205	54
4.	मुद्रा, बैंकिंग, बीमा क्षेत्र विदेशी व्यापार	2024-2021	492-505	206-324	119
5.	औद्योगिक संरचना	2024-2021	506-511	325-369	45
6.	विविध योजनाएँ	2024-2021	512-525	370-479	110

POWER PACK

भौतिक विज्ञान

रसायन विज्ञान

POWER PACK

जीव विज्ञान

करेण्ट अफेयर्स और विविध प्रश्नों के लिए, दिए गए QR Code को Scan करें।

01

स्टेटिक जी. के.

नृत्य, संगीत, वाद्ययन्त्र, लोकगीत और चित्रकला

भारतीय शास्त्रीय नृत्य

नृत्य	सम्बन्धित तथ्य
भरतनाट्यम (दक्षिण भारत)	• भरतनाट्यम मंदिरों को समर्पित नर्तकों की कला से उपजा **तमिलनाडु राज्य** का शास्त्रीय नृत्य है।
कथकली (दक्षिण भारत)	• कथकली **केरल राज्य** का शास्त्रीय नृत्य है। • कर्नाटक के राजकुमार के संरक्षण में 17वीं शताब्दी में कथकली अथवा 'लघु-नाटिका' ने केरल में अपना निश्चित स्वरूप प्राप्त किया।
मोहिनीअट्टम (दक्षिण भारत)	• मोहिनीअट्टम का नाम 'मोहिनी' शब्द से लिया गया है, जो भगवान विष्णु का स्त्री रूप है, जिसका अर्थ है– मोहिनी नृत्य। • यह स्त्रियोचित शोभा से जुड़ा नृत्य है, जो **केरल के मंदिरों** से सम्बन्धित प्रस्तुतियों से उपजा है।
मणिपुरी (पूर्वोत्तर भारत)	• **मणिपुरी** नृत्य भारत के प्राचीन शास्त्रीय नृत्यों में से एक है। • मणिपुर शास्त्रीय नृत्य चोलोम में नृत्य के प्रदर्शन में पुंग और करताल बजाया जाता है।
कुचिपुड़ी (दक्षिण भारत)	• कुचिपुड़ी **आन्ध्र प्रदेश** राज्य का नृत्य है, जहाँ यह 7वीं शताब्दी के आरम्भ में भक्ति आंदोलन के परिणामस्वरूप फला-फूला। • कुचिपुड़ी को यह नाम **कुचेलापुरम गाँव** से मिला है।
सत्तरिया (सत्रीया)	• सत्तरिया **असम राज्य** का नृत्य है, जो उन भाव-भंगिमाओं को प्रदर्शित करता है, जिनका विकास असम के सत्तराओं अथवा मठों में सोलहवीं सदी के पश्चात् हुआ। • इसकी शुरुआत का श्रेय वैष्णव संत व समाज सुधारक **शंकरदेव** को जाता हैं।
ओडिशी (पूर्वी भारत)	• यह **ओडिशा राज्य** का **मन्दिर नृत्य** है। अपने शुरुआती रूप में इसे महरिस अथवा मंदिरों की महिला सेविकाओं द्वारा मंदिर के सेवा कार्यों के रूप में प्रस्तुत किया जाता था।
छऊ (पूर्वी भारत)	• छऊ नृत्य मुख्यतः पूर्वी भारत के **ओडिशा, झारखण्ड** व **पश्चिम बंगाल** राज्यों का नृत्य है। • छऊ नृत्य की तीन शैलिया हैं– सेराइकेला छऊ, मयूरभंज छऊ और पुरूलिया छऊ।
कथक (उत्तर भारत)	• इसका मुख्य क्षेत्र उत्तर प्रदेश है तथा अन्य क्षेत्र राजस्थान, मध्य प्रदेश और भारत के कुछ पश्चिमी और पूर्वी भाग हैं। • यह कला संभवतः मध्यकाल में दरबारी परिवेश के रूप में रूपान्तरित हो गई और मुगल शासनकाल के दौरान यह अपने चरम पर पहुँची।

अर्द्धशास्त्रीय नृत्य

नृत्य	सम्बन्धित तथ्य
कोथू नृत्य	इसका मंचन केरल की चकयार जाति के पेशेवर कलाकारों द्वारा कोथाभवम मंदिर में किया जाता है।
पटाकोम नृत्य	यह नृत्य भी केरल से सम्बन्धित है। तकनीक में यह कोथू के ही समान है, किन्तु इसमें नृत्य तत्त्व का अभाव होता है। इसमें कथन को गद्य एवं गीत के माध्यम से व्यक्त किया जाता है।
अष्टपदी अट्टम नृत्य	यह भी केरल का अर्द्धशास्त्रीय नृत्य है, जो जयदेव के 'गीतगोविंद' पर आधारित है।
यक्षगान नृत्य	यह कर्नाटक का प्रसिद्ध ग्रामीण पृष्ठ भूमि वाला अर्द्धशास्त्रीय नृत्य है, इसकी भाषा कन्नड़ तथा विषय पौराणिक कथाएँ होती हैं।
चाक्यारकुंतू नृत्य	केरल राज्य में आर्यों के आगमन के समय से इसका आयोजन मंदिरों में किया जा रहा है।
औट्टनतुल्लू नृत्य	यह केरल राज्य का एकाकी नृत्य है, जिसमें सामाजिक विषयों की कथावस्तु होती है।
थुलाल नृत्य	यह भी केरल का अर्द्धशास्त्रीय नृत्य है। इसके प्रणेता कुंचन नाम्बियार थे।
मीनाक्षीनाटकम नृत्य	यह केरल के पलक्कड़ जिले में प्रचलित नृत्य नाटक है। इसमें मीनाक्षी का पात्र पुरुष द्वारा निभाया जाता है।
गौड़िया नृत्य	यह बंगाल का शास्त्रीय नृत्य है, जो संरक्षण के अभाव में विलुप्त होने की कगार पर पहुँच चुका था, किन्तु अब सरकार इसे संरक्षण दे रही है।

भारत के प्रसिद्ध नर्तक

नृत्य	नर्तक
ओडिसी	केलुचरण महापात्रा, प्रियंवदा मोहन्ती, इन्द्राणी रहमान, काली चन्द्र, कालीचरण पटनायक, संयुक्ता पाणिग्रही, शेरोन लोवेन (यूएसए), माधवी मुद्गल, किरण सहगल, रानी कर्णा, सोनल मानसिंह, भिती बारवी (अर्जेण्टीना), पंकज चरणदास
भरतनाट्यम	हेमामालिनी, अरुण्डेल, यामिनी कृष्णमूर्ति, रुक्मिणी देवी, एस. के. सरोज, टी. बाला सरस्वती, सोनल मानसिंह, ई. कृष्ण अय्यर, लीला सैमसन, रामगोपाल, पदमा सुब्रमण्यम्, स्वप्न सुन्दरी, मृणालिनी साराभाई, वैजयन्ती माला, कोमल वरदन, मालविका सरकार, प्रियदर्शिनी गोविन्द
कथक	लच्छू महाराज, अच्छन महाराज, सुखदेव महाराज, शम्भू महाराज, नारायण प्रसाद, जयलाल, दमयन्ती जोशी, सितारा देवी, चन्द्रलेखा, भारती गुप्ता, शोवना नारायण, मालविका सरकार, गोपीकृष्ण, बिरजू महाराज, बिन्दादीन महाराज, काजल शर्मा, केशव कोठारी, उमा शर्मा, वंदना सेन, रोशन कुमारी

नृत्य	नर्तक
कथकली	वल्लतोल नारायण मेनन, कृष्णन कुट्टी, आनन्द शिवरामन, रामगोपाल, शांताराव, उदयशंकर, कृष्ण नायर, टी.टी. राम कुट्टी नैयर, के.सी. पणिक्कर, शंकर कुरूप, थोट्टम शंकरन, गुरु शंकरन नम्बूदरीपाद
मणिपुरी	बिम्बावती देवी, गोपाल सिंह, सोनारिक सिंह, चारु माथुर, कलावती देवी, सविता मेहता, झावेरी बहनें, नलकुमार सिंह, आतम्ब सिंह, गुरु अमली सिंह, रीता देवी, थाम्बलयामा, सिंहजीत सिंह, निर्मल मेहता, शांति वर्धन, गुरु विपिन सिंह
कुचिपुड़ी	यामिनी कृष्णमूर्ति, राधा रेड्डी, लक्ष्मीनारायण शास्त्री, स्वप्न सुन्दरी, राजा रेड्डी, वेम्पत्ति चेन्नासत्यम, वेदान्तम सत्यनारायण
मोहिनीअट्टम	कल्याणी अम्मा, भारती शिवाजी, रागिनी देवी, हेमामालिनी, श्रीदेवी, शांताराव, तारानिदी गादी, गीता गायक, तंकमणी, सेशन मजूमदार

भारतीय शास्त्रीय संगीत

भारतीय शास्त्रीय संगीत के अन्य नाम	मार्ग संगीत या शास्त्रीय संगीत
मूलभूत तत्त्व	राग और ताल
उत्पत्ति	सामवेद (पंचम वेद या गंधर्व वेद)
भरत का 'नाट्यशास्त्र'	यह दूसरी शताब्दी ईसा पूर्व और दूसरी शताब्दी ईसवी के बीच किसी समय लिखा गया होगा। नाट्यशास्त्र एक व्यापक रचना या ग्रंथ है, जो प्रमुख रूप से नाट्यकला के बारे में है, लेकिन इसके कुछ अध्याय संगीत के बारे में हैं। इसमें हमें सरगम, रागात्मकता, रूपों और वाद्यों के बारे में जानकारी मिलती है।
हिंदुस्तानी एवं कर्नाटक संगीत	वर्तमान शास्त्रीय संगीत की दो पद्धतियाँ प्रचलित हैं: हिंदुस्तानी एवं कर्नाटक। **कर्नाटक** संगीत कर्नाटक, आन्ध्र प्रदेश, तमिलनाडु और केरल तक सीमित है। शेष देश के शास्त्रीय संगीत का नाम हिन्दुस्तानी शास्त्रीय संगीत है। यह माना जाता है कि तेरहवीं शताब्दी से पूर्व भारत का संगीत कुल मिलाकर एक समान था, जो बाद में दो पद्धतियों में विभाजित हो गया।
ध्रुपद	यह हिंदुस्तानी संगीत के सबसे पुराने और भव्य रूपों में से एक है। यह नाम 'ध्रुव' और 'पद' शब्दों से मिलकर बना है, जो कविता के छन्द रूप और उसे गाने की शैली दोनों को प्रदर्शित करते हैं। अकबर के शासनकाल में तानसेन और बैजूबावरा से लेकर ग्वालियर के राजा मान सिंह तोमर के दरबार तक ध्रुपद गाने वाले प्रवीण गायकों के साक्ष्य मिलते हैं। यह मध्यकाल में गायन की प्रमुख विधा बन गई, परन्तु 18वीं शताब्दी में यह ह्रास की स्थिति में पहुँच गई।

क्षेत्रीय संगीत/लोकगीत

संगीत का नाम	उत्पत्ति राज्य	प्रमुख विशेषता
ठुमरी	उत्तर प्रदेश	ठुमरी एक प्रेम गीत है। इन गायन प्रकारों को अर्द्ध या सुगम शास्त्रीय माना जाता है।
रसिया गीत	उत्तर प्रदेश	रसिया गीत भगवान कृष्ण की मनोहारी लीलाओ से सम्बन्धित था।
पंखिडा	राजस्थान	यह गीत खेतो में काम कर रहे किसानों द्वारा गाया जाता है।
लोटिया	राजस्थान	यह चैत्र माह में गाया जाने वाला गीत है, जब महिलाएँ तालाबों से कलश मं पानी भरकर लाती है।
शकुनाखर	उत्तराखण्ड	शकुनाखार शिशु स्नान, बाल जन्म, छठी, गणेश पूजा आदि के धार्मिक समाराहो के दौरान गाया जाता है।
बारहमासा	कुमाऊँ	कुमाऊँ के इस आँचलिक संगीत में वर्ष के बारह महीनों का वर्णन प्रत्येक माह की विशेषताओं के साथ किया जाता है। इसके एक गीत में धुधती चिड़िया चैत्र मास की शुरुआत का संकेत देती है।
कजरी	उत्तर प्रदेश	कजरी वर्षा ऋतु के दौरान उत्तर प्रदेश और निकटवर्ती क्षेत्र में महिलाओं द्वारा गाया जाने वाला एक लोकगीत है।
तीज गीत	राजस्थान	इसमें गाया जाने वाला गीतों का विषय शुभकामनाओं का प्रतीक है।
बिहू गीत	असम	बिहू गीत एक खुशहाल नव वर्ष के लिए शुभकामनाओं का प्रतीक है।
होरी	उत्तर प्रदेश	यह राधा-कृष्ण की प्रेमभरी कहानियों पर आधारित है और यह मुख्य रूप से होली त्योहार से जुड़ा हुआ है।
सोहर	बिहार (उत्तर प्रदेश)	यह गीत बच्चों के जन्म के दौरान गाया जाता है।

भारत की प्रमुख लोक चित्रकलाएँ

लोक चित्रकला	तथ्य
मधुबनी/मिथिला चित्रकला (मिथिला क्षेत्र, बिहार)	• इसे जीआई (भौगोलिक संकेत) का दर्जा वर्ष 2007 में दिया गया है। • इसकी थीम हिन्दू देवताओं और पौराणिक कथाओं के साथ-साथ शाही दरबार और शादियों जैसे सामाजिक कार्यक्रमों के दृश्यों के इर्द-गिर्द घूमती है।
कालीघाट चित्रकारी (कालीघाट, कोलकाता)	• इसकी शुरुआत 19वीं सदी में हुई थी। • इसमें हिन्दू देवी-देवताओं और अन्य पौराणिक पात्रों के चित्रण से विभिन्न विषयों को प्रतिबिम्बित किया जाता है। • इसकी एक विशेषता जल रंग का प्रयोग है।
पिठोरा चित्रकला (पंचमहल क्षेत्र, गुजरात और झाबुआ, मध्य प्रदेश)	• गुजरात के रथवा भीलों द्वारा इसमें चित्रित चित्रों को घरों की दीवारों पर विशेष अवसर या धन्यवाद उत्सवों पर बनाया जाता है। • ये बड़े भित्ति चित्र हैं, जहाँ पंक्तियों में कई भव्य रंगीन देवताओं को घोड़े पर सवार दर्शाया जाता है।
कलमकारी चित्रकला (आन्ध्र प्रदेश)	• कलमकारी कलाम (कलम) द्वारा बनाई गई एक चित्रकला है। • एक छोटा-सा स्थान **श्री-कालाहस्ती कलमकारी कला** का सबसे प्रसिद्ध केन्द्र है। • भारत में कलमकारी कला की दो विशिष्ट शैलियाँ हैं– श्री कालाहस्ती शैली और मछलीपट्टनम शैली।
पट्टचित्र चित्रकला (ओडिशा)	• पट्टचित्र पारम्परिक कपड़ा आधारित स्क्रॉल चित्रकला के लिए एक सामान्य शब्द है। • पट्टचित्र भारत के ओडिशा की एक पारम्परिक पेण्टिंग है।
मंजूषा चित्रकारी (भागलपुर, बिहार)	• मंजूषा स्क्रॉल कला अंग क्षेत्र की लोककला है, जो कलाबिहुला-विषहरीकी की **लोककथाओं** पर आधारित है। • यह चित्रकला जूट और कागज के बक्सों पर बनाई जाती है।
कालमेजुथु (कालमेझुथु, केरल)	• कलाम (कालमेझुथु, केरल) केरल में पाई जाने वाली कला का एक अनुठा रूप है। यह कला एक रंगोली के समान है।
फड चित्रकला (भीलवाड़ा, राजस्थान)	• इस कला की प्रकृति धार्मिक है और इसमें स्थानीय देवताओं, पाबूजी और देवनारायण के चित्र शामिल हैं। • इसमें फड नामक कपड़े के लम्बे टुकड़े पर वनस्पति रंगों से बने चित्र होते हैं।
भील चित्रकला (मध्य प्रदेश, गुजरात, राजस्थान और महाराष्ट्र)	• यह भीलों द्वारा प्रचलित एक जनजातीय कला है। • भील चित्रकला पारम्परिक रूप से उनके घरों की मिट्टी की दीवारों पर की जाती है और ऐसा करने के लिए नीम की छड़ें, टहनियाँ और प्राकृतिक रंगों का उपयोग किया जाता है।
पटना कलम चित्रकला (बिहार)	• भारतीय चित्रकला की पटना शैली (पटना कलाम) 18वीं और 19वीं शताब्दी में विकसित हुई। • पटना कलम दुनिया की पहली स्वतन्त्र चित्रकला शैली थी, जो विशेष रूप से आम लोगों और उनकी जीवनशैली से सम्बन्धित थी। • पटना कलम मुगल चित्रकला की एक शाखा के रूप में अस्तित्व में आई। • इसके प्रमुख केन्द्र पटना, दानापुर और आरा थे।
वरली चित्रकारी	• इस चित्रकला का नाम मुख्य रूप से गुजरात-महाराष्ट्र सीमा पर रहने वाले वरली (वार्ली) लोगों के नाम पर पड़ा है। • यह चित्रकला मध्य प्रदेश के भीमबेटका के भित्तिचित्रों से काफी मिलती-जुलती है।

SSC एग्जाम स्कैनर

SSC CGL 2024 (Tier 1 & 2)

1. यक्षगान निम्नलिखित में से किस राज्य का लोकनृत्य है? SSC CGL Tier-1 26.09.2024 (Shift-III)

(a) मध्य प्रदेश (b) कर्नाटक
(c) ओडिशा (d) पश्चिम बंगाल

उत्तर (b)

• यक्षगान एक पारम्परिक नृत्य शैली है, जिसकी उत्पत्ति **कर्नाटक** के तटीय जिलों में हुई है।

• यक्षगान के कलाकार पौराणिक कहानियों को बताने के लिए तथा कहानियों के विभिन्न पात्रों को चित्रित करने के लिए रंग-बिरंगें परिधान और विस्तृत श्रृंगार धारण करते हैं।

2. पण्डित राम नारायण निम्नलिखित में से किस संगीत वाद्ययन्त्र से सम्बन्धित थे?
SSC CGL Tier-1 26.09.2024 (Shift-III)

(a) मोहन वीणा (b) रुद्र वीणा
(c) सरोद (d) सारंगी

उत्तर (d)

• पण्डित राम नारायण हिन्दुस्तानी शास्त्रीय संगीतकार हैं, जिन्हें **सारंगी** को एकल शास्त्रीय वाद्ययन्त्र के रूप में लोकप्रिय बनाने का श्रेय दिया जाता है।

• वर्ष 2005 में पण्डित राम नारायण को भारत के द्वितीय सर्वोच्च नागरिक पुरस्कार **पद्म विभूषण** से सम्मानित किया गया।

3. उमयालपुरम के. शिवरामन निम्नलिखित में से किस वाद्ययन्त्र से जुड़े एक प्रसिद्ध संगीतकार हैं? SSC CGL Tier-1 26.09.2024 (Shift-II)

(a) ढोल (b) गिटार
(c) मृदंगम (d) सितार

उत्तर (c)

• उमयालपुरम के. शिवरामन कर्नाटक संगीत में **मृदंगम** से जुड़े एक प्रसिद्ध संगीतकार हैं। वे इस वाद्ययन्त्र के प्रतिपादक भी हैं।

• **उमयालपुरम के.** शिवरामन को भारत सरकार द्वारा वर्ष 2010 **में पद्म विभूषण** और **संगीत नाटक अकदमी पुरस्कार वर्ष** 1992 में प्रदान किए गए थे तथा वर्ष 1988 में **पद्मश्री पुरस्कार** प्रदान किया गया था।

4. फुगड़ी (Fugdi) नृत्य निम्नलिखित में से किस राज्य से सम्बन्धित है?
SSC CGL Tier-1 26.09.2024 (Shift-II)

(a) गोवा (b) उत्तराखण्ड
(c) उत्तर प्रदेश (d) केरल

उत्तर (a)

• फुगड़ी नृत्य **गोवा** और **महाराष्ट्र** के कोंकण तटीय क्षेत्र से सम्बन्धित है।

• यह **कोंकणी समुदाय** की महिलाओं द्वारा किया जाने वाला लोक नृत्य है।

• गणेश चतुर्थी जैसे हिन्दू त्योहारों के दौरान या ढालों जैसे अन्य नृत्यों के अन्त में फुगड़ी नृत्य किया जाता है।

5. 'कुकी नृत्य' भारत का एक लोकनृत्य है, जो मुख्य रूप से ……… में किया जाता है।
SSC CGL Tier-1 26.09.2024 (Shift-I)

(a) राजस्थान (b) नागालैण्ड
(c) कर्नाटक (d) उत्तर प्रदेश

उत्तर (b)

• कुकी नृत्य भारत का एक लोकनृत्य है, जो मुख्य रूप से **नागालैण्ड** राज्य में किया जाता है।

• इस नृत्य का आयोजन त्योहारों, शादियों और अन्य महत्त्वपूर्ण आयोजनों पर किया जाता है।

6. पद्म भूषण पुरस्कार से सम्मानित अरविन्द पारिख निम्नलिखित में से कौन-सा संगीत वाद्ययन्त्र बजाते हैं? SSC CGL Tier-1 25.09.2024 (Shift-II)

(a) तबला (b) सितार
(c) सारंगी (d) बाँसुरी

उत्तर (b)

• पद्म भूषण पुरस्कार से सम्मानित अरविन्द पारिख **सितार** संगीत वाद्ययन्त्र बजाते हैं।

• इन्हें वर्ष **1997-98** में गुजरात संगीत नाटक अकादमी द्वारा **गौरव पुरस्कार** से सम्मानित किया गया।

• इन्हें वर्ष 2003 में संगीत नाटक अकादमी द्वारा राष्ट्रीय पुरस्कार से भी सम्मानित किया गया था।

7. संगीत नाटक अकादमी का पंजीकृत कार्यालय कहाँ है? SSC CGL Tier-1 25.09.2024 (Shift-III)

(a) कोलकाता (b) मुम्बई
(c) नई दिल्ली (d) चेन्नई

उत्तर (c)

• संगीत नाटक अकादमी की स्थापना 31 **मई, 1952** को **नई दिल्ली** में की गई।

• इस अकादमी ने वर्ष 2006 में युवा कलाकारों के लिए **उस्ताद बिस्मिल्लाह खान युवा पुरस्कार** प्रारम्भ किया।

8. अर्जुन सिंह धुर्वे को निम्नलिखित में से किस आदिवासी संगीत और नृत्य विधा के लिए तुलसी सम्मान से सम्मानित किया गया था?
SSC CGL Tier-1 25.09.2024 (Shift-III)

(a) मर्दाना (b) बैगा
(c) झुमटा (d) पवारा

उत्तर (b)

• अर्जुन सिंह धुर्वे **बैगा** जनजाति से सम्बन्धित हैं। ये मध्य प्रदेश के डिण्डोरी जिले के एक लोकनर्तक और सेवानिवृत्त शिक्षक हैं।

• इन्हें मध्य प्रदेश सरकार द्वारा वर्ष **1993-94** में **तुलसी सम्मान** से सम्मानित किया गया।

• ये बैगा लोक गीतों और नृत्य को लोकप्रिय बनाने के लिए प्रसिद्ध है।

9. ईश्वरी प्रसाद को कथक के ……… घराने की शुरुआत करने का श्रेय दिया जाता है।
SSC CGL Tier-1 25.09.2024 (Shift-I)

(a) रायगढ़ (b) लखनऊ
(c) बनारस (d) जयपुर

उत्तर (b)

• ईश्वरी प्रसाद को कथक के **लखनऊ** घराने की शुरुआत करने का श्रेय दिया जाता है।

• ईश्वरी प्रसाद ने लखनऊ घराना बनाने के लिए पारम्परिक कथक शैली को फारसी और उर्दू संस्कृति के तत्त्वों के साथ मिश्रित किया।

10. अल्ला रक्खा निम्नलिखित में से किस संगीत वाद्ययन्त्र को बजाने के लिए प्रसिद्ध हैं?
SSC CGL Tier-1 25.09.2024 (Shift-I)

(a) तबला (b) शहनाई
(c) बाँसुरी (d) डमरू

उत्तर (a)

• अल्ला रक्खा **तबला** संगीत वाद्ययन्त्र को बजाने के लिए प्रसिद्ध हैं, इन्होंने तबला वादन की कला को पूरी दुनिया में लोकप्रिय बनाया।

• उन्होंने वर्ष 1985 में बॉम्बे में अल्ला रक्खा संगीत संस्थान की स्थापना की थी।

• अल्ला रक्खा को वर्ष **1977** में **पद्मश्री** और वर्ष **1982** में **संगीत नाटक अकादमी** पुरस्कार से सम्मानित किया गया था।

11. कुचिपुड़ी नृत्य निम्नलिखित में से किस राज्य से सम्बन्धित है?
SSC CGL Tier-1 24.09.2024 (Shift-III)

(a) तमिलनाडु (b) मणिपुर
(c) आन्ध्र प्रदेश (d) मध्य प्रदेश

उत्तर (c)

• कुचिपुड़ी **आन्ध्र प्रदेश** राज्य की एक शास्त्रीय नृत्य शैली है।

• कुचिपुड़ी नृत्य की उत्पत्ति आन्ध्र प्रदेश के कृष्णा जिले में स्थित एक गाँव कुचिपुड़ी के नाम से हुई है।

• इस नृत्य की उत्पत्ति 1502 ई. में हुई।

12. गंगूबाई हंगल ……… से सम्बन्धित थीं।
SSC CGL Tier-1 24.09.2024 (Shift-III)

(a) बनारस घराने (b) किराना घराने
(c) ग्वालियर घराने (d) आगरा घराने

उत्तर (b)

• गंगूबाई हंगल **किराना घराने** से सम्बन्धित थीं।

• इन्होंने भारत में ख्याल गायिकी को पहचान दिलाने में महत्त्वपूर्ण भूमिका निभाई।

• इन्हें वर्ष 1962 में **कर्नाटक संगीत नृत्य अकादमी** पुरस्कार से पुरस्कृत किया गया।

• इन्हें वर्ष 1971 **में पद्म भूषण** तथा 2002 में पद्म विभूषण सम्मान से सम्मानित किया गया।

13. ……… द्वारा आविष्कार की गई कुछ तालों में त्रिमुखी, पंचमुखी, सप्तमुखी और नवमुखी शामिल हैं। SSC CGL Tier-1 24.09.2024 (Shift-II)

(a) हरिप्रसाद चौरसिया
(b) यशराज
(c) भीमसेन जोशी
(d) एम. बालमुरलीकृष्ण

उत्तर (d)

• **एम. बालमुरलीकृष्णा** एक कर्नाटक गायक, बहुवाद्ययन्त्र वादक और एक पार्श्वगायक हैं।
• उनकी सबसे बड़ी उपलब्धि सभी मूलभूत 72 रागों में की गई रचनाएँ हैं।
• इन्हें पद्मश्री, पद्म भूषण और पद्म विभूषण जैसे राष्ट्रीय पुरस्कारों से सम्मानित किया गया।

14. पापनासम रामय्या सिवन किस संगीत शैली के भारतीय संगीतकार थे?
SSC CGL Tier-1 23.09.2024 (Shift-III)
(a) कर्नाटक संगीत (b) भजन
(c) कव्वाली (d) लोक संगीत

उत्तर (a)

• पापनासम रामय्या सिवन **कर्नाटक संगीत** शैली के भारतीय संगीतकार थे।
• पापनासम रामय्या सिवन को तमिल त्यागराज के नाम से भी जाना जाता था।
• पापनासम रामय्या सिवन की रचनाएँ नान ओरू विलायस्टु बोम्मैया, परतपरा परमेश्वर, काना कन्न कोडी आदि हैं।

15. निम्नलिखित में से किस राज्य में चू-फाट (Chu-Faat) नृत्य किया जाता है?
SSC CGL Tier-1 23.09.2024 (Shift-III)
(a) उत्तराखण्ड (b) हरियाणा
(c) पश्चिम बंगाल (d) सिक्किम

उत्तर (d)

• भारत के सिक्किम राज्य में **चू-फाट** नृत्य किया जाता है।
• चू-फाट, लेपचा समुदाय का लोकनृत्य है।
• इस नृत्य में, पुरुष और महिला दोनों शामिल होते हैं।

16. निम्नलिखित भारतीय शास्त्रीय नर्तकियों में से कौन कुचिपुड़ी से सम्बन्धित हैं?
SSC CGL Tier-1 23.09.2024 (Shift-II)
(a) वेम्पति चिन्ना सत्यम (b) मालविका सरकार
(c) मीनाक्षी मेधी (d) संजुक्ता पाणिग्रही

उत्तर (a)

• **वेम्पति चिन्ना सत्यम** ने वर्ष 1963 में मद्रास में कुचिपुड़ी कला अकादमी की शुरुआत की थी।
• इन्हें तमिलनाडु सरकार द्वारा **कलैमामणि** पुरस्कार तथा मध्य प्रदेश सरकार द्वारा **कालिदास पुरस्कार** से भी सम्मानित किया गया था।

17. .... को प्राय: 20वीं शताब्दी के तानसेन के रूप में जाना जाता है, संगीत के इस प्रतिभाशाली व्यक्ति ने सर्वश्रेष्ठ शास्त्रीय संगीत का मिश्रण किया और अपनी खुद की एक अनूठी शैली बनाई। **SSC CGL Tier-1 23.09.2024 (Shift-II)**
(a) मुबारक अली खान
(b) बड़े गुलाम अली खान
(c) बरकत अली खान
(d) उस्ताद अली बख्श खान

उत्तर (b)

• बड़े गुलाम अली खान को प्राय: 20वीं शताब्दी के तानसेन तथा **जगत उस्ताद** के नाम से भी जाना जाता है।
• उस्ताद बड़े गुलाम अली खान को संगीत के क्षेत्र में संगीत नाटक अकादमी पुरस्कार (1962), पद्म भूषण पुरस्कार (1962), संगीत नाटक अकादमी फेलो पुरस्कार (1967) से सम्मानित किया गया था।

18. भारत के निम्नलिखित में से किस राज्य में मुख्य रूप से होजागिरी नृत्य (Hojagiri dance) किया जाता है? **SSC CGL Tier-1 23.09.2024 (Shift-I)**
(a) महाराष्ट्र (b) त्रिपुरा
(c) केरल (d) हिमाचल प्रदेश

उत्तर (b)

• होजागिरी नृत्य भारत के **त्रिपुरा** राज्य में किया जाने वाला त्रिपुरी रियांग जनजाति का लोकनृत्य है।
• इस दिन देवी मेलुमा (लक्ष्मी) की पूजा की जाती है तथा पुरुष सदस्य खाम और सुमुई (झुमु) के गीतात्मक गायन एवं वादन में भाग लेते हैं।

19. अली अकबर खाँ .... वादन के लिए जाने जाते हैं। **SSC CGL Tier-1 23.09.2024 (Shift-I)**
(a) एकतारा (b) सरोद (c) सारंगी (d) तानपूरा

उत्तर (b)

• अली अकबर खाँ मैहर घराने के भारतीय हिन्दुस्तानी शास्त्रीय संगीतकार थे, यह **सरोद** वादन में अपनी योग्यता के लिए जाने जाते हैं।
• इन्हें संगीत क्षेत्र में उत्कृष्ट योगदान हेतु वर्ष 1967 **में पद्म भूषण** तथा वर्ष 1989 में **पद्म विभूषण** से सम्मानित किया गया था।

20. केरल का एलेलाक्कराडी नृत्य (Elelakkaradi dance) निम्नलिखित में से किस जनजाति द्वारा किया जाता हैं?
SSC CGL Tier-1 19.09.2024 (Shift-III)
(a) माविलन जनजाति (b) कुरुम्बा जनजाति
(c) इरुलर जनजाति (d) आदियान जनजाति

उत्तर (c)

• एलेलाक्कराडी नृत्य एक जनजातीय नृत्य है, जो भारत के केरल राज्य की इरुलर जनजाति द्वारा किया जाता है।
• यह नृत्य पारम्परिक रूप से ओणम त्योहार के दौरान किया जाता है, जिसमें महिलाएँ, पुरुष तथा बच्चे शामिल होते हैं।

21. कौन-से भारतीय संगीतकार और सितार वादक नेशनल ऑर्केस्ट्रा ऑफ इण्डिया के संस्थापक है? **SSC CGL Tier-1 19.09.2024 (Shift-II)**
(a) किशन, महाराज
(b) अय्यागारि श्यामसुन्दरम
(c) शाहिद परवेज खान
(d) रविशंकर

उत्तर (d)

• भारतीय संगीतकार और सितार वादक रविशंकर नेशनल ऑर्केस्ट्रा ऑफ इण्डिया (मुम्बई) के संस्थापक हैं।
• पण्डित रविशंकर को संगीत में योगदान हेतु वर्ष 1962 में संगीत नाटक अकादमी पुरस्कार, वर्ष **1999** में भारत रत्न और वर्ष 1975 में यूनेस्को अन्तर्राष्ट्रीय संगीत परिषद् पुरस्कार से सम्मानित किया गया है।

22. निम्नलिखित शास्त्रीय नर्तकियों में से कौन ओडिसी से सम्बन्धित नहीं है?
SSC CGL Tier-1 19.09.2024 (Shift-I)
(a) मायाधर राउत (b) गीतांजलि लाल
(c) कुमकुम मोहन्ती (d) किरण सहगल

उत्तर (b)

• **गीतांजलि लाल** ओडिसी से सम्बन्धित नहीं हैं।
• ये कथक नृत्य से सम्बन्धित हैं।
• मायाधर राउत, कुमकुम मोहन्ती और किरण सहगल ओडिसी नृत्य से सम्बन्धित हैं।

23. यामिनी कृष्णमूर्ति निम्नलिखित में से किस नृत्य से सम्बन्धित हैं?
SSC CGL Tier-1 18.09.2024 (Shift-III)
(a) भरतनाट्यम (b) सत्रीया
(c) मोहिनीअट्टम (d) ओडिसी

उत्तर (a)

• **यामिनी कृष्णमूर्ति** भरतनाट्यम् नृत्य से सम्बन्धित हैं। इन्होंने पाँच वर्ष की आयु से चेन्नई के कलाक्षेत्र स्कूल ऑफ डांस में प्रसिद्ध भरतनाट्यम नृत्यांगना रुक्मिणी देवी अरुण्डेल के मार्गदर्शन से नृत्य सीखना शुरू किया।
• इन्हें वर्ष 1968 **में पद्मश्री**, 2001 में **पद्म भूषण** व 2016 **में पद्म विभूषण** से सम्मानित किया गया।

24. देवी भद्रकाली को प्रसन्न करने के लिए एक स्थानीय नृत्य 'पदायनी' मुख्य रूप से .... में प्रदर्शित किया जाता है।
SSC CGL Tier-1 18.09.2024 (Shift-II)
(a) असम (b) पश्चिम बंगाल
(c) ओडिशा (d) केरल

उत्तर (d)

• देवी भद्रकाली को प्रसन्न करने के लिए एक स्थानीय नृत्य 'पदायनी' मुख्य रूप से केरल राज्य में प्रदर्शित किया जाता है, जिसका अर्थ है- योद्धाओं की पंक्ति।
• 'पदायनी' नृत्य एक कला रूप है, जिसमें संगीत, नृत्य, रंगमंच, व्यंग्य, मुखौटे और चित्रकला का मिश्रण होता है।

25. निम्नलिखित में से कौन एक प्रसिद्ध सितारवादक थे? **SSC CGL Tier-1 18.09.2024 (Shift-I)**
(a) पण्डित भीमसेन जोशी
(b) उस्ताद बिस्मिल्लाह खाँ
(c) जाकिर हुसैन (d) रविशंकर

उत्तर (d)

• **पण्डित रविशंकर** एक भारतीय संगीतकार और सितार वादक थे।
• इन्हें वर्ष **1999** में भारत के सर्वोच्च नागरिक सम्मान भारत रत्न से तथा वर्ष 1967 में ग्रैमी पुरस्कार से सम्मानित किया गया था।
• पण्डित रविशंकर को वर्ष 1967, 1971, 2000, 2013 में ग्रैमी पुरस्कार से सम्मानित किया गया।

26. मटकी नृत्य निम्नलिखित में से किस राज्य का प्रसिद्ध लोकनृत्य है?
SSC CGL Tier-1 17.09.2024 (Shift-III)
(a) महाराष्ट्र (b) पंजाब
(c) मध्य प्रदेश (d) गुजरात

उत्तर (c)

• मटकी नृत्य, **मध्य प्रदेश** का एक प्रसिद्ध लोकनृत्य है।

• यह नृत्य, मालवा क्षेत्र में किया जाता है, इसे **घर नृत्य** के नाम से भी जाना जाता है।

• इस नृत्य में महिलाएँ अपने सिर पर मटकी रखकर सन्तुलन बनाकर नृत्य करती हैं।

27. अन्नपूर्णा देवी निम्नलिखित में से किस संगीत वाद्ययन्त्र से सम्बन्धित हैं?

SSC CGL Tier-1 17.09.2024 (Shift-III)

(a) सुरबहार (b) रुद्र वीणा
(c) इकतारा (d) ताल

उत्तर (a)

• अन्नपूर्णा देवी सुरबहार संगीत वाद्ययन्त्र से सम्बन्धित हैं।

• सुरबहार एक तार वाला वाद्ययन्त्र है, जिसे **बास सितार** के नाम से भी जाना जाता है।

• सुरबहार का आविष्कार गुलाम मुहम्मद खान ने 1825 ई. में लखनऊ में किया था।

28. निम्नलिखित में से कौन ऐसा सरोद वादक है, जिसे 'सरोद सम्राट' के नाम से जाना जाता है?

SSC CGL Tier-1 17.09.2024 (Shift-II)

(a) पण्डित रवि शंकर
(b) उस्ताद अमजद अली खान बंगश
(c) पण्डित किशन महाराज
(d) पण्डित शिवकुमार शर्मा

उत्तर (b)

• **उस्ताद अमजद अली खान बंगश** एक प्रसिद्ध सरोद वादक हैं, जिन्हें सरोद सम्राट के नाम से जाना जाता है।

• भारत सरकार ने वर्ष 1991 में कला के क्षेत्र में **पद्म भूषण** से सम्मानित किया गया था तथा 1975 में **पद्मश्री** प्रदान किया गया।

• इन्हें वर्ष 2001 में **पद्म विभूषण** भी प्रदान किया गया।

29. कथक से सम्बन्धित भारतीय शास्त्रीय नर्तक/नर्तकी की पहचान कीजिए।

SSC CGL Tier-1 17.09.2024 (Shift-I)

(a) शारोदी सैकिया (b) रोहिणी भाटे
(c) केलुचरण महापात्र
(d) वेदान्तम सत्यनारायण सरमा

उत्तर (b)

• **रोहिणी भाटे** एक प्रसिद्ध कथक नर्तकी हैं।

• इन्होंने वर्ष 1947 में पुणे में **भारती कथक नृत्य अकादमी** की स्थापना की।

• इन्हें संगीत नाटक अकादमी पुरस्कार (वर्ष 1979) से सम्मानित किया गया।

30. तेरहताली लोकनृत्य मुख्य रूप से निम्नलिखित में से किस राज्य से सम्बन्धित है?

SSC CGL Tier-1 13.09.2024 (Shift-III)

(a) हरियाणा (b) राजस्थान
(c) असम (d) मध्य प्रदेश

उत्तर (b)

• तेरहताली, लोकनृत्य मुख्य रूप से **राजस्थान की कामड** जनजाति का लोकनृत्य है।

• इस जनजाति के लोग पारम्परिक रूप से सपेरे होते हैं।

• इस नृत्य में महिलाएँ जमीन पर बैठकर तेरहताली बजाती हैं।

• इस नृत्य में पुरुष सिर्फ गीत गाते हैं।

31. पद्म भूषण पुरस्कार से सम्मानित उस्ताद साबरी खान निम्नलिखित में से कौन-सा संगीत वाद्ययन्त्र बजाते थे?

SSC CGL Tier-1 13.09.2024 (Shift-II)

(a) सन्तूर (b) सरोद (c) सारंगी (d) तबला

उत्तर (c)

• पद्म भूषण पुरस्कार (2006) से सम्मानित उस्ताद साबरी खान **सारंगी** वाद्ययन्त्र बजाते थे।

• उस्ताद साबरी खान को वर्ष 1990 में संगीत नाटक अकादमी पुरस्कार तथा वर्ष 1992 में पद्मश्री से सम्मानित किया गया था।

• ये सैनिया घराने के सदस्य थे।

32. खुल्लम (Khuallam) किस राज्य का प्रसिद्ध नृत्य है? **SSC CGL Tier-1 12.09.2024 (Shift-III)**

(a) उत्तर प्रदेश (b) बिहार
(c) मिजोरम (d) आन्ध्र प्रदेश

उत्तर (c)

• खुल्लम, मिजोरम राज्य का प्रसिद्ध नृत्य है।

• खुल्लम शब्द का अर्थ है "अतिथियों का नृत्य"।

• यह नृत्य खुआंगचवी उत्सव के विशेष अवसर पर किया जाता है।

33. उस्ताद जिया मोहिउद्दीन डागर गहन गूढ़ .... वादक थे, जो रागों की विरल और मंथर अनुभूति के पक्षधर थे।

SSC CGL Tier-1 12.09.2024 (Shift-III)

(a) बाँसुरी (b) रुद्र वीणा
(c) वायलिन (d) सितार

उत्तर (b)

• उस्ताद जिया मोहिउद्दीन डागर **रुद्रवीणा** वादक थे, जो रागों की विरल और मंथर अनुभूति के पक्षधर थे।

• इन्हें मध्य प्रदेश सरकार द्वारा भारत के सबसे प्रतिष्ठित पुरस्कारों में से एक **कालिदास सम्मान** पुरस्कार (1986) से सम्मानित किया गया।

• इन्हें वर्ष 1981 में **संगीत नाटक अकादमी पुरस्कार**, राजस्थान संगीत नाटक अकादमी पुरस्कार भी प्राप्त हुए।

34. बुद्धदेवरास गुप्ता निम्नलिखित में से किस संगीत वाद्ययन्त्र को बजाने के लिए प्रसिद्ध हैं?

SSC CGL Tier-1 12.09.2024 (Shift-II)

(a) सरोद (b) सारंगी (c) मृदंगम (d) बाँसुरी

उत्तर (a)

• बुद्धदेवदास गुप्ता प्रसिद्ध **सरोद** वादक हैं, इन्हें वर्ष 2012 में **पद्म भूषण** से सम्मानित किया गया।

कुछ अन्य सरोद वादक

• **अमजद अली खान** सेनिया बंगश घराने से सम्बन्धित थे। इन्होंने 'राग बापू कौस' की रचना की। इन्हें वर्ष 1975 में पद्मश्री, 1991 में पद्म भूषण और वर्ष 2001 में पद्म विभूषण प्राप्त हुआ।

• **मोहम्मद आमिर खान** दरभंगा और राजशाही के दरबारी संगीतकार थे।

• **अलाउद्दीन खान** सरोद के अतिरिक्त शहनाई, सितार व बाँसुरी में भी निपुण थे।

35. निम्नलिखित में से किस संस्थान की स्थापना मृणालिनी साराभाई ने की थी, जो एक भरतनाट्यम और कथकली नृत्यांगना थीं?

SSC CGL Tier-1 12.09.2024 (Shift-III)

(a) नालन्दा नृत्य कला महाविद्यालय
(b) दर्पण एकेडमी ऑफ परफॉर्मिंग आर्ट्स
(c) श्री त्यागराज कॉलेज ऑफ म्यूजिक एण्ड डान्स
(d) नृत्यांजलि इंस्टीट्यूट ऑफ परफॉर्मिंग आर्ट्स

उत्तर (b)

• **दर्पण एकेडमी ऑफ परफॉर्मिंग आर्ट्स** की स्थापना मृणालिनी साराभाई द्वारा वर्ष 1949 में गुजरात में की गई।

• मृणालिनी साराभाई को वर्ष 1992 में भारत सरकार द्वारा कला क्षेत्र में उनके योगदान के लिए पद्म भूषण से सम्मानित किया गया।

• **वी.पी. रामकृष्णन** और **कलामण्डल मुरली** इस अकेडमी से सम्बद्ध प्रसिद्ध व्यक्ति हैं।

36. कथकली जो भारत के शास्त्रीय नृत्यों में से एक नृत्य है, मुख्य रूप से भारत के निम्नलिखित में से किस राज्य में किया जाता है?

SSC CGL Tier-1 12.09.2024 (Shift-I)

(a) असम (b) मणिपुर
(c) केरल (d) उत्तर प्रदेश

उत्तर (c)

• **कथकली** जो भारत के शास्त्रीय नृत्यों में से एक नृत्य है, मुख्य रूप से यह भारत के **केरल** राज्य में किया जाता है।

• इस नृत्य की उत्पत्ति 17वीं शताब्दी में त्रावणकोर प्रान्त में हुई।

37. जवाहरलाल नेहरू मणिपुर नृत्य अकादमी की स्थापना कब की गई थी?

SSC CGL Tier-1 11.09.2024 (Shift-I)

(a) वर्ष 1954 में (b) वर्ष 1952 में
(c) वर्ष 1951 में (d) वर्ष 1953 में

उत्तर (a)

• जवाहरलाल नेहरू मणिपुर नृत्य अकादमी की स्थापना वर्ष 1954 में मणिपुर की राजधानी इम्फाल में की गई थी।

• यह मणिपुरी संस्कृति और विरासत को बढ़ावा देने और संरक्षित करने के लिए एक प्रमुख संस्थान है।

• यह भारत सरकार के संस्कृति मन्त्रालय के अन्तर्गत आता है।

38. गंगूबाई हंगल और प्रभा आत्रे ....घराने की प्रतिपादक थीं।

SSC CGL Tier-1 11.09.2024 (Shift-II)

(a) रामपुर (b) मेवाती (c) जयपुर (d) किराना

उत्तर (d)

• गंगूबाई हंगल को वर्ष 1962 में कर्नाटक संगीत नृत्य अकादमी पुरस्कार व वर्ष 1973 में संगीत नाटक अकादमी पुरस्कार प्रदान किया गया।

• प्रभा अत्रे को वर्ष 1990 में पद्मश्री, वर्ष 2002 में पद्म भूषण और वर्ष 2022 में पद्म विभूषण पुरस्कार दिया गया था।

39. चित्तानी रामचन्द्र हेगड़े निम्नलिखित में से किस नृत्य से सम्बन्धित थे?
SSC CGL Tier-1 11.09.2024 (Shift-II)
(a) छऊ (b) यक्षगान
(c) छपेली (d) हुत्तारी
उत्तर (b)
• **चित्तानी रामचन्द्र हेगड़े** यक्षगान नृत्य से सम्बन्धित हैं।
• यक्षगान नृत्य की उत्पत्ति कर्नाटक और केरल के तटीय क्षेत्रों में हुई थी।
• यक्षगान में प्रयुक्त संगीत में चण्डे (ढोल), हारमोनियम, मडाले, ताल और बाँसुरी शामिल हैं।

40. भरतनाट्यम नृत्य शैली निम्नलिखित में से किस राज्य से सम्बन्धित है?
SSC CGL Tier-1 11.09.2024 (Shift-I)
(a) मणिपुर (b) बिहार
(c) कर्नाटक (d) तमिलनाडु
उत्तर (d)
• भरतनाट्यम की उत्पत्ति **तमिलनाडु के तंजौर** जिले से हुई थी।
• यह नृत्य नाट्यशास्त्र नामक संस्कृत ग्रन्थ पर आधारित है।
• पौराणिक कथानसार भरतनाट्यम की शिक्षा भगवान ब्रह्मा के द्वारा ऋषि भरत को दी गई थी।
• इस नृत्य में नर्तकियों की वेशभूषा अत्यन्त भव्य होती है।
• इस नृत्य का समापन 'तिल्लाना' के साथ होता है।

41. राष्ट्रीय कथक नृत्य संस्थान की स्थापना किस वर्ष हुई थी? SSC CGL Tier-1 10.09.2024 (Shift-III)
(a) 1964 (b) 1961 (c) 1954 (d) 1969
उत्तर (a)
• राष्ट्रीय कथक नृत्य संस्थान की स्थापना वर्ष 1964 में हुई थी।
• यह संस्थान नई दिल्ली में स्थित संगीत नाटक अकादमी (भारत की राष्ट्रीय संगीत, नृत्य और नाटक अकादमी) की एक इकाई है।
• कथक नृत्य से सम्बन्धित प्रमुख कलाकार पण्डित बिरजू महाराज, कालका प्रसाद, पण्डित कार्तिक राम आदि हैं।

42. उस्ताद विलायत अली खान ...... के उस्ताद हैं।
SSC CGL Tier-1 10.09.2024 (Shift-II)
(a) बाँसुरी (b) सितार
(c) तबले (d) मृदंगम
उत्तर (b)
• उस्ताद विलायत अली खाँ ने बाएँ हाथ से सितार बजाने की एक नई तकनीक का आविष्कार किया है।
• इन्हें 'आफताब-ए-सितार' के नाम से भी जाना जाता है।
• उस्ताद विलायत खाँ को सितार पर गायकी अंग के निर्माण और विकास में इमदाद खाँ, इनायत खाँ और इमरत खाँ के साथ श्रेय दिया जाता है।
• इन्होंने वर्ष 1964 में पद्मश्री और वर्ष 1968 में पद्म विभूषण नामक प्रतिष्ठित पुरस्कारों को लेने से अस्वीकार कर दिया।

43. मोहिनीअट्टम निम्नलिखित में से किस पारम्परिक नृत्य शैली से सम्बन्धित है?
SSC CGL Tier-1 10.09.2024 (Shift-II)
(a) चौक (b) समपदम
(c) त्रिभंग (d) लास्य शैली
उत्तर (d)
• केरल की एक शास्त्रीय नृत्य परम्परा मोहिनीअट्टम **लास्य शैली** से सम्बन्धित है।
• इस नृत्य की उत्पत्ति 16वीं शताब्दी में मानी जाती है।
• मोहिनीअट्टम नृत्य के कुछ प्रसिद्ध कलाकार हैं- जयप्रभा, मेनन, सुनन्दा नायर, कलामण्डलम कल्याणकुट्टी आम्मा, पल्लवी कृष्णन और गोपिका वर्मा।

44. निम्नलिखित में से किस राज्य सरकार द्वारा तानसेन संगीत समारोह आयोजित किया जाता है? SSC CGL Tier-1 10.09.2024 (Shift-I)
(a) महाराष्ट्र सरकार (b) उत्तर प्रदेश सरकार
(c) मध्य प्रदेश सरकार (d) राजस्थान सरकार
उत्तर (c)
• मध्य प्रदेश सरकार द्वारा तानसेन समारोह आयोजित किया जाता है।
• तानसेन सम्मान हिन्दुस्तानी शास्त्रीय संगीत के क्षेत्र में उल्लेखनीय योगदान देने वाले कलाकारों को प्रदान किया जाता है।
• तानसेन सम्मान की स्थापना वर्ष 1980 में की गई थी।

45. निम्नलिखित में से किस राज्य में ओडिसी नृत्य संस्थान नृत्यग्राम स्थित है?
SSC CGL Tier-1 09.09.2024 (Shift-III)
(a) तमिलनाडु (b) कर्नाटक
(c) महाराष्ट्र (d) केरल
उत्तर (b)
• ओडिसी नृत्य संस्थान नृत्यग्राम **कर्नाटक** में स्थित है।
• ओडिसी नृत्य की प्रसिद्ध नृत्यांगना प्रोतिमा गोरी ने इस स्कूल की स्थापना की थी।
• ओडिशी नृत्य, ओडिशा का शास्त्रीय नृत्य है।
• यह नृत्य मुद्रा और अभिव्यक्ति के सन्दर्भ में भरतनाट्यम के समान है।

46. वर्ष 1952 में, निम्नलिखित में से किसने फिल्म अमर भूपाली, जो एकसाथ दो भाषाओं में निर्मित की जा रही थी, के लिए अपनी आवाज दी और उन्होंने बंगाली और मराठी दोनों में गीत गाए? SSC CGL Tier-1 09.09.2024 (Shift-II)
(a) मन्ना डे (b) देवव्रत बिस्वास
(c) हेमन्त मुखर्जी (d) किशोर कुमार
उत्तर (a)
• मन्ना डे ने दो भाषाओं में निर्मित फिल्म अमर भूपाली में अपनी आवाज दी और बंगाली तथा मराठी दोनों भाषाओं में गीत गाए।
• मन्ना डे एक प्रसिद्ध भारतीय गायक, संगीत निर्देशक और संगीतकार थे।
• इन्हें वर्ष **1966** में रैमन मैग्सेसे पुरस्कार से सम्मानित किया गया था।
• वर्ष 2007 में भारत सरकार द्वारा इन्हें **दादा साहब फाल्के पुरस्कार** से सम्मानित किया गया था।

47. गोविन्दजी नर्तनालय निम्नलिखित में से किस राज्य में स्थित है?
SSC CGL Tier-1 09.09.2024 (Shift-II)
(a) असम (b) मणिपुर
(c) नागालैण्ड (d) त्रिपुरा
उत्तर (b)
• 'गोविन्दजी नर्तनालय नृत्य विद्यालय की स्थापना बिपिन सिंह ने मणिपुर राज्य में की है।
• इन्होंने वर्ष 1972 में **कलकत्ता में मणिपुरी नर्तनालय नृत्य विद्यालय** बनाया था।
• इन्हें **मणिपुरी नृत्य का जनक** माना जाता है।

SSC CGL 2023 (Tier 1 & 2)

48. निम्नलिखित में से कौन-सा संगीतकार संगीत वाद्ययन्त्र सितार पर अपने महारत के लिए लोकप्रिय हैं? SSC CGL Tier-1 14.07.2023 (Shift-I)
(a) विलायत खाँ (b) अमजद अली खान
(c) बहादुर खान (d) अली अकबर खाँ
उत्तर (a)
• भारत की आजादी के बाद विलायत खाँ पहले संगीतकार थे, जिन्होंने इंग्लैण्ड जाकर संगीत की प्रस्तुति दी थी।
• उनकी कला के सम्मान में राष्ट्रपति **फखरूद्दीन अली अहमद** ने उन्हें **आफताब-ए-सितार** का सम्मान दिया था और ये सम्मान पाने वाले वे एकमात्र सितारवादक थे।
• अमजद अली खान, बहादुर खान व उस्ताद अली अकबर खाँ एक प्रसिद्ध **सरोद वादक** हैं।

49. वर्ष 2018 में गूगल डूडल ने मृणालिनी साराभाई का 100वाँ जन्मदिन मनाया। वह निम्नलिखित में से किस नृत्य शैली की प्रतिपादक हैं? SSC CGL Tier-1 14.07.2023 (Shift-I)
SSC CGL Tier-1 26.07.2023 (Shift-IV)
(a) कुचिपुड़ी और भरतनाट्यम
(b) भरतनाट्यम और कथकली
(c) यक्षगान
(d) ओडिसी और कथक
उत्तर (b)
• मृणालिनी साराभाई ने वर्ष 1948 में **दर्पण अकादमी ऑफ परफॉर्मिंग आर्ट्स** नामक अकादमी की स्थापना की, जहाँ **भरतनाट्यम** और **कथकली** जैसे नृत्यों का प्रशिक्षण प्रदान किया जाता है।
• इनको **अम्मा** के नाम से भी जाना जाता था। वर्ष 1992 में भारत सरकार द्वारा इन्हें **पद्म भूषण** व वर्ष 1965 में **पद्मश्री** से सम्मानित किया गया।

50. भरतनाट्यम दक्षिण भारत के धार्मिक विषयों और .... के आध्यात्मिक विचारों को व्यक्त करता है। SSC CGL Tier-1 14.07.2023 (Shift-III)
(a) जैन धर्म (b) शैव धर्म
(c) सूफीवाद (d) बुद्ध धर्म
उत्तर (b)

• भरतनाट्यशास्त्र की नृत्य शैली का विकास **तमिलनाडु** में शैव धर्म में हुआ।

• यह **एकल स्त्री नृत्य** है। भरतनाट्यम नृत्य में कविता पाठ करने वाले व्यक्ति को **नडन्नवार** कहते हैं।

51. नृत्याचार्य पुरस्कार, संगीत नाटक अकादमी पुरस्कार और कालिदास सम्मान से सम्मानित गुरु बिपिन सिंह किस शास्त्रीय नृत्य को बढ़ावा देने के लिए प्रसिद्ध थे?
SSC CGL Tier-1 14.07.2023 (Shift-III)
SSC CGL Tier-1 25.07.2023 (Shift-I)
(a) ओडिसी (b) कुचिपुड़ी
(c) कथक (d) मणिपुरी

उत्तर (d)

• गुरु बिपिन सिंह को **मणिपुरी नृत्य का जनक** माना जाता है।

• इन्हें वर्ष 1966 में संगीत नाटक अकादमी पुरस्कार से सम्मानित किया गया।

• इन्हें मध्य प्रदेश सरकार द्वारा 'कालिदास सम्मान' से सम्मानित किया गया।

52. शकूर खान और पण्डित राम नारायण जैसे संगीतकारों ने निम्नलिखित में से कौन-सा वाद्ययन्त्र बजाया?
SSC CGL Tier-1 14.07.2023 (Shift-II)
SSC CHSL (10+2) 31.05.2023 (Shift-II)
(a) शहनाई (b) वीणा (c) गिटार (d) सारंगी

उत्तर (d)

• **सारंगी** एक अवनद्ध वाद्ययन्त्र है, जिसे भारतीय कलाकार **पण्डित राम नारायण** ने हिन्दुस्तानी शास्त्रीय संगीत में एक प्रदर्शन वाद्य के रूप में लोकप्रिय बनाया था।

• सारंगी को वायलिन की तरह धनुष के साथ तालमेल से बनाया जाता है, लेकिन वायलिन के विपरीत, इसे नीचे ध्वनि कक्ष के साथ लम्बवत् रखा जाता है।

53. ……… का दासकथिया नृत्य ऐतिहासिक और पौराणिक कथाओं (घटनाओं) को चित्रित करते हुए दो पुरुषों द्वारा किया जाने वाला आदिवासी नृत्य है। **SSC CGL Tier-1 14.07.2023 (Shift-II)**
(a) गुजरात (b) गोवा
(c) ओडिशा (d) उत्तर प्रदेश

उत्तर (c)

• दास कथिया, ओडिशा की एक पारम्परिक लोककला है।

• इसमें दो कथाकार होते हैं-**गायक** जो मुख्य गायक है और **पालिया** जो सह-कथाकार है।

• इसमें **कथिया** नामक लकड़ी के संगीत वाद्ययन्त्र का उपयोग करते हुए नाटकीय संगीत के साथ कथा का वर्णन किया जाता है।

54. उर्मिला सत्यनारायणन किस भारतीय शास्त्रीय नृत्य शैली की प्रतिपादक हैं?
SSC CGL Tier-1 14.07.2023 (Shift-III)
(a) सत्रीया (b) भरतनाट्यम
(c) कथक (d) मणिपुर

उत्तर (b)

• उर्मिला सत्यनारायण भारतीय शास्त्रीय नृत्य शैली भरतनाट्यम की प्रतिपादक हैं।

• भरतनाट्यम एक भावपूर्ण नृत्य शैली है, जिसमें सुन्दर चाल, जटिल पद्चाप और भावपूर्ण हाव-भाव का संयोजन होता है, जिसमें कहानियाँ कही जाती हैं और भावनाएँ व्यक्त होती हैं।

55. निम्नलिखित में से किस सितारवादक को वर्ष 1999 में भारत रत्न से सम्मानित किया गया था? **SSC CGL Tier-1 14.07.2023 (Shift-III)**
(a) हरिप्रसाद चौरसिया (b) पण्डित रविशंकर
(c) भूपेन हजारिका (d) पण्डित भीमसेन जोशी

उत्तर (b)

• वर्ष 1999 में सितारवादक पण्डित रविशंकर को भारत रत्न से सम्मानित किया गया। **पण्डित रविशंकर** भारत के महान संगीतकार (सितार वादक) थे और भारतीय संगीत को पश्चिम में लोकप्रिय बनाने में उन्होंने महत्त्वपूर्ण भूमिका निभाई थी।

• पण्डित रविशंकर को **तीन ग्रैमी पुरस्कार** से सम्मानित किया जा चुका है।

• पण्डित रविशंकर की जीवनी **माई लाइफ, माई म्यूजिक** है।

56. निम्नलिखित में से झारखण्ड की सन्थाल जनजाति द्वारा कौन-सा नृत्य किया जाता है?
SSC CGL Tier-1 14.07.2023 (Shift-IV)
(a) कोलकला (b) झिका दसाई
(c) कोली (d) घूमर

उत्तर (b)

• **झिका दसाई** नृत्य धार्मिक उत्सव में आध्यात्मिक शक्तियों को प्राप्त करने और बुरी आत्माओं के प्रभाव को दूर करने के लिए सन्थाल जनजाति द्वारा किया जाता है।

• इस नृत्य का आयोजन दशहरे के पहले किया जाता है।

• **कोली नृत्य** महाराष्ट्र और गोवा में **घूमर नृत्य** राजस्थान (महिलाओं द्वारा) में तथा **कोलकली नृत्य** केरल में किया जाता है।

57. निम्नलिखित में से कौन-सी शख्सियत कर्नाटक संगीत से सम्बन्धित नहीं है?
SSC CGL Tier-1 14.07.2023 (Shift-IV)
(a) विष्णु नारायण भातखण्डे
(b) कल्याणी वरदराजन
(c) एम. एस. सुब्बुलक्ष्मी
(d) सुब्रह्मण्यम भरतियार

उत्तर (a)

• **विष्णु नारायण भातखण्डे** हिन्दुस्तानी शास्त्रीय संगीत के विद्वान थे।

• उन्होंने संगीतशास्त्र पर **हिन्दुस्तानी संगीत पद्धति** नामक ग्रन्थ चार भागों में प्रकाशित किया और ध्रुपद, धमार तथा ख्याल को संग्रह करके **क्रमिक पुस्तक मालिका** नामक ग्रन्थ छः भागों में प्रकाशित किया।

58. 'दलखाई' भारत के निम्नलिखित में से किस राज्य का लोकनृत्य है?
SSC CGL Tier-1 12.07.2023 (Shift-I)
(a) कर्नाटक (b) पंजाब
(c) केरल (d) ओडिशा

उत्तर (d)

• दलखाई नृत्य, ओडिशा के **सम्बलपुर** के आदिवासियों के सबसे लोकप्रिय पारम्परिक लोकनृत्यों में से एक है।

• यह नृत्य आमतौर पर **देवी दुर्गा** को आकर्षित करने के लिए किया जाता है।

59. चांगाई 'नृत्य भारत के किस राज्य से सम्बन्धित है? **SSC CGL Tier-1 17.07.2023 (Shift-II)**
(a) महाराष्ट्र (b) मध्य प्रदेश
(c) नागालैण्ड (d) झारखण्ड

उत्तर (c)

• चांगाई नृत्य, नागालैण्ड की चांग नागा जनजाति का एक पारम्परिक लोकनृत्य है।

• इस नृत्य में पारम्परिक संगीत वाद्ययन्त्र जैसे ड्रम, घंटियाँ और बाँस के वाद्ययन्त्रों का प्रयोग किया जाता है।

• यह नृत्य शत्रु पर जीत की खुशी में किया जाता है।

• इस नृत्य को **सुआ-लुआ** के नाम से भी जाना जाता है।

60. शास्त्रीय नृत्य रूपों को प्रोत्साहन देने में अपने अद्वितीय योगदान के लिए तिरुमाला तिरुपति देवस्थानम के निवासी नर्तक के रूप में किसे सम्मानित किया गया था?
SSC CGL Tier-1 17.07.2023 (Shift-II)
SSC CGL Tier-1 07.12.2022 (Shift-I)
(a) यामिनी कृष्णमूर्ति (b) उमा शर्मा
(c) रागिनी देवी (d) रुक्मिणी देवी

उत्तर (a)

• यामिनी कृष्णमूर्ति **भरतनाट्यम और कुचिपुड़ी** नृत्य शैली की भारतीय नृत्यांगना हैं।

• उनका जन्म 20 दिसम्बर, 1940 को आन्ध्र प्रदेश के चित्तूर जिले में हुआ था।

• वर्ष 1990 में उन्होंनें दिल्ली में यामिनी स्कूल ऑफ डॉन्स की स्थापना की।

• इन्हें वर्ष 1968 में पद्मश्री, 2001 में पद्म भूषण तथा 2016 में पद्म विभूषण पुरस्कार से सम्मानित किया गया।

61. संगीतकारों और उनके वाद्ययन्त्रों का निम्नलिखित में से कौन-सा युग्म गलत है?
SSC CGL Tier-1 17.07.2023 (Shift-II)
(a) एन राजम - वायलिन
(b) बिस्मिल्लाह खान - शहनाई
(c) पं. रवि शंकर - सितार
(d) पं. राम नारायण - सरोद

उत्तर (d)

• पण्डित राम नारायण एक हिन्दुस्तानी शास्त्रीय संगीतकार हैं, जो **वीणा** नामक वाद्ययन्त्र से सम्बन्धित हैं।

• वीणा सुर ध्वनियों के लिए भारतीय संगीत में प्रयुक्त **सबसे प्राचीन वाद्ययन्त्र** है।

62. कुम्भी लोकनृत्य भारत के किस राज्य की महिलाओं द्वारा किया जाता है?
SSC CGL Tier-1 17.07.2023 (Shift-III)
(a) तमिलनाडु (b) मध्य प्रदेश
(c) झारखण्ड (d) राजस्थान

उत्तर (a)
• कुम्भी नृत्य केरल और तमिलनाडु राज्य का लोकप्रिय नृत्य है जो महिलाओं द्वारा किया जाता है।
• कुम्भी नृत्य की विशेषता है कि इसका प्रदर्शन बिना संगीत के केवल लयबद्ध ताली बजाकर किया जाता है।
• **पोंगल उत्सव** के दौरान इस नृत्य का प्रदर्शन किया जाता है।

63. शाहिद परवेज खान, बुधादित्य मुखर्जी और अनुष्का शंकर निम्नलिखित में से किस वाद्ययन्त्र से जुड़े हैं?
SSC CGL Tier-1 17.07.2023 (Shift-III)
(a) सितार (b) सरोद (c) बीन (d) सन्तूर

उत्तर (a)
• उस्ताद शाहिद परवेज खान तथा बुधादित्य मुखर्जी इमदादखानी घराने से सम्बन्धित हैं।
• सितार पूर्णत: भारतीय वाद्ययन्त्र है, क्योंकि इसमें भारतीय वाद्यों की तीन विशेषताएँ हैं। तन्त्री या तारों के अतिरिक्त इसमें **घुडंच, तरब के तार** तथा **सारिकाएँ** होती हैं।

64. बोरगीत किस भारतीय शास्त्रीय नृत्य शैली से सम्बन्धित है?
SSC CGL Tier-1 17.07.2023 (Shift-IV)
(a) मणिपुरी (b) ओडिशा
(c) सत्रीया (d) कुचिपुड़ी

उत्तर (c)
• बोरगीत **सत्रीया** भारतीय शास्त्रीय नृत्य शैली से सम्बन्धित है।
• बोरगीत, ब्रजावली बोली में लिखे गए हैं, जो ओडिशा और **बंगाल** में प्रयोग होने वाली ब्रजबोली से अलग है।
• प्रथम बोरगीत की रचना **श्रीमंत शंकरदेव** ने वर्ष 1988 में बद्रिकाश्रम में अपनी पहली तीर्थयात्रा के दौरान की थी।

65. संगीतकार शिवमणि किस वाद्ययन्त्र से सम्बन्धित हैं?
SSC CGL Tier-1 17.07.2023 (Shift-IV)
(a) शहनाई (b) ड्रम
(c) वायलिन (d) सरोद

उत्तर (b)
• संगीतकार शिवमणि ड्रम, वाद्ययन्त्र से सम्बन्धित हैं। इसके अतिरिक्त दरबुका, घाटम व कंजीरा जैसे वाद्ययन्त्र बजाते हैं।
• इन्होंने वर्ष 2008 से 2010 में आईपीएल चैम्पियनशिप के दौरान अपनी कला का प्रदर्शन ड्रम मेन से बजाकर किया था।
• शिवमणि जी के म्युजिक बैण्ड का नाम 'एशिया इलेक्ट्रिक' है।
• वर्ष 2019 में इन्हें पद्मश्री पुरस्कार से सम्मानित किया गया।

66. 2022 में पद्मश्री पुरस्कार से सम्मानित, अर्जुन सिंह धुर्वे, निम्नलिखित में से किस नृत्य शैली के आदिवासी नर्तक हैं?
SSC CGL Tier-1 17.07.2023 (Shift-IV)
(a) सन्थाल (b) बैगा
(c) छऊ (d) तेरहताली

उत्तर (b)
• वर्ष 2022 में पद्मश्री से सम्मानित अर्जुन सिंह धुर्वे भारतीय राज्य मध्य प्रदेश के डिंडोरी जिले के बैगा नृत्य शैली के एक **लोक नर्तक** व **सेवानिवृत्त शिक्षक** हैं।
• **वर्ष 2005** में नई दिल्ली के **इण्डिया गेट** की परेड में **अर्जुन सिंह** और उनकी टीम ने बैगा प्रधानी नृत्य प्रस्तुत किया था।
• बैगा नृत्य शैली में नर्तक बैल, मोर, हाथी, घोड़ा इत्यादि के **मुखौटे लगाकर** नृत्य का प्रदर्शन करते हैं।

67. निम्नलिखित में से कौन सुरबहार वाद्ययन्त्र से सम्बन्धित है? **SSC CGL Tier-1 18.07.2023 (Shift-I)**
(a) शिव कुमार शर्मा (b) अन्नपूर्णा देवी
(c) शरण रानी (d) भजन सोपारी

उत्तर (b)
• अन्नपूर्णा देवी सुरबहार वाद्ययन्त्र से सम्बन्धित हैं और वे **मैहर घराने** के संस्थापक उस्ताद अलाउद्दीन खान की बेटी थीं।
• वर्ष 1977 में इन्हें पद्म भूषण पुरस्कार से सम्मानित किया गया।
• प्रसिद्ध बाँसुरी वादक पण्डित हरिप्रसाद चौरसिया अन्नपूर्णा देवी के प्रमुख शिष्यों में से एक हैं।

68. 'अलारिप्पु' नृत्य भारत के निम्नलिखित में से किस शास्त्रीय नृत्य का रूप है?
SSC CGL Tier-1 18.07.2023 (Shift-II)
(a) कथकली (b) भरतनाट्यम
(c) ओडिसी (d) कथक

उत्तर (b)
• **अलारिप्पु** नृत्य **लय** पर आधारित है तथा भरतनाट्यम का रूप है।
• यह नृत्य शैली दक्षिण भारत के धार्मिक विषयों और आध्यात्मिक विचारों को व्यक्त करती है।
• **प्राचीन तमिल** पुस्तक **शिल्पादिकारम्** में भरतनाट्यम का वर्णन मिलता है।

69. संगीत वाद्ययन्त्रों के, उनकी सम्बन्धित शख्सियतों के दिए गए अनुक्रम के अनुसार सही क्रम का चयन करें।
'उस्ताद अल्ला रक्खा, तोताराम शर्मा, टी.एच.विनायकम'
SSC CGL Tier-1 18.07.2023 (Shift-III)
(a) घटम, पखावज, तबला
(b) तबला, घटम, पखावज
(c) पखावज, तबला, घटम
(d) तबला, पखावज, घटम

उत्तर (d)
• भारतीय तबला वादक उस्ताद अल्ला रक्खा कुरैशी, जिन्हें **अल्ला रक्खा** के नाम से जाना जाता है, हिन्दुस्तानी शास्त्रीय संगीत के विशेषज्ञ थे।
• इन्हें वर्ष 1982 में **संगीत नाटक अकादमी** पुरस्कार और वर्ष 1977 में **पद्मश्री** प्राप्त हुआ।
• पखावज वादक तोताराम शर्मा को वर्ष 2012 में राष्ट्रीय संगीत नाटक अकादमी सम्मान से सम्मानित किया गया।
• घटम वादक **टी. एच. विनायकम** को वर्ष 2002 में **पद्मश्री** तथा वर्ष 2014 में **पद्म भूषण** सम्मान से सम्मानित किया गया।

70. थबल चोंगबा भारत के किस राज्य का लोकनृत्य है? **SSC CGL Tier-1 18.07.2023 (Shift-III)**
(a) मिजोरम (b) पश्चिम बंगाल
(c) मणिपुर (d) गोवा

उत्तर (c)
• थबल चोंगबा, मणिपुर राज्य का एक लोकप्रिय नृत्य है।
• थबल का शाब्दिक अर्थ है, 'चन्द्रमा की रोशनी' और चोंगबा का अर्थ है 'नृत्य'। अत: इसका अर्थ हैं 'चन्द्रमा की रोशनी में नृत्य।
• यह नृत्य याओशांग त्योहार के दौरान किया जाता है।
• इस नृत्य की विशेषता है, सुन्दर चाल, जटिल पदचाप और रंगीन वेशभूषा।

71. कलबेलिया नृत्य सामान्यत: भारत के निम्नलिखित में से किस राज्य में किया जाता है? **SSC CGL Tier-1 18.07.2023 (Shift-IV)**
SSC CPO 10.11.2022
(a) असम (b) पंजाब
(c) तमिलनाडु (d) राजस्थान

उत्तर (d)
• राजस्थान में कलबेलिया नामक जनजाति, जिसे सपेरा जाति भी कहते हैं, द्वारा कलबेलिया नृत्य किया जाता हैं। इस कारण इस नृत्य को प्राय: **सपेरा डांस** भी कहा जाता है।
• वर्ष 2010 में इस नृत्य को UNESCO के मानवता की अमूर्त सांस्कृतिक विरासत की सूची के अन्तर्गत शामिल किया गया था।

72. निम्नलिखित भारतीय शास्त्रीय तबला वादकों में से किसे 'अब्बाजी' कहा जाता था? उन्होंने वर्ष 1968 में अमेरिकी जैज़ ड्रमर बड़ी रिच के साथ मिलकर एक संगीत एल्बम बनाया था।
SSC CGL Tier-1 19.07.2023 (Shift-I)
(a) जाकिर हुसैन
(b) अल्ला रक्खा
(c) फजल कुरैशी
(d) तौफीक कुरैशी

उत्तर (b)
• भारतीय तबला वादक अल्ला रक्खा ने 1968 में अमेरिकी जैज ड्रमर बड़ी रिच के साथ मिलकर संगीत एल्बम बनाया, जिन्हें अब्बाजी के नाम से जाना जाता है।
• अल्ला रक्खा का जन्म 29 अप्रैल, 1919 को हुआ था। वे भारत के सर्वश्रेष्ठ **एकल और संगीत वादकों** में से एक थे।
• अल्ला रक्खा **पंजाब घराने** से सम्बन्धित थे।
• वर्ष 1977 में इन्हें पद्मश्री पुरस्कार से सम्मानित किया गया।

73. निम्नलिखित में से कौन-सा नृत्य भारतीय राज्य ओडिशा में मुख्य रूप से नहीं किया जाता है?
SSC CGL Tier-1 19.07.2023 (Shift-I)
(a) भवाई (b) ढप
(c) घुमरा (d) पाइका

उत्तर (a)
• भवाई नृत्य भारतीय राज्य ओडिशा में नहीं किया जाता।

• भवाई नृत्य का कथानक व प्रस्तुति इसके आकर्षण का मुख्य कारण है। इसमें विभिन्न **शारीरिक करतब** दिखाने पर अधिक बल दिया जाता है।
• ढप नृत्य ओडिशा की **कोंध जनजाति** द्वारा किया जाता है। यह एक **आदिवासी नृत्य** है।
• **घुमरा नृत्य** ओडिशा के काला हाण्डी जिले में प्रचलित है।
• **पाइका नृत्य** का नाम **पाइका** शब्द से लिया गया है, जिसका अर्थ है—लड़ाकू या योद्धा जो क्षेत्रीय शासकों के लिए कार्य करते थे।

74. पण्डित जसराज, भीमसेन जोशी और जाकिर हुसैन किस संगीत रूप से जुड़े हैं?
SSC CGL Tier-1 19.07.2023 (Shift-II)
(a) जैज संगीत
(b) पॉप संगीत
(c) कर्नाटक संगीत
(d) हिन्दुस्तानी शास्त्रीय संगीत

उत्तर (d)
• पण्डित जसराज, भीमसेन जोशी और जाकिर हुसैन **हिन्दुस्तानी शास्त्रीय संगीत** से जुड़े हैं।
• पण्डित जसराज भारत के प्रसिद्ध शास्त्रीय गायकों में से एक थे तथा इनका सम्बन्ध **मेवाती** घराने से था।
• उस्ताद जाकिर हुसैन भारत के प्रसिद्ध **तबला वादक** हैं। भारत सरकार द्वारा उन्हें कला के क्षेत्र में वर्ष 1988 में **पद्मश्री** तथा वर्ष 2002 में **पद्म भूषण पुरस्कार** से सम्मानित किया गया।
• वर्ष 2008 में पण्डित भीमसेन जोशी को **भारत रत्न** पुरस्कार से सम्मानित किया गया था।

75. प्रसिद्ध संगीतकार फैयाज खान किस वाद्ययन्त्र से सम्बन्धित हैं?
SSC CGL Tier-1 19.07.2023 (Shift-III)
(a) सितार (b) तबला
(c) वीणा (d) शहनाई

उत्तर (b)
• **तबला वादक** भारतीय शास्त्रीय गायक उस्ताद फैयाज खान हिन्दुस्तानी शास्त्रीय संगीत के **आगरा** घराने से सम्बन्धित थे।
• फैयाज खान ने बड़ौदा के महाराज **सयाजीराव गायकवाड़** III के दरबारी संगीतकार के रूप में कार्य किया। यहाँ उनकी सेवाओं के लिए उन्हें **ज्ञान रत्न** पुरस्कार से सम्मानित किया गया।

76. रायगढ़ घराना निम्नलिखित में से किस नृत्य शैली से सम्बन्धित है?
SSC CGL Tier-1 19.07.2023 (Shift-III)
(a) कथकली (b) ओडिसी
(c) कथक (d) मणिपुरी

उत्तर (c)
• शास्त्रीय नृत्य कथक की **रायगढ़ शैली** के विकास में **राजा चक्रधर सिंह** का सबसे बड़ा योगदान माना जाता है।
• रायगढ़ घराने के कथक नृत्य के विकास में वर्ष 1993 में एक घण्टे की डॉक्यूमेण्ट्री का निर्माण कोलकाता की **सुश्री वलाका घोष** द्वारा **श्री नीलोत्पल मजूमदार** के निर्देशन में किया गया था।

कथक नृत्य
कथक भारतीय शास्त्रीय नृत्य के नौ प्रमुख रूपों में से एक है।
कथक उत्तर प्रदेश का शास्त्रीय नृत्य है।
यह भक्ति आन्दोलन के दौरान विकसित हुआ, जिसमें भगवान कृष्ण की कहानियाँ शामिल थीं।
फारसी तत्त्वों को प्रदर्शित करने वाला यह एकमात्र भारतीय शास्त्रीय नृत्य है।

77. जामदा लोकनृत्य भारत के किस राज्य से सम्बन्धित है? **SSC CGL Tier-1 19.07.2023 (Shift-IV)**
(a) असम (b) मणिपुर
(c) झारखण्ड (d) महाराष्ट्र

उत्तर (c)
• जामदा लोकनृत्य झारखण्ड की जीवन्त संस्कृति और परम्परा का प्रतिनिधित्व करता है।
• झारखण्ड राज्य में विभिन्न लोकनृत्य प्रचलित हैं, जो फसल के मौसम, त्योहार और सामाजिक समारोह के दौरान किए जाते हैं।
• झारखण्ड में कुछ अन्य लोक और जनजातीय नृत्यों में छऊ, पाइका, डोमकच, फगुआ इत्यादि हैं।

78. निम्नलिखित में से कौन-सी शख्सियत संगीत वाद्य मैंडोलिन से जुड़ी है?
SSC CGL Tier-1 19.07.2023 (Shift-IV)
(a) एम. एस. गोपालकृष्णन
(b) बृजभूषण काबरा
(c) यू श्रीनिवास
(d) विश्वमोहन भट्ट

उत्तर (c)
• **यू श्रीनिवास** ने **मैंडोलिन** नामक पश्चिमी संगीत वाद्ययन्त्र को पारम्परिक कर्नाटक संगीत में शामिल किया।
• इन्हें वर्ष 1998 में भारत सरकार द्वारा **पद्मश्री** से सम्मानित किया गया।
• वर्ष 2009 में इन्हें **संगीत नाटक अकादमी** पुरस्कार से भी सम्मानित किया गया।
• यू श्रीनिवास को **भारतीय शास्त्रीय संगीत का मोजार्ट** कहा जाता है।

79. भारत की सुप्रसिद्ध शख्सियत एम. एस. सुब्बुलक्ष्मी निम्नलिखित में से किससे सम्बन्धित हैं? **SSC CGL Tier-1 20.07.2023 (Shift-I)**
(a) हिन्दुस्तानी संगीत (b) सूफी भक्ति संगीत
(c) गजल संगीत (d) कर्नाटक संगीत

उत्तर (d)
• कर्नाटक संगीत में एम.एस. सुब्बुलक्ष्मी भारत के सर्वोच्च नागरिक सम्मान **भारत रत्न** (1998) से सम्मानित होने वाली पहली गायिका थीं।
• वे वर्ष 1974 में भी **रेमन मैग्सेसे** पुरस्कार से सम्मानित होने वाली **पहली संगीतकार** बनीं।

80. निम्नलिखित में से कौन पद्म भूषण पुरस्कार से सम्मानित, प्रसिद्ध भरतनाट्यम प्रवर्तक, ब्रह्म विद्यावादी और कलाक्षेत्र नृत्य स्कूल की संस्थापक थी? **SSC CGL Tier-1 20.07.2023 (Shift-I)**
(a) सरोजा वैद्यनाथन
(b) सोनल मानसिंह
(c) मल्लिका साराभाई
(d) रुक्मिणी देवी अरुण्डेल

उत्तर (d)
• रुक्मिणी देवी अरुण्डेल पद्म भूषण पुरस्कार से सम्मानित, प्रसिद्ध भरतनाट्यम् प्रवर्तक ब्रह्म विद्यावादी और कलाक्षेत्र नृत्य स्कूल की संस्थापक थी।
• वह भारतीय संसद की ऊपरी सदन, राज्यसभा के चुनाव के लिए नामांकित होने वाली **पहली महिला** थीं।

81. भारत की निम्नलिखित कथक नर्तकियों में से किसने वर्ष 1964 में कदम्ब नृत्य केन्द्र की स्थापना की थी?
SSC CGL Tier-1 20.07.2023 (Shift-I)
(a) कुमुदिनी लखिया (b) रोहिणी भाटे
(c) सितारा देवी (d) शोवना नारायण

उत्तर (a)
• कुमुदिनी लखिया ने वर्ष 1964 में कदम्ब नृत्य केन्द्र की स्थापना की।
• इन्हें **पद्मश्री** और **पद्म भूषण** से सम्मानित किया गया है।
• उन्होंने पारम्परिक भारतीय नृत्यों को संरक्षित करने और बढ़ावा देने के लिए यह केन्द्र खोला था।
• कथक उत्तर प्रदेश का **शास्त्रीय नृत्य** है।

82. इन्हें मणिपुर के महाराज ने मणिपुरी नृत्य को पुनर्जीवित करने के लिए 'हंजाबा' की उपाधि दी थी? **SSC CGL Tier-1 20.07.2023 (Shift-II)**
(a) बिपिन सिंह (b) चारु मल्हार
(c) कलावती देवी (d) दर्शन झावेरी

उत्तर (a)
• बिपिन सिंह को मणिपुर के महाराज ने मणिपुरी नृत्य को पुनर्जीवित करने के लिए 'हंजाबा' की उपाधि दी थी।
• गुरु विपिन सिंह, जिन्हें **आधुनिक मणिपुरी नृत्य और शैली का जनक** माना जाता है, **विष्णुप्रिया मणिपुरी** समुदाय से सम्बद्ध थे।

83. गिद्दा और भाँगड़ा भारत के किस राज्य के लोकनृत्य हैं? **SSC CGL Tier-1 20.07.2023 (Shift-II)**
(a) पंजाब (b) बिहार
(c) झारखण्ड (d) गुजरात

उत्तर (a)
• भाँगड़ा पंजाब का एक लोकनृत्य है, जो पुरुषों द्वारा किया जाता है, जबकि नृत्य में इसके **महिला संस्करण** को गिद्दा के रूप में जाना जाता है।
• भाँगड़ा मुख्य रूप से फसल कटाई के मौसम में पंजाबी किसानों द्वारा किया जाता है।

84. निम्नलिखित भारतीय संगीतकारों में कौन 'पंचम दा' के नाम से जाने जाते हैं?
SSC CGL Tier-1 20.07.2023 (Shift-II)
(a) नितिन मुकेश (b) किशोर कुमार
(c) सचिन देव बर्मन (d) राहुल देव बर्मन

उत्तर (d)
• **राहुल देव बर्मन** ने 1960 से 1990 के दशक तक बॉलीवुड फिल्मों में काम किया। ये 'पंचम दा' के नाम से भी विख्यात थे।
• भारतीय फिल्मी क्षेत्र में पाश्चात्य संगीत लाने का श्रेय **पंचम दा** को ही दिया जाता है।
• इनके पिता, सचिन देव बर्मन भी **दिग्गज संगीतकार** थे।

85. 'कलासम' भारत के निम्नलिखित में से किस शास्त्रीय नृत्य का एक नृत्य अनुक्रम है?
SSC CGL Tier-1 20.07.2023 (Shift-III)
(a) मणिपुरी (b) भरतनाट्यम
(c) कथक (d) कथकली

उत्तर (d)
• 'कलासम' भारत के कथकली शास्त्रीय नृत्य का एक नृत्य अनुक्रम है।
• कथकली, भरतनाट्यम के समान **केरल** राज्य का धार्मिक एवं शास्त्रीय नृत्य है।
• **केरल कलामण्डलम्** कथकली अध्ययन का प्रमुख केन्द्र है।
• कथकली में विराम-चिह्न के तौर पर कलासम का उपयोग होता है।

86. पद्मश्री और पद्म भूषण पुरस्कार से सम्मानित, यामिनी कृष्णमूर्ति भरतनाट्यम और निम्नलिखित में से किस नृत्य के लिए प्रसिद्ध हैं?
SSC CGL Tier-1 20.07.2023 (Shift-IV)
(a) कुचिपुड़ी (b) कथकली
(c) कथक (d) मणिपुरी

उत्तर (a)
• पद्मश्री और पद्म भूषण पुरस्कार से सम्मानित यामिनी कृष्णमूर्ति भरतनाट्यम और कुचिपुड़ी नृत्य के लिए प्रसिद्ध हैं।
• यामिनी कृष्णमूर्ति को कुचिपुड़ी नृत्य के लिए भारत सरकार द्वारा वर्ष 1968 में **पद्म भूषण** तथा 2016 में **पद्मश्री** से सम्मानित किया गया।

87. विकल्पों में से उस संगीतकार की पहचान कीजिए जो वाद्ययन्त्र सरोद से जुड़ा है।
SSC CGL Tier-1 20.07.2023 (Shift-IV)
(a) अलाउद्दीन खान (b) हरिप्रसाद चौरसिया
(c) अन्नपूर्णा देवी (d) विलायत खान

उत्तर (a)
• अलाउद्दीन खान का सम्बन्ध सरोद वाद्ययन्त्र से है।
• अलाउद्दीन खान को कला के क्षेत्र में वर्ष 1958 में पद्म भूषण से सम्मानित किया गया था।
• वर्ष 1954 में **संगीत नाटक अकादमी फैलोशिप** से नवाजा गया।
• हरिप्रसाद चौरसिया का सम्बन्ध बाँसुरी, विलायत खान का सम्बन्ध **सितार** एवं अन्नपूर्णा देवी का सम्बन्ध **सुरबहार वाद्ययन्त्र** से है।

88. निम्नलिखित में से कौन-सा व्यक्तित्व एक प्रसिद्ध भरतनाट्यम नर्तक/नृत्यांगना है?
(a) बिरजू महाराज (b) शाश्वती सेन
(c) पद्मा सुब्रह्मण्यम (d) नाइक सिद्दीकी

उत्तर (c)
• **पद्मा सुब्रह्मण्यम्** प्रसिद्ध भरतनाट्यम नृत्यांगना हैं।
• इनका का जन्म 4 फरवरी, 1943 को मद्रास (चेन्नई) में हुआ था। वह एक **रिसर्च स्कॉलर, कोरियोग्राफर, म्यूजिक कम्पोजर** व **गायिका** भी हैं तथा भारत के साथ विदेशों में भी प्रसिद्ध हैं।
• भारत सरकार द्वारा वर्ष 1981 में उन्हें **पद्मश्री** व वर्ष 2003 में **पद्म भूषण** से सम्मानित किया गया।
• वर्ष 1983 में उन्हें **संगीत नाटक अकादमी** पुरस्कार से भी सम्मानित किया गया।

89. शिवपुत्र सिद्धरामय्या कोमकलीमठ किस भारतीय शास्त्रीय गायक का मूल नाम है?
SSC CGL Tier-1 21.07.2023 (Shift-I)
(a) पण्डित दिनकर कैकिनी
(b) पण्डित कुमार गन्धर्व
(c) पण्डित ओंकारनाथ ठाकुर
(d) पण्डित जसराज

उत्तर (b)
• शिवपुत्र सिद्धरामय्या कोमकलीमठ भारतीय शास्त्रीय गायक पण्डित कुमार गन्धर्व का मूल नाम है।
• पण्डित कुमार गन्धर्व जी **हिन्दुस्तानी एवं कर्नाटक** दोनों संगीत के लिए प्रसिद्ध हैं।
• वर्ष 1977 में भारत सरकार द्वारा कला के क्षेत्र में उन्हें **पद्म भूषण** से सम्मानित किया गया था।

90. छऊ लोकनृत्य की कितनी प्रमुख शैलियाँ हैं?
SSC CGL Tier-1 21.07.2023 (Shift-I)
(a) 5 (b) 3 (c) 9 (d) 7

उत्तर (b)
• **सरायकेला छऊ, मयूरभंज छऊ** और **पुरुलिया छऊ**, छऊ लोकनृत्य की प्रमुख तीन शैलियाँ हैं।
• छऊ एक लोकनृत्य है, जो **पश्चिम बंगाल, ओडिशा** एवं **झारखण्ड** आदि राज्यों में प्रचलित है।
• इसका आयोजन ज्यादातर वसन्त त्योहार के चैत्र पर्व पर होता है, जोकि **13 दिन** तक चलता है।

91. बनारस घराने के पण्डित किशन महाराज एक .... वादक थे।
SSC CGL Tier-1 20.07.2023 (Shift-II)
(a) बाँसुरी (b) सारंगी (c) संतूर (d) तबला

उत्तर (d)
• बनारस घराने के पण्डित किशन महाराज एक तबला वादक थे।
• भारत सरकार ने पण्डित किशन महाराज को कला के क्षेत्र में योगदान देने के कारण वर्ष **1973** में पद्मश्री और वर्ष **2002** में पद्म विभूषण से भी सम्मानित किया था।
• पण्ड़ित किशन महाराज भी **चित्रकार, वीर रस के कवि** और **ज्योतिषी** के जानकार थे।

92. पद्मश्री पुरस्कार से सम्मानित वी सत्यनारायण शर्मा को निम्नलिखित में से किस नृत्य शैली के लिए जाना जाता था?
SSC CGL Tier-1 21.07.2023 (Shift-II)
(a) ओडिसी (b) भरतनाट्यम
(c) कथक (d) कुचिपुड़ी

उत्तर (d)
• पद्मश्री पुरस्कार से सम्मानित सत्यनारायण शर्मा कुचिपुड़ी नृत्य से सम्बन्धित हैं। इन्हें कई पुरस्कार जैसे संगीत नाटक अकादमी पुरस्कार और संगीत नाटक अकादमी फैलोशिप आदि से सम्मानित किया गया था।
• वर्ष 1970 में इन्हें भारत के चौथे सर्वोच्च नागरिक सम्मान **पद्मश्री** से सम्मानित किया गया था।
• वेदांतम सत्यनारायण शर्मा को **सत्यम** उपनाम से भी जाना जाता है। यह एक भारतीय शास्त्रीय नर्तक और कोरियोग्राफर थे।

93. कलाक्षेत्र शैली किस भारतीय शास्त्रीय नृत्य शैली से सम्बन्धित है?
SSC CGL Tier-1 21.07.2023 (Shift-II)
(a) ओडिसी (b) भरतनाट्यम
(c) कथक (d) कुचिपुड़ी

उत्तर (b)
• कलाक्षेत्र शैली, **भरतनाट्यम** से सम्बन्धित है, जिसकी उत्पत्ति तमिलनाडु में हुई।
• इस नृत्य कला में तीन कलाओं- **भावम्, रागम्** और **तालम्** का समावेश है।
• कलाक्षेत्र शैली में भरतनाट्यम ने कई अन्य शैलियों को भी प्रभावित किया है।

94. राधे श्याम बारले को गुरु घासीदास की जयन्ती पर सन्तनामी समुदाय के आदिवासियों के पन्थी नृत्य को बढ़ावा देने के लिए वर्ष 2020-21 में पद्मश्री मिला था। यह नृत्य शैली किस राज्य से सम्बन्धित है?
SSC CGL Tier-1 21.07.2023 (Shift-III)
(a) ओडिशा (b) बिहार
(c) मध्य प्रदेश (d) छत्तीसगढ़

उत्तर (d)
• **राधेश्याम बारले,** को गीुरु घासीदास की जयन्ती पर सतनामी समुदाय के आदिवासियों के पन्थी नृत्य को बढ़ावा देने के लिए वर्ष 2020-21 में पद्मश्री पुरस्कार मिला। ये छत्तीसगढ़ नृत्य शैली से सम्बन्धित हैं।
• **छत्तीसगढ़** की पन्थी नृत्य शैली की विशेषता इसकी लयबद्ध चाल और पैर की थिरकती ताल है, जिसके साथ **मंजीरों** और **ढोलक** की मधुर ध्वनि भी होती है।

95. पद्मश्री पुरस्कार से सम्मानित दर्शन झावेरी भारत की एक ...... नृत्यांगना हैं।
SSC CGL Tier-1 21.07.2023 (Shift-III)
(a) कथकली (b) कथक
(c) मणिपुरी (d) भरतनाट्यम

उत्तर (c)
• वर्ष 2007 में पद्मश्री पुरस्कार से सम्मानित दर्शन झावेरी भारत की एक मणिपुरी नृत्यांगना हैं।
• झावेरी बहनों ने वर्ष 1972 में मणिपुरी नृत्यालय की स्थापना की थी, जिसके माध्यम से मणिपुरी नृत्य लोकप्रिय बना।
• उन्होंने गुरु बिपिन सिंह के कुशल मार्गदर्शन में मणिपुरी नृत्य की शास्त्रीयता को संरक्षित करने और प्रसारित करने में अपना जीवन समर्पित कर दिया।

96. यू श्रीनिवास निम्नलिखित में से किस वाद्ययन्त्र के प्रसिद्ध वादक हैं?
SSC CGL Tier-1 21.07.2023 (Shift-II)
(a) सितार (b) वायलिन (c) गिटार (d) मैंडोलिन

उत्तर (d)
• यू श्रीनिवास **कर्नाटक शास्त्रीय संगीत** के एक भारतीय वाद्ययन्त्र मैंडोलिन के प्रसिद्ध वादक और संगीतकार हैं।
• वर्ष 1998 में उन्हें भारत सरकार द्वारा **पद्मश्री** से सम्मानित किया गया था।
• वर्ष 2009 में उन्हें **संगीत नाटक अकादमी पुरस्कार** से सम्मानित किया गया था।

97. 'नटी' निम्नलिखित में से भारत के किस राज्य का लोकनृत्य है? **SSC CGL Tier-1 21.07.2023 (Shift-IV)**

(a) हिमाचल प्रदेश (b) आन्ध्र प्रदेश
(c) केरल (d) नागालैण्ड

उत्तर (a)

- **हिमाचल प्रदेश** राज्य का नटी नृत्य ऐतिहासिक रूप से कुल्लू, शिमला, सिरमौर, चम्बा, किन्नौर, उत्तरकाशी, देहरादून और गढ़वाल आदि क्षेत्रों में प्रचलित है। यह नृत्य यहाँ की स्थानीय संस्कृति को दर्शाता है।
- इस नृत्य को वर्ष 2016 में गिनीज बुक ऑफ वर्ल्ड रिकॉर्ड्स में आधिकारिक तौर पर **दुनिया के सबसे बड़े लोकनृत्य** के रूप में सूचीबद्ध किया गया था।

98. खेमराज को लोक संगीत और 'कुद' नृत्य में उनके योगदान के लिए संगीत नाटक अकादमी पुरस्कार मिला। यह लोकनृत्य किस राज्य/केन्द्रशासित प्रदेश का है? **SSC CGL Tier-1 24.07.2023 (Shift-I)**

(a) पंजाब (b) जम्मू और कश्मीर
(c) हरियाणा (d) हिमाचल प्रदेश

उत्तर (b)

- खेमराज को लोक संगीत और 'कुद' नृत्य में उनके योगदान के लिए संगीत नाटक अकादमी पुरस्कार मिला। यह जम्मू और कश्मीर केन्द्रशासित प्रदेश का लोकनृत्य है।
- **जम्मू और कश्मीर** के कुद नृत्य को मुख्य रूप से **लोक देवता** का अभिवादन करने के लिए किया जाता है।
- जम्मू और कश्मीर के अन्य नृत्य **रऊफ**, **हिकात**, **मंदजस** तथा **दमालि** आदि हैं।

99. 'भारत में आधुनिक नृत्य का जनक' किसे माना जाता है? **SSC CGL Tier-1 21.07.2023 (Shift-I)**

(a) गुरु बिपिन सिंह (b) उदय शंकर
(c) बिरजू महाराज (d) गोपीकृष्ण

उत्तर (b)

- उदय शंकर को भारत में **आधुनिक नृत्य का जनक** माना जाता है।
- इन्हें पारम्परिक भारतीय शास्त्रीय नृत्य में पश्चिमी रंगमंचीय तकनीकों को अपनाने के लिए जाना जाता है।
- इन्होंने उत्तराखण्ड के अल्मोड़ा में पहला भारतीय नृत्य विद्यालय, **उदय शंकर भारत संस्कृति केन्द्र** भी स्थापित किया।

100. ईश्वरी प्रसाद निम्नलिखित में से किस भारतीय शास्त्रीय नृत्य से सम्बन्धित हैं? **SSC CGL Tier-1 21.07.2023 (Shift-II)**

(a) भरतनाट्यम (b) कथकली
(c) मणिपुरी (d) कथक

उत्तर (d)

- ईश्वरी प्रसाद भारतीय शास्त्रीय कथक नृत्य से सम्बन्धित हैं।
- कथक नृत्य की उत्पत्ति **भारत** में हुई थी।
- इस नृत्य का आधार संस्कृत पाठ **नाट्यशास्त्र** में निहित है।
- पण्डित बिरजू महाराज **ईश्वरी प्रसाद** के **प्रत्यक्ष वंशज** हैं।

101. उस्ताद हस्सू खान संगीत के निम्नलिखित में से किस घराने के संस्थापकों में से एक थे? **SSC CGL Tier-1 21.07.2023 (Shift-II)**

(a) आगरा (b) पटियाला
(c) ग्वालियर (d) रामपुर

उत्तर (c)

- **उस्ताद** हस्सू खान ग्वालियर घराने के संस्थापकों में से एक थे।
- ग्वालियर घराने का उद्भव **मुगल साम्राज्य** के समय हुआ था।
- यह घराना **भारतीय शास्त्रीय संगीत** के सबसे पुराने घराने में से एक है।
- **ग्वालियर घराना** स्वर संस्कृति सुरों की स्पष्टता और जटिल लयबद्ध पैटर्न पर बल देने के लिए जाना जाता है।

102. कथक के लखनऊ घराने की स्थापना किसने की थी? **SSC CGL Tier-1 21.07.2023 (Shift-II)**

(a) ईश्वरी प्रसाद (b) बिरजू महाराज
(c) सितारा देवी (d) रुक्मिणी देवी

उत्तर (a) **ईश्वरी प्रसाद** ने कथक के लखनऊ घराने की स्थापना की थी।

- कथक तीन अलग-अलग रूपों में स्थापित है, जिसे **घराना** के रूप में जाना जाता है।
- इसका नाम उन शहरों के नाम पर रखा गया है, जहाँ **कथक नृत्य परम्परा विकसित** हुई। ये नाम हैं— **जयपुर**, **बनारस** व **लखनऊ**।
- लखनऊ घराने में चेहरे के भावों व हाथों की सुन्दर मुद्राओं पर अधिक ध्यान दिया जाता है।

103. निम्नलिखित में से उस भारतीय संगीतकार का चयन करें, जो ताल वाद्ययन्त्रों (प्रहार द्वारा बजाया जाने वाला) से जुड़ा है। **SSC CGL Tier-1 21.07.2023 (Shift-III)**

(a) पण्डित अयोध्या प्रसाद
(b) बिस्मिल्लाह खान
(c) विश्वमोहन भट्ट
(d) पण्डित रविशंकर

उत्तर (a)

- **पण्डित अयोध्या प्रसाद** ताल वाद्ययन्त्र से सम्बन्धित हैं। आघात वाद्ययन्त्र **ताल वाद्ययन्त्र** कहलाते हैं।
- उस्ताद बिस्मिल्लाह खाँ, एक **शहनाई वादक** थे।
- विश्वमोहन भट्ट, भारतीय संगीत के प्रमुख कलाकारों में से एक हैं।
- पण्डित रविशंकर **सितार वादक** और **संगीतज्ञ** थे। उन्हें वर्ष 1999 में **भारत रत्न** से सम्मानित किया गया।

104. निम्नलिखित में से किस शास्त्र में भरतनाट्यम की सैद्धान्तिक नींव पाई गई है? **SSC CGL Tier-1 24.07.2023 (Shift-III)**

(a) वैमानिकशास्त्र (b) नाट्यशास्त्र
(c) धर्मशास्त्र (d) अर्थशास्त्र

उत्तर (b)

- नाट्यशास्त्र में भरतनाट्यम की सैद्धान्तिक नींव पाई गई है। नाट्यशास्त्र, भरतमुनि की रचना है।
- भरतमुनि एक प्राचीन **भारतीय ज्योतिषी** और संगीतज्ञ थे।
- भरतनाट्यम एक भारतीय शास्त्रीय नृत्य है, जिसकी उत्पत्ति दक्षिण भारत के **हिन्दू मन्दिरों** में हुई थी।
- नाट्यशास्त्र के **36 अध्याय** हैं। इसमें कुल 4426 श्लोक गद्य भाग में हैं।

105. रामकृष्ण तालुकदार को सत्रीया नृत्य शैली में उनके योगदान के लिए वर्ष 2018 में संगीत नाटक अकादमी पुरस्कार मिला। यह नृत्य शैली किस राज्य से सम्बन्धित है? **SSC CGL Tier-1 24.07.2023 (Shift-III)**

(a) मेघालय (b) पश्चिम बंगाल
(c) असम (d) झारखण्ड

उत्तर (c)

- रामकृष्ण तालुकदार को सत्रीया नृत्य शैली में उनके योगदान के लिए वर्ष 2018 में संगीत नाटक अकादमी पुरस्कार मिला। यह नृत्य शैली असम राज्य से सम्बन्धित है।
- सत्रीया नृत्य नौ भारतीय शास्त्रीय नृत्य परम्पराओं में से एक है।
- इस नृत्य शैली को अपने-अपने विचार और सत्रों के साथ जुड़ाव के कारण **सत्रीया** नाम दिया गया।

106. 'वाझुवूर' किस भारतीय शास्त्रीय नृत्य की शैलियों में से एक है? **SSC CGL Tier-1 25.07.2023 (Shift-I)**

(a) कथक (b) मोहिनीअट्टम
(c) कथकली (d) भरतनाट्यम

उत्तर (d)

- 'वाझुवूर' भारतीय शास्त्रीय नृत्य भरतनाट्यम नृत्य की शैलियों में से एक है।
- **भरतनाट्यम** वाझुवूर की मुख्य विशिष्ट विशेषता है- समृद्ध श्रृंगार, नृत्य गति की विस्तृत श्रृंखला, नरम चेहरे का अभिनय, अत्यन्त विस्तृत गतिविधियाँ, गहरे बैठने की स्थिति।
- भरतनाट्यम की अन्य शैलियों में **पाण्डानल्लूर**, **तंजावुर** और **कलाक्षेत्र** शामिल हैं।

107. 'लुड्डी' भारत के निम्नलिखित में से किस राज्य का लोकनृत्य है? **SSC CGL Tier-1 25.07.2023 (Shift-I)**

(a) केरल (b) मध्य प्रदेश
(c) पंजाब (d) मणिपुर

उत्तर (c)

- **पंजाब** के लुड्डी नृत्य में पुरुष और महिला दोनों अपनी अँगुलियों को चटकाते हुए तथा हाथों से ताली बजाते हुए गोलाकार नृत्य करते हैं।
- लुड्डी पूर्वी (भारत) और पश्चिमी (पाकिस्तान) पंजाब दोनों में लोकप्रिय है।
- यह नृत्य महिलाओं द्वारा विवाह के अवसर और अन्य समारोहों में किया जाता है।

108. भारत के शास्त्रीय नृत्य रूपों में से एक के रूप में मान्यता प्राप्त 'रासलीला' निम्नलिखित में से किस राज्य से सम्बन्धित है? **SSC CGL Tier-1 25.07.2023 (Shift-II)**

(a) मेघालय (b) मणिपुर
(c) असम (d) त्रिपुरा

उत्तर (b)

- 'रासलीला' को **मणिपुरी नृत्य** के रूप में भी जाना जाता है।

- यह नृत्य **भगवान कृष्ण** और **राधा** के बीच प्रेमपूर्ण सम्बन्धों को दर्शाता है।
- इस नृत्य में पारम्परिक मणिपुरी संगीत और पुंग, पेना और हारमोनियम जैसे वाद्ययन्त्रों का प्रयोग किया जाता है।

109. राउत नाच निम्न में से किस राज्य में प्रसिद्ध है?
SSC CGL Tier-1 25.07.2023 (Shift-III)
(a) पंजाब (b) असम (c) गुजरात (d) छत्तीसगढ़

उत्तर (d)
- राउत नृत्य मुख्य रूप से **छत्तीसगढ़** राज्य का नृत्य है, जो दीपावली के बाद 'देव उदयनी एकादशी' तथा अन्य त्योहारों के अवसर पर **यादव समुदाय** द्वारा किया जाता है।
- यादव समुदाय इसे **कृष्ण के प्रति अपनी भक्ति** का प्रतीक मानते हैं।

110. निम्नलिखित में से कौन-सा संगीतकार वाद्ययन्त्र सन्तूर से जुड़ा है?
SSC CGL Tier-1 25.07.2023 (Shift-III)
SSC CGL Tier-1 03.12.2022 (Shift-I)
(a) अलाउद्दीन खान
(b) अन्नपूर्णा देवी
(c) पण्डित शिवकुमार शर्मा
(d) विलायत खान

उत्तर (c)
- संगीतकार पण्डित शिवकुमार शर्मा सन्तूर वाद्ययन्त्र से सम्बन्धित है।
- भारतीय संगीत में इनके योगदानों के लिए इन्हें वर्ष 1986 में **संगीत नाटक अकादमी पुरस्कार** तथा वर्ष 1991 में पद्मश्री एवं वर्ष 2001 में **पद्म भूषण** पुरस्कार से सम्मानित किया गया।

111. संगीत नाटक अकादमी का उद्घाटन भारत के तत्कालीन राष्ट्रपति ………… ने 28 जनवरी, 1953 को किया था।
SSC CGL Tier-1 25.07.2023 (Shift-III)
SSC CHSL (10+2) 30.05.2022 (Shift-I)
(a) राजेन्द्र प्रसाद (b) जाकिर हुसैन
(c) सर्वपल्ली राधाकृष्णन
(d) मोहम्मद हिदायतुल्लाह

उत्तर (a)
- **संगीत, नृत्य** और **नाटक** के लिए भारत की राष्ट्रीय अकादमी का उद्घाटन तत्कालीन राष्ट्रपति **राजेन्द्र प्रसाद** ने 28 जनवरी, 1953 को किया था।
- यह अकादमी वर्तमान में संस्कृति मन्त्रालय, भारत सरकार का एक **स्वायत्त निकाय है** और अपनी योजनाओं और कार्यक्रमों के कार्यान्वयन के लिए सरकार द्वारा पूरी तरह से वित्तपोषित है।

112. पद्म भूषण पुरस्कार से सम्मानित, गुरु वेम्पति चिन्ना सत्यम, किस शास्त्रीय नृत्य रूप के प्रसिद्ध गुरु थे?
SSC CGL Tier-1 25.07.2023 (Shift-III)
SSC CGL Tier-1 06.12.2022 (Shift-IV)
(a) कुचिपुड़ी (b) कथकली
(c) ओडिसी (d) कथक

उत्तर (a)
- पद्म भूषण पुरस्कार से सम्मानित गुरु वेम्पति चिन्ना सत्यम शास्त्रीय नृत्य कुचिपुड़ी नृत्य के लिए प्रसिद्ध हैं।
- इन्होंने वर्ष 1963 में मद्रास में **कुचिपुड़ी कला अकादमी** की शुरुआत की।
- इन्होंने भारतीय कुचिपुड़ी नृत्य को उन्नत व व्यवस्थित किया, जिससे इसे शास्त्रीय आधार मिला।
- कुचिपुड़ी नृत्य की उत्पत्ति तमिलनाडु राज्य से हुई थी। यह भारत के 9 भारतीय शास्त्रीय नृत्यों में से एक है।

113. केलुचरण महापात्रा निम्न में से किस नृत्य शैली से सम्बन्धित है?
SSC CGL Tier-1 25.07.2023 (Shift-III)
SSC CGL Tier-1 27.07.2023 (Shift-I)
(a) कथन (b) ओडिसी
(c) कथकली (d) भरतनाट्यम

उत्तर (b)
- केलुचरण महापात्रा ओडिसी नृत्य शैली से सम्बन्धित हैं। केलुचरण महापात्रा ताल **वाद्य मृदंगा** और **तबला** में निपुण हैं।
- ओडिसी नृत्य ओडिशा में प्रचलित नृत्य कला की प्राचीन शैली है।
- यह पूर्णत: **अराधना नृत्य** है।

114. संगीत नाटक अकादमी पुरस्कार से सम्मानित अखम लक्ष्मी देवी निम्नलिखित में से किस नृत्य के लिए प्रसिद्ध हैं?
SSC CGL Tier-1 25.07.2023 (Shift-IV)
(a) मणिपुरी (b) सत्रीया (c) कथक (d) ओडिसी

उत्तर (a)
- **मणिपुरी** नृत्य में निपुण अखम लक्ष्मी देवी ने खजुराहो, कोणार्क उत्सव और संगीत नाटक अकादमी के तहत नृत्य उत्सव सहित देश और विदेश के अधिकांश नृत्य समारोहों में प्रदर्शन किया है।
- उन्हें वर्ष 2010 में मणिपुर राज्य कला अकादमी पुरस्कार व वर्ष 2014 में नृत्य भूषण सम्मान प्राप्त हुए हैं।

115. अरुणा साईराम, टी. एम. कृष्णा और गायत्री गिरीश किस संगीत रूप से जुड़े हैं?
SSC CGL Tier-1 26.07.2023 (Shift-I)
(a) जाज संगीत (b) हिन्दुस्तानी शास्त्रीय संगीत
(c) पॉप संगीत (d) कर्नाटक संगीत

उत्तर (d)
- अरुणा साईराम, टी. एम. कृष्णा और गायत्री गिरीश कर्नाटक संगीत से जुड़े हैं।
- **कर्नाटक संगीत** दक्षिण भारत की एक शैली है।
- कर्नाटक संगीत हिन्दू देवी-देवताओं को सम्बोधित करता है। इसके दो मुख्य भाग **राग** और **ताल** होते हैं।
- **पुरन्दर दास** को **कर्नाटक संगीत के जनक** के रूप में जाना जाता है।

116. कथक तीन अलग-अलग रूपों में पाया जाता है, जिन्हें 'घराना' कहा जाता है, जिनका नाम उन शहरों के नाम पर रखा गया है, जहाँ कथक नृत्य की परम्परा विकसित हुई थी। उन तीन शहरों के नाम बताइए।
SSC CGL Tier-1 26.07.2023 (Shift-I)
(a) जयपुर, बनारस, लखनऊ
(b) प्रयागराज, तिरुवनन्तपुरम, सूरत
(c) अयोध्या, प्रयागराज, जयपुर
(d) बनारस, अयोध्या, लखनऊ

उत्तर (a)
- कथक नृत्य की परम्परा जयपुर, बनारस व लखनऊ शहरों में शुरू हुई।
- कथक नृत्य जयपुर घराने में पैरों की ताल पर केन्द्रित होता है, जबकि बनारस और लखनऊ घराने में चेहरे के भाव और हाथों की क्रियाकलापों पर केन्द्रित होता है।
- कथक का अर्थ-**कहानी कहना** है। इस नृत्य को **नटवरी नृत्य** के नाम से भी जाना जाता है।
- पुरुष और महिलाएँ दोनों इस नृत्य को करते हैं। मुगलों के समय में इस नृत्य को विशेष ख्याति मिली थी।

117. पद्म भूषण पुरस्कार से सम्मानित, अलार्मेल वल्ली जो भरतनाट्यम के लिए प्रसिद्ध हैं, निम्नलिखित में से किस अन्य नृत्य शैली की भी प्रतिपादक हैं?
SSC CGL Tier-1 26.07.2023 (Shift-I)
(a) ओडिसी (b) कथकली
(c) कुचिपुड़ी (d) कथक

उत्तर (a)
- पद्म भूषण पुरस्कार से सम्मानित अलार्मेल वल्ली ओडिसी नृत्य शैली की भी प्रतिपादक हैं।
- ओडिसी नृत्य का जन्म मन्दिर में नृत्य करने वाली देव-दासियों के नृत्य से हुआ था।
- यह नृत्य भगवान कृष्ण को समर्पित है। इस नृत्य को **शास्त्रीय नृत्य का दर्जा** वर्ष 1956 में मिला था।
- भारत में कुल **9 शास्त्रीय नृत्य** हैं।

118. भोरताल नृत्य ……… में प्रसिद्ध है।
SSC CGL Tier-1 26.07.2023 (Shift-II)
(a) असम (b) ओडिशा (c) पंजाब (d) मध्य प्रदेश

उत्तर (a)
- **असम** का भोरताल नृत्य नरहरि **बुरहा भक्तों द्वारा विकसित** किया गया था।
- इस नृत्य को राज्य के बरपेटा और गुवाहाटी में त्योहारों के अवसर पर किया जाता है।
- इस नृत्य को करते समय नर्तक धोती, गमोसी व पगड़ी जैसी पारम्परिक पोशाक पहनते हैं।

119. निम्नलिखित में से शास्त्रीय नर्तकों का कौन-सा समूह कथक से सम्बन्धित है?
SSC CGL Tier-1 26.07.2023 (Shift-II)
(a) सितारा देवी, शाश्वती सेन और उर्मिला नागर
(b) यामिनी कृष्णमूर्ति, शोभा नायडू और स्वप्नसुन्दरी
(c) कुमकुम मोहन्ती, सोनल मानसिंह और किरण सहगल
(d) अलरमेल वल्ली, मालविका सरूक्कई और सुचेता चापेकर

उत्तर (a)
- शास्त्रीय नर्तकी सितारा देवी, शाश्वती सेन और उर्मिला नागर कथक से सम्बन्धित हैं।
- यह नृत्य 9 भारतीय शास्त्रीय नृत्यों में से एक है।
- अवध के **अन्तिम नवाब वाजिद अली शाह** के संरक्षण में यह नृत्य एक प्रमुख कला के रूप में विकसित हुआ।
- कथक शास्त्रीय नृत्य का एकमात्र सम्बन्ध **हिन्दुस्तानी** या **उत्तर भारतीय संगीत** से है।

120. लाई हारोबा भारत के निम्नलिखित शास्त्रीय नृत्यों में से किसका प्रारम्भिक रूप है?
SSC CGL Tier-1 26.07.2023 (Shift-III)
(a) मोहिनीअट्टम (b) मणिपुरी
(c) सत्रीया (d) कथकली

उत्तर (b)
• लाई हारोबा शास्त्रीय नृत्य मणिपुरी नृत्य का प्रारम्भिक रूप है।
• इसे **मीताई जनजाति** के लोग मनाते हैं।
• लाई हारोबा का शाब्दिक अर्थ है—**देवताओं का आनन्द**।

121. ढालो, भारत के किस राज्य का लोकनृत्य है?
SSC CGL Tier-1 26.07.2023 (Shift-IV)
(a) उत्तर प्रदेश (b) मध्य प्रदेश
(c) गोवा (d) तमिलनाडु

उत्तर (c)
• ढालो, गोवा राज्य का लोकनृत्य है।
• यह नृत्य महिलाओं द्वारा किया जाता है, जिसमें महिलाएँ अपने परिवारों की सुरक्षा की प्रार्थना करतीहैं।
• इस नृत्य में भण्डारी, नाइक, गौड़ी समुदाय की महिलाएँ शामिल होती हैं।

122. .... का एक स्वागत नृत्य है।
SSC CGL Tier-1 26.07.2023 (Shift-IV)
(a) बांग्लादेश (b) भूटान
(c) अफगानिस्तान (d) श्रीलंका

उत्तर (b)
• **भूटान** का जोनपा लेगसो नृत्य किसी विशेष कार्यक्रम या विशेष अवसर पर **अतिथियों के स्वागत** में प्रस्तुत किया जाने वाला नृत्य है।
• भूटान के अन्य नृत्यों में ड्रामेत्से नगाचम (धार्मिक मुखौटा नृत्य), लयब नृत्य (खानाबदोश नृत्य), थाक छाम नृत्य, दोयब नृत्य आदि हैं।

123. पुरी के जगन्नाथ मन्दिर में किस भारतीय शास्त्रीय नृत्य शैली को चित्रित किया गया है?
SSC CGL Tier-1 27.07.2023 (Shift-I)
(a) कुचिपुड़ी (b) कथक
(c) भरतनाट्यम (d) ओडिसी

उत्तर (d)
• पुरी का प्रसिद्ध जगन्नाथ मन्दिर **ओडिशा** में स्थित है, इस मन्दिर में भारतीय शास्त्रीय नृत्य ओडिसी की नृत्य शैली को चित्रित किया गया है।
• **13वीं शताब्दी** में यह मन्दिर ओडिशा की धार्मिक परम्परा का प्रतीक बन गया।
• इस मन्दिर में 10वीं से 14वीं शताब्दी की **मूर्तिकला** तथा **भित्तिकला** में ओडिसी नर्तकों को दर्शाया गया है।

इस मन्दिर निर्माण में **कलिंग शैली** का प्रयोग किया गया है।
इसका निर्माण वर्मन वंश के **अनन्तवर्मन चोडगंग देव** द्वारा आरम्भ करवाया गया था।

124. 'माटी-अखोरा' भारत के निम्नलिखित में से किस शास्त्रीय नृत्य से सम्बन्धित है?
SSC CGL Tier-1 27.07.2023 (Shift-II)
(a) सत्रीया (b) कथकली
(c) कथक (d) ओडिसी

उत्तर (a)
• माटी-अखोरा बुनियादी व्यायाम करने की कला है, जो सत्रीया नृत्य से सम्बन्धित हैं।
• यह नृत्य असम का शास्त्रीय नृत्य है। इस नृत्य के संस्थापक **महान सन्त श्रीमानता शंकरदेव** हैं।

125. 'नलचरितम्' नाटक किस भारतीय नृत्य शैली से सम्बन्धित है?
SSC CGL Tier-1 27.07.2023 (Shift-III)
(a) ओडिसी (b) कथक
(c) सत्रीया (d) कथकली

उत्तर (d)
• नलचरितम् नाटक भारतीय नृत्य शैली **कथकली** से सम्बन्धित है।
• इस नृत्य कला शैली का जन्म 300 वर्ष पूर्व केरल के तटों पर हुआ था।
• कथकली की उत्पत्ति **कूटियाट्टम**, **कृष्णनाट्टम** और **कलरिप्पट्टू** जैसे अन्य कला रूपों से मानी जाती है।
• केरल कलामण्डलम को पारम्परिक रूप से **कथकली के प्रशिक्षण के अग्रणी** केन्द्रों में गिना जाता है।

126. पण्डित रामनारायण निम्नलिखित में से किस वाद्ययन्त्र से सम्बन्धित थे?
SSC CGL Tier-1 27.07.2023 (Shift-III)
SSC MTS 13.07.2022 (Shift-I)
(a) बाँसुरी (b) सारंगी (c) तबला (d) घटम

उत्तर (b)
• **सारंगी** वाद्ययन्त्र से सम्बद्ध पण्डित राम नारायण का जन्म 12 अप्रैल, 1927 को उत्तर-पश्चिमी भारत के उदयपुर के निकट अम्बेर में हुआ।
• वर्ष **2005** में भारत सरकार ने उन्हें द्वितीय सर्वोच्च नागरिक सम्मान **पद्म विभूषण** से सम्मानित किया।

127. कथक के बनारस घराने के संस्थापक कौन थे?
SSC CGL Tier-1 27.07.2023 (Shift-III)
(a) शम्भू महाराज (b) ईश्वरी प्रसाद
(c) राजा चक्रधर सिंह (d) जानकी प्रसाद

उत्तर (d)
• **जानकी प्रसाद** मूल रूप से **बीकानेर** के रहने वाले थे, इन्होंने **बनारस घराने** की स्थापना की थी।
• बनारस घराना भारतीय तबला वादन के छः प्रसिद्ध घरानों में से एक है।
• बनारस घराना अपनी सुन्दर और तरल गतिविधियों और अभिव्यक्तियों के लिए जाना जाता है।

SSC CGL 2022 (Tier 1 & 2)

128. निम्नलिखित में से किसे भारतीय शास्त्रीय संगीत में 'सरोद सम्राट' के नाम से जाना जाता है?
SSC CGL Tier-1 01.12.2022 (Shift-I)
SSC CHSL Tier-1 14.08.2023 (Shift-IV)
(a) किशन महाराज (b) आमिर अली खान
(c) अमजद अली खान
(d) पण्डित रविशंकर प्रसाद

उत्तर (c)
• अमजद अली खान को 'सरोद सम्राट' के रूप में जाना जाता है, इनका जन्म अक्टूबर, 1945 में **मध्य प्रदेश** के ग्वालियर में हुआ था।
• ये अपने स्पष्ट एवं तेज **एखरा तान** के लिए प्रसिद्ध हैं।
• इन्हें वर्ष 2001 में भारत का दूसरे **सर्वोच्च नागरिक सम्मान पद्म विभूषण** से सम्मानित किया गया था।

129. निम्नलिखित संगीतकारों में से किसने दक्षिण अफ्रीका के **बाँसुरी वादक वूंटर केलरमैन** (Wouter Kellerman) के साथ मिलकर बनाए गए अपने एल्बम 'विण्ड्स ऑफ संसार' के लिए वर्ष 2015 में 57वाँ ग्रैमी पुरस्कार जीता?
SSC CGL Tier-1 01.12.2022 (Shift-I)
(a) मनो मूर्ति (b) रिकी केज
(c) रघु दीक्षित (d) सुभाशीष घोष

उत्तर (b)
• रिकी केज बाँसुरी वादक वूंटर केलरमैन (Wouter Kellerman) के साथ मिलकर बनाए गए अपने एल्बम 'विण्ड्स ऑफ संसार' के लिए वर्ष 2015 में **57वाँ ग्रैमी पुरस्कार** जीता।
• भारतीय संगीतकार रिकी केज को अपने एल्बम **बेस्ट न्यू एज एल्बम** के लिए 67वें ग्रैमी पुरस्कार के लिए नामांकित किया गया है।
• तबला वादक **जाकिर हुसैन** व **गायक शंकर**, **महादेवन** के फ्यूजन संगीत समूह **शक्ति** ने 'दिस मोमेण्ट' (This moment) के लिए सर्वश्रेष्ठ वैश्विक संगीत एल्बम का 66वाँ ग्रैमी पुरस्कार (2024) जीता।

130. अब्दुल करीम खान हिन्दुस्तानी संगीत के किस स्कूल के प्रतिपादक थे?
SSC CGL Tier-1 01.12.2022 (Shift-II)
(a) किराना घराना
(b) जयपुर घराना
(c) दिल्ली घराना
(d) ग्वालियर घराना

उत्तर (a)
• **किराना घराना** वर्तमान में उत्तर प्रदेश के शामली जिले के कैराना/किराना में है।
• यह घराना प्रमुख भारतीय शास्त्रीय संगीत ख्याल घरानों में से एक है और इसे आधुनिक भारतीय शास्त्रीय संगीत में एक महत्त्वपूर्ण शैली के रूप में 19वीं शताब्दी के अन्त तथा 20वीं शताब्दी के शुरू में संगीतकार **अब्दुल करीम खान एवं अब्दुल वाहिद खान** द्वारा स्थापित किया गया था।

131. निम्नलिखित में से कौन-सी लोकनृत्य शैली गुजरात राज्य से सम्बन्धित नहीं है?
SSC CGL Tier-1 01.12.2022 (Shift-II)
(a) डाण्डिया (b) गरबा
(c) बिदेसिया (d) बिछुड़ो

उत्तर (c)
• **बिदेसिया** लोकनृत्य शैली गुजरात राज्य से सम्बन्धित नहीं है।
• **बिदेसिया** नृत्य का सम्बन्ध **बिहार** राज्य से है, जबकि **डाण्डिया रास**, **गरबा** एवं **बिछुड़ो लोकनृत्य** गुजरात से सम्बन्धित हैं।
• गुजरात के लोकनृत्य विशिष्ट गुजराती संस्कृति एवं परम्परा की पहचान हैं।

132. निम्नलिखित शास्त्रीय नर्तकियों में से किसे वर्ष 2003 में पद्म विभूषण पुरस्कार से सम्मानित किया गया था?
SSC CGL Tier-1 01.12.2022 (Shift-II)
(a) सोनल मानसिंह (b) सुनयना हजारीलाल
(c) शोवना नारायण (d) कुमुदिनी लाखिया

उत्तर (a)

• वर्ष 2003 में सोनल मानसिंह को पद्म विभूषण पुरस्कार से सम्मानित किया गया था।
• पद्म विभूषण पुरस्कार प्राप्त करने वाली सोनल मानसिंह **पहली भारतीय महिला नर्तकी** बनीं।
• सोनल मानसिंह को वर्ष 1992 में सबसे कम आयु की प्राप्तकर्ता के रूप में **पद्म भूषण** पुरस्कार से सम्मानित किया गया।

133. लोकनृत्य तरंगमेल निम्नलिखित में से किस राज्य से सम्बन्धित है?
SSC CGL Tier-1 01.12.2022 (Shift-III)
(a) केरल (b) मध्य प्रदेश
(c) तमिलनाडु (d) गोवा

उत्तर (d)

• **गोवा** का लोकनृत्य तरंगमेल दशहरा एवं होली के दौरान किया जाता है।
• यह नृत्य गाँवों की खुशहाली और सुख-समृद्धि के लिए किया जाता है।
• तरंगमेल में नर्तक रंग-बिरंगे परिधान पहनते हैं, जो इसे आकर्षक नृत्य बनाते हैं। इसमें **ढोल** और **रोमुट** जैसे वाद्ययन्त्र प्रयोग किए जाते हैं।

134. निम्नलिखित में से कौन पण्डित रविशंकर के गुरु थे? SSC CGL Tier-1 01.12.2022 (Shift-III)
(a) बिस्मिल्लाह खान (b) अली अकबर खान
(c) अमजद अली खान (d) अलाउद्दीन खान

उत्तर (d)

• **सितारवादक** और **संगीतज्ञ अलाउद्दीन खान** पण्डित रविशंकर के गुरु थे।
• पण्डित रविशंकर को वर्ष 1992 में '**भारत रत्न**' पुरस्कार से सम्मानित किया गया।
• उस्ताद अलाउद्दीन खान व पण्डित रविशंकर का सम्बन्ध 'सरोद' वाद्ययन्त्र से है।

135. निम्नलिखित में से कौन-सा लोकनृत्य मध्य प्रदेश राज्य से सम्बन्धित नहीं है?
SSC CGL Tier-1 01.12.2022 (Shift-IV)
(a) फूलपति (b) लाहो
(c) मटकी (d) जवारा

उत्तर (b)

• लाहो लोकनृत्य का सम्बन्ध मध्य प्रदेश राज्य से नहीं है। **'लाहो'** लोकनृत्य मूलरूप से भारतीय राज्य मेघालय में **जनिता जनजाति** द्वारा किया जाता है।
• फूलपति, मटकी एवं जवारा मध्य प्रदेश से सम्बन्धित लोकनृत्य हैं।

136. निम्नलिखित में से कौन-सी नृत्य शैली अरुणाचल प्रदेश राज्य से सम्बन्धित है?
SSC CGL Tier-1 02.12.2022 (Shift-I)
(a) धमान (b) बुइया (c) पंवरिया (d) गरबा

उत्तर (b)

• बुइया नृत्य शैली, अरुणाचल प्रदेश राज्य से सम्बन्धित है।
• महत्त्वपूर्ण आदिवासी अवसरों पर बुइया नृत्य प्रस्तुत किया जाता है। इसे **दिगारू मिश्मिस** नृत्य भी कहते हैं।
• बुइया नृत्य प्रायः **ढोल** और **गोंग** की ताल के साथ किया जाता है। इस नृत्य में कलाकार पारम्परिक पोशाक पहनते हैं।

137. संगीतकारों और उनके वाद्ययन्त्रों का निम्नलिखित में से कौन-सा युग्म गलत है?
SSC CGL Tier-1 02.12.2022 (Shift-I)
(a) के. वैद्यनाथन - सितार
(b) उस्ताद विलायत खान - सितार
(c) पं. रामनारायण - सारंगी
(d) बिस्मिल्लाह खान - शहनाई

उत्तर (a)

• सही उत्तर विकल्प (a) है। के. वैद्यनाथन **वायलिन वादक** हैं। ये कर्नाटक संगीत शैली से सम्बद्ध हैं।
• भारत सरकार द्वारा इन्हें **पद्मश्री व संगीत नाटक अकादमी** (1993) से सम्मानित किया गया।
• वर्ष 1996 में इन्हें **इण्डियन फाइन आर्ट्स सोसाइटी** द्वारा संगीत कला शिक्षामनी पुरस्कार से सम्मानित किया गया।

138. बिम्बावती देवी किस भारतीय नृत्य शैली की प्रतिपादक हैं? SSC CGL Tier-1 02.12.2022 (Shift-I)
(a) छऊ (b) कथकली
(c) ओडिसी (d) मणिपुरी

उत्तर (d)

• बिम्बावती देवी **मणिपुरी** नृत्य शैली की प्रतिपादक हैं व इन्होंने इसके अतिरिक्त **पुंग** (मणिपुरी मृदंग) में भी प्रशिक्षण लिया है।
• वर्ष 2004 में इन्हें **संस्कृति पुरस्कार** से भी सम्मानित किया गया था।
• मणिपुर नर्तक व कलाकार **गुरु बिपिन सिंह** व गुरु कलावती देवी, बिम्बावती देवी के माता-पिता हैं।
• वह मणिपुर नृत्यालय की एकल प्रदर्शनकारी और एकल कलाकार हैं।

139. कुचिपुड़ी शास्त्रीय नृत्य किस प्रकार के संगीत से सम्बन्धित है?
SSC CGL Tier-1 02.12.2022 (Shift-II)
(a) कर्नाटक संगीत (b) कजरी
(c) हिन्दुस्तानी संगीत (d) चैती

उत्तर (a)

• कुचिपुड़ी आन्ध्र प्रदेश की प्रसिद्ध नृत्य शैली है, जो कर्नाटक संगीत से सम्बन्धित है।
• कुचिपुड़ी, एक नृत्य **नाटिका प्रदर्शन** है, जो प्राचीनकाल में पुरुषों तक ही सीमित था। हिन्दू पौराणिक कथाओं की कहानियाँ और लोगों के बीच अपना सन्देश लाता है।
• कुचिपुड़ी, भारत के 9 शास्त्रीय नृत्यों में से एक है।

140. रोशन कुमारी किस भारतीय शास्त्रीय नृत्य शैली की प्रतिपादक हैं?
SSC CGL Tier-1 02.12.2022 (Shift-IV)
(a) भरतनाट्यम (b) कथक
(c) कथकली (d) ओडिसी

उत्तर (b)

• रोशन कुमारी कथक की प्रसिद्ध भारतीय शास्त्रीय **नृत्यांगना, अभिनेत्री** एवं **कोरियोग्राफर** हैं।
• यह **जयपुर घराने** की प्रमुख कथक नृत्यांगना हैं, जिन्हें वर्ष 1984 में **पद्मश्री** पुरस्कार से सम्मानित किया गया।
• ये मुम्बई के नृत्यकला केन्द्र की संस्थापक हैं, जो कथक के विकास हेतु समर्पित एक संस्था है।

141. वर्ष 2012 में बिरजू महाराज को निम्नलिखित में से किस पुरस्कार से सम्मानित किया गया था?
SSC CGL Tier-1 02.12.2022 (Shift-IV)
(a) संगीत नाटक अकादमी पुरस्कार
(b) राष्ट्रीय फिल्म पुरस्कार
(c) फिल्मफेयर पुरस्कार
(d) संगम कला पुरस्कार

उत्तर (b)

• वर्ष 2012 में **राष्ट्रीय फिल्म पुरस्कार प्राप्तकर्ता** पण्डित बिरजू महाराज प्रसिद्ध भारतीय नर्तक, संगीतकार, गायक तथा भारत के कथक नृत्य के लखनऊ, कालका तथा बिन्दादीन घराने के प्रतिपादक थे।
• इन्हें वर्ष 2012 में उन्नैकानाथु (विश्वरूपम) के लिए सर्वश्रेष्ठ कोरियोग्राफी के लिए **राष्ट्रीय फिल्म पुरस्कार** से सम्मानित किया गया था।
• वर्ष 2022 में इनका निधन हो गया।

142. मैहर दरबार किस राज्य में है, जहाँ बाबा अलाउद्दीन खान संगीतकार थे?
SSC CGL Tier-1 02.12.2022 (Shift-III)
(a) उत्तर प्रदेश (b) मध्य प्रदेश
(c) त्रिपुरा (d) छत्तीसगढ़

उत्तर (b)

• **मध्य प्रदेश** के बाबा अलाउद्दीन खान **सरोद वादक** थे और उन्होंने भारतीय संगीत के सबसे बड़े घरानों में से एक मैहर घराने की भी नींव रखी थी।
• यह मैहर दरबार के प्रमुख **संगीतकार** थे। ये **पण्डित रविशंकर** एवं **अल्ला रक्खा खाँ** के संगीत गुरु थे।

143. निम्नलिखित में से कौन एक अग्रणी नृत्य शिक्षाविद् और एक प्रमुख मोहिनीअट्टम प्रतिपादक के रूप में जाने जाते/जानी जाती हैं?
SSC CGL Tier-1 02.12.2022 (Shift-III)
(a) माधवी मुद्गल
(b) शगुन भूटानी
(c) मोहनराव कलियांपुरकार
(d) डॉ. कनक रेले

उत्तर (d)

• मराठी नृत्यांगना डॉ. कनक रेले **मोहिनीअट्टम नृत्य शैली** के प्रतिपादक के रूप में जानी जाती हैं।
• इन्होंने वर्ष 1966 में **नालन्दा नृत्य उत्सव अनुसन्धान केन्द्र** तथा **नालन्दा नृत्य कला महाविद्यालय** की स्थापना की।
• मोहिनीअट्टम एक भारतीय शास्त्रीय नृत्य शैली है, जिसका विकास केरल राज्य में हुआ था। यह नृत्य नाट्यशास्त्र में वर्णित शैली का अनुसरण करता है।

144. निम्नलिखित में से किस भारतीय शास्त्रीय नृत्य रूप में पात्रों को प्रतीक के रूप में प्रस्तुत करने के लिए उनके चेहरों पर विभिन्न रंगों का उपयोग किया जाता है?
SSC CGL Tier-1 02.12.2022 (Shift-III)
(a) भरतनाट्यम (b) ओडिसी
(c) मोहिनीअट्टम (d) कथकली

उत्तर (d)
• भारतीय शास्त्रीय नृत्य कथकली में पात्रों को प्रतीक के रूप में प्रस्तुत करने के लिए उनके चेहरों पर विभिन्न रंगों का उपयोग किया जाता है।
• शास्त्रीय नृत्य कथकली की उत्पत्ति केरल राज्य से मानी जाती है। इस नृत्य की **वेशभूषा, रंगीन** एवं **विविधतापूर्ण** होती है।

145. हिन्दुस्तानी शास्त्रीय संगीत की एक प्रतिपादक गंगूबाई हंगल एक प्रख्यात ख्याल गायिका थीं, जो हिन्दुस्तानी संगीत के ……… घराने से सम्बन्धित थीं। **SSC CGL Tier-1 03.12.2022 (Shift-I)**
(a) आगरा (b) पटियाला
(c) ग्वालियर (d) किराना

उत्तर (d)
• हिन्दुस्तानी शास्त्रीय संगीत की प्रतिपादक गंगूबाई हंगल का सम्बन्ध किराना घराना से है।
• इन्हें वर्ष 1962 में **कर्नाटक संगीत नृत्य अकादमी पुरस्कार,** 1971 में **पद्म भूषण** और 2002 में **पद्म विभूषण** से सम्मानित किया गया।
• गंगूबाई ने स्वतन्त्र भारत में ख्याल गायिकी की पहचान बनाने में महत्त्वपूर्ण भूमिका निभाई।
• इनकी आत्मकथा 'नन्ना बदुकिना हादु' (मेरे जीवन का संगीत) शीर्षक से प्रकाशित हुई।

146. जट-जटिनी किस भारतीय राज्य का लोकनृत्य है? **SSC CGL Tier-1 01.12.2022 (Shift-III)**
(a) ओडिशा (b) पश्चिम बंगाल
(c) मणिपुर (d) बिहार

उत्तर (d)
• जट-जटिनी नृत्य बिहार के उत्तरी भागों और विशेषत: मिथिलांचल में लोकप्रिय है।
• यह नृत्य विधा एक विवाहित दम्पति के बीच में कोमल प्रेम तथा मीठी नोंक-झोंक को अनोखे ढंग से प्रस्तुत करती है।

147. निम्नलिखित में से कौन-सा लोकनृत्य मुख्य रूप से भारतीय राज्य बिहार में किया जाता है?
SSC CGL Tier-1 03.12.2022 (Shift-III)
(a) घूमर (b) बिदेसिया
(c) कलबेलिया (d) कुम्मट्टी

उत्तर (b)
• **बिदेसिया** नृत्य विधा में, विदेश जाते या चले गए पति के साथ पत्नी की वार्ता का करुण दृश्य प्रस्तुत किया जाता है। यह लोकनृत्य मुख्य रूप से बिहार राज्य में किया जाता है।

148. मोहिनीअट्टम नृत्य शैली की उत्पत्ति किस राज्य से हुई है? **SSC CGL Tier-1 03.12.2022 (Shift-IV)**
SSC CPO 04.11.2023 (Shift-II)
SSC MTS 12.07.2022 (Shift-I)
(a) महाराष्ट्र (b) तमिलनाडु
(c) कर्नाटक (d) केरल

उत्तर (d)
• मोहिनीअट्टम नृत्य शैली की उत्पत्ति केरल राज्य में हुई है।
मोहिनीअट्टम नाम **मोहिनी** शब्द से लिया गया है, जो भगवान विष्णु का स्त्री रूप है, जिसका अर्थ है, **मोहिनी का नृत्य।**
• मोहिनीअट्टम, केरल में प्रचलित नाट्यशास्त्र की **लास्य शैली** पर आधारित है।

149. सिक्किम में प्रतिवर्ष मनाया जाने वाला एक प्रथागत नृत्य उत्सव काग्येद नृत्य किस महीने में होता है? **SSC CGL Tier-1 03.12.2022 (Shift-IV)**
(a) अगस्त (b) अक्टूबर
(c) मई (d) दिसम्बर

उत्तर (d)
• काग्येद नृत्य सिक्किम के **बौद्धों द्वारा** दिसम्बर में मनाया जाने वाला एक वार्षिक नृत्य उत्सव है।
• इस त्योहार में भिक्षु पारम्परिक पोशाक पहनते हैं और तलवारों व मुखौटों के साथ गूँजते ड्रम और तुरही की लय के साथ नर्तक झूमते हैं।

150. एक भारतीय संगीतकार के सम्मान में, अमेरिकी राज्य मैसाचुसेट्स ने वर्ष 1984 में 20 अप्रैल को ……… के रूप में घोषित किया था।
SSC CGL Tier-1 05.12.2022 (Shift-I)
SSC MTS 11.09.2023 (Shift-II)
(a) अमजद अली खान दिवस
(b) शरण रानी बैकलीवाल दिवस
(c) अलाउद्दीन खान दिवस
(d) सखावत हुसैन दिवस

उत्तर (a)
• **अमजद अली खान** के सम्मान में मैसाचुसेट्स ने 1984 में 20 अप्रैल को 'अमजद अली खान' दिवस के रूप में घोषित किया था।
• वे प्रसिद्ध **सरोद वादक** हैं, उनका जन्म 9 अक्टूबर, 1945 को ग्वालियर के संगीत घराना **सोनिया बंगश** में हुआ था।
• वर्ष 1971 में उन्होंने एशियाई अन्तर्राष्ट्रीय संगीत सम्मेलन में **रोस्टम पुरस्कार** प्राप्त किया था।
• भारत सरकार द्वारा उन्हें वर्ष 1991 में पद्म भूषण, वर्ष 2001 में पद्म विभूषण व वर्ष 1989 में संगीत नाटक अकादमी पुरस्कार से सम्मानित किया गया।

151. रुक्मिणी देवी अरुण्डेल निम्नलिखित में से किस भारतीय शास्त्रीय नृत्य शैली की एक प्रतिपादक हैं? **SSC CGL Tier-1 05.12.2022 (Shift-I)**
SSC GD 22.02.2024 (Shift-I)
SSC CGL Tier-1 06.12.2022 (Shift-IV)
SSC MTS 08.09.2023 (Shift-II)
(a) भरतनाट्यम (b) सत्रीया
(c) मणिपुरी (d) ओडिसी

उत्तर (a)
• रुक्मिणी देवी अरुण्डेल **भरतनाट्यम** नृत्य शैली की प्रतिपादक हैं।
• उनका जन्म 29 फरवरी, वर्ष 1904 को तमिलनाडु के मदुरै जिले में एक ब्राह्मण परिवार में हुआ था।
• भारत सरकार द्वारा उन्हें वर्ष **1956** में पद्म भूषण, वर्ष 1957 में संगीत नाटक अवॉर्ड से सम्मानित किया गया।

152. निम्नलिखित में से किस नृत्य शैली का उल्लेख 'व्यवहारमाला' नामक प्राचीन ग्रन्थ में मिलता है?
(a) ओडिसी (b) मोहिनीअट्टम
(c) सत्रीया (d) मणिपुरी

उत्तर (b)
• मोहिनीअट्टम नृत्य शैली का उल्लेख 'व्यवहारमाला' नामक प्राचीन ग्रन्थ में मिलता है।
• **मझुमगलम नारायण नंपुतिरि** द्वारा **1709** को रचना **व्यवहार माला** और कवि कुंजन नाम्बियर द्वारा बाद की कविता घोषणा-पत्र इन दोनों में ही 'मोहिनीअट्टम' का सन्दर्भ है।
• मोहिनीअट्टम भारत के **केरल** राज्य का शास्त्रीय नृत्य है।
• यह परम्परागत रूप से व्यापक प्रशिक्षण के बाद महिलाओं द्वारा किया जाने वाला एक एकल नृत्य है।

153. जागोई और चोलोम किस शास्त्रीय नृत्य के दो मुख्य भाग हैं?
SSC CGL Tier-1 05.12.2022 (Shift-III)
(a) मणिपुरी (b) भरतनाटयम्
(c) ओडिसी (d) मोहिनीअट्टम

उत्तर (a)
• जागोई और चोलोम मणिपुरी शास्त्रीय नृत्य के दो मुख्य भाग हैं।
• मणिपुरी नृत्य मुख्यत: हिन्दू वैष्णव प्रसंगों पर आधारित होता है, जिसमें **राधा और कृष्ण** के **प्रेम प्रसंग** प्रमुख हैं।
• यह नृत्य 18वीं शताब्दी में **वैष्णव सम्प्रदाय** के साथ विकसित हुआ।
• जागोई तथा चोलोम के दो भागों में एक सौम्य और दूसरा ओजपूर्ण है, जो संस्कृत साहित्य में वर्णित **लास्य** और **ताण्डव** तत्वों के अनुरूप है।

154. निम्नलिखित भारतीय शास्त्रीय संगीतकारों में से किसके नाम पर तेहरान, ईरान में एक सभागार है? **SSC CGL Tier-1 05.12.2022 (Shift-III)**
(a) उस्ताद सुल्तान खान
(b) उस्ताद जाकिर हुसैन
(c) उस्ताद बिस्मिल्लाह खान
(d) उस्ताद विलायत खान

उत्तर (c)
• **उस्ताद बिस्मिल्लाह** के नाम पर तेहरान, ईरान में एक सभागार है। वे हिन्दुस्तान के प्रख्यात शहनाई वादक थे,
• वर्ष 2001 में उन्हें भारत के सर्वोच्च सम्मान **भारत रत्न** से सम्मानित किया गया।
• वर्ष 1956 में इन्हें संगीत नाटक अकादमी पुरस्कार मिला।

155. निम्नलिखित में से कौन-सा ओडिशा का एक प्रसिद्ध लोकनृत्य है?
SSC CGL Tier-1 05.12.2022 (Shift-IV)
(a) कलबेलिया (b) बिरहा
(c) रंगबती (d) घूमर

उत्तर (c)
• रंगबती, ओडिशा का एक प्रसिद्ध लोकनृत्य है। ओडिशा के अन्य नृत्य, सवारी, घूमर, पैंरास मुनारी, छऊ हैं।

• **कलबेलिया**, **घूमर** राजस्थान और **बिरहा** उत्तर प्रदेश से सम्बन्धित लोकनृत्य हैं।
• सामान्यत: लोकनृत्य क्षेत्र विशेष से सम्बन्धित होता है और यह उस क्षेत्र की भाषा, संस्कृति और संस्कार को समावेशित कर लेता है।

156. सुनन्दा नायर निम्नलिखित में से किस नृत्य शैली के प्रदर्शन के लिए प्रसिद्ध हैं?
SSC CGL Tier-1 06.12.2022 (Shift-I)
(a) कथक (b) ओडिसी
(c) यक्षगान (d) मोहिनीअट्टम

उत्तर (d)
• **सुनन्दा नायर मोहिनीअट्टम** नृत्य शैली से सम्बन्धित हैं, यह मुम्बई विश्वविद्यालय से सम्बद्ध नालन्दा नृत्य कला महाविद्यालय से मोहिनीअट्टम में स्नातकोत्तर उपाधि प्राप्त करने वाली भारत की पहली छात्रा हैं।
• वे मोहिनीअट्टम की प्रसिद्ध पद्म भूषण **डॉ. कनक रेले** की शिष्या हैं।
• इन्हें ग्लोबर मन्नम पुरस्कार, नृत्य सेवामणि पुरस्कार तथा कई अन्य पुरस्कारों से सम्मानित किया गया।

157. निम्नलिखित में किसे हिन्दुस्तानी संगीत के कई राग और धुनें तैयार करने का श्रेय दिया जाता है? **SSC CGL Tier-1 06.12.2022 (Shift-I)**
(a) राजा मानसिंह (b) राजा बीरबल
(c) तानसेन (d) टोडरमल

उत्तर (c)
• तानसेन को हिन्दुस्तानी संगीत के कई राग और धुनें तैयार करने का श्रेय जाता है।
• **तानसेन** या **रामतनु हिन्दुस्तानी** शास्त्रीय संगीत के एक महान ज्ञाता थे। वे सम्राट अकबर के नवरत्नों में से एक थे।
• तानसेन ने **मियाँ की मल्हार, दरबारी कान्हड़ा, गूजरी टोडी** या **मियाँ की टोड़ी** रागों का सृजन किया।

158. रानी कर्ण नायक, जिन्हें वर्ष 2014 में पद्मश्री से सम्मानित किया गया था, एक .... नर्तकी थीं। **SSC CGL Tier-1 06.12.2022 (Shift-I)**
(a) ओडिसी (b) कथक
(c) मोहिनीअट्टम (d) कथकली

उत्तर (b)
• रानी कर्ण नायक, जिन्हें वर्ष 2014 में पद्मश्री से सम्मानित किया गया। एक कथक नर्तकी थी।
• इनको उप-राष्ट्रपति द्वारा **स्वर्ण पदक, संगीत नाटक अकादमी पुरस्कार** से भी सम्मानित किया गया।

159. सुन्दरम बालाचन्दर निम्नलिखित में से किस वाद्ययन्त्र के मुख्य वादक रहे हैं?
SSC CGL Tier-1 06.12.2022 (Shift-II)
(a) मृदंगम (b) सन्तूर (c) वीणा (d) बाँसुरी

उत्तर (c)
• सुन्दरम बालाचन्दर वाद्ययन्त्र वीणा के मुख्य वादक हैं।
• इन्होंने वर्ष 1934 में तमिल फिल्म सीता कल्याणम में एक बाल कलाकार के रूप में अपने करियर की शुरुआत की थी।
• इन्हें वर्ष 1982 में **पद्म भूषण** से सम्मानित किया गया था।

160. निम्नलिखित में से किस नृत्य शैली की उत्पत्ति दक्षिण भारत में नहीं हुई थी?
SSC CGL Tier-1 06.12.2022 (Shift-III)
(a) भरतनाट्यम (b) कुचिपुड़ी
(c) कथकली (d) सत्रीया

उत्तर (d)
• सत्रीया नृत्य, 9 भारतीय शास्त्रीय नृत्य परम्पराओं में से एक है। इसकी उत्पत्ति असम राज्य में हुई है।
• यह नृत्य नाटक प्रदर्शन है, जिसकी उत्पत्ति असम के कृष्ण केन्द्रित वैष्णव मठों में हुई और इसका श्रेय 15वीं शताब्दी के भक्ति आन्दोलन के **विद्वान व सन्त श्रीमन्त शंकरदेव** को दिया जाता है।

161. निम्नलिखित में से कौन-सी लोकनृत्य शैली गुजरात राज्य से सम्बन्धित नहीं है?
SSC CGL Tier-1 06.12.2022 (Shift-IV)
(a) होजागिरी (b) गरबा
(c) डाण्डिया (d) भवाई

उत्तर (a)
• होजागिरी नृत्य गुजरात राज्य से सम्बन्धित नहीं है, यह नृत्य त्रिपुरा राज्य से सम्बन्धित है।
• **गरबा, डाण्डिया** एवं **भवाई** गुजरात राज्य के लोकनृत्य हैं।
• होजागिरी लोकनृत्य **रियांग समुदाय** में लड़कियों द्वारा किया जाता है।

162. निम्नलिखित में से कौन कथकली शास्त्रीय नृत्य का प्रसिद्ध कलाकार है?
SSC CGL Tier-1 07.12.2022 (Shift-II)
(a) सुनन्दा नायर (b) पंकज चरण दास
(c) गोपीनाथ (d) राजा रेड्डी

उत्तर (c)
• **पेरुमानूर गोपीनाथन पिल्लई** कथकली शास्त्रीय नृत्य के प्रसिद्ध कलाकार हैं, जिन्हें गुरु गोपीनाथ भी कहा जाता है।
• इन्होंने केरल के **कथकली शास्त्रीय नृत्य** को अन्तर्राष्ट्रीय स्तर पर पहुँचाने में अग्रणी भूमिका निभाई।

163. लोकनृत्य लेजिम निम्नलिखित में से किस भारतीय राज्य से सम्बन्धित है?
SSC CGL Tier-1 07.12.2022 (Shift-II)
SSC CGL Tier-1 18.08.2021 (Shift-I)
(a) अरुणाचल प्रदेश (b) केरल
(c) महाराष्ट्र (d) झारखण्ड

उत्तर (c)
• **महाराष्ट्र** में लेजिम को **लेजियम** भी कहा जाता है, जिसमें नर्तकियाँ लेजिम या लेजियम नामक छोटे-छोटे उपकरणों को ले जाती हैं।
• लेजिम में कम-से कम **20 नर्तक** होते हैं। ये नर्तक रंग-बिरंगे परिधानों को धारण करते हैं।
• महाराष्ट्र के अन्य महत्त्वपूर्ण नृत्य **लावणी, नकटा, कोली** तथा **गफा दहिकला** हैं।

164. 'नूपा' नृत्य किस भारतीय राज्य से सम्बन्धित है?
SSC CGL Tier-1 07.12.2022 (Shift-II)
(a) मणिपुर (b) तमिलनाडु
(c) कर्नाटक (d) झारखण्ड

उत्तर (a)
• **मणिपुर** में नूपा नृत्य को पाला, करतल बोलोम या सिम्बल नृत्य के रूप में भी जाना जाता है, जो एक समूह में पुरुषों के द्वारा किया जाता है।
• यह नृत्य और संगीत की अनूठी मणिपुरी शैली का प्रतिनिधित्व करता है।
• मणिपुर राज्य से सम्बन्धित अन्य नृत्य शैली, **थांग टा, लाई हरोबा, पुंग चोलोम, राखल** आदि हैं।

165. यामिनी कृष्णमूर्ति किस नृत्य शैली के लिए प्रसिद्ध हैं? **SSC CGL Tier-1 07.12.2022 (Shift-II)**
(a) मणिपुरी (b) भरतनाट्यम
(c) ओडिसी (d) यक्षगान

उत्तर (b)
• यामिनी कृष्णमूर्ति का **भरतनाट्यम और कुचिपुड़ी के प्रतिपादक** के रूप में अग्रणी स्थान है।
• ये एक भारतीय शास्त्रीय नृत्यांगना थीं, जिनका जन्म वर्ष 1940, कुड्डालोर (तमिलनाडु) में हुआ था।
• इन्हें वर्ष 2001 में भारत सरकार ने **कला क्षेत्र** में **पद्म भूषण** से सम्मानित किया था।

166. संगीत नाटक अकादमी, नई दिल्ली ने उस्ताद बिस्मिल्लाह खाँ युवा पुरस्कार की शुरुआत किस वर्ष से की थी?
SSC CGL Tier-1 07.12.2022 (Shift-III)
(a) वर्ष 2006 (b) वर्ष 2005
(c) वर्ष 2001 (d) वर्ष 2004

उत्तर (a)
• संगीत नाटक अकादमी, नई दिल्ली ने उस्ताद बिस्मिल्लाह खाँ युवा पुरस्कार पुरस्कार वर्ष 2006 में शुरू किया गया था। यह पुरस्कार **40 वर्ष से कम आयु** के उत्कृष्ट कलाकारों को दिया जाता है।
• इस पुरस्कार के अन्तर्गत **पाँच कार्यक्षेत्रों** को शामिल किया गया है
1. संगीत
2. नृत्य
3. थिएटर
4. प्रदर्शन कला में योगदान/छात्रवृत्ति
5. अन्य पारम्परिक/लोक/आदिवासी/नृत्य/संगीत /रंगमंच व कठपुतली।

167. निम्नलिखित में से कौन भारत में कथक नृत्य की प्रतिपादक हैं?
SSC CGL Tier-1 08.12.2022 (Shift-I)
(a) सुमन कल्याणपुर
(b) प्रेरणा श्रीमाली
(c) मोनाली ठाकुर
(d) उषा उत्थुप

उत्तर (b)
• प्रेरणा श्रीमाली भारत में कथक नृत्य की प्रतिपादक हैं। ये कथक के **जयपुर घराने** की वरिष्ठ नृत्यांगना हैं। इन्होंने **गुरु श्री कुन्दनलाल गंगानी** से नृत्य में प्रशिक्षण प्राप्त किया था।
• उन्हें वर्ष 2009 में **संगीत नाटक अकादमी पुरस्कार** से सम्मानित किया गया।
• उन्हें राजस्थान संगीत नाटक अकादमी पुरस्कार (1993) से सम्मानित किया गया।

168. पद्म भूषण किशोरी अमोनकर निम्नलिखित में से किस घराने से सम्बन्धित हैं?
SSC CGL Tier-1 08.12.2022 (Shift-I)
(a) जयपुर-अतरौली (b) ग्वालियर
(c) किराना (d) पटियाला

उत्तर (a)

- पद्म भूषण किशोरी अमोनकर, **जयपुर-अतरौली** घराने के हिन्दुस्तानी संगीत की विख्यात **गायिका** थीं। वह शास्त्रीय शैली **ख्याल** और **ठुमरी**, **भजन** की कलाकार थीं।
- उन्हें वर्ष 1985 में **संगीत नाटक अकादमी पुरस्कार** और 2002 में **पद्म विभूषण** पुरस्कार से भी सम्मानित किया जा चुका है।

169. गुरु नीलेश्वर मुखर्जी निम्नलिखित में से किस भारतीय शास्त्रीय नृत्य शैली के प्रतिपादक थे?
SSC CGL Tier-1 08.12.2022 (Shift-II)
(a) कथक (b) मणिपुरी (c) ओडिसी (d) सत्रीया

उत्तर (b)

- गुरु नीलेश्वर मुखर्जी मणिपुरी शास्त्रीय नृत्य शैली के प्रतिपादक थे।
- यह नृत्य मुख्यत: हिन्दू वैष्णव प्रसंगों पर आधारित होता है, जिसमें राधा और कृष्ण के प्रेम प्रसंग प्रमुख हैं।
- इन्होंने मणिपुरी शास्त्रीय नृत्य को **अन्तर्राष्ट्रीय स्तर** पर पहचान दिलाई।

170. ललिता और नन्दिनी बहनें किस वाद्ययन्त्र को बजाने के लिए जानी जाती हैं?
SSC CGL Tier-1 08.12.2022 (Shift-II)
(a) वायलिन (b) सरोद
(c) मैण्डोलिन (d) बाँसुरी

उत्तर (a)

- ललिता और नन्दिनी **वायलिन सिस्टर्स** के नाम से प्रसिद्ध हैं।
- उन्होंने विश्व भर के संगीत थिएटरों/हॉल में प्रतिष्ठित संगीत समारोहों के लिए व्यापक रूप से प्रदर्शन किया है।
- उन्होंने सन्त **व्यागराज मुथुस्वामी दीक्षितार** व **श्यामा शास्त्री** की रचनाओं पर विशेष संगीत कार्यक्रम भी प्रस्तुत किए हैं।

171. निम्नलिखित में से कौन मोहिनीअट्टम शास्त्रीय नृत्य शैली का/की प्रतिपादक नहीं हैं?
SSC CGL Tier-1 08.12.2022 (Shift-III)
(a) प्रतीक्षा काशी (b) जयप्रभा मेनन
(c) स्मिता राजन (d) राधा दत्ता

उत्तर (a)

- स्मिता राजन, जयप्रभा मेनन व राधा दत्ता मोहिनीअट्टम शास्त्रीय नृत्य शैली से सम्बन्धित हैं।
- प्रतीक्षा काशी का सम्बन्ध **कुचिपुड़ी नृत्य** से है, जो आन्ध्र प्रदेश का शास्त्रीय नृत्य है।
- **मोहिनीअट्टम** भारत के **केरल राज्य** के दो शास्त्रीय नृत्यों में से एक है।
- केरल का दूसरा शास्त्रीय नृत्य **कथकली** है।

172. सुरेखा पुनेकर भारतीय राज्य महाराष्ट्र की एक ……… नृत्यांगना हैं।
SSC CGL Tier-1 08.12.2022 (Shift-III)
(a) लावणी (b) कोली (c) पोवदा (d) तमाशा

उत्तर (a)

- सुरेखा पुनेकर एक **भारतीय अभिनेत्री**, **नृत्यांगना** और **लोक कलाकार** हैं।
- उन्होंने प्रसिद्ध कवि वशीर मोमीन कवाथेकर द्वारा लिखित **लावणियों** पर विभिन्न तमाशा मण्डलियों में प्रदर्शन किया।
- लावणी नृत्य की शुरुआत 18वीं-19वीं शताब्दी में **महाराष्ट्र** में हुई थी।

173. किस भारतीय नृत्य शैली में एकल कलाकार द्वारा विभिन्न भूमिकाओं का निर्वाह किया जाता है, जिसे 'एकाहार्य' कहते हैं?
SSC CGL Tier-1 08.12.2022 (Shift-IV)
(a) भरतनाट्यम (b) कथक
(c) कुचिपुड़ी (d) मोहिनीअट्टम

उत्तर (a)

- **भरतनाट्यम नृत्य शैली** में एकल कलाकार द्वारा विभिन्न भूमिकाओं का निर्वाह किया जाता है, जिसे 'एकाहार्य' कहते हैं।
- भरतनाट्यम का सम्बन्ध भारत के **तमिलनाडु** राज्य से है। यह नृत्य मूलत: **भरतमुनि द्वारा** रचित 'नाट्यशास्त्र' पर आधारित है।
- वर्तमान में इस नृत्य शैली का अभ्यास मुख्य रूप से **महिलाओं** द्वारा किया जाता है।

174. निम्नलिखित में से कौन-सी नृत्य शैली हिमाचल प्रदेश राज्य से सम्बन्धित है?
SSC CGL Tier-1 09.12.2022 (Shift-I)
(a) कोलि (b) फागुआ
(c) रउफ (d) धमान

उत्तर (d)

- **धमान नृत्य** हिमाचल प्रदेश राज्य से सम्बन्धित है।
- यह नाटी-नृत्य हिमाचल प्रदेश के सिरमौर, कुल्लू और शिमला क्षेत्रों के लिए अद्वितीय है।
- **कोली नृत्य** भारत के महाराष्ट्र राज्य का लोकप्रिय नृत्य है।
- **फाग नृत्य** होली के समय रंगों आदि से खेलकर किया जाता है।
- **रउफ नृत्य** जम्मू-कश्मीर का प्रसिद्ध लोकनृत्य है।

175. पुणे में नृत्य भारती कथक नृत्य अकादमी की स्थापना निम्नलिखित में से किस संगीत नाटक अकादमी पुरस्कार के विजेता ने की थी?
SSC CGL Tier-1 09.12.2022 (Shift-I)
(a) रोशन कुमारी
(b) सितारा देवी
(c) कुमुदिनी लाखिया
(d) रोहिणी भाटे

उत्तर (d)

- पुणे में नृत्य भारती कथक नृत्य अकादमी की स्थापना संगीत नाटक अकादमी पुरस्कार के विजेता रोहिणी भाटे ने की थी।
- ये भारत की सबसे वरिष्ठ कथक नृत्य प्रतिपादिका थीं।
- उन्हें महाराष्ट्र राज्य पुरस्कार (1977), महाराष्ट्र गौरव सम्मान (1990) और कालिदास सम्मान (2001) से सम्मानित किया जा चुका है।

176. पद्मश्री पुरस्कार से सम्मानित गुलाबो सपेरा राजस्थान की एक ··· नृत्यांगना हैं।
SSC CGL Tier-1 09.12.2022 (Shift-III)
(a) घूमर (b) कलबेलिया
(c) तेरह ताली (d) भवाई

उत्तर (b)

- पद्म श्री पुरस्कार से सम्मानित गुलाबो सपेरा **राजस्थान** की एक कलबेलिया नृत्यांगना हैं।
- कलबेलिया **सपेरों की एक जनजाति** है, जो राजस्थान के थार रेगिस्तान में रहती है।
- कलबेलिया नृत्य को **सपेरा नृत्य** के नाम से भी जाना जाता है।
- कलबेलिया नृत्य में महिलाएँ नृत्य करती हैं तथा पुरुष विभिन्न प्रकार के पारम्परिक वाद्ययन्त्र बजाते हैं।

177. शारोदी सैकिया किस भारतीय शास्त्रीय नृत्य शैली की प्रतिपादक हैं?
SSC CGL Tier-1 09.12.2022 (Shift-II)
(a) कुचिपुड़ी (b) भरतनाट्यम
(c) कथक (d) सत्रीया

उत्तर (d)

- शारोदी सैकिया **सत्रीया** भारतीय शास्त्रीय नृत्य शैली की प्रतिपादक हैं।
- इन्हें वर्ष 2015 में **संगीत नाटक अकादमी पुरस्कार** से सम्मानित किया गया था।
- वर्ष 2022 में असम सरकार के सांस्कृतिक मामलों के विभाग ने इन्हें **विष्णु रामा पुरस्कार** से सम्मानित किया है।

178. एक ओडिसी नर्तकी कुमकुम मोहन्ती को वर्ष 2005 में निम्नलिखित में से कौन-सा पुरस्कार प्राप्त हुआ? SSC CGL Tier-1 09.12.2022 (Shift-II)
(a) पद्म विभूषण
(b) कालिदास सम्मान
(c) पद्म भूषण
(d) पद्मश्री

उत्तर (d)

- आडिसी नर्तकी कुमकम मोहन्ती को वर्ष 2005 में पद्मश्री पुरस्कार प्राप्त हुआ। इनका जन्म कटक (ओडिसा) में हुआ था।
- इन्होंने कला **विकास केन्द्र में गुरु केलुचरण महापात्र** से प्रशिक्षण प्राप्त किया। इसके अतिरिक्त उन्होंने ओडिशा सरकार में विशेष सचिव (संस्कृति) के रूप में भी कार्य किया है।

179. निम्नलिखित में से कौन-सा नृत्य कर्नाटक संगीत के लिए किया जाता है?
SSC CGL Tier-1 09.12.2022 (Shift-III)
(a) कथक (b) कुचिपुड़ी (c) सत्रीया (d) ओडिसी

उत्तर (b)

- कुचिपुड़ी नृत्य कर्नाटक संगीत के लिए किया जाता है। यह भारत के प्रमुख नृत्यों में से एक है।
- परम्परा के अनुसार, कुचिपुड़ी नृत्य केवल **ब्राह्मण समुदाय** के पुरुषों द्वारा किया जाता है।
- ये ब्राह्मण परिवार कुचिपुड़ी के **भागवत** कहलाते हैं।
- कुचिपुड़ी एक **नृत्य नाट्य प्रस्तुति** है, जिसका आधार प्राचीन हिन्दू संस्कृत ग्रन्थ नाट्यशास्त्र है।

180. बोरगीत, एक संगीत रचना का प्रयोग भारत के निम्नलिखित में से किस शास्त्रीय नृत्य में किया जाता है? SSC CGL Tier-1 09.12.2022 (Shift-III)
(a) भरतनाट्यम (b) सत्रीया
(c) कथक (d) मणिपुरी

उत्तर (b)
• बोरगीत, एक संगीत रचना का प्रयोग भारत में सत्रीया शास्त्रीय नृत्य में किया जाता है।
• सत्रीया नृत्य, नौ मुख्य भारतीय शास्त्रीय नृत्य परम्पराओं में से एक है।
• इस नृत्य को लयबद्ध गति की भावपूर्ण धुनों के साथ संयोजित किया गया है, जिससे भक्ति की सामंजस्यपूर्ण अभिव्यक्ति उत्पन्न होती है।

181. चकरी नामक पारम्परिक लोकनृत्य किस जनजाति की महिलाएँ करती हैं? SSC CGL Tier-1 09.12.2022 (Shift-IV)
(a) गोण्ड (b) भारिया (c) कंजर (d) कौल

उत्तर (c)
• **चकरी** लोकनृत्य राजस्थान का एक लोकप्रिय एवं पारम्परिक लोकनृत्य है, जो राज्य के कोटा बाराँ, हाड़ोती, अंचल क्षेत्र की कंजर जनजाति की **महिलाओं एवं पुरुषों द्वारा** किया जाता है।
• चकरी शब्द का आशय **वृत्ताकार घुमाव** से है।
• चकरी नृत्य सभी त्योहारों और विवाह के अवसर पर किया जाता है।

182. उस्ताद सुल्तान खान का सम्बन्ध किस वाद्ययन्त्र से है? SSC CGL Tier-1 09.12.2022 (Shift-IV)
(a) सारंगी (b) सरोद (c) सितार (d) तबला

उत्तर (a)
• उस्ताद सुल्तान खान **सीकर घराने** के भारतीय **सारंगी वादक** और **शास्त्रीय गायक** थे।
• इन्हें वर्ष 2010 में भारत के तीसरे सबसे बड़े नागरिक सम्मान **पद्म विभूषण** से सम्मानित किया गया था।

183. देखनी किस भारतीय राज्य से सम्बन्धित एक लोकनृत्य है? SSC CGL Tier-1 12.12.2022 (Shift-I)
(a) बिहार (b) गोवा
(c) मध्य प्रदेश (d) पश्चिम बंगाल

उत्तर (b)
• देखनी, भारतीय राज्य गोवा से सम्बधित एक लोकनृत्य है।
• यह नृत्य भारतीय पोशाक में **क्रिश्चियन महिलाओं** द्वारा किया जाता है।
• **कोंकणी भाषा** में देखनी का अर्थ है—मोहक या सुन्दरता।
• इस नृत्य में संयुक्त रूप से उपयोग होने वाला मुख्य **वाद्य गानढोक** है।

184. निम्नलिखित में से किसने बाँसुरी वादक हरिप्रसाद चौरसिया और गिटार वादक बृजभूषण काबरा के साथ मिलकर एक कॉन्सेप्ट एल्बम, 'कॉल ऑफ द बैली' (1967) का निर्माण किया था? SSC CGL Tier-1 12.12.2022 (Shift-I)
(a) सतीश व्यास (b) तरुण भट्टाचार्य
(c) शिवकुमार शर्मा (d) भजन सोपोरी

उत्तर (c)
• **शिवकुमार शर्मा** ने बाँसुरी वादक **हरिप्रसाद चौरसिया** और गिटार वादक **बृजभूषण काबरा**, के साथ मिलकर एक कॉन्सेप्ट एल्बम, 'कॉल ऑफ द बैली' का निर्माण किया।
• यह एल्बम भारतीय संगीत को पश्चिम तक पहुँचाने व **अन्तर्राष्ट्रीय स्तर** पर सबसे ज्यादा बिकने वाला भारतीय संगीत रिकॉर्ड था।

185. सत्रीया नृत्य शैली असम के महान वैष्णव सन्त और सुधारक ...... द्वारा 15वीं शताब्दी ईसवी में पेश की गई थी।
SSC CGL Tier-1 09.12.2022 (Shift-II)
SSC CHSL (10+2) 02.06.2022 (Shift-I)
(a) वल्लभाचार्य (b) सन्त नामदेव
(c) चैतन्य महाप्रभु (d) महापुरुष शंकरदेव

उत्तर (d)
• सत्रीया नृत्य शैली असम के महान वैष्णव सन्त और सुधारक **महापुरुष शंकरदेव** द्वारा 15वीं शताब्दी ईसवी में पेश की गई थी।
• शंकरदेव का जन्म 1449 ई. में आलिपुखुरी (असम) में हुआ था।
• वर्ष 2000 में **संगीत नाटक अकादमी** द्वारा सत्रीया को **शास्त्रीय नृत्य का दर्जा** दिया गया।

186. टी. बालासरस्वती, एक .... नृत्यांगना के साथ-साथ एक अभिनेत्री भी थीं।
SSC CGL Tier-1 12.12.2022 (Shift-II)
SSC MTS 15.07.2022 (Shift-I)
(a) कथकली (b) भरतनाट्यम
(c) मणिपुरी (d) कुचिपुड़ी

उत्तर (b)
• टी. बालासरस्वती एक भरतनाट्यम नृत्यांगना के साथ-साथ एक अभिनेत्री भी थीं।
• **भरतनाट्यम** दक्षिण भारतीय राज्य तमिलनाडु में उत्पन्न एक शास्त्रीय नृत्य शैली है।
• उन्हें वर्ष 1957 में **पद्म भूषण** और वर्ष 1977 में **पद्म विभूषण** से सम्मानित किया गया है और वर्ष 1981 में **द इण्डियन फाइन आर्ट्स सोसाइटी**, चेन्नई के संगीत कला शिखामणि पुरस्कार से भी सम्मानित किया गया।

187. बड़े गुलाम अली खान .... घराने के एक प्रमुख गायक थे। SSC CGL Tier-1 12.12.2022 (Shift-III)
(a) बनारस (b) भिण्डी बाजार
(c) रामपुर सहसवान (d) पटियाला

उत्तर (d)
• बड़े गुलाम अली खान पटियाला घराने के प्रमुख गायक थे।
• उस्ताद बड़े गुलाम अली खान का जन्म वर्ष 1902 में ब्रिटिश भारत के तत्कालीन पंजाब प्रान्त के कसूर में हुआ था।
• उन्हें वर्ष 1962 में **संगीत नाटक अकादमी पुरस्कार**, पद्म भूषण पुरस्कार से सम्मानित किया गया।

188. छोलिया नृत्य ...... में किया जाता है।
SSC CGL Tier-1 12.12.2022 (Shift-IV)
(a) मेघालय (b) लद्दाख
(c) तमिलनाडु (d) उत्तराखण्ड

उत्तर (d)
• छोलिया नृत्य **उत्तराखण्ड** का एक पारम्परिक लोकनृत्य है, जिसकी उत्पत्ति सुदूर प्रान्त में भारतीय राज्य उत्तराखण्ड के कुमाऊँ मण्डल एवं नेपाल के पश्चिम प्रान्त में हुई है।
• यह एक प्रकार का **तलवार नृत्य** है, जिसमें सामान्यत: **22 कलाकार** होते हैं, इनमें 8 नर्तक एवं 14 संगीतकार होते हैं।
• इस नृत्य में नर्तक युद्ध जैसे संगीत की धुन पर क्रमबद्ध तरीके से तलवार व ढाल-चलाते हैं।

189. कुचिपुड़ी नृत्य शैली की उत्पत्ति भारत के किस राज्य में हुई? SSC CGL Tier-1 13.12.2022 (Shift-I)
(a) केरल (b) आन्ध्र प्रदेश
(c) उत्तर प्रदेश (d) असम

उत्तर (b)
• कुचिपुड़ी **नृत्य शैली** की उत्पत्ति **आन्ध्र प्रदेश के कृष्णा** जिले में स्थित कुचिपुड़ी गाँव के नाम पर हुई।
• प्रारम्भ में यह नृत्य केवल ब्राह्मण समुदाय के पुरुषों द्वारा ही किया जाता था, बाद में इस नृत्य को स्त्रियों द्वारा भी किया जाने लगा।
• इस नृत्य में कर्नाटक संगीत का प्रयोग किया जाता है व इसमें **ताण्डव** व **लास्य** की प्रमुख भूमिका होती है।

190. लोकनृत्य होजागिरी की उत्पत्ति और इसका सम्बन्ध भारत के किस भाग से है?
SSC CGL Tier-1 13.12.2022 (Shift-II)
(a) दक्षिण (b) पश्चिम (c) उत्तर (d) उत्तर-पूर्व

उत्तर (d)
• उत्तर-पूर्व का लोकनृत्य होजागिरी की उत्पत्ति भारत के उत्तर-पूर्व राज्य त्रिपुरा में हुई थी।
• यह नृत्य रियांग समुदाय द्वारा **लक्ष्मी पूजा के दिन** प्रदर्शित किया जाता है।
• पूर्वोत्तर के अन्य लोकनृत्य **गरिया, झूम, मैमिला, बिझु, चेराव** व **स्वागत नृत्य** आदि।

191. निम्नलिखित में से कौन 'कथकली की ऑस्ट्रेलियाई जननी' के रूप में प्रसिद्ध हैं?
SSC CGL Tier-1 13.12.2022 (Shift-II)
(a) अन्ना पावलोवा (b) मार्गोट फॉण्टेन
(c) लुईस लाइटफुट (d) येलेना आन्द्रेयानोवा

उत्तर (c)
• **लुईस लाइटफुट** 'कथकली की ऑस्ट्रेलियाई जननी' के रूप में प्रसिद्ध हैं। ये एक ऑस्ट्रेलियाई वास्तुकार, कोरियोग्राफर व डांसर थीं।
• उन्होंने भारतीय नृत्य **कथकली** व **भरतनाट्यम** को बढ़ावा दिया तथा ब्रिटिश क्षेत्र में नृत्य मण्डलियों के लिए पर्यटन का आयोजन भी किया।

192. निम्नलिखित में से कौन-सा लोकनृत्य मिजोरम राज्य से सम्बन्धित नहीं है?
SSC CGL Tier-1 13.12.2022 (Shift-II)
(a) मुनारी (b) चेराव (c) जंगतालम (d) चैलम

उत्तर (a)
• मुनारी लोकनृत्य मिजोरम से सम्बन्धित नहीं है।
• मुनारी लोकनृत्य **ओडिशा** व **झारखण्ड** के आदिवासियों (मुण्डा जनजाति) का प्रसिद्ध नृत्य है।

• इस नृत्य में गायन, वादन तथा नृत्य सभी प्रकार की गतिविधियाँ शामिल होती हैं।
• चेराव, जगतालम और चैलम मिजोरम से सम्बन्धित नृत्य है।

193. कुनबी नृत्य ……… के जनजातीय समुदाय द्वारा किया जाता है।
SSC CGL Tier-1 13.12.2022 (Shift-III)
(a) सिक्किम (b) गोवा
(c) उत्तर प्रदेश (d) तमिलनाडु

उत्तर (b)
• **गोवा** में कुनबी नृत्य जनजाति समुदायों में **महिलाओं द्वारा** किया जाता है। यह नृत्य **सामाजिक अवसरों** पर ही किया जाता है।
• **कुनबी**, एक सामान्य शब्द है, जो पश्चिमी भारत में पारम्परिक रूप से गैर-कुलीन कृषकों की जातियों के लिए प्रयोग किया जाता है।

194. अब्दुल करीम खान और अब्दुल वाहिद खान ……… घराने के संस्थापक थे।
SSC CGL Tier-1 13.12.2022 (Shift-III)
(a) जयपुर-अतरौली (b) ग्वालियर
(c) किराना (d) आगरा

उत्तर (c)
• अब्दुल करीम खान और अब्दुल वाहिद खान **किराना घराने के संस्थापक** थे। यह घराना हिन्दुस्तान संगीत की एक परम्परा है।
• किराना घराना का नामकरण उत्तर प्रदेश के **कैराना तहसील** (मुजफ्फरनगर) के नाम पर हुआ।
• अब्दुल करीम खान कर्नाटक संगीत शैली में भी पारंगत थे। इनका मैसूर दरबार से गहरा सम्बन्ध था।

195. पद्मा सुब्रह्मण्यम निम्नलिखित में से किस भारतीय नृत्य शैली की प्रतिपादक हैं?
SSC CGL Tier-1 13.12.2022 (Shift-IV)
(a) कथक (b) मोहिनीअट्टम
(c) कथकली (d) भरतनाट्यम

उत्तर (d)
• पद्मा सुब्रह्मण्यम एक कुशल **भरतनाट्यम** भारतीय नृत्य शैली की प्रतिपादक हैं।
• ये रिसर्च स्कॉलर, म्यूजिक कम्पोजर, गायिका व शिक्षिका हैं। वे भारत के साथ-साथ विदेशों में भी प्रसिद्ध हैं।
• नृत्य कला क्षेत्र में उनके अभूतपूर्व योगदान के लिए भारत सरकार द्वारा वर्ष 1981 में **पद्मश्री**, वर्ष 1983 में **संगीत नाटक अकादमी** व वर्ष 2003 में **पद्मभूषण** से सम्मानित किया गया।

SSC CGL 2021 (Tier 1 & 2)

196. 'थुल्लाल' (Thullal) ……… राज्य की एक एकल व्यंग्य-प्रधान नृत्य शैली है।
SSC CGL Tier-1 24.08.2021 (Shift-I)
(a) केरल (b) हरियाणा
(c) अरुणाचल प्रदेश (d) गोवा

उत्तर (a)
• थुल्लाल केरल राज्य की एक एकल व्यंग्य-प्रधान नृत्य शैली है।
• इस नृत्य के उद्भव का श्रेय **प्रसिद्ध कवि कंचन नाम्बियार** को जाता है।
• इस नृत्य के गीत सरल **मलयालम भाषा** में होते हैं।
• इस नृत्य के प्रमुख वाद्ययन्त्र **मद्दलम** एवं **झाँझ** हैं।
• केरल के प्रसिद्ध थुल्लाह कलाकार श्री मालबार रमन नायर के निर्देशन में कलामण्डल में **थुल्लाह विभाग** (1956) की स्थापना की गई थी।

197. 'घूमर' ……… राज्य की एक लोकनृत्य शैली है।
SSC CGL Tier-1 24.08.2021 (Shift-I)
SSC CHSL Tier-1 14.03.2023 (Shift-I)
(a) बिहार (b) झारखण्ड
(c) त्रिपुरा (d) राजस्थान

उत्तर (d)
• 'घूमर' नृत्य में **राजस्थान** की महिलाएँ एक बड़ा घेरा बनाकर नृत्य करती हैं।
• यह नृत्य विशेष अवसरों; जैसे—विवाह समारोह, उत्सव, तीज-त्योहार एवं धार्मिक आयोजनों के समय किया जाता है।
• घूमर लोकनृत्य के संरक्षण के लिए वर्ष 1986 में सन्तरामपुर की महारानी राजमाता गोवर्धन कुमारी द्वारा **गणगौर घूमर नृत्य अकादमी** की स्थापना की गई थी।

198. चिंकारा मध्य प्रदेश राज्य में लोकप्रिय एक ……… संगीत वाद्ययन्त्र है।
SSC CGL Pre 2020, 24.08.2021 (Shift-II)
(a) प्लेट (b) अवनद्ध (मैंब्रेन)
(c) सुषिर (विण्ड) (d) तारीय (स्ट्रिंग्ड)

उत्तर (d)
• चिंकारा मध्य प्रदेश राज्य में लोकप्रिय एक तारीय (स्ट्रिंग्ड) संगीत वाद्ययन्त्र है।
• तारीय (स्ट्रिंग्ड) चर्मपत्र, लकड़ी एवं इस्पात से निर्मित **एक-तारीय वाद्ययन्त्र** है, जो मध्य प्रदेश के 'प्रधान' समुदाय द्वारा गायन एवं नृत्य के अवसर पर विशेष रूप से बजाया जाता है।
• मध्य प्रदेश के अतिरिक्त **राजस्थान, उत्तर प्रदेश** के जनजातीय लोग भी इसका प्रयोग करते हैं।

199. 'पंचा', …………… राज्य में पुरुषों द्वारा पहना जाने वाला एक पारम्परिक सारोंग (लुंगी या धोती जैसा अधोवस्त्र) है।
SSC CGL Tier-1 2020, 23.08.2021 (Shift-I)
(a) केरल (b) सिक्किम
(c) कर्नाटक (d) असम

उत्तर (c)
• पंजा कर्नाटक राज्य में पुरुषों द्वारा पहना जाने वाला एक पारम्परिक सारोग है, जिसे पैरों के चारों ओर लपेटा जाता है।
• पंचा को कर्नाटक के **पुरुषों द्वारा सौन्दर्य की दृष्टि** से पहना जाता है। इसका दूसरा नाम धोती है।

200. सिद्धेन्द्र योगी ……… नृत्य शैली के अगुआ थे, जो आदि गुरु के रूप में जाने जाते थे।
SSC CGL Tier-1 2020, 18.08.2021 (Shift-I)
(a) कथकली (b) कथक
(c) भरतनाट्यम (d) कुचिपुड़ी

उत्तर (d)
• सिद्धेन्द्र योगी कुचिपुड़ी नृत्य शैली के अगुआ थे, जिन्हें आदि गुरु के रूप में जाना जाता हैं। यह दक्षिण भारत की प्रसिद्ध नृत्य शैली है।
• लस्या (नरम तत्त्व) और ताण्डव (कठोर तत्त्व) कुचिपुड़ी नृत्य में महत्त्वपूर्ण हैं।

201. जनवरी, 2021 तक की स्थिति के अनुसार, केन्द्रीय फिल्म प्रमाणन बोर्ड के अध्यक्ष कौन थे? SSC CGL Tier-1 2020, 17.08.2021 (Shift-III)
(a) प्रसून जोशी (b) शेखर कपूर
(c) आशा पारेख (d) रेखा

उत्तर (a)
• जनवरी, 2021 तक की स्थिति के अनुसार केन्द्रीय फिल्म प्रमाणन बोर्ड के अध्यक्ष **प्रसून जोशी** थे।
• **केन्द्रीय फिल्म प्रमाणन बोर्ड** की स्थापना सिनेमैटोग्राफ अधिनियम, 1952 के तहत भारत के सूचना एवं प्रसारण मन्त्रालय के अधीन की गई थी।
• यह भारत में फिल्म उद्योग, टीवी विज्ञापन एवं अन्य दृश्य-श्रव्य सामग्रियों की समीक्षा से सम्बन्धित **विनियामक निकाय** है।

202. 'जादोपटिया' झारखण्ड राज्य की ……… की एक लोकप्रिय शैली/कला है।
SSC CGL Tier-1 2020, 16.08.2021 (Shift-III)
(a) मूर्तिकला (b) चित्रकला (c) नृत्य (d) संगीत

उत्तर (b)
• जादोपटिया झारखण्ड राज्य की सन्थाल जनजाति की **लोक चित्रकला** है, जो इस जनजातीय समाज के विकास, रहन-सहन एवं धार्मिक आस्था को व्यक्त करती है।
• यह चित्रकला पश्चिम बंगाल के **मुर्शिदाबाद, बीरभूम, बाँकुड़ा, हुगली** आदि जिलों में भी लोकप्रिय है।
• इस चित्रकला के कलाकार को **जादोपटिया** या **पटुवा** कहा जाता है।

203. 'बोलाक-आर्ट', कर्नाटक राज्य की एक ……… शैली है। SSC CGL Tier-1 16.08.2021 (Shift-I)
(a) नृत्य कला (b) मूर्तिकला
(c) संगीत कला (d) चित्रकला

उत्तर (a)
• बोलाक-आर्ट कर्नाटक राज्य की एक नृत्य शैली है। ये नृत्य की एक **आध्यात्मिक प्रस्तुति** है, जिसे नाटक एवं संवादों के माध्यम से प्रस्तुत किया जाता है।
• कर्नाटक की इस नृत्य शैली का विषय **कोडवा देवी-देवताओं की वीर गतिविधियों/गाथाओं** पर आधारित है।

204. 'आलूयट्टू', ……… राज्य का एक लोकनृत्य है।
SSC CGL Tier-1 13.08.2021 (Shift-III)
(a) हरियाणा (b) नागालैण्ड
(c) गोवा (d) केरल

उत्तर (b)
• नागालैण्ड का आलूयट्टू लोकनृत्य अपनी प्राचीन सुन्दरता के लिए प्रसिद्ध है।

• इस राज्य के अन्य प्रमुख लोकनृत्य मोडसे, आगुर्शिकुकुला, तितलीनृत्य, सवल केकई, चांगई नृत्य, कुकी नृत्य, लेशालप्टु, त्वम्बा लिम, मयूर नृत्य इत्यादि हैं।

• आलूयट्टू नृत्य नागालैण्ड के **कोन्याक जनजाति** द्वारा किया जाता है।

SSC CPO 2024

205. नेशनल आर्केस्ट्रा ऑफ इण्डिया के संस्थापक पण्डित रविशंकर एक ········ वादक थे।

SSC CPO 27.01.2024 (Shift-III)

(a) सरोद (b) सारंगी
(c) सितार (d) बाँसुरी

उत्तर (c)

• नेशनल आर्केस्ट्रा ऑफ इण्डिया के संस्थापक, पण्डित रविशंकर एक प्रसिद्ध सितार वादक थे।

206. निम्नलिखित में से कौन-सा विकल्प सही ढंग से सुमेलित है? SSC CPO 27.07.2024 (Shift-I)

(a) सुल्तान खान-सारंगी
(b) हरिप्रसाद चौरसिया-सरोद
(c) जाकिर हुसैन-सितार
(d) बिस्मिल्ला खाँ-तबला

उत्तर (a)

• **सुल्तान खान** एक प्रमुख **सारंगी** वादक थे, जिनका महानतम योगदान संगीत की दुनिया में था।

• **हरिप्रसाद चौरसिया** को बाँसुरी वादन में महारत हासिल है, जिन्हें 'बाँसुरी का जादूगर' कहा जाता है।

• **जाकिर हुसैन** को तबला वादन के लिए जाना जाता है, जिन्हें 'तबले का सम्राट' के रूप में जाना जाता है।

• **बिस्मिल्लाह खाँ** को शहनाई वादन में महारत हासिल थी, जिन्हें 'शहनाई वादक' के रूप में जाना जाता है।

207. छ: पीढ़ियों से 'कथकली' से जुड़े प्रसिद्ध कवंगल परिवार के प्रतिष्ठित और अनुभवी वंशज निम्नलिखित में से कौन हैं?

SSC CPO 27.07.2024 (Shift-III)

(a) चतुन्नी पणिक्कर
(b) मीनाक्षी सुन्दरम पिल्लई
(c) पद्मा सुब्रमण्यम
(d) अम्मानूर माधव चक्यार

उत्तर (a)

• चतुन्नी पणिक्कर छह पीढ़ियों से कथकली से जुड़े प्रसिद्ध कवंगल परिवार के प्रतिष्ठित और अनुभवी वशंजों में से एक हैं।

• उन्होंने कथकली कला में अपना महत्त्वपूर्ण योगदान दिया है और उनका नाम **कावंगल परिकर** में विशिष्ट रूप से उल्लिखित है।

• इन्हें वर्ष 1973 में संगीत नाटक अकादमी पुरस्कार मिला था।

• वर्ष 2006 में **पद्मश्री** से सम्मानित किया गया था।

208. कथकली नृत्य के कलाकारों के लिए कितने प्रकार के श्रृंगार (वेषम) का उपयोग किया जाता है? SSC CPO 27.07.2024 (Shift-III)

(a) 5 (b) 7 (c) 11 (d) 9

उत्तर (a)

• कथकली नृत्य में पाँच मुख्य प्रकार के श्रृंगार (वेषम) का उपयोग किया जाता है

– **पच्चा** यह हरा श्रृंगार सदाचारियों, देवताओं और राजाओं का प्रतिनिधित्व करता है।

– **कत्ती** यह काला और सफेद श्रृंगार दुष्ट चरित्रों का प्रतिनिधित्व करता है।

– **ताड़ी** यह वाला श्रृंगार बनवासियों, ऋषियों और राक्षसों का प्रतिनिधित्व करता है।

– **मिनुक्क** यह स्त्री श्रृंगार स्त्रियों और देवियों का प्रतिनिधित्व करता है।

– **करी** यह काला श्रृंगार शिकारी, दानव और राक्षसों का प्रतिनिधित्व करता है।

209. गोबिन्द चन्द्र पाल को वर्ष 2022 के लिए संगीत नाटक अकादमी अमृत पुरस्कार से सम्मानित किया गया है। उन्होंने निम्नलिखित में किस क्षेत्र में योगदान दिया है?

SSC CPO 27.07.2024 (Shift-III)

(a) रंगमंच (अभिनय)
(b) कठपुतली
(c) ओडिसी नृत्य (गोटीपुआ)
(d) नृत्य (कथक)

उत्तर (c)

• **गोविन्द चन्द्र पाल** को वर्ष 2022 के लिए संगीत नाटक अकादमी **अमृत पुरस्कार** से ओडिसी नृत्य (गोटीपुआ) के लिए सम्मानित किया गया।

• गोटीपुआ ओडिसी नृत्य की एक पारम्परिक शैली है, जिसमें युवा लड़के महिलाओं के वेश में नृत्य प्रस्तुत करते हैं।

210. उस्ताद असद अली खान ······· के उस्तादों में से एक थे। SSC CPO 27.07.2024 (Shift-I)

(a) तानपुरा (b) मृदंगम
(c) सारंगी (d) रुद्र वीणा

उत्तर (d)

• उस्ताद असद अली खान **रुद्र वीणा** के उस्तादों में से एक थे, इन्हें वर्ष 2001 में भारत का दूसरा सबसे बडा नागरिक पुरस्कार **पदम् विभूषण** दिया गया।

• **सारंगी** के वादक उस्ताद बिन्दु खाँ है।

• मृदंग के वादक टी. वी. गोपालकृष्णन है।

• तानपुरा या तम्बूरा के वादक सोमन पिल्लई हैं।

211. चित्रा विश्वेश्वरन निम्नलिखित में से किस नृत्य शैली की प्रसिद्ध नृत्यांगना है?

SSC CPO 27.06.2024 (Shift-I)

(a) सत्रीया (b) भरतनाट्यम
(c) कथकली (d) कुचिपुड़ी

उत्तर (b)

• चित्रा विश्वेश्वरन **भरतनाट्यम नृत्य** शैली की प्रसिद्ध नृत्यांगना है।

• भरतनाट्यम के प्रमुख कलाकार हैं- यामिनी कृष्णमूर्ति, लक्ष्मी विश्वनाथन, पद्मा सुब्रह्मणयम, मृणाल साराभाई, मल्लिका साराभाई, अलर्मेल वल्ली इत्यादि।

• इस नृत्य कला को वैश्विक पहचान दिखाने का श्रेय **रुक्मिणी देवी अरुण्डेल** को है।

• इसे प्राय: **अग्नि नृत्य** के नाम से भी जाना जाता है।

212. निम्नलिखित में से कौन-सा नृत्य उड़िया संस्कृति का हिस्सा नहीं है?

SSC CPO 27.06.2024 (Shift-I)

(a) पाइका (b) दलखाई
(c) कथकली (d) गोटीपुआ

उत्तर (c)

• कथकली नृत्य उड़िया संस्कृति का हिस्सा नहीं है।

• ओडिशा नृत्य एक **शास्त्रीय नृत्य शैली** है।

• यह नृत्य शैली सम्भवत: नाट्यशास्त्र में वर्णित **ओड्र नृत्य** पर आधारित है।

• इस नृत्य को **जैन राजा खारवेल का संरक्षण** प्राप्त था।

• यह नृत्य रूप जल तत्त्व को प्रतीकबद्ध करता है।

213. मणिपुरी नृत्य में लास्य और ताण्डव तत्त्वों के अनुरूप दो मुख्य भाग कौन-से हैं?

SSC CPO 27.06.2024 (Shift-I)

(a) जागोई और चोलोम (b) भंगी और स्त्री
(c) वीरा और टोडा (d) वर्णम और परण

उत्तर (a)

• मणिपुरी नृत्य में लास्य और ताण्डव तत्त्वों के अनुरूप दो मुख्य भाग **जागोई** और **चोलोम** है।

• मणिपुरी नृत्य का नाम उसकी उत्पत्ति स्थल के नाम पर पड़ा है। यह नृत्य **राधा-कृष्ण की प्रेम कहानी** (रास-लीला) पर आधारित है।

• इसमें जयदेव एवं चण्डीदास की रचनाओं का व्यापक रूप से उपयोग किया जाता है।

214. निम्नलिखित भारतीय संगीतकारों में से कौन हिन्दुस्तानी संगीत के क्षेत्र में रागों को दस थाटों में वर्गीकृत करने के लिए उनके योगदान के लिए जाना जाता है?

SSC CPO 27.06.2024 (Shift-II)

(a) अलाउद्दीन खान
(b) पण्डित विष्णु नारायण भातखण्डे
(c) अब्दुल करीम खान
(d) पण्डित विष्णु दिगम्बर पलुस्कर

उत्तर (b)

• **पण्डित विष्णु नारायण भातखण्डे** को हिन्दुस्तानी संगीत के क्षेत्र में रागों की दस थाटों में वर्गीकृत करने के लिए उनके योगदान के लिए जाना जाता है।

• उन्हें **हिन्दुस्तानी संगीत के जनक** के रूप में भी जाना जाता है।

215. विजय किचलू ········ से सम्बन्धित हैं।

SSC CPO 27.06.2024 (Shift-II)

(a) पटियाला घराना (b) ग्वालियर घराना
(c) आगरा घराना (d) भिण्डी बाजार घराना

उत्तर (c)

• पण्डित विजय कुमार किचलू **आगरा घराने** से सम्बन्धित है। यह आगरा घराना हिन्दुस्तानी शास्त्रीय संगीत की एक प्रमुख शैली है।

• उन्होंने अपने **गुरु पण्डित विनायक राव चान्देकर** से शास्त्रीय संगीत की शिक्षा प्राप्त की।

• उन्हें पद्मश्री (2018) और संगीत नाटक अकादमी पुरस्कार सहित कई पुरस्कारों से सम्मानित किया गया था।

216. पद्मश्री पुरस्कार से सम्मानित भजन सोपोरी एक ...... वादक हैं। SSC CPO 27.06.2024 (Shift-II)
(a) तबला (b) सन्तूर (c) वायलिन (d) सितार

उत्तर (b)

- पद्मश्री पुरस्कार से सम्मानित पण्डित भजन सोपोरी एक प्रसिद्ध **सन्तूर वादक** थे।
- पण्डित भजन सोपोरी का जन्म वर्ष 1948 में श्रीनगर, (कश्मीर) में हुआ था।
- उन्होंने अपने पिता, शंभू नाथ सोपोरी और दादा, एससी सोपोरी से सन्तूर वादन सीखा।
- वे सूफी घराने के थे, जो सन्तूर वादन की एक प्रसिद्ध शैली है।
- उन्हें वर्ष 2004 में भारत सरकार द्वारा संगीत (शास्त्रीय) के क्षेत्र में उनके योगदान के लिए पद्मश्री से सम्मानित किया गया था।

217. निम्नलिखित में से कौन-सा लोकनृत्य गोवा से सम्बन्धित नहीं है? SSC CPO 27.06.2024 (Shift-II)
(a) धनगर (b) घुमुरा (c) दशावतार (d) देखनी

उत्तर (b)

- **घुमुरा नृत्य** भारतीय राज्य ओडिशा के कालाहाण्डी जिले का एक लोकनृत्य है।
- धनगर गोवा के कुर्मावी समुदाय का एक जीवंत नृत्य है, जो भगवान कृष्ण के जीवन से प्रेरित है।
- **दशावतार** यह भगवान विष्णु के दस अवतारों का चित्रण करने वाला एक नाट्य नृत्य है।
- **देखनी** यह रंगीन पोशाक और मुखौटों वाला नृत्य, गोवा के लोकनृत्यों का एक महत्त्वपूर्ण हिस्सा है।

218. दलखाई निम्नलिखित में से किस राज्य का प्रसिद्ध लोकनृत्य है? SSC CPO 28.06.2024 (Shift-II)
(a) बिहार (b) ओडिशा
(c) पंजाब (d) उत्तर प्रदेश

उत्तर (b)

- दलखाई **ओडिशा राज्य** का प्रसिद्ध लोकनृत्य है।
- ये नृत्य **सम्बलपुर** के आदिवासियों का पारम्परिक लोकनृत्य है। ये दशहरा, फागुनपुनी के त्योहारों पर मनाया जाता है।
- इस नृत्य रूप का मुख्य विषय राधा कृष्ण, रामायण व महाभारत है।

219. भारतीय शास्त्रीय नृत्य एक व्यापक विषय है, जिसके नीचे उन विभिन्न कलाओं का प्रदर्शन किया जाता है, जिनके सिद्धान्त और अभ्यास को .... द्वारा रचित मूलभूत संस्कृति ग्रन्थ नाट्यशास्त्र में खोजा जा सकता है। SSC CPO 28.06.2024 (Shift-III)
(a) पाणिनि (b) भरतमुनि (c) भास (d) पतंजलि

उत्तर (b)

- भारतीय शास्त्रीय नृत्य एक व्यापक विषय है, जिसके नीचे उन विभिन्न कलाओं का प्रदर्शन किया जाता है, जिनके सिद्धान्त और अभ्यास को भरत मुनि द्वारा रचित मूलभूत संस्कृति ग्रन्थ **नाट्यशास्त्र** में खोजा जा सकता है।
- यह संगीत और नाटक का पहला साहित्य है। इसे 500 ईसा पूर्व के आस-पास लिखा गया इस नाट्यशास्त्र में 6000 दोहे हैं।

220. निम्नलिखित में से कौन मुख्य रूप से भरतनाट्यम नृत्य के/की प्रतिपादक थे/थीं? SSC CPO 28.06.2024 (Shift-I)
(a) गुरु बिपिन सिंह
(b) पण्डित बिरजू महाराज
(c) रुक्मिणी देवी अरुण्डेल
(d) केलुचरण महापात्र

उत्तर (c)

- **रुक्मिणी देवी अरूण्डेल** एक भारतीय ब्रह्मविद्यावादी है, ये भारतीय शास्त्रीय नृत्य **भरतनाट्यम** की नर्तकी, कोरियोग्राफर और पशु कल्याण के लिए एक कार्यकर्ता भी थीं।
- वह भारतीय इतिहास में पहली महिला थीं, जिन्हें भारतीय संसद के ऊपरी सदन (राज्यसभा के सदस्य के रूप) में मनोनीत किया गया था।
- उन्होंने पारम्परिक भारतीय कला और शिल्प की पुनर्स्थापना के लिए भी काम किया।
- इन्हें वर्ष 1956 में **पद्म विभूषण** से सम्मानित किया गया।

221. निम्नलिखित में से कौन ओडिसी नृत्यांगना नहीं हैं? SSC CPO 28.06.2024 (Shift-I)
(a) अनीता रत्लम (b) कुमकुम मोहंती
(c) प्रोतिमा बेदी (d) सोनल मानसिंह

उत्तर (a) अनीता रत्लम **ओडिसी नृत्यांगना** नहीं हैं। वह भरतनाट्यम और कथकली जैसे अन्य भारतीय शास्त्रीय नृत्य शैलियों के लिए प्रसिद्ध हैं।

- अनीता रत्लम ने अपना शुरुआती नृत्य प्रशिक्षण भरतनाट्यम गुरु अडयार लाकृष्ण लक्ष्मण के तहत लिया। बाद में उन्नत प्रशिक्षण के लिए **रुक्मिणी देवी अरूण्डेल के कलाक्षेत्र** चली गई और नृत्य में स्नातकोत्तर डिप्लोमा अर्जित किया।

222. सियाराम तिवारी निम्नलिखित में से किस संगीत घराने से सम्बन्धित है? SSC CPO 28.06.2024 (Shift-I)
(a) किराना (b) डगरी (c) बेतिया (d) दरभंगा

उत्तर (d)

- सियाराम तिवारी सम्बन्ध **दरभंगा संगीत घराने** से है।
- दरभंगा घटाने में ध्रुपद खण्डार वाणी और गौहर वाणी में गायन होता है।
- इस घराने के प्रसिद्ध गायक **राम चतुर मलिक** और **प्रेम कुमार मलिक** है।

223. पण्डित अच्छन महाराज निम्नलिखित में से किस घराने के कथक दिग्गज थे? SSC CPO 28.06.2024 (Shift-II)
(a) लखनऊ (b) बनारस (c) रायगढ़ (d) जयपुर

उत्तर (a) पण्डित अच्छन महाराज **लखनऊ घराने** के कथन नर्तक थे। इनका मूल नाम **जगन्नाथ महाराज** था।

- वे पण्डित बिरजू महाराज के पिता और गुरु थे। उन्हें नृत्य के माध्यम से अभिव्यक्तिवाद के अपने ज्ञान के लिए याद किया जाता है।

224. निम्नलिखित में से कौन हिन्दुस्तानी संगीत के किराना घराने के पथप्रदर्शक और संस्थापक हैं? SSC CPO 28.06.2024 (Shift-II)
(a) भीमसेन जोशी (b) फिरोज दस्तूर
(c) सवाई गन्धर्व (d) अब्दुल करीम खान

उत्तर (d)

- **अब्दुल करीम खान** हिन्दुस्तानी संगीत के किराना घराने के पथ प्रदर्शक और संस्थापक थे।
- **किराना घराना** सबसे प्रमुख भारतीय शास्त्रीय ख्याल घरानों में से एक है और ज्यादातर नोटों के सही स्वर के साथ जुड़ा हुआ है।
- घराना शब्द की उत्पत्ति उर्दू/हिन्दी शब्द 'घर' से हुई है, जिसका अर्थ है, **घर या परिवार**।

225. मल्लिका साराभाई निम्नलिखित में से किस नृत्य के लिए प्रसिद्ध हैं? SSC CPO 28.06.2024 (Shift-II)
(a) सत्रीया (b) कथक
(c) कुचिपुड़ी (d) ओडिसी

उत्तर (c)

- मल्लिका साराभाई **कुचिपुड़ी नृत्य** के लिए प्रसिद्ध है। वह **गुजरात** राज्य की एक भारतीय शास्त्रीय नृत्यांगना हैं।
- वह एक कुशल भरतनाट्यम और कुचिपुड़ी नर्तकी हैं।
- वह अन्तरिक्ष वैज्ञानिक **विक्रम साराभाई** और शास्त्रीय नृत्यांगना मृणालिनी साराभाई की बेटी है।

226. निम्नलिखित में से कौन पटियाला घराने से सम्बन्धित है? SSC CPO 28.06.2024 (Shift-II)
(a) अब्दुल वाहिद खान (b) नाथू खान
(c) अली बक्श खान (d) छाजू खान

उत्तर (c)

- अली बक्श खान **पटियाला घराने** से सम्बन्धित है।
- पटियाला घराना **मिया कल्लू** द्वारा स्थापित किया गया था। अली बक्श खान और फतेह अली खान थे। पटियाला परम्परा को लोकप्रिय बनाया था।
- पटियाला घराना को दिल्ली घराने की एक शाखा के रूप में जाना जाता है।
- पटियाला घराना के अन्य प्रमुख कलाकार गुलाम अली, काले खाँ आदि थे।

227. दीपा करथा .... नृत्य से सम्बन्धित है। SSC CPO 29.06.2024 (Shift-III)
(a) मणिपुरी (b) कथक
(c) ओडिसी (d) सत्रिया

उत्तर (b)

- दीपा करथा **कथक नृत्य** से सम्बन्धित हैं।
- दीपा करथा का जन्म वर्ष 1969 में **दिल्ली** में हुआ था।
- उन्होंने अपनी माँ शान्ता करथा से कत्थक नृत्य सीखा, जो स्वयं एक प्रसिद्ध **कत्थक नृत्यांगना** थीं।
- दीपा करथा को कई पुरस्कारों से सम्मानित किया गया है, जिनमें **पद्म श्री**, संगीत नाटक अकादमी पुरस्कार और **कला रत्न पुरस्कार** शामिल हैं।

228. द फोर्टी मिनट्स रागा .... द्वारा रचित एक एल्बम है। SSC CPO 29.06.2024 (Shift-III)
(a) अली अकबर खान
(b) हरिप्रसाद चौरसिया
(c) भीमसेन जोशी
(d) अमजद अली खान

उत्तर (a)

- **द फोर्टी मिनट्स रागा** सितार वादक **अली अकबर खान** द्वारा रचित है।
- यह वर्ष 1962 में रिलीज हुआ था और इसे कॉम्पैक्ट डिस्क और डिजिटल डाउनलोड सहित विभिन्न प्रारूपों में उपलब्ध कराया गया है।
- इन्हें वर्ष 1988 में **पद्म विभूषण** से सम्मानित किया गया।
- इन्हें वर्ष 1977 में संयुक्त राज्य अमेरिका के कला के क्षेत्र में सबसे ऊँचा सम्मान **नेशनल हैरिटेज फैलोशिप** से सम्मानित किया गया था।

229. भारत की प्रसिद्ध गायिका बेगम अख्तर निम्नलिखित में से किस विधा के लिए जानी जाती हैं? **SSC CPO 29.06.2024 (Shift-III)**

(a) सूफी संगीत (b) लोक संगीत
(c) कर्नाटक संगीत (d) गजल संगीत

उत्तर (d)

- भारत की प्रसिद्ध गायिका बेगम अख्तर गजल संगीत के लिए जानी जाती है।
- इन्हें 'गजल की मल्लिका' भी कहा जाता है।
- बेगम अख्तर ने गजल को शास्त्रीय संगीत से लोकप्रिय संगीत में बदलने में महत्त्वपूर्ण भूमिका निभाई। इन्होंने कई भाषाओं में गजलें गाईं, जिनमें हिन्दी, उर्दू, पंजाबी और फारसी शामिल हैं।
- उनकी कुछ प्रसिद्ध गजलों में **मेरे महबूब क्या हु, आज मेरे dil में, कजरा मोहब्बत वाला** और **दिल-ए-नादान तुझे हुआ क्या है** शामिल हैं।
- इन्हें पद्मश्री और पद्मभूषण से सम्मानित किया जा चुका है।

230. निम्नलिखित में से कौन-सा शास्त्रीय नृत्य रूप सामान्यत: तरंगम के साथ सम्पन्न होता है? **SSC CPO 29.06.2024 (Shift-I)**

(a) कथकली (b) ओडिसी
(c) कुचिपुड़ी (d) सत्रीया

उत्तर (c)

- **तरंगम**, कुचिपुड़ी नृत्य का एक विशेष और महत्त्वपूर्ण हिस्सा है।
- तरंगम शब्द का अर्थ **लहरें** होता है जो समुद्र या नदी की लहरों की गतिविधियों को प्रतिबिंबत करता है।
- तरंगम नृत्य भक्ति, शक्ति और नृत्यांगना की कौशल का प्रतीक है। इसमें नर्तक **पीतल की थाली** के किनारे पर नृत्य करते हुए लयबद्ध दृष्य प्रस्तुत करता है, साथ ही अपने सिर पर पानी का एक बर्तन (पीतल) को भी संतुलित रखता है।

231. वर्ष 2021 में पद्मश्री के प्राप्तकर्ता राधेश्याम बारले निम्नलिखित में से किस नृत्य शैली के प्रतिपादक हैं? **SSC CPO 29.06.2024 (Shift-I)**

(a) पन्थी (b) पाली (c) दिवारी (d) कर्मा

उत्तर (a)

- वर्ष 2021 में पद्मश्री से सम्मानित डॉ. राधेश्याम बारले छत्तीसगढ़ के प्रसिद्ध **पन्थी** नृत्य शैली के प्रतिपादक हैं।
- यह नृत्य **बाबा गुरु घासीदास** के जीवन और शिक्षाओं पर आधारित है, जो 18वीं शताब्दी के सन्त थे।
- उन्हें छत्तीसगढ़ राज्य कलाकार सम्मान और सन्त गुरु घासीदास राष्ट्रीय सम्मान से भी सम्मानित किया गया है।

232. केलुचरण महापात्रा निम्नलिखित में से किस नृत्य शैली से सम्बन्धित हैं? **SSC CPO 29.06.2024 (Shift-I)**

(a) भरतनाट्यम (b) ओडिसी
(c) मणिपुरी (d) कथक

उत्तर (b)

- केलुचरण महापात्रा (8 जनवरी, 1926–7 अप्रैल, 2004) एक प्रसिद्ध भारतीय शास्त्रीय नर्तक, गुरु और **ओडिसी नृत्य के प्रतिपादक** थे।
- पद्म विभूषण (2000) सहित कई राष्ट्रीय और अन्तर्राष्ट्रीय पुरस्कार प्राप्त किए।
- वे ओडिशा से पद्म विभूषण पाने वाले पहले व्यक्ति हैं।

233. बुन्दू खान दिल्ली घराने के एक ...... वादक थे। **SSC CPO 29.06.2024 (Shift-I)**

(a) बाँसुरी (b) सारंगी
(c) सन्तूर (d) सरोद

उत्तर (b)

- उस्ताद बुन्दू खान दिल्ली घराने के एक **सारंगी वादक** थे।
- इन्हें वर्ष 1985 में पाकिस्तान के राष्ट्रपति द्वारा **प्राइड ऑफ परफॉरमेन्स अवॉर्ड** (मरणोपरान्त) से सम्मानित किया गया था।
- इनकी संगीत पर प्रमुख पुस्तक **जौहर-ए-मौसिकी** है।

234. निम्नलिखित में से किस शास्त्रीय नृत्य की शुरुआत वैष्णव सन्त श्रीमन्न शंकरदेव ने की थी? **SSC CPO 29.06.2024 (Shift-I)**

(a) ओडिसी (b) मणिपुरी
(c) सत्रीया (d) कथक

उत्तर (c)

- **सत्रीया शास्त्रीय नृत्य** की शुरुआत वैष्णव सन्त **श्रीमन्त शंकरदेव** ने की थी।
- **15वीं शताब्दी ईसवी** में असम के महान वैष्णव सन्त और सुधारक **श्रीमन्त शंकरदेव द्वारा सत्रीया नृत्य को वैष्णव धर्म के प्रचार हेतु** एक शक्तिशाली माध्यम के रूप में परिचित कराया गया।
- सत्रीया नृत्य भारत के **9 शास्त्रीय नृत्य रूपों** में से एक है।
- इसे वर्ष **2000 में संगीत नाटक अकादमी** द्वारा **शास्त्रीय नृत्य** के रूप में **मान्यता दी** गई थी।

235. रस के सम्बन्ध में दिए गए कथनों के आधार पर सही विकल्प का चयन करें।

कथन I यह एक कलात्मक प्रस्तुति का आनन्द लेने के दौरान प्राप्त होने वाता सौन्दर्यपरक अनुभव है।
कथन II यह दर्शक या सौन्दर्यप्रेमी में मानवीय भावनाओं के निर्माण से सम्बन्धित है। **SSC CPO 29.06.2024 (Shift-I)**

(a) न तो कथन I और न ही कथन II सत्य है।
(b) केवल कथन I सत्य है।
(c) कथन I और कथन II दोनों सत्य हैं।
(d) केवल कथन II सत्य है।

उत्तर (c)

- रस का शाब्दिक अर्थ **आनन्द** होता है। यह एक कलात्मक प्रस्तुति का आनन्द लेने के दौरान प्राप्त होने वाला सौन्दर्यपरक अनुभव होता है तथा साथ ही यह दर्शक या सौन्दर्यप्रेमी में मानवीय भाषाओं के निर्माण से सम्बन्धित होता है। इस प्रकार कथन 1 और 2 दोनों सत्य हैं।
- काव्य में रस का वही स्थान है, जो शरीर में आत्मा का है। जिस प्रकार आत्मा के अभाव में प्राणी का अस्तित्व सम्भव नहीं है, उसी प्रकार **रसहीन कथन को काव्य नहीं कहा** जा सकता है।
- **रस, छन्द और अलंकार काव्य रचना** के आवश्यक अवयव हैं।

SSC CPO 2023, 2022

236. भूटिया नृत्य (Bhutia dance) निम्नलिखित में से किस राज्य में किया जाता है? **SSC CPO 03.10.2023 (Shift-I)**

(a) नागालैण्ड (b) ओडिशा
(c) सिक्किम (d) पश्चिम बंगाल

उत्तर (c)

- **भूटिया नृत्य सिक्किम** का **लोकनृत्य** है। इसमें नर्तक यार्खा, ड्रम, बाँसुरी और यांगजे जैसे संगीत वाद्ययन्त्रों की मधुर धुनों पर नृत्य करते हैं।
- सिक्किम के अन्य महत्त्वपूर्ण लोकनृत्य–**मुखौटा नृत्य, लूखंगटामो, रेचुंगमा, मारुनी** और **लिम्बो या सुब्बा** आदि हैं।
- इस लोकनृत्य में नृत्य, गीत और लोककलाओं की समृद्ध परम्परा है।

237. मणिपुरी शास्त्रीय नृत्य के मर्दाना पहलू (masculine aspect) को किसके रूप में जाना जाता है? **SSC CPO 05.10.2023 (Shift-III)**

(a) परेंग (b) रास
(c) चोलोम (d) माईबा

उत्तर (c)

- मणिपुरी शास्त्रीय नृत्य के मर्दाना पहलू को **चोलोम** के रूप मे जाना जाता है जिसमें नृत्य के प्रदर्शन के दौरान **पुंग और करताल** बजाया जाता है।
- इसकी शुरुआत मणिपुर के **राजा खुयोई टोपोंग** ने की थी।
- इस नृत्य की प्रस्तुति सभी सामाजिक और धार्मिक त्योहारों पर की जाती है।
- मणिपुर के अन्य नृत्यों में **जागोई, थांग-ता** और **रासलीला** हैं।

238. नीरूस्वामी पिल्लई और राजारतनम पिल्लई किस वाद्ययन्त्र के प्रतिपादक (exponents) हैं? **SSC CPO 05.10.2023 (Shift-III)**

(a) सारंगी (b) मृदंगम
(c) मैण्डोलिन (d) नादस्वरम

उत्तर (d)

- नीरूस्वामी पिल्लई और राजारतनम पिल्लई नादस्वरम यन्त्र के प्रतिपादक हैं।
- **नादस्वरम् यन्त्र** का प्रयोग **तमिलनाडु, आन्ध्र प्रदेश, कर्नाटक** और **केरल** में पारम्परिक **शास्त्रीय वाद्ययन्त्र** के रूप में किया जाता है।

239. लावणी निम्नलिखित में से किस राज्य का पारम्परिक नृत्य है? SSC CPO 05.10.2023 (Shift-III)
SSC CHSL Tier-1 21.03.2023 (Shift-IV)
SSC GD 21.02.2024 (Shift-I)
(a) महाराष्ट्र
(b) उत्तर प्रदेश
(c) मध्य प्रदेश
(d) हिमाचल प्रदेश

उत्तर (a)
• लावणी लोकनाट्य शैली का एक अंग है, जिसे **महाराष्ट्र** की महिलाओं द्वारा ढोलकी की थाप पर प्रस्तुत किया जाता है।
• लावणी नृत्य, गीत और अभिनय का **त्रिवेणी संगम** है।
• इसकी शुरुआत 18वीं और 19वीं शताब्दी में हुई थी।

240. वडाली ब्रदर्स .... गायक हैं। SSC CPO 04.10.2023 (Shift-II)
(a) पाण्डवानी (b) भाटियाली
(c) लावणी (d) सूफी

उत्तर (d)
• पूरनचन्द वडाली और प्यारेलाल वडाली (वडाली ब्रदर्स) पंजाब के अमृतसर जिले के **सूफी गायक** और **संगीतकार** हैं।
• **वडाली ब्रदर्स** संगीत की गुरबानी, काफी, गजल और भजन शैलियों में गायन के लिए जाने जाते हैं।
• इन्हें वर्ष 1991 में **संगीत नाटक अकादमी पुरस्कार**, वर्ष 1988 में **तुलसी पुरस्कार** और वर्ष 2005 में पूरनचन्द वडाली को **पद्मश्री पुरस्कार से सम्मानित किया** जा चुका है।

241. नवम्बर, 2020 में .... ने विश्व का अब तक का सबसे तेज पियानो वादक होने का रिकॉर्ड बनाया। SSC CPO 03.10.2023 (Shift-I)
(a) गौरी मिश्रा
(b) अनिल श्रीनिवासन
(c) लिडियन नादस्वरम
(d) शिखा चौरसिया

उत्तर (c)
• नवम्बर, 2020 में **अमेरिका** में आयोजित **द वर्ल्ड्स बेस्ट** शो के दौरान लिडियन नादस्वरम् ने सबसे तेज पियानो वादक होने का रिकार्ड बनाया।
• उन्होंने इसमें 1 मिलियन अमेरिकी डॉलर की पुरस्कार राशि जीती।
• लिडियन नादस्वरम् का जन्म 5 सितम्बर, 2005 को **चेन्नई** (तमिलनाडु) में हुआ था।

242. ठुमरी संगीत निम्नलिखित में से किस नृत्य शैली से सम्बन्धित है? SSC CPO 05.10.2023 (Shift-III)
(a) सत्रीया (b) कथक
(c) भरतनाट्यम (d) कथकली

उत्तर (b)
• ठुमरी संगीत का सम्बन्ध **कथक नृत्य** से है, जो कि **उत्तर प्रदेश** का लोक नृत्य है।
• बेगम अख्तर, ठुमरी शैली की सबसे लोकप्रिय गायिकाओं में से एक थी।
• कथक शास्त्रीय नृत्य का एकमात्र रूप है, जो हिन्दुस्तानी या उत्तर भारतीय संगीत से सम्बन्धित है।
• ठुमरी, इसमें **रस**, **रंग** और **भाव** की प्रधानता होती है।

243. निम्नलिखित में से कौन-सा मुख्य ताल वाद्ययन्त्र है, जिसका उपयोग मोहिनीअट्टम नृत्य के प्रदर्शन में किया जाता है? SSC CPO 10.11.2022 (Shift-I)
(a) एडक्का (b) धुमसा (c) नगाड़ा (d) सितार

उत्तर (a)
• एडक्का का उपयोग मोहिनीअट्टम नृत्य के प्रदर्शन करने में किया जाता है। यह घण्टे के आकार का डमरू के समान वाद्ययन्त्र है, जिसे छड़ी से बजाया जाता है। इसका उपयोग **मोहिनीअट्टम** नृत्य के प्रदर्शन में किया जाता है।
• मोहिनीअट्टम नृत्य के प्रदर्शन के दौरान उपयोग किए जाने वाले अन्य वाद्ययन्त्र मृदंगम या **मधलम**, **बाँसुरी**, **वीणा** और **कुजहिलात** (झाँझ) हैं।

244. निम्नलिखित में से किस शास्त्रीय नृत्य को 'कथावाचकों का नृत्य' कहा जाता है? SSC CPO 10.11.2022
(a) कथक (b) कुचिपुड़ी
(c) कथकली (d) ओडिसी

उत्तर (a)
• **कथक** को **कथावाचकों का नृत्य** भी कहा जाता है।
• यह **उत्तर प्रदेश** का एकमात्र भारतीय शास्त्रीय नृत्य है, जो **फारसी तत्त्वों** को प्रदर्शित करता है।
• कथक नृत्य के कुछ प्रमुख नर्तकों में बिरजु महाराज और सितारा देवी शामिल हैं।

245. मणिपुरी नृत्य के लोकप्रिय रूप रास, संकीर्तन और थांग-ता हैं। तद्नुसार मणिपुरी नृत्य में कितने प्रमुख रास नृत्य हैं? SSC CPO 10.11.2022
(a) कथात्मक नृत्य
(b) गैर-कथात्मक नृत्य और सार नृत्य
(c) व्याख्यात्मक नृत्य
(d) सार कथात्मक नृत्य

उत्तर (b) मणिपुरी नृत्य में **गैर-कथात्मक नृत्य और सार नृत्य** रास हैं।
• ये रास नृत्य हिन्दू वैष्णव वाद विषयों पर आधारित हैं और रासलीला में **राधा-कृष्ण के प्रेम प्रेरित नृत्य नाटकों** का उत्कृष्ट प्रदर्शन है।
• मणिपुरी रासलीला का सम्बन्ध प्राचीन **नाट्यशास्त्र** से है।

246. निम्नलिखित में से कौन प्रसिद्ध सितारवादक थे? SSC CPO 11.11.2022
(a) निखिल बनर्जी (b) हरिप्रसाद चौरसिया
(c) ज़ाकिर हुसैन (d) राजा खान

उत्तर (a)
• निखिल बनर्जी एक प्रसिद्ध सितारवादक थे जो **मैहर** घराने से सम्बन्धित थे।
• निखिल बनर्जी (1931-1986) **अलाउद्दीन खान** से सितार वादन की शिक्षा ली थी।
• कला के क्षेत्र में योगदान के लिए इन्हें वर्ष 1974 में **संगीत नाटक अकादमी पुरस्कार**, वर्ष 1968 में **पद्मश्री पुरस्कार** तथा वर्ष 1987 में **पद्म भूषण पुरस्कार** से सम्मानित किया गया है।

247. फुगड़ी, कोंकण क्षेत्र में किया जाने वाला गोवा का एक लोकनृत्य है। यह आमतौर पर निम्नलिखित में से किस हिन्दू धार्मिक त्योहार के दौरान किया जाता है? SSC CPO 11.11.2022
(a) दुर्गा पूजा (b) होली
(c) गणेश चतुर्थी (d) दिवाली

उत्तर (c)
• फुगड़ी, **गोवा का** प्रमुख लोकनृत्य है, जिसे कोंकण क्षेत्र में किया जाता है।
• यह नृत्य सामान्यत: हिन्दू धार्मिक त्योहार **गणेश चतुर्थी** के अवसर पर किया जाता है।
• गोवा के अन्य लोकप्रिय लोकनृत्यों में **डेक्नी, ढालों खोल, मुसोल** आदि हैं।

248. नवरात्रि के दौरान किए जाने वाले गुजरात के दो लोकप्रिय लोकनृत्य निम्नलिखित में से कौन-से हैं? SSC CPO 11.11.2022
(a) तलवार और आलेनी-हलेनी नृत्य
(b) आग्वा और काकड़ा नृत्य
(c) गरबा और डाण्डिया नृत्य
(d) घेरिया और मदारी नृत्य

उत्तर (c)
• गरबा और डाण्डिया नृत्य गुजरात के प्रमुख लोकनृत्य हैं, **जो नवरात्रि** के दौरान किए जाते हैं।
• **गरबा** शब्द गर्भ में शिशु के जीवन से निकला है।
• गरबा के दौरान लोग गोल चक्र बनाकर नृत्य करते हुए **जीवन चक्र** को दर्शाते हैं।
• डाण्डिया नृत्य माँ दुर्गा और महिषासुर के बीच हुए युद्ध का प्रतीक है।
• इसमें लोग लकड़ी के डण्डे को टकराकर नृत्य करते हैं।
• इसे **डांडिया रास** या **रास** के नाम से भी जाना जाता है।

249. अन्नपूर्णा देवी, जिन्हें पद्म भूषण से सम्मानित किया गया था, निम्नलिखित में से किस वाद्ययन्त्र की प्रसिद्ध वादक थीं? SSC CPO 11.11.2022
(a) सुरबहार (b) सन्तूर
(c) सरोद (d) वीणा

उत्तर (a)
• अन्नपूर्णा देवी का सम्बन्ध **मैहर घराने** से था। ये 'सुरबहार' वाद्ययन्त्र की प्रसिद्ध वादक थीं। इनका जन्म 23 अप्रैल, 1927 को मध्य प्रदेश के मैहर शहर में हुआ था।
• ये प्रख्यात संगीतकार अलाउद्दीन खान की बेटी और शिष्या हैं।
• वर्ष 2004 में इन्हें संगीत नाटक अकादमी पुरस्कार से सम्मानित किया गया।

250. साबरी ब्रदर्स, अजीज वारसी और नुसरत फतेह अली खान किस गायन शैली से सम्बन्धित हैं? SSC CPO 11.11.2022
(a) भटियाली (b) कव्वाली
(c) भजन (d) शबद

उत्तर (b)
• साबरी ब्रदर्स, अजीज वारसी और नुसरत फतेह अली खान **कव्वाली** से सम्बन्धित है।
• इसको वैश्विक स्तर पर प्रसिद्ध करने का श्रेय **नुसरत फतेह अली खान** को जाता है, जिसे **साबरी ब्रदर्स** के द्वारा आगे बढ़ाया गया।
• कव्वाली एक सूफी रहस्यवाद से सम्बन्धित आध्यात्मिक गायन है, जिसमें गायक अपने इष्ट, प्रेमिका या प्रकृति से सामंजस्य स्थापित करने की कोशिश करता है।

SSC CHSL 2024 (Tier 1 & 2)

251. नटराज किस हिन्दू देवता की नृत्य आकृति का प्रतिनिधित्व करते हैं? **SSC CHSL Tier-2 11.11.2024**

(a) विष्णु (b) गणेश
(c) कार्तिकेय (d) शिव

उत्तर (d)

• नटराज शिव हिन्दू देवता की नृत्य की आकृति को प्रतिनिधित्व करते हैं।
• चोल कालिन नटराज शिव की मूर्ति एक काँस्य प्रतिमा है। इस कलाकृति और मुद्रा का वर्णन हिन्दू ग्रन्थों में किया गया है।

252. दलेर मेहंदी मुख्य रूप से किस भारतीय भाषा के पॉप गीतों के एक प्रसिद्ध गायक हैं? **SSC CHSL 01.07.2024 (Shift-I)**

(a) हिन्दी (b) अंग्रेजी (c) पंजाबी (d) बंगाली

उत्तर (c)

• दलेर मेहंदी मुख्य रूप से **पंजाबी भारतीय** भाषा के पॉप गीतों के एक **प्रसिद्ध गायक** हैं।
• दलेर मेहंदी द्वारा **भाँगड़ा** की वैश्विक लोकप्रियता में योगदान दिया है।
• पंजाबी भाषा के पॉप संगीतकारों के अंतर्गत हनी सिंह, दिलजीत दोसांझ, गुरदास मान आदि नाम शामिल हैं।

253. लंगवीर नृत्य ········ राज्य का एक लोकनृत्य है। **SSC CHSL 01.04.2024 (Shift-I)**

(a) हरियाणा (b) गुजरात
(c) उत्तराखण्ड (d) उत्तर प्रदेश

उत्तर (c)

• लंगवीर नृत्य उत्तराखण्ड राज्य का एक लोकनृत्य है।
• यह नृत्य टिहरी-गढ़वाल क्षेत्र में एक प्रसिद्ध नृत्य है, जिसे स्थानीय लोग अद्भुत तरीके से करते हैं।
• इस नृत्य को पुरुषों द्वारा किया जाता है और इस नृत्य में खम्भे पर कई तरह के करतब दिखाए जाते हैं।

254. भटियाली लोक संगीत, जो अधिकतर मछुआरों द्वारा गाया जाता है, निम्नलिखित में से किस राज्य से सम्बन्धित है? **SSC CHSL 01.02.2024 (Shift-I)**

(a) ओडिशा (b) केरल
(c) आन्ध्र प्रदेश (d) पश्चिम बंगाल

उत्तर (d)

• भटियाली लोक संगीत, जो अधिकतर मछुआरों द्वारा गाया जाता है, **पश्चिम बंगाल** राज्य से सम्बन्धित है।
• भटियाली एक नदी गीत है, जिसे ज्यादातर नाविक नदी की धाराओं में उतरते समय गाते हैं।
• भटियाली शब्द भाटा से आया है, जिसका अर्थ है— भाटा या बहाव।

255. निम्नलिखित में से कौन-सा तार वाला एक वाद्ययन्त्र नहीं है? **SSC CHSL Tier-1 01.07.2024 (Shift-II)**

(a) बाँसुरी (b) वायलिन
(c) गिटार (d) सारंगी

उत्तर (a)

• बाँसुरी एक तार वाद्ययन्त्र नहीं है।
• बाँसुरी को मुँह से बजाया जाता है।
• तार वाले यन्त्र या कॉर्डोफोन ऐसे संगीत वाद्ययन्त्र हैं, जो कम्पन करने वाले तारों से ध्वनि उत्पन्न करते हैं।
• तार वाले वाद्ययन्त्र बेंजो, वायलिन, रवाब, सारंगी, सितार हैं।

256. 'तेरी मिट्टी' गीत निम्नलिखित में से किस फिल्म का है? **SSC CHSL Tier-1 01.07.2024 (Shift-I)**

(a) जय हो (b) केसरी
(c) राजनीति (d) सत्यमेव जयते

उत्तर (b)

• 'तेरी मिट्टी' गीत, केसरी फिल्म का है।
• यह फिल्म 1897 ई. में हुए सारागढ़ी के युद्ध पर आधारित है, जो वर्ष 2019 में रिलीज हुई।
• इस गीत के बोल मनोज मुंतशिर के हैं, जिसे अर्को प्रावो मुखर्जी ने संगीतबद्ध किया है तथा गायक बी. प्राक् ने इसे गाया है।

257. निम्नलिखित में से कौन-सा नृत्य असम के मठों (monasteries) में विकसित हुआ? **SSC CHSL Tier-1 01.07.2024 (Shift-II)**

(a) कुचिपुड़ी (b) कथक
(c) सत्रीया (d) भरतनाट्यम

उत्तर (c)

• सत्रीया नृत्य, असम के मठों में विकसित हुआ।
• सत्रीया नृत्य, असम का शास्त्रीय नृत्य है, जो 9 भारतीय मुख्य शास्त्रीय नृत्य परम्पराओं में से एक है।
• इस नृत्य के संस्थापक **महान् सन्त श्रीमन्त शंकरदेव** हैं।
• असम राज्य के अन्य नृत्य निम्न हैं—बागुरुम्बा नृत्य, देवदासी नृत्य, अंकिया नृत्य, बिहू नृत्य।

258. कर्नाटक संगीत का जनक किसे कहा जाता है? **SSC CHSL Tier-1 01.07.2024 (Shift-III)**

(a) विद्यारण्य (b) पुरन्दरदास
(c) विश्वनाथ अय्यर (d) तिरुनालराम वर्मा

उत्तर (b)

• **पुरन्दरदास** को कर्नाटक संगीत का जनक कहा जाता है।
• वह 16वीं शताब्दी के प्रमुख सन्त, कवि और संगीतकार थे।
• उनकी रचनाएँ 'दास गीत' के रूप में प्रसिद्ध हैं।

259. कौन-सा लोक संगीत महाभारत पर आधारित है, जिसमें भीम को नायक के रूप में चित्रित किया गया है? **SSC CHSL Tier-1 01.07.2024 (Shift-II)**

(a) माण्डो (b) आल्हा
(c) पण्डवानी (d) डाण्डिया

उत्तर (c)

• पण्डवानी लोक संगीत महाभारत पर आधारित है, जिसमें भीम को नायक के रूप में चित्रित किया गया है।
• यह पारम्परिक लोक संगीत और नाट्य शैली है, जोकि **छत्तीसगढ़** और **मध्य प्रदेश** के क्षेत्रों में प्रचलित है।
• प्रसिद्ध पण्डवानी कलाकार **तीजनबाई** और **उमादेवी** हैं।

260. मायाधर राउत भारतीय शास्त्रीय नृत्य शैली ········ के व्याख्याता हैं। **SSC CHSL Tier-1 01.07.2024 (Shift-II)**

(a) कुचिपुड़ी (b) कथक
(c) भरतनाट्यम (d) ओडिसी

उत्तर (d)

• **मायाधर राउत** भारतीय शास्त्रीय नृत्य शैली ओडिसी के व्याख्याता हैं।
• ओडिसी नृत्य भारतीय नृत्य की एक प्रमुख शैली है, जो ओडिशा राज्य की सांस्कृतिक धरोहर का हिस्सा है।
• यह प्राचीन मन्दिरों की मूर्तियों और शिल्पकला से प्रेरित है।

261. ········ में लोकगीतों को 'रागिनी' कहा जाता है। **SSC CHSL Tier-1 01.07.2024 (Shift-I)**

(a) उत्तर प्रदेश (b) हरियाणा
(c) मध्य प्रदेश (d) बिहार

उत्तर (b)

• हरियाणा में लोकगीतों को 'रागिनी' कहा जाता है।
• इसे कई कलाकार एकसाथ मिलकर पात्रों की भावनाओं को प्रदर्शित करने के लिए गीत गाते और नृत्य करते हैं।
• हरियाणा के प्रमुख लोकगीत गरबा गायन, झूलाना, पटाका, रसिया आदि हैं।

262. निम्नलिखित संगीत वाद्ययन्त्रों का मिलान उन्हें बजाने वाले उस्तादों के साथ करें। **SSC CHSL Tier-1 02.07.2024 (Shift-II)**

सूची I (वाद्ययन्त्र)		सूची II (उस्ताद)	
A.	सन्तूर	1.	पण्डित शिव कुमार शर्मा
B.	सितार	2.	अनुष्का शंकर
C.	शहनाई	3.	बिस्मिल्लाह खान
D.	सारंगी	4.	उस्ताद बिन्दा खान

कूट

	A B C D		A B C D
(a)	2 3 1 4	(b)	3 4 1 2
(c)	1 2 3 4	(d)	4 3 2 1

उत्तर (c)

• सही सुमेलन A-1, B-2, C-3, D-4 है।
• पण्डित शिव कुमार शर्मा **सन्तूर** वादक हैं, इन्हें वर्ष 1991 में पद्मश्री तथा वर्ष 2001 में पद्म विभूषण प्राप्त हुआ है।
• अनुष्का शंकर **सितार** वादक थे, इन्हें वर्ष 1998 में ब्रिटिश कॉमन हाउस पुरस्कार भी प्राप्त हुआ है।
• बिस्मिल्लाह खान **शहनाई** वादक हैं, इन्हें वर्ष 2001 में भारत के सर्वोच्च सम्मान **भारत रत्न** से सम्मानित किया गया था।
• उस्ताद बिन्दा खान **सारंगी** वादक हैं, इन्हें वर्ष 1985 में पाकिस्तान के राष्ट्रपति द्वारा **प्राइड ऑफ परफॉर्मेन्स** अवॉर्ड प्राप्त हुआ।

263. निम्नलिखित में से कौन एक प्रसिद्ध शास्त्रीय नृत्यांगना हैं? **SSC CHSL Tier-1 02.07.2024 (Shift-I)**

(a) सोनल मानसिंह (b) प्रतिभा राय
(c) एस. जानकी (d) आशा भोंसले

उत्तर (a)
- सोनल मानसिंह एक प्रसिद्ध शास्त्रीय नृत्यांगना हैं।
- इनके द्वारा भरतनाट्यम और ओडिसी नृत्य किया जाता है।
- यह वर्ष 2003 में पद्म विभूषण से सम्मानित होने वाली पहली भारतीय महिला बनीं।
- सोनल मानसिंह वर्ष 1992 में पद्म भूषण पाने वाली सबसे कम आयु की महिला थीं।

264. इनमें से कौन-सा लोक संगीत नागालैण्ड से सम्बन्धित नहीं है?
SSC CHSL Tier-1 06.07.2024 (Shift-II)
(a) नेउलिय (b) निओगा
(c) हेरेइलिय (d) हेलियमलियू

उत्तर (b)
- **निओगा** लोक संगीत नागालैण्ड से सम्बन्धित नहीं है।
- निओगा अरुणाचल प्रदेश का लोकगीत है। यह तब गाया जाता है, जब विवाह समारोह समाप्त हो जाता है और वधू पक्ष दुल्हन को उनके घर में छोड़कर लौट जाता है।
- नेउलियू, हेरेइलियू, हेलियमलियू (लोकसंगीत) का सम्बन्ध नागालैण्ड राज्य से है।

265. 'छऊ' निम्नलिखित में से किस राज्य का एक लोकप्रिय नृत्य है?
SSC CHSL Tier-1 02.07.2024 (Shift-II)
(a) झारखण्ड (b) हरियाणा
(c) केरल (d) गुजरात

उत्तर (a)
- छऊ नृत्य झारखण्ड, पश्चिम बंगाल और ओडिशा राज्य का एक लोकप्रिय नृत्य है।
- वर्ष 2024 में छऊ नृत्य को भारतीय शास्त्रीय नृत्य का दर्जा दिया गया। भारत में वर्तमान में शास्त्रीय नृत्यों की संख्या 9 है।
- छऊ नृत्य भारत में जनजातीय नृत्य का एक लोकप्रिय रूप है, जो मार्शल आर्ट के तत्त्वों को शामिल करता है।

266. ......राज्य का खूबकेशी एक ऐसा गीत है, जो तालियाँ बजाकर गाया जाता है।
SSC CHSL Tier-1 02.07.2024 (Shift-III)
(a) मणिपुर (b) कर्नाटक
(c) ओडिशा (d) बिहार

उत्तर (a)
- मणिपुर राज्य का खूबकेशी एक ऐसा गीत है, जो तालियाँ बजाकर गाया जाता है।
- यह गीत सामान्यत: सामुदायिक आयोजनों, त्योहारों और महत्त्वपूर्ण पर्व पर गाया जाता है।
- गीत में पारम्परिक मणिपुरी वाद्ययन्त्रों का उपयोग होता है।

267. प्रसिद्ध लोक संगीत 'हेकियालु' का उद्गम किस राज्य में हुआ है?
SSC CHSL Tier-1 02.07.2024 (Shift-II)
(a) असम (b) तमिलनाडु
(c) नागालैण्ड (d) गोवा

उत्तर (c)
- प्रसिद्ध लोक संगीत 'हेकियालु' का उद्गम नागालैण्ड राज्य से हुआ है।
- हेकियालु गीत को **नागालैण्ड के युद्ध** गीत के रूप में जाना जाता है।
- नागालैण्ड के कुछ लोकप्रिय जेलियांग लोकगीत हेरेइलियू, हिरेलीउ, न्यूल्यूआंड हैं।

268. गुग्गा ....का एक प्रसिद्ध कर्मकाण्डीय नृत्य है, जो गुग्गा पीर की याद में निकाले गए जुलूस में किया जाता है।
SSC CHSL Tier-1 02.07.2024 (Shift-III)
(a) उत्तर प्रदेश (b) जम्मू और कश्मीर
(c) हरियाणा (d) पुदुचेरी

उत्तर (c)
- गुग्गा **हरियाणा** का एक प्रसिद्ध नृत्य है, जो गुग्गा पीर के जन्म दिन, गुग्गा नौमी के अवसर पर भादो (अगस्त-सितम्बर) के महीने में निकाले गए जुलूस में किया जाता है।
- इस प्रदर्शन में, भक्त गुग्गा पीर की समाधि के चारों ओर उनके सम्मान और प्रशंसा में विभिन्न प्रकार के गीत गाते हुए नृत्य करते हैं।
- यह केवल **पुरुषों** द्वारा किया जाता है।

269. ....एक भारतीय नृत्य कलाकार और कोरियोग्राफर थे/थीं, जिन्हें भारतीय शास्त्रीय और लोकनृत्य शैलियों के लिए यूरोपीय नाट्य तकनीक अपनाकर नृत्य की एक मिश्रित शैली (Fusion style) का सृजन करने के लिए जाना जाता था। **SSC CHSL Tier-1 02.07.2024 (Shift-IV)**
(a) रवि शंकर (b) उदय शंकर
(c) स्मिता नागदेव (d) शोवना नारायण

उत्तर (b)
- उदय शंकर को भारतीय शास्त्रीय और लोकनृत्य शैलियों के लिए यूरोपीय नाट्य तकनीक की एक **मिश्रित शैली** का सृजन करने के लिए जाना जाता है।
- इन्होंने शास्त्रीय और लोकनृत्य रूपों के साथ यूरोपीय नाट्य तकनीकों को मिलाकर डांस-डांस शैली बनाई तथा बाद में इसका नाम **रचनात्मक** (क्रिएटिव) नृत्य रखा गया।

270. कर्नाटक शास्त्रीय संगीत में निम्नलिखित में से कौन-सी शैली राग की सबसे सरल रचना है?
SSC CHSL Tier-1 02.07.2024 (Shift-IV)
(a) कीर्तनम (b) वर्णम (c) गीतम (d) पाड़ा

उत्तर (c)
- कर्नाटक शास्त्रीय संगीत में **गीतम** शैली राग की सबसे सरल रचना है।
- गीतम में स्थाई (मुख्य धुन) और कभी-कभी अन्तरा (दूसरी धुन) होती है।
- कर्नाटक संगीत में प्रसिद्ध गीतम उदाहरणों में पिल्लरी गीतम (बच्चों के लिए गीत), संस्कृत गीतम और तमिल गीतम शामिल हैं।

271. निम्नलिखित में से किसने लोकप्रिय तेलुगू देशभक्ति गीत 'देसामुनु प्रेमिंचुमन्ना, मंची अन्नादी पंचुमन्ना' लिखा है, जिसका अर्थ है 'राष्ट्र से प्रेम करो, अच्छाई को विकसित करो (Love the nation, grow the goodness)'?
SSC CHSL Tier-1 02.07.2024 (Shift-IV)
(a) गुरजादा अप्पाराव
(b) श्री कृष्णदेवराय
(c) गोपाराजू रामचन्द्र राव
(d) बम्मेरा पोताना

उत्तर (a)
- गुरजादा अप्पाराव ने लोकप्रिय तेलुगू देशभक्ति गीत 'देसामुनु प्रेमिंचुमन्ना, मंची अन्नादी पंचुमन्ना' लिखा है।
- ये एक भारतीय **नाटककार**, **कवि** और **लेखक** थे।
- राव ने 1892 ई. में कन्यासुलकम नाटक लिखा था, जिसे तेलुगू भाषा का सबसे बड़ा नाटक माना जाता है।

272. निम्नलिखित में से किस भारतीय शास्त्रीय नृत्य की उत्पत्ति आन्ध्र प्रदेश से हुई है?
SSC CHSL Tier-1 03.07.2024 (Shift-IV)
(a) ओडिसी (b) मोहिनीअट्टम
(c) कथकली (d) कुचिपुड़ी

उत्तर (d)
- कुचिपुड़ी शास्त्रीय नृत्य की उत्पत्ति आन्ध्र प्रदेश से हुई है।
- कुचिपुड़ी एक नृत्य-नाटक प्रदर्शन है, यह प्राचीन काल में पुरुषों तक सीमित था।
- यह नृत्य हिन्दू **पौराणिक कथाओं** की कहानियाँ दर्शाता है।

273. जम्मू-कश्मीर का कौन-सा लोक संगीत, विवाह समारोहों में गाया जाता है?
SSC CHSL Tier-1 03.07.2024 (Shift-IV)
(a) आल्हा (b) पनिहारी (c) बाउल (d) वानावुन

उत्तर (d)
- जम्मू-कश्मीर का लोकगीत **वानावुन**, विवाह समारोहों में गाया जाता है।
- यह नृत्य जम्मू-कश्मीर की वट्टल जनजाति द्वारा किया जाता है।
- जम्मू-कश्मीर राज्य से सम्बन्धित अन्य नृत्य रउफ, हिकत, मंदजस, कुण्ड डण्डी नाच, दमाली हैं।

274. यक्षगान मुख्य रूप से निम्नलिखित में से किस राज्य से जुड़ा नृत्य-नाटक है?
SSC CHSL Tier-1 03.07.2024 (Shift-I)
(a) बिहार (b) ओडिशा
(c) कर्नाटक (d) हिमाचल प्रदेश

उत्तर (c)
- यक्षगान मुख्य रूप से कर्नाटक राज्य से जुड़ा **नृत्य-नाटक** है।
- यक्षगान शब्द का अर्थ देवताओं या आत्माओं (यक्ष) का गीत (गण) है।
- यक्षगान नृत्य की उत्पत्ति **वैष्णव भक्ति** आन्दोलन से हुई है।
- यह नृत्य गीत, संगीत, नृत्य, विद्वतापूर्ण संवाद व जीवन्त वेशभूषा का अद्भुत मिश्रण है।

275. गुरु वेम्पति चिन्ना सत्यम भारत के......... नृत्य रूप के प्रसिद्ध नर्तक हैं।
SSC CHSL Tier-1 03.07.2024 (Shift-II)
(a) कुचिपुड़ी (b) मणिपुरी
(c) ओडिसी (d) भरतनाट्यम

उत्तर (a)

• गुरु वेम्पति चिन्ना सत्यम भारत के कुचिपुड़ी नृत्य रूप के प्रसिद्ध नर्तक हैं।
• वे प्रसिद्ध कुचिपुड़ी गुरु ताडेपल्ली के शिष्य थे और उन्होंने चेन्नई में कुचिपुड़ी कला अकादमी की स्थापना की।

276. ख्याल और ध्रुपद-धमार शैलियों के मिश्रण की रचनाएँ किस घराने के अन्तर्गत आती हैं?
SSC CHSL Tier-1 03.07.2024 (Shift-II)
(a) पटियाला घराना (b) ग्वालियर घराना
(c) आगरा घराना (d) इन्दौर घराना

उत्तर (c)
• 'ख्याल' और 'ध्रुपद-धमार' शैलियों के मिश्रण की रचनाएँ आगरा घराना के अन्तर्गत आती हैं।
• आगरा घराना भारतीय शास्त्रीय संगीत के तीन प्रमुख घरानों में से एक है, जो उत्तर भारत में लोकप्रिय है।
• इस घराने की स्थापना **हुसैन अली खान** और **हैदर अली खान** ने 19वीं शताब्दी में की थी।
• इस घराने के प्रमुख संगीतकारों में फैयाज खान, विलायत हुसैन खान, लतीफ खान और रमेश नारायण शामिल हैं।

277. भारत में वाद्ययन्त्र 'फ्लूट' को ········ के नाम से भी जाना जाता है।
SSC CHSL Tier-1 03.07.2024 (Shift-IV)
(a) मंजिरा (b) तबला (c) बाँसुरी (d) वीणा

उत्तर (c)
• भारत में वाद्ययन्त्र 'फ्लूट' को बाँसुरी के नाम से भी जाना जाता है।
• बाँसुरी बाँस से बनाई जाती है, जिसमें कई छेद होते हैं।
• बाँसुरी का उपयोग शास्त्रीय संगीत, लोक संगीत व भक्ति संगीत में भी किया जाता है।

278. छन्नूलाल मिश्र किस संगीत घराने से सम्बन्धित हैं? SSC CHSL Tier-1 03.07.2024 (Shift-IV)
(a) किराना (b) दिल्ली (c) जयपुर (d) आगरा

उत्तर (a)
• छन्नूलाल मिश्र **किराना** संगीत घराना से सम्बन्धित हैं।
• इन्हें मुख्यत: पूर्वी गायन शैली के लिए जाना जाता है, जिसमें ठुमरी, दादरा, चैती, कजरी से पूर्वी राग प्रस्तुत किए जाते हैं।
• इन्हें पद्म भूषण व संगीत नाटक अकादमी पुरस्कार से सम्मानित किया गया है।

279. 'चांग नृत्य' किस राज्य में लोकप्रिय है?
SSC CHSL Tier-1 03.07.2024 (Shift-IV)
(a) त्रिपुरा (b) राजस्थान (c) बिहार (d) गोवा

उत्तर (b)
• 'चांग नृत्य' राजस्थान राज्य का लोकप्रिय नृत्य है।
• राजस्थान के शेखावटी क्षेत्र व बीकानेर जिला इसके प्रमुख क्षेत्र हैं।
• यह पुरुषों का सामूहिक लोकनृत्य है।
• इस नृत्य का आयोजन होली पर्व पर होता है।

280. आईटीसी संगीत अनुसन्धान अकादमी (ITC Sangeet Research Academy) कहाँ स्थित है?
SSC CHSL Tier-1 04.07.2024 (Shift-I)
(a) दिल्ली (b) बेंगलुरु (c) कोलकाता (d) इन्दौर

उत्तर (c)
• आईटीसी संगीत अनुसन्धान अकादमी, कोलकाता में स्थित है।
• इसका गठन वर्ष 1978 में हुआ था।

281. गिद्दा नृत्य निम्नलिखित में से किस राज्य का लोकनृत्य है? SSC CHSL Tier-1 04.07.2024 (Shift-I)
(a) मणिपुर (b) पंजाब
(c) नागालैण्ड (d) ओडिशा

उत्तर (b)
• गिद्दा नृत्य का सम्बन्ध पंजाब राज्य से है।
• यह एक महिला प्रधान नृत्य है, जिसे प्राचीन काल में रिंग नृत्य के रूप में जाना जाता था।
• पंजाब के अन्य लोकनृत्यों में भाँगड़ा, डफ, धमान आदि प्रमुख हैं।

282. बीटल्स ने किसके आश्रम में शास्त्रीय संगीत से प्रभावित होकर वर्ष 1968 में रॉक संगीत की रचना की थी?
SSC CHSL Tier-1 04.07.2024 (Shift-II)
(a) महर्षि अरबिन्दो आश्रम
(b) ओशो रजनीश आश्रम
(c) महर्षि महेश योगी आश्रम
(d) पण्डित रविशंकर आश्रम

उत्तर (c)
• बीटल्स ने **महर्षि महेश योगी आश्रम** में शास्त्रीय संगीत से प्रभावित होकर वर्ष 1968 में रॉक संगीत की रचना की थी।
• द बीटल्स एक अंग्रेजी **रॉक बैण्ड** था, जिसका निर्माण लिवरपूल में किया गया था।
• यह ग्रुप महर्षि महेश योगी आश्रम में व्हाइट एल्बम के मशहूर हिट नेबर 'ओब-ला-दा' और 'बैक इन द यूएसएसआर' ने तैयार किया।

283. असम के महान वैष्णव सन्त और सुधारक द्वारा किस शास्त्रीय नृत्य की शुरुआत की गई थी?
SSC CHSL Tier-1 04.07.2024 (Shift-II)
(a) कथक (b) कुचिपुड़ी
(c) ओडिसी (d) सत्रीया

उत्तर (d)
• असम के महान वैष्णव सन्त और सुधारक द्वारा सत्रीया शास्त्रीय नृत्य की शुरुआत की गई थी।
• इस नृत्य की उत्पत्ति असम के सत्रों या **वैष्णव मठों** में हुई थी।
• यह नृत्य भारत के नौ शास्त्रीय नृत्यों में से एक है। इस नृत्य को वर्ष 2000 में शास्त्रीय नृत्य का दर्जा प्रदान किया गया है।
• इस नृत्य के संस्थापक **महान सन्त श्रीमन्त शंकरदेव** हैं।

284. शास्त्रीय कर्नाटक संगीत में ताल को ············ कहा जाता है।
SSC CHSL Tier-1 04.07.2024 (Shift-II)
(a) अचल (b) पदम (c) गीता (d) लय

उत्तर (d)
• शास्त्रीय कर्नाटक संगीत में ताल को **लय** कहा जाता है।
• कर्नाटक संगीत शास्त्रीय संगीत की दक्षिण भारतीय शैली है।
• यह संगीत अधिकांशत: भक्ति संगीत के रूप में होता है, जिसके अन्तर्गत अधिकतर रचनाएँ देवी-देवताओं के सम्बोधन में होती हैं।

285. जगोई और चोलोम भारतीय शास्त्रीय नृत्य·········की दो शैलियाँ हैं।
SSC CHSL Tier-1 04.07.2024 (Shift-II)
(a) मणिपुरी (b) कथकली
(c) कथक (d) भरतनाट्यम

उत्तर (a)
• जगोई व चोलोम भारतीय शास्त्रीय नृत्य मणिपुरी की दो शैलियाँ हैं।
• जगोई व चोलोम नृत्य में एक शैली सौम्य व दूसरी ओजपूर्ण है, जो संस्कृत साहित्य में वर्णित लास्य व ताण्डव तत्त्वों के अनुरूप है।
• जगोई, **रासलीला** (सौम्य) का प्रतिनिधित्व करती है।
• चोलोम, शास्त्रीय नृत्य का **ताण्डव** रूप है।

286. हिन्दुस्तानी शास्त्रीय संगीत के विष्णु नारायण भातखण्डे के अनुसार रागों की उत्पत्ति कितने थाटों से हुई है?
SSC CHSL Tier-1 04.07.2024 (Shift-III)
(a) 20 (b) 72 (c) 10 (d) 52

उत्तर (c)
• हिन्दुस्तानी शास्त्रीय संगीत में विष्णु नारायण भातखण्डे के अनुसार, रागों की उत्पत्ति 10 थाटों में हुई है।
• इन्होंने संगीत शिक्षण विधि को सरल बनाने के लिए **थाट पद्धति विकसित** की।
• इन्होंने वर्ष 1926 में राय उमानाथ बली के सहयोग से लखनऊ में तत्कालीन गवर्नर के नाम से **मैरिस म्यूजिक कॉलेज** (वर्तमान में भातखण्डे संगीत संस्थान अभिमत विश्वविद्यालय) की स्थापना की।

287. ए. आर. रहमान ने माइकल जैक्सन के साथ निम्नलिखित में से कौन-सा संगीत एल्बम रिकॉर्ड किया था? SSC CHSL Tier-1 04.07.2024 (Shift-III)
(a) एकम् सत्यम् (b) इन्फीनिटी लव
(c) यू आर माई डेस्टिनी (d) द ऑरेकल

उत्तर (a)
• ए. आर. रहमान ने माइकल जैक्सन के साथ **एकम् सत्यम्** संगीत एल्बम रिकॉर्ड की थी।
• ए. आर. रहमान भारतीय फिल्मों के प्रसिद्ध संगीतकार हैं, जिन्होंने हिन्दी और तमिल फिल्मों में संगीत दिया है।
• ये ऐसे पहले भारतीय हैं, जिन्हें ब्रिटिश भारतीय फिल्म **स्लम डॉग मिलेनियर** में उनके संगीत के लिए वर्ष 2009 में ऑस्कर पुरस्कार प्राप्त हुआ।
• माइकल जैक्सन एक अमेरिकी गायक और नर्तक थे। इन्हें **किंग ऑफ पॉप** के नाम से जाना जाता था।

288. देशभक्ति गीत 'माँ तुझे सलाम' के संगीत की रचना किसने की थी?
SSC CHSL Tier-1 04.07.2024 (Shift-IV)
(a) ए. आर. रहमान
(b) अनु मलिक
(c) हिमेश रेशमिया
(d) शंकर महादेवन

उत्तर (a)

• 'माँ तुझे सलाम' (गीत), **ए. आर. रहमान** की वर्ष 1997 की एल्बम वन्दे मातरम् का देशभक्ति गीत है।

• ए. आर. रहमान एकमात्र संगीतकार हैं, जिन्हें बर्कली कॉलेज ऑफ म्यूजिक (अमेरिका) द्वारा संगीत के क्षेत्र में मानद उपाधि से सम्मानित किया गया था।

• इन्होंने अकादमी पुरस्कार (2009), पद्मश्री (2000) और ग्रैमी (2010) पुरस्कार जीते हैं।

289. निम्नलिखित में से कौन-सा राज्य और लोकनृत्य का युग्म सही सुमेलित है?
SSC CHSL Tier-1 04.07.2024 (Shift-IV)

(a) पंजाब-भाँगड़ा नृत्य
(b) केरल-घूमर नृत्य
(c) हरियाणा-गरिया या गोरिया नृत्य
(d) गुजरात-बिहू नृत्य

उत्तर (a)

• विकल्प (a) राज्य और लोकनृत्य का युग्म सही सुमेलित है।
• भाँगड़ा, पंजाब का एक पारम्परिक लोकनृत्य है।
• घूमर, राजस्थान का एक पारम्परिक लोकनृत्य है।
• गारिया नृत्य पश्चिम बंगाल से सम्बन्धित है।
• बिहू नृत्य असम राज्य का प्रचलित लोकनृत्य है।

290. प्रसिद्ध नृत्यांगना संजुक्ता पाणिग्रही का सम्बन्ध निम्नलिखित में से किस नृत्य शैली से है?
SSC CHSL Tier-1 05.07.2024 (Shift-I)

(a) बिहू (b) कुचिपुड़ी (c) ओडिसी (d) लाहो

उत्तर (c)

• प्रसिद्ध नृत्यांगना संजुक्ता पाणिग्रही का सम्बन्ध **ओडिसी** नृत्य शैली से है।
• संजुक्ता पाणिग्रही को वर्ष 1975 में पद्मश्री तथा वर्ष 1976 में संगीत नाटक अकादमी पुरस्कार से सम्मानित किया गया।
• ओडिसी नृत्य भारत के शास्त्रीय नृत्यों में से एक है।
• यह नृत्य मुख्यत: राधा और कृष्ण के प्रेम-विषय पर आधारित है।

291. निम्नलिखित में से किस राज्य में वर्षा के त्योहारों के दौरान पाई गीत सरिया नृत्य के साथ गाए जाते हैं?
SSC CHSL Tier-1 05.07.2024 (Shift-I)

(a) उत्तर प्रदेश (b) मध्य प्रदेश
(c) त्रिपुरा (d) सिक्किम

उत्तर (b)

• मध्य प्रदेश राज्य में वर्षा के त्योहार के दौरान पाई गीत सरिया नृत्य के साथ गाए जाते हैं।
• पाई गीत और सरिया नृत्य मध्य प्रदेश में स्थानीय समुदायों की पारम्परिक सांस्कृतिक अभिव्यक्तियाँ हैं।

292. निम्नलिखित में कौन हिन्दुस्तानी शास्त्रीय संगीत की एक गायिका हैं?
SSC CHSL Tier-1 05.07.2024 (Shift-I)

(a) एस. सौम्या (b) सुधा रघुनाथन
(c) अरुणा साईराम (d) शुभा मुद्‌गल

उत्तर (d)

• **शुभा मुद्‌गल** हिन्दुस्तानी शास्त्रीय संगीत की एक गायिका हैं।
• ये भारतीय पॉप और तमिल सिनेमा में अपने काम के लिए जानी जाती हैं।
• इन्हें वर्ष 2000 में भारत के चौथ सर्वोच्च नागरिक सम्मान पद्मश्री से सम्मानित किया गया।
• 34वें शिकागो अन्तर्राष्ट्रीय फिल्म महोत्सव (1998) में फिल्म **डांस ऑफ द विंड** में उनके संगीत के लिए गोल्ड प्लेक पुरस्कार से सम्मानित किया गया।

293. रउफ़ निम्नलिखित में से किस राज्य/केन्द्रशासित प्रदेश का एक लोकनृत्य है?
SSC CHSL Tier-1 05.07.2024 (Shift-III)

(a) जम्मू और कश्मीर (b) लक्षद्वीप
(c) कर्नाटक (d) केरल

उत्तर (a)

• **रउफ** जम्मू-कश्मीर (केन्द्रशासित प्रदेश) का एक लोकनृत्य है।
• यह नृत्य रउफ जनजाति द्वारा किया जाता है।
• कश्मीर के लोग इस प्रसिद्ध लोक नृत्य को **डमहल** कहते हैं।

294. सामुदायिक परम्परा निम्नलिखित में से किन संगीत धाराओं (music streams) से सम्बन्धित है?
SSC CHSL Tier-1 05.07.2024 (Shift-III)

(a) कर्नाटक लोकगीत
(b) हिन्दुस्तानी लोकगीत
(c) कर्नाटक शास्त्रीय संगीत
(d) हिन्दुस्तानी शास्त्रीय संगीत

उत्तर (d)

• सामुदायिक परम्परा **हिन्दुस्तानी शास्त्रीय संगीत** धाराओं से सम्बन्धित है।
• हिन्दुस्तानी शास्त्रीय संगीत भारतीय उपमहाद्वीप के उत्तरी क्षेत्रों का शास्त्रीय संगीत है।
• भारतीय संगीत को सामान्यत: 3 भागों में बाँटा गया है—शास्त्रीय संगीत, उपशास्त्रीय संगीत और सुगम संगीत।
• इस संगीत का मूल स्रोत सामवेद को माना जाता है।

295. तेरहताली नृत्य का सम्बन्ध निम्नलिखित में से किस राज्य से है?
SSC CHSL Tier-1 05.07.2024 (Shift-III)

(a) उत्तर प्रदेश (b) केरल
(c) राजस्थान (d) उत्तराखण्ड

उत्तर (c)

• तेरहताली नृत्य का सम्बन्ध राजस्थान राज्य से है।
• यह नृत्य राजस्थान में कामड़ जाति द्वारा किया जाता है।
• कामड़ जाति की स्त्रियाँ शरीर पर तेरह मंजीरे बाँधकर इस नृत्य को करती हैं।
• इसमें नर्तकी अपने मुँह में नंगी तलवार या कटार दबाकर नृत्य करती है, जो हिंगलाज माता का प्रतीक है।
• **मांगीबाई** इस नृत्य की प्रसिद्ध नृत्यांगना थीं।

296. देशभक्ति गीत 'सन्देशे आते हैं' किसने लिखा है? SSC CHSL Tier-1 05.07.2024 (Shift-IV)

(a) गुलजार (b) जावेद अख्तर
(c) समीर अंजन (d) इरशाद कामिल

उत्तर (b)

• देशभक्ति गीत 'सन्देशे आते हैं' जावेद अख्तर ने लिखा है।
• यह **बॉर्डर** फिल्म का एक देशभक्ति गीत है।
• इस फिल्म में भारत-पाकिस्तान युद्ध 1971 को दर्शाया गया है।
• इस गीत को रूप कुमार राठौर और सोनू निगम ने गाया है।
• जावेद अख्तर ने वर्ष 1997 फिल्मफेयर पुरस्कार और वर्ष 1998 में स्क्रीन पुरस्कार जीता।

297. कौन-सा लोक संगीत, भारतीय और पश्चिम संगीत का मिश्रण है और गोवा में लोकप्रिय है? SSC CHSL Tier-1 08.07.2024 (Shift-I)

(a) माण्डो (b) माण्ड
(c) पवाड़ा (d) पाई गीत

उत्तर (a)

• माण्डो लोक संगीत भारतीय और पश्चिमी संगीत का मिश्रण है और गोवा में लोकप्रिय है।
• माण्डो एक संगीत शैली है, जो 19वीं और 20वीं शताब्दी के दौरान गोवा के कैथोलिकों के बीच विकसित हुई।
• माण्डो संगीत में प्रयुक्त होने वाले वाद्ययन्त्र हैं—गिटार, वायलिन और घुमोट ड्रम।

298. भवई निम्नलिखित में से किस राज्य से सम्बन्धित एक नृत्य शैली है?
SSC CHSL Tier-1 08.07.2024 (Shift-I)

(a) बिहार (b) मध्य प्रदेश
(c) ओडिशा (d) राजस्थान

उत्तर (d)

• भवई **राजस्थान** की एक लोकनृत्य शैली है।
• यह पश्चिमी राजस्थान में किया जाने वाला एक स्टण्ट नृत्य है। यह नृत्य अपनी चमत्कारिता के लिए प्रसिद्ध है।
• यह नृत्य भवई जाति की स्त्रियों द्वारा किया जाता है।
• पुष्पा व्यास भवई नृत्य की पहली महिला कलाकार थीं, इन्होंने भवई नृत्य को राजस्थान से बाहर प्रसारित किया है।

299. भारत में मैरिस कॉलेज ऑफ म्यूजिक की स्थापना किस वर्ष हुई थी?
SSC CHSL Tier-1 08.07.2024 (Shift-I)

(a) वर्ष 1901 (b) वर्ष 1919
(c) वर्ष 1926 (d) वर्ष 1922

उत्तर (c)

• भारत में मैरिस कॉलेज ऑफ म्यूजिक की स्थापना वर्ष 1926 में **लखनऊ** में हुई थी।
• मूल रूप से इसे ऑल इण्डिया कॉलेज ऑफ हिन्दुस्तानी म्यूजिक के नाम से जाना जाता था।

300. निम्नलिखित में से कौन-सा कर्नाटक संगीत का हिस्सा नहीं है?
SSC CHSL Tier-1 08.07.2024 (Shift-I)

(a) पल्लवी (b) चरण
(c) वर्णम (d) ध्रुपद

उत्तर (d)

• ध्रुपद कर्नाटक संगीत का हिस्सा नहीं है। ध्रुपद संगीत की उत्पत्ति 'ब्रजभूमि' से हुई थी।

• यह एक पारम्परिक भारतीय शास्त्रीय संगीत शैली है, जो **उत्तर भारत में विकसित** हुई है। यह हिन्दुस्तानी संगीत की सबसे पुरानी और सबसे प्रतिष्ठित शैलियों में से एक है।

301. 'पंखिड़ा' गीत .... के किसानों द्वारा खेतों में काम करते समय गाए जाते हैं।
SSC CHSL Tier-1 08.07.2024 (Shift-II)
(a) राजस्थान (b) ओडिशा
(c) उत्तर प्रदेश (d) बिहार

उत्तर (a)
• 'पंखिड़ा' गीत राजस्थान के किसानों द्वारा खेतों में काम करते समय गाए जाते हैं।
• किसान इन गीतों को गाते समय अलगोजा और मंजीरा बजाते हैं।
• राजस्थान के अन्य लोकगीतों में काजलियों, कागा, गोरबन्द, कांगसिया, हिचकी, कुराजा, इण्डोनी, लूर आदि प्रमुख हैं।

302. .... एक संगीत रचना है, जो मधुर भक्ति के माध्यम से भक्ति को व्यक्त करती है।
SSC CHSL Tier-1 08.07.2024 (Shift-II)
(a) गीता (b) पदम (c) कृति (d) तिलाना

उत्तर (b)
• पदम एक संगीत रचना है, जो मधुर संगीत के माध्यम से भक्ति को व्यक्त करती है।
• संगीत रचना संगीत के किसी मूल टुकड़े या कार्य को सन्दर्भित करती है।
• पारम्परिक रूप से भक्ति संगीत हिन्दू संगीत, यहूदी संगीत, बौद्ध संगीत, इस्लामी संगीत और ईसाई संगीत का एक हिस्सा रहा है।

303. पण्डित बिरजू महाराज .... नृत्य से सम्बन्धित थे। **SSC CHSL Tier-1 08.07.2024 (Shift-II)**
(a) कथक (b) ओडिसी
(c) पण्डवानी (d) भाँगड़ा

उत्तर (a)
• पण्डित बिरजू महाराज **कथक** नृत्य से सम्बन्धित थे।
• उनका सम्बन्ध लखनऊ के कालका-बिंदादीन घराने से था।
• इन्होंने कथक के लिए 'कलाश्रम' की स्थापना की थी।
• इन्हें वर्ष 1986 में पद्म विभूषण संगीत नाटक अकादमी और कालिदास सम्मान से सम्मानित किया गया था।

304. निम्नलिखित में से कौन-सा एक तार वाला वाद्ययन्त्र (String instrument) है, जो सामान्यत: गुजरात के लोक संगीत में प्रयोग किया जाता है?
SSC CHSL Tier-1 08.07.2024 (Shift-III)
(a) जन्तर (b) तुरी
(c) बुंगल (d) पावा

उत्तर (a)
• दिए गए विकल्पों में जन्तर एक तार वाला वाद्ययन्त्र है, जो सामान्यत: गुजरात के लोक संगीत में प्रयोग किया जाता है।
• यह लकड़ी, स्टील और घोड़े के बाल से बना एक वाद्ययन्त्र है, जिसे वीणा का प्रारम्भिक रूप कहा जा सकता है।
• यह वाद्ययन्त्र मेवाड़ में अधिक प्रचलित है।
• राजस्थान के अन्य प्रमुख वाद्ययन्त्र सारंगी, मपंग रावणहत्था, कामायचा, मोरचंग इत्यादि हैं।

305. निम्नलिखित में से कौन-सा संगीत कर्नाटक, आन्ध्र प्रदेश, तमिलनाडु और केरल राज्यों तक सीमित है? **SSC CHSL Tier-1 08.07.2024 (Shift-III)**
(a) शास्त्रीय (b) क्षेत्रीय
(c) हिन्दुस्तानी (d) कर्नाटक

उत्तर (d)
• दिए गए विकल्पों में **कर्नाटक संगीत** कर्नाटक, आन्ध्र प्रदेश, तमिलनाडु और केरल राज्यों तक सीमित है।
• कर्नाटक संगीत भारत के शास्त्रीय संगीत की दक्षिण भारतीय शैली का नाम है।
• पुरन्दर दास को संगीत की कर्नाटक शैली का पिता कहा जाता है।
• त्यागराज, मुथुस्वामी दीक्षितार और श्यामा शास्त्री को कर्नाटक शैली की त्रिमूर्ति कहा जाता है।

306. 'एकहार्य' किसे कहा जाता है, जहाँ यह नर्तक एक ही प्रदर्शन में कई भूमिकाएँ निभाता है?
SSC CHSL Tier-1 08.07.2024 (Shift-IV)
(a) कथक (b) भरतनाट्यम
(c) कुचिपुड़ी (d) कथकली

उत्तर (b)
• 'एकहार्य' **भरतनाट्यम** नृत्य की एक कला शैली है, जिसमें एक नर्तक एक ही प्रदर्शन में कई भूमिकाएं निभाता है।
• भरतनाट्यम नृत्य में सात प्राथमिक खण्ड होते हैं, जो अलारिप्पु, जातिस्वरम्, शबदा, वर्ना पाड़ा, थिलाना और स्लोका में विभाजित होते हैं।
• चिदम्बरम मन्दिर के गोपुरम में भरतनाट्यम मुद्राएँ अंकित हैं।

307. शास्त्रीय कर्नाटक संगीत के बारे में कौन-सा कथन सही है? **SSC CHSL Tier-1 08.07.2024 (Shift-IV)**
(a) रचनाएँ या तो तेलुगू, कन्नड़, तमिल या संस्कृत में हैं।
(b) रचनाएँ या तो मराठी, ओडिया, कोंकणी या बंगाली में हैं।
(c) रचनाएँ या तो तेलुगू, मलयालम, हिन्दी या संस्कृत में हैं।
(d) रचनाएँ या तो मलयालम, मराठी, तमिल या बंगाली में हैं।

उत्तर (a)
• शास्त्रीय कर्नाटक संगीत से सम्बन्धित कथन (a) सही है। इसकी रचनाएँ या तो तेलुगू, कन्नड़, तमिल या संस्कृत में हैं।
• कर्नाटक संगीत दुनिया का सबसे पुराना और समृद्ध संगीत है, जिसका वर्तमान स्वरूप 15वीं-16वीं शताब्दी में विकसित हुआ।
• कर्नाटक शैली के विषयों में पूजा-अर्चना, मन्दिरों का वर्णन, दार्शनिक चिन्तन, नायक-नायिका का वर्णन आदि शामिल है।

308. निम्नलिखित में से कौन, 'कर्नाटक संगीत की त्रिमूर्ति' से सम्बन्धित नहीं हैं?
SSC CHSL Tier-1 08.07.2024 (Shift-IV)
(a) त्यागराज (b) मुथुस्वामी दीक्षितार
(c) श्यामा शास्त्री (d) पुरन्दर दास

उत्तर (d)
• **पुरन्दर दास** 'कर्नाटक संगीत की त्रिमूर्ति' से सम्बन्धित नहीं हैं।

309. निम्नलिखित में से कौन-सा नृत्य वर्ष 2010 से भारत की अमूर्त सांस्कृतिक विरासत की यूनेस्को सूची में सूचीबद्ध है?
SSC CHSL Tier-1 09.07.2024 (Shift-I)
(a) घूमर (b) गरबा
(c) कलबेलिया (d) मटकी

उत्तर (c)
• **कलबेलिया** नृत्य वर्ष 2010 से भारत की अमूर्त सांस्कृतिक विरासत की यूनेस्को सूची में सूचीबद्ध है।
• भारत में 13 अमूर्त सांस्कृतिक विरासतों को यूनेस्को (UNESCO) ने मानवता की अमूर्त सांस्कृतिक विरासत के रूप में मान्यता दी है।

310. भारत में आधुनिक नृत्य के जनक के रूप में किसे जाना जाता है?
(a) उदयशंकर (b) अतोम्बापु शर्मा
(c) केलुचरण महापात्र (d) पण्डित बिरजू महाराज

उत्तर (a)
• **उदयशंकर** को भारत में आधुनिक नृत्य के जनक के रूप में जाना जाता है।
• इन्होंने नृत्य की, एक नई शैली रचनात्मक-नृत्य विकसित की, जो भारतीय शास्त्रीय नृत्य व पश्चिम बैले का सम्मिश्रण था।

311. निम्नलिखित में से किसे हिन्दुस्तानी शास्त्रीय संगीत में समय इकाइयों की चक्रीय व्यवस्था (cyclic arrangement) कहा जाता है?
SSC CHSL Tier-1 09.07.2024 (Shift-I)
(a) ताल (b) अलाप (c) राग (d) जति

उत्तर (a)
• ताल को हिन्दुस्तानी शास्त्रीय संगीत में समय इकाइयों की **चक्रीय व्यवस्था** कहा जाता है।
• हिन्दुस्तानी शास्त्रीय संगीत मुख्यत: गायन केन्द्रित है। इसमें शुद्ध स्वर के पूर्ण होने के पश्चात् ही विकृत स्वर प्रारम्भ होते हैं।
• शुद्ध स्वरों का थाट बिलावल है।
• हिन्दुस्तानी संगीत में ध्रुपद, धमार, ख्याल, तराना आदि प्रमुख गायन शैलियाँ हैं।

312. निम्नलिखित में से कौन-सी कर्नाटक संगीत की एक शैली है?
SSC CHSL Tier-1 09.07.2024 (Shift-I)
(a) ध्रुपद (b) धामर
(c) चतुरंग (d) स्वरजाति

उत्तर (d)
• स्वरजाति, कर्नाटक संगीत की एक शैली है।
• इसे गीतम् में पाठ्यक्रम के बाद सीखा जाता है।
• गीतों से अधिक जटिल वर्णमों के अध्ययन के लिए स्वरजाति मार्ग प्रशस्त करता है।
• इसके अन्तर्गत तीन खण्ड सम्मिलित होते हैं
(i) पल्लवी (ii) अनुपल्लवी
(iii) चरनम्
• इसका विषय भक्ति, साहस अथवा प्रेम से सम्बन्धित होता है।

313. भोटिया नृत्य कला निम्नलिखित में से किस भारतीय राज्य का लोकनृत्य है?
SSC CHSL Tier-1 09.07.2024 (Shift-II)
(a) उत्तराखण्ड (b) गोवा
(c) तमिलनाडु (d) ओडिशा

उत्तर (a)
- भोटिया नृत्य कला भारतीय राज्य **उत्तराखण्ड** का लोकनृत्य है।
- भोटिया उत्तराखण्ड की एक **प्राचीन जनजाति** है और उनके द्वारा किया जाने वाला नृत्य उनके मृत्यु संस्कारों से निकटता से जुड़ा हुआ है।

314. उस संगीत वाद्ययन्त्र का चयन कीजिए, जो आघात के माध्यम से नहीं बजाया जाता है या किसी वस्तु पर प्रहार करके नहीं बजाया जाता है? SSC CHSL Tier-1 09.07.2024 (Shift-II)
(a) पखावज (b) तबला
(c) शहनाई (d) ड्रम

उत्तर (c)
- शहनाई एक ऐसा वाद्ययन्त्र है, जो आघात के माध्यम और वस्तु पर प्रहार करके नहीं बजाया जाता है।
- भारत में प्रसिद्ध शहनाई वादक बिस्मिल्लाह खान हैं।
- शहनाई की ध्वनि को 'मंगल ध्वनि' भी कहा जाता है।

315. श्यामा शास्त्री के बारे में कौन-सा कथन सही है?
SSC CHSL Tier-1 09.07.2024 (Shift-III)
(a) इनकी प्रसिद्ध रचना पंचरत्न है
(b) उन्हें गुरुगुहा नाम से भी जाना जाता था
(c) बुध ग्रह पर एक क्रेटर का नाम उनके नाम पर रखा गया है
(d) वह कर्नाटक संगीत की त्रिमूर्ति में से एक हैं

उत्तर (d)
- श्यामा शास्त्री कर्नाटक संगीत की त्रिमूर्ति में से एक हैं।
- श्यामा शास्त्री एक तेलुगू, संस्कृत संगीतकार थे।
- 18वीं शताब्दी में कर्नाटक संगीत की त्रिमूर्ति में **त्यागराज, मुथुस्वामी दीक्षितार** और **श्यामा शास्त्री** शामिल थे।
- त्यागराज एक तेलुगू संगीतकार थे।
- मुथुस्वामी दीक्षितार एक संस्कृत और मणिप्रवलम संगीतकार थे।

316. कर्नाटक संगीत में 'पदम' क्या है?
SSC CHSL Tier-1 09.07.2024 (Shift-III)
(a) एक लोरी
(b) एक प्रेम कविता
(c) एक देशभक्ति कविता
(d) साहस के बारे में एक कविता

उत्तर (b)
- कर्नाटक संगीत में 'पदम' एक प्रेम कविता है।
- पदम की गति **धीमी** और अर्थ **गम्भीर** होता है और इसे सामान्यत: रूपक के रूप में माना जाता है।
- नायिका की तड़प को नायक के लिए **आत्मा की तड़प** के रूप में व्याख्यापित किया जाता है।
- कर्नाटक संगीत भारत के शास्त्रीय संगीत की दक्षिण भारतीय शैली का नाम है।

317. मोहिनीअट्टम किसका शास्त्रीय नृत्य है?
SSC CHSL Tier-1 09.07.2024 (Shift-III)
(a) त्रिपुरा (b) असम
(c) केरल (d) तमिलनाडु

उत्तर (c)
- मोहिनीअट्टम **केरल** राज्य से उत्पन्न एक शास्त्रीय नृत्य शैली है।
- इसकी उत्पत्ति 16वीं शताब्दी से मानी जाती है।
- मोहिनी के रूप में **विष्णु के पुनर्जन्म** में महिलाओं द्वारा भगवान विष्णु की स्मृति में यह नृत्य किया जाता है।
- **डॉ. सुनन्दा नायर** मोहिनीअट्टम में मास्टर डिग्री हासिल करने वाली भारत की पहली महिला हैं।

318. बैगा निम्नलिखित में से किस राज्य की बैगा जनजाति का लोक संगीत है?
SSC CHSL Tier-1 09.07.2024 (Shift-IV)
(a) बिहार (b) मध्य प्रदेश
(c) उत्तराखण्ड (d) असम

उत्तर (b)
- **बैगा,** मध्य प्रदेश राज्य की बैगा जनजाति का लोक संगीत है।
- बैगा जनजाति मध्य प्रदेश के मण्डला, डिण्डोरी तथा बालाघाट जिलों में निवास करती है।
- मध्य प्रदेश के **अर्जुन सिंह धुर्वे** बैगा लोक गीतों और नृत्य को लोकप्रिय बनाने के लिए प्रसिद्ध हैं।

319. शतान्त्री वीणा जिसका अर्थ है, सौ तारों वाली वीणा, किस वाद्ययन्त्र का प्राचीन संस्कृत नाम है? SSC CHSL Tier-1 09.07.2024 (Shift-IV)
(a) तम्बूरा/तानपुरा (b) सारंगी
(c) सरोद (d) सन्तूर

उत्तर (d)
- शतान्त्री वीणा जिसका अर्थ है— सौ तारों वाली वीणा। यह **सन्तूर** वाद्ययन्त्र का प्राचीन संस्कृत नाम है।
- सन्तूर लकड़ी का एक **चतुर्भुजाकार बक्सानुमा** यन्त्र है, जिसके ऊपर दो-दो मेरु की पन्द्रह पंक्तियाँ होती हैं।
- सन्तूर मूल रूप से कश्मीर का लोक वाद्ययन्त्र है और इसे **सूफी संगीत** में उपयोग किया जाता था।
- शिव कुमार शर्मा भारत के प्रसिद्ध सन्तूर वादक हैं।

320. राउफ.........का पारम्परिक नृत्य है, जो ईद के त्योहार और रमजान के दिनों में किया जाता है।
SSC CHSL Tier-1 09.07.2024 (Shift-IV)
(a) जम्मू और कश्मीर (b) लेह
(c) पुदुचेरी (d) चण्डीगढ़

उत्तर (a)
- राउफ **जम्मू और कश्मीर** का पारम्परिक नृत्य है, जो ईद के त्योहार और रमजान के दिनों में किया जाता है।
- कश्मीरी लोगों के इस प्रसिद्ध लोकनृत्य को **डमहल** कहा जाता है।
- यह नृत्य बसन्त ऋतु में भी महिलाओं द्वारा सुन्दर और रंगीन पोशाक पहनकर किया जाता है।

321. निम्नलिखित में से कौन-सा कथन भारत में संगीत के बारे में गलत है?
SSC CHSL Tier-1 10.07.2024 (Shift-I)
(a) श्रुति एक ग्राम या स्केल के भीतर विभिन्न लगातार पिचों के बीच माप या छोटे अन्तर की एक इकाई है।
(b) संगीत वाद्ययन्त्र कामाइचा का उपयोग प्रमुख रूप से मणिपुर के 'मांगणियार' समुदाय द्वारा उनके गीतों की एक लोकप्रिय संगत के रूप में किया जाता है।
(c) माना जाता है कि राग की शुरुआत आदिवासी या लोक धुन के रूप में हुई थी।
(d) ताल समय इकाइयों की एक चक्रीय व्यवस्था है।

उत्तर (b)
- विकल्प (b) भारत के संगीत के बारे में गलत है।
- कामाइचा पश्चिमी राजस्थान के मांगणियार समुदाय द्वारा बजाई जाने वाली एक झुकी हुई वीणा है।
- पण्डित शारंगदेव कृत 'संगीत रत्नाकर' ग्रन्थ में भारतीय संगीत की परिभाषा "गीतम्, वाद्यम् तथा नृत्यम् त्रयं संगीतमुच्यते" दी गई है।

322. रुक्मिणी देवी अरुण्डेल का सम्बन्ध किस कला शैली से है? SSC CHSL Tier-1 10.07.2024 (Shift-I)
(a) चित्रकारी (b) मुरल
(c) नृत्य (d) कलारिपयट्टू

उत्तर (c)
- रुक्मिणी देवी अरुण्डेल का सम्बन्ध **नृत्य** कला शैली से है।
- रुक्मिणी देवी एक भरतनाट्यम नृत्यांगना, कोरियोग्राफर तथा पशुअधिकार कार्यकर्ता थीं।
- इन्हें नृत्य की एक विधा **साधिर** को पुन: स्थापित करने के लिए जाना जाता है।
- इन्हें वर्ष 1956 में **पद्मभूषण** से सम्मानित किया गया था।

323. विख्यात भातखण्डे संगीत संस्थान कहाँ स्थित है? SSC CHSL Tier-1 10.07.2024 (Shift-I)
(a) चेन्नई (b) मदुरै (c) लखनऊ (d) सूरत

उत्तर (c)
- विख्यात भातखण्डे संगीत संस्थान **लखनऊ** में स्थित है।
- इस विश्वविद्यालय का नाम यहाँ के महान संगीतकार **पण्डित विष्णु नारायण भातखण्डे** के नाम पर रखा गया है।
- यह भारत का **सबसे बड़ा ललित-कला** (नृत्य संगीत) समविश्वविद्यालय है।

324. भारतीय शास्त्रीय कर्नाटक संगीत में कितने मूल ताल हैं? SSC CHSL Tier-1 10.07.2024 (Shift-II)
(a) 7 (b) 37 (c) 11 (d) 21

उत्तर (a)
- भारतीय शास्त्रीय कर्नाटक संगीत में 7 मूल ताल हैं। इन्हें **सुलादि सप्रताल** भी कहा जाता है।
- यह रागम् (राग) व तालम् (ताल) की एक प्रणाली से बना है।
- कर्नाटक संगीत मूलत: **दक्षिण भारतीय** राज्यों से सम्बन्धित है।

• कर्नाटक संगीत से सम्बन्धित रूप हैं
(i) गीतम् (ii) सुलादि
(iii) स्वराजति (iv) जातिस्वरम्
(v) वर्णम् (vi) कीर्तनम्
(vii) कृति (viii) पल्लवी

325. भरतनाट्यम नृत्य शैली किस राज्य से सम्बन्धित है? SSC CHSL Tier-1 10.07.2024 (Shift-II)
(a) तमिलनाडु (b) कर्नाटक
(c) हरियाणा (d) हिमाचल प्रदेश
उत्तर (a)
• भरतनाट्यम नृत्य शैली **तमिलनाडु** राज्य से सम्बन्धित है।
• इस नृत्य में सटीक चाल, तीक्ष्ण किनारों व भावपूर्ण शारीरिक भाषा की विशेषता है। भरतनाट्यम को सधिरअट्टम के नाम से भी जाना जाता है।

326. प्रसिद्ध तराना गायक पण्डित रतन मोहन शर्मा किस घराने से जुड़े हैं? SSC CHSL Tier-1 10.07.2024 (Shift-II)
(a) मेवाती (b) पटियाला
(c) तलवण्डी (d) आगरा
उत्तर (a)
• प्रसिद्ध तराना गायक पण्डित रतन मोहन शर्मा **मेवाती घराने** से जुड़े हैं।
• पण्डित रतन मोहन को 'तराना' नाम की अनूठी शैली बनाने के लिए **बादशाह-ए-तराना** की उपाधि से सम्मानित किया गया है।
• वर्तमान में **विश्व के सबसे तेज तराना गायक** पण्डित रतन मोहन हैं।

327. 'लाई-फी' और 'चिन-फी' किस राज्य की सांस्कृतिक वेशभूषा है? SSC CHSL Tier-1 10.07.2024 (Shift-III)
(a) मणिपुर (b) नागालैण्ड
(c) सिक्किम (d) उत्तराखण्ड
उत्तर (a)
• 'लाई-फी' और 'चिन-फी' मणिपुरी राज्य की सांस्कृतिक वेशभूषा है।
• लाई-फी, महिलाओं की पारम्परिक वेशभूषा है, जो एक **लम्बी स्कर्ट** है और कमर के चारों ओर लिपटी रहती है।
• चिन-फी, पुरुषों की पारम्परिक वेशभूषा है, जो एक **लम्बी धोती** के समान है।

328. बिहार, उत्तर प्रदेश जैसे कुछ भारतीय राज्यों में, बच्चे के जन्म पर गाए जाने वाले लोक संगीत को .... कहा जाता है। SSC CHSL Tier-1 10.07.2024 (Shift-IV)
(a) गारी (b) सोहर (c) कोहबर (d) बन्ना
उत्तर (b)
• बिहार, उत्तर प्रदेश जैसे कुछ भारतीय राज्यों में बच्चे के जन्म पर गाए जाने वाले लोकगीतों को 'सोहर' कहा जाता है।
• ये गीत महिलाओं द्वारा शिशु को आशीर्वाद देने व रीति-रिवाजों तथा परम्पराओं को चित्रित करने के लिए गाए जाते हैं।

329. मानवता की मौखिक और अमूर्त विरासत की उत्कृष्ट कृति के रूप में यूनेस्को द्वारा मान्यता प्राप्त प्राचीन संस्कृत रंगमंच का एकमात्र जीवन्त नमूना कौन-सा है? SSC CHSL Tier-1 10.07.2024 (Shift-I)
(a) भवई (b) यक्षगान
(c) कथकली (d) कुटियाट्टम
उत्तर (d)
• मानवता की मौखिक और अमूर्त विरासत की उत्कृष्ट कृति के रूप में यूनेस्को द्वारा मान्यता प्राप्त प्राचीन संस्कृत रंगमंच का एकमात्र जीवन्त नमूना कुटियाट्टम है।
• केरल में प्रचलित संस्कृत रंगमंच कुटियाट्टम भारत की सबसे पुरानी नाट्य परम्पराओं में से एक है।

330. कलबेलिया नृत्य, जिसे 'सपेरा नृत्य' के नाम से भी जाना जाता है, ... का एक लोकनृत्य है। SSC CHSL Tier-1 10.07.2024 (Shift-IV)
(a) उत्तर प्रदेश (b) राजस्थान
(c) गुजरात (d) मध्य प्रदेश
उत्तर (b)
• कलबेलिया नृत्य, जिसे 'सपेरा नृत्य' के नाम से भी जाना जाता है, **राजस्थान** का एक लोकनृत्य है।
• यह इस जनजाति की स्त्रियों का नृत्य है। इसमें पोशाकें और नृत्य की चाल सर्प के समान होती है।
• वर्ष 2011 में यूनेस्को ने कलबेलिया लोक गीतों तथा नृत्य को **मानवता की अमूर्त सांस्कृतिक विरासत** की प्रतिनिधि सूची में स्थान दिया है।

331. हिन्दुस्तानी संगीत में मियाँ की तोड़ी क्या है? SSC CHSL Tier-1 10.07.2024 (Shift-II)
(a) कीर्तन (b) राग (c) छन्द (d) तनम
उत्तर (b)
• हिन्दुस्तानी संगीत में मियाँ की तोड़ी 'राग' है, इसे 'दरबारी तोड़ी' भी कहते हैं।
• यह राग संगीतज्ञ **तानसेन** द्वारा रचित है।
• राग शब्द का उल्लेख **भरतमुनि के नाट्यशास्त्र** में जाति नाम से मिलता है।
• नाट्यशास्त्र में 6 रागों का वर्णन है—राग भैरव, राग मालकौंस, राग हिंडोल, राग दीपक, राग श्री और राग मेघ।

332. किस घराने में गायक खण्डार वाणी और गौहर वाणी में गायन करते हैं? SSC CHSL Tier-1 11.07.2024 (Shift-II)
(a) डगरी घराना
(b) बेतिया घराना
(c) तलवण्डी घराना
(d) दरभंगा घराना
उत्तर (d)
• **दरभंगा घराना** गायक खण्डार वाणी और गौहर वाणी में गायन करते हैं।
• दरभंगा घराना हिन्दुस्तानी शास्त्रीय संगीत ध्रुपद का एक घराना या परम्परा है।
• इसकी शुरुआत अट्ठारहवीं शताब्दी में **राधाकृष्णा** और **करताराराम** ने की थी, जो दरभंगा के महाराजा के दरबार में संगीतकार थे।

333. राजस्थान का प्रसिद्ध लोक संगीत जो शाही दरबारों में विकसित हुआ था, ... कहलाता है। SSC CHSL Tier-1 11.07.2024 (Shift-I)
(a) सोहर (b) लावणी
(c) माण्ड (d) डाण्डिया
उत्तर (c)
• राजस्थान का प्रसिद्ध लोक संगीत जो शाही दरबारों में विकसित हुआ था, माण्ड कहलाता है।
• राजवाड़ी माण्ड सर्वश्रेष्ठ माण्ड के रूप में मूल्यवान अन्तर्दृष्टि प्रदान करता है, जो राजस्थानी संगीत के रूप है, जो एक बार राजस्थान के दरबार या राजवाड़े में पनपा था।
• कुछ महत्त्वपूर्ण कलाकार, जो माण्ड लोक संगीत से सम्बन्धित हैं—मुंशी खान, बीकानेर के अल्लाह जिलई बाई, किशनगढ़ की ललिता बाई और जयपुर से सुरैया।

334. कथक के लखनऊ घराने की स्थापना भक्ति आन्दोलन के एक भक्त .... ने की थी, जो दक्षिण-पूर्व उत्तर प्रदेश में रहते थे। SSC CHSL Tier-1 11.07.2024 (Shift-I)
(a) श्याम कुमार (b) राम कुमार
(c) ईश्वरी प्रसाद (d) भगवान राम
उत्तर (c)
• कथक के लखनऊ घराने की स्थापना भक्ति आन्दोलन के एक भक्त **ईश्वरी प्रसाद** ने की थी, जो दक्षिण-पूर्व उत्तर प्रदेश में रहते थे।
• कथक नृत्य उत्तर भारतीय शास्त्रीय नृत्य है। **कथा कहे सो कथक कहलाए** कथक का मूल अर्थ कथा को नृत्य के रूप में व्यक्त करना।
• कथक नृत्य शैली की उत्पत्ति उत्तर प्रदेश से हुई है। यह भारत के नौ शास्त्रीय नृत्य रूपों में से एक है।
• कथक नृत्य में तीन घराने (स्कूल) हैं, जिसमें प्रमुख—जयपुर, बनारस और लखनऊ घराना है।

335. गुण्डेचा बन्धु (Gundecha brothers) किस हिन्दुस्तानी संगीत घराने से सम्बन्धित हैं? SSC CHSL Tier-1 11.07.2024 (Shift-II)
(a) आगरा घराना (b) इन्दौर घराना
(c) डागरी घराना (d) पटियाला घराना
उत्तर (c)
• गुण्डेचा बन्धु हिन्दुस्तानी संगीत **डागरी घराना** से सम्बन्धित हैं।
• भोपाल के **गुरुकुल ध्रुपद संस्थान** के संस्थापक गुण्डेचा भाई, हिन्दुस्तानी संगीत के सबसे पुराने रूपों में से एक, ध्रुपद को पुनर्जीवित करने और प्रदर्शन करने के लिए जाने जाते हैं।
• इन भाइयों को वर्ष 2012 में एकसाथ पद्मश्री से सम्मानित किया गया था।
• वर्ष 2017 में इन्हें **संगीत नाटक अकादमी पुरस्कार** से सम्मानित किया गया है।

336. हिन्दुस्तानी संगीत प्रणाली में, ... को दिन के अलग-अलग घण्टों और अलग-अलग मौसमों के लिए आवण्टित किया गया है। SSC CHSL Tier-1 11.07.2024 (Shift-II)
(a) वर्ण (b) गीता (c) राग (d) श्रुति

उत्तर (c)

• हिन्दुस्तानी संगीत प्रणाली में **राग** को दिन के अलग-अलग घण्टों और अलग-अलग मौसमों के लिए आवण्टित किया गया है।

• राग सात सुरों के नियमबद्ध संयोजन से बना संगीत है।

• हर राग का अपना एक भाव होता है, एक व्यक्तित्व होता है, जिससे वह किसी निर्धारित समय (अवसर) के लिए उपयुक्त होते हैं।

• कम-से-कम पाँच और अधिक-से-अधिक 7 स्वरों से मिलकर राग बनता है।

337. सुमेलित कीजिए।

SSC CHSL Tier-1 11.07.2024 (Shift-II)

सूची I (नृत्य)		सूची II (राज्य)	
A.	भरतनाट्यम	1.	गुजरात
B.	मोहिनीअट्टम	2.	तमिलनाडु
C.	गरबा	3.	केरल
D.	सत्रीया	4.	असम

कूट

	A	B	C	D		A	B	C	D
(a)	3	2	1	4	(b)	1	3	2	4
(c)	2	3	1	4	(d)	2	3	4	1

उत्तर (c)

• सही सुमेलन A-2, B-3, C-1, D-4 है।

• भरतनाट्यम **तमिलनाडु** का लोकनृत्य है।

• मोहिनीअट्टम **केरल** की शास्त्रीय नृत्य शैली है, इसका उद्भव केरल के मन्दिरों से हुआ है।

• गरबा **गुजरात**, राजस्थान और मालवा प्रदेशों में प्रचलित एक लोकनृत्य है, जिसका मूल उद्गम गुजरात है।

• सत्रीया **असम** के महान वैष्णव सन्त और समाज सुधारक श्रीमन्त शंकर देव द्वारा वैष्णव धर्म के प्रचार हेतु एक शक्तिशाली माध्यम के रूप में प्रचारित किया गया।

338. बालासरस्वती (Balasaraswati) जिन्हें विद्वानों और पण्डितों द्वारा बाल प्रतिभा के तौर पर सम्मान दिया जाता था, ने ……… नृत्य शैली को पुनर्जीवित करने में महत्त्वपूर्ण भूमिका निभाई। SSC CHSL Tier-1 11.07.2024 (Shift-II)

(a) भरतनाट्यम (b) कुचिपुड़ी
(c) कथक (d) मोहिनीअट्टम

उत्तर (a)

• **बालासरस्वती** जिन्हें विद्वानों और पण्डितों द्वारा बाल प्रतिभा के तौर पर सम्मान दिया जाता था, ने भरतनाट्यम नृत्य शैली को पुनर्जीवित करने में महत्त्वपूर्ण भूमिका निभाई।

• वर्ष 1957 में इन्हें पद्म भूषण और वर्ष 1977 में पद्म विभूषण से सम्मानित किया गया।

• इन्हें वर्ष 1981 में द इण्डियन फाइन आर्ट्स सोसायटी चेन्नई में संगीता कलसिकमणि पुरस्कार मिला।

• बंगाली फिल्म निर्देशक सत्यजीत रे ने बालासरस्वती पर एक वृत्त चित्र (1976) फिल्म बनाई, जिसे बाला कहा जाता है।

339. निम्नलिखित में से कौन-सा शास्त्रीय कर्नाटक संगीत का तत्त्व नहीं है?

SSC CHSL Tier-1 11.07.2024 (Shift-III)

(a) कृति (b) पदम (c) स्थायी (d) ठुमरी

उत्तर (d)

• ठुमरी का सम्बन्ध हिन्दुस्तानी संगीत से है।

• कृति, पदम, स्थायी शास्त्रीय कर्नाटक संगीत के तत्त्व हैं।

• कर्नाटक संगीत भारतीय शास्त्रीय संगीत के रूपों में से एक है। यह दक्षिण भारत आन्ध्र प्रदेश, कर्नाटक, तमिलनाडु और केरल राज्यों तक सीमित है।

• कर्नाटक संगीत में मुख्य बल **स्वरों** पर है।

340. कौन-सा लोक संगीत, तमिलनाडु से सम्बन्धित नहीं है? SSC CHSL Tier-1 11.07.2024 (Shift-III)

(a) विल्लूपट्टू (b) अम्मानैवारी
(c) खूबकेशी (d) नाट्टुपुरा

उत्तर (c)

• **खूबकेशी** तमिलनाडु का नहीं, मणिपुर का एक नृत्य रूप है।

• खूबकेशी एक प्राचीन लोकगीत है, जिसे मणिपुर के **मैतई समुदाय** के लोगों द्वारा गाया जाता है।

• तमिलनाडु से सम्बन्धित लोक संगीत विल्लू पट्टू, अम्मानैवारी, नाट्टुपुरा विल्लुपाट्टू कारगट्टम, तेय्यम, कावड़ी सिन्धु, आरेपाटी गाना आदि गीत हैं।

341. वाजिद अली शाह के समय अस्तित्व में आया लखनऊ घराना निम्नलिखित में से किसके द्वारा विकसित किया गया था?

SSC CHSL Tier-1 11.07.2024 (Shift-III)

(a) पण्डित ठाकुर प्रसाद
(b) उस्ताद बख्तावर खान
(c) पण्डित कालका प्रसाद
(d) पण्डित बिन्दावर प्रसाद

उत्तर (a)

• वाजिद अली शाह के समय अस्तित्व में आया लखनऊ घराना **पण्डित ठाकुर प्रसाद** द्वारा विकसित किया गया था।

• लखनऊ घराने की नींव **उस्ताद बख्शू खाना** ने रखी थी, जोकि एक **तबला वादक** थे।

• लखनऊ घराना की स्थापना अवध के अन्तिम नवाब वाजिद अली शाह के संरक्षण में हुई थी।

342. निम्नलिखित में से कौन हिन्दुस्तानी शास्त्रीय गायन से सम्बन्धित हैं?

SSC CHSL Tier-1 11.07.2024 (Shift-IV)

(a) रामानुज अयंगर (b) श्रीनिवास अय्यर
(c) मल्लिकार्जुन मंसूर (d) अरुणा साईराम

उत्तर (c)

• दिए गए विकल्पों में मल्लिकार्जुन मंसूर हिन्दुस्तानी शास्त्रीय संगीत के गायन से सम्बन्धित हैं।

• मल्लिकार्जुन भीमारयप्पा मंसूर हिन्दुस्तानी शास्त्रीय संगीत में **जयपुर-अतरौली** घराने की ख्याल शैली के गायक थे।

• भारत सरकार द्वारा वर्ष 1976 में **मल्लिकार्जुन मंसूर** को कला के क्षेत्र में विशिष्ट योगदान के लिए **पद्म भूषण** से सम्मानित किया गया।

343. सैला नृत्य के सन्दर्भ में निम्नलिखित कथनों पर विचार कीजिए और सही विकल्प को चुनिए।

SSC CHSL Tier-1 11.07.2024 (Shift-IV)

A. पुरुष कलाकारों का एक समूह होता है।
B. बाँस की डण्डियों के साथ यह नृत्य किया जाता है।
C. यह फसल कटाई के बाद किया जाता है।

कूट

(a) A, B और C (b) A और B दोनों
(c) B और C दोनों (d) A और C दोनों

उत्तर (a)

• सैला नृत्य के सन्दर्भ में दिए गए सभी कथन (A, B और C) सही हैं।

• इसमें पुरुष कलाकारों का एक समूह होता है।

• यह नृत्य बाँस की डण्डियों के साथ किया जाता है।

• यह फसल कटाई के बाद किया जाता है।

• यह नृत्य छत्तीसगढ़ की गोण्ड जनजाति का आदिवासी नृत्य है।

SSC CHSL 2023 (Tier 1 & 2)

344. 19वीं सदी में अवध के अन्तिम नवाब ……… के संरक्षण के तहत कथक का स्वर्णिम युग देखने को मिलता है।

SSC CHSL Tier-1 17.03.2023 (Shift-II)

(a) वाजिद अली शाह
(b) सिराजुद्दौला
(c) आसफ-उद-दौला
(d) सआदत खाँ बुरहान-उल-मुल्क

उत्तर (a)

• अवध के अन्तिम नवाब नवाब वाजिद अली शाह ने **लखनऊ घराने** की स्थापना की तथा इनके संरक्षण में **कथक का स्वर्णिम** युग देखने को मिलता है।

• कथक उत्तर भारतीय शास्त्रीय नृत्य शैली है।

• ये कथक के महत्त्वपूर्ण समर्थक, मुगल शासक, उनके कुलीन, राजस्थान और लखनऊ के दरबारी थे।

345. निम्नलिखित में से किस नर्तक का सम्बन्ध ओडिसी नृत्य से है?

SSC CHSL Tier-1 17.03.2023 (Shift-II)

(a) सुजाता मोहपात्रा (b) बिरजू महाराज
(c) रुक्मिणी देवी (d) शोवना नारायण

उत्तर (a)

• ओडिसी नृत्य में सुजाता मोहपात्रा को वर्ष 2017 का संगीत नाटक अकादमी पुरस्कार प्रदान किया गया था।

• ओडिसी नृत्य को सबसे पुराने जीवित शास्त्रीय नृत्यों में से एक माना जाता है।

• ब्रह्मेश्वर मन्दिर के **शिलालेखों** तथा **कोणार्क के सूर्य मन्दिर** में इस नृत्य का उल्लेख है। इसमें **त्रिभंग** पर ध्यान केन्द्रित किया जाता है।

346. बिस्मिल्लाह खान संगीत वाद्ययन्त्र ……… के प्रसिद्ध वादक थे।

SSC CHSL Tier-1 15.03.2023 (Shift-IV)
SSC MTS Tier-1 13.09.2023 (Shift-IV)

(a) ढोल (b) वीणा
(c) तबला (d) शहनाई

उत्तर (d)

• शहनाई वादक बिस्मिल्लाह खान का जन्म वर्ष 1916 में हुआ था।
• इनका वास्तविक नाम **कमरुद्दीन खान** था।
• उन्हें वर्ष 2001 में भारत के सर्वोच्च नागरिक पुरस्कार **भारत रत्न** से सम्मानित किया गया था।
• ये **एम.एस.सुब्बुलक्ष्मी** और **रविशंकर** के बाद यह सम्मान प्राप्त करने वाले तीसरे शास्त्रीय संगीतकार थे।

347. जाकिर हुसैन का सम्बन्ध किस वाद्ययन्त्र से है?
SSC CHSL Tier-1 15.03.2023 (Shift-IV)
SSC CHSL Tier-1 15.03.2023 (Shift-IV)

(a) गिटार (b) वायलिन
(c) शहनाई (d) तबला

उत्तर (d)

• जाकिर हुसैन व उनके पिता **उस्ताद अल्लाह रक्खा** तबला वादक थे।
• जाकिर हुसैन को वर्ष 1988 में **पद्मश्री** तथा वर्ष 2022 में **पद्म विभूषण** से सम्मानित किया गया था।
• वर्ष 1990 में उन्हें **संगीत नाटक अकादमी पुरस्कार** से सम्मानित किया गया।
• वर्ष 2024 में जाकिर हुसैन तथा भारतीय गायक शंकर महादेवन के फ्यूजन संगीत समूह ने 'दिस मोमेण्ट' (This Moment) के लिए सर्वश्रेष्ठ वैश्विक संगीत एल्बम का **ग्रैमी पुरस्कार** जीता।

348. श्री जतिन गोस्वामी को ...... में उनके योगदान के लिए कई सम्मान प्राप्त हुए।
SSC CHSL Tier-1 13.03.2023 (Shift-III)

(a) मणिपुरी नृत्य (b) भरतनाट्यम नृत्य
(c) कथक नृत्य (d) सत्रीया नृत्य

उत्तर (d)

• श्री जतिन गोस्वामी को सत्रीया नृत्य में उनके योगदान के लिए कई सम्मान प्राप्त हुए।
• सत्रीया नृत्य 9 मुख्य भारतीय शास्त्रीय नृत्य परम्पराओं में से एक है।
• यह असम राज्य का शास्त्रीय नृत्य है। इसे महान सन्त **शंकर देव जी** ने शुरू किया।
• इस नृत्य में विष्णु की पौराणिक कथाओं का समावेश होता है।

349. छऊ नृत्य (Chhau dance) भारत के किस क्षेत्र का एक प्रसिद्ध नृत्य है?
SSC CHSL Tier-1 13.03.2023 (Shift-III)

(a) दक्षिण भारत (b) पश्चिमी भारत
(c) पूर्वी भारत (d) उत्तर भारत

उत्तर (c)

• छऊ नृत्य आदिवासी और लोक मूल के समन्वय वाला पूर्वी भारत का नृत्य है, जो पश्चिम बंगाल, ओडिशा एवं झारखण्ड राज्य में प्रचलित है।
• इसके तीन प्रकार हैं**—सरायकेला छऊ, मयूरभंज छऊ** और **पुरुलिया छऊ।**
• इस नृत्य में कलाबाजी से लेकर मार्शल-आर्ट तक के प्रदर्शन शामिल होते हैं।
• छऊ को वर्ष 2024 में शास्त्रीय नृत्य में शामिल किया गया है।

350. श्री मणिप्रसाद का सम्बन्ध किस प्रकार की संगीत शैली से है?
SSC CHSL Tier-1 10.03.2023 (Shift-II)

(a) हिन्दुस्तानी गायन संगीत
(b) कर्नाटक गायन संगीत
(c) लोक संगीत
(d) सम्मिश्रित संगीत

उत्तर (a)

• मणिप्रसाद, हिन्दुस्तानी शास्त्रीय संगीत की **पटियाला घराना शैली** में अपनी विशेषज्ञता के लिए जाने जाते हैं।
• प्रसिद्ध भारतीय शास्त्रीय संगीत के गायक पण्डित मणिप्रसाद का जन्म 4 नवम्बर, 1932 को वर्धा के एक संगीतकार परिवार में हुआ था।
• यह महान संगीतकार उस्ताद बड़े **गुलाम अली खान** के शिष्य थे।
• उन्हें वर्ष 2019 में **संगीत नाटक अकादमी** पुरस्कार से सम्मानित किया गया था।

351. वारली चित्रकला भारत के .... राज्य की लोक चित्रकला है।
SSC CHSL Tier-1I 09.03.2023 (Shift-I)

(a) मणिपुर (b) महाराष्ट्र (c) मिजोरम (d) कर्नाटक

उत्तर (b)

• वारली चित्रकला भारत के **महाराष्ट्र** राज्य की लोक चित्रकला है।
• वारली चित्रकला **मनुष्य और प्रकृति के बीच घनिष्ठ सम्बन्ध** को दर्शाती है।
• वारली एक **स्वदेशी जनजाति** है, जो महाराष्ट्र-गुजरात सीमा पर पहाड़ी एवं तटीय इलाकों में रहते हैं।

352. कर्नाटक संगीत .... तक ही सीमित है।
SSC CHSL Tier-1 09.03.2023 (Shift-I)

(a) गुजरात, महाराष्ट्र, राजस्थान और हरियाणा
(b) उत्तर प्रदेश, बिहार, पश्चिम बंगाल और हरियाणा
(c) कर्नाटक, महाराष्ट्र, गुजरात और राजस्थान
(d) कर्नाटक, आन्ध्र प्रदेश, तमिलनाडु और केरल

उत्तर (d)

• कर्नाटक संगीत कर्नाटक, आन्ध्र प्रदेश, तमिलनाडु और केरल तक विस्तृत शास्त्रीय संगीत की **दक्षिण भारतीय शैली** है।
• यह संगीत अधिकांशत: भक्ति संगीत के रूप में होता है।
• इसके अन्तर्गत अधिकतर रचनाएँ **हिन्दू देवी-देवताओं** को सम्बोधित करती हैं।
• कर्नाटक संगीत के जनक **पुरन्दर दास** हैं। इस संगीत में **12** प्रकार के राग होते हैं।

353. रन्जुमोनी सैकिया (Ranjumoni Saikia) को किस शास्त्रीय नृत्य में उनके योगदान के लिए संगीत नाटक अकादमी पुरस्कार, 2019 से सम्मानित किया गया?
SSC CHSL Tier-1 17.08.2023 (Shift-I)

(a) सत्रीया (b) छऊ
(c) कुचिपुड़ी (d) मोहिनीअट्टम

उत्तर (a)

• 'रन्जुमोनी सैकिया' को सत्रीया शास्त्रीय नृत्य में उनके योगदान के लिए संगीत नाटक अकादमी पुरस्कार, 2019 से सम्मानित किया गया।
• सत्रीया असम का **शास्त्रीय नृत्य** है।
• वर्ष 2000 में इस नृत्य को भारत के आठ शास्त्रीय नृत्यों में सम्मिलित होने का गौरव प्राप्त हुआ।
• इस नृत्य के संस्थापक महान **संत श्रीमन्त शंकरदेव** हैं।
• संगीत नाटक अकादमी पुरस्कार की शुरुआत वर्ष 1952 से हुई।

354. लोकप्रिय राग 'मियाँ की मल्हार' की रचना का श्रेय किसे दिया जाता है?
SSC CHSL Tier-1 17.08.2023 (Shift-I)

(a) अमीर खुसरो (b) तानसेन
(c) जाकिर हुसैन (d) मीराबाई

उत्तर (b)

• **तानसेन** को 'मियाँ की मल्हार' की रचना का श्रेय दिया जाता है।
• वे अकबर के **नौ रत्नों में** शामिल थे।
• मियाँ की मल्हार **एक मानसून** राग है, जिसे **राग मल्हार** भी कहा जाता है।

355. निम्नलिखित में से किस तत्कालीन रियासत का सम्बन्ध मुख्य रूप से कथक से था?
SSC CHSL Tier-1 17.08.2023 (Shift-I)

(a) त्रिपुरा (b) अवध
(c) विजयनगर (d) वडोदरा

उत्तर (b)

• कथक उत्तर भारतीय शास्त्रीय नृत्य का सम्बन्ध तत्कालीन **अवध** रियासत से था।
• यह नृत्य कहानियों को बोलने का साधन है।
• इस नृत्य के **तीन प्रमुख घराने** हैं, जयपुर घराना (कछवा राजपूत), लखनऊ घराना (अवध नवाब) तथा वाराणसी घराना।

356. पद्म भूषण प्राप्त कुमारी कमला का सम्बन्ध किस भारतीय नृत्य से है?
SSC CHSL Tier-1 14.08.2023 (Shift-IV)

(a) ओडिसी (b) कथकली
(c) कुचिपुड़ी (d) कथक

उत्तर (d)

• **कथक नृत्यांगना** कुमारी कमला को वर्ष 1970 में **नागरिक सम्मान** पद्म भूषण से सम्मानित किया गया था।
• ये 100 से अधिक **तमिल, कन्नड़, मलयालम** एवं **हिन्दी फिल्मों** में काम कर चुकी हैं।
• उन्होंने **भरतनाट्यम** में भी प्रसिद्धि प्राप्त की है।

357. निम्नलिखित में से किसने ओडिशा के शास्त्रीय नृत्य के लिए 'ओडिसी' नाम दिया?
SSC CHSL Tier-1 14.08.2023 (Shift-IV)

(a) रवीन्द्रनाथ टैगोर
(b) कविचन्द्र कालीचरण पटनायक
(c) राजा राममोहन राय
(d) केलुचरण महापात्र

उत्तर (d)

• **केलुचरण महापात्र** ने ओडिशा के शास्त्रीय नृत्य के लिए 'ओडिसी' नाम दिया था।
• केलुचरण महापात्र ने ओडिसी नृत्य को पुनर्विस्तृत किया।
• यह एक धार्मिक शास्त्रीय नृत्य है, जिसमें **कृष्ण एवं राधा को आराध्य** माना जाता है।

• 1960 के दशक में इसके पाँच चरणों का विकास हुआ।
• ये चरण थे-जयंतिका, मंगलाचरण, वतु/स्थायी, पल्लवी, अभिनामा।

358. निम्नलिखित में से किस कुचिपुड़ी नर्तकी को पद्मश्री पुरस्कार, 2022 से सम्मानित किया गया है? **SSC CHSL Tier-1 11.08.2023 (Shift-I)**
(a) सुनन्दा नायर (b) पद्मजा रेड्डी
(c) पल्लवी कृष्णन (d) सितारा देवी

उत्तर (b)
• भारतीय कुचिपुड़ी नर्तकी **पद्मजा रेड्डी** को पद्मश्री पुरस्कार, 2022 से सम्मानित किया गया है।
• इन्हें **संगीत नाटक अकादमी अवॉर्ड** से भी सम्मानित किया गया।
• पद्मजा, यह सम्मान पाने वाली तेलंगाना की पहली महिला हैं।

359. रामनाद वी. राघवन का सम्बन्ध निम्नलिखित में से किस वाद्ययन्त्र से है? **SSC CHSL Tier-1 11.08.2023 (Shift-I)**
(a) मृदंगम (b) सरोद (c) सितार (d) बाँसुरी

उत्तर (a)
• रामनाद वी. राघवन का सम्बन्ध **मृदंगम वाद्ययंत्र** से है।
• पाश्चात्य संगीत से उन्हें गहरा लगाव था।
• उनके बड़े भाई रामनाद कृष्णन **कर्नाटक संगीत कला** के महान विद्वान थे।

360. चरी लोकनृत्य (Chari Folk dance) मुख्य रूप से किस भारतीय राज्य की महिलाओं द्वारा किया जाता है? **SSC CHSL Tier-1 11.08.2023 (Shift-I)**
(a) कर्नाटक (b) राजस्थान
(c) झारखण्ड (d) ओडिशा

उत्तर (b)
• यह नृत्य अजमेर और किशनगढ़ के गुर्जर समुदाय की महिलाओं द्वारा किया जाता है।
• **फलकू बाई** राजस्थान की चर्चित नृत्यांगना हैं।
• इस नृत्य में महिलाओं द्वारा पानी भरने जाने की खुशी एवं घड़े को संतुलित रखने की अभिव्यक्ति होती है।

361. निम्नलिखित में से किस महान पुरुष को समकालीन नृत्य (Contemporary Dance) में उनके योगदान के लिए संगीत नाटक अकादमी पुरस्कार, 2020 से सम्मानित किया गया? **SSC CHSL Tier-1 10.08.2023 (Shift-III)**
(a) बिक्रम घोष (b) श्रुति बन्दोपाध्याय
(c) सुमित्रा गुहा (d) भूषण लकंदरी

उत्तर (d)
• भूषण लकंदरी को समकालीन नृत्य में उनके योगदान के लिए संगीत नाटक अकादमी पुरस्कार 2020 से सम्मानित किया गया था।
• भूषण लकंदरी एक कोरियोग्राफर व अभिनेता हैं।
• इन्होंने **बोल्शोई थिएटर** और **मैडिसन स्क्वायर गार्डन** जैसे प्रतिष्ठित स्थानों सहित वैश्विक स्तर पर प्रदर्शन किया।

362. तलत अजीज मुख्य रूप से एक ………… गायक हैं। **SSC CHSL Tier-1 09.08.2023 (Shift-I)**
(a) कर्नाटक शास्त्रीय (b) लोक
(c) ग़ज़ल (d) हिन्दुस्तानी शास्त्रीय

उत्तर (c)
• **गजल** गायक **तलत अजीज हैदराबाद** से सम्बन्धित हैं।
• इनका जन्म 11 नवम्बर, 1956 को हुआ था।
• ये संगीत के **किराना घराने** से सम्बन्धित हैं।
• भारत में गजलों का जनक अमीर खुसरो को कहा जाता है।

363. तेवितिचियट्टम (Tevitichiyattam), नंगई नाटकम (Nangai Natakam) और दासियट्टम (Dasiyattam) निम्नलिखित में से किस शास्त्रीय नृत्य की शैली हैं? **SSC CHSL Tier-1 09.08.2023 (Shift-I)**
(a) ओडिसी नृत्य (b) मोहिनीअट्टम नृत्य
(c) कथकली नृत्य (d) सत्रीया नृत्य

उत्तर (b)
• तेवितिचियट्टम, नंगई नाटकम और दासियट्टम, **मोहिनीअट्टम** नृत्य शैली है।
• **मोहिनीअट्टम** केरल का **शास्त्रीय नृत्य** है।
• मूल रूप से यह नृत्यांगनाओं द्वारा किया जाने वाला **एकल नृत्य** है, इसमें पैरों की थाप नहीं होती तथा कदमताल सौम्य होती है।
• यह नृत्य मुख्य रूप से **भगवान विष्णु के नारी अवतार** से सम्बन्धित है, जो प्रेम व भगवान के प्रति समर्पण को दर्शाता है।

364. निम्नलिखित में से किस भारतीय संगीतकार ने वर्ष 2023 में ग्रैमी पुरस्कार (Grammy award) जीता? **SSC CHSL Tier-1 08.08.2023 (Shift-II)**
(a) एबी टॉम सिरिएक (b) ए. आर. रहमान
(c) रिकी केज (d) एम.एम. कीरावनी

उत्तर (c)
• **रिकी केज** (तीसरी बार) को वर्ष 2023 में ग्रैमी पुरस्कार उनकी एल्बम **डिवाइन टाइड्स** के लिए प्रदान किया गया।
• केज चौथे ऐसे भारतीय हैं, जिसे **ग्रैमी अवॉर्ड** से सम्मानित किया गया।
• ये एक संगीतकार के साथ-साथ **पर्यावरणविद्** भी हैं।

365. पावल पॉल कुट भारत के किस राज्य का भगवान को आभार व्यक्त करने वाला (thanksgiving) उत्सव है? **SSC CHSL Tier-1 08.08.2023 (Shift-II)**
(a) गुजरात (b) हिमाचल प्रदेश
(c) मिजोरम (d) केरल

उत्तर (c)
• मिजोरम में पावल कुट का अर्थ है— पुआल की फसल का उत्सव। यह उत्सव मुख्यत: **दिसम्बर माह** में **फसल कटाई के दौरान** मनाया जाता है।
• इस उत्सव के दौरान **चाउंगनॉट** नामक एक अनुष्ठान किया जाता है, जिसमें माँ व उसके बच्चों को विशेष रूप से निर्मित एक स्मारक मंच पर बैठाया जाता है, जिसमें माँ अपने बच्चों को भोजन खिलाती है।
• इस त्योहार का धार्मिक महत्त्व है, इसमें **फसल व उर्वरता के देवता** 'पथियन' की प्रार्थना की जाती है।

366. चविट्टुकली (Chavittukali) का लोकनृत्य निम्नलिखित में से किस भारतीय राज्य से सम्बन्धित है? **SSC CHSL Tier-1 08.08.2023 (Shift-II)**
(a) आन्ध्र प्रदेश (b) उत्तर प्रदेश
(c) गुजरात (d) केरल

उत्तर (d)
• चविट्टुकली उत्तरी मालाबार **केरल** तट का लोकनृत्य है।
• केरल के उल्लाद, ओराली, चेरूमार एवं कनक्कर समुदाय के लोग यह नृत्य करते हैं।
• इस नृत्य में किसी **वाद्ययन्त्र का प्रयोग नहीं** किया जाता है।
• इस नृत्य में **चविट्टू** नामक विशिष्ट **जूते का प्रयोग** किया जाता है, जिसे जमीन पर मारने से लयबद्ध ध्वनि उत्पन्न होती है।

367. लाहो किस राज्य की नृत्य शैली है? **SSC CHSL Tier-1 07.08.2023 (Shift-IV)**
(a) केरल (b) सिक्किम (c) मणिपुर (d) मेघालय

उत्तर (d)
• लाहो नृत्य **बेहदीन खलम उत्सव** के दौरान किया जाता है तथा इसमें महिला व पुरुष दोनों सम्मिलित रूप से भाग लेते हैं।
• यह नृत्य हाथों के इशारों, ताली बजाने और एक चक्र में लयबद्ध कदमों के साथ किया जाता है।
• यह **जयन्तिया जनजाति** का एक नृत्य उत्सव है
• मेघालय राज्य के अन्य नृत्य उत्सव निम्न हैं
(i) डेरोगारा (ii) डोडरुआ (iii) शाद नोंग्रेम

368. निम्नलिखित में से किसे कथकली शास्त्रीय नृत्य श्रेणी में वर्ष 2019 के संगीत नाटक अकादमी पुरस्कार से सम्मानित किया गया था? **SSC CHSL Tier-1 07.08.2023 (Shift-IV)**
(a) मन्जू नन्दन मेहता
(b) कोट्टक्कल नन्दकुमारन नायर
(c) ओ. एस. अरुण
(d) विनायक तोरवी

उत्तर (b)
• **कोट्टक्कल नन्दकुमारन नायर** को वर्ष 2019 के संगीत नाटक अकादमी पुरस्कार से सम्मानित किया गया था।
• कथकली नृत्य, संगीत तथा अभिनय का मिश्रण है।
• वर्ष 2010 में केरल सरकार ने **केरल संगीत नाटक अकादमी पुरस्कार** से सम्मानित किया।

369. निम्नलिखित में से किस लोकनृत्य का सम्बन्ध मुख्य रूप से राजस्थान से है? **SSC CHSL Tier-1 04.08.2023 (Shift-II)**
(a) ढिम्सा (b) बिहू (c) गैर (d) तापू

उत्तर (c)
• गैर लोकनृत्य का सम्बन्ध मुख्य रूप से राजस्थान से है।
• **गैर** (Gair) नृत्य होली के अवसर पर भील पुरुषों के द्वारा किया जाता है, **गैरिये** कहलाते हैं।

• यह छड़ियों को आपस में भिड़ाते हुए गोल घेरे में किया जाने वाला नृत्य है।
• इस नृत्य में उपयोग में ली जाने वाली छड़ी को **खाण्डा** कहते हैं।

370. पण्डित शिवकुमार शर्मा को ………… बजाने में उनकी महारत के लिए याद किया जाता है।
SSC CHSL Tier-1 02.08.2023 (Shift-I)
(a) सितार (b) सन्तूर (c) सरोद (d) तबला

उत्तर (b)
• पण्डित शिवकुमार शर्मा एक सन्तूरवादक हैं।
• सन्तूर एक **कश्मीरी लोक वाद्ययन्त्र** होता है।
• इसे शततंत्री वीणा भी कहा जाता है, क्योंकि इस वाद्य में 100 तार होते हैं।
• शिवकुमार शर्मा का जन्म 13 जनवरी, 1938 को जम्मू-कश्मीर में हुआ था।
• वर्ष 1991 में उन्हें **पद्मश्री** तथा वर्ष 2001 में **पद्म विभूषण** से सम्मानित किया गया।

371. मुण्डारी नृत्य का सम्बन्ध किस भारतीय राज्य के आदिवासी समुदाय से है?
SSC CHSL Tier-1 02.08.2023 (Shift-I)
(a) झारखण्ड (b) कर्नाटक
(c) अरुणाचल प्रदेश (d) मिजोरम

उत्तर (a)
• **झारखण्ड** का मुण्डारी नृत्य **मुण्डा जनजाति** का नृत्य है, जो फसल के मौसम और त्योहार के दौरान संगीत वाद्ययन्त्र, मादल, नागरा और बंसी के साथ किया जाता है।
• यह एक समूह में किया जाता है, जिसमें **पुरुष और महिलाएँ** दोनों भाग लेते हैं।
• मुण्डा जनजाति के कुछ और लोकनृत्यों में जादुर, करम, सुसुन एवं भागे सुसुन आदि शामिल हैं।

372. वर्ष 1956 में प्रख्यात भरतनाट्यम नृत्यांगना रुक्मिणी देवी अरुण्डेल को निम्नलिखित में से कौन-सा पुरस्कार मिला था?
SSC CHSL Tier-1 02.08.2023 (Shift-I)
(a) ज्ञानपीठ पुरस्कार (b) सरस्वती सम्मान
(c) कबीर पुरस्कार (d) पद्म भूषण

उत्तर (d)
• **पद्म भूषण** प्राप्त रुक्मिणी देवी **तमिलनाडु** से सम्बन्धित थीं।
• इन्हें नृत्य की एक **विधा सदिर** को पुन: स्थापित करने के लिए जाना जाता है।
• भरतनाट्यम नृत्य की उत्पत्ति **तमिल** में मन्दिर नर्तकियों या देवदासियों के एकल नृत्य सदिर से हुई है।
• भरतनाट्यम को **दासीअट्टम** के नाम से भी जाना जाता है।

373. सत्रीया नृत्य शैली की उत्पत्ति निम्नलिखित में से किस भारतीय राज्य में हुई थी?
SSC CHSL Tier-1 21.03.2023 (Shift-IV)
SSC MTS 14.09.2023 (Shift-I)
(a) उत्तर प्रदेश (b) असम
(c) मणिपुर (d) तमिलनाडु

उत्तर (b)
• सत्रीया नृत्य शैली की उत्पत्ति असम राज्य में हुई थी, जो सत्रीया संस्कृति का प्रतिनिधित्व करती है।
• यह नृत्य शैली असम के धार्मिक और सांस्कृतिक ताने-बाने का आधार है।
• इस नृत्य के संगीत में शास्त्रीय **राग** (धुन), **ताल** (लय) और पारम्परिक गीत शामिल होते हैं।

374. अदिति मंगलदास ………. की शास्त्रीय भारतीय नृत्य शैली की एक प्रमुख नृत्यांगना और नृत्य-प्रशिक्षिका (कोरियोग्राफर) हैं।
SSC CHSL Tier-1 21.03.2023 (Shift-II)
(a) कुचिपुड़ी (b) कथकली
(c) कथक (d) भरतनाट्यम

उत्तर (c)
• अदिति मंगलदास **कथक** की शास्त्रीय नृत्य की प्रमुख नृत्यांगना और नृत्य प्रशिक्षिका हैं।
• कथक नृत्य उत्तर भारतीय शास्त्रीय नृत्य शैली है।
• भारत में कुल **9 शास्त्रीय नृत्य** हैं। वर्ष 2024 में 'छऊ' नृत्य को नौवें शास्त्रीय नृत्य का दर्जा दिया गया है।
• शास्त्रीय नृत्य एक धार्मिक कहानी या विषय को दर्शाता है।

SSC CHSL 2022 (Tier 1 & 2)

375. भारत में ग़ज़ल गाने की परम्परा ……… द्वारा स्थापित की गई थी।
SSC CHSL 01.06.2022 (Shift-I)
(a) हजरत अली (b) हजरत शहंशाहवाली
(c) हजरत निजामुद्दीन (d) हजरत अमीर खुसरो

उत्तर (d)
• **हज़रत अमीर खुसरो** ने गजल गाने की परम्परा शुरू की।
• इनका जन्म उत्तर प्रदेश के **कासगंज** जिले के पटियाली गाँव में 1253 ई. में हुआ था।
• उन्हें **तोता-ए-हिन्द** भी कहा जाता है। भारत में तबले का आविष्कार अमीर खुसरो ने ही किया था।

376. निम्नलिखित में से किसे कर्नाटक संगीत में एक गायक/गायिका के रूप में जाना जाता है?
SSC CHSL 01.06.2022 (Shift-I)
(a) कौशिकी चक्रवर्ती
(b) गंगूबाई हंगल
(c) जी. एन. बाला सुब्रह्मण्यम
(d) गिरिजा देवी

उत्तर (c)
• **जी. एन. सुब्रह्मण्यम** एक प्रसिद्ध पार्श्व गायक, अभिनेता, संगीतकार, डबिंग कलाकार व फिल्म निर्माता थे।
• उन्होंने 16 भाषाओं में 40 हजार से भी अधिक गाने रिकॉर्ड किए, जिसके कारण उनका नाम **गिनीज बुक ऑफ वर्ल्ड रिकॉर्ड** में सर्वाधिक गाने रिकॉर्ड करने के लिए किया गया।
• भारतीय सिनेमा में उनके योगदान के लिए भारत सरकार द्वारा वर्ष 2001 में पद्मश्री, वर्ष 2011 में पद्म भूषण व वर्ष 2021 में **पद्म विभूषण** (मरणोपरान्त) से सम्मानित किया गया।

377. निम्नलिखित में से कौन-सा हिन्दुस्तानी संगीत घराना सभी ख्याल गायकी शैलियों में सबसे पुराना है?
SSC CHSL 31.05.2022 (Shift-I)
(a) अतरौली घराना (b) किराना घराना
(c) ग्वालियर घराना (d) आगरा घराना

उत्तर (c)
• संगीत की परम्परागत शैली के अन्तर्गत शामिल इन घरानों में सबसे पुराना **ग्वालियर घराना** है।
• इसके संस्थापक नत्थन पीरबख्श को माना जाता है। आगे चलकर इस घराने ने समस्त उत्तर भारत को प्रभावित किया और इससे जुड़ने वाले संगीतज्ञों को कई सम्मान प्राप्त हो चुके हैं।
• संगीत के लगभग 12 **घराने** हैं, जो किसी विशेष क्षेत्र, शैली एवं प्रभावों के लिए प्रसिद्ध हैं।

378. प्रसिद्ध शास्त्रीय नृत्यांगना विधागौरी अडकर को भारतीय शास्त्रीय नृत्य के …… घराने से पहचाना जाता है। SSC CHSL 31.05.2022 (Shift-I)
(a) ग्वालियर (b) बनारस
(c) अलवर (d) जयपुर

उत्तर (d)
• प्रसिद्ध शास्त्रीय नृत्यांगना विधागौरी अडकर का सम्बन्ध कथक नृत्य के **जयपुर घराने** से है। इन्होंने स्कूली जीवन से ही नृत्य की शुरुआत कर दी थी।
• इनके द्वारा कई सांस्कृतिक कार्यक्रमों में प्रस्तुति दी गई थी, जिसमें कुछ मुख्य हैं, खजुराहो त्योहार महोत्सव, **चिल्का नृत्य समारोह, दिल्ली नृत्य** एवं **संगीत महोत्सव**, कथक प्रभा महोत्सव इत्यादि।

379. गुरु श्यामा चरणपति को मुख्य रूप से निम्नलिखित में से किस नृत्य शैली में उनके योगदान के लिए पद्मश्री से सम्मानित किया गया था?
SSC CHSL 31.05.2022 (Shift-I)
(a) काठी नाच (b) छऊ नृत्य
(c) झुमैर (d) सन्थाली नृत्य

उत्तर (b)
• गुरु श्यामा चरणपति को मुख्य रूप से छऊ नृत्य शैली में योगदान के लिए पदम्श्री (2006) से सम्मानित किया गया था।
• वर्ष 2024 में छऊ नृत्य को **नौवें भारतीय शास्त्रीय नृत्य** के रूप में मान्यता प्रदान की गई है।

380. भारतीय संगीत में उस्ताद अल्ला रक्खा का नाम निम्नलिखित में से किस वाद्ययन्त्र को बजाने के लिए प्रसिद्ध है?
SSC CHSL 31.05.2022 (Shift-I)
SSC MTS 15.07.2022 (Shift-I)
(a) तबला (b) वीणा
(c) घटम (d) सन्तूर

उत्तर (a)
• **तबला वादक** उस्ताद अल्ला रक्खा हिन्दुस्तानी शास्त्रीय संगीत के क्षेत्र में विशिष्ट स्थान रखते थे।
• **अल्ला रक्खा खाँ** की जुगलबन्दी सबसे अधिक सितार वादक पं. रवि शंकर के साथ विख्यात थी। इनके पुत्र जाकिर हुसैन भी विख्यात तबला वादक हैं। 3 फरवरी, 2000 को इनका निधन हो गया।

381. उस्ताद बड़े गुलाम अली खान एक प्रसिद्ध ………… थे। SSC CHSL 02.06.2022 (Shift-I)
(a) सरोद वादक (b) शास्त्रीय गायक
(c) तबला वादक (d) हार्मोनियम वादक

उत्तर (b)

• उस्ताद बड़े गुलाम अली खान एक प्रसिद्ध शास्त्रीय गायक थे और पटियाला घराने से सम्बन्धित थे।

• इन्हें शास्त्रीय संगीत में योगदान के लिए भारत सरकार ने संगीत नाटक अकादमी पुरस्कार (1967) और पद्म भूषण पुरस्कार (1962) प्रदान किया।

• भारतीय शास्त्रीय गायकों के अंतर्गत पण्डित भीमसेन जोशी, पण्डित जसराज एवं उस्ताद अमजद अली खान आदि शामिल हैं।

382. उमा शर्मा को भारत में शास्त्रीय नृत्य के निम्नलिखित में से किस रूप को समृद्ध करने के लिए पद्म भूषण पुरस्कार से सम्मानित किया गया था? SSC CHSL 02.06.2022 (Shift-I)

(a) मणिपुरी (b) कथक
(c) भरतनाट्यम (d) ओडिसी

उत्तर (b)

• उमा शर्मा को भारतीय शास्त्रीय नृत्य 'कथक' को समृद्ध करने का श्रेय दिया जाता है। इसके लिए उन्हें पद्म भूषण पुरस्कार से भी सम्मानित किया गया।

• कथक उत्तर प्रदेश राज्य का **लोकनृत्य** है।

383. विलायत खान का सम्बन्ध किस वाद्ययन्त्र से है? SSC CHSL (10+2) 02.06.2022 (Shift-I)
SSC Steno 17.11.2022 (Shift-I)

(a) तबला (b) बाँसुरी (c) सन्तूर (d) सितार

उत्तर (d)

• विलायत खान प्रख्यात **सितारवादक** थे।

• विलायत खान ने वर्ष 1964 में पद्मश्री और 1968 में **पद्म विभूषण** सम्मान यह कहते हुए ठुकरा दिए थे कि भारत सरकार ने हिन्दुस्तानी शास्त्रीय संगीत में उनके योगदान का समुचित सम्मान नहीं किया।

384. पद्मश्री गुरु मायाधर राउत की अग्रणी भावना ने 1950 के दशक में निम्नलिखित में से किस नृत्य को पुनर्जीवित किया और नृत्य के व्याकरण और अभिनय शब्दावली को फिर से परिभाषित किया? SSC CHSL 30.05.2022 (Shift-I)

(a) मणिपुरी (b) कुचिपुड़ी
(c) भरतनाट्यम (d) ओडिसी

उत्तर (d)

• मायाधर राउत ने ओडिसी को फिर से परिभाषित किया।

• मायाधर राउत को निम्न पुरस्कार प्राप्त हुए हैं
— पद्मश्री पुरस्कार (2010)
— संगीत नाटक अकादमी पुरस्कार (1985)

385. पद्म विभूषण से सम्मानित उमयालपुरम के शिवरामन एक ········ वादक हैं। SSC CHSL 30.05.2022 (Shift-I)

(a) वायलिन (b) वीणा (c) तबला (d) मृदंगम

उत्तर (d)

• उमयालपुरम के. शिवरामन एक प्रसिद्ध **कर्नाटक संगीतज्ञ** हैं, जो **मृदंगम** नामक वाद्ययन्त्र को बजाने में निपुण हैं।

• इन्हें भारत के सर्वोच्च नागरिक सम्मान **पद्मश्री** एवं **पद्म विभूषण** से सम्मानित किया जा चुका है।

• वर्ष 2010 में 61वें गणतन्त्र दिवस के अवसर पर इन्हें भारत के दूसरे सर्वोच्च नागरिक सम्मान **पद्म विभूषण** से सम्मानित किया गया था।

386. निम्नलिखित में से किसने 'हाय-डांस' नामक अपनी नृत्य शैली बनाई, बाद में उन्होंने इसका नाम बदलकर 'क्रिएटिव डांस' कर दिया? SSC CHSL (10+2) 27.05.2022 (Shift-I)

(a) राजेन्द्र शंकर (b) रवि शंकर
(c) देबेन्द्र शंकर (d) उदय शंकर

उत्तर (d)

• उदय शंकर ने 'हाय-डांस' नामक अपनी नृत्य शैली बनाई बाद में उन्होंने इसका नाम बदलकर 'रचनात्मक नृत्य' (क्रिएटिव डांस) कर दिया।

• उदय शंकर (1900-1977) एक प्रसिद्ध **भारतीय नर्तक** एवं **कोरियोग्राफर** (नृत्य-निर्देशक) थे।
- इन्हें प्राप्त पुरस्कार निम्नलिखित हैं
- संगीत नाटक अकादमी पुरस्कार, 1960
- संगीत नाटक अकादमी फैलोशिप, 1962
- पद्म विभूषण, 1971

387. पद्मश्री से सम्मानित शोभना चन्द्रकुमार निम्नलिखित में से किस भारतीय शास्त्रीय नृत्य की नृत्यांगना हैं? SSC CHSL 27.05.2022 (Shift-I)

(a) कथक (b) ओडिसी
(c) मणिपुरी (d) भरतनाट्यम

उत्तर (d)

• **शोभना चन्द्रकुमार पिल्लई** एक भारतीय फिल्म अभिनेत्री हैं।

• इन्होंने हिन्दी, मलयालम, तमिल, कन्नड़ एवं अंग्रेजी भाषा की 200 से अधिक फिल्मों में काम किया है।

• ये फिल्म के साथ-साथ प्रसिद्ध भरतनाट्यम नृत्यांगना भी हैं।

388. निम्नलिखित में से कौन हिन्दुस्तानी शास्त्रीय संगीत के/की एक भारतीय गायक/गायिका हैं? SSC CHSL 27.05.2022 (Shift-I)

(a) शुभा मुद्‌गल (b) एल. सुब्रह्मण्यम
(c) किशन महाराज (d) द्वारम वेंकटस्वामी नायडू

उत्तर (a)

• शुभा मुद्‌गल भारत की विख्यात **हिन्दुस्तानी शास्त्रीय संगीत** गायिका हैं।

• इनका सम्बन्ध ख्याल, ठुमरी, दादरा एवं बहुचर्चित पोप संगीत से है।

• इन्हें 'अमृत बीज' के लिए **सर्वश्रेष्ठ गैर-फीचर फिल्म का राष्ट्रीय अवॉर्ड** वर्ष 1996 में प्रदान किया गया था।

• इनमें वर्ष 1998 में **गोल्ड प्लाक अवॉर्ड**, वर्ष 2000 में भारत के चौथे सर्वोच्च नागरिक सम्मान **पद्मश्री** शामिल हैं।

389. संगीत निर्देशक आर. सी. बोराल और पंकज मलिक ने हिन्दी फिल्मों में पहला पार्श्वगीत किस वर्ष रिकॉर्ड किया था? SSC CHSL 27.05.2022 (Shift-I)

(a) वर्ष 1939 (b) वर्ष 1941
(c) वर्ष 1935 (d) वर्ष 1943

उत्तर (c)

• पंकज मलिक ने आकाशवाणी में संगीतकार आर. सी. बोराल के साथ मिलकर वर्ष 1935 में हिन्दी फिल्मों में पहला पार्श्व गीत रिकॉर्ड किया।

• इस गीत के समायोजन में उन्हें **नितिन बोस** का भी साथ मिला।

• इन्हें भारतीय सिनेमा में उत्कृष्ट योगदान के लिए **दादा साहेब फाल्के** अवॉर्ड से सम्मानित किया गया।

390. निम्नलिखित में से कौन-सा नृत्य मैतई लोगों के वैष्णव मत से जुड़ा हुआ है? SSC CHSL 01.06.2022 (Shift-I)

(a) कुचिपुड़ी (b) मणिपुरी
(c) सत्रीया (d) छऊ

उत्तर (b)

• मणिपुरी नृत्य मैतई लोगों के वैष्णव मत से जुड़ा हुआ है।

• मणिपुरी नृत्य का विकास **18वीं सदी** में हुआ था। इसमें शरीर धीमी गति से चलता है तथा सांकेतिक भव्यता मनमोहक गति से अँगुलियों तक प्रवाहित होती है।

• मणिपुरी नृत्य में **राधा और कृष्ण के प्रेम प्रसंग** प्रमुख हैं।

SSC CHSL 2021 (Tier 1 & 2)

391. निम्न में से किस राज्य से 'माण्ड' गायन शैली सम्बन्धित है? SSC CHSL Tier-1 12.08.2021 (Shift-III)
SSC CHSL Tier-1 10.08.2021 (Shift-I)

(a) मध्य प्रदेश (b) उत्तर प्रदेश
(c) गुजरात (d) राजस्थान

उत्तर (d)

• माण्ड **ठुमरी** या **गजल** के निकट की गायन शैली है, जो राजस्थान शैली से सम्बन्धित है।

• **राजस्थान** में माण्ड-गायन को न तो पूर्ण राग के रूप में स्वीकार किया जाता है और न ही इसे स्वतन्त्र रूप से प्रस्तुत लोक गीतों में गिना जाता है।

• अल्ला-जिल्हा बाई (बीकानेर), माँगीबाई (उदयपुर) एवं गबरी देवी (पाली), बन्नो बेगम (जयपुर) आदि प्रसिद्ध माण्ड गायिकाएँ हैं।

392. 'राहिदे', ······· की महिलाओं द्वारा ओढ़ा जाने वाला एक लम्बा दुपट्टा है, जो उनके सिर को ठण्डी हवा से बचाने के साथ-साथ उनकी परम्परागत सामाजिक आत्मीयता को प्रदर्शित करता है। SSC CHSL Tier-1 10.08.2021 (Shift-I)

(a) मध्य प्रदेश
(b) उत्तर प्रदेश
(c) अरुणाचल प्रदेश
(d) हिमाचल प्रदेश

उत्तर (d)

• **राहिदे** हिमाचल प्रदेश की महिलाओं द्वारा अपने सिर को ठण्डी हवा से बचने के लिए और अपनी परम्परा को दर्शाने के लिए पहना जाने वाला एक लम्बा स्कार्फ है।

• ये स्कार्फ अधिकांशत: स्थानीय महिलाओं द्वारा बनाए जाते हैं।

393. निम्न में से कौन-सा संगीत वाद्ययन्त्र पश्चिम राजस्थान के मांगणियारों द्वारा बजाए गए तन्त्री (तारयुक्त) वाद्ययन्त्र का एक उदाहरण है?
SSC CHSL Tier-1 19.04.2021 (Shift-III)
(a) तूंबा (b) मंजिरा (c) झाँझ (d) कामिचा

उत्तर (d)

• इस्पात, चर्मपत्र, धातु, शीशम एवं घोड़े के बाल से निर्मित **कामिचा** एक **तार वाद्ययन्त्र** है। यह पश्चिमी राजस्थान के मांगणियारों द्वारा बजाए गए तन्त्री वाद्ययन्त्र का एक उदाहरण है।
• इस वाद्ययन्त्र की तबली चौड़ी एवं गोल होती है, जिस पर बकरे की खाल लगाई जाती है।
• इसकी कमान भी शीशम की लकड़ी तथा घोड़े के बाल की बनी होती है।

394. निम्न में से किस वाद्ययन्त्र का सम्बन्ध संगीतकार पालघाट मणिअय्यर से था?
SSC CHSL Tier-1 15.10.2020 (Shift-III)
(a) मृदंगम (b) बाँसुरी
(c) सितार (d) शहनाई

उत्तर (a)

• **श्री मणिअय्यर कर्नाटक** घराने के संगीतकार भारत के प्रसिद्ध मृदंगवादियों में से है। ये अपने समकालीन पलानी सुब्रमण्यम पिल्लई एवं रामनाथपुरम सीएस मुरुगभोपाथी के साथ मिलकर मृदंगम वाद्ययन्त्र बजाते थे।
• ये संगीत कलानिधि एवं पद्मश्री से सम्मानित किए जाने वाले देश के पहले मृदंगवादक थे।

SSC MTS 2024

395. राजेश प्रसन्ना और ऋषभ प्रसन्ना दोनों किस संगीत वाद्ययन्त्र से जुड़े हैं?
SSC MTS Tier-1 30.10.2024 (Shift-III)
(a) गिटार (b) पियानो
(c) बाँसुरी (d) मैण्डोलिन

उत्तर (c)

• राजेश प्रसन्ना और ऋषभ प्रसन्ना का सम्बन्ध **बाँसुरी वाद्ययन्त्र** से है।
• अन्य बाँसुरी वादक हरिप्रसाद चौरसिया, एस. आकाश, मायावरम सरस्वती अम्मल, के. भास्करन, सिक्किल माला चन्द्रशेखर आदि हैं।

396. निम्नलिखित में से कौन-सी शास्त्रीय नृत्य शैली आकाश के तत्त्व को प्रकट करती है?
SSC MTS Tier-1 30.10.2024 (Shift-III)
(a) कथक (b) मणिपुरी
(c) कथकली (d) कुचिपुड़ी

उत्तर (c)

• कथकली शास्त्रीय नृत्य शैली आकाश के तत्त्व को प्रकट करती है।
• कथकली रामायण और महाभारत के महाकाव्य पर आधारित है।
• इस नृत्य के प्रमुख कलाकारों में कोट्टाराक्कारा थंपुरन, कोट्टकल शिवरामन, गुरु गोपी आदि हैं।

397. एक तटीय क्षेत्र, समुद्र के पानी से भर गया और जिसके परिणामस्वरूप आस-पास के क्षेत्र में भारी नमक जमा हो गया। कुछ दिनों के बाद यह देखा गया कि कई पौधे मुरझा गए हैं। इन कथनों के आधार पर, निम्नलिखित में से कौन-सा, पौधों के मुरझाने का सबसे सम्भावित कारण है?
SSC MTS Tier-1 01.10.2024 (Shift-I)
A. समुद्री जल जनित कीटाणुओं के संक्रमण से पौधे मुरझा गए।
B. धूप के अभाव से पौधे मुरझा गए।
C. पौधों की कोशिकाओं में जीवद्रव्यकुंचन के कारण पौधे मुरझा गए।
D. पौधे इसलिए मुरझा गए, क्योंकि उन्हें समुद्री जीवों ने खा लिया।
(a) A (b) B
(c) D (d) C

उत्तर (d)

• एक तटीय क्षेत्र, समुद्र के पानी से भर गया, जिसके परिणामस्वरूप आस-पास के क्षेत्र में भारी नमक जमा हो गया। कुछ दिनों के बाद यह देखा गया कि कई पौधे मुरझा गए हैं, जिसका कारण पौधों की कोशिकाओं में **जीवद्रव्यकुंचन** है।
• पौधे मुरझाने के अन्य सम्भावित कारण पानी की कमी होना, ज्यादा पानी होना, अधिक वाष्पोत्सर्जन और पोषक तत्त्वों की कमी आदि हैं।

398. निम्नलिखित में से किस अधिनियम के बाद भारत ब्रिटिश ताज के नाम से शासित होने लगा?
SSC MTS Tier-1 01.10.2024 (Shift-I)
(a) 1833 का चार्टर अधिनियम
(b) 1853 का चार्टर अधिनियम
(c) भारत सरकार अधिनियम, 1858
(d) भारत सरकार अधिनियम, 1919

उत्तर (c)

• **भारत सरकार अधिनियम,** 1858 के द्वारा ईस्ट इण्डिया कम्पनी का परिसमापन कर दिया गया और इसके स्थान पर ब्रिटिश क्राउन को सत्ता मिली।
• इस अधिनियम के तहत, भारत के **गवर्नर-जनरल का पदनाम बदलकर वायसराय** कर दिया गया। वायसराय, भारत में ब्रिटिश राज का प्रत्यक्ष प्रतिनिधि था।
• इस अधिनियम के तहत भारतीयों को बिना किसी भेदभाव के अपनी योग्यता के आधार पर सिविल सेवाओं में सेवा करने की अनुमति दी गई थी।

399. आदिवासी लोक नृत्य गुसाडी को जीवित रखने वाले कनक राजू को वर्ष 2021 में भारत के निम्नलिखित में से किस नागरिक पुरस्कार से सम्मानित किया गया?
SSC MTS Tier-1 30.10.2024 (Shift-III)
(a) पद्मश्री (b) भारत रत्न
(c) पद्म भूषण (d) पद्म विभूषण

उत्तर (a)

• आदिवासी लोक नृत्य **गुसाडी** को जीवित रखने वाले **कनक राजू** को वर्ष 2021 में भारत के पद्मश्री नागरिक पुरस्कार से सम्मानित किया गया।
• तेलंगाना राज्य सरकार ने आदिलाबाद जिले में कनक राजू गुसाडी नृत्य स्कूल शुरू किया है, जहाँ कनक राजू को मुख्य नृत्य मास्टर बनाया गया था।

400. पद्मा सुब्रह्मण्यम किस नृत्य शैली से जुड़ी हैं?
SSC MTS Tier-1 12.11.2024 (Shift-III)
(a) कथक (b) भरतनाट्यम
(c) छऊ (d) मणिपुरी

उत्तर (b)

• पद्म सुब्रह्मण्यम **भरतनाट्यम नृत्य** शैली से जुड़ी हैं।
• इन्हें वर्ष 1981 में पद्मश्री से, वर्ष 2003 में पद्म भूषण से और मध्य प्रदेश सरकार द्वारा कालिदास पुरस्कार (2015) से में सम्मानित किया गया था।
• भरतनाट्यम के प्रसिद्ध कलाकारों में अलारमेल वल्ली, **यामिनी कृष्णमूर्ति**, सोनल मानसिंह और अनिता रत्नम प्रमुख हैं।

401. भरतनाट्यम नृत्यांगना......को 2023 में चेन्नई में श्री पार्थसारथी स्वामी सभा से नाट्य कला सारथी पुरस्कार मिला।
SSC MTS Tier-1 12.11.2024 (Shift-III)
(a) श्रीदेवी उन्नी (b) विद्या सुब्रमण्यन
(c) हेमा राजगोपालन (d) श्रेकला भरत

उत्तर (d)

• भरतनाट्यम नृत्यांगना **श्रेकला भरत** को वर्ष 2023 में चेन्नई में श्री पार्थसारथी स्वामी सभा से नाट्य कला **सारथी पुरस्कार** मिला।
• इस नृत्य के प्रमुख कलाकारों में यामिनी कृष्णमूर्ति, अनिता रत्नम, अलारमेलवल्ली आदि शामिल हैं।

402. प्रसिद्ध लोक नृत्य 'ढोलाचा नाच' किस राज्य में किया जाता है?
SSC MTS Tier-1 11.11.2024 (Shift-III)
(a) बिहार (b) राजस्थान
(c) मध्य प्रदेश (d) महाराष्ट्र

उत्तर (d)

• प्रसिद्ध लोक नृत्य ढोलाचा नाच **महाराष्ट्र** राज्य में किया जाता है।
• महाराष्ट्र के अन्य प्रमुख नृत्यों में, कोंल्याचा, दधिकालोर हण्डिनृत्य, **दशावतार**, राधानाच, तमाशा आदि हैं।

403. निम्न में से कौन-सा/कौन-सी भरतनाट्यम नृत्य कलाकार भारत के सर्वोच्च नागरिक पुरस्कारों में से एक, पद्म विभूषण 1977 के/की प्राप्तकर्ता हैं?
SSC MTS Tier-1 05.10.2024 (Shift-IV)
(a) मल्लिका साराभाई (b) केलुचरण महापात्र
(c) टी. बाला सरस्वती (d) यामिनी कृष्णमूर्ति

उत्तर (c)

• टी. बालासरस्वती भरतनाट्यम नृत्य कलाकार, जिन्हें भारत के सर्वोच्च पुरस्कारों में से एक पद्म विभूषण (1977) सम्मानित किया गया था।
• इन्हें वर्ष 1957 में **पद्म भूषण** से सम्मानित किया गया था।
• वर्ष 1955 में इन्हें **संगीत नाटक अकादमी पुरस्कार** से सम्मानित किया गया था।
• बंगाली फिल्म निर्देशक सत्यजीत रे ने टी. बाला सरस्वती पर बाला (1976) नाम से एक वृत्तचित्र बनाया था।

404. झावेरी बहनों को निम्नलिखित में से किस भारतीय शास्त्रीय नृत्य की मन्दिर परम्परा को जीवित रखने के लिए जाना जाता है?
SSC MTS Tier-1 05.10.2024 (Shift-IV)
(a) सत्रीया (b) मणिपुरी
(c) कथक (d) कथकली
उत्तर (b)
• झावेरी बहनों को मणिपुरी शास्त्रीय नृत्य की मन्दिर परम्परा को जीवित रखने के लिए जाना जाता है।
• झावेरी बहनों में नयना, रंजना, सुवर्णा और दर्शना शामिल हैं।
• इस नृत्य में जागोई, चोलोम और हुएन लैंग्लोन शामिल हैं।

405. इमानी शंकर शास्त्री और दुरैस्वामी अय्यंगर दोनों का सम्बन्ध किस संगीत वाद्ययन्त्र से है?
SSC MTS Tier-1 05.10.2024 (Shift-IV)
(a) घटम (b) वायलिन
(c) बाँसुरी (d) वीणा
उत्तर (d)
• इमानी शंकर शास्त्री और दुरैस्वामी अय्यंगर का सम्बन्ध वीणा वाद्ययन्त्र से है।
• चिट्टी बाबू, जयन्ती कुमारेय, सुन्दरम बालचन्दर, वीनाई धनम्मल का सम्बन्ध वीणा वाद्ययन्त्र से है।

406. इमानी शंकर शास्त्री और दुरैस्वामी अय्यंगर दोनों का सम्बन्ध किस संगीत वाद्ययन्त्र से है?
SSC MTS Tier-1 05.10.2024 (Shift-IV)
(a) घटम (b) वायलिन
(c) बाँसुरी (d) वीणा
उत्तर (d)
• इमानी शंकर शास्त्री और दुरैस्वामी अय्यंगर का सम्बन्ध वीणा वाद्ययन्त्र से है।
• चिट्टी बाबू, जयन्ती कुमारेय, सुन्दरम बालचन्दर, वीनाई धनम्मल का सम्बन्ध वीणा वाद्ययन्त्र से है।

407. सवाई गन्धर्व निम्नलिखित में से किस घराने से सम्बन्धित थे?
SSC MTS Tier-1 17.11.2024 (Shift-III)
(a) आगरा घराना (b) इन्दौर घराना
(c) किराना घराना (d) बनारस घराना
उत्तर (c)
• सवाई गन्धर्व, किराना घराने से सम्बन्धित थे।
• रामचन्द्र कुन्दगोलकर सौंशी जिन्हें सवाई गन्धर्व और राम-भाऊ के नाम से भी जाना जाता है, कर्नाटक के एक लोकप्रिय **हिन्दुस्तानी शास्त्रीय** गायक थे।
• वे उस्ताद अब्दुल करीम खान के पहले और सबसे बड़े शिष्य और भारतरत्न विजेता पण्डित भीमसेन जोशी के गुरु थे।
• किराना घराने से सम्बन्धित अन्य प्रसिद्ध गायक-उस्ताद अमीर खाँ, रजबअली खाँ, गंगूबाई हंगल और भीमसेन जोशी हैं।

408. निम्नलिखित में से कौन-सा नृत्य प्रदर्शन केलिकोट्टु (Kelikottu) से आरम्भ होता है?
SSC MTS Tier-1 30.10.2024 (Shift-III)
(a) कथकली (b) ओडिसी
(c) भरतनाट्यम (d) कथक
उत्तर (a)
• कथकली नृत्य प्रदर्शन केलिकोट्टू से आरम्भ होता है।
• यह नृत्य केरल का शास्त्रीय नृत्य है।
• इस नृत्य में नर्तक, अपने भावों को चेहरे के भावों और हस्तमुद्राओं से अभिव्यक्त करते हैं।
• इस नृत्य में चेहरे को हरे रंग से रंगा जाता हैं।

409. निम्नलिखित नृत्य गुरुओं में से किसे वर्ष 2000 में पद्म विभूषण से सम्मानित किया गया था?
SSC MTS Tier-1 30.10.2024 (Shift-III)
(a) बिपिन सिंह (b) केलुचरण महापात्र
(c) बिरजू महाराज (d) इलियाना सिटारिस्टी
उत्तर (b)
• केलुचरण महापात्र को वर्ष 2000 में पद्म विभूषण से सम्मानित किया गया था।
• ये ओडिशा से पद्म विभूषण पाने वाले पहले व्यक्ति थे।

410. भरतनाट्यम नृत्य शैली को उसके वर्तमान आधुनिक संस्करण में पुनर्जीवित करने के लिए किसे जाना जाता है?
SSC MTS Tier-1 30.10.2024 (Shift-III)
(a) यामिनी कृष्णमूर्ति (b) रुक्मिणी देवी
(c) टी बालासरस्वती (d) मल्लिका साराभाई
उत्तर (b)
• भरतनाट्यम नृत्य शैली को उसके वर्तमान आधुनिक संस्करण में पुनर्जीवित करने के लिए रुक्मिणी देवी को जाना जाता है।
• इन्हें वर्ष **1956** में पद्म भूषण और वर्ष **1967** में संगीत नाटक अकादमी फेलोशिप से सम्मानित किया गया था।
• ये भारतीय इतिहास की पहली महिला थीं, जिन्हें राज्यसभा के सदस्य के रूप में मनोनीत किया गया था।

411. निम्नलिखित में से किस नृत्य श्रेणी को संगीत नाटक अकादमी पुरस्कार के लिए नहीं चुना जाता है? SSC MTS Tier-1 28.10.2024 (Shift-II)
(a) कुचिपुड़ी (b) कथक
(c) मणिपुरी (d) विलासिनी नाट्यम
उत्तर (d)
• विलासिनी नाट्यम नृत्य श्रेणी को संगीत नाटक अकादमी पुरस्कार के लिए नहीं चुना जाता है।
• विलासिनी नाट्यम एक भारतीय नृत्य शैली है, जिसकी उत्पत्ति **आन्ध्र प्रदेश** में हुई है।
• संगीत नाटक अकादमी पुरस्कार, हिन्दुस्तानी व कर्नाटक संगीत में इस पुरस्कार की स्थापना वर्ष **1951** में हुई।

412. शास्त्रीय नृत्य की एक प्रसिद्ध शैली, मणिपुरी रासलीला .... द्वारा बनाई गई थी।
SSC MTS Tier-1 28.10.2024 (Shift-II)
(a) सिद्धेन्द्र योगी (b) ऋषि भरत
(c) बिरजू महाराज (d) महाराजा भाग्यचन्द्र
उत्तर (d)
• शास्त्रीय नृत्य की एक प्रसिद्ध शैली मणिपुरी रासलीला **महाराजा भाग्यचन्द्र** द्वारा बनाई गई थी।
• इसमें **पाँच मुख्य रास** नृत्य हैं, जिनमें से चार का सम्बन्ध विशिष्ट ऋतुओं से है। इसमें पाँचवाँ रास वर्ष में किसी भी समय प्रस्तुत किया जा सकता है।
• मणिपुरी रास में राधा, कृष्ण और गोपियाँ मुख्य पात्र होते हैं।

413. दूसरी शताब्दी की शुरुआत में अपने ग्रन्थ 'नाट्य शास्त्र' में संगीत वाद्ययन्त्रों को तत्, सुषिर, अवनद्ध और घन में वर्गीकृत करने की प्रणाली को किसने समझाया?
SSC MTS Tier-1 28.10.2024 (Shift-II)
(a) सारंगदेव (b) स्वामी हरिदास
(c) भरतमुनि (d) भैरव
उत्तर (c)
• दूसरी शताब्दी की शुरुआत में अपने ग्रन्थ नाट्यशास्त्र में संगीत वाद्ययन्त्रों को तत्, सुषिर, अवनद्ध और घन में वर्गीकरण करने की प्रणाली को भरतमुनि ने समझाया।
• नाट्यशास्त्र प्राचीन भारतीय नाट्य कला पर लिखा गया एक ग्रन्थ है, जो रंगमंच, नृत्य व संगीत से जुड़ी जानकारी प्रदान करता है।
• भरतमुनि को भारतीय **रंगमंच का प्रवर्तक** माना जाता है।
• संस्कृत साहित्य में **नाट्यशास्त्र** को पाँचवाँ वेद माना जाता है।
• नाट्यशास्त्र में वर्गीकृत वाद्ययन्त्रों के प्रकार निम्न हैं
(i) तत् वाद्य – तार वाले वाद्ययन्त्र
(ii) सुषिर वाद्य – वायु वाले वाद्ययन्त्र
(iii) अवनद्ध – झिल्ली वाले वाद्ययन्त्र जैसे ढोलक या तबला
(iv) घन वाद्य – ठोस वाद्ययन्त्र जैसे-कम्पनस्वरी

414. निम्नलिखित में से किसने वर्ष 1963 में मद्रास में अपनी कुचिपुड़ी कला अकादमी की स्थापना की? SSC MTS Tier-1 23.10.2024 (Shift-II)
(a) राजा रेड्डी
(b) वेम्पति चिन्ना सत्यम्
(c) लक्ष्मी नारायण शास्त्री
(d) कमलाकर कामेश्वर राव
उत्तर (b)
• वेम्पति चिन्ना सत्यम् ने वर्ष **1963 में** मद्रास में अपनी **कुचिपुड़ी कला अकादमी** की स्थापना की।
• कुचिपुड़ी कला अकादमी में उन्होंने 180 से अधिक एकल प्रस्तुतियों और 15 नृत्य नाटकों की रचना और नृत्य निर्देशन किया।
• इन्हें कुचिपुड़ी नृत्य को पुनर्जीवित करने का श्रेय प्राप्त है।
• इनके प्रमुख शिष्यों में शोभा नायडू, यामिनी कृष्णमूर्ति, हेमामालिनी, वैयजन्तीमाला आदि शामिल हैं।

415. 'अलारिप्पु' निम्नलिखित में से किस भारतीय शास्त्रीय नृत्य शैली का प्रथम नृत्य पद है?
SSC MTS Tier-1 23.10.2024 (Shift-II)
(a) भरतनाट्यम (b) कुचिपुड़ी
(c) ओडिसी (d) कथकली
उत्तर (a)
• 'अलारिप्पु' भारत की प्राचीन शास्त्रीय नृत्य शैली भरतनाट्यम का प्रथम नृत्य पद है।
• इस नृत्य की उत्पत्ति तमिलनाडु राज्य में हुई है।
• इस नृत्य में प्रस्तुतीकरण का **आह्वान अलारिप्पु** तथा **समापन थिल्लन** कहलाता है।

• भरतनाट्यम नृत्य के प्रमुख कलाकार–यामिनी कृष्णमूर्ति, रुक्मिणी देवी अरुण्डेल, मृणालिनी साराभाई इत्यादि हैं।

416. निम्नलिखित में से किस शास्त्रीय नृत्य शैली में कलाकारों के चेहरों को उनके द्वारा निभाए जा रहे चरित्र के प्रकार के प्रतीक के रूप में रंगा जाता है? SSC MTS Tier-1 22.10.2024 (Shift-II)

(a) कथक (b) कथकली
(c) भरतनाट्यम (d) ओडिसी

उत्तर (b)

• कथकली शास्त्रीय नृत्य शैली में कलाकारों के चेहरों को उनके द्वारा निभाए जा रहे चरित्र के प्रतीकों के अनुरूप रंगा जाता है।
• यह केरल का एक शास्त्रीय नृत्य है।
• इसमें नर्तक, अपने भावों को चेहरे के भावों और हस्तमुद्राओं से अभिव्यक्त करते हैं।
• कथकली के प्रसिद्ध कलाकारों में मणि दामोदर चकर, मणिमाधव चकर और गुरु चन्द्रशेखरन हैं।

417. भारतीय शास्त्रीय संगीतकार, उस्ताद राशिद खान को निम्नलिखित में से किस संगीत श्रेणी में उनके योगदान के लिए 2022 में पद्म भूषण से सम्मानित किया गया था? SSC MTS Tier-1 22.10.2024 (Shift-II)

(a) लोक संगीत (b) कव्वाली
(c) कर्नाटक संगीत (d) हिन्दुस्तानी शास्त्रीय संगीत

उत्तर (d)

• भारतीय शास्त्रीय संगीतकार उस्ताद राशिद खान को हिन्दुस्तानी शास्त्रीय संगीत श्रेणी में योगदान के लिए 2022 में पद्मभूषण से सम्मानित किया गया।
• ये रामपुर-सहसवान घराने से सम्बन्धित थे। इनका जन्म वर्ष 1968, बदायूँ में हुआ था।
• भारतीय शास्त्रीय संगीत की दो प्रमुख पद्धतियाँ हैं-हिन्दुस्तानी संगीत तथा कर्नाटक संगीत।
• भारतीय शास्त्रीय संगीत की परम्परा भरतमुनि के नाट्यशास्त्र से शुरू हुई थी।

418. ग्रैमी जीतने वाले पहले कर्नाटक संगीतकार, थेटाकुडी हरिहर विनायकराम को किस संगीत वाद्ययन्त्र को बजाने के लिए जाना जाता है? SSC MTS Tier-1 21.10.2024 (Shift-II)

(a) घटम (b) कंजरा
(c) मृदंगम (d) शहनाई

उत्तर (a)

• ग्रैमी पुरस्कार जीतने वाले पहले कर्नाटक संगीतकार, थेटाकुडी हरिहर विनायकराम को **घटम संगीत** वाद्ययन्त्र को बजाने के लिए जाना जाता है।
• इन्हें घटम का देवता भी कहा जाता है। घटम एक बड़ा, संकरा मुँह वाला मिट्टी के पानी का बर्तन होता है। जिसे ताल वाद्ययन्त्र के रूप में उपयोग किया जाता है।
• इन्हें वर्ष 1991 में निकी हार्ट के एल्बम प्लैनेट ड्रम के लिए सर्वश्रेष्ठ संगीत एल्बम का ग्रैमी पुरस्कार प्रदान किया गया।
• भारत सरकार ने वर्ष 2002 में इन्हें पद्मश्री पुरस्कार से सम्मानित किया।

419. भाँगड़ा और गिद्दा नृत्य शैलियाँ किस भारतीय राज्य से सम्बन्धित हैं? SSC MTS Tier-1 21.10.2024 (Shift-II)

(a) पंजाब (b) गुजरात
(c) ओडिशा (d) महाराष्ट्र

उत्तर (a)

• भाँगड़ा और गिद्दा नृत्य शैलियाँ पंजाब राज्य से सम्बन्धित हैं।
• भाँगड़ा, पुरुषों द्वारा किया जाने वाला नृत्य है, जबकि गिद्दा महिलाओं द्वारा किया जाने वाला नृत्य है।

420. निम्नलिखित में से कौन 'प्रार्थना सभा' से सम्बद्ध नहीं थे? SSC MTS Tier-1 16.10.2024 (Shift-II)

(a) आत्माराम पाण्डुरंग (b) महात्मा गाँधी
(c) आर.जी. भण्डारकर (d) गोविन्द रानाडे

उत्तर (b)

• महात्मा गाँधी 'प्रार्थना सभा' से सम्बद्ध नहीं थे।
• प्रार्थना सभा की स्थापना आत्माराम पाण्डुरंग तथा जस्टिस महादेव गोविन्द रानाडे ने 1867 ई. में बम्बई में की थी।
• आर.जी भण्डारकर व एन.जी. चन्द्रावरकर भी प्रार्थना समाज के अन्य प्रमुख नेता थे।
• प्रार्थना समाज **परमहंस सभा** का ही पुनर्गठन था।
• प्रार्थना (उपासना) व समाज सुधार प्रार्थना समाज के दो मुख्य अंग थे।

421. निम्न में से किस लोकनृत्य की उत्पत्ति महाराष्ट्र में हुई है? SSC MTS Tier-1 18.10.2024 (Shift-II)

(a) लावणी (b) बिहु (c) डाण्डिया (d) गरबा

उत्तर (a)

• लावणी लोकनृत्य की उत्पत्ति **महाराष्ट्र** में हुई है।
• लेजिम, धनगारीगाजा, गोंधल, कोली और तमाशा महाराष्ट्र के प्रमुख लोकनृत्य हैं।
• **बिहु लोकनृत्य** का सम्बन्ध असम राज्य से है।
• डाण्डिया और गरबा लोकनृत्य का सम्बन्ध गुजरात राज्य से है।

422. 'बयालता' निम्नलिखित में से किस भारतीय राज्य का प्रसिद्ध लोकनृत्य है? SSC MTS Tier-1 17.10.2024 (Shift-II)

(a) हिमाचल प्रदेश (b) कर्नाटक
(c) बिहार (d) पंजाब

उत्तर (b)

• बयालता (Bayalata) **कर्नाटक** राज्य का प्रसिद्ध लोकनृत्य है।
• **यक्षगान**, डोलू कुनिया, गोरवारा कुनिता, कर्गा, पिलिवेथा इत्यादि कर्नाटक के प्रमुख नृत्य हैं।
• नाटी, खरैती, चोलम्बा हिमाचल प्रदेश के प्रमुख लोकनृत्य हैं।
• झिझिया, कजरी, जट-जटिन, बिदेसिया, फगुआ, पनवारिया बिहार के प्रमुख लोकनृत्य हैं।
• भांगड़ा और गिद्दा पंजाब के प्रमुख लोकनृत्य हैं।

423. निम्नलिखित में से किस महीने में ओडिशा में कोणार्क नृत्य उत्सव आयोजित किया जाता है? SSC MTS Tier-1 17.10.2024 (Shift-II)

(a) दिसम्बर (b) मार्च
(c) जनवरी (d) जून

उत्तर (a)

• **दिसम्बर** (1 से 5 दिसम्बर) महीने में ओडिशा राज्य में कोणार्क नृत्य उत्सव आयोजित किया जाता है।
• इस महोत्सव का उद्देश्य सूर्य मन्दिर को गौरवान्वित करना और नृत्य कला को प्रसिद्ध बनाना है।
• इस महोत्सव की शुरुआत वर्ष 1986 में अन्तर्राष्ट्रीय स्तर पर प्रसिद्ध ओडिसी नृत्य गुरु **पद्मश्री गंगाधर** प्रधान द्वारा की गई थी।
• कोणार्क के सूर्य मन्दिर को वर्ष 1984 में यूनेस्को द्वारा विश्व विरासत स्थल का दर्जा दिया गया था।

424. 'गौर माड़िया नृत्य, निम्नलिखित में से किस राज्य में किया जाता है? SSC MTS Tier-1 16.10.2024 (Shift-II)

(a) तेलंगाना (b) छत्तीसगढ़
(c) राजस्थान (d) गुजरात

उत्तर (b)

• **गौर माड़िया** नृत्य छत्तीसगढ़ राज्य में किया जाता है।
• यह नृत्य बाइसन **गौर माड़िया जनजाति** का एक महत्त्वपूर्ण अनुष्ठानिक नृत्य है।
• इस नृत्य में ढोल, मांदर और झांझ जैसे पारम्परिक वाद्ययन्त्रों का प्रयोग किया जाता है।
• इस नृत्य में कलाकार रंग बिरंगे कपड़े तथा मोतियों, पंखों और सीपियों से बने आभूषण पहनते हैं।

425. चिट्टी बाबू निम्नलिखित में से किस संगीत वाद्ययन्त्र के प्रसिद्ध वादक हैं? SSC MTS Tier-1 15.10.2024 (Shift-I)

(a) सारंगी (b) मृदंग
(c) वीणा (d) नादस्वरम

उत्तर (c)

• चिट्टी बाबू संगीत वाद्ययन्त्र वीणा के प्रसिद्ध वादक हैं।
• चिट्टी बाबू दक्षिण भारत की कर्नाटक संगीत शैली से सम्बन्धित है।
• भारत के अन्य प्रमुख वीणावादक जयन्ती कुमारेश, असद अली खान, ई. गायत्री, एस. बालचन्दर हैं।

426. निम्नलिखित में से कौन ओडिशा के/की नृत्य गुरु हैं, जिन्हें ओडिसी नृत्य शैली को पुनर्जीवित करने का श्रेय दिया जाता है? SSC MTS Tier-1 15.10.2024 (Shift-I)

(a) सुजाता महापात्रा
(b) वैजयन्ती माला
(c) केलुचरण महापात्रा
(d) बिरंजू महाराज

उत्तर (c)

• केलुचरण महापात्रा ओडिशा के नृत्य गुरु हैं, जिन्हें **ओडिसी नृत्य शैली** को पुनर्जीवित करने का श्रेय दिया जाता है।
• ओडिसी नृत्य, ओडिशा का शास्त्रीय नृत्य है।
• इन्होंने कथक और सूफी कविता जैसे अन्य नृत्य रूपों और संस्कृतियों के तत्त्वों को भी अपने नृत्य में शामिल किया।

• इन्हें वर्ष 1972 में पद्मश्री, वर्ष 1966 में संगीत नाटक अकादमी, पद्म भूषण पुरस्कार वर्ष 1989 में तथा वर्ष 2000 में पद्म विभूषण पुरस्कार से सम्मानित किया गया।

427. सोनल मानसिंह निम्नलिखित में से किस नृत्य शैली की प्रसिद्ध कलाकार हैं?
SSC MTS Tier-1 14.10.2024 (Shift-I)
(a) मोहिनीअट्टम (b) मणिपुरी
(c) ओडिसी (d) कथक

उत्तर (c)
• सोनल मानसिंह **ओडिशा नृत्य शैली** की प्रसिद्ध कलाकार हैं।
• इन्होंने कटक (ओडिशा) में ओडिसी गुरु केलुचरण महापात्र से प्रशिक्षण लिया था।
• इन्हें शास्त्रीय नृत्य को बढ़ावा देने के लिए वर्ष 1992 में पदम भूषण तथा वर्ष 2003 में पद्म विभूषण से सम्मानित किया गया।
• इन्हें वर्ष 1987 में **संगीत नाटक अकादमी पुरस्कार** भी दिया गया।

428. संगीत नाटक अकादमी पुरस्कार विजेता अनीता शर्मा ……… नृत्य शैली की प्रतिपादक हैं।
SSC MTS Tier-1 14.10.2024 (Shift-I)
(a) सत्रीया (b) मोहिनीअट्टम
(c) कथकली (d) ओडिसी

उत्तर (a)
• संगीत नाटक अकादमी पुरस्कार 2014 में विजेता **अनीता शर्मा सत्रीया** नृत्य शैली की प्रतिपादक हैं।
• इन्होंने पद्मश्री नृत्याचार्य जतिन गोस्वामी से सत्रीया नृत्य का प्रशिक्षण लिया था।
• उन्हें देवदासी पुरस्कार, नृत्य विदुषी सम्मान और भ्रातृकला रक्षिणी आदि से सम्मानित किया गया है।

429. 1974 में, शास्त्रीय गायिका नैना देवी को निम्नलिखित में से किस गायन शैली में उनके योगदान के लिए पद्मश्री से सम्मानित किया गया था? SSC MTS Tier-1 09.10.2024 (Shift-I)
(a) कजरी (b) ठुमरी
(c) टप्पा (d) दादरा

उत्तर (b)
• वर्ष 1974 में शास्त्रीय गायिका नैना देवी को **ठुमरी गायन शैली** में योगदान के लिए पद्मश्री से सम्मानित किया गया था।
• ठुमरी, भारतीय शास्त्रीय संगीत की एक गायन शैली है। इसमें भाव, रंग और रस की प्रधानता होती है।
• नैना देवी रामपुर-सहसवान घराने के प्रसिद्ध शास्त्रीय गायक मुश्ताक हुसैन खान की शिष्या थीं।
• इनका जन्म 27 सितम्बर, 1917, कोलकाता में हुआ था।

430. भारत में ……… नृत्य शैली के कुछ प्रसिद्ध कलाकारों में रोशन कुमारी, शोवना नारायण, माया राव और कुमुदिनी लाखिया शामिल हैं।
SSC MTS Tier-1 09.10.2024 (Shift-I)
(a) ओडिसी (b) मणिपुरी
(c) कथक (d) छऊ

उत्तर (c)
• भारत में **कथक नृत्य** शैली के कुछ प्रसिद्ध कलाकारों में रोशन कुमारी, शोवना नारायण, माया राव और कुमुदिनी लाखिया शामिल हैं।
• कथक नृत्य उत्तर प्रदेश का शास्त्रीय नृत्य है।
• इसमें सामान्यत: एकल कथाकार या नर्तक छन्दों का पाठ करना तथा शारीरिक गतिविधियों का प्रदर्शन करना शामिल है।
• कथक नृत्य में पण्डित बिरजू महाराज की अग्रणी भूमिका थी।

431. 'कर्नाटक संगीत पितामह (Karnataka Sangeeta Pitamaha)' के रूप में किसे सम्मानित किया गया है? SSC MTS Tier-1 08.10.2024 (Shift-I)
(a) विजय दास (b) गोपाल दास
(c) पुरन्दर दास (d) जगन्नाथ दास

उत्तर (c)
• कर्नाटक संगीत पितामह के रूप में **पुरन्दर दास** को सम्मानित किया गया है।

432. निम्नलिखित में से कौन भरतनाट्यम का प्रसिद्ध उन्नायक (proponent) है/थे?
SSC MTS Tier-1 08.10.2024 (Shift-I)
(a) कलावती देवी
(b) कुमकुम मोहन्ती
(c) रुक्मिणी देवी अरुण्डेल
(d) सुनन्दा नायर

उत्तर (c)
• **रुक्मिणी देवी** अरुण्डेल भरतनाट्यम का प्रसिद्ध उन्नायक है।
• वह पहली महिला थी, जिन्हें भारतीय संसद के ऊपरी सदन (राज्यसभा) के सदस्य के रूप में मनोनीत किया गया था।

433. कलामण्डलम कृष्णन नायर भारत की निम्नलिखित में से किस शास्त्रीय नृत्य शैली में एक जानी-मानी हस्ती थे?
SSC MTS Tier-1 07.10.2024 (Shift-I)
(a) भरतनाट्यम (b) मोहिनीअट्टम
(c) कथकली (d) कुचिपुड़ी

उत्तर (c)
• **कलामण्डलम कृष्णन नायर** भारतीय शास्त्रीय नृत्य **कथकली** से सम्बन्धित एक जानी-मानी हस्ती थे।
• कथकली भारत के केरल का एक शास्त्रीय नृत्य है, जो अपनी विस्तृत वेशभूषा, शृंगार और हाव-भाव के लिए जाना जाता है।
• इन्हें पद्मश्री (1970), संगीत नाटक अकादमी पुरस्कार (1967), केरल संगीत नाटक अकादमी पुरस्कार (1969) प्रदान किया।
• इनका निधन भारतीय स्वतन्त्रता दिवस 15 अगस्त, 1990 को 76 वर्ष की आयु में हुआ था।

434. पण्डित अरविन्द थत्ते निम्नलिखित में से किस घराने से सम्बन्धित हैं?
SSC MTS Tier-1 07.10.2024 (Shift-I)
(a) इंदौर घराना (b) आगरा घराना
(c) मेवाती घराना (d) बनारस घराना

उत्तर (c)
• पण्डित अरविन्द थत्ते **मेवाती घराने** से सम्बन्धित हैं।
• ये एक भारतीय हारमोनियम वादक और एक प्रतिष्ठित संगीतकार और एकल वादक हैं।
• उन्होंने वर्ष 1982 में ऑल इण्डिया रेडियो हारमोनियम एकल प्रतियोगिता में प्रथम स्थान प्राप्त किया और वर्ष 1993 में भारतीय शास्त्रीय संगीत में उनके योगदान के लिए सोलापुर के श्रीराम पुजारी फाउण्डेशन द्वारा प्रायोजित पहला कुमार **गन्धर्व पुरस्कार** प्रदान किया गया।

435. ……… भारतीय लोक और आदिवासी नृत्य के साथ संयुक्त करके भारतीय शास्त्रीय नृत्य में यूरोपीय नाट्य तकनीकों को अपनाकर मिश्रित कला बनाने के लिए प्रसिद्ध थे।
SSC MTS Tier-1 07.10.2024 (Shift-I)
(a) गुरु बिपिन सिंह (b) बिरजू महाराज
(c) केलुचरण महापात्र (d) उदय शंकर

उत्तर (d)
• **उदय शंकर** भारतीय लोक और आदिवासी नृत्य के साथ संयुक्त करके भारतीय शास्त्रीय नृत्य में यूरोपीय नाट्य तकनीकों को अपनाकर मिश्रित कला बनाने के लिए प्रसिद्ध थे।
• ये भारत में आधुनिक नृत्य के जन्मदाता और एक विश्व प्रसिद्ध नर्तक एवं नृत्य निर्देशक थे।
• इस कार्य के लिए भारत सरकार ने वर्ष 1962 में इन्हें संगीत नाटक अकादमी, 1971 में पद्म विभूषण पुरस्कार प्रदान किया था।

436. कौन-सी संगीत जोड़ी बनारस घराने की ख्याल गायन वंशावली का हिस्सा है?
SSC MTS Tier-1 01.10.2024 (Shift-I)
(a) सुभान कासिम और सुभान बाब
(b) संध्या और प्रसून बनर्जी
(c) राजन और साजन मिश्रा
(d) सलामत अली और नजाकत अली खान

उत्तर (c)
• **राजन और साजन मिश्रा** संगीत जोड़ी बनारस घराने की ख्याल गायन वंशावली का हिस्सा है।
• बनारस घराने की ख्याल गायन शैली की स्थापना **पण्डित गोपाल मिश्रा** ने की थी।
• बनारस घराने की गायकी में चतुरंग और त्रिवट की भी कई रचनाएँ मिलती हैं।
• पण्डित राजन और साजन मिश्रा को वर्ष 2007 **में पद्म भूषण** और वर्ष **1998 संगीत नाटक अकादमी पुरस्कार** से सम्मानित किया गया था।

437. गोवा का निम्नलिखित में से कौन-सा नृत्य पुर्तगालियों पर मराठा योद्धाओं की जीत का जश्न मनाने के लिए किया जाता है?
SSC MTS Tier-1 01.10.2024 (Shift-I)
(a) घोडेमोदनी (b) मोरुलेम
(c) जेम्मादो (d) गौफ

उत्तर (a)
• गोवा का **घोड़ेमोदनी** नृत्य पुर्तगालियों पर मराठा योद्धाओं की जीत का जश्न मनाने के लिए किया जाता है।
• इस नृत्य में, **घुड़सवारी** और **मार्शल आर्ट** का शानदार प्रदर्शन होता है।

• यह नृत्य पुरुष और महिला दोनों करते हैं।
• यह एक पारम्परिक नृत्य है, जो वार्षिक बसंत उत्सव **शिग्मों उत्सव** के दौरान किया जाता है।

438. इंदौर घराने की स्थापना निम्नलिखित में से किसने की? **SSC MTS Tier-1 30.09.2024 (Shift-I)**
(a) उस्ताद अमीर खान (b) उस्ताद घघे खुदाबख्श
(c) तानसेन (d) भीमसेन जोशी

उत्तर (a)
• इंदौर घराने की स्थापना **उस्ताद अमीर खान** ने की थी।
• उस्ताद अमीर खान हिन्दुस्तानी शास्त्रीय परम्परा के सबसे महान और प्रभावशाली गायकों में से एक थे।
• इनको कला के क्षेत्र में वर्ष 1971 में **पद्म भूषण** से सम्मानित किया था।

SSC MTS 2023 (Tier 1 & 2)

439. अगस्त, 2021 तक भारत में कितनी शास्त्रीय नृत्य शैलियाँ संगीत नाटक अकादमी द्वारा आधिकारिक तौर पर मान्यता प्राप्त थी? **SSC MTS Tier-1 06.09.2023 (Shift-I)**
(a) 8 (b) 6 (c) 9 (d) 7

उत्तर (a)
• अगस्त, 2021 तक कुल 8 शास्त्रीय नृत्य को दर्जा प्राप्त था।
• ये कथक, भरतनाट्यम, कथकली, मणिपुरी, ओडिसी, कुचिपुड़ी, सत्रीया एवं मोहिनीअट्टम हैं।
• शास्त्रीय नृत्यों में ताण्डव (शिव) और लास्य (पार्वती) दो प्रकार के भाव परिलक्षित होते हैं।

440. शास्त्रीय नृत्य के राष्ट्रीय पुरस्कार को ······ कहा जाता है। **SSC MTS 05.09.2023 (Shift-II)**
(a) शास्त्रीय सम्मान
(b) अभिनन्दन सरोजा पुरस्कार
(c) भारतीय पुरस्कार
(d) जातीय नृत्य सम्मान

उत्तर (b)
• **अभिनन्दन सरोजा पुरस्कार** प्रख्यात नर्तकों को उनके नृत्यकला प्रदर्शन और **भारत के पारम्परिक शास्त्रीय नृत्य रूपों के संरक्षण में** योगदान के लिए दिया जाने वाला एक राष्ट्रीय पुरस्कार है।
• प्रसिद्ध कुचिपुड़ी भारतनाट्य **नृत्यांगना अपर्णा सतीसन** को वर्ष 2021 में भारतीय शास्त्रीय नृत्य के राष्ट्रीय संस्थान द्वारा प्रतिष्ठित अभिनन्दन **सरोजा राष्ट्रीय पुरस्कार** से सम्मानित किया गया।
• यह पुरस्कार सरोजा वैद्यनाथ के जन्मदिन पर शुरू किया गया था।

441. झारखण्ड का पाइका नृत्य सामान्यत: ········· जनजाति द्वारा विशेष सम्मानित अतिथियों के स्वागत के लिए या धार्मिक जुलूस (शोभा यात्रा) के दौरान किया जाता है। **SSC MTS 05.09.2023 (Shift-II)**
(a) सन्थाल (b) ओराव (c) भूमिज (d) मुण्डा

उत्तर (d)
• झारखण्ड का **पाइका नृत्य** सामान्यत: मुण्डा जनजाति द्वारा विशेष सम्मानित अतिथियों के स्वागत के लिए या धार्मिक जुलूस (शोभा यात्रा) के दौरान किया जाता है।
• **मुण्डा जनजाति** पाइका **सैनिकों का एक समूह** था, जिन्होंने साम्राज्य की सुरक्षा के लिए अपने प्राणों की आहुति दी थी।
• यह नृत्य केवल पुरुषों द्वारा किया जाता है।

442. नटवरी नृत्य किस नृत्यशैली से सम्बन्धित है? **SSC MTS 04.09.2023 (Shift-II)**
(a) कथकली (b) कथक
(c) कुचिपुड़ी (d) ओडिसी

उत्तर (b)
• नटवरी नृत्य **कथक** नृत्य शैली से सम्बन्धित है। इसे **कृष्ण के नृत्य** के रूप में भी जाना जाता है।
• यह पूर्वांचल क्षेत्र का एक नृत्य है। इसकी उत्पत्ति 7वीं शताब्दी ईसवी के दौरान उत्तरी भारत में हुई थी।
• इस नृत्य को 1960 के दशक में कथक **नृत्यांगना उमा शर्मा** ने पुनर्जीवित किया था।

443. पण्डित रविशंकर निम्नलिखित में से किस संगीत वाद्ययन्त्र को बजाने के लिए दुनिया भर में जाने जाते हैं? **SSC MTS 04.09.2023 (Shift-II)** **SSC GD 04.09.2023 (Shift-IV)**
(a) सितार (b) सरोद
(c) मोहन वीणा (d) बीन

उत्तर (a)
• पण्डित रविशंकर 20वीं शताब्दी के उत्तरार्द्ध में उत्तर भारतीय शास्त्रीय संगीत में दुनिया के सबसे प्रसिद्ध **सितारवादक** बन गए।
• इन्होंने भारतीय शास्त्रीय संगीत की शिक्षा **उस्ताद अल्लाउद्दीन खाँ** से प्राप्त की थी।

444. निम्नलिखित में से किस भारतीय संगीतकार का सम्बन्ध तबले से है? **SSC MTS 14.09.2023 (Shift-I)**
(a) जाकिर हुसैन
(b) पण्डित रविशंकर
(c) इलैया राजा
(d) उस्ताद बिस्मिल्लाह खान

उत्तर (a)
• **तबला वादक जाकिर हुसैन** का जन्म वर्ष 1951 को **मुम्बई** में हुआ था।
• उस्ताद जाकिर हुसैन द्वारा वर्ष 1973 में अपना पहला एल्बम **लिविंग इन द मैटेरियल वर्ल्ड** लॉन्च किया गया।
• इन्हें वर्ष 2002 में **पद्म भूषण** तथा वर्ष 2009 में **ग्रैमी अवॉर्ड** प्राप्त हुआ था तथा 22 मार्च, 2023 में पद्म विभूषण से सम्मानित किया गया।
• दिसम्बर, 2024 में सैनफ्रांसिस्को, यू.एस.ए. में इनकी मृत्यु हो गई।

445. एन. राजन कौन-से संगीत वाद्ययन्त्र की वादक हैं? **SSC MTS Tier-1 14.09.2023 (Shift-I)**
(a) सन्तूर (b) गिटार (c) सितार (d) वायलिन

उत्तर (d)
• **वायलिन वादक** एन. राजन का जन्म चेन्नई में हुआ था। इनके पिता कर्नाटक संगीत के प्रसिद्ध वादक थे।
• श्रीमती एन. राजन को वर्ष 2004 में कला के क्षेत्र में उनके योगदान के लिए पद्म भूषण पुरस्कार से सम्मानित किया गया था।

446. यक्षगान एक लोकनृत्य है, जो ······ राज्य से सम्बन्धित है। **SSC MTS Tier-1 01.09.2023 (Shift-I)**
(a) केरल (b) हरियाणा
(c) राजस्थान (d) कर्नाटक

उत्तर (d) यक्षगान एक कर्नाटक का लोकप्रिय नृत्य है।
• इस नृत्य शैली में नृत्य, संगीत, संवाद, पोशाक आदि प्रमुखता से पाया जाता है, जिसकी प्रस्तुति **संध्या काल से सूर्योदय तक** होती है।
• यह कला **आट** अथवा **बलयाट** नाम से भी जानी जाती है।

447. निम्नलिखित में से कौन एक विश्व प्रसिद्ध 'सितार' वादक हैं? **SSC MTS Tier-1 01.09.2023 (Shift-III)**
(a) उस्ताद शफात अहमद खान
(b) राजरतनम पिल्लई
(c) पण्डित रविशंकर
(d) अली अहमद हुसैन

उत्तर (c)
• **सितारवादक पण्डित रविशंकर** जोकि एक विश्व प्रसिद्ध सितारवादक हैं, को वर्ष 1999 में सर्वोच्च नागरिक सम्मान भारत रत्न से सम्मानित किया जा चुका है।
• पण्डित रविशंकर वैश्विक संगीतज्ञ श्रेणी में शामिल हैं।
• पण्डित रविशंकर को प्राप्त **सम्मान** एवं **पुरस्कार** निम्नलिखित हैं
- पद्म विभूषण (1981)
- पद्म भूषण (1967)
- संगीत नाटक अकादमी पुरस्कार (1962)
- संगीत नाटक अकादमी फैलोशिप (1975)
- कालिदास सम्मान (1987-88)

448. छऊ भारत की एक प्रमुख नृत्य परम्परा है। निम्नलिखित में से किस भारतीय राज्य में यह नृत्य शैली प्रचलित नहीं है? **SSC MTS 03.09.2023 (Shift-I)**
(a) झारखण्ड (b) पश्चिम बंगाल
(c) मध्य प्रदेश (d) ओडिशा

उत्तर (c)
• **मध्य प्रदेश** में छऊ नृत्य शैली प्रचलित नहीं है।
• छऊ नृत्य भारत में जनजातीय नृत्य का एक लोकप्रिय रूप है, जो एक मार्शल आर्ट है।
• यह नृत्य **पश्चिम बंगाल, ओडिशा** तथा **झारखण्ड** राज्य में प्रचलित है।
• यह नृत्य मुख्यत: क्षेत्रीय त्योहारों के अवसर पर किया जाता है।

449. निम्नलिखित में से किस भारतीय शास्त्रीय नर्तक/नर्तकी को भरतनाट्यम और ओडिसी दोनों नृत्य शैलियों में निपुणता हासिल है? **SSC MTS 13.09.2023 (Shift-I)**
(a) पद्मा सुब्रह्मण्यम (b) शोवना नारायण
(c) सोनल मानसिंह (d) गुरु बिपिन सिंह

उत्तर (c)
• भारतीय शास्त्रीय नर्तकी सोनल मानसिंह को भरतनाट्यम और ओडिसी दोनों नृत्य शैलियों में निपुणता हासिल है।

• **सोनल मानसिंह** को भारत सरकार द्वारा वर्ष 1992 में **पद्म भूषण** से सम्मानित किया गया।
• सोनल मानसिंह का सम्बन्ध **दिल्ली** से है।

450. वर्ष 1975 में रिलीज हुई प्रसिद्ध फिल्म 'शोले' के संगीत निर्देशक कौन थे?
(a) मदनमोहन (b) जतिन-ललित
(c) आर. डी. बर्मन (d) नदीम-श्रवण

उत्तर (c)
• वर्ष 1975 में रिलीज हुई प्रसिद्ध फिल्म 'शोले' के संगीत निर्देशक **आर. डी. बर्मन** थे।
• राहुल देव वर्मन हिन्दी फिल्मों के एक प्रसिद्ध संगीतकार थे। इन्हें 'पंचम दा' के नाम से जाना जाता है।
• शोले फिल्म का निर्देशन **रमेश सिप्पी** ने किया था।

451. निम्नलिखित में से कौन एक प्रसिद्ध कथक नर्तक/नर्तकी हैं, जो पण्डित बिरजू महाराज के शिष्य/शिष्या और भारतीय लेखा परीक्षा और लेखा सेवाओं (Indian Audit and Accounts Services) में एक अधिकारी के रूप में भी काम कर चुके हैं/चुकी हैं?
SSC MTS Tier-1 11.09.2023 (Shift-I)
(a) शोवना नारायण (b) पद्मा सुब्रह्मण्यम
(c) सोलन मानसिंह (d) गुरु बिपिन सिंह

उत्तर (a)
• प्रसिद्ध कथक नर्तकी **शोवना नारायण** है, जो पण्डित बिरजू महाराज की शिष्या और भारतीय लेखा परीक्षा और लेखा सेवाओं (Indian Audit and Accounts Services) में एक अधिकारी के रूप में भी काम कर चुकी हैं।
• इन्हें प्राप्त पुरस्कार और सम्मान निम्नलिखित हैं
- बिहार गौरव पुरस्कार (1985)
- पद्मश्री (1992)
- दादाभाई नौरोजी पुरस्कार (1993)
- संगीत नाटक अकादमी पुरस्कार (1999-2000)

452. भरतनाट्यम की शास्त्रीय नृत्यशैली ········ राज्य में सम्बन्धित है। **SSC MTS 11.09.2023 (Shift-I)**
(a) तमिलनाडु (b) असम
(c) कर्नाटक (d) राजस्थान

उत्तर (a)
• **तमिलनाडु** का भरतनाट्यम नृत्य सबसे पुराना भारतीय शास्त्रीय नृत्य है।
• प्राचीन तमिल महाकाव्य **शिलप्पादिकारम** में भरतनाट्यम का वर्णन है।
• इसका जनक **भरतमुनि** को माना जाता है।
• इस नृत्य को तमिलनाडु में **देवदासियों द्वारा विकसित व प्रसारित** किया गया था।
• यह नृत्य शरीर के अंगों से उत्पन्न होता है, इसमें रस, भाव और काल्पनिक अभिव्यक्ति आवश्यक है।

453. निम्नलिखित में से उस भारतीय गायक/गायिका की पहचान कीजिए, जिसने भारत के पहले प्रधानमन्त्री पण्डित जवाहरलाल नेहरू के सामने 'ऐ मेरे वतन के लोगों जरा आँख में भर लो पानी' गाना गाया था।
SSC MTS Tier-1 11.09.2023 (Shift-I)
(a) आशा भोंसले (b) मुकेश
(c) लता मंगेशकर (d) मोहम्मद रफ़ी

उत्तर (c)
• भारत के पहले प्रधानमन्त्री पण्डित जवाहरलाल नेहरू के सामने लता मंगेशकर ने 'ऐ मेरे वतन के लोगों जरा आँख में भर लो पानी' गाना गाया था।
• लता मंगेशकर को वर्ष 2001 में **भारत रत्न** सम्मान मिला था।

454. ········ कथक नृत्य शैली की एक महान नर्तकी थीं, जिन्हें रवीन्द्रनाथ टैगोर ने 'नृत्य साम्राज्ञी (नृत्य की महारानी) के रूप में वर्णित किया था।
(a) सितारा देवी **SSC MTS 08.09.2023 (Shift-II)**
(b) मल्लिका साराभाई
(c) रुक्मिणी देवी अरुण्डेल
(d) मृणालिनी साराभाई

उत्तर (a)
• **सितारा देवी** कथक नृत्य शैली की एक महान नर्तकी थी, जिनका जन्म 8 नवम्बर, 1920 को कलकत्ता में हुआ था। इन्हें रवीन्द्रनाथ टैगोर ने कथक नृत्य शैली में 'नृत्य साम्रज्ञी के रूप में वर्णित किया है।
• इन्हें वर्ष 1959 में **संगीत नाटक अकादमी सम्मान** और 1975 में **पद्मश्री सम्मान** प्रदान किया गया है।
• इनकी मृत्यु 25 नवम्बर, 2014 को मुम्बई में हुई थी।

SSC MTS 2022

455. निम्नलिखित में से कौन एक प्रसिद्ध भारतीय पार्श्व गायक के साथ-साथ एक अभिनेता भी थे? **SSC MTS 14.07.2022 (Shift-I)**
(a) किशोर कुमार (b) प्रणब मुखर्जी
(c) काशीनाथ घाणेकर (d) सुनील छेत्री

उत्तर (a)
• **किशोर कुमार** एक प्रसिद्ध भारतीय पार्श्व गायक के साथ-साथ एक अभिनेता भी थे, जिनका जन्म वर्ष 1929 को **खण्डवा मध्य प्रदेश** में हुआ था।
• किशोर कुमार को मध्य प्रदेश सरकार द्वारा **लता मंगेशकर पुरस्कार** से सम्मानित किया गया था।

456. बागुरुम्बा, किस भारतीय राज्य का लोकनृत्य है? **SSC MTS 14.07.2022 (Shift-I)**
(a) गोवा (b) असम
(c) हरियाणा (d) कर्नाटक

उत्तर (b)
• **असम** का बागुरुम्बा नृत्य **बोडो जनजाति** द्वारा किया जाता है।
• यह एक पारम्परिक नृत्य है, जो एक पीढ़ी से दूसरी पीढ़ी को हस्तान्तरित होता है।
• बोडो महिलाएँ अपने रंगीन पारम्परिक पोशाक दोखना, ज्वमग्रा और अटोनई पहनकर यह नृत्य करती हैं।

457. कलामण्डलम कल्याणिकुट्टी अम्मा किस शास्त्रीय नृत्य के लिए जानी जाती हैं?
SSC MTS 14.07.2022 (Shift-I)
SSC Steno Tier-1 11.12.2024 (Shift-I)
(a) मोहिनीअट्टम (b) ओडिसी
(c) कुचिपुड़ी (d) मणिपुरी

उत्तर (a)
• कलामण्डलम कल्याणिकुट्टी अम्मा (वर्ष 1915-1999) दक्षिणी भारत के **मोहिनीअट्टम** नृत्य से सम्बन्धित थीं।
• अम्मा को **केरल संगीत नाटक अकादमी पुरस्कार** और **केन्द्रीय संगीत नाटक अकादमी पुरस्कार** से सम्मानित किया गया है।
• 12 मई, 1999 को त्रिपुनिथुरा (केरल) में 84 वर्ष की आयु में उनका निधन हो गया।

458. एलेलाक्कराडी (Elelakkaradi) किस भारतीय राज्य का आदिवासी नृत्य है?
SSC MTS 11.07.2022 (Shift-I)
(a) केरल (b) गोवा
(c) झारखण्ड (d) राजस्थान

उत्तर (a)
• एलेलाक्कराडी नृत्य **केरल के जनजाति समुदायों** द्वारा मनाया जाने वाला एक पारम्परिक त्योहार है।
• इस त्योहार में जनजातियों पर हमला करने वाले भालुओं और उनसे संघर्ष की कहानी को प्रदर्शित किया जाता है।
• इस नृत्य का मंचन मुख्यत: **केरल के पलक्कड जिले** में होता है।

459. प्रसिद्ध बॉलीवुड गीत 'चन्ना मेरेया' निम्नलिखित में से किसने गाया है?
SSC MTS Tier-1 11.07.2022 (Shift-I)
(a) श्रेया घोषाल (b) अरिजीत सिंह
(c) सुखबीर (d) नीति मोहन

उत्तर (b)
• 'चन्ना मेरेया' **अमिताभ भट्टाचार्य** एवं प्रीतम द्वारा रचित गाना है, जिसे अरिजीत सिंह ने गाया है।
• इन्हें इस गाने के लिए छठे फिल्मफेयर पुरस्कार से सम्मानित किया गया व सर्वश्रेष्ठ पुरुष गायक के रूप में चुना गया।

460. 'पोवाड़ा' नृत्य शैली का सम्बन्ध निम्नलिखित में से किस राज्य से है?
SSC MTS 02.11.2021 (Shift-III)
(a) महाराष्ट्र (b) पश्चिम बंगाल
(c) ओडिशा (d) बिहार

उत्तर (a)
• पोवाड़ा वीर रस पर आधारित **महाराष्ट्र** का लोक संगीत है।
• इसमें मुख्य रूप से शिवाजी की युद्ध वीरता का गायन है।
• इसका गायन करने वालों को मराठी भाषा में शाहीर कहा जाता था।
• भारत में इसकी शुरुआत 17वीं शताब्दी में हुई थी।

461. निम्नलिखित में से किस लोकगीत और नृत्य को वर्ष 2011 में मानवता की अमूर्त सांस्कृतिक विरासत की यूनेस्को प्रतिनिधि सूची में शामिल किया गया था? **SSC MTS 02.11.2021 (Shift-I)**
(a) कलबेलिया (b) चरी
(c) गेर (d) भवई

उत्तर (a)

• कलबेलिया नृत्य कलबेलिया समुदाय (राजस्थान) की पारम्परिक जीवनशैली की एक अभिव्यक्ति है।
• 'बीन' इस नृत्य विद्या का लोकप्रिय वाद्ययन्त्र है।

462. माण्डो (Mando) किस राज्य के लोकगीत का एक रूप है? SSC MTS 02.11.2021 (Shift-I)
(a) मणिपुर (b) बिहार
(c) राजस्थान (d) गोवा

उत्तर (d)
• **गोवा** के माण्डों लोकगीत में पुरुष और महिलाएँ गीतों के लिए नकली प्यार को दोहराते हैं, जो प्यार की इच्छा और अस्वीकृति को व्यक्त करते हैं।
• माण्डो को ईसाइयों द्वारा शादियों और दावतों जैसे पारिवारिक समारोहों में गाया जाता है।
• इस लोकगीत में गिटार, वायलिन व घुमोट ड्रम जैसे वाद्ययन्त्र का प्रयोग किया जाता है।

SSC Steno 2024 (Tier 1 & 2)

463. हिन्दुस्तानी शास्त्रीय गायक बड़े गुलाम अली खान निम्नलिखित में से किस घराने से सम्बन्धित थे? SSC Steno Tier-1 10.12.2024 (Shift-I)
(a) पटियाला (b) ग्वालियर
(c) आगरा (d) किराना

उत्तर (a)
• हिन्दुस्तानी शास्त्रीय गायक बड़े गुलाम अली खान पटियाला घराने से सम्बन्धित थे।
• इस घराने की स्थापना मूल रूप से मियाँ कल्लू ने की थी।
• अली बख्श खान और फतेह अली खान ने इस घराने को लोकप्रिय बनाया था।
• गुलाम अली खान और बरकत अली खान इस घराने के प्रसिद्ध गायक हैं।

464. निम्नलिखित में से कौन कर्नाटक संगीत के गायक हैं? SSC Steno Tier-1 10.12.2024 (Shift-I)
(a) एम. बालमुरलीकृष्ण
(b) अल्ला रक्खा
(c) रवि शंकर
(d) एल. सुब्रमण्यम

उत्तर (a)
• एम. बालमुरलीकृष्ण कर्नाटक संगीत के गायक हैं।
• ये बहुवाद्ययन्त्र-वादक और एक पार्श्वगायक भी हैं।
• कर्नाटक संगीत का जनक पुरन्दर दास को माना जाता है। पुरन्दर दास कृष्ण के भक्त थे।

465. तंजौर बालासरस्वती निम्नलिखित में से किस नृत्य शैली की एक नर्तकी थीं? SSC Steno Tier-1 10.12.2024 (Shift-I)
(a) कुचिपुड़ी (b) भरतनाट्यम्
(c) कथक (d) मोहिनीअट्टम्

उत्तर (b)
• **तंजौर बालासरस्वती** भरतनाट्यम नृत्य शैली की एक नर्तकी थीं।
• बालासरस्वती को वर्ष 1957 में पद्म भूषण तथा वर्ष 1977 में पद्म विभूषण से सम्मानित किया गया था।

466. डॉ. जयन्ती कुमारेश एक प्रसिद्ध .... वादक हैं। SSC Steno Tier-1 10.12.2024 (Shift-II)
(a) घटम (b) मृदंगम
(c) सरस्वती वीणा (d) हारमोनियम

उत्तर (c)
• डॉ. जयन्ती कुमारेश एक प्रसिद्ध सरस्वती वीणा वादक हैं।
• सरस्वती वीणा को विश्व के सबसे प्राचीन संगीत वाद्ययन्त्रों में से एक माना जाता है।

467. बिहार में मिथिला क्षेत्र के मछुआरों द्वारा निम्नलिखित में से कौन-सा लोकनृत्य किया जाता है? SSC Steno Tier-1 10.12.2024 (Shift-II)
(a) जिया (b) नृत्यकाली
(c) कर्मा (d) कमला

उत्तर (d)
• बिहार में मिथिला क्षेत्र के मछुआरों द्वारा कमला लोकनृत्य किया जाता है।
• मखाना एवं मछली व्यापार में मुनाफा होने तथा परिवार की खुशी के लिए आषाढ़ माह में मछुआरा समाज के लोगों द्वारा **कमला माई** की विशेष पूजा एवं नृत्य किया जाता है।

468. निम्नलिखित में से कौन एक प्रसिद्ध मोहिनीअट्टम नृत्यांगना हैं? SSC Steno Tier-1 10.12.2024 (Shift-II)
(a) सीमा किरमानी (b) मल्लिका साराभाई
(c) सुनन्दा नागर (d) सास्वती सेन

उत्तर (c)
• सुनन्दा नायर एक प्रसिद्ध मोहिनीअट्टम नृत्यांगना हैं।
• मोहिनीअट्टम, केरल का एक शास्त्रीय नृत्य है।
• इसका नाम भगवान विष्णु के स्त्री रूप 'मोहिनी' से लिया गया है।

469. निम्नलिखित संगीतकारों में से कौन कर्नाटक संगीत के संगीतकार हैं और जिन्हें घटम का देवता भी कहा जाता है? SSC Steno Tier-1 10.12.2024 (Shift-III)
(a) आर. वी. राघवन (b) टी. एच. विनायकराम
(c) राम नारायण (d) असद अली खान

उत्तर (b)
• **टी एच विनायकराम** कर्नाटक संगीत के संगीतकार हैं, जिन्हें घटम का देवता भी कहा जाता है।
• यह प्रसिद्ध भारतीय तबला वादक है।

470. संगीत नाटक अकादमी पुरस्कार से सम्मानित जतिन गोस्वामी एक प्रसिद्ध .... नर्तक हैं। SSC Steno Tier-1 10.12.2024 (Shift-III)
(a) कथक (b) मोहिनीअट्म
(c) सत्रिया (d) कथकली

उत्तर (c)
• संगीत नाटक अकादमी पुरस्कार से सम्मानित **जतिन गोस्वामी** एक प्रसिद्ध सत्रीया नर्तक हैं।
• वर्ष 2017 के खजुराहो नृत्य महोत्सव में इन्हें मध्य प्रदेश का सबसे प्रतिष्ठित सांस्कृतिक पुरस्कार (राष्ट्रीय कालिदास सम्मान) दिया गया।

471. यामिनी कृष्णमूर्ति निम्नलिखित में से किस नृत्य शैली की नृत्यांगना हैं? SSC Steno Tier-1 10.12.2024 (Shift-III)
(a) कुचिपुड़ी और भरतनाट्यम
(b) कुचिपुड़ी और कथक
(c) कुचिपुड़ी और मोहिनीअट्टम
(d) कुचिपुड़ी और ओडिसी

उत्तर (a)
• यामिनी कृष्णमूर्ति कुचिपुड़ी और भरतनाट्यम शैली की नृत्यांगना हैं।
• कुचिपुडी आन्ध्र प्रदेश का तथा भरतनाट्यम तमिलनाडु का शास्त्रीय नृत्य है।

472. कलामण्डलम कल्याणिकुट्टी अम्मा निम्नलिखित में से किस नृत्य शैली से सम्बन्धित हैं? SSC Steno Tier-1 11.12.2024 (Shift-I)
(a) कथक (b) भरतनाट्यम
(c) कुचिपुड़ी (d) मोहिनीअट्टम

उत्तर (d)
• कलामण्डलम कल्याणिकुट्टी अम्मा मोहिनीअट्टम नृत्य शैली से सम्बन्धित हैं।
• कल्याणिकुट्टी अम्मा का जन्म 1915 में केरल के मलप्पुरम जिले के थिरुनावाया में हुआ था।
• मोहिनीअट्टम एक भारतीय शास्त्रीय नृत्य शैली है, जो केरल राज्य में विकसित और लोकप्रिय हुई।
• कथक उत्तर भारत में, भरतनाट्यम तमिलनाडु में तथा कुचिपुड़ी नृत्य आन्ध्र प्रदेश में प्रसिद्ध है।

473. नाहिद सिद्दीकी .... शैली की प्रसिद्ध शास्त्रीय नृत्यांगना हैं। SSC Steno Tier-1 11.12.2024 (Shift-I)
(a) ओडिसी (b) भरतनाट्यम
(c) मणिपुरी (d) कथक

उत्तर (d)
• नाहिद सिद्दीकी कथक शैली की प्रसिद्ध शास्त्रीय नृत्यांगना हैं।
• सिद्दीकी प्रसिद्ध कथक नर्तक और नृत्य रचनाकार हैं।

474. पं. राम नारायण एक .... हैं। SSC Steno Tier-1 11.12.2024 (Shift-I)
(a) रुद्र वीणा वादक (b) मृदंगम वादक
(c) सरोद वादक (d) सारंगी वादक

उत्तर (d)
• पं. राम नारायण एक सारंगी वादक हैं।
• इन्होंने सारंगी वादक के रूप में अपना करियर वर्ष 1943 में ऑल इण्डिया रेडियो लाहौर से किया।

475. निम्नलिखित में से कौन एक हिन्दुस्तानी शास्त्रीय गायक हैं? SSC Steno Tier-1 11.12.2024 (Shift-I)
(a) जाकिर हुसैन (b) किशोरी अमोनकर
(c) टी. आर. महालिंगम (d) शिव कुमार शर्मा

उत्तर (b)
• किशोरी अमोनकर एक हिन्दुस्तानी शास्त्रीय गायिका हैं।
• किशोरी अमोनकर जयपुर घराने से सम्बन्धित हैं।
• इन्हें वर्ष 1987 में पद्म भूषण और 2002 में पद्म विभूषण से सम्मानित किया गया था।

476. गुरुवयूर दोराई एक ········ वादक हैं।
SSC Steno Tier-1 11.12.2024 (Shift-II)
(a) तबला (b) सारंगी
(c) मृदंगम (d) रुद्र वीणा

उत्तर (c)

- गुरुवयूर दोराई एक मृदंगम वादक हैं।
- यह दक्षिण भारतीय शास्त्रीय तालवादक मृदंगम के सबसे वरिष्ठ प्रतिपादकों में से एक हैं।
- नादब्रह्मम संयुक्त ज्ञान अकादमी के द्वारा 21 जून, 2024 को गुरुवयूर दोराई को नाधा लय सिरोमणी की उपाधि से सम्मानित किया गया है।

477. निम्नलिखित में से कौन एक प्रसिद्ध सितार वादक हैं? SSC Steno Tier-1 11.12.2024 (Shift-II)
(a) बेगम अख्तर (b) इमरत खान
(c) असद अली खान (d) राशिद खान

उत्तर (b)

- इमरत खान एक प्रसिद्ध सितार वादक थे।
- इमरत खान के पिता इनायत खान अपने समय के मशहूर सितार वादक थे।
- इनका सम्बन्ध इटावा घराने से है।

478. ········ नृत्य आइकॉन माने जाने वाले वेदान्तम सत्यनारायण सरमा को 'स्त्री-वेशम' हॉल ऑफ फेम में एक प्रमुख स्थान प्राप्त है।
SSC Steno Tier-1 11.12.2024 (Shift-II)
(a) मोहिनीअट्टम (b) भरतनाट्यम
(c) कथक (d) कुचिपुड़ी

उत्तर (d)

- कुचिपुड़ी शास्त्रीय नृत्य के प्रमुख प्रतिपादकों में से एक वेदान्तम सत्यनारायण सरमा को 'स्त्री-वेशम' हॉल ऑफ फेम में एक प्रमुख स्थान प्राप्त है।
- इन्हें संगीत नाटक अकादमी फैलोशिप, संगीत नाटक अकादमी पुरस्कार और कालिदास सम्मान से सम्मानित किया गया है।

479. माधवी मुद्गल एक प्रसिद्ध ········ नृत्यांगना हैं।
SSC Steno Tier-1 11.12.2024 (Shift-II)
(a) मणिपुरी (b) ओडिसी
(c) कथक (d) भरतनाट्यम

उत्तर (b)

- माधवी मुद्गल एक प्रसिद्ध **ओडिसी** नृत्यांगना हैं।
- माधवी को वर्ष 1984 में संस्कृति पुरस्कार, 1990 में पद्मश्री पुरस्कार और वर्ष 2000 में ओडिशा राज्य संगीत नाटक अकादमी पुरस्कार से सम्मानित किया गया है।

481. कमला लक्ष्मी नारायणन को विश्व भर में......, जोकि एक दक्षिणी भारतीय शास्त्रीय नृत्य रूप है, जिसमें लयबद्ध कदमताल के साथ कलात्मक प्रस्तुति दी जाती है, की अग्रणी कलाकार के रूप में जाना जाता है।
SSC Steno Tier-1 11.12.2024 (Shift-III)
(a) भरतनाट्यम (b) कथक
(c) मोहिनीअट्टम (d) कुचिपुड़ी

उत्तर (a)

- कमला लक्ष्मी नारायणन को विश्व भर में भरतनाट्यम, जोकि दक्षिणी भारतीय शास्त्रीय नृत्य रूप है, जिसमें लयबद्ध कदमताल के साथ कलात्मक प्रस्तुति दी जाती है, की अग्रणी कलाकार के रूप में जाना जाता है। ये नृत्य की **वाअुवूर परम्परा** की एक प्रमुख कलकार है।

482. निम्नलिखित में से किसे मृदंगम वादक के रूप में जाना जाता है?
SSC Steno Tier-1 11.12.2024 (Shift-III)
(a) राम नारायण
(b) आर. वी. राघवन
(c) असद अली खान
(d) टी. एच. विनायकराम

उत्तर (b)

- आर. वी. राघवन को मृदंगम वादक के रूप में जाना जाता है। इन्होंने वर्ष 1970-1975 तक वेस्लेयन विश्वविद्यालय में 'आर्टिस्ट इन रेजिडेन्स इन म्यूजिक' के रूप में काम किया। इनका सम्बन्ध मदुरै तमिलनाडु से है।

SSC Steno 2023

483. निम्नलिखित में से कौन-सा नृत्य, महाराष्ट्र राज्य का लोकनृत्य है? Steno 13.10.2023 (Shift-I)
(a) गरबा (b) भाँगड़ा
(c) धनगरी गजा (d) घूमर

उत्तर (c)

- **धनगरी गजा** नृत्य महाराष्ट्र राज्य का लोकनृत्य है।
- यह नृत्य महाराष्ट्र के शोलापुर जिले के चरवाहों, भैंस पालकों और कम्बल बुनने वालों का है।
- चरवाहों और पशुपालन करने वाले पुरुषों को स्थानीय भाषा में 'धनगर' कहा जाता है। 'धनगर' शब्द दूसरे शब्द 'धेनु' से लिया गया है, जिसका अर्थ है– गाय।

484. निम्नलिखित में से किस संगीतकार को प्रसिद्ध बैण्ड 'द बीटल्स' के साथ कोलैबोरेट करने का श्रेय दिया जाता है? Steno 13.10.2023 (Shift-I)
(a) पण्डित रविशंकर
(b) पण्डित कुमार गन्धर्व
(c) पण्डित भीमसेन जोशी
(d) पण्डित शिव कुमार शर्मा

उत्तर (a)

- **पण्डित रविशंकर** को बैण्ड 'द बीटल्स' के साथ कोलैबोरेट करने का श्रेय दिया जाता है।
- माई लाइफ, माई म्यूजिक इनकी आत्मकथा है।
- पण्डित रविशंकर के गुरु उस्ताद अलाउद्दीन खान थे।
- इन्हें भारत सरकार द्वारा कला के क्षेत्र में 1967 में पद्मभूषण वर्ष 1981 में पद्मविभूषण, वर्ष 1999 में भारत रत्न से सम्मानित किया गया था।

485. निम्नलिखित में से कौन शास्त्रीय कर्नाटक संगीत के एक प्रतिपादक थे? Steno 13.10.2023 (Shift-I)
(a) उस्ताद बड़े गुलाम अली
(b) पण्डित भीमसेन जोशी
(c) डॉ. बालमुरलीकृष्ण
(d) अब्दुल करीम खान

उत्तर (c)

- **डॉ. बालमुरलीकृष्ण** शास्त्रीय कर्नाटक संगीत के एक प्रतिपादक थे।
- डॉ. बालमुरलीकृष्ण ने तेलुगू, संस्कृत और तमिल सहित विभिन्न भाषाओं में 400 से भी अधिक संगीत रचनाएँ की हैं।
- इन्हें वर्ष 1991 में दूसरे सर्वोच्च नागरिक सम्मान पद्म विभूषण से नवाजा गया था।
- यूनेस्को ने इन्हें वर्ष 1995 में महात्मा गाँधी रजत पदक पुरस्कार से सम्मानित किया।

486. निम्नलिखित में से कौन-सी प्रदर्शन श्रेणी गुरु केलुचरण महापात्र और गुरु केलुचरण महापात्र युवा प्रतिभा सम्मान से सम्बन्धित है?
SSC Steno 13.10.2023 (Shift-I)
(a) कर्नाटक नृत्य और संगीत
(b) ओडिसी नृत्य और संगीत
(c) मणिपुरी नृत्य और संगीत
(d) महाराष्ट्र नृत्य और संगीत

उत्तर (b)

- **ओडिसी नृत्य और संगीत** प्रदर्शन श्रेणी गुरु केलुचरण महापात्र और गुरु केलुचरण महापात्र युवा प्रतिभा सम्मान से सम्बन्धित है।
- अभिनेता अनन्त महापात्र को गुरु केलुचरण महापात्र पुरस्कार, 2023 से सम्मानित किया गया।
- केलुचरण महापात्र एक प्रसिद्ध भारतीय शास्त्रीय नर्तक, गुरु और ओडिसी नृत्य के प्रतिपादक थे।
- इन्हें वर्ष 2000 में पद्म विभूषण से सम्मानित किया गया था।

487. निम्नलिखित में से किस राज्य में सत्रीया नृत्य शैली प्रसिद्ध है? Steno 12.10.2023 (Shift-I)
(a) हिमाचल प्रदेश
(b) तमिलनाडु
(c) पंजाब
(d) असम

उत्तर (d)

- **असम** राज्य में सत्रीया नृत्य शैली प्रसिद्ध है।
- सत्रीया एक शास्त्रीय नृत्य है, जिसकी उत्पत्ति असम के वैष्णव मठों में हुई थी।
- इस नृत्य में हाथ और चेहरे के भावों के माध्यम से पौराणिक और धार्मिक कहानियों का वर्णन किया जाता है।

488. निम्नलिखित कथनों में से कौन-सा सत्य है?
Steno 12.10.2023 (Shift-I)

कथन I शास्त्रीय नृत्यों में रस और भाव जैसी भारतीय तकनीकों की उत्पत्ति भरतमुनि के नाट्यशास्त्र में हुई है।

कथन II भरतनाट्यम की उत्पत्ति ओडिशा में हुई है।

कूट
(a) केवल कथन II सत्य है।
(b) केवल कथन I सत्य है।
(c) कथन I और कथन II दोनों सत्य हैं।
(d) न तो कथन I सत्य है और न ही कथन II सत्य है।

उत्तर (b)

- दिए गए कथनों में केवल **कथन I** सही है।
- शास्त्रीय नृत्यों में रस और भाव जैसी भारतीय तकनीकों की उत्पत्ति भरतमुनि के नाट्यशास्त्र में हुई है।
- भरतनाट्यम नृत्य की उत्पत्ति तमिलनाडु में हुई है।

• भरतनाट्यम भारत के नौ शास्त्रीय नृत्यों में से एक है।
• इस नृत्यकला में भावम्, रागम् और तालम् कलाओं का समावेश होता है।

489. निम्नलिखित में से किस वाद्ययन्त्र की कला को उस्ताद अल्ला रक्खा कुरैशी ने लोकप्रिय बनाया है? **SSC Steno 12.10.2023 (Shift-I)**
(a) बाँसुरी (b) शहनाई (c) तबला (d) सन्तूर

उत्तर (c)
• पंजाब घराने के उस्ताद अल्ला रक्खा कुरैशी ने **तबला** वाद्ययन्त्र की कला को लोकप्रिय बनाया।
• ये हिन्दुस्तानी शास्त्रीय संगीत के विशेषज्ञ थे।
• पश्चिमी सभ्यता/संस्कृति को तबले का परिचय कराने में उनकी भूमिका अन्यन्त महत्त्वपूर्ण थी।
• उन्हें वर्ष 1977 में पद्मश्री और वर्ष 1982 में संगीत नाटक अकादमी पुरस्कार से सम्मानित किया गया था।

490. प्रसिद्ध संगीतकार मोही बहाउद्दीन डागर निम्नलिखित में से किस वाद्ययन्त्र के लिए प्रसिद्ध हैं? **SSC Steno 18.11.2022 (Shift-I)**
(a) सन्तूर (b) रुद्र वीणा
(c) सारंगी (d) सितार

उत्तर (b)
• मोही बहाउद्दीन डागर **रुद्र वीणा** वादन के लिए प्रसिद्ध हैं।
• ये उत्तर भारतीय संगीतकार जिया मोहिउद्दीन डागर के पुत्र हैं। इन्हें वर्ष 2012 में संगीत नाटक अकादमी पुरस्कार प्रदान किया गया।
• रुद्र वीणा बड़े तार वाला एक प्राचीन वाद्ययन्त्र होती है।

491. भारत के सबसे प्रतिष्ठित संगीतकारों में से एक, द्वारम वेंकटस्वामी नायडू किस वाद्ययन्त्र के लिए प्रसिद्ध हैं? **SSC Steno 18.11.2022 (Shift-I)**
(a) सुरबहार (b) वायलिन (c) वीणा (d) सितार

उत्तर (b)
• द्वारम वेंकटस्वामी नायडू **वायलिन** वादन के लिए प्रसिद्ध हैं।
• इन्हें वर्ष 1957 में 'पद्मश्री' पुरस्कार से सम्मानित किया गया था।
• भारतीय डाक विभाग द्वारा वर्ष 1993 में इनकी जन्मशती पर डाक टिकट जारी किया गया।
• ये आंशिक रूप से अन्धे थे। इनके द्वारा 'ब्लाइण्ड रिलीफ एसोसिएशन' के लिए धन जुटाने हेतु वर्ष 1952 में नई दिल्ली में वायलिन वादन का प्रस्तुतीकरण किया गया था।

492. भारत में एक संगीत रत्न, पण्डित अनोखे लाल मिश्रा, निम्नलिखित में से किस वाद्ययन्त्र के प्रसिद्ध वादक थे? **SSC Steno 18.11.2022 (Shift-I)**
(a) सितार (b) सारंगी
(c) घटम (d) तबला

उत्तर (d)
• पण्डित अनोखे लाल मिश्रा का सम्बन्ध बनारस घराने से था। यह तबला वाद्ययन्त्र के प्रसिद्ध वादक थे।
• इनके गुरु पण्डित भैरव प्रसाद मिश्र थे, जिनसे इन्होंने 15 वर्षों तक तबला वादन का प्रशिक्षण लिया था।
• इन्हें संगीत जगत में **ना धिं धिं ना** जादूगर के नाम से प्रसिद्धि प्राप्त थी।

493. राधा रेड्डी और राजा रेड्डी ...... नृत्य शैली के लिए प्रसिद्ध हैं। **SSC Steno 18.11.2022 (Shift-I)**
(a) कथकली (b) भरतनाट्यम
(c) कुचिपुड़ी (d) मोहिनीअट्टम

उत्तर (c)
• कुचिपुड़ी नृत्य के संवर्धन हेतु राधारेड्डी ने दिल्ली में 'नाट्य तरंगिनी' नामक संस्थान की स्थापना की है। इन्हें **पद्मश्री** एवं पद्म भूषण से सम्मानित किया गया है।

494. हिन्दुस्तानी शास्त्रीय संगीत के प्रवर्तक पण्डित जसराज निम्नलिखित में से किस घराने के अनुयायी थे? **SSC Steno 17.11.2022 (Shift-I)**
(a) किराना (b) ग्वालियर
(c) मेवाती (d) डागर

उत्तर (c)
• पण्डित जसराज **मेवाती** घराने के अनुयायी थे।
• अपने 80 वर्ष से भी अधिक लम्बे करियर में पण्डित जसराज को 'पद्म श्री' (वर्ष 1975), 'पद्म भूषण' (वर्ष 1990) और 'पद्म विभूषण' (वर्ष 2000) समेत विभिन्न प्रतिष्ठित पुरस्कारों से सम्मानित किया गया।
• अन्तर्राष्ट्रीय खगोलीय संघ (IAU) ने एक क्षुद्र ग्रह का नाम उनके नाम पर रखा है, जिसे औपचारिक रूप से 2006VP32 के रूप में जाना जाता है, जिसे अब पण्डित जसराज कहा जाता है।
• इस प्रकार का सम्मान पाने वाले यह पहले भारतीय संगीतकार हैं।

495. निम्नलिखित में से कौन-सा नृत्य 'देवदासियों' से विकसित हुआ है? **SSC Steno 17.11.2022 (Shift-I)**
(a) भरतनाट्यम (b) कुचिपुड़ी
(c) ओडिसी (d) कथकली

उत्तर (a)
• भरतनाट्यम या सधिर अट्टम 'देवदासियों' से विकसित हुआ, जो मुख्य रूप से दक्षिण भारत की शास्त्रीय नृत्य शैली है।
• इस नृत्यकला में **भावम्, रागम्** और **तालम्** इन तीन कलाओं का समावेश होता है।
• भरतनाट्यम तमिलनाडु राज्य का शास्त्रीय नृत्य है।
• इस नृत्य के मुख्य कलाकार **रुक्मिणी देवी अरुण्डेल** तथा **ई. कृष्णा अय्यर** हैं।

496. एक प्रसिद्ध गायक, कुमार गन्धर्व, संगीत की निम्नलिखित में से किस विधा के लिए प्रसिद्ध हैं? **SSC Steno 17.11.2022 (Shift-I)**
(a) कर्नाटक शास्त्रीय
(b) सूफी संगीत
(c) लोक संगीत
(d) हिन्दुस्तानी शास्त्रीय

उत्तर (d)
• कुमार गन्धर्व **हिन्दुस्तानी शास्त्रीय** संगीत के लिए प्रसिद्ध हैं।
• इन्हें वर्ष 1977 में भारत सरकार द्वारा कला के क्षेत्र में 'पद्म भूषण' से सम्मानित किया गया था।
• वह मध्य प्रदेश राज्य से सम्बन्धित हैं।

497. प्रसिद्ध लोक गायक भिखुदान गोविन्द भाई गढ़वी निम्न में से किस लोकगीत शैली से सम्बन्धित हैं? **SSC Steno Tier-1 15.11.2021**
(a) लोकवार्ता
(b) फटन्ना
(c) मर्सिया
(d) डायरो

उत्तर (d)
• प्रसिद्ध लोक गायक भिखुदान गोविन्द भाई गढ़वी **डायरो** लोकगीत शैली से सम्बन्ध है।
• लोक संगीत में इनके योगदान के लिए भारत सरकार ने इन्हें वर्ष 2016 में पद्मश्री पुरस्कार से सम्मानित किया।
• इन्हें गुजरात सरकार द्वारा गुजरात गौरव पुरस्कार प्रदान किया जा चुका है।

498. वीरनाट्यम निम्न में से किस राज्य की प्रसिद्ध आनुष्ठानिक नृत्य शैली है? **SSC Steno 12.11.2021**
(a) केरल (b) ओडिशा
(c) आन्ध्र प्रदेश (d) तमिलनाडु

उत्तर (c)
• **आन्ध्र प्रदेश** का वीरनाट्यम नृत्य ज्यादातर भक्तिपूर्ण है और इसमें भव्य अनुष्ठान शामिल है और इसका मूल कारण वीरमस्ती समुदाय है।
• इस समुदाय के लोग भगवान शिव के वंशज होने का दावा करते हैं।

499. उत्तराखण्ड की प्रसिद्ध गायिका बसन्ती देवी बिष्ट को निम्न में से किस प्रकार के लोक गीत गाने के लिए जाना जाता है? **SSC Steno 12.11.2021**
(a) छोपति (b) छुरा
(c) बाजूबन्द (d) जागर

उत्तर (d)
• बसन्ती देवी विष्ट उत्तराखण्ड की प्रसिद्ध गायिका हैं, जिन्हें 'जागर' गीत गाने के लिए जाना जाता है।
• भारत सरकार द्वारा 26 जनवरी, 2017 को इन्हें पद्मश्री से सम्मानित किया गया था।
• जागर गीत का गायन देवताओं के आह्वान के लिए किया जाता है।
• यह गीत प्राय: पुरुषों द्वारा गाए जाते हैं।

500. तेय्यम (Theyyam) निम्न में से किस राज्य की धार्मिक कला शैली है? **SSC Steno Tier-1 11.11.2021**
(a) केरल
(b) गोवा
(c) कर्नाटक
(d) तमिलनाडु

उत्तर (a)

- तेय्यम केरल राज्य की धार्मिक कला शैली है।
- तेय्यम एक प्रसिद्ध आनुष्ठानिक कला का रूप है, जिसका जन्म उत्तरी केरल में हुआ है।
- इस कला में नृत्य प्रहसन व संगीत को भी शामिल किया जाता है।

तेय्यम

- **तेय्यम** कला में नायकों और पूर्वजों की आत्माओं के पूजन पर बल दिया जाता है।
- इस नृत्य के साथ **चेण्डा**, **इलत्तालम कुरुमकुषल** और **वीक्कूचेण्डा** जैसे वाद्ययन्त्रों का प्रयोग किया जाता है। इसमें कलाकार कला दिखाने के लिए विभिन्न रूपों का प्रयोग करता है, जिसमें मुत्तप्पन, तीचामुण्डी आदि प्रमुख हैं।

501. झिझिया नृत्य निम्न में से किस राज्य का लोकप्रिय लोकनृत्य है?
SSC Steno 11.11.2021 (Shift-I)

(a) उत्तर प्रदेश (b) मध्य प्रदेश
(c) हरियाणा (d) बिहार

उत्तर (d)

- झिझिया नृत्य **बिहार** के मिथिला क्षेत्र का एक सांस्कृतिक नृत्य है।
- प्रायः दशहरे के समय किया जाता है, जो विजय की देवी दुर्गा भैरवी को समर्पित है।
- झिझिया नृत्य का आयोजन दशहरा उत्सव के दौरान किया जाता है।

502. निम्न में से कौन-सा देश, भगवान राम की महिमा दर्शाने वाले एक मुखौटायुक्त नाटक नृत्य प्रदर्शन 'खोन' (Khon) से सम्बन्धित है?
SSC Steno 11.11.2021

(a) वियतनाम (b) जापान
(c) थाईलैण्ड (d) इण्डोनेशिया

उत्तर (c)

- **थाइलैण्ड** मुखौटायुक्त नाटक नृत्य प्रदर्शन 'खोन' से सम्बन्धित है।
- यह एक थाई शास्त्रीय, दरबार का नकाबपोश नृत्य/नाटक है, जिसका इतिहास सैकड़ों वर्ष पुराना है।
- महिला कलाकारों के साथ इस शैली के एक रूप को खोन फुचिंग कहा जाता है।

SSC GD 2024

503. पण्डित बिरजू महाराज एक भारतीय नर्तक, संगीतकार, गायक और भारत में कथक नृत्य के .... 'कालका-बिन्दादीन' घराने के प्रतिपादक थे।
SSC GD 20.02.2024 (Shift-I)

(a) लखनऊ (b) आगरा
(c) हैदराबाद (d) ग्वालियर

उत्तर (a)

- पण्डित बृजमोहन मिश्र, जिन्हें बिरजू महाराज भी कहा जाता है, लखनऊ 'कालका बिन्दादीन' घराने के प्रतिपादक थे।
- पण्डित जी कथक नर्तकों के महाराज परिवार के वंशज थे, जिसमें अन्य प्रमुख विभूतियों में शम्भू महाराज एवं लच्छू महाराज तथा इनके पिता एवं गुरु अच्छन महाराज प्रसिद्ध हैं।
- पण्डित बिरजू महाराज को वर्ष 1986 में पद्म विभूषण से सम्मानित किया गया था।

504. बोहाग बिहू को .... के नाम से भी जाना जाता है।
SSC GD 22.01.2024 (Shift-II)

(a) कोंगाली बिहू (b) माघ बिहू
(c) रोगाली बिहू (d) काटी बिहू

उत्तर (c) बोहाग **बिहू को रोगाली बिहू** के नाम से भी जाना जाता है।

- बोहाग बिहू भारत के असम और उत्तर-पूर्वी राज्यों में मनाया जाने वाला एक प्रसिद्ध त्योहार है।
- यह असमी नववर्ष की शुरुआत का प्रतीक है।
- भारत में यह बैशाख महीने के विषुवत संक्रान्ति या स्थानीय रूप से बोहाग के सात दिन बाद मनाया जाता है।

'बिहू' के तीन प्राथमिक प्रकार हैं
(i) बोहाग बिहू या रोगाली बिहू
(ii) काटी बिहू या कोंगाली बिहू
(iii) माद्य बिहू या भोगली बिह

505. निम्नलिखित में से किस नृत्य शैली की उत्पत्ति आन्ध्र प्रदेश में हुई? SSC GD 22.02.2024 (Shift-II)

(a) सत्रीया (b) भरतनाट्यम
(c) कथक (d) कुचिपुड़ी

उत्तर (d)

- **कुचिपुड़ी** नृत्य शैली की उत्पत्ति आन्ध्र प्रदेश में हुई।
- इस नृत्य की परिकल्पना वैष्णव कवि सिद्धेन्द्र योगी ने 17वीं शताब्दी में की थी। इसकी शुरुआत भगवान गणेश के आह्वान से होती है।

506. निम्नलिखित शख्सियतों का उनके सम्बन्धित संगीत वाद्ययन्त्र से मिलान कीजिए।
SSC GD 22.02.2024 (Shift-II)

A. एस. बालाचन्दर	1. तबला
B. अनुष्का शंकर	2. वीणा
C. किशन महाराज	3. सितार

कूट
(a) 2, 3, 1 (b) 2, 1, 3
(c) 1, 2, 3 (d) 1, 3, 2

उत्तर (a)

- सही सुमेलन A-2, B-3, C-1 है।
- एस. बालाचन्दर, संगीत वाद्ययन्त्र वीणा से सम्बन्धित हैं। वह एक कुशल फिल्म निर्माता भी थे। वर्ष 1982 में इन्हें पद्मभूषण से सम्मानित किया गया।
- **अनुष्का शंकर** का सम्बन्ध सितार वाद्ययन्त्र से है। वह पण्डित रविशंकर (महान सितारवादक) की पुत्री हैं।
- **किशन महाराज** का सम्बन्ध तबला वाद्ययन्त्र से है। यह हिन्दुस्तानी शास्त्रीय संगीत के बनारस घराने से सम्बन्धित हैं।

507. निम्नलिखित में से कौन-सा लोकनृत्य तमिलनाडु राज्य से सम्बन्धित है?
SSC GD Constable 06.02.2023 (Shift-I)

(a) घपाल (b) भाँड (c) लावणी (d) कुम्मी

उत्तर (d)

- **कुम्मी** नृत्य महिलाओं द्वारा समूहों में किया जाता है। यह लोकनृत्य तमिलनाडु राज्य से सम्बन्धित है।
- यह नृत्य गीतों और ताल के साथ होता है और महिलाएँ बर्तनों को घुमाते हुए चक्कर लगाती हैं।
- **घपाल** महाराष्ट्र का तथा **भाँड** उत्तर भारत का एक लोकनृत्य रूप है।
- **लावणी** महाराष्ट्र का एक लोकनृत्य रूप है।

508. कौन-सा शास्त्रीय नृत्य साधारणतया विष्णु के स्त्री रूप की कहानी का वर्णन करता है?
SSC GD 09.02.2023 (Shift-I)

(a) मोहिनीअट्टम (b) कथक
(c) मणिपुरी (d) सत्रीया

उत्तर (a)

- मोहिनीअट्टम भारतीय शास्त्रीय नृत्यों में से एक है। इसमें विष्णु के विशेष रूप से उनके स्त्री रूप (मोहिनी रूप) की कहानियों का वर्णन किया जाता है।
- यह केरल का एक शास्त्रीय नृत्य है।
- मोहिनीअट्टम के प्रसिद्ध नर्तकों में कलामण्डलम कल्याणीकुट्टी अम्मा का नाम प्रसिद्ध है।

SSC SP 2023

509. निम्नलिखित में से किस शास्त्रीय नृत्य की उत्पत्ति आन्ध्र प्रदेश में हुई है?
SSC SP (10+2) 27.06.2023 (Shift-I)

(a) कथक (b) कुचिपुड़ी
(c) भरतनाट्यम (d) कथकली

उत्तर (b)

- भारत के सबसे पुराने नृत्य रूपों में से एक कुचिपुड़ी आन्ध्र प्रदेश का शास्त्रीय नृत्य है।
- कुचिपुड़ी एक नृत्य-नाटिका प्रदर्शन है, जो प्राचीन काल में पुरुषों तक ही सीमित हुआ करता था।
- यह हिन्दू पौराणिक कथाओं की कहानियाँ दर्शाता है और लोगों के बीच अपना सन्देश पहुँचाता है।
- कुचिपुड़ी भारत के 9 शास्त्रीय नृत्य रूपों में से एक है।

510. शास्त्रीय संगीत में, नाट्य संगीत, संगीत नाटक का एक रूप है, जो महाराष्ट्र में आज भी प्रचलित है। बाल गन्धर्व इस संगीत रूप के प्रतिपादक हैं। उनका वास्तविक नाम क्या है?
SSC SP (10+2) 27.06.2023 (Shift-IV)

(a) विष्णु नारायण भातखण्डे
(b) नारायण श्रीपाद राजहंस
(c) विष्णु दिगम्बर पलुस्कर
(d) मल्लिकार्जुन मंसूर

उत्तर (b)

- 'नारायण श्रीपाद राजहंस' मराठी रंगमंच के महान् नायक और प्रसिद्ध गायक थे।
- नारायण **श्रीपाद राजहंस** को 'बाल गन्धर्व' के नाम से अधिक जाना जाता है।
- यह नाम उन्हें भारत के प्रसिद्ध स्वतन्त्रता सेनानियों में से एक बाल गंगाधर तिलक ने दिया था।

511. 'संगीत नाटक अकादमी पुरस्कार' से सम्मानित रतिकान्त महापात्र को भारत के निम्नलिखित शास्त्रीय नृत्यों में से किस शास्त्रीय नृत्य के लिए जाना जाता है? SSC SP (10+2) 27.06.2023 (Shift-I)

(a) ओडिशी (b) मणिपुरी
(c) कथक (d) कथकली

उत्तर (a)

• 'संगीत नाटक अकादमी पुरस्कार' से सम्मानित **रतिकान्त महापात्र** को भारत के ओडिसी शास्त्रीय नृत्य के लिए जाना जाता है।
• रतिकान्त महापात्रा ओडिसी के एक नर्तक, तालवादक, गुरु और कोरियोग्राफर और आर्काइविस्ट हैं।
• इन्हें जनवरी, 2025 में कैनेडी विश्वविद्यालय सेंट लूसिया यूएएस द्वारा प्रदर्शन कला में पीएच. डी. से सम्मानित किया जाएगा।

512. निम्नलिखित में से कौन-सी शास्त्रीय नृत्य शैली भगवान जगन्नाथ की पूजा से सम्बन्धित है? SSC SP (10+2) 27.06.2023 (Shift-I)

(a) सत्रीया (b) भरतनाट्यम
(c) ओडिसी (d) कथक

उत्तर (c)

• ओडिशी नृत्य की परम्परा भगवान जगन्नाथ मन्दिर में फली-फूली है।
• ये भगवान की पूजा के दौरान देवताओं के सामने नृत्य करती थीं।
• इन नर्तकियों ने शास्त्रीय नृत्य के सबसे खूबसूरत रूपों में से एक को विकसित किया, जिसे ओडिशी नृत्य कहा जाता है।
• ओडिशी नर्तक की चौकोर मुद्रा भगवान जगन्नाथ का प्रतीक है, जिनकी हर प्रस्तुति से पहले हमेशा पूजा की जाती है।

513. बुद्धदेव दास गुप्ता एक प्रसिद्ध संगीतकार हैं, वे ······ से सम्बन्धित हैं। SSC SP (10+2) 01.08.2022 (Shift-I)

(a) बाँसुरी (b) तबला (c) सरोद (d) शहनाई

उत्तर (c)

• बुद्धदेव दास गुप्ता एक भारतीय शास्त्रीय संगीतकार और सरोदवादक थे।
• उन्होंने पण्डित राधिका मोहन माइत्रा से सरोद वादन सीखा था।
• भारत सरकार द्वारा उन्हें वर्ष 2012 में पद्म भूषण से सम्मानित किया गया था।
• वर्ष 2015 में इन्हें संगीत महासम्मान और बंगाल विभूषण से सम्मानित किया गया।

514. अनन्त आर कृष्णन किस वाद्ययन्त्र से सम्बन्धित हैं? SSC SP (10+2) 20.08.2022 (Shift-I)

(a) तबला (b) ड्रम (c) मृदंगम (d) वॉयलिन

उत्तर (c)

• अनन्त आर कृष्णन मृदंगम वाद्ययन्त्र से सम्बन्धित हैं, जो कर्नाटक परम्परा का प्रमुख ढोल है।
• संयुक्त राज्य अमेरिका में सांस्कृतिक जागरुकता को बढ़ावा देने के लिए नेशनल एण्डोमेण्ट ऑफ द आर्ट्स के प्रयास के तहत उन्हें वर्ष 1997 और 1998 में न्यू जर्सी सरकार से दो बार स्टेट ऑफ द आर्ट्स पुरस्कार से सम्मानित किया गया।

515. कुमुदिनी लाखिया किस भारतीय शास्त्रीय नृत्य शैली की प्रतिपादक हैं? SSC SP (10+2) 27.06.2023 (Shift-III)

(a) ओडिसी (b) सत्रीया
(c) कुचिपुड़ी (d) कथक

उत्तर (d)

• कुमुदिनी लाखिया एक भारतीय कथक नृत्यांगना और कोरियोग्राफर हैं।
• उन्होंने वर्ष 1967 में भारतीय नृत्य और संगीत के एक संस्थान, कदम्ब स्कूल ऑफ डांस एण्ड म्यूजिक की स्थापना की।
• पदम् भूषण से सम्मानित कुमुदिनी लाखिया कथक की जीवित विभूतियों में से एक है, जो अपनी अद्वितीय तकनीकी विशेषज्ञता और अचार कलात्मकता के लिए जानी जाती हैं।

516. ज्योति प्रसाद अग्रवाल ········· राज्य के 'रूपकोंवर' नाम से लोकप्रिय संगीतकार थे। SSC SP (10+2) 27.06.2024 (Shift-III)

(a) असम (b) गुजरात
(c) राजस्थान (d) मध्य प्रदेश

उत्तर (a)

• ज्योति प्रसाद अग्रवाल (17 जून, 1903 17 जनवरी 1951) असम के एक प्रसिद्ध भारतीय नाटककर, कवि, लेखक और फिल्म निर्माता थे।
• उन्हें असमिया सांस्कृतिक प्रतीक माना जाता था। इन्हें लोकप्रिय रूप से असमिया संस्कृति का रूप कोवर कहा जाता है।

517. पद्म विभूषण पुरस्कार से सम्मानित पण्डित बिरजू महाराज भारत के ········ नर्तक थे। SSC SP (10+2) 10.08.2022 (Shift-III)

(a) मणिपुरी (b) कथकली
(c) कथक (d) भरतनाट्यम

उत्तर (c)

• बिरजू महाराज भारत के प्रसिद्ध शास्त्रीय नृत्य कलाकारों में से एक थे। वे भारतीय नृत्य की **कथक** शैली के आचार्य और लखनऊ के 'कालका-बिन्दादीन' घराने के एक मुख्य प्रतिनिधि थे।
• उन्हें भारत के दूसरे सर्वोच्च नागरिक सम्मान **पद्म विभूषण** और **कालीदास सम्मान** समेत अनेक पुरस्कारों से सम्मानित किया गया था।

518. वेदान्तम सत्यनारायण शर्मा निम्न में से किस नृत्य से सम्बन्धित हैं? SSC SP (10+2) 20.06.2024 (Shift-III)

(a) कथक (b) भरतनाट्यम
(c) कुचिपुड़ी (d) मणिपुरी

उत्तर (c)

• वेदान्तम सत्यनारायण शर्मा, वे कुचिपुड़ी के शास्त्रीय नृत्य के प्रमुख प्रतिपादकों में से एक थे और जिन्हें सत्यम के नाम से जाना जाता है, वे एक भारतीय शास्त्रीय नर्तक और कोरियोग्राफर थे।
• उन्हें उषा, सत्यभामा, देवा देवी, मोहिनी, शशिरेखा और गोलाभामा जैसे महिला पात्रों के चित्रण के लिए जाना जाता था।

519. हिन्दुस्तानी शास्त्रीय गायक भीमसेन जोशी निम्नलिखित में से किस घराने से सम्बन्धित थे? SSC SP 27.06.2023 (Shift-IV)

(a) आगरा घराना (b) रामपुर सहसवां घराना
(c) ग्वालियर घराना (d) किराना घराना

उत्तर (d)

• पण्डित भीमसेन जोशी का सम्बन्ध **किराना घराना** से था।
• वह किराना घराने के संस्थापक अब्दुल करीम खान से बहुत प्रभावित थे।
• इनके द्वारा गए जाने वाले कल्याण मियाँ की टोड़ी पुरिया धनश्री एवं मुल्तान इत्यादि प्रसिद्ध रागों के लिए इन्हें याद किया जाता है।
• इन्हें वर्ष 2008 में देश के सर्वोच्च नागरिक सम्मान भारत रत्न से सम्मानित किया गया है।

520. वर्ष 1973 में मद्रास संगीत अकादमी द्वारा तंजौर बालासरस्वती को किस नृत्य में योगदान कलानिधि की उपाधि से सम्मानित किया गया था? SSC SP 27.06.2023 (Shift-III)

(a) कथक (b) कथकली
(c) भरतनाट्यम (d) मोहिनीअट्टम

उत्तर (c)

• तंजौर बालासरस्वती एक भारतीय नर्तक हैं, जो **भरतनाट्यम** शास्त्रीय नृत्य के लिए जानी जाती हैं।
• वर्ष 1957 में इन्हें पद्म भूषण से सम्मानित किया गया और वर्ष 1977 में पद्म विभूषण से सम्मानित किया गया।
• वर्ष 1973 में इन्हें भरतनाटनम में अमूल्य योगदान देने के लिए दक्षिण भारत का सर्वोच्च पुरस्कार 'कलाविधि' से सम्मानित किया गया, यह पुरस्कार मद्रास संगीत अकादमी द्वारा दिया जाता है।

521. निम्नलिखित में से किसे भारत में आधुनिक नृत्य का जनक माना गया? SSC SP 27.06.2023 (Shift-IV)

(a) पंकज चरण दास (b) राजा रेड्डी
(c) कुंचु कुरुप (d) उदयशंकर

उत्तर (d)

• उदयशंकर भारत में आधुनिक नृत्य के जनक और एक विश्व प्रसिद्ध भारतीय नर्तक एवं नृत्य-निर्देशक (कोरियोग्राफर) थे।
• इन्हें अधिकतर भारतीय शास्त्रीय, लोक और जनजातीय नृत्य के तत्त्वों में पिरोए गए पारम्परिक भारतीय शास्त्रीय नृत्य में पश्चिमी रंगमंचीय तकनीकों को अपनाने के लिए जाना जाता है।

522. विलासिनी नाट्यम और वीरानाट्यम निम्नलिखित में से किस राज्य से सम्बन्धित नृत्य है? SSC SP (10+2) 01.08.2022 (Shift-IV)

(a) आन्ध्र प्रदेश (b) कर्नाटक
(c) तमिलनाडु (d) केरल

उत्तर (a)

• विलासिनी नाट्यम और वीरानाट्यम **आन्ध्र प्रदेश** में देवदासियों की एक नृत्य परम्परा है।
• देवदासियों के खिलाफ हुए कृत्य के बाद यह लगभग विलुप्त हो गई थी और सौभाग्य से कुछ बचे हुए नर्तकों ने इसे पुनर्जीवित कर दिया।
• आन्ध्र प्रदेश राज्य में नृत्य का यह एक बहुत पुराना रूप है, जिसका धार्मिक महत्त्व बहुत अधिक है; वह है वीरनाट्यम्।
• इस आकर्षक नृत्य रूप को वीरंगम और वीरभद्र नृत्यम के नाम से भी जाना जाता है।

मेले और त्योहार

भारत के प्रमुख त्योहार

त्योहार	महत्त्वपूर्ण विवरण
होली	• होली भारत का प्रमुख त्योहार है, जो फाल्गुन मास (फरवरी-मार्च) की पूर्णिमा को बड़े उल्लास के साथ मनाया जाता है।
दीपावली	• दीपावली का त्योहार कार्तिक मास की अमावस्या को मनाया जाता है। पौराणिक मान्यता के अनुसार, इस दिन भगवान श्रीराम चौदह वर्ष के वनवास के पश्चात् अयोध्या वापस आए थे।
दशहरा	• यह पर्व मुख्य रूप से उत्तर भारत में रावण पर भगवान श्रीराम की विजय के प्रतीक के रूप मनाया जाता है। दशहरा को विजयदशमी के रूप में भी मनाया जाता है।
गंगा दशहरा	• यह हिन्दुओं का एक प्रमुख त्योहार है, जो ज्येष्ठ मास के शुक्ल पक्ष की दशमी को मनाया जाता है। इसी दिन माँ गंगा का अवतरण पृथ्वी पर हुआ था।
रक्षाबन्धन	• भाई-बहन के प्रेम एवं विश्वास का त्योहार रक्षाबन्धन श्रावण मास की पूर्णिमा को मनाया जाता है। इस दिन बहनें अपने भाइयों की कलाई पर राखी बाँधती हैं और भाई-बहनों को उपहार स्वरूप उनकी रक्षा का वचन देते हैं।
नाग पंचमी	• यह नागों या साँपों की पूजा-अर्चना का त्योहार है, जो श्रावण माह के शुक्ल पक्ष की पंचमी को मनाया जाता है। • इस दिन साँपों को दूध पिलाया जाता है।
गुरु परब	• यह पर्व प्रत्येक वर्ष कार्तिक मास की पूर्णिमा तिथि को मनाया जाता है। • 15 अप्रैल, 1469 की कार्तिक पूर्णिमा के दिन गुरु नानक देव का जन्म हुआ था।
लोहड़ी	• सिखों का प्रमुख त्योहार लोहड़ी सामान्यतः पोष (जनवरी) माह की तेरह तारीख को मनाया जाता है।
होला मोहल्ला	• यह होली के अगले दिन (चैत्र माह) मनाया जाने वाला सिख पर्व है। गुरु गोविन्द सिंह द्वारा शुरू किए गए। • इस उत्सव में होली पौरुष के प्रतीक पर्व के रूप में मनाई जाती है।
वैशाखी	• प्रत्येक वर्ष वैशाख माह (13 या 14 अप्रैल को) में मनाई जाती है। • यह त्योहार सिखों एवं हिन्दुओं दोनों समुदायों में हर्षोल्लास के साथ मनाया जाता है।
बुद्ध पूर्णिमा	• यह त्योहार भगवान बुद्ध के जन्म, ज्ञान प्राप्ति तथा महापरिनिर्वाण उपलक्ष्य में वैशाख माह की पूर्णिमा (मई-जून) को मनाया जाता है। • इसे **थेरवाद परम्परा** में विशाखा पूजा और सिक्किम में सागा दावा (दसा) कहा जाता है।
लोसर	• यह मुख्यतः तिब्बत का नववर्ष उत्सव है, जो फरवरी महा के मध्य मे आता है। • यह त्योहार मुख्य रूप से मोल्पा जनजाति में द्वारा मनाया जाता है। लद्दाख में लोसर एक सामाजिक-धार्मिक उत्सव के रूप में मनाया जाता हैं।
दोसमोचे	• यह महोत्सव जम्मू-कश्मीर के लेह में फरवरी के दूसरे सप्ताह में आयोजित किया जाता है।
हेमिस	• यह पर्व तिब्बत कैलेण्डर अर्थात् से-चु के अनुसार प्रतिवर्ष चन्द्र मास के दसवें दिन हेमिस मठ लद्दाख में मनाया जाता है।
नवरोज	• यह पारसी समुदाय द्वारा मनाया जाने वाला नववर्ष का त्योहार है। इस पर्व की स्थापना पैगम्बर जोरास्टर ने की थी। इस पर्व को जमशेद नवरोज भी कहते हैं। • नवरोज प्रत्येक प्रतिवर्ष 21 मार्च को मनाया जाता है। मान्यता है कि इस दिन पारसी सम्राट जमशेद ने ईरान पर शासन आरम्भ किया था।
हरेला	• हरेला एक हिन्दू त्योहार है, जो मूल रूप से उत्तराखण्ड राज्य के कुमाऊँ क्षेत्र में मनाया जाता है।
कुल्लू दशहरा	• कुल्लू देवताओं की घाटी, जिसे कुलपीठ भी कहा जाता है, हिमाचल प्रदेश में स्थित है।
फूलदेई	• फूलदेई उत्तराखण्ड में चैत्र संक्रान्ति के दिन मनाया जाता है, क्योंकि हिन्दू पंचांग के अनुसार चैत्र माह ही हिन्दू नववर्ष का प्रथम माह होता है।

जनजातियों के प्रमुख त्योहार

पर्व/त्योहार	विवरण
हॉर्नबिल महोत्सव	• यह नागा संस्कृति और विरासत का सबसे भव्य विपुल प्रदर्शन है। इस त्योहार का नाम एक बड़े पक्षी के नाम पर रखा गया है। • यह त्योहार प्रत्येक वर्ष नागालैण्ड में 1 से 10 दिसम्बर तक कोहिमा में मनाया जाता है। इस त्योहार का आयोजन नागालैण्ड सरकार द्वारा किया जाता है।
कैल पोल्डु उत्सव	• कर्नाटक के कुर्ग में कैल पोल्डु उत्सव मनाया जाता है। यहाँ कोडव एक योद्धा जनजाति है। इस त्योहार के दौरान वे अपने शस्त्रों की पूजा करते हैं। • सामान्यतः यह उत्सव 2-4 सितम्बर के मध्य आयोजित किया जाता है। इस दौरान निशानेबाजी की प्रतियोगिता भी होती है।
न्योकुम त्योहार	• यह अरुणाचल प्रदेश में न्यीशी जनजातियों द्वारा मनाया जाता है। • न्योकुम शब्द दो शब्दों से बना है, जिसमें न्योक का अर्थ है-भूमि या पृथ्वी और कुम का अर्थ है-सामूहिकता या एकजुटता।
नागोबा जतरा	• नागोबा जतरा तेलंगाना के आदिलाबाद के गोण्ड और परधान जनजातियों के सबसे महत्त्वपूर्ण जतराओं में से एक है।
सरहुल	• यह आदिवासियों का एक प्रमुख पर्व है, जिसे मुख्यतः झारखण्ड, बंगाल, बिहार और ओडिशा राज्यों में मनाया जाता है। यह पर्व नववर्ष के आगमन का प्रतीक है। इस त्योहार को मुण्डा, उराँव, हो आदि जनजाति द्वारा बहुत धूमधाम और हर्षोलास से मनाया जाता है।
फगुआ	• फगुआ होली के पर्व को कहते हैं। वैसे तो होली का त्योहार सम्पूर्ण देश में मनाया जाता है, किन्तु झारखण्ड में इसे 'झारखण्डी होली' कहते हैं। जोकि उराँव, मुण्डा, खरदार, भूमियार, महली, बेडिया, चीक बडाईक, करमाली, चेरो, बैगा जैसी जनजातियों के मध्य मनाई जाती है।

भारत के प्रमुख मेले

मेला	विवरण
माघ मेला	• इसका आयोजन इलाहाबाद में गंगा, यमुना व सरस्वती के संगम स्थान पर माघ माह में किया जाता है।
रथ मेला	• उत्तर प्रदेश स्थित मथुरा जिले में वृन्दावन नामक स्थान पर प्रतिवर्ष चैत्र माह में इस मेले का आयोजन किया जाता है। • इस दिन रंगनाथजी के मन्दिर से रथ की सवारी निकाली जाती है।
बटेश्वर मेला	• इस मेले का आयोजन उत्तर प्रदेश के आगरा जिले में स्थित बटेश्वर नामक स्थान पर प्रतिवर्ष कार्तिक माह में किया जाता है।
देवाशरीफ का मेला	• यह सूफी सन्त वारिस अली शाह की दरगाह पर प्रतिवर्ष कार्तिक माह में बाराबंकी (उत्तर प्रदेश) में आयोजित किया जाता है।
नौचन्दी का मेला	• यह मेला उत्तर प्रदेश के मेरठ में प्रतिवर्ष होली के पश्चात् आयोजित किया जाता है।
नन्दादेवी	• नैनीताल में मकर संक्रान्ति पर नन्दादेवी के मन्दिर पर आयोजित मेले में स्त्रियाँ सुहाग की कामना करती हैं।
झण्डा पर्व	• देहरादून स्थित झण्डा मन्दिर पर चैत्र माह की पंचमी तिथि को इस मेले का आयोजन सिखजनों द्वारा किया जाता है। इस मेले में एक विशेष बाँस के बने ध्वज की पूजा की जाती है।
सौराठ मेला	• प्रत्येक वर्ष ज्येष्ठ-आषाढ़ माह में सभागाछी (मधुबनी जिला) में आयोजित इस मेले में अविवाहित वयस्क युवकों को विवाह हेतु प्रदर्शित किया जाता है।
हिजला मेला	• प्रत्येक वर्ष फरवरी माह के शुक्ल पक्ष में दुमका से लगभग 3-4 किमी दूर हिजला पहाड़ के ढलान पर बहती मयूराक्षी नदी के तट पर सन्थाल जनजाति द्वारा सोमवार से शुक्रवार तक यह मेला आयोजित किया जाता है।
पीर बुधान का मेला	• यह मेला मध्य प्रदेश के शिवपुरी जिले में साँवरा गाँव में एक मुस्लिम सन्त पीर बुधान की मजार पर आयोजित होता है।
ग्वालियर का मेला	• यह मध्य प्रदेश का प्रसिद्ध व्यापारिक मेला है, जिसका आयोजन प्रत्येक वर्ष दिसम्बर-जनवरी माह में किया जाता है।
बेणेश्वर मेला	• इस मेले का आयोजन राजस्थान के डूंगरपुर जिले में होता है। यह मेला सोम एवं माही नदी के संगम के निकट जनवरी या फरवरी में आयोजित किया जाता है।

SSC CGL 2024 (Tier 1 & 2)

523. विशु उत्सव निम्नलिखित में से किस राज्य में मनाया जाता है?
SSC CGL Tier-1 26.09.2024 (Shift-III)
(a) केरल और तमिलनाडु
(b) मध्य प्रदेश और राजस्थान
(c) गुजरात और महाराष्ट्र
(d) केरल और कर्नाटक

उत्तर (a)

• **केरल और तमिलनाडु** में विशु उत्सव मनाया जाता है।
• विशु उत्सव, फसल उत्सव और मलयाली लोगों के ज्योतिषीय नववर्ष के रूप में मनाया जाता है।

524. रोट्टेला पाण्डुगा या रोटी महोत्सव किस भारतीय राज्य में मनाया जाता है?
SSC CGL Tier-1 26.09.2024 (Shift-II)
(a) महाराष्ट्र (b) कर्नाटक
(c) आन्ध्र प्रदेश (d) तमिलनाडु

उत्तर (c)

• रोट्टेला पाण्डुगा या रोटी महोत्सव **नेल्लोर** (आन्ध्र प्रदेश) में मनाए जाने वाले प्रसिद्ध वार्षिक उत्सवों में से एक है।
• यह त्योहार 15 अक्टूबर, 1930 से बारा शहीद दरगाह पर मनाया जा रहा है।
• इस त्योहार का मुख्य कार्यक्रम रोटियों का आदान-प्रदान है, लोग एक-दूसरे के साथ रोटियों की अदला-बदली करते हैं।

525. 'लोकरंजन' त्योहार किस भारतीय राज्य की लोक और जनजातीय संस्कृति के जश्न के रूप में मनाया जाता है?
SSC CGL Tier-1 26.09.2024 (Shift-I)
(a) मणिपुर (b) मध्य प्रदेश
(c) झारखण्ड (d) मेघालय

उत्तर (b)

• लोकरंजन त्योहार **मध्य प्रदेश** राज्य में लोक और जनजातीय संस्कृति के जश्न के रूप में मनाया जाता है।
• यह मध्य प्रदेश के **खजुराहो** में आयोजित होने वाला जनजातीय नृत्य उत्सव है, जिसे प्रत्येक वर्ष **दिसम्बर** माह में मनाया जाता है।

526. होला मोहल्ला किस धर्म/आस्था से जुड़ा त्योहार है? SSC CGL Tier-1 25.09.2024 (Shift-III)
(a) जैन धर्म (b) बौद्ध धर्म
(c) इस्लाम धर्म (d) सिख धर्म

उत्तर (d)

• होला मोहल्ला **सिखों से जुड़ा** धार्मिक त्योहार है और यह त्योहार **सिखों** के पवित्र धार्मिक स्थल आनन्दपुर साहिब में मनाया जाता है।
• इस त्योहार को मनाने की शुरुआत 17वीं शताब्दी में सिखों के 10वें गुरु, गुरुगोविन्द सिंह ने की थी।
• यह सिख त्योहार **चैत्र माह** के दूसरे दिन मनाया जाता है।

527. बिहू त्योहार किस राज्य का प्रमुख त्योहार है?
SSC CGL Tier-1 25.09.2024 (Shift-II)
(a) पंजाब (b) असम (c) केरल (d) राजस्थान

उत्तर (b)

• बिहू असम का पारम्परिक त्योहार है और इसे वर्ष में **तीन बार** मनाया जाता है।
• **रोंगाली** या **बोहाग बिहू** अप्रैल में मनाया जाता है। यह असमिया नववर्ष है और कृषि की शुरुआत को दर्शाता है।
• **कोंगाली** या **काटी बिहू** अक्टूबर या नवम्बर में फसलों की कटाई के समय मनाया जाता है।
• **भोगाली** या **माघ बिहू** जनवरी में मनाया जाता है।

528. मकर संक्रान्ति निम्नलिखित में से किस भगवान को समर्पित त्योहार है?
SSC CGL Tier-1 25.09.2024 (Shift-I)
(a) गणेश (b) चन्द्र
(c) इन्द्र (d) सूर्य

उत्तर (d)

• मकर संक्रान्ति **सूर्य** भगवान को समर्पित त्योहार है।
• मकर संक्रान्ति को **उत्तरायण** भी कहा जाता है। इस दिन सूर्य उत्तर दिशा की ओर बढ़ना शुरू करता है।
• यह दिन **बसन्त ऋतु** की शुरुआत और नई फसलों की कटाई का प्रतीक है।

529. असम में मनाए जाने वाले निम्नलिखित उत्सवों में से कौन-सा उत्सव प्रमुख रूप से वैष्णवों द्वारा मनाया जाता है?
SSC CGL Tier-1 24.09.2024 (Shift-II)
(a) अम्बुबाची मेला (b) दोल जात्रा
(c) बिहू (d) रोंगकर

उत्तर (b)

• **दोल जात्रा** असम में वैष्णवों द्वारा मनाया जाने वाला प्रमुख उत्सव है।
• दोल जात्रा होली से एक दिन पहले मनाया जाता है।
• इस दोल जात्रा में **चैतन्य महाप्रभु** द्वारा रचित कृष्ण-भक्ति संगीत की प्रचुरता रहती है।
• यह त्योहार ब्रजक्षेत्र, राजस्थान, गुजरात, ओडिशा, असम, त्रिपुरा और बंगाल क्षेत्र में होली के त्योहार के दौरान मनाया जाता है।

530. असम में मकर संक्रान्ति का पर्व किस नाम से मनाया जाता है?
SSC CGL Tier-1 24.09.2024 (Shift-I)
(a) माघ बिहू (b) थाई पोंगल
(c) पेड्डा पडुंगा (d) पोंगल

उत्तर (a)

• **माघ बिहू** असम का एक प्रमुख त्योहार है, इसे **भोगाली बिहू** और **मगहर बिहू** भी कहते हैं।
• यह फसल कटाई के मौसम का प्रतीक है।
• माघ बिहू त्योहार, अग्नि देवता को समर्पित त्योहार है।

531. निम्नलिखित में से कौन-सा त्योहार मुख्य रूप से ओडिशा राज्य में मनाया जाता है?
SSC CGL Tier-1 23.09.2024 (Shift-III)
(a) बैशागु (b) छठ
(c) मी-डैम-मी-फी (d) रज पर्व

उत्तर (d)

• ओडिशा में मनाया जाने वाला **रज पर्व** तीन दिवसीय त्योहार है।
• यह त्योहार मिथुन संक्रान्ति के दिन मनाया जाता है, जिसमें धरती माता और बारिश के देवता इन्द्र देव की पूजा की जाती है।
• छठ पर्व उत्तर भारत के कुछ क्षेत्रों मुख्यत: **बिहार** में मनाया जाने वाला त्योहार है, जबकि बैशागु और मी-डैम-मी-फी **असम** राज्य में मनाए जाने वाले त्योहार हैं।

532. निम्नलिखित में से किस महीने में असम में काटी बिहू मनाया जाता है?
SSC CGL Tier-1 23.09.2024 (Shift-II)
(a) जनवरी (b) नवम्बर (c) मार्च (d) अक्टूबर

उत्तर (d)

• काटी बिहू त्योहार असम में **अक्टूबर** माह में मनाया जाता है।
• काटी बिहू को **कोंगाली बिहू** के नाम से भी जाना जाता है।

533. 'अटला तड्डी' किस भारतीय राज्य का व्यापक रूप से मनाया जाने वाला त्योहार है?
SSC CGL Tier-1 23.09.2024 (Shift-I)
(a) बिहार (b) पश्चिम बंगाल
(c) पंजाब (d) आन्ध्र प्रदेश

उत्तर (d)

• **अटला तड्डी** त्योहार आन्ध्र प्रदेश की हिन्दू समुदाय की महिलाओं द्वारा पारम्परिक रूप से मनाया जाने वाला त्योहार है।
• यह त्योहार तेलुगू कैलेण्डर के **अश्विन माह** में कृष्ण पक्ष के तीसरे दिन मनाया जाता है।
• इस त्योहार में **देवी गौरी की उपासना** की जाती है।
• उत्तर भारत में जिस प्रकार औरतें करवा चौथ का व्रत करती हैं, ठीक उसी प्रकार आन्ध्र प्रदेश में महिलाएँ अटला टड्डी/तड्डी का व्रत करती है।

534. सरधना ईसाई मेला निम्नलिखित में से किस राज्य में आयोजित किया जाता है?
SSC CGL Tier-1 19.09.2024
(a) पश्चिम बंगाल (b) मध्य प्रदेश
(c) हरियाणा (d) उत्तर प्रदेश

उत्तर (d)

• **उत्तर प्रदेश** राज्य के मेरठ में सरधना ईसाई मेले का आयोजन नवम्बर माह के दूसरे शनिवार-रविवार को होता है।
• बेगम समरू द्वारा बनवाए गए इस चर्च को पोप जॉन 23वें ने वर्ष 1961 में माइनर बसिलिका का दर्जा दिया था।

535. निम्नलिखित में से किस राज्य में मुख्यत: मी–डैम–मी–फी (Me-dam-me-phi) उत्सव मनाया जाता है?
SSC CGL Tier-1 19.09.2024 (Shift-II)
(a) असम (b) बिहार
(c) ओडिशा (d) नागालैण्ड
उत्तर (a)
• मी–डैम–मी–फी उत्सव **असम** के **चराइदेव** के समुदाय द्वारा मनाया जाता है।
• असम में अहोम समुदाय के अपने सिद्धान्त और आस्था है। इस उत्सव में **पूर्वजों की पूजा** की जाती है।
• इसे प्रत्येक वर्ष 31 जनवरी को मनाया जाता है।

536. नवरात्रि उत्सव निम्नलिखित में से किस देवी को समर्पित है?
SSC CGL Tier-1 19.09.2024 (Shift-I)
(a) दुर्गा (b) सरस्वती (c) ज्वाला (d) लक्ष्मी
उत्तर (a)
• नवरात्रि उत्सव **दुर्गा देवी** को समर्पित है।
• यह एक हिन्दू त्योहार है, जिसे एक वर्ष में दो बार **चैत्र नवरात्रि** (मार्च/अप्रैल) तथा **शारदीय नवरात्रि** (सितम्बर/अक्टूबर) के रूप में मनाया जाता है।

537. ईस्टर त्योहार किस समुदाय द्वारा मनाया जाता है? SSC CGL Tier-1 18.09.2024 (Shift-III)
(a) हिन्दू (b) सिख (c) पारसी (d) ईसाई
उत्तर (d)
• ईस्टर को **ईसाइयों** द्वारा एक खुशी के त्योहार के रूप में मनाया जाता है।
• इस दिन को ईसाइयों द्वारा वर्ष के सबसे पवित्र दिन के रूप में मनाया जाता है।
• ईस्टर, गुड फ्राइडे के तीन दिन बाद मनाया जाता है।

538. रथ उत्सव भगवान जगन्नाथ के साथ सुभद्रा और ……… को समर्पित है।
SSC CGL Tier-1 18.09.2024 (Shift-II)
(a) अर्जुन (b) सुदामा (c) हनुमान (d) बलभद्र
उत्तर (d)
• रथ उत्सव, ओडिशा राज्य के पुरी क्षेत्र में प्रत्येक वर्ष आषाढ़ महीने की शुक्ल पक्ष की द्वितीया को मनाया जाता है।
• इसे जून या जुलाई महीने में मनाया जाता है।
• इस दिन भगवान जगन्नाथ, **बलभद्र** व सुभद्रा को गुंडिचा मन्दिर ले जाया जाता है।

539. कजरी महोत्सव मुख्य रूप से उत्तर प्रदेश के निम्नलिखित में से किस जिले में मनाया जाता है? SSC CGL Tier-1 17.09.2024 (Shift-III)
(a) गोरखपुर (b) मिर्जापुर
(c) झाँसी (d) कुशीनगर
उत्तर (b)
• कजरी महोत्सव मुख्य रूप से उत्तर प्रदेश के **मिर्जापुर** जिले में मनाया जाता है।
• कजरी वर्षा ऋतु का लोकगीत है। इसे सावन के महीने में गाया जाता है।
• यह महोत्सव उत्तर प्रदेश पर्यटन द्वारा आयोजित किया जाता है।

540. मध्य प्रदेश में निम्नलिखित में से कौन–सा महोत्सव मनाया जाता है? SSC CGL Tier-1 17.09.2024
(a) बिहू महोत्सव
(b) खजुराहो नृत्य महोत्सव
(c) जैसलमेर डेजर्ट फेस्टिवल
(d) थाईपुसम महोत्सव
उत्तर (b)
• **खजुराहो नृत्य महोत्सव** मध्य प्रदेश के खजुराहो में आयोजित किया गया।
• यह भारतीय शास्त्र नृत्य शैली पर केन्द्रित देश का शीर्षस्थ उत्सव है, जो राष्ट्रीय और अन्तर्राष्ट्रीय स्तर पर प्रसिद्ध है।
• इस समारोह में देश एवं विश्व के प्रतिष्ठित कलाकार अपनी नृत्य प्रस्तुतियाँ देते हैं।

541. पर्यूषण पर्व निम्नलिखित में से किस समुदाय के लोगों द्वारा मनाया जाता है?
SSC CGL Tier-1 17.09.2024 (Shift-I)
(a) सिख (b) मुसलमान
(c) जैन (d) हिन्दू
उत्तर (c)
• **जैन धर्म** में पर्यूषण पर्व को पर्वों का राजा कहते हैं। इस पर्व का उद्देश्य आत्मा–शुद्धि से है। इस दिन यथा शक्ति उपवास रखा जाता है।
• श्वेताम्बर समाज के लोग इसे आठ दिनों तक मनाते हैं, जिसे अष्टान्हिका कहते हैं।

542. ओडिशा में पुरी की 'रथ यात्रा' का त्योहार किस देवता को समर्पित है?
SSC CGL Tier-1 13.09.2024 (Shift-II)
(a) भगवान हनुमान (b) भगवान शिव
(c) भगवान जगन्नाथ (d) भगवान गणेश
उत्तर (c)
• ओडिशा में पुरी की 'रथ यात्रा' का त्योहार **भगवान जगन्नाथ** को समर्पित है।
• यह रथयात्रा आषाढ़ मास की शुक्ल पक्ष की द्वितीया को होती है।
• भगवान जगन्नाथ को **भगवान विष्णु** का रूप माना जाता है।
• भगवान जगन्नाथ के रथ को **नन्दी घोष** कहा जाता है।

543. छठ पूजा किस राज्य का प्रमुख त्योहार है?
SSC CGL Tier-1 03.09.2024 (Shift-I)
(a) असम (b) बिहार (c) कर्नाटक (d) तमिलनाडु
उत्तर (b)
• छठ पूजा बिहार राज्य का प्रमुख त्योहार है।
• यह पर्व **बिहार** या सम्पूर्ण भारत का ऐसा एकमात्र पर्व है, जो वैदिक काल से चला आ रहा है और अब तो यह बिहार की संस्कृति बन चुका है।
• यह कार्तिक शुक्ल पक्ष की षष्ठी को मनाया जाने वाला एक हिन्दू पर्व है।
• सूर्योपासना का यह लोकपर्व मुख्य रूप से बिहार, झारखण्ड, पश्चिम बंगाल, पूर्वी उत्तर प्रदेश और नेपाल के तराई क्षेत्रों में मनाया जाता है।

544. त्रिशूर पूरम ……… में मनाए जाने वाले प्रसिद्ध मन्दिर उत्सवों में से एक है।
(a) आन्ध्र प्रदेश (b) कर्नाटक
(c) तमिलनाडु (d) केरल
उत्तर (d)
• त्रिशूर पूरम **केरल** में मनाए जाने वाले प्रसिद्ध मन्दिर उत्सवों में से एक है।
• केरल के त्रिशूर पूरम में हाथियों की झाँकियाँ निकाली जाती हैं।
• इस उत्सव की शुरुआत कोच्चि के शासक **शक्थान थम्पूरन** ने की की।

545. गणगौर महोत्सव, पुष्कर मेला, नागौर मेला और उर्स मेला किस राज्य के लोकप्रिय मेले और महोत्सव हैं? SSC CGL Tier-1 12.09.2024 (Shift-II)
(a) पंजाब (b) महाराष्ट्र
(c) राजस्थान (d) त्रिपुरा
उत्तर (c)
• गणगौर महोत्सव, पुष्कर मेला, नागौर मेला और उर्स मेला **राजस्थान** राज्य के लोकप्रिय मेले और महोत्सव हैं।
• गणगौर महोत्सव एक नृत्य महोत्सव है। यह भगवान शिव और माता पार्वती को समर्पित है। इसे **अखण्ड सुहाग** का पर्व भी कहते हैं।
• पुष्कर मेला विश्व के सबसे बड़े पशु मेले में सम्मिलित है।
• 'ऊँटों की दौड़' के साथ यह मेला प्रारम्भ होता है। पुष्कर में विश्व प्रसिद्ध **ब्रह्म मन्दिर** है।
• 'उर्स' से तात्पर्य है— किसी सूफी सन्त की पुण्यतिथि। इसे सामान्यत: सूफी सन्त की दरगाह पर मनाया जाता है।

546. हेमिस उत्सव किस राज्य केन्द्रशासित प्रदेश में मनाया जाता है?
SSC CGL Tier-1 12.09.2024 (Shift-I)
(a) लद्दाख (b) सिक्किम
(c) पंजाब (d) लक्षद्वीप
उत्तर (a)
• हेमिस उत्सव केन्द्रशासित प्रदेश **लद्दाख** में मनाया जाता है।
• यह महोत्सव के सबसे बड़े मठ **हेमिस गोम्पा** में मनाया जाता है।
• यह दो द्विवसीय उत्सव है, जिसका आयोजन **गुरु पद्मसम्भव** के जन्मदिन के अवसर पर किया जाता है।

547. 'पौष मेला' निम्नलिखित में से किस भारतीय राज्य में मनाया जाने वाला एक अनूठा त्योहार है? SSC CGL Tier-1 11.09.2024 (Shift-II)
(a) पश्चिम बंगाल (b) मध्य प्रदेश
(c) उत्तर प्रदेश (d) हिमाचल प्रदेश
उत्तर (a)
• 'पौष मेला' **पश्चिम बंगाल** में मनाया जाने वाला एक अनूठा त्योहार है।
• यह एक वार्षिक मेला है, जो फसल के मौसम की शुरुआत का प्रतीक माना जाता है।
• यह मेला सामान्यत: 21 से 23 दिसम्बर के बीच शुरू होता है।

548. जगन्नाथ मन्दिर, पुरी में किन तीन भगवानों की मूर्तियाँ स्थापित हैं?
SSC CGL Tier-1 11.05.2024 (Shift-II)
(a) जगन्नाथ, बलभद्र और सुभद्रा
(b) ब्रह्मा, विष्णु और महेश
(c) राधा-कृष्ण और बलराम
(d) राम, लक्ष्मण और जानकी

उत्तर (a)
• जगन्नाथ मन्दिर पुरी में स्थापित **जगन्नाथ**, **बलभद्र** और **सुभद्रा** की मूर्तियाँ पवित्र नीम की लकड़ी से बनी हैं, जिन्हें **दारु** कहा जाता है।
• ये मूर्तियाँ रत्नजड़ित मंच या रत्नबेदी पर विराजमान हैं।
• सुभद्रा, श्रीकृष्ण और बलराम की बहन है।
• पुरी (ओडिसा) का जगन्नाथ मन्दिर एक हिन्दू मन्दिर है, जो भगवान जगन्नाथ (श्री कृष्ण) को समर्पित है।

549. शब-ए-बरात किस धार्मिक समूह द्वारा मनाया जाता है? SSC CGL Tier-1 11.09.2024 (Shift-I)
(a) मुसलमान (b) बौद्ध
(c) जैन (d) पारसी

उत्तर (a)
• शब-ए-बरात मुसलमानों द्वारा मनाया जाता है। **शब** एक फारसी शब्द है, जिसका अभिप्राय रात होता है, जबकि **बरात** एक अरबी शब्द है, जिसका अभिप्राय मोक्ष और क्षमा होता है।
• शब-ए-बरात की रात को मुसलमान समुदाय के लोग अल्लाह से अपने पापों की क्षमा माँगते हैं।

550. 'सांगकेन' निम्नलिखित में से किस धर्म के लोगों द्वारा अरुणाचल प्रदेश में मनाया जाने वाला त्योहार है? SSC CGL Tier-1 10.09.2024 (Shift-III)
(a) हिन्दू धर्म (b) जैन धर्म
(c) बौद्ध धर्म (d) इस्लाम

उत्तर (c)
• सांगकेन **बौद्ध धर्म** के लोगों द्वारा मनाया जाने वाला त्योहार है।
• सांगकेन त्योहार अरुणाचल प्रदेश के लोहित जिले में रहने वाले **खामती समुदाय** का एक त्योहार है।
• तीन दिनों तक चलने वाला यह त्योहार प्रत्येक वर्ष **अप्रैल माह** में मनाया जाता है।
• यह त्योहार नए वर्ष का स्वागत करने के लिए मनाया जाता है।

551. हरेला त्योहार हरियाली, शान्ति, समृद्धि और पर्यावरण संरक्षण का एक त्योहार है, जो निम्नलिखित में से किस राज्य में मुख्य रूप से मनाया जाता है?
SSC CGL Tier-1 11.09.2024 (Shift-II)
(a) असम (b) उत्तराखण्ड
(c) हरियाणा (d) मध्य प्रदेश

उत्तर (b)
• हरेला का अर्थ **हरियाली का दिन** होता है और यह **भगवान शिव** और **देवी पार्वती** की पूजा के लिए सावन महीने में उत्तराखण्ड में मनाया जाता है।
• उत्तराखण्ड के लोग हिमालय कुमाऊँ क्षेत्र के लोग हरियाली को समृद्धि से जोड़ते हैं।

552. निम्नलिखित में से कौन-सा त्योहार गुरुनानक देव की जयन्ती के रूप में मनाया जाता है?
SSC CGL Tier-1 10.09.2024 (Shift-I)
(a) बैसाखी
(b) होला मोहल्ला
(c) गुरुपर्व (गुरपुरब)
(d) छप्पर मेला

उत्तर (c)
• **गुरुपर्व** या **गुरपुरब** त्योहार गुरुनानक देव की जयन्ती के रूप में मनाया जाता है।
• यह पर्व प्रत्येक वर्ष **कार्तिक पूर्णिमा** के दिन मनाया जाता है।
• गुरुनानक देव **सिख धर्म के संस्थापक** थे, जिनका जन्म 15 अप्रैल, 1469 को **तलवण्डी** (पाकिस्तान) में हुआ था।

553. 'नुआखाई' किस राज्य का त्योहार है?
SSC CGL Tier-1 09.09.2024 (Shift-III)
(a) बिहार (b) तमिलनाडु
(c) ओडिशा (d) मेघालय

उत्तर (c)
• **नुआखाई** ओडिशा राज्य का पारम्परिक त्योहार है। इसे झारखण्ड में भी मनाते हैं।
• नुआखाई एक कृषि सम्बन्धी त्योहार है। यह गणेश चतुर्थी के अगले दिन मनाया जाता है। इसका शाब्दिक अर्थ है- 'नया खाना'।

554. निम्नलिखित में से कौन-सा उत्सव सूर्य देव और उनकी पत्नी उषा को पृथ्वी पर जीवन बनाए रखने और इच्छाएँ प्रदान करने के लिए धन्यवाद देने के लिए समर्पित है?
SSC CGL Tier-1 09.09.2024 (Shift-II)
(a) मड़ई महोत्सव (b) सौराठ सभा
(c) विश्वकर्मा पूजा (d) छठ पूजा

उत्तर (d)
• छठ पूजा कार्तिक महीने के छठे दिन मनाई जाती है, इसे **सूर्य षष्ठी** के नाम से भी जाना जाता है।
• यह **चार दिनों** का त्योहार होता है।
• इस पूजा के दौरान परवैतिन को डूबते और उगते सूर्य को अर्घ्य देना होता है।
• यह त्योहार मुख्य रूप से पूर्वी उत्तर प्रदेश बिहार राज्य में मनाया जाता है।

SSC CGL 2023 (Tier 1 & 2)

555. निम्नलिखित में से कौन-सा त्योहार 'टाई ऑफ प्रोटेक्शन' शब्द से जुड़ा है?
SSC CGL Tier-1 14.07.2023 (Shift-I)
(a) रक्षाबन्धन (b) करवाचौथ
(c) छठ पूजा (d) बैसाखी

उत्तर (a)
• **रक्षाबन्धन** का त्योहार **टाई ऑफ प्रोटेक्शन** शब्द से सम्बन्धित है। यह प्रेम, सुरक्षा और भाईचारे का त्योहार है।
• रक्षा बंधन को श्रावण महिने की **पूर्णिमा** को मनाया जाता है।

556. अम्बुबाची मेला उत्तर-पूर्व भारत के किस मन्दिर में आयोजित किया जाता है?
SSC CGL Tier-1 14.07.2023 (Shift-III)
(a) भुवनेश्वरी (b) कामाख्या
(c) विलेश्वर (d) दक्षिणेश्वर काली

उत्तर (b)
• अम्बुबाची मेला **देवी कामाख्या** के वार्षिक मासिक धर्म का उत्सव है।
• यह उत्तर-पूर्वी भारत के कामाख्या मन्दिर में आयोजित होता है।
• यहाँ इष्टदेव की कोई मूर्ति नहीं है, बल्कि उनकी पूजा एक **योनि** जैसे पत्थर के रूप में की जाती है।
• इस मन्दिर का निर्माण म्लैच्छ वंश के राजा **नारा नारायण** द्वारा कराया गया और अहोम राजाओं द्वारा पुनर्निर्मित किया गया था।

557. नाग पंचमी हिन्दू कैलेण्डर के किस महीने में मनाई जाती है?
SSC CGL Tier-1 14.07.2023 (Shift-IV)
(a) शरद (b) कार्तिक
(c) श्रावण (d) आषाढ़

उत्तर (c)
• हिन्दू पंचांग के अनुसार, नाग पंचमी का त्योहार श्रावण मास के **शुक्ल पक्ष की पंचमी तिथि** को मनाया जाता है।
• इस दिन नागदेवता की पूजा की जाती है और उन्हें दूध से स्नान कराया जाता है।

558. बाणगंगा उत्सव महाराष्ट्र में निम्नलिखित में से किस स्थान पर प्रतिवर्ष मनाया जाता है?
SSC CGL Tier-1 17.07.2023 (Shift-I)
(a) मुम्बई (b) पुणे
(c) नासिक (d) नागपुर

उत्तर (a)
• प्रतिवर्ष जनवरी माह में महाराष्ट्र पर्यटन विकास निगम एवं भारतीय विरासत समाज द्वारा संयुक्त रूप से मुम्बई में **बाणगंगा उत्सव** का आयोजन किया जाता है।
• वर्ष 1992 में पहली बार इस त्योहार का आयोजन किया गया था।
• यह महोत्सव मुम्बई के मालाबार हिल्स में मनाया जाता है।

559. यह कार्यक्रम ईसा मसीह के पुनर्जन्म के उत्सव के रूप में मनाया जाता है। इस कार्यक्रम का नाम बताइए? SSC CGL Tier-1 17.07.2023 (Shift-II)
(a) क्रिसमस (b) ईस्टर
(c) गुड फ्राइडे (d) पवित्र गुरुवार

उत्तर (b)
• **ईस्टर** को ईसा मसीह के पुनर्जन्म के रूप में मनाया जाता है तथा इसका अर्थ पुनरुत्थान रविवार भी माना जाता है।

560. हेमिस महोत्सव भारत के किस राज्य में मुख्य रूप से मनाया जाता है?
SSC CGL Tier-I 17.07.2023 (Shift-III)
(a) अरुणाचल प्रदेश (b) असम
(c) लद्दाख (d) लक्षद्वीप

उत्तर (c)

• हेमिस महोत्सव भारतीय बौद्ध सन्त गुरु पद्मसम्भव की जयन्ती पर 17वीं सदी में हेमिस नामक बौद्ध मठ **लद्दाख** में आयोजित किया जाता है।
• लामाओं द्वारा किया जाने वाला **मुखौटा नृत्य** हेमिस महोत्सव का मुख्य आकर्षण होता है।

561. 7 नवम्बर, 2022 को प्रधानमन्त्री नरेन्द्र मोदी ने नई दिल्ली में श्री गुरुनानक देव जी के ······ प्रकाश पर्व के समारोह में भाग लिया और प्रार्थना की। **SSC CGL Tier-1 17.07.2023 (Shift-IV)**
(a) 550वें (b) 551वें (c) 552वें (d) 553वें

उत्तर (d)
• प्रधानमन्त्री नरेन्द्र मोदी ने 7 नवम्बर, 2022 को गुरुनानक देव की 553वीं जयन्ती समारोह में भाग लिया।
• गुरु नानक जी का जन्म 1469 ई. में लाहौर के पास **तलवण्डी** रायभोई (आधुनिक नाम ननकाना साहिब) गाँव में हुआ था।
• गुरु नानक ने **सिख धर्म** की स्थापना की थी। वे हुमायूँ के समकालीन थे।

562. गरबा किस त्योहार के दौरान किया जाता है?
SSC CGL Tier-1 18.07.2023 (Shift-I)
(a) बिहू (b) पोंगल (c) दिवाली (d) नवरात्रि

उत्तर (d)
• **गुजरात** का प्रसिद्ध लोकनृत्य गरबा **नवरात्रि** के दौरान किया जाता है।
• गरबा नृत्य को संयुक्त राष्ट्र शैक्षिक, वैज्ञानिक तथा सांस्कृतिक संगठन (UNESCO) की सांस्कृतिक सूची में शामिल किया गया है।

563. यह त्योहार नागालैण्ड सरकार ने वर्ष 2000 में जनजातियों के बीच संवाद को प्रोत्साहित करने और राज्य की सांस्कृतिक विरासत को बढ़ावा देने के लिए शुरू किया था। इस त्योहार का नाम क्या है? **SSC CGL Tier-1 18.07.2023 (Shift-I)**
(a) नुआखाई उत्सव (b) गान-नगाई उत्सव
(c) हॉर्नबिल उत्सव (d) नाजू उत्सव

उत्तर (c)
• **हॉर्नबिल उत्सव** नागालैण्ड सरकार द्वारा राज्य की सांस्कृतिक विरासत तथा जनजातियों के बीच संवाद को प्रोत्साहित करने के लिए प्रतिवर्ष 1 से 10 दिसम्बर के बीच नागा हेरिटेज गाँव, किसामा (नागालैण्ड) में मनाया जाता है।
• यह त्योहार नागालैण्ड के सभी जातीय समूहों का प्रतिनिधित्व करता है, जिसके कारण इसे 'त्योहारों का त्योहार' भी कहा जाता है।

564. हेमिस महोत्सव पर किस धर्म का प्रभाव है?
SSC CGL Tier-1 18.07.2023 (Shift-II)
(a) बौद्ध धर्म (b) इस्लाम
(c) हिन्दू धर्म (d) जैन धर्म

उत्तर (a)
• बौद्ध पर्व तिब्बत कैलेण्डर के अनुसार, प्रत्येक वर्ष **चन्द्र मास** के दसवें दिन मनाया जाता है।
• यह महोत्सव भारतीय बौद्ध सन्त, गुरु पद्मसम्भव की जयन्ती पर मनाया जाता है, जिसे **हेमिस देवता** के रूप में पूजा जाता है।
• दो दिवसीय यह महोत्सव लद्दाख के हेमिस मठ में मनाया जाता है।

गान-नगाई उत्सव-मेघालय, नुआखाई उत्सव-ओडिशा, नाजू उत्सव-अरुणाचल प्रदेश में मनाया जाता है।

565. दीपावली हिन्दू कैलेण्डर के निम्नलिखित में से किस महीने में आती है?
SSC CGL Tier-1 18.07.2023 (Shift-III)
SSC CGL Tier-1 14.08.2023 (Shift-IV)
(a) ज्येष्ठ (b) आषाढ़ (c) कार्तिक (d) भाद्रपद

उत्तर (c)
• हिन्दू कैलेण्डर के **कार्तिक माह** में दीपावली त्योहार मनाया जाता है।
• इस दिन देवी लक्ष्मी की पूजा की जाती है।
• यह त्योहार कार्तिक मास की अमावस्या को मनाया जाता है।

566. चिथिरई (Chithirai) उत्सव किस राज्य में मनाया जाता है? **SSC CGL Tier-1 18.07.2023 (Shift-IV)**
(a) पंजाब (b) तमिलनाडु
(c) मेघालय (d) राजस्थान

उत्तर (b)
• चिथिरई (Chitherai) उत्सव अप्रैल माह में तमिलनाडु के **मदुरै** शहर में मनाया जाता है। इसे **मीनाक्षी कल्याणम** या **मीनाक्षी थिरू कल्याणम** के नाम से भी जाना जाता है।
• यह शैववाद और वैष्णवाद की एकता के प्रतीक के रूप में मनाया जाता है।
• यह उत्सव 15 दिनों तक मनाया जाता है।

567. मानव पिरामिड बनाने और छाछ से भरे मिट्टी के बर्तन (मटकी) को तोड़ने का प्रयास करने की गतिविधि किस त्योहार से जुड़ी है?
SSC CGL Tier-1 19.07.2023 (Shift-I)
(a) जन्माष्टमी (b) दशहरा
(c) होली (d) महाशिवरात्रि

उत्तर (a)
• छाछ से भरी मटकी को मानव पिरामिड बनाकर तोड़ने की गतिविधि का आयोजन कृष्ण जन्माष्टमी से सम्बन्धित है।
• इस खेल को महाराष्ट्र में **दही हांडी** के रूप में मनाया जाता है।

568. भारतीय पंचांग के अनुसार बसन्त ऋतु किन महीनों में आती है?
SSC CGL Tier-1 19.07.2023 (Shift-II)
(a) ज्येष्ठ-आषाढ़ (b) मार्गशीर्ष-पौष
(c) चैत्र-बैशाख (d) श्रावण-भाद्र

उत्तर (c)
• भारत में बसन्त का मौसम **चैत्र-बैशाख** (फरवरी से मार्च तक) के महीनों में आता है।
• बसन्त ऋतु को **ऋतुराज** भी कहते हैं।

569. असम के किस शहर में हर वर्ष चाय महोत्सव मनाया जाता है?
SSC CGL Tier-1 19.07.2023 (Shift-III)
(a) जोरहाट (b) गुवाहाटी
(c) सिलचर (d) डिब्रूगढ़

उत्तर (a)
• असम के जोरहाट में चाय महोत्सव प्रत्येक वर्ष नवम्बर और जनवरी के बीच मनाया जाता है।
• जोरहाट अपने चाय बागानों, विश्व प्रसिद्ध **टोकलाई चाय अनुसन्धान संस्थान** के लिए प्रसिद्ध है।
• असम भारत में **सबसे बड़ा चाय उत्पादक** राज्य है।

570. निम्नलिखित में से किस राज्य में प्रत्येक वर्ष 26 जनवरी से शुरू होने वाले पाँच दिवसीय उत्सव 'लोकरंग' का आयोजन किया जाता है? **SSC CGL Tier-1 19.07.2023 (Shift-IV)**
(a) हिमाचल प्रदेश
(b) उत्तर प्रदेश
(c) मध्य प्रदेश
(d) अरुणाचल प्रदेश

उत्तर (c)
• प्रत्येक वर्ष 26 जनवरी से शुरू होने वाला पाँच दिवसीय उत्सव लोकरंग **भोपाल** (मध्य प्रदेश) में आयोजित किया जाता है।
• इसके अन्तर्गत लोकनृत्य, संगीत और शास्त्रीय नृत्य का आयोजन तथा आदिवासी समुदाय द्वारा बनाए गए हस्तशिल्प के संग्रह का प्रदर्शन किया जाता है।

571. निम्नलिखित में से कौन-से त्योहार की उत्पत्ति तिब्बती नववर्ष से हुई है और लद्दाख में, यह प्रत्येक वर्ष फसल कटाई के मौसम के अन्त में मनाया जाता है?
SSC CGL Tier-1 20.07.2023 (Shift-I)
(a) युरू कबगयात (b) माथो नागरंग
(c) लोसर उत्सव (d) दोसमोचे

उत्तर (c)
• **लोसर उत्सव** लद्दाख में मनाया जाता है, जो तिब्बती चन्द्र कैलेण्डर की शुरुआत से **15 दिनों** का त्योहार है।
• लोसर त्योहार एक तिब्बती नववर्ष त्योहार है, जो नेपाल, भूटान और तिब्बत में अपनी परम्पराओं के अनुसार मनाया जाता है।

572. 'कम्बाला' महोत्सव ········ राज्य के कृषक समुदायों द्वारा आयोजित किया जाता है।
SSC CGL Tier-1 20.07.2023 (Shift-II)
(a) कर्नाटक (b) हिमाचल प्रदेश
(c) राजस्थान (d) मध्य प्रदेश

उत्तर (a)
• 'कम्बाला' महोत्सव **कर्नाटक** के दक्षिणी जिले में कृषक समुदाय द्वारा मनाया जाने वाला एक वार्षिक त्योहार है।
• यह त्योहार भगवान शिव के प्रतीक भगवान **कादरी मंजुनाथ** को समर्पित है।

573. गुजरात के किस जिले में गुजरात सरकार द्वारा मोढेरा नृत्य महोत्सव का आयोजन किया जाता है? **SSC CGL Tier-1 20.07.2023**
(a) भरूच (b) अमरेली
(c) मेहसाणा (d) डांग

उत्तर (c)

• गुजरात सरकार **मेहसाणा** जिले में मोढेरा नृत्य महोत्सव का आयोजन किया जाता है, जिसके अन्तर्गत विभिन्न शैलियों में लोकनृत्य का आयोजन किया जाता है।
गरबा, रास, डांडिया, भरूच अमरेती डांग, थीरा गुजरात राज्य की पारम्परिक नृत्य शैली है।

574. सिख, 'बन्दी छोड़ दिवस' मनाते हैं, जो किस हिन्दू त्योहार के साथ मेल खाता है?
SSC CGL Tier-1 21.07.2023 (Shift-II)
(a) दशहरा (b) दीपावली
(c) होली (d) गणेश चतुर्थी

उत्तर (b)
• सिखों द्वारा **दीपावली** के दिन बन्दी छोड़ दिवस मनाया जाता है।
• इस त्योहार को सर्वप्रथम **गुरु हरगोविन्द सिंह** ने मनाया था। इसी दिन वह मुगल कैद से छूटकर 52 हिन्दू राजाओं की रिहाई के साथ **अमृतसर** पहुँचे थे और उसी दिन पूरे अमृतसर में दीप जलाए गए थे।

575. इस्लामिक कैलेण्डर के किस महीने में 'रमजान' मनाया जाता है, जोकि एक पवित्र महीना है। जब विश्व भर के मुसलमान रोजा रखते हैं और दान-पुण्य (जिसे जकात के रूप में जाना जाता है) करने पर अपना ध्यान देते हैं? SSC CGL Tier-1 21.07.2023 (Shift-III)
(a) छठवें (b) नौवें
(c) सातवें (d) दूसरे

उत्तर (b)
• इस्लामिक कैलेण्डर के नौवें महीने में विश्व भर के मुसलमान रोजा रखते हैं और दान-पुण्य करने पर ध्यान देते हैं।
• रमजान का रहमत और बरकतों का मदीना माना जाता है।

576. सिरपुर राष्ट्रीय नृत्य और संगीत महोत्सव हर वर्ष भारत के किस राज्य में आयोजित किया जाता है? SSC CGL Tier-1 21.07.2023 (Shift-IV)
(a) मध्य प्रदेश (b) उत्तर प्रदेश
(c) छत्तीसगढ़ (d) झारखण्ड

उत्तर (c)
• सिरपुर राष्ट्रीय नृत्य और संगीत महोत्सव **छत्तीसगढ़** में 7वीं शताब्दी के लक्ष्मण मन्दिर के निकट आयोजित किया जाता है।
• इसे छत्तीसगढ़ पर्यटन बोर्ड द्वारा आयोजित किया जाता है।

577. निम्नलिखित में से किस त्योहार के नाम में 'उबालना' या 'उबलना' का अर्थ जुड़ा है?
SSC CGL Tier-1 24.07.2023 (Shift-I)
(a) ओणम (b) बिहू (c) पोंगल (d) राजा

उत्तर (c)
• प्रत्येक वर्ष जनवरी माह में मनाए जाने वाले **पोंगल** का अर्थ है- उबालना या उबलना।
• यह तमिलनाडु का प्रमुख त्योहार है, जो **फसल** और **किसानों** से सम्बन्धित है।
• यह प्रतिवर्ष 14-15 जनवरी को मनाया जाता है।
• यह सूर्य देवता को समर्पित है।

578. माजुली महोत्सव मनाने के लिए कौन-सा राज्य प्रसिद्ध है? SSC CGL Tier-1 24.07.2023 (Shift-II)
(a) सिक्किम (b) असम
(c) मेघालय (d) मणिपुर

उत्तर (b)
• माजुली महोत्सव मनाने के लिए **असम** राज्य प्रसिद्ध है।
• माजुली उत्सव प्रतिवर्ष नवम्बर माह में आयोजित होने वाला तीन दिवसीय उत्सव है।
• माजुली असम में ब्रह्मपुत्र नदी में स्थित एक नदी द्वीप है।

579. बस्तर दशहरा का दस दिवसीय उत्सव भारत के किस राज्य से सम्बन्धित है?
SSC CGL Tier-1 24.07.2023 (Shift-III)
(a) छत्तीसगढ़ (b) झारखण्ड
(c) बिहार (d) ओडिशा

उत्तर (a)
• **छत्तीसगढ़** राज्य में दस दिवसीय बस्तर दशहरे का आयोजन किया जाता है।
• बस्तर दशहरे की शुरुआत श्रावण माह की हरियाली अमावस्या से होती है।
• इस अवसर पर **काछनगुडी देवी** की विशेष पूजा की जाती है।

580. हिमाचल प्रदेश का डोंगरी उत्सव मुख्य रूप से किस धार्मिक समुदाय द्वारा मनाया जाता है?
SSC CGL Tier-1 23.07.2023 (Shift-IV)
(a) मुसलमान (b) सिख
(c) बौद्ध (d) हिन्दू

उत्तर (d)
• डोंगरी उत्सव प्रत्येक वर्ष बसन्त पंचमी के अवसर पर हिमाचल प्रदेश के कुल्लू घाटी में **हिन्दू** समुदाय द्वारा मनाया जाने वाला सबसे बड़ा उत्सव है, जो 14-16 मई तक मनाया जाता है।
• इस त्योहार को जम्मू और कश्मीर में **गोपा उत्सव** के रूप में भी जाना जाता है।

581. तमलाडु भारत के किस राज्य के बौद्ध समुदाय द्वारा मनाया जाने वाला त्योहार है?
SSC CGL Tier-1 25.07.2023 (Shift-I)
(a) कर्नाटक (b) अरुणाचल प्रदेश
(c) मध्य प्रदेश (d) हिमाचल प्रदेश

उत्तर (b)
• प्रतिवर्ष 15 फरवरी को मनाया जाने वाला तमलाडु पर्व **अरुणाचल प्रदेश** में **दिगारु मिश्मिस जनजाति** के लोहित जिले से सम्बन्धित है, जो यह त्योहार मनाती है।
• यह त्योहार तिब्बती कैलेण्डर के 15वें दिन मनाया जाता है, जो सामान्यत: फरवरी या मार्च के महीने में आता है।

582. निम्नलिखित में से किस भारतीय राज्य में 'माघ साजी' के नाम से मकर संक्रान्ति मनाई जाती है? SSC CGL Tier-1 25.07.2023 (Shift-III)
(a) झारखण्ड (b) हिमाचल प्रदेश
(c) पंजाब (d) उत्तराखण्ड

उत्तर (b)
• **हिमाचल प्रदेश** में संक्रान्ति को स्थानीय तौर पर माघ साजी के नाम से जाना जाता है तथा उस महीने को माघ कहा जाता है।
• इस दिन लोग क्षेत्र की पवित्र नदियों में स्नान करते हैं और मन्दिर जाते हैं।

583. असम में बिहू उत्सव वर्ष में कितनी बार मनाया जाता है? SSC CGL Tier-1 26.07.2023 (Shift-II)
(a) 2 (b) 3 (c) 5 (d) 4

उत्तर (b)
• फसलों के त्योहार के रूप में मनाया जाने वाला बिहू उत्सव वर्ष में **3 बार** मनाया जाता है।
• इसे **बोहाग बिहू** या **रोगोली बिहू** भी कहा जाता है।
• **बिहू त्योहार** अप्रैल माह में मनाया जाता है, जबकि बोहाग बिहू अक्टूबर में व रोगोली बिहू जनवरी में मनाया जाता है।

584. हर वर्ष मनाए जाने वाले गुरु केलुचरण महापात्रा पुरस्कार उत्सव का नाम निम्नलिखित में से किस नृत्य शैली के प्रसिद्ध शास्त्रीय नर्तक के नाम पर रखा गया है?
SSC CGL Tier-1 26.07.2023 (Shift-III)
(a) मोहिनीअट्टम
(b) कुचिपुड़ी
(c) कथक
(d) ओडिसी

उत्तर (d)
• केलुचरण महापात्रा एक प्रसिद्ध भारतीय नर्तक, गुरु और **ओडिसी** नृत्य के प्रतिपादक थे। उनके नाम पर, केलुचरण महापात्रा पुरस्कार उत्सव का आयोजन किया जाता है।
• वह ओडिशा राज्य से पद्म विभूषण (वर्ष 2000)पाने वाले पहले व्यक्ति हैं।

585. नारली पूर्णिमा भारत के किस राज्य में मानसून के मौसम के अन्त का प्रतीक होती है?
SSC CGL Tier-1 26.07.2023 (Shift-IV)
(a) बिहार (b) तमिलनाडु
(c) पश्चिम बंगाल (d) महाराष्ट्र

उत्तर (d)
• **महाराष्ट्र** के मछुआरा समुदाय द्वारा नारली पूर्णिमा को मानसून के अन्त के रूप में मनाया जाता है।
• इसे श्रावणी पूर्णिमा, राखी पूर्णिमा आदि नामों से भी जाना जाता है।

586. 14 अप्रैल को तमिल कैलेण्डर का पहला दिन .... के रूप में मनाया जाता है।
SSC CGL Tier-1 27.07.2023 (Shift-I)
(a) पोंगल (b) ओणम
(c) पुथाण्डु (d) महामहम

उत्तर (c)
• तमिल कैलेण्डर का पहला दिन **पुथाण्डु** के रूप में मनाया जाता है।
• इसे पुथुवरूशम भी कहते हैं।
• यह त्योहार तमिल महीने चिथिराई के पहले दिन मनाया जाता है।

587. पारो त्शेचु के नाम से प्रसिद्ध त्योहार किस देश में मनाया जाता है?
SSC CGL Tier-1 27.07.2023 (Shift-II)
(a) जापान (b) थाइलैण्ड
(c) बर्मा (d) भूटान

उत्तर (d)
- यह भूटान के संरक्षक संत **गुरु रिनपोचे** की जयन्ती मनाने के लिए प्राय: मार्च या अप्रैल में भूटान की पारो घाटी में आयोजित होने वाला **चार दिवसीय** त्योहार है।
- पारो त्शेचु महोत्सव का मुख्य आकर्षण भूटानी भिक्षुओं द्वारा मुखौटे पहनकर किया जाने वाला **चाम नृत्य** है।

588. निम्नलिखित में से किस शहर में कुव्वत अल-इस्लाम मस्जिद स्थित है?
SSC CGL Tier-II 27.07.2023 (Shift-II)
(a) दिल्ली (b) लाहौर
(c) पानीपत (d) अजमेर

उत्तर (a)
- कुव्वत अल- इस्लाम मस्जिद का निर्माण कुतुबुद्दीन ऐबक के द्वारा 1199 ई. में **दिल्ली** में आरम्भ किया गया था।
- इल्तुतमिश और फिरोजशाह तुगलक ने इसके कुछ हिस्से का निर्माण बाद में करवाया था।
- कुब्बत अल-इस्लाम मस्जिद भारत में बनने वाली पहली मस्जिद थी।

589. गुरुवायूर एकादशी भारत के किस राज्य का सांस्कृतिक उत्सव है?
SSC CGL Tier-II 26.07.2023 (Shift-III)
(a) आन्ध्र प्रदेश (b) केरल
(c) तमिलनाडु (d) कर्नाटक

उत्तर (b)
- गुरुवायूर एकादशी **केरल** में मनाई जाती है। यह एक हिन्दू त्योहार है।
- इसे अन्य क्षेत्रों में **मोक्षदा एकादशी** के नाम से भी जाना जाता है।
- यह त्योहार सामान्यत: नवम्बर या दिसम्बर के महीने मनाया जाता है।

SSC CGL 2022 (Tier 1 & 2)

590. पंजाब में निम्नलिखित में से कौन-सा त्योहार खालसा पन्थ के गठन के उपलक्ष्य में मनाया जाता है? SSC CGL Tier-1 01.12.2022 (Shift-I)
(a) होला मोहल्ला
(b) तीज
(c) लोहड़ी
(d) बैसाखी

उत्तर (d)
- पंजाब के रूपनगर (रोपड़) जिले में स्थित आनन्दपुर साहिब में सिखों के दसवें गुरु, **गुरुगोविन्द सिंह** ने मार्च, 1699 में **बैसाखी** के दिन खालसा पन्थ की स्थापना की।
- यह त्योहार फसल के त्योहार के रूप में सांस्कृतिक रूप से भी महत्त्वपूर्ण है।
- प्रतिवर्ष अप्रैल महीने में 13 या 14 तारीख को बैसाखी त्योहार मनाया जाता है।

591. निम्नलिखित में से कौन-सा त्योहार अगस्त-सितम्बर के महीने में मनाया जाता है?
SSC CGL Tier-1 01.12.2022 (Shift-II)
(a) मकर संक्रान्ति (b) ओणम
(c) बीकानेर महोत्सव (d) पतंग महोत्सव

उत्तर (b)
- **ओणम**, केरल का प्रमुख त्योहार है। यह त्योहार **अगस्त-सितम्बर** महीने में भगवान वामन की जयन्ती एवं राजा बलि के स्वागत में प्रतिवर्ष आयोजित किया जाता है, जो लगभग दस दिनों तक चलता है।
- इस अवसर पर राज्य में नौका दौड़ का भी आयोजन होता है। इसे खेतों में फसल की अच्छी उपज के लिए मनाया जाता है।

592. भारत के निम्नलिखित में से किस राज्य में पर्यटन को बढ़ावा देने के लिए 'रण उत्सव' का आयोजन किया जाता है?
SSC CGL Tier-1 01.12.2022 (Shift-III)
(a) पंजाब (b) महाराष्ट्र
(c) राजस्थान (d) गुजरात

उत्तर (d)
- वर्ष 2006 से शुरू **गुजरात** का रण उत्सव संस्कृति और पर्यटन को बढ़ावा देने हेतु आयोजित किया जाता है।
- यह उत्सव शिल्प, कला, संगीत, नृत्य, भोजन और प्रकृति का त्योहार है।
- गुजरात के पर्यटन विभाग द्वारा हर साल नवम्बर के अन्त से लेकर फरवरी तक मनाया जाता है।

593. हिन्दू कैलेण्डर के अनुसार भारत में रक्षाबन्धन कब मनाया जाता है?
SSC CGL Tier-1 01.12.2022 (Shift-IV)
(a) पूर्णिमा, श्रावण मास
(b) पूर्णिमा, आषाढ़ मास
(c) अमावस्या, श्रावण मास
(d) अमावस्या, आषाढ़ मास

उत्तर (a)
- हिन्दू कैलेण्डर के अनुसार, रक्षाबन्धन **श्रावण मास की पूर्णिमा** को मनाया जाता है।
- श्रावण (सावन) में मनाए जाने के कारण इसे 'श्रावणी' (सावनी) या सलूनो भी कहते हैं।

594. 'हॉर्नबिल महोत्सव' कितने दिनों के लिए आयोजित किया जाता है?
SSC CGL Tier-II 02.12.2022 (Shift-I)
(a) 20 (b) 5 (c) 15 (d) 10

उत्तर (d)
- **नागा जनजातियों** का सांस्कृतिक हॉर्नबिल उत्सव **10 दिनों** के लिए आयोजित किया जाता है।
- इस उत्सव का उद्देश्य नागालैण्ड की स्मृद्ध संस्कृति को पुनर्जीवित करना व उसकी रक्षा करना तथा इसकी भव्यता और परम्पराओं को प्रदर्शित करना है।

595. झारखण्ड में सरहुल पर्व किस ऋतु में मनाया जाता है? SSC CGL Tier-1 02.12.2022 (Shift-I)
(a) बसन्त ऋतु (b) शीत ऋतु
(c) शरद ऋतु (d) वर्षा ऋतु

उत्तर (a)
- सरहुल पर्व **बसन्त ऋतु** में चैत्र मास शुक्ल पक्ष की तृतीया तिथि से चैत्र पूर्णिमा तक तीन दिनों तक झारखण्ड में मनाया जाता है।
- यह पर्व मुख्य रूप से मुण्डा, भूमिज और हो जनजातियों द्वारा मनाया जाता है।
- इस पर्व के साथ आदिवासी समुदाय नए साल की शुरुआत करते हैं।

596. निम्नलिखित में से किस त्योहार को विजय उत्सव के नाम से जाना जाता है?
SSC CGL Tier-1 02.12.2022 (Shift-II)
(a) हम्पी महोत्सव (b) पुष्कर मेला
(c) कोणार्क नृत्य महोत्सव (d) गंगासागर मेला

उत्तर (a)
- विजय उत्सव के नाम से प्रसिद्ध **हम्पी महोत्सव कर्नाटक** राज्य में मनाया जाता है।
- हम्पी को **यूनेस्को** विश्व विरासत स्थल के रूप में मान्यता प्राप्त है। हम्पी का सबसे प्रसिद्ध स्थान पत्थर का बना मन्दिर है, जो विष्णु भगवान के वाहन गरुड़ को समर्पित है।

> पुस्कर मेला-राजस्थान, कोणार्क नृत्य महोत्सव-ओडिशा तथा गंगा सागर मेला-प.बंगाल से सम्बन्धित है।

597. इस्लामिक नववर्ष की शुरुआत के उपलक्ष्य में भारत में मुस्लिम समुदाय द्वारा मनाया जाने वाला सबसे महत्त्वपूर्ण त्योहार निम्नलिखित में से कौन-सा है?
SSC CGL Tier-1 02.12.2022 (Shift-II)
(a) मुहर्रम (b) ईद-उल-जुहा
(c) ईद-उल-फितर (d) मिलाद-उन-नबी

उत्तर (a)
- इस्लामिक नववर्ष की शुरुआत के उपलक्ष्य में भारत में मुस्लिम समुदायों द्वारा **मुहर्रम** मनाया जाता है।
- यह त्योहार पैगम्बर **मुहम्मद साहब** के नवासे इमाम हुसैन एवं उनके साथियों की शहादत की याद में मनाया जाता है।

598. 'सैर-ए-गुल फरोशन' महोत्सव कहाँ आयोजित किया जाता है?
SSC CGL Tier-1 02.12.2022 (Shift-IV)
(a) दिल्ली (b) शिमला (c) मुम्बई (d) मसूरी

उत्तर (a)
- **दिल्ली** में प्रतिवर्ष सामान्यत: **सितम्बर** माह में फूलवालों की सैर फेस्टिवल का आयोजन किया जाता है।
- इस महोत्सव की शुरुआत 1812 ई. में मुगल बादशाह अकबर द्वितीय ने की थी।
- यह त्योहार भाईचारे का सन्देश देता है, जो हिन्दू व मुस्लिम दोनों समाज के लोगों द्वारा मनाया जाता है।

599. निम्नलिखित में से किसे 'तिब्बती नववर्ष' के रूप में मनाया जाता है?
SSC CGL Tier-1 02.12.2022 (Shift-III)
(a) लोहांग (b) मुरुंग (c) लोसर (d) मायोको

उत्तर (c)

• तिब्बती नववर्ष को **लोसर महोत्सव** के रूप में भी जाना जाता है।
• तिब्बती कैलेण्डर का सबसे महत्त्वपूर्ण त्योहार है, जो प्रतिवर्ष **दिसम्बर** से लेकर **फरवरी** के मध्य तिब्बती कैलेण्डर के आधार पर मनाया जाता है, जो दो सप्ताह तक चलता है।

600. निम्नलिखित में से किसे तमिलनाडु में नव वर्ष के रूप में मनाया जाता है?
SSC CGL Tier-1 03.12.2022 (Shift-I)
(a) पुथाण्डु (b) उगादी (c) ओणम (d) पोंगल

उत्तर (a)
• **पुथाण्डु** तमिल कैलेण्डर पर वर्ष का पहला दिन होता है।
• यह तमिल महीने 'चिधिराई' के पहले दिन मनाया जाता है।
• यह प्रत्येक वर्ष ग्रेगोरियन कैलेण्डर के 14 अप्रैल या उसके आस-पास ही मनाया जाता है।

601. वांगला त्योहार निम्नलिखित में से किस जनजाति द्वारा मनाया जाता है?
SSC CGL Tier-1 03.12.2022 (Shift-III)
(a) गारो जनजाति (b) भूटिया जनजाति
(c) थारू जनजाति (d) भील जनजाति

उत्तर (a)
• वांगला त्योहार भारत के पूर्वोत्तर में स्थित मेघालय राज्य और उत्तरी बांग्लादेश के कुछ क्षेत्रों में **गारो जनजाति** द्वारा नवम्बर के महीने में मनाया जाने वाला फसल कटाई से सम्बन्धित एक उत्सव है।
• इसे **100 ड्रम** के त्योहार के रूप में भी जाना जाता है।
• वांगला महोत्सव के अवसर पर आदिवासी अपने मुख्य देवता **सालजोंग-सूर्य** भगवान को खुश करने के लिए बलि चढ़ाते हैं।

602. उगादी त्योहार निम्नलिखित में से किस राज्य में मनाया जाता है?
SSC CGL Tier-1 03.12.2022 (Shift-IV)
(a) केरल (b) आन्ध्र प्रदेश
(c) हिमाचल प्रदेश (d) मध्य प्रदेश

उत्तर (b)
• उगादी त्योहार दक्षिण भारतीय राज्यों कर्नाटक, **आन्ध्र प्रदेश** और तेलंगाना का प्रमुख त्योहार है।
• दक्षिण भारत में नववर्ष के रूप में उगादी त्योहार मनाया जाता है।
• उगादी का त्योहार हिन्दू पंचांग के अनुसार चैत्र माह के प्रथम दिन मनाया जाता है।

603. निम्नलिखित में से किस भारतीय राज्य में लोकरंग उत्सव मनाया जाता है?
SSC CGL Tier-1 05.12.2022 (Shift-II)
(a) झारखण्ड (b) राजस्थान
(c) मध्य प्रदेश (d) गुजरात

उत्तर (c)
• लोकरंग समारोह **मध्य प्रदेश** की 'आदिवासी लोककला अकादमी' द्वारा आयोजित एक सांस्कृतिक प्रदर्शनी है।
• लोकनृत्य और जनजातीय नृत्य, शास्त्रीय नृत्य, कला रूपों का प्रदर्शन इस 'लोकरंग समारोह' की मुख्य विशेषताएँ हैं।
• यह भोपाल शहर में प्रत्येक वर्ष 26 जनवरी (गणतन्त्र दिवस) से आयोजित होकर पाँच दिन तक चलने वाला समारोह है।

604. हिन्दू कैलेण्डर के अनुसार, भारत के दक्षिणी राज्यों में उगादी त्योहार निम्नलिखित में से किस महीने में मनाया जाता है?
SSC CGL Tier-1 05.12.2022 (Shift-IV)
(a) मार्गशीर्ष (b) चैत्र
(c) बैशाख (d) श्रावण

उत्तर (b)
• हिन्दू कैलेण्डर के अनुसार, भारत के दक्षिणी राज्यों में उगादी त्योहार चैत्र महीने में मनाया जाता है।
• दक्षिण भारत के लोग इस पर्व को नई फसल के आगमन की खुशी में मनाते हैं।

605. तमिल समुदाय द्वारा मनाया जाने वाला एक हिन्दू त्योहार जो तमिल सौर माह में पड़ता है, क्या कहलाता है?
SSC CGL Tier-1 06.12.2022 (Shift-II)
(a) बिहू (b) थाईपुसम
(c) करागा (d) ओणम

उत्तर (b)
• तमिल समुदाय द्वारा मनाया जाने वाला एक हिन्दू त्योहार जो तमिल सौर माह में पड़ता है, थाईपुसम कहलाता है।
• **थाईपुसम** उत्सव भारत में ही नहीं, बल्कि यूएसए, श्रीलंका, अफ्रीका, थाईलैण्ड जैसे अन्य देशों में भी तमिल समुदाय द्वारा मनाया जाता है।

606. सिखों का प्रसिद्ध त्योहार बैसाखी प्रत्येक वर्ष किस महीने में मनाया जाता है?
SSC CGL Tier-1 06.12.2022 (Shift-II)
(a) जनवरी (b) फरवरी
(c) मार्च (d) अप्रैल

उत्तर (d)
• सिखों का प्रसिद्ध त्योहार बैसाखी पारम्परिक रूप से प्रत्येक 13 या 14 अप्रैल को मनाया जाता है।
• इस दिन गंगा नदी में स्नान का बहुत महत्त्व होता है। बैशाखी के दिन सूर्य **मेष राशि** में संक्रमण करता है। इस कारण इस दिन को मेष संक्रान्ति भी कहते हैं।
• पंजाब में इस पर्व को **रबी की फसल** पकने के प्रतीक के रूप में मनाया जाता है।

607. भगवान कृष्ण का जन्मोत्सव किस नाम से प्रसिद्ध है? SSC CGL Tier-1 06.12.2022 (Shift-IV)
(a) महाष्टमी (b) जन्माष्टमी
(c) महानवमी (d) अक्षय तृतीया

उत्तर (b)
• कृष्ण जन्माष्टमी एक वार्षिक हिन्दू त्योहार है, जो **भगवान विष्णु** के दशावतारों में 8वें अवतार माने गए हैं।
• हिन्दी पंचांग के अनुसार, इसे कृष्ण पक्ष (अन्धेरे पखवाड़े) के 8वें दिन (अष्टमी) को भाद्रपद में मनाया जाता है।
• यह ग्रेगोरियन कैलेण्डर के अगस्त व सितम्बर माह में आता है।

608. निम्नलिखित में से कौन-सा त्योहार सिक्किम से सम्बन्धित नहीं है?
SSC CGL Tier-1 07.12.2022 (Shift-II)
(a) येंया (b) लोहड़ी (c) लोसर (d) सकेवा

उत्तर (b)
• **लोहड़ी** सिक्किम के त्योहार से सम्बन्धित नहीं है।
• सिक्किम पूर्वोत्तर भारत का एक राज्य है और सिक्किम के लोग **लबसोल** उत्सव मनाते हैं।
• सिक्किम के लोग इस त्योहार पर नए साल, फसल तथा प्रकृति का जश्न मनाते हैं।
• लोसर, सागा, दावा, पांग, अन्तर्राष्ट्रीय फूल महोत्सव लोसांग आदि सिक्किम में मनाए जाने वाले प्रमुख त्योहार हैं।
• लोहड़ी, उत्तर भारत में प्रत्येक वर्ष मकर संक्राति से एक दिन पहले मनाया जाता है।

609. गुड़ी पड़वा का त्योहार किस राज्य में विशेष रूप से मनाया जाता है?
SSC CGL Tier-1 07.12.2022 (Shift-IV)
(a) ओडिशा (b) पंजाब (c) गोवा (d) महाराष्ट्र

उत्तर (d)
• गुड़ी पड़वा **महाराष्ट्र** का त्योहार है।
• इसी दिन **चैत्र नवरात्रि** का प्रारम्भ होता है तथा **हिन्दू नववर्ष** का आरम्भ होता है।
• गुड़ी का अर्थ 'विजय पताका' होता है। इसी दिन से नया संवत्सर शुरू होता है। अत: इस तिथि को **नवसंवत्सर** भी कहते हैं।

610. पैगम्बर मुहम्मद का जन्मदिन ……. के नाम से भी मनाया जाता है।
SSC CGL Tier-1 07.12.2022 (Shift-IV)
(a) ईद-उल-फितर (b) ईद-अल-अज़हा
(c) रमजान (d) मिलाद उन-नबी

उत्तर (d)
• हजरत मुहम्मद साहब (पैगम्बर मुहम्मद) का जन्मदिन **मिलाद-उन- नबी** के नाम से भी मनाया जाता है।
• यह त्योहार रबी-अल-अव्वल को मनाया जाता है।
• यह इस्लामी कैलेण्डर का तीसरा महीना हैं।
• इनका जन्म मुस्लिम इतिहासकारों के अनुसार अरब (वर्तमान सउदी अरब) के शहर मक्का में 8 जून, 570 में हुआ था।

611. गंगासागर मेला ……… में हुगली नदी के मुहाने पर आयोजित किया जाता है।
SSC CGL Tier-1 08.12.2022 (Shift-II)
(a) पश्चिम बंगाल (b) गोवा
(c) बिहार (d) आन्ध्र प्रदेश

उत्तर (a)
• गंगासागर मेला **पश्चिम बंगाल** में सबसे बड़ी एवं सबसे पुरानी जीवित परम्परा है, जिसका उल्लेख रामायण और महाभारत जैसे भारतीय महाकाव्यों में किया गया है, जोकि 400 ईसा पूर्व से अस्तित्व में है।
• गंगासागर मेले का आयोजन **मकर संक्रान्ति** के अवसर पर बंगाल में **हुगली नदी** के मुहाने पर किया जाता है।

612. निम्नलिखित में से कौन-सा महोत्सव कर्नाटक सरकार द्वारा सामान्यत: जनवरी में यूनेस्को विरासत स्थल पर मन्दिरों की भव्यता का जश्न मानने के लिए आयोजित किया जाता है?
SSC CGL Tier-1 08.12.2022 (Shift-II)
(a) करगा महोत्सव (b) कम्बाला महोत्सव
(c) होयसल महोत्सव (d) पट्टड़कल नृत्य महोत्सव

उत्तर (d)
• **पट्टड़कल नृत्य महोत्सव** एक वार्षिक नृत्य महोत्सव है, जो भारत के दक्षिणी राज्य कर्नाटक में स्थित एक छोटे से शहर **पट्टड़कल** में प्रतिवर्ष कर्नाटक सरकार द्वारा जनवरी महीने में आयोजित किया जाता है।
• यह महोत्सव सातवीं और आठवीं शताब्दी के दौरान निर्मित प्रसिद्ध शिव मन्दिरों के बीच भव्यता से मनाया जाता है।

613. ...... शहर गंगा और यमुना नदी के संगम पर स्थित है। **SSC CGL Tier-1 08.12.2022 (Shift-IV)**
(a) लखनऊ (b) कानपुर
(c) प्रयागराज (d) आगरा

उत्तर (c)
• **प्रयागराज** उत्तर प्रदेश राज्य में **गंगा** और **यमुना** के संगम पर स्थित है।
• इस संगम स्थल को त्रिवेणी कहा जाता है और यह हिन्दुओं के लिए विशेषकर पवित्र स्थल है।

614. रमजान के पवित्र महीने के आखिरी दिन कौन-सा त्योहार मनाया जाता है?
SSC CGL Tier-1 08.12.2022 (Shift-IV)
(a) ईद-उल जुहा (b) शब-ए-बरात
(c) मिलाद-उन-नबी (d) ईद-उल-फितर

उत्तर (d)
• मुसलमान रमजान के आखिरी दिन **ईद-उल-फितर** का त्योहार मनाते हैं।
• ईद-उल-फितर एक अरबी शब्द है, जिसका अर्थ उपवास तोड़ने का त्योहार होता है।
• ईद-उल-फितर इस्लामी कैलेण्डर के दसवें महीने शब्बाल के पहले दिन मनाया जाता है।

615. निम्नलिखित में से कौन-सा एक आनन्दोत्सव है, जो असमिया नववर्ष और बसन्त की शुरुआत का सूचक है?
SSC CGL Tier-1 09.12.2022 (Shift-II)
(a) अली-ऐ-लिगांग (b) कति बिहू
(c) मी-दम-मी-फी (d) बोहाग बिहू

उत्तर (d)
• बोहाग बिहू त्योहार भारत के **असम** और **उत्तर-पूर्वी** राज्यों में मनाया जाने वाला एक प्रसिद्ध त्योहार है, जो बसन्त और नववर्ष की शुरुआत का सूचक है।
• इसे रोंगाली बिहू या हतबिहू भी कहते हैं।

616. गणतन्त्र दिवस समारोह के समापन को चिह्नित करने वाला समारोह .... है।
SSC CGL Tier-1 09.12.2022 (Shift-III)
(a) राष्ट्रपति भवन में 'एट होम' समारोह
(b) भारतीय वायु सेना के लड़ाकू विमान द्वारा फ्लाई पास्ट
(c) बीटिंग रिट्रीट समारोह
(d) राष्ट्रीय युद्ध स्मारक पर श्रद्धांजलि समारोह

उत्तर (c)
• वर्ष 1950 से प्रारम्भ बीटिंग रिट्रीट समारोह, गणतन्त्र दिवस समारोह के समापन को चिह्नित करता है।
• इस समारोह में थल सेना, वायु सेना और नौसेना के बैण्ड पारम्परिक धुन के साथ मार्च करते हैं।

• **बीटिंग द रिट्रीट** भारत के गणतन्त्र दिवस समारोह की समाप्ति का सूचक है।
• इस कार्यक्रम में थल सेना, वायु सेना और नौसेना के बैण्ड पारम्परिक धुन के साथ मार्च करते हैं।
• यह प्रत्येक वर्ष 29 जनवरी को गणतन्त्र दिवस के पश्चात् रायसीना हिल्स और विजय चौक पर आयोजित होता है।

617. निम्नलिखित में से किस महीने में हिन्दू परम्परा के अनुसार, प्रत्येक वर्ष गोकुलाष्टमी मनाई जाती है? **SSC CGL Tier-1 09.12.2022 (Shift-IV)**
(a) भाद्रपद (b) बैशाख
(c) आषाढ़ (d) चैत्र

उत्तर (a)
• श्रीकृष्ण जन्मोत्सव या गोकुलाष्टमी भगवान श्रीकृष्ण के जन्मोत्सव के रूप में **भाद्रपद** महीने में मनाई जाती है।
• यह एक हिन्दू त्योहार है।
• हिन्दू मान्यता के अनुसार, इस दिन विष्णु के आठवें अवतार भगवान कृष्ण पैदा हुए थे।

618. निम्नलिखित में से किस स्थान पर टक-टोक (tak-tok) उत्सव मनाया जाता है?
SSC CGL Tier-1 01.12.2022 (Shift-III)
(a) नागालैण्ड (b) असम
(c) त्रिपुरा (d) लद्दाख

उत्तर (d)
• लद्दाख के सबसे महत्त्वपूर्ण त्योहारों में से एक, टक-टोक को टक-टोक की गुफा **गोम्पा** में मनाया जाता है।
• यह त्योहार **जुलाई-अगस्त** के महीने में आयोजित किया जाता है।

619. संयुक्त राष्ट्र के एक संगठन 'यूनेस्को' द्वारा हाल ही में किस भारतीय धार्मिक उत्सव को मानवता की अमूर्त सांस्कृतिक विरासत की प्रतिनिधि सूची में शामिल किया गया है?
SSC CGL Tier-1 12.12.2022 (Shift-II)
(a) जन्माष्टमी (b) दुर्गा पूजा
(c) रामनवमी (d) महाअष्टमी

उत्तर (b)
• 'दुर्गा पूजा' यूनेस्को की अमूर्त सांस्कृतिक धरोहर के रूप में मान्यता प्राप्त करने वाला एशिया का पहला त्योहार है।
• दुर्गा पूजा का पर्व हिन्दू **देवी दुर्गा** द्वारा बुराई के प्रतीक **राक्षस महिषासुर** पर विजय के रूप में मनाया जाता है।

620. निम्नलिखित में से किस भारतीय राज्य में सौ ढोल उत्सव मनाया जाता है।
(a) उत्तराखण्ड (b) मेघालय
(c) हिमाचल प्रदेश (d) पंजाब

उत्तर (b)
• सौ ढोल उत्सव **मेघालय** में **गारो जनजाति** का एक लोकप्रिय त्योहार है यह एक फसल उत्सव है।

621. 'थाईपुसम' उत्सव भारत के किस राज्य में मनाया जाता है?
SSC CGL Tier-1 13.12.2022 (Shift-I)
(a) बिहार
(b) तमिलनाडु
(c) आन्ध्र प्रदेश
(d) गोवा

उत्तर (b)
• थाईपुसम त्योहार **तमिलनाडु** में मनाए जाने वाले प्रमुख त्योहारों में से एक है।
• तमिल कैलेण्डर के **थाई माह की पूर्णिमा** के दिन मनाए जाने वाले इस पर्व पर शिवजी के बड़े पुत्र **भगवान मुरुगन** की पूजा की जाती है।

622. कुल्लू दशहरा एक रंगोत्सव है, जो मुख्यत: किस राज्य/केन्द्रशासित प्रदेश में मनाया जाता है? **SSC CGL Tier-1 13.12.2022 (Shift-I)**
(a) दिल्ली
(b) उत्तर प्रदेश
(c) तेलंगाना
(d) हिमाचल प्रदेश

उत्तर (d)
• अश्विन महीने की दशमी से शुरू होकर सात दिन तक चलने वाला कुल्लू दशहरा उत्सव **हिमाचल प्रदेश** के लोगों की संस्कृति व धार्मिक आस्था का प्रतीक है।
• इस उपलक्ष्य में **भगवान रघुनाथ** की रथयात्रा निकाली जाती है।

623. गुरु पूर्णिमा, भारत में हिन्दुओं, जैनियों और बौद्धों द्वारा मनाया जाने वाला एक त्योहार है। यह हिन्दू कैलेण्डर के अनुसार किस महीने में आता है? **SSC CGL Tier-1 13.12.2022 (Shift-IV)**
(a) आषाढ़ (b) वैशाख
(c) श्रावण (d) कार्तिक

उत्तर (a)
• गुरु पूर्णिमा भारत में हिन्दुओं, जैनियों और बौद्धों द्वारा मनाया जाता है। इसे **आषाढ़ महीने** में मनाया जाता है।
• गुरु पूर्णिमा पर्व गुरु के प्रति सम्मान को दर्शाता है।

624. निम्नलिखित में से कौन-सा त्योहार मुख्य रूप से अरुणाचल प्रदेश में मनाया जाता है?
SSC CGL Tier-1 13.12.2022 (Shift-IV)
(a) सोलंग (b) वांगला
(c) अम्बुबाची (d) हॉर्नबिल

उत्तर (a)
• 'सोलंग' **अरुणाचल प्रदेश** की आदिवासी जनजाति का सबसे लोकप्रिय त्योहार है, जो प्रत्येक वर्ष **सितम्बर** माह के शुरुआत में मनाया जाता है।
• यह मुख्य रूप से **कृषि आधारित** त्योहार है, जो लोगों की सामाजिक-धार्मिक विशेषताओं को प्रदर्शित करता है।

SSC CGL 2021 (Tier 1 & 2)

625. निम्न में से कौन-सा पशु मेला हिमाचल प्रदेश में लगता है?
SSC CGL Tier-1 24.08.2021 (Shift-II)

(a) अश्विन मेला (b) नलवाड़ी मेला
(c) मणिमहेश मेला (d) डोंगरी महोत्सव

उत्तर (b)

• अंग्रेजी शासनकाल में शिमला हिल (हिमाचल प्रदेश) के अधीक्षक **गोल्ड स्टोन** को **नलवाड़ी मेले** (पशु मेला) का शुभारम्भ करने का श्रेय दिया जाता है।
• यह मेला पशु व्यापार, खेल प्रतियोगिता, रंगारंग कार्यक्रमों एवं उत्सवों का केन्द्र है।

626. मकर संक्रान्ति के अवसर पर, निम्न में से किस राज्य में 'मकरविलक्कू' नामक वार्षिक उत्सव का आयोजन किया जाता है?
SSC CGL Tier-1 18.08.2021 (Shift-III)

(a) तमिलनाडु (b) ओडिशा
(c) कर्नाटक (d) केरल

उत्तर (d)

• मकर संक्रान्ति को **केरल** राज्य में 'मकरविलक्कू' त्योहार के नाम से जाना जाता है।
• इस दिन **भगवान अय्यपा** की विशेष पूजा अर्चना सबरीमाला में एक वार्षिक उत्सव के रूप में की जाती है।
• इसी दिन से **मलयालम पंचांग** के पहले दिन की शुरुआत भी होती है।

627. निम्न में से कौन-सा शहर पुष्कर मेले के स्थान के सबसे नजदीक है?
SSC CGL Tier-1 28.08.2021 (Shift-II)

(a) अमरावती (b) प्रयागराज
(c) अजमेर (d) अहमदाबाद

उत्तर (c)

• अजमेर (राजस्थान) के निकट पुष्कर में **कार्तिक पूर्णिमा** को मेला लगता है, जिसे 'पुष्कर मेला' के नाम से जाना जाता है।
• पौराणिक मान्यता के अनुसार पुष्कर झील का निर्माण भगवान ब्रह्मा ने करवाया था।
• **पुष्कर ऊँट महोत्सव** (मेला) दुनिया के सबसे बड़े ऊँट व्यापार मेलों में से एक है।

628. 'साओ जोआओ' उत्सव निम्न में से किस राज्य से सम्बन्धित है?
SSC CGL Tier-1 20.08.2021 (Shift-II)

(a) केरल (b) गोवा
(c) कर्नाटक (d) तमिलनाडु

उत्तर (b)

• गोवा में आयोजित, 'साओ जोआओ उत्सव' पर कैथोलिक पुरुष **सेण्ट जॉन द बैपटिस्ट** को श्रद्धांजलि देने के रूप में कुओं, नदियों एवं तालाबों में छलाँग लगाते हैं तथा तैरते हैं।
• यह उत्सव प्रत्येक वर्ष 24 जून को धार्मिक रूप से मनाया जाता है।
• उत्तरी गोवा का एक गाँव सिओलिम में साओ जोआओ के अवसर पर पारम्परिक डोंगी परेड का आयोजन किया जाता है।

629. निम्न में से किस राज्य में प्रत्येक वर्ष 'इको रिट्रीट' महोत्सव आयोजित किया जाता है?
SSC CGL Tier-1 20.08.2021 (Shift-I)

(a) तमिलनाडु (b) असम
(c) ओडिशा (d) बिहार

उत्तर (c)

• **ओडिशा सरकार** ने राज्य में पर्यटन उद्योग को बढ़ावा देने के लिए **इको रिट्रीट** महोत्सव शुरू किया।
• यह उत्सव राज्य के समुद्री तटों पर लगभग 1 माह तक मनाया जाता है।
• ओडिशा का 3 माह लम्बा कार्यक्रम कोणार्क, हीराकुड, भितरकनिका, दरिंगबाड़ी और सतकोसिया सहित 5 स्थानों पर आयोजित किया जाता है।

630. जनवरी, 2021 में निम्नलिखित में से किस राज्य ने अपने प्रथम पक्षी उत्सव 'कलरव' का उद्घाटन किया?
SSC CGL Tier-1 18.08.2021 (Shift-III)

(a) बिहार (b) असम (c) ओडिशा (d) त्रिपुरा

उत्तर (a)

• **बिहार** ने जनवरी, 2021 में अपने प्रथम पक्षी उत्सव कलरव का उद्घाटन किया।
• इस महोत्सव का आयोजन नागी-नकटी अभयारण्य में किया गया।
• इसका आयोजन पर्यावरण वन एवं जलवायु परिवर्तन विभाग द्वारा किया गया था।

631. 'इडु मिश्मी' भाषा .... राज्य में बोली जाती है। **SSC CGL Tier-1 17.08.2021 (Shift-II)**

(a) केरल (b) पंजाब
(c) मध्य प्रदेश (d) अरुणाचल प्रदेश

उत्तर (d)

• इडु मिश्मी भाषा **अरुणाचल प्रदेश** के निचली दिवांग घाटी, ऊपरी दिवांग घाटी, पूर्व सियांग, ऊपरी सियांग एवं लोहित जिलों में बोली जाती है।
• इडु मिश्मी अरुणाचल प्रदेश के अतिरिक्त चीन नियन्त्रक क्षेत्र तिब्बत के जायु जिले में भी बोली जाती है।
• इडु मिश्मी एक **लुप्तप्राय भाषा** है।

632. वर्ष 2020 में निम्न में से किस राज्य में एडवेंचर स्पोर्ट्स एण्ड सस्टेनेबल टूरिज्म एकेडमी (ASSTA) द्वारा अन्तर्राष्ट्रीय पैराग्लाइडिंग महोत्सव का आयोजन किया गया था?
SSC CGL Tier-1 16.08.2021 (Shift-III)

(a) त्रिपुरा (b) उत्तराखण्ड
(c) केरल (d) असम

उत्तर (c)

• वर्ष 2020 में **केरल** राज्य में एडवेंचर स्पोर्ट्स सस्टेनेबल टूरिज्म एकेडमी द्वारा अन्तर्राष्ट्रीय पैरा ग्लाइडिंग महोत्सव का आयोजन किया गया था।
• **पश्चिम घाट** की नीची पहाड़ियाँ, चट्टानी भू-भाग और समतल भूमियाँ पैराग्लाइडिंग के लिए आदर्श स्थिति प्रदान करती हैं।

633. निम्न में से कौन-सा बौद्ध स्थल उत्तर प्रदेश में स्थित है? **SSC CGL Tier-1 13.08.2021 (Shift-III)**

(a) सारनाथ (b) साँची
(c) कार्ला/कार्ले (d) अमरावती

उत्तर (a)

• **सारनाथ**, वाराणसी (उत्तर प्रदेश) के निकट स्थित प्रमुख बौद्ध तीर्थ स्थल है।
• ज्ञान प्राप्ति के पश्चात् भगवान बुद्ध ने अपना प्रथम उपदेश, यहीं दिया था, जिसे **धर्म चक्र प्रवर्तन** का नाम दिया गया।
• सिंहों की मूर्ति वाला भारत का राजचिह्न सारनाथ के अशोक के स्तम्भ शीर्ष से लिया गया है।

634. सिखों का प्रसिद्ध तीर्थस्थल श्री हरमन्दिर साहिब कहाँ स्थित है?
SSC CGL Tier-1 13.08.2021 (Shift-III)

(a) पटना (b) मनाली
(c) जालन्धर (d) अमृतसर

उत्तर (d)

• **अमृतसर** में स्थित श्री हरमन्दिर साहिब सिख धर्मावलम्बियों का सबसे पावन धार्मिक स्थल, जिसे दरबार साहिब या स्वर्ण मन्दिर भी कहा जाता है।
• सिख स्थापत्यकला पर आधारित इस स्वर्ण मन्दिर का निर्माण सिखों के **चौथे गुरु रामदास** ने करवाया था।
• भारत के सिख साम्राज्य (1799-1849) के संस्थापक, महाराजा रणजीत सिंह ने गुरुद्वारे की ऊपरी मंजिल को 750 किलो शुद्ध सोने से जड़वाया था।

635. गुरुद्वारा पातालपुरी साहिब .... नदी के तट पर स्थित है। **SSC CGL Tier-1 13.08.2021 (Shift-I)**

(a) ब्यास (b) यमुना (c) गंगा (d) सतलज

उत्तर (d)

• गुरुद्वारा पातालपुरी साहिब, पंजाब के **रूपनगर** (रोपड़) जिले के किरतपुर में **सतलज** नदी के तट पर स्थित सिखों का पवित्र स्थान है।
• यहाँ पर सिख अपने मृतकों की अस्थियाँ नदी में विसर्जित करने के लिए आते हैं।
• 1644 ई. में गुरु हरगोविन्द सिंह तथा 1661 ई. में गुरु हर राय का अन्तिम संस्कार यहीं किया गया था।

636. जनवरी, 2021 में लेह में अब तक का पहला 'आइस क्लाइम्बिंग महोत्सव .... घाटी में मनाया गया था।
SSC CGL Tier-1 13.08.2021 (Shift-I)

(a) द्रास (b) रिपचर
(c) मरखा (d) नुब्रा

उत्तर (d)

• **नुब्रा एडवेंचर क्लब** द्वारा जनवरी, 2021 में पहला **सात दिवसीय** आइस क्लाइम्बिंग महोत्सव आयोजित किया गया।
• यह एक लोकप्रिय **शीतकालीन खेल** है।
• नुब्रा घाटी जम्मू और कश्मीर का सबसे उत्तरी भाग है। नुब्रा वर्तमान में लेह जिले में स्थित है।

SSC CPO 2024

637. गोगा नवमी, जो नाग देवता, गोगाजी को समर्पित है, मुख्य रूप से भारतीय राज्य .... मनाई जाती है। **SSC CPO 27.07.2024 (Shift-III)**

(a) राजस्थान (b) ओडिशा
(c) कर्नाटक (d) आन्ध्र प्रदेश

उत्तर (a)

- गोगा नवमी, जो **नाग देवता गोगाजी** को समर्पित है, मुख्य रूप से भारतीय राज्य राजस्थान में मनाई जाती है।
- गोगाजी को 'गोगा वीर' या 'गोगा जी महाराज' के नाम से भी जाना जाता है।
- गोगा नवमी **भाद्रपद** महीने में कृष्ण पक्ष की नवमी तिथि को मनाई जाती है।
- इस दिन लोग गोगाजी के मन्दिरों में जाकर पूजा-अर्चना करते हैं।

638. गुड फ्राइडे किससे सम्बन्धित है? SSC CPO 27.07.2024 (Shift-III)
(a) सिखों (b) जैन (c) ईसाइयों (d) हिन्दुओं

उत्तर (c)

- गुड फ्राइडे **ईसाई धर्म** का एक महत्त्वपूर्ण त्योहार है, जो ईसा मसीह के सूली पर चढ़ने और बलिदान की याद में मनाया जाता है।
- यह ईसाई कैलेण्डर में पवित्र सप्ताह का हिस्सा है, जो ईस्टर से पहले का सप्ताह होता है।
- ईसा मसीह के सूली चढ़ने के तीन दिन बाद संडे को फिर से जीवित हो गए थे, जिसे ईस्टर संडे के रूप में मनाया जाता है।

639. दशहरा हिन्दू पंचांग के ······· मास में मनाया जाता है। SSC CPO 27.06.2024 (Shift-I)
(a) आषाढ़ (b) चैत्र (c) कार्तिक (d) अश्विन

उत्तर (d)

- दशहरा हिन्दू पंचांग के **अश्विन मास** में मनाया जाता है।
- दीवाली, **कार्तिक मास** में मनाया जाता है।
- होली, **फाल्गुन मास** में मनाया जाता है।
- हिन्दू पंचाग में चैत्र मास प्रथम महीना होता है।

640. अम्बुबाची मेला (Ambubachi fair) निम्नलिखित में से किस राज्य में मनाया जाता है? SSC CPO 27.06.2024 (Shift-II)
(a) मिजोरम (b) मणिपुर
(c) असम (d) नागालैण्ड

उत्तर (c)

- अम्बुबाची मेला **असम** राज्य में मनाया जाता है।
- यह कामाख्या मंदिर में प्रत्येक वर्ष जून महीने में चार दिनों तक आयोजित किया जाता है।
- यह हिन्दू धर्म का एक प्रमुख त्योहार है और देवी कामाख्या की मासिक धर्म चक्र का प्रतिनिधित्व करता है।

641. भारत के निम्नलिखित में से किस राज्य में फसल उत्सव, ओणम मुख्य रूप से मनाया जाता है? SSC CPO 27.06.2024 (Shift-II)
(a) ओडिशा (b) केरल
(c) मध्य प्रदेश (d) सिक्किम

उत्तर (b)

- भारत में फसल उत्सव 'ओणम' मुख्य रूप से **केरल** राज्य में मनाया जाता है।
- यह 10 दिनों तक चलने वाला उत्सव चिंगम महीने में आता है (यह सामान्यत: अगस्त-सितम्बर में होता है)।

642. कौन-सा पर्व प्रकाश पर्व के नाम से जाना जाता है? SSC CPO 28.06.2024 (Shift-III)
(a) दीवाली (b) होली (c) नवरात्रि (d) बिहू

उत्तर (a)

- **दीवाली** को प्रकाश पर्व के नाम से जाना जाता है। यह त्योहार कार्तिक मास की अमावस्या को मनाया जाता है।
- इसे **दीपों का त्योहार** भी कहा जाता है।
- यह सुख-समृद्धि, प्रेम का त्योहार है।

643. कोजागिरी पूर्णिमा एक त्योहार है जो मुख्य रूप से ········ में आश्विन माह की पूर्णिमा के दिन मनाया जाता है। SSC CPO 28.06.2024 (Shift-I)
(a) महाराष्ट्र (b) बिहार
(c) केरल (d) आन्ध्र प्रदेश

उत्तर (a)

- कोजागिरी पूर्णिमा का त्योहार मुख्य रूप से **महाराष्ट्र** में आश्विन माह की पूर्णिमा के दिन मनाया जाता है।
- इसे कोजागर या **लक्ष्मी पूजन** के नाम से भी जाना जाता है।
- यह त्योहार भगवान शिव और देवी पार्वती को समर्पित है।

644. रमज़ान के महीने के बाद कौन-सा त्योहार मनाया जाता है? SSC CPO 28.06.2024
(a) जमात उल विदा (b) मिलाद उन नबी
(c) ईद-उल-फितर (d) मुहर्रम

उत्तर (c)

- रमजान के महीने के बाद ईद-उल-फितर का त्योहार मनाया जाता है। इसे मीठी ईद के रूप में भी जाना जाता है।
- यह दिन रमजान के पवित्र महीने के अन्त माना जाता है।

645. ईसाइयों द्वारा ईसा मसीह के जन्म के रूप में कौन-सा त्योहार मनाया जाता है? SSC CPO 28.06.2024 (Shift-II)
(a) गुड फ्राइडे (b) क्रिसमस
(c) ईद-उल-फितर (d) ईस्टर

उत्तर (b)

- ईसाइयों द्वारा **ईसा मसीह** के जन्म दिवस की याद में क्रिसमस का त्योहार मनाया जाता है।
- **गुड फ्राइडे** ईस्टर के रविवार के पूर्व वाले शुक्रवार को यह त्योहार मनाया जाता है।
- ईस्टर त्योहार यीशु को मृतकों के पुनरुत्थान की याद दिलाता है और इसे ईसाई धर्म का पुनर्जन्म माना जाता है।

646. निम्नलिखित में से हिन्दू कैलेण्डर के किस महीने में होली का त्योहार मनाया जाता है? SSC CPO 26.06.2024 (Shift-III)
(a) आषाढ़ (b) माघ
(c) फाल्गुन (d) श्रावण

उत्तर (c)

- हिन्दू कैलेण्डर के अनुसार, होली का त्योहार **फाल्गुन महीने** में मनाया जाता है।
- यह बसन्त ऋतु का आगमन दर्शाता है।
- फाल्गुन महीना ग्रेगोरियन कैलेण्डर के फरवरी या मार्च महीने में आता है।

647. नवरात्रि और दुर्गा पूजा के अन्त में कौन-सा त्योहार आता है? SSC CPO 29.06.2024 (Shift-III)
(a) पोंगल (b) होली
(c) दशहरा (d) क्रिसमस

उत्तर (c)

- नवरात्रि और दुर्गा पूजा के बाद दशहरा आता है। इस दिन भगवान राम ने रावण का वध किया था।
- यह हिन्दू धर्म का एक महत्त्वपूर्ण त्योहार है, जो बुराई पर अच्छाई की जीत का प्रतीक है।

648. कौन-सा त्योहार रंगों के त्योहार के रूप में लोकप्रिय है? SSC CPO 29.06.2024 (Shift-I)
(a) जन्माष्टमी (b) महाशिवरात्रि
(c) दीपावली (d) होली

उत्तर (d)

- होली रंगों का त्योहार है। यह मित्रता, भाईचारे तथा सामाजिक सद्भाव का प्रतीक है।
- हिन्दू पौराणिक कथाओं के अनुसार **हिरण्यकश्यप** के कहने पर **होलिका** ने प्रह्लाद को मारने के लिए अपनी गोद में बैठाकर आग में प्रवेश कर लिया था।
- भगवान विष्णु की कृपा से प्रह्लाद बच गया और होलिका जल गई थी। इसी के बाद **होली त्योहार** मनाया जाने लगा था।

649. कौन-सा त्योहार भगवान कृष्ण के जन्म के रूप में मनाया जाता है? SSC CPO 29.06.2024 (Shift-I)
(a) जन्माष्टमी (b) गणेश चतुर्थी
(c) नवरात्रि (d) दीपावली

उत्तर (a)

- **जन्माष्टमी** का त्योहार भगवान श्रीकृष्ण के जन्म के रूप में मनाया जाता है।
- **गणेश चतुर्थी** हिन्दुओं का एक प्रमुख त्योहार है। पुराणों के अनुसार इसी दिन भगवान श्री गणेश का जन्म हुआ था।
- **नवरात्रि** में दुर्गा के नौ रूपों की पूजा आराधना की जाती है।
- **दीपावली** अन्धकार पर प्रकाश की, बुराई पर अच्छाई की और अज्ञान पर ज्ञान की आध्यात्मिक विजय का प्रतीक है।

650. हिन्दू पंचांग के चैत्र मास के पहले दिन, उगादी मुख्य रूप से निम्नलिखित में से किस राज्य में मनाया जाता है? SSC CPO 29.06.2024 (Shift-I)
(a) उत्तराखण्ड (b) ओडिशा
(c) कर्नाटक (d) असम

उत्तर (c)

- हिन्दू पंचाग के चैत्र मास के पहले दिन, उगादी मुख्य रूप से कर्नाटक राज्य में मनाया जाता है।

SSC CPO 2023, 2022

651. नागालैण्ड का मोत्सु त्योहार (Moatsu Festival) निम्नलिखित में से किस जनजाति द्वारा मनाया जाता है? SSC CPO 03.10.2023 (Shift-I)
(a) माओ जनजाति (b) मुण्डा जनजाति
(c) बोड़ो जनजाति (d) भील जनजाति

उत्तर (a)

• नागालैण्ड की **माओ जनजाति** खेतों में बुआई के बाद प्रत्येक वर्ष मई के पहले सप्ताह में मोत्सु त्योहार मनाती है।

• नागालैण्ड के अन्य प्रमुख त्योहारों में हॉर्नबिल महोत्सव, एओलेंग महोत्सव, सैक्रेन्यी महोत्सव, मीमकुट महोत्सव और बुशु दीया आदि हैं।

652. दक्षिण भारत का निम्नलिखित में से कौन-सा सांस्कृतिक उत्सव राजा महाबली की लोककथाओं से जुड़ा है? SSC CPO 04.10.2023 (Shift-II)

(a) पोंगल (b) उगादी
(c) गुड़ी पड़वा (d) ओणम

उत्तर (d)

• राजा महाबली की लोककथाओं से सम्बन्धित ओणम/थिरुवोणम दस दिनों तक चलने वाला त्योहार है।

• दक्षिण भारत का यह त्योहार मुख्यत: खेतों में फसल की अच्छी उपज के लिए मनाया जाता है।

653. रोंगकर उत्सव निम्नलिखित में से किस जनजाति द्वारा मनाया जाता है? SSC CPO 04.10.2023 (Shift-II)

(a) आओ (b) गोण्ड
(c) कार्बी (d) भील

उत्तर (c)

• असम के कार्बी जनजाति द्वारा स्थानीय देवता को प्रसन्न करने के लिए रोंगकर उत्सव मनाया जाता है।

• यह उत्सव 5 फरवरी को कार्बी नववर्ष की शुरुआत में 3 दिन तक मनाया जाता है।

654. महावीर जयन्ती ………… का एक प्रमुख त्योहार है। SSC CPO 11.12.2022

(a) बौद्धों (b) सिखों
(c) पारसियों (d) जैनों

उत्तर (d)

• जैन धर्म के 24वें तीर्थंकर भगवान महावीर की जयन्ती जैनियों/जैनों का प्रमुख त्योहार है, जो **चैत्र मास** की शुक्ल पक्ष की त्रयोदशी तिथि को मनाया जाता है।

• भगवान महावीर का जन्म 540 ईसा पूर्व में **कुण्डग्राम** (वैशाली) में हुआ था।

655. निम्नलिखित में से कौन-सा त्योहार झारखण्ड में बसन्त ऋतु के दौरान मनाया जाता है, जब साल के पेड़ पर नए पत्ते आते हैं? SSC CPO 11.12.2022

(a) सोहराई (b) जावा
(c) सरहुल (d) करम

उत्तर (c)

• **सरहुल** त्योहार झारखण्ड में बसन्त ऋतु के दौरान मनाया जाता है, जब साल के पेड़ पर नए पत्ते आते हैं।

• सरहुल त्योहार मुख्यत: झारखण्ड, ओडिशा, बंगाल एवं मध्य भारत में निवास करने वाली मुण्डा, भूमिज और आदिवासी जनजाति द्वारा **चैत्र शुक्ल तृतीया** पर मनाए जाने वाला पारम्परिक त्योहार है।

656. निम्नलिखित में से कौन-सा त्योहार झारखण्ड के आदिवासी लोगों द्वारा मनाया जाता है? SSC CPO 10.11.2022

(a) नोंगक्रेम (b) भगता परब
(c) लोसर (d) सुअटा

उत्तर (b)

• **भगता परब** झारखण्ड के आदिवासियों द्वारा बसन्त और ग्रीष्म ऋतु के बीच मनाए जाने वाला त्योहार है, जिसे **बूढ़ा बाबा** की पूजा के रूप में भी जाना जाता है।

• इसके अतिरिक्त नोंगक्रेम त्योहार मेघालय से, लोसर लद्दाख से तथा सुअटा बुन्देलखण्ड से सम्बन्धित है।

657. नागालैण्ड की अंगामी जनजाति द्वारा फरवरी के महीने में कौन-सा पर्व मनाया जाता है? SSC CPO 10.11.2022

(a) लोसूंग (b) हॉर्नबिल
(c) माजुली (d) सैक्रेन्यी

उत्तर (d)

• सैक्रेन्यी नागालैण्ड की अंगामी जनजाति द्वारा मनाए जाने वाला 10 दिवसीय उत्सव है, जो शुद्धि और पवित्रता का प्रतीक है।

• इसे **मिनी हॉर्नबिल ट्राइबल फेस्टिवल** के रूप में मनाया जाता है।

SSC CHSL 2024 (Tier 1 & 2)

658. सकेवा ……… के कीरत खम्बू राय समुदाय द्वारा मनाया जाने वाला एक धार्मिक त्योहार है। SSC CHSL Tier-1 01.07.2024 (Shift-II)

(a) सिक्किम (b) हिमाचल प्रदेश
(c) गोवा (d) अरुणाचल प्रदेश

उत्तर (a)

• सकेवा **सिक्किम** के कीरत खम्बू राय समुदाय द्वारा मनाया जाने वाला एक धार्मिक त्योहार है।

• इसे भूमि पूजा या **चण्डी पूजा** (धरती माता की पूजा) के रूप में भी जाना जाता है।

• यह त्योहार हिन्दू महीने बैसाख की पूर्णिमा के दिन शुरू होता है, जो सामान्यत: **अप्रैल/मई** के महीने में आता है।

659. 'हम्पी उत्सव', जो कर्नाटक में मनाया जाता है, को ………… भी कहा जाता है। कर्नाटक के ऐतिहासिक काल की धूमधाम, वैभव और महिमा को दर्शाने वाला यह त्योहार एक सप्ताह तक मनाया जाता है। SSC CHSL Tier-1 01.07.2024 (Shift-II)

(a) राजसी उत्सव (b) विजय उत्सव
(c) नृत्य महोत्सव (d) सरहुल महोत्सव

उत्तर (b)

• 'हम्पी उत्सव', जो कर्नाटक राज्य में मनाया जाता है, को **विजय उत्सव** भी कहा जाता है।

• हम्पी उत्सव एक तीन दिवसीय त्योहार है, जो प्रत्येक वर्ष जनवरी माह में मनाया जाता है।

• यह त्योहार विजयनगर साम्राज्य की संस्कृति और विरासत को प्रदर्शित करता है, जिसका आयोजन **विरुपाक्ष मन्दिर** में किया जाता है।

• इस त्योहार में लोकनृत्य, संगीत तथा नाटक आदि का प्रदर्शन किया जाता है।

660. भारतीय त्योहार होली प्रत्येक वर्ष किस मौसम में आता है? SSC CHSL Tier-1 01.07.2024 (Shift-III)

(a) गर्मी (b) सर्दी (c) पतझड़ (d) बसन्त

उत्तर (d)

• भारतीय त्योहार होली प्रत्येक वर्ष बसन्त के मौसम में आता है।

• यह त्योहार फाल्गुन मास की पूर्णिमा, जो सामान्यत: फरवरी या मार्च महीने में पड़ता है।

• इसका धार्मिक महत्त्व हिरण्यकश्यप और प्रह्लाद की कथा से है।

661. 'काचिन मानव महोत्सव' किस देश में मनाया जाता है? SSC CHSL Tier-1 01.07.2024 (Shift-IV)

(a) मालदीव (b) म्यांमार
(c) नेपाल (d) श्रीलंका

उत्तर (b)

• 'काचिन मानव महोत्सव' **म्यांमार** में मनाया जाता है।

• यह ज्यादातर काचिन राज्य के मायित्कीना में आयोजित होता है, जिसे म्यांमार में **मनौ भूमि** के रूप में भी जाना जाता है।

• यह महोत्सव जनवरी की शुरुआत में आयोजित किया जाता है।

• यह उत्सव जीवन्त और साम्प्रदायिक सद्भाव का प्रतीक है।

662. मेवाड़ उत्सव उदयपुर में ……… उत्सव के दौरान मनाया जाता है। SSC CHSL Tier-1 01.07.2024 (Shift-IV)

(a) होली (b) तीज
(c) दशहरा (d) गणगौर

उत्तर (d)

• मेवाड़ उत्सव प्रत्येक वर्ष चैत्र मास (मार्च-अप्रैल) में उदयपुर राजस्थान गणगौर उत्सव के दौरान मनाया जाता है, जिसमें राजस्थान की पारम्परिक कला और शिल्प का प्रदर्शन होता है।

• गणगौर में 'गण' भगवान शिव का पर्याय हैं और 'गौरी' देवी पार्वती के लिए है।

• गणगौर इच्छित वर और उसकी दीर्घायु का त्योहार हैं।

• यह उत्सव राजस्थान में विशेष रूप से जयपुर और जोधपुर में मनाया जाता है।

663. ……… पारसी लोगों का एक महत्त्वपूर्ण त्योहार है, जो पारसी धर्म का पालन करते हैं, क्योंकि यह जोरोस्टर की जयन्ती का प्रतीक है। SSC CHSL Tier-1 02.07.2024 (Shift-I)

(a) पतेती (b) जमशेद-ए-नवरोज
(c) गहम्बर (d) खोरदाद साल

उत्तर (d)

• **खोरदाद साल** पारसी लोगों का एक महत्त्वपूर्ण त्योहार है, जो पारसी धर्म का पालन करते हैं, क्योंकि यह **जोरोस्टर की जयन्ती** का प्रतीक है।

• यह पारसी महीने के छठे दिन मनाया जाता है, जो अगस्त से 1 सितम्बर के आस-पास होता है। इस दिन पारसी धर्म में अच्छे कार्यों और दान को बहुत महत्त्व दिया जाता है।

664. निम्नलिखित में से केरल का वह त्योहार कौन-सा है जो फसल के मौसम की शुरुआत करता है, 10 दिनों तक चलता है और जिसके दौरान सर्पाकार नौका दौड़ आदि होती है?

SSC CHSL Tier-1 02.07.2024 (Shift-I)

(a) त्रिशूर पूरम (b) ओणम
(c) विशु (d) थिरुवातीर

उत्तर (b)

- केरल का **ओणम त्योहार** फसल के मौसम की शुरुआत करता है तथा 10 दिनों तक चलता है, जिसके दौरान सर्पाकार नौका दौड़ आदि होती है।
- ओणम, असुर राजा महाबली की घर वापसी के सम्मान में मनाया जाता है, जिसने केरल में शान्ति और समृद्धि लाई थी।
- केरल के अन्य दो प्रमुख त्योहार विशु तथा तिरुवथिरा हैं।

665. मुहर्रम इस्लामिक कैलेण्डर का.......महीना है और इसे एक पवित्र महीना माना जाता है।

SSC CHSL Tier-1 02.07.2024 (Shift-III)

(a) दूसरा (b) पहला (c) तीसरा (d) चौथा

उत्तर (b)

- मुहर्रम इस्लामिक कैलेण्डर का पहला महीना है और इसे एक पवित्र महीना माना जाता है।
- मुहर्रम इस्लामी कैलेण्डर, जिसे चन्द्रमा **हिजरी कैलेण्डर** भी कहा जाता है। इस्लामी कैलेण्डर 12 **चन्द्र** महीने पर आधारित होता है।
- मुहर्रम के दसवें दिन कर्बला की जंग में हजरत अली के बेटे हुसैन की जान ले ली गई थी, तब से शिया समुदाय के लोग मुहर्रम मनाते हैं।

666. बाली यात्रा, किस राज्य का पारम्परिक सांस्कृतिक उत्सव है?

SSC CHSL Tier-1 02.07.2024 (Shift-IV)

(a) ओडिशा (b) पश्चिम बंगाल
(c) बिहार (d) असम

उत्तर (a)

- बाली यात्रा **ओडिशा** राज्य का पारम्परिक सांस्कृतिक उत्सव है।
- यह उत्सव जो ओडिशा के समृद्ध समुद्री इतिहास की याद दिलाता है और पूरे राज्य में मनाया जाता है।
- ऐतिहासिक शहर कटक में यह कार्तिक पूर्णिमा के दिन शुरू होकर एक सप्ताह तक चलता है।

667. जमशेदी नवरोज .... समुदाय का त्योहार है।

SSC CHSL Tier-1 03.07.2024 (Shift-I)

(a) ईसाई (b) हिन्दू (c) जैन (d) पारसी

उत्तर (d)

- जमशेदी नवरोज **पारसी समुदाय** का त्योहार है।
- नवरोज का मतलब "नया (साल का) दिन" जमशेद-ए का मतलब, "जमशेद का", यहाँ जिस जमशेद का वर्णन किया गया है, वह प्राचीन ईरान के सिंहासन पर सुशोभित होने वाला राजा था।
- यह दिन **वसन्त विषुव** के दिन के साथ मेल खाता है, जब दिन और रात समान अवधि के होते हैं।
- इस दिन सूर्य 12 राशियों में अपना भ्रमण करता है और पहली **राशि मेष** के घर में प्रवेश करता है।

668. .... सिख त्योहार का एक रूप है।

SSC CHSL Tier-1 03.07.2024 (Shift-III)

(a) खमाज (b) कल्याण
(c) भैरव (d) होला मोहल्ला

उत्तर (d)

- **होला मोहल्ला** तीन दिवसीय सिख त्योहार का एक रूप है, जो सामान्यत: **बसंत ऋतु** में पड़ता है।
- यह पर्व सिखों के दसवें गुरु गुरु गोविन्द सिंह जी की याद में मनाया जाता है, जिन्होंने पंजाब के आनन्दपुर साहिब में बैशाखी के दिन 9 अप्रैल, 1699 में **खालसा पन्थ** की स्थापना की थी।

669. गुड फ्राइडे किससे सम्बन्धित है?

SSC CHSL Tier-1 03.07.2024

(a) ईसाई (b) सिख (c) हिन्दू (d) जैन

उत्तर (a)

- गुड फ्राइडे **ईसाई धर्म** से सम्बन्धित है।
- गुड फ्राइडे को ग्रेट फ्राइडे, ब्लैक फ्राइडे या होली फ्राइडे भी कहते हैं।
- इस दिन को शोक दिवस के रूप में भी मनाया जाता है।
- यीशु को यहूदी शासकों ने शारीरिक और मानसिक रूप से कई यातनाएँ दीं और उन्हें सूली पर चढ़ा दिया, जिस दिन यीशु को सूली पर चढ़ाया गया था, वह दिन **शुक्रवार** था।

670. रमजान के पवित्र महीने के पूरा होने पर मनाए जाने वाले त्योहार का नाम क्या है?

SSC CHSL Tier-1 03.07.2024 (Shift-IV)

(a) ईद-उल-फितर (b) ईद-उल-जुहा
(c) मुहर्रम (d) बकरीद

उत्तर (a)

- रमजान के पवित्र महीने के पूरा होने पर मनाए जाने वाला त्योहार **ईद-उल-फितर** है।
- यह इस्लामिक कैलेण्डर के दसवें महीने, 'शव्वाल' के पहले दिन मनाया जाता है।
- इसी दिन को 'मीठी ईद' के रूप में मनाया जाता है।
- बकरा ईद को **ईद-उल-अजहा** के नाम से जाना जाता है।

671. हेमिस महोत्सव का सम्बन्ध निम्नलिखित में से किस धर्म से है?

SSC CHSL Tier-1 04.07.2024 (Shift-I)

(a) हिन्दू धर्म (b) जैन धर्म
(c) बौद्ध धर्म (d) सिख धर्म

उत्तर (c)

- हेमिस महोत्सव का सम्बन्ध **बौद्ध धर्म** से है।
- हेमिस महोत्सव भगवान पद्म सम्भव को समर्पित है, जिन्हें बुद्ध के प्रतिनिधि अवतार की संज्ञा दी जाती है।
- हेमिस महोत्सव भगवान **पद्म सम्भव** के जन्मदिवस के उपलक्ष्य में मनाया जाता है।
- यह महोत्सव लद्दाख के **हेमिस मठ** में प्रतिवर्ष मनाया जाता है।

672. दशहरा उत्सव निम्नलिखित में से किस हिन्दू महीने में मनाया जाता है?

SSC CHSL Tier-1 04.07.2024 (Shift-II)

(a) चैत्र (b) वैशाख
(c) आषाढ़ (d) आश्विन

उत्तर (d)

- दशहरा उत्सव **आश्विन मास** के शुक्ल पक्ष की दशमी तिथि को मनाया जाता है।
- यह हिन्दुओं का एक प्रमुख त्योहार है, जिसे असत्य पर सत्य की विजय के रूप में मनाया जाता है।

673. .... में ब्रज उत्सव प्रत्येक साल होली से कुछ दिन पहले फाल्गुन माह के शुक्ल पक्ष में दो दिनों के लिए आयोजित किया जाता है।

SSC CHSL Tier-1 04.07.2024 (Shift-IV)

(a) राजस्थान (b) मध्य प्रदेश
(c) हरियाणा (d) हिमाचल प्रदेश

उत्तर (a)

- **राजस्थान** में ब्रज उत्सव प्रत्येक वर्ष होली से कुछ दिन पहले फाल्गुन माह के शुक्ल पक्ष में दो दिनों के लिए आयोजित किया जाता है।
- यह उत्सव **भगवान कृष्ण** को समर्पित है।
- यह उत्सव राजस्थान के भरतपुर जिले में स्थित ब्रज क्षेत्र में मनाया जाता है।
- ब्रज महोत्सव में स्थानीय खेल प्रतियोगिताएँ; जैसे—कबड्डी, खो-खो और मटका दौड़ जैसे कार्यक्रम आयोजित होते हैं।

674. पिन्जौर विरासत उत्सव (Pinjore heritage festival) ....राज्य द्वारा आयोजित किया जाता है।

SSC CHSL Tier-1 05.07.2024 (Shift-I)

(a) हरियाणा (b) उत्तराखण्ड
(c) झारखण्ड (d) सिक्किम

उत्तर (a)

- पिन्जौर विरासत उत्सव **हरियाणा** राज्य द्वारा आयोजित किया जाता है।
- पिन्जौर हेरिटेज फेस्टिवल प्रत्येक वर्ष दिसम्बर के अन्तिम सप्ताह में आयोजित होने वाला दो दिवसीय शीतकालीन उत्सव है।
- यहीं पर अप्रैल में पिन्जौर बैसाखी उत्सव, जुलाई में **पिन्जौर आम मेला** का आयोजन होता है।
- पिन्जौर गार्डन को 'यादवेन्द्र गार्डन' के नाम से भी जानते हैं।

675. बृहदेश्वर मन्दिर जो द्रविड़ मन्दिर वास्तुकला को प्रदर्शित करता है,.........में स्थित है।

SSC CHSL Tier-1 05.07.2024 (Shift-I)

(a) तिरुवनन्तपुरम (b) धर्मपुरी
(c) मदुरै (d) तन्जावुर

उत्तर (d)

- बृहदेश्वर मन्दिर जो द्रविड़ मन्दिर वास्तुकला को प्रदर्शित करता है, तन्जावुर में स्थित है।
- इसका निर्माण **चोल शासक राजराज** प्रथम ने करवाया था, उनके नाम पर इसे राजराजेश्वर मन्दिर का नाम भी दिया गया है।
- यह मन्दिर **भगवान शिव** को समर्पित है।
- बृहदेश्वर मन्दिर को यूनेस्को द्वारा वर्ष 1987 में विश्व धरोहर स्थल घोषित किया गया था।

676. गुजरात में, मकर संक्रान्ति का त्योहार किस नाम से मनाया जाता है?

SSC CHSL Tier-1 05.07.2024 (Shift-IV)

(a) पश्चिमायन (b) पूरबयन
(c) उत्तरायण (d) दक्षिणायन

उत्तर (c)

• गुजरात में मकर संक्रान्ति का त्योहार उत्तरायण नाम से मनाया जाता है।

• गुजरात में उत्तरायण दो दिन तक मनाया जाता है और इस त्योहार पर **पतंग फेस्टीवल** का आयोजन होता है।

• इसे अलग-अलग राज्यों में अलग-अलग नामों से जानते हैं; जैसे—पंजाब और हरियाणा में मकर संक्रान्ति को माघी लोहड़ी के रूप में तथा तमिलनाडु में **पोंगल** के रूप में मनाते हैं।

677. लोकरंग महोत्सव का आयोजन कौन-सा राज्य करता है? SSC CHSL Tier-1 08.07.2024 (Shift-II)

(a) हिमाचल प्रदेश
(b) उत्तर प्रदेश
(c) अरुणाचल प्रदेश
(d) मध्य प्रदेश

उत्तर (d)

• लोकरंग महोत्सव का आयोजन **मध्य प्रदेश** राज्य करता है।

• यह त्योहार प्रत्येक वर्ष भोपाल में 26 जनवरी को प्रारम्भ होता है, जो पाँच दिनों तक चलता है।

678. कच्छ उत्सव ········· में आयोजित किया जाता है। SSC CHSL Tier-1 08.07.2024 (Shift-III)

(a) भुज (b) राजकोट
(c) सूरत (d) अहमदाबाद

उत्तर (a)

• कच्छ उत्सव, भुज में आयोजित किया जाता है। यह उत्सव प्रत्येक वर्ष अक्टूबर से फरवरी तक आयोजित किया जाता है।

• इस महोत्सव में लोक संगीत और नृत्य प्रदर्शन शामिल होते हैं। इसे गुजरात पर्यटन विभाग द्वारा आयोजित किया जाता है। इस त्योहार को **व्हाइट डेजर्ट फेस्टिवल** भी कहते हैं।

679. डोल जात्रा निम्नलिखित में से किस राज्य का एक त्योहार है? SSC CHSL Tier-1 08.07.2024 (Shift-IV)

(a) हरियाणा (b) असम
(c) राजस्थान (d) उत्तर प्रदेश

उत्तर (b)

• डोल जात्रा असम राज्य का एक त्योहार है।

• डोल जात्रा त्योहार होली की तरह ही मनाया जाता है।

• ये त्योहार भगवान श्री कृष्ण और राधा रानी के प्रेम की याद में मनाया जाता है।

• डोल जात्रा का पर्व दो दिन तक चलता है। इसकी शुरुआत होलिका दहन के दिन से होती है।

680. ईस्टर किस धर्म का धार्मिक त्योहार है? SSC CHSL Tier-1 09.07.2024 (Shift-II)

(a) ईसाई (b) सिख
(c) बौद्ध (d) हिन्दू

उत्तर (a)

• ईस्टर **ईसाई धर्म** का धार्मिक त्योहार है।

• ईस्टर त्योहार यीशु को मृतकों के पुनरुत्थान की याद दिलाता है और इसे ईसाई धर्म का पुनर्जन्म माना जाता है।

681. मणिपुर की ············ जनजाति 'गान-नगाई' त्योहार मनाती है, जो मणिपुर के क्षेत्रों में रहने वाली जनजाति का फसल कटाई के बाद का त्योहार है। SSC CHSL Tier-1 09.07.2024 (Shift-III)

(a) जेलियांनग्रोंग (b) चोथे
(c) इनपुई (d) गंगटे

उत्तर (a)

• मणिपुर की **जेलियांनग्रोंग जनजाति** 'गान-नगाई' त्योहार मनाती है, जो मणिपुर के क्षेत्रों में रहने वाली जनजाति का फसल कटाई के बाद का त्योहार है।

• यह त्योहार सामान्यत: **दिसम्बर या जनवरी** माह में मनाया जाता है।

682. निम्नलिखित में से कौन-सा राज्य विजया दशमी का त्योहार मनाने के लिए प्रसिद्ध है, जो दूर्गा पूजा की समाप्ति का प्रतीक है? SSC CHSL Tier-1 10.07.2024 (Shift-I)

(a) तेलंगाना (b) पश्चिम बंगाल
(c) छत्तीसगढ़ (d) राजस्थान

उत्तर (b)

• **पश्चिम बंगाल** राज्य विजया दशमी का त्योहार मनाने के लिए प्रसिद्ध है, जो दुर्गा पूजा की समाप्ति का प्रतीक है। यह पश्चिम बंगाल का सबसे बड़ा त्योहार है।

• दशहरा या विजयादशमी व आयुध पूजा हिन्दुओं का प्रमुख त्योहार है, भगवान राम ने इसी दिन रावण का वध किया था।

• यूनेस्को ने 15 दिसम्बर, 2000 को कोलकाता के दुर्गा पूजा उत्सव को **अमूर्त सांस्कृतिक विरासत** का दर्जा दिया।

683. निम्नलिखित में से किस राज्य में साँची स्तूप, UNESCO विश्व धरोहर स्थित है? SSC CHSL Tier-1 10.07.2024 (Shift-I)

(a) बिहार (b) राजस्थान
(c) मध्य प्रदेश (d) पंजाब

उत्तर (c)

• मध्य प्रदेश राज्य में साँची स्तूप, UNESCO विश्व धरोहर स्थल (1989 में घोषित) स्थित है।

• साँची स्तूप एक बौद्ध परिसर है, जो अपने महान स्तूप के लिए प्रसिद्ध है (स्तूपों की संख्या 3 है)।

• साँची स्तूप मध्य प्रदेश के रायसेन जिले में स्थित है। इसका निर्माण **मौर्य शासक अशोक** ने करवाया था।

684. 'तमु लोचर' सिक्किम के ········ के पारम्परिक त्योहारों में से एक है। यह उनके नए साल की शुरुआत को चिह्नित करने के लिए मनाया जाता है, जो हिन्दू कैलेण्डर विक्रम संवत के अनुसार पूस (Pusa) के 15वें दिन और अंग्रेजी कैलेण्डर के अनुसार 30 दिसम्बर को पड़ता है। SSC CHSL Tier-1 10.07.2024 (Shift-II)

(a) मंगर समुदाय (b) लेचा समुदाय
(c) भूटिया समुदाय (d) गुरुंग समुदाय

उत्तर (d)

• 'तमु लोचर' सिक्किम के **गुरुंग समुदाय** के पारम्परिक त्योहारों में से एक है।

• यह उनके नए साल की शुरुआत को चिह्नित करने के लिए मनाया जाता है, जो हिन्दू कैलेण्डर विक्रम संवत् के अनुसार पूस (Pusa) महीने के 15वें दिन और अंग्रेजी कैलेण्डर के अनुसार, 30 दिसम्बर को पड़ता है।

685. गुरुपर्व गुरु नानक देव जी के जन्मदिन के उपलक्ष्य में मनाया जाता है। वह सिखों के ········ गुरु थे। SSC CHSL Tier-1 10.07.2024 (Shift-III)

(a) दूसरे (b) चौथे
(c) पहले (d) तीसरे

उत्तर (c)

• गुरुपर्व गुरु नानक देव जी के जन्मदिन के उपलक्ष्य में मनाया जाता है। वह सिखों के पहले गुरु थे।

• प्रत्येक वर्ष 'कार्तिक पूर्णिमा' के दिन 'गुरु पर्व' या **प्रकाश पर्व** मनाया जाता है।

686. अन्तर्राष्ट्रीय पतंग महोत्सव किस राज्य का लोकप्रिय संस्कृति उत्सव है? SSC CHSL Tier-1 10.07.2024 (Shift-IV)

(a) मणिपुर (b) गोवा
(c) छत्तीसगढ़ (d) गुजरात

उत्तर (d)

• अन्तर्राष्ट्रीय पतंग महोत्सव **गुजरात** राज्य का लोकप्रिय सांस्कृतिक उत्सव है।

• प्रत्येक वर्ष सूर्य **उत्तरायण** या मकर संक्रान्ति के अवसर पर इस महोत्सव का आयोजन जनवरी माह (7-14 जनवरी) में किया जाता है।

• इस महोत्सव की शुरुआत वर्ष 1989 में की गई थी।

687. राष्ट्रकूटों द्वारा बनवाया गया कैलाश मन्दिर कहाँ स्थित है? SSC CHSL Tier-1 10.07.2024 (Shift-IV)

(a) एलोरा (b) काँची
(c) हम्पी (d) अमरावती

उत्तर (a)

• राष्ट्रकूटों द्वारा बनवाया गया कैलाश मन्दिर महाराष्ट्र के औरंगाबाद जिले के **एलोरा** में स्थित है।

• कैलाश मन्दिर का निर्माण **राष्ट्रकूट शासक कृष्ण** प्रथम द्वारा कर्नाटक स्थापत्य द्रविड़ शैली में करवाया गया था।

• कैलाश मन्दिर चट्टान को काटकर बनाया गया सबसे बड़ा **हिन्दू मन्दिर** है।

688. कौन-सा भारतीय त्योहार रोशनी का त्योहार है? SSC CHSL Tier-1 11.07.2024 (Shift-I)

(a) बिहु (b) दीपावली
(c) ओणम (d) होली

उत्तर (b)

• दीपावली भारतीय त्योहार रोशनी का त्योहार है।

• दीपावली का पर्व **कार्तिक मास** की अमावस्या को मनाया जाता है। इस दिन माता लक्ष्मी और भगवान गणेश की उपासना की जाती है।

689. चेठियागिरि विहार उत्सव के सन्दर्भ में निम्नलिखित कथनों पर विचार कीजिए और सही विकल्प को चुनिए।
SSC CHSL Tier-1 11.07.2024 (Shift-II)

A. यह एक बौद्ध त्योहार है।
B. यह मध्य प्रदेश के साँची में आयोजित किया जाता है।
C. सारी पूत्त और महा मोग्गल्लन के अवशेषों की पूजा की जाती है।

कूट
(a) B और C दोनों (b) A और B दोनों
(c) A और C दोनों (d) A, B और C

उत्तर (d)

- मध्य प्रदेश के रायसेन जिले में स्थित साँची में नवम्बर माह में चेठियागिरि विहार महोत्सव मनाया जाता है।
- बुद्ध के शिष्य सारिपुत्र और महा मोग्गल्लन के अवशेष स्तूप संस्था 3 में रखे गए हैं।

690. प्रत्येक वर्ष फरवरी के महीने में, यह ऊँट उत्सव राजस्थान पर्यटन विकास निगम द्वारा ……… में आयोजित किया जाता है।
SSC CHSL Tier-1 11.07.2024 (Shift-IV)

(a) जैसलमेर (b) बीकानेर
(c) बाड़मेर (d) जोधपुर

उत्तर (b)

- प्रत्येक वर्ष फरवरी के महीने में ऊँट उत्सव **राजस्थान पर्यटन विकास निगम** द्वारा बीकानेर में आयोजित किया जाता है।
- बीकानेर के अतिरिक्त राजस्थान में पुष्कर **ऊँट महोत्सव** और **जैसलमेर ऊँट महोत्सव** मनाया जाता है।

SSC CHSL 2023 (Tier 1 & 2)

691. चैतुराल (Chaitrual) और फुलाइच (Phulaich) निम्नलिखित में से किस राज्य के त्योहार हैं? **SSC CHSL Tier-1 17.08.2023 (Shift-I)**

(a) उत्तराखण्ड (b) गुजरात
(c) हरियाणा (d) हिमाचल प्रदेश

उत्तर (d)

- चैतुराल और फुलाइच **हिमाचल प्रदेश** के त्योहार हैं।
- ये सितम्बर के महीने में मुख्य रूप से **किन्नौर** (हिमाचल प्रदेश) जिले में दिवंगत लोगों की याद में मनाए जाते हैं।

692. स्तम्भों का मिलान कीजिए।
SSC CHSL Tier-1 11.08.2023 (Shift-I)

राज्य	सांस्कृतिक उत्सव
A. बिहार	1. बिहू
B. अरुणाचल प्रदेश	2. तामलाडु
C. असम	3. फटोरपा जात्रा
D. गोवा	4. छठ

कूट

	A B C D		A B C D
(a)	1 2 3 4	(b)	1 4 3 2
(c)	3 1 4 2	(d)	4 2 1 3

उत्तर (d)

- सही सुमेलन A-4, B-2, C-1, D-3 है।
- **छठ पूजा** कार्तिक माह में दिवाली के छठवें दिन मनाया जाने वाला बिहार, झारखण्ड एवं पूर्वी उत्तर प्रदेश का एक महापर्व है।
- **तामलाडु** अरुणाचल प्रदेश में मनाया जाता है।
- बिहू, असम का विशेष सांस्कृतिक उत्सव है।
- **फटोरपा जात्रा**, गोवा का सांस्कृतिक उत्सव है।

693. कजरी उत्सव निम्नलिखित में से किस राज्य में मनाया जाता है?
SSC CHSL Tier-1 10.08.2023 (Shift-III)

(a) झारखण्ड (b) कर्नाटक
(c) छत्तीसगढ़ (d) पंजाब

उत्तर (c)

- कजरी उत्सव, श्रावण अमावस्या के नौवें दिन **छत्तीसगढ़** में मनाया जाता है।
- इसे 'कजरी नवमी' या **श्रावण शुक्ल नवमी** भी कहा जाता है, जो कजरी नवमी से शुरू होकर कजरी पूर्णिमा के दिन तक जारी रहता है।
- यह किसानों द्वारा मानसून की विदाई और नई फसल की तैयारी के उपलक्ष्य में मनाया जाता है।

694. निम्नलिखित में से कौन-सा एक उत्सव और नृत्य है? **SSC CHSL Tier-1 07.08.2023 (Shift-IV)**

(a) बैसाखी (b) बिहू (c) उगादि (d) पोंगल

उत्तर (b)

- 'बिहू' भारत के असम राज्य का लोकनृत्य है।
- असम में बोहाग बिहू उत्सव को नववर्ष के रूप में मनाया जाता है।
- असम में बिहू उत्सव **तीन बार** मध्य अप्रैल, मध्य जनवरी तथा अक्टूबर के अन्तिम सप्ताह में मनाया जाता है।

695. निम्नलिखित कथनों का मिलान कीजिए।

सूची I	सूची II
A. चम्पाकुलम नौका दौड़	1. गुजरात
B. सोमनाथ मेला	2. हरियाणा
C. सूरजकुण्ड मेला	3. राजस्थान
D. बाणेश्वर मेला	4. केरल

SSC CHSL Tier-1 02.08.2023 (Shift-I)

	A B C D		A B C D
(a)	3 1 4 2	(b)	4 2 1 3
(c)	4 1 2 3	(d)	4 3 1 2

उत्तर (c)

- सही सुमेलन A-4, B-1, C-2, D-3 है।

चम्पाकुलम नौका दौड़, केरल राज्य से सम्बन्धित है।

- **सोमनाथ मेला**, गुजरात में लगता है।
- **सूरजकुण्ड मेला** हरियाणा से सम्बन्धित है।
- **बाणेश्वर मेला** राजस्थान में लगता है।

696. ……… की स्मृति में हैदराबाद में 'समता की प्रतिमा' (स्टेच्यू ऑफ इक्विलिटी) का उद्घाटन किया गया है।
SSC CHSL Tier-1 21.03.2023 (Shift-II)

(a) सन्त रामानुजाचार्य (b) स्वामी दयानन्द
(c) स्वामी विवेकानन्द (d) सन्त रविदास

उत्तर (a)

- सन्त रामानुजाचार्य की स्मृति में हैदराबाद में समता की प्रतिमा का उद्घाटन किया गया था। **विशिष्टाद्वैत वेदान्त** के प्रवर्तक थे।
- वर्ष 2022 में बनी सन्त रामानुजाचार्य की 'स्टेच्यू ऑफ इक्विलिटी' बैठने की स्थिति में विश्व की **दूसरी सबसे ऊँची प्रतिमा** है।
- बैठने की स्थिति में विश्व की सबसे ऊँची प्रतिमा **भगवान शिव** की 'स्टेच्यू ऑफ विलीफ' राजस्थान के नाथद्वारा में स्थित है।

697. भगवान जगन्नाथ के रथों का त्योहार, रथ यात्रा हर वर्ष ……… में मनाया जाता है।
SSC CHSL Tier-1 20.03.2023 (Shift-III)

(a) सारनाथ, उत्तर प्रदेश
(b) पुरी, ओडिशा
(c) कोलकाता, पश्चिम बंगाल
(d) जयपुर, राजस्थान

उत्तर (b)

- भगवान जगन्नाथ के रथों का त्योहार रथ यात्रा प्रत्येक वर्ष **पुरी, ओडिशा** में मनाया जाता है। यह यात्रा आषाढ़ माह की शुक्ल पक्ष की द्वितीया को शुरू होती है।
- रथ यात्रा के दौरान भगवान जगन्नाथ, भाई बलभद्र और बहन सुभद्रा की यात्रा निकाली जाती है।

698. निम्नलिखित में से किस राज्य में सबरीमाला श्री धर्म संस्था मन्दिर स्थित है?
SSC CHSL Tier-1 04.08.2023 (Shift-I)

(a) केरल (b) तेलंगाना
(c) कर्नाटक (d) आन्ध्र प्रदेश

उत्तर (a)

- केरल में स्थित भगवान अय्यप्पन को समर्पित सबरीमाला मन्दिर विश्व के बड़े तीर्थस्थलों में से एक है।
- इस मन्दिर में भगवान अय्यप्पन के अतिरिक्त मालिकापुस्त अम्मा, गणेश एवं नागराज आदि देवताओं की मूर्तियाँ भी स्थित हैं।
- यह मन्दिर पेरियार टाइगर रिजर्व के अन्दर स्थित है।

699. असम में 'काटी बिहू (Kati Bihu) पर्व को …… के पेड़/पौधे के सामने दीप जलाकर मनाया जाता है।
SSC CHSL Tier-1 04.08.2023 (Shift-I)

(a) केला (b) बरगद (c) नीम (d) तुलसी

उत्तर (d)

- असम के तीन बिहू पर्वों में से **एक काटी बिहू** पर्व है, जिसे कंगाली बिहू के नाम से भी जाना जाता है।
- यह उत्सव अक्टूबर माह में खेतों में बाँस के खम्भों पर तुलसी के पौधे के सामने दीपक जलाकर मनाया जाता है।

700. निम्न में से कौन-सा गुजरात का पशु व्यापार पर्व (Animal Trading Festival) है?
SSC CHSL Tier-1 04.08.2023 (Shift-I)

(a) माधवपुर मेला (b) वौथा मेला
(c) कुम्भ मेला (d) अम्बुबाची मेला

उत्तर (b)

• **चौथा मेला** अहमदाबाद (गुजरात) में आयोजित सबसे बड़ा मेला है।

• इस पाँच-दिवसीय पर्व का आयोजन नवम्बर माह में किया जाता है।

SSC MTS 2024

701. प्रत्येक वर्ष, कार्तिक पूर्णिमा, पुष्कर में पशुधन मेले के अन्त का प्रतीक है, जहाँ प्रदर्शन में मुख्य जानवर कौन-सा है?
SSC MTS Tier-1 30.10.2024 (Shift-III)
(a) घोड़ा (b) भैंस (c) ऊँट (d) गाय

उत्तर (b)

• (c) प्रत्येक वर्ष कार्तिक पूर्णिमा पुष्कर में पशुधन मेले के अन्त का प्रतीक है, जहाँ ऊँटों का प्रदर्शन किया जाता है।

• पुष्कर में ब्रह्मा जी का एकमात्र मन्दिर है, इसके अतिरिक्त यहाँ सावित्री देवी, विष्णु जी, शिवजी और देवी-देवताओं के भी मन्दिर हैं।

702. मध्य प्रदेश आदिवासी लोककला अकादमी द्वारा आयोजित पाँच दिवसीय उत्सव, लोकरंग, प्रतिवर्ष .... से शुरू होता है।
SSC MTS Tier-1 12.11.2024 (Shift-III)
(a) 24 जुलाई (b) 26 जनवरी
(c) 26 सितम्बर (d) 22 मार्च

उत्तर (b)

• मध्य प्रदेश आदिवासी लोककला अकादमी द्वारा आयोजित पाँच दिवसीय उत्सव, लोकरंग, प्रतिवर्ष **26 जनवरी** में शुरू होता है।

• मध्य प्रदेश के अन्य प्रमुख त्योहारों में खजुराहो और मालवा उत्सव हैं।

703. चैत्र माह में निम्नलिखित में से कौन-सा त्योहार मनाया जाता है?
SSC MTS Tier-1 11.11.2024 (Shift-III)
(a) दिवाली (b) दशहरा
(c) रामनवमी (d) जन्माष्टमी

उत्तर (c)

• चैत्र माह में नवरात्रि, रामनवमी, हनुमान जयन्ती आदि त्योहार मनाए जाते हैं।

• रामनवमी, भगवान राम के जन्मदिन के रूप में मनाया जाने वाला हिन्दू त्योहार है।

• बैशाख महीने में बुद्ध पूर्णिमा, कार्तिक महीने में **दीपावली का त्योहार** तथा फाल्गुन महीने में होली का त्योहार मनाया जाता है।

704. निशागाँधी उत्सव निम्नलिखित में से किस राज्य में मनाया जाता है?
SSC MTS Tier-1 05.10.2024 (Shift-IV)
(a) उत्तराखण्ड (b) केरल
(c) महाराष्ट्र (d) झारखण्ड

उत्तर (b)

• निशागाँधी उत्सव केरल राज्य में मनाया जाता है।

• ओणम, अट्टुकल **पोंगल,** विषु, त्रिशूर पूरम, थेय्यम महोत्सव केरल के प्रमुख उत्सव हैं।

• फूल देई, अन्धूरी उत्सव, वट सावित्री, देवीधुरा मेला, पूर्णागिरि मेला उत्तराखण्ड के प्रमुख उत्सव हैं।

• **गुड़ी पड़वा,** गणेश चतुर्थी, पोला उत्सव, सिंहस्थ कुम्भमेला महाराष्ट्र के प्रमुख उत्सव हैं।

705. लोसर त्योहार (Losar festival) निम्नलिखित में से किस राज्य में मनाया जाता है?
SSC MTS Tier-1 17.11.2024 (Shift-III)
(a) छत्तीसगढ़ (b) आन्ध्र प्रदेश
(c) अरुणाचल प्रदेश (d) गोवा

उत्तर (c)

• लोसर त्योहार अरुणाचल प्रदेश में मनाया जाता है।

• यह उत्सव लद्दाखी नववर्ष के अवसर पर 15 दिनों तक मनाया जाता है, जिसमें देवी एवं देवताओं की प्रार्थना, आइबेक्स के सम्मान में नृत्य एवं गीत और कैलाश पर्वत की तीर्थयात्रा शामिल है।

• इसकी पूर्व संध्या पर मेको नामक एक जुलूस निकाला जाता है, जिसमें लोग जलती हुई मशालें लेकर पवित्र नारे लगाते हैं।

706. निम्नलिखित में से किस राज्य में जॉन बील मेला हर वर्ष आयोजित किया जाता है?
SSC MTS Tier-1 29.10.2024 (Shift-III)
(a) अरुणाचल प्रदेश (b) असम
(c) तेलंगाना (d) हरियाणा

उत्तर (b)

• **असम** राज्य के मोरीगाँव जिले में जॉन बील मेला हर वर्ष आयोजित किया जाता है।

• इस मेले का आयोजन तिवा समुदाय द्वारा किया जाता है।

• यह मेला गोभा साम्राज्य के संरक्षण में आयोजित किया जाता है।

707. निम्नलिखित में से किस राज्य में बाबरा के नीलकण्ठ महादेव मन्दिर परिसर में हर वर्ष भादरवी पूनम मेला आयोजित किया जाता है?
SSC MTS Tier-1 22.10.2024 (Shift-II)
(a) उत्तराखण्ड (b) हिमाचल प्रदेश
(c) राजस्थान (d) गुजरात

उत्तर (d)

• गुजरात राज्य में बाबरा के नीलकण्ठ महादेव मन्दिर परिसर में हर वर्ष भादरवी पूनम मेला आयोजित किया जाता है।

• यहाँ सती के 51 शक्तिपीठों में से एक माता अम्बाजी के रूप में पूजा की जाती है।

• यह मन्दिर उत्तरी गुजरात के बनासकाण्ठा जिले में स्थित एक तीर्थ नगरी है। यह मेला अगस्त-सितम्बर माह में पूर्णिमा के दौरान लगता है।

708. छठ पूजा कितने दिनों तक मनाई जाती है?
SSC MTS Tier-1 16.10.2024 (Shift-II)
(a) पाँच (b) एक (c) दो (d) चार

उत्तर (d)

• छठ पूजा चार दिनों तक मनाई जाती है।

• छठ पूजा, कार्तिक महीने (अक्टूबर-नवम्बर) के छठे दिन मनाया जाने वाला चार दिवसीय त्योहार है।

• यह त्योहार बिहार, झारखण्ड, समेत देश के कई हिस्सों में मनाया जाता है।

• छठ पूजा में सूर्य देव छठी मैया की पूजा की जाती है।

709. तमिल समुदाय द्वारा प्रत्येक वर्ष जनवरी में निम्नलिखित में से कौन-सा फसल और सांस्कृतिक त्योहार मनाया जाता है?
SSC MTS Tier-1 15.10.2024 (Shift-I)
(a) विशु (b) थेय्यम
(c) मकरविल्लक्कु (d) पोंगल

उत्तर (d)

• तमिल समुदाय द्वारा प्रत्येक वर्ष जनवरी में फसल और सांस्कृतिक त्योहार **पोंगल** मनाया जाता है।

• पोंगल चार दिवसीय त्योहार है, जो 14 जनवरी से 16 जनवरी तक मनाया जाता है।

• यह त्योहार **सूर्य देवता** को समर्पित है, जो भरपूर फसल के उत्पादन के फलस्वरूप धन्यवाद के रूप में मनाया जाता है।

• पोंगल के चार दिनों के नाम-भोगी पोंगल, थाई पोंगल, मट्टू पोंगल तथा कानुम पोंगल हैं।

710. भवनाथ महादेव मेला प्रतिवर्ष निम्नलिखित में से किस स्थान पर आयोजित किया जाता है?
SSC MTS Tier-1 14.10.2024 (Shift-I)
(a) जूनागढ़ (b) आगरा
(c) चेन्नई (d) जबलपुर

उत्तर (a)

• भवनाथ महादेव मेला प्रतिवर्ष **जूनागढ़** (गुजरात) स्थान पर आयोजित किया गया।

• यह त्योहार हिन्दू महीने माघ में आता है और पश्चिमी कैलेण्डर के अनुसार सामान्यत: पर फरवरी में आयोजित किया जाता है।

• यह मेला 5 दिनों तक चलता है।

• इस मेले में **महाशिवरात्रि** के मध्य रात्रि में भगवान भवनाथ (शिव) की पूजा की जाती है।

711. निम्नलिखित में से किस समुदाय द्वारा 'नवरोज' को नए साल के रूप में मनाया जाता है?
SSC MTS Tier-1 09.10.2024 (Shift-I)
(a) बौद्ध (b) सिख
(c) ईसाई (d) पारसी

उत्तर (d)

• **पारसी** समुदाय द्वारा नवरोज को नए साल के रूप में मनाया जाता है।

• नवरोज का अभिप्राय नए दिन से है।

• पारसी मान्यताओं के अनुसार, नवरोज सर्दियों के अन्त और बसन्त के आगमन को दर्शाता है।

• यह ईरानी कैलेण्डर की शुरुआत को चिह्नित करने के लिए मनाया जाता है।

712. सरहुल आदिवासियों का कृषि से सम्बन्धित एक त्योहार है, जो मुख्य रूप से भारत के .... राज्य में मनाया जाता है।
SSC MTS Tier-1 07.10.2024 (Shift-I)
(a) सिक्किम (b) उत्तराखण्ड
(c) गुजरात (d) झारखण्ड

उत्तर (d)

• सरहुल आदिवासियों का कृषि से सम्बन्धित एक त्योहार है, जो मुख्य रूप से भारत के **झारखण्ड** राज्य में मनाया जाता है।

• यह त्योहार चैत्र महीने के शुक्ल पक्ष की तृतीया को मनाया जाता है।

713. हर साल हॉर्नबिल महोत्सव निम्नलिखित में से किस राज्य में मनाया जाता है?
SSC MTS Tier-1 01.10.2024 (Shift-I)
(a) गोवा (b) सिक्किम
(c) नागालैण्ड (d) त्रिपुरा

उत्तर (c)
• प्रत्येक वर्ष हॉर्नबिल महोत्सव **नागालैण्ड** राज्य में मनाया जाता है।
• यह महोत्सव **10 दिनों का** वार्षिक सांस्कृतिक उत्सव है, जो नागालैण्ड की समृद्ध संस्कृति और विविधता को प्रदर्शित करता है।
• इस महोत्सव की शुरुआत वर्ष **2000 में** की गई थी। इस महोत्सव का नाम हॉर्नबिल पक्षी के नाम पर रखा गया है तथा यह पक्षी केरल और अरुणाचल प्रदेश का राजकीय पक्षी है।

714. लोसर (Losar), किस राज्य/केन्द्रशासित प्रदेश में नव वर्ष की शुरुआत के प्रतीक के रूप में मनाया जाता है?
SSC MTS Tier-1 30.09.2024 (Shift-I)
(a) बिहार (b) केरल
(c) नई दिल्ली (d) लद्दाख

उत्तर (d)
• लोसर, केन्द्रशासित प्रदेश **लद्दाख** में नव वर्ष की शुरुआत के प्रतीक के रूप में मनाया जाता है।
• यह त्योहार, मुख्य रूप से भारत, नेपाल, तिब्बत, सिक्किम और भूटान में मनाया जाता है।
• यह त्योहार तिब्बती कैलेण्डर के ग्यारहवें महीने के पहले दिन मनाया जाता है।

SSC MTS 2023

715. विवेकानन्द रॉक मेमोरियल कहाँ स्थित है?
SSC MTS 14.09.2023 (Shift-I)
(a) पोर्ट ब्लेयर
(b) चेन्नई
(c) विशाखापत्तनम
(d) कन्याकुमारी

उत्तर (d)
• विवेकानन्द रॉक मेमोरियल, **कन्याकुमारी** (तमिलनाडु) में स्थित है।
• इसे वर्ष 1963 में स्वामी विवेकानन्द के सम्मान में बनाया गया।
• यह स्मारक लैकाडिव या लक्षद्वीप सागर से (हिन्द महासागर) घिरा हुआ है।

716. सिख साहित्य के अनुसार, गुरुनानक देव की जयन्ती भारतीय चन्द्र माह के ····· की पूर्णिमा के दिन मनाई जाती है।
SSC MTS 01.09.2023 (Shift-I)
(a) कार्तिक (b) माघ
(c) आषाढ़ (d) पौष

उत्तर (a)
• गुरुनानक देव की जयन्ती **कार्तिक** पूर्णिमा के दिन मनाई जाती है।
• गुरु नानक देव सिखों के पहले गुरु थे।
• इनका जन्म 1469 ननकाना (तलवण्डी) साहिब, पंजाब, पाकिस्तान में हुआ था तथा मृत्यु 22 सितम्बर, 1539 करतारपुर में हुई।

717. झारखण्ड में मवेशियों के सम्मान में ··········· दीपावली के तुरन्त बाद अमावस्या के अगले दिन मनाया जाता है।
SSC MTS 01.09.2023 (Shift-III)
(a) मकर (b) सोहराय
(c) रोहिणी (d) भगता परब

उत्तर (b)
• शीतकालीन फसल त्योहार **सोहराय** दीपावली के अगले दिन मनाया जाता है।
• यह झारखण्ड तथा पश्चिम बंगाल में **सन्थाल जनजाति** का प्रसिद्ध त्योहार है।

718. राजघाट स्मारक किस शहर में स्थित है?
SSC MTS 13.09.2023 (Shift-I)
(a) आगरा (b) दिल्ली
(c) सूरत (d) अहमदाबाद

उत्तर (b)
• **दिल्ली** में स्थित राजघाट महात्मा गाँधी का स्मारक स्थल है।
• बानू जी भूपा ने इसका डिजाइन तैयार कर एक वर्गाकार स्थान पर काले संगमरमर यह से समाधि बनाई।
• महात्मा गाँधी का जन्म 2 अक्टूबर, 1869 पोरबन्दर (गुजरात) में हुआ था।

719. राजगीर महोत्सव इतिहास, धर्म, कला और संस्कृति का सुन्दर प्रतिनिधित्व है। यह ······· में मनाया जाने वाला तीन दिवसीय उत्सव है।
SSC MTS 13.09.23 (Shift-I)
(a) मध्य प्रदेश (b) उत्तर प्रदेश
(c) बिहार (d) उत्तराखण्ड

उत्तर (c)
• राजगीर महोत्सव इतिहास, धर्म, कला और संस्कृति का सुन्दर प्रतिनिधित्व है। यह बिहार में मनाया जाता है।
• तीन दिवसीय राजगीर महोत्सव की शुरुआत वर्ष 1986 में तत्कालीन मुख्यमन्त्री **बिन्देश्वरी दुबे** ने की थी। इसे पूर्व में 'राजगीर संस्कृति महोत्सव' कहा जाता था।

720. 'चपचार कुट' ········ राज्य का एक त्योहार है। यह झूम ऑपरेशन के सबसे कठिन कार्य अर्थात् जंगल साफ करने (जलने के अवशेषों को साफ करना) के बाद मार्च के दौरान मनाया जाता है। SSC MTS 08.09.23 (Shift-II)
(a) मिजोरम (b) छत्तीसगढ़
(c) नागालैण्ड (d) झारखण्ड

उत्तर (a)
• चपचार कुट **मिजोरम** राज्य का त्योहार है। यह झूम ऑपरेशन के सबसे कठिन कार्य अर्थात् जंगल साफ करने (जलने के अवशेषों को साफ करना) के बाद मार्च के दौरान मनाया जाता है।
• चपचार कुट की शुरुआत 1450-1700 ई. में सुआइपुई नामक गाँव (मिजोरम) में हुई थी।
• इस त्योहार का मुख्य नृत्य चेराव है।

721. सलहेस त्योहार ·········· राज्य में मनाया जाता है। SSC MTS 15.07.2022 (Shift-I)
(a) बिहार (b) पंजाब (c) गुजरात (d) तमिलनाडु

उत्तर (a)
• सलहेस का अर्थ 'पहाड़ों का राजा' होता है। यह **बिहार** राज्य में मनाया जाता है।
• यह बिहार के मिथिला क्षेत्र में प्रत्येक वर्ष श्रावण (वर्षा ऋतु) के शुभ महीने के दौरान मनाया जाता है।
• इस त्योहार के मुख्य घटक लोकगीत, अनुष्ठान, शिल्प कौशल और प्रदर्शन कला है।

SSC MTS 2022, 2021

722. असम में वार्षिक फसल तैयार होने पर निम्नलिखित में से कौन-सा त्योहार मनाया जाता है? SSC MTS 12.07.2022 (Shift-I)
(a) लोहड़ी (b) मकरविलक्कु
(c) पोंगल (d) माघ बिहू

उत्तर (d)
• असम के लोगों द्वारा प्रकृति एवं ईश्वर को समर्पित फसल त्योहार **माघ बिहू** त्योहार मनाया जाता है।
• यह प्रत्येक वर्ष 15 जनवरी को मनाया जाता है। इसे भोगाली बिहू के नाम से भी जाना जाता है।
• इसी दिन से फसलों की कटाई शुरू की जाती है तथा अच्छी पैदावार हेतु ईश्वर को पारम्परिक भोजन अर्पित किया जाता है।

723. चेरा पंहारा अनुष्ठान किससे सम्बन्धित हैं ?
SSC MTS 11.07.202 (Shift-I)
(a) ओडिशा की रथ यात्रा
(b) पंजाब की बैसाखी
(c) गुजरात की नवरात्रि
(d) पश्चिम बंगाल की दुर्गा पूजा

उत्तर (a)
• ओडिशा की रथ यात्रा जगन्नाथ पुरी रथ यात्रा से सम्बन्धित अनुष्ठान है, जिसमें गजपति राजा सोने की झाड़ू से भगवान जगन्नाथ, बलभद्र एवं सुभद्रा की मूर्तियों के स्थान को स्वयं साफ करते हैं।
• यह देवताओं और अपनी प्रजा की सेवा के प्रति राजा की प्रतिबद्धता के संकेत को दर्शाता है।

724. 'नवत्रा' पर्व का सम्बन्ध निम्नलिखित में से किस देश से है? SSC MTS 02.11.2021 (Shift-III)
(a) नेपाल (b) भूटान (c) बांग्लादेश (d) श्रीलंका

उत्तर (c)
• नवत्रा एक **बंगाली फसल उत्सव** है, जो **बांग्लादेश** के अतिरिक्त भारतीय राज्यों पश्चिम बंगाल, त्रिपुरा और असम की बराक घाटी में भोजन और नृत्य-संगीत के साथ मनाया जाता है।
• यह पर्व मेले के साथ मनाया जाता है, जिसे **नवत्रा मेला** कहा जाता है।

725. 'काफुली', निम्नलिखित में से किस राज्य का एक स्वादिष्ट व्यंजन है?
SSC MTS 02.11.2021 (Shift-III)
(a) उत्तराखण्ड (b) सिक्किम
(c) पंजाब (d) असम

उत्तर (a)
• काफुली, गढ़वाल (उत्तराखण्ड) का एक स्वादिष्ट व्यंजन है। इसे 'घपड़ी' के नाम से भी जाना जाता है।

• काफुली डिश पालक और मेथी के पत्तों का मिलाकर बनाई जाती है। इसे चावल या गेहूँ और पानी के पेस्ट से बनी ग्रेवी के साथ परोसा जाता है।

726. 'मड़ई' महोत्सव निम्नलिखित में से किस राज्य में मनाया जाता है? SSC MTS 02.11.2021 (Shift-II)
(a) तमिलनाडु (b) छत्तीसगढ़
(c) ओडिशा (d) झारखण्ड

उत्तर (b)

• मड़ई महोत्सव **छत्तीसगढ़** राज्य में मनाया जाता है। यह महोत्सव राज्य की समृद्ध संस्कृति और परम्परा को दर्शाता है।
• यह महोत्सव मुख्यत: **गोण्ड जनजाति** के लोगों द्वारा दिसम्बर से मार्च के महीने तक मनाया जाता है।
• इसके अतिरिक्त यह महोत्सव अन्य जनजातियों; जैसे- कुरबा, घराना आदि समुदायों में भी मनाया जाता है।

727. कूर्ग का कोडव समुदाय, ······· त्योहार के दौरान हथियारों की पूजा करता है।
SSC MTS 05.10.2021 (Shift-I)
(a) थाईपुसम (b) भगोरिया
(c) कैलपोथ (d) मड़ई

उत्तर (c)

• **कैलपोथ** में कैल का अर्थ है, 'हथियार' और पोथ का अर्थ है 'त्योहार'। इस त्योहार में कोडव समुदाय द्वारा हथियारों की पूजा की जाती है।
• कैलपोथ त्योहार बुवाई के मौसम के अन्त का प्रतीक माना जाता है।

728. ···············, अरुणाचल प्रदेश की गालो जनजाति का एक ऐसा त्योहार है, जिसे प्रतिवर्ष अप्रैल में मनाया जाता है।
SSC MTS 05.10.2021 (Shift-I)
(a) मे दम मे फी (b) डोलजात्रा
(c) आलि आई लिगांग (d) मोपिन

उत्तर (d)

• मोपिन एक कृषि त्योहार है, जो गालो जनजाति द्वारा अप्रैल में मनाया जाता है।
• मोपिन कृषि की देवी का नाम है।
• इस दिन सभी सफेद (शुद्धता और शान्ति का प्रतीक) वस्त्र पहनते हैं तथा महिलाएँ नृत्य करती हैं।

SSC Steno 2024 (Tier 1 & 2)

729. सिन्धी समुदाय के भगवान झूलेलाल की जयन्ती को किस अन्य नाम से भी जाना जाता है?
SSC Steno Tier-1 10.12.2024 (Shift-I)
(a) उलम्बना (b) चालिहा साहिब
(c) जमशेदी नवरोज (d) चेटी चन्द

उत्तर (d)

• सिन्धी समुदाय के भगवान झूलेलाल की जयन्ती का अन्य नाम चेटीचन्द भी है। चेटीचन्द सिन्धी हिन्दुओं का एक प्रमुख त्योहार है।
• यह त्योहार हर वर्ष चैत्र शुक्ल पक्ष की द्वितीया को मनाया जाता है।
• चेटीचन्द को सिन्धी नव वर्ष की शुरुआत का दिन माना जाता है।
• भगवान झूलेलाल को जल और ज्योति का अवतार माना जाता है।

730. केरल का सबसे महत्त्वपूर्ण और व्यापक रूप से मनाया जाने वाला त्योहार ·········· है।
SSC Steno Tier-1 10.12.2024 (Shift-I)
(a) गुड़ी पड़वा
(b) ओणम
(c) नुआखाई
(d) उगादी

उत्तर (b)

• केरल में सबसे महत्त्वपूर्ण और व्यापक रूप से मनाया जाने वाला त्योहार ओणम है।
• यह त्योहार मलयाली लोगों द्वारा मनाया जाता है, जो पूरे 10 दिन तक चलता है।
अगस्त-सितम्बर माह में मनाया जाने वाला यह त्योहार खुशी, समृद्धि और एकता का प्रतीक माना जाता है।
• ओणम त्योहार नई फसल के आने की खुशी में मनाया जाता है।

731. त्रिपुरा की खर्ची पूजा ······· के महीने में मनाई जाती है।
SSC Steno Tier-1 10.12.2024 (Shift-II)
(a) जुलाई-अगस्त
(b) जनवरी-फरवरी
(c) सितम्बर-अक्टूबर
(d) अप्रैल-मई

उत्तर (a)

• त्रिपुरा की खर्ची पूजा जुलाई-अगस्त के महीने में की जाती है।
• इस त्योहार में पृथ्वी सहित 14 हिन्दू देवताओं की पूजा की जाती है।
• यह त्योहार त्रिपुरा के लोगों की भलाई और समृद्धि के लिए देवताओं से आशीर्वाद माँगने के लिए मनाया जाता है।

732. अशोक द्वारा महाबोधि मन्दिर पूरी तरह से ········ से बनाया गया था।
SSC Steno Tier-1 10.12.2024 (Shift-II)
(a) लकड़ी (b) ईंटों
(c) पत्थरों (d) चट्टानों

उत्तर (b)

• अशोक द्वारा महाबोधि मन्दिर को पूरी तरह ईंटों से बनवाया गया था।
• वर्तमान बिहार के बोधगया में स्थित महाबोधि मन्दिर परिसर, भगवान बुद्ध के जीवन और विशेष रूप से ज्ञान प्राप्ति से सम्बन्धित स्थल है।

733. मुख्य रूप से तेलंगाना में मनाए जाने वाले फूलों के त्योहार को ········ के नाम से भी जाना जाता है।
SSC Steno Tier-1 10.12.2024 (Shift-II)
(a) फुलैच (b) फूल देई
(c) बतुकम्मा (d) कजरी

उत्तर (c)

• मुख्य रूप से तेलंगाना में मनाए जाने वाले फूलों के त्योहार को 'बथुकम्मा' के नाम से भी जाना जाता है।
• बथुकम्मा/बतुकम्मा मानसून के उत्तरार्द्ध के दौरान, सर्दियों की शुरुआत से पहले मनाया जाता है।

734. पुरी का कार महोत्सव या रथ महोत्सव (रथ यात्रा) किस भगवान से जुड़ा एक प्रसिद्ध त्योहार महोत्सव है?
SSC Steno Tier-1 10.12.2024 (Shift-III)
(a) शिव (b) गणेश
(c) जगन्नाथ (d) कार्तिकेय

उत्तर (c)

• पुरी का कार महोत्सव (रथ यात्रा) भगवान जगन्नाथ से जुड़ा त्योहार/महोत्सव है।
• इस त्योहार में रथ को भक्तों द्वारा खींचा जाता है तथा जुलूस जगन्नाथ मन्दिर से गुंडिचा मन्दिर तक निकाला जाता है। पुरानी मान्यताओं के अनुसार, वहाँ देवता नौ दिन तक रहने के पश्चात् जगन्नाथ मन्दिर लौटते हैं।
• पुरी का जगन्नाथ मन्दिर ओडिशा में स्थित है।
• पुरी चार धामों (हिन्दुओं) में से एक है।

735. मथुरा के निकट वृंदावन में, मन्दिरों का निर्माण ऐसी स्थापत्य शैली में किया गया था, जो ········ के मुगल महलों के काफी समान थे।
SSC Steno Tier-1 10.12.2024 (Shift-III)
(a) माण्डू (b) झाँसी
(c) गोलकोण्डा (d) फतेहपुर सीकरी

उत्तर (d)

• मथुरा के निकट वृंदावन में, मन्दिरों का निर्माण ऐसी स्थापत्य शैली में किया गया था, जो **फतेहपुर सीकरी** के मुगल महलों के काफी समान थी।
• फतेहपुर सीकरी की स्थापना अकबर ने गुजरात विजय के पश्चात् 1573 ई. की थी। इसे विजय शहर भी कहा जाता है।

736. अम्बुबाची मेला असम में किस मन्दिर के परिसर में आयोजित किया जाता है?
SSC Steno Tier-1 10.12.2024 (Shift-III)
(a) उमानन्द मन्दिर (b) दौल गोविन्दा मन्दिर
(c) अश्वकलान्ता मन्दिर (d) कामाख्या मन्दिर

उत्तर (d)

• अम्बुबाची मेला असम में **कामाख्या मन्दिर** के परिसर में आयोजित किया जाता है।
• कामाख्या मन्दिर की स्थापना 7वीं शताब्दी में राजा भगदत शशांक ने की थी।

737. वर्तमान बांग्लादेश में ढाकेश्वरी मन्दिर किस राजवंश के शासनकाल में बनाया गया था?
SSC Steno Tier-1 11.12.2024 (Shift-I)
(a) परमार (b) चन्देल
(c) सेन (d) राष्ट्रकूट

उत्तर (c)

• वर्तमान बांग्लादेश में ढाकेश्वरी मन्दिर सेन राजवंश के शासनकाल में 12वीं शताब्दी में बनाया गया था।
• इस राजवंश की स्थापना सामन्त सेन ने की थी। इस वंश के शासकों ने साहित्य और कला को संरक्षण दिया।

738. प्रविड़ शैली के मन्दिर में प्रवेश द्वार को क्या कहा जाता है?
SSC Steno Tier-1 11.12.2024 (Shift-I)
(a) गोपुरम (b) मण्डप (c) विमान (d) शिखर

उत्तर (a)

• द्रविड़ शैली के मन्दिर में प्रवेश द्वार को गोपुरम कहा जाता है।
• यह शैली दक्षिण भारत में विकसित हुई, जो यह हिन्दू मन्दिर वास्तुकला की एक शैली है।
• इस शैली के मन्दिर-तंजौर का वृहदेश्वर मन्दिर, मीनाक्षी मन्दिर, रंगनाथ मन्दिर, रामेश्वरम मन्दिर आदि है।

739. चाड लाहो नृत्य महोत्सव मुख्य रूप से मेघालय की निम्नलिखित में से किस जनजाति द्वारा मनाया जाता है?
SSC Steno Tier-1 11.12.2024 (Shift-II)
(a) होजांग (b) खासी (c) जयन्तिया (d) गारो
उत्तर (c)
• चाड लाहो नृत्य महोत्सव मुख्य रूप से मेघालय की **जयन्तिया जनजाति** द्वारा मनाया जाता है।
• यह वसन्त ऋतु में मनाया जाने वाला सांस्कृतिक त्योहार है।
• इस उत्सव के माध्यम से जयन्तिया जनजाति आगामी फसल बुवाई के मौसम के लिए 'का बे रम ओ' (माँ प्रकृति) का सम्मान करते हैं।

740. निम्नलिखित में से कौन-सा मेघालय का एक लोकप्रिय आभार व्यक्त करने वाला त्योहार है?
SSC Steno Tier-1 11.12.2024 (Shift-III)
(a) दशहरा (b) नाझू
(c) सरहुल (d) चाड लाहो
उत्तर (d)
• चाड़ लाहो मेघालय का एक लोकप्रिय त्योहार है।
• यह वहाँ के आदिवासी समुदाय द्वारा मनाया जाता है।

741. चेतियागिरी विहार महोत्सव किस राज्य में आयोजित किया जाता है?
SSC Steno 13.10.2024 (Shift-I)
(a) त्रिपुरा (b) मध्य प्रदेश
(c) तेलंगाना (d) हिमाचल प्रदेश
उत्तर (b)
• चेतियागिरि विहार महोत्सव **मध्य प्रदेश** में आयोजित किया जाता है।
• मध्य प्रदेश के रायसेन जिले के साँची के निवासी प्रतिवर्ष नवम्बर में इस महोत्सव को मनाते हैं। इसमें बौद्ध भिक्षु और तीर्थयात्री भाग लेते हैं।

SSC Steno 2023, 2022

742. 'गुग्गा (गोगा) नवमी, हरियाणा और पंजाब, राजस्थान, उत्तर प्रदेश एवं हिमाचल प्रदेश के कुछ हिस्सों में मनाया जाने वाला त्योहार है। इसे .... के त्योहार के रूप में जाना जाता है?
SSC Steno 12.10.2023 (Shift-I)
(a) गाय पूजा (b) उल्लू पूजा
(c) नाग पूजा (d) ऊँट पूजा
उत्तर (c)
• 'गुग्गा (गोगा) नवमी' हरियाणा और पंजाब, राजस्थान, उत्तर प्रदेश एवं हिमाचल प्रदेश के कुछ हिस्सों में मनाया जाने वाला त्योहार है। इसे **नाग पूजा के त्योहार** के रूप में जाना जाता है।
• गोगा नवमी के दिन **गोगादेव** अर्थात् जाहरवीर का जन्मोत्सव मनाया जाता है।
• यह त्योहार **भाद्रपद माह** के कृष्ण पक्ष की नवमी को मनाया जाता है।

743. निम्नलिखित में से किस भारतीय राज्य में पालकी उत्सव मनाया जाता हैं?
SSC Steno 18.11.2022 (Shift-I)
(a) गोवा (b) महाराष्ट्र
(c) आन्ध्र प्रदेश (d) तमिलनाडु
उत्तर (b)
• पालकी उत्सव के दौरान **भगवान विट्ठल** (कृष्ण भगवान का पाण्डुरंग अवतार) के मन्दिर, जो महाराष्ट्र के शोलापुर जिले में भीमा नदी के तट पर पण्ढरपुर नामक स्थान पर स्थित है।
• पण्ढरपुर को **दक्षिण का काशी** कहा जाता है।
• पालकी उत्सव **ज्येष्ठ** (जून) महीने में 22 दिनों तक मनाया जाता है।

744. भारत में 'उल्लम्बन' त्योहार मुख्य रूप से निम्नलिखित में से किस समुदाय द्वारा मनाया जाता हैं?
SSC Steno 18.11.2022 (Shift-I)
(a) सिन्धी (b) जैन
(c) पारसी (d) बौद्ध
उत्तर (d)
• भारत में उल्लम्बन त्योहार मुख्य रूप से **बौद्ध समुदाय** द्वारा मनाया जाता है।
• 'उल्लम्बन' संस्कृत भाषा से लिया गया शब्द है, जिसका अर्थ—**पीड़ा से मुक्ति** होता है।
• इस दिन, बौद्ध अपने दिवंगत पूर्वजों एवं जीवित माता-पिता तथा बड़ों के लिए प्रार्थना करते हैं।

745. कर्नाटक की धार्मिक विरासत और समृद्ध संस्कृति को दर्शाने वाला करगा उत्सव कितने दिनों तक मनाया जाता है?
SSC Steno 17.11.2022 (Shift-I)
(a) 9 (b) 7 (c) 13 (d) 11
उत्तर (d)
• करगा उत्सव **11 दिनों** तक मनाया जाता है। यह अनुष्ठान पूर्णिमा के दिन किया जाता है।
• यह कर्नाटक की धार्मिक विरासत और समृद्ध संस्कृति को दर्शाता है।

746. नागालैण्ड की निम्नलिखित में से कौन-सी जनजाति 'मिमकुट' उत्सव मनाती है?
SSC Steno 17.11.2022 (Shift-I)
(a) अंगामी (b) चांग
(c) कुकी (d) कचारी
उत्तर (c)
• नागालैण्ड की **कुकी जनजाति** द्वारा **मिमकुट** उत्सव मनाया जाता है।
• यह उत्सव नागालैण्ड के साथ मिजोरम में भी **मक्का की कटाई** के बाद मनाया जाता है।

SSC Steno 2021

747. भारत में निम्नलिखित में से कौन-सा धार्मिक समुदाय मुख्य रूप से 'पतेती' उत्सव मनाता है?
SSC Steno 17.11.2022 (Shift-I)
(a) पारसी (b) हिन्दू
(c) सिख (d) मुस्लिम
उत्तर (a)
• पतेती वास्तव में **पारसी** कैलेण्डर के नए वर्ष की पूर्व संध्या के समय **पारसी समुदाय** द्वारा मनाया जाता है।
• इस दिन पारसी समुदाय से जुड़े स्त्री-पुरुष परम्परागत वस्त्रों को पहनकर **अग्नि मन्दिर** (आगीयारी) में पूजा-अर्चना करते हैं।

748. निम्न में से किस राज्य में प्रतिवर्ष 'शिरूई लिली महोत्सव' मनाया जाता है? SSC Steno 15.11.2021
(a) मणिपुर (b) ओडिशा
(c) सिक्किम (d) छत्तीसगढ़
उत्तर (a)
• मणिपुर के **शिरूई लिली महोत्सव** में नृत्य योजन, संगीत और पारम्परिक खेल का आयोजन किया जाता है।
• तीन फीट लम्बा और घण्टी के आकार का नीला-गुलाबी रंग का शिरूई लिली मणिपुर का **राजकीय पुष्प** है।
• इसका वैज्ञानिक नाम *लिलियम मैकालेनिया* है।

749. निम्न में से किस राज्य या केन्द्रशासित प्रदेश में हेमिस मठ स्थित है? SSC Steno 12.11.2021
(a) अरुणाचल प्रदेश (b) सिक्किम
(c) जम्मू-कश्मीर (d) लद्दाख
उत्तर (d)
• लद्दाख में स्थित **हेमिस मठ** में **भगवान बुद्ध** की एक ताँबे गिल्ट की प्रतिमा, सोने और चाँदी से बने कई स्तूप, पवित्र थेमा चित्र और धार्मिक महत्त्व की अन्य वस्तुएँ हैं।
• हेमिस मठ को 1630 ई. में **स्टैंगसोग रास्या नवोग ग्यात्सो** के पहले अवतार द्वारा बनाया गया था।

750. संगाई त्योहार, मणिपुर के पर्यटन विभाग द्वारा प्रत्येक वर्ष आयोजित किया जाने वाला सबसे बड़ा वार्षिक सांस्कृतिक उत्सव हैं। यह निम्न में से किस महीने में मनाया जाता है?
SSC Steno 12.11.2021
(a) जून (b) मई (c) मार्च (d) नवम्बर
उत्तर (d)
• मणिपुर पर्यटन विभाग द्वारा नवम्बर माह में आयोजित किया जाने वाला **संगाई** त्योहार सबसे बड़ा वार्षिक सांस्कृतिक उत्सव है।
• इस महोत्सव का नाम मणिपुर में पाए जाने वाले **मृग-संगाई हिरण** के नाम पर रखा गया।

751. निम्न में से किस देश में शिवाला तेजा सिंह मन्दिर नाम का प्राचीन हिन्दू तीर्थस्थल स्थित है?
SSC Steno 12.11.2021
(a) म्यांमार (b) नेपाल (c) भूटान (d) पाकिस्तान
उत्तर (d)
• **पाकिस्तान** में स्थित **शिवाला तेजा सिंह** नामक प्राचीन मन्दिर में भगवान शिव की प्रतिमा स्थापित है।
• पाकिस्तान ने 29 जुलाई, 2019 को स्थानीय हिन्दू समुदाय की माँग पर विभाजन के बाद पहली बार पूर्वी शहर **सियालकोट** में स्थित 1000 वर्ष पुराना हिन्दू मन्दिर पूजा के लिए खोला।

752. निम्न में से किस राज्य में 'बतुकम्मा' नामक राज्य उत्सव मनाया जाता है? SSC Steno 11.11.2021
(a) तमिलनाडु (b) तेलंगाना
(c) केरल (d) ओडिशा

उत्तर (b)
- **तेलंगाना** क्षेत्र में बतुकम्मा पर्व शालिवादन संवत् की अमावस्या तिथि से शुरू होकर नौ दिनों तक मनाया जाता है।
- इस पर्व में फूलों के सात पँक्तियों से **गोपुरम मन्दिर** की आकृति बनाई जाती है।

753. 'त्रिशूर पूरम' किस भारतीय राज्य में मनाया जाने वाला एक प्रसिद्ध मन्दिर उत्सव है, जो अपने विस्तृत जुलूसों और आतिशबाजी प्रदर्शन के लिए जाना जाता है? SSC GD 20.02.2024 (Shift-III)
(a) केरल (b) तमिलनाडु
(c) कर्नाटक (d) ओडिशा

उत्तर (a)
- त्रिशूरपूरम, **केरल** में मनाया जाने वाला एक प्रसिद्ध मन्दिर उत्सव है, जो अपने विस्तृत जुलूसों और आतिशबाजी प्रदर्शन के लिए जाना जाता है।
- **सात दिवसीय** त्योहार मलयालम माह 'मदोम' (अप्रैल-मई) में मनाया जाता है।
- इस उत्सव में **भगवान वडक्कुनाथन** की पूजा की जाती है।

SSC GD 2024

754. बरांश, हिन्दू त्योहार दिवाली के समान है, जो निम्नलिखित में से किस जनजाति द्वारा मनाया जाता है? SSC GD 20.02.2024 (Shift-I)
(a) वर्ली और कोंकणा (b) मुण्डा
(c) गोण्ड और भील (d) सन्थाल

उत्तर (a)
- बरांश उत्सव, हिन्दू त्योहार दिवाली के समान है, जो **वर्ली और कोंकणा** जनजाति द्वारा मनाया जाता है।
- वर्ली जनजाति के लोग **महाराष्ट्र** और **गुजरात** के तटीय क्षेत्रों और आस-पास के पहाड़ी क्षेत्र में रहते हैं।

755. भारत के निम्नलिखित में से किस राज्य में बोनालू पर्व मनाया जाता है? SSC GD 20.02.2024 (Shift-II)
(a) असम (b) तेलंगाना
(c) पश्चिम बंगाल (d) तमिलनाडु

उत्तर (b)
- बोनालू पर्व **आषाढ़ महीने** अर्थात् जुलाई/अगस्त में **तेलंगाना** में मनाया जाता है।
- इसमें देवी महाकाली की पूजा की जाती है।
- बोनालू पर्व में मातृदेवी की क्षेत्रीय रूपों में पूजा शामिल है; जैसे-मैसम्मा, पोचम्मा, येल्लम्मा आदि।

756. प्रत्येक वर्ष अगस्त के दूसरे शनिवार को, अलाप्पुझा (Alappuzha) के पास आयोजित की जाने वाली नेहरू ट्रॉफी प्रतियोगिता, ········ श्रेणी में सबसे अधिक प्रतिस्पर्धी और लोकप्रिय है। SSC GD 20.02.2024 (Shift-II)
(a) घुड़दौड़ (b) नौका दौड़
(c) बास्केटबॉल (d) बैडमिण्टन

उत्तर (b)
- प्रत्येक वर्ष अगस्त के दूसरे शनिवार को अलाप्पुझा के पास आयोजित की जाने वाली नेहरू ट्रॉफी प्रतियोगिता **नौका दौड़** श्रेणी में सबसे अधिक प्रतिस्पर्द्धी और लोकप्रिय है।
- वर्ष 2023 में नेहरू ट्रॉफी का खिताब पल्लथुरथी बोर क्लब ने जीता था।
- नेहरू ट्रॉफी बोट रेस की शुरुआत वर्ष 1952 में हुई थी।

757. मैसूर दशहरा' भारत के ········ राज्य में एक भव्य उत्सव है, जिसमें शाही जुलूस, सांस्कृतिक कार्यक्रम और सजाए गए हाथियों का प्रदर्शन होता है। SSC GD 20.02.2024 (Shift-III)
(a) कर्नाटक
(b) तमिलनाडु
(c) ओडिशा
(d) केरल

उत्तर (a)
- मैसूर दशहरा भारतीय राज्य **कर्नाटक** में 10 दिनों तक मनाया जाने वाला त्योहार है, जिसकी शुरुआत नौ रातों से होती है, जिसे **नवरात्रि** कहा जाता है और उत्सव का समापन विजयादशमी को होता है।
- यह त्योहार हिन्दू कैलेण्डर के **अश्विन** माह के दसवें दिन मनाया जाता है, जो सामान्यत: सितम्बर और अक्टूबर के महीनों में आता है।

758. हरेली, कजरी और मड़ई त्योहार का सम्बन्ध निम्नलिखित में से किस राज्य से है? SSC GD 21.02.2024 (Shift-III)
(a) उत्तर प्रदेश (b) हरियाणा
(c) पंजाब (d) छत्तीसगढ़

उत्तर (d)
- हरेली, कजरी और मड़ई त्योहार **छत्तीसगढ़** से सम्बन्धित हैं।
- **हरेली त्योहार** में छत्तीसगढ़ के किसान अपनी धान की बुवाई करके कृषि औजार की पूजा करते हैं, जिससे वर्षभर कृषि की बेहतर उपज हो सके।
- **कजरी त्योहार** भी एक मानसून त्योहार है, जो छत्तीसगढ़ के किसानों द्वारा मानसून की विदाई और नई फसलों की तैयारी के समय मनाया जाता है।
- **मड़ई** छत्तीसगढ़ के आदिवासियों द्वारा मनाया जाने वाला त्योहार है, जो राज्य की समृद्ध संस्कृति और परम्परा को दर्शाता है।

759. भारत के निम्नलिखित में से किस राज्य में नोंगक्रेम (Nongkrem) त्योहार मनाया जाता है? SSC GD 22.02.2024 (Shift-III)
(a) मध्य प्रदेश (b) तमिलनाडु
(c) राजस्थान (d) मेघालय

उत्तर (d)
- नोंगक्रेम, **मेघालय** में खासी जनजाति द्वारा मनाया जाने वाला लोकप्रिय फसल त्योहार है, जो नवम्बर महीने में अच्छी फसल और समृद्धि के लिए मनाया जाता है।
- इस त्योहार को शुरू में **पेम्बलंग नोंगक्रेम** के नाम से जाना जाता था।

760. फटोरपा जात्रा और माण्डो उत्सव का सम्बन्ध निम्नलिखित में से किस राज्य से है? SSC GD 23.02.2024 (Shift-I)
(a) गोवा (b) मध्य प्रदेश
(c) कर्नाटक (d) केरल

उत्तर (a)
- फटोरपा जात्रा और माण्डो उत्सव गोवा में मनाए जाते हैं।
- फटोरपा जात्रा हिन्दू कैलेण्डर के अनुसार, पौष शुद्ध पंचमी से दशमी तक **दिसम्बर** या **जनवरी** के दौरान पाँच दिनों के लिए आयोजित की जाती है।

761. भारत में किस धार्मिक आयोजन के दौरान भक्त पवित्र गंगा नदी में यह विश्वास करते हुए डुबकी लगाते हैं कि इससे उनके पाप धुल जाएँगें और नदी के किनारे विभिन्न अनुष्ठान करते हैं? SSC GD 28.02.2024 (Shift-III)
(a) नवरात्रि
(b) ईद-उल-फितर
(c) कुम्भ मेला
(d) दीपावली

उत्तर (c)
- कुम्भ मेला, हिन्दू धर्म का एक महत्त्वपूर्ण पर्व है, जिसमें करोड़ों श्रद्धालु कुम्भ पर्व स्थल **प्रयाग**, **हरिद्वार**, **उज्जैन** और **नासिक** में एकत्र होते हैं और गंगा नदी में स्नान करते हैं।
- **महाकुम्भ** का आयोजन प्रत्येक 12वें वर्ष तथा अर्द्ध कुम्भ का आयोजन छठे वर्ष में किया जाता है।

762. 'जल्लीकट्टू' निम्नलिखित में से किस त्योहार की एक विशेषता है? SSC GD 24.02.2024 (Shift-II)
(a) पोंगल (b) विशु
(c) बिहू (d) ओणम

उत्तर (a)
- जल्लीकट्टू **पोंगल त्योहार** की एक विशेषता है। यह एक पारम्परिक खेल है, जो भारतीय राज्य **तमिलनाडु** में लोकप्रिय है।
- यह जनवरी के महीने में तमिल फसल उत्सव, के दौरान मनाया जाता है।

763. पुष्कर ऊँट मेले का सम्बन्ध किस राज्य से है? SSC GD 24.02.2024 (Shift-II)
(a) महाराष्ट्र (b) राजस्थान
(c) गुजरात (d) पंजाब

उत्तर (b)
- पुष्कर मेला **अजमेर** (राजस्थान) में आयोजित किया जाता है। इस मेले में विभिन्न सांस्कृतिक कार्यक्रम और प्रतियोगिताओं का आयोजन होता है।
- पुष्कर मेले को स्थानीय रूप से **पुष्कर ऊँट मेला** भी कहते हैं।

SSC GD 2023

764. याओशांग (Yaoshang) उत्सव जो मणिपुर में प्रसिद्ध है, ······ दिनों तक मनाया जाता है। SSC GD 13.02.2023 (Shift-V)
(a) पाँच (b) तीन (c) दो (d) चार

उत्तर (a)

• याओशांग त्योहार को फरवरी-मार्च महीने की पूर्णिमा के दिन बसन्त के आने की खुशी में **पाँच** दिनों तक मनाया जाता है।
• याओशांग **मेइती** लोगों की स्वदेशी परम्परा है। इसे मणिपुर का सबसे महत्त्वपूर्ण त्योहार माना जाता है।

765. त्रिपुरा की खारची पूजा में कितने देवताओं की पूजा की जाती है? SSC GD 08.02.2023 (Shift-I)
(a) 9 (b) 14
(c) 13 (d) 8

उत्तर (b)
• जुलाई या अगस्त में **अगरतला** (त्रिपुरा) में मनाए जाने वाले खारची पूजा के त्योहार में त्रिपुरि लोग अपने राजवंशीय देवता के साथ 14 देवताओं की पूजा करते हैं।
• खारची शब्द दो त्रिपुरी शब्दों से बना है- खर या शरता जिसका अर्थ है **पाप** और 'ची' या 'सी' जिसका अर्थ है 'सफाई'।

766. गौतम बुद्ध के भक्तों द्वारा मनाई जाने वाली बुद्ध पूर्णिमा, हिन्दू माह ...... में मनाई जाती है। SSC GD 02.02.2023
(a) माघ (b) फाल्गुन (c) वैशाख (d) चैत्र

उत्तर (c)
• **वैशाख** माह में **बुद्ध पूर्णिमा** के दिन ही **गौतम बुद्ध** का जन्म हुआ था, इसी दिन उन्हें ज्ञान की प्राप्ति हुई थी और इसी दिन उनका महानिर्वाण भी हुआ था
• यह त्योहार भारत, चीन, नेपाल, सिंगापुर वियतनाम, थाईलैण्ड, जापान, कम्बोडिया, मलेशिया, श्रीलंका, म्यांमार, इण्डोनेशिया आदि देशों में मनाया जाता है।

767. राजस्थान का विवाहित महिलाओं द्वारा मनाया जाने वाला गणगौर का वार्षिक त्योहार, हिन्दू माह ...... में मनाया जाता है। SSC GD 01.02.2023 (Shift-I)
(a) कार्तिक (b) अश्विन
(c) फाल्गुन (d) चैत्र

उत्तर (d)
• राजस्थान का विवाहित महिलाओं द्वारा मनाया जाने वाला गणगौर का वार्षिक त्योहार, हिन्दू माह के **चैत्र** में मनाया जाता है।
• इस दिन कुँवारी लड़कियाँ एवं विवाहित महिलाएँ शिवजी (इसर जी) और पार्वती जी (गौरी) की पूजा करती हैं।
• इस त्योहार में महिलाओं द्वारा गोर गोमती गीत गाए जाते हैं।

768. होली रंगों का त्योहार है, जिसे हिन्दू माह...... में मनाया जाता है। SSC GD 09.02.2023 (Shift-I)
(a) अश्विन (b) फाल्गुन
(c) चैत्र (d) कार्तिक

उत्तर (b)
• होली का त्योहार फाल्गुन माह में मनाया जाता है।
• यह त्योहार **भक्त प्रह्लाद** की ईश्वर के प्रति अनन्य भक्ति और बुराई पर अच्छाई की जीत का प्रतीक है।

769. संस्कृति मन्त्रालय ने देश के लिए पिंगली वेंकैया के योगदान का उत्सव मनाने के लिए ...... 2022 को 'तिरंगा उत्सव' का आयोजन किया। SSC GD 09.02.2023 (Shift-II)
(a) 2 अगस्त (b) 5 सितम्बर
(c) 1 जुलाई (d) 9 मई

उत्तर (a)
• 2 अगस्त के दिन **पिंगली वेंकैया** जी की जयन्ती होती है, इसलिए 2 अगस्त, 2022 को संस्कृति मन्त्रालय ने तिरंगा उत्सव का आयोजन किया।
• पिंगली वेंकैया के द्वारा ही भारतीय ध्वज को बनाया गया था।

SSC SP 2024, 2023, 2022

770. निम्नलिखित में से किस राज्य में धार्मिक त्योहार 'मोत्सु' मनाया जाता है? SSC SP (10 + 2) 20.06.2024 (Shift-III)
(a) छत्तीसगढ़ (b) नागालैण्ड
(c) मिजोरम (d) हिमाचल प्रदेश

उत्तर (b)
• **नागालैण्ड** में कई आदिवासी एवं स्थानीय संस्कृति को दर्शाते महोत्सव मनाए जाते हैं, जिनमें से एक है-मोत्सु उत्सव।
• **एओ जनजाति** द्वारा मई के पहले सप्ताह के दौरान मोत्सु उत्सव प्रतिवर्ष मनाया जाता है। इसे बुवाई के मौसम के बाद मनाया जाता है।
• इस उत्सव को केवल 3 दिनों की अवधि के लिए मनाया जाता है।

771. ईद मिलाद-उन-नबी का त्योहार निम्नलिखित में से किस इस्लामी महीने में मनाया जाता है? SSC SP (10+2) 27.06.2023 (Shift-IV)
(a) रजब (b) सफ़र
(c) रबी-अल-अव्वल (d) मुहर्रम

उत्तर (c)
• ईद-मिलाद-उन-नबी त्योहार 12 रबी-अल-अव्वल इस्लामी महीने में मनाया जाता है।
• **मिलाद-उन-नबी** इस्लाम धर्म के मानने वालों के कई वर्गों में एक प्रमुख त्योहार है।

772. निम्नलिखित में से कौन-सा शस्योत्सव कर्नाटक में नवम्बर-दिसम्बर के महीनों में मनाया जाता है? SSC SP (10+2) 27.06.2023 (Shift-I)
(a) हुथरी (b) दसरा
(c) कम्बाला (d) हम्पी

उत्तर (a)
• **हुथरी** शस्योत्सव कर्नाटक में फसल कटने के त्योहार के रूप में मनाया जाता है। यह नवम्बर-दिसम्बर के महीनों में मनाया जाता है।
• यह चावल की फसल का वार्षिक त्योहार है, जो कोडागु वर्ग में रहने वाले अधिकांश समुदायों द्वारा मनाया जाता है।

773. निम्नलिखित में से कौन-सा त्योहार जैन समुदाय द्वारा मनाया जाता है? SSC SP (10+2) 01.08.2022 (Shift-I)
(a) पर्युषण (b) हेमिस
(c) लोहड़ी (d) नुआखाई

उत्तर (a)
• पर्युषण पर्व, **जैन** समाज का एक महत्त्वपूर्ण पर्व है।
• जैन धर्मावलम्बी **भाद्रपद मास** में पर्युषण पर्व मनाते हैं।
• यह पर्व 8 दिन तक चलता है, जिसमें जैन धर्म के लोग शक्ति/उपवास रखते हैं।

774. 'लारू काज' मुख्य रूप से .... के गोण्डों द्वारा मनाया जाने वाला त्योहार है। SSC SP (10+2) 10.08.2023 (Shift-III)
(a) सिक्किम (b) राजस्थान
(c) गोवा (d) मध्य प्रदेश

उत्तर (d)
• 'लारू काज' मुख्य रूप से **मध्य प्रदेश** के **गोण्ड जनजाति** द्वारा मनाया जाने वाला उत्सव है।
• लारू काज **सुअर की बलि** से सम्बन्धित है।
• यह त्योहार इस जनजाति के लोग नारायण देव के सम्मान में मनाते हैं।

775. निम्नलिखित में से कौन-सा धार्मिक त्योहार तेलंगाना में पीरला पाण्डुगा के नाम से जाना जाता है? SSC SP (10+2) 27.06.2023 (Shift-IV)
(a) नवरोज
(b) मुहर्रम
(c) क्रिसमस
(d) ईद-उल-फितर

उत्तर (b)
• मुहर्रम, धार्मिक त्योहार तेलंगाना (आन्ध्र प्रदेश) में पीरला पाण्डुगा के नाम से जाना जाता है।
• मुहर्रम मुस्लिम समुदाय द्वारा मनाया जाने वाला एक शोक त्योहार है।

776. 'डुंगरी' त्योहार भारत के निम्नलिखित में से किस राज्य में मनाया जाता है? SSC SP (10+2) 01.08.2022 (Shift-I)
(a) ओडिशा
(b) आन्ध्र प्रदेश
(c) केरल
(d) हिमाचल प्रदेश

उत्तर (d)
• डुंगरी **हिमाचल प्रदेश** राज्य का त्योहार है। यह हडिम्बा देवी मेले के रूप में भी जाना जाता है।
• हदीमा, जिसे **हिडिम्बा** के रूप में भी जाना जाता है, भीम की पत्नी थी और यह त्योहार मुख्य रूप से उन्हीं से सम्बन्धित है।

777. हिन्दू कैलेण्डर के अनुसार किस दिन होली का त्योहार मनाया जाता है? SSC SP (10+2) 27.06.2022 (Shift-III)
(a) फाल्गुन अमावस्या (b) चैत्र सप्तमी
(c) चैत्र पूर्णिमा (d) फाल्गुन पूर्णिमा

उत्तर (d)
• हिन्दू पंचांग के अनुसार, प्रत्येक वर्ष **फाल्गुन मास** की पूर्णिमा को होलिका दहन का त्योहार मनाया जाता है।
• शास्त्रों में होली की पूजा पूर्णिमा तिथि के दिन सूर्यास्त के समय करने का विधान वर्णित है।

राष्ट्रीय/अन्तर्राष्ट्रीय व्यक्तित्व

SSC CGL 2024 (Tier 1 & 2)

778. स्वतन्त्र भारत के प्रथम गृहमन्त्री कौन थे
SSC CGL Tier-2 18.01.2025
(a) हुमायूँ कबीर
(b) मौलाना अब्दुल कलाम आजाद
(c) सरदार वल्लभभाई पटेल
(d) बलदेव सिंह

उत्तर (c)

• स्वतन्त्र भारत के प्रथम गृहमन्त्री सरदार वल्लभभाई पटेल थे।
• इस मन्त्रिमण्डल में जवाहरलाल नेहरू (प्रधानमन्त्री), बलदेव सिंह (रक्षामन्त्री) तथा मौलाना अबुल कलाम आजाद (शिक्षा मन्त्री) थे।

779. पण्डित ओंकारनाथ ठाकुर .... के शिष्य थे।
SSC CGL Tier-1 19.09.2024 (Shift-I)
(a) पण्डित गोपाल शंकर मिश्र
(b) पण्डित विष्णु दिगम्बर पलुस्कर
(c) पण्डित विष्णु नारायण भातखण्डे
(d) उस्ताद अब्दुल करीम खान

उत्तर (b)

• पं. ओंकार नाथ ठाकुर, **पं. विष्णु दिगम्बर पलुस्कर** के शिष्य थे।
• पं. विष्णु दिगम्बर पलुस्कर एक हिन्दुस्तानी संगीतकार थे।
• इन्होंने **संगीतांजलि** खण्ड 1-6 तक की पुस्तक लिखी।
• ये **अखिल भारतीय गन्धर्व महाविद्यालय मण्डल** के संस्थापक थे।

780. रंजना प्रकाश देसाई, जो भारतीय प्रेस परिषद् की पहली महिला अध्यक्ष बनीं, मूल रूप से सरकार के निम्नलिखित में से किस अंग में कार्य करती थीं? SSC CGL Tier-1 18.09.2024 (Shift-III)
(a) सतर्कता
(b) कार्यपालिका
(c) न्यायपालिका
(d) विधानमण्डल

उत्तर (c)

• रंजना प्रकाश देसाई न्यायपालिका विभाग में **न्यायाधीश** के पद पर कार्यरत् थीं।
• 13 सितम्बर, 2011 से 29 अक्टूबर, 2014 तक वे इस पद पर कार्यरत् रहीं।
• वर्ष 1986 में इन्हें **निवारक निरोध** मामलों के लिए विशेष सरकारी अभियोजक के रूप में नियुक्त किया गया था।

781. प्रसिद्ध गजल गायिका गिरिजा देवी का जन्म .... में हुआ था।
SSC CGL Tier-1 18.09.2024 (Shift-III)
(a) उत्तर प्रदेश (b) बिहार
(c) पंजाब (d) कर्नाटक

उत्तर (a)

• प्रसिद्ध गजल गायिक गिरिजा देवी का जन्म **उत्तर प्रदेश** के वाराणसी जिले में 8 मई, 1929 को हुआ था।
• गिरिजा देवी को **ठुमरी की रानी** के नाम से भी जाना जाता है।
• उन्हें शास्त्रीय संगीत में उनके योगदान के लिए वर्ष 1972 में पद्मश्री, वर्ष 1989 में पद्म भूषण तथा वर्ष 2016 में पद्म विभूषण से सम्मानित किया गया था।

782. टाइम मैगजीन की '2024 के 100 सबसे प्रभावशाली लोगों' की सूची में तीन भारतीयों को शामिल किया गया था। सूची में किसका नाम नहीं था? SSC CGL Tier-1 18.09.2024 (Shift-II)
(a) अश्विन वैष्णव (b) अनिल कपूर
(c) अमिताभ बच्चन (d) सुन्दर पिचाई

उत्तर (c)

• वर्ष 2024 की टाइम मैगजीन के 100 सबसे प्रभावशाली व्यक्ति की सूची में अश्विन वैष्णव, नन्दन नीलेकणि, अनिल कपूर, सुन्दर पिचाई, सत्य नडेला आदि शामिल हैं।
• टाइम मैगजीन की सूची को 6 श्रेणियों में बाँटा गया है

1. आइकन 2. पायनियर्स
3. आर्टिस्ट 4. टाइटन्स
5. लीडर्स 6. इनोवेटर्स

783. नवम्बर, 2022 में भारत सरकार (GOI) के स्वास्थ्य एवं परिवार कल्याण मन्त्रालय ने प्रधानमन्त्री टीबी मुक्त भारत अभियान के तहत शुरू की गई एक पहल, निक्षय मित्र के लिए निम्नलिखित खिलाड़ियों में से किसे ब्राण्ड एम्बेसडर के रूप में नामित किया है?
SSC CGL Tier-1 17.09.2024 (Shift-II)
(a) दीपा मलिक (b) मैरी कॉम
(c) अभिनव बिन्द्रा (d) पुल्लेला गोपीचन्द

उत्तर (a)

• **दीपा मलिक** को टीबी मुक्त अभियान के तहत ब्राण्ड एम्बेसडर के रूप में नियुक्त किया गया है।
• राष्ट्रपति श्रीमती **द्रौपदी मुर्मू** ने वर्चुअल रूप में प्रधानमन्त्री टीबी मुक्त भारत अभियान लॉन्च किया है।
• विश्व के कुल मरीजों का 25% से अधिक भारत में है।

784. भूपेन हजारिका .... राज्य के सबसे प्रसिद्ध व्यक्तित्वों में से एक थे।
SSC CGL Tier-1 13.09.2024 (Shift-I)
(a) मणिपुर (b) असम (c) ओडिशा (d) नागालैण्ड

उत्तर (b)

• भूपेन हजारिका **असम** राज्य के सबसे प्रसिद्ध व्यक्तित्वों में से एक थे।
• इन्हें वर्ष 1992 में दादासाहेब फाल्के पुरस्कार से सम्मानित किया गया।
• ये वर्ष 1998 से वर्ष 2003 तक संगीत नाटक अकादमी के अध्यक्ष भी रहे।
• इन्हें वर्ष 2019 में मरणोपरान्त भारत रत्न से सम्मानित किया गया।

785. संगीत नाटक अकादमी पुरस्कार से सम्मानित सुलोचना चह्वाण एक प्रसिद्ध गायिका थीं
SSC CGL Tier-1 13.09.2024 (Shift-III)
(a) लावणी (b) घूमर
(c) झूमर (d) गिद्धा

उत्तर (a)

• संगीत नाटक अकादमी पुरस्कार से सम्मानित सुलोचना चह्वाण एक प्रसिद्ध **लावणी** गायिका थीं।
• इनका जन्म वर्ष 1923 में मुम्बई में हुआ था।
• सुलोचना चह्वाण को कला के क्षेत्र में उनके योगदान के लिए पद्मश्री पुरस्कार से वर्ष 2022 में सम्मानित किया गया।

786. निम्नलिखित में से कौन बाँस की बाँसुरी के विश्व विख्यात प्रतिपादक हैं?
SSC CGL Tier-1 12.09.2024 (Shift-I)
(a) एम. एस. सुब्बुलक्ष्मी
(b) हरिप्रसाद चौरसिया
(c) बिस्मिल्ला खाँ
(d) रवि शंकर

उत्तर (b)

• **हरिप्रसाद चौरसिया** बाँस की बाँसुरी के विश्व विख्यात वादक हैं।
• वर्ष 1984 में इन्हें संगीत नाटक अकादमी पुरस्कार, 1992 में पद्म भूषण तथा 2000 में पद्म विभूषण से सम्मानित किया गया।

787. पद्मश्री 2022 से सम्मानित लोक गायिका माधुरी बर्थवाल भारत के निम्नलिखित में से किस राज्य से सम्बन्धित हैं?
SSC CGL Tier-1 10.09.2024 (Shift-III)
(a) उत्तर प्रदेश (b) उत्तराखण्ड
(c) हिमाचल प्रदेश (d) महाराष्ट्र

उत्तर (b)

• पद्मश्री 2022 से सम्मानित लोक गायिका माधुरी बर्थवाल उत्तराखण्ड राज्य से सम्बन्धित हैं।
• इन्हें ऑल इण्डिया रेडियो में पहली महिला संगीतकार के रूप में जाना जाता है।
• माधुरी बर्थवाल को वर्ष 2019 के अन्तर्राष्ट्रीय महिला दिवस पर **नारी शक्ति पुरस्कार** से सम्मानित किया गया था।

SSC CGL 2023 (Tier 1 & 2)

788. प्रसिद्ध वैज्ञानिक, अल्बर्ट आइंस्टीन निम्नलिखित में से किसके अहिंसा के विचार से प्रेरित थे?
SSC CGL Tier-1 18.07.2023 (Shift-IV)
(a) बी. आर. अम्बेडकर (b) महात्मा गाँधी
(c) वर्द्धमान महावीर (d) गौतम बुद्ध

उत्तर (b)

• अल्बर्ट आइंस्टीन एक प्रसिद्ध जर्मन वैज्ञानिक थे, जो **महात्मा गाँधी** के अहिंसा के विचार से प्रेरित थे।
• अल्बर्ट आइंस्टीन ने सापेक्षता का सिद्धान्त व द्रव्यमान ऊर्जा समीकरण $E = mc^2$ दिया।
• इन्हें वर्ष **1921** में इनके विशिष्ट कार्यों हेतु **नोबेल पुरस्कार** प्रदान किया गया था।

789. निम्नलिखित में से किसने "ओरु जाति, ओरु मातम, ओरु दैवम मनुष्यानु" (मानव जाति के लिए एक जाति, एक धर्म, एक ईश्वर) की विचारधारा की वकालत की?
SSC CGL Tier-1 19.07.2023 (Shift-I)
(a) केशवचन्द्र सेन (b) स्वामी श्रद्धानन्द
(c) नारायण गुरु (d) बिरसा मुण्डा

उत्तर (c)
- प्रश्न में दी गई विचारधारा **नारायण गुरु** से सम्बन्धित है।
- नारायण गुरु भारत के महान सन्त व समाज सुधारक थे।
- इनका जन्म **22 अगस्त, 1856** को **तिरुवनन्तपुरम** में हुआ था।
- श्री नारायण गुरु ने **वायकोम सत्याग्रह** (त्रावणकोर) को गति प्रदान की।
- श्री नारायण गुरु का **अध्यारोपण दर्शनम्** ब्रह्माण्ड के निर्माण की व्याख्या करता है।

790. पूरे विश्व में हरित क्रान्ति के जनक के रूप में किसे जाना जाता है?
SSC CGL Tier-1 19.07.2023 (Shift-II)
(a) नॉर्मन बोरलॉग (b) एम.एस. स्वामीनाथन
(c) लिनस पॉलिंग (d) राल्फ बंचे

उत्तर (a)
- हरित क्रान्ति तथा 'आधुनिक कृषि' के जनक **नॉर्मन बोरलॉग** अमेरिकी कृषि वैज्ञानिक और मानवतावादी थे।
- वर्ष 1970 में नॉर्मन बोरलॉग को उच्च उपज वाली किस्में HYVs विकसित करने के लिए **नोबेल शान्ति पुरस्कार** प्रदान किया गया।

791. विवेकानन्द ने विश्व धर्म संसद में कहाँ भाग लिया था? **SSC CGL Tier-1 20.07.2023 (Shift-IV)**
(a) वॉशिंगटन (b) न्यूयॉर्क
(c) सैन फ्रांसिस्को (d) शिकागो

उत्तर (d)
- **शिकागो** में हुए विश्व धर्म सम्मेलन में स्वामी विवेकानन्द ने हिन्दू धर्म की पराकाष्ठा पर वैश्विक दृष्टिकोण को स्पष्ट किया।
- स्वामी विवेकानन्द ने 1897 ई. को कलकत्ता के पास गंगा नदी तट पर **बेलूर मठ रामकृष्ण मिशन** की स्थापना की।
- उनके गुरु **रामकृष्ण परमहंस** थे।

792. 10,000 फीट की ऊँचाई से छलाँग लगाने वाली भारतीय सेना की पहली महिला सैनिक स्काई डाइवर कौन हैं?
SSC CGL Tier-1 24.07.2023 (Shift-I)
(a) लांस नायक मंजू
(b) एयर मार्शल आरती सरीन
(c) लेफ्टिनेण्ट जनरल माधुरी कानिटकर
(d) लेफ्टिनेण्ट जनरल राजश्री रामसेतु

उत्तर (a)
- **लांस नायक मंजू** हरियाणा के जीन्द जिले की रहने वाली हैं, जिन्होंने 10,000 फीट की ऊँचाई से ALH ध्रुव हेलिकॉप्टर से छलाँग लगाई।
- इन्हें भारतीय सेना की **एडवेंचर विंग** की स्काई डाइविंग प्रशिक्षण टीम द्वारा प्रशिक्षित किया गया था।

793. वर्ष 2019 में अन्तर्राष्ट्रीय खगोलीय संघ (IAU) द्वारा निम्नलिखित भारतीय संगीतकारों में से किसके नाम पर मंगल और बृहस्पति के बीच एक छोटे ग्रह का नाम रखा गया था?
SSC CGL Tier-1 24.07.2023 (Shift-I)
(a) पण्डित जसराज
(b) पण्डित हरिप्रसाद चौरसिया
(c) उस्ताद जाकिर हुसैन
(d) पण्डित रवि शंकर

उत्तर (a)
- मंगल और बृहस्पति के बीच एक छोटे ग्रह का नाम **पण्डित जसराज** के नाम पर रखा गया, जो भारत के प्रसिद्ध शास्त्रीय गायक थे।
- पण्डित जसराज का सम्बन्ध **मेवाती घराने** से था।
- इस ग्रह की खोज 11 नवम्बर, 2006 को हुई थी।

794. अनुबन्धित सेवा के लिए अर्हता प्राप्त करने वाले पहले भारतीय कौन थे?
SSC CGL Tier-1 24.07.2023 (Shift-II)
(a) सत्येन्द्रनाथ टैगोर (b) गोपालकृष्ण गोखले
(c) सुरेन्द्रनाथ बनर्जी (d) सुभाषचन्द्र बोस

उत्तर (a)
- अनुबन्धित सेवा के लिए अर्हता प्राप्त करने वाले पहले भारतीय **सत्येन्द्रनाथ टैगोर** थे, जो रवीन्द्रनाथ टैगोर के भाई थे।
- वह **ब्रह्म समाज** के सदस्य तथा एक कवि, संगीतकार, लेखक, समाज सुधारक और भाषाविद् थे।

795. निम्नलिखित में से कौन पहला गैर-यूरोपीय था, जिसे वर्ष 1913 में उसकी कृति 'गीतांजलि' के लिए साहित्य में नोबेल पुरस्कार मिला था?
SSC CGL Tier-1 24.07.2023 (Shift-II)
(a) बंकिमचन्द्र चटर्जी (b) रवीन्द्रनाथ टैगोर
(c) अवनिन्द्रनाथ टैगोर (d) द्वारकानाथ टैगोर

उत्तर (b)
- 'गीतांजलि' के लिए साहित्य में नोबेल पुरस्कार (वर्ष 1913) प्राप्त करने वाले पहले गैर-यूरोपीय **रवीन्द्रनाथ टैगोर** एक विश्वविख्यात कवि, साहित्यकार व दार्शनिक थे।
- उन्हें **गुरुदेव** के नाम से भी जाना जाता है।
- टैगोर ने कलकत्ता में वर्ष 1901 में **शान्ति निकेतन** की स्थापना की, जो एक प्रायोगिक विद्यालय था।
- इन्हें वर्ष 1915 में ब्रिटिश किंग जॉर्ज पंचम द्वारा **नाइटहुड** की उपाधि से सम्मानित किया गया।

796. लता मंगेशकर का जन्म ब्रिटिश भारत के निम्नलिखित में से किस शहर में हुआ था?
SSC CGL Tier-1 24.07.2023 (Shift-IV)
(a) कलकत्ता (b) लखनऊ
(c) बॉम्बे (d) इन्दौर

उत्तर (d)
- लता मंगेशकर जी का जन्म **इन्दौर** में हुआ था।
- इन्हें वर्ष 1969 में पद्म भूषण, वर्ष 1989 में दादा साहेब फाल्के पुरस्कार तथा वर्ष 1999 में पद्म विभूषण से सम्मानित किया गया था।
- कला के क्षेत्र में योगदान के लिए इन्हें वर्ष 2001 में भारत के सर्वोच्च नागरिक सम्मान **भारत रत्न** से सम्मानित किया गया।

SSC CGL 2022 (Tier 1 & 2)

797. निम्नलिखित में से किसे ग्रामीण कर्नाटक, तमिलनाडु और आन्ध्र प्रदेश में लोक नृत्य को लोकप्रिय बनाने के लिए पद्मश्री पुरस्कार, 2021 से सम्मानित किया गया?
SSC CGL Tier-1 07.12.2022 (Shift-III)
(a) पप्पम्मल (b) पी अनीता
(c) मठा बी मंजम्मा जोगती
(d) रामास्वामी अन्नवरापु

उत्तर (c)
- **मठा बी मंजम्मा जोगती** को ग्रामीण कर्नाटक तमिलनाडु और आन्ध्र प्रदेश के लोकनृत्य जोगती नृत्य को राष्ट्रीय स्तर पर पहचान दिलाने हेतु वर्ष 2021 में पद्मश्री से सम्मानित किया गया।
- ये एक **ट्रांसजेण्डर** लोक नृत्यांगना हैं।
- इनकी जीवन कहानी को कर्नाटक लोकगीत विश्वविद्यालय और कर्नाटक राज्य महिला विश्वविद्यालय के कला स्नातक के छात्रों के पाठ्यक्रम में जोड़ा गया है।

798. बाजीराव मस्तानी के बॉलीवुड गीत 'मोहे रंग दो लाल' को किसने कोरियोग्राफ किया था?
SSC CGL Tier-1 07.12.2022 (Shift-III)
(a) बिरजू महाराज (b) सरोज खान
(c) गणेश आचार्य (d) फराह खान

उत्तर (a)
- बाजीराव मस्तानी के बॉलीवुड गीत 'मोहे रंग दो लाल' को कोरियोग्राफ करने वाले **पण्डित बृजमोहन मिश्र**, जिन्हें **बिरजू महाराज** भी कहा जाता है, प्रसिद्ध भारतीय कथक नर्तक थे।
- वे शास्त्रीय कथक नृत्य के लखनऊ **कालिका-बिन्दादीन** घराने के अग्रणी नर्तक थे।
- इन्हें वर्ष 1986 में **पद्म विभूषण** से सम्मानित किया गया था।

799. .... को वर्ष 2009 में फ्रांस के सर्वोच्च नागरिक पुरस्कार 'शेवेलियर डे ला लीजियन डी होनूर' से सम्मानित किया गया था।
SSC CGL Tier-1 07.12.2022 (Shift-IV)
(a) आशा भोंसले (b) एस. जानकी
(c) के. एस. चित्रा (d) लता मंगेशकर

उत्तर (d)
- **लता मंगेशकर** को बॉलीवुड की कोकिला और स्वर कोकिला के रूप में भी जाना जाता है।
- लता मंगेशकर को वर्ष 2009 में फ्रांस का सर्वोच्च नागरिक पुरस्कार 'शेवेलियर डे ला लीजियन डी होनूर' से सम्मानित किया गया था।
- प्रसिद्ध लेखक और सांसद शशि थरूर को वर्ष 2024 को शेवेलियर डेला लीजियन पुरस्कार से सम्मानित किया गया।

800. दक्षिण एशियाई पारम्परिक फ्यूजन संगीत को बनाने, संरक्षित करने और प्रदर्शित करने में उनके उत्कृष्ट योगदान के लिए किस भारतीय संगीत निर्देशक को जापान के फुकुओका पुरस्कार-2016 से सम्मानित किया गया?
SSC CGL Tier-1 07.12.2022 (Shift-IV)
(a) एम.एम. किरवानी (b) विशाल भारद्वाज
(c) प्रीतम चक्रवर्ती (d) ए.आर. रहमान

उत्तर (d)

• प्रसिद्ध संगीत निर्देशक **ए.आर. रहमान** को जापान के फुकुओका पुरस्कार 2016 से सम्मानित किया गया।

• यह पुरस्कार प्रतिवर्ष विशिष्ट लोगों को एशियाई संस्कृतियों को बढ़ावा देने व जागरुकता बढ़ाने हेतु प्रदान किया जाता है। इस पुरस्कार की स्थापना वर्ष 1990 में हुई थी।

• भारतीय मूल के अमेरिकी इतिहासकार सुनील अमृत को वर्ष 2024 के फुकुओका पुरस्कार से सम्मानित किया गया।

801. धोण्डो केशव कर्वे एक प्रख्यात भारतीय थे, जिन्होंने ...... का समर्थन किया।
SSC CGL 07.12.2022 (Shift-IV)

(a) जातिगत मानदण्डों को मजबूत करने
(b) बाल विवाह को अनुमति देने
(c) विधवा पुनर्विवाह पर रोक लगाने
(d) महिला शिक्षा के प्रसार

उत्तर (d)

• धोण्डो केशव कर्वे **महिला शिक्षा के प्रसार** को बढ़ावा देने में अग्रणी थे।

• इनके द्वारा मुम्बई में स्थापित श्रीमती नाथीबाई दामोदर ठाकरसे महिला विश्वविद्यालय भारत का प्रथम महिला विश्वविद्यालय है।

802. गुरु राजकुमार सिंघजीत सिंह, जोकि भारतीय शास्त्रीय मणिपुरी नृत्य शैली के प्रमुख प्रतिपादक हैं, को वर्ष 1986 में निम्नलिखित में से किस भारतीय नागरिक सम्मान से सम्मानित किया गया था? SSC CGL 08.12.2022 (Shift-I)

(a) पद्मश्री (b) भारत रत्न
(c) पद्म विभूषण (d) पद्म भूषण

उत्तर (a)

• गुरु राजकुमार सिंघजीत सिंह को वर्ष 1986 में **पद्मश्री** से सम्मानित किया गया।

• उन्हें वर्ष 1984 में **संगीत नाटक अकादमी** पुरस्कार और वर्ष 2014 में **टैगोर पुरस्कार** से भी सम्मानित किया जा चुका है।

राजकुमार सिंघजीत सिंह भारतीय शास्त्रीय नृत्य मणिपुरी के प्रमुख प्रतिपादक, नृत्य रचनाकार और गुरु हैं।
मणिपुरी नृत्य को मणिपुरी रासलीला भी कहा जाता है।

803. कथक नृत्यांगना सितारा देवी को वर्ष 1973 में निम्नलिखित में से किस पुरस्कार से सम्मानित किया गया था?
SSC CGL Tier-1 08.12.2022 (Shift-I)

(a) पद्म भूषण (b) पद्म विभूषण
(c) संगम कला (d) पद्मश्री

उत्तर (d)

• कथक नृत्यांगना सितारा देवी को वर्ष 1973 में पद्मश्री पुरस्कार से सम्मानित किया गया था।

• सितारा देवी को रवीन्द्रनाथ टैगोर ने **नृत्य साम्राज्ञी** के रूप में वर्णित किया। इनका मूल नाम धन लक्ष्मी था।

• उन्हें संगीत नाटक अकादमी पुरस्कार (1969), कालिदास सम्मान (1995), शिखर सम्मान (1991), और पद्म भूषण (2006) से सम्मानित किया जा चुका है।

804. चितरंजन दास निम्नलिखित में से किस व्यक्तित्व के राजनीतिक गुरु थे?
SSC CGL Tier-1 08.12.2022 (Shift-II)

(a) जवाहरलाल नेहरू (b) भगत सिंह
(c) महात्मा गाँधी (d) सुभाषचन्द्र बोस

उत्तर (d)

• चितरंजनदास **सुभाषचन्द्र बोस** के राजनीतिक गुरु थे। 'देशबन्धु' के नाम से लोकप्रिय चितरंजन दास स्वराज पार्टी (1923) के पहले अध्यक्ष थे।

• इन्होंने **अहमदाबाद सत्र** (1921) में भारतीय राष्ट्रीय कांग्रेस के अध्यक्ष के रूप में कार्य किया।

805. किस भारतीय संगीतकार ने नीदरलैण्ड्स में रॉटरडैम म्यूजिक कंजर्वेटरी में विश्व संगीत विभाग के कलात्मक निर्देशक के रूप में काम किया है? SSC CGL Tier-1 08.12.2022 (Shift-III)

(a) रोनू मजूमदार
(b) हरिप्रसाद चौरसिया
(c) नित्यानन्द हल्दीपुर
(d) प्रवीण गोडखिण्डी

उत्तर (b)

• **हरिप्रसाद चौरसिया** प्रसिद्ध बाँसुरी वादक हैं, जिन्होंने नीदरलैण्ड्स में रॉटरडैम म्यूजिक कंजर्वेटरी में विश्व संगीत विभाग के कलात्मक निर्देशक के रूप में काम किया।

• उन्हें वर्ष 2000 में **पद्म भूषण** से सम्मानित किया गया था।

• इनका जन्म 1 जुलाई, 1938 को प्रयागराज के **सेनिया घराने** में हुआ था।

806. उस शास्त्रीय नर्तक/नृत्यांगना का नाम बताइए, जिसे वर्ष 1968 में प्राणी मित्र पुरस्कार दिया गया था। SSC CGL Tier-1 08.12.2022 (Shift-III)

(a) डॉ. पद्मा सुब्रह्मण्यम
(b) बिपिन सिंह
(c) रुक्मिणी देवी अरुण्डेल
(d) शोवना नारायण

उत्तर (c)

• **रुक्मिणी देवी अरुण्डेल** भारत की प्रसिद्ध भरतनाट्यम नृत्यांगना थीं, जिन्हें वर्ष 1968 में **प्राणी मित्र पुरस्कार** दिया गया।

• ये दर्शनशास्त्री भी थीं तथा इन्हें नृत्य की एक विधा **साधिर** को पुनः स्थापित करने के लिए जाना जाता है।

807. वर्ष 2016 में राष्ट्रीय देवदासी पुरस्कार के/की प्राप्तकर्ता कौन थे/थीं?
SSC CGL Tier-1 08.12.2022 (Shift-IV)

(a) गीता कपूर
(b) प्रेरणा देशपाण्डे
(c) आर. मुथुकन्नम्माल
(d) डॉ. सोहिनी राय

उत्तर (b)

• वर्ष 2016 में **प्रेरणा देशपाण्डे** को देवदासी पुरस्कार से सम्मानित किया गया।

• ये **कथक नृत्य** की एक मान्यता प्राप्त भारतीय प्रतिपादिका हैं।

• वर्ष 2023 में राष्ट्रीय देवदासी पुरस्कार की प्राप्तकर्ता शालू जिंदल थीं।

808. शर्मिला विश्वास, जिन्हें वर्ष 1998 में सूचना और प्रसारण मन्त्रालय द्वारा सर्वश्रेष्ठ 'कोरियोग्राफी पुरस्कार' से सम्मानित किया गया था, निम्नलिखित में से किस शास्त्रीय नृत्य का प्रतिनिधित्व करती हैं?
SSC CGL Tier-1 09.12.2022 (Shift-IV)

(a) मणिपुरी (b) ओडिसी
(c) कथक (d) कथकली

उत्तर (b)

• शर्मिला विश्वास गुरु केलुचरण महापात्र की शिष्या हैं।

• वर्ष 2012 में इन्हें संगीत नाटक अकादमी पुरस्कार से सम्मानित किया गया।

809. वेम्पति चिन्ना सत्यम, जोकि एक भारतीय कुचिपुड़ी नर्तक थे, को वर्ष 1998 में निम्नलिखित में से कौन-सा पुरस्कार मिला था? SSC CGL Tier-1 12.12.2022 (Shift-I)

(a) पद्म भूषण (b) पद्मश्री
(c) टैगोर पुरस्कार (d) पद्म विभूषण

उत्तर (a)

• वेम्पति चिन्ना सत्यम जिन्होंने कुचिपुड़ी नृत्य को शास्त्रीय आधार प्रदान किया तथा इन्हें वर्ष 1998 में पद्म भूषण पुरस्कार से सम्मानित किया गया था।

• इनका जन्म 15 अक्टूबर, 1929 को आन्ध्र प्रदेश के कुचिपुड़ी गाँव के एक ब्राह्मण परिवार में हुआ था।

• इन्हें मद्रास संगीत अकादमी द्वारा टीटीके मेमोरियल अवॉर्ड व केन्द्रीय संगीत नाटक अकादमी पुरस्कार से भी सम्मानित किया गया।

810. राम सहाय पाण्डे को निम्नलिखित में से किस श्रेणी में पद्मश्री, 2022 प्राप्त हुआ?
SSC CGL Tier-1 12.12.2022 (Shift-III)

(a) वादक
(b) गायन
(c) कला के क्षेत्र में उत्कृष्ट सेवा
(d) कर्नाटक संगीत

उत्तर (c)

• राम सहाय पाण्डे को **कला के क्षेत्र में उत्कृष्ट सेवा** के लिए वर्ष 2022 में पद्मश्री से सम्मानित किया गया था।

• वर्ष 1980 में मध्य प्रदेश सरकार द्वारा इन्हें **नृत्य शिरोमणि** की उपाधि से सम्मानित किया गया था।

811. सबसे अधिक स्टूडियो रिकॉर्डिंग्स के लिए आशा भोंसले का नाम गिनीज बुक ऑफ वर्ल्ड रिकॉर्ड में किस वर्ष दर्ज किया गया था?
SSC CGL Tier-1 13.12.2022 (Shift-I)

(a) 2020 (b) 2017
(c) 2011 (d) 2014

उत्तर (c)

• वर्ष **2011** में आशा भोंसले का नाम सबसे अधिक स्टूडियो रिकॉर्डिंग्स के लिए गिनीज बुक ऑफ वर्ल्ड रिकॉर्ड में दर्ज किया गया।

• आशा भोंसले ने लगभग 16 हजार से अधिक गाने गाए है।

• वर्ष 1997 में इन्हें **ग्रैमी अवॉर्ड** के लिए नामित किया गया तथा वर्ष 2008 में **पद्म विभूषण** अवॉर्ड से भी सम्मानित किया गया।

812. उस स्वतन्त्रता सेनानी की पहचान करें, जो बचपन में स्कूल जाने से नफरत करता था और स्कूल जाना उसे घुटन भरा और दमनकारी लगता था। **SSC CGL Tier-1 13.12.2022 (Shift-I)**

(a) रवीन्द्रनाथ टैगोर (b) जवाहरलाल नेहरू
(c) ज्योतिबा फुले (d) महात्मा गाँधी

उत्तर (a)

• रवीन्द्रनाथ टैगोर बचपन में स्कूल जाने से नफरत करते थे और स्कूल जाना उन्हें घुटन भरा तथा दमनकारी लगता था।
• ये एशिया के प्रथम (वर्ष 2013) नोबेल पुरस्कार विजेता (साहित्य में) थे।
• ये एकमात्र कवि थे, जिनकी दो रचनाएँ दो देशों का राष्ट्रगान बनीं, पहला भारत का राष्ट्रगान 'जन-गण-मन' व दूसरा बांग्लादेश का राष्ट्रगान 'आमार सोनार बांग्ला'।

813. निम्नलिखित में से किसे राष्ट्रीय नृत्य शिरोमणि पुरस्कार, 2022 से सम्मानित किया गया? **SSC CGL Tier-1 13.12.2022 (Shift-III)**

(a) ऊषा श्रीनिवासन (b) अपर्णा सतीसन
(c) राधा रेड्डी (d) दीपा शशिन्द्रन

उत्तर (b)

• वर्ष 2022 में **अपर्णा सतीसन** को राष्ट्रीय नृत्य शिरोमणि पुरस्कार से सम्मानित किया गया था।
• वर्ष 2017 में इन्हें अन्तर्राष्ट्रीय संगठन के लिए कुचिपुड़ी में राज्य **राजदूत** के रूप में चुना गया था।
• ये कुचिपुड़ी और भरतनाट्यम नर्तकी व शिक्षिका हैं।
• अनिंदिता नियोगी अनाम को वर्ष 2024 का राष्ट्रीय नृत्य शिरोमणि पुरस्कार से सम्मानित किया गया।

814. निम्नलिखित में से किसे 'भरतनाट्यम' की एक नई शैली का आविष्कार और निर्माण करने का श्रेय प्राप्त है? **SSC CGL Tier-1 13.12.2022 (Shift-III)**

(a) चिन्ता रवि बालाकृष्ण
(b) रुक्मिणी देवी अरुण्डेल
(c) डॉ. पद्मा सुब्रह्मण्यम
(d) यामिनी कृष्णमूर्ति

उत्तर (c)

• **डॉ. पद्मा सुब्रह्मण्यम** को 'भरतनाट्यम' की एक नई शैली के निर्माण में महत्त्वपूर्ण योगदान के लिए जाना जाता है।
• इन्हें संगीत नाटक अकादमी पुरस्कार (1983), पद्मश्री (1981) और पद्म भूषण (2003) पुरस्कार से सम्मानित किया जा चुका है।

SSSC CGL 2021 (Tier 1 & 2)

815. मार्च, 2021 में विश्व आर्थिक मंच द्वारा संकलित युवा वैश्विक नेताओं (YGL) की सूची में निम्न में से कौन-सी भारतीय अभिनेत्री शामिल है? **SSC CGL Tier-1 24.08.2021 (Shift-I)**

(a) शिल्पा शेट्टी (b) आलिया भट्ट
(c) ऐश्वर्या राय (d) दीपिका पादुकोण

उत्तर (d)

• मार्च, 2021 में विश्व आर्थिक मंच द्वारा संकलित युवा वैश्विक नेताओं (YGL) की सूची में **दीपिका पादुकोण** शामिल हैं।
• फोरम ऑफ यंग ग्लोबल लीडर्स की स्थापना वर्ष 2005 में विश्व आर्थिक मंच के संस्थापक क्लाउस श्वाब के द्वारा की गई थी।

816. निम्न में से किस भारतीय अमेरिकी वैज्ञानिक को फरवरी, 2021 में अमेरिकी अन्तरिक्ष एजेंसी NASA के कार्यवाहक प्रमुख के रूप में नियुक्त किया गया था? **SSC CGL Tier-1 24.08.2021 (Shift-I)**

(a) शान्तनु नारायण
(b) रमेश रस्कर
(c) भव्या लाल
(d) मनमोहन अत्तर

उत्तर (c)

• **भव्या लाल** को NASA के कार्यवाहक प्रमुख के रूप में नियुक्त किया गया था।
• ये वर्ष 2005 से वर्ष 2020 तक इंस्टीट्यूट फॉर डिफेन्स एनालिसिस साइन्स एवं टेक्नोलॉजी पॉलिसी इंस्टीट्यूट (STPI) में एक सक्रिय सदस्य के रूप में कार्यरत् रही हैं।
• वर्तमान में **'सूजी पेरेज क्विन'** NASA की चीफ ऑफ स्टाफ के रूप में कार्यरत् हैं।

817. जनवरी, 2021 में किसे तीन वर्षों के लिए फिर से RBL बैंक का MD और CEO नियुक्त किया गया? **SSC CGL Tier-1 18.08.2021 (Shift-I)**

(a) राजीव अरोड़ा
(b) दीपक रूईया
(c) राजीव आहूजा
(d) विश्ववीर आहूजा

उत्तर (d)

• जनवरी, 2021 में RBL बैंक के MD और CEO के रूप में नियुक्त **विश्ववीर आहूजा** की नियुक्ति 30 जून, 2021 से 29 जून, 2024 तक प्रभावी रही।
• ये जून, 2010 में भी RBL बैंक के MD व CEO रह चुके हैं।

818. स्वतन्त्र भारत के पहले वित्त मन्त्री निम्न में से कौन थे? **SSC CGL Tier-1 18.08.2021 (Shift-II)**

(a) आर.के. षणमुखम चेट्टी
(b) के.सी. नियोगी
(c) सी.डी. देशमुख
(d) लियाकत अली खान

उत्तर (a)

• स्वतन्त्र भारत के पहले वित्तमन्त्री **रामासामी कन्दासामी षणमुखम चेट्टी** थे। उनका कार्यकाल वर्ष 1947 से 1949 तक था।
• इन्होंने 26 नवम्बर, 1947 को स्वतन्त्र भारत का पहला बजट पेश किया था।
• वर्ष 2024 में भारत की वित्तमन्त्री निर्मला सीतारमण हैं। निर्मला सीतारमण भारत की पहली पूर्णकालिक महिला वित्तमन्त्री हैं।

819. .... को नवम्बर, 2020 में नेपाली सेना के जनरल रैंक की मानद् उपाधि से सम्मानित किया गया था। **SSC CGL Tier-1 17.08.2021 (Shift-III)**

(a) करमबीर सिंह
(b) बिपिन रावत
(c) राकेश कुमार सिंह भदौरिया
(d) एम.एम. नरवणे

उत्तर (d)

• नवम्बर, 2020 में नेपाली सेना के जनरल रैंक की मानद उपाधि से **एम.एम. नरवणे** को सम्मानित किया गया।
• वर्ष 2024 में जनरल उपेन्द्र द्विवेदी को नेपाल सेना के जनरल का मानद पद प्रदान किया है।
• कमाण्डर-इन-चीफ जनरल **के.एम. करिअप्पा** प्रथम भारतीय सेना प्रमुख थे, जिन्हें वर्ष 1950 में नेपाली सेना के जनरल रैंक की मानद् उपाधि से सम्मानित किया गया था।

820. किस वर्ष अटल बिहारी वाजपेयी ने शान्ति घोषणा-पत्र पर हस्ताक्षर करने के लिए लाहौर की बस यात्रा की थी? **SSC CGL Tier-1 17.08.2021 (Shift-I)**

(a) 1994 (b) 1991 (c) 1997 (d) 1999

उत्तर (d)

• भारत-पाकिस्तान के सम्बन्धों को मजबूती प्रदान करने के उद्देश्य से **19 फरवरी, 1999** से दिल्ली-लाहौर बस सेवा (सदा-ए-सरहद) की शुरुआत की गई तथा वर्ष 1999 में ही भारत के प्रधानमन्त्री अटल बिहारी वाजपेयी ने लाहौर की बस यात्रा की।
• इस बस सेवा का संचालन दिल्ली ट्रांसपोर्ट कॉर्पोरेशन (भारत) एवं पाकिस्तान टूरिज्म कॉर्पोरेशन द्वारा किया गया था।
• वर्ष 2015 में अटल बिहारी वाजपेयी को **भारत रत्न** प्रदान किया गया।

821. धनपत राय श्रीवास्तव किस नाम से प्रसिद्ध हैं? **SSC CGL Tier-1 17.08.2021 (Shift-I)**

(a) प्रेमचन्द (b) अज्ञेय (c) दिनकर (d) निराला

उत्तर (a)

• धनपत राय श्रीवास्तव **प्रेमचन्द** के नाम से प्रसिद्ध हैं।
• **प्रेमचन्द** (धनपत राय श्रीवास्तव) हिन्दी एवं उर्दू भाषा के प्रसिद्ध उपन्यासकार, कहानीकार एवं विचारक थे।
• इनके द्वारा रचित कुछ प्रमुख रचनाएँ गोदान, गबन, पूस की रात, कर्मभूमि, पंच परमेश्वर आदि हैं।

SSC CPO 2024

822. निम्नलिखित में से भारतीय ओलम्पिक संघ के संस्थापक अध्यक्ष कौन थे? **SSC CPO Tier-1 28.06.2024 (Shift-III)**

(a) एजी नोहरेन (b) जमशेदजी टाटा
(c) दोराबजी टाटा (d) दादाभाई नौरोजी

उत्तर (c)

• **दोराबजी टाटा** ओलम्पिक संघ के संस्थापक अध्यक्ष थे। ये एक भारतीय उद्योगपति थे।

- वर्ष 1910 में ब्रिटिश भारत में उद्योग के लिए इन्हें नाइट की उपाधि दी गई।
- वर्तमान में भारतीय ओलम्पिक संघ के अध्यक्ष **डॉ. नरिंदर ध्रुव बत्रा** है।

823. प्रसिद्ध सन्तूर वादक पं. शिवकुमार शर्मा मूल रूप से किस राज्य/केन्द्रशासित प्रदेश के निवासी हैं? **SSC CPO Tier-1 28.06.2024 (Shift-III)**

(a) लक्षद्वीप (b) जम्मू और कश्मीर
(c) असम (d) हिमाचल प्रदेश

उत्तर (b)

- प्रसिद्ध सन्तूर वादक पं. शिवकुमार शर्मा **जम्मू-कश्मीर** के निवासी हैं।
- इन्होंने 13 वर्ष की आयु में सन्तूर बजाना आरम्भ किया।
- इनका पहला कार्यक्रम वर्ष 1955 में बम्बई में हुआ।
- सन्तूर एक कश्मीरी लोक वाद्य होता है।

824. निम्नलिखित में से कौन मोहिनीअट्टम नृत्य शैली की प्रसिद्ध हस्ती है? **SSC CPO Tier-1 28.06.2024 (Shift-III)**

(a) सुनन्दा नायर
(b) सितारा देवी
(c) पण्डित बिरजू महाराज
(d) दमयन्ती जोशी

उत्तर (a)

- **सुनन्दा नायर** मोहिनीअट्टम नृत्य शैली की प्रसिद्ध हस्ती हैं।
- उन्होंने **नालन्दा नृत्य कला** महाविद्यालय में नृत्य शैली में अपनी मास्टर डिग्री प्राप्त की।
- मोहिनीअट्टम एक शास्त्रीय नृत्य है, जिसे केरल में किया जाता है।

825. ब्रज भूषण काबरा को भारतीय शास्त्रीय संगीत के क्षेत्र में निम्नलिखित में से किस वाद्ययन्त्र में निपुण माना जाता था? **SSC CPO Tier-1 28.06.2024 (Shift-III)**

(a) वीणा (b) वायलिन (c) गिटार (d) सन्तूर

उत्तर (c)

- ब्रज भूषण काबरा को **गिटार** वाद्ययन्त्र में निपुण माना जाता था।
- इन्होंने गिटार वाद्ययन्त्र को लोकप्रिय बनाया।
- ये भारतीय संगीतकार थे।

826. सुप्रसिद्ध ······· नृत्यांगना सितारा देवी को रवीन्द्रनाथ टैगोर द्वारा कथक की रानी के रूप में सम्मानित किया गया था। **SSC CPO Tier-1 28.06.2024 (Shift-I)**

(a) मणिपुरी (b) कथक
(c) ओडिसी (d) सत्रीया

उत्तर (b)

- सुप्रसिद्ध **कथक** नृत्यांगना सितारा देवी को रवीन्द्रनाथ टैगोर द्वारा कथक की रानी के रूप में सम्मानित किया था।

827. निम्नलिखित में से कौन एक गायक नहीं है? **SSC CPO Tier-1 29.06.2024 (Shift-II)**

(a) पं. कुमार गन्धर्व (b) पं. भीमसेन जोशी
(c) गंगूबाई हंगल (d) पं. शिव कुमार शर्मा

उत्तर (d)

- **पण्डित शिवकुमार शर्मा** प्रख्यात भारतीय **सन्तूर वादक** हैं।
- भीमसेन जोशी भारत के एक प्रसिद्ध शास्त्रीय गायक थे।
- मध्य प्रदेश के देवास शहर के सुप्रसिद्ध गायक कुमार गन्धर्व हैं।
- गंगूबाई हंगल हिन्दुस्तानी शास्त्रीय संगीत की प्रख्यात गायिका थी।

SSC CPO 2023, 2021

828. घनकान्त बोरा बोरबायन (Ghanakanta Bora Borbayan) को निम्नलिखित में से किस क्षेत्र में उनके योगदान के लिए पद्मश्री पुरस्कार से सम्मानित किया गया है? **SSC CPO 05.10.2023 (Shift-III)**

(a) बागुरुम्बा (b) भोरताल
(c) सत्रीया (d) छऊ

उत्तर (c)

- घनकान्त बोरा बोरबायन नर्तक के साथ-साथ एक प्रसिद्ध वाद्ययन्त्र वादक और लेखक भी हैं, जिन्हें **सत्रीया** नृत्य में महत्त्वपूर्ण योगदान के लिए **पद्मश्री पुरस्कार** से सम्मानित किया गया।
- सत्रीया भारत के 9 शास्त्रीय नृत्यों में से एक है, जो असम राज्य में प्रचलित है।

829. आरुषि मुद्गल को ·········· नृत्य के लिए गुरु केलुचरण महापात्र युवा प्रतिभा सम्मान, 2021 से सम्मानित किया गया। **SSC CPO 03.10.2023 (Shift-I)**

(a) ओडिसी (b) मोहिनीअट्टम
(c) कथक (d) कुचिपुड़ी

उत्तर (a)

- **आरुषि मुद्गल** भारत के प्रमुख शास्त्रीय नृत्य **ओडिसी** से सम्बन्धित हैं, जिन्हें वर्ष 2021 के गुरु केलुचरण महापात्र युवा प्रतिभा सम्मान से सम्मानित किया गया।
- वर्ष 2024 का गुरु केलुचरण महापात्र पुरस्कार ओडिसा नृत्यांगना कुमकुम लाल, गुरु लक्ष्मीकांत पालित, गुरु धनेश्वर स्वैन और उत्तम मोहंती को प्रदान किया गया।
- गुरु केलुचरण महापात्र पुरस्कार की स्थापना वर्ष 1995 में की गई थी।
- केलुचरण महापात्र एक प्रसिद्ध भारतीय शास्त्रीय नर्तक और **ओडिसी** नृत्य के प्रतिपादक थे।

830. पद्मश्री, पद्म भूषण और पद्म विभूषण पुरस्कार से सम्मानित डॉ. तीजनबाई निम्नलिखित में से किस कला शैली में उनके योगदान के लिए विश्व प्रसिद्ध हैं? **SSC CPO 03.10.2023 (Shift-I)**

(a) राउत नाच (b) गेण्डी
(c) पण्डवानी (d) झिरलिटि

उत्तर (c)

- पद्म पुरस्कार से सम्मानित डॉ. तीजनबाई **पण्डवानी** से सम्बन्धित हैं।
- यह छत्तीसगढ़ का **एकल** नाट्य है, जिसकी उत्पत्ति छत्तीसगढ़ क्षेत्र में **गोण्ड** और **परधान** समुदायों के बीच हुई।
- पण्डवानी का शाब्दिक अर्थ 'पाण्डवों की कहानी' है, जो महाभारत के केन्द्रीय पात्र हैं।

831. निम्नलिखित में से किसने चेन्नई में कलाक्षेत्र फाउण्डेशन की स्थापना की, जो ललित कलाओं में अध्ययन और प्रदर्शन के लिए एक महत्त्वपूर्ण केन्द्र है? **SSC CPO 03.10.2023 (Shift-I)**

(a) मृणालिनी साराभाई
(b) रुक्मिणी देवी अरुण्डेल
(c) अलार्मेल वल्ली
(d) यामिनी कृष्णमूर्ति

उत्तर (b)

- चेन्नई में कलाक्षेत्र फाउण्डेशन की स्थापना **रुक्मिणी देवी अरुण्डेल** द्वारा की गई। ये भारत की प्रसिद्ध भरतनाट्यम नृत्यांगना हैं।
- ये राज्यसभा के लिए मनोनीत होने वाली पहली महिला थी।
- वर्ष 1956 में इन्हें पद्म भूषण से सम्मानित किया गया था।

832. हरिप्रिया नम्बूदिरी किस भारतीय शास्त्रीय नृत्य की प्रतिपादक (exponent) हैं? **SSC CPO Tier-2 04.10.2023**

(a) ओडिसी (b) भरतनाट्यम
(c) कुचिपुड़ी (d) कथकली

उत्तर (d)

- भारतीय शास्त्रीय नृत्य की प्रतिपादक **हरिप्रिया नम्बूदिरी** हैं। उन्होंने कथकली की शिक्षा गुरु कलामण्डलम वासु पिशारोडी से ली है।
- कथकली भारत के 9 शास्त्रीय नृत्यों में से एक है।
- यह नृत्य केरल के मलयालम भाषी क्षेत्रों में किया जाता है।
- कथकली के साहित्यिक रूप को आट्टवकथा कहते हैं।

833. गोपिका वर्मा ने वर्ष 2019 में निम्नलिखित में से किस नृत्य शैली में संगीत नाटक अकादमी पुरस्कार जीता? **SSC CPO 04.10.2023 (Shift-I)**

(a) कथक (b) भरतनाट्यम
(c) कुचिपुड़ी (d) मोहिनीअट्टम

उत्तर (d)

- गोपिका वर्मा ने वर्ष 2019 में **मोहिनीअट्टम** नृत्य शैली में संगीत नाटक अकादमी पुरस्कार जीता। नीना प्रसाद को वर्ष 2024 में नृत्य शैली में संगीत नाटक पुस्कार जीता।
- मोहिनीअट्टम नृत्य का सम्बन्ध **केरल** राज्य से है।

834. ········ सरकार द्वारा मल्लिका साराभाई को 'शेवेलियर डेस पाम्स एकेडमिक्स 2005' से सम्मानित किया गया था। **SSC CPO 11.11.2021 (Shift-I)**

(a) फ्रेंच (b) कनाडाई (c) स्विस (d) बेल्जियम

उत्तर (a)

- फ्रेंच सरकार द्वारा मल्लिका साराभाई को शेवेलियर डेस पाम्स एकेडमिक्स 2005 से सम्मानित किया गया था।
- मल्लिका साराभाई, नर्तकी मृणालिनी साराभाई और प्रमुख अन्तरिक्ष वैज्ञानिक विक्रम साराभाई की पुत्री हैं।

SSC CHSL 2024 (Tier 1 & 2)

835. वर्ष 2023 में भारत में आयोजित G-20 शिखर सम्मेलन के मुख्य समन्वयक कौन थे?
SSC CHSL Tier-1 01.07.2024 (Shift-II)
(a) एस. जयशंकर (b) विनय क्वात्रा
(c) विजय गोखले (d) हर्षवर्द्धन श्रृंगला

उत्तर (d)

- भारत में G-20 का शिखर सम्मेलन 9 से 10 सितम्बर, 2023 को दिल्ली के भारत मंडपम में आयोजित किया गया, जिसके मुख्य समन्वयक (Chief coordinator) **हर्षवर्द्धन श्रृंगला** थे।
- G-20, 2023 की थीम **वसुधैव कुटुम्बकम्** (एक धरती, एक परिवार, एक भविष्य) थी।
- प्रधानमन्त्री नरेन्द्र मोदी ने वर्ष 2024 की G-20 अध्यक्षता ब्राजील के राष्ट्रपति लुइज इनासियो लूला दा सिल्वा को सौंपी।
- वर्ष 2025 का G-20 सम्मेलन दक्षिण अमेरिका में आयोजित होगा।

836. ········ ने 29 मई, 2023 को केन्द्रीय सतर्कता आयुक्त के पद की शपथ ली।
SSC CHSL Tier-1 01.07.2024 (Shift-III)
(a) प्रवीण कुमार श्रीवास्तव
(b) आरती श्रीवास्तव
(c) उदयवीर सिंह
(d) सरवन कुमार

उत्तर (a)

- **प्रवीण कुमार श्रीवास्तव** ने 29 मई, 2023 को केन्द्रीय सतर्कता आयुक्त के पद की शपथ ली।
- वर्तमान (2025) में सतर्कता आयुक्त ए. एस. संजीव हैं।
- केन्द्रीय सतर्कता आयोग की स्थापना **सन्थानम समिति** की अध्यक्षता में वर्ष 1964 में की गई।
- आयुक्त का कार्यकाल 4 वर्ष की अवधि अथवा 65 वर्ष की आयु प्राप्त होने तक, जो पहले रहता है।

837. जनवरी, 2023 में कैप्टन शिवा चौहान किस युद्ध क्षेत्र में तैनात होने वाली पहली महिला अधिकारी होने के कारण चर्चा में थीं?
SSC CHSL Tier-1 01.07.2024
(a) सियाचिन (b) लेह
(c) द्रास (d) कारगिल

उत्तर (a)

- जनवरी, 2023 में कैप्टन शिवा चौहान **सियाचिन** युद्ध क्षेत्र में तैनात होने वाली पहली महिला अधिकारी बनीं।
- इनकी तैनाती दुनिया के सबसे ऊँचे युद्ध क्षेत्र सियाचिन में **कुमार पोस्ट** में ऑपरेशन रूप में हुई।
- कुमार पोस्ट या कुमार बेस, जिसका नाम कर्नल नरेन्द्र 'बुल' कुमार के नाम पर रखा गया है।

838. वर्ष 2023 में गुलाब चन्द कटारिया निम्नलिखित में से किस राज्य के राज्यपाल बने?
SSC CHSL Tier-1 02.07.2024 (Shift-I)
(a) हिमाचल प्रदेश (b) तमिलनाडु
(c) ओडिशा (d) असम

उत्तर (d)

- वर्ष 2023 में गुलाब चन्द कटारिया **असम** राज्य के राज्यपाल बने। गुलाब चन्द कटारिया राजस्थान राज्य से सम्बन्धित हैं।
- वह वर्ष 2014-18 के मध्य राजस्थान सरकार में गृहमन्त्री भी थे।
- वर्तमान (2025) में असम के राज्यपाल लक्ष्मण प्रसाद आचार्य हैं।

839. सरदार वल्लभभाई पटेल, जो भारत के पहले गृहमन्त्री थे, को किस उपनाम से जाना जाता है?
SSC CHSL Tier-1 05.07.2024 (Shift-II)
(a) ग्रैण्ड ओल्ड मैन ऑफ इण्डिया
(b) भारतीय अशान्ति के जनक
(c) भारत पुनर्जागरण का प्रभात तारा
(d) भारत के लौह पुरुष

उत्तर (d)

- सरदार वल्लभभाई पटेल, जो भारत के पहले गृहमन्त्री थे, को **भारत के लौह पुरुष** के उपनाम से जाना जाता है।
- इन्होंने वर्ष 1947 से 1950 तक भारत के पहले उप-प्रधानमन्त्री और गृहमन्त्री के रूप में कार्य किया।

840. निम्नलिखित में से किसे संयुक्त राष्ट्र सामाजिक विकास आयोग के 62वें सत्र के अध्यक्ष के रूप में चुना गया?
SSC CHSL Tier-1 09.07.2024 (Shift-IV)
(a) बी. एम. विनोद कुमार
(b) सतिन्दर कुमार लाम्बा
(c) निरुपमा मेनन राव
(d) रुचिरा कम्बोज

उत्तर (d)

- **रुचिरा कम्बोज** को संयुक्त राष्ट्र सामाजिक विकास आयोग के 62वें सत्र के अध्यक्ष के रूप में चुना गया।
- इस सत्र का विषय "सतत् विकास के माध्यम से वर्ष 2030 के लिए नवाचार के लिए प्रगति में तेजी और गरीबी के साथ व्यापक लक्ष्य को प्राप्त करने के लिए सामाजिक विकास और सामाजिक न्याय को बढ़ावा देना है।"
- विकास आयोग, आर्थिक और सामाजिक परिषद् के तहत एक आवश्यक अन्तर-सरकारी मंच है।

SSC CGSL 2022

841. निम्नलिखित में से किस भारतीय पार्श्व गायक के नाम एक दिन में सबसे अधिक गाने गाने का गिनीज वर्ल्ड रिकॉर्ड दर्ज है?
SSC CHSL (10+2) 30.05.2022 (Shift-I)
(a) कविता कृष्णमूर्ति
(b) अल्का याग्निक
(c) उदित नारायण
(d) कुमार सानू

उत्तर (d)

- भारतीय पार्श्व गायक **कुमार सानू** ने 24 घण्टे में 28 गानों को रिकॉर्ड किया था।
- इस रिकॉर्ड को आज तक किसी गायक द्वारा नहीं तोड़ा जा सका है।
- कुमार सानू के इस रिकॉर्ड को गिनीज बुक ऑफ वर्ल्ड में वर्ष 1993 में शामिल किया गया था।

842. निम्नलिखित में से किस हिन्दुस्तानी शास्त्रीय गायिका को वर्ष 1969 में भारत सरकार द्वारा पद्म भूषण और महाराष्ट्र सरकार द्वारा 'राज्य गायिका' की उपाधि से सम्मानित किया गया था?
SSC CHSL (10+2) 30.05.2022 (Shift-I)
(a) गंगूबाई हंगल (b) सुन्दरी दासी
(c) केसरबाई केरकर (d) नागरत्नम्मा

उत्तर (c)

- **हिन्दुस्तानी शास्त्रीय गायिका केसरबाई केरकर** को वर्ष 1953 में संगीत नाटक अकादमी अवॉर्ड, वर्ष 1969 में पद्म भूषण तथा महाराष्ट्र सरकार द्वारा 'राज्य गायिका की उपाधि से सम्मानित किया गया था।
- रवीन्द्रनाथ टैगोर ने इन्हें **सुरश्री** की उपाधि दी थी।

843. निम्नलिखित में से किस भारतीय को नवम्बर, 2021 के महीने में 1 जनवरी, 2023 से शुरू होकर 5 वर्ष के कार्यकाल के लिए अन्तर्राष्ट्रीय विधि आयोग के सदस्य के रूप में चुना गया था?
SSC CHSL (10+2) 30.05.2022 (Shift-I)
(a) सुरेश प्रभु (b) विनोद राय
(c) विमल जालान (d) विमल पटेल

उत्तर (d)

- नवम्बर, 2021 से **विमल पटेल** को 5 वर्ष के कार्यकाल के लिए अन्तर्राष्ट्रीय विधि आयोग के सदस्य के रूप में चुना गया।
- इस पद के लिए 193 सदस्यीय देशों में से विमल पटेल को 163 देशों का समर्थन प्राप्त हुआ।
- अन्तर्राष्ट्रीय विधि आयोग विशेषज्ञों का एक निकाय है, जो अन्तर्राष्ट्रीय कानून को विकसित करने और संहिताबद्ध करने में मदद करता है।

844. निम्नलिखित में से किसने मोहिनीअट्टम के इतिहास और नृत्य संरचना पर दो किताबें लिखी हैं?
SSC CHSL (10+2) 02.06.2022 (Shift-I)
(a) कलामण्डलम राधिका
(b) तंकमणि
(c) कलामण्डलम हिमावती
(d) कलामण्डलम कल्याणिकुट्टी अम्मा

उत्तर (d)

- **कलामण्डलम् कल्याणिकुट्टी अम्मा** ने मोहिनीअट्टम के इतिहास और नृत्य संरचना पर दो किताबें लिखीं।
- मोहिनीअट्टम **केरल** राज्य के दो शास्त्रीय नृत्यों में से एक है।

845. आगरा घराने की मलका जान, कलकत्ता के किस नवाब के दरबार में संगीतकार थीं?
SSC CHSL (10+2) 02.06.2022 (Shift-I)
(a) वाजिद अलीशाह (b) शुजाउददौला
(c) आसफउद्दौला (d) मोहम्मद अलीशाह

उत्तर (a)

- आगरा घराने की मलका जान, कलकत्ता के वाजिद अली शाह के दरबार में संगीतकार थीं।
- **वाजिद अली शाह** अवध के अन्तिम नवाब थे।
- सत्ता से पदच्युत किए जाने के बाद वाजिद अली शाह अपने प्रवास के दौरान कलकत्ता में ठहरे थे।

846. अस्थाना नर्तकी (रेजिडेण्ट नर्तक) की उपाधि तिरुमाला तिरुपति देवस्थानम मन्दिर द्वारा निम्नलिखित प्रमुख नर्तकों/नर्तकियों में से किसे प्रदान की गई थी?
SSC CHSL (10+2) 31.05.2022 (Shift-I)
(a) उमा शर्मा (b) माया राव
(c) सितारा देवी (d) यामिनी कृष्णमूर्ति

उत्तर (d)
• अस्थाना नर्तकी की उपाधि प्राप्त करने वाली **यामिनी कृष्णमूर्ति** भारतीय शास्त्रीय नृत्य भरतनाट्यम एवं कुचिपुड़ी से सम्बन्धित नृत्यांगना हैं।
• **ए पैशन फॉर डांस** यामिनी कृष्णमूर्ति की आत्मकथा है।

847. पण्डित भीमसेन जोशी को वर्ष 1985 में निम्नलिखित में से किस हिन्दी फिल्म में उनके गायन के लिए सर्वश्रेष्ठ पुरुष पार्श्व गायक का राष्ट्रीय फिल्म पुरस्कार प्राप्त हुआ?
SSC CHSL (10+2) 01.06.2022 (Shift-I)
(a) तानसेन (b) अनकही
(c) बसन्त बहार (d) सन्ध्या राग

उत्तर (b)
• वर्ष 1954 में प्रदर्शित फिल्म **अनकही** के लिए पण्डित भीमसेन जोशी को वर्ष 1985 में उनके गायन के लिए सर्वश्रेष्ठ पुरुष पार्श्व गायक का राष्ट्रीय फिल्म पुरस्कार प्राप्त हुआ।
• इस फिल्म के निर्देशक **अमोल पालेकर** एवं संगीतकार **जयदेव** थे।
• पण्डित भीमसेन जोशी को वर्ष 2008 में **भारत रत्न** से नवाजा गया था।

848. वर्ष 1969 में जवाहरलाल नेहरू विश्वविद्यालय के पहले कुलपति कौन बने थे?
SSC CHSL Tier-1 07.08.2023 (Shift-IV)
(a) वाई. नायुदम्मा (b) के. आर. नारायणन
(c) बी.डी. नाग चौधरी (d) जी. पार्थ सारथी

उत्तर (d)
• वर्ष 1969 में जवाहरलाल नेहरू विश्वविद्यालय के पहले कुलपति जी.पार्थ सारथी थे।
• जवाहरलाल नेहरू (JNU) यूनिवर्सिटी भारत की राजधानी नई दिल्ली में स्थित है।
• वर्तमान में (वर्ष 2024) शान्ति **श्री धुलीपुड़ी जेएनयू** की कुलपति हैं।

849. बिहार केसरी के नाम से किसे जाना जाता है?
SSC CHSL Tier-1 09.03.2023 (Shift-I)
(a) लाला लाजपत राय (b) श्री कृष्ण सिंह
(c) राजेन्द्र प्रसाद (d) कर्पूरी ठाकुर

उत्तर (b)
• **श्री कृष्ण सिंह** को बिहार केसरी के रूप में जाना जाता है।
• इन्होंने वर्ष 1946 से 1961 तक बिहार के पहले मुख्यमन्त्री के तौर पर कार्य किया।

850. बांग्लादेश ग्रामीण बैंक के संस्थापक कौन हैं?
SSC CHSL Tier-1 19.04.2021 (Shift-III)
(a) प्रो. मोहम्मद जहीर (b) प्रो. मोहम्मद गवास
(c) प्रो. मोहम्मद शाह (d) प्रो. मोहम्मद यूनुस

उत्तर (d)
• बांग्लादेश ग्रामीण बैंक के संस्थापक **मोहम्मद यूनुस** को इनके द्वारा किए गए अभूतपूर्व कार्यों हेतु वर्ष 2006 में संयुक्त रूप से **नोबेल पुरस्कार** से सम्मानित किया गया था।
• वर्ष 1998 में बांग्लादेश ग्रामीण बैंक के **लो कॉस्ट हाउसिंग प्रोग्राम** को वर्ल्ड हैबिटेट पुरस्कार प्रदान किया गया।

SSC MTS 2024 (Tier 1 & 2)

851. नवम्बर, 2023 में डिजिटल भुगतान प्लेटफार्मों पर सुरक्षा जागरुकता बढ़ाने के लिए नेशनल पेमेण्ट्स कॉर्पोरेशन ऑफ इण्डिया (NPCI) द्वारा 'यूपीआई सेफ्टी अम्बेसडर' के रूप में किसे नियुक्त किया गया है?
SSC MTS Tier-1 30.10.2024 (Shift-III)
(a) तापसी पन्नू (b) आयुष्मान खुराना
(c) राजकुमार राव (d) पंकज त्रिपाठी

उत्तर (d)
• यूपीआई सेफ्टी अम्बेसडर के रूप में पंकज त्रिपाठी को नियुक्त किया गया है।
• नेशनल पेमेण्ट्स कॉर्पोरेशन ऑफ इण्डिया की स्थापना वर्ष 2008 में हुई थी।
• इसकी स्थापना भारतीय रिजर्व बैंक (RBI) और भारतीय बैंक संघ (IBA) ने की है।

852. तीजन बाई निम्नलिखित में से किस नृत्य से जुड़ी हैं? **SSC MTS Tier-1 29.10.2024 (Shift-III)**
(a) पण्डवानी (b) झूमर
(c) बगुरुम्बा (d) गरबा

उत्तर (a)
• तीजन बाई, **पण्डवानी नृत्य** से जुड़ी हैं।
• पण्डवानी का आशय पाण्डवों की कहानी से है।
• भारत सरकार ने तीजन बाई को वर्ष 1987 में पद्मश्री, 2003 में पद्म भूषण और 2019 में पद्म विभूषण से सम्मानित किया।
• यह नृत्य छत्तीसगढ़ का एक पारम्परिक कला का प्रदर्शन है। जोकि महाभारत से जुड़ी कहानियों के आधार पर किया जाता है।

853. 30 जून, 2022 को देवेन्द्र फड़नवीस महाराष्ट्र राज्य के ····· बने।
SSC MTS Tier-1 17.10.2024 (Shift-II)
(a) मुख्यमन्त्री
(b) उपमुख्यमन्त्री
(c) राज्यपाल
(d) उच्च न्यायालय के मुख्य न्यायाधीश

उत्तर (b)
• 30 जून, 2022 को **देवेन्द्र फड़नवीस** महाराष्ट्र राज्य के उपमुख्यमन्त्री बने थे।
• महाराष्ट्र विधानसभा चुनाव (2024) में महायुति गठबन्धन (भाजपा-132, शिवसेना-57 और एनसीपी-41) को बहुमत प्राप्त हुआ है।

854. निम्नलिखित में से किसे फरवरी, 2023 में नागरिक उड्डयन महानिदेशालय में महानिदेशक के रूप में नियुक्त किया गया था?
SSC MTS Tier-1 28.10.2024 (Shift-II)
(a) अजय कुमार भल्ला
(b) राजीव गौबा
(c) विक्रम देवदत्त
(d) प्रमोद कुमार मिश्र

उत्तर (c)
• वर्तमान (2025) में फैजअहमद किदवई नागरिक उड्डयन महानिदेशालय के महानिदेशक है।
• नागरिक उड्डयन महानिदेशालय, भारत सरकार के अधीन नागरिक विमानन मन्त्रालय का विस्तार है।
• इसका मुख्यालय नई दिल्ली में स्थित है।

855. फरवरी, 2023 में भारत का दौरा करने वाले जर्मनी के चान्सलर का नाम क्या है?
SSC MTS Tier-1 23.10.2024 (Shift-II)
(a) विली ब्राण्ट (b) विल्हेम स्टाइनबर्ग
(c) एन्जेला मर्केल (d) ओलाफ स्कोल्ज

उत्तर (d)
• फरवरी, 2023 में भारत का दौरान करने वाले जर्मनी के चान्सलर ओलाफ स्कोल्ज थे।
• ओलाफ स्कोल्ज G 20, 2023 लीडर्स के शिखर सम्मेलन में भाग लेने के लिए भारत आए थे।
• 24-26 अक्टूबर, 2024 में भी ओलाफ ने भारत की आधिकारिक यात्रा की।

856. निम्नलिखित में से किसने 2 से 5 मई, 2023 तक कोरिया गणराज्य के इंचियोन में निवेशक/द्विपक्षीय और अन्य सम्बन्धित बैठकों के साथ एशियाई विकास बैंक के शासक मण्डल की 56वीं वार्षिक आम बैठक में भाग लेने के लिए भारतीय प्रतिनिधिमण्डल का नेतृत्व किया था?
SSC MTS Tier-1 21.10.2024 (Shift-II)
(a) स्मृति ईरानी (b) निर्मला सीतारमण
(c) मीनाक्षी लेखी (d) रेणुका सिंह सरुता

उत्तर (b)
• निर्मला सीतारमण ने 2 से 5 मई, 2023 तक कोरिया गणराज्य के इंचियोन में निवेशक/द्विपक्षीय और अन्य सम्बन्धित बैठकों के साथ एशियाई विकास बैंक के शासक मण्डल की **56वीं वार्षिक आम बैठक** में भाग लेने के लिए भारतीय प्रतिनिधिमण्डल का नेतृत्व किया था।
• भारतीय प्रतिनिधिमण्डल में आर्थिक कार्य विभाग वित्त मन्त्रालय, भारत सरकार के अधिकारी शामिल होते हैं।

857. नवम्बर, 2023 में फेडरेशन ऑफ इण्डियन चैम्बर्स ऑफ कॉमर्स एण्ड इण्डस्ट्री (FICCI) के निर्वाचित अध्यक्ष के रूप में किसे नियुक्त किया गया था? **SSC MTS Tier-1 18.10.2024 (Shift-II)**
(a) अनीश शाह (b) सूरज महिन्द्रा
(c) आदि गोदरेज (d) एन. चन्द्रशेखरन

उत्तर (a)
• नवम्बर, 2023 में फेडरेशन ऑफ इण्डियन चैम्बर्स ऑफ कॉमर्स एण्ड इण्डस्ट्री (FICCI) के निर्वाचित अध्यक्ष के रूप में अनीश शाह को नियुक्त किया गया था।
• वर्तमान (2024) में FICCI के अध्यक्ष **हर्षवर्द्धन अग्रवाल** हैं।

858. निम्नलिखित में से किसे 'मद्रास के मोजार्ट' के नाम से जाना जाता है?
SSC MTS Tier-1 17.10.2024 (Shift-II)
(a) ए. आर. रहमान
(b) इलयराजा
(c) शंकर महादेवन
(d) एम. एम. करीम

उत्तर (a)
• ए आर रहमान को **'मद्रास के मोजार्ट'** के नाम से जाना जाता है।
• इन्हें वर्ष 2010 में पद्म भूषण से सम्मानित किया गया था।
• इन्हें 'स्लमडॉग मिलेयनेयर' फिल्म के 'जय हो' गीत के लिए ऑस्कर अवॉर्ड (2009) से सम्मानित किया गया था।

859. हिन्दुस्तानी संगीत की बेहतरीन शास्त्रीय गायिकाओं में से एक, किशोरी अमोनकर किस राज्य से सम्बन्धित थी?
SSC MTS Tier-1 16.10.2024 (Shift-II)
(a) उत्तर प्रदेश (b) बिहार
(c) गुजरात (d) महाराष्ट्र

उत्तर (d)
• हिन्दुस्तानी संगीत की बेहतरीन शास्त्रीय गायिकाओं में से एक, **किशोरी अमोनकर** महाराष्ट्र राज्य से सम्बन्धित हैं।
• किशोरी अमोनकर जयपुर-अतरौली घराने से सम्बन्धित है।

860. वर्ष 2022 में छऊ नर्तक सिबा प्रसाद दास को निम्नलिखित में से किस पुरस्कार से सम्मानित किया गया? SSC MTS Tier-1 15.10.2024 (Shift-I)
(a) पद्मश्री
(b) उस्ताद बिस्मिल्लाह खाँ युवा पुरस्कार
(c) संगीत नाटक अकादमी फैलोशिप
(d) संगीत नाटक अकादमी अमृत पुरस्कार

उत्तर (d)
• वर्ष 2022 में छऊ नर्तक **सिबा प्रसाद दास** को संगीत नाटक अकादमी अमृत पुरस्कार से सम्मानित किया गया।
• वर्ष 2022 संगीत नाटक अकादमी अमृत पुरस्कार से सम्मानित अन्य व्यक्ति रंगमंच निर्देशक अनन्त महापात्रा, लोक संगीतकार (ब्रह्म वीणा वादक) आनन्द बाग व गोटीपुआ नर्तक गोविन्द चन्द्रपाल शामिल थे।

861. वर्ष 2022 में कान्स रेड कार्पेट पर चलने वाले भारत के प्रथम लोक कलाकार कौन हैं?
SSC MTS Tier-1 14.10.2024 (Shift-I)
(a) सर्वर खान (b) मामे खान
(c) सरताज खान (d) स्वरूप खान

उत्तर (b)
• वर्ष 2022 में कान्स रेड कार्पेट पर चलने वाले भारत के प्रथम लोक कलाकार **मामे खान** हैं।
• इन्होंने 75वें कान्स फिल्म फेस्टिवल (फ्रांस) में भारतीय दल का नेतृत्व किया।
• ये एक भारतीय पार्श्व गायक हैं, जिन्हें वर्ष 2016 में ग्लोबल इण्डियन म्यूजिक एकेडमी ने सर्वश्रेष्ठ लोक एकल पुरस्कार प्रदान किया।

862. जुलाई, 2023 में त्रिभुवनेश्वर शरण सिंह देव को निम्नलिखित में से किस राज्य का उप-मुख्यमन्त्री नियुक्त किया गया?
SSC MTS Tier-1 14.10.2024 (Shift-I)
(a) पश्चिम बंगाल (b) छत्तीसगढ़
(c) ओडिशा (d) झारखण्ड

उत्तर (b)
• जुलाई, 2023 में त्रिभुवनेश्वर शरण सिंह देव को छत्तीसगढ़ राज्य को **पहले उपमुख्यमन्त्री नियुक्त** किया गया है।
• इन्हें **'टी.एस. बाबा'** के नाम से भी जाना जाता है।
• ये वर्ष 2008 से अब तक तीन बार अम्बिकापुर-विधानसभा क्षेत्र से चुने गए हैं।

863. भारत-लंका राजनयिक सम्बन्धों के 75 वर्ष पूरे होने के अवसर पर, विदेश मन्त्री जयशंकर ने मार्च, 2023 में 'जेफ्री बावा: इट इज इसेन्शियल टु बी देयर' प्रदर्शनी का उद्घाटन किया। जेफ्री बावा कौन थे?
SSC MTS Tier-1 09.10.2024 (Shift-I)
(a) श्रीलंकाई कवि (b) भारतीय वास्तुकार
(c) भारतीय कवि (d) श्रीलंकाई वास्तुकार

उत्तर (d)
• भारत-लंका राजनयिक सम्बन्धों के 75 वर्ष पूरे होने के अवसर पर विदेश मन्त्री जयशंकर ने मार्च, 2023 में 'जेफ्री बाबा : इट इज इसेन्शियल टु बी देयर' प्रदर्शनी का उद्घाटन किया। जेफ्री बाबा **श्रीलंकाई वास्तुकार** थे।
• उन्होंने श्रीलंका के कई प्रमुख भवनों का डिजाइन किया; जैसे श्रीलंकाई संसद।

864. भारतीय क्रिकेटर सौरव गांगुली ने किस स्टेडियम में अपनी टी-शर्ट उतारकर लहराई थी? SSC MTS Tier-1 01.10.2024 (Shift-I)
(a) मेलबर्न क्रिकेट ग्राउण्ड, ऑस्ट्रेलिया
(b) पर्थ स्टेडियम, ऑस्ट्रेलिया
(c) केप टाउन स्टेडियम, दक्षिण अफ्रीका
(d) लॉर्ड्स स्टेडियम, इंग्लैण्ड

उत्तर (d)
• भारतीय क्रिकेटर सौरव गांगुली ने **लॉर्ड्स स्टेडियम, इंग्लैण्ड** में अपनी टी-शर्ट उतारकर लहराई थी।
• यह मैच **13 जुलाई, 2002** को खेला गया था।
• इस मैच में भारत ने इंग्लैण्ड को हराया था।

865. कनक रेले, जिन्होंने नालन्दा नृत्य अनुसन्धान केन्द्र की स्थापना की, भारत के निम्नलिखित में से किस शास्त्रीय नृत्य शैली की कलाकार थीं?
SSC MTS Tier-1 30.09.2024 (Shift-I)
(a) मणिपुरी (b) मोहिनीअट्टम
(c) कथक (d) सत्रीया

उत्तर (b)
• **कनक रेले** ने नालन्दा नृत्य अनुसन्धान केन्द्र की स्थापना की।
• ये भारत की **मोहिनीअट्टम** शास्त्रीय नृत्य शैली की कलाकार थी।
• इन्हें पद्मश्री (1989) और पद्म भूषण (2013) पुरस्कारों से सम्मानित किया गया था।

SSC MTS 2023

866. त्रिमुखी, पंचमुखी, सप्तमुखी और नवमुखी जैसी तालों की रचना करने का श्रेय किस भारतीय संगीत दिग्गज को दिया जाता है?
SSC MTS 06.09.2023 (Shift-I)
(a) बड़े गुलाम अली खान
(b) के.जे. येसुदास
(c) पण्डित जसराज
(d) एम. बालामुरलीकृष्ण

उत्तर (d)
• त्रिमुखी, पंचमुखी, सप्तमुखी और नवमुखी जैसी तालों की रचना करने वाले **एम. बालामुरलीकृष्ण** का जन्म 6 जुलाई, 1930 को आन्ध्र प्रदेश के संकरागुप्तम में हुआ था।
• ये पद्मश्री, पद्म भूषण तथा पद्म विभूषण से सम्मानित किए गए थे।
• ये गायक होने के साथ-साथ महान संगीतकार और वाद्ययन्त्र वादक भी थे।

867. मन्ना डे .... के क्षेत्र में भारत की एक मशहूर शख्सियत थे। SSC MTS 08.09.2023 (Shift-II)
(a) राजनीति (b) विज्ञान
(c) खेल (d) संगीत

उत्तर (d)
• **संगीत** से सम्बन्धित मन्ना डे का जन्म वर्ष 1919 में कोलकाता में हुआ था।
• इन्हें वर्ष 1971 में **पद्मश्री** तथा वर्ष 2005 में **पद्म भूषण** पुरस्कार दिया गया।
• वर्ष 2007 में इन्हें दादा साहेब फाल्के पुरस्कार से सम्मानित किया गया।

868. अपर्णा सतीसन, जिन्हें प्रतिष्ठित राष्ट्रीय नृत्य शिरोमणि पुरस्कार, 2022 से सम्मानित किया गया है, निम्नलिखित में से किस नृत्य शैली से जुड़ी हैं? SSC MTS 13.07.2022 (Shift-I)
(a) कुचिपुड़ी (b) सत्रीया
(c) मोहिनीअट्टम (d) कथक

उत्तर (a)
• अपर्णा सतीसन, जिन्हें राष्ट्रीय नृत्य शिरोमणि पुरस्कार, 2022 से सम्मानित किया गया, इनका सम्बन्ध कुचिपुड़ी नृत्य शैली से है।
• इनका मूल निवास तिरुवनन्तपुरम है।

869. निम्नलिखित में से कौन प्रसिद्ध सितार वादक हैं?
SSC MTS 12.07.2022 (Shift-I)
(a) अनुष्का शंकर
(b) किशन महाराज
(c) उस्ताद रहमान खान
(d) अली अहमद हुसैन

उत्तर (a)
• **अनुष्का शंकर**, प्रसिद्ध सितारवादक रविशंकर की पुत्री हैं, जो स्वयं भी एक सितार वादक हैं।
• इनका जन्म वर्ष 1981 को लन्दन में हुआ था।
• विश्व संगीत श्रेणी में तीसरे एल्बम के लिए वर्ष 2003 में इन्हें ग्रैमी पुरस्कार के लिए नामांकित किया गया था।

870. निम्नलिखित में से कौन 'दर्पण एकेडमी ऑफ परफॉर्मिंग आर्ट्स' के सह-संस्थापक हैं?
SSC MTS 11.07.2022 (Shift-I)
(a) पण्डित बिरजू महाराज
(b) मल्लिका साराभाई
(c) उदय शंकर
(d) मृणालिनी साराभाई

उत्तर (d)

• 'दर्पण एकेडमी ऑफ परफॉर्मिंग आर्ट्स' की स्थापना वर्ष 1949 में प्रसिद्ध अन्तरिक्ष वैज्ञानिक विक्रम साराभाई एवं उनकी पत्नी **मृणालिनी साराभाई** ने अहमदाबाद (गुजरात) में की थी।
• इन प्रोजेक्ट्स में जन स्वास्थ्य, महिला सशक्तीकरण, लिंग भेद, मानवाधिकार साम्प्रदायिक हिंसा जैसे मुद्दों को शामिल किया गया है।
• वर्तमान में इस संस्था की अध्यक्षा **मल्लिका साराभाई** हैं।

871. अगस्त, 2020 की स्थिति के अनुसार भारत सरकार के मुख्य आर्थिक सलाहकार कौन थे?
SSC MTS 02.11.2021 (Shift-III)
(a) अतनु चक्रवर्ती (b) अजय भूषण पाण्डेय
(c) कृष्णमूर्ति सुब्रमण्यन (d) राजीव कुमार

उत्तर (c)

• केन्द्र सरकार ने 7 दिसम्बर, 2018 को **कृष्णमूर्ति सुब्रमण्यन** को तीन वर्षों (2018-2021) की अवधि के लिए मुख्य आर्थिक सलाहकार नियुक्त किया था।
• ये भारत के 17वें मुख्य आर्थिक सलाहकार थे।

872. भारत की प्रथम महिला कमाण्डो प्रशिक्षक निम्नलिखित में से कौन थी?
SSC MTS 02.11.2021 (Shift-III)
(a) दमयन्ती बेशरा
(b) अवनी चतुर्वेदी
(c) डॉ. सीमा राव
(d) रानी रामपाल

उत्तर (c)

• भारत की प्रथम महिला कमाण्डो प्रशिक्षक **डॉ. सीमा राव** 20 वर्षों से आर्मी फोर्स को प्रशिक्षित कर रही हैं।
• वर्ष 1996 में सीमा और उनके पति **डॉ. दीपक राव** ने मिलकर आर्मी, नेवी, सीमा सुरक्षा बल व NSG के कमाण्डो को ट्रेनिंग देना प्रारम्भ किया था।

SSC Steno 2024

873. दिसम्बर, 2022 में हिमाचल प्रदेश के नए मुख्यमन्त्री के रूप में किसने शपथ ली?
SSC Steno Tier-1 10.12.2024 (Shift-I)
(a) प्रतिभा सिंह
(b) जय राम ठाकुर
(c) सुखविन्दर सिंह सुक्खू
(d) मुकेश अग्निहोत्री

उत्तर (c)

• दिसम्बर, 2022 में हिमाचल प्रदेश के 15वें मुख्यमन्त्री के रूप में सुखविन्दर सिंह सुक्खू ने शपथ ली।
• सुखविन्दर सिंह हिमाचल प्रदेश के नादौन विधानसभा क्षेत्र से विधायक हैं।

874. निम्नलिखित में से किस भारतीय शास्त्रीय संगीतकार को सरोद का उस्ताद भी कहा जाता है?
SSC Steno Tier-1 10.12.2024 (Shift-II)
(a) बिस्मिल्लाह खाँ (b) आर. वी. राघवन
(c) असद अली खान (d) अमजद अली खान

उत्तर (d)

• भारतीय शास्त्रीय संगीतकार उस्ताद अमजद अली खान को 'सरोद का उस्ताद या सरोद सम्राट' के नाम से जाना जाता है।
• अमेरिकी राज्य मैसाचुसेट्स ने 20 अप्रैल, 1984 को 'अमजद अली खान दिवस' के रूप में घोषित किया था।

875. 'राग माला' निम्नलिखित संगीतकारों में से किसकी आत्मकथा है?
SSC Steno Tier-1 10.12.2024 (Shift-II)
(a) अमजद अली खान (b) ए. आर. रहमान
(c) रवि शंकर (d) लता मंगेशकर

उत्तर (c)

• राग माला, संगीतकार रवि शंकर जी की आत्मकथा है।
• यह पुस्तक वर्ष 1997 में जेनेसिस पब्लिकेशन्स द्वारा प्रकाशित की गई थी।
• रवि शंकर विश्व के सबसे बड़े सितारवादक एवं संगीतकार थे।

SSC Steno 2023, 2022

876. भारतीय नृत्य में पण्डित बिरजू महाराज के योगदान के लिए उनकी उपलब्धियों की सही कालानुक्रमिक व्यवस्था का चयन कीजिए।
SSC Steno Tier-1 13.10.2023 (Shift-I)
A. उन्हें फिल्म विश्वरूपम के लिए सर्वश्रेष्ठ कोरियोग्राफी का राष्ट्रीय फिल्म पुरस्कार मिला।
B. भारतीय नृत्य के प्रति समर्पण के लिए उन्हें पद्म विभूषण से सम्मानित किया गया।
C. उन्हें फिल्म बाजीराव मस्तानी के लिए सर्वश्रेष्ठ कोरियोग्राफी का फिल्मफेयर पुरस्कार मिला।

कूट
(a) C, B, A (b) A, C, B
(c) B, A, C (d) A, B, C

उत्तर (c)

• भारतीय नृत्य में पण्डित बिरजू महाराज के योगदान के लिए उनकी उपलब्धियों की सही कालानुक्रमिक व्यवस्था इस प्रकार है
– भारतीय नृत्य के प्रति समर्पण के लिए वर्ष 1986 में उन्हें **पदम् विभूषण** से सम्मानित किया गया।
– इन्हें फिल्म विश्वरूपम के लिए वर्ष 2012 में सर्वश्रेष्ठ कोरियोग्राफी का **राष्ट्रीय फिल्म पुरस्कार** मिला।
– इन्हें फिल्म बाजीराव मस्तानी के लिए वर्ष 2016 में सर्वश्रेष्ठ कोरियोग्राफी का फिल्म फेयर पुरस्कार मिला।

877. पद्म भूषण, गुरु वेम्पति चिन्ना सत्यम निम्नलिखित में से किस नृत्य शैली में सैकड़ों छात्रों को प्रशिक्षित करने के लिए प्रसिद्ध है?
SSC Steno Tier-1 12.10.2023 (Shift-I)
(a) कुचिपुड़ी (b) ओडिसी
(c) कथक (d) भरतनाट्यम

उत्तर (a)

• पद्म भूषण गुरु वेम्पति चिन्ना सत्यम **कुचिपुड़ी** नृत्य शैली में सैकड़ों छात्रों को प्रशिक्षित करने के लिए प्रसिद्ध हैं।
• कुचिपुड़ी एक पारम्परिक दक्षिण भारतीय शास्त्रीय नृत्य शैली है, जो **आन्ध्र प्रदेश** राज्य से सम्बन्धित है।

878. .... जुलाई, 2021 में ट्रांसजेण्डर व्यक्तियों के लिए नौकरी आरक्षित करने वाला पहला राज्य बन गया है। **SSC Steno 18.11.2022 (Shift-I)**
(a) आन्ध्र प्रदेश (b) झारखण्ड
(c) महाराष्ट्र (d) कर्नाटक

उत्तर (d)

• **कर्नाटक** जुलाई, 2021 में ट्रांसजेण्डर व्यक्तियों के लिए नौकरी आरक्षित करने वाला पहला राज्य बना।
• इसकी शुरुआत **पुलिस भर्ती** से की गई, जिसमें कांस्टेबलों की 3484 सीटों में से 79 सीट इनके लिए आरक्षित की गई।

879. निम्नलिखित में से कौन वर्ष 1950 में गणतन्त्र दिवस में भाग लेने वाले पहले मुख्य अतिथि थे? **SSC Steno 18.11.2022 (Shift-II)**
(a) क्वामे नक्रमा (b) सुकर्णो
(c) जमाल अब्देल नासेर (d) जोसिप ब्रोज टिटो

उत्तर (b)

• वर्ष 1950 में गणतन्त्र दिवस में भाग लेने वाले पहले मुख्य अतिथि सुकर्णो थे।
• वर्ष 2025 में गणतन्त्र दिवस में भाग लेने वाले मुख्य अतिथि इण्डोनेशिया के राष्ट्रपति प्रबोवो सुबियंतो थे।

880. सितम्बर, 2021 में बनवारी लाल पुरोहित को .... का राज्यपाल नियुक्त किया गया था।
SSC Steno 18.11.2022 (Shift-I)
(a) गुजरात (b) पंजाब
(c) हरियाणा (d) उत्तराखण्ड

उत्तर (b)

• राजस्थान से सम्बन्धित बनवारी लाल पुरोहित को सितम्बर, 2021 में **पंजाब** का राज्यपाल नियुक्त किया गया।
• वर्तमान (फरवरी, 2025) गुलाब चंद कटारिया पंजाब के 37 वें राज्यपाल हैं।

881. 10 अप्रैल, 2022 तक की स्थिति के अनुसार, निम्नलिखित में से कौन मन्त्रिपरिषद् में आयु के मामले में सबसे वरिष्ठ मन्त्री हैं?
SSC Steno 18.11.2022 (Shift-I)
(a) सुदर्शन भगत (b) निसिथ प्रमाणिक
(c) सोम प्रकाश (d) पी. पी. चौधरी

उत्तर (c)

• 10 अप्रैल, 2022 तक की स्थिति के अनुसार, मन्त्रिपरिषद् में आयु के मामले में सबसे वरिष्ठ मन्त्री **सोम प्रकाश** हैं।
• इनका जन्म 3 अप्रैल, 1949 को हुआ था, ये भारतीय प्रशासनिक सेवा के सेवानिवृत्त अधिकारी रहे हैं।

882. जुलाई, 2021 में निम्नलिखित में से कौन भारत के पहले केन्द्रीय सहकारिता मन्त्री बने?
SSC Steno 17.11.2023 (Shift-I)
(a) रमेश पोखरियाल (b) अमित शाह
(c) निर्मला सीतारमण (d) मीनाक्षी लेखी

उत्तर (b)

- जुलाई, 2021 में पहला केन्द्रीय सहकारिता मन्त्री **अमित शाह** को बनाया गया।
- सहकारिता मन्त्रालय भारत सरकार के अधीन एक केन्द्रीय मन्त्रालय है, जिसका गठन वर्ष 2021 में किया गया था।

883. फरवरी, 2022 में प्रधानमन्त्री नरेन्द्र मोदी ने किस भारतीय शहर में गोबर धन (बायो-सीएनजी) संयन्त्र का उद्घाटन किया?
SSC Steno 17.11.2022 (Shift-I)
(a) भोपाल (b) जयपुर
(c) पुणे (d) इन्दौर

उत्तर (d)

- फरवरी, 2022 में **इन्दौर** में स्थापित बायो-सीएनजी संयन्त्र एशिया का सबसे बड़ा बायो-सीएनजी प्लाण्ट है, जिसे ₹150 करोड़ की लागत से तैयार किया गया है।
- गोबर प्लाण्ट **वेस्ट-टू-वेल्थ** इनोवेशन की अवधारणा पर आधारित है। गीला, शहरी व घरेलू कचरा और मवेशियों व खेत से निकलने वाला कचरा गोबर धन है।

884. 10 अप्रैल, 2022 तक की स्थिति के अनुसार, निम्नलिखित में से कौन तमिलनाडु के राज्यपाल थे? SSC Steno 17.11.2022 (Shift-I)
(a) जगदीश मुखी
(b) बनवारीलाल पुरोहित
(c) आर. एन. रवि
(d) सी. विद्यासागर राव

उत्तर (c)

- 10 अप्रैल, 2022 तक की स्थिति के अनुसार, **आर. एन. रवि** तमिलनाडु के राज्यपाल थे।
- इससे पूर्व इन्होंने **नागालैण्ड** और **मेघालय** के राज्यपाल के रूप में भी अपनी सेवाएँ दी हैं।
- 5 अक्टूबर, 2018 को इन्हें भारत का उपराष्ट्रीय **सुरक्षा सलाहकार** नियुक्त किया गया था।

SSC Steno 2021

885. निम्न में से किस भारतीय महिला को टाइम पत्रिका में उन 100 शक्तिशाली महिलाओं में से एक के रूप में नामित किया था, जिन्होंने पिछली शताब्दी को परिभाषित किया था?
SSC Steno 15.11.2021 (Shift-I)
(a) कस्तूरबा गाँधी (b) सरोजिनी नायडू
(c) सुचेता कृपलानी (d) अमृत कौर

उत्तर (d)

- टाइम पत्रिका की 100 शक्तिशाली महिलाओं में **अमृत कौर** को वर्ष 1947 में 'वुमेन ऑफ ईयर' के रूप में चुना था।
- अमृत कौर स्वतन्त्र भारत में 10 वर्षों तक भारत की **स्वास्थ्य मन्त्री** भी थीं।

886. मई, 2020 में थेरी डेलपोर्ट को निम्न में से किस कम्पनी का CEO और MD नियुक्त किया गया था? SSC Steno 12.11.2021 (Shift-I)
(a) नोकिया (b) सैमसंग
(c) विप्रो (d) इण्डिगो

उत्तर (c)

- मई, 2020 में थेरी डेलपोर्ट को **विप्रो** कम्पनी का CEO और MD नियुक्त किया गया था। ये कैमीगैमी समूह में कार्यरत् थे।
- यह भारत की तीसरी सबसे बड़ी आईटी कम्पनी है, जिसका मुख्यालय **बेंगलुरु** में है।
- इसकी स्थापना वर्ष 1966 में **अजीम प्रेमजी** ने की थी।

887. निम्न में से कौन BBC स्पोर्ट्स पर्सनैलिटी ऑफ द ईयर, 2020 पुरस्कार का विजेता है?
SSC Steno 12.11.2021 (Shift-I)
(a) लुइस हैमिल्टन (b) टायसन फ्यूरी
(c) माइकल शूमाकर (d) जॉर्डन हेण्डरसन

उत्तर (a)

- 35 वर्षीय **लुइस हैमिल्टन** को स्पोर्ट्स पर्सनैलिटी ऑफ द ईयर 2020 का खिताब दिया गया।
- बीबीसी स्पोर्ट्स पर्सनैलिटी ऑफ द इयर 2024 का खिताब कीली हॉजकिन्सन ने जीता
- कीली हॉजकिन्सन ने पेरिस ओलंपिक में महिलाओं की 800 मीटर दौड़ में स्वर्ण पदक जीता था।

SSC GD 2024

888. किस भारतीय नृत्य कलाकार ने वर्ष 2018 में ओडिसी नृत्य के लिए संगीत नाटक अकादमी पुरस्कार जीता? SSC (GD) 20.02.2024 (Shift-I)
(a) एलम एन्दिरा देवी
(b) सुरूपा सेन
(c) डॉ. अरुणा मोहन्ती
(d) अखम लक्ष्मी देवी

उत्तर (b)

- सुरूपा सेन वर्ष 2018 में ओडिसी नृत्य के लिए संगीत नाटक अकादमी पुरस्कार मिला था।
- **सुरूपा सेन** एक ओडिसी नृत्यांगना और कोरियोग्राफर हैं।
- ये भारत के कर्नाटक के ग्रामीण क्षेत्रों में स्थित नृत्यग्राम (बेंगलुरु) की निवासी हैं।
- इन्हें वर्ष 2006 में रजा फाउण्डेशन द्वारा उत्कृष्टता पुरस्कार, वर्ष 2008 में यज्ञ रमण पुरस्कार प्रदान किया गया था।

889. निम्नलिखित में से कौन-सा/सी भारतीय संगीतकार सर्वोच्च नागरिक सम्मान 'भारत रत्न' प्राप्त करने वाला/वाली पहला/पहली गायक/गायिका हैं? SSC (GD) 20.02.2024 (Shift-I)
(a) ज़ाकिर हुसैन
(b) ए.आर. रहमान
(c) आर.डी. बर्मन
(d) एम. एस. सुब्बुलक्ष्मी

उत्तर (d)

- भारतीय संगीतकार **एम.एस. सुब्बुलक्ष्मी** सर्वोच्च नागरिक सम्मान भारत रत्न प्राप्त करने वाली पहली गायिका हैं।
- ये वर्ष 1974 में **रेमन मैग्सेसे पुरस्कार** प्राप्त करने वाली पहली भारतीय संगीतकार भी थीं।
- एम.एस. सुब्बुलक्ष्मी संयुक्त राष्ट्र महासभा में प्रदर्शन करने वाली पहली भारतीय थी।

890. नवम्बर, 2023 तक भारतीय मूल के .... यूनाइटेड किंगडम के गृह सचिव थे।
SSC (GD) 20.02.2024 (Shift-III)
(a) कमला हैरिस
(b) ऋषि सुनक
(c) अक्षता पूर्ति
(d) सुएला ब्रेवरमैन

उत्तर (d)

- **सुएला ब्रेवरमैन** को सितम्बर, 2022 में पूर्व प्रधानमन्त्री लिज ट्रस द्वारा ब्रिटेन के गृह विभाग में राज्य सचिव के रूप में नियुक्त किया गया था।
- वर्तमान में ब्रिटेन के गृहसचिव जेम्स क्लेवरली हैं।

891. अगस्त, 2023 में केन्द्र सरकार ने कैबिनेट सचिव राजीव गौबा को .... का अतिरिक्त कार्यकाल दिया है, जिससे वह भारत के इतिहास में सबसे लम्बे समय तक सेवारत् रहने वाले कैबिनेट सचिव बन गए हैं।
SSC (GD) 20.02.2024 (Shift-III)
(a) चार वर्ष (b) तीन वर्ष
(c) एक वर्ष (d) दो वर्ष

उत्तर (c)

- अगस्त, 2023 में केन्द्र सरकार ने कैबिनेट सचिव **राजीव गौबा** को **एक वर्ष** का अतिरिक्त कार्यकाल दिया, जिससे वह भारत के इतिहास में सबसे लम्बे समय तक सेवारत् रहने वाले कैबिनेट सचिव बन गए हैं।
- कैबिनेट सचिव भारत का सर्वोच्च कार्यकारी अधिकारी होता है।
- राजीव गौबा के नेतृत्व में ही जम्मू-कश्मीर से अनुच्छेद 370 हटाने का ड्राफ्ट बनाया गया था।

892. जून, 2023 में निम्नलिखित में से किसे स्पिनोज़ा पुरस्कार (Spinoza Prize), जिसे कभी-कभी 'डच नोबेल पुरस्कार' भी कहा जाता है, से सम्मानित किया गया है?
SSC (GD) 20.02.2024 (Shift-IV)
(a) एम. गौरवी रेड्डी
(b) माधबी पुरी बुच
(c) रेखा शर्मा
(d) जोयिता गुप्ता

उत्तर (d)

- जून, 2023 में **जोयिता गुप्ता** को डच नोबेल पुरस्कार दिया गया। स्पिनोजा पुरस्कार नीदरलैण्ड्स का **सर्वोच्च वैज्ञानिक पुरस्कार** है, जिसे डच नोबेल पुरस्कार भी कहा जाता है।
- इस पुरस्कार का नाम दार्शनिक बारुक डी स्पिनोजा के नाम पर रखा गया है।

893. किस भारतीय नृत्य कलाकार ने छऊ नृत्य के लिए वर्ष 2018 में संगीत नाटक अकादमी पुरस्कार जीता? **SSC (GD) 20.02.2024 (Shift-IV)**
(a) गोपिका वर्मा
(b) डॉ. अरुणा मोहन्ती
(c) अखम लक्ष्मी देवी
(d) तपन कुमार पटनायक

उत्तर (d)
• वर्ष 2018 का संगीत नाटक अकादमी पुरस्कार छऊ नृत्य के लिए **तपन कुमार पटनायक** को दिया गया।
• संगीत नाटक अकादमी पुरस्कार 2024, मंजुला रामास्वामी और अनिल रस्तोगी को मिला।
• संगीत नाटक अकादमी पुरस्कार वर्ष 1952 से प्रदान किए जा रहे हैं।

894. मई, 2023 में भारतीय मूल की पुलिस अधिकारी कैप्टन प्रतिमा भुल्लर माल्डोनाडो .... पुलिस विभाग में सर्वोच्च रैंकिंग वाली दक्षिण एशियाई महिला बन गई हैं। **SSC (GD) 22.02.2024 (Shift-II)**
(a) न्यूयॉर्क (b) पेरिस
(c) ओटावा (d) बैंकूवर

उत्तर (a)
• मई, 2003 में भारतीय मूल की पुलिस अधिकारी कैप्टन प्रतिमा भुल्लर माल्डोनाडो **न्यूयॉर्क** पुलिस विभाग में सर्वोच्च रैंकिंग वाली दक्षिण एशियाई महिला बनी है।
• इनका जन्म भारत के पंजाब में हुआ था।

895. निम्नलिखित में से कौन संसदीय समिति की रिपोर्ट की अध्यक्षता करता है, जिसने 'कोविड-19 महामारी : वैश्विक प्रतिक्रिया, भारत का योगदान और आगे का रास्ता' रिपोर्ट तैयार की है? **SSC (GD) 21.02.2024 (Shift-III)**
(a) राजनाथ सिंह
(b) अरुण जेटली
(c) नरेन्द्र मोदी
(d) पी.पी. चौधरी

उत्तर (d)
• संसदीय समिति के अध्यक्ष **पी.पी. चौधरी** ने 'कोविड-19 महामारी : वैश्विक प्रतिक्रिया, भारत का योगदान और आगे का रास्ता' रिपोर्ट तैयार की है।
• संसदीय समिति सांसदों का एक पैनल है, जिसे सदन द्वारा नियुक्त या निर्वाचित किया जाता है।
• संसदीय समिति के अध्यक्ष लोकसभा अध्यक्ष के निर्देशन में कार्य करते हैं।

896. निम्नलिखित में से किस प्रतिष्ठित भारतीय शास्त्रीय गायक, जिन्हें प्राय: 'मेवाती मैस्ट्रो' के नाम से भी जाना जाता है, को ख्याल गायन में उनके महारत और रागों के प्रति उनके अभिनव दृष्टिकोण के लिए पहचाना जाता है? **SSC GD 22.02.2024 (Shift-III)**
(a) हरिप्रसाद चौरसिया
(b) जाकिर हुसैन
(c) बिस्मिल्लाह खान
(d) पण्डित जसराज

उत्तर (d)
• **पण्डित जसराज** को मेवाती मैस्ट्रो के नाम से जाना जाता है तथा उन्हें ख्याल गायन में उनके महारत और रागों के प्रति उनके अभिनव दृष्टिकोण के लिए पहचाना जाता है।
• मेवाती घराने की स्थापना इन्दौर के उस्ताद घग्गे नजीर खान और उस्ताद वाहिद खान ने की थी।
• पण्डित जसराज को **संगीत नाटक अकादमी पुरस्कार** (1987) तथा **पद्म विभूषण** (2000) से सम्मानित किया गया है।

897. निम्नलिखित में से कौन 'नाइटिंगेल ऑफ इण्डिया' (Nightingale of India) के नाम से लोकप्रिय थी? **SSC (GD) 23.02.2024 (Shift-IV)**
(a) सरोजिनी नायडू (b) इन्दिरा गाँधी
(c) मार्ग्रेट थैचर (d) बेरिल मार्खम

उत्तर (a)
• 'नाइटिंगेल ऑफ इण्डिया' के नाम से प्रसिद्ध **सरोजिनी नायडू** लोकप्रिय थी।
• वह एक स्वतन्त्रता सेनानी और राजनीतिज्ञ थीं, जिन्होंने भारत के स्वतन्त्रता संग्राम में महत्त्वपूर्ण भूमिका निभाई।
• ये वर्ष 1925 में भारतीय राष्ट्रीय कांग्रेस की अध्यक्ष चुनी जाने वाली पहली भारतीय महिला थीं।
• किसी राज्य की राज्यपाल (उत्तर प्रदेश) नियुक्त होने वाली पहली भारतीय महिला भी थीं।

898. भारत के किस नृत्य कलाकार ने वर्ष 2018 में लोक और जनजातीय नृत्य के लिए संगीत नाटक अकादमी पुरस्कार जीता? **SSC (GD) 20.02.2024 (Shift-III)**
(a) अर्जुन सिंह धुर्वे (b) डॉ. अरुणा मोहन्ती
(c) तपन कुमार पटनायक (d) गोपिका वर्मा

उत्तर (a)
• वर्ष 2018 में लोक और जनजातीय नृत्य के लिए संगीत नाटक अकादमी पुरस्कार **अर्जुन सिंह धुर्वे** ने जीता था।
• ये मध्य प्रदेश के डिण्डोरी जिले के एक लोक नर्तक और सेवानिवृत्त शिक्षक हैं।
• ये बैगा लोकगीतों और नृत्य को लोकप्रिय बनाने के लिए प्रसिद्ध हैं।
• वर्ष 2024 में किसी भी लोक और जनजातीय नृत्य कलाकार को संगीत नाटक अकादमी का पुरस्कार नहीं मिला।

SSC GD 2023

899. पद्मश्री से सम्मानित होने वाले पहले ट्रांसजेण्डर का नाम क्या था? **SSC (GD) 13.02.2023 (Shift-II)**
(a) शान्ति देवी (b) राममूर्ति
(c) नर्तकी नटराज (d) कार्तिक चन्द्र रथ

उत्तर (c)
• पद्म श्री से सम्मानित होने वाली पहली ट्रांसजेण्डर **नर्तकी नटराज** एक प्रसिद्ध भरतनाट्यम नर्तकी हैं।
• इन्हें वर्ष 2011 में संगीत नाटक अकादमी पुरस्कार से सम्मानित किया गया था।
• ये तमिलनाडु सरकार द्वारा दिए गए।

900. वे 1893 ई. में शिकागो में हुई विश्व धर्म संसद में दिए गए उनके भाषण के लिए लोकप्रिय हैं। यहाँ 'वे' किसे कहा जा रहा है? **SSC (GD) 07.02.2023 (Shift-I)**
(a) केशवचन्द्र सेन
(b) स्वामी दयानन्द सरस्वती
(c) महात्मा गाँधी
(d) स्वामी विवेकानन्द

उत्तर (d)
• 1893 ई. में शिकागो में हुए विश्व धर्म सम्मेलन में **स्वामी विवेकानन्द** ने प्रभावशाली भाषण दिया था।
• इसका मुख्य उद्देश्य मानव की भौतिक प्रगति को एकत्रित करना था।

901. दिसम्बर, 2022 में भारतीय खाद्य सुरक्षा और मानक प्राधिकरण (FSSAI) का नया CEO किसे नामित किया गया है? **SSC (10+2) Tier-1 27.06.2023 (Shift-IV)**
(a) गंजी कमला वी. राव
(b) मनीष मणि तिवारी
(c) प्रसन्ना के. शर्मा
(d) रमेश चन्देर

उत्तर (a)
• 19 दिसम्बर, 2022 में (वर्तमान 2024 में) भारतीय खाद्य सुरक्षा और मानक प्राधिकरण (FSSAI) का नया CEO **गंजी कमला वी. राव** को नामित किया गया है।
• वह केरल कैडर के वर्ष 1990 बैच के **आईएएस** अधिकारी हैं।
• इनकी नियुक्ति का उद्देश्य पूरे देश में खाद्य सुरक्षा एवं मानकों को सुनिश्चित करने में FSSAI के प्रयासों को मजबूत करना है।

902. भारत की प्रथम महिला उच्चतम न्यायालय न्यायाधीश फातिमा बीवी भारत के किस राज्य सम्बन्धित हैं? **SSC SP Tier-1 27.06.2023 (Shift-I)**
(a) केरल
(b) आन्ध्र प्रदेश
(c) तमिलनाडु
(d) कर्नाटक

उत्तर (a)
• भारत की प्रथम महिला उच्चतम न्यायालय न्यायाधीश फातिमा बीवी केरल राज्य से संबंधित है।
• वे वर्ष 1989 में इस पद पर नियुक्त होने वाली पहली भारतीय महिला हैं।
• उन्हें 3 अक्टूबर, 1993 को राष्ट्रीय मानवाधिकार आयोग (भारत) की सदस्या बनाया गया।

पुस्तकें और लेखक

प्रमुख भारतीय लेखक एवं पुस्तकें

लेखक	पुस्तक/पुस्तकें
आर के नारायण	गाइड, डार्क रूम, इण्डियन थॉट : ए मिसेलनी, द बेचलर ऑफ आर्ट्स
खुशवंत सिंह	ए हिस्ट्री ऑफ द सिख, ट्रेन टू पाकिस्तान
चेतन भगत	रिवोल्यूशन - 2020, थ्री मिस्टेक ऑफ माई लाइफ
जगदीश भगवती एवं अरविन्द पनगढ़िया	इण्डियाज ट्राइस्ट विद् डेस्टिनी
रामचन्द्र गुहा	मेकर्स ऑफ मॉडर्न इण्डिया, इण्डिया आफ्टर गाँधी स्पीकिंग विद नेचर,
शरद पवार	ऑन माई टर्म्स
युवराज सिंह	द टेस्ट ऑफ माई लाइफ (आत्मकथा)
मनोज. एम. नरवाणे	फॉर स्टार ऑफ डेस्टिनी
प्रणब मुखर्जी	चैलेंजेज बिफोर द नेशन, ऑफ द ट्रेक बियोण्ड सरवाइवलः इमरजिंग,
रविचन्द्रन अश्विन (सिद्धार्थ मोंगा)	आई हैव द स्ट्रीट्सः ए कुट्टी क्रिकेट स्टोरी
सैम पित्रोदा	द आइडिया ऑफ डेमोक्रेसी
श्रीधरन पिल्लई	बेसिक स्ट्रक्चर एण्ड रिपब्लिक
डी सुब्बाराव	जस्ट ए मर्सिनरी
राहिल लाम्बा व रघुराम राजन	ब्रेकिंग द मोल्डः रीइमेजिनिंग इण्डियाज इकोनॉमिक फ्यूचर
भीम सिंह	भारत के 75 महान क्रान्तिकारी
के वी सुब्रमण्यम	इण्डिया @ 100
कर्नल एम.बी. रवीन्द्रनाथ	कारगिल वार : द टर्निंग प्वॉइण्ट
दलाई लामा और कैलाश सत्यार्थी	द बुक ऑफ कम्पैशन
डॉ. आर बालासुब्रमण्यम	पावर विदिनः द लीडरशिप लिगेसी ऑफ नरेन्द्र मोदी
रघुराम जी. राजन	सेविंग कैपिटलिज्म फ्रॉम कैपिटलिट्स, आई डू व्हाट आई डू
लालकृष्ण आडवाणी	माई कण्ट्री माई लाइफ
शशि थरूर	द ग्रेट इण्डियन नोबेल, इण्डिया शास्त्र, पैराडाक्सिकल प्राइम मिनिस्टर
एम जे अकबर	नेहरूः द मेकिंग ऑफ इण्डिया, गाँधीः ए लाइफ इन थ्री कैपेन्स
कपिल सिब्बल	आई विटनेस : पार्शियल ऑब्जर्वेशन
अमीश त्रिपाठी	द इमार्टल्स ऑफ मेलुहा, द सीक्रेट ऑफ द नागाज, द ओथ ऑफ द वायुपुत्रास
मेघनाद देसाई	द रिडिस्कवरी ऑफ इण्डिया
मीरा कुमार	इण्डियन पार्लियामेण्टरी डिप्लोमेसी-स्पीकर्स पर्सपैक्टिव
जसवन्त सिंह	जिन्ना : इण्डिया, पार्टीशन, इण्डीपेण्डेंस

लेखक	पुस्तक/पुस्तकें
संजय बरुआ	एक्सिडेण्टल प्राइम मिनिस्टर
नीलांजन मुखोपाध्याय	नरेन्द्र मोदी : द मैन द टाइम्स
एण्डी मैरीनो	नरेन्द्र मोदी : ए पॉलिटिकल बायोग्राफी
सचिन तेन्दुलकर	प्लेइंग इट माय वे (आत्मकथा)
नरेन्द्र मोदी	एग्जाम वारियर्स
अरुणिमा सिन्हा	बॉर्न अगेन ऑन द माउण्टेन
ए.पी.जे. अब्दुल कलाम	माय जर्नीः ट्रांसफर्मिंग ड्रीम्स इन टू एक्शन, विंग्स ऑफ फायर, इग्नाइटेड माइण्ड्स, इण्डिया 2020 : ए विजन फॉर द न्यू मिलेनियम, टर्निंग प्वॉइण्ट्स
रामनाथ कोविन्द	नए भारत का सामवेद
वी.श्रीनिवास	G-20 @ 2023 द रोडमैप टू इण्डियन प्रेसीडेंसी
चेतन मारू	वेस्टर्न लेन
कुलदीप नैयर	इण्डिया आफ्टर नेहरू
अरविन्द घोष	लाइफ डिवाइन, ऐशेज ऑन गीता
वाई. एस. राजन	डॉ. एपीजे अब्दुल कलामः मेमोरिज नेवर डाइज
प्रेमचन्द	गोदान, गबन, कर्मभूमि, रंगभूमि
सरोजिनी नायडू	गोल्डेन थ्रेसहोल्ड, ब्रोकन विंग्स, द सॉन्ग ऑफ इण्डिया
इन्दिरा गाँधी	इण्टरनल इण्डिया, माई ट्रुथ
सर्वपल्ली राधाकृष्णन	द प्रिन्सिपल ऑफ उपनिषद्स, इण्डियन फिलॉसफी
गीतांजलि श्री	रेत समाधि
अमिताभ कान्त	मेड इन इण्डिया
महात्मा गाँधी	माई एक्सपेरिमेण्ट्स विद द ट्रुथ, हारमोनी, नॉन वायलेन्स इन पीस एण्ड वार
किरण बेदी	ह्वाट वेण्ट रांग, फ्लाइट इण्टू फीयर
सलमान रुश्दी	मिडनाइट्स चिल्ड्रेन, शेम, फ्यूरी, टू ईयर्स एट मन्थस एण्ड ट्वेण्टी नाईट्स
अरुन्धती रॉय	द अल्जेब्रा ऑफ इनफिनिट जस्टिस, ग्रेटर कॉमन गुड, गॉड ऑफ दी स्मॉल थिंग्स, आजादी
जवाहरलाल नेहरू	डिस्कवरी ऑफ इण्डिया
डॉ. राजेन्द्र प्रसाद	इण्डिया डिवाइडेड
अमिताभ घोष	स्मोक एण्ड एशेस, द ग्रेट डिरेंजमेंटःक्लाइमेट चेंज एण्ड द अनथिंकेबल
के पी माथुर	द अनसीन इन्दिरा गाँधी
अनिरूद्ध कानिसेट्टी	लॉर्ड्स ऑफ द डेक्कन (साहित्य अकादमी 2023)
नटवर सिंह	वन लाइफ इज नॉट इनफ
पी. चिदम्बरम	ए व्यू फ्रॉम आउटसाइट
कैलाश सत्यार्थी	कोविड-19 : सभ्यता का संकट और समाधान, आजाद बचपन की ओर

लेखक	पुस्तक/पुस्तकें
गौरव पाण्डेय	स्मृतियों के बीच घिरी है पृथ्वी (साहित्य अकादमी 2024)
अनुपम खेर	योर बेस्ट डे इज टूडे

प्रमुख विदेशी लेखक एवं पुस्तकें

लेखक	पुस्तक का नाम
सर आइजक न्यूटन	प्रिंसीपिया
कैथरीन मेयो	मदर इण्डिया
बिल गेट्स	सोर्स कोडः माई बिगिनिंग्स
गोटबाया राजपक्षे	द कॉन्सपिरेसी
प्लेटो	रिपब्लिक
रूसो	द सोशल कॉण्ट्रेक्ट
विन्सेण्ट चर्चिल	द गैदरिंग स्टार्म
चार्ल्स डार्विन	डिसेण्ट ऑफ मैन
शेक्सपियर	कॉमेडी ऑफ एरर्स, एज यू लाइक इट, ए मिडसमर नाइट्स ड्रीम
वी एस नायपॉल	ए हाउस फॉर मिस्टर निस्वास इण्डियाः ए वूण्डेड सिविलाइजेशन
जॉन ओलाब फॉन्से	आई एम द विण्ड
नेल्सन मण्डेला	लॉन्ग वॉक टू फ्रीडम
जॉर्ज बर्नार्ड शॉ	मैन एण्ड सुपरमैन, आर्म्स एण्ड द मैन
लियो टॉल्सटाय	वार एण्ड पीस
माओ-त्से-तुंग	ऑन कण्ट्राडिक्शन
कार्ल मार्क्स	दास कैपिटल
तस्लीमा नसरीन	लज्जा, विसर्जन, निर्वासन
एडम स्मिथ	वेल्थ ऑफ नेशन्स
एडॉल्फ हिटलर	मीन कैम्फ
अल्बर्ट आइंस्टीन	द वर्ल्ड एज आई सी ईट
अरस्तू	पॉलिटिक्स
ई एम फोस्टर	ए पैसेज टू इण्डिया
रस्किन बॉण्ड	ए फ्लाइट ऑफ पिजन्स, द गोल्डन इयर्स
रूडयार्ड किपलिंग	जंगल बुक
सामन्था हार्वे	ऑर्बिटल (बुकर 2024)
जॉन पाल सार्त्र	द ऐज ऑफ रीजन
बिल क्लिंटन	माइ लाइफ
बर्ट्रेण्ड रसेल	मैरेज एंड मोरल्स
मार्गरेट मिशेल	गॉन विद द विण्ड
जे. के. रॉलिंग	हैरी पॉटर एंड द गोबलेट ऑफ फायर
अल्बर्ट आइंस्टीन	आइडियाज एंड ओपिनियंस
रिजर्ड निक्सन	लीडर्स
आर्थर मिलर	डेथ ऑफ ए सेल्समैन
लुइस फिशर	गाँधी एंड स्टालिन
माइकल क्रिकटान	जुरासिक पार्क

SSC CGL 2024 (Tier 1 & 2)

903. सूची 1 की पुस्तकों का सूची 2 में उनके लेखकों से मिलान कीजिए।

SSC CGL Tier-2 18.01.2025

	सूची 1		सूची 2
A.	द फिलॉसफी ऑफ द बॉम्ब (The Philosophy of the Bomb)	1.	सचिन्द्रनाथ सान्याल
B.	बंदी जीवन (Bandi Jiwan)	2.	बंकिमचन्द्र चट्टोपाध्याय
C.	पाथेर दबी (Pather Dabi)	3.	भगवतीचरण वोहरा
D.	आनन्दमठ (Anandmath)	4.	शरतचन्द्र चट्टोपाध्याय

कूट

	A	B	C	D
(a)	1	3	4	2
(b)	4	3	2	1
(c)	3	1	4	2
(d)	3	1	2	4

उत्तर (c)

- सही मिलान A-3, B-1, C-4, D-2 हैं
- 'द फिलॉसफी ऑफ द बॉम्ब' पुस्तक के लेखक भगवतीचरण वोहरा हैं।
- 'बन्दी जीवन' पुस्तक के लेखक सचिन्द्रनाथ सान्याल हैं।
- 'पाथेर दबी' पुस्तक के लेखक शरत्चन्द्र चट्टोपाध्याय हैं।
- 'आनन्दमठ' पुस्तक के लेखक बंकिमचन्द्र चट्टोपाध्याय हैं।

904. संगीत बाल प्रकाश पुस्तक किसने लिखी है?

SSC CGL Tier I 25.09.2024 (Shift-II)

(a) भीमसेन जोशी
(b) विष्णु दिगम्बर पलुस्कर
(c) पण्डित नारायण राव
(d) विष्णु नारायण भातखण्डे

उत्तर (b)

- **विष्णु दिगम्बर पलुस्कर** ने संगीत बाल प्रकाश पुस्तक तीन खण्डों में लिखी थी।
- इन्होंने 18 **खण्डों** में रागों की स्वरलिपियों को संगृहीत किया था।
- इन्होंने वर्ष 1909 में बम्बई (वर्तमान मुम्बई) में **गंधर्व महाविद्यालय** की स्थापना की थी।

905. 'फ्रॉम प्लासी टू पार्टीशन एण्ड आफ्टर: अ हिस्ट्री ऑफ मॉडर्न इण्डिया' (From Plassey to Partition and After: A History of Modern India) पुस्तक के लेखक/लेखिका कौन हैं? SSC CGL Tier-1 25.09.2024 (Shift-II)

(a) शेखर बन्द्योपाध्याय (b) डेविड हार्डीमैन
(c) सुमित सरकार (d) रोमिला थापर

उत्तर (a)

- 'फ्रॉम प्लासी टू पार्टीशन एण्ड आफ्टर : अ हिस्ट्री ऑफ मॉडर्न इण्डिया' पुस्तक के लेखक **शेखर बन्द्योपाध्याय** हैं।
- अशोक और मौर्य साम्राज्य का पतन, प्राचीन भारत, वंश से राज्य तक आदिकालीन भारत की व्याख्या रोमिला थापर की प्रमुख पुस्तकें हैं।

906. 'उनगलिल ओरुवन' (वन अमंग यू) निम्नलिखित में से किस मुख्यमन्त्री की आत्मकथा है?

SSC CGL Tier-1 24.09.2024 (Shift-III)

(a) बासवराज बोम्मई
(b) एम. के. स्टालिन
(c) के. चन्द्रशेखर राव
(d) पिनराई विजयन

उत्तर (b)

- 'उनगलिल ओरुवन' (वन अमंग यू) **एम. के. स्टालिन** की आत्मकथा है। इनका पूरा नाम मुधुवेल करुणानिधि स्टालिन है।
- उनगलिल ओरुवन (वन अमंग यू) पुस्तक का विमोचन वर्ष 2022 में किया गया।
- ये **द्रविड़ मुनेत्र कड़गम** (डी एम के) नामक राजनीतिक दल से जुड़े हुए हैं।
- ये वर्तमान में तमिलनाडु के 8वें मुख्यमन्त्री हैं।

907. किस भारतीय गायक/गायिका ने 'राग सरिता' लिखा था? SSC CGL Tier-1 13.09.2024 (Shift-I)

(a) बालासाहेब पूँछवाले
(b) चिन्तामन रघुनाथ व्यास
(c) केसरबाई केरकर
(d) कुमार गन्धर्व

उत्तर (b)

- चिन्तामन ने **राग सरिता** नामक पुस्तक लिखी हैं, जो संगीत के क्षेत्र में उनके कार्यों का सार प्रस्तुत करती है।
- चिन्तामन एक भारतीय शास्त्रीय गायक थे, इन्हें **ख्याल शैली** गाने के लिए जाना जाता था।
- इस पुस्तक का अद्यतन संस्करण वर्ष 2019 में उनके बेटे सुहास व्यास द्वारा जारी किया गया था।

908. निम्नलिखित में से कौन-सा नाटक हर्षवर्द्धन द्वारा नहीं लिखा गया था?

SSC CGL Tier-1 12.09.2024 (Shift-I)

(a) रत्नावली (b) नागानन्द
(c) विक्रमोर्वंशीयम् (d) प्रियदर्शिका

उत्तर (c)

- **विक्रमोर्वंशीयम्** नाटक हर्षवर्द्धन के द्वारा नहीं, बल्कि कालिदास के द्वारा लिखा गया है।
- यह संस्कृत नाटक है, जिसमें **राजा पुरुरवा** एवं **उर्वशी** नामक अप्सरा की प्रेम कहानी दर्शाई गई है।
- रत्नावली, नागानन्द एवं प्रियदर्शिका नामक नाटक हर्षवर्धन के द्वारा लिखे गए हैं।

909. राज्यपाल के रूप में अपने कार्यकाल का वर्णन करते हुए जनवरी, 2021 में प्रकाशित पुस्तक 'फियरलेस गवर्नेंस' (Fearless Governance) किसने लिखी है?

SSC CGL Tier-1 11.09.2024 (Shift-I)

(a) द्रौपदी मुर्मू (b) किरण बेदी
(c) बेबी रानी मौर्य (d) आनन्दी बेन पटेल

उत्तर (b)

- फियरलेस गवर्नेंस पुस्तक किरण बेदी द्वारा लिखित है।
- **किरण बेदी** भारतीय पुलिस सेवा में नियुक्त होने वाली पहली महिला अधिकारी हैं।
- इनकी अन्य पुस्तकें 'वॉट वेण्ट रॉन्ग एण्ड वाई', 'अपराइजिंग 2011: इण्डियन अगेंस्ट करप्पशन', 'क्रिएटिंग लिडरशिप', 'इम्पावरिंग वूमेन एज आई सी' इत्यादि हैं।

SSC CGL 2023 (Tier 1 & 2)

910. निम्नलिखित में से कौन-सी पुस्तक रोमन लेखक वरिष्ठ प्लिनी (Pliny the Elder) द्वारा लिखी गई थी? SSC CGL 03.03.2023 Tier-II (Shift-I)

(a) नेचुरल हिस्ट्री
(b) जियोग्राफिका
(c) इण्डिका
(d) पेरिप्लस ऑफ दि एरिथ्रियन सी

उत्तर (a)

- प्रथम शताब्दी के प्रमुख रोमन विद्वान, वैज्ञानिक, दार्शनिक व इतिहासकार प्लिनी ने नेचुरल हिस्ट्री पुस्तक लिखी है।
- **नेचुरल हिस्ट्री** हमारी विश्वकोष की आधुनिक अवधारणा के अधिक निकट है।
- इन्होंने यमुना को **जोमेनस** कहा है, जो मेथोरा और क्लीसोबोरा के मध्य बहती थी।

911. वर्ष 1962 में किसने 'द हिस्ट्री ऑफ ओशन बेसिन्स' (The Histry of Ocean Basins) प्रकाशित किया, जिसने प्लेट विवर्तनिकी के सिद्धान्त को रेखांकित किया, जिसे बाद में 'सागर नितल प्रसरण' कहा गया?

SSC CGL 03.03.2023 Tier-II (Shift-I)

(a) लुई बाउर (b) अल्फ्रेड वेगेनर
(c) हैरी हैमण्ड हेस (d) जॉर्ज एडवर्ड बैकस

उत्तर (c)

- वर्ष 1962 में **हैरी हैमण्ड हेस** द्वारा प्रकाशित 'द हिस्ट्री ऑफ ओशन बेसिन्स' में प्लेट विवर्तनिकी सिद्धान्त रेखांकित है।
- प्लेट विवर्तनिकी सिद्धान्त के अनुसार पृथ्वी का भूपटल मुख्यत: **6 बड़े** और **20 छोटी** प्लेटों में विभक्त है, जो निरन्तर गति करती रहती हैं।
- यह संकल्पना समुद्री नितल प्रसार की परिकल्पना का विस्तारित एवं परिष्कृत रूप है।

912. 'मृच्छकटिकम' नाटक निम्नलिखित में से किसने लिखा था?

SSC CGL Tier-1 14.07.2023 (Shift-II)

(a) अमरसिंह (b) शूद्रक
(c) कालिदास (d) भास

उत्तर (b)

- 'मृच्छकटिकय' दूसरी शताब्दी ईसा पूर्व में संस्कृत में **शूद्रक** द्वारा लिखा गया नाटक है।
- यह एक गुणसम्पन्न **ब्राह्मण चारूदत्त** और एक **गणिका वसंतसेना** की प्रेम कहानी है।
- शूद्रक की अन्य रचनाओं में **वासवदत्ता, पद्मप्रभृतक** आदि हैं।

913. निम्नलिखित में से कौन 'द बुद्धा एण्ड हिज धम्म' पुस्तक के लेखक हैं, जो वर्ष 1957 में लेखक की मृत्यु के बाद प्रकाशित हुई थी?
SSC CGL Tier-1 14.07.2023 (Shift-IV)
(a) मोतीलाल नेहरू (b) महात्मा गाँधी
(c) बी. आर. अम्बेडकर (d) सुभाषचन्द्र बोस

उत्तर (c)
• 'द बुद्धा एण्ड हिज धम्म' पुस्तक के लेखक **डॉ. बी. आर. अम्बेडकर** हैं तथा यह पुस्तक इनकी मृत्यु के बाद वर्ष 1957 में प्रकाशित हुई थी।
• इनके द्वारा रचित 'द बुद्धा एण्ड हिज धम्म' पुस्तक में उन्होंने **महात्मा बुद्ध** के विचारों की व्याख्या की है।
• ये (1891-1956 तक) एक प्रसिद्ध भारतीय समाज सुधारक व राजनीतिज्ञ थे।

914. लोचन कवि 15वीं शताब्दी में लिखे गए ग्रन्थ '.........' के लेखक के रूप में प्रसिद्ध है।
SSC CGL Tier-1 21.07.2023 (Shift-III)
(a) हृदय प्रकाश (b) अनूप विलास
(c) संगीत दर्पण (d) राग तरंगिणी

उत्तर (d)
• **राग तरंगिणी** कवि लोचन द्वारा संस्कृत भाषा में लिखा गया एक संगीत शास्त्रीय ग्रन्थ है।
• वर्तमान में यह **अंग्रेजी** और **संस्कृत** दोनों भाषा में उपलब्ध है।

915. फारसी में लिखी गई पुस्तक 'गिफ्ट टू मोनोथिस्ट' के लेखक कौन हैं, जिसमें अनेकेश्वरवाद की निन्दा की गई है?
SSC CGL Tier-1 26.07.2023 (Shift-III)
(a) राजा राममोहन राय (b) स्वामी दयानन्द
(c) स्वामी श्रद्धानन्द (d) स्वामी विवेकानन्द

उत्तर (a)
• फारसी में लिखी गई पुस्तक 'गिफ्ट टू मोनोथिस्ट' के लेखक **राजा राममोहन राय** है, जिसमें इन्होंने अनेकेश्वरवाद की निन्दा की थी।
• इन्हें भारतीय पुनर्जागरण का अग्रदूत और आधुनिक भारत का जनक कहा गया है।

916. निम्नलिखित में से किसने 'आनन्द मठ' लिखा, जहाँ से भारत का राष्ट्रीय गीत 'वन्दे मातरम्' लिया गया है?
SSC CGL Tier-1 27.07.2023 (Shift-I)
(a) रवीन्द्रनाथ टैगोर (b) बंकिमचन्द्र चटर्जी
(c) मोहम्मद इकबाल (d) अवनीन्द्रनाथ टैगोर

उत्तर (b)
• आनन्द मठ पुस्तक मूल रूप से 1882 ई. में **बंकिमचन्द्र चटर्जी** द्वारा लिखी गई थी।
• इसी उपन्यास में 1773 ई. के **संन्यासी विद्रोह** का भी वर्णन मिलता है।
• दुर्गेश नन्दिनी, देवी चौधरानी, मृणालिनी आदि इनके द्वारा लिखे गए अन्य उपन्यास हैं।

SSC CGL 2022, 2021 (Tier 1 & 2)

917. 'इम्पर्फेक्ट' किसकी आत्मकथा है?
SSC CGL Tier-1 05.12.2022 (Shift-II)
(a) राहुल द्रविड़ (b) संजय मांजरेकर
(c) रवि शास्त्री (d) मिल्खा सिंह

उत्तर (b)
• इम्पर्फेक्ट **संजय मांजरेकर** की आत्मकथा है। ये एक पूर्व भारतीय खिलाड़ी तथा एक लोकप्रिय कमेण्टेटर हैं।
• उन्होंने भारत के लिए वर्ष 1987 से 1996 तक **37** टेस्ट व **74** अन्तर्राष्ट्रीय वनडे मैच खेले हैं।

918. निम्नलिखित में से कौन-सी पुस्तक आर्यभट्ट द्वारा लिखी गई थी?
SSC CGL Tier-1 07.12.2022 (Shift-II)
(a) नाट्यशास्त्र (b) आर्यभट्टीयम
(c) रोमक सिद्धान्त (d) धातुपाठ

उत्तर (b)
• आर्यभट्ट द्वारा रचित **आर्यभट्टीयम** पुस्तक संस्कृत भाषा के काव्यरूप में रचित गणित तथा खगोलशास्त्र का ग्रन्थ है।
• आर्यभट्ट ने प्रयोगों द्वारा सिद्ध किया कि पृथ्वी घूमती है और सूर्य स्थिर है।
• इस बात को, उनके लगभग 1000 वर्ष बाद, महान वैज्ञानिक **निकोलस कोपरनिकस** ने भी सिद्ध किया था।

919. किस ई. में जेम्स मिल ने 'ए हिस्ट्री ऑफ ब्रिटिश इण्डिया' नामक तीन जिल्द वृहत् कृति प्रकाशित की?
SSC CGL Tier-1 13.12.2022 (Shift-IV)
(a) 1815 (b) 1817
(c) 1805 (d) 1807

उत्तर (b)
• जेम्स मिल ने **1817 ई.** में 'ए हिस्ट्री ऑफ ब्रिटिश इण्डिया' में भारतीय इतिहास को तीन अवधियों में विभाजित किया-'हिन्दू, मुस्लिम व ब्रिटिश'।
• 'ए हिस्ट्री ऑफ ब्रिटिश इण्डिया' पुस्तक में उन्होंने भारत के इतिहास, चरित्र, धर्म, साहित्य, कला व कानूनों को प्रदर्शित करने के साथ-साथ भारतीय जलवायु के प्रभाव को भी समझाया।

920. 'द हिटमैन : द रोहित शर्मा स्टोरी' के लेखक निम्न में से कौन हैं?
SSC CGL Tier-1 24.08.2021 (Shift-I)
(a) एस. हरीश (b) संजना देसाई
(c) अनुपम खेर (d) जी. कृष्णन

उत्तर (d)
• **जी. कृष्णन** द्वारा लिखित 'द हिटमैन : द रोहित शर्मा' स्टोरी है।
• यह भारतीय क्रिकेट खिलाड़ी रोहित शर्मा की आत्मकथा है, जो उनके जीवन की घटनाओं पर आधारित है।
• ये एकमात्र ऐसे बल्लेबाज हैं, जिन्होंने एकदिवसीय इतिहास में **तीन** दोहरे शतक लगाए हैं।
• इन्हें वर्ष 2020 में देश के सर्वोच्च खेल पुरस्कार **राजीव गाँधी खेल रत्न** (अब मेजर ध्यानचन्द खेल रत्न पुरस्कार) से सम्मानित किया गया।

921. 'रिपोर्टिंग इण्डिया : माय सेवेण्टी-ईयर जर्नी एज़ ए जर्नलिस्ट' नामक पुस्तक किसने लिखी है?
SSC CGL Tier-1 24.18.2021 (Shift-II)
(a) अंजन सुन्दरम (b) खुशवन्त सिंह
(c) प्रेम प्रकाश (d) चेतन भगत

उत्तर (c)
• **प्रेम प्रकाश** द्वारा लिखित 'रिपोर्टिंग इण्डिया : माय सेवेण्टी-ईयर जर्नी एज़ ए जर्नलिस्ट' पुस्तक का विमोचन 20 दिसम्बर, 2020 को विदेश मन्त्री एस. जयशंकर प्रसाद ने किया था।
• इनका जन्म 7 अप्रैल, 1932 को **पंजाब**, भारत में हुआ था। वह एक कहानीकार थे।

922. निम्न में से कौन 'सी ऑफ पॉपीज' नामक पुस्तक के लेखक हैं?
SSC CGL Tier-1 24.08.2021 (Shift-II)
(a) रोहिंटन मिस्त्री (b) विक्रम चन्द्रा
(c) अमिताव घोष (d) सलमान रुश्दी

उत्तर (c)
• **अमिताव घोष** अंग्रेजी भाषा के साहित्यकार हैं, जिन्हें 'सी ऑफ पॉपीज' पुस्तक के लिए वर्ष 2008 में **मैन बुकर** पुरस्कार प्रदान किया गया था।
• वर्ष 1989 में इनके द्वारा रचित उपन्यास 'द शैडो लाइन्स' के लिए **साहित्य अकादमी** पुरस्कार से सम्मानित किया गया था तथा वर्ष 2018 में 54वें **ज्ञानपीठ पुरस्कार** से सम्मानित किया गया।
• ये ज्ञानपीठ पुरस्कार प्राप्त करने वाले अंग्रेजी भाषा के **प्रथम** साहित्यकार हैं।
• इनका पहला उपन्यास 'द सर्कल ऑफ रीजन' था, जो वर्ष 1986 में प्रकाशित हुआ था।

923. 'द पैराडॉक्सिकल प्राइम मिनिस्टर: नरेन्द्र मोदी एण्ड हिज इण्डिया' नामक कथेतर पुस्तक के लेखक निम्न में से कौन हैं?
SSC CGL Tier-1 24.08.2021 (Shift-III)
(a) शशि थरूर (b) चेतन भगत
(c) अरुन्धति रॉय (d) सलमान रुश्दी

उत्तर (a)
• द पैराडॉक्सिकल प्राइम मिनिस्टर: नरेन्द्र मोदी एण्ड हिज इण्डिया' नामक पुस्तक के लेखक **शशि थरूर** हैं।
• इस पुस्तक में उन्होंने मोदी सरकार व उसके कई विरोधाभासों के कार्यकाल की जाँच व उनपर सवाल किया है।
• यह पुस्तक 26 अक्टूबर, 2018 को प्रकाशित हुई थी।

924. 'पॉवर्टी एण्ड अन-ब्रिटिश रूल इन इण्डिया' के लेखक निम्न में से कौन हैं?
SSC CGL Tier-1 24.08.2021 (Shift-III)
(a) रवीन्द्रनाथ टैगोर
(b) महात्मा गाँधी
(c) दादाभाई नौरोजी
(d) जवाहरलाल नेहरू

उत्तर (c)
• **दादाभाई नौरोजी** द्वारा लिखित 'पावर्टी एण्ड अन-ब्रिटिश रूल इन इण्डिया' पुस्तक का प्रकाशन वर्ष 1901 में किया गया था।
• इस पुस्तक में उन्होंने औपनिवेशिक प्रशासन को भारत के राजस्व की हानि का प्रमुख कारण बताया।
• इस पुस्तक में उन्होंने धन-निकासी के सिद्धान्त की भी व्याख्या की।

925. डगलस स्टुअर्ट द्वारा लिखित किस पुस्तक के लिए उन्हें बुकर प्राइज 2020 मिला?
SSC CGL Tier-1 23.08.2021
(a) हैमलेट (b) द टेस्टामेण्ट्स
(c) द व्हाइट टाइगर (d) शग्गी बैन

उत्तर (d)
• **शग्गी बैन** डगलस स्टुअर्ट का पहला उपन्यास है, जिसे वर्ष 2020 में बुकर प्राइज मिला। यह तीन बच्चों में सबसे छोटे शग्गी की कहानी है।
• जेनी एपेनबेक द्वारा लिखित और माइकल हाफमैन द्वारा अनुवादित पुस्तक **कैरोस** को वर्ष 2024 का अन्तर्राष्ट्रीय बुकर पुरस्कार प्रदान किया गया है।

926. निम्न में से कौन-सी पुस्तक दलाई लामा द्वारा लिखित एवं फरवरी, 2021 में उन्हीं के द्वारा विमोचित की गई है?
SSC CGL Tier-1 23.08.2021 (Shift-I)
(a) कनेक्टिंग, कम्युनिकेटिंग, चेंजिंग
(b) ए लिटल बुक ऑफ करेज
(c) द लिटल बुक ऑफ होप
(d) द लिटल बुक ऑफ एनकरेजमेण्ट

उत्तर (d)
• फरवरी, 2021 में दलाई लामा द्वारा लिखित व विमोचित पुस्तक **द लिटल बुक ऑफ एनकरेजमेण्ट** में 130 उद्धरण शामिल हैं।
• इस पुस्तक को **पेंग्विन रेण्डम हाउस** द्वारा प्रकाशित किया गया है।
• वे बौद्ध धर्म के **चौदहवें** आध्यात्मिक गुरु हैं।
• वर्ष 1989 में इन्हें **नोबेल शान्ति** पुरस्कार प्रदान किया गया था।

927. निम्न में से किसने 'गौरा' नामक उपन्यास लिखा है?
SSC CGL Tier-1 23.08.2021
(a) महात्मा गाँधी (b) अवनीन्द्रनाथ टैगोर
(c) प्रेमचन्द (d) रवीन्द्रनाथ टैगोर

उत्तर (d)
• **रवीन्द्रनाथ टैगोर** द्वारा रचित 'गौरा' अंग्रेजी शासन में भारत की राष्ट्रीय चेतना का औपन्यासिक महाकाव्य है।
• गौरा उस कालखण्ड की रचना है, जब भारतीय समाज अपने जातीय गौरव से विछिन्न होकर या तो अपने कालचक्र के कारण या फिर पश्चिमी संस्कृति के प्रभाव में आकर राष्ट्रीय चेतना से कट गया था।

928. 'द इंग्लिश टीचर (The English Teacher)' नामक पुस्तक के लेखक कौन हैं?
SSC CGL Tier-1 23.08.2021 (Shift-II)
(a) सलमान रुश्दी (b) विक्रम सेठ
(c) आर. के. नारायण (d) खुशवन्त सिंह

उत्तर (c)
• 'द इंग्लिश टीचर' **आर. के. नारायण** द्वारा अंग्रेजी भाषा में लिखा गया उपन्यास है, जिसका हिन्दी भाषा में अनुवाद **महेन्द्र कुलश्रेष्ठ** ने किया है।
• भारत सरकार ने उन्हें वर्ष 1963 में गणतन्त्र दिवस के अवसर पर **पद्म भूषण** से सम्मानित किया।
• वर्ष 2000 में उन्हें भारत के दूसरे बड़े-नागरिक सम्मान पद्म विभूषण से सम्मानित किया गया था।

929. निम्न में से कौन 'अबोड ऑफ लव' (Abode of Love)' नामक पुस्तक के लेखक हैं?
SSC CGL Tier-1 20.08.2021 (Shift-II)
(a) ए.पी.जे. अब्दुल कलाम
(b) शंकर दयाल शर्मा
(c) मनमोहन सिंह
(d) नरेन्द्र मोदी

उत्तर (d)
• 'अबोड ऑफ लव' नामक पुस्तक के लेखक **नरेन्द्र मोदी** हैं।
• यह पुस्तक वर्ष 2018 में प्रकाशित हुई थी।

930. निम्न में से कौन 'इनग्लोरियस एम्पायर : व्हाट द ब्रिटिश डिड टू इण्डिया' (Inglorious Empire : What the British Did to India) नामक पुस्तक के लेखक हैं?
SSC CGL Tier-1 20.08.2021 (Shift-I)
(a) वी.एस. नायपॉल (b) अश्विन संघी
(c) शशि थरूर (d) रामचन्द्र गुहा

उत्तर (c)
• इनग्लोरियस एम्पायर : व्हाट द ब्रिटिश डिड टू इण्डिया पुस्तक के लेखक **शशि थरूर** हैं।
• ये भारत के प्रसिद्ध राजनीतिज्ञ, पूर्व राजनयिक एवं लेखक हैं।
• इनकी कुछ प्रमुख रचनाएँ- द पैराडॉक्सिकल प्राइम मिनिस्टर (2018), 'बुकलेस इन बगदाद (2005), रीजन ऑफ स्टेट (1982) एवं मैं हिन्दू क्यूँ हूँ (2018) हैं।

931. 'द क्वेस्ट फॉर इक्विटी इन डेवलपमेण्ट' (The Quest for Equity in Development) नामक पुस्तक के लेखक कौन हैं?
SSC CGL Tier-1 17.08.2021 (Shift-I)
(a) मोण्टेक सिंह अहलूवालिया
(b) अमर्त्य सेन
(c) मनमोहन सिंह
(d) रघुराम राजन

उत्तर (c)
• **मनमोहन सिंह** द्वारा रचित 'द कवेस्ट फॉर इक्विटी इन डेवलपमेण्ट' नामक पुस्तक का प्रकाशन वर्ष 1986 में किया गया।
• इनके द्वारा लिखित अन्य उल्लेखनीय पुस्तक हैं
- लीवरेज : ए ब्राडर व्यू
- चेंजिंग इण्डिया
- कोलैटरल एण्ड फाइनेंशियल प्लम्बिंग
- गाइनेंसियन प्लम्बिग एण्ड मोनेटरी पॉलिसी

932. निम्न में से कौन 'डेमोक्रेट और डिसेंटर्स' नामक पुस्तक के लेखक/लेखिका हैं?
SSC CGL Tier-1 16,08.2021 (Shift-I)
(a) रामचन्द्र गुहा (b) अरुण शौरी
(c) नलिनी सिंह (d) गुरुचरण दास

उत्तर (a)
• **रामचन्द्र गुहा** ने 'डेमोक्रेट और डिसेण्टर्स' नामक पुस्तक लिखी।
• इन्हें वर्ष 2009 में भारत के तीसरे सर्वोच्च नागरिक पुरस्कार **पद्मभूषण** से सम्मानित किया गया था।

SSC CPO 2024

933. निम्नलिखित में से किस संगीतकार ने अनूप राग विलास नामक पुस्तक लिखी है?
SSC CPO Tier-1 27.07.2024 (Shift-III)
(a) पण्डित दिनकर कैकिनी
(b) पण्डित जसराज
(c) पण्डित कुमार गन्धर्व
(d) पण्डित बिरजू महाराज

उत्तर (c)
• 'अनूप राग विलास' नामक पुस्तक **पण्डित कुमार गन्धर्व** द्वारा लिखी गई है।
• पण्डित कुमार गन्धर्व एक प्रसिद्ध भारतीय शास्त्रीय गायक थे और उन्होंने भारतीय शास्त्रीय संगीत में महत्त्वपूर्ण योगदान दिया है।
• इन्हें वर्ष 1977 में **पद्म भूषण** और वर्ष 1990 में भारत के दूसरे सर्वोच्च नागरिक सम्मान **पद्म विभूषण** से सम्मानित किया गया।

934. बैड मैन (Bad Man) किस अभिनेता की आत्मकथा है? **SSC CPO Tier-1 27.06.2024 (Shift-I)**
(a) आशीष विद्यार्थी (b) रजा मुराद
(c) अमरीश पुरी (d) गुलशन ग्रोवर

उत्तर (d)
• 'बैड मैन' **गुलशन ग्रोवर** की आत्मकथा है।
• 'द एक्ट ऑफ लाइफ' अमरीश पुरी की आत्मकथा है।
• 'प्लेइंग इट माइ वे' पुस्तक सचिन तेंदुलकर की है।
• 'स्ट्रेट फोर्म द हार्ट' पुस्तक कपिलदेव की है।

935. कथासरित्सागर एक साहित्यिक कृति मूल रूप से निम्नलिखित में से किस भाषा में रची गई थी? **SSC CPO Tier-1 27.06.2024 (Shift-I)**
(a) प्राकृत (b) तमिल (c) संस्कृत (d) पाली

उत्तर (c)
• कथासरित्सागर एक साहित्यिक कृति मूल रूप से **संस्कृत** भाषा में लिखी गई थी।
• इसके लेखक **सोमदेव** थे।
• इसे **21,388** पद्य और **124** तरंगों में बाँटा गया है।
• सोमदेव कश्मीर के निवासी थे।

936. 'द गाइड (The Guide)' पुस्तक के लेखक निम्नलिखित में से कौन हैं?
SSC CPO Tier-1 27.06.2024 (Shift-I)
(a) विक्रम चन्द्रा (b) आर.के. नारायण
(c) रोहिंटन मिस्त्री (d) शशि थरूर

उत्तर (b)
• 'द गाइड' पुस्तक के लेखक **आर. के. नारायण** हैं।
• आर. के. नारायण द्वारा लिखित अन्य पुस्तकें हैं द डार्क रूम, मालगुडी डेज, माइडेज टेलिस्मैन, वेटिंग फॉर महात्मा और इंग्लिश टीचर हैं।
• शशि थरूर ने 'बुकलेश इन बगदाद' तथा 'द ग्रेट इण्डियन नोबेल' नामक पुस्तक लिखी है।

937. ट्रुथ, लव एण्ड ए लिटिल मैलिस (Truth, Love and a Little Malice) किसकी आत्मकथा है? **SSC CPO Tier-1 27.06.2024 (Shift-II)**
(a) सत्यजीत रे (b) अर्जुन सिंह
(c) फूलन देवी (d) खुशवन्त सिंह

उत्तर (d)

• Truth, Love and a Little Malice **खुशवन्त सिंह** की आत्मकथा है।
• इन्हें वर्ष 1974 में **पद्म भूषण** और वर्ष 2007 में **पद्म विभूषण** से सम्मानित किया गया था।
• इनके प्रसिद्ध उपन्यास डेल्ही, ट्रेन टू पाकिस्तान और दि कम्पनी ऑफ वुमन हैं।

938. 16 अगस्त, 1904 को साप्ताहिक पत्रिका इत्तेहाद में प्रकाशित देशभक्ति गीत 'सारे जहाँ से अच्छा हिन्दोस्तान हमारा' किसने लिखा था?
SSC CPO Tier-1 27.06.2024 (Shift-II)
(a) चन्द्रशेखर आज़ाद (b) सरदार भगत सिंह
(c) रवीन्द्रनाथ टैगोर (d) मुहम्मद इकबाल

उत्तर (d)

• देशभक्ति गीत सारे जहाँ से अच्छा हिन्दोस्तान हमारा 16 अगस्त, 1904 की साप्ताहिक पत्रिका इत्तेहाद में प्रकाशित हुआ था और इसे **मोहम्मद इकबाल** ने लिखा था।
• इनकी प्रमुख रचनाएँ असरार-ए-खुदी, रुमुज-ए-बेखुदी और बंग-ए-दारा हैं।
• इन्हें **इकबाल-ए-लाहौर** कहा जाता है।

939. ए लाइफ अपार्ट किसकी आत्मकथा है?
SSC CPO Tier-1 27.06.2024 (Shift-II)
(a) प्रभा खेतान (b) मन्नू भण्डारी
(c) विनीता अग्रवाल (d) बिन्दु भट्ट

उत्तर (a)

• 'ए लाइफ अपार्ट' **प्रभा खेतान** की आत्मकथा है।
• इन्होंने प्रभा खेतान फाउण्डेशन की स्थापना की थी।
• इन्हें **महापण्डित राहुल सांकृत्यायन** पुरस्कार से सम्मानित किया जा चुका है।

940. आन्ध्र प्रदेश में निम्नलिखित में से किसने महाभारत के कुछ भागों का तेलुगू में अनुवाद किया? **SSC CPO Tier-1 28.06.2024 (Shift-III)**
(a) टिक्काना (b) नन्नय
(c) पम्पा (d) कम्बन

उत्तर (b)

• आन्ध्र प्रदेश में, **नन्नय** ने महाभारत के कुछ भागों का तेलुगू में अनुवाद किया था।
• महाभारत का अनुवाद (त्रिमूर्ति) तीन कवियों नन्नय, टिक्कन येर्राप्रिगदा द्वारा किया गया।
• ये आन्ध्र प्रदेश के पहले कवि थे, जिन्होंने महाभारत का अनुवाद किया।

941. द ओथ ऑफ द वायुपुत्र (The Oath of the Vayuputras) पुस्तक के लेखक निम्नलिखित में से कौन हैं?
SSC CPO Tier-1 28.06.2024 (Shift-III)
(a) अमीश त्रिपाठी (b) रवि सुब्रमण्यम
(c) इन्द्रप्रमित दास (d) विक्रम चन्द्रा

उत्तर (a)

• द ओथ ऑफ द वायुपुत्र के लेखक **अमीश त्रिपाठी** थे।
• यह पुस्तक 27 फरवरी, 2013 को वेस्ट लैण्ड प्रेस के माध्यम से जारी की गई।
• इन्हें वर्ष 2018 में **कलिंगा अन्तर्राष्ट्रीय साहित्य** पुरस्कार से सम्मानित किया गया है।

942. ए फ्लाइट ऑफ़ पिजन्स (A Flight of Pigeons) .... द्वारा लिखित एक प्रसिद्ध पुस्तक है।
SSC CPO Tier-1 28.06.2024 (Shift-III)
(a) विक्रम सेठ (b) खुशवंत सिंह
(c) रस्किन बाण्ड (d) सलमान रुश्दी

उत्तर (c)

• ए फ्लाइट ऑफ पिजन्स **रस्किन बाण्ड** की रचना है।
• वर्ष 1934 में रस्किन बाण्ड का जन्म हुआ।
• इन्हें वर्ष 1999 में **पदमश्री** और वर्ष 2014 में **पद्म भूषण** से सम्मानित किया गया है।

943. वर्ष 1993 में ए सूटेबल बॉय (A suitable Boy) पुस्तक .... द्वारा लिखी गई थी।
SSC CPO Tier-1 28.06.2024 (Shift-I)
(a) डेविड डेविडर (b) विक्रम सेठ
(c) किरण देसाई (d) अरुन्धति रॉय

उत्तर (b)

• वर्ष 1993 में 'ए सूटेबल बॉय' (A Suitable Boy) पुस्तक **विक्रम सेठ** द्वारा लिखी गई थी।
• यह अंग्रेजी भाषा में लिखा गया एक उपन्यास है, जिसे हिन्दी और कई अन्य भाषाओं में भी अनुवादित किया गया है।
• विक्रम सेठ के प्रमुख उपन्यास द गोल्डेन गेट, ए सूटेबल बॉय, सानेट और एन इकवल म्यूजिक हैं।
• इन्हें वर्ष 2007 में **पदमश्री** से सम्मानित किया गया।

944. निम्नलिखित में से किसने गुलामगिरि लिखी थी? **SSC CPO Tier-1 28.06.2024 (Shift-I)**
(a) ज्योतिबा फुले (b) महात्मा गाँधी
(c) बी.आर. अम्बेडकर (d) बाल गंगाधर तिलक

उत्तर (a)

• 'गुलामगिरि' पुस्तक **ज्योतिबा फुले** द्वारा लिखी गई थी।
• यह पुस्तक 1873 ई. में प्रकाशित हुई थी और इसमें भारतीय समाज में व्याप्त जाति व्यवस्था और **छुआछूत** जैसी कुरीतियों की तीखी आलोचना की गई है।
• ज्योतिबा फुले ने इस पुस्तक में महिलाओं और शूद्रों के दमनकारी जीवन का चित्रण करते हुए उन्हें समान अधिकार और सामाजिक न्याय दिलाने की वकालत की थी।

945. अनलेडीलाइक (Unladylike) किसका संस्मरण है? **SSC CPO Tier-1 28.06.2024 (Shift-I)**
(a) ऐश्वर्या मोहनराज (b) सुप्रिया जोशी
(c) राधिका वाज (d) अदिति मित्तल

उत्तर (c)

• अनलेडीलाइक **राधिका वाज** का संस्मरण है।
• यह एक अभिनेत्री, लेखिका और भारतीय स्टैण्ड-अप कॉमेडियन हैं।
• यह पुस्तक वर्ष **2015** में प्रकाशित हुई थी और यह वाज के जीवन के विभिन्न पहलुओं को दर्शाती है, जिसमें उनका बचपन, शिक्षा, करियर और व्यक्तिगत जीवन शामिल है।

946. निम्नलिखित में से किसने ग्रिमस (Grimus) उपन्यास लिखा था?
SSC CPO Tier-1 28.06.2024 (Shift-II)
(a) अमिताव घोष (b) अरविन्द अडिगा
(c) विक्रम सेठ (d) सलमान रुश्दी

उत्तर (d)

• 'ग्रिमस' वर्ष 1975 में **सलमान रुश्दी** द्वारा लिखा गया एक उपन्यास है।
• सलमान रुश्दी एक ब्रिटिश अमेरिकी उपन्यासकार और भारतीय मूल के निबन्धकार हैं।
• उन्होंने अपनी उपन्यास **मिडनाइट्स चिल्ड्रेन** के लिए वर्ष 1981 में बुकर पुरस्कार जीता था।
• उनकी किताब **'द सैटेनिक वर्सेज'** काफी विवादों में रही थी।

947. निम्नलिखित में से कौन-सी पुस्तक चित्रा बनर्जी दिवाकरूनी द्वारा लिखी गई थी?
SSC CPO Tier-1 28.06.2024 (Shift-II)
(a) द पैलेस ऑफ इल्लुजंस
(b) द फीस्ट ऑफ रोजेज
(c) ए फाइन बैलेंस
(d) मालगुड़ी डेज

उत्तर (a)

• **द पैलेस ऑफ इल्लुजंस** चित्रा बनर्जी दिवाकरूनी द्वारा लिखी गई थी।
• भारतीय अमेरिकी लेखिका चित्रा बनर्जी दिवाकरूनी की दूसरी किताब रानी जिंदन कौर पर बनी **द लास्ट क्वीन** है।
• 'द लास्ट क्वीन' को हार्पर कॉलिन्स इण्डिया द्वारा जनवरी, 2021 में रिलीज किया गया।
• इनकी एक और अन्य रचना 'एन अनकॉमन लव द अर्ली लाइफ ऑफ सुधा एण्ड नारायण मूर्ति' है।

948. निम्नलिखित में से हर्षचरित पुस्तक के रचयिता कौन हैं?
(a) हरिषेण (b) वररुचि
(c) अमरसिम्हा (d) बाणभट्ट

उत्तर (d)

• 'हर्षचरित' पुस्तक **बाणभट्ट** की कृति है।
• हर्षचरित कन्नौज के शासक हर्षवर्द्धन की जीवनी है, जिसे उनके दरबारी कवि बाणभट्ट ने संस्कृत में लिखा है।
• इस कृति में उत्तरी भारत के बौद्ध सम्राट हर्ष के दरबार और समय को दर्शाया गया है। हर्षवर्द्धन का शासनकाल **606 ई.-647 ई.** तक था।

949. निम्नलिखित में से कौन 'मेकिंग इण्डिया ऑसम' पुस्तक का लेखक है?
SSC CPO Tier-1 29.06.2024 (Shift-III)
(a) विक्रम सेठ (b) अरविन्द अडिगा
(c) सिद्धार्थ मुखर्जी (d) चेतन भगत

उत्तर (d)

• **चेतन भगत** 'मेकिंग इण्डिया ऑसम' पुस्तक के लेखक हैं।
• यह पुस्तक वर्ष **2011** में प्रकाशित हुई थी और भारत में युवाओं के बीच बहुत लोकप्रिय हुई थी।
• चेतन भगत की प्रमुख पुस्तकें 2 स्टेट्स, वन इण्डियन गर्ल और रेवोल्युशन 2020 हैं।

950. 'चाणक्याज चैंट' (Chanakya's Chant) पुस्तक निम्नलिखित में से किसने लिखी?
SSC CPO Tier-1 29.06.2024 (Shift-III)
(a) अश्विन सांघी (b) अमीश त्रिपाठी
(c) समित बसु (d) नोवोनील चक्रवर्ती

उत्तर (a)
- चाणक्याज चैंट (2010) भारतीय लेखक **अश्विन सांघी** द्वारा लिखा गया एक उपन्यास है।
- 'चाणक्य का मन्त्र' 26 जनवरी, 2011 को रिलीज़ हुआ और दो महीने के भीतर सभी प्रमुख भारतीय राष्ट्रीय बेस्टसेलर सूचियों में प्रवेश किया।
- 19 जून, 2011 को यूटीवी सॉफ्टवेयर कम्युनिकेशंस ने घोषणा की कि उसने उपन्यास के मूवी अधिकार प्राप्त कर लिए हैं।

951. दोज प्राइसी ठाकुर गर्ल्स (Those Pricey Thakur Girls) पुस्तक की लेखिका निम्नलिखित में से कौन हैं?
SSC CPO Tier-1 29.06.2024 (Shift-I)
(a) अनीता नायर (b) प्रीति शेनॉय
(c) अनुजा चौहान (d) प्रतिभा राय

उत्तर (c)
- 'दोज़ प्राइसी ठाकुर गर्ल्स' (Those Pricey Thakur Girls) पुस्तक की लेखिका **अनुजा चौहान** हैं।
- यह पुस्तक **वर्ष 2013** में प्रकाशित हुई थी।
- अनुजा चौहान एक प्रसिद्ध भारतीय लेखिका हैं, जिन्होंने कई लोकप्रिय उपन्यास लिखे हैं, जिनमें 'द जोया फैक्टर', 'बैटल फॉर बिट्टोरा' और 'द हाउस दैट बीजे बिल्ट' शामिल हैं।

952. वर्ष 1936 में 'गोदान' पुस्तक ...... द्वारा लिखी गई थी। **SSC CPO Tier-1 29.06.2024 (Shift-I)**
(a) महात्मा गाँधी
(b) मुल्कराज आनन्द
(c) मुंशी प्रेमचन्द
(d) जवाहरलाल नेहरू

उत्तर (c)
- वर्ष 1936 में **मुंशी प्रेमचन्द** द्वारा गोदान पुस्तक लिखी गई थी।
- गोदान मुंशी प्रेमचन्द द्वारा लिखित एक हिन्दी उपन्यास है।

953. 'अलॉन्ग द रेड रिवर: ए मेमॉयर' (Along The Red River: A Memoir) निम्नलिखित में से किसके जीवन के बारे में लिखी गई पुस्तक है?
SSC CPO Tier-1 29.06.2024 (Shift-I)
(a) मित्रा फुकन (b) निरुपमा बोरगोहेन
(c) सबिता गोस्वामी (d) पुष्पलता दास

उत्तर (c)
- 'अलॉन्ग द रेड रिवर : ए मेमॉयर' **सबिता गोस्वामी** की आत्मकथा है।
- **मित्रा फुकन** भारतीय लेखिका हैं, जिसकी कृति 'द कलेक्टर्स वाइफ' है।
- **निरुपमा बोरगोटेन** असमिया भाषा के विख्यात साहित्यकार हैं, इनके द्वारा रचित उपन्यास अगिजात्री है।
- **पुष्पलता दास** एक सामाजिक कार्यकर्ता एवं स्वतन्त्रता सेनानी थीं।

SSC CPO 2023

954. निम्नलिखित पुस्तकों में से कौन-सी भारतीय राजनेता एल. के. आडवाणी की आत्मकथा है?
SSC CPO 05.10.2023 (Shift-III)
(a) विंग्स ऑफ फायर : एन ऑटोबायोग्राफी
(b) इन पर्सूइट ऑफ जस्टिस : एन ऑटोबायोग्राफी
(c) माई कण्ट्री माई लाइफ
(d) माई टाइम्स : एन ऑटोबायोग्राफी

उत्तर (c)
- भारतीय राजनेता एल. के. आडवाणी की आत्मकथा **माई कण्ट्री माई लाइफ** नामक पुस्तक 19 मार्च, 2008 को भारत के 11वें राष्ट्रपति अब्दुल कलाम द्वारा विमोचित की गई थी।

955. निम्नलिखित पुस्तकों में से कौन-सी पूर्व अमेरिकी राष्ट्रपति बिल क्लिण्टन की आत्मकथा है? **SSC CPO 30.10.2023 (Shift-I)**
(a) माई कण्ट्री माई लाइफ
(b) बिकमिंग
(c) माई लाइफ
(d) लॉन्ग वॉक टू फ्रीडम

उत्तर (c)
- **माई लाइफ** पुस्तक पूर्व अमेरिकी राष्ट्रपति बिल क्लिण्टन की आत्मकथा है, जिसे क्लिण्टन के कार्यालय छोड़ने के लगभग तीन वर्ष बाद 22 जून, 2004 को जारी किया गया था।
- 'बिकमिंग' **मिशेल ओबामा** की पुस्तक है।
- 'लॉन्ग वॉक टू फ्रीडम' **नेल्सन मण्डेला** की आत्मकथा है।

SSC CPO 2022

956. निम्नलिखित में से कौन-सी एक बंगाली अनपढ़ महिला की आत्मकथा है, जिसने उस समय पवित्र ग्रन्थों को पढ़ने के लिए गुप्त रूप से साक्षरता कौशल प्राप्त किए थे, जब लड़कियों और महिलाओं को शिक्षा से वंचित रखा गया था और केवल घर के कामों के लिए उपयुक्त समझा जाता था? **SSC CPO 10.11.2022**
(a) लक्ष्मीबाई तिलक द्वारा लिखित स्मृतिचित्र
(b) कमला दास द्वारा लिखित एंते कथा
(c) बेबी काम्बले द्वारा लिखित जीना अमुचा
(d) रससुन्दरी देवी द्वारा लिखित अमार जीबन

उत्तर (d)
- रससुन्दरी देवी द्वारा लिखित उनकी आत्मकथा **अमार जीबन** का प्रकाशन 1876 ई. में किया गया।
- यह बंगाली में प्रकाशित हुई थी, जो एक भारतीय महिला द्वारा लिखी गई पहली आत्मकथा है। इसका अनुवाद **इनाक्षी चटर्जी** ने किया।

957. 'द सोल ऑफ ए बटरफ्लाई : रिफ्लेक्शन्स ऑन लाइफ्स जर्नी' (The Soul of a Butterfly : Reflections on Life's Journey) पुस्तक के लेखक कौन हैं? **SSC CPO 05.10.2023 (Shift-III)**
(a) मोहम्मद अली
(b) यूजीन जे. बुलार्ड
(c) जेक लामोट्टा
(d) रॉबर्टो ड्यूरॉन

उत्तर (a)
- 'द सोल ऑफ ए बटरफ्लाई : रिफ्लेक्शन्स ऑन लाइफ्स जर्नी' पुस्तक **मोहम्मद अली** की आत्मकथा है।
- वह एक पूर्व हैवीवेट मुक्केबाज थे, जो तीन बार विश्व हैवीवेट चैम्पियन रह चुके हैं।

958. निम्नलिखित में से कौन-सी भारत के प्रथम राष्ट्रपति डॉ. राजेन्द्र प्रसाद की आत्मकथा है?
SSC CPO 04.10.2023 (Shift-II)
(a) आत्मकथा
(b) आत्मवृत्तान्त
(c) माई कण्ट्री माई लाइफ
(d) ए शॉर्ट एट हिस्ट्री

उत्तर (a)
- **आत्मकथा** पुस्तक डॉ. राजेन्द्र प्रसाद द्वारा वर्ष 1946 में लिखी गई।
- डॉ. राजेन्द्र प्रसाद की अन्य किताबें इण्डिया डिवाइडेड (1946), सत्याग्रह ऐट चम्पारण (1922) हैं।

959. निम्नलिखित में से किस भारतीय लेखक ने 'माई स्टोरी' नामक आत्मकथा लिखी है?
SSC CPO 03.10.2023
(a) किरण देसाई (b) कमला दास
(c) शोभा डे (d) अरुन्धति रॉय

उत्तर (b)
- 'माई स्टोरी' **कमला दास** द्वारा यथार्थवादी शैली में लिखी गई एक कालानुक्रमिक, रैखिक कथा है।
- टुनाइट दिस सैवेज राइट, द सायरन्स, समर इन कलकत्ता इनकी प्रमुख कृतियाँ हैं।

960. 'द टेस्ट ऑफ माय लाइफ', निम्न में से किस क्रिकेटर की आत्मकथा है? **SSC CPO 10.11.2022**
(a) एम.एस. धोनी
(b) युवराज सिंह
(c) सचिन तेन्दुलकर
(d) मोहम्मद कैफ

उत्तर (b)
- **युवराज सिंह** की आत्मकथा 'द टेस्ट ऑफ माय लाइफ' पुस्तक में उन्होंने अपने कैंसर के पलों की कहानी को वर्णित किया है तथा बीमारी से उबरने के बाद खेल में वापसी व जिन्दगी में बदलाव को भी बताया है।
- वह भारतीय क्रिकेट के पूर्व बल्लेबाज हैं।

961. 'प्लेइंग इट माई वे' किसकी आत्मकथा है?
SSC CPO 10.11.2022
(a) युवराज सिंह (b) सचिन तेन्दुलकर
(c) साइना नेहवाल (d) सुनील गावस्कर

उत्तर (b)
- **सचिन तेन्दुलकर** की आत्मकथा 'प्लेइंग इट माई वे' पुस्तक का विमोचन वर्ष 2014 में किया गया था।

> प्लेइंग इट माय वे पुस्तक में तेन्दुलकर के शुरुआती दिनों, उनके 24 वर्ष के अन्तर्राष्ट्रीय करियर और उनके जीवन के पहलुओं का वर्णन है।

962. 'डॉलर बहू' निम्नलिखित भारतीय लेखकों में से किसके द्वारा लिखी गई है? SSC CPO 10.11.2022
(a) अरुन्धति रॉय (b) सुधा मूर्ति
(c) किरण देसाई (d) खुशवन्त सिंह

उत्तर (b)

• **डॉलर बहू** कन्नड़ भाषा की लोकप्रिय लेखिका **सुधा मूर्ति** द्वारा लिखित एक प्रसिद्ध उपन्यास है।
• इस उपन्यास में भारतीय अस्मिता व स्वाभिमान के पुनरुत्थान को वर्णित किया गया है।

SSC CHSL 2024 (Tier 1 & 2)

963. निम्नलिखित में से कौन 'वृहत् कथा कोष' के लेखक थे? SSC CHSL Tier I 01.07.2024 (Shift-I)
(a) क्षेमेन्द्र (b) दण्डी
(c) हरिषेण (d) भवभूति

उत्तर (c)

• **हरिषेण** 'वृहत् कथा कोष' के लेखक थे।
• वृहत् कथा कोष शास्त्रीय संस्कृत साहित्य की शैली से सम्बन्धित एक महत्वपूर्ण कृति है।
• हरिषेण चौथी शताब्दी के संस्कृत कवि, स्तुतिकार और दरबारी अधिकारी थे।
• हरिषेण गुप्त सम्राट **समुद्रगुप्त** के राजकवि थे।

964. कौन-सी प्रसिद्ध पुस्तक, 'हरिपाल' द्वारा लिखी गई थी? SSC CHSL Tier-1 02.07.2024 (Shift-II)
(a) संगीत दर्पण (b) संगीत रत्नाकर
(c) गीत गोविन्द (d) संगीत सुधाकर

उत्तर (d)

• संगीत सुधाकर पुस्तक 'हरिपाल' द्वारा लिखी गई थी।
• इस पुस्तक की रचना **14वीं** शताब्दी में की गई थी।
• संगीत शैलियों को वर्गीकृत करने के लिए कर्नाटक संगीत और हिन्दुस्तानी संगीत जैसे शब्द सबसे पहले इसी पुस्तक में दिखाई देते हैं।

965. सितम्बर, 2022 में 'अम्बेडकर एण्ड मोदी: रिफॉर्मर्स आइडियाज परफॉर्मर्स इम्प्लीमेण्टेशन' पुस्तक निम्नलिखित में से किस शख्सियत द्वारा लिखी गई है? SSC CHSL Tier-1 02.07.2024 (Shift-II)
(a) ए.पी. जे. अब्दुल कलाम
(b) प्रतिभा पाटिल
(c) सर्वपल्ली राधाकृष्णन
(d) रामनाथ कोविन्द

उत्तर (d)

• सितम्बर, 2022 में 'अम्बेडकर एण्ड मोदी : रिफॉर्मर्स आइडियाज परफॉर्मर्स इम्प्लीमेण्टेशन' पुस्तक पूर्व राष्ट्रपति **रामनाथ कोविन्द** द्वारा लिखी गई है।
• इस पुस्तक को सामाजिक संगठन **ब्लूक्राफ्ट डिजिटल फाउण्डेशन** ने लिखा है।
• इस पुस्तक में बताया गया है कि सरकार के दूरदर्शी और गतिशील नेतृत्व में डॉ. बाबा साहेब अम्बेडकर के दूरदर्शी विचारों को पूर्ण किया जा रहा है।

966. प्रसिद्ध पुस्तक 'संग्रह चूड़ामणि' जो कर्नाटक संगीत की वर्तमान प्रणाली से सम्बन्धित है, ... के द्वारा लिखी गई थी। SSC CHSL Tier-1 03.07.2024 (Shift-III)
(a) दामोदर मिश्र (b) मतंग
(c) गोविन्दाचार्य (d) हरिपाल

उत्तर (c)

• प्रसिद्ध पुस्तक 'संग्रह चूड़ामणि', जो कर्नाटक संगीत की वर्तमान प्रणाली से सम्बन्धित है, गोविन्दाचार्य के द्वारा लिखी गई थी।
• संग्रह चूड़ामणि के पहले तीन अध्याय संगीत के सिद्धान्त से सम्बन्धित हैं और इसके बाद 366 लक्षणा हैं।

967. 'गुलामगिरी' पुस्तक किसने लिखी? SSC CHSL Tier-1 03.07.2024 (Shift-IV)
(a) स्वामी श्रद्धानन्द (b) बी. आर. अम्बेडकर
(c) द्वारकानाथ टैगोर (d) ज्योतिबा फुले

उत्तर (d)

• गुलामगिरी पुस्तक **ज्योतिबा फुले** ने लिखी।
• यह पुस्तक 1873 ई. में दलित वर्ग के उत्थान के लिए लिखी गई।

SSC CHSL 2023

968. 'कर्मयोद्धा ग्रन्थ' पुस्तक का विमोचन निम्नलिखित में से किस राजनेता द्वारा किया गया था? SSC CHSL Tier-1 21.03.2023 (Shift-IV)
(a) नितिन गडकरी (b) अमित शाह
(c) राहुल गाँधी (d) स्मृति ईरानी

उत्तर (b)

• **अमित शाह** ने 7 फरवरी, 2020 को प्रधानमन्त्री नरेन्द्र मोदी के जीवन पर लिखी गई पुस्तक **कर्मयोद्धा ग्रन्थ** का विमोचन किया।
• इस पुस्तक में **प्रधानमन्त्री मोदी** द्वारा अपने कार्यकाल के दौरान किए गए विभिन्न कार्यों के बारे में बताया गया है।

969. निम्नलिखित में से कौन-सा शेक्सपियर द्वारा लिखा गया एक नाटक नहीं है? SSC CHSL Tier-1 21.03.2023 (Shift-IV)
(a) ऑथेलो
(b) एण्टनी और क्लियोपैट्रा
(c) द कॉमेडी ऑफ एरर्स
(d) द कैण्डल स्टैण्ड

उत्तर (d)

• **द कैण्डल स्टैण्ड** के लेखक **देबेशी गुप्त** हैं।
• ऑथेलो, एण्टनी और क्लियोपैट्रा, द कॉमेडी ऑफ एरर्स शेक्सपियर द्वारा रचित हैं।
• शेक्सपियर एक प्रसिद्ध अंग्रेजी कवि व नाटककार थे।

970. द इम्मोर्टल्स ऑफ मेलुहा नामक पुस्तक .... द्वारा लिखी गई है। SSC CHSL 21.03.2023 (Shift-IV)
(a) अमीश त्रिपाठी (b) चेतन भगत
(c) सुशील कुमार (d) देवदत्त पटनायक

उत्तर (a)

• **अमीश त्रिपाठी** द्वारा रचित 'द इम्मोर्टल्स ऑफ मेलुहा', पहली पुस्तक है, जो उपन्यासों की एक शृंखला है, इसमें देवता शिव की कहानियों का वर्णन है।
• इनके द्वारा लिखी गई कुछ अन्य पुस्तकें 'द सीक्रेट ऑफ द नागाज', 'द ओथ ऑफ द वायुपुत्राज' तथा 'रावण : ऑर्फन ऑफ आर्यावर्त' आदि।

971. इनमें से कौन-सी पुस्तक शशि थरूर ने लिखी है? SSC CHSL Tier-1 20.03.2023 (Shift-III)
(a) ऑटम
(b) सॉन्स ऑफ ए कावर्ड
(c) वाय आई एम हिन्दू
(d) ए स्टेट ऑफ फ्रीडम

उत्तर (c)

• **वाय आई एम हिन्दू** पुस्तक शशि थरूर द्वारा वर्ष 2018 में लिखी गई थी।
• यह पुस्तक दो भागों में विभाजित है।
• इस पुस्तक में उन्होंने **हिन्दू धर्म** के इतिहास और इसके मूल सिद्धान्त के साथ-साथ अपने स्वयं के धार्मिक विश्वासों तथा भारत में सामाजिक, सांस्कृतिक व धार्मिक महत्त्व से सम्बन्धित विषयों के बारे में लिखा है।

972. निम्नलिखित में से कौन-सी पुस्तक अमिताव घोष ने लिखी है? SSC CHSL Tier-1 20.03.2023 (Shift-III)
(a) बैटलफील्ड (b) बैक टू द रोड्स
(c) 400 डेज (d) जंगलनामा

उत्तर (d)

• अमिताव घोष द्वारा रचित **जंगलनामा** सुन्दरवन के गाँवों की लोकप्रिय कहानी है।
• यह लालची व अमीर व्यापारी धोना, गरीब बालक दुखें और उसकी माँ की कहानी है।

973. 'गोदान' मुंशी प्रेमचन्द द्वारा लिखित एक उपन्यास है, जो वर्ष .... में प्रकाशित हुआ था। SSC CHSL Tier-1 16.03.2023
(a) 2006 (b) 1976 (c) 1936 (d) 1906

उत्तर (c)

• **वर्ष 1936** में प्रकाशित गोदान, प्रेमचन्द का अन्तिम और सबसे महत्वपूर्ण उपन्यास माना जाता है।

धनपत राय श्रीवास्तव जो प्रेमचन्द के नाम से जाने जाते हैं, वो हिन्दी और उर्दू के सर्वाधिक लोकप्रिय उपन्यासकार, कहानीकार एवं विचारक थे। उन्होंने सेवासदन, प्रेमाश्रम, रंगभूमि, निर्मला, गबन, कर्मभूमि, गोदान आदि उपन्यास तथा कफन, पूस की रात, पंच परमेश्वर, बड़े घर की बेटी, बूढ़ी काकी, दो बैलों की कथा आदि कहानियाँ लिखी।

974. निम्नलिखित में से किस बॉलीवुड अभिनेत्री ने 'अनफिनिश्ड: ए मेमॉयर' पुस्तक लिखी है? SSC CHSL Tier-1 15.03.2023 (Shift-IV)
(a) आलिया भट्ट (b) दीपिका पादुकोण
(c) करीना कपूर (d) प्रियंका चोपड़ा

उत्तर (d)

• **प्रियंका चोपड़ा** द्वारा लिखित 'अनफिनिश्ड: ए मेमॉयर' वर्ष 2021 में प्रकाशित एक संस्मरण है।
• इस किताब को भारत में पेंगुइन रैंडम हाउस द्वारा प्रकाशित किया गया था।

975. लियो टॉलस्टॉय को उनके ····· के लिए जाना जाता है। SSC CHSL 15.03.2023
(a) अभिनय (b) निर्देशन
(c) नृत्य (d) उपन्यासों

उत्तर (d)
• लियो टॉलस्टॉय एक महान **उपन्यासकार** हैं।
• इनका जन्म 9 सितम्बर, 1928 को रूस में हुआ था।
• उनका उपन्यास **वॉर एण्ड पीस** अब तक लिखे गए सबसे महान उपन्यासों में से एक है।
• इनका पहला उपन्यास 'चाइल्डहुड' था, जो 1852 ई. में प्रकाशित हुआ था।

976. 'द सेवन सिन्स ऑफ बीइंग ए मदर' पुस्तक की लेखिका कौन हैं? SSC CHSL 14.03.2023 (Shif-I)
(a) आलिया भट्ट (b) ताहिरा कश्यप खुराना
(c) ट्विंकल खन्ना (d) करीना कपूर

उत्तर (b)
• प्रसिद्ध एक्टर आयुष्मान खुराना की पत्नी **ताहिरा कश्यप खुराना** द सेवन सिन्स ऑफ बीइंग पुस्तक की लेखिका हैं।
• इस पुस्तक का प्रकाशन अक्टूबर, 2021 में किया गया था।

977. निम्नलिखित में से किसने 'द बेंच' पुस्तक लिखी है? SSC CHSL 13.04.2023 (Shift-III)
(a) समीर सोनी (b) मेघन मार्कल
(c) अमिताव घोष (d) कल्कि कोचलिन

उत्तर (b)
• **मेघन मार्कल** द्वारा लिखित 'द बेंच' पुस्तक बच्चों के लिए वर्ष 2021 की एक चित्रात्मक पुस्तक है।
• यह पुस्तक एक पिता और उसके बेटे के रिश्ते के बारे में है।
• इस पुस्तक का चित्रण **क्रिश्चियन रॉबिन्सन** द्वारा किया गया है।

SSC CHSL 2022

978. निम्नलिखित में से किस खिलाड़ी ने 'द रेस ऑफ माई लाइफ' शीर्षक से अपनी आत्मकथा लिखी? SSC CHSL (10 + 2) 27.05.2022 (Shift-I)
(a) मैरी कॉम (b) कपिल देव
(c) युवराज सिंह (d) मिल्खा सिंह

उत्तर (d)
• 'द रेस ऑफ माई लाइफ' **मिल्खा सिंह** की आत्मकथा है।
• इनका जन्म 20 नवम्बर, 1929 को गोविन्दपुरा पाकिस्तान में हुआ था।
• एशियन गेम्स वर्ष 1958 और वर्ष 1962 में इन्होंने गोल्ड मेडल प्राप्त किया, तब इन्हें **फ्लाइंग सिख** की उपाधि प्रदान की गई थी।

979. 'मेरी कहानी (सम्पूर्ण)' 'An Autobiography' ········· की आत्मकथा का नाम है। SSC CHSL (10 + 2) 27.05.2022 (I)
(a) सुभाषचन्द्र बोस
(b) सरदार वल्लभभाई पटेल
(c) महात्मा गाँधी
(d) जवाहरलाल नेहरू

उत्तर (d)
• मेरी कहानी (सम्पूर्ण) में **जवाहरलाल नेहरू** ने अपने जीवन के सभी पहलुओं को उद्धत किया है।
• भारत की खोज तथा विश्व इतिहास की झलकियाँ आदि पुस्तकें इनसे सम्बन्धित हैं।

980. निम्नलिखित पुस्तकों में से कौन-सी पेशेवर बॉक्सर माइक टायसन की आत्मकथा है? SSC CHSL (10 + 2) 30.05.2022 (Shift-I)
(a) गेम चेंजर
(b) स्ट्रेट फ्रॉम द हार्ट' : एन ऑटोबायोग्राफी
(c) वाइड एंगल
(d) अण्डिस्प्यूटिड ट्रुथ : माई ऑटोबायोग्राफी

उत्तर (d)
• **अण्डिस्प्यूटिड ट्रुथ : माई ऑटोबायोग्राफी** बॉक्सर माइक टायसन की आत्मकथा है।
• टायसन सबसे कम आयु के हेवीवेट चैम्पियन हैं।
• इन्हें **आयरन माइक** और **किड डायनामाइट** के नाम से जाना जाता था।

981. निम्नलिखित में से 'बॉयज़ डोण्ट क्राई' पुस्तक के लेखक कौन हैं? SSC CHSL (10 + 2) 30.05.2022 (Shift-1)
(a) मेघना पन्त
(b) ज़ूनी चोपड़ा
(c) इंसिया पाटनवाला
(d) मेलिता टेसी

उत्तर (a)
• मूल रूप से हिमाचल प्रदेश राज्य की निवासी **मेघना पन्त** द्वारा लिखित **बॉयज डोण्ट क्राई** पुस्तक वर्ष 2022 में प्रकाशित हुई है।
• ये पत्रकारिता के क्षेत्र में एक मजबूत स्तम्भ मानी जाती हैं।
• इन्हें वर्ष 2011 में भारत निर्माण पुरस्कार से सम्मानित किया गया था।

982. भारतीय लेखक अमिताव घोष का साहित्य अकादमी पुरस्कार विजेता उपन्यास निम्नलिखित में से कौन-सा है? SSC CHSL (10 + 2) 30.05.2022 (Shift-I)
(a) द शैडो लाइंस (b) गन आइलैण्ड
(c) द हंग्री टाइड (d) फ्लड ऑफ फायर

उत्तर (a)
• अमिताव घोष द्वारा अंग्रेजी भाषा में लिखित **द शैडो लाइंस** उपन्यास में स्वदेशी आन्दोलन, बंगाल विभाजन, द्वितीय विश्व युद्ध, स्वतन्त्रता संघर्ष का आम जीवन पर प्रभाव आदि का विशद वर्णन है।
• इस उपन्यास के लिए सरकार ने अमिताव घोष को वर्ष 1990 में **साहित्य अकादमी सम्मान** से विभूषित किया।

983. निम्नलिखित में से किस भारतीय गायक ने 'राग सरिता' लिखी है? SSC CHSL (10 + 2) 02.06.2022 (Shift-I)
(a) चिन्तामन रघुनाथ व्यास
(b) बालासाहेब पूँछवाले
(c) विष्णु नारायण भातखण्डे
(d) पण्डित कुमार गन्धर्व

उत्तर (a)
• **चिन्तामन रघुनाथ व्यास** ख्याल गायन में विशिष्टता प्राप्त 'राग सरिता' के रचयिता थे।
• हिन्दुस्तानी शास्त्रीय संगीत के क्षेत्र में उल्लेखनीय योगदान के लिए उन्हें वर्ष 1992 में पद्म भूषण व वर्ष 1987 में संगीत नाटक अकादमी पुरस्कार से सम्मानित किया गया था।

984. इनमें से किसकी आत्मकथा का शीर्षक 'ऐस अगेंस्ट ऑड्स' है? SSC CHSL (10 + 2) 08.09.2023 (Shift-II) SSC CHSL (10 + 2) 02.06.2022 (Shift-I)
(a) मैरी कॉम (b) पी. टी. ऊषा
(c) सानिया मिर्जा (d) कर्णम मल्लेश्वरी

उत्तर (c)
• सानिया मिर्जा की आत्मकथा का शीर्षक ऐस अगेंस्ट ऑड्स है।
• भारत की सबसे सफलतम टेनिस खिलाड़ी **सानिया मिर्जा** वर्ष 2003 से 2013 तक लगातार एक दशक तक शीर्ष की महिला टेनिस खिलाड़ी रहीं।

985. अभिनेता दिलीप कुमार की आत्मकथा का शीर्षक ········ है। SSC CHSL (10 + 2) 02.06.2022 (Shift-I)
(a) द सब्सटेंस एण्ड द शैडो : एन ऑटोबायोग्राफी
(b) रोमांसिंग विद लाइफ : एन ऑटोबायोग्राफी
(c) एन अनफिनिश्ड स्टोरी
(d) एक्चुअली आई मेट देम

उत्तर (a)
• ट्रेजडी किंग अभिनेता दिलीप कुमार की आत्मकथा का शीर्षक 'द सब्सटेंस एण्ड द शैडो : एन ऑटोबायोग्राफी है।
• इनका वास्तविक नाम **यूसुफ खान** था।
• इनको भारत के दूसरे सर्वोच्च नागरिक सम्मान **पद्म विभूषण** से सम्मानित किया गया था।

986. सेंस एण्ड सेसिबिलिटी, 'मैंसफील्ड पार्क' और 'एम्मा' शीर्षक पुस्तकों के लेखक निम्नलिखित में से कौन हैं? SSC CHSL (10 + 2) 31.05.2022 (Shift-I)
(a) डी. एच. लॉरेंस (b) जेन ऑस्टिन
(c) थॉमस हार्डी (d) जॉर्ज एलियट

उत्तर (b)
• सेंस एण्ड सेसिबिलिटी, 'मैंसफील्ड पार्क' और 'एम्मा' शीर्षक पुस्तकों के लेखक **जेन ऑस्टेन** थें। अंग्रेजी लेखक **जेन ऑस्टेन** का जन्म 16 दिसम्बर, 1775 को हैम्पशायर (इंग्लैण्ड) में हुआ था।
• अपने जीवनकाल में इन्होंने चार उपन्यास प्रकाशित किए; जैसे—सेंस एण्ड सेसिबिलिटी (1811), प्राइड एण्ड प्रेजुडिस (1813), मैंसफील्ड पार्क (1814) एवं एम्मा (1815)।

987. किस पत्रकार की आत्मकथा का शीर्षक 'डेविल्स एडवोकेट : द अनटोल्ड स्टोरी' है? SSC CHSL (10 + 2) 31.05.2022 (Shift-I)
(a) प्रणय रॉय (b) विनोद दुआ
(c) वीर सांघवी (d) करण थापर

उत्तर (d)

• पत्रकार **करण थापर** की आत्मकथा का शीर्षक 'डेविल्स एडवोकेट : द अनटोल्ड स्टोरी' है।
• वर्ष 2009 में करण थापर को पत्रकारिता में **रामनाथ गोयनका एक्सीलेंस** अवॉर्ड के लिए चुना गया।

988. भारतीय स्वतन्त्रता के दौरान हुए दंगों पर आधारित प्रसिद्ध उपन्यास 'पिंजर' ......द्वारा लिखा गया था। SSC CHSL (10 + 2) 31.05.2022 (Shift-I)
(a) अमृता प्रीतम (b) दिव्य प्रकाश दुबे
(c) मोहन राकेश (d) मानव कौल

उत्तर (a)
• भारतीय स्वतन्त्रता के दौरान हुए दंगों पर आधारित उपन्यास 'पिंजर' की लेखिका अमृता प्रीतम थी।
• भारत सरकार ने इनकी प्रमुख साहित्यिक कृतियों हेतु इन्हें **ज्ञानपीठ पुरस्कार** एवं दूसरा सबसे बड़ा नागरिक सम्मान **पद्म विभूषण** से सम्मानित किया।
• भारत एवं पाकिस्तान बँटवारे पर सृजित उपन्यास **पिंजर** एवं कविता **अज्ज आखाँ वारिस शाह नूँ** को भारत एवं पाकिस्तान दोनों देशों में सराहा गया था।

989. 'व्हाट आई टॉक अबाउट व्हेन आई टॉक अबाउट रनिंग' नामक पुस्तक .... द्वारा लिखी गई है। SSC CHSL (10 + 2) 01.06.2022 (Shift-I)
(a) हारुकी मुराकामी (b) युकिओ मिशिमा
(c) सुएमात्सु केंचो (d) हिरोआकी सातो

उत्तर (a)
• 'व्हाट आई टॉक अबाउट व्हेन आई टॉक अबाउट रनिंग' पुस्तक की रचना **हारुकी मुराकामी** द्वारा मूलत: जापानी भाषा में की गई थी।
• **फिलीप गेब्रियाल** ने इस पुस्तक का अनुवाद इंग्लिश में किया है।
• यह पुस्तक वर्ष 2007 में यह प्रकाशित हुई थी।

990. 'अर्द्धकथानक' किसकी आत्मकथा है?
(a) सत्यानन्द अग्निहोत्री
(b) बनारसी दास जैन
(c) भाई परमानन्द
(d) दयानन्द सरस्वती

उत्तर (b)
• ब्रज भाषा में रचित 'अर्द्धकथानक' **बनारसी दास जैन** की आत्मकथा है।
• यह भारतीय भाषा में लिखी हुई **पहली** आत्मकथा है।

991. सोनू सूद की ऑटोबायोग्राफी 'आई एम नो मसीहा' किस वर्ष प्रकाशित हुई? SSC CHSL (10 + 2) 01.06.2022 (Shift-I)
(a) 2020 (b) 2018 (c) 2014 (d) 2007

उत्तर (a)
• सोनू सूद की आत्मकथा 'आई एम नो मसीहा' शीर्षक से वर्ष 2020 में प्रकाशित हुई।
• सितम्बर, 2020 में इनको Covid-19 महामारी के दौरान उनके मानवीय कार्यों के लिए UNDP द्वारा SDG **स्पेशल ह्यूमैनेटेरियन एक्शन** अवॉर्ड के लिए चुना गया।

992. प्रसिद्ध उपन्यास 'द एडवेंचर्स ऑफ हकलबेरी फिन' के लेखक निम्नलिखित में से कौन हैं? SSC CHSL (10 + 2) 01.06.2022 (Shift-I)
(a) एमिली ब्रोण्टे
(b) हरमन मेलविले
(c) मार्क ट्वेन
(d) अर्नेस्ट हेमिंग्वे

उत्तर (c)
• 'द एडवेंचर्स ऑफ हकलबेरी फिन' उपन्यास के लेखक मार्क ट्वेन हैं।
• मार्क ट्वेन अमेरिकी उपन्यासकार के साथ ही एक रचनात्मक लेखक, कुशल उद्यमी एवं मानवतावादी विचारों के प्रबल समर्थक थे।

993. निम्न में से कौन 'एमनेस्टी' (Amnesty) पुस्तक के लेखक हैं? SSC CHSL 12.02.2021 (Shift-II)
(a) चेतन भगत
(b) विक्रम सेठ
(c) अमीष त्रिपाठी
(d) अरविन्द अडिगा

उत्तर (d)
• 'एमनेस्टी' पुस्तक के लेखक **अरविन्द अडिगा** हैं।
• अरविन्द अडिगा को वर्ष 2008 में अपने प्रथम उपन्यास 'द व्हाइट टाइगर' के लिए **मैन बुकर** पुरस्कार से सम्मानित किया जा चुका है।
• इनकी अन्य पुस्तकें बिटवीन द एसेसिनेशन्स, लास्ट मैन इन टावर, सिलेक्शन डे आदि हैं।

SSC MTS 2024

994. उपन्यास 'पिंजर' जिसे बाद में एक चलचित्र में बदल दिया गया था ..... द्वारा लिखा गया था। SSC MTS Tier-1 30.10.2024 (Shift-III)
(a) कृष्णा सोबती
(b) अमृता प्रीतम
(c) धर्मवीर भारती
(d) इस्मत चुगताई

उत्तर (b)
• उपन्यास 'पिंजर' जिसे बाद में एक चलचित्र में बदल दिया गया था, **अमृता प्रीतम** द्वारा लिखा गया था।
• यह उपन्यास वर्ष 1947 में भारत के विभाजन के दौरान भारतीय समाज की स्थितियों और प्रकृति को दर्शाता है।

995. अंग्रेजी उपन्यास 'वोटिंग एट फोस्टरगंज 'के लेखक कौन हैं? SSC MTS Tier-1 30.10.2024 (Shift-III)
(a) आर.के. नारायण (b) रस्किन बॉण्ड
(c) अक्षत गुप्ता (d) सुधा मूर्ति

उत्तर (b)
• अंग्रेजी उपन्यास 'वोटिंग एट फोस्टरगंज' के लेखक रस्किन बॉण्ड हैं।
• ये एक ब्रिटिश मूल के भारतीय लेखक है।
• इनके उपन्यास 'द रूम ऑन द रूफ' तथा आत्मकथा 'कमिंग राउण्ड द माउण्टेन' हैं।
• इन्हें भारत सरकार ने साहित्य के क्षेत्र में योगदान के लिए वर्ष 1999 में पद्मश्री और वर्ष 2014 में पद्म भूषण से सम्मानित किया गया।

996. शोवना नारायण और गीतिका काल्हा द्वारा रचित पुस्तक कौन-सी है? SSC MTS Tier-1 12.11.2024 (Shift-III)
(a) डान्सिंग इन द फैमिली
(b) इण्डियन माइथोलॉजी थ्रू क्लासिकल डान्स
(c) कल्चरल रिदम्स इन इमोशन्स
(d) डान्स जेस्चर्स: मिरर ऑफ एक्सप्रेशन्स

उत्तर (b)
• शोवना नारायण और गीतिका काल्हा द्वारा रचित पुस्तक इण्डियन माइथोलॉजी थ्रू क्लासिकल डान्स है।
• 'डान्सिंग इन द फैमिली' पुस्तक **सुकन्या रहमान** द्वारा लिखी गई है।
• 'कल्चरल रिदम्स इन इमोशंस' के लेखक **जयन्त सक्सेना** हैं।
• 'डान्स जेस्चर्स:मिरर ऑफ एक्सप्रेशन्स के लेखक **डॉ. पी. रामचन्द्रशेखर** हैं।

997. 'ए हिस्ट्री ऑफ ब्रिटिश इण्डिया' पुस्तक किसने लिखी? SSC MTS Tier-1 12.11.2024 (Shift-III)
(a) रेनली (b) जेम्स मिल
(c) बेन्थम (d) ग्रेनविले ऑस्टिन

उत्तर (b)
• 'ए हिस्ट्री ऑफ ब्रिटिश इण्डिया' पुस्तक के लेखक **जेम्स मिल** थे।
• इस पुस्तक में भारत के इतिहास, धर्म, संस्कृति, कला, चरित्र और कानून के बारे में जानकारी दी गई है।
• अन्य दार्शनिक जैसे जेरेमी बेन्थम की प्रसिद्ध कृति का नाम नैतिकता और विधान के सिद्धान्तों का परिचय है और ग्रेनविले ऑस्टिन द्वारा लिखित महत्त्वपूर्ण पुस्तक **'द इण्डियन कॉन्स्टिट्यूशन'** है।

998. निम्नलिखित में से कौन-सा हिन्दी उपन्यास विष्णु प्रभाकर द्वारा लिखा गया है? SSC MTS Tier-1 11.11.2024 (Shift-III)
(a) मुझे चाँद चाहिए (b) विनायक
(c) अर्द्धनारीश्वर (d) क्यापा

उत्तर (c)
• अर्द्धनारीश्वर हिन्दी उपन्यास विष्णु प्रभाकर द्वारा लिखा गया है।
• इस उपन्यास के लिए विष्णु प्रभाकर को वर्ष 1993 में **साहित्य अकादमी पुरस्कार** से सम्मानित किया गया था।
• अर्द्धनारीश्वर हिन्दू भगवान **शिव का एकरूप** है, जो उन्हें उनकी पत्नी पार्वती के साथ जोड़ता है।

999. निम्नलिखित युग्मों पर विचार कीजिए SSC MTS Tier-1 05.10.2024 (Shift-IV)

	कृति	लेखक
1	राजतरंगिणी	कल्हण
2	गीत गोविन्द	चन्दबरदाई
3	विक्रमार्जुन-विजय	पम्पा

उपरोक्त युग्मों में से कौन-सा/से युग्म सही रूप से सुमेलित है/हैं?
(a) 1 और 3 (b) केवल 2
(c) केवल 3 (d) 1 और 2

उत्तर (a)

- युग्म 1 और 3 दोनों सही सुमेलित हैं।
- राजतरंगिणी के लेखक कल्हण हैं।
- विक्रमार्जुन विजय के लेखक पम्पा हैं।
- गीत-गोविन्द के लेखक जयदेव हैं।

1000. ऐतिहासिक उपन्यास, 'ट्रेन टू पाकिस्तान' किसके द्वारा लिखा गया था?
SSC MTS Tier-1 05.10.2024 (Shift-IV)

(a) शशि थरूर (b) जवाहर लाल नेहरू
(c) खुशवन्त सिंह (d) अरुन्धति रॉय

उत्तर (c)

- उपन्यास 'ट्रेन टू पाकिस्तान' खुशवन्त सिंह द्वारा लिखा गया था।
- **ट्रुथ, लव एण्ड ए लिटिल मैलिस** खुशवन्त सिंह की आत्मकथा हैं।
- **'मैं हिन्दू क्यों हूँ'** द ग्रेट इण्डियन नॉवेल, अन्धकार का युग, विरोधाभासी प्रधानमन्त्री शशि थरूर के प्रमुख उपन्यास हैं।

1001. द स्टोरी ऑफ माई एक्सपेरिमेंट्स विद ट्रुथ पुस्तक के लेखक कौन हैं?
SSC MTS Tier-1 17.11.2024 (Shift-III)

(a) एम. के. गाँधी (b) बी. आर. अम्बेडकर
(c) परमहंस योगानन्द (d) जवाहरलाल नेहरू

उत्तर (a)

- द स्टोरी ऑफ माई एक्सपेरिमेंटस विद ट्रूथ पुस्तक के लेखक **एम. के. गाँधी** हैं।
- इस पुस्तक को मूल रूप से गुजराती में लिखा गया है।
- इस पुस्तक में गाँधीजी के बचपन से लेकर 1921 तक के जीवन की घटनाओं का उल्लेख है।
- इस पुस्तक का हिन्दी अनुवाद हरिभाऊ उपाध्याय ने 'सत्य के साथ मेरे प्रयोग' शीर्षक से प्रकाशित किया है।
- गाँधीजी के द्वारा लिखी गई अन्य पुस्तकें यंग इण्डिया, हरिजन, नव-जीवन एवं हिंद स्वराज हैं।

1002. निम्नलिखित में से किस लेखक ने 'कामायनी', 'ध्रुवस्वामिनी', 'कंकाल', 'तितली', 'स्कन्दगुप्त', 'लहर' और 'ममता' लिखी हैं? **SSC MTS Tier-1 30.10.2024 (Shift-III)**

(a) सूर्यकान्त त्रिपाठी निराला
(b) कृष्णा सोबती
(c) भीष्म साहनी
(d) जयशंकर प्रसाद

उत्तर (d)

- लेखक **जयशंकर प्रसाद** ने कामायनी, ध्रुवस्वामिनी, कंकाल, तितली, स्कन्दगुप्त, लहर और ममता लिखी हैं।
- इन्हें वर्ष 1938 में मंगलाप्रसाद पारितोषिक से सम्मानित किया गया था।

1003. निम्नलिखित में से किस पुस्तक में लेखक ने द्वितीय विश्वयुद्ध की विभीषिकाओं और त्रासदी का वर्णन किया है?
SSC MTS Tier-1 29.10.2024 (Shift-III)

(a) ड्रीम्स फ्रॉम माय फादर
(b) द डायरी ऑफ अ यंग गर्ल
(c) आई नो व्हाई द केज्ड बर्ड सिंग्स
(d) लॉन्ग वॉक टु फ्रीडॅम

उत्तर (b)

- 'द डायरी ऑफ अ यंग गर्ल' पुस्तक में लेखक ने द्वितीय विश्व युद्ध की विभीषिकाओं और त्रासदी का वर्णन किया है।
- इसे **एनी फ्रैंक** द्वारा डच भाषा में लिखा गया है।
- एनी फ्रैंक एक संस्मरण, निबन्धकार व दंतकथाओं की लेखिका हैं, जिनका जन्म वर्ष 1929, प्रशिया (जर्मनी) में हुआ था।

1004. यशोधरा डालमिया किस प्रसिद्ध पुस्तक की लेखिका हैं? **SSC MTS Tier-1 28.10.2024 (Shift-II)**

(a) पेण्टिंग्स इन द काँगड़ा वैली
(b) इण्डियन आर्ट
(c) अजन्ता
(d) द पेण्टेड वर्ल्ड ऑफ द वार्लिस

उत्तर (d)

- यशोधरा डालमिया '**द पेण्टेड वर्ल्ड ऑफ द वार्लिस**' पुस्तक की लेखिका हैं।
- इन्होंने समकालीन भारतीय कला पर कई निबन्ध लेख व समीक्षाएँ लिखी हैं।
- वह अमृता शेरगिल, **द कॉर्मस ऑफ इलेक्ट्रॉनिक इण्डियन अर्थ व बुद्ध टू कृष्णा** की लेखिका हैं।

1005. प्रसिद्ध संस्कृत व्याकरण पुस्तक 'महाभाष्य' .... द्वारा लिखी गई थी?
SSC MTS Tier-1 23.10.2024 (Shift-II)

(a) वेदव्यास (b) पाणिनी
(c) भरतमुनि (d) पतंजलि

उत्तर (d)

- प्रसिद्ध संस्कृत व्याकरण पुस्तक 'महाभाष्य' पतंजलि द्वारा लिखी गई थी। यह पाणिनी के अष्टाध्यायी पर लिखी गई टीका है।
- इसकी रचना दूसरी शताब्दी ई. पू. की गई है।
- इसमें शिक्षा, व्याकरण, निरुक्त आदि पर चर्चा की गई है।
- इन्होंने 'योग सूत्र' की रचना की, जो योग दर्शन का मूल ग्रन्थ है।

1006. प्रसिद्ध उपन्यास 'द हाउस ऑफ ब्लू' मैंगोज ...... द्वारा लिखा गया है।
SSC MTS Tier-1 23.10.2024 (Shift-II)

(a) रोमिला थापर (b) डेविड डेविडार
(c) शशि थरूर (d) अनीस सलीम

उत्तर (b)

- प्रसिद्ध उपन्यास 'द आउस ऑफ ब्लू मैंगोज' डेविड डेविडार द्वारा लिखा गया है।
- यह अंग्रेजी भाषा में लिखित उपन्यास है।

1007. 'इन कस्टडी' में निम्नलिखित में से किस काल्पनिक शहर का उल्लेख है?
SSC MTS Tier-1 22.10.2024 (Shift-II)

(a) लिलिपुट (b) मालगुडी
(c) मिरपोर (d) कन्थापुर

उत्तर (c)

- **अनीता देसाई** द्वारा लिखित अंग्रेजी उपन्यास 'इन कस्टडी' में मिरपोर (मीरपुर) काल्पनिक शहर का उल्लेख किया गया है। इस पुस्तक में जीवन की पहचान और अर्थ की खोज के बारे में वर्णन किया गया है।
- अनीता एक भारतीय उपन्यासकार हैं, जिनका जन्म वर्ष 1937 में टिहरी गढ़वाल (उत्तराखण्ड) में हुआ था।

1008. निम्नलिखित में से कौन-सा स्वतन्त्रता सेनानी 'न्यू लैम्प फॉर ओल्ड' नामक नौ लेखों की शृंखला से सम्बन्धित था?
SSC MTS Tier-1 21.10.2024 (Shift-II)

(a) अरबिन्दों घोष (b) सरदार अजीत सिंह
(c) भगत सिंह (d) स्वामी विवेकानन्द

उत्तर (a)

- 'न्यू लैम्प फॉर ओल्ड' नामक नौ लेखों की शृंखला का सम्बन्ध प्रसिद्ध स्वतन्त्रता सेनानी अरबिन्दो घोष से है।
- ये लेख **1893 ई.** में प्रकाशित किया गया था।
- उन्होंने पाण्डिचेरी में आध्यात्मिक साधकों का एक समुदाय स्थापित किया था, जो बाद में श्री **अरबिन्दों आश्रम** के नाम से प्रसिद्ध हुआ।
- अरबिन्दो घोष की प्रमुख कृतियाँ-लाइफ डिवाइन, एस्से ऑफ द गीता, क्लेक्शन-ऑफ पायम एण्ड प्ले, सिन्थोसिस ऑफ योग, दह्यमन साइकल आदि हैं।

1009. 'द बेस्ट मिस्टेक्स ऑफ माई लाइफ' किस भारतीय अभिनेता की आत्मकथा है?
SSC MTS Tier-1 21.10.2024 (Shift-II)

(a) दिलीप कुमार (b) सलमान खान
(c) शाहरुख खान (d) संजय खान

उत्तर (d)

- 'द बेस्ट मिस्टेक्स ऑफ माई लाइफ' नामक आत्मकथा भारतीय अभिनेता निर्माता और निर्देशक संजय खान द्वारा लिखी गई है।
- वर्ष 2020 में इन्होंने अपनी दूसरी और अन्तिम पुस्तक **अस्सालामुअलैकुम वतन** लॉन्च की।
- बीएफजेए (बॉलीवुड फिल्म जर्नलिस्ट अवॉर्डस 2019) में पावर ब्राण्डस की ओर से इन्हें **बायोग्राफर ऑफ द ईयर** अवॉर्ड से सम्मानित किया गया।

1010. 'वेटिंग फॉर ए वीजा' किसकी आत्मकथा है?
SSC MTS Tier-1 18.10.2024 (Shift-II)

(a) श्यामाप्रसाद मुखर्जी
(b) भीमराव अम्बेडकर
(c) जवाहरलाल नेहरू
(d) वल्लभभाई पटेल

उत्तर (b)

- **वेटिंग फॉर ए वीजा** भीमराव अम्बेडकर की आत्मकथा है।
- इस पुस्तक को 19 मार्च, 1990 को पीपुल्स एजुकेशन सोसाइटी द्वारा उनके मरणोपरांत प्रकाशित किया गया था।
- डॉ भीमराव अम्बेडकर को वर्ष 1990 में मरणोपरान्त भारतरत्न से सम्मानित किया गया है।
- 'एन ऑटोबायोग्राफी : टुवर्ड फ्रीडम' जवाहरलाल नेहरू की आत्मकथा है।

1011. वर्ष 2013 में प्रकाशित 'अनब्रेकेबल .... की आत्मकथा है।
SSC MTS Tier-1 17.10.2024 (Shift-II)

(a) मिल्खा सिंह (b) अभिनव बिन्द्रा
(c) गीता फोगाट (d) एमसी मैरी कॉम

उत्तर (d)

• वर्ष 2013 में प्रकाशित 'अनब्रेकेबल' (Unbreakable) एमसी मैरी कॉम की आत्मकथा है।

• इन्होंने लन्दन ओलम्पिक (2012) में कांस्य पदक और एशियाई खेल (2014) एवं राष्ट्रमण्डल खेल (2018) में स्वर्ण पदक जीता था।

• इन्हें वर्ष 2003 में अर्जुन पुरस्कार एवं वर्ष 2006 में पद्मश्री से सम्मानित किया गया था।

• इन्होंने वर्ष 2024 में महिला मुक्केबाजी चैम्पियन से संन्यास लेने की घोषणा की थी।

1012. 'ए सूटेबल बॉय' उपन्यास के लेखक कौन हैं?
SSC MTS Tier-1 16.10.2024 (Shift-II)

(a) विक्रम सेठ
(b) नील मुखर्जी
(c) अरविन्द अडिगा
(d) महेश राव

उत्तर (a)

• 'ए सूटेबल बॉय' उपन्यास के लेखक **विक्रम सेठ** हैं।

• यह उपन्यास अंग्रेजी भाषा में वर्ष 1993 में प्रकाशित हुआ। इसके लेखन में कुल 25 वर्ष का समय लगा।

• **द गोल्डन गेट** व 'एन इक्वल म्यूजिक' विक्रम सेठ की कुछ अन्य उल्लेखनीय कृतियाँ हैं।

1013. वर्ष 2021 में प्रकाशित उपन्यास 'लाइफ एण्ड डेथ ऑफ सम्भाजी' के लेखक कौन हैं?
SSC MTS Tier-1 15.10.2024 (Shift-I)

(a) मेधा देशमुख भास्करन
(b) अमीश त्रिपाठी
(c) रीता बनर्जी
(d) चित्र बनर्जी दिवाकरुणि

उत्तर (a)

• वर्ष 2021 में प्रकाशित उपन्यास 'लाइफ एण्ड डेथ ऑफ सम्भाजी' के लेखक **मेधा देशमुख भास्करन** हैं।

• यह पुस्तक सम्भाजी के जीवन और संघर्ष पर आधारित है।

• यह पुस्तक मूल रूप से अंग्रेजी भाषा में भी लिखी गई है।

1014. बिनीथ द सरफेस : माय स्टोरी नामक पुस्तक के लेखक कौन हैं?
SSC MTS Tier-1 14.10.2024 (Shift-I)

(a) टाइगर वुड्स
(b) मिल्खा सिंह
(c) कोबे ब्राइट
(d) माइकल फेल्प्स

उत्तर (d)

• बिनीथ द सरफेस : माय स्टोरी नामक पुस्तक के लेखक माइकल फेल्प्स हैं।

• ये एक अमेरिकी तैराक हैं। इन्हें **'फ्लाइंग फिश'** के नाम से भी जाना जाता है।

• फेल्प्स ने तैराकी चैम्पियन में अब तक के सर्वाधिक पदक (23 स्वर्ण सहित 28 पदक) जीते हैं। साथ ही वह एक ही ओलम्पिक में आठ स्वर्ण पदक जीतने वाले **पहले एथलीट** बने थे।

1015. निम्नलिखित में से कौन-सी हरिषेणाचार्य की रचना है? **SSC MTS Tier-1 14.10.2024 (Shift-I)**

(a) बृहतकथा कोश (b) लीलावती
(c) बृहतकथा मन्जरी (d) राजतरंगिणी

उत्तर (a)

• वृहतकथा कोश, **हरिषेणाचार्य** की रचना है।

• हरिषेण एक संस्कृत के विद्वान और कवि थे।

• वृहतकथा कोश प्राचीन भारतीय लोक कथाओं और किंवदन्तियों का संग्रह है।

• हरिषेण गुप्त वंश के राजा समुद्रगुप्त के दरबारी कवि थे।

1016. निम्नलिखित में से कौन अपनी पुस्तकों 'द एलजेब्रा ऑफ इनफाइनाइट जस्टिस, कश्मीर : द फेस फॉर फ्रीडम' और 'कैपिटलिज्म : ए घोस्ट स्टोरी' के लिए प्रसिद्ध हैं? **SSC MTS Tier-1 09.10.2024 (Shift-I)**

(a) अमिताव घोष (b) झुम्पा लाहिड़ी
(c) अरुन्धति रॉय (d) सलमान रुश्दी

उत्तर (c)

• **अरुन्धति रॉय** अपनी पुस्तकों द एलजेब्रा ऑफ इनफाइनाइट जस्टिस, कश्मीर : द केस फॉर फ्रीडम और कैपिटलिज्म : ए घोस्ट स्टोरी के लिए प्रसिद्ध हैं।

• अरुन्धति रॉय एक भारतीय लेखिका और राजनीतिक कार्यकर्ता हैं, जिन्हें पर्यावरण और मानवाधिकार मुद्दों की वकालत के लिए जाना जाता है।

• इनकी अन्य प्रमुख पुस्तकें आजादी : स्वतन्त्रता, फासीवाद, कल्पना; कश्मीर; आजादी का मामला और 'साथियों के साथ चलना' आदि हैं।

1017. 'माई कण्ट्री माई लाइफ' किसकी आत्मकथा है?
SSC MTS Tier-1 07.10.2024 (Shift-I)

(a) लालकृष्ण आडवाणी
(b) नटवर सिंह
(c) मनमोहन सिंह
(d) खुशवन्त सिंह

उत्तर (a)

• 'माई कण्ट्री माई लाइफ' **लालकृष्ण आडवाणी** की आत्मकथा है।

1018. निम्नलिखित में से कौन-सा उपन्यास अरविन्द अडिगा द्वारा नहीं लिखा गया है?
SSC MTS Tier-1 01.10.2024 (Shift-I)

(a) व व्हाइट टाइगर
(b) सिलेक्शन डे
(c) लास्ट मैन इन टावर
(d) दी इंग्लिश टीचर

उत्तर (d)

• दी इंग्लिश टीचर उपन्यास आर के नारायण द्वारा लिखा गया था, न कि अरविन्द अडिगा के द्वारा।

• यह उपन्यास **मालगुड़ी** पर आधारित उपन्यासों और लघु कथाओं के संग्रह की श्रृंखला का हिस्सा है।

• अरविन्द अडिगा के द्वारा लिखे गए अन्य उपन्यासों में **द व्हाइट टाइगर**, सिलेक्शन डे और लास्ट मैन इन टावर हैं।

1019. निम्नलिखित में से कौन-सी पुस्तक दादाभाई नौरोजी द्वारा लिखी गई है?
SSC MTS Tier-1 30.09.2024 (Shift-I)

(a) इकोनोमिक्स हिस्ट्री ऑफ इण्डिया
(b) पॉवर्टी एण्ड अन-ब्रिटिश रूल इन इण्डिया
(c) इम्पॉर्टेण्ट चेप्टर्स ऑफ पॉवर्टी
(d) पॉवर्टी एण्ड इण्डिया

उत्तर (d)

• **पॉवर्टी एण्ड अन-ब्रिटिश रूल इन इण्डिया** दादाभाई नौरोजी द्वारा लिखी गई एक प्रसिद्ध पुस्तक है।

• इस पुस्तक में उन्होंने भारत में ब्रिटिश शासन के दौरान धन की निकासी के सिद्धान्त पर चर्चा की है।

• इनको 'भारत के ग्रैण्ड ओल्ड मैन' और 'भारत के अनौपचारिक राजदूत' के रूप में जाना जाता है।

1020. के.एम. मुंशी का ऐतिहासिक उपन्यास 'द ग्लोरी ऑफ पाटन' मूल रूप से किस भारतीय भाषा में लिखा गया था?
SSC MTS Tier-1 30.09.2024 (Shift-I)

(a) गुजराती (b) मलयालम
(c) तमिल (d) बंगाली

उत्तर (a)

• के. एम. मुंशी का ऐतिहासिक उपन्यास 'द ग्लोरी ऑफ पाटन' मूल रूप से **गुजराती** भाषा में लिखा गया था।

• यह गुजरात के चालुक्य राजवंश के इतिहास के एक महत्त्वपूर्ण कालखण्ड के बारे में बताता है।

• इस पुस्तक में धार्मिक कट्टरता, राष्ट्र निर्माण के साधन के रूप में धर्म आदि विषयों के बारे में जानकारी दी गई है।

SSC MTS 2023

1021. निम्नलिखित में से कौन-सी आत्मकथा सम्बन्धित क्रिकेटर से सही ढंग से मेल नहीं खाती है? **SSC MTS 06.09.2023 (Shift-I)**

(a) स्ट्रेट फ्रॉम द हार्ट — कपिल देव
(b) द टेस्ट ऑफ माई लाइफ : फ्रॉम क्रिकेट टू कैंसर एण्ड बैक — युवराज सिंह
(c) प्लेइंग इट माई वे — वी.वी.एस. लक्ष्मण
(d) क्रिकेट डिलाइटफुल — मुश्ताक अली

उत्तर (c)

• **प्लेइंग इट माई वे** नामक पुस्तक **सचिन तेन्दुलकर** की आत्मकथा है।

• यह पुस्तक इनके साथ एक भारतीय खेल पत्रकार बोरिया मजूमदार द्वारा सह-लिखित है।

• इसमें उनके शुरुआती दिनों से लेकर इनके 24 वर्ष के करियर के बारे में लिखा गया है।

1022. 'द गाइड' वर्ष 1958 में भारतीय लेखक ……… द्वारा अंग्रेजी में लिखा गया एक उपन्यास है। **SSC MTS 06.09.2023 (Shift-I)**

(a) नीरद चौधरी
(b) आर.के. नारायण
(c) खुशवन्त सिंह
(d) मुल्कराज आनन्द

उत्तर (b)

• **आर. के. नारायण** का सबसे प्रसिद्ध उपन्यास द गाइड है।
• इनकी अधिकतर रचनाओं की तरह द गाइड भी मालगुड़ी नामक काल्पनिक स्थान पर आधारित है।
• इस पुस्तक के लिए इन्हें वर्ष 1958 में साहित्य **अकादमी** पुरस्कार से सम्मानित किया गया।

1023. 'अनटचेबल' (Untouchable) उपन्यास किसके द्वारा लिखा गया है? **SSC MTS 04.09.2023 (Shift-II)**
(a) प्रेमचन्द
(b) बंकिमचन्द्र चट्टोपाध्याय
(c) आर.सी. मजूमदार
(d) मुल्कराज आनन्द

उत्तर (d)

• **मुल्कराज आनन्द** द्वारा रचित अनटचेबल उपन्यास मुख्य रूप से गरीबों और उत्पीड़ित अछूतों पर होने वाले अन्याय और शोषण से सम्बन्धित है।
• इन्हें वर्ष 1953 में **अन्तर्राष्ट्रीय शान्ति पुरस्कार**, वर्ष 1968 में पद्म भूषण और वर्ष 1971 में **साहित्य अकादमी** पुरस्कार से सम्मानित किया गया था।

1024. निम्नलिखित में से 'सीताः एन इलस्ट्रेटेड रीटेलिंग ऑफ द रामायण' पुस्तक के लेखक कौन हैं? **SSC MTS 04.09.2023 (Shift-II)**
(a) रविन्द्र सिंह (b) दुर्जोय दत्ता
(c) देवदत्त पटनायक (d) अमीश त्रिपाठी

उत्तर (c)

• 'सीताः एन इलस्ट्रेटेड रीटेलिंग ऑफ द रामायण' पुस्तक के लेखक देवदत्त पटनायक हैं।
• इनका जन्म 11 दिसम्बर, 1970 को मुम्बई में हुआ था।
• ये एक लेखक, पौराणिक कलाकार व नेतृत्व सलाहकार हैं।
• इनकी प्रमुख पुस्तकों में गीता, गर्भवती राजा, शिखण्डी, बिजनेस सूत्र आदि प्रमुख हैं।

1025. हिन्दू महाकाव्य 'महाभारत' का एक प्रस्तुतीकरण, 'द पैलेस ऑफ इल्यूजन्स', निम्नलिखित में से किस उपन्यासकार द्वारा लिखा गया था? **SSC MTS 14.09.2023 (Shift-I)**
(a) इन्दु सुन्दरेसन (b) देवी यशोधरन
(c) प्रतिभा रॉय (d) चित्रा बनर्जी दिवाकरुनी

उत्तर (d)

• महाभारत को सन्दर्भित 'द पैलेस ऑफ इल्यूजन्स' नामक पुस्तक, जिसे पांचाली (द्रौपदी) के दृष्टिकोण से कहा गया **चित्रा बनर्जी दिवाकरुनी** द्वारा रचित है।
• दिवाकरुनी भारतीय मूल की अमेरिकी लेखिका, कवयित्री और ह्यूस्टन विश्वविद्यालय की प्रोफेसर हैं।

1026. निम्नलिखित में से कौन 'क्रैकिंग द कोडः माई जर्नी इन बॉलीवुड' पुस्तक के सह-लेखकों में से एक हैं? **SSC MTS 01.09.2023 (Shift-I)**
(a) राजकुमार राव (b) नवाजुद्दीन सिद्दीकी
(c) हर्षवर्द्धन कपूर (d) आयुष्मान खुराना

उत्तर (d)

• 'क्रैकिंग द कोडः माई जर्नी इन बॉलीवुड' पुस्तक **आयुष्मान खुराना** की आत्मकथा पर आधारित है।
• इसके लेखन में उनकी पत्नी **ताहिरा कश्यप** ने सह-लेखक के तौर पर कार्य किया है।

1027. 'वेटिंग फॉर अ वीजा' किसकी आत्मकथा का शीर्षक है? **SSC MTS 13.09.2023 (Shift-I)**
(a) डॉ. भीमराव अम्बेडकर
(b) डॉ. राजेन्द्र प्रसाद
(c) डॉ. राममनोहर लोहिया
(d) डॉ. कमल रणदिवे

उत्तर (a)

• **डॉ. भीमराव अम्बेडकर** ने 'वेटिंग फॉर अ वीजा' पुस्तक की रचना वर्ष 1935-36 में की थी।
• अमेरिका के **कोलम्बिया** विश्वविद्यालय में इस पुस्तक को पाठ्य-पुस्तक के तौर पर पढ़ाया जाता है।
• बी. आर. अम्बेडकर द्वारा लिखी गई पुस्तकें जाति का उच्छेद, बुद्ध और उनका धम्म, शूद्र कौन थे? पाकिस्तान या भारत का विभाजन आदि हैं।

1028. प्रसिद्ध उपन्यास 'द गॉड ऑफ स्मॉल थिंग्स' (The God of Small Things) .... द्वारा लिखा गया है। **SSC MTS 13.09.2023 (Shift-I)**
(a) विक्रम सेठ (b) शशि थरूर
(c) अरुन्धति रॉय (d) रस्किन बॉण्ड

उत्तर (c)

• द गॉड ऑफ स्मॉल थिंग्स **अरुन्धति रॉय** द्वारा अंग्रेजी भाषा में लिखित एक पारिवारिक ड्रामा उपन्यास है।
• वर्ष 1997 में इस पुस्तक के लिए इन्हें बुकर पुरस्कार से सम्मानित किया गया था।

1029. 'द स्टोरी ऑफ माई एक्सपेरिमेण्ट्स विद ट्रुथ' .... की आत्मकथा है। **SSC MTS 11.09.2023 (Shift-II)**
(a) डॉ. राजेन्द्र प्रसाद (b) महात्मा गाँधी
(c) जवाहरलाल नेहरू (d) विवेकानन्द

उत्तर (b)

• 'द स्टोरी ऑफ माई एक्सपेरिमेण्ट्स विद ट्रुथ' **महात्मा गाँधी जी** की आत्मकथा है, जो उन्होंने गुजराती भाषा में लिखी थी।

1030. द ग्रेट इण्डियन नॉवेल .... का एक व्यंग्य उपन्यास है। **SSC MTS 11.09.2023 (Shift-I)**
(a) के. आर. नारायण (b) मुंशी प्रेमचन्द
(c) शशि थरूर (d) सूर्यकान्त त्रिपाठी

उत्तर (c)

• **शशि थरूर** द्वारा रचित 'द ग्रेट इण्डियन नॉवेल' प्रथम बार वर्ष 1989 में वाइकिंग प्रेस द्वारा प्रकाशित किया गया था।
• यह एक भारतीय राजनीतिक और पूर्व राजनयिक हैं। यह एक साहित्यकार (उपन्यासकार) भी हैं।
• इन्हें वर्ष 1981 में साहित्य अकादमी पुरस्कार में सम्मानित किया गया है।

1031. निम्नलिखित में से उपन्यास और उसके लेखक की सही जोड़ी की पहचान कीजिए। **SSC MTS 11.09.2023 (Shift-I)**
(a) द इनहेरिटेंस ऑफ लॉस – अरविन्द अडिगा
(b) द व्हाइट टाइगर – किरण देसाई
(c) ए सूटेबल बॉय – अमिताव घोष
(d) सेवन समर्स – मुल्कराज आनन्द

उत्तर (d)

• **सेवन समर्स-मुल्कराज आनन्द** सही सम्मेलन है।
• शेष सभी विकल्प गलत हैं।
• मुल्कराज आनन्द अंग्रेजी भाषा के एक भारतीय लेखक हैं।
• द इनहेरिटेंस ऑफ लॉस – किरण देसाई
• द व्हाइट टाइगर – अरविन्द अडिगा
• ए सूटेबल बॉय – विक्रम सेठ

1032. 'विंग्स ऑफ फायरः एन ऑटोबायोग्राफी' किसकी आत्मकथा का शीर्षक है? **SSC MTS 08.09.2023 (Shif-II)**
(a) ए.पी.जे. अब्दुल कलाम
(b) राजेन्द्र सिंह
(c) ई. श्रीधरन
(d) सत्यभामा दास बीजू

उत्तर (a)

• विंग्स ऑफ फायर एन ऑटोबायोग्राफी **डॉ. ए. पी. जे. अब्दुल कलाम** की आत्मकथा है।
• इण्डिया 2020- ए विजन फॉर द न्यू मिलेनियम, माई जर्नी और इग्नाइटेड माइण्ड्स-अनलिशिंग द पावर विद इन इण्डिया इनके द्वारा लिखी गई अन्य पुस्तकें हैं।

1033. निम्नलिखित में से कौन-सा उपन्यास भारतीय संसद सदस्य फूलन देवी पर आधारित है और जिसके लेखक रॉय मॉक्सहैम हैं? **SSC MTS 15.07.2022 (Shift-I)**
(a) लीलावती डॉटर्स
(b) आउटलॉ इण्डियाज बैण्डिट क्वीन एण्ड मी
(c) स्पाई प्रिंसेस
(d) द वूमन हू न्यू इनफिनिटी

उत्तर (b)

• **आउटलॉ इण्डियाज बैण्डिट क्वीन एण्ड मी** 'दस्यु सुन्दरी' के नाम से प्रसिद्ध फूलन देवी की आत्मकथा है, जिसका प्रकाशन 29 जनवरी, 2010 में अंग्रेजी भाषा में **रॉय मॉक्सहैम** ने किया था।
• 'लीलावती डॉटर्स' के सम्पादक रोहिणी गोडबोले और राम रामास्वामी हैं।
• 'स्पाई प्रिंसेस' भारतीय राजकुमारी नूर इनायत की जीवनी है, जिसे श्रबानी बासु ने लिखा है।
• 'द वुमन हू न्यू इनफिनिटी' रामानुजन की पत्नी जानकी अम्माल की कहानी है।

1034. 'प्राइड, प्रेजुडिस एण्ड पण्डिट्री (Pride, Prejudice, and Punditry)' पुस्तक के लेखक कौन हैं? **SSC MTS 03.07.2022 (Shift-I)**
(a) प्रणब मुखर्जी (b) मनीष सिसोदिया
(c) अमिताव घोष (d) शशि थरूर

उत्तर (d)

• 'प्राइड, प्रेजुडिस एण्ड पण्डिट्री पुस्तक' **शशि थरूर** द्वारा लिखित है।

• शशि थरूर की अन्य पुस्तकें-एन एरा ऑफ डार्कनेस: द ब्रिटिश एम्पायर इन इण्डिया, पैक्स इण्डिका, मैं हिन्दू क्यों हूँ, द फाइव डॉलर स्माइल एण्ड अदर स्टोरीज हैं।

1035. निम्नलिखित में से कौन-सी कृति प्रसिद्ध भारतीय लेखक खुशवन्त सिंह की है?

SSC MTS 11.07.2022 (Shift-I)

(a) सैक्रेड गेम्स (b) द गाइड
(c) ट्रेन टू पाकिस्तान (d) ए सुटेबल बॉय

उत्तर (c)

• यह पुस्तक **ट्रेन टू पाकिस्तान** भारतीय लेखक खुशवन्त सिंह की कृति है। अगस्त, 1947 में भारत विभाजन की त्रासदी पर केन्द्रित है।

• इनकी इस रचना को वर्ष 1956 में **ग्रोव प्रेस अवॉर्ड** (USA) से पुरस्कृत किया गया।

1036. तुलसीदास कृत रामचरितमानस का पहला मुद्रित संस्करण 1810 ई. में ...... से प्रकाशित किया गया था।

SSC MTS 02.11.2021 (Shift-I)

(a) दिल्ली (b) कलकत्ता/कोलकाता
(c) बम्बई/मुम्बई (d) मद्रास/चेन्नई

उत्तर (b)

• तुलसीदास कृत रामचरितमानस की 1810 ई. में पहला मुद्रित संस्करण अवधी भाषा में **कोलकाता** में प्रकाशित किया गया था।

• इसे सामान्यत: तुलसी रामायण या **तुलसीकृत रामायण** भी कहा जाता है।

1037. विली वोनका बच्चों की कहानी पुस्तक '......' का एक काल्पनिक चरित्र है।

SSC MTS 02.11.2021 (Shift-I)

(a) चार्ली एण्ड द चॉकलेट फैक्टरी
(b) शार्लोट्ज वेब
(c) माटिल्डा
(d) एलिस एडवेंचर्स इन वण्डरलैण्ड

उत्तर (a)

• बच्चों की कहानी पुस्तक **चार्ली एण्ड द चॉकलेट फैक्टरी** का विली वोनका एक काल्पनिक चरित्र है।

• इसकी रचना **रोनाल्ड डाइल** ने की थी।

• इसका प्रकाशन **वर्ष 1964** में हुआ था।

1038. 'द गोल्डन थ्रेशहोल्ड' नामक पुस्तक के लेखक/लेखिका कौन थे/थीं?

SSC MTS 06.10.2021 (Shift-III)

(a) जवाहरलाल नेहरू
(b) सरोजिनी नायडू
(c) डॉ. राजेन्द्र प्रसाद
(d) जेड. ए. भुट्टो

उत्तर (b)

• द गोल्डन थ्रेशहोल्ड **सरोजिनी नायडू** का एक कविता संग्रह है।

• यह पुस्तक **वर्ष 1904** में प्रकाशित हुई थी।

• इन्होंने तीन संग्रह द गोल्डन थ्रेशोल्ड, द बर्ड ऑफ टाइम और द ब्रोकन विंग में प्रकाशित अपनी कविताओं में भारत की प्रशंसा की है।

• इन्हें **भारत कोकिला** के नाम से भी जाना जाता है।

1039. दो महाकाव्य, 'रघुवंश' और 'कुमारसम्भवम्' ...... द्वारा रचित कृतियाँ हैं।

SSC MTS 06.10.2021 (Shift-III)

(a) रामदास (b) शिवानन्द
(c) कालिदास (d) वाल्मिकी

उत्तर (c)

• गुप्तकाल के शासक चन्द्रगुप्त विक्रमादित्य के दरबारी कवि **कालिदास** ने दो महाकाव्यों रघुवंश और कुमारसम्भवम् की रचना की।

• 'रघुवंश' महाकाव्य में उन्नीस सर्गों में रघु के कुल में उत्पन्न 22 राजाओं का वर्णन है।

• कुमारसम्भवम् में शिव-पार्वती की तपस्या, प्रेम, विवाह और उनके पुत्र कुमार कार्तिकेय के जन्म की पौराणिक कथा का वर्णन है।

1040. निम्नलिखित में से कौन-सी पुस्तक राजेन्द्र प्रसाद द्वारा लिखी गई है?

SSC MTS 05.10.2021 (Shift-I)

(a) द डिस्कवरी ऑफ इण्डिया
(b) ए ऑटोबायोग्राफी : टुवर्ड्स फ्रीडम
(c) इण्डिया डिवाइडेड
(d) ग्लिम्प्सेज ऑफ वर्ल्ड हिस्ट्री

उत्तर (c)

• राजेन्द्र प्रसाद द्वारा लिखी गई पुस्तक **इण्डिया डिवाइडेड** का हिन्दी अनुवाद 'खण्डित भारत' के नाम से प्रकाशित हुआ था।

• 'ए ऑटोबायोग्राफी; टुवर्ड्स फ्रीडम' पण्डित जवाहरलाल नेहरू की आत्मकथा है, जिसे उन्होंने जून, 1934 से फरवरी, 1935 के बीच जेल में लिखा था।

SSC Steno 2024 (Tier 1 & 2)

1041. निम्नलिखित में से किस राजनेता ने आत्मकथा 'माई कण्ट्री माई लाइफ' लिखी थी?

SSC Steno Tier-1 10.12.2024 (Shift-I)

(a) एल. के. आडवाणी
(b) आई. के. गुजराल
(c) कपिल सिब्बल
(d) नटवर सिंह

उत्तर (a)

• आत्मकथा 'माई कण्ट्री माई लाइफ' राजनेता एल. के. आडवाणी द्वारा लिखी गई थी।

• वर्ष 2024 में इन्हें भारत रत्न से सम्मानित किया गया।

1042. निम्नलिखित में से किसने 'अनटचेबल' उपन्यास लिखा था?

SSC Steno Tier-1 10.12.2024 (Shift-I)

(a) हरिवंशराय बच्चन
(b) मुल्कराज आनन्द
(c) आर. के. नारायण
(d) राजा राय

उत्तर (b)

• मुल्कराज आनन्द ने 'अनटचेबल' उपन्यास लिखा था, जो इनका पहला उपन्यास था।

• यह उपन्यास वर्ष 1935 में प्रकाशित हुआ था।

• इनके अन्य उपन्यास-कुली (1936), टू लीव्स एण्ड ए बड है।

1043. 'द हाउस ऑफ ब्लू मैंगोज' पुस्तक के लेखक निम्नलिखित में से कौन हैं?

SSC Steno Tier-1 10.12.2024 (Shift-I)

(a) डेविड डेविडर
(b) दुर्जोय दत्ता
(c) शेखर बंन्द्योपाध्याय
(d) अरविन्द अडिगा

उत्तर (a)

• 'द हाउस ऑफ ब्लू मैंगोज' पुस्तक के लेखक डेविड डेविडर हैं।

• डेविड डेविडर एक लेखक और प्रकाशक हैं। इन्होंने मद्रास और हार्वर्ड विश्वविद्यालय से अपनी शिक्षा प्राप्त की थी।

• इनकी अन्य पुस्तकें द फिनेस्ट मैंगोज इन द वर्ल्ड, ईथाका, द लोनली टाइगर आदि हैं।

1044. मिसेज फनी बोन्स पुस्तक के/की लेखक/लेखिका निम्नलिखित में से कौन हैं?

SSC Steno Tier-1 10.12.2024 (Shift-I)

(a) ट्विंकल खन्ना (b) सोहा अली खान
(c) दिव्या दत्ता (d) टिस्का चोपड़ा

उत्तर (a)

• मिसेज फनी बोन्स (Mr's Funny Bones) पुस्तक की लेखिका ट्विंकल खन्ना हैं।

• ट्विंकल खन्ना व्यंग्यात्मक कहानियाँ लिखती हैं।

• इनकी अन्य पुस्तकें पायजामाज ऑर फॉरगिविंग, द लीजेण्ड ऑफ लक्ष्मी प्रसाद आदि हैं।

1045. 'द इनहेरिटेन्स ऑफ लॉस' पुस्तक के/की लेखक/लेखिका निम्नलिखित में से कौन हैं?

SSC Steno Tier-1 10.12.2024 (Shift-II)

(a) कमला भसीन
(b) किरण देसाई
(c) मंजू कपूर
(d) मीना कन्दासामी

उत्तर (b)

• 'द इनहेरिटेन्स ऑफ लॉस' पुस्तक की लेखिका **किरण देसाई** हैं।

• इस पुस्तक का प्रकाशन वर्ष 2006 में किया गया एवं इसी वर्ष इसे बुकर पुरस्कार से सम्मानित भी किया गया था।

• किरण दसाई के कुछ अन्य उपन्यास हुलाबालू इन द गुआवा, ऑर्चर्ड आदि हैं।

1046. उपन्यासकार और उनकी रचनाओं के सही संयोजन का चयन कीजिए।

SSC Steno Tier-1 10.12.2024 (Shift-II)

(a) द. चेस मास्टर एण्ड हिज मूव्स-आर. के. नारायण
(b) टू लीव्स एण्ड ए बड-मुल्कराज आनन्द
(c) वेटिंग फॉर महात्मा-राजा राव
(d) द कैट एण्ड शेक्सपियर-रवीन्द्रनाथ टैगोर

उत्तर (b)

• 'टू लीव्स एण्ड ए बड' मुल्कराज आनन्द द्वारा रचित उपन्यास है।

• मुल्कराज आनन्द एक प्रसिद्ध भारतीय उपन्यासकार हैं, इनके उपन्यास भारतीय समाज के विभिन्न पहलुओं को उजागर करते हैं।

1047. निम्नलिखित में से कौन-सी पुस्तक की रचना ज्योतिबा फुले द्वारा नहीं की गई थी?
SSC Steno Tier-1 10.12.2024 (Shift-III)
(a) ब्रह्मनांचे कसाब (b) गुलामगिरि
(c) द अनटचेबल (d) शेतकार्याचा आसुद
उत्तर (c)
• 'द अनटचेबल' ज्योतिबा फूले की पुस्तक नहीं है, बल्कि मुल्कराज आनन्द की रचना है।

1048. निम्नलिखित में से कौन-सी पुस्तक साहित्य के लिए यूरोपीय संघ पुरस्कार के विजेता संजीव सहोता द्वारा लिखी गई है?
SSC Steno Tier-1 10.12.2024 (Shift-III)
(a) द इयर ऑफ द रन अवेज
(b) व व्हाइट टाइगर
(c) द. गॉड ऑफ स्मल थिंग्स
(d) मिडनाइट्स चिल्ड्रेन
उत्तर (a)
• 'द इयर ऑफ द रन अवेज' पुस्तक साहित्य के लिए यूरोपीय संघ पुरस्कार के विजेता संजीव सहोता द्वारा लिखी गई है, जो एक ब्रिटिश उपन्यासकार हैं।
• संजीव सहोता को वर्ष 2015 में मैन बुकर पुरस्कार भी प्राप्त हो चुका है।

1049. द ग्रेट इण्डियन नोवेल (The Great Indian Novel) पुस्तक के लेखक निम्नलिखित में से कौन हैं?
SSC Steno Tier-1 10.12.2024 (Shift-III)
(a) शशि थरूर (b) अमिताव घोष
(c) अमीश त्रिपाठी (d) विक्रम सेठ
उत्तर (a)
• 'द ग्रेट इण्डियन नोवेल' पुस्तक के लेखक शशि थरूर हैं।

1050. 'द ग्लासब्लोअर्स ब्रीथ' पुस्तक की लेखिका निम्नलिखित में से कौन हैं?
SSC Steno Tier-1 10.12.2024 (Shift-III)
(a) चित्रा बनर्जी दिवाकरुणी
(b) भारती मुखर्जी
(c) शोभा डे (d) सुनेत्रा गुप्ता
उत्तर (d)
• 'द ग्लासब्लोअर्स ब्रीथ' पुस्तक की लेखिका सुनेत्रा गुप्ता हैं।
• इनके द्वारा रचित उपन्यास 'मेमोरीज ऑफ रेन' के लिए इन्हें वर्ष 1996 में साहित्य अकादमी पुरस्कार से सम्मानित किया गया था।

1051. उपन्यासकार और उनकी रचनाओं के सही संयोजन का चयन कीजिए।
SSC Steno Tier-1 10.12.2024 (Shift-III)
(a) झूठा सच- यशपाल
(b) चित्रलेखा- फणीश्वर नाथ रेणु
(c) तमस- श्रीलाल शुक्ल
(d) मैला आँचल- भीष्म साहनी
उत्तर (a)
• उपन्यासकार व उनकी रचनाओं के संयोजन के सम्बन्ध में विकल्प (a) सही है, क्योंकि 'झूठा सच' यशपाल की रचना है।

1052. प्लेइंग इट माई वे' निम्नलिखित में से किस महान क्रिकेट खिलाड़ी की आत्मकथा है?
SSC Steno Tier-1 11.12.2024 (Shift-I)
(a) सचिन तेन्दुलकर (b) ब्रायन लारा
(c) सुनील गावस्कर (d) रिकी पॉटिंग
उत्तर (a)
• 'प्लेइंग इट माई वे' सचिन तेन्दुलकर की आत्मकथा है।

1053. 'द लास्ट बर्डन' (The Last Burden) पुस्तक के लेखक निम्नलिखित में से कौन हैं?
SSC Steno Tier-1 11.12.2024 (Shift-I)
(a) देवदत्त पटनायक (b) जुगल हंसराज
(c) उपमन्यु चटर्जी (d) रविन्दर सिंह
उत्तर (c)
• 'द लास्ट बर्डन' पुस्तक में लेखक उपमन्यु चटर्जी हैं। यह एक उपन्यास है, जिसमें भारतीय मध्यवर्गीय परिवार के जीवन को दर्शाया गया है।
• इसमें लेखक ने **संयुक्त परिवार बनाने वाले** लोगों में जीवन की यात्रा को दिखाया है।

1054. खेल जगत की निम्नलिखित में से किस हस्ती ने 'स्ट्रेट फ्रॉम माय हार्ट: एन ऑटोबायोग्राफी' लिखी है? SSC Steno Tier-1 11.12.2024 (Shift-I)
(a) मैरी कॉम (b) कपिल देव
(c) सानिया मिर्जा (d) युवराज सिंह
उत्तर (b)
• खेल जगत की हस्ती कपिल देव ने 'स्ट्रेट फ्रॉम माय हार्ट: एन ऑटोबायोग्राफी' लिखी है।
• कपिल देव एक पूर्व भारतीय क्रिकेटर हैं। कपिल देव वर्ष 1983 में क्रिकेट विश्व कप विजेता टीम के कप्तान थे।

1055. उपन्यास और उसके सम्बन्धित लेखक के सही संयोजन का चयन करें।
SSC Steno Tier-1 11.12.2024 (Shift-II)
(a) अनटचेबल-आर.के. नारायण
(b) द गाइड- मुल्कराज आनन्द
(c) द व्हाइट टाइगर-अनीता देसाई
(d) द ब्लू अम्ब्रेला- रस्किन बॉण्ड
उत्तर (d)
• द ब्लू अम्ब्रेला उपन्यास को रस्किन बॉण्ड के द्वारा लिखा गया है।
• इनके द्वारा लिखे गए उपन्यास 'अवर ट्रीज स्टिल ग्रो इन देहरा' के लिए साहित्य अकादमी पुरस्कार से सम्मानित किया गया था।
• इन्हें वर्ष 1999 में पद्मश्री और वर्ष 2014 में पद्म भूषण से भी सम्मानित किया गया था।

1056. आत्मकथाओं और उनके सम्बन्धित लेखकों के गलत युग्म का चयन कीजिए।
SSC Steno Tier-1 11.12.2024 (Shift-I)
(a) विंग्स ऑफ फायर-डॉ. ए.पी.जे. अब्दुल कलाम
(b) ड्रीम्स फ्रॉम माई फादर-बराक ओबामा
(c) प्लेइंग इट माई वे-एम.एस. धोनी
(d) मूनवॉक-माइकल जैक्सन
उत्तर (c)
• प्रश्नानुसार, युग्म (c) गलत हैं।
• 'प्लेइंग इट माई वे' के लेखक एम.एस. धोनी नही हैं, बल्कि सचिन तेन्दुलकर हैं। यह पुस्तक वर्ष 2014 में प्रकाशित हुई थी।
• महेन्द्र सिंह धोनी पर पुस्तक 'MSD' द मैन, द लीडर' बिस्वदीप घोष द्वारा लिखी गई है।

1057. 'जस्टिस फॉर द जज' भारत के किस सेवानिवृत्त मुख्य न्यायाधीश की आत्मकथात्मक कृति है? SSC Steno Tier-1 11.12.2024 (Shift-II)
(a) दीपक मिश्रा (b) नथलापति वेंकट रमण
(c) मैडम मोहन पुंछी (d) रंजन गोगोई
उत्तर (d)
• 'जस्टिस फॉर द जज' भारत के सेवानिवृत्त मुख्य न्यायाधीश रंजन गोगोई' की आत्मकथात्मक कृति है।
• रंजन गोगोई भारत के सर्वोच्च न्यायालय के 46वें मुख्य न्यायाधीश थे।

1058. 'ऑल रोड्स लीड टू गंगा' (All Roads Lead to Ganga) पुस्तक किस प्रसिद्ध लेखक द्वारा लिखी गई है?
SSC Steno Tier-1 11.12.2024 (Shift-II)
(a) सुधा मूर्ति (b) रस्किन बॉण्ड
(c) अमीश त्रिपाठी (d) देवदत्त पटनायक
उत्तर (b)
• 'ऑल रोड्स लीड टू गंगा' उपन्यास रस्किन बॉण्ड के द्वारा लिखा गया है।
• इन्हें वर्ष 1992 में 'अवर ट्रीज स्टिल ग्रो इन देहरा' उपन्यास के लिए साहित्य अकादमी पुरस्कार से सम्मानित किया गया था।

1059. द थाउजेण्ड फेसेस ऑफ नाइट (The Thousand Faces of Night) पुस्तक की लेखिका निम्नलिखित में से कौन हैं?
SSC Steno Tier-1 11.12.2024 (Shift-II)
(a) नमिता गोखले
(b) मीना अलेक्साण्डर
(c) उर्वशी बुटालिया
(d) गीता हरिहरन
उत्तर (d)
• 'द थाउजेण्ड फेसेस ऑफ नाइट' पुस्तक की लेखिका गीता हरिहरन हैं।
• इस उपन्यास को वर्ष 1993 में सर्वश्रेष्ठ कॉमनवेल्थ राइटर्स पुरस्कार दिया गया था।

1060. आर. के. नारायण निम्नलिखित विकल्पों में से किस उपन्यास युग्म के लेखक हैं?
SSC Steno Tier-1 11.12.2024 (Shift-III)
(a) 'द इंग्लिश टीचर' और 'वेटिंग फॉर द महात्मा'
(b) 'द पॉइजन ट्री' और 'आनन्द मठ'
(c) 'इन कस्टडी' और 'फायर ऑन द माउण्टेन'
(d) 'द कैट एण्ड शेक्सपियर' और 'ऑन द गंगा घाट'
उत्तर (a)
• 'द इंग्लिश टीचर और वेटिंग फॉर द महात्मा' उपन्यासों के लेखक आर. के. नारायण हैं।
• इन्हें वर्ष 2000 में पद्मविभूषण से सम्मानित किया गया।

1061. निम्नलिखित में से कौन-सा उपन्यास हंसडी सोवेन्द्र शेखर द्वारा लिखा गया है?
SSC Steno Tier-1 11.12.2024 (Shift-III)
(a) ऑल द लाइव्स वी नेवर लिव्ड
(b) ब्लड एण्ड लॉफ्टर
(c) माई फादर्स गार्डन
(d) द गॉड ऑफ स्मॉल थिंग्स

उत्तर (c)

• 'माई फादर्स गार्डन' उपन्यास हंसडा सोवेन्द्र शेखर द्वारा लिखा गया है।
• इसी उपन्यास के लिए उन्हें जेसीबी पुरस्कार 2019 के लिए चुना गया था।

1062. 'नॉट ओनली द थिंग्स दैट हैव हैपण्ड' पुस्तक की लेखिका का नाम क्या है?
SSC Steno Tier-1 11.12.2024 (Shift-III)
(a) अर्शिया सत्तार (b) सुष्मिता बनर्जी
(c) रश्मि बंसल (d) मृदुला कोशी

उत्तर (d)

• 'नॉट ओनली द थिंग्स दैट हैव हैपण्ड' पुस्तक की लेखिका मृदुला कोशी है।
• इनके पहले उपन्यास 'नॉट आनाली द थिंग्स दैट हैव हैपण्ड' के लिए उन्हें क्रासवर्ड बुक अवॉर्ड दिया गया था।

1063. 'नेक्टर इन ए सीव' पुस्तक की लेखिका निम्नलिखित में से कौन हैं?
SSC Steno Tier-1 11.12.2024 (Shift-III)
(a) सरोजिनी नायडू (b) कमला मार्कण्डेय
(c) राजकुमारी कौर (d) अरुणा आसफ अली

उत्तर (b)

• नेक्टर इन ए सीव पुस्तक की लेखिका कमला मार्कण्डेय हैं।
• यह उपन्यास वर्ष 1954 में लिखा गया था। इनका सम्बन्ध मैसूर से है।
• इनकी अन्य रचनाएँ—ए हैण्डफुल राइस और द नोवेयर मैन हैं।

SSC Steno 2023 (Tier 1 & 2)

1064. इनमें से किसने 'कितने पाकिस्तान' नामक उपन्यास की रचना की थी, जिस पर उन्हें साहित्य अकादमी पुरस्कार प्राप्त हुआ था?
SSC Steno Tier-1 13.10.2023 (Shift-I)
(a) अमृता प्रीतम (b) राजेश्वर सिंह
(c) कमलेश्वर (d) श्रीलाल शुक्ल

उत्तर (c)

• हिन्दी के विख्यात साहित्यकार **कमलेश्वर** को वर्ष 2003 में 'कितने पाकिस्तान' उपन्यास के लिए साहित्य अकादमी पुरस्कार मिला था।
• यह उपन्यास भारत-पाकिस्तान बँटवारे और हिन्दू-मुस्लिम सम्बन्धों पर आधारित है।

1065. 'इण्डिया आफ्टर गाँधी : द हिस्ट्री ऑफ द वर्ल्ड्स लार्जेस्ट डेमोक्रेसी' पुस्तक के लेखक निम्नलिखित में से कौन हैं?
SSC Steno Tier-2 13.10.2023 (Shift-II)
(a) रामचन्द्र गुहा (b) रविन्दर सिंह
(c) अनुजा चौहान (d) संध्या मेनन

उत्तर (a)

• इण्डिया आफ्टर गाँधी : द हिस्ट्री ऑफ द वर्ल्ड्स लार्जेस्ट डेमोक्रेसी पुस्तक के लेखक **रामचन्द्र गुहा** हैं।
• रामचन्द्र गुहा द्वारा लिखी गई अन्य पुस्तक गाँधी बिफोर इण्डिया 2013 और गाँधी : द इयर्स दैट चेंज्ड द वर्ल्ड (2018) है।

1066. 'महाभाष्य' के लेखक कौन थे?
SSC Steno Tier-1 12.10.2023 (Shift-I)
(a) पतंजलि (b) कौटिल्य
(c) पाणिनि (d) बाण

उत्तर (a)

• 'महाभाष्य' के लेखक पतंजलि हैं।
• **पतंजलि** ने पाणिनि के अष्टाध्यायी के कुछ चुने हुए सूत्रों पर भाष्य लिखी, जिसे व्याकरण महाभाष्य का नाम दिया गया।
• पतंजलि **योग दर्शन** के प्रवर्तक थे। इनको पुष्यमित्र शुंग का संरक्षण प्राप्त था।

1067. 'इफ गॉड वाज ए बैंकर' पुस्तक किसने लिखी?
SSC Steno Tier-1 12.10.2023 (Shift-I)
(a) अमिताव घोष (b) अश्विन-सांघी
(c) रवि सुब्रमण्यम (d) झुम्पा लाहिड़ी

उत्तर (c)

• 'इफ गॉड वाज ए बैंकर' पुस्तक **रवि सुब्रमण्यम** ने लिखी है।
• यह पुस्तक 1990 के दशक के **सिटी बैंक** घोटाले से प्रेरित है।
• रवि सुब्रमण्यम एक भारतीय लेखक हैं, जिनकी अन्य रचनाएँ 'द गॉड इज ए गेमर', 'ऑन द नेम ऑफ गॉड', 'द बैंकर' और 'द बैंकरप्ट' हैं।

1068. 'गोल' (Goal) ……… की आत्मकथा है।
SSC Steno Tier-1 12.10.2023 (Shift-I)
(a) माइक टॉयसन (b) मेजर ध्यानचन्द
(c) मैरी कॉम (d) क्रिस्टियानों रोनाल्डो

उत्तर (b)

• 'गोल' **मेजर ध्यानचन्द** की आत्मकथा है।
• मेजर ध्यानचन्द (29 अगस्त, 1905 -3 दिसम्बर, 1979) फील्ड हॉकी के एक महान खिलाड़ी थे।
• उन्होंने वर्ष 1928, 1932 और 1936 में तीन ओलम्पिक स्वर्ण पदक अर्जित किए।
• उन्हें 'हॉकी का जादूगर' के नाम से भी जाना जाता है।
• भारत सरकार द्वारा उनके सम्मान में खेल का सर्वोच्च पुरस्कार (मेजर ध्यानचन्द खेल रत्न पुरस्कार) दिया जाता है।

1069. इनमें से कौन 'तमस' नामक उपन्यास के रचयिता हैं?
SSC Steno Tier-1 12.10.2023 (Shift-I)
(a) भीष्म साहनी (b) हरिशंकर परसाई
(c) राही मासूम रजा (d) मोहन राकेश

उत्तर (a)

• 'तमस' नामक उपन्यास के रचयिता भीष्म साहनी हैं।
• तमस उपन्यास के लिए भीष्म साहनी को वर्ष 1975 के साहित्य अकादमी पुरस्कार से सम्मानित किया गया था।
• वर्ष 1986 में गोविन्द निहलानी ने इस उपन्यास पर एक दूरदर्शन धारावाहिक और एक फिल्म भी बनाई थी।

1070. निम्नलिखित में से किसकी आत्मकथा का शीर्षक 'एण्ड देन वन डे: ए मेमॉयर' है?
SSC Steno 18.11.2022 (Shift-I)
(a) बोमन ईरानी (b) अनुपम खेर
(c) कबीर बेदी (d) नसीरुद्दीन शाह

उत्तर (d)

• **नसीरुद्दीन शाह** भारतीय सिनेमा से सम्बन्धित कलाकार (अभिनेता) की आत्मकथा का शीर्षक 'एण्ड देन वन डे : ए मेमॉयर' है।
• इन्हें भारत सरकार द्वारा वर्ष 1981 में 'पद्मश्री' एवं वर्ष 2003 में 'पद्म भूषण' पुरस्कार से भी सम्मानित किया गया है।

1071. 'द कलर पर्पल' नामक उपन्यास के/की लेखक/लेखिका ……… हैं।
SSC Steno 18.11.2022 (Shift-I)
(a) ऐन क्लीव्स (b) एलिस वॉकर
(c) एंगस पीटर कैम्पबेल (d) पीटर में

उत्तर (b)

• 'द कलर पर्पल' नामक उपन्यास अमेरिकी लेखिका **एलिस वॉकर** द्वारा लिखा गया है।
• इसका प्रकाशन वर्ष 1982 में हुआ था वर्ष 1983 में इस उपन्यास को 'पुलित्जर पुरस्कार' एवं फिक्शन के लिए 'राष्ट्रीय पुस्तक पुरस्कार' प्रदान किया गया था।

1072. बंकिमचन्द्र चटर्जी द्वारा निम्नलिखित में से कौन-सी पुस्तक लिखी गई है?
SSC Steno 17.11.2022 (Shift-I)
(a) प्रतिज्ञा (b) दुर्गेश नन्दिनी
(c) मैला आँचल (d) चोखेर बाली

उत्तर (b)

• बंकिमचन्द्र चटर्जी द्वारा लिखित पुस्तकों में 'दुर्गेश नन्दिनी,' 'आनन्दमठ' तथा 'वन्दे मातरम्' आदि प्रमुख हैं।
• राष्ट्रीय दृष्टि से 'आनन्दमठ' उनका सबसे प्रसिद्ध उपन्यास है।

1073. 'द मिनिस्ट्री ऑफ अटमोस्ट हैप्पीनेस' नामक उपन्यास के/की लेखक/लेखिका ……… है।
SSC Steno 17.11.2022 (Shift-I)
(a) अरुन्धति रॉय (b) विक्रम सेठ
(c) किरण देसाई (d) वी. एस. नायपॉल

उत्तर (a)

• 'द मिनिस्ट्री ऑफ अटमोस्ट हैप्पीनेस' नामक उपन्यास अंग्रेजी लेखिका और समाजसेवी **अरुन्धति रॉय** (जन्म 24 नवम्बर, 1961) द्वारा लिखित है।
• इन्होंने 'द गॉड ऑफ स्मॉल थिंग्स' के लिए बुकर पुरस्कार प्राप्त किया तथा नर्मदा बचाओ **आन्दोलन** में भी हिस्सा लिया था।

1074. निम्न में से कौन 'फार्थेस्ट फील्ड' नामक पुस्तक के लेखक हैं?
SSC Steno 15.11.2021 (Shift-II)
(a) एन. राम (b) करण थापर
(c) अनिता देसाई (d) रघु कर्नाड

उत्तर (d)

• फार्थेस्ट फील्ड पुस्तक के लेखक **रघु कर्नाड** ने इस पुस्तक में द्वितीय विश्वयुद्ध में भारत की स्थिति का वर्णन किया है।

• द मैन हू नॉट ए हिन्दू, ए स्ट्रेजर इन द मिरर, द लास्ट हुर्रे आदि इनके द्वारा लिखित उपन्यास हैं।

1075. 'द थर्ड पिलर: हाउ मार्केट्स एण्ड द स्टेट लीव द कम्युनिटी बिहाइण्ड, नामक पुस्तक के लेखक कौन हैं? **SSC Steno 15.11.2021**

(a) कैलाश सत्यार्थी
(b) जयराम रमेश
(c) अमर्त्य सेन
(d) रघुराम राजन

उत्तर (d)

• भारतीय रिजर्व बैंक (RBI) के पूर्व गवर्नर **रघुराम राजन** ने 'द थर्ड पिलर: हाउ मार्केट्स एण्ड द स्टेट लीव द कम्युनिटी बिहाइण्ड' में बाजार, राज्य और समुदाय के बारे में चर्चा की है।

• आउटसाइड द बॉक्स, आई डू ट्रस्ट, फॉल्ट लाइन्स : रिअल इकोनॉमी वाइटस टू वेल-बाइंग रघुराजन द्वारा लिखी पुस्तकें हैं।

1076. आजादी : फ्रीडम फासिज्म फिक्शन, पुस्तक के लेखक निम्न में से कौन हैं? **SSC Steno 12.11.2021**

(a) चेतन भगत (b) शशि थरूर
(c) अरुन्धति रॉय (d) कपिल सिब्बल

उत्तर (c)

• 'आजादी : फ्रीडम फासिज्म फिक्शन' पुस्तक की लेखिका **अरुन्धति रॉय** हैं। इस नॉन फिक्शन बुक में निबन्धों का एक संग्रह है।

• इसके निबन्ध संग्रह में COVID-19 के कारण वैश्विक महामारी के बीच वैकल्पिक काल्पनिक भूमिकाएँ शामिल हैं।

1077. निम्न में से किसने दिसम्बर, 2020 में पीएस श्रीधरन पिल्लई द्वारा लिखित ओह मिजोरम (OH Mizoram) नामक अंग्रेजी कविताओं की पुस्तक का वर्चुअल रूप से विमोचन किया था? **SSC Steno 11.11.2021**

(a) जितेन्द्र सिंह (b) नरेन्द्र मोदी
(c) अमित शाह (d) एम. वेंकैया नायडू

उत्तर (d)

• श्रीधरन पिल्लई प्रसिद्ध वकील, लेखक, समाजसेवक और विचारक द्वारा रचित **ओह मिजोरम** पुस्तक अंग्रेजी कविताओं के संग्रह का वर्चुअल रूप से विमोचन **एम वेंकैया नायडू** ने किया।

• श्रीधरन पिल्लई को वर्ष 2019 में मिजोरम का राज्यपाल नियुक्त किया गयाा था।

1078. 'स्पीकिंग टुथ टू पॉवर: माई अल्टरनेटिव व्यू' नामक पुस्तक .... के लेखों का संग्रह है। **SSC Steno 11.11.2021**

(a) अरुण शौरी (b) मणिशंकर अय्यर
(c) पी. चिदम्बरम (d) यशवन्त सिन्हा

उत्तर (c)

• 'स्पीकिंग टूथ टू पॉवर : अल्टरनेटिव व्यू' नामक पुस्तक के लेखक **पी. चिदम्बरम** कांग्रेस के वरिष्ठ नेता और राज्यसभा के सदस्य हैं।

• ये भारत के पूर्व वित्त एवं गृहमन्त्री हैं।

• इनके द्वारा लिखी गई पुस्तकें द चेंजिग फेस ऑफ इण्डियन इकोनॉमी, इण्डियास लॉन्ग रोड : द सर्च फॉर प्रोसपेरिटी है।

SSC GD 2023

1079. 'अर्थशास्त्र' किसके द्वारा लिखा गया था? **SSC GD 01.02.2023 (Shift-I)**

(a) वासुदेव (b) कौटिल्य
(c) मेगस्थनीज (d) विशाखदत्त

उत्तर (b)

• **अर्थशास्त्र कौटिल्य या चाणक्य** द्वारा लिखा गया।

• अर्थशास्त्र में राज्यव्यवस्था, कृषि, न्याय एवं राजनीति आदि के विभिन्न पहलुओं पर विचार किया गया है।

• यह **राज्य-प्रबन्धन** विषयक का प्राचीनतम ग्रन्थ है।

SSC SP 2023

1080. निम्नलिखित में से कौन-सी आत्मकथा भारतीय फिल्म अभिनेता बलराज साहनी द्वारा लिखी गई थी? **SSC SP 27.06.2023 (Shift-I)**

(a) मेरी फिल्मी आत्मकथा
(b) द एक्ट ऑफ लाइफ
(c) मैं एक हरफनमौला
(d) आई एम नॉट एन आइलैण्ड

उत्तर (a)

• प्रसिद्ध अभिनेता और लेखक बलराज साहनी ने अपनी किताब **मेरी फिल्मी आत्मकथा** अपनी मृत्यु से एक साल पहले वर्ष 1972 में पूरी की थी।

• यह सबसे पहले अमृत राय द्वारा सम्पादित पत्रिका 'नई कहानियाँ' में धारावाहिक रूप से प्रकाशित हुई।

1081. निम्नलिखित में से कौन-सी पुस्तक मुल्कराज आनन्द द्वारा लिखी गई है? **SSC SP 01.08.2023 (Shift-I)**

(a) सी ऑफ पॉपीज
(b) द व्हाइट टाइगर
(c) द प्राइवेट लाइफ ऑफ एन इण्डियन प्रिंस
(d) ट्रेन टू पाकिस्तान

उत्तर (c)

• **द प्राइवेट लाइफ ऑफ एन इण्डियन** प्रिंस पुस्तक मुल्कराज आनन्द द्वारा लिखी गई है।

• मुल्कराज आनन्द भारत में अंग्रेज़ी साहित्य के क्षेत्र के प्रख्यात लेखक थे।

• उन्होंने **यूनिवर्सिटी ऑफ़ लंदन** तथा **कैम्ब्रिज विश्वविद्यालय** में पढ़ाई कर पीएचडी की उपाधि प्राप्त की थी।

1082. निम्नलिखित में से किसने स्ट्रेट फ्रॉम द हार्ट पुस्तक लिखी है? **SSC SP 20.06.2023 (Shift-II)**

(a) मिल्खा सिंह
(b) कपिल देव
(c) सचिन तेन्दुलकर
(d) मैरी कॉम

उत्तर (b)

• 'स्ट्रेट फ्रॉम द हार्ट' **कपिल देव** की आत्मकथा है। यह किताब कपिल देव के जीवन की विभिन्न घटनाओं के बारे में बताती है।

1083. संगीत जगत से जुड़ी किस प्रसिद्ध हस्ती ने 'मूनवॉक' संस्मरण लिखा है? **SSC SP 27.06.2023 (Shift-III)**

(a) स्टीव वण्डर (b) माइकल जैक्सन
(c) कर्ट कोबेन (d) बॉब डिलेन

उत्तर (b)

• संगीत जगत से जुड़े माइकल जैक्सन ने मूनवॉक लिखा है।

• मूनवॉक या बैकस्लाइड एक पॉपिंग डांस मूव है, जिसमें कलाकार पीछे की ओर सरकता है, लेकिन उसके शरीर की हरकतें आगे की ओर गति का संकेत देती हैं।

• यह दुनिया भर में तब लोकप्रिय हुआ जब **माइकल जैक्सन** ने मोटाउन 25 यस्टरडे, टुडे, फॉरएवर पर 'बिली जीन' के प्रदर्शन के दौरान इस मूव का प्रदर्शन किया, जिसे वर्ष 1983 में प्रसारित किया गया था।

1084. टेस ऑफ द डी उर्बरविल्स (Tess of the d'Urbervilles) के लेखक .... हैं। **SSC SP 10.08.2022 (Shift-III)**

(a) चार्ल्स डीकेन्स
(b) थॉमस हार्डी
(c) डी एच लॉरेन्स
(d) लियो टॉल्सटाय

उत्तर (b)

• टेस ऑफ द डी उर्बरविल्स (Tess of the d'Urbervilles) के लेखक **थॉमस हार्डी** हैं।

• थॉमस हार्डी प्रकृतिवादी आन्दोलन के अंग्रेजी उपन्यासकार और कवि थे।

• अपने जीवनकाल में वह अपने उपन्यासों के लिए अधिक प्रसिद्ध थे।

1085. 'फास्टिंग, फीस्टिंग' शीर्षक पुस्तक की लेखिका निम्नलिखित में से कौन हैं? **SSC SP 27.06.2023 (Shift-IV)**

(a) शशि देशपाण्डे (b) झुम्पा लाहिड़ी
(c) अनीता देसाई (d) अरुन्धति राय

उत्तर (c)

• 'फास्टिंग, फीस्टिंग' भारतीय लेखिका **अनीता देसाई** का एक उपन्यास है, जिसे पहली बार वर्ष 1999 में ग्रेट ब्रिटेन में चैटों एण्ड विण्ड्स द्वारा प्रकाशित किया गया था।

• इसे वर्ष 1999 में फिक्शन के लिए बुकर पुरस्कार के लिए चुना गया था।

पुरस्कार एवं सम्मान

भारत रत्न

- कला, साहित्य, विज्ञान, खेल तथा विविध क्षेत्रों में उत्कृष्ट योगदान के साथ जनसेवा के लिए यह देश का सर्वोच्च सम्मान है।
- इसकी स्थापना वर्ष **1954** में की गई थी। वर्ष 1977 में जनता पार्टी सरकार द्वारा भारत रत्न तथा पद्म पुरस्कारों को बन्द कर दिया गया था, किन्तु वर्ष 1980 में कांग्रेस सरकार ने पुनः शुरू किया।
- यह अलंकरण कांस्य निर्मित पीपल के पत्ते के आकार का होता है।
- इसके मुख्य भाग पर सूर्य की आकृति अंकित होती है, जिसके नीचे **भारत रत्न** शब्द उत्कीर्ण होते हैं। इसके पिछले भाग पर राष्ट्रीय चिह्न और इसके नीचे **सत्यमेव जयते** लिखा होता है।
- वर्ष 1954 में सर्वप्रथम **डॉ. सर्वपल्ली राधाकृष्णन**, **चक्रवर्ती राजगोपालाचारी** और **डॉ. सी वी रमण** को दिया गया था।
- वर्ष 2024 के लिए भारत रत्न पुरस्कार कर्पूरी ठाकुर (मरणोपरान्त), एम.एस. स्वामीनाथन (मरणोपरान्त), पी. वी. नरसिम्हा राव (मरणोपरान्त), चौधरी चरण सिंह (मरणोपरान्त) और लालकृष्ण आडवाणी को दिया गया।

पद्म पुरस्कार

- भारत रत्न के बाद पद्म पुरस्कार देश का दूसरा सबसे बड़ा सम्मान है। इसकी स्थापना वर्ष 1954 में हुई थी।
- ये पुरस्कार किसी भी क्षेत्र में की गई उच्च कोटि की विशिष्ट सेवा के लिए प्रदान किए जाते हैं। पद्म पुरस्कार तीन प्रकार के हैं–पद्म विभूषण, पद्म भूषण एवं पद्मश्री।

साहित्य पुरस्कार

अकादमी पुरस्कार

- ये पुरस्कार 1954 में प्रारम्भ किए गए।
- साहित्य अकादमी पुरस्कार, ललित कला अकादमी पुरस्कार, संगीत नाटक अकादमी पुरस्कार प्रतिवर्ष प्रदान किए जाते हैं।
- साहित्य अकादमी, उत्कृष्ट साहित्य के लिए तथा अन्य दो कला व संगीत के क्षेत्र में विशिष्ट कार्य के लिए पुरस्कार देती है।

सरस्वती सम्मान

- वर्ष 1991 में के.के. बिड़ला फाउण्डेशन द्वारा शुरू किया गया।
- यह 22 भाषाओं में से किसी में उत्कृष्ट साहित्यिक कृति के लिए दिया जाने वाला वार्षिक पुरस्कार है।
- इसमें ₹15 लाख का नकद पुरस्कार दिया जाता है।

ज्ञानपीठ पुरस्कार

- ये पुरस्कार 1961 में प्रारम्भ किए गए।
- यह पुरस्कार किसी भी भारतीय को किसी भी भारतीय भाषा में उत्कृष्ट साहित्यिक रचना के लिए दिया जाता है।

व्यास सम्मान

- के. के. बिड़ला फाउण्डेशन द्वारा वर्ष 1991 में शुरू किया गया। इसे हिन्दी में उत्कृष्ट साहित्यिक कृति के लिए दिया जाता है।
- इसमें ₹4 लाख नकद पुरस्कार दिया जाता है।

वीरता पुरस्कार

परमवीर चक्र

वीरता के लिए दिया जाने वाला सर्वोच्च पुरस्कार है, जो थल सेना, वायु सेना, जल सेना में दुश्मन के सामने बहादुरी के सर्वोत्कृष्ट प्रदर्शन या आत्मबलिदान के लिए दिया जाता है। इसकी शुरुआत वर्ष 1950 में हुई थी।

अशोक चक्र

देश का सर्वोच्च शान्तिकालीन शौर्य पुरस्कार है। यह पुरस्कार भी शौर्य प्रदर्शन में उल्लेखनीय भूमिका निभाने वाले बहादुर कर्मी को प्रदान किया जाता है। इसकी स्थापना 4 जनवरी, 1952 को की गई थी।

वीर चक्र

शौर्य एवं वीरता का तीसरा सर्वोच्च पुरस्कार उसे प्रदान किया जाता है, जिसने शत्रुओं का सामना अदम्य साहस के साथ किया हो और उसे मौत के घाट उतार दिया हो।

महावीर चक्र

देश का द्वितीय सर्वोच्च शौर्य पुरस्कार उस बहादुर सैनिक को प्रदान किया जाता है, जिसने शत्रु के दमन में अद्वितीय पराक्रम प्रदर्शित किया हो।

शौर्य चक्र

युद्ध की परिस्थितियों में अद्‌भुत शौर्य प्रदर्शित करने वाले शूरवीरों को प्रदान किया जाता है।

कीर्ति चक्र

शौर्य पुरस्कार उस वीर को प्रदान किया जाता है, जिसने शत्रु के मुकाबले में अभूतपूर्व साहस का प्रदर्शन किया हो।

राष्ट्रीय वीरता पुरस्कार

प्रत्येक वर्ष गणतन्त्र दिवस पर देश के बहादुर बच्चों को राष्ट्रीय वीरता पुरस्कार से सम्मानित किया जाता है। इसके अन्तर्गत भारत अवॉर्ड, गीता चोपड़ा अवॉर्ड, संजय चोपड़ा अवॉर्ड, बापू गैधानी अवॉर्ड भी प्रदान किए जाते हैं। इनकी शुरुआत वर्ष 1957 में की गई थी।

विज्ञान एवं प्रौद्योगिकी पुरस्कार

पुरस्कार	क्षेत्र
शान्तिस्वरूप भटनागर पुरस्कार (1958) ₹ 5 लाख	CSIR द्वारा उत्कृष्ट अनुसन्धान के लिए
भाभा पुरस्कार (2010) ₹ 2.5 लाख	सोसायटी ऑफ न्यूक्लियर मेडिसन द्वारा उत्कृष्ट परमाण्विक अनुसन्धान के लिए
बोरलॉग पुरस्कार (1972) ₹ 10 लाख	कोरोमण्डल फर्टिलाइजर्स लिमिटेड द्वारा उत्कृष्ट कृषि एवं अनुसन्धान के लिए
साराभाई पुरस्कार (1995) ₹ 1 लाख	12 अगस्त (डा. साराभाई जन्मदिवस) को हरिओम आश्रम ट्रस्ट, नाडियाड (गुजरात) द्वारा अन्तरिक्ष ज्ञान एवं अनुसन्धान के लिए
कलिंग पुरस्कार (1952) $ 40000	यूनेस्को द्वारा विज्ञान को लोकप्रिय बनाने के लिए (बीजू पटनायक द्वारा प्रारम्भ)

फिल्म एवं कला-संगीत पुरस्कार

- **दादासाहेब फाल्के पुरस्कार** (1969) भारतीय सिनेमा के विकास में योगदान के लिए। प्रथम प्राप्तकर्ता - देविका रानी
- तुलसी सम्मान (1983-84) जनजातीय लोककला के विकास में योगदान के लिए पुरस्कार राशि - ₹2 लाख
- **कालिदास सम्मान** (1980) रंगकर्म के क्षेत्र में सृजनात्मक श्रेष्ठता के लिए पुरस्कार राशि- ₹5 लाख
- **लता मंगेशकर** सम्मान (1984) संगीत के क्षेत्र में उत्कृष्टता के लिए पुरस्कार राशि- ₹ 2 लाख
- **राष्ट्रीय फिल्म पुरस्कार** (1954) उत्कृष्ट फिल्मों तथा उनसे सम्बद्ध कलाकारों को प्रदान किया जाता है।
- दादासाहेब फाल्के एवं राष्ट्रीय फिल्म पुरस्कार सूचना एवं प्रसारण मन्त्रालय द्वारा दिया जाता है।
- तुलसी सम्मान, कालिदास सम्मान एवं लता मंगेशकर सम्मान मध्य प्रदेश सरकार द्वारा दिया जाता है।

खेल से सम्बन्धित राष्ट्रीय पुरस्कार

पुरस्कार	क्षेत्र
मेजर ध्यानचन्द खेल रत्न (1991-92) ₹ 25 लाख	उत्कृष्ट खिलाड़ी को खेलों में उसकी उपलब्धि हेतु
ध्यानचन्द पुरस्कार (2002) ₹ 25 लाख	क्रीड़ाओं में जीवनभर की उपलब्धि के लिए
अर्जुन पुरस्कार (1961) ₹ 15 लाख	अन्तर्राष्ट्रीय स्तर पर खिलाड़ी की पिछले तीन वर्ष की उपलब्धि
द्रोणाचार्य पुरस्कार (1985) ₹ 15 लाख	विख्यात खेल प्रशिक्षकों के सम्मान में

अन्य पुरस्कार

पुरस्कार	क्षेत्र
अन्तर्राष्ट्रीय सूझ-बूझ के लिए जवाहरलाल नेहरू पुरस्कार (1965) ₹ 25 लाख	अन्तर्राष्ट्रीय समझ व विश्व की जनता में मित्रता के क्षेत्र में
जमनालाल बजाज पुरस्कार (1978) ₹ 20 लाख	रचनात्मक क्षेत्र में योगदान के लिए
भारतेन्दु हरिश्चन्द्र पुरस्कार (1983) ₹ 1 लाख	पत्रकारिता, प्रकाशन, विज्ञापन, फिल्म व प्रसारण आदि के लिए मूलरूप से हिन्दी में लेखन के लिए
इन्दिरा गाँधी शान्ति पुरस्कार (1986) ₹ 25 लाख	अन्तर्राष्ट्रीय शान्ति, निशस्त्रीकरण, जातीय समानता और सद्भाव के क्षेत्र में

SSC CGL 2024 (Tier 1 & 2)

1086. भारतीय संगीत के क्षेत्र में सर्वश्रेष्ठ प्रतिभा को पुरस्कृत करने के उद्देश्य से कौन-सा टेलीविजन चैनल प्रत्येक वर्ष आईएमएमआईईएस (IMMIES) पुरस्कार प्रदान करता है?

SSC CGL Tier-1 26.09.2024 (Shift-III)

(a) बीयू म्यूजिक (B4U Music)
(b) 9एक्सएम (9XM)
(c) चैनल V (Channel V)
(d) एमटीवी (MTV)

उत्तर (d)

- MTV, IMMIES प्रत्येक वर्ष भारतीय संगीत उद्योग में सर्वश्रेष्ठ प्रतिभाओं को पुरस्कृत करने के उद्देश्य से आयोजित किया जाता है।
- MTV एक भारतीय टेलीविजन चैनल है, जो संगीत वास्तविकता और युवा संस्कृति प्रोग्रामिंग में विशेषता रखता है।
- इसे वर्ष 1996 में मूल अमेरिकी नेटवर्क के भारतीय संस्करण के रूप में लॉन्च किया गया था।

1087. वर्ष 2019 में असम के किस गायक/गायिका को मरणोपरान्त भारत रत्न से सम्मानित किया गया था? **SSC CGL Tier-1 26.09.2024 (Shift-II)**

(a) अर्चना महन्त (b) रामेश्वर पाठक
(c) पद्मनाव बोरदोलोई (d) भूपेन हजारिका

उत्तर (d)

- असम के प्रसिद्ध गायक **भूपेन हजारिका** को वर्ष 2019 में मरणोपरान्त भारत रत्न से सम्मानित किया गया था।
- भारत सरकार ने वर्ष 2001 में उन्हें पद्म भूषण वर्ष 2012 में पद्म विभूषण से सम्मानित किया गया था।
- इन्होंने अपनी मूल भाषा असमिया के अतिरिक्त हिन्दी, बांग्ला समेत कई अन्य भारतीय भाषा में गाने गाए हैं।
- इन्होंने फिल्म **गाँधी टू हिटलर** में महात्मा गाँधी का पसंदीदा भजन **वैष्णव जन** गया था।

1088. निम्न में से कौन-सा संगठन स्वस्थ और पोषणीय भोजन' तक पहुँच में सुधार करने हेतु प्रेरणादायक, विविध और प्रभावशाली समाधान प्रदान करने के लिए संयुक्त राष्ट्र द्वारा घोषित 'सर्वश्रेष्ठ लघु व्यवसाय: सभी के लिए अच्छा भोजन' के रूप में $100,000 के नकद पुरस्कार का विजेता नहीं है?

SSC CGL Tier-1 26.09.2024 (Shift-II)

(a) एडिबल रूट्स प्राइवेट लिमिटेड
(b) ऊर्जा डेवलपमेण्ट सॉल्यूशन्स इण्डिया प्राइवेट लिमिटेड
(c) तारु नेचुरल्स
(d) पतंजलि

उत्तर (d)

- 'सयुक्त राष्ट्र ने सर्वश्रेष्ठ लघु व्यवसाय पुरस्कार के विजेताओं में तीन भारत-आधारित उद्यमों एडिबल रूटस प्राइवेट लिमिटेड, ऊर्जा डेवलपमेण्ट सॉल्यूशंस इण्डिया और तारु नेचुरल्स के नामों की घोषणा की। जबकि पतंजलि इसका विजेता नहीं है।
- पुरस्कार स्वरूप 100,000 अमेरिकी डॉलर का नकद पुरस्कार दिया जाता है।

1089. वर्ष 1987 में किस पार्श्व गायिका को नाइटिंगेल ऑफ एशिया पुरस्कार से सम्मानित किया गया था?

SSC CGL Tier-1 26.09.2024 (Shift-I)

(a) आशा भोंसले (b) मुबारक बेग़म
(c) पुलापका सुशीला (d) कविता कृष्णमूर्ति

उत्तर (a)

- वर्ष 1987 में पार्श्व गायिका **आशा भोंसले** को नाइटिंगेल ऑफ एशिया पुरस्कार से सम्मानित किया गया था।
- आशा भोंसले एक भारतीय पार्श्व गायिका, अभिनेत्री और टेलीविजन व्यक्तित्व हैं।
- वर्ष 2023 में आशा भोंसले को लता दीनानाथ मंगेशकर पुरस्कार से सम्मानित किया गया।

1090. मध्य प्रदेश सरकार द्वारा वर्ष 1980 में हिन्दुस्तानी शास्त्रीय संगीत के प्रतिपादकों के लिए कौन-सा पुरस्कार शुरू किया गया था?

SSC CGL Tier-1 25.09.2024 (Shift-III)

(a) इक़बाल सम्मान
(b) तानसेन सम्मान
(c) कुमार गन्धर्व सम्मान
(d) किशोर कुमार सम्मान

उत्तर (b)

- मध्य प्रदेश सरकार द्वारा वर्ष 1980 में हिन्दुस्तानी शास्त्रीय संगीत के प्रतिपादकों के लिए तानसेन पुरस्कार शुरू किया गया था।
- **वर्ष 2019** में, भारतीय हिन्दुस्तानी गायक विद्याधर व्यास को तानसेन सम्मान से सम्मानित किया गया।
- **वर्ष 2022** में पण्डित गणपति भट्ट हासणगि धारवाड़ को इस सम्मान से सम्मानित किया गया।
- यह पुरस्कार प्रतिवर्ष ग्वालियर में प्रदान किया जाता है।
- **वर्ष 2024** में पण्डित स्वपन चौधरी को राष्ट्रीय तानसेन पुरस्कार से सम्मानित किया गया।

1091. निम्नलिखित में से किस पार्श्व गायक/गायिका को **कर्नाटक रत्न पुरस्कार, 2005** प्रदान किया गया? **SSC CGL Tier-1 25.09.2024 (Shift-II)**

(a) सिस्टला जानकी (b) पण्डित जसराज
(c) भीमसेन जोशी (d) रवीन्द्र जैन

उत्तर (c)

- **भीमसेन जोशी** को वर्ष 2005 में कर्नाटक रत्न पुरस्कार से सम्मानित किया गया था।
- वे किराना घराने से सम्बन्धित थे। ये ख्याल गायन शैली के लोकप्रिय गायक थे।
- इन्होंने हिन्दी, मराठी और कन्नड़ में भजन गायन किया।
- वर्ष 2008 में इन्हें भारत रत्न से सम्मानित किया गया।
- श्री सुरेश एम, डॉ. श्रुति शर्मा, गुरुदेव श्री श्री रविशंकर जी को कर्नाटक अवॉर्ड 2024 से सम्मानित किया गया।

1092. वर्ष 1998 में किस प्रसिद्ध सन्तूरवादक को उस्ताद हाफ़िज़ अली खान पुरस्कार से सम्मानित किया गया था?

SSC CGL Tier-1 25.09.2024 (Shift-I)

(a) अभय सोपारी (b) तरुण भट्टाचार्य
(c) शिवकुमार शर्मा (d) सतीश व्यास

उत्तर (c)

- वर्ष 1998 में प्रसिद्ध सन्तूर वादक **शिवकुमार शर्मा** को उस्ताद **हाफिज अली खान** पुरस्कार से सम्मानित किया गया था।
- भारत के प्रसिद्ध सरोदवादक उस्ताद अमजद अली खान द्वारा अपने पिता तथा गुरु हाफिज अली खान की स्मृति में वर्ष 1985 में यह पुरस्कार शुरू किया गया था।
- यह पुरस्कार प्रत्येक वर्ष संगीत के क्षेत्र में उल्लेखनीय योगदान करने वाले व्यक्ति को प्रदान किया जाता है।

1093. निम्नलिखित में से कौन-सा राजीव गाँधी राष्ट्रीय सद्‌भावना पुरस्कार उस्ताद अमजद अली खान को प्रदान किया गया था?

SSC CGL Tier-1 24.09.2024 (Shift-III)

(a) 18वाँ (b) 21वाँ (c) 20वाँ (d) 19वाँ

उत्तर (b)

- उस्ताद अमजद अली खान भारतीय शास्त्रीय सरोदवादक हैं, जिन्हें **21वाँ राजीव गाँधी पुरस्कार** प्रदान किया गया।
- इन्हें वर्ष 1975 में **पद्मश्री**, 1991 **पद्म-भूषण** एवं 2001 में **पद्म विभूषण** से सम्मानित किया गया।
- इन्हें वर्ष 2011 में संगीत नाटक अकादमी फैलोशिप से भी सम्मानित किया गया।
- अहमद अली ग्वालियर में संगीत के **सेनिया घराने** से सम्बन्धित हैं।

1094. निम्नलिखित नर्तकों में से कौन ओडिशा राज्य से पद्म विभूषण पुरस्कार से सम्मानित होने वाले प्रथम नर्तक थे?

SSC CGL Tier-1 24.09.2024 (Shift-II)

(a) केलुचरण महापात्र
(b) उदय शंकर
(c) गुरु बिपिन सिंह
(d) पण्डित बिरजू महाराज

उत्तर (a)

• केलुचरण महापात्र (नर्तक), ओडिशा राज्य से पद्म विभूषण पुरस्कार से सम्मानित होने वाले प्रथम नर्तक थे।

• केलुचरण महापात्र को वर्ष **1988** में भारत सरकार द्वारा कला के क्षेत्र में पद्म भूषण से सम्मानित किया गया था।

• वे पारम्परिक **पट्टचित्र चित्रकला** में भी कुशल थे।

1095. हारमोनियम वादक तुलसीदास बोरकर को वर्ष 2016 में ...... से सम्मानित किया गया था। **SSC CGL Tier-1 24.09.2024 (Shift-II)**

(a) भारत रत्न (b) पद्मश्री
(c) पद्म भूषण (d) पद्म विभूषण

उत्तर (b)

• हारमोनियम वादक **तुलसीदास बोरकर** को वर्ष 2016 में पद्मश्री सम्मान से सम्मानित किया गया था।

• तुलसीदास बोरकर को मराठी नाट्य संगीत में ऑर्गन वादक के रूप में प्रारम्भिक प्रसिद्धि मिली।

• एक प्रतिष्ठित हारमोनियम संगीतकार होने के अतिरिक्त तुलसीदास बोरकर को एक महान **एकल वादक** के रूप में भी सराहा गया है।

• भारतीय संगीत के क्षेत्र में उनके योगदान के लिए वर्ष 2005 में उन्हें प्रतिष्ठित संगीत नाटक अकादमी पुरस्कार प्रदान किया गया।

1096. ए. आर. रहमान, गुलज़ार और .... ने सर्वश्रेष्ठ मोशन पिक्चर गीत 'जय हो' के लिए 52वाँ वार्षिक ग्रेमी पुरस्कार जीता। **SSC CGL Tier-1 24.09.2024 (Shift-I)**

(a) डैनी बॉयल (b) तन्वी शाह
(c) देव पटेल (d) फ्रीडा पिण्टो

उत्तर (b)

• ए. आर. रहमान, गुलजार और तन्वी शाह ने सर्वश्रेष्ठ मोशन गीत जय हो के लिए 52वाँ वार्षिक पुरस्कार जीता।

• 52वें वार्षिक ग्रैमी पुरस्कार समारोह का आयोजन जनवरी, **2010 में लॉस एंजिल्स** में हुआ।

• सर्वाधिक पुरस्कार बेयोंसे ने प्राप्त किए।

• वर्ष 2024 में शंकर महादेवन और जाकिर हुसैन के फ्यूजन बैण्ड शक्ति ने 66वें ग्रैमी अवॉर्ड में ग्लोबल म्यूजिक का अवॉर्ड जीता।

1097. शास्त्रीय सरोद वादक अमजद अली खान को 2001 में भारत सरकार द्वारा .... से सम्मानित किया गया था। **SSC CGL Tier-1 24.09.2024 (Shift-I)**

(a) भारत रत्न (b) पद्म विभूषण
(c) पद्म भूषण (d) पद्म श्री

उत्तर (b)

• शास्त्रीय सरोद वादक अमजद अली खान को **वर्ष 2001** में भारत सरकार द्वारा **पद्म विभूषण** से सम्मानित किया गया था।

• अमजद अली खान का सम्बन्ध ग्वालियर घराने से था।

• अमजद अली खान ने **राग बापू कौस** की रचना की।

• इन्हें वर्ष 2001 में पद्म विभूषण, वर्ष 1991 में पद्म भूषण और वर्ष 1975 में पद्मश्री से सम्मानित किया गया।

1098. वर्ष 1986 में, प्रसिद्ध सन्तूरवादक पण्डित शिवकुमार शर्मा को .... से सम्मानित किया गया था। **SSC CGL Tier-1 23.09.2024 (Shift-III)**

(a) संस्कृति पुरस्कार
(b) कालिदास सम्मान
(c) महाराष्ट्र गौरव पुरस्कार
(d) संगीत नाटक अकादमी पुरस्कार

उत्तर (d)

• वर्ष 1986 में प्रसिद्ध सन्तूरवादक पण्डित शिवकुमार शर्मा को **संगीत नाटक अकादमी पुरस्कार** से सम्मानित किया गया था।

• इसके अतिरिक्त वर्ष 1991 में उन्हें पद्मश्री से तथा वर्ष 2001 में पद्म विभूषण से सम्मानित किया गया था।

1099. कॉयर कण्डक्टर कूमी नरीमन वाडिया को वर्ष 2023 में भारत सरकार द्वारा निम्नलिखित में से किस पुरस्कार से सम्मानित किया गया? **SSC CGL Tier-1 23.09.2024 (Shift-II)**

(a) पद्म विभूषण
(b) पद्मश्री
(c) भारत रत्न
(d) पद्म भूषण

उत्तर (b)

• **कॉयर कण्डक्टर कूमी नरीमन** वाडिया को वर्ष 2023 में भारत सरकार द्वारा पद्मश्री पुरस्कार से सम्मानित किया गया।

• ये एक भारतीय संगीत कण्डक्टर हैं।

• यह भारत की कोरल संगीत की पहली महिला एवं संवाहक भी हैं। इन्होंने 200 से अधिक संगीत कार्यक्रमों का नेतृत्व किया है।

1100. वर्ष 2002 में आशा भोंसले ने किस फिल्म के लिए सर्वश्रेष्ठ पार्श्व गायक/गायिका (महिला) वर्ग में अन्तर्राष्ट्रीय भारतीय फिल्म अकादमी (IIFA) पुरस्कार प्राप्त किया? **SSC CGL Tier-1 23.09.2024 (Shift-II)**

(a) देवदास
(b) हमराज
(c) लगान
(d) ओम जय जगदीश

उत्तर (c)

• **वर्ष 2002** में आशा भोंसले को **लगान** फिल्म के लिए सर्वश्रेष्ठ गायिका (महिला) वर्ग में अन्तर्राष्ट्रीय भारतीय फिल्म अकादमी (IFFA) पुरस्कार प्राप्त हुआ।

• आशा भोंसले को वर्ष **2000 में दादा साहब फाल्के पुरस्कार** से सम्मानित किया गया।

• इन्हें वर्ष 2008 में पद्म विभूषण से सम्मानित किया गया।

• वर्ष 2011 में गिनीज बुक ऑफ वर्ल्ड रिकॉर्ड्स में इनका नाम दर्ज किया गया।

1101. सुमेलित कीजिए। **SSC CGL Tier-1 19.09.2024 (Shift-III)**

सूची I (खिलाड़ी)	**सूची II** (पुरस्कार)
A. देवेन्द्र झाझरिया	i. पद्मश्री 2022
B. सुमित अंतिल	ii. पद्म भूषण 2022
C. नीरज चोपड़ा	iii. अर्जुन पुरस्कार 2021
D. शिखर धवन	iv. मेजर ध्यानचन्द खेल रत्न पुरस्कार 2021

कूट

(a) A- i, B- iii, C- ii, D- iv
(b) A- iii, B- iv, C- i, D- ii
(c) A- iv, B- i, C- iii, D- ii
(d) A- ii, B- i, C- iv, D- iii

उत्तर (d)

• सही सुमेलन A-ii, B-i, C-iv, D-iii है।

• **देवेन्द्र झाझरिया** राजस्थान के चुरु में जन्मे पैरालम्पिक खिलाड़ी देवेन्द्र झाझरिया को वर्ष 2022 में पद्म भूषण पुरस्कार से सम्मानित किया गया। ये भाला फेंक खिलाड़ी है।

• **सुमित अंतिल** टोक्यो पैरालम्पिक में जैवलिन थ्रो (भाला फेंक) स्पर्धा में स्वर्ण पदक जीतने वाले सुमित अंतिल को वर्ष **2022 में पद्मश्री** से सम्मानित किया गया।

• **नीरज चोपड़ा** टोक्यो ओलम्पिक में जैवलिन थ्रो में गोल्ड जीतने वाले इस खिलाड़ी को वर्ष 2021 में मेजर ध्यानचन्द खेल रत्न अवॉर्ड से सम्मानित किया गया।

• **शिखर धवन** भारतीय क्रिकेटर शिखर धवन को वर्ष **2021 में अर्जुन पुरस्कार** से सम्मानित किया गया था।

1102. निम्नलिखित में से कौन वर्ष 1947 में संगीत अकादमी (Music Academy) द्वारा संगीत कलानिधि पुरस्कार प्राप्त करने वाला सबसे कम आयु का व्यक्ति था? **SSC CGL Tier-1 19.09.2024 (Shift-III)**

(a) मल्लिकार्जुन भीमरयप्पा मंसूर
(b) अरियाकुडी रामानुज अयंगर
(c) सेम्मनगुडी राधाकृष्ण श्रीनिवास अय्यर
(d) भीमसेन जोशी

उत्तर (c)

• **सेम्मनगुडी राधाकृष्णन श्रीनिवास अय्यर** भारतीय कर्नाटक गायक थे। यह वर्ष 1947 में संगीत अकादमी द्वारा प्रदान किए गए संगीत कला निधि पुरस्कार प्राप्त करने वाले सबसे कम आयु के व्यक्ति थे।

• 'आधुनिक कर्नाटक संगीत का पितामह' माने जाने वाले अय्यर को **वर्ष 1979** में केरल विश्वविद्यालय द्वारा डॉक्टरेट की मानद् उपाधि से सम्मानित किया गया था।

1103. पण्डवानी गायिका उषा बारले को वर्ष 2023 में भारत सरकार द्वारा निम्नलिखित में से किस पुरस्कार से सम्मानित किया गया? **SSC CGL Tier-1 19.09.2024 (Shift-II)**

(a) पद्म भूषण (b) पद्म विभूषण
(c) पद्मश्री (d) भारत रत्न

उत्तर (c)

• पण्डवानी गायिका उषा बारले को भारत सरकार ने वर्ष 2023 में **पद्मश्री** पुरस्कार से सम्मानित किया।

• उषा बारले भारत के छत्तीसगढ़ की प्रसिद्ध लोक गायिका हैं, जो पण्डवानी गायक के लिए जानी जाती हैं।

• इन्हें दाऊ महासिंग चन्द्राकर सम्मान, भुईया सम्मान, चक्रधर सम्मान एवं मालवा सम्मान आदि से सम्मानित किया गया है।

1104. निम्नलिखित में से कौन वर्ष 2021 में प्रथम प्रोफेसर सी.आर. राव शताब्दी स्वर्ण पदक पुरस्कार प्राप्त करने वालों में से एक थे?
SSC CGL Tier-1 19.09.2024 (Shift-I)

(a) सुरजीत भल्ला (b) अमर्त्य सेन
(c) रघुराम राजन (d) जगदीश भगवती

उत्तर (d)

• **जगदीश भगवती** वर्ष 2021 में प्रथम प्रोफेसर सी आर राव शताब्दी स्वर्ण पदक पुरस्कार प्राप्त करने वालों में से एक थे।

• जगदीश नटवरलाल भगवती एक भारतीय अर्थशास्त्री हैं।

• इन्होंने वर्ष 2001 में WTO के सलाहकार के रूप में तथा वर्ष 1991-93 तक व्यापार और शुल्क पर सामान्य करार की आर्थिक नीति सलाहकार के रूप में भी कार्य किया।

1105. तरुण भट्टाचार्य, जिन्हें वर्ष 2018 में संगीत नाटक अकादमी पुरस्कार से सम्मानित किया गया था, किस संगीत वाद्ययन्त्र को बजाने के लिए जाने जाते हैं?
SSC CGL Tier-1 19.09.2024 (Shift-I)

(a) सितार (b) सन्तूर (c) तबला (d) वायलिन

उत्तर (b)

• **तरुण भट्टाचार्य,** जिन्हें वर्ष 2018 में संगीत नाटक अकादमी पुरस्कार से सम्मानित किया गया था, **सन्तूर** संगीत वाद्ययन्त्र को बजाने के लिए जाने जाते हैं।

• यह **मैहर घराने** से सम्बन्ध रखने वाले एकमात्र सन्तूर वादक हैं।

• इन्हें **वर्ष 2018** में संगीत नाटक अकादमी पुरस्कार से सम्मानित किया गया।

1106. निम्नलिखित में से किस राज्य सरकार द्वारा संगीत के क्षेत्र में हरिवरासनम पुरस्कार दिया जाता है? **SSC CGL Tier-1 18.09.2024 (Shift-III)**

(a) महाराष्ट्र (b) हिमाचल प्रदेश
(c) केरल (d) कर्नाटक

उत्तर (c)

• इस पुरस्कार की शुरुआत वर्ष 2012 में हुई थी।

• इस पुरस्कार में ₹ 1 लाख नकद तथा एक प्रशस्ति पत्र प्रदान किया जाता है।

• हरिवरसनम पुरस्कार के पहले प्राप्तकर्ता के.जे. येसुदास (2012) थे।

• यह पुरस्कार उन लोगों को दिया जाता है, जिन्होंने धार्मिक सद्भाव और समानता में योगदान दिया है।

1107. निम्नलिखित में से कौन, 2008 में भारत रत्न प्राप्त करने वाले/वाली पहले/पहली गायक/गायिका हैं और उन्हें **ख्याल गायकी** को लोकप्रिय बनाने का श्रेय भी दिया जाता है? **SSC CGL Tier-1 18.09.2024 (Shift-III)**

(a) बेगम अख्तर
(b) पण्डित भीमसेन जोशी
(c) विष्णु दिगम्बर पलुस्कर
(d) गंगूबाई हंगल

उत्तर (b)

• वर्ष 2008 में भारत रत्न से सम्मानित **पण्डित भीमसेन जोशी** को ख्याल गायकी को लोकप्रिय बनाने का श्रेय भी दिया जाता है।

• पण्डित भीमसेन जोशी किराना घराना के सबसे लोकप्रिय कलाकार हैं।

• वह कर्नाटक, भारत के हिन्दुस्तानी शास्त्रीय शैली के सर्वश्रेष्ठ गायकों में से एक थे।

• वर्ष 1998 में इन्हें संगीत नाटक अकादमी फैलोशिप प्रदान की गई।

1108. महाराष्ट्र के किस भारतीय संगीतज्ञ को पद्म विभूषण **2023** प्राप्त हुआ है?
SSC CGL Tier-1 18.09.2024 (Shift-II)

(a) जाकिर हुसैन (b) रामदास पलसुले
(c) भरत कामत (d) मिलिंद दाते

उत्तर (a)

• महाराष्ट्र के प्रसिद्ध संगीतज्ञ जाकिर हुसैन को पद्म विभूषण 2023 से सम्मानित किया गया।

• जाकिर हुसैन तबला वादक उस्ताद अल्ला रक्खा के पुत्र हैं।

• वर्ष 1988 में इन्हें पद्मश्री तथा वर्ष 2002 में पद्म भूषण से सम्मानित किया गया।

• जाकिर हुसैन को संगीत नाटक अकादमी पुरस्कार से भी सम्मानित किया जा चुका है।

• जाकिर हुसैन को 2 ग्रैमी पुरस्कार भी प्राप्त हुए हैं।

1109. भारतीय शास्त्रीय वायलिन वादक अन्नवरपु रामास्वामी को 2021 में .... से सम्मानित किया गया। **SSC CGL Tier-1 18.09.2024 (Shift-I)**

(a) पद्म भूषण (b) पद्मश्री
(c) संगीत नाटक अकादमी
(d) पद्म विभूषण

उत्तर (b)

• भारतीय शास्त्रीय वायलिन वादक **अन्नवरपु रामास्वामी** को वर्ष 2021 में पद्मश्री से सम्मानित किया गया।

• अन्नवरपु रामास्वामी आन्ध्र प्रदेश के भारतीय शास्त्रीय वायलिन वादक हैं।

• इन्हें वंदना राग, श्री दुर्गा राग, तिनत्रादि ताल और वेदादि ताल जैसे नए रागों और तालों के आविष्कार के लिए जाना जाता है।

1110. राजीव गाँधी खेल रत्न पुरस्कार का नाम बदलकर मेजर ध्यानचन्द खेल रत्न पुरस्कार कब किया गया था?
SSC CGL Tier-1 17.09.2024 (Shift-III)

(a) 6 अगस्त, 2021 (b) 5 जनवरी, 2022
(c) 5 जनवरी, 2021 (d) 6 अगस्त, 2022

उत्तर (a)

• **6 अगस्त, 2021** में राजीव गाँधी खेल रत्न पुरस्कार का नाम बदलकर मेजर ध्यानचन्द खेल रत्न पुरस्कार कर दिया गया।

• यह पुरस्कार खेलों में योगदान के लिए खिलाड़ियों को दिया जाता है।

• इस पुरस्कार में एक पदक, एक प्रमाण-पत्र और ₹ 25 लाख नकद दिए जाते हैं।

1111. भारत के राष्ट्रपति द्वारा किस लावणी गायिका को पद्मश्री 2022 प्रदान किया गया है?
SSC CGL Tier-1 17.09.2024 (Shift-III)

(a) देवकी पण्डित
(b) वैशाली सामन्त
(c) सुलोचना चह्वाण
(d) बेला शेंडे

उत्तर (c)

• भारत के राष्ट्रपति द्वारा **सुलोचना चह्वाण** को वर्ष 2022 में पद्मश्री पुरस्कार प्रदान किया, जो कि एक लावणी गायिका है।

• लावणी भारत के महाराष्ट्र राज्य में प्रचलित संगीत की एक शैली है।

1112. इन्दिरा पी.पी. बोरा को किस भारतीय शास्त्रीय नृत्य में उनके योगदान के लिए वर्ष 2020 में पद्मश्री पुरस्कार से सम्मानित किया गया? **SSC CGL Tier-1 17.09.2024 (Shift-II)**

(a) कथक (b) कुचिपुड़ी
(c) सत्रीया (d) भरतनाट्यम

उत्तर (c)

• **इन्दिरा पी.पी. बोरा** को वर्ष 2020 में सत्रीया नृत्य में उनके योगदान के लिए पद्मश्री पुरस्कार से सम्मानित किया गया था।

• इन्दिरा पी.पी. बोरा असम की एक प्रसिद्ध सत्रीया नृत्यांगना हैं, इसके अतिरिक्त इन्होंने कुचिपुड़ी और भरतनाट्यम का भी प्रशिक्षण लिया है।

• इन्हें **वर्ष 1996** में संगीत नाटक अकादमी पुरस्कार तथा सरकार द्वारा वरिष्ठ फैलोशिप पुरस्कार प्रदान किया गया।

1113. वर्ष 2002 में .... को महाराष्ट्र भूषण प्रदान किया गया था।
SSC CGL Tier-1 17.09.2024 (Shift-II)

(a) पण्डित जसराज
(b) पण्डित रवि शंकर
(c) पण्डित भीमसेन जोशी
(d) पण्डित हरिप्रसाद चौरसिया

उत्तर (c)

• 2002 में महाराष्ट्र भूषण पुरस्कार **भीमसेन जोशी** को दिया गया।

• पण्डित भीमसेन जोशी किराना घराने के महत्त्वपूर्ण शास्त्रीय गायक थे। जिन्हें भारत सरकार ने वर्ष 2009 में सर्वोच्च नागरिक सम्मान **भारत रत्न** से सम्मानित किया।

• **इन्हें वर्ष 1998** में संगीत नाटक अकादमी फैलोशिप से सम्मानित किया गया, जो भारत के राष्ट्रीय संगीत नृत्य और नाटक अकादमी द्वारा दिया जाने वाला सर्वोच्च सम्मान है।

1114. पद्म विभूषण पुरस्कार 2022 प्राप्त करने वाली **प्रभा अत्रे** किस घराने से सम्बन्धित हैं?
SSC CGL Tier-1 17.09.2024 (Shift-I)
(a) मेवाती घराना (b) आगरा घराना
(c) इन्दौर घराना (d) किराना घराना

उत्तर (d)

• प्रभा अत्रे का सम्बन्ध किराना घराने से है। प्रभा अत्रे को वर्ष 1990 में पद्मश्री, वर्ष 2002 में पद्म भूषण और वर्ष 2022 में पद्म भूषण से सम्मानित किया गया।
• **किराना घराने** से सम्बन्धित अन्य कलाकार हैं—गंगूबाई हंगल, सुरेशबाबू माने व हीराबाई बरोदेकर।
• किराना घराना अवध में स्थित है। इसके संस्थापक अब्दुल वाहिद खान थे।

1115. वर्ष 1993 से प्रत्येक वर्ष किस संस्था द्वारा संगीत कला आचार्य पुरस्कार दिया जाता है?
SSC CGL Tier-1 13.09.2024 (Shift-III)
(a) मद्रास संगीत अकादमी
(b) सुब्रह्मण्यम एकेडमी ऑफ परफॉर्मिंग आर्ट्स
(c) शंकर महादेवन अकादमी
(d) कलकत्ता संगीत विद्यालय

उत्तर (a)

• वर्ष 1993 में **मद्रास संगीत अकादमी** द्वारा संगीत कला आचार्य पुरस्कार दिया जाता है।
• प्रत्येक वर्ष दो वरिष्ठ संगीतकारों/गुरुओं को यह पुरस्कार दिया जाता है।
• इस अकादमी की स्थापना **दिसम्बर, 1927** में हुई थी।

1116. वर्ष 1977 में सर्वश्रेष्ठ पुरुष पार्श्वगायक के लिए नन्दी पुरस्कार की स्थापना किस राज्य द्वारा की गई थी?
SSC CGL Tier-1 13.09.2024 (Shift-II)
(a) आन्ध्र प्रदेश (b) त्रिपुरा
(c) गुजरात (d) महाराष्ट्र

उत्तर (a)

• वर्ष 1977 में सर्वश्रेष्ठ पुरुष पार्श्वगायक के लिए नन्दी पुरस्कार की स्थापना **आन्ध्र प्रदेश** राज्य द्वारा की गई।
• यह पुरस्कार तेलुगू सिनेमा, तेलुगू थिएटर, तेलुगू टेलीविजन और भारतीय सिनेमा में बेहतरीन कार्य करने वाले कलाकारों को दिया जाता है।
• इस पुरस्कार का नाम लेपाक्षी मन्दिर के बड़े ग्रेनाइट बैल के नाम पर रखा गया था।
• वर्ष 2004 के बाद से यह पुरस्कार सर्वश्रेष्ठ पुरुष पार्श्वगायक के लिए **घण्टासला वेंकटेश्वराव** पुरस्कार के नाम से जाना जाता है।

1117. रंजना गौहर को निम्नलिखित में से किस भारतीय नृत्य शैली में उनके योगदान के लिए पद्मश्री पुरस्कार (2003) से सम्मानित किया गया था? **SSC CGL Tier-1 13.09.2024 (Shift-I)**
(a) मणिपुरी (b) कुचिपुड़ी
(c) ओडिशा (d) सत्रीया

उत्तर (c)

• रंजना गौहर को ओडिशी नृत्य में उनके योगदान के लिए पद्मश्री पुरस्कार (2003) से सम्मानित किया गया था।
• रंजना गौहर ने सन्त कबीर के जीवन और दर्शन को सामने लाने के लिए संगीतमय नृत्य नाटक, 'खुद में कबीर कबीर में हम' की कोरियोग्राफी और निर्देशन किया।
• इन्हें वर्ष 2007 में संगीत नाटक अकादमी पुरस्कार प्रदान किया गया।

1118. किस राज्य सरकार ने वाणी जयराम को वर्ष 2019 के एम. एस. सुब्बुलक्ष्मी पुरस्कार से सम्मानित किया था?
SSC CGL Tier-1 13.09.2024 (Shift-I)
(a) ओडिशा (b) तमिलनाडु
(c) महाराष्ट्र (d) कर्नाटक

उत्तर (b)

• **तमिलनाडु** राज्य ने वाणी जयराम को वर्ष 2019 के **एम.एस. सुब्बुलक्ष्मी** पुरस्कार से सम्मानित किया है।
• वाणी जयराम को आधुनिक भारत की मीरा भी कहा जाता है, वह एक भारतीय गायिका थीं।
• उन्होंने ने हिन्दी के अतिरिक्त कई भारतीय भाषाओं; जैसे—तेलुगू, तमिल, मलयालम, कन्नड़, मराठी आदि भाषाओं में भी गाया।
• वर्ष 1980 में **मीरा** को (1979) के लिए फिल्मफेयर सर्वश्रेष्ठ पार्श्व गायिका पुरस्कार जीता।
• वाणी ने तीन बार सर्वश्रेष्ठ पार्श्व गायिका लिए राष्ट्रीय पुरस्कार जीता।

1119. तबला वादक बिक्रम घोष को वर्ष 2023 में समकालीन श्रेणी में निम्नलिखित में से किस पुरस्कार से सम्मानित किया गया?
SSC CGL Tier-1 12.09.2024 (Shift-III)
(a) संगीत कलानिधि
(b) संगीत नाटक अकादमी
(c) पद्म भूषण
(d) पद्मश्री

उत्तर (b)

• तबला वादक विक्रम घोष को **वर्ष 2023** में समकालीन श्रेणी में संगीत नाटक अकादमी पुरस्कार से सम्मानित किया गया था।
• संगीत नाटक अकादमी पुरस्कार, भारत की राष्ट्रीय संगीत नृत्य और नाटक अकादमी द्वारा दिया जाने वाला सर्वोच्च सम्मान है।
• राजीव वर्मा को **वर्ष 2024** में रंगमंच अभिनव में संगीत नाटक अकादमी पुरस्कार मिला है।

1120. हिन्दुस्तानी गायक पण्डित वेंकटेश कुमार को किस राज्य सरकार द्वारा **कालिदास सम्मान 2022** से सम्मानित किया गया था?
SSC CGL Tier-1 12.09.2024 (Shift-II)
(a) मध्य प्रदेश (b) महाराष्ट्र
(c) उत्तर प्रदेश (d) गुजरात

उत्तर (a)

• पण्डित वेंकटेश कुमार को **मध्य प्रदेश सरकार** द्वारा कालिदास सम्मान (वर्ष 2017 के लिए) वर्ष 2022 में प्रदान किया गया।
• पण्डित वेंकटेश का सम्बन्ध किराना और ग्वालियर घराने से है।
• इन्हें वर्ष 2012 में संगीत नाटक अकादमी पुरस्कार और वर्ष 2016 में पद्मश्री से सम्मानित किया गया।
• कालिदास सम्मान मध्य प्रदेश सरकार द्वारा वर्ष 1980 से प्रतिवर्ष प्रदान किया जा रहा है।
• वर्ष 2024 में ध्रुपद गायक पण्डित उदय भवालका को कालिदास सम्मान से सम्मानित किया गया।

1121. वर्ष 2002 में, ज़ाकिर हुसैन किस पुरस्कार से सम्मानित होने वाले सबसे कम आयु के तबलावादक बने?
SSC CGL Tier-1 12.09.2024 (Shift-I)
(a) ग्रैमी पुरस्कार
(b) नेशनल हेरिटेज फैलोशिप
(c) पद्म भूषण
(d) संगीत नाटक अकादमी पुरस्कार

उत्तर (c)

• वर्ष 2002 में जाकिर हुसैन **पद्म भूषण** से सम्मानित होने वाले सबसे कम आयु के तबलावादक बने।
• इन्हें वर्ष 2023 में पद्म विभूषण सम्मान से सम्मानित किया गया।
• इससे पूर्व वर्ष 1988 में इन्हें पद्मश्री से सम्मानित किया गया था।
• इन्हें वर्ष 1990 में संगीत नाटक अकादमी पुरस्कार से तथा वर्ष 2009 में ग्रैमी पुरस्कार से सम्मानित किया गया।

1122. लता मंगेशकर को वर्ष .... में भारत रत्न से सम्मानित किया गया था।
SSC CGL Tier-1 11.09.2024 (Shift-III)
(a) 2002 (b) 2003 (c) 2001 (d) 2004

उत्तर (c)

• लता मंगेशकर को **वर्ष 2001** में भारत रत्न से सम्मानित किया गया था।
• भारत रत्न के अतिरिक्त इन्हें कई पुरस्कार जिनमें वर्ष 1969 में पद्मभूषण, 1989 में दादा साहेब फाल्के पुरस्कार, वर्ष 2008 में लाइफटाइम अचीवमेण्ट अवॉर्ड आदि भी शामिल हैं।
• इन्हें **स्वर कोकिला** भी कहा जाता था।
• लता मंगेशकर को **क्वीन ऑफ मेलोडी,** नाइटिंगेल ऑफ इण्डिया और वॉयस ऑफ द मिलेनियम आदि नामों से जाना जाता है।

1123. हिन्दुस्तानी शास्त्रीय परम्परा में भारतीय बाँसुरीवादक हरिप्रसाद चौरसिया को वर्ष 2000 में निम्नलिखित में से किस पुरस्कार से सम्मानित किया गया था?
SSC CGL Tier-1 11.09.2024 (Shift-III)
(a) पद्मश्री (b) भारत रत्न
(c) पद्म भूषण (d) पद्म विभूषण

उत्तर (d)

• हिन्दुस्तानी शास्त्रीय परम्परा में भारतीय बाँसुरी वादक हरिप्रसाद चौरसिया को वर्ष 2000 में **पद्म विभूषण** पुरस्कार दिया गया।
• इससे पहले इन्हें वर्ष 1992 में पद्म भूषण से सम्मानित किया गया था।
• हरिप्रसाद चौरसिया का सम्बन्ध प्रयाग राज के सेनिया संगीत घराने से है।

1124. तबला वादक उस्ताद जाकिर हुसैन को वर्ष 2023 में भारत सरकार द्वारा निम्नलिखित में से किस पुरस्कार से सम्मानित किया गया?
SSC CGL Tier-1 11.09.2024 (Shift-II)
(a) पद्म भूषण (b) पद्मश्री
(c) भारत रत्न (d) पद्म विभूषण

उत्तर (d)
• तबला बादक उस्ताद जाकिर हुसैन को वर्ष 2023 में भारत सरकार द्वारा पद्म विभूषण पुरस्कार से सम्मानित किया गया।
• इन्हें अमेरिकी सरकार ने वर्ष 1990 में 'इण्डो-अमेरिकी सम्मान' से सम्मानित किया था।

1125. अप्रैल, 2023 में किस ग़ज़ल गायक को प्रतिष्ठित दीनानाथ मंगेशकर पुरस्कार से सम्मानित किया गया था?
SSC CGL Tier-1 11.09.2024 (Shift-I)
(a) पंकज उधास (b) ग़ज़ल श्रीनिवास
(c) तलत अज़ीज़ (d) भूपिन्दर सिंह

उत्तर (a)
• अप्रैल, 2023 में पंकज उधास को दीनानाथ मंगेशकर पुरस्कार से सम्मानित किया गया।
• वर्ष 2006 में पंकज उधास को भारत के चौथे सबसे बड़े नागरिक सम्मान पद्मश्री से सम्मानित किया गया था।
• वर्ष 2024 का दीनानाथ मंगेशकर पुरस्कार अमिताभ बच्चन को दिया गया।

1126. निम्नलिखित में से वह कौन-सा कवि था, जिसने वर्ष 1913 में साहित्य के लिए नोबेल पुरस्कार प्राप्त किया था?
SSC CGL Tier-1 10.09.2024 (Shift-III)
(a) रवीन्द्रनाथ टैगोर (b) रूडयार्ड किपलिंग
(c) अरबिन्दो घोष (d) बंकिमचन्द्र चट्टोपाध्याय

उत्तर (a)
• **रवीन्द्रनाथ टैगोर** ने वर्ष 1913 में अपनी काव्य-रचना गीतांजलि के लिए साहित्य का नोबेल पुरस्कार प्राप्त किया।

1127. एम.जी. संगीत पुरस्कार प्रतिवर्ष निम्नलिखित में से किस राज्य द्वारा प्रदान किया जाता है?
SSC CGL Tier-1 10.09.2024 (Shift-III)
(a) नागालैण्ड (b) छत्तीसगढ़
(c) मणिपुर (d) मिज़ोरम

उत्तर (a)
• एम.जी. म्यूजिशियन गिल्ड संगीत पुरस्कार **नागालैण्ड** द्वारा आयोजित एक वार्षिक संगीत पुरस्कार समारोह है।
• यह पुरस्कार भारत के पूर्वोत्तर क्षेत्र के संगीतकारों के लिए प्रतिस्पर्धा करने का एक मंच है।
• **वर्ष 2021** में पहला एम.जी. अवॉर्ड वर्चुअली (आभासी रूप से) आयोजित किया गया था।

1128. सितार वादक पण्डित रविशंकर को वर्ष 1999 में भारत सरकार द्वारा निम्नलिखित में से किस पुरस्कार से सम्मानित किया गया था?
SSC CGL Tier-1 10.09.2024 (Shift-II)
(a) पद्म विभूषण (b) पद्मश्री
(c) भारत रत्न (d) पद्म भूषण

उत्तर (c)
• सितारवादक पण्डित रविशंकर को वर्ष 1999 में भारत सरकार द्वारा भारत रत्न पुरस्कार से सम्मानित किया गया।
• इन्हें वर्ष 1967 में पद्म भूषण, वर्ष 1981 में पद्म विभूषण आदि पुरस्कार दिए गए हैं।
• पण्डित रविशंकर को उनके उत्कृष्ट कार्यों के लिए तीन बार 'ग्रैमी अवॉर्ड' भी प्रदान किए गए हैं।
• मरणोपरान्त उन्हें 'ग्रैमी लाइफटाइम अचीवमेण्ट अवॉर्ड' से सम्मानित किया गया था। यह पुरस्कार पाने वाले ये पहले भारतीय हैं।

1129. 30 नवम्बर, 2022 को राष्ट्रपति भवन में आयोजित राष्ट्रीय खेल एवं साहसिक पुरस्कार-2022 समारोह में कितने पुरस्कार प्रदान किए गए?
SSC CGL Tier-1 10.09.2024 (Shift-I)
(a) 32 (b) 52
(c) 44 (d) 28

उत्तर (c)
• 30 नवम्बर, 2022 को राष्ट्रपति भवन में आयोजित राष्ट्रीय खेल एवं साहसिक पुरस्कार-2022 समारोह में **44 पुरस्कार प्रदान** किए गए।
• मेजर ध्यानचन्द रत्न पुरस्कार, द्रोणाचार्य पुरस्कार, अर्जुन पुरस्कार, मौलाना अबुल कलाम आजाद ट्रॉफी और तेनजिंग नोर्गे राष्ट्रीय साहसिक पुरस्कार शामिल हैं।
• पहली बार इन पुरस्कारों के लिए ऑनलाइन आवेदन आमन्त्रित किए गए थे।

1130. किस सरकार ने वर्ष 2022 में पण्डित अनिन्दो चटर्जी नामक प्रतिष्ठित तबलावादक को बंग विभूषण पुरस्कार से सम्मानित किया?
SSC CGL Tier-1 10.09.2024 (Shift-I)
(a) असम (b) त्रिपुरा
(c) झारखण्ड (d) पश्चिम बंगाल

उत्तर (d)
• **प. बंगाल सरकार** ने वर्ष 2022 में पण्डित अनिन्दो चटर्जी नामक प्रतिष्ठित तबलावादक को बंग विभूषण पुरस्कार से सम्मानित किया।
• यह पुरस्कार बंगाल सरकार द्वारा विभिन्न क्षेत्रों में लोगों को सम्मानित करने के लिए **25 जुलाई, 2011** को शुरू किया गया था।
• पं. अनिन्दो चटर्जी **फर्रूखाबाद घराने** के एक तबलावादक हैं। इनका जन्म 30 मई, 1954 काशिमपुर (प. बंगाल) में हुआ था।

1131. उत्तर प्रदेश राज्य से सम्बन्धित निम्नलिखित में से कौन पद्मश्री पुरस्कार विजेता लोक गायक/गायिका हैं?
SSC CGL Tier-1 09.09.2024 (Shift-III)
(a) अजिता श्रीवास्तव (b) गुरमीत बावा
(c) इला अरुण (d) तीजनबाई

उत्तर (a)
• उत्तर प्रदेश राज्य के **अजिता श्रीवास्तव** को कला क्षेत्र में उनके योगदान के लिए भारत सरकार द्वारा वर्ष 2022 में पद्मश्री से सम्मानित किया गया।
• इन्हें वर्ष 2017 में उत्तर प्रदेश संगीत नाटक अकादमी पुरस्कार से सम्मानित किया गया।
• इन्होंने कजरी जैसे लोकगीतों को लोकप्रिय बनाया। वर्ष 2021 में इन्हें **कजरी कोकिला** पुरस्कार दिया गया।

1132. निम्नलिखित में से कौन वर्ष 2002 में भारत के तीसरे सर्वोच्च नागरिक पुरस्कार पद्म भूषण से सम्मानित होने वाला सबसे कम आयु का वाद्ययन्त्र वादक था?
SSC CGL Tier-1 09.09.2024 (Shift-III)
(a) पण्डित भीमसेन जोशी
(b) उस्ताद जाकिर हुसैन
(c) पण्डित रविशंकर
(d) उस्ताद बिस्मिल्लाह खान

उत्तर (b)
• उस्ताद जाकिर हुसैन वर्ष 2002 में भारत के तीसरे सर्वोच्च नागरिक पुरस्कार पद्म भूषण से सम्मानित होने वाले सबसे कम आयु के वाद्ययन्त्र वादक थे।
• ये सुप्रसिद्ध तबला वादक हैं।
• कला क्षेत्र में इन्हें वर्ष 1988 में पद्मश्री से सम्मानित किया गया।
• मार्च, 2023 में इन्हें पद्म विभूषण से सम्मानित किया गया।
• 'लिविंग इन द मैटेरियल वर्ल्ड' इनका प्रथम एल्बम था।

1133. किस संगीत-रचयिता जोड़ी को वर्ष 2020 के राष्ट्रीय लता मंगेशकर पुरस्कार से सम्मानित किया गया था?
SSC CGL Tier-1 09.09.2024 (Shift-II)
(a) सलीम-सुलेमान (b) सचिन-जिगर
(c) आनन्द-मिलिन्द (d) जतिन-ललित

उत्तर (c)
• आनन्द मिलिन्द को वर्ष 2020 के राष्ट्रीय लता मंगेशकर पुरस्कार से सम्मानित किया गया था।
• यह पुरस्कार मध्य प्रदेश सरकार के द्वारा सुगम संगीत में कलात्मक उत्कृष्टता को बढ़ावा देने के लिए दिया जाता है।
• इस पुरस्कार में **दो लाख रुपये नकद** और एक सर्टिफिकेट दिया जाता है।
• **वर्ष 2019** में यह पुरस्कार **शैलन्द्र सिंह** को दिया गया था।
• उत्तम सिंह और के. एस. चित्रा को वर्ष 2022 और 2023 के लिए यह पुरस्कार दिया जाएगा।

1134. लता मंगेशकर को वर्ष 2001 में निम्नलिखित में से किस पुरस्कार से सम्मानित किया गया था?
SSC CGL Tier-1 09.09.2024 (Shift-I)
(a) भारत रत्न
(b) दादा साहेब फाल्के पुरस्कार
(c) पद्म विभूषण
(d) फिल्मफेयर लाइफटाइम अचीवमेण्ट अवॉर्ड

उत्तर (a)
• लता मंगेशकर को **वर्ष 2001** में भारत रत्न पुरस्कार से सम्मानित किया गया था।
• भारत रत्न देश का सर्वोच्च नागरिक सम्मान है, जो **वर्ष 1954** में प्रारम्भ किया गया था।

• **वर्ष 2024** में 5 व्यक्तियों (कर्पूरी ठाकुर, लालकृष्ण आडवाणी, चौधरी चरण सिंह, पीवी नरसिम्हा राव, एम.एस. स्वामीनाथन) को भारत रत्न से सम्मानित किया गया।

1135. मोहन वीणा वादक, पण्डित विश्व मोहन भट्ट ने वर्ष 1994 में ········ पुरस्कार जीता।
SSC CGL Tier-1 09.09.2024 (Shift-I)
(a) ग्रैमी (b) संगीत नाटक अकादमी
(c) ऑस्कर (d) संगीत कलानिधि

उत्तर (a)

• मोहन वीणावादक पण्डित विश्वमोहन भट्ट ने वर्ष 1994 में **ग्रैमी पुरस्कार** जीता था।
• पण्डित विश्वमोहन भट्ट को पद्म भूषण, पद्मश्री जैसे सम्मानों से भी सम्मानित किया जा चुका है।
• पण्डित विश्वमोहन भट्ट जयपुर, राजस्थान से सम्बद्ध हैं। इनका जन्म वर्ष 1950 को हुआ था।

SSC CGL 2023 (Tier 1 & 2)

1136. लाइनस कार्ल पॉलिंग को 'रासायनिक आबन्ध की प्रकृति और जटिल पदार्थों की संरचना की व्याख्या के लिए इसके अनुप्रयोग के क्षेत्र में उनके शोध' के लिए रसायन विज्ञान में नोबेल पुरस्कार कब मिला था?
SSC CGL Tier-1 14.07.2023 (Shift-II)
(a) 1950 (b) 1958 (c) 1954 (d) 1956

उत्तर (c)

• लाइनस कार्ल पॉलिंग को रसायन विज्ञान में **वर्ष 1954** में नोबेल पुरस्कार मिला।
• वर्ष 1962 में सामुदायिक हथियारों के विरोध के लिए भी उन्हें **नोबेल शान्ति पुरस्कार** से सम्मानित किया गया।

1137. निम्नलिखित में से किस कलाकार ने वर्ष 1975 में 'मीना गुर्जरी' के लिए सर्वश्रेष्ठ अभिनेत्री का पुरस्कार जीता था?
SSC CGL Tier-1 14.07.2023 (Shift-II)
(a) सितारा देवी (b) मल्लिका साराभाई
(c) शोवना नारायण (d) सोनल मानसिंह

उत्तर (b)

• भारत की अग्रणी शास्त्रीय नर्तक और कोरियोग्राफर **मल्लिका साराभाई** को मैना गुर्जरी के लिए वर्ष 1975 में सर्वश्रेष्ठ अभिनेत्री का पुरस्कार मिला।
• वे एक प्रशंसित अभिनेत्री और एक प्रमुख सामाजिक राजनीतिक कार्यकर्ता भी थीं।
• मीना गुर्जरी एक गुजराती फिल्म है, जो प्रसिद्ध गुजराती लोक गायिका मीना पटेल के जीवन पर आधारित है।

1138. प्रसिद्ध मणिपुरी नृत्यांगना, श्रुति बन्दोपाध्याय की उपलब्धियों के सन्दर्भ में सही कथन का चयन करें। SSC CGL Tier-1 14.07.2023 (Shift-IV)
(a) उन्हें वर्ष 2020 के लिए पद्मश्री मिला
(b) उन्हें वर्ष 2020 के लिए कालिदास सम्मान मिला
(c) उन्हें वर्ष 2020 के लिए पद्म विभूषण मिला
(d) उन्हें वर्ष 2020 का संगीत नाटक अकादमी पुरस्कार मिला

उत्तर (d)

• श्रुति बन्दोपाध्याय को **वर्ष 2020 का संगीत नाटक अकादमी पुरस्कार मिला।**
• इन्हें मणिपुरी नृत्य में नृत्य चूड़ामणि पुरस्कार व राजीव गाँधी राष्ट्रीय सद्भावना पुरस्कार सहित कई अन्य पुरस्कारों से सम्मानित किया जा चुका है।

1139. भारत की राष्ट्रपति द्रौपदी मुर्मू ने 7 जनवरी, 2023 को नई दिल्ली में डिजिटल इण्डिया पुरस्कार के ·········· के विजेताओं को पुरस्कार प्रदान किए।
SSC CGL Tier-1 17.07.2023 (Shift-I)
(a) सातवें संस्करण
(b) पाँचवें संस्करण
(c) आठवें संस्करण
(d) छठें संस्करण

उत्तर (a)

• भारत की राष्ट्रपति द्रौपदी मुर्मू ने 7 जनवरी, 2023 को नई दिल्ली में डिजिटल इण्डिया पुरस्कार के **7वें संस्करण** के विजेताओं को पुरस्कृत किया।
• वर्ष 2025 में डिजिटल इण्डिया पुरस्कार के 9वें संस्करण का आयोजन किया गया।
• इसकी शुरुआत **जुलाई, 2015** से हुई थी।

1140. होजागिरी नृत्य शैली को बढ़ावा देने के लिए सत्यराम रियांग को पद्मश्री प्राप्त हुआ था। वह निम्नलिखित में से किस राज्य से सम्बन्धित हैं?
SSC CGL Tier-1 17.07.2023 (Shift-III)
(a) असम (b) मणिपुर
(c) त्रिपुरा (d) सिक्किम

उत्तर (c)

• होजागिरी नृत्य शैली को बढ़ावा देने के लिए सत्यराम रियांग को पद्मश्री प्राप्त हुआ था। वह **त्रिपुरा** राज्य से सम्बन्धित हैं।
• सत्यराम रियांग को वर्ष 2021 में होजागिरी नृत्य के लिए पद्मश्री तथा वर्ष 1986 में संगीत नाटक अकादमी पुरस्कार से सम्मानित किया गया।
• होजागिरी नृत्य त्रिपुरा में **रियांग कबीले** के त्रिपुरी लोगों द्वारा किया जाता है।

1141. सामाजिक न्याय, 2021 के लिए टेरेसा मेमोरियल अवॉर्ड से किसे सम्मानित किया गया? SSC CGL Tier-1 17.07.2023 (Shift-III)
(a) अनिल प्रकाश जोशी
(b) राजेन्द्र सिंह
(c) सुमेरा अब्दुल अली
(d) जादव पायेंग

उत्तर (a)

• सामाजिक न्याय, 2021 के लिए टेरेसा मेमोरियल अवॉर्ड से **अनिल प्रकाश जोशी** को सम्मानित किया गया।
• टेरेसा मेमोरियल अवॉर्ड शान्ति, समानता और सामाजिक न्याय को बढ़ावा देने वाले व्यक्तियों और संगठनों को सम्मानित करने के लिए प्रदान किया जाता है।
• मदर टेरेसा मेमोरियल अवॉर्ड की शुरुआत वर्ष 2005 में हुई थी।

1142. किस दिन के उत्सव के दौरान परमवीर चक्र, अशोक चक्र और वीर चक्र प्रदान किए जाते हैं? SSC CGL 17.07.2023 (Shift-IV)
(a) स्वतन्त्रता दिवस
(b) गाँधी जयन्ती
(c) गणतन्त्र दिवस
(d) भारतीय वायुसेना दिवस

उत्तर (c)

• भारत सरकार द्वारा **गणतन्त्र दिवस** (26 जनवरी) पर तीन वीरता पुरस्कार **परमवीर चक्र, महावीर चक्र** और **वीर चक्र** अदम्य साहस, पराक्रम व आत्म बलिदान हेतु प्रदान किए जाते हैं।
• इनकी शुरुआत 26 जनवरी, 1950 को हुई थी।
• सर्वप्रथम परमवीर चक्र से मेजर सोमनाथ शर्मा को सम्मानित किया गया था।

1143. वर्ष 1956 में निम्नलिखित में से किस खोज के लिए विलियम ब्रैडफोर्ड शॉकले, जॉन बारडीन और वाल्टर हाउसर ब्रिटेन को संयुक्त रूप से भौतिकी का नोबेल पुरस्कार दिया गया था?
SSC CGL Tier-1 17.07.2023 (Shift-IV)
(a) तापायनिक उत्सर्जन की खोज
(b) ट्रांजिस्टर प्रभाव की खोज
(c) तापमान और स्पर्श के लिए अभिग्राहक की खोज
(d) विद्युत चुम्बकीय प्रेरण की खोज

उत्तर (b)

• **ट्रांजिस्टर प्रभाव की खोज** के लिए विलियम ब्रैडफोर्ड शॉकले, जॉन बारडीन और वाल्टर हाउसर ब्रिटेन को संयुक्त रूप से भौतिकी का नोबेल पुरस्कार दिया गया था।
• वर्ष 2023 का भौतिकी का नोबेल पुरस्कार संयुक्त रूप से **पियरे एगोस्टिनी, फरेन्क क्रॉस्ज** व **ऐनी एल. हुइलियर** को **एटोसेकण्ड पल्स** के विकास के लिए दिया गया।
• नोबेल पुरस्कार की शुरुआत वर्ष 1901 में हुई थी।

1144. राष्ट्रपति रामनाथ कोविन्द ने वर्ष 2021 में जोगती नृत्य के लिए माथा बी मंजम्मा को कौन-सा पुरस्कार प्रदान किया?
SSC CGL Tier-1 18.07.2023 (Shift-I)
(a) संगीत नाटक अकादमी
(b) पद्मश्री
(c) पद्म विभूषण
(d) पद्म भूषण

उत्तर (b)

• पूर्व राष्ट्रपति रामनाथ कोविन्द ने वर्ष 2021 में जोगती नृत्य के लिए **माथा बी मंजम्मा** को **पद्मश्री पुरस्कार** से सम्मानित किया।
• यह नृत्य मुख्यत: ट्रांस वीमेन (ट्रांसजेण्डर) द्वारा किया जाता है।
• मंजम्मा जोगथी, एक भारतीय थिएटर अभिनेत्री, गायिका और उत्तरी कर्नाटक के लोक नृत्य जोगती नृत्य की नर्तकी हैं।

1145. वर्ष 2019 में पद्मश्री पुरस्कार से सम्मानित नर्तकी नटराज को निम्नलिखित में से किस योगदान के लिए यह पुरस्कार प्रदान किया गया? **SSC CGL Tier-1 18.07.2023 (Shift-II)**

(a) भरतनाट्यम नृत्य प्रदर्शन के माध्यम से सामाजिक बहिष्कार पर काबू पाने के लिए
(b) भारतीय ज्ञान प्रणाली न्यायशास्त्र में विशेषज्ञता के लिए
(c) विश्व में भारतीय व्यंजनों को लोकप्रिय बनाने के लिए
(d) कृषि के माध्यम से महिला सशक्तीकरण लाने के लिए

उत्तर (a)

- भरतनाट्यम नृत्य प्रदर्शन के माध्यम से सामाजिक बहिष्कार पर काबू पाने के लिए नर्तकी नटराज (पहली ट्रांसजेण्डर महिला) को वर्ष 2019 में पद्मश्री पुरस्कार से सम्मानित किया गया।
- पद्म पुरस्कारों की शुरुआत **वर्ष 1954** में हुई थी।

1146. तेलुगू फिल्म आरआरआर (RRR) ने निम्नलिखित में से किसके द्वारा रचित नाटू नाटू गीत के लिए गोल्डन ग्लोब जीतकर इतिहास रच दिया? **SSC CGL Tier-1 18.07.2023 (Shift-II)**

(a) ए. आर. रहमान
(b) एम. एम. कीरावनी
(c) मर्विन सोलोमन
(d) शंकर-एहसान-लॉय

उत्तर (b)

- तेलुगू फिल्म आरआरआर (RRR) के गीत नाटू-नाटू के लिए **एम.एम. कीरावनी** को 'गोल्डन ग्लोब पुरस्कार' प्राप्त हुआ।
- नाटू-नाटू गीत ने 24 जनवरी, 2022 को सर्वश्रेष्ठ मूल गीत श्रेणी में 95वाँ ऑस्कर नामांकन जीता।
- आर.आर.आर. (RRR) मूवी के निर्देशक एस.एस. राजमौली हैं।

1147. पद्मजा रेड्डी, जिन्हें वर्ष 2022 में पद्मश्री से सम्मानित किया गया था, निम्नलिखित में से किस नृत्य शैली के लिए प्रसिद्ध है? **SSC CGL Tier-1 18.07.2023 (Shift-III)**

(a) ओडिसी (b) कुचिपुड़ी
(c) भरतनाट्यम (d) कथक

उत्तर (b)

- पद्मजा रेड्डी, कुचिपुड़ी नृत्य में निपुण हैं। इन्हें वर्ष 2022 में पद्मश्री से सम्मानित किया गया।
- वर्ष 2016 में भारत के पूर्व राष्ट्रपति प्रणब मुखर्जी द्वारा उन्हें **संगीत नाटक अकादमी पुरस्कार** से सम्मानित किया गया था।
- कुचिपुड़ी नृत्य आन्ध्र प्रदेश का शास्त्रीय नृत्य है।

1148. पण्डित बिरजू महाराज को वर्ष 1986 में निम्नलिखित में से कौन-सा पुरस्कार प्राप्त हुआ था? **SSC CGL Tier-1 19.07.2023 (Shift-I)**

(a) पद्म विभूषण
(b) पद्म भूषण
(c) संगीत नाटक अकादमी
(d) पद्मश्री

उत्तर (a)

- पण्डित बिरजू महाराज को वर्ष 1986 में पद्म विभूषण से सम्मानित किया गया।
- वे शास्त्रीय कथक नृत्य के **लखनऊ** कालिका बिन्दादीन घराने के अग्रणी नर्तक थे।
- **16 जनवरी, 2022** को उनकी मृत्यु हो गई।

1149. कमलिनी और नलिनी अस्थाना को वर्ष 2022 में निम्न में से किसके लिए पद्मश्री से सम्मानित किया गया था? **SSC CGL Tier-1 12.12.2022 (Shift-IV)** **SSC CGL Tier-1 19.07.2023 (Shift-I)**

(a) भारतीय व्यंजनों को दुनिया के सामने लाने के लिए
(b) गुजरात में आपदा राहत कार्य के लिए
(c) भारतीय समाज के अध्ययन में विशेषज्ञता के लिए
(d) कथक को विश्व स्तर पर पढ़ाने और प्रचारित करने के लिए

उत्तर (d)

- **कथक** को विश्व स्तर पर प्रचारित करने के लिए **आगरा** की प्रशंसित नर्तकी नलिनी और कमलिनी अस्थाना को पद्मश्री से सम्मानित किया गया।
- बनारस घराने से सम्बन्धित इस जोड़ी ने **कैलाश मानसरोवर** और **बद्रीनाथ** में **18000 फीट** की ऊँचाई पर नृत्य करके एक रिकॉर्ड बनाया है।
- उन्होंने **इनर लन्दन एजुकेशन अथॉरिटी** (ILEA) के लिए **वॉयज ऑफ कथक** नामक एक फिल्म भी बनाई है।

1150. निम्नलिखित में से किसमें योगदान के लिए गुरु शशधर आचार्य को वर्ष 2020 में पद्मश्री से सम्मानित किया गया था? **SSC CGL Tier-1 19.07.2023 (Shift-II)**

(a) कथक नृत्य और प्रशिक्षण
(b) लोक और सूफी गायन
(c) ओडिसी चैती घोड़ा नृत्य
(d) छऊ नृत्य

उत्तर (d)

- **छऊ नृत्य** के लिए शशधर आचार्य को वर्ष 2020 में पद्मश्री से सम्मानित किया गया।
- झारखण्ड का **सरायकेला-खरसावाँ** जिला छऊ नृत्य का केन्द्र है।
- इस नृत्य को वर्ष 2024 में 9वें भारतीय शास्त्रीय नृत्य के रूप में मान्यता प्रदान की गई है।

1151. श्री ओमप्रकाश मिठारवाल निम्नलिखित में से किस खेल में उत्कृष्ट योगदान के लिए अर्जुन पुरस्कार, 2022 से सम्मानित होने के कारण खबरों में थे? **SSC CGL Tier-1 19.07.2023 (Shift-II)**

(a) वुशु (b) शूटिंग
(c) टेबल टेनिस (d) भारोत्तोलन

उत्तर (b)

- श्री ओमप्रकाश मिठारवाल **शूटिंग** के लिए अर्जुन पुरस्कार प्राप्त करने के कारण खबरों में थे।
- अन्तर्राष्ट्रीय स्तर पर उन्होंने **तीन स्वर्ण**, **एक रजत** और **दो कांस्य** तथा नेशनल लेवल पर वर्ष 2015 से 2022 तक नौ स्वर्ण पदक, दो रजत और एक कांस्य पदक जीते हैं।

1152. जोरावर सिंह जाधव को निम्नलिखित में से किस नृत्य शैली में उनके योगदान के लिए पद्मश्री 2019 से सम्मानित किया गया था? **SSC CGL Tier-1 19.07.2023 (Shift-III)**

(a) महाराष्ट्रीयन लोकनृत्य रूप, तमाशा
(b) राजस्थानी लोकनृत्य रूप, घूमर
(c) कर्नाटक लोकनृत्य, यक्षगान
(d) गुजराती लोकनृत्य रूप, भवई

उत्तर (d)

- जोरावर सिंह जाधव को गुजराती लोकनृत्य रूप, भवई में योगदान हेतु पद्मश्री 2019 से सम्मानित किया।
- इस नृत्य में सामाजिक बुराइयों को प्रदर्शित किया जाता है।
- यह पश्चिमी भारत (विशेषकर गुजरात) का प्रसिद्ध लोकनाट्य है। इसे वेष या स्वांग भी कहते हैं।

1153. निम्नलिखित में से किसने नागा लोक संगीत बनाने के S और T के आधारित अभिनव तरीकों पर अपने प्रयासों के लिए वर्ष 2023 के लिए पद्म पुरस्कार जीता? **SSC CGL Tier-1 19.07.2023 (Shift-III)**

(a) बाबा बलिया (b) मोआ सुबोंग
(c) सी. वी. राजू (d) टी. सेनका एओ

उत्तर (b)

- **श्री मोआ सुबोंग** ने नागा लोक संगीत बनाने के S और T के आधारित अभिनव तरीकों पर अपने प्रयासों के लिए वर्ष 2023 के लिए पद्म पुरस्कार जीता।
- नागालैण्ड स्थित दीमापुर के श्री मोआ सुबोंग ने **बमहम** नामक **बाँस** से बना एक नया पवन वाद्ययन्त्र विकसित किया है।
- इन्हें **9 राष्ट्रीय** नवाचार पुरस्कार से वर्ष 2017 में सम्मानित किया गया था।

1154. श्रीलंका की वजीरा चित्रसेना को निम्नलिखित में से किसके लिए पद्मश्री पुरस्कार 2020 से सम्मानित किया गया था? **SSC CGL Tier-1 19.07.2023 (Shift-IV)**

(a) भारतीय शास्त्रीय संगीत के माध्यम से भारत श्रीलंका सम्बन्धों को बेहतर बनाने के लिए
(b) भारतीय शास्त्रीय नृत्य के माध्यम से भारत और श्रीलंका सम्बन्धों को बेहतर बनाने के लिए
(c) सामाजिक कार्यों के माध्यम से भारत-श्रीलंका सम्बन्धों को बेहतर बनाने के लिए
(d) शिक्षा के माध्यम से भारत-श्रीलंका सम्बन्धों को बेहतर बनाने के लिए

उत्तर (c)

- सामाजिक कार्यों के माध्यम से भारत और श्रीलंका सम्बन्धों को बेहतर बनाने के लिए वजीरा चित्रसेना को पद्मश्री (2020) से सम्मानित किया गया।
- वे श्रीलंकाई पारम्परिक नर्तक, कोरियोग्राफर व शिक्षक हैं, उन्हें श्रीलंका की पहली **प्राइमा बैलेरीना** माना जाता है।
- इन्होंने भारतीय शास्त्रीय नृत्य के माध्यम से भारत और श्रीलंका के बीच सम्बन्धों को मजबूत किया है।

1155. राष्ट्रीय नृत्य शिरोमणि पुरस्कार, 2022 अपर्णा वजीरा चित्रसेना को निम्नलिखित में से किस नृत्य शैली के लिए प्रदान किया गया था? SSC CGL Tier-1 20.07.2023 (Shift-III)

(a) कथकली (b) कुचिपुड़ी
(c) ओडिसी (d) भरतनाट्यम

उत्तर (b)

• अपर्णा वजीरा चित्रसेन को **कुचिपुड़ी नृत्य** के लिए राष्ट्रीय नृत्य शिरोमणि पुरस्कार, 2022 से सम्मानित किया गया।
• यह आन्ध्र प्रदेश राज्य का भगवान कृष्णा को समर्पित शास्त्रीय नृत्य है।
• नृत्य शिरोमणि पुरस्कार किसी को नहीं मिला।

1156. भारतीय संगीतकार रविशंकर ने सर्वश्रेष्ठ चैम्बर संगीत प्रदर्शन के लिए वर्ष 1968 में **अपना पहला ग्रैमी पुरस्कार** निम्नलिखित में से किस एल्बम के लिए जीता था?
SSC CGL Tier-1 26.07.2023 (Shift-III)

(a) द कॉन्सर्ट फॉर बांग्लादेश
(b) वेस्ट मीट्स ईस्ट
(c) फुल सर्कल-कार्नेगी हॉल
(d) द साउण्ड ऑफ इण्डिया

उत्तर (b)

• भारतीय संगीतकार रविशंकर ने सर्वश्रेष्ठ चैम्बर संगीत प्रदर्शन के लिए वर्ष 1968 में **अपना पहला ग्रैमी पुरस्कार** वेस्ट मीट्स ईस्ट एल्बम के लिए जीता था?
• रविशंकर ने भारतीय शास्त्रीय संगीत की शिक्षा उस्ताद अल्लाउद्दीन खाँ से प्राप्त की थी।
• उन्हें वर्ष 1999 में **भारत रत्न** से सम्मानित किया गया था।

SSC CGL 2022 (Tier 1 & 2)

1157. निम्नलिखित में से कौन-सा/सी बॉलीवुड कोरियोग्राफर 2003, 2007 और 2009 में तीन बार राष्ट्रीय पुरस्कार विजेता रहा/रही? उन्होंने संजय लीला भंसाली की फिल्म 'देवदास' सहित कई हिन्दी फिल्मों में काम किया है? SSC CGL Tier-1 01.12.2022 (Shift-III)

(a) गीता कपूर (b) वैभवी मर्चेण्ट
(c) सरोज खान (d) फराह खान

उत्तर (c)

• **सरोज खान** 3 बार राष्ट्रीय पुरस्कार तथा 8 फिल्मफेयर सर्वश्रेष्ठ कोरियोग्राफी पुरस्कार विजेता रहीं।
• अपने कैरियर में सरोज खान ने 2000 से अधिक गानों को कोरियोग्राफ किया था।
• 3 जुलाई, 2020 को सरोज खान की मृत्यु हृदयघात के कारण हो गई।

1158. वर्ष 2019 में अकादमी पुरस्कार प्राप्त करने वाले को कितना नकद पुरस्कार (पर्स मनी) दिया गया? SSC CGL Tier-1 05.12.2022 (Shift-III)

(a) ₹ 2 लाख (b) ₹ 3 लाख
(c) ₹ 4 लाख (d) ₹ 1 लाख

उत्तर (d)

• वर्ष 2019 में अकादमी पुरस्कार प्राप्त करने वाले को 1 लाख नकद पुरस्कार दिया गया।
• अकादमी पुरस्कार एक साहित्यिक सम्मान है, जो साहित्य अकादमी द्वारा 24 भारतीय भाषाओं में प्रदान किया जाता है।
• इस पुरस्कार की शुरुआत वर्ष 1955 में हुई थी।

1159. गायिका सुजाता और अनन्तू को तमिलनाडु सरकार द्वारा वर्ष .... के लिए कलैमामणि पुरस्कार से सम्मानित किया गया है।
SSC CGL Tier-1 01.12.2022 (Shift-IV)

(a) 2021 (b) 2020 (c) 2022 (d) 2019

उत्तर (a)

• **वर्ष 2021** में तमिलनाडु सरकार ने सिंगर की श्रेणी में कलैमामणि पुरस्कार सुजाता एवं अनन्तू को दिया है।
• ये पुरस्कार तमिलनाडु इयाल ईसाई नाटक मंद्रयं, कला और संस्कृति निर्देशालय तमिलनाडु सरकार की एक इकाई द्वारा राज्य में कलाकारों को उनकी उपलब्धि के लिए दिए जाते हैं।
• यह पुरस्कार राज्य के फिल्म क्षेत्र से जुड़े कलाकार, संगीत तथा अभिनय इत्यादि के लिए दिया जाता है।

1160. निम्नलिखित में से किस भारतीय संगीत निर्देशक ने वर्ष 2022 में एम्सटर्डम इण्टरनेशनल फिल्म फेस्टिवल में बेस्ट ओरिजिनल स्कोर पुरस्कार प्राप्त किया?
SSC CGL Tier-1 02.12.2022 (Shift-IV)

(a) सन्तोष नारायणन (b) हैरिस जयराज
(c) इलयराजा (d) ए. आर. रहमान

उत्तर (c)

• भारतीय संगीत निर्देशक **इलयराजा या इलैयाराजा** ने एम्सटर्डम इण्टरनेशनल फिल्म फेस्टिवल में सर्वश्रेष्ठ मूल संगीत का पुरस्कार जीता है।
• इन्होंने यह पुरस्कार निर्देशक अजितवासन उग्गिना की **इण्डो-इंग्लिश** फिल्म 'ए ब्यूटीफुल ब्रेकअप' में अपनी संगीत रचनाओं के लिए प्राप्त किया है।

1161. राजश्री शिर्के को कथक में उनके उत्कृष्ट प्रदर्शन के लिए, 2013 में निम्नलिखित में से कौन-से प्रतिष्ठित नृत्य पुरस्कार से सम्मानित किया गया था?
SSC CGL Tier-1 03.12.2022 (Shift-III)

(a) संगीत नाटक अकादमी पुरस्कार
(b) पद्मश्री
(c) कालिदास सम्मान
(d) राष्ट्रीय फिल्म पुरस्कार

उत्तर (a)

• राजश्री शिर्के को वर्ष 2013 में संगीत नाटक अकादमी पुरस्कार से सम्मानित किया गया। यह पुरस्कार कथक नृत्य में उनके उत्कृष्ट प्रदर्शन के लिए दिया गया था।
• 15 नवम्बर, 1951 को मुम्बई में जन्मी राजश्री शिर्के, श्रीमती कनक रेले की शिष्या रही हैं।
• संगीत नाटक अकादमी पुरस्कार कला में कार्य करने वालों को दिया जाने वाला सर्वोच्च सम्मान है।

1162. कालिदास सम्मान किस वर्ष स्थापित किया गया था? SSC CGL Tier-1 03.12.2022 (Shift-II)

(a) 1975 में (b) 1984 में
(c) 1980 में (d) 1978 में

उत्तर (c)

• कालिदास सम्मान की स्थापना **वर्ष 1980** में की गई थी।
• कालिदास सम्मान भारत की मध्य प्रदेश सरकार द्वारा दिया जाने वाला प्रतिष्ठित सम्मान है।
• वर्ष 2023 का कालिदास सम्मान मैसूर के कलाकार रघुपति भट्ट को दिया गया है।
• रघुपति भट्ट को गंजिफा कला के क्षेत्र में कार्य करने के लिए वर्ष 2024 का कालिदास सम्मान दिया गया।

1163. निम्नलिखित में से किसने अन्तर्राष्ट्रीय संगीत में अपने योगदान के लिए ऑस्कर और गोल्डन ग्लोब पुरस्कार जीता है?
SSC CGL Tier-1 03.12.2022 (Shift-II)

(a) ए.आर.रहमान (b) रवि शंकर
(c) जाकिर हुसैन (d) पण्डित जसराज

उत्तर (a)

• वर्ष 2009 में फिल्म 'स्लमडॉग मिलियनेयर' के संगीत के लिए **ए. आर. रहमान** ने गोल्डन ग्लोब पुरस्कार जीता।
• वह एक भारतीय संगीतकार, रिकॉर्ड निर्माता, गायक और गीतकार हैं, जो भारतीय सिनेमा में अपने कार्यों के लिए लोकप्रिय हैं।

1164. निम्नलिखित में से कौन ग्रैमी पुरस्कार जीतने वाले पहले भारतीय थे?
SSC CGL Tier-1 03.12.2022 (Shift-II)

(a) पण्डित शिवकुमार शर्मा
(b) उस्ताद जाकिर हुसैन
(c) पण्डित रविशंकर
(d) पण्डित विश्वमोहन भट्ट

उत्तर (c)

• **पण्डित रविशंकर** ग्रैमी पुरस्कार जीतने वाले प्रथम भारतीय भी थे।
• उन्होंने विश्व के कई महत्त्वपूर्ण संगीत उत्सवों में भाग लिया है। इनका सम्बन्ध सितार वादन से है।
• वर्ष 2024 ग्रैमी पुरस्कार में सर्वश्रेष्ठ वैश्विक संगीत एल्बम का पुरस्कार भारतीय संगीतकार शंकर महादेवन व जाकिर हुसैन को उनके एल्बम फ्यूजन बैण्ड 'शक्ति' के लिए प्रदान किया गया।

1165. मन्ना डे को किस वर्ष के लिए दादा साहेब फाल्के पुरस्कार से सम्मानित किया गया था?
SSC CGL Tier-1 03.12.2022 (Shift-IV)

(a) वर्ष 2015 (b) वर्ष 2001
(c) वर्ष 2019 (d) वर्ष 2007

उत्तर (d)

• मन्ना डे को वर्ष 2007 के दादा साहेब फाल्के अवॉर्ड से सम्मानित किया।
• उन्हें वर्ष 1971 में पद्मश्री व वर्ष 2005 में पद्म भूषण पुरस्कार से भी सम्मानित किया गया था।
• उन्होंने लगभग 3000 से अधिक गानों में अपनी आवाज दी।

1166. निम्नलिखित कण्टेम्परारी स्टाइल नर्तकों. नृत्यांगनाओं में से डांस वेब (WEB) यूरोप छात्रवृत्ति प्राप्त करने वाले पहले भारतीय नर्तक/नृत्यांगना कौन थे, जिन्होंने फिल्म 'लगान' में अपने कार्य के लिए वर्ष 2002 का अमेरिकी कोरियोग्राफी पुरस्कार भी जीता था? **SSC CGL Tier-1 05.12.2022 (Shift-II)**

(a) एशले लोबो (b) पद्मनी चेट्टूर
(c) टेरेंस लुइस (d) शक्ति मोहन

उत्तर (c)

• **टेरेंस लुइस** एक भारतीय नर्तक व कोरियोग्राफर हैं, जो डांस वेब यूरोप (WEB) छात्रवृत्ति प्राप्त करने वाले प्रथम भारतीय नर्तक हैं। इन्हें वर्ष 2002 में अमेरिकी कोरियोग्राफी पुरस्कार प्राप्त हुआ था।
• ये महाराष्ट्र राज्य में मुम्बई शहर के निवासी हैं।
• इनका नाम चार बार गिनीज बुक ऑफ रिकॉर्ड्स में दर्ज है।

1167. किस भारतीय संगीतकार ने ओस्लो में वर्ष 2014 में नोबेल शान्ति पुरस्कार समारोह में 'शान्ति के लिए राग' (Raga For Peace)' का प्रदर्शन किया था? **SSC CGL Tier-1 05.12.2022 (Shift-IV)**

(a) बुद्धदेव दास गुप्ता (b) सात्यकि बनर्जी
(c) अमजद अली खान (d) बहादुर खान

उत्तर (c)

• भारतीय संगीतकार **अमजद अली खान** ने ओस्लो में वर्ष 2014 में नोबेल शान्ति पुरस्कार समारोह में 'शान्ति के लिए राग' का प्रदर्शन किया था।
• वे संगीत के सेनिया बंगश घराने से सम्बन्धित थे।
• इन्होंने मात्र बारह वर्ष की आयु में एकल सरोद-वादन का पहला सार्वजनिक प्रदर्शन किया था।

1168. निम्नलिखित में से किसे हिन्दी फिल्म 'लगान' में अपनी कोरियोग्राफी के लिए वर्ष 2002 में राष्ट्रीय फिल्म पुरस्कार से सम्मानित किया गया था? **SSC CGL Tier-1 05.12.2022 (Shift-IV)**

(a) दिनेश कुमार (b) अहमद खान
(c) श्यामक दावर (d) राजू खान

उत्तर (d)

• राजू खान को हिन्दी फिल्म लगान में अपनी कोरियोग्राफी के लिए वर्ष 2002 में राष्ट्रीय फिल्म पुरस्कार से सम्मानित किया गया।
• राष्ट्रीय फिल्म समारोह वर्ष 1954 में स्थापित भारत का सबसे प्रमुख पुरस्कार समारोह है।
• वर्ष 2022 में यह पुरस्कार 'तानाजी' फिल्म को दिया गया था।
• 70वें राष्ट्रीय फिल्म पुरस्कार 2024 में बेस्ट फिल्म का अवॉर्ड अट्टम (मलयालम) को मिला।

1169. भरतनाट्यम और कुचिपुड़ी नृत्यांगना यामिनी कृष्णमूर्ति को वर्ष 2016 में निम्नलिखित में से किस पुरस्कार से सम्मानित किया गया था? **SSC CGL Tier-1 06.12.2022 (Shift-I)**

(a) पद्म भूषण (b) पद्मश्री
(c) टैगोर पुरस्कार (d) पद्म विभूषण

उत्तर (d)

• यामिनी कृष्णमूर्ति को **पद्म विभूषण** वर्ष 2016 में प्रदान किया गया।
• इन्हें पद्मश्री वर्ष 1968 में तथा पद्म भूषण वर्ष 2001 में मिला था। उन्हें तिरुमाला तिरुपति देवस्थानम की अस्थाना नर्तकी अर्थात् निवासी नर्तकी होने का सम्मान प्राप्त है।
• इन्हें वर्ष 1977 में संगीत नाटक अकादमी पुरस्कार से भी सम्मानित किया गया था।
• इनका निधन 3 अगस्त, 2024 को नई दिल्ली के अपोलो अस्पताल में हो गया था।

1170. निम्नलिखित में से कौन ग्रैमी पुरस्कार जीतने वाली पहली भारतीय महिला संगीतकार थीं? **SSC CGL Tier-1 06.12.2022 (Shift-III)**

(a) नीति मोहन (b) शाल्मली खोलगड़े
(c) श्वेता पण्डित (d) तन्वी शाह

उत्तर (d)

• **तन्वी शाह** ग्रैमी पुरस्कार प्राप्त करने वाली पहली भारतीय महिला संगीतकार हैं।
• इनका जन्म 1 दिसम्बर, 1985 को तमिलनाडु में हुआ था।
• इन्होंने तमिल, हिन्दी और तेलुगू भाषा में गाने गाए हैं।
• इनका पहला गाना फिल्म युवा के लिए 'फना' था। इन्हें 'जय हो' गीत के स्पेनिश बोल लिखने के लिए ए.आर. रहमान और गुलजार के साथ सम्मिलित रूप से ग्रैमी पुरस्कार मिला।

1171. निम्नलिखित में से किसने वर्ष 1971 में पद्म विभूषण पुरस्कार जीता था? **SSC CGL Tier-1 06.12.2022 (Shift-III)**

(a) एस स्वामीनाथन (b) राजीव नारायण
(c) उदय शंकर (d) देवजानी चालिहा

उत्तर (c)

• **उदय शंकर** को वर्ष 1971 में पद्म विभूषण से सम्मानित किया गया।
• वे आधुनिक भारतीय नृत्य के जन्मदाता व विश्व प्रसिद्ध नर्तक व कोरियोग्राफर थे।
• उन्होंने भारतीय नृत्य को यूरोप व अमेरिका में लोकप्रिय बनाया।
• विश्व भारती द्वारा वर्ष 1975 में उन्हें **देशीकोत्तम** सम्मान प्रदान किया गया।

1172. वर्ष 2013 में केरल सरकार के राज्य वार्षिक पुरस्कार, निशागाँधी पुरस्कारम (Nishagandhi Puraskaram) की/का प्रथम प्राप्तकर्ता निम्नलिखित में से कौन था/थी? **SSC CGL Tier-1 06.12.2022 (Shift-III)**

(a) माधवी मुद्गल
(b) शोभना सी पिल्लई
(c) मृणालिनी साराभाई
(d) उदय शंकर

उत्तर (c)

• वर्ष 2013 में केरल सरकार के राज्य वार्षिक पुरस्कार, निशागाँधी पुरस्कारम की प्रथम प्राप्तकर्ता मृणालिनी साराभाई थी।
• वर्ष 2024 का निशागाँधी पुरस्कार मल्लिका साराभाई को मिला।

1173. किस भारतीय तबला वादक और संगीतकार ने **ग्लोबल ड्रम प्रोजेक्ट** के लिए 'बेस्ट कण्टेम्पोरेरी वर्ल्ड म्यूजिक एल्बम 'ग्रैमी पुरस्कार' जीता? **SSC CGL Tier-1 07.12.2022 (Shift-II)**

(a) उस्ताद जाकिर हुसैन
(b) पण्डित संदीप दास
(c) पण्डित अनिन्दो चटर्जी
(d) उस्ताद अल्ला रक्खा

उत्तर (a)

• **उस्ताद जाकिर हुसैन** तबला वादक, संगीतकार, तालवादक हैं। इन्हें अपनी एल्बम 'ग्लोबल ड्रम प्रोजेक्ट' के लिए ग्रैमी अवॉर्ड से भी सम्मानित किया गया है।
• इन्हें **वर्ष 1999** में यूनाइटेड स्टेट्स नेशनल एण्डोवमेण्ट फॉर आर्ट्स की नेशनल हैरिटेज फैलोशिप से सम्मानित किया गया था, जो पारम्परिक कलाकारों एवं संगीतकारों को दिया जाने वाला सर्वोच्च पुरस्कार है।
• इन्हें वर्ष 2002 में पद्म भूषण से भी सम्मानित किया जा चुका है।

1174. निम्नलिखित में से कौन-सा पुरस्कार वर्ष 1998 में भरतनाट्यम् नृत्यांगना, प्रियदर्शिनी गोविन्द को प्रदान किया गया था? **SSC CGL Tier-1 09.12.2022 (Shift-I)**

(a) कालिदास सम्मान (b) टैगोर रत्न
(c) नृत्य चूड़ामणि (d) कलैमामणि

उत्तर (d)

• भरतनाट्यम नृत्यांगना, प्रियदर्शिनी गोविन्द को वर्ष 1998 में **कलैमामणि पुरस्कार** प्रदान किया गया। यह तमिलनाडु का सर्वोच्च नागरिक पुरस्कार है।
• तमिलनाडु इयाल ईसाई नाटक मंद्रम (साहित्य, संगीत और रंगमच), तमिलनाडु सरकार के कला और संस्कृति निदेशालय का एक प्रभाग, राज्य के कलाकारों की उपलब्धियों को मान्यता देने के लिए ये सम्मान प्रदान करता है।

1175. निम्नलिखित में से कौन तेलंगाना का पहला संगीत नाटक अकादमी पुरस्कार विजेता है? **SSC CGL Tier-1 12.12.2022 (Shift-III)**

(a) दीपा शशिन्द्रन (b) शान्ताला शिवलिंगप्पा
(c) यामिनी रेड्डी (d) पद्मजा रेड्डी

उत्तर (d)

• **पद्मजा रेड्डी** तेलंगाना की पहली नाटक अकादमी पुरस्कार विजेता हैं। इन्हें यह सम्मान वर्ष 2022 में दिया गया।
• ये कुचिपुड़ी नृत्य की प्रतिपादक हैं।
• संगीत नाटक अकादमी की स्थापना वर्ष 1953 में हुई थी।

1176. निम्नलिखित में से कौन प्रतिष्ठित मोशन पिक्चर साउण्ड एडिटर्स के 63वें वार्षिक गोल्डन रील अवॉर्ड्स से वृत्तचित्र 'इण्डियाज डॉटर' के लिए सर्वश्रेष्ठ साउण्ड का पुरस्कार जीतने वाले पहले एशियाई बने? **SSC CGL Tier-1 12.12.2022 (Shift-III)**

(a) पी. एम. सतीश (b) रेसुल पुकुट्टी
(c) बॉबी जॉन (d) जस्टिन जोस

उत्तर (b)

- **रेसुल पुकुट्टी** 63वें वार्षिक गोल्डन रील अवॉर्ड्स से वृत्तचित्र 'इण्डियाज डॉटर' के लिए सर्वश्रेष्ठ साउण्ड का पुरस्कार जीतने वाले पहले एशियाई बने।
- वे एक भारतीय फिल्म साउण्ड डिजाइनर, साउण्ड एडिटर व ऑडियो मिक्सर हैं।
- इन्होंने स्लमडॉग मिलियनेयर फिल्म के लिए सर्वश्रेष्ठ साउण्ड मिक्सिंग का अकादमी पुरस्कार भी जीता।

1177. मृणालिनी साराभाई को वर्ष 1992 में निम्नलिखित में से किस पुरस्कार से सम्मानित किया गया था?

SSC CHSL (10+2) 02.06.2022 (Shift-I)
SSC CGL Tier-1 13.12.2022 (Shift-II)

(a) पद्म विभूषण (b) पद्म भूषण
(c) पद्मश्री (d) कालिदास सम्मान

उत्तर (b)

- मृणालिनी साराभाई को वर्ष 1992 में **पद्म भूषण** से सम्मानित किया गया।
- मृणालिनी साराभाई एक भारतीय शास्त्रीय नृत्यांगना, कोरियोग्राफर व प्रशिक्षक थीं।
- ये भरतनाट्यम और कुचीपुड़ी नृत्यांगना थी।

1178. निम्नलिखित में से किसने 67वें राष्ट्रीय फिल्म पुरस्कार समारोह में सर्वश्रेष्ठ संगीत निर्देशक का पुरस्कार जीता?

SSC CGL Tier-1 13.12.2022 (Shift-II)

(a) गोपी सुन्दर (b) मणि शर्मा
(c) डी. इम्मान (d) देवी श्री प्रसाद

उत्तर (c)

- **डी. इम्मान** को 67वें राष्ट्रीय फिल्म पुरस्कार समारोह में तमिल फिल्म विश्वसम के लिए राष्ट्रीय पुरस्कार प्रदान किया गया।
- इनका पूरा नाम **इमैनुएल वसन्त दिनाकरन** है।
- वे सर्वश्रेष्ठ संगीत निर्देशन के लिए राष्ट्रीय फिल्म पुरस्कार जीतने वाले 5वें तमिल संगीतकार हैं।
- 70वें राष्ट्रीय फिल्म पुरस्कार में सर्वश्रेष्ठ संगीत निर्देशन का पुरस्कार प्रीतम को मिला।

SSC CGL 2021 (Tier 1 & 2)

1179. निम्न में से किस फिल्म को 93वें अकादमी अवॉर्ड्स में 'अन्तर्राष्ट्रीय फीचर फिल्म' श्रेणी के लिए भारत की आधिकारिक प्रविष्टि के रूप में चयनित किया गया है?

SSC CGL Tier-1 28.08.2021 (Shift-I)

(a) द स्काई इज पिंक (b) जल्लीकट्टू
(c) गुलाबो सिताबो (d) एक हज़ाराची नोट

उत्तर (b)

- नवबर, 2020 में फिल्म फेडरेशन ऑफ इण्डिया (FFI) में मलयालम फिल्म **जल्लीकट्टू** को 93वें अकादमी अवाडर्स में अन्तर्राष्ट्रीय फीचर फिल्म (ऑस्कर) श्रेणी के लिए भारत की ओर से भेजा गया था।
- इस फिल्म का निर्देशन लीजो जोस पेल्लिसेरी द्वारा किया गया।
- इस फिल्म को सितम्बर, 2019 में टोरण्टो अन्तर्राष्ट्रीय फिल्म महोत्सव में भी प्रदर्शित किया गया था।
- भारतीय डाक्यूमेंट फीचर फिल्म 'इ किल ए टाइगर' को 96वें अकादमी पुरस्कार के लिए नामांकित किया गया।

1180. वर्ष 2020 में किस भारतीय राज्य ने गैर-संक्रामक रोग की रोकथाम और नियन्त्रण के लिए इस वर्ष का 'UN इण्टरएजेन्सी-टास्क फोर्स' (UNIATF) का पुरस्कार जीता?

SSC CGL Tier-1 20.08.2021 (Shift-I)

(a) केरल (b) गोवा
(c) गुजरात (d) तमिलनाडु

उत्तर (a)

- **केरल** ने गैर-संचारी.संक्रामक रोगों से सम्बन्धित सतत् विकास लक्ष्यों के लिए अपने उत्कृष्ट योगदान हेतु 24 सितम्बर, 2020 को UN इण्टरएजेन्सी टास्क फोर्स संयुक्त राष्ट्र पुरस्कार जीता।
- संयुक्त राष्ट्र द्वारा दिया गया यह पुरस्कार वर्ष 2019 के दौरान मानसिक स्वास्थ्य, गैर-संचारी रोग (NCD) के नियन्त्रण व रोकथाम सम्बन्धित तथा व्यापक सतत् विकास लक्ष्यों (SDG) में बहुपक्षीय कार्यवाही करने के लिए हासिल की गई विभिन्न उपलब्धियों को मान्यता प्रदान करता है।

1181. निम्न में से किस राज्य को वर्ष 2019-20 के लिए पहाड़ी और उत्तर-पूर्वी राज्यों के बीच मत्स्यपालन क्षेत्र में सर्वश्रेष्ठ राज्य होने के लिए केन्द्र सरकार द्वारा सम्मानित किया गया था? **SSC CGL Tier-1 20.08.2021 (Shift-I)**

(a) असम (b) सिक्किम
(c) मिजोरम (d) त्रिपुरा

उत्तर (a)

- असम को वर्ष 2019-20 के पहाड़ी और उत्तर-पूर्वी राज्यों के लिए मत्स्यपालन क्षेत्र में सर्वश्रेष्ठ राज्य होने के लिए केन्द्र सरकार द्वारा सम्मानित किया गया था।
- वर्तमान में पशुपालन एवं डेयरी मन्त्री **ललन सिंह** (राजीव रंजन) हैं, जो जून, 2024 से पद पर आसीन हैं।

1182. एसपी बालासुब्रह्मण्यम एक ········ थे, जिन्हें जनवरी, 2021 में मरणोपरान्त पद्म विभूषण से सम्मानित किया गया।

SSC CGL Tier-1 18.08.2021 (Shift-III)

(a) चित्रकार (b) गायक
(c) पुरातत्ववेत्ता (d) वैज्ञानिक

उत्तर (b)

- एसपी बालासुब्रह्मण्यम एक **गायक** थे, जिन्हें जनवरी, 2021 में मरणोपरान्त पद्म विभूषण से सम्मानित किया गया।
- आन्ध्र प्रदेश के नेल्लोर जिले के रहने वाले एसपी बालासुब्रह्मण्यम को वर्ष 2001 में पद्मश्री तथा वर्ष 2011 में पद्म भूषण से भी सम्मानित किया जा चुका है।
- 25 सितम्बर, 2020 को चेन्नई के अस्पताल में 74 वर्ष की अवस्था में इनका निधन हो गया।

1183. निम्नलिखित भारतीय अभिनेताओं में से किसे वर्ष 2020 में यूरोप में आयोजित इण्डो-जर्मन फिल्म वीक में **सर्वश्रेष्ठ अभिनेता** के पुरस्कार से सम्मानित किया गया था?

SSC CGL Tier-1 18.08.2021 (Shift-III)

(a) शाहरुख खान (b) संजय दत्त
(c) आदिल हुसैन (d) सलमान खान

उत्तर (c)

- जर्मनी के बर्लिन में अक्टूबर, 2020 में आयोजित इण्डो-जर्मन फिल्म वीक में **आदिल हुसैन** को सर्वश्रेष्ठ अभिनेता का पुरस्कार दिया गया।
- इन्हें यह पुरस्कार प्रकाश झा की फिल्म 'परीक्षा' में बेहतर अभिनय के लिए दिया गया।

1184. जनवरी, 2021 में रजनीकान्त देवीदास श्रॉफ को ······ के क्षेत्र में पद्म भूषण से सम्मानित किया गया। **SSC CGL Tier-1 18.08.2021 (Shift-I)**

(a) व्यापार और उद्योग (b) राजनीति
(c) विज्ञान (d) कला

उत्तर (a)

- महाराष्ट्र राज्य से सम्बन्धित **व्यापार एवं उद्योग** क्षेत्र से जुड़े रजनीकान्त देवीदास श्रॉफ को वर्ष 2021 में भारत के तीसरे सर्वोच्च सम्मान पद्म भूषण से सम्मानित किया गया।
- वर्ष 2024 के लिए राष्ट्रपति ने 132 पद्म पुरस्कार देने की मंजूरी दी थी। इनमें 5 पद्म विभूषण, 17 पद्म भूषण और 110 पद्मश्री पुरस्कार शामिल थे।

1185. निम्न में से किसे वर्ष 2019 में 'ग्लोबल गोलकीपर अवॉर्ड' दिया गया?

SSC CGL Tier-1 18.08.2021 (Shift-I)

(a) नरेन्द्र मोदी (b) अबी अहमद
(c) नादिया मुराद (d) एलन मस्क

उत्तर (a)

- **वर्ष 2019 में भारतीय प्रधानमन्त्री नरेन्द्र मोदी** को उनके द्वारा चलाए गए स्वच्छ भारत अभियान के लिए बिल एण्ड मेलिण्डा गेट्स फाउण्डेशन द्वारा अमेरिका में ग्लोबल गोलकीपर अवॉर्ड से सम्मानित किया गया।
- यह अवॉर्ड वर्ष 2017 से इस फाउण्डेशन द्वारा प्रदान किया जाता है।
- 2024 में ये आवर्ड ब्राजील के राष्ट्रपति लुइज इनासियों लूता दा सिन्ना को प्रदान किया गया।

> ग्लोबल गोलकीपर अवॉर्ड बिल एण्ड मेलिण्डा गेट्स फाउण्डेशन द्वारा प्रदान किया जाता है। इसका उद्देश्य सतत् विकास लक्ष्य को प्राप्त करने की दिशा में तेजी लाना है। सुसान डेसमण्ड-हेलमैन गोलकीपर-गेट फाउण्डेशन के सी.ई.ओ. हैं।

1186. वर्ष 2020 में बाघों की आबादी बढ़ाने के प्रयासों के लिए, निम्न में से किस बाघ अभयारण्य (टाइगर रिजर्व) ने TX-2 अवॉर्ड जीता? **SSC CGL Tier-1 18.08.2021 (Shift-I)**

(a) सरिस्का बाघ अभयारण्य
(b) पीलीभीत बाघ अभयारण्य
(c) पेरियार बाघ अभयारण्य
(d) रणथम्भौर बाघ अभयारण्य

उत्तर (b)

• उत्तर प्रदेश वन विभाग को बाघों की संख्या को दोगुना करने के 10 वर्षों के लक्ष्य को मात्र 4 वर्ष में हासिल करने के लिए **पीलीभीत टाइगर रिजर्व (PTR)** को पहला अन्तर्राष्ट्रीय पुरस्कार **TX-2 प्रदान** किया गया।

• इस पुरस्कार का तात्पर्य TigersX-Two (बाघों का दोगुना करना) है, जो बाघों को दोगुना करने के लक्ष्य को पूरा करने की प्रतिबद्धता को दर्शाता है।

• वर्ष 2024 में पुरस्कार प्राप्त करने वाले दो रिजर्व **मध्य प्रदेश** के पेंच तथा सतपुड़ा टाइगर रिजर्व हैं।

1187. भारत सरकार के किस मन्त्रालय ने जनवरी, 2021 में 'ई-गवर्नेन्स में सर्वश्रेष्ठ प्रदर्शन' के लिए स्कॉच (SKOCH) चैलेंजर अवॉर्ड प्राप्त किया है?

SSC SSC CGL Tier-1 17.08.2021 (Shift-III)

(a) संसदीय कार्य मन्त्रालय
(b) शिक्षा मन्त्रालय
(c) जनजातीय कार्य मन्त्रालय
(d) सूचना और प्रसारण मन्त्रालय

उत्तर (c)

• **जनजातीय कार्य मन्त्रालय** ने जनवरी, 2021 में 'ई-गवर्नेन्स में सर्वश्रेष्ठ प्रदर्शन' के लिए स्कॉच (SKOCH) चैलेंजर अवॉर्ड प्राप्त किया था।

• वर्ष 2024 में इस पुरस्कार के अन्तर्गत 16 पुरस्कार प्रदान किए जा रहे हैं। इनमें 10 स्वर्ण पुरस्कार और शेष 6 रजत पुरस्कार होंगे।

1188. निम्न में से किस राज्य ने सर्वश्रेष्ठ चुनावी आचरण 2020 के लिए राष्ट्रीय पुरस्कार जीता? SSC CGL Tier-1 18.08.2021 (Shift-III)

(a) मेघालय (b) कर्नाटक
(c) केरल (d) मिजोरम

उत्तर (a)

• मेघालय राज्य ने सर्वश्रेष्ठ चुनावी आचरण 2020 के लिए राष्ट्रीय पुरस्कार जीता।

• 16 व्यक्तियों और संगठनों को 2023 के लिए चुनाव आयोग के सर्वश्रेष्ठ चुनावी आचरण पुरस्कार से सम्मानित किया गया।

• राष्ट्रपति रामनाथ कोविंद ने राष्ट्रीय मतदाता दिव (25 जनवरी) पुरस्कार समारोह में मेघालय के CEO एफ. आर. खरकोंगोर को वस्तुत: पुरस्कार प्रदान किया।

1189. 51वें अन्तर्राष्ट्रीय फिल्म महोत्सव के दौरान निम्न में से किसने वर्ष का 'भारतीय व्यक्तित्व पुरस्कार' जीता?

SSC CGL Tier-1 16.08.2021 (Shift-III)

(a) अमिताभ बच्चन (b) बिस्वजीत चटर्जी
(c) आशा भोंसले (d) शबाना आजमी

उत्तर (b)

• 51वें अन्तर्राष्ट्रीय फिल्म महोत्सव के दौरान **बिस्वजीत चटर्जी** को भारतीय व्यक्तित्व पुरस्कार मार्च, 2021 में राष्ट्रीय फिल्म पुरस्कार वितरण के अवसर पर प्रदान किया गया।

• ये बंगाली एवं हिन्दी सिनेमा के विख्यात अभिनेता निर्माता-निर्देशक एवं गायक हैं।

• 55वाँ अन्तर्राष्ट्रीय फिल्म महोत्सव (इफ्फी) गोवा में आयोजित किया गया।

1190. रेमन मैग्सेसे पुरस्कार की शुरुआत वर्ष ······ में हुई थी।SSC CGL Tier-1 13.08.2021 (Shift-III)

(a) 1965 (b) 1962 (c) 1982 (d) 1957

उत्तर (d)

• रेमन मैग्सेसे पुरस्कार की शुरुआत वर्ष 1957 में हुई।

• इस पुरस्कार को प्रतिवर्ष मैग्सेसे की जयन्ती पर 31 अगस्त को दिया जाता है। इसे 'एशिया का नोबेल' भी कहा जाता है।

• असम के प्रख्यात कैंसर रोग विशेषज्ञ डॉ. रवि कन्नन को वर्ष 2023 में इस अवॉर्ड के लिए चुना गया है।

1191. ICTP रामानुजन पुरस्कार ······· में उत्कृष्टता के लिए प्रतिवर्ष दिया जाता है।

SSC CGL Tier-1 13.08.2021 (Shift-III)

(a) जीव विज्ञान (b) भौतिक विज्ञान
(c) गणित (d) रसायन विज्ञान

उत्तर (c)

• विकासशील देशों में युवा **गणितज्ञों** के लिए ICTP रामानुजन पुरस्कार प्रतिवर्ष प्रदान किया जाता है।

• इसकी स्थापना मूल रूप से सैद्धान्तिक भौतिकी के लिए अन्तर्राष्ट्रीय केन्द्र (ICTP), नील्स हेनरिक एबेल मेमोरियल फण्ड एवं अन्तर्राष्ट्रीय गणितीय संघ द्वारा वर्ष 2005 में की गई थी।

• वर्ष 2024 का ICTP रामानुजन पुरस्कार पेकिंग विश्वविद्यालय के रूसो-चुआन लियु को दिया गया।

1192. निम्न में से कौन वर्ष 2021 का पद्म विभूषण पुरस्कार विजेता हैं?

SSC CGL Tier-1 13.08.2021 (Shift-III)

(a) सुमित्रा महाजन (b) मौमा दास
(c) सुदर्शन साहू (d) तरलोचन सिंह

उत्तर (c)

• **सुदर्शन साहू** को कला के क्षेत्र में योगदान के लिए वर्ष 2021 में पद्म विभूषण पुरस्कार प्रदान किया गया।

• यह पुरस्कार भारत सरकार का दूसरा बड़ा नागरिक सम्मान है, जिसे राष्ट्रपति द्वारा प्रदान किया जाता है।

• **वर्ष 2024** में 5 लोगों को इस पुरस्कार से सम्मानित किया जाएगा, जिसमें वेंकैया नायडू, मिथुन चक्रवर्ती, उषा उत्थुप, रोहन बोपन्ना और बिन्देश्वर पाठक शामिल हैं।

1193. निम्न में से किसने दिसम्बर, 2020 में अपने उपन्यास 'द सिटी एण्ड द सी' के लिए तीसरा रवीन्द्रनाथ टैगोर साहित्यिक पुरस्कार जीता? SSC CGL Tier-1 13.08.2021 (Shift-II)

SSC CHSL Tier-1 04.08.2023 (Shift-I)

(a) सिद्धार्थ शर्मा (b) शेखर गुप्ता
(c) राज कमल झा (d) राजदीप सरदेसाई

उत्तर (c)

• वर्ष 2012 के निर्भया बलात्कार एवं हत्या के मामले पर आधारित ए सिटी एण्ड द सी उपन्यास के लिए **राज कमल झा** ने तीसरा रवीन्द्रनाथ टैगोर साहित्यिक पुरस्कार जीता।

• रवीन्द्रनाथ टैगोर साहित्यिक पुरस्कार ने कवि आलोचक सुक्रता पॉल कुमार को उनकी पुस्तक 'सॉल्ट एण्ड पेपर: सेलेक्टेड पोएम्स' के लिए छठा पुरस्कार प्राप्तकर्ता नामित किया है।

SSC CPO 2024

1194. कथक के बनारस घराने का प्रतिनिधित्व करने वाली अनुभवी नर्तकी कमलिनी अस्थाना और नलिनी अस्थाना को वर्ष 2022 में निम्नलिखित में से किस पुरस्कार से सम्मानित किया गया?

SSC CPO Tier-1 27.07.2024 (Shift-III)

(a) पद्म भूषण (b) संगीत नाटक अकादमी
(c) पद्मश्री (d) पद्म विभूषण

उत्तर (c)

• कथक के बनारस घराने का प्रतिनिधित्व करने वाली अनुभवी नर्तक **कमलिनी अस्थाना** और **नलिनी अस्थाना** को वर्ष 2022 में पद्मश्री पुरस्कार से सम्मानित किया गया।

• कमलिनी अस्थाना और नलिनी अस्थाना उत्तर प्रदेश के आगरा की एक बहन जोड़ी हैं, जो कथक की बनारस घराना शैली के अपने शानदार प्रदर्शन के लिए जानी जाती हैं।

1195. 57वें ज्ञानपीठ पुरस्कार से सम्मानित दामोदर माऊजो, मुख्य रूप से एक ········ लेखक हैं।

SSC CPO Tier-1 27.07.2024 (Shift-III)

(a) ओडिया (b) बंगाली
(c) मैथिली (d) कोंकणी

उत्तर (d)

• गोवा के लघु कथा लेखक, उपन्यासकार, आलोचक और **कोंकणी** में पटकथा लेखक दामोदर माऊजो को भारत के सर्वोच्च साहित्यिक सम्मान 57वें ज्ञानपीठ पुरस्कार से सम्मानित किया गया।

• माऊजो की पहली लघु कहानी, 'द एण्ड ऑफ द नाइट', वर्ष 1965 में प्रकाशित हुई थी। तब से उन्होंने उपन्यास, लघु कथा संग्रह और निबन्ध सहित 25 से अधिक पुस्तकें प्रकाशित की हैं।

• इनकी रचनाओं का अंग्रेजी, फ्रेंच, पुर्तगाली और अन्य भाषाओं में अनुवाद किया गया है।

• 50वाँ ज्ञानपीठ पुरस्कार उर्दू कवि गुलजार तथा संस्कृत विद्वान जगदगुरु रामभट्टाचार्य को दिया जाएगा।

1196. वन्स अपॉन ए लाइफ बर्न्ट करी एण्ड ब्लडी रेग्स (Once Upon a Life: Burnt Curry and Bloody Rags) किसका संस्मरण है?

SSC CPO Tier-1 27.07.2024 (Shift-III)

(a) इस्ट्राइन कीर (Easterine Kire)
(b) पेट्रीसिया मुकीम (Patricia Mukim)
(c) तेमसुला आओ (Temsula Ao)
(d) जेनिस परिएट (Janice Pariat)

उत्तर (c)

• 'Once Upon a Life: Burnt Curry and Bloody Rags' तेमसुला आओ (Temsula Ao) द्वारा लिखा गया एक संस्मरण है।
• यह पुस्तक 1970 के दशक में नागालैण्ड में उनके बचपन के अनुभवों पर आधारित है।
• इसमें तेमसुला आओं अपने परिवार और समुदाय के जीवन का वर्णन करती हैं, जो उस समय राजनीतिक अशान्ति और हिंसा का सामना कर रहा था।

1197. श्यामामणि देवी को ········ संगीत में उनके योगदान के लिए 2022 में पद्मश्री पुरस्कार से सम्मानित किया गया था।
SSC CPO Tier-1 27.06.2024 (Shift-I)
(a) तमिल (b) मलयाली
(c) ओडिसी (d) गुजराती

उत्तर (c)
• श्यामामणि देवी को **ओडिसी** संगीत में उनके योगदान के लिए वर्ष 2022 में पद्मश्री पुरस्कार से सम्मानित किया गया था।
• ओडिसी नृत्य के कुछ प्रमुख प्रतिपादक हैं– गुरु पंकज चरण दास, गुरु केलुचरण महापात्र, सोनल मानसिंह, शेरॉन लोवेन, अनांदिनी दास इत्यादि।
• यह नृत्य शैली सम्भवत: नाट्यशास्त्र में वर्जिता ओड्रा नृत्य पर आधारित है।
• ओडिसी नृत्य की शुरुआत ओडिशा के मन्दिरों में हुई थी।

1198. प्रसिद्ध संगीतकार भूपेन हजारिका को निम्नलिखित में से किस वर्ष भारत रत्न से सम्मानित किया गया था?
SSC CPO Tier-1 27.06.2024 (Shift-I)
(a) 2017 (b) 2011 (c) 2015 (d) 2019

उत्तर (d)
• प्रसिद्ध संगीतकार भूपेन हजारिका को वर्ष 2019 में भारत रत्न से सम्मानित किया गया था।
• वर्ष 2019 में ही प्रणव मुखर्जी एवं नानाजी देशमुख को भी भारत रत्न प्रदान किया गया था।
• वर्ष 2024 में पाँच लोगों को भारत रत्न प्रदान किया गया है ये हैं – पी. वी. नरसिम्हा राव, चौधरी चरणसिंह, एम. एस. स्वामीनाथन, लाल कृष्ण आडवाणी व कर्पूरी ठाकुर।
• भारत रत्न का शुरुआत वर्ष 1954 में की गई थी।

1199. बैगा समुदाय के आदिवासी नर्तक ······· को 2022 में पद्मश्री पुरस्कार मिला।
SSC CPO Tier-1 27.06.2024 (Shift-I)
(a) अर्जुन सिंह धुर्वे
(b) एस बालेश भजंत्री
(c) लौरेम्बम बिनो देवी
(d) श्याममणि देवी

उत्तर (a)
• बैगा समुदाय के आदिवासी नर्तक **अर्जुन सिंह धुर्वे** को वर्ष 2022 में पद्मश्री पुरस्कार मिला।
• बैगा (जिसका अर्थ है जादूगर) विशेष रूप से कमजोर जनजातीय समूहों (पीवीटीजी) में से एक है।
• ये मुख्यत: छत्तीसगढ़, झारखण्ड, बिहार, ओडिशा, पश्चिम बंगाल, मध्य प्रदेश और उत्तर प्रदेश में रहते हैं।
• गोदना बनाना बैगा संस्कृति का एक अभिन्न अंग है।

1200. निम्नलिखित में से किसे मणिपुरी नृत्य में उनके योगदान के लिए पद्मश्री पुरस्कार से सम्मानित किया गया है?
SSC CPO Tier-1 27.06.2024 (Shift-II)
(a) शोवना नारायण (b) मृणालिनी साराभाई
(c) दर्शना झावेरी (d) अदिति राव हैदरी

उत्तर (c)
• **दर्शना झावेरी** को मणिपुरी नृत्य में उनके योगदान के लिए पद्मश्री पुरस्कार से सम्मानित किया गया है।
• उन्होंने अपनी नृत्य शिक्षा अपनी माँ, प्रसिद्ध मणिपुरी नृत्यांगना रमा झावेरी से प्राप्त की।
• दर्शना झावेरी ने मणिपुरी नृत्य को लोकप्रिय बनाने में महत्त्वपूर्ण भूमिका निभाई है।

1201. निम्नलिखित पद्म विभूषण पुरस्कार विजेताओं में से कौन कथक के कालका–बिन्दादीन घराने से सम्बन्धित है?
SSC CPO Tier-1 27.06.2024 (Shift-II)
(a) सितारा देवी (b) केलुचरण महापात्र
(c) दमयन्ती देवी (d) बिरजू महाराज

उत्तर (d)
• **बिरजू महाराज** पद्म विभूषण पुरस्कार विजेताओं में से एक हैं, जो कथक के कालिका–बिन्दादिन घराने से सम्बन्धित हैं।
• पण्डित बिरजू महाराज, जिन्हें भागवत और बिरजू प्रसाद के नाम से भी जाना जाता था। यह एक प्रसिद्ध भारतीय कथक नर्तक, गायक, संगीतकार और गुरु थे।
• उन्हें वर्ष 1986 में पद्म विभूषण से सम्मानित किया गया था, जो भारत का तीसरा सर्वोच्च नागरिक सम्मान है।
• कालिका–बिन्दादिन घराना, जिसे लखनऊ घराना भी कहा जाता है, कथक नृत्य के सबसे प्रतिष्ठित घराने में से एक हैं।

1202. संगीत नाटक अकादमी पुरस्कार 2003 प्राप्त करने वाली थियम सूर्यमुखी देवी को ········ में उनके योगदान के लिए जाना जाता है।
SSC CPO Tier-1 27.06.2024 (Shift-II)
(a) ओडिसी नृत्य (b) मणिपुरी नृत्य
(c) गोटीपुआ नृत्य (d) कथक नृत्य

उत्तर (b)
• संगीत नाटक अकादमी पुरस्कार 2003 प्राप्त करने वाली थियम सूर्यमुखी देवी को उनके **मणिपुरी शास्त्रीय नृत्य** में असाधारण योगदान के लिए जाना जाता है।
• थियम सूर्यमुखी देवी को मणिपुरी नृत्य की रानी माना जाता है।
• उन्हें वर्ष 1972 में पद्मश्री और वर्ष 2000 में पद्म भूषण से सम्मानित किया गया था।
• वर्ष 2022 और 2023 के लिए 91 प्रख्यात कलाकारों को संगीत नाटक अकादमी अवॉर्ड प्रदान किए गए।

1203. शोवना नारायण को किस भारतीय नृत्य शैली में उनके योगदान के लिए पद्श्री से सम्मानित किया गया है?
SSC CPO Tier-1 28.06.2024 (Shift-III)
(a) कथकली (b) कुचिपुड़ी
(c) कथक (d) ओडिसी

उत्तर (c)
• शोवना नारायण को कथक शैली में योगदान के लिए उन्हें वर्ष 1992 में भारत सरकार ने पद्मश्री पुरस्कार से सम्मानित किया।
• वर्ष 1999-2000 में इन्हें संगीत नाटक अकादमी पुरस्कार से सम्मानित किया गया।
• वर्ष 2016 में डॉक्यूमेण्ट्री फिल्म निर्माता बीनू राजपूत ने शोवना नारायण के जीवन पर एक फिल्म 'बार्न टू डांस' बनाई।

1204. कर्नाटक शास्त्रीय गायक और भारत रत्न पुरस्कार प्राप्त करने वाली पहली संगीतकार, जिन्हें 'गीतों की रानी' के रूप में भी जाना जाता है, ········ हैं।
SSC CPO Tier-1 28.06.2024 (Shift-III)
(a) गंगूबाई हंगल
(b) एम.एस. सुब्बुलक्ष्मी
(c) शुभा मुद्गल
(d) गिरिजा देवी

उत्तर (b)
• कर्नाटक की शास्त्रीय गायक और भारत रत्न पुरस्कार प्राप्त करने वाली पहली संगीतकार **एम.एस सुब्बुलक्ष्मी** हैं। इन्हें गीतों की रानी भी कहा जाता है।
• ये तमिलनाडु की एक भारतीय कर्नाटक संगीत की गायिका थीं।
• ये रेमन मैग्सेसे पुरस्कार से सम्मानित होने वाली पहली संगीतकार बनीं। इसे एशिया का नोबेल पुरस्कार माना जाता है।

1205. शास्त्रीय संगीत के लिए कालिदास सम्मान 2022 किसे दिया गया?
SSC CPO Tier-1 28.06.2024 (Shift-I)
(a) पण्डित वेंकटेश कुमार
(b) सेम्मनगुड़ी श्रीनिवास अय्यर
(c) मल्लिकार्जुन मंसूर
(d) के. जी. सुब्रमण्यन

उत्तर (a)
• शास्त्रीय संगीत के लिए कालिदास सम्मान 2022 पण्डित वेंकटेश कुमार को दिया गया।
• कालिदास सम्मान मध्य प्रदेश सरकार द्वारा दिया जाने वाला एक प्रतिष्ठित पुरस्कार है। इसकी शुरुआत वर्ष 1980 में हुई थी। इस पुरस्कार का नामकरण भारत के प्रसिद्ध संस्कृत लेखक कालिदास के नाम पर किया गया है।
• पण्डित वेंकटेश कुमार का सम्बन्ध किराना और ग्वालियर घराने से हैं।
• वर्ष 2029 का कालिदास सम्मान रघुपति भट्ट को प्रदान किया गया।

1206. अनुभवी कथक नृत्यांगना अदिति मंगलदास ने पुरस्कार जीता
SSC CPO Tier-1 28.06.2024 (Shift-I)
(a) पद्म भूषण पुरस्कार, 2022
(b) भारत रत्न पुरस्कार, 2022
(c) महारी पुरस्कार, 2022
(d) पद्म विभूषण पुरस्कार, 2022

उत्तर (c)

• अनुभवी कथक नृत्यांगना **अदिति मंगलदास** ने **महारी पुरस्कार-2022** जीता।
• इस पुरस्कार में ₹ 50,000 का नकद राशि प्रदान की जाती है।
• इस पुरस्कार की स्थापना ओडिसी नृत्य के आदि गुरु स्वर्गीय पंकज चरणदास द्वारा की गई थी।
• अदिति मंगलदास डांस कम्पनी के नाम से एक नृत्य संस्थान भी स्थापित किया है, जहाँ वे कई छात्रों को प्रशिक्षण देती है।
• मंगलदास को वर्ष 2013 में राष्ट्रीय संगीत नाटक अकादमी पुरस्कार प्रदान किया गया।

1207. भारत सरकार ने हाल ही में राजीव गाँधी खेल रत्न पुरस्कार का नाम बदलकर ध्यानचन्द खेल रत्न पुरस्कार कर दिया, ध्यानचन्द ने भारतीय सेना में एक ········ के रूप में अपनी सेवाएँ दी थीं।
SSC CPO Tier-1 28.06.2024 (Shift-I)
(a) फील्ड मार्शल (b) मेजर
(c) जनरल (d) मेजर जनरल

उत्तर (b)

• भारत सरकार ने राजीव गाँधी खेल रत्न पुरस्कार का 6 अगस्त, 2021 में नाम बदलकर मेजर ध्यानचन्द पुरस्कार कर दिया गया।
• मेजर ध्यानचन्द भारतीय फील्ड हॉकी के भूतपूर्व खिलाड़ी एवं कप्तान थे।
• भारत एवं विश्व हॉकी के सर्वश्रेष्ठ खिलाड़ियों में उनकी गिनती होती है।
• वे तीन बार ओलम्पिक में स्वर्ण पदक जीतने वाली भारतीय हॉकी टीम के सदस्य रहे।
• इनकी जन्मतिथि को भारत में **राष्ट्रीय खेल दिवस** के रूप में मनाया जाता है।

1208. वर्ष 2019 में किस असमिया पार्श्व गायक को भारत रत्न से सम्मानित किया गया था?
SSC CPO Tier-1 28.06.2024 (Shift-I)
(a) किशोर कुमार
(b) लकी अली
(c) भूपेन हजारिका
(d) उषा मंगेशकर

उत्तर (c)

• वर्ष 2019 में, प्रसिद्ध असमिया पार्श्व गायक, गीतकार, संगीतकार और फिल्म निर्माता **भूपेन हजारिका** को मरणोपरान्त भारत रत्न से सम्मानित किया गया था।
• उन्हें 'सुधाकण्ठा' के नाम से भी जाना जाता था, हजारिका को 11 फरवरी, 2019 को भारत रत्न से सम्मानित किया गया था।
• यह सम्मान उन्हें संगीत और कला में उनके अमूल्य योगदान के लिए दिया गया था।

1209. मध्य प्रदेश के एक **राई** नर्तक राम सहाय पाण्डे को 2022 में निम्नलिखित में से किस पुरस्कार से सम्मानित किया गया?
SSC CPO Tier-1 28.06.2024 (Shift-I)
(a) सरस्वती सम्मान
(b) अर्जुन पुरस्कार
(c) पद्मश्री
(d) द्रोणाचार्य पुरस्कार

उत्तर (c)

• मध्य प्रदेश के प्रसिद्ध **राई नर्तक** राम सहाय पाण्डे को **2022 में पद्मश्री** से सम्मानित किया गया था। उन्हें यह सम्मान लोक कला, विशेष रूप से राई नृत्य के उनके अमूल्य योगदान के लिए दिया गया था।
• राई नृत्य मध्य प्रदेश का एक लोकप्रिय लोकनृत्य है, जो विशेष रूप से **बेडिया समुदाय** द्वारा किया जाता है।
• यह नृत्य भगवान शिव और देवी पार्वती की पूजा के साथ जुड़ा हुआ है।

1210. सर्वश्रेष्ठ संगीत निर्देशन के लिए 67वाँ राष्ट्रीय फिल्म पुरस्कार किसे मिला?
SSC CPO Tier-1 28.06.2024 (Shift-II)
(a) ज्येष्ठपुत्रो (b) एम. जयचन्द्रन
(c) ए. आर. रहमान (d) गोपी सुन्दर

उत्तर (a)

• सर्वश्रेष्ठ संगीत निर्देशन के लिए 67वाँ राष्ट्रीय फिल्म पुरस्कार **ज्येष्ठपुत्रो** को मिला।
• 67वाँ राष्ट्रीय फिल्म पुरस्कार की घोषणा नई दिल्ली में की गई।
• राजू सुंदरम ने 67वें राष्ट्रीय फिल्म पुरस्कारों में सर्वश्रेष्ठ कोरियोग्राफी का राष्ट्रीय फिल्म पुरस्कार जीता।
• 70वें राष्ट्रीय फिल्म पुरस्कारों में सर्वश्रेष्ठ संगीत निर्देशन का विजेता प्रीतम और ए.आर. रहमान को चुना गया।

1211. सादिर नृत्यांगना आर. मुथुकन्नमल को वर्ष 2022 में निम्नलिखित में से कौन-सा पुरस्कार प्राप्त हुआ है?
SSC CPO Tier-1 28.06.2024 (Shift-II)
(a) पद्मश्री पुरस्कार
(b) पद्म विभूषण पुरस्कार
(c) भारत रत्न पुरस्कार
(d) पद्म भूषण पुरस्कार

उत्तर (a)

• सादिर नृत्यांगना आर. मुथुकन्नमल को **वर्ष 2022** में **पद्मश्री** पुरस्कार से सम्मानित किया गया था।
• आर. मुथुकन्नमल भारतीय राज्य तमिलनाडु के सातवीं पीढ़ी के अनुभवी सादिर नर्तकी हैं।

1212. दिसम्बर, 2022 तक की प्राप्त जानकारी के अनुसार भारत के किस राज्य की सरकार द्वारा कला के क्षेत्र में 'कालिदास सम्मान' पुरस्कार दिया गया है?
SSC CPO Tier-1 29.06.2024 (Shift-III)
(a) तमिलनाडु (b) मध्य प्रदेश
(c) तेलंगाना (d) राजस्थान

उत्तर (b)

• **मध्य प्रदेश** सरकार द्वारा कला के क्षेत्र में **कालिदास सम्मान** प्रदान किया जाता है।
• यह सम्मान साहित्य, शास्त्रीय संगीत, शास्त्रीय नृत्य और चित्रकला के क्षेत्र में विशिष्ट योगदान के लिए दिया जाता है।
• यह पुरस्कार **वर्ष 1980** में स्थापित किया गया था और यह भारत के सर्वोच्च साहित्यिक पुरस्कारों में से एक माना जाता है।
• **वर्ष 2024** का कालिदास सम्मान रघुपति भट्ट को मिला है।

1213. निम्नलिखित में से किसे संगीत नाटक अकादमी पुरस्कार (मणिपुरी नृत्य में उनके योगदान के लिए) से सम्मानित किया गया था? SSC CPO Tier-1 29.06.2024 (Shift-III)
(a) उर्मिला नागर (b) कलावती देवी
(c) मल्लिका साराभाई (d) निर्मला रामचन्द्रन

उत्तर (b)

• **कलावती देवी** को मणिपुरी नृत्य में उनके योगदान के लिए संगीत नाटक अकादमी पुरस्कार से सम्मानित किया गया था।
• श्रीमती कलावती देवी ने 1960 के दशक के मध्य में श्री गोविन्दजी नृत्यालम में मणिपुर में अपने शिक्षण करियर की शुरुआत की।
• वर्ष 1972 में उन्होंने कलकत्ता में मणिपुरी नृत्यालम की एक शाखा स्थापित की।
• वर्ष 2003 में उन्हें मणिपुर राज्य कला अकादमी द्वारा सम्मानित किया गया।

1214. निम्नलिखित में से कौन वर्ष 2001 में लता मंगेशकर के साथ भारत रत्न का सह-विजेता था? SSC CPO Tier-1 29.06.2024 (Shift-III)
(a) बिस्मिल्लाह खान (b) रविशंकर
(c) भीमसेन जोशी (d) आशा भोंसले

उत्तर (a)

• उस्ताद बिस्मिल्लाह खान को वर्ष 2001 में लता मंगेशकर के साथ भारत रत्न के लिए सम्मानित किया गया था।
• वह इस सम्मान से सम्मानित होने वाले पहले **शास्त्रीय संगीतकार** थे।
• उन्हें **शहनाई वादन** में उनके अद्वितीय योगदान के लिए सम्मानित किया गया था।
• लता मंगेशकर इस सम्मान से सम्मानित होने वाली पहली महिला गायिका थीं।

1215. भारतीय संगीतकार, रचयिता और गायिका शुभा मुद्गल को वर्ष 2000 में ········ में सम्मानित किया गया था।
SSC CPO Tier-1 29.06.2024 (Shift-I)
(a) पद्मश्री (b) संगीत नाटक अकादमी
(c) पद्म भूषण (d) पद्म विभूषण

उत्तर (a)

• भारतीय संगीतकार, रचयिता और गायिका शुभा मुद्गल को वर्ष 2000 में **पद्मश्री** से सम्मानित किया गया था।
• शुभा मुद्गल को यह सम्मान हिन्दुस्तानी शास्त्रीय संगीत, भारतीय पॉप और तमिल

सिनेमा में उनके अद्वितीय योगदान के लिए दिया गया था।
• वह ख्याल, ठुमरी, दादरा जैसी शैलियों में गाती हैं और उन्हें अपनी मधुर आवाज व अभिव्यंजक गायन के लिए जाना जाता है।
• **वर्ष 2016** में इन्हें राजीव गाँधी राष्ट्रीय सद्भावना पुरस्कार प्रदान किया गया था।

1216. ……… ने 67वें राष्ट्रीय फिल्म पुरस्कारों में सर्वश्रेष्ठ पुरुष पार्श्वगायक का पुरस्कार जीता। SSC CPO Tier-1 29.06.2024 (Shift-I)
(a) बी. प्राक (b) अरिजीत सिंह
(c) शान (d) सोनू निगम

उत्तर (a)
• **बी. प्राक** ने 67वें राष्ट्रीय फिल्म पुरस्कारों में सर्वश्रेष्ठ पुरुष पार्श्व गायक का पुरस्कार जीता था।
• उन्होंने फिल्म **केसरी** में 'तेरी मिट्टी' गाने के लिए यह पुरस्कार जीता था।
• यह पुरस्कार उन्हें **25 जून, 2024** को नई दिल्ली में आयोजित एक समारोह में दिया गया था।
• उन्होंने कई हिन्दी और पंजाबी फिल्मों के लिए गाने गाए हैं।
• 70वें राष्ट्रीय फिल्म पुरस्कारों में सर्वश्रेष्ठ पुरुष पार्श्व गायक **अरिजीत सिंह** को प्रदान किया गया था।

1217. प्रोफेसर एम यूनुस ने किस वर्ष नोबेल शान्ति पुरस्कार जीता?
SSC CPO Tier-1 29.06.2024 (Shift-I)
(a) 2001 में (b) 2002 में
(c) 2004 में (d) 2006 में

उत्तर (d)
• प्रोफेसर मुहम्मद यूनुस को **वर्ष 2006** में नोबेल शान्ति पुरस्कार से सम्मानित किया गया था।
• प्रोफेसर यूनुस को गरीबी उन्मूलन और सामाजिक न्याय के लिए उनके अथक प्रयासों के लिए सम्मानित किया गया था।
• 2024 नोबेल शान्ति पुरस्कार **निहोन हिडांक्यो** को 'परमाणु हथियारों से मुक्त दुनिया प्राप्त करने के प्रयासों' के लिए दिया गया है।

1218. निम्नलिखित में से किस भारतीय शास्त्रीय नृत्यांगना को राष्ट्रीय नृत्य शिरोमणि पुरस्कार, 2022 प्राप्त हुआ है?
SSC CPO Tier-1 29.06.2024 (Shift-I)
(a) शोवना नारायण
(b) संगीता मजूमदार
(c) अपर्णा सतीसन
(d) अदिति मंगलदास

उत्तर (c)
• श्रीमती **अपर्णा सतीसन** को राष्ट्रीय नृत्य शिरोमणि पुरस्कार 2022 से सम्मानित किया गया था।
• यह पुरस्कार उन्हें कुचिपुड़ी और भरतनाट्यम दोनों नृत्य शैलियों में उनके उत्कृष्ट योगदान के लिए दिया गया था।
• वह गुरु वैजयन्ती काशी की शिष्या हैं, जो कुचिपुड़ी नृत्य की एक प्रसिद्ध गुरु थीं।

1219. विगत् चार वर्षों की अवधि में क्रीड़ा और खेलों में उत्कृष्ट प्रदर्शन के लिए और नेतृत्व, खेल कौशल और अनुशासन की भावना दिखाने के लिए ……… दिए जाते हैं।
SSC CPO Tier-1 29.06.2024 (Shift-II)
(a) मौलाना अबुल कलाम आजाद (MAKA) ट्रॉफी
(b) द्रोणाचार्य पुरस्कार
(c) अर्जुन पुरस्कार
(d) राष्ट्रीय खेल प्रोत्साहन पुरस्कार

उत्तर (c)
• विगत् चार वर्षों की अवधि में क्रीड़ा और खेलों में उत्कृष्ट प्रदर्शन के लिए और नेतृत्व, खेल कौशल और अनुशासन की भावना दिखाने के लिए **अर्जुन पुरस्कार** दिए जाते हैं।
• अर्जुन पुरस्कार की स्थापना वर्ष 1961 में हुई थी।
• इसका नाम महाभारत के पात्र अर्जुन के नाम पर रखा गया है।
• पुरस्कार प्राप्त विजेताओं को अर्जुन की एक प्रतिमा, एक प्रमाण-पत्र तथा 15 लाख नकद पुरस्कार प्रदान किया जाता है।

1220. संगीता मजूमदार को निम्नलिखित में से किस भारतीय शास्त्रीय नृत्य में उनके योगदान के लिए कासा डे ला, स्पेन द्वारा सम्मानित किया गया था? SSC CPO Tier-1 29.06.2024 (Shift-II)
(a) कथक (b) भरतनाट्यम
(c) मोहिनीअट्टम (d) कुचिपुड़ी

उत्तर (a)
• संगीता मजूमदार को **कथक नृत्य** में उनके योगदान के लिए **कासा डे ला, स्पेन** द्वारा सम्मानित किया गया था।
• संगीता मजूमदार का जन्म कोलकता में हुआ है।
• उन्होंने विश्व प्रसिद्ध कथक गुरु पण्डित बिरजू महाराज के सानिध्य के अपनी कलात्मक शिक्षा प्राप्त की थी।
• वह भारतीय सांस्कृतिक सम्बन्ध परिषद् (ICCR) की सूचीबद्ध कलाकार भी हैं।

1221. मोहन वीणा वादक पण्डित विश्व मोहन भट्ट ने वर्ष ……… में ग्रैमी पुरस्कार जीता था।
SSC CPO Tier-1 29.06.2024 (Shift-II)
(a) 1996 (b) 1990
(c) 1994 (d) 1992

उत्तर (c)
• मोहन वीणा वादक पण्डित विश्व मोहन भट्ट ने **वर्ष 1994** में ग्रैमी पुरस्कार जीता था।
• विश्व मोहन भट्ट एक हिन्दुस्तानी शास्त्रीय संगीत वादक हैं।
• इस वाद्ययन्त्र का नामकरण संगीतज्ञ ठाकुर जयदेव सिंह द्वारा किया गया, उस समय ये ऑल इण्डिया रेडियो में मुख्य निर्माता थे।
• 66वें वार्षिक ग्रैमी पुरस्कार 4 फरवरी, 2024 को प्रदान किया गया। यह पुरस्कार क्रिप्टो डोट काम एरिना, लोस एंजिल्स कैलिफोर्निया में प्रदान किया गया।

1222. नृत्य और संगीत के क्षेत्र में निम्नलिखित में से कौन-सा पुरस्कार नहीं दिया जाता है?
SSC CPO Tier-1 29.06.2024 (Shift-II)
(a) महारी पुरस्कार
(b) कालिदास सम्मान
(c) द्रोणाचार्य पुरस्कार
(d) संगीत नाटक अकादमी पुरस्कार

उत्तर (c)
• नृत्य और संगीत के क्षेत्र में द्रोणाचार्य पुरस्कार दिया जाता है।
• द्रोणाचार्य पुरस्कार खेल के क्षेत्र में प्रदान किया जाता है। जबकि महारी पुरस्कार, कालिदास सम्मान पुरस्कार, संगीत नाटक अकादमी पुरस्कार नृत्य एवं संगीत के क्षेत्र में दिया जाता है।
• वर्ष 1985 में शुरू किया गया द्रोणाचार्य पुरस्कार खेल क्षेत्र में उत्कृष्ट प्रशिक्षण प्रदान करने वाले कोचों को प्रदान किया जाता है।
• महारी पुरस्कार गुरु पंकज चरण ओडिसी रिसर्च फाउण्डेशन द्वारा स्थापित एक पुरस्कार है।
• संगीत नाटक अकादमी पुरस्कार कला के क्षेत्र में प्रदान किया जाता है।
• नारायण शेट्टी को वर्ष 2024 में वीटा अवॉर्ड्स के तहत द्रोणाचार्य पुरस्कार से सम्मानित किया गया।

1223. निम्नलिखित में से किसे भारत में हरित क्रान्ति में उनके योगदान के लिए भारत रत्न से सम्मानित किया गया था?
SSC CPO Tier-1 29.06.2024 (Shift-II)
(a) ए. पी. जे. अब्दुल कलाम
(b) गोविन्द बल्लभ पन्त
(c) पी. वी. काणे
(d) सी. सुब्रमण्यम

उत्तर (d)
• **सी. सुब्रमण्यम** को भारत में हरित क्रान्ति में उनके योगदान के लिए वर्ष 1988 में भारत रत्न से सम्मानित किया गया था।
• इनकी बेहतर कृषि नीतियों के कारण ही भारत खाद्यान्न उत्पादन में आत्मनिर्भर बन पाया।
• इन्हें वर्ष 1946 में संविधान सभा के सदस्य के रूप में चुना गया। ये वर्ष 1957 तक संविधान सभा के सदस्य रहे।
• 2024 में एम एस स्वामीनाथन को हरित क्रान्ति में योगदान के लिए भारत रत्न प्रदान किया गया।

SSC CHSL 2024 (Tier 1 & 2)

1224. राज्य के पूर्व मन्त्री और भाजपा गठबन्धन सहयोगी आईपीएफटी के पूर्व अध्यक्ष ……… को वर्ष 2023 में पद्मश्री पुरस्कार (मरणोपरान्त) प्राप्त हुआ।
SSC CHSL Tier-1 01.07.2024 (Shift-I)
(a) प्रभात चौधरी (b) रेबती मोहन दास
(c) पिनाकी दास चौधरी (d) नरेन्द्र चन्द्र देबबर्मा

उत्तर (d)
• त्रिपुरा राज्य के पूर्व मन्त्री और भाजपा गठबन्धन सहयोगी आईपीएफटी के पूर्व अध्यक्ष

नरेन्द्र चन्द्र देबबर्मा को वर्ष 2023 में पद्मश्री पुरस्कार (मरणोपरान्त) प्राप्त हुआ।
• नरेन्द्र चन्द्र देबबर्मा वर्मा नेका नाम से लोकप्रिय हैं।
• वे एक भारतीय राजनीतिज्ञ थे और ऑल इण्डिया रेडियो अगरतला के निर्देशक रहे थे।

1225. अप्रैल, 2023 में विंग कमाण्डर दीपिका मिश्रा को निम्नलिखित में से कौन-सा पुरस्कार मिला? **SSC CHSL Tier-1 02.07.2024 (Shift-III)**
(a) वीर चक्र
(b) वायु सेना पदक
(c) उत्तम युद्ध सेवा पदक
(d) शौर्य चक्र

उत्तर (b)
• अप्रैल, 2023 में विंग कमाण्डर दीपिका मिश्रा को वायु सेना पदक पुरस्कार मिला।
• यह एक भारतीय सैन्य सम्मान है, जिसे सामान्यत: शान्ति काल में उल्लेखनीय सेवा के लिए दिया जाता है।
• इस पदक की स्थापना **16 जून, 1960** को भारत के राष्ट्रपति द्वारा की थी और वर्ष 1961 से ये सम्मान प्रदान किए जाने लगे। यह सम्मान मरणोपरान्त भी दिया जाता है।

1226. एरिक ए. कॉर्नेल, वोल्फगैंग केटरले और कार्ल ई. वीमन को क्षार परमाणुओं की तनु गैसों में 'बोस-आइन्स्टीन संघनन' प्राप्त करने के लिए भौतिकी का नोबेल पुरस्कार किस वर्ष में मिला था?
SSC CHSL Tier-1 02.07.2024 (Shift-IV)
(a) 2003 में (b) 2002 में
(c) 2001 में (d) 2000 में

उत्तर (c)
• एरिक. ए. कार्नेल, वोल्फगैंग केटरले और कार्ल ई. वीमन को क्षार परमाणुओं की तनु गैसों में बोस आइन्स्टीन संघनन प्राप्त करने के लिए भौतिकी का नोबेल पुरस्कार **वर्ष 2001** में मिला।
• भौतिकी में वर्ष 2024 का नोबेल पुरस्कार जॉन जे. हॉपफील्ड और जेफ्री ई. हिंटन को कृत्रिम तन्त्रिका नेटवर्क के साथ मशीन लर्निंग को सक्षम करने वाली मूलभूत खोजों और आविष्कारों के लिए दिया गया है।

1227. किरण नादर को अप्रैल, 2023 में किस देश के सर्वोच्च नागरिक पुरस्कार से सम्मानित किया गया? **SSC CHSL Tier-1 03.07.2024 (Shift-II)**
(a) जर्मनी (b) मिस्र
(c) फ्रांस (d) पोलैण्ड

उत्तर (c)
• **किरण नादर** को अप्रैल, 2023 में फ्रांस के सर्वोच्च नागरिक पुरस्कार से सम्मानित किया गया।
• उन्होंने ब्रिज मिक्स्ड टीम इवेण्ट में 2018 एशियाई खेलों में भारत का प्रतिनिधित्व करते हुए कांस्य पदक जीता।
• भारत सरकार ने उन्हें पद्मश्री पुरस्कार से सम्मानित किया।

1228. किस राज्य की सरकार ने 'तानसेन सम्मान' शुरू किया था?
SSC CHSL Tier-1 03.07.2024 (Shift-III)
(a) उत्तर प्रदेश
(b) मध्य प्रदेश
(c) अरुणाचल प्रदेश
(d) हिमाचल प्रदेश

उत्तर (b)
• **मध्य प्रदेश** सरकार ने तानसेन सम्मान शुरू किया था।
• यह सम्मान हिन्दुस्तानी संगीत के क्षेत्र में उत्कृष्ट योगदान देने वाले को दिया जाता है।
• यह सम्मान मध्य प्रदेश के संस्कृति विभाग द्वारा दिया जाता है। इसकी स्थापना वर्ष 1980 में की गई है।

1229. नॉर्मन अर्नेस्ट बोरलॉग को हरित क्रान्ति (Green revolution) में उनके योगदान के लिए वर्ष 1970 में ········ से सम्मानित किया गया था। **SSC CHSL Tier-1 03.07.2024 (Shift-IV)**
(a) शरीर क्रिया विज्ञान में नोबेल पुरस्कार
(b) नोबेल शान्ति पुरस्कार
(c) भौतिकी में नोबेल पुरस्कार
(d) रसायन शास्त्र में नोबेल पुरस्कार

उत्तर (b)
• नॉर्मन अर्नेस्ट बोरलॉग को हरित क्रान्ति में उनके योगदान के लिए वर्ष 1970 में **शान्ति के नोबेल पुरस्कार** से सम्मानित किया गया था।
• बोरलॉग ने गेहूँ की नई किस्मों के विकास में महत्त्वपूर्ण योगदान दिया, जो अधिक उपजाऊ व रोग प्रतिरोधी थीं।
• इन्हें विश्व में 'हरित क्रान्ति के जनक' के रूप में जाना जाता है।
• 9 सितम्बर, 2009 को इनका निधन हो गया।

1230. मणिपुर के पूर्व केन्द्रीय मन्त्री ····· को विगत् चार दशकों में सार्वजनिक मामलों मे उनके योगदान के लिए केन्द्र सरकार द्वारा वर्ष 2023 में पद्मश्री से सम्मानित किया गया था।
SSC CHSL Tier-1 04.07.2024 (Shift-IV)
(a) युमनाम जॉयकुमार
(b) थोकचोम राधेश्याम सिंह
(c) ओकराम इबोबी सिंह
(d) थौनाओजम चाओबा

उत्तर (d)
• मणिपुर के पूर्व केन्द्रीय मन्त्री **थौना ओजम चाओबा** को विगत् चार दशकों में सार्वजनिक मामलों में उनके योगदान के लिए केन्द्र सरकार द्वारा **वर्ष 2023** में पद्मश्री से सम्मानित किया गया था।
• थौना ओजम चाओबा, 1999 में तत्कालीन प्रधानमन्त्री अटल जी की सरकार में केन्द्रीय संस्कृति, युवा मामले और खेल राज्यमन्त्री बने।
• मणिपुर के लोग इन्हें **उत्लो चाओबा** के नाम से जानते हैं।
• वर्ष 2006 में इन्होंने मणिपुर पीपुल्स पार्टी बनाई थी।

1231. कर्नाटक के पूर्व मुख्यमन्त्री ·········· को वर्ष 2023 में सार्वजनिक मामलों के क्षेत्र में उनके योगदान के लिए नई दिल्ली के राष्ट्रपति भवन में पद्म विभूषण प्राप्त हुआ?
SSC CHSL Tier-1 05.07.2024 (Shift-III)
(a) एस. एम. कृष्णा (b) डी देवराज उस
(c) एच.डी. देवगौड़ा (d) एस निजलिंगप्पा

उत्तर (a)
• कर्नाटक के पूर्व मुख्यमन्त्री **एस. एम. कृष्णा** को वर्ष 2023 में सार्वजनिक मामलों के क्षेत्र में उनके योगदान के लिए नई दिल्ली के राष्ट्रपति भवन (नई दिल्ली) में पद्म विभूषण प्रदान किया गया।
• मनमोहन सिंह की सरकार में एस.एम.कृष्णा विदेशी मन्त्री रह चुके हैं।
• दिसम्बर, 2024 में इनकी मृत्यु हो गई।

1232. संगीता शंकर को किस संगीत वाद्ययन्त्र को बजाने में उनके योगदान के लिए संगीत नाटक अकादमी पुरस्कार, 2021 में सम्मानित किया गया?
SSC CHSL Tier-1 05.07.2024 (Shift-III)
(a) सन्तूर (b) वायलिन
(c) बाँसुरी (d) वीणा

उत्तर (b)
संगीता शंकर को **वायलिन** संगीत वाद्ययन्त्र को बजाने में उसके योगदान के लिए संगीत नाटक अकादमी पुरस्कार, 2021 से सम्मानित किया गया।
यह प्रसिद्ध वायलिन वादक एन. राजम की बेटी और शिष्या हैं।
वर्ष 2023 में राष्ट्रपति द्रौपदी मुर्मू ने दया प्रकाश सिन्हा, दुलाल रे, राजा-राधा रेड्डी, सुनयना हजारीलाल और आर. विश्वेश्वरन को संगीत नाटक अकादमी फेलो से सम्मानित किया।

1233. किस वर्ष एक महिला हॉकी खिलाड़ी को पहला अर्जुन पुरस्कार दिया गया था?
SSC CHSL Tier-1 08.07.2024 (Shift-III)
(a) 1962 (b) 1961 (c) 1964 (d) 1963

उत्तर (b)
• **वर्ष 1961** में एक महिला हॉकी खिलाड़ी को **पहला अर्जुन पुरस्कार** दिया गया था।
• ऐनी लम्सडेन एक पूर्व भारतीय फील्ड हॉकी खिलाड़ी हैं, जिन्हें हॉकी खिलाड़ी के रूप में सबसे पहले अर्जुन पुरस्कार प्राप्त हुआ।
• अर्जुन पुरस्कार उन खिलाड़ियों को दिया जाता है, जिसने उस वर्ष के पिछले चार वर्षों तक लगातार खेल में उत्कृष्ट प्रदर्शन किया है, जिस वर्ष उसके लिए सिफारिश की गई हो।

1234. एम. एस. धोनी को किस वर्ष पद्मश्री पुरस्कार से सम्मानित किया गया था?
SSC CHSL Tier-1 09.07.2024 (Shift-I)
(a) 2009 (b) 2012 (c) 2007 (d) 2010

उत्तर (a)
• एम.एस. धोनी को **वर्ष 2009** में पद्मश्री पुरस्कार से सम्मानित किया गया था।
• महेन्द्र सिंह धोनी भारत के पूर्व क्रिकेट खिलाड़ी हैं।

• वह वर्ष 2007 से 2017 तक सीमित ओवर के प्रारूप में और वर्ष 2008 से 2014 तक टेस्ट क्रिकेट में भारतीय क्रिकेट टीम के कप्तान थे।
• इन्हें वर्ष 2008 में भारत का सर्वोच्च खेल सम्मान **मेजर ध्यानचन्द खेल रत्न पुरस्कार** प्रदान किया गया।

1235. ········ को मरणोपरान्त, 2023 में सार्वजनिक मामलों के क्षेत्र में भारत के दूसरे सबसे बड़े नागरिक पुरस्कार, पद्म विभूषण से सम्मानित किया गया।
SSC CHSL Tier-1 10.07.2024 (Shift-III)
(a) बालकृष्ण दोशी
(b) दिलीप महालनोबिस
(c) मुलायम सिंह यादव
(d) जी. एम. सी. बालयोगी

उत्तर (c)
• मुलायम सिंह यादव को मरणोपरान्त, 2023 में सार्वजनिक क्षेत्रों के मामलों के क्षेत्र में भारत के दूसरे सबसे बड़े नागरिक पुरस्कार, **पद्म विभूषण** से सम्मानित किया गया।
• मुलायम सिंह यादव समाजवादी पार्टी के संस्थापक थे।
• पद्म विभूषण पुरस्कार असाधारण व विशिष्ट सेवा के लिए दिया जाता है।

1236. किस वर्ष देश का सर्वोच्च राजीव गाँधी खेल रत्न पुरस्कार का नाम बदलकर मेजर ध्यानचन्द खेल रत्न पुरस्कार कर दिया गया था? **SSC CHSL Tier-1 11.07.2024 (Shift-II)**
(a) वर्ष 1991 (b) वर्ष 2014
(c) वर्ष 2021 (d) वर्ष 2019

उत्तर (c)
• वर्ष 2021 में देश का सर्वोच्च खेल सम्मान राजीव गाँधी खेल रत्न पुरस्कार का नाम बदलकर मेजर ध्यानचन्द खेल रत्न पुरस्कार कर दिया गया था।
• ध्यानचन्द खेल रत्न पुरस्कार देश का सबसे बड़ा खेल सम्मान है।
• राजीव गाँधी खेल रत्न पुरस्कार की शुरुआत वर्ष 1991-92 में हुई थी।
• सबसे पहला खेल रत्न पुरस्कार **विश्वनाथन आनन्द** को दिया गया था।

SSC CHSL 2023

1237. निम्नलिखित में से कौन भारतीय नृत्य के क्षेत्र में पुरस्कार और मान्यता प्रदान करता है?
SSC CHSL Tier-1 09.08.2023 (Shift-I)
(a) ललित कला अकादमी
(b) संगीत नाटक अकादमी
(c) साहित्य अकादमी
(d) इनटैक (INTACH)

उत्तर (b)
• संगीत नाटक अकादमी भारतीय नृत्य के क्षेत्र में पुरस्कार और मान्यता प्रदान करती है।
• **संगीत नाटक अकादमी** संगीत, नृत्य और नाटक के लिए भारत की राष्ट्रीय अकादमी है।
• इसकी स्थापना 31 **मई, 1952** में (तत्कालीन) शिक्षा मन्त्रालय, भारत सरकार के एक प्रस्ताव द्वारा की गई थी। वर्तमान में यह संस्कृति मन्त्रालय, भारत सरकार का स्वायत्त निकाय है। इसका मुख्यालय नई दिल्ली में स्थित है।
• डॉ. पी.वी. राजमन्नार को इसके पहले अध्यक्ष के रूप में नियुक्त किया गया था।

1238. मुलायम सिंह यादव को मरणोपरान्त वर्ष 2023 में किस श्रेणी में पद्म विभूषण पुरस्कार मिला?
SSC CHSL Tier-1 08.08.2023 (Shift-II)
(a) सार्वजनिक मामलों (b) व्यापार और उद्योग
(c) कला (d) साहित्य और शिक्षा

उत्तर (a)
• मुलायम सिंह यादव को मरणोपरान्त वर्ष 2023 में **सार्वजनिक मामलों** के विषयों हेतु पद्म विभूषण मिला।

1239. मीना प्रसाद को ········ में उनके योगदान के लिए संगीत नाटक अकादमी पुरस्कार, वर्ष 2021 से सम्मानित किया गया।
SSC CHSL Tier-1 08.08.2023 (Shift-II)
(a) मोहिनीअट्टम (b) कुचिपुड़ी
(c) भरतनाट्यम (d) ओडिसी

उत्तर (a)
• मीना प्रसाद को **मोहिनीअट्टम** में उनके योगदान के लिए संगीत नाटक अकादमी पुरस्कार 2021 से सम्मानित किया गया।

1240. निम्नलिखित में से कौन-सा पुरस्कार शास्त्रीय नृत्य शैलियों के लिए प्रदान किया जाता है?
SSC CHSL Tier-1 04.08.2023 (Shift-II)
(a) सरस्वती सम्मान (b) कालिदास सम्मान
(c) कबीर पुरस्कार (d) ज्ञानपीठ पुरस्कार

उत्तर (b)
• कालिदास सम्मान शास्त्रीय नृत्य शैलियों के लिए प्रदान किया जाता है।
• कालिदास सम्मान की स्थापना वर्ष 1980-81 में की गई।

1241. निम्नलिखित में से किसे वर्ष 1909 में व्यावहारिक बेतार के तार के विकास के लिए कार्ल फर्डिनेण्ड ब्रौन के साथ भौतिकी में नोबेल पुरस्कार से सम्मानित किया गया था?
SSC CHSL Tier-1 02.08.2023 (Shift-I)
(a) विल्हेम रॉण्टजेन (b) गुगलीओ मार्कोनी
(c) जॉन मिशेल (d) हेनरिक रुडोल्फ हर्ट्ज

उत्तर (b)
• **गुगलीओ मार्कोनी** को नोबेल पुरस्कार 'वायरलेस टेलीग्राफी के विकास' में उनके योगदान की मान्यता में संयुक्त रूप से पुरस्कार प्रदान किया गया था।
• वह एक इतालवी आविष्कारक और इलेक्ट्रिकल इंजीनियर थे।

1242. निम्नलिखित में से किसे फीचर फोटोग्राफी श्रेणी में 2022 के पुलित्जर पुरस्कार से सम्मानित किया गया?
SSC CHSL Tier-1 21.03.2023 (Shift-II)
(a) अमित दवे (b) सईदा हमीद
(c) के.आर. मीरा (d) विवेक देबरॉय

उत्तर (a)
• अमित दवे को फीचर फोटोग्राफी श्रेणी 2022 के पुलित्जर पुरस्कार से सम्मानित किया गया। पुलित्जर पुरस्कार पत्रकारिता के क्षेत्र में दिया जाता है।
• वर्ष 1917 में स्थापित यह पुरस्कार अमेरिकी पत्रकारिता, साहित्य और संगीत में उपलब्धियों के लिए दिया जाने वाला एक पुरस्कार है, जो कोलम्बिया विश्वविद्यालय द्वारा प्रशासित है।

1243. वर्ष 1992 में सिनेमा में लाइफटाइम अचीवमेण्ट के लिए ऑस्कर पाने वाले पहले भारतीय कौन थे? **SSC CHSL Tier-1 17.03.2023 (Shift-II)**
(a) सत्यजीत रे
(b) के. विश्वनाथ
(c) टी. रामा राव
(d) तरुण मजूमदार

उत्तर (a)
• वर्ष 1992 में सिनेमा में **सत्यजीत रे** को लाइफ टाइम अचीवमेण्ट के लिए ऑस्कर प्रदान किया गया।
• ये एक भारतीय फिल्म निर्देशक, पटकथा लेखक, संगीतकार, गीतकार, ग्राफिक डिजाइनर और चित्रकार थे।
• ऑस्कर पुरस्कार की प्रथम भारतीय विजेता **भानु अथैया** हैं।

1244. निम्नलिखित में से किसने 67वें फिल्मफेयर पुरस्कार 2022 में सर्वश्रेष्ठ फिल्म (क्रिटिक्स) का पुरस्कार जीता?
SSC CHSL Tier-1 16.03.2023 (Shift-I)
(a) सरदार ऊधम
(b) रामप्रसाद की तेरहवीं
(c) सन्दीप और पिंकी फरार
(d) शेरनी

उत्तर (a)
• **सरदार ऊधम** ने 67वें फिल्म फेयर पुरस्कार 2022 में सर्वश्रेष्ठ फिल्म क्रिटिक्स का पुरस्कार जीता।
• सर्वश्रेष्ठ फिल्म 'शेरशाह' तथा सर्वश्रेष्ठ अभिनेता का पुरस्कार रणवीर सिंह को फिल्म '83' के लिए दिया गया।
• वर्ष 2024 के फिल्मफेयर पुरस्कार सर्वश्रेष्ठ फिल्म – 12th फेल
• सर्वश्रेष्ठ अभिनेता – रणवीर कपूर (एनिमल मूवी)
• सर्वश्रेष्ठ अभिनेत्री – आलिया भट्ट (रॉकी और रानी की प्रेम कहानी)
• सर्वश्रेष्ठ निर्देशक – विधु विनोद चोपड़ा (12th फेल)

1245. भारत गणराज्य के किस नागरिक को वर्ष 2014 में नोबेल शान्ति पुरस्कार से सम्मानित किया गया था? **SSC CHSL Tier-1 15.03.2023 (Shift-I)**
(a) सी.वी. रमन (b) कैलाश सत्यार्थी
(c) अमर्त्य सेन (d) रवीन्द्रनाथ टैगोर

उत्तर (b)
• प्रसिद्ध भारतीय बाल अधिकार कार्यकर्ता तथा 'बचपन बचाओ आन्दोलन' के संस्थापक

कैलाश सत्यार्थी को वर्ष 2014 में नोबेल शान्ति पुरस्कार से सम्मानित किया।
- उन्होंने ये पुरस्कार पाकिस्तानी कार्यकर्ता **मलाला युसूफजई** के साथ साझा किया था।
- इन्होंने 'ग्लोबल कैंपेन फॉर एजुकेशन' का गठन किया।

1246. सितम्बर, 2022 में किस राज्य को 'संस्कृति के लिए सर्वश्रेष्ठ गन्तव्य' (Best destination for culture)' हेतु अन्तर्राष्ट्रीय पर्यटन पुरस्कार मिला था? SSC CHSL Tier-1 14.03.2023 (Shift-I)
(a) केरल (b) गुजरात
(c) उत्तर प्रदेश (d) पश्चिम बंगाल

उत्तर (d)
- सितम्बर, 2022 में संस्कृति के लिए सर्वश्रेष्ठ गन्तव्य हेतु **पश्चिम बंगाल** को अन्तर्राष्ट्रीय पुरस्कार मिला। इसके साथ ही 'क्यूबा' को सर्वश्रेष्ठ सांस्कृतिक केन्द्र के रूप में पुरस्कार दिया गया है।
- वर्ष 2023 का संस्कृति के लिए सर्वश्रेष्ठ गन्तव्य पुरस्कार **राजस्थान** को मिला।

1247. भौतिकी 2022 का नोबेल पुरस्कार ...... के क्षेत्र में दिया गया था।
SSC CHSL Tier-1 13.03.2023 (Shift-III)
(a) क्वाण्टम यान्त्रिकी (b) परमाणु भौतिकी
(c) गुरुत्वाकर्षण बल (d) आण्विक विज्ञान

उत्तर (a)
- भौतिकी 2022 का नोबेल पुरस्कार क्वाण्टम यान्त्रिकी के क्षेत्र में दिया गया था।
- भौतिकी का नोबेल पुरस्कार जॉन एफ. क्लॉजर, एलेन एस्पेक्ट और एण्टोन जिलिंगर को **क्वाण्टम यान्त्रिकी** में इनके कार्यों के लिए प्रदान किया गया।

1248. निम्नलिखित में से किसे वर्ष 2022 में प्रमुख भूमिका के लिए सर्वश्रेष्ठ अभिनेता का ऑस्कर (OSCAR) पुरस्कार दिया गया ?
SSC CHSL Tier-1 10.03.2023 (Shift-II)
(a) एण्ड्रयूगारफील्ड
(b) विल स्मिथ
(c) बेनेडिक्ट कंबरबैच
(d) डेनजेल वॉशिंगटन

उत्तर (b)
- विल स्मिथ को वर्ष 2022 में प्रमुख भूमिका के लिए सर्वश्रेष्ठ अभिनेता का ऑस्कर पुरस्कार दिया गया।
- फिल्म **द पावर ऑफ द डॉग** के लिए जे. कैम्पियन को बेस्ट डायरेक्टर का अवॉर्ड मिला, वहीं अभिनेत्री जेसिका चेस्टन को फिल्म 'द आइज ऑफ टैमी फाये' के लिए सर्वश्रेष्ठ अभिनेत्री का अवॉर्ड मिला।

1249. दक्षिण अफ्रीका में रंगभेद को खत्म करने के लिए नोबेल शान्ति पुरस्कार किसे मिला था?
SSC CHSL Tier-1 10.03.2023 (Shift-II)
(a) नेल्सन मण्डेला
( ) महात्मा गाँधी
(c) अल्बर्ट जॉन लुटुली
(d) रवीन्द्रनाथ टैगोर

उत्तर (a)
- दक्षिण अफ्रीका में रंग भेद को समाप्त करने के लिए नोबेल शान्ति पुरस्कार नेल्सन मण्डेला को दिया गया।
- नेल्सन मण्डेला को नोबेल शान्ति पुरस्कार वर्ष 1993 में दिया गया था। ये 10 मई, 1994 से 14 जून, 1999 तक अफ्रीका के राष्ट्रपति रहे। ये दक्षिण अफ्रीका के पहले अश्वेत राष्ट्रपति थे।
- इनके जन्म दिवस को संयुक्त राष्ट्र द्वारा 18 जुलाई को नेल्सन मण्डेला अन्तर्राष्ट्रीय दिवस के रूप में मनाया जाता है।
- भारत सरकार द्वारा इन्हें वर्ष 1990 में भारत का सर्वोच्च नागरिक सम्मान 'भारत रत्न' से सम्मानित किया गया था।

1250. निम्नलिखित में से किस शहर ने वर्ष 2022 में लगातार छठी बार भारत के सबसे स्वच्छ शहर का पुरस्कार जीता है?
SSC CHSL Tier-1 09.03.2023 (Shift-I)
(a) पुणे (b) कोलकाता
(c) इन्दौर (d) गुरुग्राम

उत्तर (c)
- **इन्दौर** शहर ने वर्ष 2022 में लगातार छठी बार भारत के सबसे स्वच्छ शहर का पुरस्कार जीता है।
- स्वच्छ सर्वेक्षण का आयोजन स्वच्छ भारत मिशन के तहत वर्ष 2016 से किया जा रहा है और यह दुनिया का सबसे बड़ा शहरी सफाई और स्वच्छता सर्वेक्षण है।
- वर्ष 2024 का भारत का सबसे स्वच्छ शहर इन्दौर को घोषित किया गया।
- इस सूची में सूरत दूसरे स्थान पर तथा नवी मुम्बई तीसरे स्थान पर रहे।

1251. निम्नलिखित में से किस फिल्म को 2022 में बेस्ट फिल्म पॉपुलर च्वॉयस का फिल्मफेयर पुरस्कार मिला था?
SSC CHSL Tier-1 09.03.2023 (Shift-I)
(a) शेरशाह (b) रामप्रसाद की तेहरवीं
(c) सरदार ऊधम (d) रश्मि रॉकेट

उत्तर (a)
- **शेरशाह** फिल्म को वर्ष 2022 में बेस्ट फिल्म पॉपुलर च्वॉयस का पुरस्कार मिला। यह फिल्म कैप्टन विक्रम बत्रा की बायोपिक है।
- इस फिल्म में कारगिल युद्ध में कैप्टन बत्रा के पराक्रम और साहस द्वारा देश की जीत और निजी जिन्दगी से जुड़ी घटनाओं को दिखाया गया है।

SSC CHSL 2022

1252. किस वायलिन वादक को वर्ष 2021 में 'पण्डित भीमसेन जोशी लाइफटाइम अचीवमेण्ट' अवॉर्ड से सम्मानित किया गया?
SSC CHSL (10+2) 27.05.2022 (Shift-I)
(a) एन. राजम (b) नन्दिनी मुथुस्वामी
(c) ज्योत्स्ना श्रीकान्त (d) लालगुडी विजयलक्ष्मी

उत्तर (a)
- वायलिन वादक एन. राजम को वर्ष 2021 वायलिन वादन में पण्डित भीमसेन जोशी लाइफटाइम अचीवमेण्ट अवॉर्ड तथा वर्ष 2012 में संगीत नाटक एकेडमी फैलोशिप सम्मान से सम्मानित किया गया था।
- पं. भीमसेन जोशी के निधन के उपरान्त इनके सम्मान में महाराष्ट्र सरकार द्वारा वर्ष 2012 में इस अवॉर्ड की शुरुआत की गई।

1253. किस भारतीय खिलाड़ी को प्रतिष्ठित 'लॉरियस वर्ल्ड ब्रेकथ्रू ऑफ द ईयर' अवॉर्ड 2022 के लिए नामांकित किया गया?
SSC CHSL (10+2) 27.05.2022 (Shift-I)
(a) पी. वी. सिन्धु
(b) मिताली राज
(c) नीरज चोपड़ा
(d) विराट कोहली

उत्तर (c)
- **नीरज चोपड़ा** को प्रतिष्ठित लॉरियस वर्ल्ड ब्रेकथ्रू ऑफ द ईयर अवॉर्ड 2022 के लिए नामांकित किया गया
- ये ट्रैक और फील्ड एथलीट प्रतिस्पर्द्धा में भाला फेंकने वाले खिलाड़ी हैं। इन्होंने 87.58 मी भाला फेंककर टोक्यो ओलम्पिक 2021 में स्वर्ण पदक जीता था।
- इसके अवॉर्ड लिए डेनियल मेदवेदेव, एम्मा राडुकानू, पेड्रि, यूलिमार रोजस, एरियन टिटमस को नामांकित किया गया है।

1254. 2021 में साहित्य के नोबेल पुरस्कार के प्राप्तकर्ता कौन थे?
SSC CHSL Tier-1 27.05.2022 (Shift-I)
(a) अब्दुलरज़्ज़ाक गुरनाह
(b) पीटर हैण्डके
(c) लुईस ग्लूक
(d) बॉब डायलन

उत्तर (a)
- तंजानियाई मूल के ब्रिटिश नागरिक **अब्दुलरज़्ज़ाक गुरनाह** की रचना 'पेराडाइज' के लिए इन्हें साहित्य के नोबेल पुरस्कार से सम्मानित किया गया।
- इसमें इन्होंने विस्थापितों के जीवन, उनकी संस्कृतियों से टकराव एवं गल्फ में उपनिवेशवाद के प्रभावों, शरणार्थियों की दशा का करुणामयी वर्णन किया है।

1255. कलैमामणि पुरस्कार भारत के निम्नलिखित में से किस राज्य में दिए जाते हैं?
SSC CHSL (10+2) 27.05.2022 (Shift-I)
(a) तमिलनाडु (b) केरल
(c) ओडिशा (d) तेलंगाना

उत्तर (a)
- **कलैमामणि पुरस्कार तमिलनाडु** सरकार द्वारा दिया जाने वाला सर्वोच्च नागरिक सम्मान है।
- यह साहित्य, संगीत और नाटक के क्षेत्र में उत्कृष्ट योगदान के लिए दिया जाता है।
- यह राज्य इयाल ईसाई नाटक मंद्रम साहित्य, संगीत और रंगमंच, कला और संस्कृति निदेशालय, राज्य सरकार की एक इकाई द्वारा दिया जाता है।

1256. भरतनाट्यम नृत्य के निम्नलिखित में से किस प्रतिपादक को वर्ष 2004 में फ्रांस सरकार ने 'शेवेलियर ऑफ आर्ट्स एण्ड लेटर्स अवॉर्ड' प्रदान किया?
SSC CHSL (10+2) 27.05.2022 (Shift-I)
(a) सोनल मानसिंह (b) मल्लिका साराभाई
(c) मृणालिनी साराभाई (d) अलरमेल वेल्ली

उत्तर (d)

• प्रसिद्ध भरतनाट्यम नृत्यांगना एवं कोरियोग्राफर **अलरमेल वेल्ली** को वर्ष 2004 में फ्रांस सरकार ने शेवेलियर ऑफ आर्ट्स एण्ड लेटर्स अवॉर्ड प्रदान किया।
• भरतनाट्यम की पण्डानल्लुर पद्धति नृत्य में इन्हें विशेषज्ञता हासिल है।
• इन्होंने **वर्ष 1984** में चेन्नई में दीपशिखा फाउण्डेशन स्थापित किया था।

1257. उस शास्त्रीय नर्तक का नाम बताइए, जिसे **वर्ष** 1966 में ओडिशी में उनके आजीवन योगदान के लिए 'संगीत नाटक अकादमी पुरस्कार' से सम्मानित किया गया था?
SSC CHSL (10+2) 30.05.2022 (Shift-I)
(a) बिपिन सिंह (b) केलुचरण महापात्र
(c) हरिचरण सिंह (d) नीलेश्वर मुखर्जी

उत्तर (b)

• **केलुचरण महापात्र** का जन्म वर्ष 1926 में ओडिशा के रघुराजपुर में हुआ था।
• इन्हें भारत सरकार द्वारा तीन सर्वोच्च नागरिक सम्मान 1972 (पद्मश्री), पद्म भूषण (1988), पद्म विभूषण (2000) दिया गया है।
• ओडिसी, ओडिशा राज्य का एक प्रसिद्ध लोकनृत्य है।

1258. निम्नलिखित में से किस प्रशंसित कुचिपुड़ी नृत्यांगना को अन्तर्राष्ट्रीय स्तर पर प्रतिष्ठित भारत शास्त्र नृत्य प्रवीण राष्ट्रीय पुरस्कार 2021 से सम्मानित किया गया है?
SSC CHSL 30.05.2022 (Shift-I)
(a) भावना रेड्डी (b) वी सत्यनारायण शर्मा
(c) अपर्णा सथीसन (d) दीपा शशिन्द्रन

उत्तर (c)

• केरल की **अपर्णा सथीसन** को भारत शास्त्र नृत्य प्रवीण **राष्ट्रीय पुरस्कार 2021** से सम्मानित किया गया।
• इन्हें शास्त्रीय संगीत की अन्य विधाओं भरतनाट्यम कुचिपुड़ी में भी निपुणता हासिल है।
• इन्हें **वर्ष 2021** में अभिनन्दन सरोजा अवॉर्ड, प्रवीण राष्ट्रीय पुरस्कार तथा वर्ष 2022 में राष्ट्रीय नृत्य शिरोमणी अवॉर्ड 2022 से सम्मानित किया गया है।

1259. वर्ष 2020 का सरस्वती सम्मान किसने जीता था? SSC CHSL (10+2) 02.06.2022 (Shift-I)
(a) लीलाधर जगूड़ी
(b) अमिताभ बागची
(c) शरणकुमार लिम्बाले
(d) पद्म सचदेव

उत्तर (c)

• **शरणकुमार लिम्बाले** को उनकी रचना 'सनातन' के लिए वर्ष 2020 में सरस्वती सम्मान दिया गया था।
• इस पुरस्कार की स्थापना वर्ष 1991 में के.के. बिड़ला फाउण्डेशन द्वारा की गई थी।

> के. के. बिड़ला फाउण्डेशन ने प्रसिद्ध कवि और साहित्यकार प्रभा वर्मा को उनके उपन्यास **रौद्र सात्विकम** को **33वें सरस्वती सम्मान 2023** के लिए चुना गया है।

1260. निम्नलिखित में से किस भारतीय क्रिकेट खिलाड़ी (महिला) ने मेजर ध्यानचन्द खेल रत्न पुरस्कार, 2021 प्राप्त किया?
SSC CHSL 31.05.2022 (Shift-I)
(a) मिताली राज (b) शेफाली राज
(c) दीप्ति शर्मा (d) पूनम यादव

उत्तर (a)

• भारतीय महिला क्रिकेटर मिताली राज को वर्ष 2021 का मेजर ध्यानचन्द पुरस्कार प्राप्त हुआ।
• **मिताली राज** एक दिवसीय अन्तर्राष्ट्रीय क्रिकेट में 6,000 रनों को पार करने वाली एकमात्र महिला क्रिकेटर हैं।
• इन्होंने वर्ष 2005 एवं 2017 में आईसीसी ओडीआई विश्व कप फाइनल में भारतीय महिला क्रिकेट टीम का नेतृत्व किया था।

> बैडमिण्टन जोड़ी सात्विक साईंराज रंकी रेड्डी और चिराग शेट्टी को वर्ष 2023 के लिए मेजर ध्यानचन्द खेल रत्न पुरस्कार मिला है।

1261. निम्नलिखित में से किस संगठन ने मई, 2021 में एटियेन ग्लिचिच पुरस्कार जीता?
SSC CHSL 31.05.2022 (Shift-I)
(a) अखिल भारतीय फुटबॉल महासंघ
(b) भारतीय क्रिकेट कण्ट्रोल बोर्ड
(c) हॉकी इण्डिया
(d) बैडमिण्टन एसोसिएशन ऑफ इण्डिया

उत्तर (c)

• **भारतीय हॉकी टीम** (हॉकी इण्डिया) को एटियेन ग्लिचिच सम्मान अभिनव विचारों के माध्यम से हॉकी के विकास को बढ़ावा देने में उनके उल्लेखनीय योगदान के लिए अन्तर्राष्ट्रीय हॉकी संघ द्वारा प्रदान किया गया।
• इस पुरस्कार का नाम वर्ष 1966 से 1984 तक FIH के सचिव तथा वर्ष 1996 तक इसके अध्यक्ष रहे एटियेन ग्लिचिच के नाम पर रखा गया है।

1262. निम्नलिखित में से किसे भरतनाट्यम के लिए संगीत नाटक अकादमी पुरस्कार से सम्मानित किया गया है?
SSC CHSL (10+2) 31.05.2022 (Shift-I)
(a) अनीता रत्नम
(b) गीता चन्द्रन
(c) ए. बी. बाला कोण्डाला राव
(d) विजय शंकर

उत्तर (b)

• गीता चन्द्रन को वर्ष 2016 के भरतनाट्यम के लिए संगीत नाटक अकादमी पुरस्कार से सम्मानित किया गया।
• इन्हें वर्ष 2007 में भारत सरकार द्वारा पद्मश्री पुरस्कार प्रदान किया गया।
• 'सो मेनी जर्नीज' इनकी आत्मकथा है।

1263. ए. आर. रहमान को निम्नलिखित में से किस फिल्म के लिए वर्ष 2009 में अकादमी पुरस्कार मिला था? SSC CHSL 01.06.2022 (Shift-I)
(a) स्लमडॉग मिलेनियर (b) रोजा
(c) लगान (d) बॉम्बे ड्रीम्स

उत्तर (a)

• भारतीय पृष्ठभूमि पर बनी फिल्म **स्लमडॉग मिलेनियर** के लिए ए. आर. रहमान को वर्ष 2009 में अकादमी पुरस्कार मिला।
• इस फिल्म के लिए गीत 'जय हो' प्रसिद्ध गीतकार गुलजार ने लिखा था।
• इसका निर्देशन डैनी बॉयल ने किया था।

1264. फरवरी, 2022 तक, संगीत नाटक अकादमी रत्नसदस्य (फेलो) के लिए पुरस्कार राशि (पर्स मनी) .... है।
SSC CHSL Tier-1 01.06.2022 (Shift-I)
(a) ₹ 3 लाख (b) ₹ 4 लाख
(c) ₹ 1 लाख (d) ₹ 2 लाख

उत्तर (a)

• फरवरी, 2022 तक, संगीत नाटक अकादमी रत्नसदस्य (फेलो) के लिए पुरस्कार राशि **3 लाख** थी।
• भारत सरकार के संस्कृति मन्त्रालय द्वारा संचालित संगीत नाटक अकादमी की स्थापना **वर्ष 1953** में की गई थी।
• इसका मुख्यालय नई दिल्ली में स्थित है।

1265. बैगा नृत्य और संगीत में उनके योगदान के लिए निम्नलिखित में से किसे वर्ष 2022 में पद्मश्री से सम्मानित किया गया है?
SSC CHSL 01.06.2022 (Shift-I)
(a) अर्जुन सिंह धुर्वे
(b) चन्द्र प्रकाश
(c) सावजी भाई ढोलकिया
(d) गिरधारी राम

उत्तर (a)

• मध्य प्रदेश के डिंडोरी जिले के एक लोक नर्तक और सेवानिवृत्त शिक्षक **अर्जुन सिंह धुर्वे** को बैगा नृत्य और संगीत में उनके योगदान के लिए वर्ष 2022 में पद्मश्री से सम्मानित किया गया।
• बैगा जनजातियाँ मुख्य रूप से छत्तीसगढ़, उत्तर प्रदेश व झारखण्ड में पाई जाती हैं।

SSC CHSL 2021

1266. निम्नलिखित में से किसे अन्तर्राष्ट्रीय बाल शान्ति पुरस्कार 2020 से सम्मानित किया गया है? SSC CHSL Tier-1 10.08.2021 (Shift-I)
(a) सादात रहमान (b) नेहा गुप्ता
(c) ग्रेटा थुनबर्ग (d) मलाला युसूफजई

उत्तर (a)

• बांग्लादेश के **सादात रहमान** को अन्तर्राष्ट्रीय बाल शान्ति पुरस्कार 2020 से सम्मानित किया गया है।

• अन्तर्राष्ट्रीय बाल शान्ति पुरस्कार प्रतिवर्ष किड्स राइट फाउण्डेशन द्वारा वर्ष 2005 से दिया जा रहा है।

• वर्ष 2023 में **कहकशाँ बसु** को यह पुरस्कार मिला है।

• यह पुरस्कार प्रतिवर्ष 12 से 18 वर्ष की आयु के उस बच्चे को दिया जाता है, जिसने बाल अधिकारों को बढ़ावा देने और कमजोर बच्चों की स्थिति को बेहतर बनाने के लिए विशेष प्रयास किया हो।

1267. निम्न भारतीय नागरिकों में से किसे US से 'लीजन ऑफ मेरिट' अवॉर्ड 2020 प्राप्त हुआ है? **SSC CHSL Tier-1 04.08.2021 (Shift-III)**

(a) नरेन्द्र मोदी (b) जनरल बिपिन रावत
(c) डॉ. के. सिवन (d) डॉ. मनमोहन सिंह

उत्तर (a)

• नरेन्द्र मोदी को US से 'लीजन ऑफ मेरिट' अवॉर्ड 2020 प्राप्त हुआ।

• लीजन ऑफ मेरिट पुरस्कार संयुक्त राज्य अमेरिका के राष्ट्रपति द्वारा प्रदान किया जाता है, जो मुख्यत: राज्य के प्रमुखों या अन्य देशों के प्रमुखों को प्रदान किया जाता है।

• प्रधानमंत्री की ओर से यह पुरस्कार भारत के राजदूत तरनजीत सिंह सन्धू ने प्राप्त किया।

• नरेन्द्र मोदी को 22 जून, 2023 को फिजी ने 'ऑर्डर ऑफ फिजी' से सम्मानित किया है।

1268. निम्नलिखित में से किस फिल्म ने 66वें राष्ट्रीय फिल्म पुरस्कार में 'सर्वश्रेष्ठ तमिल फिल्म' का पुरस्कार जीता है?
SSC CHSL Tier-1 19.04.2021 (Shift-III)

(a) काप्पान (b) असुरन
(c) भोंगा (d) बारम

उत्तर (d)

• तमिल फिल्म बारम को 66वें राष्ट्रीय फिल्म पुरस्कार में सर्वश्रेष्ठ तमिल फिल्म का पुरस्कार मिला।

• मराठी भाषा की सर्वश्रेष्ठ फिल्म का पुरस्कार जीतने वाली फिल्म 'भोंगा' है।

• वर्ष 2023 तमिल फिल्म कदैसी विवसाई को राष्ट्रीय फिल्म पुरस्कार में सर्वश्रेष्ठ फिल्म का अवॉर्ड मिला।

1269. किस फिल्म निर्माता ने वर्ष 2020 में एक मराठी नाटक, 'द डिसिपल' के लिए वेनिस फिल्म फेस्टिवल में सर्वश्रेष्ठ पटकथा का पुरस्कार जीता था?
SSC CHSL Tier-1 19.04.2021 (Shift-III)

(a) चैतन्य तम्हाने (b) ह्रषिकेश जोशी
(c) सचिन कुण्डलकर (d) अरविन्द देशपाण्डे

उत्तर (a)

• **चैतन्य तम्हाने** ने वर्ष 2020 में एक मराठी नाटक 'द डिसिपल' के लिए इण्टरनेशनल फेडरेशन ऑफ फिल्म क्रिटिक्स द्वारा प्रस्तुत FIPRESCI पुरस्कार जीता है।

• 19 वर्ष बाद किसी भारतीय फिल्म ने इस अवॉर्ड को जीता।

• वेनिस फिल्म फेस्टिवल विश्व के सबसे पुराने फिल्मोत्सवों में से एक है। इसका प्रारम्भ **वर्ष 1932** में हुआ था।

SSC MTS 2024

1270. विनोद केविन बचन को किस भारतीय नृत्य शैली में उनके योगदान के लिए उस्ताद बिस्मिल्लाह खान युवा पुरस्कार 2021 के लिए चुना गया है?
SSC MTS Tier-1 30.10.2024 (Shift-III)

(a) छऊ (b) कथक (c) ओडिसी (d) सत्रिया

उत्तर (c)

• विनोद केविन बचन को ओडिसी भारतीय नृत्य शैली में उनके योगदान के लिए उस्ताद बिस्मिल्लाह खान युवा पुरस्कार 2021 के लिए चुना गया।

• ओडिसी भारत के पूर्वी तटीय राज्य ओडिशा की एक शास्त्रीय नृत्य शैली है।

• **उस्ताद बिस्मिल्लाह खान** युवा पुरस्कार संगीत, नृत्य, नाटक, लोक और जनजातीय कला और कठपुतली के क्षेत्र में उत्कृष्ट प्रदर्शन करने वाले युवा कलाकारों को दिया जाता है।

1271. पद्म भूषण 2023 से सम्मानित वाणी जयराम किस राज्य से सम्बन्धित हैं?
SSC MTS Tier-1 12.11.2024 (Shift-III)

(a) तमिलनाडु (b) गुजरात
(c) मध्य प्रदेश (d) महाराष्ट्र

उत्तर (a)

• पद्म भूषण 2023 से सम्मानित वाणी जयराम तमिलनाडु राज्य से सम्बन्धित हैं। पद्म भूषण भारत का तीसरा सबसे बड़ा नागरिक पुरस्कार है।

• इन्हें **आधुनिक भारत की मीरा** भी कहा जाता था।

• ये भारतीय सिनेमा में एक पार्श्व गायिका थीं।

1272. निम्नलिखित में से भारत के किस राष्ट्रीय नेता ने वर्ष 1958 में उज्जैन में आयोजित प्रथम अखिल भारतीय कालिदास सम्मान समारोह का उद्घाटन किया था?
SSC MTS Tier-1 11.11.2024 (Shift-III)

(a) जवाहरलाल नेहरू (b) सरदार पटेल
(c) लाल बहादुर शास्त्री (d) राजेन्द्र प्रसाद

उत्तर (d)

• भारत के पहले राष्ट्रपति डॉ. राजेन्द्र प्रसाद ने वर्ष 1958 में उज्जैन में आयोजित प्रथम अखिल भारतीय कालिदास सम्मान समारोह का उद्घाटन किया था।

• वर्ष 2024 में कालिदास पुरस्कार से पण्डित उदय भावलकर (2023-24) और रघुपति भट्ट (2023-24) को सम्मानित किया गया।

1273. तन्वी शाह, वर्ष 2010 में किस गाने के लिए ग्रैमी पुरस्कार से सम्मानित होने वाली पहली भारतीय महिला बनीं थीं?
SSC MTS Tier-1 11.11.2024 (Shift-III)

(a) वन्दे मातरम (b) भारत की बेटी
(c) ऐ वतन (d) जय हो

उत्तर (d)

• तन्वी शाह, वर्ष 2010 में 'जय हो' गाने के लिए **ग्रैमी पुरस्कार** से सम्मानित होने वाली पहली भारतीय महिला बनी थी।

• पण्डित रविशंकर, भारत के पहले ग्रैमी अवॉर्ड विजेता थे, उन्हें वर्ष 1968 में ग्रैमी पुरस्कार प्राप्त हुआ।

1274. निम्नलिखित में से किसे कुचिपुड़ी नृत्य के लिए संगीत नाटक अकादमी अमृत पुरस्कार 2022 प्राप्त हुआ?
SSC MTS Tier-1 29.10.2024 (Shift-III)

(a) स्मिता राजेशभाई शास्त्री
(b) चरण गिरधर चाँद
(c) कुमकुम लाल
(d) माखनचन्द्र बोरा

उत्तर (a)

• **स्मिता राजेशभाई शास्त्री** को कुचिपुड़ी नृत्य के लिए संगीत नाटक अकादमी अमृत पुरस्कार 2022 प्राप्त हुआ।

• संगीत नाटक अकादमी अमृत पुरस्कार में 75 वर्ष से अधिक आयु के कलाकारों का चयन किया जाता है।

• इसमें संगीतकार, नर्तक, रंगमंच कलाकार, विद्वानों को भारत सरकार, राज्य सरकारों तथा केन्द्रशासित प्रदेशों द्वारा नामित किया जाता है।

• इसमें 1 लाख रुपए की नकद राशि, ताम्रपत्र और अंगवस्त्र दिया जाता है।

1275. एम. बालामुरलीकृष्ण को 1991 में निम्नलिखित में से किस क्षेत्र के लिए पद्म विभूषण से सम्मानित किया गया था?
SSC MTS Tier-1 29.10.2024 (Shift-III)

(a) हिन्दुस्तानी संगीत (b) कर्नाटक संगीत
(c) जैज संगीत (d) लोक संगीत

उत्तर (b)

• एम. बालामुरलीकृष्ण को वर्ष 1991 में **कर्नाटक संगीत** क्षेत्र के लिए पद्म विभूषण से सम्मानित किया गया था।

• ये भारतीय कर्नाटक गायक, संगीतकार, पार्श्वगायक और अभिनेता भी हैं।

• इन्हें वर्ष 1975 में संगीत नाटक अकादमी पुरस्कार से सम्मानित किया गया था।

1276. हरिहरन को निम्नलिखित में से किस क्षेत्र में उनके योगदान के लिए वर्ष 2004 में पद्मश्री से सम्मानित किया गया था?
SSC MTS Tier-1 23.10.2024 (Shift-II)

(a) खेल (b) कला-संगीत
(c) सिविल सेवा (d) चिकित्सा

उत्तर (b)

• हरिहरन को कला-संगीत के क्षेत्र में उनके योगदान के लिए वर्ष 2004 में पद्मश्री से सम्मानित किया गया था।

• ये भारतीय पार्श्व गायक, भजन व गजल गायक हैं, इन्होंने तमिल, तेलुगू व हिन्दी भाषाओं सहित 10 भाषाओं में 15 हजार से अधिक गीत गाए हैं।

• इन्होंने लेस्ली लुईस के साथ मिलकर बैण्ड **कोलोनियल कजिन्स** का गठन किया है।

1277. संगीत नाटक अकादमी द्वारा संगीत, नृत्य और रंगमंच के क्षेत्र में प्रतिभा का प्रदर्शन करने वाले 40 वर्ष से कम आयु के उत्कृष्ट कलाकारों को दिया जाने वाला पुरस्कार उस्ताद बिस्मिल्लाह खान युवा पुरस्कार कब शुरू किया गया था?

SSC MTS Tier-1 22.10.2024 (Shift-II)

(a) 2002 (b) 2008
(c) 2010 (d) 2006

उत्तर (d)

- संगीत नाटक अकादमी द्वारा संगीत, नृत्य और रंगमंच के क्षेत्र में प्रतिभा का प्रदर्शन करने वाले 40 वर्ष से कम आयु के उत्कृष्ट कलाकारों को दिया जाने वाला पुरस्कार उस्ताद बिस्मिल्लाह खान युवा पुरस्कार वर्ष 2006 में स्थापित किया गया।
- यह एक वार्षिक पुरस्कार है, जिसका उद्देश्य कलाकारों को उनके करियर के शुरुआती वर्षों में राष्ट्रीय पहचान प्रदान करना है।
- इस पुरस्कार में ₹ 25000, एक पट्टिका और एक अंगवस्त्रम प्रदान किया जाता है।

1278. राजा और राधा रेड्डी को किस नृत्य शैली को नया आयाम देने के लिए वर्ष 2000 में पद्म भूषण से सम्मानित किया गया था?

SSC MTS Tier-1 21.10.2024 (Shift-II)

(a) सत्रीया (b) ओडिसी
(c) कुचिपुड़ी (d) मणिपुरी

उत्तर (c)

- राजा और राधा रेड्डी को कुचिपुड़ी नृत्य शैली को एक नया आयाम देने के लिए वर्ष 2000 में पद्म भूषण से सम्मानित किया गया था।
- ये दोनों दक्षिण भारतीय नृत्य शैली कुचिपुड़ी के प्रतिपादक के रूप में प्रसिद्ध है। उन्होंने नई दिल्ली में कुचिपुड़ी नृत्य के नाट्य तरंगिनी संस्थान की स्थापना की और उसका संचालन किया।
- इन्होंने वर्ष 2010 में दिल्ली में **राष्ट्रमण्डल खेलों** के उद्घाटन समारोह में ज्ञान के वृक्ष खण्ड के लिए कोरियोग्राफी की थी।

1279. कालिदास सम्मान पुरस्कार निम्नलिखित में से किस सरकार द्वारा प्रदान किया जाता है?

SSC MTS Tier-1 18.10.2024 (Shift-II)

(a) मध्य प्रदेश (b) तमिलनाडु
(c) ओडिशा (d) मणिपुर

उत्तर (a)

- कालिदास सम्मान पुरस्कार **मध्य प्रदेश** सरकार द्वारा प्रदान किया जाता है।

1280. स्तम्भ A में संगीत नाटक अकादमी अमृत पुरस्कार, 2022 प्राप्त करने वाले पुरस्कार विजेताओं का, स्तम्भ B में उनसे सम्बन्धित नृत्य रूपों के साथ मिलान कीजिए।

SSC MTS Tier-1 17.10.2024 (Shift-II)

स्तम्भ A (पुरस्कार विजेता का नाम)	स्तम्भ B (नृत्य रूप)
A. पद्मा शर्मा	1. छऊ नृत्य
B. सिबा प्रसाद दास	2. भरतनाट्यम
C. थंकामणि कुट्टी	3. कथक
D. स्मिता राजेशभाई शास्त्री	4. कुचिपुड़ी

कूट

	A	B	C	D
(a)	4	3	1	2
(b)	2	4	3	1
(c)	3	1	2	4
(d)	1	2	4	3

उत्तर (c)

- सही मिलान A-3, B-1, C-2, D-4 हैं।
- संगीत नाटक अकादमी पुरस्कार की शुरुआत वर्ष 1953 में हुई थी।
- पद्मा शर्मा का सम्बन्ध कथक नृत्य से है।
- सिबा प्रसाद दास का सम्बन्ध छऊ नृत्य सम्बन्धित हैं।
- थंकामाणि कुट्टी का सम्बन्ध भरतनाट्यम नृत्य से है।
- स्मिता राजेशभाई शास्त्री का सम्बन्ध कुचिपुड़ी नृत्य से है।

1281. सितम्बर, 2023 में, एक भारतीय राज्य के किस मुख्यमन्त्री ने लोक सेवा में अपने विशिष्ट योगदान के लिए ली कुआन यू एक्सचेंज फेलोशिप जीती?

SSC MTS Tier-1 16.10.2024 (Shift-II)

(a) हिमन्त बिस्वा सरमा
(b) योगी आदित्यनाथ
(c) शिवराज सिंह चौहान
(d) नवीन पटनायक

उत्तर (a)

- सितम्बर, 2023 में, एक भारतीय राज्य असम के मुख्यमन्त्री हिमन्त बिस्वा सरमा ने लोक सेवा में अपने विशिष्ट योगदान के लिए **ली कुआन यू एक्सचेंज फेलोशिप** जीती।
- हिमन्त बिस्वा ने **अक्टूबर, 2023** में नए लाभार्थियों को 'ओरुनोदोई कार्ड' वितरित करने की प्रक्रिया शुरू की।

1282. प्रसिद्ध मणिपुरी, नृत्यांगना दर्शना झावेरी को निम्नलिखित में से किस वर्ष में पद्मश्री से सम्मानित किया गया?

SSC MTS Tier-1 16.10.2024 (Shift-II)

(a) 2005 (b) 2003 (c) 2002 (d) 2001

उत्तर (c)

- प्रसिद्ध मणिपुरी नृत्यांगना दर्शाना झावेरी को वर्ष, 2002 में **पद्मश्री** से सम्मानित किया गया।
- दर्शना झावेरी को वर्ष 1996 में भारत की (राष्ट्रीय नृत्य, संगीत व नाटक अकादमी) संगीत नाटक अकादमी द्वारा, संगीत नाटक अकादमी पुरस्कार मिला।
- मणिपुरी एक **शास्त्रीय नृत्य शैली** है, जिसकी उत्पत्ति भारत के पूर्वोत्तर राज्य मणिपुर में हुई थी।
- यह नृत्य अपनी सुन्दर चाल, नाजुक पदचाप और नृत्य के माध्यम से कहानी कहने के लिए जाना जाता है।

1283. ओडिसी गुरु, ... को भुवनेश्वर में पहला उत्कल प्रतिभा सम्मान 2023 प्राप्त हुआ।

SSC MTS Tier-1 09.10.2024 (Shift-I)

(a) रतिकान्त महापात्र
(b) विद्या सुब्रमण्यन
(c) शैलजा
(d) हेमा राजगोपालन

उत्तर (a)

- ओडिसी गुरु **रतिकान्त महापात्र** को भुवनेश्वर में पहला उत्कल प्रतिभा सम्मान 2023 प्राप्त हुआ।
- ये एक नर्तक, तालवादक, गुरु और कोरियोग्राफर हैं।
- इन्हें वर्ष 2010 में नृत्य भूषण, वर्ष 2012 में बैसाखी उत्कृष्टता पुरस्कार, वर्ष 2016 में भूमिपुत्र सम्मान और वर्ष 2016 में संगीत नाटक अकादमी पुरस्कार से सम्मानित किया गया था।

1284. हिन्दी उपन्यास 'तमस (Tamas)' किस लेखक ने लिखा है?

SSC MTS Tier-1 08.10.2024 (Shift-I)

(a) श्रीलाल शुक्ला (b) भीष्म साहनी
(c) प्रेमचन्द (d) यशपाल

उत्तर (b)

- हिन्दी उपन्यास 'तमस' का लेखक **भीष्म साहनी** है।
- यह उपन्यास भारत के विभाजन के दौरान हुए दंगों पर आधारित है। इस उपन्यास का प्रकाशन वर्ष **1973** में हुआ था।
- इस उपन्यास को 1975 में साहित्य अकादमी पुरस्कार से सम्मानित किया गया था।
- वर्ष 1986 में गोविन्द निहलानी ने इस उपन्यास पर आधारित एक दूरदर्शन धारावाहिक और एक फिल्म भी बनाई थी।

1285. भरतनाट्यम गुरु ...... को 2023 में भारतीय ललित कला अकादमी (Indian Fine Arts Akademi), सैन डिएगो से नृत्य सेवा रत्न पुरस्कार मिला।

SSC MTS Tier-1 08.10.2024 (Shift-I)

(a) रतिकान्त महापात्र (b) हेमा राजगोपालन
(c) शैलजा (d) विद्या सुब्रहण्यन

उत्तर (b)

- भरतनाट्यम गुरु **हेमा राजगोपालन** को 2023 में भारतीय ललित कला अकादमी, सैन डिएगो से नृत्य सेवा रत्न पुरस्कार प्रदान किया गया।
- हेमा राजगोपालन नई दिल्ली भारत की एक भरतनाट्यम नृत्यांगना, शिक्षिका और कोरियोग्राफर हैं।
- ये शिकागो इलिनोइस में नाट्य, डांस थिएटर की संस्थापक और कलात्मक निदेशक हैं।

1286. निम्नलिखित में से किस कथक नर्तक/नर्तकी को 2022 का पद्मश्री प्राप्त हुआ?

SSC MTS Tier-1 01.10.2024 (Shift-I)

(a) कमलिनी और नलिनी अस्थाना
(b) सुनयना हजारलाल अग्रवाल
(c) शोवना नारायण
(d) शक्ति और मुक्ति मोहन

उत्तर (a)

- कथक **नर्तकी कमलिनी और नलिनी अस्थाना** को वर्ष 2022 का पद्मश्री प्राप्त हुआ था।
- कथक, **उत्तर प्रदेश** का शास्त्रीय नृत्य है, यह **नौ प्रमुख** भारतीय शास्त्रीय नृत्य शैलियों में से एक है।
- बिरजू महाराज कथक नृत्य के प्रतिपादक थे।

• वर्ष 2024 में रामलाल बरेठ को कथक कला के क्षेत्र में पद्मश्री पुरस्कार से सम्मानित किया गया है।

1287. संसद रत्न पुरस्कार 2023 में, निम्नलिखित में से किसे डॉ. एपीजे अब्दुल कलाम लाइफटाइम अचीवमेण्ट पुरस्कार प्राप्त हुआ?

SSC MTS Tier-1 01.10.2024 (Shift-I)

(a) नागेन्द्र सिंह (b) टीके रंगराजन
(c) एचडी देवेगौड़ा (d) लक्ष्मीनारायण यादव

उत्तर (b)

• संसद रत्न पुरस्कार 2023 में **टीके रंगराजन** को डॉ. एपीजे अब्दुल कलाम लाइफटाइम अचीवमेण्ट पुरस्कार प्राप्त हुआ था।
• यह पुरस्कार डॉ. एपीजे अब्दुल कलाम की याद में स्थापित किया गया था। यह पुरस्कार **वैज्ञानिक विकास, मानविकी और छात्र कल्याण** के क्षेत्र में योगदान करने वाले लोगों को दिया जाता है।
• इसकी शुरुआत पूर्व राष्ट्रपति ए.पी.जे. अब्दुल कलाम की सिफारिश पर वर्ष 2010 से की गई।

1288. निम्न में से कौन-सा पद्म पुरस्कारों का घटता क्रम है? SSC MTS Tier-1 30.09.2024 (Shift-I)

(a) पद्म विभूषण, पद्म भूषण, पद्मश्री
(b) पद्म भूषण, पद्मश्री, पद्म विभूषण
(c) पद्मश्री, पद्म विभूषण, पद्म भूषण
(d) पद्मश्री, पद्म भूषण, पद्म विभूषण

उत्तर (a)

• पद्म पुरस्कारों का घटता क्रम- **पद्म विभूषण, पद्म भूषण और पद्मश्री** है।
• पद्म पुरस्कारों की शुरुआत **वर्ष 1954** में हुई थी।

SSC MTS 2023

1289. ऑस्कर पुरस्कार (2023) विजेता गीत 'नाटू' के संगीत निर्देशक कौन हैं?

SSC MTS 05.09.2023 (Shift-II)

(a) एम. एम. कीरवानी
(b) ए. आर. रहमान
(c) उत्तम सिंह
(d) अनु मलिक

उत्तर (a)

• ऑस्कर पुरस्कार (2023) विजेता गीत 'नाटू' के संगीत निर्देशक **एम. एम. कीरवानी** है।
• नाटू भारतीय तेलुगू भाषा का गीत है, जिसके बोल चन्द्रबोस द्वारा लिखे गए हैं।
• यह गीत RRR फिल्म का है।
• इस फिल्म का निर्देशन एस.एस. राजामौली ने किया है।

1290. निम्नलिखित में से उस कुचिपुड़ी नर्तक/नर्तकी की पहचान कीजिए, जिसे वर्ष 2022 में 'पद्मश्री' से सम्मानित किया गया था।

SSC MTS 04.09.2023 (Shift-II)

(a) पद्मजा रेड्डी (b) डॉ. वीरास्वामी शेषैया
(c) विद्यानन्द सारेक (d) के.वी.राबिया

उत्तर (a)

• वर्ष 2022 में कुचिपुड़ी नर्तकी पद्मजा रेड्डी को पद्मश्री से सम्मानित किया गया।
• इन्हें वर्ष 2006 में कला रत्न तथा वर्ष 2015 में संगीत नाटक अकादमी पुरस्कार से सम्मानित किया गया था।
• कुचिपुड़ी नृत्य आन्ध्र प्रदेश का लोक-नृत्य है।

1291. भारत सरकार ने राष्ट्रीय खेल आयोजनों में उत्कृष्ट उपलब्धि को मान्यता देने के लिए किस वर्ष अर्जुन पुरस्कार देने की शुरुआत की थी? SSC MTS 14.09.2023 (Shift-I)

(a) वर्ष 1962 (b) वर्ष 1964
(c) वर्ष 1961 (d) वर्ष 1963

उत्तर (c)

• भारत सरकार ने राष्ट्रीय खेल आयोजनों में उत्कृष्ट उपलब्धि को मान्यता देने के लिए वर्ष 1961 अर्जुन पुरस्कार देने की शुरुआत की थी।
• अर्जुन पुरस्कार, मेजर ध्यानचन्द खेल रत्न पुरस्कार के बाद भारत का दूसरा सबसे बड़ा खेल सम्मान है।
• इस पुरस्कार के रूप में अर्जुन की एक कांस्य प्रतिमा, एक प्रमाण-पत्र, एक औपचारिक वस्त्र और ₹15 लाख का चेक दिया जाता है।

1292. निम्नलिखित में से संगीतकारों के किस समूह को 'भारत रत्न' से सम्मानित किया गया? (मई, 2023 तक)

SSC MTS 01.09.2023 (Shift-II)

(a) आशा भोंसले और किशोर कुमार
(b) पण्डित रविशंकर और पण्डित भीमसेन जोशी
(c) ए. आर. रहमान और हरिप्रसाद चौरसिया
(d) अनु मलिक और उदित नारायण

उत्तर (b)

• पण्डित रविशंकर प्रसिद्ध सितारवादक थे, जिन्हें वर्ष 1999 में तथा तानपुरावादक पण्डित भीमसेन जोशी को वर्ष 2008 में भारत रत्न दिया गया।
• पण्डित रविशंकर का सम्बन्ध उत्तर प्रदेश से है और पण्डित भीमसेन जोशी का सम्बन्ध कर्नाटक से है।

1293. निर्मला पणिकर को ······· नृत्य शैली में उनके योगदान के लिए संगीत नाटक अकादमी पुरस्कार, 2019 (फरवरी, 2023 में दिया गया) से सम्मानित किया गया।

SSC MTS 13.09.2023 (Shift-I)

(a) कथक (b) कुचिपुड़ी
(c) मोहिनीअट्टम (d) भरतनाट्यम

उत्तर (c)

• केरल निवासी **निर्मला पणिकर** को **मोहिनीअट्टम नृत्य** में उनके योगदान हेतु संगीत नाटक अकादमी, 2019 से सम्मानित किया गया।
• इस नृत्य का उद्भव केरल के मन्दिरों में हुआ तथा यह भारत के आठ शास्त्रीय नृत्यों में से एक है।
• यह नृत्य **मोहिनी** शब्द से बना है, जो भगवान विष्णु के नारी रूप को निरूपित करता है।

1294. लता मंगेशकर को वर्ष ······· में भारत के सर्वोच्च नागरिक सम्मान '**भारत रत्न**' से सम्मानित किया गया था।

SSC MTS 13.09.2023 (Shift-I)

(a) 2019 (b) 2001 (c) 2015 (d) 2009

उत्तर (b)

• **वर्ष 2001** में लता मंगेशकर को भारत रत्न से सम्मानित किया गया।
• वर्ष 2001 में लता मंगेशकर के साथ **बिस्मिलाह खान** को भी भारत रत्न से पुरस्कृत किया गया था।

1295. भारत के राष्ट्रपति ने वर्ष 2023 में गुरुचरण सिंह को ······· के क्षेत्र में उनकी विशिष्ट सेवा के लिए 'पद्मश्री' पुरस्कार से सम्मानित किया। SSC MTS 11.09.2023 (Shift-I)

(a) क्रिकेट (b) फुटबॉल
(c) बैडमिण्टन (d) टेनिस

उत्तर (a)

• भारत के राष्ट्रपति ने वर्ष 2023 में गुरुचरण सिंह को क्रिकेट के क्षेत्र में उनकी विशिष्ट सेवा के लिए 'पद्मश्री' पुरस्कार से सम्मानित किया।
• गुरुचरण सिंह का जन्म 13 जून, 1935 को लाहौर, पंजाब में हुआ था।
• इन्होंने 12 अन्तर्राष्ट्रीय तथा 100 से अधिक प्रथम श्रेणी के क्रिकेटरों को प्रशिक्षित किया है।

1296. 68वें फिल्म फेयर पुरस्कार, 2023 में सर्वश्रेष्ठ पार्श्व गायक (पुरुष) का पुरस्कार किसने जीता? SSC MTS 11.09.2023 (Shift-I)

(a) अरिजीत सिंह (b) शान
(c) अमित मिश्रा (d) मोहित चौहान

उत्तर (a)

• 69वें फिल्म फेयर पुरस्कार 2024 में सर्वश्रेष्ठ पार्श्व गायक (पुरुष) का पुरस्कार भूपिन्दर बब्बल को एनिमल फिल्म के गाने 'अर्जन वैली' के लिए प्रदान किया गया।
• फिल्म फेयर 2023 में अरिजीत को सर्वश्रेष्ठ गायक के पुरस्कार से सम्मानित किया गया।
• सर्वश्रेष्ठ फिल्म का अवॉर्ड गंगूबाई काठियावाड़ी ने तथा सर्वश्रेष्ठ अभिनेता का अवॉर्ड (पुरुष) राजकुमार राव (बधाई हो) ने जीता है।

SSC MTS 2022, 2021

1297. वर्ष 1986 में किस प्रसिद्ध भारतीय कथक नर्तक/नर्तकी को पद्म विभूषण प्राप्त हुआ था? SSC MTS 15.07.2022 (Shift-I)

(a) मल्लिका साराभाई
(b) गुरु बिपिन सिंह
(c) रुक्मिणी देवी अरुण्डेल
(d) पण्डित बिरजू महाराज

उत्तर (d)

• वर्ष 1986 में पण्डित बिरजू महाराज (कथक नर्तक) को पद्म विभूषण प्राप्त हुआ था।
• इनका पूरा नाम ब्रजमोहन मिश्रा था।
• वे लखनऊ के कालका-बिंदादीन घराना (संगीतकारों के एक विशिष्ट संगीत शैली को साझा करने वाले समुदाय) के एक प्रमुख प्रतिपादक हैं।

• जब वे 28 वर्ष के थे, तब नृत्य शैली में उनकी महारथ में उन्हें संगीत नाटक अकादमी (भारत की संगीत, कला और नृत्य की राष्ट्रीय अकादमी) पुरस्कार मिला।

1298. अनिल प्रकाश जोशी को ...... के क्षेत्र में उनके योगदान के लिए पद्म भूषण पुरस्कार 2020 से सम्मानित किया गया।

SSC MTS 02.11.2021 (Shift-III)

(a) सामाजिक कार्य (b) कला
(c) लोक कार्य (d) औषधि

उत्तर (a)

• अनिल जोशी को वर्ष 2020 में सामाजिक कार्य हेतु पद्म भूषण से सम्मानित किया गया। पर्यावरण संरक्षण में योगदान के लिए वर्ष 2001 में इन्हें पद्मश्री से सम्मानित किया जा चुका है।

• इन्होंने हिमालयन पर्यावरण अध्ययन एवं संरक्षण संस्थान (हैस्को) की भी स्थापना की है।

SSC Steno 2024

1299. पद्मश्री पुरस्कार से सम्मानित दर्शना झावेरी एक प्रसिद्ध .... नृत्यांगना हैं।

SSC Steno Tier-1 10.12.2024 (Shift-I)

(a) ओडिसी (b) सत्रिया
(c) मोहिनीअट्टम (d) मणिपुरी

उत्तर (d)

• पद्मश्री पुरस्कार से सम्मानित दर्शना झावेरी एक प्रसिद्ध मणिपुरी नृत्यांगना हैं।

• मणिपुरी एक शास्त्रीय नृत्य शैली है, जिसकी उत्पत्ति मणिपुर में हुई थी। इस नृत्य के माध्यम से किसी कहानी को अंगीकृत किया जाता है अर्थात् किसी कथा या कहानी का प्रदर्शन नृत्य द्वारा अंग की भाव भंगिमाओं द्वारा किया जाता है।

1300. निम्नलिखित में से किस असमिया पार्श्व गायक को 2019 में भारत रत्न से सम्मानित किया गया था?

SSC Steno Tier-1 10.12.2024 (Shift-III)

(a) जोई बरुआ (b) जुबीन गर्ग
(c) जयन्त हजारिका (d) भूपेन हजारिका

उत्तर (d)

• असमिया पार्श्व गायक **भूपेन हजारिका** को वर्ष 2019 में भारत रत्न से सम्मानित किया गया।

• यह सम्मान उन्हें उनकी भारतीय संगीत और संस्कृति में योगदान के लिए दिया गया।

• भारत रत्न, भारत का सर्वोच्च नागरिक सम्मान है, इसकी स्थापना वर्ष 1954 में हुई थी।

1301. निम्नलिखित में से कौन पद्मश्री 2022 पुरस्कार विजेता कुचिपुड़ी नर्तकी हैं, जिन्हें काकतीयम नृत्य शैली को पुनर्जीवित करने का श्रेय दिया जाता है?

SSC Steno Tier-1 11.12.2024 (Shift-III)

(a) पद्मजा रेड्डी (b) शोभना नारायण
(c) पद्मा सुब्रह्मण्यम (d) नलिनी अस्थाना

उत्तर (a)

• पद्मजा रेड्डी, पद्मश्री 2022 पुरस्कार की विजेता कुचिपुड़ी नर्तकी हैं, जिन्हें काकतीयम नृत्य शैली को पुनर्जीवित करने का श्रेय दिया जाता है।

• संगीत नाटक अकादमी पुरस्कार पाने वाली ये तेलंगाना की पहली महिला थीं। कुचिपुड़ी नृत्य की शुरुआत भारत के आन्ध्र प्रदेश राज्य से हुई थी।

SSC Steno 2023

1302. निम्नलिखित में से किसे भारतीय नृत्य में उनके योगदान के लिए कला के क्षेत्र में पद्मश्री 2021 से समानित किया गया हैं?

SSC Steno Tier-1 13.10.2023 (Shift-I)

(a) वाणी जयराम
(b) राधे श्याम बारले
(c) हेमन्द चौहान
(d) प्रेमजति बारिया

उत्तर (b)

• राधे श्याम बारले को भारतीय नृत्य पन्थ में उनके योगदान के लिए कला के क्षेत्र में पद्मश्री 2021 से सम्मानित किया गया।

• डॉ. बारले को वर्ष 2012 में छत्तीसगढ़ सरकार द्वारा गुरु घासीदास सामाजिक चेतना सम्मान से सम्मानित किया गया था।

1303. निम्नलिखित में से किस गायक को भारत रत्न से सम्मानित किया गया है?

SSC Steno Tier-1 12.10.2023 (Shift-I)

(a) मोहम्मद रफ़ी (b) लता मंगेशकर
(c) मुकेश (d) आशा भोंसले

उत्तर (b)

• गायिका लता मंगेशकर को वर्ष 2001 में भारत रत्न से सम्मानित किया गया है।

• उन्हें वर्ष 1972, 1975 और 1990 में राष्ट्रीय फिल्म पुरस्कार, वर्ष 1969 में पद्म भूषण, वर्ष 1989 में दादा साहेब फाल्के पुरस्कार तथा वर्ष 1999 में पद्म विभूषण पुरस्कार भी प्रदान किया जा चुका है।

• उन्होंने वर्ष 1974 में रॉयल अल्बर्ट हॉल में पहली भारतीय कलाकार के रूप में प्रस्तुति दी।

1304. राष्ट्रीय भारतीय शास्त्रीय नृत्य संस्थान द्वारा निम्नलिखित में से कौन-सा पुरस्कार प्रदान किया जाता है?

SSC Steno Tier-1 12.10.2023 (Shift-I)

(a) टैगोर रत्न पुरस्कार
(b) अभिनन्दन सरोजा पुरस्कार
(c) संगीत नाटक अकादमी पुरस्कार
(d) पद्म विभूषण

उत्तर (b)

• राष्ट्रीय भारतीय शास्त्रीय नृत्य संस्थान द्वारा **अभिनन्दन सरोजा पुरस्कार** प्रदान किया जाता है।

• यह पुरस्कार प्रख्यात भरतनाट्यम नर्तकी सरोजा वैद्यनाथन के जन्मदिवस के उपलक्ष्य में प्रदान किया जाता है।

• सरोजा वैद्यनाथन को वर्ष 2002 में पद्मश्री और वर्ष 2013 में पद्म भूषण पुरस्कार से सम्मानित किया गया था।

1305. श्री एस. एल भैरप्पा ने किस क्षेत्र में उच्च कोटि की विशिष्ट सेवा के लिए वर्ष 2023 में पद्म भूषण प्राप्त किया?

SSC Steno Tier-1 12.10.2023 (Shift-I)

(a) व्यापार एवं उद्योग
(b) सामाजिक कार्य
(c) साहित्य एवं शिक्षा
(d) विज्ञान एवं अभियान्त्रिकी

उत्तर (c)

• श्री एस. एल. भैरप्पा ने **साहित्य एवं शिक्षा** के क्षेत्र में उच्च कोटि की विशिष्ट सेवा के लिए वर्ष 2023 में पद्म भूषण प्राप्त किया।

• ये कन्नड़ भाषा के विख्यात साहित्यकार हैं।

• इनके द्वारा रचित उपन्यास 'दाटु' के लिए इन्हें वर्ष 1975 में साहित्य अकादमी पुरस्कार से सम्मानित किया गया।

• इनके उपन्यास 'मन्द्र' के लिए वर्ष 2011 में सरस्वती सम्मान प्रदान किया गया।

1306. निम्नलिखित में से किसे कुचिपुड़ी के लिए संगीत नाटक अकादमी पुरस्कार, 2017 से सम्मानित किया गया था?

SSC STENO Grade C & D 18.11.2022 (Shift-I)

(a) यामिनी रेड्डी (b) दीपिका रेड्डी
(c) मानुषी छिल्लर (d) शोभा नायडू

उत्तर (b)

• दीपिका रेड्डी को संगीत नाटक अकादमी पुरस्कार, 2017 से सम्मानित किया गया था।

• कुचिपुड़ी नृत्य की उत्पत्ति आन्ध्र प्रदेश के कृष्णा जिले से हुई है।

• यह नृत्य रूप ताण्डव (मर्दाना) एवं लास्य (सुन्दर स्त्री) का मिश्रण है।

1307. कलामण्डलम रमनकुट्टी नायर को निम्नलिखित में से किस वर्ष कथकली में उनके योगदान के लिए संगीत नाटक अकादमी फैलोशिप प्राप्त हुई?

SSC Steno 17.11.2022 (Shift-I)

(a) 2009 (b) 2017 (c) 2011 (d) 2004

उत्तर (d)

• कलामण्डलम रमनकुट्टी नायर को वर्ष 2004 कथकली में उनके योगदान के लिए संगीत नाटक अकादमी फैलोशिप प्राप्त हुई।

• मई, 2007 कलामण्डलम रमनकुट्टी नायर को **पदम भूषण** पुरस्कार दिया गया।

1308. मई, 2020 में प्रतिष्ठित संयुक्त राष्ट्र सैन्य जेण्डर एडवोकेट पुरस्कार निम्न में से किसने जीता?

SSC Steno 12.11.2021 (Shift-I)

(a) कैप्टन दिव्या अजीत कुमार
(b) मेजर सुमन गवानी
(c) स्क्वाड्रन लीडर दीपिका मिश्रा
(d) लेफ्टिनेण्ट कर्नल सोफिया कुरैशी

उत्तर (b)

• मेजर सुमन गवानी को वर्ष 2020 में **संयुक्त राष्ट्र सैन्य जैण्डर एडवोकेट पुरस्कार** से सम्मानित किया गया।

• इनको यह अवॉर्ड UN के यौन-हिंसा विरोधी अभियान में महत्त्वपूर्ण योगदान के लिए दिया गया है।

• ये एक मिलिटरी ऑब्जर्वर हैं, जो एक UN मिशन के तहत दक्षिणी सूडान में तैनात थीं।
• अपनी सेवा के दौरान मेजर सुमन ने यौन-हिंसा से जुड़े मामलों पर निगरानी रखने वाली 230 महिला UN मिलिटरी ऑब्जर्वर्स को ट्रेनिंग दी।

1309. निम्न में से कौन मार्च, 2020 में सामाजिक लाभार्थ हेतु प्रौद्योगिकी के अनुप्रयोगों द्वारा उत्कृष्टता दर्शाने वाली युवा महिलाओं के लिए राष्ट्रीय पुरस्कार की प्राप्तकर्ता थीं?
SSC Steno 11.11.2021
(a) ऋतु करिधाल
(b) गगनदीप कांग
(c) श्वेता रावत
(d) मुथैया वनिता

उत्तर (c)
• मार्च, 2020 सामाजिक लाभार्थ हेतु प्रौद्योगिकी के अनुप्रयोगों द्वारा उत्कृष्टता दर्शाने वाली पुरस्कार की विजेता श्वेता रावत थी।
• राष्ट्रीय पुरस्कार समारोह का आयोजन राज्य स्तर पर किया जाता है।
• इस पुरस्कार का उद्देश्य उन महिलाओं को पहचान और प्रोत्साहन देना है, जिन्होंने प्रौद्योगिकी के माध्यम से समाज में सकारात्मक बदलाव लाने का प्रयास किया है।

SSC GD 2024

1310. निम्नलिखित में से कौन-सा भारत में नृत्य के लिए दिया जाने वाला सर्वोच्च पुरस्कार है?
SSC (GD) 21.02.2024 (Shift-I)
(a) कालिदास सम्मान
(b) गुरु देव प्रसाद पुरस्कार
(c) नृत्यशिरोमणि
(d) संगीत नाटक अकादमी पुरस्कार

उत्तर (d)
• संगीत नाटक अकादमी पुरस्कार भारत में नृत्य के लिए दिया जाने वाला सर्वोच्च पुरस्कार है।
• वर्ष 1953 में स्थापित संगीत नाटक अकादमी पुरस्कार भारत में प्रदर्शन कला के क्षेत्र में सर्वोच्च संस्था है।
• संगीत नाटक अकादमी पुरस्कार में ताम्रपत्र और अंगवस्त्रम के साथ ₹ 1,00,000 का नकद पुरस्कार शामिल होता है।

1311. महाराष्ट्र सरकार द्वारा शुरू किए गए 'उद्योग रत्न' पुरस्कार (2023) से किसे सम्मानित किया गया? SSC (GD) 21.02.2024 (Shift-I)
(a) रतन टाटा
(b) आनन्द महिन्द्रा
(c) लक्ष्मणराव किर्लोस्कर
(d) आदि गोदरेज

उत्तर (a)
• महाराष्ट्र सरकार द्वारा शुरू किए गए उद्योग रत्न पुरस्कार से उद्योगपति रतन टाटा को सम्मानित किया गया।
• उद्योग रत्न पुरस्कार महाराष्ट्र औद्योगिक विकास निगम द्वारा प्रदान किया जाता है।

1312. निम्नलिखित में से किसे भरतनाट्यम नृत्य शैली में योगदान के लिए संगीत नाटक अकादमी द्वारा सम्मानित किया गया था?
(a) राधा श्रीधर SSC (GD) 22.02.2024 (Shift-I)
(b) सूर्यसेन
(c) अखम लक्ष्मी देवी
(d) मौलिक शाह

उत्तर (a)
• **राधा श्रीधर** को भरतनाट्यम नृत्य शैली में उनके योगदान के लिए वर्ष 2018 में संगीत नाटक अकादमी पुरस्कार से सम्मानित किया गया था।
• वह भरतनाट्यम की पारम्परिक कला को बढ़ावा देने और संरक्षित करने में अपने समर्पण और उत्कृष्टता के लिए प्रसिद्ध है।
• भरतनाट्यम नृत्य तमिलनाडु का लोकनृत्य है।

1313. भारतीय नृत्य में ......, नृत्य में प्रदर्शन या अनुसन्धान अध्ययन में उत्कृष्टता और उपलब्धि की मान्यता में दिया जाता है।
SSC (GD) 22.02.2024 (Shift-I)
(a) नृत्य चूड़ामणि पुरस्कार
(b) रुक्मिणी देवी पुरस्कार
(c) मनोरमा ठक्कर पुरस्कार
(d) उदय शंकर पुरस्कार

उत्तर (c)
• भारतीय नृत्य में मनोरमा ठक्कर पुरस्कार, नृत्य में प्रदर्शन या अनुसन्धान अध्ययन में उत्कृष्टता और उपलब्धि की मान्यता में दिया जाता है।
• भारतीय नृत्य में मनोरमा ठक्कर पुरस्कार की स्थापना प्रसिद्ध भारतीय शास्त्रीय नृत्यांगना और कोरियोग्राफर मेनका ठक्कर ने अपनी माँ की स्मृति में की थी।

1314. संगीत नाटक अकादमी पुरस्कार पहले .... के नाम से जाना जाता था।
SSC (GD) 22.02.2024 (Shift-IV)
(a) सांस्कृतिक पुरस्कार
(b) प्रतिष्ठित पुरस्कार
(c) राष्ट्रपति पुरस्कार
(d) आवासीय पुरस्कार

उत्तर (c)
• संगीत नाटक अकादमी पुरस्कार की स्थापना वर्ष 1952 में की गई थी। यह पहले **राष्ट्रपति पुरस्कार** के नाम से जाना जाता था। वर्तमान (2025) में इसके अध्यक्ष डॉ. संध्या पुरेचा हैं।
• संगीत नाटक पुरस्कार का उद्देश्य संगीत नृत्य और नाटक के क्षेत्र में कला के विभिन्न रूपों में देश की सर्वोच्च उपलब्धि का प्रतिनिधित्व करने वाले अभ्यासकर्ताओं, गुरुओं एवं विद्वानों को सम्मानित करना है।

1315. रिकी केज ने अपना तीसरा ग्रैमी पुरस्कार निम्नलिखित में से किस एल्बम के लिए जीता? SSC (GD) 23.02.2024 (Shift-I)
(a) मेलोडिस ऑफ द यूनिवर्स
(b) हार्मोनी ऑफ एलिमेण्ट्स
(c) नेचर्स सिम्फनी
(d) डिवाइन टाइड्स

उत्तर (d)
• मूल रूप से भारतीय मूल के अमेरिकी निवासी **रिकी केज** ने अपना तीसरा ग्रैमी पुरस्कार डिवाइन टाइड्स के लिए जीता।
• रिकी केज ने ग्रैमी अवॉर्ड प्रसिद्ध ब्रिटिश रॉक बैण्ड 'द पुलिस' के ड्रमर स्टीवर्ट कोपलैण्ड के साथ शेयर किया।
• इन्होंने वर्ष 2015 में पहली बार अपनी एल्बम 'विण्ड्स ऑफ समसारा' के लिए यह अवॉर्ड जीता था।

> तबलावादक जाकिर हुसैन और गायक शंकर महादेवन के फ्यूजन संगीतसमूह 'शक्ति' ने 'दिस मोमेण्ट' के लिए वैश्विक संगीत एल्बम का 66वाँ ग्रैमी पुरस्कार (2024) जीता है।

1316. किस भारतीय नृत्य कलाकार ने स्ट्रिंग कठपुतली के लिए वर्ष 2018 में संगीत नाटक अकादमी पुरस्कार जीता है?
SSC (GD) 23.02.2024 (Shift-II)
(a) अनुपमा होस्केरे
(b) डॉ. अरुणा मोहन्ती
(c) तपन कुमार पटनायक
(d) सुरूपा सेन

उत्तर (a)
• भारतीय नृत्य कलाकार अनुपमा होस्केरे ने कठपुतली नृत्य के लिए वर्ष 2018 में संगीत नाटक अकादमी पुरस्कार जीता है।
• अनुपमा होस्केरे को कला के क्षेत्र में योगदान के लिए वर्ष 2024 के पद्मश्री पुरस्कार से सम्मानित किया गया है।
• इनका सम्बन्ध कर्नाटक राज्य से है।

1317. गोपिका वर्मा ने .... के लिए नाटक अकादमी पुरस्कार जीता।
SSC GD Constable 07.02.2023 (Shift-I)
(a) भरतनाट्यम
(b) ओडिसी
(c) मणिपुरी
(d) मोहिनीअट्टम

उत्तर (d)
• केरल राज्य से सम्बन्धित गोपिका वर्मा को **मोहिनीअट्टम** के लिए वर्ष 2008 में केरल संगीत नाटक अकादमी पुरस्कार तथा वर्ष 2004 में कलईथामणि पुरस्कार से सम्मानित किया गया था।

1318. निम्न में से किसे लोक और जनजातीय नृत्य में उनके योगदान के लिए संगीत नाटक अकादमी पुरस्कार और मध्य प्रदेश सरकार द्वारा तुलसी सम्मान से सम्मानित किया गया है? GD Constable 09.02.2023 (Shift-II)
(a) वैम्पति चिन्ना सत्यम
(b) जिया मोहिउद्दीन डागर
(c) अर्जुन सिंह धुर्वे
(d) महबूब सुभानी

उत्तर (c)

• अर्जुन सिंह धुर्वे को लोक और जनजातीय नृत्य में उनके योगदान के लिए संगीत नाटक अकादमी पुरस्कार और मध्य प्रदेश सरकार द्वारा तुलसी सम्मान से सम्मानित किया।
• वह बैगा जनजाति से पहले स्नातकोत्तर डिग्री धारक थे।

SSC SP 2024

1319. भारत के सर्वोच्च नागरिक पुरस्कार भारत रत्न से सम्मानित होने वाले/ली पहले/ली संगीतकार .... थे/थी।
SSC SP Tier-1 20.06.2024 (Shift-III)
(a) सुधा रघुनाथन
(b) एम. एस. सुब्बुलक्ष्मी
(c) ललिता वेंकटरमण
(d) मदुरै मणि अय्यर

उत्तर (b)
• **एम. एस. सुब्बुलक्ष्मी** भारत की पहली संगीतकार थी, जिन्हें सर्वोच्च नागरिक अलंकरण भारत रत्न से सम्मानित किया गया।
• इन्हें को कर्नाटक संगीत का पर्याय माना जाता है।
• देश के प्रथम प्रधानमन्त्री जवाहरलाल नेहरू ने उन्हें संगीत की रानी बताया, तो वहीं स्वर साम्राज्ञी लता मंगेशकर ने उन्हें 'तपस्विनी' कहा।

1320. .... को वर्ष 2016 में केरल कलामण्डल द्वारा कलारत्नम और वर्ष 2011 में केरल संगीत नाटक अकादमी द्वारा कलाश्री से सम्मानित किया गया।
SSC GD Constable 09.02.2023 (Shift-I)
(a) ए. आर. कृष्णमूर्ति (b) अनुराधा पाण्डेय
(c) जतिन गोस्वामी (d) सुनंदा नायर

उत्तर (d)
• सुनंदा नायर को वर्ष 2016 में केरल कलामण्डलम् द्वारा कलारत्नम और वर्ष 2011 में केरल संगीत नाटक अकादमी द्वारा कलाश्री से सम्मानित किया गया।
• **सुनंदा नायर** मुम्बई विश्वविद्यालय से सम्बद्ध नालन्दा नृत्य कला महाविद्यालय से मोहिनीअट्टम में स्नातकोत्तर उपाधि प्राप्त करने वाली भारत की पहली छात्रा हैं।

1321. संगीत नाटक अकादमी पुरस्कार विजेता दीपक मजूमदार .... में निष्णात हैं।
SSC SP Tier-1 20.06.2024 (Shift-III)
(a) सत्रीया (b) कुचिपुड़ी
(c) मणिपुरी (d) भरतनाट्यम

उत्तर (d)
• संगीत नाटक अकादमी पुरस्कार विजेता दीपक मजूमदार भरतनाट्यम में निष्णात (Expert) हैं।
• दीपक मजूमदार को वर्ष 2018 का संगीत नाटक अकादमी पुरस्कार मिला।
• दीपक मजूमदार को महाराष्ट्र गौरव तथा आन्ध्र प्रदेश सरकार द्वारा कलारत्न पुरस्कार से सम्मानित किया गया।

1322. निम्नलिखित में से किस लेखक ने लघु कथाओं के संग्रह 'क़िस्सा क़िस्सा लखनउवा-लखनऊ के अवामी क़िस्से' के लिए साहित्य अकादमी युवा पुरस्कार 2021 जीता? SSC SP Tier-1 01.08.2022 (Shift-IV)
(a) बिपाशा बोरा
(b) मनिका देवी
(c) हिमांशु वाजपेयी
(d) सादिक हुसैन

उत्तर (c)
• लखनऊ (उत्तर प्रदेश) के **हिमांशु वाजपेयी** के कहानी-संग्रह 'किस्सा किस्सा लखनउवा-लखनऊ के अवामी किस्से' के लिए हिन्दी का साहित्य अकादमी युवा पुरस्कार 2021 प्रदान किया गया।
• जिस वर्ष ये पुरस्कार प्रदान किए जाते हैं उस वर्ष 1 जनवरी को आवेदन करने वाले लेखक की आयु 35 वर्ष या उससे कम होनी चाहिए।

1323. निम्नलिखित में से किस नृत्यांगना को वर्ष 1958 में रॉयल सोसाइटी फॉर द प्रिवेंशन ऑफ क्रुएल्टी टू एनिमल्स, लन्दन के क्वीन विक्टोरिया सिल्वर मेडल से सम्मानित किया गया था?
SSC SP Tier-1 01.08.2022 (Shift-IV)
(a) रुक्मिणी देवी अरुण्डेल
(b) संयुक्ता पाणिग्रही
(c) सोनल मानसिंह
(d) सितारा देवी

उत्तर (a)
• रुक्मिणी देवी अरुण्डेल भरतनाट्यम नृत्यांगना को वर्ष 1958 में रॉयल सोसायटी फॉर द प्रिवेंशन ऑफ क्रुएल्टी टू एनिमल्स, लन्दन के क्वीन विक्टोरिया सिल्वर मेडल से सम्मानित किया गया था।
• इन्होंने राज्यसभा सांसद बनकर वर्ष 1952 और 1956 में पशु क्रूरता निवारण के लिए एक विधेयक का प्रस्ताव रखा था।
• वे वर्ष 1962 में एनिमल वेलफेयर बोर्ड की चेयरमैन भी रही थी।

1324. निम्नलिखित में से किस व्यक्ति को ग्रैमी और ऑस्कर दोनों पुरस्कार प्राप्त हुए हैं?
SSC SP Tier-1 27.06.2023 (Shift-I)
(a) गुलजार
(b) अमिताभ भट्टाचार्य
(c) जावेद अख्तर
(d) जगजीत सिंह

उत्तर (a)
• हिन्दी फिल्मों के प्रसिद्ध गीतकार गुलजार को ग्रैमी एवं ऑस्कर दोनों पुरस्कार प्राप्त हुए हैं।
• वर्ष 2009 में डेनी बायल द्वारा निर्देशित फिल्म स्लमडॉग मिलियनेयर में उनके द्वारा लिखे गीत 'जय हो' के लिए उन्हें सर्वश्रेष्ठ गीत का ऑस्कर पुरस्कार मिला है तथा इसी गीत के लिए इन्हें ग्रैमी पुरस्कार से भी सम्मानित किया गया है।

1325. भारत के वैश्विक रूप से प्रख्यात संगीतकार रिकी केज ने निम्नलिखित में से किस एल्बम के लिए 57वाँ ग्रैमी पुरस्कार जीता?
SSC SP (10th) 20.06.2024 (Shift-II)
(a) माउण्टेन ड्रीम्स (b) डिवाइड टाइड्स
(c) मिस्टिक माउण्टेन्स (d) विंड्स ऑफ संसार

उत्तर (d)
• भारत के वैश्विक रूप से प्रख्यात संगीतकार रिकी केज ने 'विंड्स ऑफ संसार' एल्बम के लिए वर्ष 2015 में 57वाँ ग्रैमी पुरस्कार जीता।
• इस एल्बम में लगभग 50 वाद्ययन्त्र और 120 वाद्यवादक शामिल थे।
• इसके अतिरिक्त वर्ष 2023 में 65वें ग्रैमी अवॉर्ड्स में रिकी केज ने अपनी एल्बम डिवाइन टाइड्स के लिए रॉक लेजेंड स्टीवर्ट कोपलैंड के साथ बेस्ट इमर्सिव एल्बम का अवॉर्ड जीता।

1326. निम्नलिखित में से किस खिलाड़ी को मेजर ध्यानचन्द खेल रत्न पुरस्कार, 2022 से सम्मानित किया गया है?
SSC SP Tier-1 27.06.2023 (Shift-III)
(a) श्री बिमल प्रफुल्ल घोष
(b) श्री राज सिंह
(c) श्री शरतकमल अचंता
(d) श्री दिनेश जवाहर लाड

उत्तर (c)
• वर्ष 2022 का खेल रत्न पुरस्कार टेबल टेनिस खिलाड़ी शरत कमल अचंता को दिया गया।
• इस पुरस्कार के साथ पदक, प्रशस्ति-पत्र और नकद ₹25 लाख की राशि दी जाती है।

1327. राजा और राधा रेड्डी को .... नृत्य में उनके योगदान के लिए संगीत नाटक अकादमी पुरस्कार से सम्मानित किया गया।
SSC SP Tier-1 27.06.2024 (Shift-III)
(a) कथक (b) सत्रीया
(c) कथकली (d) कुचिपुड़ी

उत्तर (d)
• राजा और राधा रेड्डी को कुचिपुड़ी नृत्य में उनके योगदान के लिए संगीत नाटक अकादमी पुरस्कार से सम्मानित किया गया।
• राजा और राधा रेड्डी एक भारतीय कुचिपुड़ी नृत्य युगल, गुरु और कोरियोग्राफर हैं।

1328. दुर्ग के प्रसिद्ध नर्तक राधेश्याम बारले को निम्नलिखित में से किस नृत्य शैली के लिए वर्ष 2021 में पद्म श्री पुरस्कार से सम्मानित किया गया? SSC SP Tier-1 01.08.2022 (Shift-III)
(a) सुआ नाच (b) पन्थी
(c) करमा नृत्य (d) पण्डवानी

उत्तर (b)
• राधेश्याम बारले छत्तीसगढ़ के ख्याति प्राप्त **पन्थी नृत्य** के नर्तक हैं। उनको देश के प्रतिष्ठित सम्मान 'पद्म श्री 2021' से सम्मानित किया गया है।

रक्षा तथा अन्तरिक्ष कार्यक्रम

भारतीय प्रक्षेपास्त्र

- भारत की तत्कालीन प्रधानमन्त्री श्रीमति इन्दिरा गाँधी ने जुलाई, १९८३ में 'एकीकृत निर्देशित प्रक्षेपास्त्र विकास कार्यक्रम' की नींव रखी।
- इस कार्यक्रम के तहत पाँच मिसाइलें (पृथ्वी, अग्नि, त्रिशूल, नाग, आकाश) विकसित की गईं।

रक्षा अनुसन्धान एवं विकास संगठन (DRDO)

- **स्थापना** 1958, नई दिल्ली
- **महानिदेशक** रक्षामन्त्री के वैज्ञानिक सलाहकार
- **उद्देश्य** रक्षा क्षेत्र में अनुसन्धान एवं विकास करना
- रक्षा उत्पादन विभाग एवं रक्षा आपूर्ति विभाग का वर्ष 1984 में विलय करके 'रक्षा उत्पादन एवं आपूर्ति विभाग' की स्थापना की गई।

पृथ्वी

- जमीन से जमीन पर मार करने वाली कम दूरी की बैलिस्टिक मिसाइल
- **परीक्षण** - प्रथम, 1988 श्रीहरिकोटा, **क्षमता** - 40-250 किमी

त्रिशूल

- जमीन से हवा में मार करने वाली कम दूरी की मिसाइल
- **परीक्षण** - प्रथम, 1988 चाँदीपुर, **क्षमता** - 500 मी से 9 किमी (2 मैक की गति)

आकाश

- जमीन से हवा में मार करने वाली मध्यम दूरी की मिसाइल
- **परीक्षण** - प्रथम, १९९० चाँदीपुर, **क्षमता** - २५ किमी (प्रणोदक में रामजेट सिद्धान्त) अमरिकी पैट्रियाट मिसाइल से तुलना, इसे मोबाइल लॉन्चर से भी छोड़ा जा सकता है

अग्नि

- इसमें अग्नि-I, अग्नि-II, अग्नि-III, अग्नि-IV एवं अग्नि-V जैसी जमीन से जमीन पर मार करने वाली मध्यम दूरी की बैलिस्टिक मिसाइलें शामिल हैं।
- अग्नि-V (रेंज- 5000 किमी) के सफल परीक्षण (2012) के साथ भारत भी अन्तरमहाद्वीपीय प्राक्षेपिक प्रक्षेपास्त्र क्लब (ICBM) में शामिल हो गया।
- ICBM में शामिल देश-अमेरिका, रूस, चीन, फ्रांस तथा यूनाइटेड किंगडम
- **क्षमता** - 25 किमी (प्रणोदक में रामजेट सिद्धान्त)

नाग

- टैंक रोधी निर्देशित प्रक्षेपास्त्र है। (दागो और भूल जाओ) नीति पर कार्यरत्
- **क्षमता** - 4 किमी, **परीक्षण** - प्रथम, 1990 चाँदीपुर, **क्षमता** - 25 किमी (प्रणोदक में रामजेट सिद्धान्त)

धनुष

- जमीन-से-जमीन पर मार करने वाला
- 500 किग्रा आयुध के साथ 350 किमी

अग्नि (P) प्राइम

- सतह-से-सतह मार करने वाला उन्नत संस्करण
- 1000 से 2000 किमी तक

अन्य प्रमुख मिसाइलें

प्रक्षेपास्त्र	किस्म/मारक क्षमता
रूद्रम-I	• यह DRDO द्वारा डिजाइन एवं विकसित स्वदेशी विकिरण रोधी मिसाइल है। • 250 किमी (रूद्रम-II- 350 किमी)
अस्त्र	• हवा-से-हवा में मार करने वाला मध्यम दूरी प्रक्षेपास्त्र • 340 किमी तक
ब्रह्मोस	• जमीन-से-जमीन पर मार करने वाला ध्वनि से तेज सुपरसोनिक क्रूज प्रक्षेपास्त्र • 300 किग्रा आयुध के साथ 290 किमी
सागरिका	• सागर की गहराइयों में भी उपयोग किया जा सकता है • 700 किमी
शौर्य	• सतह-से-सतह पर मार करने वाला मध्यम दूरी का हाइपरसोनिक बैलिस्टिक प्रक्षेपास्त्र • 1000 किग्रा आयुध के साथ 700 किमी एवं 180 किग्रा आयुध के साथ 1900 किमी
प्रहार	• सतह-से-सतह पर मार करने वाला कम दूरी का बैलिस्टिक प्रक्षेपास्त्र • 150 किमी

लड़ाकू विमान/ड्रोन/हेलिकॉप्टर

तेजस

- चौथी पीढ़ी का प्रथम लड़ाकू विमान
- गति - 600 किमी/घण्टा

राफेल

- 4.5 पीढ़ी का मल्टी रोल लड़ाकू विमान
- मिसाइल प्रणाली- शूादे, स्कैल्प क्रूज, शर्र्थी

निशान्त

- पायलट रहित प्रशिक्षण विमान
- जमीन से 160 किमी के दायरे में नियन्त्रित

लक्ष्य

- मिसाइलों तथा तोपों से निशाना लगाने के लिए प्रशिक्षण देने हेतु
- 100 किमी दायरे में रिमोट से नियन्त्रित

ध्रुव

- दो इंजन वाला हेलिकॉप्टर
- 14 व्यक्तियों की क्षमता
- 4 घण्टें में 800 किमी की दूरी तय

IL-78

- उज्बेकिस्तान से खरीदा गया (2003 में)।
- आसमान में लड़ाकू विमानों में ईंधन भरने वाला प्रथम विमान

काली 5000

- बार्क और DRDO द्वारा विकसित बीम अस्त्र
- माइक्रोवेव तरंगें उत्सर्जित कर दुश्मन के विमानों को ध्वस्त करने में सक्षम

भारतीय अन्तरिक्ष अनुसन्धान

- भारतीय राष्ट्रीय अन्तरिक्ष अनुसन्धान समिति (INCOSPAR) का गठन वर्ष 1962 में प्रसिद्ध अन्तरिक्ष वैज्ञानिक डॉ. विक्रम साराभाई ने किया।
- INCOSPAR का पुनर्गठन कर 15 अगस्त, 1969 को भारतीय अन्तरिक्ष अनुसन्धान संगठन (ISRO) की स्थापना की गई।
- अन्तरिक्ष अनुसन्धान को संचालित करने के लिए अन्तरिक्ष विभाग (DOS) का गठन वर्ष 1972 में किया गया।

प्रमुख संस्थान

1. विक्रम साराभाई अन्तरिक्ष केन्द्र, तिरूवनन्तपुरम
2. सतीश धवन अन्तरिक्ष केन्द्र, श्रीहरिकोटा (आन्ध्र प्रदेश)
3. अन्तरिक्ष उपयोग केन्द्र, अहमदाबाद
4. इसरो टेलीमेट्री निगरानी एवं नियन्त्रण नेटवर्क-बेंगलुरु
5. मुख्य नियन्त्रण सुविधा- केन्द्र हासन
6. भौतिक अनुसन्धान प्रयोगशाला- अहमदाबाद
7. राष्ट्रीय दूरसंवेदी एजेंसी-हैदराबाद

प्रथम प्रक्षेपित उपग्रह

आर्यभट्ट (19 अप्रैल, 1975) (यह तत्कालीन सोवियत संघ के कॉस्मोड्रोम प्रक्षेपण स्थल से इण्टर कॉसमास रॉकेट द्वारा प्रक्षेपित किया गया।)

आदित्य L-1 मिशन

2 सितम्बर, 2023 को सतीश धवन अंतरिक्ष केन्द्र (श्रीहरिकोटा) से PSLVc-57 द्वारा प्रक्षेपित प्रथम सौर्य मिशन है। यह सौर चुम्बकीय तूफानों का पृथ्वी के पर्यावरण पर पड़ने वाले प्रभावों का अध्ययन करेगा।

मंगल मिशन

इसका प्रक्षेपण 5 नवम्बर, 2013 को PSLV 25 रॉकेट द्वारा आन्ध्र प्रदेश के श्रीहरिकोटा के सतीश धवन अन्तरिक्ष केन्द्र से किया गया। 24 सितम्बर, 2014 को यह अपने कक्ष में सफलतापूर्वक स्थापित हो गया। प्रथम प्रयास में ही मंगल की कक्षा में उपग्रह स्थापित करने वाला भारत प्रथम देश।

चन्द्रयान I/II

चन्द्रयान I का प्रक्षेपण 22 अक्टूबर, 2008 को PSLV 11 रॉकेट द्वारा आन्ध्र प्रदेश के सतीश धवन अन्तरिक्ष केन्द्र, श्रीहरिकोटा से किया गया। चन्द्रयान II का प्रक्षेपण इसरो द्वारा वर्ष 2019 में किया गया, लेकिन चन्द्रमा की सतह पर लैण्डिंग के क्रम में इसका सम्पर्क टूट गया।

XPoSat मिशन

इसरो ने 1 जनवरी, 2024 को PSLV C-58 के माध्यम से ब्लैक होल्स और न्यूट्रॉन स्टार्स की जानकारी के उद्देश्य से श्रीहरिकोटा से सफलतापूर्वक लॉन्च किया

चन्द्रयान–III

इसका प्रक्षेपण श्रीहरिकोटा से 14 जुलाई, 2023 को किया गया। 23 अगस्त, २०२३ को इसने चन्द्रमा के दक्षिणी ध्रुव पर सफलतापूर्वक लैण्डिंग की। भारत दक्षिणी ध्रुव पर सफलतापूर्वक अन्तरिक्षयान उतारने वाला पहला देश है।

INSAT 3DS मिशन

यह 17 फरवरी, 2024 को GSLV F-14 से प्रक्षेपित किया गया। इसका उद्देश्य भूस्थैतिक स्थानान्तरण कक्षा (GTO) में इनसैट-3DS मेल्तिथोरोलाँ-जिकल उपग्रह को स्थापित करना है।

SpaDex

ISRO ने 30 दिसम्बर, 2024 को श्रीहरिकोटा से PSLV-C60 रॉकेट के द्वारा स्पेस डॉकिंग एक्सपेरिमेण्ट मिशन को सफलतापूर्वक लॉन्च किया।

इन सैटेलाइट्स का उद्देश्य अन्तरिक्ष में डॉकिंग (आपस में जुड़ना) और अनडॉकिंग (अलग होना) की प्रक्रिया को प्रदर्शित करना है। भारत ने इस तकनीक पर पेटेण्ट प्राप्त किया है। यह भविष्य में होने वाले मानवीय मिशनों के लिए इसरो' की तकनीकी रूप से सशक्त करेगा।

प्रमुख युद्धपोत / पनडुब्बियाँ

INS तुशिल	• यह बहुउद्देश्यीय स्टील्थ गाइडेड मिसाइल युद्धपोत है। इसमें उन्नत पनडुब्बी रोधी और एयरबोर्न अर्ली वॉर्निंग हेलीकॉप्टर है। यह जहाज 30 नॉट से ज्यादा की रफ्तार से चल सकता है।
INS विक्रमादित्य	• रूस से खरीदा गया एयरक्राफ्ट कैरियर है। इसमें मिग-29K विमान और हेलिकॉप्टर तैनात किए जा सकते हैं। यह भारत का सबसे बड़ा युद्धपोत है।
INS विक्रान्त	• कोचीन शिपयार्ड लिमिटेड द्वारा निर्मित भारत का पहला स्वदेशी विमान वाहक युद्धपोत है, जो मिग-29K लड़ाकू विमान और हेलीकाप्टर तैनात करने में सक्षम है।
INS मोरमुगाओं	• यह विशाखापत्तनम श्रेणी के स्टील्थ गाइडेड मिसाइल विध्वंसक का दूसरा जहाज जो प्रोजेक्ट 15 बी के तहत निर्मित है। ब्रह्मोस मिसाइल और बराक-8 एयर डिफेंस सिस्टम से लैस है।
INS वागीर	• स्कॉर्पिन-क्लास पनडुब्बी, जो प्रोजेक्ट 75 के तहत निर्मित है। यह कलवरी श्रेणी की पाँचवीं पनडुब्बी है, जो टॉरपीडो और एण्टी-शिप मिसाइलों से लैस है।
INS वाग्शीर	• मझगाँव डॉक शिपबिल्डर्स द्वारा निर्मित प्रोजेक्ट 75 की छटी स्कॉर्पिन सबमरीन है। यह सतह-विरोधी जहाज युद्ध, खदान बिछाने और क्षेत्र की निगरानी सहित कई मिशनों को पूरा करने में सक्षम है।
INS तारागिरी	• मझगाँव शिपयार्ड डॉक लिमिटेड, द्वारा प्रोजेक्ट 17 S के तहत निर्मित नीलगिरि श्रेणी का पाँचवाँ स्टील्थ गाइडेड मिसाइल फ्रिगेट है। इसमें सतह से हवा में मार करने वाली 32 बराक 8ER और सीक्रेट हथियार VLSRSAM मिसाइल लगाए जा सकते हैं। अधिकतम गति - 59 किमी/घण्टा
INS सूरत	• मझगाँव डॉक लिमिटेड द्वारा निर्मित विशाखापत्तनम श्रेणी के स्टील्थ गाइडेड मिसाइल विध्वंसक का चौथा और अन्तिम जहाज है। यह अत्याधुनिक हथियारों जैसे ब्रह्मोस मिसाइल और बराक 8 मिसाइल से सुसज्जित है।
INS अरिघात	• अरिहन्त श्रेणी की दूसरी बैलिस्टिक मिसाइल पनडुब्बी है, जो परमाणु ऊर्जा से चलती हैं। • इनका विस्थापन लगभग 6000 टन है तथा यह K-15 सागरिका बैलिस्टिक मिसाइलों से लैस है। इसकी रेंज 750 किमी तक हो सकती है।

प्रमुख युद्धक टैंक

एमबीटी अर्जुन	• अधिकतम गति - 70 किमी/घण्टा। यह 'कंचन' कवच तथा थर्मल इमेजिंग और आधुनिक अग्नि नियन्त्रण प्रणाली से सुसज्जित है, इसका उन्नत संस्करण अर्जुन मार्क-1 ए है।
T-90 भीष्म	• यह रूस द्वारा आयातित युद्ध टैंक है, जिसका निर्माण वर्तमान में भारत द्वारा किया जा रहा है। इसमें 125 मिमी गन है तथा यह 60 किमी/घण्टा की रफ्तार से चल सकता है।

भारतीय प्रतिरक्षा

चीफ ऑफ डिफेंस स्टाफ (CDS)

- CDS भारत के तीनों अंगों के बीच दीर्घकालिक नियोजन, प्रशिक्षण, खरीद व परिवहन में समन्वयक का कार्य करता है।
- भारत के प्रथम सीडीएस प्रमुख जनरल बिपिन रावत (1 जनवरी, 2020) थे।

नेशनल डिफेन्स एकेडमी (NDA) खडकवासला

- नेशनल डिफेन्स कॉलेज, नई दिल्ली इण्डियन मिलिट्री एकेडमी (IMA) देहरादून डिफेन्स सर्विसेस स्टॉफ कॉलेज, वेलिंगटन (तमिलनाडु) आर्म्ड सेण्टर, अहिल्यानगर (महाराष्ट्र) स्कूल ऑफ आर्टीलरी, देवलाली, नासिक (महाराष्ट्र)।

सार्वजनिक क्षेत्र के रक्षा प्रतिष्ठान

सार्वजनिक प्रतिष्ठान	मुख्यालय	स्थापना
गार्डन रीच शिप बिल्डर्स एण्ड इंजीनियर्स लिमिटेड	कोलकाता	1934
भारत इलेक्ट्रोनिक्स लिमिटेड (बीईएल)	बेंगलुरु	1954
मझगाँव डॉक शिपबिल्डर्स	मुम्बई	1960
हिन्दुस्तान एयरोनोटिक्स लिमिटेड (एचएएल)	बेंगलुरु	1964
गोवा शिपयार्ड लिमिटेड	वास्को-डि-गामा	1957
भारत डायनेमिक्स लिमिटेड (बीडीएल)	हैदराबाद	1970
मिश्र धातु निगम लिमिटेड	हैदराबाद	1973

भारत की आन्तरिक सुरक्षा व्यवस्था

संगठन का नाम	स्थापना	मुख्यालय
असम रायफल्स	1835	शिलॉन्ग
इण्टेलीजेंस ब्यूरो (IB)	1887	नई दिल्ली
केन्द्रीय रिजर्व पुलिस बल (CRPF)	1939	नई दिल्ली
प्रादेशिक सेना	1948	–
राष्ट्रीय कैडेट कोर (NCC)	1948	नई दिल्ली
इण्डो-तिब्बत सीमा पुलिस (ITBP)	1962	नई दिल्ली
केन्द्रीय जाँच ब्यूरो (CBI)	1963	नई दिल्ली
सीमा सुरक्षा बल (BSF)	1965	नई दिल्ली
औद्योगिक सुरक्षा बल (CISF)	1969	नई दिल्ली
तटरक्षक बल	1977	नई दिल्ली
राष्ट्रीय सुरक्षा गार्ड (NSG)	1986	नई दिल्ली
नेशनल क्राइम रिकॉर्ड्स ब्यूरो	1986	नई दिल्ली
रैपिड एक्शन फोर्स (RAF)	1992	नई दिल्ली
राष्ट्रीय अन्वेषक अभिकरण (NIA)	2008	नई दिल्ली

संयुक्त सैन्य अभ्यास

संयुक्त सैन्य अभ्यास	किन देशों के बीच
गरुड़ शक्ति (थल सेना)	भारत-इण्डोनेशिया
विनवैक्स (थल-वायु सेना)	भारत-वियतनाम
वज्र प्रहार (थल सेना)	भारत-अमेरिका
SIMBEX (नौसेना)	भारत-सिंगापुर
नसीम-अल-बहर (नौसेना)	भारत-ओमान
मालाबार (नौसेना)	भारत- ऑस्ट्रेलिया, जापान, अमेरिका
काजिंद (थल सेना)	भारत-कजाकिस्तान
युद्ध अभ्यास (थल सेना)	भारत-अमेरिका
वरुण अभ्यास (नौसेना)	भारत-फ्रांस
सूर्य किरण (थल सेना)	भारत-नेपाल
मित्र शक्ति (थल सेना)	भारत-श्रीलंका
उदार शक्ति (वायु सेना)	भारत-मलेशिया
नोमैडिक एलीफेंट (थल सेना)	भारत-मंगोलिया
अभ्यास मैत्री (थल सेना)	भारत-थाइलैण्ड
HOPEX (वायुसेना)	भारत-मिस्र
JIMEX (नौसेना)	भारत-जापान
अभ्यास DUSTLIK (थल सेना)	भारत-उज्बेकिस्तान
आईएमटी ट्राइलेट (नौसेना)	भारत-मोजांबिक- तंजानिया
धर्म गार्जियन (थल सेना)	भारत-जापान
डेजर्ट साइक्लोन (थल सेना)	भारत-यूएई

SSC CGL 2023 (Tier 1 & 2)

1329. वर्ष 2022 में प्रस्तावित मसौदा सूचना प्रौद्योगिकी मध्यस्थ दिशा-निर्देश और डिजिटल मीडिया आचार संहिता नियम, 2021 के सम्बन्ध में निम्नलिखित में से कौन-सा/से कथन सही है/हैं?

SSC CGL Tier-2 07.03.2023 (Shift-I)

A. ऑनलाइन खेलों को एक स्व-नियामक निकाय के साथ पंजीकृत करना होगा और केवल निकाय द्वारा स्वीकृत खेलों को ही भारत में कानूनी रूप से संचालित करने की अनुमति दी जाएगी।

B. प्रस्तावित नियमों के अनुसार, ऑनलाइन गेमिंग कम्पनियों को खेलों के परिणाम पर सट्टेबाजी में संलग्न होने की अनुमति नहीं दी जाएगी।

C. नियमों के अनुसार, एक से अधिक स्व-नियामक निकाय हो सकते हैं।

कूट

(a) A और B
(b) A, B और C
(c) A और C
(d) B और C

उत्तर (b)

• सूचना प्रौद्योगिकी मध्यस्थ दिशा-निर्देश और डिजिटल मीडिया आचार संहिता नियम, 2021 के सम्बन्ध में दिए गए सभी कथन सही हैं।

• वर्ष 2022 में इलेक्ट्रॉनिक और सूचना प्रौद्योगिकी मन्त्रालय ने **ऑनलाइन गेमिंग** के लिए नियमों का मसौदा जारी किया।

• ऑनलाइन गेमिंग कम्पनियों को खेलों के परिणाम पर **सट्टेबाजी की अनुमति** नहीं दी जाएगी।

SSC CPO 2024, 2023, 2020

1330. भारत का कौन-सा एक ऐसा उन्नत मौसम उपग्रह है, जिसे उन्नत प्रतिबिम्बन प्रणाली (इमेजिंग सिस्टम) और वायुमण्डलीय ध्वनित्र (साउण्डर) के साथ तैयार किया गया है?

SSC CPO 29.06.2024 (Shift-I)

(a) RS-D1 (b) GSAT-7A
(c) INSAT-3D (d) SROSS-2

उत्तर (c)

• भारत का INSAT-3D एक उन्नत मौसम उपग्रह है, जिसे उच्च प्रतिबिम्बन प्रणाली (इमेजिंग सिस्टम) और वायुमण्डलीय ध्वनित्र (साउण्डर) के साथ तैयार किया गया है।

• यह उपग्रह भारतीय अन्तरिक्ष अनुसन्धान संगठन (इसरो) द्वारा विकसित किया गया था और इसे 26 जुलाई, 2013 को सफलतापूर्वक लॉन्च किया गया था।

• INSAT-3D भारत के मौसम विज्ञान और पृथ्वी विज्ञान कार्यक्रमों का एक महत्त्वपूर्ण हिस्सा है।

1331. वर्ष 1983 में इसरो (ISRO) द्वारा लॉन्च किए गए भूस्थिर उपग्रह का नाम क्या है, जो उच्च शक्ति टीवी प्रसारण और दूरसंचार राष्ट्रीय कवरेज ट्रान्सपोण्डर प्रदान करता है?

SSC CPO 04.10.2023 (Shift-II)

(a) RISAT-1 (b) GSAT-7
(c) भास्कर 1 (d) इनसैट-1B

उत्तर (d)

• भूस्थिर उपग्रह **इनसैट-1B** वर्ष 1983 में यूएसए के स्पेस शटल द्वारा सफलतापूर्वक प्रक्षेपित किया गया।

• यह उच्च शक्ति टीवी प्रसारण और दूरसंचार राष्ट्रीय कवरेज ट्रान्सपोण्डर प्रदान करता है।

• इसे फोर्ड एयरोस्पेस द्वारा निर्मित किया गया था और भारतीय अन्तरिक्ष अनुसन्धान संगठन द्वारा संचालित किया गया था।

1332. अति उच्च-विभेदन रेडियोमीटर (VHRR) ले जाने वाले उपग्रह की कौन-सी शृंखला तापमान, मेघावरण, हवा और सम्बन्धित मौसम की घटनाओं का मूल्यवान प्रेक्षण प्रदान करती है? **CPO 10.11.2023 (Shift-I)**

(a) इनसेट (INSAT) शृंखला
(b) स्रोस (SROSS) शृंखला
(c) जीसेट (GSAT) शृंखला
(d) आईआरएस (IRS) शृंखला

उत्तर (a)

• **इनसेट शृंखला** इसरो द्वारा लॉन्च किए गए बहुउद्देशीय भूस्थिर उपग्रहों की एक शृंखला है।

• यह तापमान, मेघावरण, हवा और सम्बन्धित मौसम की घटनाओं का मूल्यवान प्रेक्षण प्रदान करती है।

• इसके द्वारा दूरदराज के क्षेत्रों और अपतटतीय द्वीपों तक भी टीवी और आधुनिक दूरसंचार सुविधाओं का तेजी से विस्तार करने में सफलता प्राप्त हुई।

1333. मंगलयान मिशन को किस रॉकेट द्वारा प्रक्षेपित किया गया था?

SSC CPO 25.11.2020 (Shift-I)

(a) GSLV MKIII
(b) PSLV-C35
(c) PSLV-C38
(d) PSLV-C25

उत्तर (d)

• PSLV-C25 से **मंगलयान** को प्रक्षेपित किया गया। मंगलयान भारत का प्रथम मंगल अभियान था।

• इसे 5 नवम्बर, 2013 को 2 बजकर 38 मिनट पर मंगल ग्रह की परिक्रमा करने हेतु छोड़ा गया था।

• भारत मंगल ग्रह की कक्षा में पहुँचने वाला पहला एशियाई देश और अपने पहले प्रयास में ऐसा करने वाला दुनिया का पहला देश बना।

SSC CHSL 2024 (Tier 1 & 2)

1334. भारतीय और रूसी सेनाओं के बीच आपस में सहयोग करके कार्रवाई करने की क्षमता में इजाफा करने के लिए, वर्ष 2021 में प्रूडबॉयरेंज, वोल्गोग्राद में.........नामक एक संयुक्त सैन्याभ्यास शुरू किया गया।

SSC CHSL Tier-1 02.07.2024 (Shift-I)

(a) सूर्य किरण 2021
(b) शक्ति 2021
(c) इन्द्र 2021
(d) वरुण 2021

उत्तर (c)

• भारतीय और रूसी सेनाओं के बीच वर्ष 2021 में प्रूडबॉयरेंज, वाल्गोग्राद रूस में इन्द्र 2021, नाम का एक संयुक्त सैन्याभ्यास शुरू किया गया।

• **इन्द्र सैन्य अभ्यास** की शुरुआत वर्ष **2003** में हुई थी।

• इसके तहत दोनों देशों की सेनाएँ संयुक्त सैन्य अभियानों और विभिन्न सैन्य परिदृश्यों का अभ्यास करती हैं।

• यह एक संयुक्त **द्विवार्षिक सैन्य अभ्यास** है।

1335. 12 सितम्बर, 2002 को इसरो ने ध्रुवीय उपग्रह प्रक्षेपण का उपयोग करके कल्पना-1 नामक उपग्रह प्रक्षेपित किया था। इस उपग्रह का अनुप्रयोग क्या है?

SSC CHSL Tier-1 4.07.2024 (Shift-II)

(a) जलवायु और पर्यावरण संचार
(b) ग्रहों का अवलोकन
(c) आपदा प्रबन्धन प्रणाली
(d) पृथ्वी का अवलोकन

उत्तर (a)

• 12 सितम्बर, 2002 को इसरो (ISRO) ने (PSLV) ध्रुवीय उपग्रह प्रक्षेपण यान का उपयोग करके **कल्पना-1** नामक उपग्रह प्रक्षेपित किया था। इस उपग्रह का जलवायु और पर्यावरण संचार में अनुप्रयोग किया जाएगा।

• यह पीएसएलवी द्वारा भू-स्थिर कक्षा में प्रमोचित किया गया पहला उपग्रह था।

• इस उपग्रह को मूल रूप से **मेट सैट-1** के नाम से जाना जाता था।

1336. वर्ष 2015 के दौरान, ... क्षेत्र में भारत सरकार ने लगभग 49%, FDI की अनुमति दी।

SSC CHSL Tier-1 5.07.2024 (Shift-III)

(a) रक्षा
(b) खाद्य उत्पाद
(c) चिकित्सा उपकरणों के निर्माण
(d) शिक्षा

उत्तर (a)

• वर्ष 2015 के दौरान रक्षा क्षेत्र में भारत ने लगभग **49% FDI** की अनुमति दी।

• रक्षा क्षेत्र में FDI से गुणवत्तापूर्ण उपकरणों का उत्पादन होगा।

• वर्ष 2020 में भारत सरकार ने रक्षा क्षेत्र में FDI की सीमा 74% तक बढ़ा दी थी।
• देश में रक्षा क्षेत्र में पहली **100% FDI** प्राप्त करने वाली कम्पनी साब **एफएफवी इण्डिया** है।

1337. भारत के पहले स्वदेशी विमान वाहक, ... ने अगस्त, 2021 में अपना पहला समुद्री परीक्षण किया, जो भारत के भीतर सैन्य उपकरण बनाने की दिशा में एक महत्त्वपूर्ण कदम है। **SSC CHSL Tier-1 9.07.2024 (Shift-II)**
(a) आईएनएस वायुदूत
(b) आईएनएस क्रान्ति
(c) आईएनएस स्वदेश
(d) आईएनएस विक्रान्त

उत्तर (d)
• भारत के पहले स्वदेशी विमान वाहक, **आईएनएस (INS) विक्रान्त** ने अगस्त, 2021 में अपना पहला समुद्री परीक्षण किया।
• विक्रान्त शब्द संस्कृत भाषा का शब्द है, जिसका अर्थ साहसी होता है।
• यह स्वदेशी विमान वाहक-1 है, जिसका निर्माण वर्ष 2013 में शुरू हुआ था और वर्ष 2021 के अन्त तक इसका समुद्री परीक्षण किया गया तथा वर्ष 2022 में यह भारतीय नौसेना में शामिल हो गया।
• इसका निर्माण **कोचीन शिपयार्ड लिमिटेड** ने किया है।

SSC CHSL 2023 (Tier 1 & 2)

1338. भारत के मिसाइल मैन के रूप में किसे जाना जाता है? **SSC CHSL Tier-1 20.03.2023 (Shift-III)**
(a) ए.पी.जे. अब्दुल कलाम
(b) होमी भाभा
(c) सी.वी.रमन
(d) विक्रम साराभाई

उत्तर (a)
• भारत के मिसाइल मैन के रूप में जाने जाने वाले **ए.पी.जे. अब्दुल कलाम** की देश के अन्तरिक्ष कार्यक्रम और सैन्य मिसाइल विकास में महत्त्वपूर्ण भूमिका रही है।
• वर्ष 1998 में उन्होंने भारत के पोखरण-2 परमाणु परीक्षणों में महत्त्वपूर्ण योगदान दिया था।
• वे भारत के **11वें राष्ट्रपति** (2002-2007) भी थे।

1339. अगस्त, 2022 में भारतीय वायु सेना ने 'उदारशक्ति' नामक एक द्विपक्षीय अभ्यास में भाग लिया, जिसकी मेजबानी .... द्वारा की गई थी। **SSC CHSL Tier-1 20.03.2023 (Shift-III)**
(a) संयुक्त अरब अमीरात
(b) मलेशिया
(c) अमेरिका
(d) फ्रांस

उत्तर (b)
• अगस्त, 2022 में **मलेशिया** में आयोजित **उदारशक्ति** नामक एक द्विपक्षीय अभ्यास में भारतीय वायुसेना ने भाग लिया।
• इसमें भारतीय वायु सेना ने एसयू 30, एमकेआई और सी-17 विमानों के साथ युद्धाभ्यास में भाग लिया, जबकि मलेशियाई वायु सेना ने एसयू 30 एमकेएम विमान द्वारा अभ्यास किया।

सैन्य अभ्यास	प्रतिभागी देश
सम्प्रीति, टेबिल, टॉप	भारत और बांग्लादेश
मित्र शक्ति, स्लाइनक्स	भारत और श्रीलंका
कोप इण्डिया, वज्र प्रहार, युद्ध अभ्यास	भारत और अमेरिका
समुद्र शक्ति, गरुड़ शक्ति, इण्ड-इण्डो कॉरपेट,	भारत और इण्डोनेशिया

1340. निम्नलिखित में से कौन-सी भारत की सतह से सतह पर वार करने वाली मिसाइल है? **SSC CHSL Tier-1 20.03.2023 (Shift-III)**
(a) AIM-120 AMRAAM
(b) स्पाइक
(c) जैवलिन
(d) अग्नि-V

उत्तर (d)
• सतह-से-सतह पर वार करने वाली अन्तर महाद्वीपीय बैलेस्टिक मिसाइल **अग्नि-V 5000 किमी** से अधिक तक प्रहार करने में सक्षम है।
• 20 मी लम्बी, डेढ़ मी चौड़ी तथा 17 टन वजन की यह मिसाइल एक हजार किलो वजन तक विस्फोटक ले जाने की क्षमता रखती है।
• इस मिसाइल का पहला सफल परीक्षण **वर्ष 2012** में किया गया था।

1341. इण्टरमीडिएट रेंज बैलिस्टिक मिसाइल अग्नि-4 का सफलतापूर्वक परीक्षण .... से किया गया था। **SSC CHSL Tier-1 20.03.2023 (Shift-III)**
(a) श्रीहरिकोटा, आन्ध्र प्रदेश
(b) पोखरण फायरिंग रेंज, राजस्थान
(c) ए.पी.जे. अब्दुल कलाम द्वीप, ओडिशा
(d) नील द्वीप, अण्डमान और निकोबार द्वीप समूह

उत्तर (c)
• इण्टरमीडिएट रेंज बैलिस्टिक मिसाइल **अग्नि-4** की रेंज 3,500 किमी है और यह एक रोड मोबाइल लॉन्चर से फायर की जा सकती है। इसका परीक्षण **ए.पी.जे. अब्दुल कलाम द्वीप, ओडिशा** से किया गया था।
• डॉ. अब्दुल कलाम द्वीप को व्हीलर द्वीप के रूप में भी जाना जाता है।
• इस द्वीप का नाम मूल रूप से अंग्रेजी लेफ्टिनेंट, व्हीलर के नाम पर रखा गया था, लेकिन सितम्बर, 2015 में इसका नाम भारत के पूर्व राष्ट्रपति डॉ. ए.पी.जे. अब्दुल कलाम के नाम पर रखा गया था।

1342. निम्नलिखित में से किस देश ने वर्ष 2024 के बाद अन्तर्राष्ट्रीय अन्तरिक्ष स्टेशन (ISS) से बाहर होने का निर्णय लिया है? **SSC CHSL Tier-1 17.03.2023 (Shift-II)**
(a) जापान
(b) रूस
(c) संयुक्त राज्य अमेरिका
(d) जर्मनी

उत्तर (b)
• यूक्रेन युद्ध के कारण अमेरिका और रूस में चल रहे टकराव के बीच रूस ने ISS से अलग होने का निर्णय किया है।
• **अन्तर्राष्ट्रीय अन्तरिक्ष स्टेशन** (ISS) एक बहुराष्ट्रीय सहकारी परियोजना है, जिसमें संयुक्त राज्य अमेरिकी (NASA), यूरोप (ESA), जापान (JAXA), कनाडा (CSA) व रूस (रोस्कोस्मोस) की अन्तरिक्ष एजेन्सियाँ शामिल हैं।

1343. फ्लाइट लेफ्टिनेण्ट .... ने मई, 2019 में फाइटर जेट पर लड़ाकू मिशन पर जाने वाली पहली महिला बनकर इतिहास रचा था। **SSC CHSL Tier-1 17.03.2023 (Shift-II)**
(a) भावना कण्ठ (b) हरिता कौर देओल
(c) शान्ति तिग्गा (d) प्रिया झिंगन

उत्तर (a)
• मई, 2019 में फाइटर जेट पर लड़ाकू मिशन पर जाने वाली पहली महिला **भावना कण्ठ** बिहार के दरभंगा जिले से सम्बद्ध हैं।
• भावना कंठ अवनी चतुर्वेदी और मोहना सिंह के साथ वर्ष 2016 में भारतीय वायुसेना के फाइटर पायलट दल में शामिल होने वाली पहली महिला फाइटर पायलट है।

1344. निम्नलिखित में से कौन भारत में इण्टीग्रेटेड गाइडेड मिसाइल डेवलपमेण्ट प्रोग्राम (IGMDP) का वास्तुकार था? **SSC CHSL Tier-1 10.03.2023 (Shift-II)**
(a) ए. पी. जे. अब्दुल कलाम
(b) होमी जे. भाभा
(c) विक्रम साराभाई
(d) हरगोविन्द खुराना

उत्तर (a)
• इण्टीग्रेटेड गाइडेड मिसाइल डेवलपमेण्ट प्रोग्राम की परिकल्पना **डॉ. ए.पी.जे. अब्दुल कलाम** द्वारा दी गई थी।
• इसका उद्देश्य मिसाइल प्रौद्योगिकी के क्षेत्र में आत्म-निर्भरता प्राप्त करना था।
• IGMDP को औपचारिक रूप से 26 जुलाई, 1983 को भारत सरकार की स्वीकृति मिली।
• इसके तहत विकसित मिसाइलें **पृथ्वी, अग्नि, त्रिशूल, आकाश** तथा **नाग** हैं।

1345. मई, 2022 में सफलतापूर्वक प्रशिक्षण पूरा करने के बाद आर्मी विमानन दल में लड़ाकू वायुयान चालक के रूप में शामिल होने वाली पहली महिला अधिकारी कौन हैं? **SSC CHSL Tier-1 18.07.2023 (Shift-I)**
(a) कैप्टन मंजू शर्मा
(b) कैप्टन शिवा चौहान
(c) कैप्टन अभिलाषा बराक
(d) कैप्टन गुरसिमरन कौर

उत्तर (c)
• **कैप्टन अभिलाषा बराक** को **ध्रुव** एडवांस्ड लाइट हेलीकॉप्टर (ALH) चलाने वाली 2072

आर्मी एविएशन स्क्वाईन की दूसरी उड़ान के लिए नियुक्त किया गया है।

• वर्ष 1991 से ही महिलाएँ हेलीकॉप्टर और ट्रांसपोर्ट एयर क्राफ्ट उड़ा रही हैं, किन्तु फाइटर प्लेन से उन्हें दूर ही रखा जाता है।

• भारतीय सेना ने वर्ष 2021 में **आर्मी एविएशन फोर्स** के माध्यम से महिला पायलटों को एक दिशा प्रदान की।

1346. 17 से 22 जनवरी, 2023 तक ········ में द्विवार्षिक त्रि-सेवा उभयचर अभ्यास, एम्फेक्स (AMPHEX) 2023 आयोजित किया गया था। **SSC CHSL Tier-1 18.07.2023 (Shift-I)**

(a) ओडिशा (b) बिहार
(c) आन्ध्र प्रदेश (d) तेलंगाना

उत्तर (c)

• **आन्ध्र प्रदेश** में आयोजित द्विवार्षिक त्रि-सेवा उभयचर अभ्यास, **एम्फेक्स 2023** में सभी डोमेन में मिश्रित अभ्यास शामिल थे, जिन्होंने उभयचर संचालन के पूर्ण स्पेक्ट्रम को करने के लिए तीनों सेनाओं के बीच उच्च स्तर की तैयारी और समन्वय का प्रदर्शन किया और उसे सुदृढ़ किया।

• आन्ध्र प्रदेश के **काकीनाड़ा** में प्रथम बार अभ्यास किया गया, जो अब तक का सबसे बड़ा AMPHEX अभ्यास था।

SSC CHSL 2022, (Tier 1 & 2)

1347. देश के दूसरे चीफ ऑफ डिफेंस स्टाफ (सी.डी.एस.) के रूप में किसे नियुक्त किया गया है? **SSC CHSL Tier-1 05.12.2022 (Shift-I)**
SSS GD Tier-1 20.02.24 (Shift-II)

(a) आर. दिनेश (b) संजय अग्रवाल
(c) मनोज कुमार (d) अनिल चौहान

उत्तर (d)

• देश के दूसरे चीफ ऑफ डिफेंस स्टाफ (सी.डी.एस.) के रूप में नियुक्त **अनिल चौहान** ने जनरल बिपिन रावत का स्थान लिया, जिनकी दिसम्बर, 2021 में हेलीकॉप्टर हादसे में मृत्यु हो गई थी।

• इस पद का सृजन **वर्ष 2019** में सुरक्षा मामलों की मन्त्रिमण्डलीय समिति द्वारा किया गया था।

1348. अगस्त, 2022 में रक्षा अनुसन्धान एवं विकास संगठन के अध्यक्ष के रूप में किसे नियुक्त किया गया है?
SSC CHSL Tier-1 05.12.2022 (Shift-IV)

(a) रंजीत रथ
(b) अनिल चौहान
(c) समीर वी. कामत
(d) राजीव बहल

उत्तर (c)

• अगस्त, 2022 में रक्षा अनुसन्धान एवं विकास संगठन के अध्यक्ष के रूप में **समीर वी कामत** को नियुक्त किया गया।

• डीआरडीओ की स्थापना **वर्ष 1947** में की गई। इसका **मुख्यालय दिल्ली** में स्थित है।

1349. जून, 2022 में केन्द्र सरकार द्वारा निम्नलिखित में से किस उद्देश्य के लिए अग्निपथ योजना शुरू की गई थी?
SSC CHSL Tier-1 12.12.2022 (Shift-I)

(a) चाय बागान के श्रमिकों को आवास सुविधा उपलब्ध कराना
(b) मेट्रो शहरों का सतत् और समावेशी विकास
(c) गैर-प्लास्टिक विकल्पों के उपयोग को लोकप्रिय बनाना
(d) सशस्त्र बलों में युवाओं की भर्ती

उत्तर (d)

• **अग्निपथ योजना** का मुख्य उद्देश्य सशस्त्र बलों में युवाओं की भर्ती करना था।

• इस योजना के तहत सेना में शामिल होने वाले जवानों को 'अग्निवीर' के नाम से जाना जाएगा तथा इसके माध्यम से सेना में 4 वर्षों की सेवा के पश्चात् भर्ती होने वाले अग्निवीरों को उनकी कौशलता के आधार पर स्थायी किया जाएगा।

SSC CHSL 2021, 2020 (Tier 1 & 2)

1350. फरवरी, 2020 में भारत और UK के सशस्त्र बलों ने UK में एक संयुक्त अभ्यास किया। इस अभ्यास को ······ नाम दिया गया था।
SSC CHSL Tier-1 12.02.2021 (Shift-II)

(a) घातक प्रहरी (b) अजेय योद्धा
(c) मित्र प्रहार (d) सूर्य किरण

उत्तर (b)

• फरवरी, 2020 में भारत और UK के सशस्त्र बलों ने **अजेय योद्धा** नामक एक संयुक्त अभ्यास में भाग लिया, जिसका आयोजन वेस्ट डाउन कैम्प, सेलिसबरी प्लेन्स ट्रेनिंग एशिया (UK) में किया गया था।

• भारत और UK के बीच संयुक्त सैन्य युद्धाभ्यास 'अजेय वॉरियर-23' 11 मई, 2023 को आयोजित किया गया।

• भारत और UK के बीच अन्य अभ्यास कोंकण और इन्द्रधनुष हैं।

1351. भारत में पहला रॉकेट निम्न में से किस वर्ष लॉन्च किया गया था?
SSC CHSL Tier-1 24.08.2021 (Shift-III)

(a) 1973 (b) 1977
(c) 1948 (d) 1963

उत्तर (d)

• वर्ष **1963** में लॉन्च किए गए भारत के पहले रॉकेट प्रक्षेपण के साथ ही भारत में अन्तरिक्ष कार्यक्रम की शुरुआत हुई।

• 1 जनवरी, 1965 को थुम्बा में अन्तरिक्ष विज्ञान एवं प्रौद्योगिकी केन्द्र की स्थापना हुई तथा वर्ष 1969 में भारतीय अन्तरिक्ष अनुसन्धान संगठन (ISRO) की स्थापना की गई।

1352. जुलाई, 2018 में यूरोपीय अन्तरिक्ष एजेन्सी के मार्स एक्सप्रेस आर्बिटर पर एक रडार उपकरण का उपयोग करके मंगल पर तरल पानी का पता लगाया गया था। इस खोज के लिए उपयोग किए जाने वाले उपकरण को क्या कहा जाता है?
SSC CHSL Tier-1 16.10.2020 (Shift-III)

(a) मार्स ऑर्बिटर (b) मार्सिस
(c) मार्स होप (d) मैरीनर 4

उत्तर (b)

• **यूरोपीय अन्तरिक्ष एजेन्सी** ने अपने इस मिशन के तहत् मंगल ग्रह पर बर्फ से भरे गड्ढे या तरल पानी का पता लगाया था।

• इस खोज के लिए उपयोग किए गए उपकरण का नाम मार्सिस था।

• वैज्ञानिकों के अनुसार, इस गड्ढे की गहराई लगभग 590 फीट है, जिसमें बर्फ भरे होने का अनुमान है।

SSC MTS 2024 (Tier 1)

1353. नवम्बर, 2023 में दिल्ली कैंट में स्थित सशस्त्र बलों के सबसे बड़े रक्त संचार केन्द्र, सशस्त्र बल ट्रान्सफ्यूजन सेण्टर की कमान सम्भालने वाली पहली महिला कौन बनी?
SSC MTS Tier-1 22.10.2024 (Shift-II)

(a) लेफ्टिनेण्ट कर्नल पूजा ठाकुर
(b) मेजर अंजलि भागवत
(c) कर्नल सुनीता बीएस
(d) कर्नल शालिजा शर्मा

उत्तर (c)

• नवम्बर, 2023 में दिल्ली कैंट में स्थित सशस्त्र बलों के सबसे बड़े रक्त संचार केन्द्र, सशस्त्र बल ट्रान्सफ्यूजन सेण्टर की कमान सम्भालने वाली पहली महिला कर्नल सुनीता बी एस बनी हैं।

• इससे पहले उन्होंने अरुणाचल प्रदेश में रणनीतिक तौर पर महत्त्वपूर्ण फील्ड अस्पताल के कमाण्डिंग ऑफिसर के रूप में काम किया।

SSC Steno 2024 (Tier 1)

1354. जनवरी, 2022 में इसरो (ISRO) के अध्यक्ष के रूप में किसने पद्भार ग्रहण किया?
SSC Steno Tier-1 11.12.2024 (Shift-II)

(a) पी मुरलीधर
(b) के सीवन
(c) एस सोमनाथ
(d) के एम राव

उत्तर (c)

• जनवरी, 2022 में इसरो (ISRO) के अध्यक्ष के रूप में **एस सोमनाथ** ने पदभार ग्रहण किया।

• एस. सोमनाथ अपने पिछले कार्यभार में, विक्रम साराभाई अन्तरिक्ष केन्द्र के निदेशक थे।

• **डॉ. वी. नारायणन** वर्तमान (2025) में इसरो के अध्यक्ष है।

• इन्हें इसरो (ISRO) के दसवें अध्यक्ष के रूप में नियुक्त किया गया है।

खेलकूद

ओलम्पिक खेल

ओलम्पिक खेलों का आरम्भ	776 ई. पू.
आधुनिक ओलम्पिक खेलों का आरम्भ	1896 ई. एथेन्स (यूनान)
आदर्श वाक्य	सिटियस, अल्टियस, फोर्टियस
लोगो	पाँच चक्र (नीला, पीला, काला, हरा तथा लाल रंग)
2024 में ओलम्पिक खेलों का आयोजन	पेरिस (फ्रांस)
2028 में ओलम्पिक खेल का आयोजन	लॉस एंजिल्स (अमेरिका) प्रस्तावित
2032 में ओलम्पिक खेलों का आयोजन	ब्रिस्बेन (ऑस्ट्रेलिया) प्रस्तावित

ओलम्पिक में भारत

भारत द्वारा पहली बार ओलम्पिक में भागीदारी	1900 (पेरिस)
ओलम्पिक में पदक जीतने वाला पहला भारतीय खिलाड़ी	नॉर्मन प्रिचर्ड (पेरिस, 1900)
ओलम्पिक में पदक जीतने वाला स्वतन्त्र भारत का पहला भारतीय खिलाड़ी	के.डी. जाधव (हेलसिंकी, 1952)
भारतीय हॉकी टीम के ओलम्पिक में स्वर्ण पदक	8 स्वर्ण पदक
अटलांटा, 1996	
लिएंडर पेस	टेनिस (कांस्य)
सिडनी, 2000	
कर्णम मल्लेश्वरी	भारोत्तोलन (कांस्य)
एथेंस, 2004	
राज्यवर्धन सिंह राठौड़	निशानेबाजी (रजत)
बीजिंग, 2008	
अभिनव बिन्द्रा	निशानेबाजी (स्वर्ण)
विजेन्द्र सिंह	मुक्केबाजी (कांस्य)
सुशील कुमार	कुश्ती (कांस्य)
लन्दन, 2012	
विजय कुमार	निशानेबाजी (रजत)
सुशील कुमार	कुश्ती (रजत)
सुशील कुमार ओलम्पिक खेलों में लगातार दो पदक जीतने वाले पहले भारतीय खिलाड़ी हैं।	
गगन नारंग	निशानेबाजी (कांस्य)
एम.सी. मैरीकॉम	मुक्केबाजी (कांस्य)
साइना नेहवाल	बैडमिण्टन (कांस्य)
योगेश्वर दत्त	कुश्ती (कांस्य)
रियो डि जेनेरियो, 2016	
पी.वी. सिन्धु	बैडमिण्टन (रजत)
साक्षी मलिक	कुश्ती (कांस्य)
टोक्यो ओलम्पिक, 2020	
नीरज चोपड़ा	भाला फेंक (स्वर्ण)
पी.वी. सिन्धु	बैडमिण्टन (कांस्य)
पी.वी. सिन्धु ओलम्पिक खेलों में लगातार दो पदक जीतने वाली पहली भारतीय महिला खिलाड़ी हैं।	
मीराबाई चानू	भारोत्तोलन (रजत)
लवलीना बोरगोहेन	मुक्केबाजी (कांस्य)
रवि कुमार दहिया	कुश्ती (रजत)
बजरंग पूनिया	कुश्ती (कांस्य)
भारतीय टीम (पुरुष)	हॉकी (कांस्य)
पेरिस ओलम्पिक, 2024	
नीरज चोपड़ा	भाला फेंक (रजत)
मनु भाकर	शूटिंग (कांस्य)
मनु भाकर और सरबजोत सिंह	शूटिंग (कांस्य)
भारतीय टीम	हॉकी (कांस्य)
स्वप्निल कुसाले	शूटिंग (कांस्य)
अमन सहरावत	कुश्ती (कांस्य)
मनु भाकर एक ओलम्पिक खेल में दो पदक जीतने वाली पहली भारतीय खिलाड़ी हैं।	

दक्षेस खेल

- दक्षिण एशिया में क्षेत्रीय खिलाड़ियों में सहयोग एवं मैत्रीभाव को विकसित करने के उद्देश्य से 'दक्षेस खेल' का शुभारम्भ किया गया। इसका आयोजन प्रत्येक दो वर्ष में होता है।
- पहली बार आयोजन - 1984
- प्रथम आयोजन स्थल - काठमाण्डु, नेपालप्रथम शीतकालीन दक्षेस खेल - औली, उत्तराखण्ड (2011)
- भाग लेने वाले देशों की संख्या - सात
- आयोजित खेलों की संख्या - चार

राष्ट्रमण्डल खेल

- राष्ट्रमण्डल खेल प्रत्येक चार वर्ष के अन्तराल पर आयोजित किए जाते हैं।
- पूर्व नाम - **ब्रिटिश एम्पायर गेम्स**
- वर्ष 1942 और 1946 में विश्वयुद्ध के कारण ये खेल आयोजित नहीं हुए।
- खेलों के प्रतीक (लोगो) का शुभारम्भ वर्ष 1966 में पहली बार हुआ।
- 19वें राष्ट्रमण्डल खेल, नई दिल्ली का आयोजन वर्ष 2010 में हुआ, जिसका शुभंकर 'शेरा' था। यहाँ पहली बार महिला मुक्केबाजी को शामिल किया गया।

राष्ट्रमण्डल खेल

पहले राष्ट्रमण्डल खेलों का आयोजन	अगस्त, 1930 हैमिल्टन (कनाडा)
पहली बार टीवी पर प्रसारण	वैंकुवर (1954)
आदर्श वाक्य	ह्यूमनिटी, इक्वलिटि, डेस्टिनी
2022 में आयोजित (22वाँ राष्ट्रमण्डल खेल)	बर्मिंघम *(इंग्लैण्ड)*
2026 में आयोजन (23वाँ राष्ट्रमण्डल खेल)	ग्लासगो (स्कॉटलैण्ड) प्रस्तावित
एशियाई खेल	
पहले एशियाई खेल का आयोजन	मार्च, 1951 (नई दिल्ली)
प्रतीक चिह्न	उगता सूर्य
वर्ष 2022 में आयोजित	हांगझाऊ (चीन)
वर्ष 2026 में आयोजन	आइची-नगोया (जापान) प्रस्तावित

क्रिकेट

- एकदिवसीय क्रिकेट में दोहरा शतक बनाने का रिकॉर्ड पाँच भारतीय खिलाड़ियों—सचिन तेन्दुलकर (200), वीरेन्द्र सहवाग (219) तथा रोहित शर्मा (209, 264), इशान किशन (210) तथा शुभमन गिल (208) के नाम हैं।
- **रोहित शर्मा** ने एकदिवसीय क्रिकेट तीन दोहरा शतक बनाया है।
- टेस्ट क्रिकेट में सर्वाधिक रन बनाने का व्यक्तिगत रिकॉर्ड **ब्रायन लारा (400)** के नाम है।
- **विराट कोहली** के नाम एकदिवसीय मैचों में सर्वाधिक शतक बनाने का रिकॉर्ड है।

एकदिवसीय क्रिकेट विश्व कप

वर्ष/मैदान	विजेता
1975 (लॉर्ड्स, इंग्लैण्ड)	वेस्टइण्डीज
2011 (मुम्बई, भारत)	भारत
2015 (ऑस्ट्रेलिया व न्यूजीलैण्ड)	ऑस्ट्रेलिया
2019 (इंग्लैण्ड)	इंग्लैण्ड
2023 (इण्डिया)	ऑस्ट्रेलिया
2027 (दक्षिण अफ्रीका, जिम्बाब्वे)	प्रस्तावित

टी-20 विश्व कप

वर्ष	विजेता
2007 (दक्षिण अफ्रीका)	भारत
2021 (दुबई)	ऑस्ट्रेलिया
2022 (ऑस्ट्रेलिया)	इंग्लैण्ड
2024 (वेस्टइण्डीज, अमेरिका)	भारत
2026 (भारत और श्रीलंका)	प्रस्तावित

हॉकी

- मैदान का आकार - लम्बाई 91.44 मी चौड़ाई 50 से 55 मी
- सम्बद्ध शब्दावली - राइट बैक, लेफ्ट बैक, आउट साइड राइट, सेण्टर फारवर्ड, सेण्टर हाफ, सेण्टर लाइन, कार्नर स्ट्रोक, टाइ ब्रेकर, सडन डेथ।
- प्रमुख ट्रॉफियाँ - हॉकी विश्व कप, रंगास्वामी कप, बेटन कप, ध्यानचन्द ट्रॉफी, आगा खाँ कप, अजलान शाह कप, लालबहादुर शास्त्री कप, महाराजा रंजीत सिंह गोल्ड कप।

सिलारू (हिमाचल प्रदेश) में भारत का सबसे ऊँचा हॉकी का एस्ट्रोटर्फ (रबड़ मैदान) बनाया गया है।

विश्व कप हॉकी (पुरुष)

वर्ष	विजेता
1971	पाकिस्तान
1975	भारत
2018	बेल्जियम
2023	जर्मनी
2026 (बेल्जियम और नीदरलैण्ड)	प्रस्तावित

फुटबॉल

फुटबॉल का जन्म भी क्रिकेट की भाँति इंग्लैण्ड में ही माना जाता है। १८५७ ई. में इंग्लैण्ड, में विश्व का पहला फुटबॉल क्लब 'शेफील्ड फुटबॉल क्लब' का गठन हुआ।

फुटबॉल विश्वकप

वर्ष	विजेता
1930	उरुग्वे (पहला विश्व कप)
2018	फ्रांस
2022	अर्जेंटिना
2026 (कनाडा, मैक्सिको, अमेरिका)	प्रस्तावित

लॉन टेनिस

ग्रैण्ड स्लैम के अन्तर्गत चार चैम्पियनशिप हैं।

- ऑस्ट्रेलियाई ओपन - कृत्रिम मैदान (हार्ड कोर्ट)
- फ्रेंच ओपन - लाल क्ले कोर्ट
- अमेरिकी ओपन - कृत्रिम मैदान (हार्ड कोर्ट)
- विम्बलडन - ग्रास कोर्ट

राष्ट्रीय खेल

- प्रारम्भ-१९२४ (लाहौर) (प्रत्येक दो वर्ष में आयोजित)
- आधुनिक राष्ट्रीय खेल का प्रारम्भ वर्ष 1985 मद्रास में हुआ, अब तक 37 बार राष्ट्रीय खेलों का आयोजन किया जा चुका है।
- 36वाँ राष्ट्रीय खेल-2022-गुजरात
- 37वाँ राष्ट्रीय खेल-2023-गोवा
- 38वाँ राष्ट्रीय खेल-2025-उत्तराखण्ड (प्रस्तावित)

खेलो इण्डिया यूथ गेम्स

- वर्ष 2018 से भारत सरकार के युवा मामलों और खेल मन्त्रालय द्वारा प्रतिवर्ष आयोजित एक राष्ट्रीय स्तर की खेल प्रतियोगिता है।
- अण्डर-17 और अण्डर-21 की श्रेणियों में जनवरी या फरवरी में आयोजित किया जाता है।
- **तमिलनाडु** में आयोजित इसके छठे संस्करण में महाराष्ट्र 158 पदकों के साथ प्रथम स्थान पर रहा है।
- वर्ष 2025 में इसकी मेजबानी **बिहार** द्वारा।

खेल परिसर

परिसर	सम्बन्धित खेल
रिंग	स्केटिंग, मुक्केबाजी
पूल	तैराकी
ऐलि	बाउलिंग
फील्ड	पोलो, फुटबॉल, हॉकी
पिच	क्रिकेट, रग्बी
रिंक	कर्लिंग, आइस हॉकी
डायमण्ड	बेसबॉल
कोर्स	गोल्फ
बोर्ड	टेबल टेनिस
मैट	जूडो-कराटे, ताइक्वाण्डो
वेलोड्रम	ट्रैक साइकिलिंग
ट्रैक	एथलैटिक्स
रेंज	निशानेबाजी, तीरन्दाजी
कोर्ट	टेनिस, बैडमिण्टन, नेटबॉल, खो-खो, स्क्वैश, कबड्डी, हैण्डबॉल, वॉलीबॉल

खेलों में एक पक्ष के खिलाडियों की संख्या

बास्केट बॉल	5
बैडमिण्टन	1 या 2
कबड्डी	7
रग्बी फुटबॉल	15
क्रिकेट	11
लॉन टेनिस	1 या 2
वॉलीबॉल	6
वाटरपोलो	7
हॉकी	11
टेबल टेनिस	1 या 2
खो-खो	9
बेसबॉल	9
फुटबॉल	11
पोलो	4

खेलों से सम्बन्धित महत्त्वपूर्ण शब्दावली

क्रिकेट	एल बी डब्ल्यू, सिली प्वॉइन्ट, ऐशेज, मेडेन ओवर, आउट स्विंग, पिच, गुगली, फॉलो-ऑन, ड्राइव, चायनामैन, बाई, लेग-कट, स्टम्प, नो बॉल, हैट्रिक, रन आउट, स्ट्रोक, स्विंग, बॉलर, बैट्समैन, वाइड, थ्रो, स्ट्रोक, कवर, स्लिप, गली, कवर प्वॉइन्ट, हुक, डेड बाल, लॉग आन, थर्ड मेन, हिट विकेट, थ्रो, मिड आन आदि।
शतरंज	चेकमेट, बिशप, गैम्बिट, स्टेलमेट, कैसेलिंग, पौन, फिडे, नाइट, चेक, कैशल, पीसेज, रैक, ग्रैण्डमास्टर आदि।
हॉकी	ड्रिबल, स्टिक, बुली, हैट्रिक, शॉर्ट कॉर्नर, पेनाल्टी, कॉर्नर, स्कूप, कट, साइड लाइन, रैफरी, ट्राई ब्रेकर, कटिंग, सेन्टर फॉरवर्ड, पुश इन, हाफ वाली, फुल बैक आदि।
गोल्फ	कोर्स, होल, पुट, लिंक्स, टी, स्टाइमी, बैफी, कैडी, बोगी, फोरसम, आयरन, पुटिंग, बंकर, लाई, पोस्ट आदि।
घुड़दौड़	पण्टर, हर्डलास, जाकी, डेड हीट, फेंस, स्टैक्स आदि।
पोलो	बण्डर, चकर, मैलेट, हुक, गेलोपिंग, हैडी कैप बंकर, चुक्का, एंगलशाट, एरिस रेल आदि।
तैराकी	फ्री स्टाइल, क्राल, ब्रेस्ट स्ट्रोक, बटरफ्लाई, जेन आदि।
टेनिस	स्मैश, एडवाण्टेज, बैक हैण्ड, फाल्ट, ड्यूस, चाप, सर्विस, लव, चेज, सेट, इन, आउट आदि।
वॉलीबॉल	वॉली, डिगपास, ओवर लैपिंग, बूस्टर, हुक, सर्व लव, फ्लोटर, स्विच, एरियल, रैफ्री, रोटेशन आदि।
भारोत्तोलन	चार्किंग, बारबेल, प्रेस, स्नैच, रिफ्लैट आदि।
कुश्ती	हाफ नेल्सन, स्टिकलर्स, हीव, काशन, क्रैडल, डागफल, एक्टिव, अटैक, हेल्ड आदि।
ट्रैक एण्ड फील्ड	हीट्स, वेकमार्क, फार्टलेक, लिफ्ट फोर्स, हर्डल्स, शाटपुट, स्टार्टर, बैटन आदि।
बास्केट बॉल	ब्लाकिंग, ड्रिवलिंग, जम्प बॉल, हैण्ड बॉल, मल्टीपल थ्रो, पिवट होल्डिंग, फ्री थ्रो, रिंगगार्ड प्वॉइन्ट, पिक, डेड बाल, पिनोट, लीडपास आदि।
ब्रिज	फिनिश, डायमण्ड, रफ, डमी, रिबोक, नो ट्रम्प, लिटिल स्लैम आदि।
बैडमिण्टन	स्मैश, ड्राप, नेट, गेम, लव, फाल्ट, डबल फाल्ट, डाइव, लेट, ड्यूस, सर्विस ब्रेक, क्रासशाट आदि।
बिलियर्ड्स	पौट, क्यू, जिगर, स्क्रेच, ब्रेक, इन ऑफ, इन बॉक, स्क्रूबेक, स्पॉट स्ट्रोक, हैजर्ड, बोल्टिंग, आदि
बॉक्सिंग	हिटिंग बिलो द बेल्ट, गार्ड हैंग आन, जैब, हुक, पंच, नाक आउट, अपर कट, किडनी पंच, राउण्ड रिंग, ब्रेक, बेल, बेल्ट, ब्लो, बाउन्स, राउण्ड आदि।
बेसबॉल	बैटिंग, पिचर, होम, पुट आउट, स्ट्राइक, कैचर, डायमण्ड, हिटर, आउट फील्ड, बेसमैन, होम रन।
फुटबॉल	डायरेक्ट किक, ऑफ साइड, ड्रिबल, पेनाल्टी किक, हैट्रिक, टच लाइन, स्टापर, थ्रो इन, फ्री किक, विंगर, स्वीपर, कार्नर किक।

SSC CGL 2024 (Tier 1 & 2)

1355. जुलाई, 2023 में, 565 km/hr की चाल से शॉट लगाकर सबसे तेज़ बैडमिण्टन शॉट लगाने का नया गिनीज वर्ल्ड रिकॉर्ड किसने बनाया? SSC CGL Tier-2 20.01.2025

(a) किदांबी श्रीकान्त
(b) पीवी सिन्धु
(c) सात्विकसाईराज रंकीरेड्डी
(d) साइना नेहवाल

उत्तर (c)

• जुलाई, 2023 में, भारतीय बैडमिण्टन खिलाड़ी सात्विकसाईराज रंकीरेड्डी ने 565 किमी/घण्टा की रफ्तार से बैडमिण्टन शॉट लगाकर गिनीज वर्ल्ड रिकॉर्ड बनाया।
• यह रिकॉर्ड अब तक का सबसे तेज बैडमिण्टन शॉट है।
• सात्विकसाईराज भारतीय बैडमिण्टन में युगल स्पर्धाओं के लिए जाने जाते हैं और उनके शक्तिशाली स्मैश उनकी पहचान हैं।

1356. भारत ने किस खेल में पाकिस्तान को 2-1 से हराकर वर्ष 2023 में पुरुष जूनियर एशिया कप जीता और इस प्रतिष्ठित प्रतियोगिता में अधिकतम खिताब जीतने के मामले में उन्हें पीछे छोड़ दिया? SSC CGL Tier-2 20.01.2025

(a) बास्केटबॉल (b) हॉकी
(c) फुटबॉल (d) बैडमिण्टन

उत्तर (b)

• भारत ने 2023 में पुरुष, जूनियर एशिया कप हॉकी में पाकिस्तान को 2-1 से हराया। इस जीत के साथ, भारत ने इस प्रतिष्ठित प्रतियोगिता में अधिकतम खिताब जीतने के मामले में पाकिस्तान को पीछे छोड़ दिया।
• यह जीत भारत के लिए ऐतिहासिक थी क्योंकि इसके साथ भारत ने जूनियर एशिया कप में अब तक के सबसे अधिक खिताब जीतने का रिकॉर्ड अपने नाम किया।
• पुरूष जुनियर एशिया कप हॉकी, 2024 में भारत ने पाकिस्तान को हराकर 5वाँ खिताब जीत लिया।

1357. अप्रैल, 2023 में विश्व शतरंज आर्मागेडन एशिया और ओशिनिया प्रतियोगिता में खिताब किसने जीता? SSC CGL Tier-2 18.01.2025

(a) पी. हरिकृष्णा (b) कोनेरू हम्पी
(c) डी गुकेश (d) विश्वनाथन आनन्द

उत्तर (c)

• अप्रैल, 2023 में विश्व शतरंज आर्मागेडन एशिया और ओशिनिया प्रतियोगिता में डी गुकेश ने खिताब जीता है।
• वर्ष 2024 में भी विश्व शतरंज चैम्पियनशिप का खिताब डी गुकेश ने चीन के डिंग लिरेन को हराकर जीता।
• ये विश्व में सबसे कम आयु के विश्व शतरंज चैम्पियनशिप के खिलाड़ी बने हैं।

1358. पहले भारतीय ओलम्पिक खेल किस शहर में आयोजित किए गए थे? SSC CGL Tier-1 26.09.2024 (Shift-III)

(a) मद्रास (b) इलाहाबाद
(c) बॉम्बे (बम्बई) (d) लाहौर

उत्तर (d)

• भारतीय ओलम्पिक खेलों का पहला संस्करण अविभाजित **पंजाब के लाहौर** में वर्ष 1924 में आयोजित किया गया था।
• भारतीय ओलम्पिक के पहले तीन संस्करण लाहौर में ही हुए।
• भारत ने पहली बार वर्ष 1900 में ओलम्पिक खेलों में भाग लिया तथा दो रजत पदक जीते।

1359. अभिनव बिन्द्रा ने कौन-से ओलम्पिक खेल में स्वर्ण पदक जीता था? SSC CGL Tier-1 26.09.2024 (Shift-III)

(a) एथेंस 2004
(b) लन्दन 2012
(c) बीजिंग 2008
(d) रियो 2016

उत्तर (c)

• अभिनव बिन्द्रा ने वर्ष 2008 के **बीजिंग ओलम्पिक में** 10 मी एयर राइफल प्रतियोगिता में स्वर्ण पदक जीता।
• अभिनव बिन्द्रा भारत के लिए **व्यक्तिगत स्वर्ण पदक जीतने वाले पहले व्यक्ति** हैं।
• वर्ष 2024 के पेरिस ओलम्पिक में अभिनव बिन्द्रा को 142वें IOC सत्र में अन्तर्राष्ट्रीय ओलम्पिक समिति (IOC) द्वारा प्रतिष्ठित **ओलम्पिक ऑर्डर** से सम्मानित किया गया है।

1360. 'कैसलिंग (Castling) निम्नलिखित में से किस खेल से सम्बन्धित है? SSC CGL Tier-1 26.09.2024 (Shift-II)

(a) बिलियर्ड्स (b) टेनिस
(c) टेबल टेनिस (d) शतरंज

उत्तर (d)

• कैसलिंग **शतरंज** से जुड़ी एक विशेष चाल है।
• कैसलिंग में **राजा और मूल सिपाही** शामिल होता है।
• कैसलिंग शतरंज की एकमात्र ऐसी चाल है, जिसमें एक ही समय में दो मोहरे चलते हैं।
• कैसलिंग की उत्पत्ति मध्ययुगीन काल के अन्त में हुई थी।

1361. 36वें राष्ट्रीय खेलों में, हशिका रामचन्द्र ने निम्नलिखित में से किस खेल में छः स्वर्ण पदक जीते? SSC CGL Tier-1 26.09.2024 (Shift-II)

(a) मुक्केबाजी (b) बैडमिण्टन
(c) तैराकी (d) कुश्ती

उत्तर (c)

• वर्ष 2022 में हुए **36वें राष्ट्रीय खेलों** में हशिका ने **6 गोल्ड मेडल** जीते। उन्होंने 200 मीटर बटरफ्लाई और चार गुणा 200 मीटर फ्रीस्टाइल रिले में गोल्ड मेडल जीते थे।
• वर्ष 2024 में **77वीं सीनियर राष्ट्रीय एक्वेटिक चैम्पियनशिप में** हशिका ने महिलाओं की 400 मीटर फ्रीस्टाइल स्पर्धा में राष्ट्रीय रिकॉर्ड बनाया, जो राँची की ऋचा मिश्रा के 13 वर्ष पुराने रिकॉर्ड से बेहतर था।

1362. निम्नलिखित में से किस खेल में बॉल्क लाइन (Baulk Line) का उपयोग किया जाता है? SSC CGL Tier-1 26.09.2024 (Shift-I)

(a) बैडमिण्टन (b) टेनिस
(c) कबड्डी (d) खो-खो

उत्तर (c)

• **कबड्डी खेल** में बॉल्क लाइन का उपयोग किया जाता है।
• हमलावर को बॉल्क लाइन को पार करके बचाव करने वाली टीम के क्षेत्र में जाना चाहिए और फिर बिना टैकल किए मैदान के अपने आधे हिस्से में वापस लौटना चाहिए।
• बॉल्क रेखा मध्य रेखा से **3.75 मी** की दूरी पर होती है।
• बोनस लाइन बॉल्क लाइन से 1 मीटर आगे खींची जाती है।

1363. निरुपमा संजीव भारत की प्रसिद्ध .... खिलाड़ी हैं। SSC CGL Tier-1 26.09.2024 (Shift-I)

(a) शतरंज (b) तैराकी
(c) बैडमिण्टन (d) टेनिस

उत्तर (d)

• निरुपमा संजीव भारत की प्रसिद्ध टेनिस खिलाड़ी हैं।
• वर्ष 1998 में **ऑस्ट्रेलिया ओपन ग्रैण्ड स्लैम** में एक राउण्ड जीतने वाली पहली महिला थी।
• इन्होंने एशियाई खेलों-1998 में महेश भूपति के साथ मिक्स्ड डबल में कांस्य पदक जीता था।
• इनका जन्म वर्ष 1976 में दक्षिण भारत के कोयम्बटूर शहर में हुआ था।

1364. निम्नलिखित प्रसिद्ध बैडमिण्टन खिलाड़ियों में से किसने सिंगापुर ओपन, 2022 जीता? SSC CGL Tier-1 26.09.2024 (Shift-I)

(a) अपर्णा पोपट (b) पी.वी. सिन्धु
(c) साइना नेहवाल (d) ज्वाला गुट्टा

उत्तर (b)

• प्रसिद्ध बैडमिण्टन खिलाड़ियों में से पी. वी. सिन्धु ने **सिंगापुर ओपन-2022** का महिला एकल खिताब जीता।
• सिन्धु ने फाइनल में चीनी शटलर **वांग झी पी** को हराकर सिंगापुर ओपन का खिताब जीता।
• वर्ष 2016 के रियो ओलम्पिक में पी.वी. सिन्धु ने रजत पदक जीता था।

1365. वर्ष 1924 के पेरिस ग्रीष्मकालीन ओलम्पिक में भारत का प्रतिनिधित्व करने के लिए कितने एथलीटों का चयन किया गया था? SSC CGL Tier-1 25.09.2024 (Shift-III)

(a) 10 (b) 11 (c) 8 (d) 12

उत्तर (c)

• वर्ष 1924 ग्रीष्मकालीन ओलम्पिक में भारत का प्रतिनिधित्व करने लिए 8 **एथलीटों का** चयन किया गया था।

• इस ओलम्पिक खेल में कुल **44 देशों** ने भाग लिया।

• इस ओलम्पिक में सर्वाधिक पदक **संयुक्त राज्य अमेरिका** ने जीते।

• वर्ष 1924 के पेरिस ओलम्पिक में भारत का प्रतिनिधित्व दलीप सिंह, लक्ष्मणन, हिंगे, हॉल, पाला सिंह, पिट, हीथकोट और वेंकटरमन ने किया।

1366. ब्लू लाइन (Blue Line) शब्द निम्नलिखित में से किस खेल से सम्बन्धित है?

SSC CGL Tier-1 25.09.2024 (Shift-III)

(a) क्रिकेट (b) फुटबॉल
(c) टेबल टेनिस (d) आइस हॉकी

उत्तर (d)

• आइस हॉकी में ब्लू लाइन **रिंग क्षेत्र का** निर्धारण करता है।

• आइस हॉकी के रिंग का आकार **200 फीट × 85 फीट होता** है।

• इसमें प्रत्येक टीम में **6 खिलाड़ी** होते हैं।

• आइस हॉकी कनाडा का राष्ट्रीय खेल है।

1367. राष्ट्रमण्डल खेल 2022 में समग्र पदक तालिका में भारत निम्नलिखित में से किस स्थान पर रहा था?

SSC CGL Tier-1 25.09.2024 (Shift-III)

(a) दूसरे (b) चौथे
(c) तीसरे (d) पहले

उत्तर (b)

• राष्ट्रमण्डल खेल, 2022 में समग्र पदक तालिका में भारत चौथे स्थान पर था।

• इस खेल में भारत ने कुल 61 पदक जीते, जिनमें 22 स्वर्ण पदक, 16 रजत और 23 कांस्य थे।

• राष्ट्रमण्डल खेल 2022 का आयोजन इंग्लैण्ड के बर्मिंघम में किया गया।

• वर्ष 2026 में राष्ट्रमण्डल खेलों का आयोजन **ग्लासगो** (स्कॉटलैण्ड) में होगा।

• वर्ष 2026 में आयोजित होने वाला यह राष्ट्रमण्डल खेलों का **23वाँ संस्करण** होगा।

1368. जयपाल सिंह मुण्डा निम्नलिखित में से किस खेल से सम्बन्धित हैं?

SSC CGL Tier-1 25.09.2024 (Shift-II)

(a) क्रिकेट (b) हॉकी
(c) कबड्डी (d) बैडमिण्टन

उत्तर (b)

• जयपाल सिंह मुण्डा भारत के **पहले पुरुष हॉकी टीम के कप्तान थे।** इन्हें ऑक्सफोर्ड ब्लू से सम्मानित किया गया था।

• इन्होंने वर्ष **1928 के एम्स्टर्डम ओलम्पिक** में भारत को **पहला स्वर्ण** पदक दिलाया था।

1369. मीराबाई चानू ने किस राष्ट्रमण्डल खेल में रजत पदक जीता था?

SSC CGL Tier-1 25.09.2024 (Shift-II)

(a) 2010 (b) 2022
(c) 2014 (d) 2018

उत्तर (c)

• वर्ष 2014 का राष्ट्रमण्डल खेल **ग्लासगो, स्कॉटलैण्ड** में आयोजित किया गया था, जिसमें मीराबाई चानू ने 48 किग्रा भार वर्ग में रजत पदक जीता था।

• वर्ष 2014 के राष्ट्रमण्डल खेल में भारत ने कुल 64 पदक जीते थे और पाँचवें स्थान पर था।

• मीराबाई चानू ने वर्ष 2021 में टोक्यो ओलम्पिक में 48 किग्रा भारवर्ग में रजत पदक जीता।

1370. जनवरी, 2023 में कोनेरू हम्पी ने अल्माटी, कजाकिस्तान में आयोजित ……… में भारत का पहला रजत पदक जीता।

SSC CGL Tier-1 25.09.2024 (Shift-II)

(a) एफआईडीई विश्व शतरंज चैम्पियनशिप
(b) विश्व रैपिड शतरंज चैम्पियनशिप
(c) विश्व ब्लिट्ज शतरंज चैम्पियनशिप
(d) विश्व कॉरस्पाण्डन्स शतरंज चैम्पियनशिप

उत्तर (c)

• विश्व ब्लिट्ज शतरंज चैम्पियनशिप टूर्नामेण्ट में कोनेरू हम्पी ने चीन की **झोंग्यी टैन** को हराया व भारत का प्रथम रजत पदक जीता।

• कोनेरू हम्पी, शतरंज के इतिहास में **सबसे कम आयु की ग्रैण्डमास्टर** हैं। इन्होंने यह खिताब 15 वर्ष की आयु में वर्ष 2002 में हासिल किया था।

• कोनेरू हम्पी ने दिसम्बर, 2024 में विश्व रैपिड शतरंज चैम्पियनशिप जीतकर दुसरी बार यह खिताब अपने नाम की इससे पूर्व उन्होंनें वर्ष 2019 में यह खिताब जीता था।

• इन्हें वर्ष 2003 में अर्जुन पुरस्कार और वर्ष 2007 में पद्मश्री पुरस्कार से सम्मानित किया गया था।

1371. 1888 ई. में भारत में डूरण्ड कप टूर्नामेण्ट कहाँ शुरू किया गया था?

SSC CGL Tier-1 25.09.2024 (Shift-I)

(a) मुम्बई (b) दिल्ली
(c) कलकत्ता (d) शिमला

उत्तर (d)

• **1888 ई.** में भारत में डूरण्ड कप टूर्नामेण्ट **शिमला में** शुरू किया गया था।

• रॉयल स्कॉट्स फ्यूसिलियर्स ने हाईलैण्ड लाइट इन्फैंट्री को 2-1 को हराकर पहला डूरण्ड कप जीता था।

• डूरण्ड कप 2024 का आयोजन कोलकाता, कोकराझार, जमशेदपुर और शिलांग में किया गया था।

• **नॉर्थईस्ट यूनाइटेड** ने मोहन बागान सुपर ज्वॉइण्ट को हराकर 2024 का डूरण्ड कप जीता है।

1372. शतरंज में निम्नलिखित में से कौन केवल तिरछा ही चल सकता है?

SSC CGL Tier-1 25.09.2024 (Shift-I)

(a) घोड़ा (b) वजीर/रानी (c) हाथी (d) ऊँट

उत्तर (d)

• शतरंज में ऊँट केवल तिरछा ही चल सकता है।

• शतरंज दो खिलाड़ियों के बीच खेला जाने वाला एक बोर्ड गेम है।

• शतरंज के बोर्ड पर **64 वर्ग** होते हैं, जो आठ ऊर्ध्वाधर पंक्तियों और आठ क्षैतिज पंक्तियों में बँटे होते हैं।

• यह एक **टर्न-आधारित** रणनीति गेम है।

1373. अण्डर-20 विश्व कुश्ती चैम्पियनशिप जीतने वाली पहली भारतीय महिला ……… हैं।

SSC CGL Tier-1 24.09.2024 (Shift-III)

(a) प्रणति नायक (b) अन्तिम पंघाल
(c) स्वाति संजय (d) हिना खलीफा

उत्तर (b)

• अण्डर-20 विश्व कुश्ती चैम्पियनशिप जीतने वाली पहली महिला **अन्तिम पंघाल** हैं।

• अन्तिम पंघाल हरियाणा की एक भारतीय महिला पहलवान हैं।

• इन्होंने बुल्गारिया के सोफिया में आयोजित इस प्रतियोगिता में महिलाओं के **53 किग्रा वर्ग** में खिताब जीता था।

• इन्होंने एशियाई कुश्ती चैम्पियनशिप, 2023 में रजत पदक जीता।

1374. आई.पी.एल. (IPL) 2023 का फाइनल मैच निम्नलिखित में से किस शहर में आयोजित किया गया था?

SSC CGL Tier-1 24.09.2024 (Shift-III)

(a) अहमदाबाद (b) मुम्बई
(c) बेंगलुरु (d) चेन्नई

उत्तर (a)

• आई. पी. एल. (IPL) 2023 का फाइनल मैच अहमदाबाद में गुजरात टाइटन्स एवं चेन्नई सुपर किंग्स के मध्य हुआ था।

• इस मैच में चेन्नई सुपर किंग्स की 5 विकेटों से जीत हुई थी।

• वर्ष 2024 का आई. पी. एल. मैच **कोलकाता नाइट राइडर्स** के द्वारा जीता गया।

• इसमें उसने सनराइजर्स हैदराबाद को हराया था।

• इस मैच का आयोजन चेन्नई के एम ए चिदम्बरम स्टेडियम में किया गया था।

1375. निम्नलिखित प्रसिद्ध बैडमिण्टन खिलाड़ियों में से किसने स्विस ओपन, 2022 जीता?

SSC CGL Tier-1 24.09.2024 (Shift-III)

(a) अपर्णा पोपट (b) पी.वी. सिन्धु
(c) साइना नेहवाल (d) ज्वाला गुट्टा

उत्तर (b)

• स्विस ओपन 2022 प्रसिद्ध बैडमिण्टन खिलाड़ी **पी.वी. सिन्धु** ने जीता था।

• पी. वी. सिन्धु का पूरा नाम पुसरला वेंकट सिन्धु है।

• इन्होंने वर्ष **2014 के राष्ट्रमण्डल खेलों** में महिला एकल में कांस्य पदक जीता।

1376. संकल्प गुप्ता निम्नलिखित में से किस स्पर्द्धा से सम्बन्ध रखते हैं?
SSC CGL Tier-1 24.09.2024 (Shift-II)
(a) शतरंज (b) बैडमिण्टन
(c) कुश्ती (d) मुक्केबाजी

उत्तर (a)

• **संकल्प गुप्ता** (शतरंज) **71वें भारतीय ग्रैण्डमास्टर** वर्ष 2022 में बनें।
• महाराष्ट्र के इस खिलाड़ी ने टूर्नामेण्ट के दौरान 2500 एलो रेटिंग का आँकड़ा भी छुआ।
• महाराष्ट्र सरकार द्वारा, 2023 में इन्हें शिव छत्रपति खेल पुरस्कार से सम्मानित किया गया।

1377. रुद्राक्ष पाटिल का सम्बन्ध .... से है।
SSC CGL Tier-1 24.09.2024 (Shift-II)
(a) शतरंज (b) निशानेबाजी (शूटिंग)
(c) बैडमिण्टन (d) कुश्ती

उत्तर (b)

• रुद्राक्ष बालासाहेब पाटिल एक भारतीय **निशानेबाज** हैं और इन्होंने शूटिंग विश्व कप में पदक जीते हैं।
• दिसम्बर, 2022 में उन्होंने **आईएसएसएफ रैंकिंग** में 10 मी एयर राइफल में **पहला स्थान** प्राप्त किया।
• हांग्जो में 2022 एशियाई खेलों में पाटिल ने 25 सितम्बर, 2023 को पहला स्वर्ण पदक जीता और एक विश्व रिकॉर्ड बनाया।

1378. निम्नलिखित में से कौन मई, 2022 में जूनियर विश्व भारोत्तोलन चैम्पियनशिप में स्वर्ण जीतने वाला/वाली पहला/पहली भारतीय हैं?
SSC CGL Tier-1 24.09.2024 (Shift-II)
(a) सतीश शिवलिंगम (b) हर्षदा शरद गरुड़
(c) सन्तोषी मत्सा (d) मीराबाई चानू

उत्तर (b)

• हर्षदा शरद गरुड़ मई, 2022 में IWF जूनियर विश्व चैम्पियनशिप में स्वर्ण पदक जीतने वाली पहली भारतीय महिला भारोत्तोलक बनकर इतिहास रचा।
• ग्रीस के हेराक्लिओन में आयोजित भारोत्तोलन चैम्पियनशिप में हर्षदा गरुड़ ने कुल 153 किग्रा का भार उठाकर एशियन यूथ और जूनियर भारोत्तोलन चैम्पियनशिप में स्वर्ण पदक जीता था।
• हर्षदा गरुड़ **विश्व जूनियर भारोत्तोलन चैम्पियनशिप** में स्वर्ण पदक जीतने **वाली पहली भारतीय** हैं।
• जुनियर विश्व भारोत्तोलक, 2024 में भारत के धनुष लोगनाथन ने कांस्य पदक जीता। इस चैम्पियनशिप का आयोजन स्पेन में किया गया था।

1379. निम्नलिखित भारतीय क्रिकेटरों में से किन्हें अल्मनैक (Almanack) के 2022 संस्करण में विजडन क्रिकेटर ऑफ द ईयर (Wisden's cricketer of the year) नामित किया गया?
SSC CGL Tier-1 24.09.2024 (Shift-I)
(a) सूर्य कुमार यादव और अक्षर पटेल
(b) रोहित शर्मा और विराट कोहली
(c) विराट कोहली और भुवनेश्वर कुमार
(d) रोहित शर्मा और जसप्रीत बुमराह

उत्तर (d)

• अल्मनैक के, 2022 के संस्करण में विजडन क्रिकेटर ऑफ द ईयर भारत के **रोहित शर्मा** और **जसप्रीत बुमराह** को नामित किया गया।
• अल्मनैक विजडन क्रिकेटर संस्करण की शुरुआत **1864 ई.** में हुई थी।
• विजडन क्रिकेटर अल्मनैक का प्रकाशन **इंग्लैण्ड** द्वारा किया जाता है।
• वर्ष 2023 विजडन क्रिकेटर ऑफ द ईयर पाँच लोगों में से भारत के हरमनप्रीत कौर को नामित किया गया हैं।

1380. निम्नलिखित में से कौन-से देश वर्ष 2031 में आई.सी.सी. (ICC) पुरुष क्रिकेट विश्व कप की मेजबानी करेंगे?
SSC CGL Tier-1 24.09.2024 (Shift-I)
(a) श्रीलंका और पाकिस्तान
(b) भारत और बांग्लादेश
(c) भारत और श्रीलंका
(d) श्रीलंका और बांग्लादेश

उत्तर (b)

• वर्ष 2031 में आईसीसी (ICC) पुरुष क्रिकेट विश्व कप की **भारत व बांग्लादेश** सह मेजबानी करेंगे।
• इस विश्व कप में कुल **14 टीमें** हिस्सा लेंगी।
• इससे पहले भारत ने बांग्लादेश और श्रीलंका के साथ 2011 विश्व कप का आयोजन किया था।
• क्रिकेट वर्ल्ड कप, 2027 की मेजबानी दक्षिण अफ्रीका, जिम्बाब्वे और नामीबिया संयुक्त रूप से करेंगे।

1381. निम्नलिखित में से कौन-सा शब्द फुटबॉल से सम्बन्धित है?
SSC CGL Tier-1 24.09.2024 (Shift-I)
(a) ओवर्स (b) एल बी डब्ल्यू
(c) थर्ड मैन (d) बाईसिकल किक

उत्तर (d)

• बाईसिकल किक **फुटबॉल** से सम्बन्धित शब्द है, जिसका तात्पर्य है- पैरों की क्रिया, जिसमें साईकल की तरह पैर मूव होते हैं।
• **बॉल टू हैड, बॉक्स टू बॉक्स** प्लेयर, **चिप शॉट ब्रेस** जैसे शब्द फुटबॉल से सम्बन्धित हैं।

1382. निम्नलिखित में से कौन शतरंज में पहली भारतीय महिला ग्रैण्डमास्टर हैं?
SSC CGL Tier-1 23.09.2024 (Shift-III)
(a) हरिका द्रोणावल्ली
(b) तानिया सचदेव
(c) आर. वैशाली
(d) एस. विजयालक्ष्मी

उत्तर (d)

• एस. विजयालक्ष्मी **पहली भारतीय महिला** है, जिन्होंने वर्ष 2001 में **ग्रैण्डमास्टर** का खिताब प्राप्त किया था।
• एस.विजयालक्ष्मी को वर्ष 2001 में भारत सरकार ने **अर्जुन पुरस्कार** से सम्मानित किया था।

1383. भारतीय क्रिकेट में निम्नलिखित में से किसे 'कैप्टन कूल' के नाम से जाना जाता है?
SSC CGL Tier-1 23.09.2024 (Shift-III)
(a) कपिल देव
(b) सचिन तेन्दुलकर
(c) महेन्द्र सिंह धोनी
(d) विराट कोहली

उत्तर (c)

• भारतीय क्रिकेट टीम के पूर्व कप्तान महेन्द्र सिंह धोनी को **कैप्टन कूल** के नाम से भी जाना जाता है।
• महेन्द्र सिंह धोनी को दबाव की स्थिति में भी शान्त रहने की उनकी क्षमता के कारण यह नाम मिला है।
• धोनी की कप्तानी में भारतीय टीम ने तीन आई.सी.सी. खिताब जीते, जिसमें वर्ष **2007 में T20 विश्वकप, 2011 में वनडे विश्वकप और वर्ष 2013 में चैम्पियन्स ट्रॉफी** जीती थी।

1384. निम्नलिखित में से कौन-सा टीम इवेण्ट 'लक्ष्य ओलम्पिक पोडियम योजना' में शामिल है?
SSC CGL Tier-1 23.09.2024 (Shift-II)
(a) फुटबॉल (b) हॉकी
(c) क्रिकेट (d) टेनिस

उत्तर (b)

• हॉकी इवेण्ट **लक्ष्य ओलम्पिक पोडियम योजना** शामिल है।
• लक्ष्य ओलम्पिक पोडियम योजना (टॉप्स) भारत के शीर्ष एथलीटों को सहायता देने का एक प्रमुख कार्यक्रम है।
• इस योजना का उद्देश्य देश के बेहतरीन एथलीटों की तैयारी को बढ़ावा देने और उन्हें ओलम्पिक पदक जीतने में मद्द करना है।
• इस योजना में उच्च प्राथमिकता वाले खेल (बैडमिण्टन, हॉकी, निशानेबाजी, कुश्ती, तीरंदाजी आदि) को शामिल किया गया है।
• इस योजना का उद्देश्य **पेरिस, 2024** और **लॉस एंजिल्स, 2028** के लिए ओलम्पिक सम्भावितों की तैयारी में अतिरिक्त प्रोत्साहन देना है।
• एथलीटों का चयन राष्ट्रीय खेल महासंघों (एनएसएफ) के सहयोग से किया जा रहा है।

1385. भारत ने ओ.डी.आई (ODI) में कितने आई.सी.सी. (ICC) विश्व कप जीते हैं?
SSC CGL Tier-1 23.09.2024 (Shift-II)
(a) 4 (b) 1 (c) 3 (d) 2

उत्तर (d)

• भारत ने अब तक दो ओ.डी.आई (ODI) आई.सी.सी. (ICC) विश्व कप जीते हैं।
• **वर्ष 1983 में** कपिल देव की कप्तानी में भारत ने ODI विश्वकप जीता था।
• **वर्ष 2011 में** महेन्द्र सिंह धोनी की कप्तानी में भारत ने ODI विश्व कप जीता था।
• वर्ष 2007 और वर्ष 2024 में भारत ने T20 विश्वकप जीता है।
• भारत ने वर्ष 2013 में चैम्पियन्स ट्रॉफी जीती थी।

1386. वर्ष 2023 तक की स्थिति के अनुसार, भारत में सबसे लम्बी दूरी तक लम्बी कूद का रिकॉर्ड किसके नाम है?
SSC CGL Tier-1 23.09.2024 (Shift-I)
(a) मुरली एस (b) टी.सी. योहानन
(c) नयना जेम्स (d) जेसबिन एल्ड्रिन

उत्तर (d)
• वर्ष 2023 तक की स्थिति के अनुसार भारत में सबसे लम्बी दूरी तक लम्बी कूद का रिकॉर्ड **जेसबिन एल्ड्रिन** के नाम है।
• इन्होंने 8.42 मी के साथ लॉन्ग जम्प में राष्ट्रीय रिकॉर्ड बनाया है।
• जेसबिन एल्ड्रिन तमिलनाडु राज्य के निवासी हैं।
• ये पेरिस 2024 ग्रीष्मकालीन ओलम्पिक में प्रतिभागी बने थे।

1387. वर्ष 2004 में कबड्डी का पहला विश्व कप कहाँ आयोजित किया गया था?
SSC CGL Tier-1 23.09.2024 (Shift-I)
(a) मुम्बई (b) पंजाब
(c) हैदराबाद (d) कोलकाता

उत्तर (a)
• कबड्डी का पहला विश्व कप **मुम्बई** (भारत) में आयोजित किया गया था, जिसमें भारत ने फाइनल में **ईरान** को हराकर पहला विश्वकप जीता था।
• इस मैच में भारत ने ईरान को 55-27 के स्कोर से हराया था।
• इस खेल का आयोजन अन्तर्राष्ट्रीय कबड्डी महासंघ के द्वारा किया जाता है।
• भारत ने अब तक **तीन कबड्डी विश्वकप** अपने नाम किए हैं।

1388. निम्नलिखित में से किन वर्षों में भारत ने एशियाई खेलों की मेजबानी की?
SSC CGL Tier-1 19.09.2024 (Shift-III)
(a) 1951 और 1982 (b) 1954 और 1982
(c) 1951 और 1986 (d) 1954 और 1986

उत्तर (a)
• वर्ष 1951 व वर्ष 1982 में भारत ने एशियाई खेलों की मेजबानी की थी।
• एशियाई खेल एशिया की सबसे बड़ी खेल प्रतियोगिता है, जो **प्रत्येक चार वर्ष** में किसी एशियाई देश में आयोजित की जाती है।
• इस खेल की **शुरुआत वर्ष 1951** में हुई थी। भारत ने इस खेल की पहली मेजबानी नई दिल्ली में आयोजित की थी।
• इसके अतिरिक्त भारत ने वर्ष 1982 में 9वें संस्करण की मेजबानी भी नई दिल्ली में आयोजित की थी।
• एशियाई खेल का 20वाँ संस्करण वर्ष 2026 में जापान में आयोजित किया जाएगा।

1389. भक्ति प्रदीप कुलकर्णी का सम्बन्ध .... से है। SSC CGL Tier-1 19.09.2024 (Shift-III)
(a) कबड्डी (b) बैण्डमिण्टन
(c) शतरंज (d) क्रिकेट

उत्तर (c)
• भक्ति प्रदीप कुलकर्णी का सम्बन्ध **शतरंज** से है।
• ये वर्तमान में भारत की राष्ट्रीय महिला शतरंज चैम्पियन हैं। इन्होंने पिछले लगातार दो वर्ष 2018 एवं 2019 में भी इस खिताब को अपने नाम किया था।
• इन्हें वर्ष **2022 में अर्जुन पुरस्कार** से सम्मानित किया गया, जो भारत में खेलों के लिए सर्वोच्च सम्मानों में से एक है।

1390. एग्रीकल्चरल शॉट (Agricultural shot) शब्द का प्रयोग निम्नलिखित में से किस खेल में किया जाता है?
SSC CGL Tier-1 19.09.2024 (Shift-II)
(a) लॉन टेनिस (b) क्रिकेट
(c) टेबल टेनिस (d) फुटबॉल

उत्तर (b)
• **एग्रीकल्चरल शॉट** शब्द का प्रयोग **क्रिकेट** में किया जाता है।
• एग्रीकल्चरल शॉट गेंद की लाइन के पार बल्ले से किया जाने वाला एक प्रकार का स्विंग है, जिसे बिना किसी तकनीक के किया जाता है।
• इसे इस तरह खेला जाता है कि रन बनाने के अवसर का पूरा लाभ न उठाया जा सके।
• क्रिकेट में उपयोग होने वाले अन्य शब्द हैं- गोल्डन डक, यॉर्कर, डक, चाइनामैन आदि।

1391. शतरंज में, निम्नलिखित में से कौन केवल अपने ठीक सामने वाले खाली खाने में ही आगे बढ़ सकता है?
SSC CGL Tier-1 19.09.2024 (Shift-II)
(a) ऊँट (b) प्यादा
(c) हाथी (d) वजीर/रानी

उत्तर (b)
• प्यादा अपने ठीक सामने वाले खाली खाने में ही आगे बढ़ सकता है। शतरंज खेल में हर पक्ष के पास **8 प्यादे** होते हैं। प्यादे सामने के वर्ग रिक्त होने पर आगे की ओर एक वर्ग चल सकते हैं।
• प्यादे पीछे की ओर नहीं चल सकते हैं।
• शतरंज दो लोगों के मध्य **32 मोहरों** (प्रत्येक खिलाड़ी के लिए 16) के साथ बिसात पर खेला जाने वाला एक खेल है।

1392. भारत ने अपना पहला व्यक्तिगत ओलम्पिक पदक किस खेल में जीता था?
SSC CGL Tier-1 19.09.2024 (Shift-I)
(a) तैराकी (b) जूडो
(c) निशानेबाजी (d) कुश्ती

उत्तर (d)
• भारत ने अपना पहला व्यक्तिगत ओलम्पिक पदक **कुश्ती** खेल में जीता था।
• **के. डी. जाधव** स्वतन्त्र भारत के पहले व्यक्तिगत ओलम्पिक पदक विजेता थे। इन्होंने कुश्ती में वर्ष **1952 के हेलसिंकी** (फिनलैण्ड) **ओलम्पिक** में कांस्य पदक जीता था।
• इन्हें वर्ष 2000 में मरणोपरान्त अर्जुन पुरस्कार से सम्मानित किया गया।

1393. विजेन्दर सिंह ने कितनी बार ओलम्पिक खेलों में भारत का प्रतिनिधित्व किया है?
SSC CGL Tier-1 19.09.2024 (Shift-I)
(a) 4 (b) 3 (c) 2 (d) 5

उत्तर (b)
• वर्ष 2004, 2008 एवं 2012 में विजेन्दर सिंह ने **3 बार** ओलम्पिक खेलों में भारत का प्रतिनिधित्व किया है।
• विजेन्दर सिंह एक भारतीय **पेशेवर मुक्केबाज** हैं।
• ये ओलम्पिक में पदक जीतने वाले **पहले भारतीय मुक्केबाज** हैं।
• इन्होंने बीजिंग (चीन) में वर्ष 2008 के ओलम्पिक खेल में बॉक्सिंग में कांस्य पदक जीता था।

1394. 14 अक्टूबर, 2021 तक प्राप्त जानकारी के अनुसार, कौन-सा भारतीय फुटबॉलर पेले के 77 वें अन्तर्राष्ट्रीय गोल-रिकॉर्ड को तोड़ने के लिए चर्चा में था?
SSC CGL Tier-1 18.09.2024 (Shift-III)
(a) सुनील छेत्री (b) गुरप्रीत सिंह सन्धू
(c) बाईचुंग भूटिया (d) सन्देश झिंगन

उत्तर (a)
• 14 अक्टूबर, 2021 तक प्राप्त जानकारी के अनुसार भारतीय फुटबॉलर सुनील छेत्री ने पेले के **77वें अन्तर्राष्ट्रीय गोल रिकॉर्ड** को तोड़ा।
• सुनील छेत्री ने 14 अक्टूबर, 2021 में मालदीव में साउथ एशियन फुटबॉल फेडरेशन चैम्पियनशिप में नेपाल के खिलाफ गोल कर ब्राजील के महान फुटबॉलर पेले के 77 गोल की बराबरी कर ली।
• सुनील छेत्री से अधिक गोल क्रिस्टियानो रोनाल्डो, अली देई एवं लियोनेल मेसी के नाम हैं।
• सितम्बर, 2024 तक (संन्यास से पूर्व) 151 अन्तर्राष्ट्रीय मुकाबलों में 94 गोल के साथ सुनील छेत्री, अन्तर्राष्ट्रीय मैचों में चौथे सबसे ज्यादा गोल करने वाले खिलाड़ी हैं।

1395. खेलो इण्डिया यूनिवर्सिटी गेम्स का तीसरा संस्करण निम्नलिखित में से किस राज्य में आयोजित किया गया था?
SSC CGL Tier-1 18.09.2024 (Shift-III)
(a) पंजाब (b) हरियाणा
(c) मध्य प्रदेश (d) उत्तर प्रदेश

उत्तर (d)
• खेलो इण्डिया यूनिवर्सिटी गेम्स का तीसरा संस्करण **उत्तर प्रदेश** राज्य में आयोजित किया गया।

1396. केन्द्र सरकार ने किस वर्ष 'राष्ट्रीय हवाई खेल नीति' शुरू की?
SSC CGL Tier-1 18.09.2024 (Shift-III)
(a) 2021 (b) 2020
(c) 2022 (d) 2023

उत्तर (c)
• केन्द्र सरकार ने **वर्ष 2022 में** भारत को हवाई खेलों के मामलों में दुनिया में वायु खेल

संस्कृति को बढ़ावा देने के उद्देश्य से **राष्ट्रीय वायु खेल-नीति** की शुरुआत की।
• इस नीति के लिए **एयर स्पोर्ट्स फेडरेशन ऑफ इण्डिया (ASFI)** को सर्वोच्च शासी निकाय बनाया गया।
• इसकी अध्यक्षता नागर विमानन मन्त्रालय के सचिव करेंगे।

1397. राजा भलीन्द्र सिंह ट्रॉफी निम्नलिखित में से किस राष्ट्रीय खेल के आयोजन से सम्बन्धित है? **SSC CGL Tier-1 18.09.2024 (Shift-II)**
(a) खेलो इण्डिया यूनिवर्सिटी गेम्स
(b) खेलो इण्डिया शीतकालीन गेम्स
(c) खेलो इण्डिया यूथ गेम्स
(d) राष्ट्रीय खेल

उत्तर (d)
• राजा भलीन्द्र सिंह ट्रॉफी, **नेशनल गेम्स** में **सबसे ज्यादा पदक** जीतने वाले राज्य को दी जाने वाली ट्रॉफी है।
• वर्ष 2025 में यह ट्रॉफी सेना की टीम ने जीती।
• इस ट्रॉफी से सम्मानित होने वाले राज्य का मूल्यांकन अंकों के आधार पर किया जाता है।
• राजा भलीन्द्र सिंह एक **क्रिकेटर** थे, जो बाद में खेल प्रशासक तथा IOC (International Olympic Committee) के अध्यक्ष भी रहे।

1398. भारतीय खेल प्राधिकरण (स्पोर्ट्स अथॉरिटी ऑफ इण्डिया) किस मन्त्रालय के अन्तर्गत आता है? **SSC CGL Tier-1 18.09.2024 (Shift-II)**
(a) युवा मामले और खेल मन्त्रालय
(b) शिक्षा मन्त्रालय
(c) सामाजिक न्याय मन्त्रालय
(d) स्वास्थ्य और परिवार कल्याण मन्त्रालय

उत्तर (a)
• भारतीय खेल प्राधिकरण युवा मामले और खेल मन्त्रालय के अन्तर्गत आता है।
• **भारतीय खेल प्राधिकरण (SAI)** भारत सरकार द्वारा **वर्ष 1984** में स्थापित एक पंजीकृत सोसाइटी है।
• इसका मुख्यालय **नई दिल्ली** में स्थित है।
• भारत सरकार ने खेलों को बढ़ावा देने, युवा अवस्था में खेल प्रतिभाओं की खोज करने, पोषण, खेल प्रतियोगिताओं का आयोजन करने, सुविधाएँ उपलब्ध कराने, स्टेडियमों का उपयोग करने तथा उन्हें उपयुक्त स्थिति में बनाए रखने के लिए भारतीय खेल प्राधिकरण की स्थापना की है।

1399. प्रथम जनजातीय खेल महोत्सव में निम्नलिखित में से कौन-सा राज्य पुरुष और महिला दोनों श्रेणियों में समग्र चैम्पियन था? **SSC CGL Tier-1 18.09.2024 (Shift-I)**
(a) महाराष्ट्र (b) ओडिशा
(c) झारखण्ड (d) छत्तीसगढ़

उत्तर (b)
• प्रथम जनजातीय खेल महोत्सव में ओडिशा, राज्य पुरुष और महिला दोनों श्रेणियों में समग्र चैम्पियन रहा था।
• यह खेल महोत्सव **ओडिशा सरकार** और **केन्द्रीय संस्कृति मन्त्रालय** के संयुक्त प्रयास से आयोजित किया गया था।
• इस खेल का आयोजन **9 जून, 2023 से 12 जून, 2023** तक कलिंगा इन्स्टीट्यूट ऑफ सोशल साइन्स भुवनेश्वर, ओडिशा में किया गया था।
• इस खेल महोत्सव का शुभंकर 'भीम' था।

1400. वर्ष 2012 लन्दन ओलम्पिक खेलों में देश का प्रतिनिधित्व करने वाली पहली भारतीय महिला पहलवान कौन थी? **SSC CGL Tier-1 18.09.2024 (Shift-I)**
(a) विनेश फोगाट
(b) साक्षी मलिक
(c) बबीता फोगाट
(d) गीता फोगाट

उत्तर (d)
• वर्ष 2012 लन्दन ओलम्पिक खेलों में देश का प्रतिनिधित्व करने वाली पहली भारतीय महिला पहलवान गीता फोगाट थी।
• गीता फोगाट एक फ्रीस्टाइल पहलवान है, जिन्होंने वर्ष **2010 में राष्ट्रमण्डल खेल** कुश्ती में **भारत का पहला स्वर्ण पदक** जीता था।
• वर्ष 2012 के विश्व चैम्पियनशिप में गीता फोगाट ने कांस्य पदक जीता था।

1401. वर्ष 1976 में भारत में पहला महिला अन्तर्राष्ट्रीय टेस्ट क्रिकेट मैच कहाँ आयोजित किया गया था? **SSC CGL Tier-1 17.09.2024 (Shift-II)**
(a) कोलकाता (b) नई दिल्ली
(c) मुम्बई (d) बैंगलोर

उत्तर (d)
• वर्ष 1976 में भारत में पहला महिला अन्तर्राष्ट्रीय टेस्ट क्रिकेट **बैंगलोर** में आयोजित किया गया था।
• पहला महिला अन्तर्राष्ट्रीय टेस्ट क्रिकेट मैच दिसम्बर, **1934 में इंग्लैण्ड और ऑस्ट्रेलिया** के बीच **ब्रिस्बेन** में खेला गया था।

1402. फॉलो ऑन (Follow On) निम्नलिखित में से किस क्रिकेट प्रारूप से सम्बन्धित है? **SSC CGL Tier-1 17.09.2024 (Shift-II)**
(a) टेस्ट और एकदिवसीय मैच दोनों
(b) केवल टेस्ट मैच
(c) केवल टी-20 मैच
(d) केवल एक दिवसीय मैच

उत्तर (b)
• **फॉलोऑन** शब्द का प्रयोग **टेस्ट क्रिकेट** में होता है।
• क्रिकेट में फॉलोऑन एक ऑप्शनल नियम है। इसका अर्थ है कि यदि कोई टीम पहले बल्लेबाजी करने वाली टीम से कम रन बनाती है, तो उसे दूसरी पारी में बल्लेबाजी करने के लिए मजबूर किया जाता है।
• फॉलो-ऑन लागू करने का फैसला पहले बल्लेबाजी करने वाली टीम का कप्तान करता है।

1403. निम्नलिखित में से कौन खेलो इण्डिया यूनिवर्सिटी गेम्स 2022 का शुभंकर था? **SSC CGL Tier-1 17.09.2024 (Shift-I)**
(a) मोगा (b) जीतू
(c) सावज (d) भीमा

उत्तर (b)
• खेलो इण्डिया यूनिवर्सिटी गेम्स 2022 का शुभंकर 'जीतू' था।
• खेलो इण्डिया युनिवर्सिटी गेम्स 2024 का शुभंकर अष्टलक्ष्मी को बनाया गया था, जो कि एक तितली है।
• खेलो इण्डिया यूनिवर्सिटी गेम्स (KIUG) भारत में आयोजित होने वाला एक राष्ट्रीय स्तर का बहु-खेल कार्यक्रम है।
• खेलो इण्डिया यूनिवर्सिटी गेम्स का आयोजन भारतीय खेल प्राधिकरण, युवा मामलों और खेल मन्त्रालय, भारतीय विश्वविद्यालयों, भारतीय ओलम्पिक संघ और राष्ट्रीय खेल संघ मिलकर करते हैं।

1404. भारत में प्रो कबड्डी लीग की शुरुआत पहली बार कब की गई? **SSC CGL Tier-1 17.09.2024 (Shift-I)**
(a) वर्ष 2008 में (b) वर्ष 2014 में
(c) वर्ष 2007 में (d) वर्ष 2015 में

उत्तर (b)
• भारत में **प्रो कबड्डी लीग** की शुरुआत **वर्ष 2014 में** की गई।
• इसमें 8 टीमों ने हिस्सा लिया।
• प्रो कबड्डी लीग का **11वाँ सीजन** वर्ष 2024 में **18 अक्टूबर से 24 दिसम्बर** तक भारत के तीन शहरों में आयोजित हुआ।
• प्रो कबड्डी लीग का 11वाँ सीजन हैदराबाद, नोएडा और पुणे में आयोजित किया गया।

1405. निम्नलिखित में से कौन-सी संख्या शतरंज में उपयोग होने वाली सफेद मोहरों की संख्या का सबसे अच्छा वर्णन करती है? **SSC CGL Tier-1 17.09.2024 (Shift-I)**
(a) 18 (b) 17 (c) 16 (d) 20

उत्तर (c)
• शतरंज में सफेद मोहरों की संख्या **16** होती है।
• शतरंज में सफेद और काले मोहरों की संख्या 16-16 होती है।
• शतरंज दो खिलाड़ियों वाला रणनीति खेल है, जो एक वर्गाकार बोर्ड पर 8×8 **ग्रिड** में व्यवस्थित **64 वर्गों** के साथ खेला जाता है।
• विश्वनाथन आनन्द, विदित सन्तोषी, आर. प्रज्ञानन्दा आदि प्रसिद्ध भारतीय शतरंज खिलाड़ी हैं।

1406. निम्नलिखित भारतीय महिला मुक्केबाजों में से किसे 2022 में अन्तर्राष्ट्रीय मुक्केबाजी संघ की अध्यक्ष और एक मतदान सदस्य के रूप में चुना गया था? **SSC CGL Tier-1 17.09.2024 (Shift-I)**
(a) मैरीकॉम (b) निकहत ज़रीन
(c) लवलीना बोरगोहेन (d) पूजा रानी

उत्तर (c)

• वर्ष 2022 में भारतीय महिला मुक्केबाजी खिलाड़ी **लवलीना बोरगोहेन** को अन्तर्राष्ट्रीय मुक्केबाजी संघ की एथलीट समिति की अध्यक्षा और मतदान के एक सदस्य के रूप में चुना गया।

• अन्तर्राष्ट्रीय मुक्केबाजी संघ की स्थापना वर्ष **1946** में की गई।

• इसका **मुख्यालय लुसाने**, स्विट्जरलैण्ड में है।

• लवलीना बोरगोहेन ने टोक्यो ओलम्पिक, 2020 में कांस्य पदक जीता था।

1407. निम्नलिखित में से किसने बुडापेस्ट, हंगरी में आयोजित 2021 विश्व कैडेट कुश्ती चैम्पियनशिप में स्वर्ण पदक जीता? **SSC CGL Tier-1 13.09.2024 (Shift-III)**

(a) पूजा ढांडा (b) विनेश फोगाट
(c) गीता फोगाट (d) प्रिया मलिक

उत्तर (d)

• बुडापेस्ट, हंगरी में आयोजित 2021 विश्व कैडेट कुश्ती चैम्पियनशिप में प्रिया मलिक ने महिलाओं के **73 किलोग्राम** भार वर्ग में बेलारूस की **केसिया परापोविच** को 5-0 से हराकर **स्वर्ण पदक** जीता था।

• प्रिया यह चैम्पियनशिप जीतने वाली पहली भारतीय पहलवान बनीं।

• वर्ष 2021 के बुडापेस्ट में महिला चैम्पियनशिप में अन्तिम पंघाल ने रजत पदक जीता।

• भारत ने इस चैम्पियनशिप में कुल 13 पदक जीते।

1408. निम्नलिखित में से किस वर्ष भारत विश्व बैडमिण्टन चैम्पियनशिप की मेजबानी करेगा? **SSC CGL Tier-1 13.09.2024 (Shift-III)**

(a) 2028 में (b) 2025 में
(c) 2026 में (d) 2027 में

उत्तर (c)

• भारत विश्व बैडमिण्टन चैम्पियनशिप के **30वें संस्करण** की मेजबानी वर्ष 2026 में करेगा।

• इससे पहले वर्ष 2009 में भारत ने इस चैम्पियनशिप की मेजबानी की थी।

• वर्ष 2025 में पेरिस, फ्रांस में विश्व बैडमिण्टन, चैम्पियनशिप का आयोजन किया जाएगा।

• **बैडमिण्टन वर्ल्ड फेडरेशन** (BWF) की **स्थापना 5 जुलाई, 1934** को हुई थी।

1409. भारत और ऑस्ट्रेलिया के बीच खेले गए T20 महिला विश्व कप, 2023 के सेमीफाइनल में प्लेयर ऑफ द मैच कौन रही थीं? **SSC CGL Tier-1 13.09.2024 (Shift-III)**

(a) हरमनप्रीत कौर (b) एशले गार्डनर
(c) दीप्ति शर्मा (d) मेग लैनिंग

उत्तर (b)

• भारत और ऑस्ट्रेलिया के बीच खेले गए टी 20 (T 20) विश्व कप 2023 सेमीफाइनल में प्लेयर ऑफ द मैच **एशले गार्डनर** को दिया गया।

• यह आईसीसी महिला टी 20 विश्व कप का **आठवाँ संस्करण** था।

• आईसीसी महिला T20 विश्व कप, 2024 संयुक्त अरब अमीरात में अक्टूबर, 2024 में खेला गया।

• इसमें न्यूजीलैण्ड ने दक्षिण अफ्रीका को हराकर खिताब अपने नाम किया।

1410. निम्नलिखित में से किस वर्ष में भारतीय ओलम्पिक संघ की स्थापना की गई थी? **SSC CGL Tier-1 13.09.2024 (Shift-II)**

(a) 1931 (b) 1933
(c) 1927 (d) 1929

उत्तर (c)

• **वर्ष 1927** में भारतीय ओलम्पिक संघ की स्थापना की गई।

• भारतीय ओलम्पिक संघ के संस्थापक अध्यक्ष **सर दोराबजी टाटा** थे।

• **पीटी उषा** (वर्तमान अक्टूबर, 2024) भारतीय ओलम्पिक संघ की पहली महिला अध्यक्षा बनी हैं।

1411. सूची I में दिए गए खेलों का सूची II में दिए गए खिलाड़ियों के साथ मिलान कीजिए, जो वर्ष 2022 में अपनी खेल उपलब्धि के लिए खबरों में थे। **SSC CGL Tier-1 13.09.2024 (Shift-I)**

	सूची I (खेल)		सूची II (खिलाड़ी)
A.	लक्ष्य सेन	i.	मुक्केबाजी
B.	रमेशबाबू प्रज्ञानानन्द	ii.	बैडमिण्टन
C.	निकहत जरीन	iii.	निशानेबाजी
D.	रुद्राक्ष पाटिल	iv.	शतरंज

कूट

	A	B	C	D
(a)	ii	iv	i	iii
(b)	iii	iv	i	ii
(c)	iv	ii	i	iii
(d)	i	iv	ii	iii

उत्तर (a)

• सही सुमेलन (A-ii) (B-iv) (C-i) (D-iii) है।

• **लक्ष्य सेन** एक **भारतीय बैडमिण्टन खिलाड़ी** हैं। लक्ष्य सेन ने विश्व चैम्पियनशिप, 2021 में ब्रॉन्ज और यूथ ओलम्पिक में सिल्वर मेडल प्राप्त किए हैं।

• रमेशबाबू प्रज्ञानान्द एक भारतीय शतरंज खिलाड़ी और ग्रैण्डमास्टर हैं। वर्ष 2023 में हुए शतरंज विश्व कप के फाइनल में पहुँचने वाले ये दूसरे भारतीय खिलाड़ी हैं।

• निकहत जरीन एक भारतीय महिला मुक्केबाज हैं।

• निकहत जरीन ने वर्ष 2022 एवं 2023 के विश्व मुक्केबाजी चैम्पियनशिप में स्वर्ण पदक जीते हैं।

• रुद्राक्ष पाटिल—एक युवा भारतीय निशानेबाज हैं। पाटिल ने काहिरा में **शूटिंग वर्ल्ड चैम्पियनशिप, 2022** में स्वर्ण पदक जीता है।

1412. वर्ष 2020 में टोक्यो में भारत के लिए तीरन्दाजी में पैरालम्पिक कांस्य पदक किसने जीता? **SSC CGL Tier-1 13.09.2024 (Shift-I)**

(a) हरविन्दर सिंह (b) अतानु दास
(c) प्रवीण जाधव (d) दीपिका कुमारी

उत्तर (a)

• टोक्यो पैरालम्पिक, 2020 में भारत के लिए कांस्य पदक **हरविन्दर सिंह** ने जीता।

• हरविन्दर सिंह ने वर्ष 2022 में एशिया पैरा खेलों में कांस्य पदक और वर्ष 2023 की एशियाई पैरा चैम्पियनशिप में पुरुष टीम स्पर्धा में रजत पदक जीता।

• पेरिस 2024 पैरालम्पिक में हरविन्दर ने तीरन्दाजी में पहला स्वर्ण पदक विजेता बनकर इतिहास रच दिया है।

• पेरिस पैरालम्पिक 2024 में भारत ने कुल **29 पदक** जीते हैं। इनमें सात स्वर्ण, नौ रजत और 13 कांस्य पदक शामिल हैं।

• मेडल तालिका में भारत 170 देशों में 18वें नम्बर पर रहा।

1413. निम्नलिखित प्रसिद्ध भारतीय महिला क्रिकेटरों में से किसने जून, 2022 में संन्यास की घोषणा की थी? **SSC CGL Tier-1 13.09.2024 (Shift-I)**

(a) स्मृति मन्धाना (b) मिताली राज
(c) अंजुम चोपड़ा (d) झूलन गोस्वामी

उत्तर (b)

• प्रसिद्ध महिला क्रिकेटर **मिताली राज** ने जून, 2022 में अन्तर्राष्ट्रीय क्रिकेट से संन्यास लेने की घोषणा की थी।

• ये वर्ष 2004 से वर्ष 2022 तक भारत की महिला राष्ट्रीय क्रिकेट टीम की कप्तान रह चुकी हैं।

• मिताली राज को कई राष्ट्रीय और अन्तर्राष्ट्रीय पुरस्कार मिले हैं, जिनमें 2017 में विजडन लीडिंग वुमन क्रिकेटर इन द वर्ल्ड, 2003 में, अर्जुन पुरस्कार, 2015 में पद्मश्री और 2021 में मेजर ध्यानचन्द खेल रत्न शामिल हैं।

• मिताली राज अन्तर्राष्ट्रीय क्रिकेट में सबसे ज्यादा रन बनाने वाली भारतीय महिला खिलाड़ी हैं।

1414. टी–20 क्रिकेट प्रतियोगिता, 2022-2023 की सैयद मुश्ताक अली ट्रॉफी किस टीम ने जीती? **SSC CGL Tier-1 13.09.2024 (Shift-I)**

(a) हिमाचल प्रदेश (b) मुम्बई
(c) विदर्भ (d) पंजाब

उत्तर (b)

• T-20 क्रिकेट प्रतियोगिता 2022-23 में सैयद मुश्ताक अली ट्रॉफी **मुम्बई** ने जीती थी। जबकि **वर्ष 2023-2024** में सैयद मुश्ताक अली ट्रॉफी पंजाब ने बड़ौदा को हराकर जीती थी।

• सैयद मुश्ताक अली ट्रॉफी 2024-25 में मुम्बई टीम यह ट्रॉफी जीती।

• यह मैच इस ट्रॉफी का 17वाँ संस्करण था।

1415. भारत ने एथलेटिक्स में अपना पहला विश्व चैम्पियनशिप पदक कब और कहाँ जीता?
SSC CGL Tier-1 14.09.2024 (Shift-III)
(a) 2003, फ्रांस (b) 2016, जापान
(c) 2013, जर्मनी (d) 2015, फिनलैण्ड

उत्तर (a)
• भारत ने एथलेटिक्स में अपना पहला विश्व चैम्पियनशिप पदक 2003, फ्रांस में जीता था।
• वर्ष 2003 में पेरिस में अंजु बॉबी जॉर्ज ने इस चैम्पियनशिप में लम्बी कूद में कांस्य पदक जीता था।
• भारत ने वर्ल्ड एथलेटिक्स चैम्पियनशिप में अपना **पहला स्वर्ण पदक वर्ष 2023** में **बुडापेस्ट** में जीता था।
• **नीरज चोपड़ा**, ओलम्पिक और वर्ल्ड चैम्पियनशिप दोनों में गोल्ड जीतने वाले पहले भारतीय एथलीट हैं।

1416. निम्नलिखित में से किस देश ने सात बार महिला एशिया कप क्रिकेट चैम्पियनशिप जीती? SSC CGL Tier-1 12.09.2024 (Shift-III)
(a) श्रीलंका (b) पाकिस्तान
(c) भारत (d) बांग्लादेश

उत्तर (c)
• भारत ने सात बार महिला एशिया कप क्रिकेट चैम्पियनशिप जीती थी।
• **वर्ष 2024** में **श्रीलंका** ने भारत को हराकर महिला एशिया कप क्रिकेट चैम्पियनशिप का खिताब अपने नाम किया।
• महिला एशिया कप का **पहला संस्करण वर्ष 2004** में श्रीलंका में आयोजित किया गया था।

1417. निम्नलिखित में से कौन-सा/सी खिलाड़ी टेबल टेनिस से सम्बन्धित है?
SSC CGL Tier-1 12.09.2024 (Shift-II)
(a) के. श्रीकान्त (b) पंकज आडवानी
(c) मनीष नरवाल (d) मनिका बत्रा

उत्तर (d)
• मनिका बत्रा **टेबल टेनिस** से सम्बन्धित है।
• मनिका बत्रा को वर्ष 2020 में **मेजर ध्यानचन्द खेल रत्न** पुरस्कार एवं वर्ष 2018 में अर्जुन पुरस्कार दिया गया।
• मनिका बत्रा ने वर्ष 2018 के राष्ट्रमण्डल खेल में स्वर्ण पदक और वर्ष 2018 के एशियाई खेलों में कांस्य पदक जीता था।
• मनीष नरवाल पैरा पिस्टल निशानेबाज हैं, पंकज अडवानी स्नूकर और बिलियर्ड्स से सम्बन्धित हैं, जबकि के. श्रीकान्त बैडमिण्टन से सम्बन्धित हैं।

1418. निम्नलिखित में से किस वर्ष में भारत ने पहली बार आई.सी.सी. (ICC) पुरुष क्रिकेट विश्व कप जीता?
SSC CGL Tier-1 12.09.2024 (Shift-I)
(a) 1996 में (b) 1983 में
(c) 1992 में (d) 1987 में

उत्तर (b)
• भारत ने पहली बार **आई. सी. सी. (ICC) पुरुष क्रिकेट विश्व कप वर्ष 1983** में जीता था।
• भारत ने **वेस्टइण्डीज को** लन्दन के लॉर्ड्स **क्रिकेट ग्राउण्ड** पर 43 रनों से हराया था।
• इस विश्व कप में कपिल देव के द्वारा भारतीय टीम की कप्तानी की गई थी।

1419. भारत ने हॉकी ओलम्पिक में अपनी शुरुआत किस वर्ष की थी?
SSC CGL Tier-1 12.09.2024 (Shift-I)
(a) 1924 (b) 1936 (c) 1932 (d) 1928

उत्तर (d)
• भारत ने हॉकी ओलम्पिक में अपनी शुरुआत **वर्ष 1928 में** की थी।
• इस ओलम्पिक में भारत ने **जयपाल सिंह मुण्डा** के नेतृत्व में नीदरलैण्ड को 3-0 से हराकर हॉकी खेल में **स्वर्ण पदक** जीता था।
• इस ओलम्पिक का आयोजन नीदरलैण्ड के एम्सटर्डम में किया गया था।

1420. मैदान में कबड्डी टीम के प्रत्येक पाले में कितने खिलाड़ी होते हैं?
SSC CGL Tier-1 11.09.2024 (Shift-I)
(a) 10 (b) 7 (c) 9 (d) 8

उत्तर (b)
• मैदान में कबड्डी टीम के प्रत्येक टीम में **7 खिलाड़ी** होते हैं।
• कबड्डी दक्षिण एशिया का लोकप्रिय खेल है, जो पहली बार प्राचीन भारत में उत्पन्न हुआ था।
• कबड्डी, **बांग्लादेश का राष्ट्रीय खेल** है। बांग्लादेश में इसे हडुडू के नाम से जाना जाता है।
• यह मैच **30 मिनट** का होता है। इसमें रेडर और डिफेंडर खिलाड़ी होते हैं।
• कबड्डी में कुल 12 खिलाड़ी होते हैं, जिसमें से 7 कोर्ट में होते हैं और 5 रिजर्व में होते हैं।

1421. निम्नलिखित में से कौन-सा शब्द क्रिकेट से सम्बन्धित नहीं है?
SSC CGL Tier-1 11.09.2024 (Shift-III)
(a) वाइड बॉल (b) विकेट
(c) नो बॉल (d) ड्यूस

उत्तर (d)
• वाइड बॉल, विकेट और नो बॉल क्रिकेट से सम्बन्धित है, जबकि ड्यूस **टेनिस खेल से** सम्बन्धित है।
• ड्यूस का सम्बन्ध कई खेलों और कार्ड गेम से है।
• टेनिस में जब दोनों खिलाड़ियों का **स्कोर 40-40 हो** जाता है, तो इसे ड्यूस कहा जाता है।
• बैडमिण्टन और वॉलीबॉल में भी जब स्कोर बराबर हो जाता है, तो इसे ड्यूस कहा जाता है।
• जर्मन कार्ड गेम में, ड्यूस सबसे ज्यादा वैल्यू वाला प्लेइंग कार्ड होता है।

1422. निम्नलिखित प्रसिद्ध भारतीय एथलीटों में से किसने सितम्बर, 2022 में ज्यूरिख डायमण्ड लीग फाइनल 2022 में जीत दर्ज की थी?
SSC CGL Tier-1 11.09.2024 (Shift-I)
(a) बजरंग पुनिया (b) नीरज चोपड़ा
(c) पी.टी. उषा (d) मीराबाई चानू

उत्तर (b)
• ज्यूरिख डायमण्ड लीग फाइनल 2022 में नीरज चोपड़ा ने 88.44 मी का थ्रो फेंककर जीत दर्ज की। ये लीग फाइनल जीतने वाले पहले भारतीय एथलीट हैं।
• वर्ष 2022 और 2023 में नीरज चोपड़ा दूसरे स्थान पर थे।
• नीरज चोपड़ा ने वर्ष 2018 के एशियाई खेलों और वर्ष **2021 टोक्यो ओलम्पिक में स्वर्ण पदक** जीता।

1423. निम्नलिखित में से कौन-सी टेबल टेनिस विश्व चैम्पियनशिप प्रतियोगिता भारत में आयोजित की गई थी?
SSC CGL Tier-1 11.09.2024 (Shift-II)
(a) 18वीं विश्व चैम्पियनशिप, 1951
(b) 17वीं विश्व चैम्पियनशिप, 1950
(c) 20वीं विश्व चैम्पियनशिप, 1953
(d) 19वीं विश्व चैम्पियनशिप, 1952

उत्तर (d)
• टेबल टेनिस की 19वीं विश्व चैम्पियनशिप 1952 प्रतियोगिता भारत में आयोजित की गई थी।
• यह प्रतियोगिता 1 से 10 फरवरी, 1952 के बीच मुम्बई में हुई थी।
• विश्व टेबल टेनिस चैम्पियनशिप, 2024 का आयोजन बुसान, दक्षिण कोरिया में किया गया था।
• **वर्ष 1926** में लन्दन में **पहली बार विश्व टेबल टेनिस चैम्पियनशिप** का आयोजन किया गया था।

1424. निम्नलिखित में से कौन-सा कप/ट्रॉफी भारतीय घरेलू क्रिकेट से सम्बन्धित नहीं है?
SSC CGL Tier-1 11.09.2024 (Shift-II)
(a) रणजी ट्रॉफी (b) डूरण्ड कप
(c) देवधर ट्रॉफी (d) दिलीप ट्रॉफी

उत्तर (b)
• डूरण्ड कप सम्बन्ध भारतीय घरेलू क्रिकेट से नहीं है।
• डूरण्ड कप एशिया का सबसे पुराना और दुनिया का पाँचवाँ सबसे पुराना फुटबॉल टूर्नामेण्ट है।
• यह खेल पहली बार **1888 ई.** में शिमला में आयोजित किया गया था।
• इस टूर्नामेण्ट का नाम इसके संस्थापक **सर हेनरी मोर्टिमर डूरण्ड** के नाम पर रखा गया है।
• कोलम्बो कप, मर्डेका कप का सम्बन्ध भी फुटबॉल से है।

1425. निम्नलिखित में से किस वर्ष में भारत ने आई.सी.सी. (ICC) क्रिकेट विश्व कप टूर्नामेण्ट की मेजबानी नहीं की?
SSC CGL Tier-1 11.09.2024 (Shift-I)
(a) 1983 (b) 1996
(c) 2011 (d) 1987

उत्तर (a)
• भारत के द्वारा आई. सी. सी (ICC) क्रिकेट विश्व कप टूर्नामेण्ट 1983 की मेजबानी नहीं की गई थी।

• वर्ष 1983 के क्रिकेट विश्व कप का आयोजन इंग्लैण्ड में किया गया था।

• भारत के द्वारा वर्ष **1987, 1996 एवं 2011 में** आई. सी. सी. (ICC) क्रिकेट विश्व कप टूर्नामेण्ट की मेजबानी की गई थी।

1426. कौन-सा भारतीय मैराथन आयोजन एशिया में सबसे बड़ा मैराथन माना जाता है?
SSC CGL Tier-1 11.09.2024 (Shift-I)

(a) मुम्बई मैराथन
(b) पिंकथॉन
(c) कावेरी ट्रेल मैराथन
(d) दिल्ली हॉफ मैराथन

उत्तर (a)

• **मुम्बई मैराथन** एशिया में सबसे बड़ा मैराथन माना जाता है। मुम्बई मैराथन टाटा एवं टाटा कंसल्टेन्सी सर्विस के द्वारा संयुक्त रूप से आयोजित किया जाता है।

• इसका आयोजन प्रत्येक वर्ष **जनवरी माह** के तीसरे रविवार को मुम्बई में किया जाता है।

• इस आयोजन में कुल **42 किमी की दौड़** (मैराथन) होती है।

1427. भारतीय हॉकी महासंघ की स्थापना कब हुई थी? **SSC CGL Tier-1 10.09.2024 (Shift-III)**

(a) वर्ष 1925 (b) वर्ष 1945
(c) वर्ष 1935 (d) वर्ष 1955

उत्तर (a)

• **भारतीय हॉकी महासंघ** (IHF) भारत में हॉकी के क्षेत्र में सर्वोच्चशासी निकाय की स्थापना **7 नवम्बर, 1925 को ग्वालियर** में हुई।

• भारत **पहला गैर-यूरोपीय देश** है, जो अन्तर्राष्ट्रीय हॉकी महासंघ का हिस्सा था।

• भारतीय हॉकी महासंघ भ्रष्टाचार के कारण भंग करके वर्ष 2008 में हॉकी इण्डिया का गठन किया गया।

• हॉकी इण्डिया के वर्तमान अध्यक्ष (फरवरी, 2025) दिलीप तिर्की हैं।

1428. राष्ट्रीय खेल विश्वविद्यालय ………… में स्थित है। **SSC CGL Tier-1 10.09.2024 (Shift-III)**
SSC CGL Tier-1 19.07.2023 (Shift-II)

(a) त्रिपुरा (b) मेघालय
(c) मणिपुर (d) मिजोरम

उत्तर (c)

• राष्ट्रीय खेल विश्वविद्यालय की **स्थापना मणिपुर में वर्ष** 2018 में हुई।

• यह खेल शिक्षा पर आधारित भारत का **पहला और एकमात्र केन्द्रीय विश्वविद्यालय है।**

• राष्ट्रीय खेल विश्वविद्यालय विधेयक, 2017 के तहत मणिपुर खेल विश्वविद्यालय के पास सम्बन्धित डिग्री, डिप्लोमा और प्रमाण-पत्र जारी करने की शक्ति है।

1429. मिस्र के काहिरा में आयोजित अन्तर्राष्ट्रीय शूटिंग स्पोर्ट फेडरेशन (ISSF) विश्व कप, 2022 में भारत ने कितने पदक जीते?
SSC CGL Tier-1 10.09.2024 (Shift-II)

(a) 7 (b) 9 (c) 8 (d) 6

उत्तर (a)

• मिस्र के काहिरा में आयोजित अन्तर्राष्ट्रीय शूटिंग स्पोर्ट फेडरेशन (ISSF) विश्व कप 2022 में भारत ने 7 पदक जीते थे।

• इस टूर्नामेण्ट में भारत पदक तालिका में चीन के बाद दूसरे स्थान पर रहा था।

• इसमें राही सरनोबत, ईशा सिंह और रिदम सांगवान ने स्वर्ण पदक जीता था।

• अन्तर्राष्ट्रीय शूटिंग स्पोर्ट फेडरेशन (ISSF) विश्व कप 2023 में भारत ने **चार पदक** जीते थे।

1430. अन्तर्राष्ट्रीय ओलम्पिक समिति का गठन किस वर्ष में किया गया था?
SSC CGL Tier-1 10.09.2024 (Shift-II)

(a) 1894 (b) 1896 (c) 1898 (d) 1892

उत्तर (a)

• **23 जून, 1894** को स्थापित अन्तर्राष्ट्रीय ओलम्पिक समिति एक गैर-लाभकारी स्वतन्त्र अन्तर्राष्ट्रीय संगठन है।

• यह (IOC) ग्रीष्मकालीन, शीतकालीन और युवा ओलम्पिक के आयोजन के लिए जिम्मेदार प्राधिकरण है।

• इसका मुख्यालय ओलम्पिक हाउस **लुसाने स्विट्जरलैण्ड** में स्थित है।

1431. निम्नलिखित में से किस खेल में एक खिलाड़ी को विकेटकीपर के नाम से जाना जाता है? **SSC CGL Tier-1 10.09.2024 (Shift-II)**

(a) हॉकी (b) फुटबॉल
(c) क्रिकेट (d) बास्केटबॉल

उत्तर (c)

• विकेटकीपर **क्रिकेट खेल** में क्षेत्ररक्षण करने वाली टीम का एक खिलाड़ी होता है।

• विकेटकीपर बल्लेबाज पर नजर रखते हुए विकेट या स्टम्प के पीछे खड़ा रहता है।

• क्षेत्ररक्षण करने वाली टीम के सदस्यों में सिर्फ विकेट कीपर को ही पैरों में गार्ड और हाथों में दस्ताने पहनने की अनुमति होती है।

1432. पहली एशियाई कबड्डी चैम्पियनशिप कब आयोजित की गई थी?
SSC CGL Tier-1 10.09.2024 (Shift-I)

(a) वर्ष 1970 में (b) वर्ष 1985 में
(c) वर्ष 1980 में (d) वर्ष 1975 में

उत्तर (c)

• पहली एशियाई कबड्डी चैम्पियनशिप **वर्ष 1980** में आयोजित की गई थी।

• इस टूर्नामेण्ट में भारत चैम्पियन बना था और बांग्लादेश उपविजेता रहा था।

• एशियाई खेल में कबड्डी केवल पुरुषों का इवेण्ट हुआ करता था, बाद में वर्ष 2010 से महिलाओं के लिए भी प्रतिस्पर्धा शुरू की गई।

• कबड्डी में भारत ने अब तक **कुल 7 खिताब** जीते हैं।

1433. निम्नलिखित में से कौन एफ. आई. एच. (FIH) पुरुष हॉकी विश्वकप, 2023 का शुभंकर था?
SSC CGL Tier-1 10.09.2024 (Shift-III)

(a) जीतू (b) ऑली (c) आशा (d) भीमा

उत्तर (b)

• **ऑली,** एफ. आई. एच (FIH) पुरुष हॉकी विश्वकप-2023 का शुभंकर था।

• एफ. आई. एच. पुरुष हॉकी विश्वकप-2023 की शुरुआत 5 दिसम्बर, 2023 **भुवनेश्वर** (ओडिशा) में की गई थी।

• यह पुरुषों की हॉकी विश्वकप का 15वाँ **संस्करण** था।

• इसमें जर्मनी ने भुवनेश्वर के कलिंगा स्टेडियम में आयोजित फाइनल में बेल्जियम को हराकर विश्वकप जीता।

1434. किस ओलम्पिक में खो-खो को मुख्य स्टेडियम में एक प्रदर्शनी में दिखाया गया था? **SSC CGL Tier-1 09.09.2024 (Shift-III)**

(a) वर्ष 1932 (b) वर्ष 2008
(c) वर्ष 2016 (d) वर्ष 1936

उत्तर (d)

• 1936 ओलम्पिक में खो-खो को मुख्य स्टेडियम में एक प्रदर्शनी में दिखाया गया था।

• वर्ष 1936 ओलम्पिक खेलों का आयोजन बर्लिन (जर्मनी) में हुआ था।

• वर्ष 2028 के ओलम्पिक खेलों में क्रिकेट, बेसबॉल, फ्लैगफुटबॉल, स्क्वैश, आदि खेलों को सम्मिलित किया जाएगा।

1435. निम्नलिखित में से किस देश ने पहली पुरुष एशियाई हॉकी चैम्पियनशिप ट्रॉफी जीती?
SSC CGL Tier-1 09.09.2024 (Shift-III)

(a) चीन (b) पाकिस्तान
(c) जापान (d) भारत

उत्तर (d)

• भारत ने पहली पुरुष एशियाई हॉकी चैम्पियनशिप ट्रॉफी जीती।

• भारत ने अब तक सर्वाधिक 5 बार यह चैपियन्स ट्रॉफी जीती है।

• पहली पुरुष एशियन हॉकी चैम्पियन्स ट्रॉफी, 2011 में शुरू हुई।

• **वर्ष 2024** में इस ट्रॉफी की मेजबानी चीन द्वारा की गई। इसमें **भारत विजेता** और **चीन उपविजेता** रहा।

• वर्ष 2026 में इसका आयोजन बेल्जियम और नीदरलैण्ड में संयुक्त रूप से होगा।

1436. महिला प्रीमियर लीग, 2023 क्रिकेट का उद्घाटन मैच निम्नलिखित में से किस स्थान पर खेला गया था?
SSC CGL Tier-1 09.09.2024 (Shift-II)

(a) चेन्नई (b) मुम्बई
(c) कोलकाता (d) दिल्ली

उत्तर (b)

• महिला प्रीमियर लीग, 2023 का उद्घाटन मैच मुम्बई के **डीवाई पाटिल स्टेडियम** में खेला गया था।

• यह मैच गुजरात जाइंटस और मुम्बई इण्डियन्स के बीच खेला गया था।

• महिला प्रीमियर लीग, **2023 की विजेता टीम मुम्बई इण्डियन्स** है।

• महिला प्रीमियर लीग, **2024 की विजेता टीम रॉयल चैलेन्जर्स बैंगलोर** (RCB) है।

1437. गगन नारंग ने किस ओलम्पिक में कांस्य पदक जीता था?
SSC CGL Tier-1 09.09.2024 (Shift-II)

(a) एथेंस 2004 (b) लन्दन 2012
(c) रियो 2016 (d) बीजिंग 2008

उत्तर (b)

• गगन नारंग ने लन्दन ओलम्पिक 2012 में पुरुषों की **10 मीटर एयर राइफल** स्पर्धा में कांस्य पदक जीता था।
• गगन नारंग को वर्ष 2010 के खेल रत्न पुरस्कार से सम्मानित किया गया था।
• गगन नारंग वर्ष 2023 में **पद्म पुरस्कार** से सम्मानित किए गए थे।

1438. भारतीय क्रिकेट कण्ट्रोल बोर्ड (BCCI) का मुख्यालय ········ में स्थित है।
SSC CGL Tier-1 09.09.2024 (Shift-I)

(a) कोलकाता (b) नई दिल्ली
(c) चेन्नई (d) मुम्बई

उत्तर (d)

• भारतीय क्रिकेट कण्ट्रोल बोर्ड (BCCI) का **मुख्यालय मुम्बई** में स्थित है।
• बी.सी.सी.आई. की **स्थापना दिसम्बर, 1928** को हुई थी।
• बी.सी.सी.आई. के (2025 में) अध्यक्ष 'रोजर बिन्नी' हैं।

SSC CGL 2023 (Tier 1 & 2)

1439. राष्ट्रीय खेल, 2022 में पदक तालिका के सम्बन्ध में सूची I और सूची II का मिलान कीजिए। SSC CGL Tier-2 06.03.2023 (Shift-I)

सूची I (टीम)	सूची II (पदक)
A. सर्विसेज टीम	(i) सर्वाधिक पदक (स्वर्ण, रजत, कॉंस्य सहित)
B. महाराष्ट्र	(ii) पूरे खेलों में सर्वाधिक स्वर्ण पदक
C. हरियाणा	(iii) पदक तालिका में तीसरा स्थान (स्वर्ण पदकों की संख्या के अनुसार)
D. कर्नाटक	(iv) पदक तालिका में चौथा स्थान (स्वर्ण पदकों की संख्या के अनुसार)

कूट

	A	B	C	D
(a)	ii	i	iii	iv
(b)	ii	i	iv	iii
(c)	i	ii	iv	iii
(d)	i	ii	iii	iv

उत्तर (a)

• सही सुमेलन A-ii, B-i, C-iii, D-iv है।
• **राष्ट्रीय खेल (36वें) 2022** का आयोजन **गुजरात** में किया गया था।
• 38वाँ राष्ट्रीय खेल, 2025 का आयोजन उत्तराखण्ड में 28 जनवरी से 14 फरवरी के बीच किया गया।
• 38वाँ राष्ट्रीय खेल का शुभंकर मौली था।
• इसमें 68 स्वर्ण पदक के साथ सर्विसेज पदक तालिका में शीर्ष पद है।

1440. वर्ष 2022 के बीसीसीआई पुरस्कारों के सम्बन्ध में सूची-I और सूची-II का मिलान कीजिए SSC CGL Tier-2 03.03.2023 I Tier-II

सूची I	सूची II
A. ऋषभ पन्त	1. वर्ष 2022 के लिए टेस्ट मैचों में सर्वश्रेष्ठ बल्लेबाज
B. जसप्रीत बुमराह	2. वर्ष 2022 के लिए टेस्ट मैचों में सर्वश्रेष्ठ गेंदबाज
C. सूर्यकुमार यादव	3. वर्ष 2022 के लिए एक दिवसीय अन्तर्राष्ट्रीय मैचों में सर्वश्रेष्ठ बल्लेबाज
D. श्रेयस अय्यर	4. वर्ष 2022 के लिए टी-20 मैचों में सर्वश्रेष्ठ बल्लेबाज

कूट

	A	B	C	D
(a)	2	1	3	4
(b)	1	2	4	3
(c)	1	2	3	4
(d)	2	1	4	3

उत्तर (b)

• सही सुमेलन A-(1), B- (2), C-(4), D-(3) है।
• ऋषभ पन्त-वर्ष 2022 के लिए टेस्ट मैचों में सर्वश्रेष्ठ बल्लेबाज
• जसप्रीत बुमराह-वर्ष 2022 के लिए टेस्ट मैचों में सर्वश्रेष्ठ गेंदबाज
• सूर्यकुमार यादव-वर्ष 2022 के लिए टी-20 मैचों में सर्वश्रेष्ठ बल्लेबाज
• श्रेयस अय्यर-वर्ष 2022 के लिए एकदिवसीय अन्तर्राष्ट्रीय मैचों में सर्वश्रेष्ठ बल्लेबाज

1441. निम्नलिखित में से कौन-सा देश एएफसी (AFC) महिला एशिया कप फुटबॉल, 2022 का आयोजक था?
SSC CGL Tier-1 14.07.2023 (Shift-I)

(a) जापान (b) चीन
(c) भारत (d) बांग्लादेश

उत्तर (c)

• एएफसी (AFC) महिला एशिया कप फुटबॉल, 2022 का आयोजक **भारत** था।
• वर्ष 2022 में चीन ने दक्षिण कोरिया को मुम्बई के **डी. वाई. पाटिल स्टेडियम** में 3-2 से हराकर AFC महिला एशियाई कप का खिताब **9वीं बार** जीता।
• वर्ष 1979 के बाद पहली बार भारत ने इस प्रतियोगिता की मेजबानी की थी।
• ऑस्ट्रेलिया को वर्ष 2026 (21वां संस्करण) एएफसी महिला एशियाई कप का मेजबान के लिए नामित किया गया है।

1442. अक्टूबर, 2021 में 19 वर्षीय ········ ने विश्व कुश्ती चैम्पियनशिप में रजत पदक जीता। SSC CGL Tier-1 14.07.2023 (Shift-I)

(a) सोनम मलिक (b) सीमा बिसला
(c) अंशु मलिक (d) संजू देवी

उत्तर (c)

• 19 वर्षीय **अंशु मलिक** ने अक्टूबर, 2021 में विश्व कुश्ती चैम्पियनशिप में रजत पदक जीता।
• इन्होंने राष्ट्रमण्डल खेल 2022 में महिला फ्रीस्टाइल 57 किग्रा वर्ग में भी रजत पदक जीता है।
• वह महिला वर्ग में विश्व चैम्पियनशिप में रजत पदक जीतने वाली **पहली भारतीय पहलवान** हैं।
• **एशियाई कुश्ती चैम्पियनशिप**, 2021 में अंशु मलिक ने विनेश फोगाट और दिव्या काकरान के साथ **स्वर्ण पदक** जीता था।

1443. एकल के लिए बैडमिण्टन कोर्ट की लम्बाई कितनी होती है?
SSC CGL Tier-1 14.07.2023 (Shift-I)

(a) 13.55 मी (b) 13.40 मी
(c) 13.44 मी (d) 14 मी

उत्तर (b)

• एकल के लिए बैडमिण्टन कोर्ट की **लम्बाई 13.40 मी व चौड़ाई 5.18 मी** होती है।
• 1873 ई. में **ब्यूफोर्ट के ड्यूक** ने इंग्लैण्ड में बैडमिण्टन खेल की शुरुआत की, इसलिए उन्हें बैडमिण्टन का जनक कहा जाता है तथा इस खेल का नाम उनके निवास स्थान बैडमिण्टन हाउस से प्राप्त हुआ।
• **विश्व बैडमिण्टन चैम्पियनशिप** की शुरुआत **वर्ष 1977 में** हुई थी।

1444. सुश्री भक्ति प्रदीप कुलकर्णी को निम्नलिखित में से किस खेल में उत्कृष्ट योगदान के लिए अर्जुन पुरस्कार, 2022 से सम्मानित किया गया? SSC CGL Tier-1 14.07.2023 (Shift-I)

(a) बैडमिण्टन (b) कुश्ती
(c) टेबल टेनिस (d) शतरंज

उत्तर (d)

• शतरंज में उत्कृष्ट योगदान के लिए सुश्री भक्ति प्रदीप कुलकर्णी को अर्जुन पुरस्कार 2022 से सम्मानित किया गया।
• भक्ति प्रदीप कुलकर्णी ने वर्ष 2012 में **वुमन ग्रैण्डमास्टर** व वर्ष 2019 में **इण्टरनेशनल मास्टर** का खिताब जीता।
• वर्ष 2016 में इन्होंने एशियाई शतरंज महिला चैम्पियनशिप में भी जीत प्राप्त की थी।

1445. निम्नलिखित में से किस राज्य/संघ राज्य क्षेत्र में 36वें राष्ट्रीय खेलों का आयोजन किया गया था? SSC CGL Tier-1 14.07.2023 (Shift-II)

(a) राजस्थान (b) नई दिल्ली
(c) गुजरात (d) केरल

उत्तर (c)

• **गुजरात** में 36वें राष्ट्रीय खेलों का आयोजन किया गया था
• 36वें राष्ट्रीय खेलों के लिए आधिकारिक शुभंकर **सावज** (SAVAJ) था।

1446. वर्ष 2020 ओलम्पिक खेलों का आयोजन स्थल ········ था।
SSC CGL Tier-1 14.07.2023 (Shift-II)

(a) सिडनी (b) रियो
(c) लॉस एन्जेलिस (d) टोक्यो

उत्तर (d)

• वर्ष 2020 ओलम्पिक खेलों का आयोजन **टोक्यो** में किया गया था।

• टोक्यों ओलम्पिक में भारत ने **1 स्वर्ण, 2 रजत** तथा **4 कांस्य** पदक जीतकर अब तक का सर्वश्रेष्ठ ओलम्पिक प्रदर्शन दर्ज किया।
• भारत की ओर से **नीरज चोपड़ा** ने भाला फेंक में स्वर्ण पदक जीता।
• पेरिस ओलम्पिक 2024 में भारत रजत पदक और कांस्य पदक के साथ पदक तालिका में 71वें स्थान पर रहा।

1447. निम्नलिखित में सें कौन-सा खिलाड़ी भाला फेंक (जेवलिन थ्रो) से जुड़ा है?
SSC CGL Tier-1 14.07.2023 (Shift-III)
(a) मनिका बत्रा
(b) नीरज चोपड़ा
(c) पंकज आडवाणी
(d) सौरभ चौधरी

उत्तर (b)
• नीरज चोपड़ा का सम्बन्ध भाला फेंक से है।
• नीरज चोपड़ा ने **87.58 मीटर** भाला फेंककर **टोक्यो ओलम्पिक, 2021** में **गोल्ड मेडल** जीता है।
• इसके अतिरिक्त नीरज चोपड़ा ने वर्ल्ड एथलेटिक्स चैम्पियनशिप, 2023 में गोल्ड मेडल जीतकर इतिहास रच दिया।
• वे भारत की तरफ से एथलेटिक्स चैम्पियनशिप में गोल्ड जीतने वाले पहले खिलाड़ी बन गए हैं।

1448. पहले पैरालम्पिक खेल किस वर्ष आयोजित किए गए थे?
SSC CGL Tier-1 14.07.2023 (Shift-III)
(a) 1961 (b) 1960 (c) 1964 (d) 1962

उत्तर (b)
• **वर्ष 1960** में पैरालम्पिक खेल की शुरुआत की गई थी।
• यह खेल **स्टोक मैडविले गेम्स फेडरेशन** के तत्वावधान में आयोजित किया जाता है।
• पैरालम्पिक खेल एक प्रमुख अन्तर्राष्ट्रीय बहु खेल प्रतियोगिता है, जिसमें विभिन्न प्रकार के **विकलांगता ग्रस्त व्यक्ति** भाग लेते हैं।
• वर्ष 2024 में पैरालम्पिक खेल की मेजबानी **फ्रांस** (पेरिस) ने की।

1449. वर्ष 2021 में भारतीय पुरुष क्रिकेट टीम ने ऑस्ट्रेलिया को गाबा स्टेडियम में टेस्ट मैच में हराकर, ……… के बाद से ब्रिस्बेन में ऑस्ट्रेलिया को हराने वाली एकमात्र क्रिकेट टीम बन गई।
SSC CGL Tier-1 14.07.2023 (Shift-III)
(a) 1988 (b) 1996
(c) 1992 (d) 1990

उत्तर (a)
• भारत वर्ष 2021 में गाबा स्टेडियम में वर्ष 1988 के बाद ऑस्टेलिया को हराने वाली एकमात्र क्रिकेट टीम बन गई।
• इस मैच में **ऋषभ पन्त**, प्लेयर ऑफ मैच रहे थे।
• उल्लेखनीय है कि गाबा टेस्ट में भारतीय टीम के कप्तान आजिंक्य रहाणे थे।

1450. 'पेनाल्टी कॉर्नर' निम्नलिखित में से किस खेल से सम्बन्धित है?
SSC CGL Tier-1 14.07.2023 (Shift-IV)
(a) शतरंज (b) टेनिस
(c) बैडमिण्टन (d) हॉकी

उत्तर (d)
• 'पेनाल्टी कॉर्नर' हॉकी खेल से सम्बन्धित है।
• पेनाल्टी कॉर्नर को पेनाल्टी सर्कल में रक्षात्मक उल्लंघन के लिए या **23 मीटर** क्षेत्र के भीतर जानबूझकर उल्लंघन के लिए दिया जाता है।
• यह एक सेट पीस है, जहाँ हमलावर टीम को 10 थार्ड लाइन से फ्री चिह्न मिलती है, जिसमें केवल **गोलकीपर** और **चार रक्षकों** को गोल का बचाव करने की अनुमति होती है।

1451. ……… तैराकी में ओलम्पिक योग्यता समय (A कट) का रिकॉर्ड तोड़ने वाले भारत के पहले तैराक बन गए, क्योंकि उन्होंने जून, 2021 में रोम, इटली में सेटे कोली ट्रॉफी में उत्कृष्ट प्रदर्शन के साथ अर्हता अवधि को पूरा किया।
SSC CGL Tier-1 14.07.2023 (Shift-IV)
(a) श्रीहरि नटराज
(b) वीरधवल खाड़े
(c) आनन्द अनिलकुमार शैलजा
(d) साजन प्रकाश

उत्तर (d)
• साजन प्रकाश तैराकी में ओलम्पिक योग्यता समय का रिकॉर्ड तोड़ने वाले भारत के पहले तैराक बन गए हैं।
• इस आयोजन में 1:56:48 सेकण्ड का समय ओलम्पिक क्वालिफिकेशन टाइम (OQT) सुनिश्चित किया गया था। साजन ने OQT से पहले मात्र 1:56:38 सेकण्ड में रेस को पूरा करते हुए टोक्यो ओलम्पिक में अपना बर्थ स्थान प्राप्त किया था।
• भारतीय तैराक साजन प्रकाश वर्ष 2015 के राष्ट्रीय खेलों में **फ्रीस्टाईल बटरफ्लाई** तथा रेले इवेण्ट में हिस्सा लिया था। इन्होंने 7 फरवरी, 2015 को 06 स्वर्ण तथा 03 रजत पदक जीतकर इतिहास रचा थे।

1452. थॉमस कप एक ……… है।
SSC CGL Tier-1 14.07.2023 (Shift-IV)
(a) द्विवार्षिक आयोजन
(b) वार्षिक आयोजन
(c) तिमाही आयोजन
(d) त्रिवार्षिक आयोजन

उत्तर (a)
• थॉमस कप बैडमिण्टन क्षेत्र में द्विवार्षिक रूप से आयोजित की जाती है।
• पहला टूर्नामेण्ट **वर्ष 1948-49** में आयोजित किया गया था और **मलाया** (मलेशिया) इसका विजेता था।
• थॉमस कप 2024 (33वाँ संस्करण) का आयोजन चेंगदू चीन में आयोजित किया गया। चीन ने इण्डोनेशिया को 4-1 से हराकर 11वीं बार थॉमस कप अपने नाम किया।

1453. श्री सागर कैलाश ओवलकर निम्नलिखित में से किस खेल में उत्कृष्ट योगदान के लिए अर्जुन पुरस्कार, 2022 से सम्मानित होने के कारण खबरों में थे?
SSC CGL Tier-1 14.07.2023 (Shift-IV)
(a) शतरंज (b) मलखम्ब
(c) जूडो (d) कबड्डी

उत्तर (b)
• जिमनास्ट सागर ओवलकर मलखम्ब के लिए **अर्जुन पुरस्कार** से सम्मानित होने वाले पहले मल्लखम्ब खिलाड़ी बन गए हैं।
• इन्होंने वर्ष 2019 वर्ल्ड मलखम्ब चैम्पियनशिप में 3 गोल्ड और 2 सिल्वर मेडल जीतकर इतिहास रचा।
• विश्व मलखम्ब चैम्पियनशिप 9 से 12 मई, 2023 तक भूटान में आयोजित की गई थी।
• इस चैम्पियनशिप में बालक एवं बालिका वर्ग की टीम चैम्पियनशिप में छत्तीसगढ़ के तीनों खिलाड़ियों ने स्वर्ण पदक जीता।

1454. दिसम्बर, 2021 में, आँचल ठाकुर एक अन्तर्राष्ट्रीय स्पर्द्धा में कांस्य पदक जीतने के लिए चर्चा में थीं। वह किस खेल से सम्बन्धित हैं?
SSC CGL Tier-1 17.07.2023 (Shift-I)
(a) फिगर स्केटिंग (b) बिलियर्ड्स
(c) बैथलॉन (d) अल्पाइन स्कीइंग

उत्तर (d)
• भारत की आँचल ठाकुर ने अल्पाइन स्कीइंग में **पहला अन्तर्राष्ट्रीय कांस्य पदक** जीतकर इतिहास रच दिया।
• तुर्किए के **एर्जुरूम** में **फेडरेशन इण्टरनेशनल डी स्की** द्वारा आयोजित एफआईएस अल्पाइन स्की विश्व कप अल्पाइन स्कीइंग प्रतियोगिताओं का शीर्ष अन्तर्राष्ट्रीय केन्द्र है।
• इसकी स्थापना वर्ष 1966 में की गई थी।
• अल्पाइन स्कीइन के 58वें विश्व कप का आयोजन ऑस्ट्रिया के सोल्हेन में (2023-24 में) किया गया।

1455. निम्नलिखित में से किस देश ने कभी भी पैरालम्पिक खेलों की मेजबानी नहीं की है?
SSC CGL Tier-1 17.07.2023 Tier-1
(a) इजरायल (b) भारत
(c) दक्षिण कोरिया (d) जापान

उत्तर (b)
• भारत ने कभी भी पैरालम्पिक खेलों की मेजबानी नहीं की है।
• पेरिस पैरालम्पिक, 2024 में भारत ने 7 स्वर्ण पदक के साथ 18वाँ स्थान प्राप्त किया था।

1456. निम्नलिखित में से किस देश ने तीन बार एशियाई खेल की मेजबानी की है?
SSC CGL Tier-1 17.07.2023 (Shift-II)
(a) भारत (b) दक्षिण कोरिया
(c) जापान (d) फिलीपीन्स

उत्तर (b)
• **दक्षिण कोरिया ने** एशियाई खेलों की मेजबानी तीन बार वर्ष 1986, 2002 व 2014 में की है।

- वर्ष 2023 में 16वें एशियाई खेलों का आयोजन चीन के **हांगझाऊ** में किया गया।
- प्रथम एशियाई खेलों का आयोजन **दिल्ली** भारत में किया गया था।

1457. निम्नलिखित में से किस देश ने टोक्यो पैरालम्पिक 2020 में सर्वाधिक स्वर्ण पदक जीते?
SSC CGL Tier-1 17.07.2023 (Shift-III)
(a) ऑस्ट्रेलिया (b) चीन
(c) भारत (d) यूएसए

उत्तर (b)
- पैरालम्पिक 2020 में सर्वाधिक पदक चीन (96) ने जीते जबकि द्वितीय स्थान पर ब्रिटेन (41 स्वर्ण पदक) रहा।
- **भारत ने कुल (19)** पदक जीते तथा पदक **तालिका में 24वाँ स्थान** प्राप्त किया था।
- 17वें पैरालम्पिक खेलों का आयोजन **फ्रांस की राजधानी पेरिस में** वर्ष 2024 में किया गया।

1458. जनवरी, 2022 में ICC महिला क्रिकेटर ऑफ द ईयर के लिए राचेल हीहो फ्लिण्ट ट्रॉफी के लिए किसे नामित किया गया था?
SSC CGL Tier-1 17.07.2023 (Shift-III)
(a) मिताली राज
(b) एलिस पेरी
(c) स्मृति मन्धाना
(d) लिजेल ली

उत्तर (c)
- **स्मृति मन्धाना** को ICC महिला क्रिकेटर ऑफ द ईयर के लिए रॉचेल हीहो फ्लिण्ट ट्रॉफी के लिए नामित किया गया।
- वे भारतीय महिला क्रिकेट टीम में बाएँ हाथ की बल्लेबाज हैं तथा महाराष्ट्र में मुम्बई शहर से सम्बन्धित हैं।
- वर्ष 2019 में एकदिवसीय मैच में **दोहरा शतक लगाने वाली पहली भारतीय महिला** बनीं।
- टी-20 इण्टरनेशनल में भारत की ओर से **सबसे तेज फिफ्टी** लगाने वाली महिला बल्लेबाज बनीं।

1459. ओलम्पिक ध्वज में छल्लों की कुल संख्या कितनी होती है?
SSC CGL Tier-1 17.07.2023 (Shift-III)
(a) 4 (b) 3
(c) 5 (d) 7

उत्तर (c)
- सिल्क के बने ओलम्पिक ध्वज के मध्य में पाँच रंगीन चक्र एक-दूसरे से मिले हुए दर्शाए गए हैं, जो विश्व के **पाँच महाद्वीपों** का प्रतिनिधित्व करने के साथ ही निष्पक्ष एवं मुक्त स्पर्द्धा का प्रतीक हैं।
- आधुनिक ओलम्पिक खेल प्रतियोगिता का आरम्भ 1896 ई. को **यूनान के एथेन्स** शहर में हुआ था।
- इसका आयोजन प्रत्येक चार वर्ष के अन्तराल पर किया जाता है।

1460. पैरालम्पिक 2020 में भारत की रैंक क्या थी?
SSC CGL Tier-1 17.07.2023 (Shift-III)
(a) 25 (b) 24 (c) 19 (d) 21

उत्तर (b)
- पैरालम्पिक 2020 में भारत की **रैंक 24** थी, जिसमें 5 स्वर्ण पदक, 8 रजत, 6 कांस्य पदक शामिल थे।
- यह भारत का अब तक का सबसे सफल पैरालम्पिक प्रदर्शन था।

1461. कौन-सा देश वर्ष 2031 में क्रिकेट विश्व कप की मेजबानी करेगा?
SSC CGL Tier-1 17.07.2023 (Shift-IV)
(a) भारत और बांग्लादेश (b) इंग्लैण्ड
(c) वेस्टइण्डीज (d) ऑस्ट्रेलिया

उत्तर (a)
- **भारत और बांग्लादेश** मिलकर वर्ष 2031 में क्रिकेट विश्व कप की मेजबानी करेंगे।
- इससे पहले बांग्लादेश, भारत और श्रीलंका ने साथ मिलकर वर्ष 2011 में विश्व कप का आयोजन किया था।
- वर्ष 2023 के क्रिकेट विश्व कप की मेजबानी भारत ने की थी। यह भारत में आयोजित **चौथा विश्व कप** था। 2023 ICC पुरुष विश्व कप (IDI) के विजेता ऑस्ट्रेलिया (छठा खिताब) है।
- पहला विश्व कप जून, 1975 में इंग्लैण्ड में आयोजित किया गया था।

1462. क्रिकेट मैदानों में अम्पायरों की संख्या कितनी होती है? SSC CGL Tier-1 17.07.2023 (Shift-IV)
(a) 1 (b) 2 (c) 4 (d) 3

उत्तर (b)
- आमतौर पर क्रिकेट मैचों में **दो ऑन-फील्ड अम्पायर** होते हैं।
- तीसरा अम्पायर भी होता है, जो टी.वी. स्क्रीन के माध्यम से खेल को देखता है।
- विशेष परिस्थितियों में थर्ड अम्पायर का फैसला अन्तिम माना जाता है।

1463. ओलम्पिक पदक जीतने वाली पहली भारतीय महिला कौन हैं?
SSC CGL Tier-1 18.07.2023 (Shift-I)
(a) पी. वी. सिन्धु (b) मीराबाई चानू
(c) कर्णम मल्लेश्वरी (d) साइना नेहवाल

उत्तर (c)
- **कर्णम मल्लेश्वरी** ओलम्पिक पदक जीतने वाली पहली भारतीय महिला हैं।
- **वर्ष 2000 में सिडनी ओलम्पिक** में **स्नैच** और **क्लीन एण्ड जर्क** श्रेणियों में 110 **किग्रा** और 130 **किग्रा भार** उठाकर उन्होंने कांस्य पदक जीता।
- कर्णम मल्लेश्वरी को वर्ष 1994 में अर्जुन पुरस्कार और वर्ष 1999 में पद्मश्री पुरस्कार दिया गया।
- जून, 2021 में दिल्ली सरकार ने ओलम्पिक पदक विजेता कर्णम मल्लेश्वरी को **दिल्ली खेल विश्वविद्यालय** का पहला कुलपति नियुक्त किया।

1464. भारत ने किस ओलम्पिक खेल में पहली बार स्वर्ण पदक जीता था?
SSC CGL Tier-1 18.07.2023 (Shift-I)
(a) 1936 बर्लिन (b) 1928 एम्स्टर्डम
(c) 1968 मैक्सिको (d) 1952 हेलसिंकी

उत्तर (b)
- **1928 एम्स्टर्डम** ओलम्पिक में भारत ने पहली बार स्वर्ण पदक जीता।
- भारत ने नीदरलैण्ड्स को हराकर **हॉकी** में यह पदक जीता था।
- अभिनव बिन्द्रा ने वर्ष 2008 के बीजिंग ओलम्पिक में पुरुषों की **10 मीटर** एयर राइफल स्पर्द्धा में **स्वर्ण पदक** जीता, वे स्वर्ण पदक जीतने वाले पहले भारतीय बने।
- भारत ने अपना **पहला ओलम्पिक पदक वर्ष 1900 में** पेरिस ओलम्पिक में जीता था।
- वर्ष 1928 के बाद भारत ने वर्ष 1932 और 1936 में भी हॉकी में स्वर्ण पदक जीता।

1465. निम्नलिखित में से किस खिलाड़ी को छत्तीसगढ़ वीरनी पुरस्कार वर्ष 2021 से सम्मानित किया गया?
SSC CGL Tier-1 18.07.2023 (Shift-I)
(a) बजरंग पुनिया (b) दूती चन्द
(c) शिखर धवन (d) पी. वी. सिन्धु

उत्तर (b)
- **दूती चन्द** को छत्तीसगढ़ वीरनी पुरस्कार वर्ष 2021 से सम्मानित किया गया।
- छत्तीसगढ़ सरकार द्वारा स्थापित यह पुरस्कार खेल सहित विभिन्न क्षेत्रों में भारतीय महिलाओं को उत्कृष्ट प्रदर्शन के लिए दिया जाता है।
- वर्ष 2019 इटली में आयोजित विश्वविद्यालय खेलों में **स्वर्ण पदक** जीतने वाली वे पहली भारतीय महिला बनीं।
- 59वीं नेशनल ओपन एथलेटिक्स चैम्पियनशिप वर्ष 2019 में इन्होंने अपना ही **रिकॉर्ड तोड़ते** हुए **स्वर्ण पदक जीता** था।

1466. वॉलीबॉल में चौथे सेट में कितने अंक होते हैं? SSC CGL Tier-1 18.07.2023 (Shift-II)
(a) 15 (b) 8 (c) 16 (d) 25

उत्तर (d)
- वॉलीबाल के एक गेम में 5 सेट होते हैं और पहले **4 सेट 25 अंकों** के होते हैं।
- यदि पहले दो सेटों में **स्कोर 2-2** के बराबर है, तो **पाँचवाँ सेट 15 अंकों** का होता है।
- इण्टरनेशनल वॉलीबॉल फेडरेशन (FIVB) का गठन **वर्ष 1947** में पेरिस में हुआ था।
- वॉलीबॉल वर्ष 1964 में ओलम्पिक में शामिल हुआ।

1467. एकदिवसीय क्रिकेट मैच में एक गेंदबाज अधिकतम कितने ओवर फेंक सकता है?
SSC CGL Tier-1 18.07.2023 (Shift-II)
(a) 9 (b) 11 (c) 10 (d) 8

उत्तर (c)
- एक दिवसीय अन्तर्राष्ट्रीय (ODI) क्रिकेट मैच में, एक गेंदबाज एक पारी में अधिकतम 10 ओवर फेंक सकता है।

• एकदिवसीय क्रिकेट मैच **50 ओवर** का खेल है, जिसमें प्रत्येक टीम को 50 ओवर में गेंदबाजी और बल्लेबाजी करनी होती है।

1468. 'वी हैव विंग्स' (We have wings) निम्नलिखित में से किस खेल के आयोजन से सम्बन्धित है?
SSC CGL Tier-1 18.07.2023 (Shift-III)
(a) शीतकालीन ओलम्पिक 2020
(b) पैरालम्पिक 2020
(c) ओलम्पिक 2016
(d) ओलम्पिक 2020

उत्तर (b)

• **वी हैव विंग्स** टोक्यो पैरालम्पिक 2020 की थीम थी।

1469. खेलों को प्रोत्साहन देने वाले सर्वोच्च निकाय, भारतीय खेल प्राधिकरण की स्थापना किस वर्ष में की गई थी?
SSC CGL Tier-1 18.07.2023 (Shift-III)
(a) 1961 में (b) 1990 में
(c) 1982 में (d) 1984 में

उत्तर (d)

• भारतीय खेल प्राधिकरण की स्थापना वर्ष 1984 में की गई।
• भारतीय खेल प्राधिकरण के छः क्षेत्र हैं, जो प्रमुख शहरों; जैसे—बेंगलुरु, गाँधीनगर, कोलकाता, सोनीपत, दिल्ली और इम्फाल में स्थित हैं।
• इसका मुख्यालय **नई दिल्ली** में है।

1470. निम्नलिखित में से कौन-सा राज्य दही हाण्डी को एक खेल आयोजन के रूप में मान्यता देता है? SSC CGL Tier-1 18.07.2023 (Shift-IV)
(a) उत्तर प्रदेश
(b) बिहार
(c) मध्य प्रदेश
(d) महाराष्ट्र

उत्तर (d)

• दही हाँडी को भारत के महाराष्ट्र राज्य के एक साहसिक खेल के रूप में मान्यता प्राप्त है।
• यह खेल प्राय: **जन्माष्टमी को** खेला जाता है, जोकि भाद्रपद कृष्ण पक्ष की अष्टमी तिथि को मनाई जाती है।

1471. टोक्यो पैरालम्पिक, 2020 में ……… देशों ने भाग लिया था।
SSC CGL Tier-1 18.07.2023 (Shift-IV)
(a) 164 (b) 161 (c) 162 (d) 163

उत्तर (c)

• टोक्यो पैरालम्पिक 2020 में **162 देशों ने** भाग लिया था।
• भारत ने पेरिस पैरालम्पिक, 2024 में **29 पदक** जीतकर 18वाँ स्थान प्राप्त किया, जिसमें **7 स्वर्ण, 9 रजत, 13 कांस्य** पदक शामिल हैं।
• निशानेबाज **अवनि लेखरा** पैरालम्पिक में तीन स्वर्ण पदक जीतने वाली पहली भारतीय महिला बनीं।

1472. निम्नलिखित में से किस राज्य ने वर्ष 2022 सन्तोष ट्रॉफी जीती है?
SSC CGL Tier-1 19.07.2023 (Shift-I)
(a) पश्चिम बंगाल (b) केरल
(c) तमिलनाडु (d) गोवा

उत्तर (b)

• वर्ष 2022 की सन्तोष ट्रॉफी केरल ने जीता, जिसने पेनाल्टी शूटआउट में 5-4 से पश्चिम बंगाल को हराया था।
• सन्तोष ट्रॉफी को **हीरो नेशनल फुटबॉल चैम्पियनशिप** भी कहा जाता है।
• 33वाँ सन्तोष ट्रॉफी 2024 पश्चिम बंगाल ने केरल को हराकर दिसम्बर, 2024 में जीता।

1473. आई.ओ.सी. (IOC) कार्यकारी बोर्ड की बैठक के निम्नलिखित में से किस सत्र में ब्रिस्बेन को वर्ष 2032 के ओलम्पिक और पैरालम्पिक की मेजबानी के लिए वोट दिया गया था? SSC CGL Tier-1 19.07.2023 (Shift-I)
(a) टोक्यो में आयोजित 138वें सत्र
(b) भारत में आयोजित 140वें सत्र
(c) लुसाने में आयोजित 137वें सत्र
(d) बीजिंग में आयोजित 139वें सत्र

उत्तर (a)

• टोक्यो में आयोजित 138वें सत्र में ब्रिस्बेन को वर्ष 2032 के ओलम्पिक और पैरालम्पिक की मेजबानी के लिए वोट किया गया था।
• अन्तर्राष्ट्रीय ओलम्पिक दिवस 2024 की थीम "चलो आगे बढ़ें और जश्न मनाएँ" है।

1474. सिंहराज अधाना का सम्बन्ध निम्नलिखित में से किस खेल से है?
SSC CGL Tier-1 19.07.2023 (Shift-II)
(a) बैडमिण्टन (b) डिस्कस थ्रो
(c) हाई जम्प (d) निशानेबाजी

उत्तर (d)

• सिंहराज अधाना का सम्बन्ध निशानेबाजी खेल से है।
• टोक्यो पैरालम्पिक में **10 मीटर पिस्टल इवेण्ट** में उन्होंने कांस्य पदक जीता।
• वर्ष 2021 में यूएई में आयोजित पैराशूटिंग वर्ल्डकप में भी उन्होंने स्वर्ण पदक जीता।

1475. पैरालम्पिक 2020 में भारत ने कुल कितने पदक जीते थे?
SSC CGL Tier-1 19.07.2023 (Shift-III)
(a) 6 (b) 5 (c) 19 (d) 8

उत्तर (c)

• पैरालम्पिक 2020 में भारत ने कुल **19** पदक जीते, जिसमें **पाँच स्वर्ण, आठ रजत, छः कांस्य पदक** शामिल हैं।
• टोक्यो पैरालम्पिक में भारतीय खिलाड़ियों ने सर्वश्रेष्ठ प्रदर्शन करते हुए विश्व में **24वाँ** स्थान प्राप्त किया था।

1476. ओलम्पिक खेल का आयोजन प्रत्येक ……… किया जाता है।
SSC CGL Tier-1 19.07.2023 (Shift-III)
(a) दूसरे वर्ष (b) चौथे वर्ष
(c) पाँचवें वर्ष (d) तीसरे वर्ष

उत्तर (b)

• ओलम्पिक खेल का आयोजन प्रत्येक चार वर्ष पर होता है।

1477. 17 से 30 जनवरी, 2022 के बीच कौन-सा ग्रैण्ड स्लैम टूर्नामेण्ट खेला गया?
SSC CGL Tier-1 19.07.2023 (Shift-IV)
(a) यूएस ओपेन (b) ऑस्ट्रेलियाई ओपेन
(c) विम्बलडन ओपेन (d) फ्रेंच ओपेन

उत्तर (b)

• ग्रैण्ड स्लैम टूर्नामेण्ट के अन्तर्गत जनवरी के मध्य में ऑस्ट्रेलियाई ओपेन, मई के अन्त से जून के प्रारम्भ तक फ्रेंच ओपेन, जून-जुलाई में विम्बलडन और अगस्त-सितम्बर में यूएस ओपेन आयोजित किए जाते हैं।
• **विम्बलडन** (1877) सबसे पुराना है तथा **ऑस्ट्रेलियन ओपेन** (1905) सबसे नवीनतम् है।

1478. ओलम्पिक खेलों के प्रथम शीतकालीन संस्करण का आयोजन किस वर्ष किया गया था? SSC CGL Tier-1 19.07.2023 (Shift-IV)
(a) 1922 (b) 1926
(c) 1924 (d) 1920

उत्तर (c)

• **प्रथम शीतकालीन खेल वर्ष 1924** फ्रांस के शैमॉनिक्स में आयोजित किया गया था।
• इस शीतकालीन ओलम्पिक में सबसे ज्यादा पदक **नॉर्वे ने** (17) जीते थे।
• आइस स्केटिंग, आइस हॉकी, स्कीइंग और फिगर स्केटिंग कुछ लोकप्रिय खेल हैं, जो शीतकालीन खेलों में खेले जाते हैं।
• भारत **वर्ष 1964** से शीतकालीन ओलम्पिक में भाग ले रहा है।

1479. मैराथन में तय की जाने वाली अधिकतम दूरी कितनी होती है?
SSC CGL Tier-1 20.07.2023 (Shift-I)
(a) 42.5 किमी (b) 42.195 किमी
(c) 41.5 किमी (d) 40 किमी

उत्तर (b)

• मैराथन में तय की गई अधिकतम दूरी **42.195** किमी है।
• इंटरनेशनल एसोशिएशन ऑफ एथलेटिक्स फेडरेशन (IAAF) के अनुसार मैराथन के लिए यह मानक दूरी है।
• मैराथन दौड़ का इतिहास **490** ई. पू. में शुरू हुआ था।
• मैराथन को पहले ओलम्पिक **1896 ई.** में शामिल किया गया था, जिसकी दूरी **26 मील, 385 याड्र्स** या **42.195 किमी** होती है।

1480. भारत ने वर्ष ……… में थॉमस कप जीता था।
SSC CGL Tier-1 20.07.2023 (Shift-I)
(a) 2020 (b) 2018
(c) 2022 (d) 2019

उत्तर (c)

• भारत ने वर्ष 2022 में थॉमस कप जीता।
• भारतीय पुरुष टीम ने फाइनल में **इण्डोनेशिया** को हराकर पहला खिताब जीता था।

• पुरुषों की बैडमिण्टन प्रतियोगिता की ट्रॉफी थॉमस कप है, जबकि उबर कप का सम्बन्ध महिला बैडमिण्टन से है।
• इण्डोनेशिया ने 14 बार थॉमस खिताब जीता है।

1481. निम्नलिखित में से कौन-सी खिलाड़ी भारत की तेईसवीं महिला ग्रैण्डमास्टर हैं?
SSC CGL Tier-1 20.07.2023 (Shift-II)
(a) भक्ति कुलकर्णी (b) प्रियंका नुटक्की
(c) ईशा करवडे (d) सुब्बारामन विजयलक्ष्मी

उत्तर (b)
• **प्रियंका नुटक्की ने 47वीं** राष्ट्रीय महिला **शतरंज** चैम्पियनशिप में अपना अन्तिम WGM मानदण्ड प्राप्त किया। वह भारत की **23वीं** महिला ग्रैण्डमास्टर बनीं।
• ये आन्ध्र प्रदेश के विजयवाड़ा की रहने वाली हैं।
• इन्होंने वर्ष 2022 में महिला ग्रैण्डमास्टर (WIGM) का FIDE खिताब जीता।

1482. निम्नलिखित में से किस खिलाड़ी ने दिसम्बर, 2021 में चौथी पैरा बैडमिण्टन राष्ट्रीय चैम्पियनशिप में दोहरा स्वर्ण जीता?
SSC CGL Tier-1 22.07.2023 (Shift-II)
(a) मनोज सरकार (b) नितेश कुमार
(c) तरुण ढिल्लो (d) प्रमोद भगत

उत्तर (b)
• नितेश कुमार ने दिसम्बर, 2021 में चौथी पैरा बैडमिण्टन राष्ट्रीय चैम्पियनशिप में दोहरा स्वर्ण पदक जीता।
• इस चैम्पियनशिप का आयोजन **ओडिशा** के **भुवनेश्वर** में किया गया था।
• इससे पहले इन्होंने पुरुष एकल वर्ग में भी **स्वर्ण पदक** जीता था।
• जे.आर.डी. टाटा स्पोर्ट्स कॉम्पलेक्स जमशेदपुर में छठी राष्ट्रीय पैरा बैडमिण्टन चैम्पियनशिप वर्ष 2023-24 की शुरुआत की गई।

1483. एक फुटबॉल मैच .... की दो बराबर अवधियों तक चलता है।
SSC CGL Tier-1 22.07.2023 (Shift-II)
(a) 40 मिनट (b) 50 मिनट
(c) 20 मिनट (d) 45 मिनट

उत्तर (d)
• एक फुटबॉल मैच में 45 मिनट के दो बराबर भाग होते हैं और बीच में 15 मिनट की विश्राम अवधि होती है।
• इसमें प्रत्येक टीम में अधिकतम 11 खिलाड़ी होते हैं।

1484. 'खेलो इण्डिया' शीतकालीन खेलों की शुरुआत किस वर्ष हुई थी?
SSC CGL Tier-1 20.07.2023 (Shift-II)
(a) 2022 में (b) 2019 में
(c) 2020 में (d) 2018 में

उत्तर (c)
• **वर्ष 2020 में** खेलो इण्डिया शीतकालीन खेलों का प्रथम संस्करण जम्मू-कश्मीर व लद्दाख के लेह व गुलमर्ग में आयोजित किया गया था।
• इन खेलों का आयोजन केन्द्रीय युवा मामले व खेल मन्त्रालय एवं जम्मू-कश्मीर खेल परिषद् द्वारा किया गया।
• खेलो इण्डिया शीतकालीन खेल, 2024 दो चरणों में आयोजित किए गए।
• पहला चरण 2 से 6 फरवरी तक लेह और लद्दाख में आयोजित किया गया था। जबकि दूसरा चरण 21 से 25 फरवरी तक गुलमर्ग, जम्मू और कश्मीर में आयोजित किया गया था।
• खेलो इण्डिया विण्टर गेम्स, 2024 का शुभंकर **राजसी हिम तेन्दुआ** है।

1485. वर्ष 2015 में 35वें राष्ट्रीय खेलों का आयोजन कहाँ हुआ था?
SSC CGL Tier-1 20.07.2023 (Shift-III)
(a) मुम्बई (b) पंजाब
(c) दिल्ली (d) केरल

उत्तर (d)
• **केरल की राजधानी तिरुवनन्तपुरम में** 2015 में 35वें राष्ट्रीय खेलों का आयोजन किया गया।
• इससे पूर्व वर्ष 1987 में भी (27वाँ) राष्ट्रीय खेलों का आयोजन केरल में किया गया था।
• 35वें राष्ट्रीय खेल के लिए **सचिन तेन्दुलकर** को ब्राण्ड एम्बेसडर घोषित किया गया था।

1486. निम्नलिखित में से कौन ओलम्पिक के लिए क्वालीफाई करने वाली पहली भारतीय महिला नाविक बनीं, जब उन्होंने टोक्यो 2020 ओलम्पिक के लिए क्वालीफाई किया?
SSC CGL Tier-1 20.07.2023 (Shift-III)
(a) भवानी देवी (b) नेत्रा कुमानन
(c) मनु भाकर (d) माना पटेल

उत्तर (b)
• **नेत्रा कुमानन वर्ष 2020** टोक्यो ओलम्पिक के लिए वे ओलम्पिक क्वालिफायर इवेण्ट में पहली एशियाई महिला रहीं।
• अपने पहले ओलम्पिक में वह 44 प्रतिभागियों में 35वें स्थान पर रहीं।
• वर्ष 2014 और 2018 में उन्होंने एशियाई खेलों में भारत का प्रतिनिधित्व किया।
• इन्होंने वर्ष 2024 में पेरिस ग्रीष्मकालीन ओलम्पिक के लिए क्वालीफाई किया है।

1487. शतरंज बोर्ड में प्रयुक्त वर्गों के रंग .... होते हैं। **SSC CGL Tier-1 20.07.2023 (Shift-IV)**
(a) सफेद और काले
(b) सफेद और लाल
(c) सफेद और हरे
(d) लाल और काले

उत्तर (a)
• शतरंज बोर्ड में प्रयुक्त वर्गों के रंग सफेद और काले होते हैं।
• इस खेल की शुरुआत 7वीं सदी में भारत में हुई, परन्तु इस खेल का आधुनिक स्वरूप 15वीं सदी में **यूरोप** में निर्मित हुआ।
• अखिल भारतीय शतरंज महासंघ की स्थापना वर्ष 1951 में की गई थी।

1488. एफटीएक्स क्रिप्टो कप निम्नलिखित में से किस खेल के आयोजन से सम्बन्धित है?
SSC CGL Tier-1 21.07.2023 (Shift-I)
(a) गोल्फ (b) बिलियर्ड्स
(c) स्नूकर (d) शतरंज

उत्तर (d)
• एफटीएक्स क्रिप्टो एक **ऑनलाइन शतरंज कार्यक्रम** (खेल) है।
• यह दुनिया का सबसे महँगा ($1.6 मिलियन) ऑनलाइन गेम है।
• FTX क्रिप्टो कप 2022 **मैग्नस कार्लसन** ने जीता तथा रमेशबाबू प्रज्ञानन्द दूसरे स्थान पर रहे।
• भारतीय शतरंज मास्टर रमेशबाबू प्रज्ञानन्द ने मियामी में अन्तर्राष्ट्रीय शतरंज चैम्पियनशिप एफटीएक्स क्रिप्टो कप में विश्व चैम्पियन मैग्नस कार्लसन को हराया।

1489. 'स्ट्रेट ड्राइव' शब्द निम्नलिखित में से किस खेल से सम्बन्धित है?
SSC CGL Tier-1 21.07.2023 (Shift-II)
(a) बैडमिण्टन (b) क्रिकेट
(c) फुटबॉल (d) हॉकी

उत्तर (b)
• क्रिकेट में स्ट्रेट ड्राइव एक प्रकार का शॉट है, जिसमें बल्लेबाज गेंद को सीधे मैदान के नीचे, पिच के साथ गेंदबाज की ओर मारता है।
• इसका आविष्कार **सैक्सन** या **नॉर्मन काल** के दौरान दक्षिण-पूर्व इंग्लैण्ड में किया गया था।
• एलबीडब्ल्यू, लेग-बाई, यॉर्कर, हैट्रिक, बाउंसर, मेडन आदि क्रिकेट से सम्बन्धित अन्य शब्दावलियाँ हैं।

1490. निम्नलिखित में से कौन-सी पंक्ति कबड्डी के लिए नहीं है?
SSC CGL Tier-1 21.07.2023 (Shift-IV)
(a) आक्रमण रेखा (b) बौल्क लाइन
(c) बोनस रेखा (d) अन्त लाइन

उत्तर (a)
• **आक्रमण रेखा** का सम्बन्ध कबड्डी से नहीं है।
• कबड्डी खेल मुख्य रूप से भारतीय उपमहाद्वीप में खेला जाता है। कबड्डी नाम का प्रयोग प्रायः उत्तर भारत में किया जाता है।
• इस खेल को दक्षिण भारत में **चेडुगुडु** और पूर्व में **हुतूतू** के नाम से जाना जाता है।
• यह खेल भारत के पड़ोसी देश नेपाल, बांग्लादेश, श्रीलंका और पाकिस्तान में भी लोकप्रिय है।

1491. क्रिकेट में पिच की लम्बाई .... होती है।
SSC CGL Tier-1 21.07.2023 (Shift-IV)
(a) 18 यार्ड (b) 20 यार्ड
(c) 24 यार्ड (d) 22 यार्ड

उत्तर (d)
• क्रिकेट में पिच की लम्बाई 22 यार्ड (गज) होती है।
• क्रिकेट पिच क्रिकेट मैदान की केन्द्रीय पट्टी होती है।
• मीटर में इसकी **लम्बाई 20.12 मी** व चौड़ाई 3.04 मी (10 फीट) होती है।

1492. प्रथम आधुनिक ओलम्पिक खेल किस वर्ष आयोजित किए गए थे?
SSC CGL Tier-1 21.07.2023 (Shift-III)

(a) 1892 में (b) 1896 में
(c) 1900 में (d) 1894 में

उत्तर (b)

• आधुनिक ओलम्पिक खेल **बैरोना पियरे डि कोबार्टिन** (फ्रांस) के प्रयासों से **यूनान** के **एथेन्स** शहर में 1896 ई. में आयोजित किए गए थे।
• इसके उद्घाटन खेलों में **12 देशों** के **लगभग 250 एथलीटों** ने भाग लिया था।
• इसका आयोजन **प्रत्येक चार वर्षों** में किया जाता है।
• **23 जून** को **विश्व ओलम्पिक दिवस** मनाया जाता है।

1493. पहला महिला क्रिकेट विश्व कप निम्नलिखित में से किस देश द्वारा आयोजित किया गया था? SSC CGL Tier-1 24.07.2023 (Shift-II)

(a) ऑस्ट्रेलिया (b) वेस्टइण्डीज
(c) न्यूजीलैण्ड (d) इंग्लैण्ड

उत्तर (d)

• वर्ष 1973 महिला विश्व क्रिकेट कप का आयोजन सर्वप्रथम इंग्लैण्ड में हुआ था।
• यह महिला क्रिकेट विश्व कप खेल की सबसे पुरानी चैम्पियनशिप है, जिसका आयोजन आईसीसी द्वारा प्रति चार वर्ष में किया जाता है।
• वर्ष 2025 में आईसीसी महिला क्रिकेट विश्व कप का आयोजन भारत में किया जाएगा।

1494. 'रोवर्स कप' किस खेल से सम्बन्धित है?
SSC CGL Tier-1 24.07.2023 (Shift-III)

(a) टेनिस
(b) हॉकी
(c) फुटबॉल
(d) बैडमिण्टन

उत्तर (c)

• रोवर्स कप WIFA द्वारा आयोजित एक वार्षिक फुटबॉल टूर्नामेण्ट है।
• भारत का दूसरा सबसे पुराना टूर्नामेण्ट है।
• इस चैम्पियनशिप की शुरुआत 1891 ई. में बॉम्बे, (महाराष्ट्र) के कुछ ब्रिटिश फुटबॉल प्रेमियों द्वारा मनोरंजन के रूप में की गई थी।

1495. बीच वॉलीबॉल टीम में कितने स्थानापन्न (Substitute) खिलाड़ी होते हैं?
SSC CGL Tier-1 24.07.2023 (Shift-III)

(a) 3 (b) 2 (c) 0 (d) 1

उत्तर (c)

• बीच वॉलीबॉल टीम में शून्य खिलाड़ी स्थानापन्न होते हैं।
• बीच वॉलीबॉल एक आउटडोर खेल है, जिसका खेल क्षेत्र पूरी तरह से रेत से बना होता है।
• इस खेल की शुरुआत **वर्ष 1915 में हवाई (USA)** में हुई थी।
• इस खेल में प्रत्येक टीम में दो या दो से अधिक खिलाड़ी होते हैं।

1496. नेहरू ट्रॉफी नौका-दौड़ का आयोजन निम्नलिखित में से किस राज्य द्वारा किया गया था? SSC CGL Tier-1 24.07.2023 (Shift-IV)

(a) कर्नाटक (b) पश्चिम बंगाल
(c) केरल (d) तमिलनाडु

उत्तर (c)

• **केरल** में नेहरू ट्रॉफी नौका दौड़ का आयोजन प्रत्येक वर्ष अगस्त के दूसरे शनिवार को किया जाता है।
• इसकी शुरुआत **वर्ष 1952 में** प्रधानमन्त्री पण्डित जवाहरलाल नेहरू की यात्रा के सम्मान में की गई थी।

1497. भारत ने पहली बार हॉकी में विश्व कप का खिताब कब जीता था?
SSC CGL Tier-1 24.07.2023 (Shift-IV)

(a) वर्ष 1978 में (b) वर्ष 1971 में
(c) वर्ष 1982 में (d) वर्ष 1975 में

उत्तर (d)

• मलेशिया के कुआलालम्पुर में आयोजित पुरुष हॉकी विश्व कप में भारतीय हॉकी टीम ने वर्ष 1975 में पाकिस्तान को हराकर जीत दर्ज की।
• वर्ष 2023 में हॉकी विश्व कप का विजेता **जर्मनी** है।
• वर्ष 2023 के पुरुष हॉकी विश्व का आयोजन **भुवनेश्वर** (ओडिशा) के **कलिंगा स्टेडियम** में किया गया था।
• वर्ष 2026 में पुरुष FIH हॉकी विश्व कप 15 से 30 अगस्त तक बेल्जियम के बावरे और नीदरलैण्ड्स के एम्सटेलवीन में आयोजित किया जाएगा।

1498. निम्नलिखित में से कौन विश्वनाथ आनन्द के बाद भारत का दूसरा ग्रैण्ड मास्टर है?
SSC CGL Tier-1 25.07.2023 (Shift-II)

(a) अभिजीत कुन्ते (b) दिब्येंदु बरुआ
(c) पी. हरिकृष्णा (d) शशिकरण कृष्णन

उत्तर (b)

• **दिब्येंदु बरुआ** विश्वनाथ आनन्द के बाद भारत का दूसरा ग्रैण्ड मास्टर है।
• **दिब्येंदु बरुआ** को वर्ष 1991 में FIDE द्वारा ग्रैण्ड मास्टर उपाधि से सम्मानित किया गया था।
• भारत के अभिमन्यु मिश्रा को विश्व के सबसे युवा ग्रैण्ड मास्टर का खिताब दिया गया।
• अर्जुन कल्याण **68वें** ग्रैण्डमास्टर हैं।

1499. वॉलीबॉल के अतिरिक्त निम्नलिखित में से किस खेल में खिलाड़ी स्क्रीन तकनीक का उपयोग करते हैं? SSC CGL Tier-1 25.07.2023 (Shift-III)

(a) बास्केटबॉल (b) क्रिकेट
(c) बेसबॉल (d) हैण्डबॉल

उत्तर (a)

• वॉलीबॉल के अतिरिक्त बास्केटबाल में स्क्रीन तकनीक का प्रयोग किया जाता है।
• वॉलीबॉल तथा बास्केटबॉल दोनों ही **खेल की उत्पत्ति अमेरिका** में हुई।
• वर्ष 1964 में वॉलीबॉल को ओलम्पिक में शामिल किया गया।
• भारत में प्रथम बार यह खेल वर्ष 1930 में खेला गया।
• इस खेल का पहला विश्व चैम्पियन मैच वर्ष 1950 में आयोजित हुआ।

1500. हॉकी में यदि गेंद डिफेण्डर द्वारा आखिरी बार छुए जाने के बाद बैक लाइन के ऊपर चली जाती है, तो ········· दिया जाता है।
SSC CGL Tier-1 25.07.2023 (Shift-IV)

(a) ऑफ साइड (b) पेनाल्टी कॉर्नर
(c) फ्री हिट (d) लॉग कॉर्नर

उत्तर (d)

• लॉग कॉर्नर गेंद के बैक लाइन के ऊपर चले जाने पर दिया जाता है।
• हॉकी की सर्वोच्च संस्था अन्तर्राष्ट्रीय हॉकी महासंघ (FIH) है। इसकी स्थापना **7 जनवरी, 1924** को की गई थी।

1501. भारतीय ओलम्पिक संघ (IOA) का गठन किस वर्ष किया गया था?
SSC CGL Tier-1 26.07.2023 (Shift-I)

(a) 1929 में (b) 1927 में
(c) 1930 में (d) 1926 में

उत्तर (b)

• भारतीय ओलम्पिक संघ (IOA) का गठन वर्ष 1927 में किया गया था।
• इसका मुख्यालय नई दिल्ली में स्थित है।
• इस संघ के पहले अध्यक्ष **सर दोराबजी टाटा** थे, जबकि वर्तमान अध्यक्ष **पी.टी. ऊषा** हैं।

1502. प्रथम पैरालम्पिक खेल कहाँ आयोजित किए गए थे? SSC CGL Tier-1 26.07.2023 (Shift-I)

(a) टोक्यो (b) रोम (c) सिडनी (d) बैजिंग

उत्तर (b)

• प्रथम पैरालम्पिक ओलम्पिक खेल रोम (इटली) की राजधानी एंथेस में वर्ष **1960** में आयोजित किए गए थे, जिसमें 23 देशों के 400 एथलीटों ने भाग लिया था।
• इन खेलों को **पैरालम्पियाड खेलों** के नाम से भी जाना जाता है। इनका आयोजन प्रत्येक चार वर्षों में अन्तर्राष्ट्रीय पैरालम्पिक समिति द्वारा किया जाता है।
• पैरालम्पिक खेल के जनक **लुडविग गुटमैन** (1899-1980) हैं।
• वर्ष 2024 के पैरालम्पिक खेलों का आयोजन पेरिस में हुआ।

1503. दीपिका पल्लीकल ········· से जुड़ी हैं।
SSC CGL Tier-1 26.07.2023 (Shift-II)

(a) शतरंज (b) बिलियर्ड्स
(c) स्क्वैश (d) क्रिकेट

उत्तर (c)

• दीपिका पल्लीकल पीएसए (प्रोफेशनल स्पोर्ट्स ऑथेंटिकेटर) महिला रैंकिंग में शीर्ष 10 में जगह बनाने वाली पहली भारतीय महिला **स्क्वैश** खिलाड़ी हैं।

• वर्ष 2014 में उन्हें पद्मश्री से सम्मानित किया गया।
• वह वर्ष 2012 में भारत के दूसरे सबसे बड़े खेल पुरस्कार **अर्जुन पुरस्कार** से सम्मानित होने वाली पहली खिलाड़ी हैं।

1504. 110 मीटर बाधा दौड़ में फ्लाइटों की संख्या कितनी होती है?
SSC CGL Tier-1 26.07.2023 (Shift-III)
(a) 10 (b) 9 (c) 11 (d) 8

उत्तर (a)
• यह एथलेटिक्स में एक ट्रैक स्पर्द्धा है। इसमें फ्लाइटों की संख्या 10 होती है।
• पुरुषों के लिए बाधा दौड़ 110 मी और 400 मी की होती है।
• 110 मीटर बाधा दौड़ में बाधाएँ एक-दसरे से 9.14 मीटर की दूरी पर होती है और बाधा की ऊँचाई 1.067 मीटर होती है।

1505. इण्डियन प्रीमियर लीग की शुरुआत निम्नलिखित में से किस वर्ष में हुई थी?
SSC CGL Tier-1 26.07.2023 (Shift-IV)
SSC GD 21-02-2024 (Shift-IV)
(a) 2010 (b) 2009 (c) 2007 (d) 2008

उत्तर (d)
• इण्डियन प्रीमियर लीग की शुरुआत वर्ष 2008 में की गई थी।
• यह भारत में एक फ्रेंचाइजी 20-20 क्रिकेट लीग है।
• इसका आयोजन **भारतीय क्रिकेट कण्ट्रोल बोर्ड** द्वारा किया जाता है।
• 18 अप्रैल, 2008 को रॉयल चैलेन्जर्स बैंगलोर तथा कोलकाता नाइट राइडर्स के बीच पहला मैच खेला गया तथा पहले इण्डियन प्रीमियर लीग की विजेता टीम **राजस्थान रॉयल्स** थी तथा उपविजेता चेन्नई सुपर किंग्स थी।
• आईपीएल, 2024 का खिताब **कोलकाता नाइट राइडर्स ने** जीता है।

1506. टी-20 क्रिकेट मैचों में एक गेंदबाज अधिकतम ……… गेंदबाजी कर सकता है।
SSC CGL Tier-1 27.07.2023 (Shift-I)
(a) 4 ओवर (b) 7 ओवर
(c) 5 ओवर (d) 6 ओवर

उत्तर (a)
• टी-20 क्रिकेट मैचों में एक गेंदबाज अधिकतम 4 ओवर गेंदबाजी कर सकता है। टी-20 मैच कुल 20 ओवर का होता है।
• पहला टी-20 अन्तर्राष्ट्रीय मैच वर्ष 2005 में **ऑस्ट्रेलिया** तथा **न्यूजीलैण्ड** के बीच खेला गया था।
• टी20 विश्व कप का पहला संस्करण वर्ष 2007 में आयोजित किया गया था।

1507. ओलम्पिक खेलों में भारत ने किस वर्ष पुरुषों की हॉकी में स्वर्ण पदक जीता था?
SSC CGL Tier-1 27.07.2023 (Shift-I)
(a) 1984 (b) 1980 (c) 1988 (d) 1992

उत्तर (b)
• वर्ष **1980** में भारत ने हॉकी में **आठवाँ** ओलम्पिक स्वर्ण पदक जीता।
• भारत ने ओलम्पिक खेलों में वर्ष 1928 से 1956 तक लगातार छः स्वर्ण पदक जीतकर इतिहास रचा था।
• वर्ष 2024 में पेरिस (फ्रांस) ओलम्पिक में भारत ने पाँच कांस्य और एक रजत पदक सहित कुल छः पदक जीते।

1508. 'डायरेक्ट फ्री किक' शब्द निम्नलिखित में से किस खेल से सम्बन्धित है?
SSC CGL Tier-1 27.07.2023 (Shift-II)
(a) बेसबॉल (b) फुटबॉल
(c) बास्केटबॉल (d) वॉलीबॉल

उत्तर (b)
• डायरेक्ट फ्री किक फुटबॉल से सम्बन्धित है।
• यह उस समय लिया जाता है, जब फाउल होता है।
• इसे प्रायः **पेनल्टी किक**, **कॉर्नर किक** आदि नामों से भी जाना जाता है।
• खेल से संबंधित कुछ महत्त्वपूर्ण शब्द बॉस्केटबॉल : ब्लौकिंग, ड्रिब्लिंग, जंप बॉल
• बॉलीवॉल : अवरुदध करना, दोगुना करना

1509. फीफा विश्वकप 2026 की मेजबानी ……… द्वारा की जाएगी।
SSC CGL Tier-1 27.07.2023 (Shift-II)
(a) कनाडा, USA और ब्राजील
(b) USA, ब्राजील और चिली
(c) कनाडा, USA और मैक्सिको
(d) अर्जेण्टीना, ब्राजील और USA

उत्तर (c)
• फीफा विश्वकप 2026 की मेजबानी कनाडा, USA और मैक्सिको द्वारा की जाएगी
• फीफा विश्व कप, 2022, 20 नवम्बर से 18 दिसम्बर, 2022 तक कतर में आयोजित किया गया था। फीफा विश्व कप 2022 के फाइनल में फ्रांस को हराकर अर्जेण्टीना ने अपना तीसरा विश्व कप जीता।

SSC CGL 2022 (Tier 1 & 2)

1510. 'बैक-स्टिक' शब्द का उपयोग निम्नलिखित में से किस खेल/क्रीड़ा में किया जाता है?
SSC CGL Tier-1 01.12.2022 (Shift-I)
(a) वॉलीबॉल (b) बास्केटबॉल
(c) बैडमिण्टन (d) हॉकी

उत्तर (d)
• **बैक-स्टिक** शब्द का उपयोग हॉकी में किया जाता है।
• हॉकी का मैदान सामान्यतः 91.4 मीटर लम्बा और 55 मीटर चौड़ा होता है।
• अन्तर्राष्ट्रीय हॉकी मैच की अवधि 70 मिनट की होती है।

1511. युवा ओलम्पिक खेलों के पहले संस्करण का आयोजन कहाँ किया गया था?
SSC CGL Tier-1 01.12.2022 (Shift-II)
(a) इन्सब्रुक (b) लुसाने
(c) सिंगापुर (d) नांजिंग

उत्तर (c)
• **सिंगापुर में** युवा ओलम्पिक खेलों के पहले संस्करण का आयोजन किया गया था।
• यह आयोजन 14-26 अगस्त, 2010 में हुआ।
• इसमें भाग लेते ने वाले एथलीटों की आयु सीमा 14 से 18 वर्ष होती है।
• वर्ष 2026 में युवा ओलम्पिक खेलों का आयोजन डकार (सेनेगल) में किया जाएगा।

1512. एआईबीए (AIBA) मुक्केबाजी जूनियर लड़कों और लड़कियों की प्रतियोगिताओं में मुकाबलों में प्रत्येक राउण्ड ……… मिनट का होना चाहिए।
SSC CGL Tier-1 01.12.2022 (Shift-III)
(a) 2 मिनट (b) 3 मिनट
(c) 5 मिनट (d) 1 मिनट

उत्तर (a)
• एआईबीए मुक्केबाजी जूनियर लड़कों और लड़कियों की प्रतियोगिता में मुकाबलों का प्रत्येक राउण्ड 2 मिनट का होना चाहिए।
• AIBA विश्व मुक्केबाजी चैम्पियनशिप और एआईबीए महिला विश्व मुक्केबाजी चैम्पियनशिप अन्तर्राष्ट्रीय मुक्केबाजी संघ द्वारा आयोजित **द्विवार्षिक** मुक्केबाजी प्रतियोगिता है।
• AIBA (इण्टरनेशनल बॉक्सिंग एसोसिएशन) का मुख्यालय **लुसाने स्विट्जरलैण्ड** में है।
• इसकी स्थापना **वर्ष 1946** में हुई थी।

1513. अन्तर्राष्ट्रीय क्रिकेट में मानक क्रिकेट गेंद की औसत परिधि क्या है?
SSC CGL Tier-1 02.12.2022 (Shift-II)
(a) 10.46 इंच-10.90 इंच
(b) 7.89 इंच-8.45 इंच
(c) 9.45 इंच-10.20 इंच
(d) 8.81 इंच-9 इंच

उत्तर (d)
• मानक क्रिकेट गेंद की औसत परिधि **8.81 इंच-9 इंच** है।
• दूसरे शब्दों में इसकी परिधि 22.4 और 22.9 सेमी तक होती है।
• गेंद का भार 155 से 163 ग्राम होता है।
• क्रिकेट के बल्ले की लम्बाई अधिकतम 38 ईंच तथा विकेट की लम्बाई लगभग 72 सेमी होती है।

1514. निम्नलिखित में से कौन-सा खिलाड़ी बॉक्सिंग से सम्बन्धित है?
SSC CGL Tier-1 02.12.2022 (Shift-IV)
(a) अर्चना कामत (b) हिमादास
(c) मोनिका बत्रा (d) लवलीना बोर्गोहेन

उत्तर (d)
• लवलीना बोर्गोहेन एक भारतीय महिला मुक्केबाज हैं। इन्होने वर्ष 2018 के A.E.B.A. विश्व महिला मुक्केबाजी चैम्पियनशिप एवं वर्ष 2019 के A.E.B.A विश्व महिला मुक्केबाजी चैम्पियनशिप में कांस्य पदक तथा एशियाई मुक्केबाजी चैम्पियनशिप, 2022 में स्वर्ण पदक जीता।

• वर्ष 2020 में इनको **अर्जुन** पुरस्कार प्रदान किया गया।

• भारत के लिए ओलम्पिक पदक जीतने वाली वह **तीसरी** भारतीय व दूसरी भारतीय महिला खिलाड़ी हैं।

1515. टेबल टेनिस में एक सर्व पर लगातार कितने लेट्स (lets) की अनुमति होती है?
SSC CGL Tier-1 02.12.2022 (Shift-III)

(a) 3 (b) 1
(c) 2 (d) असीमित

उत्तर (d)

• टेबल टेनिस में सर्व करने की कोई सीमा नहीं है।

• टेबल टेनिस खेल की शुरुआत **इंग्लैण्ड** से हुई थी।

• यह कमरों के भीतर एकल (दो) या युगल (चार) खिलाड़ियों के बीच खेला जाता है।

• इण्टरनेशनल टेबल टेनिस एसोसिएशन की स्थापना **वर्ष 1926 में** की गई थी।

• टेबल टेनिस विश्व चैम्पियनशिप का मैच पहली बार **वर्ष 1927** में हुआ था।

1516. हैण्डबॉल में जो खिलाड़ी ड्रिब्लिंग करना बन्द कर देते हैं, उन्हें कितने समय के भीतर पास या शॉट देना होता है?
SSC CGL Tier-1 03.12.2022 (Shift-I)

(a) 3 सेकण्ड
(b) 10 सेकण्ड
(c) 30 सेकण्ड
(d) 5 सेकण्ड

उत्तर (a)

• हैण्डबॉल में जो खिलाड़ी ड्रिब्लिंग करना बन्द कर देते हैं, उन्हें 3 सेकण्ड मीटर पास या शॉट देना होता है।

• हैण्डबॉल एक टीम खेल है, जिसमें **सात खिलाड़ियों** की दो टीमें आपस में खेलती हैं। खिलाड़ियों का उद्देश्य विरोधी टीम के गोल में बॉल फेंकना होता है।

• हैण्डबॉल में दो - 30 मिनट की अवधि के खेल होते हैं और सबसे अधिक गोल करने वाली टीम जीत जाती है।

1517. ओलम्पिक, 2020 में भारतीय हॉकी पुरुष टीम के कप्तान कौन थे?
SSC CGL Tier-1 03.12.2024 (Shift-I)

(a) श्रीजेश रविंद्रन (b) अमित रोहिदास
(c) कृष्ण बी. पाठक (d) मनप्रीत सिंह

उत्तर (d)

• **मनप्रीत सिंह** ओलम्पिक 2020 में भारतीय हॉकी पुरुष टीम के कप्तान थे।

• वे वर्ष 2013 में हॉकी जूनियर विश्व कप में जूनियर पुरुषों की हॉकी टीम के कप्तान बने।

• 2024 के पेरिस ओलम्पिक में भारतीय पुरुष की टीम का नेतृत्व हरमनप्रीत सिंह ने किया था। भारतीय टीम ने कांस्य पदक जीता है।

• पेरिस ओलम्पिक में अन्तर्राष्ट्रीय हॉकी महासंघ ने हरमनप्रीत सिंह को वर्ष 2019 में 'प्लेयर ऑफ़ द ईयर' चुना था।

1518. युवा मामले और खेल मन्त्रालय, भारत सरकार द्वारा 'फिट इण्डिया मूवमेण्ट' निम्नलिखित में से किस वर्ष शुरू किया गया था? **SSC CGL Tier-1 03.12.2022 (Shift-II)**

(a) वर्ष 2020 (b) वर्ष 2001
(c) वर्ष 2019 (d) वर्ष 2018

उत्तर (c)

• **29 अगस्त, 2019 को** फिट इण्डिया मूवमेण्ट का आरम्भ खेल दिवस के अवसर पर नई दिल्ली के इन्दिरा गाँधी स्टेडियम में किया गया था।

• भारत के महान हॉकी खिलाड़ी मेजर ध्यानचन्द की **114वीं जयन्ती** के अवसर पर इसकी शुरुआत की गई।

1519. ……… को भारतीय क्रिकेट कण्ट्रोल बोर्ड के 36वें अध्यक्ष के रूप में चुना गया है।
SSC CGL Tier-1 03.12.2022 (Shift-III)

(a) प्रदीप सिंह खरोला (b) रोजर बिन्नी
(c) भूषण अक्षिकर (d) रवि कुमार एस

उत्तर (b)

• पूर्व क्रिकेटर रोजर बिन्नी भारतीय क्रिकेट कण्ट्रोल बोर्ड (BCCI) के 36वें अध्यक्ष चुने गए हैं।

• ये भारतीय क्रिकेट खिलाड़ी हैं, जो वर्ष **1983 में** क्रिकेट विश्व कप विजेता टीम का हिस्सा थे।

• ये भारत के लिए क्रिकेट खेलने वाले **पहले एंग्लो इण्डियन** थे।

1520. बीच वॉलीबॉल कोर्ट की लम्बाई कितनी होती है? **SSC CGL Tier-1 03.12.2022 (Shift-III)**

(a) 12 मी (b) 20 मी (c) 16 मी (d) 15 मी

उत्तर (c)

• बीच वॉलीबॉल कोर्ट की लम्बाई **16 मी** होती है।

• यह एक **टीम खेल** है, जिसे दो खिलाड़ियों की दो टीमों द्वारा एक रेत कोर्ट में खेला जाता है, जो एक जाल से विभाजित होती है।

• बीच वॉलीबॉल की शुरुआत वर्ष 1996 के अटलाण्टा खेलों में हुई।

• इसका अन्तर्राष्ट्रीय शासी निकाय फेडरेशन इण्टरनेशनल डी. वॉलीबॉल (FIVB) है।

1521. एशियाड (Asiad) निम्नलिखित में से किसके द्वारा विनियमित है?
SSC CGL Tier-1 03.12.2022 (Shift-IV)

(a) एशियाई ओलम्पिक परिषद्
(b) अन्तर्राष्ट्रीय ओलम्पिक परिषद्
(c) राष्ट्रमण्डल खेल परिसंघ
(d) भारतीय ओलम्पिक परिषद्

उत्तर (a)

• **एशियाई ओलम्पिक परिषद्** को **एशियाड** के नाम से भी जाना जाता है।

• यह प्रत्येक चार वर्षों बाद आयोजित होने वाली बहु खेल प्रतियोगिता है, जिसमें केवल एशिया के विभिन्न देशों के खिलाड़ी भाग लेते हैं।

• प्रथम एशियाई खेलों का आयोजन **वर्ष 1951** में **नई दिल्ली** में हुआ था।

• वर्ष 2026 का एशियाई खेल जापान के **नागोया** में आयोजित किया जाएगा।

1522. पिवोटिंग निम्नलिखित में से किस खेल से सम्बन्धित है? **SSC CGL Tier-1 05.12.2022 (Shift-I)**

(a) बास्केटबॉल (b) वॉलीबॉल
(c) हॉकी (d) बैडमिण्टन

उत्तर (a)

• पिवोटिंग बॉस्केटबॉल खेल से सम्बन्धित है।

• पिवोटिंग के अन्तर्गत बॉस्केटबॉल खिलाड़ी गेंद के साथ एक ही पैर से किसी भी दिशा में एक या अधिक कदम उठाता है, जबकि दूसरा पैर (Pivot Foot) फर्श के सम्पर्क में बिन्दु पर रखा जाता है।

• बास्केटबॉल खेल का आविष्कार **जेम्स स्मिथ** ने 1891 ई. में किया था।

• भारत में प्रथम बास्केटबॉल **वर्ष 1938** में खेला गया।

• इसका पहला विश्व चैम्पियन मैच वर्ष 1950 में आयोजित हुआ था।

1523. सभी ए.आई.बी.ए. (AIBA) मुक्केबाजी प्रतियोगिताओं में प्रत्येक राउण्ड के बीच का विश्राम समय ……… मिनट होता है।
SSC CGL Tier-1 05.12.2022 (Shift-I)

(a) 2 (b) 1
(c) 5 (d) 3

उत्तर (b)

• मुक्केबाजी में प्रत्येक राउण्ड के बीच का विश्राम समय एक मिनट होता है।

• AIBA का पूरा नाम 'एसोसिएशन इण्टरनेशनल डी-बॉक्से एमेच्योर' है।

• यह एक अन्तर्राष्ट्रीय खेल संगठन है, जो मुक्केबाजी (Boxing) के खेल को नियन्त्रित करता है।

• इस संगठन की **स्थापना वर्ष 1946** में की गई थी।

• इसका मुख्यालय **लुसाने** (स्विट्ज़रलैण्ड) में स्थित है।

1524. टेनिस में निम्नलिखित में से कौन-सा स्कोर एक पूर्ण सेट होता है?
SSC CGL Tier-1 05.12.2022 (Shift-II)

(a) 6-5 (b) 6-4
(c) 5-3 (d) 6-6

उत्तर (b)

• टेनिस एक विश्व प्रसिद्ध खेल है, इसका पूर्ण सेट 6 – 4 होता है। यह मुख्यत: एक-एक खिलाड़ी (एकल) के मध्य व दो-दो खिलाड़ियों (युगल) के मध्य खेला जाता है।

• यह खेल मुख्यत: दो प्रकार का होता है— पहला टेबिल टेनिस जो एक इनडोर खेल है व दूसरा लॉन टेनिस जो एक आउटडोर खेल है।

• टेनिस की सर्वोच्च खेल संस्था **इण्टरनेशनल टेनिस फेडरेशन** है, जिसकी स्थापना **1 मार्च, 1973 को** हुई थी।

1525. युवा मुक्केबाज वर्ग के लिए आयु सीमा है
SSC CGL Tier-1 05.12.2022 (Shift-II)
(a) 13-18 वर्ष (b) 17-18 वर्ष
(c) 15-16 वर्ष (d) 19-20 वर्ष

उत्तर (b)

• इण्टरनेशनल बॉक्सिंग एसोसिएशन (IBA) द्वारा यूथ वर्ल्ड बॉक्सिंग चैम्पियनशिप प्रतियोगिता की आयु सीमा 17-18 वर्ष है।
• बॉक्सिंग मुख्यत: दो प्रकार की होती है 1. एमेच्योर बॉक्सिंग 2. प्रोफेशनल बॉक्सिंग।
• बॉक्सिंग वर्ल्ड चैंपियनशिप 1979 में जापान के योकोहामा में शुरू हुई और वर्ष 1990 मे से द्विवार्षिक रूप से आयोजित की जा रही है।

1526. शीतकालीन ओलम्पिक-2026 की मेजबानी किसके द्वारा की जाएगी?
SSC CGL Tier-1 05.12.2022 (Shift-III)
(a) कनाडा (b) इटली
(c) फ्रांस (d) रूस

उत्तर (b)

• शीतकालीन ओलम्पिक खेल 2026 इटली के शहर मिलान और कोर्टिना में आयोजित किए जाएँगे।
• वर्ष 2022 का शीतकालीन ओलम्पिक का आयोजन चीन की राजधानी **बीजिंग** में हुआ था।
• इसे पहली बार 1820 ई. में एण्टवर्प (बेल्जियम) ओलम्पिक खेलों में प्रस्तुत किया गया।

1527. एक बैडमिण्टन खिलाड़ी को खेल के दौरान दिया गया काला कार्ड क्या इंगित करता है?
SSC CGL Tier-1 06.12.2022 (Shift-I)
(a) अयोग्यता (b) चेतावनी
(c) दोष (d) निलम्बन

उत्तर (a)

• एक बैडमिण्टन खिलाड़ी को खेल के दौरान दिया गया काला कार्ड अयोग्यता इंगित करता है।
• येलो कार्ड खेल में अयोग्यता कानून के उल्लंघन को इंगित करता है।
• लाल कार्ड उच्च कदाचार या खेल की जातीयता का अवमूल्यन आमतौर पर दो पीले कार्ड के बाद दिया जाता है।

1528. भारत ने राष्ट्रमण्डल खेलों का आयोजन कितनी बार किया है?
SSC CGL Tier-1 06.12.2022 (Shift-II)
(a) दो बार (b) एक बार
(c) कभी नहीं (d) तीन बार

उत्तर (b)

• भारत ने एक बार वर्ष 2010 में **दिल्ली** में राष्ट्रमण्डल खेलों की मेजबानी की थी।
• राष्ट्रमण्डल खेल, 2010 के दौरान भारतीय एथलीटों ने 38 स्वर्ण, 27 रजत और 36 कांस्य पदक जीते थे।
• वर्ष 2026 में राष्ट्रमण्डल खेलों का आयोजन मलेशिया में होना था, परन्तु मलेशिया ने इसकी मेजबानी करने में असमर्थता जताई है।

1529. फुटबॉल में जब गेंद गोल के फ्रेम या रेफरी से टकराती है और गोल और टच लाइन के भीतर रहती है, तो इसे .... कहा जाता है।
SSC CGL Tier-1 06.12.2022 (Shift-II)
(a) मिसकण्डक्ट (b) स्टिल-इन-प्ले
(c) आउट ऑफ प्ले (d) फाउल

उत्तर (b)

• फुटबॉल में जब गेंद गोल के फ्रेम या रेफरी से टकराती है, तो इसे **स्टिल-इन-प्ले** कहते हैं।
• फुटबॉल का जन्म **इंग्लैण्ड** में हुआ।
• 1857 ई. में इंग्लैण्ड में विश्व का पहला फुटबॉल क्लब **शेफील्ड फुटबॉल** क्लब का गठन हुआ। पहला विश्व कप वर्ष 1930 में आयोजित किया गया था।

1530. निम्नलिखित में से किस देश ने वर्ष 2022 की एशियाई कुश्ती चैम्पियनशिप की मेजबानी की, जहाँ रवि दहिया स्वर्ण पदक जीतने की हैट्रिक लगाने वाले पहले भारतीय फ्रीस्टाइल पहलवान बने?
SSC CGL Tier-1 06.12.2022 (Shift-III)
(a) शीआन (चीन)
(b) उलनबटोर (मंगोलिया)
(c) अल्माटी (कजाकिस्तान)
(d) नई दिल्ली (भारत)

उत्तर (b)

• उलनबटोर (मंगोलिया) ने वर्ष 2022 की एशियाई कुश्ती चैम्पियनशिप की मेजबानी की।
• भारतीय पहलवानों ने कुल 17 पदक हासिल किए, जिनमें 1 स्वर्ण, 5 रजत और 11 कांस्य पदक शामिल हैं।
• रविकुमार एशियाई कुश्ती चैम्पियनशिप में 3 स्वर्ण पदक जीतने वाले पहले भारतीय बने।
• एशियाई कुश्ती चैम्पियनशिप 2026, 11 से 16 अप्रैल तक किर्गिस्तान के बिश्केक में आयोजित की जाएगी।

1531. ग्रीष्मकालीन और शीतकालीन ओलम्पिक आयोजनों के बीच कितने वर्ष का अन्तर होता है? SSC CGL Tier-1 06.12.2022 (Shift-III)
(a) 2 (b) 4 (c) 1 (d) 3

उत्तर (a)

• शीतकालीन और ग्रीष्म कालीन ओलम्पिक आयोजन के बीच दो वर्ष का अन्तर रहता है।
• शीतकालीन ओलम्पिक खेल विशेष ओलम्पिक खेल होते हैं, जिनमें अधिकांशत: बर्फ पर खेले जाने वाले खेलों की स्पर्द्धा होती है।
• ग्रीष्मकालीन ओलम्पिक खेल पहली बार 1896 ई. में आयोजित किए गए।
• वर्ष 2028 के ग्रीष्मकालीन ओलम्पिक खेलों का आयोजन लॉस एन्जिल्स संयुक्त राज्य अमेरिका में किया जाएगा।

1532. निम्नलिखित में से किस देश ने वर्ष 2010 में ग्रीष्मकालीन युवा ओलम्पिक खेलों के पहले संस्करण की मेजबानी की थी?
SSC CGL Tier-1 06.12.2022 (Shift-IV)
(a) चीन (b) अर्जेण्टीना
(c) सेनेगल (d) सिंगापुर

उत्तर (d)

• पहला ग्रीष्मकालीन युवा ओलम्पिक खेल सिंगापुर में 14 से 26 अगस्त, 2010 तक आयोजित किया गया था।
• चौथे ग्रीष्मकालीन युवा ओलम्पिक (2026) का आयोजन **डाकर, सेनेगल** में किया जाएगा।
• यह अफ्रीकी महाद्वीप का पहला देश है जहाँ ओलम्पिक खेल का आयोजन किया जाएगा।

1533. क्रिकेट में स्टम्प की ऊँचाई .... होती है।
SSC CGL Tier-1 06.12.2022 (Shift-IV)
(a) 22 इंच (b) 28 इंच
(c) 20 इंच (d) 25 इंच

उत्तर (b)

• क्रिकेट में स्टम्प की ऊँचाई 28 इंच (71.1 सेमी) होती है।
• क्रिकेट की एक टीम में 11 खिलाड़ी होते हैं तथा क्रिकेट पिच की लम्बाई 68 फीट तथा चौड़ाई 10 फीट होती है।
• क्रिकेट के बल्ले की अधिकतम लम्बाई 38 ईंच तथा चौड़ाई 4.25 ईंच होती है।

1534. निम्नलिखित में से किस ओलम्पिक खेल में भारत ने स्वर्ण पदक नहीं जीता?
SSC CGL Tier-1 07.12.2022 (Shift-I)
(a) वर्ष 1960 (b) वर्ष 1948
(c) वर्ष 1932 (d) वर्ष 1828

उत्तर (a)

• वर्ष 1960 ओलम्पिक खेल में भारत ने स्वर्ण पदक नही जीता।
• भारत ने अब तक ओलम्पिक खेलों में कुल 10 स्वर्ण पदक जीते है, जिसमें 8 स्वर्ण पदक हॉकी खेल में जीते है।

1535. तैराकी में निम्नलिखित में से कौन-सा स्ट्रोक पूल के बाहर से पूल में गोता लगाने से शुरू नहीं होता है?
SSC CGL Tier-1 07.12.2022 (Shift-II)
(a) फ्रीस्टाइल (b) ब्रेस्टस्ट्रोक
(c) बटरफ्लाई (d) बैकस्ट्रोक

उत्तर (d)

• तैराकी में बैकस्ट्रोक पूल के बाहर से पूल में गोता लगाने से शुरू नहीं होता है।
• यह वह शैली है, जिसमें एक तैराक अपनी पीठ पर तैरता है, जिससे उसे साँस लेने में आसानी होती है।
• द फेडरेशन इण्टरनेशनल डी नेशन एमैच्योर (FINA) तैराकी एवं अन्य सभी गैर-पेशेवर जल-क्रीड़ाओं को संचालित करती है।

1536. राष्ट्रमण्डल युवा खेलों के पहले संस्करण का आयोजन कहाँ किया गया था?
SSC CGL Tier-1 07.12.2022 (Shift-II)
(a) मेलबर्न में (b) सिडनी में
(c) ब्रिस्बेन में (d) एडिनबर्ग में

उत्तर (d)

• राष्ट्रमण्डल युवा खेलों के पहले संस्करण का आयोजन एडिनबर्ग में किया गया था।
• इसका आयोजन पहली बार वर्ष 1930 में हुआ था।

• वर्ष 2023 में राष्ट्रमण्डल युवा खेल का आयोजन पोर्ट ऑफ स्पेन, त्रिनिदाद और टोबेगो से किया गया।
• भारतीय दलों ने इसमें पाँच पदक जीते, जिसमें दो रजत और तीन कांस्य पदक थे।

1537. हॉकी में यदि अम्पायर दोनों बाँहों को क्षैतिज रूप से उठाकर गोल की ओर संकेत करे, तो इसका क्या अर्थ होता है?
SSC CGL Tier-1 07.12.2022 (Shift-III)
(a) पेनाल्टी कॉर्नर (b) गोल हुआ
(c) फ्री हिट (d) पेनाल्टी स्ट्रोक

उत्तर (a)
• यदि अम्पायर दोनों बाँहों को क्षैतिज रूप से उठाकर गोल की ओर संकेत करे, तो पेनाल्टी कॉर्नर होता है।
• यदि कोई खिलाड़ी **25 गज** के अन्दर जान बूझकर नियमों का उल्लंघन करता है, तो विरोधी टीम को **पेनल्टी कॉर्नर** दिया जाता है।
• हॉकी मैदान की लम्बाई 91.44 मी मैदान की चौड़ाई 55 मी और गेंद का वजन 155 से 163 ग्राम होता है।

1538. निम्नलिखित में से किस खेल को पहले पूना (Poona) के नाम से जाना जाता था?
SSC CGL Tier-1 07.12.2022 (Shift-IV)
(a) खो-खो (b) वॉलीबॉल
(c) बेसबॉल (d) बैडमिण्टन

उत्तर (d)
• बैडमिण्टन को पहले पूना के नाम से जाना जाता था।
• इस खेल की प्रमुख शीर्षकारी संस्था **अन्तर्राष्ट्रीय बैडमिण्टन महासंघ** (IBF) है, जिसे **वर्ष 1934** में स्थापित किया गया था।

1539. निम्नलिखित में से किस खिलाड़ी का सम्बन्ध बैडमिण्टन से है?
SSC CGL Tier-1 08.12.2022 (Shift-I)
(a) मोनिका बत्रा (b) संकल्प गुप्ता
(c) के. श्रीकान्त (d) अर्चना कामत

उत्तर (c)
• **के. श्रीकान्त** का सम्बन्ध बैडमिण्टन से है।
• इन्होंने वर्ष 2011 में **कॉमनवेल्थ यूथ गेम्स** में रजत पदक जीता।
• ये वर्ष 2021 में विश्व बैडमिण्टन चैम्पियनशिप के पुरुष एकल के फाइनल में पहुँचने वाले और बीडब्लूएफ टूर में सुपर सीरीज प्रीमियर इवेण्ट में पुरुषों का खिताब जीतने वाले एकमात्र भारतीय खिलाड़ी भी हैं।
• इन्हें वर्ष 2015 में **अर्जुन पुरस्कार** प्रदान किया गया था।

1540. वर्ल्ड पैरा एथलेटिक्स ग्राण्ड प्रिक्स, 2022 का आयोजन कहाँ हुआ था?
SSC CGL Tier-1 08.12.2022 (Shift-I)
(a) दोहा में (b) दुबई में
(c) इस्ताम्बुल में (d) शारजाह में

उत्तर (b)
• वर्ल्ड पैरा एथलेटिक्स ग्राण्ड प्रिक्स, 2022 का आयोजन **दुबई** में हुआ।
• इस आयोजन में भारतीय दल में 29 सदस्य थे, जिनका नेतृत्व पैरालिम्पियन धर्मवीर ने किया था।
• भारत ने 5 स्वर्ण, 6 रजत और 3 कॉस्य पदक सहित कुल 14 पदक जीते थे।
• वर्ल्ड पैरा एथलेटिक्स ग्राण्ड प्रिक्स, 2025 का आयोजन 8 मार्च से 13 मार्च तक भारत में किया जाएगा।

1541. बास्केटबॉल में केन्द्र रेखा (सेण्ट्रल लाइन) किसका हिस्सा होती है?
SSC CGL Tier-1 08.12.2022 (Shift-II)
(a) मिडल कोर्ट (b) बैक कोर्ट
(c) फ्रण्ट कोर्ट (d) प्रतिबन्धित क्षेत्र

उत्तर (b)
• बास्केटबॉल में केन्द्र रेखा **बैक कोर्ट** का हिस्सा होती है।
• बास्केटबॉल एक टीम खेल है, जिसमें दो टीमें होती हैं। यह एक आयताकार कोर्ट पर **पाँच खिलाड़ियों** की दो टीमों के बीच खेला जाने वाला खेल है।
• बास्केटबॉल का पहला विश्व चैम्पियन मैच वर्ष 1950 में आयोजित हुआ।

1542. किस खेल/स्पर्द्धा में प्रतियोगिता वाले मैदान को रिंग कहा जाता है?
SSC CGL Tier-1 08.12.2022 (Shift-IV)
(a) तायक्वोण्डो (b) मुक्केबाजी
(c) कराटे (d) जूडो

उत्तर (b)
• मुक्केबाजी के लिए प्रयुक्त परिसर को रिंग कहा जाता है।
• एक आधुनिक रिंग में प्रत्येक कोने पर एक पोस्ट के साथ एक चौकोर उठा हुआ मंच होता है।

1543. फुटबॉल में गोल पोस्ट के मध्य बिन्दु से पेनाल्टी मार्क की दूरी कितनी होती है?
SSC CGL Tier-1 09.12.2022 (Shift-I)
(a) 13 मी (b) 15 मी (c) 11 मी (d) 10 मी

उत्तर (c)
• फुटबॉल में गोल पोस्ट के मध्य बिन्दु से पेनाल्टी मार्क की दूरी 11 मी होती है।
• फुटबॉल के मैदान में मध्य में गोल घेरा होता है, जिसे यार्ड बॉक्स या गोल पोस्ट कहा जाता है।
• पेनल्टी क्षेत्र के बाहर 9.15 मी की त्रिज्या वाला एक वृत्त प्रत्येक पेनल्टी मार्क पर इसके केन्द्र के साथ खींचा जाता है।
• फुटबॉल का खेल 90 मिनट का होता है।

1544. राष्ट्रमण्डल युवा खेलों का पहला संस्करण निम्नलिखित में से किस वर्ष आयोजित हुआ था? **SSC CGL Tier-1 09.12.2022 (Shift-III)**
(a) वर्ष 2012 में (b) वर्ष 2000 में
(c) वर्ष 2008 में (d) वर्ष 2016 में

उत्तर (b)
• राष्ट्रमण्डल युवा खेलों का पहला संस्करण **वर्ष 2000** में आयोजित हुआ।
• वर्ष 2017 के बाद से राष्ट्रमण्डल युवा खेल, राष्ट्रमण्डल खेलों के आयोजन से पहले वर्ष में आयोजित किए जा रहे हैं।
• इसमें एथलीटो की आयु सीमा 14 से 18 वर्ष निर्धारित है।
• राष्ट्रमण्डल खेलों की शुरुआत वर्ष 1930 में हेमिल्टन (कनाडा) में हुई थी।

1545. टोक्यो ओलम्पिक, 2020 में पुरुष हॉकी सेमीफाइनल स्पर्द्धा में किस देश ने भारत को हराया? **SSC CGL Tier-1 09.12.2022 (Shift-IV)**
(a) बेल्जियम (b) जर्मनी
(c) पाकिस्तान (d) ऑस्ट्रेलिया

उत्तर (a)
• टोक्यो ओलम्पिक, 2020 में पुरुष हॉकी के सेमीफाइनल मैच में विश्व चैम्पियन बेल्जियम ने भारत को 5-2 से हराया, जिसमें बेल्जियम की टीम ने पेनाल्टी कॉर्नर से अवसर बनाए और उन्हें गोल में परिवर्तित किया।
• टोक्यो ओलम्पिक, 2020 में भारतीय पुरुष हॉकी टीम ने कांस्य पदक जीता।
• वर्ष 2028 का ओलम्पिक लॉच एणिलिस, अमेरिका में आयोजित किया जाएगा।

1546. टेनिस में जब प्राप्तकर्ता ड्यूस के बाद अगला अंक जीतता है, तो स्कोर क्या होता है?
SSC CGL Tier-1 12.12.2022 (Shift-I)
(a) एडवाण्टेज इन (b) एडवाण्टेज आउट
(c) 40-30 (d) 30-40

उत्तर (b)
• टेनिस में ड्यूस के बाद अगला अंक जीतने पर एडवाण्टेज आउट मिलता है।
• जिस खिलाड़ी/टीम को एडवाण्टेज मिलता है, उसके बाद वह अगला अंक जीतता है, तो वह मैच जीत जाता है।
• एडवाण्टेज को सर्वर बॉल भी कहते है।

1547. निम्नलिखित में से कौन-सा खिलाड़ी बिलियर्ड्स से जुड़ा है?
(a) नीरज चोपड़ा (b) संकल्प गुप्ता
(c) पंकज आडवानी (d) मनीष नरवाल

उत्तर (c)
• पंकज आडवानी बिलियर्ड्स से सम्बन्धित हैं।
• ये 25 बार अन्तर्राष्ट्रीय बिलियर्ड्स और स्नूकर फैडरेशन विश्व चैम्पियन रहे हैं।
• इन्हें 2004 में **अर्जुन पुरस्कार**, 2006 में **मेजर ध्यानचन्द खेल रत्न पुरस्कार**, 2009 में पद्मश्री और 2018 में **पद्म भूषण** से सम्मानित किया गया।

1548. क्रिकेट टेस्ट मैच में भोजन अवकाश (लंच इण्टरवल) कितने समय के लिए होता है?
SSC CGL Tier-1 12.12.2022 (Shift-III)
(a) 40 मिनट (b) 25 मिनट
(c) 35 मिनट (d) 30 मिनट

उत्तर (a)
• क्रिकेट में भोजन अवकाश **40 मिनट** तथा टी टाइम (चाय अन्तराल) 20 मिनट का होता है।

• लंच ब्रेक पहले सत्र खेलने के बाद लिया जाता है।

• पहला आधिकारिक क्रिकेट टेस्ट मैच 1877 में मेलबर्न में ऑस्ट्रेलिया और इंग्लैण्ड के बीच खेला गया था।

1549. निम्नलिखित में से कौन-सा एक तरीका नहीं है, जिससे एक बल्लेबाज क्रिकेट के खेल में आउट हो सकता है?
SSC CGL Tier-1 12.12.2022 (Shift-III)

(a) बोल्ड (b) लेग बाय
(c) स्टम्प्ड (d) लेग बिफोर विकेट

उत्तर (b)

• **लेग बाय** आउट होने का तरीका नहीं है।

• जबकि बोल्ड, स्टम्प्ड और लेग बिफोर, टाइम आउट, रन आउट, क्रिकेट में आउट होने के तरीके हैं।

1550. क्रिकेट में यदि अम्पायर अपनी तर्जनी अँगुली को सिर के ऊपर तक उठाकर संकेत करे, तो इसका क्या अर्थ होता है?
SSC CGL Tier-1 12.12.2022 (Shift-IV)

(a) वाइड बॉल (b) नो बॉल
(c) डेड बॉल
(d) बल्लेबाज आउट हो गया है

उत्तर (d)

• क्रिकेट में यदि अम्पायर अपनी तर्जनी अँगुली को सिर के ऊपर तक उठाकर संकेत करे, तो इसका अर्थ बल्लेबाज का आउट होना है।

• क्रिकेट 11 खिलाड़ियों की दो टीमों द्वारा खेला जाता है।

• भारत ने अपना पहला टेस्ट मैच 25 जून 1932 को लार्ड्स मैदान, इंग्लैण्ड में खेला था।

• भारत ने अपना पहले वनडे, मैच 13 जुलाई 1974 को इंग्लैण्ड के विरूदध लीड्स में खेला था।

1551. अन्तर्राष्ट्रीय टेनिस महासंघ (ITF), 2021 के नियमों के अनुसार, टेनिस कोर्ट की मानक लम्बाई कितनी होनी चाहिए?
SSC CGL Tier-1 13.12.2022 (Shift-I)

(a) 23.77 मी (b) 22.45 मी
(c) 25.34 मी (d) 26.42 मी

उत्तर (a)

• टेनिस कोर्ट की मानक लम्बाई 23.77 **मी** होती है।

• जबकि इसकी चौड़ाई 1.37 मी होनी आवश्यक है।

• विश्व के लगभग सभी टेनिस कोर्ट सिंगल व डबल्स मैचों के लिए एक ही कोर्ट में बनाए जाते हैं तथा सिंगल्स मैच के लिए साइडलाइन, डबल्स साइडलाइन मार्किंग के अन्दर बनाई गई होती हैं।

1552. ट्रिपल जम्प में सफेद झण्डा निम्न में से किसे इंगित करता है?
SSC CGL Tier-1 13.12.2022 (Shift-II)

(a) पवन समर्थन के साथ ट्रेल
(b) ट्रेल विफल है
(c) ट्रेल मान्य है
(d) ट्रेल की अनुमति है

उत्तर (c)

• ट्रिपल जम्प में सफेद झण्डा ट्रेल मान्य है, इंगित करता है।

• ट्रिपल जम्प को स्टेप और जम्प या हॉप या स्किप एण्ड जम्प के नाम से भी जाना जाता है।

• यह एक ट्रैक एण्ड फील्ड इवेण्ट है। इस खेल में खिलाड़ी ट्रैक पर दौड़ता है और फिर एक हॉप व एक बाउण्ड के बाद फिर रेत के गड्ढे में कूदता है।

1553. हॉकी में यदि अम्पायर दोनों बाँहों को क्षैतिज रूप से उठाकर मैदान के मध्य बिन्दु की ओर इंगित करके संकेत करे, तो इसका क्या अर्थ होता है? **SSC CGL Tier-1 13.12.2022 (Shift-II)**

(a) समय
(b) धौंस
(c) गेंद खेल से बाहर गई
(d) गोल हुआ

उत्तर (d)

• हॉकी में यदि अम्पायर दोनों बाँहों को क्षैतिज रूप से उठाकर मैदान के मध्य बिन्दु की ओर इंगित करके संकेत करे, तो इसका अर्थ है, गोल हुआ होगा।

• इस खेल को 11 खिलाड़ियों के दो विरोधी दलों के बीच मैदान में एक लकड़ी की मुड़ी छड़ी (स्टिक) के सहारे छोटी व कठोर गेंद के विरोधी दल के गोल में मारने के लिए खेला जाता है।

• इसे 'फील्ड हॉकी' भी कहते हैं।

• इस खेल की अवधि 70 मिनट होती है।

1554. बैडमिण्टन में पीला कार्ड क्या इंगित करता है? **SSC CGL Tier-1 13.12.2022 (Shift-III)**

(a) कदाचार के लिए अयोग्य घोषित करना
(b) कदाचार के लिए निलम्बन
(c) कदाचार के लिए चेतावनी
(d) कदाचार के लिए दोष

उत्तर (c)

• जब कोई खिलाड़ी बीडब्ल्यूएफ खेल कानूनों का उल्लंघन करता है, तो अम्पायर खिलाड़ी को पीले रंग का कार्ड दिखाकर चेतावनी देता है।

• एक मैच में किसी खिलाड़ी को केवल एक बार ही पीला कार्ड दिखाया जा सकता है, इसके बाद उल्लंघन करने पर लाल या काला कार्ड दिखाया जाता है।

1555. वर्ष 1930 में पहली बार राष्ट्रमण्डल खेलों की मेजबानी किस देश ने की थी?
SSC CGL Tier-1 13.12.2022 (Shift-III)

(a) ऑस्ट्रेलिया (b) इंग्लैण्ड
(c) कनाडा (d) न्यूजीलैण्ड

उत्तर (c)

• **कनाडा** (हैमिल्टन) ने पहली बार राष्ट्रमण्डल खेलों की मेजबानी की।

• इसमें 11 देशों के लगभग 400 खिलाड़ियों ने भाग लिया था।

• वर्ष 1930 के बाद प्रत्येक चार वर्षों बाद इसका आयोजन होता रहा।

• **वर्ष 2022** में राष्ट्रमण्डल खेल इंग्लैण्ड के **बर्मिंघम शहर** में आयोजित हुए।

1556. भारत का पहला ओलम्पिक मूल्य शिक्षा कार्यक्रम (OVEP) ········ में शुरू किया गया था। **SSC CGL Tier-1 13.12.2022 (Shift-IV)**

(a) पंजाब
(b) ओडिशा
(c) हरियाणा
(d) उत्तर प्रदेश

उत्तर (b)

• ओलम्पिक मूल्य शिक्षा कार्यक्रम **ओडिशा** में हुआ।

• इस कार्यक्रम का उद्देश्य युवाओं को उत्कृष्टता, सम्मान व मित्रता के ओलम्पिक मूल्यों से परिचित कराना है, साथ ही युवाओं को सक्रिय, स्वस्थ व जिम्मेदार नागरिक बनाने में सहायता करने हेतु मूल्य आधारित पाठ्यक्रम का प्रसार करना है।

• यह कार्यक्रम अन्तर्राष्ट्रीय ओलम्पिक समिति और संयुक्त राष्ट्र बाल कोष के सहयोग से शुरू किया गया था।

SSC CGL 2021 (Tier 1 & 2)

1557. प्रथम ओलम्पिक खेलों का आयोजन निम्न में से किस देश में किया गया था?
SSC CGL Tier-1 24.08.2021 (Shift-I)

(a) UK (b) स्पेन (c) चीन (d) ग्रीस

उत्तर (d)

• प्रथम ओलम्पिक खेलों का आयोजन **ग्रीस** में हुआ।

• इसमें 14 देशों के खिलाड़ियों ने भाग लिया था।

• वर्ष 2024 में ओलम्पिक खेलों का आयोजन 26 जुलाई से 11 अगस्त, 2024 तक **पेरिस** में किया गया।

1558. यूरोपीय फुटबॉल क्लब (सेल्टिक FC) के लिए खेलने वाला भारतीय उपमहाद्वीप का पहला खिलाड़ी निम्नलिखित में से कौन था?
SSC CGL Tier-1 29.08.2021 (Shift-I)

(a) नेविल डिसूजा (b) सेलन मन्ना
(c) मोहम्मद सलीम (d) प्रदीप कुमार बनर्जी

उत्तर (c)

• मोहम्मद सलीम एक यूरोपीय फुटबॉल क्लब (सेल्टिक FC) के लिए खेलने वाला भारतीय उपमहाद्वीप के पहले खिलाड़ी थे।

• ये कलकत्ता, पश्चिम बंगाल के एक भारतीय फुटबॉलर थे।

• उन्हें वर्ष 1976 में डॉ. विधानचंद्र रॉय राज्य पुरस्कार से सम्मानित किया गया था।

1559. निम्न में से किस कम्पनी ने भारत का पहला वर्चुअल एकेडमी प्रोग्राम ई-स्पोर्ट्स एकेडमी शुरू करने की घोषणा की है?
SSC CGL Tier-1 24.08.2021 (Shift-I)

(a) जियो (b) सैमसंग
(c) डेल (d) आसुस

उत्तर (d)

• भारत का पहला वर्चुअल एकेडमी प्रोग्राम ई-स्पोर्ट्स एकेडमी शुरू करने की घोषणा आसुस रिपब्लिक ऑफ गेमर्स (ROG) ने की है।

• यह मुम्बई स्थित ई-स्पोर्ट्स मीडिया एवं कण्टेण्ट फर्म AFK के गेमिंग की सहायता से इसका संचालन करेगा।

• यह **ताईवान** की एक **कम्प्यूटर** तथा **मोबाइल कम्पनी** है। इसका मुख्यालय **ताइपे** में है।

1560. हिमादास एक भारतीय ……… हैं।
SSC CGL Tier-1 24.08.2021 (Shift-II)

(a) तैराक (b) धावक
(c) मुक्केबाज (d) क्रिकेटर

उत्तर (b)

• हिमादास एक भारतीय धावक हैं।

• यह **IAAF वर्ल्ड अण्डर-20 एथलेटिक्स चैम्पियनशिप** की 400 मी दौड़ प्रतिस्पर्द्धा में **स्वर्ण पदक जीतने** वाली भारत की प्रथम महिला हैं।

• इन्होंने मात्र 51.46 सेकण्ड में 400 मी की दौड़ प्रतिस्पर्द्धा में स्वर्ण पदक जीता था।

1561. निम्नलिखित भारतीय क्रिकेटरों में से कौन बाएँ हाथ का तेज गेंदबाज है?
SSC CGL Tier-1 24.08.2021 (Shift-II)

(a) इशान्त शर्मा (b) आशीष नेहरा
(c) भुवनेश्वर कुमार (d) उमेश यादव

उत्तर (b)

• **आशीष नेहरा** बाएँ हाथ के तेज गेन्दबाज हैं।

• आशीष नेहरा वर्तमान (2024) में गुजरात टाइटन्स के क्रिकेट कोच और पूर्व भारतीय क्रिकेटर (1999-2017) हैं, जिन्होंने खेल के सभी प्रारूपों में खेला है।

• इन्होंने **वर्ष 1999** में **श्रीलंका के विरुद्ध** टेस्ट क्रिकेट में तथा **वर्ष 2001** में **जिम्बाब्वे** के विरुद्ध वनडे क्रिकेट में पदार्पण किया था।

1562. निम्न में से कौन-सी ऐसी पहली भारतीय बैडमिण्टन खिलाड़ी थीं, जिसने ओलम्पिक में दो स्पर्द्धाओं-मिश्रित युगल और महिला युगल के लिए पात्रता प्राप्त की थी?
SSC CGL Tier-1 23.08.2021 (Shift-I)

(a) पीवी सिन्धु (b) अश्विनी पोनप्पा
(c) ज्वाला गट्टा (d) साइना नेहवाल

उत्तर (c)

• **ज्वाला गट्टा** ने ओलम्पिक में दो स्पर्द्धाओं-मिश्रित युगल और महिला युगल के लिए पात्रता प्राप्त करने वाली पहली भारतीय बैडमिण्टन खिलाड़ी थी।

• ये बाएँ हाथ की भारतीय बैडमिण्डन खिलाड़ी हैं।

• इन्हें वर्ष 2011 में भारत का दूसरा सर्वोच्च खेल सम्मान अर्जुन पुरस्कार मिला।

• इन्होंने लन्दन में **बी. दीजू** के साथ पोप्पा और मिश्रित युगल के साथ ओलम्पिक महिला युगल में क्वालीफाई किया।

1563. निम्न में से किस देश में प्रथम हॉकी संघ का गठन हुआ था?
SSC CGL Tier-1 23.08.2021 (Shift-II)

(a) यूके (b) भारत
(c) स्पेन (d) संयुक्त राज्य अमेरिका

उत्तर (a)

• प्रथम हॉकी संघ का गठन यूके (यूनाइटेड किंगडम) में 1876 ई. में हुआ था।

• अन्तर्राष्ट्रीय हॉकी महासंघ (FIH) की स्थापना वर्ष 1924 में की गई थी।

• FIH हॉकी खेल को संचालित करने वाली **अन्तर्राष्ट्रीय निकाय** है।

• इसका मुख्यालय **स्कॉटलैण्ड** में स्थित है।

1564. निम्नलिखित में से किस खेल में 'शेकहैण्ड ग्रिप' का प्रयोग किया जाता है?
SSC CGL Tier-1 23.08.2021 (Shift-II)

(a) टेबिल टेनिस (b) बैडमिण्टन
(c) क्रिकेट (d) स्क्वैश

उत्तर (a)

• **टेबिल टेनिस** खेल में शेकहैण्ड ग्रिप का प्रयोग किया जाता है।

• 'शेकहैण्ड ग्रिप' विशिष्ट **यूरोपीय प्रकार** की **ग्रिप** है, जहाँ रैकेट का सिर ऊपर की ओर होता है और आपका हाथ ऐसा लगता है कि यह किसी व्यक्ति से हाथ मिलाने के लिए तैयार है।

• इस खेल से सम्बधित महत्त्वपूर्ण शब्द सर्विस बैक स्पिन, सेण्टर लाइन, हाफ कोर्ट, साइड स्पिन, स्विंग, पुश स्ट्रोक, रैली, लेट रिवर्स, टॉस स्पिन आदि शब्दों का प्रयोग किया जाता है।

• टेबल टेनिस को वर्ष **1988 में ओलम्पिक खेल** में शामिल किया गया।

1565. फरवरी, 2021 तक पुरुष क्रिकेट में टेस्ट मैचों में गैर-विकेटकीपर के रूप में अधिकतम कैच लेने का रिकॉर्ड किस भारतीय के नाम है?
SSC CGL Tier-1 20.08.2021 (Shift-II)

(a) सौरव गांगुली (b) अजय जडेजा
(c) राहुल द्रविड़ (d) मोहम्मद अजहरुद्दीन

उत्तर (c)

• राहुल द्रविड़ ने फरवरी, 2021 तक पुरुष क्रिकेट टेस्ट मैचों में गैर-विकेटकीपर के रूप में अधिकतम कैच 210 कैचों लेने का रिकॉर्ड स्थापित किया है।

• राहुल द्रविड़ एक पूर्व भारतीय क्रिकेटर हैं, जिन्हें प्राय: मिस्टर डिपेण्डेबल और द ग्रेट वॉल कहा जाता है।

• उन्हें पद्म श्री (2004) और पद्म भूषण (2013) जैसे राष्ट्रीय पुरस्कारों से सम्मानित किया गया है और 2018 में आईसीसी हॉल ऑफफेम में शामिल किया गया था।

1566. निम्न में से किसने जनवरी, 2021 में टोयोटा थाईलैण्ड ओपन बैडमिण्टन टूर्नामेण्ट में पुरुषों का एकल खिताब जीता?
SSC CGL Tier-1 20.08.2021 (Shift-II)

(a) हंस-क्रिस्टियन सोलबर्ग विटिंगस
(b) विक्टर एक्सेलसेन
(c) रासमस जेमके
(d) किदाम्बी श्रीकान्त

उत्तर (b)

• जनवरी, 2021 में टोयोटा थाइलैण्ड ओपन बैडमिण्टन टूर्नामेण्ट में पुरुषों का एकल खिताब **विक्टर एक्सेलसेन** ने जीता।

• ये दो बार के ओलम्पिक चैम्पियन, दो बार विश्व चैम्पियन और चार बार यूरोपियन में चैम्पियन रह चुके हैं।

• वर्ष 2024 के टोयोटा थाइलैण्ड ओपन बैडमिण्टन टूर्नामेण्ट में पुरुष एकल का खिताब मलेशिया के **ली जी जिया** ने जीता है।

1567. निम्न में से कौन इण्डियन प्रीमियर लीग (IPL) के संस्थापक और पहले अध्यक्ष और कमिश्नर थे? **SSC CGL Tier-1 20.08.2021 (Shift-I)**

(a) जगमोहन डालमिया
(b) संदीप पाटिल
(c) राज सिंह डूंगरपुर
(d) ललित मोदी

उत्तर (d)

• इण्डियन प्रीमियर लीग (IPL) के संस्थापक और पहले अध्यक्ष **ललित मोदी** थे।

• IPL एक क्रिकेट खेल स्पर्धा है, जोकि T-20 लीग के रूप में प्रतिवर्ष खेला जाता है।

• BCCI ने इण्डियन प्रीमियर लीग को शुरू करने की घोषणा वर्ष 2007 में की थी एवं इस घोषणा के बाद **वर्ष 2008** में इस लीग की शुरुआत कर दी गई थी।

• वर्तमान (2025) में आईपीएल के **चेयरमैन अरुण धूमल** हैं।

1568. निम्न में से किसने जनवरी, 2021 में 10000 मी दौड़ में राष्ट्रीय 'अण्डर-20' रिकॉर्ड को तोड़ दिया? **SSC CGL Tier-1 20.08.2021 (Shift-I)**

(a) नरेश कुमार (b) अमित खत्री
(c) परमदीप मोर (d) राहुल बिन्द

उत्तर (b)

• 17 वर्ष की आयु में **अमित खत्री** ने जनवरी, 2021 में 10000 मी दौड़ (रेसवॉक) में राष्ट्रीय 'अण्डर-20' रिकॉर्ड को तोड़ दिया।

• इन्होंने 49:40:97 मिनट में रेस पूरी की।

• इन्होने केन्या के नैरोवी में आयोतिज 2021 वर्ल्ड एथलेटिक्स U-20 चैम्पियनशिप में रजत पदक जीता।

1569. जनवरी, 2021 तक प्राप्त जानकारी के अनुसार निम्न में से कौन नौ बार वरिष्ठ राष्ट्रीय चैम्पियन बनने वाला पहला भारतीय टेबल टेनिस खिलाड़ी था?
SSC CGL Tier-1 18.08.2021 (Shift-I)

(a) अचन्त शरत कमल
(b) हरमीत देसाई
(c) सौम्यजीत घोष
(d) मानव ठक्कर

उत्तर (a)

• **अचन्त शरत कमल**, जनवरी, 2021 तक नौ बार वरिष्ठ राष्ट्रीय चैम्पियन बनने वाले पहले भारतीय टेबल टेनिस खिलाड़ी थे।

• इन्होंने **कमलेश मेहता** का रिकॉर्ड तोड़कर इस कीर्तिमान को प्राप्त किया।

• वर्ष 2019 में इन्हें भारत के चौथे सर्वोच्च पुरस्कार पद्मश्री से सम्मानित किया गया।
• इन्होंने वर्ष 2022 के राष्ट्रमण्डल में पुरुष एकल में भारत के लिए स्वर्ण पदक जीता है।

1570. वर्ष 2020 में निम्न में से कौन माइकल शूमाकर को पछाड़कर, सबसे अधिक करियर जीत के साथ सबसे सफल फॉर्मूला-वन ड्राइवर बन गया?
SSC CGL Tier-1 18.08.2021 (Shift-I)
(a) फर्नाण्डो अलोन्सो (b) किमि राइकोनेन
(c) सेबेस्टियन वेट्टल (d) लुइस हैमिल्टन

उत्तर (d)
• वर्ष 2020 लुइस हैमिल्टन के करियर की 92वीं जीत थी तथा वह सर्वाधिक जीत के मामले में जर्मनी के महान फार्मूला वन ड्राइवर **माइकल शूमाकर** से आगे निकल गए हैं।
• इन्होंने वर्ष 2007 में मैक्लॉरेन के साथ अपने डेब्यू के बाद से हर सीजन में कम-से-कम एक रेस जीती है।
• ये मैकलेरन मर्सिडीज टीम के लिए रेसिंग करते हैं और फार्मूला वन के अभी तक सबसे युवा चैम्पियन हैं।

1571. निम्न में से किस राज्य ने अक्टूबर, 2020 में ऑनलाइन गेमिंग पर प्रतिबन्ध लगा दिया है?
SSC CGL Tier-1 17.08.2021 (Shift-III)
(a) आन्ध्र प्रदेश (b) महाराष्ट्र
(c) गुजरात (d) मध्य प्रदेश

उत्तर (a)
• **आन्ध्र प्रदेश** विधानसभा में ध्वनि मत के द्वारा AP गेमिंग बिल 2020 पारित किया गया, जिससे राज्य में ऑनलाइन गेम पर प्रतिबन्ध लगा दिया गया है।
• यह अधिनियम आन्ध्र प्रदेश गेमिंग अधिनियम, 1974 में संशोधन के साथ लाया गया।

1572. FIFA विश्व कप 2018 के फाइनल में कुल कितने गोल किए गए?
SSC CGL Tier-1 17.08.2021 (Shift-III)
(a) छः (b) तीन (c) पाँच (d) चार

उत्तर (a)
• FIFA विश्व कप 2018 के फाइनल में कुल छः गोल किए गए।
• इस मुकाबले में फ्रांस ने 4-2 से क्रोएशिया को पराजित किया तथा 20 वर्ष पश्चात् फ्रांस दूसरी बार **FIFA** विश्व कप का विजेता बना।
• फ्रांस ऐसा छठा देश है, जिसने दो-या-दो से अधिक बार FIFA विश्व कप जीता है।
• फीफा विश्व कप, 2026 का आयोजन **अमेरिका, कनाडा** तथा **मैक्सिको** में किया जा रहा है।

1573. हीरो इण्डियन सुपर लीग के 2020-21 संस्करण के सभी मैच निम्न में से किस राज्य में खेले जा रहे हैं?
SSC CGL Tier-1 17.08.2021 Tier-1
(a) कर्नाटक (b) गोवा
(c) केरल (d) पश्चिम बंगाल

उत्तर (b)
• हीरो इण्डियन सुपर लीग के 2020-21 संस्करण के सभी मैच गोवा में खेले जा रहे हैं।
• इस लीग का खिताब मुम्बई सिटी ने फाइनल में एटीके **मोहन बागान** को हराकर जीता।
• मुम्बई सिटी एफसी ने मोहन बागान सुपर जायण्ट को 3-1 से हराकर आईएसएल, 2023-24 का खिताब अपने नाम किया।

1574. वर्ष 1962 के एशियाई खेलों के स्वर्ण पदक विजेता टीम के सदस्य, कौन-से दो महान फुटबॉलरों का वर्ष 2020 में निधन हो गया?
SSC CGL Tier-1 17.08.2021 (Shift-I)
(a) यूसुफ खान और टीए रहमान
(b) चुन्नी गोस्वामी और पीके बनर्जी
(c) राम बहादुर और जरनैल सिंह
(d) क्रिशानू डे और सी. प्रसाद

उत्तर (b)
• वर्ष 1962 के एशियाई खेलों के स्वर्ण पदक विजेता टीम के सदस्य **चुन्नी गोस्वामी और पीके बनर्जी** का 2020 में निधन हो गया।
• चुन्नी गोस्वामी वर्ष 1962 के एशियाई खेलों (विजेता) वर्ष 1964 के एशिया कप (उप-विजेता) तथा वर्ष 1964 के मर्डेका (उप-विजेता) के कप्तान थे।
• जबकि पीके बनर्जी वर्ष 1961 में **अर्जुन** पुरस्कार से सम्मानित होने वाले पहले फुटबॉलर थे।
• इन दोनों ने वर्ष 1967 में फुटबॉल से संन्यास ले लिया था।

1575. चेन्नई की IPL फ्रैंचाइजी क्रिकेट टीम का संक्षिप्त रूप क्या है?
SSC CGL Tier-1 16.08.2021
(a) CL (b) CSK (c) CA (d) GCW

उत्तर (b)
• चेन्नई की IPL फ्रैंचाइजी क्रिकेट टीम का संक्षिप्त रूप CSK चेन्नई सुपर किंग है।
• यह इण्डियन प्रीमियर लीग में भाग लेने वाली दस टीमों में से एक है।
• इस टीम ने अब तक पाँच बार (2010, 2011, 2018 एवं 2021, 2023) में इण्डियन प्रीमियर लीग का खिताब जीता है।
• **महेन्द्र सिंह धोनी** चेन्नई सुपर किंग्स के पूर्व कप्तान तथा वर्तमान (2024) में कप्तान ऋतुराज गायकवाड़ हैं।

1576. निम्न में से कौन भारतीय पैरालम्पिक तैराक है? SSC CGL Tier-1 16.08.2021 Tier-1
(a) शरथ एम. गायकवाड़
(b) गौरव खन्ना
(c) सुकान्त कदम
(d) प्रमोद भगत

उत्तर (a)
• **शरथ एम. गायकवाड़** भारतीय पैरालम्पिक तैराक हैं।
• वर्ष 2018 में जकार्ता में आयोजित एशियाई पैरालम्पिक खेलों में 50 मी बटरफ्लाई S-7 स्पर्द्धा में स्वर्ण एवं 200 मी व्यक्तिगत मेंण्डले, 100 मी फ्रीस्टाइल, 100 मी बैकस्ट्रोक, 100 मी बटरफ्लाई और 50 मी फ्रीस्टाइल और 4 × 100 मीटर मेण्डले रिले के क्रमशः एक रजत और पाँच कांस्य पदक जीतकर पीटी उषा का सर्वाधिक पदक जीतने का रिकॉर्ड तोड़ दिया।

1577. 'चाइनामैन' शब्द निम्न में से किस खेल से सम्बन्धित है? SSC CGL 16.08.2021 (Shift-I)
(a) टेबल टेनिस (b) पोलो
(c) क्रिकेट (d) तैराकी

उत्तर (c)
• 'चाइनामैन' शब्द **क्रिकेट** से सम्बन्धित है।
• 'चाइनामैन' शब्द का प्रयोग क्रिकेट में बाएँ हाथ के गेंदबाजों के लिए किया जाता है, जो लोग स्पिन गेंदबाजी करते हैं।
• चाइनामैन गेंदबाजी को 'बाँए हाथ के स्पिनर्स का गुगली' भी कहा जाता है।

1578. जनवरी, 2021 में गुलमर्ग में आयोजित 10वीं राष्ट्रीय आइस हॉकी चैम्पियनशिप ट्रॉफी का विजेता निम्न में से कौन है?
SSC CGL Tier-1 13.08.2021 (Shift-III)
(a) भारतीय राष्ट्रीय राजमार्ग प्राधिकरण (NHAI)
(b) केन्द्रीय रिजर्व पुलिस बल (CRPF)
(c) भारत-तिब्बत सीमा पुलिस (ITBP)
(d) केन्द्रीय औद्योगिक सुरक्षा बल (CISF)

उत्तर (c)
• जनवरी, 2021 में गुलमर्ग में आयोजित 10वीं राष्ट्रीय आइस हॉकी चैम्पियनशिप ट्रॉफी का विजेता भारत-तिब्बत सीमा पुलिस (ITBP) है।
• लद्दाख को भारत में **आइस हॉकी** की राजधानी माना जाता है।
• IIHF राष्ट्रीय चैम्पियनशिप 2024 में पुरुष वर्ग में पूरे लद्दाख ने यह खिताब जीता।

1579. क्रिकेट में निम्न में से कौन-सी फील्डिंग पोजीशन बल्लेबाज के पीछे होती है?
SSC CGL Tier-1 13.08.2021 (Shift-III)
(a) मिड-विकेट (b) मिड ऑफ
(c) पहली स्लिप (d) कवर

उत्तर (c)
• क्रिकेट में, बल्लेबाज के पीछे **फर्स्ट स्लिप** और **विकेट कीपर** की फील्डिंग पोजिशन होती है।
• स्लिप में क्रिकेट की चार प्रमुख फील्डिंग पोजीशन (पहली स्लिप, दूसरी स्लिप, तीसरी स्लिप तथा चौथी स्लिप) होती हैं।

SSC CPO 2024

1580. निम्नलिखित में से कौन-सा देश विश्व बैडमिण्टन चैम्पियनशिप इवेण्ट 2026 की मेजबानी करेगा? SSC CPO 27.07.2024 (Shift-I)
(a) भारत (b) जापान
(c) चीन (d) इण्डोनेशिया

उत्तर (a)
• भारत वर्ष 2026 में विश्व बैडमिण्टन चैम्पियनशिप के 30वें संस्करण की मेजबानी करेगा।

• यह टूर्नामेण्ट बैडमिण्टन वर्ल्ड फेडरेशन (BWF) द्वारा आयोजित किया जाता है।
• भारत पहले वर्ष 2009 में हैदराबाद में इस टूर्नामेण्ट की मेजबानी कर चुका है और यह दूसरी बार होगा जब वे इस प्रतियोगिता का आयोजन करेगा।

1581. वर्ष 2026 के शीतकालीन ओलम्पिक ······· में आयोजित किए जाएँगे।
SSC CPO 27.07.2024 (Shift-I)
(a) अमेरिका (b) इटली
(c) यूके (d) जापान

उत्तर (b)
• वर्ष 2026 के शीतकालीन ओलम्पिक **इटली** के दो शहरों, **मिलान** और **कोर्टिना डी' अम्पेज़ो** में आयोजित किए जाएँगे।
• यह आयोजन 6 फरवरी से 22 फरवरी 2026 तक चलेगा।
• यह 25वाँ शीतकालीन ओलम्पिक होगा और यह पहली बार होगा जब इटली शीतकालीन ओलम्पिक की मेजबानी करेगा।
• 2026 शीतकालीन ओलम्पिक के आधिकारिक शुभंकर **टीना** और **मिलो** हैं, जिनका नाम क्रमश: कोर्टिना और मिलान शहरों के नाम पर रखा गया।

1582. 15वाँ पुरुष हॉकी विश्व कप-2023 का खिताब किस देश ने जीता है?
SSC CPO 27.07.2024 (Shift-I)
(a) जर्मनी (b) बेल्जियम
(c) भारत (d) पाकिस्तान

उत्तर (a)
• 15वें पुरुष हॉकी विश्व कप-2023 का खिताब जर्मनी ने जीता था।
• यह टूर्नामेंट 13 से 29 जनवरी 2023 तक भारत के **ओडिशा** राज्य में स्थित भुवनेश्वर और राउरकेला में आयोजित किया गया था।
• फाइनल मुकाबले में जर्मनी ने बेल्जियम को पेनल्टी शूटआउट में हराकर अपना तीसरा विश्व कप खिताब जीता था।
• जर्मनी के **निकलास वेलेन** को टूर्नामेण्ट का सर्वश्रेष्ठ खिलाड़ी घोषित किया गया था।
• 2026 एफआईएच हॉकी विश्व कप का आयोजन बेल्जियम और नीदरलैंड्स द्वारा संयुक्त रूप से किया जाएगा।

1583. निम्नलिखित में से किसे बीसीसीआई (BCCI) का 36वाँ अध्यक्ष चुना गया है?
SSC CPO 27.07.2024 (Shift-I)
(a) रोजर बिन्नी (b) अनिल कुम्बले
(c) सौरव गांगुली (d) चेतन शर्मा

उत्तर (a)
• **रोजर बिन्नी** को 18 अक्टूबर, 2022 को भारतीय क्रिकेट कण्ट्रोल बोर्ड (BCCI) का 36वाँ अध्यक्ष चुना गया था।
• उन्होंने पूर्व भारतीय कप्तान **सौरव गांगुली** की जगह ली, जिन्होंने वर्ष 2019 से इस पद पर कार्यभार सँभाला था।
• बिन्नी वर्ष 1983 क्रिकेट विश्व कप विजेता भारतीय टीम के सदस्य थे और उस टूर्नामेण्ट में सबसे ज्यादा विकेट लेने वाले गेंदबाज भी थे।
• वह कर्नाटक राज्य क्रिकेट संघ के अध्यक्ष और राष्ट्रीय चयन समिति के सदस्य के रूप में भी कार्यरत रह चुके हैं। उनके अध्यक्ष पद का कार्यकाल **3 वर्ष** का होगा।

1584. निम्नलिखित में से किस खेल में 'ड्रिबलिंग (Dribbling) शब्द का प्रयोग किया जाता है?
SSC CPO 27.06.2024 (Shift-I)
(a) बास्केटबॉल (b) क्रिकेट
(c) वालीबॉल (d) बेसबॉल

उत्तर (a)
• **बास्केटबॉल खेल** में 'ड्रिब्लिंग' शब्द का प्रयोग किया जाता है।
• इस खेल की अन्य शब्दावली हैं- रिंग गार्ड प्वॉइण्ट, डेड बॉल, बास्केट हैंगिग, लीड पास, गोल, सेण्टर, लाइन, फ्रण्ट कोर्ट, पिनोट, की होल आदि।
• इस खेल का आविष्कार **जेम्स स्मिथ** ने 1891 ई. में अमेरिका में किया।
• इसका पहला विश्व चैम्पियन मैच वर्ष **1950** में अर्जेण्टीना में आयोजित हुआ।

1585. 2023 में खेलो इण्डिया यूथ गेम्स के 5वें संस्करण में 5,000 से अधिक एथलीटों ने ········ खेलों में 1,936 पदकों के लिए प्रतिस्पर्द्धा की। **SSC CPO 27.06.2024 (Shift-I)**
(a) 26 (b) 25
(c) 24 (d) 27

उत्तर (d)
• 2023 में खेलो इण्डिया यूथ गेम्स के 5वें संस्करण में 5000 से अधिक एथलीटों ने 27 खेलों में 1936 पदकों के लिए प्रतिस्पर्द्धा की।
• खेलो इण्डिया यूथ गेम्स 2023 का आयोजन **मध्य प्रदेश** में हुआ।
• खेलो इण्डिया यूथ गेम्स 2024 का आयोजन तमिलनाडु में हुआ।
• खेलो इण्डिया यूथ गेम्स की शुरुआत 2018 में हुई।

1586. केन्द्र सरकार ने वर्ष ········ में राष्ट्रीय वायु खेल नीति (National Air Sports Policy) शुरू की। **SSC CPO 27.06.2024 (Shift-I)**
(a) 2021 (b) 2020
(c) 2022 (d) 2019

उत्तर (c)
• केन्द्र सरकार ने वर्ष **2022** में राष्ट्रीय वायु खेल नीति की शुरुआत की।
• इस नीति का मुख्य उद्देश्य 2030 तक भारत को शीर्ष खेल राष्ट्र बनाना है।
• यह नीति नागरिक उड्डयन मन्त्रालय द्वारा लॉन्च की गई है।
• इस नीति के माध्यम से हवाई खेल उपकरणों के घरेलू विनिर्माण को बढ़ावा दिया जाएगा।

1587. कॉमनवेल्थ फेंसिंग चैम्पियनशिप 2022 की मेजबानी किसके द्वारा की गई?
SSC CPO 27.06.2024 (Shift-I)
(a) कनाडा (b) भारत
(c) ऑस्ट्रेलिया (d) यूनाइटेड किंगडम

उत्तर (d)
• कॉमनवेल्थ फेंसिग चैम्पियनशिप 2022 की मेजबानी **यूनाइटेड किंगडम** द्वारा की गई।
• पहली राष्ट्रमण्डल तलवारबाजी चैम्पियनशिप 1974 में आयोजित की गई थी।
• भारतीय फेंसर भवानी देवी ने 2022 में स्वर्ण पदक जीता था।
• 2024 में कॉमनवेल्थ फेंसिंग चैम्पियनशिप का आयोजन **न्यूजीलैंड** में किया गया, जिसमें भारत के तलवारबाजों ने एक रजत और तीन कांस्य पदक जीते थे।

1588. टेस्ट मैच क्रिकेट में एक ओवर में सर्वाधिक रन बनाने वाला खिलाड़ी कौन है?
SSC CPO 27.06.2024 (Shift-II)
(a) जसप्रीत बुमराह (b) ब्रायन लारा
(c) विराट कोहली (d) कपिल देव

उत्तर (a)
• टेस्ट मैच क्रिकेट में एक ओवर में सबसे ज्यादा रन बनाने का रिकॉर्ड **जसप्रीत बुमराह** के नाम है।
• उन्होंने 7 जून, 2022 को इंग्लैण्ड के खिलाफ लॉर्ड्स में खेले गए टेस्ट मैच के दौरान यह रिकॉर्ड बनाया था।
• उन्होंने स्टुअर्ट ब्रॉड के ओवर में 35 रन बनाए थे, जिसमें 4 चौके, 3 छक्के और 1 वाइड शामिल थे।

1589. आइस हॉकी एसोसिएशन ऑफ इण्डिया (IHAI) के पुरुषों के लिए राष्ट्रीय आइस हॉकी चैम्पियनशिप (2023) का 12वाँ संस्करण ········ में आयोजित किया गया था। **SSC CPO 27.06.2024 (Shift-II)**
(a) लद्दाख (b) जम्मू और कश्मीर
(c) हिमाचल प्रदेश (d) उत्तराखण्ड

उत्तर (a)
• आइस हॉकी एसोसिएशन ऑफ इंडिया (IHAI) के पुरुषों के लिए राष्ट्रीय आइस हॉकी चैम्पियनशिप (2023) का 12वाँ संस्करण लेह के **लद्दाख** में आयोजित किया गया था।
• भारत-तिब्बत सीमा पुलिस (ITBP) ने फाइनल में लद्दाख स्काउट्स को **1-0** से हराकर खिताब जीता था।
• 2024 में आइस हॉकी एसोसिएशन का आयोजन **लाहौल स्पीति** में किया गया। यह 13वीं राष्ट्रीय आइस हॉकी चैम्पिनशिप थी।

1590. लिबेरो (libero) शब्द का प्रयोग ············ में किया जाता है। **SSC CPO 27.06.2024 (Shift-II)**
(a) वॉलीबॉल (b) बास्केटबॉल
(c) स्नूकर (d) बैडमिण्टन

उत्तर (a)
• लिबेरो (Libero) शब्द का प्रयोग **वॉलीबॉल** में किया जाता है।

• यह टीम का एक विशेष खिलाड़ी होता है, जो रक्षात्मक भूमिका निभाता है।
• लिबेरो को 1998 में अन्तर्राष्ट्रीय वॉलीबॉल नियमों में रक्षा को बढ़ावा देने और खेल को अधिक रोमांचक बनाने के लिए पेश किया गया था।

1591. क्रिकेट के खेल में मैदान से स्टम्प की ऊँचाई कितनी होती है? SSC CPO 27.06.2024 (Shift-II)

(a) 25 इंच (b) 27 इंच
(c) 28 इंच (d) 26 इंच

उत्तर (c)

• क्रिकेट के खेल में मैदान से स्टम्प की ऊँचाई 28 इंच (71.1 सेंटीमीटर) होती है।
• तीन स्टम्पों की कुल चौड़ाई 9 इंच होती है।
• स्टम्प का व्यास 1.38 इंच होता है।
• स्टम्प के ऊपर बेल्स की जोड़ी की लम्बाई 4.37 इंच होती है।

1592. किस वर्ष खेल विभाग को युवा मामले एवं खेल विभाग में परिवर्तित किया गया था? SSC CPO 28.06.2024 (Shift-III)

(a) 1984 (b) 1985
(c) 1983 (d) 1982

उत्तर (b)

• वर्ष **1985** में खेल विभाग को युवा मामले एवं खेल विभाग में परिवर्तित किया गया।
• वर्ष 2000 में यह युवा कार्यक्रम और खेल मन्त्रालय का हिस्सा बन गया, जिसे एक स्वतन्त्र मन्त्रालय के रूप में बनाया गया था।
• वर्तमान में मनसुख मण्डाविया भारत के खेलमन्त्री हैं।

1593. नेशनल बीच सॉकर चैम्पियनशिप का उद्घाटन संस्करण 2023 में ……… में आयोजित किया गया था। SSC CPO 28.06.2024 (Shift-III)

(a) दीव (b) सूरत (c) दमन (d) गोवा

उत्तर (b)

• नेशनल बीच सॉकर चैम्पियनशिप का उद्घाटन **संस्करण** 2023 **सूरत** में आयोजित किया गया।
• यह ऑल इण्डिया फुटबॉल फेडरेशन द्वारा आयोजित भारत में एक **वार्षिक टूर्नामेण्ट** है।
• नेशनल बीच सॉकर चैम्पियनशिप का 2023 का विजेता **केरल** है।
• वर्ष 2024 की राष्ट्रीय बीच सॉकर चैम्पियनशिप **गोवा में आयोजित** की गई।

1594. 35वें राष्ट्रीय खेलों का आयोजन ……… राज्य में किया गया था। SSC CPO 28.06.2024 (Shift-III)

(a) झारखण्ड (b) केरल
(c) गुजरात (d) असम

उत्तर (b)

• वर्ष 2015 में 35वें राष्ट्रीय खेलों का आयोजन केरल में हुआ।
• इसका शुभंकर **अम्मू** था।
• ये खेल केरल में दूसरी बार वर्ष **1987** के बाद हुए।
• इसमें 91 स्वर्ण पदक के साथ सर्विसेज टीम पहले नम्बर पर रही।
• 38वें राष्ट्रीय खेलों का आयोजन वर्ष 2024 में **उत्तराखण्ड** में किया गया।

1595. बास्केटबॉल में जब एक रेफरी यह निर्धारित करने के लिए गेंद को सेंटर सर्कल में ऊपर फेंकता है कि किस टीम को गेंद प्राप्त होती है, उसे ……… कहा जाता है। SSC CPO 28.06.2024 (Shift-I)

(a) डंक बॉल (b) हुक बॉल
(c) जम्प बॉल (d) हाई बॉल

उत्तर (c)

• बास्केटबॉल में जब एक रेफरी यह निर्धारित करने के लिए गेंद को सेंटर सर्कल में ऊपर फेंकता है कि किस टीम को गेंद मिलेगी, उसे जम्प बॉल कहा जाता है।
• बास्केटबॉल को वर्ष 1936 में ओलम्पिक खेलों में शामिल किया गया।
• प्रत्येक बास्केटबॉल टीम में पाँच खिलाड़ी होते हैं।

1596. विश्व एथलेटिक्स अण्डर-20 चैम्पियनशिप-2021 का आयोजन 18 से 22 अगस्त, 2021 तक ……… में किया गया था। SSC CPO 28.06.2024 (Shift-I)

(a) अर्जेण्टीना (b) केन्या
(c) ब्राजील (d) दक्षिण अफ्रीका

उत्तर (b)

• विश्व एथलेटिक्स अण्डर-20 चैम्पियनशिप 2021 का आयोजन 18 से 22 अगस्त, 2021 तक **केन्या** के नैरोबी में कसारानी स्टेडियम में किया गया था।
• यह चैम्पियनशिप वर्ल्ड एथलेटिक्स द्वारा आयोजित छठी अण्डर-20 चैम्पियनशिप थी। इस प्रतियोगिता में 120 से अधिक देशों के लगभग 1300 युवा एथलीटों ने भाग लिया था।
• भारत ने इस चैम्पियनशिप में तीन पदक जीते थे।
• विश्व एथलेटिक्स अण्डर 20 चैम्पियनशिप 2024, 27 से 31 अगस्त, 2024 के बीच **पेरू के लीमा** में आयोजित की गई थी।
• **इथियोपिया** ने कुल 16 पदक जीतकर पदक तालिका में शीर्ष स्थान हासिल किया था।

1597. आधुनिक ओलम्पिक में पहली बार महिलाओं ने किस वर्ष भाग लिया था? SSC CPO 28.06.2024 (Shift-I)

(a) 1916 में (b) 1896 में
(c) 1900 में (d) 1904 में

उत्तर (c)

• आधुनिक ओलम्पिक खेलों में पहली बार महिलाओं ने वर्ष **1900** में भाग लिया था।
• यह पेरिस, फ्रांस में आयोजित हुआ था।
• उस समय 997 एथलीटों में से 22 महिलाओं ने टेनिस, सेलिंग, क्रिकेट, घुड़सवारी और गोल्फ जैसे खेलों में हिस्सा लिया।
• लन्दन 2012 एक ऐतिहासिक क्षण था, क्योंकि यह पहला संस्करण था, जिसमें हर देश के एथलीटों में एक महिला थी।
• पेरिस ओलम्पिक 2024 में मनु भाकर ओलम्पिक शूटिंग पदक जीतने वाली पहली भारतीय महिला बनी।

1598. टोक्यो ओलम्पिक-2020 में नीरज चोपड़ा का विनिंग थ्रो ……… का था। SSC CPO 28.06.2024 (Shift-II)

(a) 90.58 मी (b) 87.58 मी
(c) 80.00 मी (d) 90.00 मी

उत्तर (b)

• टोक्यो ओलम्पिक 2020 में नीरज चोपड़ा का विनिंग थ्रो **87.58** मी का था।
• नीरज चोपड़ा एक भारतीय ट्रैक और फील्ड एथलीट हैं, जो भाला फेंक स्पर्द्धा में प्रतिस्पर्द्धा करते हैं।
• वह ओलम्पिक में भाला फेंक में स्वर्ण जीतने वाले पहले एशियाई एथलीट हैं।
• 2024 के पेरिस ओलम्पिक में नीरज चोपड़ा ने **89.45** मी भाला फेंककर कांस्य पदक जीता

1599. 21 जुलाई, 2021 को आई.ओ.सी. द्वारा ओलम्पिक-2032 की मेजबानी के लिए किस शहर का चयन किया गया है? SSC CPO 28.06.2024 (Shift-II)

(a) सिडनी (b) मास्को
(c) ब्रिस्बेन (d) न्यूयॉर्क

उत्तर (c)

• 21 जुलाई, 2021 को आई.ओ.सी. द्वारा ओलम्पिक- 2032 की मेजबानी के लिए **ब्रिस्बेन** शहर का चयन किया गया है।
• ऑस्ट्रेलिया तीसरी बार ओलम्पिक खेलों की मेजबानी करेगा। इससे पहले इनका मेलबर्न (1956) और सिडनी (2000) में आयोजन हो चुका है।

1600. टोक्यो ओलम्पिक 2020 में महिला मुक्केबाजी में कांस्य पदक किसने जीता? SSC CPO 28.06.2024 (Shift-II)

(a) अदिति अशोक (b) एम.सी. मेरी कॉम
(c) लवलीना बोर्गोहेन (d) मीराबाई चानू

उत्तर (c)

• टोक्यो ओलम्पिक 2020 में महिला मुक्केबाजी 69 किग्रा वर्ग में कांस्य पदक **लवलीना बार्गोहेन** ने जीता।
• लवलीना ने 2017 में एशियाई चैम्पियनशिप में कांस्य पदक जीता था।
• **मीराबाई चानू** एक भारतीय भारोत्तोलक हैं।
• अदिति अशोक एक भारतीय प्रोफेशनल गोल्फर हैं।
• **मेरी कॉम** एक भारतीय महिला बॉक्सिंग खिलाड़ी हैं।

1601. अटल बिहारी वाजपेयी पर्वतारोहण और सम्बद्ध खेल संस्थान (Atal Bihari Vajpayee Institute of Mountaineering and Allied Sports) कहाँ स्थित है? SSC CPO 28.06.2024 (Shift-II)

(a) उत्तरकाशी, उत्तराखण्ड
(b) दार्जिलिंग, पश्चिम बंगाल
(c) मनाली, हिमाचल प्रदेश
(d) पहलगाम, जम्मू और कश्मीर

उत्तर (c)

• अटल बिहारी वाजपेयी पर्वतारोहण और सम्बद्ध खेल संस्थान **मनाली, हिमाचल प्रदेश** में स्थित है।
• इसकी स्थापना वर्ष **1961** में की गई थी।
• वर्ष 2008 में इसका नाम अटल बिहारी वाजपेयी के नाम पर रखा गया।

1602. निम्नलिखित भरतनाट्यम नर्तकियों में से किसे तिरुमाला तिरुपति देवस्थानम मन्दिर द्वारा अस्थाना नर्तकी (निवासी नर्तकी) की उपाधि से सम्मानित किया गया था? **SSC CPO 29.06.2024 (Shift-III)**

(a) पद्म सुब्रमण्यम (b) रीवा गांगुली
(c) इन्द्राणी रहमान (d) यामिनी कृष्णमूर्ति

उत्तर (d)

• पद्म विभूषण यामिनी कृष्णमूर्ति को तिरुमाला तिरुपति देवस्थानम मन्दिर द्वारा अस्थाना नर्तकी (निवासी नर्तकी) की उपाधि से सम्मानित किया गया था।
• उन्होंने अपने गुरु कलामणि बी.पी. दण्डनाथ से भरतनाट्यम सीखा।
• उन्होंने कई राष्ट्रीय और अन्तर्राष्ट्रीय पुरस्कार जीते हैं, जिनमें पद्म भूषण, पद्म विभूषण और संगीत नाटक अकादमी पुरस्कार शामिल हैं। उन्हें प्रायः **भरतनाट्यम की रानी** के रूप में जाना जाता है।

1603. वॉलीबॉल नेट पर प्रयुक्त एण्टीना का रंग कैसा होता है? **SSC CPO 29.06.2024 (Shift-III)**

(a) हरा और सफेद (b) काला और सफेद
(c) लाल और सफेद (d) पीला और काला

उत्तर (c)

• वॉलीबॉल नेट पर प्रयोग किए जाने वाले एण्टीना **लाल और सफेद** रंग के होते हैं।
• एण्टीना 1.8 मीटर लम्बे और 10 मिलीमीटर व्यास वाले होते हैं और वे नेट के दोनों सिरों से जुड़े होते हैं।
• एण्टीना के शीर्ष भाग में 80 सेमी लम्बी लाल और सफेद धारियाँ होती हैं।

1604. लक्ष्य सेन का ········ जन्म में हुआ था। **SSC CPO 29.06.2024 (Shift-III)**

(a) उत्तराखण्ड (b) उत्तर प्रदेश
(c) तेलंगाना (d) हिमाचल प्रदेश

उत्तर (a)

• लक्ष्य सेन का जन्म 16 अगस्त, 2001 को भारत के **उत्तराखण्ड** राज्य के अल्मोड़ा में हुआ था।
• उन्होंने 2017 में अण्डर-18 एशियाई चैम्पियनशिप जीती और 2018 में अण्डर-19 विश्व चैम्पियनशिप में रजत पदक जीता।
• लक्ष्य सेन ने वर्ष 2021 में ऑल इंग्लैण्ड चैम्पियनशिप और 2022 में थॉमस कप जीता।

1605. एक मानक टेबल टेनिस गेंद का आकार क्या होता है? **SSC CPO 29.06.2024 (Shift-III)**

(a) 42 मिमी (b) 41 मिमी
(c) 39 मिमी (d) 40 मिमी

उत्तर (d)

• एक मानक टेबल टेनिस गेंद का आकार 40 मिमी (1.57 इंच) होता है।
• गेंद का वजन 2.7 ग्राम होता है।
• गेंद का रंग नारंगी या सफेद होता है।

1606. अन्तर्राष्ट्रीय सेना खेल (International Army Games) – 2021, 22 अगस्त से 4 सितम्बर तक निम्नलिखित में से किस देश में आयोजित किए गए थे? **SSC CPO 29.06.2024 (Shift-III)**

(a) उज्बेकिस्तान (b) रूस
(c) बेलारूस (d) भारत

उत्तर (b)

• अन्तर्राष्ट्रीय सेना खेल (International Army Games)-2021, 22 अगस्त से 4 सितम्बर, 2021 तक रूस में आयोजित किए गए थे।
• भारत ने भी 101 सदस्यों की एक टीम के साथ इस आयोजन में भाग लिया था।
• रूस ने कुल मिलाकर 34 स्वर्ण पदक जीतकर प्रतियोगिता जीती थी।
• भारत ने तीन रजत पदक और एक कांस्य पदक जीता था।

1607. निम्नलिखित में से किस टीम ने वर्ष 2023 में पुरुषों के लिए आइस हॉकी एसोसिएशन ऑफ इण्डिया (IHAI) की राष्ट्रीय आइस हॉकी चैम्पियनशिप का 12वाँ संस्करण जीता? **SSC CPO 29.06.2024 (Shift-I)**

(a) भारत-तिब्बत सीमा पुलिस (आईटीबीपी)
(b) जम्मू और कश्मीर ब्लू टीम
(c) रिमो क्लब लेह
(d) लद्दाख स्काउट्स

उत्तर (a)

• **भारत-तिब्बत सीमा पुलिस (आईटीबीपी)** ने वर्ष 2023 में पुरुषों के लिए आइस हॉकी एसोसिएशन ऑफ इण्डिया (IHAI) की राष्ट्रीय आइस हॉकी चैम्पियनशिप का 12वाँ संस्करण जीता था।
• यह लगातार तीसरी बार था, जब आईटीबीपी ने यह खिताब जीता था।
• उन्होंने फाइनल में **हिमाचल प्रदेश** पुलिस को 6-2 से हराया था।
• टीम के कप्तान, **अजय ठाकुर** को टूर्नामेण्ट का सबसे मूल्यवान खिलाड़ी (MVP) चुना गया था।

1608. भारत किस वर्ष आईसीसी पुरुष अन्तर्राष्ट्रीय विश्व कप क्रिकेट का आयोजन करेगा? **SSC CPO 29.06.2024 (Shift-I)**

(a) 2030 (b) 2031
(c) 2025 (d) 2027

उत्तर (b)

• **भारत वर्ष 2031** में आईसीसी पुरुष अन्तर्राष्ट्रीय विश्वकप क्रिकेट का आयोजन करेगा। यह टूर्नामेण्ट **बांग्लादेश** के साथ मिलकर आयोजित किया जाएगा।
• भारत वर्ष 2023 में पुरुष क्रिकेट विश्व कप का मेजबान भी था, जो अक्टूबर-नवम्बर 2023 में आयोजित किया गया था।
• अक्टूबर, 2029 में **चैम्पियन्स ट्रॉफी** का आयोजन भारत में किया जाएगा।

1609. बेसबॉल में खिलाड़ियों की संख्या कितनी होती है? **SSC CPO 29.06.2024 (Shift-I)**

(a) 6 (b) 8 (c) 9 (d) 7

उत्तर (c)

• बेसबॉल में, प्रत्येक टीम में एक समय में मैदान पर 9 खिलाड़ी होते हैं।
बेसबॉल एक बल्ले और गेंद से खेला जाने वाला खेल है।
• बेसबॉल खिलाड़ियों की भूमिकाएँ-पिंचर, कैचर, पहला बेसमैन, दूसरा बेसमैन, तीसरा बेसमैन, शॉर्टस्टॉप, बाएँ क्षेत्ररक्षक, केन्द्र क्षेत्ररक्षक, दाएँ क्षेत्ररक्षक आदि है।

1610. ········ पहले तेज गेंदबाज थे, जो भारतीय टेस्ट टीम के कप्तान थे। **SSC CPO 29.06.2024 (Shift-I)**

(a) जहीर खान (b) जसप्रीत बुमराह
(c) जवागल श्रीनाथ (d) कपिल देव

उत्तर (d)

• पहले तेज गेंदबाज कपिल देव थे, जो भारतीय टेस्ट टीम के कप्तान थे।
• भारतीय क्रिकेट टीम को वर्ष 1983 में एक दिवसीय अन्तर्राष्ट्रीय क्रिकेट शृंखला में विश्व विजेता बनाने का श्रेय कपिल देव को जाता है।
• कपिल देव की आत्मकथा 'बाई गॉड्स डिक्री' है।

1611. अन्तर्राष्ट्रीय ओलम्पिक समिति की स्थापना वर्ष ······ में हुई थी। **SSC CPO 29.06.2024 (Shift-II**

(a) 1890 (b) 1892 (c) 1894 (d) 1896

उत्तर (c)

• अन्तर्राष्ट्रीय ओलम्पिक समिति की स्थापना **1894** ई. में हुई थी।
• यह एक गैर-लाभकारी स्वतन्त्र अन्तर्राष्ट्रीय संगठन है, जो ओलम्पिक खेलों के नियमित आयोजन को सुनिश्चित करता है, सभी सम्बद्ध सदस्य संगठनों का समर्थन करता है और उचित तरीकों से ओलम्पिक मूल्यों को बढ़ावा देता है।
• वर्ष 1921 में स्थापित अन्तर्राष्ट्रीय ओलम्पिक समिति के कार्यकारी बोर्ड के अध्यक्ष चार उपाध्यक्ष और दस अन्य सदस्य शामिल हैं।

1612. निम्नलिखित में से कौन टोक्यो ओलम्पिक 2020 में एकल ओलम्पिक में सात पदक जीतने वाली पहली महिला तैराक थी? **SSC CPO 29.06.2024 (Shift-I)**

(a) एमा मैकियन (b) रेगन स्मिथ
(c) मेरी हन्ना (d) काइली मास

उत्तर (a)

• टोक्यो ओलम्पिक 2020 में एकल ओलम्पिक में सात पदक जीतने वाली पहली महिला तैराक **एमा मैकियन** ऑस्ट्रेलिया से हैं।

• ऐसा करने वाले एकमात्र पुरुष माइकल फेल्प्स, मार्क स्पिट्ज और मैट बियोन्डी हैं।

• वर्ष 1952 में यह उपलब्धि प्राप्त करने वाली सोवियत जिमनास्ट **मारिया गोरोखोवस्काया** के बाद वह अब सिंगल ओलम्पिक में सात पदक जीतने वाली इतिहास की दूसरी महिला हैं।

SSC CPO 2023

1613. वॉलीबॉल खेल में प्रत्येक टीम में कितने खिलाड़ी होते हैं? SSC CPO 03.10.2023 (Shift-I)

(a) 6 (b) 7
(c) 8 (d) 5

उत्तर (a)

• वॉलीबॉल खेल में प्रत्येक टीम में 6 खिलाड़ी होते हैं।

• वॉलीबॉल का आविष्कार 1895 ई. में किया गया था।

• इस खेल को मूलरूप से **मिटोनेट** कहा जाता है।

• अन्तर्राष्ट्रीय वॉलीबॉल प्रतियोगिता की शुरुआत वर्ष **1913** में मनीला में पहले सुदूर पूर्ण खेलों के साथ हुई थी।

1614. निम्नलिखित में से कौन-सी घुड़सवारी प्रतियोगिता नहीं है? SSC CPO 03.10.2023 (Shift-I)

(a) वॉल्टिंग (Vaulting)
(b) स्प्रिण्ट (Sprint)
(c) ड्रेसेज (Dressage)
(d) शो जम्पिंग (Show Jumping)

उत्तर (b)

• स्प्रिण्ट घुड़सवारी नहीं, बल्कि एथलेटिक्स व ट्रैक और फील्ड में, कम दूरी की दौड़ है।

• वॉल्टिंग, ड्रेसेज और शो जम्पिंग घुड़सवारी प्रतियोगिताएँ हैं।

• घुड़सवारी की स्पर्द्धा को पहली बार वर्ष 1900 में आधुनिक ओलम्पिक खेलों में शामिल किया गया था।

1615. प्रथम राष्ट्रमण्डल खेलों का आयोजन निम्नलिखित में से किस वर्ष किया गया था? SSC CPO 03.10.2023 (Shift-I)

(a) 1920 (b) 1922
(c) 1930 (d) 1926

उत्तर (c)

• प्रथम राष्ट्रमण्डल खेलों का आयोजन वर्ष 1930 में कनाडा के हेमिल्टन, ओण्टारियो शहर में किया गया।

• प्रत्येक **चार वर्ष** में राष्ट्रमण्डल खेलों का आयोजन किया जाता है।

• राष्ट्रमण्डल खेल का मूलमन्त्र मानवता, समानता और भाग्य है।

• राष्ट्रमण्डल खेल को आमतौर पर फ्रेण्डली गेम्स के तौर पर देखा जाता है।

1616. वर्ष 2020 के ओलम्पिक खेलों में सुपर हैवीवेट बॉक्सिंग स्पर्द्धा में भाग लेने वाले/वाली प्रथम भारतीय कौन थे/थीं? SSC CPO 03.10.2023 (Shift-I)

(a) अमित पंघाल (b) सतीश कुमार
(c) मनीष हर्षित (d) साक्षी चौधरी

उत्तर (b)

• **सतीश कुमार** ने पहला गोल्ड मेडल वर्ष 2010 में उत्तर भारत एरिया चैम्पियनशिप में जीता था।

• इन्होंने वर्ष 2018 राष्ट्रमण्डल खेलों में रजत पदक जीता था।

• इन्होंने अपना मुक्केबाजी कैरियर 2010 में शुरू किया था।

1617. हॉकी की गेंद का मानक वजन कितना होता है? SSC CPO 15.10.2023 (Shift-III)

(a) 160 ग्राम-156 ग्राम
(b) 162 ग्राम- 156 ग्राम
(c) 163 ग्राम-156 ग्राम
(d) 161 ग्राम-156 ग्राम

उत्तर (c)

• हॉकी की गेंद का मानक वजन **163 ग्राम-156 ग्राम** होता है।

• हॉकी खेल में 2 टीमें होती हैं। प्रत्येक टीम में **11** खिलाड़ी होते हैं। यह आयताकार मैदान पर खेला जाता है, जिसकी लम्बाई और चौड़ाई क्रमश: **91.40 मी** और **55 मी** होती है।

• आधुनिक युग में पहली बार ओलम्पिक में हॉकी 21 अक्टूबर, 1908 को **लन्दन** में खेली गई थी।

• वर्ष 1971 में पहले हॉकी विश्व कप की शुरुआत हुई।

1618. 'ड्रिबल (Dribble)' शब्द सामान्यत: .... से सम्बन्धित है। SSC CPO 05.10.2023 (Shift-III)

(a) टेनिस (b) बेसबॉल
(c) क्रिकेट (d) बास्केटबॉल

उत्तर (d)

• 'ड्रिबल (Dribble)' शब्द सामान्यत: **बास्केटबॉल** से सम्बन्धित है।

• बास्केटबॉल से जुड़े अन्य शब्द हैं—बॉल, बास्केट, ब्लॉकिंग, ड्रिबल, फ्री थ्रो, हेल्ड बॉल, होल्डिंग, जम्प बॉल, मल्टीपल थ्रो, पिवट आदि।

• इसका आविष्कार **जेम्स स्मिथ** ने 1891 ई. में अमेरिका में किया था।

• भारत में प्रथम यह खेल वर्ष 1930 में खेला गया।

• इसका पहला विश्व चैम्पियन मैच वर्ष 1950 में आयोजित किया गया था।

1619. बॉल बैडमिण्टन में, खिलाड़ी प्रत्येक गेम में किसी भी साइड द्वारा पहले .... के अतिरिक्त अन्य सभी स्कोर करने पर अपने छोर बदल लेते हैं। SSC CPO 05.10.2023 (Shift-III)

(a) 11 (b) 27
(c) 18 (d) 9

उत्तर (a)

• बॉल बैडमिण्टन में खिलाड़ी प्रत्येक कोण में किसी भी साइड द्वारा पहले **11** के अतिरिक्त अन्य सेमी स्कोर करने पर अपने छोर बदल लेते हैं।

• इस खेल का प्रणेता भारत है, इसकी शुरुआत **तमिलनाडु** के तन्जौर से हुई।

• बैडमिण्टन की सर्वोच्च संस्था इण्टरनेशनल बैडमिण्टन फेडरेशन है, जिसकी स्थापना वर्ष 1934 में की गई थी।

• विश्व बैडमिण्टन चैम्पियनशिप की शुरुआत वर्ष 1977 में हुई थी।

1620. बॉल बैडमिण्टन के खेल में गेंद का रंग क्या होना चाहिए? SSC CPO 05.10.2023 (Shift-III)

(a) लाल (b) पीला
(c) गुलाबी (d) हरा

उत्तर (b)

• बॉल बैडमिण्टन के खेल में गेंद का रंग **पीला** होना चाहिए।

• यह **भारत** का मूल खेल है।

• आधुनिक बैडमिण्टन का विकास सम्भवत: **इंग्लैण्ड** में हुआ था।

• इसके कोर्ट की लम्बाई 44 फीट, कोर्ट की चौड़ाई 20 फीट, 1 नेट की ऊँचाई 5 फीट होती है।

1621. निम्नलिखित में से किस खेल के शीर्ष राष्ट्रीय शासी निकाय का मुख्यालय नई दिल्ली में नहीं है? SSC CPO 04.10.2023 (Shift-II)

(a) हॉकी इण्डिया (Hockey India)
(b) बैडमिण्टन एसोसिएशन ऑफ इण्डिया (Badminton Association of India)
(c) भारतीय वॉलीबॉल संघ (Volleyball Federation of India)
(d) भारतीय एथलीट संघ (Athletes Federation of India)

उत्तर (c)

• **भारतीय वॉलीबॉल संघ** का मुख्यालय चेन्नई तमिलनाडु में है।

• वर्ष 1951 से पहले यह भारतीय ओलम्पिक संघ द्वारा नियन्त्रित किया जाता था।

• हॉकी इण्डिया, बैडमिण्टन एसोसिएशन ऑफ इण्डिया, भारतीय एथलीट संघ का मुख्यालय नई दिल्ली में है।

1622. स्विट्जरलैण्ड में आयोजित प्रतिष्ठित ज्यूरिख डायमण्ड लीग फाइनल, 2022 जीतने वाले पहले भारतीय कौन बने? SSC CPO 04.10.2023 (Shift-II)

(a) रमेशबाबू प्रज्ञानानन्द (b) पीवी सिन्धु
(c) मैरी कॉम (d) नीरज चोपड़ा

उत्तर (d)

• स्विट्जरलैण्ड में प्रतिष्ठित ज्यूरिख डायमण्ड लीग फाइनल 2022 जीतने वाले नीरज चोपड़ा पहले भारतीय बने।

• इस लीग के फाइनल में इन्होंने 88.07 मी भाला फेंककर स्वर्ण पदक जीता था।

• इन्होंने 87.58 मी भाला फेंककर टोक्यो ओलम्पिक, 2020 में गोल्ड मेडल जीता था।
• ज्यूरिख डायमण्ड लीग, 2022 विश्व एथलेटिक्स द्वारा आयोजित आउटडोर ट्रैक और फील्ड बैठकों की वार्षिक शृंखला का 15वाँ सीजन है।
• नीरज चोपडा ने पेरिस (फ्रांस) ओलम्पिक 89.45 मी भाला फेंक कर भारत को रजत पदक दिलाया।

SSC CPO 2022

1623. खेलो इण्डिया यूनिवर्सिटी गेम्स-2021 की मेजबानी ········ द्वारा की गई थी।
SSC CPO 11.11.2022
(a) तमिलनाडु (b) केरल
(c) कर्नाटक (d) तेलंगाना

उत्तर (c)
• खेलो इण्डिया यूनिवर्सिटी गेम्स 2021 का आयोजन अप्रैल-मई वर्ष 2022 के मध्य कर्नाटक के बेंगलुरु शहर में किया गया, जिसकी मेजबानी जैन विश्वविद्यालय (बंगलुरु) द्वारा की गई थी। इस प्रतियोगिता में 189 यूनिवर्सिटी के 3900 प्रतिभागियों ने प्रतिभाग किया।
• वर्ष 2023 में खेलो इण्डिया यूनिवर्सिटी गेम्स 2022 का आयोजन उत्तर प्रदेश में किया गया।
• चौथे खेलो इण्डिया यूनिवर्सिटी गेम्स (केआईयूजी) 2023 का समापन 29 फरवरी, 2024 को गुवाहाटी में आयोजित किया गया।

1624. भारत ने ओलम्पिक खेलों में पुरुष हॉकी में कितने स्वर्ण पदक जीते हैं?
SSC CPO 11.11.2022
(a) छ: (b) आठ (c) पाँच (d) चार

उत्तर (b)
• भारत ने ओलम्पिक खेलों में पुरुष हॉकी में आठ स्वर्ण पदक जीते हैं।
• भारतीय राष्ट्रीय पुरुष हॉकी टीम ने वर्ष 1928 से लेकर 1956 तक लगातार **6 गोल्ड** मेडल जीते हैं।
• पुन: वर्ष 1964 में आयोजित टोक्यो ओलम्पिक और वर्ष 1980 में आयोजित मॉस्को ओलम्पिक में भारत ने 2 और स्वर्ण पदक अपने नाम किए।
• भारतीय पुरुष हॉकी **मेन इन ब्लूज एशिया** नाम से प्रसिद्ध एशिया की सबसे सफल टीमों में से एक है।
• भारत ने वर्ष 1975 में विश्व कप भी जीता था।

1625. निम्नलिखित क्रिकेटरों में से T-20 पुरुष विश्व कप क्रिकेट, 2021 में सबसे अधिक रन बनाने वाला खिलाड़ी कौन था?
SSC CPO 11.11.2022
(a) विराट कोहली (b) बाबर आजम
(c) जोश बटलर (d) रोहित शर्मा

उत्तर (b)
• T-20 पुरुष विश्व कप क्रिकेट, 2021 में सबसे अधिक रन **बाबर आजम** ने बनाए थे।
• इस टूर्नामेण्ट के 6 मैचों में 60.60 के औसत से 303 रन बनाए थे।
• इनका सम्बन्ध पाकिस्तान क्रिकेट टीम से है। वे पाकिस्तान की राष्ट्रीय क्रिकेट टीम के कप्तान हैं।
• उन्हें आईसीसी **टी-20 इण्टरनेशनल टीम-2021** का कप्तान चुना गया था।

1626. एशियन एसोसिएटेड रेसलिंग कमेटी (AAWC) द्वारा वर्ष 1979 में पहली बार एशियाई कुश्ती चैम्पियनशिप का आयोजन कहाँ किया गया था? **SSC CPO 11.11.2022**
(a) लाहौर (पाकिस्तान) (b) तेहरान (ईरान)
(c) ओराई (जापान) (d) जालन्धर (भारत)

उत्तर (d)
• AAWC द्वारा वर्ष 1979 में पहली बार एशियाई कुश्ती चैम्पियनशिप का आयोजन 8 से 11 नवम्बर के बीच भारत के जालन्धर (पंजाब) में किया गया था, जिसका विजेता **ईरान** बना था।
• एशियन एसोसिएटेड रेसलिंग कमेटी (AAWC) द्वारा पुरुष वर्ग का टूर्नामेण्ट वर्ष 1979 में तथा महिला वर्ग का टूर्नामेण्ट वर्ष 1996 में पहली बार आयोजित किया गया था। इसका आयोजन प्रतिवर्ष किया जाता है।
• वर्ष 2024 में एशियाई कुश्ती चैम्पियिनशिप का आयोजन बिश्केक किर्गिस्तान में किया गया।
• भारतीय पहलवान ने एक रजत और **पाँच कांस्य** पदक जीते हैं।

SSC CHSL 2024 (Tier 1 & 2)

1627. भारत ने पहली बार एशियाई खेलों की मेजबानी किस वर्ष की थी?
SSC CHSL Tier-1 01.07.2024 (Shift-I)
(a) 1948 (b) 1949 (c) 1950 (d) 1951

उत्तर (d)
• भारत में पहली बार एशियाई खेलों की मेजबानी **वर्ष 1951** में की थी।
• एशियाई खेलों को 'एशियाड' के नाम से भी जाना जाता है। यह प्रत्येक चार वर्ष बाद आयोजित होने वाली बहु खेल प्रतियोगिता है।
• इसमें केवल एशिया के देश भाग लेते हैं।
• वर्ष 2022 में इसका 18वाँ संस्करण आयोजित किया गया था।
• वर्ष 2026 में एशिया गेम्स जापान के नगोया शहर में आयोजित किए जाएँगे।

1628. शतरंज की बिसात पर कितने वर्ग होते हैं?
SSC CHSL Tier-1 01.07.2024 (Shift-I)
(a) 68 (b) 64 (c) 69 (d) 67

उत्तर (b)
• शतरंज की बिसात पर 64 वर्ग बने होते हैं।
• शतरंज के वर्ग दो विपरीत रंगों से रंगे होते हैं। प्रत्येक खिलाड़ी के पास अलग-अलग रंग के 16 चेसमेन होते हैं।
• शतरंज का उद्देश्य प्रतिद्वंद्वी राजा को शह और मात देना होता है।
• शतरंज का खेल भारत में छठी शताब्दी ईसवी में गुप्त साम्राज्य के दौरान शुरू किया।

1629. राष्ट्रीय पर्वतारोहण और साहसिक खेल संस्थान (National Institute of Mountaineering and Adventure Sports - NIMAS) ········ में स्थित है।
SSC CHSL Tier-1 01.07.2024 (Shift-I)
(a) मिजोरम (b) नागालैण्ड
(c) अरुणाचल प्रदेश (d) हिमाचल प्रदेश

उत्तर (c)
• राष्ट्रीय पर्वतारोहण और साहसिक खेल संस्थान (National Institute of Mountaineering and Adventure Sports-NIMAS) **अरुणाचल प्रदेश** में स्थित है।
• यह संस्थान भारतीय रक्षा मन्त्रालय के तहत् एक स्वायत्त संस्थान है, जो पर्वत बचाव, पर्वतारोहण और साहसिक खेलों में विशेष प्रशिक्षण प्रदान करता है।
• **NIMAS** भारत का पहला राष्ट्रीय संस्थान है, जिसे भूमि, वायु और जल के क्षेत्र में साहसिक पाठ्यक्रम संचालित करने का अधिकार है।
• भारत में प्रतिवर्ष राष्ट्रीय पर्वतारोहण दिवस 1 अगस्त को मनाया जाता है।

1630. आईसीसी विश्व कप (क्रिकेट), 2023 की मेजबानी ·········· ने की।
SSC CHSL Tier-I 01.07.2024 (Shift-II)
(a) भारत, श्रीलंका और बांग्लादेश
(b) भारत
(c) भारत और श्रीलंका
(d) भारत और बांग्लादेश

उत्तर (b)
• आईसीसी विश्व कप (एकदिवसीय क्रिकेट), 2023 की मेजबानी भारत ने 5 अक्टूबर से 19 नवम्बर, 2023 तक की। इसकी विजेता टीम ऑस्ट्रेलिया रही तथा भारत उपविजेता बना।
• आईसीसी विश्व कप का अगला आयोजन वर्ष 2027 में होगा।

1631. निम्नलिखित में से किसने इण्टरनेशनल शूटिंग स्पोर्ट्स फेडरेशन जूनियर विश्व कप, 2023 में स्वर्ण पदक जीता?
SSC CHSL Tier-1 01.07.2024 (Shift-II)
(a) राजकंवर सिंह सन्धू
(b) धनुष श्रीकान्त
(c) उमामहेश मद्दिनेनी
(d) महेश पसुपति आनन्दकुमार

उत्तर (b)
• **धनुष श्रीकान्त** ने इण्टरनेशनल शूटिंग स्पोर्ट्स फेडरेशन जूनियर विश्व कप, 2023 में स्वर्ण पदक जीता।
• **यह 10 मी एयर राइफल इवेण्ट** था।
• इस इवेण्ट में भारत एयर राइफल मेन्स का प्रतिनिधित्व सालिम, **अभिनव शॉं** व **धनुष श्रीकान्त** ने किया।

1632. नेहरू पर्वतारोहण संस्थान ······· में स्थित है।
SSC CHSL Tier-1 01.07.2024 (Shift-II)
(a) जम्मू-कश्मीर (b) हिमाचल प्रदेश
(c) लेह (d) उत्तराखण्ड

उत्तर (d)

- नेहरू पर्वतारोहण संस्थान **उत्तराखण्ड** में स्थित है।
- इस संस्थान की स्थापना **14 नवम्बर, 1965 को उत्तरकाशी, उत्तराखण्ड** में हुई।
- पर्वतारोहण के अन्तर्गत ऊँचे पहाड़ों के उच्च बिन्दुओं तक पहुँचना शामिल है।
- पर्वतारोहण मुख्यत: **दो प्रकार** के होते हैं

(i) अल्पाइन (ऊँचे पहाड़)
(ii) एक्सपीडिसन (अभियान)

1633. फील्ड हॉकी में, ……… तब होता है, जब कोई खिलाड़ी गेंद को धकेलता है और उसे जमीन से ऊपर उठाता है।
SSC CHSL Tier-1 01.07.2024 (Shift-I)

(a) स्लैप (b) फ्लिक
(c) बुली (d) सेण्टर पास

उत्तर (b)

- फील्ड हॉकी में, फ्लिक तब होता है, जब कोई खिलाड़ी गेंद को धकेलता है और उसे जमीन से ऊपर उठाता है।
- फ्लिक का मुख्य उद्देश्य गेंद को हवा में उठाकर गोल करने के अवसर को बढ़ाना होता है।
- विशेषकर इसका उपयोग पेनल्टी कॉर्नर और शूटआउट के दौरान होता है।
- फील्ड हॉकी की प्रत्येक टीम में 11 खिलाड़ी होते हैं।

1634. अन्तर्राष्ट्रीय फुटबॉल एसोसिएशन बोर्ड (International Football Association Board - IFAB) द्वारा अनुमोदित फुटबॉल की परिधि कितनी है?
SSC CHSL Tier-1 01.07.2024 (Shift-III)

(a) 78 - 80 सेमी (b) 68 - 70 सेमी
(c) 80 - 82 सेमी (d) 70 - 72 सेमी

उत्तर (b)

- अन्तर्राष्ट्रीय फुटबॉल एसोसिएशन बोर्ड द्वारा फुटबॉल की परिधि 68-70 सेमी अनुमोदित की गई है।
- IFAB फुटबॉल के नियमों के प्रबन्धन और संशोधन के लिए जिम्मेदार संगठन है।
- इसकी स्थापना 1886 ई. में, मुख्यालय-लन्दन (इंग्लैण्ड) में स्थित है।

1635. भारतीय तीरंदाजों (Archers) ने पहली बार ओलम्पिक में किस वर्ष भाग लिया था?
SSC CHSL Tier-1 01.07.2024 (Shift-III)

(a) 1973 (b) 1988 (c) 1975 (d) 1980

उत्तर (b)

- **वर्ष 1988** में भारतीय तीरंदाजों ने पहली बार ओलम्पिक में भाग लिया। इन खेलों का आयोजन **सिपोल दक्षिण कोरिया** में हुआ था।
- राष्ट्रीय तीरंदाजी संघ 1973 में स्थापित किया गया। यह भारत में तीरंदाजी के खेल को प्रमोट और विकसित करने का काम करता है।
- प्रमुख भारतीय तीरंदाज **लिम्बा राम, दीपिका कुमारी, अभिषेक वर्मा** हैं।

1636. निम्नलिखित में से कौन-सा भारत में भारतीय क्रिकेट कण्ट्रोल बोर्ड (Board of Control for Cricket in India - BCCI) द्वारा आयोजित कराया जाने वाला एक घरेलू क्रिकेट टूर्नामेण्ट नहीं है? **SSC CHSL Tier-1 01.07.2024 (Shift-IV)**

(a) जेड.आर. ईरानी कप (b) सुपर फोर
(c) विज्जी ट्रॉफी (d) रणजी ट्रॉफी

उत्तर (b)

- सुपर फोर भारत में भारतीय क्रिकेट कण्ट्रोल बोर्ड द्वारा आयोजित कराया जाने वाला एक घरेलू क्रिकेट टूर्नामेण्ट नहीं है।
- सुपर फोर क्रिकेट 'बैक-यार्ड' क्रिकेट का एक विशेष रूप है, जो किसी घास या सिन्थेटिक घास के टेनिस कोर्ट पर खेला जाता है।
- मैदान पर फील्डिंग करने वाली टीम का प्रतिनिधित्व केवल **चार खिलाड़ी** करते हैं। इसलिए इस खेल का **नाम सुपर** 4 है।

1637. नीचे सूचीबद्ध फुटबॉल क्लबों में से, भारत में सबसे पुराना क्लब कौन-सा है?
SSC CHSL Tier-1 01.07.2024 (Shift-IV)

(a) एफ.सी कोचीन (b) मद्रास एफ.सी.
(c) कलकत्ता एफ.सी. (d) बॉम्बे एफ.सी.

उत्तर (c)

- सूचीबद्ध फुटबॉल क्लबों में से भारत का सबसे पुराना क्लब कलकत्ता एफ. सी. है।
- कलकत्ता फुटबॉल क्लब, जिसे CCFC के नाम से जाना जाता है।
- जोकि कोलकाता में स्थित एक भारतीय पेशेवर मल्टी स्पोर्ट्स क्लब है, जिसकी स्थापना वर्ष 1972 **में एक क्रिकेट** संस्थान के रूप में की गई।
- इसे वर्ष 1965 में **कलकत्ता फुटबॉल क्लब** के साथ मिला दिया गया।

1638. वर्ष 2023 अण्डर-20 एशियाई एथलेटिक्स चैम्पियनशिप में सिद्धार्थ चौधरी ने किस स्पर्द्धा में भारत के लिए स्वर्ण पदक जीता?
SSC CHSL Tier-1 01.07.2024 (Shift-IV)

(a) शॉटपुट (b) ट्रिपल जम्प
(c) हैमर थ्रो (d) डिस्कस थ्रो

उत्तर (a)

- सिद्धार्थ चौधरी ने वर्ष 2023 अण्डर-20 एशियाई एथलेटिक्स चैम्पियनशिप में **शॉटपुट** में भारत के लिए **स्वर्ण पदक** जीता।
- यह एशियाई एथलेटिक्स चैम्पियनशिप का **25वाँ संस्करण** था।
- वर्ष 2023 का आयोजन **बैंकॉक, थाइलैण्ड** में हुआ, इसमें **थाई हनुमान** को शुभंकर बनाया गया।
- इसका पहली बार आयोजन वर्ष **1973 में थाइलैण्ड** में हुआ।

1639. दिसम्बर, 2023 तक भारत ने कितनी बार दक्षिण एशियाई फुटबॉल संघ (South Asian Football Federation- SAFF) चैम्पियनशिप जीती? **SSC CHSL Tier-1 02.07.2024 (Shift-I)**

(a) 5 बार (b) 7 बार
(c) 9 बार (d) 6 बार

उत्तर (c)

- दिसम्बर, 2023 तक भारत ने **9 बार** दक्षिण एशियाई फुटबॉल संघ (SAFF) चैम्पियनशिप जीती।
- SAFF चैम्पियनशिप एक अन्तर्राष्ट्रीय स्तर पर मान्यता प्राप्त फुटबॉल टूर्नामेण्ट है, जो दक्षिण एशियाई उपमहाद्वीप की टीमों को एक मंच पर लाता है।
- SAFF का गठन वर्ष **1997 में बांग्लादेश**, भारत, मालदीव, नेपाल, पाकिस्तान और श्रीलंका के सदस्य संघों की स्थापना करके किया गया था।

1640. ओलम्पिक के नियमों के अनुसार, मैच की तीसरी पारी में, जब कोई पक्ष ……… प्वॉइण्ट बनाता है, तो बैडमिण्टन खिलाड़ी कोर्ट की साइड (ends) बदल लेते हैं।
SSC CHSL Tier-1 02.07.2024 (Shift-I)

(a) 11 (b) 12 (c) 13 (d) 15

उत्तर (a)

- ओलम्पिक के नियमों के अनुसार, मैच की तीसरी पारी में, जब कोई पक्ष **11 प्वॉइण्ट** बनाता है, तो बैडमिण्टन खिलाड़ी कोर्ट की साइड बदल लेते हैं।
- बैडमिण्टन में सभी एकल और युगल मैच में तीन गेम होते हैं।
- प्रत्येक गेम में सबसे पहले **21 अंक हासिल** करने वाला खिलाड़ी विजेता होता है। यदि कोई खिलाड़ी लगातार दो गेम जीत जाता है, तो वह मैच का भी विजेता होता है और तीसरा गेम नहीं होता है।

1641. टेनिस को ओलम्पिक खेलों में किस वर्ष शामिल किया गया था?
SSC CHSL Tier-1 02.07.2024 (Shift-I)

(a) 1927 (b) 1896 (c) 1948 (d) 1935

उत्तर (b)

- टेनिस को **1896** ई. में ओलम्पिक में शामिल किया गया था।
- वर्ष 1924 के ग्रीष्मकालीन ओलम्पिक में अन्तर्राष्ट्रीय लॉन टेनिस फेडरेशन और अन्तर्राष्ट्रीय ओलम्पिक समिति के बीच विवाद के कारण इस खेल को कुछ समय के लिए स्थगित कर दिया गया था।
- वर्ष 1988 से यह खेल फिर से ओलम्पिक में शामिल हो गया।
- वर्ष 1926 में, **अंतर्राष्ट्रीय टेबल टेनिस महासंघ** की स्थापना हुई।

1642. वह एकमात्र भारतीय महिला कौन है, जिसे बैडमिण्टन में विश्व में नम्बर 1 स्थान दिया गया है? **SSC CHSL Tier-1 02.07.2024 (Shift-II)**

(a) साइना नेहवाल (b) ज्वाला गुट्टा
(c) पी.वी. सिन्धु (d) ऋतुपर्णा दास

उत्तर (a)

- **साइना नेहवाल** एकमात्र भारतीय महिला है, जिसे बैडमिण्टन में विश्व में नम्बर 1 स्थान दिया गया है।

• वर्ष 2012 लन्दन ओलम्पिक में साइना ने कांस्य पदक जीता था।

• साइना नेहवाल को वर्ष 2009 में **अर्जुन पुरस्कार**, वर्ष 2009-10 में **राजीव गाँधी खेल रत्न अवॉर्ड**, वर्ष 2010 में **पद्म श्री** तथा वर्ष 2016 में **पद्म भूषण** सम्मान प्राप्त हुआ था।

• साइना नेहवाल का जन्म 17 मार्च 1990 हिसार (हरियाणा) में हुआ था।

1643. खेलो इण्डिया यूथ गेम्स का पाँचवाँ संस्करण किस वर्ष भोपाल शहर में आयोजित किया गया था? **SSC CHSL Tier-1 02.07.2024 (Shift-II)**

(a) 2021 (b) 2023 (c) 2020 (d) 2022

उत्तर (b)

• खेलो इण्डिया यूथ गेम्स का पाँचवाँ संस्करण **वर्ष 2023** में भोपाल शहर में आयोजित किया गया था।

• खेलो इण्डिया यूथ गेम्स का **छठा संस्करण वर्ष 2024** में **तमिलनाडु** में किया गया था।

• 7वें संसकरण आयोजन 2025 में बिहार में होगें।

• KIYG भारत में स्कूल और कॉलेज के छात्रों के लिए एक राष्ट्रीय स्तर की बहु-विषयक खेल प्रतियोगिता है।

• इसे दो श्रेणियों में आयोजित किया जाता है अर्थात् 17 वर्ष से कम आयु के स्कूली छात्र और 21 वर्ष से कम आयु के कॉलेज के छात्र के लिए।

1644. बिरसा मुण्डा अन्तर्राष्ट्रीय हॉकी स्टेडियम कहाँ स्थित है?
SSC CHSL Tier-1 02.07.2024 (Shift-III)

(a) जमशेदपुर (b) राउरकेला
(c) राँची (d) भुवनेश्वर

उत्तर (b)

• बिरसा मुण्डा अन्तर्राष्ट्रीय हॉकी स्टेडियम राउरकेला (ओडिशा) में स्थित है।

• भारतीय स्वतन्त्रता सेनानी बिरसा मुण्डा के नाम पर यह स्टेडियम ओडिशा के सुन्दरगढ़ जिले में बिजू पटनायक प्रौद्योगिकी विश्वविद्यालय परिसर के अन्दर बनाया गया है।

• यह भारत का सबसे बड़ा **हॉकी स्टेडियम** है।

1645. फुटबॉल में सेण्डिंग ऑफ कार्ड का रंग कैसा होता है? **SSC CHSL Tier-1 02.07.2024 (Shift-III)**

(a) काला (b) नीला
(c) लाल (d) पीला

उत्तर (c)

• फुटबॉल में **सेण्डिंग ऑफ कार्ड** का रंग लाल होता है।

• **सेण्डिंग ऑफ** का मतलब खिलाड़ी को खेल से बाहर भेजने से है।

• इसका प्रयोग अनुशासनहीनता; जैसे खिलाड़ियों के प्रति अभद्र व्यवहार या अपमानजनक भाषा का उपयोग पर किया जाता है।

• यदि खिलाड़ी को पहले से ही **पीला कार्ड** प्राप्त है और वह दूसरा पीला कार्ड प्राप्त करता है, तो उसे **लाल कार्ड** दिखाया जाता है।

1646. जूडो में सीधी स्थिति में खड़े होकर लड़ना ········ कहलाता है।
SSC CHSL Tier-1 02.07.2024 (Shift-III)

(a) अशी-वाजा (b) ताची-वाजा
(c) कोशी-वाजा (d) ने-वाजा

उत्तर (b)

• जूडो में सीधी स्थिति में खड़े होकर लड़ना **ताची-वाजा** कहलाता है।

• ताची-वाजा में कई प्रकार की थ्रो तकनीकें होती हैं; जैसे—ओ-सोटो-गारी—बड़ी बाहरी कटाई, सेओ-नागे—कन्धा थ्रो, हाराई-गॉशी—कूल्हे की झाड़ू।

• कोमि-काटा—यह पकड़ने की कला है, जिसमें दोनों प्रतियोगी एक-दूसरे की जूड़ो गी (ड्रैस) पकड़ते हैं।

• अशी-वाजा में पैर की तकनीकें शामिल हैं, ने-वाजा में जमीनी तकनीकें शामिल हैं और कोशी-वाजा में कूल्हे की तकनीकें शामिल हैं।

1647. कबड्डी में, एक सुपर टैकल तब होता है, जब एक रेडर ··········· या उससे कम डिफेण्डर के साथ पकड़ा जाता है/ स्वयं आउट हो जाता है/आउट घोषित कर दिया जाता है। **SSC CHSL Tier-1 02.07.2024 (Shift-IV)**

(a) तीन (b) छः
(c) पाँच (d) चार

उत्तर (a)

• कबड्डी में, एक सुपर टैकल तब होता है, जब एक रेडर **तीन** या उससे कम डिफेण्डर के साथ पकड़ा जाता है/स्वयं आउट हो जाता है/आउट घोषित कर दिया जाता है।

• **सुपर टैकल** में डिफेन्स करने वाली टीम को 2 प्वॉइण्ट मिलते हैं। जब डिफेन्स करने वाली टीम में 3 या उससे कम डिफेण्डर होते हैं और वो एक रेडर को आउट करते हैं, तो उसे सुपर टैकल कहा जाता है।

• कबड्डी से सम्बन्धित शब्द एंकल होल्ड, ब्लॉक, बैक होल्ड, बाल्क लॉइन, बोनस लाइन, चाण्ट, कॉर्नर, ऑल आउट हैं।

• कबड्डी की एक टीम में **7 खिलाड़ी** होते हैं।

1648. वर्ष 1951 में आयोजित प्रथम एशियाई खेलों में कितने देशों ने भाग लिया था?
SSC CHSL Tier-1 02.07.2024 (Shift-IV)

(a) 20 (b) 24
(c) 11 (d) 16

उत्तर (c)

• वर्ष 1951 में आयोजित प्रथम एशियाई खेलों में 11 देशों ने भाग लिया था।

• प्रथम एशियाई खेल वर्ष **1951 के एशियाई खेलों** का आधिकारिक नाम था।

• एशियन गेम्स फेडरेशन की स्थापना मूल रूप से 13 फरवरी, 1949 को दिल्ली में हुई थी।

• एशियाई खेलों का आयोजन **चार साल** में एक बार किया जाता है।

• वर्ष **2026** एशियाई खेलों की मेजबानी **जापान** द्वारा की जाएगी।

1649. बैडमिण्टन खेल और मैच की लम्बाई के सम्बन्ध में निम्नलिखित में से कौन-सा कथन सही है? **SSC CHSL Tier-1 03.07.2024 (Shift-I)**

(a) एक मैच में 21 अंकों के सर्वश्रेष्ठ चार गेम शामिल होते हैं।
(b) एक मैच में 21 अंकों के सर्वश्रेष्ठ दो गेम शामिल होते हैं।
(c) एक मैच में 21 अंकों के सर्वश्रेष्ठ पाँच गेम शामिल होते हैं।
(d) एक मैच में 21 अंकों के सर्वश्रेष्ठ तीन गेम शामिल होते हैं।

उत्तर (d)

• बैडमिण्टन खेल के एक मैच में 21 अंकों के सर्वश्रेष्ठ तीन गेम शामिल होते हैं।

• इस खेल में दो प्रतिद्वन्द्वी शटलकॉक को नेट के ऊपर से दूसरे व्यक्ति की तरफ मारते हैं। रैली तब समाप्त होती है, जब शटलकॉक जमीन को छूती है।

• इसे नेट के ऊपर से पार करने के लिए केवल एक स्ट्रोक की अनुमति है।

• पेशेवर बैडमिण्टन गेम पाँच प्रकार के होते हैं
(i) पुरुष एकल (ii) पुरुष युगल
(iii) मिश्रित युगल (iv) महिला एकल
(v) महिला युगल

1650. राष्ट्रमण्डल खेलों (Commonwealth Games) में स्वर्ण जीतने वाली पहली महिला भारतीय पहलवान कौन थी?
SSC CHSL Tier-1 03.07.2024 (Shift-I)

(a) अलका तोमर (b) बबीता फोगाट
(c) गीता फोगाट (d) साक्षी मलिक

उत्तर (c)

• राष्ट्रमण्डल खेलों (2010) में स्वर्ण पदक जीतने वाली पहली भारतीय पहलवान गीता फोगाट थी।

• ये फ्रीस्टाइल पहलवान है, जो ग्रीष्मकालीन ओलम्पिक खेलों के लिए अर्हता पाने वाली पहली भारतीय महिला पहलवान है।

• साक्षी मलिक ओलम्पिक में पदक जीतने वाली पहली भारतीय महिला पहलवान थी।

1651. भारतीय एथलीट शैली सिंह ने ········ में आयोजित गोल्डन ग्रां प्री 2023 एथलेटिक्स मीट में महिलाओं की लम्बी कूद में कांस्य पदक जीता।
SSC CHSL Tier-1 03.07.2024 (Shift-I)

(a) जापान (b) दक्षिण कोरिया
(c) मलेशिया (d) सिंगापुर

उत्तर (a)

• भारतीय एथलीट शैली सिंह ने जापान में आयोजित गोल्डन ग्रां प्री 2023 एथलेटिक्स मीट में महिलाओं की लम्बी कूद में कांस्य पदक जीता।

• शैली अपने आयु वर्ग में जूनियर राष्ट्रीय **लॉन्ग जम्प** चैम्पियन है।

• अण्डर-18 कैटेगरी में शैली सिंह के नाम का राष्ट्रीय रिकॉर्ड दर्ज है।

• लम्बी कूद, 3 भागों में बँटी होती है
(i) रनवे (ii) टेक-ऑफ (iii) लैंडिंग।

1652. टोक्यो पैरालम्पिक, 2020 में भाग लेने वाले भारतीय एथलीटों की संख्या ………. थी।
SSC CHSL Tier-1 03.07.2024 (Shift-II)
(a) 54 (b) 56
(c) 55 (d) 57

उत्तर (a)
• **टोक्यो पैरालम्पिक, 2020** में भाग लेने वाले भारतीय एथलीटों की संख्या **54** थी।
• टोक्यो पैरालम्पिक, 2020 में भारत ने **19 पदक** जीते। यह पैरालम्पिक पदक तालिका में भारत द्वारा हासिल की गई सर्वोच्च रैंकिंग (24वीं) भी है।
• वर्ष 2024 में पेरिस में आयोजित हुए पैरालम्पिक में भारत ने कुल **7 स्वर्ण**, 9 रजत, 13 कांस्य, कुल **29 पदक** जीते और 15 **वीं रैंक** हासिल की, जो पैरालम्पिक में भारत का अब तक का सर्वश्रेष्ठ प्रदर्शन है।
• अगला पैरालम्पिक वर्ष 2026, इटली में आयोजित किया जाएगा।

1653. फील्ड हॉकी में, पेनल्टी स्ट्रोक में, हमलावर खिलाड़ी गोलकीपर के साथ आमने-सामने के टकराव में ……… गज दूर से गोल पर शूट करता है। SSC CHSL Tier-1 03.07.2024 (Shift-II)
(a) 7 (b) 9
(c) 8 (d) 10

उत्तर (a)
• फील्ड हॉकी में, पेनल्टी स्ट्रोक में, हमलावर खिलाड़ी गोलकीपर के साथ आमने-सामने के टकराव में 7 गज दूर से गोल शूट करता है।
• फील्ड हॉकी घास, कृत्रिम तर्फ या सिंथेटिक मैदान, साथ ही एक इनडोर बोर्ड वाली सतह पर खेला जाता है।
• हॉकी एक टीम गेम है, जो 11 खिलाड़ियों की दो टीमों के बीच खेला जाता है।

1654. अल्टीमेट खो-खो लीग किस वर्ष शुरू की गई थी? SSC CHSL Tier-1 03.07.2024 (Shift-II)
(a) 2022 (b) 2023
(c) 2020 (d) 2021

उत्तर (a)
• अल्टीमेट खो-खो लीग वर्ष **2022** में शुरू की गई थी।
• खो-खो एक आयताकार कोर्ट पर खेला जाता है, जिसमें एक केन्द्रीय लेन दो खम्भों को जोड़ती है, जो कोर्ट के दोनों छोर पर होते हैं।
• इस खेल के अन्तर्गत एक टीम का व्यक्ति पीछा करता है और दूसरी टीम का एक व्यक्ति अपना बचाव करता है।
• खो-खो एक पारम्परिक भारतीय खेल है और इस लीग का उद्देश्य इस खेल को वैश्विक स्तर पर बढ़ावा देना और लोकप्रिय बनाना है।

1655. स्वदेशी खेल कलारीपयट्टू की उत्पत्ति कहाँ से हुई है?
SSC CHSL Tier-1 03.07.2024 (Shift-III)
(a) कर्नाटक (b) गोवा
(c) तमिलनाडु (d) केरल

उत्तर (d)
• स्वदेशी खेल कलारीपयट्टू की उत्पत्ति **केरल राज्य** से हुई है।
• यह एक वैज्ञानिक युद्ध कला (मार्शल आर्ट) खेल है।
• चाहम (कूद), ओटट्म (दौड़) और मरिचिल (कलाबाजी) जैसी गतिविधियाँ इस युद्ध कला के अभिन्न अंग हैं।
• इसमें तलवार, कटार, भाला, मुग्दर और धनुष बाण जैसे हथियारों का उपयोग करना भी सिखाया जाता है।

1656. भारत का पहला हॉकी क्लब कहाँ स्थापित किया गया था?
SSC CHSL Tier-1 03.07.2024 (Shift-III)
(a) दिल्ली (b) मद्रास
(c) शिमला (d) कलकत्ता

उत्तर (d)
• भारत का पहला हॉकी क्लब **कलकत्ता** में 1855 ई. में स्थापित किया गया था।
• भारत में सबसे पुराना हॉकी टूर्नामेण्ट बेटन कप 1895 ई. में कोलकाता मे शुरु हुआ था।
• भारत ने वर्ष 1928 से 1956 के बीच लगातार छह बार ओलम्पिक मे स्वर्ण पदक जीता था।
• हॉकी के जनक के रूप में जयपाल सिंह भुण्डा को जाना जाता है।

1657. 'बनाना किक' शब्द किस खेल से सम्बन्धित है? SSC CHSL Tier-1 03.07.2024 (Shift-III)
(a) मुक्केबाजी (b) हॉकी
(c) आइस हॉकी (d) फुटबॉल

उत्तर (d)
• 'बनाना किक' फुटबॉल खेल से सम्बन्धित है।
• बनाना किक फुटबॉल में एक प्रकार का शॉट है, जिससे बॉल को अन्दर की ओर मोड़कर मारा जाता है, जिससे बॉल हवा में एक बनाना जैसे आकार का वक्र बनाती हुई गोल में जाती है।
• फुटबॉल से सम्बन्धित अन्य शब्द ड्रिबल, टैकल, ऑक्साइड काउस फ्री किक, पेनल्टी किक, डायरेक्ट फ्री किक आदि हैं।

1658. निम्नलिखित में से किस टीम ने आईपीएल 2023 का खिताब जीता?
SSC CHSL Tier-1 03.07.2024 (Shift-IV)
(a) गुजरात टाइटन्स (b) मुम्बई इण्डियन्स
(c) चेन्नई सुपर किंग्स (d) लखनऊ सुपरजाइण्ट्स

उत्तर (c)
• चेन्नई सुपर किंग ने आईपीएल, 2023 का खिताब जीता।
• वर्ष 2024 का आईपीएल का खिताब **कोलकाता नाइट राइडर्स** ने जीता तथा सनराइजर्स हैदराबाद रनर अप रही।
• IPL (इण्डियन प्रीमियर लीग) भारतीय क्रिकेट नियन्त्रण बोर्ड द्वारा संचालित T-20 प्रतियोगिता है।
• आईपीएल के संस्थापक ललित मोदी हैं। वे इसके प्रथम अध्यक्ष भी रहे हैं।
• इसकी शुरुआत वर्ष **2008** में हुई थी।

1659. ओलम्पिक में पदक जीतने वाली पहली भारतीय महिला पहलवान कौन थीं?
SSC CHSL Tier-1 03.07.2024 (Shift-IV)
(a) अलका तोमर (b) गीता फोगाट
(c) साक्षी मलिक (d) बबीता फोगाट

उत्तर (c)
• ओलम्पिक पदक जीतने वाली पहली भारतीय महिला पहलवान साक्षी मलिक हैं।
• इन्होंने ने वर्ष 2016 में ग्रीष्मकालीन ओलम्पिक में कांस्य पदक जीता था।
• इन्होंने वर्ष 2014 में राष्ट्रमण्डल खेलों में रजत पदक जीता। इन्हें वर्ष 2016 में भारत सरकार द्वारा राजीव गाँधी खेल रत्न पुरस्कार से सम्मानित किया गया था।

1660. पहला फीफा विश्व कप किस देश द्वारा आयोजित किया गया था?
SSC CHSL Tier-1 03.07.2024 (Shift-IV)
(a) ब्राजील (b) फ्रांस
(c) इटली (d) उरुग्वे

उत्तर (d)
• पहला फीफा विश्व कप (वर्ष 1930) **उरुग्वे** की राजधानी **मोंटेवीदियो** में आयोजित किया गया था।
• वर्ष 2022 का फीफा विश्व कप **अर्जेण्टीना** देश ने जीता। इसका आयोजन **कतर** देश में हुआ था।
• **वर्ष 2026** में फीफा विश्व कप का आयोजन **संयुक्त राज्य अमेरिका, मैक्सिको व कनाडा** में होगा।
• फीफा विश्व कप फुटबॉल की सबसे प्रतिष्ठित प्रतियोगिता है।

1661. टेस्ट मैच में प्रति घण्टा न्यूनतम ओवरों की दर क्या है?
SSC CHSL Tier-1 04.07.2024 (Shift-I)
(a) 13 ओवर प्रति घण्टा
(b) 17 ओवर प्रति घण्टा
(c) 15 ओवर प्रति घण्टा
(d) 10 ओवर प्रति घण्टा

उत्तर (c)
• टेस्ट मैच में प्रति घण्टा न्यूनतम ओवरों की दर **15 ओवर प्रति घण्टा** होती है।
• टेस्ट मैच में पाँच दिनों तक प्रतिदिन 6 घण्टे का खेल होता है।
• टेस्ट मैच में, हर दिन कम-से-कम 90 **ओवर फेंके** जाते हैं।
• टेस्ट क्रिकेट की आधिकारिक शुरुआत 15 मार्च, 1877 को **मेलबर्न क्रिकेट ग्राउण्ड** में **इंग्लैण्ड और ऑस्ट्रेलिया** के बीच हुई थी।

1662. इण्टरनेशनल फुटबॉल एसोसिएशन बोर्ड (International Football Association Board - IFAB) के अनुसार फुटबॉल का गोल पोस्ट किस रंग का होना चाहिए?
SSC CHSL Tier-1 04.07.2024 (Shift-I)
(a) नीला (b) सफ़ेद
(c) लाल (d) काला

उत्तर (b)

• इण्टरनेशनल फुटबॉल एसोसिएशन बोर्ड के अनुसार फुटबॉल का **गोल पोस्ट सफेद** रंग का होना चाहिए।
• इण्टरनेशनल फुटबॉल एसोसिएशन (फीफा) विश्व की **सबसे बड़ी फुटबॉल संस्था** है, जिसका मुख्यालय **ज्यूरिख, स्विट्जरलैण्ड** में है।
• फुटबॉल खेल का जन्म इंग्लैण्ड में हुआ।
• भारत का पहला फुटबॉल क्लब **डलहौजी क्लब** था।

1663. रणजी ट्रॉफी का नाम किस भारतीय बल्लेबाज के नाम पर रखा गया है?
SSC CHSL Tier-1 04.07.2024 (Shift-I)
(a) रंजीत वाडेकर (b) रणजीत सिंह बेदी
(c) रंजीत पटेल (d) रणजीत सिंह जी

उत्तर (d)
• रणजी ट्रॉफी का नाम भारतीय बल्लेबाज **रणजीत सिंह** के नाम पर रखा गया है।
• रणजी ट्रॉफी भारत की सबसे पुरानी और सबसे प्रतिष्ठित **घरेलू क्रिकेट ट्रॉफी** है।
• इसकी शुरुआत वर्ष 1934 में भारतीय क्रिकेट कण्ट्रोल बोर्ड (BCCI) द्वारा की गई थी।
• शुरू में इस प्रतियोगिता का नाम **द क्रिकेट चैम्पियनशिप ऑफ इण्डिया** रखा गया था।
• रणजीत सिंह अन्तर्राष्ट्रीय क्रिकेट खेलने वाले पहले भारतीय थे।

1664. हैमर थ्रो स्पर्द्धा में महिलाओं के लिए हैमर का मानक वजन कितना होता है?
SSC CHSL Tier-1 04.07.2024 (Shift-II)
(a) 8 किग्रा (b) 4 किग्रा
(c) 6 किग्रा (d) 5 किग्रा

उत्तर (b)
• हैमर थ्रो स्पर्द्धा में महिलाओं के लिए हैमर का मानक वजन 4 किग्रा होता है।
• इसकी लम्बाई 119.4 सेमी होती है।
• पुरुषों के हैमर का वजन 7.26 किग्रा तथा लम्बाई 121.3 सेमी होती है।
• हैमर थ्रो पुरुषों के लिए वर्ष 1900 से तथा महिलाओं के लिए वर्ष 2000 से ओलम्पिक खेलों का हिस्सा रहा है।

1665. 9वें पुरुष ICC T-20 विश्व कप क्रिकेट 2024 की मेजबानी निम्नलिखित में से किन देशों द्वारा की गई?
SSC CHSL Tier-1 04.07.2024 (Shift-I)
(a) भारत और श्रीलंका
(b) भारत और बांग्लादेश
(c) कनाडा और यूएसए
(d) वेस्टइण्डीज और यूएसए

उत्तर (d)
• 9वें पुरुष ICC T-20 विश्व कप क्रिकेट की मेजबानी वेस्टइण्डीज और यूएसए द्वारा की गई।
• 1 जून से 29 जून, 2024 तक खेले गए इस प्रतियोगिता में फाइनल मैच में भारत ने दक्षिण अफ्रीका को पराजित कर 2024 का ICC T-20 विश्वकप का खिताब अपने नाम किया, जिसमें भारतीय टीम के कप्तान रोहित शर्मा थे।
• भारत का यह दूसरा ICC T-20 विश्व कप खिताब है इससे पहले इसके प्रथम संस्करण 2007 का विजेता भारत रहा है तथा टीम की अगुवाई महेन्द्र सिंह धोनी ने की थी।
• जसप्रीत बुमराह को इस शृंखला का सर्वश्रेष्ठ खिलाड़ी चुना गया।
• 10वें पुरुष ICC T-20 का आयोजन भारत व श्रीलंका संयुक्त रूप से करेगा।

1666. भारत में वर्ष 2023 में पुरुष हॉकी विश्व कप की मेजबानी कहाँ की थी?
SSC CHSL Tier-1 04.07.2024 (Shift-II)
(a) नासिक और नागपुर
(b) भुवनेश्वर और राउरकेला
(c) पटना और गया
(d) अमृतसर और बठिण्डा

उत्तर (b)
• भारत ने वर्ष 2023 में पुरुष हॉकी विश्वकप की मेजबानी **भुवनेश्वर** और **राउरकेला** में की थी।
• इस विश्व कप का फाइनल मुकाबला भुवनेश्वर के **कलिंगा स्टेडियम** में खेला गया, जिसमें जर्मनी ने बेल्जियम को पराजित किया।
• जर्मनी का यह तीसरा वर्ल्ड कप खिताब है इससे पहले 2002 और 2006 में भी जर्मनी यह खिताब अपने नाम कर चुका है।
• हॉकी विश्व कप हर साल में एक बार आयोजित किया जाता है।
• अगला पुरुष हॉकी विश्वकप वर्ष 2026 में नीदरलैण्ड और बेल्जियम की मेजबानी में आयोजित होगा।

1667. चिनलोन (केन बॉल) किस देश का राष्ट्रीय खेल है? **SSC CHSL Tier-1 04.07.2024 (Shift-II)**
(a) चीन (b) भूटान
(c) अफगानिस्तान (d) म्यांमार

उत्तर (d)
• चिनलोन (केन बॉल) **म्यांमार** का राष्ट्रीय खेल है।
• यह एक **गैर-प्रतिस्पर्द्धी खेल** है, जिसमें प्राय: छ: लोग एक टीम के रूप में एकसाथ खेलते हैं।
• इसमें प्रयोग की जाने वाली गेंद सामान्यत: हाथ से बुने हुए रतन की बनी होती है।
• इस खेल का उद्देश्य गेंद को जितना सम्भव हो सके रचनात्मक तरीके से आगे-पीछे पास करते हुए जमीन से टकराने से बचाना है।

1668. खेलो इण्डिया यूथ गेम्स, 2023 के 5वें संस्करण की मेजबानी जनवरी-फरवरी, 2023 में ……… द्वारा की गई थी।
SSC CHSL Tier-1 04.07.2024 (Shift-III)
(a) राजस्थान (b) मध्य प्रदेश
(c) दिल्ली (d) उत्तर प्रदेश

उत्तर (b)
• खेलो इण्डिया यूथ गेम्स, 2023 के 5वें संस्करण की मेजबानी जनवरी-फरवरी, 2023 में **मध्य प्रदेश** द्वारा की गई थी।
• 13 दिनों में 8 अलग-अलग शहरों में 23 खेल प्रतियोगिताएँ हुई, जिनमें 6000 खिलाड़ियों ने भाग लिया।
• सभी खेल प्रतियोगिताएँ मध्य प्रदेश में आयोजित की गई थीं, जबकि एक खेल, 'साइकिलिंग' को दिल्ली में आयोजित किया गया था।
• खेलो इण्डिया यूथ गेम्स 2023 का शुभंकर वीरमंगई था।
• खेलो इण्डिया यूथ गेम्स का 2025, बिहार में आयोजित किया जाएगा।

1669. निम्नलिखित में से कौन-सी बास्केटबॉल खेल में एक स्थिति नहीं है?
SSC CHSL Tier-1 04.07.2024 (Shift-III)
(a) ऑल राउण्डर (b) शूटिंग गार्ड
(c) पॉइण्टड गार्ड (d) स्मॉल फॉरवर्ड

उत्तर (a)
• ऑल राउण्डर बास्केटबॉल खेल में एक स्थिति नहीं है।
• आल राउण्डर शब्द क्रिकेट खेल से सम्बन्धित है।

1670. एशियाई कुश्ती चैम्पियनशिप, 2023 निम्नलिखित में से किस शहर में आयोजित की गई थी?
SSC CHSL Tier-1 04.07.2024 (Shift-III)
(a) कराची (b) टोक्यो
(c) अस्ताना (d) मुम्बई

उत्तर (c)
• एशियाई कुश्ती चैम्पियनशिप, 2023 अस्ताना (कजाकिस्तान) शहर में आयोजित की गई थी।
• इस चैम्पियनशिप में भारत ने 1 स्वर्ण, 3 रजत तथा 10 कांस्य पदक जीते।
• एशियाई कुश्ती चैम्पियनशिप, 2024 का आयोजन **किर्गिस्तान के बिश्केक** में हुआ। इसमें भारत ने चार रजत पदक तथा पाँच कांस्य पदक जीते।
• कुश्ती की दो शैलियाँ होती हैं—ग्रीको रोमन व फ्रीस्टाइल।

1671. भारत की पहली सीनियर राष्ट्रीय चैम्पियनशिप कहाँ और कब आयोजित की गई थी? **SSC CHSL Tier-1 04.07.2024 (Shift-IV)**
(a) दिल्ली, 1975 (b) चेन्नई, 1973
(c) चेन्नई, 1975 (d) दिल्ली, 1973

उत्तर (d)
• भारत की पहली सीनियर राष्ट्रीय तीरन्दाजी चैम्पियनशिप दिल्ली में वर्ष 1973 में आयोजित की गई थी।
• इस चैम्पियनशिप में प्रतिभागियों ने मेघालय और पं. बंगाल में बने बाँस के धनुष और तीर का उपयोग किया।
• एशियाई तीरन्दाजी महासंघ का गठन वर्ष 1978 में एशियाई खेलों के दौरान बैंकॉक में किया गया।
• भारतीय तीरन्दाजों ने पहली बार वर्ष 1988 में ओलम्पिक खेलों में भाग लिया था।

1672. थॉमस कप (Thomas cup) निम्नलिखित में से किस खेल से सम्बन्धित है?
SSC CHSL Tier-1 04.07.2024 (Shift-IV)
(a) पुरुष टेनिस (b) महिला टेनिस
(c) पुरुष बैडमिण्टन (d) महिला बैडमिण्टन

उत्तर (c)
• थॉमस कप (अन्तर्राष्ट्रीय) पुरुष बैडमिण्टन खेल से सम्बन्धित है।
• यह कप वर्ष 1939 में सर **जॉर्ज थॉमस** द्वारा पुरुषों की अन्तर्राष्ट्रीय टीम प्रतियोगिताओं की शृंखला के लिए शुरू किया था।
• थॉमस कप, अग्रवाल कप, चड्ढा कप और दीवान कप बैडमिण्टन से संबंधित कप/ट्रॉफियाँ हैं।
• उबेर कप महिला बैडमिण्टन खेल से सम्बन्धित है।

1673. स्वदेशी खेल गतका की उत्पत्ति कहाँ से हुई है? SSC CHSL Tier-1 04.07.2024 (Shift-IV)
(a) राजस्थान (b) मणिपुर
(c) पंजाब (d) जम्मू-कश्मीर

उत्तर (c)
• स्वदेशी खेल गतका की उत्पत्ति **पंजाब से** हुई है।
• यह सिख धर्म से जुड़ा एक पारम्परिक **मार्शल आर्ट** है।
• गतका में तलवार, लाठी और ढाल जैसे हथियारों का इस्तेमाल किया जाता है।
• वर्ष 2008 में गैतका फेडरेशन ऑफ इण्डिया के गठन के बाद इसे खेल श्रेणी में शामिल किया गया।
• गतका को वर्ष 2021 के खेलो इण्डिया यूथ गेम्स (हरियाणा) में शामिल किया गया था।

1674. क्रिकेट में जब, गेंदबाज बल्लेबाज की पहुँच के भीतर गेंद नहीं फेंकता है, तो इसे अम्पायर द्वारा……… कहा जाता है।
SSC CHSL Tier-1 05.07.2024 (Shift-I)
(a) डेड बॉल (b) यॉर्कर
(c) वाइड (d) नो बॉल

उत्तर (c)
• क्रिकेट में, जब गेंदबाज बल्लेबाज की पहुँच के भीतर गेंद नहीं फेंकता है, तो इसे अम्पायर द्वारा वाइड कहा जाता है।
• क्रिकेट में डेड बॉल खेल की एक विशेष स्थिति है, जिसमें बल्लेबाज रन नहीं बना सकते और क्षेत्ररक्षक बल्लेबाजों को आउट करने का प्रयास नहीं कर सकते।
• क्रिकेट में यॉर्कर एक ऐसी गेंद होती है, जो बल्लेबाज के पैरों के आस-पास से क्रिकेट पिच पर आती है।
• क्रिकेट में **नो बॉल** तब कहा जाता है, जब कोई गेंदबाज गेंदबाजी क्रीज से आगे बढ़ाकर गेंदबाजी करता है।

1675. लवलीना बोर्गोहेन एक ……… की खिलाड़ी हैं। SSC CHSL Tier-1 05.07.2024 (Shift-I)
(a) क्रिकेट (b) मुक्केबाजी
(c) बास्केटबॉल (d) हॉकी

उत्तर (b)
• लवलीना बोर्गोहेन एक मुक्केबाजी की खिलाड़ी हैं।
• इन्होंने टोक्यो ओलम्पिक, 2021 में कांस्य पदक जीता।
• लवलीन बोर्गोहेन टोक्यो ओलम्पिक 2020 में कांस्य पदक जीतने वाली तीसरी भारतीय मुक्केबाज बन गईं।
• वर्ष 2020 में इन्हें अर्जुन पुरस्कार से सम्मानित किया गया।

1676. नेहरू ट्रॉफी बोटरेस (नौका दौड़) की मेजबानी कौन-सा राज्य करता है?
SSC CHSL Tier-1 05.07.2024 (Shift-I)
(a) तमिलनाडु (b) गोवा
(c) केरल (d) कर्नाटक

उत्तर (c)
• नेहरू ट्रॉफी बोटरेस (नौका दौड़) की मेजबानी **केरल राज्य** करता है।
• भारत के प्रथम प्रधानमन्त्री जवाहरलाल नेहरू वर्ष 1952 में प्रथम प्रतिस्पर्द्धा नौका दौड़ के मुख्य अतिथि बने थे।
• नौका दौड़ का आयोजन प्रत्येक वर्ष अगस्त महीने के दूसरे शनिवार के दिन होता है।
• नेहरू ट्रॉफी बोटरेस वेम्बनाड झील (केरल) में आयोजित की जाती है।

1677. वर्ष 2026 में कौन-सा देश एशियाई खेलों (Asian Games) की मेजबानी करेगा?
SSC CHSL Tier-1 05.07.2024 (Shift-II)
(a) जापान (b) भारत
(c) नेपाल (d) चीन

उत्तर (a)
• वर्ष 2026 में जापान एशियाई खेलों की मेजबानी करेगा।
• एशियाई खेलों को **एशियाड** के नाम से भी जाना जाता है।
• यह प्रत्येक चार वर्ष बाद आयोजित होने वाली बहु-खेल प्रतियोगिता है, जिसमें केवल एशियाई देश भाग लेते हैं।
• वर्ष 2022 में इस खेल का आयोजन हांगझोउ चीन में किया गया।

1678. वर्ष 2010 में विश्व चैम्पियनशिप में स्वर्ण जीतने वाले पहले भारतीय पहलवान कौन थे?
SSC CHSL Tier-1 05.07.2024 (Shift-II)
(a) सुशील कुमार (b) बजरंग पुनिया
(c) अलका तोमर (d) गीता फोगाट

उत्तर (a)
• वर्ष 2010 में विश्व चैम्पियनशिप में स्वर्ण **पदक** जीतने वाले **सुशील कुमार** पहले भारतीय पहलवान थे।
• सुशील कुमार ने वर्ष 2008 के बीजिंग ओलम्पिक में **कांस्य पदक** जीता था।
• इन्होंने वर्ष 2012 के लन्दन ओलम्पिक में रजत पदक जीता था।
• सुशील कुमार ने वर्ष 2010 और 2014 के राष्ट्रमण्डल खेलों में स्वर्ण पदक जीता था।

1679. टोक्यो पैरालम्पिक, 2020 के स्वर्ण पदक विजेता कृष्णा नागर ……… खेलते हैं।
SSC CHSL Tier-1 05.07.2024 (Shift-II)
(a) कुश्ती (b) शूटिंग
(c) बैडमिण्टन (d) टेबल टेनिस

उत्तर (c)
• टोक्यो पैरालम्पिक, 2020 के स्वर्ण पदक विजेता कृष्णा नागर बैडमिण्टन खेलते हैं।
• नागर, टोक्यो पैरालम्पिक में स्वर्ण पदक जीतने वाले दूसरे भारतीय बैडमिण्टन खिलाड़ी हैं।
• नागर ने वर्ष 2018 एशियाई पैरा खेलों में **कांस्य** पदक हासिल किया था।
• इन्हें वर्ष 2021 में ध्यानचन्द खेल रत्न पुरस्कार से सम्मानित किया गया।

1680. 'उज्ज्वला' एक ……… खेलो इण्डिया-पैरा गेम्स वर्ष 2023 का आधिकारिक मैस्कॉट (mascot) था।
SSC CHSL Tier-1 05.07.2024 (Shift-III)
(a) मुर्गी (b) चिड़िया
(c) बत्तख (d) राजहंस

उत्तर (b)
• **उज्ज्वला, एक चिड़िया** खेलो इण्डिया पैरा गेम्स वर्ष 2023 का आधिकारिक मैस्कॉट था।
• खेलो इण्डिया-पैरा गेम्स वर्ष 2023 के आधिकारिक शुभंकर के रूप में **उज्ज्वला-एक गौरैया** का अनावरण किया गया।
• गौरैया दिल्ली के राष्ट्रीय पक्षी एवं गौरव का प्रतीक है और इसकी विशिष्टता दृढ़ संकल्प और सहानुभूति को दर्शाती है।
• प्रथम खेलो इंडिया पैरा गेम्स 10 दिसंबर से 17 दिसम्बर, 2023 तक नई दिल्ली में आयोजित किए गए।

1681. 2023 में किस शहर ने एशियाई चैम्पियन्स ट्रॉफी हॉकी टूर्नामण्ट की मेजबानी की?
SSC CHSL Tier-1 05.07.2024 (Shift-III)
(a) चेन्नई (b) सूरत
(c) दिल्ली (d) अहमदाबाद

उत्तर (a)
• वर्ष 2023 में **चेन्नई** शहर ने एशियाई चैम्पियन ट्रॉफी हॉकी टूर्नामेण्ट की मेजबानी की।
• यह 7वाँ एशियाई चैम्पियन्स हॉकी टूर्नामेण्ट था। यह तमिलनाडु में **मेयर राधाकृष्णा स्टेडियम** में आयोजित किया गया।
• सातवीं एशियाई चैम्पियन्स ट्रॉफी में 6 देश भारत, दक्षिण कोरिया, चीन, मलेशिया, जापान और पाकिस्तान ने भाग लिया।
• एशिया हॉकी महासंघ की स्थापना वर्ष 1958 में जापान के टोक्यो में एशियन खेलों के दौरान हुई थी।

1682. कबड्डी में, जब कोई रेडर किसी डिफेण्डर के शरीर के किसी हिस्से या उनके कपड़ों के किसी हिस्से को छूता है, तो इसे क्या कहा जाता है? SSC CHSL Tier-1 05.07.2024 (Shift-III)
(a) पुरसूट (b) कैच
(c) टैग (d) रेड

उत्तर (c)

• कबड्डी में, जब कोई रेडर किसी डिफेण्डर के शरीर के किसी हिस्से या उनके कपड़ों के किसी हिस्से को छूता है, तो इसे **टैग (Tag)** कहा जाता है।

• 'रेडर' कबड्डी शब्द बोलते हुए दूसरी टीम के हाफ में प्रवेश करता है, जिसे **कैंटिंग** कहते हैं।

• रेडर का उद्देश्य जितना सम्भव हो उतने विपक्षी खिलाड़ियों को टैग करना या छूना होता है, जिन्हें **एण्टी या डिफेण्डर** कहते हैं और एक साँस में अपने कैंट को जारी रखते हुए मध्य रेखा को पार करके रेडर अपने हिस्से में लौट आते हैं।

1683. निम्नलिखित में से किस खेल में गुल्ली (Bails) का उपयोग किया जाता है?

SSC CHSL Tier-1 05.07.2024 (Shift-IV)

(a) बैडमिण्टन (b) क्रिकेट
(c) फुटबॉल (d) हॉकी

उत्तर (b)

• **क्रिकेट** खेल में गुल्ली (Bails) का उपयोग विकेट के ऊपर रखने में किया जाता है।

• क्रिकेट खेल से सम्बन्धित अन्य शब्दावली—सिली प्वॉइण्ट, हिट विकेट, स्लिप तथा चाइनामैन आदि हैं।

• क्रिकेट की पिच की लम्बाई 22 **गज** होती है।

• क्रिकेट के स्टम्प की लम्बाई 28 इंच या 71.12 सेमी होती है।

1684. पुरुषों के लिए बास्केटबॉल का मानक आकार क्या है?

SSC CHSL Tier-1 05.07.2024 (Shift-IV)

(a) 07 (b) 06 (c) 05 (d) 08

उत्तर (a)

• पुरुषों के लिए बास्केटबॉल का मानक आकार 07 है।

• एक बास्केटबॉल टीम में 5 खिलाड़ी होते हैं।

• बास्केटबॉल टीम में 5 पद होते हैं—प्वॉइण्ट गार्ड, शूटिंग गॉर्ड, स्मॉल फॉरवर्ड, पॉवर फॉरवर्ड तथा सेण्टर होते हैं।

• लॉरी ओ ब्रायन चैम्पियनशिप ट्रॉफी बास्केटबॉल से सम्बन्धित है।

1685. पुसरला वेंकट सिन्धु ने किस ओलम्पिक खेल में बैडमिण्टन में रजत पदक जीता?

SSC CHSL Tier-1 05.07.2024 (Shift-IV)

(a) टोक्यो, 2020 (b) बीजिंग, 2008
(c) रियो, 2016 (d) लन्दन, 2012

उत्तर (c)

• पुसरला वेंकट सिन्धु ने **रियो, 2016** में ओलम्पिक में बैडमिण्टन में रजत पदक जीता।

• इन्होंने ओलम्पिक खेलों में लगातार व्यक्तिगत दो पदक जीतने वाली भारत की दूसरी एथलीट हैं, जिन्होंने रियो—ओलम्पिक 2016 में रजत पदक तथा 2021 में कांस्य पदक जीता।

• पी. वी. सिन्धु को वर्ष 2013 में **अर्जुन पुरस्कार** से सम्मानित किया गया।

• वर्ष 2020 में पी. वी. सिन्धु को पद्म **विभूषण** से सम्मानित किया गया।

1686. वर्ष 2023 में, प्रवीण चित्रवेल ने ……… में आयोजित प्रुएबा डे कॉन्फ्रण्टासिओन एथलेटिक्स मीट में पुरुषों की ट्रिपल जम्प प्रतियोगिता जीती।

SSC CHSL Tier-1 08.07.2024 (Shift-I)

(a) क्यूबा (b) ब्राजील
(c) पुर्तगाल (d) कनाडा

उत्तर (a)

• वर्ष 2023 में, प्रवीण चित्रवेल ने **क्यूबा** में आयोजित प्रुएबा डे कान्फ्रण्टासिओन एथलेटिक मीट में पुरुषों की ट्रिपल जम्प प्रतियोगिता जीती।

• प्रवीण चित्रवेल का ट्रिपल जम्प में व्यक्तिगत सर्वश्रेष्ठ प्रदर्शन 17.18 मी था, जो उन्होंने वर्ष 2012 चेन्नई में दर्ज किया था।

• इसी प्रतियोगिता में थिरुमारन सेल्वा प्रभु ने 16.58 मी का नया भारतीय जूनियर अण्डर 20 रिकॉर्ड भी बनाया। वे चौथे स्थान पर रहे।

1687. फ्री स्टाइल कुश्ती में एकल राउण्ड की अवधि क्या होती है?

SSC CHSL Tier-1 08.07.2024 (Shift-I)

(a) 3 मिनट (b) 2.5 मिनट
(c) 2 मिनट (d) 3.5 मिनट

उत्तर (a)

• फ्री स्टाइल कुश्ती में एकल राउण्ड की अवधि **3 मिनट** की होती है।

• फ्रीस्टाइल में एक पहलवान प्रहार करने और डिफेंस के लिए अपने प्रतिद्वन्द्वी के पैरों को पकड़ सकता है। इसमें प्रतिद्वन्द्वी को मैट पर पलटकर या चित्त कर अंक अर्जित किए जाते हैं।

• फ्रीस्टाइल कुश्ती पहली बार **वर्ष 1904** के सेंट लुइस ओलम्पिक खेल के रूप में उभरी।

1688. निम्नलिखित में से किस टीम ने 9वीं कबड्डी लीग 2022 जीतीं?

SSC CHSL Tier-1 08.07.2024 (Shift-I)

(a) पुनेरी पलटन
(b) जयपुर पिंक पैंथर्स
(c) यूपी योद्धास
(d) बेंगलुरु बुल्स

उत्तर (b)

• **जयपुर पिंक पैंथर्स** टीम ने 9वीं प्रो. कबड्डी लीग 2022 जीतीं।

• प्रो कबड्डी लीग (पी के एल) 2023-24 का खिताब **पुनेरी पलटन** ने अपने नाम किया।

• पुनेरी ने पीकेएल सीजन 10 के फाइनल में हरियाणा स्टीलर्स को 28 – 25 से हराकर खिताब अपने नाम किया।

• भारतीय पुरुषों की पेशेवर कबड्डी प्रतियोगिता वर्ष 2014 में शुरू हुई और अब यह भारत में दूसरा सबसे अधिक देखा जाने वाला खेल है।

1689. भारत के 36वें राष्ट्रीय खेलों (2022) में किस राज्य ने पदक तालिका में तीसरा स्थान हासिल किया था?

SSC CHSL Tier-1 08.07.2024 (Shift-II)

(a) हरियाणा (b) दिल्ली
(c) महाराष्ट्र (d) केरल

उत्तर (a)

• भारत के 36वें राष्ट्रीय खेलों (2022) में **हरियाणा** राज्य ने पदक तालिका में तीसरा स्थान हासिल किया था।

• 37वें राष्ट्रीय खेल 26 अक्टूबर से 9 नवम्बर, 2023 तक गोवा में आयोजित किए गए।

• 37वें राष्ट्रीय खेलों का आधिकारिक शुभंकर **मोगा** एक बाइसन था।

• 38वें (2025) राष्ट्रीय खेलों के आयोजन के लिए **उत्तराखण्ड** को प्रस्तावित किया गया है।

1690. भारतीय फुटबॉल टीम अपने पहले ज्ञात आधिकारिक अन्तर्राष्ट्रीय दौरे पर किस वर्ष गई थी?

SSC CHSL Tier-1 08.07.2024 (Shift-II)

(a) 1914 (b) 1950
(c) 1924 (d) 1947

उत्तर (c)

• भारतीय फुटबॉल टीम अपने पहले ज्ञात आधिकारिक अन्तर्राष्ट्रीय दौरे पर वर्ष 1924 में गई थी, जिसका नेतृत्व महान फुटबॉलर गोस्था पाल ने किया था।

• भारत में फुटबॉल की शुरुआत **नागेन्द्र प्रसाद सर्वाधिकारी** ने 1877 ई. में की थी।

• भारत में फुटबॉल का सबसे पुराना टूर्नामेण्ट डूरण्ड कप है। यह टूर्नामेण्ट 1888 ई. में शिमला के अन्नाडेल में आयोजित किया गया था।

1691. विश्व का दूसरा सबसे पुराना क्रिकेट क्लब भारत में है, यह कहाँ स्थित है?

SSC CHSL Tier-1 08.07.2024 (Shift-II)

(a) मुम्बई
(b) कोलकाता
(c) चेन्नई
(d) हैदराबाद

उत्तर (b)

• विश्व का दूसरा सबसे पुराना क्रिकेट क्लब भारत में है, यह **कोलकाता** में स्थित है।

• 1792 ई. में कलकत्ता क्रिकेट क्लब की स्थापना की गई।

• 1848 ई. में भारतीयों द्वारा स्थापित पहला भारतीय क्रिकेट क्लब **ओरिएण्टल क्रिकेट क्लब** था।

• दुनिया का पहला क्रिकेट क्लब **मेरीलेबोन क्रिकेट क्लब** था, जिसकी स्थापना लन्दन में 1787 ई. में की गई थी।

1692. वर्ष 1994 से शीतकालीन ओलम्पिक पारम्परिक रूप से ग्रीष्मकालीन ओलम्पिक के ……… बाद होते हैं।

SSC CHSL Tier-1 08.07.2024 (Shift-II)

(a) 4 वर्ष (b) 3 महीने
(c) 2 वर्ष (d) 6 महीने

उत्तर (c)

• वर्ष 1994 से शीतकालीन ओलम्पिक पारम्परिक रूप से ग्रीष्मकालीन ओलम्पिक के **2 वर्ष** बाद होते हैं।

• ओलम्पिक खेल एक अन्तर्राष्ट्रीय बहु-खेल आयोजन है। इसे ग्रीष्मकालीन और शीतकालीन खेल आयोजनों में विभाजित किया गया है।
• ये खेल प्रति 4 वर्ष पर आयोजित किए जाते हैं। **वर्ष 1992** से पहले से दोनों एक ही साथ आयोजित किए जाते थे।

1693. बुद्ध इण्टरनेशनल सर्किट कहाँ स्थित है?
SSC CHSL Tier-1 08.07.2024 (Shift-III)
(a) दिल्ली (b) मुम्बई
(c) नोएडा (d) चेन्नई

उत्तर (c)
• बुद्ध इण्टरनेशनल सर्किट **नोएडा** में स्थित है।
• इसे **फॉर्मूला वन रेस** के लिए बनाया गया है।
• इसका उद्घाटन 18 अक्टूबर, 2011 को किया गया।
• 30 अक्टूबर, 2011 को इस पर 'फॉर्मूला वन भारतीय ग्रैण्ड प्रिक्स' का आयोजन हुआ, जिसमें जर्मनी के **सेबेस्टियन वेटेल** ने खिताब जीता।
• एक लाख बीस हजार क्षमता वाली इस परिसर का स्वामित्व जेपी स्पोर्ट्स इण्टरनेशनल लिमिटेड के पास है।

1694. खेलो इण्डिया शीतकालीन खेल (Khelo India Winter Games) 2023 .... में आयोजित किए गए थे।
SSC CHSL Tier-1 08.07.2024 (Shift-IV)
(a) हिमाचल प्रदेश (b) लेह
(c) उत्तराखण्ड (d) जम्मू-कश्मीर

उत्तर (d)
• खेलो इण्डिया शीतकालीन खेल, 2023 **जम्मू-कश्मीर** में आयोजित किए गए।
• इस खेल का आयोजन संयुक्त रूप से भारत सरकार के युवा मामले और खेल मन्त्रालय और जम्मू-कश्मीर स्पोर्ट्स काउन्सिल द्वारा किया गया।
• वर्ष 2024 में खेलो इण्डिया शीतकालीन खेल का आयोजन **लेह, लद्दाख** में किया गया।

1695. निम्नलिखित में से कौन-सा फुटबॉल रेफरी के लिए अनिवार्य उपकरण नहीं है?
SSC CHSL Tier-1 08.07.2024 (Shift-IV)
(a) सीटी/सीटियाँ
(b) लाल और पीले कार्ड
(c) सफेद झण्डा
(d) घड़ी/घड़ियाँ

उत्तर (c)
• **सफेद झण्डा** फुटबॉल रेफरी के लिए अनिवार्य उपकरण नहीं है। शेष उपकरण सीटी/सीटियाँ, लाल व पीले कार्ड और घड़ी/घड़ियाँ फुटबॉल रेफरी के महत्त्वपूर्ण उपकरण हैं।
• फूटबॉल में लाल कार्ड का प्रयोग किसी खिलाड़ी को मैच के बाकी हिस्से में खेलने से रोकने के लिए किया जाता है।
• पीले कार्ड का प्रयोग रेफरी अनुशासनात्मक चेतावनी देने के लिए करता है।
• वर्ष 2026 में फुटबॉल विश्वकप का आयोजन कनाडा, संयुक्त राज्य अमेरिका और मैक्सिको द्वारा संयुक्त रूप से किया जाएगा।

1696. मिश्रित युगल (Mixed doubles) में कौन-सा खेल नहीं खेला जाता है?
SSC CHSL Tier-1 08.07.2024 (Shift-IV)
(a) बैडमिण्टन (b) टेनिस
(c) टेबल टेनिस (d) हेण्डबॉल

उत्तर (d)
• मिश्रित युगल में **हेण्डबॉल** नहीं खेला जाता है। शेष बैडमिण्टन, टेनिस और टेबल टेनिस मिश्रित युगल में खेले जा सकते हैं।
• हेण्डबॉल एक टीम खेल है, जिसमें 7 खिलाड़ियों की दो टीमें आपस में खेलती हैं।
• एक मानक मंच **30 मिनट** की दो अवधियों में बँटा होता है।

1697. अखिल भारतीय फुटबॉल महासंघ (All India Football Federation-AIFF) का गठन किस वर्ष किया गया था?
SSC CHSL Tier-1 09.07.2024 (Shift-I)
(a) 1957 (b) 1947
(c) 1937 (d) 1967

उत्तर (c)
• अखिल भारतीय फुटबॉल महासंघ (AIFF) का गठन वर्ष 1937 में किया गया था।
• AIFF भारत में फुटबॉल खेल के प्रबन्धन से सम्बन्धित संगठन है।
• यह भारत की राष्ट्रीय फुटबॉल टीम के संचालन के प्रबन्धन और कई अन्य टीमों के अतिरिक्त भारत के प्रमुख घरेलू क्लब प्रतियोगिता आई लीग को भी नियन्त्रित करता है।
• AIFF का मुख्यालय दिल्ली (द्वारका) में स्थित है। इसके वर्तमान (2024) अध्यक्ष **प्रफुल पटेल** हैं।

1698. शतरंज में सफेद प्यादों की संख्या .... होती है।
SSC CHSL Tier-1 09.07.2024 (Shift-I)
(a) 12 (b) 14 (c) 10 (d) 8

उत्तर (d)
• शतरंज में सफेद प्यादों की संख्या 8 होती है।
• प्रत्येक खिलाड़ी 8 प्यादों के साथ खेल शुरू करता है, जो बोर्ड के अपने हिस्से की दूसरी पंक्ति (रैंक) पर स्थित होते हैं।
• शतरंज के बोर्ड को चेकर बोर्ड कहते हैं, जिसमें 64 वर्ग बने होते हैं।
• **द फेडरेशन इण्टरनेशनल डे एचेस** (FIDE) इस खेल को नियन्त्रित करती है।

1699. क्रिकेट में वाइड बॉल पर क्या पेनल्टी है?
SSC CHSL Tier-1 09.07.2024 (Shift-II)
(a) एक रन (b) एक फ्री हिट
(c) छः रन (d) चार रन

उत्तर (a)
• क्रिकेट में वाइड बॉल पर **एक रन** की पेनल्टी दी जाती है।
• एक गेंद वाइड होती है, यदि गेंद बल्लेबाज की पहुँच में इतनी नहीं होती कि वह बल्लेबाज के खड़े होने की जगह से सामान्य क्रिकेट स्ट्रोक के द्वारा बल्ले से हिट कर सके।
• यह नियम निष्पक्षता सुनिश्चित करता है और गेंदबाज के लिए स्वीकार्य क्षेत्र के भीतर गेंद डालने की चुनौती बनाए रखता है।
• वस्तुत: वाइडलाइन मिडिल स्टम्प से **1.33 मी** की दूरी पर मिडिल स्टम्प के दोनों ओर होती है।

1700. कौन-सा शहर वर्ष 2028 के ओलम्पिक खेलों की मेजबानी करेगा?
SSC CHSL Tier-1 09.07.2024 (Shift-II)
(a) सैन डिएगो, यूएसए
(b) न्यूयॉर्क, यूएसए
(c) बोस्टन, यूएसए
(d) लॉस एंजेल्स, यूएसए

उत्तर (d)
• लॉस एजेल्स, यूएसए 2028 तक ओलम्पिक खेलों की मेजबानी करेगा।
• वर्ष 2028 ग्रीष्मकालीन ओलम्पिक, जिसे आधिकारिक तौर पर **34 वाँ** ओलम्पियाड या LA 28 के रूप में जाना जाता है।
• यह अटलाण्टा, जॉर्जिया में वर्ष 1996 के ग्रीष्मकालीन ओलम्पिक के बाद से अमेरिका में आयोजित होने वाला पहला ग्रीष्मकालीन खेल होगा।
• वर्ष 2032 ग्रीष्मकालीन ओलम्पिक ब्रिसबेन, ऑस्ट्रेलिया में 23 जुलाई से 8 अगस्त तक होंगे।

1701. निम्नलिखित में से कौन-सा देश 18-23 जून, 2021 तक भारत और न्यूजीलैण्ड के बीच खेले गए आई.सी.सी विश्व टेस्ट चैम्पियनशिप क्रिकेट फाइनल का मेजबान था?
SSC CHSL Tier-1 09.07.2024 (Shift-II)
(a) ऑस्ट्रेलिया (b) दक्षिण अफ्रीका
(c) इंग्लैण्ड (d) भारत

उत्तर (c)
• **इंग्लैण्ड** 18-23 जून, 2021 तक भारत और न्यूजीलैण्ड के बीच खेले गए ICC विश्व टेस्ट चैम्पियनशिप क्रिकेट फाइनल का मेजबान था।
• **न्यूजीलैण्ड** ने आठ विकेट से मैच जीतकर ICC विश्व टेस्ट चैम्पियनशिप के विजेता का ताज पहना।
• ICC विश्व टेस्ट चैम्पियनशिप अन्तर्राष्ट्रीय क्रिकेट परिषद् (ICC) द्वारा संचालित टेस्ट क्रिकेट के लिए एक प्रतियोगिता है, जो 1 अगस्त, 2019 को शुरू हुई थी।

1702. भारतीय क्रिकेट कण्ट्रोल बोर्ड (BCCI) का गठन किस वर्ष हुआ था?
SSC CHSL Tier-1 09.07.2024 (Shift-III)
(a) 1928 (b) 1914 (c) 1931 (d) 1947

उत्तर (a)
• भारतीय क्रिकेट कण्ट्रोल बोर्ड (BCCI) की स्थापना 4 दिसम्बर, 1928 को क्रिकेट में ब्रिटिश एकाधिकार को समाप्त करने के लिए दिल्ली के रोशनारा क्लब में की गई।

• भारतीय क्रिकेट कण्ट्रोल बोर्ड भारत में क्रिकेट के लिए शासी निकाय है।
• इसका मुख्यालय मुम्बई के वानखेड़े स्टेडियम में स्थित है।
• वर्तमान (वर्ष 2025) में रोजर बिन्नी बीसीसीआई के अध्यक्ष हैं।

1703. विश्व चैम्पियनशिप पदक जीतने वाले पहले भारतीय पहलवान कौन थे?
SSC CHSL Tier-1 09.07.2024 (Shift-III)

(a) दारा सिंह (b) मालवा सिंह
(c) उदय चन्द (d) के. डी. जाधव

उत्तर (c)
• विश्व चैम्पियनशिप पदक जीतने वाले पहले भारतीय पहलवान उदय चन्द थे।
• इन्होंने वर्ष 1961 में जापान के योकोहामा में आयोजित विश्व चैम्पियनशिप में पुरुषों की फ्रीस्टाइल 67 किग्रा वर्ग में कांस्य पदक जीता था।
• विश्व चैम्पियनशिप शृंखला की शुरुआत वर्ष 1964 से ऑस्ट्रेलिया में हुई थी।
• विश्व एथलेटिक्स चैम्पियनशिप का 19वाँ संस्करण वर्ष 2023 में हंगरी के बुडापेस्ट में आयोजित किया गया। 20वें संस्करण 2025 का आयोजन टोक्यो, जापान में प्रस्तावित है।

1704. क्रिकेट में, गेंदबाज को ………… का श्रेय नहीं मिलता है।
SSC CHSL Tier-1 09.07.2024 (Shift-III)

(a) रन आउट (b) बोल्ड
(c) एलबीडब्ल्यू (d) कैच

उत्तर (a)
• क्रिकेट में गेंदबाज को रन आउट का श्रेय नहीं मिलता है।

क्रिकेट के नियम
• **बोल्ड आउट** गेंदबाज गेंद फेंकता है और गेंद विकेट पर लगती है।
• **आकस्मिक आउट** बल्लेबाज द्वारा गेंद विकेट से टकराने के कारण आउट हो जाता है।
• **रनआउट** गेंदबाजी टीम के द्वारा रनआउट तब किया जाता है, जब बल्लेबाज रन लेने की कोशिश में कीज के बाहर रह जाता है।
• **LBW 3M रूल** यदि बल्लेबाज स्टम्प से 3 मीटर या उससे ज्यादा दूरी पर हो और उसके पैर पर गेंद लगे, तो वह आउट नहीं हो सकता।

1705. अन्तर्राष्ट्रीय फुटबॉल एसोसिएशन बोर्ड (International Football Association Board-IFAB) द्वारा निर्धारित किए गए नियमों के अनुसार, फुटबॉल में लक्ष्य रेखा (Goal line) की अधिकतम लम्बाई कितनी हो सकती है?
SSC CHSL Tier-1 09.07.2024 (Shift-IV)

(a) 50 मी (b) 90 मी
(c) 100 मी (d) 40 मी

उत्तर (b)
• अन्तर्राष्ट्रीय फुटबॉल एसोसिएशन बोर्ड (International Football Association Board-IFAB) द्वारा निर्धारित किए गए नियमों के अनुसार फुटबॉल में लक्ष्य रेखा की अधिकतम लम्बाई **90 मी** हो सकती है।
• फुटबॉल के खेल का मैदान आयताकार होता है और उस पर रेखाएँ बनी होती हैं, जिन्हें **सीमा रेखा** कहते हैं।
• फुटबॉल मैच की अवधि 90 मिनट की होती है।
• फुटबॉल के मैदान के पिच का आयाम 185 मी लम्बा तथा 68 मी चौड़ा होता है।

1706. निम्नलिखित में से कौन-सा एक ओलम्पिक खेल नहीं है? (मार्च, 2023 तक)
SSC CHSL Tier-1 09.07.2024 (Shift-IV)

(a) 3 × 3 बास्केटबॉल
(b) रोइंग
(c) नौकायन
(d) क्रिकेट

उत्तर (d)
• **क्रिकेट** एक ओलम्पिक खेल नहीं है।
• **वर्ष 1900** के पेरिस ओलम्पिक में क्रिकेट खेला गया था। इसके बाद क्रिकेट को ओलम्पिक से हटा दिया गया था।
• बास्केटबॉल, रॉइंग और नौकायन खेल प्रतियोगिता ओलम्पिक खेल का हिस्सा हैं।
• आधुनिक ओलम्पिक खेलों की शुरुआत 1896 ई. में हुई थी।
• लॉस एंजिल्स ओलम्पिक, 2028 में क्रिकेट भी खेला जाएगा।

1707. एक टेस्ट मैच में फिल्डिंग करने वाली टीम का कप्तान ……… के बाद नई गेंद की माँग कर सकता है।
SSC CHSL Tier-1 09.07.2024 (Shift-IV)

(a) 80 ओवरों (b) 85 ओवरों
(c) 75 ओवरों (d) 70 ओवरों

उत्तर (a)
• एक टेस्ट मैच में फिल्डिंग करने वाली टीम का कप्तान 80 **ओवरों** के बाद नई गेंद की माँग कर सकता है।
• पुरुषों की क्रिकेट में गेंद का वजन 155.9 और 163 ग्राम के बीच होना चाहिए।
• क्रिकेट में एक गेंदबाज लगातार दो ओवर की गेंदबाजी नहीं कर सकता।
• क्रिकेट की अन्तर्राष्ट्रीय संस्था ICC (International Cricket Council) है, जिसकी स्थापना वर्ष 1909 में हुई तथा इसका मुख्यालय दुबई, संयुक्त अरब अमीरात में है।

1708. राष्ट्रीय खेल दिवस ……… के जन्मदिन पर मनाया जाता है।
SSC CHSL Tier-1 10.07.2024 (Shift-I)

(a) मेजर ध्यानचन्द (b) कपिल देव
(c) एम.एस.धोनी (d) रूप सिंह

उत्तर (a)
• राष्ट्रीय खेल दिवस **मेजर ध्यानचन्द** के जन्मदिन पर मनाया जाता है।
• राष्ट्रीय खेल दिवस को भारत में प्रत्येक वर्ष 29 अगस्त को मनाते हैं।
• इस दिन को पहली बार वर्ष 2012 में भारत के राष्ट्रीय खेल दिवस के रूप में नामित कर मनाया गया।
• देश के राष्ट्रपति इस अवसर पर मेजर ध्यानचन्द खेल रत्न पुरस्कार, अर्जुन पुरस्कार, द्रोणाचार्य पुरस्कार और ध्यानचन्द पुरस्कार जैसे खेल पुरस्कार प्रदान करते हैं।
• मेजर ध्यानचन्द ने (हॉकी टीम) ओलम्पिक खेलों 1928, 1932 तथा 1936 में स्वर्ण पदक जीता था।

1709. निम्नलिखित में से किस टीम ने इण्डियन सुपर लीग 2022-23 जीता?
SSC CHSL Tier-1 10.07.2024 (Shift-I)

(a) बेंगुलरु एफ. सी
(b) हैदराबाद एफ. सी
(c) ए.के.टी.मोहन बागान
(d) मुम्बई सिटी एफ.सी

उत्तर (c)
• **ए. के. टी. मोहन बागान** टीम ने इण्डियन सुपर लीग 2022-23 जीता।
• यह इण्डियन सुपरलीग (ISL) का नौवाँ संस्करण था।
• ए. के. टी. मोहन बागान ने फाइनल में सुनील छेत्री की टीम ने बेंगलुरु एफसी को हराया।
• मोहन बागान ने पहली बार ISL का खिताब जीता है।
• ISL 2023-24 की विजेता टीम **मुम्बई सिटी एफसी** है।

1710. अन्तर्राष्ट्रीय हॉकी मैच की अवधि क्या है?
SSC CHSL Tier-1 10.07.2024 (Shift-I)

(a) 55 मिनट (b) 60 मिनट
(c) 70 मिनट (d) 50 मिनट

उत्तर (b)
• अन्तर्राष्ट्रीय हॉकी मैच की अवधि 60 मिनट है।
• एक हॉकी मैच में 15 मिनट के चार क्वार्टर होते हैं।
• हॉकी खेल में खिलाड़ियों की संख्या 11 होती है।
• वर्ष 2019 से पहले हॉकी मैच की अवधि **70 मिनट** होती थी।

1711. वर्ष 2023 तक की जानकारी के अनुसार, भारत ने कितनी बार ICC पुरुष T-20 क्रिकेट विश्व कप की मेजबानी की है?
SSC CHSL Tier-1 10.07.2024 (Shift-II)

(a) 4 (b) 1
(c) 3 (d) 2

उत्तर (b)
• वर्ष 2023 तक की जानकारी के अनुसार, भारत ने **एक बार** ICC पुरुष T-20 क्रिकेट कप की मेजबानी की।
• भारत ने वर्ष 2016 में ICC पुरुष T-20 क्रिकेट का आयोजन किया, यह टूर्नामेण्ट वेस्टइण्डीज ने इंग्लैण्ड को हराकर जीता था।
• ICC पुरुष T-20 विश्व कप 2026 की मेजबानी भारत व श्रीलंका संयुक्त रूप से करेंगे।

• वर्ष 2024 का ICC पुरुष T-20 विश्वकप विजेता भारत (साउथ अफ्रीका को हराया) है। इस टूर्नामेण्ट का आयोजन यू. एस. ए. व वेस्टइण्डीज ने संयुक्त रूप से किया।

1712. खेल-कूद में आजीवन उपलब्धि के लिए निम्नलिखित में से कौन-सा पुरस्कार प्रदान किया जाता है? इसकी स्थापना उन खिलाड़ियों को सम्मानित करने के लिए की गई थी, जिन्होंने अपने प्रदर्शन से खेलों में योगदान किया है और सक्रिय खेल करियर से सेवानिवृत्ति के बाद भी खेलों को बढ़ावा देने में योगदान देना जारी रखा है।

SSC CHSL Tier-1 10.07.2024 (Shift-II)

(a) ध्यानचन्द पुरस्कार
(b) मेजर ध्यानचन्द खेल रत्न
(c) अर्जुन पुरस्कार
(d) द्रोणाचार्य पुरस्कार

उत्तर (a)

• खेलकूद में आजीवन उपलब्धि के लिए **ध्यानचन्द पुरस्कार** प्रदान किया जाता है।
• वर्ष 2002 में इस पुरस्कार की शुरुआत हुई।
• इस पुरस्कार के अन्तर्गत विजेता को ₹ 10 लाख की धनराशि, एक प्रतिमा, प्रमाण-पत्र व औपचारिक पोशाक प्रदान की जाती है।
• ध्यानचन्द पुरस्कार, मेजर ध्यानचन्द खेल रत्न पुरस्कार से अलग पुरस्कार है।

1713. एक मैच शुरू करने के लिए एक टीम में फुटबॉल खिलाड़ियों की न्यूनतम संख्या कितनी होनी चाहिए?

SSC CHSL Tier-1 10.07.2024 (Shift-II)

(a) 7 (b) 10
(c) 11 (d) 8

उत्तर (a)

• एक मैच शुरू करने के लिए एक टीम में फुटबॉल खिलाड़ियों की न्यूनतम संख्या 7 होनी चाहिए तथा टीम में कुल 11 खिलाड़ी होने चाहिए।
• फुटबॉल मैच के मैदान की लम्बाई 91-120 मी चौड़ाई 45-91 मी तथा गेंद का वजन 396-453 ग्राम तक होता है।
• अन्य खेलों में खिलाड़ियों की संख्या
• बास्केटबॉल — 5
• बेसबॉल — 9
• कबड्डी — 7
• हॉकी — 11

1714. क्रिकेट पिच की मानक माप क्या है?

SSC CHSL Tier-1 10.07.2024 (Shift-III)

(a) 22 गज गुणा 10 फीट
(b) 22 गज गुणा 12 फीट
(c) 20 गज गुणा 10 फीट
(d) 20 गज गुणा 12 फीट

उत्तर (a)

• क्रिकेट पिच की मानक माप 22 गज गुणा 10 फीट है।
• क्रिकेट गेंद का भार 155 से 163 ग्राम, बल्ले की लम्बाई अधिकतम 96.52 सेमी (38 इंच), बल्ले की चौड़ाई अधिकतम 10.8 सेमी (4.25 इंच) तथा स्टम्प की लम्बाई लगभग 72 सेमी होती है।
• क्रिकेट खेल का जन्मदाता **इंग्लैण्ड** को माना जाता है।
• क्रिकेट की सर्वोच्च संस्था आइसीसी है, जिसका मुख्यालय 2 अगस्त, 2005 से **दुबई** में है, पहले यह लॉर्ड्स में था।

1715. भारत का सबसे बड़ा फुटबॉल स्टेडियम कहाँ स्थित है?

SSC CHSL Tier-1 10.07.2024 (Shift-III)

(a) गोवा (b) कोलकाता
(c) नई दिल्ली (d) बेंगलुरु

उत्तर (b)

• भारत का सबसे बड़ा फुटबॉल स्टेडियम **कोलकाता** में स्थित है।
• विवेकानन्द युवा भारती क्रीड़ांगन (कोलकत्ता) 85000 की वर्तमान क्षमता के साथ एक बहुउद्देशीय स्टेडियम है।
• यह बैठने की क्षमता में भारत का सबसे बड़ा स्टेडियम है। वर्ष 2011 में इसके नवीकरण से पहले यह दुनिया का दूसरा सबसे बड़ा फुटबॉल स्टेडियम था।

1716. भारत में राष्ट्रीय भाला फेंक दिवस (National Javelin Day) कब मनाया जाता है?

SSC CHSL Tier-1 10.07.2024 (Shift-IV)

(a) 29 अगस्त (b) 12 जनवरी
(c) 6 अगस्त (d) 7 अगस्त

उत्तर (d)

• भारत में राष्ट्रीय भाला फेंक दिवस 7 अगस्त को मनाया जाता है।
• भारत में एथलेटिक्स के लिए सर्वोच्च निकाय, भारतीय एथलेटिक्स महासंघ ने टोक्यो ओलम्पिक 2020 के दौरान नीरज चोपड़ा के ऐतिहासिक स्वर्ण पदक की याद में भाला फेंक दिवस मनाने का निर्णय लिया गया।
• नीरज चोपड़ा ने पुरुषों के भाला फेंक फाइनल के दौरान 87.58 मी की दूरी तक भाला फेंककर स्वर्ण पदक जीता।

1717. वर्ष 2022 में भारत के 36वें राष्ट्रीय खेल कहाँ आयोजित किए गए थे?

SSC CHSL Tier-1 10.07.2024 (Shift-IV)

(a) केरल (b) गुजरात (c) दिल्ली (d) गोवा

उत्तर (b)

• वर्ष 2022 में भारत का 36वें राष्ट्रीय खेलों का आयोजन **गुजरात** में किया गया।
• 36वें राष्ट्रीय खेलों में भारतीय ओलम्पिक संघ का सर्वश्रेष्ठ राज्य पुरस्कार **महाराष्ट्र** ने जीता।
• राष्ट्रीय खेलों की अवधि व नियम पूरी तरह से भारतीय ओलम्पिक संघ के अधिकार क्षेत्र में हैं।
• भारत के 37वें राष्ट्रीय खेलों का आयोजन वर्ष 2023 में गोवा में किया गया था।
• 38वें राष्ट्रीय खेलों का आयोजन उत्तराखण्ड में वर्ष 2025 में किया जाएगा।

1718. निम्नलिखित में से किस खेल में दाँव खेलने वाले खिलाड़ी को 'रेडर' कहा जाता है?

SSC CHSL Tier-1 10.07.2024 (Shift-IV)

(a) हॉकी (b) टेनिस
(c) कबड्डी (d) बैडमिण्टन

उत्तर (c)

• **कबड्डी** के खेल में दाँव खेलने वाले खिलाड़ी को 'रेडर' कहा जाता है।
• रेडर, विपक्षी मैट पर जाकर रेड करते हैं और अपनी टीम के लिए अंक हासिल करते हैं।
• **डिफेण्डर**, टीम में रहकर विपक्षी टीम की रेड के दौरान अपनी टीम को डिफेन्स करते हैं।
• कबड्डी खेल, मुख्य रूप से भारतीय उपमहाद्वीप में खेला जाता है।

1719. भारत ने पुरुष हॉकी में अपना अन्तिम ओलम्पिक पदक कहाँ जीता था? (मार्च, 2024 तक)

SSC CHSL Tier-1 11.07.2024 (Shift-I)

(a) रियो (b) म्यूनिख
(c) टोक्यो (d) मैक्सिको सिटी

उत्तर (c)

• भारत ने पुरुष हॉकी में अपना अन्तिम ओलम्पिक पदक, 2020 टोक्यो ओलम्पिक में जीता था (मार्च, 2024 तक)।
• टोक्यो ओलम्पिक में भारतीय हॉकी टीम ने **कांस्य** पदक प्राप्त किया था।
• भारत की हॉकी टीम ने ओलम्पिक में अब तक कुल **आठ स्वर्ण** पदक जीते हैं।

1720. अधिकांश प्रमुख खेल पुरस्कारों के साथ नकद पुरस्कार भी दिया जाता है। निम्नलिखित में से कौन-सा एकमात्र राष्ट्रीय खेल पुरस्कार है, जिसमें नकद पुरस्कार शामिल नहीं है?

SSC CHSL Tier-1 11.07.2024 (Shift-I)

(a) मौलाना अबुल कलाम आजाद ट्रॉफी
(b) द्रोणाचार्य पुरस्कार
(c) राष्ट्रीय खेल प्रोत्साहन पुरस्कार
(d) मेजर ध्यानचन्द खेल रत्न

उत्तर (c)

• अधिकांश प्रमुख खेल पुरस्कारों के साथ नकद पुरस्कार भी दिया जाता है। **राष्ट्रीय खेल प्रोत्साहन पुरस्कार** एकमात्र राष्ट्रीय खेल पुरस्कार है, जिसमें नकद पुरस्कार शामिल नहीं है।
• युवा मामले और खेल मन्त्रालय ने राष्ट्रीय खेल प्रोत्साहन पुरस्कार (आरकेपीपी) 2023 की घोषणा की तथा **बेंगलुरु** को नवोदित और युवा प्रतिभाओं की पहचान करने और उन्हें दक्ष करने के लिए सम्मानित किया गया है।
• राष्ट्रीय खेल प्रोत्साहन पुरस्कार खेल को बढ़ावा देने और उसका विकास करने में अहम भूमिका निभाने वाले संगठनों और लोगों को दिया जाता है।

1721. निम्नलिखित में से कौन-सा कबड्डी में चेतावनी कार्ड का रंग नहीं है?

SSC CHSL Tier-1 11.07.2024 (Shift-I)

(a) पीला (b) लाल
(c) काला (d) हरा

उत्तर (c)

• काला रंग कबड्डी में चेतावनी कार्ड के रूप में प्रयोग नहीं किया जाता है, जबकि पीला, लाल एवं हरा कबड्डी में चेतावनी कार्ड हैं।

• एक कबड्डी मैच सामान्यत: 40 मिनट (प्रत्येक 20 मिनट के दो भाग) तक चलता है। प्रत्येक टीम को प्रत्येक हाथ में दो टाइम-आउट की अनुमति होती है।

• बर्लिन ओलम्पिक 1936 में कबड्डी को प्रदर्शनी खेल के रूप में शामिल किया गया था।

• चीन के हांगझोऊ शहर में एशियाई खेल 2022 में कबड्डी मुख्य खेलों का हिस्सा है।

1722. भारत का सबसे पुराना फुटबॉल टूर्नामेण्ट (पहला डूरण्ड कप) कहाँ आयोजित किया गया था? **SSC CHSL Tier-1 11.07.2024 (Shift-II)**

(a) शिमला (b) दिल्ली
(c) कलकत्ता (d) मद्रास

उत्तर (a)

• भारत का सबसे पुराना फुटबॉल टूर्नामेण्ट, (पहला डूरण्ड कप) शिमला में आयोजित किया गया था।

• डूरण्ड कप पहली बार 1888 ई. में आयोजित हुआ था।

• टूर्नामेण्ट का नाम इसके संस्थापक सर हेनरी मोर्टिमर डूरण्ड के नाम पर रखा गया है।

• डूरण्ड कप, भारत के साथ-साथ एशिया का भी सबसे पुराना फुटबॉल टूर्नामेंट है।

• डूरण्ड कप 2024 गुवाहाटी के नॉर्थईस्ट यूनाइटेड एफसी ने जीता है।

• डूरण्ड कप 2023 मोहन बागान ने जीता था।

1723. प्रथम एशियाई खेल (Asian Games) कब और कहाँ हुए थे? **SSC CHSL Tier-1 11.07.2024 (Shift-II)**

(a) 1982, पंजाब
(b) 2010, नई दिल्ली
(c) 1951, नई दिल्ली
(d) 2014, महाराष्ट्र

उत्तर (c)

• प्रथम एशियाई खेल वर्ष 1951 में नई दिल्ली में हुए थे।

• 1951 एशियाई खेल में भारत ने 15 स्वर्ण, 16 रजत और 20 कांस्य पदकों के साथ कुल 51 पदक जीते थे।

• एशियाई खेलों में पहला स्वर्ण पदक **सचिन नाग** ने प्राप्त किया था।

• 19वें एशियाई खेल 2022 में चीन के हांगझू शहर में हुए थे।

• 20वें एशियाई खेल वर्ष 2026 में जापान में आयोजित किए जाएँगे।

1724. बैडमिण्टन में, 0 प्वॉइण्ट को ········ कहा जाता है। **SSC CHSL Tier-1 11.07.2024 (Shift-III)**

(a) प्ले (b) आउट
(c) लव (d) इन

उत्तर (c)

• बैडमिण्टन में 0 प्वॉइण्ट को **लव** कहा जाता है। यह शब्द अन्य खेलों जैसे टेनिस और स्क्वैश में भी उपयोग किया जाता है।

• लव का अर्थ है कि खिलाड़ी या जोड़ी ने अभी तक कोई प्वॉइण्ट नहीं बनाया है।
अन्य विकल्पों में,

• प्ले—खेल की शुरुआत या जारी रखना
• आउट—खेल के बाहर का बिन्दु
• इन—खेल के अन्दर का बिन्दु

1725. तलवारबाजी (Fencing) में एक रक्षात्मक तरीके से ब्लेड का मूवमेण्ट जो प्रतिद्वन्द्वी की आक्रामक कार्रवाई को रोकता है, उसे ········ कहा जाता है। **SSC CHSL Tier-1 11.07.2024 (Shift-III)**

(a) साबेर (b) रीप्राइज
(c) रीडबलमेण्ट (d) पारी

उत्तर (d)

• तलवारबाजी में एक रक्षात्मक तरीके से ब्लेड का मूवमेण्ट जो प्रतिद्वन्द्वी की आक्रामक कार्रवाई को रोकता है, उसे **पारी** कहा जाता है।

• तलवारबाजी से सम्बन्धित शब्द लामे, एपी, फॉइल निकर हैं।

• तलवारबाजी से सम्बन्धित भारतीय तलवारबाज भवानी देवी, कुमार आकाश, राधिका प्रकाश अवति, चिनगाखम जेटली सिंह हैं।

1726. घुड़सवारी (Equestrian) के खेल में, ········ तब होता है, जब एक घोड़ा या सवार छलाँग के उस अवयव (element) को कम नीचे कर देता (lowers) है, जो बाधा की ऊँचाई तय करता है। **SSC CHSL Tier-1 11.07.2024 (Shift-IV)**

(a) क्लीन राउण्ड (b) नॉकडाउन
(c) कुर्ब (d) काण्टर

उत्तर (a)

• घुड़सवारी के खेल में क्लीन राउण्ड तब होता है, जब एक घोड़ा या सवार छलाँग के उस अवयव (element) को कम कर देता (lowers) है, जो बाधा की ऊँचाई तय करता है।

• नॉकडाउन, काण्टर का प्रयोग मुक्केबाजी में किया जाता है।

• कुर्ब का प्रयोग बिलियर्ड्स में किया जाता है।

1727. क्रिकेट में, तेज गति से सिर की ऊँचाई तक फेंकी गई गेंद को ········ कहा जाता है। **SSC CHSL Tier-1 11.07.2024 (Shift-IV)**

(a) लेग-बाई (b) डक
(c) बाउंसर (d) ग्रबर

उत्तर (c)

• क्रिकेट में तेज गति से सिर की ऊँचाई तक फेंकी गई गेंद को बाउंसर कहा जाता है।

• क्रिकेट खेल से सम्बन्धित अन्य प्रमुख शब्दावलियाँ निम्न हैं-
चाइनामैन, एल.बी. डब्ल्यू, हिट विकेट, थ्रो, मेडन, वाइड, स्विंग, स्ट्रोक, पॉपिंग क्रीज, हुक थर्ड मैन, सिली प्वॉइण्ट, कवर प्वॉइण्ट इत्यादि।

• क्रिकेट खेल का जन्मदाता इंग्लैण्ड को माना जाता है।

1728. 2011 क्रिकेट विश्व कप फाइनल में श्रीलंका पर जीत के लिए भारत की कप्तानी किसने की? **SSC CHSL Tier-1 11.07.2024 (Shift-IV)**

(a) महेन्द्र सिंह धोनी
(b) राहुल द्रविड़
(c) सचिन तेन्दुलकर
(d) सौरव गांगुली

उत्तर (a)

• 2011 क्रिकेट विश्व कप फाइनल में श्रीलंका पर जीत के लिए भारत की कप्तानी **महेन्द्र सिंह धोनी** ने की थी।

• इस प्रतियोगिता का फाइनल 2 अप्रैल को मुम्बई के **वानखेड़े** स्टेडियम में खेला गया था।

• इससे पहले भारत ने वर्ष 1983 में कपिल देव की कप्तानी में क्रिकेट विश्व कप का तीसरा संस्करण जीता था।

• भारत वर्ष 2007 और वर्ष 2024 का T-20 विश्व कप विजेता रहा है।

• वर्ष 2007 T-20 विश्व कप विजेता टीम के कप्तान महेन्द्र सिंह धोनी तथा 2024 T-20 विश्व कप विजेता टीम के कप्तान रोहित शर्मा हैं।

1729. वर्ष 2022 में एजबेस्टन में क्रिकेटर जसप्रीत बुमराह के रिकॉर्ड के सम्बन्ध में निम्नलिखित में से कौन-सा कथन सही है?

1. भारतीय कप्तान **जसप्रीत बुमराह** ने एक ओवर में 32 रन बनाकर ब्रायन लारा का विश्व रिकॉर्ड तोड़ दिया।
2. विश्व रिकॉर्ड **ब्रायन लारा** के नाम 18 वर्षों तक रहा।
3. ब्रायन लारा ने अपने इस रिकॉर्ड के लिए दक्षिण अफ्रीका के बाएँ हाथ के स्पिनर **रॉबिन पीटरसन** को निशाना बनाया था।
4. जसप्रीत बुमराह ने **स्टुअर्ट ब्रॉड** को पछाड़कर टेस्ट क्रिकेट में एक ओवर में सर्वाधिक रन बनाने का विश्व रिकॉर्ड बनाया। **SSC CHSL Tier-2 10.01.2024 (Shift-I)**

कूट

(a) 1, 2 और 3 (b) 2, 3 और 4
(c) 1, 3 और 4 (d) 1, 2 और 4

उत्तर (b)

कथन (2), (3) और (4) सही हैं।

• 2 जुलाई, 2022 को एजबेस्टन में भारत के कार्यवाहक कप्तान **जसप्रीत बुमराह** ने स्टुअर्ट ब्रॉड के एक ओवर में 29 रन बनाकर ब्रायन लारा का विश्व रिकॉर्ड तोड़ दिया।

• **ब्रायन लारा** के नाम विश्व रिकॉर्ड 18 वर्षों तक रहा।

• ब्रायन लारा ने अपने इस रिकॉर्ड के लिए दक्षिण अफ्रीका के बाएँ हाथ के स्पिनर **रॉबिन पीटरसन** को निशाना बनाया था।

• बुमराह ने ब्रॉड को पीछे छोड़कर एक ओवर में सर्वाधिक रन बनाने का रिकॉर्ड बनाया। वर्तमान में भारतीय टेस्ट टीम के कप्तान **रोहित शर्मा** हैं।

1730. निम्नलिखित खिलाड़ियों ने वर्ष 2022 में अपने खेल में एक रिकॉर्ड बनाया है। खिलाड़ियों (सूची I) को उनके खेल (सूची II) से मिलाएँ।
SSC CHSL Tier-2 10.01.2024 (Shift-I)

सूची I (खिलाड़ी)	सूची II (खेल)
A. मनप्रीत कौर	1. गोला फेंक
B. अविनाश साबले	2. धावक
C. मीराबाई चानू	3. तीरन्दाजी
D. पूजा जाटयान	4. भारोत्तोलन

कूट

	A	B	C	D		A	B	C	D
(a)	2	1	4	3	(b)	2	1	3	4
(c)	1	2	4	3	(d)	1	2	3	4

उत्तर (c)
- सही सुमेलन A-1, B-2, C-4, D-3 है।
- **मनप्रीत कौर** भारत की ओर से ओलम्पिक पेशेवर **गोला फेंक** खिलाड़ी हैं। इन्होंने वर्ष 2017 में चीन के जिहुँआ में एशियन ग्रा. प्री. में स्वर्ण पदक जीता था।
- **अविनाश साबले** भारतीय **धावक** हैं। यह राष्ट्रमण्डल खेलों में 3000 मी स्टीपलचेज में रजत पदक जीतने वाले पहले भारतीय पुरुष खिलाड़ी हैं।
- **मीराबाई चानू** मणिपुर राज्य की एक भारोत्तोलन खिलाड़ी हैं। इन्होंने टोक्यो ओलम्पिक (2021) में रजत पदक जीता है।
- **पूजा जाटयान** भारत के हरियाणा राज्य की एक **पैरा तीरन्दाजी खिलाड़ी** हैं। यह पैरा तीरन्दाजी विश्व चैम्पियनशिप में रजत पदक जीतने वाली पहली भारतीय हैं।

SSC CHSL 2023

1731. राष्ट्रमण्डल खेल 2022 में खिलाड़ियों का, दी गई श्रेणियों में सम्बन्धित स्पर्द्धाओं में उनके द्वारा जीते गए पदकों के साथ मिलान करें और सही कूट चुनें।
SSC CHSL (10+2) 02.11.2023 (Shift-I)

सूची I (खिलाड़ी)	सूची II (जीते गए पदक)
A. विनेश फोगाट	1. स्वर्ण, कुश्ती महिला फ्रीस्टाइल, 62 किग्रा
B. बजरंग पुनिया	2. स्वर्ण, कुश्ती महिला फ्रीस्टाइल, 53 किग्रा
C. साक्षी मलिक	3. स्वर्ण, कुश्ती पुरुष फ्रीस्टाइल, 86 किग्रा
D. दीपक पुनिया	4. स्वर्ण, कुश्ती पुरुष फ्रीस्टाइल, 65 किग्रा

कूट

	A	B	C	D
(a)	3	4	2	1
(b)	1	3	2	4
(c)	4	3	1	2
(d)	2	4	1	3

उत्तर (d)
- सही सुमेलन A-2, B-4, C-1, D-3 है।
- राष्ट्रमण्डल खेल 2022 में **विनेश फोगाट** ने कुश्ती महिला फ्रीस्टाइल के 53 किग्रा वर्ग में स्वर्ण पदक जीता था।
- वहीं **बजरंग पुनिया** ने 65 किग्रा वर्ग में, **साक्षी मलिक** ने 62 किग्रा वर्ग में तथा **दीपक पुनिया** ने 86 किग्रा वर्ग में कुश्ती का स्वर्ण पदक जीता था।
- राष्ट्रमण्डल खेल 2022 का आयोजन जुलाई, 2022 में **बर्मिंघम** (यूनाइटेड किंगडम) में किया गया था।
- इसमें भारत ने 61 पदकों के साथ चौथा स्थान प्राप्त किया था।
- 2026, राष्ट्रमण्डल खेलों की मेजबानी **ऑस्ट्रेलिया** (विक्टोरिया) द्वारा की जाएगी।

1732. 'खेलो इण्डिया यूथ गेम्स 2023' में निम्नलिखित राज्यों का, उनसे सम्बन्धित रैंक के साथ मिलान करें और सही कोड चुनें।
SSC CHSL (10+2) 02.11.2023

सूची I (राज्य)	सूची II (उनकी रैंक)
A. राजस्थान	1. पहली
B. मध्य प्रदेश	2. दूसरी
C. हरियाणा	3. चौथी
D. महाराष्ट्र	4. तीसरी

कूट

	A	B	C	D		A	B	C	D
(a)	1	3	2	4	(b)	2	4	1	3
(c)	3	4	2	1	(d)	4	2	1	3

उत्तर (c)
- सही सुमेलन A-3, B-4, C-2, D-1 है।
- पाँचवें खेलो इण्डिया यूथ गेम्स, 2023 का आयोजन 30 जनवरी से 11 फरवरी तक **मध्य प्रदेश** में किया गया था।
- वर्ष 2018 में **नई दिल्ली** में उद्घाटन संस्करण के बाद महाराष्ट्र ने वर्ष 2019 में कार्यक्रम की मेजबानी की, जबकि वर्ष 2020 में असम में इसका आयोजन किया गया था।

1733. निम्नलिखित में से किस क्रिकेटर ने IPL 2001 में ऑरेंज कैप जीती?
SSC CHSL (10+2) 27.05.2022 I

(a) ऋतुराज गायकवाड़ (b) हर्षल पटेल
(c) के. एल. राहुल (d) वेंकटेश अय्यर

उत्तर (a)
- IPL 2021 में चेन्नई सुपर किंग्स के सलामी बल्लेबाज ऋतुराज गायकवाड़ ने नाबाद में 101 रनों की पारी राजस्थान रॉयल्स के खिलाफ खेलते हुए ऑरेंज कैप अपने नाम की।
- आईपीएल 2021 में इनके नाम 1 शतक और तीन अर्द्धशतक दर्ज हैं। इससे पहले **ऑरेंज कैप** के. एल. राहुल के पास थी।
- IPL 2021 की विजेता टीम **चेन्नई सुपर किंग्स** थी तथा 2024 में विजेता टीम **कोलकाता नाइटराइडर्स** है।

1734. भारतीय क्रिकेट कण्ट्रोल बोर्ड की स्थापना किस वर्ष में हुई थी?
SSC CHSL (10+2) 27.05.2022 I

(a) 1928 (b) 1948
(c) 1938 (d) 1958

उत्तर (a)
- भारतीय क्रिकेट कण्ट्रोल बोर्ड की स्थापना वर्ष **1928** में हुई थी।
- भारतीय क्रिकेट नियन्त्रण बोर्ड (BCCI) भारत में क्रिकेट के लिए राष्ट्रीय शासकीय निकाय है।
- आर. ई. ग्राण्ट गोवन इसके पहले अध्यक्ष एवं एन्थनी डी. मेलो पहले सचिव निर्वाचित किए गए थे।
- वर्तमान (2025) में इसके अध्यक्ष **रोजर बिन्नी** और उपाध्यक्ष **राजीव शुक्ला** हैं।

1735. फुटबॉल मैच के दौरान मैदान पर एक टीम में अधिकतम कितने खिलाड़ी हो सकते हैं?
SSC CHSL (10+2) 27.05.2022 I

(a) 11 (b) 12 (c) 10 (d) 9

उत्तर (a)
- फुटबॉल मैच के दौरान एक टीम में **11** खिलाड़ी हो सकते हैं।
- प्रमुख खेलों में खिलाड़ियों की संख्या बास्केट बॉल - 5, टॉफी - 11, वॉलीबॉल-6, कबड्डी - 7, बेसबॉल - 9, वॉटरपोलो - 7

1736. टोक्यो पैरालम्पिक 2020 का केन्द्रीय विषय (सेण्ट्रल थीम) क्या था?
SSC CHSL (10+2) 30.05.2022 I

(a) एक दुनिया, एक सपना
(b) तेज, उच्च, मजबूत—एकसाथ
(c) भावनाओं से एकता
(d) एक पीढ़ी को प्रेरित करें

उत्तर (c)
- टोक्यो पैरालम्पिक 2020 का केन्द्रीय विषय **भावनाओं से एकता** था।
- कोविड-19 पैण्डेमिक के कारण टोक्यो पैरालम्पिक खेलों का आयोजन 2020 के अतिरिक्त सितम्बर, 2021 में किया गया था। इसका आयोजन ग्रीष्म ओलम्पिक के तुरन्त बाद होता है।
- टोक्यो पैरालम्पिक 2020 में भारत 19 पदकों के साथ 24वें स्थान पर था।
- वर्ष 2024 में पैरालम्पिक खेल का आयोजन **फ्रांस** (पेरिस) में किया गया।
- वर्ष 2028 मे पैरालम्पिक खेल का आयोजन लॉस एंजिल्स, कैलिफोर्निया अमेरिका में होगा।

1737. भारत किस वर्ष में आई.सी.सी. (ICC) चैम्पियम्स ट्रॉफी की मेजबानी करेगा?
SSC CHSL (10+2) 02.06.2022 I

(a) 2025 में (b) 2022 में
(c) 2029 में (d) 2023 में

उत्तर (c)
- भारत ICC चैम्पियन ट्रॉकी की मेजबानी वर्ष **2029** में करेगा।
- इस प्रतियोगिता में टेस्ट मैच खेलने वाले सभी देश भाग लेंगे।

- पहले चैम्पियन्स ट्रॉफी 50-50 ओवरों में खेला जाता था, परन्तु वर्तमान समय में इसे 20-20 ओवरों में खेला जाता है।
- भारत ने वर्ष 2013 में **महेन्द्र सिंह धोनी** की कप्तानी में चैम्पियन्स ट्रॉफी जीती थी।

1738. लगातार दो ओलम्पिक पदक जीतने वाली एकमात्र भारतीय महिला खिलाड़ी कौन हैं?
SSC CHSL 02.06.2022

(a) मीराबाई चानू (b) पी.वी. सिन्धु
(c) मैरी कॉम (d) दुती चन्द

उत्तर (b)

- लगातार दो ओलम्पिक पदक जीतने वाली एकमात्र भारतीय महिला खिलाड़ी **पी.वी. सिन्धु** (पुसरला वेंकट सिन्धु) हैं। ये विश्व वरीयता प्राप्त भारतीय महिला **बैडमिण्टन** खिलाड़ी हैं।
- वर्ष 2016 (रियो ओलम्पिक) में **सिल्वर** एवं वर्ष 2021 (टोक्यो ओलम्पिक) में **ब्रांस** पदक जीती थीं।

1739. ट्रैप शूटिंग का दूसरा नाम क्या है?
SSC CHSL (10+2) 01.06.2022 I

(a) पिजन शूटिंग (b) क्रॉल शूटिंग
(c) क्ले पिजन शूटिंग (d) वुड पिजन शूटिंग

उत्तर (c)

- ट्रैप शूटिंग का दूसरा नाम क्ले पिजन शूटिंग है।
- ट्रैप शूटिंग में क्ले बर्ड निशानेबाजों को 5 अलग-अलग स्थानों से निकलती हुई बर्ड पिजन को शूट करना होता है।
- शूटर को 5 राउण्ड में कुल 125 निशान लगाने होते हैं अर्थात् प्रत्येक राउण्ड में 25 टारगेट पर निशाना लगाना होता है।

1740. दौड़ने वाले आयोजनों में लैप (laps) की गिनती कौन करता है?
SSC CHSL (10+2) 01.06.2022 I

(a) लैप स्कोरर (b) टाइम कीपर
(c) लैप रिकॉर्डर (d) लैप काउण्टर

उत्तर (a)

- दौड़ने वाले आयोजनों में लैप (laps) की गिनती **लैप स्कोरर** करता है।
- दौड़ प्रतिस्पर्द्धा में इसका उपयोग दौड़ की गति को मापने के लिए किया जाता है।
- इसमें घड़ी के समान सूई लगी होती है।

1741. कपिल देव को पद्मश्री पुरस्कार से कब सम्मानित किया गया था?
SSC CHSL Tier-1 17.08.2023 (Shift-I)

(a) वर्ष 1982 (b) वर्ष 1983
(c) वर्ष 1981 (d) वर्ष 1980

उत्तर (a)

- कपिल देव को पद्मश्री पुरस्कार से वर्ष **1982** में सम्मानित किया गया।
- कपिल देव की कप्तानी में वर्ष 1983 में क्रिकेट विश्व कप फाइनल में वेस्टइण्डीज टीम को हराकर विश्व कप जीता था। इनका जन्म 6 जनवरी, 1959 को चण्डीगढ़ में हुआ था।
- इन्हें वर्ष 2013 में सीके नायडू लाइफटाइम अचीवमेण्ट अवॉर्ड से सम्मानित किया गया था।

1742. निम्नलिखित खिलाड़ियों में से किसे वर्ष 2022 में अर्जुन पुरस्कार से सम्मानित नहीं किया गया? **SSC CHSL Tier-1 17.08.2023 (Shift-I)**

(a) एच. एस. प्रणय (b) लक्ष्य सेन
(c) अरविन्दर सिंह (d) सुशीला देवी

उत्तर (c)

- **अरविन्दर सिंह** को वर्ष 2021 में अर्जुन पुरस्कार प्राप्त हुआ था।
- अर्जुन पुरस्कार को वर्ष 1961 में स्थापित किया गया था।
- यह युवा मामले एवं खेल मन्त्रालय, भारत सरकार द्वारा खेलों में उत्कृष्ट उपलब्धि हेतु सम्मान में प्रदान किया जाता है।
- यह भारत में दूसरा सबसे बड़ा खेल सम्मान है।
- सबसे बड़ा खेल रत्न पुरस्कार मेजर ध्यानचन्द खेल रत्न पुरस्कार है।

1743. निम्नलिखित में से किसने जून, 2022 में अन्तर्राष्ट्रीय भारोत्तोलन महासंघ की युवा विश्व चैम्पियनशिप में स्वर्ण पदक जीता?
SSC CHSL Tier-1 17.08.2023

(a) गुरुनायडू सनपति (b) देविनेनी श्रीकान्त
(c) देवांग देसाई (d) फजरू नासिक

उत्तर (a)

- **गुरुनायडू सनपति** ने जून, 2022 में अन्तर्राष्ट्रीय भारोत्तोलन महासंघ की युवा विश्व चैम्पियनशिप में 55 किग्रा भार वर्ग में 230 किग्रा के कुल प्रयास के साथ गोल्ड मेडल जीता था।
- इस चैम्पियनशिप का आयोजन मैक्सिको के लियोन में हुआ।
- इनका सम्बन्ध आन्ध्र प्रदेश राज्य से है।

1744. भारत ने अपना पहला पुरुष हॉकी विश्व कप कब जीता था?
SSC CHSL Tier-1 14.08.2023 (Shift-IV)

(a) वर्ष 1983 (b) वर्ष 1979
(c) वर्ष 1971 (d) वर्ष 1975

उत्तर (d)

- वर्ष 1975 में भारत ने अपना पहला पुरुष हॉकी विश्व कप जीता था।
- इस विश्व कप का आयोजन **मलेशिया** (कुआलालम्पुर) में किया गया था।
- इस मैच में भारतीय हॉकी टीम के कप्तान **अजित पाल सिंह** थे।
- भारतीय हॉकी टीम ने वर्ष 1926 से 1956 तक लगातार छ: बार ओलम्पिक खेलों में स्वर्ण पदक जीता।
- वर्ष 2026 पुरुष हॉकी विश्व कप की मेजबानी बेल्जियम व नीदरलैण्ड्स करेंगे।

1745. एसआरडी प्रसाद को वर्ष 2023 में ……… खेल में उनके योगदान के लिए पद्मश्री मिला। **SSC CHSL Tier-1 14.08.2023 (Shift-IV)**

(a) कलारीप्पयट्टू (b) नौका दौड़
(c) सेवल सन्दई (d) जल्लीकट्टू

उत्तर (a)

- **कलारीप्पयट्टू** दक्षिणी केरल में प्रचलित एक युद्ध कला है।
- इसे भारत की सबसे पुरानी युद्ध कला माना जाता है।
- 1804 ई. में अंग्रेजों ने इस युद्ध कला पर रोक लगा दी थी।
- इसमें युद्ध तीव्र गति से किया जाता है।
- वर्ष 2016 में श्री प्रसाद के मार्शल आर्ट में योगदान के लिए उन्हें संगीत नाटक अकादमी पुरस्कार से सम्मानित किया गया था।

1746. निम्नलिखित में से किसने जून, 2022 में एशियाई जूनियर्स व्यक्तिगत स्क्वैश चैम्पियनशिप में गर्ल्स अण्डर 15 वर्ग में स्वर्ण पदक जीता?
SSC CHSL Tier-1 14.08.2023 (Shift-IV)

(a) अतिथि सिंह (b) अनाहत सिंह
(c) विधि गोयनका (d) विश्व ठक्कर

उत्तर (b)

- अनाहत सिंह ने जून, 2022 में एशिया जूनियर्स व्यक्तिगत स्कैथ चैम्पियनशिप मे गर्ल्स अण्डर 15 वर्ग में स्वर्ण पदक जीते थे। **अनाहत सिंह** ने एशियन गेम 2023 में दो **कांस्य पदक** भी जीते।
- ये 14 वर्ष की आयु में वर्ष 2022 में राष्ट्रमण्डल खेलों में भारत का प्रतिनिधित्व करने वाली **सबसे कम आयु की एथलीट** थीं।

1747. मार्च, 2023 तक भारत की पुरुष फुटबॉल टीम के कप्तान सुनील छेत्री अन्तर्राष्ट्रीय फुटबॉल प्रदर्शन में ……… सबसे अधिक गोल स्कोर करने वाले खिलाड़ी बन गए हैं।
SSC CHSL Tier-1 11.08.2023 (Shift-I)

(a) पाँचवें (b) आठवें
(c) चौथे (d) दसवें

उत्तर (a)

- भारत के सुनील क्षेत्री अन्तर्राष्ट्रीय फुटबॉल प्रदर्शन में **पाँचवें सबसे अधिक** गोल स्कोर करने वाले खिलाड़ी बन गए हैं।
- सुनील छेत्री, क्रिस्टियानो रोनाल्डो और लियोनेल मैसी के बाद सबसे ज्यादा अन्तर्राष्ट्रीय गोल करने वाले खिलाड़ी हैं।
- 6 जून, 2024 को कोलकाता के साल्ट लेक स्टेडियम में कुवैत के खिलाफ सुनील छेत्री ने अपना अन्तिम अन्तर्राष्ट्रीय मैच खेला।
- सुनील छेत्री, अब फुटबॉल से संन्यास ले चुके हैं।

1748. निम्नलिखित में से कौन पहली भारतीय पैडलर (Paddler) हैं, जिसने अन्तर्राष्ट्रीय टेबल टेनिस महासंघ (ITTF), एशियाई टेबल टेनिस संघ (ATTU), एशिया कप, 2022 में पदक जीता?
SSC CHSL Tier-1 11.08.2023 (Shift-I)

(a) मौमा दास (b) मनिका बत्रा
(c) नैना जायसवाल (d) मन्ती घोष

उत्तर (b)

- मनिका बत्रा ITTF, ATTI एशिया कप 2022 में पदक जीतने वाली पहली भारतीय पैडलर हैं।

• **मनिका बत्रा** विश्व के 39वें स्थान की सबसे श्रेष्ठ टेबल टेनिस खिलाड़ी हैं। (2022-2023)।
• ये अब तक चार मेडल्स जीत चुकी हैं।

1749. प्रथम एशियाई खेलों की मेजबानी किस एशियाई देश ने की थी?
SSC CHSL Tier-1 11.08.2023 (Shift-I)
(a) जापान (b) थाइलैण्ड
(c) भारत (d) इण्डोनेशिया

उत्तर (c)
• प्रथम एशियाई खेलों की मेजबानी **भारत** ने की थी।
• इन खेलों का उद्घाटन भारतीय राष्ट्रपति राजेन्द्र प्रसाद ने ध्यानचंद राष्ट्रीय स्टेडियम में किया था।
• इन खेलों में भारत पदक तालिका में दूसरे स्थान पर रहा था।
• इसमें 11 एशियाई देशों के 489 एथलीटों ने हिस्सा लिया।
• वर्ष 2026 में एशियाई खेलों की मेजबानी जापान देश का **नागोया** शहर करेगा।

1750. टोक्यो पैरालम्पिक, 2020 में भाग लेने वाली पहली भारतीय महिला पावरलिफ्टर ········ थीं। **SSC CHSL Tier-1 10.08.2023 (Shift-II)**
(a) आरिफा बिलाल
(b) कुंजरानी देवी
(c) सकीना खातून
(d) मनप्रीत कौर

उत्तर (c)
• **सकीना खातून** एक पावरलिफ्टर हैं, ये टोक्यो पैरालम्पिक 2020 में भाग लेने वाली पहली भारतीय महिला हैं।
• ये 50 किग्रा वर्ग में पाँचवें स्थान पर रहीं।
• वर्ष 2024 के पैराओलम्पिक का आयोजन **पेरिस** में 28 अगस्त से 8 सितम्बर के बीच किया गया।
• टोक्यो पैरालम्पिक में भारत ने पाँच स्वर्ण, आठ रजत और छः कांस्य पदक जीते थे।

1751. वर्ष 2023 में हॉकी इण्डिया द्वारा भारतीय पुरुष हॉकी टीम के नए मुख्य कोच के रूप में किसे नियुक्त किया गया था?
SSC CHSL 10.08.2023 (Shift-IIII)
(a) क्रेग फुल्टन (Craig Fulton)
(b) जैक जोन्स (Zak Jones)
(c) डेविड क्विन (David Quinn)
(d) किम सांग-रयुल (Kim Sang-ryul)

उत्तर (a)
• **क्रेग फुल्टन** को भारतीय पुरुष हॉकी (2023) टीम के नए मुख्य कोच के रूप में नियुक्त किया गया है।
• ये दक्षिणी अफ्रीका देश से सम्बन्धित हैं। वे टोक्यो ओलम्पिक में स्वर्ण पदक जीतने वाले और वर्ष 2018 की विश्व चैम्पियन, बेल्जियम टीम के सहायक कोच थे।
• क्रेग फुल्टन अटलांटा और एथेंस ओलम्पिक में भी खेले हैं।

1752. निम्नलिखित भारतीय क्रिकेटरों में से किसने वर्ष 2022 का ICC इमर्जिंग वूमेंन्स क्रिकेटर अवॉर्ड फॉर द ईयर (Emerging Women's Cricketer Award for the Year 2022) जीता? **SSC CHSL 09.08.2023 (Shift-I)**
(a) स्मृति मन्धाना (b) रेणुका सिंह
(c) हरमनप्रीत कौर (d) झूलन गोस्वामी

उत्तर (b)
• रेणुका सिंह ने वर्ष 2022 का ICC इमर्जिंग वुमेंन्स क्रिकेटर अवॉर्ड फॉर द ईयर (Emerging Women's Cricketer Award for the Year 2022) जीता।
• यह पुरस्कार उन्हें वर्ष 2022 में उनके वनडे व टी-20 मैचों में बेहतर प्रदर्शन के लिए प्रदान किया गया है।
• उन्होंने ऑस्ट्रेलियाई खिलाड़ी डार्सी ब्राउन, इंग्लैण्ड की एलिस कैप्सी तथा भारत की यासिका भाटिया को पीछे किया है।
• ऑस्ट्रेलिया की फोबे लिचफील्ड ने वर्ष 2023 का आईसीसी महिला इमर्जिंग क्रिकेटर आफ द इयर अवॉर्ड जीता था।

1753. निम्नलिखित में से किस भारतीय ग्रैण्डमास्टर ने विश्व के नम्बर एक मैग्नस कार्लसन को हराया और एफटीएक्स क्रिप्टो कप, 2022 में उप-विजेता बने?
SSC CHSL Tier-1 09.08.2023 (Shift-I)
(a) पी. हरिकृष्णा
(b) साकेत माइनेनी
(c) विश्वनाथन आनन्द
(d) आर. प्रज्ञानानन्द

उत्तर (d)
• भारतीय शतरंज ग्रैडमास्टर आर प्रज्ञानानन्द ने एफटीएक्स क्रिप्टो कप 2022 मे दुनिया के नम्बर एक खिलाडी मैग्नस कार्लसन को हराया परन्तु अंकों के आधार पर उप-विजेता रहे।
• प्रज्ञानानन्द ने चेन्नई मे आयोजित 44वें शतरंज ओलम्पियाड में भारत की टीम को कांस्य पदक दिलाने में महत्त्वपूर्ण भूमिका निभाई।
• FTX क्रिप्टो 2022 का आयोजन मियामी (USA) में किया गया है।

1754. वर्ष 2012 ओलम्पिक में लॉर्ड्स क्रिकेट ग्राउण्ड (LCG) में कौन-सी प्रतियोगिता आयोजित की गई थी?
SSC CHSL Tier-1 09.08.2023 (Shift-I)
(a) मुक्केबाजी (b) तीरंदाजी
(c) घुड़सवारी (d) क्रिकेट

उत्तर (b)
• वर्ष 2012 ओलम्पिक में लॉर्ड्स क्रिकेट ग्राउण्ड (LCG) में **तीरंदाजी** की प्रतियोगिता हुई।
• वर्ष 2012 में लन्दन में तीसरी बार ओलम्पिक खेलों की मेजबानी की गई।
• ये खेल पहली बार वर्ष 1908 और दूसरी बार वर्ष 1948 में आयोजित हुए थे।
• वर्ष 2024 के ओलम्पिक खेलों का आयोजन 26 जुलाई-11 अगस्त, 2024 तक **पेरिस** में किया गया।
• लॉर्ड्स क्रिकेट ग्राउण्ड को **क्रिकेट के घर** के रूप में सन्दर्भित किया गया।

1755. भारतीय नौसेना द्वारा आजादी का अमृत महोत्सव और खेलो इण्डिया के उपलक्ष्य में आयोजित किए जा रहे कार्यक्रमों में से एक 'इण्डियन नेवी सेलिंग चैम्पियनशिप, 2022', कहाँ आयोजित किया गया था?
SSC CHSL Tier-1 08.08.2023 (Shift-II)
(a) आन्ध्र प्रदेश (b) तमिलनाडु
(c) पश्चिम बंगाल (d) केरल

उत्तर (d)
• भारतीय नौसेना द्वारा आजादी का अमृत महोत्सव और खेलो इण्डिया के उपलक्ष्य में आयोजित किए जा रहे कार्यक्रमों में से एक 'इण्डियन नेवी सेलिंग चैम्पियनशिप, 2022', **केरल** में आयोजित की गई थी।
• इण्डियन नेवी सेलिंग चैम्पियनशिप, 2022 सबसे बड़ी **इन्ड्रा-नेवी सेलिंग रेगाटा** है, जिसमें तीनों भारतीय नौसैनिक कमानों के लगभग **105 सैनिकों ने भाग** लिया।
• यह चैम्पियनशिप 18 अक्टूबर, 2022 से 21 अक्टूबर, 2022 तक आयोजित की गई।
• इस आयोजन का उद्देश्य नौकायन को एक खेल के रूप में बढ़ावा देना और अधिक लोगों को इसे अपनाने के लिए प्रोत्साहित करना था।

1756. निम्नलिखित भारतीय ग्रैण्ड मास्टर्स में से किसने फिडे वर्ल्ड रैपिड एण्ड ब्लिट्ज चैम्पियनशिप वर्ष 2022 (FIDE World Rapid and Blitz Championship 2022) में भारत का पहला रजत पदक जीता?
SSC CHSL Tier-1 08.08.2023 (Shift-II)
(a) तानिया सचदेव (b) हरिका द्रोणावल्ली
(c) भक्ति कुलकर्णी (d) कोनेरू हम्पी

उत्तर (d)
• कोनेरू हम्पी ने वर्ष 2022 में फिडे वर्ल्ड रैपिड एण्ड ब्लिट्ज चैम्पियन में अपना पहला रजत पदक जीता था।
• हम्पी शतरंज के इतिहास में सबसे कम आयु की ग्रैण्डमास्टर हैं। (15 वर्ष की आयु में) वे आन्ध्र प्रदेश के विजयवाड़ा की निवासी हैं।
• विश्वनाथन आनन्द वर्ष 1988 में शतरंज ग्रैण्डमास्टर बनने वाले पहले भारतीय हैं।
• फिडे वर्ल्ड रैपिड एण्ड ब्लिट्ज चैम्पियनशिप 2024 का आयोजन न्यूयॉर्क शहर में किया गया।

1757. मुक्केबाजी में वैल बार्कर कप (Val Barker Cup) ओलम्पिक खेलों में सबसे उत्कृष्ट मुक्केबाज को दिया जाता है, लेकिन यह ········ के ओलम्पिक खेलों में नहीं दिया गया था। **SSC CHSL 08.08.2023 (Shift-II)**
(a) वर्ष 2020 (b) वर्ष 2008
(c) वर्ष 2016 (d) वर्ष 2012

उत्तर (a)

• वर्ष 2020 के ओलम्पिक खेलों में बैल बार्कर कप नहीं दिया गया था।

• इस ट्रॉफी की शुरुआत वर्ष 1936 में हुई थी।

• ट्रॉफी का नाम ब्रिटिश मुक्केबाज वैल बार्कर के नाम पर रखा गया हैं, जिन्होंने 1891 ई. में एमेच्योर बॉक्सिंग एसोसिएशन ऑफ इंग्लैण्ड (एबीए) हैवीटेट खिताब जीता था।

1758. भारतीय खिलाड़ी प्रवीण चित्रवेल (Praveen Chithravel), जो राष्ट्रमण्डल खेल 2022 में पदक जीतने से चूक गए थे, लेकिन जिन्होंने राष्ट्रीय इनडोर रिकॉर्ड के साथ एशियाई चैम्पियनशिप में रजत जीतकर जोरदार वापसी की, निम्नलिखित में से किस खेल से सम्बन्धित है?

SSC CHSL Tier-1 08.08.2023 (Shift-II)

(a) ट्रिपल जम्प इनडोर (b) लॉन्ग जम्प इनडोर
(c) 800 मी इनडोर (d) शॉट पुट इनडोर

उत्तर (a)

• भारतीय खिलाड़ी प्रवीण चित्रवेल **ट्रिपल जम्प इनडोर** खेल से सम्बन्धित हैं।

• इन्होंने वर्ष 2023 में एशियाई इनडोर एथलेटिक्स चैम्पियनशिप में 16.98 मी की छलाँग लगाकर रजत पदक जीता। यह नया राष्ट्रीय इनडोर रिकॉर्ड था।

• यह एक ट्रैक और फील्ड स्पर्द्धा है, जिसमें एथलीट हाप स्टेप और जम्प तकनीक के साथ यथासम्भव दूर तक छलाँग लगाते हैं।

• प्रवीण चित्रवेल ने राष्ट्रीय इनडोर रिकॉर्ड के साथ एशियाई चैम्पियनशिप में रजत पदक जीता था।

1759. बिरसा मुण्डा अन्तर्राष्ट्रीय हॉकी स्टेडियम, जो देश का सबसे बड़ा हॉकी स्टेडियम है, कहाँ स्थित है? SSC CHSL 07.08.2023

(a) झारसुगुड़ा, ओडिशा
(b) कटक, ओडिशा
(c) भुवनेश्वर, ओडिशा
(d) राउरकेला, ओडिशा

उत्तर (d)

• बिरसा मुण्डा अन्तर्राष्ट्रीय हॉकी स्टेडियम **राउरकेला, ओडिशा** में स्थित है।

• इस स्टेडियम की क्षमता लगभग 20,000 दर्शकों की है और यह भारत के सबसे बड़े हॉकी स्टेडियमों में से एक है।

• 5 जनवरी, 2023 को ओडिशा के मुख्यमन्त्री द्वारा आधिकारिक तौर पर इस स्टेडियम का उद्घाटन किया गया।

1760. निम्नलिखित में से किस टीम ने 36वें राष्ट्रीय खेलों में राजा भलीन्द्र सिंह ट्रॉफी जीती?

SSC CHSL 07.08.2023 (Shift-IV)

(a) महाराष्ट्र (b) सर्विसेज
(c) उत्तर प्रदेश (d) पंजाब

उत्तर (b)

• **सर्विसेज** ने 36वें राष्ट्रीय खेलों में राजा भलीन्द्र सिंह ट्रॉफी जीती है।

• 36वें राष्ट्रीय खेलों का आयोजन 29 सितम्बर से 12 अक्टूबर, 2022 तक अहमदाबाद, गुजरात में किया गया।

• 37वें राष्ट्रीय खेलों का आयोजन वर्ष 2023 में गोवा में किया गया।

• 38वाँ राष्ट्रीय खेल का आयोजन उत्तराखण्ड में किया जाएगा।

1761. दिसम्बर, 2022 में मेंघना अहलावत को ········· के अध्यक्ष के रूप में नियुक्त किया गया था। SSC CHSL Tier-1 07.08.2023 (Shift-IV)

(a) टेबल टेनिस फेडरेशन ऑफ इण्डिया
(b) हॉकी इण्डिया
(c) बीसीसीआई
(d) रेसलिंग फेडरेशन ऑफ इण्डिया

उत्तर (a)

• मेघना अहलावत को **टेबल टेनिस फेडरेशन ऑफ इण्डिया** के अध्यक्ष के रूप में नियुक्त किया।

• ये टेबल टेनिस फेडरेशन ऑफ इण्डिया की पहली महिला अध्यक्ष हैं, उन्होंने दुष्यन्त अहलावत का स्थान लिया।

• भारतीय टेबल टेनिस की स्थापना वर्ष 1926 हुई थी।

• भारतीय टेबल टेनिस का मुख्यालय नई दिल्ली में स्थित है।

1762. निम्नलिखित भारतीय महिला मुक्केबाजों में से किसने कजाकिस्तान में आयोजित एलोर्डा बॉक्सिग कप (Elorda Boxing Cup), 2022 के पहले संस्करण में स्वर्ण पदक जीता?

SSC CHSL Tier-1 07.08.2023 (Shift-IV)

(a) लवलीना बोरगोहेन
(b) अल्फिया पठान
(c) मैरीकॉम
(d) निकहत जरीन

उत्तर (b)

• **अल्फिया पठान** ने कजाकिस्तान में आयोजित एलोर्डा बॉक्सिग कप (2022) में 81 किग्रा के फाइनल मैच में लज्जत कुंगेइबायोवा को 5-0 के अन्तर से हराकर स्वर्ण पदक जीता।

• भारतीय मुक्केबाजी दल ने कजाकिस्तान की राजधानी अस्ताना में आयोजित तीसरे एलोर्डा कप 2024 में 2 स्वर्ण, 2 रजत और 8 कांस्य सहित 12 पदक जीते।

1763. राहुल श्रीवास्तव पी. ········· की एलो रेटिंग के साथ भारत के 74वें शतरंज ग्रैण्डमास्टर बनें। SSC CHSL 04.08.2023 (Shift-II)

(a) 2000 (b) 2200 (c) 2400 (d) 2500

उत्तर (d)

• तेलंगाना के राहुल श्रीवास्तव पी. ने इटली में 9वें कैटोलिका शतरंज महोत्सव 2022 के दौरान लाइव FIDE रेटिंग में 2500 (एलो पाउण्ट) की बाधा को तोड़कर खिताब प्राप्त किया। राहुल श्रीवास्तव 74वें शतरंज ग्रैण्डमास्टर हैं।

• विश्वनाथन आनन्द भारत के पहले ग्रैण्डमास्टर हैं, जो वर्ष 1988 में बने।

1764. पहली विश्व बधिर टी-20 क्रिकेट चैम्पियनशिप ········· द्वारा आयोजित की।।

SSC CHSL 04.08.2023 (Shift-II)

(a) ऑस्ट्रेलिया (b) भारत
(c) वेस्ट इण्डीज (d) इंग्लैण्ड

उत्तर (b)

• 10-20 जनवरी, 2023 के मध्य भारत के केरल (तिरुवनन्तपुरम) में पहली विश्व बधिर टी-20 क्रिकेट चैम्पियनशिप का आयोजन हुआ।

• इसका आयोजन ऑल इण्डिया क्रिकेट एसोसिएशन फॉर द डेफ (AICAD) द्वारा करवाया गया।

• इस टूर्नामेंट में आठ देशों ने हिस्सा लिया।

• बधिरों की पहली राष्ट्रीय बधिर महिला टी-20 क्रिकेट चैम्पियनशिप 2024 में गुरुग्राम हरियाणा ने आयोजित की गई।

1765. वर्ष 2022 में मेंलबर्न इण्डियन फिल्म फेस्टिवल में कौन-सा भारतीय क्रिकेटर विशेष अतिथि था?

SSC CHSL Tier-1 04.08.2023 (Shift-II)

(a) कपिल देव (b) विराट कोहली
(c) सुनील गावस्कर (d) एम. एस. धोनी

उत्तर (a)

• वर्ष 2022 में इण्डियन फिल्म फेस्टिवल मेलबर्न में भारतीय क्रिकेटर कपिल देव विशेष अतिथि के तौर पर आमन्त्रित किए गए थे।

• वर्ष 2021 की चर्चित फिल्मों में से एक 'रणवीर सिंह' स्टारर फिल्म '83' को सेलीब्रेट करने के लिए क्रिकेटर कपिल देव जी स्पेशल गेस्ट के तौर पर आमन्त्रित थे।

• वर्ष 1983 में भारतीय टीम ने कपिल देव की कप्तानी में क्रिकेट विश्व कप जीता।

• IFFM भारत के बाहर आयोजित होने वाला सबसे बड़ा भारतीय फिल्म फेस्टिवल है।

1766. लॉन टेनिस में जोड़ी में खेल जाने वाले मैचों के लिए कोर्ट की चौड़ाई कितनी होती है?

SSC CHSL 02.08.2023 (Shift-I)

(a) 32 फीट (b) 34 फीट
(c) 38 फीट (d) 36 फीट

उत्तर (d)

• लॉन टेनिस में जोड़ी में खेले जाने वाले मैचों के लिए कोर्ट की चौड़ाई **36 फीट** होती है।

• कोर्ट की लम्बाई 78 फीट होती है।

• टेनिस प्रत्येक वर्ष चार ग्रैण्ड स्लैम के साथ खेला जाता है।

1767. निम्नलिखित में से किस खिलाड़ी ने आईपीएल-2023 में ऑरेन्ज कैप जीती?

SSC CHSL 02.08.2023 (Shift-I)

(a) फाफ डु प्लेसिस (b) यशस्वी जायसवाल
(c) डेवोन कॉनवे (d) शुभमन गिल

उत्तर (d)

• आईपीएल-2023 सीजन में गुजरात टाइटन्स के ओपनर प्लेयर शुभमन गिल ने सबसे ज्यादा रन (जिसमें 3 शतक और 4 अर्द्धशतक शामिल हैं) (890 रन) बनाकर ऑरेन्ज कैप जीती।

• आईपीएल-2023 सीजन की विनर टीम चेन्नई सुपर किंग्स है तथा गुजरात टाइटन्स रनर-अप रहें।
• आईपीएल-2023 की ऑरेन्ज कैप विराट कोहली ने जीती।
• आईपीएल 2024 की विजेता टीम के के आर (कोलकाता नाइट राइडर्स) तथा उप-विजेता एसआरएच (सन राइजर्स हैदराबाद) है।

1768. फरवरी, 2023 तक अदिति अशोक ने कुल मिलाकर कितनी बार LET (लेडीज यूरोपियन टूर) खिताब जीता है?
SSC CHSL Tier-1 02.08.2023 (Shift-I)
(a) पाँच (b) तीन
(c) छ: (d) चार

उत्तर (d)
• फरवरी, 2023 तक अदिति अशोक ने **चार** बार LET खिताब जीता है।
• भारतीय गोल्फ खिलाड़ी अदिति अशोक ने 'केन्या लेडीज, 2023' गोल्फ टूर्नामेण्ट में अपना चौथा 'लेडीज यूरोपियन टूर' खिताब जीता।
• अदिति एडल्ट रियो ओलम्पिक, 2016 में भाग लेने वाली पहली गोल्फर बनी।
• लेडीज यूरोपियन टूर महिलाओं के लिए एक पेशेवर गोल्फ टूर है, जिसकी स्थापना 1978 में हुई थी।
• यह खेल इंग्लैण्ड में लंदन के पास **सर्किंधमशायर गोल्फ क्लब** पर आधारित है।
• यह टूर पाँच महाद्वीपों में टूर्नामेंट संचालित करता है।
• वर्ष 2023 में इस टूर की सर्वश्रेष्ठ खिलाड़ी **जोहान गुस्ताव सन** हैं।

1769. निम्नलिखित में से 'खेल-पदक' का कौन-सा युग्म 2020 टोक्यो ओलम्पिक खेलों में भारत के प्रदर्शन के सन्दर्भ में सही है?
SSC CHSL Tier-1 21.03.2023 (Shift-IV)
I. भाला फेंक-रजत
II. पुरुष हॉकी-स्वर्ण
कूट
(a) केवल II (b) I और II दोनों
(c) केवल I (d) न तो I और न ही II

उत्तर (d)
• वर्ष 2020 टोक्यो ओलम्पिक खेलों में भारत के प्रदर्शन के सन्दर्भ में प्रश्न में दिए गए दोनों युग्म गलत हैं।
• सही सुमेलन इस प्रकार है
• भाला फेंक — स्वर्ण, नीरज चोपड़ा
• पुरुष हॉकी — ब्रॉन्ज मेडल।
• 2024 ओलम्पिक का आयोजन पेरिस में किया गया। भारत ने पेरिस ओलम्पिक में 6 पदक जीते हैं।

1770. वर्ष 2020 तक भारत किस खेल में 8 ओलम्पिक स्वर्ण पदक जीत चुका है?
SSC CHSL Tier-1 21.03.2023 (Shift-IV)
(a) फील्ड हॉकी (b) कुश्ती
(c) 10 मी एयर राइफल (d) मुक्केबाजी

उत्तर (a)
• भारत **फील्ड हॉकी** में अभी तक 8 ओलम्पिक स्वर्ण पदक जीत चुका है।
• 29 जुलाई, 1980 को मॉस्को में भारतीय टीम ने स्पेन को हराकर आठवाँ स्वर्ण पदक जीता था।
• भारत ने ओलम्पिक में वर्ष 1928, 1932, 1936, 1948, 1952, 1956, 1964, 1980 में स्वर्ण पदक प्राप्त किया था।
• पेरिस ओलम्पिक 2024 में भारतीय हॉकी टीम कांस्य पदक जीती है।

1771. निम्नलिखित में से किस भारतीय खिलाड़ी ने वर्ष 2022 के राष्ट्रमण्डल खेलों में स्वर्ण पदक जीता था?
SSC CHSL Tier-1 21.03.2023 (Shift-IV)
I. सौरभ घोषाल II. अंशु मलिक
कूट
(a) I और II दोनों
(b) न तो I और न ही II
(c) केवल II
(d) केवल I

उत्तर (b)
• वर्ष 2022 के राष्ट्रमण्डल खेलों के सन्दर्भ में प्रश्न में दिए गए दोनों विकल्प गलत हैं।
• भारत ने इन खेलों में कुल 22 स्वर्ण पदक जीते हैं।
• राष्ट्रमण्डल खेल, 2026 की मेजबानी ऑस्ट्रेलिया के विक्टोरिया राज्य को मिली थी, परन्तु ऑस्ट्रेलिया ने मई, 2024 में इस खेलों की मेजबानी करने से मना कर दिया।

1772. आईसीसी महिला टी 20 विश्व कप, 2023 की मेजबानी कौन-से देश ने की?
SSC CHSL Tier-1 21.03.2023 (Shift-II)
(a) ऑस्ट्रेलिया (b) दक्षिण अफ्रीका
(c) इंग्लैण्ड (d) भारत

उत्तर (b)
• आईसीसी महिला टी 20 विश्व कप, 2023 की मेजबानी **दक्षिण अफ्रीका** ने की थी।
• ऑस्ट्रेलिया ने फाइनल में दक्षिण अफ्रीका को 19 रनों से हराकर अपना छठा और लगातार तीसरा खिताब जीता।
• सातवाँ संस्करण ऑस्ट्रेलिया में आयोजित किया गया था, यह खिताब ऑस्ट्रेलिया ने जीता।
• वर्ष 2024 में इसकी मेजबानी बांग्लादेश ने की।

1773. 2022 के आईसीसी पुरुष टी-20 विश्व कप में भारतीय कप्तान कौन थे?
SSC CHSL 21.03.2023 (Shift-II)
(a) रोहित शर्मा (b) विराट कोहली
(c) ऋषभ पन्त (d) हार्दिक पाण्ड्या

उत्तर (a)
• वर्ष 2022 के आईसीसी पुरुष टी-20 विश्व कप में भारतीय टीम के कप्तान **रोहित शर्मा** थे।
• यह आईसीसी पुरुष टी-20 का आठवाँ संस्करण था, जो ऑस्ट्रेलिया में आयोजित किया गया था।
• इन्होंने वर्ष 2024 में सम्पन्न T-20 विश्व कप की भी कप्तानी की।
• 2024 आईसीसी T-20 क्रिकेट विश्व कप भारत ने दक्षिण अफ्रीका को हरा कर जीता।

1774. 2022 राष्ट्रमण्डल खेलों (कॉमनवेल्थ खेलों) में भारत ने कितने कांस्य पदक जीते?
SSC CHSL 21.03.2023 (Shift-II)
(a) 25 (b) 21 (c) 23 (d) 27

उत्तर (c)
• 2022 राष्ट्रमण्डल खेलों में भारत ने कुल 61 पदक जीते, जिसमें 22 स्वर्ण, 16 रजत तथा 23 कांस्य पदक शामिल हैं।
• 2022 का राष्ट्रमण्डल खेल बर्मिंघम इंग्लैण्ड में आयोजित किया गया।

1775. निम्नलिखित में से किस भारतीय एथलीट ने 2022 राष्ट्रमण्डल खेलों (कॉमनवेल्थ खेलों) में रजत पदक जीता था?
SSC CHSL 21.03.2023 (Shift-II)
I. अविनाश साबले
II. रवि कुमार दहिया
कूट
(a) केवल II
(b) न तो I और न ही II
(c) केवल I
(d) I और II दोनों

उत्तर (c)
• अविनाश साबले जो एक भारतीय एथलीट हैं, ने 2022 राष्ट्रमण्डल खेलों (कॉमनवेल्थ खेलों) में रजत पदक जीता था।
• यह खेल लन्दन के बर्मिंघम में आयोजित किए गए थे।
• राष्ट्रमण्डल खेलों का आधिकारिक शुभंकर **पेरी द बुल** था तथा इसका आदर्श वाक्य 'सभी के लिए खेल' था।

1776. निम्नलिखित में से कौन-सा देश फीफा (FIFA) विश्व कप, 2022 के लिए क्वालिफाई नहीं हुआ?
SSC CHSL Tier-1 20.03.2023 (Shift-III)
(a) मैक्सिको (b) इटली
(c) सेनेगल (d) पोलैण्ड

उत्तर (b)
• इटली फीफा (FIFA) विश्व कप 2022 के लिए क्वालिफाई नहीं हुआ। इटली की टीम क्वालिफाई राउण्ड में नॉर्थ मैसेडोनिया से हारकार विश्व कप से बाहर हो गई।
• फीफा विश्व कप, 2022 कतर में आयोजित किया गया।
• यह अरब में होने वाला पहला विश्व कप था, जिसमें विश्व की 32 टीमों ने भाग लिया।
• वर्ष 2022 में फीफा वर्ल्ड कप विजेता अर्जेण्टीना राष्ट्रीय फुटबॉल टीम थी।
• वर्ष 2026 में फीफा वर्ल्ड कप का आयोजन अमेरिका, कनाडा तथा मैक्सिको में संयुक्त रूप से किया जाएगा।

1777. राष्ट्रमण्डल खेलों (कॉमनवेल्थ गेम्स) 2022 में निम्नलिखित में से कौन-सा खेल नहीं खेला गया था?
SSC CHSL Tier-1 20.03.2023 (Shift-III)
(a) क्रिकेट टी 20 (b) कुश्ती
(c) निशानेबाजी (d) बैडमिण्टन

उत्तर (c)
• 2022 के राष्ट्रमण्डल खेलों में निशानेबाजी को शामिल नहीं किया गया था।
• राष्ट्रमण्डल, 2022 का आयोजन बर्मिंघम, इंग्लैण्ड में किया गया।
• भारत ने 22 स्वर्ण सहित कुल 61 पदक जीतकर अंकतालिका में चौथा स्थान प्राप्त किया।
• इस खेल में महिला क्रिकेट खेल को नये खेल के रूप में जोड़ा गया था।
• 2024 के राष्ट्रमण्डल खेल पेरिस में आयोजित किए गए।

1778. निम्नलिखित में से किसे अक्टूबर, 2022 में भारतीय क्रिकेट कण्ट्रोल बोर्ड (BCCI) का नया अध्यक्ष चुना गया है?
SSC CHSL Tier-1 20.03.2023 (Shift-III)
(a) कपिलदेव (b) सचिन तेन्दुलकर
(c) रवि शास्त्री (d) रोजर बिन्नी

उत्तर (d)
• वर्ष 2022 में भारतीय क्रिकेट कण्ट्रोल बोर्ड (BCCI) का नया अध्यक्ष रोजर बिन्नी को चुना गया है।
• ये पूर्व भारतीय कप्तान सौरभ गांगुली का स्थान लेंगे।
• वर्तमान, 2025 में भी BCCI के अध्यक्ष रोजर बिन्नी हैं।
• जुलाई, 2024 में गौतम गम्भीर को इण्डियन क्रिकेट टीम का कोच नियुक्त किया गया।

1779. कौन-सा खिलाड़ी वर्ष 2022 में भाला फेंक के लिए डायमण्ड लीग फाइनल का खिताब जीतने वाला पहला भारतीय बना?
SSC CHSL Tier-1 17.03.2023 (Shift-II)
(a) नीरज चोपड़ा (b) अन्नू रानी
(c) शिवपाल सिंह (d) देविन्दर सिंह कांग

उत्तर (a)
• **नीरज चोपड़ा** डायमण्ड लीग 2022 में 89.08 मी के सर्वश्रेष्ठ थ्रो के साथ प्रतिष्ठित डायमण्ड लीग जीतने वाले पहले भारतीय बने। वर्ष 2023 में लुसाने डायमण्ड लीग में 83.80 मी के दूसरे सर्वश्रेष्ठ थ्रो से उपविजेता बने, जबकि जैकेब बेडलेच 84.24 मी थ्रो के साथ विजेता बने।
• वर्ष 2024 के पेरिस ओलम्पिक में चोपड़ा ने 89.95 मी भाला फेंककर रजत पदक जीता है।

1780. निम्नलिखित में से 'खिलाड़ी-खेल' का कौन-सा युग्म सही है?
SSC CHSL Tier-1 17.03.2023 (Shift-II)
I. मनप्रीत सिंह — मुक्केबाजी
II. नीरज चोपड़ा — भाला फेंक

कूट
(a) I और II दोनों
(b) केवल II
(c) केवल I
(d) न तो I और न ही II

उत्तर (a)
• मनप्रीत सिंह-मुक्केबाजी, नीरज चोपड़ा-भाला फेंक युग्म सही सुमेलित हैं।
• मनप्रीत सिंह एक भारतीय मुक्केबाज हैं तथा वर्ष 2010 में हुए एशियाई खेलों में इन्होंने रजत पदक प्राप्त किया।
• नीरज चोपड़ा ने ओलम्पिक 2021 में गोल्ड मेडल जीतकर इतिहास रचा।
• नीरज चोपड़ा ओलम्पिक में एकल स्पर्द्धा में स्वर्ण पदक जीतने वाले दूसरे खिलाड़ी हैं।
• अभिनव बिन्द्रा ने बीजिंग ओलम्पिक में व्यक्तिगत स्पर्द्धा में पहला गोल्ड मेडल जीता था। उन्हें यह पदक शूटिंग में मिला था।

1781. लवली चौबे .... खेल से जुड़ी एक प्रसिद्ध भारतीय महिला खिलाड़ी हैं।
SSC CHSL 16.03.2023
(a) खो-खो (b) लॉन बॉल्स
(c) टेबल टेनिस (d) क्रिकेट

उत्तर (b)
• लवली चौबे लॉन बॉल्स खेल से जुड़ी एक प्रसिद्ध भारतीय महिला खिलाड़ी हैं।
• लवली चौबे वर्ष 2022 के राष्ट्रमण्डल खेल जो लन्दन के बर्मिंघम में हुए थे, इसमें इन्होंने गोल्ड मेडल जीतकर भारत को गौरवान्वित किया था।
• वर्ष 2023 में उन्होंने कुआलालम्पुर में 14वीं एशियाई लॉन बाउन्स चैम्पियनशिप में चार **स्वर्ण पदक** जीते।

1782. राष्ट्रमण्डल खेल (Commonwealth games) 2022 में किस भारतीय खिलाड़ी ने सर्वाधिक पदक जीते थे? **SSC CHSL 16.03.2023**
(a) पुसरला वेंकट सन्धु
(b) शरथ कमल
(c) साथियान ज्ञानशेखरन
(d) अमित पंघाल

उत्तर (b)
• राष्ट्रमण्डल खेल 2022 में शरथ कमल ने सर्वाधिक पदक जीते।
• **शरथ कमल** ने वर्ष 2022 के राष्ट्रमण्डल खेलों में तीन स्वर्ण और एक रजत पदक जीता था।
• उन्होंने टेबिल टेनिस में पुरुषों की टीम, मिश्रित युगल और पुरुष एकल स्पर्द्धाओं में स्वर्ण पदक जीते, जबकि पुरुष युगल वर्ग में रजत पदक जीता। राष्ट्रमण्डल, 2022 बर्मिंघम में आयोजित किए गए थे।
• ये पीवी सिन्धु के साथ पेरिस ओलम्पिक (2024) में भारत के **ध्वज वाहक** भी थे।
• वर्ष 2024 के राष्ट्रमण्डल खेल ऑस्ट्रेलिया में आयोजित किए गए।

1783. किस भारतीय खिलाड़ी ने वर्ष 2021 में आयोजित टोक्यो ओलम्पिक 2020 में भारोत्तोलन (वेटलिफ्टिंग) में पहला रजत पदक जीता?
SSC CHSL Tier-1 15.03.2023 (Shift-IV)
(a) मीराबाई चानू (b) नीरज चोपड़ा
(c) रवि दहिया (d) पीवी सिन्धु

उत्तर (a)
• **मीराबाई चानू** ने टोक्यो ओलम्पिक 2020 में भारोत्तोलन (वेटलिफ्टिंग) में पहला रजत पदक जीता।
• इन्होंने 49 किग्रा महिला वर्ग में कुल 202 किग्रा वजन उठाया। चानू, स्वर्ण पदक जीतने वाली चीन की खिलाड़ी से हार गईं। इन्होंने भारत के लिए भारोत्तोलन में दूसरा पदक जीता।
• इससे पहले कर्णम मल्लेश्वरी ने वर्ष 2000 में सिडनी ओलम्पिक में कांस्य पदक जीता था।
• पेरिस ओलम्पिक 2024 में भारत को पहला पदक निशानेबाज **मनु भाकर** ने दिलाया था।

1784. निम्नलिखित में से कौन-सा देश ICC 2027 ODI विश्व कप के सह-मेंजबानों में से एक नहीं है? **SSC CHSL Tier-1 15.03.2023 (Shift-IV)**
(a) केन्या (b) जिम्बाब्वे
(c) दक्षिण अफ्रीका (d) नामीबिया

उत्तर (a)
• दक्षिण अफ्रीका, नामीबिया, जिम्बाब्वे के साथ अक्टूबर/नवम्बर 2027 में ICC पुरुष क्रिकेट विश्व कप की मेजबानी करेंगे।
• इससे पहले अफ्रीका और जिम्बाब्वे ने वर्ष 2003 में भी टूर्नामेण्ट की मेजबानी की थी। वर्ष 2027 में नामीबिया पहली बार इस टूर्नामेण्ट की मेजबानी करेगा।
• अक्टूबर-नवम्बर, 2031 में पुरुष क्रिकेट विश्व कप भारत और बांग्लादेश में खेला जाएगा।

1785. वर्ष 2020 टोक्यो ओलम्पिक खेलों में भारत द्वारा जीते गए पदकों की कुल संख्या कितनी थी?
SSC CHSL Tier-1 14.03.2023 (Shift-I)
(a) 8 (b) 7 (c) 10 (d) 6

उत्तर (b)
• भारत ने वर्ष 2020 में आयोजित टोक्यो ओलम्पिक में एक गोल्ड, दो सिल्वर और चार ब्रॉन्ज (कांस्य) के साथ कुल 7 पदक जीते।
• इसके साथ भारत पदक तालिका में 48वें स्थान पर रहा।
• नीरज चोपड़ा ने जेवलिन थ्रो में भारत को गोल्ड मेडल दिलाया।
• पेरिस ओलम्पिक में भारत ने कुल 6 पदक जीते जिसमें 5 कांस्य और 1 रजत पदक शामिल है।

1786. वर्ष 2021 में आयोजित टोक्यो ओलम्पिक, 2020 में निम्नलिखित में से कौन-सा खेल नहीं खेला गया था?
SSC CHSL 14.03.2023 (Shift-I)
(a) सर्फिंग (b) क्रिकेट
(c) शूटिंग (d) तैराकी

उत्तर (b)

• टोक्यो ओलम्पिक में सर्फिंग, शूटिंग और तैराकी खेल शामिल थे। क्रिकेट इसमें शामिल नहीं था।

• इस ओलम्पिक खेल में 205 देशों ने भाग लिया तथा 33 खेल, 339 इवेण्ट्स में 11 हजार से ज्यादा एथलीटों ने भाग लिया।

• भारत इस ओलम्पिक में एक गोल्ड, दो सिल्वर और चार कांस्य पदकों के साथ 48वें स्थान पर रहा।

• पेरिस ओलम्पिक (2024) में स्पोर्ट क्लाइम्बिंग, स्केटबोडिंग और सर्फिंग आदि खेलों को शामिल किया गया है।

1787. वर्ष 2021 में आयोजित टोक्यो ओलम्पिक, 2020 में तलवारबाजी (fancing) में भारत का प्रतिनिधित्व करने वाली पहली खिलाड़ी कौन हैं? SSC CHSL 14.03.2023 (Shift-I)

(a) अदिति अशोक (b) भवानी देवी
(c) पी.वी. सिन्धु (d) पी.टी. उषा

उत्तर (b)

• वर्ष 2021 में आयोजित टोक्यो ओलम्पिक, 2020 में तलवारबाजी में भारत का प्रतिनिधित्व करने वाली पहली खिलाड़ी **भवानी देवी** थी।

• इन्होंने ओलम्पिक में तलवारबाजी का मुकाबला जीतने वाली पहली भारतीय महिला का खिताब अपने नाम किया था।

• इन्होंने पेरिस 2024 ओलम्पिक के लिए क्वालिफाई नहीं किया था।

1788. निम्नलिखित में से कौन आईसीसी अण्डर-19 क्रिकेट विश्व कप 2022 का मेजबान था?
SSC CHSL 13.03.2023 (Shift-III)

(a) ऑस्ट्रेलिया (b) बांग्लादेश
(c) भारत (d) वेस्टइण्डीज

उत्तर (d)

• आईसीसी अण्डर-19 क्रिकेट विश्व कप 2022 की मेजबानी **वेस्टइण्डीज** द्वारा की गई थी।

• यह जनवरी और फरवरी, 2022 में आयोजित किया गया था, जिसमें 16 टीमों ने भाग लिया था तथा यह इसका चौदहवाँ संस्करण था।

• यह वेस्ट इण्डीज में आयोजित होने वाला पहला संस्करण था।

• वर्ष 2024 की मेजबानी साउथ अफ्रीका करेगा।

1789. किस भारतीय खिलाड़ी को 'ढिंग एक्सप्रेस' भी कहा जाता है?
SSC CHSL 13.03.2023 (Shift-III)

(a) पी.टी. उषा (b) दुती चंद
(c) हिमादास (d) नीरज चोपड़ा

उत्तर (c)

• **हिमादास** को 'ढिंग एक्सप्रेस' कहा जाता है।

• यह आईएएएफ वर्ल्ड अण्डर 20 एथलेटिक्स चैम्पियनशिप की 400 मी दौड़ स्पर्द्धा में स्वर्ण पदक जीतने वाली पहली भारतीय महिला धावक हैं।

• हिमादास को वर्ष 2018 में अर्जुन पुरस्कार से सम्मानित किया गया था।

• हिमादास को यूनिसेफ इण्डिया का पहला युवा राजदूत नियुक्त किया गया था।

1790. प्रसिद्ध भारतीय बैडमिण्टन खिलाड़ी पी.वी. सिन्धु ने जुलाई, 2022 में ········ ओपन का खिताब जीता था।
SSC CHSL 10.03.2023 (Shift-II)

(a) थाइलैण्ड
(b) डेनमार्क
(c) सिंगापुर
(d) भारत

उत्तर (c)

• भारतीय बैडमिण्टन खिलाड़ी पी.वी. सिन्धु ने जुलाई, 2022 में सिंगापुर ओपन बैडमिण्टन टूर्नामेण्ट का खिताब जीता था।

• सिन्धु ने वर्ष 2022 में तीन खिताब जीते— स्विस ओपन, सैयद मोदी इण्डिया इण्टरनेशनल और सिंगापुर ओपन।

• पी.वी सिन्धु पेरिस ओलम्पिक में भारत की ध्वजवाहक भी हैं।

1791. किस देश ने फीफा (FIFA) अण्डर-17 महिला विश्व कप, 2022 की मेजबानी की थी?
SSC CHSL 10.03.2023 (Shift-II)

(a) फ्रांस (b) चीन
(c) मिस्र (d) भारत

उत्तर (d)

• **भारत** ने फीफा (FIFA) अण्डर-17 महिला विश्व कप, 2022 की मेजबानी की थी।

• फीफा अण्डर-17 महिला विश्व कप, 2022 का फाइनल मुकाबला नवी मुम्बई के डी वाई पाटिल स्पोर्ट्स स्टेडियम में स्पेन और कोलम्बिया के बीच खेला गया।

• स्पेन ने कोलम्बिया को 1-0 से हराकर विश्व कप का खिताब अपने नाम कर लिया।

• वर्ष 2024 में FIFA अण्डर-17 महिला विश्व कप की मेजबानी डोमिना रिपब्लिक द्वारा की गई।

1792. वर्ष 2022 के 36वें भारतीय राष्ट्रीय खेलों में योगासन में स्वर्ण पदक जीतने वाला पहला खिलाड़ी कौन बना/बनी?
SSC CHSL 10.03.2023 (Shift-II)

(a) सोहम स्वामी
(b) राजा गुप्ता
(c) मनीषा कुमारी
(d) पूजा पटेल

उत्तर (d)

• वर्ष 2022 के 36 वें भारतीय राष्ट्रीय खेलों में योगासन में स्वर्ण पदक जीतने वाली पहली खिलाड़ी पूजा पटेल बनी।

• 36 वें भारतीय राष्ट्रीय खेलों में पहली बार खेले जाने वाले पाँच खेलों में योगासन भी शामिल था।

• ये भारत के गुजरात राज्य से सम्बन्धित हैं।

• वर्ष 2025 में 38वें राष्ट्रीय खेल का आयोजन उत्तराखण्ड में प्रस्तावित है।

1793. निम्नलिखित में से किसने यूएस ओपन 2022 के पुरुष एकल का खिताब जीता है?
SSC CHSL 09.03.2023

(a) स्टेफानोस सितसिपास
(b) कैस्पर रुड
(c) राफेल नडाल
(d) कार्लोस अल्कारेज

उत्तर (d)

• यूएस ओपन 2022 के पुरुष एकल का खिताब कार्लोस अल्कारेज ने जीता। **कार्लोस अल्कारेज** स्पेन के पेशेवर टेनिस खिलाड़ी हैं।

• इन्होंने यूएस ओपन 2022 में नॉर्वे के कैस्पर रुड को 6-4, 2-6 और 6-3 से पराजित किया।

• वर्ष 1971 के बाद एटीपी रैंकिंग में नम्बर-1 रैंक प्राप्त करने वाले सबसे कम आयु के खिलाड़ी हैं।

• यूएस ओपन 2024 का **पुरुष एकल खिताब** जैनिक सिनर द्वारा जीता गया।

1794. किस राज्य के मुख्यमन्त्री ने फुटबॉल की संस्कृति को जमीनी स्तर पर ले जाने के लिए राज्य में **फुटबॉल फॉर ऑल** लॉन्च किया?
SSC CHSL 09.03.2023 (Shift-I)

(a) ओडिशा (b) मध्य प्रदेश
(c) पश्चिम बंगाल (d) झारखण्ड

उत्तर (a)

• ओडिशा के मुख्यमन्त्री नवीन पटनायक ने राज्य में स्कूली बच्चों के बीच फुटबॉल को बढ़ावा देने के लिए 'फुटबॉल फॉर ऑल' पहल की ऑनलाइन शुरुआत की।

• यह भारत में फीफा का पहला ऐसा कार्यक्रम है, जिसका उद्देश्य स्कूली बच्चों के बीच फुटबॉल को बढ़ावा देना है।

1795. फीफा (FIFA) महिला विश्व कप 2023 की मेजबानी किसने की?
SSC CHSL 09.03.2023 (Shift-I)

(a) जापान और चीन
(b) संयुक्त राज्य अमेरिका और कनाडा
(c) इटली और फ्रांस
(d) ऑस्ट्रेलिया और न्यूजीलैण्ड

उत्तर (d)

• विश्व फुटबॉल की सर्वोच्च संस्था फीफा ने ऑस्ट्रेलिया और न्यूजीलैण्ड को विश्व कप 2023 की मेजबानी का कार्य सौंपा था।

• फीफा का मुख्यालय ज्यूरिख (स्विट्जरलैण्ड) में है।

• वर्ष 2027 में फीफा महिला विश्व कप की मेजबानी ब्राजील द्वारा की जाएगी।

1796. खेलो इण्डिया यूथ गेम्स का पाँचवाँ संस्करण मध्य प्रदेश के ········ शहरों में आयोजित किया जाएगा। SSC CHSL 09.03.2023 (Shift-I)

(a) छः (b) आठ (c) नौ (d) सात

उत्तर (b)

• खेलो इण्डिया यूथ गेम्स का पाँचवाँ संस्करण (2022) मध्य प्रदेश के **आठ** शहरों में आयोजित किए गए।

• ये आठ शहर थे—भोपाल, इन्दौर, उज्जैन, ग्वालियर, जबलपुर, मण्डला, महेश्वर और बालाघाट।
• वर्ष 2024 में इन खेलों का आयोजन तमिलनाडु के चेन्नई, मदुरै, त्रिची तथा कोयम्बटूर में किया गया।

SSC CHSL 2021

1797. नेशनल राइफल एसोसिएशन ऑफ इण्डिया की स्थापना वर्ष ········ में हुई थी।
SSC CHSL 12.08.2021 (Shift-III)
(a) 1964 (b) 1956
(c) 1948 (d) 1951

उत्तर (d)
• नेशनल राइफल एसोसिएशन ऑफ इण्डिया की स्थापना वर्ष **1951** में हुई थी।
• इसके संस्थापक एवं प्रथम अध्यक्ष जीवी मावलंकर थे।

1798. अगस्त, 2020 में निम्न में से कौन ICC हॉल ऑफ फेम में शामिल नहीं था/थी?
SSC CHSL 12.08.2021 (Shift-III)
(a) लीसा स्थैलेकर
(b) जैक्स कैलिस
(c) जहीर अब्बास
(d) ग्रीम स्मिथ

उत्तर (d)
• अगस्त, 2020 के ICC हॉल ऑफ फेम में **ग्रीम स्मिथ** इसमें शामिल नहीं थे।
• इण्टरनेशनल क्रिकेट काउन्सिल (ICC) हॉल ऑफ फेम, 2020 के लिए विश्व के 3 दिग्गज क्रिकेट खिलाड़ी दक्षिण अफ्रिका के जैक्स कैलिस, पाकिस्तान के जहीर अब्बास एवं ऑस्ट्रेलिया की महिला क्रिकेटर लीसा स्थैलेकर सम्मिलित हैं।
• वर्ष 2023 में ICC ने क्रिकेट हॉल ऑफ फेम में भारतीय ओपनर वीरेन्द्र सहवाग, पूर्व भारतीय महिला टेस्ट कप्तान डायना एडुल्जी और श्रीलंका के पूर्व बल्लेबाज अरविन्दा डि सिल्वा को शामिल किया गया।

1799. निम्नलिखित में से कौन-सा एथलीट संयुक्त राष्ट्र अन्तर्राष्ट्रीय बाल आपातकालीन कोष (यूनिसेफ) भारत का पहला युवा राजदूत रहा है? SSC CHSL 10.08.2021 (Shift-I)
(a) नीरज चोपड़ा
(b) केटी इरफान
(c) हिमा दास
(d) दुती चन्द

उत्तर (c)
• हिमादास को यूनिसेफ इण्डिया की पहली युवा राजदूत के रूप में नियुक्त किया गया था।
• ये IASF वर्ल्ड अण्डर-20 एथलेटिक्स चैम्पियनशिप की 400 मी दौड़ स्पर्द्धा में स्वर्ण पदक जीतने वाली प्रथम भारतीय महिला खिलाड़ी हैं।
• इन्होंने मात्र 51.46 सेकण्ड के समय में 400 मी की दौड़ स्पर्द्धा निकालकर स्वर्ण पदक जीता था।

1800. जनवरी, 2021 में ऑल इण्डिया फुटबॉल फेडरेशन (AIFF) ने निम्नलिखित में से किसे अपना पहला उप-महासचिव नियुक्त किया है? SSC CHSL 04.08.2021 (Shift-I)
(a) अभिषेक यादव
(b) कुशल दास
(c) प्रफुल्ल पटेल
(d) उमेश सिन्हा

उत्तर (a)
• जनवरी, 2021 में ऑल इण्डिया फुटबॉल फेडरेशन (AIFF) ने पूर्व राष्ट्रीय खिलाड़ी **अभिषेक यादव** को अपना पहला उप-महासचिव नियुक्त किया है।
• इससे पूर्व ये AIFF के स्काउटिंग प्रोग्राम में शामिल थे, इन्होंने भारतीय फुटबॉल टीम के कप्तान एवं राष्ट्रीय टीम के निदेशक के रूप में भी कार्य किया है।
• इस फेडरेशन की स्थापना वर्ष 1934 में की गई थी। इसका मुख्यालय दिल्ली में है।
• वह भारत की अण्डर-17 विश्व कप टीम के मुख्य संचालक अधिकारी (सीओओ) भी थे।

1801. निम्नलिखित में से कौन जनवरी, 2021 में पुरुषों के टेस्ट मैच में अम्पायरिंग करने वाली पहली महिला अम्पायर बन गई हैं?
CHSL 04.08.2021
(a) डेनियल व्याट (b) क्लेयर पोलोसाक
(c) जेस जोनासेन (d) सुजी बेट्स

उत्तर (b)
• **क्लेयर पोलोसाक** जनवरी, 2021 में पुरुषों के टेस्ट मैच में अम्पायरिंग (स्थानापन्न) करने वाली पहली महिला अम्पायर बन गई हैं।
• जनवरी, 2021 में पुरुषों के टेस्ट मैच में ये चौथे अम्पायर की भूमिका में थीं।
• इससे पूर्व ये पुरुष वनडे इण्टरनेशनल मैच में अम्पायरिंग करने वाली प्रथम महिला की उपलब्धि भी प्राप्त कर चुकी हैं।

1802. निम्न में से कौन अन्तर्राष्ट्रीय शूटिंग स्पोर्ट फेडरेशन द्वारा विश्व रैंकिंग में नम्बर एक पर पहुँचने वाली पहली भारतीय पिस्टल शूटर हैं? SSC CHSL 04.08.2021 (Shift-I)
(a) सुमा शिरूर
(b) तेजस्विनी सावन्त
(c) काजल सैनी
(d) हीना सिद्धू

उत्तर (d)
• हीना सिद्धू अन्तर्राष्ट्रीय शूटिंग स्पोर्ट फेडरेशन द्वारा विश्व रैंकिंग में नम्बर एक पर पहुँचने वाली पहली भारतीय पिस्टल शूटर हैं।
• इन्होंने राष्ट्रमण्डल खेलों में 25 मी एयर पिस्टल शूटिंग में गोल्ड मेडल जीतकर भारत का नाम रोशन किया।
• वर्ष 2014 में इन्हें अर्जुन पुरस्कार से सम्मानित किया गया था।
• वर्ष 2018 मे इन्होंने कॉमनवेल्थ गेम में सिल्वर मेडल जीता है।

1803. राफेल नडाल ने ········ को हराकर पुरुषों का 2020 का फ्रेंच ओपन खिताब जीता था।
CHSL 19.04.2021 (Shift-III)
(a) डेनियल मेदवेदेव
(b) स्टीफानोस सितसिपास
(c) नोवाक जोकोविच
(d) रोजर फेडरर

उत्तर (c) फ्रेंच ओपन 2020 में राफेल नडाल ने नोवाक जोकोविच को हराकर 13वाँ फ्रेंच ओपन पुरुष एकल खिताब जीता और यह उनका 20वाँ ग्रैण्ड स्लैम खिताब है।
• वर्ष 2024 में कार्लोस अल्कारेज फ्रेंच ओपन के नए चैम्पियन बन गए हैं।

1804. जनवरी, 2021 की स्थिति के अनुसार, बैडमिण्टन में भारत ने कितने ओलम्पिक पदक जीते हैं? CHSL 19.04.2021 (Shift-III)
(a) एक (b) तीन
(c) पाँच (d) दो

उत्तर (d)
• जनवरी, 2021 में भारत ने बैडमिण्टन में भारत के दो ओलम्पिक पदक जीते।
• ये दोनों पदक महिला एकल प्रतिस्पर्द्धा में जीते गए हैं।
• वर्ष 2012 में साइना नेहवाल बैडमिण्टन में ओलम्पिक पदक जीतने वाली प्रथम भारतीय शटलर बनी थीं, इसके पश्चात् रियो 2016 में पीवी सिन्धु ने रजत पदक जीता था।
• जुलाई, 2024 तक भारत ने ओलम्पिक में बैडमिण्टन खेल में 3 मेडल प्राप्त किए थे।

1805. वर्ष 2018 के राष्ट्रमण्डल खेलों की मेजबानी किस देश ने की थी?
CHSL 19.04.2021 (Shift-III)
(a) इंग्लैण्ड (b) कनाडा
(c) दक्षिण अफ्रीका (d) ऑस्ट्रेलिया

उत्तर (d)
• **ऑस्ट्रेलिया** ने वर्ष 2018 के राष्ट्रमण्डल खेलों की मेजबानी की।
• इस प्रतियोगिता में 71 राष्ट्रमण्डल देशों की टीमों ने भाग लिया था। इन खेलों में ऑस्ट्रेलिया 198 पदक जीतकर शीर्ष पर रहा, जबकि भारत कुल 66 पदक जीतकर चौथे स्थान पर रहा।
• राष्ट्रमण्डल खेलों को वर्ष 1930 से 1950 तक ब्रिटिश एम्पायर गेम्स, 1954 से 1966 तक ब्रिटिश एम्पायर एण्ड कॉमनवेल्थ गेम्स और 1970 से 1974 तक ब्रिटिश कॉमनवेल्थ गेम्स के नाम से जाना जाता था।

1806. निम्न में से कौन ओलम्पिक पदक जीतने वाली पहली भारतीय महिला रेसलर (पहलवान) बनी?
SSC CHSL 12.02.2021 (Shift-II)
(a) विनेश फोगाट
(b) कविता देवी
(c) साक्षी मलिक
(d) बबीता कुमारी

उत्तर (c)

• **साक्षी मलिक** ओलम्पिक पदक जीतने वाली पहली भारतीय महिला रेसलर (पहलवान) बनी।
• इन्होंने रियो डी जेनेरियो (ब्राजील) में आयोजित 2016 ग्रीष्मकालीन ओलम्पिक में कांस्य पदक जीता था।
• 2016 में साक्षी मलिक के राजीव गाँधी खेल रत्न (अब मेजर ध्यानचंद खेल रत्न) मिला और वर्ष 2017 में उन्हें पदमश्री पुरस्कार मिला।

1807. विजय अमृतराज और आनन्द अमृतराज किस खेल से जुड़े हैं?
SSC CHSL 12.02.2021 (Shift-II)
(a) लॉन टेनिस (b) टेबल टेनिस
(c) फुटबॉल (d) क्रिकेट

उत्तर (a)
• विजय अमृतराज और आनन्द अमृतराज **लॉन टेनिस** खिलाड़ी हैं।
• आनन्द अमृतराज ने अपने भाई विजय अमृतराज के साथ वर्ष 1974 में दक्षिण अफ्रीका के विरुद्ध डेविस कप फाइनल में भारत का नेतृत्व किया था।

SSC MTS 2024

1808. निम्नलिखित में से कौन-सा 37वें राष्ट्रीय खेलों का शुभंकर था?
SSC MTS Tier-1 30.10.2024 (Shift-III)
(a) सावज (b) छौआ (c) अम्मू (d) मोगा

उत्तर (d)
• 37वें राष्ट्रीय खेलों का शुभंकर **मोगा** (Moga) था।
• 37वें राष्ट्रीय खेलों का आयोजन गोवा (वर्ष 2023) में हुआ था।
• 38वें राष्ट्रीय खेल का आयोजन उत्तराखण्ड (वर्ष 2025) में किया गया।
• 38वें राष्ट्रीय खेलों का शुभंकर मौली था।

1809. किस राज्य ने 2024 में 'खेलो इण्डिया यूथ गेम्स' के छठे संस्करण की मेजबानी की?
SSC MTS Tier-1 30.10.2024 (Shift-III)
(a) केरल (b) तमिलनाडु
(c) तेलंगाना (d) कर्नाटक

उत्तर (b)
• तमिलनाडु राज्य ने वर्ष 2024 में खेलो इण्डिया यूथ गेम्स के **छठे संस्करण** की मेजबानी की।
• इस संस्करण में **स्क्वैश** को पहली बार शामिल किया गया था।
• इस संस्करण का शुभंकर वीरा मंगई था।
• प्रधानमन्त्री नरेन्द्र मोदी ने चेन्नई के जवाहरलाल नेहरू स्टेडियम में इस संस्करण का उद्घाटन किया था।

1810. 9वें एशियाई खेलों की मेजबानी निम्नलिखित में से किस देश ने की थी?
SSC MTS Tier-1 30.10.2024 (Shift-III)
(a) दक्षिण कोरिया (b) भारत
(c) चीन (d) जापान

उत्तर (b)
• 9वें एशियाई खेलों की मेजबानी भारत ने की थी। ये खेल 19 नवम्बर से 4 दिसम्बर, 1982 के बीच दिल्ली के जवाहरलाल नेहरू मैदान में आयोजित किए गए थे।
• पहले एशियाई खेलो का आयोजन वर्ष 1951 में भारत में किया गया था, अब तक नौ देशों ने एशियाई खेलों की मेजबानी की है।
• एशियन गेम्स 2022 (19वाँ संस्करण) का आयोजन हांगझाऊ शहर में किया जाना था, परन्तु कोरोना के कारण वर्ष 2023 में आयोजित किया गया।
• 2026 में एशिया गेम्स का आयोजन नागोय, जापान में आयोजित किया जाएगा।

1811. निम्नलिखित में से कौन-सा भारतीय शहर 2023 में ICC पुरुष विश्व कप फाइनल क्रिकेट मैच का मेजबान था?
SSC MTS Tier-1 30.10.2024 (Shift-III)
(a) नई दिल्ली
(b) चेन्नई
(c) अहमदाबाद
(d) मुम्बई

उत्तर (c)
• भारतीय शहर अहमदाबाद में 2023 में ICC पुरुष विश्व कप फाइनल क्रिकेट मैच का मेजबान किया था।
• यह पहला ऐसा विश्व कप था, जहाँ भारत एकमात्र मेजबान देश था।
• फाइनल मैच 19 नवम्बर को नरेन्द्र मोदी स्टेडियम अहमदाबाद में खेला गया, जहाँ ऑस्ट्रेलिया ने भारत को छः विकेट से हराकर अपना **छठा क्रिकेट** विश्व कप खिताब जीता।
• विराट कोहली को टूर्नामेण्ट का सर्वश्रेष्ठ खिलाड़ी चुना गया और मोहम्मद शमी सबसे अधिक विकेट लेने वाले गेंदबाज रहें।

1812. खेलों में आमतौर पर 'ऐस' शब्द का सम्बन्ध किससे है? SSC MTS Tier-1 12.11.2024 (Shift-III)
(a) एथलेटिक्स में ऊँची कूद की एक तकनीक
(b) टेनिस में एक तेज सर्व
(c) फुटबॉल में गोल स्कोर करना
(d) गोल्फ में एक सटीक शॉट

उत्तर (b)
• ऐस एक ऐसी सर्विस है, जिस पर रिसीवर अर्थात् प्रतिद्वन्द्वी गेंद को रिटर्न नहीं करता है।
• यह शब्द खेल पत्रकार **एलिसन डेंजिग** द्वारा पहली बार प्रयोग किया गया।
• टेनिस खेल से सम्बन्धित प्रमुख शब्दों में सेट, सर्विस, रैली, बैकहैण्ड, पोच, स्लाइस आदि हैं।

1813. .... में नीरज चोपड़ा, भाला फेंक में स्वर्ण पदक जीतने वाले पहले भारतीय बन गए।
SSC MTS Tier-1 12.11.2024 (Shift-III)
(a) एशियन गेम्स, 2018
(b) एशियन गेम्स, 2014
(c) एशियन गेम्स, 2022
(d) एशियन गेम्स, 2010

उत्तर (a)
• एशियन गेम्स, 2018 में नीरज चोपड़ा, **भाला फेंक** में स्वर्ण पदक जीतने वाले पहले भारतीय बन गए।
• एशियाई खेलों को एशियाड के नाम से भी जाना जाता है। इन खेलों का आयोजन प्रत्येक **चार वर्ष** में होता है।
• वर्ष 2024 के पेरिस ओलम्पिक में नीरज चोपड़ा ने भाला फेंक स्पर्द्धा में **89.45** मी भाला फेंककर सर्वश्रेष्ठ प्रदर्शन के साथ रजत पदक हासिल किया।

1814. अल्टीमेट खो-खो लीग टूर्नामेण्ट के किस सीजन में रामजी कश्यप को प्लेयर ऑफ द टूर्नामेण्ट का पुरस्कार दिया गया था?
SSC MTS Tier-1 11.11.2024 (Shift-III)
(a) सीजन 4 (b) सीजन 3
(c) सीजन 2 (d) सीजन 1

उत्तर (c)
• अल्टीमेट खो-खो लीग टूर्नामेण्ट के सीजन 2 में रामजी कश्यप को **प्लेयर ऑफ द टूर्नामेण्ट** का पुरस्कार दिया गया था।
• अल्टीमेट खो-खो भारत के पारम्परिक खेल हैं, जिसकी शुरुआत **वर्ष 2022** में की गई थी।
• इस लीग का उद्देश्य भारत के घरेलू खेल को अन्तर्राष्ट्रीय स्तर पर लाना और युवा खिलाड़ियों को मौका देना है।

1815. वर्ष 2023 में महिला प्रीमियर लीग प्रतियोगिता का पहला संस्करण किस टीम ने जीता है? SSC MTS Tier-1 11.11.2024 (Shift-III)
(a) गुजरात जाइण्ट्स
(b) दिल्ली कैपिटल्स
(c) रॉयल चेलेंजर्स बैंगलोर
(d) मुम्बई इण्डियन्स

उत्तर (d)
• वर्ष 2023 में महिला प्रीमियर लीग प्रतियोगिता का पहला संस्करण **मुम्बई इण्डियन्स टीम** ने जीता था।
• इसका स्वामित्व और संचालन **भारतीय क्रिकेट कण्ट्रोल बोर्ड** (BCCI) द्वारा किया जाता है।
• महिला प्रीमियर लीग 2024 में रॉयल चैलेंजर्स बैंगलोर ने फाइनल में दिल्ली कैपिटल्स को हराकर विजेता बनीं।

1816. हॉकी का मैदान आयताकार होता है, जिसकी लम्बाई 91.4 मी और चौड़ाई .... होती है।
SSC MTS Tier-1 05.10.2024 (Shift-IV)
(a) 50 मी (b) 60 मी
(c) 70 मी (d) 55 मी

उत्तर (d)
• हॉकी का मैदान आयताकार होता है, जिसकी लम्बाई, 91.4 मी और चौड़ाई 55 मी होती है।
• इस खेल में गेंद का वजन 155 से 163 ग्राम होता है।
• हॉकी खेल के प्रमुख शब्दावली स्टिक, स्कूप, रेफरी, पेनॉल्टी, रालऑन, वुली, अण्डरकटिंग, फुल बैक आदि हैं।

1817. 2022 में अल्टीमेट खो-खो लीग का उद्घाटन सत्र कहाँ आयोजित किया गया था?
SSC MTS Tier-1 05.10.2024 (Shift-IV)
(a) ठाणे (b) पुणे
(c) अमरावती (d) भुसावल

उत्तर (b)
• वर्ष 2022 में अल्टीमेट खो-खो लीग का उद्घाटन सत्र पुणे में आयोजित किया गया था।
• खो-खो एक पारंपरिक भारतीय खेल है जो बाहर खिलाड़ियों की टीमों द्वारा खेला जाता है। (27×16 मी) का होता है।
• अल्टीमेट खो-खो 2023-24 के दूसरे सीजन का आयोजन ओडिशा में किया गया।
• वर्ष 2023-24 अल्टीमेट खो-खो लीग के दूसरे सीजन में गुजरात जायण्ट्स ने फाइनल में चेन्नई क्विक गन्स को 31-26 से हराकर यह पुरस्कार जीता था।

1818. पैरा वर्ल्ड चैम्पियनशिप इवेण्ट 2023 में पदक जीतने वाली बिना भुजा की पहली महिला तीरंदाज कौन बनी?
SSC MTS Tier-1 17.11.2024 (Shift-III)
(a) सीमा देवी (b) शिखा देवी
(c) श्रेया देवी (d) शीतल देवी

उत्तर (d)
• पैरा वर्ल्ड चैम्पियनशिप इवेण्ट 2023 में पदक जीतने वाली बिना भुजा की पहली महिला तीरंदाज **शीतल देवी** हैं।
• इन्होंने ओपन महिला कम्पाउण्ड तीरंदाजी स्पर्द्धा में रजत पदक जीता।
• इस पदक ने शीतल देवी को **पेरिस 2024 पैरालम्पिक गेम्स में** भारत के लिए कोटा हासिल करने में मदद की।
• इन्होंने वर्ष 2024 के पैरालम्पिक में मिश्रित टीम कम्पाउण्ड स्पर्द्धा में **कांस्य पदक** जीता था।

1819. खेलो इण्डिया यूनिवर्सिटी गेम्स 2022 की आधिकारिक मशाल का नाम क्या था?
SSC MTS Tier-1 17.11.2024 (Shift-III)
(a) शक्ति (b) समर्थ (c) उजाला (d) मित्र

उत्तर (a)
• खेलो इण्डिया यूनिवर्सिटी गेम्स 2022 की आधिकारिक मशाल का नाम शक्ति था।
• खेलो इण्डिया यूनिवर्सिटी गेम्स का यह तीसरा संस्करण था, जो 25 मई, 2023 से शुरू होकर 3 जून, 2023 तक चला।
• इस प्रतियोगिता का शुभंकर जीतू था, जो बारहसिंगा का प्रतिनिधि है।

1820. महाराष्ट्र का सांस्कृतिक खेल 'दही-हाण्डी' किस त्योहार से सम्बन्धित है?
SSC MTS Tier-1 30.10.2024 (Shift-III)
(a) रामनवमी (b) कृष्ण जन्माष्टमी
(c) होली (d) गणेश चतुर्थी

उत्तर (b)
• महाराष्ट्र का सांस्कृतिक खेल 'दही-हाण्डी' कृष्ण जन्माष्टमी त्योहार से सम्बन्धित है।
• यह त्योहार भाद्रपद महीने के कृष्ण पक्ष की नवमी को मनाया जाता है।
• गुड़ी पड़वा, गणेश चतुर्थी, जन्माष्टमी, नाग पंचमी, गुरु पूर्णिमा महाराष्ट्र में मनाए जाने वाले प्रमुख त्योहार हैं।

1821. ब्रेक, कैनन्स, क्यू, पॉटिंग, और किस्ड जैसे शब्द सामान्यत: किस खेल में उपयोग किए जाते हैं? SSC MTS Tier-1 30.10.2024 (Shift-III)
(a) पोलो (b) शतरंज
(c) बिलियर्ड्स (d) गोल्फ

उत्तर (c)
• ब्रेक, कैनन्स, क्यू, पॉटिंग, और किस्ड शब्द आमतौर पर बिलियर्ड्स (Billiards) खेल में उपयोग किए जाते हैं।
• प्रमुख खेलों की शब्दावली
• **पोलो** - बंकर, चकर, मैकेट, बण्डर, चुक्का आदि।
• **शतरंज** - बिशप, गैम्बिट चेकमेट, स्टेलमेट, पॉन, फिडे, नाइट आदि।
• **गोल्फ** - बोगी, फोरसम, स्टाइमी टी, पुट हॉल, निवालिक, कैडी, लिम्स, आयरन, ईगल आदि।

1822. किस भारतीय शहर ने 2023 में महिला एशियाई हॉकी चैम्पियन्स ट्रॉफी प्रतियोगिता (Women's Asian Hockey Champions Trophy event) की मेजबनी की?
SSC MTS Tier-1 30.10.2024 (Shift-III)
(a) नई दिल्ली (b) भुवनेश्वर
(c) भोपाल (d) राँची

उत्तर (d)
• राँची शहर ने वर्ष 2023 में महिला एशियाई हॉकी चैम्पियन्स ट्रॉफी प्रतियोगिता की मेजबनी की।
• फाइनल मैंच में भारत ने मलेशिया को 4-3 से हराकर खिताब जीता था।
• वर्ष 2024 में महिला एशियाई हॉकी चैम्पियन्स ट्रॉफी प्रतियोगिता की मेजबानी राजगीर (बिहार) ने की।
• इस ट्रॉफी की **विजेता टीम भारत एवं उपविजेता टीम चीन** है।

1823. निम्नलिखित पैरा एथलीटों में से कौन-सा एथलीट ऊँची कूद स्पर्धा से जुड़ा है?
SSC MTS Tier-1 29.10.2024 (Shift-III)
(a) अवनि लेखरा (b) मरियप्पन थंगावेलु
(c) दीपा मलिक (d) अजीत सिंह यादव

उत्तर (b)
• पैरा एथलीटों में **मरियप्पन थंगावेलु** ऊँची कूद स्पर्द्धा से जुड़े हुए हैं।
• इनका जन्म वर्ष 1995 में तमिलनाडु के सलेम जिले में हुआ था।
• इन्होंने 2016 के रियो ओलम्पिक में स्वर्ण पदक, 2020 के टोक्यो ओलम्पिक में रजत पदक तथा 2024 के पेरिस ओलम्पिक में कांस्य पदक जीता था।
• वर्ष 2017 में भारत सरकार ने इन्हें खेल में योगदान हेतु पद्मश्री और अर्जुन पुरस्कार से सम्मानित किया।

1824. चिप, कोण्डोर, डफ और ड्राइवर .... में प्रयुक्त होने वाले कुछ शब्द हैं।
SSC MTS Tier-1 29.10.2024 (Shift-III)
(a) हॉर्स पोलो (b) शतरंज
(c) तैराकी (d) गोल्फ

उत्तर (d)
• **गोल्फ** खेल की शुरुआत 15वीं शताब्दी के आस-पास यूरोप में हुई थी।
• **चिप** यह एक छोटा, सॉफ्ट शॉट होता है, जो ग्रीन के पास से होल में गेंद को पहुँचाने के लिए खेला जाता है।
• **डफ** यह एक गलत शॉट होता है, जिसमें गेंद को ठीक से नहीं मारा जाता है।
• **ड्राइवर** गोल्फ का सबसे लम्बा क्लब होता है।
• गोल्फ खेल का अविष्कार **स्कॉटलैण्ड** में हुआ था।

1825. फुटबॉल विश्व कप, 2022 की मेजबानी किस देश ने की थी?
SSC MTS Tier-1 28.10.2024 (Shift-II)
(a) अर्जेण्टीना (b) फ्रांस
(c) क़तर (d) यू.ए.ई.

उत्तर (c)
• फुटबॉल विश्व कप 2022 की मेजबानी कतर देश ने की थी।
• इस टूर्नामेण्ट में 32 देशों की टीमों ने हिस्सा लिया था।
• इस टूर्नामेण्ट में अर्जेण्टीना ने फ्रांस को हराकर यह खिताब तीसरी बार जीता।
• वर्ष 2026 में कीका का आयोजन U.S.A. कनाडा तथा मैक्सिको में होगा।

1826. भारत ने पहली बार पैरालम्पिक खेलों में किस वर्ष भाग लिया था?
SSC MTS Tier-1 28.10.2024 (Shift-II)
(a) 1964 (b) 1980
(c) 1972 (d) 1968

उत्तर (d)
• भारत ने पहली बार वर्ष 1968 में पैरालम्पिक खेलों (ग्रीष्मकालीन) में भाग लिया।
• वर्ष 1972 के पैरालम्पिक खेलों में मुरलीकान्त पेटकर ने तैराकी में पहला भारतीय पदक (स्वर्ण पदक) जीता था।
• वर्ष 2024 के पेरिस पैरालम्पिक में भारत ने कुल 29 पदक (7 स्वर्ण, 9 रजत व 13 कॉस्य) के साथ अपना अब तक का सर्वश्रेष्ठ प्रदर्शन किया।

1827. इण्डोनेशिया के जकार्ता में आयोजित हुए एशियाई खेल .... के फाइनल मैच में, भारत ने फुटबॉल में दक्षिण कोरिया को 2-1 के स्कोर से हराकर स्वर्ण पदक हासिल किया। SSC MTS Tier-1 23.10.2024 (Shift-II)
(a) 1970 (b) 1962
(c) 1958 (d) 1966

उत्तर (b)
• इण्डोनेशिया के जकार्ता में आयोजित हुए एशियाई खेल **1962** के फाइनल मैच में भारत

ने फुटबॉल में दक्षिण कोरिया को 2-1 के स्कोर से हराकर स्वर्ण पदक हासिल किया।

• एशियाई खेलों का आयोजन प्रत्येक 4 वर्ष में किया जाता है, यह एक बहुखेल प्रतियोगिता है, जिसमें केवल एशिया के विभिन्न देशों के खिलाड़ी भाग लेते हैं।

• **2026** के एशियाई खेलों का आयोजन जापान के **आइची-नागोया** में किया जाएगा।

1828. बैडमिण्टन में, नेट को केन्द्र में भूमि से कितनी ऊँचाई पर लगाया जाता है?
SSC MTS Tier-1 23.10.2024 (Shift-II)

(a) 5.5 फीट (b) 6 फीट
(c) 4 फीट (d) 5 फीट

उत्तर (d)

• बैडमिण्टन में नेट (Net) को केन्द्र में भूमि से 5 फीट की ऊँचाई पर लगाया जाता है।

• इस खेल में कोर्ट की **लम्बाई 44 फीट** तथा कोर्ट की **चौड़ाई 20 फीट** होती है।

• बैडमिण्टन एक रैकेट खेल है, जो दो विरोधी खिलाड़ियों या युगल खिलाड़ियों द्वारा खेला जाता है।

• आधुनिक बैडमिण्टन का विकास सम्भवत: इंग्लैण्ड में हुआ।

• बैडमिण्टन खेल से जुड़े शब्द निम्न हैं-कोर्ट, लॉग सर्विस, नेट फॉल्ट, डबल फॉल्ट, सर्विस ब्रेक, सेट प्वॉइण्ट आदि।

1829. 2022-23 सीजन तक पश्चिम बंगाल ने सन्तोष ट्रॉफी स्पर्द्धाओं में कितने खिताब जीते? **SSC MTS Tier-1 22.10.2024 (Shift-II)**

(a) 32 (b) 15 (c) 30 (d) 29

उत्तर (a)

• 2022-23 सीजन तक पश्चिम बंगाल ने सन्तोष ट्रॉफी स्पर्द्धाओं में कुल 32 खिताब जीते।

• सन्तोष ट्रॉफी का सम्बन्ध फुटबॉल से है।

• सन्तोष ट्रॉफी का फाइनल सऊदी अरब के रियाद में खेला गया था और यह पहली बार घरेलू चैम्पियनशिप का फैसला विदेशी जमीन पर किया गया।

• इस ट्रॉफी में कर्नाटक को विजेता और मेघालय को उपविजेता के रूप में चिह्नित किया गया।

1830. भारत ने आई.सी.सी. टी 20 पुरुष क्रिकेट विश्वकप किस वर्ष जीता था?
SSC MTS Tier-1 22.10.2024 (Shift-II)

(a) 2012 (b) 2009
(c) 2010 (d) 2007

उत्तर (d)

• भारत ने ICC T-20 पुरुष क्रिकेट विश्वकप वर्ष 2007 में जीता।

• 2007 का ICC T20 दक्षिण अफ्रीका में भारत-पाकिस्तान के मध्य खेला गया, जिसमें भारत ने पाकिस्तान को 5 रनों से हराया था। भारत के कप्तान महेन्द्र सिंह धोनी थे।

• इस टूर्नामेण्ट कुल 27 मैच हुए थे, जिसमें 12 टीमों ने भाग लिया।

• अन्तर्राष्ट्रीय क्रिकेट चैम्पियनशिप सामान्यत: दो वर्षों में आयोजित की जाती है।

1831. गोवा में हुए 37वें राष्ट्रीय खेल आयोजन में कौन-सा राज्य पदक तालिका में शीर्ष पर रहा? **SSC MTS Tier-1 21.10.2024 (Shift-II)**

(a) हरियाणा (b) पंजाब
(c) महाराष्ट्र (d) केरल

उत्तर (c)

• गोवा में हुए 37वें राष्ट्रीय खेल आयोजन में महाराष्ट्र पदक तालिका में शीर्ष पर रहा।

• महाराष्ट्र 80 स्वर्ण, 69 रजत और 79 काँस्य पदक सहित कुल 228 पदकों के साथ राजा मलिन्द्र सिंह ट्रॉफी जीती। वर्ष 1994 के बाद यह पहली बार था, जब महाराष्ट्र पदक तालिका में शीर्ष पर रहा।

• राष्ट्रीय खेल में सर्विसेज और हरियाणा क्रमश: पदक तालिका दूसरे और तीसरे स्थान पर रहे।

• 38वाँ राष्ट्रीय खेल **वर्ष 2025** में **उत्तराखण्ड में** आयोजित होगा। इन खेलों के साथ विण्टर नेशनल गेम्स भी आयोजित किए गए।

1832. देवधर ट्रॉफी .... के लिए दी जाती है।
SSC MTS Tier-1 21.10.2024 (Shift-II)

(a) टेनिस
(b) क्रिकेट
(c) हॉकी
(d) फुटबॉल

उत्तर (b)

• देवधर ट्रॉफी क्रिकेट से सम्बन्धित है।

• देवधर ट्रॉफी भारतीय घरेलू क्रिकेट में सूची ए क्रिकेट प्रतियोगिता है।

• पहला संस्करण वर्ष 1973-74 में आयोजित किया गया था।

• क्रिकेट से जुड़ी कुछ अन्य ट्रॉफी-विजय हजारे ट्रॉफी, गावस्कर बॉर्डर ट्रॉफी, विजडन ट्रॉफी, ईरानी ट्रॉफी आदि।

1833. क्रिकेट पिच की मानक लम्बाई कितनी होती है? **SSC MTS Tier-1 18.10.2024 (Shift-II)**

(a) 24 गज (b) 22 गज
(c) 20 गज (d) 18 गज

उत्तर (b)

• क्रिकेट पिच की मानक लम्बाई **22 गज** है।

• क्रिकेट के जनक इंग्लैण्ड के सर विलियम गिल्बर्ट ग्रेस को माना जाता है।

• प्रमुख क्रिकेट शब्दावली - चाइनामैन, बैट्समैन, विकेट कीपर, एल.बी. डब्ल्यू. थ्रो, थर्ड मैन, हुक, डेड बॉल, शॉर्ट पिच, ओवर थ्रो इत्यादि हैं।

1834. 2023 में वनडे क्रिकेट विश्वकप का कौन-सा संस्करण भारत में आयोजित किया गया था? **SSC MTS Tier-1 18.10.2024 (Shift-II)**

(a) 14वाँ (b) 16वाँ (c) 13वाँ (d) 15वाँ

उत्तर (c)

• वर्ष 2023 में वनडे क्रिकेट विश्वकप का **13वाँ संस्करण** भारत में आयोजित किया गया था।

• इस विश्वकप की विजेता टीम ऑस्ट्रेलिया एवं उपविजेता टीम भारत है।

• विराट कोहली को **मैन ऑफ द सीरीज** अवॉर्ड दिया गया था।

• इस विश्वकप का फाइनल मैच नरेन्द्र मोदी स्टेडियम, गुजरात में हुआ था।

• वर्ष 2027 में वनडे क्रिकेट विश्वकप (ODI) का आयोजन दक्षिण अफ्रीका जिम्बाब्वे और नामीबिया में किया जाएगा।

1835. सचिन तेन्दुलकर ने अपना 100वाँ अन्तर्राष्ट्रीय शतक किस देश के खिलाफ बनाया? **SSC MTS Tier-1 17.10.2024 (Shift-II)**

(a) पाकिस्तान (b) इंग्लैण्ड
(c) बांग्लादेश (d) ऑस्ट्रेलिया

उत्तर (c)

• सचिन तेन्दुलकर ने अपना 100वाँ अन्तर्राष्ट्रीय शतक बांग्लादेश के खिलाफ बनाया था।

• इन्हें वर्ष 1994 में अर्जुन पुरस्कार, वर्ष 1997-98 में राजीव गाँधी खेल रत्न (मेजर ध्यानचन्द खेल रत्न), वर्ष 1999 में पद्मश्री, वर्ष 2008 में पद्म विभूषण एवं वर्ष 2014 में भारत रत्न से सम्मानित किया गया था।

• **प्लेइंग इट माई वें** इनकी आत्मकथा है।

1836. निम्नलिखित में से कौन-सा पैरा एथलीट भाला फेंक स्पर्धा से जुड़ा है?
SSC MTS Tier-1 17.10.2024 (Shift-II)

(a) शरद कुमार (b) देवेन्द्र झाझरिया
(c) प्रमोद भगत (d) करमज्योति दलाल

उत्तर (b)

• **देवेन्द्र झाझरिया** (पैरा एथलीट) का सम्बन्ध भाला फेंक स्पर्धा से है।

• इन्होनें पैरालम्पिक एथेंस (2004) में अपना पहला स्वर्ण पदक जीता था और रियो डी जनेरियो, 2016 ग्रीष्मकालीन पैरालम्पिक खेल में, अपना पहला रिकॉर्ड तोड़ कर दूसरा स्वर्ण पदक जीता।

• इन्हें पद्मश्री (2012) और पद्म भूषण (2022) से सम्मानित किया जा चुका है।

• इन्हें वर्ष 2024 में भारतीय पैरालम्पिक समिति का अध्यक्ष चुना गया है।

1837. निम्नलिखित में से कौन विश्व एथलेटिक्स चैम्पियनशिप प्रतियोगिता में स्वर्ण पदक जीतने वाले भारतीय बनें?
SSC MTS Tier-1 16.10.2024 (Shift-II)

(a) मिल्खा सिंह (b) मुरली श्री शंकर
(c) दुती चन्द (d) नीरज चौपड़ा

उत्तर (d)

• नीरज चोपड़ा विश्व एथलेटिक्स चैम्पियनशिप प्रतियोगिता में स्वर्ण पदक जीतने वाले पहले भारतीय बने।

• नीरज चोपड़ा ने IAAF, 2023 विश्व एथलेटिक्स चैम्पियनशिप में पुरुषों को भाला फेंक स्पर्धा में 88.17 मी के सर्वश्रेष्ठ थ्रो के साथ स्वर्ण पदक जीता।
• नीरज चोपड़ा ने भाला फेंक प्रतियोगिता में वर्ष, 2020 ओलम्पिक (टोक्यो) में स्वर्ण पदक तथा वर्ष, 2024 ओलम्पिक (पेरिस) में रजत पदक जीता।

1838. प्रथम आईसीसी महिला T20 क्रिकेट विश्वकप ...... द्वारा आयोजित किया गया था। SSC MTS Tier-1 16.10.2024 (Shift-II)

(a) ऑस्ट्रेलिया (b) दक्षिण अफ्रीका
(c) इंग्लैण्ड (d) भारत

उत्तर (c)

• प्रथम आई. सी. सी. महिला T-20 क्रिकेट विश्वकप इंग्लैण्ड में **वर्ष 2009** में आयोजित किया गया था।
• इस टूर्नामेण्ट में मेजबान टीम इंग्लैण्ड ने न्यूजीलैण्ड को हराकर पुरस्कार जीता था।
• ICC महिला T-20 क्रिकेट विश्व कप 2024 संयुक्त अरब अमीरात में 3-10 अक्टूबर तक खेला गया।
• इस टूर्नामेण्ट में न्यूजीलैण्ड की महिला टीम ने दक्षिण अफ्रीका को हराकर पुरस्कार जीता।
• वर्ष 2026 में महिला T-20 की मेजवानी इंग्लैंड के द्वारा किया जाएगा। वर्ष 2026 के टूर्नामेंट में टीमों की संख्या भी बढ़कर बारह हो जाएगी।

1839. भारत में पहली सीनियर महिला राष्ट्रीय फुटबॉल चैम्पियनशिप किस वर्ष आयोजित की गई थी? SSC MTS Tier-1 15.10.2024 (Shift-I)

(a) वर्ष 1995 (b) वर्ष 1992
(c) वर्ष 2000 (d) वर्ष 1950

उत्तर (b)

• भारत में पहली बार सीनियर महिला राष्ट्रीय फुटबॉल चैम्पियनशिप **वर्ष 1992** में (मणिपुर में) आयोजित की गई थी।
• राजमाता जीजाबाई ट्रॉफी के लिए सीनियर महिला राष्ट्रीय फुटबॉल चैम्पियनशिप भारत में महिलाओं की प्रमुख राज्य प्रतियोगिता है।
• अब तक इस प्रतियोगिता के कुल 28 संस्करण आयोजित किए जा चुके हैं, जिनमें से 22 संस्करण में मणिपुर ने जीत हासिल की है।
• वर्ष 2023-24 में कलकत्ता में आयोजित इस प्रतियोगिता की विजेता टीम **मणिपुर** है।

1840. भारत में जीवी राजा मेमोरियल ट्रॉफी, सर आशुतोष मुखर्जी ट्रॉफी और सन्तोष ट्रॉफी निम्नलिखित में से किस खेल से सम्बन्धित है? SSC MTS Tier-1 15.10.2024 (Shift-I)

(a) फुटबॉल (b) टेनिस
(c) क्रिकेट (d) हॉकी

उत्तर (a)

• भारत में जीवी राजा मेमोरियल ट्रॉफी, सर आशुतोष मुखर्जी ट्रॉफी और सन्तोष ट्रॉफी का सम्बन्ध फुटबॉल खेल से है।
• फुटबॉल खेल से सम्बन्धित अन्य ट्रॉफी डी. सी. एस ट्रॉफी, जूल्स रिमेट ट्रॉफी, विट्टल ट्रॉफी आदि।
• टेनिस खेल से सम्बन्धित ट्रॉफी-डेविस कप, हॉपमैन कप आदि।
• क्रिकेट खेल से सम्बन्धित ट्रॉफी-रणजी ट्रॉफी, विल्स ट्रॉफी, विजय हरारे ट्रॉफी, देवधर ट्रॉफी आदि।
• हॉकी खेल से सम्बन्धित ट्रॉफी-ध्यानचन्द्र ट्रॉफी, वेल्स ट्रॉफी, आगा खान कप आदि।

1841. भारोत्तोलन में जब कोई एथलीट स्नैच या क्लीन और जर्क में सभी तीन प्रयासों में चूक जाता है और कुल स्कोर करने में विफल रहता है, तो इसे ...... कहा जाता है। SSC MTS Tier-1 14.10.2024 (Shift-I)

(a) बॉम्बिग-आउट
(b) अटेम्प्ट
(c) डिलीवरी
(d) टेक-ऑफ

उत्तर (a)

• भारोत्तोलन में जब कोई एथलीट स्नैच या क्लीन और जर्क सभी तीन प्रयासों में चूक जाता है और कुल स्कोर करने में विफल रहता है, तो इसे 'बॉम्बिंग आउट' कहा जाता है।
• भारोत्तोलन या वेटलिफ्टिंग एक एथलेटिक खेल है, जिसमें एथलीट भार वाले बारबेल को उठाते हैं।
• यह एथलीटों की ताकत और तकनीक का परीक्षण करता है।
• भारोत्तोलक में दो तरह की तकनीकों का प्रयोग किया जाता है।
• **स्नैच** इसमें भार को सिर के ऊपर उठाना होता है।
• क्लीन एण्ड जर्क इसमें भार को दो चरणों में उठाना होता है।

1842. निम्नलिखित में से कौन-सा भारत का एक पारम्परिक खेल है? SSC MTS Tier-1 14.10.2024 (Shift-I)

(a) वॉलीबॉल (b) कबड्डी
(c) फुटबॉल (d) बास्केटबॉल

उत्तर (b)

• कबड्डी, भारत का पारम्परिक खेल है, जिसका इतिहास **4000 वर्ष पुराना** है।
• कबड्डी नाम का प्रयोग प्राय: उत्तर भारत में किया जाता है। यह खेल भारत के अतिरिक्त नेपाल, बांग्लादेश, श्रीलंका और पाकिस्तान में भी लोकप्रिय है।
• वर्ष 1936 में **बर्लिन ओलम्पिक** में कबड्डी को प्रदर्शनी खेल के रूप में शामिल किया गया।
• कबड्डी की प्रत्येक टीम में 7 खिलाड़ी होते हैं।

1843. इण्टरकॉण्टिनेण्टल फुटबॉल कप 2023 कहाँ आयोजित किया गया? SSC MTS Tier-1 09.10.2024 (Shift-I)

(a) जलपाईगुड़ी (b) भुवनेश्वर
(c) दिसपुर (d) चण्डीगढ़

उत्तर (b)

• इण्टरकॉण्टिनेण्टल फुटबॉल कप 2023 का आयोजन 9-18 जून, 2023 को भुवनेश्वर (ओडिशा) में किया गया।
• यह टूर्नामेण्ट का तीसरा संस्करण था। इससे पहले यह वर्ष 2018 में मुम्बई और वर्ष 2019 में अहमदाबाद में आयोजित किया गया था।
• इस टूर्नामेण्ट के फाइनल में लेबनान को 2-0 से हराकर भारत चैम्पियन बना।

1844. निम्नलिखित में से कौन 1983 क्रिकेट विश्व कप फाइनल में 38 रन के साथ भारत की ओर से सर्वाधिक रन बनाने वाला खिलाड़ी था? SSC MTS Tier-1 09.10.2024 (Shift-I)

(a) सन्दीप पाटिल (b) मोहिन्दर अमरनाथ
(c) कपिल देव (d) कृष्णमाचारी श्रीकान्त

उत्तर (d)

• **कृष्णमाचारी श्रीकान्त** 1983 क्रिकेट विश्व कप फाइनल में 38 रन के साथ भारत की ओर से सर्वाधिक रन बनाने वाले खिलाड़ी थे।
• ये एक पूर्व भारतीय क्रिकेटर हैं, जिनका जन्म 21 दिसम्बर, 1949 को मद्रास में हुआ था।
• वर्ष 1983 में भारतीय क्रिकेट टीम ने क्रिकेट विश्वकप जीता था, जो भारत की पहला विश्व कप था।

1845. साइक्लिंग में, 'पेलोटन (peloton)' क्या है? SSC MTS Tier-1 08.10.2024 (Shift-I)

(a) किसी रेस की फिनिश लाइन
(b) किसी रेस की स्टार्ट लाइन
(c) रेस के दौरान तंग झुण्ड में राइडर्स का एक समूह
(d) पहाड़ियों पर चढ़ने के लिए साइकिल चलाने की एक तकनीक

उत्तर (c)

• साइक्लिंग में पेलोटन (peloton) एक **रेस के दौरान तंग झुण्ड में राइडर्स का एक समूह** है।
• पेलोटन में सवार एक-दूसरे के पास या पीछे सवारी करते हैं, जिससे हवा का प्रतिरोध कम होता है और पैण्डल चलाना आसान होता है। इस रणनीति को ड्राफ्टिंग कहते हैं।
• पेलोटन शब्द फ्रेन्च भाषा से आया है, जिसका अर्थ है छोटी गेंद या प्लाटून, पेलोटन, एक ब्राण्ड का नाम भी है, जो हाई-टेक-स्पिन-स्टाइल साइकिल और अन्य वर्कआउट उपकरण बेचता है।
• इस शब्द का उपयोग सामान्य रूप से पेशेवर साइकिल चालकों के समुदाय को सन्दर्भित करने के लिए भी किया जाता है।

1846. निम्नलिखित में से कौन भारत के पहले क्रिकेट टीम के कप्तान थे? SSC MTS Tier-1 08.10.2024 (Shift-I)

(a) के. श्रीकान्त (b) सी.के. नायडू
(c) सुनील गावस्कर (d) नवाब पटौदी

उत्तर (b)

• भारत के पहले क्रिकेट टीम के कप्तान **सी. के. नायडू** थे।

• उन्होंने वर्ष 1932 में लार्ड्स के मैदान पर इंग्लैण्ड के विरुद्ध भारत की पहली टेस्ट मैच में कप्तानी की थी।
• इन्होंने अपने टेस्ट कैरियर में कुल 7 टेस्ट मैच खेले थे, जिसमें 25 की औसत से 350 रन बनाए थे, जिसमें 2 अर्द्धशतक लगाए थे। साथ ही गेंदबाजी करते हुए विकेट भी लिए थे।
• इन्होंने अपने प्रथम श्रेणी क्रिकेट की शुरूआत वर्ष 1916 में बॉम्बे ट्रेगुलर ट्रॉफी से की थी।
• नायडू को भारत सरकार ने वर्ष 1959 में पद्म भूषण से सम्मानित किया।

1847. वर्ष 1982 में फुटबॉल के नेहरू कप प्रतियोगिता के उद्घाटन वर्ष में कौन-सी टीम पहले संस्करण की विजेता बनकर उभरी?
SSC MTS Tier-1 07.10.2024 (Shift-I)
(a) घाना (b) उरुग्वे
(c) पोलैण्ड (d) ऑस्ट्रेलिया
उत्तर (b)
• वर्ष 1982 में फुटबॉल के नेहरू कप प्रतियोगिता के उद्घाटन वर्ष में **उरुग्वे** पहले संस्करण की विजेता बनकर उभरी।
• नेहरू कप अन्तर्राष्ट्रीय फुटबॉल प्रतियोगिता अखिल भारतीय फुटबॉल महासंघ द्वारा आयोजित प्रतियोगिता है।
• इसका आयोजन वर्ष 1982 में शुरू किया गया था, परन्तु वर्ष 1998 से 2007 तक इसका आयोजन रोक दिया गया था।
• अन्तिम बार इसका आयोजन वर्ष 2009 में दिल्ली में किया गया था, जिसका विजेता भारत और उपविजेता सीरिया था।

1848. आई.सी.सी. टी-20 विश्व कप 2021 टूर्नामेण्ट में भारतीय मैच रेफरी कौन थे?
SSC MTS Tier-1 01.10.2024 (Shift-I)
(a) राहुल द्रविड़ (b) सुनील गावस्कर
(c) जवागल श्रीनाथ (d) वेंकटेश प्रसाद
उत्तर (c)
• आई.सी.सी. टी-20 वर्ल्ड कप 2021 टूर्नामेण्ट में भारतीय मैच रेफरी **जवागल श्रीनाथ** थे।
• आई.सी.सी. टी-20 विश्व कप 2024 का फाइनल मैच भारत और दक्षिण अफ्रीका के बीच हुआ, जिसमें **भारत विजेता** रहा।
• इस प्रतियोगिता में मैन ऑफ द सीरीज तेज गेंदबाज जसप्रीत बुमराह को मिला।
• अब आई.सी.सी. टी 20 वर्ल्ड कप वर्ष 2026 में (भारत और श्रीलंका) के बीच होगा।

1849. संजना बथुला (Sanjana Bathula) किस खेल से जुड़ी हैं?
SSC MTS Tier-1 30.09.2024 (Shift-I)
(a) स्क्वैश (Squash)
(b) रोलर स्केटिंग (Roller skating)
(c) बैडमिण्टन (Badminton)
(d) शूटिंग (Shooting)
उत्तर (b)
• भारतीय एथलीट संजना बथुला **रोलर स्केटिंग** खेल से जुड़ी हैं।
• इन्होंने 19वें एशियाई खेल 2023 में भारत का प्रतिनिधित्व किया।
• संजना केवल 15 वर्ष की आयु में एशियाई खेलों में पदक जीतने वाली सबसे युवा भारतीय खिलाड़ी बनीं।

1850. महिला प्रीमियर लीग प्रतियोगिता 2023 में रॉयल चैलेंजर्स बैंगलोर की कप्तान कौन थी?
SSC MTS Tier-1 30.09.2024 (Shift-I)
(a) हरमनप्रीत कौर (b) शैफाली वर्मा
(c) स्मृति मंधाना (d) दीप्ति शर्मा
उत्तर (c)
• महिला प्रीमियर लीग प्रतियोगिता 2023 में रॉयल चैलेंजर्स बैंगलोर की कप्तान **स्मृति मंधाना** थी।
• महिला प्रीमियर लीग प्रतियोगिता में 5 टीमें शामिल होती हैं।
• वर्ष 2023 की महिला प्रीमियर लीग प्रतियोगिता में मुम्बई इण्डियन्स ने दिल्ली कैपिटल्स को हराया।
• वर्ष 2024 की महिला प्रीमियर लीग प्रतियोगिता में रॉयल चैलेंजर्स बैंगलोर ने दिल्ली कैपिटल्स को हराया था।

SSC MTS 2023

1851. 13वीं हॉकी इण्डिया सीनियर महिला राष्ट्रीय हॉकी चैम्पियनशिप कहाँ आयोजित की गई?
SSC MTS 06.09.2023 (Shift-I)
(a) आन्ध्र प्रदेश (b) कर्नाटक
(c) नई दिल्ली (d) पंजाब
उत्तर (a)
• **आन्ध्र प्रदेश** में 13वीं हॉकी इण्डिया सीनियर महिला राष्ट्रीय हॉकी चैम्पियनशिप आयोजित की गई।
• इसका विजेता मध्य प्रदेश रहा, जिसने फाइनल में महाराष्ट्र को 5-1 से हराया।
• 14वीं हॉकी इण्डिया सीनियर महिला राष्ट्रीय चैम्पियनशिप 13 से 23 मार्च, 2024 तक पुणे में आयोजित की गई।
• 14वीं हॉकी इण्डिया सीनियर महिला राष्ट्रीय चैम्पियनशिप में फाइनल में हॉकी हरियाणा ने हॉकी महाराष्ट्र को 1-0 से हराया।

1852. किस वर्ष पाकिस्तान ने कबड्डी (सर्कल स्टाइल) विश्व कप जीता था?
SSC MTS 06.09.2023 (Shift-I)
(a) 2020 (b) 2016
(c) 2014 (d) 2013
उत्तर (a)
• कबड्डी (सर्कल स्टाइल) विश्व कप **2020** में पाकिस्तान ने भारत को हराकर जीता था।
• इस समय पाकिस्तान टीम के कप्तान मोहम्मद इरफान ऊर्फ मन्ना जट्ट थे।
• कबड्डी विश्व कप (सर्कल स्टाइल) पंजाब सरकार (भारत) द्वारा प्रशासित एक अन्तर्राष्ट्रीय कबड्डी प्रतियोगिता है, कबड्डी की शुरुआत वर्ष 2010 में हुई थी।

1853. मार्च, 2023 में मुम्बई इण्डियन्स ने किस टीम को हराकर महिला प्रीमियर लीग जीती?
SSC MTS 06.09.2023 (Shift-I)
(a) रॉयल चैलेन्जर्स (b) दिल्ली कैपिटल्स
(c) यूपी वॉरियर्स (d) गुजरात जायण्ट्स
उत्तर (b)
• मार्च, 2023 में मुम्बई इण्डियन्स ने दिल्ली कैपिटल्स को हराकर महिला प्रीमियर लीग जीती।
• महिला प्रीमियर लीग, 2024 का फाइनल मैच अरुण जेटली स्टेडियम, दिल्ली में खेला गया, जो रॉयल चैलेन्जर्स बेंगलुरु ने दिल्ली कैपिटल्स को हराकर जीता।
• महिला प्रीमियर लीग की शुरुआत वर्ष 2023 में हुई।
• इसका स्वामित्व और संचालन भारतीय क्रिकेट कण्ट्रोल बोर्ड द्वारा किया जाता है।

1854. ISSF जूनियर वर्ल्ड कप 2023 में भारत पदक तालिका में शीर्ष पर रहा। यह प्रतियोगिता कहाँ आयोजित की गई थी?
SSC MTS 05.09.2023 (Shift-II)
(a) इटली (b) ऑस्ट्रेलिया
(c) अजरबैजान (d) जर्मनी
उत्तर (d)
• ISSF जूनियर वर्ल्ड कप 2023 में भारत पदक तालिका में शीर्ष पर रहा। यह प्रतियोगिता **जर्मनी** में आयोजित की गई थी।
• इस प्रतियोगिता में भारत 6 गोल्ड, 6 सिल्वर और 3 ब्रॉन्ज सहित 15 मेडल्स के साथ पदक तालिका में शीर्ष पर रहा था।
• विश्व चैम्पियनशिप पदक विजेता सिमरनप्रीत कौर बराड और धनुष श्रीकान्त सहित कुल 39 भारतीय निशानेबाजों ने आईएसएसएफ जूनियर विश्वकप, 2023 में भाग लिया था।
• अन्तर्राष्ट्रीय निशानेबाजी खेल महासंघ ISSF जूनियर विश्व कप का आयोजन करता है, जिसका उद्देश्य युवा निशानेबाजों को तैयार करना है।

1855. खेलो इण्डिया यूनिवर्सिटी गेम्स के तीसरे संस्करण के शुभंकर का नाम क्या है?
SSC MTS 05.09.2023 (Shift-II)
(a) जीतू (b) मोगा (c) सावज (d) शेरा
उत्तर (a)
• **जीतू** खेलो इण्डिया यूनिवर्सिटी गेम्स के तीसरे संस्करण का शुभंकर था।
• जीतू बारहसिंगा नाम के जानवर से प्रेरित है। यह जानवर अपनी मजबूत शारीरिक बनावट, तेज रफ्तार, शानदार कौशल, नीति और धैर्य के लिए जाना जाता है।
• यह स्पर्द्धा उत्तर प्रदेश के चार शहरों लखनऊ, वाराणसी, ग्रेटर नोएडा और गोरखपुर में आयोजित की गई थी।
• तीसरे खेलो इण्डिया यूनिवर्सिटी गेम्स (KIUG), 2023 में पंजाब यूनिवर्सिटी ने तीन वर्ष बाद यह खिताब अपने नाम किया।

• खेलो इण्डिया यूनिवर्सिटी गेम्स का पहला संस्करण ओडिशा के भुवनेश्वर में आयोजित किया गया था।

• खेलो इण्डिया यूनिवर्सिटी गेम्स के चतुर्थ संस्करण का आयोजन 7 पूर्वोत्तर राज्यों में किया गया।

• चण्डीगढ़ ने इस प्रतियोगिता का खिताब जीता।

• इसका शुभंकर अष्टलक्ष्मी जो तितली के आकार की है, को बनाया गया है।

1856. निम्नलिखित में से किस राज्य में FIFA U-17 महिला विश्व कप 2022 के मैच आयोजित नहीं किए गए थे? **SSC MTS 01.09.2023 (Shift-I)**

(a) गोवा (b) ओडिशा
(c) महाराष्ट्र (d) गुजरात

उत्तर (d)

• फीफा महिला विश्व कप U-17 2022 का आयोजन गोवा, ओडिशा तथा महाराष्ट्र में हुआ था, न कि गुजरात में।

• इसका आधिकारिक शुभंकर 'इभा' था। मुम्बई में खेले गए फाइनल मैच में स्पेन ने कोलम्बिया को हराया।

• यह एक द्विवार्षिक अन्तर्राष्ट्रीय महिला संघ फुटबॉल प्रतियोगिता है।

• यह वर्ष 2008 से फेडरेशन इण्टरनेशनल डी फुटबॉल एसोसिएशन द्वारा आयोजित किया जा रहा है।

1857. अक्टूबर, 2022 में विराट कोहली T-20 क्रिकेट इतिहास में कितने रन पूरे करने वाले पहले भारतीय बने? **SSC MTS 01.09.2023 (Shift-I)**

(a) 5000 (b) 9000 (c) 15000 (d) 11000

उत्तर (d)

• अक्टूबर, 2022 में विराट कोहली T-20 क्रिकेट इतिहास में 11000 रन पूरे करने वाले पहले भारतीय हैं।

• विराट कोहली ने 12 जून, 2010 को जिम्बाब्वे के खिलाफ T-20 अन्तर्राष्ट्रीय खेलों में पदार्पण किया।

• विराट कोहली को वर्ष 2013 में अर्जुन पुरस्कार, वर्ष 2017 में पदमश्री और 2018 में राजीव गाँधी खेल रत्न पुरस्कार (अब मेजर ध्यानचन्द खेल रत्न पुरस्कार) से सम्मानित किया गया है।

1858. शुभमन गिल अपने खेल में रिकॉर्ड बनाने की वजह से चर्चा में थे। वह कौन–सा खेल खेलते हैं? **SSC MTS 01.09.2023 (Shift-III)**

(a) क्रिकेट (b) हॉकी
(c) बैडमिण्टन (d) शतरंज

उत्तर (a)

• शुभमन गिल अपने खेल में रिकॉर्ड बनाने की वजह से चर्चा में थे। शुभमन गिल **क्रिकेट** खिलाड़ी हैं।

• इन्होंने दक्षिण अफ्रीका के बल्लेबाज हाशिम अमला के सबसे तेज 1500 रन वनडे मैच के विश्व रिकॉर्ड को तोड़ा है।

• ये इण्डियन प्रीमियर लीग में गुजरात टाइटन्स टीम के कप्तान हैं।

• ये वर्तमान में भारत के लिए क्रिकेट के तीनों प्रारूपों में खेलते हैं।

1859. विनेश फोगाट विश्व चैम्पियनशिप में कितने पदक जीतने वाली पहली भारतीय महिला पहलवान बनीं? **SSC MTS 13.09.2023 (Shift-I)**

(a) 2 (b) 5
(c) 3 (d) 6

उत्तर (a)

• विनेश फोगाट विश्व चैम्पियनशिप में दो स्वर्ण पदक जीतने वाली पहली महिला बनीं।

• विनेश फोगाट ने 2016, 2017 और 2018 में कॉमनवेल्थ चैम्पियनशिप में स्वर्ण पदक जीता था।

• विनेश फोगाट ने 2018 और 2019 में एशियाई चैम्पियनशिप का खिताब अपने नाम किया था।

1860. निम्नलिखित में से किस संस्थान ने खेलो इण्डिया यूनिवर्सिटी गेम्स के तीसरे संस्करण में अधिकतम पदक जीते? **SSC MTS 01.09.2023 (Shift-III)**

(a) यूनिवर्सिटी ऑफ केरल
(b) गुरु नानक देव यूनिवर्सिटी
(c) पंजाब यूनिवर्सिटी
(d) जैन यूनिवर्सिटी

उत्तर (c)

• खेलो इण्डिया यूनिवर्सिटी गेम्स के तीसरे संस्करण में अधिकतम पदक **पंजाब यूनिवर्सिटी** ने जीते।

• उत्तर प्रदेश के लखनऊ में खेलो इण्डिया यूनिवर्सिटी गेम्स 2023 का आयोजन किया गया था।

• इसके पहले संस्करण का आयोजन ओडिशा में वर्ष 2020 में तथा दूसरे संस्करण का आयोजन वर्ष 2022 में कर्नाटक के बेंगलुरु में हुआ था।

• 2024 के खेलो इण्डिया यूथ गेम्स का आयोजन तमिलनाडु में किया गया था।

1861. निम्नलिखित में से किस शहर में खेलो इण्डिया यूथ गेम्स, 2019 का दूसरा संस्करण आयोजित किया गया था? **SSC MTS 11.09.2023 (Shift-II)**

(a) पुणे (b) मुम्बई
(c) नई दिल्ली (d) गुवाहाटी

उत्तर (a)

• पुणे में इण्डिया यूथ गेम्स, 2019 का दूसरा संस्करण आयोजित किया गया था।

• इस संस्करण में महाराष्ट्र राज्य ने 228 पदक जीतकर प्रथम स्थान प्राप्त किया था।

• हरियाणा तथा दिल्ली क्रमश: दूसरे तथा तीसरे स्थान पर रहे।

• खेलो इण्डिया यूथ गेम का आयोजन जनवरी, 2024 में तमिलनाडु के चार शहरों में चेन्नई, त्रिची, मदुरै और कोयम्बटूर में आयोजित किया गया था।

• खेलो इण्डिया यूथ गेम्स के प्रथम संस्करण की शुरुआत 31 जनवरी, 2018 में चण्डीगढ़ यूनिवर्सिटी में की गई थी।

1862. निम्नलिखित में से किस राज्य में पहला जनजातीय खेल महोत्सव आयोजित किया गया था? **SSC MTS 11.09.2023 (Shift-I)**

(a) आन्ध्र प्रदेश
(b) ओडिशा
(c) छत्तीसगढ़
(d) झारखण्ड

उत्तर (b)

• **ओडिशा** में 9-12 जून, 2023 के मध्य पहले जनजातीय खेल महोत्सव का आयोजन किया गया।

• इस जनजातीय खेल महोत्सव में पुरुष और महिला दोनों वर्गों में ओडिशा समग्र विजेता रहा।

• यह महोत्सव संस्कृति मन्त्रालय भारत सरकार और ओडिशा सरकार के संयुक्त प्रयासों द्वारा आईआईटी विश्वविद्यालय के सहयोग से आयोजित किया गया।

1863. मुमताज खान को वर्ष 2022 में 'FIH वुमन राइजिंग स्टार ऑफ द ईयर' नामित किया गया था। वह निम्नलिखित में से कौन–सा खेल खेलती हैं? **SSC MTS 08.09.2023 (Shift-II)**

(a) ऊँची कूद
(b) हॉकी
(c) फुटबॉल
(d) तलवारबाजी

उत्तर (b)

• मुमताज खान हॉकी की खिलाड़ी हैं। इन्हें वर्ष 2022 में 'FIH वुमन राइजिंग ऑफ द ईयर' के लिए नामित किया गया था।

• मुमताज ने जूनियर विश्व कप के छ: मैचों में आठ गोल किए थे, जिनमें एक हैट्रिक भी शामिल हैं।

• ये विश्व कप की हॉकी गोल की सूची में तीसरे नम्बर पर रही थीं। मुमताज लखनऊ की रहने वाली हैं।

1864. 2023 आई.एस.एस.एफ जूनियर विश्व कप चैम्पियनशिप में किस स्पर्द्धा में अमनप्रीत सिंह ने भारत के लिए स्वर्ण पदक जीता? **SSC MTS 08.09.2023 (Shift-II)**

(a) पुरुषों की 25 मी रैपिड पिस्टल फायर
(b) पुरुषों की 10 मी एयर राइफल
(c) पुरुषों की 25 मी पिस्टल
(d) पुरुषों की 10 मी एयर पिस्टल टीम

उत्तर (a)

• 2023 आई.एस.एस.एफ जूनियर विश्व कप चैम्पियनशिप के पुरुषों की 25 मी रैपिड पिस्टल फायर में अमनप्रीत सिंह ने भारत के लिए स्वर्ण पदक जीता।

• यह प्रतियोगिता अजरबैजान के बाकू में आयोजित की गई थी, जिसमें चीन प्रथम स्थान पर तथा भारत द्वितीय स्थान पर था।

1865. 2023 विश्व स्क्वैश चैम्पियनशिप निम्नलिखित में से किस राज्य में आयोजित की गई थी?
SSC MTS 08.09.2023 (Shift-II)
(a) तमिलनाडु (b) कर्नाटक
(c) ओडिशा (d) केरल
उत्तर (a)
• वर्ष 2023 विश्व स्क्वैश चैम्पियनशिप तमिलनाडु राज्य में आयोजित की गई थी।
• **तमिलनाडु** में आयोजित 2023 विश्व स्क्वैश चैम्पियनशिप में कुल 8 देशों ने भाग लिया था, जो 13 जून से शुरू हुई थी।
• 17 जून को चेन्नई में आयोजित फाइनल में मिस्र ने मलेशिया को 2-0 से हराकर विश्व स्क्वैश चैम्पियनशिप में स्वर्ण पदक जीता।
• मलेशिया ने रजत पदक प्राप्त किया तथा तीसरा स्थान मेजबान देश भारत और जापान को प्राप्त हुआ, जिन्होंने संयुक्त रूप से कांस्य पदक साझा किया था।

SSC MTS 2022

1866. निम्नलिखित में से कौन-सा, सर्प-नौका दौड़ का एक भारतीय खेल है?
SSC MTS 14.07.2022 (Shift-I)
(a) खो-खो (b) मलखम्भ
(c) वल्लमकली (d) मैदानी हॉकी
उत्तर (c)
• सर्प-नौका दौड़ से जुड़ा **वल्लमकली** एक भारतीय खेल है।
• **वल्लमकली** केरल के पुन्नमड़ झील में होने वाली एक बोट रेस है। इसे सर्प-नौका दौड़ भी कहा जाता है।
• यह रेस प्रत्येक वर्ष अगस्त के दूसरे शनिवार को होती है।
• यह रेस बसन्त में फसल उत्सव आयोजन के दौरान की जाती है।

1867. निम्न में से किसने (वर्ष 2021 में आयोजित) ग्रीष्मकालीन ओलम्पिक खेल 2020 में रजत पदक जीता? SSC MTS 14.07.2022 (Shift-I)
(a) लवलीना बोर्गोहेन (b) बजरंग पुनिया
(c) पी.वी. सिन्धु (d) रवि कुमार दहिया
उत्तर (d)
• **रवि कुमार** (वर्ष 2021 में) ने ग्रीष्मकालीन ओलम्पिक खेल 2020 में रजत पदक जीता।
• ओलम्पिक 2024 का आयोजन फ्रांस की राजधानी पेरिस में 26 जुलाई से 11 अगस्त तक किया गया।
• वर्ष 2024 के ग्रीष्मकालीन ओलम्पिक में नीरज चोपड़ा ने पुरुषों की भाला फेंक स्पर्द्धा में रजत पदक जीता था।
• इन खेलों का आयोजन पेरिस के अतिरिक्त फ्रांस के 16 अन्य शहरों में किया गया।
• इसमें भारत के 120 एथलीट्स ने अलग-अलग खेलों में भाग लिया।
• ग्रीष्मकालीन ओलम्पिक को आमतौर पर हर चार वर्ष में एक बार आयोजित किया जाता है।

1868. ऑस्ट्रेलियन ओपन 2022 में पुरुष एकल का खिताब किसने जीता?
SSC MTS 15.07.2022 (Shift-I)
(a) राफेल नडाल
(b) डेनियल मेंदवेदेव
(c) स्टेफानोस सितसिपास
(d) माटेओ बेरेटिनी
उत्तर (a)
• ऑस्ट्रेलियन ओपन 2022 में पुरुष एकल का खिताब **राफेल नडाल** ने रूस के डेनियल मेदवेदेव को हराकर जीता।
• ये इनका 21वाँ ग्रैण्ड स्लैम खिताब है।
• जबकि महिला एकल वर्ग में ऑस्ट्रेलियाई खिलाड़ी **एश्ले बार्टी** ने यह खिताब अमेरिका के डेनियल कॉलिंस को हराकर जीता था।
• ऑस्ट्रेलियन ओपन 2024 में पुरुष एकल का खिताब इटली के युवा टेनिस खिलाड़ी यानिक सिनर ने रूस के डेनियल मेदवेदेव को हराकर जीता।

1869. भारत ने टोक्यो ओलम्पिक 2020 में किस टीम खेल में कांस्य पदक (भारत द्वारा जीता गया एकमात्र) जीता? SSC MTS 13.07.2022 (Shift-I)
(a) बैडमिण्टन
(b) टेबल टेनिस
(c) बास्केटबॉल
(d) फील्ड हॉकी
उत्तर (d)
• भारत ने टोक्यो ओलम्पिक 2020 में फील्ड हॉकी खेल में कांस्य पदक (भारत द्वारा जीता गया एकमात्र) जीता।
• भारत ने टोक्यो ओलम्पिक वर्ष 2020 में कुल 7 पदक (1 स्वर्ण, 2 रजत तथा 4 कांस्य) जीतकर 48वाँ स्थान प्राप्त किया।
• इसमें एकमात्र स्वर्ण नीरज चोपड़ा द्वारा भाला फेंक प्रतियोगिता में जीता गया था।
• व्यक्तिगत प्रतियोगिता में पीवी सिन्धु (बैडमिण्टन), लवलीन बोरगोहेन (मुक्केबाजी), बजरंग पूनिया (कुश्ती) जीते तथा एक कांस्य पदक सम्मिलित रूप से भारतीय टीम द्वारा जीता गया।
• भारत की ओर से दो रजत पदक मीराबाई चानू ने भारोत्तोलन तथा रवि दहिया ने कुश्ती में जीते।

1870. .... ने स्विस ओपन सुपर 300 बैडमिण्टन टूर्नामेण्ट 2022 में महिला एकल का खिताब जीता। SSC MTS 13.07.2022 (Shift-I)
(a) अश्मिता चालिहा
(b) कर्स्टी गिल्मर
(c) बुसानन ओंगबामरुंगफान
(d) पीवी सिन्धु
उत्तर (d)
• **पीवी सिन्धु** ने स्विस ओपन सुपर 300 बैडमिण्टन टूर्नामेण्ट 2022 में महिला का एकल खिताब जीता।
• बुसानन के खिलाफ 17 मैचों में यह सिन्धु की 16वीं जीत हैं।
• इन्होंने टोक्यो ओलम्पिक, 2020 में कांस्य पदक तथा रियो ओलम्पिक (2016) में रजत पदक जीता।

1871. निम्नलिखित में से किस व्यक्ति ने 2021 पैरालम्पिक स्पोर्ट्स अवॉर्ड्स 2021 में 'सर्वश्रेष्ठ महिला पदार्पण' पुरस्कार जीता?
SSC MTS 12.07.2022 (Shift-I)
(a) अवनि लेखरा
(b) दीपा मलिक
(c) मीराबाई चानू
(d) भाविनाबेन पटेल
उत्तर (a)
• अवनि लेखरा ने 2021 पैरालम्पिक स्पोर्ट्स अवॉर्ड्स 2021 में 'सर्वश्रेष्ठ महिला पदार्पण' पुरस्कार जीता। इनका जन्म 8 नवम्बर, 2001 को राजस्थान के जयपुर में हुआ था।
• इन्होंने टोक्यो पैरालम्पिक स्पोर्ट्स वर्ष 2021 में चीन की निशानेबाज झांग कुइपिंग को हराकर शूटिंग में स्वर्ण पदक प्राप्त किया था।

1872. अप्रैल, 2022 तक उपलब्ध जानकारी के अनुसार, हॉकी मैच की कुल अवधि कितनी होती है? SSC MTS 11.07.2022 (Shift-I)
(a) 60 मिनट (b) 70 मिनट
(c) 50 मिनट (d) 80 मिनट
उत्तर (a)
• अप्रैल, 2022 तक उपलब्ध जानकारी के अनुसार हॉकी मैच की कुल अवधि **60 मिनट** होती है। हॉकी की एक टीम में खिलाड़ियों की संख्या 11 होती है।
• हॉकी विश्वकप की शुरुआत **वर्ष 1971** में हुई थी।
• इस खेल को विश्व में प्रसारित करने का **श्रेय ब्रिटिश सेना** को जाता है, हालाँकि सर्वप्रथम इसकी शुरुआत 4000 BCE में मिस्र में हुई थी।

1873. निम्नलिखित में से किस प्रतियोगिता में भारत ने ग्रीष्मकालीन ओलम्पिक 2020 (2021 में आयोजित किया गया) में स्वर्ण पदक जीता था? SSC MTS 11.07.2022 (Shift-I)
(a) भारोत्तोलन
(b) बैडमिण्टन
(c) कुश्ती
(d) भाला फेंक
उत्तर (d)
• भाला फेंक प्रतियोगिता में भारत ने ग्रीष्मकालीन ओलम्पिक 2020 (2021 में आयोजित किया गया) में स्वर्ण पदक जीता था।
• ग्रीष्मकालीन ओलम्पिक 2020 कोविड-19 के कारण एक वर्ष के लिए विलम्बित कर दिया गया।
• एथलेटिक्स श्रेणी में भारतीय पुरुष खिलाड़ी नीरज चोपड़ा ने 7 अगस्त, 2021 को स्वर्ण पदक जीता था।
• ओलम्पिक 2024 में भारत ने कुछ 6 पदक जीते, जिसमें 1 सिल्वर तथा 5 कांस्य हैं।

SSC MTS 2021

1874. जून, 2020 में निम्नलिखित में से किस पूर्व भारतीय क्रिकेटर को उत्तराखण्ड क्रिकेट टीम का प्रमुख कोच नियुक्त किया गया था?
SSC MTS 02.11.2021 (Shift-III)

(a) वसीम जाफर (b) सचिन तेन्दुलकर
(c) आकाश चोपड़ा (d) राहुल द्रविड़

उत्तर (a)

- जून, 2020 में **वसीम जाफर** को उत्तराखण्ड क्रिकेट टीम का प्रमुख कोच नियुक्त किया गया था।
- उन्होंने फरवरी, 2021 में अपने पद से इस्तीफा दे दिया था।
- इन्होंने भारतीय टीम से 31 टेस्ट और दो एकदिवसीय मैच खेले हैं।
- ये मौजूदा समय में रणजी ट्रॉफी में सबसे अधिक रन बनाने वाले खिलाड़ी हैं।

1875. दोहा में छठे कतर इण्टरनेशनल कप में भारोत्तोलन (weightlifting) के लिए स्वर्ण पदक किसने जीता?
SSC MTS 02.11.2021 (Shift-I)

(a) जेरेमी लालरिन्नुंगा (b) मैनन लॉरिंज
(c) अनीस मिशेल (d) मीराबाई चानू

उत्तर (d)

- दोहा में छठे कतर इण्टरनेशनल कप में भारोत्तोलन के लिए स्वर्ण पदक मीराबाई चानू ने जीता।
- **साईंखोम मीराबाई चानू** ने कतर इण्टरनेशनल कप में 49 किलोग्राम वर्ग के जर्क एवं क्लिन प्रतिस्पर्द्धाओं में कुल 194 किलोग्राम वजन उठाकर यह खिताब जीता था।
- इन्होंने टोक्यो ओलम्पिक 2020 में भी रजत पदक जीता था।
- वर्ष 2018 में इन्हें मेजर ध्यानचन्द खेल रत्न पुरस्कार और पद्मश्री से सम्मानित किया गया।

1876. महिला एकदिवसीय अन्तर्राष्ट्रीय क्रिकेट में छः विकेट लेने वाली एकमात्र भारतीय स्पिनर कौन हैं? **SSC MTS 02.11.2021 (Shift-I)**

(a) स्मृति मन्धाना (b) शेफाली वर्मा
(c) दीप्ति शर्मा (d) पूनम यादव

उत्तर (c)

- दीप्ति शर्मा महिला एकदिवसीय अन्तर्राष्ट्रीय क्रिकेट में छः विकेट लेने वाली एकमात्र भारतीय स्पिनर हैं।
- वह एक बाएँ हाथ की बल्लेबाज तथा राइट-आर्म स्पिनर हैं।
- उनका जन्म 24 अगस्त, 1997 को आगरा में हुआ था।
- उन्होंने वर्ष 2014 में दक्षिण अफ्रीका के खिलाफ एकदिवसीय मैच में पदार्पण किया था।

1877. अंजुम मुदगिल को किस खेल के लिए वर्ष 2019 के अर्जुन पुरस्कार से सम्मानित किया गया था? **SSC MTS 06.10.2021 (Shift-III)**

(a) भारोत्तोलन (b) क्रिकेट
(c) निशानेबाजी (d) मुक्केबाजी

उत्तर (c)

- अंजुम मुदगिल को वर्ष 2019 में **निशानेबाजी** के लिए अर्जुन पुरस्कार से सम्मानित किया गया था
- इनका जन्म 5 जनवरी, 1994 को चण्डीगढ़ में हुआ था। ये निशानेबाजी में पंजाब का प्रतिनिधित्व करती हैं।
- चांगवोन में आईएसएसएफ विश्व चैम्पियनशिप में अर्जुन मौदगिल ने महिलाओं की 10 लीटर एयर राइफल स्पर्धा में रजत पदक जीता।
- वर्ष 2024 में 34 खिलाड़ियों को अर्जुन पुरस्कार प्राप्त हुआ।

1878. वह भारतीय क्रिकेट खिलाड़ी कौन-सा है, जिसने टेस्ट ओपनर के रूप में अपने पदार्पण मैच में लगातार दो शतक लगाए?
SSC MTS 05.10.2021 (Shift-I)

(a) रोहित शर्मा (b) शिखर धवन
(c) विराट कोहली (d) एमएस धोनी

उत्तर (a)

- भारतीय क्रिकेटर रोहित शर्मा ने टेस्ट ओपनर के रूप में अपने पदार्पण मैच में लगातार दो शतक लगाए।
- वर्ष 2013-14 में वेस्टइण्डीज के खिलाफ घरेलू श्रृंखला के दौरान **दो शतक** लगाए थे।
- पहले टेस्ट के दौरान इन्होंने 177 रन बनाए और अगले मैच में एक और शतक लगाया।
- रोहित शर्मा वर्तमान में भारतीय क्रिकेट टीम के कप्तान हैं, जिनकी कप्तानी में भारत ने वर्ष 2024 का T-20 विश्व कप का खिताब जीता है।

SSC Steno 2024

1879. नेहरू ट्रॉफी बोट रेस .... में आयोजित की जाती है। **SSC Steno Tier-1 10.12.2024 (Shift-I)**

(a) महाराष्ट्र (b) गोवा
(c) आन्ध्र प्रदेश (d) केरल

उत्तर (d)

- नेहरू ट्रॉफी बोट रेस केरल में आयोजित की जाती है।
- केरल की यह रेस प्रत्येक वर्ष अगस्त के दूसरे शनिवार को अलाप्पुझा के पास पुन्नमदा झील पर आयोजित की जाती है।
- इस रेस का नाम पण्डित जवाहरलाल नेहरू के नाम पर रखा गया है।

1880. पहला विम्बलडन टूर्नामेण्ट कब और कहाँ आयोजित किया गया था?
SSC Steno Tier-1 10.12.2024 (Shift-I)

(a) 1887, वर्पल रोड साइट, विम्बलडन
(b) 1888, चर्च रोड साइट, विम्बलडन
(c) 1877, वर्पल रोड साइट, विम्बलडन
(d) 1887, चर्च रोड साइट, विम्बलडन

उत्तर (c)

- पहला विम्बलडन टूर्नामेण्ट वर्पल रोड साइट में आयोजित किया गया था।
- विम्बलडन का पहला टूर्नामेण्ट 9 जुलाई, 1877 को हुआ था। यह टूर्नामेण्ट लन्दन के विम्बलडन में ऑल इंग्लैण्ड क्लब में आयोजित किया गया था।
- विम्बलडन दुनिया का सबसे पुराना और सबसे प्रतिष्ठित टेनिस टूर्नामेण्ट है।

1881. खेलो इण्डिया यूथ गेम्स 2022 में किस राज्य की टीम ने महिला अण्डर-18 हॉकी का खिताब जीता?
SSC Steno Tier-1 10.12.2024 (Shift-I)

(a) झारखण्ड (b) मध्य प्रदेश
(c) ओडिशा (d) हरियाणा

उत्तर (d)

- खेलो इण्डिया यूथ गेम्स, 2022 में हरियाणा की टीम ने महिला अण्डर-18 हॉकी का खिताब जीता।
- खेलों इण्डिया यूथ गेम्स 2024 का आयोजन जनवरी, 2024 में तमिलनाडु के 4 शहरों में किया गया था। इसमें कुल 26 प्रकार के खेलों को शामिल किया गया था।
- खेलों इण्डिया यूथ गेम्स 2025 का आयोजन अप्रैल, 2025 में बिहार में किया जाएगा।

1882. भारत ने 2022 एशिया कप हॉकी टूर्नामेण्ट में निम्नलिखित में से कौन-सा पदक जीता?
SSC Steno Tier-1 10.12.2024 (Shift-I)

(a) कांस्य (b) स्वर्ण
(c) रजत (d) कोई भी नहीं

उत्तर (a)

- भारत ने वर्ष 2022 के एशिया कप हॉकी टूर्नामेण्ट में कांस्य पदक जीता।
- यह इण्डोनेशिया के जकार्ता में आयोजित किया गया था।
- इस टूर्नामेण्ट में भारत ने जापान को 1-0 से हराकर कांस्य पदक जीता है।
- वर्ष 2024 में आयोजित एशिया कप में भारत को स्वर्ण पदक प्राप्त हुआ।

1883. भारत ने दूसरी बार एशियाई खेलों की मेजबानी किस वर्ष में की थी?
SSC Steno Tier-1 10.12.2024 (Shift-I)

(a) 1978 (b) 1986 (c) 1982 (d) 1990

उत्तर (c)

- भारत द्वारा दूसरी बार एशियाई खेलों की मेजबानी वर्ष 1982 में की गई थी।
- यह खेल दिल्ली के जवाहरलाल नेहरू स्टेडियम में 19 नवम्बर से 4 दिसम्बर, 1982 के बीच आयोजित किया गया था।
- भारत ने पहली बार एशियाई खेलों की मेजबानी वर्ष 1951 में की थी। इस खेल का आयोजन भी नई दिल्ली में हुआ था।

1884. 44वाँ शतरंज ओलम्पियाड निम्नलिखित में से किस शहर में आयोजित किया गया?
SSC Steno Tier-1 10.12.2024 (Shift-II)

(a) भोपाल (b) मुम्बई
(c) चेन्नई (d) अहमदाबाद

उत्तर (c)

• 44वाँ शतरंज ओलम्पियाड चेन्नई में वर्ष 2022 में आयोजित किया गया था।

• 45वाँ शतरंज ओलम्पियाड सितम्बर, 2024 में हंगरी में आयोजित किया गया था।

• पहला शतरंज ओलम्पियाड वर्ष 1927 में लंदन में आयोजित किया गया था।

1885. भारतीय महिला प्रीमियर लीग (क्रिकेट) का पहला संस्करण वर्ष ……… में आयोजित किया गया था।
SSC Steno Tier-1 10.12.2024 (Shift-II)

(a) 2022 (b) 2000
(c) 2021 (d) 2023

उत्तर (d)

• भारतीय महिला प्रीमियर लीग (क्रिकेट) का पहला संस्करण वर्ष 2023 में आयोजित किया गया था।

• इसमें कुल 5 टीमों ने भाग लिया था।

• इसमें मुम्बई इण्डियंस ने फाइनल में दिल्ली कैपिटल को हराकर खिताब अपने नाम किया था।

1886. वर्ष 2023 में हुए एक दिवसीय अन्तर्राष्ट्रीय क्रिकेट विश्व कप की मेजबानी निम्नलिखित में से किस देश ने की थी?
SSC Steno Tier-1 10.12.2024 (Shift-II)

(a) इंग्लैण्ड (b) ऑस्ट्रेलिया
(c) पाकिस्तान (d) भारत

उत्तर (d)

• वर्ष 2023 में हुए एक दिवसीय अन्तर्राष्ट्रीय क्रिकेट विश्व कप की मेजबानी भारत ने की थी।

• यह टूर्नामेण्ट का 13वाँ संस्करण था।

• इसका 14वाँ संस्करण वर्ष 2027 में दक्षिण अफ्रीका, जिम्बाब्वे और नामीबिया में आयोजित किया जाएगा।

1887. ……… दो टीमों के बीच का खेल है, जिसमें प्रत्येक टीम में सामान्यत: छ: खिलाड़ी होते हैं, जो स्केट्स पहनते हैं और एक आइस रिंक (बर्फ़ के मैदान) पर प्रतिस्पर्द्धा करते हैं। SSC Steno Tier-1 10.12.2024 (Shift-II)

(a) रिंकबॉल (b) रिंगेट
(c) आइस स्केटिंग (d) आइस हॉकी

उत्तर (d)

• आइस हॉकी दो टीमों के बीच का खेल है। इसमें प्रत्येक टीम में सामान्यत: छ: खिलाड़ी होते हैं, जो स्केट्स पहनते हैं और एक आइस रिंग पर प्रतिस्पर्द्धा करते हैं।

• आइस हॉकी की शुरुआत 19वीं सदी में हुई थी तथा यह खेल कनाडा में अत्यधिक प्रचलित है।

1888. भारतीय खेल प्राधिकरण का मुख्यालय कहाँ स्थित है? SSC Steno Tier-1 10.12.2024 (Shift-II)

(a) केरल (b) कोलकाता
(c) पंजाब (d) नई दिल्ली

उत्तर (d)

• भारतीय खेल प्राधिकरण का मुख्यालय नई दिल्ली में स्थित है।

• यह भारत में खेल के विकास के लिए सर्वोच्च राष्ट्रीय खेल निकाय है।

• इसकी स्थापना वर्ष 1984 में हुई थी।

1889. 23वाँ फीफा विश्व कप फुटबॉल (FIFA World Cup Football) संयुक्त रूप से ……… के द्वारा आयोजित किया जाएगा।
SSC Steno Tier-1 10.12.2024 (Shift-III)

(a) जर्मनी, पोलैण्ड और ऑस्ट्रिया
(b) कनाड़ा, यूएसए और मैक्सिको
(c) फ्रांस, जर्मनी और स्पेन
(d) फ्रांस, जर्मनी और इटली

उत्तर (b)

• 23वाँ फीफा विश्वकप फुटबॉल, संयुक्त रूप से कनाडा, मैक्सिको व यूएसए द्वारा आयोजित किया जाएगा।

• यह आयोजन 1 जून से 19 जुलाई, 2026 तक किया जाएगा। फीफा विश्व कप का वर्तमान विजेता देश अर्जेण्टीना है।

• इन टूर्नामेण्ट में 48 टीमें भाग लेंगी।

1890. चेन्नई ओपन 2022 टेनिस एकल ……… ने जीता था। SSC Steno Tier-1 10.12.2024 (Shift-III)

(a) लुईसा स्टेफनी
(b) सानिया मिर्जा
(c) लिण्डा फ्रूहविर्टोवा
(d) गैब्रिएला डाब्रोव्स्की

उत्तर (c)

• चेन्नई ओपेन 2022 टेनिस, एकल **लिण्डा फ्रूहविर्टोवा** ने जीता। इनका सम्बन्ध चेक गणराज्य से है।

• इन्होंने यह खिताब पोलैण्ड की मैग्डा लिनेट को हराकर जीता है।

• चेन्नई ओपन 2024 सुमित नागल द्वारा जीता गया।

1891. एथलेटिक्स में किस दौड़ स्पर्द्धा में बाधा दौड़ का उपयोग किया जाता है?
SSC Steno Tier-1 10.12.2024 (Shift-III)

(a) 800 मी दौड़ (b) 5000 मी दौड़
(c) 400 मी दौड़ (d) 1500 मी दौड़

उत्तर (c)

• एथलेटिक्स में 400 मी दौड़ स्पर्द्धा में बाधा दौड़ का उपयोग किया जाता है।

• पुरुषों के लिए बाधाओं की ऊँचाई 91.4 सेमी और महिलाओं के लिए 76.2 सेमी होती है।

• ओलम्पिक एथलेटिक्स में 400 मी बाधा दौड़ में पुरुषों को वर्ष 1900 में तथा महिलाओं को वर्ष 1984 से शामिल किया गया।

1892. भारत ने किस वर्ष पुरुष हॉकी विश्वकप जीता था? SSC Steno Tier-1 10.12.2024 (Shift-III)

(a) 1983 में (b) 1975 में
(c) 1984 में (d) 1979 में

उत्तर (b)

• भारत ने वर्ष 1975 में पुरुष हॉकी विश्वकप जीता था। यह आयोजन मलेशिया के कुआलालम्पुर में किया गया तथा इस टूर्नामेण्ट में भारत, पाकिस्तान को हराकर विजेता बना।

• अगला हॉकी विश्वकप वर्ष 2026 में नीदरलैण्ड व बेल्जियम में आयोजित किया जाएगा।

1893. आईएचएफ (IHF) महिला विश्व हैण्डबॉल चैम्पियनशिप का 25वाँ संस्करण कहाँ आयोजित किया गया था?
SSC Steno Tier-1 11.12.2024 (Shift-I)

(a) जापान (b) जर्मनी
(c) मिस्र (d) स्पेन

उत्तर (d)

• आईएचएफ (IHF) महिला विश्व हैण्डबॉल चैम्पियनशिप का 25वाँ संस्करण स्पेन में आयोजित किया गया था।

• इसका आयोजन 1 से 19 दिसम्बर, 2021 तक किया गया था, जिसमें 32 टीमों ने पहली प्रतियोगिता में भाग लिया था।

• इसका आयोजन वर्ष 1957 से अन्तर्राष्ट्रीय हैण्डबॉल महासंघ द्वारा किया जा रहा है।

• विश्व महिला हैंडबॉल चैपिंयनशिप का 27वाँ संस्करण 2025 में जर्मनी तथा नीदरलैंड द्वारा संयुक्त रूप से आयोजित किया जाएगा।

1894. भारतीय सलामी बल्लेबाज मुरली विजय ने ……… में अन्तर्राष्ट्रीय क्रिकेट से संन्यास की घोषणा की।
SSC Steno Tier-1 11.12.2024 (Shift-I)

(a) फरवरी, 2021 (b) नवम्बर, 2022
(c) जनवरी, 2023 (d) जून, 2020

उत्तर (c)

• भारतीय सलामी बल्लेबाज मुरली विजय ने जनवरी, 2023 में अन्तर्राष्ट्रीय क्रिकेट से संन्यास की घोषणा की।

• इनका अन्तर्राष्ट्रीय क्रिकेट करियर का आगाज वर्ष 2008 में हुआ था।

• ये IPL में चेन्नई सुपर किंग्स की तरफ से खेलते थे।

1895. बैडमिण्टन में, जब किसी रैली को बिना किसी प्वॉइण्ट के रोक दिया जाता है, तो उसे ……… कहा जाता है।
SSC Steno Tier-1 11.12.2024 (Shift-I)

(a) पास (b) स्मैश
(c) सर्व (d) लेट्स

उत्तर (d)

• बैडमिण्टन में, जब किसी रैली को बिना किसी प्वॉइण्ट के रोक दिया जाता है, तो उसे लेट्स कहा जाता है।

• बैडमिण्टन में लेट्स होने पर रैली को रोककर स्कोर में बदलाव किए बिना फिर से खेला जाता है।

• यह खेल तीन गेम से मिलकर बना होता है और प्रत्येक गेम में 21 अंक होते हैं।

1896. पावो नूरमी गेम्स 2022 की मेजबानी ……… के द्वारा की गई थी।
SSC Steno Tier-1 11.12.2024 (Shift-I)
(a) फिनलैण्ड (b) स्विट्जरलैण्ड
(c) स्कॉटलैण्ड (d) आयरलैण्ड

उत्तर (a)
• पावो नूरमी गेम्स, 2022 की मेजबानी फिनलैण्ड के द्वारा की गई थी।
• पावो नूरमी गेम्स का पहली बार आयोजन वर्ष 1957 में आयोजित किया गया था।
• पावो नूरमी गेम्स 2024 में भारत के नीरज चोपड़ा ने स्वर्ण पदक जीता है।

1897. भारत ने मई, 2022 में पहली बार निम्नलिखित में से कौन-सा कप खिताब जीतकर इतिहास रचा?
SSC Steno Tier-1 11.12.2024 (Shift-I)
(a) फ्रेन्च ओपन (b) डेविस कप
(c) थॉमस कप (d) बेटन कप

उत्तर (c)
• भारत ने मई, 2022 में पहली बार थॉमस कप का खिताब जीतकर इतिहास रचा।
• 15 मई, 2022 को बैंकॉक में हुए फाइनल मैच में भारत ने इण्डोनेशिया को 3-0 से हराकर थॉमस कप जीता था।
• थॉमस कप 2024 चीन ने जीता है।
• थॉमस कप की शुरुआत वर्ष 1948-49 में हुई थी।

1898. भारत की पुरुषों की राष्ट्रीय क्रिकेट टीम ने जनवरी, 2023 में ……… में खेले गए अन्तिम तीसरे एक-दिवसीय मैच में श्रीलंका को 317 रनों से हराकर एक रिकॉर्ड बनाया है।
SSC Steno Tier-1 11.12.2024 (Shift-II)
(a) गुवाहाटी (b) कोलकाता
(c) तिरुवनन्तपुरम (d) राजकोट

उत्तर (c)
• भारत की पुरुषों की राष्ट्रीय क्रिकेट टीम ने जनवरी, 2023 में तिरुवनन्तपुरम में खेले गए अन्तिम तीसरे एक-दिवसीय मैच में श्रीलंका को 317 रनों से हराकर एक रिकॉर्ड बनाया है।
• इसके साथ ही भारतीय टीम ने 3-0 से सीरीज को अपने नाम कर लिया।

1899. बिरसा मुण्डा अन्तर्राष्ट्रीय हॉकी स्टेडियम, जो दुनिया का सर्वाधिक सीटों वाला हॉकी स्टेडियम भी है. निम्नलिखित में से किस राज्य में स्थित है?
SSC Steno Tier-1 11.12.2024 (Shift-II)
(a) महाराष्ट्र (b) ओडिशा
(c) उत्तर प्रदेश (d) गुजरात

उत्तर (b)
• बिरसा मुण्डा अन्तर्राष्ट्रीय हॉकी स्टेडियम, जो दुनिया का सर्वाधिक सीटों वाला हॉकी स्टेडियम भी है, ओडिशा राज्य में स्थित है।
• यह 20000 दर्शकों की क्षमता वाला स्टेडियम है।

1900. अन्तिम भारतीय ओलम्पिक खेल ……… में आयोजित किए गए थे।
SSC Steno Tier-1 11.12.2024 (Shift-II)
(a) कलकत्ता (b) लाहौर (c) मुम्बई (d) दिल्ली

उत्तर (a)
• अन्तिम भारतीय ओलम्पिक खेल कलकत्ता में आयोजित किए गए थे।
• प्रथम राष्ट्रीय खेल, वर्ष 1924 में अविभाजित भारत के लाहौर में आयोजित किए गए थे।
• वर्ष 1938 तक इसे भारतीय ओलम्पिक खेल के रूप में जाना जाता था।

1901. FIFA विश्व कप, 2022 कहाँ आयोजित हुआ था? SSC Steno Tier-1 11.12.2024 (Shift-II)
(a) टोक्यो (b) कतर
(c) इंग्लैण्ड (d) फ्रांस

उत्तर (b)
• FIFA विश्व कप, 2022 कतर में आयोजित किया गया था।
• यह फुटबॉल प्रतियोगिता के इतिहास में पहला अवसर था, जब वर्ल्ड कप किसी अरब देश में आयोजित किया गया था।
• इस प्रतियोगिता में अर्जेण्टीना ने मौजूदा चैम्पियन फ्रांस को पेनल्टी पर 4-2 से हराकर चैम्पियनशिप जीती थी।
• FIFA विश्व कप 2026 की मेजबानी कनाडा, मैक्सिको तथा USA करेगा।

1902. 'स्क्वायर लेग' शब्द निम्नलिखित में से किस खेल से सम्बन्धित है?
SSC Steno Tier-1 11.12.2024 (Shift-II)
(a) क्रिकेट (b) वॉलीबॉल
(c) फुटबॉल (d) बेसबॉल

उत्तर (a)
• 'स्क्वायर लेग' शब्द क्रिकेट खेल से सम्बन्धित है।
• क्रिकेट में स्कवायर लेगा का आशय है, बल्लेबाज के बाईं ओर और विकेट के लगभग विपरीत दिशा में क्षेत्रक्षक की स्थिति।

1903. पंकज आडवाणी ने अपना 25वाँ विश्व खिताब अक्टूबर, 2022 में...... में जीता था।
SSC Steno Tier-1 11.12.2024 (Shift-III)
(a) पेरिस (b) कैनबरा
(c) लन्दन (d) कुआलालम्पुर

उत्तर (d)
• पंकज आडवाणी ने अपना 25वाँ विश्व खिताब अक्टूबर, 2022 में कुआलालम्पुर में जीता था।
• इनका सम्बन्ध बिलियर्ड्स और स्नूकर खेल से है।
• पंकज आडवाणी अब तक कुल 27 अन्तर्राष्ट्रीय खिताब जीत चुके हैं।

1904. ओलम्पिक की तर्ज पर पहले राष्ट्रीय खेलों का आयोजन ……… में किया गया था।
SSC Steno Tier-1 11.12.2024 (Shift-III)
(a) मद्रास (b) लखनऊ
(c) हैदराबाद (d) नई दिल्ली

उत्तर (d)
• ओलम्पिक की तर्ज पर पहले राष्ट्रीय खेलों का आयोजन नई दिल्ली में किया गया था।
• यह वर्ष 1985 में आयोजित किया गया (भारतीय ओलम्पिक संघ (IOA) द्वारा आयोजित) राष्ट्रीय खेल देश के सबसे बड़े खेल आयोजनों में से एक हैं।
• इनकी स्थापना वर्ष 1927 में हुई थी।

1905. नेताजी सुभाष राष्ट्रीय खेल संस्थान पटियाला की स्थापना किस वर्ष की गई थी?
SSC Steno Tier-1 11.12.2024 (Shift-III)
(a) 1961 में (b) 1957 में
(c) 1982 में (d) 1971 में

उत्तर (a)
• नेताजी सुभाष राष्ट्रीय खेल संस्थान पटियाला की स्थापना वर्ष 1961 में की गई थी।
• राष्ट्रीय खेल संस्थान के रूप में निर्मित इस संस्थान का नाम वर्ष 1973 में बदलकर 'नेताजी सुभाष राष्ट्रीय खेल संस्थान' किया गया।
• यह एशिया का सबसे बड़ा खेल संस्थान है।

1906. एशियाई फुटबॉल कप ……… में एक बार आयोजित किया जाता है।
SSC Steno Tier-1 11.12.2024 (Shift-III)
(a) 3 वर्ष (b) 4 वर्ष (c) 2 वर्ष (d) 1 वर्ष

उत्तर (b)
• एशियाई फुटबॉल कप 4 वर्ष में एक बार आयोजित होता है।
• इसकी शुरुआत 1956 में हुई थी।
• जापान इस टूर्नामेण्ट का सबसे सफल देश है, जिसने इस खिताब को चार बार जीता है।

1907. 36वें राष्ट्रीय खेलों का शुभारम्भ ……… में किया गया था।
SSC Steno Tier-1 11.12.2024 (Shift-III)
(a) सूरत (b) भुज
(c) गाँधीनगर (d) अहमदाबाद

उत्तर (d)
• 36वें राष्ट्रीय खेलों का शुभारम्भ अहमदाबाद में किया गया था।
• इन खेलों का आधिकारिक आदर्श वाक्य 'खेल के माध्यम से एकता का उत्सव' तथा इसका शुभंकर एशियाई शेर था।
• सर्विसेज (सेना) ने इसमें सबसे अधिक 61 स्वर्ण जीते।
• 38वें राष्ट्रीय खेलों का आयोजन देहरादून में किया गया है।

SSC Steno 2023

1908. फुटबॉल विश्व कप का प्रारम्भ किस वर्ष में हुआ था? SSC Steno 13.10.2023 (Shift-I)
(a) 1928 में (b) 1930 में
(c) 1932 में (d) 1934 में

उत्तर (b)
• फुटबॉल विश्व कप का प्रारम्भ **वर्ष 1930** में हुआ था।

• पहला फुटबॉल विश्व कप वर्ष 1930 में उरुग्वे ने जीता था।
• फीफा विश्व कप का नवीनतम संस्करण वर्ष 2022 में कतर में हुआ था। (विजेता-अर्जेण्टीना)
• फीफा विश्व कप 2026 का आयोजन अमेरिका, कनाडा तथा मैक्सिको में किया जाएगा।

1909. प्रथम दक्षिण एशियाई संघ खेलों का आयोजन कब और कहाँ हुआ था?
SSC Steno 13.10.2023 (Shift-I)

(a) वर्ष 1983 में ढाका
(b) वर्ष 1951 में नई दिल्ली
(c) वर्ष 1984 में काठमाण्डू
(d) वर्ष 1981 में नई दिल्ली

उत्तर (c)

• प्रथम दक्षिण एशियाई संघ खेलों का आयोजन वर्ष 1984 में काठमाण्डू में हुआ था।
• दक्षिण एशियाई खेलों को पहले 'दक्षिण एशियाई महासंघ खेल' के नाम से जाना जाता था।
• भारत ने अभी तक तीन बार (1987, 1995 तथा 2016) दक्षिण एशियाई खेलों की मेजबानी की है।
• वर्ष 2025 में दक्षिण एशियाई खेल लाहौर (पाकिस्तान) में होंगे।

1910. क्रिकेट विश्वकप की शुरुआत किस वर्ष में हुई थी? **SSC Steno 13.10.2023 (Shift-I)**

(a) 1985 (b) 1980
(c) 1975 (d) 1970

उत्तर (c)

• क्रिकेट विश्वकप (एक दिवसीय) की शुरुआत वर्ष 1975 में हुई थी।
• क्रिकेट विश्वकप का आयोजन प्रत्येक 4 वर्ष के अन्तराल पर ICC (International Cricket Council) द्वारा किया जाता है।
• भारत ने वर्ष 1983 में कपिलदेव की कप्तानी में तथा वर्ष 2011 में एम.एस.धोनी की कप्तानी में वर्ल्ड कप जीता।
• वर्ष 2023 का क्रिकेट वर्ल्ड कप ऑस्ट्रेलिया ने फाइनल में भारत को हराकर पाँचवीं बार जीता। इस संस्करण का आयोजन भारत ने किया था।

1911. एथलेटिक्स फेडरेशन ऑफ इण्डिया का गठन किस वर्ष में हुआ था?
SSC Steno 13.10.2023 (Shift-I)

(a) 1948 (b) 1946
(c) 1936 (d) 1950

उत्तर (b)

• एथलेटिक्स फेडरेशन ऑफ इण्डिया का गठन **वर्ष 1946** में हुआ था।
• पहले इसे 'एमेच्योर एथलेटिक्स फेडरेशन ऑफ इण्डिया' कहा जाता था।
• जी.डी. सोंधी इसके पहले अध्यक्ष बने थे।
• वर्तमान (2025) में एथलेटिक्स फेडरेशन ऑफ इण्डिया के अध्यक्ष आदिल सुमारिवाला हैं।

1912. निम्नलिखित में से किस स्पर्द्धा को प्राय: घोड़े की पीठ पर जिम्नास्टिक्स और नृत्य करने के रूप में वर्णित किया जाता है?
SSC Steno 13.10.2023 (Shift-I)

(a) घुड़सवार भाला-युद्ध (Jousting)
(b) लम्बी बाधा दोड़ (Steeplechase)
(c) अश्वारोही कुदान (Equestrian Vaulting)
(d) बैरल दौड़ (Barrel racing)

उत्तर (c)

• अश्वारोही कुदान स्पर्द्धा को प्राय: घोड़े की पीठ पर जिम्नास्टिक और नृत्य करने के रूप में वर्णित किया जाता है।
• घुड़सवारी वॉल्टिंग को सामान्यत: जिम्नास्टिक के रूप में वर्णित किया जाता है।
• वॉल्टिंग का इतिहास सर्कस में घुड़सवारी के एक करतब के रूप में है।

1913. मानक तीरंदाजी स्पर्द्धा में प्रयुक्त होने वाले लक्ष्य में कितने वृत्त क्षेत्र होते हैं?
SSC Steno 12.10.2023 (Shift-I)

(a) 8 (b) 12
(c) 10 (d) 15

उत्तर (c)

• मानक तीरंदाजी स्पर्द्धा में प्रयुक्त होने वाले लक्ष्य में कुल 10 वृत्त क्षेत्र होते हैं।
• तीरंदाजी खेल को तीन प्रकारों में विभाजित किया जाता है—टारगेट, इनडोर और फील्ड।
• तीरंदाजी को ओलम्पिक के दूसरे संस्करण 1900 में जोड़ा गया था, जिसे बाद में ओलम्पिक खेल प्रतियोगिता से निकाल दिया गया था।

1914. भारत ने दूसरी बार एशियाई खेलों का आयोजन किस वर्ष में किया था?
SSC Steno 12.10.2023 (Shift-I)

(a) 1984 (b) 1982
(c) 1951 (d) 1976

उत्तर (b)

• भारत ने दूसरी बार एशियाई खेलों का आयोजन वर्ष 1982 में किया।
• भारत ने अब तक 2 बार एशियाई खेलों की मेजबानी की है।
• सर्वप्रथम वर्ष 1951 में भारत में एशियाई खेलों के प्रथम संस्करण का आयोजन किया गया।

1915. लिम्बा राम किस खेल से सम्बन्धित हैं?
SSC Steno 13.10.2023 (Shift-I)

(a) बैडमिण्टन (b) तीरन्दाजी
(c) एथलेटिक्स (d) पोलो

उत्तर (b)

• लिम्बा राम का सम्बन्ध तीरन्दाजी खेल से है।
• वर्ष 1992 के बीजिंग एशियाई तीरन्दाजी चैम्पियनशिप में इन्होंने तीरन्दाजी विश्व रिकॉर्ड की बराबरी की।
• वर्ष 1991 में अर्जुन पुरस्कार तथा वर्ष 2012 में पद्मश्री पुरस्कार से इन्हें सम्मानित किया गया।

1916. भारतीय ओलम्पिक संघ किससे सम्बद्ध है?
SSC Steno 12.10.2023 (Shift-I)

(a) अन्तर्राष्ट्रीय ओलम्पिक समिति
(b) अन्तर्राष्ट्रीय ओलम्पिक संघ
(c) अन्तर्राष्ट्रीय ओलम्पिक परिषद्
(d) अन्तर्राष्ट्रीय ओलम्पिक महासंघ

उत्तर (a)

• भारतीय ओलम्पिक संघ अन्तर्राष्ट्रीय ओलम्पिक समिति से सम्बद्ध है।
• अन्तर्राष्ट्रीय ओलम्पिक समिति एक गैर-लाभकारी स्वतन्त्र अन्तर्राष्ट्रीय संगठन है, जिसकी स्थापना 23 जून, 1894 को हुई थी।
• अन्तर्राष्ट्रीय ओलम्पिक समिति का मुख्यालय स्विट्जरलैण्ड के लुसाने में स्थित है।
• वर्तमान में थॉमस बाक अन्तर्राष्ट्रीय ओलम्पिक समिति के अध्यक्ष हैं, जिन्हें 10 मार्च, 2021 को इनके चार वर्ष के दूसरे कार्यकाल के लिए चुना गया है।

SSC Steno 2022

1917. नवम्बर, 2021 में भारतीय क्रिकेट टीम (सीनियर पुरुष) के मुख्य कोच के रूप में किसे नियुक्त किया गया था?
SSC Steno 18.11.2022 (Shift-I)

(a) इशान्त शर्मा
(b) राहुल द्रविड़
(c) सौरव गांगुली
(d) जय शाह

उत्तर (b)

• **राहुल द्रविड़** को नवम्बर, 2021 में भारतीय क्रिकेट टीम का मुख्य कोच नियुक्त किया गया।
• इन्हें दो वर्ष की अवधि (2023 तक) के लिए नियुक्त किया गया है। ये रवि शास्त्री के स्थान पर आए थें।
• वर्तमान में भारतीय टीम के 25वें हेतु कोच गौतम गम्भीर को नियुक्त किए जाने की घोषणा की गई है। यह राहुल द्रविड़ की जगह लेंगे।

1918. खेल में उत्कृष्ट प्रदर्शन के लिए वर्ष 1984 में प्रतिष्ठित अर्जुन पुरस्कार प्राप्त करने वाली पीटी उषा किस राज्य से सम्बन्धित हैं?
SSC Steno 18.11.2022 (Shift-I)

(a) केरल (b) उत्तर प्रदेश
(c) कर्नाटक (d) हरियाणा

उत्तर (a)

• खेल में उत्कृष्ट प्रदर्शन के लिए वर्ष 1984 में अर्जुन पुरस्कार प्राप्त करने वाली पीटी उषा केरल राज्य से सम्बन्धित हैं।
• इन्हें 'पय्योली एक्सप्रेस' के नाम से भी जाना जाता है। 6 जुलाई, 2022 को भारत सरकार द्वारा इन्हें राज्यसभा के लिए मनोनीत किया गया था।
• नवम्बर, 2022 में इन्हें भारतीय ओलम्पिक संघ की पहली महिला अध्यक्ष चुना गया था।

1919. कैसलिंग ········ के खेल से सम्बन्धित हैं।
SSC Steno 18.11.2022 (Shift-I)
(a) टेबल टेनिस (b) हॉकी
(c) शतरंज (d) फुटबॉल

उत्तर (c)
• कैसलिंग **शतरंज** से सम्बन्धित हैं।
• यह खेल दो व्यक्तियों के बीच खेला जाता है, जिसमें 6 प्रकार के 32 मोहरों (प्रत्येक खिलाड़ी के लिए 16) का प्रयोग किया जाता है।
• इसके मानक (नियम) विश्व शतरंज (चेस) संगठन द्वारा तय किए जाते हैं।
• शतरंज बोर्ड को चकोर बोर्ड कहते हैं, जिसमें 64 वर्ग होते हैं, जिसमें ऊर्ध्वाधर तथा 8 क्षैतिज पंक्तियाँ बनीं होती हैं।

1920. 1 नवम्बर, 2019 के बाद से सभी अन्तर्राष्ट्रीय एथलेटिक स्पर्द्धाओं का आयोजन किसके नियमों के तहत किया जा रहा है?
SSC Steno 17.11.2022 (Shift-I)
(a) इण्टरनेशनल एसोसिएशन ऑफ एथलेटिक फेडरेशन
(b) विश्व एथलेटिक्स (वर्ल्ड एथलेटिक्स)
(c) इण्टरनेशनल एमेच्योर एथलेटिक्स फेडरेशन
(d) अन्तर्राष्ट्रीय ओलम्पिक समिति (इण्टरनेशनल ओलम्पिक कमीटी)

उत्तर (b)
• 1 नवम्बर, 2019 के बाद से सभी अन्तर्राष्ट्रीय एथलेटिक स्पर्द्धाओं का आयोजन **विश्व एथलेटिक्स** के नियमों के तहत किया जा रहा है।
• इसकी स्थापना वर्ष 1912 (स्टॉकहोम) में अन्तर्राष्ट्रीय एमेच्योर एथलेटिक्स एसोसिएशन के रूप में हुई थी।
• यह ट्रैक-एण्ड-फील्ड इवेण्ट्स (स्पर्द्धाओं) में सभी आधिकारिक विश्व रिकॉर्ड के लिए एक अनुसमर्थन निकाय है। विश्व एथलेटिक्स को **अन्तर्राष्ट्रीय ओलम्पिक समिति** (IOC) द्वारा मान्यता प्राप्त है।

1921. निम्नलिखित में से किस ओलम्पिक में फील्ड हॉकी को खेल के रूप में पहली बार शामिल किया गया था? **SSC Steno 17.11.2022 (Shift-I)**
(a) वर्ष 1912
(b) वर्ष 1908
(c) वर्ष 1904
(d) वर्ष 1900

उत्तर (b)
• ओलम्पिक में हॉकी को खेल के रूप में पहली बार **वर्ष 1908** में शामिल किया गया था।
• वर्ष 1928 में हॉकी को ओलम्पिक में स्थायी रूप से शामिल किया गया था।
• भारतीय हॉकी ने अब तक ओलम्पिक में 13 मेडल्स, जिसमें 8 गोल्ड, 1 सिल्वर और 4 ब्रॉन्ज मेडल शामिल हैं।
• वर्ष 1928 एम्सटर्डम में भारत ने पहला ओलम्पिक हॉकी गोल्ड मेडल जीता था।

1922. निम्नलिखित में से किस ओलम्पिक में भारतीय फुटबॉल टीम चौथे स्थान पर रही थी? **SSC Steno 17.11.2022 (Shift-I)**
(a) 1948 (लन्दन) (b) 1956 (मेलबर्न)
(c) 1960 (रोम) (d) 1936 (बर्लिन)

उत्तर (b)
• **वर्ष 1956 के मेलबर्न** ओलम्पिक में भारतीय फुटबॉल टीम चौथे स्थान पर रही और अपना पहला मैच खेलते हुए भारत ने हंगरी को मात दी थी।
• भारत ने इस टूर्नामेण्ट के सेमीफाइनल में पहुँचने के साथ अपना सर्वश्रेष्ठ प्रदर्शन किया।
• टीम का नेतृत्व समर बनर्जी और भारत के सबसे सफल कोच सैयद अब्दुल रहीम ने किया था, जिन्होंने वर्ष 1952 और 1960 के ओलम्पिक में टीम को कोचिंग दी थी।
• दक्षिण एशिया की सर्वश्रेष्ठ टीम मानी जाने वाली भारतीय फुटबॉल टीम ने 1951 और 1956 के एशियाई खेलों में दो स्वर्ण पदक जीते हैं।

1923. किस भारतीय क्रिकेटर ने दिसम्बर, 2021 में क्रिकेट के सभी प्रारूपों से संन्यास लेने की घोषणा की? **SSC Steno 08.11.2022 (Shift-I)**
(a) सुरेश रैना (b) इशान्त शर्मा
(c) महेन्द्र सिंह धोनी (d) हरभजन सिंह

उत्तर (d)
• **हरभजन सिंह** ने दिसम्बर, 2021 में क्रिकेट के सभी प्रारूपों से सन्यास लेने की घोषणा की।
• उन्होंने 103 टेस्ट में 417 विकेट लिए हैं। ये टेस्ट क्रिकेट में भारत के लिए चौथे सबसे ज्यादा विकेट लेने वाले गेंदबाज हैं।
• उन्होंने वर्ष 1998 में शारजाह में न्यूजीलैण्ड के खिलाफ एक दिवसीय अन्तर्राष्ट्रीय मैच के दौरान राष्ट्रीय टीम में पदार्पण किया था और अन्त में संयुक्त अरब अमीरात के खिलाफ T-20 के दौरान भारत का प्रतिनिधित्व किया था।
• ये पंजाब राज्य क्रिकेट टीम के भूतपूर्व कप्तान भी थे। वे स्पिन गेंदबाजी में निपुण हैं।

SSC Steno 2021

1924. सन्दीप कुमारी निम्न में से किस खेल में भारत का प्रतिनिधित्व करती हैं?
SSC Steno 15.11.2021
(a) डिस्कस थ्रो (b) फेंसिंग
(c) टेनिस (d) शूटिंग

उत्तर (a)
• सन्दीप कुमारी **डिस्कस थ्रो** में भारत का प्रतिनिधित्व करती हैं।
• मई, 2020 में एथलीट सन्दीप कुमारी पर वाडा (विश्व डोपिंग रोधी एजेन्सी) की एथलेटिक्स इण्टीग्रिटी इकाई ने डोपिंग परीक्षण में विफल होने पर चार वर्ष का प्रतिबन्ध लगाया था।
• यह खेल पुरुषों के लिए 1896 ई. और महिलाओं के लिए वर्ष 1928 से ओलम्पिक का हिस्सा रहा है।

1925. ICC (अन्तर्राष्ट्रीय क्रिकेट परिषद्) ने दिसम्बर, 2020 में निम्न में से किस क्रिकेटर को अपनी दशक की पुरुष T-20 अन्तर्राष्ट्रीय और एकदिवसीय अन्तर्राष्ट्रीय टीम के कप्तान के रूप में नामित किया है?
SSC Steno 15.11.2021 (Shift-II)
(a) डेविड वार्नर (b) रोहित शर्मा
(c) विराट कोहली (d) महेन्द्र सिंह धोनी

उत्तर (d)
• ICC ने दिसम्बर, 2020 में अपनी दशक की पुरुष T-20 अन्तर्राष्ट्रीय और एकदिवसीय अन्तर्राष्ट्रीय टीम के कप्तान के रूप में **महेन्द्र सिंह धोनी** को नामित किया गया।
• इस टीम में धोनी के अतिरिक्त भारत के रोहित शर्मा, विराट कोहली और जसप्रीत बुमराह को भी जगह मिली है।
• ये वर्ष 2008 से 2014 तक टेस्ट क्रिकेट में भारतीय टीम के कप्तान थे। वे भारतीय एक दिवसीय क्रिकेट टीम के कप्तान भी रह चुके हैं।
• 15 अगस्त, 2020 को उन्होंने अन्तर्राष्ट्रीय क्रिकेट से संन्यास की घोषणा की।

1926. 34वीं राष्ट्रीय स्नूकर चैम्पियनशिप का खिताब किसने जीता? **SSC Steno 15.11.2021**
(a) सौरव कौठारी (b) लक्ष्मण रावत
(c) ईशप्रीत सिंह (d) पंकज आडवाणी

उत्तर (d)
• **पंकज आडवाणी** ने 34वीं राष्ट्रीय स्नूकर चैम्पियनशिप के फाइनल में ईशप्रीत सिंह को 7-3 से हराकर खिताब अपने नाम किया।
• ये अब तक 27 बार विश्व चैम्पियनशिप का खिताब जीत चुके हैं।
• इन्हें खेल में उत्कृष्ट प्रदर्शन के लिए अर्जुन पुरस्कार (2004), पद्म भूषण (2018), पद्मश्री (2009) पुरस्कार प्रदान किया गया है।

1927. चुन्नी गोस्वामी, जिनके नाम पर भारतीय डाक विभाग द्वारा एक स्मारक डाक टिकट जारी किया गया था, वे एक पेशेवर भारतीय ········ खिलाड़ी थे। **SSC Steno 12.11.2021**
(a) फुटबॉल (b) जूडो
(c) क्रिकेट (d) हॉकी

उत्तर (a)
• चुन्नी गोस्वामी, जिनके नाम पर भारतीय डाक विभाग द्वारा एक स्मारक डाक टिकट जारी किया गया था, वे एक पेशेवर भारतीय **फुटबॉल** खिलाड़ी थे।
• ये वर्ष 1962 में आयोजित एशियाई खेलों में स्वर्ण पदक जीतने वाले भारतीय फुटबॉल टीम के कप्तान थे।
• इन्होंने क्रिकेटर के तौर पर प्रथम श्रेणी के मैचों में बंगाल का प्रतिनिधित्व भी किया था।

• चुन्नी गोस्वामी को वर्ष 1963 में अर्जुन अवॉर्ड और वर्ष 1983 में पद्मश्री अवॉर्ड से सम्मानित किया गया था।
• 30 अप्रैल, 2020 को प्रसिद्ध फुटबॉलर और प्रथम श्रेणी के क्रिकेटर रह चुके चुन्नी गोस्वामी का निधन हो गया।

1928. खेलों को उद्योग का दर्जा देने वाला पहला भारतीय राज्य कौन-सा है?
SSC Steno 12.11.2021
(a) मिजोरम (b) गोवा
(c) गुजरात (d) मेघालय

उत्तर (a)
• सर्वप्रथम **मिजोरम** ने खेलों को उद्योग का दर्जा दिया।
• इस राज्य में यह कदम खेल के क्षेत्र में रोजगार पैदा करने और महत्त्व बढ़ाने की दिशा में खेलों में अधिक निवेश करने के लिए उठाया गया है।
• इस पहल से खेल और इसके बुनियादी ढाँचे के लिए निजी और सरकारी स्रोतों से सब्सिडी-ऋण और सहायता की सुविधा प्राप्त करने के लिए पात्र होंगे।
• पहला खेल विश्वविद्यालय मणिपुर में स्थापित किया गया है।

1929. अम्मान, जॉर्डन में आयोजित एशियाई मुक्केबाजी ओलम्पिक क्वालीफायर्स में निम्न में से किस भारतीय मुक्केबाज ने पुरुषों के 69 किग्रा भार वर्ग में दूसरा स्थान प्राप्त किया?
SSC Steno 11.11.2021
(a) विकास कृष्णन (b) आशीष कुमार
(c) मनीष कौशिक (d) अमित पंघाल

उत्तर (a)
• अम्मान, जॉर्डन में आयोजित एशियाई मुक्केबाजी ओलम्पिक क्वालीफायर्स में **विकास कृष्णन** ने 69 किग्रा भार वर्ग में दूसरा स्थान प्राप्त किया।
• उन्होंने तीन ओलम्पिक में प्रतिभाग किया और पूर्व विश्व चैम्पियनशिप के कांस्य पदक विजेता रहे।
• इन्होंने वर्ष 2010 में बाकू में आयोजित विश्व युवा चैम्पियनशिप की लाइटवेट कैटेगरी में स्वर्ण पदक और सिंगापुर में युवा ओलम्पिक में कांस्य पदक जीता था।

1930. टेनिस खिलाड़ी नोवाक जोकोविच निम्न में से किस देश के लिए खेलते हैं?
SSC Steno 11.11.2021
(a) फ्रांस (b) स्पेन (c) सर्बिया (d) ऑस्ट्रिया

उत्तर (c)
• टेनिस खिलाड़ी नोवाक जोकोविच **सर्बिया** के खिलाड़ी हैं।
• यह अब तक 24 ग्रैण्ड स्लैम टूर्नामेण्ट जीत चुके हैं।
• वर्तमान (2025) में विश्व के नम्बर वन टेनिस खिलाड़ी नोवाक जोकोविच हैं।
• नोवाक जोकोविच एकल में ट्रिपल करियर ग्रैण्ड स्लैम जीतने वाले एकमात्र व्यक्ति हैं।

SSC GD 2024

1931. रंगास्वामी कप (Rangaswami Cup) का सम्बन्ध ········ खेल से है।
SSC GD 20.02.2024 (Shift-I)
(a) बैडमिण्टन (b) टेनिस
(c) फुटबॉल (d) हॉकी

उत्तर (d)
• रंगास्वामी कप हॉकी खेल सम्बन्धित है।
• इस खेल के आयोजन का प्रमुख लक्ष्य ओलम्पिक राष्ट्रीय टीम के लिए एथलीटों का चयन करना है।
• यह पहली बार वर्ष 1928 में ओलम्पिक के लिए राष्ट्रीय टीम के खिलाड़ियों का चयन करने के लिए एक अन्तर-प्रान्तीय टूर्नामेण्ट के रूप में आयोजित किया गया था।
• सबसे पहला कप **यूनाइटेड प्रॉविन्सेन्स** ने जीता था।

1932. भारतीय खिलाड़ी लिएण्डर पेस कौन-सा खेल खेलते हैं? SSC GD 20.02.2024 (Shift-II)
(a) बैडमिण्टन (b) क्रिकेट
(c) लॉन टेनिस (d) टेबल टेनिस

उत्तर (c)
• लिएण्डर पेस एक प्रोफेशनल भारतीय लॉन टेनिस खिलाड़ी हैं।
• इनका जन्म जून, 1973 को कोलकाता में हुआ। इन्हें खेल जगत का सर्वश्रेष्ठ पुरस्कार खेल रत्न (मेजर ध्यानचन्द) पुरस्कार वर्ष 1996-97 में दिया गया था।
• इसके अतिरिक्त इन्हें पद्मश्री (2001) और पद्मभूषण पुरस्कार (2014) से भी सम्मानित किया जा चुका है।
• लिएण्डर पेस ने कुल 18 ग्रैण्ड स्लैम खिताब जीते हैं।

1933. वर्ष 2026 एशियाई खेलों की मेजबानी निम्नलिखित में से कौन-सा देश करेगा?
SSC GD 20.02.2024 (Shift-IV)
(a) जापान (b) थाईलैण्ड
(c) कतर (d) चीन

उत्तर (a)
• वर्ष 2026 में एशियाई खेलों की मेजबानी **जापान** करेगा।
• जापान इससे पहले दो बार वर्ष 1958 में टोक्यो और वर्ष 1994 में हिरोशिमा में एशियाई खेलों की मेजबानी कर चुका है।
• एशियाई खेल, 2022 संस्करण चीनी शहर हांग्जो में आयोजित किया गया था।
• वर्ष 1951 में भारत की राजधानी नई दिल्ली में पहली बार एशियाई खेलों का आयोजन किया गया था।
• भारत एशियाई खेलों का जन्मदाता माना जाता है।

1934. निम्नलिखित में से आगा खाँ कप का सम्बन्ध किस खेल से है? SSC GD 21.02.2024 (Shift-I)
(a) कबड्डी (b) क्रिकेट
(c) रग्बी (d) हॉकी

उत्तर (d)
• आगा खाँ कप का सम्बन्ध हॉकी खेल से है।
• आगा खाँ कप का अन्य नाम **बेयटन** कप है।
• सुल्तान अजलान शाह कप, ध्यानचन्द ट्रॉफी, स्टेनली कप आदि हॉकी से सम्बन्धित अन्य प्रमुख कप हैं।

1935. दलीप ट्रॉफी का सम्बन्ध ········ से है।
SSC GD 21.02.2024 (Shift-I)
(a) क्रिकेट (b) फुटबॉल
(c) बास्केटबॉल (d) बैडमिण्टन

उत्तर (a)
• दलीप ट्रॉफी **क्रिकेट** से सम्बन्धित है।
• दलीप ट्रॉफी का नाम कुमार श्री दलीप सिंह जडेजा के नाम पर रखा गया है।
• इसकी स्थापना BCCI द्वारा वर्ष 1961-62 में की गई थी।
• यह एक घरेलू प्रथम श्रेणी क्रिकेट टूर्नामेण्ट है, जो भारत के भौगोलिक क्षेत्रों का प्रतिनिधित्व करने वाली टीमों के बीच खेली जाती है।

1936. वर्ष 1909 में ········ के गठन के साथ क्रिकेट एक अन्तर्राष्ट्रीय खेल बन गया।
SSC GD 21.02.2024 (Shift-III)
(a) आईवाईसी (b) आईपीएल
(c) आईसीसी (d) बीसीसी

उत्तर (c)
• **आईसीसी (ICC)** का गठन वर्ष 1909 में किया गया।
• इसकी स्थापना ऑस्ट्रेलिया, इंग्लैण्ड और दक्षिण अफ्रीका के प्रतिनिधियों द्वारा इम्पीरियल क्रिकेट सम्मेलन के रूप में की गई थी।
• इसका मुख्यालय दुबई में है।
• इसके वर्तमान अध्यक्ष **जय शाह** हैं।

1937. भारतीय खिलाड़ी अंजुम चोपड़ा निम्नलिखित में से कौन-सा खेल खेलती हैं?
SSC GD 22.02.2024 (Shift-I)
(a) लॉन टेनिस (b) बैडमिण्टन
(c) फुटबॉल (d) क्रिकेट

उत्तर (d)
• अंजुम चोपड़ा **क्रिकेट** खिलाड़ी हैं तथा महिला क्रिकेट टीम की पूर्व कप्तान भी रह चुकी हैं।
• अंजुम चोपड़ा ने सबसे पहले वर्ष 1995 में न्यूजीलैण्ड के खिलाफ पहली बार अन्तर्राष्ट्रीय मैच खेला था।
• इन्हें वर्ष 2006 में अर्जुन पुरस्कार और वर्ष 2014 में पद्मश्री से सम्मानित किया गया।

1938. जुलाई, 2023 में आधव अर्जुन को भारतीय ········ महासंघ के अध्यक्ष के रूप में चुना गया था। SSC GD 20.02.2024 (Shift-III)
(a) बेसबॉल (b) बैडमिण्टन
(c) वॉलीबॉल (d) बास्केटबॉल

उत्तर (d)
• जुलाई, 2023 में आधव अर्जुन को भारतीय **बास्केटबॉल** महासंघ के अध्यक्ष के रूप में चुना गया।

- इन्होंने पूर्व अध्यक्ष गोविन्दराज का स्थान लिया।
- भारतीय बास्केटबॉल संघ की स्थापना वर्ष 1950 में की गई थी।
- इस टीम में कुल 12 खिलाड़ी होते हैं, जिनमें 5 खिलाड़ी कोर्ट पर होते हैं और सात खिलाड़ी बेंच पर बैठते हैं।

1939. किस प्रकार के शूटिंग खेल में एथलीट 10मी, 25मी और 50मी की दूरी से लक्ष्य पर निशाना साधते हैं? **SSC GD 23.02.2024 (Shift-I)**

(a) बैथलॉन (b) तीरंदाजी
(c) स्कीट शूटिंग (d) राइफल शूटिंग

उत्तर (d)

- **राइफल शूटिंग** में एथलीट को 10 मी, 25मी और 50मी की दूरी पर एक कागज से बने लक्ष्य को टारगेट करना होता है।
- भारत में निशानेबाजी से सम्बन्धित प्रमुख खिलाड़ी में अभिनव बिन्द्रा, जीतू राय, राजवर्धन सिंह राठौर, विजय कुमार, गगन नारंग, अपूर्वी चन्देला , रोंजन सोठी, मनु भास्कर सौरभ चौधरी, अपराजिता सिंह आदि हैं।

1940. निम्नलिखित में से किस खेल में 'ब्रेस्टस्ट्रोक' को एक तकनीक के रूप में पेश किया जाता है? **SSC GD 24.02.2024 (Shift-II)**

(a) शूटिंग (b) पूल
(c) तैराकी (d) घुड़सवारी

उत्तर (c)

- ब्रेस्टस्ट्रोक तकनीक में **तैराक** अपने सीने के बल तैरते हैं और बाकी का धड़ बहुत कम गतिविधि करता है।
- इसमें सिर लगभग पानी के बाहर ही होता है।
- फ्रंट क्रॉल, स्प्रिंगबोर्ड, ट्विस्ट, बटर फ्लाई, जेन स्ट्रोक बैंक स्ट्रोक आदि तैराकों से सम्बन्धित अन्य शब्दावलियाँ हैं।

1941. कपिल देव ने वर्ष 1983 विश्व कप (तब 'प्रूडेन्शियल कप 83' के नाम से जाना जाता था) .... स्टेडियम में जीता था। **SSC GD 24.02.2024 (Shift-III)**

(a) लॉर्ड्स (b) होल्कर
(c) ग्रीन पार्क (d) ईडन गार्डन्स

उत्तर (a)

- कपिल देव ने वर्ष 1983 विश्व कप, **लॉर्ड्स स्टेडियम** में जीता था।
- वर्ष 1983 का क्रिकेट फाइनल मैच वेस्टइण्डीज और भारत के बीच खेला गया था, जिसमें भारतीय टीम के कप्तान कपिल देव थे।
- यह स्टेडियम **लन्दन, यूनाइटेड किंगडम** में स्थित है।

1942. अभिनव बिन्द्रा ने किस वर्ष ओलम्पिक खेलों में 10 मी एयर राइफल स्पर्द्धा में व्यक्तिगत स्वर्ण पदक जीतने वाले पहले भारतीय बनकर इतिहास रचा? **SSC GD 26.02.2024 (Shift-I)**

(a) 2010 (b) 2000 (c) 2005 (d) 2008

उत्तर (d)

- अभिनव बिन्द्रा ने वर्ष 2008 के ओलम्पिक खेलों में 10 मी एयर राइफल स्पर्द्धा में व्यक्तिगत स्वर्ण पदक जीतने वाले पहले भारतीय बनकर इतिहास रचा।
- वर्ष 2000 में अभिनव बिन्द्रा को अर्जुन पुरस्कार से सम्मानित किया गया।
- वर्ष 2001 में 18 वर्ष की आयु में राजीव **गाँधी खेल रत्न** पुरस्कार (अब मेजर ध्यान चन्द्र पुरस्कार) पाने वाले सबसे कम आयु के एथलीट बने।

SSC GD 2023

1943. भारत ने पुरुष हॉकी विश्व कप कितनी बार जीता है? **SSC GD 13.02.2023 (Shift-IV)**

(a) 1 (b) 0
(c) 2 (d) 4

उत्तर (a)

- भारत ने पुरुष हॉकी विश्व कप 1 **बार** जीता है।
- भारत ने वर्ष 1975 में पुरुष हॉकी विश्व कप जीता था।
- ऑस्ट्रेलिया और नीदरलैण्ड्स ने तीन-तीन और जर्मनी ने दो बार विश्व कप पर कब्जा किया है।

1944. फील्ड हॉकी में, एक टीम से कितने खिलाड़ी खेलते हैं? **SSC GD 08.02.2023 (Shift-I)**

(a) 12 (b) 10 (c) 11 (d) 8

उत्तर (c)

- फील्ड हॉकी में 11 खिलाड़ी खेलते हैं।
- इसके अतिरिक्त बास्केटबॉल में 5, कबड्डी में 7, रग्बी फुटबॉल में 15, वॉलीबॉल में 6 खिलाड़ी खेल खेलते हैं।

1945. खिलाड़ियों और उनके जन्म के राज्य/केन्द्रशासित प्रदेश से सम्बन्धित निम्नलिखित में से कौन-सा एक गलत मिलान है? **SSC GD 02.02.2023 (Shift-I)**

(a) सानिया मिर्जा — महाराष्ट्र
(b) अंजुम चोपड़ा — नई दिल्ली
(c) मिताली राज — तमिलनाडु
(d) साइना नेहवाल — हरियाणा

उत्तर (c)

- दिए गए युग्मों में से युग्म (3) सही सुमेलित नहीं हैं, क्योंकि मिताली राज का सम्बन्ध तमिलनाडु से न होकर राजस्थान से है।
- 8 जून, 2022 को भारत की दिग्गज महिला खिलाड़ी और वनडे कप्तान मिताली राज ने इण्टरनेशनल क्रिकेट से संन्यास की घोषणा कर दी है।
- मिताली राज भारतीय महिला क्रिकेट की पूर्व कप्तान रहीं हैं।

1946. निम्नलिखित में से कौन-सी ट्रॉफी महिला बैडमिण्टन से सम्बन्धित है? **SSC GD 09.02.2023 (Shift-II)**

(a) उबेर कप (b) FIFA विश्व कप
(c) आगा खान कप (d) डेविस कप

उत्तर (a)

- उबेर कप एक प्रतिष्ठित अन्तर्राष्ट्रीय महिला बैडमिण्टन टूर्नामेण्ट है, जो प्रत्येक दो वर्ष में होता है।
- पहली बार इसका आयोजन वर्ष 1956-1957 में तीन वर्षों के अन्तराल पर किया गया था।
- थॉमस कप और उबेर कप BWF द्वारा क्रमशः पुरुषों और महिलाओं के लिए आयोजित प्रतिष्ठित टीम चैम्पियनशिप है।

SSC SP 2023

1947. निम्नलिखित में से कौन-सा भारतीय टूर्नामेण्ट नहीं है? **SSC SP 27.06.2023 (Shift-IV)**

(a) सन्तोष ट्रॉफी
(b) सुब्रतो कप
(c) यूईएफए चैम्पियन्स लीग
(d) डूरण्ड कप

उत्तर (c)

- **यूईएफए चैम्पियम्स लीग** वर्ष 1955 में स्थापित एक सीजन फुटबॉल प्रतियोगिता है।
- यह यूरोपीय फुटबॉल संघ (UEF) द्वारा आयोजित एक वार्षिक क्लब एसोसिएशन फुटबॉल प्रतियोगिता है, जिसमें **यूरोपीय क्लब** की फुटबॉल टीम भाग लेती है।

1948. 'बिशप' शब्द किस खेल से सम्बन्धित है? **SSC SP 27.06.2023 (Shift-I)**

(a) गोल्फ
(b) बास्केटबॉल
(c) शतरंज
(d) पोली

उत्तर (c)

- बिशप **शतरंज** के खेल में एक मोहरा है।
- यह बीच के मोहरों पर कूदे बिना विकर्णों के साथ चलता है और पकड़ता है।
- प्रत्येक खिलाड़ी **दो बिशप** के साथ खुले शुरू करता है।
- सफेद के बिशप के शुरुआती वर्ग C1 और F1 हैं और काले के बिशप के लिए C8 और F8 हैं।

1949. बैडमिण्टन की एक अन्तर्राष्ट्रीय पुरुष टीम चैम्पियनशिप, थॉमस कप का पहला संस्करण निम्नलिखित में से किस वर्ष आयोजित किया गया था? **SSC SP 27.06.2023 (Shift-I)**

(a) 1949 (b) 1955
(c) 1952 (d) 1961

उत्तर (a)

- बैडमिण्टन की एक अन्तर्राष्ट्रीय पुरुष टीम चैम्पियनशिप, थॉमस कप का पहला संस्करण 1949 में आयोजित किया गया था।
- थॉमस कप, जिसे **विश्व पुरुष टीम चैम्पियनशिप** भी कहा जाता है, खेल की वैश्विक शासी निकाय, बैडमिण्टन विश्व महासंघ के सदस्य देशों का प्रतिनिधित्व करने वाली टीमों के बीच एक अन्तर्राष्ट्रीय बैडमिण्टन प्रतियोगिता है।

1950. जुलाई, 2021 में ओलम्पिक में एकल टेनिस मैच जीतने वाले केवल तीसरे भारतीय कौन बने? **SSC SP 27.06.2023 (Shift-I)**

(a) सुमित नागल
(b) रामकुमार रामनाथन
(c) प्रजनेश गुणेश्वरन
(d) मुकुंद शशिकुमार

उत्तर (a)

• जुलाई, 2021 में ओलम्पिक में एकल टेनिस मैच जीतने वाले केवल तीसरे भारतीय **सुमित नागल** हैं।

• टेनिस खिलाड़ी सुमित नागल ने टोक्यो ओलम्पिक 2021 के लिए जुलाई, 2021 में क्वालिफाई किया था।

• ओलम्पिक में 25 साल में पुरुष एकल स्पर्धा में जीत दर्ज करने वाले तीसरे भारतीय टेनिस खिलाड़ी बन गए हैं।

• अगले मुकाबले में डेनिल मेदवेदेव ने इन्हें 6-2, 6-1 से सीधे सेटों में हरा दिया, जिससे सुमित नागल का टोक्यो ओलम्पिक का सफर समाप्त हो गया।

1951. पद्म पुरस्कार विजेता सुधा सिंह निम्नलिखित में से किस क्षेत्र की खिलाड़ी हैं? **SSC SP 27.06.2023 (Shift-I)**

(a) शूटिंग (b) तैराकी
(c) एथलेटिक्स (d) टेबल टेनिस

उत्तर (c)

• पद्म पुरस्कार विजेता सुधा सिंह एथलेटिक्स क्षेत्र की खिलाड़ी हैं।

• उन्हें वर्ष 2012 में **अर्जुन पुरस्कार** तथा वर्ष 2021 में पद्मश्री से सम्मानित किया गया था।

• इन्हें एथलेटिक्स की दुनिया में रायबरेली एक्सप्रेस के नाम से जाना जाता है।

1952. दिसम्बर, 2022 में निम्नलिखित में से कौन भारतीय ओलम्पिक एसोसिएशन की पहली महिला अध्यक्ष बनीं? **SSC SP 27.06.2023 (Shift-III)**

(a) साइना नेहवाल
(b) मैरी कॉम
(c) पी.टी. उषा
(d) कुंजारानी देवी

उत्तर (c)

• दिसम्बर, 2022 में **पी.टी. उषा** को भारतीय ओलम्पिक संघ (IOA) चुनाव में निर्विरोध रूप से **अध्यक्ष** चुना गया है।

• IOA कार्यकारी समिति का चुनाव सर्वोच्च न्यायालय के सेवानिवृत्त नयायाधीश न्यायमूर्ति एल. नागेश्वर राव की निगरानी में हुआ।

• 95 साल के इतिहास में IOA की पहली महिला अध्यक्ष होने के अतिरिक्त IOA अध्यक्ष के रूप में नियुक्त होने वाली पहली ओलम्पियन भी हैं।

1953. निम्नलिखित में से किस वर्ष में भारतीय टीम ने एकदिवसीय अन्तर्राष्ट्रीय (ODI) क्रिकेट विश्व कप जीता? **SSC SP 27.06.2023 (Shift-III)**

(a) 2019 (b) 2007
(c) 2015 (d) 2011

उत्तर (d)

• वर्ष 2011 में भारतीय टीम ने ODI क्रिकेट विश्वकप जीता। **भारत, क्रिकेट की नियामक संस्था, अन्तर्राष्ट्रीय क्रिकेट** परिषद् (ICC) का पूर्ण सदस्य है।

• क्रिकेट विश्व कप वर्ष 1975 से ICC द्वारा ODI प्रारूप में आयोजित किया जाने वाला एक **चतुर्धातुक आयोजन** है।

• टूर्नामेण्ट के तेरह संस्करण हो चुके हैं और भारत ने हर संस्करण में भाग लिया है।

• भारत ने इसे वर्ष 1983 और 2011 में दो बार जीता है।

1954. निम्नलिखित में से किस राज्य ने दिसम्बर में जयपुर में विजय हजारे ट्रॉफी, 2021 जीती? **SSC SP 27.06.2023 (Shift-III)**

(a) हरियाणा
(b) हिमाचल प्रदेश
(c) पंजाब
(d) तमिलनाडु

उत्तर (b)

• हिमाचल प्रदेश ने शानदार प्रदर्शन करते हुए विजय हजारे ट्रॉफी के सीजन 2021-22 को जीता।

• कैप्टन ऋषि ध्वन की अगुवाई में हिमाचल ने फाइनल में पाँच बार के चैम्पियन रहे तमिलनाडु को 11 रन से हरा दिया।

• हिमाचल प्रदेश की जीता के हीरो शुभम अरोड़ा रहे, जिन्होंने नाबाद 136 रनों की पारी खेली।

• हिमाचल प्रदेश की टीम ने पहली बार इस **प्रतिष्ठित घरेलू** प्रतियोगिता जीती है।

1955. निम्नलिखित में से किस खेल प्रतियोगिता में सैयद मुश्ताक अली ट्रॉफी दी जाती है? **SSC SP 27.06.2023 (Shift-IV)**

(a) हॉकी (b) फुटबॉल
(c) बैडमिण्टन (d) क्रिकेट

उत्तर (d)

• सैयद मुश्ताक अली ट्रॉफी भारत में T-20 क्रिकेट घरेलू चैम्पियनशिप, भारतीय क्रिकेट कण्ट्रोल बोर्ड (बीसीसीआई) द्वारा आयोजित कराया जाता है।

• वर्ष 2008-09 इस ट्रॉफी के लिए उद्घाटन सत्र था।

• यह एक प्रसिद्ध भारतीय क्रिकेटर सैयद मुश्ताक अली के नाम पर है।

• मूल रूप से इसे इंटर स्टेट टी 20 चैम्पियनशिप के रूप में जाना जाने वाला यह टूर्नामेण्ट प्रतिवर्ष आयोजित किया जाता है।

1956. वर्ष 2021 में भारत के सलामी बल्लेबाज रोहित शर्मा ·········· के खिलाफ मैच के दौरान T-20 अन्तर्राष्ट्रीय क्रिकेट में 3000 रन पूरे करने वाले तीसरे बल्लेबाज बने। **SSC SP 10.08.2023 (Shift-IV)**

(a) ऑस्ट्रेलिया (b) पाकिस्तान
(c) नामीबिया (d) न्यूजीलैण्ड

उत्तर (c)

• वर्ष 2021 में भारत के सलामी बल्लेबाज रोहित शर्मा नामीबिया के खिलाफ मैच के दौरान T-20 अन्तर्राष्ट्रीय क्रिकेट में 3000 रन पूरे करने वाले तीसरे बल्लेबाज बने।

• T-20 आई प्रारूप में रोहित के नाम सबसे ज्यादा छक्के (205) हैं।

• वनडे क्रिकेट में तीन बार डबल सेन्चुरी लगाने वाले रोहित शर्मा एकमात्र खिलाड़ी हैं।

1957. सर गारफील्ड सोबर्स ट्रॉफी निम्नलिखित में से किस खेल आयोजन से सम्बन्धित है? **SSC SP 20.06.2023 (Shift-III)**

(a) क्रिकेट (b) फुटबॉल
(c) हॉकी (d) टेनिस

उत्तर (a)

• **सर गारफील्ड सोबर्स ट्रॉफी** क्रिकेट से सम्बन्धित है इसे अन्तर्राष्ट्रीय क्रिकेट परिषद् द्वारा प्रतिवर्ष प्रदान किया जाता है।

• इसे पहली बार वर्ष 2004 में राहुल द्रविड़ को प्रदान किया गया था।

1958. 'ट्रम्प' एक खेल शब्द है, जिसका प्रयोग ········ में किया जाता है। **SSC SP 10.08.2022 (Shift-III)**

(a) क्रिकेट (b) साइकिलिंग
(c) स्नूकर (d) ब्रिज

उत्तर (d)

• 'ट्रम्प' शब्द का प्रयोग ब्रिज खेल में किया जाता है।

• ब्रिज दो लोगों की दो टीमों द्वारा खेला जाने वाला एक टीम खेल है।

• **ट्रम्प एक प्लेइंग कार्ड** है, जिसे ट्रिक टेकिंग गेम में अपनी **सामान्य रैंक** से ऊपर रखा जाता है।

1959. हॉकी मैदान की लम्बाई क्या होती है? **SSC SP 01.08.2022 (Shift-IV)**

(a) 100 मी (b) 90 मी
(c) 91.4 मी (d) 85 मी

उत्तर (c)

• हॉकी चौकोर मैदान पर 11 खिलाड़ियों वाले दो दलों के बीच खेला जाता है।

• यह मैदान 91.4 मी लम्बा और 55 मी चौड़ा होता है।

• इसके केन्द्र में एक केन्द्रीय रेखा व 22.8 मी की दो अन्य रेखाएँ खिंची होती हैं।

• गोल की चौड़ाई 3.66 मी व ऊँचाई 2.13 मी होती है।

दिन, दिवस, शब्द संक्षेप

महत्त्वपूर्ण दिवस

जनवरी	
10	विश्व हिन्दी दिवस
12	राष्ट्रीय युवा दिवस
15	थल सेना दिवस
23	पराक्रम दिवस
24	राष्ट्रीय बालिका दिवस
25	राष्ट्रीय पर्यटन/ राष्ट्रीय मतदाता दिवस
26	गणतन्त्र दिवस/अन्तर्राष्ट्रीय सीमा शुल्क दिवस
30	शहीद दिवस
फरवरी	
1	भारतीय तटरक्षक दिवस
2	विश्व आर्द्रभूमि दिवस
4	विश्व कैंसर दिवस
11	समर्पण दिवस (पं. दीनदयाल)
24	केन्द्रीय उत्पाद शुल्क दिवस
28	विश्व एनजीओ दिवस
28	राष्ट्रीय विज्ञान दिवस (सी.वी.रमन)
मार्च	
3	विश्व वन्य जीव दिवस
4	राष्ट्रीय सुरक्षा दिवस
8	अन्तर्राष्ट्रीय महिला दिवस
15	विश्व उपभोक्ता अधिकार दिवस
21	विश्व वानिकी दिवस, विश्व कविता दिवस
22	विश्व जल दिवस
24	विश्व क्षयरोग दिवस
अप्रैल	
6	विकास एवं शान्ति के लिए अन्तर्राष्ट्रीय खेल दिवस
7	विश्व स्वास्थ्य दिवस
14	अम्बेडकर जयन्ती/विश्व समानता दिवस
21	भारतीय सिविल सेवा दिवस
22	विश्व पृथ्वी दिवस
25	विश्व मलेरिया दिवस
मई	
1	विश्व श्रमिक दिवस
3	विश्व प्रेस स्वतन्त्रता दिवस/ अन्तर्राष्ट्रीय सूर्य दिवस
8	विश्व रेडक्रॉस दिवस
11	राष्ट्रीय प्रौद्योगिकी दिवस
17	विश्व दूरसंचार दिवस
22	विश्व जैव-विविधता दिवस
25	विश्व फुटबॉल दिवस
31	विश्व तम्बाकू निषेध दिवस

जून	
5	विश्व पर्यावरण दिवस
7	विश्व खाद्य सुरक्षा दिवस
8	विश्व महासागर दिवस
14	विश्व रक्तदाता दिवस
21	अन्तर्राष्ट्रीय योग दिवस
25	संविधान हत्या दिवस
27	विश्व मधुमेह दिवस
29	राष्ट्रीय सांख्यिकी दिवस
जुलाई	
1	चिकित्सक दिवस
11	विश्व जनसंख्या दिवस
12	अन्तर्राष्ट्रीय मलाला दिवस
18	अन्तर्राष्ट्रीय नेल्सन मण्डेला दिवस
20	विश्व शतरंज दिवस
28	विश्व प्रकृति संरक्षण/विश्व हेपेटाइटिस दिवस
29	अन्तर्राष्ट्रीय बाघ दिवस
अगस्त	
7	भाला फेंक दिवस (नीरज चोपड़ा)
10	अन्तर्राष्ट्रीय युवा दिवस
14	विभाजन विभीषिका स्मृति
15	भारतीय स्वतन्त्रता दिवस
23	राष्ट्रीय अन्तरिक्ष दिवस
29	राष्ट्रीय खेल दिवस (मेजर ध्यानचन्द)
सितम्बर	
5	शिक्षक दिवस (सर्वपल्ली राधाकृष्णन जयन्ती)
8	विश्व साक्षरता दिवस
11	महाकवि दिवस
14	राष्ट्रीय हिन्दी दिवस
15	अन्तर्राष्ट्रीय लोकतन्त्र दिवस
16	विश्व ओजोन दिवस
17	सामाजिक न्याय दिवस
21	अन्तर्राष्ट्रीय शान्ति दिवस
अक्टूबर	
2	गाँधी जयन्ती/अन्तर्राष्ट्रीय अहिंसा दिवस/लालबहादुर शास्त्री जयन्ती
5	राष्ट्रीय डॉल्फिन दिवस
7	नीलगिरि तहर दिवस (तमिलनाडु)
8	भारतीय वायुसेना दिवस
10	विश्व डाक दिवस/ विश्व मानसिक स्वास्थ्य दिवस
11	अन्तर्राष्ट्रीय बालिका दिवस
13	संयुक्त राष्ट्र प्राकृतिक आपदा दिवस
15	विश्व छात्र दिवस (एपीजे अब्दुल कलाम जन्म दिवस)
16	विश्व खाद्य दिवस
20	विश्व सांख्यिकी दिवस
24	संयुक्त राष्ट्र दिवस
31	राष्ट्रीय एकता दिवस (सरदार पटेल जयन्ती)
नवम्बर	
3	अन्तर्राष्ट्रीय बायो स्फीयर रिजर्व दिवस
10	विश्व विज्ञान दिवस
11	राष्ट्रीय शिक्षा दिवस
12	राष्ट्रीय पक्षी दिवस
14	बाल दिवस/डायबिटीज दिवस
15	जनजातीय गौरव दिवस (बिरसा मुण्डा)
17	राष्ट्रीय पत्रकारिता दिवस
19	विश्व नागरिक दिवस
24	शहादत दिवस (गुरु तेग बहादुर)
26	विश्व पर्यावरण संरक्षण दिवस, राष्ट्रीय दुग्ध दिवस राष्ट्रीय विधि दिवस राष्ट्रीय संविधान दिवस
दिसम्बर	
1	विश्व एड्स दिवस
3	अन्तर्राष्ट्रीय विकलांग दिवस
4	नौसेना दिवस (भारत)
9	अन्तर्राष्ट्रीय भ्रष्टाचार विरोधी दिवस
10	विश्व मानवाधिकार दिवस
11	अन्तर्राष्ट्रीय पर्वत दिवस
12	यूनिवर्सल हेल्थ कवरेज डे
14	राष्ट्रीय ऊर्जा संरक्षण दिवस
18	अल्पसंख्यक अधिकार
22	राष्ट्रीय गणित दिवस (श्री रामानुजन)
23	किसान दिवस (चौधरी चरण सिंह जन्म दिवस)
24	राष्ट्रीय उपभोक्ता दिवस
25	सुशासन दिवस (अटल बिहारी जन्म दिवस)
26	वीर बाल दिवस

शब्द संक्षेप

A

ABM एण्टी-बैलेस्टिक मिसाइल
ADB एशियन डेवलपमेण्ट बैंक
AFSPA आर्म फोर्स स्पेशल पावर एक्ट
AMRUT अटल मिशन फॉर रिजुवनेशन एण्ड अर्बन ट्रांसफॉर्मेशन
ATM ऑटोमेटिड टेलर मशीन
APEC एशिया पैसिफिक इकॉनोमिक कॉर्पोरेशन
AU अफ्रीकन यूनियन
ASEAN एसोसिएशन ऑफ साउथ ईस्ट एशियन नेशन्स
ASHA एक्क्रोडाइटेड सोशल हेल्थ एक्टिविस्ट

B

BARC भाभा एटॉमिक रिसर्च सेण्टर
BSE बॉम्बे स्टॉक एक्सचेंज
BPO बिजनेस प्रोसेस आउटसोर्सिंग

C

Chat GPT- चैट जेनेरेटिव प्री-ट्रेंड ट्रांसफार्मर
CAG कम्पट्रोलर एण्ड ऑडिटर जनरल
CBDT सेण्ट्रल बोर्ड ऑफ डायरेक्ट टैक्सेज
CID क्रिमिनल इन्वेस्टीगेशन डिपार्टमेण्ट
COP कॉन्फ्रेंस ऑफ पार्टीज
CRR कैश रिजर्व रेशियो
CRPF सेण्ट्रल रिजर्व पुलिस फोर्स
CVC चीफ विजिलेंस कमीशन
CBI सेण्ट्रल ब्यूरो ऑफ इन्वेस्टीगेशन

D

DBT डायरेक्ट बेनिफिट ट्रांसफर
DPT डिफ्थीरिया परट्यूसिस टिटनेस
DDT डाइक्लोरो डाइफिनाइल-ट्राइक्लोरो-एथेन
DNA डिऑक्सी-राईबोस न्यूक्लिक एसिड

E

ELISA एंजाइम लिंक्ड इम्यूनो सोर्बेंट
EMI इक्विटेड मंथली इंस्टालमेण्ट
EVM इलेक्ट्रॉनिक वोटिंग मशीन

F

FCI फूड कॉर्पोरेशन ऑफ इण्डिया
FICCI फेडरेशन ऑफ इण्डियन चैम्बर्स ऑफ कॉमर्स एण्ड इण्डस्ट्री
FIR फर्स्ट इन्फॉर्मेशन रिपोर्ट
FSSAI फूड सेफ्टी एण्ड स्टैण्ड्डर्स ऑफ इण्डिया

G

GATT जनरल एग्रीमेण्ट ऑन टैरिफ्स एण्ड ट्रेड
GM जैनेटिकली मोडिफाइड
GPS ग्लोबल पोजिशनिंग सिस्टम
GSLV जियोसिंक्रोनेस सैटेलाइट लॉन्च व्हीकल
GSTN गुड्स एण्ड सर्विस टैक्स

I

ICAR इण्डियन कॉउन्सिल ऑफ एग्रीकल्चरल रिसर्च
IMA इण्डियन मेडिकल एसोसिएशन
IMPS इमीडिएट पेमेण्ट सर्विस
ISDN इण्ट्रीग्रेटेड सर्विस डिजिटल नेटवर्क
INTERPOL इण्टरनेशनल क्रिमिनल पुलिस ऑर्गेनाइजेशन
IAEA इण्टरनेशनल एटॉमिक एनर्जी एजेन्सी
IBRD इण्टरनेशनल बैंक फॉर रिकंस्ट्रक्शन एण्ड डेवलपमेण्ट
IRBM इण्टरमीडिएट रेंज बैलिस्टिक मिसाइल
ICC इण्टरनेशनल क्रिकेट काउंसिल

K

KCC किसान कॉल सेण्टर/किसान क्रेडिट कार्ड
KYC नो योर कस्टमर

M

MBBS बैचलर ऑफ मेडिसिन एण्ड बैचलर ऑफ सर्जरी
MODVAT मोडिफाइड वैल्यू एडेड टैक्स
MSP मिनिमम सपोर्ट प्राइस

N

NRC नेशनल रजिस्टर ऑफ सिटिजन
NASA नेशनल एयरोनॉटिक्स एण्ड स्पेस एडमिनिस्ट्रेशन
NCERT नेशनल काउन्सिल ऑफ एजुकेशन रिसर्च एण्ड ट्रेनिंग
NDA नेशनल डिफेन्स एकेडमी
NPS नेशनल पेंशन स्कीम
NOTA नन ऑफ द अबव
NSA नेशनल सिक्योरिटी एजेंसी
NSSO नेशनल सैम्पल सर्वे ऑर्गेनाइजेशन
NEERI नेशनल एनवायर्नमेण्ट इंजीनियरिंग रिसर्च इंस्टीट्यूट
NRC नेशनल रजिस्टर ऑफ सिटीजन
NPCI नेशनल पेमेण्ट कॉर्पोरेशन ऑफ इण्डिया

O

OPEC ऑर्गेनाइजेशन फॉर पेट्रोलियम एक्सपोर्टिंग कण्ट्रीज
OMR ऑप्टिकल मार्क रीडर
ONGC ऑयल एण्ड नेचुरल गैस कमीशन
OROP वन रैंक वन पेंशन
ODF ओपन डीफेक्शन फ्री

P

PWD पब्लिक वर्क्स डिपार्टमेण्ट
PAN परमानेण्ट एकाउण्ट नम्बर
PIN पोस्टल इण्डेक्स नम्बर
PPP पब्लिक प्राइवेट पार्टनरशिप

R

RTI राइट टू इन्फॉरमेशन
RADAR रेडियो डिटेक्टिंग एण्ड रेंजिंग
RAM रेण्डम एक्सेस मैमोरी

S

SAARC साउथ एशियन एसोसिएशन फॉर रीजनल कॉर्पोरेशन
SEBI सिक्योरिटीज एक्सचेंज बोर्ड ऑफ इण्डिया
SEZ स्पेशल इकोनॉमिक जोन
SLV सैटेलाइट लॉन्च व्हिकल

T

TRAI टेलीकॉम रेग्युलेटरी अथॉरिटी ऑफ इण्डिया

U

UNCTAD यूनाइटेड नेशन्स कॉन्फ्रेंस ऑन ट्रेड एण्ड डेवलपमेण्ट
UNESCO यूनाइटेड नेशन्स एजुकेशनल साइण्टिफिक एण्ड कल्चरल ऑर्गेनाइजेशन
UNFCCC यूनाइटेड नेशन्स फ्रेमवर्क कन्वेन्शन ऑन क्लाइमेट चेंज
UNICEF यूनाइटेड नेशन्स इण्टरनेशनल चिल्ड्रन्स एमरजेन्सी फण्ड
UNSC यूनाइटेड नेशन्स सिक्योरिटी काउन्सिल
UIDAI यूनीक आइडेण्टिफिकेशन अथॉरिटी ऑफ इण्डिया
UPI यूनाइटेड पेमेण्ट्स इण्टरफेस

W

WMO वर्ल्ड मेटियोरोलॉजिकल ऑर्गेनाइजेशन
WWF वर्ल्ड वाइड फण्ड फार नेचर
WHO वर्ल्ड हेल्थ ऑर्गेनाइजेशन

Y

YMCA यंग मेन्स क्रिश्चियन एसोसिएशन
YWCA यंग विमेन्स क्रिश्चियन एसोसिएशन

SSC एग्जाम स्कैनर

SSC CGL 2024 (Tier 1 & 2)

1960. 2 नवम्बर, 2021 में सरकार ने 15 नवम्बर को **जनजातीय गौरव दिवस** के रूप में घोषित किया। यह दिन निम्नलिखित में से किस स्वतन्त्रता सेनानी की जयन्ती है?
SSC CGL Tier-1 25.09.2024 (Shift-III)

(a) बिरसा मुण्डा
(b) वीर नारायण सिंह
(c) कान्हू मुर्मू
(d) अर्जुन मुण्डा

उत्तर (a)

• **बिरसा मुण्डा** की जयन्ती 15 नवम्बर को **जनजातीय गौरव दिवस** के रूप में मनाया जाता है।
• इनका जन्म **15 नवम्बर,** 1875 को छोटानागपुर पठार की मुण्डा जनजाति में हुआ था।
• उन्होंने 19वीं सदी के अन्त में ब्रिटिश शासन के दौरान बिरसा मुण्डा आन्दोलन का नेतृत्व किया।
• बिरसा मुण्डा को 'धरती आबा' भी कहा जाता है।

1961. भारत में शिक्षक दिवस प्रतिवर्ष 5 सितम्बर को किसके जन्मदिन पर मनाया जाता है?
SSC CGL Tier-1 24.09.2024 (Shift-III)

(a) ए.पी.जे. अब्दुल कलाम
(b) सरदार वल्लभभाई पटेल
(c) सुभाषचन्द्र बोस
(d) सर्वपल्ली राधाकृष्णन

उत्तर (d)

• भारत में शिक्षक दिवस **डॉ. सर्वपल्ली राधाकृष्णन** के जन्मदिन पर प्रतिवर्ष 5 सितम्बर को मनाया जाता है।
• इन्होंने वर्ष 1962 से 1967 तक भारत के दूसरे राष्ट्रपति के रूप में कार्य किया।
• इससे पूर्व वर्ष 1952 में भारत के प्रथम उप-राष्ट्रपति बने थे।

1962. महात्मा गाँधी की जयन्ती भारत में राष्ट्रीय पर्व के रूप में मनाई जाती है। निम्नलिखित में से किस वर्ष गाँधीजी का जन्म हुआ था?
SSC CGL Tier-1 13.09.2024 (Shift-II)

(a) 1877 (b) 1890
(c) 1885 (d) 1869

उत्तर (d)

• महात्मा गाँधी की जयन्ती 2 अक्टूबर को भारत में राष्ट्रीय पर्व के रूप में मनाई जाती है। गाँधीजी का जन्म **1869 ई.** में हुआ था।

• गाँधीजी के विचारों को सम्मान देने के लिए 2 अक्टूबर को अन्तर्राष्ट्रीय अहिंसा दिवस मनाया जाता है।

• महात्मा गाँधी की मृत्यु 30 जनवरी, 1948 को हुई थी।

1963. निम्नलिखित में से किस तिथि को भारत अपना संविधान दिवस मनाता है?
SSC CGL Tier-1 11.09.2024 (Shift-I)
SSC CGL Tier-1 07.12.2022 (Shift-I)

(a) 26 नवम्बर (b) 15 अगस्त
(c) 2 अक्टूबर (d) 26 जनवरी

उत्तर (a)

• **26 नवम्बर** को भारत अपना संविधान दिवस मनाता है।

• 26 नवम्बर को भारतीय कानून दिवस के रूप में भी मनाया जाता है।

• **26 नवम्बर, 1949** को भारत की संविधान सभा के द्वारा भारतीय संविधान को अपनाया गया।

1964. विश्व स्वास्थ्य संगठन (WHO) का संविधान कब लागू हुआ था-यह वह तिथि है, जिसे अब हम प्रत्येक वर्ष **विश्व स्वास्थ्य दिवस** के रूप में मनाते हैं? SSC CGL Tier-1 07.03.2023 (Shift-II)

(a) 5 अप्रैल, 1948 (b) 6 अप्रैल, 1948
(c) 8 अप्रैल, 1948 (d) 7 अप्रैल, 1948

उत्तर (d)

• विश्व स्वास्थ्य संगठन का संविधान **7 अप्रैल, 1948** को लागू हुआ।

• 7 अप्रैल को हम प्रत्येक वर्ष विश्व स्वास्थ्य दिवस के रूप में मनाते हैं।

• WHO का मुख्यालय **जिनेवा, स्विट्जरलैण्ड** में स्थित है।

वर्तमान में WHO में 194 **देश सदस्य** हैं तथा 150 **देशों में इसके कार्यालय** होने के साथ-साथ इसके छः क्षेत्रीय कार्यालय भी हैं। भारत 12 **जनवरी, 1948 को WHO** का सदस्य बना।
WHO का दक्षिण-पूर्व एशिया का क्षेत्रीय कार्यालय **नई दिल्ली** में स्थित है।

1965. .... अन्तर्राष्ट्रीय बालिका दिवस 2021 कब मनाया गया?
SSC CGL Tier-1 14.07.2023 (Shift-II)

(a) 13 अक्टूबर को
(b) 14 अक्टूबर को
(c) 11 अक्टूबर को
(d) 12 अक्टूबर को

उत्तर (c)

• अन्तर्राष्ट्रीय बालिका दिवस 11 **अक्टूबर 2021** को मनाया गया।

• इसे मानने का उद्देश्य लड़कियों के अधिकार व **सशक्तीकरण** को बढ़ावा देना और लिंग भेद को समाप्त करना है।

• वर्ष 2024 में अन्तर्राष्ट्रीय बालिका दिवस की थीम **भविष्य के लिए बालिकाओं का दृष्टिकोण** थी।

• राष्ट्रीय बालिका दिवस प्रत्येक वर्ष 24 जनवरी को मनाया जाता है।

1966. 25 जनवरी, 2023 को देश भर में .... **राष्ट्रीय मतदाता दिवस** मनाया गया, जिसमें भारत की राष्ट्रपति द्रौपदी मुर्मू ने नई दिल्ली में आयोजित राष्ट्रीय स्तर के कार्यक्रम की शोभा बढ़ाई। SSC CGL Tier-1 21.07.2023 (Shift-IV)

(a) 10वाँ (b) 11वाँ
(c) 12वाँ (d) 13वाँ

उत्तर (d)

• 25 जनवरी, 2023 को **13वाँ मतदाता** दिवस मनाया गया।

• वर्ष 2025 के 15वें मतदाता दिवस की थीम **वोट जैसा कुछ नहीं वोट जरूर डालेंगे हम** रही।

• इस दिवस को मनाने का मुख्य **उद्देश्य** नागरिकों में चुनावी जागरुकता पैदा करना और उन्हें चुनाव की प्रक्रिया में सहभागी बनाना है।

• वर्तमान में भारत के मुख्य चुनाव आयुक्त ज्ञानेश कुमार हैं। इन्होंने 19 फरवरी, 2025 को 26वें मुख्य चुनाव आयुक्त की शपथ ली।

1967. अन्तर्राष्ट्रीय वृद्धजन दिवस 2021 कब मनाया गया? SSC CGL Tier-1 25.07.2023 (Shift-III)

(a) 3 अक्टूबर को
(b) 4 अक्टूबर को
(c) 1 अक्टूबर को
(d) 2 अक्टूबर को

उत्तर (c)

• अन्तर्राष्ट्रीय वृद्धजन दिवस प्रत्येक वर्ष **1 अक्टूबर** को मनाया जाता है।

• संयुक्त राष्ट्र महासभा ने 14 दिसम्बर, 1990 को वृद्धजनों के लिए अन्तर्राष्ट्रीय वृद्धजन दिवस घोषित किया।

• **1 अक्टूबर, 1991** को **प्रथम अन्तर्राष्ट्रीय वृद्धजन दिवस** मनाया गया।

• वर्ष 2024 में **अन्तर्राष्ट्रीय वृद्धजन दिवस** की थीम "गरिमा के साथ वृद्धावस्था: दुनिया भर में वृद्ध व्यक्तियों के लिए देखभाल और सहायता प्रणालियों को मजबूत करने का महत्त्व है।"

SSC CGL 2022 (Tier 1 & 2)

1968. अन्तर्राष्ट्रीय अहिंसा दिवस कब मनाया जाता है? SSC CGL Tier-1 01.12.2022 (Shift-I)

(a) 2 अक्टूबर (b) 15 अगस्त
(c) 31 अक्टूबर (d) 14 नवम्बर

उत्तर (a)

• 15 जून, 2007 को संयुक्त राष्ट्र महासभा में **2 अक्टूबर को अन्तर्राष्ट्रीय अहिंसा दिवस** मनाने की घोषणा की गई थी।

• भारत में यह गाँधी जयन्ती के रूप में मनाया जाता है।

• महात्मा गाँधी का जन्म 2 अक्टूबर, 1869 को गुजरात के पोरबन्दर में हुआ था।

1969. भारत में दूसरे 'अन्तर्राष्ट्रीय योग दिवस' को मनाने के लिए क्या थीम निर्धारित की गई थी? SSC CGL Tier-1 01.12.2022 (Shift-I)

(a) सतत् विकास लक्ष्यों की प्राप्ति के लिए योग
(b) हृदय के लिए योग
(c) स्वास्थ्य के लिए योग
(d) शान्ति के लिए योग

उत्तर (a)

• भारत में दूसरे 'अन्तर्राष्ट्रीय योग दिवस' को मनाने के लिए थीम **सतत् विकास लक्ष्यों की प्राप्ति के लिए योग** थी।

• 11 दिसम्बर, 2014 को अन्तर्राष्ट्रीय योग दिवस मनाने की घोषणा की गई, इसके बाद वर्ष 2015 में **पहली बार अन्तर्राष्ट्रीय योग दिवस** विश्वभर में मनाया गया।

• दूसरा अन्तर्राष्ट्रीय योग दिवस वर्ष 2016 में चण्डीगढ़ में मनाया गया था।

• वर्ष 2024 के लिए अन्तर्राष्ट्रीय योग दिवस की थीम 'स्वयं और समाज के लिए योग' थी।

1970. निम्नलिखित में से कौन-सा कार्यक्रम आयुष मंत्रालय द्वारा आयोजित किया गया था?
SSC CGL Tier-1 02.12.2022 (Shift-I)

(a) योग उमंग
(b) योग सूत्र
(c) योग महोत्सव
(d) योग उत्सव

उत्तर (c)

• आयुष मन्त्रालय, भारत सरकार द्वारा वर्ष 2022 के अन्तर्राष्ट्रीय योग दिवस की 100-दिवसीय उल्टी गिनती (काउण्टडाउन) को चिह्नित करने के लिए **योग महोत्सव** का आयोजन किया।

• योग महोत्सव 2024 का आयोजन आयुष मंत्रालय द्वारा विज्ञान भवन, नई दिल्ली में किया गया।

• योग महोत्सव 2024 का मुख्य उद्देश्य योग को एक आंदोलन के रूप में आगे बढ़ाना है।

1971. निम्नलिखित में से किसके जन्मदिन को अन्तर्राष्ट्रीय अहिंसा दिवस के रूप में मनाया जाता है? SSC CGL Tier-1 03.07.2022 (Shift-III)

(a) राजेन्द्र प्रसाद
(b) जवाहरलाल नेहरू
(c) सुभाषचन्द्र बोस
(d) महात्मा गाँधी

उत्तर (d)

• महात्मा गाँधी के जन्मदिन को अन्तर्राष्ट्रीय अहिंसा दिवस के रूप में मनाया जाता है।

• इस दिवस को मनाने का उद्देश्य शिक्षा और जागरुकता के द्वारा अहिंसा का संदेश फैलाना है।

1972. मई, 2022 में, हैदराबाद में अन्तर्राष्ट्रीय योग दिवस की 25-दिवसीय उल्टी गिनती को चिह्नित करने के लिए आयोजित .... में सभी क्षेत्रों में सक्रिय हजारों लोगों ने भाग लिया। **SSC CGL Tier-1 06.12.2022 (Shift-I)**

(a) योग महोत्सव (b) योग सूत्र
(c) योग उमंग (d) योग उत्सव

उत्तर (d)

• मई, 2022 में हैदराबाद में योग उत्सव का आयोजन अंतर्राष्ट्रीय योग दिवस की 25 दिवसीय उल्टी गिनती को चिह्नित करने के लिए की गई थी।

• **योग उत्सव** के आयोजन का उद्देश्य योग के विभिन्न आयामों और इसकी उपयोगिता का व्यापक प्रचार एवं प्रसार करना और स्वास्थ्य एवं कल्याण के लिए अन्तर्राष्ट्रीय योग दिवस 2022 की 25 दिवसीय उल्टी गिनती से सम्बन्धित अभियान को बढ़ावा देना है।

• इसके लिए आयुष मन्त्रालय ने अपने स्वायत्त निकाय मोरारजी देसाई राष्ट्रीय योग संस्थान के द्वारा कार्यक्रम को संचालित किया।

1973. अक्टूबर, 2022 में केन्द्रीय स्वास्थ्य और परिवार कल्याण मन्त्रालय द्वारा 'Tele-MANAS' पहल शुरू की गई थी। MANAS में 'M' क्या दर्शाता है? **SSC CGL Tier-1 07.12.2022 (Shift-II)**

(a) Memorandum (मेमोरेण्डम)
(b) Mental Health (मेण्टल हेल्थ)
(c) Multicultural (मल्टीकल्चरल)
(d) Medicinal (मेडिसिनल)

उत्तर (b)

• MANAS में M-Mental Health को दर्शाता है।

• 'Tele MANAS' पहल की घोषणा सर्वप्रथम केन्द्र सरकार ने वर्ष 2022-23 के बजट के दौरान की थी (यह स्वीकार करते हुए कि COVID-19 महामारी ने भारत में मानसिक स्वास्थ्य संकट को बढ़ा दिया है)।

• इसका उद्देश्य मानसिक स्वास्थ्य सेवाओं को देश के सबसे दुर्गम क्षेत्रों में पहुँचाना है।

1974. संक्षिप्ताक्षर 'CPCL' 'भारत के पेट्रोलियम उद्योग से सम्बन्धित है। 'CPCL' का विस्तारित रूप लिखें। **SSC CGL Tier-1 07.12.2022 (Shift-I)**

(a) चेन्नई पेट्रोलियम कॉर्पोरेशन लिमिटेड
(b) कोयम्बटूर पेट्रोलियम कॉर्पोरेशन लिमिटेड
(c) सेण्ट्रल पेट्रोलियम कॉर्पोरेशन लिमिटेड
(d) कॉर्पोरेशन ऑफ पेट्रोलियम एण्ड केमिकल्स लिमिटेड

उत्तर (a)

• CPCL का विस्तारित रूप Chennai Petroleum Corporation Limited (चेन्नई पेट्रोलियम कॉर्पोरेशन लिमिटेड) है।

• 'CPCL' भारत के सार्वजनिक क्षेत्र की रिफाइनिंग कम्पनियों में से एक है, जो मूल्य वर्द्धित पेट्रोलियम उत्पादों की एक श्रृंखला का उत्पादन करती है।

• सीपीसीएल की स्थापना भारत सरकार द्वारा वर्ष 1965 में की गई थी।

• वर्ष 2001 में यह इण्डियन ऑयल की सहायक कम्पनी बन गई।

1975. प्रधानमन्त्री नरेन्द्र मोदी ने वर्ष 2019 में 21 जून को निम्नलिखित में से किस शहर में अन्तर्राष्ट्रीय योग दिवस के उत्सव के एक हिस्से के रूप में भाग लिया था? **SSC CGL Tier-1 13.12.2022 (Shift-I)**

(a) लखनऊ
(b) राँची
(c) चण्डीगढ़
(d) नई दिल्ली

उत्तर (b)

• 21 जून को **राँची शहर में आयोजित** उत्सव में पीएम मोदी ने आर्मी के जवानों व आम जन लोगों के साथ योग किया।

1976. किस मन्त्रालय ने अन्तर्राष्ट्रीय महिला दिवस 2022 के अवसर पर 'नारी शक्ति ऑफ नॉर्थ ईस्ट' का आयोजन किया? **SSC CGL Tier-1 13.12.2022 (Shift-II)**

(a) पूर्वोत्तर क्षेत्र के विकास मन्त्रालय
(b) जनजातीय कार्य मन्त्रालय
(c) सामाजिक न्याय और अधिकारिता मन्त्रालय
(d) महिला एवं बाल विकास मन्त्रालय

उत्तर (a)

• **पूर्वोत्तर क्षेत्र के विकास मन्त्रालय** के मन्त्री **जी. किशन रेड्डी** ने अन्तर्राष्ट्रीय महिला दिवस, 2022 के अवसर पर नारी शक्ति ऑफ नॉर्थ ईस्ट का आयोजन किया।

• इस अभियान का उद्देश्य पूर्वोत्तर क्षेत्र की महिलाओं व लड़कियों की असाधारण उपलब्धियों के प्रति सम्मान प्रकट करना है।

• अन्तर्राष्ट्रीय महिला दिवस 8 मार्च को मनाया जाता है।

SSC CGL 2021 (Tier 1 & 2)

1977. .... की जयन्ती, 31 अक्टूबर, 2020 को 'राष्ट्रीय एकता दिवस (नेशनल यूनिटी डे) के रूप में मनाई गई। **SSC CGL Tier-1 24.08.2021 (Shift-II)**

(a) इन्दिरा गाँधी
(b) सरदार वल्लभभाई पटेल
(c) जवाहरलाल नेहरू
(d) राजेन्द्र प्रसाद

उत्तर (b)

• **सरदार वल्लभभाई पटेल** की जयन्ती, 31 अक्टूबर को राष्ट्रीय एकता दिवस के रूप में मनाई जाती है।

• भारत सरकार द्वारा वर्ष 2014 में आधिकारिक तौर पर राष्ट्रीय एकता दिवस की शुरुआत की गई थी।

• भारत के प्रथम उप-प्रधानमन्त्री तथा गृहमन्त्री सरदार वल्लभभाई पटेल थे।

• इन्हें भारत का बिस्मार्क एवं लौह पुरुष कहा जाता है।

1978. भारतीय निर्वाचन आयोग द्वारा राष्ट्रीय मतदाता दिवस कब मनाया जाता है? **SSC CGL Tier-1 24.08.2021 (Shift-II)**

(a) 6 मई (b) 26 जून
(c) 15 अगस्त (d) 25 जनवरी

उत्तर (d)

• भारतीय निर्वाचन आयोग की स्थापना **25 जनवरी, 1950** को की गई थी।

• अत: वर्ष 2011 से प्रतिवर्ष 25 जनवरी को राष्ट्रीय मतदाता दिवस के रूप में मनाया जाता है।

1979. भारत सरकार ने निम्न में किस तिथि को सुभाष चन्द्र बोस की जयन्ती को 'पराक्रम दिवस' के रूप में मनाने का निर्णय लिया है? **SSC CGL Tier-1 24.08.2021 (Shift-III)**

(a) 5 मई (b) 7 जून
(c) 12 मार्च (d) 23 जनवरी

उत्तर (d)

• भारत सरकार ने सुभाषचन्द्र बोस की जयन्ती 23 जनवरी को पराक्रम दिवस के रूप में मनाने का निर्णय लिया है।

• सुभाषचन्द्र बोस का जन्म **23 जनवरी, 1897** को ओडिशा के कटक शहर में हुआ था।

• इन्होंने आजाद हिन्द फौज की स्थापना की थी।

• इन्होंनें 'जय हिन्द, तुम मुझे खून दो मैं तुम्हें आजादी दूँगा, दिल्ली चलो' जैसे नारे दिए थे।

1980. राष्ट्रीय आपदा प्रतिक्रिया बल का स्थापना दिवस निम्नलिखित में से किस दिन मनाया जाता है? **SSC CGL Tier-1 18.08.2021 (Shift-III)**

(a) 6 मार्च (b) 19 जनवरी
(c) 21 सितम्बर (d) 23 अक्टूबर

उत्तर (b)

• राष्ट्रीय आपदा प्रतिक्रिया बल का स्थापना दिवस **19 जनवरी** को मनाया जाता है।

• देश की एक विशेष बहु-कुशल मानवीय बल वाली राष्ट्रीय आपदा प्रतिक्रिया बल (NDRF) 19 **जनवरी, 2006** को अस्तित्व में आई।

• यह देश में आपदा जोखिम न्यूनीकरण (DRR) के लिए आपदा प्रबन्धन एवं सामुदायिक जागरुकता में महत्त्वपूर्ण भूमिका निभाती है।

• एनडीआरएफ का आदर्श वाक्य 'आपदा सेवा सदैव' है।

1981. त्रिपुरा का राज्य दिवस कब मनाया जाता है? **SSC CGL Tier-1 16.08.2021 (Shift-III)**

(a) 21 फरवरी (b) 12 मार्च
(c) 21 जनवरी (d) 3 अक्टूबर

उत्तर (c)

• प्रतिवर्ष **21 जनवरी** को त्रिपुरा का राज्य दिवस मनाया जाता है। त्रिपुरा राज्य का कुल क्षेत्रफल 10486 वर्ग किमी है।

• 21 जनवरी, 1972 के त्रिपुरा, मेघालय एवं मणिपुर राज्य की स्थापना की गई थी।

• यह गोवा तथा सिक्किम के पश्चात् भारत का तीसरा सबसे छोटा राज्य है। इसकी राजधानी अगरतला है।
• त्रिपुरा के वर्तमान मुख्यमन्त्री माणिक साहा हैं।
• वर्तमान गवर्नर श्री इन्द्रसेन रेड्डी नल्लू हैं।

1982. SHG समूह के प्रत्येक सदस्य के न्यूनतम योगदान से छोटे अनुपात में किफायती बचत को बढ़ावा मिलता है। SHG में 'H' का क्या अर्थ है? **SSC CGL Tier-1 16.08.2021 (Shift-III)**
(a) Habitat (हेबिटेट) (b) Heavy (हैवी)
(c) Harvest (हार्वेस्ट) (d) Help (हेल्प)

उत्तर (d)
• SHG में 'H' से आशय **Help** से है।
• स्वयं सहायता समूह (SHG) एक वित्तीय मध्यस्थ समिति है, जिसमें आमतौर पर **18 से 50 वर्ष** की आयु के बीच के **12 से 25** स्थानीय लोग शामिल होते हैं।

1983. भारत में राष्ट्रीय बालिका दिवस कब मनाया जाता है? **SSC CGL Tier-1 16.08.2021 (Shift-I)**
(a) 12 मई (b) 9 सितम्बर
(c) 24 जनवरी (d) 5 जून

उत्तर (c)
• प्रतिवर्ष **24 जनवरी** को मनाए जाने वाले राष्ट्रीय बालिका दिवस की शुरुआत वर्ष 2008 में महिला एवं बाल विकास मन्त्रालय द्वारा की गई थी।
• इसका उद्देश्य समाज में लैंगिक समानता, बालिका स्वास्थ्य, पोषण एवं शिक्षा आदि से सम्बन्धित जागरुकता बढ़ाना है।
• राष्ट्रीय बालिका दिवस 2025 की थीम 'उज्ज्वल भविष्य के लिए लड़कियों को सशक्त बनाना' है।

1984. भारत में अन्तर्राष्ट्रीय अहिंसा दिवस को .... के रूप में भी मनाया जाता है। **SSC CPO 29.06.2024 (Shift-I)**
(a) स्वामी विवेकानन्द जयन्ती
(b) गाँधी जयन्ती
(c) गुरु रविदास जयन्ती
(d) महावीर जयन्ती

उत्तर (b)
• भारत में, अन्तर्राष्ट्रीय अहिंसा दिवस को **गाँधी जयन्ती** के रूप में भी मनाया जाता है।
• गाँधी जी ने हरिजन और यंग इण्डिया जैसे प्रमुख समाचार पत्रों का सम्पादन किया था।
• इन्होंने अपनी आत्मकथा **सत्य के प्रयोग** लिखी थी।

SSC CHSL 2024

1985. भ्रष्टाचार के बारे में जागरुकता बढ़ाने और भ्रष्टाचार से निपटने के नए तरीके खोजने के लिए 2021 में अन्तर्राष्ट्रीय भ्रष्टाचार निरोध दिवस (एक वार्षिक कार्यक्रम) कब मनाया गया था? **SSC CHSL Tier-2 11.11.2024**
(a) 4 फरवरी को (b) 16 जनवरी को
(c) 19 अगस्त को (d) 9 दिसम्बर को

उत्तर (d)
• भ्रष्टाचार के बारे में जागरुकता बढ़ाने और भ्रष्टाचार से निपटने के नए तरीके खोजने के लिए 2021 में अन्तर्राष्ट्रीय भ्रष्टाचार निरोध दिवस (एक वार्षिक कार्यक्रम) 9 दिसम्बर को मनाया गया था।
• भ्रष्टाचार के खिलाफ संयुक्त राष्ट्र कन्वेन्शन दिसम्बर, 2005 में लागू हुआ।
• यह दिवस राष्ट्र पर भ्रष्टाचार के प्रभावों के बारे में लोगों में जागरुकता पैदा करने के लिए मनाया जाता है।

1986. गाँधी जयन्ती राष्ट्रपिता महात्मा गाँधी के जन्मदिन का प्रतीक है, जिसका जन्म .... में हुआ था। **SSC CHSL Tier-1 5.07.2024 (Shift-II)**
(a) अहमदाबाद (b) वडोदरा
(c) पोरबन्दर (d) गाँधीनगर

उत्तर (c)
• गाँधी जयन्ती महात्मा गाँधी के जन्मदिन का प्रतीक है, जिनका जन्म **पोरबन्दर** (गुजरात) में हुआ था।
• मोहनदास करमचन्द गाँधी ने देश की आजादी की लड़ाई में अहिंसा के सिद्धान्त को अपनाया और हिन्दू-मुस्लिम समुदायों के बीच एकता और सौहार्द को बढ़ाने का प्रयास किया।
• सुभाषचन्द्र बोस ने गाँधीजी को **राष्ट्रपिता** कहकर सम्बोधित किया था।
• महात्मा गाँधी के राजनीतिक गुरु गोपालकृष्ण गोखले थे।

1987. असम सरकार ने 31 मार्च, 2023 को ..... के जन्मदिन को राज्य में छात्र दिवस के रूप में मनाया। **SSC CHSL Tier-1 8.07.2024 (Shift-IV)**
(a) बोडोफा उपेन्द्रनाथ ब्रह्मा
(b) बिराज कुमार शर्मा
(c) प्रफुल्ल कुमार महन्त
(d) भृगु कुमार फूकन

उत्तर (a)
• असम सरकार ने 31 मार्च, 2023 को **बोडोफा उपेन्द्रनाथ ब्रह्मा** के जन्मदिन को राज्य के छात्र दिवस के रूप में मनाया।
• उपेन्द्रनाथ ब्रह्मा एक भारतीय बोडो सामाजिक कार्यकर्ता और अखिल बोडो छात्र संघ के पूर्व अध्यक्ष थे।
• इन्होंने 1987 से 1990 तक बोडोलैण्ड के लिए अलग राज्य के आन्दोलन में सक्रिय रूप से भाग लिया और उसका नेतृत्व किया।

1988. निम्नलिखित में से किस तिथि को राष्ट्रीय पर्व के रूप में मनाया जाता है? **SSC CHSL Tier-1 9.07.2024 (Shift-IV)**
(a) 25 अक्टूबर (b) 10 अक्टूबर
(c) 2 अक्टूबर (d) 24 अक्टूबर

उत्तर (c)
• **2 अक्टूबर** को राष्ट्रीय पर्व (गाँधी जयन्ती) के रूप में मनाया जाता है।
• राष्ट्रीय पर्व या राष्ट्रीय त्योहार उस त्योहार या पर्व को कहते हैं, जो किसी जाति या धर्म विशेष का नहीं, बल्कि सम्पूर्ण राष्ट्र का होता है।
• स्वतन्त्रता दिवस (15 अगस्त), गणतन्त्र दिवस (26 जनवरी) तथा गाँधी जयन्ती (2 अक्टूबर) राष्ट्रीय पर्व हैं।

SSC CHSL 2023 (Tier 1 & 2)

1989. स्वामी विवेकानन्द की पुण्यतिथि दिनांक .... को मनाई जाती है। **SSC CHSL Tier-1 21.03.2023 (Shift-II)**
(a) 4 जुलाई (b) 1 अगस्त
(c) 4 अगस्त (d) 1 जुलाई

उत्तर (a)
• स्वामी विवेकानन्द की पुण्यतिथि 4 जुलाई को मनाई जाती है।
• स्वामी विवेकानन्द का देहान्त 4 जुलाई, 1902 को हुआ था।
• 12 जनवरी, 1863 को कलकत्ता में जन्में स्वामी विवेकानन्द की जयन्ती को **राष्ट्रीय युवा दिवस** के रूप में मनाया जाता है।
• इन्होंने अमेरिका के शिकागो में 1893 ई. में आयोजित **विश्वधर्म सभा** में भारत की ओर से सनातन धर्म का प्रतिनिधित्व किया था।
• स्वामी विवेकानन्द ने रामकृष्ण मिशन की स्थापना की थी।

1990. 'विश्व शरणार्थी दिवस' प्रत्येक वर्ष .... को मनाया जाता है। **SSC CHSL Tier-1 21.03.2023 (Shift-III)**
(a) 18 जून (b) 20 जून
(c) 17 जून (d) 22 जून

उत्तर (b)
• 'विश्व शरणार्थी दिवस' प्रत्येक वर्ष **20 जून** को मनाया जाता है।
• प्रथम विश्व शरणार्थी दिवस पहली बार **20 जून, 2001** को शरणार्थियों की स्थिति से सम्बन्धित **1951** कन्वेंशन की 50वीं वर्षगाँठ के उपलक्ष्य में मनाया गया था।
• 'विश्व शरणार्थी दिवस' वर्ष 2024 की थीम है 'शरणार्थियों के लिए एकजुटता'।

1991. अन्तर्राष्ट्रीय ओजोन परत संरक्षण दिवस .... को मनाया जाता है। **SSC CHSL Tier-1 16.03.2023 (Shift-I)**
(a) 16 सितम्बर (b) 10 सितम्बर
(c) 18 सितम्बर (d) 13 सितम्बर

उत्तर (a)
• वर्ष 1994 में संयुक्त राष्ट्र महासभा ने **16 सितम्बर** को ओजोन परत के संरक्षण के लिए **अन्तर्राष्ट्रीय दिवस** घोषित किया।
• इस दिवस की वर्ष 2024 की थीम 'मॉण्ट्रियल प्रोटोकॉल: जलवायु कार्रवाई को आगे बढ़ाना' है।
• इसे वर्ष 1987 में ओजोन परत को नष्ट करने वाले पदार्थों पर **मॉण्ट्रियल प्रोटोकॉल** पर हस्ताक्षर की तिथि की याद में मनाया जाता है।

1992. 'डिजिटल इण्डिया सप्ताह 2022' का विषय क्या था? SSC CHSL Tier-I 14.03.2023 (Shift-I)
(a) ग्लोबल से लोकल तक
(b) हरित भारत, स्वच्छ भारत
(c) नव-भारत प्रौद्योगिकी प्रेरणा
(d) भारत के डिजिटल स्टार्ट-अप

उत्तर (c)
- डिजिटल इण्डिया कार्यक्रम के तहत **डिजिटल इण्डिया सप्ताह 2022** का विषय **नव-भारत प्रौद्योगिकी प्रेरणा** था।
- डिजिटल इण्डिया **सप्ताह 2023** का आयोजन 25-31 जुलाई को **गुजरात के गाँधीनगर** में किया गया।
- प्रधानमन्त्री नरेन्द्र मोदी द्वारा 1 जुलाई, 2015 को डिजिटल इण्डिया सप्ताह की शुरुआत की गई। इसका मुख्य लक्ष्य डिजिटल समावेशन को बढ़ावा देना था।

1993. वर्ष 2020 में किस महीने को भारत में 'पोषण माह' के रूप में मनाया गया? SSC CHSL Tier-I 10.08.2023 (Shift-I)
(a) अगस्त (b) दिसम्बर
(c) सितम्बर (d) नवम्बर

उत्तर (c)
- वर्ष 2020 के **सितम्बर** में पोषण माह का आयोजन महिला एवं बाल विकास मन्त्रालय द्वारा किया गया।
- **वर्ष 2024** में 7वाँ राष्ट्रीय पोषण माह मनाया गया।
- यह पोषण जागरुकता को बढ़ावा देता है।

SSC CHSL 2021 & 2020 (Tier 1 & 2)

1997. अन्तर्राष्ट्रीय बाघ दिवस कब मनाया जाता है? SSC CHSL Tier-1 02.11.2021 (Shift-III)
(a) 29 जुलाई (b) 12 मई
(c) 5 नवम्बर (d) 10 जनवरी

उत्तर (a)
- अन्तर्राष्ट्रीय बाघ दिवस की शुरुआत 29 जुलाई, 2010 में **सेण्ट पीटर्सबर्ग टाइगर समिट** के समय की गई थी।
- भारत में बाघ संरक्षण के लिए **प्रोजेक्ट टाइगर** पहल वर्ष 1973 में शुरू की गई थी।
- भारत में 2024 तक 59 बाघ अभयारण्य थे।
- भारत का पहला बाघ अभयारण्य जिम कॉर्बेट राष्ट्रीय उद्यान है।
- भारत का 59वाँ बाघ अभयारण्य रातापानी बाघ अभयारण्य मध्य प्रदेश में स्थित है।

1998. मार्च, 2022 तक की स्थिति के अनुसार, निम्नलिखित में से कौन-सा स्वतन्त्रता दिवस समारोह का एक विषय (Theme) नहीं रहा है? SSC CHSL Tier-1 17.11.2021 (Shift-I)
(a) सच्ची आज़ादी की ओर
(b) स्वयं से पहले सेवा (सर्विस बिफोर सेल्फ)
(c) नेशन फर्स्ट, ऑलवेज फर्स्ट
(d) याद करो कुर्बानी

उत्तर (b)
- मार्च, 2022 तक की स्थिति के अनुसार, **स्वयं से पहले सेवा** स्वतन्त्रता दिवस समारोह का विषय नहीं रहा।
- भारत के 75वें स्वतन्त्रता दिवस समारोह की थीम **नेशन फर्स्ट, ऑलवेज फर्स्ट** रखी गई थी।
- वर्ष 2024 में भारत ने 78 वाँ स्वतन्त्रता दिवस मनाया था। इसकी थीम 'विकसित भारत' थी।

1994. भारत में शहीद ऊधम सिंह की 120वीं जयन्ती कब मनाई गई? SSC CHSL Tier-1 15.10.2020 (Shift-III)
(a) 26 अक्टूबर, 2019
(b) 26 सितम्बर, 2019
(c) 26 दिसम्बर, 2019
(d) 26 नवम्बर, 2019

उत्तर (c)
- भारत में शहीद ऊधम सिंह की 120वीं जयन्ती 26 दिसम्बर, 2019 को मनाई गई।
- ऊधम सिंह एक महान क्रान्तिकारी एवं स्वतन्त्रता सेनानी थे। इनका जन्म 26 दिसम्बर, 1899 को पंजाब के **संगरूर** जिले में हुआ था।
- जलियाँवाला बाग हत्याकाण्ड के प्रतिशोध के लिए ऊधम सिंह ने 13 मार्च, 1940 को लन्दन में जनरल डायर की गोली मारकर हत्या कर दी थी।

1995. प्रति वर्ष 'विश्व पर्यावरण दिवस' कब मनाया जाता है? SSC CHSL Tier-1 15.10.2020 (Shift-III)
(a) 5 मार्च
(b) 5 जून
(c) 5 अप्रैल
(d) 5 मई

उत्तर (b)
- पर्यावरण संरक्षण एवं लोगों को प्रकृति के महत्त्व के बारे में जागरूक करने के लिए **5 जून** को विश्व पर्यावरण दिवस मनाया जाता है।
- वर्ष 1972 में संयुक्त राष्ट्र पर्यावरण कार्यक्रम (UNEP) द्वारा विश्व पर्यावरण दिवस की शुरुआत की गई थी।
- वर्ष 2024 के विश्व पर्यावरण की थीम है—भूमि बहाली, मरुस्थलीकरण और सूखे से निपटने की क्षमता।

1996. प्रतिवर्ष 29 अगस्त को किसकी जयन्ती, 'राष्ट्रीय खेल दिवस' के रूप में मनाई जाती है? SSC CHSL Tier-1 15.10.2020 (Shift-II)
(a) दिलीप सरदेसाई
(b) मेजर ध्यानचन्द
(c) पीटी उषा
(d) रणजीत सिंहजी विभाजी जडेजा

उत्तर (b)
- प्रतिवर्ष 29 अगस्त को मेजर ध्यानचन्द की जयन्ती, 'राष्ट्रीय खेल दिवस' के रूप में मनाई जाती है।
- विश्वभर में हॉकी के जादूगर के नाम से प्रसिद्ध मेजर ध्यानचन्द के नेतृत्व में वर्ष 1932 एवं वर्ष 1936 में भारत ने ओलम्पिक खेलों में स्वर्ण पदक जीते थे।
- 3 दिसम्बर, 1979 को दिल्ली में 74 वर्ष की आयु में इनका निधन हुआ।
- भारत का सर्वोच्च खेल सम्मान इनके नाम पर 'मेजर ध्यानचन्द खेल रत्न पुरस्कार' दिया जाता है।

SSC MTS 2024

1999. भारत में बाल दिवस ······· की जयन्ती की याद में मनाया जाता है। SSC MTS Tier-1 30.10.2024 (Shift-III)
(a) डॉ. सर्वपल्ली राधाकृष्णन
(b) डॉ. बी.आर. अम्बेडकर
(c) पण्डित जवाहरलाल नेहरू
(d) डॉ. ए.पी.जे. अब्दुल कलाम

उत्तर (c)
- भारत में बाल दिवस (**14 नवम्बर**) पण्डित जवाहरलाल नेहरू की जयन्ती की याद में मनाया जाता है।
- डॉ. ए.पी.जे. अब्दुल कलाम के जन्मदिन (15 अक्टूबर) को **विश्व छात्र दिवस** के रूप में मनाया जाता है।
- डॉ. सर्वपल्ली राधाकृष्णन के जन्मदिन (5 सितम्बर) को प्रत्येक वर्ष शिक्षक दिवस अर्थात् 'टीचर्स डे' के रूप में मनाया जाता है।

2000. निम्नलिखित में से किस दिन राष्ट्रीय एकीकरण दिवस मनाया जाता है? SSC MTS Tier-1 21.10.2024 (Shift-II)
(a) 2 अक्टूबर (b) 26 जनवरी
(c) 15 अगस्त (d) 19 नवम्बर

उत्तर (d)
- 19 नवम्बर को राष्ट्रीय एकीकरण दिवस के रूप में मनाया जाता है।
- **इन्दिरा गाँधी** भारत की पहली महिला प्रधानमन्त्री थी। उनका जन्म 19 नवम्बर, 1917 को प्रयागराज में हुआ था, उनके जन्मदिवस के उपलक्ष्य में 19 नवम्बर को भारत में राष्ट्रीय एकीकरण दिवस के रूप में मनाया जाता है।
- वर्तमान में सरदार वल्लभभाई पटेल की जयन्ती 31 अक्टूबर को राष्ट्रीय एकता दिवस के रूप में प्रतिवर्ष मनाया जाता है।

2001. निम्नलिखित में से कौन-सा दिवस डॉ. सर्वपल्ली राधाकृष्णन के जन्मदिन पर मनाया जाता है? SSC MTS Tier-1 18.10.2024 (Shift-II)
(a) शिक्षक दिवस (b) संविधान दिवस
(c) छात्र दिवस (d) अभियन्ता दिवस

उत्तर (a)
- शिक्षक दिवस (5 सितम्बर) डॉ. सर्वपल्ली राधाकृष्णन के जन्मदिन पर मनाया जाता है।
- अभियन्ता दिवस (15 सितम्बर) डॉ. विश्वेश्वरैया की जयन्ती पर मनाया जाता है।

2002. एक तारीख, एक घण्टा, एक साथ' अभियान किस अवसर से सम्बन्धित है? SSC MTS Tier-1 08.10.2024 (Shift-I)
(a) विवेकानन्द जयन्ती (b) सरदार पटेल जयन्ती
(c) अम्बेडकर जयन्ती (d) गाँधी जयन्ती

उत्तर (d)

- एक तारीख, एक घण्टा, एक साथ अभियान **गाँधी जयन्ती** से सम्बन्धित है।
- इस अभियान के तहत् लोगों से अपील की गई थी कि वे 1 अक्टूबर को सुबह 10 बजे एक घण्टे के लिए सार्वजनिक जगहों पर जाकर सफाई करें।
- इस अभियान का उद्देश्य देश की स्वच्छता के लिए लोगों को जागरूक करना और उनसे योगदान लेना था।
- इस अभियान के अन्तर्गत लोगों को अपने स्वास्थ्य के साथ-साथ पर्यावरण के स्वास्थ्य का भी ध्यान रखना था।

SSC Steno 2024

2003. भारत में सेना दिवस कब मनाया जाता है?
SSC Steno Tier-1 11.12.2024 (Shift-I)

(a) 15 अगस्त को
(b) 15 जनवरी को
(c) 12 जनवरी को
(d) 24 जनवरी को

उत्तर (b)

- भारत में सेना दिवस 15 जनवरी को मनाया जाता है।
- 15 जनवरी के दिन नई दिल्ली और सभी सेना मुख्यालयों में सैन्य परेड, सैन्य प्रदर्शनियों और अन्य कार्यक्रमों का आयोजन किया जाता है।
- 15 जनवरी, 1949 को ब्रिटिश शासन के बाद पहली बार किसी भारतीय को भारतीय सेना की बागडोर सौंपी गई थी।
- भारतीय सेना ने 15 जनवरी, 2025 को 77वाँ सेना दिवस मनाया।

SSC Steno 2021

2004. सिक्किम अपना राज्य दिवस कब मनाता है?
SSC Steno Tier-1 12.11.2021 (Shift-I)

(a) 6 जुलाई (b) 23 मार्च
(c) 17 जून (d) 16 मई

उत्तर (d)

- सिक्किम अपना राज्य दिवस 16 मई को मनाता है। इस दिन **भारत-सिक्किम सन्धि** पर हस्ताक्षर किए गए थे।
- भारतीय संविधान के **36वें संशोधन** द्वारा सिक्किम को एक पूर्ण राज्य बनाया गया था।
- वर्ष 1975 में सिक्किम का भारत के 22वें राज्य के रूप में गठन किया गया था।

2005. विश्व हस्त प्रक्षालन दिवस (Global Handwashing Day) निम्न में से किस तिथि को मनाया जाता है?
SSC Steno Tier-1 11.11.2021 (Shift-I)

(a) 15 अक्टूबर (b) 6 दिसम्बर
(c) 4 मार्च (d) 24 जून

उत्तर (a)

- विश्व हस्त प्रक्षालन दिवस 15 **अक्टूबर** को मनाया जाता है।
- इस दिन लोगों में हाथ धोने के प्रति जागरुकता फैलाने के लिए हस्त प्रक्षालन अभियान चलाया जाता है।
- जून, 2020 में यूनिसेफ और WHO ने हैण्ड हाइजीन फॉर ऑल (HH4A) पहल की शुरुआत की थी।
- विश्व हस्त प्रक्षालन दिवस 2024 का विषय है- **स्वच्छ हाथ अभी भी महत्त्वपूर्ण क्यों हैं?**

SSC GD 2024

2006. प्रधानमन्त्री श्री नरेन्द्र मोदी ने 31 अक्टूबर, 2023 को राष्ट्रीय .... दिवस के अवसर पर कर्त्तव्य पथ पर देश के युवाओं के लिए 'मेरा युवा भारत (एमवाई भारत)' प्लेटफॉर्म लॉन्च किया। SSC GD Tier-1 24.02.2024 (Shift-I)

(a) युवा (b) एकता
(c) स्वास्थ्य (d) खेल

उत्तर (b)

- **मेरा युवा भारत** भारत सरकार के युवा मामले और खेल मन्त्रालय द्वारा राष्ट्रीय **एकता दिवस** (31 अक्टूबर) पर लॉन्च किया गया है, जो भारतीय युवाओं के विकास पर ध्यान केन्द्रित करेगा।
- यह पोर्टल देश के युवाओं को राष्ट्र निर्माण में योगदान के लिए एकसाथ लाएगा।
- यह प्लेटफॉर्म मुख्य रूप से 15 से 29 वर्ष के युवाओं के लिए डिजाइन किया गया है।

SSC Selection Post 2024

2007. राष्ट्रीय युवा दिवस या 'युवा दिवस' भारत में किस दिन मनाया जाता है?
SSC SP 20.06.2024 (Shift-II)

(a) 14 अप्रैल को
(b) 12 जनवरी को
(c) 26 नवम्बर को
(d) 26 जनवरी को

उत्तर (b)

- भारत में **12 जनवरी** को राष्ट्रीय युवा दिवस मनाया जाता है।
- स्वामी विवेकानंद जी के जन्म दिवस को 'राष्ट्रीय युवा दिवस' के रूप में मनाया जाता है।
- उनका वास्तविक नाम **नरेन्द्र नाथ दत्त** था।

2008. भौतिक विज्ञानी अल्बर्ट आइंस्टीन की 100वीं वर्षगाँठ मनाने के लिए संयुक्त राष्ट्र ने विश्व भौतिकी वर्ष, जिसे आइंस्टीन वर्ष भी कहा जाता है, कब घोषित किया था?
SSC SP 20.06.2024 (Shift-III)

(a) 2004 (b) 2006
(c) 2005 (d) 2002

उत्तर (c)

- भौतिक विज्ञानी अल्बर्ट आइंस्टीन की 100वीं वर्षगाँठ, जिसे आइंस्टीन वर्ष भी कहा जाता है, को **वर्ष 2005** में मनाया गया था।
- अल्बर्ट आइंस्टीन एक जर्मन मूल के भौतिक विज्ञानी थे, जिन्होंने सापेक्षता के विशेष और सामान्य सिद्धान्त विकसित किए।

राष्ट्रीय तथा अन्तर्राष्ट्रीय संगठन

संयुक्त राष्ट्र संघ (UNO)

स्थापना 24 अक्टूबर, 1945

वर्तमान सदस्य संख्या 193 (193 वाँ देश- दक्षिणी सूडान)

मुख्यालय न्यूयॉर्क **भाषा**- अंग्रेजी, फ्रेंच, चीनी, अरबी, रूसी और स्पेनिश

प्रतीक ध्वज की पृष्ठभूमि हल्की नीली उस पर श्वेत रंग से राष्ट्र संघ का प्रतीक, इसमें दो जैतून की वक्राकार शाखाएँ और बीच में विश्व का मानचित्र

संयुक्त राष्ट्र संघ द्वारा घोषित अन्तर्राष्ट्रीय वर्ष

2023	अन्तर्राष्ट्रीय मोटे अनाज वर्ष
2024	अन्तर्राष्ट्रीय कैमलिड्स वर्ष
2025	अन्तर्राष्ट्रीय सहकारिता वर्ष
2026	अन्तर्राष्ट्रीय चरागाह और चरवाहा वर्ष

संयुक्त राष्ट्रसंघ के प्रमुख अंग

हासभा (General Assembly)	• सभी सदस्य देशों को सदस्यता प्राप्त है। इसका अधिवेशन वर्ष में कम-से कम एक बार सितम्बर माह को न्यूयॉर्क में होता है। इसे विश्व की लघु संसद भी कहा जाता है।
सुरक्षा परिषद् (Security Council)	• यह विश्व शान्ति एवं सुरक्षा से सम्बन्धित राष्ट्र संघ के दायित्वों को पूरा करने वाली आदेशात्मक संस्था है। • इसमें कुल 15 सदस्य-5 स्थायी (अमेरिका, ब्रिटेन, चीन, फ्रांस तथा रूस) और 10 अस्थायी (इनका चुनाव महासभा करती है तथा इनका कार्यकाल 2 वर्ष का है।) • प्रत्येक स्थायी सदस्य को निषेधाधिकार (Veto) प्राप्त है।
आर्थिक एवं सामाजिक परिषद् (ECOSOC)	• इस परिषद् में 54 सदस्य हैं, जिनका कार्यकाल 3 वर्ष है। इसके 1/3 सदस्य (18) प्रतिवर्ष पदमुक्त होते हैं। • इसके कार्यों में युद्ध एवं शस्त्र की राजनीति को छोड़कर अन्तर्राष्ट्रीय महत्त्व के विषय आते हैं। इनकी बैठक वर्ष में दो बार, अप्रैल में न्यूयॉर्क तथा जुलाई में जेनेवा में आयोजित होती है।
अन्तर्राष्ट्रीय न्यायालय (ICJ)	• हेग (नीदरलैण्ड्स) में स्थित ICJ की स्थापना वर्ष 1945 में देशों के बीच विवादों को निपटाने के लिए की गई थी। • इस न्यायालय में 15 सदस्य होते हैं, जो महासभा एवं सुरक्षा परिषद् द्वारा निर्वाचित किए जाते हैं। • न्यायाधीशों का कार्यकाल 9 वर्ष का होता है। प्रत्येक 3 वर्ष बाद 5 न्यायाधीश अवकाश ग्रहण करते हैं। इसकी भाषा फ्रेंच तथा अंग्रेजी है।
न्यास परिषद् (Trusteeship Council)	• इस परिषद् के माध्यम से संयुक्त राष्ट्र का उन राष्ट्रों के प्रशासन एवं सुरक्षा से सम्बन्धित दायित्व स्पष्ट होता है, जो द्वितीय विश्वयुद्ध के पश्चात् भी स्वतन्त्र नहीं हो पाए। • अन्तिम न्यास क्षेत्र पलाऊ द्वारा वर्ष 1994 में स्वतन्त्रता प्राप्ति के पश्चात् न्यास परिषद् द्वारा 1 नवम्बर, 1994 को कार्य करना लगभग समाप्त कर दिया।
सचिवालय (Secretariat)	• यह संयुक्त राष्ट्र का प्रशासनिक अंग है। इसका मुख्यालय न्यूयॉर्क में है। • सचिवालय में एक महासचिव तथा अन्य कर्मचारी होते हैं। महासचिव की नियुक्ति 5 वर्ष के लिए सुरक्षा परिषद् की सिफारिश पर महासभा द्वारा की जाती है।

नोट संयुक्त राष्ट्र के संस्थापक देशों की संख्या 51 थी। 26 जून, 1945 को अधिकार पत्र पर केवल 50 राष्ट्रों ने ही हस्ताक्षर किए। बाद में इस पर हस्ताक्षर करने वाला 51वाँ राष्ट्र पोलैण्ड था।

संयुक्त राष्ट्र : विशिष्ट अभिकरण एवं अन्य संगठन

संगठन	स्थापना वर्ष	मुख्यालय	सदस्य देश
अन्तर्राष्ट्रीय दूरसंचार संघ (ITU)	1865	जेनेवा (*स्विट्जरलैण्ड*)	194
अन्तर्राष्ट्रीय श्रम संगठन (ILO)	1919	जेनेवा (*स्विट्जरलैण्ड*)	187
अन्तर्राष्ट्रीय नागरिक उड्डयन संगठन (ICAO)	1944	मॉण्ट्रियल (*कनाडा*)	193
विश्व बैंक (World Bank)	1945	वाशिंगटन डी.सी. (*यू.एस.ए.*)	189
खाद्य एवं कृषि संगठन (FAO)	1945	रोम (*इटली*)	195
अन्तर्राष्ट्रीय मुद्राकोष (IMF)	1945	वाशिंगटन डी.सी. (*यू.एस.ए.*)	191
यूनेस्को (UNESCO)	1946	पेरिस (*फ्रांस*)	193
संयुक्त राष्ट्र बालकोष (UNICEF)	1946	न्यूयॉर्क (*अमेरिका*)	190
विश्व स्वास्थ्य संगठन (WHO)	1948	जेनेवा (*स्विट्जरलैण्ड*)	194
विश्व मौसम विज्ञान संगठन (WMO)	1950	जेनेवा (*स्विट्जरलैण्ड*)	193
संयुक्त राष्ट्र शरणार्थी उच्चायुक्त (UNHCR)	1950	जेनेवा (*स्विट्जरलैण्ड*)	136
अन्तर्राष्ट्रीय परमाणु ऊर्जा अभिकरण (IAEA)	1957	विएना (*ऑस्ट्रिया*)	180
संयुक्त राष्ट्र विकास कार्यक्रम (UNDP)	1965	न्यूयॉर्क (*यू.एस.ए.*)	177
विश्व बौद्धिक सम्पदा संगठन (WIPO)	1967	जेनेवा (*स्विट्जरलैण्ड*)	193
संयुक्त राष्ट्र पर्यावरण कोष (UNEP)	1972	नैरोबी (केन्या)	193
व्यापक परमाणु परीक्षण प्रतिबन्ध सन्धि संगठन (CTBT)	1996	वियना (*ऑस्ट्रिया*)	187
रासायनिक हथियार निषेध संगठन (OPCW)	1997	द हेग (*नीदरलैण्ड्स*)	193
विश्व व्यापार संगठन (WTO)	1995	जेनेवा (*स्विट्जरलैण्ड*)	166

अन्य अन्तर्राष्ट्रीय संगठन

संगठन	स्थापना वर्ष	मुख्यालय	सदस्य देश
अन्तर्राष्ट्रीय आपराधिक पुलिस संगठन (INTERPOL)	1923	लियोन (*फ्रांस*)	195
राष्ट्रमण्डल (Commonwealth)	1931	लन्दन (*ब्रिटेन*)	56
अरब लीग (Arab League)	1945	काहिरा (*मिस्र*)	22
उत्तर अटलाण्टिक सन्धि संगठन (NATO)	1949	ब्रुसेल्स (*बेल्जियम*)	32
आर्थिक सहयोग एवं विकास संगठन (OECD)	1961	पेरिस (*फ्रांस*)	38
पेट्रोलियम निर्यातक देशों का संगठन (OPEC)	1960	वियना (*ऑस्ट्रिया*)	12
एमनेस्टी इण्टरनेशनल	1961	लन्दन (*ब्रिटेन*)	150
रेडक्रॉस	1863	जेनेवा (*स्विट्जरलैण्ड*)	192
अफ्रीकी संघ (AU)	1963	अदिश अबीबा (*इथियोपिया*)	55
समूह-77 (G-77)	1964	जेनेवा (*स्विट्जरलैण्ड*)	134
एशियाई विकास बैंक	1966	मनीला (*फिलीपीन्स*)	69
दक्षिण-पूर्वी एशियाई राष्ट्रों का संगठन	1967	जकार्ता (*इण्डोनेशिया*)	10
दक्षिण एशियाई क्षेत्रीय सहयोग संगठन (SAARC)	1985	काठमाण्डू (*नेपाल*)	8
एशिया प्रशान्त आर्थिक सहयोग संगठन (APEC)	1989	सिंगापुर	21
समूह-20 (G20)	1999	-	21
ब्रिक्स	2006	शंघाई (चीन)	10
G-7	1973	-	07

SSC एग्जाम स्कैनर

SSC CGL 2024 (Tier 1 & 2)

2009. संयुक्त राष्ट्र सांख्यिकी प्रभाग (UNSD) के नेतृत्व में इण्टरनेशनल कैपेरीजन प्रोग्राम (ICP) का प्राथमिक लक्ष्य क्या है?
SSC CGL Tier-2 20.01.2025

(a) विश्व स्तर पर सांख्यिकीय कार्यालयों को कार्यान्वित करना
(b) क्रय शक्ति समानताओं (PPPs) और मूल्य स्तर सूचकांकों की गणना करना
(c) अन्तर्राष्ट्रीय व्यापार पर डेटा एकत्र करना
(d) वैश्विक स्तर पर बेरोजगारी आकलन तैयार करना

उत्तर (c)

• क्रय शक्ति समानताओं (PPPs) और मूल्य स्तर सूचकांकों की गणना करना।

• इण्टरनेशनल कैम्पेरीजन प्रोग्राम (ICP) का मुख्य उद्देश्य क्रय शक्ति समानताओं (PPP) और मूल्य स्तर सूचकांकों की गणना करना है, जो विभिन्न देशों के बीच मूल्य तुलना करने में मदद करता है।

• ICP विश्वभर में विभिन्न देशों की अर्थव्यवस्थाओं की तुलना करने के लिए एक स्थिर पैमाना प्रदान करता है, जिससे यह पता चलता है कि किसी देश में कितनी वस्तुएँ और सेवाएँ खरीदी जा सकती हैं।

2010. दिसम्बर, 1991 में देश के आर्थिक सुधार कार्यक्रम के हिस्से के रूप में सार्वजनिक उद्यमों को औद्योगिक और वित्तीय पुनर्निर्माण बोर्ड (BIFR) के दायरे में लाने के लिए किस अधिनियम में संशोधन किया गया था?
SSC CGL Tier-2 18.01.2025

(a) उद्योग अधिनियम
(b) रूग्ण औद्योगिक कम्पनियाँ अधिनियम
(c) कम्पनियाँ अधिनियम
(d) वित्तीय पुनर्वास अधिनियम

उत्तर (b)

• रूग्ण औद्योगिक कम्पनियाँ अधिनियम के माध्यम से उन कम्पनियों को बन्द करने में मदद मिली जो व्यवहार्य नहीं थीं।

• वर्ष 2003 के बीमार औद्योगिक कम्पनियाँ (विशेष प्रावधान) निरसन अधिनियम ने SICA को आंशिक रूप से निरस्त कर दिया।

• इससे अलाभकारी कम्पनियों से अन्य उद्योगों के लिए निवेश जारी करने में मदद मिली।

2011. गुटनिरपेक्ष आन्दोलन का पहला आधिकारिक शिखर सम्मेलन कहाँ आयोजित किया गया था? **SSC CGL Tier-1 19.09.2024 (Shift-II)**

(a) भारत
(b) यूगोस्लाविया
(c) मिस्र
(d) न्यूयॉर्क

उत्तर (b)

• गुटनिरपेक्ष आन्दोलन का पहला आधिकारिक शिखर सम्मेलन वर्ष 1961 में **यूगोस्लाविया** के बेलग्रेड में आयोजित किया गया था। इसकी अध्यक्षता जोसिप ब्रोज टीटो ने की थी।

• वर्तमान में इसके 120 सदस्य देश हैं।

• इसका 19वाँ शिखर सम्मेलन जनवरी, 2024 में युगांडा के कम्पाला में आयोजित किया गया था।

2012. निम्नलिखित में से कौन-सी भारत की राष्ट्रीय नृत्य अकादमी है?
SSC CGL Tier-1 13.09.2024 (Shift-II)

(a) भारतीय शास्त्रीय नृत्य केन्द्र
(b) सांस्कृतिक स्रोत एवं प्रशिक्षण केन्द्र
(c) संगीत नाटक अकादमी
(d) ललितकला अकादमी

उत्तर (c)

• **संगीत नाटक अकादमी** भारत की राष्ट्रीय नृत्य अकादमी है।

• इसकी स्थापना **वर्ष 1953** में हुई थी। इसका मुख्यालय नई दिल्ली में है।

• यह भारत की पहली राष्ट्रीय कला अकादमी है।

SSC CGL 2023, 2022 (Tier 1 & 2)

2013. नेपाल के निम्नलिखित में से किस शहर में **भारतीय नागरिक संघ** की शाखा नहीं है?
SSC CGL Tier-1 21.07.2023 (Shift-II)

(a) दमक (b) ललितपुर
(c) भैरहवा (d) पोखरा

उत्तर (b)

• ICA भारतीय नागरिकों का नेपाल में एक संगठन है, जिसकी शाखाएँ **पोखरा, दमक** और **भैरहवा** में स्थित हैं न कि ललितपुर में।

• यह दोनों देशों के विवादों को सुलझाने के लिए एक मंच प्रदान करता है।

• ललितपुर काठमाण्डू घाटी में स्थित एक शहर है और अपने ऐतिहासिक और सांस्कृतिक महत्त्व के लिए जाना जाता है।

2014. राष्ट्रीय डोप परीक्षण प्रयोगशाला कहाँ स्थित है?
SSC CGL Tier-1 27.07.2023 (Shift-III)

(a) नई दिल्ली (b) पंजाब
(c) बेंगलुरु(d) मुम्बई

उत्तर (a)

• राष्ट्रीय डोप परीक्षण प्रयोगशाला, जो **नई दिल्ली** में स्थित है, भारत सरकार के युवा मामले और खेल मन्त्रालय के तहत एक स्वायत्त निकाय के रूप में स्थापित की गई।

• **डॉ. पूरन लाल साहू** एनडीटीएल के **वैज्ञानिक निदेशक** हैं।

• 20 अगस्त, 2019 को विश्व डोपिंग रोधी एजेन्सी (WADA) ने इस संस्थान को निलम्बित कर दिया था, लेकिन वर्ष 2021 में पुन: इसकी मान्यता बहाल कर दी गई।

2015. भारत के राष्ट्रीय समुद्र विज्ञान संस्थान (National Institute of Oceanography of India) का मुख्यालय कहाँ स्थित है?
SSC CGL Tier-1 03.12.2022 (Shift-IV)

(a) हैदराबाद (b) गोवा
(c) नई दिल्ली (d) कन्याकुमारी

उत्तर (b)

• राष्ट्रीय समुद्र विज्ञान संस्थान भारत के वैज्ञानिक एवं औद्योगिक अनुसन्धान परिषद् की एक प्रयोगशाला है, जिसका मुख्यालय **गोवा** में स्थित है।

• इसकी स्थापना **1 जनवरी, 1966** को हुई थी। **मुम्बई, कोच्चि** तथा **विशाखापट्टनम्** में इसके क्षेत्रीय कार्यालय स्थित हैं।

2016. भारतीय सुदूर संवेदन संस्थान (Indian Institute of Remote Sensing) की स्थापना कहाँ हुई थी?
SSC CGL Tier-1 06.12.2022 (Shift-II)

(a) खड्गवासला (b) देहरादून
(c) शिमला (d) कोच्चि

उत्तर (b)

• भारतीय सुदूर संवेदन संस्थान की स्थापना देहरादून में **वर्ष 1966** में भारतीय अन्तरिक्ष विभाग के तहत की गई थी।

• पहले इसे **भारतीय फोटो इण्टरप्रिटेशन संस्थान** के नाम से जाना जाता था।

2017. भारतीय कृषि अनुसन्धान परिषद् (Indian Council of Agricultural Research Institute) का मुख्यालय कहाँ स्थित है?
SSC CGL Tier-1 07.12.2022 (Shift-III)

(a) लखनऊ (b) नई दिल्ली
(c) अमृतसर (d) सूरत

उत्तर (b)

• भारतीय कृषि अनुसन्धान परिषद् का मुख्यालय **नई दिल्ली** में स्थित है।

• यह भारत सरकार के कृषि मन्त्रालय में कृषि अनुसन्धान एवं शिक्षा विभाग के तहत एक स्वायत्तशासी संस्था है।

• इसकी स्थापना **16 जुलाई, 1929** को **इम्पीरियल काउन्सिल ऑफ एग्रीकल्चरल रिसर्च** के नाम से हुई थी।

• इसका मुख्य उद्देश्य कृषि के सतत् विकास के लिए अनुसन्धान और प्रौद्योगिकी का नियोजन, दायित्व, समन्वयन को बढ़ावा देना है।

2018. विश्व भारती विश्वविद्यालय के संस्थापक निम्नलिखित में से कौन थे?
SSC CGL Tier-1 08.12.2022 (Shift-I)

(a) लाला हरदयाल (b) स्वामी विवेकानन्द
(c) रवीन्द्रनाथ टैगोर (d) मदनमोहन मालवीय

उत्तर (c)

• विश्व भारती विश्वविद्यालय के संस्थापक **रवीन्द्रनाथ टैगोर** थे।

• इसकी स्थापना वर्ष 1921 में **रवीन्द्रनाथ टैगोर** ने पश्चिम बंगाल के **शान्ति निकेतन** में की थी।
• यह भारत के केन्द्रीय विश्वविद्यालयों में से एक है।

2019. हिन्दू कॉलेज बनारस में .... ई. में स्थापित किया गया था।
SSC CGL Tier-1 08.12.2022 (Shift-IV)
(a) 1791 (b) 1781 (c) 1771 (d) 1801

उत्तर (a)
• प्राचीन संस्कृत ग्रंथों के अध्ययन को प्रोत्साहित करने के लिए 1791 ई. में हिन्दू कॉलेज की स्थापना की गई।
• जोनाथन डंकन और गवर्नर-जनरल लॉर्ड कॉर्नवालिस ने संस्कृत कॉलेज की स्थापना की।
• वर्ष 1974 में संस्कृत कॉलेज का नाम बदलकर सम्पूर्णानन्द संस्कृत विश्वविद्यालय कर दिया गया।

2020. राष्ट्रीय डेयरी अनुसन्धान संस्थान कहाँ स्थित है? **SSC CGL Tier-1 13.12.2022 (Shift-III)**
(a) आणन्द (b) करनाल
(c) पालमपुर (d) लखनऊ

उत्तर (b)
• राष्ट्रीय डेयरी अनुसन्धान संस्थान की स्थापना वर्ष 1923 में की गई थीं, जो **करनाल** (हरियाणा) में स्थित है।
• यह संस्थान डेयरी क्षेत्र के प्रमुख संस्थानों में से एक है, जिसने डेयरी उद्योग के विकास में योगदान दिया और दूध उत्पादन में भारत के विकास में महत्त्वपूर्ण भूमिका निभाई है।

दूध उत्पादन में भारत विश्व में प्रथम स्थान पर है (अमेरिका दूसरे)। देश में उत्तर प्रदेश दूध उत्पादन में सबसे अग्रणी राज्य है।
दूध उत्पादन में राजस्थान दूसरे स्थान पर है।

SSC CGL 2021 (Tier 1 & 2)

2021. भारतीय राष्ट्रीय अभिलेखागार की स्थापना निम्नलिखित में से कब की गई थी?
SSC CGL Tier-1 24.08.2021 (Shift-I)
(a) 1956 (b) 1991 (c) 1876 (d) 1891

उत्तर (d)
• भारतीय राष्ट्रीय अभिलेखागार की स्थापना 11 मार्च, 1891 को की गई थी।
• वर्ष 1911 में कलकत्ता से दिल्ली के लिए राजधानी के स्थानान्तरण के बाद भारतीय राष्ट्रीय अभिलेखागार के इस वर्तमान भवन का निर्माण वर्ष 1926 में किया गया था।
• इसे सर एडविन लुटियन द्वारा डिजाइन किया गया था।

2022. निम्न में से कौन भारतीय जनसंघ के संस्थापक सदस्यों में से एक हैं?
SSC CGL Tier-1 24.08.2021 (Shift-I)
(a) मीनू मसानी
(b) के. एम. मुंशी
(c) श्यामा प्रसाद मुखर्जी
(d) बलदेव सिंह

उत्तर (c)
• **श्यामा प्रसाद मुखर्जी** भारतीय जनसंघ के संस्थापक सदस्यों में से एक थे।
• भारतीय जनसंघ के अन्य संस्थापक सदस्य-दीनदयाल उपाध्याय, अटल बिहारी वाजपेयी आदि थे।
• इस पार्टी का चुनाव चिह्न-दीपक था।
• तत्कालीन प्रधानमन्त्री इन्दिरा गाँधी द्वारा वर्ष 1975-76 में आपातकाल लागू करने की स्थिति में इस पार्टी का अन्य पार्टियों के साथ विलय कर जनता पार्टी का गठन किया गया।

2023. निम्न में से कौन-सा संगठन वैश्विक नवाचार सूचकांक जारी करता है?
SSC CGL Tier-1 23.08.2021 (Shift-I)
(a) UNDP
(b) INSEAD, कॉर्नेल विश्वविद्यालय, WIPO
(c) WTO
(d) WEF

उत्तर (b)
• **इनसीड** (INSEAD), **कॉर्नेल विश्वविद्यालय**, WIPO (वर्ल्ड इण्टेलेक्चुअल प्रॉपर्टी ऑर्गेनाइजेशन) द्वारा वैश्विक नवाचार सूचकांक जारी किया जाता है।
• यह सूचकांक सर्वप्रथम **वर्ष 2007** में प्रकाशित किया गया था।
• वैश्विक नवाचार सूचकांक 2024 में भारत का स्थान 133 देशों में 39वाँ रहा है।

2024. बैडमिण्टन वर्ल्ड फेडरेशन का मुख्यालय कहाँ स्थित है? **SSC CGL Tier-1 23.08.2021 (Shift-I)**
(a) मलेशिया (b) स्विट्जरलैण्ड
(c) सिंगापुर (d) जापान

उत्तर (a)
• बैडमिण्टन वर्ल्ड फेडरेशन का मुख्यालय मलेशिया में स्थित है।
• विश्व बैडमिण्टन महासंघ अन्तर्राष्ट्रीय शासी निकाय है।
• इसकी स्थापना **वर्ष 1934** में हुई थी। वर्ष 2006 में इसका नाम बदलकर **बैडमिण्टन वर्ल्ड फेडरेशन** (BWF) कर दिया गया।

2025. निम्नलिखित में से कौन नवम्बर, 2020 में 17वें ASEAN-भारत शिखर सम्मेलन का सह-अध्यक्ष बना?
SSC CGL Tier-1 18.08.2021 (Shift-III)
(a) भारत के प्रधानमन्त्री
(b) भारत के राष्ट्रपति
(c) भारत के मुख्य न्यायाधीश
(d) लोकसभा अध्यक्ष

उत्तर (a)
• **भारतीय प्रधानमन्त्री** नरेन्द्र मोदी ने 12 नवम्बर, 2020 को अपने वियतनामी समकक्ष गुयेन जुआन फुक के साथ 17वें ASEAN-भारत शिखर सम्मेलन की सह-अध्यक्षता की।
• 21वें आसियान-भारत शिखर सम्मेलन का आयोजन 10 अक्टूबर, 2024 को लाओस की राजधानी वियनतियाने में आयोजित किया गया था।

ASEAN दस दक्षिण-पूर्व एशियाई देशों का समूह है। इसका मुख्यालय जकार्ता, इण्डोनेशिया में है। इसकी स्थापना 5 अगस्त, 1967 को बैंकॉक, थाईलैण्ड में हुई थी।

2026. फरवरी, 2021 की स्थिति के अनुसार, अन्तर्राष्ट्रीय ओलम्पिक समिति का मुख्यालय निम्न में से किस देश में स्थित है?
SSC CGL Tier-1 18.08.2021 (Shift-III)
(a) चीन
(b) स्विट्जरलैण्ड
(c) संयुक्त राज्य अमेरिका
(d) जापान

उत्तर (b)
• फरवरी, 2021 की स्थिति के अनुसार, अन्तर्राष्ट्रीय ओलम्पिक समिति का मुख्यालय स्विट्जरलैण्ड में स्थित है।
• अन्तर्राष्ट्रीय ओलम्पिक समिति (IOC) की स्थापना पियरे बैरोनडी कुबर्टिन द्वारा **लुसाने** के मॉण्ट-रीपोज ग्राम में **23 जून, 1894** को की गई थी।
• यह विश्व में आधुनिक ओलम्पिक आयोजन का **सर्वोच्चशाली** निकाय है।
• IOC प्रति चार वर्ष में ग्रीष्मकालीन ओलम्पिक खेल, शीतकालीन ओलम्पिक खेल एवं युवा ओलम्पिक खेलों का आयोजन करता है।
• वर्ष 2024 के विश्व ओलम्पिक खेल फ्रांस की राजधानी पेरिस में आयोजित किए गए।

2027. वर्ष 2020 तक प्राप्त जानकारी के अनुसार निम्न में से कौन-सा देश संयुक्त राष्ट्र सुरक्षा परिषद् का स्थायी सदस्य है?
SSC CGL Tier-1 16.08.2021 (Shift-III)
(a) जर्मनी (b) जापान
(c) ब्राज़ील (d) चीन

उत्तर (d)
• चीन संयुक्त राष्ट्र सुरक्षा परिषद् का स्थायी सदस्य है।
• संयुक्त राष्ट्र सुरक्षा परिषद् (UNSC), संयुक्त राष्ट्र संघ (UNO) का अंग है।
• संयुक्त राष्ट्र संघ के घोषणा-पत्र के अनुसार सुरक्षा परिषद् का मुख्य दायित्व अन्तर्राष्ट्रीय शान्ति एवं सुरक्षा बनाए रखना है।
• इस परिषद् में 5 स्थायी तथा 10 अस्थायी सदस्य होते हैं।
• इसके स्थायी सदस्य **अमेरिका, रूस, चीन, फ्रांस एवं ब्रिटेन** हैं।

2028. वर्ष 2020 में संयुक्त राष्ट्र ने कैनबिस और कैनबिस रेजिन को **सबसे खतरनाक पदार्थों** की श्रेणी से हटाने का प्रस्ताव पारित किया। निम्न में से कौन-सा देश मतदान में अनुपस्थित रहा था?
SSC CGL Tier-1 13.08.2021 (Shift-IV)
(a) संयुक्त राज्य अमेरिका (b) भारत
(c) रूस (d) यूक्रेन

उत्तर (d)

- प्रश्न के अनुसार, **यूक्रेन** सही उत्तर है।
- वर्ष 1961 में **गाँजा** (कैनबिस) को खतरनाक पदार्थों की श्रेणी में रखा गया था तथा कैनबिस एवं चरस (कैनबिस रेजिन) व हेरोइन जैसी इन नशीले पदार्थों को प्रतिबन्ध की श्रेणी में रखा गया था।
- वर्ष 2020 में संयुक्त राष्ट्र ने इसे 'सबसे खतरनाक पदार्थों' की श्रेणी से हटाने का प्रस्ताव पारित किया।
- **कैनबिस भाँग** के पौधों से तैयार किया जाता है तथा एक ड्रग या औषधि के रूप में उपयोग किया जाता है।

SSC CPO 2024

2029. नेशनल बोर्ड फॉर वर्कर्स एजुकेशन एण्ड डेवलपमेण्ट (National Board for Workers Education and Development) की स्थापना किस वर्ष की गई थी?

SSC CPO 28.06.2024 (Shift-I)

(a) 1849 (b) 1968 (c) 1978 (d) 1958

उत्तर (d)

- नेशनल बोर्ड फॉर वर्कर्स एजुकेशन एण्ड डेवलपमेण्ट की स्थापना **वर्ष 1958** में की गई थी।
- यह भारत सरकार के श्रम एवं रोजगार मन्त्रालय के अन्तर्गत आने वाला एक स्वायत निकाय है।
- इसका मुख्यालय नई दिल्ली में है।

SSC CHSL 2024 (Tier 1 & 2)

2030. सार्क (SAARC) का पूरा नाम क्या है?

SSC CHSL Tier-1 4.07.2024 (Shift-II)

(a) साउथ एशियन एसोसिएशन ऑफ रीजनल कार्टोग्राफी
(b) साउथ एशियन एसोसिएशन ऑफ रीजनल क्लाइमेट चेंज
(c) साउथ एशियन एसोसिएशन फॉर रीजनल कोऑपरेशन
(d) साउथ एशियन एसोसिएशन ऑफ रीजनल कॉर्पोरेशन

उत्तर (c)

- सार्क (SAARC) का पूरा नाम **साउथ एशियन एसोसिएशन फॉर रीजनल कोऑपरेशन**, (दक्षिण एशियाई क्षेत्रीय सहयोग संगठन) है।
- इसकी स्थापना वर्ष 1985 में हुई थी और इसका मुख्यालय **काठमाण्डू नेपाल** में स्थित है।
- वर्ष 2007 के 13वें वार्षिक शिखर सम्मेलन में अफगानिस्तान सार्क का नवीनतम सदस्य देश बना।

2031. भारत में राष्ट्रीय मानवाधिकार आयोग की स्थापना किस वर्ष में हुई थी?

SSC CHSL Tier-1 10.07.2024 (Shift-I)

(a) 1993 (b) 2003
(c) 1995 (d) 2005

उत्तर (a)

- भारत में राष्ट्रीय मानवाधिकार आयोग की स्थापना 12 अक्टूबर 1993 में हुई थी।
- राष्ट्रीय मानवाधिकार आयोग एक स्वतन्त्र वैधानिक संस्था है, जिसकी स्थापना मानव अधिकार संरक्षण अधिनियम, 1993 के तहत् की गई थी।
- इसका मुख्यालय **नई दिल्ली** में स्थित है।
- प्रत्येक वर्ष 10 दिसम्बर को **मानवाधिकार दिवस** के रूप में मनाया जाता है।

2032. भारतीय पर्यटन और यात्रा प्रबन्धन संस्थान का मुख्यालय ……… में स्थित है।

SSC CHSL Tier-1 10.07.2024 (Shift-III)

(a) भुवनेश्वर (b) ग्वालियर
(c) गुवाहाटी (d) नई दिल्ली

उत्तर (b)

- भारतीय पर्यटन व यात्रा प्रबन्धन संस्थान का मुख्यालय **ग्वालियर** में स्थित है।
- यह संस्थान भारत सरकार के पर्यटन मन्त्रालय के अन्तर्गत एक स्वायत्त निकाय है।
- यह संस्थान पर्यटन, यात्रा व अन्य सम्बन्धित क्षेत्रों में प्रशिक्षण शिक्षा और अनुसन्धान के लिए पाठ्यक्रम प्रदान करता है।
- इसका उद्देश्य ग्रामीण पर्यटन को बढ़ावा देना है।

2033. कितने देश SAARC का हिस्सा हैं?

SSC CHSL Tier-1 17.08.2023 (Shift-I)

(a) 8 (b) 2 (c) 5 (d) 7

उत्तर (a)

- SAARC के सदस्य देशों में आठ देश **अफगानिस्तान**, **बांग्लादेश**, **भूटान**, **भारत**, **मालदीव**, **नेपाल**, **पाकिस्तान** और **श्रीलंका** शामिल हैं।
- सार्क की स्थापना बांग्लादेश के ढाका में **8 दिसम्बर, 1985** में हुई थी।
- सार्क का उद्देश्य दक्षिण एशिया के लोगों के कल्याण को बढ़ावा देना एवं उनके जीवन की गुणवत्ता में सुधार करना है।

2034. भारतीय इतिहास अनुसन्धान परिषद् भारत सरकार के ………… का एक स्वायत्त निकाय है।

SSC CHSL Tier-1 04.08.2023 (Shift-II)

(a) विज्ञान और प्रौद्योगिकी मन्त्रालय
(b) संस्कृति मन्त्रालय
(c) जनजातीय कार्य मन्त्रालय
(d) शिक्षा मन्त्रालय

उत्तर (d)

- भारतीय इतिहास अनुसन्धान परिषद् शिक्षा मंत्रालय के तहत भारत सरकार का एक स्वायत्त निकाय है।
- इसकी स्थापना भारत सरकार द्वारा दिसम्बर, 1971 में गठित कार्यदल की संस्तुति पर 27 मार्च, 1972 को की गई।

2035. ……… को अक्टूबर, 2022 में अन्तर्राष्ट्रीय सौर गठबन्धन के अध्यक्ष के रूप में पुन: निर्वाचित किया गया है।

SSC CHSL Tier-1 13.03.2023 (Shift-III)

(a) यूनाइटेड किंगडम (b) भारत
(c) फ्रांस (d) नेपाल

उत्तर (b)

- वर्ष 2022 में अन्तर्राष्ट्रीय सौर गठबन्धन के अध्यक्ष के रूप में भारत को पुन: निर्वाचित किया गया तथा फ्रांस इसका सह-अध्यक्ष है।
- इसकी स्थापना पेरिस में 30 नवम्बर, 2015 को संयुक्त राष्ट्र जलवायु सम्मेलन के दौरान **COP-21 से पृथक् भारत और फ्रांस** द्वारा की गई।
- इसका मुख्यालय **गुरुग्राम** हरियाणा में है।
- अन्तर्राष्ट्रीय सौर गठबन्धन सौर ऊर्जा से सम्पन्न देशों की एक सन्धि आधारित **अन्तर सरकारी संगठन** है।

SSC CHSL 2022, 2021 (Tier 1 & 2)

2036. भारत स्कीइंग और पर्वतारोहण संस्थान कहाँ स्थित है? **SSC CHSL (10+2) 30.05.2022 (Shift-I)**

(a) गुलमर्ग (b) मनाली
(c) उत्तरकाशी (d) डलहौजी

उत्तर (a)

- भारत स्कीइंग और पर्वतारोहण संस्थान जम्मू कश्मीर के गुलमर्ग में स्थित है।
- इसकी स्थापना वर्ष 1968 में पर्यटन मंत्रालय द्वारा की गई थी।
- प्रत्येक वर्ष 1 अगस्त को राष्ट्रीय पर्वतारोहण दिवस मनाया जाता है।
- यह हमारे देश में एक आधुनिक और सबसे लोकप्रिय स्कीइंग प्रशिक्षण संस्थान है।

2037. 'एडिटर्स गिल्ड ऑफ इण्डिया' की स्थापना कब हुई थी?

SSC CHSL Tier-1 10.08.2021 (Shift-I)

(a) वर्ष 1982
(b) वर्ष 1978
(c) वर्ष 1989
(d) वर्ष 1956

उत्तर (b)

- 'एडिटर्स गिल्ड ऑफ इण्डिया' की स्थापना समाचार पत्र-पत्रिकाओं के सम्पादकीय नेतृत्व के मानकों को बेहतर बनाने के उद्देश्य से **वर्ष 1978** में की गई थी।
- इसके संस्थापक **कुलदीप नैय्यर** थे।
- यह पत्रकारों का एक गैर-लाभकारी संगठन है।

2038. अक्टूबर, 2020 में किस देश ने शंघाई सहयोग संगठन (SCO) के मन्त्रियों की बैठक की मेजबानी की?

SSC CHSL Tier-1 19.04.2021 (Shift-III)

(a) पाकिस्तान (b) भारत
(c) जापान (d) चीन

उत्तर (b)

- वर्ष 2017 में भारत के शंघाई सहयोग संगठन के सदस्य बनने के बाद अक्टूबर, 2020 में सम्पन्न यह प्रथम बैठक थी, जिसकी अध्यक्षता **भारत** ने की थी।
- शंघाई सहयोग संगठन एक अन्तर सरकारी संगठन है, जिसकी स्थापना 15 जून, 2001 में हुई थी।

• भारत में हुआ SCO के 23वें शिखर सम्मेलन में **ईरान** ने आधिकारिक तौर पर **9वें सदस्य** के रूप में SCO की सदस्यता प्राप्त की।

• शंघाई सहयोग संगठन के 2024 शिखर सम्मेलन का आयोजन पाकिस्तान के इस्लामाबाद में किया गया।

2039. निम्न में से किस संगठन ने विश्व वन्यजीव दिवस, 2020 के अवसर पर दुनिया भर के चिड़ियाघरों, एक्वैरियम, वनस्पति उद्यान, राष्ट्रीय उद्यानों और प्राकृतिक इतिहास एवं विज्ञान संग्रहालयों से मिलकर बने 'यूनाइटेड फॉर बायोडायवर्सिटी' (जैव-विविधता के लिए संघटित) सहयोग को शुरू किया है?

SSC CHSL Tier-1 19.04.2021 (Shift-III)

(a) विश्व स्वास्थ्य संगठन
(b) यूरोपीय आयोग
(c) कॉमनवेल्थ ऑफ नेशन्स
(d) वर्ल्ड वाइड फण्ड नेचर

उत्तर (b)

• **यूरोपीय आयोग** ने विश्व वन्यजीव दिवस, 2020 के अवसर पर जैव-विविधता के लिए संघटित सहयोग को शुरू किया।

• विश्व वन्यजीव दिवस 3 मार्च को मनाया जाता है, जिससे ग्रह के जीवों और वनस्पतियों को होने वाले खतरों के बाद में जागरुकता बढ़ाई जा सके।

> विश्व वन्यजीव दिवस, 2024 की थीम-**लोगों** और ग्रह को जोड़ना वन्यजीव संरक्षण में डिजिटल नवाचार की खोज थी।

SSC MTS 2023, 2021

2040. दिसम्बर, 2022 में पी.टी. ऊषा को किस संघ का अध्यक्ष चुना गया?

SSC MTS Tier-1 14.09.2023 (Shift-I)

(a) हरियाणा ओलम्पिक संघ
(b) भारतीय ओलम्पिक संघ
(c) भारतीय राष्ट्रीय राइफल संघ
(d) भारतीय बैडमिण्टन संघ

उत्तर (b)

• भारत की प्रतिष्ठित ट्रैक एण्ड फील्ड स्टार **पी. टी. ऊषा** दिसम्बर, 2022 में **भारतीय ओलम्पिक संघ** की पहली महिला अध्यक्ष बनी।

• वर्ष 1927 में भारतीय ओलम्पिक संघ का गठन किया गया था।

• पी.टी. ऊषा ने एशियाई खेलों में चार स्वर्ण और सात रजत पदक प्राप्त किए थे।

2041. भारतीय विश्वविद्यालय आयोग की स्थापना कब की गई थी?

SSC MTS Tier-1 02.11.2021 (Shift-III)

(a) 1882 (b) 1897
(c) 1909 (d) 1902

उत्तर (d)

• 27 जनवरी, **1902** को स्थापित भारतीय विश्वविद्यालय आयोग का अध्यक्ष थॉमस रैले को बनाया गया।

• इस समय भारत का **वायसराय लॉर्ड कर्जन** था।

• भारतीय विश्वविद्यालय अधिनियम, 1904 के द्वारा इसे वैधानिकता प्रदान की गई।

• इस निकाय का उद्देश्य भारत में विश्वविद्यालय शिक्षा में सुधारों के लिए सिफारिशें करना था।

SSC Steno 2024, 2021

2042. दिसम्बर, 2022 में, भारतीय ओलम्पिक संघ की पहली महिला अध्यक्ष कौन बनीं?

SSC Steno Tier-1 10.12.2024 (Shift-II)

(a) मैरी कॉम
(b) साक्षी मलिक
(c) पी. वी. सिन्धु
(d) पी.टी. ऊषा

उत्तर (d)

• दिसम्बर, 2022 में, भारतीय ओलम्पिक संघ की पहली महिला अध्यक्ष पी.टी. ऊषा को निर्विरोध चुना गया।

• भारतीय ओलम्पिक संघ कार्यकारी समिति का चुनाव सुप्रीम कोर्ट के सेवानिवृत्त न्यायाधीश न्यायमूर्ति एल. नागेश्वर राव की निगरानी में सम्पन्न हुआ था।

2043. निम्न में से किस वर्ष में भारत का सबसे पुराना और सबसे बड़ा स्वतन्त्र गैर-लाभकारी आर्थिक नीति अनुसन्धान संस्थान, NCAER (राष्ट्रीय अनुप्रयुक्त आर्थिक अनुसन्धान परिषद्) को स्थापित किया गया था?

SSC Steno 11.11.2021

(a) 1965 (b) 1959 (c) 1952 (d) 1956

उत्तर (d)

• **वर्ष 1956** में स्थापित NCAER अपने अनुसन्धान के लिए निम्नलिखित क्षेत्रों में कार्य करता है— विकास, व्यापार और आर्थिक नीति, निवेश का माहौल, उद्योग बुनियादी ढाँचा एवं श्रम व शहरी विकास आदि।

• NCAER सरकारों तथा उद्योग के लिए अनुदान वित्त पोषित अनुसंधान एवं प्रमाणित अध्ययन का उत्तरदायित्व ग्रहण करना है।

2044. निम्न में से कौन-से देश में इण्टरनेशनल एसोसिएशन ऑफ एथलेटिक्स फेडरेशन (IAAF) का मुख्यालय स्थित है?

SSC Steno 11.11.2021

(a) मोनाको (b) जापान
(c) भारत (d) ब्राजील

उत्तर (a)

• वर्ष 1912 में स्थापित इण्टरनेशनल एसोसिएशन ऑफ एथलेटिक्स फेडरेशन का मुख्यालय **मोनाको** में स्थित है।

• वर्तमान समय में विश्व एथलेटिक्स महासंघ के अध्यक्ष **सेबेस्टियन** हैं।

• यह संस्थान विश्व खेल महासंघ का एक कार्यकारी संस्थान है।

SSC GD

2045. अगस्त, 2023 में भारत के पूर्व मुख्य न्यायाधीश में से किसे सिंगापुर के अन्तर्राष्ट्रीय मध्यस्थ पैनल का सदस्य नियुक्त किया गया था? **SSC GD 20.02.2024 (Shift-III)**

(a) शरद अरविन्द बोबड़े
(b) एन. वी. रमना
(c) रंजन गोगोई
(d) यू. यू. ललित

उत्तर (b)

• अगस्त, 2023 में **एन. वी. रमना** को सिंगापुर के अन्तर्राष्ट्रीय मध्यस्थ पैनल का सदस्य नियुक्त किया गया था।

• अन्तर्राष्ट्रीय मध्यस्थता केन्द्र एक प्रमुख संस्था है, जो सिंगापुर से संचालित होती है।

• यह संस्था मध्यस्थता के माध्यम से विवादों के समाधान के लिए समर्पित है।

2046. निम्नलिखित में से कौन-सा देश सार्क का सदस्य नहीं है? **SSC GD 23.02.2024 (Shift-IV)**

(a) भूटान (b) चीन
(c) बांग्लादेश (d) नेपाल

उत्तर (b)

• चीन सार्क का सदस्य देश नहीं है।

• वर्तमान में (2025) सार्क के महासचिव **मोहम्मद गुलाम सरवर** हैं।

02

प्राचीन इतिहास

भारतीय इतिहास के स्रोत, हड़प्पा सभ्यता और वैदिक काल

ऐतिहासिक स्रोत

प्राचीन भारतीय इतिहास को जानने के मुख्यतः तीन स्रोत हैं

पुरातात्विक स्रोत

- इसमें अभिलेख, मुद्रा, मूर्तियाँ, चित्रकला एवं स्मारक शामिल हैं।
- अभिलेख शिलाओं, स्तम्भों, ताम्रपत्रों, दीवारों, मुद्राओं एवं प्रतिमाओं आदि पर खुदे होते हैं।
- एशिया माइनर में बोगाजकोई से प्राप्त सर्वाधिक प्राचीन **संधिपत्र अभिलेख** (1400 ईसा पूर्व) में चार वैदिक देवताओं इन्द्र, मित्र, वरुण व नासत्य (अश्विनी कुमार) का उल्लेख मिलता है।
- सर्वप्रथम 'भारतवर्ष' का उल्लेख हाथीगुम्फा अभिलेख में है।
- बेसनगर (विदिशा) से प्राप्त गरुड़ स्तम्भ लेख से **भागवत धर्म** के प्रसार का विवरण मिलता है।
- अन्य अभिलेखों में एरण अभिलेख, प्रयाग स्तम्भ लेख, मन्दसौर अभिलेख, जूनागढ़ अभिलेख, एहोल अभिलेख आदि प्रमुख हैं।

साहित्यिक स्रोत

- **धार्मिक साहित्य** के अन्तर्गत वेद, उपनिषद्, रामायण, महाभारत, पुराण, स्मृति ग्रन्थ, बौद्ध तथा जैन ग्रन्थों को सम्मिलित किया जाता है।
- **धर्मेत्तर साहित्य** में ऐतिहासिक एवं समकालीन साहित्य; जैसे—अर्थशास्त्र (कौटिल्य), मुद्राराक्षस (विशाखदत्त), राजतरंगिणी (कल्हण), पृथ्वीराज रासो (चन्दबरदाई), कथासरित्सागर (सोमदेव), हर्षचरित (बाणभट्ट) आदि को सम्मिलित किया जाता है।

विदेशी यात्रियों का विवरण

- इनमें यूनानी-रोमन (क्लासिकल) लेखकों में **टेसियस** तथा **हेरोडोटस** (इतिहास का पिता) के नाम उल्लेखनीय हैं।
- सिकन्दर के साथ भारत आने वाले विदेशी लेखक नियार्कस, आनेसिक्रिट्स तथा अरिस्टोबुलस थे।
- अन्य विदेशी लेखकों में मेगस्थनीज, प्लूटार्क एवं स्ट्रेबो के नाम प्रमुख हैं।
- मेगस्थनीज, सेल्यूकस का राजदूत था, जो चन्द्रगुप्त मौर्य के दरबार में आया था।

सिक्के एवं मुद्राएँ

- **आहत सिक्के** (पंचमार्क सिक्के) बिना लेख युक्त विविध प्रतीक चिह्न (आकृतियों) वाले प्राचीनतम सिक्के थे।
- सर्वाधिक स्वर्ण मुद्राएँ गुप्तकाल में जारी की गईं।
- समुद्रगुप्त को कुछ सिक्कों पर **वीणा वादन** करते हुए दिखाया एवं यज्ञश्री शातकर्णी (सातवाहन) की मुद्रा पर **जलपोत** का चित्र उत्कीर्ण है।
- चन्द्रगुप्त विक्रमादित्य की **व्याघ्र शैली** की मुद्राओं से शकों पर विजय का विवरण मिलता है।

भारतीय इतिहास

उपलब्ध सामग्री के आधार पर इतिहास को तीन भागों में बाँटा गया है

- **प्राक् इतिहास** (20 लाख - 3000 ई. पू.) लिखित साक्ष्यों का अभाव (उदाहरण-पाषाण काल)।
- **आद्य ऐतिहासिक** (3000 - 600 ई. पू.) लिखित साक्ष्य उपलब्ध, परन्तु पढ़ा नहीं जा सके (उदाहरण-सिन्धु घाटी सभ्यता)।
- **ऐतिहासिक** (600 ई. पू. के उपरान्त का समय) प्राप्त लिखित विवरण को पढ़ा गया (उदाहरण छठी शताब्दी ईसा पूर्व के बाद का समय)।

पुरा पाषाणकाल

- पश्चिमोत्तर भारत के **सोहन घाटी क्षेत्र** से पुरा पाषाण संस्कृति के साक्ष्य प्राप्त हुए हैं।
- यहाँ स्थित चौन्तरा नामक स्थान से हस्तकुठार तथा शल्क प्राप्त हुए हैं।
- नर्मदा घाटी के नरसिंहपुर, महाराष्ट्र के नेवासा, आन्ध्र प्रदेश के गिद्दलूर, करीमपूडी तथा तमिलनाडु के वादमदुराइ, अतिरंपक्कम इत्यादि स्थानों से भी पुरा पाषाणकालीन अवशेष मिले हैं।

मध्य पाषाणकाल

- **मध्य पाषाणकाल** में क्वार्टजाइट के औजार तथा हथियार बनाए जाते थे।
- पश्चिम बंगाल के वीरभानपुर, गुजरात के लंघनाज, मध्य प्रदेश के आदमगढ़ तथा राजस्थान के बागौर से मध्य पाषाणकालीन अवशेष प्राप्त हुए हैं।

नव पाषाणकाल

- मेहरगढ़ (बलूचिस्तान), उत्तर प्रदेश में कोल्डिहवा, बिहार में चिराद, कश्मीर में बुर्जहोम, गुफ्फकराल तथा असम में स्थित दाओजली हेडिंग प्रमुख नव पाषाणकालीन स्थल हैं।
- **मेहरगढ़** से कृषि का प्राचीनतम साक्ष्य प्राप्त होता है। मध्य पुरा पाषाणकाल में आग का तथा नव पाषाणकाल में पहिए का आविष्कार हुआ था।
- पशुपालन का प्रारम्भिक साक्ष्य मध्य पाषाणकालीन स्थल **आदमगढ़** एवं **बागोर** से प्राप्त होता है।
- **अग्नि** का सर्वप्रथम उपयोग इस काल में हुआ था।
- मनुष्य ने सर्वप्रथम कुत्ते को पालतू बनाया।
- सबसे पहले **ताँबा** धातु का प्रयोग किया था।
- मनुष्य द्वारा बनाया गया पहला औजार **कुल्हाड़ी** था।

सिन्धु घाटी सभ्यता

- सिन्धु घाटी सभ्यता (2350 से 1750 ई.पू.) को **हड़प्पा सभ्यता** भी कहा जाता है।
- हड़प्पा की खोज सर जॉन मार्शल के नेतृत्व में **दयाराम साहनी** द्वारा वर्ष 1921 में की गई।
- हड़प्पा सभ्यता आद्य ऐतिहासिक काल से सम्बन्धित **कांस्ययुगीन सभ्यता** थी।
- हड़प्पा सभ्यता में प्रचलित लिपि **भावचित्रात्मक** (पिक्टोग्राफिक) है तथा यह लिपि दाईं से बाईं ओर लिखी जाती थी।

नगर योजना

- हड़प्पा सभ्यता की प्रमुख विशिष्टता **नगर नियोजन** तथा जल निकासी व्यवस्था थी।

- नगरों के उच्च भाग को 'नगर दुर्ग' एवं निम्न भाग को 'निचला-नगर' कहा गया।
- **कालीबंगा** एकमात्र हड़प्पाकालीन स्थल था, जिसका निचला शहर (सामान्य लोगों के रहने हेतु) भी किले से घिरा हुआ था।
- मोहनजोदड़ो से प्राप्त **वृहत् स्नानागार** एक सार्वजनिक स्थान था, जिसके मध्य स्थित स्नानकुण्ड 11.88 मी लम्बा, 7.01 मी चौड़ा एवं 2.43 मी गहरा था।
- इसका प्रयोग आनुष्ठानिक स्नान हेतु किया जाता था।

सिन्धु घाटी सभ्यता के प्रमुख स्थल

प्रमुख स्थल/उत्खननकर्ता	प्राप्त साक्ष्य
हड़प्पा (दयाराम साहनी)	मुहरों पर एक शृंगी पशु, ताँबे की इक्कागाड़ी
मोहनजोदड़ो (राखालदास बनर्जी)	तीन मुख वाले देवता (पशुपति नाथ), नर्तकी की काँस्य मूर्ति, विशाल अन्नागार व स्नानागार
चन्हूदड़ो (एन.जी. मजूमदार)	मनके बनाने के कारखाने
कोटदीजी (एफ.ए.खान)	मिट्टी के बर्तन, उत्कीर्ण मुहरें, ग्लेण्ड स्टीटाइट मोती
कालीबंगा (अमलानन्द घोष)	जुते हुए खेत, नक्काशीदार ईंटें
रंगपुर (एस आर राव)	धान की भूसी
रोपड़ (यज्ञदत्त शर्मा)	मानव के साथ कुत्ते दफनाने का साक्ष्य
लोथल (एस आर राव)	बन्दरगाह (डॉक-यार्ड)
बनावली (रवीन्द्र सिंह बिष्ट)	मिट्टी का खिलौना, हल, जौ
सुरकोटदा (जे.पी. जोशी)	घोड़े के अस्थिपंजर

सामाजिक जीवन

- समाज चार वर्गों में बँटा था—विद्वान्, योद्धा, व्यापारी और शिल्पकार। लोग शाकाहारी एवं माँसाहारी दोनों थे।
- **मनोरंजन** का साधन जुआ खेलना, शिकार, नृत्य-संगीत इत्यादि थे। हड़प्पा निवासी ऊनी एवं सूती दोनों प्रकार के वस्त्र पहनते थे।
- **शवों** को जलाने एवं दफनाने की प्रथा प्रचलित थी।

धार्मिक व्यवस्था

- सिन्धु सभ्यता के लोग **मातृदेवी** की पूजा करते थे। वृक्षपूजा तथा नागपूजा का भी प्रचलन था। **कूबड़वाला साँड** लोगों के लिए विशेष पूजनीय था।
- मोहनजोदड़ो से प्राप्त एक मुहर पर पशुपति शिव की मूर्ति उत्कीर्ण है।
- इसके दाईं ओर एक हाथी एवं एक बाघ तथा बाईं ओर एक गैंडा एवं एक भैंसा खड़े हुए हैं।
- किसी भी हड़प्पाई स्थल से मंदिर के साक्ष्य नहीं मिले हैं।

आर्थिक जीवन

- आर्थिक जीवन के प्रमुख आधार कृषि, पशुपालन, शिल्प और व्यापार थे।
- हड़प्पा और मोहनजोदड़ो व्यापार के प्रसिद्ध केन्द्र थे। यहाँ से नौ फसलों–गेहूँ, जौ, कपास, खजूर, तरबूज, मटर, राई, सरसों एवं तिल की जानकारी मिलती है।
- विश्व में सर्वप्रथम कपास की खेती यहीं प्रारम्भ हुई, इसी कारण यूनानियों ने कपास को सिण्डॉन कहा है।
- बैल, भेड़, बकरी आदि पशु पालतू थे।
- लोगों का मुख्य व्यवसाय शिल्प एवं उद्योग था। शिल्प कार्यों में मनके बनाना, शंख की कटाई, धातुकर्म, मुहर निर्माण तथा बाँट बनाना सम्मिलित थे।
- व्यापार के सन्दर्भ में मेसोपोटामिया के सारगोन युगीन अभिलेखों से **मेलुहा** (सिन्धु घाटी), दिलमुन (बहरीन) तथा **मगन** (माकन) का उल्लेख मिलता है।
- कालीबंगा से प्राप्त मेसोपोटामिया की बेलनाकार आकृति युक्त मुहर से यह ज्ञात होता है कि मेसोपोटामिया तथा हड़प्पा सभ्यता के स्थलों के बीच घनिष्ठ व्यापारिक सम्बन्ध था।
- व्यापार **वस्तु-विनिमय** द्वारा होता था, क्योंकि सिन्धु सभ्यता में सिक्के नहीं मिले हैं।
- भारत में चाँदी सर्वप्रथम हड़प्पा सभ्यता के स्थलों से पाई गई है।

आयातित वस्तुएँ एवं व्यापार स्थल

वस्तुएँ	स्थल
टिन	अफगानिस्तान, ईरान *(मध्य एशिया)*
ताँबा	खेतड़ी *(राजस्थान)*, बलूचिस्तान
सोना	अफगानिस्तान, फारस, कर्नाटक
चाँदी	अफगानिस्तान, फारस *(ईरान)*
सीसा	फारस, अफगानिस्तान
गोमेद	सौराष्ट्र (गुजरात)
लाजवर्द मणि	बदख्शां (अफगानिस्तान)

वैदिक काल

- 1500 ई. पू. से 600 ई. पू. तक के कालखण्ड को **वैदिक संस्कृति** की संज्ञा दी जाती है।
- वैदिक काल के दो भाग हैं—ऋग्वैदिक 1500-1000 ई. पू. तथा उत्तर-वैदिक 1000-600 ई. पू.।
- आर्य सर्वप्रथम अफगानिस्तान एवं पंजाब में बसे (सप्त सैंधव क्षेत्र)।
- मैक्समूलर ने आर्यों का मूल निवास **मध्य एशिया** माना है।

प्रमुख ऋग्वैदिक नदियाँ

प्राचीन	आधुनिक	प्राचीन	आधुनिक
क्रुमु	कुर्रम	शुतुद्रि	सतलज
कुभा	काबुल	विपाशा	व्यास
वितस्ता	झेलम	दृषद्वती	घग्घर
अस्किनी	चिनाब	गोमल	गोमती
परुष्णी	रावी	सुवास्तु	स्वात्

आर्थिक व्यवस्था

- मुद्रा की परिचायक – **गाय**
- प्रिय पशु – **घोड़ा** (रथों का प्रयोग)
  अपरिचित वस्तुएँ – बाघ, मछली, नमक, लोहा, चाँदी।
- ऋग्वैदिक कालीन शिल्पी – बढ़ई, रथकर, बुनकर, चर्मकार, कुम्हार।

सामाजिक व्यवस्था

- समाज – पितृसत्तात्मक
- अप्रचलित प्रथाएँ – बाल विवाह, सती प्रथा, जाति प्रथा, पर्दा प्रथा
- जीवन भर अविवाहित रहने वाली महिलाएँ – अमाजू
- आर्यों की भाषा – संस्कृत

राजनीतिक व्यवस्था

- संरचना – कबीलाई
- सम्पूर्ण कबीला – जन
- कबीले का प्रधान – राजन
- राजा पर नियन्त्रण रखने वाली संस्थाएँ – सभा, समिति, विदथ
- ग्राम का प्रधान – ग्रामिणी
- विश का प्रधान – विशपति
- जन का शासक – राजन

धार्मिक व्यवस्था

- महत्त्वपूर्ण देवता इन्द्र (पुरन्दर), अग्नि, वरुण
- पवित्र नदी – सरस्वती (नदीतमा)
- उपासना का माध्यम – स्तुतिपाठ, यज्ञ
- सत्यमेव जयते 'मुण्डकोपनिषद्' से लिया गया है।
- असतो मा सद्गमय बृहदारण्यक उपनिषद् से लिया गया है।

ऋग्वैदिक देवी-देवता

देवता	सम्बन्ध
इन्द्र	युद्ध का नेता एवं वर्षा का देवता
अग्नि	देवता एवं मनुष्य के बीच मध्यस्थ
वरुण	समुद्र का देवता, विश्व के नियामक ऋतु (नैतिकता) का स्वामी
मारुत	आँधी-तूफान का देवता
द्यौ	आकाश का देवता *(सबसे प्राचीन)*
उषा	प्रगति एवं उत्थान-देवी
सोम	वनस्पति देवता (पेय पदार्थ)
आश्विन	विपत्तियों को हरने वाले देवता
पूषन	पशुओं का देवता

उत्तर-वैदिक काल

- सभ्यता का विस्तार – **विदेह** (उत्तरी बिहार) तक
- प्रमुख रचनाएँ – सामवेद, यजुर्वेद एवं अथर्ववेद तथा ब्राह्मण ग्रन्थ, आरण्यक एवं उपनिषद्

राजनीतिक व्यवस्था

- जनपदीय व्यवस्था का उदय
- कबीलाई संरचना में सभा-समिति पर राजन्य वर्ग का वर्चस्व
- शासकों द्वारा सम्राट, चक्रवर्तिन जैसी उपाधियों का धारण
- राजा की शक्ति में वृद्धि

सामाजिक व्यवस्था

- स्त्रियों की स्थिति कमजोर
- सभा तथा समिति में भाग लेने पर रोक
- वर्ण आधारित जाति प्रथा का उदय
- परिवार के मुखिया की शक्तियों में वृद्धि

आर्थिक व्यवस्था

- व्यापार प्रायः **वस्तु-विनिमय** द्वारा
- कृषि तथा पशुपालन का विकास
- लौह उपकरणों का विकास
- बैल की सहायता से कृषि कार्य
- खाद्यान्न का उत्पादन
- कृषि प्रक्रियाओं का उल्लेख – **शतपथ ब्राह्मण**
- इस काल में चित्रित धूसर मृद्भाण्ड (Painted Grey Ware, PGW) बनाए तथा प्रयोग किए जाते थे।

धार्मिक व्यवस्था

- महत्त्वपूर्ण देवता – **शिव, विष्णु** तथा **प्रजापति**
- कर्मकाण्डों का विस्तार
- राजसूय-वाजपेय-अश्वमेध यज्ञों का विस्तार
- तन्त्र-मन्त्र-जादू-टोना पर विश्वास
- यज्ञ और बलि का महत्त्व

वैदिक साहित्य

ऋग्वेद	• 10 मण्डल, 1028 श्लोक (1017 सूक्त तथा 11 बालखिल्य) तथा लगभग 10,580 मन्त्र हैं। • 'दशराज्ञ युद्ध' - परुष्णी *(रावी)* नदी के तट पर हुआ, जिसमें सुदास विजयी हुआ। • पुरुष सूक्त - 10वें मण्डल में चार वर्णों *(ब्राह्मण, क्षत्रिय, वैश्य एवं शूद्र)* का पहली बार उल्लेख।
यजुर्वेद	• यजुर्वेद कर्मकाण्ड प्रधान ग्रन्थ है, यह दो भागों में विभक्त है– कृष्ण यजुर्वेद *(गद्य)*; शुक्ल यजुर्वेद *(पद्य)*
सामवेद	• साम का अर्थ 'गान' होता है।
अथर्ववेद	• 'अथर्व' शब्द का तात्पर्य है–पवित्र जादू। अथर्ववेद में रोग-निवारण, राजभक्ति, विवाह, अन्धविश्वासों का वर्णन है।
आरण्यक	• आरण्यक शब्द 'अरण्य' से बना है, जिसका अर्थ है-जंगल। • इनमें आत्मा, परमात्मा, जन्म, मृत्यु, पुनर्जन्म आदि का उल्लेख है। ये ज्ञान मार्ग एवं कर्म मार्ग के बीच सेतु का कार्य करते हैं।
उपनिषद्	• इनकी संख्या 108 है। इन्हें **वेदान्त** भी कहते हैं।

वेद, उपवेद, ब्राह्मण तथा उपनिषद्

वेद/पुरोहित	उपवेद/रचनाकार	वेदों के ब्राह्मण	वेदों के उपनिषद्
ऋग्वेद (होतृ)	आयुर्वेद/धनवन्तरि	कौषीतकी और ऐतरेय	कौषीतकी और ऐतरेय
यजुर्वेद (अध्वर्यु)	धनुर्वेद/विश्वामित्र	तैत्तिरीय और शतपथ	श्वेताश्वतर, वृहदारण्यक, ईशोपनिषद्, कठोपनिषद्
सामवेद (उद्गाता)	गन्धर्ववेद/नारद	पंचविंश/तांड्य, षड्विंश, जैमिनीय	छांदोग्य, जैमिनीय
अथर्ववेद (ब्रह्मा)	शिल्पवेद	गोपथ	मुण्डकोपनिषद्

षड्दर्शन

दर्शन	प्रवर्तक	दर्शन	प्रवर्तक
सांख्य (प्राचीनतम)	कपिल	योग	पतंजलि
वैशेषिक	कणाद	न्याय	गौतम
पूर्व मीमांसा	जैमिनी	उत्तर मीमांसा	बादरायण (व्यास)

अन्य ग्रन्थ

वेदांग	वेदों का अर्थ समझने के लिए वेदांग की रचना की गई। ये ६ हैं–शिक्षा, कल्प, व्याकरण, निरुक्त, छन्द और ज्योतिष।
पुराण	**कुल संख्या**-१८ **प्रमुख पुराण** - विष्णु, नारद, वामन, वायु, गरुड़ **प्राचीनतम पुराण** - मत्स्य पुराण (विष्णु के 10 अवतारों का उल्लेख)
रामायण	**रचना** - महर्षि वाल्मीकि **अन्य नाम** - चतुर्विंशतिसाहस्री संहिता **श्लोकों की संख्या** - 24,000
महाभारत	**रचना** - महर्षि वेदव्यास **अन्य नाम** - जयसंहिता और शतसाहस्री संहिता **श्लोकों की संख्या** - एक लाख
स्मृतियाँ	**मुख्य स्मृतियाँ** - मनुस्मृति, बृहस्पति स्मृति, याज्ञवल्क्य स्मृति, नारद स्मृति, पराशर स्मृति, कात्यायन स्मृति
सूत्र साहित्य (कल्प सूत्र)	वैदिक साहित्य में विधि और नियमों के प्रतिपादन हेतु सूत्र साहित्य का प्रणयन किया गया। इसके तीन भाग हैं– श्रौत सूत्र, गृह्य सूत्र तथा धर्म सूत्र। सूत्र साहित्य से ही स्मृति ग्रन्थों का विकास हुआ है।

SSC एग्जाम स्कैनर

SSC CGL 2024 (Tier I & II)

1. गो शब्द, जिसका अर्थ गाय है, से बहुत सारे शब्द व्युत्पन्न हुए हैं। वैदिक काल में एक धनी व्यक्ति को ……… कहा जाता था।
SSC CGL Tier-1 24.09.2024 (Shift-III)

(a) गोत्र (b) गोमत
(c) गवेषणा (d) गबाक्ष

उत्तर (b)

• वैदिक काल में एक धनी व्यक्ति को गोमत कहा जाता था
• **गोमत** शब्द संस्कृत भाषा के शब्द 'गोमती' से लिया गया है, जिसका अर्थ है-गायों को रखना।
• वैदिक काल में गायों को धन एवं समृद्धि का प्रतीक माना जाता था।
• गाय से सम्बन्धित कुछ अन्य शब्द इस प्रकार हैं
• **गोमती** गाय का स्वामी अथवा पशुओं का रक्षक।
• **गविष्टि** गायों की खोज करना (गोधूली के समय)।

2. आर्य उस भूमि पर रहते थे, जिसे सप्त सिन्धु (सात नदियों की भूमि) कहा जाता था। निम्नलिखित में से कौन-सा इसका भाग नहीं था?
SSC CGL Tier-1 23.09.2024 (Shift-III)

(a) रावी (b) सिन्धु
(c) झेलम (d) शिप्रा

उत्तर (d)

• आर्य उस भूमि पर रहते थे, जिसे **सप्त सिन्धु** कहा जाता था। शिप्रा नदी सात सैन्धव का भाग नहीं थी।
• सप्त सिन्धु में शामिल सात नदियाँ—सिन्धु, झेलम, चिनाब, रावी, सतलज, व्यास और सरस्वती थी।
• शिप्रा नदी **मध्य प्रदेश** की एक प्रमुख नदी है। यह एक बारहमासी नदी है। उज्जैन में कुम्भ का मेला इसी नदी के किनारे लगता है।

3. निम्नलिखित में से कौन ऋग्वैदिक जनजाति के तीन वर्गों का हिस्सा नहीं था?
SSC CGL Tier-1 23.09.2024 (Shift-I)

(a) शिल्पी (b) आम जनता
(c) पुरोहित (d) योद्धा

उत्तर (a)

• शिल्पी **ऋग्वैदिक जनजाति** के 3 वर्गों का हिस्सा नहीं थे।
• ऋग्वैदिक काल के समाज में आदिवासी समाज को तीन समूहों- योद्धा, पुजारी एवं आम लोग में विभाजित किया गया था।
• ऋग्वैदिक समाज की सबसे छोटी इकाई गृह या कुल थी, गृह का प्रमुख गृहपति एवं कुल का प्रमुख कुलपति कहलाता था, इसका प्रमुख परिवार का मुखिया अथवा पिता होता था।

> ऋग्वैदिक कालीन परिवार संयुक्त परिवार था तथा विवाह को एक पवित्र संस्कार माना जाता था।

4. वैदिककाल में प्रचलित वर्ण व्यवस्था के अनुसार, निम्नलिखित में से कौन-सा एक वर्ण नहीं था?
SSC CGL Tier-1 18.09.2024 (Shift-I)

(a) वैश्य (b) क्षत्रिय
(c) समिति (d) ब्राह्मण

उत्तर (c)

• वैदिककाल में प्रचलित वर्ण व्यवस्था के अनुसार वैदिककाल वर्ण व्यवस्था को चार वर्गों ब्राह्मण, क्षत्रिय, वैश्य और शूद्र में बाँटा गया था।
• समिति आम जनमानस की संस्था थी। इनके सदस्य सामान्य विषयों पर चर्चा करते थे।
• वैदिककाल में समिति का मुख्य कार्य **राजा का निर्वाचन** करना होता था।

5. वेदांग हिन्दू धर्म के सहायक विषय हैं, जिनकी उत्पत्ति प्राचीनकाल में हुई थी और वे वेदों के अध्ययन से जुड़े हुए हैं। इनकी संख्या ……… है। **SSC CGL Tier-1 12.09.2024 (Shift-II)**

(a) चार (b) छः
(c) सात (d) पाँच

उत्तर (b)

• **वेदांग** हिन्दू धर्म के सहायक विषय हैं, जिनकी उत्पत्ति प्राचीनकाल में हुई थी और वे वेदों के अध्ययन से जुड़े हुए हैं।
• इनकी संख्या 6 है।
• यह हैं, शिक्षा, कल्प, व्याकरण, ज्योतिष, छन्द, निरुक्त।
• इनके रचनाकार क्रमशः पाणिनि/काव्यायन, गौतम/बौधायन/आपस्तम्ब, पाणिनि, लगध, पिंगल तथा यास्क माने जाते हैं।

6. वैदिक जीवन की आश्रम प्रणाली के अनुसार निम्नलिखित में से जीवन का तीसरा चरण कौन-सा था?
SSC CGL Tier-1 01.19.2024 (Shift-II)

(a) वानप्रस्थ (b) संन्यास
(c) ब्रह्मचर्य (d) गृहस्थ

उत्तर (a)

• वैदिक जीवन की आश्रम प्रणाली के अनुसार जीवन का तीसरा चरण वानप्रस्थ था जिसमें व्यक्ति त्याग, तप, अहिंसा और ज्ञान का अर्जन करता है।

• वैदिक काल में आर्यों में मानव जीवन को **चार आश्रमों** में बाँटा गया था–ब्रह्मचर्य, गृहस्थ, वानप्रस्थ और संन्यास।

SSC CGL 2023 (Tier I & II)

7. भरत जन के नाम पर इण्डिया का नाम 'भारत' रखा गया। निम्नलिखित में से किस वेद में इस जन का सर्वप्रथम उल्लेख मिलता है?

SSC CGL Tier-1 07.03.2023 (Shift-I)

(a) ऋग्वेद (b) सामवेद
(c) यजुर्वेद (d) अथर्ववेद

उत्तर (a)

• भरत जन के नाम पर इण्डिया का नाम भारत रखा गया। **ऋग्वेद** में सर्वप्रथम इस जन का उल्लेख मिलता है।

• भरत नाम ऋग्वेद मन्त्रों का संकलन करने वाले लोगों के समूह को इंगित करता है।

• सम्पूर्ण पृथ्वी को भारतवर्ष कहा जाता था, लेकिन विशेष रूप से हिमालय पर्वत के दक्षिण में स्थित क्षेत्र को **भारतवर्ष** कहा जाता था।

• भारत वर्ष को **आर्यावर्त** आर्थात् आर्यों की भूमि के नाम से भी जाना जाता था।

8. भीमबेटका, पुरापाषाण काल का एक प्रसिद्ध स्थल, भारत के किस राज्य में स्थित है?

SSC CGL Tier-2 02.03.2023 (Shift-II)

(a) उत्तर प्रदेश (b) बिहार
(c) मध्य प्रदेश (d) राजस्थान

उत्तर (c)

• भीमबेटका, पुरापाषाण काल का एक प्रसिद्ध स्थल, भारत के **मध्य प्रदेश** में स्थित है।

• इसे वर्ष 2003 में **यूनेस्को** द्वारा विश्व धरोहर स्थल घोषित किया गया है।

• यह आदिमानव द्वारा बनाए गए **शैलचित्रों** और **शैलाश्रयों** के लिए प्रसिद्ध है।

• ये चित्र भारतीय उपमहाद्वीप में मानव जीवन के प्राचीनतम चिह्न हैं।

> भीमबेटका की खोज वर्ष 1957-58 में **डॉ. विष्णु श्रीधर वाकणकर** द्वारा की गई थी।

9. वैदिक आर्य सप्त-सिन्धु नामक क्षेत्र में रहते थे, जिसका अर्थ सात नदियों द्वारा अपवाहित क्षेत्र है। सात नदियों में से एक झेलम नदी है। इसका प्राचीन नाम क्या था?

SSC CGL Tier-1 14.07.2023 (Shift-I)

(a) परुष्णी (b) विपाशा
(c) अस्किनी (d) वितस्ता

उत्तर (d)

• सप्त-सिन्धु नामक वैदिक काल की सात नदियों में से झेलम नदी का प्राचीन नाम **वितस्ता** था, जो जम्मू-कश्मीर व पाक अधिकृत कश्मीर क्षेत्र में प्रवाहित होती है।

• **विपाशा** का आधुनिक नाम व्यास नदी, **अस्किनी** का **चिनाब** व **परुष्णी** का **रावी** है।

10. प्रारम्भिक वैदिक काल में धनवान व्यक्ति को .... के रूप में जाना जाता था।

SSC CGL 14.07.2023 III Tier-I

(a) रवि (b) गोमत (c) गवेष्णा (d) दुहित्री

उत्तर (b)

• प्रारम्भिक वैदिक काल में धनवान व्यक्ति को गोमत के रूप में जाना जाता था।

11. निम्नलिखित में से कौन 1700 ईसा पूर्व में हथियारों के निर्माण के लिए सबसे पहले लोहे का इस्तेमाल करने वाले देशों में से एक था?

SSC CGL Tier-1 19.07.2023 (Shift-I)

(a) बुल्गारिया (b) मोरक्को
(c) रोमानिया (d) भारत

उत्तर (c)

• **रोमानिया** देश लोहे का प्रयोग करने वाले देशो में से एक है। इसकी राजधानी और सबसे बड़ा शहर **बुखारेस्ट** है।

12. निम्नलिखित में से किस वेद में दाशराज्ञ युद्ध (दस राजाओं के युद्ध) का उल्लेख है?

SSC CGL Tier-1 21.07.2023 (Shift-II)

(a) अथर्ववेद (b) सामवेद
(c) ऋग्वेद (d) यजुर्वेद

उत्तर (c)

• **दाशराज्ञ युद्ध** का वर्णन ऋग्वेद के 7वें मण्डल में किया गया है।

• यह युद्ध पुरुष्णी (रावी) नदी के तट पर सुदास एवं दस जनों के बीच लड़ा गया, जिसमें सुदास विजयी हुआ।

• ऋग्वैदिक कालीन शासक सुदास **भरतों का नेता** था और उसके पुरोहित **वशिष्ठ** थे।

13. उत्तर वैदिक काल में निम्नलिखित में से कौन-सा वर्ण मुख्य रूप से खेती, पशुपालन और व्यापार जैसे काम करता था?

SSC CGL Tier-1 05.07.2023 (Shift-I)

(a) क्षत्रिय (b) वैश्य (c) ब्राह्मण (d) शूद्र

उत्तर (b)

• उत्तर वैदिक काल **वैश्य वर्ण** मुख्यत: खेती, पशुपालन और व्यापार जैसे कार्य करता था।

• वैदिक काल में समाज चार वर्णों में विभाजित था। ये वर्ण हैं–**ब्राह्मण**, **क्षत्रिय**, **वैश्य** एवं **शूद्र**।

• इस विभाजन का आधार कर्म था।

• ऋग्वेद के **10वें मण्डल** के **पुरुष सूक्त** में **चतुर्वर्णों** का उल्लेख मिलता है।

14. आर्यों की मुख्य (प्रमुख) सामाजिक इकाई .... थी।

SSC CGL Tier-1 26.07.2023 (Shift-I)

(a) परिषद् (b) गण
(c) राजन (d) जन

उत्तर (d)

• आर्यों की मुख्य (प्रमुख) सामाजिक इकाई **जन** थी।

• आर्यों की सामाजिक इकाई पाँच भागों में बँटी थी–**कुल**, **ग्राम**, **विश**, **जन**, **राष्ट्र**।

• आर्य एक संस्कृत भाषा का शब्द है, जिसका अर्थ **कुलीन** और **सभ्य** होता है।

15. चार वेदों में से किसमें बुरी आत्माओं और बीमारियों से बचने के लिए जादू और तन्त्र-मन्त्र का संग्रह है?

SSC CGL Tier-1 25.06.2023 (Shift-I)

(a) ऋग्वेद (b) यजुर्वेद
(c) अथर्ववेद (d) सामवेद

उत्तर (c)

• **अथर्ववेद** में जादू और तन्त्र-मन्त्रों का संग्रह है।

• इस वेद की रचना **अथर्वा ऋषि** ने की थी तथा इसकी दो शाखाएँ हैं–शौनक व पिप्लाद।

• अथर्ववेद में ही **सभा व समिति** को **प्रजापति** की दो पुत्रियाँ कहा गया था।

16. लौह-युग को यह नाम इसलिए दिया गया है, क्योंकि इस समय के दौरान मध्य-पूर्व और दक्षिण-पूर्वी यूरोप में औजारों और हथियारों में मुख्य रूप से ....की जगह लोहे का प्रयोग होने लगा था। **SSC CGL Tier-1 27.07.2023 (Shift-I)**

(a) पीतल (b) पत्थर (c) लकड़ी (d) काँसा

उत्तर (d)

• मध्य पूर्व और दक्षिण–पूर्वी यूरोप में औजारो और हथियारों में लोहे के प्रयोग के कारण इसे लौह युग कहा गया।

• लौह-युग का प्रारम्भ सम्भवत: **1200 ई. पू. से 600 ई.** के बीच माना जाता है।

• यह युग पाषाण युग तथा कांस्य युग के बाद का काल है।

SSC CGL 2022 (Tier I & II)

17. निम्नलिखित में से किस भारतीय राज्य में, हड़प्पा के नगर नहीं पाए गए हैं?

SSC CGL Tier-1 04.12.2022 (Shift-I)

(a) हरियाणा (b) राजस्थान
(c) उत्तराखण्ड (d) गुजरात

उत्तर (c)

• दिए गए विकल्पों में **उत्तराखण्ड** को छोड़कर हरियाणा, राजस्थान एवं गुजरात में हड़प्पाकालीन नगर पाए गए हैं।

• यह सभ्यता लगभग 2500 ई. पू. दक्षिण एशिया के पश्चिमी भाग में फैली हुई थी।

• वर्तमान में यह **पाकिस्तान** एवं **पश्चिमी भारत** का क्षेत्र है।

18. निम्नलिखित में से किस युग के दौरान भारत में शुतुरमुर्ग पाए गए थे?

SSC CGL Tier-1 02.12.2022 (Shift-I)

(a) ताम्रपाषाण युग (b) नवपाषाण युग
(c) मध्यपाषाण युग (d) पुरापाषाण युग

उत्तर (d)

• **पुरापाषाण युग** के दौरान भारत में शुतुरमुर्ग पाए गए थे।

• शुतुरमुर्ग मध्य-पूर्व एवं अफ्रीका का उड़ान रहित पक्षी है। यह *स्ट्रुथिओनिडि* (Struthionidae) कुल की जीवित प्रजाति है। इस पक्षी की गर्दन एवं पैर लम्बे होते हैं।

• पुरातत्वविदों द्वारा महाराष्ट्र के पटना, मध्य प्रदेश तथा राजस्थान में शुतुरमुर्ग के अण्डों के छिलकों की प्राप्ति की गई।

• पुरापाषाण युग का काल 500,000 ई.पू. 10,000 ई.पू. का माना जाता है।

19. निम्नलिखित में से हड़प्पा सभ्यता के किस पुरास्थल में जेडाइट पत्थर पाया गया था?
SSC CGL Tier-1 03.12.2022 (Shift-I)

(a) हल्लूर (b) मेहरगढ़
(c) दाओजली हेडिंग (d) महागढ़ा

उत्तर (c)

• हड़प्पा सभ्यता के स्थल **दाओजली हेडिंग** में जेडाइट पत्थर पाया गया था।

• यह असम प्रान्त के कछार पर्वत के उत्तरी क्षेत्र में स्थित एक ऐतिहासिक स्थान है।

• इसका उत्खनन वर्ष **1962-1963** के मध्य **एम.सी. गोस्वामी** और **टी.सी. शर्मा** के नेतृत्व में किया गया था। यह पूर्वोत्तर भारत में खोजा गया पहला **स्तरीकृत नवपाषाण** स्थल है।

20. निम्नलिखित में से किस युग में चताल ह्युक सबसे प्रसिद्ध पुरास्थलों में से एक था?
SSC CGL Tier-1 05.12.2022 (Shift-II)

(a) नवपाषण युग
(b) पुरापाषाण युग
(c) मध्यपाषाण युग
(d) ताम्रपाषाण युग

उत्तर (a)

• नवपाषाण युग में चताल हयुक सबसे प्रसिद्ध पुरास्थलों में से एक है। यहाँ नवपाषाण की **सबसे बड़ी** और **सबसे अच्छी संरक्षित बस्ती** है।

• चताल ह्यू निर्मित होने वाले पहले मानव प्रोटो-शहरों में से एक है।

• यहाँ से मिट्टी, के ईंटों व लकड़ी से घर बनाने के साक्ष्य मिले हैं।

• अनातोलिया का सबसे पुराना शहर चताल ह्यूक है। वर्ष 1961-1963 में अंग्रेजी पुरातत्त्वविद् **डी मेलर्ड** ने इस स्थल का पता लगाया।

21. निम्नलिखित में से कौन पुराणों और महाभारत दोनों का संकलन करने वाले माने जाते हैं?
SSC CGL Tier-1 05.12.2022 (Shift-I)

(a) ऋषि वशिष्ठ (b) ऋषि व्यास
(c) ऋषि भारद्वाज (d) ऋषि वाल्मीकि

उत्तर (b)

• **महर्षि व्यास** को पुराणों और महाभारत दोनों का संकलनकर्त्ता माना जाता है।

• भगवतगीता की रचना भी व्यास ने की थी।

• गुप्त काल में महाभारत को **जयसंहिता** के नाम से जाना जाता था।

22. पुरातत्त्वविदों के अनुसार, हड़प्पा के नगरों में पश्चिमी हिस्सा छोटा और ऊँचा था, जिसे .... कहा जाता था।
SSC CGL Tier-1 06.12.2022 (Shift-I)

(a) नगर दुर्ग (b) ओलम्पस
(c) कोलोसियम (d) निचला नगर

उत्तर (a)

• हड़प्पा नगरों मे छोटे व ऊँचे स्थान को **नगर दुर्ग** कहा जाता था।

• हड़प्पा का पूर्वी हिस्सा बड़ा था, परन्तु वह कम ऊँचाई युक्त स्थान में स्थित था, जिसे **निचला नगर** कहा जाता था।

• इन दोनों हिस्सों के चारों ओर पक्की ईंटों की दीवार बनाई गई थी। सिन्धु घाटी सभ्यता विश्व की **प्राचीनतम नगर सभ्यताओं** में से एक है।

• हड़प्पा सभ्यता की मुख्य विशेषता पक्की ईंटों का प्रयोग था, जिसका उपयोग घर, नाली और सड़क बनाने के लिए किया जाता था।

23. निम्नलिखित में से किस धातु का उपयोग हड़प्पा के नगरों में हथियार और औजार बनाने के लिए किया जाता था?
SSC CGL Tier-1 06.12.2022 (Shift-IV)

(a) सोना (b) लोहा
(c) चाँदी (d) ताँबा

उत्तर (d)

• हड़प्पा सभ्यता को **कांस्य युग** भी कहा जाता है। हड़प्पा के लोग लोहे को छोड़कर लगभग सभी धातुओं के बारे में जानते थे।

• हड़प्पावासी **ताँबे**, **काँसे**, **सोने**, **चाँदी** तथा **सीसे** आदि से सम्बन्धित धातुओं से परिचित थे।

• वे ताँबे की धातु का उपयोग हथियार एवं औजार बनाने के लिए करते थे।

• ताँबा मुख्यत: राजस्थान के खेतड़ी से लाया जाता था।

24. हड़प्पा के लोग भारत में वर्तमान ··· से सोना लाते थे। **SSC CGL Tier-1 08.12.2022 (Shift-I)**

(a) तेलंगाना (b) केरल
(c) तमिलनाडु (d) कर्नाटक

उत्तर (d)

• हड़प्पा सभ्यता के लोग भारत में वर्तमान कर्नाटक से सोना लाते थे। इसके अतिरिक्त सिन्धु सभ्यता के लोग सोना अफगानिस्तान तथा फारस से भी प्राप्त करते थे।

• चाँदी अफगानिस्तान से प्राप्त होती थी।

• सोने की तुलना में चाँदी का अधिक उपयोग किया जाता था।

25. निम्नलिखित में से हड़प्पा सभ्यता के मेहरगढ़ पुरास्थल में किस प्रकार के घर के अवशेष मिले हैं? **SSC CGL Tier-1 09.12.2022 (Shift-I)**

(a) आयताकार या वृत्ताकार
(b) वर्गाकार या आयताकार
(c) त्रिकोणीय या वृत्ताकार
(d) वृत्ताकार या वर्गाकार

उत्तर (b)

• हड़प्पा सभ्यता के मेहरगढ़ पुरास्थल में **वर्गाकार या आयताकार** प्रकार के घरों के अवशेष मिलें।

• यह स्थान वर्तमान में **ब्लूचिस्तान** के कच्छी मैदानी क्षेत्र में है।

• यहाँ से **ताँबे के औजार**, **मिट्टी के बर्तन**, **हथियार** और **समाधियाँ** भी मिली प्राप्त हुई हैं।

• यहाँ से प्राचीनतम कृषि एवं पशुपालन के अवशेष प्राप्त हुए हैं।

26. निम्नलिखित में से हड़प्पा सभ्यता का कौन-सा पुरास्थल बोलन दर्रे के पास स्थित है?
SSC CGL Tier-1 09.12.2022 (Shift-I)

(a) मेहरगढ़ (b) गुफक्राल
(c) चिराँद (d) कोल्डिहवा

उत्तर (a)

• हड़प्पा सभ्यता का पुरास्थल मेहरगढ़ बोलन दर्रे के पास स्थित है।

• यहाँ पर ईंटों के बने घर तथा औजार एवं बर्तन भी प्राप्त हुए हैं।

• भारतीय उपमहाद्वीप का यह स्थल सिन्धु घाटी सभ्यता या हड़प्पा सभ्यता का एक प्रमुख नगर था।

27. इण्डिया शब्द इण्डस से आया है, जिसे संस्कृत में ······· कहा जाता है।
SSC CGL Tier-1 12.12.2022 (Shift-I)

(a) अद्य (b) सर्वत्र (c) भानु: (d) सिन्धु

उत्तर (d)

• इण्डिया शब्द इण्डस से आया है, जिसे संस्कृत में **सिन्धु** शब्द का प्रयोग यूनानियों द्वारा चौथी शताब्दी ई. पू. से किया जाता रहा है।

28. मध्यपाषाण युग की अवधि लगभग ...... वर्ष पूर्व से ...... वर्ष पूर्व तक मानी जाती है।
SSC CGL Tier-1 12.12.2022 (Shift-I)

(a) 10000, 7000 (b) 14000, 10000
(c) 17000, 12000 (d) 12000, 10000

उत्तर (d)

• मध्यपाषाण युग की अवधि लगभग **12000 वर्ष पूर्व से 10000 वर्ष पूर्व तक** मानी जाती है।

• मध्यपाषाण काल के प्रमुख औजार **फलक**, **पॉइंट**, **खुरचन**, **उत्कीर्णक**, **चन्द्राकार**, **त्रिभुजाकार**, **बेधनी** जैसे कई सूक्ष्म उपकरण मिले हैं।

रॉबर्ट ब्रूस फूटे ने **1863 ई.** में मद्रास के पल्लवरम से पाषाण कालीन औजारों की पहली बार खोज की।

SSC CPO & CHSL

29. ऋग्वैदिक संहिता में कितने मण्डल हैं?
SSC CPO 27.06.2024 (Shift-II)

(a) 20 (b) 10 (c) 12 (d) 11

उत्तर (b)

• ऋग्वेदिक संहिता में कुल 10 मण्डल हैं।

• इन मण्डलों में सूक्त (स्तोत्र) होते हैं, जिनमें ऋचाएँ (मन्त्र) होती हैं।

• इसका दूसरा मण्डल-अग्नि से, तीसरा-सविता से, सातवाँ-दशराज्ञ से, नौवाँ-सोम से तथा दसवाँ-पुरुष सूक्त (चार वर्ण) से सम्बन्धित है।

30. गंगा घाटी में द्वितीय नगरीकरण का आरम्भ कब हुआ था? **SSC CPO 28.06.2024 (Shift-I)**

(a) छठी शताब्दी ईसा पूर्व
(b) तीसरी शताब्दी ईसा पूर्व
(c) पाँचवीं शताब्दी ईसा पूर्व
(d) दूसरी शताब्दी ईसा पूर्व

उत्तर (a)

• गंगा घाटी में द्वितीय नगरीकरण का आरम्भ **छठी शताब्दी ईसा पूर्व** में हुआ था।

- इस काल को प्राचीन भारतीय इतिहास में महत्वपूर्ण माना जाता है, क्योंकि इस समय नए शहरों और नगरों का विकास हुआ, व्यापार और उद्योग में वृद्धि हुई, और **महाजनपदों** का उदय हुआ।
- इस दौर में सामाजिक, आर्थिक और सांस्कृतिक परिवर्तनों ने भारतीय सभ्यता को नई दिशा दी।

31. हड़प्पा सभ्यता का मोहनजोदड़ो स्थल किस नदी के तट पर स्थित है?

SSC CPO 02.10.2023 (Shift-II)

(a) घाघरा नदी (b) व्यास नदी
(c) झेलम नदी (d) सिन्धु नदी

उत्तर (d)

- हड़प्पा सभ्यता का मोहनजोदड़ो स्थल सिन्धु नदी के तट पर स्थित है।
- मोहनजोदड़ो की खोज **राखालदास बनर्जी** ने वर्ष 1927 में की थी।
- इसकी वर्तमान स्थिति **पाकिस्तान** के सिन्ध प्रान्त का लरकाना जिला है।

32. सिन्धु घाटी सभ्यता के निम्नलिखित में से किस शहर में एक बन्दरगाह पाया गया है?

SSC CHSL Tier-1 21.03.2023

(a) चन्हूदड़ो (b) धौलावीरा
(c) लोथल (d) कालीबंगा

उत्तर (c) लोथल गुजरात राज्य में स्थित सैन्धव सभ्यता का एक प्रमुख स्थल है।

- यह **भोगवा नदी** के किनारे स्थित है। इसकी खोज वर्ष 1954 में **एस.आर. राव** द्वारा की गई थी।
- लोथल को अप्रैल, 2014 में **यूनेस्को के विश्व धरोहर स्थल** के रूप में नामित किया गया था।

SSC Steno 2024

33. हड़प्पा सभ्यता के भवनों और संरचनाओं का अध्ययन करने के लिए एक शिक्षक को अपने विद्यार्थियों को भारत के निम्नलिखित में से किन राज्यों की यात्रा पर ले जाना चाहिए?

SSC Steno Tier-1 10.12.2024 (Shift-II)

(a) बंगाल और ओडिशा
(b) तमिलनाडु और आन्ध्र प्रदेश
(c) सिक्किम और त्रिपुरा
(d) गुजरात और राजस्थान

उत्तर (d)

- हड़प्पा सभ्यता के भवनों और संरचनाओं का अध्ययन करने के लिए, एक शिक्षक को अपने
- विद्यार्थियों को भारत के **गुजरात** और **राजस्थान** राज्यों की यात्रा पर ले जाना चाहिए।
- धौलावीरा, लोथल, सुरकोटड़ा गुजरात के तथा कालीबंगा राजस्थान का प्रमुख हड़प्पाई पुरास्थल है।

34. निम्नलिखित में से कौन-सी स्थापत्य विशेषता हड़प्पा नगरों का हिस्सा नहीं थी?

SSC Steno Tier-1 10.12.2024 (Shift-III)

(a) अच्छी तरह से पकी हुई ईंट के घर
(b) औद्योगिक और वाणिज्यिक भवन
(c) सड़कें और मार्ग
(d) जलनिकासी व्यवस्था

उत्तर (b)

- औद्योगिक और वाणिज्यिक भवन स्थापत्य **हड़प्पा** नगरों का हिस्सा नहीं थे।
- हड़प्पा सभ्यता की सबसे प्रमुख विशेषता इसकी **नगर नियोजन प्रणाली** थी।
- इस सभ्यता के सभी प्रमुख शहर (हड़प्पा, मोहनजोदड़ो, लोथल व कालीबंगा) नदियों के तट पर स्थित थे।

35. 'सेनानी', 'कुलपा' और 'ग्रामणी' प्रमुख रूप से किस वेद में वर्णित कुछ पदाधिकारी हैं?

SSC Steno Tier-1 11.12.2024 (Shift-III)

(a) ऋग्वेद (b) अथर्ववेद
(c) सामवेद (d) यजुर्वेद

उत्तर (a)

- सेनानी, 'कुलपा' और 'ग्रामणी' प्रमुख रूप से ऋग्वेद में वर्णित कुछ पदाधिकारी हैं।
- ग्रामीण गाँव का मुखिया, कुलपा परिवार का मुखिया तथा सेनानी प्रमुख रत्निन होता था।

36. निम्नलिखित में से किस भाषा समूह को बोलने वाले भाषाई समूह का प्रतिनिधित्व आर्यों द्वारा किया जाता है?

SSC Steno Tier-1 11.12.2024 (Shift-III)

(a) अफ्रीकी-एशियाई (b) ऑस्ट्रोनीशियाई
(c) भारोपीय (d) नाइजर कांगो

उत्तर (c)

- भारोपीय भाषा बोलने वाले भाषायी समूह का प्रतिनिधित्व आर्यों द्वारा किया जाता है।
- भारत में विश्व के चार प्रमुख भाषा परिवारों की भाषाएँ बोली जाती हैं, जो हैं-

1. आर्य भाषा समूह 2. द्रविड़ भाषा समूह
3. मुण्डारी भाषा समूह (ऑस्ट्रो-एशियाटिक)
4. चीनी-तिब्बती (नाग भाषा समूह)

37. निम्नलिखित में से कौन-सा स्थल हड़प्पा सभ्यता की वास्तुकला के अवलोकन के लिए उपयुक्त होगा? **SSC Steno Tier-1 11.12.2024 (Shift-III)**

(a) साँची (b) बनावली
(c) सुनाबेदा (d) वालपराई

उत्तर (b)

- **बनावली** हड़प्पा सभ्यता की वास्तुकला के अवलोकन के लिए सबसे उपयुक्त है। हड़प्पा वास्तुकला **कांस्य युग** की वास्तुकला है।
- बनावली हरियाणा के हिसार जिले में स्थित हड़प्पाई स्थल है।
- यहाँ संस्कृति के तीनों स्तर-प्राक्, विकसित तथा उन्नत्तर हड़प्पा पाए गए हैं।
- यहाँ हल की प्रतिकृति पाई गई है।

38. हड़प्पा सभ्यता की जलनिकासी व्यवस्था के सम्बन्ध में दिए गए कथनों के आधार पर सही विकल्प का चयन कीजिए।

कथन I हड़प्पा के अधिकांश शहरों में घरों के बाहर खुली जलनिकासी व्यवस्था थी।

कथन II हड़प्पा सभ्यता में जल और अपशिष्ट, घरों के बाहर स्थित नालियों से निकलकर मुख्य भूमिगत नाली में चला जाता था। **SSC Steno 12.10.2023 (Shift-I)**

(a) केवल कथन I सत्य है।
(b) केवल कथन II सत्य है।
(c) न तो कथन I सत्य है और न ही कथन II सत्य है।
(d) कथन I और कथन II दोनों सत्य हैं।

उत्तर (b)

- हड़प्पा सभ्यता की जल निकासी व्यवस्था के सम्बन्ध में दिए गए कथनों में केवल कथन II सही है।
- **जल प्रबन्धन** और **अपशिष्ट प्रबन्धन** में सिन्धु सभ्यता अपनी समकालीन सभ्यताओं से आगे की थी।
- प्रत्येक घर में **स्नानागार** की व्यवस्था थी। घरों की नालियों को गली की नालियों से जोड़ा गया था, जो बाद में बड़े नालों में मिल जाती थी।
- इनमें ढकी हुई नालियों का निर्माण किया गया था।

SSC MTS 2024

39. नगर दुर्ग क्षेत्र में एक विशाल मिट्टी की/के ..... का चबूतरा है, जो 6 मी ऊँचा है और सभी निर्माण का आधार है।

SSC MTS Tier-1 13.11.2024 (Shift-III)

(a) पत्थर (b) लकड़ी
(c) ईंट (d) चट्टान

उत्तर (c)

- **नगर दुर्ग** क्षेत्र में मिट्टी की ईंट का एक विशाल चबूतरा है जो 6 मी ऊँचा है और सभी निर्माण का आधार है।
- नगर दुर्ग क्षेत्र शत्रु से सुरक्षा के लिए बनाया गया किला था।
- दुर्ग के नीचे सामान्यत: ईंटों से निर्मित नगर होते थे, जहाँ लोग निवास करते थे।

40. भारत में निम्नलिखित में से कौन-सा युग, लौह-युग से भी सम्बन्धित है?

SSC MTS Tier-1 13.11.2024 (Shift-III)

(a) उत्तर वैदिक युग (b) हड़प्पा युग
(c) पुरापाषाण युग (d) नवपाषाण युग

उत्तर (a)

- वैदिक युग लौह युग (1000 ई. पू.) से भी सम्बन्धित है।
- भारत में लौह युग के मुख्य विभाजन चित्रित ग्रे वेयर (PGW) संस्कृति और **उत्तरी काले पॉलिश** वाले वेयर (NBPW) संस्कृति द्वारा किया गया है।
- लोहे के औजारों और कृषि औजारों की उपलब्धता से कृषि पद्धतियों में सुधार हुआ।

41. 'मेगालिथ' का शाब्दिक अर्थ, ... है।

SSC MTS Tier-1 11.11.2024 (Shift-III)

(a) एक शवगृह (b) एक गुफा
(c) एक विशाल आश्रय (d) एक विशाल पत्थर

उत्तर (d)

- **मेगालिथ** का शाब्दिक अर्थ एक विशाल पत्थर है।
- मेगालिथ का प्रयोग स्तम्भ, स्मारक या किसी और निर्माण के लिए किया जाता है।
- मेगालिथ का प्रयोग **पाषाण युग** और कुछ हद तक कांस्य युग में होता था।

42. निम्नलिखित में से कौन-सा कथन सही है?
SSC MTS Tier-1 14.11.2024 (Shift-III)

(a) हड़प्पा संस्कृति की लिपि को इतिहासकारों ने समझ लिया है।
(b) हड़प्पा संस्कृति केवल सिन्ध और पंजाब तक विस्तृत थी।
(c) सिन्धु घाटी सभ्यता में अन्नागार (Granaries) केवल हड़प्पा में ही पाए गए थे।
(d) हड़प्पा स्थलों से मिले शवाधानों में मृतकों को आमतौर पर गर्तों में दफनाया गया था।

उत्तर (d)

• विकल्प (d) सही उत्तर है। हड़प्पा स्थलों से मिले शवाधानों में मृतकों को आमतौर पर गर्तों में दफनाया गया था।

• हड़प्पा सभ्यता में मृतकों के अन्तिम संस्कार के लिए तीन विधियाँ प्रचलित थीं
(i) पूर्ण समाधीकरण
(ii) आंशिक समाधीकरण
(ii) दाह संस्कार

43. वेदों के सन्दर्भ में निम्नलिखित कथनों पर विचार कीजिए। **SSC MTS Tier-1 22.10.2024 (Shift-II)**

1. वेदों को श्रुति कहा जाता है।
2. ऋग्वेद में दस मण्डल हैं।

ऊपर दिए गए कथनों में से कौन-सा/से सही है/हैं?

(a) 1 और 2 दोनों (b) केवल 2
(c) केवल 1 (d) न तो 1 और न ही 2

उत्तर (a)

• वेदों के सन्दर्भ में दोनों कथन (1 व 2) सत्य हैं।

• वेदों को **श्रुति** कहा जाता है, जिसका आशय है-'जो सुना गया हो'।

• वेदों को अपौरुषेय माना जाता है।

44. धौलावीरा में निर्माण सामग्री के रूप में निम्नलिखित में से किस सामग्री का बड़े पैमाने पर उपयोग किया गया है?
SSC MTS Tier-1 22.10.2024 (Shift-II)

(a) सीमेण्ट (b) पत्थर
(c) ग्रेनाइट (d) ईंट

उत्तर (b)

• **धौलावीरा** में निर्माण सामग्री के रूप में बलुआ पत्थर का बड़े पैमाने पर उपयोग किया जाता है। इसके अतिरिक्त कच्ची ईंटों का भी प्रयोग हुआ है।

• यह स्थल भारत के गुजरात में स्थित एक पुरातत्व स्थल है। यहाँ से सिन्धु घाटी सभ्यता के अवशेष और खण्डहर मिले थे।

• इसकी खोज वर्ष 1967-68 में भारतीय पुरातत्व सर्वेक्षण के पुरातत्वविद् **जगतपति जोशी** ने की थी।

> धौलावीरा से दस बड़े आकार के चिह्नयुक्त साइन बोर्ड (शिलालेख) प्राप्त हुए हैं।

45. प्रारम्भिक वैदिक अर्थव्यवस्था मुख्य रूप से ······· गतिविधि पर आधारित थी।
SSC MTS Tier-1 15.10.2024 (Shift-II)

(a) व्यापार (b) चारागाह
(c) कृषि (d) लौह-अयस्क खनन

उत्तर (b)

• प्रारम्भिक वैदिक अर्थव्यवस्था मुख्य रूप से **चारागाह** गतिविधि पर आधारित थी।

• ऋग्वैदिक काल का मूल आधार कृषि एवं पशुपालन था।

• कृषि योग्य भूमि को **उर्वरा** या **क्षेत्र** कहा जाता था।

• आर्यों का मुख्य आर्थिक आधार गाय थी। अधिकांश लड़ाइयाँ गायों एवं पशुओं के लिए लड़ी जाती है।

46. ऋग्वैदिक काल में 'सेनानी' निम्नलिखित में से कौन कहलाता था?
SSC MTS Tier-1 14.10.2024 (Shift-I)

(a) कर अधिकारी (b) जासूस
(c) युद्ध नायक (d) पुजारी

उत्तर (c)

• ऋग्वेदिक काल में 'सेनानी' **युद्ध नायक** कहलाता था।

• इस काल में इन्द्र को युद्ध का नायक माना जाता था। इन्हें देवताओं का राजा और तूफानों व युद्धों का देवता भी माना जाता है।

• वैदिककाल के कुछ अन्य महत्त्वपूर्ण अधिकार– व्रजपति, जीवाग्रिम, भागुदह आदि हैं।

SSC MTS 2023, 2022

47. कौन-सा सिन्धु घाटी स्थल अब पाकिस्तान में स्थित है? **SSC MTS Tier-1 11.09.2023**

(a) हड़प्पा (b) आलमगीरपुर
(c) कालीबंगा (d) लोथल

उत्तर (a)

• सिन्धु घाटी स्थल हड़प्पा अब पाकिस्तान में है।

• हड़प्पा सभ्यता एक **कांस्य युगीन सभ्यता** है। यहाँ से विभिन्न प्रकार की **मुहरें** प्राप्त हुई हैं।

• **हड़प्पा** स्थल की खुदाई दयाराम साहनी ने वर्ष 1921 में **सरजॉन मार्शल के नेतृत्व** में करवाई थी।

48. प्राचीन हड़प्पा स्थल 'लोथल' किस भारतीय राज्य में पाया गया है? **SSC MTS Tier-1 15.07.2022**

(a) मध्य प्रदेश (b) गुजरात
(c) महाराष्ट्र (d) राजस्थान

उत्तर (b)

• **लोथल, गुजरात** राज्य में भोगवा नदी के किनारे स्थित सिन्धु घाटी सभ्यता के सबसे दक्षिणतम स्थलों में से एक था।

• यह विश्व का सबसे **प्राचीनतम बन्दरगाह** शहर है।

49. निम्नलिखित में से कौन-सा वेद सबसे पुराना वेद है? **SSC MTS Tier-1 13.07.2022**

(a) यजुर्वेद (b) ऋग्वेद
(c) अथर्ववेद (d) सामवेद

उत्तर (b)

• ऋग्वेद सबसे पुराना वेद है।

• **ऋग्वेद** की रचना लगभग 1500 से 1000 ई. पू. हुई थी।

• 2 से 7 मण्डल को **गोत्र मण्डल** भी कहा जाता है, क्योंकि इसकी रचना गोत्र विशेष के ऋषियों द्वारा की गई थी। ऋग्वेद को 2007 में यूनेस्को के विश्व मानव विरासत प्रलेख (साहित्य) की श्रेणी में शामिल किया गया।

50. जम्मू-कश्मीर में पुरातात्विक महत्त्व का स्थल निम्नलिखित में से कौन-सा है?
SSC MTS Tier-1 02.11.2021

(a) वाटकल (b) मस्की
(c) ब्रह्मगिरी (d) बुर्जहोम

उत्तर (d)

• **बुर्जहोम**, जम्मू–कश्मीर में पुरातात्विक स्थल है।

• यहाँ से नवपाषाणकाल के **गर्तावास** (गड्ढा घर) तथा मालिक के साथ उसके कुत्ते को भी दफनाए जाने का साक्ष्य मिलते हैं।

• इस साइट को **15 अप्रैल, 2014** को UNESCO की **विश्व धरोहर स्थल** के रूप में सूचीबद्ध करने के लिए नामित किया गया था।

51. निम्नलिखित में से कौन महाराष्ट्र के एक सन्त थे? **SSC MTS Tier-1 02.11.2021**

(a) भाखन (b) सुन्दरदास
(c) दादूदयाल (d) चोखामेला

उत्तर (d)

• **चोखामेला** (1300-1400 ई.) महाराष्ट्र के एक सन्त थे, जिन्होंने कई अभंगों की रचना की। इन्हें भारत का **दलित-महार जाति** का पहला महान् कवि माना जाता है।

• **सन्त नामदेव** (1270-1350 ई.) को **चोखामेला** का गुरु माना जाता है।

52. 1920 के दशक में सिन्धु घाटी सभ्यता के दो प्रमुख शहरों की खोज हेतु उत्खनन एएसआई (ASI) के किस महानिदेशक के नेतृत्व में हुई?
SSC MTS Tier-1 02.11.2021 (Shift-I)

(a) माधो सरूप वत्स (b) मोर्टिमर व्हीलर
(c) जॉन ह्यूबर्ट मार्शल (d) जेम्स बर्गेस

उत्तर (c)

• हड़प्पा का प्रथम पुरातात्विक उत्खनन वर्ष 1921 में किया गया था।

• प्रथम उत्खनन का कार्य पुरातात्विक विभाग के निर्देशक **जॉन मार्शल** के नेतृत्व में **दयाराम साहनी** के द्वारा किया गया।

• भौगोलिक रूप से, सिन्धु घाटी सभ्यता मे **पंजाब, सिन्ध, ब्लूचिस्तान, राजस्थान, गुजरात** और **पश्चिमी उत्तर प्रदेश** शामिल थे।

53. दैमाबाद नामक प्रागैतिहासिक स्थल निम्न में से किस राज्य में स्थित है?
SSC MTS Tier-1 11.11.2021

(a) उत्तर प्रदेश (b) महाराष्ट्र
(c) मध्य प्रदेश (d) गुजरात

उत्तर (b)

• **दैमाबाद**, महाराष्ट्र में स्थित **हड़प्पा सभ्यता** का दक्षिणी विस्तार है।

• **दैमाबाद** गोदावरी नदी की सहायक **प्रवरा** नदी के तट पर स्थित एक **निर्जन गाँव** तथा **पुरास्थल** है।

• यहाँ से, उत्तर हड़प्पा के बाद के ताम्रपाषाणयुगीन जीवनयापन के साक्ष्य प्राप्त हुए हैं।
• यहाँ से ताँबे का रथ चलाते हुए **मनुष्य, साँड़, गैण्डे** और **हाथी** की आकृतियाँ मिली हैं।

54. निम्न में से किस नदी का उल्लेख वैदिक साहित्य में 'वितस्ता' के रूप में किया जाता है?
SSC MTS Tier-1 11.11.2021

(a) व्यास (b) रावी
(c) चिनाब (d) झेलम

उत्तर (d)

• **झेलम नदी** का उल्लेख वैदिक साहित्य में 'वितस्ता' के रूप में किया जाता है।
• झेलम नदी सिन्धु नदी की सहायक नदी है।
• रावी नदी का प्राचीन नाम पुरुष्णी है।
• चिनाब नदी का प्राचीन नाम अस्क्नि है।
• व्यास नदी का प्राचीन नाम विपासा है।

SSC GD 2024

55. प्राचीन हड़प्पा शहर किस नदी के वर्तमान में सूखे मार्ग के तट पर बनाया गया था?
SSC GD 22.02.2024

(a) कोसी (b) यमुना
(c) रावी (d) गण्डक

उत्तर (c)

• प्राचीन हड़प्पा शहर **रावी** नदी के वर्तमान में सूखे मार्ग के तट पर बनाया गया था।
• यह नदी इस सभ्यता की कृषि और व्यापार के लिए महत्त्वपूर्ण थी।

56. .... शहर कच्छ के रण में खादिर बेत (जिसे बेट भी कहा जाता है) पर स्थित था, जहाँ ताजा पानी और उपजाऊ मिट्टी थी।
SSC GD 20.02.2024

(a) हड़प्पा (b) लोथल
(c) मोहनजोदड़ो (d) धौलावीरा

उत्तर (d)

• धौलावीरा शहर कच्छ के रण में खादिर बेत पर स्थित है, जहाँ ताजा पानी और उपजाऊ मिट्टी थी।
• यह तीन भागों में विभाजित हड़प्पा नगर है।

> **धौलावीरा** सिन्धु घाटी सभ्यता से सम्बन्धित एक शहर है, जिसकी खोज (1867-68 ई.) **जगपति जोशी** ने गुजरात के कच्छ जिले में की थी।

57. वेदों में सबसे पुराना वेद ऋग्वेद है, जिसकी रचना लगभग .... वर्ष पहले हुई थी।
SSC GD 23.02.2024

(a) 2500 (b) 3500
(c) 2000 (d) 5000

उत्तर (b)

• ऋग्वेद की रचना लगभग **3500** वर्ष पहले हुई थी।
• वेदों की रचना महर्षि **वेदव्यास** ने की।

58. हड़प्पावासियों को ताँबा सम्भवत: वर्तमान समय के .... से प्राप्त होता था।
SSC GD 24.02.2024

(a) राजस्थान (b) तमिलनाडु
(c) केरल (d) ओडिशा

उत्तर (a)

• **राजस्थान** हड़प्पा सभ्यता कांस्य युगीन सभ्यता थी।
• इस सभ्यता के लोगों को लोहे को छोड़कर अन्य धातुओं कांस्य, ताँबा, सोना, चाँदी, सीसा आदि का ज्ञान था।
• इसमें सोना **दक्षिण भारत** से, चाँदी **अफगानिस्तान** से, ताँबा **राजस्थान के खेतड़ी** से तथा लाजवर्द **अफगानिस्तान** से प्राप्त किया जाता था।

59. वराहमिहिर की रचना पंचसिद्धान्तिका .... खगोलीय सिद्धान्तों से सम्बन्धित है।
SSC GD 26.02.2024

(a) पाँच (b) दो (c) तीन (d) चार

उत्तर (a)

• **वराहमिहिर** की रचना पंचसिद्धान्तिका **पाँच** खगोलीय सिद्धान्तों से सम्बन्धित है।
• पंचसिद्धान्तिका ग्रन्थ कुल 18 **अध्यायों** में विभक्त है।
• वराहमिहिर को ज्योतिष और खगोल विज्ञान पर प्रतिष्ठित रचनाएँ लिखने का श्रेय प्राप्त है।
• पंचसिद्धान्तिका में **सूर्य** सिद्धान्त, **रोमाका** सिद्धान्त, **पॉलिसा** सिद्धान्त, **वशिष्ठ** सिद्धान्त और **पितामह** सिद्धान्त शामिल हैं।

SSC Selection Post

60. किस हड़प्पा स्थल में पक्का स्नानागार पाया गया था?
SSC SP 27.06.2023 (Shift-I)

(a) कालीबंगा
(b) बनावली
(c) मोहनजोदड़ो
(d) धौलावीरा

उत्तर (c)

• **मोहनजोदड़ो** में पाया गया विशाल स्नानागार (The Great Bath) एक विशाल आयताकार टैंक था।
• यह मोहनजोदड़ो की सबसे महत्त्वपूर्ण इमारत है।
• यह विश्व के सार्वजनिक जलाशय का प्राचीनतम उदाहरण है।
• इस जलाशय का फर्श पक्की ईंटों से बना था।

61. भारत वंश के नाम पर इण्डिया का नाम 'भारत' रखा गया। निम्नलिखित में से किस वेद में इस वंश का सर्वप्रथम उल्लेख मिलता है?
SSC SP 27.06.2023 (Shift-I)

(a) अथर्ववेद (b) यजुर्वेद
(c) सामवेद (d) ऋग्वेद

उत्तर (d)

• भरत वंश के नाम पर इण्डिया का नाम 'भारत' रखा गया।
• भारत वंश का सर्वप्रथम उल्लेख **ऋग्वेद** में मिलता है।
• भरत, ऋग्वेद में वर्णित एक प्रमुख ऐतिहासिक जनजाति, इसको हिन्दू धर्म में भारत का वंशज माना जाता है।

62. सिन्धु घाटी सभ्यता में निम्नलिखित में से किस स्थान पर एक ईंट संरचना की पहचान डॉकयार्ड के रूप में की गई, जो जहाजों के ठहरने और कार्गो संचालन के लिए था?
SSC SP 20.06.2023 (Shift-II)

(a) मोहनजोदड़ो
(b) धौलावीरा
(c) लोथल
(d) राखीगढ़ी

उत्तर (c)

• सिन्धु घाटी सभ्यता में **लोथल** नामक स्थान पर ईंट की एक संरचना की पहचान डॉकयार्ड के रूप में की गई है, जो जहाजों के ठहरने और कार्गो संचालन के लिए था।
• वर्ष 2014 में लोथल को विश्व विरासत स्थल के रूप में नामित किया गया।
• लोथल की प्राचीन समुद्री महत्ता को देखते हुए वर्ष 2022 में यहाँ राष्ट्रीय समुद्री विरासत परिवार का निर्माण किया गया है।

63. निम्नलिखित में से कौन-सा भारतीय संस्कृति का प्राचीनतम साहित्यिक अभिलेख है?
SSC SP 20.6.2023 (Shift-III)

(a) सामवेद (b) यजुर्वेद
(c) अथर्ववेद (d) ऋग्वेद

उत्तर (d)

• भारतीय संस्कृति का प्राचीनतम साहित्यिक अभिलेख **ऋग्वेद** है।
• इस ग्रन्थ से प्राचीन आर्यों के धार्मिक, सामाजिक एवं आर्थिक जीवन पर अधिक और राजनीतिक जीवन पर अपेक्षाकृत कम प्रकाश पड़ता है।
• ऋग्वेद में आर्यों के निवास स्थान के लिए **सप्त सिन्धव** शब्द का प्रयोग हुआ है।

जैन व बौद्ध धर्म तथा महाजनपद काल

भारत में धार्मिक आन्दोलन

ई. पू. छठी सदी में ब्राह्मणवादी कर्मकाण्डों के विरुद्ध बौद्ध एवं जैन धर्मों का उदय हुआ।

जैन धर्म

- संस्थापक तथा प्रथम तीर्थंकर – **ऋषभदेव**
- तेईसवें तीर्थंकर – **पार्श्वनाथ**
- चौबीसवें एवं अन्तिम तीर्थंकर – **महावीर स्वामी**

महावीर स्वामी

- **जन्म** कुण्डग्राम (वैशाली) में (599 ई.पू.)
- **बचपन का नाम** वर्द्धमान
- **पत्नी** यशोदा
- **पिता** सिद्धार्थ
- **पुत्री** अणोज्जा (प्रियदर्शना)
- **माता** महामाया (कोलिय गणराज्य की कन्या)
- **दामाद** जामालि (प्रथम अनुयायी)
- **पहली महिला भिक्षुणी** चन्दना (चम्पा के शासक दधिवाहन की पुत्री
- **गृह त्याग** 30 वर्ष की अवस्था में
- **ज्ञान प्राप्ति** (कैवल्य) जृम्भिक ग्राम में, ऋजुपालिका नदी के तट पर साल वृक्ष के नीचे
- **निर्वाण प्राप्ति** पावापुरी में 527 ई.पू.)
- **जैन संघ** पावापुरी में स्थापना

जैन संगीतियाँ

संगीति	समय	स्थल	संगीति अध्यक्ष
प्रथम	322 से 298 .ई.पू.	पाटलिपुत्र	स्थूलभद्र
द्वितीय	512 ई.	वल्लभी	देवर्द्धि क्षमाश्रवण

- प्रमुख सिद्धान्त – **स्यादवाद** (अनेकान्तवाद)
- **त्रिरत्न** सम्यक् ज्ञान, सम्यक् दर्शन व सम्यक् आचरण
- **पंचमहाव्रत** अहिंसा, सत्य, अपरिग्रह, अस्तेय तथा ब्रह्मचर्य।
- इनमें प्रथम चार पार्श्वनाथ द्वारा जोड़े गए तथा अन्तिम (ब्रह्मचर्य) महावीर द्वारा जोड़ा गया।
- प्राचीनतम जैन साहित्य **आगम** (प्राकृत भाषा में)

बौद्ध धर्म

बौद्ध धर्म के संस्थापक महात्मा बुद्ध थे।

गौतम बुद्ध

- **बचपन का नाम** सिद्धार्थ (गोत्रीय अभिधान-गौतम)
- **पिता शुद्धोधन** (शाक्यगण के प्रधान)
- **जन्म** 563 ई.पू.
- **संस्थापक** बौद्ध धर्म
- **माता** महामाया (कोलिय गणराज्य की कन्या)
- **जन्म स्थान** लुम्बिनी (आधुनिक रुम्मिनदेई)
- **पत्नी** यशोधरा (बिम्बा, गोपा) शाक्यगण की कन्या
- **गृहत्याग की घटना** महाभिनिष्क्रमण (29 वर्ष में)
- **प्रथम गुरु** आलार कलाम
- **ज्ञान प्राप्ति** उरुवेला (बोधगया) 35 वर्ष में निरंजना नदी के तट पर स्थित पीपल वृक्ष के नीचे
- **प्रथम उपदेश** सारनाथ (धर्मचक्र प्रवर्तन)
- **सर्वाधिक उपदेश** श्रावस्ती
- **मृत्यु** महापरिनिर्वाण 483 ई. पू. में 80 वर्ष की आयु में (कुशीनगर)
- **त्रिरत्न** – बुद्ध, संघ एवं धम्म
- **त्रिपिटक** (पालि भाषा) – विनयपिटक, सुत्तपिटक तथा अभिधम्मपिटक

बौद्ध संगीतियाँ

सभा	काल	स्थान	अध्यक्ष	शासनकाल
प्रथम	483 ई.पू.	राजगृह	महाकस्सप	अजातशत्रु
द्वितीय	383 ई.पू.	वैशाली	सब्बकामी	कालाशोक
तृतीय	250 ई.पू.	पाटलिपुत्र	मोग्गलिपुत्त तिस्स	अशोक
चतुर्थ	72 ई.	कुण्डलवन	वसुमित्र	कनिष्क

महाजनपदों का उदय

बौद्ध ग्रन्थ **अंगुत्तर निकाय** एवं जैन ग्रन्थ **भगवती सूत्र** में छठी शताब्दी ई. पू. के सोलह महाजनपदों का उल्लेख है

महाजनपद एवं उनकी राजधानियाँ

महाजनपद	राजधानी
कुरु	इन्द्रप्रस्थ
पांचाल	उत्तरी-अहिच्छत्र, दक्षिणी-काम्पिल्य
सूरसेन	मथुरा
वत्स	कौशाम्बी
कोसल	उत्तरी-श्रावस्ती, दक्षिणी-कुशावती
मल्ल	कुशीनगर और पावा
काशी	वाराणसी
अंग	चम्पा
मगध	गिरिव्रज/राजगीर
वज्जि	वैशाली
चेदि	सोत्थिवती
मत्स्य	विराटनगर
अश्मक	पोतन/पोटिल
अवन्ति	उत्तरी-उज्जयिनी, दक्षिणी-महिष्मती
गान्धार	तक्षशिला
कम्बोज	राजपुर/हाटक

SSC एग्जाम स्कैनर

SSC CGL 2024 (Tier 1 & 2)

64. आजीवकों के सन्दर्भ में निम्नलिखित कथनों पर विचार कीजिए।

1. मक्खलि गोशाल आजीवक सम्प्रदाय के प्रमुख शिक्षक थे।
2. आजीवक भाग्यवाद में विश्वास करते थे।

उपरोक्त कथनों में से कौन-सा/से कथन सही है/हैं? **SSC CGL Tier-1 23.09.2024 (Shift-II)**

(a) केवल 1 (b) केवल 2
(c) 1 और 2 दोनों (d) न तो 1 और न ही 2

उत्तर (c)

- आजीवकों के सन्दर्भ में 1 और 2 दोनों कथन सही हैं।
- **आजीवक सम्प्रदाय** की स्थापना 5वीं शताब्दी में **मक्खलि गोशाल** ने की थी। यह इस सम्प्रदाय के प्रमुख शिक्षक थे।
- आजीवक, पुरुषार्थ में विश्वास नहीं करते थे। ये भाग्य में विश्वास करते थे। वे नियति को मनुष्य की सभी अवस्थाओं के लिए उत्तरदायी ठहराते हैं।
- आजीवक सम्प्रदाय के लोग ईश्वर, पुनर्जन्म और कर्म में विश्वास नहीं करते थे।

65. निम्नलिखित में से किस शासन के दौरान चतुर्थ बौद्ध संगीति में बौद्ध धर्म दो विचारधाराओं हीनयान और महायान में विभाजित हो गया? **SSC CGL Tier-1 19.9.2024 (Shift-I)**

(a) पार्थियन
(b) कुषाण
(c) शंक
(d) गुप्त

उत्तर (b)

- **कुषाण** शासन के दौरान चतुर्थ बौद्ध संगीति में बौद्ध धर्म दो विचारधाराओं हीनयान और महायान में विभाजित हो गया।
- **चौथी बौद्ध संगीति** का आयोजन कश्मीर के कुण्डलवन में कुषाण राजा कनिष्क के संरक्षण में 72 ईसवी में हुआ था।
- इस परिषद् के अध्यक्ष वसुमित्र थे, उनके प्रतिनिधि के रूप में अश्वघोष थे।

SSC CGL 2023 (Tier 1 & 2)

66. ······· बौद्ध धर्म में भिक्षुणी बनने वाली प्रथम महिला थीं। **SSC CGL Tier-1 18.07.2023 (Shift-II)**

(a) महाप्रजापति गौतमी (b) सुजाता
(c) संघमित्रा (d) धम्मानन्द भिक्षुणी

उत्तर (a)

- बौद्ध धर्म में भिक्षुणी बनने वाली प्रथम महिला महाप्रजापति गौतमी **कोलिय राजवंश** की राजकुमारी थीं।
- वे गौतम बुद्ध की **मौसी** थीं और इन्होंने गौतम बुद्ध का पालन पोषण किया था। बौद्ध धर्म के संघ में **महिलाओं के लिए प्रवेश वर्जित** था।
- इसके लिए गौतमी ने सीधे **गौतम बुद्ध** से अनुरोध किया। उनकी स्वीकृति के बाद अन्य महिलाओं के साथ महाप्रजापति गौतमी ने **बौद्ध संघ** में प्रवेश किया और भिक्षुणी बनीं।

67. वज्जि महाजनपद की राजधानी ··········· थी। **SSC CGL Tier-1 19.07.2023 (Shift-IV)**

(a) चम्पा (b) वैशाली (c) कोसल (d) पाटलिपुत्र

उत्तर (b)

- **वज्जि** महाजनपद की राजधानी **वैशाली** को गण या संघों द्वारा चलाया जाता था।
- छठी शताब्दी ई. पूर्व भारत में **16 महाजनपदों** का अस्तित्व था।
- इसकी जानकारी बौद्ध ग्रन्थ **अंगुत्तर निकाय** और जैन ग्रन्थ **भगवती सूत्र** से प्राप्त होती है।
- वज्जि गणराज्य बनने के बाद इसका राज्य संचालन **अष्टकुल** द्वारा होने लगा।

68. कोसल महाजनपद (छठी शताब्दी ईसा पूर्व) वर्तमान में किसका एक भाग है?

SSC CGL Tier-1 21.07.2023 (Shift-I)

(a) महाराष्ट्र (b) मध्य प्रदेश
(c) हरियाणा (d) उत्तर प्रदेश

उत्तर (d)

- कोसल महाजनपद (छठी शताब्दी ईसा पूर्व) वर्तमान में **उत्तर प्रदेश** का भाग है
- यह अंगुत्तर निकाय में वर्णित 16 महाजनपदों में से एक था। इसकी प्रथम राजधानी **अयोध्या** और द्वितीय राजधानी **श्रावस्ती** थी।
- कोसल जनपद ने **जैन धर्म** और **बौद्ध धर्म** सहित अनेक आन्दोलनों को जन्म दिया।
- 16 महाजनपदों में सबसे बड़ा महाजनपद **मगध** को कहा जाता है।

SSC CGL 2021 (Tier 1 & 2)

69. निम्न में से किस स्थल पर भगवान बुद्ध ने चार महान सत्य पर अपना प्रथम उपदेश दिया था?

SSC CGL Tier-1 28.08.2021 (Shift-I)

(a) राजगीर (b) बोधगया
(c) सारनाथ (d) लुम्बिनी

उत्तर (c)

- उत्तर प्रदेश के वाराणसी से लगभग 10 किमी दूर स्थित प्रसिद्ध बौद्ध तीर्थ स्थल **सारनाथ** में भगवान बुद्ध ने महान सत्य पर पर अपना प्रथम उपदेश दिया। जिसे **धर्म चक्र प्रवर्तन** कहा जाता है।
- मौर्य सम्राट अशोक ने यहाँ पर **धमेख स्तूप** का निर्माण करवाया तथा चतुर्मुख सिंह स्तम्भ भी बनवाए।
- सिंह मूर्ति वाला भारत का राजचिह्न सारनाथ के अशोक स्तम्भ के शीर्ष से ही लिया गया है।

SSC CHSL 2024 (Tier 1 & 2)

70. महावीर जयन्ती पर भगवान महावीर का जन्मदिन मनाया जाता है, जो जैन धर्म के ······ तीर्थंकर थे।

SSC CHSL Tier-1 8.7.2024 (Shift-I)

(a) 26वें (b) 23वें
(c) 25वें (d) 24वें

उत्तर (d)

- महावीर जयन्ती पर भगवान महावीर का जन्मदिन मनाया जाता है, जो जैन धर्म के 24वें तीर्थंकर थे।
- महावीर स्वामी का जन्म 540 ई.पू. में कुण्डग्राम (वैशाली) में हुआ था। इनके पिता **सिद्धार्थ** ज्ञातृक कुल के सरदार थे और माता **त्रिशला** लिच्छवि राजा चेटक की बहन थी।
- ऋजुपालिका नदी के किनारे जम्भिका ग्राम में एक साल वृक्ष के नीचे उन्हें **कैवल्य** (सर्वोच्च ज्ञान) की प्राप्ति हुई थी।

71. वह भारतीय बौद्ध भिक्षु कौन थे, जिन्हें 5वीं शताब्दी में कई प्राचीन मार्शल आर्ट शैलियों के विकास का श्रेय दिया जाता है?

SSC CHSL Tier-1 11.7.2024 (Shift-III)

(a) अतिसा (b) बोधिधर्म
(c) परमार्थ (d) बोधिरुचि

उत्तर (b)

- बोधिधर्म वह भारतीय **बौद्ध भिक्षु** थे, जिन्हें 5वीं शताब्दी में कई प्राचीन मार्शल आर्ट शैलियों के विकास का श्रेय दिया जाता है।
- इन्होंने 520 या 526 ई. में चीन जाकर ध्यान-सम्प्रदाय (जेन बौद्ध धर्म) का प्रवर्तन या निर्माण किया।
- ये दक्षिण भारत के काँचीपुरम के राजा **स्कन्दवर्मन** के तृतीय पुत्र थे।
- बाइस वर्ष की आयु में उन्हें पूर्ण ज्ञान प्राप्त हुआ और तभी उन्हें चीन में एक दूत के रूप में भेजा गया।

72. बुद्ध ने ······ में एक पीपल के पेड़ के नीचे कई दिनों तक तपस्या की, जहाँ उन्हें ज्ञान प्राप्त हुआ था। **SSC CHSL Tier-1 17.03.2023 (Shift-II)**

(a) कुशीनगर (b) उज्जैन
(c) बोधगया (d) सारनाथ

उत्तर (c)

- बुद्ध सात वर्षों तक भटकते रहे और 35 वर्ष की आयु में निरंजना नदी के तट पर पीपल के पेड़ के नीचे ध्यान करते हुए बोधगया में ज्ञान प्राप्त किया।
- ज्ञान प्राप्ति के बाद सिद्धार्थ (गौतम) बुद्ध कहलाए तथा बोधगया उरुवेला कहलाया।

73. महावीर, जिन्हें पाली साहित्य में निघंता नाटापुत्त के नाम से जाना जाता है, ने ········ नामक धर्म की स्थापना की थी।

SSC CGL Tier-1 17.08.2021 (Shift-III)

(a) बहाई धर्म (b) सिख धर्म
(c) जैन धर्म (d) पारसी धर्म

उत्तर (c)

- महावीर स्वामी को जैन धर्म का वास्तविक संस्थापक माना जाता है।
- जैन धर्म के संस्थापक एवं प्रथम तीर्थंकर ऋषभदेव हैं।
- ये जैन धर्म के **24वें एवं अन्तिम तीर्थंकर** थे। इनके अनुयायियों को **निग्रन्थ** कहा जाता था।

SSC MTS 2024 & 2022

74. खजुराहो के मन्दिरों के बारे में निम्नलिखित में से कौन-सा/कौन-से कथन सही है/हैं?

SSC MTS Tier-1 11.11.2024 (Shift-III)

A. मानवीय अनुभव और आध्यात्मिक खोज को समान महत्त्व दिया गया है।
B. खजुराहो में जैन और हिन्दू मन्दिर भी पाए जाते हैं।
C. चौसठ योगिनी मन्दिर यहाँ के महत्त्वपूर्ण मन्दिरों में से एक है।

(a) A, B और C (b) C और A
(c) B और C (d) A और B

उत्तर (a)

- खजुराहो के मन्दिरों के बारे में तीनों कथन A, B और C सही हैं।
- मानवीय अनुभव और आध्यात्मिक खोज को समान महत्त्व दिया गया है और खजुराहो में जैन और **हिन्दू मन्दिर** भी पाए जाते हैं। चौसठ योगिनी मन्दिर यहाँ के महत्त्वपूर्ण मन्दिरों में से एक है।
- खजुराहो को प्राचीन काल में 'खजूरपुरा' और 'खजूर वाहिका' के नाम से भी जाना जाता था।
- खजुराहो मन्दिर नागर शैली की स्थापत्य कला और कामुक मूर्तियों के लिए प्रसिद्ध है।
- खजुराहो के मन्दिरों का निर्माण **चन्देल वंश** के राजाओं ने करवाया था।

75. निम्नलिखित में से किस धर्म में उसके अनुयायियों के लिए कृषि करना निषिद्ध (prohibited) था?

SSC MTS Tier-1 09.10.2024 (Shift-I)

(a) वैष्णव धर्म (b) जैन धर्म
(c) बौद्ध धर्म (d) शैव धर्म

उत्तर (b)

- **जैन धर्म** में उसके अनुयायियों के लिए कृषि करना निषिद्ध था।
- जैन धर्म के अनुयायियों को युद्ध के साथ-साथ कृषि करना भी निषिद्ध है, क्योंकि दोनों में जीवित प्राणियों की हत्या शामिल हैं।
- जैन धर्म के अनुयायी अहिंसा के नियमों का पालन करते हैं, जिसमें किसी भी प्राणी को तन, मन, कर्म, वचन और वाणी से कोई हानि न पहुँचाना शामिल हैं।

76. छठी शताब्दी ईसा पूर्व में निम्नलिखित में से गान्धार महाजनपद की राजधानी क्या थी?

SSC MTS 11.07.2022 (Shift-I)

(a) हस्तिनापुर (b) वाराणसी
(c) मथुरा (d) तक्षशिला

उत्तर (d)

- महाजनपद गान्धार की राजधानी तक्षशिला थी, जिसकी भौगोलिक स्थिति अब आधुनिक पाकिस्तान में है।
- यह एक प्रसिद्ध सांस्कृतिक स्थल थी, जहाँ पर विश्व का **प्रथम विश्वविद्यालय** तक्षशिला से स्थापित किया गया था।
- छठी शताब्दी ईसा पूर्व में महाजनपदों की कुल संख्या 16 थी।

SSC Steno 2024

77. चन्द्रगुप्त मौर्य की राजधानी ········ थी।

SSC Steno Tier-1 10.12.2024 (Shift-III)

(a) नालंदा (b) मगध
(c) वैशाली (d) पाटलिपुत्र

उत्तर (d)

- चन्द्रगुप्त मौर्य की राजधानी **पाटलिपुत्र** थी। मौर्य साम्राज्य की समयावधि 321 से 185 ईसा पूर्व तक थी।

- मौर्य साम्राज्य में पाटलिपुत्र, तक्षशिला, उज्जयिनी, तोसाली व सुवर्णगिरि पाँच प्रमुख राजनीतिक केन्द्र थे।
- मौर्य वंश का संस्थापक **चन्द्रगुप्त मौर्य** था तथा इस काल का सबसे महत्त्वपूर्ण साहित्यिक स्रोत कौटिल्य का अर्थशास्त्र था।

78. निम्नलिखित में से कौन-सा विकल्प, बौद्ध स्थापत्य के 'मेधी' भाग का वर्णन करता है?
SSC Steno Tier-1 11.12.2024 (Shift-I)

(a) संरचना को घेरने के लिए एक नीची दीवार
(b) संरचना के शीर्ष पर स्थित छतरी के आकार की संरचना
(c) स्तूपों के सामने आनुष्ठानिक प्रवेश द्वार
(d) रेलिंग और गुम्बद के बीच गोलाकार छत

उत्तर (d)

- रेलिंग और गुम्बद के बीच गोलाकार छत, बौद्ध स्थापत्य के 'मेधी' भाग का वर्णन करता है।
- मेधी एक गोलाकार छत या रेलिंग से घिरा हुआ मार्ग है, जो गुम्बद को घेरे हुए होता है।
- बौद्ध स्थापत्य कला में स्तूप, चैत्य, विहार और मठ परिसर शामिल हैं।

79. बौद्ध समुदायों द्वारा मनाया जाने वाला सागा दावा किन दो महीनों के बीच आता है?
SSC Steno Tier-1 11.12.2024 (Shift-III)

(a) अक्टूबर और नवम्बर (b) अगस्त और सितम्बर
(c) जनवरी और फरवरी (d) मई और जून

उत्तर (d)

- बौद्ध समुदायों द्वारा मनाया जाने वाला **सागा दावा** मई और जून महीने के बीच आता है।
- यह महायान बौद्धों का पवित्र त्योहार है, जिसे गौतम बुद्ध के जन्म, ज्ञान प्राप्ति और निर्वाण की याद में मनाया जाता है।

SSC Steno 2023 & 2022

80. हिन्दू पंचांग के अनुसार, भगवान महावीर स्वामी की जयन्ती किस महीने में मनाई जाती है?
SSC Steno 13.10.2023 (Shift-I)

(a) कार्तिक (b) बैशाख
(c) माघ (d) चैत्र

उत्तर (d)

- हिन्दू पंचांग के अनुसार, भगवान महावीर स्वामी की जयन्ती चैत्र (मार्च-अप्रैल) महीने में मनाई जाती है।
- महावीर स्वामी का जन्म 599 ई.पू. में हुआ था।
- महावीर स्वामी जैन धर्म के 24वें व अन्तिम तीर्थंकर थे।

81. 'बुद्धचरित' बुद्ध की अद्योपान्त जीवनी है, जो .... द्वारा लिखी गई थी।
SSC Steno 18.11.2022 (Shift-I)

(a) अश्वघोष
(b) बाणभट्ट
(c) वसुमित्र
(d) पार्श्व

उत्तर (a)

- बुद्धचरित की रचना **अश्वघोष** ने संस्कृत भाषा में की थी। बुद्धचरित बुद्ध के जीवन से सम्बन्धित एक महाकाव्य है।
- बुद्धचरित 28 गीतों से मिलकर बना है, जो बुद्ध के जीवन में उनके महान जागरण के समय की घटनाओं से सम्बन्धित है।

SSC GD 2024

82. गौतम बुद्ध के सम्बन्ध में निम्नलिखित में से कौन-सा कथन सही है?

I. बौद्ध धर्म के संस्थापक सिद्धार्थ, जिन्हें गौतम के नाम से भी जाना जाता है, का जन्म लगभग 2500 वर्ष पहले हुआ था।
II. गौतम बुद्ध एक छोटे गण से सम्बन्धित थे, जिसे शाक्य गण के नाम से जाना जाता था।
SSC GD 20.02.2024 (Shift-III)

कूट
(a) केवल I (b) केवल II
(c) I और II दोनों (d) न तो I और न ही II

उत्तर (c)

- गौतम बुद्ध के सम्बन्ध में दिए गए दोनों कथन सही हैं। बौद्ध धर्म के संस्थापक सिद्धार्थ को गौतम के नाम से जाना जाता है।
- इनका जन्म लगभग **2500 वर्ष पहले** नेपाल के लुम्बिनी में हुआ था। उनका सम्बन्ध शाक्य गण से है।

मगध, मौर्य तथा गुप्त साम्राज्य

मगध का उत्कर्ष

छठी शताब्दी ई. पू. में **हर्यंक वंश** की स्थापना के साथ मगध एक शक्तिशाली राज्य बनकर उभरा।

हर्यंक वंश (544-413 ई.पू.)

- संस्थापक – **बिम्बिसार**
- उपनाम – श्रेणिक (श्रोणिय)
- राजधानी – **गिरिव्रज** (राजगृह)
- इन्होंने वैवाहिक सम्बन्धों से साम्राज्य का विस्तार किया (कोसल नरेश प्रसेनजित की बहन, वैशाली के चेटक की पुत्री चेल्लना तथा मद्र देश की राजकुमारी क्षेमा से विवाह)।

अजातशत्रु

- उपनाम – कुणिक
- बिम्बिसार की हत्या उसके पुत्र अजातशत्रु ने की थी। वह **492** ई.पू. में मगध की गद्दी पर बैठा। वह बौद्ध धर्म का अनुयायी था।

उदायिन

- अजातशत्रु की हत्या उसके पुत्र उदायिन ने 460 ई. पू. में की और मगध की गद्दी पर बैठा।
- पाटलिपुत्र का संस्थापक – उदायिन।
- अन्तिम शासक – **नागदशक**

शिशुनाग वंश (413-345 ई.पू.)

- संस्थापक – शिशुनाग
- राजधानी – वैशाली
- अन्तिम शासक – **महानंदिन**

नन्द वंश (345-322 ई.पू.)

- संस्थापक – **महापद्मनन्द**
- अन्तिम शासक – **धनानन्द**, सिकन्दर का समकालीन
- ग्रीक लेखकों ने धनानन्द को 'अग्रमीज' कहा है।

मौर्य साम्राज्य (322-184 ई.पू.)

322 ई.पू. में चन्द्रगुप्त मौर्य ने गुरु चाणक्य की सहायता से नन्द शासक **धनानन्द** की हत्या कर मौर्य वंश के शासन की नींव रखी।

चन्द्रगुप्त मौर्य

- चन्द्रगुप्त (सैण्ड्रोकोट्स) ने 305 ई.पू. में सिकन्दर के सेनापति **सेल्यूकस** को हराया। सेल्यूकस ने एरिया, अराकोसिया, जेड्रोसिया एवं पेरीपेनिसदाई के राज्य प्रदान किए। सुदूर दक्षिण भारत को छोड़कर सम्पूर्ण भारत, पाकिस्तान, बांग्लादेश तथा अफगानिस्तान इसके अधिकार में थे।
- चन्द्रगुप्त ने श्रवणबेलगोला (मैसूर) में संलेखना पद्धति से देह त्याग किया।
- सेल्यूकस का राजदूत **मेगस्थनीज**, चन्द्रगुप्त मौर्य के दरबार में 5 वर्षों तक पाटलिपुत्र में रहा।

बिन्दुसार

- चन्द्रगुप्त की मृत्यु के बाद उसका पुत्र बिन्दुसार गद्दी पर बैठा। उसके शासनकाल में तक्षशिला में दो विद्रोह हुए, जिन्हें दबाने के लिए उसने पहले **सुसीम** को एवं बाद में **अशोक** को भेजा।
- सीरिया के शासक एण्टियोकस I ने **डायमेकस** को तथा मिस्र के शासक टॉलेमी ने **डायनोसिस** को बिन्दुसार के दरबार में दूत बनाकर भेजा था।

अशोक

- मौर्य वंश का महानतम शासक।
- 269 ई.पू. में मगध की राजगद्दी पर बैठा।
- राजगद्दी पर बैठने के समय अशोक अवन्ति का राज्यपाल था।
- अशोक ने **कलिंग-युद्ध** (261 ई.पू.) में हुए रक्तपात से दुःखी होकर बौद्ध धर्म स्वीकार किया।
- अशोक ने साँची के स्तूप का निर्माण कराया था।
- उसने बौद्ध धर्म के प्रचार के लिए अपने पुत्र 'महेन्द्र एवं पुत्री संघमित्रा' को श्रीलंका भेजा था।
- इस वंश का अन्तिम-शासक **वृहद्रथ** था।

शुंग वंश (185-75 ई.पू.)

- संस्थापक – **पुष्यमित्र शुंग**
- उसके समय में भागवत धर्म का विकास हुआ। पुष्यमित्र ने दो **अश्वमेध यज्ञ** किए।
- शुंग वंश के पश्चात् देवभूति ने कण्ववंश (75-30 ई.पू.) की स्थापना की।

आन्ध्र–सातवाहन वंश (30 ई.पू. से 250 ई.)

- संस्थापक – **सिमुक**
- महानतम् शासक – गौतमीपुत्र शातकर्णी
- पुराणों में इस वंश को 'आन्ध्र' भी कहते हैं।
- गौतमी बलश्री के प्राकृत भाषा एवं ब्राह्मी लिपि में लिखे नासिक अभिलेख में उसे अद्वितीय ब्राह्मण कहा गया है।
- इस काल में ताँबे तथा काँसे के अतिरिक्त **सीसे के सिक्के** बहुत प्रचलित हुए।

गुप्त साम्राज्य

संस्थापक – **श्रीगुप्त** (240-280 ई.)

वास्तविक संस्थापक – **चन्द्रगुप्त प्रथम** (319-334 ई.)

चन्द्रगुप्त प्रथम

- चन्द्रगुप्त प्रथम ने 319 ई. में **गुप्त सम्वत्** आरम्भ किया। इन्होंने लिच्छवी राजकुमारी कुमारदेवी से विवाह किया था।
- सर्वप्रथम रजत मुद्राओं का प्रचलन कराया।

समुद्रगुप्त

- चन्द्रगुप्त प्रथम के बाद उसका पुत्र समुद्रगुप्त (335-375 ई.) शासक बना।
- समुद्रगुप्त की विजयों का विवरण **हरिषेण** की **प्रयाग प्रशस्ति** में मिलता है।
- समुद्रगुप्त को अश्वमेध यज्ञ करवाने का श्रेय दिया जाता है। इसे सिक्के पर **वीणा बजाते हुए** दिखाया गया है।
- अंग्रेज इतिहासकार **वी.ए. स्मिथ** ने इसे **भारत का नेपोलियन** कहा है।

चन्द्रगुप्त द्वितीय

- चन्द्रगुप्त द्वितीय (विक्रमादित्य) का शासनकाल (375-415 ई.) गुप्तवंश का स्वर्ण युग कहलाता है।
- उपाधियाँ – विक्रमांक, विक्रमादित्य, परमभागवत
- चीनी यात्री **फाह्यान** इसके शासनकाल में भारत आया था।
- शक विजय के उपरान्त **शकारि** उपाधि धारण की तथा महरौली (दिल्ली) में लौह-स्तम्भ का निर्माण कर विजयोत्सव मनाया।

कुमारगुप्त प्रथम

- गुप्त शासकों में सर्वाधिक अभिलेख कुमारगुप्त प्रथम (415-455 ई.) के मिलते हैं।
- **नालन्दा विश्वविद्यालय** (बिहार) का संस्थापक।
- इनके अन्तिम दिनों में पुष्यमित्रों का आक्रमण हुआ था।

स्कन्दगुप्त

- इसके शासनकाल (455-467 ई.) में **हूणों का आक्रमण** हुआ था।
- हूणों के आक्रमण से भारत की सुरक्षा करने का श्रेय स्कन्दगुप्त को दिया जाता है।
- सुदर्शन झील का पुनरुद्धार स्कन्दगुप्त के समय सौराष्ट्र के गवर्नर पर्णदत्त के पुत्र **चक्रपालित** ने करवाया था।
- स्कन्दगुप्त ने 466 ई. में चीनी सम्राट **सांग** के दरबार में राजदूत भेजे थे।
- अन्तिम शासक – **विष्णुगुप्त तृतीय**

राजनीतिक स्थिति

- राजपद – **वंशानुगत**
- सबसे बड़े अधिकारी – **कुमारामात्य**
- गुप्तचर कर्मचारी – **दूत** तथा पुलिस कर्मचारी **भाट**।

सामाजिक स्थिति

- वैश्यों की सामाजिक स्थिति में गिरावट एवं शूद्रों की स्थिति में अपेक्षाकृत सुधार हुआ।
- समाज में दहेज प्रथा, पर्दा प्रथा तथा बाल विवाह प्रथा एवं दास प्रथा विद्यमान थी। **फाह्यान** ने अस्पृश्यता का उल्लेख किया है।

आर्थिक स्थिति

- प्रमुख फसलें – **चावल** और **जौ**
- 'खिल्य' ऐसी भूमि थी, जो जोती नहीं जाती थी।
- सर्वप्रमुख उद्योग – कपड़े का निर्माण
- स्थानीय लेन-देन में चाँदी के सिक्कों का प्रयोग। स्वर्ण मुद्रा **दीनार** थी।
- रोमन साम्राज्य के विभाजन से सम्भवतः विदेशी व्यापार में गिरावट आई।
- फाह्यान के अनुसार, सामान्य लोग खरीद-बिक्री के लिए **कौड़ियों का प्रयोग** करते थे।

सांस्कृतिक

- **त्रिमूर्ति** कला एवं स्थापत्य (ब्रह्मा, विष्णु और महेश की पूजा)।
- हिन्दू धर्म के सम्प्रदाय (वैष्णव एवं शैव) विकसित थे। गुप्त स्थापत्य ने **नागर शैली** का आधार तैयार किया।
- कला और साहित्य के विकास के कारण इस काल को **स्वर्ण युग** कहा जाता है।
- आर्यभट्ट, वराहमिहिर, धनवन्तरि तथा ब्रह्मगुप्त गुप्तकाल के प्रमुख विद्वान् थे।

SSC एग्जाम स्कैनर

SSC CGL 2024 (Tier 1 & 2)

83. शिलालेखों के अनुसार, पुष्यमित्र शुंग निम्नलिखित में से किस देवता के भक्त थे?

SSC CGL Tier-1 25.09.2024 (Shift-III)

(a) इन्द्र (b) शिव
(c) कृष्ण (d) राम

उत्तर (c)

- **पुष्यमित्र शुंग** शुंग साम्राज्य के संस्थापक थे। ये कृष्ण को अपना देवता मानते थे।
- वे मौर्य साम्राज्य के अन्तिम शासक **वृहद्रथ** के सेनापति थे।
- वृहद्रथ की हत्या कर पुष्यमित्र ने स्वयं को राजा (185 ई. पू. से 149 ई. पू.) घोषित किया।
- इनके शासनकाल में मगध की राजधानी **विदिशा** थी।

84. निम्नलिखित में से किसने मेगस्थनीज़ को चन्द्रगुप्त मौर्य के दरबार में भेजा था?

SSC CGL Tier-1 25.09.2024 (Shift-II)

(a) सेल्यूकस प्रथम निकेटर
(b) एण्टिओकस प्रथम सोटर
(c) अलेक्जेण्डर तृतीय
(d) एण्टिओकस तृतीय

उत्तर (a)

- मेगस्थनीज 302 ईसा पूर्व में चन्द्रगुप्त मौर्य के दरबार में आया था, जिसे **सेल्यूकस प्रथम निकेटर** ने भेजा था।
- मेगस्थनीज की प्रमुख पुस्तक **इण्डिका** है।
- सेल्यूकस निकेटर ने सेल्यूसिड साम्राज्य की स्थापना की थी।
- सेल्यूकस निकेटर ने अपनी बेटी हेलेना का विवाह चन्द्रगुप्त मौर्य से किया था।

85. निम्नलिखित में से कौन–सी विशेषता अशोक के धम्म की मूलभूत विशेषताओं में से एक नहीं थी? **SSC CGL Tier-1 24-09-2024 (Shift-II)**

(a) ब्रह्मचर्य
(b) धर्मनिरपेक्षता
(c) अहिंसा
(d) राजनीतिक एकीकरण

उत्तर (a)

- **ब्रह्मचर्य** अशोक की धम्म नीति की मूलभूत विशेषताओं में शामिल नहीं थी।
- अशोक के धम्म की विशेषता यह है कि अशोक का धम्म सार्वभौमिक है, प्रत्येक स्थान पर प्रत्येक व्यक्ति, प्रत्येक समय में धम्म का पालन कर सकता है।
- उसने इन सिद्धान्तों का पालन अपने प्रशासनिक नीति में भी किया।
- धम्म विभिन्न धार्मिक परम्पराओं से लिए गए सिद्धान्तों का मिश्रण था।
- अशोक अपनी धम्म की नीति के अन्तर्गत अहिंसा, सहिष्णुता तथा सामाजिक दायित्व का उपदेश देना चाहता था।

86. निम्नलिखित में से कौन आमतौर पर मौर्यों के अधीन प्रान्तीय प्रशासन का नेतृत्व करता था?

SSC CGL Tier-1 19-09-2024 (Shift-III)

(a) प्रशस्ति (b) दण्डपाल
(c) समाहर्ता (d) कुमार

उत्तर (d)

- मौर्य साम्राज्य में प्रान्तीय प्रशासन का नेतृत्व **कुमार** करते थे।
- मौर्य साम्राज्य की राजधानी पाटलिपुत्र (आधुनिक पटना) थी, मौर्य साम्राज्य में प्रशासन के लिए मौर्य साम्राज्य को चार प्रान्तों में बाँटा गया।
- यह स्थानीय प्रान्तों के शासक होते थे तथा इनकी मदद के लिए एक मन्त्रिपरिषद् एवं महामात्य होते थे।
- मौर्य साम्राज्य में प्रान्त प्रत्येक जिलों में तथा जिले गाँव के समूहों में बँटे होते थे।

87. निम्नलिखित में से अशोक के किस प्रमुख शिलालेख में कलिंग युद्ध का उल्लेख किया गया है? **SSC CGL Tier-1 18.09.2024 (Shift-III)**

(a) बारहवें (b) ग्यारहवें
(c) तेरहवें (d) दसवें

उत्तर (c)

• अशोक ने 13वें शिलालेख में अपने शासनकाल के 8वें वर्ष में हुए कलिंग युद्ध का वर्णन किया है।
• मौर्य सम्राट अशोक एवं कलिंग के राजा अनन्त पद्मनाभ के बीच 261 ई. पू. इस युद्ध को लड़ा गया था।
• कलिंग युद्ध के तत्काल प्रभाव से अशोक ने बौद्ध धर्म ग्रहण कर लिया। उसने भेरी घोष के स्थान पर धम्म घोष की घोषणा की।

88. डिमेकस जो एक यूनानी राजदूत था, मौर्य राजा ……… के शासनकाल के दौरान भारत आया था। **SSC CGL Tier-1 17.09.2024 (Shift-II)**

(a) अशोक (b) बिन्दुसार
(c) शतधन्वन (d) चन्द्रगुप्त मौर्य

उत्तर (b)

• **डिमेकस** जो एक यूनानी राजदूत था, मौर्य राजा बिन्दुसार के शासनकाल के दौरान भारत आया था।
• बिन्दुसार चन्द्रगुप्त मौर्य का पुत्र था, उन्होंने 297 ई.पू. 273 ई.पू. तक शासन किया।
• बिन्दुसार **आजीवक धर्म** का अनुयायी था।
• चाणक्य बिन्दुसार के दरबार में भी मन्त्री थे।
• उन्होंने अशोक को उज्जैन का राज्यपाल नियुक्त किया था।
• बिन्दुसार को अमित्रघात, सिंहसेन और भद्रसार के नाम से भी जाना जाता था।

89. निम्नलिखित मौर्य राजाओं में से 'पियदस्सी' नाम किससे सम्बन्धित है? **SSC CGL Tier-1 13.09.2024 (Shift-III)**

(a) अशोक (b) चन्द्रगुप्त मौर्य
(c) बिन्दुसार (d) वृहद्रथ

उत्तर (a)

• मौर्य राजाओं में 'पियदस्सी' नाम अशोक (268-232 ईसा पूर्व) का है।
• अशोक ने अपने अभिलेखों पर स्वयं के लिए **देवानांपियदस्सी** सम्बोधित कराया, जिसका अर्थ होता है—'देवताओं का प्रिय'।

90. ……… गुप्तों के सहायक प्रमुख थे। उन्होंने पश्चिमी भारत में एक स्वतन्त्र राज्य की स्थापना की थी। ध्रुवसेन द्वितीय इस राजवंश का सर्वाधिक महत्त्वपूर्ण शासक था। **SSC CGL Tier-1 12.09.2024 (Shift-III)**

(a) मौखरि
(b) मैत्रक
(c) पुष्यभूति
(d) गुर्जर-प्रतिहार

उत्तर (b)

• **मैत्रक** गुप्तों के सहायक प्रमुख थे। इन्होंने पश्चिमी भारत में स्वतन्त्र राज्य की स्थापना की थी।
• ध्रुवसेन द्वितीय इस राजवंश का सर्वाधिक महत्त्वपूर्ण शासक था।
• मैत्रक राजवंश ने पश्चिमी भारत वल्लभी में एक स्वतन्त्र राज्य की स्थापना की थी।
• गुप्त वंश के संस्थापक **श्री गुप्त** थे।

91. निम्नलिखित में से किस राजवंश के रुद्रसेन द्वितीय ने गुप्त राजवंश के चन्द्रगुप्त द्वितीय की बेटी प्रभावतीगुप्ता से विवाह किया था? **SSC CGL Tier-1 10.09.2024 (Shift-III)**

(a) वाकाटक (b) पुष्यभूति
(c) पल्लव (d) चालुक्य

उत्तर (a)

• गुप्त वंश के शासक **चन्द्रगुप्त द्वितीय** ने अपनी पुत्री प्रभावती (वैष्णव मत अनुयायी, रानी कुबेरनागा की पुत्री) का विवाह वाकाटक वंश के शैव मतानुयायी **रुद्रसेन द्वितीय** से किया।
• इस वैवाहिक सम्बन्ध से गुप्त वाकाटक गठबन्धन ने पश्चिमी भारत में शकों को उखाड़ फेंका।

SSC CGL 2023 (Tier 1 & 2)

92. अन्तिम मौर्य सम्राट बृहद्रथ की हत्या कर नए राजवंश की स्थापना करने वाला उसका सेनापति पुष्यमित्र किस वंश से सम्बन्धित था? **SSC CGL Tier-2 06.03.2023 (Shift-I)**

(a) कण्व (b) सातवाहन
(c) शुंग (d) चेदि

उत्तर (c)

• मौर्य सम्राट बृहद्रथ की हत्या कर उसके सेनापति पुष्यमित्र शुग ने शुंग वंश की स्थापना की।
• उसने अपने **पुरोहित पतंजलि** की सहायता से **2 बार अश्वमेध** यज्ञ किया।
• उसने 36 वर्षों तक शासन किया तथा इनका उत्तराधिकारी अग्निमित्र था, जिसने यवनों को पराजित किया।
• शुंग वंश की जानकारी हमें वायु और मत्स्य पुराण, बाणभट्ट की हर्षचरित, पतंजलि का महाभाष्य तथा गार्गी संहिता से प्राप्त होती है। भरहुत स्तूप बनाने का श्रेय पुष्यमित्र शुंग को ही दिया जाता है।

> कालिदास के प्रसिद्ध नाटक 'मालविकाग्निमित्रम्' में यज्ञसेन की चचेरी बहन मालविका और अग्निमित्र के प्रेम की कथा के साथ-साथ विदर्भ विजय का वृत्तान्त उल्लेखित है।

93. मास्की शिलालेख वर्तमान में किस राज्य में स्थित है? **SSC CGL Tier-1 17.07.2023 (Shift-I)**

(a) मध्य प्रदेश (b) तमिलनाडु
(c) आन्ध्र प्रदेश (d) कर्नाटक

उत्तर (d)

• मास्की शिलालेख **कर्नाटक** राज्य में स्थित है।
• यह मास्की नदी के तट पर स्थित है, जो **तुंगभद्रा** की सहायक नदी है।
• मास्की शिलालेख में अशोक ने स्वयं को 'बुद्ध शाक्य' कहा है।
• इसी अभिलेख में उसका नाम **अशोक** मिलता है।

94. समाहर्ता नामक अधिकारी का क्या कार्य था? **SSC CGL Tier-1 17.07.2023 (Shift-II)**

(a) राज्य के खजाने को आरक्षित करना
(b) सुरक्षा आश्वासन
(c) पत्र-व्यवहार करना
(d) कर निर्धारण

उत्तर (d)

• समाहर्ता नामक अधिकारी का कार्य मगध साम्राज्य के प्रान्तीय शासन व्यवस्था के अन्तर्गत कर निर्धारण था।
• मौर्यकाल में प्रमुख अधिकारियों को **तीर्थ** तथा **महामात्र** कहा जाता था।
• मौर्यकाल में **अन्तपाल** नामक अधिकारी सीमावर्ती दुर्गों का रक्षक होता था, जबकि **समाहर्ता**, राजस्व विभाग (कर निर्धारण) का प्रधान अधिकारी होता था।

95. निम्नलिखित में से किस शासक के शासनकाल में चीनी यात्री ह्वेनसांग भारत आया था? **SSC CGL Tier-I 17.07.2023 (Shift-III)**

(a) हर्षवर्द्धन (b) समुद्रगुप्त
(c) अशोक (d) चन्द्रगुप्त II

उत्तर (a)

• चीनी यात्री ह्वेनसाँग **नालन्दा विश्वविद्यालय** में बौद्ध दर्शन के अध्ययन के उद्देश्य से हर्षवर्द्धन के शासन काल में **603 ई.** में भारत आया था।
• उसने 15 वर्षों तक भारत में रहकर **बौद्ध दर्शन** का अध्ययन किया।
• ह्वेनसाँग की पुस्तक **सी-यू-की** है।

96. अशोक ने अपने पुत्र महेन्द्र और पुत्री संघमित्रा के नेतृत्व में धम्म के सिद्धान्त को फैलाने के लिए ……… एक मिशन भेजा। **SSC CGL Tier-I 17.07.2023 (Shift-IV)**

(a) कम्बोडिया (b) कलिंग
(c) श्रीलंका (d) थाइलैण्ड

उत्तर (c)

• अशोक ने अपने पुत्र महेन्द्र और पुत्री संघमित्रा के नेतृत्व में धम्म के सिद्धान्त को फैलाने के लिए **श्रीलंका** भेजा था।
• इनके नामों का उल्लेख श्रीलंका में लिखे बौद्ध ग्रन्थ **महावंश** में मिलता है।
• अशोक बौद्ध धर्म का अनुयायी था। उसने 255 ई.पू. में तृतीय बौद्ध संगीति सभा का आयोजन **पाटलिपुत्र** में किया था।
• अशोक को बौद्ध ग्रन्थों में **चण्ड अशोक** तथा **प्रचण्ड अशोक** कहा गया है।

97. पाणिनि की अष्टाध्यायी ……… पर लिखी गई एक प्रसिद्ध कृति है। **SSC CGL Tier-1 18.07.2023 (Shift-I)**

(a) मौर्य प्रशासन (b) संस्कृत व्याकरण
(c) वैद्यक-शास्त्र (d) गुप्तकाल में प्रशासन

उत्तर (b)

• पाणिनि की अष्टाध्यायी **संस्कृत व्याकरण** पर लिखी गई एक प्रसिद्ध कृति है।

• यह एक भाषाई लेख है, जिसने मानक निर्धारित किया है कि संस्कृत कैसे लिखी और बोली जाती है।

• अष्टाध्यायी में **4000** से अधिक व्याकरण के नियम निर्धारित किए गए हैं।

98. निम्नलिखित में से किस मौर्य शासक ने कलिंग की लड़ाई के बाद युद्ध करना छोड़ दिया था?
SSC CGL Tier-1 18.07.2023 (Shift-II)

(a) अशोक (b) महिन्द्रा
(c) चन्द्रगुप्त मौर्य (d) बिन्दुसार

उत्तर (a)

• मौर्य शासक अशोक ने कलिंग की लड़ाई के बाद युद्ध करना छोड़ दिया था।

• कलिंग का युद्ध **261** ईसा पूर्व **अशोक** और **अनन्त पद्मनाभ** के बीच लड़ा गया था।

• कलिंग युद्ध में व्यापक हिंसा के बाद अशोक ने युद्ध विजय की जगह **धम्म विजय** को अपनाया तथा **उपगुप्त** नामक बौद्ध भिक्षु से बौद्ध धर्म की दीक्षा ली। अशोक के अन्य नाम **देवानांमप्रिया** (देवताओं के प्रिय) और पियदस्सी थे।

99. चन्द्रगुप्त मौर्य के दरबार में यूनानी राजदूत मेगस्थनीज को किसने भेजा था?
SSC CGL Tier-1 18.07.2023 (Shift-IV)

(a) डायोनिसस (b) टॉलमी
(c) सेल्यूकस (d) सिकन्दर

उत्तर (c)

• चन्द्रगुप्त मौर्य के दरबार में यूनानी राजदूत मेगस्थनीज को **सेल्यूकस** ने भेजा था।

• सिकन्दर की मृत्यु के पश्चात् सेल्यूकस **सीरिया** तथा **बेबीलोन** का शासक बना था।

• सेल्यूकस ने **305 ई. पू.** में पश्चिमोत्तर भारत पर आक्रमण किया, किन्तु वह **चन्द्रगुप्त मौर्य** से पराजित हुआ।

100. निम्नलिखित में से किसने 'इण्डिका' लिखी थी, जिसमें मौर्य राजवंश के शासन के समय के भारत का वर्णन था?
SSC CGL Tier-1 09.07.2023 (Shift-I)

(a) डियोडोरस सिकुलस
(b) मेगस्थनीज
(c) स्ट्रैबो
(d) प्लिनी

उत्तर (b)

• **मेगस्थनीज** द्वारा लिखित 'इण्डिका' में तत्कालीन मौर्य साम्राज्य की सामाजिक और राजनीतिक संरचना का विशद वर्णन किया गया है।।

• मेगस्थनीज मौर्य साम्राज्य के नगर प्रशासन के बारे में विशद वर्णन करता है।

• इण्डिका में नगर के पदाधिकारी **एस्टिनोमोई** का उल्लेख मिलता है।

101. कौटिल्य के सप्तांग सिद्धान्त में 'अमात्य' निम्नलिखित में से किसे दर्शाता है?
SSC CGL Tier-1 19.07.2023 (Shift-III)

(a) क्षेत्र (b) मित्र
(c) मन्त्री और अधिकारी (d) किला

उत्तर (c)

• कौटिल्य के सप्तांग सिद्धान्त में 'अमात्य' से तात्पर्य **मन्त्री और अधिकारी** से है।

• जनपद के सभी कार्य; जैसे—कृषि सम्बन्धी कार्य, दुर्ग निर्माण, जनपद का कल्याण, विपत्तियों से रक्षा, अपराधियों को दण्ड देना, राजकीय करों को एकत्रित करना आदि सभी कार्य **अमात्यों** द्वारा किए जाते थे।

• कौटिल्य, **चन्द्रगुप्त मौर्य** के शासनकाल में प्रधानमन्त्री थे।

102. मौर्य सम्राट चन्द्रगुप्त मौर्य ने निम्नलिखित में से किसे पराजित किया था?
SSC CGL Tier-1 20.07.2023 (Shift-I)

(a) कैसेण्डर (b) सेल्यूकस निकेटर
(c) एण्टीगोन्स (d) टॉलमी

उत्तर (b)

• **सेल्यूकस** ने 305 ई. पू. में पश्चिमोत्तर भारत पर आक्रमण किया, किन्तु वह चन्द्रगुप्त मौर्य से पराजित हुआ।

• 304-303 ई. पू. में चन्द्रगुप्त मौर्य और सेल्यूकस के मध्य सन्धि हुई, जिसके अनुसार सेल्यूकस ने अपनी पुत्री **हेलेना** का विवाह चन्द्रगुप्त मौर्य से कर दिया।

• सेल्यूकस ने चन्द्रगुप्त मौर्य को दहेज में 4 राज्य दिए—ऐरिना, कंधार, मकरान तथा काबुल।

103. मौर्यकालीन पुस्तक अर्थशास्त्र की रचना किसने की थी? **SSC CGL Tier-1 20.07.2023 (Shift-III)**

(a) विष्णुगुप्त (b) चन्द्रगुप्त मौर्य
(c) भानुगुप्त (d) बिन्दुसार

उत्तर (a)

• **विष्णुगुप्त** द्वारा रचित **अर्थशास्त्र** प्राचीन भारतीय राजनीति का प्रसिद्ध **ग्रन्थ** है।

• कौटिल्य को **चाणक्य** और **विष्णुगुप्त** के नाम से भी जाना जाता है।

• कौटिल्य के अर्थशास्त्र की शैली **उपदेशात्मक** और **सलाहात्मक** है।

• इस पुस्तक में विष्णुगुप्त ने **प्रशासनिक व्यवस्था** का विवरण प्रस्तुत किया है।

104. निम्नलिखित में से किस मौर्य शासक ने कलिंग पर विजय प्राप्त की थी?
SSC CGL Tier-1 21.07.2023 (Shift-II)

(a) बृहद्रथ (b) बिन्दुसार
(c) चन्द्रगुप्त मौर्य (d) अशोक

उत्तर (d)

• अशोक ने अपने राज्याभिषेक के 8 वर्ष बाद अर्थात् 9वें वर्ष में कलिंग पर विजय प्राप्त की थी।

• कलिंग विजय का उल्लेख अशोक के 13वें शिलालेख में मिलता है।

• **दीपवंश** एवं **महावंश** के अनुसार, अशोक के शासनकाल में पाटलिपुत्र में **तृतीय बौद्ध संगीति** का आयोजन हुआ था।

105. चन्द्रगुप्त मौर्य ने ········ की सहायता से मगध के नन्द वंश को उखाड़ फेंका।
SSC CGL Tier-1 21.07.2023 (Shift-III)

(a) चन्द्रगुप्त II (b) विष्णुगुप्त
(c) स्कन्दगुप्त (d) समुद्रगुप्त

उत्तर (b)

• **विष्णुगुप्त** की सहायता से मगध के नन्द वंश को समाप्त करके चन्द्रगुप्त 322 ई. पू. में मगध की गद्दी पर बैठा था।

• वह जैन धर्म का अनुयायी थे।

• चन्द्रगुप्त ने अपना अन्तिम समय कर्नाटक के **श्रवणबेलगोला** नामक स्थान पर बिताया।

• चन्द्रगुप्त मौर्य ने अपने प्राण **संलेखना विधि** से त्यागे थे।

106. सम्राट अशोक ने अपने राज्याभिषेक के कितने वर्ष बाद कलिंग पर विजय प्राप्त की?
SSC CGL Tier-1 24.07.2023 (Shift-I)

(a) 8 वर्ष (b) 11 वर्ष
(c) 5 वर्ष (d) 15 वर्ष

उत्तर (a)

• अशोक ने अपने राज्याभिषेक के 8 वर्ष बाद कलिंग पर विजय प्राप्त की।

• **13वें अभिलेख** के अनुसार, युद्ध में व्यापक हिंसा के बाद **अशोक का हृदय परिवर्तन** हो गया तथा वह **बौद्ध धर्म** का अनुयायी बन गया।

• राजतरंगिणी के अनुसार, अशोक ने कश्मीर में **श्रीनगर** तथा नेपाल में **ललितपत्तन** नामक नगर बसाया।

107. शुंग वंश का अन्तिम राजा कौन था?
SSC CGL Tier-1 24.07.2023 (Shift-II)

(a) पुष्यमित्र (b) भवभूति
(c) देवभूति (d) शशांक

उत्तर (c)

• **पुष्यमित्र शुंग**, शुंग वंश का संस्थापक था। जोकि अन्तिम मौर्य राजा बृहद्रथ का प्रमुख सेनापति था।

• शुंग शासकों की राजधानी **विदिशा** थी।

• पुष्यमित्र शुंग ने साँची के **महास्तूप** में काष्ठवेदिका के स्थान पर **पत्थर की रेलिंग** निर्मित करवाई।

• पुष्यमित्र शुंग का उत्तराधिकारी **अग्निमित्र** हुआ, जो कालिदास द्वारा लिखित नाटक **मालविकाग्निमित्र** का नायक था।

• देवभूति, शुंग वंश का अन्तिम राजा था।

108. मेगस्थनीज की पुस्तक इण्डिका में भारतीय समाज के कितने वर्गों का उल्लेख है?
SSC CGL Tier-1 24.07.2023 III

(a) 7 (b) 12
(c) 5 (d) 10

उत्तर (a)

• मेगस्थनीज की पुस्तक इण्डिका में भारतीय समाज के सात वर्गों का उल्लेख है?

• इसके अन्तर्गत पहला दार्शनिक, दूसरा कृषक, तीसरा पशुपालक, चौथा कारीगर, पाँचवाँ योद्धा, छठाँ निरीक्षक तथा सातवाँ सभासद थे।

109. कौटिल्य के अर्थशास्त्र के अनुसार, मौर्य प्रशासन में घुड़सवार सेना के कमान अधिकारी को क्या जाना जाता था?
SSC CGL Tier-1 24.07.2023 (Shift-IV)

(a) हस्त्याध्यक्ष (b) रथाध्यक्ष
(c) अश्वाध्यक्ष (d) पत्तनाध्यक्ष

उत्तर (c)

• कौटिल्य के अर्थशास्त्र के अनुसार, मौर्य प्रशासन में घुड़सवार सेना के कमान अधिकारी को **अश्वाध्यक्ष** कहा जाता था।

• मौर्य प्रशासन में हस्त्याध्यक्ष—**हाथियों का अध्यक्ष**, पत्तनाध्यक्ष—**बन्दरगाहों का अध्यक्ष** तथा रथाध्यक्ष—**रथों का अध्यक्ष** होता था।

110. झारखण्ड में पाई जाने वाली लोहे की खदानों ने प्राचीन भारत में निम्नलिखित में से किस साम्राज्य के उदय में सहयोग दिया था?
SSC CGL Tier-1 25.07.2023 (Shift-I)

(a) मगध (b) कुषाण (c) कुरु (d) काशी

उत्तर (a)

• झारखण्ड में पाई जाने वाली लोहे की खदानों ने **मगध** साम्राज्य के उदय में सहयोग दिया था।

• मगध प्राचीन भारत के **16 महाजनपदों** में से एक था। इसकी राजधानी **गिरिव्रज** तथा बाद में **पाटलिपुत्र** हो गई थी।

मगध साम्राज्य का वास्तविक संस्थापक मौर्य शासक **बिन्दुसार** को माना जाता है।

111. मगध महाजनपद .... नदियों से घिरा हुआ था। SSC CGL Tier-1 26.07.2023 (Shift-III)

(a) गंगा और घाघरा (b) गंगा और झेलम
(c) गंगा और यमुना (d) गंगा और सोन

उत्तर (d)

• मगध महाजनपद **गंगा और सोन** नदियों से घिरा हुआ था।

• बिम्बिसार के नेतृत्व में मगध महाजनपद का उदय हुआ, जो बुद्ध का समकालीन था।

• मगध में क्रमशः **हर्यंक वंश**, **शिशुनाग वंश** एवं **नन्द वंश** के राजाओं ने शासन किया था।

112. सती प्रथा का पहला अभिलेखीय उदाहरण किस काल में मिलता है?
SSC CGL Tier-1 26.07.2023 (Shift-IV)

(a) सातवाहन (b) गुप्त
(c) मौखरि (d) वर्द्धन

उत्तर (b)

• मध्य प्रदेश के **एरण** में गुप्त कालीन शासक **भानु गुप्त** का अभिलेख सती प्रथा से सम्बन्धित पहला **अभिलेखीय साक्ष्य** माना जाता है।

• इसे सामान्यतः **एरण अभिलेख** कहा जाता है। अभिलेख में भानु गुप्त के सेनापति **गोपराज** की मृत्यु हो जाने के पश्चात् उसकी पत्नी के द्वारा प्राण त्यागे जाने का उल्लेख मिलता है।

113. मौर्य स्तम्भ शीर्ष .... में पाया गया था, जिसे सिंह शीर्ष (लायन कैपिटल) के नाम से जाना जाता है।
SSC CGL Tier-1 27.07.2023 (Shift-III)

(a) बैराट (b) सांची (c) भाबरू (d) सारनाथ

उत्तर (d)

• **सारनाथ** में पाया गया मौर्य स्तम्भ शीर्ष पर सिंह के अतिरिक्त एक **हाथी**, एक **बैल** और एक दौड़ते हुए **घोड़े** की आकृति भी अंकित है।

• इसे संवैधानिक रूप से 26 जनवरी, 1950 को राष्ट्रीय चिह्न के तौर पर अपनाया गया था। भगवान बुद्ध ने अपना पहला उपदेश सारनाथ में ही दिया था।

• इस स्तूप को **धर्मचक्र स्तूप** भी कहते हैं।

114. निम्नलिखित में से क्या आर्यभट्ट से सम्बन्धित नहीं है? SSC CGL Tier-1 06.12.2022 (Shift-III)

(a) विस्तृत शल्य चिकित्सा की विधियों के बारे में बात की
(b) ग्रहण के बारे में एक वैज्ञानिक तर्क विकसित किया
(c) ऐसा कहा कि दिन और रात पृथ्वी के अपनी धुरी पर चक्कर काटने के कारण होते हैं
(d) एक वृत्त की परिधि को मापने की विधि ढूँढ़ निकाली

उत्तर (a)

• विकल्प (a) सही नहीं, क्योंकि आर्यभट्ट के विस्तृत शब्द चिकित्सा से सम्बन्धित किसी चर्चा का प्रमाण नहीं मिलता है।

• आर्यभट्ट गुप्तकालीन सर्वश्रेष्ठ **गणितज्ञ** एवं **ज्योतिषी** थे।

• आर्यभट्ट का प्रसिद्ध ग्रन्थ **आर्यभट्टीय** है।

सर्वप्रथम आर्यभट्ट ने ही **सूर्यग्रहण** तथा **चन्द्रग्रहण** का वैज्ञानिक कारण बताया।
आर्यभट्ट ने बताया कि पृथ्वी गोल है और अपनी धुरी पर घूमती है।

115. प्राचीनकाल में गंगा के दक्षिणी क्षेत्र को .... के रूप में जाना जाता था।
SSC CGL Tier-1 07.12.2022 (Shift-III)

(a) मगध (b) मत्स्य
(c) कौशल (d) अंग

उत्तर (a)

• प्राचीनकाल में गंगा के दक्षिणी क्षेत्र को **मगध** के रूप में जाना जाता था।

• आधुनिक **पटना** तथा **गया** जिला इसमें शामिल थे।

• मगध साम्राज्य का उल्लेख रामायण तथा महाभारत महाकाव्य में मिलता है।

• मगध ने अपना साम्राज्य विस्तार करते हुए **उत्तर भारत** में एक **विशाल साम्राज्य** की स्थापना की।

116. दिल्ली के महरौली में स्थित लौह स्तम्भ निम्नलिखित में से किस गुप्त शासक से सम्बन्धित है?
SSC CGL Tier-1 08.12.2022 (Shift-III)

(a) स्कन्दगुप्त
(b) समुद्रगुप्त
(c) कुमारगुप्त
(d) चन्द्रगुप्त द्वितीय

उत्तर (d)

• दिल्ली के महरौली में स्थित लौह स्तम्भ **चन्द्रगुप्त द्वितीय** से सम्बन्धित है, जो अपने आप में प्राचीन भारतीय धातुकर्म की पराकाष्ठा है। इस स्तम्भ की ऊँचाई लगभग 7 मी है।

• इस स्तम्भ लेख में चन्द्रगुप्त द्वितीय को **चन्द्र** कहा गया है।

117. अशोक ने अपने क्षेत्र में सामाजिक समस्याओं को हल करने के लिए .... को नियुक्त किया। SSC CGL Tier-1 09.12.2022 (Shift-II)

(a) न्यायाधीश (b) समाहर्ता
(c) धम्म महामात (d) अमात्य

उत्तर (c)

• अशोक द्वारा सामाजिक समस्याओं को हल करने के लिए **धम्म महामात** (महामात्र) की नियुक्ति की, जो मुख्य रूप से वरिष्ठ अधिकारियों का एक वर्ग था, जो प्रशासन और न्याय के विभिन्न सेवानिवृत्ति प्रभारी थे। इनकी संख्या 18 थी।

• **अशोक** ने धम्म के प्रचार-प्रसार हेतु 10वें वर्ष **बोधगया** एवं 20वें वर्ष **लुम्बिनी** की यात्रा की।

118. निम्नलिखित में से कौन-सा कथन प्रशस्तियों और भूमि-अनुदान के सन्दर्भ में सही है?
SSC CGL Tier-1 12.02.2022 (Shift-I)

I. प्रशस्तियाँ विद्वान ब्राह्मणों द्वारा रची गई थीं।
II. राजा प्रायः ब्राह्मणों को भूमि अनुदान से पुरस्कृत करते थे, जो ताम्र पत्रों पर अभिलिखित होते थे।

कूट
(a) केवल II
(b) न ही I और न ही II
(c) I और II दोनों
(d) केवल I

उत्तर (c)

• प्रशस्तियों और भूमि-अनुदान के सन्दर्भ में दिए गए दोनों कथन सही हैं।

• किसी वस्तु या व्यक्ति की प्रशंसा में लिखा गया **ग्रन्थ प्रशस्ति** (Euglogy) कहलाता है। प्रशस्ति का उपयोग **राजा** या **बड़े प्रधान** द्वारा किया जाता है, जिसमें वे अपने आत्म-सम्मान में बड़ी-बड़ी प्रशस्तियाँ लिखवाते थे; जैसे—दूसरी शताब्दी में रचित नासिक प्रशस्ति सातवाहन राजवंश से सम्बन्धित है।

• भूमि अनुदान, ब्राह्मणों को राजा द्वारा दान में दी गई कर मुक्त भूमि थी, जिसे **ब्रह्मदेय** भी कहा जाता था।

• भूमि अनुदान का प्राचीनतम साक्ष्य प्रथम शताब्दी ई.पू. में **सातवाहन शासकों द्वारा महाराष्ट्र क्षेत्र में पुरोहितों को ग्राम दान** के रूप में उल्लेखित है।

119. निम्नलिखित में से कौन-सा कथन शक वंश के सन्दर्भ में सही है?
SSC CGL Tier-1 12.12.2022 (Shift-II)

I. शकों के कुछ राज्य लगभग 500 वर्षों तक टिके रहे।
II. लगभग 2200 वर्ष पूर्व शकों के बाद कुषाणों का शासन स्थापित हुआ।

कूट
(a) केवल II
(b) न ही I और न ही II
(c) केवल I
(d) I और II दोनों

उत्तर (c)

• शक वंश के सन्दर्भ में दिया गया कथन (1) सही है।

• शक प्राचीन मध्य एशिया में रहने वाली **स्किथी** लोगों की एक जनजाति या जनजातियों का समूह था।

• शकों ने **सीस्तान** और **सिन्ध मार्ग** से भारत में प्रवेश किया तथा लगभग 500 वर्षों तक शासन किया।

• शकों का सबसे प्रतापी शासक **रुद्रदामन I** (130-150 ई.) था, जिसका **गुजरात** के बड़े भू-भाग पर अधिकार था।

120. कण्व वंश का संस्थापक कौन था?
SSC CGL Tier-1 12.12.2022 (Shift-III)

(a) सुशर्मन (b) देवभूति
(c) वासुदेव (d) नारायण

उत्तर (c)

• वासुदेव ने 73 ई. पू. में **देवभूति** की हत्या कर कण्व वंश की स्थापना की।

• कण्व वंश के अंतिम शासक सुशर्मा की हत्या कर **सिमुक** ने **सातवाहन वंश** की स्थापना की।

• कण्व वंश के चार राजाओं ने 75 ई. पू. से 28 ई. पू. तक शासन किया। कण्व वंश का अन्तिम शासक **सुशर्मा** था।

121. समुद्रगुप्त की माता निम्नलिखित में से किस गणराज्य से सम्बन्धित थीं?
SSC CGL Tier-1 13.12.2022 (Shift-IV)

(a) लिच्छवि (b) शाक्य
(c) वज्जि (d) कोलीय

उत्तर (a)

• समुद्रगुप्त की माता **लिच्छवि** गणराज्य से सम्बन्धित थीं। समुद्रगुप्त के पिता का नाम चन्द्रगुप्त था।

• उसकी राजधानी **पाटलिपुत्र** थी। उसने आर्यावर्त्त के 9 शासकों व दक्षिणावर्त के 12 शासकों को पराजित किया, जिसके कारण उसे **भारत का नेपोलियन** भी कहा जाता है।

122. अशोक के शासनकाल के प्रमुख आयोजनों में से एक, 250 ईसा पूर्व में राजधानी पाटलिपुत्र में ……… बौद्ध परिषद् का आयोजन था।
SSC CGL Tier-1 23.08.2021 (Shift-I)

(a) चौथी (b) तीसरी
(c) दूसरी (d) पहली

उत्तर (b)

• अशोक के शासनकाल में 250 ई. पू. पाटलिपुत्र में आयोजित **तीसरी** परिषद् की अध्यक्षता **मोग्गलिपुत्र तिस्स** ने की थी।

• इस बौद्ध संगीति में बौद्ध धर्म दो सम्प्रदाय थेरवार और स्थविरवाद में बँट गया था।

• इस संगीति में **त्रिपिटक** को अन्तिम रूप से संकलित किया गया था।

123. निम्न में से कौन अशोक के अभिलेख को समझने (पढ़ने) वाला पहला विद्वान था?
SSC CGL Tier-1 23.08.2021 (Shift-II)

(a) वी. गॉर्डन चाइल्ड (b) जेम्स टेलर
(c) अलेक्जेण्डर कनिंघम (d) जेम्स प्रिन्सेप

उत्तर (d)

• **जेम्स प्रिन्सेप** अशोक के अभिलेख को समझने (पढ़ने) वाला पहला विद्वान था।

• अशोक के अभिलेखों को तीन भागों में विभाजित किया गया है—**शिलालेख**, **स्तम्भ लेख** एवं **गुहा लेख**। इन शिलालेखों की खोज **1750 ई.** में **टी. फेन्थेलर** ने की थी।

• अशोक के अधिकांश अभिलेख **ब्राह्मी लिपि** में हैं, जबकि कुछ अभिलेख **खरोष्ठी** और **अरामाईक** लिपि में है।

124. निम्न में से किसने 1877 ई. में अशोक के शिलालेखों का एक सेट प्रकाशित किया था?
SSC CGL Tier-1 20.08.2021 (Shift-II)

(a) कॉलिन मैकेंजी (b) अलेक्जेण्डर कनिंघम
(c) एमएस वत्स (d) डीसी सरकार

उत्तर (b)

• अलेक्जेण्डर कनिंघम को भारतीय पुरातत्व **सर्वेक्षण** का जनक माना जाता है। 1872 ई. में ये भारतीय पुरातत्त्व विभाग के सर्वेक्षक बनें।

• इन्होंने 1877 ई. में अशोक के शिलालेखों का एक सेट प्रकाशित किया।

125. 'कण्टकशोधन' ……… वंश के प्रशासन की न्यायिक व्यवस्था का प्रमुख अंग था।
SSC CGL Tier-1 20.08.2021 (Shift-I)

(a) मौर्य (b) राष्ट्रकूट (c) कुषाण (d) चोल

उत्तर (a)

• कण्टकशोधन एक फौजदारी न्यायालय था, जिसमें तीन प्रादेशिक न्यायाधीश तथा तीन अमात्य होते थे तथा **मौर्यकाल** में राज्य एवं व्यक्ति के बीच विवादों का न्याय करते थे।

• इस न्यायालय के **न्यायाधीश को प्रदेष्टा** कहा जाता था।

> मौर्यकाल के न्याय प्रशासन के अन्तर्गत दीवानी न्यायालय को **धर्मस्थीय** तथा फौजदारी न्यायालय को **कण्टकशोधन** कहा जाता था।

126. चन्द्रगुप्त ने ……… के खिलाफ विद्रोह का नेतृत्व किया और उन्हें पराजित कर दिया।
SSC CGL Tier-1 18.08.2021 (Shift-I)

(a) नन्द (b) हर्यंक
(c) कुषाण (d) शिशुनाग

उत्तर (a)

• चन्द्रगुप्त ने नन्द के खिलाफ विद्रोह का नेतृत्व किया और उन्हें पराजित कर दिया।

• मौर्य वंश के संस्थापक चन्द्रगुप्त ने चाणक्य के सहयोग से सर्वप्रथम **उत्तर-पश्चिम** सीमा को विजित किया।

• इस क्षेत्र की विजय के बाद चन्द्रगुप्त ने पर्वतक (पोरस) नामक राजा के सहयोग से मगध की विजय की तथा नन्दवंश के अन्तिम शासक **घनानन्द** को पराजित कर **मौर्य वंश** की स्थापना की।

127. निम्नलिखित में से किस शासक को 'भारत का नेपोलियन' कहा जाता है?
SSC CGL Tier-1 16.08.2021 (Shift-III)

(a) अशोक (b) समुद्रगुप्त
(c) चन्द्रगुप्त I (d) बिन्दुसार

उत्तर (b)

• **समुद्रगुप्त** ने आर्यावर्त के 9 शासकों तथा दक्षिणावर्त के 12 शासकों को पराजित किया था। इस विजय अभियान के कारण ही इन्हें भारत का **नेपोलियन** कहा जाता है।

• समुद्रगुप्त के दरबारी कवि हरिषेण थे, जिन्होंने प्रयाग प्रशस्ति लेखों की रचना की।

128. सेल्यूकस प्रथम द्वारा चन्द्रगुप्त मौर्य के दरबार में निम्नलिखित में से कौन-सा दूत भेजा गया था?
SSC CPO 27.06.2024 (Shift-II)

(a) अल-बरूनी (b) मेगस्थनीज
(c) फाह्यान (d) डाइमाचस

उत्तर (b)

• सेल्यूकस प्रथम द्वारा चन्द्रगुप्त मौर्य के दरबार में **मेगस्थनीज** को भेजा गया था।

129. निम्नलिखित में से किस मौर्य राजा ने कलिंग युद्ध के बाद बौद्ध धर्म और उसके अहिंसा के सिद्धान्त को अपना लिया था?
SSC CGL 04.10.2023 (Shift-II)

(a) अशोक (b) दशरथ
(c) बिन्दुसार (d) चन्द्रगुप्त मौर्य

उत्तर (a)

• अशोक ने कलिंग युद्ध के बाद बौद्ध धर्म और उसके अहिंसा के सिद्धान्त को अपना लिया था।

SSC CPO 2024 & 2023

130. निम्नलिखित में से अशोक के कौन-से शिलालेख में पशु बलि पर प्रतिबन्ध की घोषणा की गई थी?
SSC CPO 29.06.2024 (Shift-I)

(a) प्रमुख शिलालेख I
(b) प्रमुख शिलालेख IV
(c) प्रमुख शिलालेख II
(d) प्रमुख शिलालेख III

उत्तर (a)

• अशोक के शिलालेखों में से प्रमुख **शिलालेख-I** में **पशु बलि** पर प्रतिबन्ध की घोषणा की गई थी।

• यह शिलालेख राज्याभिषेक के 12 वर्ष बाद 269 ईसा पूर्व में जारी किया गया था।

• इसमें अशोक ने हिंसा और क्रूरता के प्रति अपनी निन्दा व्यक्त की और नैतिक जीवन जीने की अपनी प्रतिबद्धता की घोषणा की।

• शिलालेख में कहा गया है कि अशोक ने पहले बहुत सारे जानवरों की बलि दी थी, लेकिन बौद्ध धर्म अपनाने के बाद उन्होंने पशु बलि को बन्द कर दिया और इसकी अपेक्षा धार्मिक उत्सवों का आयोजन करने का आदेश दिया।

131. अशोक ने अपने पुत्र महेन्द्र और पुत्री संघमित्रा को धम्म का प्रचार करने के लिए निम्नलिखित में से किस देश में भेजा था?
SSC CPO 29.06.2024 (Shift-I)

(a) बर्मा (b) अफगानिस्तान
(c) श्रीलंका (d) चीन

उत्तर (c)

• अशोक ने अपने पुत्र महेन्द्र और पुत्री संघमित्रा को धम्म का प्रचार हेतु **श्रीलंका** भेजा था।

• सम्राट अशोक ने धम्म सिद्धान्तों का प्रसार करने के लिए विभिन्न स्थानों पर बौद्ध धर्म के प्रचारकों को भेजा था।

• अशोक एक महत्त्वकांक्षी शासक था, जिसने पाटलिपुत्र पर शासन किया और **उज्जैन** तथा **तक्षशिला** में कई युद्ध लड़े थे।

• कलिंग युद्ध के बाद अशोक ने युद्ध और हिंसा को त्याग दिया और गौतम बुद्ध की शिक्षाओं को अपनाया।

132. निम्नलिखित में से, किस मौर्य राजा को देवानामप्रियदर्शी के नाम से जाना जाता था?
SSC CPO 28.06.2024 (Shift-III)

(a) बिन्दुसार (b) सम्प्रति
(c) शतधन्वन (d) अशोक

उत्तर (d)

• **अशोक** को देवानामप्रियदर्शी के नाम से जाना जाता है। अशोक के शासनकाल को स्वर्णिम काल माना जाता है।

133. निम्नलिखित में किस मौर्य राजा ने श्रवणबेलगोला में आमरण अनशन किया और उसकी मृत्यु हो गई थी?
SSC CPO 05.10.2023 (Shift-III)

(a) चन्द्रगुप्त मौर्य (b) अशोक
(c) बिन्दुसार (d) दशरथ

उत्तर (a)

• चन्द्रगुप्त मौर्य ने श्रवणबेलगोला में आमरण अनशन किया और उसकी मृत्यु हो गई थी।

• इस प्रथा को दिगम्बर जैन परम्परा में **संलेखना** कहा जाता है, जबकि श्वेताम्बर परम्परा में इसे **संथारा** कहते हैं।

• श्रवणबेलगोला भारत के कर्नाटक राज्य में स्थित एक प्रसिद्ध जैन तीर्थ है।

SSC CHSL 2024 (Tier 1)

134. विल्हण निम्नलिखित में से किसके दरबारी कवि थे?
SSC CHSL Tier-1 9.07.2024 (Shift-III)

(a) विजयादित्य VII (b) कुलोत्तुंगा I
(c) राजराज II (d) विक्रमादित्य VI

उत्तर (d)

• विल्हण विक्रमादित्य VI के दरबारी कवि थे।

• विल्हण ने विक्रमादित्य VI की जीवनी लिखी थी।

• **चौरपञ्चाशिका** (चोर पचासी) एक संस्कृत प्रेमकाव्य है, जिसकी रचना विल्हण ने की थी।

• इनकी दूसरी प्रसिद्ध रचना विक्रमांकदेवचरित है।

135. निम्नलिखित में से कौन-सा भारत के सारनाथ में सिंह स्तम्भ का घटक नहीं है?
SSC CHSL 20.03.2023 III

(a) चार सिंहों की आकृतियाँ
(b) नीचे घण्टी के आकार का कमल
(c) दक्षिण दिशा को दर्शाती हुई नक्काशीदार गाय
(d) धर्म चक्र

उत्तर (c)

• दक्षिण दिशा को दर्शाती हुई नक्काशीदार गाय सारनाथ में सिंह स्तम्भ का घटक नहीं है

• सिंह स्तम्भ, मौर्य वंश के महान सम्राट **अशोक** ने निर्मित कराया था।

• सौ वर्ष पूर्व वाराणसी के पास सारनाथ में खोजे गए सिंह स्तम्भ को सामान्यतः **सारनाथ चतुर्मुख सिंह स्तम्भ** के रूप में जाना जाता है।

> सारनाथ स्थित अशोक स्तम्भ **बुद्ध के प्रथम उपदेशक** और **चार आर्य सत्यों** के अवतरण स्थल के रूप में प्रसिद्ध है।

136. मौर्य साम्राज्य काल से कुछ समय पूर्व लगभग .... वर्ष पहले, चीन में सम्राटों ने विशाल दीवार (Great Wall) का निर्माण शुरू कर दिया था।
SSC CHSL 10.03.2023 (Shift-II)

(a) 600 (b) 2400 (c) 3500 (d) 1200

उत्तर (b)

• 2400 वर्ष पहले, चीन में सम्राटों ने विशाल दीवार का निर्माण शुरू कर दिया था।

• चीन की विशाल दीवार **मिट्टी** और **पत्थर** से बनी एक **किलेनुमा दीवार** है, जिसे चीन के विभिन्न शासकों के द्वारा उत्तरी हमलावरों से रक्षा के लिए बनवाया गया था।

• यह दीवार संसार के **सात अजूबों** में गिनी जाती है।

• चीन की दीवार के निर्माण में कई शासकों का योगदान है, लेकिन इसे चीन के प्रथम सम्राट **किन शी हुआंग** द्वारा सर्वप्रथम बनवाया गया था।

137. निम्नलिखित में से किस राजा ने प्राचीन भारत में मौर्य साम्राज्य की स्थापना की थी?
SSC CHSL 19.04.2021 (Shift-III)

(a) चन्द्रगुप्त (b) दशरथ
(c) बिन्दुसार (d) अशोक

उत्तर (a)

• चन्द्रगुप्त ने नन्द वंश के शासक **घनानन्द** को पराजित कर **मौर्य वंश** की स्थापना की थी।

• इन्होंने **305 ई.पू.** में सिकन्दर के सेनापति **सेल्यूकस निकेटर** को भी पराजित किया था। इन्हें **सैण्ड्रोकोटस** भी कहा जाता था।

• चन्द्रगुप्त मौर्य अपने अन्तिम दिनों में कर्नाटक स्थित **श्रवणबेलगोला** चले गए और यहीं पर इन्होंने संलेखना पद्धति से अपने प्राण त्याग दिए।

SSC MTS 2024

138. निम्नलिखित में से किस राजवंश की उत्पत्ति चीन की यूह-चिह जनजाति से हुई थी?
SSC MTS Tier-1 14.11.2024 (Shift-III)

(a) कुषाण (b) पार्थियन
(c) गुप्त (d) सातवाहन

उत्तर (a)

• कुषाण राजवंश की उत्पत्ति चीन की **यूह-चिह जनजाति** से हुई थी।

• इस वंश की स्थापना कुजुल कडफिसेस ने की थी।

• कुषाण वंश के सबसे प्रसिद्ध शासक कनिष्क थे, उन्हें **द्वितीय अशोक** के नाम से भी जाना जाता है।

139. अशोक के कितने स्तम्भ शिलालेख या प्रमुख स्तम्भ शिलालेख पाए गए हैं?
SSC MTS Tier-1 12.11.2024 (Shift-III)

(a) नौ (b) सात (c) दो (d) चौदह

उत्तर (b)

• अशोक के सात स्तम्भ शिलालेख पाए जाते हैं और इन शिलालेखों में **ब्राह्मी लिपि** का प्रयोग किया गया था।

• इन शिलालेखों में अशोक स्वयं को **देवताओं का प्रिय सेवक** (देवानामपियादसी) कहता है।

• अशोक को मास्की, गुजर्रा और नेट्टूर एवं उदेगोलम अभिलेख में उनके व्यक्तिगत नाम अशोक का उल्लेख किया गया है।

• ये शिलालेख, बौद्ध धर्म के पहले ठोस सबूत प्रदान करते हैं।

• अशोक के धर्म संदेश का उल्लेख सातवें स्तम्भ शिलालेख में है।

140. मेगस्थनीज एक राजदूत था, जिसे यूनानी शासक सेल्यूकस निकेटर ने किस भारतीय शासक के दरबार में भेजा था?
SSC MTS Tier-1 30.10.2024 (Shift-III)

(a) बिन्दुसार
(b) अशोक
(c) पुष्यमित्र शुंग
(d) चन्द्रगुप्त

उत्तर (d)

• मेगस्थनीज एक राजदूत था, जिसे यूनानी शासक सेल्यूकस निकेटर ने मौर्य शासक चन्द्रगुप्त मौर्य के दरबार में भेजा था।

• मेगस्थनीज ने अपनी पुस्तक इण्डिका में भारत का वर्णन किया है।

141. 297 ईसा पूर्व में कौन-सा शासक चन्द्रगुप्त मौर्य का उत्तराधिकारी बना?
SSC MTS Tier-1 29.10.2024 (Shift-III)

(a) कनिष्क (b) अशोक
(c) कुमारगुप्त (d) बिन्दुसार

उत्तर (d)

• 297 ई. पू. में **बिन्दुसार**, चन्द्रगुप्त मौर्य का उत्तराधिकारी बना।

• यह जैन धर्म के आजीविक सम्प्रदाय में विश्वास करता था।

• यूनानियों के लिए बिन्दुसार को अमित्रघात (एमिट्रोकेट्स) कहा जाता था।

• इसे **सिंहसेन** व **अजातशत्रु वरिसार** तथा मद्रसार नाम से भी जाना जाता था।

142. जूनागढ़ में सुदर्शन झील का निर्माण किसने करवाया था?
SSC MTS Tier-1 28.10.2024 (Shift-II)

(a) चन्द्रगुप्त (b) स्कन्दगुप्त
(c) भानुगुप्त (d) पुष्यगुप्त

उत्तर (d)

• रुद्रदामन के जूनागढ़ अभिलेख के अनुसार, चन्द्रगुप्त मौर्य के गवर्नर पुष्यगुप्त वैश्य ने सौराष्ट्र में सुदर्शन झील का निर्माण करवाया।

• अशोक के गवर्नर **यवनराज तुषास्प** ने इसकी मरम्मत करवाई थी।

• सुदर्शन झील उर्जयन्त एवं रैवतक पहाड़ियों से निकलने वाली पलाशिनी एवं सुवर्ण सिकता नदियों पर स्थित है।

143. मौर्य समाज के दौरान मेगस्थनीज ने भारतीय समाज को सात विशिष्ट समूहों में विभाजित किया। 'राजा के सलाहकारों' को किस विशिष्ट समूह में रखा गया था?
SSC MTS Tier-1 21.10.2024 (Shift-II)
(a) दूसरे (b) पाँचवें (c) सातवें (d) पहले

उत्तर (c)

- मौर्य समाज के दौरान मेगस्थनीज ने भारतीय समाज को सात विशिष्ट समूहों में विभाजित किया। राजा के सलाहकारों को सातवें विशिष्ट समूह में रखा गया था।
- मेगस्थनीज द्वारा 7 जातियों/वर्गों में विभाजित समाज दार्शनिक, किसान, चरवाहा व्यापारी, योद्धा, पर्यवेक्षक और पार्षद् थे।
- मेगस्थनीज, चन्द्रगुप्त मौर्य के दरबार में आया **सेल्यूकस निकेटर** का राजदूत था।
- वह भारत में **304 ई. पू. से 299 ई. पू.** तक रहा।
- मेगस्थनीज के अनुसार, भारत में दास प्रथा अनुपस्थित थी।

144. रविकीर्ति किस शासक के दरबारी कवि थे?
SSC MTS Tier-1 18.10.2024 (Shift-II)
(a) पुलकेशिन द्वितीय (b) दन्तिदुर्ग
(c) हर्षवर्द्धन (d) राजराज

उत्तर (a)

- रविकीर्ति पुलकेशिन द्वितीय के दरबारी कवि थे।
- ऐहोल अभिलेख में लेखक **रविकीर्ति** ने अपनी तुलना महान संस्कृत कवि और नाटककार कालिदास और भास से की है।
- पुलकेशिन द्वितीय, **चालुक्य वंश** के राजा थे एवं इनका शासनकाल 610 से 642 ईसवी तक था।
- इन्होंने दक्षिण कोसल और कलिंग के शासकों को अपने अधीन किया था।

145. निम्नलिखित में से किसने मौर्य काल की ब्राह्मी लिपि का कूटवाचन किया?
SSC MTS Tier-1 01.10.2024 (Shift-I)
(a) जेम्स मिल (b) हर्बर्ट होपरिस्ली
(c) जेम्स प्रिंसेप (d) राखालदास बनर्जी

उत्तर (c)

- **जेम्स प्रिंसेप**, एक अंग्रेज विद्वान, पुरातत्ववेत्ता और प्राच्यविद् थे। उन्होंने प्राचीन भारत की मौर्य काल की **ब्राह्मी लिपि** का कूटवाचन किया था।
- ब्राह्मी लिपि, भारत की सबसे पुरानी लिपियों में से एक है, यह **बाएँ से दाएँ** लिखी जाती है।
- इस लिपि का प्रयोग सम्राट अशोक के शिलालेखों में किया गया था।

146. मौर्य वंश का संस्थापक कौन था?
SSC MTS Tier-1 30.09.2024 (Shift-I)
(a) विक्रमादित्य (b) चन्द्रगुप्त मौर्य
(c) बिन्दुसार (d) अशोक

उत्तर (b)

- मौर्य वंश का संस्थापक **चन्द्रगुप्त मौर्य** था। इसने नंद वंश को हराकर एक शक्तिशाली साम्राज्य की नींव रखी।
- इन्होंने भारत में एक **केन्द्रीकृत** और **नौकरशाही** शासन प्रणाली की शुरुआत की थी।

SSC MTS 2023 & 2022

147. बौद्ध काल का सबसे पुराना स्तूप कौन-सा है?
SSC MTS 04.09.2023 II
(a) धामेक स्तूप (b) महाबोधि स्तूप
(c) साँची स्तूप (d) केसरिया स्तूप

उत्तर (c)

- बौद्ध काल का सबसे पुराना स्तूप साँची स्तूप मध्य प्रदेश में स्थित **अशोककालीन** स्तूप है।
- वर्ष 1989 से यह यूनेस्को का विश्व धरोहर स्थल है।
- बौद्ध ग्रन्थ दिव्यावदान के अनुसार अशोक ने **84000 स्तूपों** का निर्माण कराया था।
- स्तूप वैदिक काल से भारत में प्रचलित शवाधान टीले थे।

> **भरहुत स्तूप** (सतना, मध्य प्रदेश) की नींव अशोक ने रखी थी, किन्तु इसका पूर्णतः निर्माण **पुष्यमित्र शुंग** ने करवाया था।

148. शुंग राजवंश (185 ईसा पूर्व-73 ईसा पूर्व) के संस्थापक निम्नलिखित में से कौन थे?
SSC MTS 15.07.2022 (Shift-I)
(a) भागभद्र (b) अग्निमित्र
(c) पुष्यमित्र (d) वसुमित्र

उत्तर (c)

- पुष्यमित्र मौर्य वंश के अन्तिम शासक बृहद्रथ के सेनापति थे और इनकी हत्या करके ही 185 ई. पू. में शुंग वंश की नींव रखी गई थी।
- इनका साम्राज्य **हिमालय से नर्मदा नदी तक** तथा **सिन्धु से प्राच्य समुद्र तक** विस्तृत था।

149. 'लायन कैपिटल' का निर्माण बुद्ध के ……… की ऐतिहासिक घटना की स्मृति में किया गया था।
SSC MTS 13.07.2022 (Shift-I)
(a) ज्ञान प्राप्ति
(b) निधन
(c) घर परित्याग
(d) प्रथम उपदेश

उत्तर (d)

- लायन कैपिटल का निर्माण सम्राट अशोक द्वारा 250 ई.पू. बुद्ध के प्रथम उपदेश की स्मृति में सारनाथ में किया गया था।
- इसे अशोक स्तम्भ के नाम से भी जाना जाता है। इसे 26 जनवरी, 1950 को राष्ट्रीय प्रतीक के रूप में अपनाया गया।

150. पहली शताब्दी ई.पू. में गंगा नदी की बाढ़ के पानी को जोड़ने वाली जल संचयन प्रणाली किस स्थान पर थी?
SSC MTS 06.10.2022 (Shift-III)
(a) गोरखपुर (b) मिर्ज़ापुर
(c) शृंगवेरपुर (d) कानपुर

उत्तर (c)

- पहली शताब्दी ई.पू. में गंगा नदी की बाढ़ के पानी को जोड़ने वाली जल संचयन प्रणाली शृंगवेरपुर में स्थित है।
- शृंगवेरपुर **प्रयागराज** से 22 मील उत्तर-पश्चिम की ओर स्थित है।
- शृंगवेरपुर **रामायण में वर्णित** वह स्थान है, जहाँ वन जाते समय राम, लक्ष्मण और सीता एक रात्रि के लिए ठहरे थे।

SSC Steno 2024

151. निम्नलिखित में से कौन महाराजाधिराज की उपाधि धारण करने वाला पहला स्वतन्त्र गुप्त राजा था? **SSC Steno Tier-1 11.12.2024 (Shift-II)**
(a) घटोत्कच गुप्त
(b) श्रीगुप्त-I
(c) चन्द्रगुप्त-I
(d) रामगुप्त

उत्तर (c)

- **महाराजाधिराज** की उपाधि धारण करने वाला पहला स्वतन्त्र गुप्त राजा चन्द्रगुप्त-I (319 ई. से 335 ई.) था।
- ये गुप्त राजा घटोत्कच के पुत्र और गुप्तवंश के संस्थापक श्रीगुप्त के पोते थे।

152. कौटिल्य ने सात अंगों वाले राज्य को समझने के लिए सप्तांग राज्य की अवधारणा का उल्लेख किया है और उनमें से एक अंग दण्ड है, जिसका अर्थ ………. है।
SSC Steno Tier-1 11.12.2024 (Shift-I)
(a) मन्त्री (b) सेना
(c) किला (d) मित्र

उत्तर (b)

- **कौटिल्य** ने सात अंगों वाले राज्य को समझने के लिए सप्तांग राज्य की अवधारणा का उल्लेख किया है और उनमें से एक अंग दण्ड है, जिसका अर्थ सेना है।
- 'कौटिल्य के **सप्तांग**-स्वामी (राजा), आमत्य (मन्त्री), जनपद (क्षेत्र), दुर्ग (राजधानी), कोष (खजाना), दण्ड (न्याय/बल/सेना) और मित्र (सहयोगी) है।

153. चन्द्रगुप्त मौर्य ने प्राचीन भारत के निम्नलिखित में से किस राजवंश को उखाड़ फेंका था और मौर्य साम्राज्य की स्थापना की थी?
SSC Steno Tier-1 11.12.2024 (Shift-I)
(a) शुंग (b) शिशुनाग
(c) नन्द (d) हर्यंक

उत्तर (c)

- **चन्द्रगुप्त मौर्य** ने प्राचीन भारत के नन्द राजवंश को उखाड़ फेंका था और मौर्य साम्राज्य की स्थापना की थी।
- मौर्य साम्राज्य की स्थापना चन्द्रगुप्त मौर्य ने 322 ई.पू. में की थी।
- नन्द वंश के संस्थापक **महापद्मनन्द** थे तथा धनानन्द नन्द वंश के अन्तिम शासक थे।

154. चन्द्रगुप्त द्वितीय के शासन के सम्बन्ध में निम्नलिखित में से कौन-सा/से कथन सही है/हैं? **SSC Steno Tier-1 11.12.2024 (Shift-II)**
A चन्द्रगुप्त द्वितीय ने विक्रमादित्य की उपाधि धारण की।
B कालिदास और अमर सिंह उनके दरबार का हिस्सा थे।

कूट

(a) केवल A (b) केवल B
(c) A और B दोनों (d) न तो A और न ही B

उत्तर (c)

• चन्द्रगुप्त द्वितीय के शासन के सम्बन्ध में कथन A और B दोनों सही हैं।

• चन्द्रगुप्त द्वितीय ने विक्रमादित्य की उपाधि धारण की। कालिदास और अमर सिंह उनके दरबार के नवरत्नों में से एक थे।

• नवरत्नों में शामिल अन्य व्यक्तियों में धन्वतरि, क्षपणक, शंकु, खटकरपारा, वेतालभट्ट, वररुचि तथा वराहमिहिर शामिल थे।

• शक विजय के उपलक्ष्य में इसने चाँदी के सिक्के चलवाए।

155. सम्राट अशोक के निम्नलिखित में से किस शिलालेख में कलिंग युद्ध का वर्णन है?
SSC Steno Tier-1 10.12.2024 (Shift-II)

(a) शिलालेख II
(b) स्तम्भ शिलालेख III
(c) शिलालेख XIII
(d) स्तम्भ शिलालेख IV

उत्तर (c)

• सम्राट अशोक के **शिलालेख XIII** में कलिंग युद्ध का वर्णन है।

• इस शिलालेख में अशोक ने बताया था कि कलिंग युद्ध में एक लाख पचास हजार लोग मारे गए थे और हजारों लोग घायल हुए थे।

• इस युद्ध से अशोक को बहुत दु:ख हुआ था और जिस कारण अशोक ने बौद्ध धर्म को अपनाया तथा लोगों को बौद्ध धर्म अपनाने के लिए प्रेरित किया था।

156. मौर्य साम्राज्य के नगर प्रशासन के सन्दर्भ में, निम्नलिखित कथनों पर विचार कीजिए।

1. मेगस्थनीज़ ने मौर्यकालीन नगर प्रशासन पर प्रकाश डाला था।
2. नगर परिषद् को छ: समितियों में विभाजित किया गया था।
3. नगर प्रशासन सुनियोजित था।

उपरोक्त कथनों में से कौन-सा/कौन-से कथन सही है/हैं? SSC Steno Tier-1 10.12.2024 (Shift-II)

(a) 3, 1 (b) 1, 2, 3
(c) 1, 2 (d) 2, 3

उत्तर (b)

• मौर्य साम्राज्य के नगर प्रशासन के सन्दर्भ में तीनों कथन सही हैं।

(i) मेगस्थनीज ने अपनी पुस्तक इण्डिया में मौर्यकालीन नगर प्रशासन पर प्रकाश डाला था।
(ii) नगर परिषद् को छ: समितियों में विभाजित किया गया था।
(iii) नगर प्रशासन सुनियोजित था।

157. बाघ गुफाओं (Bagh Caves) पर बने चित्रों का सम्बन्ध निम्नलिखित में से किस काल से है?
SSC Steno 13.10.2024 (Shift-I)

(a) गुप्त (b) मौर्य
(c) मौखरि (d) चोल

उत्तर (a)

• बाघ गुफाओं पर बने चित्रों का सम्बन्ध **गुप्त काल** से है।

• बाघ गुफाओं के चित्र गुप्तकाल (चौथी से छठी शताब्दी ईस्वी) के दौरान बनाए गए थे।

• यह काल भारतीय कला और संस्कृति के स्वर्ण युग के रूप में जाना जाता है।

• गुफाओं में चित्रित भित्तिचित्र बौद्ध धर्म के विभिन्न पहलुओं को जैसे-बुद्ध, बोधिसत्व और अन्य धार्मिक दृश्य को दर्शाते हैं।

158. निम्नलिखित में से कौन-सा एक सिंहली (श्रीलंकाई) वृत्तांत है, जो मौर्य साम्राज्य का एक महत्त्वपूर्ण साहित्यिक स्रोत है?
SSC Steno 12.10.2024 (Shift-I)

(a) मुद्राराक्षस (b) अर्थशास्त्र
(c) महावंश (d) इण्डिका

उत्तर (c)

• **महावंश** एक सिंहली (श्रीलंकाई) वृत्तान्त है, जो मौर्य साम्राज्य का एक महत्त्वपूर्ण साहित्यिक स्रोत है।

• महावंश के अतिरिक्त दीपवंश भी श्रीलंका का ऐतिहासिक स्त्रोत है।

• ये दोनों ही ग्रन्थ पालि भाषा में लिखे गए हैं।

• मौर्य वंश एक प्राचीन भारतीय राजवंश है, जिसकी स्थापना चन्द्रगुप्त मौर्य ने की थी।

• इस राजवंश ने 322 ई. पू. से 185 ई. पू. तक भारत पर शासन किया।

SSC Steno 2022 & 2021

159. ……… के दरबारी कवि और मन्त्री, हरिषेण ने इलाहाबाद स्तम्भ शिलालेख या प्रयाग प्रशस्ति की रचना की। SSC Steno 18.11.2022 (Shift-I)

(a) विक्रमगुप्त (b) समुद्रगुप्त
(c) भोलागुप्त (d) चन्द्रगुप्त

उत्तर (b)

• समुद्रगुप्त के दरबारी कवि और मन्त्री, हरिषेण ने इलाहाबाद स्तम्भ शिलालेख या प्रयाग प्रशस्ति की रचना की।

• समुद्रगुप्त संगीत प्रेमी था। उसके सिक्कों पर **वीणा वादन** करते हुए दिखाया गया है।

• समुद्रगुप्त की बहादुरी एवं युद्ध कौशल के कारण ही बी.ए. स्मिथ ने इन्हें **भारत का नेपोलियन** कहा।

160. कनिष्क किससे सम्बन्धित थे?
SSC Steno 18.11.2022 (Shift-I)

(a) चोल राजवंश (b) कुषाण राजवंश
(c) मौर्य राजवंश (d) सातवाहन राजवंश

उत्तर (b)

• कनिष्क कुषाण राजवंश से सम्बन्धित है।

• कुषाण राजवंश की स्थापना प्रथम सदी में **कुजुल कडफिसेस** ने की थी।

• कुषाण भारत के पहले शासक थे, जिन्होंने **सोने के सिक्के** जारी किए थे।

• कुषाण पश्चिमी **चीन के यूची** जाति के थे।

• कनिष्क का राज्यारोहण 78 **ई.** में हुआ था। जो भारत में **शक संवत्** का सूचक है।

• कनिष्क के समय कश्मीर के कुण्डलवन में **चतुर्थ बौद्ध संगीत** का आयोजन हुआ था।

161. निम्नलिखित में से कौन-सी मन्दिर स्थापत्य शैली का विकास हिमालय से विन्ध्य के बीच हुआ था? SSC Steno 18.11.2022 (Shift-I)

(a) कलिंग (b) नागर (c) द्रविड़ (d) बेसर

उत्तर (b)

• नागर स्थापत्य शैली का विकास हिमालय से विन्ध्य के बीच हुआ था।

• इस शैली के अन्तर्गत सम्पूर्ण मन्दिर को एक बड़े **पत्थर के चबूतरे** पर बनाया जाता है। गर्भगृह हमेशा मन्दिर के सबसे ऊँची मीनार के ठीक नीचे अवस्थित होता है।

• भारत में मन्दिर निर्माण की 3 शैलियाँ प्रचलित हैं—**नागर शैली**, **द्रविड़ शैली** और **बेसर शैली**।

• बेसर शैली के मन्दिर विंध्यांचल पर्वत से लेकर कृष्णा नदी तक पाए जाते हैं।

• कृष्णा नदी से लेकर कन्याकुमारी तक द्रविड़ शैली के मन्दिर पाए जाते हैं।

162. धमेख स्तूप कहाँ स्थित है?
SSC Steno 18.11.2022 (Shift-I)

(a) श्रावस्ती (b) गया
(c) कुशीनगर (d) वाराणसी

उत्तर (d)

• धमेख स्तूप **वाराणसी** में स्थित है।

• धमेख स्तूप ही वह स्थान है, जहाँ भगवान बुद्ध ने अपने शिष्यों को प्रथम उपदेश दिया था।

• इस स्तूप की नींव **अशोक के काल** में रखी गई थी, लेकिन इसका पूर्ण निर्माण गुप्तकाल में हुआ।

163. निम्नलिखित में से कौन-सी पुस्तक मेगस्थनीज द्वारा लिखी गई थी? SSC Steno 18.11.2022 (Shift-I)

(a) बुद्धचरित
(b) इण्डिका
(c) नागानन्द
(d) नीतिसार

उत्तर (b)

• **इण्डिका** मेगस्थनीज द्वारा लिखी गई थी।

164. यूनानी इतिहासकार और राजनयिक मेगस्थनीज, सेल्यूकस प्रथम निकेटर के राजदूत के रूप में भारत आए थे। वह निम्नलिखित में से किस मौर्य सम्राट के दरबार में आए थे?
SSC Steno 17.11.2023 (Shift-I)

(a) चन्द्रगुप्त मौर्य (b) सम्प्रति
(c) अशोक (d) बृहद्रथ

उत्तर (a)

• मेगस्थनीज ने चार वर्षों तक **चन्द्रगुप्त मौर्य** की सभा में एक यूनानी राजदूत के रूप में अपनी सेवाएँ दीं।

• ग्रीक और लैटिन लेखों में, चन्द्रगुप्त को क्रमश: **सैण्ड्रोकोट्स** और **एण्ड्रोकॉटस** के नाम से जाना जाता है।

• चन्द्रगुप्त मौर्य ने एक **अखिल भारतीय साम्राज्य** की स्थापना की थी। यही कारण है कि चन्द्रगुप्त मौर्य को **भारत का प्रथम सम्राट** कहा जाता है।

165. निम्नलिखित में से किस शासक को सिक्कों उसे वीणा वादन करते हुए दिखाया गया है?
SSC Steno 17.11.2022 (Shift-I)

(a) रामगुप्त (b) समुद्रगुप्त
(c) स्कन्दगुप्त (d) विक्रमगुप्त

उत्तर (b)

• **समुद्रगुप्त** को सिक्कों पर वीणा वादन करते हुए दिखाया गया है।
• चन्द्रगुप्त प्रथम का उत्तराधिकारी उसका पुत्र समुद्रगुप्त (335-375 ई.) हुआ।
• समुद्रगुप्त की विजयों की जानकारी **हरिषेण** की **प्रयाग प्रशस्ति** से प्राप्त होती है।
• समुद्रगुप्त को **लिच्छिवि दौहित्र**, **कविराज**, **धरणिवंध** भी कहा जाता है।

166. गुप्त साम्राज्य का पहला शासक कौन था?
SSC Steno 15.11.2021

(a) कुमारगुप्त I (b) चन्द्रगुप्त I
(c) रामगुप्त (d) समुद्रगुप्त

उत्तर (b)

• **चन्द्रगुप्त I** गुप्त साम्राज्य का पहला शासक था।
• चन्द्रगुप्त I ने 319 ई. गुप्त संवत् आरम्भ किया।
• चन्द्रगुप्त I ने लिच्छवी राजकुमारी कुमारदेवी से विवाह किया था।

SSC GD 2024

167. यह प्रसिद्ध पुस्तक 'अर्थशास्त्र' हमें बताती है कि मौर्य काल के दौरान उत्तर-पश्चिम कम्बलों और ……… अपने सोने और कीमती पत्थरों के लिए महत्त्वपूर्ण था। **SSC GD 20.02.2024 (Shift-II)**

(a) दक्षिण भारत (b) पश्चिम भारत
(c) पूर्वी भारत (d) उत्तर भारत

उत्तर (a)

• 'अर्थशास्त्र' हमें बताती है कि मौर्य काल के दौरान उत्तर-पश्चिम कम्बलों और **दक्षिण भारत** अपने सोने और कीमती पत्थरों के लिए महत्त्वपूर्ण था।
• अर्थशास्त्र पुस्तक **कौटिल्य** (चाणक्य/विष्णुगुप्त) द्वारा रचित **संस्कृत का ग्रन्थ** है।
• इसमें मौर्यकालीन **राजव्यवस्था**, **कृषि**, **न्याय** एवं **राजनीति** आदि के विभिन्न पहलुओं पर विचार किया गया है।

168. निम्नलिखित में से कौन-सा मौर्यकालीन शिलालेख वर्तमान भारत में स्थित नहीं है?
SSC GD 20.02.2024 (Shift-IV)

(a) कन्धार (b) कलसी
(c) गिरनार (d) मस्की

उत्तर (a)

• **कन्धार** मौर्यकालीन शिलालेख वर्तमान भारत में स्थित नहीं है।
• यह अफगानिस्तान का **दूसरा सबसे बड़ा नगर** है।
• यह **द्विभाषी शिलालेख** है, जो **ग्रीक** और **आरमाइक** भाषा में लिखा गया है।

169. मौर्य साम्राज्य की राजधानी ……… थी।
SSC GD 22.02.2024 (Shift-II)

(a) उज्जयिनी (b) तक्षशिला
(c) सुवर्णगिरि (d) पाटलिपुत्र

उत्तर (d)

• **पाटलिपुत्र** मौर्य साम्राज्य की राजधानी थी।

170. मेगस्थनीज ने पाटलिपुत्र के बारे में लिखा है कि यह एक बड़ा और सुन्दर शहर है, जो एक विशाल दीवार से घिरा हुआ है।
इसमें 570 मीनारें (Towers) और …… द्वार हैं।
SSC GD 21.02.2024 (Shift-IV)

(a) 74 (b) 64 (c) 44 (d) 54

उत्तर (b)

• मेगस्थनीज ने पाटलिपुत्र के बारे में लिखा है कि इसमें 570 मीनारें और 64 द्वारा हैं।
• मेगस्थनीज **पश्चिमी दुनिया का पहला व्यक्ति था**, जिसने भारत का लिखित विवरण प्रस्तुत किया है।

171. एक प्रसिद्ध नाटक, 'अभिज्ञानशाकुन्तलम्' निम्नलिखित में से किसके द्वारा लिखा गया था? **SSC GD 22.02.2024 (Shift-III)**

(a) अश्वघोष (b) विशाखदत्त
(c) कल्हण (d) कालिदास

उत्तर (d)

• अभिज्ञानशाकुन्तलम की रचनाकार **कालिदास** हैं।
• यह राजा **दुष्यन्त** और **शकुन्तला** की अमर-प्रेम कहानी है, जिसमें राजा दुष्यन्त और शकुन्तला के प्रणय, विवाह, विरह तथा पुनर्मिलन का सुन्दर चित्रण किया गया है।
• कालिदास **चन्द्रगुप्त विक्रमादित्य** के दरबार के **नवरत्नों** में से एक थे। इनके द्वारा रचित अन्य रचनाएँ—**मालविकाग्निमित्रम्**, **मेघदूत**, **कुमारसम्भव** (महाकाव्य) तथा **रघुवंशम्** आदि हैं।

172. मौर्य साम्राज्य का अन्तिम शासक निम्नलिखित में से कौन था? **SSC GD 23.02.2024 (Shift-II)**

(a) बृहद्रथ (b) चन्द्रगुप्त मौर्य
(c) अशोक (d) बिन्दुसार

उत्तर (a)

• मौर्य साम्राज्य का अन्तिम शासक **बृहद्रथ** था।
• इसने 187-185 ईसा पूर्व तक शासन किया।
• बृहद्रथ की हत्या उसके सेनापति पुष्यमित्र शुंग ने की।
• इस वंश का सबसे महान शासक **अशोक** (269-232 ई. पू.) था।

173. मौर्य साम्राज्य के सम्राट अशोक ……… के अनुयायी थे। **SSC GD 23.02.2024 (Shift-III)**

(a) जैन धर्म (b) इस्लाम धर्म
(c) सिख धर्म (d) बौद्ध धर्म

उत्तर (d)

• मौर्य साम्राज्य के सम्राट अशोक **बौद्ध धर्म** के अनुयायी थे।
• बौद्ध भिक्षु **उपगुप्त** के प्रभाव में अशोक ने बौद्ध धर्म अपनाया।
• अशोक ने अपने **भाब्रू शिलालेख** में कहा है कि वह **बुद्ध**, **संघ** और **धम्म** में पूर्ण आस्था रखते हैं।

174. 'धम्म' शब्द एक प्राकृत शब्द है, जिसका सम्बन्ध प्राचीन भारत के किस शासक से है?
SSC GD 24.02.2024 (Shift-I)

(a) रुद्रदामन (b) राजा राज चोल प्रथम
(c) चन्द्रगुप्त द्वितीय (d) अशोक

उत्तर (d)

• 'धम्म' शब्द एक प्राकृत शब्द है, जिसका सम्बन्ध **अशोक** के शासनकाल से है।
• जो **269 ई. पू.** के आस-पास मौर्य सिंहासन पर बैठा था।
• नैतिकता और सदाचरण अशोक के धम्म के मूल आधार हैं। 11वें अभिलेख में 'धम्म' के विचारों का उल्लेख है।

SSC GD 2023

175. राजगृह कई वर्षों तक मगध की राजधानी रहा। बाद में राजधानी को ……… में स्थानान्तरित कर दिया गया। **SSC GD Constable 06.02.2023 (Shift-I)**

(a) उज्जैन (b) पाटलिपुत्र
(c) काँचीपुरम (d) तक्षशिला

उत्तर (b)

• राजगृह कई वर्षों तक मगध की राजधानी रहा। बाद में राजधानी को पाटलिपुत्र में स्थानान्तरित कर दिया गया।
• पाटलिपुत्र की स्थापना **छठी शताब्दी ईसा पूर्व** में **हर्यक राजा बिम्बिसार** ने की थी।
• सम्राट अजातशत्रु ने इसे मगध की राजधानी बनाया और यह भारत के सबसे महत्त्वपूर्ण राजनीतिक व सांस्कृतिक केन्द्रों में से एक बन गया।

176. निम्नलिखित में से किस मौर्य शासक ने बौद्ध धम्म के प्रचार-प्रसार का बीड़ा उठाया था?
SSC GD 09.02.2023 (Shift-II)

(a) बिन्दुसार (b) अशोक
(c) देववर्मन (d) सम्प्रति

उत्तर (b)

• **अशोक** ने बौद्ध धम्म के प्रचार-प्रसार का बीड़ा उठाया था।
• अशोक ने बौद्ध धम्म का प्रचार **कश्मीर**, **गांधार**, **ग्रीस**, **थाईलैण्ड**, **म्यांमार** तथा **लक्षद्वीप** और **श्रीलंका** तक किया था।

SSC Selection Post 2024

177. निम्नलिखित में से कौन-सा ग्रन्थ मौर्य साम्राज्य के काल के प्रशासनिक और सैन्य संगठन का सूक्ष्म विवरण देता है?
SSC SP 27.06.2024 (Shift-III)

(a) शुल्व सूत्र (b) वृहत्संहिता
(c) अर्थशास्त्र (d) नीतिसार

उत्तर (c)

• **अर्थशास्त्र** ग्रन्थ मौर्य साम्राज्य के काल के प्रशासनिक और सैन्य संगठन का सूक्ष्म विवरण देता है।
• अर्थशास्त्र, कौटिल्य या चाणक्य (चौथी सदी ईसा पूर्व) द्वारा रचित संस्कृत का एक ग्रन्थ है। इसमें राज्यव्यवस्था, कृषि, न्याय एवं राजनीति आदि के विभिन्न पहलुओं पर विचार किया गया है।

उत्तर भारतीय राजवंश

विदेशी आक्रमण

हिन्द-यूनानी (इण्डो-ग्रीक)

- मौर्योत्तर काल में भारत पर सबसे पहला आक्रमण बैक्ट्रिया के ग्रीकों ने किया, जिन्हें **यवन** कहा जाता है।
- भारत पर यवनों का प्रथम आक्रमण **पुष्यमित्र शुंग** के शासनकाल में हुआ था।
- भारत में सर्वप्रथम प्रवेश करने का श्रेय यूथेडेमस वंश के **डेमिट्रियस प्रथम** को दिया जाता है। उसने 183 ई.पू. में **साकल** को अपनी राजधानी बनाया।
- सबसे प्रसिद्ध यवन शासक **मिनाण्डर** (मिलिन्द) था।
- इण्डो-ग्रीक शासकों ने भारत में सर्वप्रथम 'सोने के सिक्के' जारी किए।
- **यूक्रेटाइड्स वंश** के शासकों ने भारत के कुछ हिस्सों को जीतकर तक्षशिला को अपनी राजधानी बनाया। ये मध्य एशिया से आए थे।

शक/सीथियन

- संस्थापक – **विक्रमादित्य**
- 57 ई. पू. में मालवा के शकों को परास्त किया तथा विक्रम सम्वत् का प्रारम्भ किया।
- भारत के पश्चिमोत्तर प्रान्त में बसने वाले शकों ने स्वयं को **क्षत्रप** कहा।
- **रुद्रदामन प्रथम** (130-150 ई.) के अभिलेख में सुविशाख द्वारा सुदर्शन झील बाँध के पुनर्निर्माण का उल्लेख मिलता है।

हिन्द-पार्थियन अथवा पह्लव

- वास्तविक संस्थापक – **मिथ्रेडेट्स प्रथम**
- महानतम् शासक – गोन्दोफर्निस
- शकों के बाद पार्थियाई (पह्लव) लोगों का पश्चिमोत्तर भारत पर आधिपत्य स्थापित हुआ। उनका मूल निवास-स्थान ईरान था।

कुषाण वंश

- संस्थापक – **कुजुल कडफिसेस**
- महानतम् शासक – कनिष्क
- राजधानी – पुरुषपुर (पेशावर), बाद में मथुरा
- कनिष्क ने 78 ई. में **शक सम्वत्** आरम्भ किया। उसने बौद्ध धर्म को संरक्षण प्रदान किया तथा **महायान** सम्प्रदाय का प्रचार-प्रसार किया।
- चरक, कनिष्क के राजवैद्य थे, जिन्होंने **चरक संहिता** लिखी।

गुप्तोत्तर काल

हर्षवर्द्धन (वर्द्धन साम्राज्य)

- 16 वर्ष की अवस्था में हर्षवर्द्धन राजगद्दी पर बैठा। उसने **शिलादित्य** की उपाधि ग्रहण की।
- वर्द्धन वंश की राजधानी **थानेश्वर** थी, किन्तु हर्ष ने **कन्नौज** को अपनी राजधानी बनाया।
- हर्षवर्द्धन ने *नागानन्द, रत्नावली* और *प्रियदर्शिका* नामक नाटकों की रचना की।
- इनके राजकवि **बाणभट्ट** ने हर्षचरित की रचना की।
- **ह्वेनसाँग**, हर्षवर्द्धन के शासनकाल में भारत आया था।
- दक्षिण भारत के चालुक्य शासक **पुलकेशिन द्वितीय** एवं हर्षवर्द्धन के मध्य नर्मदा नदी के किनारे 630 ई. में युद्ध हुआ।

पाल वंश

- संस्थापक – **गोपाल** (750 ई.)
- गोपाल के बाद उसका पुत्र **धर्मपाल** शासक बना।
- धर्मपाल ने **विक्रमशिला विश्वविद्यालय** की स्थापना की। उसकी राजधानी **मुंगेर** थी।
- वह बौद्ध धर्म का अनुयायी था।
- सबसे शक्तिशाली शासक – **देवपाल**
- जावा के शैलेन्द्रवंशी शासक बालपुत्र देव के अनुरोध पर देवपाल ने उसे नालन्दा में एक बौद्ध विहार बनवाने के लिए पाँच गाँव दान में दिए थे।
- अंतिम शासक - गोविन्दपाल (1162-1174 ई. तक)

SSC एग्जाम स्कैनर

SSC CGL 2024 (Tier I & II)

178. कुषाण सम्राट कनिष्क, जिसने पहली शताब्दी के अंत से लेकर दूसरी शताब्दी के आरम्भ/मध्य तक शासन किया, वह .... कुषाण शासक था। SSC CGL Tier-2 20.01.2025

(a) दूसरा (b) तीसरा (c) चौथा (d) पाँचवाँ

उत्तर (b)

- कुषाण सम्राट **कनिष्क** III (Kanishka III) ने पहली शताब्दी के अंत और दूसरी शताब्दी के आरम्भ में शासन किया। वह कुषाण साम्राज्य का सबसे प्रसिद्ध सम्राट था।
- इसके शासनकाल में कुषाण साम्राज्य का विस्तार हुआ और उसने बौद्ध धर्म को प्रोत्साहित किया।
- इनका शासनकाल 127 ई. से 151 ई. तक था।
- कनिष्क द्वारा 78 ई. में कश्मीर के कुण्डलवन में चौथी बौद्ध परिषद् बुलाई गई थी।
- इनके शक् संवत नामक कैलेण्डर शुरू किया गया था।

> कनिष्क के शासन काल में बौद्ध धर्म महायान और हीनयान दो वर्गों में बट गया।

179. मथुरा किस राजवंश की दूसरी राजधानी थी? SSC CGL Tier-2 18.01.2025

(a) मौर्य (b) गुप्त
(c) कुषाण (d) मौखरी

उत्तर (c)

- कुषाण राजवंश की दूसरी राजधानी मथुरा थी।
- इस वंश के संस्थापक कुजुल कडफिसेस थे।
- इस वंश की प्रथम राजधानी कपिसा थी।
- इस वंश के सबसे महान शासक कनिष्क थे, जिन्होंने शक् सम्वत् की शुरुआत की थी।

180. कण्व वंश को किस वंश ने पराजित किया था? SSC MTS Tier-1 05.11.2024 (Shift-IV)

(a) कुषाण वंश
(b) शुंग राजवंश
(c) सातवाहन वंश
(d) शक वंश

उत्तर (c)

- कण्व वंश को **सातवाहन वंश** ने पराजित किया था।
- कण्व वंश की स्थापना **वासुदेव कण्व** ने की।
- इस वंश ने 73 ईसा पूर्व से 28 ईसा पूर्व तक शासन किया था।
- सातवाहन वंश की स्थापना राजा **सिमुक** ने की थी।
- अजन्ता और एलोरा की गुफाओं का निर्माण इस वंश के द्वारा किया गया था।

181. प्रभाकरवर्द्धन के बाद, पुष्यभूति राजवंश ने निम्नलिखित में से किस राजवंश को हराकर पंजाब और हरियाणा के क्षेत्रों में अपनी स्थिति मजबूत कर ली? SSC CGL Tier-1 26.09.2024 (Shift-III)

(a) मैत्रक (b) चालुक्य
(c) हूण (d) मौखरि

उत्तर (c)

- प्रभाकरवर्द्धन के बाद, पुष्यभूति राजवंश ने हूण राजवंश को हराकर पंजाब और हरियाणा के क्षेत्रों में अपनी स्थिति मजबूत कर ली थी।
- पुष्यभूति राजवंश को वर्द्धन राजवंश के नाम से भी जाना जाता है।
- इस राजवंश ने 6वीं और 7वीं शताब्दी के दौरान उत्तरी भारत पर शासन किया, जिसका संस्थापक पुष्यभूति था।
- इस वंश में तीन प्रसिद्ध शासक हुए। प्रभाकरवर्द्धन तथा उसके दो पुत्र राज्यवर्द्धन व हर्षवर्धन।
- बाणभट्ट द्वारा रचित हर्षचरित में प्रभाकरवर्धन को **हूणहरिणकेसरी** कहा गया है अर्थात् प्रभाकरवर्धन हूण रूपी हिरण के लिए सिंह के समान थे।

182. निम्नलिखित में से किन राजवंशों के बीच कन्नौज पर शासन करने के लिए त्रिपक्षीय संघर्ष हुआ था? **SSC CGL Tier-1 25.09.2024 (Shift-III)**

(a) खिलजी, तुग़लक और लोधी
(b) पल्लव, पाण्ड्य और चोल
(c) प्रतिहार, राष्ट्रकूट और पाल
(d) सोलंकी, परमार और चन्देल

उत्तर (c)

• **प्रतिहार**, **राष्ट्रकूट** और **पाल** राजवंशों के बीच कन्नौज पर शासन करने के लिए त्रिपक्षीय संघर्ष हुआ था।

• यह संघर्ष उत्तरी भारत में रणनीतिक महत्त्व रखने वाले कन्नौज पर नियन्त्रण के लिए लड़ा गया था।

• त्रिपक्षीय संघर्ष में गुर्जर प्रतिहार वंश अन्ततः कन्नौज पर अपना कब्जा बनाए रखने में सफल रहा।

183. पुलकेशिन द्वितीय ने उत्तर भारत के निम्नलिखित में से किस शासक को पराजित करने के बाद दक्षिणापथेश्वर (दक्षिण का स्वामी) की उपाधि धारण की? **SSC CGL Tier-1 25.09.2024 (Shift-I)**

(a) रुद्रसेन द्वितीय (b) प्रभाकरवर्द्धन
(c) ध्रुवसेन द्वितीय (d) हर्षवर्द्धन

उत्तर (d)

• पुलकेशिन द्वितीय ने उत्तर भारत के शासक **हर्षवर्द्धन** को पराजित करने के बाद दक्षिणपथेश्वर की उपाधि धारण की थी।

• पुलकेशिन द्वितीय चालुक्यवंश का राजा था। इनका शासनकाल 609-642 ई. के मध्य तक था।

• हर्षवर्द्धन, पुष्यभूति वंश के राजा थे। इनका शासनकाल 606-647 ई. तक था।

184. प्रतिहार, जिसकी प्रथम राजधानी भीनमाल में थी, ने .... के शासन के दौरान प्रख्याति प्राप्त की। **SSC CGL Tier-1 24.09.2024 (Shift-III)**

(a) देवपाल (b) नागभट्ट प्रथम
(c) नागार्जुन (d) कनिष्क

उत्तर (b)

• प्रतिहार, जिसकी प्रथम राजधानी भीनमाल में थी, ने **नागभट्ट प्रथम** के शासन के दौरान प्रख्याति प्राप्त की।

• नागभट्ट प्रथम के द्वारा गुर्जर-प्रतिहार राजवंश की स्थापना 8वीं शताब्दी के उत्तरार्द्ध में की गई।

• नागभट्ट प्रथम का शासनकाल 730-756 ई. के मध्य रहा था।

• इसके द्वारा अपनी राजधानी जालौर में स्थापित की गई।

• इन्होंने लम्बे समय तक कन्नौज पर शासन किया।

• इनके समकालिक राजवंश पाल और राष्ट्रकूट थे।

185. निम्नलिखित में से किसने 8वीं शताब्दी ईसवी में पाल वंश की स्थापना की थी? **SSC CGL Tier-1 23.09.2024 (Shift-III)**

(a) धर्मपाल (b) रामपाल
(c) देवपाल (d) गोपाल

उत्तर (d)

• 8वीं शताब्दी ई. में पाल वंश की स्थापना गोपाल ने की थी।

• पाल वंश ने **8वीं-12वीं शताब्दी** तक बंगाल और बिहार के क्षेत्रों पर शासन किया।

186. प्रायद्वीपीय भारत में, निम्नलिखित में से कौन-सा साम्राज्य उत्तरी महाराष्ट्र और विदर्भ पर शासन करने वाली स्थानीय शक्ति थी? **SSC CGL Tier-1 19.09.2024 (Shift-II)**

(a) वाकाटक (b) चालुक्य
(c) मौखरि (d) मैत्रक

उत्तर (a)

• वाकाटक साम्राज्य उत्तरी महाराष्ट्र और विदर्भ पर शासन करने वाला एक स्थानीय राजवंश था, जिसकी शुरुआत तीसरी शताब्दी में हुई थी।

• यह एक ब्राह्मण राजवंश था, जिसकी स्थापना विंध्यशक्ति ने की थी।

• वाकाटक कला, वास्तुकला और साहित्य के संरक्षक थे, इन्होंने रॉक कट बौद्ध विहार और अजन्ता के चैत्य बनवाए थे।

187. 10वीं शताब्दी में भारत में महारानी दिद्दा उत्तर भारत के निम्नलिखित में से किस क्षेत्र की शासिका बनीं? **SSC CGL Tier-1 13.09.2024 (Shift-II)**

(a) कन्नौज (b) कश्मीर
(c) मालवा (d) दिल्ली

उत्तर (b)

• महारानी दिद्दा 10वीं शताब्दी में **कश्मीर** में लोहार वंश की राजकुमारी एवं पहली महिला शासिका थीं।

• महारानी दिद्दा ने कश्मीर पर 980 ई. से 1003 ई. तक शासन किया था।

• इनका विवाह कश्मीर के राजा क्षेमेन्द्र के साथ हुआ था।

• कल्हण की 'राजतरंगिणी' में महारानी दिद्दा का उल्लेख मिलता है।

188. निम्नलिखित में से किस साम्राज्य को आहार या राष्ट्र नामक उपविभागों में विभाजित किया गया था, जिसका अर्थ जिला था? **SSC CGL Tier-1 18.09.2024 (Shift-II)**

(a) शक (b) पार्थियन
(c) कुषाण (d) सातवाहन

उत्तर (d)

• सातवाहन वंश का संस्थापक सिमुक था तथा इनकी राजधानी प्रतिष्ठान या पैठन थी।

• आहार वंश के जिलों को 'आहार' कहा जाता था।

• इनके शासकों को महामात्र और अमात्य कहा जाता था।

• सातवाहन वंश के शासक ब्राह्मण थे।

• यह वंश पितृसत्तात्मक समाज का पालन करता था।

189. मौखरियों ने पश्चिमी उत्तर प्रदेश में निम्नलिखित में से किस शहर पर शासन किया, जिसने समय के साथ उत्तर भारत के राजनीतिक केन्द्र पाटलिपुत्र को प्रतिस्थापित कर दिया? **SSC CGL Tier-1 17.09.2024 (Shift-II)**

(a) कन्नौज (b) बरेली
(c) आगरा (d) कानपुर

उत्तर (a)

• मौखरियों ने पश्चिमी उत्तर प्रदेश में कन्नौज शहर पर शासन किया, जिसने समय के साथ उत्तर भारत के राजनीतिक केन्द्र **पाटलिपुत्र** को प्रतिस्थापित कर दिया।

• पाटलिपुत्र समृद्धि के शिखर पर तब पहुँचा, जब यह स्थान चन्द्रगुप्त मौर्य और अशोक की राजधानी थी।

190. 8वीं शताब्दी में भारत में निम्नलिखित में से किस पाल राजा के संरक्षण में विक्रमशिला विश्वविद्यालय की स्थापना की गई थी? **SSC CGL Tier-1 17.09.2024 (Shift-III)**

(a) धर्मपाल (b) महिपाल प्रथम
(c) देवपाल (d) गोपाल

उत्तर (a)

• 8वीं शताब्दी में भारत में पाल शासक **धर्मपाल** राजा के संरक्षण में विक्रमशिला विश्वविद्यालय की स्थापना की गई थी

• पाल वंश भारत के बंगाल और बिहार में 8वीं से 12वीं शताब्दी तक शासन करने वाला प्रमुख राजवंश था।

• पाल वंश के संस्थापक **गोपाल** थे। पाल वंश के शासक बौद्ध धर्म, शिक्षा और कला के संरक्षक थे।

191. पेशावर के पास मर्दन से बरामद तख्त-ए-बही शिलालेख, वर्तमान पाकिस्तान के उत्तर-पश्चिमी क्षेत्र में निम्नलिखित में से किस राजवंश के शासन का वर्णन करता है? **SSC CGL Tier-1 17.09.2024 (Shift-I)**

(a) हिन्द-यूनानी
(b) शक
(c) बैक्ट्रियन
(d) पार्थियन

उत्तर (d)

• पेशावर के पास मर्दन से बरामद तख्त-ए-बही शिलालेख, वर्तमान पाकिस्तान के उत्तर-पश्चिमी क्षेत्र में पार्थियन के शासन का वर्णन करता है।

• तख्त-ए-बही शिलालेख गान्धार के सभी शिलालेखों में बौद्ध धर्म के सबसे प्रभावशाली अवशेषों में से एक है।

• तख्त-ए-बही को वर्ष 1980 में विश्व धरोहर स्थल के रूप में सूचीबद्ध किया गया था।

192. गुप्तों के पतन के बाद, भारत के विभिन्न भागों में विभिन्न साम्राज्यों का उदय हुआ। उनमें से, मौखरियों का उदय निम्नलिखित में से किस क्षेत्र में हुआ था? **SSC CGL Tier-1 13.09.2024 (Shift-II)**

(a) कन्नौज (b) वल्लभी
(c) कुन्नूर (d) थानेसर

उत्तर (a)

• गुप्तों के पतन के बाद भारत के विभिन्न साम्राज्यों का उदय हुआ, जिनमें मौखरि राजवंश ने कन्नौज (उत्तर प्रदेश) मगध के अधिकांश भाग पर शासन किया था।

• ये राजवंश पहले गुप्त राजवंश में जागीरदार के रूप में कार्य करते थे।

• मौखरि राजवंश की राजधानी **कन्याकुब्ज** थी।

193. निम्नलिखित में से कौन संध्याकर नन्दी की संस्कृत की एक ऐतिहासिक कविता, 'रामचरित' का नायक है? **SSC CGL Tier-1 13.09.2024 (Shift-I)**

(a) देवपाल (b) गोपाल
(c) रामपाल (d) धर्मपाल

उत्तर (c)

• रामचरित/रामपालचरित साहित्यिक कृतियों की रचना संध्याकर नन्दी ने संस्कृत भाषा में की थी, जिसमें पाल राजा **रामपाल** की उपलब्धियों का वर्णन है।

• रामपाल के शासनकाल में ही किसानों से सम्बन्धित **कैवर्तों का विद्रोह** हुआ था, जिसका वर्णन **रामपालचरित** में हुआ है।

194. निम्नलिखित में से किस राजवंश की स्थापना विंध्यशक्ति द्वारा की गई थी?
SSC CGL Tier-1 13.09.2024 (Shift-I)

(a) चालुक्य (b) मौखरि
(c) पल्लव (d) वाकाटक

उत्तर (d)

• वाकाटक राजवंश की स्थापना विंध्यशक्ति ने 255 ई. में की थी।

• वाकाटक राजवंश ने दक्कन क्षेत्र में सातवाहन राजवंश का स्थान लिया।

• वाकाटक राजवंश ने गुफा मन्दिरों का संरक्षण किया तथा हिन्दू और बौद्ध धर्म दोनों का समर्थन किया

• **प्रवरसेन प्रथम** वाकाटक राजवंश का सबसे प्रसिद्ध शासक था, उन्होंने सम्राट की उपाधि धारण की और चार अश्वमेघ यज्ञ कराए थे।

195. सोने (दीनार और चौथाई दीनार) और ताँबे (एकल मूल्यवर्ग) में सिक्के जारी करने वाला वासुदेव प्रथम एक ········ शासक था।
SSC CGL Tier-1 11.09.2024 (Shift-III)

(a) शुंग (b) वाकाटक
(c) कुषाण (d) शक

उत्तर (c)

• सोने (दीनार और चौथाई दीनार) और ताँबे (एकल मूल्यवर्ग) में सिक्के जारी करने वाला वासुदेव प्रथम, एक कुषाण शासक था।

• वासुदेव प्रथम कुषाण वंश का अन्तिम महान शासक था, जिन्होंने उत्तरी भारत और मध्य एशिया तक शासन किया।।

• वासुदेव प्रथम शक शासक रुद्रदामन का समकालीन था।

196. वल्लभी, जो प्राचीन भारत का एक शहर था, पाँचवीं से आठवीं शताब्दी तक .... राजवंश की राजधानी थी। **SSC CGL Tier-1 11.09.2024 (Shift-I)**

(a) चालुक्य (b) मैत्रक
(c) पल्लव (d) वाकाटक

उत्तर (b)

• वल्लभी, जो प्राचीन भारत का एक शहर था, पाँचवीं से आठवीं शताब्दी तक **मैत्रक** राजवंश की राजधानी थी।

• मैत्रक राजवंश का शासन 475 ई. से 767 ई. तक गुजरात (सौराष्ट्र) क्षेत्र में था।

• इस राजवंश की स्थापना का श्रेय सेनापति **भट्टारक** को दिया जाता है, जो गुप्त साम्राज्य के अन्तर्गत सौराष्ट्र के सैन्य गवर्नर थे।

197. रुद्रदामन के निम्नलिखित शिलालेखों में से कौन-सा शुद्ध संस्कृत में रचित प्रारम्भिक भारत का पहला राजकीय शिलालेख है?
SSC CGL Tier-1 9.09.2024 (Shift-II)

(a) चिरान्द (b) महरौली
(c) गिरनार (d) प्रयाग

उत्तर (c)

• रुद्रदामन का **गिरनार शिलालेख** शुद्ध संस्कृत में रचित प्रारम्भिक भारत का पहला राजकीय शिलालेख है

• यह शिलालेख, गुजरात के जूनागढ़ के पास गिरनार पहाड़ी पर स्थित है।

• इस शिलालेख में सुदर्शन झील की मरम्मत का उल्लेख है।

• यह शिलालेख 130-150 ईस्वी के बीच लिखा गया था। इस शिलालेख में सुबन्धु, दण्डी और बाण की गद्यशैली का पूर्णरूप देखा जा सकता है।

198. सुदर्शन झील का विवरण गिरनार (जूनागढ़) के एक शिलालेख में उल्लिखित हैं जिसकी रचना शक शासक ········ की उपलब्धियों को दर्ज करने के लिए की गई थी।
SSC CGL Tier-1 9.09.2024 (Shift-I)

(a) रुद्रदामन प्रथम (b) रुद्रसिम्हा तृतीय
(c) माउज (d) चश्ताना

उत्तर (a)

• सुदर्शन झील का विवरण गिरनार (जूनागढ़) के एक शिलालेख में उल्लिखित हैं, जिसकी रचना शक शासक **रुद्रदामन प्रथम** की उपलब्धियों को दर्ज करने के लिए की गई थी।

• इस झील का निर्माण मौर्य वंश के संस्थापक चन्द्रगुप्त मौर्य के आदेश पर उनके गिरनार में नियुक्त राज्यपाल पुष्यगुप्त वैश्य ने करवाया था।

• सुदर्शन झील, गिरनार नामक पहाड़ी के मध्य सौराष्ट्र में स्थित है।

• मौर्यकाल के बाद, सौराष्ट्र के गवर्नर सुविशाख ने शक शासक रुद्रदामन के आदेश पर झील का पुनर्निर्माण कराया।

SSC CGL 2023 (Tier I & II)

199. हर्षवर्द्धन के शासनकाल में किस चीनी यात्री ने भारत की यात्रा की थी?
SSC CGL Tier-1 14.07.2023 (Shift-IV)

(a) इत्सिंग (b) इब्नबतूता
(c) फाह्यान (d) ह्वेनसाँग

उत्तर (d)

• चीनी बौद्ध यात्री ह्वेनसाँग जो **630 ई.** में हर्षवर्द्धन के शासनकाल में भारत आया था।

• वह 15 वर्षों तक भारत में रहा था।

• ह्वेनसाँग को यात्रियों में राजकुमार, नीति का पण्डित एवं वर्तमान 'शाक्यमुनि' कहा जाता है।

• वह नालन्दा विश्वविद्यालय में अध्ययन करने एवं बौद्ध ग्रन्थ संग्रह करने के उद्देश्य से भारत आया था।

200. निम्नलिखित में से कौन सबसे प्रसिद्ध शक शासक था, जिसने काठियावाड़ में सुदर्शन झील का जीर्णोद्धार करवाया था?
SSC CGL Tier-1 20.07.2023 (Shift-II)

(a) चश्ताना (b) मौस
(c) रुद्रदामन प्रथम (d) रुद्रसिम्हा तृतीय

उत्तर (c)

• सुप्रसिद्ध शक शासक रुद्रदामन प्रथम ने काठियावाड़ में **सुदर्शन झील** का जीर्णोद्धार करवाया था।

201. वाकाटक वंश का प्रत्यक्ष सम्बन्ध किस गुप्त सम्राट से था?
SSC CGL Tier-1 20.07.2023 (Shift-IV)

(a) चन्द्रगुप्त II (b) समुद्रगुप्त
(c) श्रीगुप्त (d) चन्द्रगुप्त I

उत्तर (a)

• वाकाटक वंश का प्रत्यक्ष सम्बन्ध **चन्द्रगुप्त II** से था। चन्द्रगुप्त II ने अपनी पुत्री **प्रभावती** का विवाह वाकाटक नरेश **रुद्रसेन II** से किया था।

• वाकाटक वंश की स्थापना 255 ई. में विन्ध्य शक्ति ने की थी। इसके पूर्वज सातवाहनों के अधीन **बरार** (विदर्भ) के स्थानीय शासक थे।

• वाकाटक वंश के शासक **प्रवरसेन I** ने सम्राट की उपाधि धारण की तथा **अवश्मेध यज्ञ** भी किया।

• पृथ्वीसेन II वाकाटक वंश का अन्तिम शासक था।

202. हर्षवर्द्धन के शासनकाल की अवधि क्या थी?
SSC CGL Tier-1 25.07.2023 (Shift-III)

(a) 545 ईसवी से 570 ईसवी
(b) 647 ईसवी से 700 ईसवी
(c) 606 ईसवी से 647 ईसवी
(d) 570 ईसवी से 610 ईसवी

उत्तर (c)

• **हर्षवर्द्धन** के शासनकाल की अवधि 606 ईसवी से 647 ईसवी थी। वह 'पुष्यभूति' वंश से सम्बन्धित था।

• इसके साम्राज्य की राजधानी 'थानेश्वर' थी तथा बाद में उसकी राजधानी 'कन्नौज' बनी।

• हर्षवर्द्धन के समय में नालन्दा महाविहार महायान बौद्ध धर्म की शिक्षा का प्रधान केन्द्र था।

• प्रियदर्शिका, रत्नावली तथा नागनन्द नामक तीन संस्कृत नाटक ग्रन्थों की रचना हर्ष ने की थी।

203. कौन-सा कुषाण शासक इतिहास में बौद्ध धर्म के महान संरक्षक के रूप में प्रसिद्ध है, जिन्होंने चतुर्थ बौद्ध संगीति का भी आयोजन किया था?
SSC CGL Tier-1 25.07.2023 (Shift-IV)

(a) वासुदेव प्रथम (b) हुविष्का
(c) विमा काडफिसेस (d) कनिष्क

उत्तर (d)

• कुषाण शासक **कनिष्क** इतिहास में बौद्ध धर्म के महान संरक्षक के रूप में प्रसिद्ध है। इसके शासनकाल में बौद्ध धर्म की चौथी बौद्ध संगीति का आयोजन कुण्डलवन (कश्मीर) में किया गया।

• इस संगीति की अध्यक्षता बौद्ध विद्वान **वसुमित्र** ने की थी।

• कनिष्क बौद्ध धर्म के महायान सम्प्रदाय का अनुयायी था।
• कनिष्क के समय (78 ई.) में **शक संवत्** की शुरुआत हुई थी।

SSC CGL 2022 (Tier I & II)

204. निम्नलिखित में से कौन-सा हर्षवर्द्धन के सन्दर्भ में सही नहीं है?
SSC CGL Tier-1 02.12.2022 (Shift-II)
(a) हर्षचरित, हर्षवर्द्धन पर रचित एक जीवनी है।
(b) हर्षवर्द्धन के दरबारी कवि हरिषेण थे।
(c) ह्वेनसाँग काफी समय के लिए हर्ष के दरबार में रहा।
(d) लगभग 1400 वर्ष पूर्व हर्षवर्द्धन ने शासन किया था।

उत्तर (b)
• हर्षवर्द्धन के सन्दर्भ में विकल्प (b) सही नहीं है। हरिषेण समुद्रगुप्त के दरबारी कवि थे। वे चौथी शताब्दी के संस्कृत कवि, राजनीतिज्ञ और मन्त्री थे।
• हर्षवर्द्धन के दरबारी कवि **बाणभट्ट** थे। बाणभट्ट द्वारा रचित हर्षचरित हर्षवर्द्धन की जीवनी है। इस पुस्तक में ही सर्वप्रथम प्रान्तीय शासक के लिए **लोकपाल** शब्द का उल्लेख हुआ है।

205. चीनी बौद्ध तीर्थयात्री, ह्वेनसाँग लगभग ...... वर्ष पूर्व भारतीय उपमहाद्वीप में आए थे।
SSC CGL Tier-1 02.12.2022 (Shift-IV)
(a) 1700 (b) 1100
(c) 1400 (d) 2000

उत्तर (c)
• चीनी बौद्ध तीर्थयात्री ह्वेनसाँग लगभग 1400 वर्ष पूर्व भारतीय उपमहाद्वीप में आए थे।
• ह्वेनसाँग 627-643 ईसा पूर्व के बीच सिल्क रूट (रेशम मार्ग) से हर्षवर्द्धन के शासनकाल में भारत आए थे।
• यह एक महान यात्री, विद्वान एवं अनुवादक थे।
• ह्वेनसाँग की पुस्तक का नाम **सी-यू-की** है।

206. निम्नलिखित में से कौन-सा पद कवि हरिषेण के पास नहीं था?
SSC CGL Tier-1 03.12.2022 (Shift-I)
(a) सन्धि-विग्राहिक (b) नगर-श्रेष्ठी
(c) कुमारामात्य (d) महादण्डनायक

उत्तर (b)
• **नगर-श्रेष्ठी** पद कवि हरिषेण के पास नहीं था। हरिषेण चौथी शताब्दी के संस्कृत कवि और मन्त्री थें। वे समुद्रगुप्त की राजसभा में एक महत्त्वपूर्ण सभासद थे।
• 345 ई. में रचित उनकी सर्वाधिक प्रसिद्ध कृति **प्रयाग प्रशस्ति** है, जिसमें समुद्रगुप्त की वीरता का वर्णन है।

207. वृहत्संहिता के अनुसार सेण्ट, माउथ परफ्यूम और बाथ पाउडर बनाने की प्रक्रिया को क्या कहते हैं? SSC CGL Tier-1 05.12.2022 (Shift-I)
(a) जातुका (b) पट्टांग
(c) काम्प्लसिका (d) गन्धायुक्लि

उत्तर (c)
• **वृहत्संहिता** के अनुसार सेण्ट, माउथ परफ्यूम और बाथ पाउडर बनाने की प्रक्रिया को काम्प्लसिका कहते हैं।
• वृहत्संहिता वराहमिहिर द्वारा छठी शताब्दी में संस्कृत में रचित एक विश्वकोष है, जिसे मानव रुचि के विविध विषयों पर लिखा गया है।
• इसमें खगोलशास्त्र ग्रहों की गति, ग्रहण, वर्षा, बादल, वास्तुशास्त्र, फसलों की वृद्धि, पारिवारिक सम्बन्ध एवं कर्मकाण्डों का वर्णन है।

208. नागभट्ट निम्नलिखित में से किस राजवंश के राजा थे? SSC CGL Tier-1 06.12.2022 (Shift-II)
(a) रेड्डी (b) प्रतिहार
(c) काकतीय (d) वर्द्धन

उत्तर (b)
• **नागभट्ट** प्रतिहार राजवंश के राजा थे।

209. मान्यखेत के कृष्ण तृतीय का सम्बन्ध किस राजवंश से था?
SSC CGL Tier-1 06.12.2022 (Shift-III)
(a) राष्ट्रकूट (b) पाल
(c) चेर (d) गुर्जर-प्रतिहार

उत्तर (a)
• मान्यखेत का कृष्ण तृतीय राष्ट्रकूट राजवंश का अन्तिम महान एवं योग्य शासक था।
• इसने अपने राज्यारोहण के समय 'अकालवर्ष' की उपाधि धारण की एवं काँची और तंजौर को जीतने के बाद 'काँचीयुम तंजैयमकोण्ड' की उपाधि ग्रहण की थी।

210. निम्नलिखित में से कौन-सा राजवंश 'त्रिपक्षीय संघर्ष' का हिस्सा नहीं था, जो एक विशेष रूप से वांछनीय क्षेत्र कन्नौज पर नियन्त्रण करने के लिए सदियों तक हुआ?
SSC CGL Tier-1 07.12.2022 (Shift-I)
(a) कदम्ब (b) राष्ट्रकूट
(c) गुर्जर-प्रतिहार (d) पाल

उत्तर (a)
• **कदम्ब राजवंश** 'त्रिपक्षीय संघर्ष' का हिस्सा नहीं था।
• कदम्ब राजवंश (345-525 ई.) एक प्राचीन भारतीय राजवंश था, जिसने दक्षिण भारत के कर्नाटक के क्षेत्रों पर शासन किया था।
• कन्नौज युद्ध उत्तरी भारत पर नियन्त्रण के लिए 9वीं शताब्दी ने गुर्जर-प्रतिहार, पाल साम्राज्य और राष्ट्रकूट साम्राज्य के बीच हुआ था।
• इस युद्ध के अन्त में गुर्जर-प्रतिहार की विजय हुई।

211. निम्नलिखित 'राजवंश शासित क्षेत्र' के युग्मों में से कौन-सा सही सुमेलित है?
SSC CGL Tier-1 08.12.2022 (Shift-II)
I. शक-पश्चिमोत्तर और उत्तर भारत।
II. वाकाटक-मध्य और पश्चिमी भारत।
कूट
(a) केवल II
(b) केवल I
(c) न तो I और न ही II
(d) I तथा II दोनों

उत्तर (d)
• राजवंश शासित क्षेत्र के दोनों युग्म सही सुमेलित है।
• **शक राजवंश** ने भारत के पश्चिमोत्तर एवं उत्तर भारत में शासन किया। इन्होंने पंजाब, हरियाणा, राजस्थान, गुजरात, सिन्ध, खैबर, पख्तूनव और अफगानिस्तान क्षेत्र में शासन किया। शकों की उत्पत्ति एवं इतिहास के बारे में प्रारम्भिक जानकारी चीनी साहित्य से प्राप्त होती है।
• ईरानी यूनानी साहित्यों में शकों को 'सीथियन' कहा गया है तथा भारतीय इतिहास में उन्हें शक नाम से वर्णित किया गया।
• **वाकाटक राजवंश** के शासकों ने मध्य एवं पश्चिमी भारत में शासन किया। तीसरी शताब्दी ईसवी से छठी शताब्दी ईसवी तक दक्षिणापथ में शासन करने वाले समस्त राजवंशों में वाकाटक वंश सर्वाधिक सम्मानित एवं सुसंस्कृत था।

212. ह्वेनसाँग तथा अन्य तीर्थयात्रियों ने निम्नलिखित में से किस भारतीय राज्य में स्थित सबसे प्रसिद्ध बौद्ध विद्या केन्द्र नालन्दा में अध्ययन किया? SSC CGL Tier-1 13.12.2022 (Shift-II)
(a) ओडिशा
(b) सिक्किम
(c) बिहार
(d) बंगाल

उत्तर (c)
• प्रसिद्ध चीनी यात्री ह्वेनसाँग व अन्य तीर्थयात्रियों ने भारतीय राज्य बिहार में स्थित सबसे प्रसिद्ध बौद्ध विद्या केन्द्र नालन्दा में अध्ययन किया था।
• ह्वेनसाँग **हर्षवर्द्धन** के शासनकाल में भारत आया था।

SSC CGL 2021 (Tier I & II)

213. किसने विक्रमशिला विश्वविद्यालय को स्थापित और नालन्दा विश्वविद्यालय को पुनर्जीवित किया? SSC CGL Tier-1 24.08.2021 (Shift-II)
(a) श्रीगुप्त (b) धर्मपाल
(c) वासुदेव (d) गोपाल

उत्तर (b)
• पाल वंश के प्रसिद्ध शासक **धर्मपाल** ने विक्रमशिला विश्वविद्यालय की स्थापना की तथा कुमारगुप्त द्वारा स्थापित नालन्दा विश्वविद्यालय को पुनर्जीवित किया।
• धर्मपाल पाल वंश का शक्तिशाली शासक था, जो सम्राट गोपाल का पुत्र था।
• धर्मपाल ने परमभट्टारक, परमेश्वर और महाराजाधिराज की उपाधि धारण की थी।

214. निम्नलिखित में से किसने राष्ट्रकूट साम्राज्य की स्थापना की थी?
SSC CGL Tier-1 18.08.2021 (Shift-III)
(a) दन्तिदुर्ग (b) अशोक
(c) कृष्ण I (d) अमोघवर्ष

उत्तर (a)
• **दन्तिदुर्ग** ने 752 ई. में चालुक्य वंश के शासक कीर्तिवर्मन को पराजित करके स्वतन्त्र राष्ट्रकूट राज्य की स्थापना की।

• उसने स्वतन्त्र राज्य स्थापित करने के बाद अपने नवगठित राज्य की राजधानी **मान्यखेत** (वर्तमान मालखेड़-शोलापुर महाराष्ट्र) में बनाई।
• दन्तिदुर्ग ने काँची, कलिंग, कोसल, श्रीशैल, मालवा, लाट एवं टंक पर विजय प्राप्त कर राष्ट्रकूट साम्राज्य का विस्तार किया।

SSC CPO 2024

215. जिन शैलेन्द्र राजाओं का भारतीय शासकों के साथ नजदीकी सम्पर्क था, वे निम्नलिखित में से किस धर्म के अनुयायी थे?
SSC CPO 27.06.2024 (Shift-II)
(a) शैव धर्म (b) बौद्ध धर्म
(c) वैष्णव धर्म (d) जैन धर्म

उत्तर (b)
• जिन **शैलन्द्र राजाओं** का भारतीय शासकों के साथ नजदीकी सम्पर्क था, वे बौद्ध धर्म के अनुयायी थे।
• जावा के शैलेंद्रवंशी शासक बालपुत्रदेव के अनुरोध पर **देवपाल** ने उसे नालन्दा में एक बौद्ध विहार बनवाने के लिए पाँच गाँव दान में दिए थे।
• देवपाल ने **ओदन्तपुरी** के प्रसिद्ध बौद्धमठ का निर्माण करवाया था।

216. धर्मपाल को बिहार में भागलपुर के पास निम्नलिखित में से किस विश्वविद्यालय की स्थापना के लिए जाना जाता है?
SSC CPO 29.06.2024 (Shift-III)
(a) नालन्दा (b) विक्रमशिला
(c) वल्लभी (d) तक्षशिला

उत्तर (b)
• **धर्मपाल** को बिहार में भागलपुर के पास विक्रमशिला विश्वविद्यालय की स्थापना के लिए जाना जाता है।
• यह विश्वविद्यालय 8वीं से 12वीं शताब्दी तक बौद्ध शिक्षा का एक प्रमुख केन्द्र था।
• विक्रमशिला विश्वविद्यालय नालन्दा विश्वविद्यालय के बाद भारत का दूसरा सबसे महत्त्वपूर्ण बौद्ध विश्वविद्यालय था।
• यह विश्वविद्यालय बौद्ध धर्म की शिक्षा के लिए प्रसिद्ध था और इसमें दुनिया भर से विद्वान और छात्र आते थे।
• विक्रमशिला विश्वविद्यालय 12वीं शताब्दी में तुर्कों के आक्रमण से नष्ट हो गया था।

SSC CPO 2023 & 2022

217. मामल्लपुरम का तटीय मन्दिर (Shore temple of Mamallapuram) किसके द्वारा बनवाया गया था? SSC CPO Tier-1 03.10.2023 (Shift-I)
(a) पल्लव (b) नाग
(c) चोल (d) चालुक्य

उत्तर (a)
• मामल्लपुरम का तटीय मन्दिर 7वीं शताब्दी में पल्लव राजा नरसिंह वर्मन द्वारा बनवाया गया था।
• मामल्लपुरम को महाबलीपुरम भी कहा जाता है।
• तटीय मन्दिर को स्थानीय रूप से अलाइवय-के-कोविल के नाम से जाना जाता है।

218. त्रिपक्षीय संघर्ष, जिसे कन्नौज ट्राइएंगल वार के रूप में भी जाना जाता है, 8वीं और 9वीं शताब्दी में इन तीन महान भारतीय राजवंशों में से किसके बीच हुआ था?
SSC CPO Tier-1 10.11.2022 (Shift-I)
(a) पाल, प्रतिहार और राष्ट्रकूट
(b) चोल, प्रतिहार और राष्ट्रकूट
(c) पाण्ड्य, प्रतिहार और राष्ट्रकूट
(d) परमार, चौहान और गहड़वाल

उत्तर (a)
• त्रिपक्षीय संघर्ष, 8वीं और 9वीं शताब्दी में पाल, प्रतिहार और राष्ट्रकूट राजवंशों के बीच हुआ था।

SSC CHSL 2024 (Tier 1)

219. निम्नलिखित में से कौन 'विक्रमशिला विश्वविद्यालय' के संस्थापक थे?
SSC CHSL Tier-1 1.07.2024 (Shift-IV)
(a) धर्मपाल (b) गोविन्दपाल
(c) महिपाल प्रथम (d) रामपाल

उत्तर (a)
• धर्मपाल 'विक्रमशिला विश्वविद्यालय' के संस्थापक थे।
• इसकी स्थापना 8वीं शताब्दी के अन्त में की गई।
• यह विश्वविद्यालय वर्तमान में बिहार राज्य के भागलपुर जिले में, गंगा नदी के किनारे स्थित है।
• यह विशेषकर बौद्ध धर्म के अध्ययन और अनुसन्धान के लिए प्रसिद्ध है।
• 12वीं शताब्दी के अन्त में बख्तियार खिलजी ने हमला कर इसे नष्ट कर दिया।

220. किस पाल शासक ने अस्थायी रूप से कन्नौज पर कब्जा कर लिया था?
SSC CHSL Tier-1 3.07.2024 (Shift-II)
(a) हरपाल (b) गोपाल
(c) देवपाल (d) धर्मपाल

उत्तर (d)
• पाल शासक धर्मपाल ने अस्थायी रूप से कन्नौज पर कब्जा कर लिया था और कन्नौज की गद्दी पर चक्रायुद्ध को बैठाया।
• धर्मपाल पाल वंश का दूसरा शासक था, जिसने 8वीं से 9वीं सदी में बंगाल और बिहार पर शासन किया।
• धर्मपाल ने विक्रमशिला व सोमपुरी बौद्ध बिहार की स्थापना करवाई।
• धर्मपाल ने 'परमेश्वर परमभट्टारक महाराजाधिराज' की उपाधि धारण की थी।

221. पूर्वी भारत के पाल वंश के बारे में निम्नलिखित में से कौन-सा कथन गलत है?
SSC CHSL Tier-1 3.07.2024 (Shift-III)
(a) पाल वंश की स्थापना गोपाल ने की थी
(b) धर्मपाल ने वल्लभी विश्वविद्यालय की स्थापना की थी
(c) पाल राजा बौद्ध धर्म के अनुयायी थे
(d) देवपाल, गोपाल के पोते थे

उत्तर (b)
• पूर्वी भारत के पाल वंश के बारे में कथन (b) गलत है, क्योंकि वल्लभी विश्वविद्यालय की स्थापना मैत्रक साम्राज्य के राजा भट्टारक द्वारा की गई थी।
• पाल वंश के शासकों का क्रम (गोपाल-धर्मपाल-देवपाल-महिपाल प्रथम) था।
• पाल राजाओं ने ब्राह्मणों, पुजारियों और मन्दिरों को भूमि अनुदान में दी।

222. पाल कौन थे?
SSC CHSL Tier-1 3.07.2024 (Shift-IV)
(a) एक राजवंश, जिसका पुरी में उदय हुआ
(b) एक राजवंश, जिसका पहली बार कम्बोडिया में उदय हुआ
(c) एक राजवंश, जिसने पूर्वी भारत और बर्मा को मिलाया
(d) एक राजवंश, जिसका पूर्वी भारत में उदय हुआ

उत्तर (d)
• पाल, एक राजवंश था, जिसका पूर्वी भारत में उदय हुआ।
• इस वंश ने 8वीं से 12वीं शताब्दी तक बंगाल व बिहार के क्षेत्रों पर शासन किया।
• इस वंश का संस्थापक 'गोपाल' था।
• इस वंश के शासक धर्मपाल ने 'विक्रमशिला विश्वविद्यालय' की स्थापना की।
• यह वंश बौद्ध धर्म का अनुयायी था।

223. निम्नलिखित में से कौन-सा शासक कन्नौज के अधिकार के लिए त्रिपक्षीय संघर्ष का हिस्सा था? SSC CHSL Tier-1 5.07.2024 (Shift-I)
(a) महेन्द्रपाल (b) यशोवर्मन
(c) पृथ्वीराज III (d) धर्मपाल

उत्तर (d)
• धर्मपाल शासक कन्नौज के अधिकार के लिए त्रिपक्षीय संघर्ष का हिस्सा था।
• 8वीं सदी के दौरान कन्नौज पर नियन्त्रण के लिए भारत के तीन प्रमुख साम्राज्यों जिनके नाम पालों, प्रतिहार और राष्ट्रकूट थे, के बीच संघर्ष हुआ।
• पालों का भारत के पूर्वी भागों पर शासन था, जबकि प्रतिहारों के नियन्त्रण में पश्चिमी भारत था।
• राष्ट्रकूटों ने भारत के दक्कन क्षेत्र पर शासन किया था।
• इन तीनों राजवंशों के बीच कन्नौज पर नियन्त्रण के लिए हुए संघर्ष को भारतीय इतिहास में त्रिपक्षीय संघर्ष के रूप में जाना जाता है।
• इस युद्ध में अंततः प्रतिहारों की विजय हुई।

224. पाल साम्राज्य का संस्थापक कौन था?
SSC CHSL Tier-1 10.07.2024 (Shift-II)
(a) देवपाल (b) रायल
(c) गोपाल (d) धर्मपाल

उत्तर (c)
• पाल साम्राज्य का संस्थापक गोपाल था।
• इसकी राजधानी मुंगेर थी।
• पाल शासक बौद्ध धर्म के अनुयायी थे।
• गोपाल ने ओदन्तपुरी विश्वविद्यालय की स्थापना की।
• पाल वंश का सबसे महान शासक धर्मपाल था, उसने विक्रमशिला विश्वविद्यालय की स्थापना की।

SSC CHSL 2021 (Tier 1)

225. उस भारतीय राज्य की पहचान करें, जिसे महाकाव्य काल में प्राग्ज्योतिष (Pragjyotisha) के रूप में जाना जाता था।
SSC CHSL Tier-1 04.08.2021 (Shift-I)

(a) बिहार (b) केरल
(c) असम (d) ओडिशा

उत्तर (c)

• महाकाव्य काल में **असम** को प्राग्ज्योतिष के नाम से जाना जाता था। यहाँ प्रमुख शक्तिशाली राजवंशों वर्मन वंश, शाल्स्ताम्भस, कामरूप पाल, पुष्यवर्मन आदि का शासन था।
• **प्राग्ज्योतिष** शब्द संस्कृत से लिया गया है।
• प्रसिद्ध वर्मन शासक भास्कर वर्मन के शासनकाल में चीनी यात्री ह्वेनसाँग ने यहाँ की यात्रा की थी।

226. निम्नलिखित में से कौन कुषाण वंश का शासक नहीं था? **SSC CHSL Tier-1 12.02.2021 (Shift-II)**

(a) वासुदेव (b) वसिश्क
(c) नहपान (d) हुविष्क

उत्तर (c)

• नहपान क्षहरात वंश के शासक थे। वे कुषाण वंश से सम्बन्धित नहीं थे, जबकि वासुदेव, वसिश्क, हुविष्क एवं कनिष्क प्रसिद्ध कुषाण शासक थे। कुषाण वंश के संस्थापक कुजुल कडफिसेस थे।
• कुषाण वंश का प्रसिद्ध शासक कनिष्क हुआ, जिसके समय 78 ई. में शक सम्वत् की शुरुआत हुई।

SSC GD 2024 & 2023

227. हर्षवर्द्धन का राजवंश कितने विशिष्ट प्रकार के प्रदेशों में विभाजित था?
SSC GD Tier-1 21.02.2024 (Shift-I)

(a) दो (b) तीन (c) पाँच (d) चार

उत्तर (a)

• **हर्षवर्द्धन** का राजवंश दो विशिष्ट प्रकार के प्रदेशों में विभाजित था।
• हर्षवर्द्धन ने 606 से 647 ई. तक उत्तर भारत (कन्नौज) में अपना प्रभुत्व स्थापित किया।
• हर्ष के साम्राज्य में कश्मीर को छोड़कर लगभग समस्त उत्तर-भारत सम्मिलित था।

228. हर्षवर्धन ने नर्मदा नदी पार करके दक्कन की ओर बढ़ने की कोशिश की, तब चालुक्य नरेश, ... ने उन्हें रोक दिया।
SSC GD 07.12.2023 (Shift-I)

(a) पुलकेशिन द्वितीय (b) समुद्रगुप्त प्रथम
(c) चन्द्रगुप्त (d) समुद्रगुप्त द्वितीय

उत्तर (a)

• हर्षवर्द्धन ने नर्मदा नदी पार करके दक्कन की ओर बढ़ने की कोशिश की, तब चालुक्य नरेश पुलकेशिन द्वितीय ने उन्हें रोक दिया।
• पुलकेशिन द्वितीय के **एहोल अभिलेख** में इस युद्ध का वर्णन है।
• पुलकेशिन द्वितीय महान चालुक्य सम्राट थे, जिन्होंने वातापी अर्थात् वर्तमान में (कर्नाटक में) शासन किया था।

229. निम्नलिखित में से कौन वाकाटक राजवंश के संस्थापक थे? **SSC GD Tier-1 02.12.2023 (Shift-I)**

(a) प्रवरसेन द्वितीय (b) प्रवरसेन प्रथम
(c) विंध्यशक्ति (d) प्रभावतीगुप्त

उत्तर (c)

• **वाकाटक वंश** का संस्थापक 'विंध्यशक्ति' था।

SSC Selection Post 2023

230. थानेश्वर जहाँ वर्धन राजवंश ने शासन किया, वर्तमान में ………… राज्य है।
SSC Selection Post 27.06.2023 (Shift-IV)

(a) हरियाणा (b) राजस्थान
(c) गुजरात (d) मध्य प्रदेश

उत्तर (a)

• थानेश्वर जहाँ वर्धन राजवंश ने शासन किया, वर्तमान में **हरियाणा राज्य** है। पुष्यभूति वंश की स्वतन्त्र सत्ता का संस्थापक प्रभाकरवर्द्धन था।
• हर्षवर्धन या हर्ष (606 ई.-647 ई.), इस वंश का महानतम शासक था, जो राज्यवर्धन के बाद लगभग 606 ई. में थानेश्वर के सिंहासन पर बैठा।

दक्षिण भारतीय राज्य

दक्षिण भारत के प्रमुख राजवंश

पल्लव वंश

- संस्थापक – **सिंहविष्णु** (575-600 ई.)
- राजधानी – काँची (कांचीपुरम)
- महाबलीपुरम के रथ मन्दिर का निर्माण–नरसिंहवर्मन I (630-688 ई.)
- काँची के कैलाश मन्दिर का निर्माण – नरसिंहवर्मन II (700-728 ई.)
- अन्तिम शासक – **अपराजित वर्मन** (879-897 ई.)
- नरसिंहवर्मन-I के शासनकाल में चीनी यात्री ह्वेनसांग काँची आया था।

राष्ट्रकूट वंश

- संस्थापक – **दन्तिदुर्ग** (752 ई.)
- राजधानी – मनकिर या मान्यखेट
- ऐलोरा के कैलाश मन्दिर का निर्माण – कृष्ण प्रथम
- ध्रुव (धारावर्ष) प्रथम राष्ट्रकूट शासक था, जिसने कन्नौज पर अधिकार करने हेतु **त्रिपक्षीय संघर्ष** में भाग लिया।
- प्रतिहार नरेश वत्सराज एवं पाल नरेश धर्मपाल को पराजित किया।
- इन्द्र तृतीय के शासनकाल में अरब यात्री अलमसूदी भारत आया।
- अन्तिम महान् शासक – **कृष्ण तृतीय**
- **ऐलोरा** एवं **ऐलीफेन्टा** (महाराष्ट्र) गुहामन्दिरों का निर्माण राष्ट्रकूटों के समय ही हुआ था।

चालुक्य वंश (वातापी)

- संस्थापक – **पुलकेशिन प्रथम**
- राजधानी – वातापी या बादामी
- महानतम् शासक – **पुलकेशिन II** (दक्षिणापथेश्वर तथा परमेश्वर की उपाधि धारण की)
- ऐहोल अभिलेख **रविकीर्ति** द्वारा लिखित है।
- मेगुती जैन मन्दिर (कर्नाटक के बागलकोट) का निर्माण 634 ई. में रविकीर्ति ने करवाया था।
- पल्लव शासक **नरसिंहवर्मन** ने 642 ई. में पुलकेशिन द्वितीय को हराकर **वातापीकोण्ड** की उपाधि धारण की थी।

चालुक्य वंश (कल्याणी)

- स्थापना – **तैलप द्वितीय**
- राजधानी – मान्यखेत
- पारिवारिक चिह्न – वाराह
- सोमेश्वर प्रथम ने कल्याणी (कर्नाटक) को राजधानी बनाया।
- सबसे प्रतापी शासक – **विक्रमादित्य-VI**
- **विल्हण** एवं **विज्ञानेश्वर** विक्रमादित्य-VI के दरबार में रहते थे।
- ***मिताक्षरा*** की रचना **विज्ञानेश्वर** ने तथा विल्हण ने ***विक्रमांकदेवचरित*** की रचना की।

चोल साम्राज्य (9 वीं– 12 वीं शताब्दी)

- संस्थापक – **विजयालय** (उपाधि - नरकेसरी)
- राजधानी – तंजौर या तंजावुर
- राजराजा प्रथम ने उत्तरी श्रीलंका तथा मालदीव पर अधिकार कर लिया।
- इसने तंजौर में राजराजेश्वर शिव मन्दिर बनवाया।
- इसने बंगाल अभियान के दौरान पाल शासक महिपाल को पराजित कर, **गंगैकोण्डचोल** की उपाधि धारण की।
- चोल वंश का अन्तिम शासक – **राजेन्द्र तृतीय**
- उत्तरमेरुर अभिलेख (परान्तक-I) से स्थानीय स्वशासन की जानकारी मिलती है।
- चोलकालीन **नटराज प्रतिमा** चोल कला का सांस्कृतिक सार मानी जाती है।

अन्य वंश

सेन वंश

- स्थापना – **सामन्तसेन** (बंगाल)
- राजधानी – नदिया (लखनौती)
- सेन शासक बल्लालसेन ने कुलीन प्रथा चलाई थी। उसने **दान सागर** नामक पुस्तक की रचना की थी।
- प्रथम राजवंश जिसने अपना अभिलेख **हिन्दी** में उत्कीर्ण कराया।
- बंगाल का अन्तिम हिन्दू शासक – **लक्ष्मणसेन**

कश्मीर के राजवंश

- **कार्कोट वंश**
  - संस्थापक – **दुर्लभवर्द्धन** (7वीं शताब्दी)
  - महानतम् शासक – ललितादित्य मुक्तापीड़ (मार्तण्ड मन्दिर का निर्माण)
- **उत्पल वंश** 980 ई. में उत्पल वंश की रानी दिद्दा ने कश्मीर पर शासन किया।
- **लोहार वंश** कल्हणों ने अपनी कृति 'राजतरंगिणी' को इस वंश के अन्तिम शासक जयसिंह (1128-1155 ई.) के शासनकाल में समाप्त किया।

राजपूत वंश

- **अग्निकुण्ड सिद्धान्त** के अनुसार गुर्जर प्रतिहार, चालुक्य, चौहान तथा परमार वंश की उत्पत्ति आबू पर्वत पर वशिष्ठ मुनि के अग्निकुण्ड से हुई।
- यह सिद्धान्त चन्दबरदाई के **पृथ्वीराज रासो** पर आधारित है।

गुर्जर प्रतिहार वंश

- **संस्थापक** हरिश्चन्द्र
- **वास्तविक संस्थापक** नागभट्ट प्रथम
- **सर्वाधिक शक्तिशाली शासक** मिहिरभोज
- इसने **कन्नौज** को राजधानी बनाया। इसके शासनकाल में अरब यात्री **सुलेमान** भारत आया।
- महेन्द्रपाल तथा महिपाल ने राजशेखर को संरक्षण दिया, जिसने कर्पूरमंजरी, काव्यमीमांसा, अवंति सुन्दर की रचना की।
- **अन्तिम शासक** यशपाल (1024-1036 ई.)

संगम युग

- तमिल कवियों के संघ अथवा मण्डल को संगम कहा गया। इसका आयोजन **पाण्ड्य** राजाओं के संरक्षण में हुआ।
- संगम साहित्य में तीन महत्त्वपूर्ण राज्यों—**चोल**, **चेर** तथा **पाण्ड्य** का उल्लेख मिलता है।

चेर राज्य

- राजधानी – वांजि या करुयूर
- प्रतीक चिह्न – धनुष
- प्रथम शासक – **उदियन जेरल**
- महानतम् शासक – **शेनगुट्टवन** (लाल चेर)
- नेदुंजेरल आदन ने **मरन्दै** को अपनी राजधानी बनाया।
- इसने **इमयवरम्बन** की उपाधि ग्रहण की।
- इसमें आधुनिक केरल तथा तमिलनाडु के कुछ अंश शामिल थे।

चोल राज्य

- राजधानी – उरैयूर एवं कावेरीपत्तनम (पुहार)
- प्रतीक चिह्न – बाघ या चीता
- प्रथम शासक – **एलारा**
- महत्त्वपूर्ण शासक – **करिकाल**

पाण्ड्य चोल

- राजधानी – मदुरै
- प्रतीक चिह्न – मछली (कॉर्प)
- प्रथम शासक – **नेडियोन**
- महानतम् शासक – **नेण्डुजेलियन** (रोमन सम्राट आगस्टस के दरबार में अपना दूत भेजा था)
- पाण्ड्य राज्य प्रायद्वीप के सुदूर दक्षिण और दक्षिण-पूर्वी भाग में था।
- इसके काल में ही प्रसिद्ध तलैयालंगानम् का युद्ध (लगभग 290 ई.) हुआ था।

SSC एग्जाम स्कैनर

SSC CGL 2024 (Tier 1 & 2)

231. पालों, प्रतिहारों और ……… के बीच त्रिपक्षीय संघर्ष हुआ। **SSC CGL Tier-1 26.09.2024 (Shift-III)**

(a) राष्ट्रकूटों (b) चन्देलों
(c) चालुक्यों (d) मौखरियों

उत्तर (a)

- **त्रिपक्षीय संघर्ष,** 8वीं सदी के दौरान कन्नौज पर नियन्त्रण करने के लिए भारत के तीन प्रमुख साम्राज्यों पाल, प्रतिहार व राष्ट्रकूट के मध्य हुआ।

232. निम्नलिखित में से किस पल्लव राजा ने वातापी (बादामी) पर कब्ज़ा करके चालुक्यों को हराया था? **SSC CGL Tier-1 26.09.2024 (Shift-I)**

(a) परमेश्वरवर्मन
(b) सिंहवर्मन
(c) नरसिंह वर्मन
(d) शिवस्कन्द वर्मन

उत्तर (c)

- पल्लव राजा **नरसिंह वर्मन** ने वातापी (बादामी) पर कब्जा करके चालुक्यों को हराया था।
- नरसिंह वर्मन प्रथम पल्लव वंश के सम्राट थे, जिन्होंने 630 और 668 ई. तक शासन किया था।
- यह एक हिन्दू राजा और शिवभक्त थे।
- नरसिंह वर्मन प्रथम के बाद नरसिंह वर्मन द्वितीय गद्दी पर बैठा।
- नरसिंह वर्मन ने 'महामल्ल' की उपाधि धारण की।

233. मत्तविलास-प्रहसन के रचयिता महेन्द्रवर्मन प्रथम, निम्नलिखित में से किस शासक राजवंश से सम्बन्धित है? **SSC CGL Tier-1 24.09.2024 (Shift-I)**

(a) पल्लव (b) चालुक्य
(c) पुष्यभूति (d) मैत्रक

उत्तर (a)

- सातवीं शताब्दी में राजा महेन्द्रवर्मन प्रथम ने मत्तविलास-प्रहसन की रचना की, जो पल्लव वंश के शासक थे।
- **मत्तविलास-प्रहसन** एक संस्कृत एकांकी नाटक है। यह नाटक धार्मिक आडम्बरों पर कटाक्ष है, इसमें बौद्ध तथा कपालिकाओं का उपहास किया गया है।
- पल्लवों की राजधानी काँचीपुरम थी।
- पल्लवों ने काँची में कैलाशनाथ मन्दिर तथा मामल्लपुरम में शोर मन्दिर व रथ का निर्माण करवाया।

234. पाण्ड्य साम्राज्य का उल्लेख सबसे पहले मेगस्थनीज ने किया था, जिसने कहा था कि उनका साम्राज्य मोतियों के लिए प्रसिद्ध था। उनकी राजधानी ……… थी। **SSC CGL Tier-1 18.09.2024 (Shift-III)**

(a) तंजावुर
(b) उरैयूर
(c) मदुरै
(d) कावेरीपट्टनम

उत्तर (c)

- दक्षिण भाग के तीन मुख्य राजवंशों में से एक पाण्ड्य राजवंश दक्षिण भारत में एक प्राचीन तमिल राज्य था, जो संगम युग में विकसित हुआ, उनकी राजधानी मदुरै थी।
- **पाण्ड्य राजवंश** ने 560 से 1300 ईसवी तक शासन किया।
- तीनों संगम संगीति/संगीतियाँ पाण्ड्यों के शासनकाल में सम्पन्न हुईं।
- मार्कोपोलो, इब्नबतूता जैसे यात्रियों ने पाण्ड्य साम्राज्य का विस्तृत वर्णन किया है।

235. निम्नलिखित में से कौन-सा जानवर चोल राजवंश का प्रतीक था? **SSC CGL Tier-1 17.09.2024 (Shift-II)**

(a) घोड़ा (b) हाथी
(c) भेड़िया (d) बाघ

उत्तर (d)

- बाघ चोल राजवंश का प्रतीक था।
- चोल राजवंश के वास्तविक संस्थापक **विजयालय** थे।
- चोलों ने 8वीं शताब्दी में तंजौर साम्राज्य पर कब्जा कर लिया और पल्लवों को हराकर चोल साम्राज्य की स्थापना की।
- तंजौर को चोल साम्राज्य की पहली राजधानी बनाया गया था।
- **आदित्य प्रथम** विजयालय का उत्तराधिकारी था।

236. सबसे महान चोल शासकों में से एक राजाराज प्रथम ने 985 ईसवी से …….. तक शासन किया। **SSC CGL Tier-1 13.09.2024 (Shift-II)**

(a) 1014 ईसवी (b) 1018 ईसवी
(c) 1015 ईसवी (d) 1017 ईसवी

उत्तर (a)

- राजाराज प्रथम एक महान चोल शासक था, जिसने 985 ईसवी से 1014 ईसवी तक शासन किया। राजाराज प्रथम ने तंजावुर में **बृहदेश्वर मन्दिर** का निर्माण करवाया था।
- इन्होंने **नागपट्टिनम में बौद्ध मठ** के निर्माण में मदद की थी।
- इनके शासनकाल में चोलों ने उत्तर में कलिंग से लेकर दक्षिण में श्रीलंका तक साम्राज्य का विस्तार किया था।

237. राजराज और महाराजा की उपाधि वाले गौतमीपुत्र सातकर्णी निम्नलिखित में से किस राजवंश से सम्बन्धित थे?
SSC CGL Tier-1 10.09.2024 (Shift-II)

(a) शुंग (b) पाण्ड्य
(c) शक (d) सातवाहन

उत्तर (d)

- गौतमीपुत्र सातकर्णी **सातवाहन वंश** के सबसे महान शासकों में एक थे।
- **नासिक के शिलालेखों** पर गौतमीपुत्र सातकर्णी की उपलब्धियाँ दर्ज हैं।
- गौतमीपुत्र सातकर्णी के सिक्कों पर पाली लिपि में लिखा था 'राजा भगवान शतकर्णी, गौतमी के पुत्र'।
- उसका राज्य दक्षिण में कृष्णा से लेकर उत्तर में मालवा तक और पश्चिम में कोंकणी से लेकर पूर्व में बरार तक फैला हुआ था।

238. महेन्द्रवर्मन प्रथम, निम्नलिखित में से किस राजवंश का शासक था?
SSC CGL Tier-1 9.09.2024 (Shift-I)

(a) पल्लव (b) चालुक्य
(c) चोल (d) पाण्ड्य

उत्तर (a)

- महेन्द्रवर्मन प्रथम **पल्लव राजवंश** का शासक था।
- वह सिंह विष्णु का पुत्र और उत्तराधिकारी था।
- महेन्द्रवर्मन प्रथम को कला, साहित्य और वास्तुकला के संरक्षण के लिए जाना जाता है, उन्होंने रॉककट तकनीक वास्तुकला की शुरुआत की थी।
- महेन्द्रवर्मन प्रथम ने 600 से 630 ई. के बीच शासन किया था।

SSC CGL 2023 (Tier 1 & 2)

239. चोल प्रशासन में, ... गाँवों में सदन होती थी, जो मुख्य रूप से ब्राह्मणों द्वारा बसाई गई थी। SSC CGL Tier-1 14.07.2023 (Shift-I)

(a) नगरम (b) सभा
(c) उर (d) खिल्य

उत्तर (b)

- चोल युग में **सभा** गाँवों में सदन के रूप में कार्यरत् थी।
- चोल राज्य को प्रान्तों में विभाजित किया गया था, जिन्हें **मण्डल** के रूप में जाना जाता था। चोल युग के दौरान प्रत्येक गाँव स्वशासी इकाई के रूप में कार्य करता था।
- **उर** सर्वसाधारण लोगों की समिति थी, जिसका कार्य सार्वजनिक कल्याण के लिए कार्य करना था।
- **सभा** या **महासभा** अग्रहारों और ब्राह्मण बस्तियों की सभा थी, जिसके सदस्यों को **पेरूमक्कल** कहते थे। शहर और गाँव वरियम नामक समितियों की मदद से कार्य करते थे।

240. 8वीं सदी ईसवी में दक्षिण-पूर्व एशिया में अपने साम्राज्य की स्थापना करने वाले शैलेन्द्र राजा किस धर्म के अनुयायी थे?
SSC CGL Tier-1 14.07.2023 (Shift-III)

(a) हिन्दू धर्म (b) शैव धर्म
(c) जैन धर्म (d) बौद्ध धर्म

उत्तर (d)

- शैलेन्द्र लोग **बौद्ध धर्म** की महायान शाखा के प्रवर्तक थे और इन्होंने विश्वप्रसिद्ध **बोरोबुदुर मन्दिर** सहित मध्य जावा के **केदु समतल** क्षेत्र पर शासन किया था।
- शैलेन्द्र राजवंश इण्डोनेशिया का एक प्राचीन राजवंश था। इसका उदय **जावा** में **8वीं** सदी में हुआ था।
- 9वीं शताब्दी में शैलेन्द्र राजवंश का पतन हो गया, लेकिन दक्षिण-पूर्व एशियाई संस्कृति और धर्म पर उसका प्रभाव जारी रहा।

241. सभा और उर, दो प्रकार की ग्राम सभाओं का उल्लेख निम्नलिखित में से किस राजवंश में है? SSC CGL Tier-1 20.07.2023 (Shift-I)

(a) चालुक्य (b) राष्ट्रकूट
(c) चोल (d) गुर्जर-प्रतिहार

उत्तर (c)

- **चोल** साम्राज्य के शासन के दौरान सभा और उर प्रशासन की महत्त्वपूर्ण इकाई थीं।
- **उर** सर्वसाधारण लोगों की समिति थी, जिसका कार्य सार्वजनिक कल्याण के लिए तालाबों और बगीचों के निर्माण हेतु गाँव की भूमि का अधिग्रहण करना था।
- **सभा** ब्राह्मणों की समिति थी। उत्तरमेरूर नामक अभिलेख से इन सभाओं की कार्य पद्धति का पता चलता है।

242. दक्षिण भारत के उस प्रसिद्ध भक्ति सन्त का नाम बताइए, जो प्रारम्भ में जैन थे और बारहवीं शताब्दी में एक चालुक्य राजा के दरबार में मंत्री थे। SSC CGL Tier-1 27.07.2023 (Shift-III)

(a) कराइक्कल अम्मइयर
(b) बसवन्ना
(c) एकनाथ
(d) तल्लपका अन्नमाचार्य

उत्तर (b)

- दक्षिण भारत के प्रसिद्ध भक्ति संत बसवन्ना, जो प्रारम्भ में जैन थे और बारहवीं शताब्दी में एक चालुक्य राजा के दरबार में मंत्री थे।
- **बसवन्ना** ने जाति प्रथा का कड़ा विरोध किया और उपवास, तीर्थयात्रा एवं बलि प्रथा को अस्वीकार कर दिया।
- इन्होंने बाल-विवाह का विरोध किया और विधवा विवाह की अनुमति दी।
- ये लिंगायत शैव सम्प्रदाय के संस्थापक थे।

SSC CGL 2022 & 2021 (Tier 1 & 2)

243. निम्नलिखित में से किस राजवंश ने विजयनगर राज्य की स्थापना की?
SSC CGL Tier-1 01.12.2022 (Shift-I)

(a) संगम राजवंश (b) सोम राजवंश
(c) नगम राजवंश (d) तुलुव राजवंश

उत्तर (a)

- विजयनगर साम्राज्य दक्षिण भारत का एक शक्तिशाली साम्राज्य था। इसकी स्थापना **संगम वंश** के हरिहर एवं बुक्का नामक दो भाइयों ने 1336 ई. में की तथा अपने राज्य का विस्तार उत्तर दिशा में कृष्णा नदी तथा दक्षिण से कावेरी नदी तक किया।
- इस साम्राज्य की आधिकारिक भाषा तेलुगू थी।

> कालान्तर में विजयनगर पर चार राजवंशों ने शासन किया था-संगम राजवंश, सुलुव राजवंश, तुलुव राजवंश और अराविडु राजवंश।

244. संगम कविताओं में वर्णित तमिल शब्द 'मुवेन्दार (Muvendar)' का अर्थ .... है।
SSC CGL Tier-1 01.12.2022 (Shift-I)

(a) प्रधान
(b) तीन मुखिया
(c) धनी
(d) धम्म महामात्त

उत्तर (b)

- 'मुवेन्दार' एक तमिल शब्द है, जिसका अर्थ **तीन मुखिया** है। इसमें दक्षिण भारत के तीन प्रमुख राजवंशों—चोल, चेर एवं पाण्ड्य को सन्दर्भित किया गया।
- संगम युग प्राचीन दक्षिण भारत के इतिहास की पहली से तीसरी शताब्दी ईसवी तक की अवधि थी।
- पाण्ड्य राजाओं ने तमिल कवियों और विद्वानों को संरक्षण दिया था।

245. अनन्तराज सागर जलाशय का निर्माण .... के शासकों द्वारा करवाया गया था।
SSC CGL Tier-1 01.12.2022 (Shift-III)

(a) विजयनगर (b) चोल
(c) मराठा (d) पाल

उत्तर (a)

- अनन्तराज सागर जलाशय का निर्माण विजयनगर के शासकों द्वारा करवाया गया था।
- **विजयनगर** साम्राज्य 1336 ई. में संगम राजवंश के दो भाई हरिहर राय और बुक्का राय द्वारा स्थापित किया गया था।
- इसके राजाओं ने 310 वर्ष तक शासन किया। इसका वास्तविक नाम कर्नाटक साम्राज्य था।

> हम्पी (हस्तिनावती) विजयनगर साम्राज्य की राजधानी थी।
> हम्पी के खण्डहर वर्तमान में विश्व धरोहर की सूची में शामिल हैं।

246. निम्नलिखित में से कौन-सा शहर कावेरी डेल्टा में शासक विजयालय द्वारा बनवाया गया था?
SSC CGL Tier-1 01.12.2022 (Shift-III)

(a) तिरूपुर (b) मदुरै
(c) तिरुचिरापल्ली (d) तंजावुर

उत्तर (d)

- तंजावुर शहर कावेरी डेल्टा में शासक विजयालय द्वारा बनवाया गया था। यह तमिलनाडु राज्य के पूर्वी भाग में स्थित एक ऐतिहासिक नगर है।
- कावेरी डेल्टा क्षेत्र में होने के कारण इसे दक्षिण में **चावल का कटोरा** के नाम से भी जाना जाता है।
- वर्तमान में तंजावुर दक्षिणी भारतीय धर्म, कला और वास्तुकला का एक महत्त्वपूर्ण केन्द्र है।
- तंजावुर के बृहदेश्वर मन्दिर का निर्माण चोल शासक **राजराज प्रथम** ने करवाया था।

247. 2200 और 1900 वर्ष पूर्व के बीच भारत के निम्नलिखित में से कौन-सा शहर एक पत्तन था, जहाँ दूर-दूर के देशों से जहाजों द्वारा सामान उतारा जाता था?
SSC CGL Tier-1 01.12.2022 (Shift-IV)
(a) वीरमपत्तीनम (b) यानम
(c) कारईकाल (d) अरिकामेडु

उत्तर (d)
• 2200 और 1900 वर्ष पूर्व के बीच भारत का अरिकामेडु शहर एक पत्तन था, जहाँ दूर-दूर के देशों से जहाजों द्वारा सामान उतारा जाता था।
• **अरिकामेडु** वर्तमान में केन्द्रशासित प्रदेश पुदुचेरी के अरियांकुप्पन कोम्यून के निकट स्थित पुरातत्त्व स्थल है।
• गिंगी नदी के किनारे स्थित यह प्राचीन शहर भारत और रोम व यूनान के बीच व्यापार का एक केन्द्र पत्तन था।
• यहाँ पर कई रोमन एवं यूनानी अवशेष प्राप्त हुए हैं।

248. चोल वंश के अभिलेखों में वर्णित वेट्टी कर ………… के रूप में लिया जाता था।
SSC CGL Tier-1 01.12.2022 (Shift-IV)
(a) जबरन श्रम (b) फसलों
(c) भू-राजस्व (d) नकदी

उत्तर (a)
• चोल शासकों द्वारा एक विशिष्ट शासन व्यवस्था का निर्माण किया गया, जिसमें प्रबल केन्द्रीय नियन्त्रण के साथ ही बहुत अधिक मात्रा में स्थानीय स्वायत्तता भी थी तथा वेट्टी कर को **जबरन श्रम** के रूप में लिया जाता था।
• चोल साम्राज्य की स्थापना विजयालय ने की थी।

249. ग्यारहवीं शताब्दी के आरम्भ में, चोल राजा राजेन्द्र प्रथम ने एक शिव मन्दिर का निर्माण करवाया और इसे ………… से जब्त सूर्य-पीठिका से भर दिया।
SSC CGL Tier-1 01.12.2022 (Shift-III)
(a) पालों (b) वाकाटकों
(c) कलिंगों (d) चालुक्यों

उत्तर (d)
• ग्यारहवीं शताब्दी के आरम्भ में, चोल राजा **राजेन्द्र प्रथम** ने एक शिव मन्दिर का निर्माण करवाया और इसे चालुक्यों से जब्त सूर्य-पीठिका से भर दिया।
• उसने बंगाल के शासक **महिपाल** को पराजित करके 'गंगैकोण्डचोल' की उपाधि धारण की।
• इसने सम्पूर्ण सिंहल द्वीप (श्रीलंका) को जीत लिया।

250. राष्ट्रकूट और चोल राजवंशों के दौरान कुछ महत्त्वपूर्ण प्रशासनिक पद आनुवंशिक बन गए थे। 'नगर श्रेष्ठी' पद का क्या अर्थ था?
SSC CGL Tier-1 03.12.2022 (Shift-II)
(a) शहर का व्यापारी
(b) महत्त्वपूर्ण मन्त्री
(c) व्यापारियों के काफ़िले का नेता
(d) मुख्य न्याय अधिकारी

उत्तर (a)
• राष्ट्रकूट और चोल राजवंशों के दौरान **शहर के व्यापारी** को नगर श्रेष्ठी कहा जाता था।
• चोलों के अभिलेखों आदि से ज्ञात होता है कि उनका शासन सुसंगठित था।
• राज्य का सबसे बड़ा अधिकारी राजा, मन्त्रियों एवं राज्याधिकारियों की सलाह से शासन करता है।

251. रविकीर्ति निम्नलिखित में से किस राजवंश के शासक के दरबारी कवि थे?
SSC CGL Tier-1 03.12.2022 (Shift-IV)
(a) पल्लव (b) चोल
(c) चालुक्य (d) चेर

उत्तर (c)
• रविकीर्ति **चालुक्य** वंश के शासक के दरबारी कवि थे।
• पुलकेशिन द्वितीय चालुक्य वंश के सबसे प्रसिद्ध शासक थे, जिन्होंने 610 से 642 ई. तक शासन किया था।
• ऐहोल अभिलेख की रचना रविकीर्ति ने की थी।
• ऐहोल अभिलेख में पुलकेशिन द्वितीय और उत्तर भारतीय सम्राट हर्षवर्द्धन के युद्ध का वर्णन मिलता है।

252. ऐहोल का दुर्गा मन्दिर, लगभग ………… वर्ष पूर्व बनाया गया था।
SSC CGL Tier-1 05.12.2022 (Shift-I)
(a) 2000 (b) 1700
(c) 1100 (d) 1400

उत्तर (d)
• प्राचीन दुर्गा मन्दिर 8वीं शताब्दी (लगभग 1400 वर्ष पूर्व) का प्रारम्भिक हिन्दू मन्दिर है।
• ऐहोल भारत के कर्नाटक राज्य के बागलकोट जिले में बादामी के निकट एक स्थल है, जो अपने प्राचीन मन्दिर समूहों के लिए विश्व प्रसिद्ध है।
• यह मन्दिर मूलरूप से सूर्य को समर्पित है। इस मन्दिर का निर्माण **चालुक्य वंश** के शासकों द्वारा करवाया गया था।

253. निम्नलिखित में से कौन उरैयार के चोलों के प्राचीन मुखिया परिवार से सम्बन्धित था, जिसने नौवीं सदी के मध्य में मुट्टरियार को हराकर कावेरी डेल्टा पर कब्जा जमाया?
SSC CGL Tier-1 06.12.2022 (Shift-I)
(a) विजयालय
(b) परान्तक प्रथम
(c) आदित्य प्रथम
(d) गण्डरादित्य

उत्तर (a)
• विजयालय उरैयार के चोलों के प्राचीन मुखिया परिवार से सम्बन्धित था, जिसने नौवीं सदी के मध्य में मुट्टरियार को हराकर कावेरी डेल्टा पर कब्जा जमाया।
• विजयालय को चोल साम्राज्य का संस्थापक माना जाता है, जिसका कार्यकाल 848 से 871 ई. तक था।
• **आदित्य प्रथम** विजयालय का उत्तराधिकारी था।
• उसने पल्लवों के प्रदेश पर कब्जा करके साम्राज्य का विस्तार किया।

254. पल्लवों के शिलालेखों में निम्नलिखित में से किसे व्यापारियों के संगठन के रूप में जाना जाता था?
SSC CGL 06.12.2022 (Shift-II)
(a) सभा (b) संगठन
(c) उर (d) नगरम

उत्तर (d)
• पल्लव काल में **नगरम्** व्यापारी के संगठन के रूप में जाना जाता था।
• पल्लव काल में ब्राह्मणों ने नीतियाँ बनाने में जैन और बौद्धों की जगह ले ली।
• नगरम् सभाएँ उपसमितियों के माध्यम से कार्य करती थीं, जो सिंचाई, कृषि कार्यों, सड़कों के निर्माण आदि की देखभाल करती थीं।

255. चोल अभिलेखों में भूमि की विभिन्न कोटियों का उल्लेख मिलता है, निम्नलिखित में से कौन-सी भूमि मन्दिर को उपहार में दी गई भूमि के रूप में जानी जाती थी?
SSC CGL Tier-1 06.12.2022 (Shift-II)
(a) देवदान (b) शालाभोग
(c) ब्रह्मदेय (d) पल्लिच्चन्दम

उत्तर (a)
• चोल अभिलेखों में **देवदान भूमि** मन्दिर को उपहार में दी गई भूमि के रूप में जानी जाती थी।
• जबकि **ब्रह्मदेय** ब्राह्मणों को उपहार में दी गई भूमि तथा **शालाभोग** किसी विद्यालय के रख-रखाव वाली भूमि को कहा जाता था।
• प्राचीन भारत में राजा सभी भूमि के स्वामी होते थे।
• चोल शिलालेख में भूमि की कई श्रेणियों का उल्लेख मिलता है। इनमें वेल्लनवगाई गैर-ब्राह्मण किसान स्वामियों की भूमि थी।

256. मणिमेखलई महाकाव्य निम्नलिखित में से किसकी कहानी का वर्णन करता है?
SSC CGL Tier-1 07.12.2022 (Shift-I)
(a) कोवलन और माधवी के बेटे
(b) कोवलन और माधवी की बेटी
(c) कोवलन की पूर्व पत्नी कन्नगी
(d) कोवलन की पत्नी माधवी

उत्तर (b)
• मणिमेखलई महाकाव्य **कोवलन और माधवी की बेटी** की कहानी का वर्णन है।
• मणिमेखलई, आधुनिक तमिल साहित्य के 5 महाकाव्यों में से एक है।
• **कुलबानिकन संथलाई सातार** ने छठी शताब्दी में तमिल-बौद्ध महाकाव्य मणिमेखलई की रचना की।

257. राजाराज प्रथम और राजेन्द्र प्रथम ………… वंश से सम्बन्धित थे।
SSC CGL Tier-1 07.12.2022 (Shift-II)
(a) चोल (b) पल्लव
(c) चालुक्य (d) पाण्ड्य

उत्तर (a)
• राजाराज प्रथम और राजेन्द्र प्रथम चोल वंश से सम्बन्धित थे।

• चोल वंश प्राचीन भारत का एक राजवंश था। दक्षिण भारत और पास के अन्य देशों में चोल वंश के शासकों ने शासन किया।
• इस वंश के शासकों का शासनकाल 9वीं शताब्दी से लेकर 13वीं शताब्दी के मध्य था।
• इन शासकों ने दक्षिण भारत में **शक्तिशाली हिन्दू** साम्राज्य का निर्माण किया।

258. तंजावुर किस राजवंश की राजधानी थी?
SSC CGL Tier-1 07.12.2022 (Shift-II)
(a) पाल (b) चोल
(c) परमार (d) वाकाटक

उत्तर (b)
• **तंजावुर** चोल राजवंश की राजधानी थी।
• चोल वंश ने 400 वर्ष से भी अधिक समय तक तमिलनाडु पर शासन किया था।
• चोल साम्राज्य के राजाओं ने चोल मन्दिर का निर्माण करवाया।
• 11वीं और 12वीं सदी में तीन महान मन्दिर-तंजौर का बृहदेश्वर मन्दिर, गंगैकोण्डचोलेश्वरम का बृहदेश्वर मन्दिर और दारासुरम का एरावतेश्वर मन्दिर शामिल हैं।
• तंजौर तमिलनाडु के कावेरी डेल्टा में स्थित है, इसके बाद इसका नाम तंजावुर पड़ा।

259. निम्नलिखित में से किस चोल शासक ने 'निशुम्भसूदिनी देवी' का एक मन्दिर बनवाया था? SSC CGL Tier-1 07.12.2022 (Shift-III)
(a) राजेन्द्र द्वितीय (b) आदित्य प्रथम
(c) विजयालय (d) राजाराज प्रथम

उत्तर (c)
• चोल शासक विजालय ने 'निशुम्भसूदिनी देवी' का एक मन्दिर बनवाया था।
• **विजयालय** ने 9वीं शताब्दी के मध्य लगभग 850 ई. में चोल शक्ति का पुनरुत्थान किया तथा नरकेसरी की उपाधि धारण की।
• विजयालय को चोल राजवंश का द्वितीय संस्थापक भी माना जाता है।

260. निम्नलिखित में से कौन-सा क्षेत्र चालुक्यों की राजधानी था? SSC CGL Tier-1 07.12.2022 (Shift-IV)
(a) कोलार (b) काँचीपुरम
(c) ऐहोल (d) रायचूर

उत्तर (c)
• चालुक्य वंश प्राचीन भारत का एक प्रसिद्ध राजवंश था, जिनकी राजधानी ऐहोल थी।
• भारत के कर्नाटक राज्य में ऐहोल को भारतीय **वास्तुकला का उद्गम** कहा जाता है।
• यह चालुक्यों की पहली राजधानी थी, जहाँ उन्होंने छठी शताब्दी ई. पूर्व के कई मन्दिरों का निर्माण किया था।
• बाद में 543 ई. में पुलकेशिन द्वारा राजधानी को वातापी हस्तान्तरित कर दिया।

261. निम्नलिखित में से कौन-सा नगर चोल वंश के शासन के दौरान मन्दिर नगर के रूप में विकसित हुआ? SSC CGL Tier-1 08.12.2022 (Shift-III)
(a) अहमदनगर (b) अजमेर
(c) अहमदाबाद (d) भिल्लस्वामिन

उत्तर (d)
• **भिल्लस्वामिन** नगर चोल वंश के शासन के दौरान मन्दिर नगर के रूप में विकसित हुआ।
• दक्षिण भारत में और निकट के अन्य देशों में तमिल चोल शासकों ने 9वीं शताब्दी से 13वीं शताब्दी के बीच एक अत्यन्त शक्तिशाली हिन्दू साम्राज्य का निर्माण किया।
• इस वंश का संस्थापक **विजयालय** था। उसकी राजधानी तंजावुर (तंजौर) थी।

262. शासक विजयपाल के उत्तराधिकारियों द्वारा दक्षिण और उत्तर में निम्नलिखित में से किससे सम्बन्धित क्षेत्रों को चोल राज्य का हिस्सा बना लिया गया? SSC CGL Tier-1 09.12.2022 (Shift-II)
(a) पाण्ड्यन और पल्लव
(b) वाकाटक और सातवाहन
(c) पल्लव और चेर
(d) राष्ट्रकूट और चेर

उत्तर (a)
• **चोल साम्राज्य** दक्षिण भारत के सबसे महान राजवंशो में से एक थी।
• दक्षिण भारत में और पास के अन्य देशों में तमिल चोल शासकों ने 9वीं शताब्दी से 13वीं शताब्दी के बीच एक अत्यन्त शक्तिशाली हिन्दू साम्राज्य का निर्माण किया।
• विजयालय का पुत्र और उत्तराधिकारी **आदित्य चोल-I** ने बाद में एक विस्तृत साम्राज्य का निर्माण किया।

263. निम्नलिखित में से किसने अपने परम्परागत पेशे को छोड़कर शस्त्र को अपना लिया और कर्नाटक में अपना राज्य सफलतापूर्वक स्थापित किया? SSC CGL Tier-1 13.12.2022 (Shift-I)
(a) वासुदेव कण्व (b) पुष्यमित्र शुंग
(c) कदम्ब मयूरशर्मन (d) गुर्जर-प्रतिहार हरिचन्द्र

उत्तर (c)
• **कदम्ब राजवंश के संस्थापक** मयूरशर्मन ने चौथी शताब्दी के मध्य (लगभग 345 ई.) में पल्लव राज्याधिकारी द्वारा अपमानित होने पर कर्नाटक में अपना छोटा-सा राज्य सफलतापूर्वक स्थापित किया। इस राज्य की राजधानी **वैजयंती** या **बनवासी** थी।

264. निम्नलिखित में से कौन-सा कथन संगम साहित्य के सन्दर्भ में सही है?
SSC CGL Tier-1 13.12.2022 (Shift-I)
I. इन ग्रन्थों को कवियों के सम्मेलनों में रचा और संकलित किया जाता था।
II. संगम साहित्य को मदुरै शहर में आयोजित किए गए कवियों के सम्मेलनों में संकलित किया गया था।

कूट
(a) केवल I (b) केवल II
(c) I और II दोनों (d) न ही I और न ही II

उत्तर (c)
• संगम साहित्य के सन्दर्भ में कथन I और II दोनों सही हैं। संगम साहित्य को मदुरै शहर में आयोजित किए गए कवियों के सम्मेलनों में संकलित किया गया था।
• संगम वास्तव में तमिल कवियों का संघ या मण्डल था।
• इन संघ या परिषदों का आयोजन पाण्ड्य शासकों के संरक्षण में किया जाता था।
• संगम काल में 473 कवियों द्वारा 2289 रचनाएँ की गई थीं।
• संगम काल की प्रसिद्ध रचना तमिल व्याकरण तोलकापियम् है, जिसकी रचना तोलकाप्पियर ने की थी।
• **शिलप्पादिकारम** तथा **मणिमेखलई** नामक दो महाकाव्यों की रचना संगम काल में ही हुई थी।

265. पुहार या कावेरीपट्टिनम, निम्नलिखित में से किस राजवंश का पत्तन था?
SSC CGL Tier-1 13.12.2022 (Shift-III)
(a) पाण्ड्य (b) चोल
(c) चेर (d) वाकाटक

उत्तर (b)
• चोल राजा करिकाल ने पुहार की स्थापना की थी और कावेरी नदी के किनारे 160 किमी के तटबन्ध का निर्माण किया।
• पुहार कावेरीपट्टिनम् के समान पतन था। यह व्यापार और वाणिज्य का केन्द्र था।
• पुहार का बन्दरगाह शहर विदेशी व्यापार का एक भण्डार बन गया, क्योंकि बड़े जहाज कीमती समान के साथ इस बन्दरगाह में प्रवेश करते थे।

266. पुष्यभूति, जिन्होंने थानेश्वर से शासन किया था, ... राजवंश के संस्थापक थे।
SSC CGL Tier-1 17.08.2021 (Shift-I)
(a) चालुक्य (b) पाण्ड्य
(c) चेर (d) वर्द्धन

उत्तर (d)
• पुष्यभूति, जिन्होंने **थानेश्वर** से शासन किया था, वर्द्धन राजवंश के संस्थापक थे।
• **वर्द्धन** वंश का प्रसिद्ध शासक हर्षवर्द्धन था, जिसने शशांक को पराजित कर कन्नौज पर अधिकार किया तथा उसे अपनी राजधानी बनाया।
• चीनी यात्री **ह्वेनसाँग** हर्षवर्द्धन के शासनकाल में ही भारत आया।

SSC CPO 2024 & 2023

267. निम्नलिखित में से कौन-सा शहर पाण्ड्य साम्राज्य का बन्दरगाह था?
SSC CPO 27.07.2024 (Shift-I)
(a) विरुधुनगर (b) तेन्कासी
(c) कोरकाई (d) डिंडिगुल

उत्तर (c)
• **कोरकाई** पाण्ड्य साम्राज्य का एक महत्त्वपूर्ण बन्दरगाह शहर था। यह तमिलनाडु के वर्तमान तूतीकोरिन जिले में स्थित था।
• कोरकाई प्राचीनकाल से ही एक महत्त्वपूर्ण व्यापारिक केन्द्र रहा है और यह रोमन साम्राज्य, मिस्र और चीन सहित कई देशों के साथ व्यापार करता था।
• यह शहर मोती, मसालों और कपड़े के निर्यात के लिए जाना जाता था।

268. राष्ट्रकूट वंश के कृष्ण तृतीय ने चोल शासक परांतक प्रथम को पराजित करने के बाद दक्षिण भारत के किस शहर में एक विजय स्तम्भ और एक मन्दिर की स्थापना की?

SSC CPO 28.06.2024 (Shift-II)

(a) उदैयालुर (b) पूम्पुहार
(c) रामेश्वरम (d) तक्कोलम

उत्तर (c)

- राष्ट्रकूट वंश के कृष्ण तृतीय ने चोल शासक परांतक प्रथम को पराजित करने के बाद दक्षिण भारत में **रामेश्वरम्** शहर में एक विजय स्तम्भ और एक मन्दिर की स्थापना की थी।
- दन्तिदुर्ग, राष्ट्रकूट साम्राज्य का संस्थापक था, इसकी राजधानी मान्यखेत थी।
- कृष्ण तृतीय ने **काँचीयुमतंजैयाकेण्ड** और **दक्षिणापथ का ईश्वर** की उपाधि ली थी।
- इसने 949 ई. में **तक्कोलम के युद्ध** में चोलों को पराजित किया था।

269. पुलकेशिन II, निम्नलिखित में से किस राजवंश से सम्बन्धित था? **SSC CPO 29.06.2024 (Shift-III)**

(a) चालुक्य (b) पाण्ड्य
(c) राष्ट्रकूट (d) चेर

उत्तर (a)

- पुलकेशिन द्वितीय चालुक्य राजवंश से सम्बन्धित थे।
- वह 620 ईसवी में 642 ईसवी तक वातापी (आधुनिक बदामी, कर्नाटक) के सम्राट थे।
- उन्हें चालुक्य वंश के सबसे महान शासकों में से एक माना जाता है। उन्होंने 642 ईसवी में अश्वमेध यज्ञ का आयोजन किया, जो एक शक्तिशाली और प्रतिष्ठित हिन्दू अनुष्ठान था।

270. ध्रुवसेन द्वितीय निम्नलिखित में से किस शासक राजवंश से सम्बन्धित है?

SSC CPO 03.10.2023 (Shift-I)

(a) वाकाटक (b) पुष्यभूति
(c) मौखरि (d) मैत्रक

उत्तर (d)

- ध्रुवसेन द्वितीय **मैत्रक वंश** के शासक थे।
- **मैत्रक** राजवंश की स्थापना भर्थक ने की थी। इस वंश की राजधानी वल्लभी थी। ध्रुवसेन द्वितीय ने 627-641 ई. तक शासन किया था।
- गुप्त साम्राज्य के पतन के बाद, मैत्रक राजवंश की स्थापना सेनापति भट्टार्क ने की थी।
- ध्रुवसेन प्रथम के शासनकाल के दौरान वल्लभ में जैन परिषद् का आयोजन किया गया था।

271. यूरोपीय लोगों ने केवल व्यापार की मानसिकता के साथ भारत में प्रवेश किया। इसकी शुरुआत निम्नलिखित में से किस यूरोपीय राष्ट्र द्वारा की गई थी? **SSC CPO 04.10.2023 (Shift-II)**

(a) फ्रांसीसी (b) पुर्तगाली
(c) ब्रंडच (d) ब्रिटिश

उत्तर (b)

- यूरोपीय लोगों ने केवल व्यापार की मानसिकता के साथ भारत में प्रवेश किया। इसकी शुरुआत पुर्तगालियों ने की थी।
- भारत में यूरोपीयों के आगमन का क्रम पुर्तगाली, डच, अंग्रेज, डेनिश एवं फ्रांसीसी है।
- 1498 ई. में **वास्कोडिगामा** के नेतृत्व में पुर्तगाली मुख्य रूप से व्यापार मार्ग स्थापित करने व मसाले, वस्त्र और अन्य मूल्यवान सामान प्राप्त करने के लिए भारत आए। इसने यूरोपीय अन्वेषण युग की शुरुआत को चिह्नित किया।

SSC CHSL 2024 (Tier 1)

272. बादामी (या वातापी) चालुक्य मूल रूप से किस शक्ति के अधीन थे?

SSC CHSL Tier-1 01.07.2024 (Shift-II)

(a) पल्लव (b) होयसल
(c) पाण्ड्य (d) कदम्ब

उत्तर (d)

- बादामी (या वातापी) के चालुक्य मूल रूप से कदम्ब शक्ति के अधीन थे।
- चालुक्यों ने छठी शताब्दी से बारहवीं शताब्दी के बीच दक्षिणी व मध्य भारत के कुछ हिस्सों पर शासन किया।
- तीन अलग-अलग चालुक्य वंश इतिहास में मिलते हैं।
  (i) बादामी चालुक्य, राजधानी—बादामी
  (ii) पूर्वी चालुक्य, राजधानी—वेंगी
  (iii) पश्चिमी चालुक्य, राजधानी—कल्याणी
- पुलकेशिन द्वितीय के शासनकाल के दौरान चालुक्य वंश अपने चरम पर था।

273. चोल साम्राज्य के दौरान ब्राह्मणों को दी गई भूमि के लिए निम्नलिखित में से किस शब्द का उपयोग किया जाता था?

SSC CHSL Tier-1 1.07.2024 (Shift-III)

(a) तिरुनमटुकन्नी
(b) वेल्लनवगाइ
(c) ब्रह्मदेय
(d) शालाभोग

उत्तर (c)

- ब्रह्मदेय शब्द का प्रयोग चोल साम्राज्य के ब्राह्मणों को दी गई भूमि के लिए किया जाता था।
- ब्रह्मदेय का उद्देश्य ब्राह्मणों को सम्मानित करना, धार्मिक गतिविधियों को बढ़ावा देना और विद्या तथा संस्कृति को संरक्षित करना था।
- इस प्रकार की भूमि **कर मुक्त** होती थी।

274. महाबलीपुरम मन्दिर का निर्माण निम्नलिखित में से किस राजवंश के शासनकाल में हुआ था?

SSC CHSL Tier-1 01.07.2024

(a) पल्लव (b) राष्ट्रकूट
(c) चोल (d) प्रतिहार

उत्तर (a)

- महाबलीपुरम मन्दिर का निर्माण **पल्लव राजवंश** के शासनकाल में हुआ था।
- पल्लवकालीन स्थापत्य शैलियों को क्रमशः महेन्द्र शैली (610-640 ई.), मामल्ल शैली (640-674 ई.) और राजसिंह वर्मन शैली (674-800 ई.) में विभाजित किया गया है।
- महाबलिपुरम के मन्दिरों का निर्माण नरसिंह वर्मन प्रथम और उनके उत्तराधिकारियों ने करवाया था।

275. महान राष्ट्रकूट राजा 'कृष्ण प्रथम' द्वारा शैव के भव्य मन्दिर का निर्माण दक्षिण शैली में कराया किस स्थान पर करवाया गया था?

SSC CHSL Tier-1 02.07.2024 (Shift-III)

(a) बादामी (b) काँची (c) एलोरा (d) कन्नौज

उत्तर (c)

- महान राष्ट्रकूट राजा 'कृष्ण प्रथम' द्वारा **एलोरा** में शैव के भव्य मन्दिर का निर्माण द्रविड़ शैली में कराया गया था।
- इसका निर्माण **600 ई. से 1000 ई.** के बीच हुआ था। इसका नाम हिमालय की कैलाश पर्वतमाला के नाम पर रखा गया है।
- 90 फुट ऊँचे इस मन्दिर की सबसे बड़ी विशेषता है यह कि इसे **ऊपर से नीचे की तरफ** तराशा गया है।

276. तन्जौर का बृहदेश्वर मन्दिर निम्नलिखित में से किस चोल सम्राट द्वारा बनवाया गया था?

SSC CHSL Tier-1 04.07.2024 (Shift-II)

(a) राजेन्द्र प्रथम (b) राजाराज चोल
(c) विजयालय (d) चामुण्डा राय

उत्तर (b)

- तन्जौर का बृहदेश्वर मन्दिर चोल सम्राट **राजाराज** चोल द्वारा बनवाया गया था।
- यह तमिलनाडु में स्थित एक हिन्दू मन्दिर है, जिसका निर्माण 11वीं सदी के आरम्भ में किया गया था।
- यह मन्दिर पूरी तरह से ग्रेनाइट से निर्मित है, जो विश्व में अपनी तरह का एकमात्र मन्दिर है।
- इसे **पेरु वुटैयार कोविल** भी कहा जाता है।

277. महाराष्ट्र में औरंगाबाद के पास एलोरा में कैलाश मन्दिर .... राज-वंश के राजा द्वारा बनवाया गया था।

SSC CHSL Tier-1 04.07.2024 (Shift-IV)

(a) गुर्जर-प्रतिहार (b) चन्देल
(c) प्रतिहार (d) राष्ट्रकूट

उत्तर (d)

- महाराष्ट्र में औरंगाबाद के पास एलोरा में कैलाश मन्दिर **राष्ट्रकूट राजवंश** के शासकों द्वारा बनवाया गया था।

278. निम्नलिखित में से किस चोल सम्राट ने वेल्लोर की लड़ाई में पाण्ड्य राजा मारवर्मन राजसिम्हा द्वितीय को हराया था?

SSC CHSL Tier-1 5.07.2024 (Shift-IV)

(a) परान्तक प्रथम (b) विजयालय
(c) राजेन्द्र प्रथम (d) राजाराज प्रथम

उत्तर (a)

- **परान्तक प्रथम** चोल सम्राट ने वेल्लोर की लड़ाई में पाण्ड्य राजा मारवर्मन राजसिम्हा द्वितीय को हराया था।
- परान्तक प्रथम 907 ई. में राजा बन गया था, इनके पिता का नाम **आदित्य प्रथम** था।
- राष्ट्रकूट शासक बालकृष्ण द्वितीय ने चोल देश पर आक्रमण किया, जबकि चोलों की ओर से राजा परान्तक प्रथम ने 911 ई. में वल्लाल के युद्ध में **राष्ट्रकूटों** को पराजित किया।

279. उस चोल अभिलेख का नाम बताइए, जिसमें चोल साम्राज्य में स्थानीय प्रशासन में सभा के आयोजन के तरीके का विवरण दिया गया था।
SSC CHSL Tier-1 8.07.2024 (Shift-III)

(a) थिरुनंथिकराई अभिलेख
(b) दर्शनम कोम्पू अभिलेख
(c) थिरुवलंगडु अभिलेख
(d) उत्तिरमेरुर अभिलेख

उत्तर (d)

- **उत्तरमेरुर/उत्तिरमेरुर अभिलेख** में चोल साम्राज्य में स्थानीय प्रशासन में सभा के आयोजन के तरीके का विवरण दिया गया है।
- उत्तरमेरुर अभिलेख काँचीपुरम तमिलनाडु में स्थित है।
- इस अभिलेख को चोल राजा परान्तक प्रथम के शासनकाल में बनाया गया था।
- इस अभिलेख में वर्णित स्थानीय प्रशासन राजा के प्रत्यक्ष अधिकार से बाहर था।

280. पल्लव वंश के संस्थापक कौन थे?
SSC CHSL Tier-1 09.07.2024 (Shift-I)

(a) सिंहराज
(b) सिंहविष्णु
(c) बालासिम्हा
(d) उपरोक्त में से कोई नहीं

उत्तर (b)

- पल्लव वंश के संस्थापक **सिंहविष्णु** थे।
- पल्लव वंश दक्षिण भारत का एक राजवंश था। इसने चौथी शताब्दी से लेकर 9वीं शताब्दी के उत्तरार्द्ध तक शासन किया।
- महेन्द्रवर्मन का पुत्र नरसिंहवर्मन प्रथम इस राजवंश का सर्वश्रेष्ठ सम्राट था।

SSC MTS 2024

281. श्रीलंका की पुरानी राजधानी अनुराधापुर को 10वीं शताब्दी ईस्वी में दक्षिण भारत के निम्नलिखित में से किस राजवंश द्वारा नष्ट कर दिया गया था?
SSC MTS Tier-1 13.11.2024 (Shift-III)

(a) राष्ट्रकूट (b) बादामी के चालुक्य
(c) चोल (d) वेंगी के चालुक्य

उत्तर (c)

- श्रीलंका की पुरानी राजधानी अनुराधापुर को 10वीं शताब्दी ईस्वी में दक्षिण भारत के चोल राजवंश द्वारा नष्ट कर दिया गया था।
- अनुराधापुर श्रीलंका का प्रमुख नगर है। यह श्रीलंका के उत्तर-केन्द्रीय प्रान्त की राजधानी तथा मुख्यालय है।
- यह नगर कई शताब्दियों तक बौद्ध धर्म के थेरावाद सम्प्रदाय का केन्द्र था। यह नगर अब यूनेस्को की विश्व विरासत स्थल है। यह श्रीलंका की आठ विश्व विरासतों में से एक है।

282. कृष्ण प्रथम द्वारा निर्मित शैलकृत (रॉक-कट) शिव मन्दिर निम्नलिखित में से किस स्थान पर है?
SSC MTS Tier-1 22.10.2024 (Shift-II)

(a) एलोरा (b) महाबलीपुरम
(c) मान्यखेत (d) कन्नौज

उत्तर (a)

- राष्ट्रकूट शासक कृष्ण देवराय प्रथम द्वारा निर्मित शैलकृत (रॉक-कट) शिव मन्दिर एलोरा (महाराष्ट्र) में स्थित है।
- इसका निर्माण 600 ई. से 1000 ई. के दौरान किया गया।

283. राष्ट्रकूट राजा दन्तिदुर्ग द्वारा परास्त अन्तिम चालुक्य शासक ...... था।
SSC MTS Tier-1 15.10.2024 (Shift-I)

(a) विक्रमादित्य प्रथम (b) पुलकेशिन द्वितीय
(c) विक्रमादित्य द्वितीय (d) कीर्तिवर्मन द्वितीय

उत्तर (d)

- राष्ट्रकूट राजा दन्तिदुर्ग द्वारा परास्त अन्तिम चालुक्य शासक कीर्तिवर्मन द्वितीय था।
- राष्ट्रकूट, वातापी के चालुक्यों के सामन्त थे। दन्तिदुर्ग ने 752 ई. पू. मान्यखेत में स्वतन्त्र राष्ट्रकूट राज्य की स्थापना की।
- दन्तिदुर्ग को **पृथ्वी वल्लभ** की उपाधि चालुक्य शासक विक्रमादित्य द्वितीय, अरबों के विरुद्ध सहायता करने के कारण दी।
- दन्तिदुर्ग ने **एलोरा ने दशावतार मन्दिर** का निर्माण करवाया।

SSC MTS 2022

284. इनमें से किस चोल शासक ने तंजावुर में बृहदेश्वर मन्दिर का निर्माण कराया था?
SSC MTS 12.07.2022 (Shift-I)

(a) राजेन्द्र प्रथम (b) राजाराज प्रथम
(c) विजयालय (d) राजेन्द्र तृतीय

उत्तर (b)

- बृहदेश्वर एक शैव हिन्दू मन्दिर है, जिसका निर्माण राजाराज प्रथम ने करवाया था। यह चोल स्थापत्य शैली में बना हुआ है।
- बृहदेश्वर मन्दिर **यूनेस्को का विश्व धरोहर** स्थल है और इसे महान जीवित चोल मन्दिर के रूप में नामित किया गया है।
- इसे दक्षिण मेरु भी कहा जाता है।
- राजराजा प्रथम (985-1014 ई.) प्रसिद्ध चोल शासक परान्तक द्वितीय का उत्तराधिकारी था।
- इसने मुम्माडीचोलदेव, चोलमार्तण्ड जयनगोण्ड, रविकुल माणिक्य जैसी भारी भरकम उपाधियाँ धारण कीं।

SSC Steno 2024

285. मोढेरा में सूर्य मन्दिर निम्नलिखित में से किस शासक द्वारा बनवाया गया था?
SSC Steno Tier-1 10.12.2024 (Shift-III)

(a) आदित्य प्रथम (b) गोविन्द द्वितीय
(c) राजा भीमदेव प्रथम (d) कृष्णदेव राय

उत्तर (c)

- मोढेरा में सूर्य मन्दिर राजा भीमदेव प्रथम द्वारा बनवाया गया था।
- भीमदेव प्रथम ने इस मन्दिर को 1026 ई. में बनवाया, यह सोलंकी वंश का शासक था।
- वर्तमान में यह मन्दिर भारतीय पुरातत्व विभाग के संरक्षण में है और इस मन्दिर में पूजा करना निषिद्ध है।
- यह मन्दिर पुष्पावती नदी के किनारे है।

286. निम्न में से किस कवि ने उत्तरवर्ती चालुक्य शासक विक्रमादित्य VI की जीवनी लिखी?
SSC Steno 12.11.2021

(a) सन्ध्याकर नन्दी (b) बल्लाल
(c) वाक्पति (d) बिल्हण

उत्तर (d)

- बिल्हण कल्याणी के चालुक्य वंशीय शासक विक्रमादित्य VI (1070-1126) की राजसभा में एक कश्मीरी राजकवि और विद्वान थे। उनकी सुप्रसिद्ध रचना **विक्रमांकदेवचरित** है, जो विक्रमादित्य VI की जीवनी है।
- विक्रमादित्य IV पश्चिमी चालुक्य राजाओं में सबसे महान थे और राजवंश में उनका शासन सबसे लम्बा रहा।

SSC GD 2024 & 2023

287. प्राचीन भारत के दौरान तमिल क्षेत्र में साधारण हलवाहों को .... के नाम से जाना जाता था।
SSC GD 21.02.2024 (Shift-III)

(a) उझावर (b) आदिमाई
(c) वेल्लालर (d) कदेसियार

उत्तर (a)

- प्राचीन भारत में साधारण हलवाहों को **उझावर** कहा जाता था।
- इसके अतिरिक्त बड़े जमींदारों को वेल्लालर तथा दासों सहित भूमिहीन मजदूरों को कदैसियार और आदिमई के नाम से जाना जाता था। उझावर खाद्यान्न निर्माता थे, इसलिए समाज में इन्हें सम्मानजनक स्थान प्राप्त था।

288. दक्षिण भारत में ....।
SSC GD 23.02.2024 (Shift-IV)

(a) कायस्थ (b) सामन्त
(c) नगरम (d) उर

उत्तर (d)

- **दक्षिण भारत में** 'उर' एक ग्राम सभा थी, जो उन क्षेत्रों में पाई जाती थी, जहाँ जमींदार ब्राह्मण नहीं थे। 'उर' की कार्यकारिणी समिति को 'उलुंगनाट्टार' कहा जाता था। प्राय: सभी बैठकें मन्दिर के अहाते में होती थीं तथा ढोल बजाकर लोगों को एकत्रित किया जाता था।
- उर की कार्यकारिणी परिषद् (आडुगणम्) का चुनाव लोग अपने समूह में से करते थे।
- उत्तरमेरूर से प्राप्त अभिलेख में ग्रामसभा के कार्यों का विस्तृत वर्णन मिलता है।

289. सातवाहन .... भारत में एक शक्तिशाली राजवंश था।
SSC GD 13.02.2023 (Shift-IV)

(a) पूर्वी (b) पश्चिम
(c) उत्तरी (d) दक्षिण

उत्तर (b)

- सातवाहन **पश्चिम भारत** का एक शक्तिशाली राजवंश था।
- सातवाहन वंश का शासन क्षेत्र मुख्यत: महाराष्ट्र, आन्ध्र प्रदेश और कर्नाटक था।
- इस वंश की स्थापना **सिमुक** ने की थी तथा इसकी राजधानी महाराष्ट्र के प्रतिष्ठान/पैठन में थी।

03

मध्यकालीन इतिहास

भारत में मुस्लिम आक्रमण तथा सल्तनत काल

भारत में मुस्लिम आक्रमण

- भारत पर अरबों का प्रथम आक्रमण 712 ई. में **मुहम्मद बिन कासिम** के नेतृत्व में हुआ था।
- उस समय सिन्ध पर **दाहिर** का शासन था।

महमूद गजनवी

- महमूद गजनवी 998 ई. में गजनी की गद्दी पर बैठा। उसने 1000-1027 ई. के बीच भारत पर 17 बार आक्रमण किया।
- उसका पहला आक्रमण हिन्दू शाही वंश के शासक **जयपाल** के विरुद्ध था।
- 1025 ई. में महमूद गजनवी ने **सोमनाथ मन्दिर** (सौराष्ट्र) पर आक्रमण किया तथा लूटपाट की।
- महमूद गजनवी का अन्तिम आक्रमण सिन्ध और मुल्तान के तटवर्ती क्षेत्रों के जाटों के विरुद्ध था।
- **अलबरुनी, फिरदौसी, उत्बी** तथा **फारुखी** जैसे विद्वान् महमूद गजनवी के दरबार में रहते थे, जो गजनवी के साथ भारत आए थे।
- बगदाद के खलीफा अल-आदिर बिल्लाह ने महमूद गजवी को 'यमीर-उद-दौला' और आमीन-उल- मिल्लाह की उपाधि दी थी।

मुहम्मद गोरी

- मुहम्मद गोरी ने भारत पर पहला आक्रमण 1175 ई. में मुल्तान पर किया।
- चालुक्य शासक भीम II ने 1178 ई. में मुहम्मद गोरी को परास्त किया था।
- मुहम्मद गोरी को भारत में तुर्क सत्ता का संस्थापक माना जाता है।
- **चन्दावर के युद्ध** (1194 ई.) में मुहम्मद गोरी ने कन्नौज के शासक जयचन्द को हराया।
- 1206 ई. में खोखरों ने दमयक नामक स्थान पर मुहम्मद गोरी की हत्या कर दी।
- मुहम्मद गोरी के कुछ सिक्कों पर एक ओर कलमा और दूसरी ओर लक्ष्मी की आकृति खुदी थी।

दिल्ली सल्तनत

गुलाम वंश (1206-1290 ई.)

कुतुबुद्दीन ऐबक

- जून, 1206 में मुहम्मद गोरी का गुलाम कुतुबुद्दीन ऐबक सुल्तान बना।
- राजधानी – **लाहौर**
- उपाधि – **कुरान खाँ** व **लाखबख्श**
- उसने 'ख्वाजा कुतुबुद्दीन बख्तियार काकी' की स्मृति में कुतुबमीनार की नींव रखी थी।
- उसने दिल्ली में कुव्वत-उल-इस्लाम मस्जिद तथा अजमेर में अढ़ाई दिन का झोपड़ा बनवाया।
- मृत्यु – 1210 ई. (चौगान खेलते समय घोड़े से गिरकर)। उसे लाहौर में दफनाया गया।
- ऐबक का उत्तराधिकारी **आरामशाह** था।

इल्तुतमिश

- इल्तुतमिश 1211 ई. में आरामशाह की हत्या कर **दिल्ली की गद्दी** पर बैठा।
- सुल्तान बनने से पूर्व वह **बदायूँ** का गवर्नर था। वह पहला शासक था, जिसने 1229 ई. में बगदाद के खलीफा से वैधानिक स्वीकृति प्राप्त की।
- इनके महत्त्वपूर्ण कार्य निम्न हैं
  - **तुर्कान-ए-चहलगानी** का गठन
  - 1231-32 ई. **कुतुबमीनार** का निर्माण कार्य पूर्ण
  - चाँदी के **टंका** तथा ताँबे के **जीतल** नामक सिक्कों का प्रचलन
  - इक्ता व्यवस्था की शुरुआत

रजिया सुल्तान

- इल्तुतमिश की पुत्री रजिया ने **रुकनुद्दीन फिरोज** को अपदस्थ कर 1236 ई. में गद्दी प्राप्त की थी।
- वह दिल्ली सल्तनत की प्रथम तथा अन्तिम महिला शासिका थी।
- रजिया ने **बठिण्डा के सूबेदार अल्तूनिया** से विवाह किया तथा उसकी हत्या 1240 ई. में कैथल (हरियाणा) में हुई।
- रजिया के बाद बहरामशाह, अलाउद्दीन मसूदशाह तथा नसीरुद्दीन महमूद ने शासन किया, परन्तु वे अयोग्य थे, जिसका लाभ उठाकर **बलबन** ने सत्ता पर अधिकार कर लिया।

बलबन

- बलबन 1266 ई. में गद्दी पर बैठा।
- उसने **नियाबत-ए-खुदाई** तथा **जिल्ले-इलाही** की उपाधि ग्रहण की।
- बलबन के काल में ही बंगाल में तुगरिल खाँ ने विद्रोह किया था, जिसका उसने बर्बरतापूर्ण दमन किया।
- इनके महत्त्वपूर्ण कार्य निम्न हैं
  - पारसी-नववर्ष नौरोज की शुरुआत
  - **लौह एवं रक्त** की नीति अपनाई
  - चालीसा दल को समाप्त किया
  - दरबार में **सिजदा** तथा **पाबोस** की शुरुआत
  - सैन्य विभाग (दीवान-ए-आरिज) का गठन
- 1287 ई. में बलबन की मृत्यु के पश्चात् मोइजुद्दीन कैकुबाद शासक बना। कैकुबाद के बाद उसका चार वर्षीय पुत्र **शम्सुद्दीन क्यूमर्स** शासक बना।
- 'शम्सुद्दीन क्यूमर्स', गुलाम वंश का अंतिम शासक था।

खिलजी वंश (1290-1320 ई.)

- संस्थापक – **जलालुद्दीन फिरोज खिलजी**
- उपाधि – शाइस्ता खाँ
- राजधानी – किलोखरी
- 1296 ई. में उसके भतीजे व दामाद अलाउद्दीन खिलजी ने उसकी हत्या कड़ा मानिकपुर (प्रयाग) में कर दी।

अलाउद्दीन खिलजी

- 1296 ई. में वह दिल्ली का **सुल्तान** बना।
- उपाधि – **सिकन्दर-ए-सानी** (सिकन्दर द्वितीय)
- मृत्यु – 1316 ई.
- उसने **मलिक काफूर** को दक्षिण भारत की विजय के लिए भेजा।

- इनके महत्त्वपूर्ण कार्य निम्न हैं
  - सेना को नकद वेतन एवं स्थायी सेना
  - घोड़ा दागने एवं सैनिकों का हुलिया रखने की प्रथा आरम्भ की
  - **बाजार नियन्त्रण प्रणाली** को दृढ़ता से लागू किया
  - जब्ती पद्धति (भूमि की पैमाइश) के आधार पर लगान का निर्धारण
  - **दीवान-ए-मुस्तखराज** विभाग की स्थापना
  - **प्रमुख निर्माण** जमैयतखाना मस्जिद, अलाई दरवाजा, सीरी का किला, हजार सितून महल
- अमीर खुसरो, अलाउद्दीन खिलजी का दरबारी कवि था। इसने **सितार** एवं **तबले** का आविष्कार किया।
- इन्होंने *खज़ाईन उल-फुतूह* (विजय का खजाना) की रचना की जिसमें अलाउद्दीन के कार्यों का वर्णन है।

मुबारक शाह खिलजी

- पहला सुल्तान जिसने स्वयं को **खलीफा** घोषित किया।
- उपाधि – खिलाफत उल-लह अल-इमाम
- वह खिलजी वंश का अंतिम शासक था।

तुगलक वंश (1320-1414 ई.)

- संस्थापक – **ग्यासुद्दीन तुगलक**
- 1320 ई. में **खुसरो खाँ** को पराजित कर ग्यासुद्दीन तुगलक दिल्ली के सिंहासन पर बैठा।
- सिंचाई हेतु नहर निर्माण कराने वाला वह दिल्ली सल्तनत का प्रथम शासक था।
- इसने दिल्ली में **तुगलकाबाद** नामक नया नगर स्थापित किया।
- सूफी सन्त निजामुद्दीन औलिया से इसके मतभेद थे।
- ग्यासुद्दीन तुगलक की मृत्यु 1325 ई. में बंगाल के अभियान से लौटते समय जौना खाँ द्वारा निर्मित **लकड़ी के महल** में दबने से हुई।

मुहम्मद-बिन-तुगलक

- ग्यासुद्दीन के बाद जौना खाँ **मुहम्मद-बिन- तुगलक** के नाम से दिल्ली के सिंहासन पर बैठा।
- उसे अपनी सनक भरी योजनाओं, क्रूर कृत्यों के कारण **स्वप्नशील**, **पागल** व **रक्तपिपासु** भी कहा गया।
- 1327 ई. में उसने अपनी राजधानी दिल्ली से **देवगिरि** स्थानान्तरित की और इसका नाम **दौलताबाद** रखा।
- इनके महत्त्वपूर्ण कार्य निम्न हैं
  - सांकेतिक मुद्रा का प्रचलन किया
  - **दीवान-ए-कोही** (कृषि विभाग) की स्थापना
- इसके काल में 1333 ई. में **इब्नबतूता** (मोरक्को यात्री) भारत आया।
- मृत्यु –1351 ई. (थट्टा के निकट गोंडाल में)

फिरोजशाह तुगलक

- वह 1351 ई. में दिल्ली का सुल्तान बना।
- उसने 24 कष्टदायक करों को समाप्त कर केवल चार कर–**खराज**, **खुम्स**, **जजिया** (ब्राह्मणों पर भी) एवं **जकात** वसूल करने का आदेश दिया।
- इनके महत्त्वपूर्ण कार्य निम्न हैं
  - हिसार, फिरोजाबाद, फतेहाबाद, जौनपुर, फिरोजपुर की स्थापना
  - दिल्ली में फिरोजशाह कोटला दुर्ग का निर्माण
  - बिजली गिरने से ध्वस्त कुतुबमीनार की पाँचवीं मंजिल का पुनर्निर्माण
- फिरोज ने फारसी भाषा में अपनी आत्मकथा ***फुतूहात-ए-फिरोजशाही*** की रचना की।
- इनके दरबारी कवि **बरनी** ने *तारीख-ए-फिरोजशाही* नामक पुस्तक लिखी।
- तुगलक वंश का अन्तिम शासक नासिरुद्दीन महमूद था।
- तैमूरलंग ने नासिरुद्दीन महमूद के समय 1398 ई. में दिल्ली पर आक्रमण किया।

सैयद वंश (1414-1451 ई.)

- संस्थापक – **खिज्र खाँ**
- खिज्र खाँ के पुत्र मुबारक खाँ ने **शाह** की उपाधि ग्रहण की।
- अन्तिम शासक – अलाउद्दीन आलमशाह
- **तारीख-ए-मुबारकशाही** (लेखक-याह्या बिन अहमद सरहिन्दी) में सैय्यद, वंश से सम्बन्धित जानकारी मिलती है।

लोदी वंश (1451-1526 ई.)

- संस्थापक – **बहलोल लोदी** (दिल्ली सल्तनत का प्रथम अफगान शासक)
- उसने 1451 ई. में **बहलोलशाह गाजी** की उपाधि से दिल्ली पर शासन आरम्भ किया।
- उसकी सबसे बड़ी सफलता थी, जौनपुर को पुनः दिल्ली में शामिल करना।

सिकन्दर लोदी

- 1504 में आगरा की स्थापना की तथा 1506 ई. में **आगरा** को अपनी राजधानी बनाया।
- इसने **गुलरुखी** उपनाम से फारसी में कविताएँ लिखीं।
- उसने भूमि की माप के लिए **गज-ए-सिकन्दरी** का प्रचलन करवाया।
- मृत्यु – 1517 ई.

इब्राहिम लोदी

- वह दिल्ली सल्तनत का अन्तिम शासक था।
- उपाधि – इब्राहिम शाह
- बाबर ने 1526 ई. में पानीपत के प्रथम युद्ध में इब्राहिम लोदी को हराकर मुगल सत्ता स्थापित की।
- युद्ध स्थल में वीरगति को प्राप्त होने वाला यह दिल्ली सल्तनत का एकमात्र सुल्तान था।

SSC एग्जाम स्कैनर

SSC CGL 2025, 2024 (Tier 1 & 2)

1. ख्वाजा मुइनुद्दीन चिश्ती की दरगाह पर जाने वाले पहले सुल्तान (दरगाह शरीफ के दर्ज इतिहास में) कौन थे? **SSC CGL Tier-2 20.01.2025**

(a) जलालुद्दीन खिलजी
(b) मुहम्मद बिन तुलगक
(c) बलबन
(d) अलाउद्दीन खिलजी

उत्तर (b)

- मुहम्मद बिन तुगलक पहले सुल्तान थे, जिन्होंने **ख्वाजा मुइनुद्दीन चिश्ती** की दरगाह पर श्रद्धांजलि अर्पित की।
- उनकी दरगाह पर जाने का निर्णय धार्मिक और सांस्कृतिक समावेशन के प्रतीक के रूप में देखा गया।
- मुहम्मद बिन तुगलक दिल्ली सल्तनत के अठारहवें सुल्तान थे, उनका शासन काल 1325 से 1351 ई. तक रहा।
- अन्य विकल्पों जैसे बलबन, अलाउद्दीन खिलजी और जलालुद्दीन खिलजी ने भी धार्मिक स्थलों पर यात्रा की, लेकिन दरगाह पर जाने वाले पहले सुल्तान मुहम्मद बिन तुगलक थे।

2. कृषि को बढ़ावा देने के लिए मुहम्मद तुग़लक ने निम्नलिखित में से कौन-से नए मन्त्रालय की स्थापना की थी? **SSC CGL Tier-1 26.09.2024 (Shift-I)**

(a) दीवान-ए-रिसालत
(b) दीवान-ए-अर्ज
(c) दीवान-ए अमीर-ए कोही
(d) दीवान-ए-इंशा

उत्तर (c)

- कृषि क्षेत्र को बढ़ावा देने के लिए मुहम्मद तुगलक ने **दीवान-ए-अमीर-ए कोही** नाम से नए विभाग की स्थापना की थी।
- इसके तहत किसानों को सहायता और ऋण प्रदान किया जाता था।
- इसका उद्देश्य दोआव में खेती की स्थिति में सुधार करना था।

3. दिल्ली के निम्नलिखित में से किस सुल्तान ने चाँदी का टंका और ताँबे का जीतल नामक दो सिक्के चलवाए? **SSC CGL Tier-1 25.09.2024 (Shift-II)**

(a) बहलोल लोदी
(b) इल्तुतमिश
(c) ग्यासुद्दीन बलबन
(d) कुतुबुद्दीन ऐबक

उत्तर (b)

- **इल्तुतमिश** दिल्ली सल्तनत के तीसरे शासक थे एवं उसने चाँदी का टंका और ताँबे का जीतल नामक सिक्के चलवाए तथा इनका सम्बन्ध मामलुक वंश से था।
- इन्होंने सिक्कों पर **टकसाल** का नाम लिखने की परम्परा शुरू की थी
- उसने भू-राजस्व की इक्ता प्रणाली को वेतन के आधार पर व्यवस्थित किया था।

4. ग्यासुद्दीन बलबन ने एक .... विभाग की स्थापना करवाई थी, जिसे 'दीवान-ए-अर्ज़' कहा जाता था।
SSC CGL Tier-1 29.09.2024 (Shift-I)

(a) सैन्य (b) शैक्षिक (c) कृषि (d) वाणिज्यिक

उत्तर (a)

- ग्यासुद्दीन बलबन ने एक **सैन्य विभाग** की स्थापना करवाई थी, जिसे 'दीवान-ए-अर्ज' कहा जाता था।
- बलबन दिल्ली सल्तनत के नौवें सुल्तान थे, वे एक इल्बारी तुर्क थे।
- बलबन ने 'बरीद' नामक गुप्तचरों की नियुक्ति की।
- बलबन का मकबरा महरौली, नई दिल्ली में स्थित है।

5. रजिया सुल्ताना सल्तनत की पहली और एकमात्र महिला शासक थीं, जो .... ई. में सिंहासन पर बैठीं।
SSC CGL Tier-1 12.09.2024 (Shift-I)

(a) 1241 (b) 1236
(c) 1242 (d) 1238

उत्तर (b)

- रजिया सुल्तान सल्तनत की पहली और एकमात्र महिला शासिका थीं, जो **1236** ईसवी में सिंहासन पर बैठी।
- रजिया सुल्तान, दिल्ली सल्तनत के शासक इल्तुतमिश की पुत्री थीं।
- रजिया सुल्तान ने 1236-1240 ई. तक दिल्ली पर शासन किया।
- रजिया सुल्तान ने **पर्दा प्रथा** का त्याग किया।

6. दिल्ली के निम्नलिखित में से किस सुल्तान ने मुख्य रूप से विस्तार के अतिरिक्त सुदृढ़ीकरण की नीति अपनाई?
SSC CGL Tier-1 23.0920.24 (Shift-II)

(a) इब्राहिम लोदी (b) अलाउद्दीन खिलजी
(c) बहलोल लोदी (d) बलबन

उत्तर (d)

- दिल्ली के सुल्तान **बलबन** ने मूल रूप से विस्तार की अपेक्षा सुदृढ़ीकरण की नीति अपनाई थी।
- बलबन को दिल्ली सल्तनत के उद्धारकर्ता के नाम से भी जाना जाता है।
- बलबन द्वारा 'सिजदा' और 'पाबोस' प्रथा की शुरुआत की गई थी।

7. निम्नलिखित में से किस युद्ध में गौर के मुहम्मद (Muhammad of Ghor) ने 1194 ई. में गहड़वाल वंश के जयचन्द्र को हराया था?
SSC CGL Tier-1 12.09.2024 (Shift-III)

(a) तराइन का द्वितीय युद्ध
(b) अन्हिलवाड़ा का युद्ध
(c) चन्दावर का युद्ध
(d) तराइन का प्रथम युद्ध

उत्तर (c)

- **चन्दावर के युद्ध** में गौर के मुहम्मद ने 1194 ई. में गहड़वाल वंश के जयचन्द को हराया था।
- चन्दावर युद्ध के बाद मुहम्मद गोरी का **उत्तरी भारत** के क्षेत्र पर अधिकार हो गया था।
- चन्दावर की वर्तमान भौगोलिक स्थिति युमना नदी के तट पर उत्तर प्रदेश में इटावा जिले में है।

8. चन्दबरदाई की प्रसिद्ध साहित्यिक कृति ...... में पृथ्वीराज चौहान की प्रेम कहानी और वीरतापूर्ण कार्यों का उल्लेख है।
SSC CGL Tier-1 12.09.2024 (Shift-II)

(a) हरकेली नाटक
(b) राजमार्तण्ड
(c) अभिधान चिन्तामणि
(d) पृथ्वीराज रासो

उत्तर (d)

- चन्दबरदाई की प्रसिद्ध साहित्यिक कृति पृथ्वीराज रासो में पृथ्वीराज चौहान की प्रेम कहानी और वीरतापूर्ण कार्यों का उल्लेख है।
- चन्दबरदाई की हिन्दी रचना **पृथ्वीराज रासो** की भाषा को 'पिंगल' भी कहते हैं, जो ब्रजभाषा का पर्याय है।
- पृथ्वीराज रासो को हिन्दी का **प्रथम महाकाव्य** माना जाता है।

9. निम्नलिखित में से किस विदेशी यात्री के अनुसार, दिल्ली के लोग सुल्तान को अपशब्दों भरे पत्र लिखते थे, जिसके कारण सुल्तान ने उन्हें दण्डित करने के लिए राजधानी को स्थानान्तरित करने का निर्णय लिया?
SSC CGL Tier-1 11.09.24 (Shift-III)

(a) इसामी
(b) इब्नबतूता
(c) अलबरुनी
(d) हसन निज़ामी

उत्तर (b)

- विदेशी यात्री **इब्नबतूता** के अनुसार, दिल्ली के लोग सुल्तान को अपशब्दों भरे पत्र लिखते थे, जिसके कारण सुल्तान ने उन्हें दण्डित करने के लिए राजधानी को स्थानान्तरित करने का निर्णय लिया।
- इब्नबतूता मोरक्को का विद्वान और लेखक था। इसने **रेहला** नामक प्रसिद्ध पुस्तक लिखी।
- यह मुहम्मद-बिन-तुगलक के शासन के दौरान 1333 ई. में भारत आया था।

10. निम्नलिखित में से कौन दिल्ली सल्तनत का अन्तिम सुल्तान था?
SSC CGL Tier-1 11.09.2024 (Shift-II)

(a) इब्राहिम लोदी (b) सिकन्दर लोदी
(c) फिरोजशाह तुगलक (d) मुहम्मद बिन तुगलक

उत्तर (a)

- **इब्राहिम लोदी** सिकन्दर लोदी का बेटा व दिल्ली का अन्तिम सुल्तान था।
- सिकन्दर लोदी ने 1504 ई. में आगरा की स्थापना की थी।
- दिल्ली सल्तनत का अन्तिम राजवंश लोदी वंश था।
- लोदी वंश की स्थापना बहलोल खान लोदी ने की थी।

11. निम्नलिखित पुस्तकों का उनसे सम्बन्धित लेखकों के साथ मिलान कीजिए।
SSC CGL Tier-1 11.09.2024 (Shift-I)

सूची I (पुस्तक)	सूची II (लेखक)
A. ताजुल मआसिर	1. याह्या बिन अहमद सिरहिन्दी
B. खज़ैन-उल फुतुह	2. हसन निज़ामी
C. तारीख-ए-फ़िरोज़शाही	3. जियाउद्दीन बरनी
D. तारीख-ए-मुबारकशाही	4. अमीर खुसरो

कूट

	A	B	C	D		A	B	C	D
(a)	1	3	2	4	(b)	2	4	3	1
(c)	4	3	1	2	(d)	3	1	4	2

उत्तर (b)

- सही मिलान A-2, B-4, C-3, D-1 है।
- **ताजुल मआसिर** पुस्तक के लेखक हसन निजामी हैं। हसन निजामी कुतुबुद्दीन ऐबक के दरबारी कवि थे। इस पुस्तक में गुलाम वंश के प्रारम्भिक शासन का उल्लेख किया गया है।
- 'खजैन उल फुतुह' पुस्तक के लेखक **अमीर खुसरो** हैं। इस शब्द का तात्पर्य 'विजय का खजाना' होता है। इस पुस्तक में अलाउद्दीन खिलजी की दक्षिण विजय, उसके निर्माण कार्य, युद्ध एवं प्रशासनिक गतिविधियों का उल्लेख है।
- 'तारीख-ए-फिरोजशाही' के लेखक **जियाउद्दीन बरनी** हैं। इसमें बलबन वंश, खिलजी वंश एवं तुगलक वंश का उल्लेख किया गया है।
- 'तारीख-ए-मुबारकशाही' के लेखक **याह्या बिन अहमद सरहिन्दी** हैं। इस पुस्तक में दिल्ली के सैयद वंश का उल्लेख किया गया है।

12. बलबन द्वारा दिल्ली सल्तनत के निम्नलिखित में से किस विभाग का पुनर्गठन किया गया था?
SSC CGL Tier-1 10.09.2024 (Shift-III)

(a) दीवान-ए-इश्तियाक (b) दीवान-ए-मुस्तखराज
(c) दीवान-ए-अर्ज (d) दीवान-ए-रिसालत

उत्तर (c)

- दिल्ली सल्तनत में सर्वप्रथम बलबन (1266-1286 ई.) ने सैन्य विभाग से सम्बन्धित **दीवान-ए-अर्ज** की स्थापना की।
- इस विभाग का कार्य सैनिकों की भर्ती करना, सैनिकों तथा घोड़ों का निरीक्षण, सेना की सजावट व निरीक्षण तथा वेतन का वितरण करना था।
- इस विभाग का प्रमुख **अर्ज-ए-मुमालिक** होता था।
- अर्ज-ए-मुमालिक, शाही सेना के प्रबन्धन और संरक्षण के लिए जिम्मेदार होता था।

13. 7वीं शताब्दी ईसवी में, इस्लाम नामक एक नए धर्म का जन्म ...... में हुआ।
SSC CGL Tier-1 10.09.2024 (Shift-II)

(a) इण्डोनेशिया (b) दक्षिण अफ्रीका
(c) अरब (अरेबिया) (d) मलेशिया

उत्तर (c)

• 7वीं शताब्दी ईसवी में इस्लाम नामक एक नए धर्म का जन्म **अरब** (अरेबिया) में हुआ।

• इस्लाम प्रेषित परम्परा से निकला एकेश्वरवादी पंथ है।

• इस धर्म की शुरुआत 7वीं सदी में अरबी प्रायद्वीप में हुई और इसके संस्थापक **पैगम्बर मुहम्मद** थे।

• इस्लाम में चार सबसे पवित्र स्थल हैं- मक्का में काबा, मदीना में अल-मस्जिद अल-नवाबी, यरूशलेम और दमिशक।

14. 1307-08 ई. में अलाउद्दीन खिलजी का पहला दक्षिणी अभियान निम्नलिखित में से किस क्षेत्र में हुआ था? **SSC CGL Tier-1 09.09.2024 (Shift-II)**

(a) वारंगल
(b) मदुरा
(c) देवगिरि
(d) द्वार समुद्र

उत्तर (c)

• अलाउद्दीन खिलजी ने 1307-1308 ईसवी में **देवगिरि** पर आक्रमण किया था। यह दक्षिण भारत पर आक्रमण करने वाला पहला सुल्तान था।

• इस अभियान का नेतृत्व अलाउद्दीन खिलजी के सेनापति मलिक काफूर ने किया था।

• इस अभियान के माध्यम से अलाउद्दीन खिलजी ने दक्षिण भारत के राज्यों को जीतने का प्रयास किया था।

• दक्षिण भारत में अलाउद्दीन खिलजी के मुख्य अभियान हैं

- वारंगल के काकतीयों पर हमला।
- होयसल के द्वारसमुद्र पर हमला
- देवगिरि के यादव राजा रामचन्द्र देव पर हमला।

SSC CGL 2023 (Tier I & II)

15. बलबन ने कौन-सी उपाधि धारण की थी? **SSC CGL Tier-1 07.03.2023 (Shift-I)**

(a) उलुग खान (b) फरीद खान
(c) कबीर खान (d) अयाज खान

उत्तर (a)

• बलबन ने **उलुग खान** की उपाधि धारण की थी।

• ग्यासुद्दीन बलबन का वास्तविक नाम **बहाउद्दीन** था, जो 1266-1287 ई. तक दिल्ली सल्तनत में गुलाम वंश का एक शासक था। वह जाति से **इलबारी तुर्क** था।

• बलबन ने अमीरों पर अपनी श्रेष्ठता सिद्ध करने के लिए 'सिजदा' एवं 'पायबोस या पैबोस' जैसी कठोर दरबारी शिष्टाचार एवं नई प्रथाओं को लागू किया।

16. जफर खान दिल्ली सल्तनत के निम्नलिखित में से किस शासक का प्रसिद्ध सेनापति था? **SSC CGL Tier-1 03.03.2023 (Shift-I)**

(a) बलबन
(b) मुहम्मद-बिन-तुगलक
(c) अलाउद्दीन खिलजी
(d) इल्तुतमिश

उत्तर (c)

• हिजबुद्दीन जफर खान **अलाउद्दीन खिलजी** का एक सेनापति था।

• इसने अलाउद्दीन खिलजी के समय मुल्तान, समाना, सिविस्तान तथा सिन्ध का प्रभार सम्भाला था।

> जफर खान ने सल्तनत की **मंगोल आक्रमण** से रक्षा की और वह युद्ध के मैदान में वीरगति को प्राप्त हुआ।

17. माल की पर्याप्त आपूर्ति सुनिश्चित करने हेतु अलाउद्दीन खिलजी के अधीन किस अधिकारी के लिए व्यापारियों का रजिस्टर बनाए रखना आवश्यक था? **SSC CGL Tier-2 06.03.2023 (Shift-I)**

(a) शहना-ए-मण्डी (b) मुहतसिब
(c) नजीर (d) रईस परवाना

उत्तर (a)

• माल की पर्याप्त आपूर्ति सुनिश्चित करने हेतु अलाउद्दीन खिलजी के अधीन **शहना-ए-मण्डी** को व्यापारियों का रजिस्टर बनाए रखना आवश्यक था।

• शहना-ए-मण्डी के दफ्तर में सभी व्यापारियों को पंजीकृत होना पड़ता था।

• शहना-ए-मण्डी के पास वस्तुओं की दरों की तालिका रहती थी। वह बाजार में बिकने वाली सभी वस्तुओं पर कड़ी नजर रखता था।

• अलाउद्दीन खिलजी ने **मलिक कबूल** को शहना-ए-मण्डी नियुक्त किया।

18. दिल्ली सल्तनत काल में तबकात-ए- नासिरी की रचना किसने की थी? **SSC CGL Tier-2 02.03.2023 (Shift-I)**

(a) हसन निजामी
(b) जियाउद्दीन बरनी
(c) अमीर खुसरो
(d) मिनहाज-उस-सिराज

उत्तर (d)

• तबकात-ए-नासिरी की रचना **मिनहाज-उस-सिराज** ने की थी।

• यह फारसी में लिखा गया इस्लामी दुनिया का विस्तृत इतिहास है। यह 23 भागों में है।

• इस कृति को मिनहाज ने गुलामवंश के शासक नसीरुद्दीन महमूद को समर्पित किया था।

• इस पुस्तक में **मुहम्मद गोरी** की भारत विजय तथा तुर्की सल्तनत के आरम्भिक इतिहास की लगभग 1260 ई. तक की जानकारी मिलती है।

19. तारीख-ए-फिरोज शाही के लेखक कौन हैं? **SSC CGL Tier-1 17.07.2023 (Shift-I)**

(a) अमीर खुसरो
(b) अलबरुनी
(c) इब्नबतूता
(d) जियाउद्दीन बरनी

उत्तर (d)

• तारीख-ए-फिरोज शाही का लेखक **जियाउद्दीन बरनी** था, जिसमें सल्तनतकालीन शासन व्यवस्था की जानकारी मिलती है।

• जियाउद्दीन बरनी सल्तनत काल में मुहम्मद-बिन-तुगलक व फिरोजशाह तुगलक का दरबारी इतिहासकार एवं राजनीतिक विचारक था।

• इसकी रचना **फतवा-ए-जहाँदारी** एक ऐसी कृति है, जिससे मुस्लिम शासकों के राजनीतिक आदर्शों का पता चलता है।

20. निम्नलिखित में से कौन अलाउद्दीन खिलजी का गुलाम सेनापति था, जिसने देवगिरि के रामचन्द्र के खिलाफ लड़ाई में अपनी सेना का नेतृत्व किया था? **SSC CGL Tier-1 17.07.2023 (Shift-IV)**

(a) मलिक काफूर (b) उलूग खान
(c) जफर खान (d) नुसरत खान

उत्तर (a)

• **मलिक काफूर** अलाउद्दीन खिलजी का गुलाम सेनापति था, जिसने देवगिरि के शासक रामचन्द्र के खिलाफ लड़ाई में अपनी सेना का नेतृत्व किया था।

• मलिक काफूर, जिसे **ताज अल-दिन इज्ज अलन्ध** के नाम से भी जाना जाता है।

• **अलाउद्दीन खिलजी** के दक्षिण अभियान को मलिक काफूर ने सफल बनाया था।

• मलिक काफूर को 'हजार दिनारी' के रूप में भी जाना जाता है।

21. दीवान-ए-अर्ज दिल्ली सल्तनत के अधीन ………… का एक विभाग था। **SSC CGL Tier-1 18.07.2023 (Shift-IV)**

(a) सैन्य सेवा
(b) शाही कारखाना
(c) राजदरबार समारोह
(d) वित्तीय सेवा

उत्तर (a)

• दीवान-ए-अर्ज दिल्ली सल्तनत काल में एक **सैन्य सेवा** विभाग था।

• बलबन को मंगोलों के आक्रमण को रोकने के लिए एक **सशक्त सैन्य-बल** की आवश्यकता थी।

• इसके प्रमुख अधिकारी को **अर्ज-ए-मुमालिक** कहा जाता था।

• इस विभाग का उपयोग सुल्तान की घोषणाओं और पत्रों के अनुबन्ध तैयार करने के लिए किया जाता था।

22. दिल्ली के निम्नलिखित सुल्तानों में से किस सुल्तान ने 'सिजदा' और 'पैबोस' की व्यवस्था शुरू की थी? **SSC CGL Tier-1 26.07.2023 (Shift-III)**

(a) ग्यासुद्दीन बलबन
(b) मुहम्मद-बिन-तुगलक
(c) नासिरुद्दीन मुहम्मद
(d) कुतुबउददीन ऐबक

उत्तर (a)

• ग्यासुद्दीन बलबन ने **सिजदा** और **पैबोस** की व्यवस्था शुरू की थी।

• बलबन ने अपने विरोधियों के लिए **लौह एवं रक्त** की नीति का पालन किया।

• बलबन ने फारसी रीति-रिवाज पर आधारित **नवरोज** (फारसी साल का पहला दिन) उत्सव को प्रारम्भ करवाया।

• इन प्रथाओं का उद्देश्य शासक के शासन करने के दैवीय अधिकार के विचार को सुदृढ़ करना और अपनी प्रजा में राजा की श्रेष्ठता स्थापित करना था।

23. प्रसिद्ध अरबी विद्वान अलबरूनी ग्यारहवीं शताब्दी ईस्वी में ……… के साथ भारत आया था। SSC CGLTier-1 21.07.2023 (Shift-III)

(a) अल-वलीद प्रथम
(b) महमूद गजनवी
(c) मुहम्मद-बिन-कासिम
(d) अब्दुल्ला शाह गाजी

उत्तर (b)

• प्रसिद्ध अरबी विद्वान **अलबरुनी ग्यारहवीं** शताब्दी ईस्वी में **महमूद गजनवी** के साथ भारत आया था।
• वह फारसी के अतिरिक्त, संस्कृत, यूनानी आदि भाषा के ज्ञाता, जो भारत 1017-20 ई. के मध्य आया।
• अलबरुनी ने **किताब-उल-हिन्द** की रचना अरबी भाषा में की थी।
• अबू रेहान मुहम्मद, इब्न अहमद अलबिरूनी प्रसिद्ध दार्शनिक अलबरुनी या अलबिरूनी का पूरा नाम है।

24. निम्नलिखित में से किसने दिल्ली सल्तनत में सैनिकों के लिए दाग और हुलिया प्रथा तथा नकद भुगतान व्यवस्था की शुरुआत की थी? SSC CGL Tier-1 21.07.2023 (Shift-IV)

(a) जलालुद्दीन खिलजी
(b) फिरोजशाह तुगलक
(c) ग्यासुद्दीन तुगलक
(d) अलाउद्दीन खिलजी

उत्तर (d)

• **अलाउद्दीन खिलजी** ने दिल्ली सल्तनत में सैनिको के लिए दाग और हुलिया प्रथा तथा नकद भुगतान व्यवस्था की शुरुआत की थी।
• अक्टूबर, 1296 में अलाउद्दीन ने स्वयं को विधि-विधान के साथ दिल्ली का शासक नियुक्त किया।
• वह सल्तनत काल का पहला शासक था, जिसने स्थायी सेना की नींव रखी।
• अलाउद्दीन खिलजी ने **सिकन्दर-ए-सानी** दूसरा सिकन्दर की उपाधि धारण की थी।

25. अलाउद्दीन खिलजी के शासनकाल के दौरान, वस्त्र बाजार को ………… के रूप में जाना जाता था। SSC CGL Tier-1 24.07.2023 (Shift-I)

(a) मण्डी
(b) सराय-ए-अदल
(c) शाहना-ए-मण्डी
(d) मुंहियान

उत्तर (b)

• अलाउद्दीन खिलजी के शासनकाल के दौरान, वस्त्र बाजार को **सराय-ए-अदल** के रूप में जाना जाता था।
• बाजार व्यवस्था को नियन्त्रित करने के लिए **दिवान-ए-रियासत** विभाग का गठन किया।
• उसने 'शहना-ए-मण्डी' की स्थापना की जहाँ खाद्यान्नों को बिक्री हेतु लाया जाता था।
• अलाउद्दीन की बाजार नीति का वर्णन **तारीखे फिरोज शाही** से मिलता है।

26. निम्नलिखित में से कौन दिल्ली सल्तनत के अधीन दीवान-ए-इंशा विभाग का प्रमुख था? SSC CGL Tier-1 26.07.2023 (Shift-II)

(a) वकील-ए-दर (b) बरीद-ए-मुमालिक
(c) दबीर-ए-खास (d) अमीर-ए-दाद

उत्तर (c)

• दबीर-ए-खास दिल्ली सल्तनत के अधीन दीवान-ए-इंशा विभाग का प्रमुख था।
• इस विभाग का प्रमुख कार्य शाही घोषणाओं एवं पत्रों का पाण्डुलेख तैयार करना था। राजकीय अभिलेख इसी विभाग में रखे जाते थे।
• **अमीर-ए-दाद** सल्तनत में न्याय प्रशासन के लिए जिम्मेदार था।
• वरीद-ए-मुमालिक सूचनादाता तथा गुप्तचर विभाग का प्रमुख था।

27. अलाउद्दीन खिलजी ने अपनी राजधानी किस नाम से बनवाई थी? SSC CGL Tier-1 26.07.2023 (Shift-IV)

(a) सीरी (b) दीनपनाह
(c) खिजराबाद (d) राजपिथौरा

उत्तर (a)

• अलाउद्दीन ने 1303 ई. में अपनी राजधानी **सीरी** नाम से बनाई थी।
• अलाउद्दीन खिलजी दिल्ली सल्तनत का 13वाँ सुल्तान था, जिसने जुलाई, 1296 में अपने चाचा जलालुद्दीन की हत्या कर सत्ता प्राप्त की।
• सीरी राजधानी की आवश्यकताओं को ध्यान में रखते हुए उसने **हौज खास** नामक जलाशय का भी निर्माण करवाया।
• उसने अपने शासनकाल में **मूल्य नियन्त्रण प्रणाली** को दृढ़ता से लागू किया।
• अलाउद्दीन द्वारा नियुक्त **परवाना नवीस** नाम का अधिकारी वस्तुओं की **परमिट** जारी करता था।

28. निम्नलिखित में से किसने दिल्ली के सुल्तान बलबन के विरुद्ध विद्रोह किया और स्वयं को 1279 ई. में बंगाल का स्वतन्त्र शासक घोषित किया? SSC CGL Tier-1 27.07.2023 (Shift-I)

(a) बुगरा खान (b) नासिरुद्दीन महमूद
(c) मुहम्मद खान (d) तुगरिल बेग

उत्तर (d)

• **तुगरिल बेग** ने दिल्ली के सुलतान बलबन के विरुद्ध विद्रोह किया और स्वयं को 1279 ई. में बंगाल का स्वतन्त्र शासक घोषित किया।
• बलबन द्वारा इस विद्रोह को दबा दिया गया तथा अपने पुत्र **बुगरा खाँ** को बंगाल का गवर्नर नियुक्त किया।
• **तुर्कान-चहलगानी** का विनाश बलबन ने किया था।
• बलबन इल्तुतमिश का गुलाम था।

SSC CGL 2022 (Tier I & II)

29. निम्नलिखित में से कौन-सा 'शासक-पूर्वाधिकारी' का संयोजन दिल्ली सल्तनत के सन्दर्भ में सही है? SSC CGL Tier-1 02.12.2022 (Shift-I)

(a) अलाउद्दीन खिलजी-जलालुद्दीन खिलजी
(b) ग्यासुद्दीन तुगलक-मुहम्मद तुगलक
(c) जलालुद्दीन खिलजी-अलाउद्दीन खिलजी
(d) मुहम्मद तुगलक-फिरोजशाह तुगलक

उत्तर (c)

• खिलजी वंश की स्थापना जलालुद्दीन खिलजी ने 1290 ई. में की थी।
• जलालुद्दीन खिलजी का उत्तराधिकारी अलाउद्दीन खिलजी था। अलाउद्दीन खिलजी 1296 ई. में खिलजी साम्राज्य का शासक बना। शासक बनने के बाद, उसने सर्वप्रथम **गुजरात** पर आक्रमण किया। अलाउद्दीन खिलजी अपने आर्थिक सुधार एवं सैन्य बलों में व्यापक सुधारों से सम्बन्धित नीतियों के कारण जाना जाता है।
• घोड़ा दागने एवं सैनिकों का हुलिया लिखने की प्रथा की शुरुआत अलाउद्दीन खिलजी ने की।

30. गजनी का सुल्तान महमूद किस चोल राजा के समकालीन था? SSC CGL Tier-1 02.12.2022 (Shift-IV)

(a) राजाधिराज (b) राजेन्द्र प्रथम
(c) राजेन्द्र द्वितीय (d) राजाराज प्रथम

उत्तर (b)

• गजनी का सुल्तान महमूद चोल राजा **राजेन्द्र प्रथम** (1012-1044) का समकालीन था।
• भारत की धन सम्पत्ति से आकर्षित होकर गजनवी ने भारत पर 17 बार आक्रमण किए।
• महमूद गजनवी का सबसे चर्चित आक्रमण 1025 ई. में **सोमनाथ मन्दिर** (सौराष्ट्र) पर हुआ।
• **सुल्तान की उपाधि धारण** करने वाला प्रथम शासक महमूद गजनवी ही था।

31. कुरान की शिक्षाएँ भारत में पहले पहल ………सदी में व्यापारियों और प्रवासियों के द्वारा पहुँचीं। SSC CGL Tier-1 02.12.2022 (Shift-III)

(a) सातवीं (b) छठी (c) चौथी (d) नौवीं

उत्तर (a)

• कुरान की शिक्षाएँ भारत में सर्वप्रथम **सातवीं सदी** में व्यापारियों और प्रवासियों के द्वारा पहुँचीं।
• प्रथम अरब मुसलमान 7वीं शताब्दी के अन्त में भारतीय तट के नगरों में बसने लगे। इन्हीं शासकों द्वारा भारतीय उपमहाद्वीप में **कुरान** तथा **इस्लामी** शिक्षा का प्रवेश हुआ।
• कुरान मुहम्मद साहब के विशाल (स्वर्गवास) के बाद 633 ई. में इसे पहली बार लिखा गया था।
• कुरान का शाब्दिक अर्थ है- 'उसने पढ़ा या उसने उचारा।'

32. मंगोल शासक चंगेज खान की मृत्यु कब हुई थी? SSC CGL Tier-1 02.12.2022 (Shift-III)

(a) 1210 ई. (b) 1227 ई.
(c) 1299 ई. (d) 1235 ई.

उत्तर (b)

• मंगोल शासक चंगेज खान की मृत्यु मंगोलिया के पास **अगस्त**, **1227** में हुई थी।

• मंगोल शासक चंगेज खाँ प्रसिद्ध योद्धा एवं कुशल शासक था, जिसने पूरे एशिया में **एड्रियॉटिक सागर** तक अपने साम्राज्य का विस्तार किया।

• उसका प्रारम्भिक नाम **तेमुजिन** था, जिसका अर्थ है–लौहकर्मी।

33. निम्नलिखित में से कौन–सा क्रम दिल्ली वंशों के सन्दर्भ में सही है?

SSC CGL Tier-1 09.12.2022 (Shift-I)

(a) खिलजी वंश, लोदी वंश, सैयद वंश
(b) राजपूत वंश, खिलजी वंश, तुगलक वंश
(c) प्रारम्भिक तुर्की शासक, राजपूत वंश, खिलजी वंश
(d) तुगलक वंश, खिलजी वंश, सैयद वंश

उत्तर (b)

• दिल्ली वंशों के सन्दर्भ में सही कालक्रम **राजपूत वंश, खिलजी वंश, तुगलक वंश** है।

• खिलजी वंश मध्यकालीन भारत का एक राजवंश था। इसने दिल्ली की सत्ता पर 1290-1320 ई. तक शासन किया।

• **तुगलक** दिल्ली सल्तनत का एक राजवंश था, जिसने 1320 से 1414 ई. तक शासन किया।

> हर्षवर्द्धन की मृत्यु के उपरान्त भारत अनेक छोटे-बड़े राज्यों में विभाजित हो गया, क्योंकि इस राजवंश
> के शासक सत्ता के लिए आपस में लड़ते रहते थे। इनके राजा **राजपूत** कहलाते थे।

34. शासक अलाउद्दीन खिलजी के शासनकाल में कितने प्रकार के कर थे?

SSC CGL Tier-1 03.12.2022 (Shift-II)

(a) दो (b) छः (c) पाँच (d) तीन

उत्तर (d)

• शासक अलाउद्दीन खिलजी के शासनकाल में **तीन** प्रकार के कर थे।

• अलाउद्दीन के काल में **भू-राजस्व** की दर सर्वाधिक थी, एक अध्यादेश द्वारा उसने उपज का 50% भूमि कर के रूप में निश्चित किया।

• करों की अधिकता के कारण अलाउद्दीन के काल में कृषि कार्य प्रभावित हुआ।

• अलाउद्दीन खिलजी द्वारा लगाए जाने वाले दो नवीन कर-**चराई कर** और **घरी कर** थे।

35. निम्नलिखित में से किस शासक ने दो माली लड्ढा और पीरा को उच्च प्रशासनिक पद पर नियुक्त किया?

SSC CGL Tier-1 05.12.2022 (Shift-I)

(a) मुहम्मद तुगलक (b) खिज्र खान
(c) बहलोल लोदी (d) इल्तुतमिश

उत्तर (a)

• तुगलक वंश के शासक **मुहम्मद-बिन-तुगलक** (1325-1351 ई. तक) ने अपने शासनकाल में दो माली **लड्ढा** व **पीरा** को उच्च प्रशासनिक पद पर नियुक्त किया था।

• इतिहास में उसे **स्वप्नशील**, **पागल** व **रक्त पिपासु** भी कहा गया है। उसने अपनी राजधानी दिल्ली से देवगिरि स्थानान्तरित की तथा उसका नाम **दौलताबाद** रखा।

• इसके अतिरिक्त उसने काँसे व ताँबे के सिक्के भी चलवाए, जिनका मूल्य चाँदी के रुपए टंका के बराबर होता था।

• मोरक्को यात्री **इब्नबतूता** ने अपनी पुस्तक **रेहला** में मुहम्मद-बिन-तुगलक के समय की घटनाओं का वर्णन किया है।

36. निम्नलिखित में से किस शासक ने दिल्ली पर पृथ्वीराज चौहान से पहले शासन किया था?

SSC CGL Tier-1 05.12.2022 (Shift-II)

(a) ग्यासुद्दीन बलबन
(b) जलालुद्दीन खिलजी
(c) कुतुबुद्दीन ऐबक
(d) अनंगपाल

उत्तर (d)

• **अनंगपाल तोमर** ने दिल्ली पर पृथ्वीराज चौहान से पहले शासन किया था।

• ये तोमर वंश के शासक थे, जिन्हें दिल्ली की स्थापना करने और उसे बसाने (1052) के लिए जाना जाता है।

• इन्होंने **अनंग ताल** बावली और **लाल कोट** का निर्माण करवाया था।

37. सुल्तान महमूद अफगानिस्तान के निम्नलिखित में से किस शहर से भारत आया था?

SSC CGL Tier-1 05.12.2022 (Shift-III)

(a) गजनी (b) काबुल
(c) कान्धार (d) जलालाबाद

उत्तर (a)

• सुल्तान महमूद गजनवी अफगानिस्तान के गजनी शहर से भारत आया था।

• गजनवी तुर्क को मूल रूप में भारत में इस्लामी शासन लाने और अपने राज्य विस्तार के कारण भारतीय हिन्दू समाज में एक **आक्रामक शासक** के रूप में जाना जाता है।

• महमूद गजनवी ने 1025-26 ई. में सोमनाथ के मन्दिर पर आक्रमण किया था।

• महमूद गजनवी ने पंजाब को अपने साम्राज्य में मिला लिया और लाहौर का नाम बदलकर **महमूदपुर** कर दिया।

38. निम्नलिखित में से सबसे प्रसिद्ध चाहमान शासक कौन था? **SSC CGL Tier-1 05.12.2022 (Shift-IV)**

(a) वासुदेव (b) पृथ्वीराज तृतीय
(c) पृथ्वीराज प्रथम (d) विग्रहराज द्वितीय

उत्तर (b)

• **पृथ्वीराज तृतीय** सबसे प्रसिद्ध चाहमान शासक था।

• चौहान वंश अथवा चाहमान वंश एक भारतीय राजपूत राजवंश था, जिसके शासकों ने वर्तमान राजस्थान, गुजरात एवं इसके समीपवर्ती क्षेत्रों पर 7वीं शताब्दी से लेकर 12वीं शताब्दी तक शासन किया।

• इस वंश की स्थापना वासुदेव द्वारा की गई थी।

• इस वंश के शासकों की प्रारम्भिक राजधानी अहिच्छत्र थी। बाद में अजयराज II ने अजमेर नगर की स्थापना (1112) की तथा उसे अपनी राजधानी बनाया।

39. मिन्हाज–ए–सिराज ...... के शासन के दौरान एक इतिहासकार था।

SSC CGL Tier-1 08.12.2022 (Shift-I)

(a) अलाउद्दीन खिलजी (b) कुतुबुद्दीन ऐबक
(c) ग्यासुद्दीन बलबन (d) सुल्तान इल्तुतमिश

उत्तर (d)

• मिन्हाज–ए–सिराज **सुल्तान इल्तुतमिश** के शासन के दौरान एक इतिहासकार था।

• यह सल्तनत काल का प्रथम प्रसिद्ध महत्त्वपूर्ण इतिहासकार था।

• उन्होंने अपनी ऐतिहासिक कृति **तबकात-ए-नासिरी** लिखी थी, जिसमें इस्लाम के उत्थान से लेकर, भारत में तुर्क सत्ता की स्थापना पर प्रकाश डालते हुए गुलाम वंश का विवरण प्रस्तुत किया गया है।

40. प्रारम्भिक तुर्की शासकों ने दिल्ली पर ...... वर्षों के बीच शासन किया।

SSC CGL Tier-1 08.12.2022 (Shift-III)

(a) 1192 और 1225 (b) 1165 और 1198
(c) 1226 और 1290 (d) 1206 और 1290

उत्तर (d)

• प्रारम्भिक तुर्की शासकों ने दिल्ली पर **1206** और 1290 ई. के बीच शासन किया।

• सुबुक्तगीन भारत पर आक्रमण करने वाला पहला तुर्क शासक था। इसने 986 ई. में जयपाल पर आक्रमण किया और जयपाल को पराजित किया।

• ग्यासुद्दीन तुगलक, तुगलक वंश का संस्थापक था और इस राजवंश को **कराना तुर्कों** के वंश के रूप में भी जाना जाता है।

41. जियाउद्दीन बरनी ने अपना वृत्तान्त पहली बार 1356 ई. में और दूसरी बार इसके ...... वर्ष बाद लिखा था। **SSC CGL Tier-1 12.12.2022 (Shift-III)**

(a) दो (b) पाँच (c) तीन (d) आठ

उत्तर (a)

• जियाउद्दीन बरनी ने अपना वृत्तान्त पहली बार 1356 ई. में और दूसरी बार, इसके **दो** वर्ष बाद अर्थात् 1358 ई. में लिखा।

• जियाउद्दीन बरनी एक इतिहासकार एवं राजनैतिक विचारक थे, जो मुहम्मद-बिन-तुगलक और फिरोजशाह तुगलक के काल में भारत में रहे, **तारीख-ए-फिरोजशाही** उनकी महत्त्वपूर्ण कृति है।

• तरीखे-ए-फिरोजशाही एक ऐसा कार्य है, जिसमें मुस्लिम शासकों द्वारा राजनीतिक आदर्शों का पालन किया गया।

42. पृथ्वीराज तृतीय ने 1191 ई. में ...... नामक एक अफगान शासक को हराया था।

SSC CGL Tier-1 09.12.2022 (Shift-IV)

(a) सुल्तान महमूद
(b) मुहम्मद इब्न सूरी
(c) मुहम्मद अब्र अब्बास
(d) सुल्तान मुहम्मद गोरी

उत्तर (d)

• **पृथ्वीराज तृतीय** ने 1191ई. में **सुल्तान मुहम्मद गोरी** नामक एक अफगान शासक को हराया था।

• पृथ्वीराज चौहान, जिन्हें पृथ्वीराज तृतीय के नाम से भी जाना जाता था, चौहान वंश के पराक्रमी शासक थे।

• तराइन की प्रथम लड़ाई में पृथ्वीराज तृतीय ने अफगान शासक मुहम्मद गोरी को हरियाणा के थानेश्वर के निकट तराइन में पराजित किया था, परन्तु 1192 ई. में **तराइन के द्वितीय युद्ध** में मुहम्मद गोरी ने पृथ्वीराज तृतीय को पराजित किया।

43. निम्नलिखित में से किसने 1266 से 1287 ई. के बीच भारत में शासन किया?

SSC CGL Tier-1 13.12.2022 (Shift-III)

(a) आराम शाह (b) शम्सुद्दीन इल्तुतमिश
(c) ग्यासुद्दीन बलबन (d) कुतुबुद्दीन ऐबक

उत्तर (c)

• **ग्यासुद्दीन बलबन** ने 1266 से 1287 ई. के मध्य भारत पर शासन किया।

• यह दिल्ली सल्तनत के सबसे शक्तिशाली सुल्तानों में से एक था। इसका वास्तविक नाम **उलूग खान** था।

• इसने अपने शासनकाल के दौरान **बरीद** नामक जासूसों की नियुक्ति की। वह जाति से **इल्बारी तुर्क** था।

• बलबन के सिद्धान्त व उसकी नीति समकालीन राजत्व सिद्धान्त का प्रमुख बिन्दु है।

• गुलाम वंश का अन्तिम शासक **शम्सुद्दीन क्यूमर्श** था।

44. किस सुल्तान ने कृषि की देखभाल के लिए एक अलग विभाग (दीवान-ए-अमीर कोही) की स्थापना की थी?

SSC CGL Tier-1 24.08.2022 (Shif-I)

(a) खिज्र खाँ
(b) तुगरिल बेग
(c) जलालुद्दीन खिलजी
(d) मुहम्मद-बिन-तुगलक

उत्तर (d)

• **मुहम्मद-बिन-तुगलक** ने कृषि की देखभाल के लिए एक अलग विभाग (दीवान-ए-अमीर कोही) की स्थापना की थी।

• इसने अपनी राजधानी दिल्ली से देवगिरि (दौलताबाद) स्थानान्तरित की।

• प्रसिद्ध अफ्रीकी यात्री इब्नबतूता 1333 ई. में इनके शासनकाल में भारत आया, जिसे इन्होंने दिल्ली का काजी नियुक्त किया।

SSC CGL 2021 (Tier I & II)

45. निम्न में से किसने 712 ई. में भारत पर आक्रमण किया था? **SSC CGL Tier-1 24.08.2021 (Shift-I)**

(a) मुहम्मद-बिन-कासिम
(b) मुहम्मद गोरी
(c) कुतुबुद्दीन ऐबक
(d) महमूद गजनी

उत्तर (a)

• **मुहम्मद-बिन-कासिम** ने 712 ई. में भारत के सिन्ध प्रान्त पर आक्रमण किया, जिस समय यहाँ **दाहिर** का शासन था।

• मुहम्मद-बिन-कासिम और दाहिर के मध्य 712 ई. में अरोड़ का युद्ध हुआ, जिसमें दाहिर की हार हुई थी।

• मुहम्मद-बिन-कासिम के भारतीय क्षेत्रों पर आक्रमण करने का मुख्य उद्देश्य इस्लाम धर्म का प्रचार एवं भारत की धन सम्पदा को लूटना था।

46. अलाउद्दीन खिलजी के शासनकाल के दौरान, ग्यासुद्दीन तुगलक ………… का गवर्नर था।

SSC CGL Tier-1 24.08.2021 (Shift-II)

(a) बंगाल (b) पंजाब (c) राजस्थान (d) कश्मीर

उत्तर (b)

• अलाउद्दीन खिलजी के शासनकाल के दौरान, ग्यासुद्दीन तुगलक **पंजाब** का गवर्नर था।

• ग्यासुद्दीन 1320 ई. को खिलजी वंश के अन्तिम शासक **मुबारक शाह खिलजी** की हत्या कर स्वयं दिल्ली की गद्दी पर बैठा तथा तुगलक वंश की स्थापना की।

• ग्यासुद्दीन तुगलक ने सिंचाई के लिए कुओं और नहरों का निर्माण करवाया तथा दिल्ली के निकट समीप **तुगलकाबाद** नामक नगर की स्थापना की।

47. यशोविग्रह, महीचन्द्र और चन्द्रदेव ……. राजवंश के पहले तीन शासक थे।

SSC CGL Tier-1 24.08.2021 (Shift-II)

(a) चौहान (b) गहड़वाल
(c) मराठा (d) वाडियार

उत्तर (b)

• यशोविग्रह, महीचन्द्र और चन्द्रदेव **गहड़वाल राजवंश** के प्रथम तीन शासक थे। इस राजवंश की राजधानी वाराणसी थी।

• गहड़वाल वंश का सर्वाधिक शक्तिशाली शासक **गोविन्द चन्द्र** था।

• **जयचन्द** इस वंश का अन्तिम शासक था, जिसे **मुहम्मद गोरी** ने 1194 ई. में **चन्दावर** युद्ध में पराजित किया था।

48. पृथ्वीराज चौहान और मुहम्मद गोरी ने ……. की लड़ाई लड़ी। **SSC CGL Tier-1 23.08.2021 (Shift-II)**

(a) तालिकोट (b) तराइन
(c) चन्देरी (d) चौसा

उत्तर (b)

• **तराइन का प्रथम युद्ध** 1191 ई. में पृथ्वीराज चौहान एवं मुहम्मद गोरी के मध्य हुआ था। इस युद्ध में मुहम्मद गोरी की पराजय हुई।

• **1192 ई. में तराइन के द्वितीय युद्ध** में मुहम्मद गोरी ने पृथ्वीराज चौहान को पराजित किया।

• तराइन का युद्ध भारतीय इतिहास की एक महत्त्वपूर्ण घटना थी, जिसने पूरे उत्तर भारत को मुस्लिम नियन्त्रण के लिए खोल दिया।

49. दिल्ली सल्तनत की पहली और अन्तिम महिला शासिका कौन थी?

SSC CGL (Shift-I) 20.08.2021 I Tier-I

(a) रानी दुर्गावती (b) रजिया सुल्तान
(c) सुल्ताना चाँदबीबी (d) नूरजहाँ

उत्तर (b)

• दिल्ली सल्तनत की पहली एवं अन्तिम महिला शासिका **रजिया सुल्तान** थीं।

• रजिया सुल्तान बहुत ही बुद्धिमान, एक श्रेष्ठ प्रशासिका और अपने पिता की तरह एक बहादुर योद्धा थीं।

• वह 1236 ई. में दिल्ली सल्तनत की राजगद्दी पर बैठीं तथा 1240 ई. तक शासन किया।

SSC CPO 2024

50. कन्नौज की लड़ाई शेरशाह सूरी और ………… के नेतृत्व में मुगलों के बीच लड़ी गई थी।

SSC CPO Tier-1 28.06.2024 (Shift-III)

(a) औरंगजेब (b) जहाँगीर
(c) हुमायूँ (d) अकबर

उत्तर (c)

• कन्नौज की लड़ाई (17 मई, 1540) **शेरशाह सूरी** और **हुमायूँ** के बीच लड़ी गई थी।

• इसे **बिलग्राम के युद्ध** के नाम से भी जाना जाता है।

• इस युद्ध में शेरशाह सूरी ने हुमायूँ को पराजित किया था।

• इस युद्ध के पश्चात् शेरशाह सूरी आगरा और दिल्ली का शासक बना।

51. दीवान-ए-कोही, मुहम्मद-बिन-तुगलक द्वारा शुरू किया गया ……… का विभाग था।

SSC CPO Tier-1 28.06.2024 (Shift-I)

(a) कृषि (b) बाजार (c) दान (d) सैन्य

उत्तर (a)

• **दीवान-ए-कोही विभाग** की स्थापना सुल्तान मुहम्मद-बिन-तुगलक द्वारा 1327 ई. में की गई थी।

• यह विभाग **कृषि** से सम्बन्धित मामलों का प्रबन्धन करने के लिए जिम्मेदार था।
दिवान-ए-कोही का नेतृत्व **दीवान-ए-अमीर-ए-कोही** करता था, जिसे सुल्तान द्वारा नियुक्त किया जाता था।

• इस विभाग में अनेक अधिकारी और कर्मचारी कार्यरत् थे, जिनमें कर-संग्रहकर्ता, लेखक, जमींदार और सिंचाई निरीक्षक शामिल थे।

52. तारीख-ए-मुबारक शाही के लेखक, याह्या सरहिन्दी का दावा है कि दिल्ली सल्तनत के ……. राजवंश के संस्थापक पैगम्बर मुहम्मद के वंशज थे। **SSC CPO Tier-1 29.06.2024 (Shift-I)**

(a) सैयद (b) खिलजी (c) लोदी (d) मामलुक

उत्तर (a)

• तारीख-ए-मुबारक शाही के लेखक, याह्या सरहिन्दी का दावा है कि दिल्ली सल्तनत के **सैयद** वंश के संस्थापक पैगम्बर मुहम्मद के वंशज थे।

• यह दावा वंशावली पर आधारित है, जो सरहिन्दी ने अपनी पुस्तक में प्रस्तुत किया है।

• राजवंश के सदस्यों ने अपना शीर्षक, सैयद या इस्लामी पैगम्बर मुहम्मद के वंशज, इस दावे के आधार पर प्राप्त किया कि वे उनकी बेटी फातिमा के माध्यम से उनके वंश से सम्बन्धित हैं।

53. निम्नलिखित में से किसे तूती-ए-हिन्द के नाम से जाना जाता है?
SSC CPO Tier-1 29.06.2024 (Shift-I)
(a) सूरदास (b) नौबत खान
(c) तानसेन (d) अमीर खुसरो

उत्तर (d)
- **अमीर खुसरो** को **तूती-ए-हिन्द** के नाम से जाना जाता है, जिसका अर्थ है 'भारत का तोता'।
- उन्होंने सितार और तबला जैसे कई नए संगीत वाद्ययन्त्रों का आविष्कार किया और हिन्दुस्तानी शास्त्रीय संगीत के विकास में महत्त्वपूर्ण योगदान दिया।
- वे हिन्दी, फ़ारसी और तुर्की भाषाओं में पारंगत थे और उन्होंने इन भाषाओं में साहित्यिक रचनाएँ भी कीं।
- वे सूफी सन्त **हज़रत निज़ामुद्दीन औलिया** के शिष्य थे और उन्होंने संगीत और कविता के माध्यम से सूफीवाद के सन्देश का प्रसार किया।

54. दिल्ली में निम्नलिखित में से किस शहर की स्थापना ग्यासुद्दीन तुगलक ने की थी?
SSC CPO Tier-1 29.06.2024 (Shift-I)
(a) तुगलकाबाद
(b) जहाँपनाह
(c) सिरी
(d) किला-ए-राय पिथौरा

उत्तर (a)
- **तुगलकाबाद**, जिसे ग्यासुद्दीन तुगलक ने 1321 ई. में स्थापित किया था, दिल्ली का एक ऐतिहासिक शहर है।
- तुगलकाबाद अपने मजबूत किले, विशाल महलों और जल संरचनाओं के लिए जाना जाता है। यह शहर पर्शियन और इस्लामिक स्थापत्य कला का एक उत्कृष्ट उदाहरण है।
- दिल्ली के अन्य ऐतिहासिक शहरों में लाल किला, पुराना किला, हौज खास और निज़ामुद्दीन दरगाह शामिल हैं।

SSC CPO 2023

55. दिल्ली के निम्नलिखित में से किस सुल्तान को सुल्तान बनने से पहले अमीर-ए-तुजुक (मास्टर ऑफ सेरेमनीज़) नियुक्त किया गया था?
SSP CPO Oct 2023 (Shift-III)
(a) मुहम्मद-बिन-तुगलक
(b) बलबन
(c) इल्तुतमिश
(d) अलाउद्दीन खिलजी

उत्तर (d)
- दिल्ली के सुल्तान **अलाउद्दीन खिलजी** को सुल्तान बनने से पहले **अमीर-ए-तुजुक** नियुक्त किया गया था।
- अलाउद्दीन खिलजी का मूल नाम **अली गुरशास्प** था।
- खिलजी ने **सिकन्दर-ए-सानी** (दूसरा सिकन्दर) की उपाधि धारण की थी।
- अलाउद्दीन खिलजी ने **अलाई दरवाजा** तथा **सीरी का किला** बनवाया था।

56. निम्नलिखित में से कौन मुहम्मद गोरी का सेनापति था और उसने भारत में गुलाम वंश की स्थापना की थी?
(a) इल्तुतमिश (b) ग्यासुद्दीन बलबन
(c) आरामशाह II (d) कुतुबुद्दीन ऐबक

उत्तर (d)
- **कुतुबुद्दीन ऐबक** मुहम्मद गोरी का सेनापति था और बाद में उसने गुलामवंश की स्थापना की
- उसे **लाखबख्श** के नाम से भी जाना जाता था।
- उसकी मृत्यु 1210 ई. में **चौगान या पोलो** खेलते समय हुई थी।

SSC CHSL 2024 (Tier 1)

57. बलबन ने निम्नलिखित में से किस प्रथा से 'सिजदा और पैबोस' प्रथा का अनुसरण किया?
SSC CHSL Tier-I 03.07.2024 (Shift-I)
(a) फारसी (b) मंगोल (c) रोमन (d) चीनी

उत्तर (a)
- बलबन ने **फारसी प्रथा** से 'सिजदा' व 'पैबोस' की प्रथा का अनुसरण किया।
- उसने अपने दरबार में फारसी प्रथाओं को लागू किया, जिसके अन्तर्गत 'सिजदा', 'दरबार में घुटने के बल बैठकर सिर झुकाना' व 'पैबोस', 'सुल्तान का चरण चुम्बन' की प्रथा प्रारम्भ की।
- उसने फारसी त्योहार **नौरोज** का भी प्रारम्भ कराया।

58. दिल्ली सल्तनत के निम्नलिखित शासकों में से किसने मेवाती समुदाय से निपटने के लिए 'रक्त और लौह की नीति अपनाई थी?
SSC CHSL Tier-1 04.07.024 (Shift-I)
(a) कुतुबुद्दीन ऐबक
(b) इल्तुतमिश
(c) बलबन
(d) रजिया

उत्तर (c)
- दिल्ली सल्तनत के शासक **बलबन** ने मेवाती समुदाय से निपटने के लिए **रक्त और लौह** की नीति अपनाई थी।
- बलबन का वास्तविक नाम **बहाउद्दीन** था। वह इल्तुतमिश का गुलाम था।
- बलबन ने दीवान-ए-विजारत को सैन्य विभाग से पृथक् कर दीवान-ए-अर्ज की स्थापना की।

59. 1191 ई. में लड़े गए तराइन के प्रथम युद्ध में मोहम्मद गोरी को किसने हराया था?
SSC CHSL Tier-1 04.07.2024 (Shift-III)
(a) पृथ्वीराज चौहान (b) विद्याधर
(c) वासुदेव (d) यशोवर्मन

उत्तर (a)
- 1191 ई. में लड़े गए तराइन के प्रथम युद्ध में मोहम्मद गोरी को **पृथ्वीराज चौहान** ने हराया।
- पृथ्वीराज चौहान को **रायपिथौरा** के नाम से जाना जाता है, जो चौहान वंश का शक्तिशाली शासक था।
- 1194 ई. में चन्दावर के युद्ध में मोहम्मद गोरी द्वारा कन्नौज के शासक **जयचन्द** को पराजित किया गया।

60. निम्नलिखित में से कौन-सा दिल्ली का पहला सुल्तान था, जिसने खुद को 'जिल-ए-इलाही' के रूप में पेश किया था?
SSC CHSL Tier-1 05.07.2024 (Shift-II)
(a) इल्तुतमिश (b) फिरोज शाह
(c) कुतुबुद्दीन ऐबक (d) बलबन

उत्तर (d)
- **बलबन** दिल्ली का पहला सुल्तान था, जिसने खुद को 'जिल-ए-इलाही' (ईश्वर की छाया) के रूप में पेश किया था।
- वह दिल्ली सल्तनत में **गुलाम वंश** का शासक था।
- बलबन ने स्वयं को फिरदौसी के शाहनामा में वर्णित अफरासियाब वंश से सम्बद्ध बताया।

61. दिल्ली सल्तनत का पहला राजवंश कौन-सा था?
SSC CHSL Tier-1 05.07.2024 (Shift-III)
(a) लोदी राजवंश (b) मामलुक राजवंश
(c) तुगलक राजवंश (d) खिलजी राजवंश

उत्तर (b)
- **मामलुक राजवंश** (गुलाम वंश), दिल्ली सल्तनत का प्रथम राजवंश था।
- इसकी स्थापना मुहम्मद गोरी के गुलाम **कुतुबुद्दीन ऐबक** ने 1206 ई. में की थी।
- दिल्ली सल्तनत में कुल 5 राजवंश हुए हैं
  - (i) गुलाम वंश (1206-1290 ई.)
  - (ii) खिलजी वंश (1290-1320 ई.)
  - (iii) तुगलक वंश (1320-1414 ई.)
  - (iv) सैयद वंश (1414-1451 ई.)
  - (v) लोदी वंश (1451-1526 ई.)

62. 11वीं शताब्दी में गजनी के महमूद के अधीन गजनी .... में एक छोटा-सा शहर गजनवी के विशाल साम्राज्य की राजधानी बन गया।
SSC CHSL Tier-1 08.07.2024 (Shift-II)
(a) मिस्र (b) फारस
(c) टर्की (d) अफगानिस्तान

उत्तर (d)
- 11वीं शताब्दी में गजनी के महमूद के अधीन गजनी **अफगानिस्तान** में एक छोटा-सा शहर गजनवी के विशाल साम्राज्य की राजधानी बन गया।
- **अलप्तगीन** नामक एक तुर्क सरदार ने 932 ई. में गजनी साम्राज्य की स्थापना का थी।
- महमूद गजनवी अलप्तगीन के गुलाम सुबुक्तगीन का पुत्र था।
- महमूद गजनवी 27 वर्ष की आयु में 998 ई. में गद्दी पर बैठा।

63. निम्नलिखित में से किस सुल्तान ने अपनी राजधानी दिल्ली से दौलताबाद स्थानान्तरित की थी?
SSC CHSL Tier-1 08.07.2024 (Shift-IV)
(a) फिरोज शाह तुगलक
(b) मुहम्मद-बिन-तुगलक
(c) इब्राहिम लोदी
(d) सिकन्दर लोदी

उत्तर (b)

- **मुहम्मद-बिन-तुगलक** ने अपनी राजधानी दिल्ली से दौलताबाद स्थानान्तरित की थी।
- मुहम्मद-बिन-तुगलक मध्यकालीन सभी सुल्तानों में सर्वाधिक शिक्षित विद्वान एवं योग्य व्यक्ति था।
- मुहम्मद-बिन-तुगलक ने कृषि के विकास के लिए **अमीर-ए-कोही** नामक एक नवीन विभाग की स्थापना की थी।

मुहम्मद-बिन-तुगलक के शासनकाल में दक्षिण में हरिहर एवं बुक्का नामक दो भाइयों ने विजयनगर साम्राज्य की स्थापना की थी।

64. निम्नलिखित में से किसने तुगलक वंश के शासनकाल में भारत पर आक्रमण किया था?
SSC CHSL Tier-1 10.07.2024 (Shift-III)

(a) तैमूर (b) गजनी का महमूद
(c) चंगेज खान (d) मुहम्मद गोरी

उत्तर (a)

- **तैमूर** ने तुगलक वंश के शासनकाल में भारत पर आक्रमण किया था।
- तैमूर लंग ने तुगलक शासक नासिरुद्दीन महमूद तुगलक के शासनकाल में 1398 ई. में दिल्ली पर आक्रमण किया।
- भारत से वापस लौटते समय तैमूर ने अपने सेनापति **खिज्र खाँ** को मुल्तान, लाहौर व दीपालपुर का शासक नियुक्त किया।
- खिज्र खाँ ने दिल्ली में **सैयद वंश** की स्थापना की।

65. निम्नलिखित दिल्ली सल्तनत शासकों में से किसने दक्षिण भारत को जीतने के लिए मलिक काफूर के नियन्त्रण में अपनी सेना भेजी थी?
SSC CHSL Tier-1 11.07.2024 (Shift-VI)

(a) इल्तुतमिश
(b) अलाउद्दीन खिलजी
(c) कुतुबुद्दीन ऐबक
(d) ग्यासुद्दीन बलबन

उत्तर (b)

- दिल्ली सल्तनत के शासक **अलाउद्दीन खिलजी** ने दक्षिण भारत को जीतने के लिए मलिक काफूर के नियन्त्रण में अपनी सेना भेजी थी।
- अलाउद्दीन खिलजी 1296 ई. में जलालुद्दीन खिलजी की हत्या करके दिल्ली का सुल्तान बना था।
- अलाउद्दीन खिलजी ने अपने शासनकाल में **घोड़ा दागने** तथा सैनिकों का **हुलिया लिखने** की प्रथा की शुरुआत की।

SSC CHSL 2023 (Tier 1)

66. निम्नलिखित में से कौन-सा महमूद गजनवी का पंजाब के बाहर अन्तिम आक्रमण था?
SSC CHSL Tier-1 14.08.2023 (Shift-IV)

(a) सोमनाथ (b) कालिंजर
(c) मथुरा (d) कन्नौज

उत्तर (a)

- महमूद गजनवी ने पंजाब के बाहर अन्तिम आक्रमण 1025 ई. में **सोमनाथ मन्दिर** पर किया।
- धन लूटने के उद्देश्य से उसने भारत पर **17 बार** आक्रमण किए।
- महमूद गजनी एक मूर्तिभंजक आक्रमणकारी था।
- उसने 1001 ई. में शाही राजा **जयपाल** के विरुद्ध आक्रमण किया था। इस युद्ध में जयपाल की पराजय हुई थी।

67. अरब यात्री सुलेमान किस शताब्दी के मध्य में भारत आया था? SSC CHSL 11.08.2023 (Shift-I)

(a) 15वीं (b) 11वीं
(c) 9वीं (d) 6वीं

उत्तर (c)

- अरब यात्री सुलेमान **9वीं सदी** में भारत आया था।
- वह सिराफ (ईरान) का निवासी था। इसने गुर्जर, प्रतिहार एवं पाल शासकों की तत्कालीन आर्थिक, राजनीतिक एवं सामाजिक दशा का वर्णन किया है।
- सुलेमान ने भारत और चीन की यात्रा की और 850 ई. के आस-पास अपनी यात्राओं का वृत्तान्त लिखा।
- सुलेमान राष्ट्रकूट राजा अमोघवर्ष के शासनकाल में भारत आया था।

68. चन्दावर का युद्ध निम्नलिखित में से किसके बीच हुआ था?
SSC CHSL Tier-2 08.08.2023 (Shift-II)

(a) जयचन्द और मुहम्मद गोरी
(b) जयचन्द और महमूद गजनवी
(c) पृथ्वीराज तृतीय और महमूद गजनवी
(d) पृथ्वीराज तृतीय और मुहम्मद गोरी

उत्तर (a)

- चन्दावर का युद्ध **जयचन्द** और **मुहम्मद गोरी** के बीच 1194 ई. में हुआ था। इस युद्ध में जयचन्द पराजित हुआ था।
- इससे पूर्व तराइन के युद्ध में जयचन्द ने पृथ्वीराज III को पराजित करने के लिए, गोरी के पक्ष में युद्ध किया था।
- जयचन्द गहड़वाल वंश का शासक था, जिसकी राजधानी कन्नौज थी।
- गहड़वाल वंश ने 11वीं-12वीं शताब्दी के दौरान **उत्तर प्रदेश** और **बिहार** के कुछ हिस्सों पर शासन किया था।

69. बलबन ने निम्नलिखित में से दिल्ली के किस सुल्तान के नायब (डिप्टी) के रूप में कार्य किया? SSC CHSL Tier-1 07.08.2023 (Shift-IV)

(a) रजिया (b) नासिरुद्दीन महमूद
(c) इल्तुतमिश (d) कुतुबुद्दीन ऐबक

उत्तर (b)

- बलबन ने दिल्ली के सुल्तान **नासिरुद्दीन महमूद** के नायब (डिप्टी) के रूप में कार्य किया।
- बलबन ने सुल्तान बनने से पहले 20 वर्ष तक नासिरुद्दीन महमूद के वजीर के रूप में कार्य करते हुए सुल्तान की शक्तियों का उपयोग किया।
- इसने सुल्तान न होते हुए भी सुल्तान के छत्र का उपयोग किया।
- बलबन ने सुल्तान बनने के पश्चात् **ग्यासुद्दीन** की उपाधि धारण की।

70. ग्यासुद्दीन बलबन ने ………… शिष्टाचार के एक भाग के रूप में राजा को अभिवादन के सामान्य रूपों के रूप में 'सिजदा' और 'पैबोस' के रीति-रिवाजों की शुरुआत की।
SSC CHSL Tier-1 04.08.2023 (Shift-II)

(a) सेना (b) धार्मिक
(c) अदालत (d) पारिवारिक

उत्तर (c)

- ग्यासुद्दीन बलबन ने **अदालत** शिष्टाचार के एक भाग के रूप में राजा को अभिवादन के सामान्य रूपों के रूप में **सिजदा** और **पैबोस** के रीति-रिवाजों की शुरुआत की।
- नासिरुद्दीन महमूद ने बलबन को **उलूग खाँ** की उपाधि प्रदान की।
- बलबन ने मंगोलों से दिल्ली की रक्षा की थी।

71. रजिया को दिल्ली सल्तनत के सिंहासन से किस वर्ष हटाया गया था?
SSC CHSL Tier-1 09.03.2023 (Shift-I)

(a) 1240 ई. (b) 1244 ई.
(c) 1238 ई. (d) 1236 ई.

उत्तर (a)

- रजिया को दिल्ली सल्तनत के सिंहासन से **1240 ई.** में हटाया गया था।
- रजिया का शासन 1236-40 ई. तक था।
- तुर्क अमीरो ने उसके पुत्र को हटाकर रज़िया को सिंहासन पर आसीन किया।

SSC MTS 2024

72. दिल्ली के इनमें से किस सुल्तान ने कीमतों को नियन्त्रित करने के लिए दिल्ली में विभिन्न वस्तुओं हेतु तीन अलग-अलग बाज़ार स्थापित किए? SSC MTS Tier-1 04.11.2024 (Shift-III)

(a) शम्सुद्दीन इल्तुतमिश
(b) अलाउद्दीन खिलजी
(c) मुहम्मद बिन तुगलक
(d) ग्यासुद्दीन बलबन

उत्तर (b)

- दिल्ली के सुल्तान अलाउद्दीन खिलजी ने कीमतों को नियन्त्रित करने के लिए दिल्ली में विभिन्न वस्तुओं हेतु तीन अलग-अलग बाजार स्थापित किए थे-अनाज बाजार (मण्डी), कपड़ा बाजार (सराय अदल), घोड़ों, दासों, मवेशियों का बाजार।
- अलाउद्दीन ने बाजार की देखभाल के लिए दीवान-ए-रियासत को नियुक्त किया।
- अलाउद्दीन ने राशन व्यवस्था भी लागू की।
- उसने उपज का 50% भू-राजस्व के रूप में वसूला।

73. मुहम्मद बिन तुगलक के समय चीन में दूत के रूप में किसे भेजा गया था?
SSC MTS Tier-1 30.10.2024 (Shift-III)

(a) इब्नबतूता (b) हसन निजामी
(c) अलबरुनी (d) जियाउद्दीन बरनी

उत्तर (a)

- मुहम्मद बिन तुगलक के समय चीन में दूत के रूप में इब्नबतूता को भेजा गया था।
- इन्होंने अपनी यात्राओं का वर्णन **रेहला** नामक पुस्तक में किया था।

74. दो जलाशयों के बीच जहाज महल नामक एक सुन्दर दो मंजिला 'शिप पैलेस' किसने बनवाया था? SSC MTS Tier-1 29.10.2024 (Shift-III)
(a) सुल्तान ग्यासुद्दीन खिलजी
(b) सुल्तान मुहम्मद-बिन-तुगलक
(c) सुल्तान अलाउद्दीन खिलजी
(d) सुल्तान ग्यासुद्दीन तुगलक

उत्तर (a)
• दो जलाशयों के बीच जहाज महल नामक एक सुन्दर दो मंजिला शिप पैलेस **सुल्तान ग्यासुद्दीन खिलजी** ने बनवाया था।
• जहाज महल मध्य प्रदेश के माण्डू क्षेत्र में स्थित है।
• इस महल के पास एक जलाशय है, इसका भ्रमात्मक प्रतिबिम्ब ऐसा आभास देता था कि मानो झील पर कोई जहाज तैर रहा है।
• यह महल दो झीलों– कापुर तालाब और मुंज तालाब के बीच बना हुआ है।

75. 13वीं शताब्दी का वह प्रसिद्ध विनीशियन यात्री कौन था, जिसने केरल की यात्रा की थी? SSC MTS Tier-1 07.10.2024 (Shift-I)
(a) अब्दुर्रज्जाक (b) मार्को पोलो
(c) निकोलो कोंटी (d) बारथेमा

उत्तर (b)
• 13वीं शताब्दी का प्रसिद्ध विनीशियन यात्री **मार्को पोलो** था, जिसने केरल की यात्रा की थी।
• इसने 1288-1292 ई. के दौरान पाण्डय साम्राज्य के शासनकाल में भारत का दौरा किया था।
• इन्हें 'मध्यकालीन यात्रियों का राजकुमार' की उपाधि दी गई है। इनका यात्रा वृत्तान्त **द बुक ऑफ मार्को पोलो** में दर्ज किया गया है।
• मार्को पोलो ने अपनी यात्रा के दौरान नरभक्षी और मसाला उत्पादकों का वर्णन किया था।

76. खिलजी राजवंश ने ...... ई. तक दिल्ली पर शासन किया। SSC MTS Tier-1 02.11.2024 (Shift-I)
(a) 1414 से 1451 (b) 1290 से 1320
(c) 1320 से 1414 (d) 1206 mes 1290

उत्तर (b)
• दिल्ली सल्तनत के अन्तर्गत खिलजी वंश की स्थापना 13 जून, 1290 को **जलालुद्दीन, फिरोज खिलजी** ने की थी।
• इस वंश में अलाउद्दीन खिलजी, मुबारक खिलजी जैसे महत्त्वपूर्ण शासक हुए।
• इस वंश का पतन 1320 ई. को **मुबारक शाह खिलजी** की हत्या के साथ हो गया।
• इस प्रकार, खिलजी वंश के शासकों ने 1290 से 1320 ई. के बीच लगभग 30 वर्षों तक शासन किया।

SSC MTS 2022

77. इल्बारी वंश (दिल्ली सल्तनत) का प्रथम शासक कौन था? SSC MTS 11.07.2022 (Shift-I)
(a) रजिया सुल्तान (b) ग्यासुद्दीन तुगलक
(c) कुतुबुद्दीन ऐबक (d) इल्तुतमिश

उत्तर (c)
• इल्बारी वंश (दिल्ली सल्तनत) का प्रथम शासक **कुतुबुद्दीन ऐबक** था।
• कुतुबुद्दीन ऐबक (1206-1210 ई.) मुहम्मद गोरी का गुलाम था, इसलिए इस वंश को **गुलाम वंश** के नाम से भी जाना जाता है।
• चूँकि यह एक इल्बरी तुर्क समुदाय से सम्बन्धित था। अत: इसे इल्बरी वंश के नाम से भी जाना जाता है।
• ऐबक ने अपनी राजधानी **लाहौर** को बनाया एवं **दिल्ली** में कुतुबमीनार की नींव रखी।

78. निम्नलिखित में से कौन-सा आगरा के ताजमहल की नकल है? SSC Steno Tier-1 17.11.2022 (Shift-I)
(a) दरिया दौलताबाग (b) हुमायूँ का मकबरा
(c) बीबी का मकबरा (d) अकबर का मकबरा

उत्तर (c)
• **बीबी का मकबरा** आगरा के ताजमहल की नकल है।
• **बीबी के मकबरे** का निर्माण मुगल बादशाह **औरंगजेब** ने अन्तिम सत्रहवीं शताब्दी के अन्त में करवाया था।
• इतिहासकारों के अनुसार, इस मकबरे का निर्माण मुगल बादशाह औरंगजेब के पुत्र आजम शाह ने अपनी माँ **दिलरस बानो बेगम** की याद में करवाया था। इन्हें **राबिया-उद्-दुर्रानी** के नाम से भी जाना जाता था।
• औरंगजेब दार उल हर्ब को दार उल इस्लाम (इस्लाम का देश) मे परिवर्तन करने का अपना महत्त्वपूर्ण लक्ष्य मानता था।

79. निम्न में से कौन-सा स्मारक-स्थान युग्म सुमेलित नहीं है? SSC Steno Tier-1 15.11.2021 (Shift-I)
(a) चाँद मीनार — देबारी
(b) आमेर का किला — जयपुर
(c) एत्मादुद्दौला का मकबरा — आगरा
(d) कुतुबमीनार — दिल्ली

उत्तर (a)
• चाँद मीनार-देबारी से सम्बन्धित नहीं है।
• महाराष्ट्र के शहर दौलताबाद में स्थित चाँद मीनार एक विजयी बुर्ज के रूप में स्थापित है, जिसका निर्माण 1445 ई. में **अलाउद्दीन बहमनी** ने कराया था।
• इस मीनार की ऊँचाई लगभग 210 फीट है।
• चाँद मीनार दिल्ली के कुतुबमीनार से मिलती-जुलती है और उसी से प्रेरित है।
• यह **इण्डो-इस्लामिक** वास्तुकला के बेहतरीन नमूनों मे से एक माना जाता है।

80. मध्ययुगीन महाकाव्य 'पद्मावत' के लेखक कौन थे? SSC Steno 12.01.2021
(a) मुल्ला दाउद
(b) मलिक मुहम्मद जायसी
(c) अबुल-फजल इब्न मुबारक
(d) अमीर खुसरो

उत्तर (b)
• मध्ययुगीन महाकाव्य **पद्मावत** के लेखक **मलिक मुहम्मद जायसी** हैं।
• इनकी अन्य पुस्तकों में 'अखरावट', 'आखिरी कलाम', 'कहरनामा' और चित्ररेखा आदि शामिल हैं।
• जायसी ने बाबर के शासनकाल में ही 'आखिरी कलाम' (1529-30) और 'पद्मावत' (1540-41) की रचना की थी।

SSC GD 2023

81. जियाउद्दीन बरनी ने अपने वृत्तान्त का पहला संस्करण .... ई. में लिखा था। SSC GD 13.02.2023 (Shift-II)
(a) 1288 (b) 1358 (c) 1402 (d) 1356

उत्तर (d)
• इतिहासकार जियाउद्दीन बरनी ने अपना वृत्तान्त दो बार लिखा था। पहली बार **1356 ई.** में और दूसरी बार **1358 ई.** में।
• जियाउद्दीन बरनी दिल्ली सल्तनत के मुहम्मद-बिन-तुगलक और फिरोजशाह के काल में एक राजनीतिक विचारक थे।
• बरनी द्वारा रचित पुस्तक **तारीख-ए-फिरोजशाही** तथा **फतवा-ए-जहाँदारी** हैं।

SSC Selection Post

82. निम्नलिखित में से दिल्ली के किस सुल्तान ने बाज़ार को नियन्त्रित करने के लिए बरीद (खुफिया अधिकारी) और मुनहियान (गुप्तचर) जैसे अधिकारियों की नियुक्ति की थी? SSC SP 20.06.2024 (Shift-III)
(a) मुहम्मद-बिन-तुगलक
(b) शम्सुद्दीन इल्तुतमिश
(c) अलाउद्दीन खिलजी
(d) ग्यासुद्दीन बलबन

उत्तर (c)
• अलाउद्दीन खिजली ने बाजार को नियन्त्रित करने के लिए बरीद (खुफिया अधिकारी) और मुनहियान (गुप्तचर) जैसे अधिकारियों की नियुक्ति की थी।
• दिल्ली के सुल्तान अलाउद्दीन खिलजी ने सभी कार्यों के सुचारू कार्यान्वियन को सुनिश्चित करने के लिए एक अधीक्षक को नियुक्त किया, जिसे **शाहना-ए-मण्डी** के नाम से जाना जाता था।
• बरीद एवं मुनहियान अधिकारी दिल्ली के बाजारों को नियन्त्रित करते थे तथा सुल्तान द्वारा लगाए गए कानून/नियम का पालन लोगों द्वारा करवाते थे।

83. दिल्ली सल्तनत के निम्नलिखित में से किस राजवंश ने आगरा शहर की स्थापना की थी? SSC SP 20.06.2024 (Shift-II)
(a) खिलजी राजवंश (b) सैयद राजवंश
(c) लोदी राजवंश (d) तुगलक राजवंश

उत्तर (c)
• दिल्ली सल्तनत के **लोदी राजवंश** ने आगरा शहर की स्थापना की थी।
• इस शहर की स्थापना सिकन्दर लोदी ने 1504 ई. में की थी।
• सिकन्दर लोदी ने 1506 ई. में अपनी राजधानी दिल्ली से आगरा स्थानान्तरित की थी।

84. दक्षिणी भारत में सैन्य अभियान शुरू करने वाला दिल्ली सल्तनत का पहला सुल्तान कौन था? **SSC SP 29.06.2023 (Shift-I)**

(a) मुहम्मद तुगलक
(b) शम्सुद्दीन इल्तुतमिश
(c) अलाउद्दीन खिलजी
(d) ग्यासुद्दीन बलबन

उत्तर (c)

• सुल्तान अलाउद्दीन खिलजी दिल्ली सल्तनत के खिलजी वंश का दूसरा सबसे अत्यन्त महत्वाकांक्षी शासक था।

• **मलिक काफूर,** अलाउद्दीन खिलजी का सेनापति था, जिसने दक्षिण भारत में अभियानों का नेतृत्व किया था।

85. दिल्ली सल्तनत के निम्नलिखित सुल्तानों में से किसने अपने शासनकाल में बाजार की वस्तुओं की कीमतों को नियन्त्रित किया?

(a) खिज्र खान **SSC SP 11.08.2022 (Shift-I)**
(b) अबू बक्र शाह
(c) अलाउद्दीन खिलजी
(d) कुतुबुद्दीन मुबारक शाह

उत्तर (c)

• मध्यकालीन भारत के शासक **अलाउद्दीन खिलजी** ने बाजार नीतियों को लागू किया, जिसका उद्देश्य अर्थव्यवस्था को मजबूत करना और अपनी शक्ति को मजबूत करना था।

• यह महत्त्वपूर्ण नीति एक केन्द्रीकृत **बाजार नियन्त्रण** प्रणाली की स्थापना थी, जिसमें प्रमुख वस्तुओं पर राज्य का एकाधिकार शामिल था।

86. सुल्तान इल्तुतमिश द्वारा चलवाए गए 'जीतल' नामक सिक्के .... धातु से बने थे। **SSC SP 01.08.2022 (Shift-II)**

(a) चाँदी (b) ताँबा
(c) सोना (d) कांस्य

उत्तर (b)

• सुल्तान इल्तुतमिश द्वारा चलवाए गए 'जीतल' नामक सिक्के **ताँबे की धातु** से बने थे।

• इल्तुतमिश पहला तुर्क सुल्तान था, जिसने शुद्ध अरबी सिक्के चलवाए।

• उसने सल्तनत कालीन दो महत्त्वपूर्ण सिक्के चाँदी का **टंका** लगभग 175 ग्रेन तथा ताँबे का **जीतल** चलवाया। इल्तुतमिश ने सिक्कों पर टकसाल के नाम अंकित करवाने की परम्परा को आरम्भ किया।

क्षेत्रीय राजवंश एवं धार्मिक आन्दोलन

क्षेत्रीय राजवंश

कश्मीर

• 1301 ई. में सूहादेव ने कश्मीर में स्वतन्त्र हिन्दू राज्य की स्थापना की, किन्तु 1339 ई. में शाहमीर 'शम्सुद्दीनशाह' के नाम से कश्मीर का पहला मुस्लिम शासक बना एवं इन्द्रकोट में अपनी राजधानी बनाईं।

• कश्मीर का शासक **सिकन्दर शाह** धर्मांध था। उसने हिन्दुओं पर अत्याचार किया। उसने **बुतशिकन** की उपाधि ग्रहण की। उसके समय तैमूर ने 1398 ई. में कश्मीर पर आक्रमण किया। उसने ब्राह्मणों पर जजिया लगाया।

• 1420 ई. में शाही खाँ कश्मीर का शासक हुआ, जो **जैन-उल-आबिदीन** के नाम से प्रसिद्ध हुआ। उसने 'राजतरंगिणी' तथा 'महाभारत' का फारसी में अनुवाद करवाया। जैन-उल-आबिदीन ने हिन्दुओं को जजिया कर से मुक्त कर दिया।

• कश्मीरी लोगों ने उसे **बडशाह** की उपाधि से सम्मानित किया। उसकी उदार नीतियों के कारण उसे **कश्मीर का अकबर** और मूल्य नियन्त्रण व्यवस्था के कारण कश्मीर का अलाउद्दीन खिलजी कहा जाता है।

• 1470 ई. में जैन-उल-अबीदीन की मृत्यु के बाद **हैदरशाह** कश्मीर का शासक हुआ।

• दिल्ली सल्तनत के दौरान कश्मीर स्वतन्त्र रहा। मुगल बादशाह अकबर ने कश्मीर को 1586 ई. में मुगल साम्राज्य में मिला लिया।

जौनपुर

• जौनपुर की स्थापना **फिरोजशाह तुगलक** ने अपने भाई **जौना खाँ** (मुहम्मद बिन तुगलक) की स्मृति में की थी।

• सुल्तान **नासिरुद्दीन महमूद** के शासनकाल में मलिक सरवर ने जौनपुर में शर्की वंश के शासन का आरम्भ किया। उसने मलिक-उस-शर्क की उपाधि ग्रहण की।

• हुसैनशाह शर्की जौनपुर का प्रसिद्ध शासक था। 1479 ई. में बहलोल लोदी ने उसे पराजित किया।

• जौनपुर स्थापत्य की शर्की कला के लिए जाना जाता है। इब्राहिम शाह शर्की ने **अटाला मस्जिद** का निर्माण (1408 ई.) करवाया। हुसैनशाह ने जामी मस्जिद बनवाई।

• **जौनपुर** को **भारत का सिराज** कहा जाता था।

गुजरात

• 1407 ई. में जफरखाँ ने सुल्तान मुज्जफ्फर शाह की उपाधि धारण कर स्वतन्त्र राज्य की स्थापना की। 1413 ई. में अहमदशाह ने 'अहमदाबाद' नगर बसाया एवं इसे पाटन से हटाकर नई राजधानी बनाई। अहमदाबाद का पूर्व नाम असावल था।

• महमूद बेगड़ा (1458-1511 ई.) ने गिरनार व चम्पानेर के किले को जीता तथा मुस्तफाबाद एवं मुहम्मदाबाद नगर बसाया।

• संस्कृत का विद्वान् कवि उदयराज उसका दरबारी कवि था। उसने सुल्तान की प्रशंसा में महमूद चरित्र नामक काव्य की रचना की।

मेवाड़

• 1448 ई. में **राणा कुम्भा** ने चित्तौड़ में विजय स्तम्भ (कीर्ति स्तम्भ) बनवाया।

• 1517-18 ई. में खतौली के युद्ध में **राणा सांगा** ने इब्राहिम लोदी को हराया था।

धार्मिक आन्दोलन

भक्ति आन्दोलन

• दक्षिण में सर्वप्रथम 7वीं शताब्दी में अलवारों व नयनारों ने इसकी शुरुआत की थी।

• कबीर की शिक्षाएँ **बीजक** में संगृहीत हैं।

• अलवार (वैष्णव सन्त), जिनकी संख्या 12 थी।

• नयनार (शैव सन्त), जिनकी संख्या 63 थी।

• भारत में संकीर्तन प्रथा (कीर्तन शैली) के प्रचलन का श्रेय **चैतन्य स्वामी** को दिया जाता है।

विभिन्न क्षेत्रों के प्रमुख भक्ति सन्त

क्षेत्र	सन्त
उत्तर भारत	रामानन्द, कबीर
दक्षिण भारत	रामानुज
महाराष्ट्र	रामदेव
बंगाल	चैतन्य स्वामी
पंजाब	गुरुनानक
असम	शंकरदेव

सूफी आन्दोलन

सूफी दर्शन एकेश्वरवाद में विश्वास करता था। यह एक प्रकार का रहस्यवादी दर्शन था।

सूफी सम्प्रदाय एवं उनके संस्थापक

सम्प्रदाय	संस्थापक	भारत में प्रचारक
चिश्ती	अबू अब्दाल चिश्ती	ख्वाजा मुइनुद्दीन चिश्ती (अजमेर)
सुहरावर्दी	शेख शिहाबुद्दीन उमा सुहरावर्दी	बहाउद्दीन जकारिया
कादिरी	अब्दुल कादिर अल निलामी	शाह नियामतुल्ला
नक्शबन्दी	ख्वाजा बाकी बिल्लाह	मखदूम जिलानी
सत्तारी	शेख अब्दुल्ला सत्तारी	अब्दुल्ला सत्तारी

प्रमुख सूफी सन्त व उनकी उपाधियाँ

सूफी सन्त	उपाधि
शेख निजामुद्दीन औलिया	महबूब-ए-इलाही
सैय्यद मुहम्मद गेसूदराज	बन्दा नवाज
शेख अहमद सरहिन्दी	मुजाहिद
शेख नासिरूद्दीन महमूद	चिराग-ए-दिल्ली

SSC एग्जाम स्कैनर

SSC CGL 2023 (Tier 1 & 2)

87. इमादशाही वंश किस राज्य की स्थापना के लिए जाना जाता था?
SSC CGL Tier-1 19.07.2023 (Shift-I)
(a) गोलकुण्डा (b) बरार
(c) बीदर (d) अहमदनगर

उत्तर (b)
- इमादशाही वंश, **बरार राज्य** की स्थापना के लिए जाना जाता था।
- इस राज्य की स्थापना **फतेहउल्लाह इमादशाह** द्वारा 1490 ई. में की गई थी, जिसे 'इमादुलमुल्क' भी कहा जाता है।
- इस वंश का शासनकाल 1490 -1574 ई. तक रहा।
- 1574 ई. में **बरार** पर **अहमदनगर** ने अधिकार कर लिया।

88. 'पत्तनुलकर' गुजरात क्षेत्र से विजयनगर राज्य में चले गए, वे कौन थे?
SSC CGL Tier-1 24.07.2023 (Shift-III)
(a) रेशम बुनकर
(b) कपास व्यापारी
(c) सुनार
(d) हीरा निर्माता

उत्तर (a)
- पत्तनुलकर गुजरात क्षेत्र से विजयनगर राज्य में चले गए, वे **रेशम बुनकर** थे।
- ये दक्षिण भारत के गुजराती **हिन्दू ब्राह्मण** थे, जिनका एक क्षेत्र से दूसरे क्षेत्र में नियमित प्रवास होता था।
- विजयनगर राज्य रेशम व्यापार और उत्पादन का एक प्रमुख केन्द्र था और पत्तनुलकरों ने इस क्षेत्र में रेशम उद्योग के विकास में महत्त्वपूर्ण भूमिका निभाई।

SSC CPO 2024 & 2023

89. दन्तिवर्मन या दन्तिदुर्ग निम्नलिखित में से किस राजवंश के संस्थापक थे?
SSC CPO 28.06.2024 (Shift-I)
(a) राष्ट्रकूट (b) चेर
(c) प्रतिहार (d) पाल

उत्तर (a)
- दन्तिवर्मन या दन्तिदुर्ग **राष्ट्रकूट राजवंश** के संस्थापक थे।
- दन्तिदुर्ग ने 8वीं शताब्दी में **मालखेड़** (आधुनिक गुलबर्गा, कर्नाटक) में राष्ट्रकूट वंश की स्थापना की थी।
- उन्होंने चालुक्य और पल्लव राजवंशों को हराया और राष्ट्रकूट को दक्षिण भारत में एक प्रमुख शक्ति बना दिया।
- ये एक कुशल सेनापति और एक दूरदर्शी प्रशासक थे। उन्होंने कई मन्दिरों और अन्य सार्वजनिक कार्यों का निर्माण करवाया।

90. 12वीं शताब्दी के भारतीय राजा पृथ्वीराज चौहान के जीवन पर लिखित महाकाव्य पृथ्वीराज रासो की रचना .... ने की थी।
SSC CPO 03.10.2023 (Shift-I)
(a) भारवि (b) अश्वघोष
(c) बाणभट्ट (d) चन्दबरदाई

उत्तर (d)
- 12वीं शताब्दी के भारतीय राजा पृथ्वीराज चौहान के जीवन पर लिखित महाकाव्य 'पृथ्वीराज रासो' की रचना **चन्दबरदाई** ने की थी।
- यह महाकाव्य ब्रज भाषा में लिखा गया एवं इसमें 69 सर्ग या अध्याय हैं।
- इन्होंने वर्तमान राजस्थान, हरियाणा, दिल्ली, पंजाब, मध्य प्रदेश और उत्तर प्रदेश के कुछ हिस्सों पर भी नियन्त्रण स्थापित किया था।

91. चाहमान (चौहान) वंश के किस शासक ने अजमेर को अपनी राजधानी बनाया?
SSC CPO 03.10.2023 (Shift-I)
(a) अर्णोराज (b) पृथ्वीराज III
(c) पृथ्वीराज II (d) अजयराज

उत्तर (d)
- चाहमान (चौहान) वंश के शासक **अजयराज** ने अजमेर को अपनी राजधानी बनाया।
- अजयराज चौहान वंश का महान शासक था, इन्होंने अजमेर शहर की स्थापना की।
- वर्तमान अजमेर को पहले **अजयमेरू** के नाम से जाना जाता था।

92. मध्यकालीन भारत की भक्ति परम्परा से सम्बन्धित वह राजपूत राजकुमारी निम्नलिखित में से कौन थीं, जिसके गीत भगवान श्री कृष्ण को समर्पित थे? **SSC CPO 04.10.2023 (Shift-II)**
(a) मीराबाई (b) मुदुपलानी
(c) अक्का महादेवी (d) लाल देव

उत्तर (a)
- **मीराबाई** (1498-1547 ई.) एक कृष्ण भक्त और कवयित्री थीं।
- सन्त रविदास इनके गुरु थे।
- यह राणा साँगा के पुत्र **भोजराज सिंह सिसोदिया** की पत्नी थीं।
- मीराबाई की रचनाएँ **गोविन्द टीका, राग सोरठा, नरसी जीका मायरा** आदि हैं।

SSC CPO 2022

93. 1342 ई. में, एक रईस, हाजी इलियास खान ने बंगाल को एकजुट किया और .... की उपाधि के तहत इसका शासक बना और इलियास शाह वंश की नींव रखी।
SSC CPO 11.11.2022 (Shift-I)
(a) शम्सुद्दीन इलियास शाह
(b) सुल्तान सेफ उद्-दीन
(c) सुल्तान अबू अल-मुजाहिदी
(d) ग्यासुद्दीन आजम

उत्तर (a)
- 1342 ई. में एक रईस, **हाजी इलियास खान** ने बंगाल को एकजुट किया और **शम्सुद्दीन इलियास शाह** की उपाधि के तहत इसका शासक बना और इलियास शाह वंश की नींव रखी।
- शम्सुद्दीन इलियास शाह पश्चिम बंगाल के स्वतन्त्र बादशाह अलाउद्दीन अली शाह (1339-1345 ई.) का सौतेला भाई था।

> इलियास शाह को मध्ययुगीन भारत के सन्दर्भ में **विश्व विजेता** माना जाता था, इसके कारण उन्हें अलाउद्दीन खिलजी की तरह दूसरा सिकन्दर कहा जाने लगा था।

94. 15वीं शताब्दी में सत्रीया नृत्य शैली किसके द्वारा पेश की गई थी?
SSC CPO 10.11.2022 (Shift-III)
(a) महापुरुष शंकरदेव (b) गोविन्दाचार्य
(c) चैतन्य महाप्रभु (d) वल्लभाचार्य

उत्तर (a)
- सत्रीया नृत्य शैली असम के महान वैष्णव **महापुरुष शंकरदेव** द्वारा 15वीं शताब्दी में पेश की गई थी।
- धार्मिक चरित्र और सन्तों के साथ जुड़ाव के कारण, इस नृत्य शैली को उपयुक्त रूप में सत्रीया नाम दिया गया है।
- सत्रीया नृत्य परम्परा हस्त-मुद्रा, पदचाप, आचार्य, संगीत आदि के सम्बन्ध में कड़ाई से निर्धारित सिद्धान्तों द्वारा शासित होती है।
- यह भारत के **आठ शास्त्रीय नृत्यों** में से एक है।

SSC CHSL 2024 (Tier 1)

95. निम्नलिखित में से किस राजवंश की वंशावली बिजौलिया शिलालेख में पाई गई है?
SSC CHSL Tier-1 02.07.24 (Shift-IV)
(a) परमार (b) चन्देल
(c) गहड़वाल (d) चाहमान

उत्तर (d)
- चाहमान राजवंश की वंशावली बिजौलिया शिलालेख में पाई गई है।
- चौहान वंश अथवा चाहमान वंश भारतीय राजपूत राजवंश था।
- चाहमान वंश का संस्थापक **वाक्पतिराज प्रथम** था।
- इस वंश का सबसे महान शासक **रायपिथौरा** (पृथ्वीराज चौहान) था।

96. अन्नामाचार्य ने किस भगवान की स्तुति में संकीर्तन की रचना की थी?
SSC CHSL Tier-1 10.07.24 (Shift-III)
(a) भगवान शिव (b) भगवान राम
(c) भगवान वेंकटेश्वर (d) भगवान कृष्ण

उत्तर (c)
- अन्नामाचार्य ने **भगवान वेंकटेश्वर** की स्तुति में संकीर्तन की रचना की थी।

• इन्होंने वेंकटेश्वर भगवान की स्तुति में 32000 संकीर्तनों (गीत) की रचना की थी, किन्तु वर्तमान में केवल 12000 गीत ही उपलब्ध हैं।
• **अन्नामाचार्य** दक्षिण भारत के पहले संगीतज्ञ थे, जिन्होंने संकीर्तन की रचना की।

SSC CHSL 2023 & 2021 (Tier 1)

97. कवि सन्त कबीरदास का जन्म 15वीं शताब्दी के आस-पास .... में हुआ था।
SSC CHSL Tier-1 16.03.2023 (Shift-I)
(a) आगरा (b) अमृतसर
(c) काशी (d) सोमनाथ

उत्तर (c)
• कवि सन्त कबीरदास का जन्म 15वीं शताब्दी के आस-पास **काशी** में हुआ था।
• ये हिन्दी साहित्य के भक्तिकाल के निर्गुण शाखा की ज्ञानमार्गी उपशाखा के महानतम् कवि थे।
• इनकी रचनाओं ने हिन्दी प्रदेश के भक्ति आन्दोलन को गहरे स्तर तक प्रभावित किया।
• **बीजक** कबीर की प्रमुख रचनाओं में से एक है।

98. अलवार किस दक्षिण भारतीय संस्कृति के भक्त थे?
(a) शक्तिवाद (b) शिववाद
(c) जैन धर्म (d) वैष्णववाद

उत्तर (d)
• अलवार **वैष्णववाद** दक्षिण भारतीय संस्कृति के भक्त थे।
• अलवार 12 तमिल कवि संतों का एक समूह था, जो विष्णु को परम वास्तविक मानते थे।
• अलवार पूरे दक्षिण भारत में यात्रा करते थे, अपने भजन गाते और वैष्णवाद का संदेश देते थे।
• उनके भजन नालयिरदिव्यप्रबन्ध में संकलित हैं, जो 4000 छन्दों का संग्रह है।

99. भारत के किस भाग में आसफजाही राजवंश के निजामों ने शासन किया?
SSC CHSL Tier-1 10.08.2021 (Shift-I)
(a) पूर्वी साम्राज्य (b) दक्कन प्रान्त
(c) उत्तरी भारत (d) पश्चिमी साम्राज्य

उत्तर (b)
• भारत के **दक्कन प्रान्त** में आसफजाही राजवंश के निजामों ने शासन किया है।
• इस राजवंश की स्थापना **मीर कमरुद्दीन सिद्दीकी** ने की थी।
• आसफजाही राजवंश ने 1734 ई. से लेकर 1948 में स्वतन्त्र भारत में हैदराबाद राज्य पर शासन किया।
• आसफजाही परिवार के सदस्य पहले मुगल दरबार में कर्मचारी थे और इसके संस्थापक कमरुद्दीन दक्कन में वायसराय थे।

SSC MTS 2024

100. मौखरियों ने पश्चिमी उत्तर प्रदेश में ...... पर शासन किया, जिसने बाद में उत्तरी भारत के राजनीतिक केन्द्र के रूप में पाटलिपुत्र की जगह ले ली। **SSC MTS Tier-1 16.10.2024 (Shift-II)**
(a) मथुरा (b) झाँसी
(c) कन्नौज (d) आगरा

उत्तर (c)
• मौखरियों ने पश्चिमी उत्तर प्रदेश में **कन्नौज** पर शासन किया, जिसने बाद में उत्तरी भारत के राजनीतिक केन्द्र के रूप में पाटलिपुत्र की जगह ले ली।
• मौखरि वंश का संस्थापक **हरिवर्मन** था, वह कन्नौज का पहला राजा था।
• इस वंश के पश्चात् वर्द्धन वंश या पुष्यभूति वंश के महानतम सम्राट हर्षवर्द्धन के काल में कन्नौज का उत्कर्ष अपने चरम पर पहुँचा।
• हर्षवर्द्धन ने कन्नौज को अपनी राजधानी बनाया।

101. हर्षवर्द्धन की बहन राज्यश्री का विवाह कान्यकुब्ज के मौखरी वंश के राजा .... के साथ हुआ था। **SSC MTS Tier-1 07.10.2024 (Shift-I)**
(a) इसनवर्मन (b) देवगुप्त
(c) ग्रहवर्मन (d) शशांक

उत्तर (c)
• हर्षवर्द्धन की बहन राज्यश्री का विवाह कान्यकुब्ज के मौखरी वंश के **राजा ग्रहवर्मन** के साथ हुआ था। ग्रहवर्मन मौखरी राजवंश से सम्बन्धित अन्तिम शासक था।
• वर्द्धनवंश का संस्थापक पुष्यभूति था। इसके दो पुत्र राजवर्द्धन, हर्षवर्द्धन और एक पुत्री राज्यश्री थी।
• राजवर्द्धन की मृत्यु के पश्चात् 606 ई. में हर्षवर्द्धन शासक बना और 647 ई. तक शासन किया।
• हर्षवर्द्धन ने अपनी राजधानी थानेश्वर से कन्नौज स्थानान्तरित की। इसी के शासनकाल में चीनी यात्री ह्वेनसाँग भारत आया।

102. भारत का अन्तिम मुगल सम्राट कौन था?
SSC MTS Tier-1 12.11.2024 (Shift-III)
(a) अकबर द्वितीय (b) शाहजहाँ
(c) बहादुर शाह द्वितीय (d) औरंगजेब

उत्तर (c)
• भारत का अन्तिम मुगल सम्राट **बहादुर शाह द्वितीय** था।
• मुगल साम्राज्य की स्थापना 1526 ई. में जहीरूद्दीन मुहम्मद उर्फ बाबर ने की थी।
• मुगल शासकों में औरंगजेब के पश्चात् के शासकों का क्रम बहादुर शाह प्रथम, जहाँदर शाह, फर्रूखशियर, रफी उद-दरजात, मुहम्मद शाह, अहमद शाह बहादुर, आलमगीर और शाह आलम द्वितीय हैं।

103. पुरन्दर की सन्धि के अनुसार शिवाजी ने कितने किले मुगलों के हवाले किए थे?
SSC MTS Tier-1 17.10.2024 (Shift-II)
(a) 35 (b) 11 (c) 18 (d) 23

उत्तर (d)
• पुरन्दर की सन्धि के अनुसार शिवाजी ने 23 किले मुगलों को दिए थे।
• यह सन्धि **11 जून, 1665** को मुगल सेनापति जयसिंह प्रथम और छत्रपति शिवाजी महाराज के बीच हुई थी। इस सन्धि के बाद शिवाजी के पास 35 किलों में से 12 किले बचे थे।
• इस सन्धि के अन्तर्गत मुगलों ने कोंकण और बालाघाट के कुछ हिस्सों पर शिवाजी के अधिकार को स्वीकार किया था।

SSC MTS 2023 & 2021

104. अजमेर शरीफ निम्नलिखित में से किस सूफी सन्त की दरगाह है?
SSC MTS Tier-1 08.09.2023 (Shift-II)
(a) मोहम्मद-बिन-तुगलक
(b) मोहम्मद गोरी
(c) ख्वाज़ा मोइनुद्दीन चिश्ती
(d) बख्तियार खिलजी

उत्तर (c)
• अजमेर शरीफ में **ख्वाजा मोइनुद्दीन चिश्ती** की दरगाह है।
• **ख्वाजा मोइनुद्दीन चिश्ती** एक प्रसिद्ध सूफी सन्त होने के साथ-साथ इस्लामी विद्वान और दार्शनिक भी थे।
• इनकी ख्याति इस्लाम के महान उपदेशक के रूप में विश्वभर में फैली हुई थी।
• इन्होंने 12वीं शताब्दी में अजमेर में चिश्तिया परम्परा की स्थापना की थी।

105. निम्नलिखित में से कौन महाराष्ट्र के एक सन्त थे?
SSC MTS Tier 1 02.11.2021
(a) भाखन (b) सुन्दरदास
(c) दादूदयाल (d) चोखामेला

उत्तर (d)
• **चोखामेला** महाराष्ट्र के एक सन्त थे।
• चोखामेला (1300-1400 ई.) ने कई अभंगों की रचना की।
• इन्हें भारत का दलित-महार जाति का पहला महान कवि माना जाता है।
• **सन्त नामदेव** (1270-1350 ई.) को चोखामेला का गुरु माना जाता है।

106. हाफ़िज (हाफेज) .... सदी के कवि थे, जिनके कविता संग्रह को 'दीवान' या 'दीवान-ए-हाफिज' के नाम से जाना जाता है।
SSC MTS Tier-1 05.10.2021 (Shift-I)
(a) 15वीं (b) 17वीं
(c) 14वीं (d) 16वीं

उत्तर (c)
• हाफिज (हाफेज) **14वीं** सदी के कवि थे, जिनके कविता संग्रह को 'दीवान' या 'दीवान-ए-हाफिज' के नाम से जाना जाता है।
• इनकी कविताओं में रहस्यमय प्रेम और भक्ति का सम्मिलित स्वरूप देखने को मिलता है।
• इनके कविता संग्रह की एक विशेषता यह भी थी कि उसमें दो भाषाओं **अरबी और फारसी** का समावेश था।
• **दिवान-ए-हाफिज** कृति को यूनेस्को ने विश्व धरोहर के रूप में शामिल किया है।

SSC Steno 2024

107. बाणभट्ट, हर्षवर्द्धन का दरबारी कवि था, जिसने .... नामक पुस्तक लिखी थी।
SSC Steno Tier-1 10.12.2024 (Shift-I)
(a) मुद्राराक्षस (b) अर्थशास्त्र
(c) हर्षचरित (d) नीतिसार

उत्तर (c)

• बाणभट्ट, हर्षवर्द्धन का दरबारी कवि था, जिसने 'हर्षचरित' नामक पुस्तक लिखी थी।

• हर्षचरित संस्कृत भाषा में लिखी गई पहली ऐतिहासिक जीवनी थी। यह पुस्तक काव्य गद्य में लिखी गई है।

• बाणभट्ट, 7वीं शताब्दी के संस्कृत विद्वान और कवि थे। इनके दो मुख्य ग्रन्थ-हर्षचरित और कादम्बरी हैं तथा कादम्बरी विश्व का पहला उपन्यास माना जाता है।

108. चोलों पर विजय प्राप्त करने वाला राष्ट्रकूट राजा कौन था? SSC Steno Tier-1 10.12.2024 (Shift-I)

(a) राजराजा प्रथम (b) कृष्ण प्रथम
(c) कृष्ण तृतीय (d) राजेन्द्र

उत्तर (c)

• चोलों पर विजय प्राप्त करने वाला राष्ट्रकूट राजा **कृष्ण तृतीय** था।

• राष्ट्रकूट राजवंश का संस्थापक दन्तिदुर्ग (752 ई.) था। शुरुआत में वे कर्नाटक के चालुक्य राजाओं के अधीन थे।

• राष्ट्रकूट की राजधानी मनकिर या मान्यखेत थी।

• तक्कोलम के युद्ध में राष्ट्रकूट नरेश कृष्ण-तृतीय ने परान्तक-प्रथम (चोल शासक) को पराजित किया था।

109. खजुराहो निम्नलिखित में से किस राजवंश की राजधानियों में से एक था? SSC Steno Tier-1 10.12.2024 (Shift-III)

(a) प्रतिहार राजवंश (b) चन्देल राजवंश
(c) पाल राजवंश (d) कलचुरी राजवंश

उत्तर (b)

• खजुराहो चन्देल वंश की राजधानियों में से एक था।

• चन्देल वंश के संस्थापक नन्नुका थे, इन्होंने 831 ई. में इस वंश की स्थापना की थी।

• चन्देल वंश के राजाओं ने खुजराहो के विश्व प्रसिद्ध मन्दिरों का निर्माण कराया।

• इस वंश के प्रमुख राजा विजयपाल, कीर्तिवर्मन व मदनवर्मन थे।

110. औरंगाबाद स्थित बीबी का मकबरा के बारे में निम्नलिखित में से कौन-सा कथन गलत है? SSC Steno Tier-1 11.12.2024 (Shift-I)

(a) यह औरंगजेब की पत्नी राबिया-उद्-दुर्रानी की कब्रगाह है।
(b) यह पूरी तरह से संगमरमर से बना है।
(c) इसे मुगल बादशाह आजम शाह ने बनवाया था।
(d) यह अपने समान डिजाइनों के कारण ताजमहल की नकल है।

उत्तर (b)

• औरंगाबाद स्थित बीबी का मकबरा के सम्बन्ध में विकल्प (b) गलत है।

• इसका निर्माण सम्राट औरंगजेब ने 1660 में अपनी पत्नी दिलरास बानू बेगम की (राबिया-उद्-दुर्रानी) स्मृति में करवाया था।

• ताजमहल से समानता के कारण इसे दक्कन का ताज भी कहा जाता है।

SSC Selection Post 2024

111. अकबर के समकालीन महाराणा प्रताप निम्नलिखित में से किस साम्राज्य के शासक थे? SSC SP Tier-1 10.8.2024 (Shift-III)

(a) मेड़ता (b) मेवाड़
(c) मारवाड़ (d) जोधपुर

उत्तर (b)

• अकबर के समकालीन महाराणा प्रताप **मेवाड़** साम्राज्य के शासक थे।

• वर्ष 1540 में कुम्भलगढ़ में जन्मे महाराणा प्रताप सिसोदिया राजवंश से थे और मेवाड़ के 54वें शासक थे।

• इन्होंने अकबर के साथ कई युद्ध लड़े, जिनमे सबसे प्रसिद्ध **हल्दीघाटी** का युद्ध (1576) था और इन्होंने कभी भी अकबर की अधीनता स्वीकार नहीं की।

मुगल साम्राज्य, विजयनगर तथा बहमनी साम्राज्य

मुगल साम्राज्य

• संस्थापक – **बाबर**

बाबर (1526-1530 ई.)

• जन्म – 1483 ई. फरगना (उज्बेकिस्तान)
• उपाधि – कलन्दर (उदारता के लिए)
• बाबर को भारत पर आक्रमण करने का निमन्त्रण पंजाब के शासक **दौलत खाँ लोदी** एवं मेवाड़ के शासक **राणा सांगा** ने दिया था।
• पानीपत के प्रथम युद्ध (1526 ई.) में बाबर ने पहली बार तुलगमा युद्ध नीति एवं तोपखाने का प्रयोग किया। **उस्ताद अली** एवं **मुस्तफा** बाबर के दो प्रसिद्ध तोपची थे।
• खानवा के युद्ध (1527 ई.) में विजय के बाद बाबर ने **गाजी** की उपाधि धारण की थी। इस युद्ध में बाबर ने जेहाद का नारा दिया था।
• चन्देरी के युद्ध (1528 ई.) में **मेदिनी राय** को तथा घाघरा के युद्ध (1529 ई.) में बिहार एवं बंगाल की संयुक्त अफगान सेना को पराजित किया।
• बाबर को मुंबईयान नामक पद्यशैली का भी जन्मदाता माना जाता है।

हुमायूँ (1530-40 ई. एवं 1555-56 ई.)

• हुमायूँ, 1530 ई. में सिंहासन पर बैठा। 1533 ई. में दिल्ली में **दीनपनाह** नामक नगर की स्थापना की।
• **चौसा का युद्ध** 26 जून, 1539 में शेर खाँ एवं हुमायूँ के बीच हुआ। इस युद्ध में शेर खाँ विजयी रहा।
• **बिलग्राम** या **कन्नौज का युद्ध** 17 मई, 1540 में शेर खाँ एवं हुमायूँ के बीच हुआ।
इस युद्ध में हुमायूँ को पराजित कर शेर खाँ ने **आगरा** एवं **दिल्ली** पर कब्जा कर लिया।
• 1555 ई. में हुमायूँ ने सिकन्दर शाह सूर को पराजित कर पुनः दिल्ली पर कब्जा किया।
• 1 जनवरी, 1556 को **दीनपनाह** नामक पुस्तकालय की सीढ़ियों से गिरने के कारण हुमायूँ की मृत्यु हो गई।

अकबर (1556-1605 ई.)

• जन्म – 15 अक्टूबर, 1542 (अमरकोट)
• राज्याभिषेक – 14 फरवरी, 1556 (कलानौर, पंजाब)
• 1556 से 1560 ई. तक संरक्षक – **बैरम खाँ**
• इनके महत्त्वपूर्ण कार्य निम्न हैं
  – दास प्रथा का अन्त (1562)
  – तीर्थयात्रा कर का अन्त (1563)
  – जजिया कर की समाप्ति (1564)
  – इबादत खाने की स्थापना (1575)
  – दीन-ए-इलाही धर्म की स्थापना (1582)
  – इलाही संवत् की शुरुआत (1583)
  – राजधानी लाहौर स्थानान्तरित (1585)
• दीन-ए-इलाही धर्म स्वीकार करने वाला प्रथम एवं अन्तिम हिन्दू **बीरबल** था।
• अकबर के दरबार में प्रसिद्ध संगीतकार **तानसेन** था। अकबर के दीवान राजा **टोडरमल** ने 1580 ई. में **दहसाला** बन्दोबस्त लागू किया।
• अकबर ने जैन धर्म के **हरिविजय सूरि** को **जगतगुरु** की उपाधि प्रदान की तथा चिश्ती सम्प्रदाय को आश्रय दिया। सलीम चिश्ती उसके समकालीन थे।

अकबर द्वारा लड़े गए प्रमुख युद्ध

युद्ध	वर्ष	किसके मध्य	परिणाम
पानीपत का द्वितीय युद्ध	5 नवम्बर, 1556	अकबर एवं हेमू	अकबर विजयी
हल्दीघाटी का युद्ध	18 जून, 1576	अकबर एवं महाराणा प्रताप	अकबर विजयी

शाहजहाँ (1627-1658 ई.)

• जन्म – 1592 ई. (लाहौर)
• बचपन का नाम – खुर्रम
• गद्दी पर बैठा – 1627 ई.
• राजधानी – दिल्ली
• 1612 ई. में खुर्रम का विवाह आसफ खाँ की पुत्री **अर्जुमंदबानो बेगम** (मुमताजमहल) से हुआ, जिसे उसने मल्लिका-ए-जमानी की उपाधि प्रदान की।
• इन्हीं की याद में शाहजहाँ ने आगरा में **ताजमहल** का निर्माण करवाया।
• शाहजहाँ ने **मयूर सिंहासन** का निर्माण करवाया। इसके शासनकाल को मुगल काल के **स्थापत्य कला का स्वर्ण युग** कहा जाता है।
• **शाहजहाँ द्वारा बनवाई गई प्रमुख इमारतें** दिल्ली का लाल किला, दीवाने आम, दीवाने खास, दिल्ली की जामा मस्जिद, आगरा की मोती मस्जिद एवं ताजमहल हैं।

- 1958 ई. में औरंगजैब ने शाहजहाँ को बन्दी बना लिया। 1666 ई. में उसकी मृत्यु हो गई।
- उसके पुत्रों में **दाराशिकोह** सर्वाधिक विद्वान् था।

औरंगजेब (1658-1707 **ई.**)

- जन्म – 3 नवम्बर, 1618 दाहोद (गुजरात)
- गद्दी पर बैठा – 1658 ई. (दो बार राज्याभिषेक)
- उपनाम – **जिन्दा पीर**
- इनके महत्त्वपूर्ण कार्य निम्न हैं
  - झरोखा-दर्शन एवं नौरोज मनाने पर रोक
  - 1679 ई. में **जजिया कर** पुनः लागू
  - 1679 ई. में औरंगाबाद में बीबी का मकबरा का निर्माण
  - 1686 ई. में बीजापुर तथा 1687 ई. में गोलकुण्डा को मुगल साम्राज्य में मिलाया
  - सिखों के नौवें गुरु, **गुरु तेगबहादुर** की हत्या करवाई
- मृत्यु – 1707 ई., अहमदनगर (इसकी मृत्यु के बाद मुगलों का पतन प्रारम्भ)
- औरंगजेब के समय भारत में सूबों की संख्या **20** थी।

विजयनगर साम्राज्य (1336-1652 ई.)

- संस्थापक – हरिहर एवं बुक्का
- स्थापना वर्ष – 1336 ई.
- गुरु – माधव विद्यारण्य
- राजधानी – हम्पी (हस्तिनावती)
- महानतम् शासक – **कृष्णदेव राय**

विजयनगर साम्राज्य के राजवंश

वंश	संस्थापक
संगम वंश	हरिहर तथा बुक्का
सालुव वंश	नरसिंह सालुव
तुलुव वंश	वीर नरसिंह
अराविडु वंश	तिरुमल

- विजयनगर के शासक देवराय प्रथम के समय इटली का यात्री **निकोलो कोंटी** 1420 ई. में विजयनगर आया।
- देवराय द्वितीय के समय 1442 ई. में फारस यात्री अब्दुर्रज़ाक विजयनगर आया था।
- कृष्णदेव राय के शासनकाल में 1515-16 ई. में पुर्तगाली यात्री **डोमिंगो पायस** तथा **बारबोसा** भारत आए थे।
- कृष्णदेव राय ने तेलुगू भाषा में **अमुक्तमाल्यद** एवं संस्कृत में **जाम्बवती कल्याणम्** एवं **उषा परिणय** की रचना की।

बहमनी साम्राज्य (1347-1518 ई.)

- संस्थापक – **हसन गंगू**
- राजधानी – गुलबर्गा
- **महमूद गवाँ** एक ईरानी विद्वान् था, जो लगभग 25 वर्षों तक बहमनी साम्राज्य में मन्त्री रहा।
- बहमनी शासक हुमायूँ शाह को **दक्कन का नीरो** कहा जाता था।
- 1417 ई. में मुहम्मद तृतीय के शासनकाल में रूसी यात्री **निकितन** बहमनी साम्राज्य की यात्रा पर आया था।
- महमूद **गवाँ** की हत्या के बाद बहमनी पाँच छोटे-छोटे राज्यों बीदर, अहमदनगर, बीजापुर, गोलकुण्डा तथा बरार में विभाजित हो गया।

बहमनी राज्य के विखण्डन से बने पाँच राज्य

राज्य	राजवंश	संस्थापक	स्थापना वर्ष
अहमदनगर	निजामशाही	मलिक अहमद	1490 ई.
बीजापुर	आदिलशाही	युसुफ आदिल शाह	1489 ई.
गोलकुण्डा	कुतुबशाही	कुली कुतुबशाह	1512 ई.
बीदर	बरीदशाही	अमीर अली बरीद	1526 ई.
बरार	इमादशाही	फतेहउल्ला इमादशाह	1490 ई.

SSC एग्जाम स्कैनर

SSC CGL 2024 (Tier 1 & 2)

112. चन्देरी के मेदिनी राय, मेवात के हसन खान और महमूद लोदी निम्नलिखित में से किस मुगल शासक के खिलाफ लड़ने के लिए अपनी सेना सहित राणा साँगा के साथ मिल गए थे? **SSC CGL Tier-1 26-9-2024 (Shift-II)**

(a) औरंगजेब (b) हुमायूँ
(c) बाबर (d) अकबर

उत्तर (c)

- चन्देरी के मेदिनी राय, मेवात के हसन खान और महमूद लोदी **बाबर** के खिलाफ लड़ने के लिए राणा साँगा के साथ मिल गए थे।
- **चन्देरी का युद्ध** 29 जनवरी, 1528 में मुगलों तथा राजपूतों के मध्य लड़ा गया था।
- इस युद्ध के कारण मुगल साम्राज्य का मालवा की ओर विस्तार हुआ।

113. भारत में मुगल राजवंश के संस्थापक बाबर का वास्तविक नाम .... था। **SSC CGL Tier-1 24-9-2024 (Shift-II)**

(a) रुकनुद्दीन मुहम्मद (b) जैनुद्दीन मुहम्मद
(c) इरफानुद्दीन मुहम्मद (d) जहीरुद्दीन मुहम्मद

उत्तर (d)

- **बाबर** (जहीरुद्दीन मुहम्मद) भारत में मुगल साम्राज्य का संस्थापक था।
- वह **तैमूर** और **चंगेज खान** का वंशज था।
- 11 वर्ष की आयु में बाबर अपने पिता उमर शेख मिर्जा के स्थान पर **1494** ई. में फरगना का शासक बना था।
- 1526 ई. में उसने **इब्राहिम लोदी** के साथ पानीपत की पहली लड़ाई लड़ी और मुगल साम्राज्य की नींव रखी। **1530** ई. में उसकी मृत्यु हो गई।

114. निम्नलिखित में से कौन-सा युद्ध 1527 ई. में बाबर और राणा साँगा के बीच लड़ा गया था? **SSC CGL Tier-1 23-9-2024 (Shift-I)**

(a) बयाना का युद्ध
(b) पानीपत का द्वितीय युद्ध
(c) चन्देरी का युद्ध
(d) खानवा का युद्ध

उत्तर (d)

- 1527 ई. में बाबर एवं राणा साँगा के बीच **खानवा का युद्ध** लड़ा गया था।
- खानवा के युद्ध में बाबर की जीत हुई थी।
- इस युद्ध में विजय के पश्चात् बाबर ने **गाजी** की उपाधि धारण की थी।
- खानवा राजस्थान के भरतपुर जिले में स्थित एक गाँव है।

115. 1539 ई. में चौसा की लड़ाई हुमायूँ और ...... के बीच लड़ी गई थी। **SSC CGL Tier-1 19-9-2024 (Shift-III)**

(a) सिकन्दर सूरी (b) शेरशाह सूरी
(c) राणा साँगा (d) इब्राहिम लोदी

उत्तर (b)

- चौसा की लड़ाई (1539) मुगल सम्राट हुमायूँ तथा सूरी वंश के अफगानी शासक **शेरशाह सूरी** के बीच हुई थी।
- यह युद्ध **26 जून, 1539** को चौसा (बिहार में बक्सर से 10 मील दक्षिण-पश्चिम) में लड़ा गया था, जिसमें शेरशाह विजयी हुआ और स्वयं फरीद ने **अलदीन शेरशाह** का ताज पहना।
- इस युद्ध के बाद शेरखान ने स्वयं को बादशाह घोषित किया तथा अपना नाम शेरशाह रख लिया।

116. तैमूरी परम्परा के अनुसार, हुमायूँ को अपने भाइयों के साथ सत्ता साझा करनी थी। हुमायूँ का दिल्ली, आगरा और मध्य भारत पर नियन्त्रण था, जबकि उसके भाई कामरान का नियन्त्रण निम्नलिखित में से किस क्षेत्र पर था? **SSC CGL Tier-1 19-9-2024 (Shift-I)**

(a) अफगानिस्तान और पंजाब
(b) दक्कन
(c) बंगाल और बिहार
(d) गुजरात और राजस्थान

उत्तर (a)

- तैमूरी परम्परा के अनुसार, हुमायूँ को अपने भाइयों के साथ सत्ता साझा करनी थी। हुमायूँ का दिल्ली, आगरा और मध्य भारत पर नियन्त्रण था, जबकि उसके भाई कामरान का नियन्त्रण **अफगानिस्तान और पंजाब** क्षेत्र पर था।
- **हुमायूँ** एक मुगल वंश का शासक था। उसने 1530-1556 ई. तक अफगानिस्तान, पाकिस्तान और भारत के उत्तर-पूर्वी हिस्से पर शासन किया था।
- **कामरान मिर्जा** का शासन काबूल और लाहौर क्षेत्र पर था।

117. निम्नलिखित में से कौन मुगल सम्राट बाबर का उत्तराधिकारी था?
SSC CGL Tier-1 17-9-2024 (Shift-I)
(a) औरंगजेब (b) शाहजहाँ
(c) हुमायूँ (d) जहाँगीर

उत्तर (c)
• मुगल सम्राट बाबर का उत्तराधिकारी **हुमायूँ** था।
• बाबर, तैमूर और चंगेज खान का वंशज था।
• बाबर ने 1526 ई. में पानीपत का युद्ध, 1527 ई. में खानवा, 1528 ई. में चन्देरी और 1529 ई. में घाघरा का युद्ध लड़ा।

118. निम्नलिखित में से कौन मुगल सम्राट अकबर के शासनकाल में वकील था, जिसे खान-ए-खाना की उपाधि प्राप्त थी?
SSC CGL Tier-1 13-9-2024 (Shift-III)
(a) बीरबल (b) बैरम खान
(c) राजा टोडरमल (d) मुल्ला दो-प्याज़ा

उत्तर (b)
• **बैरम खान** मुगल सम्राट अकबर के शासनकाल में वकील था, जिसे खान-ए-खाना की उपाधि प्राप्त थी।
• हुमायूँ के बाद 13 वर्ष की आयु में जब अकबर शासक बना, तो बैरम खान ने उसके संरक्षक की भूमिका निभाई थी।
• अकबर ने 1556-1605 ई. तक शासन किया।
• बैरम खान हुमायूँ की सेना का प्रमुख था।

119. निम्नलिखित में से कौन अकबर के नवरत्नों में से एक था? **SSC CGL Tier-1 11-9-2024 (Shift-I)**
(a) पुरन्दर दास (b) तानसेन
(c) स्वामी हरिदास (d) अमीर खुसरो

उत्तर (b)
• तानसेन अकबर के नवरत्नों में से एक थे।
• इनका वास्तविक नाम **रामतनु पाण्डे** था।
• तानसेन अकबर के द्वारा प्रदान की गई उपाधि थी।
• इन्होंने हिन्दू देवी-देवताओं पर ध्रुपद की रचना की।
• अकबर के नवरत्न— बीरबल, तानसेन, अबुल फजल, अबुल फैजी, टोडरमल, राजा मानसिंह, अब्दुल रहीम खान-ए-खाना, फ़कीर अजियोद्दीन, मुल्ला-दो-प्याजा।

120. हुमायूँ की मृत्यु के बाद, 13 वर्षीय अकबर का 1556 ई. में.………के कलानौर में राज्याभिषेक हुआ।
SSC CGL Tier-1 10-9-2024 (Shift-I)
(a) गुजरात (b) बंगाल (c) राजस्थान (d) पंजाब

उत्तर (d)
• हुमायूँ की मृत्यु के बाद, 13 वर्षीय अकबर का 1556 ई. में **पंजाब** के कलानौर में राज्यभिषेक हुआ था।
• **बैरम खान** को अकबर का संरक्षक नियुक्त किया गया था।
• जलालउद्दीन मोहम्मद अकबर तैमूर वंशावली के तीसरे मुगल शासक थे।
• अकबर को **अकबर-ए-आजम**, **शहंशाह अकबर** और **महाबली शहंशाह** आदि नामों से जाना जाता है।

121. अकबर के शासनकाल के दौरान राजस्व मन्त्री कौन था? **SSC CGL Tier-1 9-9-2024 (Shift-III)**
(a) मुल्ला दो प्याज़ा (b) तानसेन
(c) टोडरमल (d) अब्दुल रहीम

उत्तर (c)
• अकबर के शासनकाल के दौरान **टोडरमल** राजस्व मन्त्री और अकबर के नवरत्नों में से एक थे।
• इन्होंने **बन्दोबस्त प्रणाली** और **दहशाला प्रणाली** नामक नई कर प्रणाली का आविष्कार किया।
• इन्होंने पटना के दीवान मोहल्ले में स्थित चित्रगुप्त मन्दिर का पुनर्निर्माण भी करवाया।

SSC CGL 2023 (Tier 1 & 2)

122. 1528 ई. में चन्देरी के युद्ध में निम्नलिखित में से किसकी हार हुई थी?
SSC CGL Tier-1 14.07.2023 (Shift-II)
(a) शेरशाह सूरी (b) सिकन्दर लोदी
(c) मेदिनी राय (d) बाबर

उत्तर (c)
• 1528 ई. में चन्देरी के युद्ध में **मेदिनी राय** की हार हुई थी।
• यह युद्ध **बाबर** और **मेदिनी राय** के मध्य चन्देरी नामक स्थान में लड़ा गया था, जो वर्तमान में मध्य प्रदेश में है।
• **खानवा के युद्ध** के पश्चात् राजपूतों की शक्ति पूरी तरह नष्ट नहीं हुई थी, इसलिए बाबर ने चन्देरी का युद्ध शेष राजपूतों के खिलाफ लड़ा।

123. विजयनगर के सम्राट कृष्णदेव राय ने अपनी/अपने ……… के नाम पर विजयनगर के समीप नागलपुरम् नामक एक उपनगर की स्थापना की थी। **SSC CGL Tier-1 14.07.2023 (Shift-IV)**
(a) गुरु (b) बहन
(c) पिता (d) माता

उत्तर (d)
• विजयनगर के सम्राट कृष्णदेव राय ने अपनी **माता** के नाम पर विजयनगर के समीप नागलपुरम् नामक एक उपनगर की स्थापना की थी।
• **नागलपुरम** नाम करने से पूर्व इस गाँव को **हरिगन्दपुरम्** के नाम से जाना जाता था।
• उन्होंने विजयनगर में प्रसिद्ध **विट्ठलस्वामी चिदम्बरम्** और अन्य कई **मन्दिरों** का भी निर्माण कराया।
• विजयनगर साम्राज्य तुंगभद्रा नदी के तट पर स्थित था।

124. उस फ्रांसीसी जौहरी का नाम बताइए, जिसने मुगल काल के दौरान कम-से-कम छः बार भारत की यात्रा की थी।
SSC CGL Tier-1 14.07.2023 (Shift-I)
(a) एण्टोनियो मोंसेरेट
(b) जीन-बैप्टिस्ट टैवर्नियर
(c) सैयदी अली रीस
(d) पीटर मुण्डी

उत्तर (b)
• **जीन-बैप्टिस्ट टैवर्नियर** फ्रांसीसी जौहरी थे, जिन्होंने मुगल काल के दौरान 1630 से 1668 ई. के बीच कम-से-कम छः बार भारत की यात्रा की थी।
• टैवर्नियर विशेष रूप से भारत की व्यापारिक स्थितियों से बहुत प्रभावित था।
• इन्होंने भारत की तुलना ईरान के ऑटोमन साम्राज्य से की थी।
• इन्होंने **ट्रैवल्स इन इण्डिया** नामक पुस्तक लिखी।

125. दिल्ली सल्तनत की निम्नलिखित में से किस प्रणाली/व्यवस्था का बहमनी और विजयनगर साम्राज्यों पर प्रभाव था?
SSC CGL Tier-1 17.07.2023 (Shift-II)
(a) बिटिकची (b) चहलगानी
(c) इक्तादारी (d) वाली

उत्तर (c)
• दिल्ली सल्तनत की **इक्तादारी** प्रणाली/व्यवस्था का बहमनी और विजयनगर साम्राज्यों पर प्रभाव था।
• सल्तनत काल में साम्राज्य को कई प्रान्तों में विभाजित किया जाता था, जिसे **इक्ता** या **सूबा** कहा जाता था।
• यहाँ का शासन **नायब** या **वेली** या **मुक्ता** के द्वारा होता था।

> दिल्ली सल्तनत के शासक **इल्तुतमिश** को भारत में इक्ता प्रणाली शुरू करने का श्रेय दिया जाता है। इक्ता प्रथा का अन्त **अलाउद्दीन खिलजी** ने किया था।

126. दक्कन में मुगलों का विरोध करने वाला मलिक अम्बर किस राज्य का कुशल प्रशासक था? **SSC CGL Tier-1 18.07.2023 (Shift-I)**
(a) बीदर (b) अहमदनगर
(c) बीजापुर (d) गोलकुण्डा

उत्तर (b)
• दक्कन में मुगलों का विरोध करने वाला मलिक अम्बर **अहमदनगर** का कुशल प्रशासक था।
• उसे **गुरिल्ला युद्ध का अग्रणी** माना जाता है, साथ ही दक्कन के अधिकांश हिस्से के राजस्व समझौते का श्रेय दिया जाता है।
• मलिक अम्बर ने अपने कार्यकाल के दौरान दक्कन क्षेत्र में मुगल घुसपैठ का विरोध करने में महत्त्वपूर्ण भूमिका निभाई।

127. मेवाड़ के सिसोदिया राजपूत शासक अमर सिंह ने ……… के शासनकाल के दौरान मुगलों की सेवा को स्वीकार किया था।
SSC CGL Tier-1 18.07.2023 (Shift-III)
(a) औरंगजेब (b) अकबर
(c) बाबर (d) जहाँगीर

उत्तर (d)
• मेवाड़ के सिसोदिया राजपूत शासक अमर सिंह ने **जहाँगीर** के शासनकाल के दौरान मुगलों की सेवा को स्वीकार किया था।
• 1613 ई. में बादशाह जहाँगीर ने **शहजादा खुर्रम** (शाहजहाँ) को मेवाड़ अभियान का नेतृत्व प्रदान किया।

• **5 फरवरी, 1615** को महाराणा अमरसिंह ने जहाँगीर की अधीनता स्वीकार कर ली।

• महाराणा अमरसिंह के काल को **राजपूत काल का अभ्युदय** कहा जाता है।

128. तानसेन, जो अकबर के नवरत्नों में शामिल थे, निम्नलिखित में से किस वाद्ययन्त्र के वादन में निपुण थे? SSC CGL Tier-1 18.07.2023 (Shift-IV)

(a) नगाड़ा (b) रबाब
(c) सारंगी (d) वीणा

उत्तर (b)

• **तानसेन रबाब वाद्ययन्त्र** के वादन में निपुण थे।

• इन्होंने तीन ग्रन्थों की रचना की थी– संगीतसार, रागमाला और श्री गणेश स्रोत।

• इनका वास्तविक नाम **रामतनु पाण्डेय** था तथा इनके गुरु **हरिदास** थे।

• अकबर ने तानसेन को कण्ठाभरण वाणी विकास की उपाधि दी।

129. फारसी दूत अब्दुर्रज्जाक किसके शासनकाल में विजयनगर आया था? SSC CGL Tier-1 19.07.2023 (Shift-III)

(a) देवराय II (b) देवराय I
(c) बुक्का I (d) हरिहर II

उत्तर (a)

• फारसी दूत **अब्दुर्रज्जाक** संगम वंश के राजा **देवराय II** (1422-1446 ई.) के शासनकाल में विजयनगर आया था।

• देवराय II को **इमाडिदेवराय** भी कहा जाता था।

• ये देवराय II के दरबार में 1442-43 तक रहे।

• अब्दुर्रज्जाक के अनुसार देवराय II का साम्राज्य सीलोन से गुलबर्गा और उड़ीसा से मालाबार तक फैला हुआ था।

130. अलंकरण की कला, जिसे पितरा दुरा कहा जाता है, किसके शासनकाल में लोकप्रिय हुई? SSC CGL Tier-1 19.07.2023 (Shift-IV)

(a) अकबर (b) शाहजहाँ
(c) जहाँगीर (d) शेरशाह सूरी

उत्तर (b)

• अलंकरण की कला, जिसे पितरा दुरा कहा जाता है, शाहजहाँ के शासनकाल में लोकप्रिय हुई। इसके शासनकाल को मुगल वास्तुकला के **स्वर्ण युग** के रूप में जाना जाता है।

• इस कला के अन्तर्गत विभिन्न फूलों की छवियों को बनाने के लिए **लैपिस लजुली, पुखराज** और **गोमेद** जैसे कीमती पत्थरों को महीन संगमरमर में उकेरा गया था।

सर्वप्रथम **एतमादुद्दौला** के मकबरे में पितरा दुरा का प्रयोग हुआ।
ताजमहल को सजाने के लिए पितरा दुरा (पिएट्रा ड्यूरा) का व्यापक रूप से उपयोग किया गया था।

131. भारतीय शास्त्रीय संगीत पर फारसी में सर्वाधिक पुस्तकें किसके शासनकाल में लिखी गई थीं? SSC CGL Tier-1 20.07.2023 (Shift-II)

(a) शाहजहाँ (b) अकबर
(c) औरंगजेब (d) जहाँगीर

उत्तर (c)

• भारतीय शास्त्रीय संगीत पर फारसी में सर्वाधिक पुस्तकें औरंगजेब के शासनकाल में लिखी गई थी।

• औरंगजेब ने **फारसी भाषा** को प्रोत्साहित किया तथा उसके शासनकाल में **पण्डित भाव** के तीन ग्रन्थ **अनूप विलास, अनुपांकुश** तथा **अनुप संगीत** हैं।

• औरंगजेब ने 1679 ई. में जजिया कर को पुन: लागू किया था।

• औरंगजेब संगीत का संरक्षक था और उसने शास्त्रीय भारतीय संगीत के विकास का समर्थन किया था।

132. विजयनगर साम्राज्य में व्यापारियों के स्थानीय समुदायों को ………… के रूप में जाना जाता था। SSC CGL Tier-1 20.07.2023 (Shift-III)

(a) रचावारस (b) कुदिराई चेट्टिस
(c) गजपति (d) नारापट्टी

उत्तर (b)

• विजयनगर साम्राज्य में व्यापारियों के स्थानीय समुदायों को **कुदिराई चेट्टिस** के रूप में जाना जाता था।

• विजयनगर साम्राज्य में घोड़ों का व्यापार अधिक होता था, क्योंकि युद्ध में इनका विशेष रूप से प्रयोग होता था।

• रचावारस वे कृषक थे, जो विजयनगर साम्राज्य के स्वामित्व वाली भूमि पर काम करते थे।

• नारापट्टी सैन्य कमाण्डर थे और गजपट्टी हाथी प्रशिक्षक थे।

133. अकबर के शासनकाल के दौरान ……… वह भूमि थी,जो तीन या चार वर्षों से बंजर पड़ी हो। SSC CGL Tier-2 21.07.2023 (Shift-I)

(a) बंजर (b) परती
(c) पोलाज (d) चाचर

उत्तर (d)

• अकबर के शासनकाल के दौरान **चाचर** भूमि वह भूमि थी, जो तीन या चार वर्षों से बंजर पड़ी हो।

• इसके अतिरिक्त **पोलज** भूमि पर प्रत्येक वर्ष खेती होती थी।

• **परती** कृषि योग्य भूमि है, जो एक वर्ष से अधिक लेकिन पाँच वर्षों से कम समय तक कृषि रहित रहती है।

• बंजर भूमि कृषि योग्य नहीं होती थी।

134. तालीकोटा की लड़ाई के बाद विजयी सेनाओं ने निम्नलिखित में से किस शहर को लूट लिया था? SSC CGL Tier-1 24.07.2023 (Shift-II)

(a) गोलकुण्डा (b) अहमदनगर
(c) बीजापुर (d) विजयनगर

उत्तर (d)

• तालीकोटा की लड़ाई के समय, विजयी सेनाओ ने **विजयनगर** को लूट लिया था।

• यह युद्ध 23 जनवरी, 1565 में **दक्कन की सल्तनतों** और **विजयनगर साम्राज्य** के बीच लड़ा गया था।

• तालीकोटा की लड़ाई के पश्चात् दक्षिण भारतीय राजनीति में विजयनगर साम्राज्य की प्रभुता समाप्त हो गई थी।

• विजयनगर की हार और बर्खास्तगी ने विजयनगर साम्राज्य के पतन और दक्कन सल्तनत के उदय को चिह्नित किया।

135. पानीपत की तीसरी लड़ाई के दौरान मुगल सम्राट कौन था? SSC CGL Tier-1 24.07.2023 (Shift-IV)

(a) बहादुर शाह I
(b) बहादुर शाह जफर
(c) अकबर II
(d) शाहआलम II

उत्तर (d)

• पानीपत की तीसरी लड़ाई के दौरान शाह आलम II मुगल सम्राट थे।

• **शाहआलम द्वितीय** आलमगीर द्वितीय का पुत्र था, जो 1759 ई. में अपने पिता की मृत्यु के बाद मुगल सम्राट बना।

• पानीपत का तीसरा युद्ध 14 जनवरी, 1761 को पानीपत में दिल्ली से लगभग 60 मील उत्तर में मराठा साम्राज्य और अफगानिस्तान के अहमद शाह अब्दाली, जिसे **अहमद शाह दुर्रानी** भी कहा जाता है, के बीच हुआ था।

• युद्ध में मराठों की हार हुई जिसके परिणामस्वरूप उन्हें भारी जान-माल की क्षति हुई।

136. विजयनगर साम्राज्य में अमारा-नायक ……… थे। SSC CGL Tier-1 25.07.2023 (Shift-1)

(a) सैन्य कमाण्डर (b) साधारण खेतिहर
(c) वित्त-अधिकारी (d) मजबूर-मजदूर

उत्तर (a)

• विजयनगर साम्राज्य में अमारा-नायक सैन्य कमाण्डर थे।

• विजयनगर साम्राज्य (1336-1646) मध्यकालीन एक विशाल साम्राज्य था।

• इसकी स्थापना **हरिहर** और **बुक्का** नामक दो भाइयों ने की थी।

• इसे कर्नाटक साम्राज्य के नाम से भी जाना जाता है। इसकी राजधानी **हम्पी** व राजकीय भाषा **तेलुगू** थी।

137. यद्यपि इतिहासकार विजयनगर साम्राज्य शब्द का उपयोग करते हैं और इस साम्राज्य के समकालीनों ने इसे ……… के रूप में वर्णित किया है। SSC CGL Tier-1 25.07.2023 (Shift-II)

(a) गजपति साम्राज्य (b) आन्ध्र साम्राज्य
(c) स्थलपति साम्राज्य (d) कर्नाटक साम्राज्य

उत्तर (d)

• यद्यपि इतिहासकार विजयनगर साम्राज्य शब्द का उपयोग करते हैं और इस साम्राज्य के समकालीनों ने इसे **कर्नाटक साम्राज्य** के रूप में वर्णित किया है।

• कृष्णदेव राय विजयनगर साम्राज्य का सर्वाधिक लोकप्रिय शासक था, जिसके दरबार में तेलुगु के आठ महान विद्वान (अष्टदिग्गज) रहते थे।

138. निम्नलिखित में से कौन बहमनी सल्तनत का संस्थापक था, जिसने सिंहासन पर बैठने के बाद बहमनशाह की उपाधि धारण की थी?
SSC CGL Tier-1 26.07.2023 (Shift-I)
(a) दाऊद शाह
(b) मुहम्मद शाह
(c) अलाउद्दीन हसन
(d) ग्यासुद्दीन तहमतान शाह

उत्तर (c)
• अबुल मुज्जफर **अलाउद्दीन बहमन शाह हसन**, बहमनी सल्तनत का संस्थापक था, जिसने सिंहासन पर बैठने के बाद बहमन शाह की उपाधि धारण की थी।
• उसका वास्तविक नाम **हसन गंगू** था तथा उसने 1347 ई. में मुहम्मद-बिन-तुगलक के शासनकाल में बहमनी वंश की स्थापना की।
• इसकी राजधानी **गुलबर्गा** थी तथा राजभाषा मराठी थी। यह दक्षिण भारत में पहला स्वतन्त्र मस्लिम साम्राज्य था।
• इस वंश के शासकों ने फारसी और अरबी शिक्षा को प्रोत्साहित किया।

SSC CGL 2022 & 2021 (Tier 1 & 2)

139. हरिहर और बुक्का ने कर्नाटक में एक स्वतन्त्र राज्य की स्थापना की और 1336 ई. में ····· नदी के तट पर राजधानी विजयनगर की स्थापना की। SSC CGL Tier-1 02.12.2022 (Shift-I)
(a) तुंगभद्रा (b) बेतवा
(c) महानदी (d) ताप्ती

उत्तर (a)
• 1336 ई. में तुगलक वंश के शासक मुहम्मद-बिन-तुगलक के शासनकाल के दौरान, दक्षिण भारत में हरिहर एवं बुक्का दो भाइयों ने वर्तमान कर्नाटक में **तुंगभद्रा** नदी के तट पर विजयनगर साम्राज्य की स्थापना की थी। विजयनगर साम्राज्य की आधिकारिक भाषा तेलुगू थी।
• हरिहर व वुक्का के गुरु विधारण्य थे।

140. मुगल शासक, औरंगजेब की मृत्यु किस वर्ष हुई थी? SSC CGL Tier-1 08.12.2022 (Shift-II)
(a) 1707 ई. (b) 1703 ई.
(c) 1701 ई. (d) 1705 ई.

उत्तर (a)
• मुगल शासक औरंगजेब की मृत्यु **1707 ई.** में हुई थी।
• यह भारत पर शासन करने वाला **छठा मुगल शासक** था। इसका शासन 1658 ई. से लेकर 1707 ई. में उसकी मृत्यु तक रहा।
• वह अकबर के बाद सबसे अधिक समय तक शासन करने वाला मुगल शासक था। मुगल शासकों में से इसका **साम्राज्य विस्तार** सबसे अधिक था। औरंगजेब की कब्र, खुल्दाबाद (औरंगाबाद) गाँव में है।

141. मिर्जा कामरान किस मुगल सम्राट का भाई था?
SSC CGL Tier-1 03.12.2022 (Shift-III)
(a) जहाँगीर (b) अकबर
(c) शाहजहाँ (d) हुमायूँ

उत्तर (d)
• **मिर्जा कामरान** मुगल बादशाह हुमायूँ का सौतेला भाई था।
• मिर्जा कामरान ने मुगल साम्राज्य में काबुल और लाहौर पर शासन किया था।
• बाबर ने मरने से पहले ही इस तरह से राज्य को बाँटा, ताकि आगे चलकर दोनों भाइयों में लड़ाई न हो। कामरान आगे जाकर हुमायूँ का बड़ा प्रतिद्वन्द्वी बना।

142. भारत का अन्तिम शक्तिशाली मुगल शासक किसे माना जाता था?
SSC CGL Tier-1 03.12.2022 (Shift-IV)
(a) अकबर (b) शाहजहाँ
(c) अकबर द्वितीय (d) औरंगजेब

उत्तर (d)
• भारत का अन्तिम शक्तिशाली मुगल शासक औरंगजेब को माना जाता है।
• इसने 1679 ई. में पुनः जजिया कर लागू किया था।
• उसके शासनकाल में सूबों की संख्या 20 थी।

143. अजमेर ········ के शासन में 'सूबा' मुख्यालय बन गया। SSC CGL Tier-1 03.12.2022 (Shift-IV)
(a) पल्लवों (b) मुगलों
(c) चोलों (d) दिल्ली सल्तनत

उत्तर (b)
• अजमेर **मुगलों** के शासन में सूबा मुख्यालय बन गया था।
• 1556 ई. में मुगल सम्राट अकबर द्वारा अजमेर विजय करने के पश्चात् यह मुगल साम्राज्य के अधीन हो गया।
• अकबर ने अजमेर को 10 सूबों में सम्मिलित किया था। इस सूबे की लम्बाई 336 मील तथा चौड़ाई 370 मील थी।
• यह दिल्ली, आगरा, गुजरात की सीमा को स्पर्श करता था।
• पल्लव राजवंश के संस्थापक **सिंह विष्णु** थे।

144. 1526 ई. में, पानीपत की लड़ाई ·········· के बीच लड़ी गई थी।
SSC CGL Tier-1 05.12.2022 (Shift-II)
(a) हुमायूँ और शेर खान
(b) अकबर और हेमू
(c) बाबर और इब्राहिम लोदी
(d) बाबर और राणा साँगा

उत्तर (c)
• 1526 ई. में पानीपत की लड़ाई **इब्राहिम लोदी और बाबर** के बीच लड़ी गई थी।
• इस युद्ध में बाबर ने तुलगमा युद्ध पद्धति व तोपखाने का प्रयोग किया था। इस युद्ध में बाबर विजयी हुआ तथा भारत में उसने **मुगल वंश** की नींव रखी।
• **पानीपत का द्वितीय** युद्ध 5 नवम्बर, 1556 में अकबर और हेमू के बीच लड़ा गया, जिसमें अकबर विजयी हुआ।
• **पानीपत का तीसरा युद्ध** 14 जनवरी, 1761 में अब्दाली बनाम मराठा के बीच लड़ा गया जिसमें अब्दाली की जीत हुई।

145. अकबरनामा के दूसरे खण्ड में ········ का विवरण है। SSC CGL Tier-1 05.12.2022 (Shift-III)
(a) अकबर के प्रशासन
(b) अकबर के शासनकाल की घटनाओं
(c) अकबर के युद्धों
(d) अकबर के पूर्वजों

उत्तर (b)
• अकबरनामा के दूसरे खण्ड में **अकबर के शासनकाल** की घटनाओं का विवरण है।
• अबुल फजल ने अकबर के शासनकाल का तीन खण्डों में इतिहास लिखा, जिसका शीर्षक **अकबरनामा** था। प्रथम खण्ड अकबर के पूर्वजों से सम्बन्धित है, जबकि द्वितीय खण्ड में अकबर के शासनकाल का वर्णन है। आइन-ए-अकबरी **तृतीय खण्ड** है।
• यह अकबर के प्रशासन, सेना, राजस्व, गृहस्थी और उसके साम्राज्य से सम्बन्धित है।
• अकबरनामा मूल रूप से फारसी भाषा में लिखा गया, जो मुगलों की दरबारी भाषा थी।

146. शेरशाह सूरी द्वारा निर्मित ऐतिहासिक सड़क को किस नाम से जाना जाता है?
SSC CGL Tier-1 08.12.2022 (Shift-II)
(a) एक्सप्रेस-वे (b) ग्रैण्ड ट्रंक रोड
(c) हाइवे (d) कार्ट रोड

उत्तर (b)
• शेरशाह सूरी द्वारा निर्मित ऐतिहासिक सड़क का नाम ग्रैण्ड ट्रंक रोड है। इसे **सड़क ए आजम** के नाम से भी जाना जाता है।
• ग्रैण्ड ट्रंक रोड दक्षिण एशिया के सबसे पुराने एवं सबसे लम्बे मार्गों में से एक है। यह मध्य एशिया को भारतीय उपमहाद्वीप से जोड़ने वाला एक प्रमुख मार्ग है।
• यह सड़क बांग्लादेश, पूरे उत्तर भारत और पाकिस्तान के पेशावर से होती हुई अफगानिस्तान के **काबुल** तक जाती है।

147. निम्नलिखित में से 'शासक-शासन काल' का कौन-सा युग्म सही सुमेलित है?
SSC CGL Tier-1 12.12.2022 (Shift-II)
I. शेरशाह सूरी-1540-1545 ई.
II. अकबर-1556-1605 ई.

कूट
(a) केवल I (b) न तो I और न ही II
(c) I और II दोनों (d) केवल II

उत्तर (c)
• प्रश्न में दिए गए दोनों युग्म सही हैं।
• सूरी साम्राज्य के संस्थापक **शेरशाह सूरी** ने मुगल सम्राट हुमायूँ को **1540** ई. में हराकर उत्तर भारत में सूर साम्राज्य स्थापित किया था।
• अकबर का शासनकाल 1556 से 1605 ई. तक था। इन्होंने मुगल शक्ति का भारतीय उपमहाद्वीप के अधिकांश हिस्सें में विस्तार किया।
• अकबर मुगल वंश का तीसरा शासक था, इसने अपने शासनकाल में सभी धर्मों का सम्मान किया था, सभी जाति-वर्गों के लोगों को एकसमान माना और उनसे अपने मित्रता के सम्बन्ध स्थापित किए थे।

148. बाबर ने ····· वर्ष तक दिल्ली पर शासन किया।
SSC CGL Tier-1 17.12.2022 (Shift-IV)
(a) 1539 (b) 1545
(c) 1530 (d) 1526

उत्तर (c)

• बाबर ने 1530 वर्ष तक दिल्ली पर शासन किया।
• बाबर मुगल साम्राज्य का संस्थापक था। इनका जन्म मध्य एशिया के वर्तमान उज्बेकिस्तान में हुआ था।
• इसने 1526 ई. में पानीपत के युद्ध में दिल्ली के अन्तिम सुल्तान इब्राहिम लोदी को हराकर मुगल साम्राज्य की नींव रखी तथा दिल्ली पर शासन किया।

149. निम्नलिखित में से किसने मुगल सम्राट हुमायूँ को चौसा में हराया था?
SSC CGL Tier-1 13.12.2022 (Shift-III)
(a) मिर्जा कामरान (b) शेरशाह सूरी
(c) सफाविद शाह (d) मिर्जा हाकिम

उत्तर (b)

• **चौसा का युद्ध** 26 जून, 1539 को मुगल सम्राट हुमायूँ और सूरी साम्राज्य के संस्थापक शेरशाह सूरी के बीच हुआ था, जिसमें हुमायूँ की हार हुई।
• इस युद्ध के बाद शेरखाँ ने 'शेरशाह' की उपाधि धारण की।

150. 'अकबरनामा' के लेखक कौन हैं?
SSC CGL Tier-1 24.08.2022 (Shift-III)
(a) अबुल फजल (b) अब्दुस्समद
(c) अब्दुल लतीफ (d) फैजी

उत्तर (a)

• अकबरनामा के लेखक **अबुल फजल** थे।
• अबुल फजल अकबर के नवरत्नों में से एक महान विद्वान एवं इतिहासकार थे।
• अबुल फजल की हत्या जहाँगीर के कहने पर **वीर सिंह बुन्देला** ने की।

151. निम्न में से किसका प्रशासन एक ऐसा मॉडल बना, जिसका अनुसरण अकबर ने किया, जब उसने मुगल साम्राज्य को संगठित किया?
SSC CGL Tier-1 17.08.2021 (Shift-I)
(a) इल्तुतमिश (b) शेरशाह सूरी
(c) ग्यासुद्दीन बलबन (d) बहलोल लोदी

उत्तर (b)

• शेरशाह सूरी ने प्रशासन का एक ऐसा मॉडल बनाया, जिसका अनुसरण अकबर ने किया, जब उसने मुगल साम्राज्य को संगठित किया।
• शेरशाह सूरी, **सूर साम्राज्य** के संस्थापक थे। इन्होंने 1540 ई. में बिलग्राम युद्ध में हुमायूँ को पराजित कर दिल्ली की गद्दी प्राप्त की थी।
• शेरशाह ने भूमि माप हेतु 32 अंक वाला **सिकन्दरी गज** एवं **सन की डण्डी** का प्रयोग, कबूलियत एवं पट्टा प्रथा की शुरुआत, 178 ग्रेन चाँदी का रुपया व 380 ग्रेन ताँबे के दाम चलवाए तथा डाक प्रथा का प्रचलन आदि महत्त्वपूर्ण कार्य किए।

SSC CPO 2024

152. बहमनी साम्राज्य के अधीन प्रान्तों को ····· द्वारा प्रशासित किया जाता था।
SSC CPO Tier-1 27-7-2024 (Shift-III)
(a) अमीर (b) खलीसा
(c) तरफदार (d) अफाकी

उत्तर (c)

• बहमनी साम्राज्य के अधीन प्रान्तों को **तरफदार** द्वारा प्रशासित किया जाता था।
• **तरफदार** (जिसे 'तरफ' का शासक भी कहा जाता था) बहमनी साम्राज्य के प्रान्तीय गवर्नर थे।
• यह साम्राज्य 14वीं से 16वीं शताब्दी तक दक्षिण भारत में फैला हुआ था।
• तरफदारों को सुल्तान द्वारा नियुक्त किया जाता था और वे अपने-अपने पोल (प्रान्तों) के प्रशासन के लिए जिम्मेदार होते थे।

153. किसके शासनकाल में मुगल साम्राज्य ने अपनी सबसे बड़ी क्षेत्रीय सीमाएँ प्राप्त कीं?
SSC CPO Tier-1 27-7-24 (Shift-III)
(a) शाहजहाँ (b) अकबर
(c) औरंगजेब (d) बहादुरशाह द्वितीय

उत्तर (c)

• **औरंगजेब** के शासनकाल में मुगल साम्राज्य ने अपनी सबसे बड़ी क्षेत्रीय सीमाएँ प्राप्त कीं।
• 1658 ई. में गद्दी सँभालने के बाद, औरंगजेब ने अपने पूरे जीवनकाल में लगातार युद्धों और विस्तार अभियानों के माध्यम से साम्राज्य का विस्तार किया।
• उसके शासनकाल में मुगल साम्राज्य उत्तर में कश्मीर से लेकर दक्कन के बड़े हिस्सों तक, पूर्व में बंगाल से लेकर पश्चिम में अफगानिस्तान के कुछ हिस्सों तक फैला था।

154. निम्नलिखित में से किसे बहमनी शासक, हुमायूँ शाह द्वारा व्यापारियों के प्रमुख या मलिकुत-तुज्जर की उपाधि प्रदान की गई थी?
SSC CPO Tier-1 27-6-24 (Shift-II)
(a) अहमद तृतीय (b) यूसुफ आदिल शाह
(c) अलादीन इमाद शाह (d) महमूद गवाँ

उत्तर (d)

• **महमूद गवाँ** को बहमनी शासक हुमायूँ शाह द्वारा व्यापारियों के प्रमुख या मलिकुत-तुज्जर की उपाधि प्रदान की गई थी।
• उसने अपने कुशल नेतृत्व व सैन्य शक्ति के बल पर बहमनी साम्राज्य का विस्तार किया।
• इसकी सबसे महत्त्वपूर्ण उपलब्धि 1472 ई. में गोवा पर अधिकार था।
• 15वीं शताब्दी में बहमनी सल्तनत में महत्त्वपूर्ण भूमिका निभाई थी।

155. विजयनगर के निम्नलिखित में से किस राजा ने यवन साम्राज्य के संस्थापक की उपाधि धारण की थी?
SSC CPO Tier-1 28-6-24 (Shift-II)
(a) कृष्ण देवराय (b) वीर नरसिंह राय
(c) सदा शिव राय (d) अच्युत देव राय

उत्तर (a)

• विजयनगर के शासक **कृष्णदेवराय** ने यवन साम्राज्य के संस्थापक की उपाधि (यवनराज स्थापनाचार्य) धारण की थी।
• कृष्णदेवराय **तुलुव वंश** का महानतम् शासक था। इसने अमुक्तमाल्यद नामक तेलुगू के प्रसिद्ध ग्रन्थ की रचना की थी।
• इस ग्रन्थ में कृष्णदेव राय की प्रशासनिक नीतियों और उसके राजनीतिक विचारों का उल्लेख किया गया है।
• इसके दरबार में तेलुगू के आठ विद्वान और कवि रहते थे, जिन्हें **अष्टदिग्गज** कहा जाता था।

156. मुगल काल में लड़ी गई निम्नलिखित लड़ाइयों को सही कालानुक्रम में व्यवस्थित कीजिए।
SSC CPO Tier-1 29-6-24 (Shift-I)
1. खानवा का युद्ध
2. पानीपत का प्रथम युद्ध
3. घाघरा का युद्ध
4. चौसा का युद्ध
(a) 2, 1, 3, 4 (b) 4, 1, 2, 3
(c) 3, 1, 4 2 (d) 1, 3, 2, 4

उत्तर (a)

• सही कालानुक्रम 2, 1, 3, 4 है।
• **पानीपत का प्रथम** युद्ध 21 अप्रैल, 1526 को बाबर और इब्राहिम लोदी के बीच लड़ा गया। इस युद्ध में मुगल शासक बाबर की विजय हुई।
• **खानवा का युद्ध** 16 मार्च, 1527 को बाबर एवं राणा साँगा के मध्य लड़ा गया था।
• **घाघरा का युद्ध** 1529 में महमूद लोदी और मुगल बादशाह बाबर के बीच लड़ा गया।
• **चौसा युद्ध** वर्ष 1539 में हुमायूँ और शेरशाह सूरी के बीच लड़ा गया था। शेरशाह ने हुमायूँ को पराजित किया था।

SSC CPO 2023

157. निम्नलिखित में से कौन बहमनी सुल्तान क्रूरता के लिए विख्यात था और इसलिए उसे 'ज़ालिम' की उपाधि मिली?
SSC CPO 05.10.2023 (Shift-III)
(a) मुजाहिदशाह (b) हुमायूँ
(c) फिरोजशाह (d) अहमदशाह

उत्तर (b)

• बहमनी सुल्तान **हुमायूँ शाह** ने 1458 ई. से 1461 ई. के बीच शासन किया, उसकी क्रूरता के लिए उसे जालिम की उपाधि मिली।
• इसे **दक्कन का नीरो** भी कहा जाता है।

158. विजयनगर राज्य की स्थापना 1336 ई. में····· द्वारा की गई थी। SSC CPO 04.10.2023 (Shift-II)
(a) हरिहर और बुक्का (b) कृष्णदेवराय
(c) देवराय द्वितीय (d) वेंकेट द्वितीय

उत्तर (a)

• विजयनगर राज्य की स्थापना 1336 ई. में **हरिहर और बुक्का** द्वारा की गई थी।
• इस वंश का नाम इनके पिता संगम के नाम पर पड़ा।

• इस वंश का प्रथम शासक हरिहर प्रथम (1336-1356) हुआ। हरिहर प्रथम को **एक समुद्र का अधिपति** कहा गया है। इसने अपनी राजधानी हम्पी को बनाया।

• विजयनगर साम्राज्य की स्थापना के समय दिल्ली का सुल्तान मुहम्मद-बिन-तुगलक था।

159. प्रसिद्ध संगीतकार तानसेन प्राय: किस शासक के दरबार में गाया करते थे?
SSC CPO 03.10.2023 (Shift-I)

(a) फिरोजशाह तुगलक
(b) अलाउद्दीन खिलजी
(c) शेरशाह सूरी
(d) अकबर

उत्तर (d)

• प्रसिद्ध संगीतकार तानसेन मुगल सम्राट अकबर के दरबार में गाया करते थे।

• इन्हें सम्राट अकबर के नवरत्नों में गिना जाता है।

• अकबर ने तानसेन को **कण्ठाभरण** वाणी विलास की उपाधि दी थी।

160. भारत में सल्तनत काल के निम्नलिखित शास्त्रीय कवियों में से किसने कव्वाली को लोकप्रिय बनाया था, जो संगीत की एक ऐसी शैली है, जिसका नाम अरबी शब्द 'कौल (Qaul)' से लिया गया है, जिसका अर्थ है 'बोलना'?
SSC CPO 05.10.2023 (Shift-III)

(a) निज़ामुद्दीन औलिया
(b) शामुद्दीन मुहम्मद हाफिज
(c) अमीर खुसरो
(d) जलालुद्दीन मुहम्मद रूमी

उत्तर (c)

• भारत में सल्तनत काल के शास्त्रीय कवियों में से **अमीर खुसरो** ने कव्वाली को लोकप्रिय बनाया था।

• **कव्वाली** शब्द, अरबी भाषा के शब्द 'कौल' से लिया गया है। यह संगीत की एक शैली है।

• अमीर खुसरो, को 'तोता ए हिन्द' भी कहा जाता है।

• अमीर खुसरो, बलबन, जलालुद्दीन खिलजी और अलाउद्दीन खिलजी के समकालीन थे। उन्होंने दिल्ली सल्तनत के कुल आठ सुल्तानों का काल देखा।

SSC CPO 2022

161. किस बहमनी शासक ने महमूद गवाँ को 'व्यापारियों के प्रमुख' या 'मलिकुत-तुज्जार' की उपाधि प्रदान की?
SSC CPO 11.11.2022

(a) हुमायूँ शाह
(b) फिरोज़शाह
(c) मुहम्मदशाह
(d) अलाउद्दीन हसन बहमन शाह

उत्तर (a)

• बहमनी शासक **हुमायूँ शाह** ने महमूद गवाँ को 'व्यापारियों के प्रमुख' या मलिकुत-तुज्जार की उपाधि दी।

• हुमायूँ शाह (1458-1461 ई.) अलाउद्दीन अहमद-द्वितीय का उत्तराधिकारी था।

• वह एक महत्त्वाकांक्षी शासक था, जिसने अपने छोटे भाई हसन खान से छुटकारा पाने तथा साम्राज्य पर अपनी मजबूत पकड़ बनाने हेतु महमूद गवाँ को प्रधानमन्त्री नियुक्त किया।

162. निम्नलिखित में से किस युद्ध में मुगल साम्राज्य के संस्थापक बाबर ने भारत में पहली बार तोप और गोला-बारूद का उपयोग प्रभावशाली तरीके से किया था?
SSC CPO 11.09.2022

(a) खानवा का युद्ध
(b) पानीपत का प्रथम युद्ध
(c) चन्देरी का युद्ध
(d) घाघरा का युद्ध

उत्तर (b)

• **पानीपत के प्रथम युद्ध** में मुगल साम्राज्य के संस्थापक बाबर ने भारत में पहली बार तोप और गोला-बारूद का उपयोग प्रभावशाली तरीके से किया था।

• उस्ताद अली व मुस्तफा, बाबर के दो प्रसिद्ध निशानेबाज थे, उन्होंने पानीपत के प्रथम युद्ध में भाग लिया।

> बाबर ने **तुगलमा पद्धति** द्वारा इब्राहिम लोदी की विशाल सेना को पराजित कर दिया था।

SSC CHSL 2024 (Tier 1)

163. निम्नलिखित में से कौन विजयनगर साम्राज्य का अन्तिम राजवंश था?
SSC CHSL Tier-1 02.07.2024 (Shift-I)

(a) तुलुव राजवंश (b) संगम राजवंश
(c) सुलुव राजवंश (d) अराविडु राजवंश

उत्तर (d)

• **अराविडु राजवंश** विजयनगर साम्राज्य का अन्तिम राजवंश था।

• विजयनगर राजवंश का सही क्रम संगम-सालुव-तुलुव-अराविडु राजवंश हैं।

• 1570 ई. में तुलुव वंश के अन्तिम शासक सदाशिव को सिहांसन से हटाकर 'तिरुमल' ने अराविदु राजवंश की स्थापना की।

• अराविडु वंश के शासकों ने **1570 से** 1649 ई. तक विजयगनर साम्राज्य पर शासन किया।

164. मुगल बादशाह अकबर के बारे में निम्नलिखित में से कौन-सा कथन सही है?
SSC CHSL Tier-1 08.07.2024 (Shift-I)

(a) वह बहुत अधिक शिक्षित था और कई भाषाओं को जानता था
(b) उसने 'दीन-ए-इलाही' नामक एक नए धर्म की स्थापना की
(c) उसने हिन्दू राजा हेमू के विरुद्ध पानीपत का तृतीय युद्ध लड़ा और जीता
(d) उसे 1602 ई. में सम्राट घोषित किया गया था

उत्तर (b)

• विकल्प (b) सही कथन है।

• मुगल बादशाह अकबर ने दीन-ए-इलाही नामक एक नए धर्म की स्थापना की।

• **दीन-ए-इलाही** धर्म का प्रधान पुरोहित अकबर था।

• इस धर्म को स्वीकार करने वाला प्रथम एवं अन्तिम हिन्दू बीरबल था।

• अकबर का राज्याभिषेक **14 फरवरी, 1556** को पंजाब के कालानौर नामक स्थान पर हुआ था।

165. बहमनी सल्तनत के संस्थापक कौन थे?
SSC CHSL Tier-1 09.07.2024 (Shift-II)

(a) अलाउद्दीन हसन बहमन शाह
(b) मुहम्मद-बिन-तुगलक
(c) मुहम्मद शाह
(d) फिरोजशाह बहमनी

उत्तर (a)

• **अलाउद्दीन हसन बहमन शाह** बहमनी सल्तनत के संस्थापक (1347 ई.) थे।

• इसने **गुलबर्गा** को अपनी राजधानी बनाया। इसकी राजभाषा मराठी थी।

• इसने अपने साम्राज्य को चार प्रान्तों में गुलबर्गा, दौलताबाद, बरार एवं बीदर में बाँटा।

• कलीम उल्लाह बहमनी वंश का अन्तिम शासक था।

166. निम्नलिखित में से किस मुगल सम्राट ने प्राचीन हिन्दू पौराणिक ग्रन्थों रामायण और महाभारत का फारसी में अनुवाद करवाया था?
SSC CHSL Tier-I 9-7-2024 (Shift-IV)

(a) जहाँगीर (b) शाहजहाँ
(c) औरंगजेब (d) अकबर

उत्तर (d)

• हिन्दुओं के प्रसिद्ध धार्मिक ग्रन्थ रामायण और महाभारत का फारसी में अनुवाद अकबर के दरबार के विद्वान **अब्दुल कादिर बदायूँनी** ने किया था।

• महाभारत का फारसी अनुवाद 'रज्मनामा' नाम से किया गया।

• अकबर के दरबारी कवि **फैजी** ने लीलावती तथा गीता जैसे ग्रन्थों का फारसी में अनुवाद किया था।

167. अकबर के बारे में निम्नलिखित में से कौन-सा कथन सत्य है?
SSC CHSL Tier-1 10.07.2024 (Shift-I)

A. उसने मनसबदारी प्रणाली की शुरुआत की।
B. उसने बीजापुर राज्य को पराजित कर अपने साम्राज्य में मिला किया।
C. उसने फतेहपुर सीकरी को अपनी राजधानी बनाया।

कूट

(a) B और C (b) A और C
(c) A, B और C (d) A और B

उत्तर (b)

• विकल्प (b) अकबर के विषय में सत्य है।

• मनसबदारी वह प्रशासनिक व्यवस्था थी, जिसे मुगल सम्राट अकबर ने 1571 ई. में लागू किया था।

• मुगल प्रशासन में शामिल होने वाले अधिकारियों को मनसबदार के नाम से जाना जाता था।

• अकबर के शासनकाल के दौरान लगभग 1800 मनसबदार थे।

• फतेहपुर सीकरी 1571 से 1585 ई. तक मुगल साम्राज्य की राजधानी रही।

168. 1675 ई. में गुरु तेग बहादुर को मृत्युदण्ड देने के लिए कौन-सा मुगल शासक उत्तरदायी था?

SSC CHSL Tier-1 11-7-2024 (Shift-I)

(a) औरंगजेब (b) जहाँगीर
(c) अकबर (d) शाहजहाँ

उत्तर (a)

• 1675 ई. में गुरु तेग बहादुर को मृत्युदण्ड देने के लिए मुगल शासक औरंगजेब उत्तरदायी था।
• गुरु तेग बहादुर सिखों के 9वें गुरु थे।
• इस्लाम स्वीकार नहीं करने के कारण औरंगजेब ने इन्हें (वर्तमान शीशगंज में गुरुद्वारा के निकट) मृत्युदण्ड दिया।

169. खानुआ/खानवा का युद्ध बाबर और .... के बीच लड़ा गया।

SSC CHSL Tier-1 11-7-2024 (Shift-II)
SSC MTS 13.07.2022 (Shift-II)

(a) मेदिनी राय (b) राणा रत्ना सिंह
(c) राणा साँगा (d) महाराणा प्रताप

उत्तर (c)

• खानुआ/खानवा का युद्ध **बाबर और राणा साँगा** के मध्य लड़ा गया।
• **खानवा का युद्ध 1527 ई.** में हुआ था।
• इस युद्ध में बाबर विजयी हुआ था।
• खानवा की लड़ाई ने राजपूतों के खतरे को कम करके उत्तर भारत में मुगल सत्ता को मजबूती से स्थापित किया।

SSC CHSL 2023 (Tier 1)

170. निम्नलिखित में से किसे मुगल प्रशासन के दौरान शाही घराने की देखभाल का प्रभार दिया गया था? **SSC CHSL Tier-1 17.08.2023 (Shift-I)**

(a) मीर सामान (b) मीर बाहरी
(c) मीर-ए-आतिश (d) मीर बख्शी

उत्तर (a)

• मीर सामान को मुगल प्रशासन के दौरान शाही घराने की देखभाल का प्रभार दिया गया था।
• मीर बख्शी सैन्य विभाग का सर्वोच्च अधिकारी होता था।
• मीर-ए-आतिश शाही तोपखाने का प्रधान था।
• मीर बाहरी **जल सेना** का प्रधान होता था। इसका प्रमुख कार्य शाही नौकाओं की देखभाल करना था।

171. विजयनगर साम्राज्य की स्थापना के समय दिल्ली के सुल्तान कौन थे?

SSC CHSL Tier-1 10.08.2023 (Shift-III)

(a) नासिरुद्दीन महमूद
(b) इल्तुतमिश
(c) अलाउद्दीन खिलजी
(d) मुहम्मद-बिन-तुगलक

उत्तर (d)

• विजयनगर साम्राज्य की स्थापना के समय दिल्ली का सुल्तान **मुहम्मद-बिन-तुगलक** था।
• मुहम्मद-बिन-तुगलक (1325-51) ने काम्पिल्य राज्य पर अपने शत्रु बहाउद्दीन गुरशस्प को शरण दिए पर जाने के कारण आक्रमण किया।
• इसी समय **हरिहर तथा बुक्का** दोनों भाइयों को मुहम्मद-बिन-तुगलक ने बन्दी बना लिया, जिन्हें वहाँ से दिल्ली भेजा गया तथा इस्लाम स्वीकार कराया गया।
• हरिहर तथा बुक्का को दक्षिण राज्य के होयसलों का विद्रोह दबाने के लिए भेजा गया, जहाँ उन्होंने अपने गुरु माधव विद्यारण्य के सानिध्य में इस्लाम धर्म का परित्याग तथा पुन: हिन्दू धर्म ग्रहण किया।

172. मुगल शासक अकबर के जीवन पर आधारित एक दस्तावेज, आइन-ए-अकबरी में .... के सम्बन्ध में जानकारी नहीं है।

SSC CHSL Tier-1 21.03.2023 (Shift-IV)

(a) सेना (b) राजस्व
(c) प्रशासन (d) पूर्वज

उत्तर (d)

• मुगल शासक अकबर के जीवन पर आधारित एक दस्तावेज, **आइन-ए-अकबरी** की रचना **अबुल फजल** ने की थी। यह फारसी भाषा में लिखी पुस्तक है, जिसमें अकबर के प्रशासन, राजस्व तथा सेना का वर्णन मिलता है, जबकि पूर्वज का नहीं।
• आइन-ए-अकबरी **अकबरनामा** का तीसरा खण्ड है।
• अबुल फजल अकबर के नौ रत्नों में से एक था।

173. 12 अगस्त .... को, मुगल बादशाह ने ईस्ट इण्डिया कम्पनी को बंगाल के दीवान के रूप में तैनात किया।

SSC CHSL Tier-1 16.03.2023 (Shift-I)

(a) 1765 ई. (b) 1760 ई.
(c) 1772 ई. (d) 1768 ई.

उत्तर (a)

• **12 अगस्त, 1765** को मुगल बादशाह शाह आलम द्वितीय ने ईस्ट इण्डिया कम्पनी को बिहार, बंगाल तथा उड़ीसा की दीवानी प्रदान की थी।
• बक्सर की लड़ाई (1764) अंग्रेजों और मीर कासिम, शुजा-उद्-दौला (जो अवध के नवाब थे) तथा मुगल सम्राट शाह आलम द्वितीय की संयुक्त सेना के बीच लड़ी गई थी।
• इस युद्ध में अंग्रेजों की जीत हुई।

174. निम्नलिखित में से कौन-सा किला हैदराबाद में कुतुबशाही राजवंश की प्रमुख राजधानी था?

SSC CHSL Tier-1 16.03.2023 (Shift-I)

(a) लाल किला (b) राजगढ़ किला
(c) गोलकोण्डा किला (d) चिकटन किला

उत्तर (c)

• **गोलकोण्डा किला** कुतुबशाही वंश की प्रमुख राजधानी था।
• गोलकोण्डा किले का निर्माण **वारंगल** के कॉकतमि राजा ने 13वीं शताब्दी में कराया था।
• बाद में यह बहमनी राजाओं के अधीन हो गया और मुहम्मदनगर कहलाने लगा।
• यह 1518 ई. में कुतुबशाही राजाओं के अधिकार में आया। 1687 ई. में इसे औरंगजेब ने जीत लिया।

175. बाबर ने पहले .... में फरगना राज्य का उत्तराधिकार प्राप्त किया, जब वह 12 साल का था।

(a) 1530 ई. (b) 1526 ई.
(c) 1494 ई. (d) 1504 ई.

उत्तर (c)

• मुगल शासक बाबर ने **1494 ई.** में फरगना राज्य का उत्तराधिकार प्राप्त किया, जब वह 12 वर्ष का था।
• 1504 ई. में बाबर ने काबुल पर अधिकार किया और 1507 ई. में अपनी पैतृक उपाधि मिर्जा को त्यागकर **बादशाह** की उपाधि धारण की।
• **पानीपत का प्रथम युद्ध 1526 ई.** में बाबर ने अपने तोपखाने और कुशल सेनापतित्व के बल पर जीता और भारत में मुगल साम्राज्य की स्थापना लोदी वंश के शासक इब्राहिम लोदी को हराकर की।
• बाबर की उदारता के कारण ही उसे **कलन्दर** भी कहा जाता है।

176. शेरखान ने हुमायूँ को कन्नौज में .... ई. में हराया था। **SSC CHSL Tier-1 14.03.2023 (Shift-I)**

(a) 1555 (b) 1530
(c) 1540 (d) 1535

उत्तर (c)

• शेरखान ने हुमायूँ को कन्नौज में **1540** ई. में हराया था।
• **सूर साम्राज्य** का संस्थापक अफगान वंशीय शेरशाह सूरी था।
• मुहम्मद बहार खाँ लोहनी ने उसे शेरखान की उपाधि प्रदान की थी।
• शेरशाह बिलग्राम युद्ध (1540) के बाद दिल्ली की गद्दी पर बैठा।

SSC CHSL 2021 (Tier 1)

177. विजयनगर साम्राज्य की स्थापना निम्नलिखित में से किस वर्ष में हुई थी?

SSC CHSL Tier-1 04.08.2021 (Shift-I)

(a) 1229 (b) 1336
(c) 1456 (d) 1412

उत्तर (b)

• विजयनगर साम्राज्य की स्थापना 1336 ई. में हुई थी।
• इन्होंने अपने पिता के नाम पर **संगम वंश** की स्थापना की। विजयनगर साम्राज्य की राजधानी हम्पी थी।
• विजयनगर साम्राज्य पर **संगम, सुलुव, तुलुव** एवं अराविडु वंश ने शासन किया।
• संगम वंश का प्रथम शासक हरिहर प्रथम (1336-1356 ई.) था।

178. किस मुगल बादशाह ने 'मखसुदाबाद' नामक शहर का निर्माण किया, जो बाद में मुर्शिदाबाद के नाम से प्रसिद्ध हुआ?

SSC CHSL Tier-1 12.02.2021 (Shift-II)

(a) अकबर (b) हुमायूँ
(c) शाहजहाँ (d) बहादुर शाह जफर

उत्तर (a)

• **अकबर** ने मखसुदाबाद शहर का निर्माण किया।
• मुर्शीद कुलीखान बंगाल के पहले नवाब थे, जिन्होंने 1717 से 1727 ई. तक शासन किया था।
• उन्होंने शहर मखसुदाबाद का नाम बदलकर **मुर्शिदाबाद** कर दिया।

SSC MTS 2024

179. विजयनगर साम्राज्य में परिवारों के समूहों का गठन करने वाले ग्राम सेवकों या कर्मचारियों को ········ कहा जाता था।
SSC MTS Tier-1 11.11.2024 (Shift-III)

(a) आयंगर (b) अमरनायक
(c) वेल्लालार (d) नायक

उत्तर (a)

• विजयनगर साम्राज्य में परिवारों के समूहों को गठन करने वाले ग्राम सेवकों या कर्मचारियों को **आयंगर** कहा जाता था।
• अमरनायक, विजयनगर साम्राज्य के सैन्य कमाण्डर थे तथा वेल्लार, एक प्रमुख कृषि समुदाय थे। विजयनगर साम्राज्य में नायक स्थानीय सैन्य प्रमुख होते थे।

180. जब 1347 ई. (CE) में बहमनी साम्राज्य की स्थापना हुई थी, तब निम्नलिखित में से कौन दिल्ली का सुल्तान था?
SSC MTS Tier-1 29.10.2024 (Shift-III)

(a) मुहम्मद बिन तुगलक
(b) बहलोल लोदी
(c) ग्यासुद्दीन तुगलक
(d) मुबारक शाह खिलजी

उत्तर (a)

• जब 1347 ई. में बहमनी साम्राज्य की स्थापना हुई थी, तब **मुहम्मद बिन तुगलक** दिल्ली का सुल्तान था।
• यह साम्राज्य दक्कन का पहला मुस्लिम राज्य था।
• इस साम्राज्य की राजधानी गुलबर्गा (कर्नाटक) थी।
• इस साम्राज्य की स्थापना अलाउद्दीन हसन बहमन शाह (हसन गंगू) ने की थी।

181. हुमायूँ के मकबरे का निर्माण किसके द्वारा पूरा किया गया था?
SSC MTS Tier-1 28.10.2024 (Shift-II)

(a) माह चुचक बेगम (b) रहमत बानो बेगम
(c) ज़ीनत महल (d) बेगा बेगम

उत्तर (d)

• हुमायूँ के मकबरे का निर्माण **बेगा बेगम** (हाजी बेगम, अकबर की सौतेली माँ) ने पूरा कराया था।
• इसका वास्तुकार **मीरक मिर्जा ग्यास** एक फारसी कलाकार था, जिस कारण इस पर फारसी प्रभाव मिलता है।
• यह मुगलकालीन पहली इमारत है, जिसमें सफेद संगमरमर तथा दोहरी गुम्बद का प्रयोग किया गया है।
• हुमायूँ के मकबरे को ही **ताजमहल का पूर्वगामी** कहा जाता है।

182. मुगल शासन के सन्दर्भ में निम्नलिखित कथनों पर विचार कीजिए।
SSC MTS Tier-1 28.10.2024 (Shift-II)

1. मनसबदारी प्रणाली अकबर द्वारा 1571 में शुरू की गई थी।
2. पानीपत का दूसरा युद्ध 1556 में हुआ था।
3. मेवाड़ में शासक महाराणा प्रताप सिंह बाबर के समकालीन थे।

ऊपर दिए गए कथनों में से कौन-सा/से कथन सही है/हैं?

(a) 1 और 2 दोनों (b) 2 और 3 दोनों
(c) 1, 2 और 3 (d) केवल 2

उत्तर (a)

• मुगल शासन के सम्बन्ध में विकल्प (a) सही उत्तर है।
• मनसबदारी प्रणाली की शुरुआत 1571 ई. में अकबर ने की तथा पानीपत का द्वितीय युद्ध 1556 ई. में अकबर (सेनापति बैरमखाँ) व हेमू की सेना के मध्य हुआ, जिसमें अकबर की विजय हुई।
• मेवाड़ के शासक महाराणा प्रताप अकबर के समकालीन थे, न कि बाबर के।
• मनसबदारी प्रणाली एक श्रेणीकरण प्रणाली और प्रशासनिक संरचना थी, जिसका उपयोग मुगल साम्राज्य द्वारा अपने नागरिक और सैन्य अधिकारियों को **रैंक और वेतन** देने के लिए किया जाता था।

183. निम्नलिखित में से किस पुर्तगाली यात्री ने कृष्णदेव राय के शासनकाल में विजयनगर की यात्रा की थी? **SSC MTS Tier-1 23.10.2024 (Shift-II)**

(a) लुडोविको डी वर्थेमा
(b) डोमिंगो पायस
(c) अथानासियस निकितिन
(d) निकोलो डी कोंटी

उत्तर (b)

• पुर्तगाली यात्री **डोमिंगो पायस** तथा डुआर्ट बारबोसा ने कृष्णदेव राय के शासनकाल में विजयनगर की यात्रा की थी।
• डोमिंगो पायस ने विजयनगर साम्राज्य को रोम जितना बड़ा तथा व्यवस्थित नगर बताया है तथा यहाँ के राजा के महल को लिस्बन के सभी महलों से बड़ा बताया है।
• उसने कृष्णदेव राय को महान विद्वान तथा न्यायप्रिय शासक बताया है।
• कृष्णदेव राय विजयनगर साम्राज्य का महानतम शासक था। यह तुलुव वंश से सम्बन्धित था।

184. निम्नलिखित में से किसने 1611 ई. में मुगल बादशाह जहाँगीर से विवाह किया और 'नूरजहाँ' की उपाधि प्राप्त की?
SSC MTS Tier-1 21.10.2024 (Shift-II)

(a) जहाँआरा बेगम (b) मुमताज महल
(c) हसीना बेगम साहिबा (d) मेहरुन्निसा

उत्तर (d)

• मेहरुन्निसा ने 1611 **ई.** में मुगल बादशाह जहाँगीर से विवाह किया और नूरजहाँ की उपाधि प्राप्त की।
• नूरजहाँ का प्रथम विवाह 17 वर्ष की आयु में बिहार के **गवर्नर शेर आफगान** से हुआ था।
• नूरजहाँ को मुगल काल की सबसे शक्तिशाली महिलाओं में से एक माना जाता है। उसे आधुनिक फैशन का आविष्कारक माना जाता है।

185. अकबर के राज्याभिषेक के वर्ष में, निम्नलिखित में से किसे 'खान-ए-खाना' की उपाधि के साथ मुगल साम्राज्य के वकील के रूप में पदनामित किया गया था?
SSC MTS Tier-1 18.10.2024 (Shift-II)

(a) अब्दुर्रहीम (b) बैरम खाँ
(c) मुनीम खान (d) हकीम मिर्जा

उत्तर (b)

• अकबर के राज्याभिषेक के वर्ष में **बैरम खाँ** को **खान-ए-खाना** की उपाधि के साथ मुगल साम्राज्य के वकील के रूप में पदनामित किया गया था।
• बैरम खान अकबर के संरक्षक थे।
• पानीपत के दूसरे युद्ध (1556 ई.) में बैरम खान ने मुगल सेना का नेतृत्व किया था।

186. कैप्टन हॉकिन्स ने किसके शासनकाल के दौरान भारत का दौरा किया?
SSC MTS Tier-1 16.10.2024 (Shift-II)

(a) बाबर (b) शाहजहाँ
(c) जहाँगीर (d) अकबर

उत्तर (c)

• कैप्टन हॉकिन्स ने **जहाँगीर** के शासनकाल में भारत का दौरा किया।
• ईस्ट इण्डिया कम्पनी ने 1608 ई. में सूरत में एक ब्रिटिश कारखाना खोलने की अनुमति लेने के लिए कैप्टन हॉकिन्स को जहाँगीर के दरबार में भेजा, जो आगरा में जहाँगीर से मिला।
• वह लगभग तीन वर्ष तक जहाँगीर के दरबार में रहा, किन्तु कारखाना खोलने की अनुमति लेने में असफल रहा।
• हॉकिन्स तुर्की व फारसी भाषा का अच्छा जानकार था। जहाँगीर ने उसे 400 का मनसब प्रदान किया तथा **इंग्लिश खाँ** या फिरंगी खाँ की उपाधि दी।

> 1615 ई. में **जेम्स प्रथम** के राजदूत के रूप में **सर टॉमस रो** जहाँगीर के दरबार में आया तथा कारखाना खोलने की अनुमति प्राप्त की।

187. मुगल बादशाह बाबर ········ सूफी सिलसिला का अनुयायी था।
SSC MTS Tier-1 01.10.2024 (Shift-I)

(a) सुहरावर्दी (b) नक्शबन्दी
(c) चिश्ती (d) कादरी

उत्तर (b)

• मुगल बादशाह बाबर **नक्शबन्दी सूफी** सिलसिला का अनुयायी था।
• भारत में नक्शबन्दी सिलसिले की स्थापना ख्वाजा **बहाउद्दीन नक्शबन्दी** ने की थी।
• इस सिलसिले के सूफियों का मानना है कि इंसान और ईश्वर के बीच का रिश्ता गुलाम और मालिक का होता है।

188. मध्यकालीन भारतीय वास्तुकला शैली के सन्दर्भ में, 'पच्चीकारी (Pietra Dura)' क्या है?
SSC MTS Tier-1 30.09.2024 (Shift-I)
(a) मौर्यकाल की मूर्ति शिल्पकला
(b) दीवारों को उपरत्नों (semi-precious stones) से बने हुए पुष्प डिजाइनों से सजाना
(c) ताजमहल की दीवारों पर तेल चित्रण (Oil paintings)
(d) मुगलों द्वारा उपयोग किए जाने वाले उत्तम गुणवत्ता के वस्त्र

उत्तर (b)

• मध्यकालीन भारतीय वास्तुकला शैली के संदर्भ में 'पच्चीकारी' में **दीवारों को उपरत्नों से बने हुए पुष्प डिजाइनों से सजाया** जाता था।
• इस तकनीक का प्रयोग सर्वप्रथम 16वीं शताब्दी में रोम में किया गया था।
• ताजमहल, दिल्ली का लाल किले और जामा मस्जिद जैसी इमारतों में पच्चीकारी का कार्य किया गया है।

189. निम्नलिखित में से किस राजवंश ने चौदहवीं शताब्दी में विजयनगर साम्राज्य की स्थापना की थी?
SSC MTS Tier-1 30.09.2024 (Shift-I)
(a) तुलुव राजवंश (b) सुलुव राजवंश
(c) अराविदु राजवंश (d) संगम राजवंश

उत्तर (d)

• **संगम राजवंश** ने चौदहवीं शताब्दी में विजयनगर साम्राज्य की स्थापना की थी।
• विजयनगर साम्राज्य की स्थापना **हरिहर प्रथम** और **बुक्का प्रथम** ने (1336 ई.) में की थी। संगम राजवंश
• विजयनगर साम्राज्य पर शासन करने वाले राजवंशों का क्रम निम्न है।
संगम वंश (1336-1485 ई.),
सुलुव वंश (1485-1505 ई.),
तुलुव वंश (1505-1570 ई.)
अराविदु वंश (1570-1649 ई.) था।
• संगम वंश के प्रमुख शासकों में हरिहर प्रथम, बुक्का प्रथम, देवराय प्रथम, देवराय द्वितीय आदि थे।

SSC MTS 2022

190. खानवा के युद्ध में बाबर ने राणा सांगा को किस ईसवी में हराया था? SSC MTS 15.07.2022 (Shift-I)
(a) 1529 ई. (b) 1531 ई.
(c) 1525 ई. (d) 1527 ई.

उत्तर (d)

• खानवा के युद्ध में बाबर ने **राणा साँगा** को **1527** ई. में हराया था।
• इस युद्ध के समय अपने सैनिकों के मनोबल को बढ़ाने के लिए बाबर ने जिहाद (धर्मयुद्ध) का नारा दिया था।

191. खानवा का युद्ध किसके बीच लड़ा गया था?
SSC MTS 13.07.2022 (Shift-I)
(a) बाबर और राणा साँगा
(b) बाबर और शेरशाह सूरी
(c) शेरशाह सूरी और राणा साँगा
(d) बाबर और इब्राहिम लोदी

उत्तर (a)

• खानवा का युद्ध **बाबर और राणा साँगा** के बीच लड़ा गया।
• इस युद्ध में बाबर विजयी हुआ था।
• पानीपत के बाद बाबर द्वारा लड़ा गया यह दूसरा युद्ध था।
• भारत में **मुगल वंश के संस्थापक** बाबर थे।
• बाबर द्वारा लड़े गए अन्य प्रमुख युद्ध
– **पानीपत का प्रथम युद्ध 1526 ई.** इब्राहिम लोदी के साथ
– **चन्देरी का युद्ध – 1528 ई.** मेदिनी राय के साथ
– **घाघरा का युद्ध – 1529 ई.** अफगानों के साथ
• इन सभी युद्धों में बाबर विजयी रहा।

SSC Steno 2024

192. मध्य भारत के सतनामी आन्दोलन के सन्दर्भ में निम्नलिखित कथनों पर विचार कीजिए।
SSC Steno Tier-1 10.12.2024 (Shift-II)
A. इस आन्दोलन की स्थापना घासीदास ने की थी।
B. यह आन्दोलन चमड़ा श्रमिकों की स्थिति में सुधार लाने के लिए था।
उपरोक्त कथनों में से कौन-सा/से कथन सही है/हैं?
(a) केवल B (b) केवल A
(c) A और B दोनों (d) न तो A और न ही B

उत्तर (c)

• मध्य भारत के सतनामी आन्दोलन के सन्दर्भ में दोनों कथन सही हैं। इस आन्दोलन की स्थापना घासीदास ने की थी तथा यह आन्दोलन चमड़ा श्रमिकों की स्थिति में सुधार लाने के लिए था।

> सतनामी समूह की स्थापना 1820 ई. में मध्य भारत के छत्तीसगढ़ क्षेत्र से एक कृषि सेवक घासीदास के द्वारा की गई थी।

193. एतमादुद्दौला का मकबरा निम्नलिखित में से किस शहर में स्थित है?
SSC Steno Tier-1 11.12.2024 (Shift-II)
(a) आगरा (b) लखनऊ
(c) गुण्टूर (d) दिल्ली

उत्तर (a)

• एतमादुद्दौला का मकबरा आगरा में स्थित है।
• सम्राज्ञी नूरजहाँ ने अपने पिता मिर्जा गियास बेग की याद में इस मकबरे का निर्माण 1628 में करवाया था।
• मिर्जा गियास बेग जहाँगीर के शासन में खजाने के स्वामी थे, बाद में इन्हें वजीर बनाया गया।

194. निम्नलिखित में से कौन-सी प्रशासनिक इकाई शाहजहाँ के शासनकाल के दौरान शुरू की गई थी? SSC Steno Tier-1 11.12.2024 (Shift-II)
(a) सुबह (b) महाल
(c) परगना (d) चकला

उत्तर (d)

• प्रशासनिक इकाई **चकला** शाहजहाँ के शासनकाल के दौरान शुरू की गई थी।
• इसका निर्माण सरकारों (जिलों) और परगनों के मध्य एक इकाई के रूप में किया गया था।
• **शाहजहाँ** के शासनकाल के दौरान मनसबदारी पद्धति को नए सिरे से संगठित किया गया था।
• चकला, जिला स्तर का प्रशासनिक विभाग था, जिसका उपयोग कम से कम अवध और बंगाल प्रान्तों में किया गया था।

195. विजयनगर के शासक स्वयं को क्या कहते थे?
SSC Steno Tier-1 11.12.2024 (Shift-III)
(a) राय (b) चक्रवर्ती
(c) महाराजा (d) नायक

उत्तर (a)

• विजयनगर के शासक स्वयं को राय कहते थे।
• विजयनगर साम्राज्य की स्थापना 1336 ई. में हरिहर व बुक्का ने की थी।
• कृष्णदेव राय विजयनगर साम्राज्य का सबसे प्रसिद्ध शासक था, जिसका शासकाल 1509 से ई. 1529 ई. तक था।

SSC Steno 2023 & 2022

196. बहमनी साम्राज्य के विघटन के बाद कितने स्वतन्त्र राज्यों का उदय हुआ?
SSC Steno Tier-1 13-10-2023 (Shift-I)
(a) 4 (b) 3 (c) 6 (d) 5

उत्तर (d)

• 1518 ई. में बहमनी साम्राज्य का विघटन हो गया, जिसके फलस्वरूप **5 स्वतन्त्र**-गोलकोण्डा, बीजापुर, बीदर, बरार और अहमदनगर राज्यों का उदय हुआ।
• बहमनी साम्राज्य (1347-1526 ई.) की स्थापना **हसन गंगू** (अलाउद्दीन बहमन शाह) ने 1347 ई. में की थी।
• बहमनी साम्राज्य दक्षिण भारत में एक मुस्लिम साम्राज्य था।

197. विजयनगर साम्राज्य में आय का प्रमुख स्रोत क्या था? SSC Steno Tier-1 12-10-2022 (Shift-I)
(a) खनन
(b) भू-राजस्व
(c) औद्योगिकी शुल्क
(d) आयात शुल्क

उत्तर (b)

• विजयनगर साम्राज्य में आय का मुख्य स्रोत **भू-राजस्व** था।
• **शिष्ट** नामक भूमिकर इसके आय का मुख्य और सबसे बड़ा स्रोत था।
• राज्य उपज का 1/6 भाग कर के रूप में वसूल करता था।
• कृष्णदेव राय के शासनकाल में भूमि का एक व्यापक सर्वेक्षण करवाया गया तथा भूमि की उर्वरता के अनुसार **उपज** का **1/3** या **1/6** भाग कर के रूप में निर्धारित किया गया।

198. विजयनगर के निम्नलिखित में से किस शासक ने 1520 ई. में बीजापुर के सुल्तान को हराया था? SSC Steno II 18.11.2022 (Shift-I)
(a) वीर नरसिम्हा राय (b) बुक्का राय I
(c) कृष्णदेवराय (d) देवराय II

उत्तर (c)

• विजयनगर के **कृष्णदेव राय** ने 1520 ई. में बीजापुर के सुल्तान को हराया था।

• कृष्णदेवराय **तुलुव वंश** से सम्बन्धित थे। इनका शासनकाल 1509-1529 ई. तक माना जाता है।

• इनके द्वारा तेलुगू भाषा में शासन कला पर आधारित एक ग्रन्थ की रचना की गई, जिसका नाम **अमुक्त माल्यद** था।

• विजयनगर साम्राज्य के कृष्णदेव राय को **आन्ध्र भोज** के नाम से भी जाना जाता था।

SSC Steno 2020 & 2021

199. निम्न में से किस मुगल शासक के बारे में ऐसा माना जाता है कि उसने अपने ससुर एत्माद-उद-दौला के प्रभाव में शासन किया था? SSC Steno 12.11.2020

(a) जहाँगीर
(b) बहादुर शाह II
(c) हुमायूँ
(d) शाह आलम I

उत्तर (a)

• चौथे मुगल शासक **जहाँगीर** के बारे में ऐसा माना जाता है कि उसने अपने ससुर एत्माद-उद-दौला (मीर ग्यासबेग) के प्रभाव में शासन किया था।

• जहाँगीर ने एत्माद-उद-दौला की पुत्री **मेहरुन्निसा** (नूरजहाँ) से विवाह किया था।

• एत्माद-उल-दौला अकबर के दरबार में एक **कोषाध्यक्ष** था।

• 1622 ई. में एत्माद-उद-दौला की मृत्यु हो गई। इनकी मृत्यु के बाद मेहरुन्निसा ने आगरा में इनका एक मकबरा बनवाया था, जो मुगल वास्तुकला में सर्वश्रेष्ठ था।

200. जहाँगीर की मृत्यु किस वर्ष हुई थी? SSC Steno 11.11.2021

(a) 1557 ई. (b) 1675 ई.
(c) 1627 ई. (d) 1559 ई.

उत्तर (c)

• जहाँगीर की मृत्यु **1627** ई. में हुई तथा इसे शहादरा (लाहौर) में रावी नदी के किनारे दफनाया गया था।

• जहाँगीर के समय में ही मुगल चित्रकला अपने चरमोत्कर्ष पर पहुँची थी।

• जहाँगीर को न्याय की जंजीर के लिए याद किया जाता है।

• चौथे मुगल शासक जहाँगीर ने 1605 से 1627 ई. (22 वर्ष) तक शासन किया।

201. निम्न में से कौन-सा विकल्प मुगल काल के दौरान 'नौबत खाना' नामक स्थान का सही विवरण है? SSC Steno 11.11.2021

(a) महल के सुरक्षा प्रभारी का कार्यालय
(b) शाही महिलाओं का निजी खजाना
(c) निजी चर्चा के लिए सदन
(d) नगाड़ा घर

उत्तर (d)

• मुगल काल के दौरान **नगाड़ा घर** नौबत खाना नामक स्थान का सही विवरण है।

• इस असाधारण संरचना में मुगल काल की कला व संस्कृति को दर्शाती सुन्दर नक्काशियाँ हैं।

• मुगल काल में इस प्रकार की संरचनाओं का निर्माण फतेहपुर सीकरी (आगरा), दिल्ली आदि के किले में निर्मित है।

• यह संगीतकारों के लिए नौबत (एक तरह का ढोल) बजाने का स्थान था, जहाँ वे सम्राट के आगमन की घोषणा करते थे।

SSC GD 2023

202. .... में बाबर ने पानीपत के प्रथम युद्ध में इब्राहिम लोदी को हराया। SSC GD 09.02.2023 (Shift-I)

(a) 1528 ई. (b) 1532 ई.
(c) 1530 ई. (d) 1526 ई.

उत्तर (d)

• **1526 ई.** में बाबर ने पानीपत के प्रथम युद्ध में इब्राहिम लोदी को हराया।

• बाबर एक तुर्क-मंगोल विजेता था, जिसने 16वीं शताब्दी की शुरुआत में अफगानिस्तान और मध्य एशिया पर शासन किया था।

• इब्राहिम लोदी दिल्ली सल्तनत के अन्तिम सुल्तान थे। बाबर की जीत ने उत्तर भारत पर मुगल शासन की स्थापना की।

SSC Selection Post 2023

203. जब अकबर ने मनसबदारी प्रणाली की शुरुआत की, तो .... मनसबदार का सबसे निचला स्तर था। SSC SP Tier-1 27.6.2023 (Shift-I)

(a) एक सौ (b) दस
(c) एक हजार (d) heÛeeme

उत्तर (b)

• 1571 ई. में अकबर ने मुगल साम्राज्य के प्रशासनिक ढाँचे रूप में मनसबदारी प्रणाली की शुरुआत की, जिसमें **दस** मनसबदार का सबसे निजला स्तर था।

• मनसबदारों को **33 श्रेणियों** में बाँटा गया था।

• सबसे निचले मनसबदार के पास दस सैनिक होते थे, जबकि सबसे बड़े मनसबदार के पास 10,000 सैनिक होते थे।

204. बहमनी साम्राज्य की स्थापना अलाउद्दीन बहमन शाह ने .... में की थी। SSC SP Tier-1 27.6.2023 (Shift-III)

(a) 1347 ई.
(b) 1346 ई.
(c) 1336 ई.
(d) 1345 ई.

उत्तर (a)

• बहमनी साम्राज्य की स्थापना अलाउद्दीन बहमन शाह ने 1397 ई. में की थी।

• अलाउद्दीन बहमन शाह ने जिसे अलाउद्दीन हसन गंगू बहमन शाह और हसन गंगू के नाम से भी जाना जाता था, मुहम्मद-बिन-तुगलक की सेना का एक सूबेदार था।

• इसने गुलबर्गा को अपने नव संस्थापित साम्राज्य की राजधानी बनाया तथा उसका नाम अहसानाबाद रखा।

205. इतिहासकार विजयनगर साम्राज्य शब्द का प्रयोग करते हैं, जबकि समकालीन इसे .... साम्राज्यमु के रूप में वर्णित करते हैं। SSC SP Tier-1 27.6.2023 (Shift-IV)

(a) केरल (b) आन्ध्र
(c) कर्नाटक (d) तमिल

उत्तर (c)

• विजयनगर साम्राज्य को समकालीनों ने **कर्नाटक साम्राज्यमु** के रूप में वर्णित किया था, जो अब वर्तमान में **कर्नाटक** राज्य के नाम से जाना जाता है।

• विजयनगर साम्राज्य की स्थापना संगम राजवंश के भाइयों हरिहर प्रथम एवं बुक्का राय प्रथम ने की थी।

206. अकबर ने किस वर्ष कश्मीर को मुगल साम्राज्य में मिला लिया था? SSC Post Tier-1 1.8.2023 (Shift-IV)

(a) 1592 (b) 1590
(c) 1580 (d) 1586

उत्तर (d)

• **अक्टूबर 1586** में मुगल सम्राट अकबर ने कश्मीर राज्य पर सफलतापूर्वक विजय प्राप्त की और इसे काबुल प्रान्त में मिला लिया।

• सम्राट अकबर ने **कासिम खान** को इस क्षेत्र का पहला गवर्नर नियुक्त किया।

• 1587 ई. में मिर्जा यूसुफ खान रिजवी ने कासिम खान का स्थान लिया।

मराठा, सिख और परवर्ती मुगल

मराठा साम्राज्य

शिवाजी

- जन्म – 19 फरवरी, 1630 शिवनेर दुर्ग (जुन्नार के समीप)
- पिता का नाम – शाहजी भोंसले
- माता का नाम – जीजाबाई
- गुरु – दादाजी कोंडदेव
- उपाधि – छत्रपति
- शिवाजी पर माता जीजाबाई व गुरु समर्थ रामदास का अत्यधिक प्रभाव पड़ा था।
- 1656 ई. में शिवाजी ने रायगढ़ को अपनी राजधानी बनाया तथा सूरत को 1664 ई. में अधीन किया।
- पुरन्दर की सन्धि (1665 ई.) मुगल सूबेदार महाराजा जयसिंह एवं शिवाजी के मध्य हुई।
- 1674 ई. में शिवाजी ने रायगढ़ में काशी के विद्वान् गंगाभट्ट से अपना राज्याभिषेक करवाया।
- मृत्यु – 3 अप्रैल, 1680 (रायगढ़)
- 1674 ई. में शिवाजी ने रायगढ़ के दुर्ग में महाराष्ट्र के स्वतन्त्र शासक के रूप में अपना राज्याभिषेक कराया और **छत्रपति** की उपाधि ग्रहण की।
- शिवाजी के प्रशासन की मुख्य विशेषता **अष्टप्रधान** यानि उनके आठ प्रमुख मन्त्री थे।

अष्टप्रधान

पेशवा	प्रधानमन्त्री
मजमुआदार (*अमात्य*)	वित्त एवं राजस्व मन्त्री
दबीर (*सुमन्त*)	विदेश मन्त्री
चिटनिस (सुरनविस)	सामान्य पत्र व्यवहार
वाकियानवीस	राज दरबार की प्रतिदिन की खबर रखता था (गृहमंत्री)
सर-ए-नौबत (सेनापति)	सैन्य गतिविधियों का प्रबन्धक
पण्डित राव	धर्म व दान के मामलों का प्रधान
न्यायाधीश	न्याय विभाग का प्रबन्धक

शिवाजी के उत्तराधिकारी

शम्भाजी (1680-1689 ई.)

- शिवाजी की मृत्यु के पश्चात् उनका ज्येष्ठ पुत्र शम्भाजी मराठा साम्राज्य का उत्तराधिकारी बना।
- शम्भाजी ने उज्जैन के हिन्दी एवं संस्कृत के प्रकाण्ड विद्वान् कवि **कलश** को अपना सलाहकार नियुक्त किया।
- औरंगजेब ने 1689 ई. में शम्भा जी तथा उसके सहयोगी कवि **कलश** की हत्या करवा दी।

राजाराम (1689-1700 ई.)

- शम्भा जी की मृत्यु के बाद शिवाजी के दूसरे पुत्र राजाराम को छत्रपति घोषित किया गया, जो 1689 ई. से 1700 ई. तक रहे।
- राजाराम ने अपनी पहली राजधानी जिंजी तथा दूसरी राजधानी सतारा को बनाया।
- 1700 ई. में इनकी मृत्यु के पश्चात् सिंहगढ़ में ताराबाई का प्रभुत्व (1700-1707 ई.) रहा। ताराबाई राजाराम की विधवा थी। उसने अपने बेटे शिवाजी द्वितीय का समर्थन किया।

शाहू (1707-1748 ई.)

- औरंगजेब ने 1689 ई. में शम्भाजी के साथ शाहू को भी बन्दी बना लिया था। 18 वर्षों तक बन्दी जीवन बिताने के बाद 1707 ई. में बहादुरशाह प्रथम (मुअज्जम) ने उसे मुक्त कर दिया।
- 1707 ई. में ही शाहू ने स्वयं को मराठा राज्य का शासक घोषित कर दिया और खेड़ा का युद्ध (1707 ई.) में ताराबाई को पराजित किया एवं सतारा में अपना राज्याभिषेक कराया। अपनी शक्ति में वृद्धि के लिए शाहू ने 1713 ई. में बालाजी विश्वनाथ को मराठा राज्य का पेशवा नियुक्त किया।
- शासन की अस्थिरता का फायदा उठाकर बालाजी विश्वनाथ ने पेशवा की शक्ति में पर्याप्त वृद्धि की। **बालाजी विश्वनाथ** 1713 ई. में प्रथम पेशवा बना, इसे मराठा साम्राज्य का द्वितीय संस्थापक माना जाता है। इनकी मृत्यु 1720 ई. में हो गई।

बाजीराव प्रथम (1720-1740 ई.)

- बालाजी विश्वनाथ के पश्चात् बाजीराव प्रथम 20 वर्ष की अल्पायु में 1720 ई. में पेशवा बना। 7 मार्च, 1728 को बाजीराव प्रथम एवं निजामुलमुल्क के बीच **पालखेड़ा का युद्ध** हुआ जिसमें निजाम की हार हुई।
- दिल्ली पर आक्रमण करने वाला प्रथम **पेशवा बाजीराव प्रथम** था। बाजीराव प्रथम का मस्तानी नामक महिला से सम्बन्ध होने के कारण चर्चित रहा था।
- बाजीराव ने नीतियों और युद्धों द्वारा मराठा शक्ति का विस्तार किया। 1740 ई. में इसकी मृत्यु हो गई।

बालाजी बाजीराव (1740-1761 ई.)

- 1740 ई. में बाजीराव का बेटा बालाजी बाजीराव पेशवा बना। इसे **नाना साहब** भी कहा गया है। 1750 ई. में हुए संगोला सन्धि के तहत यह मराठा संघ का वास्तविक प्रथम पेशवा बना।
- पानीपत के तृतीय युद्ध (1761 ई.) में मराठों की पराजय के कुछ समय बाद ही 23 जून, 1761 को बालाजी बाजीराव की मृत्यु हो गई।
- हैदराबाद के निजाम एवं बालाजी बाजीराव के मध्य झलकी की सन्धि (1572) हुई थी।

माधवराव (1761-1772 ई.)

- 1761 ई. में माधवराव पेशवा बना। इसने शाहआलम II को 1771 ई. में दिल्ली तख्त पर बैठाया। अन्तिम पेशवा **बाजीराव II** था।

सिख शक्ति का उदय

- गुरु नानक के बाद गुरु **अंगद** तथा **अमरदास** ने सिख पंथ को महत्त्वपूर्ण बनाया। अकबर ने गोइन्दवाल में गुरु अमरदास से भेंट की।
- चौथे गुरु रामदास ने अमृतसर नगर बसाया। गुरु अर्जुन देव ने **आदिग्रन्थ** का 1604 ई. में संकलन करवाया।
- नवें गुरु गुरुतेगबहादुर की 1675 ई. में औरंगजेब ने दिल्ली में हत्या करवा दी। अन्तिम तथा दसवें गुरु गुरुगोविन्द सिंह ने **खालसा पंथ** की स्थापना की।
- गुरु गोविन्द सिंह द्वारा आनन्दपुर में खालसा की स्थापना के पूर्व निरंकारी गुरु नानक एवं सिख धर्म पर बल देते थे।
- गुरु गोविन्द सिंह के बाद बन्दा बहादुर सिखों का नेता हुआ, जिसकी 1715 ई. में फर्रुखसियर ने हत्या करवा दी। बाद में सिखों का विभाजन 12 मिसलों में हो गया।

सिख धर्म गुरु और उनके कार्य

गुरु	कार्य
गुरु नानक देव (1469-1539 ई.)	सिख धर्म की स्थापना, 'आदिग्रन्थ' की रचना
गुरु अंगद (1539-1552 ई.)	गुरुमुखी लिपि के जनक
गुरु अमरदास (1552-1574 ई.)	धर्म प्रसार हेतु 22 गद्दियों की स्थापना
गुरु रामदास (1574-1581 ई.)	अमृतसर नगर व तालाब की स्थापना (1577 ई.)
गुरु अर्जुन देव (1581-1606 ई.)	**श्री हरमन्दिर साहिब** या **स्वर्ण मन्दिर** की नींव रखी, 'गुरु ग्रन्थ साहब' का संकलन (1604 ई.)
गुरु हरगोविन्द सिंह (1606-1645 ई.)	**अकाल तख्त** की स्थापना, सिखों को सैनिक जाति में बदला
गुरु हरराय (1645-1661 ई.)	उत्तराधिकार (मुगलों के) युद्ध में भाग
गुरु हरकिशन (1661-1664 ई.)	अल्पवयस्क अवस्था में ही मृत्यु
गुरु तेग बहादुर (1664-1675 ई.)	इस्लाम स्वीकार न करने के कारण औरंगजेब द्वारा सिर कटवा दिया गया।
गुरु गोविन्द सिंह (1675-1708 ई.)	**खालसा पंथ** की स्थापना (1699 ई.), अन्तिम गुरु

परवर्ती मुगल शासक

- औरंगजेब की मृत्यु के पश्चात् बहादुरशाह प्रथम शासक बना। बहादुरशाह को **शाहे बेखबर** कहा जाता था।
- बहादुरशाह प्रथम के पश्चात् जहाँदार शाह, फर्रुखसियर, रफी-उद्-दरजात एवं रफी-उद्-दौला शासक हुए।
- **मुहम्मद शाह** (1719-1748 ई.) के शासनकाल में ईरानी आक्रमणकारी नादिरशाह ने 1739 ई. में दिल्ली पर आक्रमण किया।
- शाहआलम द्वितीय (1759-1806 ई.), अवध के नवाब शुजाउद्दौला और बंगाल के नवाब मीर कासिम के साथ मिलकर 1764 ई. में अंग्रेजों के विरुद्ध **बक्सर का युद्ध** लड़ा था, परन्तु पराजित हुआ।
- अन्तिम मुगल सम्राट बहादुरशाह द्वितीय (जफर) ने 1857 ई. के विद्रोह का केन्द्रीय नेतृत्व किया।
- विद्रोह के दमन के बाद बहादुरशाह द्वितीय को उसकी पत्नी जीनत महल के साथ बर्मा की रंगून स्थित **माण्डले** जेल में रखा गया। उसकी मृत्यु वहीं हुई एवं उसका मकबरा **रंगून में** ही स्थित है।

परवर्ती मुगल सम्राट

बहादुरशाह I	1707-1712 ई.
जहाँदारशाह	1712-1713 ई.
फर्रुखसियर	1713-1719 ई.
मुहम्मदशाह	1719-1748 ई.
अहमदशाह	1748-1754 ई.
आलमगीर II	1754-1759 ई.
शाहआलम II	1759-1806 ई.
अकबर II	1806-1837 ई.
बहादुरशाह जफर	1837-1857 ई.

SSC CGL (Tier 1 & 2)

207. नाना साहब, कानपुर के एक विद्रोही, निम्नलिखित में से किस पेशवा के पुत्र थे?
SSC CGL Tier-1 17.07.2023 (Shift-IV)
(a) बालाजी बाजीराव
(b) बाजीराव प्रथम
(c) बाजीराव द्वितीय
(d) बालाजी विश्वनाथ

उत्तर (c)

• नाना साहब, कानपुर के एक विद्रोही **बाजीराव द्वितीय** पेशवा के दत्तक पुत्र थे। ये मराठा साम्राज्य के 13वें तथा अन्तिम पेशवा थे।
• छत्रपति शिवाजी मराठा साम्राज्य के संस्थापक थे।
• नाना साहब 1857 के भारतीय स्वतन्त्रता संग्राम के प्रथम शिल्पकार थे। उनका मूल नाम **धोंदू पन्त** था।
• स्वतन्त्रता संग्राम में नाना साहब ने कानपुर में अंग्रेजों के विरुद्ध विद्रोहियों का नेतृत्व किया।

208. स्वतन्त्र बंगाल राज्य की स्थापना किसने की थी? SSC CGL Tier-1 21.07.2023 (Shift-IV)
(a) शुजाउद्दीन
(b) मुर्शिद कुली खान
(c) सरफराज खान
(d) अलीवर्दी खान

उत्तर (b)

• स्वतन्त्र बंगाल राज्य की स्थापना **मुर्शिद कुली खान** (1717-1727 ई. तक) ने की थी।
• मुर्शिद कुली खाँ ने अपनी राजधानी ढाका को मुर्शिदाबाद में स्थानान्तरित किया तथा **इजारेदारी प्रथा** तथा **तकाबी ऋण** प्रदान किया।
• मुर्शिद कुली खान बंगाल का पहला नवाब था। इसे मोहम्मद हादी के नाम से भी जाना जाता है।

209. निम्नलिखित में से किस वर्ष में सालबाई की सन्धि पर हस्ताक्षर हुए थे?
SSC CGL Tier-1 02.12.2022 (Shift-I)
(a) 1800 ई. में
(b) 1782 ई. में
(c) 1769 ई. में
(d) 1817 ई. में

उत्तर (b)

• **17 मई, 1782** को मराठा साम्राज्य और ब्रिटिश ईस्ट इण्डिया कम्पनी के प्रतिनिधियों द्वारा प्रथम आंग्ल-मराठा युद्ध (1775-82 ई.) को समाप्त करने हेतु पेशवा व अंग्रेजों के मध्य सालाबाई की सन्धि हुई।
• सालाबाई सन्धि के परिणामस्वरूप ब्रिटिश और मराठों के बीच 20 वर्षों की सापेक्ष शान्ति बनी रही।
• इस सन्धि के तहत् साल्सेट तथा भूरूच का नियन्त्रण कम्पनी द्वारा बनाए रखा गया था।

210. अलीवर्दी खाँ की मृत्यु के बाद 1756 ई. में बंगाल का नवाब कौन बना था?
SSC CGL Tier-1 05.12.2022 (Shift-IV)
(a) मुर्शीद कुली खान
(b) शान नवाब
(c) सिराजुद्दौला
(d) निगम शान

उत्तर (c)

• अलीवर्दी खाँ की मृत्यु के बाद 1756 ई. में बंगाल का नवाब **सिराजुद्दौला** बना था, जिसका पूरा नाम मिर्ज़ा मुहम्मद सिराजुद्दौला था।
• नवाब सिराजुद्दौला को **आखिरी आजाद नवाब** भी कहा जाता है।
• काल कोठरी की घटना सिराजुद्दौला के काल में हुई थी।

211. प्लासी का युद्ध इंग्लिश कम्पनी और बंगाल के नवाब के बीच किस वर्ष हुआ था?
SSC CGL Tier-1 16.12.2022 (Shift-II)
(a) 1857 ई.
(b) 1750 ई.
(c) 1850 ई.
(d) 1757 ई.

उत्तर (d)

• प्लासी का युद्ध 23 जून, 1757 को मुर्शिदाबाद के दक्षिण में 22 मील दूर **नादिया जिले** में भागीरथी नदी के किनारे हुआ था।
• यह युद्ध रॉबर्ट क्लाइव के नेतृत्व में इंग्लिश कम्पनी और बंगाल के नवाब के बीच लड़ा गया। इस युद्ध में **नवाब** अपने सेनापति **मीरजाफर** की धोखाधड़ी के कारण पराजित हुआ।

212. अहमदनगर को अन्ततः ...... ई. में मुगलों द्वारा अपने राज्य में मिला लिया गया था।
SSC CGL Tier-1 06.12.2022 (Shift-IV)
(a) 1630
(b) 1627
(c) 1632
(d) 1635

उत्तर (c)

• अहमदनगर को अन्ततः 1632 ई. में मुगलों द्वारा अपने राज्य में मिला लिया गया था।
• अहमदनगर निजामशाही सुल्तानों की राजधानी थी, जिन्होंने 1490 ई. में दक्षिण में बहमनी सल्तनत की एक नई शाखा की स्थापना की।
• शाहजहाँ ने महावत खाँ के नेतृत्व में अहमदनगर को अपने साम्राज्य में मिला लिया।

213. वर्ष 1947 में हैदराबाद का निजाम निम्न में से कौन था? SSC CGL Tier-1 16.08.2021 (Shift-I)
(a) उस्मान अली
(b) मीर महबूब अली खान
(c) नासिर जंग
(d) अकबर अली खान

उत्तर (a)

• वर्ष 1947 में हैदराबाद का निजाम **उस्मान अली** था।
• हैदराबाद रियासत ब्रिटिश भारत की सबसे बड़ी राजशाही रियासत थी। इस पर आसफ जाही राजवंश का शासन था।
• निजाम ने 17 सितम्बर, 1948 को भारतीय बलों के समक्ष आत्मसमर्पण किया तथा हैदराबाद रियासत का भारतीय संघ में विलय कर दिया।

214. दिल्ली पर तैमूर का आक्रमण किस वर्ष हुआ था? SSC CGL 04.10.2023 (Shift-II)
(a) 1492 (b) 1221
(c) 1526 (d) 1398

उत्तर (d)

• तैमूर ने दिल्ली पर **1398 ई.** में आक्रमण किया।
• उसने तुगलक वंश के अंतिम शासक नसीरुद्दीन महमूद के शासनकाल के दौरान भारत पर आक्रमण किया था।

SSC CPO 2024 & 2023

215. निजाम-उल-मुल्क ने 1724 ई. में किस राज्य की स्थापना की थी?
SSC CPO Tier-1 27.07.2024 (Shift-I)
(a) अवध
(b) मैसूर
(c) बंगाल
(d) हैदराबाद

उत्तर (d)

• निज़ाम-उल-मुल्क ने 1724 ई. में **हैदराबाद** राज्य की स्थापना की थी।
• निज़ाम-उल-मुल्क मुगल सम्राट मुहम्मद शाह के प्रधानमन्त्री थे, लेकिन उन्होंने धीरे-धीरे अपनी शक्ति और स्वतन्त्रता बढ़ा ली।

216. निम्नलिखित में से किस अंग्रेज-मराठा युद्ध के परिणामस्वरूप पेशवाओं के प्रान्तों का विलय बम्बई प्रेसीडेन्सी में हो गया?
SSC CPO 02.08.2023 (Shift-I)
(a) तृतीय
(b) प्रथम
(c) चतुर्थ
(d) द्वितीय

उत्तर (a)

• **तृतीय** अंग्रेज-मराठा युद्ध के परिणामस्वरूप पेशवाओं के प्रान्तों का विलय बम्बई प्रेसीडेन्सी में हो गया।
• तृतीय आंग्ल मराठा युद्ध **1817-19 ई.** के मध्य शुरू हुआ था तथा मन्दसौर की सन्धि के साथ समाप्त हुआ। उस समय **लॉर्ड हेस्टिंग्स** बंगाल के गवर्नर-जनरल थे।

SSC CHSL 2024 & 2023 (Tier 1)

217. शब्द 'लंगर' (सामुदायिक रसोई) मुख्य रूप से निम्नलिखित में से किस समुदाय से सम्बन्धित है? SSC CHSL Tier-1 05.07.2024 (Shift-III)
(a) बौद्ध धर्म
(b) सिख धर्म
(c) हिन्दू धर्म
(d) जैन धर्म

उत्तर (b)

• शब्द **लंगर** (सामुदायिक रसोई) मुख्य रूप से सिख धर्म समुदाय से सम्बन्धित है।
• **गुरुनानक देव** जी ने लगभग 15वीं शताब्दी में लंगर की शुरुआत की थी।
• गुरु अंगद देव ने इसे व्यवस्थित स्वरूप प्रदान किया।

218. शिवाजी और जयसिंह प्रथम के बीच पुरन्दर की सन्धि पर हस्ताक्षर कब किए गए थे? SSC CHSL Tier-1 13.03.2023 (Shift-III)
(a) 1655 ई. (b) 1675 ई.
(c) 1685 ई. (d) 1665 ई.

उत्तर (d)

• मुगल साम्राज्य के सेनापति राजपूत शासक जयसिंह प्रथम और मराठा छत्रपति शिवाजी महाराज के बीच **11 जून, 1665** को पुरन्दर की सन्धि की गई थी।
• जयसिंह द्वारा पुरन्दर किले की घेराबन्दी करने के बाद शिवाजी को समझौते पर हस्ताक्षर करने पड़े थे।
• राजा जयसिंह ने मुगल सम्राट औरंगजेब की तरफ से इस सन्धि पर हस्ताक्षर किए थे।
• शिवाजी 23 किलों (कुल 35) को सम्राट को सौंपने के लिए सहमत हुए थे।

SSC Steno 2021

219. निम्न में से किस सिख गुरु ने स्वर्ण मन्दिर के निर्माण का मार्गदर्शन किया था? SSC Steno 12.11.2021
(a) गुरुनानक देव
(b) गुरु तेग बहादुर
(c) गुरु रामदास
(d) गुरु अर्जुन देव

उत्तर (d)

• गुरु अर्जुन देव ने स्वर्ण मन्दिर के निर्माण या श्री हरमन्दिर साहिब के निर्माण का मार्गदर्शन किया था।
• इन्होंने 1604 ई. में गुरु ग्रन्थ साहेब की भी रचना की थी
• यह सिखों के पाँचवें गुरु थे। इनका कार्यकाल 1581 से 1606 ई. के मध्य था।
• **स्वर्ण मन्दिर अमृतसर**, पंजाब में स्थित एक गुरुद्वारा है। यह सिख धर्म का आध्यात्मिक स्थल है।

SSC GD 2024

220. टीपू सुल्तान .... में मैसूर का शासक बना। SSC GD 22.02.2024 (Shift-II)
(a) 1786 ई. (b) 1792 ई.
(c) 1798 ई. (d) 1782 ई.

उत्तर (d)

• टीपू सुल्तान **1782 ई.** में मैसूर का शासक बना। वह **हैदरअली** का पुत्र था।
• 1787 ई. में टीपू ने **बादशाह** की उपाधि धारण की व अपने नाम के सिक्के चलाए तथा वर्षों व महीनों के हिन्दू नामों के स्थान पर अरबी नामों का प्रयोग किया।
• टीपू सुल्तान ने श्रीरंगपट्टम् में **स्वतन्त्रता का वृक्ष** लगाया और बाद में जैकोबिन क्लब का सदस्य बन गया और स्वयं को 'नागरिक टीपू' कहा।
• टीपू सुल्तान को **मैसूर के बाघ** के रूप में भी जाना जाता है।

SSC Selection Post 2024

221. महाराष्ट्र के नासिक स्थित त्र्यम्बकेश्वर मन्दिर किसके द्वारा बनवाया गया था? SSC SP Tier-1 20.06.2024 (Shift-III)
(a) बालाजी बाजीराव
(b) महाराजा गंगा सिंह
(c) महाराणा प्रताप
(d) शिवाजी

उत्तर (a)

• महाराष्ट्र के नासिक में स्थित त्र्यम्बकेश्वर मन्दिर का निर्माण तीसरे **पेशवा बालाजी बाजीराव** (1740-1760) ने एक पुराने मन्दिर के स्थान पर करवाया था।
• त्र्यम्बकेश्वर शहर ब्रह्मगिरी पहाड़ी की तलहटी में स्थित है, जिसकी समुद्र तल से ऊँचाई 3000 फीट है।

04

आधुनिक इतिहास

यूरोपीय कम्पनियों का आगमन, बंगाल तथा गवर्नर-जनरल/वायसराय

यूरोपीय कम्पनियों का आगमन

- 17 मई 1498 ई. में **वास्को-डि-गामा** (पुर्तगाली) भारत के पश्चिमी तट पर स्थित बन्दरगाह **कालीकट** पहुँचा।
- 1505 ई. में **फ्रांसिस्को डी अलमीडा** भारत में प्रथम पुर्तगाली वायसराय बनकर आया। इसने 'ब्लू वॉटर पॉलिसी' की नीति चलाई। 1509 ई. में **अल्फांसो द अल्बुकर्क** वायसराय बना। यह भारत में पुर्तगाली साम्राज्य का वास्तविक संस्थापक था।
- अल्बुकर्क ने 1510 ई. में बीजापुर के यूसुफ आदिल शाह से गोवा को जीता।
- पुर्तगालियों ने अपनी पहली व्यापारिक कोठी **कोचीन** में खोली।
- भारत आने वाला प्रथम डच यात्री **कारनेलिस डेहस्तमान** था।
- डचों का भारत में अन्तिम रूप से पतन 1759 ई. में अंग्रेजों के साथ हुए **वेदरा के युद्ध** से हुआ।

यूरोपीय कम्पनियाँ

कम्पनी	स्थापना-वर्ष
पुर्तगाली ईस्ट इण्डिया कम्पनी	1498 ई.
अंग्रेजी ईस्ट इण्डिया कम्पनी	31 दिसम्बर, 1600 ई.
डच ईस्ट इण्डिया कम्पनी	20 मार्च, 1602
डेनिश ईस्ट इण्डिया कम्पनी	17 मई, 1616
फ्रेंच ईस्ट इण्डिया कम्पनी	1 सितम्बर, 1664
स्वीडिश ईस्ट इण्डिया कम्पनी	14 जून, 1731

- 1600 ई. में इंग्लैण्ड की महारानी एलिजाबेथ प्रथम ने **ईस्ट इण्डिया कम्पनी** को अधिकार-पत्र दिया।
- मुगल दरबार में आने वाला प्रथम अंग्रेज **कैप्टन हॉकिन्स** था, जो जेम्स प्रथम के राजदूत के रूप में 1608 ई. में **जहाँगीर** के दरबार में आया था।
- 1615 ई. में सम्राट जेम्स प्रथम ने **सर टॉमस रो** को अपना राजदूत बनाकर मुगल सम्राट जहाँगीर के दरबार में भेजा।
- अंग्रेजों द्वारा प्रथम व्यापारिक कोठी (फैक्ट्री) **सूरत** में 1613 ई. में खोली गई।
- 1611 ई. में दक्षिण-पूर्वी समुद्र तट पर सर्वप्रथम अंग्रेजों ने **मसूलीपट्टनम** में व्यापारिक कोठी की स्थापना की।
- भारत में फ्रांसीसियों ने प्रथम कोठी सूरत में 1668 ई. में स्थापित की। इसकी स्थापना **फ्रैंको कैरो** ने की।
- 1674 ई. में फ्रैंको मॉर्टिन ने पॉण्डिचेरी की स्थापना की। वह पॉण्डिचेरी का प्रथम फ्रेंच गवर्नर-जनरल था।

कर्नाटक युद्ध (अंग्रेज एवं फ्रांसीसी)

युद्ध	सन्धि
प्रथम 1746-48 ई.	एक्स-ला शॉपेल सन्धि (1748 ई.)
द्वितीय 1749-54 ई.	पॉण्डिचेरी की सन्धि (1755 ई.)
तृतीय 1756-63 ई.	पेरिस की सन्धि (1763 ई.)

बंगाल

- औरंगजेब की मृत्यु के बाद बंगाल, **मुर्शिद कुली खाँ** के नेतृत्व में पूरी तरह मुक्त हो गया। इसने बंगाल की राजधानी ढाका के स्थान पर मुर्शिदाबाद बनाई।
- 1726 ई. में मुर्शिद कुली खाँ की मृत्यु के बाद क्रमशः **शुजाउद्दीन सरफराज** और **अलीवर्दी खाँ** नवाब बने।
- **सिराजुद्दौला** 10 अप्रैल, 1756 को बंगाल का नवाब बना।
- सिराजुद्दौला के समय ही 20 जून, 1756 को 'कालकोठरी की त्रासदी' (Black Hole Tragedy) नामक घटना घटी।

बंगाल के नवाब और अंग्रेजों के मध्य हुए प्रमुख युद्ध

युद्ध	मध्य	परिणाम
प्लासी का युद्ध (1757 ई.)	सिराजुद्दौला (नवाब) एवं रॉबर्ट क्लाइव (अंग्रेज)	अंग्रेजों की विजय, सिराजुद्दौला की मृत्यु
बक्सर का युद्ध (22 अक्टूबर, 1764)	शुजाउद्दौला, शाहआलम द्वितीय, मीरकासिम के गठबन्धन एवं अंग्रेजों के मध्य (सेनापति हेक्टर मुनरो)	अंग्रेज विजयी हुए, भारत में ब्रिटिश सत्ता की स्थापना

- 1765 ई. में क्लाइव ने बंगाल में द्वैध शासन की स्थापना की, जो 1772 ई. तक चली।
- इलाहाबाद की प्रथम सन्धि (12 अगस्त, 1765)
  - इस सन्धि पर शाहआलम द्वितीय, नज्मुद्दौला तथा क्लाइव ने हस्ताक्षर किए।
  - इस सन्धि के तहत कम्पनी को बंगाल, बिहार एवं उड़ीसा की दीवानी मिली।
- **इलाहाबाद की द्वितीय सन्धि** (16 अगस्त, 1765)
  - यह सन्धि अवध के नवाब शुजाउद्दौला तथा क्लाइव के बीच हुई।

मैसूर

- हैदरअली के नेतृत्व में मैसूर शक्तिशाली राज्य के रूप में उभरा।
  उसने अपनी सेना को पाश्चात्य सैन्य प्रशिक्षण दिया।
- उसने फ्रांसीसियों की मदद से 1755 ई. में डिण्डीगुल में एक आधुनिक शस्त्रागार की स्थापना की।
- हैदरअली की मृत्यु (1782 ई.) के बाद उसके पुत्र टीपू सुल्तान ने उसका स्थान लिया।
- टीपू सुल्तान फ्रांस के जैकोबिन क्लब का सदस्य बना तथा उसने अपनी राजधानी श्रीरंगपट्टनम में स्वतन्त्रता का वृक्ष लगाया। टीपू ने फ्रांसीसी पद्धति पर एक मजबूत सेना बनाई।
- टीपू सुल्तान को शेर-ए-मैसूर कहा जाता है।

आंग्ल-मैसूर युद्ध

युद्ध	मध्य	सन्धि
प्रथम युद्ध (1767-69 ई.)	हैदरअली एवं लॉर्ड वेरेलस्ट	मद्रास की सन्धि (अंग्रेज पराजित)
द्वितीय युद्ध (1780-84 ई.)	हैदरअली (1782 ई.) टीपू सुल्तान एवं वॉरेन हेस्टिंग्स	मंगलौर की सन्धि (हैदरअली की मृत्यु)
तृतीय युद्ध (1790-92 ई.)	टीपू सुल्तान एवं लॉर्ड कॉर्नवालिस	श्रीरंगपट्टनम की सन्धि (टीपू की पराजय)
चतुर्थ युद्ध (1799 ई.)	टीपू सुल्तान एवं लॉर्ड वेलेजली	टीपू की मृत्यु

प्रमुख गवर्नर-जनरल/वायसराय एवं घटनाएँ

गवर्नर-जनरल/वायसराय	मुख्य घटनाएँ
रॉबर्ट क्लाइव (1757-60 व 1765-67)	• बंगाल में शासन की स्थापना • बंगाल के समस्त क्षेत्र के लिए दो उप-दीवानों की नियुक्ति
वॉरेन हेस्टिंग्स (1772-1785)	• कम्पनी के अधीन बंगाल का पहला गवर्नर-जनरल • कलकत्ता में सुप्रीम कोर्ट ऑफ ज्यूडिएचर की स्थापना • भारत के पहले समाचार-पत्र **द बंगाल गजट** का प्रकाशन
लॉर्ड कॉर्नवालिस (1786-1793 व 1805)	• भारत में नागरिक सेवा एवं पुलिस सेवा का जन्मदाता • ईस्ट इण्डिया कम्पनी के कर्मचारियों के व्यक्तिगत व्यापार पर प्रतिबन्ध • स्थायी बन्दोबस्त (1793 ई.) की पद्धति लागू की। • एकमात्र गवर्नर-जनरल जिसकी समाधि भारत में स्थित (गाजीपुर, उत्तर प्रदेश)।
लॉर्ड वेलेजली (1798 -1805)	• सहायक सन्धि की पद्धति की शुरुआत • हैदराबाद (1798 ई.) सहायक सन्धि स्वीकार करने वाला प्रथम राज्य • कलकत्ता में फोर्ट विलियम कॉलेज (1800 ई.) की स्थापना • चौथे आंग्ल-मैसूर युद्ध (1798-99) में अंग्रेजों की श्रीरंगपट्टनम पर जीत
लॉर्ड हेस्टिंग्स (1813 -1823)	• पिण्डारियों का दमन • मराठों की शक्ति अन्तिम रूप से नष्ट
लॉर्ड विलियम बैण्टिक (1828 -1835)	• भारत का पहला गवर्नर-जनरल • राजा राममोहन राय के सहयोग से 1829 ई. के नियम XVII द्वारा सती-प्रथा का उन्मूलन • कर्नल स्लीमैन के सहयोग से 1830 ई. में **ठगी प्रथा का उन्मूलन** • लॉर्ड मैकाले की अनुशंसा पर अंग्रेजी को शिक्षा का माध्यम बनाने का निर्णय
चार्ल्स मेटकॉफ (1835-36 ई.)	• 1 वर्ष के कार्यकाल में प्रेस पर से नियंत्रण हटाया। • भारतीय प्रेस का मुक्तिदाता
ऑकलैण्ड प्रथम (1836 -1842)	• प्रथम आंग्ल-अफगान युद्ध • कलकत्ता से दिल्ली तक 'शेरशाह सूरी मार्ग' का नाम बदलकर ग्रैण्ड ट्रंक रोड (जीटी रोड) करने का निर्णय
लॉर्ड एलनबरो (1842 -1844)	• 1843 ई. में सिन्ध का पूर्ण रूप से ब्रिटिश साम्राज्य में विलय • 1843 ई. के 'अधिनियम V' द्वारा दास प्रथा का अन्त
लॉर्ड डलहौजी (1848 -1856)	• 'राज्य हड़प नीति' (Doctrine of Lapse) लागू • राज्य हड़प नीति के तहत सतारा (1848 ई.), जैतपुर (1849 ई.), सम्भलपुर (1849 ई.), बघाट (1850 ई.), उदयपुर (1852 ई.), झाँसी (1853 ई.), नागपुर (1854 ई.), अवध (1856 ई.) पर कब्जा किया। • 1853 ई. में भारत में **पहली यात्री रेल** की शुरुआत • **पहली बार तार सेवा** कलकत्ता से आगरा के बीच • शिक्षा सम्बन्धी सुधारों के लिए वुड्स डिस्पैच लागू • शिमला को ग्रीष्मकालीन राजधानी बनाने का फैसला • 1854 ई. में लोक सेवा विभाग की स्थापना • सार्वजनिक निर्माण विभाग (PWD) की स्थापना • 1854 ई. में **पहली बार डाक टिकट** का प्रचलन
लॉर्ड कैनिंग (अन्तिम गवर्नर-जनरल व प्रथम वायसराय) (1856-62 ई.)	• विधवा पुनर्विवाह अधिनियम, 1856 पारित • 1857 ई. का विद्रोह • 1857 ई. में कलकत्ता, बम्बई एवं मद्रास विश्वविद्यालय की स्थापना

गवर्नर-जनरल/वायसराय	मुख्य घटनाएँ
लॉर्ड एल्गिन प्रथम (1862-63)	• वहाबी आन्दोलन, मृत्यु-1863 ई. (पंजाब में)
सर जॉन लॉरेन्स (1864-69)	• भारत एवं यूरोप के मध्य प्रथम समुद्री टेलीग्राफ सेवा का प्रारम्भ (1865 ई.), अफगानिस्तान में अहस्तक्षेप नीति
लॉर्ड मेयो (1869-72)	• वित्तीय विकेन्द्रीकरण, कृषि एवं वाणिज्य विभाग की स्थापना, 1872 ई. में अजमेर में मेयो कालेज की स्थापना, अनियमित जनगणना (1872 ई.), पंजाब में कूका विद्रोह (1872 ई.), पोर्ट ब्लेयर में हत्या।
लॉर्ड नॉर्थब्रुक (1872-76)	• कूका आन्दोलन का दमन • मोहम्मडन एंग्लो ओरिएण्टल कॉलेज की स्थापना।
लॉर्ड लिटन (साहित्यिक नाम-ओवन मैरिडिथ) (1876-80)	• दिल्ली दरबार (1877, विक्टोरिया भारत की महारानी घोषित), सिविल सेवा में अधिकतम आयु 21 वर्ष से घटाकर 19 वर्ष, रिचर्ड स्ट्रेची की अध्यक्षता में अकाल आयोग का गठन, वर्नाक्युलर प्रेस एक्ट (1878 ई.) पारित, अलीगढ़ में मुस्लिम ऐंग्लो-ओरिएंटल महाविद्यालय की स्थापना
लॉर्ड रिपन (फ्लोरेन्स नाइटिंगल ने भारत के उद्धारक की संज्ञा दी) (1880-84)	• नियमित जनगणना की शुरुआत (1881); इल्बर्ट बिल विवाद, 1883 (जातीय भेदभाव के आधार पर न्यायिक अयोग्यता को दूर करने का प्रस्ताव), वर्नाक्युलर प्रेस एक्ट की समाप्ति (1882 ई.), 1881 ई. में प्रथम फैक्ट्री एक्ट पारित।
लॉर्ड डफरिन (1884-88)	• भारतीय राष्ट्रीय कांग्रेस की स्थापना (1885 ई.), तृतीय आंग्ल-बर्मा युद्ध (1885 ई.), बंगाल टेनेंसी एक्ट (1885 ई.) एवं पंजाब टेनेंसी एक्ट (1887 ई.) पारित
लॉर्ड लैन्सडाउन (1888-94)	• भारत परिषद् अधिनियम (1892 ई.), डूरण्ड आयोग का गठन (उद्देश्य-भारत-अफगानिस्तान सीमा निर्धारण)
लॉर्ड कर्जन (1899-1905)	• एण्ड्रयू फ्रेजर की अध्यक्षता में पुलिस आयोग का गठन (1902), पुरातत्व विभाग की स्थापना (1904), बंगाल विभाजन (1905), सिंचाई आयोग (1901) तथा भारतीय विश्वविद्यालय आयोग (1902) का गठन
लॉर्ड मिण्टो II (1905-1910)	• मुस्लिम लीग का गठन, मार्ले-मिण्टो एक्ट 1909 पारित
लॉर्ड हॉर्डिंग द्वितीय (1910-16)	• दिल्ली दरबार (1911), राजधानी दिल्ली स्थानान्तरित, बंगाल विभाजन रद्द, प्रथम विश्व युद्ध की शुरुआत, बनारस में बनारस हिन्दू विश्वविद्यालय की स्थापना हुई।
लॉर्ड चेम्सफोर्ड (1916-21)	• महिला विश्वविद्यालय की स्थापना (पूना 1917), माण्टेग्यू-चेम्सफोर्ड सुधार, 1919, जलियाँवाला बाग हत्याकाण्ड, रॉलेट एक्ट पारित, खिलाफत एवं असहयोग आन्दोलन की शुरुआत।
लॉर्ड रीडिंग (1921-26)	• वर्ष 1921 में मोपला विद्रोह की शुरुआत, **प्रिन्स ऑफ वेल्स की भारत यात्रा** (1921), स्वराज पार्टी का गठन (1923 ई.)
लॉर्ड इरविन (1926-31)	• साइमन कमीशन का भारत आगमन (1928), कांग्रेस का लाहौर अधिवेशन (1929), सविनय अवज्ञा आन्दोलन का प्रारम्भ (1930), प्रथम गोलमेज सम्मेलन (1930), गाँधी-इरविन समझौता (1931)
लॉर्ड विलिंगटन (1931-36)	• द्वितीय गोलमेज सम्मेलन (1931), कम्युनल अवार्ड (1932), पूना पैक्ट (सितम्बर, 1932) भारत सरकार अधिनियम-1935
लॉर्ड लिनलिथगो (1936-43)	• प्रान्तीय चुनाव (1937 ई. में आठ प्रान्तों में कांग्रेस सरकार का गठन), द्वितीय विश्वयुद्ध में भारत को बिना सहमति के शामिल करने के विरोध में कांग्रेसी मन्त्रिमण्डल का इस्तीफा, मुस्लिम लीग ने मुक्ति दिवस मनाया (22 दिसम्बर, 1939), अगस्त प्रस्ताव (8 अगस्त, 1940)
लॉर्ड वेवेल (1944-47)	• शिमला सम्मेलन (1945), कैबिनेट मिशन का भारत आगमन
लॉर्ड माउण्टबेटन (1947-48)	• माउण्टबेटन योजना (3 जून, 1947) भारतीय स्वतन्त्रता अधिनियम, 1947 (अन्तिम ब्रिटिश वायसराय)

SSC एग्जाम स्कैनर

SSC CGL 2024 (Tier I & II)

1. बक्सर का युद्ध निम्नलिखित में से किस वर्ष में लड़ा गया था?
SSC CGL Tier-1 19.09.2024 (Shift-III)

(a) 1764 ई. (b) 1757 ई.
(c) 1793 ई. (d) 1777 ई.

उत्तर (a)

• **22 अक्टूबर, 1764** को बक्सर का युद्ध मुगल साम्राज्य, बंगाल के नवाब एवं अवध के नवाब की संयुक्त सेना तथा ब्रिटिश ईस्ट इण्डिया कम्पनी की सेनाओं के मध्य लड़ा गया था।
• इस युद्ध ने ब्रिटिश शासन की शुरुआत को सुदृढ़ किया तथा मुगलों को निर्णायक रूप से पराजित किया।

2. वॉरेन हेस्टिंग्स के अधीन पारित निम्नलिखित में से किस अधिनियम को 'हाफ-लोफ सिस्टम' भी कहा जाता था?
SSC CGL Tier-1 19.09.2024 (Shift-III)

(a) पिट्स इण्डिया अधिनियम, 1784
(b) विनियमन (रेग्युलेटिंग) अधिनियम, 1773
(c) चार्टर अधिनियम, 1813
(d) भारत सरकार अधिनियम, 1858

उत्तर (a)

• 1773 के रेग्युलेटिंग एक्ट की कमियों को दूर करने के लिए गवर्नर-जनरल वॉरेन हेस्टिंग्स के शासनकाल में ब्रिटिश सरकार द्वारा भारत **पिट्स इण्डिया अधिनियम**, 1784 को पारित किया गया था।
• इस अधिनियम के तहत ईस्ट इण्डिया कम्पनी को भारत में ब्रिटिश सरकार की निगरानी में स्थापित किया गया, इस कारण इस अधिनियम को **हाफ-लोफ सिस्टम** भी कहा जाता है।
• इस अधिनियम के तहत मद्रास और बम्बई की समितियों को बंगाल परिषद् के अनुरूप परिवर्तित किया गया।

3. भारत में 1792 ई. में निम्नलिखित में से किस गवर्नर-जनरल द्वारा दरोगा प्रणाली की शुरुआत की गई थी? **SSC CGL Tier-1 18.09.2024 (Shift-II)**

(a) लॉर्ड मिण्टो (b) लॉर्ड मेयो
(c) लॉर्ड विलियम बैण्टिंक
(d) लॉर्ड कॉर्नवालिस

उत्तर (d)

• **लॉर्ड कॉर्नवालिस** (1786-1793) ने पुलिस सुधारों के तहत वर्ष 1992 में दरोगा प्रणाली की शुरुआत की।
• इस प्रणाली के तहत हर जिले को थाना या पुलिस मण्डलों में बाँटा गया था, इन मण्डलों का नेतृत्व दरोगा करते थे।
• हर जिले में पुलिस को जिला न्यायाधीश के अधीन रखा गया था।
• लॉर्ड कॉर्नवालिस को भारत में 'सिविल सेवा का जनक' कहा जाता है।

4. वुड का घोषणा-पत्र, 1854 मुख्य रूप से निम्नलिखित में से किस विषय से सम्बन्धित था? **SSC CGL Tier-1 17.09.2024 (Shift-I)**

(a) वित्त (b) स्वास्थ्य
(c) शिक्षा (d) रेलवे

उत्तर (c)

• वुड का घोषणा-पत्र, 1854 मुख्य रूप से **शिक्षा** से सम्बन्धित था।
• वुड्स डिस्पैच को भारत में अंग्रेजी शिक्षा का **मैग्नाकार्टा** कहा जाता है।
• इस घोषणा-पत्र में प्राथमिक विद्यालयों में स्थानीय भाषाओं को शुरू करने की सलाह दी गई।
• इसके अन्तर्गत कलकत्ता, बॉम्बे और मद्रास के तीन प्रेसीडेन्सी शहरों में विश्वविद्यालयों की स्थापना की सिफारिश की गई।

5. जेम्स रेनेल को हिन्दुस्तान का मानचित्र तैयार करने के लिए किसने कहा था?
SSC CGL Tier-1 15.09.2024 (Shift-II)

(a) लॉर्ड रिपन (b) वॉरेन हेस्टिंग्स
(c) रॉबर्ट क्लाइव (d) लॉर्ड डलहौजी

उत्तर (c)

• जेम्स रेनेल को हिन्दुस्तान का मानचित्र तैयार करने के लिए **रॉबर्ट क्लाइव** ने कहा था।
• रॉबर्ट क्लाइव बंगाल प्रेसीडेंसी के पहले ब्रिटिश गवर्नर थे।
• इन्होंने बंगाल में **ब्रिटिश ईस्ट इण्डिया कम्पनी** की नींव रखी।
• क्लाइव के समय ही बंगाल में अकाल आया था, जिसमें लगभग 30 लाख लोग मारे गए थे।

6. हड़प नीति भारत के निम्नलिखित में से किस गवर्नर-जनरल द्वारा तैयार की गई एक विलय नीति थी? **SSC CGL Tier-1 13.09.2024 (Shift-I)**

(a) लॉर्ड मेयो
(b) लॉर्ड कैनिंग
(c) लॉर्ड डलहौजी
(d) लॉर्ड वेलेजली

उत्तर (c)

• हड़प नीति को **लॉर्ड डलहौजी** ने वर्ष 1848 में लागू किया था।
• हड़प नीति या व्यपगत का सिद्धान्त भारत में ब्रिटिश साम्राज्य के विस्तार के लिए बनाई गई एक रणनीति थी।
• इस नीति के तहत् यदि किसी भारतीय रियासत के राजा का कोई उत्तराधिकारी नहीं था, तो अंग्रेज उस राज्य को हड़प लेते थे।
• इस नीति ने 1857 ई. में हुए ब्रिटिश शासन के खिलाफ भारतीय प्रतिरोध को जन्म देने में अहम भूमिका निभाई।

7. ब्रिटिश भारत के, निम्नलिखित संस्थानों का उनसे सम्बन्धित संस्थापकों के साथ मिलान कीजिए। **SSC CGL Tier-1 12.09.2024 (Shift-I)**

संस्थान	उनसे सम्बन्धित संस्थापक
A. बंगाल की एशियाटिक सोसायटी	1. वॉरेन हेस्टिंग्स
B. बनारस संस्कृत कॉलेज	2. लॉर्ड वेलेजली
C. फोर्ट विलियम कॉलेज	3. जोनाथन डंकन
D. कलकाता मदरसा	4. सर विलियम जोन्स

(a) 1 2 3 4 (b) 3 4 1 2
(c) 4 3 2 1 (d) 2 1 3 4

उत्तर (c)

• सही सुमेलन A-4, B-3, C-2, D-1 है।
• **बंगाल एशियाटिक सोसायटी** इसकी स्थापना सर विलियम जोन्स के द्वारा 25 जनवरी, 1784 को कोलकाता के फोर्ट विलियम में की गई थी।
• **बनारस संस्कृत कॉलेज** इसकी स्थापना जोनाथन डंकन के द्वारा संयुक्त प्रान्त के बनारस में 1791 ई. में की गई थी।
• **फोर्ट विलियम कॉलेज** इसकी स्थापना लॉर्ड वेलेजली के द्वारा 10 जुलाई, 1800 में कोलकाता में की गई थी।
• **कलकाता मदरसा** इसकी स्थापना वॉरेन हेस्टिंग्स के द्वारा 1781 ई. में कोलकाता के सियालदह में की गई थी।

8. निम्नलिखित में से किस युद्ध को भारत में ब्रिटिश राज की औपचारिक शुरुआत माना जाता है? **SSC CGL Tier-1 11.09.2024 (Shift-II)**

(a) बक्सर (b) कर्नाटक
(c) प्लासी (d) वाण्डीवाश

उत्तर (c)

• **प्लासी** का युद्ध 23 जून, 1757 को उत्तर-पूर्वी भारत में लड़ा गया था।
• इस युद्ध में **रॉबर्ट क्लाइव** के नेतृत्व में ब्रिटिश ईस्ट इण्डिया कम्पनी की सेना ने बंगाल के अन्तिम नवाब सिराजुद्दौला और उनके फ्रांसीसी सहयोगियों की सेना को हराया था।
• इस युद्ध के बाद अंग्रेज भारत में सबसे बड़ी आर्थिक और सैन्य शक्ति बन गए।

9. निम्नलिखित में से किसने सहायक गठबन्धन की प्रणाली तैयार की?
SSC CGL Tier-1 09.09.2024 (Shift-II)

(a) लॉर्ड विलियम बैण्टिक (b) लॉर्ड वेलेजली
(c) लॉर्ड डलहौजी (d) लॉर्ड केनिंग

उत्तर (b)

• **लॉर्ड वेलेजली** ने सहायक गठबन्धन की प्रणाली तैयार की।
• इस सन्धि को स्वीकार करने वाले राज्यों के वैदेशिक सम्बन्ध अंग्रेजी राज्य के अधीन हो जाते थे, परन्तु उनके आन्तरिक मामलों में हस्तक्षेप नहीं किया जाता था।
• सहायक गठबन्धन को स्वीकार करने वाले पहले राज्यों में हैदराबाद के निजाम थे।

10. अरबी, फ़ारसी और इस्लामी कानूनों के अध्ययन को बढ़ावा देने के लिए कोलकाता में मदरसा कब खोला गया था?
SSC CGL Tier-1 09.09.2024 (Shift-II)
(a) 1781 ईसवी में
(b) 1774 ईसवी में
(c) 1783 ईसवी में
(d) 1772 ईसवी में

उत्तर (a)

• अरबी, फ़ारसी और इस्लामी कानूनों के अध्ययन को बढ़ावा देने के लिए **1781 ईसवी** में कोलकाता में मदरसा की स्थापना ईस्ट इण्डिया कम्पनी के पहले गवर्नर-जनरल **वॉरेन हेस्टिंग्स** ने की थी।
• यह ब्रिटिश भारत का पहला शैक्षणिक संस्थान था।
• वर्तमान में इसे **आलिया विश्वविद्यालय** के नाम से जाना जाता है।

11. ईस्ट इण्डिया कम्पनी की गतिविधियों को विनियमित करने के लिए ब्रिटिश संसद ने 1773 ई. में कौन-सा अधिनियम पारित किया था? SSC CGL Tier-1 23.09.2024 (Shift-III)
(a) विनियमन अधिनियम
(b) सहमति की आयु अधिनियम
(c) भारतीय दासता अधिनियम
(d) पिट्स इण्डिया अधिनियम

उत्तर (a)

• ईस्ट इण्डिया कम्पनी की गतिविधियों को विनियमित करने के लिए ब्रिटिश संसद ने 1773 ई. में **विनियमन अधिनियम** पारित किया था।
• विनियमन अधिनियम ने भारत के केन्द्रीकृत प्रशासन की नींव रखी।
• इस अधिनियम द्वारा कलकत्ता में सुप्रीम कोर्ट की स्थापना की गई। इस सुप्रीम कोर्ट के पहले मुख्य न्यायाधीश **एलिजा इम्पे** थे।

12. निम्नलिखित में से किस अधिनियम के तहत, ब्रिटिश भारत के प्रशासन को नियन्त्रित और संचालित करने के लिए इंग्लैण्ड में नियन्त्रण बोर्ड की स्थापना की गई थी?
SSC CGL Tier-1 18.09.2024 (Shift-I)
(a) चार्टर अधिनियम, 1813
(b) विनियमन अधिनियम, 1773
(c) चार्टर अधिनियम, 1793
(d) पिट्स इण्डिया अधिनियम, 1784

उत्तर (d)

• **पिट्स इण्डिया अधिनियम**, 1784 के तहत, गवर्नर-जनरल को वीटो पावर दी गई थी और ब्रिटिश भारत के प्रशासन को नियन्त्रित और संचालित करने के लिए इंग्लैण्ड में नियन्त्रण बोर्ड की स्थापना की गई थी।
• इस अधिनियम का मुख्य उद्देश्य, 1773 के रेग्यूलेटिंग एक्ट की कमियाँ दूर करना था।
• इस अधिनियम के तहत कम्पनी की कॉर्पोरेट गतिविधियों को कम्पनी की राजनीतिक गतिविधियों से अलग किया गया था।

SSC CGL 2023 (Tier I & II)

13. सीपी इल्बर्ट (CP Ilbert) निम्नलिखित में से किसके अधीन परिषद् के विधि सदस्य थे?
SSC CGL Tier-1 14.07.2023 (Shift-IV)
(a) लॉर्ड लिटन (b) लॉर्ड रिपन
(c) लॉर्ड कॉर्नवालिस (d) लॉर्ड कर्जन

उत्तर (b)

• सीपी इल्बर्ट, **लॉर्ड रिपन** के अधीन परिषद् के विधि सदस्य थे।
• लॉर्ड रिपन, 1880 से 1884 तक भारत के वायसराय थे।
• सीपी इल्बर्ट के द्वारा (**लॉर्ड रिपन** के कार्यकाल में) **इल्बर्ट बिल** लाया गया था।
• इस बिल के द्वारा भारतीय न्यायाधीशों को उन मामलों की सुनवाई करने का भी अधिकार प्रदान कर दिया गया, जिनमें यूरोपीय नागरिक भी शामिल होते थे।

14. बक्सर के युद्ध में अंग्रेजी सेना का नेतृत्व किसने किया था?
SSC CGL Tier-1 17.07.2023 (Shift-II)
(a) लॉर्ड क्लाइव (b) विलियम हेनरी स्लीमैन
(c) हेक्टर मुनरो (d) चार्ल्स आयरकूट

उत्तर (c)

• बक्सर के युद्ध में अंग्रेजी सेना का नेतृत्व **हेक्टर मुनरो** ने किया था।
• बक्सर का युद्ध 1764 ई. में अंग्रेजों एवं **मीर कासिम,** अवध के नवाब **शुजाउद्दौला** एवं मुगल सम्राट **शाह आलम द्वितीय** के बीच हुआ।

15. भारत सरकार अधिनियम, ········ के अन्तर्गत ब्रिटिश भारत में अंग्रेजी ईस्ट इण्डिया कम्पनी का शासन समाप्त कर दिया गया था।
SSC CGL Tier-1 18.07.2023 (Shift-IV)
(a) 1857 ई. (b) 1858 ई.
(c) 1856 ई. (d) 1859 ई.

उत्तर (b)

• **भारत सरकार अधिनियम, 1858 ई.** के अन्तर्गत ब्रिटिश भारत में अंग्रेजी ईस्ट इण्डिया कम्पनी का शासन समाप्त कर दिया गया था।
• **लॉर्ड कैनिंग** (1856-1862) को भारत का प्रथम वायसराय नियुक्त किया गया।
• इसी अधिनियम के तहत देशी रियासतों की विलय की नीति को समाप्त किया गया।

16. लॉर्ड कर्जन ने वर्ष 1905 में ········ के विभाजन की घोषणा की।
SSC CGL Tier-1 19.07.2023 (Shift-II)
(a) पंजाब (b) संयुक्त प्रान्त
(c) बंगाल (d) मध्य प्रान्त

उत्तर (c)

• लॉर्ड कर्जन ने 19 जुलाई, 1905 को **बंगाल** विभाजन की घोषणा की।
• एक मुस्लिम प्रान्त का सृजन करने के उद्देश्य से ही भारत के बंगाल को दो भागों में बाँटने का निर्णय लिया गया।
• बंगाल विभाजन 16 अक्टूबर, 1905 से प्रभावी हुआ।

17. एलफिंस्टन 1819-27 ई. के दौरान भारत के किस प्रान्त के गवर्नर थे?
SSC CGL Tier-1 20.07.2023 (Shift-I)
(a) मद्रास
(b) बॉम्बे
(c) उत्तर -पश्चिम सीमा प्रान्त
(d) बंगाल

उत्तर (b)

• एलफिंस्टन 1819-27 ई. के दौरान भारत में बॉम्बे प्रान्त के गवर्नर थे।
• एलफिंस्टन का दृढ़ संकल्प था कि निम्न वर्ग, विशेष रूप से मजदूर और किसान, पढ़ना-लिखना सीख सकें, ताकि वे अनुबन्धों की पुष्टि कर सकें।
• उन्होंने **बॉम्बे विश्वविद्यालय** की स्थापना की थी।

18. राजस्व प्रशासन को न्यायिक प्रशासन से अलग करने के लिए प्रशासनिक संहिता को किसने डिजाइन किया था?
SSC CGL Tier-1 21.07.2023 (Shift-II)
(a) लॉर्ड कॉर्नवालिस (b) लॉर्ड लिटन
(c) लॉर्ड ऑकलैण्ड (d) वॉरेन हेस्टिंग्स

उत्तर (a)

• राजस्व प्रशासन को न्यायिक प्रशासन से अलग करने के लिए प्रशासनिक संहिता को **लॉर्ड कॉर्नवालिस** ने डिजाइन किया था।
• लॉर्ड कॉर्नवालिस (1786-93 और 1805) में भारत का गवर्नर-जनरल था।
• उसने बंगाल में तीन और बिहार में एक भ्रमण करने वाली अदालत की स्थापना की थी। यह सिद्धान्त शक्ति के पृथक्करण पर आधारित था।
• लॉर्ड कॉर्नवालिस को सिविल सेवा का जनक कहा जाता है।
• 1793 ई. में प्रसिद्ध कॉर्नवालिस कोड का निर्माण करवाया गया, जो शक्तियों के पृथक्करण सिद्धान्त पर आधारित थी।

19. जिस वायसराय ने ऐतिहासिक स्मारकों के जीर्णोद्धार और संरक्षण में गहरी दिलचस्पी ली, वह थे SSC CGL Tier-1 25.07.2023 (Shift-I)
(a) लॉर्ड कर्जन (b) लॉर्ड लिटन
(c) लॉर्ड ऑकलैण्ड (d) लॉर्ड एलेनबरो

उत्तर (a)

• प्राचीन स्मारक परीक्षण अधिनियम, 1904 के द्वारा **लॉर्ड कर्जन** ने भारत में पहली बार ऐतिहासिक इमारतों की सुरक्षा एवं मरम्मत की ओर ध्यान दिया।
• लॉर्ड कर्जन 1899 ई. में भारत के वायसराय बनकर भारत आए थे।
• वर्ष 1905 में बंगाल का विभाजन इसी के काल में हुआ।
• कर्जन के समय ही वर्ष 1904 में **सहकारी उधार समिति अधिनियम** बनाया गया।

20. भू-राजस्व प्रबन्धन के उपाय के रूप में स्थायी बन्दोबस्ती की शुरुआत किसने की थी?
SSC CGL Tier-1 25.07.2023 (Shift-II)
(a) लॉर्ड कॉर्नवालिस (b) लॉर्ड लिटन
(c) लॉर्ड कर्जन (d) लॉर्ड वैलेजली

उत्तर (a)

• भू-राजस्व प्रबन्धन के उपाय के रूप में स्थायी बन्दोबस्ती की शुरुआत लॉर्ड कॉर्नवालिस ने वर्ष 1973 में की थी।

• इसके तहत जमींदारों के भू-राजस्व का लगभग $\frac{10}{11}$ भाग कम्पनी को देना पड़ता था तथा केवल $\frac{1}{11}$ भाग ही अपने पास रखना होता था।

• इस व्यवस्था को बंगाल , बिहार , बनारस , ओडिशा एवं मद्रास के उत्तरी जिलों में लागू किया गया।

• लॉर्ड कॉर्नवालिस 1786-93 और 1805 ई. में भारत का गवर्नर-जनरल था।

21. भारत के वायसराय लॉर्ड कर्जन ने बंगाल के विभाजन की घोषणा किस वर्ष की थी?
SSC CGL Tier-1 25.07.2023 (Shift-II)

(a) 1907 (b) 1905
(c) 1906 (d) 1911

उत्तर (b)

• भारत के वायसराय लॉर्ड कर्जन ने 19 जुलाई, 1905 को बंगाल विभाजन की घोषणा की।

• 17 अगस्त, 1905 को कलकत्ता के टॉउन हॉल में बंगाल-विभाजन के विरोध में **स्वदेशी आन्दोलन** की घोषणा की गई।

• 16 अक्टूबर, 1905 को बंगाल-विभाजन प्रभावी हुआ था। इस दिन पूरे बंगाल में शोक दिवस मनाया गया।

22. स्थानीय स्तर पर जनता की राजनीतिक शिक्षा के लिए स्थानीय स्वशासन का प्रस्ताव कौन लाया? SSC CGL Tier-1 25.07.2023 (Shift-II)

(a) लॉर्ड कैनिंग (b) लॉर्ड मेयो
(c) लॉर्ड रिपन (d) लॉर्ड लिटन

उत्तर (c)

• स्थानीय स्तर पर जनता की राजनीतिक शिक्षा के लिए स्थानीय स्वशासन का प्रस्ताव **लॉर्ड रिपन** ने रखा।

• इसी कारण लॉर्ड रिपन को भारत में **स्थानीय स्वशासन का पिता** भी कहा जाता है।

• 1880 से 1884 ई. तक लॉर्ड रिपन ने भारतीय वायसराय के रूप में कार्य किया।

• भारत में पंचायती राज का प्रारम्भ 2 अक्टूबर, 1959 को प्रथम प्रधानमन्त्री जवाहरलाल नेहरू द्वारा राजस्थान राज्य के नागौर जिले में किया गया।

23. बंगाल की दोहरे शासन व्यवस्था की नीति किस गवर्नर-जनरल के दिमाग की उपज थी?
SSC CGL Tier-1 26.07.2023 (Shift-IV)

(a) लॉर्ड लिटन (b) लॉर्ड क्लाइव
(c) लॉर्ड हेस्टिंग्स (d) लॉर्ड डलहौजी

उत्तर (b)

• **लॉर्ड रॉबर्ट क्लाइव** ने बंगाल में द्वैध शासन की व्यवस्था की, जिसके तहत राजस्व वसूलने, सैनिक संरक्षण व विदेशी मामले कम्पनी के अधीन थे, जबकि शासन चलाने की जिम्मेदारी नवाब के हाथों में थी।

• यह व्यवस्था 1765 से 1772 ई. तक रही। बाद में इसे वॉरेन हेस्टिंग्स के काल में समाप्त कर दिया गया।

• रॉबर्ट क्लाइव बंगाल का पहला गवर्नर था।

• इसे **ब्रिटिश भारत का बाबर** भी कहा जाता है।

24. निम्नलिखित में से किसने एक नीति तैयार की, जिसे व्यपगत का सिद्धान्त (डॉक्टराइन ऑफ लैप्स) के रूप में जाना जाने लगा?
SSC CGL Tier-1 27.07.2023 (Shift-II)

(a) लॉर्ड कैनिंग
(b) लॉर्ड विलियम बैण्टिक
(c) लॉर्ड डलहौजी
(d) लॉर्ड एलेनबरो

उत्तर (c)

• **लॉर्ड डलहौजी** ने आश्रित राज्यों पर कब्जा करने के लिए विलय नीति की शुरुआत की, जिसे व्यपगत का सिद्धांत (डॉक्टराइन ऑफ लैप्स) के रूप मे जाना जाने लगा।

• लॉर्ड डलहौजी की इस नीति के अन्तर्गत सबसे पहले सतारा (1848 ई.), जैतनपुर और सम्भलपुर (1849 ई.), झाँसी (1853 ई.) और नागपुर (1854 ई.) आदि को ब्रिटिश साम्राज्य में कुशासन का आरोप लगाकर हड़प लिया था।

• पैतृक वारिस के न होने की स्थिति में सर्वोच्च सत्ता कम्पनी के द्वारा अपने अधीनस्थ क्षेत्रों को ब्रिटिश साम्राज्य में मिलाने की नीति को **व्यपगत का सिद्धान्त** कहा जाता है।

25. प्रश्न में दो कथन हैं, जिनमें पहला अभिकथन (A) और दूसरा कारण (R) है। सही विकल्प चुनने के लिए उनका उपयोग कीजिए।

अभिकथन (A) ब्रिटिश शासन के दौरान भारत का निर्यात आयात से अधिक हो गया, जिससे व्यापार सन्तुलन का अधिशेष हो गया।

कारण (R) व्यापार सन्तुलन के अधिशेष का उपयोग भारत के विकास और उत्थान के लिए किया गया था।
SSC CGL Tier-1 27.07.2023 (Shift-III)

कूट

(a) A सत्य है और R असत्य है
(b) A और R दोनों सत्य हैं और R, A की सही व्याख्या है
(c) A और R दोनों सत्य हैं, परन्तु R, A की सही व्याख्या नहीं है
(d) A असत्य है, परन्तु R सत्य है

उत्तर (a)

• ब्रिटिश शासन के दौरान भारत का निर्यात आयात से अधिक हो गया, जिससे व्यापार सन्तुलन का अधिशेष हो गया। अतः केवल अभिकथन A सत्य है।

• दादाभाई नौरोजी ने 'धन का पलायन' सिद्धान्त का वर्णन अपनी पुस्तक **पॉवर्टी एण्ड अनब्रिटिश रूल इन इण्डिया** में किया है।

• दादाभाई नौरोजी को **ग्रेण्ड ओल्ड मैन ऑफ इण्डिया** भी कहा जाता है।

26. प्लासी की लड़ाई (1757) में निम्नलिखित में से किसने इंग्लिश कम्पनी का नेतृत्व किया था?
SSC CGL Tier-1 19.07.2023 (Shift-II)

(a) रॉबर्ट क्लाइव (b) कैप्टन हडसन
(c) वॉरेन हेस्टिंग्स (d) लॉर्ड डलहौजी

उत्तर (a)

• प्लासी के युद्ध (1757) में ब्रिटिश कम्पनी का नेतृत्व **रॉबर्ट क्लाइव** ने किया था।

• इस समय बंगाल का नवाब सिराजुद्दौला था।

• सिराजुद्दौला का मुख्य सेनापति मीर जाफर था, जो स्वयं नवाब बनने की लालसा में अंग्रेजों से मिल गया।

• इस युद्ध के बाद ईस्ट इंडिया कम्पनी की बुनियाद, भारत में अधिक मजबूत हो गई।

SSC CGL 2022 (Tier I & II)

27. हुगली नदी के तट पर 1651 ई. में किस कम्पनी ने फैक्ट्री स्थापित की थी?
SSC CGL Tier-1 02.12.2022 (Shift-III)

(a) इंग्लिश (b) फ्रेंच
(c) पोर्तुगुइस (d) डैनिश

उत्तर (a)

• हुगली नदी के तट पर 1651 ई. में **इंग्लिश** कम्पनी ने फैक्ट्री स्थापित की।

• ईस्ट इण्डिया कम्पनी पहली बार भारत के साथ व्यापार स्थापित करने के उद्देश्य से 1608 ई. में सूरत में समुद्री मार्ग से पहुँची थी।

• 1608 ई. में विलियम हॉकिन्स ईस्ट इण्डिया कम्पनी के जहाज को लेकर सूरत आया था।

• कम्पनी ने अपना पहला कारखाना सूरत में 11 जनवरी, 1613 को खोला था।

28. 19वीं सदी की शुरुआत में भारत में कॉटन मिल्स ज्यादातर निम्नलिखित में से किस राज्य में स्थित थीं? SSC CGL Tier-1 31.12.2022 (Shift-III)

(a) हरियाणा (b) असम
(c) पंजाब (d) महाराष्ट्र

उत्तर (d)

• 19वीं सदी की शुरुआत में भारत में कॉटन मिल्स ज्यादातर **महाराष्ट्र** में स्थित थीं।

• 19वीं शताब्दी के मध्य बम्बई प्रान्त में पहली कपड़ा मिल 'द बॉम्बे स्पिनिंग मिल' स्थापित की गई थी।

• इसकी स्थापना 7 जुलाई, 1857 को कावसजी नानाभाई डावर और उनके सहयोगी ताड़देव ने की थी।

29. 1600 ई. में, ईस्ट इण्डिया कम्पनी ने किस शासक से चार्टर हासिल किया?
SSC CGL Tier-1 05.12.2022 (Shift-II)

(a) किंग जॉर्ज-I (b) किंग जेम्स-I
(c) क्वीन विक्टोरिया (d) क्वीन एलिजाबेथ-I

उत्तर (d)

• 1600 ई. में, ईस्ट इण्डिया कम्पनी ने **एलिजाबेथ-I** से चार्टर हासिल किया।

• ईस्ट इण्डिया कम्पनी की स्थापना 31 दिसम्बर, 1600 को हुई थी।

• इस कम्पनी को बनाने का उद्देश्य ब्रिटिश साम्राज्यवाद और औपनिवेशीकरण को बढ़ावा देना था।

30. 'ए हिस्ट्री ऑफ ब्रिटिश इण्डिया' ...... द्वारा प्रकाशित रचना है।
SSC CGL Tier-1 07.12.2022 (Shift-I)
(a) जेम्स मिल (b) लॉर्ड कैनिंग
(c) वॉरेन हेस्टिंग्स (d) लॉर्ड डलहौजी

उत्तर (a)
• 'ए हिस्ट्री ऑफ इण्डिया' जेम्स मिल द्वारा प्रकाशित रचना है।
• जेम्स मिल स्कॉटलैण्ड के निवासी थे, जो ब्रिटिश भारत में ब्रिटिश अधिकारी के तौर पर कार्यरत् थे।
• एक राजनीतिज्ञ, दार्शनिक एवं मनोवैज्ञानिक थे।
• इस किताब में भारतीय इतिहास को तीन भागों में बाँटा गया था। ये भाग थे-हिन्दू, मुस्लिम और ब्रिटिश।

31. वॉरेन हेस्टिंग्स कब भारत के पहले गवर्नर जनरल बने थे?
SSC CGL Tier-1 07.12.2022 (Shift-III)
(a) 1767 ई. (b) 1773 ई.
(c) 1757 ई. (d) 1783 ई.

उत्तर (b)
• **वॉरेन हेस्टिंग्स** एक अंग्रेज राजनीतिज्ञ थे, जो बंगाल के 1773 ई. में पहले गवर्नर-जनरल बने थे। उन्हें और रॉबर्ट क्लाइव को भारत में ब्रिटिश साम्राज्य की नींव रखने का श्रेय दिया जाता है।
• वॉरेन हेस्टिंग्स ने राजकीय कोषागार को मुर्शिदाबाद से हटाकर कलकत्ता स्थानान्तरित कराया तथा प्रत्येक जिले में एक फौजदारी व दीवानी अदालत की स्थापना की।

32. अवध पर सहायक गठबन्धन सन्धि .... ई. में लागू की गई थी।
SSC CGL Tier-1 08.12.2022 (Shift-I)
(a) 1802 (b) 1804 (c) 1801 (d) 1803

उत्तर (c)
• अवध पर सहायक गठबन्धन सन्धि **1801 ई.** में अवध के नवाब सआदत अली खान और लॉर्ड वेलेजली के मध्य हुई, जिसके फलस्वरूप अवध के आधे हिस्से को ब्रिटिश ईस्ट इण्डिया कम्पनी को सौंप दिया गया।
• लॉर्ड वेलेजली ने भारतीय प्रान्तों पर नियन्त्रण रखने, फ्रांसीसी प्रभाव कम करने तथा एक शक्तिशाली सेना बनाने हेतु एक योजना तैयार की, जिसे **सहायक सन्धि** के नाम से जाना जाता है।

33. वास्कोडिगामा, एक पुर्तगाली खोजकर्ता, ने भारत के लिए समुद्री मार्ग की खोज ...... ई. में की थी। SSC CGL Tier-1 08.12.2022 (Shift-III)
(a) 1488 (b) 1498
(c) 1518 (d) 1508

उत्तर (b)
• वास्कोडिगामा 20 मई, 1498 ई. में समुद्र के रास्ते से भारत पहुँचने वाला प्रथम व्यक्ति था।
• यूरोप से भारत आने का सीधा समुद्री रास्ता खोजने का श्रेय वास्कोडिगामा को ही जाता है।
• वह भारत के पश्चिमी तट पर स्थित बन्दरगाह **कालीकट** पहुँचा।
• कालीकट के तत्कालीन शासक जमोरिन ने इसका स्वागत किया था।

34. निम्नलिखित में से किसने 1498 ई. में भारत के लिए समुद्री मार्ग की खोज की थी?
SSC CGL Tier-1 09.12.2022 (Shift-I)
(a) कैप्टन हडसन (b) वास्कोडिगामा
(c) लॉर्ड क्लाइव (d) हेनरी द सेलर

उत्तर (b)
• यूरोप से भारत आने का सीधा समुद्री रास्ता खोजने का श्रेय **वास्कोडिगामा** को जाता है।
• वास्कोडिगामा समुद्र के रास्ते भारत पहुँचने वाला **पहला यूरोपीय** व्यक्ति था।

35. रॉबर्ट क्लाइव के नेतृत्व वाली इंग्लिश कम्पनी ने प्लासी की लड़ाई किसके खिलाफ लड़ी थी? SSC CGL Tier-1 09.12.2023 (Shift-III)
(a) अवध का निजाम (b) शान नवाब
(c) सिराजुद्दौला (d) मुर्शीद कुली खान

उत्तर (c)
• रॉबर्ट क्लाइव के नेतृत्व वाली इंग्लिश कम्पनी ने प्लासी की लड़ाई **सिराजुद्दौला** के खिलाफ लड़ी थी।
• **प्लासी** का पहला युद्ध 23 जून, 1757 को मुर्शिदाबाद के दक्षिण में 22 मील दूर नादिया जिले में भागीरथी नदी के किनारे प्लासी नामक स्थान पर हुआ था।
• इस युद्ध में नवाब अपने सेनापति मीर जाफर की धोखाधड़ी के कारण पराजित हुआ।

36. बक्सर का युद्ध .... ई. में लड़ा गया था।
SSC CGL Tier-1 12.12.2022 (Shift-I)
(a) 1774 (b) 1764 (c) 1757 (d) 1767

उत्तर (b)
• 1764 ई. में बक्सर का युद्ध अंग्रेजों व मीर कासिम, अवध के नवाब शुजाउद्दौला व मुगल सम्राट शाह आलम II के बीच हुआ था।
• इस युद्ध में अंग्रेज सेनापति हेक्टर मुनरो था।
• इस युद्ध में अंग्रेज विजयी हुए व इसके परिणामस्वरूप पश्चिम बंगाल, बिहार, झारखण्ड, ओडिशा व पूर्वी बंगाल की दीवानी व राजस्व अधिकार अंग्रेजों के हाथ में चले गए।

37. 1498 ई. में वास्कोडिगामा, एक पुर्तगाली खोजकर्ता ने .... के लिए एक मार्ग की खोज की थी। SSC CGL Tier-1 12.12.2022 (Shift-II)
(a) ऑस्ट्रेलिया (b) चीन
(c) जापान (d) भारत

उत्तर (d)
• **वास्कोडिगामा 20** मई, 1498 को **भारत** के पश्चिमी तट कालीकट (कोझीकोड, केरल) तट पहुँचे थे।
• वह केप ऑफ गुड होप (अफ्रीका) होते हुए भारत पहुँचे थे।

38. किस विधेयक में प्रावधान किया गया कि भारतीय न्यायाधीश भी ब्रिटिश या यूरोपीय व्यक्तियों पर मुकदमें चला सकते हैं?
SSC CGL Tier-1 12.12.2022 (Shift-IV)
(a) हेस्टिंग्स बिल (b) डलहौजी बिल
(c) जॉर्ज बिल (d) इल्बर्ट बिल

उत्तर (d)
• **इल्बर्ट बिल** को सर सी.पी. इल्बर्ट ने 1883 ई. में पेश किया था। इस बिल में प्रावधान किया गया कि भारतीय न्यायाधीश भी ब्रिटिश या यूरोपीय व्यक्तियों पर मुकदमें चला सकते हैं।
• इस बिल का उद्देश्य सरकारी अधिकारियों एवं भारतीय प्रजा के बीच जातीय भेदभाव को दूर करना था।
• यूरोपवासियों के प्रबल विरोध के कारण इस बिल को वापस लेना पड़ा।

39. निम्नलिखित में से कौन-सा शहर 1704 ई. में बंगाल की राजधानी बना?
SSC CGL Tier-1 12.12.2022 (Shift-IV)
(a) हावड़ा (b) खड़गपुर
(c) कोलकाता (d) मुर्शिदाबाद

उत्तर (d)
• 1704 ई. से 1790 ई. तक **मुर्शिदाबाद** अंग्रेजों के अधीन बंगाल की राजधानी बना रहा।
• 1757 ई. में अंग्रेजों ने प्लासी की लड़ाई में सिराजुद्दौला को हराया था, जिसके बाद पूरे देश को ब्रिटिश औपनिवेशिक शासन के तहत लाया गया था।

40. बंगाल में पहली इंग्लिश फैक्ट्री .... ई. में 'हुगली' नदी के तट पर स्थापित की गई थी।
SSC CGL Tier-1 13.12.2022 (Shift-I)
(a) 1661 (b) 1651 (c) 1641 (d) 1671

उत्तर (b)
• बंगाल में पहली इंग्लिश फैक्ट्री **1651 ई.** में 'हुगली' नदी के तट पर स्थापित की गई थी।
• 1696 ई. तक ईस्ट इण्डिया कम्पनी ने हुगली के चारों ओर एक किले का निर्माण कराया, जिसे कालान्तर में **फोर्ट विलियम** के नाम से जाना गया।
• भारत में ईस्ट इण्डिया कम्पनी पहली बार व्यापार स्थापित करने के उद्देश्य से 1608 ई. में सूरत में समुद्री मार्ग से पहुँची थी।

41. अलीवर्दी खान .... का नवाब था।
SSC CGL Tier-1 18.08.2022 (Shift-I)
(a) बंगाल (b) मालाबार
(c) अवध (d) दक्कन

उत्तर (a)
• **अलीवर्दी खान** 1740 ई. में **बंगाल का नवाब** बना, जो बंगाल का अन्तिम शक्तिशाली नवाब सिद्ध हुआ।
• इसने ₹2 करोड़ मुगल बादशाह को देकर नवाब के पद की वैधानिकता को प्राप्त किया था।
• आठ वर्ष तक लगातार बंगाल में मराठा आक्रमणों को उस समय विराम मिला, जब 1751 ई. में अलीवर्दी खाँ ने मराठों से एक सन्धि की थी।

SSC CGL 2021 (Tier I & II)

42. निम्न में से किस वर्ष जापान ने भारत पर हमला किया, जिसके परिणामस्वरूप इम्फाल की लड़ाई हुई?
SSC CGL Tier-1 18.08.2021 (Shift-I)

(a) 1901 (b) 1862
(c) 1899 (d) 1944

उत्तर (d)

- द्वितीय विश्व युद्ध के दौरान **वर्ष 1944** में धुरी राष्ट्र सदस्य देश जापान ने अप्रैल, 1944 से जून, 1944 तक भारत के कोहिमा एवं इम्फाल में मित्र राष्ट्रों के विरुद्ध लड़ाई लड़ी।
- इस युद्ध में लगभग 53 हजार जापानी सैनिक तथा 16 हजार से ज्यादा ब्रिटिश सैनिक मारे गए थे।

43. चन्द्रनगर (चन्दननगर) 23 मार्च, 1757 को ब्रिटिश नौसेना द्वारा कब्जा कर ली गई एक ········ कॉलोनी थी।
SSC CGL Tier-1 13.08.2021 (Shift-III)

(a) डेनिश (b) फ्रेंच
(c) पुर्तगाली (d) डच

उत्तर (b)

- चन्द्रनगर (चन्दनगर) 23 मार्च, 1757 को ब्रिटिश नौसेना द्वारा कब्जा कर ली गई एक **फ्रेंच** कॉलोनी थी।
- फ्रांसीसियों ने 1673 ई. में, बंगाल के नवाब इब्राहिम खान से हुगली नदी के दाहिने तट पर एक व्यापारिक चौकी स्थापित करने की अनुमति प्राप्त कर, चन्द्रनगर को एक उपनिवेश के रूप में स्थापित किया।
- 1730 ई. में, जोसेफ फ्रेंकोइस डुप्लेक्स को चन्द्रनगर का गवर्नर नियुक्त किया गया।

SSC CPO 2024

44. ब्रिटिश भारत के निम्नलिखित गवर्नर-जनरल में से कौन स्वतन्त्र प्रेस के पक्ष में था और उसने 1823 ई. के प्रेस विनियमों को निरस्त कर दिया था?
SSC CPO 27.07.2024 (Shift-III)

(a) लॉर्ड मेटकॉफ (Lord Metcalfe)
(b) लॉर्ड रिपन (Lord Ripon)
(c) लॉर्ड लिटन (Lord Lytton)
(d) लॉर्ड एलेनबरो (Lord Ellenborough)

उत्तर (a)

- **लॉर्ड चार्ल्स थिओबाल्ड मेटकॉफ** (Lord Charles Theobald Metcalfe) वास्तव में ब्रिटिश भारत में स्वतन्त्र प्रेस के प्रबल समर्थक थे और उन्होंने 1835 ई. में प्रेस विनियमों (Press Regulations) को निरस्त करने में महत्त्वपूर्ण भूमिका निभाई।
- इसी कारण इन्हे **समाचार पत्रों के मुक्तिदाता** के रूप में जाना जाता है।

45. वास्कोडिगामा, जिसने यूरोप से भारत तक के समुद्री मार्ग की खोज की, किस देश के थे?
SSC CPO 27.06.2024 (Shift-I)

(a) पुर्तगाल (b) स्पेन
(c) इंग्लैण्ड (d) जर्मनी

उत्तर (a)

- वास्कोडिगामा, जिसने यूरोप से भारत तक के समुद्री मार्ग की खोज की **पुर्तगाल** का था।
- मई, 1498 को वह भारत के पश्चिमी तट पर स्थित **कालीकट** बन्दरगाह पहुँचा।
- इस यात्रा में इसका सहयोग गुजराती पथ-प्रदर्शक अब्दुल मनीद ने किया।

46. ब्रिटिश भारत में 1833 के चार्टर अधिनियम के अन्तर्गत, निम्नलिखित में से किस देश के साथ व्यापार पर ईस्ट इण्डिया कम्पनी का एकाधिकार समाप्त कर दिया गया था?
SSC CPO 27.06.2024 (Shift-III)

(a) चीन (b) श्रीलंका
(c) बर्मा (d) नेपाल

उत्तर (a)

- 1833 के **चार्टर अधिनियम** के तहत, ब्रिटिश भारत में ईस्ट इण्डिया कम्पनी का **चीन** के साथ व्यापार पर एकाधिकार समाप्त कर दिया गया था।
- इस अधिनियम द्वारा चीन के साथ व्यापार को सभी ब्रिटिश नागरिकों के लिए खोल दिया गया था, जिससे ईस्ट इण्डिया कम्पनी की व्यापारिक शक्ति कम हो गई।
- चार्टर अधिनियम, 1833 ग्रेट ब्रिटेन में औद्योगिक क्रांति के कारण हुए महत्त्वपूर्ण परिवर्तनों की पृष्ठभूमि में आया था।
- इसे सेंट हेलेना अधिनियम, 1833 या भारत सरकार अधिनियम, 1833 के रूप में भी जाना जाता है।

47. लॉर्ड डलहौजी द्वारा अवध का विलय किस वर्ष किया गया था? **SSC CPO 27.06.2024 (Shift-III)**

(a) 1856 (b) 1858 (c) 1857 (d) 1850

उत्तर (a)

- 1856 ई. में लॉर्ड डलहौजी ने अवध पर कुशासन का आरोप लगाकर ईस्ट इण्डिया कम्पनी में उसका विलय कर लिया।
- इस समय अवध का नवाब वाजिद अली शाह था।

48. लॉर्ड डलहौजी ने ब्रिटिश भारत में रेलवे लाइन किस वर्ष शुरू की थी?
SSC CPO 28.06.2024 (Shift-I)

(a) 1861 (b) 1870 (c) 1853 (d) 1849

उत्तर (c)

- लॉर्ड डलहौजी ने **1853 ई.** में ब्रिटिश भारत में पहली रेलवे लाइन बॉम्बे (अब मुम्बई) से थाणे के बीच शुरू की थी।
- यह 34 किलोमीटर लम्बी लाइन थी और इसे ग्रेट इण्डियन पेनिन्सुला रेलवे (जीआईपीआर) द्वारा बनाया गया था।

49. निम्नलिखित में से किसे ब्रिटिश शासन के दौरान भारतीयों के लिए व्यापक रूप से 'स्वर्गीय सेवा' माना जाता था?
SSC CPO 28.06.2024 (Shift-III)

(a) भारतीय सिविल सेवा या आई.सी.एस.
(b) ब्रिटिश भारतीय सेना
(c) भारतीय न्यायिक सेवा
(d) बर्मा मोर्चे पर सैन्य सेवा

उत्तर (a)

- ब्रिटिश शासन के दौरान **भारतीय सिविल सेवा** (आई.सी.एस.) को भारतीयों के लिए 'स्वर्गीय सेवा' माना जाता था।
- यह एक अत्यधिक प्रतिष्ठित और आकर्षक सेवा थी, जो उच्च सामाजिक दर्जा, आर्थिक सुरक्षा और बड़ी शक्ति प्रदान करती थी।
- वे भारतीय उपमहाद्वीप पर ब्रिटिश शासन को बनाए रखने और मजबूत करने में महत्त्वपूर्ण भूमिका निभाते थे।
- सत्येन्द्र नाथ टैगोर वर्ष 1863 ई. में भारतीय सिविल सेवा (ICS) के लिए चुने जाने वाले पहले भारतीय थे।

SSC CPO 2023 & 2022

50. 18वीं शताब्दी में सात वर्षों का युद्ध ब्रिटेन और ········ के बीच लड़ा गया था।
SSC CPO 05.10.2023 (Shift-III)

(a) स्पेन (b) फ्रांस (c) पुर्तगाल (d) जर्मनी

उत्तर (b)

- 18वीं शताब्दी में सात वर्षों (1756 से 1763) का युद्ध ब्रिटेन और **फ्रांस** के मध्य लड़ा गया था।
- भारतीय इतिहास के सन्दर्भ में इसे **तृतीय कर्नाटक युद्ध** कहते हैं।
- तृतीय कर्नाटक युद्ध पेरिस की सन्धि के अन्तर्गत समाप्त हो गया था।

51. माना जाता है कि भारत में औपचारिक ब्रिटिश शासन 1757 ई. में ············ के बाद शुरू हुआ था। **SSC CPO 10.11.2022 (Shift-III)**

(a) बक्सर के युद्ध (b) प्लासी के युद्ध
(c) कुड्डालोर के युद्ध (d) वाण्डीवाश के युद्ध

उत्तर (b)

- भारत में औपचारिक ब्रिटिश शासन 1757 ई. में **प्लासी के युद्ध** के बाद शुरू हुआ था।
- 1764 ई. में बक्सर के युद्ध में ईस्ट इण्डिया कम्पनी की जीत के बाद और 1793 ई. में बंगाल में स्थानीय शासन (निजामत) को समाप्त करने के बाद, कम्पनी ने धीरे-धीरे औपचारिक रूप से पूरे भारत में अपने क्षेत्र का विस्तार करना शुरू कर दिया।
- 1858 से 1947 तक भारत में ब्रिटिश प्रशासन रहा था।

SSC CHSL 2024 (Tier 1)

52. 1773 ई. में इंग्लैण्ड के राजा द्वारा किस अधिनियम की घोषणा ने कलकत्ता में सर्वोच्च न्यायालय की स्थापना का मार्ग प्रशस्त किया?
SSC CHSL Tier-1 3.07.2024 (Shift-III)

(a) भारतीय परिषद् अधिनियम
(b) चार्टर अधिनियम
(c) विनियमन अधिनियम
(d) पिट्स इण्डिया एक्ट

उत्तर (c)

- 1773 ई. में इंग्लैण्ड के राजा द्वारा **विनियमन अधिनियम** की घोषणा ने कलकत्ता में सर्वोच्च न्यायालय का मार्ग प्रशस्त किया, जिसमें एक मुख्य न्यायाधीश और तीन अतिरिक्त न्यायाधीश होंगे।

• इसने बंगाल के गवर्नर को बंगाल के **गवर्नर-जनरल** के रूप में नामित किया और उनकी सहायता के लिए चार सदस्यों की एक कार्यकारी परिषद् बनाई।

53. भारत के किस गवर्नर-जनरल ने 1829 ई. में प्रसिद्ध विनियमन XVII जारी किया, जिसने सती प्रथा को अवैध और अदालतों द्वारा दण्डनीय घोषित किया? **SSC CHSL 04.07.2024 (Shift-I)**

(a) लॉर्ड नेपियर (b) लॉर्ड एलनबरो
(c) लॉर्ड विलियम बैण्टिंक (d) लॉर्ड मिण्टो

उत्तर (c)

• भारत के गवर्नर-जनरल **लॉर्ड विलियम बैण्टिंक** ने 1829 ई. में प्रसिद्ध विनियमन XVII जारी किया, जिसने सती प्रथा को अवैध और अदालतों द्वारा दण्डनीय घोषित किया।

• **राजा राममोहन राय** के सहयोग से बैण्टिंक ने सती प्रथा को समाप्त किया।

• बैण्टिंक ने कर्नल स्लीमेन की सहायता से 1830 ई. में ठगी प्रथा को समाप्त किया।

• 1833 के चार्टर एक्ट द्वारा लॉर्ड विलियम बैण्टिंक भारत का प्रथम गवर्नर-जनरल बना।

54. निम्नलिखित में से किस अधिनियम के पारित होने के बाद वॉरेन हेस्टिंग्स बंगाल के गवर्नर से बंगाल के गवर्नर-जनरल बन गए थे? **SSC CHSL Tier-1 09.07.2024 (Shift-IV)**

(a) चार्टर अधिनियम, 1813
(b) पिट्स का भारत अधिनियम, 1784
(c) विनियमन अधिनियम, 1773
(d) 1861 का भारतीय परिषद् अधिनियम

उत्तर (c)

• **विनियमन अधिनियम, 1773** के पारित होने के बाद वॉरेन हेस्टिंग्स बंगाल के गवर्नर से बंगाल के गवर्नर-जनरल बन गए थे।

• इस अधिनियम के तहत बंगाल में प्रशासन गवर्नर-जनरल और 4 सदस्यों वाली एक परिषद् द्वारा चलाया जाता था।

• बॉम्बे और मद्रास के गवर्नर अब बंगाल के गवर्नर-जनरल के अधीन कार्य करते थे।

55. निम्नलिखित अधिनियमों/नीतियों का उन सम्बन्धित वर्षों के साथ मिलान करें, जिनमें उन्हें लागू किया गया था। **SSC CHSL Tier-2 10.01.2024 (Shift-I)**

सूची-I (अधिनियम / नीतियाँ)	सूची-II (वर्ष)
A. पिट्स इण्डिया अधिनियम	1. 1784
B. बंगाल का स्थायी बन्दोबस्त	2. 1793
C. सहायक सन्धि प्रणाली का परिचय	3. 1798
D. सती प्रथा का उन्मूलन	4. 1829

कूट

	A	B	C	D
(a)	2	1	4	3
(b)	2	1	3	4
(c)	1	2	3	4
(d)	4	3	2	1

उत्तर (c)

• सही सुमेलन A-1, B-2, C-3, D-4 है।

• **पिट्स इण्डिया अधिनियम** 1784 ई. में लाया गया था।

• **बंगाल का स्थायी बन्दोबस्त** कॉर्नवालिस द्वारा 1793 ई. में शुरू किया गया।

• **लॉर्ड वेलेजली** ने 1798 ई. में सहायक सन्धि प्रणाली का परिचय दिया तथा हैदराबाद इस सन्धि को मानने वाला पहला राज्य था।

• सती प्रथा का उन्मूलन 1829 ई. में गवर्नर-जनरल बैण्टिंक के समय राजा राममोहन राय के प्रयासों से किया गया था।

SSC CHSL 2023 (Tier 1)

56. सूची I और सूची II का मिलान कीजिए। **SSC CHSL Tier-1 02.11.2023 (Shift-I)**

सूची I (गवर्नर-जनरल)	सूची II (अवधि)
A. वॉरेन हेस्टिंग्स	1. 1772-1785
B. लॉर्ड कॉर्नवालिस	2. 1786-1793
C. सर जॉन शोर	3. 1793-1798
D. लॉर्ड वेलेजली	4. 1798-1805

कूट

	A	B	C	D
(a)	2	1	4	3
(b)	2	1	3	4
(c)	1	2	3	4
(d)	4	3	2	1

उत्तर (c)

• सही सुमेलन A-1, B-2, C-3, D-4 है।

• **वॉरेन हेस्टिंग्स** को 1772 से 1785 ई. तक बंगाल के प्रथम गवर्नर-जनरल के रूप में नियुक्त किया गया था।

• **लॉर्ड कॉर्नवालिस** को 1786 से 1793 ई. तक बंगाल का गवर्नर-जनरल बनाया गया था, इन्होंने ही बंगाल में स्थायी बन्दोबस्त की शुरुआत की थी।

• **सर जॉन शोर** 1793 से 1798 ई. तक बंगाल के गवर्नर-जनरल थे। इन्हें शान्त जल की नीति के लिए जाना जाता है।

• **लॉर्ड वेलेजली** को 1798 से 1805 ई. तक बंगाल का गवर्नर-जनरल बनाया गया था। इन्होंने ही सहायक सन्धि की शुरुआत की थी।

57. ईस्ट इण्डिया कम्पनी ने किस वर्ष बंगाल की द्वैध शासन प्रणाली को समाप्त कर दिया? **SSC CHSL Tier-1 11.08.2023 (Shift-I)**

(a) 1772 (b) 1765 (c) 1779 (d) 1757

उत्तर (a)

• **1772 ई.** में **वॉरेन हेस्टिंग्स** ने बंगाल प्रेसीडेन्सी में सीधे राजस्व संग्रह को कम्पनी के हाथों में ले लिया और द्वैध शासन प्रणाली को समाप्त कर दिया।

• द्वैध शासन प्रणाली प्रशासन की दोहरी प्रणाली को संदर्भित करती है, जहाँ ब्रिटिश ईस्ट इंडिया कम्पनी ने बंगाल के नवाबों के साथ सत्ता सांझा की थी।

• 1772 ई. में **कलकत्ता** ब्रिटिश भारत की राजधानी बना।

58. जोसेफ फ्रेंकोइस डुप्लेक्स (Joseph Francois Duplex) भारत में निम्नलिखित में से किस ईस्ट इण्डिया कम्पनी के गवर्नर-जनरल थे? **SSC CHSL Tier-1 08.08.2023 (Shift-II)**

(a) फ्रेंच (b) डच
(c) अंग्रेजी (d) पुर्तगाली

उत्तर (a)

• जोसेफ फ्रेंकोइस डुप्लेक्स भारत में, **फ्रेंच ईस्ट इण्डिया कम्पनी** के 1742 से 1754 ई. तक गवर्नर रहे। उन्होंने अपने शासनकाल में फ्रेंच कम्पनी को मजबूती से स्थापित किया, वह एक कुशल राजनीतिज्ञ व राजनेता थे।

• उन्होंने **कर्नाटक युद्ध** (1746 ई. व 1749 ई.) में महत्त्वपूर्ण भूमिका निभाई।

• उनका उद्देश्य भारत फ्रेंच शक्ति को स्थापित करना तथा मद्रास पर कब्जा करके ब्रिटिश शक्ति को कमजोर करना था।

• 1752 ई. में त्रिचनापल्ली के युद्ध में फ्रांसीसी सेना ने अंग्रेजों के सामने आत्मसमर्पण कर दिया। इसी हार के कारण डुप्लेक्स को वापस फ्रांस बुला लिया गया।

59. .... का पिट्स इण्डिया एक्ट ब्रिटिश ईस्ट इण्डिया कम्पनी के वाणिज्यिक और राजनीतिक कार्यों के बीच अन्तर करता है। **SSC CHSL Tier-1 21.03.2023 (Shift-II)**

(a) 1818 (b) 1792
(c) 1802 (d) 1784

उत्तर (d)

• **1784 ई.** का पिट्स इण्डिया एक्ट ब्रिटिश ईस्ट इण्डिया कम्पनी के वाणिज्यिक और राजनीतिक कार्यों के बीच अन्तर करता है।

• **पिट्स इण्डिया एक्ट** के तहत कम्पनी के नागरिक, सैन्य और राजस्व मामलों को बनाए रखने के लिए बोर्ड ऑफ कण्ट्रोल की स्थापना की गई थी।

60. .... (1813 से 1823 तक गवर्नर-जनरल) के काल में 'सर्वोच्चता' की एक नई नीति शुरू की गई थी। अब कम्पनी ने दावा किया कि उसका अधिकार सर्वोपरि या सर्वोच्च था, इसलिए उसकी शक्ति भारतीय राज्यों की तुलना में अधिक थी। **SSC CHSL Tier-1 17.03.2023 (Shift-II)**

(a) लॉर्ड कॉर्नवालिस (b) लॉर्ड हेस्टिंग्स
(c) लॉर्ड एमहर्स्ट (d) लॉर्ड ऑकलैण्ड

उत्तर (b)

• **लॉर्ड हेस्टिंग्स** (1813 से 1823 तक गवर्नर-जनरल) के काल में 'सर्वोच्चता' की नीति के कारण गवर्नर-जनरल के हाथों में सत्ता का केन्द्रीकरण हो गया।

• सर्वोच्चता की नीति का भारत के राजनीतिक, आर्थिक और सामाजिक पहलुओं पर दूरगामी प्रभाव पड़ा।

61. पहली इंग्लिश फैक्ट्री 1651 ई. में ········ नदी के तट पर स्थापित की गई थी।
SSC CHSL Tier-1 13.03.2023 (Shift-III)
(a) हुगली (b) यमुना (c) गंगा (d) सोन

उत्तर (a)

• पहली इंग्लिश फैक्ट्री 1651 ई. में बंगाल में **हुगली** नदी के किनारे स्थापित की गई थी।
• 1696 ई. तक, कम्पनी ने हुगली बस्ती के चारों ओर एक किले का निर्माण शुरू किया था।

62. वर्ष 1905 में बंगाल के विभाजन के लिए कौन जिम्मेदार था?
SSC CHSL Tier-1 12.08.2020 (Shift-II)
(a) लॉर्ड कर्जन (b) लॉर्ड रिपन
(c) लॉर्ड मेयो (d) लॉर्ड कैनिंग

उत्तर (a)

• 19 जुलाई, 1905 को भारत के तत्कालीन वायसराय **लॉर्ड कर्जन** द्वारा बंगाल विभाजन की घोषणा की गई।
• इसके विरोध में 7 अगस्त, 1905 को कलकत्ता के टाउन हॉल में स्वदेशी आन्दोलन की घोषणा की गई।
• **16 अक्टूबर, 1905** को बंगाल विभाजन प्रभावी हुआ। इस दिन सम्पूर्ण बंगाल में शोक दिवस मनाया गया, जिसका जिम्मेदार लॉर्ड कर्जन था। वर्ष 1911 में आयोजित दिल्ली दरबार में बंगाल विभाजन को रद्द कर दिया गया।

63. निम्नलिखित में से किस पुर्तगाली लेखक ने दक्षिण भारत के व्यापार और समाज के बारे में लिखा है? SSC CHSL Tier-1 10.08.2021 (Shift-I)
(a) दुआर्ते बारबोसा (b) फ्रेंकोइस बर्नियर
(c) जीन-बैप्टिस्ट टैवर्नियर (d) निकोलाव मनुची

उत्तर (a)

• **दुआर्ते बारबोसा** ने दक्षिण भारत के व्यापार और समाज के बारे में लिखा है।
• वह एक पुर्तगाली लेखक और पुर्तगाली भारत के अधिकारी थे।
• 1519 ई. में बारबोसा ने **फर्डिनेण्ड मैगलन** के नेतृत्व में विश्व परिक्रमा करने का प्रथम अभियान शुरू किया था।

SSC MTS 2024

64. पानीपत की पहली लड़ाई (1526) से निम्नलिखित में से किसकी शुरुआत हुई?
SSC MTS Tier-1 14.11.2024 (Shift-III)
(a) भारत में फ्रांसीसी ईस्ट इण्डिया कम्पनी का शासन
(b) भारत में मुगल शासन
(c) भारत में सल्तनत का शासन
(d) भारत में ब्रिटिश ईस्ट इण्डिया कम्पनी का शासन

उत्तर (b)

• पानीपत की पहली लड़ाई (1526) के पश्चात् भारत में मुगल शासन की शुरुआत हुई थी।
• पानीपत की पहली लड़ाई **बाबर** तथा **इब्राहिम लोदी** के मध्य हुई, जिसमें बाबर विजयी हुआ।
• पानीपत की लड़ाई में बाबर की सेना द्वारा **बारूद, आग्नेयास्त्रों** और मैदानी तोपखानों का उपयोग किया गया था।
• पानीपत का दूसरा युद्ध 1556 ई. में तथा तीसरा युद्ध 1761 ई. में हुआ था।

65. चौथा आंग्ल-मैसूर ····· ई. में लड़ा गया था।
SSC MTS Tier-1 11.11.2024 (Shift-III)
(a) 1796 (b) 1799
(c) 1800 (d) 1797

उत्तर (b)

• चौथा आंग्ल-मैसूर युद्ध 1799 ई. में ब्रिटिश ईस्ट इण्डिया कम्पनी और हैदराबाद दक्कन के विरुद्ध मैसूर साम्राज्य के बीच एक संघर्ष था। इस युद्ध में टीपू सुल्तान की मौत हो गई थी।
• पहला आंग्ल-मैसूर युद्ध (1767-1769) में हैदर अली और अंग्रेजों के बीच हुआ था तथा दूसरा आंग्ल-मैसूर युद्ध (1780-1784) में हैदर अली की मृत्यु हो गई और मैंगलोर की सन्धि के साथ यह युद्ध समाप्त हुआ।
• तीसरा आंग्ल-मैसूर युद्ध (1790-92) टीपू और अंग्रेजों के मध्य हुआ, जो श्री रंगपट्टनम की सन्धि द्वारा समाप्त हुआ।

66. निम्नलिखित में से किस शख्सियत ने पोर्टो नोवो की लड़ाई में ब्रिटिश ईस्ट इण्डिया कम्पनी के खिलाफ लड़ने में महत्त्वपूर्ण भूमिका निभाई थी? SSC MTS Tier-1 28.10.2024 (Shift-II)
(a) गोपाला नायकर
(b) हैदरअली
(c) आलमगीर द्वितीय
(d) महाराजा रणजीत सिंह

उत्तर (b)

• हैदरअली ने पोर्टो नोवो की लड़ाई में ब्रिटिश ईस्ट इण्डिया कम्पनी के खिलाफ लड़ने में महत्त्वपूर्ण भूमिका निभाई थी।
• द्वितीय आंग्ल मैसूर युद्ध (1780-84 ई.) के दौरान अंग्रेजी सेना व हैदरअली की सेना के मध्य 1781 ई. में पोर्टो नोवो व सौलिदपुर का युद्ध हुआ। जिसमें ब्रिटिश जनरल सर आयरकूट ने हैदरअली को पराजित किया तथा 1782 ई. में पोलीलोरल का अनिर्णायक युद्ध हुआ।
• पोर्टो नोवो के युद्ध में घायल हो जाने के कारण 7 दिसम्बर, 1782 को हैदरअली की मृत्यु हो गई।

67. निम्नलिखित में से किस गवर्नर-जनरल ने 'सती प्रथा' को अवैध घोषित किया?
SSC MTS Tier-1 22.10.2024 (Shift-II)
(a) लॉर्ड लिटन
(b) लॉर्ड डलहौजी
(c) लॉर्ड विलिमय बैण्टिक
(d) लॉर्ड कैनिंग

उत्तर (c)

• गवर्नर-जनरल लॉर्ड विलियम बैंण्टिक ने सती प्रथा को अवैध घोषित किया।
• सती प्रथा हिन्दू समुदायों में विधवा हुई महिला या तो स्वेच्छा से या बल से अपने मृत पति की चिता पर स्वयं को समर्पित कर देने वाली एक प्राचीन कुप्रथा थी, जिस पर 1829 ई. में प्रतिबन्ध लगा दिया गया।
• राजा राममोहन राय ने सती प्रथा के खिलाफ अग्रणी भूमिका निभाई।
• आजादी के बाद, वर्ष 1987 में सती प्रथा (रोकथाम) अधिनियम पारित किया गया था।

68. 1836 ई. में ······ भारत के गवर्नर-जनरल बने। SSC MTS Tier-1 15.10.2024 (Shift-II)
(a) रॉबर्ट क्लाइव
(b) लॉर्ड हेस्टिंग्स
(c) लॉर्ड कर्जन
(d) ऑकलैण्ड के अर्ल

उत्तर (d)

• 1836 ई. में **लॉर्ड ऑकलैण्ड** भारत के गवर्नर-जनरल बने।
• ऑकलैण्ड ने भारत में **ग्रैण्ड ट्रंक रोड की मरम्मत करवाई**।
• प्रथम आंग्ल-अफगान युद्ध (1839-42) ऑकलैण्ड के काल में हुआ।
• 1840 ई. में ऑकलैण्ड ने कलकत्ता में ईडन गार्डन का निर्माण अपनी बहन ईडन की याद में करवाया।

69. भारतीय शस्त्र अधिनियम (Indian Arms Act), 1878 के पारित होने के समय भारत के वायसराय कौन थे?
SSC MTS Tier-1 09.10.2024 (Shift-I)
(a) लॉर्ड रिपन (b) लॉर्ड लिटन
(c) लॉर्ड डफरिन (d) लॉर्ड कर्जन

उत्तर (b)

• भारतीय शस्त्र अधिनियम, 1878 के पारित होने के समय भारत के वायसराय **लॉर्ड लिटन** थे।
• इस अधिनियम के तहत देश में बन्दूकों के निर्माण और बिक्री को नियन्त्रित किया गया था। इस अधिनियम का उद्देश्य पूरे देश को निशस्त्र करना था।
• यह अधिनियम भारतीयों को राइफल और पिस्तौल रखने पर भी प्रतिबन्ध लगाता था।
• इस अधिनियम को बनाने का उद्देश्य 1857 में हुए विद्रोह जैसा कोई दूसरा विद्रोह न हो यह सुनिश्चित करना था।

70. निम्नलिखित में से किस प्रणाली में राजस्व एकत्र करके कम्पनी को भुगतान करने का प्रभार जमींदार के स्थान पर ग्राम प्रधान को दिया गया था? SSC MTS Tier-1 07.10.2024 (Shift-I)
(a) जमींदारी (b) रैयतवाड़ी
(c) इक्तादारी (d) महालवाड़ी

उत्तर (d)

• **महालवाड़ी प्रणाली** में राजस्व एकत्र करके कम्पनी को भुगतान करने का प्रभार जमींदार के स्थान पर ग्राम प्रधान को दिया गया था।
• हॉल्ट मैकेन्जी ने 1822 ई. में महालवाड़ी व्यवस्था को उत्तर प्रदेश, मध्य प्रदेश और पंजाब में लागू किया था।
• इस व्यवस्था में गाँव को एक इकाई माना गया था और पूरे गाँव पर करदाता की जिम्मेदारी होती थी।

• यह भू-राजस्व भारत के 30% भू-भाग पर लागू किया गया। इसके पहले कम्पनी बंगाल में स्थायी बन्दोबस्त (1793) तथा बम्बई, मद्रास आदि में रैयतवाड़ी व्यवस्था (1820) लागू कर चुकी थी।

71. फरवरी, 1947 में लॉर्ड वेवेल के स्थान पर भारत का वायसराय किसे नियुक्त किया गया था? SSC MTS Tier-1 01.10.2024 (Shift-I)

(a) लॉर्ड विलिंग्डन (b) लॉर्ड लिनलिथगो
(c) लॉर्ड माउण्टबेटन (d) लॉर्ड इर्विन

उत्तर (c)

• फरवरी, 1947 में लॉर्ड वेवेल के स्थान पर भारत का वायसराय **लॉर्ड माउण्टबेटन** को नियुक्त किया गया था।
• ये ब्रिटिश भारत के अन्तिम वायसराय थे।
• उन्होंने भारत और पाकिस्तान के मध्य विभाजन की रेखा खींची, जिसे **डिकी बर्ड प्लान** के रूप में भी जाना जाता है।

SSC MTS 2023

72. निम्नलिखित में से कब पानीपत की तीसरी लड़ाई लड़ी गई थी? SSC MTS 11.09.2023 Shift II

(a) 1751 (b) 1786 (c) 1707 (d) 1761

उत्तर (d)

• पानीपत की **तीसरी लड़ाई 1761 ई.** में अफगान आक्रमणकारी अहमदशाह अब्दाली और पुणे के सदाशिव राव भाऊ पेशवा के बीच हुई थी।
• पानीपत की प्रथम लड़ाई 1526 ई. में बाबर और इब्राहिम लोदी के बीच हुई, जिसमें बाबर की जीत हुई।
• पानीपत की दूसरी लड़ाई 1556 ई. में अकबर और हेमू के बीच हुई, जिसमें अकबर की जीत हुई।

73. किस अधिनियम के तहत भारत पर ब्रिटिश साम्राज्य का शासन स्थापित किया गया था? SSC MTS 14.09.2023 (Shift-I)

(a) भारत सरकार अधिनियम, 1833
(b) 1773 का रेग्यूलेटिंग एक्ट
(c) 1813 का चार्टर एक्ट
(d) भारत सरकार अधिनियम, 1858

उत्तर (d)

• **भारत सरकार अधिनियम, 1858** के तहत भारत में ब्रिटिश क्षेत्रों पर कम्पनी का शासन समाप्त हो गया और ब्रिटिश सरकार को इसका नियन्त्रण दे दिया गया।
• इस अधिनियम के तहत भारत के गवर्नर-जनरल का पदनाम बदलकर भारत का **वायसराय** कर दिया गया।
• इस अधिनियम ने मुगल सम्राट के पद को समाप्त कर दिया।

74. 15 अगस्त, 1947 को औपनिवेशिक शासन से भारत की आजादी के समय निम्नलिखित में से कौन भारत का वायसराय था? SSC MTS 11.09.2023

(a) लॉर्ड लिनलिथगो (b) लॉर्ड माउण्टबेटन
(c) लॉर्ड विलिंग्डन (d) लॉर्ड वेवेल

उत्तर (b)

• **लॉर्ड माउण्टबेटन** ने 12 फरवरी, 1947 से 15 अगस्त, 1947 तक भारत के अन्तिम वायसराय के रूप में कार्य किया और 15 अगस्त, 1947 से 21 जून, 1948 तक प्रथम गवर्नर-जनरल के रूप में कार्य किया।

75. 1773 ई. में भारत के प्रथम गवर्नर-जनरल कौन बने? SSC MTS 13.09.2023 (Shift-I)

(a) वॉरेन हेस्टिंग्स (b) रॉबर्ट क्लाइव
(c) चार्ल्स कॉर्नवालिस (d) थॉमस मुनरो

उत्तर (a)

• रेग्यूलेटिंग एक्ट-1773 के पारित होने के बाद 'बंगाल का गवर्नर' पद नाम बदलकर, **बंगाल का गवर्नर-जनरल** रखा गया। प्रथम गवर्नर-जनरल **वॉरेन हेस्टिंग्स** (1773 ई.) बने।
• रॉबर्ट क्लाइव बंगाल के प्रथम गवर्नर थे। क्लाइव ने दो बार बंगाल के गवर्नर के रूप में कार्य किया (1758-60 और 1764-67)।
• चार्टर एक्ट 1833 द्वारा बंगाल के गवर्नर-जनरल का पदनाम बदलकर 'भारत का गवर्नर-जनरल' कर दिया गया और **लॉर्ड विलियम बैण्टिंक** ब्रिटिश भारत के प्रथम गवर्नर जनरल बनें।

SSC MTS 2022

76. प्लासी के युद्ध में सिराजुद्दौला की हार का मुख्य कारण क्या था? SSC MTS 11.07.2022 (Shift-I)

(a) सेनापति मीर जाफर के नेतृत्व वाली सेना ने युद्ध में भाग नहीं लिया।
(b) सिराजुद्दौला के प्रधानमन्त्री ने अंग्रेजों के स्थान की गलत सूचना दी।
(c) अंग्रेजों ने सिराजुद्दौला की सेना की खाद्य आपूर्ति बन्द कर दी और उन्हें आत्मसमर्पण करने के लिए मजबूर किया।
(d) अंग्रेजों को सिराजुद्दौला के महल में प्रवेश करने का गुप्त रास्ता पता था।

उत्तर (a)

• **प्लासी** के युद्ध में सिराजुद्दौला की हार का मुख्य कारण था कि सेनापति मीर जाफर के नेतृत्व वाली सेना ने युद्ध में भाग नहीं लिया था।
• प्लासी का युद्ध बंगाल के नवाब सिराजुद्दौला एवं ब्रिटिश कम्पनी के मध्य 23 जून, 1757 को लड़ा गया था।
• इस युद्ध में अंग्रेजों ने नवाब के रिश्तेदारों, अमीरो एवं सेनापति मीर जाफर को प्रलोभन देकर अपने वश में कर लिया था, जिससे सिराजुद्दौला की सेना युद्ध में पराजित हो गई थी।

77. मॉर्ले-मिण्टो सुधारों की शुरुआत के समय भारत का वायसराय कौन था? SSC MTS 11.07.2022 (Shift-I)

(a) लॉर्ड वेवेल
(b) लॉर्ड एटली
(c) लॉर्ड मिण्टो
(d) लॉर्ड लिनलिथगो

उत्तर (c)

• मॉर्ले-मिण्टो सुधारों की शुरुआत के समय भारत का वायसराय लॉर्ड मिण्टो था।
• भारत परिषद् अधिनियम, 1909 को भारत के राज्य सचिव जॉन मॉर्ले और भारत के चौथे वायसराय **लॉर्ड मिण्टो** के नाम पर **मॉर्ले-मिण्टो** सुधार कहा जाता है।
• इनका मुख्य उद्देश्य राष्ट्रवादियों के मध्य फूट डालना, उदारवादियों को धोखे में रखना तथा साम्प्रदायिक निर्वाचन पद्धति को अपनाकर राष्ट्रीय एकता को खण्डित करना था।
• मुसलमानों के लिए अलग निर्वाचन व्यवस्था मार्ले-मिण्टो सुधार अधिनियम, 1909 के द्वारा की गई।

SSC MTS 2021

78. 1855 ई. में कोलकाता में पहली जूट मिल कहाँ लगाई गई थी? SSC MTS 05.10.2021 (Shift-I)

(a) रसड़ा (b) मेसरा
(c) श्रीरामपुर (d) हावड़ा

उत्तर (a)

• जॉर्ज ऑकलैण्ड ने बाबू बायसुम्बर सेन नामक एक बंगाली फाइनेन्सर और ईडी जूट ओवर सियर के साथ मिलकर **रसड़ा (रिशरा)** मिल की स्थापना की।
• यह वर्ष 1855 कोलकाता में स्थापित भारत की पहली जूट मिल थी।
• 'जूट' को **गोल्डन फाइबर** के नाम से भी जाना जाता है।

79. प्लासी के युद्ध के बाद बंगाल का नवाब .... को बनाया गया। SSC MTS 05.10.2021 (Shift-I)

(a) अलीवर्दी खान (b) मीरकासिम
(c) सिराजुद्दौला (d) मीरजाफर

उत्तर (d)

• 1757 ई. में प्लासी के युद्ध में अंग्रेजों ने क्लाइव के नेतृत्व में सिराजुद्दौला को पराजित किया, जिसमें उसकी मृत्यु हो गई। युद्ध के बाद **मीरजाफर** को बंगाल का नवाब बनाया गया।
• इस घटना को भारत में अंग्रेजी राज की स्थापना की शुरुआत माना जाता है।
• बाद में अंग्रेजों ने 1760 ई. में मीर जाफर को हटाकर उसके दामाद मीरकासिम को बंगाल का नवाब बनाया।

80. अंग्रेजों ने 'नवाब के कुशासन' के बहाने निम्नलिखित में से किस रियासत पर कब्जा कर लिया था? SSC MTS 05.10.2021 (Shift-I)

(a) अवध (b) उदयपुर
(c) नागपुर (d) सतारा

उत्तर (a)

• अंग्रेजों ने **अवध** पर कब्जा **लॉर्ड डलहौजी** के 'व्यपगत के सिद्धान्त' के आधार पर नवाब के शासन के बहाने किया।
• इस समय **वाजिद अली शाह** (1847-1856) अवध का अन्तिम शासक था।
• इसके शासन काल में ही 1856 ई. में अवध को ब्रिटिश साम्राज्य में विलय कर लिया गया था।

SSC Steno 2024

81. पिट्स इण्डिया एक्ट निम्नलिखित में से किस वर्ष पारित किया गया था?
SSC Steno Tier-1 10.12.2024 (Shift-I)

(a) 1782 (b) 1780 (c) 1784 (d) 1781

उत्तर (c)

• पिट्स इण्डिया एक्ट 1784 ई. में पारित किया गया था।

• इस एक्ट द्वारा भारत में गवर्नर-जनरल की परिषद् में सदस्यों की संख्या तीन कर दी गई।

82. 1784 के पिट्स इण्डिया एक्ट में निम्नलिखित में से कौन-सा शामिल नहीं था?
SSC Steno Tier-1 10.12.2024 (Shift-II)

(a) ईस्ट इण्डिया कम्पनी के सभी ऋण भारत की ब्रिटिश सरकार द्वारा ले लिए गए थे।
(b) मद्रास और बॉम्बे प्रेसीडेंसी को बंगाल प्रेसीडेंसी के तहत लाया गया।
(c) भारत का शासन गवर्नर-जनरल और तीन सदस्यों वाली एक परिषद् को सौंप दिया गया था।
(d) छः सरकारी नियुक्तियों की एक समिति, जिसे नियन्त्रण बोर्ड के रूप में जाना जाता है, का गठन किया गया था।

उत्तर (a)

• 1784 के पिट्स इण्डिया एक्ट में ईस्ट इण्डिया कम्पनी के सभी ऋण भारत की ब्रिटिश सरकार द्वारा ले लिए गए थे, यह कथन शामिल नहीं था।

• इस एक्ट के अन्तर्गत भारत पर नियन्त्रण की दोहरी प्रणाली स्थापित की गई थी।

• इस अधिनियम का उद्देश्य 1773 ई. के रेग्युलेटिंग एक्ट की कमियों को दूर करना था।

83. 1850 में, कश्मीर को निम्नलिखित में से किस सन्धि के तहत जम्मू के डोगरा वंश को बेच दिया गया था? SSC Steno 13.10.2024 (Shift-I)

(a) पुरन्दर की सन्धि
(b) इलाहाबाद की सन्धि
(c) अमृतसर की सन्धि
(d) सुगौली की सन्धि

उत्तर (c)

• 1850 में, कश्मीर को **अमृतसर की सन्धि** के तहत जम्मू के डोगरा वंश को बेच दिया गया था।

• अमृतसर की सन्धि 1809 ई. में पंजाब के राजा रणजीत सिंह और अंग्रेजों के बीच हुई थी।

• डोगरा राजवंश उत्तर भारत का एक क्षत्रिय राजपूत राजवंश था। इसकी स्थापना महाराज गुलाब सिंह ने की थी।

• वर्ष 1947 तक जम्मू और कश्मीर पर डोगरा शासकों का शासन रहा।

84. किस पेशवा ने ईस्ट इण्डिया कम्पनी के साथ बेसिन की सन्धि (वसई की सन्धि) पर हस्ताक्षर किए थे? SSC Steno 12.10.2024 (Shift-I)

(a) बाजीराव द्वितीय (b) रघुनाथ राव
(c) नारायण राव (d) माधव राव

उत्तर (a)

• **बाजीराव द्वितीय** ने ईस्ट इण्डिया कम्पनी के साथ बेसिन की सन्धि (वसई की सन्धि) पर हस्ताक्षर किए थे।

• बेसिन की सन्धि 31 दिसम्बर, 1802 को हुई।

SSC Steno 2021

85. भारत में औपनिवेशिक शासन के दौरान पहली बार कारखाना अधिनियम निम्न में से किस वर्ष में पारित किया गया था? SSC Steno 15.11.2021

(a) 1873 (b) 1859 (c) 1877 (d) 1881

उत्तर (d)

• भारत में औपनिवेशिक शासन के दौरान पहली बार **कारखाना अधिनियम** 1881 ई. में पारित किया गया था।

• इस समय भारत का गवर्नर-जनरल लॉर्ड रिपन था।

• इस अधिनियम के तहत 7 वर्ष की कम आयु के बच्चों को कारखानों में काम करने पर प्रतिबन्धित किया गया था।

• 7-12 वर्ष की आयु के बच्चों के अधिकतम 9 घण्टे/दिन काम करना था।

86. निम्न में से किसने भारत में ब्रिटिश राज के दौरान रैयतवाड़ी प्रणाली तैयार की थी?

(a) वॉरेन हेस्टिंग्स SSC Steno 15.11.2021
(b) लॉर्ड मिण्टो
(c) लॉर्ड डलहौजी
(d) कैप्टन अलेक्जेण्डर रीड

उत्तर (d)

• **कैप्टन अलेक्जेण्डर रीड** ने रैयतवाड़ी प्रणाली तैयार की थी।

• **रैयतवाड़ी प्रणाली** ब्रिटिश भारत में एक भूमि राजस्व प्रणाली थी, जिसमें किसानों को भूमि का स्वामित्व दिया जाता था और सरकार सीधे किसानों से कर एकत्र करती थी।

• यह व्यवस्था मद्रास, बम्बई और असम के कुछ भागों में लागू की गई।

87. भारत के निम्न में से किस गवर्नर-जनरल ने औपनिवेशिक शासन के दौरान भारत के राज्यों में उत्तराधिकार के मुद्दे से निपटने के लिए व्यपगत का सिद्धान्त (Doctrine of Lapse) तैयार किया था? SSC Steno 11.11. 2021

(a) लॉर्ड डलहौजी (b) सर जॉन मैकफर्सन
(c) जॉन शोर (d) लॉर्ड कैनिंग

उत्तर (a)

• **लॉर्ड डलहौजी** ने औपनिवेशिक शासन के दौरान भारत के राज्यों में उत्तराधिकार के मुद्दे से निपटने के लिए व्यपगत का सिद्धान्त (Doctrine of Lapse) तैयार किया था।

• इस सिद्धान्त के अनुसार, सतारा को 1848 ई. में, जैतपुर (बुन्देलखण्ड) और सम्भलपुर (ओडिशा) को 1849 ई. में, बघाट (हिमाचल प्रदेश) को 1850 ई. में, उदयपुर (मध्य प्रदेश) को 1852 ई. में, झाँसी को 1853 ई. में और नागपुर को 1859 ई. में अंग्रेजी साम्राज्य के अधीन किया।

SSC GD 2024

88. द्वितीय एंग्लो-बर्मी युद्ध किस वर्ष लड़ा गया था? SSC GD 23.02.2024 (Shift-II)

(a) 1852 (b) 1652
(c) 1552 (d) 1752

उत्तर (a)

• द्वितीय एंग्लो-बर्मी युद्ध **1852** ई. में लड़ा गया था।

• इस युद्ध के दौरान अंग्रेजों ने निचले बर्मा पर कब्जा कर लिया और रंगून को राजधानी बनाया।

• इस युद्ध के दौरान लॉर्ड डलहौजी भारत का गवर्नर-जनरल था।

• प्रथम एंग्ला-बर्मी युद्ध - 1824-26

• द्वितीय एंग्लो-बर्मी युद्ध - 1852

• तीसरा एंग्लो-बर्मी युद्ध - 1885

89. ………… द्वारा, गवर्नर-जनरल इन काउंसिल (Governor General in Council) को भारत में पूरे ब्रिटिश शासित क्षेत्रों के लिए कानून बनाने की शक्ति दी गई थी।
SSC GD 20.06.2024 (Shift-II)

(a) 1833 के चार्टर एक्ट
(b) 1813 के चार्टर एक्ट
(c) 1853 के चार्टर एक्ट
(d) 1793 के चार्टर एक्ट

उत्तर (a)

• **1833** के **चार्टर एक्ट** द्वारा, गवर्नर-जनरल इन काउंसिल को भारत में पूरे ब्रिटिश शासित क्षेत्रों के लिए कानून बनाने की शक्ति दी गई थी।

• भारत सरकार अधिनियम 1833 को कभी-कभी ईस्ट इण्डिया कम्पनी अधिनियम 1833 या चार्टर अधिनियम 1833 कहा जाता है। इसे बाद में **सेण्ट हेलेना अधिनियम 1833** के रूप में पुनः नामित किया गया।

SSC Selection Post

90. निम्नलिखित में से किस अधिनियम ने चीन के साथ ईस्ट इण्डिया कम्पनी के व्यापार के एकाधिकार को समाप्त कर दिया?
SSC Selection Post 20-6-2024 (Shift-II)

(a) 1853 के चार्टर एक्ट
(b) भारत सरकार अधिनियम, 1858
(c) 1833 के चार्टर एक्ट
(d) 1793 के चार्टर एक्ट

उत्तर (c)

• **1833 के चार्टर एक्ट** ने चीन के साथ ईस्ट इण्डिया कम्पनी के व्यापार के एकाधिकार को समाप्त कर दिया।

• इस एक्ट के तहत **ईस्ट इण्डिया कम्पनी** को उसके वाणिज्यिक विशेषाधिकारों से वंचित कर दिया गया।

• चाय को छोड़कर शेष व्यापार और चीन के साथ व्यापार पर कम्पनी का एकाधिकार लेसेज-फेयर और नेपोलियन बोनापार्ट की महाद्वीपीय व्यवस्था के परिणामस्वरूप समाप्त हो गया।

1857 का विद्रोह तथा सामाजिक एवं धार्मिक सुधार आन्दोलन

1857 का विद्रोह

- 1857 के विद्रोह को प्रथम स्वतन्त्रता संग्राम की संज्ञा भी दी जाती है। 29 मार्च, 1857 को चर्बी वाले कारतूस के मुद्दे पर 34वीं बंगाल नेटिव इन्फैन्ट्री बैरकपुर छावनी में मंगल पाण्डे ने विद्रोह आरम्भ किया। इन्हें 8 अप्रैल, 1857 को फाँसी दे दी गई।
- 24 अप्रैल, 1857 को मेरठ की देशी घुड़सवार सेना के 99 सिपाहियों द्वारा चर्बी लगे कारतूसों के उपयोग से इन्कार कर दिया।
- मेरठ के विद्रोही सिपाही 11 मई को दिल्ली पहुँचे और 12 मई, 1857 को उन्होंने दिल्ली पर अधिकार कर लिया। विद्रोहियों ने बहादुर शाह II को भारत का सम्राट घोषित किया।
- इस क्रान्ति के समय ब्रिटिश प्रधानमन्त्री पामर्स्टन था।

1857 की महान् क्रान्ति के प्रमुख केन्द्र

केन्द्र	भारतीय नायक	विद्रोह की तिथि
दिल्ली	बख्त खाँ	11-12 मई, 1857
कानपुर	नाना साहब, तात्याँ टोपे	5 जून, 1857
लखनऊ	बेगम हजरत महल	4 जून, 1857
झाँसी	रानी लक्ष्मीबाई	जून, 1857
इलाहाबाद (प्रयागराज)	लियाकत अली	1857
जगदीशपुर	कुँवर सिंह	अगस्त, 1857
बरेली	खान बहादुर खाँ	जून, 1857
फैजाबाद	मौलवी अहमदुल्ला	जून, 1857
फतेहपुर	अजीमुल्ला	जून, 1857

विद्रोह का परिणाम

- भारतीय शासन कम्पनी के हाथ से निकलकर ब्रिटिश क्राउन के पास चला गया और भविष्य में किसी राज्य को अंग्रेजी राज्य में शामिल न करने की घोषणा की गई।
- भारतीय नरेशों को गोद लेने का अधिकार वापस मिला।
- अब गवर्नर-जनरल को वायसराय कहा जाने लगा।
- एक नए अधिकारी भारतीय राज्य सचिव (Secretary of States of India) की नियुक्ति की गई।

समाज सुधार आन्दोलन

ब्रह्म समाज

- संस्थापक – **राजा राममोहन राय** (1828 ई.)
- इन्होंने समाज ने सती प्रथा, बहुविवाह, जातिवाद, अस्पृश्यता का विरोध किया। राजा राममोहन राय के बाद देवेन्द्रनाथ टैगोर और केशवचन्द्र सेन ने ब्रह्म समाज का नेतृत्व किया।

प्रार्थना समाज

- 1867 ई. में बम्बई में **केशवचन्द्र सेन** के मार्गदर्शन में आत्माराम पाण्डुरंग द्वारा प्रार्थना समाज की स्थापना की गई।
- **रानाडे** और **भण्डारकर** इसके प्रमुख सदस्य थे।

आर्य समाज

- आर्य समाज की स्थापना **दयानन्द सरस्वती** (मूल नाम मूल शंकर) ने 1875 ई. में बम्बई में की।
- बाद में आर्य समाज का मुख्यालय लाहौर में बना।
- दयानन्द सरस्वती ने **सत्यार्थ प्रकाश** की रचना (हिन्दी भाषा में) की।

रामकृष्ण मिशन

- इसकी स्थापना रामकृष्ण परमहंस के शिष्य **स्वामी विवेकानन्द** (मूल नाम नरेन्द्रनाथ) ने 1897 ई. में की।
- इन्होंने 1893 ई. में अमेरिका के शिकागो में आयोजित प्रथम विश्वधर्म सम्मेलन में भाग लिया तथा 1896 ई. में न्यूयॉर्क में **वेदान्त सोसायटी** का गठन किया।

थियोसोफिकल सोसायटी

- इसकी स्थापना 1875 ई. में **मैडम ब्लावात्स्की** एवं **कर्नल ऑल्काट** ने न्यूयॉर्क (यू. एस. ए.) में की थी।
- 1882 ई. में इसका अन्तर्राष्ट्रीय कार्यालय मद्रास के निकट अड्यार में स्थापित हुआ। 1893 ई. में **ऐनी बेसेण्ट** ने भारत में थियोसोफिकल आन्दोलन का नेतृत्व सम्भाला।

अलीगढ़ आन्दोलन

- **सैयद अहमद खान** ने इस आन्दोलन का नेतृत्व किया।
- 1875 ई. में उन्होंने अलीगढ़ में **मुहम्मडन एंग्लो-ऑरिएण्टल कॉलेज** की स्थापना की। यह वर्ष 1920 में अलीगढ़ मुस्लिम विश्वविद्यालय बना।

यंग-बंगाल आन्दोलन

- इसकी स्थापना बंगाल में 1828 ई. में **हेनरी विवियन डेरोजियो** नामक एंग्लो-इण्डियन ने की।

अहमदिया आन्दोलन

- इसका नेतृत्व **मिर्जा गुलाम अहमद** ने 1889 ई. में किया।
- इन्होंने अपनी पुस्तक **बहरीन-ए-अहमदिया** में अपने सिद्धान्तों की व्याख्या की।
- इन्होंने स्वयं को कृष्ण का अवतार माना।

सामाजिक सुधार अधिनियम

अधिनियम	वर्ष	गवर्नर-जनरल/ वॉयसराय
शिशु वध प्रतिबन्ध	1804 ई.	लॉर्ड वेलेजली
सती प्रथा प्रतिबन्ध	1829 ई.	लॉर्ड विलियम बैंटिंक
हिन्दू विधवा पुनर्विवाह	1856 ई.	लॉर्ड कैनिंग
नैटिव मैरिज एक्ट	1872 ई.	नार्थब्रुक
शारदा एक्ट	1930 ई.	इरविन

SSC Exam Scanner

SSC CGL 2024 (Tier I & II)

91. गुरु घासीदास ने ब्रिटिश भारत में चमड़ा श्रमिकों की सामाजिक स्थिति में सुधार के लिए निम्नलिखित में से किस आन्दोलन का नेतृत्व किया? **SSC CGL Tier-1 26.09.2024 (Shift-III)**

(a) निरंकारी आन्दोलन
(b) सतनामी आन्दोलन
(c) सत्यशोधक समाज
(d) अरविपुरम आन्दोलन

उत्तर (b)

- गुरु घासीदास ने 1820 ई. में चमड़ा श्रमिकों की सामाजिक स्थिति में सुधार हेतु मध्य भारत के छत्तीसगढ़ क्षेत्र में **सतनामी आन्दोलन** की शुरुआत की।
- इनका **सतनाम पन्थ** (सच्चे नाम का मार्ग) बड़ी संख्या में छत्तीसगढ़ की निचली जाति को धार्मिक और सामाजिक पहचान प्रदान करने में सफल रहा।

92. ब्रिटिश भारत में बेल्लूर मठ की स्थापना निम्नलिखित में से किस समाज सुधारक द्वारा की गई थी? **SSC CGL Tier-1 26.09.2024 (Shift-II)**

(a) के. टी. तेलंग
(b) स्वामी विवेकानन्द
(c) आर.जी. भण्डारकर
(d) वी. एन. माण्डलिक

उत्तर (b)

- **स्वामी विवेकानन्द** ने 1897 ई. की शुरुआत में बेल्लूर में मठ की स्थापना की थी।
- इस मठ के भवनों के वास्तु में हिन्दू, ईसाई तथा इस्लामी तत्त्वों का सम्मिश्रण है, जो धर्मों की एकता का प्रतीक है।
- यह **रामकृष्ण मिशन** और **रामकृष्ण मठ** का मुख्यालय है।

93. निम्नलिखित समाज सुधार संगठनों का उनसे सम्बन्धित संस्थापकों के साथ मिलान कीजिए। **SSC CGL Tier-1 26.09.2024 (Shift-I)**

समाज सुधार संगठन		उनके संस्थापक
A. ब्रह्म समाज	i.	स्वामी विवेकानन्द
B. रामकृष्ण मिशन	ii.	आत्माराम पाण्डुरंग
C. प्रार्थना समाज	iii.	राजा राममोहन राय
D. आर्य समाज	iv.	दयानन्द सरस्वती

A B C D
(a) iv iii ii i
(b) i ii iv iii
(c) ii iii iv i
(d) iii i ii iv

उत्तर (d)

- दिए गए संगठन और उसके संस्थापक का सही सुमेलन A-iii, B-i, C-ii और D-iv है।
- **ब्रह्म समाज** की स्थापना 1828 ई. में राजा राममोहन राय ने की थी।

• **रामकृष्ण मिशन** की स्थापना 1 मई, 1897 को स्वामी विवेकानन्द जी ने की थी।
• **प्रार्थना समाज** की स्थापना 1867 ई. में मुम्बई में आत्माराम पाण्डुरंग ने की थी।
• **आर्य समाज** की स्थापना 10 अप्रैल, 1875 में मुम्बई में दयानन्द सरस्वती ने की थी।

94. 1857 की क्रान्ति मई में भारत की किस छावनी से आरम्भ हुई थी?
SSC CGL Tier-1 26.09.2024 (Shift-I)
(a) लखनऊ (b) कानपुर
(c) झाँसी (d) मेरठ

उत्तर (d)
• 1857 की क्रान्ति (भारतीय स्वतन्त्रता का पहला युद्ध) 10 मई, 1857 को भारत की **मेरठ छावनी** से आरम्भ हुई थी।
• इस विद्रोह का तात्कालिक कारण **चर्बी वाले कारतूसों** का सैन्य उपयोग था।
• मार्च, 1857 में बैरकपुर में एक सिपाही **मंगल पाण्डे** ने कारतूस उपयोग से इंकार कर दिया था और अपने वरिष्ठ अधिकारियों पर हमला कर दिया।

95. निम्नलिखित में से किस अधिनियम ने सरकार को राजनीति की गतिविधियों को दबाने की अपार शक्तियाँ दी और राजनीतिक कैदियों को बिना मुकदमे के दो वर्ष तक हिरासत में रखने की अनुमति दी?
SSC CGL Tier-1 25.09.2024 (Shift-III)
(a) भारतीय दासता अधिनियम, 1843
(b) आपराधिक जनजाति अधिनियम, 1871
(c) भारत अनुबन्ध अधिनियम, 1872
(d) रॉलेट एक्ट, 1919

उत्तर (d)
• **रॉलेट एक्ट** ने सरकार को राजनीति की गतिविधियों को दबाने की अपार शक्तियाँ दी और राजनीतिक कैदियों को बिना मुकदमे के दो वर्ष तक हिरासत में रखने की अनुमति दी। इस एक्ट को आधिकारिक रूप में अराजकतावादी और क्रान्तिकारी अपराध अधिनियम, 1919 भी कहते हैं।
• महात्मा गाँधी ने इसे **काला अधिनियम** कहा।
• 13 अप्रैल, 1919 में जलियाँवाला बाग हत्याकाण्ड की घटना रॉलेट एक्ट के विरोध में हुई।
• इस एक्ट को **बिना वकील बिना दलील कानून** भी कहते हैं।

96. विधवा पुनर्विवाह का समर्थन करने के लिए 1856 ई. में ब्रिटिश सरकार द्वारा पारित कानून का सुझाव किसने दिया था?
SSC CGL Tier-1 25.09.2024 (Shift-I)
(a) आत्माराम पाण्डुरंग
(b) केशवचन्द्र सेन
(c) राजा राममोहन राय
(d) ईश्वरचन्द्र विद्यासागर

उत्तर (d)
• **विधवा पुनर्विवाह** का समर्थन करने के लिए 1856 ई. में ब्रिटिश सरकार द्वारा पारित कानून का सुझाव **ईश्वरचन्द्र विद्यासागर** द्वारा दिया गया था।
• ईश्वरचन्द्र विद्यासागर एक महान् समाज सुधारक थे।
• इस अधिनियम को लॉर्ड डलहौजी के द्वारा तैयार किया गया था और लॉर्ड कैनिंग ने इसे पारित किया था।
• हिन्दू विधवा पुनर्विवाह अधिनियम, 1856 को लागू हुआ था।

97. ईश्वरचन्द्र विद्यासागर के सन्दर्भ में निम्नलिखित कथनों पर विचार कीजिए।
1. उन्होंने बाल विवाह और बहुविवाह का विरोध किया था।
2. उनके प्रयासों के कारण, पहला हिन्दू विधवा पुनर्विवाह अधिनियम, 1856 पेश किया गया था।
3. वह मुख्य रूप से फ़ारसी भाषा में अपनी विद्वता के लिए जाने जाते थे।

उपरोक्त कथनों में से कौन-सा/कौन-से कथन सही है/हैं? SSC CGL Tier-1 24.09.2024 (Shift-III)
(a) 1, 2 और 3 (b) 2 और 3
(c) 1 और 2 (d) 1 और 3

उत्तर (c)
• ईश्वरचन्द्र विद्यासागर को 1839 ई. में विद्यासागर की उपाधि प्रदान की गई।
• इन्होंने बाल विवाह एवं बहुविवाह का विरोध किया था।
• इनके प्रयासों के परिणामस्वरूप तत्कालीन ब्रिटिश सरकार के द्वारा 1856 ई. में प्रथम हिन्दू विधवा पुनर्विवाह अधिनियम पारित किया गया।
• इनकी कुछ प्रमुख रचनाएँ हैं-बेताल पंचविंशति (1847), बांग्लार इतिहास (1848), शकुंतला (1854), महाभारत (1860), सीतार वनवास (1860) इत्यादि।

98. भीमराव अम्बेडकर द्वारा मन्दिर प्रवेश आन्दोलन किस वर्ष शुरू किया गया था?
SSC CGL Tier-1 24.09.2024 (Shift-II)
(a) 1922 (b) 1935
(c) 1927 (d) 1918

उत्तर (c)
• भीमराव अम्बेडकर द्वारा **वर्ष 1927** में मन्दिर प्रवेश आन्दोलन चलाया गया था, जिसका उद्देश्य निचली जाति के लोगों को मन्दिरों में प्रवेश की अनुमति देना था।
• इस आन्दोलन के द्वारा अम्बेडकर जी देश में फैली सामाजिक और जातिगत कुरीतियों को समाप्त करना चाहते थे।
• इस आन्दोलन के तहत अम्बेडकर जी ने वर्ष 1927 से 1935 के बीच तीन आन्दोलन चलाए। इसमें लगभग 15000 स्वयंसेवक शामिल हुए थे।

99. 1875 ई. में मुम्बई में आर्य समाज की स्थापना किसने की थी?
SSC CGL Tier-1 24.09.2024 (Shift-I)
(a) देवेन्द्रनाथ टैगोर (b) राजा राममोहन राय
(c) स्वामी विवेकानन्द (d) स्वामी दयानन्द सरस्वती

उत्तर (d)
• आर्य समाज की स्थापना 1875 ई. में **स्वामी दयानन्द सरस्वती** द्वारा मुम्बई में की गई थी।
• आर्य समाज हिन्दू सुधार आन्दोलन था।
• आर्य समाज मूर्ति पूजा, अवतारवाद, बलि का विरोधी व कर्मकाण्ड तथा अन्धविश्वास को अस्वीकार करता था।

100. 1873 ई. में अमृतसर में निम्नलिखित में से कौन-सा सिख सुधार आन्दोलन आरम्भ हुआ था? SSC CGL Tier-1 18.09.2024 (Shift-III)
(a) अकाली आन्दोलन
(b) गुरुद्वारा आन्दोलन
(c) सिंह सभा आन्दोलन
(d) बब्बर अकाली आन्दोलन

उत्तर (c)
• 1873 ई. में अमृतसर में **सिंह सभा आन्दोलन** आरम्भ हुआ।
• सिंह सभा आन्दोलन के उद्देश्य निम्नलिखित हैं
• सिख धर्म को पुराने गौरव तक पहुँचाना था।
• सिखों के लिए आधुनिक शिक्षा की उपलब्धता सुनिश्चित करना।
• ईसाई मिशनरियों व हिन्दू कट्टरपन्थियों से संघर्ष करना।
• इस आन्दोलन ने पूरे पंजाब में खालसा पंथ की स्थापना की।

101. 1828 ई. में कलकत्ता में ब्रह्म समाज की स्थापना किसने की थी?
SSC CGL Tier-1 18.09.2024 (Shift-I)
(a) गोपालकृष्ण गोखले (b) स्वामी विवेकानन्द
(c) राममोहन राय (d) रमाबाई रानाडे

उत्तर (c)
• 1828 ई. में कलकत्ता में ब्रह्मसमाज की स्थापना **राजा राममोहन राय** ने की थी।
• राजा राममोहन राय समाज सुधारक, भारतीय पुनर्जागरण के जनक एवं मानवतावादी विचारधारा के पोषक थे।
• ब्रह्म समाज का उद्देश्य हिन्दू धर्म में एकेश्वरवाद और तर्कवाद को बढ़ावा देना था।
• ब्रह्म समाज ने शिक्षा और सामाजिक सुधारों को प्रोत्साहित किया था। ब्रह्म समाज ने जाति व्यवस्था के खिलाफ आवाज उठाई थी।

102. निम्नलिखित में से किसने 1814 ई. में आत्मीय सभा की स्थापना की?
SSC CGL Tier-1 17.09.2024 (Shift-III)
(a) राजा राममोहन राय (b) केशवचन्द्र सेन
(c) देवेन्द्रनाथ टैगोर (d) ईश्वरचन्द्र विद्यासागर

उत्तर (a)
• 1814 ई. में **राजा राममोहन राय** द्वारा आत्मीय सभा की स्थापना की गई थी।
• इसका उद्देश्य धार्मिक सत्य के प्रचार-प्रसार और धार्मिक विषयों पर मुक्त चर्चा को बढ़ावा देना था।
• आत्मीय सभा ने मूर्तिपूजा, जातिवाद, बाल विवाह और अन्य सामाजिक बुराइयों के खिलाफ अभियान चलाया।

103. निम्नलिखित में से कौन मुख्य रूप से 1893 ई. में शिकागो में आयोजित की गई विश्व धर्म संसद से सम्बन्धित हैं?
SSC CGL Tier-1 12.09.2024 (Shift-III)

(a) दयानन्द सरस्वती (b) राजा राममोहन राय
(c) स्वामी विवेकानन्द (d) रामकृष्ण परमहंस

उत्तर (c)

• 1893 ई. में शिकागो में आयोजित विश्व धर्म संसद में **स्वामी विवेकानन्द** ने भारत और हिन्दू धर्म का प्रतिनिधित्व किया था।
• यह पहली विश्व **धर्म संसद** थी।
• इस भाषण ने स्वामी विवेकानन्द को दैविक प्रभाव के वक्ता और पश्चिमी दुनिया में भारतीय ज्ञान के दूत के रूप में प्रसिद्ध किया था।

104. 1857 के सिपाही विद्रोह के सन्दर्भ में, निम्नलिखित में से किस तिथि को मेरठ के सैनिकों ने दिल्ली के लिए यात्रा शुरू की थी?
SSC CGL Tier-1 12.09.2024 (Shift-I)

(a) 10 मई (b) 29 मार्च
(c) 19 अप्रैल (d) 2 जून

उत्तर (a)

• 1857 के सिपाही विद्रोह के समय मेरठ के सैनिकों ने दिल्ली के लिए 10 मई को यात्रा शुरू की थी।
• मेरठ के 85 सैनिकों ने सिपाही विद्रोह को चर्बीयुक्त रायफल का प्रयोग करने के विरोध में शुरू किया था। तत्पश्चात् इन सैनिकों को 10 वर्ष की सजा दी गई थी।
• उस समय दिल्ली का शासक **बहादुरशाह जफर** था।

105. ब्रिटिश भारत के किस गवर्नर-जनरल ने सती प्रथा को कानूनी रूप से समाप्त करने में राजा राममोहन राय की मदद की?
SSC CGL Tier-1 10.09.2024 (Shift-I)

(a) लॉर्ड विलियम बैण्टिक
(b) लॉर्ड कार्नवालिस
(c) लॉर्ड कर्जन
(d) लॉर्ड रिपन

उत्तर (a)

• ब्रिटिश भारत के गवर्नर-जनरल **लॉर्ड विलियम बैण्टिक** ने सती प्रथा को कानूनी रूप से समाप्त करने में राजा राममोहन राय की मदद की।
• सती प्रथा पर प्रतिबन्ध 1829 ई. में लगा दिया गया था।
• सती प्रथा एक प्राचीन हिन्दू प्रथा थी, जिसमें पति के अन्तिम संस्कार के दौरान उसकी विधवा पत्नी भी चिता के साथ आत्मदाह कर लेती थी।

106. 1867 ई. में मुम्बई में प्रार्थना-समाज की स्थापना किसने की थी?
SSC CGL Tier-1 9.09.2024 (Shift-I)

(a) श्रीराम वाजपेयी
(b) राममोहन राय
(c) आत्माराम पाण्डुरंग
(d) गोपालकृष्ण गोखले

उत्तर (c)

• 1867 ई. में मुम्बई में प्रार्थना समाज की स्थापना **आत्माराम पाण्डुरंग** द्वारा की गई थी।
• प्रार्थना समाज का उद्देश्य लोगों को एक ईश्वर पर विश्वास दिलाना और एक ही ईश्वर की पूजा करना था।
• प्रार्थना समाज के प्रमुख उद्देश्य जाति प्रथा का विरोध, बाल विवाह पर रोक, विधवा-विवाह और महिला शिक्षा को बढ़ावा देना था।

SSC CGL 2023 (Tier I & II)

107. निम्नलिखित में से किसकी स्थापना 1875 ई. में बम्बई में हुई थी?
SSC CGL 14.07.2023 (Shift-II)

(a) अलीगढ़ आन्दोलन (b) सत्यशोधक समाज
(c) आर्य समाज (d) ब्रह्म समाज

उत्तर (c)

• **आर्य समाज** की स्थापना 1875 ई. में स्वामी दयानन्द सरस्वती (1824-83) ने मथुरा के स्वामी विरजानन्द की प्रेरणा से मुम्बई में की थी।
• आर्य समाज एक हिन्दू सुधार आन्दोलन था।
• स्वामी दयानन्द सरस्वती ने वेदों के ज्ञान को पुनर्जीवित करने के लिए आर्य समाज की स्थापना की थी।

108. निम्नलिखित में से किस संगठन को सती प्रथा के उन्मूलन के लिए साहित्यिक रचनाएँ लिखने का श्रेय दिया जाता है? **SSC CGL 17.07.2023 (Shift-I)**

(a) हरिजन सेवक संघ
(b) सत्यशोधक समाज
(c) बहुजन समाज
(d) ब्रह्म समाज

उत्तर (d)

• **ब्रह्म समाज** को सती प्रथा के उन्मूलन के लिए साहित्यिक रचनाएँ लिखने का श्रेय दिया जाता है।
• ब्रह्म समाज की स्थापना **राजा राम मोहन राय** द्वारा 1828 ई. में की गई थी।
• राजा राममोहन राय के प्रयासों के कारण ही लॉर्ड विलियम बैण्टिक द्वारा **4 दिसम्बर, 1829** को भारत में सती प्रथा पर पूरी तरह रोक लगा दी गई थी।

109. आधुनिक शिक्षा को देश में आधुनिक विचारों के प्रसार के साधन के रूप में देखने वाले पहले समाज सुधारक कौन थे?
SSC CGL 17.07.2023 (Shift-I)

(a) सावित्रीबाई फुले
(b) डी. के. कर्वे
(c) राजा राममोहन राय
(d) स्वामी विवेकानन्द

उत्तर (c)

• **राजा राममोहन राय** शिक्षा में आधुनिकता लाने के प्रबल समर्थक थे।
• उन्होंने 1857 ई. में कलकत्ता में हिन्दू कॉलेज की स्थापना की, जो बाद में कलकत्ता विश्वविद्यालय बन गया।
• उन्होंने महिलाओं और लड़कियों की शिक्षा के लिए जागरुकता फैलाई।
• राजा राममोहन राय को आधुनिक भारत का पहला प्रमुख **समाज सुधारक** और **भारतीय पुनर्जागरण का पिता** कहा जाता है।

110. निम्नलिखित में से कौन-सी सुधारवादी संस्था वेदों को समस्त ज्ञान का स्रोत मानती थी?
SSC CGL 17.07.2023 (Shift-II)

(a) प्रार्थना समाज
(b) आर्य समाज
(c) ब्रह्म समाज
(d) थियोसोफिकल सोसायटी

उत्तर (b)

• **आर्य समाज** वेदों को समस्त ज्ञात का स्रोत मानती थी।
• आर्य समाज की स्थापना दयानन्द सरस्वती ने **10 अप्रैल, 1875** में मुम्बई में की थी।
• इसका मुख्यालय नई दिल्ली में स्थित है।
• आर्य समाज का मुख्य उद्देश्य शैक्षिक, धार्मिक शिक्षा व अध्यात्म समाज सुधार है तथा इसकी आधिकारिक भाषा **हिन्दी** है।

111. बिहार में 1857 के विद्रोह का नेतृत्व किसने किया था? **SSC CGL 18.07.2023 (Shift-III)**

(a) बख्त खान (b) मौलवी अहमदुल्लाह
(c) वीर कुँवर सिंह (d) अजीमुल्लाह

उत्तर (c)

• बिहार में 1857 के विद्रोह का नेतृत्व **वीर कुँवर सिंह** ने किया था। ये बिहार के जगदीशपुर के परमार राजपूतों के उज्जैनिया कबीले के एक जमींदार परिवार से थे।
• 1857 के विद्रोह में कुँवर सिंह के साथ उनके भाई अमर सिंह और सेनापति हरे कृष्ण सिंह शामिल थे।

112. आर.जी. भण्डारकर किस सुधारवादी संस्था के लोकप्रिय नेता थे? **SSC CGL 18.07.2023 (Shift-III)**

(a) थियोसोफिकल सोसायटी
(b) प्रार्थना समाज
(c) ब्रह्म समाज
(d) आर्य समाज

उत्तर (b)

• आर.जी.भण्डारकर **प्रार्थना समाज** के लोकप्रिय नेता थे।
• **रामकृष्ण गोपाल भण्डारकर** भारत के प्रसिद्ध समाज सुधारक, इतिहासविद् और शिक्षाशास्त्री थे।
• 1885 ई. में जर्मनी की गौटिंगेन यूनिवर्सिटी ने इन्हें **डॉक्टरेट** की उपाधि प्रदान की।
• वर्ष 1911 में उन्हें नाइट की उपाधि से सम्मानित किया गया।

113. रामकृष्ण गोपाल भण्डारकर और महादेव गोविन्द रानाडे ने महाराष्ट्र में धार्मिक सुधारों से जुड़े अपने कार्य निम्नलिखित में से किस संगठन के माध्यम से किए?

(a) प्रार्थना समाज **SSC CGL 19.07.2023 (Shift-II)**
(b) थियोसोफिकल सोसायटी
(c) आत्मीय सभा
(d) ब्रह्म समाज

उत्तर (a)

• प्रार्थना समाज संगठन भारतीय नवजागरण के दौर में **धार्मिक** और **सामाजिक सुधारों** के लिए स्थापित किया गया था।

• इसकी स्थापना पाण्डुरंग, महादेव गोविन्द रानाडे तथा आर.जी. भण्डारकर ने बम्बई में मार्च, 1867 में की थी।

114. निम्नलिखित में से किस संगठन के माध्यम से ऐनी बेसेण्ट ने प्राचीन भारतीय धर्मों, दर्शन और सिद्धान्तों के अध्ययन को बढ़ावा दिया?

(a) परमहंस मण्डली (b) प्रार्थना समाज
(c) थियोसोफिकल सोसायटी (d) आर्य समाज

उत्तर (c)

• **थियोसोफिकल सोसायटी** के माध्यम से ऐनी बेसेण्ट ने प्राचीन भारतीय धर्मों, दर्शन और सिद्धान्तों के अध्ययन को बढ़ावा दिया।

• थियोसोफिकल सोसायटी का उद्देश्य सभी धर्मों का अध्ययन कर सत्य की खोज करना था।

• इस संगठन की स्थापना 17 नवम्बर, 1875 को न्यूयॉर्क में मैडम ब्लावत्स्की व कर्नल आल्कॉट द्वारा की गई थी।

115. खान बहादुर ने 1857 के विद्रोह का नेतृत्व कहाँ से किया था? SSC CGL 24.07.2023 (Shift-II)

(a) कानपुर (b) लखनऊ
(c) बरेली (d) दिल्ली

उत्तर (c)

• 1857 के विद्रोह में खान बहादुर ने अंग्रेजों के खिलाफ लड़ने के लिए **बरेली** से अपनी सरकार बनाई थी।

• खान बहादुर खान रोहिल्या का जन्म 1823 ई. में बरेली में हुआ था।

• 1857 के विद्रोह का नेतृत्व **कानपुर** में नाना साहब, **लखनऊ** में बेगम हजरत महल तथा **दिल्ली** में जनरल बख्त खान ने किया था।

116. निम्नलिखित में से कौन रहनुमाई मजदायासन सभा या रिलिजियस रिफॉर्म एसोसिएशन के संस्थापकों में से एक थे?

SSC CGL 24.07.2023 (Shift-IV)

(a) मुहम्मद इकबाल
(b) केशवचन्द्र सेन
(c) दादाभाई नौरोजी
(d) आत्माराम पाण्डुरंग

उत्तर (c)

• **दादाभाई नौरोजी** रहनुमाभाई मजदायासन सभा के संस्थापकों में से एक थे।

• इस सभा की स्थापना 1851 ई. में पारसियों के एक समूह द्वारा सामाजिक स्थितियों के उत्थान और पारसी धर्म की बहाली के लिए की गई थी।

117. 'बैक टू वेदाज' (वेदों की ओर लौटो) किस सुधार आन्दोलन का नारा था?

SSC CGL 25.07.2023 (Shift-I)

(a) देव समाज (b) प्रार्थना समाज
(c) आर्य समाज (d) ब्रह्म समाज

उत्तर (c)

• **आर्य समाज** एक हिन्दू सुधार आन्दोलन था, जिसकी स्थापना **स्वामी दयानन्द सरस्वती** ने 1875 ई. में बम्बई में की थी तथा इस आन्दोलन का नारा **वेदों की ओर लौटो** था।

• आर्य समाज एक एकेश्वरवादी भारतीय हिन्दू सुधार आन्दोलन है।

118. ब्रह्म समाज की स्थापना किसके द्वारा की गई थी? SSC CGL Tier-1 27.07.2023 (Shift-IV)
SSC MTS 14.07.2022 (Shift-I)

(a) केशवचन्द्र सेन
(b) दयानन्द सरस्वती
(c) राजा राममोहन राय
(d) देवेन्द्रनाथ टैगोर

उत्तर (c)

• 1828 ई. में **राजा राममोहन राय** ने ब्रह्म समाज की स्थापना की।

• इन्होंने सती प्रथा के उन्मूलन, महिलाओं की शिक्षा और सामाजिक सुधारों को प्रोत्साहित किया।

• ब्रह्म समाज का मानना था कि ईश्वर ही सभी का कारण और स्रोत है, इसलिए प्रकृति, पृथ्वी और स्वर्ग सभी रचनाएँ ईश्वर की हैं।

119. 1857 के विद्रोह में किस मुगल शासक का योगदान था? SSC CGL 25.07.2023 (Shift-IV)

(a) शाहआलम II (b) बहादुर शाह I
(c) बहादुर शाह II (d) आलमगीर II

उत्तर (c)

• **बहादुर शाह II** ने 1857 के विद्रोह में सिपाहियों का नेतृत्व दिल्ली में किया।

• इस विद्रोह के पश्चात् अंग्रेजों ने उन्हें कैद करके बर्मा (म्यांमार) भेज दिया, जहाँ उनकी मृत्यु हो गई।

• 1857 के विद्रोह के समय भारत का गवर्नर जनरल **लॉर्ड कैनिंग** था।

120. करसनदास मूलजी और दादोबा पाण्डुरंग ……… से जुड़े थे, जिसने जाति व्यवस्था जैसी बुराइयों के खिलाफ काम किया और विधवा पुनर्विवाह को प्रोत्साहित किया।

SSC CGL 26.07.2023 (Shift-I)

(a) रामकृष्ण मिशन (b) परमहंस मण्डली
(c) आर्य समाज (d) ब्रह्म समाज

उत्तर (b)

• **परमहंस मण्डली** की स्थापना दादोबा पाण्डुरंग, दुर्गा राम मेहता व करसनदास मूलजी ने 1849 ई. में बम्बई में की थी।

• यह एक धार्मिक सुधार संगठन था। इस आन्दोलन का उद्देश्य नियमित उपदेशों तथा धर्मग्रन्थों की व्याख्या तथा अन्य विविध विषयों पर विचार-विमर्श को आयोजित करना था।

121. आध्यात्मिक सत्य की खोज के लिए गठित तत्त्वबोधिनी सभा की स्थापना किसने की थी?

SSC CGL 26.07.2023 (Shift-II)

(a) देवेन्द्रनाथ टैगोर (b) राजा राममोहन राय
(c) केशवचन्द्र सेन (d) दयानन्द सरस्वती

उत्तर (a)

• आध्यात्मिक सत्य की खोज के लिए गठित तत्त्वबोधिनी सभा की स्थापना **देवेन्द्रनाथ टैगोर** ने की।

• इस सभा का उद्देश्य धार्मिक विषयों पर चिन्तन व उपनिषदों के सार का प्रसार करना था।

• 1859 ई. में इस सभा का विलय ब्रह्म समाज में कर दिया गया।

• **राजा राममोहन राय** को भारतीय पुनर्जागरण का अग्रदूत और आधुनिक भारत का जनक कहा जाता है।

SSC CGL 2022 (Tier I & II)

122. राजा राममोहन राय ने **ब्रह्म सभा** के नाम से एक सुधार संघ की स्थापना की, जिसे बाद में ………… के रूप में जाना गया।

SSC CGL 01.12.2022 (Shift-I)

(a) आर्य समाज (b) ब्रह्म समाज
(c) देव समाज (d) ब्रह्म स्कूल

उत्तर (b)

• राजा राममोहन राय द्वारा स्थापित ब्रह्म सभा को बाद में **ब्रह्म समाज** के रूप में जाना गया।

• राजा राममोहन राय एक समाज सुधारक थे।

• उन्होंने 1828 ई. में कलकत्ता में ब्रह्म सभा की स्थापना की थी।

123. रामकृष्ण मिशन ने समाज सेवा और निःस्वार्थ कार्य के माध्यम से ……… के आदर्श पर बल दिया। SSC CGL 01.12.2022 (Shift-I)

(a) भक्ति (b) मोक्ष
(c) भगवान (d) शिक्षा

उत्तर (b)

• रामकृष्ण मिशन ने समाज सेवा और निःस्वार्थ कार्य के माध्यम से **मोक्ष** के आदर्श पर बल दिया।

• रामकृष्ण मिशन एक हिन्दू धार्मिक और आध्यात्मिक संगठन है, जिसका नाम भारतीय आध्यात्मिक गुरु रामकृष्ण परमहंस के नाम पर रखा गया है।

• इसकी स्थापना मई, 1897 को **रामकृष्ण परमहंस** के मुख्य शिष्य स्वामी विवेकानन्द ने की थी।

124. श्यामजी कृष्ण वर्मा ने वर्ष 1905 में …… में इण्डिया हाउस की स्थापना की।

SSC CGL 01.12.2022 (Shift-II)

(a) न्यूयॉर्क (b) लन्दन
(c) बॉम्बे (d) पेरिस

उत्तर (b)

• भारतीय छात्रों के बीच राष्ट्रवादी विचारों को बढ़ावा देने के लिए श्यामजी कृष्ण वर्मा ने वर्ष 1905 में **लन्दन** में **इण्डिया हाउस** की स्थापना की थी।

• इण्डिया हाउस एक छात्रावास था, जो किराए पर घरों को ढूँढने के समय नस्लवाद का सामना करने वाले छात्रों को आवास प्रदान करने के लिए स्थापित किया गया था।

• उल्लेखनीय है कि श्यामजी कृष्ण वर्मा को **क्रान्तिकारियों का पिता** भी कहा जाता है।

125. ज्योतिबा फुले ने 1873 ई. में 'गुलामगिरि' किस भाषा में लिखी थी?
SSC CGL 01.12.2022 (Shift-II)
(a) हिन्दी (b) गुजराती
(c) मराठी (d) अंग्रेजी

उत्तर (c)

• ज्योतिबा फुले द्वारा **मराठी** भाषा में लिखित **गुलामगिरि** पुस्तक दास प्रथा पर आधारित थी, जो समाज में ऊँच-नीच पैदा करने वाली व्यवस्था पर प्रहार करती थी।
• ज्योतिबा फुले एक प्रखर सामाजिक कार्यकर्ता और विचारक थे, जिन्होंने भारत में विशेषकर महाराष्ट्र में महिलाओं की शिक्षा को बढ़ावा दिया था।
• ज्योतिबा फुले की विचारधारा स्वतन्त्रता, समतावाद और समाजवाद पर आधारित थी।

126. संस्कृत कॉलेज की स्थापना 1791 ई. में ······ में हुई थी।
SSC CGL 01.12.2022 (Shift-II)
(a) सूरत (b) कलकत्ता
(c) ढाका (d) बनारस

उत्तर (d)

• जोनाथन डंकन (ब्रिटिश शासन में) ने भारत में लॉर्ड कॉर्नवालिस के साथ मिलकर 1791 ई. में बनारस में संस्कृत कॉलेज की स्थापना की थी।
• इस कॉलेज की स्थापना हिन्दू धर्मग्रन्थों और भारतीय साहित्य के अध्ययन को बढ़ावा देने के लिए की गई थी।

127. 'ऑल इण्डिया मुस्लिम लीग' की स्थापना वर्ष 1906 में ········ की गई थी।
SSC CGL 01.12.2022 (Shift-III)
(a) ढाका (b) सूरत (c) बॉम्बे (d) मद्रास

उत्तर (a)

• वर्ष 1906 में **ढाका** में 'ऑल इण्डिया मुस्लिम लीग' की स्थापना की गई।
• लीग के पहले मानद अध्यक्ष सर **सुल्तान मुहम्मदशाह** (आगा खान III) थे।
• इस लीग के प्रमुख उद्देश्य निम्नलिखित थे
(i) मुसलमानों में ब्रिटिश सरकार के प्रति वफादारी की भावना उत्पन्न करना।
(ii) मुसलमानों के राजनीतिक अधिकारों की रक्षा करना और उन्हें सरकार तक पहुँचाना।
(iii) मुसलमानों के बीच भारत के अन्य समुदायों के खिलाफ पूर्वाग्रह के उदय को रोकना।

128. परमहंस मण्डली की स्थापना 1840 ई. में ·········· में जाति उन्मूलन के लिए की गई थी।
SSC CGL 01.12.2022 (Shift-IV)
(a) दिल्ली (b) मद्रास
(c) बम्बई (d) कलकत्ता

उत्तर (c)

• 1840 ई. में स्थापित **परमहंस मण्डली** एक गुप्त हिन्दू सामाजिक-धार्मिक संगठन था। इस संगठन की स्थापना **दादोबा पाण्डुरंग** ने अपने साथियों के साथ मिलकर वर्ष 1849 में बम्बई (मुम्बई) में की थी।
• यह संगठन एक ईश्वर पर विश्वास करते हुए जाति उन्मूलन का कार्य करता था।

129. ईश्वरचन्द्र विद्यासागर ने ········ में लड़कियों के लिए स्कूल की स्थापना की थी।
SSC CGL 02.12.2022 (Shift-II)
(a) लाहौर (b) कलकत्ता
(c) सूरत (d) बॉम्बे

उत्तर (b)

• ईश्वरचन्द्र विद्यासागर ने महिलाओं की शिक्षा को प्रोत्साहित करने के उद्देश्य से **कोलकाता** में **बेथ्यून स्कूल की** स्थापना वर्ष 1849 में की थी।
• इस स्कूल की शुरुआत हिन्दू महिला स्कूल के रूप में हुई और बाद में इसका नाम बदलकर 'बेथ्यून महिला विद्यालय' कर दिया गया।

130. भारतीय राष्ट्रीय कांग्रेस का पहला सत्र ······ में आयोजित किया गया था।
SSC CGL 03.12.2022 (Shift-I)
(a) कलकत्ता (b) बॉम्बे
(c) सूरत (d) मद्रास

उत्तर (b)

• भारतीय राष्ट्रीय कांग्रेस की स्थापना 28 दिसम्बर, 1885 को **बॉम्बे** में की गई थी।
• यह अधिवेशन कलकत्ता हाइकोर्ट के बैरिस्टर **व्योमेशचन्द्र बनर्जी** की अध्यक्षता में हुआ था।
• भारतीय राष्ट्रीय कांग्रेस का गठन राष्ट्र निर्माण की प्रक्रिया को बढ़ावा देने की दिशा में एक प्रयास था।

131. निम्नलिखित में से किस भारतीय स्वतन्त्रता सेनानी ने कहा था कि 'खुद वो बदलाव बनिए जो आप दुनिया में देखना चाहते हैं?'
SSC CGL 03.12.2022 (Shift-II)
(a) बिपिनचन्द्र पाल
(b) महात्मा गाँधी
(c) मोहम्मद अली जिन्ना
(d) सुरेन्द्रनाथ बनर्जी

उत्तर (b)

• महात्मा गाँधी ने कहा था कि 'खुद वो बदलाव बनिए जो आप दुनिया में देखना चाहते हैं।'
• महात्मा गाँधी, भारत एवं भारतीय स्वतन्त्रता आन्दोलन के एक प्रमुख राजनैतिक एवं आध्यात्मिक नेता थे।
• गाँधी ने चंपारण आन्दोलन (1917), खेड़ा आन्दोलन (1918), खिलाफत आन्दोलन (1919), असहयोग आन्दोलन (1920), दांडी मार्च, भारत छोड़ो आन्दोलन (1942) का नेतृत्व किया।
• गाँधीजी ने चम्पारण सत्याग्रह, खेड़ा आन्दोलन, सविनय अवज्ञा आन्दोलन, असहयोग आन्दोलन इत्यादि का नेतृत्व किया।

132. दादाभाई नौरोजी ने अपनी पुस्तक '··········' के माध्यम से ब्रिटिश शासन के आर्थिक प्रभाव की तीखी आलोचना की।
SSC CGL 03.12.2020 (Shift-III)
(a) द हिस्ट्री ऑफ ब्रिटिश इण्डिया
(b) द आइडिया ऑफ इण्डिया
(c) इण्डिया टुडे
(d) पॉवर्टी एण्ड अन-ब्रिटिश रूल इन इण्डिया

उत्तर (d)

• सर्वप्रथम **दादाभाई नौरोजी** ने धन के निष्कासन से सम्बन्धित अपनी पुस्तक 'पॉवर्टी एण्ड अन-ब्रिटिश रूल इन इण्डिया में स्वयं के विचारों को रखा।
• उन्होंने भारत से **इंग्लैण्ड** के लिए धन के निरन्तर एक ओर प्रवाह का वर्णन किया।
• यह पुस्तक वर्ष 1901 में प्रकाशित हुई

133. बनारस में 1791 ई. में किस कॉलेज की स्थापना हुई थी? SSC CGL 05.12.2022 (Shift-III)
(a) दयानन्द कॉलेज (b) हिन्दू कॉलेज
(c) शिवाजी कॉलेज (d) संस्कृत कॉलेज

उत्तर (d)

• जोनाथन डंकन ने बनारस में 1791 ई. में संस्कृत कॉलेज की स्थापना की थी।
• वर्ष 1958 में सम्पूर्णानन्द के प्रयासों ने संस्थान की स्थिति को कॉलेज से संस्कृत विश्वविद्यालय में बदल दिया। वर्ष 1974 में इस संस्थान का नाम औपचारिक रूप से सम्पूर्णानन्द संस्कृत विश्वविद्यालय कर दिया गया।

134. 1867 ई. में बम्बई में स्थापित ········ ने जातिगत प्रतिबन्धों को हटाने, बाल विवाह को समाप्त करने और महिलाओं की शिक्षा को प्रोत्साहित करने आदि की माँग की।
SSC CGL 06.12.2022 (Shift-II)
(a) प्रार्थना समाज (b) आर्य समाज
(c) वेद समाज (d) सत्यशोधक समाज

उत्तर (a)

• 1867 ई. में बम्बई में स्थापित प्रार्थना समाज ने जातिगत प्रतिबन्धों को हटाने व बाल विवाह जैसी कुरीतियों को समाप्त करने और महिलाओं की शिक्षा को प्रोत्साहित करने की माँग की।

135. पेरिस इण्डियन सोसायटी वर्ष ········ में स्थापित एक भारतीय राष्ट्रवादी संगठन था।
SSC CGL 06.12.2022 (Shift-IV)
(a) 1900 (b) 1909 (c) 1905 (d) 1907

उत्तर (c)

• **वर्ष 1905** में पेरिस इण्डियन सोसायटी की स्थापना मैडम भीकाजी रुस्तम कामा, मुंचेरशाह बुर्जोरजी गोदरेज एवं एसआर राणा के संरक्षण में पेरिस में हुई थी।
• यह संगठन **इण्डियन होमरूल सोसायटी** की एक शाखा के रूप में खोला गया था।
• विनायक सावरकर, वीरेन्द्रनाथ चट्टोपाध्याय हरदयाल और एम.जी.टी. आचार्य इसके सदस्य थे।

136. निम्नलिखित में से कौन 1857 के विद्रोह का मुख्य केन्द्र नहीं था? SSC CGL 07.12.2022 (Shift-II)
(a) बरेली (b) रोहतक
(c) लखनऊ (d) कानपुर

उत्तर (b)

• **रोहतक** 1857 के विद्रोह का मुख्य केन्द्र नहीं था।
• 1857 के विद्रोह को सिपाही विद्रोह या भारत का प्रथम स्वतन्त्रता संग्राम भी कहा जाता है।
• इसे 10 मई, 1857 को मेरठ में ब्रिटिश ईस्ट इण्डिया कम्पनी की सेना के विद्रोह के रूप में शुरू किया गया था।

137. परमहंस मण्डली की स्थापना .... ई. में जाति उन्मूलन कार्य करने के लिए की गई थी।
SSC CGL 12.12.2022 (Shift-III)
(a) 1820 (b) 1850 (c) 1840 (d) 1830

उत्तर (c)

- परमहंस मण्डली की स्थापना **1840** ई. में जाति उन्मूलन कार्य करने के लिए की गई थी।
- यह महाराष्ट्र का पहला गुप्त **सामाजिक-धार्मिक** संगठन था। परमहंस मण्डली की स्थापना दुर्गाराम मेहताजी, दादोबा पाण्डुरंग और उनके दोस्तों के एक समूह ने की थी।
- इसके संस्थापक एक ईश्वर में विश्वास रखते थे। इस मण्डली ने महिलाओं की शिक्षा और विधवा पुनर्विवाह की भी वकालत की।

SSC CGL 2021 (Tier I & II)

138. स्वामी विवेकानन्द ने वर्ष .... में शिकागो (संयुक्त राज्य अमेरिका) विश्व धर्म सम्मेलन में वेदान्तिक दर्शन की सर्वोच्चता का उल्लेख किया था। **SSC CGL 24.08.2021 (Shift-II)**
(a) 1878 (b) 1884
(c) 1898 (d) 1893

उत्तर (d)

- स्वामी विवेकानन्द ने **1893 ई.** में अमेरिका के **शिकागो** में आयोजित विश्व धर्म सम्मेलन में भारत का प्रतिनिधित्व किया तथा सम्पूर्ण विश्व में भारत के वेदान्तिक दर्शन की सर्वोच्चता का उल्लेख किया।
- इस सम्मेलन में स्वामी विवेकानन्द का भाषण अत्यन्त लोकप्रिय रहा। उन्होंने भारत की संस्कृति एवं दर्शन से विश्व को परिचित कराया।

139. सर विलियम जोन्स ने निम्न में से किस वर्ष में कलकत्ता (कोलकाता) में एशियाटिक सोसायटी की स्थापना की थी?
SSC CGL 20.08.2021 (Shift-II)
(a) 1820 (b) 1800
(c) 1767 (d) 1784

उत्तर(d)

- सर विलियम जोन्स ने **1784 ई.** में एशियाटिक सोसायटी की स्थापना की।
- इसका उद्देश्य प्राच्य अध्ययन को बढ़ावा देना था।
- मार्च, 1884 में संसद के एक अधिनियम के द्वारा इस सोसायटी को राष्ट्रीय महत्त्व का संस्थान घोषित किया गया है।
- **विलियम जोन्स** ने 1789 ई. में अभिज्ञान शाकुन्तलम का अंग्रेजी में अनुवाद किया था, जो कि **एशियाटिक सोसायटी** द्वारा अंग्रेजी में अनुवादित प्रथम ग्रन्थ था।

140. निम्न में से कौन सन्थाल विद्रोह के एक नेता थे? **SSC CGL 20.08.2021 (Shift-II)**
(a) सूर्य सेन
(b) बी. आर. अम्बेडकर
(c) सिद्धू माँझी
(d) स्वामी विवेकानन्द

उत्तर (c)

- सन्थाल विद्रोह 1855 ई. में ब्रिटिश शासनकाल में साहूकारी एवं जमींदारी प्रथा के खिलाफ किया गया विद्रोह था, जिसका **नेतृत्व सिद्धू** तथा **कान्हू माँझी** ने किया था।
- ब्रिटिश सरकार ने 1856 ई. में इस विद्रोह को दबा दिया तथा सन्थाल परगना की माँग को स्वीकारते हुए क्षेत्र में शान्ति स्थापित की।

141. अखिल भारतीय हरिजन सेवक संघ की स्थापना निम्न में से किस वर्ष में हुई थी?
SSC CGL 13.08.2021 (Shift-III)
(a) 1932 (b) 1919 (c) 1942 (d) 1928

उत्तर (a)

- अखिल भारतीय हरिजन सेवक संघ की स्थापना वर्ष **1932** में की गई थी।
- पहले इस संगठन का नाम अस्पृश्यता निवारण संघ रखा गया, जिसे बदलकर 13 सितम्बर, 1933 को **हरिजन सेवक संघ** कर दिया गया।
- इस संघ के प्रथम अध्यक्ष 'घनश्याम दास बिड़ला' व सचिव 'अमृतलाल विट्ठलदास ठक्कर' थे।
- इस संघ का मुख्यालय गाँधी आश्रम, दिल्ली में है।

142. स्वामी दयानन्द सरस्वती के सम्बन्ध में निम्न में से कौन-सा कथन असत्य है?
SSC CGL 13.08.2021 (Shift-I)
(a) उन्होंने 'सत्यार्थ प्रकाश' पुस्तक लिखी थी
(b) वे ब्रह्म समाज के संस्थापक थे
(c) उनका जन्म स्थान गुजरात था
(d) वे आर्य समाज के संस्थापक थे

उत्तर (b)

- स्वामी दयानन्द सरस्वती के सम्बन्ध के कथन (b) असत्य है।
- **स्वामी दयानन्द सरस्वती** आधुनिक भारत के महान चिन्तक, समाज-सुधारक एवं आर्य समाज के संस्थापक थे, इन्होंने वेदों के प्रचार एवं आर्यावर्त को स्वतन्त्रता दिलाने के लिए मुम्बई में आर्यसमाज की स्थापना की, इन्होंने **सत्यार्थ प्रकाश** नामक ग्रन्थ की रचना की, जिसमें स्वामी दयानन्द के विभिन्न मतों का खण्डन करते हुए वेदों इत्यादि की महत्ता को बताया गया है।
- स्वामी दयानन्द सरस्वती का बचपन का नाम 'मूलशंकर' था।
- उन्होंने हिन्दू के घर वापसी के लिए शुद्धि आन्दोलन चलाया था।

SSC CPO 2024

143. निम्नलिखित में से कौन महाराष्ट्र में विधवा पुनर्विवाह के प्रवर्तक थे और उन्होंने अपनी पत्नी के साथ पूना में लड़कियों का एक स्कूल भी खोला था? **SSC CPO 27.06.2024 (Shift-I)**
(a) बी. आर. अम्बेडकर
(b) ज्योतिराव गोविन्दराव फुले
(c) महात्मा गाँधी
(d) गोपाल हरि देशमुख लोकहितवादी

उत्तर (b)

- **ज्योतिराव गोविन्दराव फुले** महाराष्ट्र में विधवा पुनर्विवाह के प्रवर्तक थे।
- 1851 ई. में ज्योतिबा फुले ने बालिका विद्यालय स्थापित किया था।
- 1873 ई. में ज्योतिबा फुले ने सत्यशोधक समाज की स्थापना की थी।
- इन्होंने **गुलामगिरि** नामक पुस्तक भी लिखी थी।

144. निम्नलिखित आन्दोलनों को उनके सम्बन्धित संस्थापकों के साथ सुमेलित करें
SSC CPO 27.06.2024 (Shift-I)

A. फराएजी आन्दोलन	1. रायबरेली के सैयद अहमद
B. मोहम्मडन लिटरेरी सोसायटी	2. सर सैयद अहमद खान
C. इण्डियन पैट्रियोटिक एसोसिएशन	3. नवाब अब्दुल लतीफ
D. वहाबी आन्दोलन	4. हाजी शरियातुल्ला

	A	B	C	D		A	B	C	D
(a)	3	4	2	1	(b)	1	2	3	4
(c)	2	1	4	3	(d)	4	3	2	1

उत्तर (d)

- A-4, B-3, C-2, D-1 सही मिलान है।

आन्दोलन	संस्थापक	वर्ष
फराएजी आन्दोलन	हाजी शरियातुल्ला	1838-57
मोहम्मडन लिटरेरी सोसायटी	नवाब अब्दुल लतीफ	1863
इण्डियन पैट्रियोटिक एसोसिएशन	सर सैय्यद अहमद खान	1888
बहाबी आन्दोलन	रायबरेली के सैयद अहमद	1830

145. तत्त्वबोधिनी पत्रिका ने किस भाषा में भारत के अतीत को बढ़ावा दिया?
SSC CPO 28.06.2024 (Shift-III)
(a) बंगाली (b) संस्कृत
(c) हिन्दी (d) अंग्रेजी

उत्तर (a)

- तत्त्वबोधिनी पत्रिका **बंगाली** भाषा में है।
- इसका प्रकाशन वर्ष 1943 में **देवेन्द्रनाथ टैगोर** ने किया था।
- यह पत्रिका कलकत्ता से प्रकाशित होती थी।
- 1883 ई. तक इस पत्रिका का प्रकाशन जारी रहा।

146. 19वीं सदी के भारतीय समाज सुधारकों के बारे में निम्नलिखित में से कौन-सा कथन गलत है?
SSC CPO 28.06.2024 (Shift-III)
(a) दयानन्द सरस्वती ने 1875 ई. में आर्य समाज की स्थापना की।
(b) अलीगढ़ आन्दोलन की शुरुआत 1875 ई. में सर सैयद अहमद खान ने की थी।
(c) ईश्वरचन्द्र विद्यासागर ब्रह्म समाज के संस्थापक थे।
(d) महादेव गोविन्द रानाडे पूना सार्वजनिक सभा के संस्थापकों में से एक थे।

उत्तर (c)

• ईश्वरचन्द्र विद्यासागर ब्रह्म समाज के संस्थापक थे। कथन (c) गलत है।

• ईश्वरचन्द्र विद्यासागर ब्रह्म समाज के संस्थापक नहीं थे, अपितु ब्रह्म समाज की स्थापना **राजा राममोहन राय** ने की थी।

• दयानन्द सरस्वती ने 1875 ई. में आर्य समाज की स्थापना की।

• **अलीगढ़ आन्दोलन** 1875 ई. में सैयद अहमद खान ने शुरू किया।

• **महादेव गोविन्द रानाडे** ने 1867 ई. में पूना सार्वजनिक सभा की स्थापना की।

147. ब्रिटिश भारत के निम्नलिखित में से किस अधिनियम के तहत ब्रिटिश सरकार ने भारत के प्रशासन का प्रत्यक्ष नियन्त्रण अपने हाथों में ले लिया? **SSC CPO 28.06.2024 (Shift-II)**

(a) भारत सरकार अधिनियम, 1858
(b) 1813 के चार्टर अधिनियम
(c) 1818 के बंगाल विनियम अधिनियम
(d) 1872 के भारतीय संविदा अधिनियम

उत्तर (a)

• ब्रिटिश भारत के **भारत सरकार अधिनियम, 1858** के तहत ब्रिटिश सरकार ने भारत के प्रशासन का प्रत्यक्ष नियन्त्रण अपने हाथों में ले लिया।

• गवर्नर-जनरल को अब **वायसराय** कहा जाने लगा।

• बोर्ड ऑफ डायरेक्टर एवं बोर्ड ऑफ कण्ट्रोल के समस्त अधिकार भारत सचिव को सौंप दिए गए।

148. सत्यशोधक समाज (ट्रुथ सीकर सोसायटी) की स्थापना निम्नलिखित में से किस समाज सुधारक द्वारा की गई थी? **SSC CPO 29.06.2024 (Shift-I)**

(a) ज्योतिबा फूले
(b) भीमराव रामजी अम्बेडकर
(c) महादेव गोविन्द रानाडे
(d) महात्मा गाँधी

उत्तर (a)

• **ज्योतिराव गोविन्दराव फुले**, जिन्हें ज्योतिबा फुले के नाम से भी जाना जाता है, सत्यशोधक समाज के संस्थापक थे।

• यह सामाजिक सुधार आन्दोलन 24 सितम्बर, 1873 को पुणे, महाराष्ट्र में स्थापित किया गया था।

• सत्यशोधक समाज का उद्देश्य जातिवाद, अस्पृश्यता और लिंगभेद जैसी सामाजिक बुराइयों के खिलाफ लड़ना था।

• इसने शिक्षा, सामाजिक न्याय और महिलाओं के अधिकारों को बढ़ावा दिया।

149. निम्नलिखित में से किसने मानवीय और सामाजिक कार्य करने के लिए रामकृष्ण मिशन की स्थापना की? **SSC CPO 29.06.2024 (Shift-I)**

(a) देवेन्द्रनाथ टैगोर (b) ईश्वरचन्द्र विद्यासागर
(c) अरबिन्दो घोष (d) स्वामी विवेकानन्द

उत्तर (d)

• **स्वामी विवेकानन्द** द्वारा मानवीय और सामाजिक कार्य करने के लिए रामकृष्ण मिशन की स्थापना 1897 ई. में कलकत्ता में की गई थी।

• इसकी स्थापना का उद्देश्य सन्त रामकृष्ण के जीवन में सन्निहित वेदान्त की शिक्षाओं का प्रसार करना था।

SSC CPO 2023

150. थियोसोफिकल सोसायटी के संस्थापक कौन थे? **SSC CPO 05.10.2023 (Shift-III)**

(a) एच. पी. ब्लावत्स्की और कर्नल आल्कॉट
(b) मैडम भीकाजी कामा
(c) ऐनी बेसेण्ट
(d) चार्ल्स डब्ल्यू, लीडबीटर और एमिली लुट्यन्स

उत्तर (a)

• **एच.पी ब्लावत्स्की और कर्नल अल्कॉट** ने थियोसोफिकल सोसायटी की स्थापना 1875 ई. में न्यूयॉर्क (USA) में की थी।

• इसका उद्देश्य आध्यात्मिक विकास के माध्यम से अस्पष्टीकृत प्राकृतिक कानूनों और मानव शक्तियों की जाँच करना था।

• थियोसोफिकल सोसायटी का मुख्यालय भारत में **आड्यार** (मद्रास) में स्थित था।

151. ज्योतिराव गोविन्दराव फुले ने 1873 ई. में मूर्तिपूजा और जाति व्यवस्था के खिलाफ लड़ने के लिए निम्नलिखित में से किसकी स्थापना की थी? **SSC CPO 03.10.2023 (Shift-I)**

(a) आर्य समाज
(b) श्री नारायण गुरु धर्म परिपालन (SNDP) आन्दोलन
(c) सत्यशोधक समाज
(d) यंग बंगाल आन्दोलन

उत्तर (c)

• ज्योतिराव फुले ने 1873 ई. में मूर्तिपूजा और जाति व्यवस्था के खिलाफ लड़ने के लिए **सत्यशोधक समाज** की स्थापना की थी।

• इसका उद्देश्य था कि महाराष्ट्र में निम्न वर्गों को समान सामाजिक और आर्थिक लाभ प्राप्त हो सकें।

152. शस्त्र अधिनियम .... में पारित किया गया था, जिसने भारतीयों को उचित लाइसेन्स के बिना हथियार रखने से रोका था। **SSC CPO 05.10.2023 (Shift-III)**

(a) 1897 (b) 1878 (c) 1912 (d) 1909

उत्तर (b)

• ब्रिटिश भारत में **1878 ई.** में शस्त्र अधिनियम पारित किया गया।

• इसके अनुसार किसी भारतीय नागरिक के लिए बिना लाइसेन्स शस्त्र/हथियार रखना अथवा उसका व्यापार करना एक दण्डनीय अपराध था।

• यह ब्रिटिश भारत के वायसराय **लॉर्ड लिटन** की दमनकारी नीतियों में से एक थी।

153. 1784 ई. में एशियाटिक सोसायटी ऑफ बंगाल की स्थापना किसने की थी? **SSC CPO 11.11.2022**

(a) सर विलियम जोन्स (b) लॉर्ड कॉर्नवालिस
(c) वॉरेन हेस्टिंग्स (d) लॉर्ड मैकाले

उत्तर (a)

• एशियाटिक सोसायटी ऑफ बंगाल की स्थापना प्राच्य अध्ययन को बढ़ावा देने के लिए कलकत्ता स्थित फोर्ट विलियम में 15 जनवरी, 1784 को **विलियम जोन्स** द्वारा स्थापित की गई थी।

• इस सोसायटी ने भारतीय प्राचीन कालीन ग्रन्थों का अंग्रेजी अनुवाद किया, जिससे भारतीय धर्म, दर्शन एवं सामाजिक परिवेश को जानने में सहायता मिल सके।

154. अनुशीलन समिति 20वीं शताब्दी में भारतीय उपमहाद्वीप में किस भाग में सक्रिय थी? **SSC CPO 11.11.2023**

(a) पंजाब (b) मद्रास
(c) बम्बई (d) बंगाल

उत्तर (d)

• अनुशीलन समिति 20वीं शताब्दी में भारतीय उपमहाद्वीप में **बंगाल** भाग में सक्रिय थी।

• भारतीय स्वतन्त्रता संघर्ष के दौरान बंगाल के क्रान्तिकारियों ने अंग्रेजों को हराने के उद्देश्य से इस संगठन की स्थापना की थी।

• यह अंग्रेजी विरोधी, गुप्त क्रान्तिकारी, सशस्त्र संस्था थी, जिसके संस्थापक सतीश चन्द्र बसु थे।

155. निम्नलिखित में से रामकृष्ण परमहंस के शिष्य कौन थे? **SSC CPO 17.08.2023 (Shift-I)**

(a) स्वामी विवेकानन्द (b) स्वामी श्रद्धानन्द
(c) स्वामी दयानन्द (d) स्वामी सहजानन्द

उत्तर (a)

• **स्वामी विवेकानन्द** रामकृष्ण परमहंस के शिष्य थे।

• स्वामी विवेकानन्द का जन्म 12 जनवरी, 1863 तथा मृत्यु 4 जुलाई, 1902 को हुई थी।

• स्वामी विवेकानन्द ने 1897 ई. में रामकृष्ण मिशन की स्थापना की थी।

SSC CHSL 2024 (Tier 1)

156. निम्नलिखित में से किसने 1893 ई. में शिकागो में आयोजित अखिल विश्व धार्मिक सम्मेलन (धर्म संसद) में भाग लिया था? **SSC CHSL Tier-2 18.11.2024**

(a) स्वामी दयानन्द
(b) स्वामी सहजानन्द
(c) राजा राम मोहन राय
(d) स्वामी विवेकानन्द

उत्तर (d)

• स्वामी विवेकानन्द ने 1893 ई. में शिकागों में आयोजित अखिल विश्व धार्मिक सम्मेलन (धर्म संसद) में भाग लिया था।

• स्वामी विवेकानन्द, दक्षिणेश्वर के स्वामी रामकृष्ण परमहंस के शिष्य थे।

• 1897 ई. में स्वामी विवेकानन्द ने वेल्लूर (कलकत्ता) में (रामकृष्ण मिशन) की स्थापना की।

• विवेकानन्द द्वारा लिखी प्रमुख पुस्तकें निम्न हैं

(i) मैं समाजवादी हूँ
(ii) प्रबुद्ध भारत
(iii) उद्बोधन

157. .... महात्मा फुले द्वारा लिखित और 1873 ई. में प्रकाशित जाति व्यवस्था की पहली आलोचना में से एक है।
SSC CHSL Tier-1 01.07.2024 (Shift-II)
(a) जाति का उन्मूलन
(b) भारत में जाति एवं प्रजाति
(c) गुलामगिरि
(d) गुलामी की कहानी

उत्तर (c)

• **गुलामगिरि**, महात्मा फुले द्वारा लिखित और 1873 ई. में प्रकाशित जाति व्यवस्था की पहली आलोचना में से एक है।
• महात्मा ज्योतिबा फुले महाराष्ट्र के एक समाज सुधारक व लेखक थे। वह महिला शिक्षा के अग्रदूत थे।

158. ब्रिटिश सरकार ने 1856 ई. में एक कानून पारित किया था। यह निम्नलिखित में से किस सामाजिक सुधार के लिए था?
SSC CHSL Tier-1 02.07.2024 (Shift-III)
(a) बाल विवाह प्रथा का उन्मूलन
(b) कन्या शिशु की हत्या के विरुद्ध कानून
(c) सती प्रथा का उन्मूलन
(d) विधवा पुनर्विवाह

उत्तर (d)

• ब्रिटिश सरकार द्वारा 1856 ई. में पारित कानून **विधवा पुनर्विवाह** सामाजिक सुधार के लिए था।
• ईश्वरचन्द्र विद्यासागर विधवा पुनर्विवाह से जुड़े थे।
• इस अधिनियम का मसौदा लॉर्ड डलहौजी ने तैयार किया था।
• राजा राममोहन राय ने विधवा विवाह का समर्थन किया।

159. भारतीय स्वतन्त्रता का प्रथम युद्ध (सैनिक विद्रोह) कब शुरू हुआ था?
SSC CHSL Tier-1 02.07.2024 (Shift-IV)
(a) 1857 ई. (b) 1839 ई.
(c) 1819 ई. (d) 1887 ई.

उत्तर (a)

• भारतीय स्वतन्त्रता का प्रथम युद्ध (सैनिक विद्रोह) **1857 ई.** को शुरू हुआ था।
• इस विद्रोह को **सिपाही विद्रोह** के रूप में भी जाना जाता है, जो मेरठ से शुरू हुआ था।
• **लॉर्ड कैनिंग** (1856-1862) इस विद्रोह के दौरान भारत के गवर्नर-जनरल/ वायसराय थे।
• इस विद्रोह का प्रतीक **कमल** तथा **रोटी** था।

160. स्वामी विवेकानन्द के गुरु का नाम क्या था?
SSC CHSL Tier-1 03.07.2024 (Shift-II)
(a) स्वामी दयानन्द (b) रामकृष्ण परमहंस
(c) आदि शंकराचार्य (d) स्वामी रामसिंह

उत्तर (b)

• स्वामी विवेकानन्द ने अपने गुरु **रामकृष्ण परमहंस** से आध्यात्मिक ज्ञान प्राप्त किया और बाद में वेदान्त के सिद्धान्त को पश्चिमी दुनिया में प्रसारित किया।
• उन्होंने 1893 ई. में शिकागो में विश्व धर्म परिषद् में भारत का प्रतिनिधित्व किया।
• स्वामी विवेकानन्द ने वेल्लूर में रामकृष्ण मिशन (1897) की स्थापना की थी।

161. अंग्रेजों द्वारा कौन-सा अधिनियम बनाया गया था, जो आग्नेयास्त्रों (Firearms) के निर्माण, ब्रिकी, अधिकार और परिवहन को नियन्त्रित करता था? SSC CHSL Tier-1 04.07.2024 (Shift-II)
(a) भारतीय शस्त्र अधिनियम, 1878
(b) शस्त्र नियम, 1839
(c) आग्नेयास्त्र अधिनियम, 1871
(d) शस्त्र अधिनियम, 1857

उत्तर (a)

• अंग्रेजों द्वारा **भारतीय शस्त्र अधिनियम,** 1878 बनाया गया था, जो आग्नेयास्त्रों के निर्माण, बिक्री, अधिकार और परिवहन को नियन्त्रित करता था।
• यह अधिनियम ब्रिटिश भारत के **वायसराय लॉर्ड लिटन** के कार्यकाल में लाया गया था।
• इस अधिनियम को तोड़ने पर 3 वर्ष तक की जेल अथवा जुर्माना या फिर दोनों का प्रावधान किया गया था।
• 1878 ई. में सरकार की आलोचना करने वालों को चुप कराने के प्रयास में **वर्नाक्यूलर प्रेस** अधिनियम भी लागू किया गया।

162. प्रार्थना समाज की स्थापना डॉ. आत्माराम पाण्डुरंग द्वारा .... में की गई थी।
SSC CHSL Tier-1 04.07.2024 (Shift-III)
(a) कलकत्ता (b) दिल्ली
(c) अड्यार (d) बॉम्बे

उत्तर (d)

• प्रार्थना समाज की स्थापना डॉ. आत्माराम पाण्डुरंग द्वारा **बॉम्बे में 1867 ई.** में की गई थी।
• इसने महाराष्ट्र के पुनर्जागरण में महत्त्वपूर्ण भूमिका निभाई।
• प्रार्थना समाज ने **सुबोध** पत्रिका नामक पत्र चलाया।

163. निम्नलिखित समाज सुधारकों में से किसके प्रयासों के कारण 1856 ई. में पहला हिन्दू विधवा पुनर्विवाह अधिनियम पेश किया गया और पारित किया गया?
SSC CHSL Tier-1 05.07.2024 (Shift-II)
(a) राधाकान्त देव (b) आत्माराम पाण्डुरंग
(c) राजा राममोहन राय (d) ईश्वरचन्द्र विद्यासागर

उत्तर (d)

• **ईश्वरचन्द्र विद्यासागर** के प्रयासों के कारण 1856 ई. में पहला हिन्दू विधवा पुनर्विवाह अधिनियम पेश किया गया और पारित किया गया।
• इसका मसौदा लॉर्ड डलहौजी ने तैयार किया और 1857 ई. के भारतीय विद्रोह के पहले लॉर्ड कैनिंग ने इसे पारित किया था।

164. ब्रह्म समाज को पहले किस नाम से जाना जाता था? SSC CHSL Tier-1 08.07.2024 (Shift-I)
(a) ब्रह्म सभा (b) वेद समाज
(c) आर्य समाज (d) प्रार्थना समाज

उत्तर (a)

• ब्रह्म समाज को पहले **ब्रह्म सभा** के नाम से जाना जाता था।
• ब्रह्म समाज बंगाल पुनर्जागरण के दौरान एकेश्वरवादी सुधारवादी हिन्दू धार्मिक आन्दोलन के रूप में शुरू हुआ।
• यह एक सामाजिक और धार्मिक सुधार आन्दोलन था, जिसकी स्थापना 1828 ई. में राजा राममोहन राय ने कलकत्ता में की थी।

165. कलकत्ता में 'ब्रह्म समाज' नामक सुधारवादी संगठन की स्थापना किसने की?
SSC CHSL Tier-1 08.07.2024 (Shift-II)
(a) ईश्वरचन्द्र विद्यासागर
(b) विनोबा भावे
(c) राजा राममोहन राय
(d) ज्योतिबा फुले

उत्तर (c)

• कलकत्ता में 'ब्रह्म समाज' नामक सुधारवादी संगठन की स्थापना **राजा राममोहन राय** ने की थी।
• 20 अगस्त, 1828 को राजा राममोहन राय और देवेन्द्रनाथ टैगोर ने इसकी स्थापना की।
• इसका प्राथमिक लक्ष्य सनातन ईश्वर की पूजा करना था। यह प्रार्थना ध्यान और शास्त्र पढ़ने पर केन्द्रित थी। ब्रह्म समाज पुरोहितवाद, समारोहों और बलिदानों का विरोध करता था।

166. 1857 ई. में लड़े गए चिनहट के युद्ध में ब्रिटिश सेना का नेतृत्व किस सैन्य अधिकारी ने किया था? SSC CHSL Tier-1 08.07.2024 (Shift-III)
(a) रॉबर्ट मैक्लेगन (b) हेनरी लॉरेन्स
(c) जेम्स जॉर्ज स्मिथ (d) चार्ल्स एलिस

उत्तर (b)

• 1857 ई. में लड़े गए चिनहट के युद्ध में ब्रिटिश सेना का नेतृत्व **हेनरी लॉरेन्स** ने किया था।
• 30 जून, 1857 को ब्रिटिश सेना और भारतीय विद्रोहियों के बीच लड़े गए इस युद्ध में अंग्रेजी सेना की हार हुई।
• इस युद्ध में भारतीय विद्रोहियों का नेतृत्व बरकत अहमद ने किया।
• इस युद्ध के परिणामस्वरूप हेनरी लॉरेन्स की मृत्यु हो गई।

167. 1828 ई. में राजा राममोहन राय ने किस स्थान पर ब्रह्म सभा नामक एक सुधार संघ का गठन किया था? SSC CHSL Tier-1 08.07.2024 (Shift-IV)
(a) कलकत्ता (b) पुणे
(c) मद्रास (d) बम्बई

उत्तर (a)

• 1828 ई. में राजा राममोहन राय ने **कलकत्ता** में ब्रह्म सभा नामक एक सुधार संघ का गठन किया था।
• **ब्रह्म समाज** का उद्देश्य तत्कालीन हिन्दू समाज में व्याप्त बुराइयों, जैसे-सत्ती प्रथा, बहुविवाह, जाति प्रथा आदि को समाप्त करना था।
• राजा राममोहन राय ने एकेश्वरवाद पर विश्वास करते हुए मूर्ति पूजा एवं अवतारवाद का विरोध किया।

168. जाति उन्मूलन के लिए काम करने के लिए 1840 ई. में बॉम्बे में स्थापित पहला सामाजिक-धार्मिक संगठन कौन-सा था?
SSC CHSL Tier-1 10.07.2024 (Shift-II)

(a) सत्यशोधक समाज (b) विश्व जैन संगठन
(c) परमहंस मण्डली (d) धर्म सभा

उत्तर (c)

• जाति उन्मूलन के लिए काम करने के लिए 1840 ई. में बॉम्बे में स्थापित पहला सामाजिक धार्मिक संगठन **परमहंस मण्डली** था।
• दादोबा पाण्डुरंग, दुर्गा राम मेहता व उनके साथियों ने बम्बई में इसकी स्थापना की।
• यह अत्यधिक प्रभावशाली हिन्दू सामाजिक धार्मिक सुधार संगठन था।
• संगठन का उद्देश्य सामाजिक सुधारों को बढ़ावा देना और दलित वर्गों के उत्थान के लिए काम करना था।

169. स्वामी विवेकानन्द ने शिकागो धर्म संसद में अपना भाषण कब दिया था?
SSC CHSL Tier-1 11.07.2024 (Shift-I)

(a) 1891 ई. (b) 1892 ई.
(c) 1890 ई. (d) 1893 ई.

उत्तर (d)

• स्वामी विवेकानन्द ने शिकागो धर्म संसद में अपना भाषण 1893 ई. में दिया था।
• स्वामी विवेकानन्द वेदान्त के विख्यात और प्रभावशाली आध्यात्मिक गुरु थे। उनका वास्तविक नाम **नरेन्द्र नाथ दत्त** था।
• उनका प्रसिद्ध कथन है–''उठो, जागो और तब तक नहीं रुको जब तक लक्ष्य प्राप्त न हो जाए''।
• स्वामी विवेकानन्द ने 1 **मई,** 1897 को रामकृष्ण मिशन की स्थापना की थी। इसका मुख्यालय **बेल्लूर मठ** में है।

170. पुणे जिले में कौन-सा संगठन शुरू किया गया था? SSC CHSL Tier-1 11.07.2024 (Shift-II)

(a) प्रार्थना समाज (b) शोषित सेवा समाज
(c) सत्यशोधक समाज (d) दीपालय समाज

उत्तर (c)

• महाराष्ट्र के पुणे जिले में **सत्यशोधक समाज** संगठन शुरू किया गया था। इसकी स्थापना 1870 के दशक में की गई थी।
• इस समाज का उद्देश्य शूद्र एवं अस्पृश्य जाति के लोगों को विमुक्त करना था। इनकी प्रथम पुस्तक 'गुलामगिरि तथा सार्वजनिक सत्यधर्म' है।
• 1888 ई. में महाराष्ट्रीय सामाजिक कार्यकर्ता विट्ठलराव कृष्णाजी वाण्डेकर ने ज्योतिबा फुले को सामाजिक परिवर्तन के लिए उनके संघर्ष के लिए मानद उपाधि **महात्मा** दी गई।

SSC CHSL 2023 (Tier 1)

171. 1863 ई. में कलकत्ता में स्थापित मोहम्मडन लिटरेरी सोसायटी की स्थापना किसके द्वारा की गई थी? SSC CHSL 14.08.2023 (Shift-IV)

(a) मिर्जा गुलाम अहमद (b) सैयद अहमद
(c) सैयद अहमद खान (d) नवाब अब्दुल लतीफ

उत्तर (d)

• **नवाब अब्दुल लतीफ** ने मोहम्मडन लिटरेरी सोसायटी की स्थापना 1863 ई. में की थी।
• इस्लामिक साहित्य को प्रोत्साहित करने हेतु लतीफ ने इस सोसायटी की स्थापना की थी।
• इस संगठन का उद्देश्य मुस्लिम समाज में शिक्षा का प्रसार करना और उनकी सामाजिक स्थिति में सुधार लाना था।

172. निम्नलिखित में से किसने जनता के बीच राष्ट्रीय भावनाओं को जगाने के लिए सार्वजनिक गणेश उत्सव का आयोजन किया?
SSC CHSL 09.08.2023 (Shift-I)

(a) अरबिन्दो घोष (b) बिपिनचन्द्र पाल
(c) लोकमान्य तिलक (d) लाला लाजपत राय

उत्तर (c)

• **लोकमान्य तिलक** ने जनता के बीच राष्ट्रीय भावनाओं को जगाने के लिए सार्वजनिक गणेश उत्सव का आयोजन किया।
• इनका जन्म 23 जुलाई, 1856 को महाराष्ट्र के रत्नागिरि में हुआ।
• वेलेण्टाइन शिरॉले द्वारा इन्हें 'भारतीय अशान्ति का जनक' कहा गया है। इन्होंने मराठी भाषा में 'केसरी' तथा अंग्रेजी भाषा में 'मराठा' नामक समाचार-पत्रों का प्रकाशन किया।
• इनका प्रसिद्ध नारा था- ''स्वतन्त्रता हमारा जन्मसिद्ध अधिकार है और मैं इसे लेकर रहूँगा''।

173. विधवा पुनर्विवाह संघ (1861) के संस्थापक के रूप में किसे जाना जाता है?
SSC CHSL 02.08.2023 (Shift-I)

(a) आरजी भण्डारकर
(b) डॉ. आत्माराम पाण्डुरंग
(c) द्वारकानाथ टैगोर
(d) महादेव गोविन्द रानाडे

उत्तर (d)

• विधवा पुनर्विवाह संघ (1861) का संस्थापक **महादेव गोविन्द रानाडे** को माना जाता है।
• प्रथम विधवा पुनर्विवाह संघ की स्थापना विष्णु शास्त्री पण्डित ने 1850 ई. में की थी।
• ये भारतीय राष्ट्रीय कांग्रेस और बॉम्बे प्रेसीडेंसी संघ के भी सदस्य थे। इन्होंने भारत में सामाजिक और राजनीतिक सुधारों के लिए काम किया।

SSC MTS 2024

174. कर्नाटक में मुख्य रूप से बादामी और ऐहोल में चट्टानों को काटकर बनाई गई गुफाएँ .... के संरक्षण में बनाई गई थीं।
SSC MTS Tier-1 12.11.2024 (Shift-III)

(a) चालुक्य (b) गुप्त (c) चोल (d) मौर्य

उत्तर (a)

• कर्नाटक में मुख्य रूप से बादामी और ऐहोल में चट्टानों को काटकर बनाई गई गुफाएँ चालुक्य के संरक्षण में बनाई गई थीं।
• बादामी गुफा मन्दिर बौद्ध, हिन्दू और जैन धर्म से सम्बन्धित है तथा यह गुफा **भारतीय रॉक-कट वास्तुकला** का उदाहरण है।
• ऐहोल गुफा **मलप्रभा नदी घाटी** के समीप है। ऐहोल गुफाओं में भी हिन्दू, बौद्ध, और जैन तीनों धर्मों से सम्बन्धित जानकारी मिलती है तथा ऐहोल, बादामी से 35 किमी दूर स्थित है।

175. कांग्रेस के निम्नलिखित में से किस अधिवेशन में पार्टी ने 26 जनवरी को 'पूर्ण स्वराज दिवस' के रूप में मनाने का आह्वान किया था?
SSC MTS Tier-1 12.11.2024 (Shift-III)

(a) लाहौर, 1929 (b) मद्रास, 1927
(c) कराची, 1931 (d) दिल्ली, 1923

उत्तर (a)

• कांग्रेस के लाहौर **अधिवेशन, 1929** में पार्टी ने 26 जनवरी को पूर्ण स्वराज दिवस के रूप में मनाने का आह्वान किया था।
• इस अधिवेशन में **जवाहरलाल नेहरू** को अध्यक्ष चुना गया था।
• इस अधिवेशन में कांग्रेस के अध्यक्ष ने रावी नदी के तट पर पूर्ण स्वतन्त्रता का झण्डा फहराया था।

176. अलीगढ़ में मोहम्मडन एंग्लो-ओरिएण्टल कॉलेज की स्थापना .... द्वारा की गई थी।
SSC MTS Tier-1 05.10.2024 (Shift-III)

(a) मुजफ्फर अहमद
(b) मोहम्मद अली जिन्ना
(c) सर सैयद अहमद खान
(d) मौलाना अबुल कलाम आजाद

उत्तर (c)

• अलीगढ़ में मोहम्मडन एंग्लो-ओरिएण्टल कॉलेज की स्थापना सर **सैयद अहमद खान** द्वारा की गई थी।
• इन्होंने 'द कॉलेज ऑफ द इण्डियन रिवॉल्ट' नामक किताब लिखी थी।
• **अलीगढ़ आन्दोलन** (1875) की शुरूआत इनके द्वारा की गई थी।

177. मद्रास प्रेसीडेंसी में विधवा पुनर्विवाह का समर्थन करने के लिए निम्नलिखित में से किसने एक संगठन बनाया?
SSC MTS Tier-1 04.11.2024 (Shift-III)

(a) सी राजगोपालाचारी
(b) ईश्वर चन्द्र विद्यासागर
(c) वी चिदंबरम पिल्लई
(d) वीरेशलिंगम पन्तुलु

उत्तर (d)

• मद्रास प्रेसीडेंसी में विधवा पुनर्विवाह का समर्थन करने के लिए वीरेशलिंगम पन्तुलु ने एक संगठन बनाया था।
• इन्होंने **1891 ई.** में **विधवा पुनर्विवाह संघ** की स्थापना की, इसका मूल उद्देश्य विधवा पुनर्विवाह को बढ़ावा देना और विधवाओं की मदद करना था।
• ईश्वरचन्द्र विद्यासागर ने विधवा पुनर्विवाह की वकालत की थी। उन्होंने प्राचीन ग्रन्थों का उपयोग करके यह सुझाव दिया था कि विधवाएँ दोबारा शादी कर सकती हैं।
• हिन्दू विधवा पुनर्विवाह अधिनियम, 1856 है, जिसे **अधिनियम XV, 1856** के नाम से भी जाना जाता है।

178. बंगाल के उस समाज सुधारक का नाम बताइए, जिसने हिन्दू विधवा पुनर्विवाह अधिनियम, 1856 को लागू करने में महत्त्वपूर्ण भूमिका निभाई थी। SSC MTS Tier-1 29.10.2024 (Shift-III)

(a) सत्येन्द्र नाथ बोस (b) रवीन्द्रनाथ टैगोर
(c) ईश्वरचन्द्र विद्यासागर (d) स्वामी विवेकानन्द

उत्तर (c)

- बंगाल के प्रमुख समाज सुधारक **ईश्वरचन्द्र विद्यासागर** हैं, जिन्होंने हिन्दू विधवा पुनर्विवाह अधिनियम, 1856 को लागू करने में महत्त्वपूर्ण भूमिका निभाई।
- यह अधिनियम 26 जुलाई, 1856 को लागू किया गया था।
- इस अधिनियम के तहत विधवा विवाह को प्रोत्साहित करके कानूनी संरक्षण प्रदान किया गया।
- ईश्वरचन्द्र विद्यासागर ने विधवा पुनर्विवाह में अग्रणी भूमिका निभाई। ये बंगाल के पुनर्जागरण के स्तम्भों में से एक थे।
- इस अधिनियम का मसौदा लॉर्ड डलहौजी ने तैयार किया था और इसे लार्ड कैनिंग ने पारित किया था।

179. निम्नलिखित में से किस समाज सुधारक ने 1876 ई. में बम्बई में 'प्रार्थना समाज' की स्थापना की? SSC MTS Tier-1 23.10.2024 (Shift-II)

(a) गणेश अगरकर
(b) बाल गंगाधर तिलक
(c) आत्माराम पाण्डुरंग
(d) गोपाल हरि देशमुख

उत्तर (c)

- **आत्माराम पाण्डुरंग** ने 1876 ई. में बम्बई में 'प्रार्थना समाज' की स्थापना की।
- प्रार्थना समाज के प्रमुख संस्थापकों में महादेव गोविन्द रानाडे भी शामिल थे।
- प्रार्थना समाज ने जाति उन्मूलन व विश्व बन्धुत्व को प्रोत्साहन दिया।
- प्रार्थना (उपासना) व समाज सुधार, समाज के प्रमुख अंग थे।
- प्रार्थना समाज के अन्तर्गत महादेव रानाडे ने **शुद्धि आन्दोलन** चलाया।

180. निम्नलिखित में से कौन 'प्रार्थना सभा' से सम्बद्ध नहीं थे? SSC MTS Tier-1 16.10.2024 (Shift-II)

(a) आत्माराम पाण्डुरंग (b) महात्मा गाँधी
(c) आर.जी. भण्डारकर (d) गोविन्द रानाडे

उत्तर (b)

- महात्मा गाँधी 'प्रार्थना सभा' से सम्बद्ध नहीं थे।
- प्रार्थना सभा की स्थापना आत्माराम पाण्डुरंग तथा जस्टिस महादेव गोविन्द रानाडे ने **1867 ई.** में बम्बई में की थी।
- आर.जी भण्डारकर व एन.जी. चन्द्रावरकर भी प्रार्थना समाज के अन्य प्रमुख नेता थे।
- प्रार्थना समाज **परमहंस सभा** का ही पुनर्गठन था।
- प्रार्थना (उपासना) व समाज सुधार प्रार्थना समाज के दो मुख्य अंग थे।
- भारत के सभी सुधारवादी आन्दोलनों में प्रार्थना समाज का प्रभाव सर्वाधिक रहा।

SSC MTS 2023

181. शिक्षा और संस्कृति को बढ़ावा देने के लिए भारतीय विद्या भवन की स्थापना किसने की? SSC MTS 05.09.2023 (Shift-II)

(a) गोपालकृष्ण गोखले
(b) डॉ. आत्माराम पाण्डुरंग
(c) डॉ. कन्हैयालाल माणेकलाल मुंशी
(d) डॉ. बाबा साहेब अम्बेडकर

उत्तर (c)

- **डॉ. कन्हैयालाल माणेकलाल मुंशी** ने भारतीय विद्या भवन की स्थापना की।
- यह संस्था शिक्षा के प्रचार-प्रसार से जुड़ी है एवं देश-विदेश में कई विद्यालयों तथा शिक्षण संस्थानों को संचालित करती है।
- भारत में भारतीय विद्या भवन के 114 केन्द्र और विदेशों में 7 केन्द्रों वाला एक वैश्विक नेटवर्क है।
- भारतीय विद्या भवन भारत का एक शैक्षिक न्यास (ट्रस्ट) है, इसकी स्थापना 7 नवम्बर, 1938 में की गई थी।

182. वर्ष 1927 में मन्दिर प्रवेश आन्दोलन किसने शुरू किया था? SSC MTS 04.09.2023 (Shift-II)

(a) भीमराव अम्बेडकर
(b) ऐनी बेसेण्ट
(c) महात्मा गाँधी
(d) महादेव गोविन्द रानाडे

उत्तर (a)

- **भीमराव अम्बेडकर** ने वर्ष 1927 में मन्दिर प्रवेश आन्दोलन शुरू किया।
- निम्न जाति के लोगों को इसके बाद मन्दिरों में प्रवेश करने और मन्दिर के कुओं से पानी का उपयोग व पानी खींचने की भी अनुमति दी गई।
- यह आन्दोलन उस अधिकार के लिए था, जो एक धर्म में होते हुए सवर्णों के पास था, लेकिन दलितों के लिए नहीं।

183. निम्नलिखित में से किस आन्दोलन की शुरुआत बंगाल में हुई थी? SSC MTS 01.09.2023 (Shift-I)

(a) आर्य समाज (b) प्रार्थना समाज
(c) रामकृष्ण मिशन (d) सत्यशोधक समाज

उत्तर (c)

- **रामकृष्ण मिशन** की शुरुआत 1897 ई. में बंगाल में हुई।
- आर्य समाज की स्थापना 1875 ई. में स्वामी दयानन्द सरस्वती द्वारा तथा सत्यशोधक समाज की स्थापना ज्योतिबा फुले द्वारा 1873 ई. में क्रमशः बम्बई तथा पुणे (महाराष्ट्र) में की गई थी।
- प्रार्थना समाज की स्थापना आत्माराम पाण्डुरंग, महादेव गोविन्द रानाडे तथा आर.जी. भण्डारकर द्वारा 1867 ई. में बम्बई में की गई थी।

184. 1857 के विद्रोह के सन्दर्भ में मंगल पाण्डे किस बंगाल नेटिव इन्फैण्ट्री से सम्बन्धित थे? SSC MTS 13.09.2023 (Shift-I)

(a) 34 (b) 64
(c) 52 (d) 70

उत्तर (a)

- 1857 के विद्रोह के सन्दर्भ में मंगल पाण्डे **34वीं** बंगाल नेटिव इन्फैण्ट्री से सम्बन्धित थे।
- इनका जन्म 19 जुलाई, 1827 को हुआ था। 1857 ई. की क्रान्ति के समय भारत का गवर्नर जनरल लॉर्ड कैनिंग एवं इंग्लैण्ड के प्रधानमन्त्री थे।
- मंगलपाण्डे को इस विद्रोह के लिए फाँसी की सजा सुनाई गई थी और 8 अप्रैल, 1857 को उन्हें बैरकपुर में फाँसी दे दी गई थी।

185. श्री नारायण धर्म परिपालन योगम् की स्थापना कहाँ की गई थी? SSC MTS 11.09.2023 (Shift-I)

(a) कर्नाटक (b) तेलंगाना
(c) केरल (d) तमिलनाडु

उत्तर (c)

- **श्री नारायण धर्म परिपालन योगम्** एक आध्यात्मिक संगठन था, जिसकी स्थापना औपचारिक रूप से डॉ. पद्मनाभन पालपू ने वर्ष 1903 में श्री नारायण गुरु के मार्गदर्शन में केरल में की थी।
- नारायण गुरु का प्रसिद्ध नारा था "एक जाति, एक धर्म, मानव जाति के लिए एक ईश्वर"। वे एक महान समाज सुधारक भी थे।
- श्री नारायण धर्म परिपालन योगम् भारत की एक धर्मार्थ संस्था है, जो समाज के आर्थिक और सामाजिक रूप से वंचित लोगों के उत्थान के लिए कार्य करती है।

186. आत्मीय समाज की स्थापना निम्नलिखित में से किसने की थी? SSC MTS 13.07.2023 (Shift-I)

(a) दयानन्द सरस्वती ने
(b) भीमराव रामजी अम्बेडकर ने
(c) स्वामी विवेकानन्द ने
(d) राजा राममोहन राय ने

उत्तर (d)

- **राजा राममोहन राय** ने आत्मीय समाज की स्थापना की थी।
- मुगल बादशाह अकबर द्वितीय द्वारा इन्हें 'राजा' की उपाधि दी गई थी।
- राजा राममोहन राय को भारत में 'पुनर्जागरण का जनक' भी माना जाता है।
- राजा राममोहन राय की मृत्यु 1833 ई. में ब्रिस्टल (इंग्लैण्ड) में हुई।

SSC MTS 2021

187. निम्नलिखित में से किस वर्ष में अंग्रेजों के द्वारा बहादुर शाह II को सिंहासन से अपदस्थ कर रंगून में निर्वासित कर दिया गया था? SSC MTS 02.11.2021 (Shift-III)

(a) 1798 (b) 1834 (c) 1698 (d) 1857

उत्तर (d)

- 1857 ई. में अंग्रेजों के द्वारा बहादुर शाह II को सिंहासन से अपदस्थ कर रंगून में निर्वासित कर दिया गया था। इस विद्रोह में विद्रोही सैनिकों ने बहादुरशाह II को विद्रोह का नेता माना तथा उन्हें विद्रोह का नेतृत्व सौंपा।
- रंगून निर्वासन के दौरान 1862 ई. में उनकी मृत्यु हो गई।

188. निम्नलिखित में से किसने ब्रह्मसंहिता लिखी थी, जो ब्रह्म समाज का आस्था कथन था और इसमें समाज के सदस्यों के लिए कर्त्तव्यों और दायित्त्वों की सूची बनाई गई थी?
SSC MTS 02.11.2021 (Shift-II)
(a) देवेन्द्रनाथ टैगोर (b) ईश्वरचन्द्र विद्यासागर
(c) राममोहन राय (d) केशवचन्द्र सेन
उत्तर (a)
• **देवेन्द्रनाथ टैगोर** ने ब्रह्म संहिता लिखी, जो ब्रह्म समाज का आस्था कथन था।
• ब्रह्म समाज की स्थापना राजा राममोहन राय ने 1828 ई. में की थी।
• इस समाज ने सती प्रथा, बहुविवाह, जातिवाद तथा अस्पृश्यता का विरोध किया था।

189. 1864 ई. में वेद समाज निम्नलिखित में से किस शहर में स्थापित किया गया था?
SSC MTS 06.10.2021 (Shift-III)
(a) कालीकट
(b) बम्बई (अब मुम्बई)
(c) मद्रास (अब चेन्नई)
(d) कलकत्ता (अब कोलकाता)
उत्तर (c)
• 1864 ई. में वेद समाज **मद्रास** शहर में के. श्रीधरलू नायडू द्वारा स्थापित किया गया था।
• इसे 'दक्षिण के ब्रह्म समाज' के रूप में जाना जाता है।
• इसने जाति प्रथा का विरोध किया।

190. जातिगत समानता का प्रचार करने के लिए .... ने सत्यशोधक समाज की स्थापना की।
SSC MTS 17.11.2021 (Shift-I)
(a) महात्मा गाँधी (b) बाल गंगाधर तिलक
(c) डॉ. भीमराव अम्बेडकर
(d) ज्योतिबा फुले
उत्तर (d)
• जातिगत समानता का प्रचार करने के लिए **ज्योतिबा फुले** ने सत्यशोधक समाज की स्थापना की।
• ज्योतिबा फुले एक भारतीय सामाजिक कार्यकर्ता, विचारक, जाति प्रथा-विरोधी, समाज सुधारक और महाराष्ट्र के लेखक थे।

SSC Steno 2024

191. भारत में थियोसोफिकल सोसायटी का पहला मुख्यालय कहाँ स्थापित किया गया था?
SSC Steno Tier-1 10.12.2024 (Shift-II)
(a) अडयार (b) मदुरै
(c) पुदुचेरी (d) कोलकाता
उत्तर (a)
• भारत में थियोसोफिकल सोसायटी का पहला मुख्यालय चेन्नई के अडयार में स्थापित किया गया था।
• इस सोसायटी की स्थापना 1875 ई. में मैडम हैलीना ब्लावात्स्की और कर्नल हेनरी स्टील ऑल्काट ने न्यूयॉर्क में की थी।
• 1879 ई. में इसका मुख्य कार्यालय न्यूयॉर्क से मद्रास स्थानान्तरित किया गया था।

192. ब्रिटिश भारत की सरकार ने किस वर्ष एक कानून पारित किया, जिसके अनुसार ईसाई धर्म अपनाने वालों को अपनी पैतृक सम्पत्ति में अधिकार प्राप्त हुआ?
SSC Steno Tier-1 10.12.2024 (Shift-III)
(a) 1850 में (b) 1839 में
(c) 1855 में (d) 1846 में
उत्तर (a)
• ब्रिटिश भारत की सरकार ने 1850 ई. में एक कानून पारित किया, जिसके अनुसार ईसाई धर्म अपनाने वालो को अपनी पैतृक सम्पत्ति में अधिकार प्राप्त हुआ।
• ईसाई धर्म में धर्मांतरण को आसान बनाने के लिए 1850 का जाति नि:शक्तता निवारण अधिनियम पारित किया गया।

193. स्वाभिमान आन्दोलन का नेतृत्व निम्नलिखित में से किस समाज सुधारक के द्वारा किया गया था?
SSC Steno Tier-1 11.12.2024 (Shift-I)
(a) नारायण गुरु
(b) ई.वी. रामास्वामी नायकर
(c) विनोबा भावे
(d) गोपाल गणेश अगरकर
उत्तर (b)
• स्वाभिमान आन्दोलन का नेतृत्व ई. वी रामास्वामी नायकर द्वारा किया गया था। इस आन्दोलन की शुरुआत वर्ष 1920 के मध्य में हुई थी।
• यह आन्दोलन दक्षिण भारत में ब्राह्मणवाद के खिलाफ चलाया गया था।
• ई.वी. रामास्वामी नायकर उर्फ पेरियार को आधुनिक तमिलनाडु का जनक माना जाता है।

194. निम्नलिखित में से किस संगठन का सम्बन्ध विनायक दामोदर सावरकर से नहीं था?
SSC Steno Tier-1 11.12.2024 (Shift-II)
(a) हिन्दू महासभा
(b) आजाद भारत समाज
(c) अभिनव भारत समाज
(d) सर्वेन्ट्स ऑफ इण्डिया सोसाइटी
उत्तर (d)
• विनायक दामोदर सावरकर सर्वेण्ट्स ऑफ इण्डिया सोसाइटी संगठन से नहीं जुड़े थे।
• विनायक दामोदर सावरकर ने अपने भाई गणेश दामोदर सावरकर के साथ मिलकर वर्ष 1904 में अभिनव भारत संगठन की स्थापना की थी।
• विनायक सावरकर हिन्दू महासभा के प्रमुख सदस्य थे।

195. निम्नलिखित में से कौन वर्ष 1906 में स्थापित बंगाल नेशनल कॉलेज का पहला प्राचार्य था?
SSC Steno Tier-1 11.12.2024 (Shift-I)
(a) अरबिन्दो घोष (b) रासबिहारी बोस
(c) सुबोध चन्द्र मलिक (d) सतीश चन्द्र मुखर्जी
उत्तर (a)
• अरबिन्दो घोष वर्ष 1906 में स्थापित बंगाल नेशनल कॉलेज के पहले प्राचार्य थे।
• बंगाल नेशनल कॉलेज की स्थापना 14 अगस्त, 1906 को हुई थी। इसकी स्थापना स्वदेशी आन्दोलन के हिस्से के रूप में की गई थी।
• अरबिन्दो को 'भारतीय राष्ट्रवाद के पैगम्बर' के रूप में भी जाना जाता है।

196. निम्नलिखित में से कौन ब्रिटिश भारत में अहरार आन्दोलन के संस्थापकों में से एक नहीं था?
SSC Steno Tier-1 11.12.2024 (Shift-III)
(a) मौलाना मुहम्मद अली
(b) हकीम अजमल खान
(c) मौलाना अबुल कलाम आजाद
(d) हसन इमाम
उत्तर (c)
• ब्रिटिश भारत में अहरार आन्दोलन के संस्थापकों में मौलाना अबुल कलाम आजाद नहीं थे।
• अहरार आन्दोलन उन लोगों का समूह था, जो भारत में इस्लाम को बढ़ाना व फैलाना चाहते थे।
• इस समूह की शुरुआत मौलाना मुहम्मद अली, हकीम अजमल खान व हसन इमाम ने की थी।
• यह आंदोलन वर्ष 1910 में प्रारम्भ हुआ।

197. निम्नलिखित में से किस वर्ष में दयानन्द सरस्वती द्वारा आर्य समाज की स्थापना की गई थी?
SSC Steno Tier-1 11.12.2024 (Shift-III)
(a) 1875 (b) 1829 (c) 1857 (d) 1872
उत्तर (a)
• 1875 ई. में दयानन्द सरस्वती द्वारा आर्य समाज की स्थापना गई थी।
• आर्य समाज आदर्श वाक्य "किनवन्तो विश्वम् आर्यम्" (इस दुनिया को महान बनाएँ) के साथ बनाया गया सामाजिक सांस्कृतिक आन्दोलन था।
• इसका उद्देश्य वैद्धिक ज्ञान के बारे में लोगों मे जागरुकता बढ़ाकर समाज में सुधार करना था।

198. देव समाज का मुख्यालय कहाँ स्थित था?
SSC Steno 13.10.2024 (Shift-I)
(a) बॉम्बे (b) पूना (c) कलकत्ता (d) लाहौर
उत्तर (d)
• देव समाज का मुख्यालय **लाहौर** में स्थित था।
• देव समाज की स्थापना 1887 ई. में शिवनारायण अग्निहोत्री ने की थी।
• देव समाज एक धार्मिक और सामाजिक सुधार संस्था है।
• शिवनारायण, अग्निहोत्री ने शाकाहार, जातियों के सामाजिक एकीकरण, महिलाओं की शिक्षा, विधवा पुनर्विवाह और बाल विवाह के उन्मूलन की वकालत की।

199. निम्नलिखित में से किसे 1860 में ब्रिटिश भारत में अधिनियमित किया गया था?
SSC Steno 13.10.2024 (Shift-I)
(a) भारतीय दण्ड संहिता
(b) हिन्दू विधवा पुनर्विवाह अधिनियम
(c) बंगाल का स्थायी बन्दोबस्त
(d) भारतीय साक्ष्य अधिनियम

उत्तर (a)

• भारतीय दण्ड संहिता को 1860 में ब्रिटिश भारत में अधिनियमित किया गया था।

• भारतीय दण्ड संहिता भारत के अन्दर भारत के किसी भी नागरिक द्वारा किए गए कुछ अपराधों की परिभाषा व दण्ड का प्रावधान करती है।

SSC Steno 2022 & 2021

200. श्री नारायण गुरु ने जाति और धर्म के आधार पर होने वाले भेदों को निरर्थक माना और सभी के लिए 'एक जाति, एक धर्म और एक भगवान' के सिद्धान्त का समर्थन किया। वह निम्नलिखित में से किस संगठन से सम्बन्धित थे? **SSC Steno 12.10.2022 (Shift-I)**

(a) वेद समाज
(b) आर्य समाज
(c) ब्रह्म समाज
(d) श्री नारायण धर्म परिपालन योगम

उत्तर (d)

• श्री नारायण गुरु ने जाति और धर्म के आधार पर होने वाले भेदों को निरर्थक माना और सभी के लिए 'एक जाति, एक धर्म और एक भगवान' के सिद्धान्त का समर्थन किया।

• वे **श्री नारायण धर्म परिपालन योगम संगठन** से सम्बन्धित हैं।

• इस संगठन की स्थापना डॉ. पद्मनाभन पलपु ने की थी। इसका मुख्यालय **कोल्लम** में स्थित है।

• रवीन्द्रनाथ टैगोर ने अपनी कई साहित्यिक कृतियाँ शान्तिनिकेतन में ही लिखीं।

SSC GD 2024

201. निम्नलिखित में से किस युद्ध/लड़ाई का सम्बन्ध मंगल पाण्डे की फाँसी से है? **SSC GD 22.02.2024 (Shift-II)**

(a) द्वितीय एंग्लो-मराठा युद्ध
(b) 1857 का भारतीय विद्रोह
(c) प्लासी का युद्ध
(d) प्रथम एंग्लो-बर्मा युद्ध

उत्तर (b)

• **1857 के भारतीय विद्रोह** का सम्बन्ध मंगल पाण्डे की फाँसी से है।

• मंगल पाण्डे ईस्ट इण्डिया कम्पनी की बैरकपुर, 34वीं इन्फैण्ट्री के सिपाही थे।

• मार्च, 1857 को चर्बी लगे कारतूस के विरोध में मंगल पाण्डे ने ब्रिटिश सरकार के खिलाफ बगावत कर दी, जिस कारण विद्रोह भड़क गया तथा 8 अप्रैल, 1857 को मंगल पाण्डे को फाँसी दे दी गई।

202. निम्नलिखित में से किसे 'भारतीय पुनर्जागरण के जनक' के रूप में जाना जाता है और जिन्होंने बंगाल पुनर्जागरण आन्दोलन में महत्त्वपूर्ण भूमिका निभाई थी? **SSC GD 22.02.2024 (Shift-III)**

(a) राजा राममोहन राय
(b) बंकिमचन्द्र चट्टोपाध्याय
(c) ईश्वरचन्द्र विद्यासागर
(d) रवीन्द्रनाथ टैगोर

उत्तर (a)

• राजा राममोहन राय को भारतीय पुनर्जागरण के जनक के रूप में जाना जाता है।

• राजा राममोहन राय ने बंगाल पुनर्जागरण आन्दोलन में महत्त्वपूर्ण भूमिका निभाई थी।

• इन्होंने सती प्रथा एवं जाति प्रथा के विरुद्ध आन्दोलन चलाया तथा 1815 ई. में कलकत्ता में 'आत्मीय सभा' तथा 1828 ई. में 'ब्रह्म समाज' की स्थापना की।

क्रांतिकारी संगठन, समाचार-पत्र, पुस्तकें, शिक्षा, प्रेस

महत्त्वपूर्ण संगठन

संस्थाएँ	वर्ष	सूत्रधार/संस्थापक
एशियाटिक सोसायटी	1784	विलियम जोन्स
ब्रिटिश सार्वजनिक सभा	1843	दादाभाई नौरोजी
रहनुमाई माजदयासन सभा	1851	दादाभाई नौरोजी
साइण्टिफिक सोसायटी	1864	सर सैयद अहमद खाँ
मोहम्मडन एंग्लो लिटरेरी सोसायटी	1863	अब्दुल लतीफ
वेद समाज	1864	श्रीधरालु नायडू
पूना सार्वजनिक सभा	1867	रानाडे/चिपलूणकर
सत्यशोधक समाज	1873	ज्योतिबा फुले
इण्डियन एसोसिएशन	1876	सुरेन्द्रनाथ बनर्जी
सेवासदन	1908	बहरामजी मालाबारी
इण्डियन सोशल कान्फ्रेंस	1887	गोविन्द रानाडे
मित्र मेला	1899	वी. डी. सावरकर
सर्वेंट्स ऑफ इण्डिया सोसायटी	1905	गोपालकृष्ण गोखले
गदर पार्टी	1913	हरदयाल, काशीराम व सोहन सिंह भाखना
कम्युनिस्ट पार्टी ऑफ इण्डिया	1920	एम. एन. राय
अखिल भारतीय ट्रेड यूनियन कांग्रेस	1920	एन. एम. जोशी
राष्ट्रीय स्वयंसेवक संघ	1925	के. बी. हेडगेवार
भारत नौजवान सभा	1926	भगत सिंह, यशपाल
भारतीय गणतन्त्र सेना	1930	सूर्यसेन (*मास्टर दा*)
अखिल भारतीय किसान सभा	1936	एन. जी. रंगा व स्वामी सहजानन्द
खुदाई खिदमतगार	1929	खान अब्दुल गफ्फार खान
फॉरवर्ड ब्लॉक	1939	सुभाषचन्द्र बोस
रेडिकल डेमोक्रेटिक दल	1940	एम. एन. राय

स्वाधीनता संग्राम से सम्बन्धित पत्र/पत्रिकाएँ एवं पुस्तकें

पुस्तकें/पत्र	लेखक/सम्पादक
अलहिलाल (पत्र)	मौलाना आजाद
अनहैप्पी इण्डिया	लाला लाजपत राय
अभ्युदय (पत्र) लीडर	मदन मोहन मालवीय
ए नेशन इन द मेकिंग	सुरेन्द्र नाथ बनर्जी
इण्डियन मिरर (पत्र)	देवेन्द्र नाथ टैगोर
इण्डिया डिवाइडेड	डॉ. राजेन्द्र प्रसाद
इण्डिपेन्डेन्ट (पत्र)	मोतीलाल नेहरू
इण्डिया विन्स फ्रीडम	मौलाना आजाद
हरिजन (पत्र)	महात्मा गाँधी
न्यू इण्डिया	ऐनी बेसेण्ट
नेशन (पत्र)	गोपाल कृष्ण गोखले
बंगाली (पत्र)	सुरेन्द्र नाथ बनर्जी
हिन्दू पैट्रियॉट	हरिश्चन्द्र मुखर्जी
नील दर्पण	दीनबन्धु मित्रा
भारती	द्विजेन्द्रनाथ टैगोर
सुधारक	गोपालकृष्ण गोखले
तराने हिन्द	इकबाल
संवाद कोमुदी	राजा राममोहन राय
होम एण्ड द वर्ल्ड	रवीन्द्र नाथ टैगोर
हिट्स फॉर सेल्फ कल्चर	लाला हरदयाल
माई एक्सपेरीमेण्ट विद ट्रुथ	महात्मा गाँधी
भारत भारती	मैथिलीशरण गुप्त
रास्त गुफ्तार (पत्र)	दादाभाई नौरोजी
लीडर (पत्र)	मदन मोहन मालवीय
सोम प्रकाश	ईश्वरचन्द्र विद्यासागर
अमर जीवन	राशसुन्दरी देवी
हिन्द स्वराज	महात्मा गाँधी
हिन्दुस्तान (पत्र)	मदन मोहन मालवीय
इण्डियन स्ट्रगल	सुभाषचन्द्र बोस
इण्डिया फॉर इण्डियन्स	सीआर दास
काल (पत्र)	परांजपे
केसरी (पत्र)	बाल गंगाधर तिलक
कामरेड (पत्र)	मोहम्मद अली
कर्मयोगी (पत्र) युगान्तर	अरविन्द घोष
बॉम्बे क्रॉनिकल	फिरोजशाह मेहता
अमृत बाजार पत्रिका	शिशिर कुमार घोष
वागंदरा	मोहम्मद इकबाल
वन्दे मातरम्	अरविन्द घोष
भारत दुर्दशा	भारतेन्दु हरिश्चन्द्र
मराठा	बाल गंगाधर तिलक
यंग इण्डिया (पत्र)	महात्मा गाँधी

ब्रिटिश काल में शिक्षा का विकास

वर्ष	शिक्षा का विकास	संस्थापक
1854	वुड्स डिस्पैच	चार्ल्स वुड
1882	हण्टर कमीशन	डब्ल्यू.डब्ल्यू. हण्टर
1902	विश्वविद्यालय आयोग	थॉमस रैले
1917	सैडलर आयोग	माइकल सैडलर
1929	हार्टोग समिति	सरकार द्वारा
1937	वर्धा योजना	महात्मा गाँधी
1944	सार्जेण्ट योजना	सर जॉन सार्जेण्ट

SSC CGL 2024 (Tier 1 & 2)

203. 1791 ई. में हिन्दू कॉलेज की स्थापना कहाँ हुई थी? SSC CGL Tier-1 13.09.2024 (Shift-II)

(a) बनारस (b) कोलकाता
(c) मथुरा (d) पटना

उत्तर (a)

• जोनाथन डंकन ने 1791 ई. में बनारस में हिन्दू कॉलेज की स्थापना संस्कृत ग्रन्थों के अध्ययन को बढ़ावा देने के लिए की थी।

• वर्ष 1958 में इसे विश्वविद्यालय बनाया गया और वर्ष 1974 में इसका नाम बदलकर **सम्पूर्णानन्द संस्कृत विश्वविद्यालय** कर दिया गया।

204. 19वीं सदी के भारत की निम्नलिखित समाज सुधारकों में से कौन 'स्त्री पुरुष तुलना' की लेखिका थीं? SSC CGL Tier-1 10.09.2024 (Shift-II)

(a) ऊषा मेहता
(b) पण्डिता रमाबाई
(c) स्वर्णकुमारी देवी
(d) ताराबाई शिन्दे

उत्तर (d)

• 19वीं सदी के भारत की समाज सुधारकों में स एक 'स्त्री-पुरुष तुलना' की लेखिक ताराबाई शिन्दें (1850-1910) एक नारीवादी कार्यकर्ता थीं, जिसने 19वीं सदी के भारत में पितृसत्ता और जाति प्रथा का विरोध किया था।

• उन्होंने 'स्त्री-पुरुष तुलना' पुस्तक मूल रूप में 1882 ई. में मराठी भाषा में प्रकाशित की।

• ज्योतिबाराव फुले ने शिंदे के काम की सराहना की और इसे अपनी पत्रिका 'सतसर' से भी सन्दर्भित किया।

205. भारत के निम्नलिखित स्वतन्त्रता सेनानियों में से कौन 'द इण्डियन स्ट्रगल' पुस्तक के लेखक हैं? SSC CGL Tier-1 10.09.2024 (Shift-II)

(a) सुभाषचन्द्र बोस (b) वल्लभभाई पटेल
(c) मोतीलाल नेहरू (d) महात्मा गाँधी

उत्तर (a)

• सुभाषचन्द्र बोस द्वारा लिखित 'द इण्डियन स्ट्रगल' पुस्तक भारत की आजादी के लिए नेताजी **सुभाषचन्द्र बोस के दृष्टिकोण** को बताती है।

• पुस्तक में ब्रिटिश शासन के खिलाफ लड़ाई और भारतीय राष्ट्रीय सेना के नेतृत्व पर नेताजी के विचारों का वर्णन है।

• ब्रिटिश सरकार ने इस पुस्तक को भारत में प्रकाशित करने पर रोक लगा दी थी। आजादी के बाद वर्ष 1948 में इसे भारत में प्रकाशित किया गया।

• यह पुस्तक दो भागों में विभाजित है – पहला भाग 1920 से 1934 तक और दूसरा भाग 1935 से 1942 तक है।

206. निम्नलिखित में से कौन-सी पुस्तक अपने सम्बन्धित लेखक के साथ गलत रूप से युग्मित है? SSC CGL Tier-1 10.09.2024 (Shift-III)

(a) हिन्द स्वराज-महात्मा गाँधी
(b) गीतांजलि-रवीन्द्रनाथ टैगोर
(c) व्हाई आई एम एन एथीस्ट-भगत सिंह
(d) द डिस्कवरी ऑफ इण्डिया-सुभाषचन्द्र बोस

उत्तर (d)

• 'द डिस्कवरी ऑफ इण्डिया-सुभाषचन्द्र बोस' युग्म गलत है, क्योंकि यह जवाहरलाल नेहरू की पुस्तक है।

• जवाहरलाल नेहरू की अन्य पुस्तकें-'एन ऑटोबायोग्राफी', 'ए बंच ऑफ ओल्ड लेटर्स', 'गिलम्पस ऑफ वर्ल्ड हिस्ट्री' आदि हैं।

• 'द इण्डियन स्ट्रगल' सुभाषचन्द्र बोस की पुस्तक है।

207. निम्नलिखित में से किस क्रान्तिकारी के नेतृत्व में चटगाँव शस्त्रागार पर छापा मारा गया था? SSC CGL Tier-1 09.09.2024 (Shift-II)

(a) सूर्य सेन (b) रास बिहारी बोस
(c) बादल गुप्ता (d) हेमू कालानी

उत्तर (a)

• चटगाँव शस्त्रागार छापा, 18 अप्रैल, 1930 को सूर्यसेन के नेतृत्व में मारा गया था। यह सशस्त्र भारतीय स्वतन्त्रता सेनानियों द्वारा बंगाल प्रेसीडेन्सी में पुलिस और सहायक बलों के चटगाँव शस्त्रागार पर छापा मारने का एक प्रयास था।

• सूर्य सेन को ब्रिटिश भारत में अग्रणी क्रान्तिकारियों के रूप में जाना जाता है।

• चटगाँव शास्त्रागार पर हमले का मुख्य उद्देश्य दो प्रमुख ब्रिटिश शस्त्रागारों पर कब्जा करना और अन्य क्रान्तिकारियों को हथियार वितरित करना था।

208. निम्नलिखित में से किसने 'नील दर्पण' नाटक लिखा है? SSC CGL Tier-1 09.09.2024 (Shift-I)

(a) सरोजिनी नायडू (b) चितरंजन दास
(c) दीनबन्धु मित्र (d) मोतीलाल नेहरू

उत्तर (c)

• दीनबन्धु मित्र ने 'नील दर्पण' नाटक लिखा था।

• नील दर्पण एक बंगाली नाटक था, जो किसानों के उत्पीड़ित को चित्रित करने के लिए लिखा गया था।

• यह नाटक नील विद्रोह से सम्बन्धित था, जिसे बंगाल में फरवरी-मार्च, 1859 के नील विद्रोह के रूप में जाना जाता है।

209. निम्नलिखित में से कौन-सा दल/पार्टी भारतीय राष्ट्रीय आन्दोलन के दौरान सैन फ्रांसिस्को, संयुक्त राज्य अमेरिका में शुरू किया गया था/की गई थी? SSC CGL Tier-1 26.09.2024 (Shift-II)

(a) स्वराज पार्टी
(b) गदर पार्टी
(c) खिलाफत समिति
(d) हिन्दुस्तान सोशलिस्ट रिपब्लिकन एसोसिएश्न

उत्तर (b)

• **गदर पार्टी** का गठन संयुक्त राज्य अमेरिका (सैन फ्रांसिस्को) में वर्ष 1913 में प्रवासी भारतीय, लाला हरदयाल द्वारा किया गया था।

• **गदर पार्टी** के संस्थापक अध्यक्ष सोहन सिंह भाकना थे। गदर पार्टी एक भारतीय क्रान्तिकारी संगठन था, जिसका उद्देश्य भारत को ब्रिटिश शासन से मुक्त करना था।

• सेन फ्रांसिस्को में अपने मुख्यालय युगांतर आश्रम से गदर पत्रिका शुरू करने के बाद इसे गदर पार्टी के रूप में जाना जाने लगा।

210. 1875 ई. में न्यूयॉर्क में थियोसोफिकल सोसायटी की स्थापना किसने की थी? SSC CGL Tier-1 25.09.2024 (Shift-II)

(a) रमाबाई रानाडे और जीके देवधर
(b) मैडम एचपी ब्लावात्स्की और कर्नल अल्कॉट
(c) नौरोजी फरदुनजी और सत्येन्द्रनाथ बोस
(d) बाबा दयाल दास और मदनलाल

उत्तर (b)

• **मैडम एचपी ब्लावात्स्की** और **कर्नल अल्कॉट** ने 1875 ई. में थियोसोफिकल सोसायटी की स्थापना की।

• वर्ष 1882 ई. में इन्होंने अपना मुख्यालय भारत में मद्रास के अड्यार में स्थानान्तरित किया था।

• इस सोसायटी ने जाति, पंथ, लिंग, जाति या रंग के भेद के बिना मानवता के सार्वभौमिक भाईचारे के लिए कार्य करने का लक्ष्य रखा था।

• थियोसोफिकल आन्दोलन का उद्देश्य हिन्दू पुनर्जागरण था।

211. वर्ष 1910 में USA के सिएटल में यूनाइटेड इण्डिया हाउस की स्थापना ……… द्वारा की गई थी। SSC CGL Tier-1 25.09.2024 (Shift-I)

(a) तारकनाथ दास और जी.डी. कुमार
(b) वी.डी. सावरकर और गणेश
(c) श्यामजी कृष्ण वर्मा
(d) खुदीराम बोस और प्रफुल्ल चाकी

उत्तर (a)

• वर्ष 1910 में USA के सिएटल में यूनाइटेड इण्डिया हाउस की स्थापना **तारकनाथ दास** और **जी.डी. कुमार** के द्वारा की गई थी।

• यह भारतीय राष्ट्रवादी गतिविधियों का केन्द्र था।

• इसका उद्देश्य ब्रिटिश शासन के खिलाफ आजादी की लड़ाई को बढ़ावा देना था।

212. 'पॉवर्टी एण्ड अन-ब्रिटिश रूल इन इण्डिया' पुस्तक की रचना ……. के द्वारा की गई थी। SSC CGL Tier-1 23.09.2024 (Shift-II)

(a) लाला लाजपत राय
(b) बिपिनचन्द्र पाल
(c) दादाभाई नौरोजी
(d) एम.एन. रॉय

उत्तर (c)

• 'पॉवर्टी एण्ड अन-ब्रिटिश रूल इन इण्डिया' पुस्तक की रचना **दादाभाई नौरोजी** के द्वारा की गई थी।

- यह पुस्तक वर्ष 1901 में प्रकाशित हुई थी। इसमें भारत से ब्रिटेन की ओर धन निकासी के सिद्धान्त पर प्रकाश डाला गया है।
- दादाभाई नौरोजी को **ग्रैण्ड ओल्ड मैन ऑफ इण्डिया** कहा जाता है।
- वे भारतीय राष्ट्रीय कांग्रेस के संस्थापक सदस्यों में से एक थे।

SSC CGL 2023 (Tier 1 & 2)

213. वर्ष 1915 के अधिवेशन के समय भारतीय राष्ट्रीय कांग्रेस के अध्यक्ष कौन थे?
SSC CGL Tier-1 06.03.2023 (Shift-I)

(a) सत्येन्द्र प्रसाद सिन्हा
(b) अम्बिका चरण मजूमदार
(c) मदन मोहन मालवीय
(d) भूपेन्द्र नाथ बोस

उत्तर (a)

- वर्ष 1915 के अधिवेशन के समय भारतीय राष्ट्रीय कांग्रेस के अध्यक्ष **सत्येन्द्र प्रसाद सिन्हा** थे।
- वर्ष 1909 के भारतीय परिषद् अधिनियम में एक भारतीय सदस्य को गवर्नर-जनरल की कार्यकारी परिषद् में नामित करने के लिए वायसराय को अधिकार दिया, जिसने सत्येन्द्र प्रसाद सिन्हा को पहले भारतीय सदस्य के रूप में नियुक्त किया।
- सत्येन्द्र प्रसाद सिन्हा ब्रिटिश भारत में एक प्रमुख अधिवक्ता और राजनेता थे।
- वह बिहार और उड़ीसा के पहले गवर्नर थे। वह बंगाल के पहले भारतीय एडवोकेट-जनरल और ब्रिटिश मन्त्रालय के सदस्य बनने वाले पहले भारतीय थे।

214. सोहन सिंह भाकना और हरदयाल मुख्य रूप से निम्नलिखित में से किस संगठन से जुड़े थे?
SSC CGL Tier-1 17.07.2023 (Shift-III)

(a) युगान्तर (b) गदर पार्टी
(c) अनुशीलन समिति (d) किसान सभा

उत्तर (b)

- सोहन सिंह भकना और लाला हरदयाल गदर पार्टी से जुड़े थे।

215. भारत में पहला समाचार-पत्र प्रकाशित करने के पीछे कौन था?
SSC CGL Tier-1 17.07.2023 (Shift-IV)

(a) हरिश्चन्द्र मुखर्जी
(b) जेम्स ऑगस्टस हिक्की
(c) दीनबन्धु मित्र
(d) हेम चन्द्राकर

उत्तर (b)

- **जेम्स ऑगस्टस हिक्की** 1780 ई. में भारत का पहला समाचार पत्र **बंगाल गजट** का प्रकाशन किया था।
- इसे **कलकत्ता जनरल विज्ञापनदाता** के नाम से भी जाना जाता है।
- 1684 ई. में ईस्ट इण्डिया कम्पनी ने भारत में **प्रिंटिंग प्रेस** की स्थापना की थी।
- हिन्दी भाषा में 'उदन्त मार्तण्ड' के नाम से पहला समाचार-पत्र 30 मई, 1826 को प्रकाशित किया गया था।

216. ब्रिटिश भारत में देशी प्रेस अधिनियम किस वर्ष लागू किया गया था?
SSC CGL Tier-1 18.07.2023 (Shift-I)

(a) 1874 ई. (b) 1872 ई.
(c) 1878 ई. (d) 1876 ई.

उत्तर (c)

- ब्रिटिश भारत में देशी प्रेस अधिनियम **1878 ई.** में लागू हुआ था।
- इस अधिनियम को **वर्नाक्यूलर प्रेस** अधिनियम के नाम से जाना जाता है। जिसका मकसद ब्रिटिश भारत में भारतीय भाषाओं अर्थात् गैर-अंग्रेजी के पत्र-पत्रिकाओं की स्वतन्त्रता को सीमित करना था।
- यह प्रेस एक्ट **लॉर्ड लिटन** के द्वारा पारित किया गया था तथा इसे लॉर्ड रिपन द्वारा हटाया गया था।

217. हिन्द स्वराज या 'इण्डियन होमरूल' निम्नलिखित में से किस स्वतन्त्रता सेनानी ने लिखा था? **SSC CGL Tier-1 19.07.2023 (Shift-IV)**

(a) ऐनी बेसेण्ट (b) बाल गंगाधर तिलक
(c) दादाभाई नौरोजी (d) महात्मा गाँधी

उत्तर (d)

- **महात्मा गाँधी** ने 'हिन्द स्वराज' नामक पुस्तक में स्वराज, आधुनिक सभ्यता, मशीनीकरण इत्यादि पर अपने विचार व्यक्त किए हैं।
- इस पुस्तक को वर्ष 1910 में भारत में ब्रिटिश सरकार द्वारा एक देशद्रोही पाठ के रूप में प्रतिबन्धित कर दिया गया था।
- इस पुस्तक की मूल भाषा **गुजराती** है।

218. 'इण्डिया हाउस' एक क्रान्तिकारी संगठन, श्यामजी कृष्ण वर्मा द्वारा भारतीय राष्ट्रवाद के प्रसार के लिए ………… में स्थापित किया गया था। **SSC CGL Tier-1 19.07.2023 (Shift-IV)**

(a) सैन फ्रान्सिस्को (b) पेरिस
(c) लन्दन (d) सिंगापुर

उत्तर (c)

- 'इण्डिया हाउस' एक क्रान्तिकारी संगठन श्याम जी कृष्ण वर्मा द्वारा भारतीय राष्ट्रवाद के प्रसार के लिए **लन्दन** में स्थापित किया गया था।
- इसका उद्घाटन हेनरी हिण्डमैन द्वारा एक समारोह में किया गया।
- इस संगठन ने ब्रिटेन में भारतीय छात्रों के बीच राष्ट्रवादी भावना का प्रचार-प्रसार किया।
- इसी संगठन से जुड़े **मदनलाल ढींगरा** ने लन्दन में **कर्जन वायली** की हत्या कर दी थी।

219. भारतीय राष्ट्रीय कांग्रेस के अन्तिम लक्ष्य के रूप में 'स्व-शासन' या 'स्वराज' यह घोषणा दादाभाई नौरोजी ने आईएनसी के निम्नलिखित में से किस अधिवेशन में की थी?
SSC CGL Tier-1 20.07.2023 (Shift-IV)

(a) बांकीपुर (b) बॉम्बे
(c) कलकत्ता (d) मद्रास

उत्तर (c)

- भारतीय राष्ट्रीय कांग्रेस के अन्तिम लक्ष्य के रूप में 'स्व-शासन' या 'स्वराज' यह घोषणा दादाभाई नौरोजी ने आईएनसी के **कलकत्ता अधिवेशन** में की थी।
- **कलकत्ता** अधिवेशन में स्वराज द्वारा राज्यविहीन समाज का आह्वान किया गया है।
- दयानन्द सरस्वती द्वारा **स्वराज** शब्द का प्रयोग होमरूल के साथ किया गया था।
- दादाभाई नौरोजी ने दयानन्द सरस्वती के 'सत्यार्थ प्रकाश' से स्वराज शब्द ग्रहण किया।

220. किस वर्ष में हिन्दू महासभा की स्थापना मुस्लिम कट्टरवाद की प्रतिक्रिया के रूप में की गई थी? **SSC CGL Tier-1 25.07.2023 (Shift-III)**

(a) 1915 (b) 1925 (c) 1917 (d) 1910

उत्तर (a)

- **वर्ष 1915** में हिन्दू महासभा की स्थापना मुस्लिम कट्टरवाद की प्रतिक्रिया के रूप में की गई थी।
- **मदनमोहन मालवीय** के नेतृत्व में प्रयाग में हिन्दू महासभा की स्थापना की गई।
- हिन्दू महासभा ने वर्ष 1917 में हरिद्वार में महाराजा नन्दी कासिम बाजार की अध्यक्षता में अपना अधिवेशन करके कांग्रेस मुस्लिम लीग समझौते तथा चेम्सफोर्ड योजना का तीव्र विरोध किया।
- हिन्दू महासभा एक राष्ट्रवादी समूह है, जिसका गठन भारतीय राजनीति में हिन्दुओं को एक मजबूत आवाज देने के लिए किया गया था।

221. शिक्षा पर वुड्स डिस्पैच (Wood's despatch) नामक व्यापक आदेश-पत्र कब भेजा गया था?
SSC CGL Tier-1 26.07.2023 (Shift-I)

(a) 1813 (b) 1833 (c) 1858 (d) 1854

उत्तर (d)

- सर चार्ल्स वुड ने अंग्रेजी शिक्षा का प्रसार और महिलाओं की शिक्षा पर जोर देने के लिए 1854 ई. में तत्कालीन गवर्नर-जनरल डलहौजी को एक सुझाव पत्र लिखा था, जिसे **वुड डिस्पैच** कहा जाता है।
- इसे भारत में **अंग्रेजी शिक्षा के मैग्नाकार्टा** के रूप में जाना जाता है।
- इसने भारत में उच्च शिक्षा में प्राथमिक शिक्षा और अंग्रेजी भाषा में स्थानीय भाषाओं के उपयोग का मार्ग प्रशस्त किया।

222. निम्नलिखित में से किस संगठन की स्थापना 1885 ई. में हुई थी?
SSC CGL Tier-1 27.07.2023 (Shift-I)

(a) भारतीय राष्ट्रीय कांग्रेस
(b) मुस्लिम लीग
(c) ईस्ट इण्डिया संगठन
(d) भारतीय कम्युनिस्ट पार्टी

उत्तर (a)

- 72 प्रतिनिधियों की उपस्थिति में 28 दिसम्बर, 1885 में बम्बई के गोकुल दास तेजपाल संस्कृत महाविद्यालय में भारतीय राष्ट्रीय कांग्रेस की स्थापना की गई।
- इसकी स्थापना सेवानिवृत्त ब्रिटिश अधिकारी **ए ऑक्टेवियन ह्यूम** द्वारा की गई थी।

• इसके पहले अधिवेशन की अध्यक्षता **व्योमेशचन्द्र बनर्जी** ने की।
• भारतीय राष्ट्रीय कांग्रेस के पहले मुस्लिम व अंग्रेज अध्यक्ष क्रमश: **बदरुद्दीन तैयबजी** तथा **जार्ज यूले** थे।

223. फर्ग्यूसन कॉलेज की स्थापना से कौन सम्बन्धित था? SSC CGL Tier-1 27.07.2023 (Shift-III)
(a) बाल गंगाधर तिलक
(b) गोपालकृष्ण गोखले
(c) लाला लाजपत राय
(d) दादाभाई नौरोजी

उत्तर (a)
• फर्ग्यूसन कॉलेज की स्थापना पुणे में 1885 ई. में **बाल गंगाधर तिलक** और उनके साथी गोपाल कृष्ण अगरकर, विष्णुशास्त्री चिपलूठाकर, महादेव बल्लाल नामजोशी आदि ने मिलकर की थी
• इस कॉलेज का नाम स्कॉटिश मूल के बॉम्बे के गवर्नर सर जेम्स फर्ग्यूसन के नाम पर रखा गया है, अब यह कॉलेज पुणे विश्वविद्यालय के अधिकार क्षेत्र में है।
• फर्ग्यूसन कॉलेज के पहले प्राचार्य, समाज सुधारक, पत्रकार, विचारक और शिक्षाविद् **गोपाल गणेश अगरकर** थे।

SSC CGL 2022 (Tier 1 & 2)

224. रिवोल्यूशनरी सोशलिस्ट पार्टी की स्थापना वर्ष ……… में हुई थी। SSC CGL Tier-1 01.12.2022 (Shift-IV)
(a) 1940 (b) 1936 (c) 1925 (d) 1929

उत्तर (a)
• रिवोल्यूशनरी सोशलिस्ट पार्टी एक साम्यवादी पार्टी है, जिसकी स्थापना **मार्च, 1940** में त्रिदीब चौधरी द्वारा बंगाल में की गई थी।
• वर्तमान में यह पार्टी वाम मोर्चा (पश्चिम बंगाल व त्रिपुरा) व कांग्रेस के नेतृत्व वाले यूनाइटेड डेमोक्रेटिक फ्रण्ट (केरल) का हिस्सा है।

225. दादाभाई नौरोजी एक ……… थे। SSC CGL Tier-1 02.12.2022 (Shift-IV)
(a) सैनिक (b) ब्रिटिश अधिकारी
(c) व्यवसायी (d) चिकित्सक

उत्तर (c)
• दादाभाई नौरोजी एक **व्यवसायी** थे।
• इन्हें **भारतीय राजनीति का पितामह** कहा जाता है। वह दिग्गज राजनेता, उद्योगपति, शिक्षाविद् एवं विचारक भी थे। ये स्वतन्त्रता संग्राम के समय नरम दल के प्रमुख नेता थे।
• इन्हें **द ओल्ड मैन ऑफ इण्डिया** भी कहा जाता है।
• भारत में सर्वप्रथम इन्हीं के द्वारा धन की निकासी का सिद्धान्त दिया गया।

226. आर्म्स एक्ट, जिसमें भारतीयों को हथियार रखने की अनुमति नहीं दी थी ……… में पारित (वर्ष में) किया गया था। SSC CGL Tier-1 03.12.2022 (Shift-IV)
(a) 1855 (b) 1925
(c) 1920 (d) 1878

उत्तर (d)
• आर्म्स एक्ट, जिसमें भारतीयों को हथियार रखने की अनुमति नहीं दी थी **1878 ई.** में पारित किया गया था।
• 1878 ई. में बढ़ते भारतीय राष्ट्रवाद के जवाब में अंग्रेजों ने **आर्म्स एक्ट** बनाया।
• देश में आग्नेयास्त्रों के उत्पादन और बिक्री को इस कानून द्वारा नियन्त्रित किया गया था।

227. 'ऑल इण्डिया मुस्लिम लीग' का गठन …… में ढाका में हुआ था। SSC CGL Tier-1 08.12.2022 (Shift-III) SSC MTS 14.17.2022 (Shift-I)
(a) वर्ष 1902 (b) वर्ष 1904
(c) वर्ष 1900 (d) वर्ष 1906

उत्तर (d)
• 'ऑल इण्डिया मुस्लिम लीग' का गठन **वर्ष 1906** में ढाका में हुआ था।
• ख्वाजा सलीमुल्लाह, वकार-उल-मुल्क सैयद अमीर अली, सैयद नबी उल्लाह, मुस्तफा चौधरी इत्यादि इसके संस्थापक थे।
• इसका पहला अधिवेशन वर्ष 1908 में अमृतसर पंजाब में हुआ था।
• इसके पहले सत्र की अध्यक्षता आगा खाँ ने की थी।

SSC CPO 2024

228. निम्नलिखित में से कौन-सा क्रान्तिकारी अनुशीलन समिति से जुड़ा था? SSC CPO 29.06.2024 (Shift-III)
(a) राजगुरु
(b) भगत सिंह
(c) सुखदेव
(d) जतीन्द्र मोहन सेनगुप्ता

उत्तर (d)
• **जतीन्द्र मोहन सेनगुप्ता** क्रान्तिकारी अनुशीलन समिति से जुड़े थे।
• इस समिति की स्थापना वर्ष 1902 में हुई थी।
• इसकी दो मुख्य शाखाएँ कोलकाता में पुगांतर समूह और ढाका अनुशीलन समिति थी।

229. निम्नलिखित में से कौन-सी पुस्तक रवीन्द्रनाथ टैगोर द्वारा लिखी गई है? SSC CPO 29.06.2024 (Shift-I)
(a) द वे टु गॉड
(b) नॉन-वायलेण्ट रेजिस्टेंस
(c) नेशनलिज्म
(d) द एसेन्शियल राइटिंग्स

उत्तर (c)
• **नेशनलिज्म** (Nationalism) पुस्तक रवीन्द्रनाथ टैगोर द्वारा लिखी गई है।
• यह वर्ष 1917 में प्रकाशित एक निबन्ध संग्रह है, जिसमें राष्ट्रवाद के विषय पर टैगोर के विचार शामिल हैं।
• इस पुस्तक में, टैगोर आधुनिक राष्ट्रवाद की आलोचना करते हैं, जिसे वे विभाजनकारी और विनाशकारी मानते हैं।
• यह पुस्तक रविन्द्रनाथ टैगोर द्वारा जापान और अमेरिका यात्रा के दौरान दिए गए व्याख्यानों का संकलन है।

230. एएमटी जैक्सन की हत्या के सह-अपराधी के रूप में किसे फाँसी दी गई थी? SSC CPO 29.06.2024 (Shift-I)
(a) हेमू कालाणी
(b) खुदीराम बोस
(c) मातंगिनी हाजरा
(d) कृष्णाजी गोपाल कर्वे

उत्तर (d)
• कृष्णजी गोपाल कर्वे को एएमटी जैक्सन की हत्या के सह-अपराधी के रूप में फाँसी दी गई थी।
• 21 दिसम्बर, 1909 को कृष्णाजी गोपाल कर्वे ने दो अन्य सहयोगियों के साथ मिलकर जैक्सन की हत्या की थी।
• इस घटना के दो अन्य मुख्य अपराधी विनायक नारायण देशपाण्डे व अनन्त लक्ष्मण कन्हेरे थे। इन्हें 19 अप्रैल, 1911 को फाँसी दी गई थी।

231. सूची I (रचना का नाम) को सूची II (लेखक) के साथ सुमेलित करें। SSC CHSL Tier-1 02.07.2024 (Shift-II)

सूची I (रचना का नाम)	सूची II (लेखक)
A. वन्दे मातरम्	1. बंकिमचन्द्र चट्टोपाध्याय
B. जन-गण-मन	2. रवीन्द्रनाथ टैगोर
C. ऐ मेरे वतन के लोगों	3. प्रदीप

कूट
A B C A B C
(a) 3 1 2 (b) 2 3 1
(c) 3 2 1 (d) 1 2 3

उत्तर (d)
• सही सुमेलन A-1, B-2, C-3 है।
• वन्देमातरम् की रचना बंकिमचन्द्र चट्टोपाध्याय ने की। यह गीत संस्कृत और बंगाली भाषाओं का मिश्रण है। इस गीत का प्रथमत: प्रकथन इनके उपन्यास 'आनन्दमठ' में हुआ।
• **जन-गण-मन** की रचना रवीन्द्रनाथ टैगोर ने की थी। यह गीत मूल रूप से बांग्ला में लिखा गया था। 24 जनवरी, 1950 को संविधान सभा ने इसके हिन्दी संस्करण को भारत के राष्ट्रगान के रूप में अपनाया था।
• **ऐ मेरे वतन के लोगों** कवि प्रदीप द्वारा हिन्दी में रचित एक देशभक्ति गीत है। यह गीत भारत-चीन युद्ध, 1962 में शहीद हुए सैनिकों को समर्पित है।

232. गदर पार्टी की स्थापना ………में सोहन सिंह भाकना, कांशी राम, हरनाम सिंह टुंडिलाट, लाला हरदयाल और अन्य द्वारा की गई थी। SSC CHSL Tier-1 03.07.2024 (Shift-II)
(a) 1905 (b) 1910
(c) 1901 (d) 1913

उत्तर (d)
• गदर पार्टी की स्थापना **वर्ष 1913** में सोहन सिंह भाकना, कांशी राम, हरनाम सिंह, टुंडिलाट, लाला हरदयाल और अन्य द्वारा की गई थी।
• इसका मूल नाम 'पेसिफिक कोस्ट हिन्दुस्तान एसोसिएशन' था।

SSC CPO 2023

233. तीसरे गोलमेज सम्मेलन में प्रतिनिधियों के विचार-विमर्श किस वर्ष के अन्तिम महीनों में आयोजित किए गए थे?
SSC CPO 03.10.2023 (Shift-I)

(a) 1932 (b) 1936
(c) 1930 (d) 1931

उत्तर (a)

• तीसरे गोलमेज सम्मलेन में प्रतिनिधियों के विचार-विमर्श 1932 के अन्तिम महीनों में आयोजित किए गए थे।

• इसमें केवल 46 प्रतिनिधि उपस्थित हुए, क्योकि भारत के अधिकांश मुख्य राजनीतिक व्यक्ति उपस्थित नहीं थे।

• ब्रिटेन की **लेबर पार्टी** और भारतीय राष्ट्रीय कांग्रेस (INC) ने इस सम्मेलन में भाग लेने से इनकार कर दिया था।

234. वल्लभभाई पटेल और ······· ने खेड़ा में गाँधीजी की मदद की और गाँवों का दौरा आयोजित किया तथा किसानों से सरकार के खिलाफ मजबूती से खड़े होने का आग्रह किया। SSC CPO 03.10.2023 (Shift-I)

(a) जमुनालाल बजाज (b) मोहम्मद अली जिन्ना
(c) मोतीलाल नेहरू (d) इन्दुलाल याज्ञनिक

उत्तर (d)

• **वल्लभभाई पटेल** और **इन्दुलाल याज्ञनिक** ने खेड़ा में गाँधीजी की मदद की और गाँवों का दौरा आयोजित किया।

• खेड़ा आन्दोलन को महात्मा गाँधी ने खेड़ा के किसान पाटीदार समुदाय के लिए संचालित किया था।

• इसमें किसानों ने प्लेग और हैजा के कारण फसल बर्बाद होने पर 23% उच्च कर देने से इनकार कर दिया।

235. निम्नलिखित में से किसने 1878 ई. के वर्नाक्यूलर प्रेस अधिनियम को निरस्त किया था? SSC CPO 10.11.2022

(a) लॉर्ड नॉर्थब्रुक (b) लॉर्ड लिटन
(c) लॉर्ड डफ़रिन (d) लॉर्ड रिपन

उत्तर (d)

• **लॉर्ड रिपन** ने वर्नाक्यूलर प्रेस अधिनियम को निरस्त किया था

• अंग्रेजी सरकार द्वारा भारत में 1878 ई. में देशी प्रेस अधिनियम (Vernacular press Act) **लॉर्ड लिटन** द्वारा पारित किया गया।

• इसका उद्देश्य भारतीय भाषाओं के पत्र-पत्रिकाओं पर कड़ा नियन्त्रण रखना था।

236. भारतीय कम्युनिस्ट पार्टी की स्थापना अक्टूबर, 1920 में ·········· में हुई थी।
SSC CGL Tier-1 10.11.2022

(a) कलकत्ता (b) ब्रिटेन
(c) लाहौर (d) ताशकंद

उत्तर (d)

• 17 अक्टूबर, 1920 का एम.एन.राय ने अवनी मुखर्जी, मोहम्मद अली और मोहम्मद शफीक के साथ मिलकर **ताशकंद** में भारतीय कम्युनिस्ट पार्टी की स्थापना की।

• कम्युनिस्ट पार्टी की स्थापना सोवियत संघ में बोल्शेविक क्रान्ति की सफलता और विश्व के देशों के बीच आपसी राजनीतिक और आर्थिक सम्बन्ध बनाने वाले दौर में हुई थी।

• यह भारत की सबसे पुरानी कम्युनिस्ट पार्टी है तथा इसे चुनाव आयोग द्वारा राष्ट्रीय दल के रूप में मान्यता प्राप्त है।

SSC CHSL 2024 (Tier 1)

237. बंकिमचन्द्र चटर्जी ने निम्नलिखित में से किस आन्दोलन/विद्रोह पर आधारित उपन्यास आनन्द मठ लिखा? SSC CHSL Tier-1 05.07.2024 (Shift-I)

(a) मोपला विद्रोह (b) पाइका विद्रोह
(c) संन्यासी विद्रोह (d) कुकी विद्रोह

उत्तर (c)

• बंकिमचन्द्र चटर्जी ने **संन्यासी विद्रोह** पर आधारित उपन्यास 'आनन्दमठ' लिखा था।

• संन्यासी विद्रोह बंगाल में 1770–1820 ई. के बीच हुआ था।

• इसे **वॉरेन हेस्टिंग्स** के नेतृत्व में दबा दिया गया था।

• भारत ने अपना राष्ट्रीय गीत आनन्दमठ से मिला।

• आनन्दमठ बांग्ला भाषा का एक उपन्यास है, जिसकी रचना 1882 ई. में की गई थी।

238. फिरोजशाह मेहता और के.टी तेलंग के साथ 1885 ई. में बॉम्बे प्रेसीडेन्सी एसोसिएशन की स्थापना किसने की?
SSC CHSL Tier-1 09.07.2024 (Shift-II)

(a) बदरुद्दीन तैयबजी
(b) जाकिर हुसैन
(c) ए. के. फजलूल हक
(d) बेहरामजी एम मालाबारी

उत्तर (a)

• **बदरुद्दीन तैयबजी**, **फिरोज शाह मेहता** और **के.टी. तेलंग** ने 1885 ई. में बॉम्बे प्रेसीडेन्सी एसोसिएशन की स्थापना की।

• इसका गठन इल्बर्ट विधेयक पर विवाद के जवाब में किया गया था, जो भारतीयों को अदालतों में यूरोपीय लोगों की जाँच करने की अनुमति देता था।

• यह संगठन भारतीयों को पश्चिमी शिक्षा प्राप्त करने और भारत का उत्थान करने के लिए अपनी संस्कृति को अपनाने में मदद करने के लिए शुरू किया गया था।

239. वर्ष 1928 में नई दिल्ली के फिरोजशाह कोटला में किस क्रान्तिकारी संगठन की स्थापना की गई थी? SSC CHSL Tier-1 10.07.2024 (Shift-I)

(a) स्वदेश बन्धब समिति
(b) भारत नौजवान सभा
(c) इण्डियन होमरूल सोसायटी
(d) हिन्दुस्तान सोशलिस्ट रिपब्लिकन एसोसिएशन

उत्तर (d)

• वर्ष 1928 में नई दिल्ली के फिरोजशाह कोटला में **हिन्दुस्तान, सोशलिस्ट रिपब्लिकन एसोसिएशन (HSRA) संगठन** की स्थापना की गई थी।

• भगत सिंह की हिन्दुस्तान सोशलिस्ट रिपब्लिकन एसोसिएशन के गठन में महत्त्वपूर्ण भूमिका रही।

• इसकी स्थापना और विकास में योगदान देने वाले अन्य सदस्यों में रामप्रसाद बिस्मिल, जोगेश चन्द्र चटर्जी तथा अशफाक उल्ला खान आदि नाम शामिल थे।

• पहले इसे हिन्दुस्तान रिपब्लिकन आर्मी (HRA) के नाम से जाना जाता था।

240. 'द लाइफ डिवाइन', 'द सिन्थेसिस ऑफ योगा' और 'सावित्री' भारत के निम्नलिखित में से किस चरमपन्थी स्वतन्त्रता सेनानी की लोकप्रिय कृतियाँ हैं? SSC CHSL Tier-1 10.07.2024 (Shift-IV)

(a) बिपिनचन्द्र पाल (b) बाल गंगाधर तिलक
(c) लाला लाजपत राय (d) अरबिन्दो घोष

उत्तर (d)

• 'द लाइफ डिवाइन', 'द सिन्थेसिस ऑफ योगा' और 'सावित्री' भारत के चरमपन्थी स्वतन्त्रता सेनानी **अरबिन्दो घोष** की लोकप्रिय कृतियाँ हैं।

• अरबिन्दो घोष एक योगी, दृष्टा, दार्शनिक कवि थे।

• उनकी व्यावहारिक रणनीतियों के कारण उन्हें **भारतीय राष्ट्रवाद के पैगम्बर** के रूप में चिह्नित किया जाता है।

241. भारत का राष्ट्रीय गीत किस पुस्तक से संकलित किया गया है?
SSC CHSL Tier-1 11.07.2024 (Shift-IV)

(a) आनन्दमठ (b) भारत-भारती
(c) माण्डुक्य उपनिषद् (d) कथा उपनिषद्

उत्तर (a)

• भारत का राष्ट्रीय गीत **आनन्दमठ** पुस्तक से संकलित किया गया है।

• भारत का राष्ट्रीय गीत 'वन्दे मातरम्' है।

• आनन्द मठ पुस्तक के लेखक **बंकिमचन्द्र चट्टोपाध्याय** हैं।

• यह एक बांग्ला भाषा का उपन्यास है, जिसका प्रकाशन 1882 ई. में किया गया था। यह उपन्यास बंगाल के संन्यासी विद्रोह से प्रेरित है।

SSC CHSL 2023 (Tier 1)

242. निम्नलिखित में से किसने आनन्द मोहन बोस के साथ इण्डियन एसोसिएशन की स्थापना की थी? SSC CHSL Tier-1 08.08.2023 (Shift-II)

(a) फिरोजशाह मेहता (b) गोपालकृष्ण गोखले
(c) दादाभाई नौरोजी (d) सुरेन्द्रनाथ बनर्जी

उत्तर (d)

• **सुरेन्द्रनाथ बनर्जी** ने आनन्द मोहन बोस के साथ इण्डियन एसोसिएशन की स्थापना की।

243. लन्दन में ईस्ट इण्डिया एसोसिएशन की स्थापना किसने की थी?
SSC SHSL Tier-1 04.08.2023 (Shift-II)

(a) जस्टिस रानाडे (b) ए. ओ. ह्यूम
(c) दादाभाई नौरोजी (d) आनन्द मोहन बोस

उत्तर (c)

• **दादाभाई नौरोजी** ने 1 अक्टूबर, 1866 को लन्दन में ईस्ट इण्डिया एसोसिएशन की स्थापना की।

• इसका उद्देश्य सार्वजनिक हितों व भारतीयों के कल्याण को बढ़ावा देना था और ब्रिटिश जनता को भारत के बारे में सही जानकारी देना तथा ब्रिटिश प्रेस में भारतीय शिकायतों की आवाज उठाना था।

• यह भारतीय राष्ट्रीय कांग्रेस की पूर्ववर्ती संस्था थी। इस संस्था ने 'जर्नल ऑफ द ईस्ट इण्डिया एसोसिएशन' नामक पत्रिका का निर्माण किया।

SSC MTS 2024

244. बंगाल में नियोजित बड़े पैमाने पर रेल संचार में व्यवधान और हथियारों की जब्ती ········ के नेतृत्व में की गई थी।
SSC MTS Tier-1 13.11.2024 (Shift-III)

(a) अरबिन्दो घोष (b) जतिन मुखर्जी
(c) सुरेन्द्रनाथ बनर्जी (d) चितरंजन दास

उत्तर (b)

• बंगाल में नियोजित बड़े पैमाने पर रेल संचार में व्यवधान और हथियारों की जब्ती जतिन मुखर्जी के नेतृत्व में की गई थी।

• ये 'बाघा जतीन' के नाम से भी जाने जाते हैं। जतीन्द्रनाथ ब्रिटिश शासन के विरुद्ध कार्यकारी दार्शनिक क्रान्तिकारी थे। वे 'युगान्तर पार्टी' के मुख्य नेता थे।

245. निम्नलिखित में से किस स्थान पर 1873 ई. में पहली सिंह सभा की स्थापना की गई थी?
SSC MTS Tier-1 11.11.2024 (Shift-III)

(a) अमृतसर (b) जालन्धर
(c) लाहौर (d) मुल्तान

उत्तर (a)

• पहली सिंह सभा की स्थापना 1873 ई. को अमृतसर में हुई थी। इसकी स्थापना ठाकुर सिंह संधवलिया और ज्ञानी ज्ञान सिंह के नेतृत्व में हुई थी।

• सिंह सभा की स्थापना सिखों के सुधारवादी संगठन के रूप में हुई थी।

246. 1905 में, निम्नलिखित में से किसने एम. जी. रानाडे की मदद से सर्वेन्ट्स ऑफ इण्डिया सोसाइटी (Servents of India Society) की स्थापना की?
SSC MTS Tier-1 30.10.2024 (Shift-III)

(a) जवाहरलाल नेहरू (b) महात्मा गाँधी
(c) गोपालकृष्ण गोखले (d) बाल गंगाधर तिलक

उत्तर (c)

• वर्ष 1905 में **गोपालकृष्ण गोखले** ने एम. जी. रानाडे की मदद से सर्वेन्ट्स ऑफ इण्डिया सोसाइटी की स्थापना की।

• इस संस्था का उद्देश्य कल्याणकारी कार्यों में विभिन्न जातियों और धर्मों के भारतीयों को एकजुट करना और प्रशिक्षित करना था।

• जी.के. देवधर, ए.वी. पटवर्धन और एन.ए. द्रविड़ इसके प्रमुख सदस्य थे।

247. निम्नलिखित में से किस संगठन ने वैदिक शिक्षा को पुनर्जीवित करने और उसे विज्ञान में आधुनिक शिक्षा के साथ जोड़ने की माँग की?
SSC MTS Tier-1 28.10.2024 (Shift-II)

(a) प्रार्थना समाज (b) ब्रह्म समाज
(c) आर्य समाज (d) सत्यशोधक समाज

उत्तर (c)

• आर्य समाज ने वैदिक शिक्षा को पुनर्जीवित करने और इसे विज्ञान में आधुनिक शिक्षा के साथ जोड़ने की माँग की।

• आर्य समाज की स्थापना दयानन्द सरस्वती ने **1875 ई.** में बम्बई (मुम्बई) में की।

• इन्होंने वेदों को हिन्दुओं की सर्वोच्च धार्मिक पुस्तक माना।

248. आर्य समाज की स्थापना किस स्थान पर हुई थी?
SSC MTS Tier-1 18.10.2024 (Shift-II)

(a) बम्बई (b) लाहौर
(c) कलकत्ता (d) मद्रास

उत्तर (a)

• आर्य समाज की स्थापना स्वामी दयानन्द सरस्वती ने 10 अप्रैल, **1875 को बम्बई** में की थी।

• यह समाज एक हिन्दू सुधार आन्दोलन था।

• इस समाज का प्रमुख उद्देश्य वैदिक धर्म को फिर से स्थापित करना और जातिवाद को समाप्त करके पूरे हिन्दू समाज को एक सूत्र में बाँधना था।

249. शुद्धि आन्दोलन निम्नलिखित में से किस संगठन द्वारा शुरू किया गया था?
SSC MTS Tier-1 18.10.2024 (Shift-II)

(a) रामकृष्ण मिशन (b) परमहंस मण्डली
(c) सत्यशोधक समाज (d) आर्य समाज

उत्तर (d)

• शुद्धि आन्दोलन आर्य समाज द्वारा शुरू किया गया था।

• आर्य समाज (1875) के संस्थापक स्वामी दयानन्द सरस्वती हैं।

• इस आन्दोलन का उद्देश्य उन हिन्दुओं को अपने मूल धर्म में वापस लाना था, जो इस्लाम या ईसाई धर्म में परिवर्तित हो गए थे।

• रामकृष्ण मिशन के संस्थापक स्वामी विवेकानन्द हैं।

• सत्यशोधक समाज के संस्थापक ज्योतिबा फुले हैं।

250. दक्षिण भारत के किस समाज सुधारक ने आत्म सम्मान आन्दोलन (Self Respect Movement) की स्थापना की थी?
SSC MTS Tier-1 08.10.2024 (Shift-I)

(a) सी अयोधी पण्डितार
(b) ई.वी. रामास्वामी नायकर
(c) चेम्बेटी श्रीधरालु नायडू
(d) कन्दुकुर वीरेशलिंगम

उत्तर (b)

• दक्षिण भारत के **ई.वी. रामास्वामी नायकर** समाज सुधारक ने आत्मसम्मान आन्दोलन की स्थापना की थी।

• आत्मसम्मान आन्दोलन का उद्देश्य भारतीय जाति व्यवस्था द्वारा उत्पीड़ित लोगों के लिए सामाजिक सम्मान प्राप्त कराना या इस आन्दोलन द्वारा निचली जातियों के लिए आत्मसम्मान विकसित करने की वकालत की गई।

• यह आन्दोलन न केवल तमिलनाडु में, बल्कि विदेशों में बड़ी तमिल आबादी वाले देश जैसे श्रीलंका, बर्मा, मलेशिया और सिंगापुर में बहुत प्रभावशाली रहा।

SSC MTS 2023

251. सामाजिक-धार्मिक सुधारों के उद्देश्य से 'रास्त गोफ्तार' नामक पत्रिका किस समुदाय के लिए शुरू की गई थी?
SSC MTS Tier-1 06.09.2023 (Shift-I)

(a) मुसलमान (b) हिन्दू
(c) सिख (d) पारसी

उत्तर (d)

• सामाजिक-धार्मिक सुधारों के उद्देश्य से 'रास्त गोफ्तार' नामक पत्रिका फारसी समुदाय के लिए शुरू की गई थी।

• रास्त गोफ्तार बॉम्बे में संचालित एक एंग्लो गुजराती पेपर था, जिसे 1854 ई. में दादाभाई नौरोजी और हर्षद जी द्वारा शुरू किया गया था।

252. निम्नलिखित में से किस संस्थान की स्थापना एम. जी. रानाडे और जी. वी. जोशी द्वारा की गई थी ? **SSC MTS Tier-1 01.09.2023 (Shift-I)**

(a) अभिनव भारत
(b) पूना सार्वजनिक सभा
(c) द बॉम्बे प्रेसीडेन्सी एसोसिएशन
(d) भारतीय राष्ट्रीय कांग्रेस

उत्तर (b)

• **पूना सार्वजनिक सभा** की स्थापना एम.जी. रानाडे और जी.वी. जोशी द्वारा की गई थी।

• यह सभा किसानों के कानूनी अधिकारों के लिए सरकार से मध्यस्थ की भूमिका का निर्वाह करती थी।

• यह 2 अप्रैल, 1870 को 6000 व्यक्तियों द्वारा चुने गए 95 सदस्यों के निर्वाचन निकाय के रूप में शुरू हुई।

253. वर्ष 1928 में हिन्दुस्तान सोशलिस्ट रिपब्लिकन एसोसिएशन की स्थापना कहाँ हुई थी?
SSC MTS Tier-1 06.09.2023 (Shift-I)

(a) कानपुर (b) दिल्ली
(c) अमृतसर (d) लखनऊ

उत्तर (b)

• हिन्दुस्तान सोशलिस्ट रिपब्लिकन एसोसिएशन की स्थापना **दिल्ली** में हुई थी।

254. नौजवान भारत सभा के संस्थापक कौन थे?
SSC MTS Tier-1 01.09.2023 (Shift-III)

(a) अजीत सिंह (b) लाला लाजपत राय
(c) चन्द्रशेखर आजाद (d) भगत सिंह

उत्तर (d)

• नौजवान भारत सभा के संस्थापक भगत सिंह थे। इस सभा की स्थापना वर्ष 1926 में की गई थी।

• यह एक वामपन्थी संगठन था, जिसने मजदूर और किसान युवाओं को एक साथ इकट्ठा कर आजादी को अपना उद्देश्य बनाया।
• पंजाब का अमृतसर जिला इस संगठन की गतिविधियों का प्रमुख केन्द्र था।

255. सर्वेण्ट्स ऑफ इण्डिया सोसायटी की स्थापना का श्रेय किसे दिया जाता है?
SSC MTS Tier-1 11.09.2023 (Shift-II)
(a) लाला लाजपत राय (b) एम. जी. रानाडे
(c) सी. आर. दास (d) गोपालकृष्ण गोखले

उत्तर (d)
• **गोपालकृष्ण गोखले** ने सर्वेण्ट्स ऑफ इण्डिया सोसायटी की स्थापना वर्ष 1905 में की थी।
• इसका उद्देश्य कल्याणकारी कार्यों में विभिन्न जातीय और धर्मों के भारतीयों को एकजुट करना और प्रशिक्षित करना था।

256. आर्म्स एक्ट और वर्नाक्यूलर प्रेस एक्ट किस वर्ष पारित किए गए थे?
SSC MTS Tier-1 08.09.2023 (Shift-II)
(a) 1879 (b) 1878 (c) 1877 (d) 1876

उत्तर (b)
• आर्म्स एक्ट और वर्नाक्यूलर प्रेस एक्ट 1878 ई. में पारित किए गए थे।

SSC Steno 2024, 2023 & 2022

257. भारतीय भाषा समाचार पत्रों की स्वतन्त्रता को सीमित करने के लिए ब्रिटिश भारत में, वर्नाक्यूलर प्रेस एक्ट किस वर्ष लागू किया गया था? SSC Steno Tier-1 11.12.2024 (Shift-II)
(a) 1879 (b) 1876 (c) 1878 (d) 1875

उत्तर (c)
• भारतीय भाषा समाचार पत्रों की स्वतन्त्रता को सीमित करने के लिए ब्रिटिश भारत में **वर्नाक्यूलर प्रेस एक्ट** 1878 ई. में लागू किया गया था।

258. संयुक्त राज्य अमेरिका के निम्नलिखित में से किस शहर में युगान्तर आश्रम स्थापित किया गया था, जो भारत के स्वाधीनता आन्दोलन के समय गदर पार्टी का मुख्यालय था?
SSC Steno 18.11.2022 (Shift-I)
(a) बोस्टन (b) सैन फ्रांसिस्को
(c) लॉस एंजिल्स (d) शिकागो

उत्तर (b)
• संयुक्त राज्य अमेरिका के **सैन फ्रांसिस्को** में युगान्तर आश्रम स्थापित किया गया था, जो भारत के स्वाधीनता आन्दोलन के समय गदर पार्टी का मुख्यालय था।

259. निम्नलिखित में से किसे 'मास्टरदा' के नाम से जाना जाता था, जिन्होंने अप्रैल, 1930 में ब्रिटिश भारत में चटगाँव शस्त्रागार छापे का नेतृत्व किया था? SSC Steno 17.11.2022 (Shift-I)
(a) अनन्त सिंह (b) लोकनाथ बाउल
(c) सूर्यसेन (d) गणेश घोष

उत्तर (c)
• **सूर्यसेन** को 'मास्टरदा' के नाम से जाना जाता था, जिन्होंने अप्रैल, 1930 में ब्रिटिश भारत में चटगाँव शस्त्रागार छापे का नेतृत्व किया था।
• इन्होंने अपने छात्रों की सेना के द्वारा चटगाँव को अंग्रेजों से काफी समय तक के लिए आजाद भी करवा लिया था।

260. वर्ष 1917 में, निम्न में से किस भारतीय क्रान्तिकारी ने मैक्सिको में कम्युनिस्ट पार्टी की स्थापना की? SSC Steno 12.11.2021
(a) एसए डांगे (b) एसवी घाटे
(c) एमएन रॉय (d) मोहम्मद अली

उत्तर (c)
• वर्ष 1917 में एमएन रॉय (मानवेन्द्र नाथ राय) ने मैक्सिको में कम्युनिस्ट पार्टी की स्थापना की।
• एमएन रॉय वर्तमान शताब्दी के भारतीय दार्शनिकों में क्रान्तिकारी विचारक तथा मानवतावाद के प्रबल समर्थक थे।

SSC GD 2023

261. औपनिवेशिक भारत में इण्डियन एसोसिएशन की स्थापना निम्नलिखित में से किस स्थान पर हुई थी? SSC GD 03.02.2023 (Shift-IV)
(a) लखनऊ (b) कलकत्ता
(c) सूरत (d) पूना

उत्तर (b)
• औपनिवेशिक भारत में इण्डियन एसोसिएशन की स्थापना 1876 ई. में कलकत्ता में हुई थी।

262. 'वन्दे मातरम्' गीत निम्नलिखित में से किस लेखक ने अपने एक उपन्यास में उद्धृत किया है? SSC GD 08.02.2023 (Shift-I)
(a) बंकिमचन्द्र चट्टोपाध्याय
(b) वीर सिंह सलगीतकर
(c) मुरुगम पेरियर
(d) लाला माखन सिंह

उत्तर (a)
• **बंकिमचन्द्र चट्टोपाध्याय** ने राष्ट्रीय गीत वन्दे मातरम् लिखा, जो उनके उपन्यास आनन्दमठ का एक हिस्सा है।
• 1896 ई. में कलकत्ता में कांग्रेस अधिवेशन में पहली बार इस गीत को गाया गया था।
• 24 जनवरी, 1950 को वन्दे मातरम् को राष्ट्रीय गीत के रूप में अपनाया गया।

263. सावित्रीबाई ने अपने पति ज्योतिराव फुले के साथ मिलकर पुणे के भिड़े वाडा में लड़कियों के लिए भारत के पहले स्कूल की स्थापना ………… में की। SSC GD 09.02.2023 (Shift-I)
(a) 1848 ई. (b) 1857 ई.
(c) 1844 ई. (d) 1855 ई.

उत्तर (a)
• सावित्रीबाई फुले और ज्योतिराव फुले ने 1848 ई. में पुणे के भिड़े वाडा में लड़कियों के लिए भारत का पहला स्कूल 'इण्डियन गर्ल्स स्कूल' की स्थापना की थी।
• सावित्रीबाई फुले ने लोगों के लिंग और जाति के आधार पर पूर्वाग्रह और अन्यायपूर्ण व्यवहार को खत्म करने का प्रयास किया था।

264. वर्ष 1928 में, दिल्ली में फिरोजशाह कोटला मैदान में एक बैठक में ………… की स्थापना की गई थी। इसके नेताओं में भगत सिंह, जतिन दास और अजय घोष थे।
SSC GD 02.02.2023 (Shift-I)
(a) काबुई नागा एसोसिएशन
(b) आल इण्डिया डिप्रेस्ड क्लासेस एसोसिएशन
(c) हिन्दुस्तान सोशलिस्ट रिपब्लिकन एसोसिएशन
(d) मद्रास प्रेसीडेन्सी एसोसिएशन

उत्तर (c)
• वर्ष 1928 में दिल्ली में फिरोजशाह कोटला मैदान में एक बैठक में स्थापित **हिन्दुस्तान सोशलिस्ट रिपब्लिकन एसोसिएशन** की स्थापना की गई थी। इसके नेताओं में भगत सिंह, जतिन दास और अजय घोष थे।
• (एच एस आर ए) के लिखित संविधान और प्रकाशित घोषणापत्र को 'द रिवॉल्यूशनी' कहा गया।
• प्रारम्भ में इस संगठन का नाम हिन्दुस्तान रिपब्लिकन एसोसिएशन था।
• इस संगठन में सोशलिस्ट शब्द भगत सिंह के आग्रह के बाद जोड़ा गया था।

SSC Selection Post 2024 & 2023

265. 'व्हाई आई एम एन एथिस्ट' किस भारतीय स्वतन्त्रता सेनानी की आत्मकथा है?
SSC SP 27.06.2023
(a) भगत सिंह (b) लाला लाजपत राय
(c) सरोजिनी नायडू (d) सुभाषचन्द्र बोस

उत्तर (a)
• वर्ष 1930 में लाहौर जेल में भगत सिंह द्वारा **व्हाई आई एम एथिस्ट** लेख लिखा गया था।
• यह भगत सिंह का अपने धार्मिक मित्र को जवाब था, जिन्होंने सोचा था कि भगत सिंह अपने घमण्ड के कारण नास्तिक बन गए थे।
• भगत सिंह हिन्दुस्तान सोशलिस्ट रिपब्लिकन एसोसिएशन के संस्थापक सदस्यों में से एक थे।
• वे समाजवाद में विश्वास करते थे।

266. निम्नलिखित में से कौन-सी स्वतन्त्र भारत के प्रथम शिक्षामन्त्री अबुल कलाम आजाद की आत्मकथा है? SSC SP 20.06.2024 (Shift-III)
(a) अनब्रेकेबल (Unbreakable)
(b) द रोड अहेड (The Road Ahead)
(c) इण्डिया विंस फ्रीडम (India Wins Freedom)
(d) द टेस्ट ऑफ माय लाइफ (The Test of My Life)

उत्तर (c)
• स्वतन्त्र भारत के प्रथम शिक्षामन्त्री अबुल कलाम आज़ाद की आत्मकथा **इण्डिया विंस फ्रीडम** (India Wins Freedom) है।
• इसमें भारत की स्वतन्त्रता के दौरान उनके व्यक्तिगत अनुभव, साथ ही स्वतन्त्रता पर उनके विचार शामिल हैं।

ब्रिटिश शासन में किसान एवं मजदूर आन्दोलन व विभिन्न आन्दोलन

अंग्रेजी शासन के विरुद्ध महत्त्वपूर्ण विद्रोह

आन्दोलन (विद्रोह)	प्रभावित क्षेत्र	सम्बन्धित नेता
संन्यासी विद्रोह (1760-80 ई.)	बिहार, बंगाल	केना सरकार, दिर्जिनारायण
फकीर विद्रोह (1776-77 ई.)	बंगाल	मजनुशाह एवं चिराग अली
चुआर विद्रोह (1798 ई.)	बाँकुड़ा (बंगाल)	दुर्जन सिंह
पॉलीगरों का विद्रोह (1799-01 ई.)	तमिलनाडु	वीर पी कट्टाबोमन
वेलुथम्पी विद्रोह (1808-09 ई.)	ट्रावनकोर	वेलुथम्पी
भील विद्रोह (1825-31 ई.)	पश्चिमी घाट	सेवाराम
रामोसी विद्रोही (1822-29 ई.)	पश्चिमी घाट	चित्तर सिंह
पागलपंथी विद्रोह (1825-27 ई.)	असम	टीपू
अहोम विद्रोह (1828 ई.)	असम	गोमधर कुँवर
वहाबी आन्दोलन (1831 ई.)	बिहार, उत्तर प्रदेश	सैयद अहमद तूतीमीर
कोल आन्दोलन (1831-32 ई.)	छोटानागपुर (झारखण्ड)	...
खासी विद्रोह (1833 ई.)	असम	तीर सिंह
फरायजी आन्दोलन (1838-48 ई.)	बंगाल	शरीयतुल्ला
नील विद्रोह (1854-62 ई.)	बंगाल, बिहार	तिरुत सिंह
संथाल विद्रोह (1855-56 ई.)	बंगाल एवं बिहार	सिद्धू-कान्हू
मुण्डा विद्रोह (1899-1900 ई.)	बिहार	बिरसा मुण्डा
पाइक विद्रोह (1817-25 ई.)	उड़ीसा	बख्शी जगबन्धु
नील आन्दोलन (1859-60 ई.)	बंगाल	दिगम्बर
पाबना विद्रोह (1873-76 ई.)	पावना (बंगाल)	ईशानचन्द्र राय एवं शंभुपाल
दक्कन विद्रोह (1874-75 ई.)	महाराष्ट्र	...
मोपला विद्रोह (1920-22 ई.)	मालाबार (केरल)	अली मुसलियार
कूका आन्दोलन (1860-70 ई.)	पंजाब	भगत जवाहर मल
रम्पाओं का विद्रोह (1879-1922 ई.)	आन्ध्र प्रदेश	सीताराम राजू
ताना भगत आन्दोलन (1914 ई.)	बिहार	जतरा भगत
तेभागा आन्दोलन (1946 ई.)	बंगाल	कम्पाराम सिंह एवं भवन सिंह
तेलंगाना आन्दोलन (1946 ई.)	आन्ध्र प्रदेश	...

बीसवीं शताब्दी के प्रमुख किसान आन्दोलन/संगठन

आन्दोलन/संगठन	संस्थापक/अध्यक्ष	वर्ष
चम्पारण सत्याग्रह	महात्मा गाँधी	1917 ई.
खेड़ा सत्याग्रह	महात्मा गाँधी	1918 ई.
उत्तर प्रदेश किसान सभा (संयुक्त प्रान्त किसान सभा)	गौरीशंकर मिश्र, इन्द्रनारायण द्विवेदी एवं मदन मोहन मालवीय	1918 ई.
अवध किसान सभा	बाबा रामचन्द्र	1920 ई.
एका आन्दोलन	मदारी पासी एवं सहदेव	1921 ई.
बारदोली सत्याग्रह	वल्लभभाई पटेल	1928 ई.
बिहार किसान सभा	स्वामी सहजानन्द सरस्वती	1929 ई.
अखिल भारतीय किसान सभा	स्वामी सहजानन्द सरस्वती	1936 ई.
तेभागा आन्दोलन	कम्पाराम, भवन सिंह	1946 ई.

SSC एग्जाम स्कैनर

SSC CGL 2024 (Tier I & II)

267. निम्नलिखित में से किस वर्ष में महात्मा गाँधी ने भारत में पहली बार सत्याग्रह और भूख हड़ताल का नेतृत्व किया? **SSC CGL Tier-2 20.01.2025**

(a) 1919 (b) 1917 (c) 1918 (d) 1920

उत्तर (b)

• महात्मा गाँधी ने भारत में पहली बार वर्ष 1917 में सत्याग्रह और भूख हड़ताल का नेतृत्व किया। जो चम्पारण सत्याग्रह के नाम से जाना जाता है। यह नेतृत्व बिहार के चम्पारण जिले में किया गया था।

• यह सत्याग्रह ब्रिटिश सरकार द्वारा लगाए गए जबरदस्ती नील की खेती और किसानों पर अन्यायपूर्ण करों के विरुद्ध था।

• इस सत्याग्रह के द्वारा तिनकठिया प्रथा समाप्त की गई।

• महात्मा गाँधी ने वर्ष 1918 में अहमदाबाद (गुजरात) में कपड़ा मिल मजदूरों के लिए खेड़ा आन्दोलन का नेतृत्व किया।

268. निम्नलिखित में से किस वर्ष में स्थायी बन्दोबस्त लागू किया गया था? **SSC CGL Tier-1 13.09.2024 (Shift-I)**

(a) 1793 ई. (b) 1890 ई.
(c) 1790 ई. (d) 1789 ई.

उत्तर (a)

• स्थायी बन्दोबस्त की शुरुआत लॉर्ड कॉर्नवालिस के द्वारा **1793 ई.** में की गई थी।

• यह ब्रिटिश ईस्ट इण्डिया कम्पनी एवं बंगाल के जमींदारों के मध्य भूमि राजस्व तय करने हेतु किया गया एक समझौता था।

• इसका प्रारम्भ सर्वप्रथम बंगाल एवं बिहार में किया गया था।

• इसके माध्यम से यह तय किया गया था कि एकत्रित भू-राजस्व का $\frac{10}{11}$वाँ भाग ब्रिटिशों को तथा $\frac{1}{11}$वाँ भाग जमींदारों को प्रदान किया जाएगा।

• इस बन्दोबस्त के माध्यम से वे बड़े भू-स्वामी जो कर वसूलते थे, वे अब जमींदार के रूप में परिवर्तित हो गए।

269. सिद्धू और कान्हू निम्नलिखित में से कौन-से आदिवासी विद्रोह के नेता थे? **SSC CGL Tier-1 18.09.2024 (Shift-I)**

(a) मुण्डा विद्रोह (b) कोल विद्रोह
(c) सन्थाल विद्रोह (d) मोपला विद्रोह

उत्तर (c)

• सिद्धु और कान्हू **सन्थाल विद्रोह** के नेता थे। सन्थाल विद्रोह 1855-56 ई. में हुआ था।

• यह भारत का पहला किसान विद्रोह था।

• यह विद्रोह ब्रिटिश औपनिवेशिक सत्ता और जमींदारों के खिलाफ था।

• सन्थाल विद्रोह को **सोंथल विद्रोह** या **सन्थाल हूल** के रूप में जाना जाता है, ब्रिटिश ईस्ट इंडिया कंपनी और जमींदारी व्यवस्था के खिलाफ सन्थाल लोगों द्वारा वर्तमान झारखण्ड और पश्चिम बंगाल, पूर्वी भारत का एक विद्रोह था।

270. 1817 ई. में खुर्दा का विद्रोह निम्नलिखित में से किस क्षेत्र में किया गया था? **SSC CGL Tier-1 13.09.2024 (Shift-I)**

(a) संयुक्त प्रान्त (b) ओडिशा
(c) बंगाल (d) मद्रास

उत्तर (b)

• खुर्दा का विद्रोह **ओडिशा** से सम्बन्धित है।

• 1817 ई. का खुर्दा विद्रोह अंग्रेजों के खिलाफ एक सशस्त्र विद्रोह था।

• इसे **पाइका विद्रोह** या **पाइक विद्रोह** के नाम से भी जाना जाता है। जिसका नेतृत्व **बक्सी जगबन्धु** ने किया था

271. निम्नलिखित में से किस शहर में महात्मा गाँधी ने ब्रिटिश बागान मालिकों द्वारा थोपी गई नील की खेती के खिलाफ किसान आन्दोलन का नेतृत्व किया था? **SSC CGL Tier-1 11.09.2024 (Shift-II)**

(a) खेड़ा (b) बारदोली
(c) चम्पारण (d) गोरखपुर

उत्तर (c)

• **चम्पारण** में महात्मा गाँधी ने ब्रिटिश बागान मलिकों द्वारा थोपी गई नील की खेती के खिलाफ किसान आन्दोलन का नेतृत्व किया था।
• इस आंदोलन के बाद गाँधीजी को 'महात्मा' की उपाधि से सम्मानित किया गया।
• इस आन्दोलन के दौरान गाँधीजी के नेतृत्व में किसानों ने तिनकठिया प्रणाली के खिलाफ बड़े पैमाने पर विरोध प्रदर्शन और सविनय अवज्ञा कार्रवाई की।
• इस आन्दोलन के दौरान गाँधीजी ने मजरूल हक, नरहरि पारिख, राजेन्द्र प्रसाद और जे. बी. कृपलानी के साथ कार्य किया था।

272. निम्नलिखित में से किसके द्वारा वर्ष 1929 में बिहार प्रान्तीय किसान सभा का गठन किया गया था? **SSC CGL Tier-1 9.09.2024 (Shift-I)**
(a) जयप्रकाश नारायण
(b) स्वामी सहजानन्द सरस्वती
(c) जे.एम. सेनगुप्ता
(d) कुँवर सिंह
उत्तर (b)
• **स्वामी सहजानन्द सरस्वती** द्वारा वर्ष 1929 में बिहार प्रान्तीय किसान सभा का गठन किया गया था।
• इसकी स्थापना बिहार के सारन जिले के सोनपुर मेले में की गई थी।
• बिहार प्रान्तीय किसान सभा का उद्देश्य जमींदारी व्यवस्था को समाप्त करना, कृषि और ग्रामीण मजदूरों को मुफ्त में जमीन देना एवं किसानों की शिकायतों को संगठित करना शामिल था।

273. पूर्वी गोदावरी क्षेत्र में कोया विद्रोह किस वर्ष हुआ था? **SSC CGL 07.03.2023 (Shift-I)**
(a) 1879-1880 ई. (b) 1882-1883 ई.
(c) 1874-1875 ई. (d) 1887-1888 ई.
उत्तर (a)
• पूर्वी गोदावरी क्षेत्र में कोया विद्रोह वर्ष **1879-1880 ई.** में हुआ था।
• इसका प्रमुख कारण आदिवासियों के जंगल सम्बन्धी अधिकारों को अंग्रेज सरकार द्वारा छीनना था।
• इसके साथ ही सरकार द्वारा ताड़ी के घरेलू उत्पादन पर कर लगाना भी विद्रोह का एक प्रमुख कारण था।
• कोया विद्रोह दो चरणों में हुआ, प्रथम चरण को नेतृत्व टोम्पा सोरा तथा द्वितीय चरण का नेतृत्व **राजन अनन्त रैय्यार** ने किया था।

SSC CGL 2023 (Tier I & II)

274. 'टाइगर लीजन' या 'फ्री इण्डिया लीजन' के संस्थापक कौन थे? **SSC CGL Tier-1 14.07.2023 (Shift-I)**
(a) लाला हरदयाल
(b) सुभाषचन्द्र बोस
(c) सोहन सिंह भाकना
(d) विनायक दामोदर सावरकर
उत्तर (b)
• 'टाइगर लीजन' या 'फ्री इण्डिया लीजन' के संस्थापक **सुभाषचन्द्र बोस** थे।
• यह संस्था वर्ष 1942 से लेकर वर्ष 1945 तक सक्रिय रही।
• इसे **आजाद हिन्द फौज** के नाम से भी जाना जाता है।
• इसकी स्थापना वर्ष 1941 के शुरुआती दौर में जर्मन में रहने वाले भारतीय और उत्तरी अफ्रीकी अभियान के दौरान पकड़े गए युद्ध बन्दियों के सहयोग से की गई थी।
• द्वितीय युद्ध के दौरान स्थापित यह एक सैन्य इकाई थी।

275. भारत में अंग्रेजों द्वारा शुरू की गई राजस्व संग्रह की रैयतवाड़ी व्यवस्था ········ पर आधारित थी। **SSC CGL Tier-1 14.07.2023 (Shift-I)**
(a) माल्थस के लगान सिद्धान्त
(b) स्मिथ के लगान सिद्धान्त
(c) रिकार्डो के लगान सिद्धान्त
(d) मार्क्स के लगान सिद्धान्त
उत्तर (c)
• रैयतवाड़ी व्यवस्था **रिकार्डो के लगान सिद्धान्त** पर आधारित थी।
• रैयतवाड़ी प्रथा **1820 ई.** में मद्रास प्रेसीडेन्सी के बारामहल जिले में टॉमस मुनरो द्वारा आरम्भ की गई। यह व्यवस्था ब्रिटिश भारत के 51% भू-भाग पर लागू थी।
• इस प्रथा के योजनाकार **कर्नल रीड व टॉमस मुनरो** थे।
• इस प्रथा में किसानों को लगान के रूप में उपज का आधा भाग राजस्व के रूप में देना होता था।

276. किस देश के अधिकारियों ने भारतीयों को ले जा रहे जहाज कामागाटा मारू को प्रवेश की अनुमति देने से इनकार कर दिया? **SSC CGL Tier-1 18.07.2023 (Shift-I)**
(a) न्यूजीलैण्ड (b) ऑस्ट्रेलिया
(c) कनाडा (d) अमेरिका
उत्तर (c)
• अप्रैल, 1914 में सिंगापुर के व्यवसायी **बाबा गुरुदत्त सिंह** ने **जापानी जहाज कामागाटा मारू** किराए पर लेकर 376 व्यक्तियों को बैंकूवर (कनाडा) ले जाने का प्रयत्न किया।
• इसमें से केवल 24 व्यक्तियों को ही कनाडा में प्रवेश दिया गया तथा अन्य को वापस भारत लौटा दिया गया।

277. निम्नलिखित में से कौन अलीगढ़ आन्दोलन के संस्थापक थे, जो भारत में मुसलमानों के पुनरुत्थान के लिए काफी हद तक उत्तरदायी थे? **SSC CGL Tier-1 18.07.2023 (Shift-II)**
(a) मिर्जा गुलाम अहमद
(b) मुहम्मद इकबाल
(c) सैयद अहमद खान
(d) अब्दुल गफ्फार खान
उत्तर (c)
• अलीगढ़ आन्दोलन के संस्थापक **सैयद अहमद खान** थे।
• इस आन्दोलन का उद्देश्य मुस्लिम लीग के एक वर्ग को आधुनिक अंग्रेजी भाषा और ज्ञान प्राप्त करने के लिए प्रेरित करना था।
• सैयद अहमद ने **तहजीब उल-अखलाक** नामक पत्रिका का सम्पादन किया।

278. मोपला या मुस्लिम किसानों ने एक शक्तिशाली जमींदार विरोधी आन्दोलन खड़ा किया था, वह आन्दोलन किस राज्य में किया गया था? **SSC CGL Tier-1 19.07.2023 (Shift-I)**
(a) केरल (b) तमिलनाडु
(c) बंगाल (d) उत्तर प्रदेश
उत्तर (a)
• मोपला विद्रोह **केरल** में किसानों द्वारा किया गया था।
• यह लोकप्रिय विद्रोह वर्ष 1920-22 में **कुलीन हिन्दुओं** द्वारा नियन्त्रित प्रचलित सामन्त व्यवस्था के खिलाफ था।
• मोपला विद्रोह एक सशस्त्र विद्रोह था।
• इस विद्रोह के नेता **वरियामकुनाथ कुँजाहमद हाजी** थे।

प्रमुख भारतीय जन विद्रोह

संन्यासी विद्रोह	बंगाल	1763-1800
फकीर विद्रोह	बंगाल	1776-77
पाइका विद्रोह	ओडिशा	1817-25
अहोम विद्रोह	असम	1828-33
फरायजी विद्रोह	बंगाल	1838-57
कूका विद्रोह	पंजाब	1840-72

279. प्रथम अखिल भारतीय किसान सभा का गठन कहाँ हुआ था? **SSC CGL Tier-1 21.07.2023 (Shift-IV)**
(a) अमृतसर (b) दिल्ली
(c) लखनऊ (d) लाहौर
उत्तर (c)
• प्रथम अखिल भारतीय किसान सभा का गठन **लखनऊ** में हुआ था।
• **सहजानन्द सरस्वती** इसके **अध्यक्ष** और **एम जी रांगा महासचिव** बनाए गए थे।
• अगस्त, 1936 में जारी **किसान मैनिफेस्टो** में जमींदारी व्यवस्था को समाप्त करने और ग्रामीण ऋणों को रद्द करने की माँग की गई थी।
• अक्टूबर, 1937 में इसने अपने बैनर के रूप में लाल झण्डे को अपनाया।

280. रैयतवाड़ी बन्दोबस्त, जिसमें काश्तकारों को सीधे सरकार को वार्षिक कर चुकाना पड़ता था, शुरुआत में निम्नलिखित में से किस प्रान्त में शुरू किया गया था? **SSC CGL Tier-1 29.07.2023 (Shift-I)**
(a) मद्रास और बॉम्बे (b) मध्य प्रान्त
(c) असम और बंगाल (d) पंजाब
उत्तर (a)

• रैयतवाड़ी बन्दोबस्त **मद्रास और बॉम्बे** में शुरू किया गया था।
• यह व्यवस्था लगभग 51% भू-भाग पर लागू की गई थी।
• यह व्यवस्था सर्वप्रथम 1792 ई. में **कर्नल रीड** द्वारा लागू की गई।
• इसमें रैयतों या किसानों को भूमि का मालिकाना हक प्रदान किया गया।

281. चम्पारण सत्याग्रह .... में हुआ था।
SSC CGL Tier-1 24.07.2023 (Shift-IV)

(a) वर्ष 1920 (b) वर्ष 1923
(c) वर्ष 1917 (d) वर्ष 1914

उत्तर (c)

• चम्पारण सत्याग्रह एक किसान विद्रोह था, जो ब्रिटिश औपनिवेशिक काल के दौरान भारत के बिहार के **चम्पारण जिले** में **वर्ष 1917** में हुआ था।

282. मुख्यत: किसके कहने पर महात्मा गाँधी किसानों की समस्याओं को समझने के लिए चम्पारण गए थे? **SSC CGL Tier-1 26.07.2023 (Shift-III)**

(a) मौलाना मजहरुल हक
(b) वल्लभभाई पटेल
(c) राजकुमार शुक्ल
(d) जयप्रकाश नारायण

उत्तर (c)

• **राजकुमार शुक्ल** के कहने पर महात्मा गाँधी किसानों की समस्याओं को समझने के लिए चम्पारण गए थे।
• चम्पारण आन्दोलन का मुख्य उद्देश्य नील की खेती करने वाले किसानों के शोषण को रोकना था।

283. कूका विद्रोह (Kuka Movement) की शुरुआत निम्नलिखित में से किसने की थी?
SSC CGL Tier-1 14.03.2023 (Shift-I)

(a) बाबा दयाल दास
(b) सतगुरु रामसिंह
(c) ठाकुर सिंह संधवालिया
(d) बालक सिंह

उत्तर (b)

• कूका विद्रोह की शुरुआत 1871-72 ई. में **सतगुरु रामसिंह** ने की थी।
• इसका सामान्य उद्देश्य अंग्रेजों को देश से बाहर निकालना था।
• यह पंजाब के कूका लोगों द्वारा किया गया एक सशस्त्र विद्रोह था। यह अंग्रेजों द्वारा **गाय की हत्या** को बढ़ावा देने के विरोध में किया गया था।

284. ईस्ट इण्डिया कम्पनी और जमींदारों के बीच राजस्व को निश्चित करने के लिए 1793 ई. में इस्तमरारी व्यवस्था नीति किसने शुरू की थी?
SSC CGL Tier-1 10.08.2023 (Shift-II)

(a) लॉर्ड विलियम बैण्टिंक
(b) लॉर्ड रिपन
(c) लॉर्ड वेलेजली
(d) लॉर्ड कॉर्नवालिस

उत्तर (d)

• **लॉर्ड कॉर्नवालिस** ने 1790 ई. के दशक में दस वर्ष के लिए इस्तमरारी व्यवस्था को लागू किया।
• इसे 1793 ई. में स्थायी बन्दोबस्त में परिवर्तित कर दिया गया।
• इसे जमींदारी व्यवस्था भी कहा जाता है।

SSC MTS 2024

285. निम्नलिखित में से कौन-सी घटना वर्ष 1928 में घटी थी? **SSC MTS Tier-1 17.10.2024 (Shift-II)**

(a) खेड़ा सत्याग्रह (b) काकोरी काण्ड
(c) बारदोली सत्याग्रह (d) दाण्डी मार्च

उत्तर (c)

• बारदोली (गुजरात) सत्याग्रह वर्ष 1928 में हुआ था।
• इस सत्याग्रह का नेतृत्व सरदार वल्लभभाई पटेल ने किया था।
• यह सत्याग्रह ब्रिटिश औपनिवेशिक सरकार द्वारा किसानों पर बढ़ाए गए कर (22%) के खिलाफ एक अहिंसक विरोध था।
• बारदोली के आन्दोलन में कई महिलाएँ शामिल हुईं और इन्हीं महिलाओं ने पटेल को **सरदार** की उपाधि से सम्मानित किया था।

286. मुस्लिम कृषकों का एक संगठित विरोध, मोपला विद्रोह भारत के किस वर्तमान राज्य में हुआ? **SSC MTS Tier-1 14.10.2024 (Shift-I)**

(a) पंजाब (b) तमिलनाडु
(c) बिहार (d) केरल

उत्तर (d)

• मुस्लिम कृषकों का एक संगठित विरोध, मोपला विद्रोह (1921) भारत के केरल राज्य में हुआ।
• इसे **मालाबार विद्रोह** के नाम से जाना जाता है।
• यह दक्षिण भारत का **पहला किसान विद्रोह** था।
• ये किसान मुस्लिम काश्तकार थे, जो मालाबार क्षेत्र में निवास करते थे, जहाँ अधिकांश जमींदार हिन्दू थे।

287. निम्नलिखित में से किसे भारत में गाँधीजी द्वारा सत्याग्रह का पहला प्रयोग माना जाता है?
SSC MTS Tier-1 14.10.2024 (Shift-I)

(a) चम्पारण (b) खेड़ा
(c) अहमदाबाद (d) रॉलट सत्याग्रह

उत्तर (a)

• चम्पारण (1917) भारत में गाँधीजी द्वारा सत्याग्रह का पहला प्रयोग माना जाता है।
• इस आन्दोलन में गाँधीजी ने दक्षिण अफ्रीका में अपनाए गए सत्याग्रह और अहिंसा के तरीकों का प्रयोग किया था।

288. ईंट से बनी किस मीनार के नाम 73 मीटर ऊँचाई के साथ दुनिया की सबसे ऊँची मीनार होने का रिकॉर्ड है?
SSC MTS Tier-1 14.11.2024 (Shift-III)

(a) जाम की मीनार (अफगानिस्तान)
(b) कुतुबमीनार (भारत)
(c) ट्यूरिन की मीनार (इटली)
(d) कल्याण मीनार (उज्बेकिस्तान)

उत्तर (b)

• ईंट से बनी कुतुबमीनार (भारत) के नाम 73 मीटर ऊँचाई के साथ दुनिया की सबसे ऊँची मीनार होने का रिकॉर्ड है।
• इस मीनार को **कुतुबुद्दीन ऐबक** ने बनवाया था।
• 1368 ई. में फिरोजशाह तुगलक ने इस मीनार की पाँचवीं और अन्तिम मंजिल का निर्माण करवाया था।
• इसे वर्ष 1993 में यूनेस्को ने विश्व **धरोहर स्थल** घोषित किया था।

289. ब्रिटेन में भारतीय कपड़ों की लोकप्रियता के कारण भारतीय कपड़ों पर प्रतिबन्ध लगाने के लिए एक कानून पारित किया गया था। वह कानून निम्नलिखित में से कौन-सा था?
SSC MTS Tier-1 09.10.2024 (Shift-I)

(a) केलिको अधिनियम (b) वस्त्र अधिनियम
(c) मखमल अधिनिमय (d) कैल्सो अधिनियम

उत्तर (a)

• ब्रिटेन में भारतीय कपड़ों की लोकप्रियता के कारण भारतीय कपड़ों पर प्रतिबन्ध लगाने के लिए **केलिको अधिनियम** पारित किया गया था।
• यह अधिनियम 1720 ई. में पारित एक ब्रिटिश कानून था, जिसका उद्देश्य भारतीय सूती कपड़ों के आयात और खपत को प्रतिबन्धित करके घरेलू कपड़ा उद्योग की रक्षा करना था।
• समय के साथ जैसे-जैसे ब्रिटेन का अपना कपास उद्योग विकसित हुआ, तब केलिको अधिनियम द्वारा लगाए गए प्रतिबन्ध धीरे-धीरे हटा लिए गए।

SSC MTS 2023 & 2022

290. भारतीय राष्ट्रीय कांग्रेस की पहली महिला अध्यक्ष कौन थीं? **SSC MTS 08.09.2023 (Shift-II)**

(a) आसफ अली (b) सरोजिनी नायडू
(c) ऐनी बेसेण्ट (d) उषा मेहता

उत्तर (c)

• **ऐनी बेसेण्ट** ने वर्ष 1917 के कलकत्ता अधिवेशन में कांग्रेस की अध्यक्षता की थी।
• वह आयरिश मूल की निवासी थी।
• भारतीय राष्ट्रीय कांग्रेस का गठन 28 दिसम्बर, 1885 को ए.ओ. ह्यूम के द्वारा किया गया था।
• सरोजिनी नायडू भारतीय कांग्रेस की पहली भारतीय महिला अध्यक्ष थी।

291. निम्नलिखित में से किसने 1887 ई. में भारतीय राष्ट्रीय कांग्रेस को अध्यक्ष के रूप में सम्बोधित किया था? **SSC MTS 12.07.2022 (Shift-I)**

(a) डब्ल्यू सी. बनर्जी
(b) बदरुद्दीन तैयबजी
(c) बालगंगाधर तिलक
(d) दादाभाई नौरोजी

उत्तर (b)

• **बदरुद्दीन तैयबजी** ने 1887 ई. में भारतीय राष्ट्रीय कांग्रेस के तीसरे अधिवेशन की अध्यक्षता की थी।

• ये भारतीय राष्ट्रीय कांग्रेस के प्रथम मुस्लिम अध्यक्ष थे।
• इन्होंने समाजसेवी के रूप में इस्लाम धर्म में सुधार के लिए **अंजुमन-ए-इस्लाम** नामक संस्था भी बनाई थी।

SSC GD 2024

292. अमृतसर की सन्धि पर कब हस्ताक्षर किए गए थे? **SSC GD 20.02.2024 (Shift-II)**

(a) 1809 ई. (b) 1808 ई.
(c) 1811 ई. (d) 1810 ई.

उत्तर (a)

• अमृतसर की सन्धि पर 1809 ई. में हस्ताक्षर किए गए थे।
• अमृतसर की सन्धि रणजीत सिंह और ब्रिटिश (ईस्ट इण्डिया कम्पनी) के बीच में हुई थी।
• अमृतसर की सन्धि ने रणजीत सिंह के सतलुज नदी के पूर्वी तट पर विस्तार को सीमित कर दिया और उत्तर में राज्य के विस्तार को अनुमति दी। इस समय **लॉर्ड मिण्टो** भारत के गवर्नर-जनरल थे।
• इस सन्धि को **मिण्टो-मेटकॉफ** सन्धि के रूप में भी जाना जाता है।

293. जलियाँवाला बाग हत्याकाण्ड, ……… के विरोध के परिणामस्वरूप हुआ। **SSC GD 20.02.2024 (Shift-IV)**

(a) विनियमन अधिनियम
(b) पीट्स इण्डिया एक्ट
(c) रॉलेट एक्ट
(d) भारत सरकार अधिनियम

उत्तर (c)

• जलियाँवाला बाग हत्याकाण्ड, **रॉलेट एक्ट** के विरोधास्वरूप हुआ था।
• रॉलेट एक्ट के खिलाफ देशव्यापी हड़ताल का आह्वान किया गया था। इसके बाद मार्च के अन्त और अप्रैल की शुरुआत में कई हिस्सों में बड़े पैमाने पर प्रदर्शन हुए और उसका परिणाम 13 अप्रैल, 1919 के नरसंहार के रूप में दिखा।
• गुरुदेव रवीन्द्रनाथ टैगोर ने इस हत्याकाण्ड के विरोध-स्वरूप अपनी **नाइटहुड** की उपाधि वापस कर दी।

294. वर्ष 1919 में गाँधीजी ने रॉलेट एक्ट, जिसने अभिव्यक्ति की स्वतन्त्रता जैसे ……… पर अंकुश लगाया था, के विरुद्ध सत्याग्रह का आह्वान किया। **SSC GD 21.02.2024 (Shift-III)**

(a) मौलिक कर्त्तव्य
(b) केवल नागरिक अधिकार
(c) मौलिक अधिकार
(d) अन्तर्राष्ट्रीय अधिकार

उत्तर (c)

• रॉलेट एक्ट ने अभिव्यक्ति की स्वतन्त्रता जैसे **मौलिक अधिकार** पर अंकुश लगाया था।
• ब्रिटिश औपनिवेशिक सरकार ने भारत में क्रान्तिकारियों के प्रभाव को समाप्त करने के लिए **सर सिडनी रॉलेट** की अध्यक्षता में एक समिति नियुक्त की थी।
• इस समिति की सिफारिश के आधार पर एक विधेयक लाया गया, जिसे **रॉलेट एक्ट** के नाम से जाना जाता है। इस विधेयक का उद्देश्य देश में हो रहे राष्ट्रवादी विद्रोह को रोकना था।

295. निम्नलिखित में से कौन यंग बंगाल आन्दोलन से जुड़ा था? **SSC GD 21.02.2024 (Shift-III)**

(a) विलियम जॉन्स (b) चार्ल्स वुड
(c) हेनरी थॉमस कोलब्रुक (d) हेनरी डेरोजियो

उत्तर (d)

• 1820 और 1830 ई. के अन्त में, बंगाल के युवाओं में एक क्रान्तिकारी और बौद्धिक प्रवृत्ति उभरी, जिसे **यंग बंगाल आन्दोलन** के नाम से जाना जाता है।
• इस प्रगतिशील प्रवृत्ति का नेतृत्व एक युवा यूरोपीय **हेनरी विवियन डेरोजियो** ने किया था।
• 1826 ई. में उन्हें हिन्दू कॉलेज का अध्यापक नियुक्त किया गया था।

296. साइमन कमीशन ……… में भारत आया। **SSC GD 22.02.2024 (Shift-I)**

(a) वर्ष 1919 (b) वर्ष 1931
(c) वर्ष 1922 (d) वर्ष 1928

उत्तर (d)

• **3 फरवरी, 1928** को साइमन कमीशन भारत आया था।
• साइमन कमीशन का मूल उद्देश्य वर्ष 1919 के भारत सरकार अधिनियम की जाँच करना था।
• साइमन कमीशन में सात सदस्य थे और सभी अंग्रेज थे इसलिए इसे **श्वेत आयोग** या **व्हाइट मैन कमीशन** भी कहा जाता है।
• आयोग ने अपनी रिपोर्ट ब्रिटिश संसद में वर्ष 1930 में प्रस्तुत की।

297. बारदोली सत्याग्रह निम्नलिखित में से किस वर्ष हुआ था? **SSC GD 24.02.2024 (Shift-III)**

(a) 1928 (b) 1924 (c) 1926 (d) 1922

उत्तर (a)

• बारदोली सत्याग्रह **वर्ष 1928** में हुआ था।

SSC Steno 2024

298. 1928 में सरदार वल्लभभाई पटेल किस प्रमुख किसान आन्दोलन के नेता थे? **SSC Steno Tier-1 11.12.2024 (Shift-II)**

(a) चम्पारण सत्याग्रह (b) बारदोली सत्याग्रह
(c) जंगल सत्याग्रह (d) दाण्डी सत्याग्रह

उत्तर (b)

• वर्ष 1928 में सरदार वल्लभभाई पटेल बारदोली सत्याग्रह किसान आन्दोलन के नेता थे।

भारतीय राष्ट्रीय आन्दोलन और संवैधानिक विकास

भारतीय राष्ट्रीय कांग्रेस (1885)

• भारतीय राष्ट्रीय कांग्रेस की स्थापना एक अवकाश प्राप्त अंग्रेज अधिकारी **ए ओ ह्यूम** द्वारा 1885 ई. में की गई।
• भारतीय राष्ट्रीय कांग्रेस का पहला अधिवेशन गोकुलदास तेजपाल संस्कृत महाविद्यालय, बम्बई में हुआ था। इसके प्रथम अध्यक्ष **व्योमेशचन्द्र बनर्जी** थे। इसमें 72 प्रतिनिधियों ने भाग लिया था।

बंगाल विभाजन (1905)

• राष्ट्रीय चेतना के दमन हेतु **लॉर्ड कर्जन** ने 19 जुलाई, 1905 को बंगाल विभाजन की घोषणा की, जो 16 अक्टूबर, 1905 से प्रभावी हुई।
• 7 अगस्त, 1905 को कोलकाता के टाउन हॉल में स्वदेशी आन्दोलन की घोषणा की गई। इस अवसर पर **रवीन्द्रनाथ टैगोर** ने 'आमार सोनार बांग्ला' नामक गीत लिखा, जो बाद में बांग्लादेश का राष्ट्रगान बना।
• 16 अक्टूबर, 1905 को बंगाल विभाजन के दिन पूरे देश में 'शोक दिवस' मनाया गया।

दिल्ली दरबार (1911)

• इंग्लैण्ड के सम्राट जॉर्ज पंचम एवं महारानी मेरी के स्वागत में वर्ष 1911 में दिल्ली में एक भव्य दरबार का आयोजन किया गया।
• इसमें बंगाल का विभाजन रद्द करने तथा भारत की राजधानी को कलकत्ता से दिल्ली स्थानान्तरित करने की घोषणा हुई।
• अप्रैल, 1912 में दिल्ली भारत की राजधानी बनी।

होमरूल आन्दोलन (1916)

• **ऐनी बेसेण्ट** ने सितम्बर, 1916 में **अड्यार** (मद्रास) में होमरूल लीग की स्थापना की। इसके प्रथम सचिव **जॉर्ज अरुण्डेल** थे।
• **बाल गंगाधर तिलक** ने 28 अप्रैल, 1916 को **पूना** में होमरूल लीग गठित की।
• तिलक ने अपने पत्र 'मराठा' तथा 'केसरी' और ऐनी बेसेण्ट ने 'न्यू इण्डिया' तथा 'कॉमनवील' के माध्यम से लीग का प्रचार किया।

लखनऊ कांग्रेस समझौता (1916)

• अध्यक्ष – **अम्बिका चरण मजूमदार**
• प्रमुख घटनाएँ – कांग्रेस एवं मुस्लिम लीग के मध्य समझौता हुआ।
• कांग्रेस के नरमपंथी एवं गरमपंथी पुनः एक हुए।

राष्ट्रीय आन्दोलन (गाँधी युग)

महात्मा गाँधी

• जन्म – 2 अक्टूबर, 1869 (गुजरात, पोरबन्दर)
• दक्षिण अफ्रीका गए – 1893 ई.
• भारत लौटे – जनवरी, 1915
• साबरमती आश्रम की स्थापना – 1916 (अहमदाबाद)
• अप्रैल, 1917 में बिहार के **चम्पारण** में किसानों पर नील की खेती के लिए तिनकठिया पद्धति के द्वारा किए जा रहे अत्याचार के खिलाफ आवाज उठाई।
• चम्पारण के पश्चात् गाँधीजी ने **अहमदाबाद** मिल हड़ताल (1918) के मुद्दे पर हस्तक्षेप किया।

- वर्ष 1918 में गुजरात के **खेड़ा** में लगान अदायगी के विरुद्ध आन्दोलन चलाया।

रॉलेट एक्ट

- भारत में क्रान्तिकारी भावना को समाप्त करने के लिए ब्रिटिश सरकार ने न्यायाधीश **सर सिडनी रॉलेट** की अध्यक्षता में एक कमेटी नियुक्त की।
- वर्ष 1919 में जो विधेयक पारित किया गया, उसे रॉलेट एक्ट अथवा काला कानून कहा गया।
- रॉलेट एक्ट को बिना वकील, बिना अपील, बिना दलील का कानून कहा गया।

जलियाँवाला बाग हत्याकाण्ड

- 13 अप्रैल, 1919 को वैशाखी के दिन अमृतसर के जलियाँवाला बाग में **डॉ. सत्यपाल** एवं **सैफुद्दीन किचलू** की गिरफ्तारी के विरोध में एक सार्वजनिक सभा का आयोजन किया गया था। यह सभा **हंसराज** ने बुलाई थी, जो बाद में सरकारी गवाह बन गया।
- **जनरल ओ. डायर** ने बिना किसी पूर्व सूचना के हजारों की संख्या में मौजूद लोगों पर गोलियाँ चलवा दीं, लगभग 1000 लोग मारे गए। वर्ष 1940 में ऊधमसिंह ने लंदन में जनरल ओ' डायर की हत्या कर दी।
- इस काण्ड के विरोधस्वरूप **रवीन्द्रनाथ टैगोर** ने **नाइटहुड** की उपाधि, महात्मा गाँधी ने 'कैसर-ए-हिन्द' की उपाधि जमनालाल बजाज ने 'रायबहादुर' की उपाधि लौटा दी तथा सर शंकरन नायर ने वायसराय की कार्यकारिणी परिषद् से इस्तीफा दे दिया।

खिलाफत आन्दोलन (1920)

- 23 नवम्बर, 1919 में अखिल भारतीय खिलाफत कमेटी के दिल्ली अधिवेशन की अध्यक्षता गाँधीजी ने की।
- 31 अगस्त, 1920 को **खिलाफत दिवस** मनाया गया। इस आन्दोलन का नेतृत्व मुहम्मद अली और शौकत अली ने किया।

असहयोग आन्दोलन (1920)

- **लाला लाजपत राय** की अध्यक्षता में कलकत्ता अधिवेशन में असहयोग आन्दोलन का प्रस्ताव पारित हुआ। अगस्त, 1920 में **गाँधीजी** ने असहयोग आन्दोलन की शुरुआत की।
- इस आन्दोलन के दौरान शिक्षण संस्थाओं तथा न्यायालयों का बहिष्कार किया गया।
- असहयोग आन्दोलन में गिरफ्तार होने वाले पहले प्रमुख नेता **मुहम्मद अली** थे।
- उत्तर प्रदेश के गोरखपुर जिले में स्थित **चौरी-चौरा** में 5 फरवरी, 1922 को प्रदर्शनकारी भीड़ द्वारा पुलिस के 22 जवानों को थाने के अन्दर जिन्दा जला दिया गया।
- इस घटना से आहत होकर गाँधीजी ने 11 फरवरी, 1922 को असहयोग आन्दोलन वापस ले लिया।

स्वराज पार्टी

- स्थापना - 1 जनवरी, 1923
- संस्थापक - सी. आर. दास एवं मोतीलाल नेहरू
- स्थान - प्रयागराज (इलाहाबाद)

साइमन कमीशन (1927)

- गठन – 1927
- अध्यक्ष – **जॉन साइमन**
- कुल सदस्य – 7 (अध्यक्ष सहित)
- भारत आगमन – 3 फरवरी, 1928 (बंबई)
- इस आयोग का कार्य इस बात की सिफारिश करना था कि भारत के संवैधानिक विकास का स्वरूप कैसा हो।
- इस आयोग में किसी भी भारतीय को शामिल नहीं करने के कारण भारत में इसका तीव्र विरोध हुआ।
- आयोग के विरोध के दौरान लाहौर में हुए लाठीचार्ज में गहरी चोट के कारण वर्ष 1928 में लाला लाजपत राय की मृत्यु हो गई।

पूर्ण स्वराज की घोषणा (1929)

- दिसम्बर, 1929 में भारतीय राष्ट्रीय कांग्रेस का वार्षिक अधिवेशन **लाहौर** में रावी नदी के किनारे हुआ।
- इस अधिवेशन में कांग्रेस अध्यक्ष जवाहरलाल नेहरू ने **पूर्ण स्वराज** की घोषणा की।
- 26 जनवरी, 1930 को पूरे देश में स्वतन्त्रता दिवस के रूप में मनाने का निर्णय लिया गया।

प्रथम गोलमेज सम्मेलन (1930)

- आयोजन – 12 नवम्बर, 1930 से (लंदन में)
- अध्यक्षता- ब्रिटेन के प्रधानमंत्री रैम्जे मैक्डोनाल्ड
- कांग्रेस द्वारा इसका बहिष्कार किया गया।

गाँधी–इरविन समझौता (1931)

- समझौता – 5 मार्च, 1931 को (गाँधीजी एवं लॉर्ड इरविन के मध्य)
- गाँधी-इरविन समझौते को **दिल्ली पैक्ट** के नाम से भी जाना जाता है।

द्वितीय गोलमेज सम्मेलन (1931)

- आयोजन – 7 सितम्बर से 1 दिसम्बर 1931 तक
- कांग्रेस का प्रतिनिधित्व – गांधी जी द्वारा
- परिणाम – साम्प्रदायिक समस्या पर विवाद के कारण असफल

तृतीय गोलमेज सम्मेलन (1932)

- आयोजन – 17 नवम्बर से 24 दिसम्बर, 1932 तक
- कांग्रेस द्वारा सम्मेलन का बहिष्कार।
- तीनों गोलमेज सम्मेलनों के दौरान इंग्लैण्ड का प्रधानमन्त्री **रैम्जे मैकडोनाल्ड** था।
- **बी. आर. अम्बेडकर** एवं **तेज बहादुर सप्रू** तीनों गोलमेज सम्मेलनों में शामिल होने वाले भारतीय थे।

कम्युनल अवॉर्ड (1932)

- ब्रिटिश प्रधानमन्त्री **रैम्जे मैकडोनाल्ड** ने 16 अगस्त, 1932 को 'कम्युनल अवॉर्ड' की घोषणा की। इसमें दलित वर्गों के लिए पृथक् निर्वाचन का प्रस्ताव था।
- इसके विरोध में गाँधीजी ने जेल में ही 20 सितम्बर, 1932 को आमरण अनशन प्रारम्भ कर दिया।
- मदनमोहन मालवीय, पुरुषोत्तमदास टण्डन, राजेन्द्र प्रसाद और सी. राजगोपालाचारी के प्रयत्नों से 24 सितम्बर, 1932 को गाँधीजी और अम्बेडकर के बीच **पूना समझौता** हुआ।
- समझौते के अन्तर्गत संयुक्त निर्वाचन के सिद्धान्त को स्वीकारा गया, साथ ही हरिजनों के लिए सुरक्षित 71 स्थानों को बढ़ाकर 147 कर दिया गया तथा केन्द्रीय विधानमण्डल में हरिजनों के लिए सुरक्षित सीटों की संख्या में 18% की वृद्धि की गई।

क्रान्तिकारी राष्ट्रवाद

- भारत में प्रथम क्रान्तिकारी घटना 22 जून, 1897 को घटित हुई थी।
- जब **चापेकर बन्धुओं** ने पूना में प्लेग अधिकारियों आयर्स्ट एवं रैण्ड की हत्या कर दी।
- **अभिनव भारत** नामक क्रान्तिकारी संस्था की स्थापना वर्ष 1904 में **वी डी सावरकर** ने की थी।
- **श्यामजी कृष्ण वर्मा** ने वर्ष 1905 में लन्दन में **इण्डिया हाउस** की स्थापना की थी।
- श्यामजी कृष्ण वर्मा को **क्रांतिकारियों का पिता** भी कहा जाता है।
- वर्ष 1908 में खुदीराम बोस एवं प्रफुल्ल चाकी द्वारा मुजफ्फरपुर के जज किंग्सफोर्ड की हत्या का प्रयास किया गया।
- वर्ष 1912 में लॉर्ड हार्डिंग के जुलूस पर दिल्ली में रास बिहारी घोष ने बम फेंका था।
- शचीन्द्र सान्याल, जोगेशचन्द्र चटर्जी, रामप्रसाद बिस्मिल और चन्द्रशेखर आजाद ने अक्टूबर, 1924 में कानपुर में क्रान्तिकारी संस्था **हिन्दुस्तान रिपब्लिकन एसोसिएशन** (एच. आर. ए.) का गठन किया।
- इस संस्था द्वारा 9 अगस्त, 1925 को आठ डाउन सहारनपुर-लखनऊ पैसेंजर ट्रेन को रोककर काकोरी नामक स्थान पर ट्रेन में जा रहे सरकारी खजाने को लूटा गया। यह घटना **काकोरी काण्ड** के नाम से चर्चित है।
- **काकोरी षड्यन्त्र** में रामप्रसाद बिस्मिल, अशफाक उल्ला खाँ, रोशन सिंह और राजेन्द्र लाहिड़ी को क्रमशः गोरखपुर, फैजाबाद, इलाहाबाद तथा गोंडा में फाँसी दी गई।
- हिन्दुस्तान सोशलिस्ट रिपब्लिकन एसोसिएशन (HSRA) की स्थापना 10 सितम्बर, 1928 को दिल्ली में **चन्द्रशेखर आजाद** ने की थी।
- HSRA के सदस्यों- भगत सिंह, राजगुरु एवं चन्द्रशेखर आजाद द्वारा लाला लाजपत राय की हत्या के आरोपी साण्डर्स की 17 दिसम्बर, 1928 को लाहौर में हत्या कर दी गई।
- **भगत सिंह** और **बटुकेश्वर दत्त** ने 8 अप्रैल, 1929 को केन्द्रीय विधानमण्डल में बम फेंका।
- बंगाल के प्रसिद्ध क्रान्तिकारी मास्टर सूर्यसेन के नेतृत्व में वर्ष 1930 में **चटगाँव शस्त्रागार** पर धावा बोला गया था।
- चन्द्रशेखर आजाद 27 फरवरी, 1931 को पुलिस मुठभेड़ के दौरान इलाहाबाद के अल्फ्रेड पार्क में शहीद हुए। 23 मार्च, 1931 को **भगतसिंह, सुखदेव** और **राजगुरु** को लाहौर में फाँसी दी गई।
- 1 मई, 1939 को स्वतंत्रता सेनानी सुभाष चन्द्र बोस ने एक नये गुट का गठन किया, जिसे **फॉरवर्ड ब्लॉक** कहा गया।
- 21 अक्टूबर, 1943 को सुभाषचन्द्र बोस ने सिंगापुर मे भारत की अस्थायी सरकार का गठन किया, जिसका जर्मनी व जापान ने समर्थन किया।
- अक्टूबर, 1943 में **सुभाषचन्द्र बोस** को **आजाद हिन्द फौज** का सर्वोच्च सेनापति बनाया गया।
- 'आजाद हिन्द फौज' के गठन का विचार सर्वप्रथम **कैप्टन मोहन सिंह** के मन में आया था।

अगस्त प्रस्ताव (1940)
- अगस्त प्रस्ताव में भारत के लिए **डोमिनियन स्टेट्स** को मुख्य लक्ष्य माना गया।
- युद्ध के बाद संविधान सभा के गठन का लक्ष्य रखा गया।
- कांग्रेस ने अगस्त प्रस्ताव को अस्वीकार कर दिया।
- **लॉर्ड लिनलिथगो** अगस्त प्रस्ताव के समय वायसराय था।

पाकिस्तान की माँग

23 मार्च, 1940 को मुस्लिम लीग के लाहौर अधिवेशन (अध्यक्ष- मुहम्मद अली जिन्ना) में भारत से अलग एक मुस्लिम राष्ट्र पाकिस्तान की माँग की गई।

क्रिप्स मिशन (1942)
- क्रिप्स मिशन 23 मार्च, 1942 को भारत पहुँचा। इसके अध्यक्ष **स्टैफोर्ड क्रिप्स** थे।
- डोमिनियन स्टेट्स के साथ भारतीय संघ की स्थापना क्रिप्स मिशन में प्रस्तावित थी।
- युद्ध के पश्चात् प्रान्तीय विधानसभाओं द्वारा संविधान सभा के सदस्यों का चुनाव करने पर विचार किया गया।
- गाँधीजी ने क्रिप्स योजना के बारे में कहा था—''यह एक आगे की तारीख का चेक (Post Dated Cheque) है।''

राजगोपालाचारी फॉर्मूला (जुलाई, 1944)
- इसमें मुस्लिम लीग को भारतीय स्वतन्त्रता आन्दोलन का तुरन्त समर्थन करने को कहा गया।
- द्वितीय विश्व युद्ध के उपरान्त मुस्लिम बहुसंख्यक क्षेत्रों को आत्म-निर्धारण का अधिकार देने की बात की गई।
- देश के विभाजन की स्थिति में रक्षा, वाणिज्य एवं दूरसंचार के संचालन की व्यवस्था एक समझौते द्वारा की जाए।
- जिन्ना ने इस फॉर्मूले को अस्वीकार कर दिया, क्योंकि वे **द्वि-राष्ट्र सिद्धान्त** को स्वीकार करते थे।

कैबिनेट मिशन (1946)
- कैबिनेट मिशन 24 मार्च, 1946 को भारत पहुँचा।
- कैबिनेट मिशन के प्रमुख सदस्य **लॉर्ड पैंथिक लारेंस**, **स्टैफोर्ड क्रिप्स** तथा **ए. वी. एलेक्जेंडर** थे।
- जून, 1946 में लीग तथा कांग्रेस दोनों ने कैबिनेट मिशन योजना को स्वीकार कर लिया।
- बाद में 29 जुलाई, 1946 को मुस्लिम लीग ने अपनी स्वीकृति वापस ले ली।
- मुस्लिम लीग ने 16 अगस्त, 1946 को **प्रत्यक्ष कार्यवाही दिवस** मनाने की घोषणा की।
- 2 सितम्बर, 1946 में **जवाहरलाल नेहरू** के नेतृत्व में अन्तरिम सरकार का गठन हुआ।
- अक्टूबर, 1946 में मुस्लिम लीग, अन्तरिम सरकार में शामिल हुई।

एटली की घोषणा (20 फरवरी, 1947)
- इस घोषणा में 30 जून, 1948 तक सत्ता हस्तान्तरण की बात की गई।
- सत्ता हस्तान्तरण या तो एक सामान्य केन्द्र द्वारा या कुछ क्षेत्रों में प्रान्तीय सरकारों को गठित करने की घोषणा द्वारा हुई।

माउण्टबेटन योजना (3 जून, 1947)
- 24 मार्च, 1947 को भारत के अन्तिम ब्रिटिश वायसराय **लॉर्ड माउण्टबेटन** भारत आए।
- 3 जून, 1947 को लॉर्ड माउण्टबेटन द्वारा एक योजना की घोषणा की गई, जिसे 'माउण्टबेटन योजना' के नाम से जाना जाता है।
- इस योजना के अन्तर्गत भारत को भारत और पाकिस्तान में विभाजित करने की घोषणा की गई।

भारत में संवैधानिक विकास

1773 का रेग्यूलेटिंग एक्ट
- इसका उद्देश्य भारत में ईस्ट इण्डिया कम्पनी की गतिविधियों को **ब्रिटिश सरकार** की निगरानी में लाना था।
- फोर्ट विलियम प्रेसीडेन्सी (बंगाल) के प्रशासक को इस रेग्यूलेटिंग एक्ट के बाद गवर्नर जनरल कहा जाने लगा।
- कोर्ट ऑफ डायरेक्टर का कार्यकाल एक वर्ष के स्थान पर 4 वर्ष कर दिया गया।
- 1774 ई. में कलकत्ता में एक सुप्रीम कोर्ट की स्थापना की गई। बंगाल, बिहार, उड़ीसा तक इसका कार्य क्षेत्र था। **सर एलीजा इम्पे** को मुख्य न्यायाधीश नियुक्त किया गया।

1784 का पिट्स इण्डिया एक्ट
- भारत में गवर्नर-जनरल की काउन्सिल के **सदस्यों** की संख्या **तीन** कर दी गई, जिनमें से एक मुख्य सेनापति था।
- **छः कमिश्नरों** के एक **बोर्ड** का गठन हुआ, जिसे भारत में अंग्रेजी अधिकृत क्षेत्रों पर नियन्त्रण का पूरा अधिकार दे दिया गया।

1813 का चार्टर एक्ट
- इस चार्टर एक्ट द्वारा कम्पनी का भारतीय व्यापार से एकाधिकार समाप्त कर दिया गया, परन्तु **चीन** के साथ व्यापार एवं चाय के व्यापार पर एकाधिकार कम्पनी के पास सुरक्षित रहा।
- भारतीयों के लिए **एक लाख रुपये वार्षिक** शिक्षा, साहित्य में सुधार एवं पुनरुत्थान के लिए और भारतीय प्रदेशों में विज्ञान की प्रगति के लिए खर्च करने का प्रावधान किया गया।

1833 का चार्टर एक्ट
- इस अधिनियम द्वारा कम्पनी के सभी **व्यापारिक एकाधिकार** समाप्त कर दिए गए।
- इस अधिनियम ने प्रशासन का केन्द्रीकरण कर दिया, बंगाल के गवर्नर-जनरल को अब **भारत का गवर्नर-जनरल** बना दिया गया।
- बंगाल के गवर्नर जनरल को भारत का गवर्नर जनरल कहा जाने लगा।

1853 का चार्टर एक्ट
- इस अधिनियम के तहत कम्पनी को ब्रिटिश सरकार की ओर से भारतीय क्षेत्र ट्रस्ट के रूप में तब तक रखने की आज्ञा दी गई जब तक कि ब्रिटिश संसद ऐसा चाहे।
- सरकारी सेवाओं में भर्ती प्रतियोगी परीक्षा के द्वारा की जाने लगी।

1858 का अधिनियम
- 1858 के अधिनियम के लागू होने के बाद 1784 ई. के पिट्स इण्डिया एक्ट द्वारा स्थापित द्वैध शासन व्यवस्था की समाप्ति हो गई। देशी राजाओं का **क्राउन** से प्रत्यक्ष सम्बन्ध स्थापित हो गया।
- भारत का **गवर्नर-जनरल** अब भारत का **वायसराय** कहा जाने लगा। भारत सचिव के कार्यालय की स्थापना **लन्दन** में हुई।

1861 का भारतीय परिषद् अधिनियम
- यह पहला ऐसा अधिनियम था जिसमें **विभागीय प्रणाली** एवं **मन्त्रिमण्डलीय** प्रणाली की नींव रखी गई।
- इस अधिनियम ने भारत में प्रतिनिधि संस्थाओं को जन्म दिया। पहली बार विधि निर्माण में भारतीयों का सहयोग लेने का औपचारिक प्रयास किया गया।

1892 का भारतीय परिषद् अधिनियम
- केन्द्रीय एवं प्रान्तीय विधान परिषदों में सदस्यों की संख्या बढ़ाई गई, यद्यपि यह वृद्धि कम थी।
- निर्वाचन पद्धति की शुरुआत हुई, यद्यपि निर्वाचन परोक्ष था।
- परिषद् में सरकारी एवं मनोनीत सदस्यों का प्रभुत्व रहा।
- **वार्षिक बजट** पर वाद-विवाद तथा इससे सम्बन्धित प्रश्न पूछे जा सकते थे, परन्तु **मत विभाजन** का अधिकार नहीं दिया गया था।

1909 का भारतीय परिषद् अधिनियम
- 1909 के भारतीय परिषद् अधिनियम को **मार्ले-मिण्टो सुधार** के नाम से भी जाना जाता है।
- विधानपरिषद् के अधिकारों में वृद्धि हुई, उसे सामान्य सार्वजनिक हितों से सम्बन्धित प्रस्तावों पर बहस करने तथा पूरक प्रश्नों को पूछने का अधिकार मिल गया।
- मुसलमानों के लिए पृथक् निर्वाचन मण्डल की व्यवस्था की गई।

1919 का भारत सरकार अधिनियम
- इस अधिनियम को मॉण्टेग्यू-चेम्सफोर्ड सुधार के नाम से भी जाना जाता है।
- केन्द्र में द्विसदनीय विधान परिषद् स्थापित की गई।
- प्रान्तों में द्वैध शासन लागू किया, प्रान्तीय विषयों को दो भागों में विभाजित किया गया आरक्षित व हस्तान्तरित।

भारत सरकार अधिनियम, 1935
- इस अधिनियम द्वारा प्रान्तों में द्वैध शासन समाप्त करके केन्द्र में द्वैध शासन की व्यवस्था की गई। संघीय विषयों को दो भागों में संरक्षित एवं हस्तान्तरित में विभाजित किया गया। इस अधिनियम में एक **अखिल भारतीय संघ** की व्यवस्था की गई।
- प्रान्तीय स्वायत्तता की व्यवस्था की गई तथा **मताधिकार का विस्तार** किया गया और साम्प्रदायिक निर्वाचन को और बढ़ाकर इसे विस्तृत किया गया।
- अधिनियम के तहत इण्डिया काउन्सिल को खत्म कर दिया गया तथा एक संघीय न्यायालय की स्थापना की गई।

भारतीय स्वतन्त्रता अधिनियम, 1947
- ब्रिटिश संसद में 4 जुलाई, 1947 को 'भारतीय स्वतन्त्रता अधिनियम' प्रस्तावित किया गया, जो 18 जुलाई, 1947 को स्वीकृत हो गया।
- इस अधिनियम में 20 धाराएँ थीं, इस अधिनियम के प्रमुख प्रावधान निम्न हैं–
  - दो अधिराज्यों की स्थापना; भारत तथा पाकिस्तान नामक इन अधिराज्यों में एक-एक गवर्नर जनरल होंगे, जिनकी नियुक्ति उनके मन्त्रिमण्डल की सलाह से की जाएगी।
  - संविधान सभा का विधान मण्डल के रूप में कार्य करना।
  - भारत-मन्त्री के पद समाप्त कर दिए जाएँगे।
  - देशी रियासतों पर ब्रिटेन की सर्वोपरिता का अन्त कर दिया गया।

SSC CGL 2024 (Tier 1 & 2)

299. निम्नलिखित में से किस स्थान पर महात्मा गाँधी ने अन्य भारतीयों के साथ मिलकर नस्लीय भेदभाव के खिलाफ लड़ने के लिए नेटाल कांग्रेस (Natal Congress) की स्थापना की थी? **SSC CGL Tier-1 26.09.2024 (Shift-III)**

(a) भारत (b) दक्षिण अफ्रीका
(c) इंग्लैण्ड (d) फ्रांस

उत्तर (b)

• नेटाल इण्डियन, कांग्रेस की स्थापना महात्मा गाँधी ने अन्य भारतीयों के साथ मिलकर 1894 ई. में **दक्षिण अफ्रीका** में की थी।
• इस संगठन का उद्देश्य दक्षिण अफ्रीका में भारतीयों के विरुद्ध भेदभाव का प्रतिरोध करना था।
• अपने प्रारम्भिक चरण में नेटाल कांग्रेस का ध्यान सभी जातियों, लिगों और पन्थों के लोगों को समानता प्रदान करने पर केन्द्रित था।
• किन्तु 1920 के दशक में यह संगठन दक्षिण अफ्रीकी भारतीय कांग्रेस (SAIC) के अन्तर्गत कार्य करने लगा।

300. स्वतन्त्रता प्राप्ति के पश्चात् भारत में सूती वस्त्र उद्योग को किसने मुख्य रूप से प्रोत्साहन दिया? **SSC CGL Tier-1 26.09.2024 (Shift-III)**

(a) स्वदेशी आन्दोलन
(b) 1947 में भारत के विभाजन
(c) रेलवे नेटवर्क के विकास
(d) इंग्लैण्ड को कच्चे कपास के निर्यात

उत्तर (a)

• **स्वदेशी आन्दोलन** ने सूती वस्त्र उद्योग को प्रोत्साहन प्रदान किया।
• स्वदेशी आन्दोलन के दौरान विदेशी वस्तुओं का बहिष्कार किया गया और लोगों को भारतीय वस्तुओं का उपयोग करने के लिए प्रोत्साहित किया गया।
• भारत में पहली आधुनिक सूती मिल 1854 ई. में बॉम्बे में शुरू हुई।
• सूती वस्त्र उद्योग को बढ़ावा देने के लिए वर्ष 1952 में अखिल भारतीय **हथकरघा बोर्ड** की स्थापना की गई।
• भारत, चीन के बाद दुनिया का दूसरा सबसे बड़ा कपड़ा निर्माता देश है।

301. पठानों के बीच एक अहिंसात्मक आन्दोलन खुदाई खिदमतगार की शुरुआत .... के द्वारा की गई थी। **SSC CGL Tier-1 25.09.2024 (Shift-III)**

(a) ख़ान अब्दुल ग़फ़्फ़ार ख़ान
(b) अल्लूरी सीताराम राजू
(c) सचिन्द्र बख़्शी
(d) बख़्त ख़ान

उत्तर (a)

• खुदाई खिदमतगार आन्दोलन की स्थापना वर्ष 1929 में **खान अब्दुल गफ्फार खान** के द्वारा की गई।
• इसे **लाल कुर्ती** आन्दोलन भी कहते हैं।
• फ्रण्टियर गाँधी, बच्चा खान और बादशाह खान जैसे अन्य नामों से खान अब्दुल गफ्फार को सम्बोधित किया जाता है।

302. निम्नलिखित में से किस घटना के बाद असहयोग आन्दोलन बन्द कर दिया गया था? **SSC CGL Tier-1 24.09.2024 (Shift-III)**

(a) कामागाटा मारू घटना
(b) चौरी-चौरा काण्ड
(c) काकोरी ट्रेन डकैती
(d) प्रथम विश्वयुद्ध का प्रकोप

उत्तर (b)

• असहयोग आन्दोलन के दौरान 4 फरवरी, 1922 को किसानों की एक बड़ी भीड़ के द्वारा **चौरी-चौरा** पुलिस स्टेशन को जला दिया गया। इस आगजनी में 22 पुलिसकर्मी मारे गए।
• इस घटना के बाद महात्मा गाँधीजी के द्वारा असहयोग आन्दोलन को वापस ले लिया गया।
• चौरी-चौरा उत्तर प्रदेश के गोरखपुर जिले में अवस्थित एक शहर है।

303. भारतीय राष्ट्रीय कांग्रेस का वर्ष 1912 का अधिवेशन बिहार में कहाँ आयोजित हुआ था? **SSC CGL Tier-1 24.09.2024 (Shift-II)**

(a) सहसाराम (b) गया
(c) मधुबनी (d) बाँकीपुर

उत्तर (d)

• वर्ष 1912 में, भारतीय राष्ट्रीय कांग्रेस ने अपना 27वाँ अधिवेशन **बाँकीपुर**, पटना में आयोजित किया था, जिसकी अध्यक्षता रघुनाथ नरसिंह मुधोलकर ने की थी।
• भारतीय राष्ट्रीय कांग्रेस की स्थापना 28 दिसम्बर, 1885 में हुई थी। इसके पहले अध्यक्ष ब्योमेशचन्द्र बनर्जी थे।
• दूसरे सत्र की अध्यक्षता दादाभाई नौरोजी ने 1886 ई. में कलकत्ता में की थी।

304. अखिल भारतीय ट्रेड यूनियन कांग्रेस (AITUC) की स्थापना कब हुई थी? **SSC CGL Tier-1 24.09.2024 (Shift-I)**

(a) वर्ष 1920 में
(b) वर्ष 1926 में
(c) वर्ष 1924 में
(d) वर्ष 1928 में

उत्तर (a)

• अखिल भारतीय ट्रेड यूनियन कांग्रेस (AITUC) की स्थापना 31 अक्टूबर, 1920 को **लाला लाजपत राय** ने की थी।
• भारतीय राष्ट्रीय ट्रेड यूनियन कांग्रेस के बाद यह दूसरा सबसे बड़ा ट्रेड यूनियन महासंघ है।
• भारत में ट्रेड यूनियनें, ट्रेड यूनियन अधिनियम, 1926 के तहत पंजीकृत है।
• इसका मुख्यालय नई दिल्ली में है। रामेन्द्र कुमार AITUC के वर्तमान (2025) में अध्यक्ष हैं।

305. भारतीय राष्ट्रीय कांग्रेस के अध्यक्ष होने के नाते, निम्नलिखित में से किसने वर्ष 1929 में ब्रिटिश राज से पूर्ण स्वतन्त्रता का आह्वान किया था? **SSC CGL Tier-1 23.09.2024 (Shift-II)**

(a) सुभाषचन्द्र बोस
(b) महात्मा गाँधी
(c) जवाहरलाल नेहरू
(d) सरदार वल्लभभाई पटेल

उत्तर (c)

• भारतीय राष्ट्रीय कांग्रेस के अध्यक्ष होने के नाते, **जवाहरलाल नेहरू** ने वर्ष 1929 में ब्रिटिश राज से पूर्ण स्वतन्त्रता का आह्वान किया था।
• इस दौरान रावी नदी के तट पर पण्डित जवाहरलाल नेहरू द्वारा भारतीय तिरंगा झण्डा फहराया गया था।
• 26 जनवरी, 1930 को एक सार्वजनिक घोषणा के द्वारा कांग्रेस पार्टी ने भारतीयों से इस दिन स्वतन्त्रता दिवस के रूप में मनाने का आग्रह किया।

306. वर्ष 1936 में स्वतन्त्र लेबर पार्टी की स्थापना .... के द्वारा की गई थी। **SSC CGL Tier-1 23.09.2024 (Shift-II)**

(a) बाल गंगाधर तिलक
(b) भगत सिंह
(c) मोहन सिंह भाखना
(d) बी.आर. अम्बेडकर

उत्तर (d)

• वर्ष 1936 में **अम्बेडकर** ने स्वतन्त्र लेबर पार्टी की स्थापना की।
• इस पार्टी ने वर्ष 1937 के बॉम्बे केन्द्रीय विधान सभा चुनाव में 13 आरक्षित और 4 सामान्य सीटों के लिए चुनाव लड़ा और क्रमश: 11 और 3 सीटों पर जीत प्राप्त की।
• इसने भारत में जाति और पूँजीवादी संरचनाओं का विरोध किया, भारतीय मजदूर वर्ग का समर्थन किया और भारत से जाति व्यवस्था को खत्म करने की माँग की।

307. वर्ष 1924 में आयोजित भारतीय राष्ट्रीय कांग्रेस के बेलगाँव अधिवेशन के अध्यक्ष निम्नलिखित में से कौन थे? **SSC CGL Tier-1 23.09.2024 (Shift-I)**

(a) महात्मा गाँधी (b) जवाहरलाल नेहरू
(c) वल्लभभाई पटेल (d) सुभाषचन्द्र बोस

उत्तर (a)

• बेलगाँव (कर्नाटक) अधिवेशन कांग्रेस का एकमात्र ऐसा अधिवेशन था, जिसकी अध्यक्षता **गाँधीजी** के द्वारा की गई थी।
• बेलगाम अधिवेशन भारतीय राष्ट्रीय कांग्रेस का 39वाँ अधिवेशन था।
• इस अधिवेशन में संगीतज्ञ विष्णु दिगम्बर पलुस्कर ने वन्दे मातरम् गीत गाया था।
• इस अधिवेशन के दौरान एन. एस. हार्डिकर के नेतृत्व में 'हिन्दुस्तान सेवा दल' के सदस्यों ने स्वच्छता एवं सुरक्षा की व्यवस्था की थी।

308. निम्नलिखित में से किस वर्ष में वी.डी. सावरकर को अंग्रेजों द्वारा अण्डमान जेल भेजा गया था? SSC CGL Tier-1 19.09.2024 (Shift-II)

(a) 1910 (b) 1923 (c) 1922 (d) 1911

उत्तर (d)

- वी. डी. सावरकर को अंग्रेजों द्वारा जुलाई, 1911 को अण्डमान जेल भेजा गया था, जहाँ वे मई, 1921 तक रहे।
- अण्डमान जेल को **सेलुलर जेल** के नाम से भी जाना जाता है।
- इसे 11 फरवरी, 1979 को **राष्ट्रीय स्मारक** घोषित किया गया।

309. किस भारतीय राजनेता को लोकनायक कहा जाता था? SSC CGL Tier-1 18.09.2024 (Shift-II)

(a) सुभाषचन्द्र बोस (b) बाल गंगाधर तिलक
(c) जयप्रकाश नारायण (d) राममनोहर लोहिया

उत्तर (c)

- **जयप्रकाश नारायण** को 'लोकनायक' के रूप में भी जाना जाता है।
- इन्होंने 5 जून, 1974 को पटना के गाँधी मैदान से संपूर्ण क्रांति का आह्वान किया।
- जयप्रकाश नारायण को 'स्वतन्त्रता संग्राम और गरीबों एवं दलितों के उत्थान में अमूल्य योगदान' के लिए मरणोपरान्त भारत के सर्वोच्च नागरिक पुरस्कार **भारत रत्न** 1999 से सम्मानित किया गया।

310. निम्नलिखित में से किस घटना के कारण रवीन्द्रनाथ टैगोर ने अपनी पीड़ा व्यक्त करते हुए ब्रिटिश सरकार को 'नाइटहुड' की उपाधि लौटा दी थी? SSC CGL Tier-1 19.09.2024 (Shift-I)

(a) जलियाँवाला बाग हत्याकाण्ड
(b) बंगाल का विभाजन
(c) चरण पादुका प्रसंग
(d) चौरी-चौरा काण्ड

उत्तर (a)

- **जलियाँवाला बाग हत्याकाण्ड** घटना के कारण रवीन्द्रनाथ टैगोर ने अपनी पीड़ा व्यक्त करते हुए ब्रिटिश सरकार को नाइटहुड की उपाधि लौटा दी थी।
- इन्हें 3 जून, 1915 को ब्रिटिश सरकार ने **नाइटहुड** या **सर** की उपाधि दी थी।
- जलियाँवाला बाग हत्याकाण्ड 13 अप्रैल, 1919 को अमृतसर (पंजाब) में हुआ था, जिसमें ब्रिटिश सेना ने बिना चेतावनी के भीड़ पर गोलियाँ चलाई थीं।

311. निम्नलिखित में से किस अधिनियम ने द्वैध शासन को समाप्त करके प्रान्तीय स्वायत्तता (provincial autonomy) की शुरुआत की? SSC CGL Tier-1 18.09.2024 (Shift-III)

(a) भारत परिषद् अधिनियम, 1909
(b) 1813 का चार्टर एक्ट
(c) भारत सरकार अधिनियम, 1919
(d) भारत सरकार अधिनियम, 1935

उत्तर (d)

- **1935 के भारत सरकार अधिनियम** के अधीन प्रान्तीय स्वायत्तता की स्थापना की गई। इसके तहत द्विसदनीय संघीय विधायिका का गठन किया गया।
- इसने भारत के शासन स्वरूप को संघीय स्वरूप में बदल दिया।
- केन्द्र व राज्य की शक्तियों को अलग-अलग कर दिया गया तथा राज्य केन्द्र सरकार के अधीन हो गया।

312. तीन कवियों पम्पा, पोन्ना और रन्ना को .... के त्रिरत्न कहा जाता है। SSC CGL Tier-1 18.09.2024 (Shift-I)

(a) तेलुगू साहित्य (b) तमिल साहित्य
(c) कन्नड़ साहित्य (d) संस्कृत साहित्य

उत्तर (c)

- पम्पा, पोन्ना और रन्ना को **कन्नड़ साहित्य** का त्रिरत्न कहा जाता है।
- ये तीनों कवि 10वीं सदी से सम्बद्ध थे और इन्होंने कन्नड़ भाषा को समृद्ध बनाने में महत्त्वपूर्ण भूमिका निभाई थी।
- कन्नड़ भाषा का सबसे पुराना ग्रन्थ **कविराजमार्ग** है, इसे राष्ट्रकूट नरेश, अमोघवर्ष ने लिखा था।
- 13वीं सदी में **होयसल शासकों** ने कन्नड़ भाषा को संरक्षण प्रदान किया था।

313. द्वितीय गोलमेज सम्मेलन में, महात्मा गाँधी ने निम्नलिखित में से किस दल का प्रतिनिधित्व किया था? SSC CGL Tier-1 17.09.2024 (Shift-III)

(a) मुस्लिम लीग
(b) अखिल भारतीय फॉरवर्ड ब्लॉक
(c) भारतीय कम्युनिस्ट पार्टी
(d) भारतीय राष्ट्रीय कांग्रेस

उत्तर (d)

- द्वितीय गोलमेज सम्मेलन में, महात्मा गाँधी ने **भारतीय राष्ट्रीय कांग्रेस** दल का प्रतिनिधित्व किया था।
- यह सम्मेलन सितम्बर, 1931 से दिसम्बर, 1931 तक लन्दन में आयोजित किया गया था।
- इस सम्मेलन में ऐनी बेसेण्ट, प्यारेलाल नैयर, मदनमोहन मालवीय, महादेव देसाई, बी. आर. अम्बेडकर जैसे कई लोग भी शामिल थे।

314. वर्ष 1927 में समता सैनिक दल की स्थापना निम्नलिखित में से किस व्यक्ति के द्वारा की गई थी? SSC CGL Tier-1 17.09.2024 (Shift-II)

(a) बी.आर. अम्बेडकर (b) नारायण गुरु
(c) महात्मा गाँधी (d) सावित्रीबाई फुले

उत्तर (a)

- समता सैनिक दल की स्थापना 24 सितम्बर, 1924 को **डॉ. भीमराव अम्बेडकर** ने की थी।
- इसका उद्देश्य भारतीय समाज के सभी उत्पीड़ित वर्गों के अधिकारों की सुरक्षा था।
- समता सैनिक दल ने भारतीय समाज में सामाजिक सद्भाव निर्माण करने में एवं शोषित, पीड़ित आदि पिछड़े वर्गों के लिए अभूतपूर्व योगदान के कार्य में महत्त्वपूर्ण योगदान दिया।

315. ब्रिटिश संसद ने किस वर्ष भारतीय उच्च न्यायालय अधिनियम पेश किया? SSC CGL Tier-1 17.09.2024 (Shift-I)

(a) 1858 (b) 1859
(c) 1860 (d) 1861

उत्तर (d)

- ब्रिटिश संसद द्वारा 1861 ई. में **भारतीय उच्च न्यायालय अधिनियम** पेश किया गया।
- भारतीय उच्च न्यायालय अधिनियम, 1861 के तहत स्थापित है।
- प्रथम उच्च न्यायालय **कलकत्ता उच्च न्यायालय** है।
- इस अधिनियम के तहत कलकत्ता, मद्रास और बम्बई में सर्वोच्च न्यायालयों और सदर दीवानी अदालतों को समाप्त कर दिया गया।

316. गाँधी-इरविन समझौते पर किस वर्ष हस्ताक्षर किए गए थे? SSC CGL Tier-1 13.09.2024 (Shift-III)

(a) 1929 (b) 1931
(c) 1941 (d) 1935

उत्तर (b)

- **5 मार्च, 1931** को दिल्ली में गाँधी इरविन समझौता हुआ, जिसे **दिल्ली पैक्ट** के नाम से भी जाना जाता है।
- इस समझौते के फलस्वरूप गाँधीजी ने सविनय अवज्ञा आन्दोलन को समाप्त करने तथा द्वितीय गोलमेज सम्मेलन (1931) में शामिल होने पर सहमति व्यक्त की।
- मार्च, 1931 में कांग्रेस का विशेष अधिवेशन सरदार वल्लभभाई पटेल की अध्यक्षता में हुआ था, जसमें 'पूर्ण स्वराज' के साथ गाँधी-इरविन पैक्ट को स्वीकार कर लिया गया था।

317. भारतीय राष्ट्रीय सेना का गठन निम्नलिखित में से किस देश में किया गया था? SSC CGL Tier-1 13.09.2024 (Shift-II)

(a) जर्मनी (b) सिंगापुर
(c) जापान (d) लन्दन

उत्तर (b)

- भारतीय राष्ट्रीय सेना का गठन 1 सितम्बर, 1942 को **सिंगापुर** में किया गया था।
- इसका गठन **मोहन सिंह** के नेतृत्व में किया गया था।
- **इत्तेहाद, इतमाद और कुर्बानी** (उर्दू में एकता, विश्वास और बलिदान) इसका सिद्धान्त था।
- सुभाषचन्द्र बोस ने भारतीय राष्ट्रीय सेना को 'आजाद हिन्द फौज' के रूप में नामित किया व वर्ष 1943 में इसका नेतृत्व भी किया।

318. शान्ति निकेतन की स्थापना किसने और कब की? SSC CGL Tier-1 12.09.2024 (Shift-II)

(a) देवेन्द्रनाथ टैगोर, 1915 में
(b) महात्मा गाँधी, 1910 में
(c) रवीन्द्रनाथ टैगोर, 1901 में
(d) रवीन्द्रनाथ टैगोर, 1905 में

उत्तर (c)

• शान्ति निकेतन की स्थापना **रवीन्द्रनाथ टैगोर** ने **वर्ष 1901** में की थी। यह पश्चिम बंगाल के वीरभूम जिले के बोलपुर में स्थित है।
• वर्ष 1921 में शान्ति निकेतन को राष्ट्रीय विश्वविद्यालय का दर्जा प्राप्त हुआ।
• इसे विश्व भारती विश्वविद्यालय भी कहते हैं।
• शान्ति निकेतन भारत का **41वाँ यूनेस्को विश्व धरोहर** स्थल है।

319. निम्नलिखित स्वतन्त्रता सेनानियों में से किसे देशबन्धु के नाम से जाना जाता है? **SSC CGL Tier-1 12.09.24 (Shift-II)**
(a) गोपाल कृष्ण गोखले
(b) भगत सिंह
(c) सुभाषचन्द्र बोस
(d) चितरंजन दास

उत्तर (d)
• चितरंजन दास को **देशबन्धु** के नाम से जाना जाता है। चितरंजन दास ने वर्ष 1923 में **स्वराज पार्टी** की स्थापना की।
• ये कलकत्ता नगर निगम के पहले महापौर थे।
• नागपुर अधिवेशन में इन्होंने गाँधीजी के असहयोग प्रस्ताव का विरोध किया।
• ढाका में इन्होंने **राष्ट्रीय विद्यालय** की स्थापना की थी।

320. फरवरी, 1922 में, संयुक्त प्रान्त में निम्नलिखित में से कौन-सी घटना घटी? **SSC CGL Tier-1 11.09.2024 (Shift-III)**
(a) भारत छोड़ो
(b) काकोरी काण्ड
(c) खिलाफत आन्दोलन
(d) चौरी-चौरा

उत्तर (d)
• **फरवरी, 1922** में संयुक्त प्रान्त में चौरी-चौरा घटना घटी थी।
• यह घटना उत्तर प्रदेश के **गोरखपुर** जिले में हुई थी।

321. वर्ष 1909 के मॉर्ले-मिण्टो सुधारों के सन्दर्भ में निम्नलिखित कथनों पर विचार करें। **SSC CGL Tier-1 11.09.2024 (Shift-III)**
1. इन्हें भारतीय परिषद् अधिनियम, 1909 भी कहा जाता है।
2. उन्होंने विधानपरिषदों की ताकत में वृद्धि की।
3. मुसलमानों को पृथक् निर्वाचन क्षेत्र का अधिकार दिया गया।

उपर्युक्त कथनों में से कौन-सा/कौन-से कथन सही है/हैं?
(a) 1 और 2 (b) 3 और 1
(c) 1, 2 और 3 (d) 2 और 3

उत्तर (c)
• मार्ले-मिण्टो सुधार के संदर्भ में दिए गए सभी कथन सही हैं।
• वर्ष 1909 के मार्ले-मिण्टो सुधार को भारतीय परिषद् अधिनियम, **1909** भी कहा जाता है।
• इस अधिनियम ने मुसलमानों को पृथक् निर्वाचन क्षेत्र का अधिकार दिया।

322. दो शाखाओं में विभाजित निम्नलिखित में से किस संगठन की स्थापना लोकमान्य बालगंगाधर तिलक और ऐनी बेसेण्ट ने की थी? **SSC CGL Tier-1 11.09.2024 (Shift-I)**
(a) होमरूल लीग
(b) इण्डियन एसोसिएशन
(c) थियोसोफिकल सोसायटी
(d) ईस्ट इण्डियन एसोसिएशन

उत्तर (a)
• होमरूल लीग की स्थापना वर्ष 1916 में बालगंगाधर तिलक एवं ऐनी बेसेण्ट के द्वारा की गई थी।
• तिलक के द्वारा अप्रैल, 1916 में बॉम्बे में होमरूल लीग की स्थापना की गई थी।
• इसका मुख्यालय **पुणे** में था।
• इसका कार्यक्षेत्र महाराष्ट्र, बरार, कर्नाटक एवं मध्य प्रान्त था।

323. वर्ष 1945 में ब्रिटेन में किस पार्टी की सरकार बनी? **SSC CGL Tier-1 11.09.24 (Shift-I)**
(a) सोशलिस्ट पार्टी (b) लेबर पार्टी
(c) डेमोक्रेटिक पार्टी (d) लिबरल पार्टी

उत्तर (b)
• वर्ष 1945 में ब्रिटेन में **लेबर पार्टी** की सरकार बनी।
• इस पार्टी के नेतृत्वकर्ता एटली थे।
• यह एक सामाजिक लोकतान्त्रिक राजनीकि दल है।
• एटली के द्वारा चुनाव में चर्चिल को पराजित किया गया था।

324. निम्नलिखित में से कौन-सा स्थान वर्ष 1917 के गाँधीजी के सत्याग्रह से सम्बन्धित है? **SSC CGL Tier-1 10.09.2024 (Shift-I)**
(a) अहमदाबाद (b) चम्पारण
(c) बारदोली (d) खेड़ा

उत्तर (b)
• बिहार का **चम्पारण** जिला वर्ष 1917 के गाँधीजी के सत्याग्रह से सम्बन्धित है।

SSC CGL 2023 (Tier 1 & 2)

325. उत्तर-पश्चिम भारत में पठानों ने किसके नेतृत्व में लाल कुर्ती (रेड शर्ट) के नाम से मशहूर 'खुदाई खिदमतगार' संस्था की स्थापना की थी? **SSC CGL 14.07.2023 (Shift-II)**
(a) खान अब्दुल गफ्फार खाँ
(b) हसरत मोहानी
(c) एम. ए. अंसारी
(d) मोहम्मद अली

उत्तर (a)
• उत्तर-पश्चिम भारत में पठानों ने **खान अब्दुल गफ्फार खाँ** के नेतृत्व में लाल कुर्ती (रेड शर्ट) के नाम से मशहूर 'खुदाई खिदमतदार संस्था' की स्थापना की थी।
• खान अब्दुल गफ्फार खाँ पश्चिमोत्तर सीमा प्रान्त और ब्लूचिस्तान के एक महान राजनेता थे जिन्होंने भारत स्वतन्त्रता संग्राम में भाग लिया था।
• खान अब्दुल गफ्फार खाँ **भारत रत्न** प्राप्त करने वाले पहले विदेशी नागरिक थे। इन्हें **वर्ष 1987 में भारत रत्न** से सम्मानित किया गया था।

326. ……… ने एक धर्मनिरपेक्ष भारत और इस्लामी पाकिस्तान में ब्रिटिश भारतीय साम्राज्य के द्विविभाजन की घोषणा की। **SSC CGL Tier-1 14.07.2023 (Shift-III)**
(a) लॉर्ड लुईस माउण्टबेटन
(b) लॉर्ड डलहौजी
(c) लॉर्ड रिपन
(d) लॉर्ड कर्जन

उत्तर (a)
• **लॉर्ड लुईस माउण्टबेटन** ने एक धर्मनिरपेक्ष भारत और इस्लामी पाकिस्तान में ब्रिटिश भारतीय साम्राज्य के द्विविभाजन की घोषणा की थी।
• भारत का विभाजन **वर्ष 1947** में हुआ था, जिसके साथ पाकिस्तान का निर्माण हुआ।

327. वर्ष 1932 में स्थापित हरिजन सेवक संघ के संस्थापक कौन थे? **SSC CGL Tier-1 17.07.2023 (Shift-III)**
(a) महात्मा गाँधी (b) बी.आर. अम्बेडकर
(c) ज्योतिबा फुले (d) जवाहरलाल नेहरू

उत्तर (a)
• वर्ष 1932 में स्थापित हरिजन सेवक संघ की स्थापना **महात्मा गाँधी** ने की थी।
• आरम्भ में इसका नाम 'अस्पृश्यता निवारण संघ' रखा गया था, जिसे **13 सितम्बर, 1933** को हरिजन सेवक संघ नाम दिया गया।
• इसके प्रथम अध्यक्ष प्रसिद्ध उद्योगपति **घनश्यामदास बिड़ला** तथा सचिव **अमृतलाल बिट्ठलदास ठक्कर** थे।

328. निम्नलिखित में से किस नेता ने बारदोली सत्याग्रह का नेतृत्व किया था? **SSC CGL Tier-1 18.07.2023 (Shift-II)**
(a) लाला लाजपत राय (b) वल्लभभाई पटेल
(c) सी. राजगोपालाचारी (d) मोतीलाल नेहरू

उत्तर (b)
• **वल्लभभाई पटेल** ने बारदोली सत्याग्रह का नेतृत्व किया था।
• गुजरात के बारदोली में किसानों पर 22% अतिरिक्त लगान वृद्धि की गई थी।
• इसका किसानों ने विरोध किया, तो सरकार ने 22% लगान वृद्धि को वापस लिया तथा इस वृद्धि को **6.3%** रहने दिया।

329. महात्मा गाँधी ………… में दक्षिण अफ्रीका से भारत लौटे। **SSC CGL Tier-1 19.07.2023 (Shift-II)**
(a) जनवरी, 1912 (b) जनवरी, 1913
(c) जनवरी, 1915 (d) जनवरी, 1914

उत्तर (c)
• महात्मा गाँधी 09 जनवरी, 1915 को दक्षिण अफ्रीका से भारत लौटे।
• महात्मा गाँधी की दक्षिण अफ्रीका से भारत वापसी की याद में प्रत्येक वर्ष **09 जनवरी** को **भारतीय प्रवासी दिवस** मनाया जाता है।
• गाँधीजी ने **सत्याग्रह** का सर्वप्रथम प्रयोग **दक्षिण अफ्रीका** में किया।

330. वर्ष 1908 में, ………… और प्रफुल्ल चाकी ने एक गाड़ी पर बम फेंका, जिसमें उनका मानना था कि मुजफ्फरपुर के अलोकप्रिय न्यायाधीश किंग्सफोर्ड थे।
SSC CGL Tier-1 19.07.2023 (Shift-IV)
(a) भगत सिंह (b) खुदीराम बोस
(c) राजगुरु (d) जतीन्द्रनाथ बोस

उत्तर (b)

• वर्ष 1908 में खुदीराम बोस और प्रफुल्ल चाकी ने एक गाड़ी पर बम फेंका, जिसमें उनका मानना था कि मुजफ्फरपुर के अलोकप्रिय न्यायाधीश **किंग्सफोर्ड** थे।
• गलती से यह बम **केनेडी** की गाड़ी पर गिरा, जिसमें उनकी बेटी व पत्नी की मृत्यु हो गई।
• इस घटना के बाद प्रफुल्ल चाकी ने आत्महत्या कर ली तथा खुदीराम बोस को 18 वर्ष की अवस्था में वर्ष 1908 में फाँसी दे दी गई।

331. भारतीय राष्ट्रीय कांग्रेस के दूसरे अधिवेशन के अध्यक्ष कौन थे?
SSC CGL Tier-1 20.07.2023 (Shift-I)
(a) फिरोजशाह मेहता (b) दादाभाई नौरोजी
(c) जॉर्ज यूल (d) व्योमेश चन्द्र बनर्जी

उत्तर (b)

• भारतीय राष्ट्रीय कांग्रेस के दूसरे अधिवेशन के अध्यक्ष **दादाभाई नौरोजी** थे।
• यह अधिवेशन 1886 ई. में कलकत्ता में आयोजित किया गया थी।
• इन्होंने 'पावर्टी एण्ड अनब्रिटिश रूल इन इण्डिया' पुस्तक भी लिखी, जो ब्रिटिश नीतियों के कारण भारत की आर्थिक निकासी पर केन्द्रित था।

332. सत्ता के अन्तिम हस्तान्तरण पर चर्चा करने के लिए कैबिनेट मिशन ………… में भारत आया था। **SSC CGL Tier-1 20.07.2023 (Shift-II)**
(a) 1943 (b) 1942
(c) 1945 (d) 1946

उत्तर (d)

• सत्ता के अन्तिम हस्तान्तरण पर चर्चा करने के लिए **कैबिनेट मिशन 1946** में भारत आया था।
• मिशन में तीन ब्रिटिश कैबिनेट सदस्य **पौथिक लॉरेन्स, स्टैफोर्ड क्रिप्स** और **एवी अलेक्जेण्डर** थे।
• कैबिनेट मिशन का उद्देश्य ब्रिटिश सरकार से भारतीय नेतृत्व को सत्ता हस्तान्तरण पर चर्चा करना था।

333. निम्नलिखित में से किसने महात्मा गाँधी के साथ पूना समझौते पर हस्ताक्षर किए थे?
SSC CGL Tier-1 20.07.2023 (Shift-II)
(a) ज्योतिबा फुले (b) अली बन्धु
(c) चितरंजन दास (d) डॉ. भीमराव अम्बेडकर

उत्तर (d)

• **बाबा साहब डॉ.भीमराव अम्बेडकर** ने महात्मा गाँधी के साथ **पूना समझौते** पर हस्ताक्षर किए थे।
• 19 सितम्बर ब्रिटिश प्रधानमन्त्री **रैम्जे मैकडोनाल्ड** ने दलितों के लिए साम्प्रदायिक पंचाट की घोषणा की।
• गाँधीजी ने इस पंचाट को हिन्दू समुदाय के लिए खतरा मानते हुए यरवदा जेल से आमरण अनशन की शुरुआत 20 सितम्बर, 1932 को की।
• 24 सितम्बर, 1932 को महात्मा गाँधी और बी.आर. अम्बेडकर के बीच पूना समझौता हुआ, जिसमें दलित वर्ग की सीट 47 से बढ़ाकर 174 कर दी गई।

334. निम्नलिखित में से INC के किस नेता ने दूसरे गोलमेज सम्मेलन में भाग लिया?
SSC CGL Tier-1 20.07.2023 (Shift-I)
(a) सुचेता कृपलानी (b) सुभाषचन्द्र बोस
(c) महात्मा गाँधी (d) जवाहरलाल नेहरू

उत्तर (c)

• भारतीय राष्ट्रीय कांग्रेस (INC) के नेता महात्मा गाँधी ने वर्ष 1931 में आयोजित होने वाले द्वितीय गोलमेज सम्मेलन में हिस्सा लिया था।
• वर्ष 1930 में गाँधी–इरविन समझौते में यह तय किया गया था कि गाँधीजी वर्ष 1931 में, लन्दन में आयोजित होने वाले द्वितीय गोलमेज सम्मेलन में हिस्सा लेंगे।
• यह सम्मेलन साम्प्रदायिक समस्या पर विवाद के कारण असफल रहा। गाँधी जी ने **3 जनवरी, 1932** से पुन: सविनय अवज्ञा आन्दोलन प्रारम्भ किया।
• लन्दन में तीन गोलमेज सम्मेलनों का आयोजन वर्ष 1930 से 1932 के बीच किया गया।

335. निम्नलिखित में से किस स्वतन्त्रता सेनानी की साइमन कमीशन के खिलाफ विरोध प्रदर्शन के दौरान मृत्यु हुई थी, जहाँ कमीशन को काले झण्डे दिखाए गए थे?
SSC CGL Tier-1 21.07.2023 (Shift-I)
(a) चितरंजन द्वारा (b) सचिन्द्रनाथ सान्याल
(c) लाला लाजपत राय (d) सुदर्शन बनर्जी

उत्तर (c)

• **लाला लाजपत राय** की मृत्यु साइमन कमीशन के खिलाफ विरोध प्रदर्शन के दौरान पुलिस की लाठी की कार्यवाही से हुई थी।
• साइमन कमीशन के भारत आने की घोषणा वर्ष 1927 में हुई तथा वह 3 फरवरी, 1928 को भारत आया।

336. निम्नलिखित में से किसने भारत छोड़ो आन्दोलन के दौरान प्रसिद्ध 'करो या मरो' का नारा दिया था?
SSC CGL Tier-1 21.07.2023 (Shift-III)
(a) महात्मा गाँधी
(b) अब्दुल कलाम आजाद
(c) जवाहरलाल नेहरू
(d) सुभाषचन्द्र बोस

उत्तर (a)

• भारत छोड़ो आन्दोलन के दौरान प्रसिद्ध **करो या मरो** का नारा **महात्मा गाँधीजी** ने दिया था।
• 7 अगस्त, 1942 को कांग्रेस की बैठक बम्बई के ऐतिहासिक **ग्वालिया टैंक** में हुई। इसकी अध्यक्षता अबुल कलाम आजाद ने की थी।
• इस आन्दोलन को **अगस्त आन्दोलन** भी कहते हैं।
• गाँधीजी के इस आन्दोलन के आह्वान के बाद ब्रिटिश सरकार ने अगले ही दिन कांग्रेस के सभी बड़े नेताओं को **ऑपरेशन जीरो ऑवर** के तहत गिरफ्तार कर लिया था।

337. संविधान को अपनाने के अतिरिक्त गणतन्त्र दिवस मनाने के लिए 26 जनवरी को एक दिन के रूप में चुने जाने का क्या महत्त्व है?
SSC CGL Tier-1 21.07.2023 (Shift-I)
(a) 1857 की क्रान्ति
(b) पूर्ण स्वराज की घोषणा
(c) भारतीय राष्ट्रीय कांग्रेस का स्थापना दिवस
(d) चम्पारण सत्याग्रह दिवस

उत्तर (b)

• संविधान को अपनाने के अतिरिक्त गणतन्त्र दिवस मनाने के लिए **26 जनवरी** को पूर्ण स्वराज की घोषणा के लिए भी चुना गया।
• वर्ष 1930 से 1947 तक 26 जनवरी को स्वतन्त्रता दिवस (पूर्ण स्वराज दिवस) के रूप में मनाया गया।
• भारतीय राष्ट्रीय कांग्रेस ने **दिसम्बर, 1929** में ऐतिहासिक 'पूर्ण स्वराज' (पूर्ण स्वतन्त्रता) प्रस्ताव लाहौर अधिवेशन में पारित किया, जिसकी अध्यक्षता **पण्डित जवाहरलाल नेहरू** ने की थी।

338. जलियाँवाला बाग हत्याकाण्ड कब और किस स्थान पर हुआ था?
SSC CGL Tier-1 21.07.2023 (Shift-II)
(a) 13 अप्रैल, 1919 अमृतसर
(b) 14 मार्च, 1919 अमृतसर
(c) 13 मई, 1918 अमृतसर
(d) 12 अप्रैल, 1919 चौरी–चौरा

उत्तर (a)

• जलियाँवाला बाग हत्याकाण्ड **13 अप्रैल, 1919** को अमृतसर (पंजाब) में घटित हुआ था।
• भारतीय स्वतन्त्रता सेनानी **डॉ. सत्यपाल** और **सैफुद्दीन किचलू** की गिरफ्तारी के विरोध में हो रहे जनसभा पर **जनरल डायर** ने गोलियाँ चलवाईं, जिसमें हजारों लोग मारे गए।
• इस घटना के विरोध में गाँधीजी ने **केसर-ए हिन्द** की उपाधि, जमनालाल बजाज ने **राय बहादुर** की उपाधि तथा रवीन्द्रनाथ टैगोर ने **सर** की उपाधि त्याग दी थी।

339. अखिल भारतीय कांग्रेस ने भारत के लिए 'पूर्ण स्वराज' या 'पूर्ण स्वतन्त्रता' की माँग को कब औपचारिक रूप दिया?
SSC CGL Tier-1 21.07.2023 (Shift-III)
(a) 1929 में इसके लाहौर अधिवेशन में
(b) 1927 में इसके मद्रास अधिवेशन में
(c) 1931 में इसके कराची अधिवेशन में
(d) 1926 में इसके गुवाहाटी अधिवेशन में

उत्तर (a)

• अखिल भारतीय कांग्रेस ने भारत के लिए **पूर्ण स्वराज** या **पूर्ण स्वतन्त्रता** की माँग को वर्ष 1929 में कांग्रेस के लाहौर अधिवेशन में औपचारिक रूप से घोषित किया था।

340. निम्नलिखित में से भारत सरकार के किस अधिनियम के साथ मांटेग्यू-चेम्सफोर्ड सुधारों ने प्रान्तों में द्वैध शासन की शुरुआत की थी?
SSC CGL Tier-1 24.07.2023 (Shift-III)

(a) भारत सरकार अधिनियम, 1935
(b) भारत सरकार अधिनियम, 1919
(c) भारत सरकार अधिनियम, 1923
(d) भारत सरकार अधिनियम, 1945

उत्तर (b)

• **भारत सरकार अधिनियम, 1919** के साथ मांटेग्यू-चेम्सफोर्ड सुधारों ने प्रान्तों में द्वैध शासन की शुरुआत की थी।
• इस अधिनियम के तहत केन्द्र में द्विसदनात्मक विधायिका-प्रथम राज्य **परिषद्** व दूसरी **केन्द्रीय विधानसभा** की स्थापना की गई।
• इस अधिनियम के समय मांटेग्यू-भारत के सचिव थे और लॉर्ड चेम्सफोर्ड भारत के वायसराय थे।
• इस अधिनियम के अनुसार, प्रान्तीय विषयों को दो उपवर्गों में विभाजित किया गया- **आरक्षित** तथा **हस्तान्तरित**।

341. वर्ष 1939 में कांग्रेस अध्यक्ष पद से इस्तीफा देने के बाद किसने अखिल भारतीय फॉरवर्ड ब्लॉक की स्थापना की थी?
SSC CGL Tier-1 21.07.2023 (Shift-III)

(a) जवाहरलाल नेहरू (b) बाल गंगाधर तिलक
(c) सुभाषचन्द्र बोस (d) महात्मा गाँधी

उत्तर (c)

• वर्ष 1939 में कांग्रेस अध्यक्ष पद से इस्तीफा देने के बाद **सुभाषचन्द्र बोस** ने 'अखिल भारतीय फॉरवर्ड ब्लॉक' की स्थापना की थी।
• वर्ष 1939 में कांग्रेस के त्रिपुरी अधिवेशन में महात्मा गाँधीजी द्वारा प्रस्तावित प्रत्याशी पट्टाभि सीतारमैय्या को हराकर सुभाषचन्द्र बोस कांग्रेस पार्टी के अध्यक्ष बने, परन्तु विवाद के कारण उन्होंने पद से इस्तीफा दे दिया।
• फॉरवर्ड ब्लॉक एक वामपन्थी राष्ट्रवादी राजनीतिक पार्टी थी।
• इसकी स्थापना **कलकत्ता** मे हुई थी।
• सुभाषचन्द्र बोस ने स्वतन्त्रता संघर्ष के दौरान **फ्री इण्डियन लीजन** नामक एक सेना भी बनाई थी।

342. निम्नलिखित में से किसने अपने करीबी सहयोगियों के साथ भारत छोड़ो आन्दोलन के दौरान गुप्त कांग्रेस रेडियो की शुरुआत की थी?
SSC CGL Tier-1 25.07.2023 (Shift-IV)

(a) लक्ष्मी सहगल (b) उषा मेहता
(c) सरोजिनी नायडू (d) भीकाजी कामा

उत्तर (b)

• **उषा मेहता** ने अपने करीबी सहयोगियों के साथ भारत छोड़ो आन्दोलन के दौरान **गुप्त कांग्रेस** रेडियो की शुरुआत की थी।
• इसके द्वारा स्वतन्त्रता सेनानियों के संदेशों को प्रसारित किया गया।
• रेडियो के माध्यम से चटगाँव बम ब्लास्ट, जमशेदपुर हड़ताल तथा अश्ती और चिमूर में पुलिस बर्बरता को प्रसारित किया गया।
• 12 नवम्बर, 1942 को रेडियो का प्रसारण अधिकारिक रूप से बन्द कर दिया गया।
• भारत छोड़ो आन्दोलन 8 अगस्त, 1942 को महात्मा गाँधी के आह्वान से शुरू हुआ था।

343. 1942 में ब्रिटिश सरकार ने भारत में ······ मिशन भेजा। **SSC CGL Tier-1 26.07.2023 (Shift-IV)**

(a) कैबिनेट (b) लैंसडाउन
(c) लिनलिथगो (d) क्रिप्स

उत्तर (d)

• **क्रिप्स मिशन** मार्च, 1942 में भारत भेजा गया था।
• इसका उद्देश्य भारत के साथ ब्रिटेन के राजनीतिक गतिरोध को दूर करना था।
• मिशन के अध्यक्ष **सर स्टेफर्ड क्रिप्स** द्वारा विश्व युद्ध में भारतीयों से सहयोग समर्थन माँगा गया था।
• ब्रिटेन के प्रधानमन्त्री **विंस्टन चर्चिल** द्वारा भारत भेजा गया, यह मिशन विफल रहा।

SSC CPO 2024

344. निम्नलिखित में से किसने 1902 में कहा था, "भारत पर उसके लाभ के लिए शासन नहीं किया गया, बल्कि उसके विजेताओं के लाभ के लिए शासन किया गया"?
SSC CPO 28.06.2024 (Shift-III)

(a) ऐनी बेसेण्ट
(b) सरोजिनी नायडू
(c) बाल गंगाधर तिलक
(d) लाला लाजपत राय

उत्तर (a)

• वर्ष 1902 में ऐनी बेसेण्ट ने कहा था कि "भारत पर उसके लाभ के लिए शासन नहीं किया गया, बल्कि उसके विजेताओं के लाभ के लिए शासन किया गया।"
• ऐनी बेसेण्ट ने स्वतन्त्रता आन्दोलन में महत्त्वपूर्ण भूमिका निभाई।
• वह वर्ष 1916 में ऐनी बेसेण्ट ने भारत में **होमरूल लीग** की स्थापना की।

345. दिसम्बर, 1886 में कलकत्ता में आयोजित भारतीय राष्ट्रीय कांग्रेस के दूसरे अधिवेशन का अध्यक्ष निम्नलिखित में से कौन बना?
SSC CPO 28.06.2024 (Shift-I)

(a) पी. आनन्द चार्लू (b) विलियम वेडरबर्न
(c) बदरुद्दीन तैयबजी (d) दादाभाई नौरोजी

उत्तर (d)

• दिसम्बर, 1886 में कलकत्ता में आयोजित भारतीय राष्ट्रीय कांग्रेस के दूसरे अधिवेशन के अध्यक्ष **दादाभाई नौरोजी** बने थे।
• दादाभाई नौरोजी भारतीय स्वतन्त्रता संग्राम के प्रमुख नेता और आर्थिक चिन्तक थे, जिन्हें **भारतीय अर्थशास्त्र का जनक** भी कहा जाता है।
• दादाभाई नौरोजी के सुझाव पर ही भारतीय राष्ट्रीय संघ नाम बदलकर **भारतीय राष्ट्रीय कांग्रेस** दूसरे कांग्रेस अधिवेशन में किया गया।
• इसी अधिवेशन में 'स्वराज', स्वदेशी को बढ़ावा देने और विदेशी वस्तुओं के बहिष्कार के प्रस्ताव पारित किए गए।

346. निम्नलिखित में से किस अधिनियम ने ब्रिटिश भारतीय सरकार को बिना किसी मुकदमें के किसी को भी गिरफ्तार करने का अधिकार दिया? **SSC CPO 28.06.2024 (Shift-II)**

(a) भारतीय प्रेस अधिनियम
(b) पिट्स इण्डिया एक्ट
(c) रॉलेट एक्ट
(d) भारतीय गुलामी अधिनियम

उत्तर (c)

• **रॉलेट एक्ट** ने ब्रिटिश भारतीय सरकार को बिना किसी मुकदमे के किसी को भी गिरफ्तार करने का अधिकार दिया।
• इस एक्ट को "बिना अपील, बिना वकील, बिना दलील" की संज्ञा दी गई।
• वर्ष 1919 में **सर सिडनी रॉलेट** की अध्यक्षता वाली राजद्रोह समिति की सिफारिशों पर रॉलेट एक्ट पारित किया गया।

347. निम्नलिखित में से किस वर्ष में इम्पीरियल लेजिस्लेटिव एसेम्बली चुनावों में मार्ले-मिण्टो सुधार के नाम पर पृथक् निर्वाचक मण्डल की शुरुआत की गई थी?
SSC CPO 28.06.2024 (Shift-II)

(a) भारतीय परिषद् अधिनियम, 1861
(b) भारतीय परिषद् अधिनियम, 1909
(c) भारत सरकार अधिनियम, 1935
(d) भारत सरकार अधिनियम, 1919

उत्तर (b)

• **भारत परिषद अधिनियम, 1909** के माध्यम से भारत में पृथक् निर्वाचक मण्डल की शुरुआत की गई थी।
• इसे **मार्ले-मिण्टो** सुधार भी कहा जाता है।
• इस अधिनिमय द्वारा चुनाव प्रणाली के सिद्धान्त को भारत में पहली बार मान्यता मिली।
• गवर्नर-जनरल की कार्यकारी परिषद् में पहली बार भारतीयों को प्रतिनिधित्व मिला।

348. निम्नलिखित में से किसने पश्चिमी शिक्षा के प्रसार के लिए अलीगढ़ में मोहम्मडन एंग्लो-ओरिएण्टल कॉलेज की स्थापना की थी?
SSC CPO 29.06.2024 (Shift-I)

(a) सय्यद अमीर अली
(b) मौलाना अबुल कलाम आजाद
(c) बदरुद्दीन तैयबजी
(d) सर सैयद अहमद खान

उत्तर (d)

• **सर सैयद अहमद खान** ने पश्चिमी शिक्षा और संस्कृति के प्रसार के लिए अलीगढ़ में मोहम्मडन एंग्लो-ओरिएण्टल कॉलेज (एम.ए.ओ कॉलेज) की स्थापना की थी।
• इस कॉलेज की स्थापना 1875 ई. में हुई थी और यह भारत का पहला आधुनिक मुस्लिम शैक्षणिक संस्थान था।

• यह कॉलेज पश्चिमी विज्ञान, गणित और दर्शन के साथ-साथ इस्लामी धर्मशास्त्र और कानून में शिक्षा प्रदान करता था।
• कॉलेज वर्ष 1920 में अलीगढ़ मुस्लिम विश्वविद्यालय के रूप में विकसित हुआ।

349. भारतीय राष्ट्रीय कांग्रेस ने औपचारिक रूप से वर्ष 1905 के बनारस अधिवेशन में .... की अध्यक्षता में स्वदेशी आह्वान किया।

SSC CPO 29.06.2024 (Shift-I)

(a) जवाहरलाल नेहरू (b) गोपालकृष्ण गोखले
(c) राजेन्द्र प्रसाद (d) मोतीलाल नेहरू

उत्तर (b)

• भारतीय राष्ट्रीय कांग्रेस ने आधिकारिक रूप से वर्ष 1905 के बनारस अधिवेशन में स्वदेशी आन्दोलन की शुरुआत की थी, जिसकी अध्यक्षता **गोपालकृष्ण गोखले** ने की थी।
• स्वदेशी आन्दोलन **बंगाल विभाजन** की प्रतिक्रिया के रूप में हुआ था।
• स्वदेशी आन्दोलन के अन्तर्गत विदेशी वस्तुओं के बहिष्कार व देशी भारतीय वस्तुओं के उपयोग का आह्वान किया गया।

350. निम्नलिखित में से कौन-सा नेता चम्पारण में किसानों की दुर्दशा देखने के लिए महात्मा गाँधी को आमन्त्रित करने लखनऊ गया था?

SSC CPO 29.06.2024 (Shift-I)

(a) हसन मोहानी (b) राजेन्द्र प्रसाद
(c) राज कुमार शुक्ला (d) जे. बी. कृपलानी

उत्तर (c)

• **राजकुमार शुक्ला** चम्पारण के किसानों की दुर्दशा देखने के लिए महात्मा गाँधी को आमन्त्रित करने लखनऊ आए थे।
• चम्पारण सत्याग्रह 19 अप्रैल, 1917 को हुआ था।
• चम्पारण आन्दोलन से जुड़े प्रमुख नेता राजेन्द्र प्रसाद, मजरूल हक-नरहरि, पारेख, जेबी कृपलानी आदि थे।

351. भारत सरकार में भारतीयों की भागीदारी का विस्तार करने के लिए यूनाइटेड किंगडम की संसद द्वारा पारित भारत सरकार अधिनियम, 1919 के तहत राज्य परिषद् में कितने सदस्य (निर्वाचित और मनोनीत) थे?

SSC CPO 29.06.2024 (Shift-I)

(a) 60 (b) 50 (c) 75 (d) 70

उत्तर (a)

• भारत सरकार में भारतीयों की भागीदारी का विस्तार करने के लिए यूनाइटेड किंगडम की संसद द्वारा पारित **भारत सरकार अधिनियम, 1919** के तहत राज्य परिषद् में 60 सदस्य (जिसमें 27 मनोनीत व 33 निर्वाचित सदस्य) होते थे।
• भारत सरकार अधिनियम, 1919 को **मोंटेग्यू चेम्सफोर्ड** अधिनियम के नाम से भी जाना जाता है।
• इस अधिनियम की मुख्य विशेषता प्रान्तों में द्वैध शासन स्थापित करना था।
• प्रान्तीय शासन के क्षेत्र में द्वैध शासन प्रणाली लागू की गई।

SSC CHSL 2024 (Tier 1)

352. भारतीय देशभक्ति गीत "सारे जहाँ से अच्छा, हिन्दुस्तां हमारा" किसने लिखा था?

SSC CHSL Tier-1 01.07.2024 (Shift-IV)

(a) रवीन्द्रनाथ टैगोर (b) मोहम्मद इकबाल
(c) ईश्वरचन्द्र विद्यासागर (d) महात्मा गाँधी

उत्तर (b)

• **मोहम्मद इकबाल** ने भारतीय देशभक्ति गीत "सारे जहाँ से अच्छा, हिन्दुस्तां हमारा" लिखा था।
• यह गीत उर्दू भाषा में लिखा गया था। इसे **तराना-ए-हिन्द** भी कहा जाता है।
• यह मूल रूप से 16 अगस्त, 1904 को साप्ताहिक पत्रिका **इत्तिहाद** में प्रकाशित हुआ था।

353. 31 अक्टूबर, 1940 को द्वितीय विश्वयुद्ध में भारत की जबरन भागीदारी के विरोध में व्यक्तिगत सत्याग्रह की पेशकश करने के लिए निम्नलिखित में से किसे गिरफ्तार किया गया था?

SSC CHSL Tier-1 01.07.2024 (Shift-IV)

(a) सरदार वल्लभभाई पटेल
(b) सैफुद्दीन किचलू
(c) जवाहरलाल नेहरू
(d) सुभाषचन्द्र बोस

उत्तर (c)

• **जवाहरलाल नेहरू** को 31 अक्टूबर, 1940 को द्वितीय विश्वयुद्ध में भारत की जबरन भागीदारी के विरोध में व्यक्तिगत सत्याग्रह की पेशकश करने के लिए गिरफ्तार किया गया।
• इस सत्याग्रह का उद्देश्य युद्ध के खिलाफ शान्तिपूर्ण तरीके से विरोध करना और लोगों की भावनाओं को व्यक्त करना था।

354. निम्नलिखित में से कौन मुख्य रूप से भारतीय राष्ट्रीय सेना (INA) के अभिन्न अंग थे?

SSC CHSL Tier-1 02.07.2024 (Shift-IV)

(a) रवीन्द्रनाथ टैगोर (b) अवनीन्द्रनाथ टैगोर
(c) सुभाषचन्द्र बोस (d) चित्तरंजन दास

उत्तर (c)

• सुभाषचन्द्र बोस मुख्य रूप से **भारतीय राष्ट्रीय सेना** के अभिन्न अंग थे।
• INA (आजाद हिन्द फौज) की स्थापना का श्रेय कैप्टन **मोहन सिंह** को दिया जाता है।

355. स्वतन्त्र भारत के नेताओं ने किस प्रकार की प्रणाली को अपनाने का निर्णय लिया था?

SSC CHSL Tier-1 04.07.2024 (Shift-II)

(a) एक ऐसी प्रणाली, जो कुछ लोगों की बजाय सर्वजन के कल्याण को बढ़ावा देगी
(b) एक ऐसी प्रणाली, जो सरकार के कल्याण को बढ़ावा देगी
(c) एक ऐसी प्रणाली, जो सर्वजन की बजाय कुछ लोगों के कल्याण को बढ़ावा देगी
(d) एक ऐसी प्रणाली, जो निजी उद्यमों के कल्याण को बढ़ावा देगी

उत्तर (a)

• स्वतन्त्र भारत के नेताओं ने एक ऐसी प्रणाली जो कुछ लोगों की बजाय सर्वजन के कल्याण को बढ़ावा देगी, को अपनाने का निर्णय लिया था।
• इसी के सन्दर्भ में भारत में स्वतन्त्रता के पश्चात् **लोकतन्त्रात्मक प्रणाली** को अपनाया गया।
• सर्वजन के कल्याण को बढ़ावा देने के लिए संविधान में **मौलिक कर्त्तव्य** और **राज्य के नीति-निदेशक** तत्त्वों को समाहित किया गया।

356. वर्ष 1919 में महात्मा गाँधी द्वारा विरोध किया गया कौन-सा अधिनियम भारतीय लोगों की नागरिक स्वतन्त्रता और लोकतान्त्रिक अधिकारों पर सीधा हमला था?

SSC CHSL Tier-1 09.07.2024 (Shift-I)

(a) आपराधिक जनजाति अधिनियम
(b) भारतीय रक्षा अधिनियम
(c) पिट्स इण्डिया एक्ट
(d) रॉलेट एक्ट

उत्तर (d)

• **रॉलेट एक्ट 1919** का महात्मा गाँधी द्वारा विरोध किया गया, जो भारतीय लोगों की नागरिक स्वतन्त्रता और लोकतान्त्रिक अधिकारों पर सीधा हमला था।
• रॉलेट एक्ट को **काला कानून** भी कहा जाता है। इसे 19 मार्च, 1919 को भारत की ब्रिटिश सरकार द्वारा भारत में उभर रहे राष्ट्रीय आन्दोलन को कुचलने के उद्देश्य से लाया गया था।
• यह कानून सिडनी रॉलेट की अध्यक्षता वाली **सेडिशन समिति** की सिफारिशों के आधार पर था।
• रॉलेट एक्ट का विरोध गाँधीजी के द्वारा किया गया राष्ट्रीय स्तर पर प्रथम विरोध था।

357. मुस्लिम समुदाय के बीच एकता के प्रतीक के रूप में ओटोमन खलीफा को बचाने के लिए अली बन्धुओं और मौलाना अबुल कलाम आजाद के नेतृत्व में चलाए गए अभियान का नाम क्या था?

SSC CHSL Tier-1 09.07.2024 (Shift-III)

(a) खिलाफत आन्दोलन
(b) फराजी आन्दोलन
(c) वहाबी आन्दोलन
(d) अहमदिया आन्दोलन

उत्तर (a)

• मुस्लिम समुदाय के बीच एकता के प्रतीक के रूप में ओटोमन खलीफा को बचाने के लिए अलीबन्धुओं और मौलाना अब्दुल कलाम आजाद के नेतृत्व में चलाया गया अभियान **खिलाफत आन्दोलन** था।
• यह आन्दोलन वर्ष 1919 में लखनऊ से शुरू हुआ था।
• खिलाफत का उद्देश्य तुर्की में खलीफा के पद की पुन: स्थापना को समर्थन देना था।
• खिलाफत आन्दोलन की माँग थी कि ब्रिटेन सरकार को प्रथम विश्व युद्ध के बाद तुर्की में स्थापित इस्लामी खिलाफत या खलीफा को समाप्त नहीं करना चाहिए।
• ओटोमन साम्राज्य के विघटन और तुर्की गणराज्य के उदय के बाद वर्ष 1924 में खिलाफत को समाप्त कर दिया गया था।

358. वर्ष 1930 में शुरू हुई किस महत्त्वपूर्ण घटना ने भारतीयों को स्वतन्त्रता के लिए अहिंसक आन्दोलन में शामिल होने के लिए प्रेरित और संगठित करने में महत्त्वपूर्ण भूमिका निभाई?

SSC CHSL Tier-1 10.07.2024 (Shift-III)

(a) गदर आन्दोलन (b) स्वदेशी आन्दोलन
(c) भारत छोड़ो आन्दोलन (d) नमक सत्याग्रह

उत्तर (d)

• वर्ष 1930 में शुरू हुए नमक सत्याग्रह ने भारतीयों को स्वतन्त्रता के लिए अहिंसक आन्दोलन में शामिल होने के लिए प्रेरित व संगठित करने में महत्त्वपूर्ण भूमिका निभाई।

• 12 मार्च, 1930 को महात्मा गाँधी ने 78 समर्थकों के साथ साबरमती आश्रम से 240 मील की दाण्डी यात्रा प्रारम्भ की तथा 6 अप्रैल, 1930 को दाण्डी पहुँचकर समुद्र के जल से नमक बनाकर ब्रिटिश नीति का उल्लंघन किया और **सविनय अवज्ञा आन्दोलन** की शुरुआत की।

• इस आन्दोलन के दौरान भारत के अन्य क्षेत्रों में भी कई अहिंसक आन्दोलन हुए, जिसमें बिहार में कर नहीं अभियान, महाराष्ट्र में वन कानून की अवहेलना, बंगाल में प्रतिबन्धित पुस्तकों को खुलेआम पढ़कर कानून की अवहेलना की गई।

359. वर्ष 1916 में इण्डियन होमरूल लीग की स्थापना के लिए जाने, जाने वाले प्रसिद्ध ब्रिटिश समाज सुधारक का क्या नाम है?

SSC CHSL Tier-1 11.07.2024 (Shift-III)

(a) ऐनी नाइट (b) कैथरीन ओस्लर
(c) ऐनी बेसेण्ट (d) मारिया राई

उत्तर (c)

• वर्ष 1916 में इण्डियन होमरूल लीग की स्थापना **ऐनी बेसेण्ट** द्वारा की गई थी।

• इसकी स्थापना **28 अप्रैल, 1916** को मद्रास में हुई थी। उन्होंने पूरे भारत में 200 से अधिक शाखाएँ खोलीं।

• भारत में होमरूल आन्दोलन, ब्रिटिश भारत में आयरिश होमरूल आन्दोलन के समान था।

• अप्रैल, 1916 में बेलगाम में बाल गंगाधर तिलक द्वारा इण्डियन होमरूल लीग की स्थापना की गई थी। उनका लक्ष्य भारत में स्व-शासन प्राप्त करने का था।

360. प्रेस और पुस्तक रजिस्ट्रीकरण अधिनियम किस वर्ष अधिनियमित किया गया था?

SSC CHSL Tier-1 11.07.2024 (Shift-IV)

(a) 1867 (b) 1857 (c) 1887 (d) 1877

उत्तर (a)

• प्रेस और पुस्तक रजिस्ट्रीकरण अधिनियम, **1867** में अधिनियमित किया गया।

• इस अधिनियम को **लॉर्ड लॉरेन्स** के काल में अधिनियमित किया गया था।

• 1867 में इस अधिनियमित कानून ने 1835 के मेटकॉफ अधिनियम का स्थान ले लिया।

• इस अधिनियम को लागू करने का प्राथमिक उद्देश्य भारत में प्रसारित **पुस्तकों का रिकॉर्ड** बनाए रखना था।

361. वर्ष 1919 में जलियाँवाला बाग नरसंहार में उनकी भूमिका के लिए किस ब्रिटिश कर्नल को अमृतसर के कसाई (Butcher of Amritsar) के रूप में याद किया जाता है?

SSC CHSL Tier-1 11.07.2024 (Shift-IV)

(a) रेजिनाल्ड डायर (b) विलियम बर्डवुड
(c) रॉबर्ट क्लाइव (d) विलियम स्लिम

उत्तर (a)

• वर्ष 1919 में जलियाँवाला बाग नरसंहार में उनकी भूमिका के लिए ब्रिटिश कर्नल **रेजिनाल्ड डायर** को **अमृतसर के कसाई** के रूप में याद किया जाता है।

• 13 अप्रैल, 1919 को **डॉ. सत्यपाल** और **सैफुद्दीन किचलू** की गिरफ्तारी के विरोध में हो रही सभा पर जनरल डायर ने अंधाधुँध गोलियाँ चलवा दी थीं।

• सरकारी रिपोर्ट के अनुसार, इसमें 379 व्यक्ति तथा कांग्रेस समिति के अनुसार, लगभग 1000 व्यक्ति मारे गए थे।

• 13 मार्च, 1940 को लन्दन में **सरदार ऊधमसिंह** ने माइकल ओ डायर की गोली मारकर हत्या कर दी।

SSC CHSL 2023 (Tier 1)

362. वर्ष 1928 के साइमन कमीशन विरोधी आन्दोलन में जख्मी होने के कारण किस महान नेता की मृत्यु हुई थी?

SSC CHSL Tier-1 11.08.2023 (Shift-I)

(a) लाला हरदयाल (b) भगत सिंह
(c) लाला लाजपत राय (d) बाल गंगाधर तिलक

उत्तर (c)

• वर्ष 1928 के साइमन कमीशन विरोधी आन्दोलन में जख्मी होने के कारण **पंजाब केसरी** नाम से प्रसिद्ध **लाला लाजपत राय** की मृत्यु हुई थी।

• विरोध प्रदर्शन के दौरान उन्होंने **साइमन गो बैक** का नारा दिया था।

• उन्होंने पंजाब नेशनल बैंक, लक्ष्मी इंश्योरेंस कम्पनी और लाहौर में सर्वेंट्स ऑफ दी पीपल्स सोसाइटी की स्थापना की।

363. जलियाँवाला बाग नरसंहार पर .... ने अपनी पीड़ा और गुस्सा जताते हुए नाइटहुड की उपाधि वापस लौटा दी।

SSC CGL Tier-1 21.03.2023 (Shift-IV)

(a) सुरेन्द्रनाथ बनर्जी (b) दादाभाई नौरोजी
(c) रवीन्द्रनाथ टैगोर (d) बदरुद्दीन तैयबजी

उत्तर (c)

• जलियाँवाला बाग जनसंहार पर **रवीन्द्रनाथ टैगोर** ने अपनी पीड़ा और गुस्सा जताते हुए **नाइटहुड** की उपाधि वापस लौटा दी।

• 13 अप्रैल, 1919 को जलियाँवाला बाग में आयोजित एक शान्तिपूर्ण बैठक में शामिल लोगों पर ब्रिगेडियर जनरल डायर ने गोली चलाने का आदेश दे दिया, जिससे हजारों निहत्थे पुरुष, महिलाएँ तथा बच्चे मारे गए। इसी विरोध में रवीन्द्रनाथ टैगोर ने अपनी उपाधि वापस की।

364. वर्ष 1905 में बंगाल के विभाजन से पहले, बंगाल ब्रिटिश भारत का सबसे बड़ा प्रान्त था। इसमें निम्नलिखित में से किन राज्यों के हिस्से शामिल थे?

SSC CHSL Tier-1 20.03.2023 (Shift-III)

(a) उत्तर प्रदेश और बिहार
(b) बिहार और उड़ीसा
(c) उत्तर प्रदेश और उड़ीसा
(d) बिहार और छत्तीसगढ़

उत्तर (b)

• वर्ष 1905 में बंगाल के विभाजन से पहले, बंगाल ब्रिटिश भारत का सबसे बड़ा प्रान्त था, जिसमें **बिहार** और **उड़ीसा** राज्यों के हिस्से शामिल थे।

• बंगाल विभाजन के समय भारत का वायसराय **लॉर्ड कर्जन** था। बंगाल विभाजन 16 अक्टूबर, 1905 को प्रभावी हुआ।

• बंगाल विभाजन के विरोध में रवीन्द्रनाथ टैगोर की अध्यक्षता में लोगों ने **रक्षा बन्धन दिवस** मनाया था।

365. एक नाटक में, हिमा ने कहा "स्वराज मेरा जन्मसिद्ध अधिकार है और मैं इसे लेकर रहूँगी" यह नारा किस भारतीय स्वतन्त्रता संग्राम सेनानी ने दिया था?

SSC CHSL Tier-1 16.03.2023 (Shift-I)

(a) बाल गंगाधर तिलक
(b) अम्बिका चरण मजूमदार
(c) भगत सिंह
(d) महात्मा गाँधी

उत्तर (a)

• "स्वराज मेरा जन्मसिद्ध अधिकार है और मैं इसे लेकर रहूँगा" यह नारा भारतीय स्वतन्त्रता सेनानी **बाल गंगाधर तिलक** ने दिया था।

• यह नारा मराठी भाषा में दिया गया था।

• इन्हें **लोकमान्य तिलक** भी कहा जाता है। इन्होंने ऐनी बेसेण्ट के साथ होमरूल लीग (1916-18) की स्थापना की।

• इन्होंने **केसरी** और **मराठा** नामक समाचार-पत्र का प्रकाशन भी किया।

366. महात्मा गाँधी ने किस वर्ष किसानों के समर्थन में गुजरात के खेड़ा जिले में एक सत्याग्रह का आयोजन किया था?

SSC CHSL Tier-1 09.03.2023 (Shift-I)

(a) 1918 (b) 1920 (c) 1919 (d) 1916

उत्तर (a)

• महात्मा गाँधी ने **11 मार्च, 1918** को किसानों के समर्थन में गुजरात के खेड़ा जिले में एक सत्याग्रह का आयोजन किया था।

• इस सत्याग्रह को मुख्य रूप से किसानों के समर्थन में सरकार के खिलाफ शुरू किया गया था।

• वर्ष 1917-18 में गुजरात के खेड़ा जिले में फसलें नष्ट हो गईं, लेकिन सरकार ने भू-राजस्व माफ करने से इनकार कर दिया और इसके पूर्ण संग्रह पर बल दिया।

• गाँधीजी ने **सरदार वल्लभभाई पटेल** के साथ किसानों का समर्थन किया और उन्हें सलाह दी कि जब तक उनकी माँग पूरी नहीं हो जाती, वे राजस्व का भुगतान रोक दें।

SSC MTS 2024

367. जलियाँवाला बाग किस शहर में स्थित है?
SSC MTS Tier-1 14.11.2024 (Shift-III)
(a) अमृतसर (b) लुधियाना
(c) चण्डीगढ़ (d) अम्बाला

उत्तर (a)

• जलियाँवाला बाग पंजाब राज्य में **अमृतसर** शहर (जिले) में स्थित है।
• जलियाँवाला बाग हत्याकाण्ड 13 **अप्रैल, 1919** में हुआ था।

368. अमृतसर में अंग्रेजों द्वारा जलियाँवाला बाग हत्याकाण्ड को कब अंजाम दिया गया था?
SSC MTS Tier-1 13.11.2024 (Shift-III)
(a) 13 अप्रैल, 1919 (b) 13 मार्च, 1919
(c) 13 अप्रैल, 1918 (d) 23 अप्रैल, 1918

उत्तर (a)

• अमृतसर में अंग्रेजों द्वारा जलियाँवाला बाग हत्याकाण्ड को 13 अप्रैल, 1919 को अंजाम दिया गया था। इसे अमृतसर के नरसंहार के रूप में जाना जाता है।
• पण्डित मदन मोहन मालवीय के अनुसार कम-सेकम 1300 लोग मारे गए थे।

369. निम्नलिखित में से किस समाज सुधारक ने हिन्दू धार्मिक ग्रन्थों के आधार पर सती प्रथा को खारिज किया?
SSC MTS Tier-1 14.11.2024 (Shift-III)
(a) ईश्वरचन्द्र विद्यासागर (b) राजा राममोहन राय
(c) स्वामी विवेकानन्द (d) ज्योतिबा फुले

उत्तर (b)

• राजा राममोहन राय ने हिन्दू धार्मिक ग्रन्थों के आधार पर सती प्रथा को खारिज किया।
• इन्हें **भारतीय पुनर्जागरण का पिता** कहा जाता है।
• इन्होंने **ब्रह्म समाज** (1828) की स्थापना की थी।
• इनके द्वारा वेदान्त कॉलेज (1825) की स्थापना भी की गई थी।

370. निम्नलिखित में से किसके विरुद्ध भारत में पहली बार 'स्वदेशी' और 'बहिष्कार' को विरोध और संघर्ष के साधन के रूप में प्रयोग किया गया था?
SSC MTS Tier-1 05.11.2024 (Shift-III)
(a) साइमन कमीशन
(b) बंगाल विभाजन
(c) रॉलेट एक्ट
(d) जलियाँवाला बाग हत्याकाण्ड

उत्तर (b)

• बंगाल विभाजन के विरुद्ध भारत में पहली बार स्वदेशी और बहिष्कार को विरोध और संघर्ष के साधन के रूप में प्रयोग किया गया था।
• बंगाल विभाजन की घोषणा भारत के तत्कालीन वायसराय लॉर्ड कर्जन ने 20 जुलाई, 1905 को की थी।
• इसे 16 अक्टूबर, 1905 को लागू किया गया था।
• इस विभाजन के बाद कलकत्ता बंगाल की राजधानी एवं ढाका पूर्वी बंगाल की राजधानी बनी थी।

371. 1911 में .... का विभाजन रद्द कर दिया गया था। SSC MTS Tier-1 04.11.2024 (Shift-III)
(a) संयुक्त प्रांत (b) बर्मा
(c) बंगाल (d) पंजाब

उत्तर (c)

• वर्ष 1911 में बंगाल का विभाजन लॉर्ड हार्डिंग द्वितीय द्वारा रद्द कर दिया गया।
• बंगाल का विभाजन वर्ष 1905 में लॉर्ड कर्जन के द्वारा बंगाल में बढ़ते राष्ट्रवाद को कमजोर करने के लिए किया गया था।
• बंगाल का विभाजन रद्द करने के बाद बंगाल व पूर्वी बंगाल को फिर से एक कर दिया गया तथा भारत की राजधानी कलकत्ता से दिल्ली स्थानान्तरित कर दी गई।

372. निम्नलिखित में से किसने ब्रिटिश सरकार के विरुद्ध खिलाफत आन्दोलन प्रारम्भ किया था?
SSC MTS Tier-1 30.10.2024 (Shift-III)
(a) सैयद रजा अली और मुहम्मद अली जिन्ना
(b) मौलाना मजहरुल हक और मियाँ अब्दुल अजीज
(c) सैयद नबीउल्लाह और एम. एम. अंसारी
(d) शौकत अली और मोहम्मद अली

उत्तर (d)

• शौकत अली और मोहम्मद अली ने ब्रिटिश सरकार के विरुद्ध **खिलाफत आन्दोलन** प्रारम्भ किया था।
• इस आन्दोलन की प्रमुख माँग तुर्की खलीफा के पद को पुन:स्थापित करना एवं खलीफा के धार्मिक क्षेत्रों से प्रतिबन्धों को हटाना था।
• इस आन्दोलन का मुख्य उद्देश्य हिन्दू मुस्लिम एकता को बढ़ावा देना था।

373. दीवान-ए-आम, जिसमें पिएट्रा ड्यूरा शैली के सुन्दर पैनलों से सुसज्जित संगमरमर की छतरी है, किस स्मारक का हिस्सा है?
SSC MTS Tier-1 23.10.2024 (Shift-II)
(a) ताजमहल (b) बीबी का मकबरा
(c) लाल किला (d) हुमायूँ का मकबरा

उत्तर (c)

• दीवान-ए-आम, जिसमें पिएट्रा ड्यूरा शैली के सुन्दर पैनलों से सुसज्जित संगमरमर की छतरी है यह लाल किले का हिस्सा है।
• 1648 **ई.** में **शाहजहाँ ने** अपनी राजधानी आगरा से दिल्ली स्थानान्तरित की तथा दिल्ली में लाल बलुआ पत्थर से एक किला 'लाल किला' निर्मित कराया।
• दीवान-ए-आम का निर्माण शाहजहाँ ने कराया।
• दीवान-ए-आम में विश्व प्रसिद्ध तख्त-ए-ताउस रखा जाता था, जिस पर बैठकर शाहजहाँ न्याय करता था।
• दीवान-ए-आम स्थित रंगमहल में न्याय की तराजू में यूरोपीय प्रभाव दिखता है।

374. वर्ष 1905 में हिन्दुओं और मुसलमानों ने अपनी एकता और .... के खिलाफ अपना विरोध दिखाने के लिए एक-दूसरे के हाथों पर 'राखी' बाँधी। SSC MTS Tier-1 23.10.2024 (Shift-II)
(a) पंजाब के विभाजन (b) बंगाल के विभाजन
(c) मार्ले-मिण्टो सुधार (d) रॉलेट एक्ट

उत्तर (b)

• वर्ष 1905 में हिन्दुओं और मुसलमानों ने अपनी एकता और बंगाल विभाजन के खिलाफ अपना विरोध दिखाने के लिए एक-दूसरे के हाथों में राखी बाँधी।
• वर्ष 1905 में **लॉर्ड कर्जन** ने बंगाल का विभाजन किया।
• रवीन्द्रनाथ टैगोर के सुझाव पर इस दिन को एकता के प्रतीक के रूप में राखी बन्धन दिवस के रूप में मनाया गया।
• स्वदेशी आन्दोलन, बंगाल विभाजन की प्रतिक्रिया के रूप में शुरू किया गया।

375. निम्नलिखित में से कौन 'भूदान आन्दोलन' का मार्ग दर्शक था?
SSC MTS Tier-1 22.10.2024 (Shift-II)
(a) भीमराव अम्बेडकर (b) आचार्य विनोबा भावे
(c) जवाहरलाल नेहरू (d) वल्लभभाई पटेल

उत्तर (b)

• **आचार्य विनोबा भावे**, 'भूदान आन्दोलन' के मार्ग दर्शक थे।
• इन्होंने वर्ष 1951 में तेलंगाना के **पोच्चमपली** से भूदान आन्देलन शुरू किया।
• इस आन्दोलन में भू-स्वामियों ने भूमिहीनों को भूमि दान में दी।
• ये सन्त, समाज सुधारक, स्वतन्त्रता सेनानी और गाँधी के अनुयायी थे।

376. अकबर द्वारा बनवाई गई इमारत, बुलन्द दरवाजा, भारत में निम्नलिखित में से किस स्थान पर बनवाया गया था?
SSC MTS Tier-1 21.10.2024 (Shift-II)
(a) लाहौर (b) दिल्ली
(c) आगरा (d) फतेहपुर सीकरी

उत्तर (d)

• मुगल सम्राट अकबर द्वारा बनाया गया बुलन्द दरवाजा भारत के फतेहपुर सीकरी में स्थित है।
• अकबर ने गुजरात पर अपनी विजय के याद में 1575 ई. में बुलन्द दरवाजा का निर्माण करवाया था।
• बुलन्द दरवाजा दुनिया का सबसे ऊँचा प्रवेश द्वार है और मुगल वास्तुकला का एक उदाहरण है।
• इसके शीर्ष पर **नस्ख (लिपि)** में कुरान की आयते उकेरी गई है। इन्हें शेख सलीम चिश्ती के शिष्य ख्वाजा हुसैन चिश्ती ने बनाया था।

377. निम्नलिखित शख्सियतों में से किसने कहा है कि, "मुझे जिस चीज पर आपत्ति है, वह है मशीनरी के लिए 'सनक'। यह सनक उस चीज के लिए है, जिसे वे श्रम बचाने वाली मशीनरी कहते हैं। लोग तब तक 'श्रम बल बचाने' में लगे हैं, जब तक कि हजारों लोग बेकार नहीं हो जाते और उन्हें भूख से मरने के लिए खुली सड़कों पर फेंक नहीं दिया जाता"?
SSC MTS Tier-1 16.10.2024 (Shift-II)
(a) पण्डित जवाहरलाल नेहरू
(b) महात्मा गाँधी
(c) लाल बहादुर शास्त्री
(d) स्वामी विवेकानन्द

उत्तर (b)

• महात्मा गाँधी ने कहा है कि, "मुझे जिस चीज पर आपत्ति है, वह है मशीनरी के लिए 'सनक'।
• महात्मा गाँधी विज्ञान के नैतिकता से अलग होते जा रहे रूप को लेकर चिन्तित थे।
• गाँधीजी का मानना था कि मशीन कोई ऐसी गलती नहीं कर सकती, जिसे सुधारा न जा सके।
• गाँधीजी के विज्ञान सम्बन्धी विचार मूलत: श्रम प्रधान और पर्यावरण से जुड़े थे।

378. निम्नलिखित में से कौन-सा भारत का सबसे पुराना किला है, जिसका उल्लेख सबसे पहले सिकन्दर महान के युद्धकालीन अभिलेखों में पाया गया है, जो इसका चौथी शताब्दी ईसा पूर्व का होना इंगित करते हैं?
SSC MTS Tier-1 18.10.2024 (Shift-II)
(a) मेहरानगढ़ किला (b) ग्वालियर किला
(c) कुम्भलगढ़ किला (d) काँगड़ा किला

उत्तर (d)

• काँगड़ा किला भारत का सबसे पुराना किला है, जिसका उल्लेख सबसे पहले सिकन्दर महान के युद्धकालीन अभिलेखों में पाया जाता है, जो चौथी शताब्दी ईसा पूर्व का होना इंगित करते हैं।
• यह किला हिमाचल प्रदेश के काँगड़ा जिले में है। यह किला 463 एकड़ में फैला है।
• इसका निर्माण काँगडा राज्य (कटोच वंश) के राजपूत वंश ने करवाया था।
• 1615 ई. में मुगल सम्राट अकबर ने इस किले पर घेराबंदी की थी, परंतु वह इसे जीतने में असफल रहा।

379. भारतीय राष्ट्रीय कांग्रेस का प्रथम अधिवेशन किस वर्ष हुआ था?
SSC MTS Tier-1 17.10.2024 (Shift-II)
(a) 1882 (b) 1885 (c) 1886 (d) 1887

उत्तर (b)

• भारतीय राष्ट्रीय कांग्रेस का प्रथम अधिवेशन 1885 ई. में हुआ था।
• यह अधिवेशन बम्बई के **गोकुलदास तेजपाल संस्कृत कॉलेज** में हुआ एवं इसके अध्यक्ष व्योमेश चन्द्र बनर्जी थे।
• इस अधिवेशन में कुल **72 सदस्यों** ने भाग लिया था।

380. महात्मा गाँधी काशी विद्यापीठ की स्थापना शिव प्रसाद गुप्ता और भगवान दास ने वर्ष ...... में की थी। SSC MTS Tier-1 16.10.2024 (Shift-II)
(a) 1922 (b) 1920
(c) 1921 (d) 1919

उत्तर (c)

• महात्मा गाँधी काशी विद्यापीठ की स्थापना शिव प्रसाद गुप्ता व भगवान दास ने वर्ष 1921 में वाराणसी में की थी।
• असहयोग आन्दोलन के समय इस विद्यापीठ की स्थापना हुई।
• यहाँ कला, विज्ञान, वाणिज्य, कृषि, कानून, कम्प्यूटर व प्रबन्धन जैसे विषय पढ़ाए जाते थे।
• असहयोग आन्दोलन का उद्देश्य भारत में राष्ट्रीय विद्यालय और महाविद्यालय खोलने व पश्चिमी संस्थाओं का बहिष्कार करना था।

381. स्वतन्त्रता आन्दोलन की ग्रैण्ड ओल्ड लेडी के रूप में किसे प्रसिद्ध रूप से जाना जाता है?
SSC MTS Tier-1 15.10.2024 (Shift-II)
(a) मैडम कामा (b) उषा मेहता
(c) सरोजिनी नायडू (d) अरुणा आसफ अली

उत्तर (d)

• स्वतन्त्रता आन्दोलन की **ग्रैण्ड ओल्ड लेडी** के रूप में **अरुणा आसफ अली** को जाना जाता है।
• इन्होंने भारत छोड़ों आन्दोलन के दौरान मुम्बई के ग्वालिया टैंक मैदान में भारतीय ध्वज फहराया।
• वर्ष 1958 में वह दिल्ली की प्रथम महिला मेयर बनीं।
• वर्ष 1997 में इन्हें मरणोपरान्त भारत के सर्वोच्च नागरिक पुरस्कार भारत रत्न से सम्मानित किया गया।

382. निम्नलिखित में से किसने 5 मार्च, 1931 को लॉर्ड इरविन के साथ एक सन्धि पर हस्ताक्षर किए? SSC MTS Tier-1 07.10.2024 (Shift-I)
(a) महात्मा गाँधी (b) बी. आर. अम्बेडकर
(c) जवाहरलाल नेहरू (d) सुभाषचन्द्र बोस

उत्तर (a)

• **महात्मा गाँधी** ने 5 मार्च, 1931 को लॉर्ड इरविन के साथ एक सन्धि पर 'हस्ताक्षर किए।
• यह समझौता भारत के संविनय अवज्ञा आन्दोलन से जुड़ा था, जिसमें गाँधीजी ने ब्रिटिश शासन के खिलाफ भारत में सविनय अवज्ञा आन्दोलन को बन्द करने का फैसला किया।
• इस समझौते को **दिल्ली समझौता** के नाम से भी जाना जाता है। यह समझौता, भारत के संघर्ष के लिए एक महत्त्वपूर्ण कदम था।
• इस समझौते के उपरान्त गाँधीजी ने वर्ष 1931 में लन्दन के द्वितीय गोलमेज सम्मेलन में भाग लिया था।

383. निम्नलिखित में से किस अधिनियम के बाद भारत ब्रिटिश ताज के नाम से शासित होने लगा? SSC MTS Tier-1 01.10.2024 (Shift-II)
(a) 1833 का चार्टर अधिनियम
(b) 1853 का चार्टर अधिनियम
(c) भारत सरकार अधिनियम, 1858
(d) भारत सरकार अधिनियम, 1919

उत्तर (c)

• **भारत सरकार अधिनियम, 1858** के द्वारा ईस्ट इण्डिया कम्पनी का परिसमापन कर दिया गया और इसके स्थान पर ब्रिटिश क्राउन को सत्ता मिली।
• इस अधिनियम के तहत, भारत के **गवर्नर-जनरल का पदनाम बदलकर वायसराय** कर दिया गया। वायसराय, भारत में ब्रिटिश राज का प्रत्यक्ष प्रतिनिधि था।
• इस अधिनियम के तहत भारतीयों को बिना किसी भेदभाव के अपनी योग्यता के आधार पर सिविल सेवाओं में सेवा करने की अनुमति दी गई थी।

SSC MTS 2023 & 2022

384. 26 जनवरी को संविधान के उद्घाटन की तारीख के रूप में चुना गया था, क्योंकि वर्ष 1930 में इसी तारीख को भारतीय राष्ट्रीय कांग्रेस ने .... का खुलासा किया था।
SSC MTS 06.09.2023 (Shift-I)
(a) भारत छोड़ो आन्दोलन
(b) पूर्ण स्वराज आन्दोलन
(c) खिलाफत आन्दोलन
(d) नमक सत्याग्रह

उत्तर (b)

• 26 जनवरी को संविधान के उद्घाटन की तारीख के रूप में चुना गया था, क्योंकि वर्ष 1930 में इसी तारीख को भारतीय राष्ट्रीय कांग्रेस ने पूर्ण स्वराज आन्दोलन का खुलासा किया था।
• भारतीय राष्ट्रीय कांग्रेस द्वारा 26 जनवरी, 1930 को स्वतंत्रता दिवस के रूप में मनाने की अधिकारिक तौर पर घोषणा की गई थी।
• 26 जनवरी, 1930 की कांग्रेस के लाहौर अधिवेशन में **पण्डित जवाहरलाल नेहरू** द्वारा तिरंगा झण्डा फहराया गया था।

385. सुभाषचन्द्र बोस के राजनीतिक गुरु कौन थे?
SSC MTS 05.09.2023 (Shift-II)
(a) महात्मा गाँधी (b) एस. जी. रानाडे
(c) जवाहरलाल नेहरू (d) चितरंजन दास

उत्तर (d)

• सुभाषचन्द्र बोस के राजनीतिक गुरु **चितरंजन दास** थे।
• चितरंजन दास और मोतीलाल नेहरू ने वर्ष 1923 में कांग्रेस से अलग होकर **स्वराज पार्टी** की स्थापना की थी।

386. गाँधीजी ने किसकी सलाह पर भारत के लोगों को जानने के लिए ब्रिटिश भारत में एक वर्ष तक यात्रा की? SSC MTS 14.09.2023 (Shift-I)
(a) कृष्णशंकर पण्ड्या (b) मोहम्मद अली जिन्ना
(c) श्रीमद राजचन्द्र (d) गोपाल कृष्ण गोखले

उत्तर (d)

• गाँधीजी ने **गोपाल कृष्ण गोखले** की सलाह पर भारत के लोगों को जानने के लिए ब्रिटिश भारत में एक वर्ष तक यात्रा की।
• गाँधीजी 9 जनवरी, 1915 को अपने दो दशक के विदेश निवास के बाद भारत लौटे।
• गोपालकृष्ण गोखले महात्मा गाँधी के राजनीतिक गुरु थे।
• गोखले को भारत का ग्लेडस्टोन कहा जाता था।
• वर्ष 1905 में उन्होंने सर्वेन्ट्स ऑफ इण्डिया सोसायटी की स्थापना की।

387. 15 अगस्त, 1947 को भारत के पहले प्रधानमन्त्री जवाहरलाल नेहरू ने दिल्ली में लाल किले के ..... के ऊपर भारतीय राष्ट्रीय ध्वज फहराया। SSC MTS 01.09.2023 (Shift-I)
(a) कश्मीरी गेट (b) अजमेरी गेट
(c) दिल्ली गेट (d) लाहौरी गेट

उत्तर (d)

• 15 अगस्त, 1947 को भारत के पहले प्रधानमन्त्री जवाहरलाल नेहरू द्वारा लाल किले के **लाहौरी गेट** पर झण्डा फहराया गया था।

• भारत के स्वतन्त्रता दिवस पर प्रधानमन्त्री द्वारा लाल किले के लाहौरी गेट पर झण्डा फहराने की परम्परा है।

• लाल किले के प्राचीर से सर्वाधिक (16 बार) तिरंगा फहराने का रिकार्ड देश के प्रथम प्रधानमंत्री जवाहर लाल नेहरू के नाम है।

• लाल किले में प्रवेश के दो द्वार हैं- लाहोरी द्वार और दिल्ली द्वार।

• इस द्वार का निर्माण शाहजहाँ के करवाया था।

388. अखिल भारतीय मुस्लिम लीग ने किस वर्ष देश के उत्तर-पश्चिमी और पूर्वी क्षेत्रों में मुसलमानों के लिए 'स्वतन्त्र राज्य' की माँग का प्रस्ताव पेश किया था? **SSC MTS 01.09.2023 (Shift-IV)**

(a) 1942 (b) 1939
(c) 1941 (d) 1940

उत्तर (d)

• वर्ष 1940 में मुस्लिम लीग ने देश के उत्तर-पश्चिम तथा पूर्वी क्षेत्रों में मुसलमानों के लिए 'स्वतन्त्र राज्य' की माँग का प्रस्ताव पेश किया था।

• इसे **लाहौर प्रस्ताव** के रूप में जाना जाता है। यह प्रस्ताव जफरुल्ला खान तथा **ऑल इण्डिया मुस्लिम लीग** के सदस्यों द्वारा तैयार किया गया था।

• ऑल इण्डिया मुस्लिम लीग के संस्थापक **सलीम उल्ला खाँ** थे।

• इसके प्रथम अध्यक्ष **आगा खाँ** थे।

389. .... ग्रेट ब्रिटेन (यूनाइटेड किंगडम) की संसद का एक अधिनियम है, जिसके तहत वर्ष 1947 में ब्रिटिश भारत को भारत और पाकिस्तान के दो नए स्वतन्त्र प्रभुत्वों में विभाजित किया गया था। **SSC MTS 15.07.2022 (Shift-III)**

(a) भारत सरकार अधिनियम (गवर्नमेण्ट ऑफ इण्डिया एक्ट)
(b) औद्योगिक विवाद अधिनियम (इण्डस्ट्रियल डिस्प्यूट एक्ट)
(c) भारतीय स्वतंत्रता अधिनियम (इण्डियन इण्डिपेण्डेंस एक्ट)
(d) रॉलेट अधिनियम (रॉलेट एक्ट)

उत्तर (c)

• भारतीय स्वतंत्रता अधिनियम (इण्डियन इण्डिपेण्डेंस एक्ट) ग्रेट ब्रिटेन (यूनाइटेड किंगडम) की संसद का एक अधिनियम है, जिसके तहत वर्ष 1947 में ब्रिटिश भारत को भारत और पाकिस्तान के दो नए स्वतन्त्र प्रभुत्वों में विभाजित किया गया था।

• भारतीय स्वतन्त्रता अधिनियम 18 जुलाई, 1947 को पेश किया गया। जिसके दो मुख्य बिन्दु थे-

1. दो डोमिनियनों की स्थापना के लिए 15 अगस्त, 1947 की तिथि निर्धारित की गई।
2. दो नवगठित देशों के बीच बंगाल और पंजाब के प्रान्तों का विभाजन।

SSC Steno 2024

390. निम्नलिखित में से किस अधिनियम ने ब्रिटिश भारत में संघीय न्यायालय की स्थापना का प्रावधान किया था? **SSC Steno Tier-1 11.12.2024 (Shift-III)**

(a) भारत सरकार अधिनियम, 1858
(b) भारत सरकार अधिनियम, 1935
(c) भारतीय परिषद् अधिनियम, 1909
(d) भारतीय परिषद् अधिनियम, 1892

उत्तर (b)

• भारत सरकार अधिनियम, 1935 में ब्रिटिश भारत में संघीय न्यायालय की स्थापना का प्रावधान किया गया था।

• संघीय न्यायालय की स्थापना 1 अप्रैल, 1937 को हुई थी, सर मौरिस ग्वायर इसके पहले मुख्य न्यायाधीश थे। इसकी स्थापना दिल्ली में हुई थी।

391. निम्नलिखित में से ब्रिटिश भारत के किस भारत सरकार अधिनियम ने अखिल भारतीय संघ (भारत संघ) का प्रस्ताव रखा था? **SSC Steno Tier-1 10.12.2024 (Shift-I)**

(a) 1919 (b) 1858
(c) 1935 (d) 1853

उत्तर (c)

• ब्रिटिश भारत में 1935 के भारत सरकार अधिनियम ने **अखिल भारतीय संघ** (भारत संघ) का प्रस्ताव रखा था।

• इस अधिनियम द्वारा एक अखिल भारतीय संघ की स्थापना के लिए प्रावधान किया गया, जिसमें प्रान्तों और रियासतों को इकाइयों के रूप में वगीकृत करके शामिल किया गया था।

392. साइमन कमीशन की नियुक्ति किस वर्ष और किस उद्देश्य से की गई थी? **SSC Steno Tier-1 10.12.2024 (Shift-III)**

(a) 1924 में, स्वराज में सुधार करने के लिए
(b) 1939 में, भारत की युद्ध सम्बन्धी तैयारियों का मूल्यांकन करने के लिए
(c) 1942 में, युद्ध के दौरान सेना की गतिविधियों को बढ़ाने के लिए
(d) 1927 में, भारत के संविधान में एक और सुधार की सिफारिश करने के लिए

उत्तर (d)

• **साइमन कमीशन** की नियुक्ति, वर्ष 1927 में संवैधानिक सुधारों की समीक्षा और सरकार की सुधार की सिफारिश के उद्देश्य से की गई थी।

• इसकी अध्यक्षता सर जॉन साइमन ने की थी।

393. किस अधिनियम के अन्तर्गत कार्यकारी परिषद् के व्यक्तिगत सदस्यों का अपना पोर्टफोलियो था? **SSC Steno Tier-1 10.12.2024 (Shift-I)**

(a) भारतीय परिषद् अधिनियम, 1892
(b) भारतीय परिषद् अधिनियम, 1858
(c) भारतीय परिषद् अधिनियम, 1909
(d) भारतीय परिषद् अधिनियम, 1861

उत्तर (d)

• भारतीय परिषद् अधिनियम, 1861 के अन्तर्गत कार्यकारी परिषद् के व्यक्तिगत सदस्यों का अपना पोर्टफोलियों था।

• इस अधिनियम ने भारत में प्रतिनिधि संस्थाओं को जन्म दिया। और पहली बार विधि निर्माण में भारतीयों का सहयोग लेने का औपचारिक प्रयास किया।

SSC GD 2024

394. गाँधी-इरविन समझौते पर किस वर्ष हस्ताक्षर किए गए थे? **SSC GD 20.02.2024 (Shift-III)**

(a) 1921 (b) 1911 (c) 1941 (d) 1931

उत्तर (d)

• गाँधी-इरविन समझौता **5 मार्च, 1931** को हुआ था महात्मा गाँधी और लॉर्ड इरविन के मध्य हुए इस समझौते को **दिल्ली पैक्ट** के नाम से भी जाना जाता है।

• यह समझौता गोलमेज सम्मेलन में गाँधीजी को आमन्त्रित करने के लिए किया गया था।

395. सरोजिनी नायडू ने वर्ष .... में भारतीय राष्ट्रीय कांग्रेस के अध्यक्ष के रूप में कार्य किया। **SSC GD 21.02.2024 (Shift-I)**

(a) 1931 (b) 1935 (c) 1921 (d) 1925

उत्तर (d)

• सरोजिनी नायडू ने वर्ष **1925** में **कानपुर** अधिवेशन में भारतीय राष्ट्रीय कांग्रेस के अध्यक्ष के रूप में कार्य किया था।

• वह भारतीय राष्ट्रीय कांग्रेस की **पहली भारतीय महिला अध्यक्ष** थीं।

396. महात्मा गाँधी द्वारा दाण्डी मार्च निम्नलिखित में से किस वर्ष में शुरू किया गया था? **SSC GD 22.02.2024 (Shift-IV)**

(a) 1920 (b) 1950 (c) 1930 (d) 1940

उत्तर (c)

• महात्मा गाँधी द्वारा दाण्डी मार्च, 1930 में शुरू किया गया था।

• दाण्डी यात्रा या **नमक सत्याग्रह** महात्मा गाँधी के नेतृत्व में औपनिवेशिक भारत में अहिंसक **सविनय अवज्ञा आन्दोलन** था।

397. क्रिप्स मिशन भारत में किस वर्ष आया? **SSC GD 23.02.2024 (Shift-I)**

(a) 1952 (b) 1932 (c) 1922 (d) 1942

उत्तर (d)

• क्रिप्स मिशन वर्ष 1942 में भारत आया था, जिसका उद्देश्य द्वितीय विश्वयुद्ध में भारत का पूर्ण सहयोग प्राप्त करना था।

• इस मिशन का नेतृत्व स्टैफोर्ड क्रिप्स ने किया था।

• भारतीय नेताओं ने क्रिप्स मिशन का विरोध किया, गाँधीजी ने क्रिप्स मिशन को **एक उत्तर दिनांकित चेक** (Post dated Chaque) कहा था।

398. सरदार वल्लभभाई पटेल ने .... में कांग्रेस के अध्यक्ष के रूप में कार्य किया। **SSC GD 23.02.2024 (Shift-III)**

(a) वर्ष 1931 (b) वर्ष 1935
(c) वर्ष 1925 (d) वर्ष 1921

उत्तर (a)

- सरदार वल्लभभाई पटेल ने **वर्ष 1931** में कांग्रेस के अध्यक्ष के रूप में कार्य किया।
- यह अधिवेशन कराची में सम्पन्न हुआ, जिसमें मौलिक अधिकारों और **राष्ट्रीय आर्थिक कार्यक्रम** के प्रस्ताव पारित किए गए।

399. 8 अप्रैल, 1929 को भगत सिंह और बी.के. दत्त ने ········ में बम फेंका था। जैसा कि उनके पत्रक में बताया गया था, घटना का उद्देश्य हत्या करना नहीं था, बल्कि 'बहरों को सुनाना' था। **SSC GD 26.02.2024 (Shift-I)**

(a) सेण्ट्रल एग्जीक्यूटिव असेम्बली
(b) सेण्ट्रल लेजिस्लेटिव काउन्सिल
(c) स्टेट लेजिस्लेटिव असेम्बली
(d) सेण्ट्रल लेजिस्लेटिव असेम्बली

उत्तर (d)

- 8 अप्रैल, 1929 को भगत सिंह और बी. के. दत्त ने **सेण्ट्रल लेजिस्लेटिव असेम्बली** में बम फेंका था। जैसा कि उनके पत्रक में बताया गया था कि घटना का उद्देश्य हत्या करना नहीं, बल्कि 'बहरों को सुनाना' था।
- भगत सिंह व बी. के. दत्त (बटुकेश्वर दत्त) **हिन्दुस्तान सोशलिस्ट रिपब्लिकन एसोसिएशन** के सदस्य थे।

SSC GD 2023

400. निम्नलिखित में से कौन भारत के स्वतन्त्रता आन्दोलन के 'लाल-बाल-पाल' में से एक थे? **SSC GD 06.02.2023 (Shift-I)**

(a) जवाहरलाल नेहरू (b) लाला लाजपत राय
(c) चित्तरंजन दास (d) लाल बहादुर शास्त्री

उत्तर (b)

- पंजाब के लाला लाजपात राय, महाराष्ट्र के बाल गंगाधर तिलक और बंगाल के बिपिनचन्द्र पाल को लोकप्रिय रूप से लाल-बाल-पाल के नाम से जाना जाता था।
- **लाला लाजपत राय** 'जिन्हें लाल के नाम से जाना जाता था' वे अपने तेजतर्रार भाषणों और ब्रिटिश शासन के खिलाफ मुखर विरोध के लिए जाने जाते थे।
- **बाल गंगाधर तिलक** 'जिन्हें बाल के नाम से जाना जाता था' वे गरम दल के नेता थे, जिन्होंने स्वराज (स्वतन्त्र शासन) की माँग की थी।
- **बिपिन चन्द्र पाल** 'जिन्हें पाल के नाम से जाना जाता था' वे मध्यम दल के नेता थे, जिन्होंने सामाजिक सुधारों और स्वदेशी आन्दोलन पर ध्यान केन्द्रित किया था।

401. मार्च, 1919 में एक खिलाफत समिति का गठन ····· में किया गया था। **SSC GD 09.02.2023 (Shift-II)**

(a) अमृतसर (b) कलकत्ता
(c) बबई (d) दिल्ली

उत्तर (c)

- प्रथम विश्व युद्ध के बाद तुर्की में ओटोमन खलीफा के विघटन के विरोध में मार्च, 1919 में **बम्बई** में खिलाफत समिति का गठन किया गया था। इस समिति का गठन **अली बन्धुओं** द्वारा किया गया था।
- इस आन्दोलन ने हिन्दु-मुस्लिम एकता की भावना पर जोर दिया था।

SSC Selection Post 2024 & 2023

402. निम्नलिखित में से कौन स्वराज पार्टी के संस्थापकों में से एक थे? **SSC Selection Post 20.06.2024 (Shift-III)**

(a) सुभाषचन्द्र बोस (b) जवाहरलाल नेहरू
(c) बाल गंगाधर तिलक (d) चितरंजन दास

उत्तर (d)

- स्वराज पार्टी की स्थापना 1 जनवरी, 1923 को देशबन्धु **चितरंजन दास** तथा **मोतीलाल नेहरू** ने की थी।
- स्वराज पार्टी की स्थापना 1923 में भारतीय राष्ट्रीय कांग्रेस के गया अधिवेशन के बाद हुई थी।

403. निम्नलिखित में से किस स्थान पर भारतीय राष्ट्रीय कांग्रेस ने 'पूर्ण स्वराज' का प्रस्ताव पारित किया था? **SSC Selection Post (10+2) 27.06.2023 (Shift-IV)**

(a) बॉम्बे (b) लाहौर (c) मद्रास (d) कराची

उत्तर (b)

- **दिसम्बर, 1929** में भारतीय राष्ट्रीय कांग्रेस का वार्षिक अधिवेशन तत्कालीन पंजाब प्रान्त के **लाहौर** में हुआ।
- इस ऐतिहासिक अधिवेशन में कांग्रेस ने **पूर्ण स्वराज** को अपना अन्तिम लक्ष्य घोषित किया।
- **जवाहरलाल नेहरू**, जिन्होंने पूर्ण स्वराज के विचार को लोकप्रिय बनाने में सर्वाधिक योगदान दिया था, इस अधिवेशन के अध्यक्ष चुने गए थे।

404. दिसम्बर, 1929 में भारतीय राष्ट्रीय कांग्रेस के अध्यक्ष जवाहरलाल नेहरू ने औपचारिक रूप से ब्रिटिश सरकार से ········ की माँग की। **SSC Selection Post (10+2) 27.06.2023 (Shift-III)**

(a) मौलिक अधिकार (b) पूर्ण स्वतन्त्रता
(c) नागरिक अधिकार (d) डोमिनियन स्थिति

उत्तर (b)

- 31 दिसम्बर, 1929 को कांग्रेस के **लाहौर अधिवेशन** में जवाहरलाल नेहरू की अध्यक्षता में प्रस्ताव पारित कर भारत के लिए पूर्ण स्वराज की माँग की गई।

405. रानी गाइदिनल्यू निम्नलिखित में से किस आन्दोलन से जुड़ी हैं? **SSC Selection Post (10+2) 27.06.2023 (Shift-I)**

(a) निशा बंध (b) हेराका
(c) पुनी लान (d) मीरा पैबि

उत्तर (b)

- रानी गाइदिनल्यू **हेराका आन्दोलन** से जुड़ी हैं।
- रानी गाइदिनल्यू भारत की प्रसिद्ध महिला क्रान्तिकारियों में से एक थीं।
- उन्होंने देश को आजादी दिलाने के लिए **नागालैण्ड** में अपनी क्रान्तिकारी गतिविधियों को अंजाम दिया।

406. ब्रिटिश भारत में निम्नलिखित राष्ट्रीय नेताओं में से किसे 'ग्रैण्ड ओल्ड मैन ऑफ इण्डिया' कहा जाता था? **SSC Selection Post (10+2) 27.06.2023 (Shift-I)**

(a) महादेव गोविन्द रानाडे (b) गोपाल कृष्ण गोखले
(c) दादाभाई नौरोजी (d) पृथ्वीश चन्द्र राय

उत्तर (c)

- **दादाभाई नौरोजी** एक महान व्यक्ति, कानून-निर्माता, विचारक, उद्योगपति और राजनीतिज्ञ थे। इन्हें **ग्रैण्ड ओल्ड मैन ऑफ इण्डिया** के रूप में याद किया जाता है।
- 1892 ई. में लिबरल पार्टी के उम्मीदवार के रूप में **ब्रिटिश हाउस ऑफ कॉमन्स** में चुनाव जीतने वाले वे पहले भारतीय बनें।
- ये पहले व्यक्ति हैं जिन्होंने भारत में राष्ट्रीय आय की गणना करने का प्रयास किया।

SSC Selection Post 2022

407. खान अब्दुल गफ्फार खान, जिन्हें 'बादशाह खान' या 'फ्रण्टियर गाँधीजी' के नाम से भी जाना जाता है, ने एक गैर-सरकारी संगठन का गठन किया। उस संगठन का नाम क्या है? **SSC Selection Post (10+2) 01.08.2022 (Shift-I)**

(a) हिन्दुस्तान सोशलिस्ट रिपब्लिकन एसोसिएशन
(b) खुदाई खिदमतगार
(c) उर्दू डिफेंस एसोसिएशन
(d) मुस्लिम लीग

उत्तर (b)

- **खान अब्दुल गफ्फार खान** द्वारा 'खुदाई खिदमतगार' नाम के एक गैर-सरकारी संगठन का गठन किया गया था।
- यह आन्दोलन गाँधी जी के अहिंसात्मक आन्दोलन से प्रेरित था।

408. वर्ष 1919 के जलियाँवाला हत्याकाण्ड के विरोध में किसने 'केसर-ए-हिन्द' की उपाधि लौटा दी? **SSC Selection Post (10+2) 01.08.2022 (Shift-I)**

(a) बी. आर. अम्बेडकर (b) अबुल कलाम आजाद
(c) जवाहरलाल नेहरू (d) महात्मा गाँधी

उत्तर (d)

- जलियाँवाला बाग हत्याकाण्ड के विरोध में गाँधीजी ने **केसर-ए-हिन्द** की उपाधि तथा रवीन्द्रनाथ टैगोर ने **सर** की उपाधि वापस लौटा दी थी।

409. वर्ष 1926 में भगत सिंह द्वारा नौजवान सभा की स्थापना किस शहर में की गई थी? **SSC Selection Post 01.08.2022 (Shift-IV)**

(a) दिल्ली (b) लाहौर
(c) अमृतसर (d) पेशावर

उत्तर (b)

- वर्ष 1926 में भगत सिंह द्वारा नौजवान सभा की स्थापना **लाहौर** शहर में की गई थी।
- **नौजवान भारत सभा** एक वामपन्थी भारतीय संघ था, जिसने मार्क्सवादी विचारों को प्रसार करके मजदूर और किसान युवाओं को एकसाथ लाकर ब्रिटिश राज के खिलाफ क्रान्ति को बढ़ावा देने की कोशिश की थी।

05

विश्व का भूगोल

ब्रह्माण्ड, सौरमण्डल, पृथ्वी

ब्रह्माण्ड

- परिभाषा – अस्तित्वमान द्रव्य एवं ऊर्जा का सम्मिलित रूप
- पृथ्वी ब्रह्माण्ड का केन्द्र – **टॉलेमी**
- सूर्य ब्रह्माण्ड का केन्द्र – **कॉपरनिकस** (1543 ई.)
- ब्रह्माण्ड की उत्पत्ति आज से लगभग 13.7 अरब वर्ष पूर्व **बिग बैंग** की घटना से मानी जाती है।
- ब्रह्माण्ड की उत्पत्ति का बिग बैंग सिद्धान्त **जॉर्ज लेमेण्टेयर** ने दिया था।
- असंख्य तारों के समूह को **आकाशगंगा** (गैलेक्सी) कहते हैं। एक अनुमान के अनुसार ब्रह्माण्ड में 10^{10} मिलियन आकाशगंगा हैं।
- हमारा सौरमण्डल जिस आकाशगंगा में स्थित है, उसे **मंदाकिनी** कहते हैं। यह **सर्पिलाकार** है।
- आकाशगंगा (मंदाकिनी) का सबसे शीतल एवं चमकीले तारों का समूह – **ऑरियन नेबुला**
- सबसे बड़ा ज्ञात तारामण्डल – हाइड्रा
- सबसे चमकीला तारामण्डल – सेण्टॉरस
- पृथ्वी के निकटतम तारे – सूर्य एवं प्रोक्सिमा सेंचुरी

सौरमण्डल

- सौरमण्डल में ग्रहों की संख्या – **आठ**
- सूर्य से बढ़ती दूरी के आधार पर क्रमशः बुध, शुक्र, पृथ्वी, मंगल, बृहस्पति, शनि, अरुण एवं वरुण हैं।
- आकार के अनुसार ग्रहों का क्रम क्रमशः बृहस्पति, शनि, अरुण, वरुण, पृथ्वी, शुक्र, मंगल एवं बुध है।
- शुक्र एवं अरुण को छोड़कर अन्य सभी ग्रहों के घूर्णन एवं परिक्रमण की दिशा (पश्चिम से पूर्व) एक ही है।
- **बौने ग्रह** – प्लूटो, एरिस, सेरेस तथा हौमिया
- **आन्तरिक ग्रह** – बुध, शुक्र, पृथ्वी तथा मंगल
- **बाह्य ग्रह** – बृहस्पति, शनि, अरुण एवं वरुण
- **क्षुद्रग्रह**, मंगल एवं बृहस्पति ग्रह की कक्षाओं के बीच पाए जाने वाले छोटे-छोटे आकाशीय पिण्ड हैं; जैसे– 4-वेस्टा, अटेन।
- **धूमकेतु** गैस एवं धूल के संग्रह हैं, जो आकाश में लम्बी चमकदार पूँछ सहित प्रकाश के चमकीले गोले के रूप में दिखते हैं; जैसे–हेली धूमकेतु।
- **उल्का** क्षुद्र ग्रहों के टुकड़े तथा धूमकेतुओं द्वारा पीछे छोड़े गए धूलकण हैं।

ग्रह : परिक्रमण, घूर्णन अवधि, उपग्रह संख्या

ग्रह	परिक्रमण अवधि	घूर्णन अवधि	उपग्रह संख्या
बुध	88 दिन (सबसे तेज)	59 दिन	0
शुक्र	255 दिन	243 दिन (सबसे धीमा)	0
पृथ्वी	365 दिन	24 घण्टे	1
मंगल	687 दिन	24.6 घण्टे	2
बृहस्पति	11.11 वर्ष	9.8 घण्टे (सबसे तेज)	95
शनि	29.5 वर्ष	10.2 घण्टे	146
अरुण	84 वर्ष	17.2 घण्टे	28
वरुण	165 वर्ष (सबसे धीमा)	16.1 घण्टे	16

ग्रहों से सम्बन्धित महत्त्वपूर्ण तथ्य

सबसे बड़ा ग्रह	बृहस्पति
सबसे छोटा ग्रह	बुध
पृथ्वी का उपग्रह	चन्द्रमा
सूर्य के सबसे निकट स्थित ग्रह	बुध
सूर्य से सबसे दूर स्थित ग्रह	वरुण
पृथ्वी के सबसे निकट स्थित ग्रह	शुक्र
सबसे अधिक चमकीला ग्रह	शुक्र
सबसे अधिक उपग्रहों वाला ग्रह	शनि
सबसे अधिक ठण्डा ग्रह	वरुण
सबसे अधिक गर्म ग्रह	शुक्र
रात्रि में लाल दिखाई देने वाला ग्रह	मंगल
सबसे बड़ा उपग्रह	गैनीमेड
सबसे छोटा उपग्रह	डीमोस
नीला ग्रह	पृथ्वी
भोर का तारा, साँझ का तारा	शुक्र
पृथ्वी की बहन	शुक्र
हरा ग्रह	वरुण
विशाल लाल धब्बे वाला ग्रह	बृहस्पति

सूर्य

- सूर्य एक गैसीय गोला है, जिसमें हाइड्रोजन (71%), हीलियम (26.5%) तथा अन्य तत्त्व पाए जाते हैं।
- सूर्य की परतें – केन्द्र, फोटोस्फीयर, क्रोमोस्फीयर एवं कोरोना (केन्द्र से बाहर की ओर)
- पृथ्वी की औसत दूरी – 14.96 करोड़ किमी
- सूर्य अपने अक्ष पर पूर्व से पश्चिम की ओर घूमता है।
- सूर्य के प्रकाश को पृथ्वी पर पहुँचने में लगभग 8 मिनट, 16 सेकण्ड का समय लगता है।
- सूर्य की पृथ्वी से अधिकतम दूरी को **अपसौर** (Aphelion) कहा जाता है, जो प्रत्येक वर्ष 4 जुलाई को घटित होती है।
- सूर्य की पृथ्वी से न्यूनतम दूरी को **उपसौर** (Perihelion) कहा जाता है, जो प्रत्येक वर्ष 3 जनवरी को घटित होती है।

चन्द्रमा (पृथ्वी का प्राकृतिक उपग्रह)

- चन्द्रमा की पृथ्वी से औसत दूरी 3,84,400 किमी है।
- चन्द्रमा की घूर्णन अवधि तथा पृथ्वी के चारों ओर की परिक्रमण अवधि 27 दिन, 7 घण्टे, 43 मिनट और 11.47 सेकण्ड है।
- इसका प्रकाश पृथ्वी पर 1.28 सेकण्ड में पहुँचता है।
- चन्द्रमा को **जीवाश्म ग्रह** भी कहा जाता है।
- चन्द्रमा की पृथ्वी से अधिकतम दूरी को अपभू तथा न्यूनतम दूरी को उपभू कहा जाता है।

पृथ्वी

- पृथ्वी सौरमण्डल का एकमात्र ग्रह है, जिस पर जीवन सम्भव है।
- पृथ्वी अपने अक्ष पर **पश्चिम से पूर्व** की ओर घूर्णन करती है।
- **अरस्तू** ने सर्वप्रथम पृथ्वी को गोलाकार माना था।
- पृथ्वी की आकृति **गोलाभ** (Geoid) है।
- पृथ्वी के धरातल का सर्वाधिक निचला स्थान मृत सागर (Dead Sea) 396 मी (इजराइल, जॉर्डन) है।
- पृथ्वी के गुरुत्वाकर्षण से बाहर निकलने के लिए आवश्यक निर्गमन गति 11.2 किमी/सेकण्ड है।
- पृथ्वी पर स्थलीय भाग का क्षेत्रफल 1,48,32,600 वर्ग किमी (29.08%) है।

पृथ्वी की गतियाँ

- पृथ्वी की **घूर्णन गति** (परिभ्रमण) के कारण दिन एवं रात की घटना होती है।
- पृथ्वी की **परिक्रमण गति** के कारण ऋतु परिवर्तन होता है।
- नक्षत्र दिवस का मान 23 घण्टे, 56 मिनट तथा 4.0905 सेकण्ड होता है।
- पृथ्वी के नीचे जाने पर प्रति 32 मी की गहराई पर 1°C तापमान बढ़ता जाता है।
- **बसन्त विषुव** की घटना 21 मार्च (दिन-रात समान) को तथा **शरद् विषुव** की घटना 23 सितम्बर (दिन-रात समान) को होती है।

अक्षांश रेखा

- ग्लोब पर पश्चिम से पूर्व की ओर खींची गई काल्पनिक रेखाओं को अक्षांश रेखा कहते हैं।
- 1° के अन्तराल पर अक्षांश रेखाओं की कुल संख्या 179 है।
- प्रति 1 डिग्री की अक्षांशीय दूरी लगभग 111 किमी होती है। 0° अक्षांश रेखा को **भूमध्य रेखा** (Equator) भी कहते हैं।
- 23.5° उत्तरी अक्षांश को **कर्क रेखा** (Tropic of Cancer) तथा 23.5° दक्षिणी अक्षांश को **मकर रेखा** (Tropic of Capricorn) कहते हैं।
- **कर्क संक्रान्ति या ग्रीष्म अयनान्त** (Summer Solstice) 21 जून को सूर्य कर्क रेखा पर लम्बवत् चमकता है। परिणामस्वरूप **उत्तरी गोलार्द्ध** (Northern Hemisphere) में सबसे बड़ा दिन होता है और ग्रीष्म ऋतु होती है।
- **मकर संक्रान्ति या शीत अयनान्त** (Winter Solstice) 22 दिसम्बर को सूर्य मकर रेखा पर लम्बवत् पड़ता है, जिससे **दक्षिणी गोलार्द्ध** में ग्रीष्म ऋतु होती है अर्थात् दिन बड़े और रातें छोटी होती हैं।

देशान्तर रेखा

- पृथ्वी पर दो अक्षांशों के मध्य कोणीय दूरी को देशान्तर कहते हैं। दो देशान्तर रेखाओं के बीच की दूरी **गोर** नाम से जानी जाती है।
- 0° देशान्तर रेखा (ग्रीनविच रेखा) को पृथ्वी की **मानक समय रेखा** माना जाता है।
- पृथ्वी 4 मिनट में 1° देशान्तर की दूरी तय करती है।
- अन्तर्राष्ट्रीय तिथि रेखा की कल्पना 180° देशान्तर पर उत्तर से दक्षिण की ओर की गई है।
- इस रेखा के पूर्व एवं पश्चिम में एक दिन का अन्तर माना जाता है।

ग्रहण

- **सूर्यग्रहण** पृथ्वी एवं सूर्य के बीच चन्द्रमा
  सूर्यग्रहण की घटना - सदैव अमावस्या को घटित
  पूर्ण सूर्यग्रहण के समय सूर्य के दिखाई देने वाले भाग को किरीट (Corona) कहते हैं।
- **चन्द्रग्रहण** सूर्य एवं चन्द्रमा के बीच पृथ्वी
- **चन्द्रग्रहण** की घटना - सदैव पूर्णिमा को घटित

स्थलमण्डल

पृथ्वी की आन्तरिक संरचना को क्रमशः **क्रस्ट** (भूपर्पटी), **मेण्टल** एवं **कोर** (केन्द्रीय भाग) नामक तीन परतों में विभाजित किया जाता है।

- क्रस्ट में सर्वाधिक मात्रा में पाया जाने वाला तत्त्व **ऑक्सीजन** (46.8%) है।
- इसकी रचना **सियाल** तथा **सीमा** पदार्थों से हुई है। सियाल शब्द का प्रयोग सर्वप्रथम **एडुवर्ड सुएस** (Eduard Suess) ने किया।

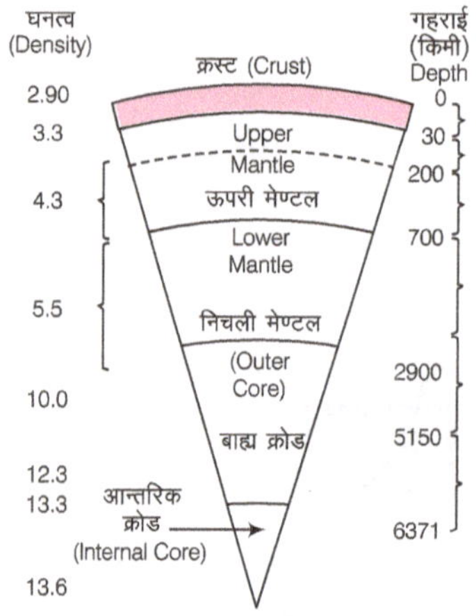

पृथ्वी की आन्तरिक संरचना

- सम्पूर्ण पृथ्वी पर सिलिकॉन (28%) सर्वाधिक मात्रा में पाया जाने वाला तत्त्व है।
- पृथ्वी पर 70.2% भाग में जलमण्डल तथा 29.8% भाग में स्थलमण्डल है।
- बनावट की प्रक्रिया के आधार पर चट्टानों को तीन भागों में बाँटा गया है- **आग्नेय चट्टानें**, **अवसादी चट्टानें** एवं **रूपान्तरित चट्टानें**।

चट्टानों का रूपान्तरण

मूल चट्टान	रूपान्तरित चट्टान
शैल	स्लेट
चूना पत्थर	संगमरमर
चॉक तथा डोलोमाइट	संगमरमर
बलुआ पत्थर	क्वार्ट्जाइट
ग्रेनाइट	नीस
बेसाल्ट	एम्फीबोलाइट
स्लेट	फाइलाइट

विश्व के प्रमुख ज्वालामुखी

ज्वालामुखी	देश/स्थल
कोटोपेक्सी (विश्व का सबसे ऊँचा एवं सक्रिय ज्वालामुखी)	इक्वेडोर
ओजोस डेल सलाडो	अर्जेण्टीना-चिली
मोनालोआ	अमेरिका (हवाई द्वीप)
माउण्ट इरेबस	अण्टार्कटिका
एटना	इटली (सिसली)
सेण्ट हेलेना	अफ्रीका महाद्वीप
विसुवियस	इटली (नेपल्स खाड़ी)
किलाउआ (किलायु)	हवाई द्वीप
स्ट्रॉम्बोली	सिसली द्वीप (इटली)
क्राकाटोआ	इण्डोनेशिया

उत्पत्ति के आधार पर पर्वतों के प्रकार

प्रकार	उदाहरण
वलित या मोड़दार पर्वत	हिमालय (एशिया), आल्पस (यूरोप), रॉकी (उत्तरी अमेरिका), एण्डीज (दक्षिण अमेरिका)
ब्लॉक या अवरोधी पर्वत	विन्ध्याचल एवं सतपुड़ा (भारत), वास्जेस (फ्रांस), ब्लैक फॉरेस्ट (जर्मनी), सिएरा नेवेदा (कैलिफोर्निया)
ज्वालामुखी पर्वत	माउण्ट फूजीयामा (जापान), विसुवियस (इटली), चिम्बोराजो व कोटोपैक्सी (दक्षिण अमेरिका), माउण्ट पोपा (म्यांमार), किलिमंजारो (तंजानिया)
अवशिष्ट पर्वत	विन्ध्याचल, अरावली, सतपुड़ा, नीलगिरि पूर्वी घाट, पश्चिम घाट (भारत), हाइलैण्ड्स (स्कॉटलैण्ड), सिएरा (स्पेन), अप्लेशियन (अमेरिका)

विश्व के प्रमुख पर्वत

पर्वत श्रेणी	स्थिति	सर्वोच्च चोटी	ऊँचाई (मी)
हिमालय	एशिया	माउण्ट एवरेस्ट	8850
काराकोरम	एशिया	गॉडविन ऑस्टिन (K_2)	8611
एण्डीज	दक्षिण अमेरिका	अकांकागुआ	6960
अलास्का श्रेणी	अलास्का	माउण्ट मेकिन्ले	6194
काकेशस श्रेणी	यूरोप	एलब्रुश	5633
आल्पस	यूरोप	माउण्ट ब्लैक	4807
रॉकी	उ.अमेरिका	माउण्ट एल्बर्ट	4400
एटलस	अफ्रीका	जेबेल टूबकल	4165
ग्रेट डिवाइडिंग रेंज	ऑस्ट्रेलिया	माउण्ट कोजियस्को	2228
यूराल	रूस	नैरोडनाया	1894

विश्व के प्रमुख पठार

पठार	स्थिति
पैटागोनिया का पठार	दक्षिणी अमेरिका (अर्जेण्टीना)
पीडमोण्ट का पठार	उत्तरी अमेरिका
दक्कन पठार	भारत
अनातोलिया का पठार	तुर्किये
इण्डो-चाइना का पठार	लाओस, कम्बोडिया, वियतनाम
अबीसीनिया का पठार	इथियोपिया व सोमालिया
चियापास का पठार	मैक्सिको
कोलोरेडो का पठार	उत्तरी अमेरिका

विश्व के प्रमुख घास के मैदान

घास के मैदान	सम्बन्धित देश
पम्पास	अर्जेण्टीना
प्रेयरी	अमेरिका
वेल्ड	दक्षिण अफ्रीका
डाउन्स	ऑस्ट्रेलिया
केण्टरबरी	न्यूजीलैण्ड
स्टेपी	हंगरी, यूक्रेन

विश्व के प्रमुख मरुस्थल

मरुस्थल	क्षेत्रफल (वर्ग किमी)	देश
सहारा मरुस्थल	84,00,000	11 (अल्जीरिया, चाड, लीबिया, माली, मॉरीटानिया, नाइजर, सूडान, ट्यूनीशिया, मिस्र, मोरक्को, पश्चिमी सहारा)
गोबी	10,40,000	मंगोलिया, चीन
कालाहारी	5,20,000	बोत्सवाना
तकलामकान	3,20,000	सीक्यांग (चीन)
काराकुम	2,70,000	तुर्कमेनिस्तान
थार	2,60,000	भारत, पाकिस्तान
अटाकामा	1,80,000	उत्तरी चिली

SSC एग्जाम स्कैनर

SSC CGL 2024 (Tier I & II)

1. जल निकायों के ऊपर होने वाले वायु के घूर्णनशील स्तम्भ जो सामान्यत: भूमि बवण्डर से कम गम्भीर होते हैं, उन्हें किस रूप में जाना जाता है? **SSC CGL Tier-2 18.01.2025**
(a) हरिकेन (b) जलप्रपात
(c) तूफान (d) टाइफून

उत्तर (b)

• पानी के निकायों के ऊपर बनने वाले और आमतौर पर भूमि पर बनने वाले बवण्डरों की तुलना में कम गम्भीर घुमावदार वायु स्तम्भ को (जलप्रपात) (वॉटर स्पाउट्स) कहते हैं।
• ये मुख्य रूप से गर्म और नम जलवायु वाले क्षेत्रों में पाए जाते हैं।
• **हरिकेन** समुद्र पर बनने वाले शक्तिशाली तूफान होते हैं, जिनकी तीव्रता बहुत अधिक होती है।
• **स्क्वॉल्स** तेज गति की हवाओं के अचानक झोंकों को कहा जाता है।

2. पृथ्वी के ऊपरी भाग को क्या कहा जाता है? **SSC CGL Tier-1 26.09.2024 (Shift-I)**
(a) स्थलमण्डल (b) समताप मण्डल
(c) क्षोभमण्डल (d) मध्यमण्डल

उत्तर (a)

• पृथ्वी के ऊपरी भाग को स्थलमण्डल कहा जाता है।
• स्थलमण्डल पृथ्वी का ठोस एवं बाहरी हिस्सा है।
• यह चट्टानों एवं खनिजों से बना होता है एवं मिट्टी की पतली परत से ढका होता है।
• स्थलमण्डल हमें वन, कृषि एवं मानव बस्तियों के लिए भूमि, पशुओं को चरने के लिए घास स्थल प्रदान करता है।
• पृथ्वी का लगभग 29% भाग स्थलमण्डल द्वारा तथा 71% भाग जलमण्डल द्वारा घिरा हुआ है।

3. भूकम्प की माप से प्राप्त रिकॉर्ड को क्या कहा जाता है? **SSC CGL Tier-1 25.09.2024 (Shift-I)**
(a) भूकम्प-सूचक यन्त्र (b) भूकम्पी तरंग
(c) भूकम्प विज्ञान (d) भूकम्प लेख

उत्तर (d)

• भूकम्प की माप से प्राप्त रिकॉर्ड को **भूकम्प लेख** कहा जाता है।
• भूकम्प लेख का आविष्कार **फिलियो सेची** ने 1875 ई. में किया था।
• भूकम्पलेख का उपयोग भूकम्प के कम्पन्न को मापने और मरकेली स्केल का उपयोग भूकम्प की तीव्रता को मापने के लिए एक पैमाने के रूप में किया जाता है।

4. पृथ्वी के सबसे बाहरी भाग को .... के रूप में जाना जाता है। **SSC CGL Tier-1 18.09.2024 (Shift-I)**
(a) ज्वालामुखी (b) भूपर्पटी
(c) आच्छादन (d) क्रोड

उत्तर (b)

• पृथ्वी के सबसे बाहरी भाग को **भूपर्पटी** के रूप में जाना जाता है।
• भूपर्पटी पिघले हुए लावा के जमने से बनी है।
• इसकी मोटाई 0 से 60 किमी तक होती है।
• इसमें सबसे ज्यादा मात्रा में ऑक्सीजन पाई जाती है।
• इसे तीन परतों में बाँटा गया है- अवसादी, ग्रेनाइटिक और बेसाल्टिक परत।

5. अपशल्कन .... का एक रूप है। **SSC CGL Tier-1 13.09.2024 (Shift-II)**
(a) वृहत् क्षरण
(b) जैव रासायनिक अपक्षय
(c) रासायनिक अपक्षय
(d) भौतिक अपक्षय

उत्तर (d)

• **अपशल्कन** भौतिक अपक्षय का एक रूप है।
• यह चट्टानों को मोटाई में छीलने की प्रक्रिया है।
• अपक्षय पृथ्वी की सतह पर चट्टानों और खनिजों का घुलना या टूटने की प्रक्रिया है।

6. निम्नलिखित में से कौन-सी पृथ्वी पर सबसे बड़ी भूपर्पटीय प्लेट है, जिसका क्षेत्रफल 103,000,000 किमी वर्ग से अधिक है? **SSC CGL Tier-1 09.09.2024 (Shift-III)**
(a) दक्षिण अमेरिकी प्लेट
(b) यूरेशियन प्लेट
(c) अफ्रीकी प्लेट
(d) प्रशान्त प्लेट

उत्तर (d)

• प्रशान्त प्लेट पृथ्वी की सबसे बड़ी भूपर्पटीय भौगोलिक प्लेट है जिसका क्षेत्रफल 103,000,000 किमी वर्ग से अधिक है।
• यह प्लेट उत्तर में उत्तरी अमेरिकी प्लेट से सम्बन्धित है।
• इस प्लेट की मोटाई (औसत) 100 किमी है।
• प्रशान्त प्लेट उत्तर-पश्चिम की ओर 7 से 11 सेमी प्रतिवर्ष की गति से आगे बढ़ रही है।

7. कौन-से पठार बहुत उपजाऊ होते हैं, क्योंकि वे काली मृदा में समृद्ध होते हैं, जो खेती के लिए बहुत अच्छी है? **SSC CGL Tier-1 09.09.2024 (Shift-I)**
(a) इथियोपिया का पठार
(b) दक्कन लावा पठार
(c) अफ्रीकी पठार
(d) कटंगा पठार

उत्तर (b)

• **दक्कन लावा पठार** बहुत उपजाऊ पठार है, क्योंकि वे काली मृदा में समृद्ध होते हैं, जो खेती के लिए बहुत अच्छी होती है।
• यह का पठार भारत का एक विशाल पठार है, जो लावा से बना है। यह **कपास** की खेती के लिए प्रसिद्ध है।
• यह पठार पश्चिमी घाट और पूर्वी घाट के बीच स्थित है।
• इस पठार का विस्तार महाराष्ट्र, कर्नाटक, आन्ध्र प्रदेश, तेलंगाना और तमिलनाडु तक है।

SSC CGL 2023 (Tier I & II)

8. ब्रह्माण्ड की स्थिर अवस्था की संकल्पना के बारे में किस वैज्ञानिक ने विचार किया था? **SSC CGL Tier-1 14.07.2023 (Shift-I)**
(a) हेरोल्ड जेफरी
(b) एडविन हबल
(c) पियरे साइमन लाप्लास
(d) फ्रेड हॉयल

उत्तर (d)

• **फ्रेड हॉयल** ने ब्रह्माण्ड की स्थिर स्थिति की संकल्पना के बारे में विचार किया था।
• **स्थिर अवस्था सिद्धान्त** के अनुसार ब्रह्माण्ड की कोई शुरुआत या अन्त नहीं है और निरन्तर घनत्व बनाए रखने के लिए नए पदार्थ लगातार बनते रहते हैं।
• हॉयल ने इस सिद्धान्त को **बिग-बैंग सिद्धान्त** के विकल्प के रूप में प्रस्तावित किया।
• प्रसिद्ध खगोलशास्त्री **एडविन हबल** ने ब्रह्माण्ड के निरन्तर विस्तार से सम्बन्धित सिद्धान्त दिया।
• **हेरोल्ड जेफरी** एक ब्रिटिश भू-भौतिकीविद् थे, जिन्होंने गणित व सांख्यिकी में महत्त्वपूर्ण योगदान दिया।
• **साइमन लाप्लास** प्रसिद्ध फ्रांसीसी गणितज्ञ, भौतिकशास्त्री व खगोलविद् थे। उन्होंने खगोल विज्ञान के क्षेत्र में सौर समुदाय के स्थायित्व के नियम दिए।

9. दिए गए विकल्पों में से असत्य कथन का चयन कीजिए। **SSC CGL Tier-1 14.07.2023 (Shift-II)**
(a) कायान्तरित चट्टानें साधारण रूप से पृथ्वी की सतह के काफी नीचे होने, उच्च तापमान और इसके ऊपर चट्टान की परतों के अधिक दाब होने के कारण बन सकती हैं।
(b) बेसाल्ट चट्टानें विलयन से अवक्षेपित घुलित सामग्री से बनती हैं।
(c) अवसादी चट्टानें जल निकायों के भीतर और पृथ्वी की सतह पर उस सामग्री के जमाव और उसके बाद के सीमेंटीकरण से बनती हैं।
(d) मैग्मा या लावा के ठण्डा होने और जमने से आग्नेय चट्टान का निर्माण होता है।

उत्तर (b)

• दिए गए विकल्पों में से विकल्प (b) असत्य है, क्योंकि बेकाल (बेसाल्ट) चट्टान एक प्रकार की **बहिर्भेदी आग्नेय चट्टान** है।
• इसका निर्माण बेसाल्टी लावा के धरातल पर आकर तेजी से जमने के कारण होता है और इसी कारण यह **कणविहीन** या **गैर-रवेदार रूप** में होती है।
• बेसाल्ट मुख्यत: **तरल लावा के ठण्डे होने से** बनती है।

• अवसादी चट्टानों का निर्माण नदी, वायु, सागरीय तरंगों से हुए अपरदन द्वारा प्राप्त पदार्थों के जमाव से होता है।

10. निम्नलिखित में से कौन-सा शैल (rock) का एक प्रकार नहीं है?

SSC CGL Tier-1 14.07.2023 (Shift-III)

(a) कायान्तरित चट्टान (b) आग्नेय चट्टान
(c) अवशेष चट्टान (d) अवसादी चट्टान

उत्तर (c)

• **अवशेष चट्टान** शैल का प्रकार नहीं है।
• कायान्तरित चट्टान, आग्नेय चट्टान और अवसादी चट्टान शैल के प्रकार हैं।
• कायान्तरित चट्टानों के उदाहरण फायलाइट, सिस्ट, नीस, क्वार्ट्जाइट, मार्बल आदि हैं।
• आग्नेय चट्टान के उदाहरण **ग्रेनाइट** और **बेसाल्ट** हैं।
• अवसादी शैल के उदाहरण बलुआ पत्थर, चूना पत्थर हैं।

11. पृथ्वी के आन्तरिक ऊष्मा इंजन के लिए मुख्य ऊर्जा स्रोत क्या है?

SSC CGL Tier-1 14.07.2023 (Shift-IV)

(a) ज्वालामुखी ऊष्मा और सौर ऊष्मा
(b) रेडियोजनित ऊष्मा और प्रारम्भिक ऊष्मा
(c) रेडियोजनित ऊष्मा और महासागरीय ज्वारीय ऊष्मा
(d) सौर ऊष्मा और महासागरीय ज्वारीय ऊष्मा

उत्तर (b)

• रेडियोजनित ऊष्मा और प्रारम्भिक ऊष्मा पृथ्वी के आन्तरिक ऊष्मा इंजन के लिए मुख्य स्रोत है।
• रेडियोधर्मी सामग्री क्षय व पृथ्वी के गठन से बची हुई गर्मी से ग्रह के आन्तरिक ऊष्मा इंजन को ईंधन मिलता है।
• पृथ्वी में प्राकृतिक रूप से रेडियोधर्मी सामग्री होती है, जो पृथ्वी की गर्मी में योगदान देती है। इसके अतिरिक्त ब्रह्माण्डीय किरणों से भी वायुमण्डल में रेडियोधर्मी पदार्थ उत्पन्न होते हैं।
• प्रारम्भिक ऊष्मा का मुख्य स्रोत **सौर ऊर्जा** है, जो सूर्य द्वारा उत्पन्न होती है।

12. सिस्मोग्राफ का उपयोग ………… को मापने के लिए किया जाता है।

SSC CGL Tier-1 17.07.2023 (Shift-II)

(a) भूकम्प
(b) भूमिगत खनिज सामग्री
(c) वर्षा अवक्षेप
(d) भूमिगत जल स्तर

उत्तर (a)

• **सिस्मोग्राफ** एक ऐसा उपकरण है, जो भूकम्प के बारे में महत्त्वपूर्ण जानकारी को मापता है।
• इसमें में विद्युतीय चुम्बकीय सेंसर लगे होते हैं, जो जमीन की हलचल को विद्युत वोल्टेज में बदल देते हैं।
• इसके सिस्मोग्राफ द्वारा भूकम्पीय तरंगों की तीव्रता **तीन स्केल** पर मापी जाती है

1. रॉसी फेरल स्केल
2. मरकेली स्केल
3. रिक्टर स्केल

13. ……… की दक्षिणी श्रेणियों में स्थित मासिनराम में विश्व की सर्वाधिक औसत वर्षा होती है।

SSC CGL Tier-1 17.07.2023 (Shift-III)

(a) नीलगिरि (b) अरावली
(c) खासी पहाड़ियों (d) शिवालिक

उत्तर (c)

• मेघालय की खासी पहाड़ियों की दक्षिणी श्रेणियों में स्थित मासिनराम में विश्व की सर्वाधिक औसत वर्षा **11,872 मिमी** वर्षा दर्ज की गई है।
• यह मेघालय में गारो, खासी और जयंतिया पहाड़ियों के पवन की ओर स्थित है।
• यहाँ वर्षा **दक्षिण-पश्चिम मानसूनी** हवाओं द्वारा लाई जाती है।
• मासिनराम पर्वतीय भू-भाग में स्थित होने के कारण दक्षिण-पश्चिम की ओर से बहने वाली हवा आगे नहीं बढ़ पाती और पहाड़ियों से टकराती है, जिससे भारी वर्षा होती है।
• इस गाँव को **गिनीज बुक ऑफ वर्ल्ड रिकॉर्ड** में सबसे नम स्थान के रूप में दर्ज किया गया था।

14. 1796 ई. में किस वैज्ञानिक ने निहारिका -परिकल्पना को संशोधित किया?

SSC CGL Tier-1 18.07.2023 (Shift-II)

(a) नेविल चेम्बरलेन (b) एडविन हबल
(c) हेरोल्ड जेफरी (d) पियरे लाप्लास

उत्तर (d)

• नेबुलर परिकल्पना या निहारिका-परिकल्पना हमारे **सौरमण्डल के निर्माण** के लिए सबसे व्यापक रूप से स्वीकृत मॉडल है, जिसे पियरे लाप्लास ने 1796 ई. में संशोधित किया।
• इस परिकल्पना के बीच मूल विचार यह है कि धूल और गैस का एक बड़ा बादल अपने गुरुत्वाकर्षण के कारण ढह गया। जैसे ही नेबुला ढहा, वह तेजी से घूमने लगा और चपटा होकर डिस्क के आकार में आ गया।
• केन्द्र में मौजूद पदार्थ लगातार सघन और गर्म होता गया, जिससे अन्ततः हमारा **सूर्य** बना। डिस्क का बाकी हिस्सा हमारे ग्रह और चन्द्रमा बने।

15. सूर्य और चन्द्रमा के आकर्षण के कारण समुद्र का पानी एक दिन में कितनी बार ऊपर चढ़ता और नीचे उतरता है?

SSC CGL Tier-1 18.07.2023 (Shift-III)

(a) चार (b) दो (c) एक (d) तीन

उत्तर (b)

• सूर्य और चन्द्रमा के आकर्षण के कारण समुद्र के पानी में उतार-चढ़ाव ज्वार-भाटा कहलाता है, जो दिन में दो बार आता है।
• ज्वार-भाटा की उत्पत्ति के सम्बन्धों में प्रगामी तरंग सिद्धान्त का प्रतिपादन **विलियम व्हीवेल** ने किया है।
• पृथ्वी पर प्रत्येक स्थान पर प्रतिदिन **12 घण्टे 26 मिनट** के बाद ज्वार तथा ज्वार के **6 घण्टे 13 मिनट** के बाद भाटा आता है।
• **इंग्लैण्ड के दक्षिण तट** पर स्थित **साउथेम्पटन** में ज्वार प्रतिदिन **चार** बार आते हैं। दो बार ज्वार इंग्लिश चैनल से होकर और दो बार उत्तरी सागर से होकर आते हैं।
• ज्वार-भाटा के प्रकार **उच्च ज्वार** और **निम्न ज्वार** होते हैं।

16. ग्रह के बाहर से अन्दर तक पृथ्वी की परतों का सही क्रम क्या है?

SSC CGL Tier-1 19.07.2023 (Shift-II)

(a) मेण्टल (बाह्यतम)-क्रोड-भू-पर्पटी (अन्तरतम)
(b) भू-पर्पटी (बाह्यतम)-क्रोड-मेण्टल (अन्तरतम)
(c) क्रोड (बाह्यतम)-मेण्टल-भू-पर्पटी (अन्तरतम)
(d) भू-पर्पटी (बाह्यतम)-मेण्टल-क्रोड (अन्तरतम)

उत्तर (d)

• पृथ्वी को मुख्यत: तीन परतों **भू-पर्पटी** (बाह्यतम), **मेण्टल व क्रोड** (अन्तरतम) के क्रम में बाँटा जाता है।
• भू-पर्पटी पृथ्वी की सतह पर **सबसे ऊपर** की परत है। यह समुद्र अधोतल से केवल 5 किमी गहरी होती है, जिसमें मुख्य रूप से **सिलिका** और **एल्युमीनियम** होते हैं, जिन्हें **सियाल** कहा जाता है। महाद्वीपीय समूह पर यह 35 किमी तक गहरी होती है।
• मेण्टल भू-पर्पटी के नीचे **2900 किमी** की गहराई तक फैला हुआ है। मेण्टल के ऊपरी हिस्से को **दुर्बलता मण्डल** के रूप में जाना जाता है।
• क्रोड या केन्द्रीय भाग मुख्यत: **निकिल व फेरस** का बना है। इसका औसत घनत्व 13 ग्राम/सेमी^{3} है। यह मुख्यत: द्रव अवस्था में उपस्थित है।

17. चक्रवात का केन्द्र एक शान्त क्षेत्र होता है। इसे तूफान का ……… कहा जाता है।

SSC CGL Tier-1 24.07.2023 (Shift-IV)

(a) नेत्र
(b) आधार
(c) ट्रिगर बिन्दु
(d) फोकस बिन्दु

उत्तर (a)

• चक्रवात के केन्द्र को तूफान का **नेत्र** कहते हैं।
• केन्द्र में **कम दाब** की स्थापना होने पर बाहर की ओर दाब बढ़ता जाता है। इस अवस्था में हवाएँ बाहर से भीतर की ओर बढ़ती जाती हैं, इसे चक्रवात कहते हैं।
• चक्रवात में वायु चलने की दिशा उत्तरी गोलार्द्ध घड़ी की **सूइयों के विपरीत** एवं दक्षिण गोलार्द्ध में घड़ी की **सूई की दिशा** में होती है। **टॉरनेडो, हरिकेन** व **टाइफून** इसके उदाहरण हैं।
• चक्रवात शब्द ग्रीक शब्द **साइक्लोस** से लिया गया है, जिसका अर्थ है-साँप की कुण्डली।

18. ग्रेनाइट के बारे में निम्नलिखित में से कौन-सा कथन गलत है?

SSC CGL Tier-1 25.07.2023 (Shift-IV)

(a) ये आग्नेय शैल हैं, जो तब बनते हैं, जब गर्म, पिघले हुए शैल क्रिस्टलीकृत हो जाते हैं और जम जाते हैं।
(b) महाद्वीपीय पर्पटी में ग्रेनाइट सबसे प्रचुर मात्रा में पाया जाने वाला शैल है।
(c) यह सबसे सामान्य अवसादी शैल है।
(d) ग्रेनाइट मुख्य रूप से क्वार्ट्ज और फेल्डस्पार से बना होता है, जिनमें मामूली मात्रा में अभ्रक होता है।

उत्तर (c)

• ग्रेनाइट एक अवसादी शैल नहीं है, बल्कि वह आग्नेय चट्टान का उदाहरण है। अत: विकल्प (c) गलत है।

• यह तब बनते हैं, जब गर्म, पिघले हुए शैल **क्रिस्टलीकृत** होते हैं और **जम** जाते हैं।

• महाद्वीपीय पर्पटी में ग्रेनाइट सबसे प्रचुर मात्रा में पाया जाता है।

• बेसाल्ट चट्टान, ग्रैवो, पेग्माटाइट आदि चट्टानें आग्नेय चट्टानों के उदाहरण हैं।

19. उन्नीसवीं शताब्दी की शुरुआत में, किसने यह प्रमाणित किया कि चौदह आकाशीय जालक (लेटिस) या अन्तरिक्ष में बिन्दुओं की नियमित पुनरावर्तक व्यवस्थाएँ हैं, जो समरूपता और ज्यामिति में भिन्न होते हैं?

SSC CGL Tier-1 26.07.2023 (Shift-I)

(a) चार्ल्स फ्रैंक (b) ऑगस्टे ब्रावाइस
(c) विलियम ब्रैग (d) जेरोम कार्ले

उत्तर (b)

• **ऑगस्टे ब्रावाइस** ने उन्नीसवीं शताब्दी की शुरूआत में यह प्रमाणित किया कि चौदह आकाशीय जालक (लेटिस) या अन्तरिक्ष में बिन्दुओं की नियमित पुनरावर्तक व्यवस्थाएँ हैं, जो समरूपता और ज्यामिति में भिन्न होते हैं।

• ज्यामिति और क्रिस्टोलोग्राफी में एक ब्रावाइस जालक होता है, जिसका नाम ऑगस्टे ब्रावाइस के नाम पर रखा गया है।

20. वातावरण की कुछ भौतिक और रासायनिक एजेन्सियों द्वारा भू-पर्पटी की चट्टानों के यान्त्रिक विघटन और रासायनिक अपघटन की एक प्राकृतिक प्रक्रिया को निम्न में से किस रूप में जाना जाता है?

SSC CGL Tier-1 27.07.2023 (Shift-I)

(a) अपक्षय
(b) चट्टानों के पिंडन
(c) चट्टानों के जलीयन
(d) मिश्र चट्टान के निर्माण

उत्तर (a)

• यह हमारी पारिस्थितिकी का मुख्य आधार है, जो मृदा **निर्माण**, **मृदा अपरदन** एवं **संचालन** के लिए आवश्यक है।

• अपक्षय, विभिन्न खनिज तत्वों; जैसे— **लोहा**, **मैंगनीज**, **एल्युमीनियम**, **ताँबा** आदि अयस्कों के संकेन्द्रण में सहायक होता है।

• रासायनिक अपक्षय में चट्टानों के पदार्थों का रासायनिक गुण परिवर्तित होने और उसके कारण उनका कमजोर होकर टूटना शामिल किया जाता है।

21. भू-पर्पटी को क्रोड से अलग करने वाली पृथ्वी की परत को क्या कहा जाता है?

SSC CGL Tier-1 27.07.2023 (Shift-II)

(a) मेण्टल (b) मैग्मा परत
(c) समतापमण्डल (d) काउण्ट्री

उत्तर (a)

• **मेण्टल** ठोस चट्टान की एक परत है, जिसकी मोटाई 2900 किमी है। यह भू-पर्पटी को क्रोड से अलग करने वाली परत है।

• मेण्टल पृथ्वी के आन्तरिक भाग की सबसे बड़ी परत है, जो पृथ्वी के आयतन का लगभग 84% और इसके द्रव्यमान का लगभग 68% है।

• मेण्टल एक अर्द्ध-ठोस मैग्मा की परत है, जो लोहा, **मैग्नीशियम** और **सिलिकॉन** से बनी होती है।

• पृथ्वी के भू-पर्पटी तथा मेण्टल के बीच की सीमा को **मोहो असांतत्य** के नाम से जानते हैं।

SSC CGL 2022 (Tier I & II)

22. पृथ्वी की महाद्वीपीय भू-पर्पटी की औसत मोटाई कितनी है? **SSC CGL Tier-1 02.12.22 (Shift-I)**

(a) 2.5 किमी (b) 30 किमी
(c) 300 किमी (d) 5 किमी

उत्तर (b)

• पृथ्वी की महाद्वीपीय भू-पर्पटी औसत मोटाई 30 किमी है।

• पृथ्वी की महाद्वीपीय भू-पर्पटी पृथ्वी की सबसे बाहरी परत है, जो पृथ्वी के आयतन का 0.5-1.0% और पृथ्वी के द्रव्यमान का 1% से भी कम है।

• क्रस्ट के प्रकार **महाद्वीपीय** क्रस्ट, **महासागरीय** क्रस्ट होते हैं।

• महाद्वीपीय क्रस्ट को **ग्रेनाइटिक** भी कहा जाता है।

• पृथ्वी की भू-पर्पटी में सबसे प्रचुर तत्त्व ऑक्सीजन व सिलिकॉन हैं।

23. पृथ्वी की पर्पटी बनाने वाले खनिज पदार्थ के किसी भी प्राकृतिक पिण्ड को ······ कहते हैं।

SSC CGL Tier-1 03.12.2022 (Shift-I)

(a) शैल (b) जीवाश्म (c) कचरा (d) पत्थर

उत्तर (a)

• पृथ्वी की पर्पटी बनाने वाले खनिज पदार्थ के किसी भी प्राकृतिक पिण्ड को शैल कहते हैं। शैलें ग्रेनाइट की तरह कठोर, मुलायम तथा बजरी के समान होती हैं। शैलें खनिजों से बनी होती हैं।

• भू-पर्पटी पृथ्वी का सबसे ऊपरी भाग है, जो अण्डों के कवच की तरह का अपेक्षाकृत दृढ़ भाग होता है।

24. ····· पर्वत एशिया को यूरोप से अलग करता है।

SSC CGL Tier-1 03.12.2022 (Shift-II)

(a) हिमालय (b) आल्पस
(c) एण्डीज पर्वत (d) यूराल

उत्तर (d)

• यूराल पर्वत एशिया को यूरोप से अलग करता है। यह **पश्चिमी रूस की एक पर्वत शृंखला** है, जो उत्तर से दक्षिण की ओर तक विस्तृत है।

• यह **वलित पर्वतों** के अन्तर्गत आता है तथा एशिया को यूरोप से अलग करता है।

• एण्डीज दुनिया की सबसे लम्बी पर्वत शृंखला है।

• हिमालय एशिया की एक पर्वत शृंखला है।

• आल्पस पर्वतमाला यूरोप में स्थित है।

25. भूगर्भशास्त्र (Geology) के जनक के रूप में किसे जाना जाता है?

SSC CGL Tier-1 03.12.2022 (Shift-III)

(a) जेम्स हटन (b) आर्ट स्मिथ
(c) अल्फ्रेड वेगनर (d) जॉन बटलर

उत्तर (a)

• जेम्स हटन एक **स्कॉटिश भू-विज्ञानी** थे। इन्होंने भू-विज्ञान को एक आधुनिक विज्ञान के रूप में स्थापित करने में महत्त्वपूर्ण भूमिका निभाई है।

26. पृथ्वी की क्रोड मुख्यत: ········· से बनी है।

SSC CGL Tier-1 05.12.2022 (Shift-I)
SSC CGL Tier-1 08.12.2022 (Shift-III)

(a) निकिल एवं मैग्नीशियम
(b) निकिल एवं ताँबे
(c) निकिल एवं लोहे
(d) निकिल एवं ऐलुमिना

उत्तर (c)

• पृथ्वी का केन्द्रीय भाग द्रव या प्लास्टिक अवस्था में है, जो पृथ्वी के कुल आयतन का 16% भाग घेरे हुए है, जिसमें निकिल (Ni) व लोहे (Fe) की अधिकता है।

• इसका औसत घनत्व 13 ग्राम/सेमी^{3} होता है।

• पृथ्वी का औसत घनत्व **5.5 ग्राम/सेमी^{3}** व औसत त्रिज्या लगभग **6370 किमी** है।

• पृथ्वी की भू-पर्पटी में **सिलिकॉन** व **एल्युमीनियम** की अधिकता तथा मेण्टल में **सिलिकॉन** व **मैग्नीशियम** की अधिकता होती है।

27. किस प्रकार की चट्टान को जैविक अवसादी चट्टान माना जा सकता है?

SSC CGL Tier-1 05.12.2022 (Shift-III)

(a) संगमरमर (b) चूना पत्थर
(c) बॉक्साइट (d) ग्रेनाइट

उत्तर (b)

• जैविक अवसादी चट्टान मुख्य रूप से कैल्शियम कार्बोनेट के विभिन्न क्रिस्टलीय खनिजों से मिलकर बनी होती है; जैसे— चूना-पत्थर, कोयला, बलुआ पत्थर, नमक की चट्टान आदि अवसादी चट्टाने हैं।

• अवसादी चट्टानों में जीवाश्म की प्राप्ति होती है।

> चट्टानों को मुख्य तीन प्रकारों आग्नेय चट्टान, अवसादी चट्टान और रूपान्तरित चट्टान में वर्गीकृत किया जा सकता है।
> प्रत्येक प्रकार की चट्टान की अपनी विशिष्ट विशेषताएँ होती हैं, जो इसे बनाने वाली प्रक्रियाओं द्वारा निर्मित होती हैं।

28. भारत के सन्दर्भ में, उष्णकटिबन्धीय चक्रवात ······ से उत्पन्न होते हैं।

SSC CGL Tier-1 05.12.2022 (Shift-III)

(a) बंगाल की खाड़ी (b) प्रशान्त महासागर
(c) अरब सागर (d) भूमध्य सागर

उत्तर (a)

• भारत में उष्णकटिबन्धीय चक्रवात बंगाल की खाड़ी में उत्पन्न होते हैं।

• उष्णकटिबन्धीय चक्रवात एक तीव्र गोलाकार तूफान है, जो गर्म उष्णकटिबन्धीय महासागरों में उत्पन्न होता है और कम वायुमण्डलीय दाब, तेज हवाएँ व भारी बारिश इसकी विशेषताएँ हैं। चक्रवात चार प्रकार के होते हैं— उष्णकटिबन्धीय चक्रवात, ध्रुवीय चक्रवात, मेसोसायक्लोन तथा अतिरिक्त उष्णकटिबन्धीय चक्रवात।

29. निम्नलिखित में से क्या बहिर्जनित बल के कारण घटित होता है?
SSC CGL Tier-1 05.12.2022 (Shift-IV)
(a) अपरदन (b) ज्वालामुखी
(c) भूस्खलन (d) भूकम्प

उत्तर (a)

• अपरदन बहिर्जनित बल के कारण घटित होता है। पृथ्वी की सतह पर उत्पन्न होने वाले बल को बहिर्जनित बल कहते हैं।
• बहिर्जनित बल को **भूमि विघर्षण बल** भी कहा जाता है। बहिजीनित बल का भू-पटल पर प्रमुख कार्य **अनाच्छादन/अपरदन** होता है।
• अपक्षय, कटाव और निक्षेपण बहिर्जनित प्रक्रियाओं के उदाहरण हैं।
• ज्वालामुखी, भूकम्प और भूस्खलन अन्तर्जनित बलों के उदाहरण हैं।

30. 1664 ई. में ट्रपेजियम में पाँचवें तारे की खोज किसने की, जो ओरियन तारामण्डल में एक तारापुँज (मिनी-नक्षत्र) है?
SSC CGL Tier-1 06.12.2022 (Shift-II)
(a) जॉर्ज विलिस रिची (b) जियोर्डानो ब्रूनो
(c) रॉबर्ट हुक (d) जोहान्स केप्लर

उत्तर (c)

• **रॉबर्ट हुक** ने ट्रपेजियम में पाँचवें तारे की खोज की, जो **ओरियन** तारामण्डल में एक तारापुँज (मिनी-नक्षत्र) है।
• बृहस्पति के बड़े लाल धब्बे का अवलोकन सबसे पहले हुक ने किया था।

31. सहारा मरुस्थल निम्नलिखित में से किस महाद्वीप में स्थित है?
SSC CGL Tier-1 06.12.2022 (Shift-III)
(a) ऑस्ट्रेलिया
(b) अफ्रीका
(c) दक्षिण अमेरिका
(d) उत्तरी अमेरिका

उत्तर (b)

• सहारा विश्व का विशालतम **गर्म मरुस्थल** है, जो अफ्रीका महाद्वीप में स्थित है।
• सहारा नाम अरबी शब्द 'सहरा' से लिया गया है, जिसका अर्थ होता है—मरुस्थल।
• यह अफ्रीका के उत्तरी भाग में अटलाण्टिक महासागर से लाल सागर तक 5600 किमी की लम्बाई तक सूडान के उत्तर तथा एटलस पर्वत के दक्षिण में **1300 किमी तक विस्तृत** है।
• सहारा मरुस्थल में 20 से अधिक झीलें हैं, जिनमें से अधिकांश खारे पानी की झीलें हैं।

32. पृथ्वी के आन्तरिक ऊष्मा इंजन को शक्ति किससे प्राप्त होती है?
SSC CGL Tier-1 07.12.2022 (Shift-I)
(a) रेडियोधर्मी ऊर्जा
(b) ज्वालामुखी
(c) सौर ऊर्जा
(d) ज्वार

उत्तर (c)

• **सौर ऊर्जा** द्वारा पृथ्वी के आन्तरिक ऊष्मा इंजन को शक्ति प्राप्त होती है।
• पृथ्वी की गर्मी से प्राप्त ऊर्जा को भूतापीय ऊर्जा कहा जाता है। यह पृथ्वी की आन्तरिक गर्मी से उत्पन्न होती है। सौर ऊर्जा सूर्य से प्राप्त होती है।

33. निम्नलिखित में से कौन-सी अवसादी चट्टान (Sedimentary Rocks) की विशेषता है?
SSC CGL Tier-1 07.12.2022 (Shift-IV)
(a) शिलीभवन (b) पर्णन
(c) संघटन (d) संरेखण

उत्तर (a)

• **शिलीभवन** अवसादी चट्टानों की विशेषता होती है।
• अवसादी चट्टानों का निर्माण आग्नेय तथा कायान्तरित चट्टानों के अनाच्छादन से प्राप्त अवसादों में भौतिक एवं रासायनिक परिवर्तन के फलस्वरूप होता है।
• अवसादी चट्टानों में **जीवाश्म की प्राप्ति** होती है।
• अवसादी चट्टानें **जल एवं स्थल** में निर्मित होती हैं।
• चूना पत्थर, कोयला, बलुआ पत्थर आदि अवसादी चट्टानें हैं।

34. निम्नलिखित में से कौन-सी चट्टान मैग्मा के ठण्डा होने और उसके क्रिस्टलीकरण के कारण बनती है?
SSC CGL Tier-1 08.12.2022 (Shift-I)
(a) सीप (b) चॉक
(c) ग्रेनाइट (d) कोयला

उत्तर (c)

• ग्रेनाइट चट्टान मैग्मा के ठण्डा होने और उसके क्रिस्टलीकरण के कारण बनती है।
• **ग्रेनाइट** चट्टान, बेसाल्ट चट्टान तथा डायोराइट आदि आग्नेय चट्टानें हैं।
• आग्नेय चट्टानों में **परतों का अभाव** पाया जाता है।

35. दक्षिण अमेरिका के 'एण्डीज पर्वत' पर परिवहन के लिए निम्न में से किस जानवर का उपयोग किया जाता है?
SSC CGL Tier-1 08.12.2022 (Shift-III)
(a) गधे (b) लामा
(c) बैल (d) ऊँट

उत्तर (b)

• **लामा** एक **कैमिलिड पशु** है, जो दक्षिण अमेरिका में एण्डीज पर्वत पर परिवहन के लिए उपयोग किया जाता है।
• एण्डीज पर्वतमाला **विश्व की सबसे लम्बी पर्वतमाला** है, यह दक्षिण अमेरिका महाद्वीप में स्थित है।

36. निम्नलिखित में से कौन-से शैलों में पौधों, जानवरों एवं अन्य सूक्ष्म जीवाणुओं, जो कभी इन शैलों पर रहे हैं, के जीवाश्म भी हो सकते हैं? **SSC CGL Tier-1 12.12.2022 (Shift-III)**
(a) बहिर्भेदी आग्नेय शैल
(b) कायान्तरित शैल
(c) अन्तर्भेदी आग्नेय शैल
(d) अवसादी शैल

उत्तर (d)

• **अवसादी शैलों** में पौधों, जानवरों एवं अन्य सूक्ष्म जीवाणुओं के जीवाश्म पाए जाते हैं।
• अपक्षय एवं अपरदन के विभिन्न साधनों द्वारा मौलिक चट्टानों के विघटन, वियोजन और टूटने से परिवहन तथा किसी स्थान पर जमाव के परिणामस्वरूप उनके अवसादों में निर्मित शैल को अवसादी शैल कहा जाता है।
• अवसादी चट्टानें **जल एवं स्थल** में निर्मित होती हैं।

37. निम्नलिखित में से किस पर्वत शृंखला में नवीन वलित पर्वत है?
SSC CGL Tier-1 13.12.2022 (Shift-I)
(a) यूराल (b) आल्पस
(c) अप्लेशियन (d) अरावली

उत्तर (b)

• **आल्पस** पर्वत शृंखला **मध्य यूरोप की सबसे** बड़ी पर्वत शृंखला है। इस पर्वत शृंखला में नवीन वलित पर्वत स्थित हैं।
• यह सात अल्पाइन देशों में लगभग 1200 किमी तक विस्तृत है। इसका निर्माण अफ्रीकन व यूरेशियाई टेक्टोनिक प्लेटों के टकराने से हुआ है।
• इस पर्वत शृंखला की सबसे ऊँची चोटी **माउण्ट ब्लैक** (4809 मी) है, जो फ्रांस में स्थित है। इसकी अन्य प्रमुख ऊँची चोटियाँ पिज बर्निना (4049 मी) व मोण्टे रोजा (3905 मी) हैं।

38. ……… एकमात्र महाद्वीप है, जिससे होकर कर्क रेखा, भूमध्य रेखा और मकर रेखा गुजरती है। **SSC CGL Tier-1 13.12.2022 (Shift-III)**
(a) अफ्रीका (b) एशिया
(c) उत्तरी अमेरिका (d) यूरोप

उत्तर (a)

• **अफ्रीका** महाद्वीप से होकर भूमध्य रेखा, मकर रेखा और कर्क रेखा गुजरती हैं।
• भूमध्य रेखा शून्य डिग्री की अक्षांश रेखा को निरूपित करती है।
• कर्क रेखा **उत्तरी गोलार्द्ध** में $23\frac{1}{2}°$ उत्तरी अक्षांश की रेखा है।
• मकर रेखा **दक्षिण गोलार्द्ध** की $23\frac{1}{2}°$ दक्षिणी अक्षांश की रेखा है।

39. प्लेट विवर्तनिकी के सिद्धान्त के अनुसार, पृथ्वी के स्थलमण्डल को ……. बड़ी और कुछ छोटी प्लेटों में विभाजित किया गया है।
SSC CGL Tier-1 13.12.2022 (Shift-III)
(a) 7 (b) 16 (c) 6 (d) 12

उत्तर (a)

• प्लेट विवर्तनिकी के सिद्धान्त के अनुसार, पृथ्वी के लिथोस्फीयर (स्थलमण्डल) को 7 बड़ी और 8 छोटी प्लेटों में विभाजित किया गया है।
• पृथ्वी पर सात बड़ी प्लेट में अण्टार्कटिका प्लेट, इण्डो-ऑस्ट्रेलियन प्लेट, अफ्रीकी प्लेट, यूरेशिया प्लेट, उत्तरी अमेरिकी प्लेट, दक्षिण अमेरिकी प्लेट और प्रशान्त महासागरीय प्लेट शामिल हैं।
• प्लेट विवर्तनिकी सिद्धान्त वर्ष 1967 में **मैकेन्जी**, **पारकर** और **मोर्गन** ने दिया था।

40. भू-पर्पटी (Crust) पृथ्वी की बाह्यतम परत है, जिसका द्रव्यमान पृथ्वी के द्रव्यमान से .... प्रतिशत से भी कम है, जिसकी समुद्री पर्पटी एवं महाद्वीपीय पर्पटी का अधिकांश हिस्सा फेल्सिक चट्टानों से बना है।
SSC CGL Tier-1 13.12.2022 (Shift-IV)
(a) 5 (b) 10 (c) 2 (d) 1

उत्तर (d)

- भू-पर्पटी (Crust) पृथ्वी की बाह्यतम परत है, जो मुख्यत: फेल्सिक चट्टानों से बनी है। इसका द्रव्यमान पृथ्वी के कुल द्रव्यमान से 1% से भी कम है।
- भू-पर्पटी, पृथ्वी के अन्दर की तरफ 34 किमी क्षेत्र तक विस्तृत है। इसके मुख्यत: दो भाग हैं—**सियाल** (SIAL) व **सीमा** (SIMA)। सियाल क्षेत्र में सिलिका व एलुमिना तथा सीमा क्षेत्र में सिलिकन व मैग्नीशियम की बहुलता है। इसका औसत घनत्व 2.7 ग्राम/सेमी^{3} है।

41. मेण्टल के ऊपरी हिस्से को कहा जाता है ......।
SSC CGL Tier-1 13.12.2022 (Shift-IV)
(a) मीसोस्फीयर (b) एस्थेनोस्फीयर
(c) समतापमण्डल (d) स्थलमण्डल

उत्तर (b)

- मेण्टल के ऊपरी हिस्से को एस्थेनोस्फीयर कहा जाता है।
- यह पृथ्वी की सतह के नीचे लगभग 100 किमी से 410 किमी के बीच स्थित है।
- इसका तापमान और दबाव इतना अधिक होता है कि चट्टानें नरम हो जाती हैं और आंशिक रूप से पिघल जाती हैं।

SSC CGL 2021 (Tier I & II)

42. निम्न में से किस प्रक्रिया द्वारा स्थलमण्डल, एस्थेनोस्फेयर के ऊपर गति करता है?
SSC CGL Tier-1 24.08.2021 (Shift-I)
(a) निक्षेप (b) महाद्वीपीय बहाव
(c) अपक्षय (d) प्लेट विवर्तनिकी

उत्तर (d)

- **प्लेट विवर्तनिकी** द्वारा ही स्थलमण्डल एस्थेनोस्फेयर के ऊपर गति करता है।
- मेंटल के ऊपरी हिस्से को एस्थेनोस्फीयर कहा जाता है, जो लगभग 400 किमी तक फैला होता है।
- एस्थेनोस्फीयर मैग्मा का मुख्य स्रोत है, जो ज्वालामुखी विस्फोट के दौरान सतह पर आता है

43. ग्रेट बेयर (Great Bear) कहा जाने वाला तारामण्डल कितने चमकीले तारों से बना है?
SSC CGL Tier-1 24.08.2021 (Shift-I)
(a) सात (b) तीन
(c) नौ (d) पाँच

उत्तर (a)

- ग्रेट बेयर तारामण्डल में सात चमकीले तारे होते हैं। इन सात तारों को काल्पनिक रेखा द्वारा मिलाने पर **प्रश्न चिह्न की आकृति** बनती प्रतीत होती है।
- इन तारों के नाम प्राचीनकालीन **सात भारतीय ऋषियों** (मारीचि, वशिष्ठ, अंगिरस, अत्रि, पुलस्त्य, पुलह एवं कुतु) के नाम पर रखे गए हैं।

44. .... सीमाओं का निर्माण तब होता है, जब प्लेटें आपस में टकराती हैं और एक प्लेट दूसरी को नीचे धकेल देती है।
SSC CGL Tier-1 24.08.2021 (Shift-I)
(a) महाद्वीपीय (b) रूपान्तर (ट्रांसफार्म)
(c) अभिसारी (d) अपसारी

उत्तर (c)

- भारी एवं तेज गति वाली प्लेट का हल्की व कम गति वाली प्लेट के नीचे क्षेपण होने से अभिसारी सीमाओं का निर्माण होता है।
- हिमालय पर्वत का निर्माण **अभिसारी** प्लेट सीमा पर ही हुआ है।
- प्लेट संचलन तीन प्रकार से होता है- **अपसारी** संचलन, **अभिसारी** संचलन तथा **समसामयिक** प्लेट संचलन।

45. निम्नलिखित में से कौन-सी एक स्थूलकणिक आग्नेय चट्टान है, जिसमें क्वाट्र्ज और फेल्सपार होते हैं?
SSC CGL Tier-1 18.08.2021 (Shift-III)
(a) ग्रेनाइट (b) एण्डेसाइट
(c) संगमरमर (d) बेसाल्ट

उत्तर (a)

- **ग्रेनाइट** एक स्थूलकणिक आग्नेय चट्टान है, जिसमें क्वाट्र्ज और फेल्सपार होते हैं।
- भारत में यह चट्टानें चेन्नई, बुन्देलखण्ड, झारखण्ड के सिंहभूम क्षेत्र में पाई जाती है।
- ग्रेनाइट चट्टान तब बनती है, जब मैग्मा पृथ्वी की सतह पर आकर धीरे-धीरे ठण्डा हो जाता है।

46. अभिसारी परतों के किनारों के टकराव द्वारा .... का निर्माण होता है।
SSC CGL Tier-1 16.08.2021 (Shift-I)
(a) भूमि अपरदन
(b) महासागरीय घाटियाँ
(c) पर्वतीय संरचनाओं
(d) मध्य-महासागरीय कटक

उत्तर (c)

- **पर्वतीय संरचनाओं** का निर्माण अभिसारी परतों के किनारों के टकराव द्वारा होता है।
- हिमालय पर्वत का निर्माण **अभिसारी प्लेट** सीमा पर ही हुआ है।
- अभिसारी प्लेट संचलन तीन प्रकार से होता है- महाद्वीपीय-महासागरीय संचलन, महाद्वीपीय-महाद्वीपीय संचलन, महासागर-महासागर संचलन।

47. निम्न में से कौन-सा/सी अन्तर्जनित बलों का परिणाम नहीं है?
SSC CGL Tier-1 13.08.2021 (Shift-III)
(a) भूकम्प
(b) भूस्खलन
(c) समुद्री तरंग
(d) ज्वालामुखी विस्फोट

उत्तर (c)

- **समुद्री तरंग** अन्तर्जनित बलों का परिणाम नहीं है।
- 'अन्तर्जनित बल (अन्तर्जात बल)' वह दबाव है, जो पृथ्वी के अन्दर उत्पन्न होता है, इसलिए इसे **आन्तरिक बल** भी कहा जाता है।
- ये आन्तरिक बल ऊर्ध्वाधर और क्षैतिज गतियों की ओर ले जाते हैं और इसके परिणामस्वरूप अवतलन, भूमि उत्थान, ज्वालामुखी विस्फोट, भ्रंश, फोल्डिंग, भूकम्प आदि होते हैं।

SSC CPO 2024

48. 1596 ई. में किसने अपनी कृति थिसॉरस ज्योग्राफिक्स में यह उल्लेख किया है कि पृथ्वी के महाद्वीप हमेशा अपनी वर्तमान स्थिति में स्थित नहीं थे?
SSC CPO 27/07/2024 (Shift-I)
(a) डैन पीटर मैकेंजी
(b) अब्राहम ऑर्टेलियस
(c) जॉर्जेस कुवियर
(d) लुइस अगासिज

उत्तर (b)

- 1596 ई. में अपनी कृति 'थिसॉरस ज्योग्राफिक्स' में अब्राहम ऑर्टेलियस ने उल्लेख किया था कि पृथ्वी के महाद्वीप हमेशा अपनी वर्तमान स्थिति में नहीं थे।
- ऑर्टेलियस ने महाद्वीपीय बहाव के सिद्धान्त का पूर्ण रूप से समर्थन नहीं किया था, जैसा कि बाद में अल्फ्रेड वेगेनर ने किया था। लेकिन, उन्होंने 'भूस्खलन' नामक एक प्रक्रिया का प्रस्ताव रखा, जिसमें महाद्वीपों को विनाशकारी बाढ़ और भूकम्पों द्वारा अपनी वर्तमान स्थिति में स्थानान्तरित किया गया था।
- उन्होंने तर्क दिया कि दक्षिण अमेरिका और अफ्रीका एक समय में जुड़े हुए थे और उनके तटरेखाओं का मिलान इस बात का प्रमाण था।

49. स्तरित बालू और ग्रेवल की एक लम्बी, विसर्पी कटक को किस रूप में जाना जाता है?
SSC CPO 28/06/2024 (Shift-I)
(a) मोरेन (b) एक्विफायर
(c) एस्कर (d) इरेटिक

उत्तर (c)

- स्तरित बालू और बजरी की एक लम्बी, विसर्पी कटक को एस्कर के रूप में जाना जाता है। यह हिमनदों से जुड़ी एक भूगर्भिक विशेषता है जो हिमयुग के दौरान ग्लेशियरों के पिघलने के पानी द्वारा जमा किए गए तलछट से बनती है।
- एस्कर सामान्यत: लम्बे, संकरे और घुमावदार होते हैं, और इनकी ऊँचाई कुछ मीटर से लेकर कई मीटर तक हो सकती है। वे अक्सर माला जैसी संरचना में पाए जाते हैं, जिसमें कई एस्कर एक-दूसरे के समानान्तर होते हैं।

50. पृथ्वी के जल का कितना प्रतिशत भाग महासागरों से बनता है? CPO 28/06/2024 (Shift-II)
(a) 7% (b) 37% (c) 97% (d) 57%

उत्तर (c)

- पृथ्वी के जल का 97% भाग महासागरों से बना है।
- पृथ्वी की सतह 71% पानी से ढकी हुई है।
- केवल 3% पानी ही पीने योग्य है, जिसमें से 2.4% ग्लेशियरों और उत्तरी और दक्षिणी ध्रुव में जमा हुआ है और केवल 0.6% पानी नदियों, झीलों और तालाबों में है, जिसे पीने में इस्तेमाल किया जाता है।

51. भूकम्प के बारे में दिए गए सत्य या असत्य कथनों की पहचान कीजिए।

कथन 1 जब कोर पर प्रतिबल, घर्षण से आगे बढ़ जाता है, तो भूकम्प होता है, जो तरंगों में ऐसी ऊर्जा छोड़ता है, जो भू-पर्पटी से गुजरती है और ऐसे कम्पन का कारण बनती है, जिसे हम महसूस करते हैं।

कथन 2 भूकम्प की पूर्वकम्प के रूप पहचान तब तक नहीं की जा सकती, जब तक कि उसी क्षेत्र में बड़ा भूकम्प न आ जाए।

SSC CPO 29/06/2024 (Shift-I)

(a) केवल कथन 2 सत्य है
(b) केवल कथन 1 सत्य है
(c) कथन 1 और 2 दोनों असत्य हैं
(d) कथन 1 और 2 दोनों सत्य हैं

उत्तर (d)

• जब कोर पर प्रतिबल, घर्षण से आगे बढ़ जाता है, तो भूकम्प उत्पन्न होता है, जो तरंगों में ऐसी ऊर्जा छोड़ता है, जो भू-पर्पटी से गुजरती है और ऐसे कम्पन का कारण बनती है, जिसे हम भूकम्प के रूप में महसूस करते हैं।
अत: कथन (1) सत्य है।

• भूकम्प की पूर्वकम्प के रूप पहचान तब तक नहीं की जा सकती, जब तक कि उसी क्षेत्र में बड़ा भूकम्प न आ जाए।
अत: कथन (2) सत्य है।

• भूकम्प पृथ्वी की सतह की एक तेज कम्पन है, जो तब होती है, जब सतह के नीचे चट्टानों या प्लेटों में संगृहीत ऊर्जा निकल जाती है।

SSC CPO 2023

52. सौरमण्डल के निर्माण (Formation) और निरूपण (Evaluation) की व्याख्या करने के लिए सर्वाधिक व्यापक रूप से स्वीकृत मॉडल कौन-सा है? **SSC CPO 03.10.2023 (Shift-I)**

(a) सौर परिकल्पना
(b) निहारिका परिकल्पना
(c) क्लाउड परिकल्पना
(d) गैसीय परिकल्पना

उत्तर (b)

• सौरमण्डल के निर्माण (Formation) और निरूपण (Evaluation) की व्याख्या करने के लिए सर्वाधिक व्यापक रूप से स्वीकृत मॉडल निहारिका है।

• इसे **बिग-बैंग विस्फोट** सिद्धान्त के रूप में भी जाना जाता है।

• फ्रांसीसी विद्वान **लाप्लास** ने **काण्ट** के सिद्धान्त को संशोधित कर 'निहारिका परिकल्पना' प्रस्तुत की थी।

53. पृथ्वी के इतिहास के कितने प्रतिशत समय तक पृथ्वी पर जीव (Living organisms) मौजूद रहे हैं? **SSC CPO 05.10.2023 (Shift-III)**

(a) 80% (b) 40% (c) 20% (d) 60%

उत्तर (a)

• पृथ्वी की कुल अनुमानित आयु 4.5 अरब वर्ष है।

• पृथ्वी के इतिहास में लगभग 80% समय तक पृथ्वी पर जीव मौजूद रहे हैं।

• पृथ्वी के इतिहास के पहले अरबों वर्षों के भीतर जीवों का विकास महासागरों में हुआ और बाद में पृथ्वी के वायुमण्डल और सतह से प्रभावित हुए, जिससे अवायवीय जीव और बाद में, वायवीय जीवों का प्रसार हुआ।

SSC CHSL 2024 (Tier 1 & 2)

54. उष्णकटिबन्धीय क्षेत्र ...... के बीच स्थित है।

SSC CHSL Tier-2 18.11.2024

(a) दक्षिण ध्रुव वृत्त और मकर रेखा
(b) उत्तरी ध्रुव और उत्तर ध्रुवीय वृत्त
(c) कर्क रेखा और मकर रेखा
(d) उत्तर ध्रुवीय वृत्त और कर्क रेखा

उत्तर (c)

• उष्णकटिबन्धीय क्षेत्र कर्क रेखा और मकर रेखा के बीच स्थित है।

• भौगोलिक रूप से यह 23.5° उत्तरी अक्षांश और 23.5° दक्षिणी अक्षांश के बीच होता है।

• इस क्षेत्र में सूरज की सीधी किरणें पड़ती हैं, जिससे यहाँ का तापमान ज्यादा रहता है।

• इस क्षेत्र की कुछ विशेषताएँ गर्म एवं आर्द्र जलवायु, वर्षभर नमी, विविध प्रजातियों का पाया जाना आदि हैं।

55. भू-आभ (Geoid) पृथ्वी का ……… है।

SSC CHSL Tier-1 17.02.2024

(a) कक्षा (b) रंग
(c) ध्रुव (d) आकार

उत्तर (d)

• भू-आभ (Geoid) पृथ्वी का आकार है।

• भू-आभ (Geoid) एक अनियमित आकार की 'गेंद' है, जिसका उपयोग वैज्ञानिक भूकम्प की गहराई या पृथ्वी की सतह के नीचे किसी अन्य गहरी वस्तु की अधिक सटीक गणना करने के लिए करते हैं।

56. भारत का प्रायद्वीपीय पठार पहले किस महाद्वीप का भाग था? **SSC CHSL Tier-1 11.07.2024**

(a) यूरोप (b) उत्तर अमेरिका
(c) अफ्रीका (d) दक्षिण अमेरिका

उत्तर (c)

• भारत का प्रायद्वीपीय पठार पहले अफ्रीका महाद्वीप का भाग था।

• भारत का प्रायद्वीपीय पठार एक अनियमित त्रिभुजाकार आकृति वाला भू-खण्ड है।

• इसका विस्तार उत्तर-पश्चिम में अरावली पर्वतमाला व दिल्ली तक, पूर्व में राजमहल की पहाड़ियों, पश्चिम में गिर पहाड़ियों, दक्षिण में इलायची (कार्डामम) पहाड़ियों तथा उत्तर-पूर्व में शिलांग एवं कार्बी एंगलोंग पठार तक है।

57. सूर्य से पृथ्वी की दूरी की केवल 2.8 गुना दूरी पर परिक्रमा करने वाला अब तक का सबसे निकटतम बौना ग्रह कौन-सा है?

SSC CHSL Tier-1 11.04.2024

(a) मेकमेक (b) एरिस
(c) प्लूटो (d) सीरीस

उत्तर (d)

• सूर्य से पृथ्वी की दूरी का केवल 2.8 गुना दूरी पर परिक्रमा करने वाला अब तक का सबसे निकटतम बौना ग्रह सीरीस है।

• सीरीस एकमात्र ऐसा बौना ग्रह है, जो आन्तरिक सौर प्रणाली में उपस्थित है, साथ ही यह सौर प्रणाली के अब तक ज्ञात सभी बौने ग्रहों में सबसे छोटा है।

• सीरीस, एरिस, मेकमेक, हुमा तथा प्लूटो यह सभी बौने ग्रह हैं।

58. निम्नलिखित में से किस ग्रह के चारों ओर वलय नहीं है? **SSC CHSL 17.07.2024 (Shift-III)**

(a) बृहस्पति ग्रह (b) शनि ग्रह
(c) बुध ग्रह (d) अरुण ग्रह

उत्तर (c)

• बुध ग्रह के चारों ओर वलय नहीं है।

• ग्रहों के चारों ओर वलय ग्रहों के गुरुत्वाकर्षण द्वारा बने होते हैं और उनकी संरचना और गुणधर्म ग्रहों के वातावरण और उनकी स्थिति पर निर्भर करते हैं।

59. पूर्वी घाट की सबसे ऊँची चोटी का क्या नाम है? **SSC CHSL Tier-1 07.07.2024 (Shift-III)**

(a) महेन्द्रगिरि (b) खासी
(c) कंचनजंघा (d) अनाइमुडी

उत्तर (a)

• महेन्द्रगिरि पूर्वी घाट की सबसे ऊँची चोटी है।

• यह चोटी ओडिशा राज्य के गजपति जिले में स्थित है।

• इसकी ऊँचाई लगभग 1501 मी (4928 फीट) है।

60. करेवा संरचनाओं के लिए हिमालय का कौन-सा उप-विभाजन प्रसिद्ध है?

SSC CHSL Tier-1 01.07.2024 (Shift-IV)

(a) सिक्किम हिमालय
(b) कश्मीर हिमालय
(c) अरुणाचल हिमालय
(d) उत्तराखण्ड हिमालय

उत्तर (b)

• करेवा संरचनाओं के लिए हिमालय का कश्मीर हिमालय उप-विभाग प्रसिद्ध है।

• करेवा संरचनाएँ मोटी, सील, मिट्टी और कंकड़ की परतें होती हैं, जो घाटियों में मिलती हैं।

• इसका गठन हिमालय पर्वत शृंखला की भू-गर्भीय गतिविधियों जैसे भूकम्प और हिमनदीय गतिविधियों के परिणामस्वरूप हुआ है।

61. कौन-सा सिद्धान्त हजारों वर्षों में पृथ्वी की जलवायु पर इसकी गति में परिवर्तन के सामूहिक प्रभावों का वर्णन करता है?

SSC CHSL Tier-1 02.07.2024 (Shift-I)

(a) महाद्वीपीय वाह सिद्धान्त
(b) कॉपरनिकस का हेलियोसेण्ट्रिक सिद्धान्त
(c) मिलनकोविच सिद्धान्त
(d) प्लेट विवर्तनिकी सिद्धान्त

उत्तर (c)

• मिलनकोविच सिद्धान्त हजारों वर्षों में पृथ्वी की जलवायु पर इसकी गति में परिवर्तन के सामूहिक प्रभावों का वर्णन करता है।

• इस सिद्धान्त को सर्वप्रथम सर्बियाई वैज्ञानिक मिलुटिन मिलनकोविच ने 1920 के दशक में पृथ्वी पर हिमयुगों के चक्रीय पैटर्न को समझाने के लिए दिया था।

62. ……… किसी आकाशगंगा के अन्दर धूल और गैस का एक बादल होता है।

SSC CHSL Tier-1 02.07.2024 (Shift-I)

(a) फोटोस्फेयर (b) वर्णमण्डल
(c) ब्लैक होल (d) नेबुला

उत्तर (d)

• नेबुला किसी आकाशगंगा के अन्दर धूल और गैस का एक बादल होता है।
• नेबुला को हिन्दी भाषा में 'नीहारिका' भी कहते हैं।
• सौर नेबुला सिद्धान्त के अनुसार, लगभग 100 मिलियन वर्ष पहले सौरमण्डल का विस्तार एक अविभाज्य बादल के संक्रमण से हुआ है, जिसके कारण ग्रहों और उपग्रहों का निर्माण हुआ।

63. लुशाई पहाड़ियों को……के नाम से भी जाना जाता है।

SSC CHSL Tier-1 02.07.2024

(a) खासी पहाड़ियों (b) पटकाई पहाड़ियों
(c) नागा पहाड़ियों (d) मिजो पहाड़ियों

उत्तर (d)

• लुशाई पहाड़ियों को मिजो पहाड़ियों के नाम से भी जाना जाता है।
• मिजो हिल्स, पूर्वोत्तर भारत के दक्षिण-पूर्वी मिजोरम राज्य की पर्वत श्रृंखला है, जो उत्तरी अराकान योमा प्रणाली का हिस्सा है।
• यह पर्वत 7000 फीट (2125 मी) तक फैले हुए हैं और उनकी ढलाने घने सदाबहार जंगल से ढकी हुई हैं, जिनमें मूल्यवान लकड़ी और बाँस शामिल हैं।

64. सितम्बर के आस-पास गर्मियों और पतझड़ के महीनों के दौरान उत्तरी गोलार्द्ध में सबसे स्पष्ट रूप से देखा जा सकने वाला एक विशिष्ट क्रॉस-आकार (cross-shaped) का तारामण्डल है

SSC CHSL Tier-1 02.07.2024

(a) शर्मिष्ठा (b) सप्तर्षिमण्डल
(c) सिग्नस (d) पेगसस

उत्तर (c)

• 'सिग्नस' सितम्बर के आस-पास गर्मियों और पतझड़ के महीनों के दौरान उत्तरी गोलार्द्ध में सबसे स्पष्ट रूप से देखा जाने वाला विशिष्ट क्रॉस-आकार का तारामण्डल है।
• सिग्नस मिल्की-वे के तल पर एक उत्तरी तारामण्डल है, जिसका नाम लैटिनकृत ग्रीक शब्द 'हंस' से लिया गया है।
• डेनब सिग्नस का सबसे चमकीला तारा है।

65. मंगल ग्रह की सतह का रंग लाल है, क्योंकि इसमें एक रासायनिक यौगिक बड़ी मात्रा में पाया जाता है। उस यौगिक का नाम क्या है?

SSC CHSL Tier-1 03.07.2024 (Shift-II)

(a) टिन ऑक्साइड
(b) मैग्नीशियम ऑक्साइड
(c) नाइट्रोजन ऑक्साइड
(d) आयरन ऑक्साइड

उत्तर (d)

• मंगल ग्रह की सतह का रंग लाल है, क्योंकि इसमें एक रासायनिक यौगिक बड़ी मात्रा में पाया जाता है। उस यौगिक का नाम आयरन ऑक्साइड है।
• मंगल ग्रह सौरमण्डल में सूर्य से चौथा ग्रह है, जिसे प्राय: 'लाल ग्रह' कहा जाता है।
• इसका व्यास लगभग 4,220 मील है, जो पृथ्वी के व्यास का लगभग आधा है।
• मंगल के दो चन्द्रमा हैं—**फोबोस** और **डीमोस**।

66. सप्तर्षि (Ursa Major) एक ……… है।

SSC CHSL Tier-1 03.07.2024 (Shift-III)

(a) तारामण्डल (b) उपग्रह
(c) धूमकेतु (d) क्षुद्रग्रह

उत्तर (a)

• सप्तर्षि एक तारामण्डल है।
• सप्तर्षियों से उन 7 तारों का बोध होता है, जो ध्रुव तारे की परिक्रमा करते हैं।
• सप्त ऋषियों में ब्रह्मर्षि, देवर्षि, महर्षि, परमर्षि, काण्डर्षि, श्रुतर्षि, राजर्षि को शामिल किया जाता है।
• सप्तर्षि तारामण्डल पृथ्वी के उत्तरी गोलार्द्ध के आकाश में रात्रि में दिखने वाला एक तारामण्डल है।

67. कौन-सा बौना ग्रह (Dwarf planet) 38.5 से 53 AU के बीच की दूरी पर 310 वर्षों में सूर्य की परिक्रमा करता है?

SSC CHSL Tier-1 03.07.2024 (Shift-IV)

(a) इरिस (b) प्लूटो
(c) सिरिस (d) मेकमेक

उत्तर (d)

• मेकमेक बौना ग्रह 38.5 से 53 AU के बीच की दूरी पर 310 वर्षों में सूर्य की परिक्रमा करता है।
• मेकमेक अब तक खोजा गया तीसरा सबसे बड़ा और दूसरा सबसे चमकीला बौना ग्रह है।
• यह मीथेन, ईथेन और नाइट्रोजन बर्फ से बना है।

68. निम्नलिखित में से कौन-सा पृथ्वी का दूसरा निकटतम तारा है?

SSC CHSL Tier-1 04.07.2024 (Shift-I)

(a) प्रॉक्सिमा सेन्चुरी (b) डेल्टा वेलोरम
(c) पोलेरिस (d) सिरिस

उत्तर (a)

• पृथ्वी का दूसरा निकटतम तारा प्रॉक्सिमा सेन्चुरी है।
• प्रॉक्सिमा सेन्चुरी अल्फा सेन्चुरी तारा समूह का एक हिस्सा है।
• पृथ्वी का निकटतम तारा सूर्य है, जो हमारी मन्दाकिनी दुग्ध मेखला के केन्द्र से लगभग 30,000 प्रकाश वर्ष की दूरी पर स्थित है।

69. निम्नलिखित में से कौन-सा कथन शनि ग्रह का सबसे सटीक वर्णन करता है?

SSC CHSL Tier-1 04.07.2024 (Shift-III)

(a) यह एक गैस का बना विशाल पिण्ड है, जो मुख्य रूप से हाइड्रोजन और हीलियम से बना है और जिसका घनत्व पानी की तुलना में कम है।
(b) यह सौरमण्डल में खोजा गया सातवाँ ग्रह था।
(c) इसके बादल जैसे बाहरी क्षेत्रों में गैसीय रूप में मीथेन और क्रिस्टलीय रूप में अमोनिया पाई जाती है।
(d) इसकी सतह का रंग लाल होता है।

उत्तर (a)

• शनि ग्रह, एक गैस का बना विशाल पिण्ड है, जो मुख्य रूप से हाइड्रोजन व हीलियम से बना है और जिसका घनत्व पानी की तुलना में कम है।
• यह ग्रह सौरमण्डल में आकार में दूसरे स्थान पर है। सौरमण्डल का सबसे बड़ा ग्रह बृहस्पति है।
• शनि ग्रह का द्रव्यमान बहुत कम होता है। इसका गुरुत्व पानी से कम होने के कारण यह पानी पर तैर सकता है।
• शनि ग्रह में 7 वलय हैं, जो अत्यन्त छोटे कणों से बने हैं। इसका सबसे बड़ा उपग्रह टाइटन है।

70. निम्नलिखित में से कौन-सा बृहस्पति का चन्द्रमा नहीं है?

SSC CHSL Tier-1 04.07.2024 (Shift-IV)

(a) यूरोपा (b) टाइटन
(c) गैनीमीड (d) कैलिस्टो

उत्तर (b)

• टाइटन बृहस्पति का चन्द्रमा नहीं है।
• टाइटन, शनि का सबसे बड़ा चन्द्रमा है।
• यूरोपा, गैनीमीड तथा कैलिस्टो बृहस्पति के अन्य चन्द्रमा हैं।
• गैनीमीड सौरमण्डल का सबसे बड़ा चन्द्रमा है।

71. निम्नलिखित में से कौन-सा चट्टानी ग्रह हमारे सौरमण्डल का सबसे तेज ग्रह है, जो लगभग 29 मील (47 किमी) प्रति सेकण्ड की चाल से अन्तरिक्ष में गतिमान है?

SSC CHSL Tier-1 05.07.2024 (Shift-I)

(a) पृथ्वी (b) बुध
(c) शुक्र (d) मंगल

उत्तर (b)

• बुध ग्रह हमारे सौरमण्डल का सबसे तेज ग्रह है, जो लगभग 29 मील (47 किमी) प्रति सेकण्ड की चाल से अन्तरिक्ष में गतिमान है। बुध ग्रह सबसे छोटा तथा सूर्य के सबसे निकटतम ग्रह है।
• बुध का परिक्रमण काल 88 दिन है।
• बुध का कोई उपग्रह नहीं है।

72. निम्नलिखित में से किस ग्रह का वायुमण्डल सल्फ्यूरिक अम्ल के घने सफेद और पीले बादलों से बना है?

SSC CHSL Tier-1 05.07.2024 (Shift-II)

(a) शुक्र (b) मंगल
(c) वरुण (d) बृहस्पति

उत्तर (a)

• शुक्र ग्रह का वायुमण्डल सल्फ्यूरिक अम्ल के घने सफेद और पीले बादलों से बना है।
• इसका परिवेश विशेष रूप से कार्बन-डाइऑक्साइड से बना है।

73. भारत की मानक भूमध्य रेखा कौन-सी है?

SSC CHSL Tier-1 05.07.2024 (Shift-II)

(a) 84°40'E (b) 81°30'E
(c) 83°30'E (d) 82°30'E

उत्तर (d)

• भारत की मानक भूमध्य रेखा 82°30'E है।
• भारत की मानक मध्याह्न रेखा उत्तर प्रदेश के मिर्जापुर से होकर गुजरती है।
• यह भारत के पाँच राज्य उत्तर प्रदेश, मध्य प्रदेश, ओडिशा, छत्तीसगढ़, आन्ध्र प्रदेश से होकर गुजरती है।

74. निम्नलिखित में से कौन-सी सबसे बड़ी सर्पिल आकाशगंगाओं (spiral galaxies) में से एक है?

SSC CHSL Tier-1 05.07.2024 (Shift-III)

(a) एनजीसी 6872 (b) आकाशगंगा
(c) सिग्नस A (d) मैफ़ी 1

उत्तर (a)

• एनजीसी 6872 सबसे बड़ी सर्पिल आकाशगंगाओं में से एक है।
• यह हमारी घरेलू आकाशगंगा मिल्की-वे के आकार का लगभग पाँच गुना है।

75. ………… पर एक दिन की अवधि लगभग 16 घण्टे होती है।

SSC CHSL Tier-1 05.07.2024 (Shift-IV)

(a) मंगल (b) वरुण
(c) बुध (d) शुक्र

उत्तर (b)

• वरुण पर एक दिन की अवधि लगभग 16 घण्टे होती है।
• इसी क्रम में पृथ्वी पर 1 दिन की अवधि 23 घण्टे, 56 मिनट की होती है।
• वरुण ग्रह आकार में चौथा तथा सूर्य से दूरी के क्रम में आठवें स्थान पर है।
• यह हरे-नीले रंग का प्रतीत होता है तथा सर्वाधिक ठण्डा ग्रह है।

76. सौरमण्डल का गणितीय भविष्य कहने वाला सूर्य केन्द्रित मॉडल सबसे पहले किसने विकसित किया था?

SSC CHSL Tier-1 08.07.2024 (Shift-I)

(a) निकोलस कॉपरनिकस
(b) इमैनुएल कॉण्ट
(c) गैलिलियो गैलिली
(d) पियरे-साइमन लाप्लास

उत्तर (a)

• सौरमण्डल का गणितीय भविष्य कहने वाला सूर्य केन्द्रित मॉडल सबसे पहले निकोलस कॉपरनिकस ने विकसित किया था।
• पोलैण्ड में जन्मे निकोलस कॉपरनिकस एक खगोलशास्त्री व गणितज्ञ थे। उन्होंने 'पृथ्वी अन्तरिक्ष के केन्द्र में नहीं है, बल्कि सूर्य के केन्द्र में है' सिद्धान्त का प्रतिपादन किया था।
• कॉपरनिकस खगोल विज्ञान में एक प्रमुख व्यक्तित्व थे। उनके सूर्य-केन्द्रित मॉडल को एक महत्त्वपूर्ण वैज्ञानिक खोज के रूप में याद किया जाता है।

77. कौन-सा ग्रह सूर्य के सबसे निकट है?

SSC CHSL Tier-1 08.07.2024 (Shift-III)

(a) बृहस्पति ग्रह (b) अरुण ग्रह (यूरेनस)
(c) बुध ग्रह (d) शनि ग्रह

उत्तर (c)

• बुध ग्रह सूर्य के सबसे निकट है।
• बुध ग्रह सबसे छोटा ग्रह है और इसके पास अपना कोई उपग्रह नहीं है।
• यहाँ दिन अति गर्म तथा रातें बर्फीली होती हैं। इसका दैनिक तापान्तर सभी ग्रहों में सर्वाधिक 600°C है।

78. यूरेनस की गति में गुरुत्वाकर्षण-प्रेरित विक्षोभ (disturbances) का अध्ययन करके नेप्च्यून ग्रह के अनुमानित स्थान की गणना किसने की?

SSC CHSL Tier-1 09.07.2024 (Shift-I)

(a) पर्सिवल लोवेल
(b) अर्बेन-जीन-जोसेफ ले वेरियर
(c) जोहान गॉटफ्राइड गाले
(d) जॉन काउच एडम्स

उत्तर (b)

• यूरेनस की गति में गुरुत्वाकर्षण-प्रेरित विक्षोभ का अध्ययन करके नेप्च्यून ग्रह के अनुमानित स्थान की गणना अर्बन-जीन-जोसेफ ले वेरियर ने की थी।
• 1781 ई. में यूरेनस की खोज के साथ सौरमण्डल में ज्ञात ग्रहों की संख्या सात हो गई।
• यह आकार के अनुसार सौरमण्डल में तीसरा सबसे बड़ा ग्रह है। इसका तापमान – 215°C है।
• यह अपनी धुरी पर सूर्य की ओर इतना झुका हुआ है कि इसे 'लेटा हुआ ग्रह' कहा जाता है।

79. पृथ्वी के चक्कर लगा रहे किसी पिण्ड (जैसे कि किसी उपग्रह) के कक्षक में बिन्दु, जो पृथ्वी के केन्द्र से सबसे अधिक दूरी पर है, ………… कहलाता है।

SSC CHSL Tier-1 09.07.2024 (Shift-II)

(a) पेरिहिलेन (b) एफेलियन
(c) अपोगी (d) पेरिगी

उत्तर (c)

• पृथ्वी के चक्कर लगा रहे किसी पिण्ड के कक्षक में बिन्दु, जो पृथ्वी के केन्द्र से सबसे अधिक दूरी पर है, अपोगी कहलाता है।
• जब परिक्रमा करती हुई वस्तु केन्द्रीय वस्तु से सबसे कम दूरी पर होती है, तो वह स्थान उपमन्द (Periapsis) और वह स्थान जहाँ परिक्रमा कर रही वस्तु केन्द्रीय वस्तु से सर्वाधिक दूरी पर हो अपमन्द (apogee) कहलाता है।
• सूर्य की परिक्रमा करती हुई किसी वस्तु का उसकी कक्षा में सूरज से अधिकतम दूरी वाला स्थान अपसौर (Aphelion) और सबसे निकटतम स्थान उपसौर (Perihelion) कहलाता है।

80. छोटे, बर्फीले पिण्डों का एक स्पॉट वलय जो वरुण ग्रह की कक्षा के बाहर सूर्य की परिक्रमा करता है, कहलाता है

SSC CHSL Tier-1 09.07.2024 (Shift-III)

(a) क्विपर पट्टी (b) क्षुद्रग्रह पट्टी
(c) बो शॉक (d) ऊर्ट बादल

उत्तर (a)

• छोटे, बर्फीले पिण्डों का एक स्पॉट वलय जो वरुण ग्रह की कक्षा के बाहर सूर्य की परिक्रमा करता है, क्विपर पट्टी कहलाता है।
• वरुण ग्रह हमारे सौरमण्डल में सूर्य से आठवाँ ग्रह है।
• व्यास के आधार पर यह सौरमण्डल का चौथा बड़ा और द्रव्यमान के आधार पर तीसरा बड़ा ग्रह है।

81. बिग डिपर एक नक्षत्र (asterism) है, जो………तारामण्डल के सात सबसे चमकीले तारों द्वारा निर्मित होता है।

SSC CHSL Tier-1 09.07.2024 (Shift-IV)

(a) लियो मेजर (b) ओरियन
(c) उर्सा मेजर (d) कैसिओपेआ

उत्तर (c)

• बिग डिपर एक नक्षत्र है, जो उर्सा मेजर तारामण्डल के सात सबसे चमकीले तारों द्वारा निर्मित होता है।
• उर्सा मेजर को 'ग्रेट बीयर' के नाम से भी जाना जाता है।

82. हिमालय की सबसे बाहरी श्रृंखला (range) को ………… कहा जाता है।

SSC CHSL Tier-1 10.07.2024 (Shift-I)

(a) कंचनजंगा (b) धौलाधार
(c) शिवालिक (d) पीर पंजाल

उत्तर (c)

• हिमालय की सबसे बाहरी श्रृंखला को 'शिवालिक' कहा जाता है।
• 'शिवालिक' हिमालय की सबसे दक्षिणी श्रेणी है।
• शिवालिक और लघु हिमालय के बीच कई समतल घाटियाँ हैं, जिन्हें 'दून' तथा 'द्वार' कहते हैं।

83. पाँच चमकीले तारों के समूह द्वारा आसानी से पहचाना जाने वाला उत्तरी आकाश का एक तारामण्डल, अनियमित 'W' आकार के रूप में दिखाई देता है, उसे क्या कहा जाता है?

SSC CHSL Tier-1 10.07.2024 (Shift-I)

(a) कैसियोपिया (b) ओरायन
(c) उर्सा मेजर (d) सिग्नस

उत्तर (a)

• पाँच चमकीले तारों के समूह द्वारा आसानी से पहचाना जाने वाला उत्तरी आकाश का एक तारामण्डल अनियमित 'W' आकार के रूप में दिखाई देता है, उसे कैसियोपिया कहा जाता है।
• शर्मिष्ठा या कैसियोपिया एक तारामण्डल है, जो अन्तर्राष्ट्रीय खगोल संघ द्वारा जारी की गई 88 तारामण्डलों की सूची में शामिल है।

84. खम्भात की खाड़ी, कच्छ की खाड़ी और गंगा डेल्टा………ऊर्जा के उपयोग के लिए आदर्श स्थिति प्रदान करते हैं।

SSC CHSL Tier-1 10.07.2024 (Shift-II)

(a) भू-तापीय (b) सौर
(c) आणविक (d) ज्वारीय

उत्तर (d)

• खम्भात की खाड़ी, कच्छ की खाड़ी व गंगा डेल्टा ज्वारीय ऊर्जा के उपयोग के लिए आदर्श स्थिति प्रदान करते हैं।

• पृथ्वी की घूर्णन गति व चन्द्रमा के गुरुत्वीय खिंचाव के कारण सागरों में जल का स्तर चढ़ता व गिरता है, जिससे प्रत्येक 12 घण्टे में ज्वारीय चक्र सम्पन्न होता है, इस परिघटना को ज्वार-भाटा कहते हैं।
• ज्वारीय ऊर्जा का दोहन सागर के किसी संकीर्ण क्षेत्र पर बाँध का निर्माण करके टरबाइन द्वारा विद्युत ऊर्जा में रूपान्तरित किया जाता है।

85. कौन-सा ग्रह हमारे सौरमण्डल का दूसरा सबसे बड़ा ग्रह है, जिसके चारों ओर सबसे बड़े और चमकीले वलय भी हैं?
SSC CHSL Tier-1 10.07.2024 (Shift-II)
(a) शनि (b) बृहस्पति
(c) पृथ्वी (d) अरुण

उत्तर (a)
• शनि सौरमण्डल का दूसरा सबसे बड़ा ग्रह है, जिसके चारों ओर सबसे बड़े और चमकीले वलय भी हैं।
• यह मुख्यत: दो हल्की गैस हाइड्रोजन व हीलियम से बना है।
• इसके वलयों की संख्या 7 है।

86. ....की आयताकार कक्षा वरुण की कक्षा को अतिव्यापित करती है।
SSC CHSL Tier-1 10.07.2024 (Shift-III)
(a) शुक्र (b) यम
(c) मंगल (d) बृहस्पति

उत्तर (b)
• यम की आयताकार कक्षा वरुण की कक्षा को अतिव्यापित करती है।
• यम को ग्रह की श्रेणी से बाहर निकाल दिया गया है, इसका कारण आकार में चन्द्रमा से छोटा होना, इसकी कक्षा का वृत्ताकार नहीं होना तथा वरुण की कक्षा को काटना है।
• अगस्त, 2006 IAU प्राग सम्मेलन में ग्रह कहे जाने वाले मापदण्ड पर खरे न उतरने के कारण यम को ग्रह की श्रेणी से अलग करके 'बौने ग्रह' की श्रेणी में रखा गया है।

87. निम्नलिखित कथनों में से कौन-सा कथन सही है?
SSC CHSL Tier-1 10.07.2024 (Shift-IV)
(a) बृहस्पति और मंगल का आकार समान है
(b) मंगल सबसे गर्म ग्रह है
(c) शनि का घनत्व पृथ्वी के समान है
(d) पृथ्वी और शुक्र का आकार लगभग समान है

उत्तर (d)
दिए गए कथनों में कथन (d) सही है।
• पृथ्वी व शुक्र का आकार लगभग एक समान है।
• बृहस्पति सौरमण्डल का सबसे बड़ा ग्रह है, जबकि शनि सबसे कम घनत्व वाला ग्रह (0.7) है।
• शुक्र को पृथ्वी की जुड़वाँ बहन भी कहा जाता है, क्योंकि इसकी संरचना पृथ्वी के समान है।
• शुक्र ग्रह पृथ्वी और अधिकांश अन्य ग्रहों की तुलना में विपरीत दिशा में घूमता है।

88. शनि ग्रह के बारे में निम्नलिखित में से कौन-सा कथन सत्य है?
SSC CHSL Tier-1 11.07.2024 (Shift-I)
(a) शनि का वातावरण जीवन के लिए अनुकूल है
(b) शनि सूर्य से चौथा ग्रह है और हमारे सौरमण्डल का सबसे बड़ा ग्रह है
(c) शनि के एन्सेलेडस और टाइटन जैसे उपग्रह आन्तरिक महासागरों के आवास हैं, सम्भवत: वहाँ जीवन की सम्भावना है
(d) शनि एक विशाल गोला है, जो अधिकांश नाइट्रोजन से बना है

उत्तर (c)
• शनि ग्रह से सम्बन्धित कथन (c) सही उत्तर है।
• शनि के एन्सेलेडस और टाइटन जैसे उपग्रह आन्तरिक महासागरों के आवास हैं। सम्भवत: वहाँ जीवन की सम्भावना है।
• शनि पर हाइड्रोजन, हीलियम तथा मीथेन और अमोनिया जैसी गैस हैं, जो जीवन के अनुकूल नहीं हैं।

89. निम्नलिखित में से किस ग्रह के वलय नहीं होते हैं?
SSC CHSL Tier-1 11.07.2024 (Shift-III)
(a) बृहस्पति (b) शनि (c) शुक्र (d) अरुण

उत्तर (c)
• शुक्र और मंगल ग्रहों के चारों ओर वलय नहीं होते हैं।
• शनि, बृहस्पति, यूरेनस ऐसे ग्रह हैं, जिनके चारों ओर एक वलय है।
• ये वलय चट्टानों के टुकड़े, कुछ उल्का पिण्ड कुछ उपग्रह होते हैं, जो अपनी ग्रैविटी के कारण उनको साथ-साथ घुमाते रहते हैं और वो एक रिंग का आकार ले लेते हैं।

90. निम्नलिखित में से कौन-सी पहाड़ी भारत के सबसे पूर्वी भाग में स्थित है?
SSC CHSL Tier-1 11.07.2024 (Shift-IV)
(a) खासी पहाड़ियाँ
(b) जयन्तिया पहाड़ियाँ
(c) गारो पहाड़ियाँ
(d) पटकाई बूम पहाड़ियाँ

उत्तर (d)
• पटकाई बूम पहाड़ियाँ भारत के सबसे पूर्वी भाग में स्थित हैं।
• यह पहाड़ियाँ नागालैण्ड, मेघालय, मिजोरम और मणिपुर तक फैली हुई हैं, जो म्यांमार की सीमा के साथ लगी हुई हैं।
• पटकाई सीमा में 3 पहाड़ियाँ-पटकाई बूम, गारो-खासी-जयन्तिया और लखाई पहाड़ियाँ हैं।

91. कौन-सा तारा 'ध्रुव तारा' के नाम से भी जाना जाता है? **SSC CHSL Tier-1 11.07.2024 (Shift-IV)**
(a) उत्तर तारा (b) दक्षिण तारा
(c) पश्चिम तारा (d) पूर्व तारा

उत्तर (a)
• उत्तर तारा 'ध्रुव तारा' के नाम से भी जाना जाता है। ध्रुव तारा एक दृश्यमान तारा है, जो किसी खगोलीय पिण्ड के घूर्णन अक्ष के साथ लगभग संरेखित होता है।
• पृथ्वी पर उत्तरी या दक्षिणी ध्रुव से देखने पर ध्रुव तारा सीधे सिर के ऊपर दिखाई देता है।
• यह पृथ्वी से लगभग 434 प्रकाश वर्ष की दूरी पर स्थित है।

SSC CHSL 2023 (Tier 1)

92. 1877 ई. में अमेरिकी खगोलशास्त्री आसफ हॉल (Asaph Hall) द्वारा खोजे गए मंगल ग्रह की परिक्रमा करने वाले दो छोटे चन्द्रमाओं का नाम क्या है? **SSC CHSL Tier-1 07.08.2023 (Shift-IV)**
(a) मिराण्डा और ट्राइटन
(b) फोबोस और डीमोस
(c) कैरन और डिस्नोमिया
(d) एन्सेलेडस और टाइटन

उत्तर (b)
• 1877 ई. में अमेरिकी खगोलशास्त्री आसफ हॉल (Asaph Hall) द्वारा खोजे गए मंगल ग्रह की परिक्रमा करने वाले दो चन्द्रमा **फोबोस** और **डीमोस** हैं।
• इनका नाम ग्रीक पौराणिक जुड़वाँ पात्रों फोबोस व डीमोस के नाम पर रखा गया है।
• इन दोनों उपग्रहों का आकार अनियमित है। फोबोस का आकार **अण्डाकार** है, जबकि डिमोस एक **गोलार्द्ध आकार** का है।

93. मध्य अक्षांश मरुस्थल (BWK) 35° और ...... N और S के मध्य पाए जाते हैं, जो उपोष्णकटिबन्धीय उच्च दाब वाले क्षेत्रों के ध्रुव की ओर हैं। **SSC CHSL Tier-1 02.08.2023 (Shift-I)**
(a) 79° (b) 40° (c) 60° (d) 70°

उत्तर (c)
• मध्य अक्षांश रेगिस्तान (BWK) 35° और 60° उत्तर और दक्षिण के बीच पाए जाते हैं।
• ये रेगिस्तान **उपोष्णकटिबन्धीय उच्च दाब** वाले क्षेत्रों के ध्रुव में स्थित हैं।
• BWK रेगिस्तान की विशेषता **कम वर्षण** और **उच्च वाष्पन दर** है।
• BWK रेगिस्तान के उदाहरणों में संयुक्त राज्य अमेरिका में **मोजावे रेगिस्तान** और **एशिया में गोबी रेगिस्तान** शामिल हैं।

94. ब्राजील के उष्णकटिबन्धीय घास स्थल के मैदानों को .... के रूप में जाना जाता है।
SSC CHSL Tier-1 20.03.2023 (Shift-III)
(a) लानोज (b) सवाना (c) कम्पोस (d) पम्पास

उत्तर (c)
• ब्राजील के उष्णकटिबन्धीय घास स्थल के मैदान को कम्पोस कहते हैं।
• ये घास के मैदान **24°S से 35°S** के बीच स्थित हैं, जिसमें उरुग्वे, पराग्वे, ब्राजील और अर्जेण्टीना के कुछ हिस्से शामिल हैं।
• **लानोस** घास के मैदान **वेनेजुएला** में, **सवाना अफ्रीका** में, तथा **पम्पास अर्जेण्टीना** में स्थित हैं।

95. निम्नलिखित में से कौन-सा वलित पर्वत का एक प्रकार नहीं है?
SSC CHSL Tier-1 17.03.2023 (Shift-II)
(a) राइन घाटी (b) यूराल पर्वत
(c) अरावली शृंखला (d) अप्लेशियन

उत्तर (a)
• **राइन घाटी** वलित पर्वत का एक प्रकार नहीं है।
• चट्टानों के टूटने तथा लम्बवत् रूप से विस्थापित होने से वलित पर्वत का निर्माण होता है।

• जर्मनी में राइन घाटी और यूरोप में वासजेस पर्वत, ब्लॉक पर्वत के उदाहरण हैं।
• यूराल पर्वत वलित पर्वत का प्रकार है। यह पर्वतमाला रूस में स्थित है, जो एशिया को यूरोप से अलग करती है।

96. निम्नलिखित में से किस ग्रह को पृथ्वी का जुड़वाँ ग्रह (Earth's twin) माना जाता है?
SSC CHSL Tier-1 16.03.2023 (Shift-I)
(a) शुक्र (b) यूरेनस (c) नेप्च्यून (d) मंगल

उत्तर (a)
• **शुक्र ग्रह** को पृथ्वी का जुड़वाँ ग्रह या **पृथ्वी की बहन** भी कहा जाता है, क्योंकि यह आकार, घनत्व एवं व्यास में पृथ्वी के लगभग बराबर है।
• शाम को पश्चिम में एवं सुबह को पूरब में दिखाई देने के कारण इसे क्रमश: **साँझ का तारा** तथा **भोर का तारा** भी कहते हैं।
• शुक्र के वायुमण्डल में अधिकतम कार्बन डाइऑक्साइड (90 – 95%) होने के कारण ही यह सबसे गर्म ग्रह है।

97. निम्नलिखित में से कौन-सा सूर्यग्रहण का एक प्रकार नहीं है?
SSC CHSL Tier-1 15.03.2023 (Shift-IV)
(a) आंशिक (b) खण्डच्छायायुक्त
(c) पूर्ण (d) वलयाकार

उत्तर (b)
• **खण्डच्छायायुक्त** सूर्यग्रहण का एक प्रकार नहीं है। सूर्य ग्रहण तीन प्रकार का होता है—**आंशिक** सूर्यग्रहण, **पूर्ण** सूर्यग्रहण और **वलयाकार** सूर्य ग्रहण।
• **आंशिक सूर्यग्रहण** में सूर्य का कुछ भाग ग्रहण ग्रास में तथा कुछ भाग ग्रहण से अप्रभावित रहता है, तो पृथ्वी के उस भाग विशेष में लगे ग्रहण को आंशिक सूर्यग्रहण कहते हैं।
• **वलयाकार सूर्यग्रहण** में चन्द्रमा, पृथ्वी के काफी दूर रहते हुए पृथ्वी और सूर्य के बीच आ जाता है और सूर्य के बाहर का क्षेत्र प्रकाशित होने के कारण वलयाकार के रूप में चमकता है।
• जब चन्द्रमा, सूर्य को पूरी तरह ढक लेता है, तब **पूर्ण सूर्यग्रहण** होता है।

98. निम्नलिखित में से कौन-सा 'देश-घासस्थल का नाम' का युग्म सही है?
SSC CHSL Tier-1 14.03.2023 (Shift-I)
I. अर्जेण्टीना - पम्पास
II. ब्राजील - स्टेपी

कूट
(a) केवल I (b) केवल II
(c) I और II दोनों (d) न तो I और न ही II

उत्तर (a)
• 'देश-घासस्थल का नाम' से सम्बन्धित विकल्प (a) सही है।
• अर्जेण्टीना के घासस्थल का नाम पम्पास है।
• ब्राजील में घास के मैदान को **कैम्पास** कहते हैं, न कि स्टेपी।
• ये घास के मैदान 24°S और 35°S के बीच स्थित हैं, जिसमें उरुग्वे, पराग्वे, ब्राजील और अर्जेण्टीना के कुछ हिस्से शामिल हैं।
• **स्टेपी घास** यूरेशिया के समशीतोष्ण क्षेत्र में स्थित विशाल घास के मैदान को कहा जाता है।

99. निम्नलिखित में से कौन-सी भूकम्पीय तरंगें पृष्ठीय तरंगें हैं?
SSC CHSL Tier-1 13.03.2023 (Shift-III)
(a) S तरंगें (b) P तरंगें
(c) M तरंगें (d) L तरंगें

उत्तर (d)
• **L भूकम्पीय तरंगें** पृष्ठीय तरंगें हैं।
• L तरंगें सतह के समानान्तर चलती हैं और भूकम्प का कारण बनती हैं।
• L तरंग को **लव वेव** भी कहा जाता है। उनका नामकरण वैज्ञानिक 'एडवर्ड हफ लव' के नाम पर किया गया है। यह उपकेन्द्र पर सर्वाधिक विनाशकारी तरंगें होती हैं।
• P तरंगों का वेग 8 किमी/सेकण्ड होता है। यह सबसे तीव्र भूकम्पीय तरंगें हैं।
• S तरंगें केवल **ठोस माध्यम** से होकर गुजरती हैं।

भूकम्पीय तरंगें तीन प्रकार की होती हैं
(i) P तरंगें या प्राथमिक तरंगें
(ii) S तरंगें या द्वितीयक तरंगें
(iii) L तरंगें या सतही तरंगें

100. निम्नलिखित में से ब्रह्माण्ड के लिए दूसरा शब्द कौन-सा है? SSC CHSL Tier-1 10.03.2023 (Shift-II)
(a) खगोल-विज्ञान (b) कॉस्मॉस
(c) बिग क्रंच (d) सुपरनोवा

उत्तर (b)
• ब्रह्माण्ड के लिए दूसरा शब्द **कॉस्मॉस** है।
• अस्तित्वमान **द्रव्य** एवं **ऊर्जा** के सम्मिलित रूप को ब्रह्माण्ड कहते हैं।
• दूसरे शब्दों में, सूक्ष्मतम अणुओं से लेकर महाकाय आकाशगंगाओं तक के सम्मिलित स्वरूप को ब्रह्माण्ड कहा जाता है।
• ब्रह्माण्ड की उत्पत्ति से सम्बन्धित सबसे व्यापक सिद्धान्त **बिग-बैंग** सिद्धान्त है।

SSC Steno 2024 (Tier 1)

101. किस प्रकार की शैलें अपेक्षाकृत उच्च तापमान पर और ठोस पदार्थों के क्रिस्टलीकरण से बनती हैं? SSC Steno Tier-1 11.12.2024 (Shift-II)
(a) अवसादी शैलें (b) कायान्तरित शैलें
(c) आग्नेय शैलें (d) ज्वालामुखीय शैलें

उत्तर (c)
• आग्नेय शैलें अपेक्षाकृत उच्च तापमान पर और ठोस पदार्थों के क्रिस्टलीकरण से बनती हैं।
• ये शैलें लावा प्रवाह के रूप में सतह पर आकर या सतह के नीचे ठण्डी होकर ठोस रूप में जम जाती हैं।
• आग्नेय शैले शैल चक्र की शुरुआत करती हैं, इसलिए इसे प्राथमिक शैल भी कहा जाता है।

102. विस्तारित ब्रह्माण्ड परिकल्पना किसने दी थी?
SSC Steno Tier-1 11.12.2024 (Shift-III)
(a) एडविन हबल (b) सी.वी. रमन
(c) जेम्स क्लर्क मैक्सवेल (d) गैलीलियो गैलीली

उत्तर (a)
• विस्तारित ब्रह्माण्ड की परिकल्पना एडविन हबल ने वर्ष 1925 में दी थी।
• उन्होंने साबित किया कि दूर की आकाश गंगाओं की गति और पृथ्वी से उनकी दूरियों के बीच सीधा सम्बन्ध है। इसे 'हबल के नियम' के रूप में जाना जाता है।
• एडमिन हबल एक अमेरिकी खगोल शास्त्री थे।

103. निम्नलिखित में से कौन-सी सामान्य अवसादी चट्टानें हैं? Steno 13.10.2023 (Shift-I)
(a) बलुआ पत्थर, चूना पत्थर, स्लेटी पत्थर
(b) गैर-शल्कित चट्टान, ग्रेनाइट और स्लेटी पत्थर
(c) चूना पत्थर, बॉक्साइट और गैर-शल्कित चट्टानें
(d) बलुआ पत्थर, बॉक्साइट और शल्कित चट्टानें

उत्तर (a)
• बलुआ पत्थर, चूना पत्थर और स्लेटी पत्थर सामान्य अवसादी चट्टानें हैं।
• अवसादी चट्टानें पहले से मौजूद चट्टानों या कभी जीवित सजीवों के टुकड़ों में बनती हैं।
• ये निक्षेपों से बनती हैं, जो पृथ्वी की सतह पर जमा होती है।
• ये चट्टानें अक्सर नदियों में तलछट के रूप में शुरू होती है और झीलों व महासागरों में जमा होती है।

SSC Steno 2023

104. सूची A और सूची B के बीच निम्नलिखित में से कौन-सा सही मेल है?
SSC Steno 12.10.2023 (Shift-I)

सूची A (भूपर्पटी में तत्त्व)	सूची B (भूपर्पटी में कुल %)
A. ऑक्सीजन	1. 8%
B. सिलिकॉन	2. 28%
C. एल्युमिनियम	3. 47%
D. आयरन	4. 5%

कूट

	A	B	C	D		A	B	C	D
(a)	2	1	3	4	(b)	1	2	3	4
(c)	3	1	2	4	(d)	3	2	1	4

उत्तर (d)
• दिए गए विकल्पों में सूची I (भूपर्पटी में तत्त्व) और सूची II (भूपर्पटी में कुल %)का सही सुमेलन इस प्रकार है—A-3, B-2, C-1, D-4।

भूपर्पटी में तत्त्व	भूपर्पटी में कुल %
ऑक्सीजन	46.60
सिलिकॉन	27.72
एल्युमीनियम	8.13
लोहा	5
कैल्शियम	3.63
सोडियम	2.83
पोटैशियम	2.59
मैग्नीशियम	2.09
अन्य	2.42

SSC MTS 2024

105. सुनामी एक प्राकृतिक आपदा है, जो समुद्र से उत्पन्न होती है। समुद्र में सुनामी का कारण ……… है। SSC MTS Tier-1 30.10.2024 (Shift-III)
(a) जल में अत्यधिक कार्बन डाइऑक्साइड की उपस्थिति
(b) समुद्र में अधिक मात्रा में रेडियोधर्मी प्रदूषकों का जमा होना
(c) समुद्र के नीचे टेक्टोनिक प्लेटों का हिलना
(d) जल में अम्ल की मात्रा चिन्ताजनक रूप से बढ़ते जाना

उत्तर (c)

• सुनामी एक प्राकृतिक आपदा है, जो समुद्र से उत्पन्न होती है। समुद्र में सुनामी का कारण समुद्र के नीचे टेक्टोनिक प्लेटों का हिलना प्रमुख है।
• **टेक्टोनिक प्लेटे** महासागरीय स्थलमण्डल और मोटे महाद्वीपीय स्थलमण्डल से बनी होती हैं, जिनमें से प्रत्येक के ऊपर कई तरह की परत होती हैं।
• ये प्लेटे अपेक्षाकृत कठोर होती हैं और नीचे के नमनीय **एस्थेनोस्फीयर पर** तैरती रहती है।
• सुनामी समुद्र के नीचे भूकम्प या ज्वालामुखी के विस्फोट के कारण उत्पन्न होने वाली विशाल लहरें हैं।

106. पृथ्वी के ज्वालामुखियों में निम्नलिखित में से किस प्रकार का ज्वालामुखी विस्फोट सबसे अधिक विस्फोटक होता है? SSC MTS Tier-1 12.11.2024 (Shift-III)
(a) कॉल्डेरा (b) बाढ़ बेसाल्ट प्रान्त
(c) डाइक (d) लैपौलिथ

उत्तर (a)

• पृथ्वी के ज्वालामुखियों में कॉल्डेरा ज्वालामुखी विस्फोट सबसे अधिक विस्फोटक होता है।
• कॉल्डेरा पृथ्वी पर एक गड्ढा है, जो ज्वालामुखी विस्फोट के दौरान उसके अन्दर से मैग्मा निकलने से बनता है।
• ज्वालामुखियों के मुख्य प्रकारों में सिंडर कोन, शील्ड ज्वालामुखी, मिश्रित ज्वालामुखी, लावा डोम ज्वालामुखी आदि हैं।

107. किसी शैल या मृदा के अन्दर कणों के बीच रंध्राकाश (pore space) का प्रतिशत क्या कहलाता है? SSC MTS Tier-1 04.11.2024 (Shift-III)
(a) सरंध्रता (b) पारगम्यता
(c) सघनता (d) लवणता

उत्तर (a)

• किसी शैल या मृदा के अन्दर कणों के बीच रन्ध्राकाश का प्रतिशत सरंध्रता कहलाता है।
• मिट्टी या चट्टान की सरंध्रता उसमें मौजूद पानी को धारण करने की क्षमता को बताती है।
• मिट्टी में सरंध्रता न होने पर वायु और पानी का संचार ठीक से नहीं हो पाता, जिससे फसलें ठीक से नहीं बढ़ पाती।

108. जीवाश्मों से प्राप्त ईंधन केवल किस प्रकार की शैलों से संरक्षित होते हैं? SSC MTS Tier-1 28.10.2024 (Shift-II)
(a) कायान्तरित शैल
(b) ज्वालामुखी शैल
(c) अवसादी शैल
(d) प्लूटोनिक शैल

उत्तर (c)

• जीवाश्मों से प्राप्त ईंधन केवल अवसादी शैलों में संरक्षित होते हैं।
• अवसादी चट्टानें खनिजों और अन्य सामग्रियों के संचय से बनती हैं।
• ये चट्टानें **परतदार** होती है।

109. सक्रिय भ्रंश का वह भाग जो अतीत में भूकम्प उत्पन्न कर चुका है, लेकिन अब शान्त है और माना जाता है कि भ्रंश खण्ड किसी अन्य आधार पर भूकम्प उत्पन्न करने में सक्षम है, उसे क्या कहा जाता है? SSC MTS Tier-1 14.10.2024 (Shift-I)
(a) भूकम्प केन्द्र (b) भूकम्पी तरंग
(c) भूकम्पी अन्तराल (d) अवकेन्द्र

उत्तर (c)

• सक्रिय भ्रंश का वह भाग जो अतीत में भूकम्प उत्पन्न कर चुका है, लेकिन अब माना जाता है कि भ्रंश खण्ड किसी अन्य आधार पर भूकम्प उत्पन्न करने में सक्षम है, उसे **भूकम्पी अन्तराल** कहा जाता है।
• भूकम्पी अन्तराल के उदाहरणों में मैक्सिको के दक्षिणी तट से चलने वाली फॉल्ट लाइन 1957, 1962, 1973 और 1979 में विभिन्न गतिविधियाँ हुई थीं। ये ऐसे अन्तराल हैं, जहाँ कोई गतिविधियाँ नहीं थीं।
• भूकम्प का अभिप्राय पृथ्वी के कम्पन से है। इसे **सीस्मोग्राफ** के द्वारा मापा जाता है।
• भूकम्प के केन्द्र को अधिकेन्द्र कहा जाता है।

SSC MTS 2023 (Tier 1)

110. शैल कायान्तरण के दौरान निम्नलिखित में से कौन-सी चट्टानें बनती हैं? SSC MTS Tier-1 14.09.2023 (Shift-II)
(a) बेसाल्ट
(b) पिण्डशीला
(c) बालुकाश्म
(d) स्लेट

उत्तर (d)

• **स्लेट** कायान्तरित चट्टान है।
• शैल कायान्तरण गर्मी तथा दबाव से सम्पीड़न के दौरान होता है।
• ग्रेनाइट चट्टान का रूपान्तरित रूप-**नीस** है, बलुआ पत्थर का रूपान्तरित रूप-क्वाट्र्जाइट है।
• चट्टानें 3 प्रकार की होती हैं, आग्नेय, अवसादी एवं कायान्तरित चट्टान।

SSC GD 2023

111. निम्नलिखित में से कौन-सी एक कायान्तरित चट्टान है? SSC GD Constable 07.12.2023 (Shift-I)
(a) शैल
(b) ग्रेनाइट
(c) बलुआ पत्थर
(d) क्वाट्र्जाइट

उत्तर (d)

• **क्वाट्र्जाइट** एक कायान्तरित चट्टान है।
• कायान्तरित चट्टानों का निर्माण आग्नेय तथा अवसादी शैल के रूपान्तरण से होता है।
• कायान्तरित चट्टान के कुछ उदाहरण नीसॉइड, साइनाइट, स्लेट, शिस्ट, संगमरमर, क्वाट्र्जाइट आदि हैं।

112. वह पथ जो प्रशान्त महासागर के साथ लगकर है, जहाँ सक्रिय ज्वालामुखी पाएँ जाते हैं और वहाँ बार-बार भूकम्प आते रहते हैं, उसे क्या नाम दिया गया है? SSC GD Constable 09.02.2023 (Shift-II)
(a) ज्वाला वृत्त (Ring of Fire)
(b) बरमूड़ा ट्राएंगल (Bermuda Triangle)
(c) ड्रेक जलमार्ग (Drake Passage)
(d) केप हॉर्न (Cape Horn)

उत्तर (a)

• **ज्वाला-वृत्त** अथवा रिंग ऑफ फायर प्रशान्त महासागर के साथ लगकर है, जहाँ सक्रिय ज्वालामुखी पाएँ जाते हैं और वहाँ बार-बार भूकम्प आते रहते हैं।
• इसे **पारिस्थितिक-प्रशान्त बेल्ट** भी कहा जाता है। रिंग ऑफ फायर परत विवर्तनिकी का परिणाम है।
• यह एक ऐसा क्षेत्र है, जहाँ अधिकांश सक्रिय ज्वालामुखी और भूकम्प रिकॉर्ड किए जाते हैं। पृथ्वी के 75% ज्वालामुखी अर्थात् **450 से अधिक ज्वालामुखी** रिंग ऑफ फायर के किनारे स्थित हैं।

SSC Selection Post 2024

113. दिए गए विकल्पों में से आन्तरिक ग्रह की पहचान करें SSC SP (10+2) 27.06.2023 (Shift-IV)
(a) शनि
(b) बृहस्पति
(c) बुध
(d) वरुण

उत्तर (c)

• आन्तरिक ग्रह वे हैं, जो सूर्य के सबसे करीब हैं।
• हमारे सौरमण्डल में केवल चार आन्तरिक ग्रह हैं—बुध, शुक्र, पृथ्वी, मंगल।
• बुध सूर्य का सबसे निकटतम ग्रह है, जिसमें वायुमण्डल का अभाव है।

वायुमण्डल

- वायुमण्डल में जलवाष्प की मात्रा लगभग **4%** तक पाई जाती है, परन्तु मौसम की क्रियाओं के लिए यह अत्यन्त महत्त्वपूर्ण है।
- धूल के कण, सूर्य से आने वाली किरणों के **प्रकीर्णन** (Dispersion) का भी कार्य करते हैं, जिसके कारण आकाश का रंग नीला दिखाई देता है।
- वायुमण्डल का औसत तापमान **280 K** है।

वायुमण्डल का गैसीय संघटन

नाइट्रोजन	–	78%
ऑक्सीजन	–	21%
आर्गन	–	0.93%
कार्बन डाइऑक्साइड	–	0.03%
नियॉन	–	0.0018%
हीलियम	–	0.0005%
ओजोन	–	0.000001%

वायुमण्डल की संरचना

मण्डल	ऊँचाई (किमी)	विशेष तथ्य
क्षोभमण्डल	0-16	मौसमी घटनाएँ होती हैं।
समतापमण्डल	16-50	वायु परिवहन होता है तथा ओजोन परत पाई जाती है।
मध्यमण्डल	50-80	ऊँचाई के साथ तापमान में गिरावट होती है।
तापमण्डल/ आयनमण्डल	80-640	विद्युत आवेशित कण पाए जाते हैं, ध्रुवीय ज्योति की परिघटनाएँ भी शामिल हैं।
बाह्यमण्डल	640 से ऊपर	तापमान 5000°C होता है।

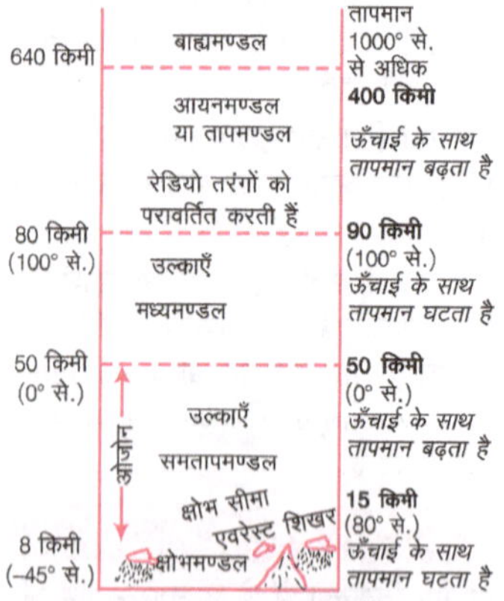

वायुमण्डल की संरचना

स्थायी पवनें

- पवनों की दिशा, पृथ्वी के घूर्णन के कारण उत्पन्न **कोरिऑलिस बल** से निर्धारित होती है।
- पवनें, उच्च वायुदाब से निम्न वायुदाब की ओर बहती हैं।

स्थायी पवनों के प्रकार

- **व्यापारिक पवनें** 30° अक्षांशों से विषुवतरेखीय निम्न अक्षांशों की ओर स्थायी रूप से चलती हैं।
- **पछुआ पवनें** उपोष्ण उच्च वायुदाब से उपध्रुवीय निम्न वायुदाब कटिबन्ध की ओर वर्ष भर बहती हैं।
  दक्षिणी गोलार्द्ध में पछुआ पवनें
  40° दक्षिणी अक्षांश के पास - गरजता चालीसा
  50° दक्षिणी अक्षांश के पास - प्रचण्ड पचासा
  60° दक्षिणी अक्षांश के पास - चीखता साठा
- **ध्रुवीय पवनें** ध्रुवों से उपध्रुवीय निम्नदाब की ओर चलती हैं।

स्थानीय पवनें

पवन	क्षेत्र	पवन	क्षेत्र
फॉन	आल्पस पर्वत	बर्ग	पश्चिम अफ्रीका
चिनूक	उत्तरी अमेरिका	सिमूम	ईरान
सान्ता आना	कैलिफोर्निया	मिस्ट्रल	फ्रांस
सिरक्को	सहारा मरुस्थल	लू	भारत-पाकिस्तान
हरमट्टन	सहारा मरुस्थल	नार्वेस्टर	न्यूजीलैण्ड
विली-विली	ऑस्ट्रेलिया	हबूब	अफ्रीका, सूडान
कोयमबैंग	इण्डोनेशिया	ब्लिजर्ड	ध्रुवीय क्षेत्र
बाइस	फ्रांस	यामो	जापान
लेवेण्टर	स्पेन		

बादल के प्रकार

बादल	विशेष तथ्य
पक्षाभ बादल	सर्वाधिक ऊँचाई पर पाए जाते हैं तथा चक्रवात की सूचना देते हैं।
पक्षाभ स्तरी बादल	सूर्य एवं चन्द्रमा के चारों ओर प्रभामण्डल बनाते हैं तथा चक्रवातों की भी सूचना देते हैं।
उच्च स्तरी बादल	विस्तृत तथा लगातार वर्षा करते हैं।
वर्षा स्तरी बादल	काले रंग के होते हैं तथा अधिक वर्षा करते हैं।
कपासी बादल	गोभी के फूल के समान आकार; प्रायः मौसम साफ रहता है।
कपासी वर्षा बादल	अत्यधिक विस्तृत तथा घने होते हैं। पर्वत सदृश्य आकार के होते है। ओला, तड़ित झंझा के साथ मूसलाधार वर्षा करते हैं।

चक्रवात

- चक्रवात निम्न दाब के केन्द्र होते हैं, इनमें केन्द्र से बाहर की ओर वायुदाब बढ़ता जाता है।
- चक्रवातों की दिशा उत्तरी गोलार्द्ध में घड़ी की सूइयों के विपरीत (वामावर्त) तथा दक्षिणी गोलार्द्ध में घड़ी की सूइयों के अनुकूल (दक्षिणावर्त) होती है।
- भूमध्य रेखा के आस-पास अल्प दाब का क्षेत्र **डोलड्रम** कहलाता है।
- उष्णकटिबन्धीय चक्रवात मुख्यतः दोनों गोलार्द्धों में **8° से 24°** अक्षांशों के बीच उत्पन्न होते हैं।
- **टॉरनेडो** एक अति निम्न दाब केन्द्र से उत्पन्न चक्रवात है। जब टॉरनेडो की उत्पत्ति सागर में होती है, तो वह जल स्तम्भ का निर्माण करता है।
- **टी-मापक** (टी-स्केल) पर चक्रवातों की शक्ति का मापन किया जाता है।
- विषुवत् रेखा पर **कोरिऑलिस बल** का अभाव पाया जाता है, जिसके कारण **उष्णचक्रवात** उत्पन्न नहीं होते हैं।

प्रमुख स्थानीय चक्रवात

टॉरनेडो	–	मिसीसिपी नदी बेसिन (*अमेरिका*)
टाइफून	–	चीन, जापान, फिलीपीन्स
विली-विली	–	उत्तरी-पश्चिमी ऑस्ट्रेलिया
हरिकेन	–	मैक्सिको की खाड़ी
चक्रवात	–	भारत

प्रतिचक्रवात

- प्रतिचक्रवात (Anticyclones) की प्रकृति चक्रवात से पूर्णतः विपरीत होती है। इनके केन्द्र में उच्चदाब का क्षेत्र होता है, जबकि परिधि की ओर निम्न वायुदाब पाया जाता है।
- इसके कारण हवाएँ केन्द्र से परिधि की ओर अग्रसर होती हैं अर्थात् हवाओं की दिशा उत्तरी गोलार्द्ध में घड़ी की सूइयों के अनुकूल तथा दक्षिणी गोलार्द्ध में घड़ी की सूइयों के विपरीत होती है।
- **उपोष्ण कटिबन्धीय उच्च वायुदाब क्षेत्र** में सर्वाधिक प्रतिचक्रवातों का निर्माण होता है, किन्तु भूमध्य रेखा पर सर्वथा अभाव पाया जाता है।
- प्रतिचक्रवातों में **वाताग्र** (Fronts) नहीं बनते।
- इनका व्यास चक्रवातों से कई गुना अधिक होता है तथा ये काफी बड़े क्षेत्र पर विस्तृत होते हैं।

SSC एग्जाम स्कैनर

SSC CGL 2024 (Tier 1 & 2)

114. वायुमण्डल की निचली परतों में धुएँ या धूल के कणों पर जल की बूँदों के सघन द्रव्यमान को क्या कहा जाता है?
SSC CGL Tier-1 19.09.2024 (Shift-III)

(a) धूम कोहरा (b) कुहासा
(c) पाला (d) बर्फानी तूफान

उत्तर (a)

- **वायुमण्डल की** निचली परतों में धुएँ या धूल के कणों पर जल की बूँदों के सघन द्रव्यमान को **धूम कोहरा** कहा जाता है।
- धूम कोहरा कोहरे, धूल एवं वायु प्रदूषकों; जैसे—नाइट्रोजन ऑक्साइड, वाष्पशील कार्बनिक यौगिकों इत्यादि का एक हानिकारक मिश्रण है।
- धूम कोहरा स्वचालित वाहनों, कारखानों और उद्योगों से निकलने वाले उत्सर्जन का सूर्य के प्रकाश और वायुमण्डल के साथ अभिक्रिया के परिणामस्वरूप उत्पन्न होता है।

115. एक ही दिन के दौरान होने वाले उच्च वायु तापमान और निम्न वायु तापमान के बीच के अन्तर को ········ तापमान कहा जाता है।
SSC CGL Tier-1 19.09.2024 (Shift-II)

(a) ड्युरियन
(b) वार्षिक
(c) आर्द्र बल्ब
(d) दैनिक

उत्तर (d)

- एक ही दिन के दौरान होने वाले उच्च वायु तापमान और निम्न वायु तापमान के बीच के अन्तर को दैनिक तापमान कहा जाता है।
- दैनिक तापमान को मापने के लिए सेल्सियस और फॉरेनहाइट पैमाने का प्रयोग किया जाता है।
- तापमान मापने के लिए थर्मामीटर का उपयोग किया जाता है।

116. ऑस्ट्रेलिया में उष्णकटिबन्धीय चक्रवातों को ········ के रूप में जाना जाता है।
SSC CGL Tier-1 17.09.2024 (Shift-I)
(a) विली-विलीज़ (b) साइक्लोन
(c) टाइफून (d) हरिकेन
उत्तर (a)
• ऑस्ट्रेलिया में उष्णकटिबन्धीय चक्रवातों को **विली-विलीज** के रूप में जाना जाता है।
• उष्णकटिबन्धीय चक्रवात एक मौसमी घटना है; जिसमें निम्न दबाव केन्द्र, तेज हवाएँ और गरज के साथ भारी वर्षा भी शामिल है।
• उष्णकटिबन्धीय चक्रवातों को स्थान और तीव्रता के आधार पर अलग-अलग नामों से जाना जाता है; जैसे– बागुइयों-फिलीपींस में, हरिकेन-चीन में।
• प्रशान्त महासागर में आने वाले चक्रवातों को 'टाइफून' कहते हैं।

117. ओजोन परत किस प्रकार की विकिरण को अवशोषित करती है?
SSC CGL Tier-1 11.09.2024 (Shift-I)
(a) दृश्य विकिरण (b) पराबैंगनी विकिरण
(c) अवरक्त विकिरण (d) हरे विकिरण
उत्तर (b)
• वायुमण्डल के ओजोन परत के द्वारा पराबैंगनी विकिरण का अवशोषण कर लिया जाता है।
• पराबैंगनी विकिरण का तरंगदैर्ध्य दृश्य प्रकाश से कम होती है। पृथ्वी को गर्म करने में इसकी बड़ी भूमिका होती है।
• इसके प्रभावस्वरूप चर्म कैंसर होता है।

SSC CGL 2023 (Tier 1 & 2)

118. आंशिक रूप से पिघली हुई ऊपरी मेण्टल सामग्री जिसे ········ कहा जाता है, स्थलमण्डल के नीचे एक यान्त्रिक रूप से कमजोर परत होती है, जो कम भूकम्पीय तरंग वेग और उच्च क्षीणन की विशेषता दर्शाती है।
SSC CGL Tier-I 20.07.2023 (Shift-II)
(a) समतापमण्डल (b) मध्यमण्डल
(c) दुर्बलमण्डल (d) चुम्बकमण्डल
उत्तर (c)
• **दुर्बलमण्डल** (एथेनोस्फीयर) स्थलमण्डल के मेंण्टल के नीचे सघन व कमजोर परत है।
• यह पृथ्वी की सतह के नीचे **100 किमी** से **410 किमी** के बीच स्थित है।
• पृथ्वी की सबसे ऊपरी परत को क्रस्ट कहते हैं।
• क्रस्ट के नीचे मेण्टल है, जो 2900 किमी की गहराई तक फैली है।

119. वर्ष 2010-2012 के दौरान समीक्षित विश्व मौसम विज्ञान संगठन की रिपोर्ट के अनुसार, लीबिया के अल-अजीजिया में ·········· का उच्चतम पंजीकृत छाया तापमान दर्ज किया गया था।
SSC CGL Tier-I 24.07.2023 (Shift-II)
(a) 58°C (b) 50°C (c) 68°C (d) 72°C
उत्तर (a)
• वर्ष 2010-2012 के दौरान समीक्षित विश्व मौसम विज्ञान संगठन की रिपोर्ट के अनुसार, 13 सितम्बर, 1922 को लीबिया के अल-अजीजिया में 58°C का उच्चतम पंजीकृत छाया तापमान दर्ज किया गया।
• वर्तमान में यूएसए के कैलिफोर्निया प्रान्त में स्थित डेथ वैली, जिसका तापमान 56.7° C है। विश्व का सर्वाधिक गर्म क्षेत्र है।
• विश्व मौसम विज्ञान संगठन का मुख्यालय जिनेवा, स्विट्जरलैण्ड में स्थित है।
• इसकी स्थापना **23 मार्च, 1950** को हुई थी।

120. महाद्वीपीयता के अर्थ की पहचान करें।
SSC CGL Tier-I 25.07.2023 (Shift-II)
(a) सर्दियों के दौरान बहुत ठण्डा और गर्मियों के दौरान गर्म नहीं
(b) सर्दियों के दौरान बहुत गर्म और गर्मियों के दौरान बहुत ठण्डा
(c) गर्मियों के दौरान बहुत गर्म और बहुत अधिक वर्षा
(d) गर्मियों के दौरान बहुत गर्म और सर्दियों के दौरान बहुत ठण्डा
उत्तर (d)
• **गर्मियों के दौरान बहुत गर्म और सर्दियों के दौरान बहुत ठण्डा** होना महाद्वीपीयता की पहचान है।
• महाद्वीपीयता, महाद्वीपीय और समुद्री जलवायु के बीच अन्तर की एक माप है।
• महाद्वीपीय जलवायु प्रायः उत्तरी अमेरिका और यूरेशिया जैसे बड़े भू-भागों के आन्तरिक क्षेत्रों में पाई जाती है।
• यह जल की तुलना में भूमि पर होने वाले तापमान की बढ़ी हुई सीमा की विशेषता है।

121. पश्चिमी चक्रवाती विक्षोभ ······ से उत्पन्न होता है।
SSC CGL Tier-1 26.07.2023 (Shift-II)
(a) अरब सागर (b) प्रशान्त महासागर
(c) बंगाल की खाड़ी (d) भूमध्य सागर
उत्तर (d)
• **भूमध्य सागर** भारतीय उपमहाद्वीप के **उत्तर-पश्चिमी** भागों में अचानक सर्दियों में विक्षोभ उत्पन्न करता है।
• विक्षोभ का तात्पर्य 'विक्षुब्ध' क्षेत्र या कम हवा वाले दबाव क्षेत्र से है।
• पश्चिमी चक्रवाती विक्षोभ शीतकालीन मौसम की घटनाएँ हैं, जो **भूमध्यसागरीय क्षेत्र** से पश्चिमी प्रवाह द्वारा लाई जाती है।
• इन्हें **मध्य अक्षांश तूफान** भी कहते हैं।

122. यदि ताहिती में दाब का अन्तर ऋणात्मक हो तो क्या होगा? SSC CGL Tier-1 27.07.2023 (Shift-II)
(a) सूखा
(b) औसत से अधिक और देर से मानसून
(c) औसत से अधिक और शीघ्र मानसून
(d) औसत से कम और देर से मानसून
उत्तर (d)
• **औसत से कम और देर से मानसून** का कारण ताहिती में दाब का ऋणात्मक अन्तर है।
• दक्षिणी महासागरों पर दबाव की स्थिति में बदलाव भी मानसून को प्रभावित करता है।
• आमतौर पर जल उष्णकटिबन्धीय पूर्वी दक्षिण प्रशान्त महासागर उच्च दबाव का अनुभव करता है, जिससे उष्णकटिबन्धीय पूर्वी हिन्द महासागर पर कम दबाव होता है।

SSC CGL 2022 (Tier 1 & 2)

123. भू-दृश्य पर जल, पवन एवं हिम जैसे विभिन्न घटकों के द्वारा होने वाले क्षय को ·········· कहते हैं। SSC CGL Tier-1 01.12.2022 (Shift-II)
(a) अवसादन (b) अपरदन
(c) कायान्तरण (d) अपक्षय
उत्तर (b)
• भू-पृष्ठ पर बहता हुआ जल, पवन तथा हिम जैसे विभिन्न घटकों के द्वारा होने वाले कटाव-छँटाव को अपरदन कहते हैं
• असम में ब्रह्मपुत्र घाटी को देश में मृदा अपरदन का सबसे बड़ा केन्द्र माना जाता है।

124. वायुमण्डल में कितने प्रतिशत ऑक्सीजन मौजूद है? SSC CGL Tier-1 02.12.2022 (Shift-I)
(a) 79% (b) 21% (c) 39% (d) 10%
उत्तर (b)
• वायुमण्डल में 21% आक्सीजन मौजूद है।
• वायुमण्डल गैसों का मिश्रण है, जो पृथ्वी को चारों ओर से घेरे हुए है।
• वायुमण्डल में लगभग 78% नाइट्रोजन, 0.934% ऑर्गन, 0.0314% कार्बन डाइऑक्साइड की मात्रा विद्यमान है।
• ऑक्सीजन को प्राणवायु गैस भी कहा जाता है।

125. वायुमण्डल की कौन-सी परत रेडियो प्रसारण में मदद करती है?
SSC CGL Tier-I 02.12.2022 (Shift-III)
(a) बहिर्मण्डल (b) मध्यमण्डल
(c) तापमण्डल (d) समतापमण्डल
उत्तर (c)
• वायुमण्डल की तापमण्डल परत रेडियो प्रसारण में मदद करती है।
• **तापमण्डल** (थर्मोस्फीयर) को तापमण्डल या आयनमण्डल भी कहा जाता है।
• इस परत पर प्रसारित रेडियो तरंगें पृथ्वी से वापस परावर्तित होती हैं।
• यह परत पृथ्वी की सतह से 80 से 640 किमी ऊपर तक होती है।
• इस परत में विद्युत आवेशित वायु होती है, जो पृथ्वी को उल्कापिण्डों के गिरने से बचाती है, क्योंकि इसमें वह अधिकांशतः जल जाते हैं।

126. स्थलमण्डल की मोटाई कितनी है?
SSC CGL Tier-1 03.12.2022 (Shift-I)
(a) 5 से 10 किमी (b) 10 से 200 किमी
(c) 25 से 45 किमी (d) 10 से 25 किमी
उत्तर (b)
• स्थलमण्डल सम्पूर्ण पृथ्वी के क्षेत्रफल का 29% है। इसकी मोटाई **10 से 200 किमी** है।
• स्थलमण्डल भू-पृष्ठ पर पाई जाने वाली ठोस शैल पदार्थों की परतें हैं।
• इसका निर्माण तत्त्वों, खनिजों, शैलों तथा मिट्टी से हुआ है।

127. निम्नलिखित में से कौन-सी स्थानीय पवन है?
SSC CGL Tier-1 05.12.2022 (Shift-I)
SSC CHSL Tier-1 21.03.2023 (Shift-I)
(a) पछुवा पवन
(b) पूर्वी पवन
(c) लू
(d) मानसून
उत्तर (c)
• लू मई-जून में चलने वाली स्थानीय पवन है।
• उत्तरी भारत में गर्मियों में उत्तर-पश्चिम तथा पश्चिम से पूर्व दिशा में चलने वाली धूलभरी, प्रचण्ड उष्ण तथा शुष्क हवाओं को लू कहते हैं।
• भारत के राजस्थान राज्य के श्रीगंगानगर जिले में सर्वाधिक लू चलती है।

128. निम्नलिखित में से किसे विश्व के सबसे आर्द्र स्थान के रूप में जाना जाता है?
SSC CGL Tier-1 05.12.2022 (Shift-IV)
(a) मासिनराम (b) मुम्बई
(c) सिंगापुर (d) शंघाई
उत्तर (a)
• **मासिनराम** विश्व का सबसे आर्द्र स्थान है।
• यह मेघालय में स्थित है, जो अपनी प्राकृतिक सुन्दरता और अत्यधिक वर्षा के कारण प्रसिद्ध है।
• मेघालय के इस स्थान को गिनीज बुक ऑफ वर्ल्ड रिकॉर्ड में सबसे अधिक वर्षा वाले स्थान के रूप में जाना जाता है।
• मेघालय में स्थित चेरापूँजी (1012 सेमी) और मासिनराम (1221 सेमी) में सबसे ज्यादा बारिश होती है।

129. ट्रोपोस्फीयर की औसत ऊँचाई कितनी है?
SSC CGL Tier-1 06.12.2022 (Shift-I)
(a) 8 किमी (b) 13 किमी
(c) 24 किमी (d) 20 किमी
उत्तर (d)
• क्षोभमण्डल या ट्रोपोस्फीयर पृथ्वी के वायुमण्डल का सबसे निचला भाग है।
• ट्रोपोस्फीयर की औसत ऊँचाई 20 किमी है।
• एक वर्ष के दौरान ट्रोपोस्फीयर की ऊँचाई भूमध्य रेखा से ध्रुवों की ओर घटती है और एक मौसम को दूसरे मौसम गर्मियों के दौरान बढ़ जाती है, जबकि सर्दियों के दौरान घट जाती है में भिन्न होती है।
• इसी परत में आर्द्रता, जलकण, धूलकण, वायु, धुन्ध तथा सभी **मौसमी घटनाएँ** होती हैं।
• 6.5° C प्रति 1000 मीटर की दर से बढ़ती ऊँचाई के साथ तापमान घटता है, इसे सामान्य **ह्रास दर** कहा जाता है।

130. तापमान की कम वार्षिक सीमा और उच्च वार्षिक वर्षा .... की विशेषताएँ हैं।
SSC CGL Tier-1 07.12.2022 (Shift-I)
(a) उष्णकटिबन्धीय आर्द्र जलवायु
(b) समशीतोष्ण जलवायु
(c) भूमध्य जलवायु
(d) ठण्डी जलवायु
उत्तर (a)
• **उष्णकटिबन्धीय आर्द्र जलवायु** के अधिकांश स्थानों पर सभी ऋतुओं में अच्छी मात्रा में वर्षा तथा कभी-कभी हिमपात भी होता है।
• इसमें प्रत्येक वर्ष कम-से-कम 270 दिनों के लिए वाष्पोत्सर्जन वर्षा से अधिक होता है और औसत मासिक तापमान लगातार उच्च और 18 डिग्री सेल्सियस से अधिक होता है।

131. ठण्डी जलवायु के अन्तर्गत निम्न में से कौन-सी जलवायु पाई जाती है?
SSC CGL Tier-1 08.12.2022 (Shift-IV)
(a) आर्द्र महाद्वीपीय
(b) आर्द्र उपोष्णकटिबन्धीय
(c) उच्चभूमि
(d) टुण्ड्रा
उत्तर (d)
• टुण्ड्रा बायोम सबसे ठण्डा है।
• आर्कटिक टुण्ड्रा बर्फ की टोपी के ठीक निचले क्षेत्रों में पाया जाता है और यह एशिया, उत्तरी अमेरिका और यूरोप में साइबेरिया में पाया जाता है।
• टुण्ड्रा बायोम में अधिकांश अलास्का और लगभग आधा कनाडा शामिल है।
• टुण्ड्रा में कम वर्षा होती है, जो एक रेगिस्तान जैसा दिखता है।

132. ध्रुवीय पूर्वी पवनें किस प्रकार की पवनें हैं?
SSC CGL Tier-1 09.12.2022 (Shift-III)
(a) मौसमी पवनें
(b) स्थायी पवनें
(c) समुद्री तूफान
(d) स्थानीय पवनें
उत्तर (b)
• ध्रुवीय पूर्वी पवनें स्थायी पवनें हैं।
• उत्तरी गोलार्द्ध में इसकी दिशा उत्तर-पूर्व से दक्षिण-पश्चिम की ओर होती है।
• दक्षिणी गोलार्द्ध में इसकी दिशा दक्षिण-पूर्व से उत्तर-पश्चिम की ओर होती है।

133. वायुमण्डल में कितने प्रतिशत नाइट्रोजन उपस्थित है? **SSC CGL Tier-1 09.12.2022 (Shift-IV)**
(a) 67% (b) 89% (c) 78% (d) 71%
उत्तर (c)
• वायुमण्डल में विभिन्न गैसों का मिश्रण, जलवाष्प और एयरोसोल पाए जाते हैं।
• इन गैसों में सबसे ज्यादा मात्रा में नाइट्रोजन का अनुपात पाया जाता है, जोकि 78.08% है,
• इसके बाद क्रमशः ऑक्सीजन 20.25%, ऑर्गन 0.93%, तत्पश्चात् कार्बन डाइऑक्साइड 0.03% होती है।

134. अल-नीनो इनमें से किस महासागर में विकसित होता है? **SSC CGL Tier-1 12.12.2022 (Shift-II)**
(a) अटलाण्टिक महासागर
(b) हिन्द महासागर
(c) प्रशान्त महासागर
(d) आर्कटिक महासागर
उत्तर (c)
• अल-नीनो प्रशांत महासागर में विकसित होता है।
• अल-नीनो की घटनाएँ आमतौर पर 9 से 12 महीने तक चलती हैं।
• अल-नीनो की घटना का उल्लेख सबसे पहले **पेरु** के मछुआरों द्वारा पेरु के तट से दूर जल के असामान्य रूप से गर्म होने के रूप किया गया था।
• स्पेनिश प्रवासियों ने इसे अल-नीनो कहा, जिसका अर्थ स्पेनिश में 'छोटा लड़का' होता है।

135. चक्रवात को दुनिया के अलग-अलग हिस्सों में अलग-अलग नामों से जाना जाता है।
फिलिपींस में इसे .... कहा जाता है।
SSC CGL Tier-1 13.12.2022 (Shift-III)
(a) मैंगो शावर
(b) विली-विली
(c) टायफून
(d) हरिकेन
उत्तर (c)
• फिलिपींस में चक्रवात को **टायफून** कहा जाता है।
• चक्रवात घूमती हुई वायुराशि का नाम है।
• अमेरिका में चक्रवात **टॉरनेडो**, ऑस्ट्रेलिया में **विली-विली**, चीन सागर में **टायफून** और वेस्टइण्डीज में **हरिकेन** के नाम से जाने जाते हैं।

136. पृथ्वी के वायुमण्डल में विभिन्न गैसों की मात्रा का सही प्रतिशत क्या है?
SSC CGL Tier-1 13.12.2022 (Shift-IV)
(a) 78% नाइट्रोजन, 21% ऑक्सीजन और 0.03% कार्बन डाइऑक्साइड तथा अन्य ग्रीनहाउस गैसें
(b) 20.95% नाइट्रोजन, 78.09% ऑक्सीजन और 0.04% कार्बन डाइऑक्साइड तथा अन्य ग्रीनहाउस गैसें
(c) 10.95% नाइट्रोजन, 88.09% ऑक्सीजन, और 0.09% कार्बन डाइऑक्साइड तथा अन्य ग्रीनहाउस गैसें
(d) 10.95% नाइट्रोजन, 78.09% ऑक्सीजन और 0.03% कार्बन डाइऑक्साइड तथा अन्य ग्रीनहाउस गैसें
उत्तर (a)
• पृथ्वी के वायुमण्डल में आयतन के अनुसार (30 मील के अन्दर) विभिन्न गैसों का मिश्रण इस प्रकार है—
नाइट्रोजन 78.07%, ऑक्सीजन 21%, कार्बन डाइऑक्साइड 0.03% व अन्य ग्रीन हाउस गैसें 0.93% की मात्रा में उपलब्ध हैं।
• वायुमण्डल में इन गैसों के अतिरिक्त छोटे - छोटे धूल के कण भी मौजूद होते हैं, जिन्हें सामान्यतः **ऐरोसोल** कहा जाता है।

SSC CPO 2024

137. स्थलमण्डल, वायुमण्डल और जलमण्डल के माध्यम से जल के निरन्तर संचलन के लिए एक शब्द ...... है। **SSC CPO 29.06.2024 (Shift-I)**
(a) जल परिसंचरण
(b) जलीय चक्र
(c) तरलस्थैतिक साम्यावस्था
(d) जल साम्यावस्था वक्र
उत्तर (b)

• स्थलमण्डल, वायुमण्डल और जलमण्डल के माध्यम से जल के निरन्तर संचलन के लिए एक शब्द जलीय चक्र है।

• जल एक चक्र के रूप में महासागर, से धरातल पर और धरातल से महासागर तक पहुँचता है।

• जलचक्र में वाष्पीकरण, वाष्पोत्सर्जन, संघनन वर्षन, अन्त: स्पंदन अपवाह तथा संग्रहण की प्रक्रिया शामिल है।

SSC CHSL 2024 (Tier 1)

138. क्षोभमण्डल को समतापमण्डल से अलग करने वाले क्षेत्र को ········ कहा जाता है।
SSC CHSL Tier-1 01.07.2024 (Shift-IV)

(a) स्ट्रैटोस्पॉज (b) ट्रोपोपॉज
(c) ट्रोपोमर्ज (d) स्ट्रैटोमर्ज

उत्तर (b)

• ट्रोपोपॉज क्षोभमण्डल को समतापमण्डल से अलग करने वाले क्षेत्र को कहा जाता है, इसकी ऊँचाई लगभग 16 से 18 किमी तक होती है।

• इसकी विशेषता यह है कि यहाँ तापमान कम होना बन्द हो जाता है और स्थिर रहता है तथा बाद में तापमान समतापमण्डल में बढ़ जाता है।

139. भारत में निम्नलिखित में से किन स्थानों में दिन और रात के तापमान में बहुत कम अन्तर होता है?
SSC CHSL Tier-1 01.07.2024

(a) चेन्नई और तिरुवनन्तपुरम
(b) जयपुर और जैसलमेर
(c) जम्मू और कश्मीर
(d) भोपाल और इन्दौर

उत्तर (a)

• भारत के चेन्नई और तिरुवनन्तपुरम में दिन और रात के तापमान में बहुत कम अन्तर होता है।

• यहाँ की जलवायु उच्च आर्द्रता और भारी वर्षा के साथ उष्णकटिबन्धीय मानसून है। यहाँ तापमान पूरे साल काफी स्थिर रहता है।

• तापमान को प्रभावित करने वाले कारक– अक्षांश, समुद्री हवा, मानसून हैं।

140. कोरिऑलिस बल के सम्बन्ध में निम्नलिखित में से कौन-सा कथन गलत है?
SSC CHSL Tier-1 02.07.2024 (Shift-III)

(a) यह तुंगता कोण के समानुपाती होता है।
(b) यह भूमध्य रेखा पर अनुपस्थित होता है।
(c) यह पवन को उत्तर में दाईं ओर और दक्षिण में बाईं ओर विक्षेपित करता है।
(d) पवन तेज होने पर विक्षेपण कम होता है।

उत्तर (d)

• पवन तेज होने पर विक्षेपण कम होता है, यह कोरिऑलिस बल के सम्बन्ध में गलत है।

• कोरिऑलिस बल उत्तरी गोलार्द्ध में चलती हुई वस्तु को उसकी गति की दिशा के दाईं ओर और दक्षिण गोलार्द्ध में यह बल वस्तु को बाईं ओर मोड़ता है।

• यह बल हवाओं और महासागरीय धाराओं को एक विशिष्ट दिशा में मोड़ देता है।

SSC CHSL 2023 & 2021 (Tier 1)

141. निम्नलिखित में से कौन-सी एक स्थायी पवन नहीं है? **SSC CHSL Tier-1 21.03.2023 (Shift-II)**

(a) पूर्वी पवनें (b) व्यापारिक पवनें
(c) पश्चिमी पवनें (d) लू

उत्तर (d)

• लू एक स्थायी पवन नहीं है।

• लू एक स्थानीय पवन है जो गर्मियों में पश्चिम से आती है।

• स्थायी पवनें हमेशा एक विशेष दिशा में चलती हैं।

142. पृथ्वी पर जीवन के लिए ओज़ोन परत का क्या महत्त्व है? **SSC CHSL Tier-1 19.04.2021 (Shift-III)**

(a) यह हमें अम्लीय वर्षा से बचाती है।
(b) यह हमें बर्फबारी से बचाती है।
(c) यह हमें पराबैंगनी विकिरणों से बचाती है।
(d) यह हमें वर्षा से बचाती है।

उत्तर (c)

• ओजोन परत **हमें पराबैंगनी विकिरणों से बचाती** है।

• पृथ्वी के धरातल से लगभग 20 किमी से 50 किमी के मध्य ओजोन मण्डल का विस्तार है।

• इस पर ओजोन गैस की परत पाई जाती है, जो सूर्य से निकलने वाली पराबैंगनी किरणों का अवशोषण कर पृथ्वी के सुरक्षा कवच के रूप में कार्य करती है।

• ओजोन परत का निरन्तर क्षय हो रहा है, जिसका मुख्य कारण एयर कण्डीशनर एवं रेफ्रीजरेटर आदि से निकलने वाली क्लोरो फ्लोरो कार्बन (CFC) गैस है। इस गैस में सक्रिय क्लोरीन के कारण ओजोन परत का क्षरण हो रहा है।

SSC Steno 2023

143. समतापमण्डल का विस्तार क्षोभसीमा के ऊपर ······· तक होता है। **SSC Steno 13.10.2023 (Shift-I)**

(a) 40 किमी (b) 30 किमी
(c) 60 किमी (d) 50 किमी

उत्तर (d)

• समतापमण्डल का विस्तार क्षोभसीमा के ऊपर 50 किमी तक होता है। यह वायुमण्डल की विभिन्न परतों के सबसे नीचे मण्डल क्षोभमण्डल और मध्यमण्डल के बीच में उपस्थित है।

• समतामण्डल के भीतर ओजोन परत पाई जाती है।

144. निम्नलिखित में से किस परत में ओजोन होती है? **SSC Steno 12.10.2023 (Shift-I)**

(a) क्षोभमण्डल (b) तापमण्डल
(c) समतापमण्डल (d) मध्यमण्डल

उत्तर (c)

• समतापमण्डल में ओजोन की परत होती है।

• ओजोन परत सूर्य द्वारा उत्सर्जित अधिकांश पराबैंगनी विकिरणों को अवशोषित कर लेती है।

• ओजोन परत की खोज वर्ष 1913 में फ्रांस के भौतिकविदों फैबरी चार्ल्स और हेनरी बुसोन ने की थी।

• ओजोन की सान्द्रता मापने की इकाई डॉबसन है।

SSC MTS 2024

145. ओजोन के सम्बन्ध में गलत कथन का चयन कीजिए। **SSC MTS Tier-1 13.11.2024 (Shift-III)**

(a) ओजोन (O_3), ऑक्सीजन की भाँति एक जीवनदायी गैस है।
(b) पराबैंगनी विकिरण से त्वचा का कैंसर होता है।
(c) ओजोन एक जानलेवा विषाक्त गैस है।
(d) पराबैंगनी विकिरण की उपस्थिति में ऑक्सीजन से ओजोन का निर्माण होता है।

उत्तर (a)

• **ओजोन** एक गैस है, जो ऑक्सीजन के तीन अणुओं से मिलकर बनी होती है। यह एक हानिकारक गैस है, न कि जीवनदायी।

• यह पृथ्वी के समतापमण्डल और क्षोभमण्डल के मध्य पाई जाती है, लेकिन इसका संकेन्द्रण **समतापमण्डल** में अधिक है।

• इससे त्वचा कैंसर का खतरा बढ़ जाता है।

146. ओजोन परत के बारे में निम्नलिखित में से कौन-सा कथन सत्य है?
SSC MTS Tier-1 12.11.2024 (Shift-III)

कथन

A. यह समतापमण्डल में पाई जाती है।
B. क्लोरोफ्लोरोकार्बन (CFCs) ओजोन छिद्र के लिए जिम्मेदार है।
C. ओजोन परत पृथ्वी की सतह से लगभग 15-30 किमी ऊपर पाई जाती है।
D. अनुमान है कि ओजोन परत अब और ठीक नहीं होगी।

(a) कथन A, B और C
(b) कथन A और D
(c) कथन A और B
(d) कथन B, C और D

उत्तर (a)

• ओजोन परत के सम्बन्ध में कथन A, B और C सत्य हैं।

• ओजोन परत **समतापमण्डल** में पाई जाती है।

• क्लोरोफ्लोरोकार्बन (CFCs) ओजोन छिद्र के लिए जिम्मेदार है।

• ओजोन परत को **पृथ्वी का कवच** माना जाता है।

• ओजोन परत को बचाने के लिए मॉण्ट्रियल प्रोटोकॉल को अपनाया गया था।

147. वायुमण्डलीय तापमान, सामान्यत: ऊँचाई के साथ घटता जाता है, लेकिन कभी-कभी यह घटना क्षोभमण्डल में उल्टी हो जाती है। इस घटना को ······ कहा जाता है।
SSC MTS Tier-1 23.10.2024 (Shift-II)

(a) तापमान व्युत्क्रमण
(b) तापमान संवहन
(c) ग्लोबल वार्मिंग
(d) रुद्धोष्म ह्रास-दर

उत्तर (a)

• वायुमण्डलीय तापमान सामान्यत: ऊँचाई के साथ घटता जाता है, लेकिन कभी-कभी यह

घटना क्षोभमण्डल (Troposphere) में उल्टी हो जाती है, इस घटना को तापमान व्युत्क्रमण कहा जाता है।

- तापमान व्युत्क्रमण की परिघटना के दौरान धरातल के समीप ठण्डी वायु और उसके ऊपर गर्म वायु होती है। क्षोभमण्डल में वायुमण्डल की तापमान दर 165 मी पर 1° की दर से ऊँचाई बढ़ने के साथ घटती है। तापमान व्युत्क्रमण के लिए सहयोग देने वाली भौगोलिक परिस्थितियाँ निम्न हैं
  (i) लम्बा रात्रिकाल (ii) स्वच्छ आकाश
  (iii) शान्त वायु

148. स्थलीय पारिस्थितिकी तन्त्र में हरित पादपों द्वारा अवशोषित सूर्य के प्रकाश की ऊर्जा का प्रतिशत लगभग ...... होता है।

SSC MTS Tier-1 15.10.2024 (Shift-I)

(a) 2% (b) 1%
(c) 0.5% (d) 1.5%

उत्तर (b)

- स्थलीय पारिस्थितिकी तन्त्र में हरित पादपों द्वारा अवशोषित सूर्य के प्रकाश की ऊर्जा का प्रतिशत लगभग 1% होता है।
- हरे पौधे प्रकाश संश्लेषण की प्रक्रिया के द्वारा सूर्य के प्रकाश से मिलने वाली ऊर्जा को खाद्य ऊर्जा में बदल लेते हैं।
- प्रकाश संश्लेषण के लिए, हरे पौधे कार्बन डाई-ऑक्साइड, पानी और सूर्य के प्रकाश को अवशोषित करते हैं।
- इस प्रक्रिया में, वे रासायनिक ऊर्जा मुक्त करते हैं और **कार्बोहाइड्रेट** बनाते हैं।
- प्रकाश की तीव्रता बढ़ने के साथ प्रकाश संश्लेषण की दर भी बढ़ जाती है।

जलमण्डल

- महासागरों का औसत वार्षिक तापक्रम **63°F** (17.2°C) होता है।
- दक्षिणी गोलार्द्ध की अपेक्षा उत्तरी गोलार्द्ध में समुद्री जल का तापमान अधिक पाया जाता है, जिसका कारण उत्तरी गोलार्द्ध में **स्थल की अधिकता** है।
- महासागरों की औसत लवणता **35‰** (35 ग्राम/हजार) है।
- सागरीय जल में सर्वाधिक मात्रा में पाए जाने वाले लवण क्रमशः सोडियम क्लोराइड व मैग्नीशियम क्लोराइड हैं।
- समान खारेपन वाले स्थानों को मिलाकर खींची गई रेखा को **समलवण रेखा** (Isohaline) कहते हैं।
- प्रशान्त महासागर में सर्वाधिक गर्त पाए जाते हैं।
- बेरिंग सागर, जापान सागर, पीला सागर, बाण्डा सागर आदि प्रशान्त महासागर के पश्चिमी तट पर स्थित हैं।
- अटलाण्टिक महासागर के मग्न तट पर स्थित द्वीपों में ब्रिटिश द्वीप (डागर बैंक), न्यूफाउण्डलैण्ड (ग्राण्ड बैंक), आइसलैण्ड, बरमूडा, सेण्ट हेलना, जॉर्जिया, शेटलैण्ड आदि प्रमुख हैं।

विश्व के प्रमुख महासागर

महासागर	क्षेत्रफल (वर्ग किमी में)
प्रशान्त महासागर	16,57,23,740
अटलाण्टिक महासागर	10,64,60,000
हिन्द महासागर	7,34,25,500
अण्टार्कटिक महासागर	1,42,00,000
आर्कटिक महासागर	1,40,56,000

विश्व के प्रमुख गर्त

गर्त	गहराई (मी)	स्थिति
मेरियाना/चैलेंजर गर्त	11,022	प्रशान्त महासागर
मिण्डानाओ	10,500	प्रशान्त महासागर
टोंगा	9,000	प्रशान्त महासागर
प्यूर्टोरिको	8,605	अटलाण्टिक महासागर (*पश्चिम द्वीप समूह*)
रोमशे	7,254	दक्षिणी अटलाण्टिक महासागर
सुण्डा	7,725	पूर्वी हिन्द महासागर (जावा द्वीप)

महासागरों की प्रमुख धाराएँ

अटलाण्टिक महासागर की धाराएँ			
उत्तरी विषुवतीय जलधारा	उष्ण	पूर्व ग्रीनलैण्ड धारा	ठण्डी
दक्षिणी विषुवतीय रेखा	उष्ण	कनारी की धारा	ठण्डी
फ्लोरिडा की धारा	उष्ण	ब्राजील की जलधारा	उष्ण
गल्फ स्ट्रीम या खाड़ी की धारा	उष्ण	बेंगुएला की धारा	ठण्डी
नॉर्वे की जलधारा	उष्ण	अण्टार्कटिका प्रवाह	ठण्डी
लेब्रोडोर की धारा	ठण्डी	विपरीत विषुवतरेखीय जलधारा	उष्ण
प्रशान्त महासागर की धाराएँ			
उत्तरी विषुवतरेखीय जलधारा	उष्ण	कैलिफोर्निया की धारा	ठण्डी
उत्तरी प्रशान्त प्रवाह	उष्ण	दक्षिणी विषुवतरेखीय जलधारा	उष्ण
अलास्का की धारा	उष्ण	पूर्वी ऑस्ट्रेलिया धारा (*न्यू साउथवेल्स धारा*)	उष्ण
सुशीमा धारा	उष्ण	हम्बोल्ट अथवा पेरूवियन धारा	ठण्डी
क्यूराइल जलधारा (*आयोशियो धारा*)	ठण्डी	विपरीत विषुवतरेखीय जलधारा	उष्ण
हिन्द महासागर की धाराएँ			
दक्षिणी विषुवतरेखीय जलधारा	उष्ण	पश्चिमी ऑस्ट्रेलिया की धारा	ठण्डी
मोजाम्बिक धारा	उष्ण	ग्रीष्मकाल मानसून प्रवाह	उष्ण
अगुलहास धारा	उष्ण	शीतकालीन मानसून प्रवाह	उष्ण

विश्व के प्रमुख सागर

सागर का नाम	क्षेत्रफल (वर्ग किमी में)	गहराई (मी में)
दक्षिण चीन सागर	29,74,600	1,200
कैरीबियन सागर	27,53,000	2,400
भूमध्य सागर	25,03,000	1,485
बेरिंग सागर	22,68,180	1,400
पूर्वी चीन सागर	12,49,150	349
जापान सागर	10,07,500	1,070
अण्डमान सागर	7,97,720	870
उत्तरी सागर	5,75,300	90
काला सागर	4,61,980	1,100
लाल सागर	4,37,700	490
बाल्टिक सागर	4,22,160	55
आयरिश सागर	88,550	60

विश्व की प्रमुख नदियाँ

नदी	उद्गम-मुहाना	लम्बाई (किमी)
नील	विक्टोरिया झील-भूमध्य सागर	6650
अमेजन	एण्डीज पर्वत (पेरू) - अटलाण्टिक महासागर	6400
यांग्त्सी क्यांग	तिब्बत का पठार - चीन सागर	6300
मिसीसिपी-मिसौरी	इतास्का झील (यूएसए) - मैक्सिको की खाड़ी	6275
ह्वांगहो	कुनलुन पर्वत - पोहाई की खाड़ी	5464
कांगो	लुआलिया और लआपुला नदी का संगम - अटलाण्टिक महासागर	4700
लीना	बैकाल पर्वत -लाप्टेव सागर	4294
मीकांग	तिब्बत का पठार - दक्षिण चीन सागर	4350
मैकेंजी	ग्रेट स्लेव झील - ब्यूफोर्ट सागर	4241
नाइजर	गिनी - गिनी की खाड़ी	4184
वोल्गा	ब्लडाई पठार, रूस - कैस्पियन सागर	3687

विश्व की प्रमुख झीलें

झील	क्षेत्रफल (वर्ग किमी)	गहराई (मी)	स्थिति/देश
कैस्पियन सागर	3,71,000	980	पूर्वी यूरोपीय देश तथा ईरान
सुपीरियर झील	82,414	406	कनाडा तथा अमेरिका
विक्टोरिया (न्यासा)	69,500	80	युगाण्डा, तंजानिया तथा केन्या
अरल सागर	30,700	68	रूस
ह्यूरॉन झील	59,600	228	कनाडा तथा अमेरिका
मिशिगन झील	58,000	281	यू एस ए
टांगानीका झील	32,900	1,435	कांगो, तंजानिया, जाम्बिया तथा जैरे
ग्रेट बैरियर झील	31,800	82	कनाडा
बैकाल झील	30,500	1,940	रूस
मलावी झील (न्यासा झील)	29,600	678	मलावी तथा मोजाम्बिक

विश्व की प्रमुख नहरें

नहर	लम्बाई (किमी)	सन्धि स्थल
स्वेज नहर	193	भूमध्य सागर एवं लाल सागर
पनामा नहर	82	(कैरेबियन सागर) अटलाण्टिक एवं प्रशान्त महासागर
कील नहर	98	उत्तरी सागर एवं बाल्टिक सागर
ईरी नहर	584	ईरी झील एवं हडसन नदी
सू नहर	2.6	सुपीरियर झील एवं ह्यूरॉन झील

SSC एग्जाम स्कैनर

SSC CGL 2024 (Tier 1 & 2)

149. न्यू मूर द्वीप भौगोलिक रूप से निम्नलिखित में से किसके समीप है?
SSC CGL Tier-1 25.09.2024 (Shift-II)
(a) म्यांमार (b) श्रीलंका
(c) पाकिस्तान (d) बांग्लादेश

उत्तर (d)
• न्यू मूर द्वीप **बांग्लादेश** के सतखीरा जिले और भारत के पश्चिम बंगाल के दक्षिण 24 परगना जिले के बीच बहने वाली हरियाभंगा नदी के दक्षिण में स्थित है।
• इस द्वीप का क्षेत्रफल 2500 वर्ग मी था।
• इस द्वीप को पुरबाशा द्वीप के नाम से भी जाना जाता है।

150. कौन-सा महासागर अण्टार्कटिका महाद्वीप को घेरे हुए है और उत्तर की ओर 60 डिग्री दक्षिण अक्षांश तक फैला हुआ है?
SSC CGL Tier-1 24.09.2024 (Shift-II)
(a) दक्षिणी महासागर
(b) हिन्द महासागर
(c) अटलाण्टिक महासागर
(d) प्रशान्त महासागर

उत्तर (a)
• **दक्षिणी महासागर** अण्टार्कटिका महाद्वीप को घेरे हुए है और उत्तर की ओर 60° दक्षिण अक्षांश तक फैला हुआ है।
• अण्टार्कटिका महाद्वीप को घेरने वाली विश्व की सबसे बड़ी महासागरीय धारा, अण्टार्कटिका सर्कपोलर धारा है।
• **नेशनल ज्योग्राफिक पत्रिका** ने वर्ष 2021 में दक्षिणी महासागर को विश्व का पाँचवाँ महासागर माना था।

151. निम्नलिखित में से कौन-सा कथन सही है?
SSC CGL Tier-1 24.09.2024 (Shift-I)
(a) नदियाँ, खाड़ियाँ, झीलें तालाब और सोते मीठे पानी (Freshwater) के आशय है।
(b) समुद्र का पानी मीठे पानी का आशय है।
(c) तालाब के पानी और समुद्री जल को ताजा पानी (Freshwater) माना जाता है।
(d) नदियों और समुद्र के पानी को ताजा पानी (Freshwater) माना जाता है।

उत्तर (a)
• कथन (a) सही है। नदियाँ, खाड़ियाँ, झीलें, तालाब और सोतें मीठे पानी के स्रोत हैं।
• वर्षा, बर्फ, भू-जल भी मीठे पानी के स्रोत हैं।
• सम्पूर्ण पृथ्वी पर केवल 2.5% जल मीठे पानी के रूप में उपलब्ध है।
• महासागरों, नदियों और समुद्र के मिलन स्थल, दलदल और झीलें खारे पानी के स्रोत हैं।

152. मृत सागर की लवणता (प्रति लीटर जल की) कितनी है? SSC CGL Tier-1 23.09.2024 (Shift-III)
(a) 390 ग्राम (b) 340 ग्राम
(d) 240 ग्राम (c) 440 ग्राम

उत्तर (b)
• मृत सागर की लवणता **340** ग्राम प्रति लीटर जल है।
• लवणता शब्द का प्रयोग समुद्री जल में घुले हुए नमक की मात्रा को निर्धारित करने के लिए किया जाता है।
• मृत सागर एक खारे पानी की झील है, जो इजरायल और जॉर्डन की सीमा पर स्थित है।
• मृत सागर में नमक की मात्रा इतनी ज्यादा है कि इसमें कोई व्यक्ति डूब नहीं सकता है।
• मृत सागर, पृथ्वी पर सबसे निचला बिन्दु है, इसकी सतह और तट समुद्र तल से 427 मी नीचे है।

153. इजराइल और जॉर्डन के बीच दक्षिण-पश्चिम एशिया में स्थलरुद्ध साल्ट लेक निम्नलिखित में से कौन-सी है?
SSC CGL Tier-1 18.09.2024 (Shift-II)
(a) डॉन जुआन पॉण्ड (b) डेड सी
(c) अरल सी (d) कैस्पियन सी

उत्तर (b)
• **मृत सागर** (डेड सी), इजरायल और जॉर्डन के बीच स्थित एक प्राकृतिक जल निकाय है।
• यह पृथ्वी का सबसे निचला बिन्दु है, जो समुद्र तल से 431 मी नीचे है।
• मृत सागर के आस-पास के क्षेत्र शुष्क हैं।
• मृत सागर के समुद्री जल का घनत्व 1.240 किग्रा/ली है।

154. निम्नलिखित में से कौन-सी एशिया की सबसे बड़ी कृत्रिम झील है?
SSC CGL Tier-1 12.09.2024 (Shift-I)
(a) डल झील (b) नैनी झील
(c) भोपाल झील (d) चिल्का झील

उत्तर (c)
• एशिया की सबसे बड़ी कृत्रिम झील **भोपाल झील** है।
• इसे भोजताल अथवा बड़ी झील के नाम से भी जाना जाता है।
• यह भारत की सबसे पुरानी मानव निर्मित झील है, जिसका निर्माण 11वीं शताब्दी में मालवर के शासक **राजा भोज** के द्वारा कोलान्स नदी पर मिट्टी का बाँध बनाकर किया गया था।

155. जल निकायों के सन्दर्भ में लघु ज्वार-भाटा कब आता है? SSC CGL Tier-1 11.09.2024 (Shift-II)
(a) जब सूर्य और चन्द्रमा विपरीत दिशाओं में होते हैं
(b) जब पृथ्वी, चन्द्रमा और सूर्य एक सीधी रेखा में आ जाते हैं
(c) जब महाद्वीपों द्वारा बहुत अधिक हस्तक्षेप होता है
(d) जब सूर्य और चन्द्रमा एक-दूसरे के समकोण पर होते हैं

उत्तर (d)
• जब सूर्य और चन्द्रमा पृथ्वी के समकोण पर होते हैं, तो लघु ज्वार-भाटा आता है।
• पृथ्वी, चन्द्रमा और सूर्य के बीच गुरुत्वाकर्षण बल के कारण लघु ज्वार आते हैं।
• चन्द्रमा का गुरुत्वाकर्षण खिंचाव ज्वार-भाटा का कारण बनता है।
• लघु ज्वार-भाटा, हर चन्द्रमास की शुक्ल पक्ष और कृष्ण पक्ष की **सप्तमी-अष्टमी** तिथि को आते हैं। ये सामान्य ज्वार से कम ऊँचे होते हैं।

156. निम्नलिखित में से किसकी लवणता सर्वाधिक है?
(a) ग्रेट साल्ट लेक (b) मृत सागर
(c) लेक वैन (d) लाल सागर

उत्तर (c)
• लेक वैन संसार में सर्वाधिक लवणता (330%) वाली झील है।
• इसके बाद लवणता मृत सागर (238%) और संयुक्त राज्य अमेरिका की साल्ट लेक में 220% पाई जाती है।
• पूर्वी अनातोलिया में स्थित, लेंक वैन तुर्की की सबसे बड़ी झील है और मध्य पूर्व में दूसरी सबसे बड़ी झील है।
• इस झील का निर्माण ज्वालामुखी गतिविधि द्वारा हुआ है।

157. वर्ष 2021 की स्थिति के अनुसार, लगभग 70,00,000 किमी^{2} के क्षेत्रफल के साथ दुनिया का सबसे बड़ा जल निकासी बेसिन कौन-सा है? SSC CGL Tier-1 10.09.2024 (Shift-III)
(a) अमेजान बेसिन (b) नील बेसिन
(c) अमूर बेसिन (d) कांगो बेसिन

उत्तर (a)
• एमेजान (अमेजन) बेसिन उत्तरी दक्षिण अमेरिका में स्थित विश्व का सबसे बड़ा बेसिन है।
• अमेजन नदी तथा उसकी सहायक नदियाँ 7 मिलियन वर्ग किमी से अधिक क्षेत्र को जल प्रदान करती है।
• मुख्य नदी और उसकी सभी सहायक नदियाँ, जो किसी क्षेत्र को जल प्रवाहित करती हैं, एक नदी बेसिन या जलग्रहण क्षेत्र बनाती है।
• अमेजन नदी बेसिन दक्षिण में ब्राजीलियाई हाइलैण्ड्स से लेकर उत्तर में गुयाना हाइलैण्ड्स तथा फैला हुआ है।

SSC CGL 2023 (Tier 1 & 2)

158. निम्नलिखित में से कौन-सा गलत मिलान किया गया है? SSC CGL Tier-1 18.07.2023 (Shift-IV)
(a) उष्णकटिबन्धीय मानसून जलवायु-पश्चिमी घाट, मालाबार तट और दक्षिणी असम
(b) उष्णकटिबन्धीय अर्द्ध-शुष्क (स्टेपी) जलवायु - कर्नाटक, मध्य महाराष्ट्र, तमिलनाडु और आन्ध्र प्रदेश के कुछ भाग
(c) गर्म मरुस्थल शुष्क जलवायु-राजस्थान और गुजरात के कुछ भाग
(d) पर्वतीय जलवायु-उत्तर प्रदेश, बिहार और झारखण्ड

उत्तर (d)

• विकल्प (d) पर्वतीय जलवायु-उत्तर प्रदेश, बिहार और झारखण्ड गलत मिलान है।

• भारत को मुख्य रूप से **पाँच** जलवायु वाले क्षेत्रों में बाँटा गया है।

• मानसूनी जलवायु का विकास 5°-30° उत्तरी एवं दक्षिण आक्षांशों के मध्य हुआ है।

• पर्वतीय क्षेत्र में तापमान सामान्यत: ठण्डे होते हैं तेज हवाएँ चलती हैं तथा कुछ क्षेत्रों में शीतकाल में **हिमपात** के रूप में वर्षा होती है।

• पर्वतीय जलवायु **जम्मू और कश्मीर**, **हिमाचल प्रदेश**, **उत्तराखण्ड** और **सिक्किम** आदि राज्यों में होती है।

• बिहार, उत्तर प्रदेश और झारखण्ड उष्णकटिबन्धीय जलवायु क्षेत्र हैं।

159. गहराई (अधिकतम से न्यूनतम) के अनुसार झीलों का सही क्रम कौन-सा है?

SSC CGL Tier-1 19.07.2023 (Shift-III)

(a) कैस्पियन सागर > तांगानिका > वोस्तोक > बैकाल
(b) बैकाल > तांगानिका > कैस्पियन सागर > वोस्तोक
(c) बैकाल > कैस्पियन सागर > तांगानिका > वोस्तोक
(d) कैस्पियन सागर > बैकाल > तांगानिका > वोस्तोक

उत्तर (b)

• गहराई के अनुसार झीलों का क्रम **बैकाल** > **तांगानिका** > **कैस्पियन सागर** > **वोस्तोक** है।

• बैकाल झील रूस के **साइबेरिया** में स्थित है। बैकाल झील दुनिया की सबसे गहरी झील है, इसकी गहराई लगभग **5,387 फीट** है।

• तांगानिका झील ईस्ट अफ्रीका में स्थित है। इसकी गहराई लगभग **4,823 फीट** है।

• कैस्पियन सागर क्षेत्रफल के आधार पर पृथ्वी का सबसे बड़ा अन्तर्देशीय जल निकाय है।

• वोस्तोक झील **अण्टार्कटिका** की सबसे बड़ी झील है।

160. बांग्लादेश में सहायक नदियों सहित नदियों की कुल संख्या कितनी है?

SSC CGL 20.07.2023 III Tier-I

(a) लगभग 700 (b) लगभग 800
(c) लगभग 500 (d) लगभग 1000

उत्तर (a)

• बांग्लादेश में लगभग 700 नदियाँ हैं।

• इसे **नदियों का देश** भी कहा जाता है।

• पद्मा, जमना एवं मेघना यहाँ की प्रमुख नदियाँ हैं।

• बांग्लादेश में अधिकतर नदियाँ **भारतीय भू-भाग क्षेत्र** से प्रवाहित होकर पहुँचती हैं।

161. विक्टोरिया झील निम्नलिखित में से किन देशों में हैं? **SSC CGL Tier-1 24.07.2023 (Shift-II)**

(a) तंज़ानिया, नाइजीरिया और मिस्र
(b) तंज़ानिया, युगाण्डा और केन्या
(c) ज़ाम्बिया, केन्या और इथियोपिया
(d) अमेरिका और कनाडा

उत्तर (b)

• विक्टोरिया झील **तंज़ानिया, युगाण्डा और केन्या** में विस्तारित है।

• यह अफ्रीका की सबसे बड़ी झीलों में से एक है। इस झील का नाम **रानी विक्टोरिया** के नाम पर रखा गया था।

• इसे **डार्विन के ड्रीमपोण्ड** के नाम से भी जाना जाता है।

• यह विश्व की मीठे पानी की दूसरी सबसे बड़ी झील है।

162. आकार (सबसे बड़े से सबसे छोटे) के अनुसार महासागरों का सही क्रम कौन-सा है?

SSC CGL Tier-1 25.06.2023 (Shift-II)

(a) प्रशान्त महासागर > अण्टार्कटिक महासागर > हिन्द महासागर > अटलाण्टिक महासागर
(b) प्रशान्त महासागर > हिन्द महासागर > अण्टार्कटिक महासागर > अटलाण्टिक महासागर
(c) प्रशान्त महासागर > अटलाण्टिक महासागर > हिन्द महासागर > अण्टार्कटिक महासागर
(d) प्रशान्त महासागर > हिन्द महासागर > अटलाण्टिक महासागर > अण्टार्कटिक महासागर

उत्तर (c)

• आकार (सबसे बड़े से सबसे छोटे) के अनुसार महासागरों का सही क्रम **प्रशान्त महासागर** > **अटलाण्टिक महासागर** > **हिन्द महासागर** > **अण्टार्कटिक महासागर** है।

• मारियाना ट्रेंच, पृथ्वी का सबसे गहरा स्थान प्रशान्त महासागर में स्थित है।

• **अटलांटिक महासागर** बाल्टिक सागर, कैरेबियन सागर, भूमध्य सागर और मैक्सिको की खाड़ी से मिलकर बना है।

> महासागर लवणीय जल का पिण्ड है, जो पृथ्वी के लगभग 70.8% में विस्तृत है और इसमें पृथ्वी का 97% जल समाहित है।
> विश्व महासागर दिवस प्रतिवर्ष **8 जून** को मनाया जाता है।

SSC CGL 2021 (Tier 1 & 2)

163. उस संतृप्त भूगर्भीय इकाई को .... कहते हैं, जो किसी कुएँ तक पर्याप्त दर से पानी लाने में उसकी मदद करती है।

SSC CGL Tier-1 24.08.2021 (Shift-II)

(a) कार्स्ट (b) ज्वारनदमुख (एस्चुअरी)
(c) जलभृत (d) जलाशय

उत्तर (c)

• उस संतृप्त भूगर्भीय इकाई को जलभृत कहते हैं, जो किसी कुएँ तक पर्याप्त दर से पानी लाने में उसकी मदद करती है।

• कुएँ में पानी का भराव जलभृत की सहायता से होता है। जलभृत धरातल की सतह के नीचे चट्टानों का ऐसा संस्तर है, जहाँ भूजल एकत्रित होता है।

• ये जल के विशाल भण्डार हैं।

• जलभृत दो प्रकार के होते हैं—सीमित जलभृत, अपुस्ट जलभृत।

SSC CPO 2024

164. एपिलिम्नेटिक, मेटालिम्नेटिक और हाइपोलिम्नेटिक जल स्तर किसके उदाहरण हैं?

SSC CPO 27.07.2024 (Shift-III)

(a) एक झील के विशिष्ट तापीय स्तरीकरण के
(b) भूमिगत जल की विभिन्न परतों के
(c) विभिन्न पारिस्थितिक चरणों के
(d) कठोर चट्टान की विशिष्ट परतों के

उत्तर (a)

• एपिलिम्नेटिक, मेटालिम्नेटिक और हाइपोलिम्नेटिक जल स्तर एक झील के विशिष्ट तापीय स्तरीकरण (thermal stratification) के उदाहरण हैं।

• **एपिलिम्नेटिक** (Epilimnion) यह ऊपरी परत होती है और जो आमतौर पर सूर्य के प्रकाश से गर्म होती है।

• यह परत हवा के साथ अच्छे सम्पर्क में होती है, जिससे इसमें ऑक्सीजन की मात्रा अधिक होती है।

• **मेटालिम्नेटिक** (Metalimnion) इसे थर्मोकलाइन (thermocline) भी कहा जाता है। यह मध्य परत होती है, जहाँ तापमान तेजी से घटता है। इस परत में तापमान में एक तेज गिरावट होती है।

• **हाइपोलिम्नेटिक** (Hypolimnion) यह निचली परत होती है, जो ठंडी होती है और जिसमें तापमान अपेक्षाकृत स्थिर रहता है। यह परत गर्मियों में अधिक ठंडी और सर्दियों में गर्म रहती है।

165. विश्व स्तर पर उपलब्ध कुल जल मात्रा में से कितने प्रतिशत जल मीठे पानी के संसाधनों से प्राप्त होता है? **SSC CPO 29.06.2024 (Shift-III)**

(a) 3.5% (b) 2.5%
(c) 4.5% (d) 0.5%

उत्तर (b)

• विश्व स्तर पर उपलब्ध कुल जल मात्रा में से मीठे पानी का प्रतिशत केवल 2.5% है।

• अधिकांश पानी (लगभग 97.2%) खारा पानी है, क्योंकि यह समुद्रों और महासागरों में पाया जाता है।

• मीठे पानी के अधिकांश स्रोत ग्लेशियरों, बर्फ की चादरों, भूमिगत जल और नदियों में पाए जाते हैं।

• इस मीठे पानी का केवल 0.3% ही मनुष्यों के उपयोग के लिए आसानी से उपलब्ध है बाकी पानी जम गया है या भूमिगत है।

166. निम्नलिखित में से कौन-सी नदी भूमध्य रेखा के दक्षिण से निकलती है और उत्तर-पूर्वी अफ्रीका से होकर भूमध्य सागर में गिरती है?

SSC CPO 29.06.2024 (Shift-I)

(a) कांगो नदी (b) एमेजन नदी
(c) नील नदी (d) लीना नदी

उत्तर (c)

• नील नदी भूमध्य रेखा के दक्षिण से निकलती है और उत्तर-पूर्वी अफ्रीका से होकर भूमध्य सागर में गिरती है।

• नील नदी विश्व की सबसे लम्बी नदी है और इसे अफ्रीकी नदियों का पिता कहा जाता है।
• इसकी लम्बाई करीब 4132 मील है।
• नील नदी एक धनुषाकार डेल्टा बनाती है, जो भूमध्य सागर में गिरती है।

SSC CPO 2023

167. समुद्र के सबसे उथले हिस्से, महाद्वीपीय शेल्फ की औसत ढाल ……… होती है।

SSC CPO 13.10.2023 (Shift-I)

(a) .5° या उससे भी कम
(b) .8° या उससे भी कम
(c) .1° या उससे भी कम
(d) .2° या उससे भी कम

उत्तर (c)

• समुद्र के सबसे उथले हिस्से, महाद्वीपीय शेल्फ की औसत ढाल 0-1° या उससे भी कम होती है।
• समुद्र के जल में डूबे महाद्वीपीय किनारों/तटों को महाद्वीपीय शेल्फ कहते हैं।
• महासागरों के नितल का यह भाग समुद्र तल से 120 **से** 180 मी तक की गहराई तक विस्तृत होता है।

168. 'महाद्वीपीयता (Continentality) से सम्बन्धित सही कथनों का चयन कीजिए

SSC CPO 05.10.2023 (Shift-III)

A. समुद्र जलवायु पर मध्यम प्रभाव डालता है।
B. जैसे-जैसे समुद्र से दूरी बढ़ती है, लोगों को चरम मौसम स्थितियों का अनुभव होता है।
C. जैसे-जैसे कोई पृथ्वी की सतह से अधिक ऊँचाई वाले स्थानों की ओर जाता है, वायुमण्डल कम सघन होता जाता है और तापमान कम होता जाता है।

(a) 'A' और 'B' (b) केवल C
(c) 'B' और 'C' (d) 'A' और 'C'

उत्तर (c)

• महाद्वीपीयता से सम्बन्धित कथन 'B' और 'C' सही हैं।
• महाद्वीपीयता एक महाद्वीप के **आन्तरिक भाग** में स्थित है।
• यहाँ समुद्र से दूरी के कारण **चरम मौसम** की स्थिति का अनुभव होता है।
• आर्द्र महाद्वीपीय जलवायु 40° **से** 60° उत्तरी अंक्षाशों के बीच पाई जाती है।
• यहाँ पृथ्वी की सतह से अधिक ऊँचाई वाले स्थानों पर वायुमण्डल कम सघन तथा तापमान कम होता जाता है।

SSC CHSL 2024 (Tier 1)

169. खारे पानी की सबसे बड़ी स्थलीय झील 'साम्भर' भारत के ……… में स्थित है।

SSC CHSL Tier-1 03.07.2024 (Shift-IV)

(a) उत्तर-पश्चिम (b) दक्षिण-पश्चिम
(c) उत्तर-पूर्व (d) दक्षिण-पूर्व

उत्तर (a)

• खारे पानी की सबसे बड़ी स्थलीय झील 'साम्भर' भारत के उत्तर-पश्चिम में स्थित है।
• समोद, खारी, मन्था, खण्डेला, मेडथा व रुपनगढ़ इन पाँच नदियों का पानी इस झील में मिलता है। यह भारत की सबसे बड़ी अन्तर्देशीय नमक झील है, जो अरावली पर्वतमाला के गर्त को दर्शाती है।
• इसे वर्ष 1990 में अन्तर्राष्ट्रीय महत्त्व का रामसर आर्द्रभूमि स्थल घोषित किया गया है।
• यह झील केन्द्र सरकार के स्वदेश दर्शन योजना के राजस्थान सर्किट का हिस्सा है।

170. 'पश्चिम विक्षोभ' कहाँ से उत्पन्न होता है?

SSC CHSL Tier-1 05.07.2024 (Shift-IV)

(a) अरब सागर (b) भूमध्य-सागर
(c) लाल सागर (d) पूर्वी चीन सागर

उत्तर (b)

• पश्चिमी विक्षोभ ऐसे तूफान हैं, जो कैस्पियन सागर या भूमध्य सागर में उत्पन्न होते हैं।
• ये उत्तर-पश्चिम भारत में गैर-मानसूनी वर्षा के लिए जिम्मेदार होते हैं।
• यह विक्षोभ पश्चिम से पूर्व दिशा की ओर प्रवाहित होता है।
• पश्चिमी विक्षोभ सर्दी और मानसून पूर्व वर्षा करते हैं।

171. निम्नलिखित में से किस नदी को तिब्बत में 'सिंगी खम्बन' कहा जाता है?

SSC CHSL Tier-1 09.07.2024 (Shift-I)

(a) कोसी (b) ब्रह्मपुत्र
(c) सतलुज (d) सिन्धु

उत्तर (d)

• सिन्धु नदी को तिब्बत में 'सिंगी खम्बन' कहा जाता है।
• सिन्धु नदी तिब्बत के कैलाश पर्वतश्रेणी में बोखर चू के निकट स्थित एक हिमनद से उद्‌गमित होती है।
• ब्रह्मपुत्र भारत की प्रमुख नदियों में से एक है।
• यह तिब्बत, भारत और बांग्लादेश से होकर बहती है।
• ब्रह्मपुत्र का उद्‌गम हिमालय के पुरंग जिले में स्थित मानसरोवर झील के निकट होता है। इसकी कुल लम्बाई 2900 किमी है।

172. डेल्ही रिज निम्नलिखित में से किस नदी के बीच जल विभाजक है?

SSC CHSL Tier-1 11.07.2024 (Shift-I)

(a) गंगा और सिन्धु (b) गंगा और यमुना
(c) सिन्धु और माही (d) गंगा और सिन्ध

उत्तर (a)

• डेल्ही रिज गंगा और सिन्धु नदी के बीच जल विभाजक है।
• 1500 मिलियन वर्ष पुरानी अरावली पर्वतमाला का विस्तार दिल्ली रिज दिल्ली के हृदय में एक शुष्क पर्णपाती वन भूमि है।
• राजस्थान के रेगिस्तान की गर्म हवाओं से शहर की रक्षा करने में इसकी प्रमुख भूमिका के कारण इसे 'दिल्ली के फेफड़े' के रूप में भी जाना जाता है।
• इस रिज को चार क्षेत्रों में विभाजित किया गया है, जिन्हें उत्तरी रिज, दक्षिणी रिज, मध्य रिज और दक्षिणी मध्य रिज के नाम से जाना जाता है।

173. भारतीय नदियों के निम्नलिखित में से कौन-से युग्म की नदियाँ पश्चिम की ओर बहती हैं?

SSC CHSL Tier-1 11.07.2024 (Shift-II)

(a) महानदी और गोदावरी
(b) महानदी और कृष्णा
(c) नर्मदा और तापी
(d) कृष्णा और कावेरी

उत्तर (c)

• नर्मदा और तापी नदियाँ पश्चिम की ओर बहती हैं।
• नर्मदा नदी मध्य प्रदेश के अमरकण्टक पहाड़ियों से निकलकर खम्भात की खाड़ी में अपना जल गिराती है।
• तापी नदी मध्य प्रदेश के बैतूल जिले में मुल्ताई से निकलकर खम्भात की खाड़ी में अपना जल गिराती है।
• नर्मदा और तापी नदियाँ भ्रंश घाटी से होकर बहती हैं।

174. एल-नीनो एक जलवायु पैटर्न है, जो ……… महासागर में सतही जल के असामान्य रूप से गर्म होने का वर्णन करता है।

SSC CHSL Tier-1 11.07.2024 (Shift-II)

(a) हिन्द महासागर
(b) आर्कटिक महासागर
(c) अटलाण्टिक महासागर
(d) प्रशान्त महासागर

उत्तर (d)

• एल-नीनो एक जलवायु पैटर्न है, जो प्रशान्त महासागर में सतही जल के असामान्य रूप से गर्म होने का वर्णन करता है।
• एल-नीनो स्पैनिश भाषा का शब्द है, जिसका शाब्दिक अर्थ है–शिशु, यानि छोटा बालक।
• एल-नीनो गर्म जलधारा है, जिसके आगमन पर सागरीय जल का तापमान सामान्य से 3-4°C बढ़ जाता है।
• यह घटना दक्षिण अमेरिका के पश्चिमी तट पर स्थित इक्वाडोर और पेरू देशों के तटीय समुद्री जल में कुछ वर्षों के अन्तराल पर घटित होती है।

SSC CHSL 2023 (Tier 1)

175. समुद्र के जलस्तर की आवधिक वृद्धि और गिरावट को क्या कहते हैं?

SSC CHSL 11.08.2023 (Shift-I)

(a) सागरीय जलधाराएँ (b) ज्वार
(c) लहर (d) बाढ़

उत्तर (b)

• समुद्र के जलस्तर की आवधिक वृद्धि और गिरावट को क्रमश: ज्वार एवं भाटा कहा जाता है।
• समुद्र में ज्वार उत्पन्न होने का मुख्य कारण **पृथ्वी, चन्द्रमा** एवं **सूर्य** के बीच उत्पन्न होने वाला आकर्षण बल है।

• उच्च ज्वार की स्थिति तब उत्पन्न होती है, जब तीनों (पृथ्वी, सूर्य एवं चन्द्रमा) एक तल पर होते हैं।

• निम्न ज्वार **समकोणिक स्थिति** में उत्पन्न होता है।

176. 23,560 फीट की अधिकतम गहराई वाले हिन्द महासागर में महासागरीय खाई का क्या नाम है? SSC CHSL 10.08.2023 (Shift-III)

(a) डायनामेण्टिना गर्त (b) टोंगा गर्त
(c) अमीराण्टे गर्त (d) जावा गर्त

उत्तर (d)

• 23,560 फीट की अधिकतम गहराई वाले हिन्द महासागर में महासागरीय खाई का नाम जावा गर्त है।

• जावा गर्त को **सुण्डा गर्त** के नाम से भी जाना जाता है।

• महासागरीय गर्त, महासागरीय द्रोणी का न्यूनतम स्तर है। इनका तल औसत समुद्र तल से काफी नीचा होता है।

• टोंगा गर्त **दक्षिण-पश्चिमी प्रशान्त महासागर में स्थित है।**

177. निम्नलिखित में से कौन-सा 'पद-परिभाषा' युग्म सही है? SSC CHSL 21.03.2023 (Shift-IV)

I. **जलसन्धि** (Strait) दो भू-भागों को मिलाने वाली भूमि की एक संकरी पट्टी।

II. **स्थलडमरुमध्य** दो बड़े जल निकायों को जोड़ने वाले पानी का एक संकीर्ण मार्ग।

कूट

(a) केवल I (b) केवल II
(c) I और II दोनों (d) न तो I और न ही II

उत्तर (d)

• प्रश्न में दिए गए दोनों युग्म गलत हैं।

• जलसन्धि (Strait) अर्थात् दो बड़े जल निकायों को जोड़ने वाला **पानी का एक संकीर्ण** मार्ग।

• पाक जलडमरुमध्य तमिलनाडु और जाफना जिले श्रीलंका के बीच स्थित है।

• स्थलडमरुमध्य, दो भू-भागों को मिलाने वाली भूमि की एक संकरी पट्टी है।

• स्थलडमरुमध्य का एक अच्छा उदाहरण पनामा नहर है।

• यह नहर उत्तर और दक्षिण अमेरिका को जोड़ती है।

SSC MTS 2024

178. निम्नलिखित में से कौन-सा राज्य दक्षिण-पश्चिम मानसून की अरब सागर शाखा के वर्षा छाया क्षेत्र में स्थित है? SSC MTS Tier-1 11.11.2024 (Shift-III)

(a) गुजरात (b) तमिलनाडु
(c) गोवा (d) केरल

उत्तर (b)

• भारत का तमिलनाडु राज्य दक्षिण पश्चिम मानसून की अरब सागर शाखा के **वर्षा छाया** क्षेत्र में स्थित है।

• यह सामान्यत: जून से शुरू होता है और सितम्बर तक चलता है, जो हिन्द महासागर से आने वाली नमी वाली हवाओं द्वारा संचालित होता है।

• दक्षिण-पश्चिम मानसून की विशेषता भारी वर्षा है और यह भारत में कृषि और जल संसाधनों के लिए महत्त्वपूर्ण है।

179. निम्नलिखित में से किस देश की आधिकारिक भाषा सिंहली है? SSC MTS Tier-1 30.10.2024 (Shift-III)

(a) मालदीव (b) नेपाल
(c) म्यांमार (d) श्रीलंका

उत्तर (d)

• श्रीलंका देश की आधिकारिक भाषा सिंहली हैं।

• इस देश की राजधानी श्री जयवर्धनेपुरा कोट्टे एवं मुद्रा श्रीलंकाई रुपया है।

• मालदीव की आधिकारिक भाषा दिवेही है।

180. थर्मोहैलाइन सर्कुलेशन पूरी दुनिया में निम्नलिखित में से किस महत्त्वपूर्ण पर्यावरणीय कारक को सीधे प्रभावित करता है? SSC MTS Tier-1 29.10.2024 (Shift-III)

(a) भू-आकृतियों (b) जलवायु
(c) प्राकृतिक संसाधनों (d) हवा में प्रदूषण

उत्तर (b)

• थर्मोहैलाइन सर्कुलेशन पूरी दुनिया में **जलवायु** को सीधे प्रभावित करता है।

• यह एक ऐसी घटना है, जिसमें समुद्री जल के घटक का संचलन तापमान के साथ लवणता-प्रवणता के कारण होता है।

• इसे वैश्विक महासागर कन्वेयर या ग्रेट ओशन कन्वेयर बेल्ट के रूप में भी जाना जाता है।

• औसत वैश्विक तापमान में वृद्धि के कारण ध्रुवीय क्षेत्र में ग्लेशियर और बर्फ की चादरें पिघल जाती है, जिसके परिणामस्वरूप समुद्र का जलस्तर बढ़ेगा।

181. जब कोई नदी अपने मध्य मार्ग में होती है, तो वह नदी निम्नलिखित में से कौन-सा भू-दृश्य बनाने में सक्षम होती है? SSC MTS Tier-1 07.10.2024 (Shift-I)

(a) झरने (b) एक डेल्टा
(c) एक विसर्प (d) V आकार की घाटी

उत्तर (c)

• जब कोई नदी अपने मध्य मार्ग में होती है, तो वह नदी एक **विसर्प** नामक भू-दृश्य बनाने में सक्षम होती है।

• नदी विसर्प नदी द्वारा बनाए गए अपरदनात्मक स्थल रूपों में से एक है।

• मैदानी क्षेत्रों में नदी की धारा दाएँ-बाएँ होते हुए प्रवाहित होती है और विसर्प बनाती है। ये विसर्प अंग्रेजी के 'S' आकार के होते हैं।

SSC MTS 2023

182. अरब सागर निम्नलिखित में से किस महासागर का विस्तार है? SSC MTS 04.09.2023 (Shift-II)

(a) आर्कटिक महासागर (b) दक्षिणी महासागर
(c) प्रशान्त महासागर (d) हिन्द महासागर

उत्तर (d)

• अरब सागर हिन्द महासागर का विस्तार है।

• अरब सागर का भारतीय नाम सिन्धु सागर है। **हिन्द महासागर** का सतही क्षेत्रफल **38,62,000 वर्ग किमी** तथा अधिकतम **चौड़ाई 2400 किमी** है।

> इसके द्रोणी देश भारत, ईरान, मालदीव, ओमान, पाकिस्तान, सोमालिया तथा यमन आदि हैं।
> अरब सागर का नाम अरब व्यापारियों के नाम पर रखा गया, जिन्होंने 9वीं शताब्दी से लेकर इतिहास के मध्यकाल तक सागर पर प्रभुत्व किया।
> मुम्बई भारत के पश्चिमी तट पर स्थित है।
> भारत से घिरा अरब सागर हिन्द महासागर का एक क्षेत्र है।

183. नील नदी का पानी किसमें गिरता है? SSC MTS 01.09.2023 (Shift-I)

(a) तांगानिका झील (b) हिन्द महासागर
(c) भूमध्य सागर (d) विक्टोरिया झील

उत्तर (c)

• नील नदी का पानी भूमध्य सागर में गिरता है।

• इसका उद्‌गम विक्टोरिया झील से होता है।

• नील नदी विश्व की सबसे लम्बी नदी है, जो ग्यारह देशों से होकर गुजरती है।

• नील नदी की दो प्रमुख सहायक नदियाँ हैं- व्हाइट नील और ब्लू नील।

• मिस्र की राजधानी काहिरा नील नदी के तट पर स्थित है।

184. निम्नलिखित में से कौन-सी विश्व की सबसे ऊँची नौगम्य झील है? SSC MTS 08.09.2023 (Shift-II)

(a) ह्यूरॉन (b) टिटिकाका
(c) सुपीरियर (d) कोमो

उत्तर (b)

• टिटिकाका विश्व की सबसे ऊँची नौगम्य झील है।

• **टिटिकाका** झील बोलीविया और पेरु की सीमा पर एण्डीज पहाड़ों में एक बड़ी मीठे पानी की झील है।

• पानी की मात्रा और सतह दोनों के अनुसार यह दक्षिण अमेरिका की सबसे बड़ी झील है।

• टिटिकाका झील को हनीमून झील भी कहा जाता है।

जलसन्धियाँ, जलप्रपात, जनजाति

विश्व की प्रमुख जलसन्धियाँ

जलडमरुमध्य	सम्बन्धित सागर	पृथक् स्थल
बेरिंग	चुकची सागर एवं बेरिंग	अलास्का व रूस
मलक्का	अण्डमान सागर एवं दक्षिण चीन सागर	मलाया व सुमात्रा
जिब्राल्टर	भूमध्य सागर एवं अटलाण्टिक	यूरोप व अफ्रीका
डोवर	उत्तरी सागर एवं अटलाण्टिक	ब्रिटेन व फ्रांस
फ्लोरिडा	मैक्सिको की खाड़ी, अटलाण्टिक सागर	फ्लोरिडा (यूएसए) व वेस्टइण्डीज
पाक	बंगाल की खाड़ी एवं मन्नार की खाड़ी	भारत व श्रीलंका
सुण्डा	जावा सागर एवं हिन्द महासागर	इण्डोनेशिया
बासफोरस	काला सागर एवं मारमरा सागर	तुर्किये

विश्व के प्रमुख जलप्रपात

जलप्रपात	देश	ऊँचाई (फीट)
टुगेला	दक्षिण अफ्रीका	3225
एंजिल	वेनेजुएला	3212
क्यूकेनामा	वेनेजुएला	2211
अपर योंजमाइट	सं.रा. अमेरिका	2425
रिब्बोन (रिबन)	सं.रा. अमेरिका	1,612

विश्व की प्रमुख जनजातियाँ

माओरी	न्यूजीलैण्ड के वासी
पिग्मी	कांगो बेसिन (अफ्रीका) के वासी
गाउचो	अर्जेण्टीना के पम्पास क्षेत्रों में रहने वाले
याकूत	रूस के टुण्ड्रा प्रदेश के वासी
रेड इण्डियन	उत्तरी अमेरिका के तटीय क्षेत्रवासी
एस्किमो	कनाडा के टुण्ड्रा प्रदेश के रहने वाले लोग
मसाई	पूर्वी अफ्रीका के वासी
बांतू	मध्य व दक्षिण अफ्रीका के वासी
हैमिट्स	उत्तरी अफ्रीका के वासी
खिरगीज	एशिया के स्टेपीज देश के वासी
बुशमैन	कालाहारी मरुस्थल (बोत्सवाना)
जुलु	नाटाल प्रान्त (दक्षिण अफ्रीका)
बद्दू	अरब

SSC एग्जाम स्कैनर

SSC CGL 2024 (Tier 1 & 2)

185. प्रशान्त महासागर और आर्कटिक महासागर के बीच पाए जाने वाले जलडमरूमध्य का नाम क्या है, जो रूस के सुदूर पूर्व के चुक्ची प्रायद्वीप को अलास्का के सीवार्ड प्रायद्वीप से अलग करता है?

SSC CGL Tier-1 24.09.2024 (Shift-III)

(a) डेविस जलडमरूमध्य
(b) मेसिना जलडमरूमध्य
(c) फ्लोरिडा जलडमरूमध्य
(d) बेरिंग जलडमरूमध्य

उत्तर (d)

- प्रशान्त महासागर और आर्कटिक महासागर के बीच पाए जाने वाले जलडमरूमध्य का नाम बेरिंग जलडमरूमध्य है।
- बेरिंग जलडमरूमध्य अथवा बेरिंग जलसन्धि आर्कटिक महासागर को प्रशान्त महासागर से जोड़ती है।
- इसे प्रशान्त महासागर एवं आर्कटिक महासागर के मध्य का प्रवेश द्वार भी कहा जाता है।
- इसकी औसत गहराई 30 से 50 मी है।
- इसका सबसे संकरा हिस्सा 85 किमी (लगभग 53 मील) चौड़ाई वाला है।

SSC CGL 2023 (Tier 1 & 2)

186. कौन-सा जल निकाय उत्तर में अण्डमान और दक्षिण में निकोबार को अलग करता है?

SSC CGL Tier-1 21.07.2023 (Shift-I)

(a) नौ डिग्री चैनल (b) ग्यारह डिग्री चैनल
(c) दस डिग्री चैनल (d) आठ डिग्री चैनल

उत्तर (c)

- **दस डिग्री चैनल (10°)** उत्तर में अण्डमान और दक्षिण में निकोबार को अलग करता है।
- 8° चैनल मालदीव और मिनीकॉय को अलग करता है।
- 9° चैनल मिनीकॉय को लक्षद्वीप से अलग करता है।

187. निम्नलिखित में से कौन-सी रेखा पाकिस्तान और अफगानिस्तान को अलग करती है?

SSC CGL Tier-1 7.12.2022

(a) रेडक्लिफ रेखा (b) मैकमोहन रेखा
(c) डूरण्ड रेखा (d) जिन्नाह रेखा

उत्तर (c)

- **डूरण्ड रेखा** पाकिस्तान और अफगानिस्तान को अलग करती है।
- रेडक्लिफ रेखा भारत और पाकिस्तान को अलग करती है।
- मैकमोहन रेखा भारत और चीन को अलग करती है।

SSC CHSL 2024 (Tier 1)

188. 'वेदा' पारम्परिक वनवासी किस देश के निवासी थे, जो चारा खोजते थे, शिकार करते थे और घने जंगलों में गुफाओं में एकजुट समूहों में रहते थे? **SSC CHSL Tier-1 01.07.2024 (Shift-III)**

(a) म्यांमार (b) भूटान
(c) नेपाल (d) श्रीलंका

उत्तर (d)

- 'वेदा' पारम्परिक वनवासी श्रीलंका देश के निवासी थे, शिकार करते थे और घने जंगलों में गुफाओं में एकजुट समूहों में रहते थे।
- उनकी अपनी अलग वेदा भाषा थी, जिसकी मूल जड़ें अज्ञात हैं और जो अब विलुप्त हो चुकी हैं।

189. रायका जनजाति किस राज्य में पाई जाती है?

SSC CHSL Tier-1 03.07.2024 (Shift-III)

(a) राजस्थान (b) पश्चिम बंगाल
(c) केरल (d) मणिपुर

उत्तर (a)

- रायका जनजाति **राजस्थान** राज्य में पाई जाती है।
- यह राजस्थान के जैसलमेर, बाड़मेर, बीकानेर, जोधपुर जिलों में केन्द्रित है।
- यह जनजाति पशुपालक जनजाति है, जो अपने ऊँट चराने की प्रथाओं के लिए जानी जाती है।

190. निम्नलिखित में से कौन-सी जनजाति भारत में नहीं रहती है?

SSC CHSL Tier-1 04.07.2024 (Shift-IV)

(a) थारू (b) सन्थाल
(c) मसाई (d) गोण्ड

उत्तर (c)

- मसाई जनजाति भारत में नहीं रहती है।
- मसाई जनजाति केन्या और तन्जानिया में निवास करती है।
- थारु जनजाति के लोग भारत के उत्तराखण्ड, उत्तर प्रदेश और बिहार में रहते हैं।
- सन्थाल जनजाति झारखण्ड और पश्चिम बंगाल में पाई जाती है।
- गोण्ड जनजाति आन्ध्र प्रदेश, तेलंगाना, मध्य प्रदेश, महाराष्ट्र, बिहार तथा ओडिशा में पाई जाती है।

191. काचिन, करेन, करेन्नी, चिन और मोन जातीय समूह किस देश में हैं?

SSC CHSL Tier-1 09.07.2024 (Shift-III)

(a) म्यांमार (b) नेपाल
(c) श्रीलंका (d) अफगानिस्तान

उत्तर (a)

- काचिन, करेन, करेन्नी, चिन और मोन जातीय समूह म्यांमार देश में हैं।
- म्यांमार दक्षिण एशियाई देश है, इसका भूतपूर्व नाम बर्मा/ब्रह्म या ब्रह्मदेश था।
- म्यांमार की राजधानी नाएप्यीडॉ तथा मुद्रा क्यात है।

SSC Selection Post 2024

192. कार्बी जनजाति, जो सांस्कृतिक त्योहार 'रोंगकर' मनाती है, भारतीय राज्य ...... से सम्बन्धित है। **SSC SP 20.06.2024 (Shift-II)**

(a) असम (b) महाराष्ट्र
(c) केरल (d) उत्तराखण्ड

उत्तर (a)

- कार्बी जनजाति के लोग कई त्योहार मनाते हैं। ये जनजाति असम से सम्बन्धित है।
- रोंगकर को 5 जनवरी या 5 फरवरी को ग्रामीणों की सुविधा के अनुसार भगवान को धन्यवाद देने और पूरे गाँव को होने वाली किसी भी बुरी हानि से बचाने के लिए उनसे आश्वासन माँगने के रूप में मनाया जाता है।
- हचा-केकन, चोजुन, रोंगकर, पेंगकरकली, थोई असोर रीत असोर, बोटोर केकुर ऐसे त्योहार हैं, जो वर्ष भर मनाए जाते हैं और उनमें से कुछ वर्ष के विशिष्ट समय पर मनाए जाते हैं।

06

भारत का भूगोल

भारतीय भू-आकृति

- भारत का कुल क्षेत्रफल 32,87,263 वर्ग किमी है, जो विश्व के क्षेत्रफल का 2.43% है। क्षेत्रफल की दृष्टि से भारत का विश्व में **सातवाँ** स्थान है।
- भारत की कुल जनसंख्या 1,21,08,54,977 (जनगणना 2011) है, जो विश्व जनसंख्या का लगभग 17.5% है।
- भारत उत्तरी गोलार्द्ध में 8°4′से 37°6′उत्तरी अक्षांश और 68°7′ से 97°25′ पूर्वी देशान्तर के बीच स्थित है।
- अक्षांशीय एवं देशान्तरीय विस्तार – 30°
- पूर्व से पश्चिम विस्तार – 2933 किमी
- उत्तर से दक्षिण विस्तार – 3214 किमी है।
- स्थलीय सीमा – 15,200 किमी

देश के चरम बिन्दु स्थल

- **दक्षिणी बिन्दु** इन्दिरा प्वॉइण्ट (ग्रेट निकोबार द्वीप) पिगमेलियन प्वॉइण्ट
- **उत्तरी बिन्दु** इन्दिरा कॉल (लद्दाख)
- **पश्चिमी बिन्दु** गौरमोती या गुहार मोती (गुजरात)
- **पूर्वी बिन्दु** किबीथु (अरुणाचल प्रदेश)
- **मुख्य भूमि का दक्षिणी बिन्दु** कन्याकुमारी (तमिलनाडु)

- देश के मुख्य धरातलीय भाग की समुद्री सीमा 6100 किमी है तथा द्वीपों सहित 7516.5 किमी है।
- भारत में 28 राज्य एवं 8 केन्द्रशासित प्रदेश
- भारत के 9 राज्यों एवं 4 केन्द्रशासित प्रदेशों की सीमाएँ समुद्र के साथ लगती हैं।

- **कर्क रेखा** भारत के मध्य 8 राज्यों से होकर गुजरती है। ये राज्य हैं–गुजरात, राजस्थान, मध्य प्रदेश, छत्तीसगढ़, झारखण्ड, पश्चिम बंगाल, त्रिपुरा तथा मिजोरम।
- भारत की **मानक समय रेखा** 82.5° प्रयागराज के नैनी से गुजरती है। यह पाँच राज्यों (उत्तर प्रदेश, मध्य प्रदेश, छत्तीसगढ़, ओडिशा, आन्ध्र प्रदेश) से गुजरती है तथा ग्रीनविच समय रेखा से 5 घण्टे 30 मिनट आगे है।

- सबसे अधिक राज्यों के साथ सीमा (8 राज्य) बनाने वाला राज्य **उत्तर प्रदेश** है।
- सबसे बड़ा राज्य – राजस्थान (3,42,239 वर्ग किमी)
- सबसे छोटा राज्य – गोवा (3,702 किमी)
- सबसे लम्बी तटरेखा वाला राज्य – गुजरात (1600 किमी)
- भारत की सबसे ऊँची चोटी **गॉडविन ऑस्टिन** (K_2) है, जो काराकोरम श्रेणी में स्थित है।

भारत के सीमावर्ती देश

देश	सीमा (किमी)	सीमा पर स्थित भारतीय राज्य/संघशासित प्रदेश
बांग्लादेश	4096	पश्चिम बंगाल, असम, मेघालय, त्रिपुरा, मिजोरम (5)
चीन	3488	लद्दाख, हिमाचल प्रदेश, उत्तराखण्ड, सिक्किम, अरुणाचल प्रदेश (5)
पाकिस्तान	3323	गुजरात, राजस्थान, पंजाब, लद्दाख, जम्मू एवं कश्मीर (5)
नेपाल	1751	उत्तर प्रदेश, बिहार, पश्चिम बंगाल, पश्चिम बंगाल, सिक्किम, उत्तराखण्ड (5)
म्यांमार	1643	अरुणाचल प्रदेश, नागालैण्ड, मणिपुर, मिजोरम (4)
भूटान	699	सिक्किम, पश्चिम बंगाल, असम, अरुणाचल प्रदेश (4)
अफगानिस्तान	106	लद्दाख (1)

हिमालय की प्रमुख चोटियाँ

चोटी	ऊँचाई	देश
माउण्ट एवरेस्ट	8,848 मी	नेपाल
कंचनजंगा (सेवालुंगमा)	8,586 मी	भारत/ नेपाल
लोत्सी (ई-1)	8,516 मी	नेपाल/चीन
मकालू	8,481 मी	नेपाल
छोयू (छो ओयू)	8,188 मी	नेपाल/चीन
धौलागिरी	8,167 मी	नेपाल
मानस्लू	8,163 मी	नेपाल
नंगा पर्वत (दियामीर)	8,126 मी	भारत
अन्नपूर्णा-I	8,091 मी	नेपाल
नंदा देवी	7,817 मी	भारत

भारत के प्रमुख दर्रे

राज्य/केन्द्रशासित प्रदेश	दर्रे
जम्मू-कश्मीर	पीरपंजाल, बनिहाल, बुर्जिल
लद्दाख	जोजिला, अघिल, काराकोरम
हिमाचल प्रदेश	शिपकीला, रोहतांग, बाड़ालाचाला
उत्तराखण्ड	लिपुलेख, माणा, नीति
सिक्किम	नाथूला, जैलेप्ला
अरुणाचल प्रदेश	बोमडिला, यांग्याप, दिफू
मणिपुर	तुजु

भारत के प्रमुख हिमनद

नाम	अवस्थिति	लम्बाई
सियाचिन	काराकोरम	76.6 किमी
हिस्फर, (हिस्पारा)	काराकोरम	61 किमी
बालटोरो	काराकोरम	58 किमी
खार्दोजीन	काराकोरम	41 किमी
गंगोत्री	उत्तराखण्ड	26 किमी
कंचनजंगा	नेपाल (सिक्किम)	16 किमी
केदारनाथ	उत्तराखण्ड	14 किमी

प्रायद्वीपीय पठार

पठार/पर्वत	अवस्थिति
दक्कन का पठार	महाराष्ट्र, मध्य प्रदेश, छत्तीसगढ़, कर्नाटक, तेलंगाना और आन्ध्र प्रदेश
मालवा का पठार	मध्य प्रदेश एवं राजस्थान
विन्ध्याचल का पठार	गुजरात, मध्य प्रदेश, उत्तर प्रदेश व बिहार
मैकाल पठार	छत्तीसगढ़
छोटा नागपुर पठार	झारखण्ड
धारवाड़ का पठार	कर्नाटक

SSC एग्जाम स्कैनर

SSC CGL 2024 (Tier I & II)

1. विश्व में सबसे अधिक वर्षा वाला मासिनराम (Mawsynram), किस पहाड़ी की दक्षिणी शृंखलाओं में स्थित है?
SSC CGL Tier-1 25.09.2024 (Shift-III)
(a) शेवरॉय पहाड़ियाँ
(b) मिज़ो पहाड़ियाँ
(c) नागा पहाड़ियाँ
(d) खासी पहाड़ियाँ

उत्तर (d)
- विश्व में सबसे अधिक वर्षा वाला मासिनराम खासी पहाड़ियों की दक्षिणी शृंखलाओं में स्थित है।
- यहाँ सालाना औसतन 11872 **मिलीमीटर** वर्षा होती है।
- **खासी** पहाड़ी की सबसे ऊँची चोटी लुम शिलाँग है।
- खासी पहाड़ियाँ मेघालय उपोष्ण कटिबन्धीय का पारिस्थितिकी क्षेत्र का हिस्सा है।

2. अंत:उष्णकटिबन्धीय अभिसरण क्षेत्र (ITCZ-इण्टर ट्रॉपिकल कन्वर्जेंस ज़ोन) किस महीने में लगभग 20°N-25°N अक्षांश (गंगा के मैदान के ऊपर) पर स्थित होता है?
SSC CGL Tier-1 25.09.2024 (Shift-II)
(a) जून (b) मई
(c) जुलाई (d) अगस्त

उत्तर (c)
- **जुलाई** महीने में **20°N-25°N** अक्षांश के आस-पास स्थित अंत:उष्णकटिबन्धीय अभिसरण क्षेत्र को **मानसून गर्त** भी कहा जाता है।
- यह भूमध्य रेखा पर स्थित एक निम्न दाब वाला क्षेत्र है।
- यह पृथ्वी के तापीय भूमध्य रेखा के पास स्थिति क्षेत्र है, जहाँ उत्तर-पूर्व और दक्षिण-पूर्व व्यापारिक हवाएँ मिलती हैं।
- शीत ऋतु में ITCZ (इण्टर ट्रॉपिकल कन्वर्जेंस ज़ोन) दक्षिण की ओर खिसक जाता है।

3. निम्नलिखित में से कौन-सा विश्व का सबसे बड़ा आबाद नदी द्वीप हैं?
SSC CGL Tier-1 19.09.2024 (Shift-III)
(a) लक्षद्वीप (b) माजुली
(c) भवानी (d) पिकॉक

उत्तर (b)
- **माजुली** दुनिया का सबसे बड़ा आबाद नदी द्वीप है और यह पूर्वोत्तर राज्य **असम** में स्थित है।
- विशाल ब्रह्मपुत्र नदी में बसा माजुली द्वीप अपनी आश्चर्यजनक प्राकृतिक सुन्दरता, जीवन्त संस्कृति एवं आध्यात्मिक महत्त्व के लिए प्रसिद्ध है।
- 20वीं शताब्दी में यह लगभग 880 वर्ग किमी के क्षेत्र में फैला हुआ था, जिसका वर्तमान में कटाव के कारण आकार कम हो गया।
- **वर्ष 2016** में इसे आधिकारिक तौर पर विश्व के सबसे बड़े नदी द्वीप के रूप में मान्यता दी गई।

4. निम्नलिखित में से कौन-सी पहाड़ी पूर्वी घाट में स्थित है? SSC CGL Tier-1 17.09.2024 (Shift-I)
(a) खासी पहाड़ी (b) शेवरॉय पहाड़ी
(c) अनाईमुडी पहाड़ी (d) मिज़ो पहाड़ी

उत्तर (b)
- **शेवरॉय पहाड़ियाँ** पूर्वी घाट में तमिलनाडु राज्य के सेलमनगर के समीप स्थित हैं।
- पूर्वी घाट एक **असतत् शृंखला** है।
- यह ओडिशा, आन्ध्र प्रदेश, तेलंगाना, कर्नाटक और तमिलनाडु से गुजरती है।

5. मन्नार की खाड़ी कहाँ स्थित है?
SSC CGL Tier-1 13.09.2024 (Shift-III)
(a) भारत के दक्षिण-पूर्वी सिरे और श्रीलंका के दक्षिणी तट के बीच
(b) भारत के दक्षिण-पूर्वी सिरे और श्रीलंका के पूर्वी तट के बीच
(c) भारत के दक्षिण-पूर्वी सिरे और श्रीलंका के उत्तर-पश्चिमी तट के बीच
(d) भारत के दक्षिण-पूर्वी सिरे और श्रीलंका के पश्चिमी तट के बीच

उत्तर (d)
- मन्नार की खाड़ी **भारत के दक्षिण-पूर्वी सिरे और श्रीलंका के पश्चिमी तट के बीच** स्थित है।
- मन्नार की खाड़ी को **हिन्द महासागर** का प्रवेश द्वार कहते हैं।
- यह खाड़ी मोतियों के भण्डार और शंख के लिए प्रसिद्ध है।
इसमें कई नदियाँ मिलती हैं, जिसमें ताम्रपर्णी (भारत) और अरुवी (श्रीलंका) शामिल हैं।

6. पूर्वांचल हिमालय में निम्नलिखित में से कौन-सा शामिल नहीं है?
SSC CGL Tier-1 12.09.2024 (Shift-I)
(a) मणिपुर की पहाड़ियाँ
(b) नागा पहाड़ियाँ
(c) पीरपंजाल पर्वत शृंखला
(d) मिजो पहाड़ियाँ

उत्तर (c)
- पीरपंजाल पर्वत शृंखला **लघु हिमालय** के अन्तर्गत आती है।
- इसका विस्तार केन्द्रशासित प्रदेश जम्मू-कश्मीर एवं हिमाचल प्रदेश तक है। यह पर्वत शृंखला **4000 मी** से अधिक ऊँची है।
- इसमें रोहतांग दर्रा अवस्थित है, जोकि हिमाचल प्रदेश के कुल्लू एवं लाहौल तथा स्फीति जिले को जोड़ता है।
- पूर्वांचल हिमालय के अन्तर्गत मणिपुर की पहाड़ियाँ, नागा पहाड़ियाँ एवं मिजो पहाड़ियाँ शामिल हैं।

7. राजस्थान के निम्नलिखित में से किस जिले में 'बार्चन' (Barchans) पाए जाते हैं?
SSC CGL Tier-1 11.09.2024 (Shift-III)
(a) भीलवाड़ा (b) जैसलमेर
(c) उदयपुर (d) अलवर

उत्तर (b)
- राजस्थान के **जैसलमेर** जिले में बार्चन (Barchans) पाए जाते हैं।
- यह रेत के टीलों का एक प्रकार है, जो **अर्द्ध-चन्द्राकार** होता है।
- यह मुख्य रूप से एक दिशा से आने वाली हवा से बनता है।
- इसे बरचान या बरखान नाम से भी जाना जाता है।

8. निम्नलिखित में से कौन-सा युग्म आपस में कोई सीमा साझा नहीं करता है?
SSC CGL Tier-1 11.09.2024 (Shift-I)
(a) भूटान और अरुणाचल प्रदेश
(b) भूटान और मेघालय
(c) भूटान और पश्चिम बंगाल
(d) भूटान और असम

उत्तर (b)
- **भूटान व मेघालय** आपस में सीमा साझा नहीं करते हैं।
- भूटान की सीमा भारत के चार राज्यों असम, अरुणाचल प्रदेश, पश्चिम बंगाल एवं सिक्किम के साथ लगती है।
- भूटान एवं भारत के मध्य 699 **किमी** लम्बी सीमा रेखा है।
- मेघालय एक उत्तर-पूर्वी राज्य है। इसकी सीमा **बांग्लादेश** के साथ लगती है।
- भारत एवं बांग्लादेश के मध्य की सीमा **4096** किमी लम्बी है।

9. भारत की कौन-सी भौतिक विशेषता मध्य एशिया से आने वाली ठण्डी हवाओं को भारतीय उपमहाद्वीप में प्रवेश करने से रोकती है? SSC CGL Tier-1 10.09.2024 (Shift-II)
(a) तटीय क्षेत्र (b) भारतीय मैदान
(c) हिमालय (d) भारतीय रेगिस्तान

उत्तर (c)
- **हिमालय** मध्य एशिया से आने वाली ठण्डी हवाओं को भारतीय उपमहाद्वीप में प्रवेश करने से रोकता है।
- इस कारण दक्षिण एशिया भारतीय उपमहाद्वीप में मध्य एशिया की तुलना में हल्की ठण्ड होती है।
- हिमालय पृथ्वी के उपोष्ण कटिबन्धीय उच्च दबाव बेल्ट क्षेत्र में स्थित पहाड़ों की एक शृंखला है और इसमें अफगानिस्तान, पाकिस्तान, चीन, भारत, नेपाल, भूटान और म्यांमार के सहित दक्षिण एशियाई देश शामिल हैं।
- हिमालय की औसत चौड़ाई 300 **किमी** है और लम्बाई 2500 **किमी** है।

10. निम्नलिखित में से कौन-सा स्थान भौगोलिक रूप से श्रीलंका के समीप है?
SSC CGL Tier-1 10.09.2024 (Shift-I)
(a) कराईकल (b) कराईकल और यनम
(c) यनम (d) माहे

उत्तर (a)

• भौगोलिक रूप से **कराईकल** (पुदुचेरी) श्रीलंका के समीप है।

• यह भारत के केन्द्रशासित प्रदेश **पुदुचेरी** जिले में स्थित एक नगर है।

• यह दक्षिण भारत के पूर्वी तट के समीप बंगाल की खाड़ी में स्थित है।

• पुदुचेरी के अन्तर्गत पुदुचेरी, कराईकल, यनम और माहे चार पृथक् जिले हैं।

SSC CGL 2023 (Tier I & II)

11. निम्नलिखित में से हिमालय के किस उपखण्ड में कंचनजंगा पर्वत स्थित है?

SSC CGL 14.07.2023 (Shift-II)

(a) अरुणाचल हिमालय
(b) कश्मीर हिमालय
(c) दार्जिलिंग और सिक्किम हिमालय
(d) हिमाचल और उत्तरांचल हिमालय

उत्तर (c)

• हिमालय के **दार्जिलिंग** और सिक्किम हिमालय में कंचनजंगा पर्वत स्थित है, यह दुनिया का **तीसरा** सबसे ऊँचा पर्वत है, जिसकी ऊँचाई **8586 मी** है।

• यह नेपाल और सिक्किम के बीच स्थित है तथा भारतीय हिमालय क्षेत्र की सबसे ऊँची चोटी है।

12. 3014 मी ऊँची जपफू पर्वत श्रेणी (Japfu range) किस राज्य में स्थित है?

SSC CGL 14.07.2023 (Shift-III)

(a) मेघालय (b) नागालैण्ड
(c) असम (d) अरुणाचल प्रदेश

उत्तर (b)

• 3014 मी ऊँची जपफू पर्वत श्रेणी नागालैण्ड में स्थित है। जपफू चोटी, **बरैल श्रेणी** का भाग है।

• यह नागालैण्ड की राजधानी कोहिमा से 15 किमी दूर स्थित **नागालैण्ड की दूसरी सबसे ऊँची चोटी** है।

• जपफू चोटी दुनिया के सबसे ऊँचे **रोडोडंड्रोन** पेड़ों के घर के रूप में प्रसिद्ध है।

13. निम्नलिखित का मिलान करें।

SSC CGL 14.07.2023 (Shift-IV)

राज्य	पहाड़ियाँ
A. केरल	1. अन्नामलाई पहाड़ियाँ
B. मेघालय	2. गारो पहाड़ियाँ
C. मिजोरम	3. लुशाई पहाड़ियाँ

कूट

	A	B	C
(a)	2	3	1
(b)	1	2	3
(c)	3	2	1
(d)	2	1	3

उत्तर (b)

• सही सुमेलन A-1, B- 2, C- 3 है।

• **अन्नामलाई की पहाड़ियाँ** पश्चिम घाट की पहाड़ियाँ हैं। ये पहाड़ियाँ केरल तक विस्तृत हैं।

• **गारो पहाड़ियाँ** मेघालय में **गारो-खासी** शृंखला का हिस्सा हैं।

• **लुशाई पहाड़ियाँ** मिजोरम में पटकाई पहाड़ियों की एक उपशृंखला है।

14. निम्नलिखित में से किस हिल स्टेशन में सर्दियों में हिमपात नहीं होता है?

SSC CGL 17.07.2023 (Shift-IV)

(a) ऊटी (b) नैनीताल
(c) शिमला (d) श्रीनगर

उत्तर (a)

• **ऊटी** हिल स्टेशन में सर्दियों में हिमपात नहीं होता है।

• ऊटी, दक्षिण भारत का प्रसिद्ध हिल स्टेशन है, जो **तमिलनाडु** में स्थित है।

• यह पर्वतीय स्थल समुद्रतल से लगभग **7,350 फीट** की ऊँचाई पर स्थित है।

• यह हिल स्टेशन **चाय के बागानों** व प्राकृतिक सौन्दर्य के लिए प्रसिद्ध है।

15. कौन-सी पहाड़ियाँ मेघालय पठार का हिस्सा हैं?

SSC CGL 27.07.2023 (Shift-II)

(a) अन्नामलाई पहाड़ियाँ (b) कार्डामम पहाड़ियाँ
(c) नीलगिरि पहाड़ियाँ (d) जयन्तिया पहाड़ियाँ

उत्तर (d)

• **जयन्तिया पहाड़ियाँ** मेघालय पठार का हिस्सा हैं।

• मेघालय पठार भारतीय प्रायद्वीपीय पठार का विस्तार है।

• इस पठार के तहत जयन्तिया पहाड़ी के अतिरिक्त **गारो** और **खासी की पहाड़ी** भी आती हैं।

• इस पठार में दक्षिण-पश्चिम मानसून से अत्यधिक वर्षा प्राप्त होती है।

• **अन्नामलाई, कार्डामम** तथा **नीलगिरि** दक्षिण भारत की पहाड़ियाँ हैं।

16. निम्नलिखित में से कौन-सी पहाड़ियाँ पश्चिमी घाट का हिस्सा हैं? SSC CGL 24.07.2023 (Shift-III)

(a) अन्नामलाई पहाड़ियाँ
(b) जयन्तिया पहाड़ियाँ
(c) खासी पहाड़ियाँ
(d) गारो पहाड़ियाँ

उत्तर (a)

• **अन्नामलाई पहाड़ियाँ** पश्चिमी घाट का हिस्सा हैं।

• इन्हें **हाथी पर्वत** के नाम से भी जाना जाता है।

• ये पहाड़ियाँ दक्षिण भारत के पश्चिमी घाट के अन्तर्गत **तमिलनाडु** और **केरल** में स्थित हैं।

• अन्नामलाई पहाड़ी को **अरुणगिरि, अरुणाई, सोनगिरि** और **सोणाचलय** के नामों से भी जाना जाता है।

17. भारत में सबसे बड़ा दून कौन-सा है?

SSC CGL 25.07.2023 (Shift-III)

(a) हरिके दून (b) नालागढ़ दून
(c) कोटा दून (d) देहरादून

उत्तर (d)

• **देहरादून** भारत में सभी दूनों में **सबसे बड़ा** है, जिसकी लम्बाई **35-45 किमी** और चौड़ाई 22-25 किमी है।

• **शिवालिक व लघु हिमालय** के बीच कई घाटियाँ पाई जाती हैं, जिन्हें पश्चिम क्षेत्र में 'दून' तथा पूर्व में 'द्वार' के नाम से जानते हैं; जैसे-**देहरादून** तथा **हरिद्वार**।

18. शेवरॉय पहाड़ियाँ भारत के किस राज्य में स्थित हैं? SSC CGL 27.07.2023 (Shift-III)

(a) ओडिशा (b) राजस्थान
(c) छत्तीसगढ़ (d) तमिलनाडु

उत्तर (d)

• तमिलनाडु राज्य में शेवरॉय पहाड़ियाँ स्थित हैं।

• यह **पूर्वी घाट** का एक भाग है।

• शेवरॉय पहाड़ियों को तमिल में **सेरवरायन पहाड़ियाँ** भी कहते हैं।

SSC CGL 2022 (Tier I & II)

19. चीन और म्यांमार की ओर जाने वाले रास्ते में ब्रह्मपुत्र घाटी की एक पहाड़ी पर निम्नलिखित में से कौन-सा पुरास्थल है?

SSC CGL 01.12.2022 (Shift-III)

(a) मेहरगढ़ (b) दाओजली हेडिंग
(c) गुफ्क्राल (d) पैय्यमपल्ली

उत्तर (b)

• चीन और म्यांमार की ओर जाने वाले रास्ते में ब्रह्मपुत्र घाटी की एक पहाड़ी पर **दाओजली हेडिंग** नामक पुरास्थल है।

• वर्ष 1961-63 में **एमसी गोस्वामी** और **टीसी शर्मा** के नेतृत्व में एक टीम द्वारा इसकी खुदाई की गई।

• यह **पूर्वोत्तर भारत** में खोजा गया पहला स्तरीकृत **नवपाषाण स्थल** है। उत्खनन में विशिष्ट कँधे वाले सिल्ट और रस्सी चिह्नित मिट्टी के बर्तन प्राप्त हुए हैं।

20. कितने भारतीय राज्य बांग्लादेश के साथ अपनी सीमा साझा करते हैं?

SSC CGL 06.12.2022 (Shift-II)

(a) पाँच (b) तीन (c) छः (d) चार

उत्तर (a)

• बांग्लादेश के साथ सीमा साझा करने वाले पाँच भारतीय राज्य हैं— **असम, पश्चिम बंगाल, मिजोरम, मेघालय** और **त्रिपुरा**।

• बांग्लादेश भारत के साथ 4096 किमी लम्बी अन्तर्राष्ट्रीय सीमा साझा करता है।

• त्रिपुरा तीन ओर से बांग्लादेश से घिरा है।

21. निम्नलिखित में से कौन-सी पहाड़ियाँ और उनका क्षेत्र सुमेलित है?

SSC CGL 08.12.2022 (Shift-I)

(a) जावेड़ी पहाड़ियाँ — पूर्वी घाट
(b) शेवरॉय पहाड़ियाँ — पश्चिमी घाट
(c) मिजो पहाड़ियाँ — पूर्वी घाट
(d) पटकाई पहाड़ियाँ — पश्चिमी घाट

उत्तर (a)

• जावेड़ी पहाड़ियाँ भारत के तमिलनाडु राज्य में पूर्वी घाट की विस्तृत शृंखला हैं।

• **शेवरॉय पहाड़ियाँ** भारत के तमिलनाडु राज्य में सेलम नगर के समीप स्थित एक पर्वत शृंखला भी है, यह पूर्वी घाट का भाग है।

• **मिजो पहाड़ियाँ** उत्तर-पूर्वी भारत मिजोरम और आंशिक रूप से त्रिपुरा राज्य में स्थित हैं। मिजो पहाड़ियों को **लुशाई पहाड़ियों** के रूप में भी जाना जाता है।

22. प्रसिद्ध पहाड़ी नगर उड्गमण्डलम् को ········ के नाम से भी जाना जाता है।
SSC CGL 08.12.2022 (Shift-III)
(a) शिवपुरी (b) कोडईकनाल
(c) मसूरी (d) ऊटी

उत्तर (d)
- भारत के तमिलनाडु राज्य के नीलगिरि जिले में स्थित उड्गमण्डलम् को **ऊटी** नाम से जाना जाता है।

23. भारत और पाकिस्तान को अलग करने वाली सीमा रेखा को ········ के रूप में जाना जाता है।
SSC CGL 12.12.2022 (Shift-II)
(a) लाहौर रेखा
(b) मैकमोहन रेखा
(c) रैडक्लिफ रेखा
(d) दिल्ली रेखा

उत्तर (c)
- भारत और पाकिस्तान को अलग करने वाली सीमा रेखा को **रैडक्लिफ रेखा** कहते हैं।
- इसका नाम सर रैडक्लिफ के नाम पर रखा गया है।

24. भारत में प्रायद्वीपीय पठार का आकार ······ होता है।
SSC CGL 12.12.2022 (Shift-II)
(a) आयताकार (b) रेखीय
(c) वृत्तीय (d) त्रिकोणीय

उत्तर (d)
- भारत में प्रायद्वीपीय पठार का आकार **त्रिकोणीय** होता है।
- एक अनियमित **त्रिभुजाकार अर्द्ध-त्रिकोणीय** आकृति वाला भूखण्ड है।
- इसका विस्तार उत्तर-पश्चिम में अरावली पर्वतमाला व दिल्ली, पूर्व में राजमहल की पहाड़ियों, पश्चिम में गिर पहाड़ियों, दक्षिण में कार्डामम पहाड़ियों तथा उत्तर-पूर्व में शिलाँग एवं कार्बोएंगलोंग पठार तक है।
- इसकी औसत ऊँचाई **600-900** मी है। यह गोण्डवानालैण्ड के टूटने एवं उसके उत्तर दिशा में प्रवाह के कारण बना था।

SSC CGL 2021 (Tier I & II)

25. ग्लेशियल क्ले (मृदा) और हिमोढ़ के साथ सन्निहित अन्य सामग्रियों के मोटे जमावों को ············ कहा जाता है।
SSC CGL 18.08.2021 (Shift-I)
(a) करेवा (b) दुआर
(c) डन्स (d) भाबर

उत्तर (a)
- ग्लेशियल क्ले (मृदा) और हिमोढ़ के साथ सन्निहित अन्य सामग्रियों के मोटे जमावों को **करेवा** कहा जाता है।
- भारत में करेवा मुख्य रूप से **जम्मू-कश्मीर** में पाई जाती है।
- यह कश्मीर घाटी के झील निक्षेप हैं, इनमें हिमानी के मोटे निक्षेप एवं हिमोढ़ उपस्थित होते हैं तथा इनके अन्दर अन्य कई पदार्थ भी पाए जाते हैं।

SSC CPO 2024 (Tier I & II)

26. उन तटों का चयन कीजिए, जो अरब सागर के किनारों से सटे हुए हैं।
SSC CPO 27.07.2024 (Shift-I, III)
1. उत्तरी सरकार 2. मालाबार
3. कोंकण 4. कोरोमण्डल

कूट
(a) 1, 2 और 3 (b) 2, 3 और 4
(c) 1 और 3 (d) 2 और 3

उत्तर (d)
- दिए गए विकल्पों में से 2 और 3 सही हैं। **मालाबार** तट केरल और कर्नाटक के किनारे स्थित है और अरब सागर से सटा हुआ है।
- **कोंकण** तट महाराष्ट्र और गोवा के किनारे स्थित है और अरब सागर से सटा हुआ है।
- **उत्तरी सागर** तथा **कोरोमण्डल** बंगाल की खाड़ी से सटे हुए हैं।

27. भारत के पूर्वी घाट की औसत ऊँचाई कितनी है?
SSC CPO 27.06.2024 (Shift-I)
(a) 600 मीटर (b) 900 मीटर
(c) 200 मीटर (d) 400 मीटर

उत्तर (a)
- भारत के पूर्वी घाट की औसत ऊँचाई **600 मी** है।
- पूर्वी घाट के उत्तर में महानदी (ओडिशा) से दक्षिण में बैगाई नदी (तमिलनाडु) तक लगभग 1131 किमी में फैला है।
- यह ओडिशा, आन्ध्र प्रदेश, तेलंगाना, और तमिलनाडु से होकर गुजरती है।
- पूर्वी घाट की सबसे ऊँची चोटी अरमाकोण्डा (1680) आन्ध्र प्रदेश में है। दक्षिण भाग में पालघाट है तथा पालघाट मैप पश्चिमी एवं पूर्वी घाट का मिलन स्थल है।

28. निम्नलिखित में से कौन-सा पर्वत शिखर काराकोरम रेंज में स्थित है?
SSC CPO 25.06.2024 (Shift-III)
(a) नन्दा देवी (b) त्रिशूल
(c) K_2 (d) कामेट

उत्तर (c)
- K_2 **या गॉडविन आस्टिन** पर्वत शिखर काराकोरम की सर्वोच्च चोटी है।
- इसकी ऊँचाई **8611 मी** है।
- नन्दा देवी, कामेट, त्रिशूल वृहद् हिमालय के महत्त्वपूर्ण शिखर हैं।
- लघु या मध्य हिमालय श्रेणी में पीरपंजाल, धौलाधार, मसूरी, नागटिब्बा एवं महाभारत श्रेणियाँ हैं।

29. भारत के द्वीपों के सम्बन्ध में सही कथनों का चयन कीजिए।
SSC CPO 27.06.2024 (Shift-II)
1. लक्षद्वीप द्वीपसमूह प्रवाल द्वीपों से बने हैं।
2. अण्डमान और निकोबार द्वीप समूह प्रवाल द्वीपों से बने हैं।
3. ऐसा माना जाता है कि लक्षद्वीप द्वीपसमूह अन्त समुद्री पर्वतों का एक उच्चस्तरीय भाग है।
4. ऐसा माना जाता है कि अण्डमान और निकोबार द्वीप समूह अन्त:समुद्री पर्वतों का एक उच्चस्तरीय भाग है।

कूट
(a) 2 और 3 (b) 1 और 4
(c) 1 और 2 (d) 3 और 4

उत्तर (b)
- भारत के द्वीपों के सम्बन्ध में कथन 1 और 4 सही है।
- अण्डमान और निकोबार द्वीप समूह अराकान योमा पर्वत श्रृंखला का उत्तरी विस्तार माना जाता है, जो एक अन्त: समुद्री पर्वत का एक उच्चस्तरीय भाग है।
- **लक्षद्वीप द्वीप समूह** प्रवाल भित्तियों और ज्वालामुखी विस्फोटों से बने प्रवाल द्वीपों का एक समूह है।
- **अण्डमान और निकोबार** द्वीप समूह प्रवाल द्वीपों से नहीं बने हैं।
- लक्षद्वीप द्वीप समूह अन्त: समुद्री पर्वत का हिस्सा नहीं है।

30. भारत का निम्नलिखित में से कौन-सा पर्वत चाय और कॉफी उत्पादन के लिए प्रसिद्ध है?
SSC CPO 28.06.2024 (Shift-III)
(a) अरावली (b) हिमालय
(c) नीलगिरि (d) विन्ध्याचल

उत्तर (c)
- भारत का **नीलगिरि** पर्वत चाय व कॉफी के लिए प्रसिद्ध है।
- नीलगिरि के दक्षिण एवं पूर्वी घाट का मिलन स्थल है।
- भारत में चाय उत्पादन के मामले में असम राज्य प्रथम स्थान पर आता है एवं कॉफी का उत्पादन सर्वाधिक **कर्नाटक** राज्य में होता है।

31. मुम्बई और गोवा के बीच पश्चिमी तटीय मैदान के उत्तरी भाग का नाम क्या है?
SSC CPO 28.06.2024 (Shift-III)
(a) कोरोमण्डल तट (b) कोंकण तट
(c) मालाबार तट (d) कन्नड़ मैदान

उत्तर (b)
- मुम्बई व गोआ के बीच पश्चिम तटीय मैदान के उत्तरी भाग को **कोंकण तट** कहते हैं।
- ये **720 किमी** लम्बा समुद्री तट है।
- कोंकण में महाराष्ट्र व गोवा के तटीय जिले आते हैं। इसका उल्लेख सह्याद्रि खण्ड में किया गया है।

32. उस भौतिक अभिलक्षण का क्या नाम है, जो भारत में लघु हिमालय और शिवालिक के बीच स्थित अनुदैर्ध्य घाटी है?
SSC CPO 28.06.2024 (Shift-I)
(a) भाबर (b) तराई (c) दोआब (d) दून

उत्तर (d)
- भारत में लघु हिमालय और शिवालिक के बीच स्थित अनुदैर्ध्य घाटियों को **दून** कहा जाता है।
- नदियों द्वारा कटाव के कारण बनी हैं और चारों ओर से पहाड़ियों से घिरी हुई हैं।
- दून अपनी उपजाऊ मिट्टी और सुखद जलवायु के लिए जाने जाते हैं। वे **कृषि** और **बागवानी** के लिए महत्त्वपूर्ण केन्द्र हैं।

33. हिमालय, निम्नलिखित में से किस भू-अभिनति (geosyncline) से ऊपर उठा है?
SSC CPO 28.06.2024 (Shift-II)
(a) अरावली भू-अभिनति
(b) टेथिस भू-अभिनति
(c) ऐपोलेशियन भू-अभिनति
(d) कैलेडोनियन भू-अभिनति

उत्तर (b)

• हिमालय **टेथिस भू-अभिनति** से ऊपर उठा है।
• टेथिस भू-अभिनति, **लौरासिया** और **गोण्डवाना लैण्ड** नाम के दो महाद्वीपों के बीच बने एक लम्बे, संकरे और उथले सागर का अवशेष है।

34. पश्चिमी घाट के सम्बन्ध में सही कथनों का चयन कीजिए। SSC CPO 29.06.2024 (Shift-III)
A. पश्चिमी घाट की ऊँचाई उत्तर से दक्षिण की ओर उत्तरोत्तर बढ़ती जाती है।
B. महेन्द्रगिरि पश्चिमी घाट की सबसे ऊँची चोटी है।
C. पश्चिमी घाट पूर्वी घाट से ऊँचे हैं।
D. पश्चिमी घाट की ऊँचाई उत्तर से दक्षिण की ओर उत्तरोत्तर घटती जाती है।
(a) A और C (b) B, C और D
(c) A और B (d) C और D

उत्तर (a)

• विकल्प (a) सही उत्तर है। पश्चिमी घाट की ऊँचाई उत्तर से दक्षिण उत्तरोत्तर की ओर बढ़ती जाती है और पश्चिमी घाट पूर्वी घाट से ऊँचा है, पश्चिमी घाट की औसत ऊँचाई 9020 से 1100 मी है, जबकि पूर्वी घाट की औसत ऊँचाई 600 मी है। कथन (B) और (D) गलत है।

35. विशाल भारतीय मरुस्थल/थार मरुस्थल निम्नलिखित में से किस पर्वत शृंखला के पश्चिमी किनारे पर स्थित है? SSC CPO 29.06.2024 (Shift-III)
(a) अरावली पर्वतमाला (b) पूर्वी घाट
(c) विन्ध्य पर्वतमाला (d) सतपुड़ा पर्वतमाला

उत्तर (a)

• विशाल भारतीय मरुस्थल, थार मरुस्थल, **अरावली पर्वत** शृंखला के पश्चिमी किनारे पर स्थित है।
• यह अहमदाबाद (गुजरात) से उत्तर-पूर्वी दिशा में दिल्ली के दक्षिण-पश्चिम एक विस्तृत है।
• यह पर्वत शृंखला मानसून हवाओं को रोकती है, जिसके कारण मरुस्थल में कम वर्षा होती है।
• अरावली पर्वत शृंखला लगभग **700 किमी** तक फैली हुई है। यह एक अवशिष्ट पर्वत एवं विश्व का प्राचीनतम मोड़दार पर्वत है।

36. भारत के निम्नलिखित भू-आकृतिक विभाजनों में से किसमें व्यापक जलोढ़ मृदा भण्डार है?
SSC CPO 29.06.2024 (Shift-I)
(a) विशाल भारतीय मरुस्थल
(b) उत्तरी भारतीय मैदान
(c) द्वीप समूह
(d) हिमालय पर्वतमाला

उत्तर (b)

• भारत के उपर्युक्त भू-आकृतिक विभाजनों में से उत्तरी भारतीय मैदान में व्यापक जलोढ़ मृदा भण्डार है। यह क्षेत्र जलोढ़ मिट्टी के लिए प्रसिद्ध है, जो सिन्धु, गंगा, ब्रह्मपुत्र और उनकी सहायक नदियों द्वारा जमा की गई है।
• यह मिट्टी उपजाऊ, गहरी और धान की खेती के लिए आदर्श है। यही कारण है कि उत्तरी भारत को भारत का **धान का कटोरा** माना जाता है।

SSC CPO 2022 (Tier I & II)

37. भारतीय मरुस्थल की निम्नलिखित प्रमुख विशेषताओं का अध्ययन कीजिए। भारतीय मरुस्थल के बारे में कौन-सा कथन सही नहीं है? SSC CPO 11.11.2022 (Shift-II)
(a) यहाँ प्रति वर्ष 500 मिमी वर्षा होती है।
(b) यह अरावली पहाड़ियों के उत्तर-पश्चिम में स्थित है।
(c) इसे मरुस्थली के नाम से भी जाना जाता है।
(d) इसमें रेत के टीले हैं।

उत्तर (a)

• भारतीय मरुस्थल के बारे में कथन (a) सही नहीं है कि यहाँ **प्रति वर्ष 500 मिमी** वर्षा होती है।
• भारतीय मरुस्थल अरावली पहाड़ियों के उत्तर-पश्चिम में स्थित है तथा वृष्टिछाया क्षेत्र में पड़ता है। यही कारण है कि यहाँ पर प्रतिवर्ष लगभग 25 सेमी से भी कम वर्षा होती है।
• भारतीय मरुस्थल को **थार मरुस्थल** भी कहते हैं।
• शुष्क जलवायु के कारण इस क्षेत्र में वनस्पति की न्यूनता पाई जाती है।

38. कौन-सी पहाड़ी मेघालय के पठार का हिस्सा नहीं है? SSC CPO 10.11.2022 (Shift-I)
(a) गारो पहाड़ियाँ (b) नीलगिरि पहाड़ियाँ
(c) खासी पहाड़ियाँ (d) जयन्तिया पहाड़ियाँ

उत्तर (b)

• **नीलगिरि पहाड़ियाँ** भारत के पश्चिमी घाट की एक पर्वतमाला है, जो मेघालय के पठार का हिस्सा नहीं है।
• नीलगिरि पर्वत शृंखला का विस्तार तमिलनाडु, कर्नाटक और केरल में है।
• नीलगिरि की सबसे ऊँची चोटी **डोडाबेट्टा** है, जिसकी कुल ऊँचाई 2637 मी है। यह दक्षिण भारत की दूसरी सबसे बड़ी चोटी है।
• उटकमण्ड इसी पहाड़ी पर है।

SSC CHSL 2024 (Tier I & II)

39. भारत के दक्षिण से उत्तर वाले निम्नलिखित पठारों और पर्वतमालाओं के सही क्रम का चयन कीजिए SSC CHSL Tier-2 11.11.2024
(a) दक्कन का पठार, विन्ध्य पर्वतमाला, सतपुड़ा पर्वतमाला और मालवा का पठार
(b) मालवा का पठार, सतपुड़ा पर्वतमाला, विन्ध्य पर्वतमाला और दक्कन का पठार
(c) मालवा का पठार, विन्ध्य पर्वतमाला, सतपुड़ा पर्वतमाला और दक्कन का पठार
(d) दक्कन का पठार, सतपुड़ा पर्वतमाला, विन्ध्य पर्वतमाला और मालवा का पठार

उत्तर (d)

• भारत के दक्षिण से उत्तर वाले पठार और पर्वतमालाओं का सही क्रम है-दक्कन का पठार, सतपुड़ा पर्वतमाला, विन्ध्य पर्वतमाला और मालवा का पठार।
• दक्कन का पठार, भारत का एक विशाल पठार है, जो देश के दक्षिणी प्रायद्वीपीय हिस्से के ज्यादातर भाग को कवर करता है।
• सतपुड़ा पर्वतमाला, मध्य प्रदेश व छत्तीसगढ़ राज्य में लगभग 500 किमी तक फैली हुई है।
• विन्ध्य पर्वतमाला, गुजरात से शुरू होकर उत्तर प्रदेश, मध्य प्रदेश, बिहार व झारखण्ड तक फैला हुआ है।
• मालवा का पठार, मध्य प्रदेश के पश्चिमी भाग में फैला हुआ एक लावा पठार है।

40. मालदीव भारत के किस द्वीप के दक्षिण में स्थित है? SSC CHSL Tier-1 02.07.2024 (Shift-III)
(a) जापान
(b) लक्षद्वीप
(c) श्रीलंका
(d) अण्डमान और निकोबार

उत्तर (b)

• मालदीव भारत के **लक्षद्वीप** के दक्षिण में स्थित है।
• मालदीव, उत्तर-मध्य हिन्द महासागर में एक स्वतन्त्र द्वीप देश है।
• इसमें लगभग 1200 छोटे प्रवाल द्वीप और रेत के टीलों की शृंखला शामिल है, जो समूहों या एटोल में समूहीकृत है
• मालदीव की आधिकारिक भाषा **धिवेही** या **मालदीवियन** है तथा राजधानी **माले** शहर है।
• देश की मुद्रा मालदीवियन है।

41. नर्मदा नदी के दक्षिण में अवस्थित दक्कन पठार किस तरह का भू-भाग है?
SSC CHSL Tier-1 03.07.2024 (Shift-III)
(a) त्रिभुजाकार (b) आयताकार
(c) चतुर्भुजाकार (d) षट्कोणीय

उत्तर (a)

• नर्मदा नदी के दक्षिण में अवस्थित दक्कन पठार **त्रिभुजाकार** भू-भाग है।
• दक्षिण भारत में दक्कन का पठार पश्चिमी घाट और पूर्वी घाट के बीच स्थित है।
• दक्कन पठार महाराष्ट्र, कर्नाटक, आन्ध्र प्रदेश, तेलंगाना, तमिलनाडु और मध्य प्रदेश के कुछ हिस्सों में फैला है।

42. भारत के पश्चिमी तटीय मैदानों के मध्य विस्तार को किस नाम से जाना जाता है?
SSC CHSL Tier-1 08.07.2024 (Shift-III)
(a) कन्नड़ मैदान (b) कोरोमण्डल तट
(c) मालाबार तट (d) कोंकण तट

उत्तर (a)

• भारत के पश्चिमी तटीय मैदानों के मध्य विस्तार को कन्नड़ मैदान के नाम से जाना जाता है।
• कन्नड़ के मैदान का विस्तार गोवा से कर्नाटक के मंगलौर तक है।

43. भारत के प्रायद्वीपीय पठार का सामान्य उन्नयन किस दिशा में है?
SSC CHSL Tier-1 10.07.2024 (Shift-III)
(a) पश्चिम से पूर्व की ओर
(b) दक्षिण से उत्तर की ओर
(c) पूर्व से पश्चिम की ओर
(d) उत्तर से दक्षिण की ओर

उत्तर (a)

• भारत के प्रायद्वीपीय पठार का सामान्य उन्नयन **पश्चिम से पूर्व दिशा** में है।
• भारत के प्रायद्वीपीय पठार, पहाड़ों, मैदानों, पठारों व पहाड़ियों सहित चार प्रमुख भू-आकृतियों में से एक के रूप में जाने जाते हैं।
• यह **राजस्थान** (पश्चिम) से **असम** पठार (पूर्व) तक फैला हुआ है तथा पश्चिम में सह्याद्रि और पूर्व में पूर्वी घाट से घिरा हुआ है, जिसकी ढलान पश्चिम से पूर्व की ओर है।

44. किस आयोग ने भारत और पाकिस्तान के बीच सीमा रेखा खींची थी?
SSC CHSL Tier-1 11.07.2024 (Shift-I)
(a) गाँधी इरविन समझौता
(b) हिल्टन यंग आयोग
(c) ब्रेटन वुड्स आयोग
(d) रेडक्लिफ सीमा आयोग

उत्तर (d)

• **रेडक्लिफ सीमा आयोग** ने भारत और पाकिस्तान के बीच सीमा रेखा खींची थी।
• इस सीमा रेखा की आधिकारिक घोषणा 17 अगस्त, 1947 को हुई थी।
• रेडक्लिफ सीमा रेखा भारत के तीन राज्यों (पंजाब, राजस्थान, गुजरात) और दो केन्द्रशासित प्रदेशों (जम्मू-कश्मीर और लद्दाख) से सीमा बनाती है।
• रेडक्लिफ रेखा की लम्बाई 3,323 किमी है।

SSC CHSL 2023 (Tier I & II)

45. निम्नलिखित में से किस एक प्रकार की वनस्पति हिमालय क्षेत्र में पाई जाती है?
SSC CHSL 14.08.2023 (Shift-IV)
(a) अल्पाइन (b) पम्पास
(c) सवाना (d) मैंग्रोव

उत्तर (a)

• हिमालय क्षेत्र में **अल्पाइन** प्रकार की वनस्पति पाई जाती है।
• शीतोष्ण क्षेत्र में इस प्रकार के वन **4750 मी** की ऊँचाई तक पाए जाते हैं।
• सागरीय प्रभाव से दूरी के कारण कभी-कभी अल्पाइन किस्म के वन 2500 से 3000 मी की ऊँचाई पर मिलते हैं।
• इस प्रदेश में देवदार एवं स्प्रूस के वन प्रचुर मात्रा में पाए जाते हैं।

46. निम्नलिखित में से कौन-सा भाग मेघालय के पठार का एक उपखण्ड नहीं है?
SSC CHSL 07.08.2023 (Shift-IV)
(a) धनसिरी (b) जयन्तिया
(c) खासी (d) गारो

उत्तर (a)

• उपर्युक्त में से धनसिरी भाग मेघालय के पठार का एक उपखण्ड नहीं है।
• **जयन्तिया**, **खासी**, **गारो**, मेघालय के पठार के उपखण्ड हैं।
• ये तीनों मेघालय की तीन प्रमुख पर्वत शृंखलाएँ हैं।
• गारो हिल्स में, गारो आदिवासी लोग निवास करते हैं।

47. निम्नलिखित में से कौन-सा भारत की जलवायु को प्रभावित करने वाला एक कारक नहीं है?
SSC CHSL 24.08.2023 (Shift-II)
(a) हिन्द महासागर (b) पश्चिमी घाट
(c) हिमालय पर्वत (d) सहारा रेगिस्तान

उत्तर (d)

• **सहारा रेगिस्तान** भारत का भाग नहीं है, अत: इसका भारत की जलवायु पर कोई प्रभाव नहीं पड़ता।
• हिन्द महासागर, पश्चिमी घाट, हिमालय पर्वत भारत की जलवायु को प्रभावित करने वाले कारक हैं।
• भारत की जलवायु **मानसून** प्रकार की है।

48. निम्नलिखित में से कौन-सा अण्डमान और निकोबार द्वीपसमूह का सबसे ऊँचा शिखर है?
SSC CHSL 21.03.2023 (Shift-IV)
(a) फौंगपुइ (b) सैडल
(c) देवमाली (d) कल्सुबाई

उत्तर (b)

• **सैडल**, भारत के अण्डमान और निकोबार द्वीपसमूह में उत्तरी अण्डमान द्वीप पर स्थित सबसे ऊँचा शिखर है।
• इसकी ऊँचाई **732 मी** है, यह बंगाल की खाड़ी में द्वीपसमूह का उच्चतम बिन्दु है। सैडल पीक, नेशनल पार्क से घिरा हुआ है।

सैडल पीक चोटी (732 मी) उत्तरी **अण्डमान द्वीप** में स्थित है, जबकि राजधानी पोर्ट ब्लेयर **दक्षिणी अण्डमान** में स्थित है।

49. कर्क रेखा भारत के निम्नलिखित में से किस राज्य से नहीं गुजरती है?
SSC CHSL 17.03.2023 (Shift-II)
(a) राजस्थान (b) ओडिशा
(c) झारखण्ड (d) मिजोरम

उत्तर (b)

• कर्क रेखा **ओडिशा** राज्य से नहीं गुजरती।
• उत्तरी अक्षांश को कर्क रेखा कहते हैं।
• कर्क रेखा भारत के **8 राज्यों** राजस्थान, गुजरात, मध्य प्रदेश, छत्तीसगढ़, झारखण्ड, पश्चिम बंगाल, त्रिपुरा और मिजोरम से होकर गुजरती है।
• झारखण्ड की राजधानी **राँची** कर्क रेखा पर स्थित है।

50. कल्सुबाई शिखर निम्नलिखित में से किस भारतीय राज्य में स्थित है?
SSC CHSL 16.03.2023 (Shift-I)
(a) मध्य प्रदेश (b) आन्ध्र प्रदेश
(c) महाराष्ट्र (d) हिमाचल प्रदेश

उत्तर (c)

• महाराष्ट्र में कल्सुबाई शिखर स्थित है।
• यह **पश्चिमी घाट** का पर्वत है। 1646 मी की ऊँचाई पर स्थित यह महाराष्ट्र का सबसे ऊँचा स्थान है।
• यहीं पर कल्सुबाई मन्दिर है। इस मन्दिर पर नवरात्र, होली और दिवाली के त्योहारों पर मेला भी लगता है। इसी मन्दिर के नाम पर इस शिखर का नाम कलसुबाई शिखर रखा गया था।

51. निम्नलिखित में से कौन-सा तमिलनाडु का सबसे ऊँचा शिखर है?
SSC CHSL 15.03.2023 (Shift-IV)
(a) नन्दा देवी (b) डोडाबेट्टा
(c) अनाइमुडी (d) महेन्द्रगिरि

उत्तर (b)

• **डोडाबेट्टा** नीलगिरि पर्वत, तमिलनाडु का सबसे ऊँचा पर्वत है। इसकी ऊँचाई **2,637 मी** है।
• **महेन्द्रगिरि पर्वत** चोटी पूर्वी घाट की सबसे ऊँची (1501 मी) पर्वत चोटी है।
• नन्दा देवी पर्वत चोटी (7816 मी) उत्तराखण्ड में स्थित है।
• अनाइमुडी पर्वत चोटी (2695 मी) तमिलनाडु में स्थित है, जो दक्षिण भारत की सबसे ऊँची चोटी है।

52. वर्ष 2022 तक की स्थिति के अनुसार, दुनिया की सबसे ऊँची मोटर चलाने योग्य सड़क (Motorable road) भारत में .... दर्रे से होकर गुजरती है। SSC CHSL 15.03.2023 (Shift-IV)
(a) खुंजराब (b) उमलिंग-ला
(c) दिहांग (d) रोहतांग

उत्तर (b)

• सीमा सड़क संगठन (BRO) ने पूर्वी लद्दाख में **उमलिंग-ला दर्रे** पर 19300 फीट की ऊँचाई पर दुनिया की सबसे ऊँची मोटर वाहन चलाने योग्य सड़क का निर्माण किया है।
• उमलिंग-ला दर्रा लद्दाख में डेमचोक के पास **कोयुल लुंगपा** और **सिंधु** नदी के बीच की रिजलाइन पर स्थित है।

53. भारत का पूर्वी तट कहाँ स्थित है?
SSC CHSL 14.03.2023 (Shift-I)
(a) दीव और केरल के बीच
(b) महाराष्ट्र और केरल के बीच
(c) खम्भात की खाड़ी और कन्याकुमारी के बीच
(d) पूर्वी घाट और बंगाल की खाड़ी के बीच

उत्तर (d)

• भारत का पूर्वी तट पूर्वी घाट और बंगाल की खाड़ी के बीच स्थित है।
• भारतीय पूर्वी तट पश्चिम बंगाल की खाड़ी से शुरू होता है और पूर्वी घाट ओडिशा, आन्ध्र प्रदेश से होकर तमिलनाडु में समाप्त होता है।
• पूर्वी तट के उत्तरी भाग को **उत्तरी सरकार तट**, जबकि दक्षिणी भाग को **कोरोमण्डल तट** कहा जाता है।

54. निम्नलिखित में से कौन-सा ग्लेशियर जम्मू और कश्मीर में स्थित नहीं है?
SSC CHSL 13.03.2023 (Shift-III)
(a) प्रूई (b) थाजीवास (c) भिल्लन (d) मिलम

उत्तर (d)

- उपर्युक्त में से मिलम ग्लेशियर जम्मू और कश्मीर में स्थित नहीं है।
- **मिलम** भारत के उत्तराखण्ड राज्य के कुमाऊँ **हिमालय** में स्थित एक हिमानी ग्लेशियर है।
- प्रशासनिक रूप से यह **पिथौरागढ़** जिले की मुनस्यारी तहसील के अन्तर्गत आता है।
- प्रूई, थाजीवास तथा भिल्लन जम्मू-कश्मीर में स्थित ग्लेशियर हैं।

55. कौन-सा दर्रा कुल्लू घाटी को भारत के हिमाचल प्रदेश के लाहौल और स्पीति घाटियों से जोड़ता है? **SSC CHSL 10.03.2023 (Shift-II)**

(a) थमारस्सरी दर्रा (b) रोहतांग दर्रा
(c) बनिहाल दर्रा (d) लिपुलेख दर्रा

उत्तर (b)

- **रोहतांग दर्रा** (ऊँचाई 3,978 मीटर) हिमाचल प्रदेश राज्य में कुल्लू घाटी तथा लाहौल व स्पीति घाटियों में स्थित है। यह हिमालय की **पीर पंजाल रेंज** पर स्थित है।
- **रावी नदी** हिमाचल प्रदेश की कुल्लू पहाड़ियों में रोहतांग दर्रे के पश्चिम से निकलती है।

56. निम्न में से कौन-सा शिखर झारखण्ड का सबसे ऊँचा शिखर है? **SSC CHSL 10.03.2023 (Shift-II)**

(a) गिरनार (b) अनाईमुडी
(c) कांगटरों (d) पारसनाथ

उत्तर (d)

- उपर्युक्त में से पारसनाथ शिखर झारखण्ड का सबसे ऊँचा शिखर है।
- **पारसनाथ** पहाड़ियाँ झारखण्ड के गिरिडीह जिले में स्थित राज्य की सबसे ऊँची पहाड़ियों की एक श्रृंखला है।
- इन पहाड़ियों की ऊँचाई 1365 मी है। यह जैनियों के सबसे महत्त्वपूर्ण तीर्थ स्थलों में से एक है। वे इसे **सम्मेद शिखर** कहते हैं।
- इन पहाड़ियों का नाम जैन धर्म के 23वें तीर्थंकर **पार्श्वनाथ** के नाम पर रखा गया है। माना जाता है कि पहाड़ी पर स्थित कुछ मन्दिर 2,000 वर्ष से भी अधिक पुराने हैं।

57. कर्क रेखा (23°30'N) भारत के .... राज्य से होकर गुजरती है। **SSC CHSL 09.03.2023 (Shift-I)**

(a) पंजाब (b) महाराष्ट्र
(c) छत्तीसगढ़ (d) केरल

उत्तर (c)

- भारत में कर्क रेखा छत्तीसगढ़ के अतिरिक्त **7 राज्यों** (गुजरात, राजस्थान, मध्य प्रदेश, झारखण्ड, पश्चिम बंगाल, त्रिपुरा तथा मिजोरम) से होकर गुजरती है। कर्क रेखा भारत को लगभग **दो बराबर भागों** में विभाजित करती है।

58. धिनोधर पहाड़ियाँ (Dhinodhar Hills) किस भारतीय राज्य/केन्द्रशासित प्रदेश में स्थित हैं?

(a) महाराष्ट्र **SSC CHSL 09.03.2023 (Shift-I)**
(b) गुजरात
(c) अण्डमान और निकोबार द्वीपसमूह
(d) पश्चिम बंगाल

उत्तर (b)

- धिनोधर पहाड़ियाँ भारत के **गुजरात** के **भावनगर जिले** में स्थित एक सुन्दर पर्वत श्रृंखला है।
- ये पहाड़ियाँ गिर वन राष्ट्रीय उद्यान में स्थित हैं, जो **एशियाई शेरों** की आबादी के लिए जाना जाता है।

SSC MTS 2024

59. केन्द्रशासित प्रदेश पुदुचेरी निम्नलिखित में से किस नदी बेसिन में स्थित है? **SSC MTS Tier-1 29.10.2024 (Shift-III)**

(a) महानदी (b) कावेरी
(c) कृष्णा (d) यमुना

उत्तर (b)

- केन्द्रशासित प्रदेश पुदुचेरी **कावेरी** नदी बेसिन में स्थित है।
- कावेरी नदी बेसिन का विस्तार तमिलनाडु, केरल और केन्द्रशासित प्रदेश पुदुचेरी में फैला हुआ है।
- इसका कुल क्षेत्रफल 81,155 वर्ग किलोमीटर है।
- इस बेसिन में नागरहोल राष्ट्रीय उद्यान स्थित है।
- कावेरी नदी पश्चिमी घाट के ब्रह्मगिरी पर्वत से निकलती है। यह कर्नाटक और उत्तर तमिलनाडु में बहने वाली सदानीरा नदी है।

60. पाटली दून भारत के किस भू-आकृतिक विभाजन से सम्बन्धित है? **SSC MTS Tier-1 28.10.2024 (Shift-II)**

(a) तटीय मैदान (b) हिमालय पर्वत
(c) प्रायद्वीपीय पठार (d) भारतीय मरुस्थल

उत्तर (b)

- पाटली दून भारत के हिमालय पर्वत के विभाजन से सम्बन्धित है।
- शिवालिक और लघु हिमालय के बीच अनुदैर्ध्य घाटियाँ हैं, जिन्हें दून कहा जाता है।
- हिमाचल में इन घाटियों को **पाटली दून, कोटली** या **पिंजौर दून** के नाम से जाना जाता है।
- लघु हिमालय और शिवालिक के बीच अनुदैर्ध्य घाटियाँ हैं, जिन्हें पश्चिम में दून और पूर्व में दुआर्स कहा जाता है।
- सामान्य नदी घाटियों के विपरीत, दून संरचनात्मक रूप से निर्मित होते हैं और चट्टानों तथा बजरी से ढके होते हैं, जो शिवालिक उच्च भूमि और हिमालय से कटाव करके लाए गए थे।

61. राजस्थान में प्रसिद्ध महलों (पैलेस) और उनके स्थानों के सही संयोजन का चयन करें। **SSC MTS Tier-1 15.10.2024 (Shift-I)**

(a) उम्मेद भवन पैलेस-उदयपुर
(b) ताज लेक पैलेस-जयपुर
(c) रामबाग पैलेस-जोधपुर
(d) लालगढ़ पैलेस-बीकानेर

उत्तर (d)

- राजस्थान में प्रसिद्ध महलों (पैलेस) और उनके स्थानों के सही संयोजक के सम्बन्ध में विकल्प (d) सही उत्तर है।
- राजस्थान का प्रसिद्ध लालगढ़ पैलेस बीकानेर में स्थित है।
- इस महल का निर्माण बीकानेर के महाराज गंगासिंह ने अपने पिता महाराजा लाल सिंह की स्मृति में करवाया था।
- यह महल इण्डो-सरसेनिक शैली में बना है।
- अन्य का सही संयोजन इस प्रकार हैं

पैलेस	स्थान
उम्मेद भवन पैलेस	जोधपुर
रामबाग पैलेस	जयपुर
ताज लेक पैलेस	उदयपुर

62. हिमालय की कंचनजंगा चोटी की ऊँचाई कितनी है? **SSC MTS Tier-1 08.10.2024 (Shift-I)**

(a) 8798 मी (b) 8175 मी
(c) 8434 मी (d) 8598 मी

उत्तर (d)

- हिमालय की कंचनजंगा चोटी की ऊँचाई **8598 मी** है।
- कंचनजंगा विश्व का तीसरा सबसे ऊँचा पर्वत है और जोंगसांग ला और पूर्व में तीस्ता नदी द्वारा सीमांकित किया गया है।
- यह पर्वत नेपाल और भारतीय राज्य सिक्किम के बीच की सीमा पर स्थित है।

63. निम्नलिखित में से कौन-सा पर्वत शिखर हिमालय का एक भाग है? **SSC MTS Tier-1 07.10.2024 (Shift-I)**

(a) धूपगढ़ (b) कलसूबाई
(c) कामेट (d) तारामती

उत्तर (c)

- **कामेट** पर्वत शिखर (7753 मी) हिमालय का एक भाग है।
- यह पर्वत भारत के उत्तराखण्ड राज्य के गढ़वाल क्षेत्र में नन्दा देवी पर्वत के बाद सबसे ऊँचा पर्वत शिखर है।
- हिमालय पर्वत की ऊँचाई 8848 मी है।
- हिमालय में समानान्तर पर्वत श्रृंखलाएँ शामिल हैं, जैसे दक्षिण में शिवालिक पहाड़ियाँ, निचली हिमालय श्रृंखला, महान हिमालय, जो सबसे ऊँची श्रृंखला है और उत्तर में तिब्बती हिमालय।

64. भारत के किस हिस्से में ठण्डी पर्वतीय जलवायु पाई जाती है? **SSC MTS Tier-1 30.09.2024 (Shift-I)**

(a) दक्षिणी (b) पूर्वी
(c) पश्चिमी (d) उत्तरी

उत्तर (d)

- भारत के **उत्तरी हिस्से** में ठण्डी पर्वतीय जलवायु पाई जाती है।
- भारत में यह जलवायु **हिमालयी क्षेत्र** में पाई जाती है, जिसमें जम्मू और कश्मीर, हिमाचल प्रदेश, उत्तराखण्ड एवं सिक्किम राज्यों के साथ-साथ पूर्वोत्तर भारत के कुछ हिस्से शामिल हैं।
- भारत के पर्वतीय जलवायु क्षेत्रों में चीड़, देवदार, सिल्वर फर, स्प्रूस जैसे शंकुधारी पेड़ पाए जाते हैं।

65. भारत के साथ कितने देश अपनी भूमि सीमाएँ साझा करते हैं?

SSC MTS Tier-1 30.09.2024 (Shift-I)

(a) सात (b) छः (c) आठ (d) नौ

उत्तर (a)

- भारत **सात** देशों के साथ अपनी भूमि सीमा साझा करता है, जिसमें पाकिस्तान, अफगानिस्तान, नेपाल, चीन, बांग्लादेश, भूटान और म्यांमार हैं।
- बांग्लादेश, भारत के साथ **सबसे लम्बी** (4096 किमी) सीमा साझा करता है, बांग्लादेश तीन तरफ से भारत से घिरा हुआ है।
- चीन, भारत के साथ स्थलीय सीमा (3488 किमी) साझा करने वाला सबसे बड़ा देश है।
- अफगानिस्तान, भारत के साथ सबसे कम स्थलीय सीमा (106 किमी) साझा करता है।

SSC Steno 2024

66. उष्णकटिबन्धीय चक्रवात निम्नलिखित में से किस क्षेत्र से उत्पन्न होते हैं?

SSC Steno Tier-1 10.12.2024 (Shift-I)

(a) भूमध्य सागर, प्रशान्त महासागर और हिन्द महासागर
(b) भूमध्य सागर, अरब सागर और हिन्द महासागर
(c) बंगाल की खाड़ी, अरब सागर और हिन्द महासागर
(d) बंगाल की खाड़ी, अरब सागर और अटलाण्टिक महासागर

उत्तर (c)

- उष्णकटिबन्धीय चक्रवात बंगाल की खाड़ी, अरब सागर और हिन्द महासागर क्षेत्र से उत्पन्न होते हैं।
- यह चक्रवात गर्म महासागरों के ऊपर तब बनता है, जब समुद्र का तापमान 27°C या उससे अधिक होता है तथा समुद्र की सतह से पानी वाष्पित होकर ऊपर उठता है।
- ऐसे चक्रवात कर्क रेखा व मकर रेखा के मध्य उत्पन्न होते हैं।
- टाइफून, चक्रवात, विली-विली, टॉरनेडो, हरिकेन, उष्णकटिबन्धीय चक्रवात के उदाहरण हैं।

67. निम्नलिखित में से कौन-सा राज्य कम वर्षा वाले क्षेत्र के अन्तर्गत आता है?

SSC Steno Tier-1 10.12.2024 (Shift-I)

(a) मेघालय (b) गुजरात
(c) बिहार (d) त्रिपुरा

उत्तर (b)

- दिए गए विकल्पों में से कम वर्षा वाले क्षेत्र के अन्तर्गत गुजरात आता है।
- गुजरात भारत का पश्चिमी राज्य है, जहाँ सामान्यत: कम वर्षा होती है।
- इसके अतिरिक्त भारत में सबसे कम वर्षा वाले राज्यों में राजस्थान और लद्दाख (केन्द्रशासित प्रदेश) भी शामिल हैं। इन राज्यों में औसत वार्षिक वर्षा 50 सेमी से भी कम होती है।

68. 'अरावली', भारत की/के एक ········ का नाम है।

SSC Steno Tier-1 10.12.2024 (Shift-I)

(a) झील (b) पठार
(c) घाटी (d) पर्वत शृंखला

उत्तर (d)

- अरावली भारत की एक पर्वत शृंखला का नाम है। इसका विस्तार उत्तर-पूर्व से दक्षिण-पश्चिम की ओर (दिल्ली से गुजरात तक) लगभग 800 किमी है।
- अरावली पर्वतश्रेणी की सर्वोच्च शिखर/चोटी गुरु शिखर 1722 मी है।
- अरावली श्रेणी क्वार्ट्ज चट्टानों से निर्मित है और यह विश्व की सर्वाधिक प्राचीन वलित पर्वतों में से एक है।

69. मालाबार तट भारत के निम्नलिखित में से कौन-से राज्य में स्थित है?

SSC Steno Tier-1 10.12.2024 (Shift-II)

(a) केरल (b) महाराष्ट्र
(c) गुजरात (d) ओडिशा

उत्तर (a)

- मालाबार तट भारत के केरल राज्य में स्थित है।
- यह क्षेत्र केरल के पश्चिमी तट और अरब सागर के बीच स्थित है।
- यह क्षेत्र नारियल, सुपारी, काली मिर्च, चाय, कॉफी, रबर, काजू आदि के उत्पादन के लिए प्रसिद्ध है।

70. उत्तर-पश्चिमी भारत में स्थित रेगिस्तान का क्या नाम है? **SSC Steno Tier-1 10.12.2024 (Shift-III)**

(a) दक्कन (b) मालवा
(c) थार (d) घाट

उत्तर (c)

- उत्तर-पश्चिमी भारत में स्थित रेगिस्तान का नाम थार है।
- यह मरुस्थल उत्तर-पश्चिमी भारत के राजस्थान राज्य व पूर्वी पाकिस्तान के पंजाब और सिन्ध प्रान्त में फैला हुआ है।
- इसे 'ग्रेट इण्डियन डेजर्ड' नाम से भी जाना जाता है।
- थार मरुस्थल, विश्व में सबसे अधिक जनसंख्या निवास करने वाला मरुस्थल है।

71. निम्नलिखित में से कौन-सा/से कथन सही है/हैं?

SSC Steno Tier-1 10.12.2024 (Shift-III)

1. भारत के प्रायद्वीपीय क्षेत्र में कोई सुपरिभाषित शीत ऋतु नहीं होती है।
2. दिसम्बर के अंत तक (अर्थात 22 दिसम्बर तक), सूर्य दक्षिणी गोलार्द्ध में मकर रेखा पर लम्बवत् चमकता है।

(a) दोनों कथन सही हैं
(b) केवल कथन 1 सही है
(c) केवल कथन 2 सही है
(d) दोनों कथन गलत हैं

उत्तर (a)

- दोनों कथन सत्य है,
- भारत का प्रायद्वीपीय क्षेत्र समुद्र से घिरा हुआ है, जिससे वहाँ तापमान में ज्यादा गिरावट नहीं होती। इस क्षेत्र में उत्तर भारत की तरह कडाके की ठण्ड नहीं पढ़ती, इसलिए इसे सुपरिभाषित शीत ऋतु नहीं माना जाता।
- दिसम्बर के अन्त तक (अर्थात 22 दिसम्बर तक) सूर्य दक्षिणी गोलार्द्ध में मकर रेखा पर लम्बवत् चमकता है, क्योंकि 22 दिसम्बर को शीतकालीन संक्रान्ति होती है तथा सूर्य मकर रेखा पर लम्बवत् होता है इस दिन दक्षिणी गोलार्द्ध में सबसे बड़ा दिन और उत्तरी गोलार्द्ध में सबसे बड़ी रात होती है।

72. छोटा नागपुर, भारत का/की एक ········ है।

SSC Steno Tier-1 11.12.2024 (Shift-I)

(a) पर्वत (b) नदी (c) मैदान (d) पठार

उत्तर (d)

- छोटा नागपुर, भारत का एक पठार है।
- छोटा नागपुर पठार को भारत का रूर (खनिज भण्डार की दृष्टि से सम्पन्न) भी कहा जाता है।
- पठार धरातल का विशिष्ट स्थल रूप है, जो अपने आस-पास के स्थल से पर्याप्त ऊँचा होता है तथा शीर्ष भाग चौड़ा और सपाट होता है।
- यह पठार भारत के पूर्वी भाग में स्थित है।
- यह पठार झारखण्ड, पश्चिम बंगाल, बिहार व छत्तीसगढ़ राज्यों में फैला है।

73. कंचनजंगा और के2 (K2) ······· के नाम हैं।

SSC Steno Tier-1 11.12.2024 (Shift-III)

(a) हिमनदों (b) पठारों
(c) पर्वत चोटियों (d) झीलों

उत्तर (c)

- कंचनजंगा और के-2 (K2) पर्वत चोटियों के नाम हैं।
- कंचनजंगा दुनिया का तीसरा (8586 मीटर) तथा K2 दूसरा ऊँचा (8611 मीटर) पर्वत है। K2 पाकिस्तान व चीन सीमा पर स्थित है।
- कंचनजंगा सिक्किम के उत्तर पश्चिम भाग में नेपाल की सीमा पर है।

74. गर्म दिन और ठण्डी रातें उत्तरी भारत में किस मौसम की विशेषता है?

SSC Steno Tier-1 11.12.2024 (Shift-III)

(a) ग्रीष्म ऋतु (b) वर्षा ऋतु
(c) वसंत ऋतु (d) शीत ऋतु

उत्तर (d)

- गर्म दिन और ठण्डी रातें उत्तर भारत में शीत ऋतु की विशेषता है।
- उत्तरी भारत में सर्दी का मौसम सामान्यत: नवम्बर से फरवरी के मध्य होता है, जिसमें औसत तापमान 22° से 5°C तक होता है।
- यह मौसम रबी की फसलों के लिए सबसे उपयुक्त होता है।

SSC Steno 2023

75. गारो, खासी और जयन्तिया पहाड़ियाँ निम्न में से किसके उपखण्ड हैं?

SSC Steno 13.10.2023 (Shift-I)

(a) असम घाटी (b) मेघालय का पठार
(c) बराक बेसिन (d) सूरमा बेसिन

उत्तर (b)

- गारो, खासी और जयन्तिया पहाड़ियाँ मेघालय पठार के उपखण्ड हैं।

• मेघालय का पठार प्रायद्वीपीय पठार का ही भाग है।
• गारो हिल्स में सबसे ऊँचा स्थान **नोकरेक** पीक है।
• यहीं पर गारो, खासी और जयन्तिया जनजातियाँ निवास करती हैं।

76. कश्मीर घाटी में हिमोढ़ के साथ अन्त:स्थापित हिमनदीय मिट्टी और अन्य सामग्री के ठोस निक्षेपों को ······· कहा जाता है। **SSC Steno 15.11.2021**

(a) करेवा (b) खादर (c) बांगर (d) दून

उत्तर (a)

• कश्मीर घाटी में हिमोढ़ के साथ अन्त:स्थापित हिमनदीय मिट्टी और अन्य सामग्री के ठोस निक्षेपों को **करेवा** कहा जाता है।
• कश्मीर घाटी की करेवा में लिग्नाइट प्राप्त होने के संकेत भी हैं। इनके नीति तल निश्चित रूप से इस ओर संकेत करते हैं कि हिमालय पर्वत अभिनूतन युग में भी अपनी उत्थान की प्रक्रिया में था।

SSC GD 2024

77. भारत कितने देशों के साथ समुद्री सीमा साझा करता है? **SSC GD 20.02.2024 (Shift-III)**

(a) 6 (b) 2 (c) 4 (d) 8

उत्तर (b)

• भारत दो देशों **मालदीव** और **श्रीलंका** के साथ हिन्द महासागर में समुद्री सीमा साझा करता है।
• भारतीय तटीय सीमा **7516.6 किमी** है, जिसमें मुख्य भूमि के अतिरिक्त अण्डमान-निकोबार और लक्षद्वीप समूह भी शामिल हैं।

78. निम्नलिखित में से कौन-से पड़ोसी देश भारत का हिस्सा हुआ करते थे? **SSC GD 21.02.2024 (Shift-I)**

(a) पाकिस्तान और बांग्लादेश
(b) नेपाल और चीन
(c) श्रीलंका और मालदीव
(d) इण्डोनेशिया और भूटान

उत्तर (a)

• **बांग्लादेश और पाकिस्तान** वर्ष **1947** से पहले भारत में शामिल थे। वर्ष 1947 में पाकिस्तान भारत से पृथक् होकर नया देश बना।
• वर्ष 1971 में **जनरल सैम मानेकशॉ** के नेतृत्व में पूर्वी **पाकिस्तान** को नया देश, **बांग्लादेश** बना दिया गया।

79. भारत अपनी भूमि सीमाएँ ········ देशों के साथ साझा करता है। **SSC GD 22.02.2024 (Shift-IV)**

(a) सात (b) पाँच (c) छ: (d) आठ

उत्तर (a)

• भारत अपनी भूमि सीमाएँ **सात** देशों, (चीन, भूटान, नेपाल, पाकिस्तान, बांग्लादेश, अफगानिस्तान और म्यांमार) से साझा करता है।
• भारत की सबसे लम्बी भूमि सीमा बांग्लादेश (4096.7 किमी) और सबसे छोटी भूमि सीमा **अफगानिस्तान** (106 किमी) के साथ लगती है।

80. भारत की निम्नलिखित में से किस देश के साथ खुली सीमा है? **SSC GD 22.02.2024 (Shift-I)**

(a) म्यांमार (b) चीन
(c) नेपाल (d) पाकिस्तान

उत्तर (c)

• भारत की **नेपाल** के साथ खुली सीमा है।
• यह 1751 किमी (1,088.02 मील) लम्बी है, जिसमें हिमालयी भू-भाग एवं सिन्धु-गंगा मैदान सम्मिलित हैं।
• भारत के पाँच राज्य उत्तराखण्ड, उत्तर प्रदेश, पश्चिम बंगाल, सिक्किम तथा बिहार की सीमा नेपाल से मिलती है।

> रेडिक्लिफ रेखा का निर्धारण 17 अगस्त, 1947 को किया गया। यह रेखा भारत को पाकिस्तान से अलग करती है तथा इस रेखा का नाम सीमा आयोग के अध्यक्ष **सर सिरिल रेडक्लिफ** के नाम पर रखा गया। ये इंग्लैण्ड के एक वकील थे। रेडक्लिफ रेखा गुजरात के **कच्छ के रण** से लेकर **जम्मू और कश्मीर** तक विस्तृत है।

81. समुद्र पार भारत के दक्षिणी पड़ोसियों में ······ द्वीप देश शामिल हैं। **SSC GD 24.02.2024 (Shift-III)**

(a) तीन (b) दो (c) चार (d) पाँच

उत्तर (b)

• **मालदीव** (दक्षिण-पश्चिम में) तथा **श्रीलंका** (दक्षिण-पूर्व में) समुद्र पार भारत के दो दक्षिणी पड़ोसी द्वीप देश हैं। भारत सात देशों के साथ अपनी अन्तर्राष्ट्रीय स्थलीय सीमा साझा करता है, ये देश हैं
• उत्तर-पश्चिम में → अफगानिस्तान, पाकिस्तान।
• उत्तर में → चीन, नेपाल, भूटान।
• पूर्व में → म्यांमार, बांग्लादेश।

82. क्षेत्रफल की दृष्टि से भारत का विश्व के देशों में कौन-सा स्थान है? **SSC GD 26.02.2024 (Shift-I)**

(a) 8वाँ (b) 5वाँ
(c) 6वाँ (d) 7वाँ

उत्तर (d)

• भारत का कुल क्षेत्रफल **3.29 मिलियन वर्ग** किमी है, जिसके अनुसार भारत का विश्व के देशों में **7वाँ** स्थान है।
• क्षेत्रफल की दृष्टि से **रूस** विश्व का सबसे बड़ा देश है।

SSC Selection Post

83. काँगड़ा और कुल्लू घाटी भारत के किस राज्य में स्थित हैं? **SSC SP 01.08.2022 (Shift-IV)**

(a) जम्मू और कश्मीर
(b) हिमाचल प्रदेश
(c) उत्तराखण्ड
(d) उत्तर प्रदेश

उत्तर (b)

• काँगड़ा घाटी (Kangra Valley) पश्चिमी हिमालय में स्थित एक पर्वतीय घाटी है। इसका मुख्य भाग भारत के **हिमाचल प्रदेश** राज्य में स्थित है।
• कुल्लू घाटी भारत के हिमाचल प्रदेश में एक विस्तृत खुली घाटी है, जो मनाली और लारजी के बीच **ब्यास** नदी द्वारा बनाई गई है।
• कुल्लू घाटी अपने मन्दिरों, सुन्दरता और देवदार व चीड़ के जंगल तथा सेब के विशाल बागों से ढकी अपनी राजसी पहाड़ियों के लिए प्रसिद्ध है।

अपवाह तन्त्र, जलवायु, मिट्टियाँ

भारत की प्रमुख नदियाँ

नदी	उद्‌गम स्थल	संगम/मुहाना	लम्बाई (किमी)
गंगा	गंगोत्री के पास गोमुख ग्लेशियर	बंगाल की खाड़ी	2525
ब्रह्मपुत्र	मानसरोवर झील के समीप स्थित चेमायुंगडुंग हिमानी	बंगाल की खाड़ी	2900
सतलज	मानसरोवर झील के समीप स्थित राकसताल	प्लास नदी	1500
रावी	काँगड़ा जिले में रोहतांग दर्रे के समीप	चिनाब नदी	725
व्यास	रोहतांग दर्रे के समीप	सतलज नदी	470
झेलम	बेरीनाग (जम्मू-कश्मीर) के समीप शेषनाग झील	चिनाब नदी	725
चिनाब	बारालाचाला दर्रा (लाहौल-स्पीति)	सिन्धु नदी	1974
यमुना	बन्दरपूँछ के पश्चिमी ढाल पर स्थित यमुनोत्री हिमानी	प्रयागराज में गंगा नदी	1375

नदी	उद्‌गम स्थल	संगम/मुहाना	लम्बाई (किमी)
चम्बल	मध्य प्रदेश में महू के समीप जनापाव पहाड़ी	यमुना नदी	995
घाघरा	मत्सातुंग हिमानी	गंगा नदी	1080
गण्डक	नेपाल	पटना के समीप गंगा नदी	814
कोसी	गोसाईंथान चोटी के उत्तर में	गंगा नदी	730
बेतवा	विन्ध्याचल पर्वत	यमुना नदी	480
सोन	अमरकण्टक की पहाड़ियाँ	गंगा नदी	780
कृष्णा	महाबलेश्वर के समीप पश्चिमी घाट पहाड़	बंगाल की खाड़ी	1400
गोदावरी	नासिक जिले (महाराष्ट्र) के दक्षिण-पश्चिम में 64 किमी दूर स्थित, त्र्यम्बक गाँव की एक पहाड़ी	बंगाल की खाड़ी	1465

नदी	उद्गम स्थल	संगम/मुहाना	लम्बाई (किमी)
कावेरी	कर्नाटक के कुर्ग जिले में स्थित ब्रह्मगिरि पहाड़ी	बंगाल की खाड़ी	800
तुंगभद्रा	कर्नाटक में पश्चिम घाट पहाड़	कृष्णा नदी	331
पेन्नार	नन्दीदुर्ग पहाड़ी (कर्नाटक)	बंगाल की खाड़ी	597
नर्मदा	विन्ध्याचल पर्वत श्रेणियों में स्थित अमरकण्टक स्थान	खम्भात की खाड़ी	1312
महानदी	छत्तीसगढ़ के रायपुर जिले में सिहावा के समीप	बंगाल की खाड़ी (कटक)	875
तापी	बैतूल जिले (मध्य प्रदेश) के मुल्ताई नगर के पास	खम्भात की खाड़ी	724
माही	विन्ध्याचल पर्वत श्रेणी	खम्भात की खाड़ी	585
लूनी	अजमेर जिले में स्थित नाग पहाड़ (अरावली पर्वत)	कच्छ की खाड़ी	320
घग्गर	कालका के समीप शिवालिक हिमालय	हनुमानगढ़ (राजस्थान)	320
साबरमती	उदयपुर जिले का दक्षिण-पश्चिमी भाग (अरावली पर्वत)	कच्छ का रण क्षेत्र	371

नदियों के किनारे बसे प्रमुख नगर

नगर	नदी	नगर	नदी
अहमदाबाद	साबरमती	नासिक	गोदावरी
कोलकाता	हुगली	उज्जैन	क्षिप्रा
गुवाहाटी	ब्रह्मपुत्र	श्रीनगर	झेलम
जबलपुर	नर्मदा	तिरुचिरापल्ली	कावेरी
मदुरै	बैगाई	डिब्रूगढ़	ब्रह्मपुत्र
पणजी	माण्डवी	कोटा	चम्बल
पुणे	मूला-मूठा	बद्रीनाथ	अलकनन्दा
सूरत	ताप्ती/तापी	लखनऊ	गोमती
अयोध्या	सरयू	श्रीरंगपट्टनम	कावेरी
पंढरपुर	भीमा	अजमेर	लूनी
हैदराबाद	मूसी	दिल्ली	यमुना

भारत के प्रमुख जलप्रपात

जलप्रपात	नदी	ऊँचाई (मी)
कुंचिकल	बरही नदी	455
जोग या गरसोपा	शरावती नदी	260
येना	नर्मदा नदी	183
शिवसमुद्रम्	कावेरी नदी	90
हुण्डरू	स्वर्णरेखा नदी	98
गोकक	गोकक नदी	55
धुआँधार	नर्मदा नदी	30

भारत की प्रमुख झीलें

झील	अवस्थिति	झील	अवस्थिति
डल	जम्मू एवं कश्मीर	पुलीकट	तमिलनाडु
वूलर (मीठे पानी की झील)	जम्मू एवं कश्मीर	लोकटक	मणिपुर
वेरीनाग	जम्मू एवं कश्मीर	चिल्का (खारे पानी)	ओडिशा
शेषनाग	जम्मू एवं कश्मीर	लोनार	महाराष्ट्र
अनन्तनाग	जम्मू एवं कश्मीर	कोलेरू	आन्ध्र प्रदेश
राजसमन्द	राजस्थान	हुसैन सागर	तेलंगाना
पिछौला	राजस्थान	मल्लीताल	उत्तराखण्ड
जयसमन्द	राजस्थान	देवताल	उत्तराखण्ड
डीडवाना	राजस्थान	नैनीताल	उत्तराखण्ड
साम्भर	राजस्थान	सातताल	उत्तराखण्ड
वेम्बनाड	केरल	राकसताल	उत्तराखण्ड

भारत की प्रमुख नदी-घाटी परियोजनाएँ

परियोजना	अवस्थिति	नदी
भीमा परियोजना	महाराष्ट्र	पवना एवं कृष्णा
हीराकुड जल विद्युत परियोजना	ओडिशा	महानदी *(विश्व का सबसे लम्बा बाँध 4801 मी)*
सरदार सरोवर परियोजना	मध्य प्रदेश, महाराष्ट्र, राजस्थान, गुजरात	नर्मदा
नर्मदा सागर परियोजना	मध्य प्रदेश	नर्मदा नदी
इन्दिरा गाँधी नहर परियोजना	राजस्थान, पंजाब, हरियाणा	रावी, व्यास, सतलुज
फरक्का परियोजना	पश्चिम बंगाल	गंगा
दामोदर घाटी परियोजना	पश्चिम बंगाल व झारखण्ड	दामोदर नदी
इडुक्की परियोजना	केरल	पेरियार नदी
भाखड़ा नांगल बाँध परियोजना	हरियाणा, हिमाचल प्रदेश, राजस्थान, पंजाब	सतलज नदी (*भारत का सबसे ऊँचा बाँध, (226 मी)*)
टनकपुर बाँध परियोजना	भारत और नेपाल	महाकाली नदी (*भारत*)
सलाल पनबिजली परियोजना	जम्मू-कश्मीर	चिनाब
कोसी परियोजना	बिहार (*भारत-नेपाल*)	कोसी
सोन परियोजना	बिहार	सोन
काकरापारा, उकाई	गुजरात (*सूरत*)	ताप्ती
साबरमती परियोजना	गुजरात (*मेहसाणा*)	साबरमती
गाँधी सागर परियोजना	मध्य प्रदेश	चम्बल
राणा प्रताप सागर परियोजना	राजस्थान	चम्बल
जवाहर सागर परियोजना	राजस्थान	चम्बल
रिहन्द परियोजना	उत्तर प्रदेश	रिहन्द
टिहरी बाँध परियोजना	उत्तराखण्ड	भागीरथी
नागार्जुन सागर परियोजना	तेलंगाना, आन्ध्र प्रदेश	कृष्णा
तुंगभद्रा	आन्ध्र प्रदेश, कर्नाटक	तुंगभद्रा
शिवसमुद्रम्	कर्नाटक	कावेरी

भारत में मृदा का वितरण

- **जलोढ़ मृदा** उत्तर प्रदेश, बिहार, पंजाब, गुजरात, राजस्थान, हरियाणा, पश्चिम बंगाल, असम।
- **काली (रेगुर) मृदा** महाराष्ट्र, पश्चिमी मध्य प्रदेश, उत्तरी कर्नाटक, तमिलनाडु, बुन्देलखण्ड, गुजरात।
- **लाल-पीली मृदा** मध्य प्रदेश, दक्षिणी उत्तर प्रदेश, नागपुर पठार, मेघालय पठार, छत्तीसगढ़, झारखण्ड।
- **वनीय एवं पर्वतीय मृदा** लद्दाख, जम्मू एवं कश्मीर, हिमाचल प्रदेश, उत्तराखण्ड, उत्तर प्रदेश, असम, सिक्किम, अरुणाचल प्रदेश।
- **लैटेराइट मृदा** तमिलनाडु, केरल, कर्नाटक, ओडिशा, असम के पहाड़ी क्षेत्र, झारखण्ड।
- **लवणीय मृदा** पंजाब एवं हरियाणा के अत्यधिक सिंचाई वाले क्षेत्र।
- **पीट मृदा** उत्तरी बिहार, ओडिशा, तमिलनाडु।
- **मरुस्थलीय मृदा** पश्चिमी राजस्थान, उत्तरी गुजरात, दक्षिणी हरियाणा।

भारत में मृदा-फसल वितरण

मृदा	फसल
काली मृदा	कपास, गन्ना, तम्बाकू, तिलहन
जलोढ़ मृदा	चावल, गेहूँ, दलहन, सब्जियाँ
लैटेराइट मृदा	कॉफी, रबर, काजू, टैपियोका, चाय
लाल-पीली मृदा	चावल, रागी, तम्बाकू, मूँगफली
मरुस्थलीय मृदा	ज्वार, बाजरा, चना, सरसों

मृदा अपरदन

- **अपरदन चक्र की संकल्पना** डब्ल्यू. एम. डेविस
- **प्रभावित राज्य/केन्द्रशासित प्रदेश** राजस्थान, मध्य प्रदेश (चम्बल घाटी) गुजरात, जम्मू-कश्मीर, महाराष्ट्र
- **प्रकार** जलीय क्षरण, वायु क्षरण
- **उपाय** समोच्चरेखीय खेती, सीढ़ीदार खेती, मेड़बन्दी, नियमित वानिकी, नियन्त्रित चराई, आवरण फसलें उगाना, मिश्रित खेती तथा शस्यावर्तन

SSC CGL 2024 (Tier 1 & 2)

84. निम्नलिखित में से कौन-सी भारत की पूर्ववर्ती नदी नहीं है? SSC CGL Tier-2 20.01.2025

(a) कोसी (b) गंगा
(c) यमुना (d) सिंधु

उत्तर (c)

• उपर्युक्त में से यमुना भारत की पूर्ववर्ती नदी नहीं है।
• पूर्ववर्ती नदी वह होती है जो पर्वतीय क्षेत्र के पहले से ही अपने मार्ग का निर्माण कर चुकी है और पर्वत बनने के बाद भी अपना मार्ग नहीं बदलती है।
• यमुना भारत की एक प्रवाही नदी है, जो गंगा की सहायक नदी है। यह पूर्ववर्ती नहीं है क्योंकि इसका मार्ग हिमालय के उभार के बाद निर्धारित हुआ।
• कोसी, गंगा और सिन्धु ये नदियाँ हिमालय पर्वत के बनने से पहले ही अपने मार्ग का निर्माण कर चुकी थीं। इसलिए ये पूर्ववर्ती नदियाँ मानी जाती हैं।

85. कोपेन जलवायु वर्गीकरण में कौन-सा अक्षर कोड, मध्य अक्षांश मरुस्थल जलवायु को दर्शाता है? SSC CGL Tier-2 20.01.2025

(a) Cfa (b) EF
(c) BWk (d) Dw

उत्तर (c)

• कोपेन जलवायु वर्गीकरण में BWk कोड मध्य अक्षांश मरुस्थल जलवायु को दर्शाता है।
• BWk (शुष्क ठण्डा मरुस्थल) का अर्थ शुष्क जलवायु (B), मरुस्थलीय (W), ठण्डी या मध्य अक्षांश जलवायु (K)।
• Cfa : आर्द्र उपोष्णकटिबन्धीय जलवायु।
• EF : ध्रुवीय टुण्ड्रा जलवायु।
• Dw : शीतोष्ण जलवायु जिसमें सर्दियाँ शुष्क होती हैं।
• यह सामान्यत: 30°-50° अक्षांश के बीच पाया जाता है, जैसे गोबी मरुस्थल।

86. कौन-सा भारतीय शहर अपने सबसे गर्म और सबसे ठण्डे महीनों के बीच औसत तापमान में सबसे कम अन्तर का अनुभव करता है? SSC CGL Tier-2 18.01.2025

(a) दिल्ली (b) श्रीनगर
(c) भोपाल (d) मुम्बई

उत्तर (d)

• मुम्बई शहर अपने सबसे गर्म और सबसे ठण्डे महीनों के बीच औसत तापमान में सबसे कम अन्तर का अनुभव करता है।
• मुम्बई एक तटीय शहर है और इसका मौसम समुद्र के प्रभाव के कारण काफी स्थिर रहता है।
• यहाँ वर्ष भर औसत तापमान में बहुत कम अन्तर पाया जाता है।

87. सुबनसिरी, जिया भराली, धनसीरी और पुठिमारी किस नदी की प्रमुख सहायक नदियाँ हैं? SSC CGL Tier-1 26.09.2024 (Shift-III)

(a) ब्रह्मपुत्र (b) महानदी
(c) गोदावरी (d) भागीरथी

उत्तर (a)

• सुबनसिरी, जिया भराली, धनसीरी और पुठिभारी **ब्रह्मपुत्र** नदी की सहायक नदियाँ हैं।
• इसका उद्‌गम मानसरोवर झील के निकट **चेमायुंगडुंग हिमनद** से होता है।
• विश्व का सबसे बड़ा नदी द्वीप **माजुली** इसी नदी पर है।
• दिवांग, लोहित, सियांग, बूढ़ी दिहिंग, तिस्ता आदि इसकी अन्य सहायक नदियाँ हैं।
• इसे तिब्बत में **त्सांगपो** (सापागों) और चीन में **यारलुंग जांगबो** के नाम से जाना जाता है।

88. निम्नलिखित में से कौन-सा राज्य 'लू' से प्रभावित होता है? SSC CGL Tier-1 26.09.2024 (Shift-III)

(a) असम (b) कर्नाटक
(c) राजस्थान (d) केरल

उत्तर (c)

• **राजस्थान** राज्य लू से प्रभावित होता है।
• उत्तरी भारत में गर्मियों के मौसम में उत्तर-पूर्व तथा पश्चिम से पूर्व दिशा की ओर चलने वाली धूलभरी, प्रचण्ड उष्ण तथा शुष्क हवाओं को **लू** कहा जाता है।
• राजस्थान के **बाड़मेर** जिले में सबसे ज्यादा लू चलती है।
• लू के दौरान तापमान **45°C-50°C** तक पहुँच सकता है।

89. पर्वत के निम्नलिखित में से किस भाग में नमी युक्त हवाओं से सबसे अधिक वर्षा होगी? SSC CGL Tier-1 26.09.2024 (Shift-II)

(a) ऊपर की दिशा में (b) उच्चावच दिशा में
(c) हवा की दिशा में (d) अनुवात दिशा में

उत्तर (c)

• पर्वत की **हवा की ओर** वाले भाग में नमी युक्त हवाओं से सबसे ज्यादा बारिश होती है।
• ऐसा इसलिए होता है, क्योंकि पहाड़ की ढ़लान पर ऊपर की ओर जाने वाली हवा ठण्डी हो जाती है। ठण्डी हवा में मौजूद नमी संघनित होकर बारिश का रूप ले लेती है।
• पर्वतों पर बारिश होने की प्रक्रिया को **पर्वतकृत** या **राहत वर्षा** कहते हैं।
• यह उन जगहों पर होती है, जहाँ नमी भरी हवा को पहाड़ों से रुकना पड़ता है।

90. त्सांग पो और जमुना किस नदी के अन्य नाम हैं? SSC CGL Tier-1 26.09.2024 (Shift-II)

(a) गंगा (b) ब्रह्मपुत्र
(c) सिन्धु (d) नर्मदा

उत्तर (b)

• त्सांग पो और जमुना ब्रह्मपुत्र नदी के अन्य नाम हैं।
• ब्रह्मपुत्र नदी दक्षिण-पश्चिम चीन, पूर्वोत्तर भारत और बांग्लादेश से होकर बहती है।
• इसे असमिया में ब्रह्मपुत्र या लोहित, तिब्बती में यारलुंग त्संगपो, अरुणाचल में सियांग/दिहांग नदी और बंगाली में जमुना नदी के नाम से जाना जाता है।

91. गण्डक नदी किस नदी की सहायक नदी है? SSC CGL Tier-1 26.09.2024 (Shift-I)

(a) कावेरी नदी (b) ब्रह्मपुत्र नदी
(c) यमुना नदी (d) गंगा नदी

उत्तर (d)

• गण्डक नदी, **गंगा नदी** की सहायक नदी है।
• यह नदी भारत और नेपाल के मध्य बहती है।
• यह नदी **मुंगेर** (बिहार) में गंगा नदी से मिलती है।
• गण्डक नदी को नारायणी या **सालग्रामी** नदी के नाम से भी जाना जाता है।
• इसका कुल जलग्रहण क्षेत्र 46300 वर्ग किमी^{2} है।

92. निम्नलिखित में से कौन-सी नदी हिमालय से निकलती है? SSC CGL Tier-1 25.09.2024 (Shift-II)

(a) गोदावरी (b) नर्मदा
(c) गंगा (d) तापी

उत्तर (c)

• हिमालय से निकलने वाली प्रमुख नदियाँ गंगा, यमुना, ब्रह्मपुत्र, सिंधु, कोसी, घाघरा, झेलम इत्यादी हैं।
• नर्मदा नदी **सतपुड़ा** पर्वत से निकलती है।
• गोदावरी और तापी नदी दक्षिण भारत की प्रायद्वीपीय नदियाँ हैं।

93. निम्नलिखित में से कौन-सा भारत में लौटते मानसून से सम्बन्धित है? SSC CGL Tier-1 24.09.2024 (Shift-II)

(a) महावत (b) अक्टूबर की गर्मी
(c) काल बैसाखी (d) लू

उत्तर (b)

• **अक्टूबर की गर्मी** भारत में लौटते मानसून से सम्बन्धित है।
• दक्षिण-पश्चिम मानसून की हवाओं के कमजोर होने और उत्तर भारत से पीछे हटने की अवधि को लौटता हुआ मानसून कहते हैं।
• इस समय तापमान तेजी से नीचे आता है तथा आसमान साफ हो जाता है।
• लौटते मानसून के दौरान, बंगाल की खाड़ी से भयंकर **उष्णकटिबन्धीय** चक्रवात उठते हैं।

94. निम्नलिखित में से कौन-से महीनों का समूह उत्तर भारत में सबसे ठण्डा होता है? SSC CGL Tier-1 24.09.2024 (Shift-II)

(a) फरवरी और मार्च
(b) दिसम्बर और जनवरी
(c) अक्टूबर और नवम्बर
(d) सितम्बर और अक्टूबर

उत्तर (b)

• शीत ऋतु (Winter) नवम्बर से मार्च तक होती है, जिसमें **दिसम्बर और जनवरी** सबसे ठण्डे महीने होते हैं।

• उत्तरी भारत में औसत तापमान **10 से 15** डिग्री सेल्सियस होता है।

• इस अवधि के दौरान उत्तर-पूर्वी व्यापारिक पवनें भूमि से समुद्र की ओर चलती हैं।

• ठण्ड के मौसम में दिन गर्म और रात ठण्डी होती हैं।

95. निम्नलिखित में से कौन-सा, किसी स्थान का प्रमुख जलवायु नियन्त्रण नहीं है?

SSC CGL Tier-1 23.09.2024 (Shift-II)

(a) उन्नतांश (b) महासागरीय धाराएँ
(c) अक्षांश (d) भूगर्भ

उत्तर (d)

• **भूगर्भ**, किसी स्थान का प्रमुख जलवायु नियन्त्रण नहीं है।

• जलवायु को नियन्त्रित करने वाले प्रमुख कारकों में अक्षांश, ऊँचाई, समुद्री धाराएँ, स्थलाकृति, वनस्पति एवं प्रचलित हवाएँ आदि शामिल हैं।

• जलवायु नियन्त्रण से अभिप्राय हवा के तापमान, आर्द्रता और गति पर कृत्रिम नियन्त्रण रखना या प्रदान करना है।

96. वर्षा का सबसे आम मापन एक निश्चित अवधि के दौरान कुल वर्षा गहराई है, जिसे .... में व्यक्त किया जाता है।

SSC CGL Tier-1 23.09.2024 (Shift-II)

(a) हेक्टोपास्कल (b) मिलीबार
(c) मिलीमीटर (d) किलोपास्कल

उत्तर (c)

• वर्षा को मापने के लिए मौसम विज्ञानी रेन गेज का उपयोग करते हैं, जिसे **मिलीमीटर** में व्यक्त किया जाता है।

• रेन गेज में एक फनल होता है, जिसमें बारिश का पानी एकत्र होता है। इस तरह यह पता चलता है कि एक निश्चित समय में कितनी बारिश हुई है।

97. निम्नलिखित में से कौन-सी गंगा की सहायक नदी नहीं है? **SSC CGL Tier-1 23.09.2024 (Shift-II)**

(a) लोहित (b) कोसी (c) गण्डक (d) यमुना

उत्तर (a)

• उपर्युक्त में से लोहित नदी गंगा की सहायक नदी नहीं है।

• **लोहित** नदी ब्रह्मपुत्र नदी की एक सहायक नदी है।

• लोहित नदी चीन और भारत दोनों से होकर गुजरती है।

• यह पूर्वी तिब्बत के **जयाल छू** पर्वतश्रेणी से निकलती है।

98. भारतीय उपमहाद्वीप के उत्तरी मैदान का निर्माण तीन प्रमुख नदी प्रणालियों और उनकी सहायक नदियों की परस्पर क्रिया से हुआ है। दिए गए विकल्पों में से किसी असंगत का चयन कीजिए। **SSC CGL Tier-1 23.09.2024 (Shift-I)**

(a) ब्रह्मपुत्र (b) गोदावरी
(c) गंगा (d) सिन्धु

उत्तर (b)

• प्रश्न के अनुसार **गोदावरी** असंगत विकल्प है।

• गोदावरी को **दक्षिण भारत की गंगा** भी कहा जाता है।

• यह सबसे बड़ी प्रायद्वीपीय नदी प्रणाली है।

• इसका उद्गम नासिक (महाराष्ट्र) के निकट त्र्यंबकेश्वर पहाड़ी से होता है।

• यह **1465 किमी** लम्बी नदी है।

• यह नदी बेसिन उत्तर में सतमाला पहाड़ी, दक्षिण में अजन्ता श्रेणी एवं महादेव पहाड़ी से घिरा हुआ है।

• इस नदी बेसिन के पूर्व में पूर्वी घाट तथा पश्चिम में पश्चिमी घाट अवस्थित हैं।

99. भारत में मानसून की अवधि कितनी होती है?

SSC CGL Tier-1 23.09.2024 (Shift-I)

(a) 40-60 दिन (b) 150-200 दिन
(c) 50- 80 दिन (d) 100-120 दिन

उत्तर (d)

• भारत में मानसून की अवधि जून की शुरुआत से सितम्बर के मध्य तक **100-120** दिनों के बीच होती है।

• देश में मानसून आमतौर पर जून के पहले सप्ताह तक भारतीय प्रायद्वीप के दक्षिणी भाग में पहुँच जाता है।

100. लूनी नदी किस राज्य-समूह में बहती है?

SSC CGL Tier-1 19.09.2024 (Shift-I)

(a) महाराष्ट्र और कर्नाटक
(b) आँध्र प्रदेश और तेलंगाना
(c) राजस्थान और गुजरात
(d) बिहार और पश्चिम बंगाल

उत्तर (c)

• लूनी नदी **राजस्थान और गुजरात** राज्य समूह में बहती है।

• इसका प्राचीन नाम **लवणवती नदी** था।

• यह अरावली पर्वत के निकट अजमेर जिले के आनासागर-नाग पहाड़ से निकलकर दक्षिण पश्चिम क्षेत्र में बहती है।

• यह गुजरात में कच्छ के रण की दलदली भूमि में समाप्त हो जाती है।

101. वर्धा निम्नलिखित में से किस नदी की सहायक नदी है? **SSC CGL Tier-1 19.09.2024 (Shift-I)**

(a) गोदावरी (b) नर्मदा
(c) तापी (d) महानदी

उत्तर (a)

• **वर्धा, गोदावरी** नदी की सहायक नदी है।

• यह नदी **सतपुड़ा** पर्वत से निकलती है, जो महाराष्ट्र के विदर्भ क्षेत्र की एक प्रमुख नदी है।

• वर्धा नदी **मध्य प्रदेश** और **महाराष्ट्र** में बहती है

• गोदावरी नदी की सहायक नदियाँ-पेनगंगा, वर्धा, वेनगंगा, प्राणहिता, इन्द्रावती, प्रवरा, मांजरा और सबरी इत्यादि हैं।

102. 'भागीरथी' और 'अलकनन्दा' नदियों का संगम कहाँ होता है?

SSC CGL Tier-1 18.09.2024 (Shift-III)

(a) देवप्रयाग (b) कर्णप्रयाग
(c) जोशीमठ (d) हरिद्वार

उत्तर (a)

• **देवप्रयाग** में 'अलकनन्दा' और 'भागीरथी' नदी का संगम होता है। इनकी संयुक्त धारा गंगा नदी के नाम से जानी जाती है।

• देवप्रयाग पंच प्रयाग में से एक है, इसके अतिरिक्त विष्णुप्रयाग नन्दप्रयाग, कर्णप्रयाग और रुद्रप्रयाग हैं।

• देवप्रयाग, उत्तराखण्ड के टिहरी-गढ़वाल जिले में स्थित है।

• संस्कृत में देवप्रयाग का अर्थ है **ईश्वरीय संगम**।

103. निम्नलिखित में से कौन-सी पूर्व की ओर बहने वाली नदी है?

SSC CGL Tier-1 18.09.2024 (Shift-II)

(a) माही (b) गोदावरी (c) तापी (d) नर्मदा

उत्तर (b)

• **गोदावरी**, कृष्णा, कावेरी, महानदी आदि नदियाँ भारत में पूर्व की ओर बहने वाली नदियाँ हैं।

• गोदावरी नदी को **दक्षिण भारत की गंगा** भी कहते हैं।

• गोदावरी नदी 1465 किमी लम्बी नदी है, जो महाराष्ट्र के पश्चिमी घाट में स्थित **ब्रह्मगिरि** शिखर (त्र्यम्बकेश्वर) से निकलती है।

104. निम्नलिखित में से कौन-सी पश्चिम की ओर बहने वाली नदियाँ हैं?

SSC CGL Tier-1 18.09.2024 (Shift-I)

(a) कृष्णा और कावेरी
(b) गंगा और यमुना
(c) गोदावरी और महानदी
(d) माही और साबरमती

उत्तर (d)

• उपर्युक्त में से माही और साबरमती पश्चिम की ओर बहने वाली नदियाँ हैं।

• भारत में पश्चिम की ओर बहने वाली नदियाँ, नर्मदा, ताप्ती, माही, साबरमती और लूनी नदी हैं।

• माही नदी मध्य प्रदेश के धार जिले के पास विंध्याचल पहाड़ियों में **मेहद झील** से निकलती है।

• **माही** नदी भारत की एकमात्र नदी है, जो कर्क रेखा को दो बार काटती है।

• साबरमती नदी राजस्थान के उदयपुर जिले में अरावली पहाड़ियों से निकलती है।

105. निम्नलिखित में से कौन-सी प्रायद्वीपीय नदी अरब सागर में गिरती है?

SSC CGL Tier-1 17.09.2024 (Shift-II)

(a) महानदी (b) साबरमती
(c) कृष्णा (d) गोदावरी

उत्तर (b)

• **साबरमती** नदी अरब सागर में गिरती है। साबरमती नदी भारत की एक प्रमुख नदी है।

• इस नदी का उद्गम राजस्थान के **उदयपुर** जिले में अरावली पर्वतमाला से होता है और फिर यह नदी राजस्थान और गुजरात में दक्षिण-पश्चिम दिशा में बहते हुए अरब सागर (खम्भात की खाड़ी) में विलय हो जाती है।

• इसका प्राचीन नाम **भोगवा** था।

• इसके तट पर अवस्थित प्रमुख शहर अहमदाबाद और गाँधीनगर हैं।

106. भारत में विशेष रूप से केरल, कर्नाटक और तमिलनाडु के कुछ हिस्सों में पूर्व-मानसून वर्षा की घटना का वर्णन करने के लिए आम बोलचाल में प्रयोग होने वाला शब्द कौन-सा है? **SSC CGL Tier-1 13.09.2024 (Shift-III)**

(a) कालबैसाखी
(b) सन्तरे की वर्षा (ऑरेंज शॉवर्स)
(c) नोर वेस्टर्स
(d) आम की वर्षा (मैंगो शॉवर्स)

उत्तर (d)

• भारत में विशेष रूप से केरल, कर्नाटक और तमिलनाडु के कुछ हिस्सों में पूर्व मानसून की घटना का वर्णन करने के लिए आम बोलचाल में प्रयोग शब्द **आम की वर्षा** (मैंगो शॉवर्स) है।
• मानसून वायु की दिशा में होने वाले मौसमी परिवर्तन हैं, जो उष्णकटिबन्धीय क्षेत्रों में नमीयुक्त और शुष्क मौसम के कारण निर्मित होते हैं।
• **मैंगो शावर** आम को जल्दी पकने में मदद करती है।
• इस वर्षा को 'अप्रैल वर्षा' या 'ग्रीष्म वर्षा' के नाम से भी जाना जाता है।

107. निम्नलिखित में से कौन-सी नदी हिमालय की सबसे पूर्वी सीमा बनाती है? **SSC CGL Tier-1 13.09.2024 (Shift-II)**

(a) सतलुज (b) काली
(c) तीस्ता (d) ब्रह्मपुत्र

उत्तर (d)

• **ब्रह्मपुत्र** नदी हिमालय की सबसे पूर्वी सीमा बनाती है।
• इस नदी का उद्‌गम तिब्बत के दक्षिण-पश्चिम में स्थित **चेमायुंगडुंग ग्लेशियर** से होता है।
• इस नदी को तिब्बत में **सांग्पो** के नाम से जाना जाता है।
• अरुणाचल प्रदेश में इसे **दिहांग** के नाम से जाना जाता है।

108. भारत के किस क्षेत्र में ग्रीष्म ऋतु में कम वर्षा होती है, लेकिन वापस लौट रही उत्तर-पूर्वी हवाओं के कारण सर्दियों के मौसम में भारी वर्षा होती है? **SSC CGL Tier-1 13.09.2024 (Shift-I)**

(a) पूर्वी तटीय क्षेत्र
(b) दक्षिणी तटीय क्षेत्र
(c) पश्चिमी तटीय क्षेत्र
(d) उत्तरी तटीय क्षेत्र

उत्तर (a)

• लौटते हुए मानसून से पूर्वीतट पर भारी वर्षा होती है।
• लौटता हुआ मानसून उत्तर-पूर्वी वायु स्रोतों का प्रवाह है, जो अक्टूबर के बाद हिमालय पर्वतमाला के दक्षिण-पश्चिम दिशा में बहता है।
• यह शीतकालीन मानसून है, यह लौटते हुए मानसून अक्टूबर की शुरुआत में उत्तरी मैदानों से पूरी तरह खत्म हो जाते हैं।
• लौटते मानसून के दौरान तमिलनाडु में काफी बारिश होती है और बंगाल की खाड़ी में भयंकर **उष्णकटिबन्धीय** चक्रवात उठते हैं।

109. निम्नलिखित में से कौन-सी भारत और पाकिस्तान के बीच सीमा पर (Transboundary) नदी है? **SSC CGL Tier-1 10.09.2024 (Shift-II)**

(a) झेलम (b) ब्यास
(c) रावी (d) सिन्धु

उत्तर (c)

• **रावी** नदी भारत और पाकिस्तान के बीच सीमा पर बहने वाली नदी है।
• यह नदी पंजाब क्षेत्र से जुड़ी पाँच नदियों में से एक है। रावी नदी को लाहौर नदी भी कहा जाता है।
• रावी नदी का उद्‌गम हिमाचल प्रदेश के रोहतांग दर्रे में होता है।
• रावी नदी की कुल लम्बाई **720 किमी** है।
• आयोग के द्वारा दिया गया उत्तर रावी नदी हैं। परन्तु इसका उत्तर a, b, और c तीनों हैं।

110. किसी स्थान की जलवायु निम्नलिखित में से किसके द्वारा प्रभावित नहीं होती है?

(a) समुद्र से दूरी (b) मिट्टी के प्रकार
(c) उच्चावच (d) स्थान

उत्तर (b)

• किसी स्थान की जलवायु **मिट्टी के प्रकार** द्वारा प्रभावित नहीं होती है।
• किसी स्थान की जलवायु समुद्र से दूरी, उच्चावच और स्थान द्वारा प्रभावित होती है।
• जलवायु अक्षांश, देशान्तर, भू-भाग, ऊँचाई, भूमि उपयोग और आस-पास के जल निकायों और उनकी धाराओं से प्रभावित होती है।
• जलवायु शब्द किसी बड़े भू-भाग के लिए और लम्बे समय के लिए उपयोग किया जाता है।

111. गर्मियों में उत्तर भारत में बहने वाली गर्म स्थानीय हवा कहलाती है **SSC CGL Tier-1 09.09.2024 (Shift-III)**

(a) पुर्गा (b) आम्र वर्षा
(c) लू (d) चिनूक

उत्तर (c)

• **लू** गर्मियों में उत्तर भारत में बहने वाली गर्म स्थानीय हवा है।
• भारत में इस हवा का प्रवाह मई तथा जून महीने में सर्वाधिक होता है।
• इसी तरह यूएसए और कनाड़ा में चिनूक, गिनी के तट पर हरमट्टन और जावा, इण्डोनेशिया में कोयम बेंग गर्म हवाएँ चलती हैं।

112. भारत के किस राज्य में जल संचयन के लिए कुण्ड या टांका का उपयोग किया जाता है?

(a) राजस्थान (b) पंजाब
(c) आन्ध्र प्रदेश (d) उत्तर प्रदेश

उत्तर (a)

• टांका वर्षा जल संचयन की एक पारम्परिक तकनीक है। यह भारत के **राजस्थान** क्षेत्र में उपयोग की जाती है।
• यह एक बेलनाकार या आयताकार आकार का भूमिगत गडढ़ा होता है।
• इसमें छतों, आँगनों या कृत्रिम रूप से तैयार किए गए जलग्रहण क्षेत्रों से बारिश का पानी आता है।
• जब टांका भर जाता है, तो उसमें जमा पानी पूरे शुष्क मौसम में चलाया जाता है।

113. भारत के किस भाग में गर्म हवा 'लू' चलती है? **SSC CGL Tier-1 29.09.2024 (Shift-II)**

(a) उत्तर और उत्तर-पश्चिम
(b) पूर्व और पूर्वोत्तर
(c) पश्चिम और दक्षिण-पश्चिम
(d) दक्षिण और दक्षिण-पश्चिम

उत्तर (a)

• भारत के **उत्तर और उत्तर-पश्चिम** भाग में 'लू' चलती हैं।
• यह हवा गर्मियों के मौसम में **भारत के थार** मरुस्थल से चलने वाली गर्म हवा है।
• यह हवा उत्तर-पूर्व और पश्चिम से पूरब दिशा में चलती है।
• यह धूलभरी, शुष्क और तेज हवा होती है।

114. गर्मियों के महीनों में पूर्वी जेट धारा प्रायद्वीपीय भारत के ऊपर किस अक्षांश पर बहती है? **SSC CGL Tier-1 09.09.2024 (Shift-II)**

(a) 28° N (b) 30° N
(c) 24° N (d) 14° N

उत्तर (d)

• गर्मियों के महीनों में पूर्वी जेट धारा प्रायद्वीपीय भारत के 14° N अक्षांश पर बहती है। यह हवा का एक प्रारूप है, जो जून से सितम्बर के दौरान भारतीय उपमहाद्वीप में पूर्व से पश्चिम की ओर बहती है।
• पूर्वी जेट धारा तिब्बती पठार और हिन्द महासागर के बीच तापमान के अन्तर के कारण बनता है।
• पूर्वी जेट धारा बंगाल की खाड़ी और अरब सागर से नमी को भारतीय उपमहाद्वीप में लाती है।

SSC CGL 2023 (Tier 1 & 2)

115. दिल्ली और पटना के बीच चलने वाली गर्म, शुष्क पीड़ादायक पवनों का नाम बताइए। **SSC CGL 06.03.2023 (Shift-I)**

(a) फूलों वाली बौछार (b) काल बैशाखी
(c) आम्रवर्षा (d) लू

उत्तर (d)

• **लू** दिल्ली व पटना के बीच चलने वाली गर्म शुष्क पीड़ादायक पवन है।
• सूर्य के उत्तरायण होने की स्थिति में उत्तर भारत के मैदानी भागों में सूर्य के तपते प्रभाव के कारण, जब तापमान में वृद्धि होने लगती है, तो गर्म हवाएँ तप्त पृष्ठभूमि के कारण **पश्चिम से पूर्व की ओर** प्रवाहित होने लगती हैं।
• यह अप्रैल-मई के महीने में उत्तर के मैदानी भागों को प्रभावित करने वाली अतिशुष्क एवं गर्म हवा है।

116. सुमेलित कीजिए। **SSC CGL 06.03.2023 (Shift-I)**

	ऋतु		भारतीय कैलेण्डर के अनुसार महीना
A.	बसन्त	1.	चैत्र-वैशाख
B.	ग्रीष्म	2.	आश्विन-कार्तिक
C.	वर्षा	3.	श्रावण-भाद्र
D.	शरद	4.	ज्येष्ठ-आषाढ़

कूट

	A	B	C	D		A	B	C	D
(a)	2	3	4	1	(b)	1	4	3	2
(c)	4	1	3	2	(d)	4	3	1	2

उत्तर (b)

• सही सुमेलन A-1, B-4, C-3, D-2 है।

• **बसन्त ऋतु** में भारतीय कैलेण्डर के अनुसार **चैत्र-वैशाख** हैं तथा अंग्रेजी कैलेण्डर के अनुसार मार्च-अप्रैल हैं।

• **ग्रीष्म ऋतु** में भारतीय कैलेण्डर के अनुसार ज्येष्ठ-आषाढ़ हैं तथा अंग्रेजी कैलेण्डर के अनुसार मई-जून हैं।

• **वर्षा ऋतु** में भारतीय कैलेण्डर के अनुसार श्रावण और भाद्रपद हैं, जबकि अंग्रेजी कैलेण्डर के अनुसार जुलाई-अगस्त हैं।

• **शरद ऋतु** में भारतीय कैलेण्डर के अनुसार आश्विन और कार्तिक हैं, जबकि अंग्रेजी कैलेण्डर में अक्टूबर और नवम्बर हैं।

117. निम्न में से कौन-सा मौसम भारत के चार मौसमों का भाग नहीं है? SSC CGL 02.03.2023 (Shift-I)

(a) सर्दी का मौसम
(b) गर्मी का मौसम
(c) दक्षिण-पश्चिम मानसून का मौसम
(d) दक्षिण-पूर्व मानसून का मौसम

उत्तर (d)

• **दक्षिण-पूर्व मानसून का मौसम** भारत के मौसमों का भाग नहीं है।

• भारत में चार प्रमुख मौसम होते हैं

• दिसम्बर से फरवरी तक ठण्डा मौसम (सर्दी)

• मार्च से मई तक गर्म मौसम (गर्मी)

• जून से सितम्बर तक दक्षिण-पश्चिम मानसून का मौसम (वर्षा)

• अक्टूबर और नवम्बर में मानसून के लौटने का मौसम (शरद)

118. ठण्ड के मौसम में, उत्तर भारत में अत्यधिक ठण्ड के मुख्य कारणों के सम्बन्ध में निम्नलिखित कथनों पर विचार करें और पहचानें कि कौन-से कथन सही हैं? SSC CGL 07.03.2023 (Shift-I)

1. पंजाब, हरियाणा और राजस्थान जैसे राज्य समुद्र के समकारी प्रभाव से दूर होने के कारण महाद्वीपीय जलवायु का अनुभव करते हैं।
2. निकटवर्ती हिमालय की श्रेणियों में हिमालय के कारण शीत लहर की स्थिति उत्पन्न हो जाती है।
3. फरवरी के आस-पास, कैस्पियन सागर और तुर्कमेनिस्तान से आने वाली ठण्डी पवनें भारत के उत्तर-पश्चिमी भागों में पाला और कोहरे के साथ शीत लहर लाती हैं।

कूट

(a) 1 और 3 (b) 1 और 2
(c) 1, 2 और 3 (d) 2 और 3

उत्तर (c)

• ठण्ड के मौसम में, उत्तर भारत में अत्यधिक ठण्ड के मुख्य कारणों के सम्बन्ध में सभी कथन सही हैं।

प्रमुख कारण

(i) निकटवर्ती हिमालय की श्रेणियों में हिमपात के कारण शीत लहर की स्थिति उत्पन्न हो जाती है।

(ii) फरवरी के महीने के आस-पास, **कैस्पियन सागर** और **तुर्कमेनिस्तान** से आने वाली ठण्डी पवनें भारत के उत्तर-पश्चिमी भागों में पाला और कोहरे के साथ शीत लहर लाती हैं।

(iii) पंजाब, हरियाणा और राजस्थान जैसे राज्य समुद्र के समकारी प्रभाव से दूर होने के कारण **महाद्वीपीय जलवायु** का अनुभव करते हैं।

(iv) निचले बादलों की उपस्थित और भारत-गंगा के मैदानी क्षेत्रों में नमी की उपस्थिति, ठण्ड बढ़ाने में सहायता प्रदान करती है।

119. निम्नलिखित में से कौन-सा राज्य तापी बेसिन का हिस्सा नहीं है? SSC CGL 14.07.2023 (Shift-I)

(a) राजस्थान (b) महाराष्ट्र
(c) गुजरात (d) मध्य प्रदेश

उत्तर (a)

• तापी बेसिन के अन्तर्गत **राजस्थान** राज्य नहीं आता है।

• तापी बेसिन के अन्तर्गत महाराष्ट्र, गुजरात और मध्य प्रदेश आता है।

• तापी नदी मध्य भारत में **नर्मदा नदी के दक्षिण** में स्थित एक नदी है, जो अरब सागर में मिलने से पहले पश्चिम की ओर बहती है।

• तापी नदी का उद्‌गम मध्य प्रदेश के बैतूल जिले के **मुल्ताई** से हुआ है।

• यह नदी **भ्रंशघाटी** में बहती है तथा इसका अन्य नाम **सूर्यपुत्री** भी है।

120. भारत के निम्नलिखित में से किन राज्यों में अक्टूबर से दिसम्बर के दौरान पूर्वोत्तर मानसून के कारण वर्षा होती है? SSC CGL 17.07.2023 (Shift-I)

(a) उत्तर प्रदेश, बिहार और पश्चिम बंगाल
(b) पंजाब, हरियाणा और मध्य प्रदेश
(c) आन्ध्र प्रदेश, मध्य प्रदेश और कर्नाटक
(d) तमिलनाडु, केरल और आन्ध्र प्रदेश

उत्तर (d)

• पूर्वोत्तर मानूसन के कारण अक्टूबर से दिसम्बर के दौरान सबसे अधिक वर्षा **तमिलनाडु** में होती है, उसके बाद **केरल** और **आन्ध्र प्रदेश** का स्थान आता है।

• पूर्वोत्तर मानसून **हिन्द महासागर** के ऊपर हवा की दिशा में उलट होने के कारण होता है, जो **बंगाल की खाड़ी** से भारत के दक्षिणी भाग में **नमी** लाता है।

• पूर्वोत्तर मानूसन को **शीतकालीन मानसून** भी कहा जाता है।

121. नदियों का कौन-सा समूह प्रायद्वीपीय अपवाह तन्त्र का भाग है? SSC CGL 17.03.2023 (Shift-IV)

(a) गंगा और यमुना
(b) महानदी और गोदावरी
(c) दामोदर और शारदा
(d) गण्डक और घाघरा

उत्तर (b)

• **महानदी और गोदावरी** प्रायद्वीपीय अपवाह तन्त्र का भाग है।

• महानदी का उद्‌गम छत्तीसगढ़ के मैकाल पर्वत की **सिंहावा** पहाड़ी से होता है।

• गोदावरी नदी का उद्‌गम महाराष्ट्र के नासिक जिले की **त्र्यम्बक पहाड़ी** से होता है। इसे दक्षिण की गंगा या वृद्ध गंगा भी कहा जाता है।

• इसकी कुल लम्बाई **1465 किमी** है।

122. निम्नलिखित में से भारत में काली मिट्टी के क्षेत्र की पहचान कीजिए। SSC CGL 18.07.2023 (Shift-I)

(a) उत्तरी मैदान (b) तटीय मैदान
(c) दक्कन ट्रैप (d) हिमालयी क्षेत्र

उत्तर (c)

• **दक्कन ट्रैप** भारत में काली मिट्टी का क्षेत्र है।

• काली मिट्टी **कपास** उगाने के लिए महत्त्वपूर्ण होती है, क्योंकि कपास की खेती के लिए उच्च नमी प्रतिधारण आवश्यक है।

• इस मिट्टी में उच्च मात्रा में **मैग्नीशियम** और **कैल्शियम कार्बोनेट** होते हैं।

• काली मिट्टी महीन दाने वाली, अत्यन्त कठोर प्रकृति की मृदा होती है।

• काली मिट्टी को रेगुर मिट्टी लावा मिट्टी और अन्तर्राष्ट्रीय स्तर पर **चेरनोजम** के नाम से जानते हैं।

123. कोपेन की योजना के अनुसार, भारत में किस प्रकार की जलवायु को 'Cwg' से निरूपित किया जाता है? SSC CGL 18.07.2023 (Shift-II)

(a) शुष्क ग्रीष्म के साथ मानसून
(b) ध्रुवीय प्रकार
(c) शुष्क शीत के साथ मानसून
(d) अर्द्धशुष्क स्टेपी जलवायु

उत्तर (c)

• कोपेन की योजना के अनुसार, भारत में शुष्क शीत के साथ मानसून की जलवायु को 'Cwg' से निरूपित किया जाता है।

• Cwg (शुष्क शीत के साथ मानसून) प्रकार की जलवायु **उत्तरी गंगा के मैदानों** के अधिकांश भागों में पाई जाती है।

• कोपेन वर्गीकरण प्रणाली पृथ्वी को **पाँच** प्रमुख प्रकारों में विभाजित करती है, जिन्हें A, B, C, D, E अक्षरों से दर्शाया जाता है।

A = उष्ण आर्द्र जलवायु,
B = शुष्क जलवायु
C = उष्ण आर्द्र समशीतोष्ण जलवायु
D = मध्य अक्षांशीय शीत जलवायु,
E = ध्रुवीय जलवायु

124. निम्नलिखित में से कौन-सी भारत में स्थित मीठे पानी की झील नहीं है? SSC CGL 18.07.2023 (Shift-III)

(a) नैनीताल (b) पुलिकट
(c) भीमताल (d) लोकटक

उत्तर (b)

• पुलिकट चिल्का झील के बाद दूसरी सबसे बड़ी खारे पानी की झील है।

• आन्ध्र प्रदेश और तमिलनाडु की सीमा पर स्थित इस झील का 96% भाग आन्ध्र प्रदेश एवं 4% भाग तमिलनाडु के अन्तर्गत आता है।

125. निम्नलिखित में से किस राज्य को 'मोलासेस बेसिन' के नाम से भी जाना जाता है, जो मृदु असंगठित निक्षेपों से बना हुआ है?
SSC CGL 19.07.2023 (Shift-III)
(a) मेघालय (b) मणिपुर
(c) मिजोरम (d) नागालैण्ड

उत्तर (c)

• **मिजोरम** राज्य को **मोलासेस बेसिन** के नाम से भी जाना जाता है। यह मृदु असंगठित निक्षेपों से बना हुआ है।
• मोलासेस बेसिन आल्पस के उत्तर में एक अन्तरीप बेसिन है।
• यह ओलिगोसीन और मियोसीन युगों के दौरान बना है।
• भू-विज्ञान में **मोलासेस बेसिन** नाम का प्रयोग सामान्य अर्थ में आल्पस के उत्तर के प्रकार के एक सिनोरोजेसिक अन्तरीप बेसिन के लिए भी किया जाता है।
• मिजोरम को **शीरा बेसिन** के नाम से भी जाना जाता है।

126. भारतीय पंचांग के अनुसार हेमन्त ऋतु किन महीनों में आती है? SSC CGL 20.07.2023 (Shift-I)
(a) ज्येष्ठ-आषाढ़ (b) श्रावण-भाद्र
(c) चैत्र-वैशाख (d) मार्गशीर्ष-पौष

उत्तर (d)

• भारतीय पंचांग के अनुसार हेमन्त ऋतु शरद पूर्णिमा के बाद आरम्भ होती है, जिसमें **कार्तिक**, **मार्गशीर्ष** और **पौष** मास हेमन्त ऋतु में आते हैं।
• हेमन्त भारतीय कैलेंडर में वर्णित छः ऋतुओं में से एक है, जो सूर्य की स्थिति पर आधारित है।
• मार्गशीर्ष-पौष के महीने क्रमशः नवंबर-दिसम्बर और दिसंबर-जनवरी के बीच आते हैं।

127. भारतीय मानसून की 'बंगाल की खाड़ी की शाखा' और 'अरब सागर शाखा' का विलय कहाँ पर होता है? SSC CGL 22.07.2023 (Shift-II)
(a) दक्षिणी प्रायद्वीपीय भाग
(b) दक्कन के पठार के उत्तर
(c) गंगा के मैदान के उत्तर-पश्चिमी भाग
(d) कोरोमण्डल तट

उत्तर (c)

• बंगाल की खाड़ी मानसून शाखा और अरब सागर शाखा **गंगा के मैदान के उत्तर-पश्चिमी भाग** में विलीन हो जाते हैं, जिसे **सिन्धु गंगा का मैदान** या **उत्तरी मैदान** कहा जाता है।
• दो मानसून शाखाओं के विलय से इस क्षेत्र में भारी वर्षा होती है, जो कृषि और देश की समग्र अर्थव्यवस्था के लिए महत्त्वपूर्ण है।
• मानसून की अरब सागर शाखा भारत के **पश्चिमी तट** पर वर्षा लाती है, जबकि बंगाल की खाड़ी शाखा **पूर्वी तट** पर वर्षा लाती है।
• मानसून की वजह से गंगा के मैदान में ITCZ (मानसून गर्त) है।

128. टीला, सेती और बेरी किस नदी की सहायक नदियाँ हैं? SSC CGL 20.07.2023 (Shift-III)
(a) माही (b) तमसा
(c) घाघरा (d) साबरमती

उत्तर (c)

• टीला, सेती और बेरी **घाघरा** नदी की सहायक नदियाँ हैं।
• घाघरा नदी तिब्बत क्षेत्र में स्थित **मैपचाचुंगो हिमनद** से निकलती है। तिब्बत में इसे **कर्णाली** के नाम से जाना जाता है।
• इसकी कुल लम्बाई **1080 किमी** है।
• यह बिहार में छपरा के समीप गंगा नदी में मिल जाती है तथा **उत्तर प्रदेश** और **बिहार** के मध्य सीमा बनाती है।

129. निम्नलिखित में से कौन, कर्नाटक में कॉफी के फूलों को खिलने में मदद करता है?
(a) आम्र बौछार SSC CGL 20.07.2023 (Shift-III)
(b) लू
(c) उत्तर-पश्चिमी हवा
(d) मंजरी वर्षण

उत्तर (d)

• मंजरी वर्षण कर्नाटक में कॉफी के फूलों को खिलने में मदद करता है
• यह वर्षण **मार्च से अप्रैल के मध्य** होता है।
• भारत में मानसून पूर्व वर्षा को क्षेत्रीय आधार पर अलग-अलग नामों से जाना जाता हैं; जैसे **आम्र वर्षा**, (कर्नाटक और केरल), **कालवैशाखी** (पश्चिम बंगाल) आदि।

130. गोदावरी नदी की उस शाखा का क्या नाम है,जो पुदुचेरी केन्द्रशासित प्रदेश के यनम अन्तः क्षेत्र से बहती हुई बंगाल की खाड़ी में मिलती है? SSC CGL 20.07.2023 (Shift-IV)
(a) कपिला (b) इन्द्रावती
(c) भवानी (d) गौतमी

उत्तर (d)

• गौतमी नदी गोदावरी नदी की शाखा है जो पुदुचेरी के यनम अन्तःक्षेत्र से बहती हुई बंगाल की खाड़ी में मिलती है।
• गोदावरी नदी नासिक के समीप **त्र्यम्बक पहाड़ी** से निकलती है।
• इसे प्रायद्वीपीय भारत की सबसे लम्बी एवं पूरे भारत की दूसरी सबसे लम्बी नदी मानते हैं।
• इसकी कुल लम्बाई **1465 किमी** है।

131. निम्नलिखित में से कौन-सी गोदावरी नदी की सहायक नदी नहीं है? SSC CGL 21.07.2023 (Shift-I)
(a) मंजरा (b) पूर्णा
(c) प्राणहिता (d) माही

उत्तर (d)

• माही गोदावरी नदी की सहायक नदी नहीं है। गोदावरी नदी प्रायद्वीपीय भारत की सबसे बड़ी नदी है। इसे **वृद्धगंगा** या **दक्षिण गंगा** भी कहा जाता है।
• इसकी प्रमुख सहायक नदियाँ-पेनगंगा, इन्द्रावती, प्राणहिता, मंजरा तथा वर्धा आदि हैं।
• माही नदी का उद्गम मध्य प्रदेश के **धार** जिले के पास विंध्याचल की पहाड़ियों में **मेहद झील** से होता है।
• माही नदी **कर्क रेखा** को **दो बार** काटती है।

132. भारत के अधिकांश भागों में जून से सितम्बर के दौरान वर्षा क्यों होती है?
SSC CGL 21.07.2023 (Shift-I)
(a) इन क्षेत्रों में अत्यधिक सर्द रातों के कारण
(b) इन महीनों में उच्च दाब के कारण
(c) उत्तर-पूर्वी मानसून के कारण
(d) दक्षिण-पश्चिम मानसून के कारण

उत्तर (d)

• भारत में जून से सितम्बर के दौरान बारिश होने का कारण दक्षिण-पश्चिम मानसून है।
• भारत के अधिकांश भागों में वर्षा (लगभग 80 %) दक्षिण-पश्चिम मानसून के द्वारा होती है।
• दक्षिण-पश्चिम मानसून दो शाखाओं में विभाजित हो जाता है— (i) अरब सागर की शाखा (ii) बंगाल की खाड़ी की शाखा।
• अरब सागर में मानसून सबसे पहले भारत के **केरल** राज्य में जून के प्रथम सप्ताह में आता है।

133. भारत की सबसे बड़ी मीठे पानी की झील ······· है। SSC CGL 21.07.2023 (Shift-II)
(a) वूलर (b) कोलेरू (c) चिल्का (d) वेम्बनाड

उत्तर (a)

• भारत की सबसे बडी मीठे पानी की झील **वूलर** है। यह झील जम्मू और कश्मीर प्रदेश के बाण्डीपोरा जिले में स्थित है।
• यह झेलम नदी के मार्ग में पड़ती है। इस झील का निर्माण **विवर्तनिक गतिविधि के परिणामस्वरूप हुआ था।**
• तुलबुल परियोजना इसी झील पर स्थित है।
• इस झील के केन्द्र में एक द्वीप है, जिसे **जैनुल लंक** कहा जाता है।

134. नर्मदा नदी कहाँ से निकलती थी?
SSC CGL 21.07.2023 (Shift-III)
(a) पश्चिमी घाट
(b) सतपुड़ा पर्वतमाला
(c) गाविलगढ़ पहाड़ियों
(d) अमरकण्टक पर्वतमाला

उत्तर (d)

• नर्मदा नदी का उद्गम क्षेत्र **अमरकण्टक** है।
• यह नदी जबलपुर में भेड़ाघाट के समीप कपिल धारा (धुआँधार) जलप्रपात का निर्माण करती है।
• यह भारत की पश्चिम दिशा में बहने वाली **5वीं** सबसे लम्बी नदी है।
• यह मध्य प्रदेश, गुजरात और महाराष्ट्र राज्यों से होकर बहती है।
• नर्मदा नदी **भ्रंश घाटी** में बहती है।

135. निम्नलिखित में से कौन-सी नदी अपने उद्गम स्थल के साथ गलत सुमेलित है?
SSC CGL 21.07.2023 (Shift-IV)
(a) सतलुज-डल झील
(b) गंगा-गंगोत्री हिमनद
(c) महानदी-सिहावा पर्वत
(d) गोदावरी-त्र्यंबकेश्वर

उत्तर (a)

• सतलुज-डल झील गलत सुमेलित है।

• सतलुज नदी डल झील से नहीं अपितु तिब्बत में मानसरोवर झील के समीप **राकसताल ग्लेशियर** से निकलती है।

• सतलुज की **कुल लम्बाई 1450 किमी** है, जबकि भारत में 1050 किमी है और यह शिवालिक पर्वत शृंखला को काटती हुई पंजाब राज्य में प्रवेश करती है।

• **भाखड़ा नांगल बाँध** सतलुज नदी पर बनाया गया है।

136. कोपेन की योजना के अनुसार, भारत में किस प्रकार की जलवायु को अक्षर 'E' से निरूपित किया जाता है? **SSC CGL 24.07.2023 (Shift-IV)**

(a) उष्णकटिबन्धीय सवाना
(b) ध्रुवीय प्रकार
(c) गर्म रेगिस्तान
(d) शुष्क ग्रीष्म के साथ मानसून

उत्तर (b)

• कोपेन वर्गीकरण के अनुसार, **ध्रुवीय प्रकार** की जलवायु को अक्षर 'E' से निरूपित किया जाता है।

• कोपेन की योजना, जलवायु को वर्गीकृत करने का तरीका है, इसे जर्मन वनस्पतिशास्त्री ब्लादिमीर कोपेन ने 20वीं सदी की शुरुआत में विकसित किया गया था।

• ध्रुवीय जलवायु **70° अक्षांश** से परे ध्रुवों की ओर पाई जाती है।

• ध्रुवीय जलवायु दो प्रकार की होती हैं- (i) टुण्ड्रा (ET), (ii) हिम टोपी (EF)।

137. तमिलनाडु को कितने कृषि जलवायु क्षेत्रों में वर्गीकृत किया गया है? **SSC CGL 25.07.2023 (Shift-III)**

(a) 7 (b) 9 (c) 5 (d) 3

उत्तर (a)

• तमिलनाडु को 7 कृषि जलवायु क्षेत्रों में वर्गीकृत किया गया है। ये सात कृषि जलवायु क्षेत्र हैं- उत्तर पूर्वी, उत्तर-पश्चिमी, पश्चिमी, कावेरी, डेल्टा, दक्षिणी, उच्च वर्षा, पहाड़ी और ऊँचाई वाला।

• क्षेत्रफल के अनुसार, तमिलनाडु भारत का ग्यारहवाँ सबसे बड़ा राज्य है।

• भारत में **15 कृषि जलवायु** क्षेत्र हैं, जिसमें से प्रत्येक की **जलवायु और मृदा स्थितियाँ** विशिष्ट हैं।

138. निम्नलिखित में से कौन-सी बारहमासी नदी 720 किमी लम्बी है और यह हिमालय से निकलकर, हिमाचल प्रदेश के चम्बा से होकर बहती है? **SSC CGL 25.07.2023 (Shift-IV)**

(a) रावी नदी (b) यमुना नदी
(c) कृष्णा नदी (d) सरयू नदी

उत्तर (a)

• रावी बारहमासी नदी है, यह हिमालय से निकलकर, हिमाचल प्रदेश के चम्बा से होकर बहती है।

• यह नदी **माधोपुर** के पास मैदानी भागों में प्रवेश करती है।

• **चमेरा बाँध, रावी नदी पर ही निर्मित** है। इसकी प्रमुख सहायक नदियाँ बुधिल व धोना हैं।

• प्राचीनकाल में इस नदी को **परुषणी** कहा जाता था।

139. पारम्परिक भारतीय ऋतुओं के अनुसार, निम्नलिखित में से कौन-सी ऋतु नवम्बर-दिसम्बर के महीनों में आती है? **SSC CGL 25.07.2023 (Shift-IV)**

(a) शरद (b) हेमन्त (c) वसन्त (d) शिशिर

उत्तर (a)

• **शरद ऋतु नवम्बर-दिसम्बर** के महीनों में आती है। इस ऋतु में पूर्वी तट पर औसत तापमान 24° से 25° सेल्सियस जबकि उत्तर के मैदानी इलाकों में 10°-15° सेल्सियस के बीच रहता है।

• ऋतुओं को को पारम्परिक रूप से **6 भागों** में बाँटा गया है–वर्षा, ग्रीष्म, शरद, हेमन्त, शिशिर, बसन्त।

• शरद ऋतु में रातें बड़ी और दिन छोटे होते हैं। शरद ऋतु में ही दीवाली, छठ पूजा आदि त्योहार मनाए जाते हैं।

140. निम्नलिखित में से कौन-सी भारत की सबसे बड़ी झील है? **SSC CGL 26.07.2023 (Shift-I)**

(a) चिल्का झील (b) इन्दिरा सागर झील
(c) वेम्बनाड झील (d) शिवाजी सागर झील

उत्तर (a)

• भारत की सबसे बड़ी झील चिल्का झील है। चिल्का झील भारतीय उपमहाद्वीप में स्थित सबसे बड़ी **खारे पानी की झील** और **शीत ऋतु** के दौरान पक्षियों के आगमन हेतु सबसे बड़ा स्थान है।

• चिल्का झील एशिया की सबसे बड़ी और विश्व की दूसरी सबसे बड़ी **लैगून झील** (जो समुद्र के किनारे पर) है।

• **वर्ष 1981 में**, चिल्का झील को **रामसर घोषणा पत्र** के अनुसार, अन्तर्राष्ट्रीय महत्त्व की आर्द्रभूमि के रूप में चुना गया।

141. अनेर, पंजारा और वाघुर किस नदी की सहायक नदियाँ हैं? **SSC CGL 26.07.2023 (Shift-I)**

(a) गोदावरी (b) महानदी
(c) ताप्ती (d) कावेरी

उत्तर (c)

• अनेर, पंजारा और वाघुर ताप्ती नदी की सहायक नदियाँ हैं।

• ताप्ती नदी का उद्गम **मध्य प्रदेश** के बैतूल जिले में **सतपुड़ा** की शृंखलाओं से होता है।

• यह नदी भी **भ्रंश घाटी** में तथा नर्मदा नदी के समानान्तर बहते हुए अरब सागर (खम्भात की खाड़ी) में अपना जल विसर्जन करती है तथा ऐश्चुअरी बनाती है।

142. काल बैसाखी .... में शाम के समय आने वाला एक भयानक तूफ़ान है। **SSC CGL 25.06.2023 (Shift-II)**

(a) बंगाल और असम
(b) पंजाब और हरियाणा
(c) राजस्थान और मध्य प्रदेश
(d) तेलंगाना और महाराष्ट्र

उत्तर (a)

• काला बैसाखी **बंगाल और असम** में शाम के समय आने वाला भयानक तूफान काल बैशाखी है।

• इस तूफान का प्रमुख कारण गर्म व शुष्क स्थानीय हवाएँ व आर्द्र समुद्री हवाएँ हैं, जिनके मिलन से **मूसलाधार वर्षा** होती है।

• भारत में यह **अप्रैल-मई** माह में आता है, इसे **बैसाखी** की आपदा के रूप में भी जाना जाता है।

• यह वर्षा **चाय**, **जूट** व **चावल** की खेती के लिए उपयुक्त है।

143. निम्नलिखित में से कौन-सी नदी केरल राज्य में नहीं बहती है? **SSC CGL 26.07.2023 (Shift-III)**

(a) पेन्नार (b) भारथापुझा
(c) पम्बा (d) पेरियार

उत्तर (a)

• पेन्नार नदी केरल राज्य में नहीं बहती है।

• यह नदी, मुख्यत: दक्षिण के कर्नाटक व आन्ध्र प्रदेश राज्य में प्रवाहित होती है।

• पेन्नार नदी का उद्गम **दक्कन के पठार** से होता है।

• दक्षिण भारत में प्रवाहित होने वाली पेन्नार नदी **पूर्व की ओर बहने वाली** प्रमुख प्रायद्वीपीय नदियों में से एक है।

144. दिए गए विकल्पों में से सही कथन का चयन कीजिए। **SSC CGL 26.07.2023 (Shift-IV)**

(a) दक्षिणी भारत में सर्दी के मौसम में अत्यधिक ठण्ड पड़ती है।
(b) मध्य भारत में वर्ष भर अत्यधिक वर्षा होती है।
(c) राजस्थान में दिन और रात के तापमान में बहुत कम अन्तर होता है।
(d) केरल के तटीय क्षेत्रों में दिन और रात के तापमान में बहुत कम अन्तर होता है।

उत्तर (d)

• विकल्प (d) सत्य है।

• केरल के तटीय क्षेत्रों में दिन और रात के तापमान में बहुत कम अन्तर पाया जाता है।

• इसका कारण तटीय क्षेत्रों का बड़े जल निकायों के निकट होना है, क्योंकि बड़े जल निकाय **तापमान को नियन्त्रित** करते हैं।

• केरल की जलवायु उष्णकटिबंधीय है, जिसकी वजह से यहाँ पूरे वर्ष तापमान स्थिर रहता है।

SSC CGL 2022 (Tier 1 & 2)

145. त्र्यम्बकेश्वर निम्नलिखित में से किस नदी का उद्गम स्थल है? **SSC CGL 01.12.2022 (Shift-III)**

(a) ताप्ती (b) गोदावरी
(c) महानदी (d) रावी

उत्तर (b)

• त्र्यम्बकेश्वर गोदावरी नदी का उद्गम स्थल है।

• यह नदी महाराष्ट्र के नासिक जिले के त्र्यम्बकेश्वर पहाड़ी से निकलती है। इसकी लम्बाई **1465 किमी** है। यह नदी दक्षिण भारत की एक प्रमुख है।

• इसे **दक्षिण की गंगा** भी कहा जाता है।

• यह महाराष्ट्र, तेलंगाना और आन्ध्र प्रदेश में प्रवाहित होते हुए बंगाल की खाड़ी में विलीन हो जाती है।

• **प्राणहिता, इन्द्रावती, मंजरा** इसकी प्रमुख सहायक नदियाँ हैं।

146. जब नदी मैदानी क्षेत्र में प्रवेश करती है, तो वह मोड़दार मार्ग पर बहने लगती है, नदी के इन मोड़ों को ····· कहते हैं।

SSC CGL 02.12.2022 (Shift-I)

(a) चापझील (b) विसर्प
(c) बाढ़ का मैदान (d) तटबन्ध

उत्तर (b)

• जब नदी मैदानी क्षेत्र में प्रवेश करती हैं, तो मोड़दार मार्ग पर बहते हुए वह **विसर्प** का निर्माण करती है।

• ये मोड़ अंग्रेजी के 'S' आकार के होते हैं।

• समतल भाग में प्रवाहित होने वाली नदियों द्वारा निर्मित इस प्रकार के स्थलाकृति को **मेण्डर** भी कहा जाता है।

• मेण्डर नदी का एक मोड़ या चौड़ा घुमाव है, जो कटाव या अपक्षय प्रक्रियाओं द्वारा बनता है।

147. निम्नलिखित में से कौन-सा विकल्प सुमेलित है? **SSC CGL 02.12.2022 (Shift-II)**

(a) काल बैसाखी — शरद ऋतु की हवाएँ
(b) लू — गर्म हवा
(c) व्यापारिक हवाएँ — शीतकालीन बर्फीला तूफान
(d) लू — सर्दी की तूफानी हवाएँ

उत्तर (b)

• लू-गर्म हवा सही सुमेलित है।

• लू एक गर्म स्थानीय पवन है तथा यह उत्तर भारत में मई-जून के मध्य चलती है।

• **काल वैशाखी** गर्म और शुष्क स्थानीय पवनें हैं। इन हवाओं में तेज मूसलाधार वर्षा होती है और तीव्र गति के तूफान भी आते हैं।

• भूमध्यरेखीय निम्न वायुदाब कटिबन्ध की ओर दोनों गोलार्द्धों में वर्ष भर निरन्तर प्रवाहित होने वाली पवन को **व्यापारिक** पवन कहते हैं।

148. निम्नलिखित में से कौन-सी नदी 'पंचनद' में शामिल नहीं है? **SSC CGL 03.12.2022 (Shift-II)**

(a) सिन्धु (b) व्यास
(c) रावी (d) सतलुज

उत्तर (a)

• सिन्धु नदी **पंचनद** में शामिल नहीं है।

• पंचनद में सिन्धु के बाएँ किनारे पर स्थित पाँच नदियाँ शामिल हैं।

• ये सिन्धु की सहायक नदियाँ भी हैं। इनका उद्गम हिमालय से होता है।

• ये रावी, झेलम, सतलुज, व्यास और चिनाब हैं।

149. मिट्टी की नमी को बनाए रखने के लिए पौधों के बीच की अनावरित भूमि को जैव पदार्थ की एक परत से ढक दिया जाता है। इस विधि को ······ कहा जाता है। **SSC CGL 03.12.2022 (Shift-II)**

(a) मल्च बनाना (b) चट्टान बाँध
(c) रक्षक मेखला (d) समोच्चरेखीय रोधिकाएँ

उत्तर (a)

• पौधों के बीच की खाली जमीन को कार्बनिक पदार्थों की परत से ढकने की प्रकिया को **मल्च** कहते हैं।

• मल्च बनाना एक बाहरी पदार्थ की परत से अनावरित भूमि को ढकने की तकनीक है।

• **फलों के पेड़, सब्जियाँ, फूल** और **नर्सरी के पौधे** उगाते समय आमतौर पर मल्चिंग का उपयोग किया जाता है।

• **चट्टान बाँध** मिट्टी के तटबन्धों के साथ तलछट घाटियों के समान हैं, ये बाँध बजरी और चट्टान से बने होते हैं।

• **रक्षक मेखला** पवन को मिट्टी को अपरदित करने से रोकने के लिए एक तरफ पेड़ों की कतारें लगाई जाती हैं।

• **समोच्चरेखीय रोधिकाएँ** सम्मोचरेखीय पट्टियाँ हैं, जो मिट्टी के कणों और जल का नीचे की ओर प्रवाह रोकते हैं।

150. निम्नलिखित में से किस नदी में धुआँधार प्रपात का निर्माण होता है?

SSC CGL 03.12.2022 (Shift-IV)

(a) कृष्णा (b) नर्मदा
(c) गोदावरी (d) महानदी

उत्तर (b)

• नर्मदा नदी में धुआँधार प्रपात का निर्माण होता है।

• धुआँधार जलप्रपात **भेड़ा घाट जबलपुर** (मध्य प्रदेश) में है और 30 मीटर ऊँचा है।

• इस जलप्रपात को यूनेस्को द्वारा 20 मई, 2021 को विश्व धरोहर की अस्थायी सूची में सम्मिलित किया गया है।

• नर्मदा नदी को मध्य प्रदेश और गुजरात की जीवन रेखा भी कहा जाता है।

151. भारत में उत्तरी मैदानों में चलने वाली गर्म, शुष्क हवाओं को ········ के रूप में जाना जाता है। **SSC CGL 05.12.2022 (Shift-II)**

(a) नॉर वेस्टर्स (b) पछुआ हवाएँ
(c) उत्तर-पूर्वी हवाएँ (d) लू

उत्तर (d)

• लू उत्तर और उत्तर-पश्चिमी भारत में दिन के समय चलने वाली तेज, गर्म, शुष्क हवाएँ हैं।

• इस तरह की हवा **मई-जून** में चलती है। भारत के राजस्थान राज्य के श्रीगंगानगर जिले में सर्वाधिक लू चलती है।

• 'लू' का तापमान आम्र सामान्यत: 45°–50°C के आस-पास होता है।

152. ·········· में आम्र बौछार (Mango showers) सामान्य है। **SSC CGL 06.12.2022 (Shift-I)**

(a) उत्तर प्रदेश (b) महाराष्ट्र
(c) पश्चिम बंगाल (d) केरल

उत्तर (d)

• **केरल में आम्र बौछार** (Mango Showers) **सामान्य है।** ग्रीष्म ऋतु के अन्त में केरल तथा कर्नाटक के तटीय भागों में मानसून पूर्व हल्की वर्षा होती है।

• इनका स्थानीय नाम **आम्र वृष्टि/आम्र बौछार** है।

• आम के फलों को **शीघ्र पकने में सहायक** होने के कारण ही इसे यह नाम दिया गया है।

SSC CPO (Tier 1 & 2)

153. भारत के निम्नलिखित में से कौन-से राज्य में प्रारम्भिक वर्षा, मानसून की अरब सागर शाखा के द्वारा होती है?

SSC CPO Tier-1 27.07.2024 (Shift-III)

(a) मिज़ोरम (b) केरल
(c) असम (d) तमिलनाडु

उत्तर (b)

• मानसून की अरब सागर शाखा केरल राज्य में प्रारम्भिक वर्षा लाती है।

• दक्षिण-पश्चिम मानसून की अरब सागर शाखा सबसे पहले भारत के तटीय राज्य केरल के पश्चिमी घाट से टकराती है, इस प्रकार यह क्षेत्र दक्षिण-पश्चिम मानसून से बारिश प्राप्त करने वाला भारत का पहला राज्य बन जाता है।

• यह शाखा जून की शुरुआत में **केरल के तट** पर पहुँचती है और राज्य में भारी वर्षा करती है।

• यह वर्षा केरल की कृषि के लिए बहुत महत्त्वपूर्ण है, विशेषकर **चावल की खेती के लिए।**

154. गर्मी के मौसम में आने वाले स्थानीय तूफानों के सन्दर्भ में **नॉर वेस्टर्स** (Nor Westers) क्या है? **SSC CPO Tier-1 27.07.2024 (Shift-III)**

(a) दिल्ली और पटना के बीच उच्च तीव्रता के साथ पंजाब से बिहार तक उत्तरी मैदानी इलाकों में चलने वाली गर्म, शुष्क और दमनकारी हवाएँ
(b) बंगाल और असम में शाम के समय चलने वाली भयानक आँधियाँ
(c) केरल में कॉफी के फूलों को ब्लो करने (खिलाने) वाली नजदीकी हवा
(d) मानसून से पहले की बारिश, जो केरल और कर्नाटक के तटीय क्षेत्रों में होने वाली एक सामान्य घटना है

उत्तर (b)

• **नॉर वेस्टर्स**, जिन्हें **काल बैशाखी** भी कहा जाता है, बंगाल और असम में गर्मी के मौसम (विशेष रूप से अप्रैल और मई में) के दौरान शाम के समय आने वाले अचानक और तीव्र तूफान होते हैं।

• ये तूफान अक्सर **गरज**, **बिजली**, **तेज हवाओं** और **भारी बारिश** लाते हैं, जिससे व्यापक क्षति और जानमाल का नुकसान हो सकता है।

• यह खरीफ की फसलों जैसे जूट, धान, आदि के लिए बहुत सहायक है और दोपहर की गर्मी के बाद राहत देती है।

155. निम्नलिखित में से कौन-सी नदी दक्षिण में चम्बल नदी से मिलती है?

SSC CPO Tier-1 27.07.2024 (Shift-III)

(a) कोसी (b) गंगा (c) तीस्ता (d) यमुना

उत्तर (d)

• यमुना नदी के दक्षिण से चम्बल नदी मिलती है।

• चम्बल मध्य प्रदेश में इन्दौर जिले के जानापाव (महु) (विंध्यन क्षेत्र) नामक स्थान से निकलती है।

• यह **उत्तर दिशा की ओर बहती** है। **मध्य प्रदेश** से बहते हुए राजस्थान में दक्षिण से पूर्वी दिशा में उत्तर प्रदेश में प्रवेश करती है, जो बाद में यमुना नदी में मिल जाती है।

156. निम्नलिखित में से कौन-सा कारक किसी स्थान की जलवायु को नियन्त्रित नहीं करता है?

SSC CPO Tier-1 27.06.2024 (Shift-I)

(a) सागर की लहरें
(b) दो शहरों के बीच की दूरी
(c) उच्चावच आकृतियाँ
(d) अक्षांश

उत्तर (b)

• 'दो शहरों के बीच की दूरी' **जलवायु** को नियन्त्रितनहीं करती है। जबकि जलवायु का निर्धारण तापमान, वायुमण्डलीय दाब, पवन, आर्द्रता व वर्षा आदि के तत्त्वों के आधार पर किया जाता है।

• इसके अतिरिक्त जलवायु को किसी स्थान की अक्षांशीय स्थिति, समुद्र तट से दूरी, प्रचलित पवन, ढाल प्रवणता आदि कारक प्रभावित करते हैं।

• जलवायु तीन प्रकार की होती हैं उष्ण कटिबन्धीय जलवायु, शुष्क जलवायु और कोष्ण शीतोष्ण जलवायु।

157. भारत में, 'वसन्त', 'ग्रीष्म' और 'वर्षा', ... के नाम हैं। SSC CPO Tier-1 27.06.2024 (Shift-II)

(a) स्थानीय तूफ़ानों (b) स्थानीय हवाओं
(c) चक्रवातों (d) पारम्परिक ऋतुओं

उत्तर (d)

• भारत में, 'वसन्त', 'ग्रीष्म' और 'वर्षा' ये नाम **पारम्परिक ऋतुओं** (Traditional seasons) के हैं, जो भारत में मौसम के परिवर्तन को व्यक्त करते हैं।

• वसन्त ऋतु (वसन्त) : यह ऋतु **फरवरी और** मार्च महीनों में आती है। इस ऋतु में मौसम सुहावना होता है, दिन बड़े होते हैं और फूल खिलते हैं।

• **ग्रीष्म ऋतु** (गर्मी) : यह ऋतु **मार्च और जून महीनों** में आती है। इस ऋतु में मौसम गर्म होता है, दिन सबसे बड़े होते हैं और लू चलती है।

• वर्षा ऋतु (बरसात) : यह ऋतु **जून से सितम्बर** तक रहती है।

158. प्रायद्वीपीय नदियों के सम्बन्ध में सही कथनों का चयन कीजिए।

SSC CPO Tier-1 28.06.2024 (Shift-III)

a. नर्मदा नदी मालवा के पठार से निकलती है।
b. गोदावरी नदी नासिक के निकट पश्चिमी घाट की ढलान से निकलती है।
c. महानदी छत्तीसगढ़ के पर्वतीय भू-भागों से निकलती है।
d. कृष्णा नदी महाबलेश्वर के निकट एक झरने से निकलती है।

(a) a, b और c (b) a, c और d
(c) b, c और d (d) a, b, c और d

उत्तर (c)

• विकल्प (c) सही उत्तर है। **नर्मदा नदी** है मालवा के पठार से निकलती है यह गलत उत्तर है। नर्मदा नदी का उद्गम स्थल अमरकण्टक (म.प्र.) है।

• नर्मदा नदी प्रायद्वीप भारत की पश्चिम की ओर बहने वाली सबसे बड़ी नदी है।

• यह नदी मध्य प्रदेश, महाराष्ट्र और गुजरात से होकर विंध्य और सतपुड़ा पर्वत श्रृंखलाओं के बीच बहती है और फिर गुजरात के उत्तर में अरब सागर की खम्भात की खाड़ी में गिरती है।

• सरदार सरोवर बाँध नर्मदा नदी पर स्थित है।

159. भारतीय जलवायु के सन्दर्भ में, लू हवाओं के सम्बन्ध में, निम्नलिखित में से कौन-सा कथन सही है? SSC CPO Tier-1 28.06.2024 (Shift-III)

(a) ये वर्षा ऋतु में चलती हैं।
(b) ये शीत ऋतु एवं वर्षा ऋतु में चलती हैं।
(c) ये ग्रीष्म ऋतु में चलती हैं।
(d) ये शीत ऋतु में चलती हैं।

उत्तर (c)

• भारत में गर्मी के समय लू (गर्म हवाएँ) चलती हैं।

• लू हवाएँ उत्तरी-भारत में गर्मियों के मौसम में चलती हैं।

• यह धूलभरी शुष्क और काफी गर्म हवाएँ हैं।

• ये हवाएँ मई और जून के महीनों में चलती है, इसके तापमान 45°-50°C तक होता है।

160. मृदा और तलछट में सन्दूषकों की सान्द्रता को मापने के लिए किस इकाई का उपयोग किया जाता है? SSC CPO Tier-1 28.06.2024 (Shift-III)

(a) DPMO (b) PPBB
(c) TDS (d) PPM

उत्तर (d)

• मृदा व तलछट में संदूषकों की सान्द्रता को मापने के लिए (PPM) का प्रयोग किया जाता है।

• विज्ञान व इंजीनियरिंग से छद्म इकाइयों का समूह है।

• ये मात्राओं के छोटे मूल्यों का वर्णन करता है। उदाहरण मोल, अंश, द्रव्यमान।

161. उस विकल्प की पहचान कीजिए, जिसमें ह्रासमान औसत वार्षिक वर्षा के सन्दर्भ में भारतीय राज्यों का सही क्रम है।

SSC CPO Tier-1 28.06.2024 (Shift-III)

(a) असम > बिहार > राजस्थान
(b) राजस्थान > असम > बिहार
(c) उत्तर प्रदेश > बिहार > पश्चिम बंगाल
(d) हरियाणा > बिहार > राजस्थान

उत्तर (a)

• असम > बिहार > राजस्थान में वार्षिक वर्षा का सही क्रम है।

• भारत में अधिकांश वर्षा मानसूनी वर्षा से होती है।

• भारत में मानसून जून महीने की शुरुआत में केरल के तट पर आता है।

• भारत में वार्षिक वर्षा का लगभग 70% हिस्सा मानसून के मौसम में होता है।

162. भारत के, निम्नलिखित में से कौन-से राज्य/केन्द्रशासित प्रदेश में सर्वाधिक औसत वार्षिक वर्षा होती है? SSC CPO Tier-1 28.06.2024

(a) राजस्थान (b) दिल्ली
(c) लद्दाख (d) मेघालय

उत्तर (d)

• भारत के **मेघालय** राज्य में मासिनराम स्थान में सबसे अधिक औसत वर्षा दर्ज की गई है।

• मासिनराम में **उपोष्णकटिबन्धीय उच्चभूमि जलवायु** है। मासिनराम में एक औसत वर्ष में लगभग 10,000 **मिलीमीटर** बारिश होती है।

• मासिनराम, मेघालय के पूर्वी खासी हिल्स जिले में स्थित है।

163. निम्नलिखित में से कौन-सी नदी मानसरोवर के निकट 'राक्षसताल के उत्तर पश्चिमी सिरे' से निकलती है? SSC CPO Tier-1 28.06.2024

(a) सतलज नदी (b) रावी नदी
(c) नर्मदा नदी (d) ताप्ती नदी

उत्तर (a)

• सतलुज नदी तिब्बत में राक्षसताल झील के जलग्रहण क्षेत्र के पश्चिम में एक अल्पकालिक जलधारा में झरने के रूप में निकलती है।

• सतलुज नदी उत्तरी भारत और पाकिस्तान में पंजाब के ऐतिहासिक चौराहे क्षेत्र से होकर बहने वाली पाँच नदियों में से सबसे लम्बी है।

164. निम्नलिखित में से कौन-सा शब्द गर्मियों के दौरान भारत के उत्तर और उत्तर-पश्चिमी हिस्सों में चलने वाली सामान्य स्थानीय पवन के लिए एक शब्द है?

SSC CPO Tier-1 28.06.2024 (Shift-II)

(a) फोहन (b) बोरा
(c) लू (d) चिनूक

उत्तर (c)

• पश्चिम भारत में ग्रीष्म काल में चलने वाली गर्म शुष्क पवन **लू-पवन** कहलाती है।

• यह एक स्थानीय हवा है, जो राजस्थान में थार रेगिस्तान के तीव्र ताप के कारण होती है। यह कम दबाव का क्षेत्र बनाती है, जो आस-पास के क्षेत्रों से हवा खींचती है।

165. निम्नलिखित में से कौन-सी सिन्धु नदी की एक सहायक नदी है?

SSC CPO Tier-1 28.06.2024 (Shift-II)

(a) लोहित (b) दिबांग
(c) बेतवा (d) श्योक

उत्तर (d)

• **श्योक** सिन्धु नदी की सहायक नदी है।

• सतलुज, व्यास, रावी, चिनाब और झेलम सिन्धु की अन्य सहायक नदियाँ हैं।

• सिन्धु नदी का उद्‌गम **मानसरोवर झील** के पास तिब्बत में होता है।

• सिन्धु नदी एशिया की लम्बी नदियों में से एक है।

• यह भारतीय राज्य जम्मू-कश्मीर चीन और पाकिस्तान से होकर बहती है।

166. गंगा नदी के बारे में निम्नलिखित में से कौन-सा कथन सही नहीं है?

SSC CPO Tier-1 29.06.2024 (Shift-I)

(a) भारत में गंगा नदी 2500 किमी से अधिक लम्बी है और दुनिया में सबसे अधिक आबादी वाली नदी बेसिन है।

(b) गंगा नदी और इसके नदी बेसिन बहुत सारे अद्भुत वन्य जीवन का समर्थन करते हैं, विशेष रूप से नदी डॉल्फिन, ऊदबिलाव, मीठे पानी के कछुए और घड़ियाल।
(c) गंगा नदी का जल स्तर कभी भी मानसून और हिमालय की जलवायु स्थिति पर निर्भर नहीं करता है।
(d) गंगा नदी हिमालय से बहती हुई बंगाल की खाड़ी तक जाती है

उत्तर (c)

• विकल्प (c) सही उत्तर है, क्योंकि गंगा नदी का जलस्तर कभी भी मानसून और हिमालय की जलवायु स्थिति पर निर्भर नहीं करता है।
• गंगा नदी उत्तराखण्ड के **उत्तरकाशी जिले** के गंगोत्री ग्लेशियर से निकलती है
• यह **उत्तराखण्ड**, **उत्तर प्रदेश**, **बिहार**, **झारखण्ड** व पश्चिम बंगाल राज्यों से होकर बहती है।
• गंगा नदी **2525** किमी लम्बी है।

167. निम्नलिखित में से कौन-सी घटना, भारत में मानसून से सम्बन्धित नहीं है?
SSC CPO Tier-1 29.06.2024 (Shift-I)

(a) अरब सागर शाखा (b) बादल फटना
(c) पश्चिमी विक्षोभ (d) वर्षा अन्तराल

उत्तर (c)

• **पश्चिमी विक्षोभ** की घटना भारतीय मानसून से सम्बन्धित नहीं है।
• पश्चिमी विक्षोभ भूमध्यसागरीय क्षेत्र में उत्पन्न होने वाली एक बाह्य उष्णकटिबन्धीय तूफान है।
• यहाँ सर्दियों में भारतीय उपमहाद्वीप के पश्चिमोत्तर भागों में अकस्मात बरसात ले आती है।
• यह एक गैर-मानसूनी वर्षा का स्वरूप है, जो पछुआ पवन द्वारा संचालित होता है।

168. भारत में समुद्री परिवहन के लिए कितने प्रमुख बन्दरगाह हैं? **SSC CPO Tier-1 29.06.2024 (Shift-I)**

(a) 13 (b) 21 (c) 18 (d) 15

उत्तर (a)

• भारत में समुद्री परिवहन के लिए 13 प्रमुख बन्दरगाह **हैं**।
• जल परिवहन का सबसे सस्ता और सबसे पुराना साधन है।
• पूर्वी घाट के प्रमुख बन्दरगाह भारत के पूर्वी तटीय मैदान पूर्वी घाट और बंगाल की खाड़ी के बीच में तमिलनाडु, आन्ध्र प्रदेश, ओडिशा और पश्चिम बंगाल राज्यों में फैला हुआ है।
• पश्चिमी तट के प्रमुख बन्दरगाह भारत के पश्चिमी तटीय मैदान उत्तर में गुजरात से लेकर दक्षिण में केरल तक, महाराष्ट्र, कर्नाटक और गोवा राज्यों में फैला हुआ है।

169. उत्तराखण्ड के किस जिले की दूधाटोली पर्वतमाला में से रामगंगा नदी निकलती है?
SSC CPO Tier-1 29.06.2024 (Shift-II)

(a) अल्मोड़ा (b) चमोली
(c) चम्पावत (d) पौड़ी गढ़वाल

उत्तर (d)

• गंगा नदी की सहायक नदी रामगंगा उत्तराखण्ड के पिथौरागढ़ जिले में दूध टोली पर्वत से निकलती है।
• रामगंगा नदी जिम **कॉर्बेट नेशनल पार्क** से होकर बहती है।
• रामगंगा नदी **कालागढ़** से मैदानी भागों में प्रवेश करती है।
• रामगंगा नदी भारत के उत्तराखण्ड एवं उत्तर प्रदेश राज्य में प्रवाहित होती है।

170. 2022 तक प्राप्त जानकारी के अनुसार, निम्नलिखित में से कौन-सा भारत का सबसे लम्बा राष्ट्रीय जलमार्ग है?
SSC CPO Tier-1 29.06.2024 (Shift-I)

(a) कोट्टापुरम-कोल्लम खण्ड
(b) गोदावरी-कृष्णा खण्ड
(c) इलाहाबाद- हल्दिया खण्ड
(d) सदिया-धुबरी खण्ड

उत्तर (c)

• 2022 तक प्राप्त जानकारी के अनुसार, **इलाहाबाद-हल्दिया खण्ड भारत का सबसे** लम्बा **राष्ट्रीय जलमार्ग** है।
• इसे गंगा-भागीरथी-हुगली नदी प्रणाली के रूप में भी जाना जाता है, इसकी लम्बाई 1620 किलोमीटर है।
• राष्ट्रीय जलमार्ग 1 की स्थापना वर्ष 1986 में की गयी है।
• भारत में राष्ट्रीय जलमार्गों की कुल संख्या 111 है; इनमें से 13 जलमार्ग फिलहाल काम कर रहे है।

SSC CPO 2023

171. भारत के निम्नलिखित में से किस स्थान पर दिन और रात्रि के तापमान में अधिकतम अन्तर हो सकता है? **SSC CPO 04.10.2023 (Shift-II)**

(a) जैसलमेर (b) तिरुवनन्तपुरम
(c) पोर्ट ब्लेयर (d) कन्याकुमारी

उत्तर (a)

• जैसलमेर राजस्थान का रेतीला जिला है अर्थात् थार मरुस्थल का भाग है।
• **रेगिस्तान होने के कारण** यहाँ **दिन व रात** के तापमान में अधिकतम अन्तर हो सकता है।

172. आम्र बौछार/आम्र वर्षा (Mango showers) क्या है? **SSC CPO 04.10.2023 (Shift-II)**

(a) चक्रवात (b) जेट प्रवाह
(c) पूर्व-मानसूनी वर्षा (d) तूफान

उत्तर (c)

• मानसून पूर्व वर्षा को आम्र बौछार/आम्र वर्षा कहते हैं।
• इस वर्षा को सामान्यत: **अप्रैल की वर्षा** या **ग्रीष्मकालीन वर्षा** कहा जाता है।
• इसे बंगाल में **काल बैसाखी**, और कर्नाटक में **चेरी ब्लॉसम** या **कॉफी शावर** के नाम से जाना जाता है।

173. भारत ने किस पड़ोसी देश के साथ वर्ष 1996 में गंगा जल को साझा करने (बँटवारे) और इसके प्रवाह को बढ़ाने के लिए फरक्का सन्धि पर हस्ताक्षर किए थे? **SSC CPO 03.10.2023 (Shift-I)**

(a) नेपाल (b) बांग्लादेश
(c) अफगानिस्तान (d) भूटान

उत्तर (b)

• भारत ने बांग्लादेश के साथ **फरक्का सन्धि पर हस्ताक्षर** किए, जिसमें गंगा जल को साझा करने और इसके प्रवाह को बढ़ाने का प्रावधान था।
• फरक्का बैराज भारत द्वारा वर्ष **1975** में गंगा नदी प्रणाली से पानी हटाने के लिए बनाया गया था।
• फरक्का बैराज पं. बंगाल राज्य में स्थित है।

174. भारतीय उपमहाद्वीप की जलवायु के सम्बन्ध में निम्नलिखित में से कौन-से कथन सही हैं?
SSC CPO 03.10.2023 (Shift-I)

A. उत्तर भारत की जलवायु वर्ष भर एक समान रहती है।
B. हिमालय, मध्य एशिया से आने वाली अत्यधिक ठण्डी हवाओं से उपमहाद्वीप की रक्षा करता है।

कूट

(a) कथन A और B दोनों गलत हैं।
(b) केवल कथन A सही है।
(c) केवल कथन B सही है।
(d) कथन A और B दोनों सही हैं।

उत्तर (c)

• भारतीय उपमहाद्वीप की जलवायु के सम्बन्ध में केवल कथन (B) सही है।
• हिमालय, मध्य एशिया से आने वाली अत्यधिक ठण्डी हवाओं से भारतीय उपमहाद्वीप की रक्षा करता है।
• यहाँ तापमान के वितरण में पर्याप्त विविधता देखने को मिलती है।
• उत्तर भारत की जलवायु वर्षभर एक समान नहीं रहती है।

175. काल बैसाखी क्या है?
SSC CPO 03.10.2023 (Shift-I)

(a) शीत लहर और वर्षा
(b) गरम हवाएँ और लू
(c) मानसून से पहले की वर्षा और तड़ित झंझावात
(d) हिमपात और ओलावृष्टि

उत्तर (c)

• मानसून से पहले की वर्षा और तड़ित झंझावात **आम्र वर्षा** कहलाती है, इसे बंगाल में **काल बैशाखी** के नाम से जाना जाता है।
• यह गर्मी के मौसम के दौरान भारत के पूर्वी हिस्से में बहने वाली शुष्क स्थानीय हवा है।
• ये असम में चाय की फसलों को भी लाभ पहुँचाती हैं।
• भारत में आम्र वर्षा को पश्चिम बंगाल में **काल बैसाखी** तथा असम में **बोडोंइसिला** कहते हैं।

176. ……… नदी में उपयोग करने योग्य जल भण्डारण क्षमता सबसे **कम** है।
SSC CPO 05.10.2023 (Shift-III)

(a) गंगा (b) कृष्णा
(c) ब्रह्मपुत्र (d) गोदावरी

उत्तर (c)

• ब्रह्मपुत्र नदी में उपयोग करने योग्य जल भण्डारण क्षमता सबसे कम है।

• यह नदी हिमालय के उत्तर में तिब्बत के निकट **मानसरोवर झील** से निकलती है।
• यह **तिब्बत**, **भारत** और **बांग्लादेश** से होकर बहती है।
• भारत में यह नदी अरुणाचल प्रदेश में प्रवेश करती है।
• अरुणाचल में ब्रह्मपुत्र नदी को **दिहांग** कहते हैं।

177. दिहांग और लोहित निम्नलिखित में से किस क्षेत्र की नदियाँ हैं? **SSC CPO 05.10.2023 (Shift-III)**
(a) सिक्किम और मणिपुर
(b) जम्मू-कश्मीर
(c) पंजाब और हिमाचल
(d) अरुणाचल प्रदेश और असम

उत्तर (d)
• दिहांग और लोहित नदियाँ **अरुणाचल प्रदेश और असम** की प्रमुख नदियाँ हैं।
• ब्रह्मपुत्र नदी के अरुणाचल प्रदेश में प्रवेश के समय ये दोनों नदियाँ इसमें मिलती हैं।
• दिहांग और लोहित नदियाँ ब्रह्मपुत्र की सहायक नदियाँ हैं।

भारत का सबसे लंबा पुल भूपेन हाजारिका हैं, जो ब्रह्मपुत्र नदी (9.5 किमी) पर बना है।

178. कोपेन के वर्गीकरण के अनुसार, किन क्षेत्रों में कम अवधि के ग्रीष्मकाल के साथ ठण्डी आर्द्र शीत ऋतु (Cold humid winter) होती है? **SSC CPO 05.10.2023 (Shift-III)**
(a) पश्चिमी राजस्थान (b) गोवा के दक्षिण में
(c) अरुणाचल प्रदेश (d) उत्तरी मध्य प्रदेश

उत्तर (c)
• कोपेन के वर्गीकरण के अनुसार **अरुणाचल प्रदेश** में कम अवधि के ग्रीष्मकाल के साथ ठण्डी आर्द्र शीत ऋतु (Cold humid winter) होती है।
• इस प्रणाली में **रूडोल्फ गीजर** द्वारा बदलाव करने के बाद इसे **कोपेन-गीजर** जलवायु वर्गीकरण कहा जाने लगा।
• यह प्रणाली **जलवायु** और **वनस्पति** के मध्य **अनुभवजन्य सम्बन्ध** पर आधारित है।

179. खरीफ फसलों के लिए उच्च, आर्द्रता और ········ सेमी से अधिक वार्षिक वर्षा के साथ खेती के लिए आवश्यक तापमान 25 डिग्री सेल्सियस से अधिक होता है। **SSC CPO 03.10.2023 (Shift-I)**
(a) 35 (b) 16 (c) 100 (d) 50

उत्तर (c)
• खरीफ फसलों के लिए उच्च आर्द्रता और 100 सेमी से अधिक वार्षिक वर्षा की आवश्यकता होती है तथा **25° सेल्सियस** से अधिक तापमान अनिवार्य होता है।
• खरीफ फसलें देश के विभिन्न क्षेत्रों में मानसून के आगमन के साथ बोई जाती हैं और अक्टूबर-नवम्बर में काट ली जाती हैं।
• खरीफ की मुख्य फसलें - धान, बाजरा, कपास, मूँगफली, गन्ना, जूट आदि।

SSC CPO 2022, 2020

180. निम्नलिखित में से कौन-सी कृष्णा नदी की सहायक नदी नहीं है? **SSC CPO 11.11.2022 (Shift-II)**
(a) घाटप्रभा (b) पंचगंगा
(c) वेन्ना (d) कोयना

उत्तर ()
• सभी सही हैं।
• दिए गए प्रश्न में सभी नदियाँ कृष्णा नदी की सहायक नदियाँ हैं।
• कृष्णा की सहायक नदी घाटप्रभा, मालप्रभा, मूसी, भीमा, कुडाली, कोयना व पंचगंगा, वेन्ना हैं।
• कृष्णा नदी का उद्गम महाबलेश्वर के समीप पश्चिमी घाट पहाड़ से होता है। इस नदी की लम्बाई 1400 किमी है।

181. असम की जलवायु ······· के रूप में वर्णित की जा सकती है। **SSC CPO 25.10.2020 (Shift-II)**
(a) उपोष्णकटिबन्धीय आर्द्र जलवायु
(b) पहाड़ी जलवायु
(c) उष्णकटिबन्धीय मानसून वर्षावन जलवायु
(d) उष्णकटिबन्धीय शुष्क जलवायु

उत्तर (c)
• असम की जलवायु उष्णकटिबन्धीय मानसून वर्षावन के रूप में वर्णित की जा सकती है।
• उष्णकटिबन्धीय मानसून वर्षावन जलवायु इस राज्य की जलवायु सामान्य भारतीय जलवायु से अलग है।

182. निम्न में से किस नदी का मुहाना कर्क रेखा के उत्तर में स्थित है? **SSC CPO 25.11.2020 (Shift-I)**
(a) कृष्णा (b) सिन्धु
(c) गोदावरी (d) महानदी

उत्तर (b)
• सिन्धु नदी का मुहाना कर्क रेखा के उत्तर में स्थित है।
• सिन्धु नदी एशिया की लम्बी नदियों में से एक है।
• यह पाकिस्तान, भारत के जम्मू-कश्मीर तथा चीन (पश्चिमी तिब्बत) के मध्य बहती है।
• इस नदी का उद्गम स्थल तिब्बत के मानसरोवर के निकट सिन-का-बाब नामक जलधारा से होता है।

SSC CHSL 2024 (Tier 1 & 2)

183. निम्न में से कौन-सा कथन पर्वतीय वर्षा के सम्बन्ध में सही है? **SSC CHSL Tier-2 11.11.2024**
(a) यह वर्षा भारी परन्तु अल्पकालिक स्थानीयकृत होती है, और न्यूनतम मात्रा में बादलों से जुड़ी होती है
(b) यह मुख्य रूप से गर्मियों के दौरान होती है, और कांगो बेसिन में भू-मध्यरेखीय ड्रोलड्रम्स के दौरान सामान्य है
(c) इस प्रकार की वर्षा तब होती है, जब पर्वत श्रृंखलाओं पर गर्म व आर्द्र हवाएँ चलती हैं
(d) इस प्रकार की वर्षा की विशेषता समुद्री नमी ले जाने वाली हवाओं के मौसमी फेर बदल से होती है

उत्तर (c)
• पर्वतीय वर्षा के सम्बन्ध में कथन (c) सत्य है।
• इस प्रकार की वर्षा तब होती है जब गर्म, आर्द्र हवाएँ पर्वत श्रृंखला पर गिरती है।
• पर्वतीय क्षेत्रों में जैसे-जैसे हवा ऊपर उठती है और ठण्डी होती जाती है, तो बादल बनकर वर्षा के स्रोत बनते हैं।
• पर्वत श्रृंखला के प्रतिवाद क्षेत्र में वर्षा आमतौर पर कम होती है और इस क्षेत्र को वृष्टिछाया प्रदेश कहा जाता है।

184. भारतीय नदियों के निम्नलिखित में से कौन-से युग्म की नदियाँ पश्चिम की ओर बहती हैं? **SSC CHSL Tier-1 11.07.2024 (Shift-II)**
(a) महानदी और गोदावरी
(b) महानदी और कृष्णा
(c) नर्मदा और तापी
(d) कृष्णा और कावेरी

उत्तर (c)
• नर्मदा और तापी नदियाँ पश्चिम की ओर बहती हैं।
• नर्मदा नदी मध्य प्रदेश के **अमरकण्टक** पहाड़ियों से निकलकर खम्भात की खाड़ी में अपना जल गिराती है।
• तापी नदी मध्य प्रदेश के बैतूल जिले में मुल्ताई से निकलकर खम्भात की खाड़ी में अपना जल गिराती है।
• नर्मदा और तापी नदियाँ भ्रंश घाटी से होकर बहती हैं।

185. डेल्ही रिज निम्नलिखित में से किस नदी के बीच जल विभाजक है? **SSC CHSL Tier-1 11.07.2024 (Shift-I)**
(a) गंगा और सिन्धु (b) गंगा और यमुना
(c) सिन्धु और माही (d) गंगा और सिन्ध

उत्तर (a)
• डेल्ही रिज गंगा और सिन्धु नदी के बीच जल विभाजक है।
• 1500 मिलियन वर्ष पुरानी अरावली पर्वतमाला का विस्तार दिल्ली रिज दिल्ली के हृदय में एक शुष्क पर्णपाती वन भूमि है।
• राजस्थान के रेगिस्तान की गर्म हवाओं से शहर की रक्षा करने में इसकी प्रमुख भूमिका के कारण इसे 'दिल्ली के फेफड़े' के रूप में भी जाना जाता है।
• इस रिज को चार क्षेत्रों में विभाजित किया गया है, जिन्हें उत्तरी रिज, दक्षिणी रिज, मध्य रिज और दक्षिणी मध्य रिज के नाम से जाना जाता है।

186. सोमसिला बाँध भारत में किस नदी पर बनाया गया है? **SSC CHSL Tier-1 02.07.2024 (Shift-I)**
(a) ताप्ती नदी (b) साबरमती नदी
(c) पेन्नार नदी (d) कृष्णा नदी

उत्तर (c)
• **सोमसिला बाँध पेन्नार** नदी पर बनाया गया है।
• यह आन्ध्र प्रदेश के **नेल्लूर** जिले में सोमसिला के पास स्थित है।
इस बाँध का संचालन वर्ष **1989** में किया गया था।

187. भारत के कुल क्षेत्रफल के लगभग 40% भाग पर किस प्रकार की मिट्टी पाई जाती है?
SSC CHSL Tier-1 02.07.2024 (Shift-IV)
(a) काली मिट्टी (b) जलोढ़ मिट्टी
(c) लैटेराइट मिट्टी
(d) लाल और पीली मिट्टी

उत्तर (b)
• भारत के कुल क्षेत्रफल के लगभग 40% भाग पर जलोढ़ मिट्टी पाई जाती है। जलोढ़ मिट्टी मुख्यत: **उत्तरी मैदानों** में पाई जाती है।
• मिट्टी उत्तरी मैदानों और घाटियों में फैली हुई है।
• यह निक्षेपण मिट्टी है, जो मुख्य रूप से इण्डो-गंगा-ब्रह्मपुत्र नदियों द्वारा जमा की गई गाद के कारण बनती है।
• ऊपरी और मध्य गंगा के मैदान में दो प्रकार की जलोढ़ मिट्टी विकसित हुई हैं, **खादर** (नई जलोढ़) और बांगर (पुरानी जलोढ़)।

188. जलवायु के बारे में निम्नलिखित में से कौन-सा कथन गलत है?
SSC CHSL Tier-1 03.07.2024 (Shift-I)
(a) मानसून प्रकार की जलवायु मुख्यत: दक्षिण और दक्षिण-पूर्व एशिया में पाई जाती है।
(b) भारत की जलवायु में उष्णकटिबन्धीय जलवायु तथा उपोष्णकटिबन्धीय जलवायु दोनों की विशेषताएँ उपस्थित हैं।
(c) मध्य एशिया की तुलना में भारत में अपेक्षाकृत ठण्ड अधिक पड़ती है।
(d) भारत के तटीय क्षेत्रों में देश के अंदरूनी हिस्सों की तुलना में तापमान में अन्तर कम होता है।

उत्तर (c)
• मध्य एशिया की तुलना में भारत में अपेक्षाकृत अधिक ठण्ड पड़ती है, जलवायु के बारे में यह कथन गलत है, क्योंकि मध्य एशिया में भारत की अपेक्षा अधिक ठण्ड पड़ती है।
• जलवायु तीन प्रकार की होती है
(i) उष्णकटिबन्धीय आर्द्र
(ii) उष्णकटिबन्धीय मानसून
(iii) उष्णकटिबन्धीयआर्द्र एवं शुष्क
• भारत में उष्णकटिबन्धीय व उपोष्णकटिबन्धीय जलवायु दोनों की विशेषताएँ हैं।
• जलवायु में हवा, नमी, बादल छाए रहना, वायुमण्डलीय दबाव व कोहरा शामिल हैं।
• जलवायु को निर्धारित करने में अक्षांश महत्त्वपूर्ण भूमिका निभाते हैं।

189. उत्तरी मैदान का वह सबसे बड़ा भाग कौन-सा है, जो पुराने जलोढ़ से बना है?
SSC CHSL Tier-1 03.07.2024 (Shift-I)
(a) बांगर (b) खादर
(c) भाबर (d) तराई

उत्तर (a)
• उत्तरी मैदान का सबसे बड़ा भाग बांगर है, जो पुराने जलोढ़ से बना है।
• यह नदियों के बाढ़ के मैदानों के ऊपर (लगभग 30 मी) स्थित है, जिसकी आकृति **सीढ़ीनुमा** है।
• उत्तरी मैदानी क्षेत्र की मिट्टी में **कैल्शियम** का निक्षेप पाया जाता है।
• उत्तर भारत के मैदान को चार भागों में बाँटा जाता है—भाबर, तराई, खादर, बांगर।

190. कौन-सी नदी 'बिहार के शोक' के रूप में जानी जाती है?
SSC CHSL Tier-1 03.07.2024 (Shift-II)
(a) सोन (b) माही (c) बेतवा (d) कोसी

उत्तर (d)
• कोसी नदी **बिहार के शोक** के रूप में जानी जाती है।
• कोसी नदी नेपाल में हिमालय से निकलती है और बिहार में **भीम** नगर के रास्ते **भारत में प्रवेश** करती है।
• कोसी नदी द्वारा लाई गई बाढ़ बिहार में भारी तबाही मचाती है, जिसके कारण इसे **बिहार का अभिशाप कहा जाता है।**
• कोसी नदी बिहार के कटिहार जिले में गंगा में मिलती है। इसकी लम्बाई 720 किमी है।
• कोसी, घाघरा और यमुना के बाद जल निर्वहन की दृष्टि से गंगा की तीसरी सबसे बड़ी सहायक नदी है।

191. भारत में मानसून से वर्षा प्राप्त करने वाला पहला राज्य कौन-सा है?
SSC CHSL Tier-1 04.07.2024 (Shift-III)
(a) गोवा (b) केरल
(c) आन्ध्र प्रदेश (d) कर्नाटक

उत्तर (b)
• भारत में दक्षिण-पश्चिम मानसून से वर्षा प्राप्त करने वाला पहला राज्य **केरल** है।

192. पश्चिम विक्षोभ .... के लिए उत्तरदायी है।
SSC CHSL Tier-1 08.07.2024 (Shift-II)
(a) उत्तर-पूर्व भारत में अत्यन्त सर्द मौसम
(b) भारत के उत्तर-पश्चिमी भाग में सर्दियों में वर्षा
(c) भारत में पूर्वी तटीय क्षेत्रों में धूलभरी आँधी
(d) उत्तरी भारत में गर्मियों में गर्म हवाएँ

उत्तर (b)
• पश्चिमी विक्षोभ भारत के उत्तर-पश्चिमी भाग में सर्दियों में वर्षा के लिए उत्तरदायी है।
• पश्चिमी विक्षोभ **शीतकालीन मौसम** की घटना है, जो **भूमध्यसागरीय क्षेत्र से पश्चिमी** प्रवाह द्वारा घटित होती है।
• यह **मध्य-अक्षांश क्षेत्र** में (कर्क रेखा के उत्तर में) विकसित होते हैं।
• इससे प्रभावित होने वाले **उत्तर-पश्चिम** भारत के राज्य हैं—**जम्मू-कश्मीर**, **पंजाब**, **हिमाचल प्रदेश** और **हरियाणा**।
• पश्चिमी उत्तर प्रदेश में इन तूफानों से मध्यम से भारी वर्षा होती है।

193. कोपेन जलवायु वर्गीकरण प्रणाली (Koeppen's Scheme of Classification of Climate) के अनुसार, निम्नलिखित में से कौन-सा अभिलक्षण 'E' समूह से सम्बन्धित है?
SSC CHSL Tier-1 08.07.2024 (Shift-IV)
(a) सबसे ठण्डे महीने का औसत तापमान – 3°C से अधिक, लेकिन 18°C से कम होता है।
(b) सभी महीनों का औसत तापमान 10°C से कम होता है।
(c) सबसे ठण्डे महीने का औसत तापमान – 3°C या उससे कम होता है।
(d) सबसे ठण्डे महीने का औसत तापमान 18°C या उससे अधिक होता है।

उत्तर (b)
• कोपेन जलवायु वर्गीकरण प्रणाली के अनुसार, सभी महीनों का औसत तापमान **10°C** से कम होता है, का अभिलक्षण 'E' समूह से सम्बन्धित है।
• कोपेन जलवायु वर्गीकरण जलवायु आकलन के लिए प्रयोग किए जाने वाला सबसे अधिक प्रचलित मौसम वर्गीकरण है।
• इसका विकास जर्मन मौसमवेत्ता व्लादिमिर कोपेन ने वर्ष **1900** में किया था।
• कोपेन का वर्गीकरण स्थलीय जलवायु को पाँच मुख्य प्रकारों में विभाजित किया है, जिन्हें बड़े अक्षर A, B, C, D और E द्वारा दर्शाया जाता है।

194. चिल्का झील .... डेल्टा के दक्षिण में स्थित है। **SSC CHSL Tier-1 09.07.2024 (Shift-III)**
(a) नर्मदा (b) कावेरी
(c) गोदावरी (d) महानदी

उत्तर (d)
• चिल्का झील **महानदी डेल्टा** के दक्षिण में स्थित है।
• चिल्का झील एशिया की सबसे बड़ी तथा दुनिया की दूसरी सबसे बड़ी **लैगून झील** है।
• यह भारत के पूर्वी तट पर ओडिशा के पुरी, खुर्दा और गंजम जिलों में फैली है।
• यह भारतीय उपमहाद्वीप में प्रवासी पक्षियों के लिए सबसे बड़ा शीतकालीन स्थान है।
• यह भारत की सबसे बड़ी खारे पानी की झील है।

195. भारत में निम्नलिखित में से कौन-सा शहर सबसे पहले मानसूनी वर्षा का सामना करता है? **SSC CHSL 10.01.2024 (Shift-I)**
(a) चेन्नई (b) कोलकाता
(c) भुवनेश्वर (d) तिरुवनन्तपुरम

उत्तर (d)
• भारत में मानसूनी वर्षा सबसे पहले **तिरुवनन्तपुरम** में होती है।
• इसी के साथ कर्नाटक/महाराष्ट्र के तटीय क्षेत्रों में वर्षा आती है।
• उत्तर-पूर्वी मानसून अधिकतर सितम्बर माह के अन्त में पूर्वी घाट और आन्ध्र प्रदेश और तमिलनाडु के साथ पूर्वी तटीय क्षेत्रों में वर्षा कराता है।

196. निम्नलिखित कथनों पर विचार कीजिए।
SSC CHSL 10.01.2024 (Shift-I)
कथन 1 खासी और जयन्तिया पहाड़ियों में सबसे अधिक वर्षा होती है, जो 1000 सेमी से अधिक है।
कथन 2 लद्दाख और अधिकांश पश्चिमी राजस्थान में 150 सेमी से अधिक वर्षा होती है।
(a) दोनों कथन गलत हैं
(b) केवल कथन 2 सही है
(c) केवल कथन 1 सही है
(d) दोनों कथन सही हैं

उत्तर (c)

- दिए गए कथनों में से कथन 1 सही है।
- खासी और जयन्तिया पहाड़ियों के कुछ हिस्सों में वर्षा **1000 सेमी से अधिक** होती है।
- पश्चिमी तट पर, पश्चिमी घाट के साथ-साथ उत्तर-पूर्व में उप-हिमालयी क्षेत्रों और मेघालय की पहाड़ियों में सबसे अधिक वर्षा होती है। यहाँ वर्षा 200 सेमी से अधिक होती है।
- भारत में औसत वार्षिक वर्षा लगभग **125 सेमी** होती है।

SSC CHSL 2023 (Tier 1)

197. विश्व में मासिनराम में सबसे अधिक औसत वार्षिक वर्षा होती है, क्योंकि बंगाल की खाड़ी की मानसूनी हवाएँ ...... पहाड़ी से टकराती हैं।
SSC CHSL 02.11.2023 (Shift-I)

(a) अरावली (b) छोटानागपुर पठार
(c) पश्चिम घाट (d) खासी

उत्तर (d)

- मासिनराम मेघालय की **खासी** पहाड़ियों में स्थित है, जहाँ मानसूनी हवाओं के कारण सबसे अधिक औसत वार्षिक वर्षा होती है।
- गिनीज बुक ऑफ वर्ल्ड रिकॉर्ड के अनुसार, वर्ष 1985 में मासिनराम में **26000 मिमी** बारिश हुई थी।
- बंगाल की खाड़ी के कारण इस स्थान पर काफी ज्यादा नमी है और 1491 मी ऊँचाई वाली खासी पहाड़ियों के कारण यह नमी संघनित हो जाती है।

198. मूसलाधार बारिश का मौसम, जिसमें प्राय: ओलावृष्टि के साथ प्रचण्ड हवाएँ और स्थानीय तड़ितझंझा देखने को मिलते हैं। पश्चिम बंगाल में इस प्रकार के तूफानों को .... कहा जाता है। SSC CHSL 02.11.2023 (Shift-I)

(a) काल बैसाखी (b) लू
(c) व्यापारिक हवाएँ (d) मावठ

उत्तर (a)

- मूसलाधार बारिश का मौसम, जिसमें प्राय: ओलावृष्टि के साथ प्रचण्ड हवाएँ और स्थानीय तड़ितझंझा देखने को मिलते हैं। पश्चिम बंगाल में इस प्रकार के तूफानों को **काल बैसाखी** कहा जाता है।
- यह पश्चिम बंगाल, असम तथा बांग्लादेश में ग्रीष्म ऋतु में आती है तथा जीवन और धन की हानि करती है।
- चूँकि यह तूफान उत्तर-पश्चिम दिशा से आने वाली पवनों के कारण उत्पन्न होता है, इसलिए इन्हें **नॉर्वेस्टर्स** भी कहा जाता है।

199. निम्नलिखित में से कौन-सी नदी छत्तीसगढ़ के रायपुर जिले में सिंहावा के निकट से निकलती है और ओडिशा से बहते हुए अन्तत: बंगाल की खाड़ी में गिरती है?
SSC CHSL 17.08.2023 (Shift-I)

(a) महानदी (b) गोदावरी
(c) कृष्णा (d) कावेरी

उत्तर (a)

- **महानदी** प्रणाली ओडिशा राज्य की सबसे बड़ी और प्रायद्वीपीय भारत की तीसरी सबसे बड़ी नदी (गोदावरी व कृष्णा नदी के बाद) है।
- यह छत्तीसगढ़ के रायपुर जिले में सिंहावा के निकट से गुजरती है और अन्तत: बंगाल की खाड़ी में गिरती है।
- इसकी कुल लम्बाई 851 किमी है।
- महानदी पर बना **हीराकुड बाँध**, भारत का सबसे लम्बा बाँध है।
- महानदी की सहायक नदियाँ, जोंक, श्योनाथ, हंसदेव, ईब, ओंग, तेल आदि हैं।

200. कौन-सी नदी तुमकुर जिले में देवरायण दुर्ग पहाड़ी के दक्षिणी भाग से निकलती है और कावेरी में मिलने से पहले लगभग 221 किमी तक बहती है? SSC CHSL 04.08.2023 (Shift-II)

(a) वाघुर नदी
(b) घाटप्रभा नदी
(c) शिमशा नदी
(d) गिरना नदी

उत्तर (c)

- शिमशा नदी, कावेरी नदी की सबसे बड़ी सहायक नदियों में से एक है।
- शिमशा नदी तुमकुर जिले में देवरायण दुर्ग पहाड़ी के दक्षिणी भाग से निकलती है तथा लगभग 221 किमी की दूरी तय करने के बाद कावेरी नदी में मिलती है।
- यह भारत के दक्षिणी हिस्से में बहती है।
- शिमशा, कर्नाटक राज्य की नदी है।

201. निम्नलिखित में से कौन-सी भारत की सबसे बड़ी प्रायद्वीपीय नदी है?
SSC CHSL 21.03.2023 (Shift-IV)

(a) गोदावरी (b) कावेरी
(c) कृष्णा (d) महानदी

उत्तर (a)

- गोदावरी भारत की सबसे बड़ी प्रायद्वीप नदी है। इसे **दक्षिण भारत की गंगा** कहा जाता है।
- गोदावरी नदी की लम्बाई **1,465** किमी है।
- गोदावरी महाराष्ट्र, छत्तीसगढ़, तेलंगाना, आन्ध्र प्रदेश व ओडिशा राज्यों से गुजरती है।
- प्रवरा, पूर्णा, मंजरा, पेनगंगा, वर्धा, वेनगंगा, इद्रावती, कनेर व साबरी गोदावरी की सहायक नदियाँ हैं।

202. गंगा नदी के सम्बन्ध में निम्नलिखित में से कौन-सा कथन सही है?
SSC CHSL 20.03.2023 (Shift-III)

(a) बेतवा हिमालय से निकलने वाली गंगा नदी की एक सहायक नदी है
(b) यमुना इसके दाहिने किनारे के समान्तर बहती है और प्रयागराज में गंगा में मिल जाती है
(c) घाघरा प्रायद्वीपीय उच्चभूमि से आने वाली एक सहायक नदी है
(d) गंगा की लम्बाई 5000 किमी से अधिक है

उत्तर (b)

- गंगा नदी के सम्बन्ध में सही कथन (b) है कि यमुना इसके दाहिने किनारे के समान्तर बहती है और प्रयागराज में गंगा में मिल जाती है।
- भारत की सर्वाधिक लंबी नदी गंगा है।
- गंगा की मुख्य शाखा देवप्रयाग शहर से भागीरथी और अलकनन्दा नदियों के संगम से शुरू होती है।
- गंगा, भारत के **5 राज्यों** उत्तराखण्ड, उत्तर प्रदेश, बिहार, झारखण्ड, पश्चिम बंगाल से होकर गुजरती है।

203. निम्नलिखित में से कौन-सी झील आन्ध्र प्रदेश और तमिलनाडु की सीमा पर स्थित है?
SSC CHSL 17.03.2023 (Shift-II)

(a) पुलिकट (b) डल
(c) साम्भर (d) लोकटक

उत्तर (a)

- पुलिकट झील, पूर्वी तट पर स्थित एक लैगून झील है, जो आन्ध्र प्रदेश और तमिलनाडु की सीमा पर स्थित है।
- पुलिकट झील **प्रवासी पक्षियों** के लिए तीसरे सबसे महत्त्वपूर्ण स्थानों में से एक है।
- लैगून में **दो पक्षी अभयारण्य** भी हैं, एक आन्ध्र प्रदेश में और दूसरा तमिलनाडु में।

204. निम्नलिखित में से कौन-सी एक नदी का उद्‌गम पश्चिमी घाट से होता है?
SSC CHSL 16.03.2023 (Shift-I)

(a) लूनी (b) नर्मदा (c) माण्डवी (d) बनास

उत्तर (c)

- माण्डवी नदी का उद्‌गम पश्चिम घाट से होता है। **माण्डवी नदी** भारत के गोवा, महाराष्ट्र और कर्नाटक राज्यों में बहने वाली एक नदी है।
- यह कर्नाटक में पश्चिमी घाट की ढलानों में उत्पन्न होती है और लगभग 81 किमी तक बहकर गोवा में जुवारी नदी से संगम करती हुई अरब सागर में मिल जाती है।

205. निम्नलिखित में से कौन-सी नदी धुआँधार जलप्रपात बनाती है?
SSC CHSL 15.03.2023 (Shift-IV)

(a) नर्मदा (b) तापी
(c) महानदी (d) गोदावरी

उत्तर (a)

- पश्चिमी घाट से गोदावरी, कृष्णा, कावेरी और पेरियार नदियों का उद्‌गम होता है, जो सम्पूर्ण दक्षिण भारत की सिंचाई की जीवन रेखा है।

206. मृदा निर्माण का निम्नलिखित में से कौन-सा कारक मृदा के संचय (Accumulation) को निर्धारित करता है? SSC CHSL 14.03.2023 (Shift-I)

(a) प्राणी-जगत (Fauna)
(b) उच्चावच (Relief)
(c) वनस्पति-जगत (Flora)
(d) मूल चट्टान (Parent Rock)

उत्तर (b)

- **उच्चावच** मृदा के संचय को निर्धारित करते हैं तथा मृदा के निर्माण की प्रक्रिया को प्रभावित करते हैं।
- मृदा निर्माण के प्रमुख उत्तरदायी कारक **उच्चावच**, **मूल शैल**, **जलवायु**, **वनस्पति**, **पशु** और **सूक्ष्मजीव** हैं।

207. माजुली (Majuli) भारत के निम्नलिखित में से किस राज्य में ब्रह्मपुत्र नदी में एक नदी द्वीप है? **SSC CHSL 14.03.2023 (Shift-I)**

(a) सिक्किम (b) मणिपुर
(c) असम (d) अरुणाचल प्रदेश

उत्तर (c)

- माजुली भारत में ब्रह्मपुत्र नदी में एक नदी द्वीप है, जो असम राज्य में स्थित है।
- यह द्वीप लगभग **880 वर्ग किमी क्षेत्र** में फैला हुआ है।
- नियमित बाढ़ के कारण इसने अपने एक-तिहाई हिस्से को खो दिया है।
- यह देश का पहला **नदी द्वीपीय जिला** है। पहले यह जोरहाट जिले के तहत उप-डिविजन था।
- यह **विश्व का सबसे बड़ा नदी द्वीप** है। इसे असम की सांस्कृतिक राजधानी भी कहा जाता है।

208. निम्नलिखित में से कौन कावेरी नदी की सहायक नदी नहीं है? **SSC CHSL 13.03.2023 (Shift-III)**

(a) काबिनी (b) मूसी
(c) भवानी (d) हेमावती

उत्तर (b)

- मूसी कावेरी नदी की सहायक नदी नहीं है।
- यह नदी भारत के तेलंगाना राज्य में बहने वाली एक नदी है, जो कृष्णा की सहायक नदी है।
- हैदराबाद नगर इसी नदी के किनारे बसा हुआ है।
- यह हैदराबाद से 90 किमी पश्चिम में विकाराबाद जिले में अनन्तगिरि पहाड़ी से निकलती है तथा 140 किमी पूर्व नलगोण्डा जिले के वाडपल्ली में कृष्णा नदी से मिलती है।
- काविनी, भवानी, हेमावती आदि कावेरी की सहायक नदियाँ हैं।

209. निम्नलिखित में से कौन सिन्धु की एक सहायक नदी है? **SSC CHSL 13.03.2023 (Shift-III)**

(a) जॉस्कर (b) सोन
(c) यमुना (d) चम्बल

उत्तर (a)

- **जास्कर** सिन्धु की सहायक नदी है।
- यह केवल भारतीय केन्द्रशासित प्रदेश **लद्दाख में प्रवाहित** होती है।
- यह ग्रेट हिमालयन रेंज के **उत्तर-पूर्व** से निकलती है और **जास्कर क्षेत्र में हिमालय** और **जास्कर** रेंज को अपवाहित करती है।

210. निम्नलिखित में से किस झील को 'श्रीनगर के आभूषण' के नाम से भी जाना जाता है? **SSC CHSL 10.03.2023 (Shift-II)**

(a) लोकटक (b) डल
(c) वेम्बनाड (d) त्सांगपो

उत्तर (b)

- डल (DAL) झील को **श्रीनगर का गहना** या **कश्मीर का मुकुट** भी कहा जाता है।
- 18 किमी क्षेत्र में फैली यह झील तीन दिशाओं से शंकराचार्य पहाड़ियों से घिरी हुई है।
- यह जम्मू-कश्मीर की दूसरी सबसे बड़ी झील है।
- जम्मू-कश्मीर में ही स्थित **वूलर झील भारत** की सबसे बड़ी मीठे पानी की झील है।

SSC CHSL 2022 (Tier 1)

211. कौन-सी नदी का बेसिन 65,145 किमी^{2} के क्षेत्रफल में फैला है, जिसमें से लगभग 80% महाराष्ट्र में स्थित है? **SSC CHSL 27.05.2022 (Shift-I)**

(a) गोदावरी (b) नर्मदा
(c) तापी (d) कृष्णा

उत्तर (c)

- तापी नदी मध्य प्रदेश के **बैतूल जिले** के मुल्ताई से निकलती है। इस नदी का बेसिन 65°,145 किमी^{2} के क्षेत्रफल में फैला हुआ है।
- यह पश्चिम की ओर बहने वाली दूसरी सबसे लम्बी नदी है।
- इसकी कुल लम्बाई **724 किमी** है।
- यह मध्य प्रदेश, महाराष्ट्र एवं गुजरात राज्य में बहती हुई अपना जल **अरब सागर** में गिराती है।
- इसका लगभग **80% हिस्सा महाराष्ट्र** राज्य से होकर बहता है।

212. कोंकण तट पर रहने वाले लोग तापमान की चरम सीमा और मौसमी आवर्तन का सामना क्यों नहीं कर पाते हैं? **SSC CGL 30.05.2022 (Shift-I)**

(a) तटीय स्थिति
(b) मानसूनी जलवायु
(c) सह्याद्रि का हवा की दिशा में किनारे पर स्थित होना
(d) तरंगित स्थलाकृति

उत्तर (c)

- कोंकण तट तृतीय स्थिति में किनारे पर स्थित है।
- इसलिए यह क्षेत्र **आवर्तन का सामना** नहीं कर पाता है।
- तटीय महाराष्ट्र का दक्षिणी भाग **कोंकण** कहलाता है।
- लम्बी तटरेखा के साथ, बड़े तटीय क्षेत्रों में सम जलवायु होती है।
- भारत के आन्तरिक क्षेत्र समुद्र के मध्यम प्रभाव से बहुत दूर हैं। ऐसे क्षेत्रों में जलवायु की चरम सीमा होती है।

213. कौन-सा नदी बेसिन 8,60,000 किमी^{2} के क्षेत्रफल में और 11 भारतीय राज्यों में फैला हुआ है? **SSC CHSL 01.06.2022 (Shift-I)**

(a) गंगा बेसिन (b) सिन्धु बेसिन
(c) महानदी बेसिन (d) ब्रह्मपुत्र बेसिन

उत्तर (a)

- गंगा बेसिन **11 भारतीय राज्यों में फैला** हुआ है तथा इसका क्षेत्रफल 8,60,000 किमी^{2} है।
- इस बेसिन का सर्वाधिक विस्तार उत्तर प्रदेश में है।
- यह बेसिन देश के कुल भौगोलिक क्षेत्र का एक चौथाई (26.3%) से थोड़ा अधिक है।
- यह बेसिन उत्तर में हिमालय, पश्चिम में अरावली, दक्षिण में विंध्य और छोटानागपुर पठार तथा पूर्व में ब्रह्मपुत्र रिज से घिरा हुआ है।
- गंगा बेसिन को गंगा-ब्रह्मपुत्र मेघना नदी बेसिन के रूप में भी जाना जाता है।

214. मध्य प्रदेश के मालवा पठार में महू के पास कौन-सी नदी निकलती है? **SSC CHSL 01.06.2022 (Shift-I)**

(a) माही (b) वरुणा
(c) चम्बल (d) बेतवा

उत्तर (c)

- चम्बल नदी मध्य प्रदेश के मालवा पठार में **महू** के पास निकलती है।
- इस नदी की कुल लम्बाई **1024 किमी** है।
- बनारस नदी, क्षिप्रा नदी, काली सिन्ध तथा पार्वती चम्बल की सहायक नदियाँ हैं।
- महू पहाड़ी मध्य प्रदेश के इन्दौर में स्थित है।
- चम्बल, यमुना की प्रमुख सहायक नदी है।

SSC MTS 2024

215. निम्नलिखित में से ब्रह्मपुत्र नदी की सहायक नदी को पहचानिए? **SSC MTS Tier-1 30.10.2024 (Shift-III)**

(a) बूरही दिहिंग (b) हिण्डन
(c) बराकर (d) काली गंगा

उत्तर (a)

- बूरही दिहिंग (Burhi Dihing)या बूढी दिहिंग ब्रह्मपुत्र नदी की सहायक नदी है।
- इस नदी की लम्बाई 380 किमी है।
- यह नदी अरुणाचल प्रदेश के गेलिंग गाँव के पास भारत में प्रवेश करती है।
- **लोहित**, दिबांग, सुबनसिरी, जियाभरली, तोरसा, संकोश, मानस, **तीस्ता** इसकी सहायक नदियाँ हैं।

216. सिन्धु जलसन्धि भारत और पाकिस्तान के बीच .... में हुई थी। **SSC MTS Tier-1 30.10.2024 (Shift-III)**

(a) 1955 (b) 1965 (c) 1970 (d) 1960

उत्तर (d)

- सिन्धु जलसन्धि भारत और पाकिस्तान के बीच वर्ष 1960 में हुई थी।
- इस पर भारत के तत्कालीन प्रधानमन्त्री जवाहरलाल नेहरू और पाकिस्तान के तत्कालीन राष्ट्रपति मोहम्मद अयूब खान ने हस्ताक्षर किए थे।
- इस समझौते के तहत भारत को पूर्वी नदियों अर्थात् रावी, सतलुज और व्यास के पानी का उपयोग करने की अनुमति मिली।

217. तुंगा और भद्रा किस नदी की सहायक नदियाँ हैं? **SSC MTS Tier-1 23.10.2024 (Shift-II)**

(a) नर्मदा (b) गोदावरी
(c) कृष्णा (d) ताप्ती

उत्तर (c)

- तुंगा तथा भद्रा कृष्णा की सहायक नदियाँ हैं।
- इन दोनों नदियों के संगम से तुंगभद्रा नदी बनती है।
- तुंगभद्रा नदी, कर्नाटक और आन्ध्र प्रदेश से होकर बहती है और अन्त में कृष्णा नदी में मिल जाती है।
- कृष्णा नदी, दक्षिण भारत की एक महत्त्वपूर्ण नदी है।
- इसका उद्‌गम स्थल महाराष्ट्र के निकट महाबलेश्वर के समीप पश्चिमी घाट श्रृंखला है।

218. भारत की जलवायु विविधता इसकी विशिष्टता से पहचानी जाती है और निम्नलिखित कारकों में से एक जो इसमें योगदान नहीं देता है, वह ...... है। SSC MTS Tier-1 22.10.2024 (Shift-II)
(a) अक्षांशीय विस्तार
(b) भौगोलिक स्थिति
(c) अनुदैर्ध्य विस्तार
(d) वनस्पति

उत्तर (c)

• भारत की जलवायु विविधता इसकी विशिष्टता से पहचानी जाती है, जिसमें अक्षांशीय विस्तार, भौगोलिक स्थिति, वायुदाब, पवनें और वनस्पतियाँ शामिल हैं, जबकि इसमें अनुदैर्ध्य विस्तार शामिल नहीं है।
• भारत की जलवायु दक्षिण में उष्णकटिबन्धीय से लेकर उत्तर में हिमालयी समशीतोष्ण और अल्पाइन तक बहुत भिन्न है।

219. निम्नलिखित में से कौन-सी गोदावरी नदी की एक सहायक नदी नहीं है? SSC MTS Tier-1 21.10.2024 (Shift-II)
(a) कामेंग (b) प्राणहिता
(c) मंजरा (d) इन्द्रावती

उत्तर (a)

• कामेंग नदी, गोदावरी नदी की एक सहायक नदी .नहीं है, यह ब्रह्मपुत्र की सहायक नदी है। शेष नदियाँ प्राणहिता, मंजरा और इन्द्रावती गोदावरी की सहायक नदियाँ हैं।
• गोदावरी नदी का उद्गम महाराष्ट्र के **नासिक के पास त्र्यम्बकेश्वर** है और बंगाल की खाड़ी में गिरने से पहले लगभग 1465 किमी की दूरी तय करती है।
• गोदावरी, प्रायद्वीपीय भारत की सबसे बड़ी नदी प्रणाली है। इसे दक्षिण गंगा भी कहते हैं।

220. लैटेराइट मृदा परिच्छेदिका में निम्नलिखित में से कौन-सा तत्त्व अत्यधिक मात्रा में उपस्थित होता है? SSC MTS Tier-1 17.10.2024 (Shift-II)
(a) चूना (b) पोटाश
(c) नाइट्रोजन (d) लोहा

उत्तर (d)

• लैटेराइट मृदा परिच्छेदिका (Laterite Soil Profile) में **लोहा** (Iron) तत्त्व अत्यधिक मात्रा में उपस्थित होता है।
• यह मिट्टी उष्णकटिबन्धीय और उपोष्णकटिबन्धीय क्षेत्रों में पाई जाती है।
• इस मिट्टी में नाइट्रोजन, फॉस्फोरस, पोटाश और कार्बनिक तत्त्वों की कमी होती है।
• अम्लीय मृदा होने के कारण यह मिट्टी **चाय और कहवा** के लिए अधिक उपयोगी है।

221. निम्नलिखित में से कौन-सा राज्य/केन्द्रशासित प्रदेश सिन्धु नदी बेसिन का एक भाग नहीं है? SSC MTS Tier-1 17.10.2024 (Shift-II)
(a) हिमाचल प्रदेश
(b) सिक्किम
(c) लद्दाख
(d) जम्मू और कश्मीर

उत्तर (b)

• **सिक्किम** सिन्धु नदी बेसिन (Indus River Basin) का भाग नहीं है।
• सिन्धु बेसिन चार देशों पाकिस्तान, भारत, चीन और अफगानिस्तान में फैला हुआ है।
• यह नदी बेसिन भारत के जम्मू और कश्मीर से होकर बहती है।
• यह नदी मानसरोवर झील के पास कैलाश पर्वत से निकलती है।
• सिन्धु नदी की प्रमुख सहायक नदियाँ झेलम, चेनाब, रावी, ब्यास और सतलुज है।

222. शैल या मृदा का वह गुण, जो इनमें से तरल पदार्थों के प्रवाहित हो जाने की क्षमता को इंगित करता है, ... कहलाता है। SSC MTS Tier-1 16.10.2024 (Shift-II)
(a) पारगम्यता (b) स्थायित्व
(c) सघनता (d) सुघट्यता

उत्तर (a)

• शैल या मृदा का वह गुण, जो इनमें से तरल पदार्थों के प्रवाहित हो जाने की क्षमता को इंगित करता है, **पारगम्यता** कहलाता है।
• मिट्टी (मृदा) की बनावट से प्रभावित होने वाले गुणों में छिद्र, जल धारक क्षमता, कटाव के प्रति संवेदनशीलता शामिल हैं।
• मिट्टी में पाए जाने वाले खनिज पदार्थ, बड़ी चट्टानों के टूटने से बनते हैं।
• मिट्टी में मौजूद कार्बनिक पदार्थों के शुष्क भार का लगभग **92% हिस्सा** कार्बन, ऑक्सीजन व हाइड्रोजन से मिलकर बना होता है।

223. गलत युग्म की पहचान कीजिए। SSC MTS Tier-1 16.10.2024 (Shift-II)
(a) उत्तर-पश्चिमी हवा — पश्चिम बंगाल
(b) आम्र बौछार — केरल
(c) मंजरी वर्षण — आन्ध्र प्रदेश
(d) बार्डोइसिला — असम

उत्तर (c)

• विकल्प (d) गलत युग्म है।
• मंजरी वर्षण (Bloosom shower) का सम्बन्ध **कर्नाटक व केरल** राज्य से है।
• मंजरी वर्षण कॉफी के फूलों के खिलने में मदद करने वाली स्थानीय हवा है।
• यह गर्मी के मौसम में होने वाली वर्षा है।
• अन्य विकल्प सही सुमेलन है

वर्षण	राज्य
उत्तर पश्चिमी हवा	पश्चिम बंगाल
आम्र बौछार	केरल
बार्डोइसिला	असम

224. भारत में औसत वर्षा के अनुसार, लद्दाख केन्द्रशासित प्रदेश ...... में स्थित है। SSC MTS Tier-1 09.10.2024 (Shift-I)
(a) अधिक वर्षा वाले क्षेत्र
(b) मध्यम वर्षा वाले क्षेत्र
(c) कम वर्षा वाले क्षेत्र
(d) अपर्याप्त वर्षा वाले क्षेत्र

उत्तर (d)

• भारत में औसत वर्षा के अनुसार, केन्द्रशासित प्रदेश लद्दाख **अपर्याप्त वर्षा वाले क्षेत्र** में स्थित है।
• यह एक शुष्क क्षेत्र है, जहाँ बहुत कम नमी होती है।
• लद्दाख के लेह शहर में औसतन वर्षा 9.2 सेमी होती है।
• यह अधिक ऊँचाई पर स्थित होने के कारण वर्षा के लिए अनुकूल नहीं है।

225. इन्दिरा गाँधी नहर से निम्नलिखित में से किस राज्य को लाभ हुआ? SSC MTS Tier-1 07.10.2024 (Shift-I)
(a) राजस्थान (b) उत्तर प्रदेश
(c) मध्य प्रदेश (d) गुजरात

उत्तर (a)

• इन्दिरा गाँधी नहर से **राजस्थान** राज्य को लाभ हुआ।
• इस नहर का पुराना नाम 'राजस्थान नहर' था। इसे 'राजस्थान की मरुगंगा' भी कहा जाता है।
• यह विश्व की सबसे बड़ी सिंचाई परियोजना है।
• राजस्थान नहर सतलज और व्यास नदियों के संगम पर निर्मित हरिके बाँध से निकाली गई है। पंजाब में इस नहर की लम्बाई 169 किमी है, जबकि राजस्थान में लम्बाई 470 किमी है।
• इस नहर का उद्घाटन 1958 में तात्कालिक गृहमन्त्री गोविन्द वल्लभपन्त ने किया था, जबकि वर्ष 1984 में इसका नाम बदलकर इन्दिरा गाँधी परियोजना कर दिया गया।

226. भारतीय मौसम विज्ञान के अनुसार, निम्नलिखित में से कौन-सी ऋतु भारत में आने वाली ऋतु नहीं है? SSC MTS Tier-1 01.10.2024 (Shift-I)
(a) दक्षिण-पश्चिमी मानसून ऋतु
(b) ठण्डे मौसम की ऋतु
(c) गर्म मौसम की ऋतु
(d) भूमध्यरेखीय ऋतु

उत्तर (d)

• भारतीय मौसम विज्ञान के अनुसार **भूमध्यरेखीय ऋतु** भारत में आने वाली ऋतु नहीं है।
• यह ऋतु सामान्यत: पूरे वर्ष गर्म और आर्द्र रहती है।

227. भारत में बड़ी लाइन रेलवे नेटवर्क की लगभग चौड़ाई कितनी होती है? SSC MTS Tier-1 01.10.2024 (Shift-I)
(a) 1 मी (b) 1.2 मी
(c) 1.3 मी (d) 1.6 मी

उत्तर (d)

• भारत में बड़ी लाइन रेलवे नेटवर्क की लगभग चौड़ाई 1.6 **मी** है।
• भारत में रेलवे ट्रैक के तीन प्रकार के गेज होते हैं
• **ब्रॉड गेज** यह दुनिया में सबसे अधिक उपयोग होने वाला रेल गेज है।
• **मीटर गेज** इसकी चौड़ाई 1 मी होती है।
• **नैरो गेज** इसकी चौड़ाई 0.76 मी या 0.6 मी होती है। इसका प्रयोग अधिकांशत: पहाड़ी क्षेत्रों में किया जाता है।

228. निम्नलिखित में से कौन-सा/कौन-से कथन प्रसिद्ध स्थल मौसिनराम (Mawsynram) के सम्बन्ध में सही है/हैं?
SSC MTS Tier-1 30.09.2024 (Shift-I)

A. यह पृथ्वी पर सबसे आर्द्र स्थान है।
B. यह भारत के मेघालय राज्य में स्थित है।

(a) केवल A सही है।
(b) केवल B सही है।
(c) A और B दोनों सही हैं।
(d) न तो A और न ही B सही है।

उत्तर (c)

• प्रसिद्ध स्थल मौसिनराम के सम्बन्ध में कथन A और B दोनों सही हैं।
• मौसिनराम, पृथ्वी पर सबसे आर्द्र स्थान है, यह भारत के **मेघालय** राज्य में स्थित है।
• यहाँ वार्षिक औसतन 11872 मिलीमीटर वर्षा होती है।
• मौसिनराम को **बादलों का निवास** भी कहा जाता है।

SSC MTS 2023

229. लैटेराइट मिट्टी का निर्माण किस कारण से होता है? **MTS 05.09.2023 (Shift-II)**

(a) संघनन (b) अवसादन
(c) केवल उच्च तापमान (d) निक्षालन

उत्तर (d)

• लैटेराइट मिट्टी का निर्माण **निक्षालन** से होता है।
• लैटेराइट मिट्टी उच्च तापमान और **उच्च वर्षा** वाले क्षेत्रों में विकसित होती है।
• इस मिट्टी में कार्बनिक पदार्थ, नाइट्रोजन, फॉस्फेट और कैल्शियम की कमी होती है, जबकि आयरन ऑक्साइड और पोटाश की अधिकता होती है।
• यह मिट्टी मुख्य रूप से **पश्चिम** और **पूर्वी घाट** में पाई जाती है। यह पूर्व पठार के किनारों में तमिलनाडु, ओडिशा तथा उत्तर में छोटानागपुर के एक छोटे हिस्से और उत्तर-पूर्व में मेघालय के छोटे हिस्से में पाई जाती है।

230. किस नदी को 'त्सांगपो' (Tsangpo) के नाम से भी जाना जाता है ? **MTS 01.09.2023 (Shift-I)**

(a) गण्डक नदी (b) ब्रह्मपुत्र नदी
(c) गंगा नदी (d) कावेरी नदी

उत्तर (b)

• ब्रह्मपुत्र नदी को **त्सांगपो** (Tsangpo) के नाम से भी जाना जाता है
• इसका उद्गम **मानसरोवर झील** के पास **चेमायुंगडुंग ग्लेशियर** से होता है।
• भारत में इसे ब्रह्मपुत्र नदी तथा बांग्लादेश में जमुना नदी के नाम से जाना जाता है।
• ब्रह्मपुत्र नदी की लम्बाई **2900 किमी** है।

SSC Steno 2024

231. निम्नलिखित में से कौन-सी प्रक्रिया मृदा में अपघटन के दौरान होती है?
SSC Steno Tier-1 10.12.2024 (Shift-I)

(a) क्रिस्टलीकरण (b) आर्द्रीकरण
(c) ऑक्सीकरण (d) एकीकरण

उत्तर (b)

• आर्द्रीकरण प्रक्रिया मृदा में अपघटन के दौरान होती है।
• मृदा में अपघटन एक जैविक प्रक्रिया है, जिसमें मृत पदार्थ के जटिल कार्बनिक अणुओं का सरल कार्बनिक और अकार्बनिक अणुओं में भौतिक विघटन व जैव रासायनिक रूपान्तरण होता है।
• मृदा में अपघटन की प्रक्रिया को प्रभावित करने वाले कारक-तापमान, जल सामग्री, जलवायु आदि हैं।

232. निम्नलिखित में से कौन-सा जलमार्ग देश का राष्ट्रीय जलमार्ग नहीं है?
SSC Steno Tier-1 10.12.2024 (Shift-II)

(a) राष्ट्रीय जलमार्ग संख्या 2
(b) राष्ट्रीय जलमार्ग संख्या 1
(c) राष्ट्रीय जलमार्ग संख्या 6
(d) राष्ट्रीय जलमार्ग संख्या 4

उत्तर (c)

• राष्ट्रीय जलमार्ग संख्या 6 देश का राष्ट्रीय जलमार्ग नहीं है।
• देश में राष्ट्रीय जलमार्ग की एक सूची होती है, जिनमें प्रमुख नदियों, नहरों और जलमार्गों को शामिल किया जाता है।
• NW-6 आधिकारिक रूप से राष्ट्रीय जलमार्ग की सूची में प्रारम्भ में शामिल नहीं था, क्योंकि यह प्रस्तावित जल मार्ग था।
• राष्ट्रीय जलमार्ग 1 (प्रयागराज से हल्दिया)
• राष्ट्रीय जलमार्ग 2 (भारत-बांग्लादेश)
• राष्ट्रीय जलमार्ग 4 (विजयवाड़ा से मुक्तयाला)

233. निम्नलिखित में से कौन-सा कथन भारतीय उपमहाद्वीप की जलवायु के सम्बन्ध में सही है?
SSC Steno Tier-1 10.12.2024 (Shift-II)

(a) थार रेगिस्तान मध्य एशिया से आने वाली अत्यन्त ठण्डी हवाओं से बचाता है।
(b) हिमालय इस उपमहाद्वीप को मध्य एशिया में आने वाली अत्यन्त ठण्डी हवाओं से बचाता है।
(c) उत्तर भारत की जलवायु पूरे वर्ष भर एक समान रहती है।
(d) पश्चिमी घाट मध्य एशिया से आने वाली अत्यन्त ठण्डी हवाओं से बचाता है।

उत्तर (b)

• भारतीय उपमहाद्वीप की जलवायु के सम्बन्ध में यह कथन सही है कि हिमालय इस उपमहाद्वीप को मध्य एशिया से आने वाली अत्यन्त ठण्डी हवाओं से बचाता है।
• यह इन हवाओं के लिए अवरोधक का कार्य करता है।
• यह भारत के उत्तरी भाग में तापमान को नियन्त्रित करने में मदद करता है।

234. कोंकण रेलवे, भारत के निम्नलिखित में से किन राज्यों को जोड़ता है?
SSC Steno Tier-1 11.12.2024 (Shift-I)

(a) महाराष्ट्र और आन्ध्र प्रदेश
(b) महाराष्ट्र और कर्नाटक
(c) गुजरात और कर्नाटक
(d) महाराष्ट्र और मध्य प्रदेश

उत्तर (b)

• कोंकण रेलवे, भारत के महाराष्ट्र और कर्नाटक राज्यों को जोड़ता है।
• यह रेलवे महाराष्ट्र के मुम्बई को कर्नाटक के मंगलोर से जोड़ता है।
• यह भारत की सबसे बड़ी रेल परियोजनाओं में से एक है।
• इस रेलवे का मुख्यालय नवी मुम्बई के सीबीडी बेलापुर में स्थित है।

235. बराकर नदी निम्न में से किसकी सहायक नदी है? **SSC Steno Tier-1 11.12.2024 (Shift-I)**

(a) दामोदर (b) सोन
(c) बेतवा (d) चम्बल

उत्तर (a)

• बराकर नदी, दामोदर नदी की सहायक नदी है।
• बराकर नदी छोटानागपुर पठार से निकलती है।
• यह नदी दामोदर से मिलने से पहले झारखण्ड और पश्चिम बंगाल में अपवाहित होती है।
• बराकर नदी पर तिलैया बाँध का निर्माण किया गया है। दामोदर नदी 'बंगाल का शोक' कहलाती है।

236. भागीरथी और अलकनन्दा नदियाँ मिलकर किस नदी का निर्माण करती हैं?
SSC Steno 13.10.2024 (Shift-I)

(a) गंगा (b) झेलम
(c) यमुना (d) रावी

उत्तर (a)

• भागीरथी और अलकनन्दा नदियाँ मिलकर गंगा नदी का निर्माण करती हैं।
• देवप्रयाग में भागीरथी और अलकनन्दा की संयुक्त धारा **गंगा** कहलाती है।
• भागीरथी नदी गौमुख (गंगोत्री ग्लेशियर) से निकलती है।
• अलकनन्दा नदी सतोपन्थ हिमनद से निकलती है।
• धौलीगंगा तथा विष्णुगंगा की संयुक्त धारा **अलकनन्दा** कहलाती है (विष्णुप्रयाग)।

SSC Steno 2022

237. कोरोमण्डल तट पर सबसे अधिक वर्षा शीत ऋतु में होती है, क्यों? **SSC Steno 18.11.2022 (Shift-II)**

(a) हिन्द महासागर से आने वाली पवनें पूर्वी घाट से बाधित होती हैं
(b) पूर्वोत्तर मानसून बंगाल की खाड़ी से आर्द्रता लेता है और ये पवनें पूर्वी घाट द्वारा बाधित होती हैं
(c) हिन्द महासागर के चक्रवात पश्चिमी घाट द्वारा बाधित होते हैं
(d) उत्तर-पश्चिमी मानसून अरब सागर से आर्द्रता लेता है और ये पवनें पश्चिमी घाट द्वारा बाधित होती हैं

उत्तर (b)

• पूर्वोत्तर मानसून बंगाल की खाड़ी से आर्द्रता लेता है और ये पवनें पूर्वी घाट द्वारा बाधित होती हैं, जिस कारण कोरोमण्डल तट पर सबसे अधिक वर्षा होती है।
• पूर्वोत्तर मानसून को शीतकालीन मानसून भी कहते हैं।

• इस मानसून से सबसे ज्यादा वर्षा तमिलनाडु में होती है।

• तमिलनाडु के अतिरिक्त पुदुचेरी, कराईकल, दमन तथा तटीय आन्ध्र प्रदेश इत्यादि क्षेत्रों में भी इससे वर्षा होती है।

238. पश्चिमी घाटों में होने वाली अधिकांश वर्षा .... होती है, क्योंकि आर्द्र हवाएँ बाधित होती हैं और घाटों के साथ ऊपर उठने के लिए मजबूर हो जाती हैं।
SSC Steno 17.11.2022 (Shift-I)

(a) संवहनी (b) चक्रवाती
(c) स्थानीय (d) पर्वतीय

उत्तर (d)

• पश्चिमी घाटों में होने वाली अधिकांश वर्षा **पर्वतीय** होती है, क्योंकि आर्द्र हवाएँ बाधित होती है और घाटों के साथ ऊपर उठने के लिए मजबूर हो जाती है।

• **दक्कनी पठार** के पश्चिमी किनारे के **साथ-साथ** यह पर्वतीय श्रृंखला उत्तर से दक्षिण की तरफ 1600 किमी लम्बी है।

239. निम्नलिखित में से कौन-सा मानसून अक्टूबर और नवम्बर के दौरान तमिलनाडु तट, दक्षिणी आन्ध्र प्रदेश, दक्षिण-पूर्व कर्नाटक और दक्षिण-पूर्व केरल में मूसलाधार वर्षा के लिए जिम्मेदार है? **SSC Steno 17.11.2022 (Shift-I)**

(a) उत्तर-पूर्वी मानसून
(b) उत्तर-पश्चिम मानसून
(c) दक्षिण-पूर्वी मानसून
(d) दक्षिण-पश्चिम मानसून

उत्तर (a)

• **उत्तर-पूर्वी मानसून** के कारण तमिलनाडु, दक्षिण आन्ध्र प्रदेश, दक्षिण-पूर्वी कर्नाटक और दक्षिण-पूर्व केरल में अक्टूबर-नवम्बर के महीने में भारी वर्षा होती है।

SSC GD 2023

240. निम्नलिखित में से कौन-सी भारत में मीठे पानी की झील नहीं है? **SSC GD 06.02.2023 (Shift-I)**

(a) लोकटक (b) साम्भर
(c) बड़ापानी (d) भीमताल

उत्तर (b)

• साम्भर झील, भारत मे मीठे पानी की झील नहीं है, बल्कि यह राजस्थान में स्थित भारत की सबसे बड़ी खारी झील है।

• लोकटक, बड़ापानी (उमीम झील) और भीमताल सभी मीठे पानी की झीलें हैं।

• **लोकटक** यह मणिपुर में स्थित भारत की सबसे बड़ी मीठे पानी की झील है।

• **भीमताल** यह उत्तराखण्ड में स्थित एक लोकप्रिय पर्यटन स्थल और मीठे पानी की झील है।

241. देवप्रयाग में भागीरथी से मिलती है
SSC GD 01.02.2023 (Shift-I)

(a) कोसी (b) यमुना
(c) अलकनन्दा (d) घाघरा

उत्तर (c)

• देवप्रयाग उत्तराखण्ड में कुमायूँ हिमालय के केन्द्रीय क्षेत्र में टिहरी गढ़वाल जिले में स्थित एक प्रसिद्ध तीर्थ स्थान है, जहाँ अलकनन्दा तथा भागीरथी नदियों का संगम होता है।

• इस संगम स्थल के बाद से नदी को गंगा के नाम से जाना जाता है।

• यह हिन्दुओं के सर्वश्रेष्ठ धार्मिक स्थलों में से एक देवप्रयाग है।

242. भारत में अन्तर्देशीय जलमार्गों के विकास, रख-रखाव और प्रबन्धन की देखभाल कौन करता है? **SSC GD 01.02.2023 (Shift-I)**

(a) भारतीय इस्पात प्राधिकरण
(b) भारतीय विमानपत्तन प्राधिकरण
(c) भारतीय अन्तर्देशीय जलमार्ग प्राधिकरण
(d) भारतीय राष्ट्रीय राजमार्ग प्राधिकरण

उत्तर (c)

• भारत में अन्तर्देशीय जलमार्गों के विकास, रख-रखाव और प्रबन्धन की देखभाल भारतीय अन्तर्देशीय जलमार्ग प्राधिकरण है।

• भारतीय अन्तर्देशीय जलमार्ग प्राधिकरण का गठन भारतीय संसद द्वारा आईडब्ल्यूएआई अधिनियम-1985 के तहत किया गया था, जो भारत में अन्तर्देशीय जलमार्गों के विकास, रख-रखाव और प्रबन्धन की देखभाल करता है।

• इसका मुख्यालय नोएडा, उत्तर प्रदेश में स्थित है।

SSC Selection Post 2023

243. दक्षिण भारत की ऐसी प्रमुख नदियाँ कौन-सी हैं जो अरब सागर में गिरती हैं?
SSC SP 27.06.2023 (Shift-I)

(a) कृष्णा और कावेरी
(b) चम्बल और कोसी
(c) नर्मदा और ताप्ती
(d) महानदी और ब्रह्मपुत्र

उत्तर (c)

• **नर्मदा और ताप्ती** दक्षिण भारत की ऐसी प्रमुख नदियाँ हैं, जो अरब सागर में गिरती हैं।

• नर्मदा नदी, जिसे स्थानीय रूप से कहीं-कहीं **रेवा नदी भी कहा जाता** है। भारत की 5वीं व पश्चिम-दिशा में बहने वाली सबसे लम्बी नदी है। यह मध्य प्रदेश राज्य की भी सबसे बड़ी नदी है। नर्मदा मध्य प्रदेश, महाराष्ट्र और गुजरात में बहती है।

• ताप्ती नदी, जिसे **तापी नदी** भी कहा जाता है, भारत के मध्य भाग में बहने वाली एक नदी है, जो नर्मदा नदी के **दक्षिण में बहती** है।

244. बारदोली छीड़ा का दूसरा नाम क्या है?
SSC SP 27.06.2023 (Shift-III)

(a) लू (b) आम्र वर्षा
(c) काल बैसाखी (d) मंजरी वर्षा

उत्तर (c)

• 'बारदोली छीड़ा' का दूसरा नाम काल बैसाखी है।

• काल बैसाखी स्थानीय तूफान का एक प्रकार है।

• यह बंगाल और असम में शाम के समय भयंकर एवं विनाशकारी वर्षायुक्त पवनों के रूप में चलते हैं।

• ये बौछारें चाय, पटसन और चावल की खेती के लिए उपयोगी हैं।

• असम में, इन तूफानों को 'बारदोली छीड़ा' के नाम से जाना जाता है।

245. निम्नलिखित में से कौन-सा विकल्प सतलुज नदी के उद्‌गम से सम्बन्धित है?
SSC SP 27.06.2023

(a) राक्षसताल (b) मिलाम
(c) गौमुख (d) पंचनद

उत्तर (a)

• सतलुज नदी के उद्‌गम राक्षसताल से सम्बन्धित है।

• सतलुज नदी, तिब्बत में लगभग 4555 मीटर की ऊँचाई पर मानसरोवर के निकट राक्षसताल से निकलती है, इसे तिब्बत क्षेत्र में **लॉगचेन खंबाब** के नाम से जाना जाता है।

• सिन्धु नदी की सबसे लम्बी यह सहायक नदी भारत में पंजम के लुधियाना, फिरोजपुर एवं हिमाचल प्रदेश के किन्नौर में बहती है।

• यह नदी पाकिस्तान में **चेनाब नदी** में आकर मिल जाती है।

SSC Selection Post 2024

246. भारत के निम्नलिखित में से किस राज्य में खारे पानी की सबसे बड़ी झील, चिल्का झील स्थित है? **SSC SP 20.06.2024 (Shift-III)**

(a) आन्ध्र प्रदेश (b) तमिलनाडु
(c) केरल (d) ओडिशा

उत्तर (d)

• खारे पानी की सबसे बड़ी झील चिल्का ओडिशा राज्य में स्थित है।

• यह झील, महानदी डेल्टा के दक्षिण में स्थित है, जो 75 किमी लम्बी है।

• यह भारतीय उपमहाद्वीप में कहीं भी पाए जाने वाले प्रवासी जलपक्षियों के लिए सबसे बड़ा शीतकालीन निवास स्थान है।

247. कोपेन जलवायु वर्गीकरण प्रणाली के अनुसार 'Am' किस प्रकार की जलवायु का कूट है?
SSC SP 20.06.2024 (Shift-III)

(a) समुद्री पश्चिमी तट जलवायु
(b) उष्णकटिबन्धीय मानसून जलवायु
(c) उष्णकटिबन्धीय आर्द्र और शुष्क जलवायु
(d) आर्द्र उपोष्णकटिबन्धीय जलवायु

उत्तर (b)

• कोपेन जलवायु वर्गीकरण प्रणाली के अनुसार 'Am' उष्णकटिबन्धीय मानसून जलवायु प्रकार की जलवायु कूट है।

• कोपेन के अनुसार, जलवायु (उष्णकटिबन्धीय आर्द्र) को तीन प्रकारों में वर्गीकृत किया गया है।

• **उष्णकटिबन्धीय आर्द्र जलवायु** (Af) इसमें कोई शुष्क ऋतु नहीं होती है।

• **उष्णकटिबन्धीय मानसून जलवायु** (Am) इसमें वर्षा अधिकतर गर्मियों में होती है। शीत ऋतु शुष्क होती है।

• **उष्णकटिबन्धीय आर्द्र एवं शुष्क जलवायु** (Aw) इसमें आर्द्र ऋतु छोटी और शुष्क ऋतु भीषण व लम्बी होती है।

वन, कृषि, पशुपालन, परिवहन

भारत की प्रमुख वनस्पतियाँ

वनस्पति	क्षेत्र	प्रमुख वृक्ष प्रजातियाँ
उष्ण कटिबन्धीय सदाबहार वन	पश्चिमी घाट, अण्डमान और निकोबार द्वीप, उत्तरी-पूर्वी भारत	रोजवुड, महोगनी, एबोनी, रबड़
उष्ण कटिबन्धीय पर्णपाती वन	पूर्वी मध्य प्रदेश, उत्तरी छत्तीसगढ़, झारखण्ड, ओडिशा	सागवान, साल, शीशम, महुआ, आँवला, सेमल, चन्दन
उष्ण कटिबन्धीय शुष्क वन	महाराष्ट्र, आन्ध्र प्रदेश, कर्नाटक, तमिलनाडु, पश्चिमी उत्तर प्रदेश, पंजाब, हरियाणा	बबूल, बेर, खजूर, नीम, खैर, पलास
मरुस्थलीय वन	राजस्थान, पश्चिमी पंजाब, दक्षिणी-पश्चिमी हरियाणा	बबूल, कीकर, झाड़ियाँ, नागफनी
पर्वतीय वन	हिमालय क्षेत्र और पश्चिमी घाट (1000 मी से अधिक ऊँचाई पर)	देवदार, चीड़, स्प्रूस, बर्च, पाइन

भारत की 18वीं वन स्थिति रिपोर्ट 2023

- वर्तमान आकलन के अनुसार कुल वन और वृक्ष आवरण 8,27,357 वर्ग किमी है, जो देश के भौगोलिक क्षेत्र का 25.17% है।
- वन आवरण - 7,15,343 वर्ग किमी (27.76%)
- वृक्ष आवरण - 1,12,014 वर्ग किमी (3.41%)
  - वर्ष 2021 की तुलना में वर्ष 2023 में कुल वन और वृक्ष आवरण में 1445 वर्ग किमी की वृद्धि हुई है।
- वन आवरण - 156 वर्ग किमी की वृद्धि
- वृक्ष आवरण - 1289 वर्ग किमी की वृद्धि
  - **क्षेत्रफल की दृष्टि से सबसे अधिक वन** एवं **वृक्ष आवरण** वाले **शीर्ष तीन** राज्य हैं–
    मध्य प्रदेश (85,724 वर्ग किमी) > **अरुणाचल प्रदेश** (67,083 वर्ग किमी) > **महाराष्ट्र** (65,383 वर्ग किमी)
  - क्षेत्रफल की दृष्टि से **सर्वाधिक वनावरण वाले** शीर्ष तीन राज्य हैं–
    मध्य प्रदेश (77,073 वर्ग किमी) > **अरुणाचल प्रदेश** (65,882 वर्ग किमी) > **छत्तीसगढ़** (55,812 वर्ग किमी)
  - वन एवं वृक्ष आवरण में **अधिकतम वृद्धि दर्शाने वाले शीर्ष चार राज्य** हैं– (वर्ग किमी में)
    छत्तीसगढ़ (684) > उत्तर प्रदेश (559) > ओडिशा (559) > राजस्थान (394)
  - वनावरण में **अधिकतम वृद्धि दर्शाने वाले शीर्ष तीन राज्य हैं–**
    मिजोरम (242) > **गुजरात** (180) > **ओडिशा** (152)
  - कुल भौगोलिक क्षेत्रफल की तुलना में **वन आवरण में प्रतिशत की दृष्टि से वृद्धि-**
    लक्षद्वीप (91.33%) > **मिजोरम** (85.34%) > **अण्डमान एवं निकोबार** (81.62%)
  - **मैंग्रोव आवरण** देश में कुल मैंग्रोव आवरण 4,992 वर्ग किमी है, वर्ष 2021 की तुलना में 2023 में 7.43 वर्ग किमी की कमी देखी गई।
- आन्ध्र प्रदेश और महाराष्ट्र के मैंग्रोव आवरण में वृद्धि
- गुजरात के मैंग्रोव आवरण में कमी

राष्ट्रीय वननीति

1988

- वनीकरण और व्यर्थ भूमि के विकास की प्रक्रिया को आगे बढ़ाना
- पुनर्वनीकरण
- ईंधन हेतु लकड़ी के प्रयोग को प्रोत्साहन

1952

- स्वतन्त्रता के बाद पहली वन नीति
- वनों को संरक्षित वन, राष्ट्रीय वन, गाँव के जंगल (ग्राम वन) तथा वृक्ष भूमि में वर्गीकृत

प्रमुख फसलें

रबी	गेहूँ, चना, जौ, सरसों, मटर, अलसी, तोरिया।
खरीफ	धान, ज्वार, बाजरा, मक्का, कपास, गन्ना, सोयाबीन, अरहर
जायद	तरबूज, ककड़ी, खरबूजा, मूँग, उड़द, सूरजमुखी
नकदी	तिलहन, गन्ना, चुकन्दर, चाय, कपास, जूट, कहवा, तम्बाकू, दलहन

भारत के प्रमुख फसल उत्पादक राज्य (2023-24)

फसल	शीर्ष तीन कृषि उत्पादक राज्य
चावल	तेलंगाना, उत्तर प्रदेश, पश्चिम बंगाल
गेहूँ	उत्तर प्रदेश, मध्य प्रदेश, पंजाब
मक्का	कर्नाटक, बिहार, मध्य प्रदेश
ज्वार	महाराष्ट्र, कर्नाटक, उत्तर प्रदेश
गन्ना	उत्तर प्रदेश, महाराष्ट्र, कर्नाटक
कपास	गुजरात, महाराष्ट्र, तेलंगाना
दलहन	मध्य प्रदेश, महाराष्ट्र, राजस्थान
तिलहन	राजस्थान, महाराष्ट्र, गुजरात
मूँगफली	गुजरात, राजस्थान, मध्य प्रदेश

भारत की विभिन्न कृषि क्रान्तियाँ

कृषि क्रान्ति	सम्बन्धित
हरित क्रान्ति	खाद्यान्न उत्पादन
श्वेत क्रान्ति	दुग्ध उत्पादन
नीली क्रान्ति	मत्स्य उत्पादन
भूरी क्रान्ति	उर्वरक उत्पादन
रजत क्रान्ति	अण्डा उत्पादन
पीली क्रान्ति	तिलहन उत्पादन
कृष्ण क्रान्ति	बायोडीजल उत्पादन
लाल क्रान्ति	टमाटर/माँस उत्पादन
गुलाबी क्रान्ति	झींगा मछली उत्पादन
बादामी क्रान्ति	मसाला उत्पादन
सुनहरी क्रान्ति	फल उत्पादन
अमृत क्रान्ति	नदी जोड़ो परियोजनाएँ
इन्द्रधनुषी क्रान्ति	समन्वित कृषि क्रान्ति

भारत में परिवहन

सड़क परिवहन

- भारत की सड़क प्रणाली विश्व की विशालतम प्रणालियों में से एक है, जिसकी कुल लम्बाई 66.71 लाख किमी है।
- देश की **सबसे छोटी** राष्ट्रीय राजमार्ग संख्या **NH-548** तथा **NH-118** है। दोनों की लम्बाई 5-5 किमी है।
- देश की **सबसे लम्बी** राष्ट्रीय राजमार्ग संख्या **NH-44** है, जिसकी लम्बाई 3,745 किमी है, जो श्रीनगर (जम्मू एवं कश्मीर) को कन्याकुमारी (तमिलनाडु) से जोड़ती है।
- **NH-27** देश का दूसरा सबसे लम्बा राष्ट्रीय राजमार्ग है, जिसकी लम्बाई 3507 किमी है।

प्रमुख राष्ट्रीय राजमार्ग (नवीन संख्या)

राष्ट्रीय राजमार्ग	लम्बाई (कि.मी.)	कहाँ से कहाँ तक
NH-27	3,507	पोरबन्दर से सिलचर
NH-48	2,807	दिल्ली से चेन्नई
NH-52	2,317	संगरूर से अंकोला
NH-30	2,040	सितारगंज से इब्राहिमपट्टनम
NH-6	1,873	जोरावाट से सीलिंग
NH-53	1,781	हजीरा से पारादीप
NH-16	1,711	कोलकाता से चेन्नई
NH-66	1,622	पनवेल से कन्याकुमारी
NH-19	1,435	दिल्ली से कोलकाता

- भारत के सबसे लम्बे समुद्री पुल **अटल सेतु** (मुम्बई) ट्रान्स-हार्बर लिंक का उद्घाटन 12 जनवरी, 2024 को किया गया एवं इसकी लम्बाई 21.8 किमी है।

राष्ट्रीय राजमार्ग की सर्वाधिक लम्बाई वाले राज्य
- महाराष्ट्र (13.06%) – उत्तर प्रदेश (8.73%)
- राजस्थान (7.38%) – मध्य प्रदेश (6.42%)

रेल परिवहन

- भारतीय रेल एशिया की **दूसरी** तथा विश्व की **चौथी** सबसे बड़ी रेल नेटवर्क है।
- रेलवे को 19 मण्डलों (जोनों) में बाँटा गया है। प्रत्येक मण्डल का प्रधान महाप्रबन्धक होता है।
- देश में तीन प्रकार के रेलमार्ग हैं- ब्रॉड गेज, मीटर गेज, नैरो गेज।

- भारत में पहली रेल - बम्बई से थाणे (1853 ई.)
- भारतीय रेलवे बोर्ड की स्थापना - वर्ष 1905
- भारत की पहली विद्युत रेलगाड़ी - मुम्बई और कुर्ला (1925)
- रेलवे का राष्ट्रीयकरण - वर्ष 1951
- भारत में मेट्रो रेल का शुभारम्भ - कोलकाता (1984)
- भारत में सबसे लम्बी दूरी तय करने वाली रेल – विवेक एक्सप्रेस (4272 किमी)
- भारत में सबसे तेज गति से चलने वाली ट्रेन - वन्दे भारत एक्सप्रेस (180 किमी)
- पहली नमो भारत रैपिड रेल (मेट्रो सेवा) अहमदाबाद और भुज के बीच (16 सितम्बर, 2024)

भारत के रेल मण्डल एवं उनके मुख्यालय

मण्डल	मुख्यालय
मध्य रेलवे	मुम्बई (वी टी)
पूर्वी रेलवे	कोलकाता
उत्तर रेलवे	नई दिल्ली
पूर्वोत्तर रेलवे	गोरखपुर

मण्डल	मुख्यालय
पूर्वोत्तर सीमान्त रेलवे	मालीगाँव, गुवाहाटी
दक्षिण रेलवे	चेन्नई
दक्षिण-मध्य रेलवे	सिकन्दराबाद
दक्षिण-पूर्वी रेलवे	कोलकाता
पश्चिमी रेलवे	मुम्बई चर्च गेट
पूर्वी-मध्य रेलवे	हाजीपुर
उत्तर-पश्चिम रेलवे	जयपुर
पूर्वी तटीय रेलवे	भुवनेश्वर
उत्तर-मध्य रेलवे	प्रयागराज
दक्षिण-पूर्व-मध्य रेलवे	बिलासपुर
दक्षिण-पश्चिम रेलवे	हुबली
पश्चिम-मध्य रेलवे	जबलपुर
कोलकाता मेट्रो	कोलकाता
दक्षिण तटीय रेलवे	विशाखापत्तनम्
कोंकण रेलवे	नवी मुम्बई

जल परिवहन

- केन्द्रीय अन्तर्देशीय जलमार्ग प्राधिकरण की स्थापना वर्ष 1986 में की गई थी, इसका मुख्यालय **कोलकाता** में है।
- कोलकाता बन्दरगाह का नया नाम जनवरी, 2020 में डॉ. श्यामा प्रसाद मुखर्जी बन्दरगाह कर दिया गया है।

राष्ट्रीय जलमार्ग

जलमार्ग	लम्बाई (किमी)	विस्तार	नदी
एन डब्ल्यू-1 (देश का सबसे लम्बा जलमार्ग)	1620	प्रयागराज से हल्दिया तक	गंगा
एन डब्ल्यू-2	891	सादिया से धुबरी पट्टी तक	ब्रह्मपुत्र
एन डब्ल्यू-3	205	कोल्लम से कोट्टापुरम तक	चम्पाकारा नहर
एन डब्ल्यू-4	1095	काकीनाड़ा-मरक्कानम	कृष्णा-गोदावरी
एन डब्ल्यू-5	623	तलचर से धमरा	ब्राह्मणी
एन डब्ल्यू-6	121	लखीपुर से भंगा (प्रस्तावित)	बराक

भारत के प्रमुख बन्दरगाह

पश्चिमी तट	नदी/समुद्र	राज्य
दीनदयाल उपाध्याय बन्दरगाह (काण्डला)	कच्छ की खाड़ी	गुजरात
मुम्बई (*सबसे बड़ा व व्यस्त*)	अरब सागर	महाराष्ट्र
जवाहरलाल नेहरू या न्हावा-शेवा (अत्याधुनिक)	अरब सागर	महाराष्ट्र
मार्मागाओ	अरब सागर	गोवा
न्यू मंगलौर	अरब सागर	कर्नाटक
कोच्चि (प्राकृतिक बन्दरगाह)	अरब सागर	केरल
न्यू तूतीकोरिन	बंगाल की खाड़ी	तमिलनाडु
चेन्नई	बंगाल की खाड़ी	तमिलनाडु
एन्नौर (निजी क्षेत्र का आधुनिक बन्दरगाह)	बंगाल की खाड़ी	तमिलनाडु
विशाखापत्तनम (सबसे गहरा बन्दरगाह)	बंगाल की खाड़ी	आन्ध्र प्रदेश
पारादीप	बंगाल की खाड़ी	ओडिशा
कोलकाता (डॉ. श्यामा प्रसाद मुखर्जी बन्दरगाह)	हुगली नदी	पश्चिम बंगाल
वधावन बन्दरगाह	अरब सागर	महाराष्ट्र

वायु परिवहन

- वर्ष 1911 में भारत के **इलाहाबाद** (वर्तमान प्रयागराज) से **नैनी** के बीच प्रथम विमान डाक सेवा प्रारम्भ की गई।
- भारत में पहली अन्तर्राष्ट्रीय वायु सेवा वर्ष 1932 में **कराची** एवं **मद्रास** (वर्तमान चेन्नई) के बीच शुरू की गई।

देश के प्रमुख अन्तर्राष्ट्रीय हवाई अड्डे

नाम	स्थान
छत्रपति शिवाजी हवाई अड्डा	मुम्बई
सुभाषचन्द्र बोस हवाई अड्डा	कोलकाता
इन्दिरा गाँधी हवाई अड्डा	दिल्ली
चेन्नई अन्तर्राष्ट्रीय हवाई अड्डा	चेन्नई
महर्षि वाल्मीकि हवाई अड्डा	अयोध्या
तिरुवनन्तपुरम हवाई अड्डा	तिरुवनन्तपुरम
श्री गुरु रामदास जी हवाई अड्डा	अमृतसर
राजीव गाँधी हवाई अड्डा	हैदराबाद
कोच्चि हवाई अड्डा	कोच्चि
लोकप्रिय गोपीनाथ बारदोलोई हवाई अड्डा	गुवाहाटी
डैबोलिम हवाई अड्डा	गोवा
कैम्पेगोडा हवाई अड्डा	बेंगलुरु
सरदार वल्लभभाई पटेल हवाई अड्डा	अहमदाबाद
चौधरी चरण सिंह हवाई अड्डा	लखनऊ
तिरूचिरापल्ली हवाई अड्डा	तिरुचिरापल्ली
कोयम्बटूर हवाई अड्डा	कोयम्बटूर
बाबा साहेब अम्बेडकर हवाई अड्डा	नागपुर
लाल बहादुर शास्त्री हवाई अड्डा	वाराणसी
सांगानेर हवाई अड्डा	जयपुर
जेवर हवाई अड्डा	नोएडा

SSC एग्जाम स्कैनर

SSC CGL 2024 (Tier I & II)

248. हरित क्रान्ति के कारण प्रारम्भ में निम्नलिखित में से किन फसलों की उत्पादकता में वृद्धि हुई थी? **SSC CGL Tier-2 20.01.2025**

(a) गेहूँ और चावल (b) चावल और दलहन
(c) चावल और कपास (d) गेहूँ और गन्ना

उत्तर (a)

- हरित क्रान्ति के दौरान, गेहूँ और चावल की उत्पादकता में उल्लेखनीय वृद्धि हुई थी। यह कृषि वैज्ञानिकों द्वारा विकसित उन्नत बीजों, रासायनिक उर्वरकों और सिंचाई तकनीकों के कारण हुआ था।
- हरित क्रान्ति के तहत, उच्च उपज वाली किस्म (HYV) के बीजों का प्रयोग किया गया।
- भारत में हरित क्रान्ति की शुरुआत 1960 के दशक में हुई। इसका मुख्य उद्देश्य खाद्यान्नों की कमी को दूर करना था, जिसमें गेहूँ तथा चावल दोनों फसलों पर विशेष ध्यान दिया गया था।
- भारत में हरित क्रान्ति के जनक एम.एस. स्वामीनाथन को माना जाता है।

249. भारत सरकार की भारतमाला परियोजना, भारत के निम्नलिखित में से किस मन्त्रालय के अन्तर्गत आती है? **SSC CGL Tier-2 18.01.2025**

(a) गृह मन्त्रालय
(b) बन्दरगाह, नौवहन एवं जलमार्ग मन्त्रालय
(c) सड़क परिवहन एवं राजमार्ग मन्त्रालय
(d) पर्यावरण, वन एवं जलवायु परिवर्तन मन्त्रालय

उत्तर (c)

- भारत सरकार की भारतमाला परियोजना सड़क परिवहन और राजमार्ग मन्त्रालय के अन्तर्गत आती है।
- इसकी शुरुआत 31 जुलाई, 2015 को हुई थी।
- इस परियोजना के तहत स्वर्णिम चतुर्भुज और उत्तर-दक्षिण एवं पूर्व-पश्चिम गलियारों के निर्माण का कार्य किया जा रहा है।

250. हरित क्रान्ति से पहले भारत में कृषि क्षेत्र की स्थिति क्या थी? **SSC CGL Tier-2 18.01.2025**

(a) पुरानी तकनीक का उपयोग और आवश्यक बुनियादी ढाँचे का अभाव
(b) उन्नत प्रौद्योगिकी का प्रयोग एवं वर्षा पर निर्भरता
(c) पारम्परिक प्रौद्योगिकी का उपयोग और आवश्यक बुनियादी ढाँचे की प्रचुरता
(d) उन्नत प्रौद्योगिकी और उच्च उत्पादकता का उपयोग

उत्तर (a)

- हरित क्रान्ति से पहले भारत में कृषि क्षेत्र में पुरानी तकनीक का उपयोग और आवश्यक बुनियादी ढाँचे का अभाव था। भारत में हरित क्रान्ति के जनक डॉ. एमएस स्वामीनाथन हैं।
- इस क्रान्ति की शुरुआत वर्ष 1966-67 में हुई थी।
- हरित क्रान्ति के दौरान, उच्च उपज देने वाली किस्मों के बीजों (HYVs) का उपयोग किया गया।

251. हरित क्रान्ति से भारत के किस राज्य का सबसे अधिक रूपान्तरण हुआ? **SSC CGL Tier-1 26.09.2024 (Shift-II)**

(a) महाराष्ट्र (b) पंजाब
(c) केरल (d) पश्चिम बंगाल

उत्तर (b)

• भारत में हरित क्रान्ति से सबसे ज्यादा रूपान्तरण पंजाब का हुआ था।

• इसके साथ हरियाणा तथा पश्चिमी उत्तर प्रदेश को भी लाभ हुआ था।

• हरित क्रान्ति की शुरुआत 1960 के दशक के अन्तम में हुई थी।

• भारत में हरित क्रान्ति के जनक एम.एस स्वामीनाथन माने जाते हैं।

252. मुम्बई बन्दरगाह पर दबाव कम करने के लिए निम्नलिखित में से किस बन्दरगाह को उपग्रह बन्दरगाह (Satellite port) के रूप में विकसित किया गया था?

SSC CGL Tier-1 26.09.2024 (Shift-II)

(a) मारमागाओ बन्दरगाह
(b) दीनदयाल बन्दरगाह प्राधिकरण
(c) न्यू मैंगलोर बन्दरगाह
(d) जवाहरलाल नेहरू बन्दरगाह

उत्तर (d)

• मुम्बई बन्दरगाह पर दबाव कम करने के लिए **जवाहरलाल नेहरू बन्दरगाह** को सैटेलाइट बन्दरगाह के रूप में विकसित किया गया था।

• सैटेलाइट बन्दरगाह पहले से मौजूद बन्दरगाह या ऐसे बन्दरगाह के पास बनाया जाता है, जहाँ वह अपनी पूर्ण क्षमता का लाभ प्रदान करने में सक्षम हो सके।

• सैटेलाइट बन्दरगाह सीमित जमीन और ड्राप्ट की कमी जैसी समस्याओं को दूर करने में मदद करता है।

• मुम्बई बन्दरगाह भारत के पश्चिमी तट पर स्थित है।

मुम्बई बन्दरगाह का प्रशासन मुम्बई पोर्ट ट्रस्ट करता है।

253. पश्चिम बंगाल में एक वर्ष में चावल की कितनी फसलें उगाई जाती हैं?

SSC CGL Tier-1 26.09.2024 (Shift-I)

(a) दो (b) चार
(c) तीन (d) एक

उत्तर (c)

• पश्चिम बंगाल में एक वर्ष में चावल की **तीन फसलें** उगाई जाती हैं।

• ये तीन फसलें ऑस, अमन और बोरो हैं।

• ये फसलें पश्चिम बंगाल के अतिरिक्त असम और ओडिशा आदि राज्यों में भी उगाई जाती हैं।

• चावल की खेती के लिए 25°C से अधिक तापमान, उच्च आर्द्रता और 100 सेमी से अधिक वर्षा की आवश्यकता होती है।

254. निम्नलिखित में से कौन-सा पूर्वी तटीय बन्दरगाह का एक उदाहरण है?

SSC CGL Tier-1 25.09.2024 (Shift-I)

(a) चेन्नई बन्दरगाह
(b) मुम्बई बन्दरगाह
(c) न्यू मैंगलोर बन्दरगाह
(d) मोरमुगाओ बन्दरगाह

उत्तर (a)

• **चेन्नई बन्दरगाह** पूर्वी तटीय बन्दरगाह का एक उदाहरण है।

• यह एक कृत्रिम बंदरगाह है।

• मुम्बई के बाद यह भारत का दूसरा सबसे बड़ा बंदरगाह है।

• मुम्बई बन्दरगाह, न्यू मैंगलोर बन्दरगाह और मोरमुगाओ बन्दरगाह, ये सभी पश्चिमी तटीय बन्दरगाह के उदाहरण हैं।

• **पूर्वी तटीय बन्दरगाह** में एन्नोर, विशाखापत्तनम, पारादीप, पोर्ट ब्लेयर आदि भी शामिल हैं।

255. भारत में लगभग कितने प्रतिशत यात्री यातायात सड़कों द्वारा किया जाता है?

SSC CGL Tier-1 25.09.2024 (Shift-II)

(a) 77% (b) 67%
(c) 87% (d) 57%

उत्तर (c)

• भारत में लगभग **87%** यात्री यातायात सड़क परिवहन से होता है तथा सड़कें देश के माल ढुलाई का भी करीब 60% हिस्सा सम्भालती हैं।

• भारत में सड़कों की कुल लम्बाई 66.71 लाख किमी है। यह विश्व का दूसरा सबसे बड़ा सड़क नेटवर्क है।

• भारत में राष्ट्रीय राजमार्गों की लम्बाई देश के कुल सड़क नेटवर्क का 2% है। भारत में प्रति 1000 लोगों पर सड़क की लम्बाई 5.13 किमी है।

256. भारत के किस राष्ट्रीय जलमार्ग (NW) द्वारा महानदी और ब्राह्मणी नदी के डेल्टा चैनल और पूर्वी तटीय चैनल जुड़े हुए हैं?

SSC CGL Tier-1 24.09.2024 (Shift-I)

(a) NW-1 (b) NW-3 (c) NW-5 (d) NW-2

उत्तर (c)

• भारत के NW-5 द्वारा महानदी और ब्राह्मणी नदी के डेल्टा चैनल और पूर्वी तटीय चैनल जुड़े हुए हैं।

• भारत में राष्ट्रीय जलमार्गों की कुल लम्बाई 20275.5 किमी है।

• NW-5 पश्चिम बंगाल और ओडिशा में है। इसकी कुल लम्बाई 623 किमी है।

• इसमें गोंखली और चरबतिया के बीच नहरखण्ड (217 किमी) चरबतिया और धामरा के बीच मताई नदी का हिस्सा (40 किमी), तालचेर और धामरा के बीच ब्राह्मणी, खरसुआ और धामरा नदी प्रणाली का हिस्सा (265 किमी) और मंगलगाड़ी और पाराद्वीप के बीच महानदी डेल्टा प्रणाली (101 किमी) है।

257. निम्नलिखित में से कौन-सी खरीफ की फसल नहीं है? SSC CGL Tier-1 23.09.2024 (Shift-II)

(a) सोयाबीन (b) कपास
(c) चावल (d) गेहूँ

उत्तर (d)

• गेहूँ खरीफ की फसल नहीं है।

• खरीफ की फसलों को जुलाई-अगस्त में बोया जाता है तथा अक्टूबर-नवम्बर में काट लिया जाता है।

• रबी की फसलों को नवम्बर-दिसम्बर में बोया जाता है तथा मार्च-अप्रैल में काटा जाता है।

• गेहूँ, सरसों, दाल और जौ रबी की फसलें हैं।

• चावल, मक्का, बाजरा, रागी, ज्वार, सोयाबीन, मूँगफली, कपास इत्यादि खरीफ की फसलें हैं।

258. निम्नलिखित में से कौन-सा/से कथन सही है/हैं?

(i) प्रथम हरित क्रान्ति के कारण प्राकृतिक संसाधनों का अत्यधिक दोहन हुआ।
(ii) द्वितीय हरित क्रान्ति दक्षिणी भारत पर अधिक केन्द्रित थी।
(iii) द्वितीय हरित क्रान्ति ने स्थायी आजीविका सुरक्षा प्राप्त करना सुनिश्चित किया।

SSC CGL Tier-1 23.09.2024 (Shift-I)

कूट

(a) (ii) और (iii) (b) (i) और (iii)
(c) (i) और (ii) (d) केवल (ii)

उत्तर (b)

• भारत में **प्रथम हरित क्रान्ति** के कारण प्राकृतिक संसाधनों का अत्यधिक दोहन हुआ। पानी की खपत में वृद्धि हुई तथा मृदा में पोषक तत्वों की कमी आई।

• प्रथम हरित क्रान्ति विशेष तौर पर गेहूँ एवं चावल के उत्पादन में वृद्धि से सम्बन्धित थी।

• द्वितीय हरित क्रान्ति की शुरुआत 8 अप्रैल, 2000 से मानी जाती है।

• द्वितीय हरित क्रान्ति ने स्थायी आजीविका सुरक्षा प्राप्त करना निश्चित किया।

• **द्वितीय हरित क्रान्ति** का बल खाद्यान्न के साथ-साथ मोटे अनाजों के उत्पादन में वृद्धि पर था।

• हरित क्रान्ति में **हाई यील्ड वैरायटी** बीजों का उपयोग किया गया था।

259. निम्नलिखित में से किस क्रान्ति ने भारत में बड़े और छोटे किसानों के बीच क्षेत्रीय असमानताएँ पैदा कीं? SSC CGL Tier-1 19.09.2024 (Shift-III)

(a) पीली (b) नीली (c) गुलाबी (d) हरित

उत्तर (d)

• हरित क्रान्ति ने भारत में बड़े और छोटे किसानों के बीच क्षेत्रीय असमानताएँ पैदा कीं।

• हरित क्रान्ति छोटे और सीमान्त किसानों की तुलना में बड़े किसानों के लिए अधिक लाभप्रद रही। इसका मुख्य कारण नई तकनीकी में लगने वाली अत्यधिक लागत थी।

• इसका परिणाम यह हुआ कि धनी व निर्धन किसानों के बीच क्षेत्रीय असमानता बढ़ती गई तथा कुछ स्थानों पर इस असमानता की वजह से संघर्ष भी हुए।

260. हरित क्रान्ति के बाद सभी खाद्यान्नों में वृद्धि किस प्रकार थी?

SSC CGL Tier-1 18.09.2024 (Shift-II)

(a) असमानुपाती (b) ऐकिक
(c) अप्रत्याशित (d) समानुपाती

उत्तर (a)

• हरित क्रान्ति के बाद सभी खाद्यान्नों में वृद्धि असमानुपाती थी, क्योंकि गेहूँ और चावल के अतिरिक्त अन्य सभी खाद्यान्न फसलों में वृद्धि समान अनुपात में नहीं हुई।

• **द्विपक्षीय फसल** हरित क्रान्ति की एक प्राथमिक विशेषता थी। इसके तहत वर्ष में एक के अतिरिक्त दो फसल प्राप्त करने का निर्णय लिया गया।
• इसके अन्तर्गत मुख्य फसलें चावल, गेहूँ, ज्वार, बाजरा व मक्का शामिल थीं।

261. निम्नलिखित में से कौन उष्णकटिबन्धीय पर्णपाती वनों की प्रजाति है?
SSC CGL Tier-1 17.09.2024 (Shift-III)
(a) महोगनी (b) पाम
(c) सागौन (d) आबनूस

उत्तर (c)
• सागौन उष्णकटिबन्धीय पर्णपाती वनों की प्रजाति है।
• ये वन भारत में काफी मात्रा में पाए जाते हैं, इन्हें **मानसून वन** भी कहा जाता है।
• **उष्णकटिबन्धीय पर्णपाती वनों** में महुआ, चन्दन, सेमूल, साल, आँवला आदि वन शामिल हैं।
• आबनूस, महोगनी और पाम वन **उष्णकटिबन्धीय सदाबहार** वनों की प्रजाति हैं।

262. हरित क्रान्ति का महत्त्वपूर्ण नकारात्मक पर्यावरणीय प्रभाव क्या था?
SSC CGL Tier-1 17.09.2024 (Shift-II)
(a) मृदा क्षरण
(b) ओजोन परत का क्षरण
(c) वायु प्रदूषण में वृद्धि
(d) वनों की कटाई

उत्तर (a)
• हरित क्रान्ति का पर्यावरण पर नकारात्मक प्रभाव मिट्टी के क्षरण के रूप में दिखता है।
• हरित क्रान्ति के दौरान शुरू हुई कृषि सब्सिडी व्यवस्था अब सरकार की वित्तीय स्थिति को नुकसान पहुँचा रही है। इसने कृषि पारिस्थितिकी को विकृत कर दिया है तथा पर्यावरण क्षरण को बढ़ावा दिया है।
• हरित क्रान्ति में उच्च उत्पादकता वाले बीजों और रासायनिक उर्वरकों के प्रयोग पर बल दिया गया था। बार-बार फसल उगाने के पैटर्न और बढ़ती फसल सघनता के कारण मिट्टी की उर्वरता कम हो गई है।

263. भारत के राष्ट्रीय सतत् कृषि (NMSA) के बारे में निम्नलिखित में से कौन-सा/से कथन सही है/हैं? **SSC CGL Tier-1 17.09.2024 (Shift-II)**
1. कृषि को अधिक उत्पादक बनाना।
2. कृषि को अधिक सतत् बनाना।
3. जैविक खेती को बढ़ावा देना।

कूट
(a) 2 और 3 (b) 1 और 2
(c) केवल 1 (d) ये सभी

उत्तर (d)
• राष्ट्रीय सतत् कृषि मिशन (NMSA) का उद्देश्य खाद्य सुरक्षा को बढ़ावा तथा भूमि, जल, जैव-विविधता और आनुवंशिक संसाधनों का संरक्षण करना है।
• **राष्ट्रीय सतत् कृषि मिशन** वर्ष 2014-15 में शुरू किया गया था।
• इसके अन्तर्गत परम्परागत कृषि मिशन योजना (पीकेवीवाई) के तहत मृदा स्वास्थ्य में सुधार के लिए जैविक खेती को बढ़ावा देना शामिल है।

264. निम्नलिखित में से कौन-सी फसल भारत में जायद के मौसम में नहीं उगाई जाती है?
SSC CGL Tier-1 13.09.2024 (Shift-III)
(a) चावल (b) खीरा
(c) खरबूजा (d) तरबूज

उत्तर (a)
• भारत में जायद के मौसम में चावल की फसल नहीं उगाई जाती है।
• **जायद मौसम**, खरीफ और रबी मौसम के बीच एक छोटा मौसम है।
• खीरा, खरबूजा, तरबूज, कद्दू आदि सभी जायद प्रकार की फसलें हैं, जबकि चावल खरीफ फसल है।

265. सुन्दरी वृक्ष भारत में किस प्रकार के वनों में पाए जाते हैं? **SSC CGL Tier-1 13.09.2024 (Shift-I)**
(a) उष्णकटिबन्धीय पर्णपाती वनों में
(b) मैंग्रोव वनों में
(c) उष्णकटिबन्धीय सदाबहार वनों में
(d) कण्टक वनों और झाड़ियों में

उत्तर (b)
• सुन्दरी वृक्ष भारत में मैंग्रोव वनों में पाए जाते हैं।
• ये वृक्ष खारे पानी या अर्द्ध-खारे पानी में पाए जाते हैं।
• यह मैंग्रोव वृक्ष की एक प्रजाति है, जो सुन्दरवन के 10,000 वर्ग किमी के विशाल जंगल में पाई जाती है।
• भारत में सुन्दरवन डेल्टा अपनी अनूठी जैव विविधता के कारण वर्ष 1913 से WWF-India के लिए प्राथमिकता वाला क्षेत्र रहा है।
• यह दुनिया का एकमात्र **मैंग्रोव वन** है, जहाँ बाघ पाए जाते हैं।

266. किस बन्दरगाह को सैटेलाइट बन्दरगाह के रूप में विकसित किया गया है?
SSC CGL Tier-1 13.09.2024 (Shift-I)
(a) हल्दिया
(b) न्यू मैंगलोर
(c) जवाहरलाल नेहरू
(d) मोरमुगाओ

उत्तर (c)
• जवाहरलाल नेहरू बन्दरगाह को सैटेलाइट बन्दरगाह के रूप में विकसित किया गया है।
• यह पोर्ट **मुम्बई के उत्तर में वधावन** में बनाया जा रहा है।
• **हल्दिया बन्दरगाह** पश्चिम बंगाल में स्थित है।
• **न्यू मैंगलोर पोर्ट** कर्नाटक में स्थित है।
• **मोरमुगाओ बन्दरगाह** गोवा में स्थित है।
• जेएनपीटी और महाराष्ट्र समुद्री बोर्ड (एमएमबी) के बीच संयुक्त उद्यम (जेवी) के तहत इस पोर्ट का विकास किया जा रहा है।
• यह भारत का सबसे बड़ा कण्टेनर बन्दरगाह है।
• इसे पहले यह **न्हावाशेवा** पोर्ट के नाम से जाना जाता था।

267. जैसलमेर में पाई जाने वाली जल संचयन प्रणाली की पहचान कीजिए।
SSC CGL Tier-1 12.09.2024 (Shift-III)
(a) कुल (b) जोहड़
(c) गुल (d) खड़ीन

उत्तर (d)
• जैसलमेर में पाई जाने वाली जल संचयन प्रणाली **खड़ीन** कहलाती है।
• यह जल संचयन की एक पारम्परिक तकनीक है, जिसके द्वारा खेतों में पानी इक्ट्ठा किया जाता है।
• खड़ीन जल के कारण कृषि भूमि में नमी बनी रहती है।

268. द्वितीय हरित क्रान्ति प्रकोष्ठ का मुख्यालय .... में था**SSC CGL Tier-1 12.09.2024 (Shift-III)**
(a) पटना (b) कोलकाता
(c) भुवनेश्वर (d) रायपुर

उत्तर (a)
• द्वितीय हरित क्रान्ति, प्रकोष्ठ का मुख्यालय **पटना** में स्थित था।
• द्वितीय हरित क्रान्ति, कृषि उत्पादन में बदलाव का एक प्रयास थी, जिसका उद्देश्य पृथ्वी पर बढ़ती आबादी के लिए खाद्यान्न उपलब्ध कराना था।

269. बीड़ी बनाने के काम में आने वाले पत्तों की पहचान कीजिए।
SSC CGL Tier-1 12.09.2024 (Shift-II)
(a) चम्पा (b) तेन्दू
(c) पान (d) नीम

उत्तर (b)
• बीड़ी बनाने में **तेन्दू के पत्ते** का प्रयोग किया जाता है।
• तेन्दू पत्ते का वैज्ञानिक नाम ***डायोस्पायरोस मेला नॉक्सिलॉन*** है।
• तेन्दू के पत्तों का उत्पादन भारत में सालाना लगभग 16.72 लाख मानक बैग होता है।
• **मध्य प्रदेश** में इसका उत्पादन सर्वाधिक होता है।

270. हरित क्रान्ति प्रौद्योगिकी के परिणामस्वरूप अनाज उत्पादन में वृद्धि हुई, जिससे उत्पादन वर्ष 1965-66 में 72.4 मिलियन टन से वर्ष 1978-79 में मिलियन टन हो गया।
SSC CGL Tier-1 12.09.2024 (Shift-I)
(a) 141.2 (b) 150.8
(c) 165.9 (d) 131.9

उत्तर (d)
• हरित क्रान्ति प्रौद्योगिकी के परिणामस्वरूप अनाज उत्पादन में वृद्धि हुई, जिससे उत्पादन वर्ष 1965-66 में **72.4 मिलियन टन** से वर्ष 1978-79 में **131.9 मिलियन टन** हो गया।
• इस अवधि के दौरान भारत एक खाद्यान्न आयातक अथवा कमी वाले देश की श्रेणी से बाहर निकलकर विश्व के अग्रणी कृषि देशों की श्रेणी में शामिल हो गया।
• हरित क्रान्ति का सकारात्मक प्रभाव **पंजाब**, **हरियाणा**, **पश्चिमी उत्तर प्रदेश** इत्यादि उत्तरी राज्यों में देखा गया।

271. वर्ष 2022 तक की स्थिति के अनुसार निम्नलिखित में से किस भारतीय राज्य में सबसे कम परिचालित हवाई अड्डे हैं?
SSC CGL Tier-1 11.09.2024 (Shift-II)
(a) महाराष्ट्र (b) बिहार
(c) मिजोरम (d) कर्नाटक
उत्तर (c)
- वर्ष 2022 तक की स्थिति के अनुसार **मिजोरम** भारतीय राज्य में सबसे कम हवाई अड्डे हैं। यहाँ केवल एक ही हवाई अड्डा है, जिसका नाम **लेंगपुई हवाई अड्डा** है।
- उत्तर प्रदेश में सबसे ज्यादा 10 हवाई अड्डे हैं।

272. आबनूस और महोगनी के पेड़ किस प्रकार के वनों में पाए जाते हैं?
SSC CGL Tier-1 11.09.2024 (Shift-III)
(a) उष्णकटिबन्धीय पर्णपाती वन
(b) मैंग्रोव वन
(c) पर्वतीय वन
(d) उष्णकटिबन्धीय सदाबहार वन
उत्तर (d)
- आबनूस और महोगनी के पेड़ उष्णकटिबन्धीय सदाबहार वनों में पाए जाते हैं।
- उष्णकटिबन्धीय सदाबहार वनों का विकास 200 सेमी से अधिक वार्षिक वर्षा एवं 22 डिग्री से अधिक औसत वार्षिक तापमान वाले उष्ण एवं आर्द्र स्थानों में होता है।
- इस प्रकार के वनों में वृक्षों की लम्बाई 60 मी से अधिक होती है। इसमें मुख्य रूप से आबनूस एवं महोगनी, कटहल, सुपारी, जामुन, आम आदि के वृक्ष पाए जाते हैं।
- ये वन वर्षभर हरियाली से आच्छादित रहते हैं। ये वन भारत के पश्चिमी घाट, अण्डमान व निकोबार द्वीप समूह एवं उत्तर-पूर्वी प्रदेशों में पाए जाते हैं।

273. कृषि और प्रसंस्कृत खाद्य उत्पाद निर्यात विकास प्राधिकरण (APEDA) 2020-2021 के अनुसार, अँगूर उत्पादन में भारत के किस राज्य का प्रथम स्थान है?
SSC CGL Tier-1 10.09.2024 (Shift-II)
(a) उत्तर प्रदेश (b) बिहार
(c) कर्नाटक (d) महाराष्ट्र
उत्तर (d)
- कृषि और प्रसंस्कृत खाद्य उत्पाद निर्यात विकास प्राधिकरण (APEDA) के अनुसार, अँगूर उत्पादन में **महाराष्ट्र** पहले स्थान पर है, महाराष्ट्र में अँगूर उत्पादन का हिस्सा 67% से अधिक है।
- वहीं **कर्नाटक** अँगूर उत्पादन में दूसरे स्थान पर है और यहाँ अँगूर का हिस्सा 28% है।
- APEDA भारत सरकार का एक सरकारी निकाय है, इसकी स्थापना दिसम्बर, 1985 में हुई थी।
- इसका मुख्यालय नई दिल्ली में है। यह कृषि और प्रसंस्कृत खाद्य उत्पादों के निर्यात को बढ़ावा देने का कार्य करता है।

274. निम्नलिखित में से किस राज्य में भौगोलिक परिस्थितियों के कारण रेल परिवहन का विकास कम हुआ है?
SSC CGL Tier-1 10.09.2024 (Shift-III)
(a) सिक्किम (b) उत्तर प्रदेश
(c) बिहार (d) हरियाणा
उत्तर (a)
- सिक्किम राज्य में भौगोलिक परिस्थितियों के कारण रेल परिवहन का विकास नहीं हुआ है। यह एकमात्र पूर्वोत्तर राज्य है, जहाँ रेल नेटवर्क नहीं है।
- समतल मैदान न होने के कारण इस क्षेत्र में रेल यातायात का विकास नहीं हो पाया है।
- NH10 एकमात्र सड़क है, जो राज्य को देश के बाकी हिस्सों से जोड़ती है।
- सिक्किम के सबसे पास का रेलवे स्टेशन पश्चिम बंगाल में **सिलीगुड़ी** और **न्यू जलपाईगुड़ी** है।

275. निम्नलिखित में से कौन-सा अविकारीय भोजन है? SSC CGL Tier-1 10.09.2024 (Shift-II)
(a) दही (b) दूध (c) दाल (d) माँस
उत्तर (c)
- दाल **अविकारीय भोजन** है। अविकारी भोज्य पदार्थ वे पदार्थ हैं, जिन्हें 1-2 वर्ष तक सुरक्षित रखा जा सकता है। इसमें पानी की मात्रा अत्यन्त कम होती है।
- दालें फलीदार परिवार से सम्बन्धित हैं। ये विटामिन बी, फोलेट, आयरन और मसालों के अच्छे स्रोत हैं। इनमें प्रोटीन की भी उच्च मात्रा होती है।

276. भारतीय रेलवे (2019-2020) के अनुसार, भारत में सबसे बड़ा रेलवे ट्रैक किस राज्य में है? SSC CGL Tier-1 10.09.2024 (Shift-I)
(a) उत्तर प्रदेश (b) पंजाब
(c) मध्य प्रदेश (d) हरियाणा
उत्तर (a)
- भारतीय रेलवे (2019-20) के अनुसार, भारत में सबसे बड़ा रेलवे ट्रैक **उत्तर प्रदेश** में था।
- वर्ष 2023 के अनुसार, उत्तर प्रदेश में रेलवे ट्रैक की कुल लम्बाई 16,986 किमी है, जबकि वर्ष 2022 में 16063 किमी थी।
- वर्ष 2023 के अनुसार, रेलवे ट्रैक की लम्बाई पंजाब में 3,734 किमी, हरियाणा में 3239 किमी और मध्य प्रदेश में 10,090 किमी है।

277. रेलवे वार्षिकी 2019-20 के अनुसार भारतीय रेलवे नेटवर्क की लम्बाई कितनी है?
SSC CGL Tier-1 09.09.2024 (Shift-III)
(a) 63,950 किमी (b) 67,956 किमी
(c) 2,402 किमी (d) 1,604 किमी
उत्तर (b)
- रेलवे वार्षिकी 2019-20 के अनुसार भारतीय रेलवे नेटवर्क की कुल लम्बाई 67956 किमी है।
- रेल नेटवर्क में भारत का स्थान चतुर्थ (अमेरिका, रूस और चीन के बाद) है।

278. निम्न में से कौन-सा कथन हरित क्रान्ति को सही ढंग से परिभाषित करता है?
SSC CGL Tier-1 09.09.2024 (Shift-II)
(a) यह वन के योगदान में वृद्धि करने की एक नई रणनीति है।
(b) यह केवल हर्बल उत्पादों का उपयोग करने की एक नई रणनीति है।
(c) यह कृषि में खाद्यान्न, विशेषकर गेहूँ और चावल का उत्पादन करने की एक नई रणनीति है।
(d) यह सभी उद्देश्यों के लिए हरे रंग का उपयोग करने की एक नई रणनीति है।
उत्तर (c)
- यह कृषि में खाद्यान्न, विशेषकर गेहूँ और चावल का उत्पादन करने की एक नई रणनीति है।
- हरित क्रान्ति की शुरुआत 1960 के दशक में हुई थी।
- भारत में हरित क्रान्ति के दौरान गेहूँ और चावल की पैदावार में काफी बढ़ोतरी हुई थी।

279. निम्नलिखित में से कौन-सा राज्य दालों का सबसे बड़ा उत्पादक है?
SSC CGL Tier-1 09.09.2024 (Shift-I)
(a) हरियाणा (b) मध्य प्रदेश
(c) पंजाब (d) बिहार
उत्तर (b)
- भारतीय राज्यों में दालों का सबसे बड़ा उत्पादक राज्य **मध्य प्रदेश** है।
- दाल की फसल के लिए बलुई दोमट मिट्टी, तापमान 20-27°C तथा वर्षा 25-60 सेमी होनी चाहिए।
- मध्य प्रदेश, महाराष्ट्र, राजस्थान, उत्तर प्रदेश और कर्नाटक शीर्ष पाँच दलहन उत्पादक राज्य हैं।

SSC CGL 2023 (Tier I & II)

280. भारत में कृषि के सम्बन्ध में निम्नलिखित में से कौन-से कथन सही हैं?
SSC CGL 02.03.2023 (Shift-I)
1. भारत में **रबी की फसलें** अक्टूबर से दिसम्बर तक बोई जाती हैं और अप्रैल से जून तक काटी जाती हैं।
2. भारत में रबी के दौरान उगाई जाने वाली महत्त्वपूर्ण फसलें धान, मक्का, चना, सोयाबीन और सरसों हैं।
3. ऑस, अमन और बोरो असम, पश्चिम बंगाल और ओडिशा में धान की तीन फसलें हैं।

कूट
(a) 1, 2 और 3 (b) 2 और 3
(c) 1 और 3 (d) 1 और 2
उत्तर (c)
- भारत में कृषि के सम्बन्ध में दिए गए कथनों में कथन 1 **और** 3 सही हैं।
- भारत में रबी की फसलें अक्टूबर से दिसम्बर तक बोई जाती हैं और अप्रैल से जून तक काटी जाती हैं।
- ऑस, अमन और बोरो असम, पश्चिम बंगाल और ओडिशा में **धान की फसलें** हैं। इसकी बुआई एवं वृद्धि के समय ठण्डे एवं फसल के पकने के समय गर्म मौसम की आवश्यकता होती है।

281. पंजाब में वर्षा का कारण बनने वाले भूमध्य सागर से उत्पन्न होने वाले शीतोष्ण कटिबन्धीय चक्रवातों से किन फसलों को लाभ होता है?
SSC CGL 07.03.2023 (Shift-I)
(a) खरीफ की फसल (b) जायद फसल
(c) नकदी फसल (d) रबी की फसल

उत्तर (d)

• पंजाब में वर्षा का कारण बनने वाले भूमध्य सागर से उत्पन्न होने वाले शीतोष्ण कटिबन्धीय चक्रवातों से **रबी की फसलों** को लाभ मिलता है।

• शीतोष्ण कटिबन्धीय चक्रवातों की उत्पत्ति तथा प्रभाव क्षेत्र शीतोष्ण कटिबन्ध अर्थात् मध्य अक्षांशों में होता है।

• इनकी उत्पत्ति ठण्डी एवं गर्म दो विपरीत गुणों वाली वायुराशियों के मिलने से होती है।

282. स्तम्भों का मिलान करें SSC CGL 07.03.2023 (Shift-I)

काट एवं दाह कृषि		सम्बद्ध राज्य	
A.	दहिया	1.	झारखण्ड
B.	कुरुवा	2.	ओडिशा
C.	बरीगा	3.	आन्ध्र प्रदेश
D.	पेण्डा	4.	मध्य प्रदेश

कूट

	A	B	C	D		A	B	C	D
(a)	3	1	2	4	(b)	4	2	1	3
(c)	4	3	1	2	(d)	4	1	2	3

उत्तर (d)

• सही सुमेलन A-4, B-1, C-2, D-3 है।

• **दहिया कृषि** मध्य प्रदेश में की जाती है। इस प्रकार की खेती मानसून, मिट्टी की प्राकृतिक उर्वरकता और उगाई जाने वाली फसलों के लिए अन्य पर्यावरणीय परिस्थितियों की उपयुक्तता पर निर्भर करती है।

• **कुरुवा कृषि** झारखण्ड में की जाती है। आदिम निर्वाह कृषि या स्थानान्तरण में, खेत की वनस्पति सामान्यत: आग से साफ की जाती है और राख मृदा की उर्वरकता को बढ़ाती है।

• **बरीगा कृषि** ओडिशा राज्य में की जाती है। इसमें झुण्ड नामक खेत बनाने के लिए वुडलैण्ड या जंगल में पौधे को काटना एवं जलाना शामिल है। इसे **फायर-फॉलो की खेती** के रूप में जाना जाता है।

• **पेण्डा खेती** आन्ध्र प्रदेश में की जाती है। यह सामान्यत: आन्ध्र प्रदेश के पहाड़ी ढलानों में प्रचलित है। इस प्रकार यह एक स्थानान्तरण कृषि है।

283. कौन-सा जलमार्ग भारत-बांग्लादेश प्रोटोकॉल मार्ग के माध्यम से भारत की मुख्य भूमि के साथ सम्पर्क प्रदान करता है? SSC CGL 14.07.2023 (Shift-III)

(a) NW-2 (b) NW-83
(c) NW-10 (d) NW-15

उत्तर (a)

• **NW-2** जलमार्ग भारत-बांग्लादेश प्रोटोकॉल मार्ग के माध्यम से भारत की मुख्य भूमि के साथ सम्पर्क प्रदान करता है।

• बांग्लादेश सीमा से सदिया के बीच **891 किमी** लम्बी नदी को राष्ट्रीय जलमार्ग 2 घोषित किया गया है।

• उल्लेखनीय है कि राष्ट्रीय जलमार्ग (NW-1) (हल्दिया से इलाहाबाद) भारत का सबसे **लम्बा राष्ट्रीय जलमार्ग** है। इसकी कुल लम्बाई 1620 किमी है।

284. हरित क्रान्ति से जुड़े महत्त्वपूर्ण संस्थानों में से एक भारतीय कृषि अनुसन्धान संस्थान है। यह कहाँ स्थित है? SSC CGL 17.07.2023 (Shift-III)

(a) मुम्बई (b) पटना
(c) नई दिल्ली (d) लुधियाना

उत्तर (c)

• हरित क्रान्ति से जुड़े महत्त्वपूर्ण संस्थानों में से एक भारतीय कृषि अनुसन्धान संस्थान **नई दिल्ली** में स्थित है।

• इसकी स्थापना वर्ष 1905 में हुई थी।

• यह संस्थान कृषि विज्ञान में अनुसन्धान और उच्च शिक्षा तथा प्रशिक्षण के क्षेत्र में भारत का सबसे बड़ा और अग्रणी संस्थान है।

285. गहन कृषि का तात्पर्य .... । SSC CGL 17.07.2023 (Shift-IV)

(a) भारत के अधिक राज्यों में खेती का प्रसार
(b) खेती के तहत दी गई भूमि पर अधिक श्रम और पूँजीगत इनपुट का उपयोग
(c) श्रम और पूँजी के मामूली कम इनपुट के साथ बड़े खेतों पर खेती करना
(d) अधिक भूमि को खेती के अधीन लाना

उत्तर (b)

• गहन कृषि का तात्पर्य **खेती के तहत दी गई भूमि पर अधिक श्रम और पूँजीगत इनपुट का उपयोग करना** है।

• अधिकांशत:, इस प्रकार की कृषि उच्च **जनसंख्या घनत्व** और **सीमित भूमि** आपूर्ति वाले क्षेत्रों में की जाती है।

• वैकल्पिक रोजगार न होने के कारण किसान सीमित भूमि से अधिकतम पैदावार लेने की कोशिश करते हैं।

286. आसनसोल, हावड़ा, मालदा और सियालदह मण्डल भारत के किस रेलवे जोन के अन्तर्गत आते हैं? SSC CGL 18.07.2023 (Shift-I)

(a) पश्चिम मध्य रेलवे (b) उत्तर रेलवे
(c) पूर्व रेलवे (d) मध्य रेलवे

उत्तर (c)

• आसनसोल, हावड़ा, मालदा और सियालदह मण्डल भारत के **पूर्व रेलवे** जोन के अन्तर्गत आते हैं।

• भारत में रेल प्रणाली को 19 जोनों में बाँटा गया है। भारतीय रेल देश का सबसे बड़ा सरकारी उपक्रम है।

• भारतीय रेलवे का नेटवर्क विश्व में **चौथा सबसे बड़ा** (लम्बाई में) नेटवर्क है।

• भारतीय रेलवे की शुरुआत 1853 ई. में हुई थी।

287. भारत में बाबा बुदन पहाड़ियों पर .... की खेती शुरू की गई थी। SSC CGL 18.07.2023 (Shift-III)

(a) इलायची (b) कॉफी
(c) रेशम (d) चाय

उत्तर (b)

• भारत में बाबा बुदन पहाड़ियों पर **कॉफी** की खेती शुरू की गई थी।

• ये पहाड़ियाँ कर्नाटक के चिकमंगलूर जिले में स्थित हैं। कर्नाटक भारत में कॉफी का सबसे बड़ा उत्पादक राज्य है। इसकी बुवाई के लिए जून-जुलाई का समय अनुकूल है। इसके लिए 150-200 सेमी वर्षा तथा दोमट मिट्टी की आवश्यकता होती है।

288. टिकाऊ और कठोर लकड़ी प्रदान करने वाले सुन्दरी वृक्ष भारत में कहाँ पाए जाते हैं? SSC CGL 18.07.2023 (Shift-IV)

(a) उष्णकटिबन्धीय पर्णपाती वन
(b) मैंग्रोव वन
(c) पर्वतीय वन
(d) उष्णकटिबन्धीय सदाबहार वन

उत्तर (b)

• टिकाऊ और कठोर लकड़ी प्रदान करने वाले सुन्दरी वृक्ष भारत में मैंग्रोव वन में पाए जाते हैं।

• सुन्दरवन डेल्टा क्षेत्र **पश्चिम बंगाल** में स्थित विश्व का सबसे बड़ा नदी डेल्टा है, यह गंगा, ब्रह्मपुत्र और मेघना नदियों के डेल्टा पर स्थित है।

• मैंग्रोव वन केवल **उष्णकटिबन्धीय** या **उपोष्णकटिबन्धीय अक्षांशों** के भीतर आर्द्रतायुक्त तटरेखाओं के साथ पाए जाते हैं।

289. नवम्बर, 2022 में प्रधानमन्त्री नरेन्द्र मोदी की अध्यक्षता में केन्द्रीय मन्त्रिमण्डल ने होलोंगी, ईटानगर में ग्रीनफील्ड हवाई अड्डे के नामकरण को .... के रूप में मंजूरी दी है। SSC CGL 19.07.2023 (Shift-I)

(a) पूर्वी सियांग हवाई अड्डा
(b) लोकप्रिय गोपीनाथ बारदोलोई अन्तर्राष्ट्रीय हवाई अड्डा
(c) डोनी पोलो हवाई अड्डा
(d) चांगलांग हवाई अड्डा

उत्तर (c)

• ग्रीनलैण्ड हवाई अड्डे के नामकरण को **डोनी पोलो हवाई अड्डा** के रूप में मंजूरी प्रधानमन्त्री नरेन्द्र मोदी की अध्यक्षता में केन्द्रीय मन्त्रिमण्डल ने नवम्बर, 2022 में होलोंगी, ईटानगर में दी।

• यह पूर्वोत्तर भारत का **16वाँ एयरपोर्ट** है।

• यह हवाई अड्डा **अरुणाचल प्रदेश का पहला** ग्रीनफील्ड हवाई अड्डा है।

290. पश्चिमी हिमालय में जल संचयन प्रणाली की पहचान करें। SSC CGL 19.07.2023 (Shift-I)

(a) गुल (b) खड़ीन
(c) जोहड़ (d) इनमें से कोई नहीं

उत्तर (a)

• **गुल** पश्चिमी हिमालय में जल संचयन प्रणाली है।

• गुल प्रणाली विशेष रूप से **हिमाचल प्रदेश** में उपयोग की जाती है।

• इसमें पहाड़ी को खोदकर उसमें गुफानुमा बड़ा गड्ढा तैयार करके वर्षा के जल को सहेजकर उसे प्रयोग में लाया जाता है।

• शुष्क और अर्द्ध-शुष्क क्षेत्रों में कृषि क्षेत्रों को इस प्रणाली के तहत वर्षा आधारित भण्डारों में बदल दिया जाता है।

• जम्मू क्षेत्र में भी ऐसी ही सिंचाई प्रणाली पाई जाती है, जिसे **कुहल** कहा जाता है।

291. निम्नलिखित में से कौन-सी हरित क्रान्ति की विशेषताएँ रही हैं? SSC CGL 19.07.2023 (Shift-I)

A. फसल उत्पादकता में उछाल।

B. व्यावसायिक खेती से निर्वाह खेती की ओर झुकाव।

C. रकबे में वृद्धि।

कूट

(a) A और B (b) A और C
(c) B और C (d) ये सभी

उत्तर (b)

• हरित क्रान्ति की विशेषताओं में प्रमुख हैं—फसल उत्पादकता में उछाल एवं रकबे में वृद्धि आदि।

• भारत में हरित क्रान्ति की शुरुआत **तृतीय पंचवर्षीय** योजना के दौरान हुई।

292. वर्ष 1995 में भूतल परिवहन मन्त्रालय के तहत किस स्वायत्त निकाय का संचालन किया गया था? SSC CGL 19.07.2023 (Shift-IV)

(a) सीमा सड़क संगठन (BRO)
(b) भारतीय अन्तर्देशीय जलमार्ग प्राधिकरण (IWAI)
(c) रेलवे सूचना प्रणाली केन्द्र (CRIS)
(d) भारतीय राष्ट्रीय राजमार्ग प्राधिकरण (NHAI)

उत्तर (d)

• वर्ष 1995 में भूतल परिवहन मन्त्रालय के तहत **भारतीय राष्ट्रीय राजमार्ग प्राधिकरण** का संचालन किया गया था। इसकी स्थापना भारतीय राष्ट्रीय राजमार्ग प्राधिकरण अधिनियम, 1988 के तहत की गई थी।

• यह राजमार्गों के विकास, रख-रखाव और प्रबन्धन के लिए जिम्मेदार संस्था है।

293. निम्नलिखित में से क्या भारत में हरित क्रान्ति का एक नकारात्मक प्रभाव है? SSC CGL 20.07.2023 (Shift-I)

1. भू-जल स्तर का ह्रास
2. मृदा की गुणवत्ता में गिरावट
3. बढ़ी हुई इनपुट लागत

कूट

(a) केवल 3 (b) 1 और 2
(c) 2 और 3 (d) ये सभी

उत्तर (d)

• भारत में हरित क्रान्ति के नकारात्मक प्रभाव भू-जल स्तर का ह्रास, मृदा की गुणवत्ता में गिरावट और बढ़ी हुई इनपुट लागत थे।

294. राष्ट्रीय जलमार्ग अधिनियम, 2016 के अन्तर्गत कितने अन्तर्देशीय जलमार्गों को 'राष्ट्रीय जलमार्ग' घोषित किया गया है? SSC CGL 22.07.2023 (Shift-II)

(a) 109 (b) 111
(c) 132 (d) 121

उत्तर (b)

• राष्ट्रीय जलमार्ग अधिनियम, 2016 के तहत 111 अन्तर्देशीय जलमार्गों को राष्ट्रीय जलमार्ग घोषित किया गया।

• अन्तर्देशीय जलमार्गों के विकास और विनियमन हेतु भारतीय अन्तर्देशीय जलमार्ग प्राधिकरण की स्थापना **27 अक्टूबर, 1986** को की गई।

• राष्ट्रीय जलमार्ग प्राधिकरण का मुख्यालय **नोएडा** में स्थित है।

• भारत में लगभग **14500 किमी** नौगम्य जलमार्ग हैं। इसमें नदियाँ, बैकवाटर, नहरें, खाड़ियाँ इत्यादि शामिल हैं।

295. भारत में पहली रेलवे लाइन 1853 ई. में ……… से ……… तक शुरू की गई थी। SSC CGL 20.07.2023 (Shift-III)

(a) बॉम्बे से कर्जत (b) बॉम्बे से पूना
(c) बॉम्बे से पालघर (d) बॉम्बे से ठाणे

उत्तर (d)

• भारत में पहली रेलवे लाइन 1853 ई. में **बॉम्बे से ठाणे** तक शुरू की गई। यह रेलवे लाइन **34 किमी** लम्बी थी।

• भारत में पहला रेलवे स्टेशन बॉम्बे में (वर्तमान में बोरी बन्दर स्टेशन) स्थापित किया गया था।

• भारतीय रेल प्रशासन व प्रबन्ध की जिम्मेदारी रेलवे बोर्ड पर है, इसकी स्थापना **मार्च, 1905** में की गई थी।

296. मेघालय के पठार, सह्याद्रि और निकोबार समूह के मध्य और दक्षिणी द्वीपों में किस प्रकार की वनस्पति पाई जाती है? SSC CGL 20.07.2023 (Shift-III)

(a) शुष्क उष्णकटिबन्धीय पर्णपाती वनस्पति
(b) नम उष्णकटिबन्धीय अर्द्ध-सदाबहार वनस्पति
(c) अल्पाइन वनस्पति
(d) शुष्क उष्णकटिबन्धीय काँटेदार वनस्पति

उत्तर (b)

• मेघालय के पठार, सह्याद्रि और निकोबार समूह के मध्य और दक्षिणी द्वीपों में **नम उष्णकटिबन्धीय अर्द्ध-सदाबहार वनस्पति** पाई जाती है।

• इन वनों में **महोगनी, रबड़, रोजवुड, आयरनवुड** इत्यादि के वृक्ष बहुतायत संख्या में मिलते हैं।

• अण्डमान और निकोबार द्वीपसमूह में **उष्णकटिबन्धीय सदाबहार वन** और **अर्द्ध-सदाबहार वन** के साथ-साथ **मानसूनी** वन भी पाए जाते हैं।

297. उत्तर-दक्षिण गलियारा (कॉरिडोर) किन दो प्रमुख शहरों को जोड़ता है? SSC CGL 21.07.2023 (Shift-I)

(a) श्रीनगर और विशाखापत्तनम
(b) लेह और कन्याकुमारी
(c) लेह और विशाखापत्तनम
(d) श्रीनगर और कन्याकुमारी

उत्तर (d)

• उत्तर-दक्षिण गलियारा जम्मू-कश्मीर के श्रीनगर और तमिलनाडु की कन्याकुमारी को जोड़ता है।

• उत्तर-दक्षिण गलियारा राष्ट्रीय राजमार्ग विकास परियोजना के प्रमुख घटकों में से एक है।

• इसमें **उच्च गुणवत्ता वाले सड़क तंत्र का विकास** शामिल है, जो भारत के उत्तरी और दक्षिण हिस्सों को जोड़ता है।

• पूर्व-पश्चिम गलियारा पश्चिमी तट पर **गुजरात के पोरबंदर** से पूर्वी सीमा पर **असम के सिलचर** तक फैला है।

298. डॉ. डी. एस. अठवाल को 'भारत में ……… क्रान्ति के जनक' के रूप में जाना जाता था। SSC CGL 21.07.2023 (Shift-I)

(a) तिलहन (b) बाजरा
(c) चावल (d) गेहूँ

उत्तर (d)

• डॉ. दिलबाग सिंह अठवाल एक कृषि वैज्ञानिक हैं। इन्हें **गेहूँ की क्रान्ति के जनक** के रूप में जाना जाता है।

• वर्ष 1966 में पीबी 18 और वर्ष 1967 में सबसे प्रसिद्ध एम्बर दानेदार गेहूँ की किस्म **कल्याण सोना** बनाने में डॉ. अठवाल का महत्त्वपूर्ण योगदान था।

• ये वर्ष 1967 में अन्तर्राष्ट्रीय चावल अनुसन्धान संस्थान के प्रबन्धन दल के सदस्य बने और अन्ततः पहले उप-महानिदेशक का पद भी सम्भाला।

299. भारत में जायद के मौसम में निम्न में से कौन-सी फसल उगाई जाती है? SSC CGL 21.07.2023 (Shift-II)

(a) बाजरा (b) खीरा
(c) मक्का (d) ज्वार

उत्तर (b)

• जायद की फसल के अन्तर्गत-खीरा, खरबूजा, ककड़ी, मूँग, उड़द, सूरजमुखी इत्यादि फसलें आती हैं। ये पारम्परिक **ग्रीष्मकालीन फसलें** हैं।

• यह मई-जून में बोई जाती है एवं जुलाई-अगस्त में काट ली जाती है।

300. निम्नलिखित में से कौन-सा बन्दरगाह भारत के पश्चिमी तट पर स्थित नहीं है? SSC CGL 24.07.2023 (Shift-I)

(a) हल्दिया
(b) मंगलुरु
(c) काण्डला
(d) मोरमुगाओ

उत्तर (a)

• हल्दिया बन्दरगाह भारत के पूर्वी तट पर पश्चिम बंगाल राज्य में स्थित है।

• **हल्दिया** बन्दरगाह को **Gateway of Eastern India** के नाम से भी जाना जाता है।

• यह भारत के व्यस्त बन्दरगाहों में से एक है। यह लौह-अयस्क, चमड़ा, कोयला, ताँबा, स्टील एवं चाय का प्रमुख निर्यातक है।

• जबकि मंगलुरु, काण्डला और मोरमुगाओ आदि पश्चिमी तट पर स्थित हैं।

301. बाँस, अधिपादप, ऐनी, सेमुल, गुटेल और मुण्डेन जैसी पौधों की किस्में किस प्रकार के भारतीय वनों में पाई जाती हैं? SSC CGL 24.07.2023 (Shift-II)

(a) मोण्टाने समशीतोष्ण वन
(b) पर्वतीय वन
(c) शुष्क उष्णकटिबन्धीय वन
(d) आर्द्र उष्णकटिबन्धीय वन

उत्तर (d)

• बाँस, अधिपादप, ऐनी, सेमुल, गुटेल और मुण्डेन जैसी पौधों की किस्में आर्द्र उष्णकटिबन्धीय वनों में पाई जाती हैं।
• भारत में ये वन तमिलनाडु, कर्नाटक, केरल और महाराष्ट्र जैसे राज्यों में पश्चिमी घाट के पूर्वी और पश्चिमी ढलानों पर पाए जाते हैं।
• बाँस पृथ्वी पर सबसे तेजी से बढ़ने वाला काष्ठीय पौधा है।
• भारत में लगभग **24 प्रकार** के बाँस की प्रजाति पाई जाती है।

302. भारत में राष्ट्रीय राजमार्गों का अनुरक्षण कौन-सी संस्था करती है?
SSC CGL 24.07.2023 (Shift-II)
(a) लोक निर्माण विभाग
(b) भारतीय राष्ट्रीय राजमार्ग प्राधिकरण
(c) सीमा सड़क संगठन
(d) राज्य सरकार

उत्तर (b)

• भारत में राष्ट्रीय राजमार्गों का अनुरक्षण भारतीय राष्ट्रीय राजमार्ग प्राधिकरण नामक संस्था करती है।
• NHAI ने अपना कार्यारम्भ वर्ष 1995 में किया था। **भारतीय राष्ट्रीय राजमार्ग प्राधिकरण** का गठन भारतीय राष्ट्रीय राजमार्ग अधिनियम, 1988 के तहत राष्ट्रीय राजमार्गों के विकास, अनुरक्षण और प्रबन्धन को ध्यान में रखते हुए किया गया था।
• एनएचएआई को भारत सरकार द्वारा सौंपे गए राष्ट्रीय राजमार्गों के विकास, रख-रखाव और प्रबन्धन के लिए एक केन्द्रीय प्राधिकरण के रूप में स्थापित किया गया है।

303. औसत समुद्र तल से 3000 मी की ऊँचाई पर हिमालय की पीर पंजाल श्रेणी में अति-आधुनिक विशिष्टताओं वाली कौन-सी सुरंग बनाई गई है? **SSC CGL 24.07.2023 (Shift-III)**
(a) अटल सुरंग
(b) भाटन सुरंग
(c) श्यामा प्रसाद मुखर्जी सुरंग
(d) जवाहर सुरंग

उत्तर (a)

• औसत समुद्र तल से 3000 मी की ऊँचाई पर हिमालय की पीर पंजाल श्रेणी में अति-आधुनिक विशिष्टताओं वाली अटल सुरंग बनाई गई है। यह सुरंग 9.2 किमी लम्बी है।
• इसे आधिकारिक तौर पर 'वर्ल्ड बुक ऑफ रिकॉर्ड्स' द्वारा **10,000 फीट** से अधिक ऊँचाई पर स्थित विश्व की सबसे लम्बी राजमार्ग सुरंग के रूप में प्रमाणित किया गया।
• यह सुरंग वर्ष भर लद्दाख को मनाली और चण्डीगढ़ से जोड़ती है।

304. 'पूर्व-पश्चिम' गलियारा (कॉरिडोर) निम्नलिखित में से किन शहरों को आपस में जोड़ता है?
SSC CGL 24.07.2023 (Shift-IV)
(a) सिलचर और पोरबन्दर
(b) शिलाँग और काण्डला
(c) ईटानगर और द्वारका
(d) गुवाहाटी और गाँधीनगर

उत्तर (a)

• पूर्व-पश्चिम गलियारा आपस में **सिलचर और पोरबन्दर** को जोड़ता है।
• NH-27 को **पूर्व-पश्चिम गलियारा** कहा जाता है, जो असम से पश्चिम बंगाल, बिहार, उत्तर प्रदेश, राजस्थान तथा गुजरात तक जाता है।
• इसकी कुल लम्बाई 3507 किमी है।
• भारत के आर्थिक विकास को बढ़ावा देने के लिए सरकार ने व्यापक **राष्ट्रीय राजमार्ग** विकास परियोजना शुरू की है।
• इस परियोजना का क्रियान्वयन भारतीय राष्ट्रीय राजमार्ग प्राधिकरण द्वारा किया जा रहा है।

305. भारत वन स्थिति रिपोर्ट-2019 के अनुसार भारत में कुल कितना वन क्षेत्र है?
SSC CGL 25.07.2023 (Shift-I)
(a) 23.67% (b) 20.87%
(c) 24.67% (d) 21.67%

उत्तर (d)

• भारत वन स्थिति रिपोर्ट-2019 के अनुसार भारत में कुल **21.67%** वन क्षेत्र है।
• यह रिपोर्ट **द्विवार्षिक** रूप से **पर्यावरण, वन और जलवायु परिवर्तन मन्त्रालय** द्वारा जारी की जाती है।
• 17वीं वन रिपोर्ट 2021 के अनुसार, भारत के 21.7% भाग पर वन क्षेत्र का विस्तार है।
• 10वीं वन रिपोर्ट 2023 के अनुसार, भारत के 21.76% भाग पर वनों का विस्तार पाया जाता है।

306. निम्नलिखित में से कौन-सा भारत का एकमात्र रैक रेलवे है, जिसे वर्ष 2005 में यूनेस्को द्वारा विश्व धरोहर स्थल घोषित किया गया था?
SSC CGL 25.07.2023 (Shift-III)
(a) नीलगिरि माउण्टेन रेलवे
(b) कालका-शिमला रेलवे
(c) माथेरान हिल रेलवे
(d) काँगड़ा घाटी रेलवे

उत्तर (a)

• **नीलगिरि माउण्टेन रेलवे** भारत का एकमात्र रैक रेलवे हैं, जिसे वर्ष 2005 में यूनेस्को द्वारा विश्व धरोहर स्थल घोषित किया गया था।
• यह भारतीय राज्य तमिलनाडु में स्थित एक रेल प्रणाली है, जिसे वर्ष 1908 में बनाया गया था। यह नवगठित झेलम मण्डल के अधिकार क्षेत्र में आता है।
• वर्तमान में 4 भारतीय रेलवे को UNESCO द्वारा विश्व धरोहर स्थलों के रूप में अंकित किया गया है—दार्जिलिंग हिमालयन रेलवे (1999), नीलगिरि पर्वतीय रेलवे (2005), कालका-शिमला रेलवे (2008) तथा छत्रपति शिवाजी महाराज टर्मिनल मुम्बई (2004)।

307. किसी विशेष पोषी स्तर में खड़ी फसल को कैसे मापा जाता है? **SSC CGL 26.07.2023 (Shift-I)**
(a) बायोमास के रूप में
(b) ऊर्जा के पिरामिड के रूप में
(c) कुल उत्पादकता के रूप में
(d) सकल उत्पादकता के रूप में

उत्तर (a)

• खड़ी फसल को एक इकाई क्षेत्र में **बायोमास** के रूप में मापा जाता है। बायोमास को **शुष्क भार** के रूप में भी व्यक्त किया जाता है।
• प्रत्येक पोषी स्तर पर एक विशेष समय में जीवित सामग्री का एक निश्चित द्रव्यमान होता है। इसे खड़ी फसल कहा जाता है।

308. भारतीय राष्ट्रीय राजमार्ग प्राधिकरण (NHAI) ने अपना कार्यारम्भ किस वर्ष किया था?
SSC CGL 26.07.2023 (Shift-II)
(a) 1995 (b) 2000 (c) 2005 (d) 1993

उत्तर (a)

• भारतीय राष्ट्रीय राजमार्ग प्राधिकरण (NHAI) ने अपना कार्यारम्भ **वर्ष 1995** में किया था।
• भारतीय राष्ट्रीय राजमार्ग प्राधिकरण का गठन भारतीय राष्ट्रीय राजमार्ग अधिनियम, 1988 के तहत राष्ट्रीय राजमार्गों के विकास, अनुरक्षण और प्रबन्धन हेतु किया गया था।

309. निम्नलिखित में से भिन्न की पहचान करें।
SSC CGL 26.07.2023
(a) हरित क्रान्ति
(b) आधुनिक कृषि तकनीक
(c) श्वेत क्रान्ति
(d) बीज-उर्वरक-जल तकनीक

उत्तर (c)

• **हरित क्रान्ति** आधुनिक कृषि तकनीकी, बीज उर्वरक-जल-तकनीक भारत में कृषि से सम्बन्धित तकनीक तथा पद्धतियाँ हैं, जबकि **श्वेत क्रान्ति** भारत में दुग्ध उत्पादन से सम्बन्धित है, जिसके जनक **वर्गीज कुरियन** को माना जाता है।
• श्वेत क्रान्ति (ऑपरेशन फ्लड या दुग्ध क्रान्ति) की शुरुआत 13 जनवरी, 1970 को की गई थी।
• इस क्रान्ति का उद्देश्य भारत को दुग्ध उत्पादन में आत्मनिर्भर बनाना था।

310. मनाली और केलांग के बीच यात्रा के समय और कुल दूरी को कम करने वाली सबसे लम्बी राजमार्ग एकल-ट्यूब सुरंग का नाम क्या है? **SSC CGL 27.07.2023**
(a) जवाहर सुरंग (b) अटल सुरंग
(c) नदुवाड़ी सुरंग (d) करबुदे सुरंग

उत्तर (b)

• मनाली और केलांग के बीच यात्रा के समय और कुल दूरी को कम करने वाली सबसे लम्बी राजमार्ग एकल-ट्यूब सुरंग का नाम **अटल सुरंग** है।
• यह विश्व की सबसे लम्बी राजमार्ग एकल-ट्यूब सुरंग है।
• इसकी लम्बाई **9.02 किमी** है।
• इसे **रोहतांग सुरंग** नाम से भी जाना जाता है।
• यह सुरंग हिमालय के पीरपंजाल रेंज में अवस्थित है।

311. भारत का सबसे बड़ा कण्टेनर बन्दरगाह कौन-सा है? **SSC CGL 26.07.2023 (Shift-IV)**
(a) हजीरा बन्दरगाह
(b) कोलकाता बन्दरगाह
(c) काण्डला बन्दरगाह
(d) जवाहरलाल नेहरू बन्दरगाह

उत्तर (d)

• भारत का सबसे बड़ा कण्टेनर बन्दरगाह **जवाहरलाल नेहरू बन्दरगाह** है, जो कर्नाटक, गुजरात, मध्य प्रदेश और महाराष्ट्र के लिए प्रमुख **कार्गो टर्मिनल** के रूप में कार्य करता है।

• जवाहरलाल नेहरू बन्दरगाह का दूसरा नाम **न्हावाशेवा** है। इसकी स्थापना वर्ष 1989 में हुई थी।

• **कोलकाता बन्दरगाह** पश्चिम बंगाल में स्थित है। इसका नाम बदलकर श्यामा प्रसाद मुखर्जी बन्दरगाह कर दिया गया है।

• **हजीरा बन्दरगाह** गुजरात राज्य के सूरत जिले में ताप्ती नदी के मुहाने पर स्थित है और अरब सागर के तट के समीप है।

• **काण्डला बन्दरगाह** गुजरात राज्य के कच्छ जिले में स्थित है। इसका नया नाम दीनदयाल बन्दरगाह कर दिया गया है।

312. राष्ट्रीय वन नीति के सन्दर्भ में संयुक्त वन प्रबन्धन (JFM) नामक एक दृष्टिकोण और कार्यक्रम किस वर्ष में शुरू किया गया था?

SSC CGL 27.07.2023 (Shift-III)

(a) 1988 (b) 1965
(c) 1947 (d) 1996

उत्तर (a)

• राष्ट्रीय वन नीति के सन्दर्भ में संयुक्त वन प्रबन्धन (JFM) नामक कार्यक्रम वर्ष **1988** में शुरू किया गया था।

• इसका उद्देश्य पर्यावरण पारिस्थितिकी सन्तुलन की स्थिरता और स्वास्थ्य सुनिश्चित करना है।

• यह वन नीति महिलाओं सहित आम लोगों की भागीदारी पर बल देती है।

SSC CPO 2024

313. भारतीय विमानपत्तन प्राधिकरण के अनुसार, 2022 तक की स्थिति के अनुसार भारत में अन्तर्राष्ट्रीय हवाई अड्डों की कुल संख्या कितनी है?

SSC CPO 27.07.2024 (Shift-III)

(a) 14 (b) 17
(c) 16 (d) 13

उत्तर (b)

• भारतीय विमानपत्तन प्राधिकरण के अनुसार, 2022 तक की स्थिति के अनुसार भारत में अन्तर्राष्ट्रीय हवाई अड्डों की कुल संख्या **17** है।

• वर्तमान स्थिति (वर्ष 2024 तक) के अनुसार भारत में अन्तर्राष्ट्रीय हवाई अड्डों की कुल संख्या **34** है।

• राजधानी दिल्ली में स्थित इन्दिरा गाँधी अन्तर्राष्ट्रीय हवाई अड्डा 5495 एकड़ में बना देश का **सबसे बड़ा अन्तर्राष्ट्रीय हवाई अड्डा** है।

314. भारत सरकार के कृषि सांख्यिकी एक झलक 2022 के अनुसार, किस राज्य में गन्ने का सबसे अधिक उत्पादन दर्ज किया गया?

SSC CPO 27.06.2024 (Shift-III)

(a) गुजरात (b) उत्तर प्रदेश
(c) महाराष्ट्र (d) कर्नाटक

उत्तर (b)

• भारत सरकार के कृषि सांख्यिकी और सूचना विभाग (DESI) द्वारा 2022 के आँकड़ों के अनुसार, **उत्तर प्रदेश** भारत में सबसे अधिक गन्ना उत्पादन करने वाला राज्य था।

• उत्तर प्रदेश ने 2022-23 में 543.43 मिलियन टन गन्ने का उत्पादन किया, जो देश के कुल उत्पादन का 24.4% था। दूसरे स्थान पर **महाराष्ट्र** (331.13 मिलियन टन) और तीसरे स्थान पर **कर्नाटक** (226.44 मिलियन टन) रहा।

315. राष्ट्रीय राजमार्ग प्राधिकरण (NHAI) द्वारा निर्मित स्वर्णिम चतुर्भुज की कुल लम्बाई कितनी है?

SSC CPO 27.06.2024 (Shift-I)

(a) 5978 किमी (b) 5846 किमी
(c) 4658 किमी (d) 5790 किमी

उत्तर (b)

• राष्ट्रीय राजमार्ग प्राधिकरण द्वारा निर्मित स्वर्णिम चतुर्भुज की लम्बाई **5846 किमी** है।

• स्वर्णिम चतुर्भुज योजना के अन्तर्गत राष्ट्रीय राजमार्ग द्वारा **चार महानगरों** दिल्ली, मुम्बई, चेन्नई व कोलकाता को जोड़ा गया।

• इस योजना की घोषणा **24 अक्टूबर, 1998** को हुई थी।

• इस योजना के तहत चार अथवा छः मार्गीय सड़क बनाई जाएगी।

• इस परियोजना को वर्ष 2001 में लान्च किया गया तथा वर्ष 2012 में पूरा किया गया था।

316. भारत के उत्तरी राज्यों में खरीफ फसल के मौसम में उगाई जाने वाली फसल की पहचान कीजिए।

SSC CPO 27.06.2024 (Shift-I)

(a) चना (b) सरसों
(c) चावल (d) जौ

उत्तर (c)

• भारत के उत्तरी राज्यों में खरीफ फसल के मौसम में उगाई जाने वाली फसलें-चावल, बाजरा, मक्का, रागी, अरहर, उड़द, मूँगफली आदि हैं।

• खरीफ की फसल बरसात के मौसम में उगने वाली फसलें हैं, इन्हें **मानसूनी फसलें** भी कहा जाता है।

• रबी की फसलें सर्दी के मौसम में उगाई जाती हैं। रबी फसल- गेहूँ, जौ, चना, मसूर, सरसों, कुसुम आदि।

317. निम्नलिखित में से कौन-सा कथन हरित क्रान्ति के सन्दर्भ में सत्य है?

SSC CPO 27.06.2024 (Shift-II)

(a) इसकी खेती की विधि में पानी की कम मात्रा की आवश्यकता होती है
(b) इसमें जैविक उर्वरकों और कीटनाशकों का उपयोग शामिल था
(c) इसमें अधिक उपज देने वाली किस्म के बीजों का उपयोग शामिल था
(d) इसका लक्ष्य मुख्य रूप से दलहन उत्पादक क्षेत्र थे

उत्तर (c)

• उच्च उपज वाले बीजों (HYV) का उपयोग हरित क्रान्ति की सबसे महत्त्वपूर्ण विशेषताओं में से एक थी।

• **HYV बीजों** को वैज्ञानिकों द्वारा विकसित किया गया था, जो रोगों और कीटों के प्रतिरोधी थे।

• हरित क्रान्ति भारत के कृषि इतिहास में एक महत्त्वपूर्ण मोड़ था। उच्च उपज वाले बीजों का उपयोग, रसायनों का उपयोग, सिंचाई सुविधाओं में सुधार और कृषि ऋण इस क्रान्ति के मुख्य कारक थे।

318. जून, 2023 तक प्राप्त जानकारी के अनुसार, निम्नलिखित में से कौन-सा भारत का सबसे लम्बा रेलमार्ग है?

SSC CPO 27.06.2024 (Shift-II)

(a) डिब्रूगढ़-कन्याकुमारी
(b) जम्मू तवी-कन्याकुमारी
(c) गुवाहाटी-त्रिवेन्द्रम
(d) अमृतसर- कोचुवेली

उत्तर (a)

• जून, 2023 तक उपलब्ध जानकारी के अनुसार, **डिब्रूगढ़-कन्याकुमारी** भारत का सबसे लम्बा रेलमार्ग है।

• यह 4,4273 किमी लम्बा है और 9 राज्यों से होकर गुजरता है।

• इसमें **विवेक एक्सप्रेस** ट्रेन द्वारा सेवा प्रदान की जाती है, जो डिब्रूगढ़ से कन्याकुमारी तक चलती है।

• डिब्रूगढ़-कन्याकुमारी रेलमार्ग भारत के सबसे महत्त्वपूर्ण रेलमार्गों में से एक है।

319. भारत में उष्णकटिबन्धीय सदाबहार वन निम्नलिखित में से किस क्षेत्र में पाए जाते हैं?

SSC CPO 27.06.2024 (Shift-II)

(a) पूर्वी घाट (b) थार मरुस्थल
(c) पश्चिमी घाट (d) कच्छ का रण

उत्तर (c)

• भारत में उष्णकटिबन्धीय सदाबहार वन **पश्चिमी घाट** में पाए जाते हैं।

• यह भारत की पश्चिमी तटरेखा के साथ फैली एक पर्वत शृंखला है। यह भारी वर्षा और उष्ण, आर्द्र जलवायु के कारण उष्णकटिबन्धीय सदाबहार वनों के लिए एक आदर्श वातावरण प्रदान करता है।

• पश्चिमी घाट एक जैव-विविधता **हॉटस्पॉट** है और यहाँ घने सदाबहार वनों की बहुतायत है।

• इन वनों में साल भर हरे-भरे पेड़-पौधे पाए जाते हैं और वे कई दुर्लभ और स्थानिक प्रजातियों का घर हैं।

• पश्चिमी घाट के अतिरिक्त, उष्णकटिबन्धीय सदाबहार वन अण्डमान और निकोबार द्वीपसमूह, पूर्वी हिमालय और पूर्वोत्तर भारत के कुछ हिस्सों में भी पाए जाते हैं।

320. जून, 2023 तक, कुल यात्रियों की संख्या के मामले में निम्नलिखित में से कौन-सा भारत का सबसे बड़ा हवाई अड्डा है?

SSC CPO 27.06.2024 (Shift-II)

(a) मुम्बई का छत्रपति शिवाजी अन्तर्राष्ट्रीय हवाई अड्डा
(b) सरदार वल्लभभाई पटेल अन्तर्राष्ट्रीय हवाई अड्डा
(c) इन्दिरा गाँधी अन्तर्राष्ट्रीय हवाई अड्डा
(d) नेताजी सुभाषचन्द्र बोस अन्तर्राष्ट्रीय हवाई अड्डा

उत्तर (c)

• जून, 2023 तक कुल यात्रियों की संख्या के मामले में भारत का सबसे बड़ा हवाई अड्डा **इन्दिरा गाँधी अन्तर्राष्ट्रीय हवाई अड्डा** (IGIA) है।

• यह **दिल्ली** शहर में स्थित है और भारत का प्रमुख और **सबसे व्यस्त अन्तर्राष्ट्रीय हवाई अड्डा** है।

• यह हवाई अड्डा घरेलू और अन्तर्राष्ट्रीय दोनों उड़ानों के लिए एक प्रसिद्ध केन्द्र है।

321. निम्नलिखित में से कौन-सी भारत की सबसे लम्बी राजमार्ग सुरंग (2022 तक की स्थिति के अनुसार) है? **SSC CPO 28.06.2024 (Shift-III)**

(a) कार्बुडे सुरंग (b) अटल सुरंग
(c) जवाहर सुरंग (d) पीर पंजाल सुरंग

उत्तर (b)

• अटल सुरंग भारत की सबसे लम्बी राजमार्ग (9.02 किमी) सुरंग है। ये लेह को मनाली से जोड़ती है। ये घोड़े के नाल के आकार की है।

• इसे **रोहतांग सुरंग** के नाम से भी जाना जाता है।

• यह सुरंग हिमाचल प्रदेश राज्य में स्थित है और मनाली को लाहौर स्पीति घाटी से जोड़ती है।

322. निम्नलिखित में से हरित क्रान्ति का कौन-सा सामाजिक प्रभाव गलत बताया गया है? **SSC CPO 28.06.2024 (Shift-III)**

(a) मुख्य रूप से मध्यम एवं बड़े किसानों को लाभ हुआ
(b) सेवा जाति समूह का विस्थापन हुआ
(c) भूमिहीन और सीमान्त किसानों की हालत बदतर हो गई
(d) केवल निर्वाह कृषि में लगे किसानों को ही लाभ हुआ

उत्तर (d)

• **हरित क्रान्ति से केवल निर्वाह कृषि में लगे किसानों को ही लाभ नहीं हुआ**, बल्कि मुख्य रूप से मध्यम एवं बड़े किसानों को लाभ हुआ था और इससे सेवा जाति समूह का विस्थापन भी हुआ।

• हरित क्रान्ति, कृषि क्षेत्र में हुए शोध-विकास और तकनीकी बदलावों का एक अभियान था, इसका उद्देश्य भारत में खाद्यान्न उत्पादन बढ़ाकर देश को आत्मनिर्भर बनाना था।

• भारत में हरित क्रान्ति की शुरुआत वर्ष 1966-67 के बीच हुई थी।

323. निम्नलिखित में से किन तरीकों से किसानों को अधिक उपज देने वाली किस्म के बीजों का प्रयोग शुरू करने के लिए प्रोत्साहित किया गया? **SSC CPO 28.06.2024 (Shift-I)**

(a) खाद्यान्नों की खेती के लिए किसानों को नकद में आर्थिक सहायता दी गई।
(b) सरकार ने बीज और अन्य निविष्टियाँ बाजार में प्रचलित कीमतों की तुलना में कम कीमतों पर प्रदान किए।
(c) खेतिहर मजदूरों को सीधे सरकार द्वारा मजदूरी का भुगतान किया जाता था।
(d) किसानों के बच्चों को सरकारी कॉलेजों और विश्वविद्यालयों में मुफ्त शिक्षा दी जाती थी।

उत्तर (b)

• सरकार ने बीज और अन्य निविष्टियाँ बाजार में प्रचलित कीमतों की तुलना में कम कीमतों पर प्रदान किए। बीज और अन्य कृषि उत्पादों पर सब्सिडी प्रदान करने का उद्देश्य किसानों को उच्च गुणवत्ता वाले बीज अपनाने के लिए प्रोत्साहित करना है, जो अधिक उपज दे सकते हैं।

• यह भारत में कृषि उत्पादकता बढ़ाने और खाद्य सुरक्षा सुनिश्चित बनने के उद्देश्य से **हरित क्रान्ति** का हिस्सा था।

324. भारत के निम्नलिखित में से किस भाग में काँटेदार वन और गुल्म वन पाए जाते हैं? **SSC CPO 29.06.2024 (Shift-III)**

(a) दक्षिण-पश्चिमी भारत
(b) उत्तर-पूर्वी भारत
(c) उत्तर-पश्चिमी भारत
(d) दक्षिण-पूर्वी भारत

उत्तर (c)

• भारत के उत्तर-पश्चिमी भागों में काँटेदार वन और गुल्म वन मुख्य रूप से पाए जाते हैं, जिसमें **राजस्थान**, **गुजरात**, **पंजाब**, **हरियाणा** और **दिल्ली शामिल** हैं।

• यह क्षेत्र कम वर्षा और उच्च तापमान के लिए जाना जाता है, जो इन वनों के विकास के लिए अनुकूल परिस्थितियाँ प्रदान करते हैं।

• काँटेदार वन कठोर, सूखे प्रतिरोधी पेड़ों और झाड़ियों की विशेषता है, जिनमें प्राय: काँटे होते हैं। इन वनों में आम पेड़ों में कीकर, बबूल और खेजड़ी शामिल है।।

325. भारत में कृषि कैलेण्डर के सन्दर्भ में 'ऑस', 'अमन' और 'बोरो' शब्द क्या दर्शाते हैं? **SSC CPO 29.06.2024 (Shift-III)**

(a) गुजरात में पारम्परिक कुओं के प्रकार
(b) असम में फसल उत्सव के प्रकार
(c) गंगा के मैदानों में जलोढ़ मृदा के प्रकार
(d) पश्चिम बंगाल में चावल की बुआई के मौसम के प्रकार

उत्तर (d)

• भारत में कृषि कैलेण्डर में 'ऑस', 'अमन' और 'बोरो' शब्द चावल की बुआई के तीन मुख्य मौसमों का प्रतिनिधित्व करते हैं, जो पश्चिम बंगाल सहित पूर्वी भारत के कई राज्यों में प्रचलित हैं।

• **ऑस** (Aus) यह चावल की प्रारम्भिक फसल होती है, जिसकी बुआई गर्मियों के दौरान अप्रैल-मई में की जाती है और इसकी कटाई जुलाई-अगस्त में की जाती है।

• **अमन** (Aman) यह चावल की प्रमुख और सबसे बड़ी फसल होती है।

• इसकी बुआई मानसून के दौरान जून-जुलाई में की जाती है और कटाई नवम्बर-दिसम्बर में की जाती है।

• **बोरो** (Boro) यह चावल की शीतकालीन फसल होती है।

• इसकी बुआई नवम्बर-दिसम्बर में की जाती है और कटाई अप्रैल-मई में की जाती है।

SSC CPO 2023

326. भारतीय अर्थव्यवस्था ने हरित क्रान्ति की सफलता का अनुभव कितने चरणों में किया? **SSC CPO 03.10.2023 (Shift-I)**

(a) पाँच (b) तीन (c) चार (d) दो

उत्तर (d)

• भारतीय अर्थव्यवस्था ने हरित क्रान्ति की सफलता का अनुभव **दो चरणों** में किया है।

• भारत में हरित क्रान्ति की शुरुआत वर्ष 1966-67 में हुई थी।

• भारत में द्वितीय हरित क्रान्ति की शुरुआत वर्ष 1998 में **ए.पी.जे. अब्दुल कलाम** के समय में हुई।

• हरित क्रान्ति का सर्वाधिक प्रभाव उत्तर भारत में देखने को मिला।

327. अटल सुरंग किन दो स्थानों को जोड़ती है? **SSC CPO 03.10.2023 (Shift-I)**

(a) शिमला और नैनीताल
(b) मनाली और लाहौल-स्पीति घाटी
(c) शिमला और मंसूरी
(d) मनाली और नैनीताल

उत्तर (b)

• अटल सुरंग मनाली और लाहौल-स्पीति घाटी को जोड़ती है।

• 9.02 किमी लम्बी यह सुरंग 3000 मी की ऊँचाई पर स्थिति है। यह दुनिया की सबसे **लम्बी राजमार्ग** सुरंग है।

• यह सुरंग हिमालय के पीरपंजाल रेंज में अवस्थित है।

• यह सुरंग **घोड़े की नाल के आकार** की है।

अटल सुरंग को वर्ल्ड **बुक ऑफ रिकार्ड्स में दर्ज** (10000 फीट से अधिक ऊँचाई पर स्थित विश्व की सबसे लम्बी राजमार्ग सुरंग) किया गया है।

328. निम्नलिखित में से किस राज्य में एक वर्ष में ऑस, बोरो और अमन, धान की फसलें उगाई जाती हैं? **SSC CPO 05.10.2023 (Shift-III)**

(a) पंजाब (b) हरियाणा
(c) ओडिशा (d) उत्तराखण्ड

उत्तर (c)

• **ओडिशा** में अमन, ऑस और बोरो धान की किस्में उगाई जाती हैं।

• भारत में **पश्चिम बंगाल** सबसे अधिक चावल का उत्पादन करता है।

उत्पाद	राज्य	G.I. टैग वर्ष
1. चोकुवा चावल	असम	2019
2. गोविन्दभोग चावल	पं. बंगाल	2017
3. कालाजीरा चावल	ओडिशा	2023

329. हरित क्रान्ति के सम्बन्ध में निम्नलिखित में से कौन-से कथन सही हैं? **SSC CPO 05.10.2023 (Shift-III)**

I. हरित क्रान्ति की शुरुआत 1960 के दशक में हुई।
II. बीज की उच्च-उपज वाली किस्मों (HYV) ने हरित क्रान्ति को सफल बनाया।

III. मवेशियों का व्यापक उपयोग भी हरित क्रान्ति का एक घटक था।

कूट

(a) केवल II (b) II और III
(c) केवल I (d) I और II

उत्तर (d) हरित क्रान्ति के सम्बन्ध में कथन I और II दोनों सही हैं।

• 1960 के दशक से शुरू हुई हरित क्रान्ति को सफल बनाने में HYV अर्थात् बीजों की उच्च उपज वाली किस्मों का योगदान था।

• हरित क्रान्ति के प्रमुख घटक सिंचाई, कृषि भूमि, मशीनीकरण, विपणन आदि थे।

• हरित क्रान्ति में मवेशियों का व्यापक उपयोग घटक नहीं था। अत: यह सही नहीं है।

330. पश्चिमी घाट में स्थानान्तरित कृषि (shifting agriculture) को ……… के नाम से जाना जाता है। SSC CPO 05.10.2023 (Shift-II)

(a) कोमन (b) दहिया (c) वाल्ट्रे (d) कुमारी

उत्तर (d)

• पश्चिमी घाट में स्थानान्तरित कृषि (shifting agriculture) को **कुमारी** के नाम से जाना जाता है।

• **स्थानान्तरित खेती** में भूमि के भूखण्डों पर अस्थायी रूप से खेती की जाती है, फिर भूमि को स्वतन्त्र छोड़ दिया जाता है।

• स्थानान्तरित कृषि को अलग-अलग राज्यों में अलग-अलग नाम से जाना जाता है; जैसे—**झूम** (उत्तर-पूर्वी भारत), **बेवर** (मध्य प्रदेश), **पेण्डा** (आन्ध्र प्रदेश), **दीपा** (छत्तीसगढ़)।

SSC CHSL 2024 (Tier 1 & 2)

331. कृषि सम्बन्धी दी गई मुख्य विशेषताओं में कौन-सी भारतीय वाणिज्यिक कृषि की विशेषता नहीं है? SSC CHSL Tier-1 11.07.2024 (Shift-II)

(a) रासायनिक उर्वरक
(b) झूम खेती
(c) उच्च पैदावार किस्म के बीज
(d) कीटनाशक और पीड़कनाशी

उत्तर (b)

• **झूम खेती** भारतीय वाणिज्यिक कृषि की विशेषता नहीं है।

• झूम खेती एक **पारम्परिक खेती विधि** है, जो मुख्य रूप से पूर्वोत्तर भारत, विशेष रूप से मिजोरम, मेघालय व अरुणाचल प्रदेश में प्रचलित है।

• भारतीय वाणिज्यिक खेती में वे खेती शामिल हैं, जो व्यावसायिक रूप से की जाती हैं, जिनका मुख्य उद्देश्य **बाजार** में बेचना होता है।

• भारत में वाणिज्यिक खेती की मुख्य फसलें निम्न हैं—**कॉफी**, **चाय**, **कपास**, **जूट**, **तम्बाकू**, **मसालें**।

332. निम्नलिखित में से किस प्रकार की फसलें मानसून के मौसम के अन्त के बाद बोई जाती हैं? SSC CHSL Tier-1 02.07.2024 (Shift-I)

(a) खरीफ की फसलें (b) रबी की फसलें
(c) महत्त्वपूर्ण फसलें (d) जायद की फसलें

उत्तर (b)

• **रबी की फसल** को मानसून के मौसम के अन्त में बोया जाता है।

• रबी की फसल को **अक्टूबर-नवम्बर** में बोया जाता है तथा **मार्च-अप्रैल** में काटा जाता है।

• रबी की फसल के अन्तर्गत गेहूँ, सरसों आदि फसलें आती हैं।

333. निम्नलिखित में से कौन-सा हरित क्रान्ति के परिणामों में से एक नहीं है? SSC CHSL Tier-1 02.07.2024 (Shift-III)

(a) मजदूरों की दिहाड़ी में बढ़ोतरी हुई
(b) मजदूरों के रोजगार में बढ़ोतरी हुई
(c) धनी अधिक धनी हो गए और कई निर्धन पूर्ववत् रहे या अधिक गरीब हो गए
(d) कीमतों की बढ़ोतरी तथा कृषि मजदूरों के भुगतान के तरीकों में बदलाव; जैसे-नगद भुगतान के स्थान पर खाद्यान्न

उत्तर (d)

• कीमतों की बढ़ोतरी तथा कृषि मजदूरों के भुगतान के तरीकों में बदलाव; जैसे—नगद भुगतान के स्थान पर खाद्यान्न हरित क्रान्ति के परिणामों में से एक नहीं है।

• हरित क्रान्ति के परिणामस्वरूप मजदूरों की दिहाड़ी में बढ़ोतरी और मजदूरों के रोजगार में बढ़ोतरी हुई।

• हरित क्रान्ति का मुख्य कारण **फसलों** के **उत्पादन** में कमी तथा अच्छे किस्म के बीजों की कमी को नियन्त्रित कर फसल उत्पादन में वृद्धि करना था।

• गेहूँ, ज्वार, बाजरा, मक्का व चावल के उत्पादन में आशा से अधिक वृद्धि हुई, जिसके परिणामस्वरूप भारत खाद्यान्नों में आत्मनिर्भर हो गया।

334. विभिन्न राज्यों में खेती के आदिम रूपों के निम्नलिखित नामों का सही मिलान कीजिए। SSC CHSL Tier-1 03.07.2024 (Shift-II)

	राज्य		खेती के आदिम रूप का नाम
A.	मध्य प्रदेश	1.	पेण्डा
B.	आन्ध्र प्रदेश	2.	बेवार
C.	ओडिशा	3.	कुरुवा
D.	झारखण्ड	4.	ब्रिंगा

कूट

	A	B	C	D		A	B	C	D
(a)	1	2	3	4	(b)	1	2	4	3
(c)	2	1	3	4	(d)	2	1	4	3

उत्तर (d)

• सही सुमेलन A-2, B-1, C-4, D-3 है।

• राज्य खेती के आदिम रूप के अन्तर्गत मध्य प्रदेश में **बेवार खेती** (स्थानान्तरित खेती), आन्ध्र प्रदेश में **पेण्डा खेती** (जंगल के विभिन्न क्षेत्रों को जलाकर साफ किया जाता है।

• साफ भूमि का उपयोग फसलों के लिए किया जाता है), ओडिशा में **ब्रिंगा खेती** (स्लैश एण्ड बर्न कृषि), झारखण्ड में **कुरुवा कृषि**, (यह झूम खेती का एक प्रकार है) का प्रचलन है।

335. नई दिल्ली में गोल्डन रूट का पहला भूमिगत खण्ड (विश्वविद्यालय-कश्मीरी गेट) किस वर्ष में खोला गया था? SSC CHSL Tier-1 03.07.2024 (Shift-III)

(a) 2004 (b) 1998
(c) 2000 (d) 1997

उत्तर (a)

• नई दिल्ली में गोल्डन रूट का पहला भूमिगत खण्ड (विश्वविद्यालय-कश्मीरी गेट) **वर्ष 2004** में खोला गया था।

• इसका उद्घाटन पूर्व तत्कालीन प्रधानमन्त्री डॉ. मनमोहन सिंह और दिल्ली की तत्कालीन मुख्यमन्त्री शीला दीक्षित द्वारा किया गया था।

• दिल्ली मेट्रो भारत की राजधानी की एक जन परिवहन एवं कनेक्टिविटी प्रणाली है।

• दिल्ली मेट्रो को **दिल्ली का लाइफ लाइन** कहा जाता है।

336. हरित क्रान्ति की शुरुआत का आधार क्या था? SSC CHSL Tier-1 03.07.2024

(a) उर्वरक (b) efmebÛeeF&
(c) अधिक उपज देने वाले बीजों की किस्में
(d) मछली पालन

उत्तर (c)

• हरित क्रान्ति की शुरुआत का आधार **अधिक उपज देने वाले बीजों की किस्में** थीं।

• भारत में हरित क्रान्ति की शुरुआत वर्ष 1966-67 में हुई थी। इसका मूल उद्देश्य भारतीय कृषि को आधुनिक तकनीकों और प्रौद्योगिकियों के साथ अपनाने के माध्यम से उसे औद्योगिक स्तर पर परिवर्तन करना था।

337. कोंकण रेलवे का निर्माण किस वर्ष हुआ था? SSC CHSL Tier-1 04.07.2024 (Shift-I)

(a) 1988 (b) 1998 (c) 2008 (d) 1978

उत्तर (b)

• कोंकण रेलवे का निर्माण **वर्ष 1998** में हुआ था।

• कोंकण रेलवे भारत की आर्थिक राजधानी मुम्बई और मैंगलोर को जोड़ती है।

• यह 760 किमी लम्बी लाइन महाराष्ट्र, गोवा और कर्नाटक से होकर गुजरती है।

• इस रेलमार्ग पर पहली बार परिचालन 26 जनवरी, 1998 को हुआ था। इसका मुख्यालय नवीं **मुम्बई** (बेलापुर) में है।

338. सीमा सड़क संगठन द्वारा अटल सुरंग का निर्माण 3000 मी की ऊँचाई पर किया गया है। इस सुरंग द्वारा किन स्थानों को जोड़ा गया है? SSC CHSL Tier-1 04.07.2024 (Shift-II)

(a) मनाली से लाहौल-स्पीति
(b) मनाली से शिमला
(c) शिमला से श्रीनगर
(d) शिमला से लद्दाख

उत्तर (a)

• सीमा सड़क संगठन द्वारा अटल सुरंग का निर्माण 3000 मी की ऊँचाई पर किया गया है। यह सुरंग **मनाली से लाहौल-स्पीति** को जोड़ती है।

• यह सुरंग 9.02 किमी लम्बी है, जिसमें यातायात नियन्त्रण प्रणाली, वेंटिलेशन, सीसीटीवी कैमरे, आपातकालीन टेलीफोन कनेक्शन और एक प्रसारण प्रणाली सहित अत्याधुनिक सुरक्षा उपाय हैं।
• इस सुरंग को **रोहतांग सुरंग** के नाम से भी जाना जाता है, जो हिमाचल प्रदेश में हिमालय की पूर्वी पीरपंजाल श्रृंखला में रोहतांग दर्रे के नीचे बनी हुई है।

339. निम्नलिखित बन्दरगाहों को उनके सम्बन्धित राज्यों के साथ सही समेुलित कीजिए।

SSC CHSL Tier-1 04.07.2024 (Shift-II)

बन्दरगाह	राज्य
A. मोरमुगाओ बन्दरगाह	1. पश्चिम बंगाल
B. पारादीप बन्दरगाह	2. ओडिशा
C. हल्दिया बन्दरगाह	3. तमिलनाडु
D. तूतीकोरिन बन्दरगाह	4. गोवा

कूट

	A	B	C	D		A	B	C	D
(a)	1	2	4	3	(b)	2	4	1	3
(c)	4	2	1	3	(d)	2	4	3	1

उत्तर (c)
• सही सुमेलन A-4, B-2, C-1, D-3 है।
• **मोरमुगाओ बन्दरगाह**, गोवा में स्थित है, जो एक खुले प्रकार का प्राकृतिक बन्दरगाह है।
• **पारादीप बन्दरगाह** ओडिशा में स्थित है। यह एक प्राकृतिक बन्दरगाह है, जिसे स्वतन्त्रता के बाद चालू किया गया था।
• **हल्दिया बन्दरगाह** पश्चिम बंगाल में स्थित है, इसे हल्दिया डॉक कॉम्प्लेक्स (एचडीसी) के नाम से भी जाना जाता है।
• **तूतीकोरिन बन्दरगाह** तमिलनाडु में स्थित है। यह बन्दरगाह रेलमार्गों व सड़कों से जुड़ा हुआ है।

340. निम्नलिखित में से कौन-सी उष्णकटिबन्धीय पर्णपाती वनों की सबसे प्रमुख प्रजाति है?

SSC CHSL Tier-1 04.07.2024 (Shift-IV)

(a) सागौन (b) नारियल
(c) शहतूत (d) रबड़

उत्तर (a)
• सागौन उष्णकटिबन्धीय पर्णपाती वनों की सबसे प्रमुख प्रजाति है।
• ये वन प्रायद्वीप में अधिक वर्षा वाले भागों और उत्तर प्रदेश, मध्य प्रदेश व बिहार के मैदानी भागों में पाए जाते हैं।
• भारत में उष्णकटिबन्धीय वन बहुतायत में पाए जाते हैं, इन्हें **मानसून वन** भी कहा जाता है।
• ये वन 70 से 200 सेमी वार्षिक वर्षा वाले क्षेत्रों में पाए जाते हैं।
• सागौन का वानस्पतिक नाम **टेक्टोना ग्रैण्डिस** है।

341. निम्नलिखित में से किस राज्य में मैंग्रोव वन हैं? **SSC CHSL Tier-1 05.07.2024 (Shift-I)**

(a) मणिपुर
(b) तेलंगाना
(c) राजस्थान
(d) आन्ध्र प्रदेश

उत्तर (d)
• **आन्ध्र प्रदेश** राज्य में मैंग्रोव वन हैं।
• गोदावरी-कृष्णा मैंग्रोव ओडिशा से तमिलनाडु तक फैले हुए हैं।
• पश्चिम बंगाल में **सुन्दरवन** दुनिया का सबसे बड़ा मैंग्रोव वन क्षेत्र है। यह यूनेस्को की विश्व धरोहर स्थल के रूप में सूचीबद्ध है।
• भारत में मैंग्रोव कवर 4992 वर्ग किमी है, जो देश के कुल भौगोलिक क्षेत्र का 0.15% है।
• मैंग्रोव शब्द दलदल में पेड़ों और झाड़ियों को सन्दर्भित करता है।

342. स्तम्भ A में दिए गए राज्यों को स्तम्भ B में दी गई बन्दरगाहों के साथ सुमेलित कीजिए।

SSC CHSL Tier-1 05.07.2024 (Shift-I)

स्तम्भ A (राज्य)	स्तम्भ B (बन्दरगाह)
A. गोवा	1. मोरमुगाओ बन्दरगाह
B. पश्चिम बंगाल	2. काण्डला बन्दरगाह
C. तमिलनाडु	3. तूतीकोरिन बन्दरगाह
D. गुजरात	4. हल्दिया बन्दरगाह

कूट

	A	B	C	D		A	B	C	D
(a)	1	4	3	2	(b)	1	4	2	3
(c)	1	3	4	2	(d)	4	1	3	2

उत्तर (a)
• स्तम्भ *A* में दिए गए राज्यों का स्तम्भ *B* में दिए गए बन्दरगाहों के साथ सुमेलन A-1, B-4, C-3, D-2 है।
• **गोवा**-मोरमुगाओ बन्दरगाह, पश्चिम **बंगाल**-हल्दिया बन्दरगाह, **तमिलनाडु** में तूतीकोरिन बन्दरगाह और **गुजरात** में काण्डला बन्दरगाह सही सुमेलन है।
• मोरमुगाओ बन्दरगाह भारत का प्रमुख **लौह-अयस्क निर्यातक** बन्दरगाह है।
• हल्दिया बन्दरगाह **हुगली नदी** पर स्थित है।
• तूतीकोरिन बन्दरगाह जिसे **वीओचिदंबरनार बन्दरगाह** के नाम से भी जाना जाता है।

343. भारत में हवाई परिवहन का राष्ट्रीयकरण कब किया गया था?

SSC CHSL Tier-1 05.07.2024 (Shift-I)

(a) वर्ष 1951 (b) वर्ष 1950
(c) वर्ष 1953 (d) वर्ष 1952

उत्तर (c)
• भारत में हवाई परिवहन का राष्ट्रीयकरण, 1953 में हुआ था।
• राष्ट्रीयकरण के बाद दो निगमों का निर्माण किया गया **एक घरेलू सेवा** के लिए, जिसे इण्डियन एयरलाइन्स कॉर्पोरेशन कहा जाता है और दूसरा **अन्तर्राष्ट्रीय सेवा** के लिए, जिसे एयर-इण्डिया इण्टरनेशनल कॉर्पोरेशन कहा गया।
• वर्ष 1962 में एयर इण्डिया इण्टरनेशनल कॉर्पोरेशन का नाम संक्षिप्त करके **एयर इण्डिया** कर दिया गया।

344. सुमेलित कीजिए।

SSC CHSL Tier-1 05.07.2024 (Shift-IV)

सूची I	सूची II
A. नीली क्रान्ति	1. तिलहन
B. पीली क्रान्ति	2. समग्र बागवानी
C. गोल क्रान्ति	3. मछली
D. स्वर्णिम क्रान्ति	4. आलू

कूट

	A	B	C	D		A	B	C	D
(a)	4	1	2	3	(b)	2	4	1	3
(c)	2	3	4	1	(d)	3	1	4	2

उत्तर (d)
• सही सुमेलन A-3, B-1, C-4, D-2 है।

सूची I	सूची II
नीली क्रान्ति	मछली
पीली क्रान्ति	तिलहन
गोल क्रान्ति	आलू
स्वर्णिम क्रान्ति	समग्र बागवानी

345. मोबाइल टावरों और ईएमएफ उत्सर्जन अनुपालन पर जानकारी साझा करने वाले दूरसंचार विभाग द्वारा शुरू किए गए वेब पोर्टल का नाम बताएँ

SSC CHSL Tier-1 08.07.2024 (Shift-I)

(a) तरंग संचार
(b) राष्ट्रीय प्रकाशिक फाइबर नेटवर्क
(c) भारत संचार
(d) भारत नेट

उत्तर (a)
• मोबाइल द्वारा और ईएमएफ उत्सर्जन अनुपालन पर जानकारी साझा करने वाले दूरसंचार विभाग द्वारा शुरू किए गए वेब पोर्टल का नाम **तरंग संचार** है।
• तरंग संचार पोर्टल एक वेब पोर्टल है, जो मोबाइल टावरों और इलेक्ट्रो मैग्नेटिक फील्ड्स (EMF) सिग्नलों के बारे में जानकारी प्रदान करता है।
• दूरसंचार विभाग ने उद्योग के साथ सार्वजनिक निजी भागीदारी (PPP) मोड में तरंग संचार पोर्टल विकसित किया है।

346. निम्नलिखित में से किस प्रकार की फसलें मानसून के मौसम की शुरुआत में बोई जाती हैं?

SSC CHSL Tier-1 08.07.2024 (Shift-II)

(a) खरीफ की फसलें (b) रबी की फसलें
(c) महत्त्वपूर्ण फसलें (d) जायद की फसलें

उत्तर (a)
• खरीफ की फसलें मानसून के मौसम की शुरुआत में बोई जाती हैं। ऋतुओं के आधार पर फसलों का वर्गीकरण इस प्रकार है
• **रबी की फसल** यह अक्टूबर-नवम्बर में बोई और मार्च-अप्रैल में काटी जाती है; जैसे—गेहूँ, जौ, चना, मटर आदि।
• **खरीफ की फसल** यह जून-जुलाई में बोई और अक्टूबर में काटी जाती है; जैसे—धान, गन्ना, तिलहन आदि।

• **जायद फसल** यह मई-जून में बोई और जुलाई-अगस्त में काटी जाती हैं; जैसे—राई, उड़द, मूँग, तरबूज, खरबूजा, ककड़ी, खीरा आदि।

347. भारतीय रेलवे की शुरुआत .... ई. में हुई थी। SSC CHSL Tier-1 08.07.2024 (Shift-II)

(a) 1850 (b) 1851
(c) 1853 (d) 1852

उत्तर (c)

• भारतीय रेलवे की शुरुआत **1853 ई.** में हुई थी।

• भारतीय रेलवे बोर्ड का गठन वर्ष **1905 में लॉर्ड कर्जन** के कार्यकाल में हुआ था।

• भारत में सर्वप्रथम रेलवे का परिचालन मुम्बई से थाणे (34 किमी) के बीच हुआ था।

• भारत में लॉर्ड डलहौजी को **रेलवे का जनक** माना जाता है।

348. हरित क्रान्ति के बारे में निम्नलिखित में से कौन-सा/से कथन सही है/हैं?

A. हरित क्रान्ति के आने के बाद भारत आत्मनिर्भर बन गया।

B. हरित क्रान्ति के कारण एक ही फसल को बार-बार उगाने से मिट्टी में पोषक तत्त्वों की हानि होने लगी।

C. हरित क्रान्ति के कारण ताजे भूजल (fresh ground water) की कमी हो गई

SSC CHSL Tier-1 08.07.2024 (Shift-II)

कूट
(a) A और C (b) केवल B
(c) A और B (d) A, B और C

उत्तर (d)

• हरित क्रान्ति के सम्बन्ध में दिए गए सभी कथन A, B और C सही हैं।

• हरित क्रान्ति के आने के बाद **भारत आत्मनिर्भर** बन गया।

• हरित क्रान्ति के कारण एक ही फसल को बार-बार उगाने से मिट्टी में पोषण तत्त्वों की कमी होने लगी।

• हरित क्रान्ति में अत्यधिक जल की आवश्यकता ने भूजल की कमी को प्रदर्शित किया।

• वर्ष 1967-68 तथा वर्ष 1977-78 की अवधि में हुई हरित क्रान्ति ने भारत को खाद्यान्न की कमी वाले देश की सूची से निकालकर विश्व के अग्रणी कृषि वाले देशों की श्रेणी में ला दिया।

349. सूची A में दिए गए रेलवे जोन को सूची B में दिए गए उनके मुख्यालय के साथ सुमेलित कीजिए। SSC CHSL Tier-1 08.07.2024 (Shift-III)

सूची A (रेलवे जोन)	सूची B (मुख्यालय)
A. मध्य	1. नई दिल्ली
B. उत्तरी	2. मुम्बई सीएसटी
C. पूर्वी	3. चेन्नई
D. दक्षिणी	4. कोलकाता

कूट

	A	B	C	D		A	B	C	D
(a)	1	2	4	3	(b)	2	4	1	3
(c)	2	1	3	4	(d)	2	1	4	3

उत्तर (d)

• दिए गए विकल्पों में रेलवे जोन और उनके मुख्यालय का सही सुमेलन A-2, B-1, C-4, D-3 है।

रेलवे जोन	मुख्यालय
मध्य	मुम्बई सीएसटी
उत्तरी	नई दिल्ली
पूर्वी	कोलकाता
दक्षिणी	चेन्नई

• भारतीय रेल के कुल 19 जोन और 70 प्रभाग हैं।

• **दक्षिणी तट रेलवे** (19 वाँ) जिसका मुख्यालय विशाखापत्तनम में है, भारत का **नवीनतम रेलवे** जोन है।

350. भारत में उपज के स्तर पर हरित क्रान्ति (GR) के सकारात्मक प्रभाव के सम्बन्ध में निम्नलिखित में से कौन-सा कथन सही है?

A. हरित क्रान्ति के बाद, चावल की उपज गेहूँ की उपज की तुलना में बहुत तेज दर से बढ़ी।

B. हरित क्रान्ति तकनीक चावल की फसल की तुलना में गेहूँ की फसल में अधिक व्याप्त हो चुकी थी।

C. हरित क्रान्ति के बाद, गेहूँ के तहत क्षेत्र की तुलना में चावल के तहत क्षेत्र ने अपेक्षाकृत धीमी वृद्धि हासिल की।

SSC CHSL Tier-1 09.07.2024 (Shift-I)

कूट
(a) A और C (b) B और C
(c) A और B (d) A, B और C

उत्तर (b)

• भारत में उपज के स्तर पर हरित क्रान्ति (GR) के सकारात्मक प्रभाव के सम्बन्ध में कूट (b) [कथन (B) और (C)] सही हैं।

• हरित क्रान्ति तकनीक चावल की फसल की तुलना में गेहूँ की फसल में अधिक व्याप्त हो चुकी थी।

• हरित क्रान्ति के बाद गेहूँ के तहत क्षेत्र की तुलना में चावल के तहत क्षेत्र ने अपेक्षाकृत धीमी वृद्धि हासिल की।

• इस समय खेती के तरीकों में बड़ा बदलाव हुआ, परिणामस्वरूप पारम्परिक तरीके के अतिरिक्त नई कृषि तकनीक जैसे बड़ी मशीनों, सिंचाई तन्त्र और कीटनाशक का उपयोग अधिक होने लगा।

351. निम्नलिखित में से कौन-सा हवाई अड्डा भारत के पहले 'कार्बन-न्यूट्रल हवाई अड्डे' के रूप में बनाया जा रहा है?

SSC CHSL Tier-1 09.07.2024 (Shift-II)

(a) काँगड़ा हवाई अड्डा
(b) जम्मू हवाई अड्डा
(c) श्रीनगर हवाई अड्डा
(d) लेह हवाई अड्डा

उत्तर (d)

• **लेह हवाई अड्डा** भारत के पहले कार्बन-न्यूट्रल हवाई अड्डे के रूप में बनाया जा रहा है।

• भारत का पहला **ग्रीनफील्ड हवाई अड्डा** (काजी नजरूल इस्लाम हवाई अड्डा) पश्चिम बंगाल में स्थित है।

• भारत का पहला कार्बन न्यूट्रल जिला असम राज्य का माजुली द्वीप है।

• हिमाचल प्रदेश देश का पहला और विश्व का दूसरा कार्बन मुक्त राज्य बनने की राह पर है।

352. सुमेलित करें

SSC CHSL Tier-1 09.07.2024 (Shift-III)

सूची I (राष्ट्रीय राजमार्ग)	सूची II (विस्तार)
A. एन.डब्ल्यू-1	1. काकीनाड़ा-पुदुचेरी
B. एन.डब्ल्यू-2	2. कोट्टापुरम-कोल्लम
C. एन.डब्ल्यू-3	3. इलाहाबाद-हल्दिया
D. एन.डब्ल्यू-5	4. सादिया-धुबरी
	5. तालचर-धामरा

कूट

	A	B	C	D		A	B	C	D
(a)	2	5	3	1	(b)	3	4	2	5
(c)	4	3	5	1	(d)	1	2	4	5

उत्तर (b)

• सही सुमेलन A–3, B–4, C–2, D–5 है।
• एन. डब्ल्यू-1—इलाहाबाद से हल्दिया के बीच
• एन. डब्ल्यू-2—सादिया से धुबरी के बीच
• एन. डब्ल्यू-3—कोट्टापुरम से कोल्लम के बीच
• एन. डब्ल्यू-5—तालचर से धामरा के बीच

353. निम्नलिखित में से किस खाद्यान्न को हरित क्रान्ति से अत्यधिक लाभ हुआ?

SSC CHSL Tier-1 09.07.2024 (Shift-III)

(a) मक्का (b) बाजरा (c) जौ (d) गेहूँ

उत्तर (d)

• भारत में हरित क्रान्ति के कारण **गेहूँ** की फसलों के उत्पादन में वृद्धि की अधिकतम दर देखी गई।

• हरित क्रान्ति की शुरुआत वर्ष **1966-67** में भारतीय कृषि में **उच्च उपज वाले किस्म** (HYV) के बीजों से हुई।

• यह फसल को बढ़ावा देने के लिए बेहतर और कुशल सिंचाई और उर्वरकों के सही उपयोग के साथ सम्मिलित था।

• हरित क्रान्ति के परिणामस्वरूप खाद्यान्न में भारत आत्मनिर्भर बना।

354. हरित क्रान्ति के दूसरे चरण के सम्बन्ध में इनमें से कौन-सा कथन सही नहीं है?

SSC CHSL Tier-1 11.07.2024 (Shift-II)

(a) इसे भारत के शुष्क और अर्द्ध-शुष्क क्षेत्रों में रहने वाले किसानों द्वारा अपनाया गया था
(b) इसमें 1960 और 1970 के दशक की अवधि शामिल की गई थी
(c) इसमें 1980 के दशक की अवधि शामिल की गई थी
(d) इसे सूखी कृषि से सिंचित कृषि की ओर महत्त्वपूर्ण बदलाव वाले क्षेत्रों में शुरू किया गया था

उत्तर (b)

• विकल्प (b) हरित क्रान्ति के दूसरे चरण के सम्बन्ध में सही कथन नहीं है।

• हरित क्रान्ति का दूसरा चरण 1970 से 1980 के दशक तक चला। इसे भारत के शुष्क और अर्द्ध-शुष्क क्षेत्रों में रहने वाले किसानों ने अपनाया था।

• इसे सूखी कृषि से सिंचित कृषि की ओर महत्त्वपूर्ण बदलाव वाले क्षेत्रों में शुरू किया गया था।

SSC CHSL 2023

355. खेती के लिए दी गई भूमि में श्रम और पूँजी के अधिक उपयोग वाली खेती को ……… कहा जाता है। **SSC CHSL 17.08.2023 (Shift-I)**

(a) गहन खेती (b) पूँजीवादी खेती
(c) संकर खेती (d) विस्तृत खेती

उत्तर (a)

• खेती के लिए दी गई भूमि में श्रम और पूँजी के अधिक उपयोग वाली खेती को **गहन खेती** कहा जाता है।

• गहन खेती, जीविका कृषि का एक प्रकार है, जिसे भूमि पर अत्यधिक जनसंख्या वाले क्षेत्रों में किया जाता है।

• इसमें चावल मुख्य फसल होती है तथा अन्य फसलों में गेहूँ, मक्का, दलहन और तिलहन शामिल हैं।

• गहन कृषि में मशीनरी, ईंधन और रसायनों जैसे उच्च इनपुट का प्रयोग किया जाता है। गहन कृषि के कारण किसान कम जमीन पर भी अधिक उत्पादन कर पाते हैं।

356. इनमें से किस क्षेत्र में हरित क्रान्ति पैकेज की पहली लहर चली? **SSC CHSL 14.08.2023 (Shift-IV)**

(a) पंजाब (b) केरल
(c) पश्चिमी गुजरात (d) तटीय महाराष्ट्र

उत्तर (a)

• पंजाब में हरित क्रान्ति पैकेज की पहली लहर चली, क्योंकि कृषि दृष्टिकोण से पंजाब में अधिक सुविधाएँ थीं।

• इसी समय एच.वाई.वी (HYV) बीज एवं उन्नत उपकरणों का उपयोग किया गया तथा रासायनिक उर्वरकों का प्रयोग व्यापक मात्रा में किया गया।

• भारत में हरित क्रान्ति वर्ष 1968 में शुरू हुई, जिसमें पंजाब, हरियाणा और उत्तर प्रदेश में खाद्यान्न उत्पादन में वृद्धि हुई।

357. निम्नलिखित में से कौन-सा राज्य वर्ष 2020 तक भारत में ज्वार का सबसे बड़ा उत्पादक था? **SSC CHSL 14.08.2023 (Shift-IV)**

(a) कर्नाटक (b) आन्ध्र प्रदेश
(c) महाराष्ट्र(d) तेलंगाना

उत्तर (c)

• महाराष्ट्र वर्ष 2020 तक भारत में ज्वार का सबसे बड़ा उत्पादक था।

• वर्तमान समय (2024) में भी महाराष्ट्र का ज्वार उत्पादन में पहले स्थान पर है।

• दुनिया में ज्वार का सबसे अधिक उत्पादन चीन में होता है, जबकि भारत का स्थान दूसरे नम्बर पर है।

• वर्ष 2021-22 के अनुसार महाराष्ट्र में 1711,230 टन ज्वार का उत्पादन हुआ। ज्वार उत्पादन में महाराष्ट्र के बाद कर्नाटक एवं राजस्थान का स्थान आता है।

358. रबी की फसल किस महीने के मध्य में बोई जाती है? **SSC CHSL 11.08.2023 (Shift-I)**

(a) फरवरी-मार्च (b) सितम्बर-अक्टूबर
(c) अक्टूबर-दिसम्बर (d) अप्रैल-मई

उत्तर (c)

• रबी की फसल **अक्टूबर से दिसम्बर** में बोई जाती है तथा इनकी कटाई **मार्च-अप्रैल महीने** के मध्य की जाती है।

• गेहूँ, दलहन (मूँग छोड़कर), तिलहन, चना आदि सभी रबी की फसल हैं।

• भारत में शीतकालीन गेहूँ की खेती है, बसन्तकालीन नहीं।

• दक्षिण-पश्चिम मानसून के मौसम में बोई जाने वाली फसलें खरीफ या मानसून की फसलें कहलाती हैं।

359. भारतीय कृषि में जायद की ऋतु के सम्बन्ध में निम्नलिखित में से कौन-सा कथन सत्य है? **SSC CHSL 09.08.2023 (Shift-I)**

(a) यह शरद ऋतु के साथ प्रारम्भ होती है।
(b) यह खरीफ की ऋतु के बाद प्रारम्भ होती है।
(c) यह दक्षिण-पश्चिमी मानसून के साथ बोई जाती है।
(d) यह रबी की ऋतु के बाद प्रारम्भ होती है।

उत्तर (d)

• भारतीय कृषि में जायद की फसल के सम्बन्ध में विकल्प (d) सही है।

• जायद की फसलें रबी की फसल के बाद प्रारम्भ होती हैं।

• इनमें शुष्क हवाएँ और तेज गर्मी सहन करने की क्षमता होती है, इसलिए उत्तर भारत में ये मार्च-अप्रैल में बोई जाती हैं और **जून में इनकी** कटाई होती है।

• जायद फसलें—**तरबूज, खरबूजा, खीरा, मूँग, उड़द, सूरजमुखी** आदि हैं।

360. निम्नलिखित में से हिमालय के गिरिपद पर पाया जाने वाला वन कौन-सा है? **SSC CHSL 09.08.2023 (Shift-I)**

(a) टुण्ड्रा (b) अल्पाइन
(c) शीतोष्ण (d) पर्णपाती

उत्तर (d)

• हिमालय के गिरिपद पर पर्णपाती वन पाया जाता है। **पर्णपाती** वन भारत में सबसे बड़े क्षेत्र में फैले हुए वन हैं। इन्हें मानसूनी वन भी कहते हैं।

• जल की उपलब्धि के आधार पर इन वनों को आर्द्र तथा **शुष्क पर्णपाती** वनों में विभाजित किया जाता है।

• जहाँ 100 से 200 सेमी वर्षा होती है, उन्हें आर्द्र या **नम पर्णपाती** वन कहते हैं। अत: ऐसे वन देश के पूर्वी राज्यों, उत्तर-पूर्वी राज्यों, हिमालय के गिरिपद प्रदेशों, झारखण्ड, पश्चिमी ओडिशा, छत्तीसगढ़ तथा पश्चिमी घाटों के पूर्वी ढालों में पाए जाते हैं।

361. स्तम्भों का मिलान कीजिए। **SSC CHSL 08.08.2023 (Shift-II)**

स्थानान्तरी कृषि का नाम	सम्बन्धित राज्य
A. झूमिंग/झूम	1. मध्य प्रदेश
B. दहिया	2. आन्ध्र प्रदेश
C. पेण्डा	3. उत्तर-पूर्वी क्षेत्र
D. कुमारी	4. पश्चिमी घाट

कूट

	A	B	C	D		A	B	C	D
(a)	3	1	2	4	(b)	2	3	1	4
(c)	4	3	2	1	(d)	1	2	3	4

उत्तर (a)

• सही सुमेलन A-3, B-1, C-2, D-4 हैं।

• पूर्वोत्तर भाग में स्थानान्तरित कृषि को झूमिंग/झूम की खेती कहते है।

• मध्य प्रदेश में स्थानीय स्थानान्तरित कृषि को डहियार/दहिया कहते हैं।

• आन्ध्र प्रदेश राज्य में स्थानान्तरित कृषि को पेण्डा, **पश्चिम घाट के क्षेत्रों पश्चिमी** घाट के क्षेत्रों में कुमारी (मालाबार तट) के नाम से जाना जाता है।

362. ……… भारत के चार बड़े मेट्रो शहरों दिल्ली मुम्बई-चेन्नई-कोलकाता को जोड़ता है। **SSC CHSL 07.08.2023 (Shift-IV)**

(a) एनएचडीपी (NHDP) का उत्तर-दक्षिणी गलियारा
(b) स्वर्णिम चतुर्भुज
(c) राष्ट्रीय राजमार्ग-44
(d) राष्ट्रीय राजमार्ग-47A

उत्तर (b)

• भारत में चार मेट्रो शहर दिल्ली, मुम्बई, चेन्नई तथा कोलकाता हैं। इन्हें **स्वर्णिम चतुर्भुज** परियोजना आपस में जोड़ती है।

• यह भारत में सबसे बड़ी राजमार्ग परियोजना, **वर्ष 2001** में राष्ट्रीय राजमार्ग विकास परियोजना (NHDP) के हिस्से के रूप में शुरू की गई थी।

• इस राजमार्ग की **लम्बाई 5846 किमी है**, जो लम्बाई में दुनिया का **दूसरा सबसे बड़ा सड़क नेटवर्क** है।

363. निम्नलिखित में से कौन-सी फसल भारत में व्यावसायिक खेती के लिए स्वीकृत एकमात्र आनुवंशिक रूपान्तरित (GM) फसल है? **SSC CHSL 02.08.2023 (Shift-I)**

(a) बीटी बैंगन (b) टमाटर
(c) सरसों (d) बीटी कपास

उत्तर (d)

• बीटी कपास फसल भारत में व्यावसायिक खेती के लिए स्वीकृत एकमात्र आनुवंशिक रूपान्तरित (GM) फसल है।

• यह संशोधित कीट प्रतिरोधी पौधे की किस्म है, जिसे *बैसिलस थुरिंगिएन्सिस* से एक या अधिक जीन के सम्मिलन द्वारा संशोधित किया गया है, जो बॉलवर्ग से निपटने के लिए एक कीटनाशक का उत्पादन करता है।

364. चण्डीगढ़ अन्तर्राष्ट्रीय हवाई अड्डे का नाम बदलकर ……… कर दिया गया है।
SSC CHSL 21.03.2023 (Shift-IV)

(a) शहीद भगत सिंह अन्तर्राष्ट्रीय हवाई अड्डा
(b) राजगुरु अन्तर्राष्ट्रीय हवाई अड्डा
(c) गुरु गोविन्द सिंह अन्तर्राष्ट्रीय हवाई अड्डा
(d) मनमोहन सिंह अन्तर्राष्ट्रीय हवाई अड्डा

उत्तर (a)

• चण्डीगढ़ अन्तर्राष्ट्रीय हवाई अड्डे का नाम बदलकर **शहीद भगत सिंह अन्तर्राष्ट्रीय हवाई अड्डा** कर दिया गया है।
• 28 सितम्बर, 2022 को स्वतन्त्रता सेनानी शहीद भगत सिंह की **115वीं जयन्ती के अवसर पर केन्द्रीय वित्त मन्त्री निर्मला सीतारमण** ने इस नाम की आधिकारिक रूप से घोषणा की थी।

365. निम्नलिखित में से किसे भारत में एक फसल के तौर पर वर्गीकृत नहीं किया गया है?
SSC CHSL 20.03.2023 (Shift-III)

(a) निशा (b) जायद (c) खरीफ (d) रबी

उत्तर (a)

• **निशा** को भारत में एक फसल के तौर पर वर्गीकृत नहीं किया गया है।
• भारत में मुख्य रूप से तीन फसलें हैं— **खरीफ**, रबी और **जायद**।
• रबी की फसलें, शीत ऋतु की फसलें हैं।
• खरीफ की फसलें, जून-जुलाई में बोई जाती हैं।
• जायद की फसलों में शुष्क हवाएँ और तेज गर्मी सहन करने की क्षमता होती है।

366. प्रधानमन्त्री नरेन्द्र मोदी ने सितम्बर, 2022 में ……… में दुनिया के पहले सीएनजी टर्मिनल की आधारशिला रखी। **SSC CHSL 17.03.2023 (Shift-II)**

(a) मध्य प्रदेश (b) गुजरात
(c) महाराष्ट्र (d) बिहार

उत्तर (b)

• प्रधानमन्त्री नरेन्द्र मोदी ने सितम्बर, 2022 में गुजरात के भावनगर में दुनिया के पहले सीएनजी टर्मिनल की आधारशिला रखी।
• इसे ₹ 4000 करोड़ की लागत से विकसित किया गया।
• इस टर्मिनल की कार्गो संचालन क्षमता 105 मिलियन मीट्रिक टन प्रति वर्ष (MMTPA) है।
• इसमें दुनिया के चौथे सबसे बड़े लॉक गेट सिस्टम के साथ-साथ दुनिया के पहले सीएनजी टर्मिनल के लिए अत्याधुनिक बुनियादी ढाँचा होगा।

367. भारतीय रेलवे द्वारा शुरू की गई 'कवच' प्रणाली एक ……… है।
SSC CHSL 14.03.2023 (Shift-I)

(a) ट्रेनों की गति बढ़ाने के लिए प्रणाली
(b) यात्रियों के लिए बीमा योजना
(c) स्वचालित ट्रेन सुरक्षा प्रणाली
(d) स्वचालित क्रॉसिंग प्रणाली

उत्तर (c)

• भारतीय रेलवे द्वारा शुरू की गई 'कवच' प्रणाली एक **स्वचालित ट्रेन सुरक्षा प्रणाली** है।
• यह आरडीएसओ द्वारा विकसित सुरक्षा के उच्चतम स्तर **SIL-4 (Safety Integrity Level-4)** मानक प्रमाणित एक अत्याधुनिक प्रणाली है।
• यह प्रणाली **ट्रेनों को खतरे** (लाल) पर सिग्नल पार करने और टक्कर रोकने के लिए सुरक्षा प्रदान करने के लिए तैयार की गई है।
• कवच प्रणाली की घोषणा **वर्ष 2022** के केन्द्रीय बजट में आत्मनिर्भर भारत पहल के एक भाग के रूप में की गई थी।

368. भारत में ताड़, नारियल, केवड़ा, शृंगार निम्नलिखित में से किस वन में सामान्यत: पाए जाने वाले वृक्ष हैं? **SSC CHSL 10.03.2023 (Shift-II)**

(a) उष्णकटिबन्धीय सदाबहार वन
(b) उष्णकटिबन्धीय पर्णपाती वन
(c) मैंग्रोव वन
(d) पर्वतीय वन

उत्तर (c)

• भारत में ताड़, नारियल, केवड़ा, शृंगार मैंग्रोव वन में सामान्यत: पाए जाने वाले वृक्ष हैं।
• दक्षिण एशिया में कुल मैंग्रोव वन में भारत का योगदान 45.8% है।
• भारतीय राज्य वन रिपोर्ट 2021 के अनुसार, भारत में मैंग्रोव कवर 4975 वर्ग किमी है, जो देश के कुल भौगोलिक क्षेत्र का 0.15% है।
• सबसे बड़ा **मैंग्रोव वन पश्चिम बंगाल** के सुन्दरवन को माना जाता है। यह यूनेस्को के विश्व धरोहर स्थल के रूप में सूचीबद्ध है।
• इसके बाद गुजरात और अण्डमान एवं निकोबार द्वीपसमूह हैं।

SSC MTS 2024 (Tier 1 & 2)

369. भारत में, ओक और चेस्टनट के पेड़ किस प्रकार के वन में पाए जाते हैं?
SSC MTS Tier-1 12.11.2024 (Shift-III)

(a) मैंग्रोव वन
(b) पर्वतीय वन
(c) उष्णकटिबन्धीय पर्णपाती वन
(d) कंटक वन

उत्तर (b)

• भारत में, ओक और चेस्टनट के पेड़, **पर्वतीय वन** में पाए जाते हैं।
• ओक और चेस्टनट के वृक्ष सदाबहार चौड़े पत्तेदार वृक्ष होते हैं।
• भारतीय पर्वतीय वनों में पाए जाने वाले कुछ प्रमुख वनस्पतियों में **चीड़, देवदार, सिनकोना** आदि हैं।

370. पश्चिम मध्य रेलवे जोन का मुख्यालय कहाँ है? **SSC MTS Tier-1 11.11.2024 (Shift-III)**

(a) बिलासपुर (b) जबलपुर
(c) मालीगाँव (d) हुबली

उत्तर (b)

• पश्चिम मध्य रेलवे जोन का मुख्यालय जबलपुर (म.प्र.) में स्थित है।
• पश्चिम मध्य रेलवे, भारतीय रेलवे के 19 जोन में से एक है। इसकी स्थापना वर्ष 2003 को हुई थी।
• पश्चिम मध्य रेलवे तीन सम्भागों में बाँटा गया है- जबलपुर रेलवे डिवीजन, भोपाल रेलवे डिवीजन और कोटा रेलवे डिवीजन।

371. किस राज्य में 'काट तथा दाह' कृषि को 'दहिया' के नाम से जाना जाता है?
SSC MTS Tier-1 28.10.2024 (Shift-II)

(a) अरुणाचल प्रदेश (b) हिमाचल प्रदेश
(c) मध्य प्रदेश (d) आन्ध्र प्रदेश

उत्तर (c)

• मध्य प्रदेश राज्य में 'काट तथा दाह' कृषि को 'दहिया' (बेबर, पेण्डा) के नाम से जाना जाता है।
• यह एक प्रकार की स्थानान्तरित कृषि है।

372. निम्नलिखित में से कौन-सी भारत में रबी की ऋतु में उगाई जाने वाली एक फसल है?
SSC MTS Tier-1 23.10.2024 (Shift-II)

(a) गेहूँ (b) मक्का
(c) सोयाबीन (d) चावल

उत्तर (a)

• भारत में रबी की ऋतु में उगाई जाने वाली फसल गेहूँ है।
• रबी की फसलें शीत ऋतु में बोई जाती हैं तथा बसन्त ऋतु में काटी जाती हैं।
• रबी की फसलों को मध्यम पानी की आवश्यकता होती है।
• रबी ऋतु की अन्य फसलें निम्न हैं-जौ, चना, सरसों, मटर, मसूर, आलू, राई, तम्बाई, सूरजमुखी, अलसी आदि।

373. निम्नलिखित में से किस विकल्प में भारत की फसल ऋतुओं का समूह शामिल है?
SSC MTS Tier-1 21.10.2024 (Shift-II)

(a) रबी, खरीफ और झूम
(b) रबी, खरीफ और जायद
(c) रबी, पोडू और जायद
(d) राय, खरीफ और जायद

उत्तर (b)

• भारत ने फसल ऋतुओं का समूह **रबी**, **खरीफ** और **जायद** है।
• खरीफ फसल ऋतु मई-जून से शुरू होते हैं और अक्टूबर में खत्म होती है। इस मौसम में बोई जाने वाली फसल को मानसूनी फसल कहते हैं। इसके अन्तर्गत-चावल, ज्वार, मक्का, बाजरा, कपास आदि फसल आते हैं।
• रबी ऋतु फसल अक्टूबर में बोई जाती है। इन फसलों को फरवरी में काटा जाती है जैसे गेहूँ, जौ, दालें आदि।
• जायद फसल, रबी और खरीफ में मौसम के बीच थोड़े समय के लिए बोई जाने वाली फसल है। इसके अन्तर्गत ककडी, तरबूज, करेला जैसी मौसमी सब्जियाँ आती हैं।

374. बंदरगाहों का निम्नलिखित में से कौन-सा समूह बंगाल की खाड़ी के तट पर स्थित है?
SSC MTS Tier-1 18.10.2024 (Shift-II)

(a) हल्दिया और पारादीप
(b) हल्दिया और काण्डला
(c) पारादीप और न्यू मैंगलोर
(d) तूतीकोरिन और कोचीन

उत्तर (a)

• हल्दिया और पारादीप बन्दरगाहों का समूह बंगाल की खाड़ी के तट पर स्थित है।

- चेन्नई बंदरगाह पूर्वी तट पर सबसे बड़ा बंदरगाह है। यह एक कृत्रिम बंदरगा है।
- **प्रमुख बन्दरगाह एवं राज्य**
- हल्दिया - पश्चिम बंगाल
- पारादीप - ओडिशा
- काण्डला - गुजरात
- न्यू मैंगलोर - कर्नाटक
- तूतीकोरिन - तमिलनाडु
- कोचीन - केरल

375. किस राज्य में झूमिंग खेती को दहिया के नाम से जाना जाता है?
SSC MTS Tier-1 16.10.2024 (Shift-II)
(a) मध्य प्रदेश (b) राजस्थान
(c) ओडिशा (d) आन्ध्र प्रदेश

उत्तर (a)
- मध्य प्रदेश राज्य में **झूमिंग खेती** को दहिया के नाम से जाना जाता है।
- बैगा जनजाति वन क्षेत्रों में झूम खेती करती है।
- झूम खेती को स्थानान्तरित खेती भी कहते हैं।
- यह एक प्रकार की **घुमन्तू खेती** है, जिस जमीन की उर्वरता (खेती करने के कारण) समाप्त हो जाती है, तब (किसान) उस भूमि को छोड़कर अण्सागे बढ़ जाते हैं।
- बीवर भी एक प्रकार की झूम खेती है, जो मध्य प्रदेश के हिस्सों में प्रचलित है।

376. वर्ष 2023 तक प्राप्त जानकारी के अनुसार, भारत के प्रमुख लोक समुद्री बन्दरगाहों (public seaports) की संख्या कितनी थी?
SSC MTS Tier-1 08.10.2024 (Shift-I)
(a) 10 (b) 12 (c) 13 (d) 16

उत्तर (b)
- वर्ष 2023 तक प्राप्त जानकारी के अनुसार भारत के प्रमुख लोक समुद्री बन्दरगाहों की संख्या **12** है।
- वर्तमान में भारत का समुद्री क्षेत्र एक महत्त्वपूर्ण आकार का है, जिसमें 13 प्रमुख बन्दरगाह (12 सरकारी स्वामित्व और एक निजी) और 205 गैर-प्रमुख बन्दरगाह 7516.6 किमी तक फैले समुद्र तल के साथ मौजूद है।
- सरकार के स्वामित्व वाले 12 प्रमुख बन्दरगाह में से 6 पश्चिम तटरेखा में स्थित हैं जबकि शेष 6 बन्दरगाह पूर्वी तटरेखा पर स्थित हैं।

377. कृषि की रबी ऋतु अक्टूबर-नवम्बर में शुरू होती है और ……… में समाप्त होती हैं।
SSC MTS Tier-1 30.09.2024 (Shift-I)
(a) मार्च-अप्रैल (b) मई-जून
(c) जनवरी-फरवरी (d) जून-जुलाई

उत्तर (a)
- कृषि की रबी ऋतु अक्टूबर-नवम्बर में शुरू होती है और **मार्च-अप्रैल** में समाप्त होती है।
- रबी ऋतु में उगाई जाने वाली फसलों में गेहूँ, जौ, चना, सरसों, मटर आदि हैं।
- खरीफ ऋतु भारत में जून और जुलाई में बोई जाती है और अक्टूबर में काटी जाती है, जिसमें चावल, मक्का, बाजरा, रागी, गन्ना और कपास आदि फसलें उगाई जाती हैं।

SSC Steno 2024 (Tier 1 & 2)

378. रबर भारत के निम्नलिखित में से किस राज्य की प्रमुख खेती नहीं है?
SSC Steno Tier-1 10.12.2024 (Shift-I)
(a) केरल (b) मेघालय
(c) तमिलनाडु (d) पंजाब

उत्तर (d)
- रबड़, भारत के पंजाब राज्य की प्रमुख खेती नहीं है, क्योंकि यहाँ पर गेहूँ एवं चावल की खेती अधिक होती है।
- रबड़ की खेती भारत के केरल, तमिलनाडु एवं मेघालय राज्यों में की जाती है।
- रबड़ एक रोपण फसल है, जिसके लिए हल्की नरम जलवायु की आवश्यकता होती है। यह मुख्यत: उष्णकटिबन्धीय पौधा है। इस पौधे को 150 से 200 सेमी वर्षा की आवश्यकता होती है।

379. निम्नलिखित में से कौन-से सैटेलाइट बन्दरगाह हैं?
SSC Steno Tier-1 10.12.2024 (Shift-I)
(a) चेन्नई और मुम्बई
(b) पारादीप और विशाखापत्तनम
(c) न्हावाशेवा और हल्दिया
(d) मोरमुगाओ और न्यू मैंगलोर बन्दरगाह

उत्तर (c)
- न्हावाशेवा और हल्दिया बन्दरगाह सैटेलाइट बन्दरगाह हैं।
- सैटेलाइट बन्दरगाह की स्थापना किसी बड़े बन्दरगाह के भार को कम करने के लिए व छोटे बन्दरगाह की क्षमता को बढ़ाने के लिए की जाती है।
- न्हावाशेवा (जवाहरलाल नेहरू पोर्ट) बन्दरगाह एक सैटेलाइट पोर्ट है, जिसे वर्ष 1989 में मुम्बई पोर्ट के भार को कम करने के लिए शुरू किया गया था।
- काण्डला पोर्ट की क्षमता को बढ़ाने के लिए सैटेलाइट पोर्ट की स्थापना की जा रही है।

380. भारतीय कृषि अनुसन्धान परिषद् (ICAR) ने संयुक्त राज्य अमेरिका के कृषि विभाग (USDA) मृदा वर्गीकरण के अनुसार, भारतीय मृदा को ……… श्रेणियों में वर्गीकृत किया है?
SSC Steno Tier-1 10.12.2024 (Shift-II)
(a) 9 (b) 12 (c) 8 (d) 7

उत्तर (c)
- भारतीय कृषि अनुसन्धान परिषद् ने संयुक्त राज्य अमेरिका के कृषि विभाग मृदा वर्गीकरण के अनुसार भारतीय मृदा को 8 श्रेणियों में वर्गीकृत किया है।
- ICAR ने उत्पत्ति, रंग, संरचना और स्थान के आधार पर-मृदा का वर्गीकरण किया है।

381. भारत में, निम्नलिखित में से कौन-सा राष्ट्रीय जलमार्ग सबसे लम्बा है?
SSC Steno Tier-1 11.12.2024 (Shift-II)
(a) पश्चिमी तट नहर (कोट्टापुरम-कोल्लम), चम्पकारा और उद्योगमण्डल नहरें
(b) ब्रह्मपुत्र नदी (धुबरी - सदिया)
(c) उत्तरी बकिंघम नहर (चेन्नई के पेद्दागंजम से सेण्ट्रल स्टेशन तक)
(d) गंगा-भागीरथी-हुगली नदी प्रणाली (हल्दिया-प्रयागराज)

उत्तर (d)
- भारत में गंगा-भागीरथी-हुगली नदी प्रणाली (हल्दिया से प्रयागराज) सबसे लम्बा राष्ट्रीय जलमार्ग है।
- इसकी लम्बाई 1620 किमी है।
- यह जलमार्ग, उत्तर प्रदेश, बिहार, झारखण्ड और पश्चिम बंगाल राज्यों से होकर गुजरता है।

382. स्वर्णिम चतुर्भुज (Golden Quadrilateral) भारत सरकार की एक योजना है, जो ……… से सम्बन्धित है।
SSC Steno Tier-1 11.12.2024 (Shift-III)
(a) बन्दरगाहों (b) हवाई अड्डों
(c) रेलवे (d) राजमार्गों

उत्तर (d)
- स्वर्णिम चतुर्भुज भारत सरकार की एक योजना है, जो राजमार्गों के विकास से सम्बन्धित है।
- यह योजना भारत के चार प्रमुख शहरों दिल्ली (उत्तर), कोलकाता (पूर्व), मुम्बई (पश्चिम) व चेन्नई (दक्षिण) को जोड़ने वाली महत्त्वाकांक्षा परियोजना है।
- इसकी लम्बाई 5,846 किमी है।)

383. सामान्यत: विकास के साथ, कृषि क्षेत्र का योगदान ………।
SSC Steno Tier-1 11.12.2024 (Shift-II)
(a) स्थिर रहता है (b) बढ़ता है
(c) नियत रहता है (d) घटता है

उत्तर (d)
- सामान्यत: विकास के साथ कृषि क्षेत्र का योगदान घटता है।
- आर्थिक समीक्षा के 2024-25 अनुसार, भारतीय कृषि क्षेत्र 46.1% आबादी को आजीविका प्रदान करता है।
- मौजूदा कीमतों पर देश की जीडीपी में इसकी 17% की हिस्सेदारी है।

SSC Steno 2023

384. निम्नलिखित में से किस कम्पनी ने लम्बी दूरी तक तरल पदार्थ और गैसों के परिवहन के साधन के रूप में एशिया की पहली क्रॉस-कण्ट्री पाइपलाइन का निर्माण किया था?
SSC Steno 13.10.2023 (Shift-I)
(a) इण्डियन ऑयल कॉर्पोरेशन
(b) भारत पेट्रोलियम
(c) ऑयल एण्ड नेचुरल गैस कॉर्पोरेशन
(d) ऑयल इण्डिया लिमिटेड

उत्तर (d)
- ऑयल इण्डिया लिमिटेड ने लम्बी दूरी तक तरल पदार्थ और गैसों के परिवहन के साधन के रूप में एशिया की पहली क्रॉस-कण्ट्री पाइपलाइन का निर्माण किया था।
- यह पाइपलाइन बिहार के मोतिहारी से नेपाल के **अमलेखगंज** तक तेल की आपूर्ति करेगी।
- मोतिहारी-अमलेखगंज पाइपलाइन 69 **किमी** लम्बी है।
- यह पाइपलाइन बिहार की **बरौनी रिफाइनरी** से नेपाल के **अमलेखगंज** तक ईंधन का परिवहन करेगी।

385. निम्नलिखित में से कौन-सा खाद्य सुरक्षा प्रबन्धन प्रणाली से सम्बन्धित नहीं है?
SSC Steno 13.10.2023 (Shift-I)
(a) जोखिम विश्लेषण महत्त्वपूर्ण नियन्त्रण बिन्दु
(b) अच्छी विनिर्माण पद्धतियाँ
(c) अच्छी संचालन पद्धतियाँ
(d) चोट का खतरा

उत्तर (d)

• **चोट का खतरा** खाद्य सुरक्षा प्रबन्धन प्रणाली से सम्बन्धित नहीं है।
• खाद्य सुरक्षा प्रबन्धन प्रणाली (FSMS) एक ऐसा कार्यक्रम है, जिसका उद्देश्य खाद्य सुरक्षा खतरों को उपभोक्ताओं पर प्रतिकूल स्वास्थ्य प्रभाव डालने से रोकना है।

SSC GD 2024

386. हरित क्रान्ति किसके आयात पर भारत की निर्भरता को कम करने में सहायक थी?
SSC GD 20.02.2024 (Shift-I)II
(a) मशीनरी (b) अनाज
(c) कपड़ा (d) पेट्रोलियम

उत्तर (b)

• हरित क्रान्ति **अनाज** के आयात पर भारत की निर्भरता को कम करने में सहायक थी
• हरित क्रान्ति का भारत में सर्वाधिक प्रभाव गेहूँ और चावल की खेती पर पड़ा।

387. हरित क्रान्ति को ········ भी कहा जा सकता है। **SSC GD 21.02.2024 (Shift-I)**
(a) कृषि क्रान्ति (b) श्वेत क्रान्ति
(c) नीली क्रान्ति (d) विश्व क्रान्ति

उत्तर (a)

• हरित क्रान्ति को **कृषि क्रान्ति** भी कहा जाता है।
• हरित क्रान्ति का उद्देश्य कृषि उत्पादकता को बढ़ाना था तथा कृषकों की आय में वृद्धि कर उनके जीवन स्तर में अपेक्षित सुधार लाना था।
• श्वेत क्रान्ति का सम्बन्ध दुग्ध उत्पादन से तथा नीली क्रान्ति का सम्बन्ध मत्स्य उत्पादन से है।

388. भारत में किसानों पर हरित क्रान्ति के प्रभाव के बारे में निम्नलिखित कथनों को पढ़िए।
SSC GD 21.02.2024 (Shift-I)
A. हरित क्रान्ति की शुरुआत से किसानों को अपनी आय का स्तर बढ़ाने में मदद मिली।
B. कृषि उत्पादकता में सुधार हेतु किसानों द्वारा अपनी अधिशेष आय का पुन: निवेश किया गया।
उपरोक्त में से गलत कथन/कथनों को पहचानिए।
कूट
(a) केवल A (b) केवल B
(c) A और B दोनों (d) न तो A और न ही B

उत्तर (d)

• भारत में किसानों पर हरित क्रान्ति के प्रभाव के बारे में कथन (A) और कथन (B) दोनों गलत नहीं हैं, अत: विकल्प (d) सही है।
• हरित क्रान्ति फसल उत्पादन बढ़ाने के लिए दुनिया भर में एक आन्दोलन था। इससे स्थानीय अर्थव्यवस्थाएँ भी मजबूत हुईं और निर्धनता में कमी आई।
• किसानों को अपनी आय का स्तर बढ़ाने में मदद मिली तथा कृषि उत्पादकता में सुधार होने पर किसानों द्वारा अपनी अधिशेष आय का पुन: निवेश किया गया।

389. भारत में कृषि उत्पादन बढ़ाने के लिए 'सदाबहार क्रान्ति (Evergreen Revolution)' शब्द किसने प्रतिपादित किया था?
SSC GD 21.02.2024 (Shift-IV)
(a) एम. एस. स्वामीनाथन (b) महात्मा गाँधी
(c) राममनोहर लोहिया (d) आर. वी. राव

उत्तर (a)

• भारत में कृषि उत्पादन बढ़ाने के लिए 'सदाबहार क्रान्ति' (Evergreen Revolution) शब्द **एम. एस. स्वामीनाथन** ने प्रतिपादित किया था।
• सदाबहार क्रान्ति की शुरुआत पारिस्थितिकी को नुकसान पहुँचाए बिना खेती की गुणवत्ता में सुधार के लिए की गई थी।
• सदाबहार क्रान्ति का लक्ष्य **कृषि**, **स्वास्थ्य** और **पोषण** को एकसाथ लाना और उन पर एक इकाई के रूप में कार्य करना है।

390. निम्नलिखित में से कौन एक कृषि वैज्ञानिक हैं, जिन्होंने भारत में हरित क्रान्ति में महत्त्वपूर्ण भूमिका निभाई है? **SSC GD 22.02.2024 (Shift-I)**
(a) मोनकोम्बु सम्बासिवन स्वामीनाथन
(b) सी. सुब्रह्मण्यम
(c) वर्गीज कुरियन
(d) विक्रम साराभाई

उत्तर (a)

• **मोनकोम्बु सम्बासिवन स्वामीनाथन** ने वर्ष 1966 में मैक्सिको के बीजों को पंजाब की घरेलू किस्मों के साथ मिश्रित करके उच्च उत्पाद (HYV) वाले गेहूँ के संकर बीज विकसित किए।

एम. एस. स्वामीनाथन को वर्ष 2024 में कृषि क्षेत्र में अतुलनीय योगदान के लिए भारत के सर्वोच्च सम्मान **भारत रत्न** से सम्मानित किया गया।

391. भारत में हरित क्रान्ति के सम्बन्ध में निम्नलिखित में से कौन-सा कथन सही है?
SSC GD 22.02.2024 (Shift-II)
I. हरित क्रान्ति के दौरान, पारम्परिक कृषि से एकल कृषि की ओर बढ़ने से छोटे किसानों पर नकारात्मक प्रभाव पड़ा।
II. हरित क्रान्ति के प्रभावों में से एक कृषि में अत्यधिक पूँजीकरण है।
कूट
(a) केवल I (b) केवल II
(c) I और II दोनों (d) न तो I और न ही II

उत्तर (c)

• हरित क्रान्ति के सम्बन्ध में विकल्प (c) सही उत्तर है।
• हरित क्रान्ति के दौरान, पारम्परिक कृषि से एकल कृषि की ओर बढ़ने से छोटे किसानों पर नकारात्मक प्रभाव पड़ा।
• हरित क्रान्ति के प्रभावों में से एक कृषि में अत्यधिक पूँजीकरण है।

392. हरित क्रान्ति 1950 और 1960 के दशक के दौरान मैक्सिको में अन्तर्राष्ट्रीय मक्का और गेहूँ सुधार केन्द्र और ········ में अन्तर्राष्ट्रीय चावल अनुसन्धान संस्थान में कृषि विशेषज्ञों की एक टीम द्वारा विकसित की गई नई कृषि तकनीक को कहा जाता है। **SSC GD 20.02.2024 (Shift-III)**
(a) फिलिपीन्स (b) मैक्सिको
(c) भारत (d) न्यूयॉर्क

उत्तर (a)

• हरित क्रान्ति 1950 और 1960 के दशक के दौरान मैक्सिको में अन्तर्राष्ट्रीय मक्का और गेहूँ सुधार केन्द्र और **फिलिपीन्स** में अन्तर्राष्ट्रीय चावल अनुसन्धान संस्थान में कृषि विशेषज्ञों की एक टीम द्वारा विकसित की गई नई कृषि तकनीक को कहा जाता है।
• हरित क्रान्ति के दौरान तकनीकी रूप से उन्नत मशीन जैसे ट्रैक्टर ड्रिल, हार्वेस्टर आदि का उपयोग लागू किया गया।

393. स्वतन्त्रता के समय देश की लगभग ········ प्रतिशत जनसंख्या कृषि पर निर्भर थी।
SSC GD 23.02.2024 II
(a) 40 (b) 20 (c) 75 (d) 90

उत्तर (c)

• स्वतन्त्रता के समय देश की लगभग **75%** जनसंख्या कृषि पर निर्भर थी।
• योजना आयोग के अनुसार, 1954-55 में देश की जीडीपी में कृषि का योगदान 46% के आस-पास था, जो 2023-24 में घटकर 16% से भी कम हो गया है।

394. निम्नलिखित में से किसे भारत में हरित क्रान्ति के जनक के रूप में जाना जाता है?
SSC GD 23.02.2024 (Shift-IV)
SSC GD 09.02.2023 (Shift-I)
(a) एम. एस. स्वामीनाथन (b) दुर्गेश पटेल
(c) सैम पित्रोदा (d) वर्गीस कुरियन

उत्तर (a)

• **एम. एस. स्वामीनाथन** ने धान की अधिक उपज देने वाली किस्मों को विकसित करने में महत्त्वपूर्ण भूमिका निभाई, जिससे भारत में कम आय वाले किसानों को अधिक उपज सुनिश्चित करने में मदद मिली।
• एम. एस. स्वामीनाथन ने भारतीय कृषि अनुसन्धान परिषद् (ICAR) के महानिदेशक के रूप में कार्य किया था।
• इन्हें वर्ष 2024 में भारत के सर्वोच्च नागरिक सम्मान भारत रत्न से नवाजा गया।

395. हरित क्रान्ति (Green Revolution) के सम्बन्ध में, 'HYV' का पूर्ण रूप क्या है?
SSC GD 23.02.2024 (Shift-IV)
(a) हैवी यंग वैरायटीस
(b) हैवी यूथ वैरायटीस
(c) हाई यील्डिंग वैरायटीस
(d) हाई यंग वैरायटीस

उत्तर (c)

• हरित क्रान्ति (Green Revolution) के सम्बन्ध में, 'HYV' का पूर्ण रूप **हाई यील्डिंग वैरायटीस** है।

• ये बीज (HYV) सामान्य गुणवत्ता वाले बीजों की तुलना में बेहतर गुणवत्ता के बीज होते हैं।

• हरित क्रान्ति की शुरुआत तीसरी पंचवर्षीय योजना के दौरान की गई थी।

396. हरित क्रान्ति (Green Revolution) ने फसल की पैदावार में उल्लेखनीय वृद्धि की और भारतीय कृषि को बदल दिया। इसकी उल्लेखनीय कमियों में से एक क्या थी?

SSC GD 24.02.2024 (Shift-III)

(a) सरकारी निवेश में कमी
(b) रासायनिक उर्वरकों का सीमित उपयोग
(c) पर्यावरणीय अवनयन
(d) खाद्य उत्पादन में कमी

उत्तर (c)

• हरित क्रान्ति ने फसल की पैदावार में उल्लेखनीय वृद्धि की और भारतीय कृषि को बदल दिया गया, जिसके परिणामस्वरूप इसकी उल्लेखनीय कमियों में **पर्यावरणीय अवनयन** है।

• हरित क्रान्ति ने मृदा उर्वरता में ह्रास उत्पन्न किया।

SSC GD 2023

397. हरित क्रान्ति से किन फसलों को अधिक लाभ हुआ?

SSC GD 13.02.2023 (Shift-IV)

(a) खाद्यान्न (b) दलहन
(c) तिलहन (d) वानस्पतिक

उत्तर (a)

• हरित क्रान्ति से **खाद्यान्न** उत्पादों को अधिक लाभ हुआ।

• हरित क्रान्ति में **गेहूँ** और **चावल** जैसी फसलों को अधिक उपज देने वाली और रोग प्रतिरोधी बनाने के लिए विकसित किया गया, जिसके परिणामस्वरूप उत्पादन में उल्लेखनीय वृद्धि हुई।

398. हरित क्रान्ति ने खाद्य फसलों की उपज में वृद्धि की और इस प्रकार भारतीय अर्थव्यवस्था में ……… योगदान किया।

SSC GD 13.02.2023 (Shift-IV)

(a) निष्क्रिय (b) प्रतिकूल
(c) सकारात्मक (d) नकारात्मक

उत्तर (c)

• हरित क्रान्ति ने खाद्य फसलों की उपज में वृद्धि की और इस प्रकार भारतीय अर्थव्यवस्था में **सकारात्मक** योगदान किया।

• हरित क्रान्ति भारत के कृषि इतिहास में एक ऐसा काल था, जिसमें आधुनिक कृषि तकनीकों का कार्यान्वयन देखा गया, जिसमें उच्च उपज वाली फसल किस्मों, कीटनाशकों और उर्वरकों का उपयोग शामिल था।

399. भारत में, श्वेत क्रान्ति को ……… के नाम से भी जाना जाता है।

SSC GD 08.02.2023

(a) ऑपरेशन मिल्क (b) ऑपरेशन डेयरी
(c) ऑपरेशन फ्लड (d) ऑपरेशन डैम

उत्तर (c)

• श्वेत क्रान्ति को **ऑपरेशन फ्लड** के नाम से भी जाना जाता है।

• डॉ. वर्गीज कुरियन को भारत में श्वेत क्रान्ति का जनक कहा जाता है।

• वर्ष 1970 में भारत में श्वेत क्रान्ति सबसे बड़े डेयरी विकास आन्दोलनों में से एक थी।

• ऑपरेशन फ्लड का उद्देश्य भारत को दूध उत्पादन में आत्मनिर्भर करना और डेयरी किसानों की आय में वृद्धि करना था।

400. निम्न को सुमेलित कीजिए।

SSC GD 08.02.2023 (Shift-I)

सूची I	सूची II
A. राष्ट्रीय राजमार्ग	1. जिला परिषद्
B. राज्य राजमार्ग	2. राज्य लोक निर्माण विभाग
C. सीमा सड़कें	3. केन्द्रीय लोक निर्माण विभाग
D. जिला सड़कें	4. सीमा सड़क संगठन

कूट

	A	B	C	D
(a)	3	4	1	2
(b)	4	3	2	1
(c)	2	3	4	1
(d)	3	2	4	1

उत्तर (d)

• सही सुमेलित A-3, B-2, C-4, D-1 है।

• राष्ट्रीय राजमार्ग — केन्द्रीय लोक निर्माण विभाग

• राज्य राजमार्ग — राज्य लोक निर्माण विभाग

• सीमा सड़कें — सीमा सड़क संगठन

• जिला सड़कें — जिला परिषद्

• CPWD सरकारी भवनों, सड़कों, पुलों और अन्य अवसंरचना परियोजनाओं के निर्माण और रख-रखाव के लिए उत्तरदायी है।

• CPWD शहरी विकास मन्त्रालय (MOVD) के अन्तर्गत कार्य करता है।

401. निम्नलिखित में से किस जोखिम का सम्बन्ध हरित क्रान्ति से है? SSC GD 08.02.2023 (Shift-I)

(a) खाद्यान्न उत्पादन में वृद्धि
(b) किसानों की आय में वृद्धि
(c) छोटे और बड़े किसानों के बीच बढ़ती असमानता
(d) खाद्यान्नों की उत्पादकता में वृद्धि

उत्तर (c)

• छोटे और बड़े किसानों के बीच बढ़ती असमानता का सम्बन्ध हरित क्रान्ति से है।

• हरित क्रान्ति 1960 के दशक में नॉर्मन बोरलॉग द्वारा शुरू किया गया एक प्रयास था।

• भारत में हरित क्रान्ति का नेतृत्व मुख्य रूप से एम.एस. स्वामीनाथन द्वारा किया गया।

402. स्वतन्त्रता के समय, भारत की लगभग 75% जनसंख्या ……… पर निर्भर थी।

SSC GD 06.02.2023 (Shift-I)

(a) कृषि
(b) सेवा
(c) विनिर्माण
(d) खनन

उत्तर (a)

• स्वतन्त्रता के समय, भारत की लगभग 75% जनसंख्या कृषि पर निर्भर थी।

• वित्त वर्ष 2024 मे वर्तमान मूल्यों पर समग्र जीवीए में कृषि, उद्योग और सेवा की हिस्सेदारी क्रमशः 17.7%, 27.6% और 54.7% थी।

• कृषि क्षेत्र जीवीए (सकल वार्षिक मूल्य) में वृद्धि जारी रही, हालाँकि इसकी गति धीमी रही।

• इसके अगले दो दशकों में रोजगार में क्षेत्र की हिस्सेदारी घटकर 59% और आय में हिस्सेदारी घटकर 35.1% रह गई।

SSC Selection Post

403. पहली ट्रेन मुम्बई से ………… के लिए रवाना हुई थी।

SSC SP 27.06.2023 (Shift-IV)

(a) पुणे (b) ठाणे
(c) मलाड (d) नागपुर

उत्तर (b)

• 16 अप्रैल, 1853 को मुम्बई (तत्कालीन बॉम्बे) से ठाणे के बीच पहली ट्रेन चलाई गई थी।

• भारत में लॉर्ड डलहौजी के काल में सर्वप्रथम रेलमार्ग 1853 ई. में बनकर तैयार हुआ था।

• पहली ट्रेन मुम्बई के बोरीबन्दर स्टेशन से 14 सवारी डिब्बों में 400 मेहमान यात्रियों को लेकर 34 किमी की दूरी तय करके ठाणे स्टेशन पर पहुँची थी।

404. भारत के उष्णकटिबन्धीय सदाबहार वनों के बारे में निम्नलिखित में से कौन-सी विशेषता गलत है?

SSC SP 27.06.2023 (Shift-III)

(a) इन जंगलों में पेड़ 60 मी या उससे अधिक की ऊँचाई तक पहुँचते हैं।
(b) ये वन अच्छी तरह से स्तरीकृत हैं।
(c) वे गर्म और आर्द्र क्षेत्रों में पाए जाते हैं।
(d) इन वनों में वार्षिक वर्षा 150 सेमी से कम होती है।

उत्तर (d)

• दिए गए कथनों में कथन (d) गलत है। भारत के उष्णकटिबन्धीय सदाबहार वनों के बारे में निम्नलिखित विशेषताएँ हैं

• इन जंगलों में पेड़ 60 **मी** या उससे अधिक ऊँचाई तक पहुँचते हैं।

• ये वन अच्छी तरह से स्तरीकृत होते हैं।

• ये मूल्यत: गर्म और आर्द्र क्षेत्रों में पाए जाते हैं।

405. निम्नलिखित में से भारत के प्राकृतिक बन्दरगाह का चयन कीजिए।

SSC SP (10+1) 27.06.2023 (Shift-III)

(a) दीनदयाल बन्दरगाह
(b) चेन्नई बन्दरगाह
(c) मुम्बई बन्दरगाह
(d) कोलकाता बन्दरगाह

उत्तर (c)

• मुम्बई बन्दरगाह भारत के पश्चिमी तट पर स्थित एक प्राकृतिक बन्दरगाह है।

• 400 वर्ग किमी (150 वर्ग मील) में फैला यह बन्दरगाह पूर्व और उत्तर में कोंकण की मुख्य भूमि और पश्चिम में मुम्बई शहर द्वारा संरक्षित है।

ऊर्जा, खनिज तथा बहुउद्देशीय परियोजनाएँ

बहुउद्देशीय परियोजनाएँ

परियोजना	नदी	सम्बन्धित राज्य
फरक्का	गंगा नदी	पश्चिम बंगाल
श्रीसेलम	कृष्णा	आन्ध्र प्रदेश
नागार्जुन सागर	कृष्णा	आन्ध्र प्रदेश और तेलंगाना
भाखड़ा-नांगल	सतलज	हिमाचल प्रदेश प्रदेश, पंजाब
नाथपा-झाकड़ी	सतलज	पंजाब, हिमाचल, प्रदेश, हरियाणा
इन्दिरा गाँधी	सतलज एवं व्यास	हरियाणा, राजस्थान
पोंग बाँध	व्यास	पंजाब, हरियाणा, राजस्थान, हिमाचल प्रदेश
सलाल	चिनाब	जम्मू-कश्मीर
दुलहस्ती	चिनाब	जम्मू-कश्मीर
थीन बाँध	रावी	पंजाब
तुलबुल	झेलम	जम्मू-कश्मीर
दामोदर घाटी	दामोदर	झारखण्ड, पश्चिम बंगाल
हीराकुंड	महानदी	ओडिशा
चम्बल	चम्बल	राजस्थान एवं मध्य प्रदेश
टिहरी बाँध	भिलंगना एवं भागीरथी	उत्तराखण्ड एवं उत्तर प्रदेश

परियोजना	नदी	सम्बन्धित राज्य
कोसी	कोसी	बिहार एवं नेपाल
स्वर्णरेखा	स्वर्णरेखा	झारखण्ड
राजघाट	बेतवा	मध्य प्रदेश, उत्तर प्रदेश
माताटीला	बेतवा	उत्तर प्रदेश, मध्य प्रदेश
सरदार सरोवर	नर्मदा	मध्य प्रदेश, महाराष्ट्र, गुजरात, राजस्थान
शिवसमुद्रम	कावेरी	कर्नाटक
मैटूर	कावेरी	तमिलनाडु
उकाई	ताप्ती	गुजरात
कोयना	कोयना	महाराष्ट्र
रिहन्द	रिहन्द	उत्तर प्रदेश
इडुक्की	पेरियार	केरल
महात्मा गाँधी	शरावती	कर्नाटक
पापनाशम	ताम्रपर्णी	तमिलनाडु
मयूराक्षी	मयूराक्षी	बिहार, पश्चिम बंगाल
तुंगभद्रा	तुंगभद्रा	कर्नाटक एवं आन्ध्र प्रदेश
मचकुण्ड	मचकुण्ड	ओडिशा एवं आन्ध्र प्रदेश
लोकटक	–	मणिपुर
पार्वती	पार्वती	हिमाचल प्रदेश

परियोजना	नदी	सम्बन्धित राज्य
चूखा	वांगचू	भारत एवं भूटान
टनकपुर	महाकाली	भारत एवं नेपाल
राणा प्रताप सागर	चम्बल	राजस्थान
सरहिन्द नहर	सतलज	हरियाणा
दुर्गा वैराज	दामोदर	पं. बंगाल और झारखण्ड

भारत के प्रमुख खनिज उत्पादक राज्य

खनिज	शीर्ष उत्पादक राज्य
लौह-अयस्क	ओडिशा, छत्तीसगढ़, कर्नाटक
मैंगनीज	ओडिशा, मध्य प्रदेश, महाराष्ट्र
बॉक्साइट	ओडिशा, गुजरात, झारखण्ड
कच्चा तेल	राजस्थान, गुजरात, असम
प्राकृतिक गैस	असम, राजस्थान, त्रिपुरा
कैडमियम	राजस्थान
लाइमस्टोन	राजस्थान, मध्य प्रदेश, छत्तीसगढ़
ताम्र अयस्क	मध्य प्रदेश, राजस्थान, झारखण्ड
ग्रेफाइट	अरुणाचल प्रदेश, जम्मू और कश्मीर, झारखण्ड
कोयला	ओडिशा, छत्तीसगढ़, झारखण्ड

SSC एग्जाम स्कैनर

SSC CGL 2024 (Tier 1 & 2)

406. कौन-सा कोयला निम्न कोटि का भूरा और प्रचुर आर्द्रता के साथ मृदु होता है?

SSC CGL Tier-1 25.09.2024 (Shift-III)

(a) लिग्नाइट (b) एन्थ्रेसाइट
(c) धातुकर्म (d) बिटुमिनस

उत्तर (a)

- **लिग्नाइट कोयला** निम्न कोटि का भूरा और प्रचुर आर्द्रता के साथ मृदु होता है।
- लिग्नाइट कोयले का निर्माण **100°C** से कम तापमान में प्राकृतिक रूप से सम्पीडित पीट से होता है।
- लिग्नाइट में कार्बन की मात्रा 25-35% होती है।
- भारत में लिग्नाइट राजस्थान, लखीमपुर (असम) और तमिलनाडु में पाया जाता है।

407. भारत के किस राज्य में बड़े बाँधों की संख्या सबसे अधिक है?

SSC CGL Tier-1 18.09.2024 (Shift-III)

(a) ओडिशा (b) राजस्थान
(c) महाराष्ट्र (d) मध्य प्रदेश

उत्तर (c)

- भारत के महाराष्ट्र राज्य में बाँधों की संख्या सर्वाधिक (1845) है।
- महाराष्ट्र के बाद मध्य प्रदेश (905) व गुजरात (666) बाँधों की संख्या में क्रमशः दूसरे व तीसरे स्थान पर है।
- भारतीय बाँध और जलाशय प्रतिवर्ष लगभग 300 बिलियन क्यूबिक मीटर जल संगृहीत करके हमारे देश की आर्थिक व कृषि वृद्धि में महत्त्वपूर्ण भूमिका निभाते हैं।

SSC CGL 2023

408. स्तम्भों का मिलान करें

SSC CGL Tier-2 03.03.2023 (Shift-I)

खनिज		भण्डार क्षेत्र	
A.	बॉक्साइट	1.	लोहरदगा
B.	अभ्रक	2.	भीलवाड़ा
C.	कोयला	3.	झुँझुनूँ
D	ताँबा	4.	झरिया

कूट

	A	B	C	D
(a)	2	1	3	4
(b)	4	3	1	2
(c)	1	2	4	3
(d)	2	3	4	1

उत्तर (c)

- सही सुमेलन **A-1, B-2, C-4, D-3** है।
- **बॉक्साइट** झारखण्ड का लोहरदगा क्षेत्र बॉक्साइट उत्पादन के लिए प्रसिद्ध है। लोहरदगा में तीन बॉक्साइट खनन केन्द्र चिह्नित हैं।
- **अभ्रक** राजस्थान का भीलवाड़ा क्षेत्र अभ्रक उत्पादन के लिए प्रसिद्ध है।
- भारत में अभ्रक भण्डार का लगभग 95% झारखण्ड, आन्ध्र प्रदेश और राजस्थान राज्य में पाया जाता है।
- **कोयला** झारखण्ड का झरिया क्षेत्र कोयला उत्पादन के लिए प्रसिद्ध है।
- **ताँबा** राजस्थान का झुंझुनूं क्षेत्र ताँबा उत्पादन के लिए प्रसिद्ध है।

409. सरदार सरोवर परियोजना में शामिल राज्यों के समूह की पहचान करें।

SSC CGL Tier-2 14.07.2023 (Shift-IV)

(a) गुजरात, राजस्थान, कर्नाटक और तेलंगाना
(b) गुजरात, पंजाब, हरियाणा, राजस्थान
(c) महाराष्ट्र, मध्य प्रदेश, गुजरात और राजस्थान
(d) महाराष्ट्र, मध्य प्रदेश, छत्तीसगढ़ और झारखण्ड

उत्तर (c)

- सरदार सरोवर परियोजना में **महाराष्ट्र, मध्य प्रदेश, गुजरात और राजस्थान** शामिल हैं।
- यह परियोजना भारत के गुजरात में **नर्मदा नदी** पर स्थित एक **बहुउद्देशीय** बाँध परियोजना है।
- इस परियोजना का उद्देश्य राज्यों के सूखाग्रस्त क्षेत्रों में पानी पहुँचाना व बिजली का उत्पादन करना है।
- इस परियोजना में **30 प्रमुख बाँध, 135 मध्यम बाँध** व **1312** किमी लम्बाई के साथ लगभग **3000 छोटे बाँध** शामिल हैं।

410. छत्तीसगढ़ की बैलाडीला पर्वत श्रेणी निम्नलिखित में से किस खनिज के लिए प्रसिद्ध है? SSC CGL Tier-1 17.07.2023 (Shift-III)
(a) बॉक्साइट (b) कोयला
(c) ताँबा (d) लौह-अयस्क

उत्तर (d)

• छत्तीसगढ़ की बैलाडीला पर्वत श्रेणी लौह - अयस्क के लिए प्रसिद्ध है।
• यहाँ **हेमेटाइट** प्रकार का लौह-अयस्क प्राप्त किया जाता है।
• बैलाडीला का लौह-अयस्क विशाखापत्तनम बन्दरगाह से **जापान के लिए निर्यात** किया जाता है।

411. भारत में लौह और इस्पात उद्योगों का सर्वाधिक संकेन्द्रण किस क्षेत्र में है? SSC CGL Tier-2 18.07.2023 (Shift-II)
(a) छत्तीसगढ़ का पठार
(b) छोटानागपुर का पठार
(c) मालवा का पठार
(d) दक्कन का पठार

उत्तर (b)

• भारत में लौह और इस्पात उद्योगों का सर्वाधिक संकेन्द्रण छोटानागपुर का पठार क्षेत्र में है।
• छोटानागपुर पठार झारखण्ड राज्य के अतिरिक्त दक्षिणी बिहार, उत्तरी छत्तीसगढ़, पश्चिमी बंगाल के पुरुलिया जिले और **ओडिशा** के उत्तरी क्षेत्र में भी विस्तृत हैं।
• जमशेदपुर स्थित **टिस्को संयन्त्र** को कोयला झरिया की खदानों से और लौह-अयस्क, चूना पत्थर, डोलोमाइट तथा मैंगनीज की आपूर्ति **ओडिशा** व **छत्तीसगढ़** से होती है।

412. .... के भण्डार मुख्यत: तमिलनाडु के नेवेली में स्थित है। SSC CGL Tier-2 21.07.2023 (Shift-IV)
(a) ताँबा (b) लौह-अयस्क
(c) बॉक्साइट (d) लिग्नाइट

उत्तर (d)

• लिग्नाइट के भण्डार मुख्यत: तमिलनाडु के नेवेली में स्थित है।
• लिग्नाइट एक प्रकार का कोयला है, जिसे अन्य प्रकार के कोयले जैसे एन्थ्रेसाइट और बिटुमिनस कोयले की तुलना में **कम गुणवत्ता** वाला माना जाता है। लिग्नाइट का उपयोग मुख्य रूप से बिजली उत्पादन के लिए किया जाता है।

413. निम्नलिखित में से कौन-सा अवसादी खनिज, जिसे सभी लोग 'नमक' के रूप में जानते हैं। यह ऐसी शुष्क जलवायु में बनता है, जहाँ समुद्र का पानी वाष्पित हो जाता है? SSC CGL Tier-1 24.07.2023 (Shift-I)
(a) हैलाइट (b) जियोलाइट
(c) कैल्साइट (d) पाइराइट

उत्तर (a)

• हैलाइट अवसादी खनिज है, जिसे सामान्यत: **सेंधा नमक** के रूप में जाना जाता है।
• वर्तमान में कुछ मीठे पानी की झील भी हैलाइट का निर्माण कर रही है; जैसे- ग्रेट सॉल्ट लेक, मृत सागर आदि।

414. खम्भात की खाड़ी, कच्छ की खाड़ी और सुन्दरवन क्षेत्र भारत में .... ऊर्जा के उपयोग के लिए आदर्श स्थिति प्रदान करते हैं। SSC CGL Tier-1 27.07.2023 (Shift-I)
(a) पवन (b) ज्वारीय
(c) सौर (d) ऊष्मीय

उत्तर (b)

• खम्भात की खाड़ी, कच्छ की खाड़ी और सुन्दरवन क्षेत्र भारत में ज्वारीय ऊर्जा के उपयोग के लिए आदर्श स्थिति प्रदान करते हैं।
• ज्वारीय ऊर्जा, अक्षय ऊर्जा का एक रूप है, जो समुद्र के ज्वार और धाराओं के प्राकृतिक उत्थान और पतन से प्राप्त होती है।
• भारत सरकार के अनुमानों के अनुसार, देश में 8000 मेगावाट ज्वारीय ऊर्जा की क्षमता है, जिसमें 7000 मेगावाट अकेले खम्भात की खाड़ी में है, सुन्दरवन डेल्टा 100 मेगावाट तथा कच्छ की खाड़ी में 1200 मेगावाट की ज्वारीय क्षमता है।

SSC CGL 2022 (Tier 1 & 2)

415. निम्न में से कौन-सा उच्चतम गुणवत्ता वाला कोयला है? SSC CGL Tier-1 01.12.2022 (Shift-II)
(a) एन्थ्रेसाइट (b) पिट
(c) लिग्नाइट (d) बिटुमिनस

उत्तर (a)

• ऐन्थ्रेसाइट, सर्वोत्तम गुण वाला कठोर कोयला है।
• इसमें 80 से 95% कार्बन की मात्रा होती है।
• एन्थ्रेसाइट कोयले का सबसे बड़ा भण्डार अमेरिका में है।
• बिटुमिनस में कार्बन की मात्रा 60 से 80% होती है।
• झारखण्ड, पश्चिम बंगाल, ओडिशा, छत्तीसगढ़ और मध्य प्रदेश में बिटुमिनस के भण्डार हैं।
• पीट लकड़ी से कोयले में परिवर्तन का पहला चरण है, जिसका कैलोरी मान कम है और कार्बन सामग्री 40% से कम है।

416. व्यावसायिक उपयोग में सर्वाधिक लोकप्रिय कोयला कौन-सा है? SSC CGL Tier-1 07.12.2022 (Shift-II)
(a) बिटुमिनस (b) एन्थ्रेसाइट
(c) लिग्नाइट (d) पिट

उत्तर (a)

• **बिटुमिनस** कोयले को **मुलायम** कोयला भी कहा जाता है, इसका उपयोग घरेलू कार्यों में तथा **व्यावसायिक उपयोग** में किया जाता है।
• इसमें कार्बन की मात्रा 60% से 80% तक होती है।
• यह कोयला लिग्नाइट से बेहतर गुणवत्ता का होता है, किन्तु एन्थ्रेसाइट की अपेक्षा निकृष्ट गुणवत्ता का होता है।

417. निम्नलिखित में से कहाँ कोयले की खदानें नहीं हैं? SSC CGL Tier-1 09.12.2022 (Shift-III)
(a) सिंगरेनी (b) सोनीपत
(c) कोरबा (d) नेवेली

उत्तर (b)

• **सोनीपत** (हरियाणा) में कोयले की खदानें नहीं हैं।
• सिंगरेनी, कोरबा व नेवेली में कोयले की खदानें हैं।
• सिंगरेनी कोयला संरक्षित केन्द्र **तेलंगाना** में स्थित है।
• कोरबा कोयला क्षेत्र **छत्तीसगढ़** में स्थित है।

418. निम्नलिखित में से कौन-सा भारत का सबसे ऊँचा गुरुत्वीय बाँध है? SSC CGL Tier-1 09.12.2022 (Shift-IV)
(a) भाखड़ा बाँध (b) मेट्टूर बाँध
(c) सरदार सरोवर बाँध (d) हीराकुड बाँध

उत्तर (a)

• **भाखड़ा बाँध** उत्तर भारत में स्थित हिमाचल प्रदेश बिलासपुर जिले के भाखड़ा गाँव में सतलुज नदी पर बना भारत का सबसे ऊँचा गुरुत्वीय बाँध है।
• भाखड़ा बाँध लगभग 226 मी ऊँचा और 518 मी लम्बा है।
• मेट्टूर बाँध कावेरी नदी पर **तमिलनाडु** में स्थित है।
• **हीराकुड** बाँध महानदी पर ओडिशा में स्थित है।

419. लिग्नाइट के प्रमुख भण्डार नेवेली में हैं, जो ...... में स्थित है। SSC CGL Tier-1 12.12.2022 (Shift-III)
(a) केरल (b) तमिलनाडु
(c) कर्नाटक (d) आन्ध्र प्रदेश

उत्तर (b)

• लिग्नाइट के प्रमुख भण्डार नेवेली में हैं, जो **तमिलनाडु** में स्थित है।
• लिग्नाइट एक निम्न श्रेणी का कोयला है, जिसे प्राय: **भूरे कोयले** के रूप में भी जाना जाता है।
• इसमें कार्बन की मात्रा 35-50% होती है।
• **तमिलनाडु** लिग्नाइट कोयले का सबसे बड़ा उत्पादक राज्य है।

420. पीट कोयले में .... कार्बन और .... नमी की मात्रा होती है। SSC CGL Tier-1 13.11.2022 (Shift-I)
(a) निम्न, उच्च (b) उच्च, निम्न
(c) निम्न, निम्न (d) उच्च, उच्च

उत्तर (a)

• पीट कोयले में कार्बन की मात्रा निम्न (40-55%) व नमी की मात्रा **उच्च** होती है।
• यह सबसे निम्न कोटि का कोयला होता है, इसे जलाने पर अधिक राख व धुआँ निकलता है।
• यह कोयला स्वास्थ्य की दृष्टि से अधिक हानिकारक होता है।

421. व्यावसायिक उपयोग में सर्वाधिक लोकप्रिय कोयला कौन-सा है? SSC CGL Tier-1 07.12.2022 (Shift-II)
(a) बिटुमिनस (b) एन्थ्रेसाइट
(c) लिग्नाइट (d) पिट

उत्तर (a)

• **बिटुमिनस** कोयले को **मुलायम** कोयला भी कहा जाता है, इसका उपयोग घरेलू कार्यों में तथा **व्यावसायिक उपयोग** में किया जाता है।
• इसमें कार्बन की मात्रा 60% से 80% तक होती है।

• यह कोयला लिग्नाइट से बेहतर गुणवत्ता का होता है, किन्तु एन्थ्रेसाइट की अपेक्षा निकृष्ट गुणवत्ता का होता है।

422. भारत में पवन ऊर्जा फॉर्म की विशालतम पेटी ……… में अवस्थित है।

SSC CGL Tier-1 07.12.2022 (Shift-II)

(a) गुजरात (b) महाराष्ट्र
(c) तमिलनाडु (d) कर्नाटक

उत्तर (c)

• भारत में तमिलनाडु के कन्याकुमारी में पवन ऊर्जा का जो केन्द्र स्थित है, वह सम्पूर्ण देश में पवन ऊर्जा उत्पादन करने के मामले में सबसे अग्रणी है। इसे **मुप्पण्डल पवन फॉर्म** नाम दिया गया है।
• पवन ऊर्जा, ऊर्जा का एक अपरम्परागत स्रोत है।
• इसे **अक्षय ऊर्जा** भी कहते हैं।
• पवन ऊर्जा का उपयोग पवन चक्कियों द्वारा किया जाता है।

423. निम्नलिखित में से किस स्थान पर आणविक विद्युत ऊर्जा संयन्त्र नहीं है?

SSC CGL Tier-1 01.12.2022 (Shift-I)

(a) तारापुर (b) विजयवाड़ा
(c) नरौरा (d) रावत भाटा

उत्तर (b)

• विजयवाड़ा में परमाणु ऊर्जा संयन्त्र नहीं है।
• विजयवाड़ा में डॉ. नरला टाटा राव के नाम का एक तापीय विद्युत स्टेशन है।
• परमाणु ऊर्जा, भारत में बिजली का पाँचवाँ सबसे बड़ा स्रोत है।
• **तारापुर** (महाराष्ट्र), **नरौरा** (उत्तर प्रदेश), **रावतभाटा** (राजस्थान) में परमाणु विद्युत ऊर्जा संयन्त्र स्थित हैं।
• वर्तमान में भारत में विद्युत ऊर्जा उत्पादन में नाभिकीय ऊर्जा का योगदान मात्र 33% है।

SSC CGL 2021 (Tier 1 & 2)

424. जनवरी, 2021 तक प्राप्त जानकारी के अनुसार, किस भारतीय राज्य में सबसे अधिक संख्या में बड़े बाँध थे?

SSC CGL Tier-1 20.08.2021 (Shift-I)

(a) महाराष्ट्र (b) तमिलनाडु
(c) राजस्थान (d) गुजरात

उत्तर (a)

• वर्तमान समय (मार्च, 2025) के अनुसार देश के सम्पूर्ण बाँधों में लगभग 42% बाँध महाराष्ट्र राज्य में हैं, जोकि सर्वाधिक संख्या में हैं। परन्तु इनमें केवल लगभग 20% बाँधों का उपयोग सिंचाई के उद्देश्य से किया जाता है।
• महाराष्ट्र के बाद **मध्य प्रदेश** दूसरे तथा **गुजरात** तीसरे स्थान पर है।

425. निम्न में से कौन-सा स्थान ताँबे की खान के लिए प्रसिद्ध है?

SSC CGL Tier-1 13.08.2021 (Shift-I)

(a) खेतड़ी (b) गया
(c) क्योंझर (d) सतना

उत्तर (a)

• **खेतड़ी** राजस्थान जिले के झुंझुनूँ में स्थित एक नगर है, जो ताँबे की खान के लिए प्रसिद्ध है।
• यहाँ पर ताँबे की खोज वर्ष 1960 में जुलोजिकल सर्वे ऑफ इण्डिया के अधीन की गई थी, इसके पश्चात् हिन्दुस्तान कॉपर लिमिटेड (HPCL) की स्थापना के बाद 9 नवम्बर, 1967 को यह खान HPCL के अधीन आ गई।
• क्योंझर ओडिशा का एक खनिज उत्पादक जिला है।

SSC CPO 2024

426. निम्नलिखित बाँधों को उन नदियों के साथ सुमेलित कीजिए जिन पर वे बने हुए हैं।

SSC CPO 27.06.2024 (Shift-III)

A. हीराकुड बाँध	1. चम्बल नदी
B. नागार्जुन सागर बांध	2. नर्मदा नदी
C. सरदार सरोवर बाँध	3. कृष्णा नदी
D. टिहरी बाँध	4. महानदी
E. राणा प्रताप सागर बाँध	5. भागीरथी नदी

कूट

	A	B	C	D	E		A	B	C	D	E
(a)	3	4	2	5	1	(b)	4	3	2	5	1
(c)	4	3	2	1	5	(d)	1	3	2	5	4

उत्तर (b)

• A-4, B-3, C-2, D-5, E-1 सही मिलान है।

बाँध	नदी
हीराकुड बाँध	महानदी
नागार्जुन सागर बाँध	कृष्णा
सरदार सरोवर बाँध	नर्मदा
टिहरी बाँध	भागीरथी
राणा प्रताप सागर बाँध	चम्बल

427. बैरा सिउल बाँध निम्नलिखित में से किस जिले में स्थित है?

SSC CPO 28.06.2024 (Shift-I)

(a) मण्डी (b) बिलासपुर
(c) चम्बा (d) किन्नौर

उत्तर (c)

• बैरा सिउल बाँध हिमाचल प्रदेश के चम्बा जिले में स्थित है।
• यह रावी नदी की सहायक नदियों बैरा, स्यूल और भलेद के संगम पर बनाया गया है।
• यह बाँध 1980-1981 में बनाया गया था और यह 198 मेगावाट बिजली उत्पादन क्षमता वाला रन-ऑफ-द-रिवर पावर प्लाण्ट है। बैरा सिउल बाँध न केवल बिजली उत्पादन का एक महत्त्वपूर्ण स्रोत है, बल्कि यह सिंचाई और बाढ़ नियन्त्रण के लिए भी महत्त्वपूर्ण है।

428. सलाल हाइड्रोइलेक्ट्रिक पावर स्टेशन, भारत के निम्नलिखित में से कौन-से केन्द्रशासित प्रदेश में स्थित है?

SSC CPO 28.06.2024 (Shift-I)

(a) जम्मू-कश्मीर (b) लद्दाख
(c) चण्डीगढ़ (d) लक्षद्वीप

उत्तर (a)

• **जम्मू-कश्मीर** में सलाल हाइड्रोइलेक्ट्रिक पावर स्टेशन चेनाब नदी पर एक रन-ऑफ-द-रिवर हाइड्रोइलेक्ट्रिक सुविधा है।
• यह जम्मू-कश्मीर के रियासी जिले में स्थित है।
• यह सिन्धु जल सन्धि की शर्तों के तहत जम्मू-कश्मीर में भारत की पहली जल विद्युत परियोजना थी।

429. निम्नलिखित विकल्पों में से ऊर्जा के पारम्परिक स्रोत की पहचान कीजिए।

CPO 28.06.2024 (Shift-III)

(a) सौर ऊर्जा (b) मवेशियों का गोबर
(c) भूतापीय ऊर्जा (d) परमाणु

उत्तर (b)

• मवेशियों का गोबर (Cattle dung) कोयला प्राकृतिक गैस, मवेशियों के गोबर ऊर्जा के पारम्परिक स्रोत हैं।
• ऊर्जा के वे स्रोत जो लम्बे समय से उपयोग में लाए जा रहे हैं। उन्हें ऊर्जा के पारम्परिक स्रोत कहा जाता है।
• ऊर्जा के दो प्रमुख स्रोतों को पारम्परिक स्रोत और गैर-पारम्परिक स्रोत में वर्गीकरण किया गया है।
• ऊर्जा के गैर-पारम्परिक स्रोत को ऊर्जा के नवीकरणीय स्रोत के रूप में भी जाना जाता है; जैसे सौर ऊर्जा, भूतापीय ऊर्जा एवं परमाणु आदि।

SSC CPO 2022

430. निम्नलिखित में से कौन-सा बाँध उस राज्य के साथ सही ढंग से सुमेलित किया गया है, जिसमें यह स्थित है?

CPO 10.11.2022

(a) हीराकुड बाँध – ओडिशा
(b) टिहरी बाँध – उत्तर प्रदेश
(c) भाखड़ा नांगल बाँध – तमिलनाडु
(d) नागार्जुन बाँध – राजस्थान

उत्तर (a)

• विकल्प (a) सही उत्तर है। सही सुमेलन इस प्रकार है
• हीराकुड बाँध **ओडिशा** में **महानदी** पर निर्मित है।
• टिहरी बाँध **उत्तराखण्ड** राज्य के टिहरी जिले में स्थित है।
• यह बाँध हिमालय की दो प्रमुख नदियों पर, जिसमें से एक गंगा नदी की प्रमुख सहयोगी नदी भागीरथी तथा दूसरी भीलंगना नदी के संगम पर बना है।
• भाखड़ा नांगल बाँध **हिमाचल प्रदेश** के बिलासपुर जिले में **सतलुज नदी** पर बनाया गया है।
• नागार्जुन बाँध **आन्ध्र प्रदेश** में **कृष्णा** नदी पर स्थित है।

SSC CHSL 2024 (Tier 1 & 2)

431. ऊर्जा के निम्नलिखित नवीकरणीय स्रोतों का भारत में उनके उत्पादक क्षेत्रों के साथ सही मिलान कीजिए।

SSC CHSL Tier-1 02.07.2024 (Shift-I)

ऊर्जा का नवीकरणीय स्रोत	भारत में क्षेत्र
A. ज्वारीय ऊर्जा	1. खम्भात की खाड़ी
B. पवन ऊर्जा	2. नागरकोइल
C. भू-तापीय ऊर्जा	3. पुगा घाटी

कूट

	A	B	C		A	B	C
(a)	2	3	1	(b)	3	2	3
(c)	1	2	3	(d)	2	3	1

उत्तर (c)

- सही सुमेलन A–1, B–2, C–3 है।
  1. ज्वारीय ऊर्जा — खम्भात की खाड़ी (गुजरात राज्य की सीमा पर स्थित है)
  2. पवन ऊर्जा — नागरकोइल (तमिलनाडु में मदुरै तक स्थित है)
  3. भू-तापीय ऊर्जा — पुगा घाटी (लद्दाख के दक्षिण-पूर्वी क्षेत्र में स्थित है)
- भारत का सबसे बड़ा पवन चक्की समूह **नागरकोइल** है।

432. लौह-अयस्क और मैंगनीज खनिज के लिए प्रसिद्ध शिवमोग्गा जिला भारत के किस राज्य में स्थित है? SSC CHSL Tier-1 05/07/2024 (Shift-III)

(a) महाराष्ट्र (b) कर्नाटक
(c) राजस्थान (d) झारखण्ड

उत्तर (b)

- लौह-अयस्क और मैंगनीज खनिज के लिए प्रसिद्ध **शिवमोग्गा** जिला भारत के **कर्नाटक** राज्य में स्थित है।
- इस जिले का एक बड़ा हिस्सा मलनाड क्षेत्र या **सह्याद्रि** में स्थित है।
- इस जिले से बहने वाली दो प्रमुख नदियाँ तुंगा और भद्रा हैं, जो शिवमोग्गा शहर के पास कुण्डली में मिलती हैं और **तुंगभद्रा** के नाम से जानी जाती हैं।

433. 'मुन्द्रा थर्मल पावर प्लाण्ट' गुजरात के किस जिले में स्थित है?
SSC CHSL Tier-1 09.07.2024 (Shift-II)

(a) कच्छ (b) गाँधीनगर
(c) खेड़ा (d) जामनगर

उत्तर (a)

- 'मुन्द्रा थर्मल पावर प्लाण्ट' गुजरात के **कच्छ** जिले में स्थित है।
- इस पावर प्लाण्ट के लिए कोयला मुख्य रूप से इण्डोनेशिया से आयात किया जाता है।
- यह भारत में पहली सुपर-क्रिटिकल जेनरेटिंग यूनिट है।

434. झारखण्ड और छत्तीसगढ़ राज्य.........के भण्डार से समृद्ध हैं।
SSC CHSL Tier-1 09.07.2024 (Shift-VI)

(a) सिलिकॉन (b) कोयला
(c) पेट्रोलियम (d) सोना

उत्तर (b)

- झारखण्ड और छत्तीसगढ़ राज्य कोयला के भण्डार से समृद्ध हैं।
- झारखण्ड भारत का खनिज समृद्ध राज्य है। यहाँ देश के कुल कोयला क्षेत्र भण्डार का 29% हिस्सा है।
- झारखण्ड में बिटुमिनस प्रकार का कोयला अधिकता से मिलता है।
- झारखण्ड के प्रमुख कोयला क्षेत्र—झरिया, बोकारो आदि हैं।
- छत्तीसगढ़ भी खनिज समृद्ध राज्य है। इसके अन्तर्गत महत्त्वपूर्ण कोयला खदानें—कोरिया तथा कोरबा आदि हैं।

435. सलाल परियोजना, जिसे सलाल हाइड्रोइलेक्ट्रिक पावर स्टेशन भी कहा जाता है, किस नदी पर है?
SSC CHSL Tier-1 10.07.2024 (Shift-IV)

(a) गंगा (b) रावी
(c) कृष्णा (d) चिनाब

उत्तर (d)

- सलाल परियोजना, जिसे सलाल हाइड्रोइलेक्ट्रिक पावर स्टेशन भी कहा जाता है, चिनाब नदी पर है।
- यह केन्द्रशासित प्रदेश जम्मू-कश्मीर के रियासी जिले में स्थित है।
- सलाल विद्युत स्टेशन एक नदी प्रवाह योजना है, जिसकी स्थापित क्षमता 690 मेगावाट है।
- यह सिन्धु जलसन्धि के तहत् जम्मू व कश्मीर में भारत द्वारा निर्मित पहली जलविद्युत परियोजना है।

436. वर्ष 2022 तक की स्थिति के अनुसार, भारत में सबसे लम्बा पनबिजली संयन्त्र (hydroelectric power plant) कौन-सा है?
SSC CHSL Tier-1 11.07.2024 (Shift-III)

(a) सरदार सरोवर जलविद्युत संयन्त्र
(b) टिहरी हाइड्रोइलेक्ट्रिक पावर प्लाण्ट
(c) कोयना हाइड्रोइलेक्ट्रिक पावर प्लाण्ट
(d) नाथपा झाकरी पावर प्लाण्ट

उत्तर (b)

- वर्ष 2022 तक की स्थिति के अनुसार, भारत में सबसे लम्बा पनबिजली संयन्त्र टिहरी हाइड्रोइलेक्ट्रिकल पावर प्लाण्ट है।
- टिहरी हाइड्रोइलेक्ट्रिकल पावर प्लाण्ट चोखाला उत्तराखण्ड में स्थित है।
- वर्तमान मार्च 2025 में भी यही पावर प्लांट टिहरी इलेक्ट्रिक पॉवर प्लांट है।

SSC CHSL 2023

437. इण्डियन मिनरल्स ईयर बुक, 2020 के अनुसार, चूना-पत्थर उत्पादन में भारत के किस राज्य की हिस्सेदारी सबसे अधिक है?
SSC CHSL (10+2) 11.08.2023 (Shift-I)

(a) मध्य प्रदेश (b) तेलंगाना
(c) राजस्थान (d) छत्तीसगढ़

उत्तर (c)

- इण्डियन मिनरल्स ईयर बुक, 2020 के अनुसार, चूना-पत्थर उत्पादन में भारत के **राजस्थान** राज्य अग्रणी है।
- वर्ष 2023 के अनुसार, कुल खनिज उत्पादन में पहला स्थान झारखण्ड, चूना-पत्थर में पहला स्थान **राजस्थान** व दूसरा स्थान **मध्य प्रदेश** का है।

438. मध्य प्रदेश का कौन-सा जिला ताँबे का अग्रणी उत्पादक है?
SSC CHSL (10+2) 10.08.2023 (Shift-III)

(a) जबलपुर (b) ग्वालियर
(c) बालाघाट (d) भोपाल

उत्तर (c)

- मध्य प्रदेश राज्य का बालाघाट जिला ताँबे का अग्रणी उत्पादक है।
- मध्य प्रदेश राज्य में 46% ताँबे का उत्पादन होता है।
- राजस्थान 33% ताँबे का उत्पादन करता है। प्रमुख खदान **खेतड़ी** (झुंझुनूं) है।
- राजस्थान, भारत में ताँबे का दूसरा सबसे बड़ा उत्पादक है।
- भारत ताँबे का शुद्ध आयातक है। विश्व स्तर पर भारत ताँबे के उत्पादन में 30वें स्थान पर आता है।
- **चिली** विश्व में ताँबे का सबसे बड़ा उत्पादक है।

439. चम्बल परियोजना के संयुक्त उद्यम में कौन-कौन से राज्य शामिल हैं?
SSC CHSL (10+2) 08.08.2023 (Shift-II)

(a) राजस्थान और उत्तर प्रदेश
(b) राजस्थान और हरियाणा
(c) उत्तर प्रदेश और मध्य प्रदेश
(d) राजस्थान और मध्य प्रदेश

उत्तर (d)

- चम्बल परियोजना के संयुक्त उद्यम में **राजस्थान और मध्य प्रदेश** राज्य शामिल हैं।
- इसकी शुरुआत वर्ष 1954 में **चम्बल नदी** पर हुई थी। इसके अन्तर्गत तीन **प्रमुख जलाशयों** का निर्माण किया गया है।
- **महाराणा प्रताप**, **गाँधी सागर** (जलाशय) परियोजना, **जवाहर सागर** परियोजना-ये तीनों चम्बल नदी पर निर्मित परियोजना हैं।
- इस परियोजना का उद्देश्य **सिंचाई**, **विद्युत उत्पादन** व **मृदा कटाव** के नियन्त्रण हेतु चम्बल नदी का उपयोग करना है।

440. कोरापुट जिले में पंचपतमाली भण्डार निम्नलिखित में से किस खनिज के भण्डार हैं?
SSC CHSL (10+2) 02.08.2023 (Shift-I)

(a) ताँबा
(b) मैंगनीज
(c) बॉक्साइट
(d) लौह-अयस्क

उत्तर (c)

- **ओडिशा** (उड़ीसा) राज्य का कोरापुट जिले में पंचपतमाली भण्डार सबसे अधिक बॉक्साइट का उत्पादन करता है।
- बॉक्साइट एक तलछटी चट्टान है, जो एल्युमीनियम का प्राथमिक स्रोत है।
- भारत के बॉक्साइट के भण्डार मुख्य रूप से **अमरकण्टक पठार**, **मैकाल पहाड़ियों** और **बिलासपुर-कुटनी** के पठारी क्षेत्र में पाए जाते हैं।

441. नर्मदा नदी के ऊपर बना इन्दिरा सागर डैम निम्नलिखित में से भारत के किस राज्य में है?
SSC CHSL (10+2)20.03.2023 (Shift-III)

(a) गुजरात (b) केरल
(c) कर्नाटक (d) मध्य प्रदेश

उत्तर (d)

- इन्दिरा सागर बाँध मध्य प्रदेश में एक बहुउद्देशीय बाँध परियोजना है।

• यह बाँध नर्मदा नदी पर बना है।

• इन्दिरा सागर डैम परियोजना की आधारशिला भारत के प्रधानमन्त्री द्वारा वर्ष 1984 में रखी गई थी, लेकिन मुख्य बाँध का निर्माण वर्ष 1992 में शुरू हुआ।

442. निम्न में से कौन-सा भारत में एक प्रमुख लौह-अयस्क पेटी नहीं है?

SSC CHSL Tier-1 17.03.2023 (Shift-II)

(a) महाराष्ट्र-गोवा पेटी
(b) ओडिशा-झारखण्ड पेटी
(c) हरियाणा-राजस्थान पेटी
(d) दुर्ग-बस्तर-चन्द्रपुर पेटी

उत्तर (c)

• **हरियाणा-राजस्थान पेटी** भारत में एक प्रमुख लौह-अयस्क पेटी नहीं है।

• वर्तमान में भारत का 99% से अधिक लौह-अयस्क का उत्पादन कर्नाटक, ओडिशा, छत्तीसगढ़, गोवा, झारखण्ड और राजस्थान राज्यों द्वारा किया जाता है।

• ओडिशा में लौह-अयस्क का सबसे बड़ा भण्डार है।

443. भारत का पहला 24 × 7 सौर ऊर्जा से संचालित गाँव मोढेरा किस राज्य में स्थित है?

SSC CHSL Tier-1 09.03.2023 (Shift-I)

(a) मध्य प्रदेश (b) राजस्थान
(c) हिमाचल प्रदेश (d) गुजरात

उत्तर (d)

• भारत का पहला 27×7 सौर ऊर्जा से संचालित गाँव मोढेरा, गुजरात राज्य में स्थित है।

• मोढेरा गाँव गुजरात राज्य में स्थित है। यह गाँव अपने **सूर्य मन्दिर**, संरक्षित प्राचीन स्थल के लिए प्रसिद्ध है, जो **पुष्पावती नदी** पर स्थित है।

• इसे चालुक्य वंश के राजा **भीम प्रथम** ने 1026-27 ई. में बनवाया था।

SSC CHSL 2022

444. नाभिकीय ऊर्जा के उत्पादन के लिए महत्त्वपूर्ण खनिजों में से एक ········ है।

SSC CHSL (10+2) 27.05.2022 (Shift-I)

(a) कोयला (b) मैगनीज़
(c) अभ्रक (d) यूरेनियम

उत्तर (d)

• नाभिकीय ऊर्जा के उत्पादन में **यूरेनियम** के समस्थानिक U-235 का उपयोग किया जाता है।

• विश्व में U-235 समस्थानिक का भण्डार केवल 0.7% है, जिसका अधिकांश हिस्सा ऑस्ट्रेलिया में है, जबकि सबसे अधिक यूरेनियम का भण्डार **कजाकिस्तान** के पास है।

• जादूगुडा खदान एक यूरेनियम खदान है, जो झारखण्ड में स्थित है। यह भारत की **पहली यूरेनियम खदान** थी।

445. गुजरात में प्रायद्वीप के पश्चिमी और पूर्वी किनारों पर अवसादी चट्टानों में कौन-सा संसाधन पाया जाता है?

SSC CHSL (10+2) 31.05.2022 (Shift-I)

(a) सोना (b) पेट्रोलियम
(c) बॉक्साइट (d) मैंगनीज

उत्तर (b)

• गुजरात राज्य के भड़ौच जिले में अवस्थित **अंकलेश्वर** गुजरात का सबसे बड़ा **पेट्रोलियम खनिज संसाधन** क्षेत्र है।

• इसकी खोज वर्ष **1958 में** हुई थी तथा यहाँ से वर्ष 1961 में उत्पादन प्रारम्भ हुआ।

• खम्भात की खाड़ी में स्थित अंकलेश्वर एवं कलोल क्षेत्र प्रसिद्ध पेट्रोलियम संसाधन क्षेत्र है।

SSC MTS 2023

446. गुआ और नोआमुण्डी खदानें भारत के किस राज्य में स्थित हैं? **MTS 04.09.2023 (Shift-II)**

(a) हरियाणा (b) झारखण्ड
(c) राजस्थान (d) असम

उत्तर (b)

• **झारखण्ड** की गुना और नोआमुण्डी **लौह-अयस्क** खनन के लिए प्रसिद्ध है।

• इसके अतिरिक्त लौह-अयस्क उत्पादन के अनुमान से, SAIL की चौथी सबसे बड़ी खदान है। ये खदानें झारखण्ड के सिंहभूम क्षेत्र में स्थित हैं।

• ओडिशा भारत के लौह-अयस्क का उत्पादन करने वाला शीर्ष राज्य है।

447. गोविन्द सागर झील (भाखड़ा नांगल परियोजना) किस राज्य में स्थित है?

(a) पंजाब (b) गुजरात
(c) हिमाचल प्रदेश (d) राजस्थान

उत्तर (c)

• **हिमाचल प्रदेश** के बिलासपुर जिले में **सतलुज नदी** पर भाखड़ा नांगल बाँध बनने के कारण प्रदेश में **गोविन्द सागर नामक झील** का निर्माण हुआ था।

• यह 856 फीट ऊँचे टिहरी बाँध के बाद भारत का दूसरा सबसे ऊँचा व गुरुत्वीय बाँध है।

• गोविन्द सागर को वर्ष 1962 में एक जलपक्षी सुरक्षित आश्रय के रूप में घोषित किया गया था।

448. कर्नाटक का कोलार क्षेत्र निम्नलिखित में से किस खनिज के लिए प्रसिद्ध है?

MTS 04.09.2023 (Shift-II)

(a) ताँबा (b) कोयला
(c) सोना (d) पेट्रोलियम

उत्तर (c)

• कर्नाटक का कोलार जिला सोने की खानों के लिए प्रसिद्ध है।

• **कोलार** द गोल्डन सिटी ऑफ इण्डिया भारत के कर्नाटक राज्य का एक शहर है।

• कोलार को रेशम, दुग्ध, आम और **सोने की भूमि** के रूप में जाना जाता है।

• कोलार गोल्ड फील्ड्स **विश्व की दूसरी सबसे गहरी खदान** है।

449. प्रसिद्ध कोयला खनन क्षेत्र 'कोरबा' भारत के किस राज्य में स्थित है? **MTS 13.09.2023 (Shift-I)**

(a) केरल
(b) छत्तीसगढ़
(c) हिमाचल प्रदेश
(d) तमिलनाडु

उत्तर (b)

• प्रसिद्ध कोयला खनन क्षेत्र 'कोरबा' भारत के **छत्तीसगढ़** राज्य में स्थित है।

• कोयला **कुसमुंधा ब्लॉक** और **गेवरा माइंस** से प्राप्त किया जाता है।

• कोरबा का नाम यहाँ की जनजाति 'पहाड़ी कोरबा' के नाम पर पड़ा है।

• इसे **छत्तीसगढ़ की ऊर्जा राजधानी** भी कहा जाता है।

SSC MTS 2022

450. गुजरात के हज़ीरा से उत्तर प्रदेश के जगदीशपुर तक जाने वाली HVJ गैस पाइपलाइन निम्न में से किस राज्य से होकर गुजरती है?

MTS 14.07.2022 (Shift-I)

(a) उत्तराखण्ड (b) मध्य प्रदेश
(c) हिमाचल प्रदेश (d) झारखण्ड

उत्तर (b)

• HVJ अर्थात् हजीरा-विजयपुर-जगदीशपुर, भारत की पहली अन्तर्राज्यीय गैस पाइपलाइन है। यह मध्य प्रदेश से होकर गुजरती है।

• यह परियोजना वर्ष 1986 में उत्तर प्रदेश राज्य में उर्वरक सुविधाओं को गैस प्रदान करने के लिए **गेल लिमिटेड** की स्थापना के साथ शुरू हुई थी।

• HVT पाइपलाइन नेटवर्क उर्वरक, बिजली, एलपीजी और पेट्रो रसायन उद्योगों के साथ-साथ गुजरात, मध्य प्रदेश, राजस्थान, उत्तर प्रदेश, हरियाणा और दिल्ली में अन्य औद्योगिक उपयोगकर्ताओं को गैस प्रदान करने के लिए बनाया गया था।

• हजीरा-विजयपुर-जगदीशपुर पाइपलाइन 1700 किमी लम्बी गैस पाइपलाइन है।

451. चुटका परमाणु ऊर्जा संयन्त्र निम्नलिखित में से किस राज्य में स्थित है?

MTS 02.11.2021 (Shift-III)

(a) राजस्थान (b) गुजरात
(c) हरियाणा (d) मध्य प्रदेश

उत्तर (d)

• चुटका परमाणु ऊर्जा संयन्त्र **मध्य प्रदेश** के **मण्डला** जिले में स्थित है।

• इसे **न्यूक्लियर पावर कॉर्पोरेशन ऑफ इण्डिया** द्वारा संचालित किया जाता है।

• इसमें दो इकाइयाँ हैं, जो प्रत्येक **780 मेगावाट** बिजली की आपूर्ति करती है।

• पर्यावरण कारणों और **कान्हा नेशनल पार्क** के साथ निकटता के कारण यह परियोजना विवादास्पद है।

452. निम्नलिखित में से किस राज्य में कोयले के सबसे अधिक भण्डार हैं?

MTS 06.10.2021 (Shift-III)

(a) ओडिशा (b) झारखण्ड
(c) पश्चिम बंगाल (d) छत्तीसगढ़

उत्तर (b)

• कोयले का सबसे अधिक भण्डार झारखण्ड राज्य में है।

- **झारखण्ड** के बाद क्रमशः **ओडिशा** व **छत्तीसगढ़** राज्यों का स्थान है।
- भारत दुनिया का **दूसरा सबसे बड़ा कोयला उत्पादक** देश है।
- वर्तमान में यह **729 मिलियन टन** से अधिक कोयले का उत्पादन कर रहा है।
- भारत में लगभग 80% कोयला भण्डार बिटुमिनस प्रकार के हैं।

कोयला तलछटी चट्टानों में पाया जाने वाला एक काला या भूरा ज्वलनशील पदार्थ है।
कोयला मुख्य रूप से कार्बन, हाइड्रोजन, सल्फर, ऑक्सीजन और नाइट्रोजन जैसे तत्त्वों से बना है।
कार्बन की मात्रा के आधार पर कोयले को चार भागों में वर्गीकृत किया गया है, जोकि एन्थ्रेसाइट, बिटुमिनस, लिग्नाइट तथा पीट है।

SSC Steno 2022, 2021

453. 'डिगबोई तेल क्षेत्र' भारत के निम्नलिखित में से किस राज्य में स्थित है?
SSC Steno 18.11.2022 (Shift-I)

(a) मणिपुर (b) मेघालय
(c) नागालैण्ड (d) असम

उत्तर (d)

- **असम** में स्थित डिगबोई क्षेत्र भारत और एशिया में पहली तेल रिफाइनरी है।
- इसकी स्थापना वर्ष 1901 में की गई थी।
- डिगबोई के अतिरिक्त **नुमालीगढ़ रिफाइनरी** भी असम में स्थित है।
- जामनगर रिफाइनरी (गुजरात) भारत की **सबसे बड़ी तेल रिफाइनरी** है।

454. निम्न में से कौन-सा बाँध, रावी नदी पर बनाया गया है? SSC Steno 12.11.2021 (Shift-I)

(a) चमेरा बाँध (b) नाथपा झाकरी बाँध
(c) पण्डोह बाँध (d) भाखड़ा नांगल बाँध

उत्तर (a)

- रावी नदी पर स्थित **चमेरा बाँध** का निर्माण पनबिजली योजना के लिए किया गया था।
- यह बाँध हिमाचल प्रदेश राज्य के चम्बा जिले में डलहौजी शहर के पास स्थित है।
- बाँध का जलाशय चमेरा झील है।
- इस परियोजना के तीन चरणों द्वारा लगभग 1100 मेगावाट ऊर्जा उत्पन्न की जाती है।

455. कुडनकुलम नाभिकीय ऊर्जा संयन्त्र निम्नलिखित में से किस राज्य में स्थापित किया गया है?

(a) मध्य प्रदेश (b) बिहार
(c) तमिलनाडु (d) केरल

उत्तर (c)

- **तमिलनाडु** में स्थित कुडनकुलम नाभिकीय ऊर्जा संयन्त्र क्षमता के हिसाब से भारत का **सबसे बड़ा परमाणु ऊर्जा स्टेशन** है।
- इसका निर्माण कार्य वर्ष 2002 में आरम्भ हुआ तथा वर्ष 2013 में यह चालू हुआ।
- इस नाभिकीय संयन्त्र को **रूस के सहयोग** से बनाया गया था।

SSC GD 2024

456. खान मन्त्रालय के आँकड़ों के अनुसार, सोने के अयस्क (प्राथमिक) के सबसे बड़े संसाधन निम्नलिखित में से किस भारतीय राज्य में स्थित हैं? SSC GD 24.02.2024 (Shift-II)

(a) पश्चिम बंगाल (b) राजस्थान
(c) कर्नाटक (d) बिहार

उत्तर (c)

- **कर्नाटक** भारत में सोने का सबसे बड़ा उत्पादक है।
- कोलार स्वर्ण क्षेत्र, कोलार हट्टी स्वर्ण क्षेत्र कर्नाटक में है, जबकि रामगिरि स्वर्ण क्षेत्र आन्ध्र प्रदेश में है।
- राष्ट्रीय खनिज सूची डेटा के अनुसार, देश में स्वर्ण अयस्क (प्राथमिक) के कुल भण्डार 501.83 मिलियन टन होने का अनुमान लगाया गया है।

SSC SP 2022

457. निम्नलिखित में से कौन-सा भागीरथी नदी पर बहुउद्देश्यीय चट्टान और मिट्टी से भरा तटबन्ध बाँध है? SSC SP 01.08.2022 (Shift-IV)

(a) थीन बाँध
(b) गाँधीसागर बाँध
(c) कोयना बाँध
(d) टिहरी बाँध

उत्तर (d)

- टिहरी बाँध गंगा की सहायक नदी, भागीरथी नदी पर बहुउद्देशीय चट्टान और मिट्टी से भरा तटबन्ध बाँध है, जो टिहरी विकास परियोजना का प्राथमिक बाँध है। यह उत्तराखण्ड राज्य के टिहरी में स्थित है।
- टिहरी बाँध की ऊँचाई 260.5 मी है, जो इसे विश्व का पाँचवाँ सबसे ऊँचा बाँध बनाती है।
- इसकी स्थापना वर्ष 2006 में हुई थी।
- इसे स्वामी **रामतीर्थ सागर बाँध** भी कहते हैं।

जनगणना

- प्रथम अनधिकृत जनगणना – 1872
- प्रथम अधिकृत जनगणना – 1881
- स्वतन्त्र भारत की पहली जनगणना – 1951
- राष्ट्रीय जनसंख्या परिषद् – 1969
- पहली राष्ट्रीय जनसंख्या नीति – 1976
- पहली राष्ट्रीय स्वास्थ्य नीति – 1983
- राष्ट्रीय जनसंख्या आयोग – 2000
- भारत की जनसंख्या वृद्धि की प्रवृत्ति का अध्ययन निम्न चार अवस्थाओं के तहत किया जा सकता है
  1. 1901-21 जनसंख्या में ऋणात्मक वृद्धि
  2. 1921-1951 निरन्तर वृद्धि की अवधि
  3. 1951 से 1981 तीव्र वृद्धि की अवधि
  4. 1981 से 2011 घटती दर से वृद्धि की अवधि

जनगणना 2011

- वर्ष 2011 की जनगणना भारत की 15वीं तथा स्वतन्त्र भारत की 7वीं अखिल भारतीय जनगणना थी।

जनसंख्या 2011

कुल जनसंख्या (2011)	1210854977 (1.21 बिलियन)
पुरुष	623.7 मिलियन (51.46%)
महिलाएँ	586.46 मिलियन (48.46%)
0-6 आयु वर्ग की जनसंख्या (2011)	158.8 मिलियन (13.1%)

साक्षरता 2011

साक्षरता	74.04%
पुरुषों में साक्षरता	82.14%
महिलाओं में साक्षरता	65.46%
सर्वाधिक साक्षरता वाला राज्य	केरल (94%)
न्यूनतम साक्षरता वाला राज्य	बिहार (61.80%)

जनसंख्या घनत्व (382 औसत)

शीर्ष जनघनत्व वाले राज्य	न्यूनतम जनघनत्व वाले राज्य
बिहार (1106)	अरुणाचल प्रदेश (17)
पश्चिम बंगाल (1028)	मिजोरम (52)
केरल (860)	सिक्किम (86)
उत्तर प्रदेश (829)	नागालैण्ड (119)
हरियाणा (573)	मणिपुर (123)

शहरी जनसंख्या (31.16%)

शीर्ष प्रतिशतता वाले राज्य	न्यूनतम जनसंख्या वाले राज्य
गोवा (62.2%)	सिक्किम (0.153 मिलियन)
मिजोरम (52.1%)	अरुणाचल प्रदेश (0.317 मिलियन)
तमिलनाडु (48.4%)	नागालैण्ड (0.570 मिलियन)
केरल (47.7%)	

SSC CGL 2024 (Tier 2)

458. भारत की जनगणना 2011 के अनुसार, हिंदू धर्म की दर्ज की गई जनसंख्या वृद्धि दर कितनी थी? SSC CGL Tier-2 20.01.2025

(a) 11.7% (b) 18.5%
(c) 14,3% (d) 16.8%

उत्तर (d)

- भारत की 2011 की जनगणना के अनुसार, हिन्दु धर्म की जनसंख्या में 16.8% की वृद्धि दर दर्ज की गई थी।
- वर्ष 2011 में हिन्दू धर्म के अनुयायियों की संख्या कुल जनसंख्या का लगभग 79.8% थी,
- अन्य धर्मों में, कुल जनसंख्या का (मुस्लिम - 14.2%, ईसाई - 2.3%, सिख - 1.7%, बौद्ध - 0.7%, जैन 0.4%) है।

459. वर्ष 2011 की जनगणना के सम्बन्ध में नीचे दिए गए विकल्पों में से सबसे उपयुक्त उत्तर का चयन कीजिए।

कथन 1. 2001-2011 के दशक के दौरान भारत की जनसंख्या में 181 मिलियन से अधिक की वृद्धि हुई है।

कथन 2. 2001-2011 के दौरान प्रतिशत दशकीय वृद्धि में आज़ादी के बाद से सबसे तेज गिरावट दर्ज की गई है। SSC CGL Tier-2 18.01.2025

(a) केवल कथन 2 सही है।
(b) कथन 1 और 2 दोनों सही हैं।
(c) केवत कथन 1 सही है।
(d) कथन 1 और 2 दोनों गलत हैं।

उत्तर (b)

- कथन 1 और 2 दोनों सही हैं।
- 2001-11 के दशक के दौरान भारत की जनसंख्या में 181 मिलियन से अधिक की वृद्धि हुई है। इस दशक में भारत की जनसंख्या में 17.64% की वृद्धि हुई थी।
- 2001-11 के दशक के दौरान प्रतिशत दशकीय वृद्धि में आजादी के बाद से सबसे तेज गिरावट दर्ज की गई है।
- 1911-1921 के दशक में भी भारत की जनसंख्या में नकारात्मक वृद्धि दर दर्ज की गई थी।

460. भारत की जनगणना 2011 के अनुसार, 10-19 वर्ष के आयु वर्ग की किशोरियों का प्रतिशत कितना था? SSC CGL Tier-1 25.09.2024 (Shift-I)

(a) 120.9%
(b) 52.7%
(c) 47.3%
(d) 31.3%

उत्तर (c)

- भारत की जनगणना 2011 के अनुसार 10-19 वर्ष के आयु वर्ग की किशोरियों की जनसंख्या 47.3% था।
- भारत में पहली बार जनगणना 1872 ई. में हुई थी।
- भारत में स्थायी रूप से पहली पूर्ण जनगणना **1881 ई.** में हुई थी, यह जनगणना लॉर्ड रिपन के शासनकाल में हुई थी।
- 2011 की जनगणना भारत की 15वीं जनगणना थी।

461. वर्ष 2011 की जनगणना के अनुसार, भारत की वार्षिक चरघातांकीय वृद्धि दर क्या थी? SSC CGL Tier-1 24.09.2024 (Shift-III)

(a) 1.10% (b) 4.34%
(c) 1.64% (d) 3.54%

उत्तर (c)

- वर्ष 2011 की जनगणना के अनुसार, भारत की वार्षिक चरघातांकीय वृद्धि दर 1.64% थी।
- चरघातांकीय वृद्धि दर एक विशिष्ट प्रकार की वृद्धि है, जिसमें समय के सम्बन्ध में किसी संख्या (राशि) के परिवर्तन की दर उस संख्या के समानुपाती होती है।
- वर्ष 2001 से 2011 के मध्य दशकीय जनसंख्या वृद्धि 17.64% थी।
- 2011 की जनगणना देश की 15वीं राष्ट्रीय जनगणना थी।

462. भारत की 2001 की जनगणना के अनुसार, भारतीय पुरुषों के प्रवास का मुख्य कारण निम्नलिखित में से कौन-सा है? SSC CGL Tier-1 24.09.2024 (Shift-II)

(a) काम और रोजगार (b) शिक्षा
(c) विवाह (d) व्यवसाय

उत्तर (a)

- भारत की 2001 की जनगणना के अनुसार, भारतीय पुरुषों के प्रवास का मुख्य कारण काम और रोजगार है।
- शिक्षा व व्यवसाय पुरुष प्रवास के अन्य कारण हैं।
- महिलाओं के प्रवास का मुख्य कारण शादी 65% है।
- लगभग 307 मिलियन लोगों को जन्म स्थान से प्रवास के रूप में सूचित किया गया था।
- इनमें 259 मिलियन (84.2%) लोग राज्य के एक हिस्से से दूसरे हिस्से में चले जाते हैं और 42 मिलियन (2%) लोग देश से बाहर चले जाते हैं।

463. भारत की जनगणना 2011 के अनुसार, केन्द्रशासित प्रदेशों के किस समूह का जनसंख्या घनत्व सर्वाधिक है? SSC CGL Tier-1 24.09.2024 (Shift-I)

(a) लक्षद्वीप, दमन और दीव तथा चण्डीगढ़
(b) लक्षद्वीप, दमन और दीव तथा पुदुचेरी
(c) दिल्ली, चण्डीगढ़ और पुदुचेरी
(d) दिल्ली, चण्डीगढ़ तथा दमन और दीव

उत्तर (c)

- भारत की वर्ष 2011 की जनगणना के अनुसार दिल्ली का जनसंख्या घनत्व 11297 व्यक्ति/किमी^{2} है। जोकि केन्द्रशासित प्रदेश के सन्दर्भ में सर्वाधिक है।
- चण्डीगढ़ का 9252 व्यक्ति/किमी^{2} है।
- पुदुचेरी का 2598 व्यक्ति/किमी^{2} है,
- केन्द्रशासित राज्यों में सबसे कम जनसंख्या घनत्व दादरा व नगर हवेली 698 व्यक्ति/किमी^{2} है।

464. भारत की जनगणना 2011 के अनुसार, 2001 की जनगणना की तुलना में पुरुषों और महिलाओं की साक्षरता दर में क्रमशः कितनी वृद्धि हुई है? SSC CGL Tier-1 23.09.2024 (Shift-I)

(a) 3.88% और 13.79%
(b) 6.88% और 11.79%
(c) 4.88% और 10.79%
(d) 5.88% और 12.79%

उत्तर (b)

- भारत की जनगणना 2011 के अनुसार, 2001 की जनगणना की तुलना में पुरुषों और महिलाओं की साक्षरता दर में क्रमशः 6.88% और 11.79% वृद्धि हुई है।
- वर्ष 2011 में पुरुष साक्षरता 82.14% थी तथा वर्ष 2001 में यह दर 75.26% थी। अत: दोनों में अन्तर 6.88% का है।
- वर्ष 2011 में महिला साक्षरता 65.46% थी तथा वर्ष 2001 में यह दर 53.67% थी। अत: दोनों में अन्तर 11.79% का है।
- वर्ष 2011 की जनगणना के अनुसार, भारत में सबसे कम साक्षरता वाला राज्य **बिहार** है और सबसे अधिक साक्षरता वाला राज्य **केरल** है।

465. 1838 ई. में किसने जनसंख्या वृद्धि के लॉजिस्टिक समीकरण मॉडल को प्रकाशित किया था? SSC CGL Tier-1 23.09.2024 (Shift-I)

(a) पियरे फ्राँस्वा वेरहल्स्ट
(b) हॉवर्ड थॉमस ओडुम
(c) अल्फ्रेड रसेल वॉलेस
(d) जॉर्ज एवलिन हचिंसन

उत्तर (a)

- 1838 ई. में पियरे फ्राँस्वा वेरहल्स्ट द्वारा जनसंख्या वृद्धि के लॉजिस्टिक समीकरण मॉडल को प्रकाशित किया था।
- लॉजिस्टिक समीकरण, जनसंख्या वृद्धि का एक मॉडल है।
- लॉजिस्टिक समीकरण को **ग्रोथ कर्व** भी कहते हैं, यह S-आकार का होता है। यह क्रमिक वृद्धि चरण, फिर तीव्र वृद्धि चरण और उसके बाद धीमी वृद्धि दर को दर्शाता है।

466. जनगणना 2011 के अनुसार, सर्वाधिक जनसंख्या वाला जिला कौन-सा है? SSC CGL Tier-1 18.09.2024 (Shift-III)

(a) कोल्लम (b) ठाणे
(c) अजमेर (d) पुणे

उत्तर (b)

- 2011 की जनगणना के अनुसार, भारत में सबसे अधिक जनसंख्या वाला जिला **ठाणे** (महाराष्ट्र) है, जिसकी जनसंख्या लगभग 1.1 करोड़ थी।

• **24 परगना** (पश्चिम बंगाल) लगभग 1.08 करोड़ की आबादी के साथ भारत का दूसरा सबसे अधिक आबादी वाला जिला था।
• जनगणना 2011 के अनुसार, अरुणाचल प्रदेश की **दिबांग घाटी** भारत का सबसे कम आबादी वाला जिला है।
• उत्तर प्रदेश सबसे अधिक जनसंख्या वाला राज्य है।
• **गोवा** सबसे कम जनसंख्या वाला राज्य है।

467. भारत की जनगणना 2011 के अनुसार, 'अन्य धर्म और अनुनय(ORP)' की जनसंख्या कितनी है? **SSC CGL Tier-1 17.09.2024 (Shift-I)**

(a) 5.9 मिलियन (b) 9.9 मिलियन
(c) 7.9 मिलियन (d) 3.9 मिलियन

उत्तर (c)

• भारत की जनगणना 2011 के अनुसार, अन्य धर्म और अनुनय की जनसंख्या **7.9 मिलियन** है।
• अन्य धर्म और अनुनय (ORP), धार्मिक स्वतन्त्रता से जुड़े हैं, जिसमें लोग दूसरे धर्म को अपनाते हैं या किसी धर्म को नहीं मानते हैं।

468. भारत के बाद निम्नलिखित में से किस देश में सबसे अधिक हिन्दू आबादी है? **SSC CGL Tier-1 17.09.2024 (Shift-II)**

(a) नेपाल (b) भूटान
(c) श्रीलंका (d) म्यांमार

उत्तर (a)

• भारत के बाद नेपाल में सर्वाधिक हिन्दू आबादी है। विश्व की कुल जनसंख्या में लगभग 15-16% हिन्दू धर्म के अनुयायी हैं।
• कुल जनसंख्या के प्रतिशत में नेपाल में सर्वाधिक (82%) हिन्दू हैं। उसके बाद भारत (79.89%) तथा मॉरिशस (42.5%) में हिन्दू हैं।
• वर्ष 2010 के अनुमान के अनुसार 60 से 70 मिलियन हिन्दू भारत से बाहर रहते हैं।
• गुयाना, फिजी, त्रिनिदाद और टोबैगो तथा सूरीनाम में बड़े पैमाने पर हिन्दू अल्पसंख्यक रहते हैं।

469. भारत की जनगणना 2011 के अनुसार, किस केन्द्रशासित प्रदेश में झुग्गियों में रहने वाली आबादी सबसे अधिक है? **SSC CGL Tier-1 17.09.2024 (Shift-I)**

(a) अण्डमान और निकोबार द्वीप समूह
(b) पुदुचेरी
(c) चण्डीगढ़
(d) दिल्ली

उत्तर (d)

• भारत की जनगणना 2011 के अनुसार, दिए गए विकल्पों में दिल्ली में झुग्गियों में रहने वाली आबादी सबसे अधिक है।
• 2011 की जनगणना के अनुसार दिल्ली में झुग्गी झोपड़ियों की आबादी 18 लाख थी।
• इस जनगणना के अनुसार महाराष्ट्र में सबसे अधिक झुग्गी बस्तियों में रहने वाली आबादी है, जिसकी संख्या लगभग 1.18 करोड़ थी।

470. भारत की जनगणना 2011 के अनुसार, कुल जनसंख्या में किशोर जनसंख्या (10–19 वर्ष) का प्रतिशत कितना है? **SSC CGL Tier-1 12.09.2024 (Shift-III)**

(a) 20.9% (b) 22.9% (c) 19.9% (d) 21.9%

उत्तर (a)

• भारत की जनगणना 2011 के अनुसार, कुल जनसंख्या में किशोर जनसंख्या (10-19 वर्ष) का प्रतिशत 20.9 % है।
• वहीं कुल जनसंख्या में किशोरियों का प्रतिशत 47.3% है।
• भारत में अब तक 15 बार जनगणना हो चुकी है।
• भारत में जनगणना की शुरुआत 1872 ई. में हुई थी, लेकिन पहली पूर्ण जनगणना 1881 ई. में हुई थी।
• भारत में प्रत्येक 10 वर्ष के अन्तराल पर जनगणना होती है।

471. भारत की जनगणना 2011 के अनुसार, भारत में, पुरुष एवं महिला साक्षरता दर के बीच कितना अन्तर है? **SSC CGL Tier-1 12.09.2024 (Shift-II)**

(a) 16.68% (b) 18.30%
(c) 24.84% (d) 21.59%

उत्तर (a)

• 2011 की जनगणना के अनुसार **कुल साक्षरता** दर 74.04% है, जिसमें **पुरुष साक्षरता** दर 82.14% और **महिला साक्षरता** दर 65.46% है। अत: दोनों के मध्य साक्षरता दर का अनतर 16.68% है।
• वर्ष 2011 में **केरल** की साक्षरता दर सबसे अधिक (94% सर्वाधिक) थी।
• बिहार की साक्षरता दर सबसे कम 61.80% है। इसमें महिला साक्षरता दर 51.50% और पुरुष साक्षरता दर 71.20% है।

472. 2001 की जनगणना के आधार पर, त्वरित महिला साक्षरता कार्यक्रम उन जिलों में शुरू किया गया था, जहाँ महिला साक्षरता दर ...... थी। **SSC CGL Tier-1 10.09.2024 (Shift-III)**

(a) 35% से कम (b) 45% से कम
(c) 50% से कम (d) 30% से कम

उत्तर (d)

• 2001 की जनगणना के आधार पर त्वरित महिला साक्षरता कार्यक्रम उन जिलों में शुरू किया गया था, जहाँ महिला साक्षरता दर 30% से कम थी।
• 2001 की जनगणना के अनुसार, देश की साक्षरता दर 65.38% थी, जिसमें पुरुषों की साक्षरता दर 75.85% तथा महिलाओं की साक्षरता दर 54.16% थी।
• 2011 की जनगणना के अनुसार, देश की कुल साक्षरता दर 74.04% है, जिसमें पुरुषों की साक्षरता दर 82.14% तथा महिलाओं की साक्षरता दर 65.46% है।

473. भारत की जनगणना की परिभाषा के अनुसार, एक सीमान्त श्रमिक वह व्यक्ति है, जो .... काम करता है। **CGL Tier-1 09.09.2024 (Shift-III)**

(a) एक वर्ष में आठ महीने
(b) एक वर्ष में 183 दिनों (या छ: महीने) से कम
(c) एक वर्ष में 83 दिन
(d) एक वर्ष में 183 दिनों (या छ: महीने) से अधिक

उत्तर (b)

• भारतीय जनगणना के अनुसार, एक सीमान्त श्रमिक वह व्यक्ति होता है, जो एक वर्ष में 183 दिन (छ: महीने) से कम काम करता है।
• 2011 की जनगणना के अनुसार, भारत में 8.7% श्रमिक सीमान्त श्रमिक है।
• सीमान्त श्रमिकों का प्रतिशत एक कम विकासशील अर्थव्यवस्था और गरीबी को दर्शाता है।
• सीमान्त श्रमिक ग्रामीण क्षेत्रों में भूमिहीन खेतिहर मजदूर हैं।

474. जब जनसंख्या घनत्व का विश्लेषण निवल खेती योग्य क्षेत्र के माध्यम से गणना करके किया जाता है, तो उस माप को क्या कहा जाता है? **CGL Tier-1 09.09.2024 (Shift-I)**

(a) कार्यिकीय घनत्व (b) सकल घनत्व
(c) कृषि घनत्व (d) निवल घनत्व

उत्तर (a)

• जब जनसंख्या घनत्व का विश्लेषण निवल खेती योग्य क्षेत्र के माध्यम से गणना करके किया जाता है, तो उस माप को **कार्यिकीय घनत्व** कहा जाता है।
• कार्यिकीय घनत्व इस बात का एक अच्छा संकेतक है कि किसी क्षेत्र की भूमि कितने समय तक अपनी आबादी का भरण-पोषण कर सकती है।
• उच्च जनसंख्या घनत्व वाले क्षेत्रों में कार्यिकीय घनत्व तक पहुँचने की सम्भावना भी अधिक होती है।

SSC CGL 2023 (Tier 1 & 2)

475. राष्ट्रीय जनगणना में भारत के भीतर ...... समूहों की पहचान नहीं की जाती है। **SSC CGL Tier-2 06.03.2023 (Shift-I)**

(a) अनुसूचित जाति (b) नृजातीय
(c) जनजातीय (d) धार्मिक

उत्तर (b)

• राष्ट्रीय जनगणना के अन्तर्गत अनुसूचित जाति, जनजातीय, धार्मिक समूह, अल्पसंख्यक समूह इत्यादि की गणना की जाती है। जबकि नृजातीय समूहों की पहचान नहीं की जाती है।
• जनगणना संगठन, केन्द्रीय गृह मंत्रालय के अधीन कार्य करता है।

476. वर्ष 2011 की जनगणना के अनुसार, निम्न में से किस राज्य की प्रजनन दर भारत में सर्वाधिक है? **SSC CGL Tier-2 03.03.2023 (Shift-I)**

(a) पंजाब (b) बिहार
(c) महाराष्ट्र (d) केरल

उत्तर (b)

• जनगणना 2011 के अनुसार, उच्चतम प्रजनन दर वाला राज्य **बिहार** था, जिसकी प्रजनन दर 3.2% थी। राष्ट्रीय परिवार स्वास्थ्य सर्वेक्षण (NFHS-5) के पाँचवें दौर की रिपोर्ट के अनुसार देश में कुल प्रजनन दर 2.2 से घटकर 2.0 हो गई है।
• भारत में जनसंख्या घनत्व में बिहार राज्य का प्रथम स्थान है। यहाँ जनसंख्या घनत्व प्रति वर्ग किलोमीटर में 1106 लोग रहते हैं।

477. वर्ष 2011 की जनगणना के अनुसार किस राज्य की साक्षरता दर सबसे कम है?

SSC CGL Tier-2 02.03.2023 (Shift-I)

(a) महाराष्ट्र (b) अरुणाचल प्रदेश
(c) केरल (d) बिहार

उत्तर (d)

- बिहार में साक्षरता दर सबसे कम (61.81%) है।
- 2011 की जनगणना के अनुसार, भारत की साक्षरता दर 74.04% है। पुरुषों के लिए 82.14 और महिलाओं के लिए 65.46% है। केरल राज्य 94% के साथ भारत का सबसे अधिक साक्षर राज्य है।

478. वर्ष 2011 की जनगणना के अनुसार भारत की जनसंख्या ...... है।

SSC CGL Tier-2 07.03.2023 (Shift-I)

(a) 1.5 बिलियन (b) 1.11 बिलियन
(c) 1.21 बिलियन (d) 1.4 बिलियन

उत्तर (c)

- वर्ष 2011 की जनगणना के अनुसार भारत की जनसंख्या 1.21 बिलियन है, जिसमें 623.7 मिलियन (51.54%) पुरुष और 586.46 मिलियन (48.46%) महिलाएँ हैं।

479. जनजातीय जनसंख्या (2011) के आधार पर, उस विकल्प की पहचान कीजिए, जो निम्नलिखित राज्यों को आरोही क्रम में व्यवस्थित करता है

SSC CGL Tier I 14.07.2023 (Shift-I)

A. मध्य प्रदेश B. महाराष्ट्र C. ओडिशा

कूट

(a) C, B, A (b) B, C, A
(c) B, A, C (d) C, A, B

उत्तर (a)

- **ओडिशा, महाराष्ट्र व मध्य प्रदेश** में वर्ष 2011 की जनगणना के अनुसार भारत में जनजातियों की संख्या, कुल **जनसंख्या** का **8.6%** है।
- भारत में लगभग **550** जनजातियाँ हैं।
- वर्ष 2001-2011 के दौरान जनजातियों की दशकीय वृद्धि दर **23.7%** है।
- वर्ष 2011 की जनगणना के अनुसार, जनजातियों के अधिकतम अनुपात वाले राज्य एवं केन्द्रशासित प्रदेश हैं
लक्षद्वीप > मिजोरम > नागालैण्ड > मेघालय > अरुणाचल प्रदेश।

480. 2011 की जनगणना के अनुसार भारत में बाल लिंगानुपात कितना है?

SSC CGL Tier-2 17.07.2023 (Shift-IV)

(a) प्रति 1000 बालकों पर 911 बालिकाएँ
(b) प्रति 1000 बालकों पर 814 बालिकाएँ
(c) प्रति 1000 बालकों पर 941 बालिकाएँ
(d) प्रति 1000 बालकों पर 919 बालिकाएँ

उत्तर (d)

- 2011 की जनगणना के अनुसार, भारत में बाल लिंगानुपात प्रति 1000 बालकों पर 919 बालिकाएँ हैं।
- प्रति हजार पुरुषों पर पैदा होने वाली महिलाओं की संख्या को लिंगानुपात कहा जाता है।
- लिंगानुपात $= \frac{\text{स्त्रियों की संख्या}}{\text{पुरूषों की संख्या}}$
- सर्वाधिक लिंगानुपात वाले राज्य **केरल** (1084), **तमिलनाडु** (996) व **आन्ध्र प्रदेश** (993) है।
- सबसे कम लिंगानुपात वाला राज्य हरियाणा (879) है।

481. निम्नलिखित में से किस अवधि को भारत की जनसंख्या वृद्धि के रुके हुए या स्थिर चरण की अवधि के रूप में जाना जाता है?

SSC CGL Tier I 18.07.2023 (Shift-II)

(a) वर्ष 1941-1961 (b) वर्ष 1921-1941
(c) वर्ष 1901-1921 (d) वर्ष 1961-1981

उत्तर (c)

- वर्ष **1901-1921** की अवधि के दौरान जनसंख्या वृद्धि अत्यधिक निम्न थी, क्योंकि जन्म व मृत्यु दर दोनों उच्च थी, जिससे वृद्धि दर निम्न बनी रही।
- वर्ष 1901 से 1921 की अवधि के दौरान जनसंख्या में ऋणात्मक वृद्धि दर्ज की गई।

482. भारत की वर्ष 2011 की जनगणना के अनुसार, भारत के किस राज्य की जनसंख्या सबसे अधिक है? **SSC CGL Tier-2 19.07.2023 (Shift-I)**

(a) पश्चिम बंगाल (b) महाराष्ट्र
(c) उत्तर प्रदेश (d) बिहार

उत्तर (c)

- भारत की वर्ष 2011 की जनगणना के अनुसार, उत्तर प्रदेश राज्य की जनसंख्या सर्वाधिक है।
- उत्तर प्रदेश की जनसंख्या लगभग **19.98 करोड़** है।
- वर्ष 2011 की जनसंख्या के अनुसार **महाराष्ट्र** दूसरा सबसे बड़ी जनसंख्या वाला राज्य है।
- इसकी कुल जनसंख्या **11.24 करोड़** है।
- **बिहार** का स्थान तीसरा है। इसकी कुल जनसंख्या **10.4 करोड़** है।

483. 'हमारी जनगणना, हमारा भविष्य', भारत की किस जनगणना का नारा था?

SSC CGL Tier I 19.07.2023 (Shift-IV)

(a) 2001 (b) 1981
(c) 2011 (d) 1991

उत्तर (c)

- **हमारी जनगणना, हमारा भविष्य**, भारत की 2011 की जनगणना का नारा था।
- किसी भी देश के विकास एवं उनके भविष्य की नीतियों के निर्धारण के लिए देश के नागरिकों की संख्या का ज्ञात होना आवश्यक होता है।
- **वर्ष 2000** की राष्ट्रीय जनसंख्या नीति में **वर्ष 2045** तक देश की जनसंख्या को स्थिर करने का **दीर्घकालिक लक्ष्य** रखा गया था।

484. देश में महिलाओं के बारे में जानकारी प्राप्त करने के लिए विभिन्न राज्यों और केन्द्रशासित प्रदेशों में लिंगानुपात बहुत महत्त्वपूर्ण है। नीचे भारत की जनगणना वर्ष 2011 के अनुसार आँकड़े दिए गए हैं। निम्नलिखित को सुमेलित करें और सही विकल्प की पहचान करें।

SSC CGL Tier I 21.07.2023 (Shift-III)

राज्य/केन्द्रशासित	महिलाएँ प्रति 1000 पुरुष
A. केरल	1. 1037
B. पुदुचेरी	2. 1084
C. दिल्ली	3. 879
D. हरियाणा	4. 868

कूट

	A	B	C	D		A	B	C	D
(a)	2	1	3	4	(b)	1	2	3	4
(c)	2	1	4	3	(d)	2	3	1	4

उत्तर (c)

- दिए गए प्रश्न का सही मिलान विकल्प (c) है।
- अत: वर्ष 2011 के आँकड़ों के अनुसार, केरल का लिंगानुपात 1084 है, जो भारत में सबसे अधिक है।
- पुदुचेरी का लिंगानुपात 1037 हैं, जो केन्द्रशासित प्रदेशों में सबसे ज्यादा है।
- दिल्ली का लिंगानुपात 868 तथा हरियाणा का 879 है।

485. वर्ष 2011 की जनगणना के अनुसार, भारत में कृषि श्रमिकों का प्रतिशत हिस्सा कितना है?

SSC CGL Tier-2 21.07.2023 (Shift-IV)

(a) 55.6% (b) 54.6%
(c) 44.6% (d) 64.6%

उत्तर (b)

- कृषि क्षेत्र में लगे कार्यबल का प्रतिशत हिस्सा वर्ष 2001 में 58.2% से घटकर वर्ष 2011 में 54.6% हो गया।
- भारत के रजिस्ट्रार जनरल द्वारा आयोजित जनगणना 2011 के अनुसार देश में कृषि श्रमिकों की कुल संख्या वर्ष **2001 में 234.1 मिलियन** से बढ़कर 263.1 मिलियन हो गई है।

486. वर्ष 2011 की जनगणना के अनुसार, भारत का जनसंख्या घनत्व कितना है?

SSC CGL Tier I 24.07.2023 (Shift-II)

(a) 282 व्यक्ति/किमी^{2} (b) 482 व्यक्ति/किमी^{2}
(c) 328 व्यक्ति/किमी^{2} (d) 382 व्यक्ति/किमी^{2}

उत्तर (d)

- वर्ष 2011 की जनगणना के अनुसार, भारत का जनसंख्या घनत्व **382 व्यक्ति/किमी^{2}** है।
- वर्ष 1991 और 2011 के बीच सभी राज्यों और केन्द्रशासित प्रदेशों में जनसंख्या घनत्व में वृद्धि हुई।
- भारत में सबसे अधिक जनसंख्या घनत्व **बिहार** (1106 व्यक्ति/किमी^{2}) का है। इसके बाद क्रमशः पश्चिम बंगाल (1028 व्यक्ति/किमी^{2}) व केरल (1860 व्यक्ति/किमी^{2}) का स्थान है।
- वर्ष 2011 की जनगणना के अनुसार सबसे कम जनसंख्या घनत्व वाला राज्य **अरुणाचल प्रदेश** 17 व्यक्ति/किमी^{2} है।

487. निम्नलिखित में से किस अवधि को भारत में जनसंख्या विस्फोट की अवधि के रूप में जाना जाता है? **SSC CGL Tier I 24.07.2023 (Shift-IV)**

(a) वर्ष 1921-1951 (b) वर्ष 1951-1981
(c) वर्ष 1931-1961 (d) वर्ष 1961-2021

उत्तर (b)

• वर्ष **1951-1981** अवधि को भारत में **जनसंख्या विस्फोट** की अवधि के रूप में जाना जाता है।

• यह देश में **मृत्यु दर में तीव्र ह्रास** और जनसंख्या की **उच्च प्रजनन दर** के कारण हुआ। औसत वार्षिक वृद्धि दर 2.2% तक ऊँची रही।

• वर्ष 1981 के पश्चात् वर्तमान तक देश की जनसंख्या की वृद्धि दर, यद्यपि ऊँची बनी रही, परन्तु धीरे-धीरे मन्द गति से घटने लगी थी।

488. भारत के जनगणना संगठन (सेंसस ऑर्गेनाइजेशन ऑफ इण्डिया) द्वारा किया गया, 15वाँ राष्ट्रीय जनगणना सर्वेक्षण किस वर्ष की जनगणना है?

SSC CGL Tier-2 25.07.2023 (Shift-III)

(a) 1991 (b) 2001 (c) 1981 (d) 2011

उत्तर (d)

• भारत के जनगणना संगठन द्वारा किया गया, 15 वाँ राष्ट्रीय जनगणना सर्वेक्षण वर्ष 2011 की जनगणना है।

• 2011 की जनगणना के अनुसार भारत की कुल जनसंख्या 1,21,08,54,977 है, जिसमें 51.54% पुरुष एवं 48.46% महिलाएँ हैं।

• भारत की कुल जनसंख्या विश्व की कुल जनसंख्या का 17.5% है।

• भारत की जनगणना 2011 के जनगणना आयुक्त **सी. चन्द्रमौली** थे।

489. स्तम्भों का मिलान कीजिए (2011 की जनगणना के अनुसार।

SSC CGL Tier I 26.07.2023 (Shift-I)

राज्य		जनसांख्यिकीय विशेषताएँ	
A.	केरल	1.	उच्चतम लिंगानुपात
B.	हरियाणा	2.	निम्नतम लिंगानुपात
C.	गोवा	3.	नगरीय आबादी का उच्चतम प्रतिशत हिस्सा

कूट

	A B C		A B C
(a)	1 2 3	(b)	3 2 1
(c)	2 1 3	(d)	1 3 2

उत्तर (a)

• सही सुमेलन A-1, B-2, C-3 है।

• भारत में वर्ष 2011 की जनगणना के अनुसार **केरल** राज्य में **उच्चतम लिंगानुपात** है, यहाँ लिंगानुपात 1084 है।

• हरियाणा में **निम्नतम लिंगानुपात** है, जो भारत में सबसे कम है तथा यहाँ लिंगानुपात 879 है।

• भारत में नगरीय आबादी का उच्चतम प्रतिशत हिस्सा **गोवा** में है।

• गोवा की जनसंख्या की 62.17% आबादी शहरों में निवास करती है।

490. उस विकल्प की पहचान कीजिए, जो 2011 की जनगणना के अनुसार निम्नलिखित राज्यों की साक्षरता दर को अवरोही क्रम में व्यवस्थित करता है। **SSC CGL Tier-2 26.07.2023 (Shift-II)**

I. केरल II. हिमाचल प्रदेश
III. हरियाणा

कूट

(a) III, II, I (b) I, III, II
(c) II, I, III (d) I, II, III

उत्तर (d)

• 2011 की जनगणना के अनुसार राज्यों की साक्षरता दर का अवरोही क्रम **केरल** (93.91%), **हिमाचल प्रदेश** (82.80%) एवं **हरियाणा** (75.55%) है।

• वर्ष 2011 की जनगणना के अनुसार, देश में महिला साक्षरता दर मात्र 65.46 फीसदी है, जबकि पुरुष साक्षरता दर 82.9 फीसदी है।

• बिहार (61.8%) में सबसे कम साक्षरता है।

• वर्ष 2011 की जनगणना के अनुसार भारत की साक्षरता दर 73% है।

SSC CPO 2024

491. भारत की जनगणना 2011 के अनुसार, देश की जनसंख्या में अन्य धर्मों और मतों' का कितना प्रतिशत हिस्सा है? **SSC CPO 27.06.2024 (Shift-III)**

(a) 1.7 (b) 0.7
(c) 2.3 (d) 0.4

उत्तर (b)

• भारत की जनगणना 2011 के अनुसार, 'अन्य धर्मों और मतों' श्रेणी का जनसंख्या में कुल 0.7% हिस्सा था।

• इसकी जनसंख्या 0.79 करोड़ है।

• यह श्रेणी उन छोटे, धार्मिक समूहों को शामिल करती हैं, जिन्हें प्रमुख धर्मों में नहीं रखा गया है।

492. जनसंख्या घनत्व के घटक के सम्बन्ध में निम्नलिखित में से कौन-सा एक राज्य असंगत है? **SSC CPO 27.06.2024 (Shift-I)**

(a) अरुणाचल प्रदेश (b) उत्तर प्रदेश
(c) तमिलनाडु (d) बिहार

उत्तर (a)

• अरुणाचल प्रदेश, जनसंख्या घनत्व के घटक के सम्बन्ध में असंगत राज्य है, क्योंकि यहाँ का जनसंख्या जनघनत्व सबसे कम है।

• 2011 की जनगणना के अनुसार, भारत का जनघनत्व 382 व्यक्ति प्रति वर्ग किमी है।

• न्यूनतम जनघनत्व वाले राज्य हैं- अरुणाचल प्रदेश (17), मिजोरम (52), सिक्किम (86), मणिपुर (115)

• सर्वाधिक जनघनत्व वाले राज्य हैं- बिहार (1106), पश्चिम बंगाल (1028), केरल (860), उत्तर प्रदेश (829)।

493. भारत की 2011 की जनगणना के अनुसार निम्नलिखित में से किस राज्य की साक्षरता दर सबसे कम है? **SSC CPO 27.06.2024 (Shift-II)**

(a) ओडिशा (b) झारखण्ड
(c) बिहार (d) तमिलनाडु

उत्तर (c)

• भारत की जनगणना के अनुसार **बिहार** राज्य की साक्षरता दर सबसे कम (61.80%) है।

• 2011 की जनगणना के अनुसार भारत की साक्षरता दर **74.04%** है।

• पुरुषों की साक्षरता **82.14%** तथा महिला की साक्षरता 64.46% है।

• सबसे अधिक साक्षरता केरल (94%) राज्य की है।

494. भारत की जनगणना 2011 के अनुसार राष्ट्रीय महिला श्रमबल भागीदारी दर (Female workforce participation rate) क्या है?

SSC CPO 27.06.2024 (Shift-III)

(a) 30.02% (b) 53.26%
(c) 53.03% (d) 25.51%

उत्तर (d)

• भारत की जनगणना 2011 के अनुसार, राष्ट्रीय महिला श्रमबल भागीदारी दर 25.51% थी।

• यह दर्शाता है कि प्रत्येक 100 महिलाओं में से केवल 25.51 महिलाएँ श्रम बल में भाग ले रही थीं।

• यह दर पुरुषों की श्रमबल भागीदारी दर (53.26%) की तुलना में काफी कम है।

• ग्रामीण क्षेत्रों में महिला श्रमबल भागीदारी दर 24.8% थी, जबकि शहरी क्षेत्रों में यह दर 30.29% थी।

495. भारत की जनगणना 2011 के अनुसार, राष्ट्रीय पुरुष श्रम बल भागीदारी दर क्या है?

SSC CPO 28.06.2024 (Shift-III)

(a) 52.26% (b) 51.26%
(c) 50.26% (d) 53.26%

उत्तर (d)

• 2011 की जनगणना के अनुसार भारतीय स्तरों पर कार्यबल भागीदारी दर महिलाओं के लिए 25.514 और पुरुषों के लिए 53.26% है।

• कुल कार्यबल 47.41 करोड़ अनुमानित है। जिसमें से 33.69 करोड़ ग्रामीण श्रमिक और 13.72 करोड़ शहरी श्रमिक है।

496. जनगणना 2011 के अनुसार, निम्नलिखित में से कौन-सी भाषा भारत में सबसे कम जनसंख्या द्वारा बोली जाती है? **SSC CPO 28.06.2024 (Shift-I)**

(a) कोंकणी (b) संस्कृत
(c) डोगरी (d) असमिया

उत्तर (b)

• जनगणना 2011 के अनुसार, भारत में संस्कृत भाषा सबसे कम जनसंख्या (24821) द्वारा बोली जाती है।

• 2011 की जनगणना के अनुसार, भारत में अपनी मातृभाषा के रूप में हिन्दी बोलने वाले 43.63 प्रतिशत हैं।

• 8.03 प्रतिशत बंगाली बोलने वालों के साथ यह भाषा सूची में दूसरे स्थान पर है।

• 6.86 प्रतिशत मराठी बोलने वालें के साथ मराठी भाषा तीसरे स्थान पर है।

497. भारत की वर्ष 2011 की जनगणना के अनुसार, किस केन्द्रशासित प्रदेश की साक्षरता दर सबसे कम है? **SSC CPO 29.06.2024 (Shift-II)**

(a) दादरा और नगर हवेली
(b) लक्षद्वीप
(c) दिल्ली
(d) अण्डमान और निकोबार द्वीप समूह

उत्तर (a)

• वर्ष 2011 की जनगणना के अनुसार, दादरा और नगर हवेली केन्द्रशासित प्रदेश की साक्षरता दर सबसे कम (76.2%) है।

• केन्द्रशासित प्रदेशों में लक्षद्वीप की साक्षरता दर सबसे अधिक 91.85% है।

• 2011 की जनगणना के अनुसार केरल राज्य की साक्षरता दर सबसे अधिक 94% तथा बिहार राज्य की साक्षरता दर सबसे कम 61.80 है।

498. वर्ष 2011 की जनगणना के अनुसार भारत की साक्षरता दर क्या है?
SSC CPO 29.06.2024 (Shift-I)

(a) 16.68% (b) 82.14%
(c) 74.04% (d) 65.46%

उत्तर (c)

• वर्ष 2011 की जनगणना के अनुसार भारत की साक्षरता दर 74.04% है, जिसमें पुरुष साक्षरता दर 82.14% और महिला साक्षरता दर 65.46% है।

• केरल राज्य में सबसे अधिक साक्षरता दर 94% है और बिहार में सबसे कम साक्षरता दर 61.80% है।

• शहरी साक्षरता दर 84.11% है, जबकि ग्रामीण क्षेत्रों में यह 67.77% थी।

• लिंग साक्षरता दर में लगभग 16.8% का अन्तर है।

SSC CPO 2023

499. भारत की जनगणना, 2011 के अनुसार, भारत में तीसरी सर्वाधिक बोली जाने वाली भाषा की पहचान कीजिए। SSC CPO 04.10.2023 (Shift-II)

(a) तमिल (b) मराठी (c) बंगाली (d) हिन्दी

उत्तर (b)

• भारत की जनगणना, 2011 के अनुसार, भारत में तीसरी सर्वाधिक बोली जाने वाली भाषा **मराठी** है।

• भारत में सर्वाधिक बोली जाने वाली भाषा हिन्दी (52.83 करोड़ लोग) है।

• जबकि बांग्ला (9.27 करोड़) दूसरी सर्वाधिक बोली जाने वाली भाषा है।

• भारत में बोली जाने वाली दस प्रमुख भाषाएँ हिन्दी, बांग्ला, मराठी, तेलुगु, तमिल, गुजराती, उर्दू, कन्नड़, उड़िया तथा मलयालम हैं।

SSC CHSL 2024 (Tier 1 & 2)

500. भारत में जनगणना कार्य कितने चरणों में होता है?
SSC CHSL Tier-2 11.11.2024

(a) दो (b) एक (c) तीन (d) चार

उत्तर (a)

• भारत में जनगणना का कार्य दो चरणों में होता है। पहले चरण में मकान सूचीकरण एवं आवास जनगणना तथा दूसरे चरण में जनसंख्या की गणना शामिल है।

• भारत में जनगणना की शुरुआत 1872 ई. में लॉर्ड मेयों के काल में हुई थी।

• वर्ष 2011 की जनगणना 15वीं थी। इसके जनगणना आयुक्त सी-चन्द्रमौली थे।

• 2011 की जनगणना का नारा हमारी जनगणना, हमारा भविष्य था।

501. भारत की 2011 की जनगणना के अनुसार, भारत में अधिकांश लोगों ने .... से अन्य राज्यों में प्रवास किए (Out-migrated) थे।
SSC CHSL Tier-1 01.07.2024 (Shift-II)

(a) उत्तर प्रदेश और बिहार
(b) उत्तर प्रदेश और मध्य प्रदेश
(c) महाराष्ट्र और गुजरात
(d) राजस्थान और गुजरात

उत्तर (a)

• भारत की 2011 की जनगणना के अनुसार, भारत में अधिकांश लोगों ने उत्तर प्रदेश और बिहार से अन्य राज्यों में प्रवास किए (Out-migrated) थे।

• जनगणना के आँकड़ों से पता चलता है कि विवाह और रोजगार प्रवास के मुख्य कारण हैं। अधिकांश प्रवास अलग-अलग राज्यों के भीतर होता है।

502. भारत की जनसंख्या वृद्धि दर वर्ष .... से घट रही है। SSC CHSL Tier-1 01.07.2024 (Shift-I)

(a) 1951 (b) 1981
(c) 1991 (d) 1971

उत्तर (b)

• भारत की जनसंख्या वृद्धि दर वर्ष 1981 से घट रही है।

• इसके प्रमुख कारणों में परिवार नियोजन, बेहतर स्वास्थ्य सेवाएँ, साक्षरता में वृद्धि एवं गर्भनिरोधकों का उपयोग इत्यादि शामिल है।

• 31 मार्च, 2011 को जारी अन्तिम रिपोर्टों के अनुसार 17.70% की दशकीय वृद्धि के साथ भारतीय जनसंख्या बढ़कर 1.21 बिलियन हो गई।

503. आजादी के बाद, भारत में जनगणना अधिनियम (Census Act) वर्ष .... में अधिनियमित किया गया था।
SSC CHSL Tier-1 01.07.2024 (Shift-IV)

(a) 1962 (b) 1960 (c) 1955 (d) 1948

उत्तर (d)

• आजादी के बाद, भारत में जनगणना अधिनियम वर्ष 1948 में अधिनियमित किया गया था।

• इसके प्रमुख प्रावधानों के अनुसार, नियमित अन्तराल पर जनगणना आयोजित की जाएगी और इसके लिए एक जनगणना आयुक्त नियुक्त किया जाएगा।

• इसमें 'जनगणना' का अर्थ है जनसंख्या का एक विस्तृत सर्वेक्षण, जिसमें जनसंख्या के विभिन्न पहलुओं, जैसे जनसंख्या, निवास, आयु, व्यवस्था की जानकारी एकत्रित की जाती है।

504. भारत की जनगणना-2011 के अनुसार, किस राज्य में पुरुष और महिला साक्षरता दर के बीच सबसे अधिक अन्तर है?
SSC CHSL Tier-1 02.07.2024

(a) असम (b) राजस्थान
(c) कर्नाटक (d) आन्ध्र प्रदेश

उत्तर (b)

• भारत की जनगणना-2011 के अनुसार, **राजस्थान** राज्य में पुरुष और महिला साक्षरता दर के बीच सबसे अधिक अन्तर है।

• जनगणना 2011 के अनुसार, राजस्थान की पुरुष साक्षरता दर 79.2% तथा महिला साक्षरता दर 52.1% थी।

• जनगणना 2011 के अनुसार, केरल राज्य में पुरुष तथा महिला साक्षरता के बीच अन्तर सबसे कम है, जहाँ पुरुष साक्षरता दर 96.119 तथा महिला साक्षरता दर 92.07% है।

• जनगणना 2011 के अनुसार, देश में साक्षरता दर 74.04% है, जिसमें पुरुषों के लिए 82.14 और महिलाओं के लिए 65.46% है। अत: राष्ट्रीय स्तर पर यह अन्तर 16.88% है।

505. भारत की जनगणना-2011 के अनुसार, भारत में कितने जिले हैं?
SSC CHSL Tier-1 02.07.2024 (Shift-II)

(a) 630 (b) 620 (c) 640 (d) 610

उत्तर (c)

• भारत की जनगणना 2011 के अनुसार, भारत में 640 जिले हैं। फरवरी, 2025 के अनुसार भारत में 797 जिले हैं।

• राज्यों में सबसे अधिक जिले उत्तर प्रदेश में (75) तथा सबसे कम गोवा में (2) हैं। अत: राष्ट्रीय स्तर पर यह अन्तर 16.68% है।

506. भारत की जनगणना के अनुसार साक्षर किसे माना जाता है? SSC CHSL Tier-1 03.07.2024

(a) सात वर्ष और उससे अधिक आयु का व्यक्ति, जो किसी भी भाषा में समझ के साथ पढ़ और लिख सकता है।
(b) पन्द्रह वर्ष और उससे अधिक आयु का व्यक्ति, जो किसी भी भाषा में समझ के साथ पढ़ और लिख सकता है।
(c) पाँच वर्ष और उससे अधिक आयु का व्यक्ति, जो किसी भी भाषा में समझ के साथ पढ़ और लिख सकता है।
(d) अठारह वर्ष और उससे अधिक आयु का व्यक्ति, जो किसी भी भाषा में समझ के साथ पढ़ और लिख सकता है।

उत्तर (a)

• सात वर्ष और उससे अधिक आयु का व्यक्ति, जो किसी भी भाषा में समझ के साथ पढ़ और लिख सकता है, भारत की जनगणना के अनुसार, साक्षर माना जाता है।

• देश में साक्षरता दर 74.04% है, जिसमें पुरुषों के लिए 82.14% तथा महिलाओं के लिए 65.46% है।

• केरल 94% की साक्षरता दर के साथ शीर्ष स्थान पर है। जबकि बिहार 61.80% साक्षरता दर के साथ भारत का सबसे कम साक्षर राज्य है।

507. भारत की जनगणना 2011 के अनुसार, निम्नलिखित में से किस राज्य में सबसे कम जनसंख्या दर्ज की गई?
SSC CHSL Tier-1 03.07.2024 (Shift-I)

(a) गुजरात (b) तमिलनाडु
(c) पंजाब (d) सिक्किम

उत्तर (d)

• भारत की जनगणना 2011 के अनुसार, **सिक्किम** राज्य में सबसे कम जनसंख्या 6.71 लाख दर्ज की गई है।

• 2011 की जनगणना के अनुसार, सबसे अधिक जनसंख्या वाला राज्य उत्तर प्रदेश (19 करोड़) है।
• 2011 की जनगणना के अनुसार, देश की कुल जनसंख्या 121 मिलियन है।

508. वर्ष 2011 तक भारत में कितनी जनगणनाएँ की जा चुकी थीं?
SSC CHSL Tier-1 03.07.2024 (Shift-II)
(a) 12 (b) 15 (c) 7 (d) 16
उत्तर (b)
• वर्ष 2011 तक भारत में 15 जनगणनाएँ की जा चुकी हैं।
• भारत में सर्वप्रथम जनगणना 1872 ई. में लॉर्ड मेयो ने करवाई थी, परन्तु नियमित जनगणना 1881 ई. में लॉर्ड रिपन के कार्यकाल में प्रारम्भ हुई।
• भारत की 2011 के जनगणना आयुक्त सी. चन्द्रमौली हैं।
• 2011 की जनगणना शुभंकर **प्रगणक शिक्षिका** (Enumerator teacher) थी तथा आदर्श वाक्य-'हमारी जनगणना हमारा भविष्य'।

509. जनगणना 2011 के अनुसार, दशक के दौरान जनसंख्या वृद्धि .... रही।
SSC CHSL Tier-1 03.07.2024 (Shift-III)
(a) 17.64% (b) 14.25%
(c) 15.30% (d) 18.30%
उत्तर (a)
• जनगणना 2011 के अनुसार, दशक के दौरान जनसंख्या वृद्धि 17.64% रही।
• 2011 की जनगणना के अनुसार, भारत की कुल जनसंख्या 121 मिलियन है।
• 2001-2011 के दशक के दौरान भारत की जनसंख्या में 181 मिलियन से भी अधिक की वृद्धि हुई है।

510. भारत की जनगणना 2011 के अनुसार, निम्नलिखित में से कौन-सा राज्य सबसे अधिक शहरीकृत है।
SSC CHSL Tier-1 03.07.2024 (Shift-II)
(a) हिमाचल प्रदेश (b) पंजाब
(c) केरल (d) गोवा
उत्तर (d)
• भारत की जनगणना 2011 के अनुसार, गोवा राज्य सबसे अधिक शहरीकृत (62%) है।
• बिहार, ओडिशा, असम व उत्तर प्रदेश नगरीय करण के स्तर पर राष्ट्रीय औसत से निचले स्तर पर बने हुए हैं।
• राष्ट्रीय राजधानी क्षेत्र दिल्ली व केन्द्रशासित प्रदेश चण्डीगढ़ क्रमश: 97.5% व 97.25% शहरी आबादी के साथ सबसे अधिक नगरीकृत हैं। इसके बाद दमन, दीव तथा लक्षद्वीप (दोनों 75% से अधिक नगरी करण) हैं।

511. उच्चतम जनसंख्या वृद्धि दर (जनगणना 2011) के आधार पर, उस विकल्प का चयन करें, जो निम्नलिखित राज्यों को अवरोही क्रम में व्यवस्थित करता है
SSC CHSL Tier-1 03.07.2024 (Shift-IV)
A. बिहार B. अरुणाचल प्रदेश
C. मेघालय
कूट
(a) B, C, A (b) C, B, A
(c) C, A, B (d) A, B, C
उत्तर (b)
• उच्चतम जनसंख्या वृद्धि दर (जनगणना 2011) के आधार पर विकल्प (b) राज्यों को अवरोही (घटता) क्रम में व्यवस्थित करता है।
• सर्वाधिक दशकीय वृद्धि दर वाले राज्यों का क्रम (घटते क्रम में)-**मेघालय** (27.82%) > **अरुणाचल प्रदेश** (25.92%) > बिहार (25.07%)।
• सर्वाधिक दशकीय वृद्धि दर वाले केन्द्रशासित प्रदेशों का क्रम (घटते क्रम में)—**दादरा एवं नगर हवेली** (55.9%) > **दमन एवं दीव** (53.8%) > **पुदुचेरी** (28.1%)।
• वर्ष 2011 की जनगणना में भारत की दशकीय वृद्धि दर 17.72% रही।

512. भारत की जनगणना 2011 के अनुसार, भारत में किस जिले में साक्षरता दर सबसे कम है?
SSC CHSL Tier-1 05.07.2024 (Shift-II)
(a) अलीराजपुर (b) रामपुर
(c) मधुबनी (d) आइजोल
उत्तर (a)
• भारत की जनगणना 2011 के अनुसार, भारत के **अलीराजपुर** (मध्य प्रदेश) जिले की साक्षरता दर सबसे कम है।
• 2011 की जनगणना के अनुसार, सबसे अधिक साक्षरता वाला जिला मिजोरम राज्य का **सेरछिप** जिला है।
• वर्ष 2011 की जनगणना के अनुसार, भारत के सबसे कम साक्षरता दर वाले राज्य में बिहार का पहला स्थान है।
• 94% साक्षरता दर के साथ केरल देश का सबसे अधिक साक्षर राज्य है।
• **दादरा व नगर हवेली** 77.65% साक्षरता दर के साथ भारत में सबसे कम साक्षर केन्द्रशासित प्रदेश है तथा सबसे अधिक साक्षर केन्द्रशासित प्रदेश **लक्षद्वीप** है।

513. भारत की जनगणना 2011 के अनुसार, प्रति वर्ग किमी जनसंख्या का घनत्व .... व्यक्ति था।
SSC CHSL Tier-1 05.07.2024 (Shift-III)
(a) 394 (b) 320 (c) 382 (d) 345
उत्तर (c)
• भारत की जनगणना 2011 के अनुसार, प्रति वर्ग किमी जनसंख्या का घनत्व 382 व्यक्ति प्रतिवर्ग किमी था।
• वर्ष 1991 और 2011 के बीच सभी राज्यों और केन्द्रशासित प्रदेशों में जनसंख्या घनत्व में वृद्धि हुई है।
• वर्ष 2011 की जनगणना के अनुसार, भारत में सर्वाधिक जनसंख्या घनत्व बिहार का (1106 वर्ग किमी) है और सबसे कम अरुणाचल प्रदेश का (17 व्यक्ति प्रतिवर्ग किमी) है।

514. भारत की जनगणना 2011 के अनुसार, किस राज्य का लिंगानुपात सबसे कम है?
SSC CHSL Tier-1 05.07.2024 (Shift-III)
(a) बिहार (b) राजस्थान
(c) महाराष्ट्र (d) हरियाणा
उत्तर (d)
• भारत की जनगणना 2011 के अनुसार हरियाणा का लिंगानुपात सबसे कम (879) है।
• भारत की जनगणना के अनुसार सबसे अधिक लिंगानुपात वाला राज्य केरल (1084) है।
• भारत की जनगणना 2011 के अनुसार, भारत में लिंगानुपात 943 महिलाएँ/प्रति 1000 पुरुष हैं।
• शिशु लिंगानुपात (0–6 वर्ष) 927 से घटकर 919 हो गया है।

515. भारत की जनगणना-2011 के अनुसार, किस राज्य की जनसंख्या वृद्धि दर सबसे कम है?
SSC CHSL Tier-1 08.07.2024 (Shift-I)
(a) झारखण्ड (b) नागालैण्ड
(c) उत्तर प्रदेश (d) पंजाब
उत्तर (b)
• भारत की जनगणना 2011 के अनुसार, नागालैण्ड राज्य की जनसंख्या वृद्धि दर सबसे कम है।
• नागालैण्ड की दशकीय वृद्धि दर ऋणात्मक (-0.6%) है।
• जनगणना 2011 में वार्षिक वृद्धि दर 1.97% से घटकर 1.64% हो गई है, जबकि दशकीय वृद्धि दर 21.54% से घटकर 17.7% हो गई है।

516. भारत की जनगणना 2011 के अनुसार, दूसरा सबसे अधिक जनसंख्या वाला महानगर कौन-सा है? SSC CHSL Tier-1 08.07.2024 (Shift-I)
(a) मुम्बई (b) दिल्ली
(c) चेन्नई (d) कोलकाता
उत्तर (b)
• भारत की जनगणना 2011 के अनुसार दूसरा सबसे अधिक जनसंख्या वाला महानगर **दिल्ली** है।
• भारत में सबसे अधिक जनसंख्या वाला नगर **मुम्बई** है।

517. भारत की जनगणना 2011 के अनुसार, निम्नलिखित में से किस राज्य की कुल जनसंख्या 10 लाख से कम थी?
SSC CHSL Tier-1 08.07.2024 (Shift-III)
(a) सिक्किम (b) त्रिपुरा
(c) तेलंगाना (d) गोवा
उत्तर (a)
• भारत की जनगणना 2011 के अनुसार, दिए गए विकल्पों में सिक्किम राज्य की कुल जनसंख्या कम, 6.71 लाख थी।
• सर्वाधिक आबादी वाला राज्य उत्तर प्रदेश है, जिसकी कुल आबादी 19.9 करोड़ थी।
• जनगणना 2011 के अनुसार, भारत की कुल आबादी लगभग 121 करोड़ थी।

518. 2011 की भारतीय जनगणना के अनुसार, देश में शिशु लिंगानुपात (Child Sex Ratio) कितना था? SSC CHSL Tier-1 08.07.2024 (Shift-III)
(a) 189 (b) 981
(c) 919 (d) 911

उत्तर (c)

• 2011 की भारतीय जनगणना के अनुसार, देश में शिशु लिंगानुपात 919 था।

• शिशु लिंगानुपात को प्रति 1000 शिशु बालक पर शिशु बालिकाओं की संख्या पर निकाला जाता है।

• इस जनगणना के अनुसार, भारत का औसत लिंगानुपात 943 था।

519. जनगणना 2011 के अनुसार, दशक के दौरान जनसंख्या में कुल पूर्ण वृद्धि ……… है।

SSC CHSL Tier-1 08.07.2024 (Shift-IV)

(a) 16.41 करोड़ (b) 18.19 करोड़
(c) 17.21 करोड़ (d) 15.23 करोड़

उत्तर (b)

• जनगणना-2011 के अनुसार, दशक के दौरान जनसंख्या में कुल पूर्ण वृद्धि दर 18.19 करोड़ है।

• 2011 की जनगणना के अनुसार, भारत की कुल जनसंख्या विश्व की कुल जनसंख्या का 17.5% है।

• जनसंख्या में वार्षिक विश्व दर 1.97% से घटकर 1.64% हो गई है, जबकि दशकीय वृद्धि दर 21.54% से घटकर 17.7% हो गई है।

• जनसंख्या घनत्व 325 व्यक्ति प्रतिवर्ग किमी से बढ़कर 382 व्यक्ति प्रतिवर्ग किमी हो गया है।

520. 2001-2011 के दौरान भारत की जनसंख्या वृद्धि दर (प्रतिशत में) कितनी थी?

SSC CHSL Tier-1 09.07.2024 (Shift-I)

(a) 21.54% (b) 17.64%
(c) 24.66% (d) 23.87%

उत्तर (b)

• 2001-2011 के दौरान भारत की जनसंख्या वृद्धि दर 17.64% थी।

• पुरुषों के लिए प्रतिशत वृद्धि दर 17.19 तथा महिलाओं के लिए 18.12 है।

• 2011 की जनगणना के अनुसार, भारत की वार्षिक जनसंख्या वृद्धि दर 1.64% है।

• जनगणना 2011 के अनुसार, मेघालय की जनसंख्या वृद्धि दर 27.82%, राज्यों में सबसे अधिक रही तथा नागालैण्ड राज्य में सबसे कम (ऋणात्मक) जनसंख्या वृद्धि दर दर्ज की गई।

521. भारत की जनगणना-2011 के अनुसार, भारत का लिंगानुपात (प्रति 1000 पुरुषों पर महिलाएँ) कितना है?

SSC CHSL Tier-1 09.07.2024 (Shift-I)

(a) 927 (b) 934 (c) 933 (d) 943

उत्तर (d)

• भारत की जनगणना-2011 के अनुसार, भारत का लिंगानुपात (प्रति 1000 पुरुषों पर महिलाएँ) 943 हैं।

• भारतीय राज्यों में सर्वाधिक लिंगानुपात केरल का 1084 है, जबकि हरियाणा का सबसे कम 879 है।

• लिंगानुपात की गणना प्रति 1000 पुरुषों पर महिलाओं की संख्या से की जाती है।

522. भारत का 15वाँ राष्ट्रीय जनगणना सर्वेक्षण किस वर्ष आयोजित किया गया था?

SSC CHSL Tier-1 09.07.2024 (Shift-II)

(a) 2011 (b) 1991 (c) 2001 (d) 2021

उत्तर (a)

• भारत का 15वाँ राष्ट्रीय जनगणना सर्वेक्षण वर्ष 2011 में आयोजित किया गया था।

• श्री सी. चन्द्रमौली 2011 की जनगणना के आयुक्त और महापंजीयक थे।

• भारत की जनगणना प्रत्येक 10 वर्ष में होती है।

• 1872 ई. में लॉर्ड मेयो के काल में भारत में पहली जनगणना करवाई गई थी।

523. 2011 की जनगणना के अनुसार, भारत की जनसंख्या विश्व की जनसंख्या का ……. है।

SSC CHSL Tier-1 09.07.2024 (Shift-IV)

(a) 17.5% (b) 20% (c) 15% (d) 10%

उत्तर (a)

• 2011 की जनगणना के अनुसार, भारत की जनसंख्या विश्व की जनसंख्या का **17.5%** है।

• भारत की जनसंख्या अमेरिका, इण्डोनेशिया, ब्राजील, पाकिस्तान, बांग्लादेश एवं जापान की कुल जनसंख्या के बराबर है।

• जनगणना 2011 के अनुसार भारत की कुल जनसंख्या 121.09 करोड़ है, जिसमें पुरुषों की संख्या 54.47% तथा महिलाओं की संख्या 48.46% है।

• भारत में सबसे अधिक जनसंख्या वाला राज्य उत्तर प्रदेश है, जबकि न्यूनतम जनसंख्या वाला राज्य सिक्किम है।

524. किस जनगणना का नारा है "हमारी जनगणना, हमारा भविष्य"?

SSC CHSL Tier-1 10.07.2024 (Shift-II)

(a) 2001 (b) 1991 (c) 1981 (d) 2011

उत्तर (d)

• **जनगणना 2011** का नारा है, "हमारी जनगणना, हमारा भविष्य"।

• इसकी शुरुआत 1 अप्रैल, 2010 को हुई थी।

• 2011 की जनगणना के अनुसार, भारत की जनसंख्या लगभग 1.21 अरब थी।

• 2011 की जनगणना के जनगणना आयुक्त सी. चन्द्रमौली थे।

525. भारतीय राष्ट्रीय सर्वेक्षण-2022 के अनुसार, भारत की साक्षरता दर क्या है?

SSC CHSL Tier-1 10.07.2024 (Shift-III)

(a) 77.7% (b) 74.2%
(c) 78.3% (d) 72.1%

उत्तर (a)

• भारतीय राष्ट्रीय सर्वेक्षण, 2022 के अनुसार, भारत की साक्षरता दर 77.7% है।

• ग्रामीण क्षेत्रों में साक्षरता दर 73.5% तथा शहरी क्षेत्रों में 87.7% है।

• इस सर्वेक्षण के अनुसार भारत में साक्षरता के मामले में 96.2% साक्षरता दर के साथ केरल पहले स्थान पर है तथा आंध्र प्रदेश 66.4% के साथ अन्तिम स्थान पर है।

526. भारतीय राष्ट्रीय सर्वेक्षण-2022 में प्रकाशित रिपोर्ट के अनुसार, भारत में पुरुषों की साक्षरता दर कितनी है?

SSC CHSL Tier-1 10.07.2024 (Shift-IV)

(a) 84.7% (b) 83.4%
(c) 81.2% (d) 86.3%

उत्तर (a)

• भारतीय राष्ट्रीय सर्वेक्षण, 2022 की प्रकाशित रिपोर्ट के अनुसार, भारत में पुरुषों की साक्षरता दर 84.7% है।

• रिपोर्ट के अनुसार, भारत की कुल साक्षरता 77.7% है, जिसमें महिलाओं की साक्षरता 70.3% है।

• रिपोर्ट के अनुसार, देश के सभी राज्यों में पुरुष साक्षरता दर महिलाओं की साक्षरता दर से अधिक है।

527. ……… जनसंख्या में गैर-श्रमिकों के सापेक्ष श्रमिकों के अनुपात में वृद्धि का परिणाम है।

SSC CHSL Tier-1 11.07.2024 (Shift-III)

(a) जनसांख्यिकीय लाभांश
(b) जनसंख्या गति
(c) वृद्धावस्था निर्भरता अनुपात
(d) जनसंख्या की आयु संरचना

उत्तर (a)

• **जनसांख्यिकीय लाभांश** जनसंख्या में गैर-श्रमिकों के सापेक्ष श्रमिकों के अनुपात में वृद्धि का परिणाम है।

• जनसांख्यिकीय लाभांश के लिए 15-59 वर्ष की आयु संरचना महत्त्वपूर्ण है।

528. भारत की जनगणना-2011 के अनुसार, निम्नलिखित में से किस राज्य में सबसे अधिक बौद्ध आबादी है?

SSC CHSL Tier-1 11.07.2024 (Shift-IV)

(a) उत्तर प्रदेश (b) पश्चिम बंगाल
(c) मध्य प्रदेश (d) महाराष्ट्र

उत्तर (d)

• भारत की जनगणना-2011 के अनुसार, **महाराष्ट्र** राज्य में सबसे अधिक बौद्ध आबादी है।

• 2011 की जनगणना के अनुसार, महाराष्ट्र में मराठी बौद्धों की आबादी 5.81% है जो भारत की कुल बोद्ध आबादी का 77% है।

• 2011 की जनगणना के अनुसार, भारत में कुल आबादी का 0.7% बौद्ध आबादी है।

• धार्मिक आबादी के क्रम में भारत में इनका स्थान पाँचवाँ है।

529. 2011 की जनगणना के अनुसार, भारत में किस केन्द्रशासित प्रदेश में सबसे अधिक महिला साक्षरता दर दर्ज की गई?

SSC CHSL Tier-1 11.07.2024 (Shift-IV)

(a) लक्षद्वीप (b) दिल्ली
(c) चण्डीगढ़ (d) पुदुचेरी

उत्तर (a)

• 2011 की जनगणना के अनुसार, भारत के केन्द्रशासित प्रदेश **लक्षद्वीप** में सबसे अधिक महिला साक्षरता दर (87.9%) दर्ज की गई तथा न्यूनतम महिला साक्षरता दादरा व नगर हवेली (64.3%) है।

• केन्द्रशासित प्रदेशों में सर्वाधिक पुरुष साक्षरता लक्षद्वीप (95.6%) तथा न्यूनतम पुरुष साक्षरता दादरा व नगर हवेली (85.2%) है।

• सर्वाधिक साक्षरता वाला केन्द्रशासित प्रदेश लक्षद्वीप (91.8%) तथा न्यूनतम साक्षरता वाला केन्द्रशासित प्रदेश दादरा व नगर हवेली (77.65%) है।

530. भारत की जनगणना 2011 के अनुसार, निम्नलिखित में से कौन-सा विकल्प भारत में सबसे अधिक शहरीकृत केन्द्रशासित प्रदेशों के समूह को दर्शाता है?

SSC CHSL Tier-2 10.01.2024 (Shift-I)

(a) चण्डीगढ़ और लक्षद्वीप
(b) दिल्ली और चण्डीगढ़
(c) पुदुचेरी और दिल्ली
(d) लक्षद्वीप और पुदुचेरी

उत्तर (b)

- **दिल्ली और चण्डीगढ़** केन्द्रशासित प्रदेशों में क्रमशः 97.5% और 97.25% शहरी आबादी है।
- इसके बाद दमन व दीव (75.2%) और पुदुचेरी (68.3%) हैं।
- राज्यों में गोवा 62.2% शहरी आबादी के साथ सबसे अधिक शहरीकृत राज्य है।

SSC CHSL 2023

531. कथनों पर विचार कीजिए।

कथन 1 भारत की जनगणना वर्ष 2011 के अनुसार, सात बहनें राज्यों (Seven Sister states) में से मिजोरम में साक्षरता दर सबसे अधिक है।

कथन 2 भारत की जनगणना 2011 के अनुसार, बिहार में साक्षरता दर सबसे कम है।

SSC CHSL (10 + 2) 02.11.2023 (Shift-I)

कूट

(a) दोनों कथन गलत हैं
(b) दोनों कथन सही हैं।
(c) केवल कथन 2 सही है।
(d) केवल कथन 1 सही है।

उत्तर (b)

- दोनों कथन (1) और (2) सही हैं।
- भारत की जनसंख्या 2011 के अनुसार, सात बहनें राज्यों में से मिजोरम की साक्षरता दर (91.33%) सर्वाधिक है।
- यहाँ पुरुषों की साक्षरता 93.35% तथा महिला साक्षरता 89.27% है।
- जनगणना 2011 के अनुसार, बिहार की साक्षरता दर 61.8% है, जो देश में सबसे कम है, पुरुषों की साक्षरता 71.2% तथा महिला साक्षरता 51.5% है।

532. वर्ष 2011 की जनगणना के अनुसार, भारत की अशोधित मृत्यु दर क्या है?

SSC CHSL Tier I 09.08-2023 (Shift-I)

(a) 5.9% (b) 7.1%
(c) 10% (d) 8.5%

उत्तर (b)

- वर्ष 2011 की जनगणना के अनुसार भारत की अशोधित मृत्यु दर **7.1%** है।
- अशोधित मृत्यु दर किसी भी कारण से किसी निश्चित समय अवधि में कुल जनसंख्या में हुई कुल मौतों के अनुपात को दर्शाता है।
- अशोधित मृत्यु दर प्रतिवर्ष 1000 आबादी पर मृत व्यक्तियों की संख्या है।

533. वर्ष 1951 की जनगणना के अनुसार, भारत का जनसंख्या घनत्व ……… है।

SSC CHSL Tier I 08.08.2023 (Shift-II)

(a) 382 प्रतिवर्ग किमी (b) 324 प्रतिवर्ग किमी
(c) 117 प्रतिवर्ग किमी (d) 103 प्रतिवर्ग किमी

उत्तर (c)

- वर्ष 1951 की गणना के अनुसार भारत जनसंख्या घनत्व 117 **प्रतिवर्ग किमी** है।
- प्रतिवर्ग किमी में निवासित औसत जनसंख्या को जनसंख्या घनत्व कहते हैं।
- वर्ष 2011 की जनगणना के अनुसार, भारत का जनसंख्या घनत्व 382 व्यक्ति किमी^{2} है।

534. भारत की जनगणना 2011 के अनुसार, भारतीय जनसंख्या का कितना प्रतिशत शहरी क्षेत्रों में रहता है? **SSC CHSL Tier I 04.08.2023 (Shift-II)**

(a) 49.71% (b) 31.16%
(c) 25.7% (d) 41.72%

उत्तर (b)

- वर्ष 2011 की जनगणना के अनुसार, देश में कुल शहरी जनसंख्या 377 मिलियन से अधिक है, जो कुल जनसंख्या का **31.16%** है।
- तमिलनाडु सबसे अधिक शहरीकृत राज्य बना, जहाँ 48.4% आबादी शहरी क्षेत्र में रहती है।

535. 2011 की जनगणना के अनुसार, भारत का लिंगानुपात क्या है?

SSC CHSL Tier I 21.03.2023 (Shift-II)

(a) प्रति 1000 पुरुषों पर 943 महिलाएँ
(b) प्रति 1000 पुरुषों पर 643 महिलाएँ
(c) प्रति 1000 पुरुषों पर 843 महिलाएँ
(d) प्रति 1000 पुरुषों पर 743 महिलाएँ

उत्तर (a)

- 2011 की जनगणना के अनुसार प्रति **1000** पुरुषों पर **943** महिलाएँ हैं।

536. भारत की जनगणना वर्ष 2011 के अनुसार, किस राज्य में ऋणात्मक जनसंख्या वृद्धि दर दर्ज की गई? **SSC MTS 05.09.2023 (Shift-II)**
SSC CHSL Tier I 08.07.2024 (Shift-I)

(a) अरुणाचल प्रदेश (b) केरल
(c) सिक्किम (d) नागालैण्ड

उत्तर (d)

- **नागालैण्ड** की दशकीय वृद्धि दर – 0.58% थी।

SSC MTS 2024 (Tier 1 & 2)

537. जनगणना 2011 के अनुसार, भारत में औसत महिला साक्षरता दर क्या है?

SSC MTS Tier-1 30.10.2024 (Shift-III)

(a) 82.45% (b) 65.46%
(c) 74.34% (d) 60.76%

उत्तर (b)

- वर्ष 2011 की जनगणना के अनुसार, भारत में औसत महिला साक्षरता दर **65.46%** है।
- 2011 की जनगणना के अनुसार **बिहार** राज्य में महिला साक्षरता दर 51.50% है, जोकि भारतीय राज्य क्षेत्र में सबसे कम है।
- **केरल** में महिला साक्षरता दर (96.2%) है, जोकि सभी राज्य क्षेत्रों में सर्वाधिक है।

538. 2011 की जनगणना के अनुसार, निम्नलिखित में से किस राज्य में बाल लिंगानुपात सबसे कम है? **SSC MTS Tier-1 30.10.2024 (Shift-III)**

(a) मध्य प्रदेश (b) हरियाणा
(c) राजस्थान (d) पंजाब

उत्तर (b)

- 2011 की जनगणना के अनुसार, **हरियाणा** राज्य में बाल लिंगानुपात सबसे कम है। यह लिंगानुपात प्रति 1000 पर 834 है।
- 2011 की जनगणना के अनुसार, अरुणाचल प्रदेश में भारतीय राज्यों में सबसे अधिक बाल लिंगानुपात है।
- बाल लिंगानुपात का अर्थ 0 से 6 वर्ष के बीच की आयु के लड़कों पर लड़कियों की संख्या है।
- 2011 की जनगणना के अनुसार, भारत का बाल लिंगानुपात 919 है।

539. भारत में पहली सामाजिक-आर्थिक और जातिगत जनगणना किस वर्ष आयोजित की गई थी? **SSC MTS Tier-1 12.11.2024 (Shift-III)**

(a) 1901 (b) 2011
(c) 1911 (d) 2001

उत्तर (b)

- भारत में पहली सामाजिक-आर्थिक और जातिगत जनगणना वर्ष 2011 में आयोजित की गई थी।
- जातिगत जनगणना से समाज में फैली असमानताओं को दूर करने में मदद मिलती है।
- भारत में पहली बार **जातिगत जनगणना वर्ष 1931** में हुई थी।
- वर्ष 1951 में आजाद भारत की पहली जनगणना हुई, जिसमें जातिगत आँकड़ों को सिर्फ अनुसूचित जाति और अनुसूचित जनजाति तक सीमित कर दिया गया था।

540. भारत की जनगणना 2011 के अनुसार, निम्नलिखित में से कौन-सा राज्य सबसे कम शहरीकृत है?

SSC MTS Tier-1 05.10.2024 (Shift-IV)

(a) बिहार (b) छत्तीसगढ़
(c) हिमाचल प्रदेश (d) उत्तर प्रदेश

उत्तर (c)

- भारत की जनगणना 2011 के अनुसार **हिमाचल प्रदेश** राज्य सबसे कम शहरीकृत हैं।
- इस जनगणना के अनुसार, तमिलनाडु सबसे अधिक शहरीकृत राज्य था।
- उत्तर प्रदेश (19.98 करोड़) की जनसंख्या सबसे अधिक थी।

541. जनगणना 2011 के अनुसार, निम्नलिखित में से कौन-सा भारत का सबसे अधिक आबादी वाला शहर है?

SSC MTS Tier-1 17.11.2024 (Shift-III)

(a) चेन्नई (b) दिल्ली
(c) कोलकाता (d) मुम्बई

उत्तर (d)

- जनगणना 2011 के अनुसार, **मुम्बई** भारत का सबसे अधिक आबादी वाला शहर है।
- मुम्बई की आबादी में तीव्र वृद्धि का कारण देश के दूसरे हिस्सों से आने वाले प्रवासियाँ है।

• मुम्बई के बाद आबादी में दिल्ली, कोलकाता और चेन्नई का स्थान है।

• वर्ष 2011 के जनगणना के अनुसार भारत में शहरी क्षेत्रों में जनसंख्या की वृद्धि दर **31.8%** थी।

542. भारत की जनगणना 2011 के अनुसार, सबसे अधिक लिंगानुपात वाला राज्य कौन सा है?

SSC MTS Tier-1 29.10.2024 (Shift-III)

(a) केरल (b) आन्ध्र प्रदेश
(c) तमिलनाडु (d) कर्नाटक

उत्तर (a)

• भारत की जनगणना 2011 के अनुसार सबसे अधिक लिंगानुपात वाला राज्य **केरल** (1084) है।

• लिंगानुपात प्रति हजार पुरुषों की तुलना में महिलाओं की संख्या के अनुपात को इंगित करता है।

• हरियाणा में सबसे कम लिंगानुपात (879) है।

543. भारत की जनगणना 2011 के अनुसार, निम्नलिखित में से किस केन्द्रशासित प्रदेश में लिंगानुपात प्रति 1000 पुरुषों पर 1037 महिलाएँ दर्ज किया गया था?

SSC MTS Tier-1 29.10.2024 (Shift-III)

(a) पुदुचेरी
(b) चण्डीगढ़
(c) अण्डमान व निकोबार द्वीप समूह
(d) लक्षद्वीप

उत्तर (a)

• भारत की जनगणना 2011 के अनुसार, **पुदुचेरी** केन्द्र शासित प्रदेश में लिंगानुपात प्रति 1000 पुरुषों पर 1037 महिलाएँ दर्ज किया गया है।

• चण्डीगढ़ का लिंगानुपात 818, अण्डमान व निकोबार द्वीप का लिंगानुपात 878 और लक्षद्वीप का लिंगानुपात 946 है।

• 2011 की जनगणना रिपोर्ट में भारत का लिंगानुपात 943 है, सर्वाधिक लिंगानुपात केरल (1084) तथा न्यूनतम लिंगानुपात हरियाणा (879) का है।

544. 2011 की जनगणना भारत में आयोजित ..... आधिकारिक सर्वेक्षण थी।

SSC MTS Tier-1 23.10.2024 (Shift-II)

(a) 16वीं (b) 18वीं
(c) 14वीं (d) 15वीं

उत्तर (d)

• 2011 की जनगणना भारत में आयोजित **15वीं** आधिकारिक सर्वेक्षण थी।

• 2011 की जनगणना के आयुक्त और महापंजीयक **श्री.सी. चन्द्रमौली** थे।

• इस जनगणना का नारा था, **'हमारी जनगणना, हमारा भविष्य'**।

• इस जनगणना के अनुसार, भारत की जनसंख्या 1210.19 मिलियन थी।

545. 2011 की जनगणना के अनुसार, निम्नलिखित में से किस केन्द्रशासित प्रदेश में ग्रामीण आबादी का प्रतिशत सबसे अधिक है?

SSC MTS Tier-1 21.10.2024 (Shift-II)

(a) पुदुचेरी (b) दिल्ली
(c) दमन और दीव (d) चण्डीगढ़

उत्तर (a)

• 2011 की जनगणना के अनुसार **पुदुचेरी** केन्द्रशासित प्रदेश में ग्रामीण आबादी का प्रतिशत सबसे अधिक है।

• 2011 की जनगणना के अनुसार, चण्डीगढ़ और दिल्ली में सबसे ज्यादा शहरी आबादी है।

• जनसंख्या की दृष्टि से सबसे छोटा केन्द्रशासित प्रदेश लक्षद्वीप (64, 473) है।

546. भारत की जनगणना 2011 के अनुसार, किस केन्द्रशासित प्रदेश में शहरी जनसंख्या का दूसरा सर्वाधिक प्रतिशत है?

SSC MTS Tier-1 17.10.2024 (Shift-II)

(a) पुदुचेरी (b) चण्डीगढ़
(c) दमन और दीव (d) दिल्ली

उत्तर (b)

• भारत की जनगणना 2011 के अनुसार, केन्द्रशासित प्रदेश **चण्डीगढ़** में शहरी जनसंख्या (97.25%) का दूसरा सर्वाधिक प्रतिशत है।

• दिल्ली शहरी जनसंख्या (97.50%) में प्रथम स्थान पर है।

• शहरी आबादी सबसे कम हिमाचल प्रदेश (10%) में है।

• सर्वाधिक शहरी जनसंख्या वाला राज्य तमिलनाडु (48.45%) है एवं गोवा (62.20%) भारत का सबसे अधिक शहरी जनसंख्या प्रतिशत वाला राज्य है।

547. 2011 की जनगणना के अनुसार, निम्नलिखित में से किस राज्य में भारत में बौद्ध आबादी का प्रतिशत सबसे अधिक है?

SSC MTS Tier-1 15.10.2024 (Shift-I)

(a) हिमालच प्रदेश (b) अरुणाचल प्रदेश
(c) कर्नाटक (d) सिक्किम

उत्तर (d)

• 2011 की जनगणना के अनुसार, **सिक्किम** राज्य में भारत में बौद्ध आबादी का प्रतिशत सबसे अधिक है।

• सिक्किम में बौद्ध धर्म को मानने वाले लोगों की संख्या 1,67,216 है। यह राज्य की कुल आबादी का 27.39% है।

• सिक्किम में बौद्ध धर्म के वज्रयान शाखा का पालन किया जाता है।

• 2011 की जनगणना के अनुसार, सिक्किम राज्य में हिन्दू धर्म को मानने वाले लोगों का प्रतिशत 60.9% है।

548. आयु संरचना क्या दर्शाती है?

SSC MTS Tier-1 15.10.2024 (Shift-I)

(a) आश्रितों से बनी आबादी के हिस्से की, कार्यशील आयु वर्ग के हिस्से से तुलना करने वाला एक उपाय
(b) एक निश्चित समयावधि में किसी दिए गए क्षेत्र में प्रति 100 पुरुषों पर महिलाओं की संख्या
(c) एक निश्चित समयावधि में किसी दिए गए क्षेत्र में प्रति 1000 पुरुषों पर महिलाओं की संख्या
(d) कुल जनसंख्या के सापेक्ष विभिन्न आयु समूहों में व्यक्तियों का अनुपात

उत्तर (d)

• आयु संरचना कुल जनसंख्या के सापेक्ष विभिन्न आयु समूहों में व्यक्तियों के अनुपात को दर्शाती है।

• यह जनसंख्या की स्थिति का एक अहम् संकेतक है।

• आयु संरचना के आधार पर, किसी देश की आबादी को तीन भागों में बाँटा जा सकता है।

• 15-59 वर्ष के लोगों को कामकाजी आबादी कहा जाता है।

• 0-14 वर्ष और 60 वर्ष से अधिक उम्र के लोगों को गैर-कामकाजी या आश्रित आबादी कहा जाता है।

549. 2001 की जनगणना के अनुसार, एक व्यक्ति को साक्षर कहे जाने की नियत आयु क्या है?

SSC MTS Tier-1 14.10.2024 (Shift-I)

(a) 6 वर्ष (b) 9 वर्ष
(c) 7 वर्ष (d) 8 वर्ष

उत्तर (c)

• 2001 की जनगणना के अनुसार, एक व्यक्ति को साक्षर कहे जाने की नियत **आयु 7 वर्ष** है।

• जनगणना रिपोर्ट के अनुसार, 7 वर्ष या उससे अधिक आयु का कोई व्यक्ति जो किसी भी भाषा में समझकर पढ़ और लिख सकता है, उसे साक्षर माना जाता है।

• भारत में साक्षरता दर (2011 के अनुसार) 74.04% है।

• इसमें महिलाओं की साक्षरता दर 65.46% और पुरुषों की साक्षरता दर 82.14% है।

550. भारत की गणना 2011 के अनुसार, भारत के निम्नलिखित में से किस राज्य में हिन्दू आबादी का प्रतिशत सबसे अधिक है?

SSC MTS Tier-1 08.10.2024 (Shift-I)

(a) मध्य प्रदेश (b) हिमाचल प्रदेश
(c) उत्तर प्रदेश (d) बिहार

उत्तर (b)

• भारत की जनगणना 2011 के अनुसार, भारत के **हिमाचल प्रदेश** में हिन्दू आबादी का प्रतिशत (95.17%) सबसे अधिक है।

• भारत में हिन्दू धर्म को मानने वाले लोगों की संख्या सबसे ज्यादा है। 2011 की जनगणना के अनुसार, भारत की कुल आबादी में से 96.63 करोड़ (79.8%) लोग हिन्दू थे।

• 2001-2011 के दशक में हिन्दुओं की जनसंख्या वृद्धि दर 16.8% थी।

551. निम्नलिखित में से किस वर्ष में जनगणना अधिनियम बनाया गया (enacted) और पूरे भारत में लागू किया गया था?

SSC MTS Tier-1 08.10.2024 (Shift-I)

(a) 1948 (b) 1951
(c) 1949 (d) 1950

उत्तर (a)

• **वर्ष 1948** में जनगणना अधिनियम बनाया गया और पूरे भारत में लागू किया गया था।

• इस अधिनियम के तहत् भारत में जनगणना कराने की प्रक्रिया और पद्धतियाँ तय की गई हैं।

• इस अधिनियम के तहत् ही भारत की पहली जनगणना वर्ष 1951 में हुई थी।
• जनगणना प्रति दस वर्ष में एक बार होती है।इसके आँकड़ों का प्रयोग विकास योजना बनाने में किया जाता है।

552. जनगणना 2011 के अनुसार, भारत का लिंगानुपात कितना है?
SSC MTS Tier-1 07.10.2024 (Shift-I)

(a) 950 (b) 933
(c) 943 (d) 998

उत्तर (c)

• जनगणना 2011 के अनुसार भारत का लिंगानुपात **943** है।
• लिंगानुपात का उपयोग प्रति 1000 पुरुषों पर महिलाओं की संख्या का वर्णन करने के लिए किया जाता है।
• वर्ष 2011 की जनगणना के अनुसार भारत के राज्यों में सबसे ज्यादा लिंगानुपात केरल (1084) का है, जबकि सबसे कम लिंगानुपात **हरियाणा (879)** का है।

553. 2011 की भारतीय जनगणना के लिए भारत के महापंजीयक और जनगणना आयुक्त कौन थे?
SSC MTS Tier-1 07.10.2024 (Shift-I)

(a) डॉ. सी. चन्द्रमौली
(b) विवेक जोशी
(c) जयन्त कुमार बंठिया
(d) देवेन्द्र कुमार सीकरी

उत्तर (a)

• 2011 की भारतीय जनगणना के लिए भारत के महापंजीयक और जनगणना आयुक्त **डॉ. सी. चन्द्रमौली** थे।
• वर्ष 2011 की जनगणना भारतीय जनगणना संगठन द्वारा आयोजित 15वाँ राष्ट्रीय जनगणना सर्वेक्षण था।
• भारत में पहली जनगणना 1872 ई. में कराई गई थी, जबकि व्यवस्थित जनगणना 1881 ई. से कराई जा रही है।
• भारत में पहली बार 2011 की जनगणना में ट्रांसजेण्डर आबादी की गणना की गई थी।
• भारत के वर्तमान (2024) में जनगणना आयुक्त श्री मृत्युंजय कुमार नारायण हैं। सरकार ने उनका कार्यकाल वर्ष 2026 तक बढ़ा दिया है।

554. निम्नलिखित में से किस आयु वर्ग को भारत में कार्यशील जनसंख्या या कार्यशील आयु माना जाता है?
SSC MTS Tier-1 01.10.2024 (Shift-I)

(a) 15-40 वर्ष (b) 0-60 वर्ष
(c) 25-65 वर्ष (d) 15-59 वर्ष

उत्तर (d)

• भारत में कार्यशील जनसंख्या या कार्यशील आयु के रूप में **15 से 59** वर्ष आयु वर्ग के लोगों को सम्मिलित किया जाता है।
• भारत में **62% से** अधिक जनसंख्या की आयु 15 से 59 वर्ष के मध्य में है।
• जनसंख्या की आयु संरचना में बदलाव के कारण आर्थिक विकास होता है, जिसे **जनसांख्यिकीय लाभांश** कहते हैं।

555. 2011 की जनगणना के अनुसार किस केन्द्रशासित प्रदेश की साक्षरता दर न्यूनतम थी?
SSC MTS Tier-1 30.09.2024 (Shift-I)

(a) दिल्ली (b) चण्डीगढ़
(c) लक्षद्वीप (d) दादरा और नगर हवेली

उत्तर (d)

• वर्ष 2011 की जनगणना के अनुसार केन्द्रशासित प्रदेश **दादरा और नगर हवेली** की साक्षरता दर (77.65%) न्यूनतम थी।
• 2011 की जनगणना के अनुसार केन्द्रशासित प्रदेश, **लक्षद्वीप** की साक्षरता दर (91.85%) सबसे अधिक थी।
• भारत के अन्य केन्द्रशासित प्रदेशों की साक्षरता दर है-अण्डमान और निकोबार (86.63%), दिल्ली (86.21%), चण्डीगढ़ (86.05%) और पुदुचेरी (85-85%) है।
• भारत की समग्र साक्षरता दर 2011 की जनगणना के अनुसार 74.04% थी।

SSC MTS 2023

556. भारत की जनगणना वर्ष 2011 के अनुसार, बिहार में जनसंख्या घनत्व कितना दर्ज किया गया था?
SSC MTS 14.09.2023 (Shift-I)

(a) 980 व्यक्ति प्रति वर्ग किमी
(b) 1320 व्यक्ति प्रति वर्ग किमी
(c) 1050 व्यक्ति प्रति वर्ग किमी
(d) 1106 व्यक्ति प्रति वर्ग किमी

उत्तर (d)

• भारत की जनगणना वर्ष 2011 के अनुसार, बिहार का जनसंख्या घनत्व **1106 व्यक्ति प्रति वर्ग किमी** दर्ज किया गया।
• जनगणना 2011 के अनुसार, जनसंख्या की दृष्टि से बिहार तीसरा सबसे बड़ा राज्य है।

557. भारत की जनगणना 2011 के अनुसार, किस केन्द्रशासित प्रदेश में सबसे कम जनसंख्या वृद्धि दर दर्ज की गई?
SSC MTS 08.09.2023 (Shift-II)

(a) दिल्ली (b) दमन और दीव
(c) लक्षद्वीप (d) चण्डीगढ़

उत्तर (c)

• भारत की जनगणना 2011 के अनुसार, केन्द्रशासित प्रदेश **लक्षद्वीप** की कुल दशकीय वृद्धि 6.23% दर से हुई, जो सबसे कम है।
• केन्द्रशासित प्रदेशों में दूसरे स्थान पर अण्डमान-निकोबार द्वीपसमूह रहा, जिसकी कुल दशकीय वृद्धि 6.68% रही।
• केन्द्रशासित प्रदेशों में सर्वाधिक जनसंख्या वृद्धि दर दादरा और नगर हवेली (55.50%) में दर्ज की गई है।

SSC Steno 2024

558. भारत की वर्ष 2011 की जनगणना के अनुसार, निम्नलिखित में से किस राज्य का लिंगानुपात सबसे अधिक है?
SSC Steno Tier-1 10.12.2024 (Shift-I)

(a) बिहार (b) आन्ध्र प्रदेश
(c) राजस्थान (d) उत्तर प्रदेश

उत्तर (b)

• भारत की वर्ष 2011 की जनगणना के अनुसार दिए गए राज्यों में से **आन्ध्र प्रदेश** का लिंगानुपात (993) सबसे अधिक है।
• जनगणना 2011 के अनुसार शीर्ष पाँच लिंगानुपात वाले राज्य केरल (1084), तमिलनाडु (996), आन्ध्र प्रदेश (993), छत्तीसगढ़ (991) तथा मेघालय (989) हैं।

559. भारत की वर्ष 2011 की जनगणना के अनुसार, किस राज्य में सबसे अधिक झुग्गी बस्तियों में रहने वाली आबादी है?
SSC Steno Tier-1 10.12.2024 (Shift-II)

(a) उत्तर प्रदेश
(b) महाराष्ट्र
(c) आन्ध्र प्रदेश
(d) राजस्थान

उत्तर (b)

• भारत में वर्ष 2011 की जनगणना के अनुसार, **महाराष्ट्र** में झुग्गी-झोपड़ियों में रहने वाली आबादी सबसे अधिक थी।
• झुग्गी आबादी में सबसे अधिक योगदान देने वाले राज्य
• महाराष्ट्र (18%)
• आन्ध्र प्रदेश (15.6%)
• पश्चिम बंगाल (9.8%)
• उत्तर प्रदेश (9.5%)
• तमिलनाडु (8.9%)
• 2011 की जनगणना के अनुसार, महाराष्ट्र में झुग्गी में रहने वाले लोगों की संख्या लगभग 1.18 करोड़ थी।

560. वर्ष 2011 की जनगणना के अनुसार, सात बहनों वाले राज्यों (सेवन सिस्टर्स स्टेट्स) के किस समूह की साक्षरता दर सबसे अधिक है?
SSC Steno Tier-1 10.12.2024 (Shift-II)

(a) मणिपुर और नागालैण्ड
(b) त्रिपुरा और अरुणाचल प्रदेश
(c) मिजोरम और त्रिपुरा
(d) मिजोरम और मेघालय

उत्तर (c)

• वर्ष 2011 की जनगणना के अनुसार, सात बहनों वाले राज्यों (सेवन सिस्टर्स स्टेट्स) में मिजोरम एवं त्रिपुरा की साक्षरता दर सबसे अधिक है।
• मिजोरम की साक्षरता दर 91.33% है, जबकि त्रिपुरा की साक्षरता दर 87.22% है।

561. भारत की वर्ष 2011 की जनगणना के अनुसार, किस राज्य में हिन्दुओं की संख्या सबसे अधिक है?
SSC Steno Tier-1 10.12.2024 (Shift-III)

(a) महाराष्ट्र (b) उत्तर प्रदेश
(c) केरल (d) मध्य प्रदेश

उत्तर (b)

• भारत की वर्ष 2011 की जनगणना के अनुसार, **उत्तर प्रदेश** राज्य में हिन्दुओं की संख्या (19.98 करोड़) सबसे अधिक है।
• 2011 की जनगणना में भारत में हिन्दू जनसंख्या (96.63 करोड) 79.8% है।

562. भारत की जनगणना 2011 के अनुसार, निम्नलिखित में से किस राज्य में अनुसूचित जाति (SC) की जनसंख्या दर्ज नहीं की गई थी? **SSC Steno Tier-1 10.12.2024 (Shift-III)**

(a) मणिपुर
(b) नागालैण्ड
(c) पंजाब
(d) गुजरात

उत्तर (b)

• भारत की जनगणना 2011 के अनुसार, **नागालैण्ड** राज्य में अनुसूचित जाति की जनसंख्या दर्ज नहीं की गई।

• भारत में अनुसूचित जाति की सबसे अधिक आबादी उत्तर प्रदेश में है।

• भारत में SC की आबादी कुल जनसंख्या का 16.6% है।

563. वर्ष 2011 की जनगणना के अनुसार, निम्नलिखित में से किस राज्य की साक्षरता दर सर्वाधिक है? **SSC Steno Tier-1 11.12.2024 (Shift-I)**

(a) गोवा (b) केरल
(c) कर्नाटक (d) तमिलनाडु

उत्तर (b)

• वर्ष 2011 की जनगणना के अनुसार **केरल** राज्य की साक्षरता दर सर्वाधिक है।

• केरल राज्य की साक्षरता दर 94% (2011 के अनुसार) है।

564. वर्ष 2011 की जनगणना के अनुसार भारत में दिव्यांग जनसंख्या का प्रतिशत कितना है? **SSC Steno Tier-1 11.12.2024 (Shift-II)**

(a) 2.21% (b) 2.97%
(c) 3.63% (d) 1.33%

उत्तर (a)

• वर्ष 2011 की जनगणना के अनुसार, भारत में दिव्यांग जनसंख्या **2.21%** है।

• भारत में 2.68 करोड़ लोग दिव्यांग है, जिनमें दिव्यांग पुरुष 1.5 करोड़ तथा दिव्यांग महिलाएँ 1.18 करोड़ है।

• दिव्यांगों की 69.45% आबादी ग्रामीण क्षेत्रों में रहती है।

565. भारत की वर्ष 2011 की जनगणना के अनुसार, निम्नलिखित में से सबसे कम जनसंख्या घनत्व वाले राज्यों का कौन-सा समूह सही है? **SSC Steno Tier-1 11.12.2024 (Shift-II)**

(a) मिजोरम, हरियाणा
(b) अरुणाचल प्रदेश, मिजोरम
(c) मिजोरम, मणिपुर
(d) मेघालय, त्रिपुरा

उत्तर (b)

• भारत की वर्ष 2011 की जनगणना के अनुसार, **अरुणाचल प्रदेश, मिजोरम** (विकल्प समूह) सबसे कम जनसंख्या घनत्व वाले राज्य हैं।

• अरुणाचल प्रदेश का जनसंख्या घनत्व 17 प्रति वर्ग किलोमीटर है।

• मिजोरम की जनसंख्या घनत्व 52 प्रति वर्ग किमी है।

566. भारत की वर्ष 2011 की जनगणना के अनुसार, सेवन सिस्टर्स राज्यों में से किस राज्य की साक्षरता दर सबसे अधिक है? **SSC Steno Tier-1 11.12.2024 (Shift-III)**

(a) त्रिपुरा (b) मिजोरम
(c) मणिपुर (d) नागालैण्ड

उत्तर (b)

• भारत की वर्ष 2011 की जनगणना के अनुसार, सेवन सिस्टर्स राज्यों में से **मिजोरम** की साक्षरता दर सबसे अधिक है।

• मिजोरम की साक्षरता दर 91.58% है। सेवन सिस्टर्स राज्यों में अरुणाचल प्रदेश, असम, मेघालय, मणिपुर, मिजोरम, नागालैण्ड व त्रिपुरा हैं।

567. भारत की वर्ष 2011 की जनगणना के अनुसार, इनमें से किस राज्य में सबसे अधिक मुस्लिम आबादी है? **SSC Steno Tier-1 11.12.2024 (Shift-III)**

(a) मणिपुर (b) राजस्थान
(c) महाराष्ट्र (d) उत्तर प्रदेश

उत्तर (d)

• वर्ष 2011 की जनगणना के अनुसार, **उत्तर प्रदेश** राज्य की मुस्लिम आबादी सबसे अधिक है।

• जनगणना 2011 के अनुसार, उत्तर प्रदेश में मुस्लिम जनसंख्या 19.26% (लगभग 3.85 करोड़) तथा पूरे भारत में 14.2% है।

SSC Steno 2023

568. भारत की 2011 की जनगणना के अनुसार, भारत के केन्द्रशासित प्रदेशों के किस समूह की साक्षरता दर सर्वाधिक है? **Steno (Shift-I) 13.10.2023**

(a) लक्षद्वीप, दमन एवं दीव
(b) चण्डीगढ़ दमन एवं दीव
(c) दमन एवं दीव और दिल्ली
(d) अण्डमान एवं निकोबार द्वीपसमूह और पुदुचेरी

उत्तर (a)

• भारत की 2011 की जनगणना के अनुसार, भारत के केन्द्रशासित प्रदेश **लक्षद्वीप तथा दमन व दीव समूह** की साक्षरता दर सर्वाधिक है।

• लक्षद्वीप की साक्षरता दर 91.8%, जबकि दमन व दीव की साक्षरता दर 87.1% है।

• 2011 की जनगणना के अनुसार केन्द्रशासित प्रदेश में न्यूनतम साक्षरता दर दादरा और नगर हवेली (85.1%) की थी।

SSC Steno 2022

569. भारत की जनसंख्या वृद्धि की 'स्तब्ध प्रावस्था की अवधि' के रूप में किस अवधि को जाना जाता है? **SSC Steno 18.11.2022 (Shift-I)**

(a) वर्ष 1951-1981 (b) वर्ष 1901-1921
(c) वर्ष 1981-2001 (d) वर्ष 1921-1951

उत्तर (b)

• **वर्ष 1901 से 1921** की अवधि को भारत की जनसंख्या वृद्धि की **स्तब्ध प्रावस्था** या स्थिर कहा जा सकता है, क्योंकि महामारियों (प्लेग, चेचक, हैजा आदि) के कारण उच्च जन्म दर, उच्च मृत्यु दर से सन्तुलित हो जाती थी।

• वास्तविक रूप में, वर्ष 1921 की जनगणना में नकारात्मक वृद्धि दर (- 0.31%) दर्ज की गई थी।

570. भारत की 2011 की जनगणना के अनुसार, सबसे कम जनसंख्या घनत्व किस राज्य में दर्ज किया गया था? **SSC Steno 18.11.2022 (Shift-I)**

(a) आन्ध्र प्रदेश (b) अरुणाचल प्रदेश
(c) बिहार (d) सिक्किम

उत्तर (b)

• भारत की 2011 की जनगणना के अनुसार, अरुणाचल प्रदेश का जनसंख्या घनत्व सबसे कम 17 व्यक्ति प्रति वर्ग किमी है।

• **अरुणाचल प्रदेश** की कुल जनसंख्या 13, 83, 727 है, जिसमें पुरुषों की संख्या 7, 13, 997 एवं महिलाओं की संख्या 6,69,730 है।

• सबसे अधिक जनसंख्या घनत्व बिहार 1106 व्यक्ति/किमी का दर्ज किया गया था।

SSC GD 2024

571. भारत की पहली आर्थिक जनगणना लक्षद्वीप को छोड़कर सभी राज्यों/केन्द्रशासित प्रदेशों में .... में आयोजित हुई थी। **SSC GD 20.02.2024 (Shift-I)**

(a) वर्ष 1977 (b) वर्ष 1987
(c) वर्ष 1997 (d) वर्ष 1967

उत्तर (a)

• भारत की पहली आर्थिक जनगणना **वर्ष 1977** में हुई, जिसमें केन्द्रशासित प्रदेश लक्षद्वीप को शामिल नहीं किया गया।

• अभी तक केन्द्रीय सांख्यिकी कार्यक्रम एवं कार्यान्वयन मन्त्रालय ने 6 आर्थिक जनगणना संचालित की हैं।

• वर्ष 2019 में 7वीं आर्थिक जनगणना की शुरुआत दिल्ली से की गई है।

572. .... देश के सभी व्यक्तियों या देश के हिस्से से सम्बन्धित जनसांख्यिकीय, आर्थिक और सामाजिक डेटा को संकलित करने, विश्लेषण करने और प्रसारित करने की कुल प्रक्रिया है। **SSC GD 20.02.2024 (Shift-I)**

(a) संविधान (b) जनसंख्या जनगणना
(c) जनसंख्या (d) राष्ट्रीय सर्वेक्षण

उत्तर (b)

• **जनसंख्या जनगणना** देश या देश की सभी व्यक्तियों से सम्बन्धित जनसांख्यिकीय आर्थिक और सामाजिक डेटा को प्रसारित करने की कुल प्रक्रिया है।

• भारत में जनगणना का संचालन महारजिस्ट्रार एवं जनगणना आयुक्त के द्वारा गृह मन्त्रालय के अधीनस्थ किया जाता है।

573. जनगणना 2011 के अनुसार, निम्नलिखित में से किस राज्य में महिला साक्षरता दर सबसे अधिक है? **SSC GD 20.02.2024 (Shift-II)**

(a) मिजोरम (b) केरल
(c) त्रिपुरा (d) पश्चिम बंगाल

उत्तर (b)

• जनगणना 2011 के अनुसार, **केरल** में महिला साक्षरता दर सबसे अधिक 92.07% है।

• बिहार में सबसे कम महिला साक्षरता दर (51.50%) है।

• वर्ष 2011 की जनगणना के अनुसार भारत की साक्षरता दर 74.04% है, जिसमें महिलाओं की साक्षरता दर 65.46% है।

574. भारत सरकार द्वारा आयोजित सामाजिक-आर्थिक और जाति जनगणना (SECC) 2011 में अभावों को मापने के लिए निम्नलिखित में से कौन-सा एक मानदण्ड नहीं है? **SSC GD 20.02.2024 (Shift-III)**

(a) ऐसे घर, जिनमें केवल एक कमरा है और कोई ठोस दीवार और छत नहीं है
(b) दिव्यांग सदस्यों वाले परिवार
(c) ऐसे परिवार, जिनमें कोई सक्षम सदस्य नहीं है
(d) ऐसे परिवार, जिनमें 15-59 आयु वर्ग की कोई वयस्क महिला नहीं है

उत्तर (d)

• विकल्प (d) असत्य है।
• भारत सरकार द्वारा आयोजित सामाजिक, आर्थिक और जाति जनगणना, 2011 में अभावों को मापने के लिए मानदण्ड, ऐसे घर, जिसमें केवल एक कमरा है और कोई ठोस दीवार और छत नहीं है, दिव्यांग सदस्य वाले परिवार, ऐसे परिवार, जिनमें कोई सक्षम सदस्य नहीं है, शामिल है।

575. निम्नलिखित विकल्पों में से .... उच्चतम साक्षरता दर (जनगणना 2011) वाला राज्य/केन्द्रशासित प्रदेश है। **SSC GD 21.02.2024 (Shift-IV)**

(a) बिहार (b) राजस्थान
(c) गोवा (d) लक्षद्वीप

उत्तर (d)

• दिए गए विकल्पों में उच्चतम साक्षरता दर वाला केन्द्रशासित प्रदेश **लक्षद्वीप** है, जिसकी साक्षरता दर सर्वाधिक 91.85% है।
• वर्ष 2011 की जनगणना के अनुसार, केरल राज्य में कुल साक्षरता दर 96.2%) और महिला साक्षरता दर (92.07%) सबसे अधिक है।
• बिहार में कुल साक्षरता दर और पुरुष साक्षरता दर सबसे कम है, जबकि राजस्थान में महिला साक्षरता दर सबसे कम है।

576. वर्ष 2011 की जनगणना के अनुसार, निम्नलिखित में से किस राज्य का लिंगानुपात सबसे कम है? **SSC GD 22.02.2024 (Shift-I)**

(a) तमिलनाडु (b) मध्य प्रदेश
(c) राजस्थान (d) आन्ध्र प्रदेश

उत्तर (c)

• 2011 की जनगणना के अनुसार, दिए गए विकल्पों में से **राजस्थान** राज्य का लिंगानुपात (928) सबसे कम है।
• वर्ष 2011 की जनगणना के अनुसार, हरियाणा में लिंगानुपात सबसे कम है अर्थात् प्रति 1000 पुरुषों पर महिलाओं की संख्या 879 है।
• 2011 की जनगणना के अनुसार, सम्पूर्ण भारत में प्रति 1000 पुरुषों पर 943 महिलाएँ हैं।

577. वर्ष 2011 में महिलाओं की 59.3 के मुकाबले, पुरुषों की वयस्क साक्षरता दर (15+) .... थी। **SSC GD 22.02.2024 (Shift-II)**

(a) 58.8 (b) 78.8 (c) 90 (d) 70.8

उत्तर (b)

• वर्ष 2011 में महिलाओं की 59.3 के मुकाबले, पुरुषों की वयस्क साक्षरता दर (15+) 78.8 थी।
• भारत की कुल साक्षरता दर 73% है, जिसमें पुरुष साक्षरता दर 80.90% तथा महिला साक्षरता दर 64.60% है।

578. भारत की 2011 की जनगणना के अनुसार, निम्नलिखित में से किस भारतीय राज्य में लिंगानुपात भारत के संयुक्त लिंगानुपात से कम है? **SSC GD 22.02.2024 (Shift-III)**

(a) असम (b) गुजरात
(c) उत्तराखण्ड (d) झारखण्ड

उत्तर (b)

• भारत की 2011 की जनगणना के अनुसार, गुजरात में लिंगानुपात भारत के संयुक्त लिंगानुपात से कम है।
• **गुजरात** में लिंगानुपात 937 है, जो राष्ट्रीय औसत 943 से कम है।
• वर्ष 2011 की जनगणना के आधार पर झारखण्ड का लिंगानुपात 948 है।
• असम का लिंगानुपात 954 तथा उत्तराखण्ड का लिंगानुपात 963 है।

579. वर्ष 2011 की जनगणना के अनुसार, भारत की जनसंख्या 121.1 करोड़ थी, जिसमें ...... महिला जनसंख्या थी। **SSC GD 22.02.2024 (Shift-I)**

(a) 44.5% (b) 42.5%
(c) 48.5% (d) 46.5%

उत्तर (c)

• वर्ष 2011 की जनगणना के अनुसार, भारत की जनसंख्या 121.1 करोड़ थी, जिसमें महिला जनसंख्या **48.5%** तथा पुरुष जनसंख्या 51.54% थी।
• 2011 की जनगणना के अनुसार उत्तर प्रदेश राज्य की जनसंख्या सर्वाधिक 19 करोड तथा सिक्किम राज्य की जनसंख्या सबसे कम 6 लाख है।

580. भारत की वर्ष 2011 की जनगणना के अनुसार, ... जनसंख्या के अनुपात में 0.2% की गिरावट आई है। **SSC GD 24.02.2024 (Shift-II)**

(a) मुसलमान (b) हिन्दू
(c) सिख (d) बौद्ध

उत्तर (c)

• 2011 की जनगणना के अनुसार **सिख** जनसंख्या के अनुपात में 0.2% की गिरावट आई।
• वर्ष 2011 के जनसंख्या आँकड़ों के अनुसार देश की कुल आबादी 121.09 करोड़ है, जिसमें 0.22% की गिरावट के साथ **सिख** समुदाय की कुल आबादी 2.08 करोड़ है।
• वे चौथे स्थान पर हैं, जबकि 96.63 करोड़ के साथ हिन्दू पहले स्थान, 17.22 करोड़ के साथ मुसलमान दूसरे स्थान पर तथा 2.78 करोड़ आबादी के साथ ईसाई तीसरे स्थान पर हैं।

SSC SP 2024

581. 2011 की जनगणना के अनुसार भारत की जनगणना संचालन ...... चरणों में किया गया था। **SSC SP (10+2) 20.06.2024 (Shift-II)**

(a) 5 (b) 3 (c) 2 (d) 7

उत्तर (c)

• 2011 की जनगणना के अनुसार भारत की जनगणना संचालन 2 चरणों में किया गया था।
• **पहला चरण हाउस लिस्टिंग और हाउसिंग सेंसस** यह चरण अप्रैल-सितम्बर 2010 के बीच आयोजित किया गया था। इस चरण में सभी भवनों के बारे में जानकारी इकट्ठा की गयी थी।
• **दूसरा चरण-जनसंख्या गणना** यह चरण 9 फरवरी से 28 फरवरी 2011 तक आयोजित किया गया था। 2011 की जनसंख्या देश की 15वीं जनगणना थी।

582. जनगणना 2011 के अनुसार, निम्नलिखित में से किस केन्द्रशासित प्रदेश की जनसंख्या सबसे कम है? **SSC SP (10+2) 20.06.2024 (Shift-III)**

(a) लक्षद्वीप
(b) दादरा और नगर हवेली
(c) अण्डमान और निकोबार
(d) दमन और दीव

उत्तर (a)

• 2011 की जनगणना के अनुसार, लक्षद्वीप की जनसंख्या सबसे कम (64429) है।
• यहाँ 93% से अधिक मूल निवासी मुस्लिम हैं और उनमें से अधिकांश सुन्नी सम्प्रदाय के शफी स्कूल से सम्बन्धित हैं।
• यह 32 वर्ग किमी क्षेत्र में फैला हुआ है जिसमें 36 छोटे बड़े द्विप शामिल हैं।

SSC SP 2023

583. वर्ष 2011 की जनगणना के अनुसार भारत में औसत पुरुष साक्षरता दर .... थी। **SSC SP (10+2) 27.06.2023 (Shift-III)**

(a) 82.14% (b) 70.2%
(c) 65.21% (d) 95.6%

उत्तर (a)

• वर्ष 2011 की जनगणना के अनुसार भारत में औसत पुरुष साक्षरता दर 82.14% है। भारत में कुल साक्षरता दर 74.04 है।
• भारत में साक्षरता के मामले में पुरुष और महिलाओं में काफी अन्तर है। महिलाओं का प्रतिशत 65.46% है।

584. वर्ष 2011 की जनगणना के अनुसार, किस केन्द्रशासित प्रदेश की पुरुष साक्षरता दर सर्वाधिक है? **SSC SP (10+2) 27.06.2023 (Shift-IV)**

(a) लक्षद्वीप (b) दिल्ली
(c) अण्डमान और निकोबार (d) पुदुचेरी

उत्तर (a)

• 2011 की जनगणना के अनुसार, 96.2% साक्षरता दर वाला **लक्षद्वीप** भारत में सबसे अधिक साक्षरता दर वाला केन्द्रशासित प्रदेश है।

07

पर्यावरण एवं पारिस्थितिकी

पर्यावरण, बायोम, पारितन्त्र, राष्ट्रीय उद्यान, वन्यजीव संस्थान

पर्यावरण

- परि + आवरण, फ्रेंच शब्द से उत्पत्ति।
- जैविक और जैविक अवयवों का सम्मिश्रण जिसका समस्त जीवों पर प्रभाव होता है।

पारिस्थितिकी

- एक ऐसा विज्ञान है, जो **जीवित जीवों** की जीवन प्रक्रिया और पर्यावरण, जिसमें वे निवास करते हैं तथा परस्पर क्रिया करते हैं, का अध्ययन किया जाता है।
- पारिस्थितिकी शब्द का सर्वप्रथम प्रयोग **अर्नेस्ट हेकेल** (Ernest Haeckel) ने 1869 ई. में किया।

पारिस्थितिकी तन्त्र

- वह पारिस्थितिक व्यवस्था है, जिसमें पादप एवं जीव-जन्तु अपने पर्यावरण से पोषक शृंखला द्वारा सम्बद्ध रहते हैं।
- पारिस्थितिक तन्त्र के **तीन संघटक** जीवीय, अजीवीय एवं ऊर्जा संघटक होते हैं।
- पारिस्थितिकी तन्त्र शब्द का प्रयोग सर्वप्रथम **ए. टांसले** (A. Tansley) ने वर्ष 1935 में किया।

खाद्य शृंखला

- निम्न पोषण स्तर से उच्च पोषण स्तरों में ऊर्जा का स्थानान्तरण, ऊर्जा का उत्पादक, उपभोक्ता एवं अपघटक में प्रवेश।
- उत्पादक → प्राथमिक उपभोक्ता → द्वितीय उपभोक्ता → तृतीय उपभोक्ता → उच्च माँसाहारी

खाद्य जाल किसी पारितन्त्र में एक-दूसरे से संयोजित खाद्य शृंखलाओं का नेटवर्क।

खाद्य शृंखला प्रतिरूप

पोषण स्तर	चारागार बायोम	तालाब बायोम	सागर बायोम
प्राथमिक उत्पादक	घास ↓	शैवाल ↓	पादप प्लवक ↓
प्राथमिक उपभोक्ता	टिड्डा ↓	मच्छर लार्वा ↓	प्राणीमन्द प्लवक ↓
द्वितीयक उपभोक्ता	चूहा ↓	ड्रैगन फ्लाई लार्वा ↓	मछली ↓
तृतीयक उपभोक्ता	साँप ↓	मछली ↓	सील ↓
चतुर्थक उपभोक्ता	बाज ↓	रेकून ↓	सफेद शाक ↓

पारिस्थितिकी पिरामिड्स

- प्राथमिक उत्पादकों एवं उपभोक्ताओं की संख्या, जीवभार तथा संचित ऊर्जा में परस्पर सम्बन्ध का चित्र निरूपण।
- वर्ष 1927 में **चार्ल्स एल्टन** द्वारा प्रस्तावित।

बाघ परियोजना

- **वर्ष 1973** में वर्ल्ड वाइल्ड लाइफ फण्ड की सहायता से बाघ परियोजना शुरू की गई।
- भारत का पहला राष्ट्रीय बाघ रिजर्व जिम कॉर्बेट राष्ट्रीय उद्यान है। भारत में कुल राष्ट्रीय बाघ रिजर्वों की संख्या 57 (दिसम्बर, 2024 तक) है।

राष्ट्रीय अभयारण्य तथा उद्यान

उद्यान/अभयारण्य	पाई जाने वाली दुर्लभ प्रजातियाँ
मानस (बारपेटा, (असम)	गैण्डा, जंगली भैंसा, गौर, बौना सुअर, गोल्डन लंगूर, सिविट बिल्ली, रीछ, घड़ियाल, अजगर एवं बड़ी गिलहरी।
काजीरंगा (जोरहाट, असम)	एक सींग वाले भारतीय गैण्डों का आश्रय स्थल।
केबुल-लामजाओ (मणिपुर (एक मात्र तैरता, राष्ट्रीय उद्यान)	भौंह जैसी सींगों वाला हिरण, जल-पक्षी।
गिर (गुजरात)	एशियाई शेर।
कंचनजंगा (सिक्किम)	लाल पाण्डा, हिम तेन्दुआ, बादली तेन्दुआ, थार कस्तूरी मृग, भरल, थामिन, घूरल, सीरो, जंगली गधे आदि।
सिमलीपाल (मयूरभंज, ओडिशा)	बाघ, गौर, चीतल, तेन्दुआ, मूषक, हिरण, उड़ने वाली गिलहरी एवं मगरमच्छ
भितरकनिका (बालेश्वर, ओडिशा)	खारे पानी का मगरमच्छ, मॉनिटर छिपकलियाँ, तेन्दुआ, मछलीमार बिल्ली, जल पक्षी एवं रिडले समुद्री कछुआ।
दाचिगाम (श्रीनगर, जम्मू-कश्मीर)	तेन्दुआ, काला-भूरा भालू, सेराव, कस्तूरी मृग एवं हंगुल।
दुधवा (लखीमपुर खीरी, उत्तर प्रदेश)	मधु रीछ, साम्भर, दलदली हिरण, चीतल, जंगली मुर्गी एवं तीतर।
केवलादेव घाना (भरतपुर, राजस्थान)	साइबेरियाई सारस, पनकौआ, धनेश, दर्वीमुख बटेर, टिकारी, बगुला, साम्भर, चीतल, काला मृग एवं सिविट बिल्ली।
पिन वैली (हिमाचल प्रदेश)	हिम चीता, बर्फ का भेड़िया, जंगली बकरी, भूरी लोमड़ी, आई बैक्स एवं छोटा मारमोटा।
जिम कॉर्बेट (नैनीताल, उत्तराखण्ड)	पाण्डा, बाघ, हाथी आदि।
कूनो (मध्य प्रदेश)	भारतीय तेन्दुआ, सुस्त भालू, नीलगाय, चिंकारा।

जैवमण्डल रिजर्व

जैवमण्डल रिजर्व एक विशेष प्रकार का भौमिक एवं तटीय पारिस्थितिक तन्त्र है, जिसका उद्देश्य संस्कृति, जन्तु एवं पादपों का संरक्षण है। वर्ष 1975 में यूनेस्को ने मानव एवं जैवमण्डल कार्यक्रम (MAB) प्रारम्भ किया, जिसके अन्तर्गत चिह्नित (*) बारह जैवमण्डल रिजर्वों को मान्यता प्राप्त है।

यूनेस्को द्वारा मान्यता प्राप्त 12 जैवमण्डल क्षेत्र

नाम	राज्य	वर्ष
नीलगिरि *	तमिलनाडु, केरल, कर्नाटक	2000
मन्नार की खाड़ी *	तमिलनाडु	2001
सुन्दरवन *	पश्चिम बंगाल	2001
नन्दा देवी *	उत्तराखण्ड	2004
नोकरेक *	मेघालय	2009
मानस	असम	-
पंचमढ़ी *	मध्य प्रदेश	2009
सिमलीपाल *	ओडिशा	2009
डिब्रू-सैखोबा	असम	-
देहांग देबांग	अरुणाचल प्रदेश	-
अचानकमार अमरकण्टक *	छत्तीसगढ़, मध्य प्रदेश	2012
ग्रेट रन ऑफ कच्छ	गुजरात	-
कोल्ड डेजर्ट	हिमाचल प्रदेश	-
शेषचलभ	आन्ध्र प्रदेश	-
ग्रेट निकोबार द्वीप *	अण्डमान एवं निकोबार द्वीप समूह	2013
अगस्थ्यामलाई *	केरल व तमिलनाडु	2016
कंचनजंगा *	सिक्किम	2018
पन्ना *	मध्य प्रदेश	2020

SSC एग्जाम स्कैनर

SSC CGL 2024 (Tier 1 & 2)

1. ग्लोबल वार्मिंग से निपटने और इसके प्रभावों की तैयारी को लेकर वर्ष 1992 में कौन-सी अन्तर्राष्ट्रीय सन्धि अपनाई गई थी?

SSC CGL Tier-2 20.01.2025

(a) वियना कन्वेंशन फॉर द प्रोटेक्शन ऑफ द ओज़ोन लेयर
(b) मिनामाता कन्वेंशन ऑन मरकरी
(c) यूनाइटेड नेशन्स फ्रेमवर्क कन्वेंशन ऑन क्लाइमेट चेंज
(d) स्टॉकहोम कन्वेंशन ऑन ऑर्गनिक पल्यूटेंट्स

उत्तर (c)

- जलवायु परिवर्तन और उसके प्रभावों से निपटने के लिए वर्ष 1992 में यूनाइटेड नेशंस फ्रेमवर्क कन्वेंशन ऑन क्लाइमेट चेंज (UNFCCC) अपनाई गई थी।
- यह ब्राजील के **रियो-डी-जेनेरियो** में आयोजित किया गया था।
- इसका मुख्य लक्ष्य ग्रीनहाउस गैस उत्सर्जन को नियन्त्रित करना और जलवायु परिवर्तन के लिए वैश्विक प्रयासों को प्रोत्साहित करना है।

2. चन्द्रप्रभा वन्यजीव अभयारण्य भारत के किस राज्य में स्थित है?

SSC CGL Tier-1 24.09.2024 (Shift-III)

(a) बिहार
(b) उत्तर प्रदेश
(c) मध्य प्रदेश
(d) गुजरात

उत्तर (b)

- **चन्द्रप्रभा वन्यजीव अभयारण्य** उत्तर प्रदेश के दक्षिण-पूर्वी भाग में विन्ध्याचल पर्वतमाला के समीप चन्दौली जिले में अवस्थित है।
- यह 78 वर्ग किमी क्षेत्र में विस्तृत है।
- इस वन्यजीव अभयारण्य में 150 से अधिक विभिन्न प्रजाति के पक्षी पाए जाते हैं।
- यहाँ राजदारी एवं देवदारी जलप्रपात स्थित हैं।

3. ताडोबा राष्ट्रीय उद्यान भारत के किस राज्य में स्थित है? **SSC CGL Tier-1 24.09.2024 (Shift-III)**

(a) महाराष्ट्र (b) मध्य प्रदेश
(c) गुजरात (d) केरल

उत्तर (a)

- **ताडोबा राष्ट्रीय उद्यान** महाराष्ट्र राज्य के चन्द्रपुर जिले में है।
- इसकी स्थापना वर्ष 1955 में हुई थी।
- इसकी दो प्रमुख झीलें कोलसा और ताडोबा हैं।
- गोण्ड जनजाति के स्थानीय देवता के नाम पर इस राष्ट्रीय उद्यान का नाम **ताडोबा** रखा गया है।
- चन्दोली नेशनल पार्क, संजय गाँधी नेशनल पार्क व पेंच नेशनल पार्क महाराष्ट्र में स्थित हैं।

4. महापद पक्षी, केकड़ाभक्षी मैकाक (बन्दर), निकोबार कबूतर और विशालकाय दस्यु केकड़े जैसी प्रजातियों का घर है

SSC CGL Tier-1 23.09.2024 (Shift-I)

(a) कैम्पबेल बे राष्ट्रीय उद्यान
(b) रायमोना राष्ट्रीय उद्यान
(c) मोलिंग राष्ट्रीय उद्यान
(d) पापिकोंडा राष्ट्रीय उद्यान

उत्तर (a)

- महापद पक्षी, केकड़ा खाने वाला मैकाक (बन्दर), मेगापोड़, विशालकाय डाकू केकड़ा, निकोबार कबूतर, ओलिव रिडले कछुए, लेदरबैक कछुए, जंगली सूअर, हिरण एवं सिवेट बिल्लियाँ इत्यादि प्रजातियों का **घर कैम्पबेल बे राष्ट्रीय उद्यान** है।
- लगभग 426 वर्ग किमी के क्षेत्र में फैला **कैम्पबेल बे राष्ट्रीय उद्यान** हिन्द महासागर के सुमात्रा क्षेत्र से लगभग 190 किमी की दूरी पर स्थित है।
- केन्द्रशासित प्रदेश अण्डमान एवं निकोबार द्वीप समूह में स्थित यह उद्यान भारत के सबसे एकान्त, शान्त एवं रहस्यमय पार्कों में से एक है।
- वर्ष 1992 में इसे राष्ट्रीय उद्यान के रूप में अधिसूचित किया गया है, जिसे **गैलेथिया राष्ट्रीय** उद्यान के रूप में भी जाना जाता है।

5. निम्नलिखित में से पारिस्थितिक दक्षता की सबसे अच्छी परिभाषा कौन-सी है?

SSC CGL Tier-1 19.09.2024 (Shift-III)

(a) खाद्य श्रृंखला में विभिन्न बिन्दुओं पर ऊर्जा प्रवाह के बीच का अनुपात
(b) खाद्य श्रृंखला में विभिन्न पोषी स्तरों पर संचित ऊर्जा की मात्रा
(c) खाद्य श्रृंखला में विभिन्न पोषी स्तरों पर द्रव्यमान और ऊर्जा प्रवाह के बीच का अनुपात
(d) खाद्य श्रृंखला में विभिन्न पोषी स्तरों पर उपयोग की जाने वाली ऊर्जा की मात्रा

उत्तर (a)

- **खाद्य श्रृंखला** में विभिन्न बिन्दुओं पर ऊर्जा प्रवाह के बीच का अनुपात पारिस्थितिक दक्षता की सबसे अच्छी परिभाषा है।
- पारिस्थितिकी दक्षता का आशय एक ट्रॉपिक स्तर से दूसरे ट्रॉपिक स्तर तक ऊर्जा का हस्तान्तरण होना है।
- यह **लिण्डेमान** द्वारा प्रतिपादित 10% नियम का पालन करती है।

6. पारिस्थितिकी की कौन-सी शाखा प्राचीन पर्यावरण की विशेषताओं और प्राचीन पादपों और जन्तुओं के साथ उनके सम्बन्ध से सम्बन्धित है?

SSC CGL Tier-1 18.09.2024 (Shift-II)

(a) मत्स्यविज्ञान (b) कवक विज्ञान
(c) प्रेत-विद्या (d) पुरापारिस्थितिकी

उत्तर (d)

- पुरापारिस्थितिकी प्राचीन पर्यावरण की विशेषताओं और प्राचीन पादपों और जन्तुओं के साथ उनके सम्बन्ध से सम्बन्धित है।
- **पुरापारिस्थितिकी** में जीवाश्मों के अध्ययन से जीव-जन्तुओं के बीच के सम्बन्धों का पता चलता है, जिससे जीवों के विकास के बारे में जानकारी मिलती है।
- जीवाश्मों के अध्ययन से जीवों के रूप, शरीर, रचना और उनके विलुप्त होने के बारे में जानकारी मिलती है।

7. निम्नलिखित में से कौन-सी पारिस्थितिकी तन्त्र की दो बुनियादी श्रेणियाँ हैं?

SSC CGL Tier-1 13.09.2024 (Shift-I)

(a) स्थलीय और जलचर (b) झील और तालाब
(c) वन और नदियाँ (d) वन और जलचर

उत्तर (a)

- पारिस्थितिकी तन्त्र के दो मुख्य बुनियादी श्रेणियाँ **स्थलीय** और **जलीय** हैं।
- स्थलीय पारिस्थितिकी तन्त्र जिसका अर्थ है कि वे भूमि पर मौजूद हैं, जलीय पारिस्थितिकी तन्त्र वे होते हैं, जो पानी (जल) में होते हैं; जैसे—समुद्र, तालाब आदि।

8. निम्नलिखित में से कौन-सा मानव निर्मित पारिस्थितिकी तन्त्र है?

SSC CGL Tier-1 13.09.2024 (Shift-I)

(a) मछलीघर (b) घास स्थल
(c) रेगिस्तान (d) वन

उत्तर (a)

- मछलीघर मानव निर्मित पारिस्थितिकी तन्त्र है।
- मानव निर्मित पारिस्थितिकी तन्त्र, कृत्रिम पारिस्थितिकी तन्त्र कहलाते हैं।
- मानव निर्मित पारिस्थितिकी तन्त्र के उदाहरण-वृक्षारोपण, शहरी परिदृश्य, चावल के खेत आदि हैं।
- एक्वेरियम को इस प्रकार डिजाइन, विकसित और प्रबन्धित किया जाता है, जिससे प्रकृति में होने वाले संदुणी चक्रों की स्थापना को सुगम बनाया जा सके।

9. जून, 2021 तक प्राप्त जानकारी के अनुसार, भारत में कितने बायोस्फीयर रिजर्व स्थापित थे?

SSC CGL Tier-1 12.09.2024 (Shift-III)

(a) 15 (b) 18 (c) 20 (d) 26

उत्तर (b)

- 18 जून, 2021 तक प्राप्त जानकारी के अनुसार, भारत में 18 **बायोस्फीयर रिजर्व** स्थापित थे।
- बायोस्फीयर रिजर्व संरक्षित क्षेत्र होती है, जिसे वनस्पतियों और जानवरों के संरक्षण के लिए बनाया जाता है।
- यूनेस्को द्वारा मैन एण्ड बायोस्फीयर (MAB) कार्यक्रम में 21 देशों में 20 नई साइटों को बायोस्फीयर रिज़र्व के विश्व नेटवर्क में जोड़ा गया है, जिसमें भारत के 12 बायोस्फीयर क्षेत्र शामिल हैं।

10. टेक्सस वालिचियाना (*Taxus wallichiana*) जुक्क (हिमालयी यू) एक औषधीय पौधा (वृक्ष) है, जो निम्नलिखित में से किस राज्य में पाया जाता है?

SSC CGL Tier-1 11.09.2024 (Shift-II)

(a) हिमाचल प्रदेश (b) झारखण्ड
(c) गोवा (d) बिहार

उत्तर (a)

• *टेक्सस बिलिचियाना* एक मध्यम आकार का सदाबहार शंकुधारी पौधा (वृक्ष) है, जो हिमाचल प्रदेश में पाया जाता है।

• इसकी छाल, सूइयों, टहनियों और जड़ों से टैक्सॉल नामक एक रासायनिक यौगिक निकाला जाता है।

• **टैक्सॉल** का उपयोग कैंसर के इलाज में किया जाता है।

11. निम्नलिखित में से किसे प्रकृति की कार्यात्मक इकाई के रूप में दर्शाया जा सकता है? **SSC CGL Tier-1 09.09.2024 (Shift-III)**

(a) पारिस्थितिकी तन्त्र (b) वाहन
(c) मनुष्य (d) वनस्पति

उत्तर (a)

• पारिस्थितिकी तन्त्र को प्रकृति की कार्यात्मक इकाई के रूप में दर्शाया जा सकता है।

• इसमें जीवित जीवों (जैविक घटक) और निर्जीव घटकों (जैसे-सूर्य का प्रकाश, मिट्टी का तापमान, पानी) दोनों शामिल होते हैं।

• पारिस्थितिकी तन्त्र में ऊर्जा और पदार्थ का प्रवाह खाद्य शृंखलाओं और खाद्य जालों के माध्यम से होता है।

12. भारत में प्रोजेक्ट टाइगर (Project Tiger) किस वर्ष शुरू किया गया था? **SSC CGL Tier-1 09.09.2024 (Shift-I)**

(a) 1973 में (b) 1970 में
(c) 1985 में (d) 1972 में

उत्तर (a)

• भारत में **प्रोजेक्ट टाइगर** वर्ष 1973 में शुरू किया गया था।

• प्रोजेक्ट टाइगर पहल की शुरुआत वन्यजीव संरक्षण अधिनियम, 1972 के तहत की गई थी।

• इस परियोजना के तहत बाघों को अवैध शिकार एवं खतरों से बचाना तथा बाघों के लिए समर्पित अभयारण्यों का निर्माण करना शामिल है।

• दिसम्बर, 2024 तक 57 बाघ अभयारण्य स्थापित किए जा चुके हैं और सबसे अधिक बाघ मध्य प्रदेश में पाए जाते हैं।

SSC CGL 2023 (Tier 1 & 2)

13. निम्नलिखित में से कौन-सा भारत के कुछ प्रसिद्ध राष्ट्रीय उद्यानों जैसे नागरहोल और बान्दीपुर में संरक्षित घरेलू मवेशियों का निकटतम जंगली रिश्तेदार है? **SSC CGL Tier-1 17.07.2023 (Shift-I)**

(a) एशियाई भैंस (b) लाल एंगस
(c) नीलगाय (d) गौर

उत्तर (d)

• गौर या **भारतीय बाइसन**, नागरहोल और बान्दीपुर में संरक्षित घरेलू मवेशियों का निकटतम जंगली रिश्तेदार है।

• यह मूलत: **दक्षिण व दक्षिण-पूर्व एशिया** में पाया जाता है।

• **नागरहोल** व **बान्दीपुर** राष्ट्रीय उद्यान **कर्नाटक** में स्थित है।

14. भारत में चीतों की पुन:स्थापना के लिए कार्य योजना के पहले चरण में, सितम्बर, 2022 में मध्य प्रदेश के कूनो राष्ट्रीय उद्यान में .... छोड़े गए हैं। **SSC CGL Tier-1 19.07.2023 (Shift-I)**

(a) 10 चीते (b) 8 चीते
(c) 12 चीते (d) 6 चीते

उत्तर (b)

• भारत में चीतों की पुन:स्थापना के लिए कार्य योजना के पहले चरण में, सितम्बर, 2022 में मध्य प्रदेश के कूनो राष्ट्रीय उद्यान में 8 चीते छोड़े गए।

• ये चीते अफ्रीकन देश **नामीबिया** से लाए गए थे।

• यह राष्ट्रीय उद्यान मध्य प्रदेश के **श्योपुर** जिले में स्थित है।

• वर्ष 2018 में इसे राष्ट्रीय उद्यान का दर्जा दिया गया।

• वर्ष 1952 में एशियाई चीते को आधिकारिक रूप से भारत से विलुप्त घोषित किया गया था।

15. केन्द्रीय पर्यावरण, वन और जलवायु परिवर्तन मन्त्रालय ने वर्ष 2022 में ई-अपशिष्ट प्रबन्धन नियमों को अधिसूचित किया। ये नियम .... से लागू होने अपेक्षित हैं। **SSC CGL Tier-1 24.07.2023 (Shift-III)**

(a) 1 दिसम्बर, 2022 (b) 1 अप्रैल, 2023
(c) 1 जुलाई, 2023 (d) 1 जनवरी, 2023

उत्तर (b)

• वर्ष 2022 में ई-अपशिष्ट प्रबंधन नियम अधिसूचित किया गया। ये नियम 1 अप्रैल, 2023 से लागू होने अपेक्षित हैं।

• ई-अपशिष्ट, **इलेक्ट्रॉनिक अपशिष्ट** का संक्षिप्त रूप है और यह पुराने अप्रचलित या अनुपयोगी इलेक्ट्रॉनिक उपकरणों को सन्दर्भित करता है।

• इन नए नियमों का उद्देश्य पर्यावरण की दृष्टि से सही तरीके से **ई-कचरे का प्रबन्धन करना** है।

16. भारत और बांग्लादेश के सुन्दरवन में पाई जाने वाली मैंग्रोव वृक्ष की किस प्रजाति को वैज्ञानिक रूप से **हेरिटिएश फॉम्स** के रूप में जाना जाता है? **SSC CGL Tier-1 25.07.2023 (Shift-II)**

(a) सुन्दरी (b) कचनार
(c) कुसुम (d) अर्जुन

उत्तर (a)

• भारत और बांग्लादेश के सुन्दरवन में पाई जाने वाली मैंग्रोव वृक्ष की **सुन्दरी** सामान्यत: **मालवेसी परिवार** की मैंग्रोव प्रजाति है, जिसके वृक्ष टिकाऊ एवं कठोर लकड़ी प्रदान करते हैं। इसे वैज्ञानिक रूप से **हेरिटिएश फॉम्स** के रूप में जाना जाता है।

• सार्वधिक मैंग्रोव वन भारत के **पश्चिम बंगाल** में पाए जाते हैं।

• भारत वन स्थिति रिपोर्ट 2023 के अनुसार, भारत में मैंग्रोव क्षेत्रफल **4991.68 वर्ग किमी** है, जो देश के कुल भौगोलिक क्षेत्र का **0.15%** है।

• पश्चिम बंगाल में **सुन्दरवन** विश्व का सबसे बड़ा मैंग्रोव वन क्षेत्र है।

17. किस बायोस्फीयर रिजर्व में सबसे बड़ा लुप्तप्राय समुद्री स्तनपायी ड्गोंग अर्थात् ड्यूगोंग और समुद्री कछुए भी पाए जाते हैं? **SSC CGL Tier-1 25.07.2023 (Shift-III)**

(a) कंचनजंगा बायोस्फीयर रिजर्व
(b) पचमढ़ी बायोस्फीयर रिजर्व
(c) शेषचलम बायोस्फीयर रिजर्व
(d) मन्नार की खाड़ी बायोस्फीयर रिजर्व

उत्तर (d)

• **मन्नार की खाड़ी बायोस्फीयर रिजर्व** में लुप्तप्राय समुद्री स्तनपायी डुगोंग अर्थात् सबसे बड़ा डुयूगोंग और समुद्री कुछओं की विभिन्न प्रजातियाँ पाई जाती है।

• यह रिजर्व भारत के तमिलनाडु राज्य में स्थित है और 10500 वर्ग किमी क्षेत्र में फैला है।

• मन्नार की खाड़ी बायोस्फीयर रिजर्व अपनी समृद्ध **जैव-विविधता** और **मूँगा चट्टानों** के लिए भी जाना जाता है।

18. 'जानवर' और 'वह क्षेत्र जहाँ वे पाए जाते हैं' का निम्नलिखित में से कौन-सा संयोजन गलत है? **SSC CGL Tier-1 25.07.2023 (Shift-IV)**

(a) कंगारू-ऑस्ट्रेलिया
(b) लीमर-मेडागास्कर
(c) शुतुरमुर्ग-सवाना और रेगिस्तानी क्षेत्र
(d) वनमानुष-कैरेबियन द्वीप समूह

उत्तर (d)

• विकल्प (d) का संयोजन गलत है।

• वनमानुष, कैरेबियन द्वीप समूह में नहीं, बल्कि अफ्रीका के घने जंगलों में **गिनी से लेकर कांगो** तथा पश्चिमी युगांडा तक के जंगलों में पाया जाता है।

• **कंगारू** ऑस्ट्रेलिया में पाया जाने वाला एक स्तनधारी पशु है। यह ऑस्ट्रेलिया का राष्ट्रीय पशु भी है।

19. गोरुमारा राष्ट्रीय उद्यान किस राज्य में स्थित है? **SSC CGL Tier-1 26.07.2023 (Shift-IV)**

(a) बिहार (b) असम
(c) पश्चिम बंगाल (d) उत्तराखण्ड

उत्तर (c)

• **गोरुमारा राष्ट्रीय उद्यान** पश्चिमी बंगाल के जलपाई गुड़ी जिले में स्थित है।

• इसकी स्थापना वर्ष 1992 में की गई थी।

• यह मुख्य रूप से भारतीय गैण्डों की आबादी के लिए जाना जाता है।

• पश्चिमी बंगाल के अन्य प्रमुख राष्ट्रीय उद्यानों में- सुन्दरवन, नेशनल पार्क, बुक्सा टाइगर रिजर्व आदि हैं।

20. राजगीर चिड़ियाघर निम्नलिखित में से किस राज्य में स्थित है? **SSC CGL Tier-1 27.07.2023 (Shift-II)**

(a) गुजरात (b) बिहार
(c) तमिलनाडु (d) मध्य प्रदेश

उत्तर (b)

• राजगीर चिड़ियाघर **बिहार राज्य में स्थित है।**

• इसे आधिकारिक रूप से **फरवरी, 2022** में खोला गया था।

• राजगीर नालन्दा जिले में स्थित है।
• इस चिड़ियाघर में सफारी की शुरुआत **पर्यावरण**, **वन** और **जलवायु परिवर्तन विभाग बिहार** सरकार द्वारा लगभग ₹ 177 करोड़ की लागत से की गई है।

SSC CGL 2022 (Tier 1 & 2)

21. पारिस्थितिक तन्त्र की उत्पादकता निम्नलिखित में से किसको मिलाकर बनती है?
SSC CGL Tier-1 02.12.2022 (Shift-II)
(a) शुद्ध उत्पादकता और उपभोग
(b) प्राथमिकता और द्वितीयक उत्पादकता
(c) शुद्ध प्राथमिक उत्पादकता और सकल प्राथमिक उत्पादकता
(d) सकल उत्पादकता और प्राथमिक उत्पादकता

उत्तर (c)

• **शुद्ध प्राथमिक उत्पादकता और सकल प्राथमिक उत्पादकता** को मिलाकर पारिस्थितिक तन्त्र की उत्पादकता बनती है।
• पारिस्थितिकी तन्त्र पारिस्थितिकी की एकमात्र ऐसी कार्यात्मक इकाई है, जिसमें अन्तर सम्बन्धित जीवों का समूह व उनका भौतिक या निर्जीव वातावरण अन्तर्निहित होता है।
• पारिस्थितिक तन्त्र शब्द का प्रयोग सर्वप्रथम ब्रिटिश पर्यावरणविद् **ऑर्थर टैन्सले ने किया था।**
• भारत में पारिस्थितिकी के जनक के रूप में डॉ. **रामदेव मिश्रा** को जाना जाता है।

22. एक खाद्य शृंखला में द्वितीयक उत्पादक .... होते हैं।
SSC CGL Tier-1 06.12.2022 (Shift-I)
(a) सर्वाहारी (b) अपघटक
(c) शाकाहारी (d) माँसाहारी

उत्तर (c)

• एक खाद्य शृंखला में प्राथमिक उत्पादक **हरे पेड़ पौधे**, द्वितीयक उत्पादक शाकाहारी, तृतीय उत्पादक **माँसाहारी** तथा चतुर्थ में **अपघटक** आते हैं।
• वे खाद्य शृंखलाएँ, जो हरे पौधों से प्रारम्भ होकर शाकाहारी एवं माँसाहारी जन्तुओं तक जाती हैं। ग्रेजिंग (चराई) खाद्य शृंखला कहलाती हैं।
• जबकि पौधों एवं जीव-जन्तुओं से प्रारम्भ होकर सूक्ष्मजीवों तक जाने वाली खाद्य शृंखला अपरदन खाद्य शृंखला होती है।

23. जून, 2022 में सर्वोच्च न्यायालय ने निर्देश दिया कि देशभर में प्रत्येक संरक्षित वन, राष्ट्रीय उद्यान और वन्यजीव अभयारण्य के आस-पास उनकी सीमांकित सीमाओं से आरम्भ करते हुए कम-से-कम .... को अनिवार्य इको-सेंसिटिव जोन (ESZ) घोषित किया जाना चाहिए।
SSC CGL Tier-1 06.12.2022 (Shift-I)
(a) 2 किमी (b) 3 किमी
(c) 5 किमी (d) 1 किमी

उत्तर (d)

• वर्ष 2022 तमिलनाडु के नीलगिरि जिले में वन क्षेत्रों की सुरक्षा के लिए एक याचिका के जवाब में सर्वोच्च न्यायालय ने निर्देश दिया कि संरक्षित क्षेत्रों, राष्ट्रीय उद्यान और वन्यजीव अभयारण्य के आस-पास कम-से-कम 1 किमी क्षेत्र को अनिवार्य **इको-सेंसिटिव जोन** (ESZ) घोषित किया जाना चाहिए।
• इसका मूल उद्देश्य राष्ट्रीय उद्यानों और वन्यजीव अभयारण्यों के आस-पास कुछ गतिविधियों को विनियमित करना है।
• ताकि संरक्षित क्षेत्रों के निकटवर्ती संवेदनशील पारिस्थितिक तन्त्र पर ऐसी गतिविधियों के नकारात्मक प्रभाव को कम किया जा सके।

24. 'पारिस्थितिकी तन्त्र (Ecosystem)' शब्द निम्नलिखित में से किसके द्वारा प्रस्तावित किया गया? SSC CGL Tier-1 06.02.2022 (Shift-III)
(a) ट्यूरेसन (b) एजी टैन्सले
(c) लिण्डमेन (d) ग्रिनेल

उत्तर (b)

• **एजी टैन्सले** के द्वारा 'पारिस्थितिकी तन्त्र' शब्द का प्रयोग/प्रस्तावित वर्ष **1935** में किया गया था।
• टैन्सले के अनुसार, पारिस्थितिकी तन्त्र भौतिक तन्त्रों का एक विशेष प्रकार होता है। इसकी रचना **जैविक** तथा **अजैविक** संघटकों से होती है।
• पारिस्थितिकी शब्द का प्रयोग पहली बार **अर्नेस्ट हैकल** ने किया था।
• आधुनिक पारिस्थितिकी के पिता **यूजीन पी ओडम** को कहा जाता है।

25. उस चरण की पहचान करें, जो अपघटन का हिस्सा नहीं है
SSC CGL Tier-1 06.12.2022 (Shift-III)
(a) अपचय
(b) निक्षालित गैर-जलमग्न मिट्टी
(c) ह्यूमिफिकेशन
(d) मृदा अपरदन

उत्तर (d)

• **मृदा अपरदन** अपघटन का हिस्सा नहीं है।
• अपघटन का शाब्दिक अर्थ 'टूटना' होता है।
• अपघटन एक **चयापचय प्रक्रिया** है, जो कच्चे माल के रूप में **संकुल रसायनों** का उपयोग करती है, उन्हें रूपान्तरित करती है और फिर उन्हें सरल यौगिकों में बदल देती है।
• जैव अपघटक, जिसमें **जीवाणु, कवक** और कुछ अन्य सूक्ष्मजीव शामिल होते हैं, ये अपघटन प्रक्रिया शुरू करते हैं।
• **ह्यूमिफिकेशन** वह प्रक्रिया है, जिसके द्वारा मृदा पर गहरे रंग का ह्यूमस विकसित होता है।

26. पारिस्थितिक तन्त्र के समुच्चय को क्या कहते हैं? SSC CGL Tier-1 07.12.2022 (Shift-III)
(a) जलमण्डल
(b) बायोम
(c) वायुमण्डल
(d) समतापमण्डल

उत्तर (b)

• परिस्थितिक तन्त्र के समुच्चय को **बायोम** कहते हैं।
• किसी एक पारिस्थितिकी तन्त्र में विद्यमान सभी प्राणियों और वनस्पतियों को सामूहिक रूप से **जीवोम** या **बायोम** कहा जाता है।
• बायोम के प्रकार-टुण्ड्रा बायोम, उष्णकटिबन्धीय बायोम तथा समशीतोष्ण कटिबन्धीय बायोम।

27. एक झील के पारिस्थितिकी तन्त्र में प्राथमिक उपभोक्ता होता है ....।
SSC CGL Tier-1 08.12.2022 (Shift-II)
(a) प्राणिप्लवक (b) पादक पलवक
(c) जीवाणु (d) मछलियाँ

उत्तर (a)

• एक झील के पारिस्थितिकी तन्त्र में प्राथमिक उपभोक्ता प्राणिप्लवक होता है।
• हालाँकि इसमें कुछ मछलियाँ भी शामिल हो सकती हैं, जो पादपप्लवकों को खाती हैं।
• प्राणिप्लवक की अधिकांश प्रजातियाँ छोटे सूक्ष्म जीव हैं।

28. निम्न में से कौन जीवों के तृतीय पोषक स्तर से सम्बन्धित नहीं है?
SSC CGL Tier-1 08.12.2022 (Shift-III)
(a) भेड़िया (b) चिड़िया (c) मछली (d) गाय

उत्तर (d)

• **गाय** जीवों के तृतीय पोषक स्तर से सम्बन्धित नहीं है।
• जब शाकाहारी जीवों का भक्षण प्रथम माँसाहारी या **द्वितीयक उपभोक्ताओं** द्वारा किया जाता है, तो ये तृतीय पोषक स्तर का निर्माण करते हैं।
• तृतीयक उपभोक्ता शीर्ष स्तर के माँसाहारी होते हैं; जैसे- शेर, मनुष्य, डॉल्फिन आदि।

29. उपभोक्ताओं द्वारा नए कार्बनिक पदार्थों के बनने की दर को आप क्या कहते हैं?
SSC CGL Tier-1 08.12.2022 (Shift-IV)
(a) द्वितीयक उत्पादकता (b) तृतीयक उत्पादकता
(c) प्राथमिक उत्पादकता (d) शुद्ध उत्पादकता

उत्तर (a)

• उपभोक्ताओं द्वारा नए कार्बनिक पदार्थों के बनने की दर को **द्वितीयक उत्पादकता** के रूप में जाना जाता है।
• प्रोटिस्टा, कनक, बैक्टीरिया, हिरण, गाय, बकरी, घोड़े आदि इसके कुछ उदाहरण हैं।
• **प्राथमिक उत्पादकता** के रूप में उत्पादक पौधे और अन्य प्रकाश संश्लेषक जीव नए कार्बनिक पदार्थ बनाते हैं।
• **तृतीयक उत्पादकता** शुद्ध जैवमात्रा जो माँसाहारी एक निश्चित समय में बनाते हैं।
• **शुद्ध उत्पादकता** प्राथमिक उत्पादों द्वारा उत्पादित भोजन या जैवमात्रा की कुल मात्रा को घटाकर ऊर्जा की हानि, जोकि उत्पादकों द्वारा संग्रहीत भोजन की कुल मात्रा भी होती है।

30. ऊर्जा संरक्षण (संशोधन) विधेयक, 2022 केन्द्र सरकार को ...... निर्दिष्ट करने के लिए व सशक्त बनाने के लिए ऊर्जा संरक्षण अधिनियम, 2001 में संशोधन करता है।
SSC CGL Tier-1 09.12.2022 (Shift-IV)
(a) इको सेंसिटिव जोन
(b) तटीय विनियमन योजना
(c) कार्बन क्रेडिट ट्रेडिंग योजना
(d) कोयला आधारित स्टेशन

उत्तर (c)

• ऊर्जा संरक्षण (संशोधन) विधेयक, 2022 केन्द्र सरकार को 'कार्बन क्रेडिट ट्रेडिंग योजना' निर्दिष्ट करने के लिए व सशक्त बनाने के लिए ऊर्जा संरक्षण अधिनियम, 2001 में संशोधन करता है।

• **कार्बन क्रेडिट ट्रेडिंग योजना** केन्द्र सरकार को कार्बन क्रेडिट ट्रेडिंग योजना स्थापित करने एवं निर्दिष्ट ऊर्जा उपभोक्ताओं द्वारा उपयोग किए जाने वाले गैर-जीवाश्म स्रोतों की न्यूनतम मात्रा निर्दिष्ट करने में सक्षम बनाता है।

31. आधुनिक पारिस्थितिकी के जनक कौन हैं? **SSC CGL Tier-1 13.12.2022 (Shift-I)**

(a) रॉबर्ट हुक (b) रॉबर्ट ब्राउन
(c) ई. पी. ओडम (d) चार्ल्स डार्विन

उत्तर (c)

• **ई. पी. ओडम** आधुनिक पारिस्थितिकी के जनक हैं। यह एक प्रसिद्ध अमेरिकी पारिस्थितिकीविद् हैं।

• उन्होंने पारितन्त्र पारिस्थितिकी पर गहन शोध किया तथा आधुनिक पारिस्थितिकी तन्त्र की अवधारणा का नेतृत्व किया।

• उनकी प्रसिद्ध पुस्तक का नाम **फण्डामेण्टल्स ऑफ इकोलॉजी** है, जिसे वर्ष 1953 में प्रकाशित किया गया था।

• **रॉबर्ट ब्राउन** एक स्कॉटिश वनस्पति विज्ञानी और जीव विज्ञानी थे।

• **चार्ल्स डार्विन** एक जीव विज्ञानी थे, जो विकास के सिद्धान्त में उनके योगदान के लिए जाने जाते हैं।

SSC CGL 2021 (Tier 1 & 2)

32. भितरकनिका राष्ट्रीय उद्यान निम्न में से किस राज्य में स्थित है? **SSC CGL Tier-1 17.08.2021 (Shift-I)**

(a) केरल (b) मेघालय
(c) ओडिशा (d) गोवा

उत्तर (c)

• भितरकनिका राष्ट्रीय उद्यान **ओडिशा** राज्य में स्थित है।

• यह उद्यान लगभग 672 वर्ग किमी में विस्तृत वैतरणी, ब्राह्मणी एवं धामरा नदियों के मुहाने पर स्थित है।

• यह ओडिशा के समृद्ध जैव-विविधता वाले क्षेत्रों में से एक है। यह प्रवासी पक्षियों, मगरमच्छ, कछुओं आदि के लिए प्रसिद्ध है।

• यहाँ देश के 70% खारे पानी के मगरमच्छों का निवास स्थान है, जिनके संरक्षण का कार्य वर्ष 1975 में शुरू किया गया था।

• भितरकनिका राष्ट्रीय उद्यान अपने **मैंग्रोव** वनों के लिए प्रसिद्ध है।

33. ...... राष्ट्रीय उद्यान लद्दाख में स्थित है। **SSC CGL Tier-1 13.08.2021 (Shift-III)**

(a) मानस (b) नामदाफा (c) गिर (d) हेमिस

उत्तर (d)

• **हेमिस** राष्ट्रीय उद्यान भारत के केन्द्रशासित प्रदेश लद्दाख के पूर्वी भाग में काफी ऊँचाई में स्थित है, जो भारत में हिमालय के उत्तर में एकमात्र राष्ट्रीय उद्यान है।

• हेमिस राष्ट्रीय उद्यान भारत का सबसे बड़ा राष्ट्रीय उद्यान है, जिसकी स्थापना वर्ष 1981 में रुबक एवं मार्चा कैचमेण्ट को संरक्षित करके की गई थी, जो लगभग 600 किमी वर्ग में विस्तृत है।

34. बाघमारा कीटभोजी घटपर्णी (पिचर प्लाण्ट) अभयारण्य निम्न में से किस राज्य में स्थित है? **SSC CGL Tier-1 13.08.2021 (Shift-I)**

(a) कर्नाटक (b) मेघालय
(c) गोवा (d) असम

उत्तर (b)

• बाघमारा कीटभोजी घटपर्णी (पिचर प्लाण्ट) अभयारण्य **मेघालय में स्थित** है, जो गारो की खूबसूरत हिल्स पर बसा है, जो अपनी जैव-विविधता के लिए प्रसिद्ध है।

• यह अभयारण्य विभिन्न वनस्पतियों एवं जीव-जन्तुओं को सुरक्षित आश्रय प्रदान करता है।

SSC CPO 2024

35. दक्षिणी आन्ध्र प्रदेश का कौन-सा जीवमण्डल प्रसिद्ध लाल चंदन और स्लेंडर लोरिस सहित कई स्थानिक प्रजातियों का घर है? **SSC CPO 27.06.2024 (Shift-I)**

(a) अगस्त्यमलाई (b) शेषचलम
(c) पचमढ़ी (d) शीत मरुस्थल

उत्तर (b)

• दक्षिणी आन्ध्र प्रदेश का **शेषचलम जीवमण्डल प्रसिद्ध** लाल चन्दन और स्लेंडर लोरिस सहित कई स्थानिक प्रजातियों का घर है।

• इसका कुल भौगोलिक क्षेत्रफल 4755.9 किमी है।

• यह आन्ध्र प्रदेश का पहला बायोस्फीयर रिजर्व है।

• इसे वर्ष 2010 में भारत के बायोस्फीयर रिजर्व के रूप में नामित किया गया था।

36. निम्नलिखित में से कौन-सी एपिलिमनियन की विशेषता है? **SSC CPO 27.06.2024 (Shift-II)**

(a) तालाब की मध्य परत
(b) झील की निचली परत
(c) नदी की निचली परत
(d) ऊष्मीय रूप से स्तरीकृत झील में सबसे ऊपरी परत

उत्तर (d)

• **एपिलिमनियन** एक ऊष्मीय रूप से स्तरीकृत झील में सबसे ऊपरी परत होती है।

• यह गर्मियों के महीनों में सबसे गर्म परत होती है, क्योंकि यह सूर्य के प्रकाश से सीधे तौर पर गर्म होती है।

• एपिलिमनियन झील पारिस्थितिकी तन्त्र का एक महत्त्वपूर्ण हिस्सा है।

• यह जीवन के लिए आवश्यक भोजन और ऑक्सीजन प्रदान करता है और जलवायु को नियन्त्रित करने में भी भूमिका निभाता है।

37. वन्यजीव (संरक्षण) अधिनियम, 1972 की निम्नलिखित में से किस अनुसूची में भारत की सबसे आम जंगली बिल्ली फीलिस चाउस सूचीबद्ध है? **SSC CPO 28.06.2024 (Shift-I)**

(a) अनुसूची III (b) अनुसूची I
(c) अनुसूची II (d) अनुसूची IV

उत्तर (c)

• वन्यजीव (संरक्षण) अधिनियम, 1972 की अनुसूची 11 में भारत की सबसे आम जंगली बिल्ली *फीलिस चाउस (Felis chaus)* सूचीबद्ध है।

• इसे वर्ष 2003 में संशोधित किया गया और इसका नाम भारतीय वन्य जीव संरक्षण (संशोधित) अधिनियम 2002 रखा गया है।

• इसमें कुल 6 अनुसूचियाँ है, जो अलग-अलग तरह से वन्यजीव को सुरक्षा प्रदन करता है।

• इस अनुसूची में शामिल प्रजातियों को शिकार और व्यापार करने से बचाया जाता है और उनके आवासों को नष्ट होने से बचाया जाता है।

38. आबादी (या उप-प्रजाति या जाति) जो स्थानीय पर्यावरणीय परिस्थितियों के अनुकूल होती है, क्या कहलाती है? **SSC CPO 28.06.2024 (Shift-II)**

(a) इकोटाइप (b) जीवोम
(c) प्रोटोटाइप (d) निकेत (Niche)

उत्तर (a)

• आबादी (या उप-प्रजाति या जाति) जो स्थानीय पर्यावरणीय परिस्थितियों के अनुकूल होती है, **इकोटाइप** कहलाती है।

• किसी भौगोलिक क्षेत्र में समस्त पारिस्थितिक तन्त्र एक साथ मिलकर एक और बड़ी इकाई का निर्माण करते हैं, **जीवोम** कहलाते हैं।

• **प्रोटोटाइप** किसी वस्तु या उत्पाद को बनाने से पहले बनाया गया उसका एक नमूना होता है।

• **निकेत** एक प्रजाति के लिए अद्वितीय लक्षण होते हैं। निकेत में कोई भी दो प्रजातियाँ समान नहीं हो सकती है।

39. निम्नलिखित में कौन-सा जीव अनावृत चट्टानों में भी पारिस्थितिक उत्तराधिकार आरम्भ कर सकता है। **SSC CPO 29.06.2024 (Shift-III)**

(a) एस्परगिलोसिस (b) लिली
(c) आर्किड (d) लाइकेन

उत्तर (d)

• **लाइकेन** अनावृत चट्टानों में भी पारिस्थितिक अनुक्रम (उत्तराधिकार) आरम्भ कर सकता है।

• लाइकेन एक जटिल जीवन रूप है, जो कवक और शैवाल या साइनो-बैक्टीरिया के बीच सहजीवी सम्बन्ध का परिणाम है।

• यह वायु प्रदूषण के सूचक होते हैं, विशेष रूप से जब वायुमण्डल में सल्फर डाइऑक्साइड की सान्द्रता होती है।

SSC CHSL 2024 (Tier 1)

40. भारत में एशियाई शेर का प्राकृतिक आवास कौन-सा है? **SSC CHSL Tier-1 04.07.2024 (Shift-I)**

(a) सुन्दरवन
(b) दुधवा राष्ट्रीय उद्यान
(c) काजीरंगा राष्ट्रीय उद्यान
(d) गिर वन

उत्तर (d)

• भारत में एशियाई शेरों का प्राकृतिक आवास **गिर वन** गुजरात है।

• गिर नेशनल पार्क की स्थापना वर्ष 1965 में हुई थी तथा वर्ष 1975 में इसे राष्ट्रीय उद्यान के रूप में नामित किया गया।

• गिर राष्ट्रीय उद्यान और वन्यजीव अभयारण्य को 'सासन गिर' के नाम से भी जाना जाता है।

41. नन्दा देवी बायोस्फीयर रिजर्व किस राज्य में स्थित है? **SSC CHSL Tier-1 04.07.2024 (Shift-II)**

(a) उत्तराखण्ड (b) असम
(c) ओडिशा (d) हिमाचल प्रदेश

उत्तर (a)

• नन्दा देवी बायोस्फीयर रिजर्व **उत्तराखण्ड** राज्य में स्थित है।

• यह समुद्र तल से लगभग 3500 मी की ऊँचाई पर स्थित है, जिसे वर्ष 1982 में स्थापित किया गया था।

• इस राष्ट्रीय उद्यान को वर्ष 1988 में यूनेस्को द्वारा विश्व धरोहर स्थल घोषित किया गया तथा वर्ष 2005 में इसका विस्तार करके इसका नाम बदलकर नन्दा देवी और फूलों की घाटी राष्ट्रीय उद्यान कर दिया गया है।

42. निम्नलिखित में से कौन-सा/कौन-से कथन सही है/हैं?

A. भारत में अधिकतम राष्ट्रीय उद्यान मध्य प्रदेश राज्य में स्थित हैं।
B. मुदुमलाई राष्ट्रीय उद्यान केरल में स्थित है।
C. सलीम अली सेण्टर फॉर ऑर्निथोलॉजी एण्ड नेचुरल हिस्ट्री तमिलनाडु में स्थित है।

SSC CHSL Tier-1 09.07.2024 (Shift-II)

कूट

(a) केवल A (b) A और B
(c) A और C (d) केवल C

उत्तर (c)

• कथन (A) और (C) दोनों सही हैं।

• भारत में अधिकतम राष्ट्रीय उद्यान **मध्य प्रदेश (9)** राज्य में स्थित हैं।

• सलीम अली सेण्टर फॉर ऑर्निथोलॉजी एण्ड नेचुरल हिस्ट्री तमिलनाडु में स्थित है।

• मुदुमलाई राष्ट्रीय उद्यान तमिलनाडु में स्थित है।

• यह उद्यान नीलगिरि बायोस्फीयर रिजर्व का हिस्सा है। यह केरल और कर्नाटक राज्यों के साथ अपनी सीमाएँ साझा करता है।

43. किसी पारिस्थितिकी तन्त्र के ऊर्जा प्रवाह आरेख में ऊर्जा का प्रवाह शाकाहारी जीवों में ……… से होता है। **SSC CHSL 10.01.2024 (Shift-I)**

(a) उत्पादकों (b) शीर्ष माँसाहारियों
(c) सूरज की रोशनी (d) माँसाहारियों

उत्तर (a)

• किसी पारिस्थितिकी तन्त्र के ऊर्जा प्रवाह आरेख में ऊर्जा का प्रवाह शाकाहारी जीवों में **उत्पादकों** से होता है।

• पारिस्थितिकी तन्त्र में जैविक और अजैविक घटक होते हैं, जो पोषक चक्रों और ऊर्जा प्रवाह के माध्यम से एक साथ जुड़े होते हैं।

• 'पारिस्थितिकी तन्त्र' शब्द को पहली बार वर्ष 1935 में वनस्पतिशास्त्री ए.जी. टैंसले ने प्रतिपादित किया था।

SSC CHSL 2023, 2022 (Tier 1)

44. निम्नलिखित का सही मिलान कीजिए।

SSC CHSL (10+2) 02.11.2023 (Shift-I)

सूची I (राज्य)	**सूची II** (जैव-निचय)
A. असम	1. पचमढ़ी
B. मध्य प्रदेश	2. नोकरेक
C. ओडिशा	3. मानस
D. मेघालय	4. सिमलीपाल

कूट

	A	B	C	D		A	B	C	D
(a)	2	1	4	3	(b)	1	2	3	4
(c)	3	1	4	2	(d)	2	3	1	4

उत्तर (c)

• सही सुमेलन A-3, B-1, C-4, D-2 है।

• **मानस** को वर्ष 1989 में जैव-निचय घोषित किया गया था। यह असम राज्य में स्थित है।

• मध्य प्रदेश के नर्मदापुरम एवं छिन्दवाड़ा जिलों के हिस्से के रूप में वर्ष 1999 में **पचमढ़ी** को जैव-निचय घोषित किया गया था।

• ओडिशा के मयूरभंज जिले के **सिमलीपाल** को वर्ष 1994 में जैव-निचय घोषित किया गया था।

• मेघालय के गारो हिल्स के भाग के रूप में **नोकरेक** को वर्ष 1988 में जैव-निचय घोषित किया गया था।

45. 1869 ई. में किसने एक नए शब्द 'ओकोलॉजी (Oecologie)' का प्रतिपादन किया, जो जीवों के उनके पर्यावरण के साथ सम्बन्धों के अध्ययन को परिभाषित करता है?

SSC CHSL (10+2) 27.05.2022 (Shift-I)

(a) यूजीन ओड्स्म (b) आर्थर टैंसले
(c) अर्नेस्ट हेकेल (d) चार्ल्स एल्टन

उत्तर (c)

• 1869 ई. में **अर्नेस्ट हेकेल** ने एक नए शब्द 'ओकोलॉजी (Oecologie)' का प्रतिपादन किया, जो जीवों के उनके पर्यावरण के साथ सम्बन्धों के अध्ययन को परिभाषित करता है।

• ये एक प्रख्यात प्राणीविज्ञानी, शिक्षक आर्टिस्ट एवं दार्शनिक थे।

• ये **चार्ल्स डार्विन** के सिद्धान्त से प्रभावित थे। अत: इन्होंने जर्मनी में उनके सिद्धान्त को प्रचारित एवं प्रसारित किया था।

46. जलीय पादपों और जन्तुओं द्वारा किए जाने वाले अनुकूलन का तरीका क्या होता है, जिसमें शरीर के तरल पदार्थों की परासरणी सान्द्रता परिवेशी वायु और जल की परासरणी सान्द्रता के साथ बदल जाती है?

SSC CHSL (10+2) 27.05.2022 (Shift-I)

(a) प्रवास (b) विनियमन
(c) संरूपण (d) निलम्बन

उत्तर (c)

• **संरूपण** प्रक्रिया के द्वारा जलीय पादप और जन्तु बाहरी पर्यावरण के साथ अनुकूलता स्थापित करते हैं।

• इसमें शरीर के तरल पदार्थों की परासरणी सान्द्रता परिवेशी वायु और जल की परासरणी सान्द्रता के साथ बदल जाती है।

• इससे जल के भीतर किसी भी प्रकार के भौतिक परिवेश में बदलाव के साथ ही वे सामंजस्य स्थापित करने में सक्षम होते हैं।

47. पारिस्थितिक तन्त्र के माध्यम से ऊर्जा और पोषक तत्त्व कैसे प्रवाहित होते हैं, इस बारे में किस पारिस्थितिकीविद् के शोध ने क्रान्तिकारी नवीन अन्तर्दृष्टि प्रदान की?

SSC CHSL (10+2) 31.05.2022 (Shift-I)

(a) चार्ल्स एल्टन (b) आर्थर टैंसले
(c) अर्नेस्ट हेकेल (d) रेमण्ड एल. लिण्डमैन

उत्तर (d)

• पारिस्थितिकीविद् रेमण्ड एल. लिण्डमैन के शोध ने क्रान्तिकारी नवीन अन्तर्दृष्टि प्रदान की। इन्होंने बताया कि पारिस्थितिक तन्त्र के माध्यम से ऊर्जा और पोषक तत्त्व कैसे प्रवाहित होते हैं। इनका जन्म वर्ष 1915 में रेडवुक काउण्टी मिनसोटा में हुआ था। इन्होंने मिनसोटा विश्वविद्यालय से अपनी PHD पूरी की।

SSC CHSL 2021 (Tier 1)

48. सितम्बर, 2022 में असम के काजीरंगा नेशनल पार्क में किस जानवर के लिए यादगार स्मारक (memorial) का उद्घाटन किया गया?

SSC CHSL 16.03.2021 (Shift-I)

(a) गिब्बन (b) गैण्डा
(c) लंगूर (d) दरियायी घोड़ा

उत्तर (b)

• सितम्बर, 2022 में असम के काजीरंगा नेशनल पार्क में गैण्डा के लिए यादगार स्मारक का उद्घाटन किया गया।

• काजीरंगा नेशनल पार्क में **गैण्डों** की पाँच प्रजातियाँ पाई जाती हैं। इसमें से दो प्रजातियाँ अफ्रीका में तथा तीन दक्षिण एशिया में मिलती हैं।

• असम में **राइनो प्रजाति** का गैण्डा पाया जाता है, जिसे एक शृंगी या एक सींग वाला गैण्डा (भारतीय गैण्डा) कहा जाता है।

• काजीरंगा राष्ट्रीय उद्यान एक सींग वाले गैण्डे का निवास स्थल है।

49. सरिस्का बाघ अभयारण्य कहाँ स्थित है?

SSC CHSL (10+2) 12.08.2021 (Shift-III)

(a) गुजरात (b) कर्नाटक
(c) हरियाणा (d) राजस्थान

उत्तर (d)

• **सरिस्का टाइगर रिजर्व** राजस्थान के अलवर जिले में एक बाघ अभयारण्य है।

• वर्ष 1955 में इसे वन्यजीव आरक्षित क्षेत्र घोषित किया गया तथा वर्ष 1978 में बाघ परियोजना रिज़र्व का दर्जा दिया गया।

• यहाँ बाघ, चीता, तेन्दुआ, कैरकल, चीतल, साम्भर, मृग एवं जंगली सूअर आदि प्रमुख जीव पाए जाते हैं।

50. कबरताल आर्द्रभूमि को वर्ष 2020 में रामसर साइट के रूप में नामित किया गया था। यह निम्नलिखित में से किस राज्य में स्थित है?

SSC CHSL (10+2) 04.08.2021 (Shift-I)

(a) पंजाब (b) हरियाणा
(c) बिहार (d) हिमाचल प्रदेश

उत्तर (c)

• कबरताल आर्द्रभूमि को वर्ष 2020 में रामसर साइट के रूप में नामित किया गया था। यह बिहार राज्य में स्थित है।

• यह दर्जा प्राप्त करने वाली **बिहार** की यह प्रथम आर्द्रभूमि है। इसे **कँवर झील** के नाम से भी जाना जाता है।

• बिहार के अन्य रामसर स्थल- नागी पक्षी अभयारण्य तथा नकटी पक्षी अभयारण्य।

• आर्द्रभूमि के संरक्षण हेतु 2 फरवरी, 1971 को रामसर कन्वेंशन अन्तर्राष्ट्रीय समझौता हुआ था। वर्तमान में भारत में (फरवरी 2025 तक) रामसर साइट्स की संख्या 89 है।

SSC MTS 2024

51. मेरे क्षेत्र में स्थापित एक फैक्ट्री बड़े पैमाने पर वनों की कटाई का कारण बन रही है। हम निकट भविष्य में निम्नलिखित में से क्या देखने की उम्मीद कर सकते हैं?
SSC MTS Tier-1 12.11.2024 (Shift-III)

A. भूजल का कम होना
B. कम तापमान
C. बार-बार बारिश होना
D. नए जानवरों का आगमन

(a) B (b) A (c) C (d) D

उत्तर (b)

• बड़े पैमाने पर फैक्ट्री स्थापित करने के कारण वनों की कटाई के परिणामस्वरूप निकट भविष्य में भूजल का कम होना जैसी समस्या देखी जा सकती है।

• वनों की कटाई से सम्बन्धित अन्य समस्याओं में ग्लोबल वार्मिंग में तेजी आना, जैव विविधता को नुकसान होना तथा वन्यजीवों के लिए समस्याएँ पैदा होना आदि प्रमुख हैं।

52. इन्द्रावती राष्ट्रीय उद्यान किस राज्य में स्थित है? **SSC MTS Tier-1 05.11.2024 (Shift-IV)**

(a) त्रिपुरा (b) छत्तीसगढ़
(c) तमिलनाडु (d) राजस्थान

उत्तर (b)

• **इन्द्रावती राष्ट्रीय उद्यान** (Indravati National Park) छत्तीसगढ़ राज्य में स्थित है।

• गुरु घासीदास राष्ट्रीय उद्यान छत्तीसगढ़ राज्य में स्थित हैं।

• सिपाहीजाला, तृष्णा, गुमटी और रीवा वन्यजीव अभयारण्य त्रिपुरा में स्थित है।

• मुदुमलाई, मन्नार की खाड़ी, अन्नामलाई, गिण्डी और मुकुर्थी राष्ट्रीय उद्यान तमिलनाडु में स्थित हैं।

• मुकुन्दरा हिल्स, सरिस्का, रणथम्भौर और मरुस्थल राष्ट्रीय उद्यान राजस्थान में हैं।

53. अपघटकों द्वारा कार्बनिक पदार्थ को सरल यौगिकों में तोड़ने की प्रक्रिया का नाम क्या है?
SSC MTS Tier-1 29.10.2024 (Shift-III)

(a) किण्वन (b) श्वसन
(c) प्रकाश-संश्लेषण (d) अपघटन

उत्तर (d)

• अपघटकों द्वारा कार्बनिक पदार्थ को सरल यौगिकों में तोड़ने की प्रक्रिया का नाम **अपघटन** है।

• इस प्रक्रिया में मृत कार्बनिक पदार्थ, कार्बन डाइऑक्साइड, पानी, सरल सर्करा और खनिज लवण जैसे पदार्थों में टूट जाते हैं। यह प्रक्रिया पोषण चक्र का हिस्सा है।

• अपघटन दो प्रकार के होते हैं– भौतिक अपघटन और रासायनिक अपघटन।

• अपघटन में कवक और जीवाणु अपनी महत्त्वपूर्ण भूमिका निभाते हैं।

54. मध्य प्रदेश के बैतूल, होशंगाबाद और छिन्दवाड़ा जिले निम्नलिखित में से किस जैवमण्डल निचय का हिस्सा हैं?
SSC MTS Tier-1 18.10.2024 (Shift-II)

(a) मानस (b) शेषाचलम
(c) पचमढ़ी (d) अगस्त्यमलाई

उत्तर (c)

• मध्य प्रदेश के बैतूल, होशंगाबाद और छिन्दवाड़ा जिले **पचमढ़ी जैवमण्डल** निचय का हिस्सा हैं।

• मध्य प्रदेश में तीन बायोस्फीयर रिजर्व हैं– **पचमढ़ी (1999)**, अचानकमार- अमरकंटक (2005) और पन्ना (2011)।

• मानस (Manas) जैवमण्डल निचय असम राज्य, शेषाचलम (Sechachalam) जैवमण्डल निचय आन्ध्र प्रदेश में तथा अगस्त्यमलाई (Agasthyamalai) जैवमण्डल निचय तमिलनाडु और केरल राज्य में हैं।

55. वन्यजीव संरक्षण अधिनियम कब पारित किया गया था? **SSC MTS Tier-1 14.10.2024 (Shift-I)**

(a) 1955 (b) 1972 (c) 1951 (d) 1980

उत्तर (b)

• वन्यजीव संरक्षण **अधिनियम, 1972** में पारित किया गया था।

• इसे भारत सरकार द्वारा वन्यजीवों को सुरक्षा देने और अवैध शिकार, तस्करी और अवैध व्यापार को रोकने के लिए पारित किया गया था।

• इस अधिनियम में कुल **66 धाराएँ** और 6 अनुसूचियाँ हैं।

• वन्यजीव (संशोधन) अधिनियम 2022 को 1 अप्रैल, 2023 से लागू किया गया है।

56. कार्बन डाइऑक्साइड का पृथ्वी के जलवायु परिवर्तन में महत्त्वपूर्ण योगदान होता है, जिससे ······· नामक गम्भीर स्थिति उत्पन्न होती है।
SSC MTS Tier-1 09.10.2024 (Shift-I)

(a) तापमान संवहन (b) ओजोन अवक्षय
(c) ऊष्मा चालन (d) ग्रीनहाउस प्रभाव

उत्तर (d)

• कार्बन डाईऑक्साइड का पृथ्वी के जलवायु परिवर्तन में महत्त्वपूर्ण योगदान होता है, जिससे **ग्रीन हाउस प्रभाव** नामक गम्भीर स्थिति उत्पन्न होती है।

• कार्बन डाइऑक्साइड एक ग्रीन हाउस गैस है, जिससे पृथ्वी का तापमान नियन्त्रित होता है। वायुमण्डल में CO_2 की मात्रा बढ़ने से सूर्य की गर्मी पृथ्वी पर रुक जाती है और तापमान बढ़ जाता है।

• CO_2 एक रंगहीन, गन्धहीन और गैर-ज्वलनशील गैस है।

• हरित ग्रह प्रभाव के लिए ग्रीनहाउस गैसें मुख्यत: जिम्मेदार हैं। ये गैसें CO_2, CH_4, जलवाष्प और नाइट्रस ऑक्साइड इत्यादि हैं।

• ग्रीन हाउस गैसों में सबसे बड़ा योगदान कारखानों, ऑटो मोबाइल, वनों की कटाई आदि का है।

SSC Steno 2024

57. सूची I को II से सुमेलित कीजिए।
SSC Steno Tier-1 10.12.2024 (Shift-I)

सूची I	सूची II
A. माँसाहारी	1. हरे पौधे
B. उत्पादक	2. द्वितीयक या तृतीयक उपभोक्ता
C. अपघटक	3. प्राथमिक उपभोक्ता
D. शाकाहारी	4. जीवाणु

कूट

	A	B	C	D
(a)	3	1	4	2
(b)	2	1	4	3
(c)	3	4	1	2
(d)	2	4	1	3

उत्तर (b)

• सही सुमेलन A-2, B-1, C-4, D-3 है।

• **माँसाहारी** जीव एवं जन्तु द्वितीयक या तृतीयक उपभोक्ता होते हैं। तृतीयक उपभोक्ता सर्वाहारी भी हो सकता है।

• **उत्पादक** के रूप में हरे पौधे होते हैं, ये अपना भोजन स्वयं बनाते हैं।

• **अपघटक** के रूप में जीवाणु आते हैं। एक जीव, जो कार्बनिक पदार्थों का अपघटन करता है, उसे अपघटक कहते हैं। कवक और जीवाणु अपघटक होते हैं।

• **शाकाहारी** जीव प्राथमिक उपभोक्ता होते हैं।

58. जैविक क्षमता को किस प्रकार परिभाषित किया गया है? **SSC Steno Tier-1 11.12.2024 (Shift-II)**

(a) उग्र पर्यावरणीय परिस्थितियों में जनसंख्या में कमी की प्रवृत्ति
(b) आदर्श पर्यावरणीय परिस्थितियों में जनसंख्या के जीवित रहने और नियत रहने की क्षमता
(c) उग्र पर्यावरणीय परिस्थितियों में जनसंख्या के नियत रहने की प्रवृत्ति
(d) आदर्श पर्यावरणीय परिस्थितियों में जनसंख्या में वृद्धि करने की क्षमता

उत्तर (b)

• **जैविक क्षमता** को आदर्श पर्यावरणीय परिस्थितियों में जनसंख्या के जीवित रहने और नियत रहने की क्षमता के रूप में परिभाषित किया गया है।

• जैविक क्षमता जीव के प्रजनन की दर और उसके प्रजनन जीवन की अवधि जैसे कारकों से प्रभावित होती है।

• जैविक क्षमता प्रजाति की प्रजनन दर और उनमें पैदा होने वाली सन्तानों की संरचना पर निर्भर करती है।

59. पोषी स्तरों (ट्रॉपिक लेबल्स) के सम्बन्ध में निम्नलिखित में से कौन-सा गलत है?
SSC Steno Tier-1 11.12.2024 (Shift-III)
(a) अपघटक - जीवाणु
(b) माँसाहारी- द्वितीयक या तृतीयक उपभोक्ता
(c) शाकाहारी- प्राथमिक उपभोक्ता
(d) सर्वाहारी- कवक

उत्तर (c)

- पोषी स्तरों के सम्बन्ध में विकल्प (d) गलत है।
- कवक एक अपमार्जक है, जो अपना भोजन सड़े-गले मृत कार्बनिक पदार्थों से प्राप्त करते हैं। कवक को फफूंद भी कहा जाता है।
- सर्वाहारी वनस्पति एवं माँसाहारी दोनों पदार्थों को खाते हैं; जैसे- भालू, सुअर, मनुष्य आदि।
- पोषी स्तर या ट्रॉपिक लेवल, किसी पारिस्थितिकी तन्त्र में जीवों की पोषण की स्थिति को दर्शाता है।
- शाकाहारी दूसरे पोषी स्तर पर होते हैं।

SSC Steno 2023

60. निम्नलिखित का मिलान कीजिए।
SSC Steno 12.10.2023

A. गिर राष्ट्रीय उद्यान	1. गैण्डे
B. राजाजी राष्ट्रीय उद्यान	2. साइबेरियन क्रेन
C. केवलादेव राष्ट्रीय उद्यान	3. शेर
D. काजीरंगा राष्ट्रीय उद्यान	4. हाथी

कूट

	A	B	C	D		A	B	C	D
(a)	1	2	3	4	(b)	4	3	1	2
(c)	4	2	3	1	(d)	3	4	2	1

उत्तर (d)

- सही सुमेलन A-3, B-4, C-2 तथा D-1 है।
- गिर राष्ट्रीय उद्यान — शेर
- राजाजी राष्ट्रीय उद्यान — हाथी
- केवलादेव राष्ट्रीय उद्यान — साइबेरियन क्रेन
- काजीरंगा राष्ट्रीय उद्यान — गैण्डा

SSC Steno 2022 & 2021

61. खाद्य शृंखला के सन्दर्भ में असत्य कथन का चयन कीजिए। SSC Steno 18.11.2022 (Shift-I)
(a) केवल खाद्य शृंखला के उत्पादक ही पोषी स्तर बनाते हैं।
(b) विभिन्न खाद्य शृंखलाओं के बीच के अन्तर्सम्बन्ध को खाद्य जाल के रूप में जाना जाता है।
(c) खाद्य शृंखला का प्रत्येक घटक एक पोषी स्तर बनाता है।
(d) ऊर्जा के प्रवाह को समझने के लिए पोषण सम्बन्धों से बनी सभी शृंखलाओं का उपयोग किया जाता है।

उत्तर (a)

- केवल खाद्य शृंखला के उत्पादक ही पोषी स्तर बनाते हैं, कथन असत्य है।
- खाद्य शृंखला जीवों का एक रेखीय क्रम होती है, जहाँ पोषक तत्त्व और ऊर्जा एक जीव से दूसरे जीव में स्थानान्तरित होती रहती है।
- इसे ऊर्जा ह्रास के 10% नियम के माध्यम से दर्शाया जाता है।
- यह उत्पादक जीव से प्रारम्भ होकर अपघटक जीव पर समाप्त होती है।

62. निम्नलिखित में से पारिस्थितिक तन्त्र के जीवीय घटक का चयन कीजिए।
SSC Steno 18.11.2022 (Shift-I)
(a) हवा (b) सूर्यप्रकाश
(c) अपघटक (d) तापमान

उत्तर (c)

- पारिस्थितिक तन्त्र के जीवीय (जैविक) घटक में सभी सजीवों, कीटाणु तथा बैक्टीरिया एवं अपघटकों को रखा जाता है।
- जबकि अजैविक घटक के अन्तर्गत हवा, सूर्य का प्रकाश, तापमान, पानी, आर्द्रता, ऊँचाई इत्यादि आते हैं।

63. पर्यावरण स्थिरता और सभी जीवन-रूपों, मानव, पशु और पादपों के निर्वाह के लिए महत्त्वपूर्ण पारिस्थितिक सन्तुलन के रख-रखाव को सुनिश्चित करने के उद्देश्य से वर्ष 1988 में निम्नलिखित में से कौन-सा अधिनियम पारित किया गया था?
SSC Steno 18.11.2022 (Shift-II)
(a) राष्ट्रीय पर्यावरण न्यायाधिकरण अधिनियम
(b) जैविक विविधता अधिनियम
(c) पर्यावरण (संरक्षण) नियम
(d) राष्ट्रीय वन नीति

उत्तर (d)

- पर्यावरण स्थिरता और सभी जीवन-रूपों, मानव, पशु और पादपों के निर्वाह के लिए महत्त्वपूर्ण पारिस्थितिक सन्तुलन के रख-रखाव को सुनिश्चित करने के उद्देश्य से वर्ष 1988 में **राष्ट्रीय वन नीति** अधिनियम पारित किया गया था।
- इसके अन्तर्गत मिट्टी एवं वन के कटाव को भी रोकने का प्रयास किया गया, साथ ही जल संरक्षण के भी प्रावधान किए गए।
- राष्ट्रीय वन नीति 1988 के तहत वनों की कटाई पर रोक लगाना एवं सामाजिक वानिकी के माध्यम से वन/वृक्ष क्षेत्र को लगातार बढ़ाना है।

64. जर्मन प्राणी विज्ञानी अर्नेस्ट हैकल द्वारा सबसे पहले ········ ई. में पारिस्थितिकी को ज्ञान के एक अलग क्षेत्र के रूप में वर्णित किया गया था। SSC Steno 17.11.2022 (Shift-I)
(a) 1845 (b) 1890 (c) 1866 (d) 1880

उत्तर (c)

- सर्वप्रथम 1866 ई. में जर्मन प्राणी विज्ञानी **अर्नेस्ट हैकल** द्वारा पारिस्थितिकी को ज्ञान के अलग क्षेत्र के रूप में वर्णित किया गया।
- **पारिस्थितिक तन्त्र** (Ecological system) प्राकृतिक इकाई है, जिसमें एक क्षेत्र विशेष के सभी जीवधारी; जैसे-पौधे, जानवर और अणुजीव आदि शामिल होते हैं, जोकि अपने अजैव पर्यावरण के साथ अन्त: क्रिया करके एक सम्पूर्ण जैविक इकाई बनाते हैं।

65. पारिस्थितिक तंत्र में ऊर्जा का प्राथमिक स्रोत क्या है? SSC Steno 17.11.2022 (Shift-I)
(a) सूर्य का प्रकाश
(b) पौधों में ऑक्सीकरण
(c) चन्द्रप्रकाश
(d) श्वसन के दौरान निकलने वाली ऊष्मा

उत्तर (a)

- पारिस्थितिक तंत्र में **सूर्य का प्रकाश** प्राथमिक स्रोत है।
- सूर्य से प्राप्त ऊर्जा के स्रोत को खाद्य रूप में परिवर्तित करने का कार्य पौधों द्वारा ही सम्पादित किया जाता है।
- जो प्रकाश संश्लेषण द्वारा कार्बन डाइऑक्साइड (CO_2) तथा जल से भोज्य पदार्थों का निर्माण करते हैं।

66. निम्न में से कौन-सा वन्यजीव अभयारण्य गोवा में स्थित है? SSC Steno 15.11.2021 (Shift-I)
(a) दांदेली वन्यजीव अभयारण्य
(b) भगवान महावीर वन्यजीव अभयारण्य
(c) चिनार वन्यजीव अभयारण्य
(d) इण्टरव्यू आइलैण्ड वन्यजीव अभयारण्य

उत्तर (b)

- **भगवान महावीर वन्यजीव अभयारण्य** गोवा का सबसे बड़ा वन्यजीव अभयारण्य है।
- पश्चिमी घाटों की तराई में स्थित यह अभयारण्य 240 वर्ग किमी के क्षेत्रफल में व्याप्त है। प्रारम्भ में इसे **मोलेय गेम सैन्चुअरी** के नाम से जाना जाता था।
- दांदेली वन्यजीव अभयारण्य कर्नाटक राज्य में, चिनार वन्यजीव अभयारण्य केरल में तथा इण्टरव्यू आइलैण्ड वन्यजीव अभयारण्य अण्डमान एवं निकोबार में स्थित हैं।

SSC GD 2023

67. एक स्थलीय पारितन्त्र में हरे पौधे अपनी पत्तियों पर पड़ने वाले सूर्य के प्रकाश की लगभग ······ ऊर्जा ग्रहण करते हैं और इसे खाद्य में परिवर्तत करते हैं। SSC GD 08.02.2023
(a) 50% (b) 10% (c) 25% (d) 1%

उत्तर (d)

- एक स्थलीय पारितन्त्र में पौधे अपनी पत्तियों पर पड़ने वाले प्रकाश की लगभग 1% ऊर्जा ग्रहण करते है।
- प्रकाश संश्लेषण वह प्रक्रिया है, जिसके द्वारा हरे-पौधे **क्लोरोप्लास्ट** की उपस्थिति में **कार्बन डाइऑक्साइड**, पानी और सूर्य के प्रकाश को अवशोषित करके, रासायनिक ऊर्जा मुक्त करके कार्बोहाइड्रेट का उत्पादन करते हैं।
- प्रकाश संश्लेषण के लिए **सूर्य का प्रकाश** ऊर्जा का मुख्य स्रोत है।
- प्रकाश संश्लेषण के दौरान पौधों द्वारा छोड़ी जाने वाली गैस **ऑक्सीजन** है।
- प्रकाश संश्लेषण के दौरान पौधों द्वारा ली जाने वाली गैस कार्बन डाइऑक्साइड है।

68. वह प्रजाति जो खाली एवं नग्न क्षेत्र पर ······ करती है, मूल अन्वेषक प्रजाति कहलाती है।
SSC GD 06.02.2023 (Shift-I)
(a) अन्दर रहती (b) आक्रमण
(c) छोड़ती (d) बचती

उत्तर (b)

- मूल अन्वेषक प्रजाति वे प्रजातियाँ होती हैं, जो सबसे पहले किसी नए, खाली या बंजर या

नग्न क्षेत्र पर **आक्रमण** करके वहाँ निवास करती हैं और उस स्थान पर पारिस्थितिकी तन्त्र की शुरुआत करती हैं।

- ये प्रजातियाँ कठिन परिस्थितियों में जीवित रहने की क्षमता रखती हैं और धीरे-धीरे वातावरण को बदलकर अन्य प्रजातियों के लिए अनुकूल बना देती हैं।

69. गहरे समुद्र में जलतापीय पारिस्थितिकी तन्त्र को छोड़कर, सूर्य पृथ्वी पर सभी पारिस्थितिक तन्त्रों के लिए ऊर्जा का एकमात्र स्रोत हैं। ऊर्जा खाद्य शृंखला में सूर्य के बाद अगला क्या आता है? **SSC GD 09.02.2023 (Shift-I)**

(a) आदमी (b) पौधे
(c) माँसाहारी (d) शाकाहारी

उत्तर (b)

- सूर्य प्रकाश ऊर्जा का प्राथमिक स्रोत है, जिसे पौधे प्रकाश संश्लेषण प्रक्रिया के माध्यम से रासायनिक ऊर्जा में परिवर्तित करते हैं।
- यह रासायनिक ऊर्जा पौधों को जीवित रहने और बढ़ने के लिए आवश्यक होती है।
- पौधे खाद्य शृंखला में प्राथमिक उत्पादक होते हैं, जिसका अर्थ है कि वे भोजन का उत्पादन करने वाले पहले जीव हैं।

SSC SP 2023

70. K-चयनित प्रजातियों की विशेषताएँ क्या हैं? **SSC SP (10+1) 27.06.2023 (Shift-I)**

(a) अपेक्षाकृत स्थिर आबादी रखने वाली प्रजातियाँ और जो अपेक्षाकृत कम संख्या में सन्तान पैदा करती हैं
(b) अपेक्षाकृत स्थिर आबादी रखने वाली प्रजातियाँ और जो अपेक्षाकृत बड़ी संख्या में सन्तान पैदा करती हैं
(c) अपेक्षाकृत अस्थिर आबादी वाली प्रजातियाँ और जो अपेक्षाकृत बड़ी संख्या में सन्तान पैदा करती हैं
(d) अपेक्षाकृत अस्थिर आबादी वाली प्रजातियाँ और जो अपेक्षाकृत कम संख्या में सन्तान पैदा करती हैं

उत्तर (a)

- K-चयनित प्रजातियों के कारकों या विशेषताओं में निम्नलिखित शामिल होते हैं
- धीमा विकास
- कम प्रजनन दर
- देर से प्रजनन आयु
- बड़े शरीर का आकार
- कई प्रजनन चक्र
- लम्बी उम्र
- मजबूत प्रतिस्पर्द्धी क्षमता
- कम सन्तान मृत्यु दर

SSC SP 2022

71. कार्बन ब्रीफ रिव्यू 2019 के आँकड़ों के अनुसार, भारत ग्रीनहाउस गैसों (GHGs) का दुनिया का ...... सबसे बड़ा उत्सर्जक है। **SSC SP (10+1) 20.06.2022 (Shift-II)**

(a) पाँचवाँ (b) नौवाँ
(c) सातवाँ (d) तीसरा

उत्तर (d)

- कार्बन ब्रीफ रिव्यू 2019 के अनुसार भारत ग्रीनहाउस गैसों (GHGs) का दुनिया का **तीसरा** सबसे बड़ा उत्सर्जक है।
- इस रिपोर्ट के आँकड़ों के अनुसार, भारत के कार्बन उत्सर्जन में 2% की कमी आने की आशा है।
- इस कमी का मुख्य कारण कोयले पर आधारित ऊर्जा उत्पादन में कमी तथा नवीकरणीय ऊर्जा उत्पादन में वृद्धि है।

ग्लोबल कार्बन एटलस 2023-24 के नवीनतम आँकड़ों के अनुसार विश्व में ग्रीनहाउस गैसों का उत्सर्जन करने वाले 5 देश क्रमशः चीन, अमेरिका, भारत, रूस एवं जापान है।

प्रदूषण, जैव-विविधता, जलवायु परिवर्तन

पर्यावरण प्रदूषण

- मानवीय कारणों द्वारा स्थानीय स्तर पर पर्यावरण की गुणवत्ता में ह्रास को पर्यावरण प्रदूषण कहते हैं।
- इसके अन्तर्गत वायु प्रदूषण, जल प्रदूषण, ध्वनि प्रदूषण, मृदा प्रदूषण, समुद्री प्रदूषण, रेडियोधर्मी प्रदूषण, तापीय प्रदूषण, आन्तरिक प्रदूषण, ठोस अपशिष्ट प्रदूषण एवं ई-कचरा प्रदूषण को शामिल करते हैं।

वायु प्रदूषण

- वायुमण्डल की गैसों की निश्चित मात्रा और अनुपात में अवांछनीय परिवर्तन

वायु प्रदूषण का वर्गीकरण

- **प्राथमिक वायु प्रदूषक** लम्बी प्रक्रिया के पश्चात् दीर्घावधि में छोड़े जाने वाले प्रदूषण; जैसे- CO_2, CO, CFC, हाइड्रोकार्बन (मिथेन एवं बेंजीन), ब्लैक कार्बन आदि।
- **द्वितीयक वायु प्रदूषक** दो-या-दो से अधिक प्रदूषकों के आपस में प्रतिक्रिया से उत्पन्न;
जैसे– ओजोन, **धूम्रकुहरा** (ओजोन पर ऑक्सीऐसीटिल नाइट्रेट तथा नाइट्रोजन ऑक्साइड से उत्पन्न), **फ्लाईऐश** (सिलिका, एल्युमीनियम, लौह ऑक्साइड, कैल्शियम, मैग्नीशियम तथा विषैले भारी तत्त्व), PANs , सल्फर हाइड्रोक्लोराइड आदि।

जल प्रदूषण

- जल में किसी प्रकार के अवांछनीय गैसीय, द्रवीय या ठोस पदार्थों का मिलना।

जल प्रदूषण के स्रोत

- **बिन्दुस्रोत** नगरपालिका क्षेत्र का सीवेज स्थल एवं फैक्ट्रियों का बहिःस्राव स्थल
- **अबिन्दु स्रोत** कृषि अपशिष्ट, औद्योगिक अपशिष्ट, घरेलू अपशिष्ट

ध्वनि प्रदूषण

- 85 डेसीबल से अधिक तीव्रता की ध्वनि, इस प्रकार के प्रदूषण का मापक है।
- ध्वनि प्रदूषण से श्रवण शक्ति की कमी, उच्च रक्त चाप, माइग्रेन, उच्च कोलेस्ट्रोल स्तर, पेट का अल्सर, चिड़चिड़ापन, अनिद्रा आदि बीमारियाँ उत्पन्न होती हैं।

जलवायु परिवर्तन

- एक वैश्विक परिघटना है, जो मानवीय संक्रियाओं से सामने आती है।
- मौसम में आ रहे बदलाव तथा मौसम के सांख्यिकीय वितरण में स्थायी परिवर्तन की प्रक्रिया जलवायु परिवर्तन है।

अम्ल वर्षा

- सल्फर डाइऑक्साइड (SO_2) तथा नाइट्रोजन ऑक्साइड (NO) वायुमण्डल में जल से मिलकर सल्फेट तथा सल्फ्यूरिक एसिड और नाइट्रस ऑक्साइड एवं नाइट्रिक अम्ल का निर्माण करती है।
- जब यह एसिड वर्षा के जल के साथ धरातल पर पहुँचती है, तो उसे अम्ल वर्षा कहते हैं। इस घटना की व्याख्या सर्वप्रथम **रॉबर्ट एग्स स्मिथ** ने की थी।

ग्लोबल वॉर्मिंग

- वैश्विक स्तर पर बढ़ते पर्यावरण प्रदूषण के कारण पृथ्वी एवं वायुमण्डल के तापमान में बढ़ोतरी दर्ज की गई है।
- वैश्विक तापमान की इस वृद्धि को ग्लोबल वार्मिंग कहा जाता है।

ग्रीन हाउस गैस

कार्बन डाइऑक्साइड, नाइट्रस ऑक्साइड, मीथेन, ओजोन, जलवाष्प तथा क्लोरो-फ्लोरो कार्बन प्रमुख ग्रीन हाउस गैस हैं।

जैव-विविधता

- किसी भी सुनिश्चित प्राकृतिक क्षेत्र में पाई जाने वाली जीव-जन्तुओं तथा पेड़-पौधों की अनेक प्रजातियों की विविधता तथा समृद्धि को उस स्थान विशेष की जैव विविधता कहते हैं।
- **ई. ओ. विल्सन** (E. O. Wilson) को 'जैव-विविधता का पिता' कहा जाता है।

जैव-विविधता संरक्षण के प्रयास

- **स्व-स्थाने** (In-situ) **संरक्षण** जन्तु तथा पादपों का प्राकृतिक पर्यावास में संरक्षण।
उदाहरण जैवमण्डल रिजर्व, राष्ट्रीय उद्यान, अभयारण्य
- **पर-स्थाने** (Ex-situ) **संरक्षण** जन्तु तथा पादपों का प्राकृतिक पर्यावास के बाहर संरक्षण।
उदाहरण जैविक उद्यान, बीज बैंक एवं जीन बैंक।

जैव-विविधता से सम्बन्धित भारतीय अधिनियम

- वन्यजीव संरक्षण अधिनियम, 1972
- पर्यावरण (संरक्षण) अधिनियम, 1986
- जैव-विविधता अधिनियम, 2002
(राष्ट्रीय जैव-विविधता प्राधिकरण का गठन)
- प्रतिकारात्मक वनारोपण निधि अधिनियम, 2016

जैव-विविधता सम्बन्धी सम्मेलन

सम्मेलन	वर्ष
विश्व विरासत सन्धि	1972
जैव-विविधता सन्धि	1992
कार्टाजेना प्रोटोकॉल	2000
नागोया प्रोटोकॉल	2010
कोप-16	2024

SSC CGL 2024 (Tier 1 & 2)

72. पर्यावरण (संरक्षण) अधिनियम, 1986 .... को पर्यावरण प्रदूषण के सभी रूपों की रोकथाम के लिए अधिकृत प्राधिकरण स्थापित करने का अधिकार देता है।
SSC CGL Tier-1 26.09.2024 (Shift-I)

(a) केन्द्र सरकार
(b) राज्य सरकार
(c) स्थानीय नगरपालिका
(d) सर्वोच्च न्यायालय

उत्तर (a)

• पर्यावरण (संरक्षण) अधिनियम, 1986 केन्द्र सरकार को पर्यावरण प्रदूषण के सभी रूपों की रोकथाम के लिए अधिकृत प्राधिकरण स्थापित करने अधिकार देता है।
• इस अधिनियम में 26 धाराएँ और 4 अध्याय हैं।
• इस अधिनियम के तहत खतरनाक पदार्थों के संचालन, भण्डारण और अन्तिम निपटान के लिए नियम बनाए गए हैं।

73. निम्नलिखित में से कौन-सी एक ग्रीनहाउस गैस नहीं है? **SSC CGL Tier-1 17.09.2024 (Shift-III)**

(a) कार्बन डाइऑक्साइड (b) नाइट्रस ऑक्साइड
(c) नाइट्रिक ऑक्साइड (d) मीथेन

उत्तर (c)

• नाइट्रिक ऑक्साइड एक ग्रीनहाउस गैस नहीं है।
• नाइट्रिक ऑक्साइड, वायु प्रदूषण में योगदान देती है, यह स्मॉग और अम्लीय वर्षा के निर्माण में भूमिका निभाती है।
• कार्बन डाइऑक्साइड, नाइट्रस ऑक्साइड और मीथेन ग्रीनहाउस गैसें हैं।

74. *हब्बार्डिया हेप्टेन्यूरोन* (*Hubbardia heptaneuron*), जो लुप्तप्राय हो गया है, निम्नलिखित में से किसकी प्रजाति है?
SSC CGL Tier-1 10.09.2024 (Shift-I)

(a) बाघ (b) बाँस (c) घास (d) सारस

उत्तर (c)

• *हब्बार्डिया हेप्टेन्यूरोन*, जो लुप्तप्राय हो गया है, एक प्रकार की घास की प्रजाति है।
• यह प्रजाति चट्टानों, नम चट्टानों, झरनों के स्प्रे क्षेत्रों में छायादार स्थानों में 400 से 500 मीटर की ऊँचाई पर पाई जाती है।
• इसे पहले केवल कर्नाटक राज्य की स्थानिक प्रजाति माना जाता था, लेकिन वर्ष 2000 में इसे महाराष्ट्र राज्य के कोल्हापुर जिले के टिल्लारी घाट से भी एकत्र किया गया।

SSC CGL 2023 (Tier 1 & 2)

75. वैश्विक तापन के सम्बन्ध में निम्नलिखित कथन दिए गए हैं।

A. वैश्विक तापन मानव गतिविधियों, मुख्य रूप से जीवाश्म ईंधन के जलने के कारण पूर्व-औद्योगिक काल से देखी गई पृथ्वी की सतह का दीर्घकालिक तापन है, जो पृथ्वी के वायुमण्डल में ऊष्मा-अवशोषण करने वाली ग्रीनहाऊस गैस के स्तर को बढ़ाता है।
B. वैश्विक तापन जलवायु परिवर्तन का कारण बनता है, जो व्यापक बाढ़ और चरम मौसम के रूप में पृथ्वी पर जीवन के लिए गम्भीर खतरा उत्पन्न करती है।

उपरोक्त में से कौन-सा/से कथन सही है/हैं?
SSC CGL Tier-1 06.03.2023 (Shift-I)

(a) A और B दोनों (b) A और B दोनों गलत हैं
(c) केवल A (d) केवल B

उत्तर (a)

• वैश्विक तापन के सम्बन्ध में A और B दोनों कथन सही हैं।
• जीवाश्म ईंधनों के दहन से **ग्रीनहाउस गैस** जैसे—कार्बन डाइऑक्साइड, मीथेन, नाइट्रस ऑक्साइड, क्लोरो-फ्लोरो कार्बन, हाइड्रोफ्लोरो कार्बन इत्यादि का उत्सर्जन होता है।
• ये वैश्विक तापन की प्रक्रिया को बढ़ा देते हैं, क्योंकि ये वायुमण्डलीय ऊष्मा का अवशोषण करते हैं, जिसके कारण जलवायु परिवर्तन की समस्या उत्पन्न हो रही है।
• ग्रीनहाउस गैसें इस अवरक्त विकिरण को अवशोषित करती हैं और इसकी गर्मी को वायुमण्डल में रोक लेती हैं, जिससे ग्रीनहाउस प्रभाव उत्पन्न होता है।

76. नीचे वनीकरण के सम्बन्ध में कुछ कथन दिए गए हैं

A. वनीकरण से बाढ़ को रोका जा सकता है।
B. वनीकरण हमारे पारितन्त्र को सन्तुलित कर सकता है।

उपरोक्त में से कौन-सा/से कथन सही है/हैं?
SSC CGL Tier-103.03.2023 (Shift-I)

(a) केवल B (b) केवल A
(c) A और B दोनों (d) A और B दोनों गलत हैं

उत्तर (c)

• वनीकरण के सम्बन्ध में दोनों कथन A और B सही हैं।
• वनीकरण से बाढ़ को रोका जा सकता है, क्योंकि वृक्ष एक अवरोधक का कार्य करते हैं।
• वनीकरण से हमारा पारितन्त्र सन्तुलित हो सकता है, क्योंकि वन CO_2 को लेकर ऑक्सीजन का उत्सर्जन करते हैं। वनीकरण से जैव-विविधता का संरक्षण भी होता है।

SSC CGL 2022 & 2021 (Tier 1 & 2)

77. निम्नलिखित में किस राज्य को भारत में अपनी तरह का पहला राज्य स्तरीय पक्षी एटलस मिला है? **SSC CGL Tier I 01.12.2022 (Shift-III)**

(a) केरल (b) आन्ध्र प्रदेश
(c) महाराष्ट्र (d) राजस्थान

उत्तर (a)

• केरल राज्य में **केरल बर्ड एटलस** (KBA) भारत में अपनी तरह का पहला राज्य स्तरीय पक्षी एटलस है।
• वर्षों से तैयार किए गए एटलस में राज्य में पाई जाने वाली कई प्रजातियों को शामिल किया गया है।
• इसमें 94 अति दुर्लभ प्रजातियों, 103 दुर्लभ प्रजातियों, 110 सामान्य प्रजातियों का विवरण है।

78. रेगिस्तान, वर्षा वन, प्रवाल भित्तियाँ और मैंग्रोव .... विविधता की विशेषताएँ हैं।
SSC CGL Tier-1 16.08.2021 (Shift-III)

(a) आनुवंशिक (b) प्रजातीय
(c) सांस्कृतिक (d) पारिस्थितिक

उत्तर (d)

• रेगिस्तान, वर्षा वन, प्रवाल भित्तियाँ और मैंग्रोव परिस्थितिक विविधता की विशेषताएँ हैं।
• पारिस्थितिक जीव विज्ञान की शाखा है, जिसमें जीव समुदाय एवं उनके वातावरण के साथ पारस्परिक सम्बन्धों का अध्ययन किया जाता है।

SSC CPO 2024

79. किस चक्र में तलछटी और गैसीय चक्र होते हैं? **SSC CPO Tier-1 27.06.2024 (Shift-III)**

(a) जैव-गैसीय चक्र
(b) जैव-भू चक्र
(c) जैव-रासायनिक चक्र
(d) जैव-भू-रासायनिक चक्र

उत्तर (d)

• **जैव-भू रासायनिक चक्र** में तलछटी और गैसीय चक्र होते हैं।
• प्रकृति में नाइट्रोजन, फॉस्फोरस, कार्बन इत्यादि तत्त्वों के जैव-भू-रासायनिक चक्र पाए जाते हैं।
• ये मुख्यत दो प्रकार के होते हैं
1. गैसीय चक्र $O_2 N_2$ का चक्र, कार्बन चक्र आदि।
2. अवसादीय चक्र फॉस्फोरस (p) चक्र, सल्फर (S) चक्र आदि।

80. कोयले की खानों और दलदली जगहों में निम्नलिखित में से कौन-सी गैस पाई जाती है?
SSC CPO Tier-1 29.06.2024 (Shift-I)

(a) ओजोन
(b) भाप
(c) मीथेन
(d) नाइट्रोजन डाइऑक्साइड

उत्तर (c)

• कोयले की खानों और दलदली जगहों में मीथेन गैस सबसे अधिक पाई जाती है।
• यह एक प्राकृतिक गैस है, जो कार्बनिक पदार्थों के अपघटन से उत्पन्न होती है।
• कोयला मृत पौधों और जानवरों से बना होता है, जो लाखों वर्षों से दबाव और तापमान के अधीन रहते हैं।
• मीथेन एक ज्वलनशील गैस है और इसका उपयोग ईंधन के रूप में किया जा सकता है।
• यह प्राकृतिक गैस का एक महत्त्वपूर्ण घटक भी है। मीथेन एक ग्रीनहाउस गैस है।

SSC CPO 2023 & 2022 (Tier 1)

81. विश्व स्तर पर कितने नियन्त्रण हैं, जो किसी विशेष क्षेत्र की जलवायु को प्रभावित करते हैं?
SSC CPO Tier-1 03.10.2023 (Shift-I)

(a) 5 (b) 6 (c) 8 (d) 3

उत्तर (b)

• विश्व स्तर पर **6 नियन्त्रण** हैं, जो जलवायु को प्रभावित करते हैं।
• ये नियन्त्रक अक्षांश, ऊँचाई, दबाव, पवन प्रणाली, समुद्र से दूरी, महाद्वीपीयता, महासागरीय धाराएँ और उच्चावच लक्षण हैं।
• जलवायु किसी विशेष क्षेत्र की दीर्घकालिक स्थिति होती है।
• किसी विशेष क्षेत्र में जलवायु परिवर्तन उस क्षेत्र के वातावरण और पर्यावरणीय परिस्थितियों पर निर्भर करते हैं।

82. भारत में वन्य जीवन या वन्यजीवों के पतन के सम्बन्ध में निम्नलिखित में से कौन-सा कथन सही नहीं है? **SSC CPO Tier-1 10.11.2022 (Shift-I)**

(a) औद्योगिक और तकनीकी प्रगति
(b) जंगल में आग लगना वन्य जीवन के पतन का कारण नहीं है
(c) कृषि और मानव बस्ती
(d) घरेलू मवेशियों के लिए चरागाह

उत्तर (b)

• जंगल में आग लगना वन्यजीवों के पतन का कारण नहीं है।
• जंगल में आग लगने से पारिस्थितिक तन्त्र को नुकसान पहुँचता है, जिससे वायुमण्डल और जैवमण्डल प्रभावित होते हैं, किन्तु वन्यजीवों के पतन का कारण नहीं होते हैं।
• औद्योगिक और तकनीकी विकास के परिणामस्वरूप वन संसाधनों का दोहन बढ़ा है।
• खेती आवास, राजमार्ग, खनन, जलाशयों आदि के लिए अधिक से अधिक भूमि साफ की गई है।
• घरेलू मवेशियों के चरने का वन्यजीवों और उसके आवास पर नकारात्मक प्रभाव पड़ता है।

SSC CHSL 2024 (Tier 1)

83. वर्ष 2022 में, राष्ट्रीय हरित अधिकरण (National Green Tribunal - NGT) ने निम्नलिखित में से किस मन्त्रालय को राज्य पर्यावरण प्रभाव मूल्यांकन प्राधिकरण (State Environment Impact Assessment Authorities - SEIAA) के लिए दिशा-निर्देश तैयार करने के लिए तीन सदस्यीय पैनल बनाने की सलाह दी?
SSC CHSL Tier-1 01.07.2024 (Shift-III)

(a) पर्यावरण, वन एवं जलवायु परिवर्तन मन्त्रालय
(b) स्वास्थ्य एवं परिवार कल्याण मन्त्रालय
(c) विधि और न्याय मन्त्रालय
(d) गृह मन्त्रालय

उत्तर (a)

• वर्ष 2022 में **राष्ट्रीय हरित अधिकरण** ने पर्यावरण, वन एवं जलवायु परिवर्तन मन्त्रालय को राज्य पर्यावरण प्रभाव मूल्यांकन प्राधिकरण तैयार करने के लिए तीन सदस्य पैनल बनाने की सलाह दी।
• राष्ट्रीय हरित अधिकरण पर्यावरण संरक्षण और वन संरक्षण के मामले में विशेष न्यायाधिकरण है। इसकी स्थापना वर्ष 2010 में हुई थी।
• इसका अधिकार क्षेत्र पर्यावरण संरक्षण, वन और अन्य प्राकृतिक संसाधनों का संरक्षण है।
• इसका मुख्यालय दिल्ली में है और चार अन्य क्षेत्रीय कार्यालय भोपाल, पुणे, कोलकाता और चेन्नई में स्थित हैं।

84. ग्रीनहाउस प्रभाव में वृद्धि के लिए प्रमुख रूप से क्या उत्तरदायी है?
SSC CHSL Tier-1 10.01.2024 (Shift-I)

(a) SO_2 का बढ़ता स्तर
(b) क्लोरो-फ्लोरो कार्बन की मात्रा में वृद्धि
(c) CO_2 की बढ़ती मात्रा
(d) ओजोन परत में छेद

उत्तर (c)

• **CO_2 की बढ़ती मात्रा** ग्रीनहाउस में वृद्धि के लिए मुख्य रूप से उत्तरदायी है।
• वायुमण्डल में कार्बन डाइऑक्साइड और मीथेन जैसी ग्रीनहाउस गैसें पृथ्वी की सतह से परावर्तित होने वाली किरणों को रोकती हैं, जिससे वैश्विक तापमान में वृद्धि होती है। इसे **ग्रीनहाउस प्रभाव** कहा जाता है।
• इस तापमान में वृद्धि के कारण हिमखण्ड आदि पिघलने लगते हैं और समुद्र का स्तर बढ़ जाता है।
• ग्रीनहाउस प्रभाव जलवायु परिवर्तन के लिए उत्तरदायी होता है।
• ग्रीनहाउस गैसों का सबसे बड़ा उत्सर्जक देश चीन तथा उसके बाद अमेरिका है।

SSC CHSL 2023

85. चर्म शोधन उद्योग से निकलने वाला कौन-सा धातु आयन गम्भीर जल प्रदूषण का कारण बनता है? **SSC CHSL Tier-1 09.08.2023 (Shift-I)**

(a) As (b) Cr (c) Zn (d) Mg

उत्तर (b)

• चर्म उद्योग से निकलने वाला क्रोमियन (Cr) गम्भीर जल प्रदूषण का कारण बनता है।
• चर्म शोधन में क्रोमियम का उपयोग चमड़े को रंगने और सजाने के लिए होता है।

86. निम्नलिखित में से कौन-सी प्रजाति संकटग्रस्त है? **SSC CHSL Tier-1 21.03.2023 (Shift-II)**

(a) हिमालयी भूरा भालू
(b) एशियाई चीता
(c) एशियाई हाथी
(d) धनेश

उत्तर (c)

• एशियाई हाथी की प्रजाति संकटग्रस्त हैं।
• वैज्ञानिक नाम **एलीफस मैक्सीमस** है। यह एशिया का सबसे बड़ा जीवित स्थलीय जानवर है।
• हाथियों की पिछली तीन पीढ़ियों या लगभग 60-75 वर्षों में कम-से-कम 50% की आबादी में गिरावट के कारण एशियाई हाथी को वर्ष 1986 से IUCN **रेड लिस्ट** में लुप्तप्राय के रूप में वर्गीकृत किया गया है।
• भारत में एशियाई हाथियों की 60% से अधिक आबादी है।
• विश्व हाथी दिवस 12 अगस्त को मनाया जाता है।
• हाथियों के संरक्षण के लिए वर्ष 1992 में **हाथी परियोजना** की शुरुआत की गई थी।

87. .... जातियाँ वे प्रजातियाँ हैं, जो अब उन जगहों में भी देखने को नहीं मिलतीं, जहाँ वे पहले पाई जाती थीं? **SSC CHSL Tier-1 20.03.2023 (Shift-III)**

(a) लुप्त (b) संकटग्रस्त (c) सामान्य (d) सुभेद्य

उत्तर (a)

• लुप्त जातियाँ वे प्रजातियाँ हैं, जो अब उन जगहों में भी देखने को नहीं मिलतीं, जहाँ वे पहले पाई जाती थीं।
• लुप्त प्रजातियाँ वे जीव होते हैं, जिनकी संख्या में भारी कमी आई है और यदि इन्हें संरक्षित नहीं किया गया, तो वे विलुप्त हो जाएँगी।
• लुप्तप्राय प्रजातियों के उदाहरण हैं-अमूर बाघ, लाल पाण्डा और एशियाई हाथी।

88. निम्नलिखित में से क्या वाहित मल की एक कार्बनिक अशुद्धि है?
SSC CHSL Tier-1 17.03.2023 (Shift-III)

(a) मानव मल (b) फॉस्फेट
(c) नाइट्रेट (d) धातुएँ

उत्तर (a)

• मानव मल वाहित मल की एक कार्बनिक अशुद्धि है।
• वाहित मल अनेकों अशुद्धियों से युक्त एक जटिल मिश्रण होता है, जिसमें अकार्बनिक अशुद्धियाँ, जीवाणु व अन्य सूक्ष्मजीव शामिल होते हैं।

89. दक्षिण भारत का एक जैव-विविधता सम्पन्न क्षेत्र, अगुम्बे, जहाँ 7,640 मिमी औसत वार्षिक वर्षा होती है, किस राज्य में स्थित है?
SSC CHSL Tier-1 31.04.2022 (Shift-I)

(a) आन्ध्र प्रदेश (b) केरल
(c) कर्नाटक (d) तमिलनाडु

उत्तर (c)

• दक्षिण भारत का एक जैव-विविधता सम्पन्न क्षेत्र, अगुम्बे, कर्नाटक राज्य के शिमोगा जिले में स्थित है।
• यहाँ 7,640 किमी औसत वार्षिक वर्षा होती है।
• इसमें स्थित सोमेश्वर वन्यजीव अभयारण्य में किंग कोबरा, तेन्दुआ, बाघ आदि जैसे अनेक वन्यजीव निवास करते हैं।
• यह महत्त्वपूर्ण **हॉटस्पॉट** है, जिसमें बकराना, जोगी गुण्डी एवं ओनाके अबी जलप्रपात स्थित है।
• रेगिस्तान, वर्षा वन, प्रवाल भित्तियाँ और मैंग्रोव पारिस्थितिक विविधता की विशेषताएँ हैं।

SSC MTS 2024

90. बावड़ियों का उपयोग पारम्परिक रूप से .... के लिए किया जाता है।
SSC MTS Tier-1 01.10.2024 (Shift-I)

(a) जल भण्डारण एवं पुनर्भरण
(b) कचरा इकट्ठा करने
(c) उपयोगी खनिज प्राप्त करने
(d) पेट्रोलियम तेल प्राप्त करने

उत्तर (a)

• बावड़ियों का उपयोग पारम्परिक रूप से **जल भण्डारण एवं पुनर्भरण** के लिए किया जाता है।

• बावड़ी में पानी के स्तर तक जाने के लिए सीढ़ियाँ बनी होती हैं।

91. एक तटीय क्षेत्र, समुद्र के पानी से भर गया और जिसके परिणामस्वरूप आस-पास के क्षेत्र में भारी नमक जमा हो गया। कुछ दिनों के बाद यह देखा गया कि कई पौधे मुरझा गए हैं। इन कथनों के आधार पर, निम्नलिखित में से कौन-सा, पौधों के मुरझाने का सबसे सम्भावित कारण है? **SSC MTS Tier-1 01.10.2024 (Shift-I)**

A. समुद्री जल जनित कीटाणुओं के संक्रमण से पौधे मुरझा गए।

B. धूप के अभाव से पौधे मुरझा गए।

C. पौधों की कोशिकाओं में जीवद्रव्यकुंचन के कारण पौधे मुरझा गए।

D. पौधे इसलिए मुरझा गए, क्योंकि उन्हें समुद्री जीवों ने खा लिया।

(a) A (b) B (c) D (d) C

उत्तर (d)

• एक तटीय क्षेत्र, समुद्र के पानी से भर गया, जिसके परिणामस्वरूप आस-पास के क्षेत्र में भारी नमक जमा हो गया।

• कुछ दिनों के बाद यह देखा गया कि कई पौधे मुरझा गए हैं, जिसका कारण **पौधों की कोशिकाओं** में **जीवद्रव्यकुंचन** रहा।

• पौधे मुरझाने के अन्य सम्भावित कारण पानी की कमी होना, ज्यादा पानी होना, अधिक वाष्पोत्सर्जन और पोषक तत्त्वों की कमी आदि हैं।

92. भारतीय पर्यावरण, वन और जलवायु परिवर्तन मन्त्रालय भारत की सभी लुप्तप्राय प्रजातियों का उनके संरक्षण की स्थिति के साथ एक लेखा-जोखा रखता है। इस किताब का नाम क्या है? **SSC MTS Tier-1 11.11.2024 (Shift-III)**

(a) द ब्लैक बुक
(b) इण्डियन लाइफ कैटेलॉग
(c) रेड डेटा बुक
(d) द बुक ऑफ इनडेंजर्ड स्पीशीज

उत्तर (c)

• भारतीय पर्यावरण, वन और जलवायु परिवर्तन मन्त्रालय भारत की सभी लुप्त प्राय प्रजातियों का उनके संरक्षण की स्थिति के साथ **रेड डेटा** बुक के तहत लेखा-जोखा रखा जाता है।

• रेड डेटा बुक, पौधों, जानवरों और कुछ स्थानीय उप-प्रजातियों की दुर्लभ और लुप्तप्राय प्रजातियों का रिकॉर्ड रखने वाला दस्तावेज है।

• इसे प्रकृति और प्राकृतिक संसाधन की रोकथाम के लिए काम करने वाले अन्तर्राष्ट्रीय संगठन IUCN द्वारा जारी किया जाता है।

93. नीचे दिए गए कथनों में से कौन-सा कथन सही है? **SSC MTS Tier-1 13.07.2022 (Shift-I)**

I. वनों की कटाई से वायु में CO_2 की मात्रा में कमी आती है।

II. CO_2 ऊष्मा को बाँध लेता है और इसे वायु में नहीं निकलने देता।

कूट

(a) केवल I (b) केवल II
(c) I और II दोनों (d) न तो I और न ही II

उत्तर (b)

• केवल कथन II सही है।

• CO_2 ऊष्मा को बाँध लेता है और इसे वायु में नहीं निकलने देता है जिससे वायु के तापमान में वृद्धि होती है।

• वनों की कटाई से CO_2 की मात्रा में कमी नहीं आती, बल्कि **बढ़ोतरी** होती है। वनों की कटाई CO_2 जैसी ग्रीन हाउस गैसों की वृद्धि में मदद करती है, जो काफी खतरनाक है।

SSC Steno 2024 (Tier 1)

94. निम्नलिखित में से किस वर्ष में ऊर्जा के गैर-जीवाश्म स्रोतों को अधिदेशित करने और भारत में एक घरेलू कार्बन बाजार स्थापित करने के लिए ऊर्जा संरक्षण संशोधन विधेयक पारित किया गया था? **SSC Steno Tier-1 10.12.2024 (Shift-III)**

(a) 2004 (b) 2015 (c) 2022 (d) 1999

उत्तर (c)

• वर्ष 2022 में ऊर्जा के गैर-जीवाश्म स्रोतों को अधिदेशित करने और भारत में एक घरेलू कार्बन बाजार स्थापित करने के लिए ऊर्जा संरक्षण संशोधन विधेयक पारित किया गया था।

• यह विधेयक 1 जनवरी, 2023 से लागू किया गया।

• इस संशोधन विधेयक का उद्देश्य कार्बन उत्सर्जन पर रोक लगाना तथा गैर-जीवाश्म ईंधन को बढ़ावा देना है।

95. लाइकेन के बारे में असत्य कथन का चयन कीजिए। **SSC Steno Tier-1 11.12.2024 (Shift-III)**

(a) कवक और सायनोबैक्टीरिया दोनों स्वतन्त्र रूप से लाइकेन में रहते हैं।
(b) लाइकेन में सायनोबैक्टीरिया होता है।
(c) लाइकेन वृक्षों की छाल पर धीमी गति से बढ़ने वाले बड़े रंगीन धब्बे-से देखे जाते हैं।
(d) लाइकेन में कवक सहजीवी जीवन जीते हुए पाए जाते हैं।

उत्तर (a)

• **लाइकेन** के बारे में कथन (a) गलत है, क्योंकि कवक और साइनोबैक्टीरिया दोनों स्वतन्त्र रूप से लाइकेन में न रहकर सहजीवी के रूप में रहते हैं।

• लाइकेन, शैवाल और कवक का एक मिश्रण होता है।

• यह छोटा जीव होता है और यह न तो पौधा है और न ही जानवर।

• लाइकेन, पेड़ों की छाल, चट्टानों और जैविक मिट्टी में पाया जाता है।

SSC Steno 2022

96. भारत ने अपनी आर्द्रभूमियों को कितनी श्रेणियों में वर्गीकृत किया है? **SSC Steno 11.11.2022 (Shift-I)**

(a) आठ (b) पाँच (c) छः (d) सात

उत्तर (a)

• भारत की आर्द्रभूमि को आठ श्रेणियों में विभाजित किया गया है—मानव निर्मित आर्द्रभूमि, झील, नदी बाढ़ के मैदान, गोखुर झील, कच्छभूमि, खाड़ियाँ, दलदल तथा डेल्टा।

• आर्द्रभूमि एक विशिष्ट पारिस्थितिकी तन्त्र है, जो स्थायी रूप से पानी से भरा रहता है।

• आर्द्रभूमियों को **रामसर साइट** के रूप में दर्शाया जाता है। वर्तमान में भारत में 89 रामसर साइट्स हैं। (2025)

• रामसर सम्मेलन ईरान में वर्ष 1971 में हुआ था तथा वर्ष 1975 में लागू हुआ।

• भारत ने 1 फरवरी, 1982 को रामसर कन्वेंशन पर हस्ताक्षर किए।

97. भारत सरकार द्वारा 'प्रोजेक्ट एलीफेण्ट' का शुभारम्भ निम्नलिखित में से किस वर्ष किया गया था? **SSC Steno 17.11.2022 (Shift-I)**

(a) 1992 (b) 1982
(c) 1962 (d) 1972

उत्तर (a)

• **प्रोजेक्ट एलीफेण्ट** को वर्ष 1992 में भारत सरकार, पर्यावरण और वन मन्त्रालय द्वारा लॉन्च किया गया था, जिससे कि जंगली एशियाई हाथियों की आबादी को लेकर राज्यों द्वारा वन्यजीव प्रबन्धन प्रयासों को वित्तीय और तकनीकी सहायता प्रदान की जा सके।

• देश में प्रथम हाथी पुनर्वास केन्द्र **केरल** के कोट्टयम जिले में स्थापित किया गया था।

• वर्तमान (2025) में भारत में कुल **33 हाथी** रिजर्व हैं, जो देश के 14 राज्यों में विस्तृत हैं।

• उत्तर प्रदेश का **तराई हाथी रिजर्व** भारत का 33वाँ हाथी रिजर्व है।

98. सेण्टर फॉर मरीन लिविंग रिसोर्सेज द्वारा 'डीप ओशन मिशन' के तहत निम्नलिखित में से कौन-सा विषयगत क्षेत्र (Thematic areas) कार्यान्वित हो रहा है? **SSC Steno 17.11.2022 (Shift-I)**

(a) डीप ओशन सर्वे एण्ड एक्सप्लोरेशन
(b) टेक्नोलॉजिकल इनोवेशंस फॉर एक्सप्लोरेशन एण्ड कंजर्वेशन ऑफ डीप-सी बायोडाइवर्सिटी
(c) डेवलपमेण्ट ऑफ ओशन क्लाइमेट चेंज एडवाइज़री सर्विसेज
(d) एनर्जी एण्ड फ्रेश वॉटर फ्रॉम द ओशन

उत्तर (b)

• **डीप ओशन मिशन** के तहत टेक्नोलॉजिकल इनोवेशंस फॉर एक्सप्लोरेशन एण्ड कंजर्वेशन ऑफ डीप-सी बायोडाइवर्सिटी का क्षेत्र कार्यान्वित हो रहा है।

• इस मिशन का उद्देश्य भारत की **ब्लू इकोनॉमी पहलों** का समर्थन करना है।

• यह एक बहु-मन्त्रालय बहु-अनुशासनात्मक कार्यक्रम है, जो गहरे समुद्र की प्रौद्योगिकी के विकास पर बल देता है, जिसमें मानव युक्त पनडुब्बियों का विकास, महासागर की खोज के लिए एक शोध पोत का अधिग्रहण और समुद्री जीव विज्ञान में क्षमता निर्माण शामिल हैं।

SSC Steno 2021

99. ………., ग्रामीण और शहरी जैविक कचरे को अच्छी गुणवत्ता वाली खाद में रूपान्तरित करने का एक पर्यावरण अनुकूल और उपयोगी तरीका होता है। **SSC Steno 15.11.2021 (Shift-I)**
(a) इल्युविएशन
(b) एल्युविएशन
(c) वर्मीकम्पोस्टिंग
(d) लीचिंग

उत्तर (c)

• वर्मीकम्पोस्टिंग को **वर्मी कल्चर** या **केंचुआ पालन** भी कहते हैं। यह ग्रामीण और शहरी जैविक कचरे को अच्छी गुणवत्ता वाली खाद में रूपान्तरित करने का एक पर्यावरण अनुकूल और उपयोगी तरीका होता है।
• केंचुओं के मल से तैयार खाद ही वर्मीकम्पोस्टिंग कहलाती है।
• यह सब प्रकार की फसलों के लिए प्राकृतिक सम्पूर्ण एवं सन्तुलित आहार है।

कम्पोस्ट अच्छी तरह से सड़े हुए पौधे और जानवरों के अवशेषों को खाद कहा जाता है। खाद बनाने का अर्थ है- खेतों में लगाने से पहले सड़ने वाले पौधों और जानवरों के अवशेष। खाद बनाने की आवश्यक आवश्यकताएँ हवा, नमी, इष्टतम तापमान और थोड़ी मात्रा में नाइट्रोजन है।

100. निम्न में से कौन-सा सानो बनैल (पिग्मी हॉग) का जंगली निवास स्थान है? **SSC Steno 11.11.2021**
(a) कान्हा बाघ अभयारण्य
(b) मानस राष्ट्रीय उद्यान
(c) राजाजी राष्ट्रीय उद्यान
(d) जिम कॉर्बेट राष्ट्रीय उद्यान

उत्तर (b)

• **मानस राष्ट्रीय उद्यान** असम राज्य में स्थित है, जो पिग्मी हॉग का निवास स्थान है। यह दुनिया का सबसे दुर्लभ और सबसे छोटा जंगली सुअर है।
• इसे IUCN लाल सूची में **लुप्तप्राय की श्रेणी** में रखा गया है।
• यह असम में सोनाई-रूपाई वन्यजीव अभयारण्य, ओरंग राष्ट्रीय उद्यान और बोर्नडी वन्यजीव अभयारण्य में भी अधिवासित है।

101. अवायवीय जीवाणुओं द्वारा कार्बनिक पदार्थ के विघटन से प्राकृतिक रूप से उत्पन्न होने वाली गैस किस नाम से जानी जाती है, जिसका उपयोग ऊर्जा के उत्पादन में किया जाता है? **SSC Steno 11.11.2021**
(a) बायोगैस
(b) प्राकृतिक गैस
(c) द्रवीकृत पेट्रोलियम गैस
(d) सम्पीडित प्राकृतिक गैस

उत्तर (a)

• अवायवीय जीवाणुओं द्वारा कार्बनिक पदार्थ के विघटन से प्राकृतिक रूप से उत्पन्न होने वाली गैस बायोगैस है, जिसमें मुख्य रूप से मिथेन गैस होती है।
• मीथेन (CH_4) बायोगैस का मुख्य घटक है। यह गैस वायु की उपस्थिति में सुगमता से जलती है।
• बायोगैस के उपयोग से पर्यावरण प्रदूषण नहीं होता, इस कारण इसे **इको फ्रेण्डली गैस** भी कहा जाता है।

पर्यावरण से सम्बन्धित राष्ट्रीय, अन्तर्राष्ट्रीय संगठन, पुरस्कार, व्यक्तित्व

प्रमुख पर्यावरणीय/मानवाधिकार संगठन

संगठन	मुख्यालय	वर्ष
वर्ल्ड वाइड फण्ड फॉर नेचर (WWF)	ग्लैण्ड (स्विट्जरलैण्ड)	1961
ग्रीन पीस	एमस्टर्डम	1971
वर्ल्ड कंजरवेशन मॉनीटरिंग सेण्टर	कैम्ब्रिज	1983
ग्लोबल इनवायरमेण्ट फेसिलिटी	वाशिंगटन	1983
आईयूसीएस (IUCN)	ग्लैण्ड (स्विट्जरलैण्ड)	1948

पर्यावरण सम्बन्धी महत्त्वपूर्ण समझौते/सम्मेलन

स्टॉकहोम समझौता	1972
हेलसिंकी सम्मेलन	1975
लन्दन सम्मेलन	1975
ब्रंटलैण्ड आयोग रिपोर्ट	1987
मॉण्ट्रियल समझौता	1987
पृथ्वी सम्मेलन (रियो डी जेनेरियो सम्मेलन)	1992
जोहान्सबर्ग सम्मेलन	2002
बाली सम्मेलन	2007
रियो +20 सम्मेलन	2012
वारसा सम्मेलन, (कोप-19)	2013 (नवम्बर)
लीमा सम्मेलन (कोप-20)	2014 (दिसम्बर)
पेरिस सम्मेलन (कोप-21)	2015 (दिसम्बर)
माराकेस सम्मेलन (कोप-22)	2016 (नवम्बर)
बॉन सम्मेलन (कोप-23)	2017 (नवम्बर)
काटोविच (पोलैण्ड) सम्मेलन (कोप-24)	2018 (दिसम्बर)
मैड्रिड (स्पेन) सम्मेलन (कोप-25)	2019 (दिसम्बर)
कोप-26	2021 (ग्लासगो में सम्पन्न)
कोप-27	2022 शर्म अल-शेख (मिस्र)
कोप-28	2023 (दुबई)
कोप-29	2024 (बाकू, अजरबैजान)
कोप-30 (प्रस्तावित)	2025 (बेलेम, ब्राज़ील)

हॉट-स्पॉट

• हॉट-स्पॉट शब्द का सर्वप्रथम प्रयोग ब्रिटिश **नार्मन मायर्स** ने वर्ष 1988 में किया।
• पृथ्वी के सभी स्थानों पर जैव-विविधता का एकसमान वितरण नहीं है।
• विश्व के कुछ स्थान ऐसे हैं, जहाँ जैव-विविधता का व्यापक भण्डार है। इन क्षेत्रों को **मेगा जोन** के नाम से जाना जाता है।
• यहाँ प्रजातियों की अनगिनत संख्या पाई जाती है। इसे ही हॉट-स्पॉट कहते हैं।
• भारत के **चार** प्रमुख हॉट स्पॉट क्रमशः हिमालय क्षेत्र, पश्चिमी घाट, सुण्डालैंड तथा भारत-म्यांमार क्षेत्र हैं।

संकटापन्न प्रजाति

• उन प्रजातियों को संकटापन्न प्रजाति कहते हैं, जिनके 70% सदस्यों का विगत् 10 वर्षों में क्षय हो चुका हो या उस प्रजाति की 3 पीढ़ियों के सदस्यों में 70% का ह्रास हो गया हो।
• इनमें से जिसका प्रतिशत सबसे अधिक होता है, वही संकटापन्न प्रजाति होती है।

संकटापन्न प्रजातियों की श्रेणी

श्रेणी	विवरण
न्यूनतम चिन्ता वाली प्रजातियाँ	वन्य क्षेत्रों में बहुलता
लगभग संकटापन्न प्रजाति	प्रजातियों के सदस्यों की उच्च ह्रास दर
सुभेद्य प्रजाति	10 वर्षों तथा तीन पीढ़ियों में 50% सदस्यों का ह्रास
संकटापन्न प्रजाति	10 वर्षों तथा तीन पीढ़ियों में 70% सदस्यों का ह्रास (सुनहरा लंगूर)
अति संकटापन्न प्रजाति	10 वर्षों में 80% सदस्यों का ह्रास (ग्रेट इण्डियन बस्टर्ड)
विलुप्त 50 वर्षों तक प्राकृतिक आवास में न दिखना	भारतीय गिद्ध
वन से विलुप्त	सिंह पुच्छी वानर

SSC CGL 2023

102. निम्नलिखित में से कौन-सा/से कथन सत्य है/हैं?

(A) COP-28 को नई दिल्ली, भारत में आयोजित करने का प्रस्ताव है।

(B) पहला संयुक्त राष्ट्र जलवायु परिवर्तन सम्मेलन वर्ष 1995 में आयोजित किया गया था।

(C) पहला संयुक्त राष्ट्र जलवायु परिवर्तन सम्मेलन पेरिस, फ्रांस में आयोजित किया गया था।

(D) उपरोक्त में से कोई नहीं

SSC CGL 06.03.2023 I Tier-I

कूट

(a) B और C (b) केवल B

(c) केवल A (d) A और B

उत्तर (b)

- केवल कथन (B) सत्य है।
- पहला संयुक्त राष्ट्र जलवायु परिवर्तन सम्मेलन 28 मार्च से 7 अप्रैल, 1995 को **बर्लिन** (जर्मनी) में हुआ।
- संयुक्त अरब अमीरात ने वर्ष 2023 में **अबूधाबी** में 'संयुक्त राष्ट्र जलवायु परिवर्तन सम्मेलन' के (COP 28) की मेजबानी की थी।
- COP-26 का आयोजन वर्ष 2021 में ब्रिटेन के **ग्लासगो** में आयोजित किया गया।
- COP-27 का आयोजन मिस्त्र के **शर्म अल-शेख** में आयोजित किया गया।

103. निम्नलिखित में से कौन-सा पारिस्थितिकीविद् 1896 ई. में इण्डियाना ड्यून्स में पादपों के जीवन का अध्ययन करने के लिए प्रसिद्ध है?

SSC CGL 27.07.2023 I Tier-I

(a) एल्डो लियोपोल्ड (b) रॉबर्ट मैकआर्थर

(c) जीएवलिन हचिंसन (d) हेनरी चाण्डलर काउल्स

उत्तर (d)

- **हेनरी चाण्डलर काउल्स** ने 1896 ई. में इण्डियाना ड्यून्स में पादपों के जीवन का अध्ययन करने के लिए प्रसिद्ध है।
- इन्होंने इण्डियाना ड्यून्स को देखने के लिए **मिशिगन झील** के दक्षिणी किनारे की यात्रा की और उनका अध्ययन किया।
- इन्होंने अपने अध्ययन से नमी, हवा, अवसादन और अन्य भू-वैज्ञानिक प्रक्रियाओं के सन्दर्भ में स्थानीय पादप समुदायों के विकास और वितरण की व्याख्या की।

SSC CHSL 2023

104. आर्थिक पर्यावरण लेखांकन प्रणाली में अर्थव्यवस्था और पर्यावरण के बीच अन्तर्सम्बन्धों का विश्लेषण ...... द्वारा प्रस्तुत किया गया था। **SSC CHSL 17.08.2023 I Tier-I**

(a) अर्थशास्त्र और सांख्यिकी निदेशालय

(b) केन्द्रीय सांख्यिकी कार्यालय

(c) राष्ट्रीय पर्यावरण इन्जीनियरिंग संस्थान

(d) संयुक्त राष्ट्र सांख्यिकी कार्यालय

उत्तर (d)

- आर्थिक पर्यावरण लेखांकन प्रणाली में अर्थव्यवस्था और पर्यावरण के बीच अन्तर्सम्बन्धों का विश्लेषण **संयुक्त राष्ट्र सांख्यिकी कार्यालय** द्वारा प्रस्तुत किया गया था।
- इस आयोग की स्थापना वर्ष 1947 में की गई थी। इसका मुख्यालय **न्यूयॉर्क** में है।
- इसमें 24 सदस्य देश शामिल हैं तथा सदस्यों का कार्यकाल 4 वर्ष का होता है।

SSC MTS 2023

105. वन्यजीवन (संरक्षण) संशोधन अधिनियम, 2022 वन्यजीवों और वनस्पतियों की लुप्तप्राय प्रजातियों में अन्तर्राष्ट्रीय व्यापार पर कन्वेन्शन को लागू करने का प्रयास करता है। CITES के सम्बन्ध में निम्नलिखित में से कौन-सा कथन सही है? **SSC MTS 01.09.2023 III Tier-I**

1. CITES सरकारों के बीच एक समझौता है जो यह सुनिश्चित करता है कि जंगली जानवरों और पौधों के नमूनों के अन्तर्राष्ट्रीय व्यापार से प्रजातियों के अस्तित्व को खतरा न हो।
2. CITES के तहत, पौधों और जानवरों के नमूनों को उनके विलुप्त होने के खतरे के आधार पर पाँच श्रेणियों में वर्गीकृत किया गया है।
3. कन्वेन्शन के तहत देशों को परमिट के माध्यम से सभी सूचीबद्ध नमूनों के व्यापार को विनियमित करना आवश्यक है।
4. यह जीवित जीवों के नमूनों के स्वायत्तीकरण को विनियमित करने का भी प्रयास करता है।

कूट

(a) 1, 2 और 3

(b) 2, 3 और 4

(c) 1, 2 और 4

(d) 1, 3 और 4

उत्तर (d)

- CITES के सम्बन्ध में कथन (1), (3) और (4) सही हैं।
- CITES को पूर्ण रूप है The Convention of International of International Trade of Endangered Species.
- जुलाई, 1975 में CITES को लागू किया गया जिसमें तीन श्रेणियों को निर्धारित किया गया।
- इसके अन्तर्गत **पहली** श्रेणी, सबसे अधिक संकटापन्न स्थिति, **दूसरी** श्रेणी निकट भविष्य में लुप्त होने वाली स्थिति तथा **तीसरी** श्रेणी में किसी एक देश या पक्ष द्वारा पहचान किए गए वन तथा जीवों को शामिल किया गया है।

SSC Steno 2021

106. ब्रिटिश शासन के दौरान, भारत में पहले वन महानिरीक्षक निम्न में से कौन थे?

SSC Steno 15.11.2021 I Tier-I

(a) डायट्रिच ब्रैण्डिस (b) जॉन शोर

(c) जेम्स एडवर्ड कॉर्बेट (d) सलीम अली

उत्तर (a)

- ब्रिटिश शासन में भारत के पहले वन महानिरीक्षक डायट्रिच ब्रैण्डिस थे।
- यह एक जर्मन-ब्रिटिश वनस्पतिशास्त्री, वानिकी प्रोफेसर और प्रशासक थे।
- ब्रैण्डिस को 1864 ई. में भारत में वन महानिरीक्षक नियुक्त किया गया था। इस पद पर वह 20 वर्षों तक रहें।
- इन्होंने **नए वन नियमों** और अनुसन्धान व प्रशिक्षण सुविधाओं को बनाने में मदद की।
- इन्होंने **देहरादून** में **इम्पीरियल फॉरेस्ट स्कूल** की स्थापना की।

107. निम्न में से किस वर्ष में ब्रिटिश सरकार द्वारा वन्य पक्षी और पशु संरक्षण अधिनियम लागू किया गया था? **SSC Steno 15.11.2021 I Tier-I**

(a) 1957 (b) 1934

(c) 1912 (d) 1976

उत्तर (c)

- ब्रिटिश सरकार द्वारा वन्य पक्षी और पशु संरक्षण अधिनियम 1912 में लागू किया गया था
- पशु संरक्षण इस अधिनियम का प्रावधान जंगली पक्षियों और जानवरों के संरक्षण के लिए किया गया था।
- स्वतन्त्रता प्राप्ति के पश्चात् **भारतीय वन्यजीव संरक्षण अधिनियम**, 1972 पारित किया गया। इसका प्रमुख उद्देश्य अवैध शिकार तथा उनके माँस, हड्डी और खाल के व्यापार पर रोक लगाना है।

SSC GD 2024

108. मिष्ठी योजना (MISTHI Scheme) का उद्देश्य आस-पास के समुदायों की सामाजिक आर्थिक स्थिति में सुधार करते हुए भारतीय तट पर .... पारिस्थितिकी तन्त्र की रक्षा और उसे पुनर्जीवित करना है। **SSC GD 23.02.2024 IV Tier-I**

(a) प्रत्येक (b) मैंग्रोव (c) शंकुधारी (d) पर्णपाती

उत्तर (b)

- मिष्ठी योजना का मुख्य लक्ष्य भारत के तटीय क्षेत्रों में समुदायों की सामाजिक, आर्थिक स्थिति में सुधार करते हुए भारतीय तटों पर **मैंग्रोव कवरेज** बढ़ाना, मैंग्रोव वृक्षारोपण, संरक्षण और प्रबन्धन में सर्वोत्तम प्रथाओं को लागू करना और पुर्नजीवित करता है।
- मिष्ठी (MISTHI) का पूर्ण रूप मैंग्रोव इनिशिएटिव फॉर शोरलाइन बिटेट्स एण्ड टैंजिबल इनकम्स है।

08

भारतीय राजव्यवस्था

संविधान निर्माण, प्रस्तावना, भाग, अनुसूचियाँ, स्रोत

संविधान का निर्माण

- भारतीय संविधान का निर्माण करने वाली संविधान सभा का गठन जुलाई, 1946 में **कैबिनेट मिशन** की संस्तुतियों पर किया गया।
- संविधान-सभा का चुनाव प्रादेशिक विधानसभाओं (केवल निम्न सदन) के सदस्यों द्वारा परोक्ष रूप से किया गया था।
- इसकी पहली बैठक 9 दिसम्बर, 1946 को सम्पन्न हुई।
- मुस्लिम लीग ने संविधान सभा की पहली बैठक का बहिष्कार किया था।
- 9 दिसम्बर, 1946 को **डॉ. सच्चिदानन्द सिन्हा** को प्रथम बैठक में सर्वसम्मति से संविधान सभा का **अस्थायी** अध्यक्ष चुना गया।
- 11 दिसम्बर, 1946 की बैठक में **डॉ. राजेन्द्र प्रसाद** को सभा का स्थायी अध्यक्ष चुना गया।
- **डॉ. बी. आर. अम्बेडकर** (संविधान के जनक) की अध्यक्षता में संविधान सभा की **प्रारूप समिति** का गठन 29 अगस्त, 1947 को की गई। अध्यक्ष सहित इसके सदस्यों की कुल संख्या **सात** थी।
- प्रारूप समिति में डॉ. अम्बेडकर के अतिरिक्त एन गोपालास्वामी आयंगर, अल्लादि कृष्णास्वामी अय्यर, के एम मुंशी, मोहम्मद सादुल्लाह, डी पी खेतान (1948 में इनकी मृत्यु के पश्चात् टी टी कृष्णामाचारी नियुक्त) और एन माधवराव (बी एल मित्र के स्थान पर नियुक्त) अन्य सदस्य थे।
- 26 नवम्बर, 1949 को संविधान-सभा के अध्यक्ष के हस्ताक्षर के बाद इसे पारित किया गया।
- संविधान निर्माण की प्रक्रिया में कुल **2 वर्ष, 11 महीने** और **18 दिन** (11 सत्र में 165 बैठकें) लगे तथा संविधान के प्रारूप पर 114 दिन बहस हुई।
- संविधान सभा की अन्तिम बैठक 24 जनवरी, 1950 को हुई तथा इसी दिन सदस्यों ने अन्तिम रूप से हस्ताक्षर किए।
- भारत का संविधान 26 नवम्बर, 1949 को अंगीकार किया गया तथा 26 जनवरी, 1950 (**प्रथम गणतन्त्र दिवस**) को भारतीय संविधान पूर्ण रूप से लागू हो गया।
- मूल संविधान में **22 भाग, 395 अनुच्छेद** और **8 अनुसूचियाँ** थीं।

संविधान सभा की प्रमुख समितियाँ एवं अध्यक्ष

समिति	अध्यक्ष
संचालन समिति	डॉ. राजेन्द्र प्रसाद
संघ संविधान समिति	पं. जवाहरलाल नेहरू
तदर्थ झण्डा समिति	डॉ. राजेन्द्र प्रसाद
प्रान्तीय संविधान समिति	सरदार वल्लभभाई पटेल
प्रारूप समिति	डॉ. भीमराव अम्बेडकर
संघ शक्ति समिति	पं. जवाहरलाल नेहरू
सदन समिति	बी. पट्टाभि सीतारमैय्या

प्रथम अन्तरिम मन्त्रिमण्डल (सितम्बर, 1946)

सदस्य	सम्बद्ध विभाग
जवाहरलाल नेहरू	राष्ट्रमण्डल एवं विदेशी मामले
सरदार वल्लभभाई पटेल	गृह, सूचना एवं प्रसारण
डॉ. राजेन्द्र प्रसाद	खाद्य एवं कृषि
जॉन मथाई	उद्योग एवं नागरिक आपूर्ति
जगजीवन राम	श्रम
सरदार बलदेव सिंह	रक्षा
सी.एच.भाभा	कार्य, खान एवं ऊर्जा
आसफ अली	रेलवे एवं परिवहन
सी.राजगोपालाचारी	शिक्षा एवं कला
लियाकत अली खाँ	वित्त (मुस्लिम लीग)
अब्दुल रब नश्तर	संचार, डाक (मुस्लिम लीग)
आई.आई. चुन्दरीगर	वाणिज्य (मुस्लिम लीग)
गजनफर अली खान	स्वास्थ्य (मुस्लिम लीग)
जोगेन्द्रनाथ मण्डल	विधि (मुस्लिम लीग)

संविधान की प्रस्तावना

- नेहरू द्वारा प्रस्तुत उद्देश्य प्रस्ताव (13 दिसम्बर, 1946) में जो आदर्श प्रस्तुत किए गए, उन्हें ही संविधान की उद्देशिका में शामिल कर लिया गया। 22 जनवरी, 1947 को इसे स्वीकार किया गया।
- भारत के संविधान की प्रस्तावना में तीन प्रकार के न्याय (सामाजिक, आर्थिक तथा राजनैतिक), पाँच प्रकार की स्वतन्त्रता (विचार, अभिव्यक्ति, विश्वास, धर्म एवं उपासना) एवं दो प्रकार की समानता (प्रतिष्ठा तथा अवसर) का उल्लेख किया गया है।
- संविधान की प्रस्तावना – संविधान की कुंजी
- संविधान की प्रस्तावना में समाजवादी, पंथनिरपेक्ष तथा अखण्डता शब्द 42वें संविधान संशोधन द्वारा वर्ष 1976 में जोड़े गए थे।

प्रथम मन्त्रिमण्डल (1947)

सदस्य	सम्बद्ध विभाग
जवाहरलाल नेहरू	राष्ट्रमण्डल एवं विदेशी मामले
सरदार वल्लभभाई पटेल	गृह, सूचना एवं प्रसारण
डॉ. राजेन्द्र प्रसाद	खाद्य एवं कृषि
जॉन मथाई	रेलवे एवं परिवहन
जगजीवन राम	श्रम
सरदार बलदेव सिंह	रक्षा
एन वी गॉडगिल	खान एवं ऊर्जा
श्यामा प्रसाद मुखर्जी	उद्योग एवं नागरिक आपूर्ति
मौलाना अबुल कलाम आजाद	शिक्षा
आर. के. शानमुखम चेट्टी	वित्त
रफी अहमद किंदवई	संचार
सी. एच. भाभा	वाणिज्य
राजकुमारी अमृत कौर	स्वास्थ्य
बी.आर. अम्बेडकर	विधि
के सी नियोगी	राहत एवं पुनर्वास

संविधान के भाग, अनुच्छेद एवं सम्बन्धित विवरण

भाग	विषय	अनुच्छेद
1	संघ एवं उसका राज्य क्षेत्र	1 से 4
2	नागरिकता	5 से 11
3	मौलिक अधिकार	12 से 35
4	नीति-निदेशक तत्त्व	36 से 51
4 (क)	मूल कर्त्तव्य	51 (क)
5	संघ	52 से 151
6	राज्य	152 से 237
7	पहली अनुसूची के भाग (ख) के राज्य	238 (निरस्त)
8	संघ राज्य क्षेत्र	239 से 242
9	पंचायतें	243, 243-'क' से 'ण'
9 (क)	नगर पालिकाएँ	243 (यछ) 243-त से 243 यछ
9 (ख)	सहकारी समितियाँ	243 (यज) से 243 (यन)
10	अनुसूचित और जनजाति क्षेत्र	244-244 क
11	संघ-राज्य संबंध	245 से 263
12	वित्त, संपत्ति संविदाएँ और वाद	264 से 300-क
13	भारत के राज्य क्षेत्र के भीतर व्यापार, वाणिज्य व समागम	301 से 307
14	संघ एवं राज्यों के अधीन सेवाएँ	308 से 323
14 (क)	अधिकरण	323 क, 323 ख
15	निर्वाचन	324 से 329
16	कुछ वर्गों के संबंध में विषय उपबंध	330 से 342
17	राजभाषा	343 से 351
18	आपात उपबंध	352 से 360
19	प्रकीर्ण	361 से 367
20	संविधान संशोधन	368
21	अस्थायी संक्रमणकालीन और विशेष उपबंध	369 से 392 (370 अधिकांश भाग निरस्त)
22	संक्षिप्त नाम, प्रारंभ, हिन्दी में प्राधिकृत पाठ और निरसन	393 से 395

भारतीय संविधान की अनुसूचियाँ

अनुसूची	विवरण
प्रथम	भारतीय संघ के घटक राज्य अनुसूची (28 राज्य) एवं संघशासित क्षेत्र (8)
द्वितीय	विभिन्न पदाधिकारियों को प्राप्त होने वाले वेतन, भत्ते और पेंशन आदि
तृतीय	पदाधिकारियों द्वारा पद-ग्रहण के समय ली जाने वाली शपथ
चौथी	विभिन्न राज्यों तथा संघीय क्षेत्रों का राज्यसभा में प्रतिनिधित्व का विवरण
पाँचवीं	अनुसूचित क्षेत्रों और अनुसूचित जनजाति के प्रशासन और नियन्त्रण से सम्बन्धित विवरण
छठी	असम, मेघालय, त्रिपुरा और मिजोरम राज्यों के जनजातीय क्षेत्रों के प्रशासन से सम्बन्धित प्रावधान
सातवीं	केन्द्र एवं राज्यों के बीच शक्तियों का विभाजन, इसके अन्तर्गत तीन सूचियाँ हैं– **संघ सूची, राज्य सूची** एवं **समवर्ती सूची** का उल्लेख।
आठवीं	भारत की 22 **भाषाओं** का उल्लेख, मूल रूप से इसमें 14 भाषाएँ थीं।
नौवीं	राज्य द्वारा सम्पत्ति अधिग्रहण सम्बन्धित विधि, सम्मिलित विषयों को न्यायालय में चुनौती निषेध।
दसवीं	संविधान में 52वें संशोधन, 1985 द्वारा समाहित, दल-बदल से सम्बन्धित प्रावधान
ग्यारहवीं	संविधान में 73वें संवैधानिक संशोधन (1992) द्वारा शामिल, पंचायती राज संस्थाओं से सम्बन्धित 29 विषय शामिल हैं।
बारहवीं	शहरी क्षेत्र की स्थानीय स्वशासन संस्थाओं से सम्बन्धित 18 विषय शामिल हैं।

भारतीय संविधान के स्रोत

देश	ग्रहण किया गया लक्षण
भारतीय शासन अधिनियम, (1935)	संघीय तंत्र, न्यायपालिका, राज्पाल का कार्यालय, लोकसेवा आयोग, प्रशासनिक विवरण, आपातकालीन उपबंध
ब्रिटेन द्विसदनीय व्यवस्था	संसदीय शासन प्रणाली, कानून निर्माण प्रक्रिया, एकल नागरिकता, संसदीय विशेषाधिकार, मन्त्रिपरिषद् का लोकसभा के प्रति सामूहिक उत्तरदायित्व
संयुक्त राज्य अमेरिका	प्रस्तावना, स्वतन्त्र एवं निष्पक्ष न्यायिक व्यवस्था, मौलिक अधिकार, न्यायिक पुनर्विलोकन, सर्वोच्च न्यायालय का गठन एवं अधिकार, उपराष्ट्रपति का पद।
कनाडा	शक्तियों का विभाजन, संघात्मक शासन व्यवस्था एवं अवशिष्ट शक्तियों का केन्द्रीकरण, केन्द्र द्वारा राज्यपाल की नियुक्ति।
ऑस्ट्रेलिया	समवर्ती सूची, दोनों सदनों की संयुक्त बैठक, व्यापार वाणिज्य और समागम की स्वतन्त्रता।
जापान	विधि द्वारा स्थापित प्रक्रिया
सोवियत संघ (रूस)	मौलिक कर्त्तव्य एवं नियोजन प्रणाली, प्रस्तावना में न्याय का आदर्श राज्यपाल का पद
द.अफ्रीका	संविधान संशोधन प्रणाली, राज्यसभा के सदस्यों का निर्वाचन
आयरलैण्ड	राज्य के नीति-निदेशक तत्त्व, राष्ट्रपति की निर्वाचन पद्धति, राज्यसभा के सदस्यों का निर्वाचन
जर्मनी	आपातकालीन उपबन्ध
फ्रांस	गणतन्त्र प्रणाली, प्रस्तावना में स्वतन्त्रता, समता, बन्धुता के आदर्श

SSC एग्जाम स्कैनर

SSC CGL 2024 (Tier 1 & 2)

1. भारतीय संविधान में 'न्यायपालिका की स्वतन्त्रता' की अवधारणा .... के संविधान से ली गई है।

SSC CGL Tier-1 26.09.2024 (Shift-II)

(a) फ्रांस
(b) आयरलैण्ड
(c) ब्रिटेन
(d) संयुक्त राज्य अमेरिका

उत्तर (d)

- भारतीय संविधान में न्यायपालिका की स्वतन्त्रता की अवधारणा **संयुक्त राज्य अमेरिका** के संविधान से ली गई है।
- न्यायपालिका की स्वतंत्रता का अर्थ है कि न्यायाधीश किसी भी बाहरी दबाव से मुक्त होकर निष्पक्ष तरीके से अपने काम करें।
- न्यायपालिका को भारत के **लोकतन्त्र का प्रहरी** माना जाता है।
- न्यायपालिका भारत के **संविधान की संरक्षक** है।

2. अनुच्छेद 158 के अनुसार, राज्यपाल संसद के किसी भी सदन या .... अनुसूची में निर्दिष्ट किसी भी राज्य के विधानमण्डल के किसी भी सदन का सदस्य नहीं होगा।

SSC CGL Tier-1 25.09.2024 (Shift-II)

(a) सातवीं (b) तीसरी (c) पहली (d) पाँचवीं

उत्तर (c)

- **अनुच्छेद 158** के तहत राज्यपाल, संसद के किसी सदन या पहली अनुसूची में निर्दिष्ट किसी राज्य के विधानमण्डल के सदन का सदस्य नहीं हो सकता।
- इस अनुच्छेद के तहत राज्यपाल कोई और **लाभ का पद** धारण नहीं कर सकता है।

3. भारतीय संविधान के अनुच्छेद 1 में निम्नलिखित में से किसका उल्लेख है?

SSC CGL Tier-1 23.09.2024 (Shift-I)

(a) इण्डिया दैट इज भारत ऐज पार्लियामेण्ट्री डेमोक्रेसी
(b) इण्डिया दैट इज भारत ऐज प्रेसिडेंशियल फॉर्म ऑफ डेमोक्रेसी
(c) इण्डिया दैट इज भारत शैल बी अ यूनियन ऑफ स्टेट्स
(d) इण्डिया देट इज भारत ऐज फेडरेशन ऑफ स्टेट्स

उत्तर (c)

- भारतीय संविधान के **अनुच्छेद** 1 में 'इण्डिया दैट इज भारत शैल बी अ यूनियन ऑफ स्टेट्स' का उल्लेख है।
- अनुच्छेद 1 में वर्णित है कि इण्डिया अर्थात् भारत राज्यों का एक संघ होगा।
- राज्य और उनके क्षेत्र प्रथम अनुसूची में विनिर्दिष्ट है।

4. निम्नलिखित में से कौन-सी भारतीय संविधान की विशेषता नहीं है?

SSC CGL Tier-1 18.09.2024 (Shift-II)

(a) दोहरी नागरिकता
(b) कठोरता और लचीलेपन का मेल

(c) स्वतन्त्र न्यायपालिका
(d) सार्वभौमिक वयस्क मताधिकार

उत्तर (a)

• दोहरी नागरिकता भारतीय संविधान की विशेषता नहीं हैं।
• भारत में **एकल नागरिकता** का प्रावधान है।
• दोहरी नागरिकता का उदाहरण संयुक्त राष्ट्र अमेरिका मे देखा जा सकता है, जहाँ संघ तथा राज्यों की नागरिकता अलग-अलग होती है।

5. भारतीय संविधान की निम्नलिखित में से कौन-सी विशेषता आयरलैण्ड के संविधान से ली गई है? **SSC CGL Tier-1 13.09.2024 (Shift-I)**
(a) समवर्ती सूची
(b) कानून का शासन
(c) मूल अधिकार
(d) राज्य के नीति-निदेशक तत्त्व

उत्तर (d)

• भारतीय संविधान में राज्य के नीति-निदेशक तत्त्व **आयरलैण्ड** के संविधान से लिए गए हैं।
• भारतीय संविधान के **भाग IV** में डीपीएसपी का उल्लेख है। इन सिद्धान्तों को लागू करना राज्य का कर्त्तव्य है।
• भारतीय संविधान में मौलिक अधिकारों का प्रावधान **अमेरिकी संविधान** से लिया गया है।
• समवर्ती सूची का प्रावधान **ऑस्ट्रेलिया** के संविधान से, जबकि कानून के शासन की अवधारणा **इंग्लैण्ड** से ली गई है।

6. निम्नलिखित में से किस संविधान ने भारत में कानून बनाने की प्रक्रिया को प्रेरित किया? **SSC CGL Tier-1 11.09.2024 (Shift-I)**
(a) अमेरिका के संविधान
(b) ब्रिटेन के संविधान
(c) आयरलैण्ड के संविधान
(d) कनाडा के संविधान

उत्तर (b)

• **ब्रिटेन के संविधान** ने भारत में कानून बनाने की प्रक्रिया को प्रेरित किया है।
• भारतीय संविधान में कानून का शासन **द्विसदनीय विधायिका** और राज्यपाल का कार्यालय आदि कई प्रावधान ब्रिटिश संविधान से लिए गए हैं।
• भारत का संविधान विश्व का सबसे बड़ा **लिखित संविधान** है।

7. निम्नलिखित में से किसने भारतीय संविधान की संशोधित विशेषता की प्रशंसा करते हुए कहा था कि संशोधन प्रक्रिया में यह विविधता बुद्धिमानी है, लेकिन बहुत कम पाई जाती है? **SSC CGL Tier-1 11.09.2024 (Shift-II)**
(a) ग्रैनविले ऑस्टिन (b) के. सी. व्हीयर
(c) इवोर जेनिंग्स (d) एचएम सीरवई

उत्तर (b)

• भारतीय संविधान की संशोधित विशेषता की प्रशंसा करते हुए के.सी. व्हीयर ने कहा था कि 'संशोधन प्रक्रिया में यह विविधता बुद्धिमानी है, लेकिन बहुत कम पाई जाती है।
• के.सी. व्हीयर एक **ऑस्ट्रेलियाई शिक्षाविद्** ब्रिटिश राष्ट्रमण्डल के संविधानों के विशेषज्ञ थे।

8. भारतीय संविधान की गणतन्त्रात्मक विशेषता किस देश के संविधान से ली गई है? **SSC CGL Tier-1 10.09.2024 (Shift-III)**
(a) फ्रांस के संविधान
(b) ब्रिटिश संविधान
(c) ऑस्ट्रेलिया के संविधान
(d) आयरलैण्ड के संविधान

उत्तर (a)

• भारतीय संविधान की गणतन्त्रात्मक व्यवस्था **26 जनवरी, 1950** को लागू हुई।
• भारतीय संविधान **गणतान्त्रिक** है, क्योंकि इसमें वंशानुगत तत्त्व नहीं हैं।
• भारतीय संविधान में स्वतन्त्रता, समानता और बन्धुत्व के सिद्धान्त भी **फ्रांस** के संविधान से लिए गए हैं।

9. निम्नलिखित में से कौन-से अधिनियम के तहत भारत पर शासन करने की शक्ति अंग्रेज़ी ईस्ट इण्डिया कम्पनी से ब्रिटिश क्राउन को हस्तान्तरित कर दी गई थी? **SSC CGL Tier-1 09.09.2024 (Shift-III)**
(a) पिट्स इण्डिया अधिनियम, 1784
(b) चार्टर अधिनियम, 1833
(c) विनियमन अधिनियम, 1773
(d) भारत सरकार अधिनियम, 1858

उत्तर (d)

• भारत सरकार अधिनियम 1858 के तहत भारत पर शासन करने की शक्ति अंग्रेज़ी ईस्ट इण्डिया कम्पनी से ब्रिटिश क्राउन को हस्तान्तरित कर दी गई तथा भारत के गवर्नर-जनरल का नाम **वायसराय** कर दिया गया।
• मूल रूप से इसे 'एन एक्ट फॉर बैटर गवर्नमेण्ट ऑफ इण्डिया' के रूप में प्रस्तुत किया गया।
• उस समय यूके के तत्कालीन प्रधानमन्त्री **लॉर्ड पार्मस्टर्न** थे।

SSC CGL 2023 (Tier 1 & 2)

10. गृह सरकार में परिवर्तन करके भारत के राज्य सचिव को ब्रिटिश भारत की सरकार के लिए कब उत्तरदायी बनाया गया था? **SSC CGL Tier-1 14.07.2023 (Shift-III)**
(a)1813 (b) 1858
(c) 1857 (d) 1833

उत्तर (b)

• गृह सरकार में परिवर्तन करके भारत के राज्य सचिव को ब्रिटिश भारत की सरकार के लिए **1858 ई.** में उत्तरदायी बनाया गया था।
• भारत सरकार के पहले सचिव **लॉर्ड स्टेनली** और अन्तिम **विलियम हरे** थे।
• 14 अगस्त, 1947 को यह पद समाप्त कर दिया गया।

11. भारतीय संविधान की तीन सूचियों से सम्बन्धित केन्द्र-राज्यों के सम्बन्ध में कौन-सा कथन सही है? **SSC CGL Tier-1 17.07.2023 (Shift-IV)**
A. जो विषय तीनों सूचियों में से किसी में भी शामिल नहीं है, उन्हें अवशिष्ट विषय कहा जाता है।
B. यदि संघ सूची और राज्य सूची के बीच कोई विरोधाभास है, तो पूर्व ही मान्य है।
C. जब संसद दो या दो से अधिक राज्यों के अनुरोध पर कोई कानून बनाती है, तो राज्य सूची में संसद द्वारा बनाया गया वह कानून सभी राज्यों पर लागू होता है।

कूट
(a) A और B (b) A, B और C
(c) A और C (d) B और C

उत्तर (a)

• भारतीय संविधान की **तीन सूचियों** से सम्बन्धित केन्द्र-राज्यों के सम्बन्ध में कथन A और B सही हैं।
• जिन मामलों में कोई विषय एक सूची में (संघ राज्य तथा समवर्ती सूची) शामिल नहीं है, उन्हें **अवशिष्ट विषयों** के रूप में जाना जाता है।
• राज्य सूची में राज्य सरकार के पास कानून बनाने की शक्ति है, लेकिन मतभेद की स्थिति में राज्य कानून के ऊपर केन्द्रीय कानून को वरीयता दी जाएगी।
• भारत का संविधान अपने स्वरूप में **संघीय** है तथा समस्त शक्तियाँ (विधायी, प्रशासनिक और वित्तीय) केन्द्र और राज्यों के मध्य विभाजित हैं।
• संविधान के **भाग-XI** में **अनुच्छेद 245** से **255** तक केन्द्र राज्य विधायी सम्बन्धों की चर्चा की गई है।
• **केन्द्र सरकार** (संसद) को इन विषयों पर कानून बनाने के अधिकार दिए गए हैं।

12. स्वतन्त्र भारत की लोकसभा का प्रथम सत्र कब हुआ था? **SSC CGL Tier-1 22.07.2023 (Shift-II)**
(a) 13 मई, 1952 (b) 13 जून, 1952
(c) 13 जून, 1951 (d) 13 मई, 1951

उत्तर (a)

• स्वतन्त्र भारत की लोकसभा का प्रथम सत्र **13 मई, 1952** को सम्पन्न हुआ था। इसमें लोकसभा की सीटें **489** थीं और कुल पात्र मतदाता **17.3 करोड़** थे।
• पहली लोकसभा के प्रथम अध्यक्ष **जी. वी. मावलंकर** (15 मई, 1952-27 फरवरी, 1956) थे।
• लोकसभा संसद का **निम्न सदन** है, इसके सदस्यों का चुनाव प्रत्यक्ष रूप से जनता द्वारा होता है।
• वर्तमान में लोकसभा के सदस्यों की संख्या **543** है।

13. भारत के संविधान की प्रस्तावना में निम्नलिखित में से किसका उल्लेख है? **SSC CGL Tier-1 27.07.2023**
(a) न्याय, सामाजिक, आर्थिक और प्रशासनिक
(b) विचार, अभिव्यक्ति, विश्वास, धर्म और उपासना की स्वतन्त्रता
(c) स्थिति और रोजगार की समानता
(d) बन्धुत्व के साथ मानव गरिमा की सुनिश्चितता

उत्तर (b)

• भारत के संविधान की प्रस्तावना में विचार, अभिव्यक्ति, विश्वास, धर्म और उपासना की स्वतन्त्रता का उल्लेख है।

• 42वें संविधान संशोधन, 1976 द्वारा इसमें **समाजवादी**, **पंथनिरपेक्ष** और **अखण्डता** शब्द जोड़े गए थे।

• संविधान तीन प्रकार के न्याय (सामाजिक, आर्थिक तथा राजनीतिक), पाँच प्रकार की स्वतन्त्रता (विचार, अभिव्यक्ति, विश्वास, धर्म, उपासना), दो प्रकार की समानता (अवसर तथा प्रतिष्ठा) को सुनिश्चित करता है।

SSC CGL 2022 (Tier 1 & 2)

14. .... लिखित नियमों का एक समूह है, जिसे किसी देश में रहने वाले सभी लोगों द्वारा स्वीकार किया जाता है।

SSC CGL Tier-1 02.12.2022 (Shift-IV)

(a) विधेयक (b) संविधान
(c) प्रपत्र (d) याचिका

उत्तर (b)

• **संविधान** लिखित नियमों का एक समूह है, जिसे किसी देश में रहने वाले सभी लोगों द्वारा स्वीकार किया जाता है।

• संविधान वह मौलिक कानून है, जो देश के संचालन करने, सरकार के विभिन्न अंगों की रूपरेखा एवं कार्य निर्धारण करने व नागरिकों के हितों का संरक्षण करने के नियम को दर्शाता है।

15. लोकतन्त्र के दो सबसे आवश्यक अधिकार कौन-से हैं? **SSC CGL Tier-1 03.12.2022 (Shift-II)**

(a) समानता, स्वतन्त्रता
(b) स्वतन्त्रता, निवारक निरोध
(c) समानता, शोषण
(d) शोषण, निवारक निरोध

उत्तर (a)

• लोकतन्त्र के दो सबसे आवश्यक अधिकार समानता और स्वतन्त्रता हैं।

• लोकतन्त्र **जनता द्वारा जनता के लिए जनता का शासन** है।

• लोकतन्त्र एक ऐसी शासन प्रणाली है, जिसके अन्तर्गत जनता अपनी स्वेच्छा से निर्वाचन में आए हुए किसी भी उम्मीदवार को मत देकर अपना प्रतिनिधि चुन सकती है।

SSC CPO 2024 (Tier 1 & 2)

16. निम्नलिखित में से किस अधिनियम में कलकत्ता के स्थान पर दिल्ली को ब्रिटिश भारत की राजधानी घोषित किया गया था?

SSC CPO 27.06.2024 (Shift-III)

(a) मार्ले-मिण्टो अधिनियम, 1909
(b) मोंटेग्यू-चेम्सफोर्ड अधिनियम, 1919
(c) भारत सरकार अधिनियम, 1858
(d) भारत सरकार अधिनियम, 1935

उत्तर (a)

• **मार्ले-मिण्टो अधिनियम, 1909** (Morley-Minto Reforms Act, 1909) में कलकत्ता के स्थान पर दिल्ली को ब्रिटिश भारत की राजधानी घोषित किया गया था।

• इस अधिनियम ने भारतीयों को प्रान्तीय विधान परिषदों में अधिक प्रतिनिधित्व प्रदान किया, लेकिन वास्तविक शक्ति अभी भी ब्रिटिश हाथों में ही रही।

• इस अधिनियम ने **मुसलमानों के लिए अलग निर्वाचन क्षेत्रों का प्रावधान** किया।

• इस अधिनियम के अन्तर्गत सत्येन्द्र प्रसाद सिन्हा वायसराय की कार्यकारी परिषद् में शामिल होने वाले पहले भारतीय बने।

17. निम्नलिखित में से कौन-सी भारतीय संविधान की मूलभूत विशेषता नहीं है?

SSC CPO 28.06.2024 (Shift-I)

(a) सबसे लम्बा लिखित संविधान
(b) कठोरता और लचीलेपन का मिश्रण
(c) एक स्रोत से लिया गया
(d) संसदीय प्रणाली

उत्तर (c)

• **एक स्रोत से लिया गया** यह भारतीय संविधान की मूलभूत विशेषता नहीं है।

• भारतीय संविधान में ब्रिटेन, अमेरिका, कनाडा, ऑस्ट्रेलिया, फ्रांस, दक्षिण अफ्रीका और जापान आदि कई देशों के संविधानों से प्रावधान लिए गए हैं।

• सबसे लम्बा लिखित संविधान, कठोरता और लचीलेपन का मिश्रण, संसदीय प्रणाली भारतीय संविधान की मूलभूत विशेषताएँ हैं।

18. पं. जवाहरलाल नेहरू द्वारा उद्देश्य संकल्प प्रस्ताव (The Objective Resolution) कब पेश किया गया था? **SSC CPO 28.06.2024 (Shift-I)**

(a) 15 अगस्त, 1947 (b) 16 नवम्बर, 1948
(c) 13 दिसम्बर, 1946 (d) 17 नवम्बर, 1946

उत्तर (c)

• पं. जवाहरलाल नेहरू ने भारत की संविधान सभा में **13 दिसम्बर, 1946** को उद्देश्य संकल्प प्रस्ताव पेश किया था।

• यह प्रस्ताव भारत के संविधान की मूल भावनाओं को दर्शाता है और इसमें भारत को एक सम्प्रभु, समाजवादी, धर्मनिरपेक्ष, लोकतान्त्रिक गणराज्य बनाने का लक्ष्य निर्धारित किया गया था।

• **उद्देश्य संकल्प प्रस्ताव** को संविधान सभा द्वारा 22 जनवरी, 1947 को स्वीकार कर लिया गया था।

19. निम्नलिखित में से कौन-से कथन भारतीय संविधान के सन्दर्भ में सही हैं?

1. सरकार के तीन प्रमुख अंग होते हैं, जिनके नाम विधायिका, कार्यपालिका और न्यायपालिका हैं।
2. शक्तियों के बजाय कार्यों का पृथक्करण किया जाता है।
3. सरकार के सभी अंग स्वतन्त्र होते हैं।

SSC CPO 29.06.2024 (Shift-II)

(a) 1 और 2 (b) 2 और 3
(c) 2 और 3 (d) 1 और 3

उत्तर (a)

• भारतीय संविधान के सन्दर्भ कथन (1) और (2) दोनों सही हैं।

• भारत के संविधान के अनुसार, सरकार के **तीन अंग** हैं। ये **विधायिका**, **कार्यपालिका** और **न्यायपालिका** हैं।

• संविधान ने शक्तियों के पृथक्करण के बजाय कार्यों का विभाजन किया है।

• विधायिका हमारे निर्वाचित प्रतिनिधियों को सन्दर्भित करती है।

• कार्यपालिका उन लोगों का एक छोटा समूह है, जो कानूनों को लागू करने और सरकार चलाने के लिए जिम्मेदार हैं।

• न्यायपालिका इस देश में न्यायालयों की व्यवस्था को सन्दर्भित करती है।

SSC CHSL 2024 (Tier 1 & 2)

20. निम्नलिखित में से कौन-से कथन भारतीय संविधान की विशेषताओं के सम्बन्ध में गलत हैं? **SSC CHSL Tier-1 06.07.2024 (Shift-II)**

1. संविधान प्रधानमन्त्री को तीन प्रकार की आपात स्थितियों की घोषणा करने का अधिकार देता है।
2. समाज के वंचित वर्गों के उत्थान के लिए आरक्षण नीति है।
3. सर्वोच्च न्यायालय के पास न्यायिक समीक्षा की कोई शक्ति नहीं है।
4. संविधान सार्वभौमिक वयस्क मताधिकार का प्रावधान करता है।

कूट

(a) 3 और 4 (b) 1 और 2
(c) 1 और 3 (d) 2 और 4

उत्तर (c)

• कथन 1 और 3 भारतीय संविधान की विशेषताओं के सम्बन्ध में गलत हैं।

• संविधान राष्ट्रपति को अनुच्छेद **352, 356** एवं **360** के अन्तर्गत तीन प्रकार की आपात स्थितियों की घोषणा करने का अधिकार देता है।

• सर्वोच्च न्यायालय तथा उच्च न्यायालयों को भी **न्यायिक समीक्षा** की शक्ति प्राप्त है।

21. निम्नलिखित में से कौन-सा/कौन-से कथन भारतीय संविधान की विशेषताओं के विषय में गलत है/हैं? **SSC CHSL Tier-1 03.07.2024 (Shift-II)**

1. हालाँकि भारत में संघीय व्यवस्था है, लेकिन संविधान में 'संघ' शब्द का उल्लेख नहीं है।
2. संविधान के अनुच्छेद 5 में कहा गया है कि संसद कानून द्वारा एक नया राज्य बना सकती है।
3. संघ सूची के विषयों पर प्रत्येक राज्य विधानमण्डल राज्य के लिए कानून बना सकता है।
4. संसद और राज्य विधानमण्डल दोनों समवर्ती सूची के विषयों पर कानून पारित कर सकते हैं।

कूट

(a) 1 और 4 (b) केवल 1
(c) 2 और 3 (d) 1 और 3

उत्तर (c)

• भारतीय संविधान की विशेषता से सम्बन्धित कथन 2 और 3 गलत हैं।

• संविधान के **अनुच्छेद 3** में नए राज्यों के निर्माण और वर्तमान राज्यों के क्षेत्रों, सीमाओं या नामों में परिवर्तन संसद विधि बनाकर कर सकती है।

• संघ सूची के विषयों पर कानून केवल केन्द्र **सरकार** बना सकती है न कि राज्य सरकार।

22. संविधान की प्रस्तावना भारत को किस रूप में वर्णित करती है?
SSC CHSL Tier-1 09.07.2024 (Shift-I)
(a) एक एकात्मक राज्य
(b) एक नास्तिक राज्य
(c) एक धर्मनिरपेक्ष राज्य
(d) एक संघीय राज्य

उत्तर (c)

• संविधान की प्रस्तावना भारत को **एक धर्मनिरपेक्ष राज्य** के रूप में वर्णित करती है।

• समाजवादी और पन्थनिरपेक्ष दो शब्द को **42वें संविधान संशोधन, 1976 के** द्वारा जोड़ा गया है।

• भारतीय संविधान की प्रस्तावना के अनुसार भारत एक सम्प्रभु, समाजवादी पन्थनिरपेक्ष, लोकतान्त्रिक गणराज्य है।

23. भारतीय संविधान की एक प्रमुख विशेषता 'न्यायिक पुनर्विलोकन (Judicial Review)' को निम्नलिखित में से किस देश से लिया गया है?
SSC CHSL Tier-1 09.07.2024 (Shift-II)
(a) कनाडा (b) आयरलैण्ड
(c) दक्षिण अफ्रीका (d) यूएसए

उत्तर (d)

• भारतीय संविधान की एक प्रमुख विशेषता **न्यायिक पुनर्विलोकन** को अमेरिका (**यूएसए**) से लिया गया है।

• संविधान में अनुच्छेद 13, 32, 132, 133 व 226 के द्वारा उच्चतम न्यायालय एवं उच्च न्यायालय को न्यायिक पुनर्विलोकन की शक्ति दी गई है।

24. भारत के संविधान की आठवीं अनुसूची में कितनी भाषाओं को शामिल किया गया है?
SSC CHSL Tier-1 09.07.2024 (Shift-I)
(a) 21 (b) 24 (c) 23 (d) 22

उत्तर (d)

• भारत के संविधान की आठवीं अनुसूची में **22 भाषाओं** को शामिल किया गया है।

• मूल रूप से आठवीं अनुसूची में **14 भाषाएँ** थीं।

• 21वें संविधान संशोधन द्वारा सिंधी भाषा को, 71वें संविधान संशोधन द्वारा कोंकणी, मणिपुरी और नेपाली को तथा 92वें संविधान **संशोधन 2003** द्वारा बोड़ो, डोगरी, मैथली और संथाली भाषाओं को जोड़ा गया।

25. संविधान सभा द्वारा निम्नलिखित में से किस वर्ष में राष्ट्रगान को इसके हिन्दी संस्करण में अपनाया गया था?
SSC CHSL Tier-1 10.07.2024 (Shift-II)
(a) 1942 (b) 1954 (c) 1950 (d) 1947

उत्तर (c)

• संविधान सभा द्वारा **वर्ष 1950** में राष्ट्रगान को इसके हिन्दी संस्करण में अपनाया गया था।

• भारतीय राष्ट्रगान को मूल रूप से बंगाली भाषा में रवीन्द्रनाथ टैगोर ने **भरोतो भाग्य विधाता** के रूप में लिखा था।

• वर्ष 1911 में पहली बार सार्वजनिक रूप से भारतीय राष्ट्रीय कांग्रेस के **कलकत्ता अधिवेशन** में इसको गाया गया था।

26. संविधान की प्रस्तावना के अनुसार, निम्नलिखित में से कौन-सा शब्द क्रम सही है?
SSC CHSL Tier-1 10.07.2024 (Shift-III)
(a) समाजवादी, धर्म-निरपेक्ष, लोकतान्त्रिक, गणतन्त्र सम्प्रभु
(b) सम्प्रभु, धर्म-निरपेक्ष, समाजवादी, लोकतान्त्रिक, गणतन्त्र
(c) धर्म-निरपेक्ष, लोकतान्त्रिक, गणतन्त्र, समाजवादी, सम्प्रभु
(d) सम्प्रभु, समाजवादी, धर्म-निरपेक्ष, लोकतान्त्रिक, गणतन्त्र

उत्तर (d)

• संविधान की **प्रस्तावना** के अनुसार, सम्प्रभु, समाजवादी, धर्म-निरपेक्ष, लोकतान्त्रिक, गणतन्त्र शब्द सही क्रम में हैं।

• यह शब्द भारतीय संविधान के मूल्यों व सिद्धान्तों को दर्शाते हैं।

• प्रस्तावना में उल्लिखित शब्दों का उद्देश्य सभी नागरिकों के लिए न्याय, स्वतन्त्रता, समानता सुनिश्चित करना तथा राष्ट्र की **एकता और अखण्डता** बनाए रखने के लिए भाईचारे को बढ़ावा देना है।

27. भारत के संविधान के अनुच्छेद 344 (1) और 351 .... से सम्बन्धित हैं।
SSC CHSL Tier-1 11.07.2024 (Shift-I)
(a) तीसरी अनुसूची (b) आठवीं अनुसूची
(c) छठी अनुसूची (d) पाँचवीं अनुसूची

उत्तर (b)

• भारतीय संविधान के अनुच्छेद 344(1) और 351 **आठवीं अनुसूची** से सम्बन्धित हैं।

• भारतीय संविधान की आठवीं अनुसूची **भारत की भाषाओं** से सम्बन्धित है।

28. ''स्वतन्त्र भारत का संविधान बिना किसी बाहरी हस्तक्षेप के ऐसी संविधान सभा द्वारा बनाया जाना चाहिए, जो वयस्क मताधिकार के आधार पर चुना गया हो।'' यह बयान किसने दिया था? **SSC CHSL Tier-1 08.08.2023 (Shift-II)**
(a) सरदार पटेल (b) एम.एन. रॉय
(c) महात्मा गाँधी (d) जवाहरलाल नेहरू

उत्तर (d)

• ''स्वतन्त्र भारत का संविधान बिना किसी बाहरी हस्तक्षेप के ऐसी संविधान सभा द्वारा बनाया जाना चाहिए, जो वयस्क मताधिकार के आधार पर चुना गया हो।'' यह बयान **जवाहरलाल नेहरू** ने दिया था।

• भारत के लिए संविधान की रचना हेतु संविधान सभा का विचार सर्वप्रथम **स्वराज पार्टी** ने वर्ष 1924 में प्रस्तुत किया था।

• **9 दिसम्बर, 1946** को संविधान सभा की प्रथम बैठक हुई।

29. किसने भारतीय संघीय व्यवस्था को सौदेबाजी संघवाद (Bargaining Federalism) के रूप में वर्णित किया?
SSC CHSL Tier-1 07.08.2023 (Shift-IV)
(a) मॉरिस जोन्स (b) ग्रैनविले ऑस्टिन
(c) के. सी. व्हेयर (d) आइवर जेनिंग्स

उत्तर (a)

• **मॉरिस जोन्स** ने भारतीय संघीय व्यवस्था को सौदेबाजी संघवाद (Bargaining Federalism) के रूप में वर्णित किया।

• भारत एक **संघीय प्रणाली** है, लेकिन यह सरकार की एकात्मक प्रणाली की ओर अधिक झुकाव के साथ है।

• इसे कभी-कभी अर्द्धसंघीय प्रणाली माना जाता है, क्योंकि इसमें संघीय और एकात्मक प्रणाली दोनों की विशेषताएँ हैं।

• भारतीय संविधान के **अनुच्छेद-1** में कहा गया है, **भारत राज्यों का एक संघ है।**

30. निम्नलिखित में से क्या भारतीय संविधान का राजनीतिक दर्शन नहीं है?
SSC CHSL Tier-1 04.08.2023 (Shift-II)
(a) ऐतिहासिक रूप से वंचित समूहों के प्रति संवेदनशील
(b) धार्मिक और भाषायी अल्पसंख्यकों की आवश्यकताओं के प्रति संवेदनशील
(c) सामुदायिक मूल्यों के प्रति उदारवादी
(d) एक सर्वनिष्ठ राष्ट्रीय पहचान बनाने के लिए प्रतिबद्ध नहीं है

उत्तर (d)

• विकल्पगत कथन, 'एक सर्वनिष्ठ राष्ट्रीय पहचान बनाने के लिए प्रतिबद्ध नहीं है', भारतीय संविधान का दर्शन नहीं है।

• भारतीय संविधान का राजनीतिक दर्शन **स्वतन्त्रता, समानता, लोकतन्त्र, सामाजिक न्याय** तथा **राष्ट्रीय एकता** के लिए प्रतिबद्ध है।

• संविधान इस बात पर बल देता है कि संविधान के दर्शन को शान्तिपूर्ण और लोकतान्त्रिक ढंग से व्यवहार में लाया जाए।

• हमारा संविधान व्यक्ति की स्वतन्त्रता का पक्षधर है।

31. भारतीय संविधान में 'विधि द्वारा स्थापित प्रक्रिया' की अवधारणा निम्नलिखित में से किस देश से ली गई है?
SSC CHSL Tier-1 14.03.2023 (Shift-I)
(a) संयुक्त राज्य अमेरिका
(b) ब्रिटेन
(c) जापान
(d) फ्रांस

उत्तर (c)

• भारतीय संविधान में 'विधि द्वारा स्थापित प्रक्रिया' की अवधारणा **जापान** से ली गई है।

• संयुक्त राज्य अमेरिका के संविधान से प्रस्तावना, मौलिक अधिकार, ब्रिटेन के संविधान से संसदात्मक शासन प्रणाली, एकल नागरिकता एवं फ्रांस के संविधान से गणतन्त्रात्मक तथा प्रस्तावना में स्वतन्त्रता, समता और बन्धुता के आदर्श लिए गए हैं।

32. निम्नलिखित में से कौन-सी भारतीय संविधान की संघीय विशेषता नहीं है?
SSC CHSL Tier-1 27.05.2022 (Shift-I)
(a) शक्तियों का विभाजन (b) लिखित संविधान
(c) अखिल भारतीय सेवाएँ (d) दोहरी सरकार

उत्तर (c)

- **अखिल भारतीय सेवाएँ** संविधान की एकात्मक विशेषता है, न की संघीय।
- इसके तहत केन्द्र द्वारा राज्यों में विभिन्न प्रकार के पदाधिकारियों की नियुक्ति की जाती है।
- उदाहरण के लिए, IAS, IPS एवं अन्य सेवाएँ।
- **अनुच्छेद 312** के द्वारा राज्यसभा अखिल भारतीय सिविल सेवाओं की संख्या बढ़ा व कम कर सकती है।

SSC MTS 2024 (Tier 1 & 2)

33. संविधान के अंगीकरण के समय, इसमें 395 अनुच्छेद और .... अनुसूचियाँ थीं।
SSC MTS Tier-1 12.11.2024 (Shift-III)
(a) 8 (b) 9 (c) 11 (d) 7

उत्तर (a)

- संविधान के अंगीकरण के समय, इसमें 395 अनुच्छेद और 8 अनुसूचियाँ थीं।
- इसे **26 नवम्बर, 1949** को संविधान सभा ने अपनाया था और यह 26 जनवरी, 1950 से लागू हुआ था।
- वर्तमान में भारतीय संविधान में **448 अनुच्छेद और 12 अनुसूचियाँ** हैं।

34. निम्नलिखित में से किस अधिनियम के अन्तर्गत भारत में संघीय न्यायालय की स्थापना का प्रावधान किया गया था?
SSC MTS Tier-1 29.10.2024 (Shift-III)
(a) 1919 का भारत सरकार अधिनियम
(b) 1909 का भारतीय परिषद् अधिनियम
(c) 1935 का भारत सरकार अधिनियम
(d) 1773 का रेग्युलेटिंग अधिनियम

उत्तर (c)

- **वर्ष 1935 के भारत सरकार अधिनियम** के अन्तर्गत भारत में संघीय न्यायालय की स्थापना का प्रावधान किया गया है।
- भारत में सर्वोच्च न्यायालय की स्थापना जनवरी, 1950 में हुई थी।
- भारत के प्रथम न्यायाधीश एच.जे. कानिया थे।
- भारतीय संविधान के अनुच्छेद 124 के तहत सर्वोच्च न्यायालय के गठन का प्रावधान किया गया है।
- वर्तमान सर्वोच्च न्यायालय के 51वें न्यायाधीश संजीव खन्ना हैं।

35. संविधान को अपनाने के साथ ही भारत ने कब स्वयं को एक सम्प्रभु, लोकतान्त्रिक और गणतन्त्र राज्य घोषित किया?
SSC MTS Tier-1 23.10.2024 (Shift-II)
(a) 2 अक्टूबर, 1949 (b) 26 जनवरी, 1950
(c) 14 नवम्बर, 1952 (d) 15 अगस्त, 1947

उत्तर (b)

- संविधान को अपनाने के साथ ही भारत ने **26 जनवरी, 1950** को स्वयं को सम्प्रभु, लोकतान्त्रिक व गणतन्त्र राज्य घोषित किया।
- इस दिन को भारत में **'गणतन्त्र दिवस'** के रूप में मनाया जाता है।
- भारतीय संविधान में प्रयुक्त **'सम्प्रभु'** शब्द का अर्थ है किसी क्षेत्र या राज्य पर सर्वोच्च, स्वतन्त्र अधिकार रखना।
- लोकतान्त्रिक शब्द का अर्थ है—चुनाव के माध्यम से प्रतिनिधियों को चुनने के लिए भारत के प्रत्येक नागरिक को बिना किसी पंथ, जाति, धर्म, क्षेत्र, लिंग के भेदभाव के बिना वोट देने का अधिकार है।
- 'गणतन्त्र' का अर्थ है—जनता के पास राजनीतिक शक्ति का होना।

36. भारतीय संविधान में 'धर्मनिरपेक्ष' शब्द ...... संवैधानिक संशोधन अधिनियम द्वारा संविधान में जोड़ा गया था।
SSC MTS Tier-1 23.10.2024 (Shift-II)
(a) 48वें (b) 42वें (c) 46वें (d) 44वें

उत्तर (b)

- भारतीय संविधान में 'धर्मनिरपेक्ष' शब्द 42वें संवैधानिक संशोधन अधिनियम **(1976) द्वारा** संविधान में जोड़ा गया है।
- इस संविधान संशोधन के द्वारा संविधान की प्रस्तावना में **समाजवादी** एकता और अखण्डता शब्द जोड़े गए।
- 'धर्मनिरपेक्ष शब्द का अर्थ है कि भारत में सभी धर्मों को समान दर्जा दिया जाता है।

37. भारतीय संविधान में समवर्ती सूची की अवधारणा ...... के संविधान से ली गई है।
SSC MTS Tier-1 22.10.2024 (Shift-II)
(a) यूएसए (b) ब्रिटेन
(c) ऑस्ट्रेलिया (d) रूस

उत्तर (c)

- भारतीय संविधान में समवर्ती सूची की अवधारणा ऑस्ट्रेलिया के संविधान से ली गई है।
- समवर्ती सूची के अन्तर्गत केन्द्र और राज्य सरकार दोनों को कानून बनाने का अधिकार है।
- समवर्ती सूची के अन्तर्गत स्टाम्प ड्यूटी, ड्रग्स और जहर, बिजली, आपराधिक कानून और श्रम कल्याण शामिल हैं।
- समवर्ती सूची में कुल 52 विषय शामिल हैं।

38. भारतीय संविधान की मूल संरचना भारत सरकार अधिनियम, ... पर आधारित है।
SSC MTS Tier-1 18.10.2024 (Shift-II)
(a) 1935 (b) 1950
(c) 1949 (d) 1942

उत्तर (a)

- भारतीय संविधान की मूल संरचना भारत **सरकार अधिनियम, 1935** पर आधारित है।
- इस अधिनियम के तहत, प्रान्तीय द्वैध शासन को समाप्त कर दिया गया और केन्द्र में द्वैध शासन लागू किया गया था।
- इसके तहत बर्मा (म्यांमार) को भारत से अलग किया गया था।
- इस अधिनियम के तहत केन्द्र और प्रान्तों के बीच सत्ता का बँटवारा तीन सूचियों के माध्यम से किया गया था। ये सूचियाँ संघीय सूची, प्रान्तीय सूची और समवर्ती सूची हैं।

39. भारत के प्रत्येक राज्य से निर्वाचित होने वाले राज्यसभा सदस्यों की संख्या संविधान की ...... अनुसूची द्वारा निर्धारित की गई है।
SSC MTS Tier-1 17.10.2024 (Shift-II)
(a) चौथी (b) तीसरी (c) छठी (d) आठवीं

उत्तर (a)

- भारत के प्रत्येक राज्य से निर्वाचित होने वाले राज्यसभा सदस्यों की संख्या संविधान की **चौथी अनुसूची** द्वारा निर्धारित की गई है।
- राज्यसभा में अधिकतम संख्या 250 होंगे, परन्तु वर्तमान में राज्य सभा में 245 सदस्य हैं। उनमें से 233 सदस्य राज्यों और संघ क्षेत्रों का प्रतिनिधत्व करते हैं। इनमें 12 सदस्य राष्ट्रपति के द्वारा मनोनीत किए जाते हैं।

40. भारतीय संविधान ने ...... से शासन की संसदीय प्रणाली को अपनाया है।
SSC MTS Tier-1 09.10.2024 (Shift-I)
(a) फ्रांस (b) यूएसए (c) रूस (d) ब्रिटेन

उत्तर (d)

- भारतीय संविधान ने **ब्रिटेन** से शासन की संसदीय प्रणाली को अपनाया है।
- संसदीय प्रणाली को कैबिनेट प्रणाली या प्रधानमन्त्री मॉडल भी कहा जाता है।
- इस प्रणाली में कार्यपालिका, विधायिका का अंग होती है तथा प्रधानमन्त्री देश का वास्तविक कार्यपालक व संसद के प्रति जवाबदेह होता है।
- संसदीय प्रणाली ब्रिटेन, जापान, कनाडा और भारत में प्रचलित है।

41. निम्नलिखित में से किस अधिनियम से भारत में प्रान्तीय प्रशासन में द्वैध शासन प्रणाली (system of dyarchy) की शुरुआत हुई?
SSC MTS Tier-1 30.09.2024 (Shift-I)
(a) 1919 का भारत सरकार का अधिनियम
(b) 1935 का भारत सरकार का अधिनियम
(c) 1947 का भारत सरकार का अधिनियम
(d) 1909 का भारत सरकार का अधिनियम

उत्तर (a)

- **1919 के भारत सरकार अधिनियम** से भारत में प्रान्तीय प्रशासन में द्वैध शासन प्रणाली की शुरुआत हुई थी।
- इसके द्वारा विषयों का बँटवारा हस्तान्तरित और आरक्षित भागों के अन्तर्गत किया गया। हस्तान्तरित विषयों में सार्वजनिक स्वास्थ्य, शिक्षा, स्थानीय स्वशासन कृषि आदि शामिल थे, जबकि आरक्षित विषयों में पुलिस न्याय प्रशासन जेल भूमि राजस्व वित्त आदि शामिल थे।

42. जीवन और व्यक्तिगत स्वतन्त्रता के संरक्षण का अधिकार भारतीय संविधान के किस अनुच्छेद के तहत दिया गया है?
SSC Steno Tier-1 11.12.2024 (Shift-II)
(a) अनुच्छेद 20 (b) अनुच्छेद 23
(c) अनुच्छेद 22 (d) अनुच्छेद 21

उत्तर (d)

- जीवन और व्यक्तिगत स्वतन्त्रता के संरक्षण का अधिकार भारतीय संविधान के अनुच्छेद 21 के अन्तर्गत दिया गया है।
- इस अनुच्छेद के अन्तर्गत किसी व्यक्ति को कानून द्वारा तय प्रक्रिया के तहत ही उसके जीवन या व्यक्तिगत स्वतन्त्रता से वंचित किया जा सकता है।
- यह अधिकार भारतीय नागरिकों एवं गैर-नागरिकों दोनों के लिए उपलब्ध है।

SSC GD 2024 (Tier 1 & 2)

43. भारतीय संविधान का निम्नलिखित में से कौन-सा भाग संघ और उसके राज्य क्षेत्रों से सम्बन्धित है? **SSC GD 22.02.2024 (Shift-IV)**

(a) भाग-II (b) भाग-III (c) भाग-I (d) भाग-IV

उत्तर (c)

- भारतीय संविधान का **भाग-1** संघ तथा उसके राज्य क्षेत्रों से सम्बन्धित है।
- अनुच्छेद 1 में कहा गया है कि **भारत अर्थात् इण्डिया राज्यों का संघ** होगा।
- अनुच्छेद 2-नए राज्यों का प्रवेश या स्थापना।

44. निम्नलिखित में से किसे भारत की संविधान सभा के अध्यक्ष के रूप में चुना गया था? **SSC GD 23.02.2024 (Shift-III)**

(a) राजेन्द्र प्रसाद (b) जवाहरलाल नेहरू
(c) भीमराव अम्बेडकर (d) सरदार वल्लभभाई पटेल

उत्तर (a)

- 11 दिसम्बर, 1946 को सर्वसम्मति से राजेन्द्र प्रसाद को स्थायी अध्यक्ष बनाया गया तथा एच.सी. मुखर्जी को उपाध्यक्ष चुना गया था।
- संविधान सभा की पहली बैठक **(9 दिसम्बर, 1946)** में संविधान सभा के सबसे बुजुर्ग सदस्य **सच्चिदानन्द सिन्हा** को अस्थायी अध्यक्ष बनाया गया।

SSC Selection Post 2023 & 2022

45. भारतीय संविधान के न्याय के आदर्श किस देश से गृहीत किए गए थे? **SSC SP (10+1) 27.06.2023 (Shift-IV)**

(a) जापान
(b) यूएसएसआर (USSR)
(c) यूएस (US)
(d) यूके (UK)

उत्तर (b)

- भारतीय संविधान के न्याय के आदर्श **यूएसएसआर (USSR)** से गृहीत किए गए थे।
- इन आदर्शों में सामाजिक आर्थिक और राजनीतिक न्याय शामिल हैं।
- भारतीय संविधान में न्याय की अवधारणा **प्रस्तावना** में दी गई है और यह संविधान की मूल संरचना का हिस्सा है।
- इसका उद्देश्य एक निष्पक्ष और न्याय संगत समाज का निर्माण करना है।

46. निम्नलिखित में से कौन-सी भारत के संविधान की एक ऐकिक विशेषता नहीं है? **SSC SP 01.08.2022 (Shift-IV)**

(a) राष्ट्रपति द्वारा राज्यपाल की नियुक्ति
(b) एकल नागरिकता
(c) एकीकृत न्यायिक व्यवस्था
(d) द्विसदनी विधायिका

उत्तर (d)

- **द्विसदनी विधायिका** भारत के संविधान की एक ऐकिक विशेषता नहीं है।
- सरकारी व्यवस्थाओं में **द्विसदनीय पद्धति** उस विधि को कहते हैं, जिस विधायिका में दो सदन हों।
- इसे **द्विसदन विधानमण्डल** भी कहते हैं। उदाहरण के लिए भारतीय संसद में दो सदन हैं: लोकसभा और राज्यसभा।
- **एकात्मक शासन व्यवस्था** में सभी शक्तियाँ एक केन्द्रीय शासकीय संस्था में निहित होती हैं।

नागरिकता, मौलिक अधिकार, मौलिक कर्त्तव्य, नीति-निदेशक सिद्धांत

नागरिकता (अनुच्छेद 5-11)

- भारत में **एकल नागरिकता** का प्रावधान है।
- **भारतीय नागरिकता अधिनियम, 1955** के अनुसार नागरिकता प्राप्त करने के आधार
- जन्म से (26 जनवरी, 1950 को या इसके बाद पैदा होने वाले व्यक्ति जन्म से ही भारत के नागरिक माने जाएँगे)।
  - वंश-परम्परा द्वारा
  - देशीयकरण द्वारा
  - पंजीकरण द्वारा
  - किसी विदेशी क्षेत्र के भारत में सम्मिलन पर
- नागरिकता (संशोधन) अधिनियम, 2019 के द्वारा अफगानिस्तान, पाकिस्तान तथा बांग्लादेश से (31 दिसम्बर, 2014 या उसके पहले) आए छः समुदायों (हिन्दू, जैन, बौद्ध, सिख, ईसाई, पारसी) को नागरिकता प्रदान करने का प्रावधान किया गया है।

भारतीय नागरिकता का अन्त

- नागरिकता का परित्याग करने पर।
- किसी अन्य देश की नागरिकता स्वीकार कर लेने पर।
- सरकार द्वारा वंचित किए जाने पर।

मौलिक अधिकार (अनुच्छेद 12-15)

- मौलिक अधिकार व्यक्ति के चहुँमुखी विकास के लिए अनिवार्य हैं।
- ये **न्यायसंगत** हैं तथा जाति, रंग, धर्म, नस्ल और लिंग सम्बन्धी भेदभाव किए बिना प्रदान किए जाते हैं।
- वर्ष 1931 में **कराची अधिवेशन** (अध्यक्ष सरदार वल्लभभाई पटेल) में कांग्रेस के घोषणा-पत्र में मूल अधिकारों की माँग की गई। मूल अधिकारों का प्रारूप **जवाहरलाल नेहरू** ने बनाया था।
- मूलतः ये सात थे, लेकिन वर्ष 1978 में 44वें संविधान संशोधन द्वारा **सम्पत्ति के अधिकार** (अनुच्छेद-31 व 19 (1)(f) को हटा दिया गया। अब यह अनुच्छेद 300 (क) के अन्तर्गत विधिक अधिकार है।

1. समानता का अधिकार

- कानून के समक्ष समानता (अनुच्छेद 14)
- धर्म, जाति, लिंग या जन्म स्थान के आधार पर राज्य द्वारा भेदभाव करने का निषेध (अनुच्छेद 15)
- सार्वजनिक नियुक्तियों के मामलों में अवसरों की समानता (अनुच्छेद 16)
- अस्पृश्यता का उन्मूलन (अनुच्छेद 17)
- सैनिक और शैक्षिक उपाधियों के अतिरिक्त अन्य उपाधियों का अन्त (अनुच्छेद 18)

2. स्वतन्त्रता का अधिकार

- भारत के सम्पूर्ण भू-भाग पर मुक्त रूप से आवागमन बोलने सभा करने, संघ बनाने का अधिकार (अनुच्छेद-19)
- अपराधों के लिए दोषसिद्धि के सम्बन्ध में संरक्षण (अनु. 20)
- प्राण एवं दैहिक स्वतन्त्रता का संरक्षण (अनुच्छेद 21)
- शिक्षा का अधिकार (अनुच्छेद 21क)
- बन्दीकरण की अवस्था में संरक्षण (अनुच्छेद 22)
- **अनुच्छेद** 21 (क) 6 से 14 वर्ष की आयु तक के सभी बच्चों के लिए निःशुल्क और अनिवार्य शिक्षा का प्रावधान करता है।
- यह अनुच्छेद **86वें संविधान संशोधन** द्वारा वर्ष 2002 में जोड़ा गया।

3. शोषण के विरुद्ध अधिकार

- मानव के व्यापार और बन्धुआ मजदूरी का निषेध। (अनुच्छेद 23)
- 14 वर्ष से कम आयु के बच्चों को उद्योगों, खानों और जोखिम भरे कार्यों में लगाने का निषेध। (अनुच्छेद 24)

4. धार्मिक स्वतन्त्रता का अधिकार

- अन्तःकरण की स्वतन्त्रता और धर्म को प्रदर्शित करने, आचरण और उसका प्रचार करने का अधिकार। (अनु. 25)
- धार्मिक क्रियाकलापों के प्रबन्धन की स्वतन्त्रता। (अनु. 26)
- किसी धर्म विशेष के प्रोत्साहन के लिए चन्दा देने या न देने की स्वतन्त्रता। (अनुच्छेद 27)
- शिक्षण संस्थाओं में पूजा के धार्मिक अनुदेशों में उपस्थिति से मुक्ति। (अनुच्छेद 28)

5. संस्कृति और शिक्षा सम्बन्धी अधिकार

- अल्पसंख्यकों के हितों का संरक्षण (अनुच्छेद 29)
- अल्पसंख्यकों को शैक्षिक संस्थाओं की स्थापना तथा संचालन का अधिकार (अनुच्छेद 30)

6. संवैधानिक उपचारों का अधिकार

डॉ. भीमराव अम्बेडकर ने अनुच्छेद 32 को **संविधान की आत्मा एवं हृदय** बताया। अनुच्छेद 32 के अन्तर्गत उपरोक्त

अधिकारों को लागू करने के लिए न्यायिक रिटों का प्रावधान है, *जो निम्न हैं*

- **बन्दी प्रत्यक्षीकरण** (Habeas Corpus) जब किसी व्यक्ति को अवैध रूप से बन्दी बनाया जाता है, तो सर्वोच्च न्यायालय उस बन्दी बनाने वाले अधिकारी को आदेश देता है कि वह बन्दी बनाए गए व्यक्ति को 24 **घण्टे** के भीतर न्यायालय के समक्ष पेश करे। यह आपराधिक जुर्म के मामलों में जारी नहीं किया जा सकता।
- **परमादेश** (Mandamus) यह उस समय जारी किया जाता है, जब कोई पदाधिकारी अपने सार्वजनिक कर्त्तव्य का निर्वाह नहीं करता है।
- **प्रतिषेध** (Prohibition) यह निचली अदालत को ऐसा कार्य करने से रोकता है, जो उसके अधिकार क्षेत्र से बाहर है।
- **उत्प्रेषण** (Certiorari) यह अधीनस्थ न्यायालयों को यह निर्देश देने हेतु जारी किया जाता है कि वह अपने पास लम्बित मुकद्दमों के न्याय-निर्णय के लिए उसे वरिष्ठ न्यायालय को भेजें। इसे 'न्यायिक पोस्टमार्टम' भी कहा जाता है।
- **अधिकार-पृच्छा** (Quo-warranto) यह एक व्यक्ति को एक जन कार्यालय में काम करने से मना करता है, जिसका उसे अधिकार नहीं है।

राज्य के नीति-निदेशक सिद्धान्त

- भाग 4 (अनुच्छेद 36 से 51) में राज्य के नीति-निदेशक सिद्धान्तों का प्रावधान किया गया है, जिससे यह सुनिश्चित किया जा सके कि राज्यों में उचित और समान सामाजिक-आर्थिक व्यवस्था (एक कल्याणकारी राज्य) स्थापित है।
- अनुच्छेद 36 अनुच्छेद-12 में दी गई राज्य शब्द की परिभाषा नीति-निदेशक तत्त्वों के लिए भी लागू
- अनुच्छेद 37 न्यायालय द्वारा प्रवर्तनीय नहीं है, किन्तु इन्हें लागू करना राज्य का कर्त्तव्य ।
- अनुच्छेद 38 सामाजिक, आर्थिक और राजनीतिक न्याय व्यवस्था।
- अनुच्छेद 39 समान न्याय, सभी नागरिकों के लिए आजीविका के पर्याप्त साधन उपलब्ध कराना और स्त्री तथा पुरुषों के लिए समान कार्य के लिए समान वेतन सुनिश्चित करना तथा धन का समान वितरण।
- अनुच्छेद 40 ग्राम पंचायतों का गठन (स्थानीय स्वशासन)
- अनुच्छेद 41 लोगों के लिए बेरोजगारी, वृद्धावस्था और रुग्णावस्था आदि की स्थिति में कार्य करने के अवसर, मजदूरी और जन-सहायता।
- अनुच्छेद 42 कार्य करने की मानवीय दशाएँ और प्रसूति सहायता।
- अनुच्छेद 43 आजीविका, मजदूरी और जीवन के एक बेहतर स्तर का समर्थन तथा उद्योगों के प्रबन्धन में मजदूरों के हिस्सा लेने के अधिकार का भी समर्थन।
- अनुच्छेद 44 नागरिकों के लिए एकसमान नागरिक संहिता (यूनिफॉर्म सिविल कोड)।
- अनुच्छेद 45 प्रारम्भिक बाल्यावस्था देख-रेख और 6 वर्ष से कम आयु के बालकों के लिए निःशुल्क और अनिवार्य शिक्षा (86 वें संविधान संशोधन 2002 द्वारा प्रतिस्थापित)
- अनुच्छेद 46 अनुसूचित जातियों/जनजातियों और अन्य कमजोर वर्गों के शैक्षिक और आर्थिक कल्याण को बढ़ावा देना और उन्हें सामाजिक अन्याय से बचाना।
- अनुच्छेद 47 जन-स्वास्थ्य में सुधार लाने के लिए पोषक आहार के स्तर में और जीवन स्तर में वृद्धि करने का प्रयास।
- अनुच्छेद 48 कृषि और पशुपालन में आधुनिक विधियों की व्यवस्था।
- अनुच्छेद 48 (क) पर्यावरण का संरक्षण तथा संवर्द्धन और वन एवं वन्य जीवों की रक्षा।
- अनुच्छेद 49 ऐतिहासिक और राष्ट्रीय महत्त्व के सभी स्मारकों का संरक्षण
- अनुच्छेद 50 कार्यपालिका से न्यायपालिका का पृथक्करण।
- अनुच्छेद 51 अन्तर्राष्ट्रीय शान्ति और सुरक्षा की अभिवृद्धि

मौलिक कर्त्तव्य की संख्या 11 है, जो इस प्रकार हैः

1. प्रत्येक नागरिक का यह कर्त्तव्य होगा कि वह संविधान का पालन करे व उसके आदर्शों, संस्थाओं, राष्ट्र-ध्वज और राष्ट्र-गान का आदर करे।
2. स्वतन्त्रता के लिए हमारे राष्ट्रीय आन्दोलन को प्रेरित करने वाले उच्च आदर्शों को हृदय में संजोए रखे और उनका पालन करे।
3. भारत की प्रभुता, एकता और अखण्डता की रक्षा करे और उसे अक्षुण्ण रखे।
4. देश की रक्षा करे।
5. भारत के सभी लोगों में समरसता और समान भ्रातृत्व की भावना का निर्माण करे।
6. हमारी सामासिक संस्कृति की गौरवशाली परम्परा का महत्व समझे और उसका परिरक्षण करे।
7. प्राकृतिक पर्यावरण की रक्षा और उसका संवर्धन करे।
8. वैज्ञानिक दृष्टिकोण और ज्ञानार्जन की भावना का विकास करे।
9. सार्वजनिक सम्पत्ति को सुरक्षित रखे।
10. व्यक्तिगत एवं सामूहिक गतिविधियों के सभी क्षेत्रों में उत्कर्ष की ओर बढ़ने का सतत प्रयास करे।
11. माता-पिता या संरक्षक द्वारा 6 से 14 वर्ष के बच्चों हेतु प्राथमिक शिक्षा प्रदान करना (86वाँ संशोधन)।

SSC एग्जाम स्कैनर

SSC CGL 2025 (Tier 1 & 2)

47. निम्नलिखित में से किस मामले में सर्वोच्च न्यायालय ने निर्देश दिया था कि 'संसद निदेशक सिद्धान्तों के कार्यान्वयन के लिए किसी भी मौलिक अधिकार को नहीं छीन सकती या कम नहीं कर सकती'?

SSC CGL Tier-2 18.01.2025

(a) गोलकनाथ केस, 1967
(b) इन्दिरा साहनी केस, 1992
(c) मिनर्वा मिल्स केस, 1980
(d) केशवानन्द भारती केस, 1973

उत्तर (a)

- गोलकनाथ केस, 1967 में मुख्य मुद्दा यह था कि क्या संसद संविधान के अनुच्छेद 368 के तहत मौलिक अधिकारों में संशोधन कर सकती है।
- अनुच्छेद 13 (2) के अनुसार, संसद को ऐसा कोई कानून बनाने का अधिकार नहीं है, जो मौलिक अधिकारों का उल्लंघन करें।
- इस केस में कोर्ट ने यह भी कहा कि मौलिक अधिकार संविधान का एक अभिन्न और अपरिवर्तनीय हिस्सा है।

SSC CGL 2024 (Tier 1 & 2)

48. यदि कोई 12-वर्षीय बच्चा, कालीन बनाने वाली एक फैक्ट्री में काम करता पाया जाता है, तो भारत के संविधान के निम्नलिखित में से किस अनुच्छेद का उल्लंघन होगा?

SSC CGL Tier-1 25.09.2024 (Shift-II)

(a) अनुच्छेद 24 (b) अनुच्छेद 23
(c) अनुच्छेद 25 (d) अनुच्छेद 26

उत्तर (a)

- **अनुच्छेद 24** बालश्रम के निषेध से सम्बन्धित है।
- इसके अन्तर्गत 'चौदह वर्ष से कम आयु के किसी भी बच्चे को किसी कारखाने या खाद्यान में काम करने या किसी अन्य खतरनाक रोजगार में नहीं लगाया जाएगा' का उल्लेख है।
- संविधान के **अनुच्छेद 23** के तहत मानव तस्करी और जबरन मजदूरी पर रोक लगाई जाती है।
- अनुच्छेद 25 लोगों को अपने धर्म को स्वतन्त्र रूप से मानने, उसका पालन करने और उसका प्रचार करने का अधिकार देता है।
- अनुच्छेद 26 धार्मिक सम्बन्धों की स्वतन्त्रता का प्रबन्धन करता है।

49. भारतीय संविधान के किस अनुच्छेद में अनुसूचित जातियों, अनुसूचित जनजातियों और अन्य कमजोर वर्गों के शैक्षिक और आर्थिक हितों को बढ़ावा देने के बारे में उल्लेख है?

SSC CGL Tier-1 26.09.2024 (Shift-II)

(a) अनुच्छेद 47 (b) अनुच्छेद 48
(c) अनुच्छेद 45 (d) अनुच्छेद 46

उत्तर (d)

- संविधान का **अनुच्छेद 46** प्रावधान करता है कि राज्य समाज के कमजोर वर्गों में शैक्षणिक और आर्थिक हितों विशेषत: अनुसूचित जातियों और अनुसूचित जनजातियों का विशेष ध्यान रखेगा और उन्हें सामाजिक अन्याय एवं सभी प्रकार के शोषण से संरक्षित रखेगा।
- अनुच्छेद 46, भारतीय संविधान के भाग 4 में निहित है, जो राज्य के नीति-निर्देशक सिद्धान्तों DPSP के अन्तर्गत आता है।
- यह अनुच्छेद आर्थिक न्याय के मूलभूत सिद्धान्तों को तय करता है।

50. भारतीय संविधान के भाग IV में अनुच्छेद 36 से 51 तक निम्नलिखित में से किसका वर्णन किया गया है? SSC CGL Tier-1 26.09.2024 (Shift-I)
(a) संघ
(b) मौलिक कर्त्तव्य
(c) मौलिक अधिकार
(d) राज्य के नीति-निर्देशक सिद्धान्त

उत्तर (d)
• भारतीय संविधान के **भाग IV** में **अनुच्छेद 36-51 तक** राज्य के नीति-निर्देशक सिद्धान्तों का वर्णन किया गया है।
• ये सिद्धान्त राज्य और उसके नागरिक दोनों के समग्र विकास को सक्षम करने के लिए लागू किए गए हैं।
• इन सिद्धान्तों का उद्देश्य देश में न्यायपूर्ण और समानता पर आधारित समाज बनाना है।

51. भारतीय संविधान के निम्नलिखित में से किस अनुच्छेद में उल्लेख किया गया है कि राज्य, विशेष रूप से, अपनी नीति को यह सुनिश्चित करने के लिए निर्देशित करेगा कि समुदाय के भौतिक संसाधनों का स्वामित्व और नियन्त्रण इस प्रकार वितरित किया जाए कि यह सामान्य भलाई के लिए सबसे अच्छा हो?
SSC CGL Tier-1 25.09.2024 (Shift-III)
(a) अनुच्छेद 39(b) (b) अनुच्छेद 39(d)
(c) अनुच्छेद 39(a) (d) अनुच्छेद 39(c)

उत्तर (a)
• **अनुच्छेद 39(b)** के तहत, सरकार को समाज की भलाई हेतु भौतिक संसाधनों को उचित तरीके से साझा करने के लिए नीतियाँ बनाने का अधिकार है।
• इसमें निजी स्वामित्ववाली सम्पत्ति भी शामिल है।
• **संविधान के भाग 4 के** अन्तर्गत राज्य के नीति-निर्देशक सिद्धान्तों के रूप में इसका वर्णन है।

52. भारतीय संविधान का कौन-सा अनुच्छेद पर्यावरण की रक्षा और सुधार तथा वनों और वन्यजीवों की सुरक्षा प्रदान करता है?
SSC CGL Tier-1 25.09.2024 (Shift-I)
(a) अनुच्छेद 47-A (b) अनुच्छेद 47-B
(c) अनुच्छेद 48-A (d) अनुच्छेद 49-C

उत्तर (c)
• भारतीय संविधान का **अनुच्छेद 48-A** पर्यावरण की रक्षा और सुधार तथा वनों व वन्यजीवों की सुरक्षा प्रदान करता है।
• राज्य के नीति के निर्देशक सिद्धान्तों का उल्लेख संविधान के भाग 4, अनुच्छेद 36 से 51 तक में है।
• भारतीय संविधान का **अनुच्छेद** 48 गायों और बछड़ों की सुरक्षा को नियन्त्रित करने वाले मूलभूत सिद्धान्तों को निर्धारित करता है।

53. किस समिति ने कुछ मौलिक कर्त्तव्यों के कार्यान्वयन के लिए कानूनी प्रावधानों के अस्तित्व की पहचान की?
SSC CGL Tier-1 24.09.2024 (Shift-III)
SSC CGL Tier-1 19.09.2024 (Shift-II)
(a) न्यायमूर्ति वीआर कृष्ण अय्यर समिति
(b) न्यायमूर्ति वर्मा समिति
(c) न्यायमूर्ति मुल्ला समिति
(d) न्यायमूर्ति सप्रे समिति

उत्तर (b)
• **न्यायमूर्ति वर्मा समिति** का गठन भारत सरकार के द्वारा वर्ष 1999 में किया गया था।
• इस समिति के द्वारा विद्यालयों में मौलिक कर्त्तव्यों को पढ़ाने के तरीके सुझाए गए।
• इस समिति के द्वारा मौलिक कर्त्तव्यों को लागू करने हेतु कुछ अन्य महत्त्वपूर्ण कानूनी प्रावधान लाने के सुझाव दिए गए, जैसे—
• जनप्रतिनिधित्व अधिनियम-1951, नागरिक अधिकार संरक्षण अधिनियम-1955, राष्ट्रीय सम्मान, अपमान निवारण अधिनियम-1971 इत्यादि।

54. मौलिक अधिकारों के सम्बन्ध में निम्नलिखित में से कौन-सा कथन गलत है?
SSC CGL Tier-1 24.09.2024 (Shift-II)
(a) मौलिक अधिकारों को कानून द्वारा लागू किया जा सकता है।
(b) अनुच्छेद 21 जीवन का अधिकार प्रदान करता है।
(c) मौलिक अधिकारों का उल्लेख संविधान में अनुच्छेद 12 से 35 तक किया गया है।
(d) मौलिक अधिकार ब्रिटेन के संविधान से लिए गए हैं।

उत्तर (d)
• विकल्प (d) गलत कथन है, मौलिक अधिकार ब्रिटेन के संविधान से नहीं लिए गए हैं।
• मौलिक अधिकार भारतीय संविधान के **अनुच्छेद 12 से 35** में दिए गए हैं।
• ये अधिकार नागरिकों के व्यक्तित्व विकास में मदद करते हैं और उनकी गरिमा की रक्षा करते हैं।
• मौलिक अधिकारों को संवैधानिक संशोधन के द्वारा बढ़ाया, घटाया या बदला जा सकता है।
• इन्हें अमेरिकी संविधान से लिया हैं।

55. जब आप देखते हैं कि आपके कॉलेज के दोस्त कैण्टीन वाले के कुछ धर्म-विरोधी बयान देने पर उससे झगड़ने लगते हैं, तो आप पर कौन-सा मौलिक कर्त्तव्य लागू होता है?
SSC CGL Tier-1 24.09.2024 (Shift-II)
(a) हमारे प्राकृतिक पर्यावरण की रक्षा और सुधार करना
(b) वैज्ञानिक दृष्टिकोण, मानववाद और जाँच की भावना को विकसित करना
(c) हमारे समृद्ध विरासत को महत्त्व देना और उसका परिरक्षण करना
(d) सद्भाव और भ्रातृत्व की भावना को बढ़ावा देना

उत्तर (d)
• अनुच्छेद 51A(e) सद्भाव और भ्रातृत्व की भावना को बढ़ावा देने से सम्बन्धित है।
• अनुच्छेद 51A भारतीय संविधान के भाग IVA में शामिल है।
• अनुच्छेद 51A(e) धार्मिक, भाषाई और क्षेत्रीय या वर्गीय विविधताओं से परे है तथा यह महिलाओं की गरिमा के विरुद्ध अपमानजनक प्रथाओं का त्याग करता है।

56. जब आप किसी निजी पार्टी में देखते हैं कि भारतीय ध्वज का उपयोग वक्ता की मेज को ढकने के लिए किया गया है, तो मौलिक कर्त्तव्यों का कौन-सा अनुच्छेद लागू होता है?
SSC CGL Tier-1 23.09.2024 (Shift-II)
(a) अनुच्छेद 51A (d) (b) अनुच्छेद 51A (c)
(c) अनुच्छेद 51A (a) (d) अनुच्छेद 51A (b)

उत्तर (c)
• यदि हम किसी निजी पार्टी में देखते हैं कि भारतीय ध्वज का उपयोग वक्ता की मेज को ढकने के लिए किया गया है, तो मौलिक कर्त्तव्यों का **अनुच्छेद 51A(a)** लागू होता है।
• मौलिक कर्त्तव्यों में, भारतीय संविधान का पालन करना, अपने ध्वज का सम्मान करना, राष्ट्रगान के प्रति सम्मान की भावना रखना आदि शामिल हैं।
• भारतीय संविधान में 10 मौलिक कर्त्तव्यों को वर्ष 1976 में 42वें संविधान संशोधन अधिनियम द्वारा **स्वर्ण सिंह समिति** की सिफारिशों के आधार पर शामिल किया गया था।

57. भारतीय संविधान के निम्नलिखित में से किस अनुच्छेद में मौलिक कर्त्तव्य शामिल हैं?
SSC CGL Tier-1 10.09.2024 (Shift-II)
(a) 32A (b) 62B (c) 51A (d) 45A

उत्तर (c)
• **अनुच्छेद 51A** के तहत मौलिक कर्त्तव्यों को भारतीय संविधान के **भाग-IV A** में रखा गया है।
• 42वें संविधान संशोधन अधिनियम, 1976 के द्वारा संविधान में 10 मौलिक कर्त्तव्यों को स्वर्ण सिंह समिति की सिफारिश पर जोड़ा गया।

58. भारतीय संविधान के किस अनुच्छेद में उल्लेख है कि राज्य ग्रामीण क्षेत्रों में व्यक्तिगत या सहकारी आधार पर कुटीर उद्योगों को बढ़ावा देने का प्रयास करेगा?
SSC CGL Tier-1 19.09.2024 (Shift-III)
(a) अनुच्छेद 42 (b) अनुच्छेद 44
(c) अनुच्छेद 43 (d) अनुच्छेद 49

उत्तर (c)
• **अनुच्छेद 43** राज्य के ग्रामीण क्षेत्रों में व्यवस्थित या सहकारी रूप से कुटीर उद्योगों को बढ़ावा देने के लिए प्रतिबिम्बित करता है।
• यह राज्य के सभी कामगारों के लिए निर्वाह योग्य मजदूरी और एक उचित जीवन स्तर सुनिश्चित करने का प्रयास करेगा।
• इसका प्रमुख उद्देश्य आर्थिक एवं सामाजिक कल्याण, समग्र विकास तथा ग्रामीण रोजगार उपलब्ध कराना है।

59. युद्ध या बाहरी आक्रमण के आधार पर घोषित आपातकाल के दौरान भी भारतीय संविधान के निम्नलिखित में से कौन-से अनुच्छेद को निलम्बित नहीं किया जा सकता है?
SSC CGL Tier-1 19.09.2024 (Shift-III)

(a) अनुच्छेद 15 और 17
(b) अनुच्छेद 30 और 32
(c) अनुच्छेद 20 और 21
(d) अनुच्छेद 14 और 16

उत्तर (c)

• युद्ध या बाहरी आक्रमण के आधार पर घोषित आपातकाल के दौरान भी भारतीय संविधान का **अनुच्छेद 20 और 21** निलम्बित नहीं किया जा सकता। आपातकाल के समय मूल अधिकारों के स्थगन का प्रावधान जर्मनी के वाइमर संविधान से लिया गया है।

• ये अनुच्छेद बताते हैं कि कोई भी व्यक्ति अपने जीवन या व्यक्तिगत स्वतन्त्रता से वंचित नहीं होगा।

• 44वें संविधान संशोधन अधिनियम के अन्तर्गत अनुच्छेद 359 में संशोधन करके इस प्रावधान को जोड़ा गया था।

60. निम्नलिखित में से कौन-सा एक मौलिक कर्त्तव्य नहीं है?
SSC CGL Tier-1 19.09.2024 (Shift-I)

(a) भारत की सम्प्रभुता, एकता और अखण्डता को बनाए रखना और उसकी रक्षा करना
(b) देश की सामासिक संस्कृति की गौरवशाली परम्परा को महत्त्व देना और उसका परिरक्षण करना
(c) सार्वजनिक सम्पत्ति को सुरक्षित रखना और हिंसा का परित्याग करना
(d) दुर्लभ और लुप्तप्राय प्रजातियों के व्यापार को निषेध बनाना

उत्तर (d)

• दुर्लभ और लुप्तप्राय प्रजातियों के व्यापार को निषेध बनाना मौलिक कर्त्तव्य नहीं है।

• मौलिक कर्त्तव्यों में भारत की सम्प्रभुता एकता और अखण्डता को बनाए रखना तथा उसकी रक्षा करना; देश की सामाजिक संस्कृति की परम्परा को महत्त्व देना और उसका परिरक्षण करना तथा सार्वजनिक सम्पत्ति की रक्षा करना और हिंसा से दूर रहना इत्यादि शामिल हैं।

61. राज्य के नीति-निदेशक तत्त्वों के निम्नलिखित में से किस अनुच्छेद में ग्राम पंचायतों के संगठन के बारे में उल्लेख है? SSC CGL Tier-1 17.09.2024 (Shift-II)

(a) अनुच्छेद 40
(b) अनुच्छेद 38
(c) अनुच्छेद 36
(d) अनुच्छेद 42

उत्तर (a)

• राज्य के नीति-निदेशक तत्त्वों के **अनुच्छेद 40** में ग्राम पंचायतों को संगठित करना और उन्हें शक्तियाँ और अधिकार देने के विषय में उल्लेख है।

• 73वें संविधान संशोधन अधिनियम 1992 के द्वारा देश के अधिकतर हिस्से में ग्राम, ब्लॉक और जिला स्तर पर त्रिस्तरीय पंचायती राज व्यवस्था की शुरुआत हुई।

• ये सिद्धान्त संविधान के भाग-4 में अनुच्छेद 36 से 51 तक दिए गए हैं।

62. डॉ. बी.आर. अम्बेडकर ने भारतीय संविधान की ······ के रूप में राज्य के नीति-निदेशक तत्त्वों का वर्णन किया है।
SSC CGL Tier-1 13.09.2024 (Shift-II)

(a) संविधान के सर्वाधिक बहुमूल्य भाग
(b) राज्य की आत्मा
(c) संविधान की एक नवीन विशेषता
(d) संविधान के पहचान-पत्र

उत्तर (c)

• डॉ. बी. आर. अम्बेडकर ने भारतीय **संविधान की एक नवीन विशेषता** के रूप में राज्य के नीति-निदेशक तत्त्वों का वर्णन किया है।

• इसका उद्देश्य सामाजिक और आर्थिक परिस्थितियों का निर्माण करना है, जिसके तहत् नागरिक अच्छा जीवन जी सकें।

• इस भाग में अन्तर्विष्ट उपबन्धों को किसी न्यायालय द्वारा प्रवर्तित नहीं किया जा सकता।

• राज्य के नीति-निदेशक तत्त्वों को भारतीय संविधान में आयरलैण्ड के संविधान से शामिल किया गया था।

63. जब एक निर्माण श्रमिक अपने 8 वर्षीय बेटे को स्कूल भेजने के बजाय उसे निर्माण स्थल पर ले जाता है, तो मौलिक कर्त्तव्य का कौन-सा अनुच्छेद लागू होता है?
SSC CGL Tier-1 13.09.2024 (Shift-II)

(a) अनुच्छेद 51A (k)
(b) अनुच्छेद 51A (j)
(c) अनुच्छेद 51A (h)
(d) अनुच्छेद 51A (i)

उत्तर (a)

• जब एक निर्माण श्रमिक अपने 8 वर्षीय बेटे को स्कूल भेजने के बजाए उसे निर्माण स्थल पर ले जाता है, तो मौलिक कर्त्तव्य का अनुच्छेद **51 A (K)** लागू होता है।

• मौलिक कर्त्तव्य नागरिकों को संविधान का पालन करने, आदर्श विचार को बढ़ावा देने व अनुसरण करने का आदेश देते हैं।

• इस अनुच्छेद के अनुसार, माता-पिता या अभिभावक को छ: से चौदह वर्ष के बच्चे को शिक्षा का अधिकार देना चाहिए।

64. भारतीय संविधान का कौन-सा अनुच्छेद यह व्यवस्था प्रदान करता है कि राज्य को लोगों के कल्याण को बढ़ावा देने के लिए सामाजिक व्यवस्था को सुरक्षित करना चाहिए?
SSC CGL Tier-1 12.09.2024 (Shift-III)

(a) अनुच्छेद 36
(b) अनुच्छेद 38
(c) अनुच्छेद 37
(d) अनुच्छेद 39

उत्तर (b)

• भारतीय संविधान का **अनुच्छेद 38** यह व्यवस्था प्रदान करता है कि राज्य को लोगों के कल्याण को बढ़ावा देने के लिए सामाजिक व्यवस्था को सुरक्षित करना चाहिए।

• भारतीय संविधान के भाग IV के नीति-निदेशक तत्त्व, जोकि अनुच्छेद-36 से 51 तक वर्णित हैं, इनका उद्देश्य देश में न्यायपूर्ण और समानता पर आधारित समाज स्थापित करना है।

65. निम्नलिखित में से कौन-सा भारतीय नागरिकों का मौलिक कर्त्तव्य नहीं है?
SSC CGL Tier-1 12.09.2024 (Shift-II)

(a) सार्वजनिक सम्पत्ति की रक्षा करना और हिंसा को समाप्त करना
(b) स्वतन्त्रता के लिए हमारे राष्ट्रीय संघर्ष को प्रेरित करने वाले महान विचारों को संजोना और उनका पालन करना
(c) वैज्ञानिक सोच, मानवतावाद और ज्ञानार्जन एवं सुधार की भावना विकसित करना
(d) 5 वर्ष की अनिवार्य राष्ट्रीय सेवा

उत्तर (d)

• 5 वर्ष की अनिवार्य सैन्य सेवा भारतीय नागरिकों का मौलिक कर्त्तव्य नहीं है।

• मौलिक कर्त्तव्यों को संविधान के **भाग-IV(A)** में शामिल किया गया है।

• मौलिक कर्त्तव्यों का विचार **रूस** के संविधान से प्रेरित है।

• स्वर्ण सिंह समिति का सम्बन्ध मौलिक कर्त्तव्यों से है।

66. निम्नलिखित में से कौन-सा कथन राज्य के नीति-निर्देशक सिद्धान्तों के बारे में सही नहीं है? SSC CGL Tier-1 10.09.2024 (Shift-I)

(a) ये प्रकृति में सकारात्मक होते हैं, क्योंकि राज्यों को कुछ मामलों में इनकी आवश्यकता होती है।
(b) इनका उद्देश्य देश में सामाजिक और आर्थिक लोकतन्त्र की स्थापना करना है।
(c) ये लोगों के कल्याण को बढ़ावा देते हैं। इसलिए ये निजी और व्यक्तिपरक हैं।
(d) इन पर नैतिक और राजनीतिक प्रतिबन्ध हैं।

उत्तर (c)

• ये लोगों के कल्याण को बढ़ावा देते हैं, इसलिए ये निजी और व्यक्तिपरक हैं, ये कथन राज्य के नीति-निदेशक तत्त्व के सम्बन्ध में असत्य हैं।

• नीति-निदेशक तत्त्व भारतीय संविधान के **भाग-4** में **अनुच्छेद 36 से 51** तक उल्लेखित हैं।

• ये प्रकृति में सकारात्मक होते हैं, क्योंकि राज्यों को कुछ मामलों में इनकी आवश्यकताएँ होती हैं।

• इनका उद्देश्य देश में सामाजिक और आर्थिक लोकतन्त्र की स्थापना करना है।

67. भारतीय संविधान का कौन-सा अनुच्छेद राज्य द्वारा संचालित शिक्षण संस्थानों में कोई भी धार्मिक शिक्षा प्रदान करने पर रोक लगाता है?
SSC CGL Tier-1 09.09.2024 (Shift-II)

(a) अनुच्छेद 30
(b) अनुच्छेद 31
(c) अनुच्छेद 29
(d) अनुच्छेद 28

उत्तर (d)

• अनुच्छेद 28 राज्य द्वारा संचालित कोई भी शैक्षणिक संस्थाओं में धार्मिक शिक्षा प्रदान करने पर रोक लगाता है।

• यह बताता है कि राज्य निधि से पूर्णत: संचालित किसी भी शैक्षणिक संस्था में कोई धार्मिक शिक्षा प्रदान नहीं की जाएगी।

• यह संविधान के भाग 3 में शामिल है।

68. राज्य के नीति के निर्देशक सिद्धान्तों के सन्दर्भ में निम्नलिखित में से कौन-सा कथन सही नहीं है? SSC CGL Tier-1 09.09.2024 (Shift-II)

(a) ये देश के शासन के लिए दिशा-निर्देश प्रदान करते हैं।
(b) ये सामाजिक और आर्थिक विकास सुनिश्चित करते हैं।
(c) ये न्यायोचित प्रकृति के होते हैं।
(d) ये सरकार पर नैतिक रूप से बाध्यकारी होते हैं।

उत्तर (c)

• राज्य के नीति निर्देशक सिद्धान्तों के सन्दर्भ में विकल्प (c) सही नहीं है।

• ये न्यायोचित प्रकृति के होते हैं, इसका अभिप्राय यह है कि इनके हनन के मामले से न्यायालय की शरण नहीं ली जा सकती है।

• राज्य के नीति-निर्देशक सिद्धान्त अनुच्छेद 36 से 51 के अन्तर्गत आते हैं।

• ये सिद्धान्त **समान कार्य के लिए समान वेतन** का प्रावधान देता है।

• इन सिद्धान्तों को लागू करने के लिए कानून की जरूरत नहीं होती है। ये सिद्धान्त कल्याणकारी प्रणाली की अवधारणा पर बल देता है।

SSC CGL 2023 (Tier 1 & 2)

69. भारतीय संविधान के किस भाग में कल्याणकारी राज्य का विचार है?
SSC CGL Tier-2 02.03.2023 (Shift-I)

(a) मूल अधिकार
(b) राज्य के नीति-निदेशक तत्त्व
(c) प्रस्तावना
(d) मूल कर्त्तव्य

उत्तर (b)

• **राज्य के नीति-निदेशक तत्त्वों** का उल्लेख संविधान के भाग-4 के अन्तर्गत अनुच्छेद 36 से 51 तक वर्णित है।

• भारत के संविधान में यह विशेषता आयरलैण्ड के संविधान से ली गई है।

• इन्हें समाजवाद, गाँधीवाद और उदारवाद से प्रेरित आदर्शों को प्राप्त करने के उद्देश्य से अंगीकार किया गया था।

70. निम्नलिखित में से किस अनुच्छेद में पूरे भारत में एक समान सिविल संहिता का उल्लेख है?
SSC CHSL Tier-1 04.08.2023 (Shift-II)
SSC CGL Tier-II 01.03.2023 (Shift-I)

(a) अनुच्छेद 50 (b) अनुच्छेद 39
(c) अनुच्छेद 40 (d) अनुच्छेद 44

उत्तर (d)

• **अनुच्छेद 44** में पूरे भारत में एक समान सिविल संहिता का उल्लेख है।

• **समान नागरिक संहिता** पूरे देश के लिए एक समान कानून के साथ ही सभी धार्मिक समुदायों के लिए विवाह, तलाक, विरासत, गोद लेने आदि के कानूनों में भी एकरूपता प्रदान करने का प्रावधान करती है।

• **अनुच्छेद 50** कार्यपालिका से न्यायपालिका का पृथक्करण का वर्णन करता है।

• **अनुच्छेद 39** लोक कल्याण की अभिवृद्धि के लिए सामाजिक, आर्थिक और राजनीतिक न्याय द्वारा सामाजिक व्यवस्था सुनिश्चित करता है।

• **अनुच्छेद 40** ग्राम पंचायतों के संगठन से सम्बन्धित है।

71. मौलिक कर्त्तव्यों को भारतीय संविधान के भाग III में नहीं रखा गया, क्योंकि भाग III ········ है। **SSC CGL Tier-1 17.07.2023 (Shift-III)**

(a) वादयोग्य (b) नियम विवर्जित
(c) वादयोग्य नहीं (d) अप्रवर्तनीय

उत्तर (a)

• मौलिक कर्त्तव्यों को भारतीय संविधान के भाग III में नहीं रखा गया, क्योंकि भाग-III **वादयोग्य** है।

• मौलिक कर्त्तव्य की अनुशंसा **सरदार स्वर्ण सिंह समिति** ने की थी।

• इसे **42वें संविधान संशोधन** (1976) के द्वारा संविधान में भाग IV (क) में जोड़ा गया।

72. भारतीय संविधान के अनुच्छेद ········ के अनुसार, भारत के प्रत्येक नागरिक का यह कर्त्तव्य होगा कि वह वैज्ञानिक दृष्टिकोण, मानवतावाद और ज्ञानार्जन तथा सुधार की भावना विकसित करें।
SSC CGL Tier-1 18.07.2023 (Shift-II)

(a) 51A (b) 49A
(c) 52A (d) 50A

उत्तर (a)

• भारतीय संविधान के **अनुच्छेद 51A** के अनुसार, भारत के प्रत्येक नागरिक का यह कर्त्तव्य होगा कि वह वैज्ञानिक दृष्टिकोण, मानवतावाद और ज्ञानार्जन तथा सुधार की भावना विकसित करें।

• भारतीय संविधान के **भाग IV (क)** के **अनुच्छेद 51 (क)** के तहत् भारतीय नागरिकों के लिए मौलिक कर्त्तव्य का निर्धारण किया गया है।

• भारतीय संविधान की मूल प्रति में मौलिक कर्त्तव्य का प्रावधान नहीं था। यह प्रावधान पूर्व सोवियत संघ से लिया गया था।

73. निम्नलिखित में से कौन-सा भारतीय संविधान में उल्लेखित मौलिक अधिकार नहीं है?
SSC CGL Tier-1 19.07.2023 (Shift-II)
SSC CGL Tier-1 01.12.2022 (Shift-III)
SSC CHSL (10+2) 30.05.2022 (Shift-I)

(a) स्वतन्त्रता का अधिकार
(b) मतदान का अधिकार
(c) धार्मिक स्वतन्त्रता का अधिकार
(d) समानता का अधिकार

उत्तर (b)

• **मतदान का अधिकार** भारतीय संविधान में उल्लेखित मौलिक अधिकार नहीं है।

• यह संविधान के **अनुच्छेद 326** के तहत नागरिकों को दिया गया **संवैधानिक अधिकार** है।

• भारतीय संविधान में मौलिक अधिकार का वर्णन **अनुच्छेद 12 से 35** में उपबन्धित है।

74. यदि किसी भारतीय नागरिक को गिरफ्तार कर लिया जाता है और बचाव के अधिकार से वंचित कर दिया जाता है, तो ऐसी स्थिति में भारतीय संविधान का कौन-सा अनुच्छेद राहत प्रदान कर सकता है?
SSC CGL Tier-1 20.07.2023 (Shift-III)

(a) अनुच्छेद 23 (b) अनुच्छेद 24
(c) अनुच्छेद 22 (d) अनुच्छेद 25

उत्तर (c)

• **अनुच्छेद 22** के अन्तर्गत गिरफ्तार किए गए व्यक्ति को अपने वकील से मिलने का अधिकार प्राप्त है तथा तत्काल ही किसी सम्बन्धी को गिरफ्तारी की सूचना देने का अधिकार प्राप्त है।

• अनुच्छेद 22 के अन्तर्गत प्रदत्त अधिकार **नागरिकों** और **गैर-नागरिकों** दोनों पर लागू है।

75. निम्नलिखित में से किस संशोधन अधिनियम ने राज्य के नीति-निदेशक तत्त्वों में चार नए विषयों (अनुच्छेद 39, 39A, 43A, 48A) को जोड़ा? **SSC CGL Tier-1 20.07.2023 (Shift-IV)**

(a) 41वाँ संशोधन अधिनियम, 1976
(b) 42वाँ संशोधन अधिनियम, 1976
(c) 39वाँ संशोधन अधिनियम, 1975
(d) 40वाँ संशोधन अधिनियम, 1976

उत्तर (b)

• **42वें संविधान संशोधन अधिनियम, 1976** के तहत राज्य के नीति-निदेशक तत्त्वों में चार नए विषयों (अनुच्छेद 39, 39A, 43A, 48A) को जोड़ा।

• **अनुच्छेद 39** के तहत राज्य का यह कर्त्तव्य है कि वह समान कार्य के लिए समान वेतन प्राप्त करें।

• **अनुच्छेद 39A** के तहत राज्य को यह सुनिश्चित करना चाहिए कि कानूनी प्रणाली समान अवसर पर आधारित न्याय को बढ़ावा दे तथा सभी नागरिकों को नि:शुल्क कानूनी सहायता प्रदान करे।

• **अनुच्छेद 43** के अन्तर्गत यह प्रावधान, किया गया है कि राज्य कामगारों को निर्वाह मजदूरी, काम की मानवोचित दशाएँ, प्रसूति सहायता प्रदान करें।

• **अनुच्छेद 48(A)** पर्यावरण का संरक्षण तथा संवर्द्धन और वन तथा वन्य जीवों की रक्षा करता है।

76. निम्नलिखित में से कौन-सा अधिकार भारतीय संविधान के अनुच्छेद 25 द्वारा गारण्टीकृत है?
SSC CGL Tier-1 21.07.2023 (Shift-II)

(a) धार्मिक स्वतन्त्रता का अधिकार
(b) समानता का अधिकार
(c) सांस्कृतिक और शैक्षिक अधिकार
(d) संवैधानिक उपचारों का अधिकार

उत्तर (a)

• अनुच्छेद 25 द्वारा **धार्मिक स्वतन्त्रता का अधिकार** गारण्टीकृत है।

• यह धर्म के स्वतन्त्र आचरण और प्रचार की अन्तरात्मा की स्वतन्त्रता के लिए है।

• यह संविधान के मौलिक अधिकार के अन्तर्गत आता है, जिसे भारतीय **मैग्नाकार्टा** भी कहा जाता है।

• यह अधिकार नागरिकों के साथ-साथ विदेशियों को भी प्राप्त है।

77. भारतीय संविधान का निम्नलिखित में से कौन-सा अनुच्छेद हमारी सामाजिक संस्कृति की समृद्ध विरासत को महत्त्व देने और परिरक्षित करने को प्रतिस्थापित करता है?
SSC CGL Tier-1 21.07.2023 (Shift-II)

(a) अनुच्छेद 48 (A)
(b) अनुच्छेद 124 (A)
(c) अनुच्छेद 43 (A)
(d) अनुच्छेद 51 (A)

उत्तर (d)

• मौलिक **कर्त्तव्य (51A)** मूलरूप से भारतीय नागरिकों पर देशभक्ति की भावना को प्रोत्साहित करने एवं भारत की एकता को अक्षुण्ण बनाए रखने हेतु नैतिक कर्त्तव्य है।

• मौलिक कर्त्तव्य भारतीय संविधान के भाग IVA के अन्तर्गत शासित है।

78. निम्नलिखित में से कौन-सा युग्म सही सुमेलित है? SSC CGL Tier-1 21.07.2023 (Shift-II)

(a) अनुच्छेद 17-उपाधियों का अन्त
(b) अनुच्छेद 14-अस्पृश्यता का उन्मूलन
(c) अनुच्छेद 15-शोषण के विरुद्ध अधिकार
(d) अनुच्छेद 19-वाक् स्वातन्त्र्य सम्बन्धी विशिष्ट अधिकारों का संरक्षण

उत्तर (d)

• दिए गए युग्मों में से युग्म (d) सही सुमेलित है।

• संविधान के अनुच्छेद 19 में छः प्रकार की स्वतन्त्रता का उल्लेख है, जिसमें **अनुच्छेद 19 (a)** वाक् या बोलने की स्वतन्त्रता से सम्बन्धित है और प्रेस की स्वतन्त्रता भी इसी के अन्तर्गत आती है।

• अनुच्छेद 14-विधि के समक्ष समता।

• अनुच्छेद 15-धर्म, जाति, लिंग या जन्म स्थान के आधार पर भेदभाव का निषेध।

• अनुच्छेद 17- अस्पृश्यता का अन्त।

79. निम्नलिखित में से कौन-सा भारतीय संविधान में मौलिक कर्त्तव्यों के अन्तर्गत नहीं आता है? SSC CGL Tier-1 24.07.2023 (Shift-I)

(a) स्वतन्त्रता के लिए राष्ट्रीय संघर्ष को प्रेरित करने वाले महान आदर्शों को संजोना और उनका पालन करना
(b) भारत की सम्प्रभुता, एकता और अखण्डता को बनाए रखना व उसकी रक्षा करना
(c) वयस्क मताधिकार का प्रयोग करना
(d) सार्वजनिक सम्पत्ति की रक्षा करना और हिंसा को त्यागना

उत्तर (c)

• **वयस्क मताधिकार का प्रयोग करना** मौलिक कर्त्तव्य के अन्तर्गत नहीं आता है।

• यह संविधान के अनुच्छेद 326 के तहत नागरिकों को दिया गया संवैधानिक अधिकार है।

• प्रत्येक नागरिक जो 18 वर्ष की आयु पूरी कर चुका है और अयोग्य घोषित नहीं है, मत दे सकता है। भारतीय संविधान में मौलिक कर्त्तव्यों की संख्या 11 है।

80. भारतीय संविधान के राज्य के नीति-निदेशक तत्त्व किस देश से गृहीत किए गए थे? SSC CGL Tier-1 24.07.2023 (Shift-III) SSC CGL Tier-1 25.07.2023 (Shift-I)

(a) चीन (b) आयरलैण्ड
(c) यूएस (d) यूएसएसआर

उत्तर (b)

• भारतीय संविधान के राज्य के नीति-निदेशक तत्त्व **आयरलैण्ड** से गृहीत किए गए थे।

• भारत के संविधान के भाग IV (अनुच्छेद 35-51)) में राज्य के नीति-निदेशक सिद्धान्त शामिल हैं।

81. भारतीय संविधान में मौलिक कर्त्तव्यों की अवधारणा किस देश के संविधान से ली गई है? SSC CGL Tier-1 24.07.2023 (Shift-IV) SSC GD 23.02.2024 (Shift-II)

(a) जर्मनी (b) यूएस
(c) यूके (d) सोवियत संघ (USSR)

उत्तर (d)

• भारतीय संविधान में मौलिक कर्त्तव्यों की अवधारणा **सोवियत संघ** के संविधान से ली गई है।

• 1976 में 42वें संविधान संशोधन में स्वर्ण सिंह समिति की सिफारिश के आधार पर इन्हें संविधान में भाग IV में शामिल किया गया।

82. अमेरिका के मामले 'दोहरी नागरिकता' से आप क्या समझते हैं? SSC CGL Tier-1 25.07.2023 (Shift-III)

(a) देश की नागरिकता के साथ वहाँ के उस संघटक राज्य की नागरिकता जहाँ व्यक्ति रहता है/पैदा हुआ है।
(b) एकसाथ दो देशों की नागरिकता
(c) एकसाथ दो देशों और दो राज्यों की नागरिकता
(d) दो देशों के साथ दो राज्यों की नागरिकता

उत्तर (a)

• अमेरिका में दोहरी नागरिकता से अभिप्राय है देश की नागरिकता के साथ वहाँ के उस संघटक राज्य की नागरिकता जहाँ व्यक्ति रहता है/पैदा हुआ है।

• भारत में **एकल नागरिकता** का प्रावधान है।

• भारतीय संविधान में **भाग-2** के अन्तर्गत **अनुच्छेद 5-11** नागरिकता से सम्बन्धित हैं।

83. भारतीय संविधान का कौन-सा अनुच्छेद शोषण के विरुद्ध अधिकार से सम्बन्धित है? SSC CGL Tier-1 26.07.2023 (Shift-II)

(a) अनुच्छेद 21 (b) अनुच्छेद 20
(c) अनुच्छेद 22 (d) अनुच्छेद 23

उत्तर (d)

• भारतीय संविधान का **अनुच्छेद 23** शोषण के विरुद्ध अधिकार से सम्बन्धित है।

• यह अनुच्छेद मानव तस्करी, बेगार (बलात्श्रम) और इसी प्रकार के अन्य बलात्श्रम के प्रकारों पर प्रतिबन्ध लगाता है, जिससे अल्प-सुविधा प्राप्त और वंचित लोगों की रक्षा की जा सके।

• यह अधिकार भारत के नागरिकों और गैर-नागरिकों दोनों के लिए उपलब्ध है।

84. भारतीय संविधान का कौन-सा अनुच्छेद राज्य द्वारा वित्तपोषित किसी भी शिक्षण संस्थान में धार्मिक शिक्षा को प्रतिबन्धित करता है? SSC CGL Tier-1 26.07.2023 (Shift-IV)

(a) अनुच्छेद 29 (b) अनुच्छेद 30
(c) अनुच्छेद 27 (d) अनुच्छेद 28

उत्तर (d)

• **अनुच्छेद 28** के अन्तर्गत राज्य विधि से पूर्ण रूप से संचालित किसी शिक्षण संस्थान में कोई धार्मिक शिक्षा नहीं दी जाएगी। इस प्रकार का कोई शिक्षण संस्थान अपने विद्यार्थियों को किसी धार्मिक अनुष्ठान में भाग लेने या किसी धर्मोपदेश को बलपूर्वक सुनने के लिए बाध्य नहीं करेगा।

• भारतीय संविधान में मौलिक अधिकारों के अन्तर्गत **धार्मिक स्वतन्त्रता के अधिकार** (अनुच्छेद 25 से 28) का प्रावधान किया गया है।

85. स्वतन्त्रता के अधिकारों में सबसे प्रमुख अधिकार ...... है। SSC CGL Tier-1 01.12.2023 (Shift-I)

(a) निवारक निरोध
(b) जीवन और व्यक्तिगत स्वतन्त्रता का अधिकार
(c) इकट्ठा होने की आजादी
(d) भाषण और अभिव्यक्ति की स्वतन्त्रता का अधिकार

उत्तर (b)

• स्वतन्त्रता के अधिकारों में सबसे प्रमुख अधिकार **जीवन और व्यक्तिगत स्वतन्त्रता का अधिकार** है।

• **अनुच्छेद 21** भारतीय नागरिकों के जीवन एवं शारीरिक स्वतन्त्रता का संरक्षण करता है इसके तहत किसी भी भारतीय नागरिक को कानून द्वारा निर्मित प्रक्रिया के अतिरिक्त उसके जीवन और वैयक्तिक स्वतन्त्रता के अधिकार से वंचित नहीं किया जाता है।

• भारतीय संविधान का उद्देश्य विचार-अभिव्यक्ति, विश्वास, धर्म और उपासना की स्वाधीनता सुनिश्चित करना है।

SSC CGL 2022 (Tier 1 & 2)

86. संविधान ...... वर्ष से कम आयु के बच्चों को कारखानों और खदानों जैसी खतरनाक नौकरियों में नियोजित करने से मना करता है। SSC CGL Tier-1 03.12.2022 (Shift-I)

(a) 14 (b) 16 (c) 15 (d) 18

उत्तर (a)

• संविधान का अनुच्छेद 24, 14 से कम आयु के बच्चों को कारखानों और खदानों जैसी खतरनाक नौकरियों में नियोजन से मना करता है।

• बाल श्रम को रोकने के लिए, भारत सरकार ने वर्ष 2016 में बाल श्रम (निषेध और रोकथाम) संशोधन अधिनियम बनाया था।

• इस अनुच्छेद के तहत 14 वर्ष से कम आयु के बच्चों को खतरनाक काम में लगाने पर सजा के रूप में छः महीने से दो साल तक की जेल या ₹ 5000 का जुर्माना या दोनों हो सकते हैं।

87. निम्नलिखित में से किस मामले में भारत के सर्वोच्च न्यायालय ने संविधान की मूल संरचना के सिद्धान्त को प्रतिपादित किया है? SSC CGL Tier-1 03.12.2022 (Shift-IV)

(a) स्वर्ण सिंह मामला, 1989
(b) गोलकनाथ मामला, 1967
(c) केशवानन्द भारती मामला, 1973
(d) मिनर्वा मिल्स मामला 1980

उत्तर (c)

• केशवानन्द भारती मामला, 1973 में भारत के सर्वोच्च न्यायालय ने संविधान की मूल संरचना के सिद्धान्त को प्रतिपादित किया है।

• इस मामले में सर्वोच्च न्यायालय ने कहा कि संसदीय संशोधन भारतीय संविधान के मौलिक या बुनियादी ढाँचे को बदल नहीं सकते हैं।

88. धर्म की स्वतन्त्रता का अधिकार भारत के संविधान के किन अनुच्छेदों में निहित है?
SSC CGL Tier-1 05.12.2022 (Shift-II)
(a) अनुच्छेद 29 से 30 (b) अनुच्छेद 19 से 22
(c) अनुच्छेद 25 से 28 (d) अनुच्छेद 14 से 18

उत्तर (c)

• धर्म की स्वतन्त्रता का अधिकार भारत के संविधान के **अनुच्छेद 25 से 28** में निहित है।
• धर्म की स्वतन्त्रता का अधिकार एक **मौलिक अधिकार** है।
• प्रत्येक भारतीय नागरिक को अपने धर्म का शान्तिपूर्वक अभ्यास करने और बढ़ावा देने का अधिकार है।

89. भारत के संविधान का कौन-सा अनुच्छेद शिक्षा के अधिकार को मौलिक अधिकार के रूप में मान्यता प्रदान करता है?
SSC CGL Tier-1 08.12.2022 (Shift-I)
(a) अनुच्छेद 300A (b) अनुच्छेद 33
(c) अनुच्छेद 20 (d) अनुच्छेद 21A

उत्तर (d)

• भारतीय संविधान का अनुच्छेद 21A शिक्षा के अधिकार को मौलिक, अधिकार के रूप में मान्यता प्रदान करता है।
• 86वें संविधान संशोधन अधिनियम, 2002 द्वारा अनुच्छेद 21(A) जोड़ा गया था।
• यह अनुच्छेद प्रावधान करता है कि राज्य विधि बनाकर **6 से 14 वर्ष** के सभी बच्चों के लिए नि:शुल्क एवं अनिवार्य शिक्षा का उपबन्ध करेगा।

90. भारतीय संविधान के अनुच्छेद 30 में किन अल्पसंख्यकों का उल्लेख है?
SSC CGL Tier-1 08.12.2022 (Shift-IV)
(a) भाषायी और धार्मिक
(b) सांस्कृतिक और भाषायी
(c) धार्मिक, सांस्कृतिक और भाषायी
(d) धार्मिक और सांस्कृतिक

उत्तर (a)

• भारतीय संविधान के अनुच्छेद 30 में भाषायी और धार्मिक अल्पसंख्यकों का उल्लेख है।
• उनको यह अधिकार है कि वे अपनी पसन्द का शैक्षणिक संस्थान स्थापित करें और सरकार उसे अनुदान देने में किसी भी तरह का भेदभाव नहीं करेगी।

91. निम्नलिखित में से किसका उल्लेख भारतीय संविधान में मौलिक कर्त्तव्य के रूप में नहीं किया गया है?
SSC CGL Tier-1 09.12.2022 (Shift-II)
(a) बड़ों का सम्मान करना
(b) सार्वजनिक सम्पत्ति की सुरक्षा करना
(c) देश की रक्षा करना
(d) सद्भाव को बढ़ावा देना

उत्तर (a)

• **बड़ों का सम्मान** करना भारतीय संविधान में मौलिक कर्त्तव्य के रूप में शामिल नहीं हैं।
• मौलिक कर्त्तव्यों का विचार तत्कालीन सोवियत संघ (रूस) के संविधान से प्रेरित है।
• वर्तमान में मौलिक कर्त्तव्यों की संख्या 11 है।

92. 'समानता का अधिकार' के अन्तर्गत कितने अधिकारों का उल्लेख है?
SSC CGL Tier-1 09.12.2022 (Shift-III)
(a) 3 (b) 4 (c) 6 (d) 5

उत्तर (d)

• समानता के अधिकार के अन्तर्गत **5** अधिकारों का उल्लेख है।
• अनुच्छेद 14 के तहत भारत के सभी नागरिकों को विधि के समक्ष समान अधिकार प्राप्त हैं।
• अनुच्छेद 15 के तहत किसी भी भारतीय नागरिक के साथ राज्य, धर्म, जाति, लिंग, नस्ल या जन्म स्थान के आधार पर भेदभाव नहीं करेगा।
• अनुच्छेद 16 के अनुसार राज्य के अधीन किसी भी पद पर नियुक्ति के लिए उपलब्ध समान अवसर की प्राप्ति का अधिकार होगा।
• अनुच्छेद 17 के तहत अस्पृश्यता का अन्त कर दिया गया है।
• अनुच्छेद 18 के तहत भारत का कोई भी नागरिक देश में या राष्ट्रपति की आज्ञा के बिना किसी अन्य देश से किसी भी प्रकार की उपाधि स्वीकार नहीं करेगा।

93. सुप्रीम कोर्ट ने 18 जुलाई, 2022 को अपनी रजिस्ट्री को वैवाहिक मुकदमेबाजी में उलझे व्यक्तियों के व्यक्तिगत विवरण को हटाने के लिए एक तन्त्र तैयार करने का आदेश दिया। यह निर्णय किस अधिकार को 'निजता के अधिकार' के भाग के रूप में मान्यता देने के लिए लिया गया था? **SSC CGL Tier-1 12.12.2022 (Shift-I)**
(a) भूल जाने का अधिकार
(b) जीने का अधिकार
(c) सत्ता के विभाजन का अधिकार
(d) धर्म का पालन करने का अधिकार

उत्तर (a)

• सुप्रीम कोर्ट ने वैवाहिक मुकदमेबाजी के निवारण के लिए **निजता के अधिकार** के भाग के रूप में भूल जाने के अधिकार को मान्यता दी।
• भूल जाने के अधिकार (GDPR) का वर्णन **अनुच्छेद 17** में किया गया है।

94. निम्नलिखित में से किस अनुच्छेद में कहा गया है कि राज्य किसी भी नागरिक के खिलाफ केवल धर्म, नस्ल, जाति, लिंग, जन्म स्थान या इनमें से किसी के आधार पर भेदभाव नहीं करेगा? **SSC CGL Tier-1 12.12.2022 (Shift-III)**
(a) अनुच्छेद 15 (b) अनुच्छेद 40
(c) अनुच्छेद 25 (d) अनुच्छेद 59

उत्तर (a)

• **अनुच्छेद 15** में कहा गया है कि राज्य किसी भी नागरिक के खिलाफ केवल धर्म, नस्ल, जाति, लिंग, जन्म स्थान या इनमें से किसी के आधार पर भेदभाव नहीं करेगा।
• यह एक **मौलिक अधिकार** है। इन अधिकारों का उद्देश्य है कि प्रत्येक नागरिक सम्मान के साथ जीवन जी सके और किसी के साथ किसी भी आधार पर भेदभाव न हो।

95. भारतीय संविधान का कौन-सा अनुच्छेद सिक्किम राज्य के सम्बन्ध में विशेष प्रावधानों से सम्बन्धित है?
SSC CGL Tier-1 13.12.2022 (Shift-I)
(a) अनुच्छेद 371 (C) (b) अनुच्छेद 371 (A)
(c) अनुच्छेद 371 (d) अनुच्छेद 371 (F)

उत्तर (d)

• भारतीय संविधान का अनुच्छेद 371(F) सिक्किम राज्य के सम्बन्ध में विशेष प्रावधानों से सम्बन्धित है।
• अनुच्छेद 371(F) के तहत सिक्किम विधानसभा के सदस्य लोकसभा में सिक्किम के प्रतिनिधि का चयन करेंगे।
• इसके अतिरिक्त सिक्किम राज्य के राज्यपाल का यह विशेष दायित्व है कि वह राज्य में शान्ति स्थापित करने की व्यवस्था करें तथा राज्य की जनसंख्या के समान सामाजिक व आर्थिक विकास के लिए संसाधनों व अवसरों का उचित आवण्टन सुनिश्चित करे।

96. भारत के संविधान का अनुच्छेद 20 .... से सम्बन्धित है। **SSC CGL Tier-1 13.12.2022 (Shift-I)**
(a) शिक्षा का अधिकार
(b) जीवन और व्यक्तिगत स्वतन्त्रता की सुरक्षा
(c) अपराधों के लिए दोषसिद्धि के सम्बन्ध में संरक्षण
(d) अस्पृश्यता का अन्त

उत्तर (c)

• भारत के संविधान का अनुच्छेद 20 **अपराधों के लिए दोषसिद्धि के सम्बन्ध में संरक्षण** से सम्बन्धित है।

97. निम्नलिखित में से किसका उल्लेख भारत के संविधान में मौलिक अधिकारों के रूप में नहीं किया गया है?
SSC CGL Tier-1 13.12.2022 (Shift-III)
(a) शोषण के विरुद्ध अधिकार
(b) स्वतन्त्रता का अधिकार
(c) सम्पत्ति का अधिकार
(d) शिक्षा का अधिकार

उत्तर (c)

• सम्पत्ति का अधिकार भारत के संविधान में मौलिक अधिकारों के रूप में नहीं किया गया है।
• **44वें संविधान संशोधन** द्वारा सम्पत्ति के अधिकार को मौलिक अधिकार से विधिक अधिकार में परिवर्तित कर दिया गया।
• वर्तमान में सम्पत्ति का अधिकार संविधान के **अनुच्छेद 300(A)** के अन्तर्गत एक विधिक अधिकार के रूप में शामिल है।

SSC CPO 2024 (Tier 1 & 2)

98. किस वर्ष मूल सूची में चार नए निदेशक सिद्धान्त जोड़े गए?
SSC CPO Tier-1 27.07.2024 (Shift-I)
(a) 1977 (b) 1976
(c) 1975 (d) 1980

उत्तर (b)

• भारत के संविधान में **चार नए निदेशक सिद्धान्त** 1976 में 42वें संविधान संशोधन अधिनियम द्वारा जोड़े गए थे।

• यह संशोधन 39, 39A, 43A और 48A के रूप में चार नए अनुच्छेद जोड़कर राज्य के नीति-निर्देशक सिद्धान्तों (DPSP) की सूची का विस्तार करता है।

• **अनुच्छेद** 39 समान कार्य के लिए समान वेतन का प्रावधान।

• **अनुच्छेद** 39A कानूनी सहायता का प्रावधान।

• **अनुच्छेद** 43A काम के अवसरों की समानता का प्रावधान।

• **अनुच्छेद** 48A पर्यावरण की रक्षा और सुधार।

99. भारतीय संविधान के किस अनुच्छेद में उपाधियों के उन्मूलन का उल्लेख है?

SSC CPO Tier-1 27.07.2024 (Shift-III)

(a) अनुच्छेद 13 (b) अनुच्छेद 24
(c) अनुच्छेद 18 (d) अनुच्छेद 23

उत्तर (c)

• संविधान का **अनुच्छेद 18 उपाधियों के उन्मूलन** का उल्लेख करता है और इस सम्बन्ध में निम्नलिखित **चार** प्रावधान करता है- कोई भी उपाधि, वह सैन्य या शैक्षणिक सम्मान न हो, राज्य द्वारा प्रदान नहीं की जाएगी।

• इस अनुच्छेद का उद्देश्य ब्रिटिश राज के दौरान दी गई जागीरी और उपाधियों की समाप्ति करना था।

• भारत का कोई भी नागरिक किसी भी विदेशी राज्य से कोई उपाधि स्वीकार नहीं करेगा।

100. भारत में राज्य नीति के निर्देशक सिद्धान्त किस देश के संविधान से लिए गए हैं?

SSC CPO Tier-1 27.07.2024 (Shift-III)

(a) सोवियत संघ (b) संयुक्त राज्य
(c) आयरलैण्ड (d) ब्रिटेन

उत्तर (c)

• भारत में राज्य नीति के निर्देशक सिद्धान्त (Directive Principles of State Policy) आयरलैण्ड के संविधान से प्रेरित होकर लिए गए हैं।

• भारतीय संविधान के भाग IV में ये सिद्धान्त सम्मिलित हैं और उनका उद्देश्य एक **कल्याणकारी राज्य** की स्थापना करना है।

• ये सिद्धान्त सरकार को अपने नीतिगत निर्णयों और कानून बनाने में मार्गदर्शन करते हैं, हालाँकि वे न्यायालय में प्रवर्तनीय नहीं हैं।

• डॉ. बी. बार. अम्बेडकर ने राज्य के नीति निर्देशक तत्त्वों को भारतीय संविधान की **नवीन विशेषताएँ** बताया।

101. निम्नलिखित में से कौन-सा भारतीय नागरिक का मौलिक कर्त्तव्य नहीं है?

SSC CPO Tier-1 27.06.2024 (Shift-I)

(a) अपनी समग्र संस्कृति की समृद्ध विरासत को महत्त्व देना और संरक्षित करना
(b) सार्वजनिक सम्पत्ति की रक्षा करना और हिंसा का त्याग करना
(c) सार्वजनिक चुनाव में मतदान करना
(d) भारत की सम्प्रभुता एकता और अखण्डता को बनाए रखना और उसकी रक्षा करना

उत्तर (c)

• भारतीय नागरिक सार्वजनिक चुनाव में मतदान करना मौलिक कर्त्तव्य नहीं है।

• मौलिक कर्त्तव्य **रूस** के संविधान से लिया गया है।

• वर्तमान में मौलिक कर्त्तव्यों की संख्या 11 है।

• यह संविधान के भाग 4 (क) में अनुच्छेद 51 (क) के तहत रखा गया है।

• मौलिक कर्त्तव्यों को स्वर्ण सिंह समिति की अनुशंसा पर 42वें संशोधन अधिनियम 1976 के माध्यम से संविधान में जोड़ा गया था।

102. भारत सरकार द्वारा जैव-विविधता अधिनियम, 2002 पारित किया गया था। यह भारत के संविधान में राज्यों के नीति-निर्देशक सिद्धान्तों के किस अनुच्छेद के आदर्शों के अनुरूप है?

SSC CPO Tier-1 27.06.2024 (Shift-I)

(a) अनुच्छेद 49 (b) अनुच्छेद 48
(c) अनुच्छेद 48A (d) अनुच्छेद 47

उत्तर (c)

• भारत सरकार द्वारा जैव-विविधता अधिनियम 2002 में पारित किया गया था।

• यह भारत के संविधान में राज्यों के नीति-निदेशक सिद्धान्तों के अनुच्छेद 48A के आदर्शों के अनुरूप है।

• इस अधिनियम के तहत राज्य सरकारें स्थानीय निकायों की सलाह से जैव विविध के क्षेत्रों को जैव विविधता विरासत स्थल घोषित कर सकती है।

103. निम्नलिखित में से किस संविधान से भारतीय संविधान में 'मौलिक अधिकारों के चार्टर' का विचार अपनाया गया है?

SSC CPO Tier-1 27.06.2024 (Shift-II)

(a) संयुक्त राज्य अमेरिका का संविधान
(b) ब्राजील का संविधान
(c) स्पेनिश संविधान
(d) फ्रांसीसी संविधान

उत्तर (a)

• भारतीय संविधान में 'मौलिक अधिकारों के चार्टर' का विचार **अमेरिकी संविधान** से प्रेरित है।

• भारत के संविधान के **भाग III** (अनुच्छेद 12-35) में निहित मौलिक अधिकार नागरिक स्वतन्त्रता की गारण्टी देते हैं, जिससे सभी नागरिक शान्ति और सद्भाव में अपना जीवन व्यतीत कर सकें।

• इन अधिकारों को 'मौलिक' रूप में जाना जाता है क्योंकि वे सर्वांगीण विकास यानी भौतिक, बौद्धिक, नैतिक और आध्यात्मिक विकास के लिए सबसे आवश्यक हैं।

104. भारतीय संविधान के किस अनुच्छेद में उल्लेख है कि राज्य कृषि और पशुपालन को आधुनिक और वैज्ञानिक आधार पर संगठित करने का प्रयास करेगा? **SSC CPO Tier-1 28.06.2024 (Shift-I)**

(a) अनुच्छेद 43 (b) अनुच्छेद 46
(c) अनुच्छेद 42 (d) अनुच्छेद 48

उत्तर (d)

• भारत के संविधान का अनुच्छेद-48 राज्य को गायों और बछड़ों और अन्य दुधारू और खेती के काम आने वाले जानवरों की हत्या को प्रतिबन्धित करने के प्रयास करने का निर्देश देता है।

• **अनुच्छेद-43** राज्य कर्मचारियों के लिए निर्वाह मजदूरी शिष्ट जीवन स्तर आदि बढ़ाने का प्रयास करेगा।

• **अनुच्छेद-42** राज्य काम की न्यायसंगत और मानवोचित दशाओं को सुनिश्चित करने के लिए और प्रसूति सहायता का उपबन्ध करेगा।

• **अनुच्छेद-46** राज्य जनता के दुर्बल वर्गों, विशेषकर अनुसूचित जातियों और अनुसूचित जन-जातियों की शिक्षा और अर्थ सम्बन्धी हितों की अभिवृद्धि करेगा तथा शोषण से उनकी सुरक्षा करेगा।

105. संविधान के अनुच्छेद 22 के प्रावधानों के तहत सलाहकार बोर्ड में ऐसे व्यक्ति शामिल होने चाहिए, जो ····· के रूप में नियुक्त है या नियुक्त किए जाने के योग्य हों।

SSC CPO Tier-1 28.06.2024 (Shift-II)

(a) निचले न्यायालय के न्यायाधीश
(b) जिला न्यायालय के न्यायाधीश
(c) उच्च न्यायालय के न्यायाधीश
(d) सर्वोच्च न्यायालय के न्यायाधीश

उत्तर (c)

• संविधान के **अनुच्छेद 22** के प्रावधानों के तहत सलाहकार बोर्ड में ऐसे व्यक्ति शामिल होने चाहिए, जो उच्च न्यायालय के न्यायाधीश के रूप में नियुक्त है या नियुक्ति किए जाने योग्य हैं।

• अनुच्छेद 22 के तहत गिरफ्तार या हिरासत में लिए गए व्यक्तियों को सुरक्षा प्रदान करता है।

• निरोध दो प्रकार का क्षेत्र है- **दण्डात्मक और निवारण।**

• दण्डात्मक निरोध का आशय किसी व्यक्ति को उसके द्वारा किए गए अपराध के लिए अदालत में मुकदमें और दोष सिद्धि के बाद दण्डित करने से है।

• वही दूसरी ओर निवारक निरोध का अर्थ किसी व्यक्ति को बिना किसी मुकदमा और अदालत द्वारा दोषसिद्धि के हिरासत में लेने से है।

106. यदि किसी गिरफ्तार किए गए व्यक्ति को गिरफ्तारी होने के समय से 24 घण्टे के भीतर न्यायाधीश के समक्ष पेश नहीं किया जाता है, तो वह ······· की रिट (writ) पर रिहा किए जाने का हकदार होता है।

SSC CPO Tier-1 28.06.2024 (Shift-II)

(a) परम आदेश (Mandamus)
(b) अधिकार पृच्छा (Quo-warranto)
(c) बन्दी प्रत्यक्षीकरण (habeas Corpus)
(d) प्रतिषेध (Prohibition)

उत्तर (c)

• गिरफ्तार व्यक्ति को गिरफ्तारी के 24 घण्टे के भीतर निकटतम मजिस्ट्रेट के समक्ष पेश किया जाना चाहिए यदि वह पेश नहीं किया जाता है, तो वह बन्दी प्रत्यक्षीकरण की रिट पर रिहा किए जाने का हकदार होता है।

• भारतीय संविधान के अनुच्छेद 22 के तहत मनमानी गिरफ्तारी और नजरबन्दी के खिलाफ सुरक्षा प्रदान करता है।

• उच्च न्यायालय संविधान के अनुच्छेद 226 के तहत तथा सर्वोच्च न्यायालय अनुच्छेद 32 के तहत रिट जारी कर सकता है।

107. सीमित सरकार की अवधारणा नागरिकों के ……… की सत्तारूढ़ सरकारों से रक्षा करने के लिए एक प्रमुख प्रयास है।
SSC CPO Tier-1 29.06.2024 (Shift-III)

(a) शक्ति का विभाजन
(b) मौलिक अधिकार
(c) नियन्त्रण और सन्तुलन
(d) मौलिक कर्त्तव्यों

उत्तर (b)

• सीमित सरकार की अवधारणा और मौलिक अधिकार नागरिकों की सुरक्षा और स्वतन्त्रता के लिए अत्यन्त महत्त्वपूर्ण हैं।

• सीमित सरकार का अर्थ है कि सरकार की शक्तियाँ संविधान द्वारा निर्धारित सीमाओं के अधीन होती हैं।

• यह शक्तियों का दुरुपयोग और न्यायसंगत तरीके से शासन न करने से सरकार को रोकता है।

• मौलिक अधिकार नागरिकों को कुछ बुनियादी अधिकार प्रदान करते हैं, जैसे कि जीवन का अधिकार, स्वतन्त्रता का अधिकार और शोषण के विरुद्ध अधिकार।

• ये अधिकार सरकार को नागरिकों की स्वतन्त्रता में हस्तक्षेप करने से रोकते है और उन्हें मानवीय जीवन की गरिमा के साथ जीने का अधिकार देते हैं।

SSC CPO 2023 (Tier 1 & 2)

108. निम्नलिखित में से कौन-सा कथन भारतीय संविधान में मूल कर्त्तव्यों के सम्बन्ध में सही नहीं है? **SSC CPO Tier-1 03.10.2023 (Shift-I)**

(a) इन्हें उन महान आदर्शों को सँजोने और उनका पालन करने के लिए बनाया गया है, जिन्होंने स्वतन्त्रता के लिए हमारे राष्ट्रीय संघर्ष को प्रेरित किया
(b) वे हमारी मिश्रित संस्कृति की समृद्ध विरासत को महत्त्व देने और संरक्षित करने के लिए बने हैं
(c) इन्हें न्यायोचित प्रकृति का बनाया गया है
(d) इन्हें वैज्ञानिक सोच, मानवतावाद और अन्वेषण एवं सुधार की भावना विकसित करने के लिए बनाया गया है

उत्तर (c)

• भारतीय संविधान में मूल कर्त्तव्यों के सम्बन्ध में यह कथन सही नहीं है कि इन्हें **न्यायोचित प्रकृति** का बनाया गया है।

• संविधान के अनुसार, मौलिक कर्त्तव्य गैर-न्यायोचित या गैर-परिवर्तनीय होते हैं अर्थात् उनके उल्लंघन के मामले में सरकार द्वारा कोई कानूनी प्रतिबन्ध लागू नहीं किया जा सकता है।

• भारतीय संविधान के **भाग 4(क)** के अनुच्छेद **51(क)** में कुल 11 **मौलिक** कर्त्तव्यों को शामिल किया गया है।

109. भारतीय संविधान का कौन-सा अनुच्छेद राज्य के अधीन नियोजन के मामले में सभी नागरिकों के लिए समान अवसर प्रदान करता है?
SSC CPO Tier-1 04.10.2023 (Shift-II)

(a) अनुच्छेद 18 (b) अनुच्छेद 15
(c) अनुच्छेद 16 (d) अनुच्छेद 17

उत्तर (c)

• भारतीय संविधान का **अनुच्छेद 16** राज्य के अधीन नियोजन के मामले में सभी नागरिकों के लिए समान अवसर प्रदान करता है।

• **अनुच्छेद 15** नागरिक के साथ धर्म, मूल वंश, जाति, लिंग, जन्म स्थान पर कोई विभेद नहीं किया जाएगा।

• **अनुच्छेद 17** अस्पृश्यता को समाप्त करना।

• **अनुच्छेद 18** उपाधियों का अन्त।

110. भारतीय संविधान के किन अनुच्छेदों में मूल अधिकारों का वर्णन है?
SSC CPO Tier-1 05.10.2023 (Shift-III)

(a) अनुच्छेद 5 से 11 (b) अनुच्छेद 12 से 35
(c) अनुच्छेद 36 से 51 (d) अनुच्छेद 52 से 62

उत्तर (b)

• भारतीय संविधान अनुच्छेद 12 से 35 में मूल अधिकारों का वर्णन है।

• संविधान के **भाग-III** को **भारत का मैग्नाकार्टा** की संज्ञा दी गई है।

• मूल अधिकार न्यायालय में वाद योग्य होते हैं।

111. भारतीय संविधान का निम्नलिखित में से कौन-सा अनुच्छेद संसद को सशस्त्र बलों, अर्द्ध-सैन्य बलों, पुलिस बलों, खुफिया एजेन्सियों और समान बलों के सदस्यों के मूल अधिकारों को निर्बन्धित या निराकृत करने का अधिकार देता है? **SSC CPO 04.10.2023 (Shift-I)**

(a) अनुच्छेद 35 (b) अनुच्छेद 31
(c) अनुच्छेद 33 (d) अनुच्छेद 37

उत्तर (c)

• भारतीय संविधान का **अनुच्छेद 33** संसद को सशस्त्र बलों, अर्द्ध-सैन्य बलों, पुलिस बलों, खुफिया एजेन्सियों और समान बलों के सदस्यों के मूल अधिकारों को निर्बन्धित या निराकृत करने का अधिकार देता है।

• **अनुच्छेद 31** द्वारा गारण्टीकृत सम्पत्ति के अधिकार को 44वें संविधान संशोधन, 1978 द्वारा मौलिक अधिकार से हटा दिया गया।

• **अनुच्छेद 35** केवल कुछ विशेष मौलिक अधिकारों को प्रभावी बनाने की शक्ति प्रदान करता है।

• **अनुच्छेद 37** के अनुसार, राज्य के नीति-निदेशक तत्त्व सम्बन्धी प्रावधानों को किसी भी न्यायालय द्वारा प्रवर्तित नहीं किया जा सकता है।

112. निम्नलिखित में से कौन-सा अधिकार 14 वर्ष से कम आयु के बच्चों को खतरनाक कार्यों में नियोजित करने पर रोक लगाता है?
SSC CPO Tier-1 05.10.2023 (Shift-III)

(a) संवैधानिक उपचारों का अधिकार
(b) स्वतन्त्रता का अधिकार
(c) शोषण के विरुद्ध अधिकार
(d) समानता का अधिकार

उत्तर (c)

• भारतीय संविधान का **शोषण के विरुद्ध अधिकार 14 वर्ष** से कम आयु के बच्चों को खतरनाक कार्यों में नियोजित करने पर रोक लगाता है।

• अनुच्छेद 23 में मानव तस्करी और जबरन श्रम पर रोक का प्रावधान है।

• अनुच्छेद 24 में कारखानों, खानों, दुकानों आदि में 14 वर्ष से कम आयु के बच्चों के रोजगार पर प्रतिबन्ध का प्रावधान है।

SSC CPO 2022 (Tier 1 & 2)

113. ……… की अध्यक्षता में गठित संविधान समीक्षा आयोग ने मौलिक कर्त्तव्यों के सफल कार्यान्वयन के लिए सरकार द्वारा की जाने वाली कुछ पहलों की सिफारिश की।
SSC CPO Tier-1 11.11.2022 (Shift-I)

(a) माइकल जी. एगुइनाल्डो
(b) एम. एन. वेंकट चेलैया
(c) यू. सी. बनर्जी
(d) पी. के. जोशी

उत्तर (b)

• **एम. एन. वेंकट चेलैया** की अध्यक्षता में गठित संविधान समीक्षा आयोग ने मौलिक कर्त्तव्यों के सफल कार्यान्वयन के लिए सरकार द्वारा की जाने वाली कुछ पहलों की सिफारिश की।

• ये भारत के उच्चतम न्यायालय के भूतपूर्व न्यायाधीश रहे हैं। **वर्ष 2000** को अटल बिहारी वाजपेयी सरकार द्वारा संविधान समीक्षा आयोग गठित किया गया था।

114. जब सम्पत्ति के अधिकार को मौलिक अधिकार के रूप में समाप्त कर दिया गया था, तब प्रधानमन्त्री कौन थे/थीं? **SSC CPO Tier-1 11.11.2022 (Shift-I)**

(a) चरण सिंह (b) इन्दिरा गाँधी
(c) जवाहरलाल नेहरू (d) मोरारजी देसाई

उत्तर (d)

• जब सम्पत्ति के अधिकार को मौलिक अधिकार के रूप में समाप्त कर दिया गया था, तब राज्य के प्रधानमन्त्री **मोरारजी देसाई** थे।

• मौलिक अधिकारों में शामिल सम्पत्ति के अधिकार को **44वें संविधान संशोधन** अधिनियम (वर्ष 1978) द्वारा हटाकर इसे एक कानूनी अधिकार के रूप में संविधान के अनुच्छेद 300 (क) में शामिल कर दिया गया।

115. निम्नलिखित में से कौन राज्य को 'समान न्याय और स्वतन्त्र कानूनी सहायता प्रदान करने का निर्देश देता है? **SSC CPO Tier-1 10.11.2022 (Shift-I)**

(a) भारतीय संविधान का भाग IV
(b) भारतीय संविधान का भाग VII
(c) भारतीय संविधान का भाग VI
(d) भारतीय संविधान का भाग V

उत्तर (a)

• **भारतीय संविधान का भाग** IV समान न्याय और स्वतन्त्र कानूनी सहायता प्रदान करने का निर्देश देता है।

• यह सुनिश्चित करने के लिए कि आर्थिक या किसी अन्य निर्योग्यता के कारण कोई नागरिक न्याय प्राप्त करने के अवसर से वंचित न रह जाए।

• उपयुक्त विधान या स्कीम द्वारा या किसी अन्य रीति से नि:शुल्क विधिक सहायता की व्यवस्था करेगा।

116. संविधान का निम्नलिखित में से कौन-सा अनुच्छेद किसी व्यक्ति को अपनी पसन्द के वकील से परामर्श करने का अधिकार देता है?

(a) अनुच्छेद 22(A) (b) अनुच्छेद 21
(c) अनुच्छेद 19 (d) अनुच्छेद 20

उत्तर (a)

• भारतीय संविधान का **अनुच्छेद 22(A)** किसी व्यक्ति को अपनी पसन्द के वकील से परामर्श करने का अधिकार देता है।

• गिरफ्तार किए गए किसी भी व्यक्ति को ऐसी गिरफ्तारी के कारणों के बारे में यथाशीघ्र सूचित किए बिना हिरासत में नहीं रखा जाएगा और न ही उसे अपनी पसन्द के वकील से परामर्श करने और बचाव करने के अधिकार से वंचित किया जाएगा।

• गिरफ्तारी के 24 घण्टों के भीतर निकटतम मजिस्ट्रेट के समक्ष पेश किया जाएगा।

• इसके अतिरिक्त निरोध की अवधि मजिस्ट्रेट द्वारा अधिकृत अवधि से अधिक नहीं हो सकती है।

SSC CHSL 2024 (Tier 1 & 2)

117. निम्नलिखित में से कौन-सी भारत के संविधान के तहत प्रदान किए गए मौलिक कर्त्तव्यों की विशेषता नहीं है? **SSC CHSL Tier-2 11.11.2024**

(a) कर्त्तव्य विधि द्वारा प्रवर्तनीय हैं
(b) कर्त्तव्य तत्कालीन यूएसएसआर (USSR) से प्रेरित हैं
(c) कर्त्तव्यों का उद्देश्य देश को सुरक्षित रखना है
(d) कर्त्तव्य प्रकृति में गैर-न्यायसंगत होते हैं

उत्तर (a)

• भारतीय संविधान द्वारा प्रदत्त मौलिक कर्त्तव्यों की विधि द्वारा प्रर्वतनीय ना होना इनकी विशेषता नहीं हैं।

• भारतीय संविधान के भाग IV (क) के अनुच्छेद 51A में उल्लिखित मौलिक कर्त्तव्यों की कुछ विशेषताएँ निम्नलिखित हैं

(i) ये नैतिक तथा नागरिक दोनों तरह के दायित्व है।
(ii) ये कर्त्तव्य नागरिकों में देशभक्ति राष्ट्रीय एकता और भाईचारे की भावना को बढ़ावा देते है।
(iii) ये कर्त्तव्य संविधान के मूल्यों को बनाए रखने के लिए है।
(iv) इन्हें गैर-न्यायसंगत प्रकृति का कहा जाता है।

118. निम्नलिखित में से कौन-सा कर्त्तव्य भारतीय संविधान में 10वें मौलिक कर्त्तव्य में निर्दिष्ट है? **SSC CHSL Tier-2 11.11.2024**

(a) उन महान आदर्शों को संजोना और उनका पालन करना, जिन्होंने स्वतन्त्रता के लिए हमारे राष्ट्रीय संघर्ष को प्रेरित किया
(b) छ: से चौदह वर्ष की आयु के अपने बच्चों या जो भी स्थिति हो, को शिक्षा के अवसर प्रदान करना
(c) व्यक्तिगत और सामूहिक गतिविधि के सभी क्षेत्रों में उत्कृष्टता की दिशा में प्रयास करना
(d) वैज्ञानिक दृष्टिकोण, मानवतावाद तथा जिज्ञासा एवं सुधार की भावना का विकास करना

उत्तर (c)

• व्यक्तिगत और सामूहिक गतिविधि के सभी क्षेत्रों में उत्कृष्टता की दिशा में प्रयास करना, भारतीय संविधान के 10वें मौलिक कर्त्तव्य के रूप में निर्दिष्ट है।

• वर्तमान में मौलिक कर्त्तव्यों की संख्या 11 है।

119. आप संविधान के किस भाग में मौलिक अधिकारों की छ: व्यापक श्रेणियों को पाएँगे? **SSC CHSL Tier-1 01.07.2024**

(a) भाग-II (b) भाग-IV
(c) भाग-III (d) भाग-I

उत्तर (c)

• भारतीय संविधान में मौलिक अधिकारों का विवरण भाग-III में किया गया है। मौलिक अधिकारों की छ: व्यापक श्रेणियाँ इस प्रकार हैं

(i) समानता का अधिकार (अनुच्छेद 14-18)
(ii) स्वतन्त्रता का अधिकार (अनुच्छेद 19-22)
(iii) शोषण के विरुद्ध अधिकार (अनुच्छेद 23-24)
(iv) धर्म की स्वतन्त्रता का अधिकार (अनुच्छेद 25-28)
(v) सांस्कृतिक और शैक्षिक अधिकार (अनुच्छेद 29-30)
(vi) संवैधानिक उपचारों का अधिकार (अनुच्छेद 32)

120. भारतीय संविधान के निम्नलिखित में से किस भाग को 'भारत का मैग्नाकार्टा' कहा जाता है? **SSC CHSL Tier-1 01.07.2024 (Shift-II)**
SSC CPO Tier-1 10.11.2024 (Shift-II)
SSC CPO Tier-1 27.06.2024 (Shift-III)

(a) भाग IV (b) भाग III
(c) भाग II (d) भाग I

उत्तर (b)

• भारतीय संविधान के भाग III को 'भारत का मैग्नाकार्टा' कहा जाता है। इसे **संयुक्त राज्य अमेरिका** के संविधान से लिया गया है।

121. परमादेश रिट (Writ of Mandamus) एक मौलिक अधिकार है, जिसे किसके तहत वर्गीकृत किया जा सकता है? **SSC CHSL Tier-1 01.07.2024 (Shift-III)**

(a) संवैधानिक उपचार
(b) सांस्कृतिक और शैक्षिक अधिकार
(c) धर्म की स्वतन्त्रता के अधिकार
(d) समानता के अधिकार

उत्तर (a)

• **परमादेश रिट** एक मौलिक अधिकार है, जिसे **संवैधानिक उपचारों** के तहत वर्गीकृत किया जा सकता है।

• भारतीय संविधान के तहत सर्वोच्च न्यायालय **अनुच्छेद 32** और उच्च न्यायालय अनुच्छेद 226 के अनुसार रिट जारी करता है, जिसका उद्देश्य सार्वजनिक अधिकारी या सरकारी संस्था को उनके कानूनी कर्त्तव्यों का पालन करने के लिए बाध्य करना है।

• इसका प्रयोग मौलिक अधिकारों के उल्लंघन के मामले में किया जाता है।

122. भारतीय संविधान के निम्नलिखित में से कौन-से अनुच्छेद नागरिकता से सम्बन्धित हैं? **SSC CHSL Tier-1 01.07.2024 (Shift-III)**

(a) अनुच्छेद 8–15 (b) अनुच्छेद 5–11
(c) अनुच्छेद 12–18 (d) अनुच्छेद 10–17

उत्तर (b)

• भारतीय संविधान के अनुच्छेद **5-11** नागरिकता से सम्बन्धित हैं। नागरिकता संविधान के **भाग 2** में शामिल हैं।

• नागरिकता अधिनियम 1955 में नागरिकता प्राप्त करने और खोने से जुड़े प्रावधान हैं।

• इस अधिनियम में जन्म, वंश, प्राकृतिक कारण, पंजीकरण और क्षेत्र के आधार पर नागरिकता पाने के तरीके बताए गए हैं।

• ये अनुच्छेद नागरिकता की स्थिति को स्पष्ट करते हैं और संसद को इसके नियम बनाने और संशोधन की शक्ति प्रदान करते हैं।

123. निम्नलिखित में से कौन-सा अनुच्छेद मानव तस्करी और जबरन श्रम पर प्रतिबन्ध लगाता है? **SSC CHSL Tier-1 01.07.2024 (Shift-IV)**

(a) अनुच्छेद 28 (b) अनुच्छेद 23
(c) अनुच्छेद 25 (d) अनुच्छेद 22

उत्तर (b)

• **अनुच्छेद 23** मानव तस्करी और जबरन श्रम पर प्रतिबन्ध लगाता है तथा शोषण के खिलाफ मौलिक अधिकार है।

• **अनुच्छेद 22** कुछ स्थितियों में भारतीय नागरिक की गिरफ्तारी और निरोध में संरक्षण प्रदान करता है।

• अनुच्छेद 25 भारतीय नागरिकों को धर्म के प्रचार-प्रसार की स्वतन्त्रता प्रदान करता है।

• अनुच्छेद 28 राज्य निधि से पोषित शिक्षण संस्थान में धार्मिक शिक्षा प्रदान न करने का वर्णन है।

124. भारतीय नागरिकों के मौलिक अधिकारों की रक्षा के लिए सर्वोच्च न्यायालय (Supreme Court) द्वारा कितने प्रकार की रिट जारी की जा सकती हैं? **SSC CHSL Tier-1 02.07.2024 (Shift-I)**

(a) चार (b) छ: (c) पाँच (d) सात

उत्तर (c)

• भारतीय नागरिकों के मौलिक अधिकारों की रक्षा के लिए सर्वोच्च न्यायालय द्वारा **पाँच** प्रकार की रिट जारी की जा सकती हैं।

• पाँच प्रकार की रिटों में बन्दी प्रत्यक्षीकरण, परमादेश, प्रतिषेध, उत्प्रेषण तथा अधिकारपृच्छा को शामिल किया जाता है।

• सर्वोच्च न्यायालय **अनुच्छेद 32** के अन्तर्गत मौलिक-अधिकारों के रक्षार्थ तथा उच्च न्यायालय **अनुच्छेद 226** के अन्तर्गत रिट जारी करता है।

125. अनुच्छेद 20 का कौन-सा खण्ड दोहरे दण्ड के सिद्धान्त (Doctrine of double jeopardy) को शामिल करता है?
SSC CHSL Tier-1 02.07.2024 (Shift-III)
(a) 2 (b) 1 (c) 4 (d) 3
उत्तर (a)
• अनुच्छेद 20 का **खण्ड 2** दोहरे दण्ड के सिद्धान्त को शामिल करता है।
• संविधान का अनुच्छेद 20 भारतीय नागरिकों को **अपराधों के लिए दोषसिद्धि** के सम्बन्ध में संरक्षण प्रदान करता है।
• अनुच्छेद 20 के अन्य खण्डों में किसी भी व्यक्ति को एक अपराध के लिए सिर्फ एक बार सजा का प्रावधान तथा किसी भी नागरिक को स्वयं के विरुद्ध न्यायालय में गवाही देने के लिए बाध्य न करना शामिल है।

126. भारतीय संविधान का अनुच्छेद 20 ·········से सम्बन्धित है।
SSC CHSL Tier-1 06.07.2024 (Shift-II)
(a) उपाधियों के उन्मूलन
(b) धार्मिक मामलों के प्रबन्धन की स्वतन्त्रता
(c) सार्वजनिक रोजगार के मामलों में अवसरों की समानता
(d) अपराधों के लिए दोषसिद्धि के सम्बन्ध में संरक्षण
उत्तर (d)
• भारतीय संविधान का **अनुच्छेद 20 अपराधों के लिए दोषसिद्धि** के सम्बन्ध में संरक्षण से सम्बन्धित है।
• अनुच्छेद 20 एक आरोपी व्यक्ति, चाहे वह नागरिक हो या विदेशी, को मनमानी और अत्यधिक सजा के खिलाफ **तीन प्रकार** की सुरक्षा प्रदान करता है
(i) कार्योत्तर विधि से संरक्षण
(ii) कोई दोहरा दण्ड नहीं
(iii) कोई आत्म अभिशंसन नहीं

127. संविधान के निम्नलिखित में से किस अनुच्छेद में कहा गया है कि "प्रत्येक भारतीय नागरिक का यह कर्त्तव्य होगा कि वह भारत के सभी लोगों के बीच धार्मिक, भाषाई और क्षेत्रीय या अनुभागीय विविधताओं के परे सद्भाव और समान भाईचारे की भावना को बढ़ावा दें; महिलाओं की गरिमा के लिए अपमानजनक व्यवहार न करे।"?
SSC CHSL Tier-1 02.07.2024 (Shift-III)
(a) 51 A (b) (b) 51 A (c)
(c) 51 A (d) (d) 51 A (e)
उत्तर (d)
• संविधान का **अनुच्छेद 51 A (e)** के अनुसार, "भारत के सभी लोगों के बीच धार्मिक, भाषाई और क्षेत्रीय सद्भाव, महिलाओं की गरिमा के लिए अपमानजनक व्यवहार न करें" शामिल है।
• **स्वर्ण सिंह समिति** की अनुशंसा पर 42वें संविधान संशोधन, 1976 के द्वारा संविधान में मौलिक कर्त्तव्यों को जोड़ा गया।
• **86वें संविधान संशोधन, 2002** के द्वारा मूल कर्त्तव्यों में शिक्षा के अधिकार को जोड़ा गया।
• वर्तमान में मूल कर्त्तव्यों की संख्या 11 है।

128. किस फैसले में सर्वोच्च न्यायालय ने अनुच्छेद 21 के दायरे का विस्तार किया और कहा कि "शिक्षा का अधिकार सीधे जीवन के अधिकार से प्रवाहित होता है"?
SSC CHSL Tier-1 02.07.2024 (Shift-III)
(a) नीरजा चौधरी बनाम मध्य प्रदेश राज्य
(b) मोहिनी जैन बनाम कर्नाटक राज्य
(c) खड़क सिंह बनाम उत्तर प्रदेश राज्य
(d) मलक सिंह बनाम पंजाब राज्य
उत्तर (b)
• मोहिनी जैन बनाम कर्नाटक राज्य के सर्वोच्च न्यायालय के फैसलों में **अनुच्छेद 21** के दायरे का विस्तार किया और कहा कि "शिक्षा का अधिकार सीधे जीवन के अधिकार से प्रभावित होता है।"
• सुप्रीम कोर्ट ने माना कि निजी शिक्षण संस्थाओं में कैपिटेशन शुल्क वसूलने की प्रथा शिक्षा के अधिकार का उल्लंघन है। शिक्षा अधिकार अनुच्छेद 21 के तहत जीवन और मानवीय गरिमा के अधिकार के साथ-साथ अनुच्छेद 14 द्वारा गारंटीकृत कानून के तहत समान सुरक्षा के अधिकार से निहित है।

129. ············ ने संवैधानिक उपचार के अधिकार को 'संविधान की आत्मा' कहा है।
SSC CHSL Tier-1 02.07.2024 (Shift-IV)
(a) लाला लाजपत राय
(b) डॉ. बी. आर. अम्बेडकर
(c) जवाहरलाल नेहरू
(d) बाल गंगाधर तिलक
उत्तर (b)
• डॉ. बी. आर. अम्बेडकर ने संवैधानिक उपचार के अधिकार को **संविधान की आत्मा** कहा है।
• यह व्यक्तियों को न्याय के लिए सर्वोच्च न्यायालय में जाने का अधिकार देता है, जब उन्हें लगे कि उनके मौलिक अधिकार का हनन किया जा रहा है।
• शीर्ष अदालत को मौलिक अधिकारों का रक्षक और गारण्टीकर्ता माना जाता है।
• अनुच्छेद 32 के तहत सर्वोच्च न्यायालय तथा अनुच्छेद 226 के तहत उच्च न्यायालय यह रिट जारी करते हैं।
• इसके अन्तर्गत 5 रिटें शामिल हैं
(i) बन्दी प्रत्यक्षीकरण रिट
(ii) परमादेश रिट
(iii) प्रतिषेध रिट
(iv) उत्प्रेषण रिट
(v) अधिकार पृच्छा रिट

130. उत्प्रेषण लेख (Certiorari) किसके अन्तर्गत आता है? **SSC CHSL Tier-1 03.07.2024**
(a) धार्मिक स्वतन्त्रता के अधिकार
(b) प्रधानमन्त्री बेरोजगारी भत्ता योजना
(c) समानता के अधिकार
(d) संवैधानिक उपचार के अधिकार
उत्तर (d)
• उत्प्रेषण लेख (Certiorari) संवैधानिक उपचार के अधिकार के अन्तर्गत आता है।
• उच्च न्यायालय द्वारा निचली अदालत को उत्प्रेषण लेख की रिट जारी की जाती है।
• अनुच्छेद 32 का उद्देश्य मूल्य अधिकारों के संरक्षण हेतु **गारण्टीकृत प्रभावी** और **सुलभ** संवैधानिक उपचारों की व्यवस्था करना है।
• अनुच्छेद 32 (2) में रिटों की चर्चा है, जो निम्न हैं– बन्दी प्रत्यक्षीकरण, परमादेश, प्रतिषेध, उत्प्रेषण, अधिकार पृच्छा।

131. संविधान के किस अनुच्छेद में धार्मिक और दानार्थ उद्देश्यों के लिए संस्थानों की स्थापना और अनुरक्षण के बारे में उल्लेख है?
SSC CHSL Tier-1 03.07.2024 (Shift-III)
(a) अनुच्छेद 26 (b) अनुच्छेद 29
(c) अनुच्छेद 28 (d) अनुच्छेद 30
उत्तर (a)
• संविधान के **अनुच्छेद 26** में धार्मिक और धर्मार्थ उद्देश्यों के लिए संस्थानों की स्थापना और अनुरक्षण के बारे में उल्लेख है।
• भारतीय संविधान का अनुच्छेद 29 भारत के नागरिकों की अपनी भाषा, लिपि और संस्कृति को बनाए रखने का अधिकार देता है।
• भारतीय संविधान का अनुच्छेद 28 कुछ शिक्षण संस्थानों में धार्मिक शिक्षा या धार्मिक उपासना में उपस्थित होने के बाद में स्वतन्त्रता से सम्बन्धित है।
• भारतीय संविधान का **अनुच्छेद 30** अल्पसंख्यक वर्गों के शैक्षिक संस्थानों के संरक्षण से सम्बन्धित है।

132. ऐसी स्थिति में, जहाँ A (महिला) और B (पुरुष) एक ही कार्यालय में, समान पद पर, समान प्रकृति का कार्य कर रहे हों पर असमान भुगतान प्राप्त कर रहे हों, तो संविधान का निम्नलिखित में से कौन-सा अनुच्छेद लागू होगा? **SSC CHSL Tier-1 03.07.2024 (Shift-III)**
(a) अनुच्छेद 39(d) (b) अनुच्छेद 18
(c) अनुच्छेद 21 (d) अनुच्छेद 48(A)
उत्तर (a)
• ऐसी स्थिति में, जहाँ **A (महिला)** और **B (पुरुष)** एक ही कार्यालय में, समान पद पर समान प्रकृति का कार्य कर रहे हों, पर असमान भुगतान प्राप्त कर रहे हों, तो संविधान का **अनुच्छेद 39(d)** लागू होगा।
• अनुच्छेद 39 के अन्तर्गत राज्य विशेष रूप से निम्नलिखित नीतियों को सुरक्षित करने की दिशा में कार्य करेगा
• सभी नागरिकों को आजीविका के पर्याप्त साधन का अधिकार।
• पुरुषों और महिलाओं दोनों को समान कार्य के लिए समान वेतन।
• श्रमिकों को शक्ति और स्वास्थ्य की सुरक्षा।

133. जनप्रतिनिधित्व अधिनियम (Representative of People's Act-RPA), 1951 की कौन-सी धारा कैदियों को उनके मतदान के अधिकार से वंचित करती है?
SSC CHSL Tier-1 03.07.2024 (Shift-III)
(a) धारा 62 (5) (b) धारा 72 (5)
(c) धारा 10 (4) (d) धारा 15 (3)
उत्तर (a)

• जनप्रतिनिधित्व अधिनियम 1951 की **धारा 62(5) कैदियों को** उनके मतदान के अधिकार से वंचित करती है।

• यह अधिनियम यह सुनिश्चित करता है कि चुनाव स्वतन्त्र और निष्पक्ष तरीके से आयोजित किये जाए और लोकतन्त्र के बुनियादी मूल्यों सिद्धान्तों का सम्मान किया जाए।

134. लैटिन में निम्नलिखित में से किस रिट का अर्थ 'हमारा आदेश' हैं/है?

SSC CHSL Tier-1 04.07.2024 (Shift-II)

(a) परमादेश रिट
(b) बन्दी प्रत्यक्षीकरण रिट
(c) प्रतिषेध रिट
(d) अधिकार पृच्छा रिट

उत्तर (a)

• लैटिन में **परमादेश रिट** का अर्थ है–'हमारा आदेश'। यह लेख, उस पदाधिकारी को जारी किया जाता है, जो अपने सार्वजनिक कर्त्तव्य से विमुख हो गया है, जिससे यह अपने कर्त्तव्य का पालन करे।

135. निम्नलिखित में से कौन-सा/कौन-से कथन मौलिक कर्त्तव्यों के विषय में गलत है/हैं?

A. वे स्वभावत: अनिवार्य हैं।
B. मौलिक अधिकार और मौलिक कर्त्तव्य एक-दूसरे के पूरक हैं।
C. अनुच्छेद 51A की शुरुआत ने एक ठोस राष्ट्रीय चरित्र और मजबूत सद्भाव के लिए मजबूत आधार तैयार किया।
D. 78वें संवैधानिक संशोधन अधिनियम द्वारा ग्यारहवाँ मौलिक कर्त्तव्य जोड़ा गया।

SSC CHSL Tier-1 05.07.2024 (Shift-I)

कूट

(a) केवल D (b) A और B
(c) केवल C (d) B और C

उत्तर (a)

• मौलिक कर्त्तव्यों के विषयों में केवल कथन (D) गलत है। 86वें संवैधानिक संशोधन अधिनियम के द्वारा 11वाँ मौलिक कर्त्तव्यों को जोड़ा गया था।

136. हथकरघा एवं हस्तशिल्प बोर्डों की स्थापना में कौन-सा निर्देशक सिद्धान्त लागू किया गया है?

SSC CHSL Tier-1 05.07.2024 (Shift-II)

(a) कार्य की न्यायसंगत एवं मानवीय स्थिति का प्रावधान
(b) सहकारी आधार पर कुटीर उद्योगों को बढ़ावा देना
(c) उद्योगों के प्रबन्धन में श्रमिकों की भागीदारी
(d) पर्यावरण का संरक्षण एवं सुधार

उत्तर (b)

• **हथकरघा एवं हस्तशिल्प बोर्डों** की स्थापना सहकारी आधार पर कुटीर उद्योगों को बढ़ावा देने के सिद्धान्त पर आधारित है।

• इसका मुख्य उद्देश्य हस्तशिल्प और हथकरघा कलाकारों को प्रशिक्षण, डिजाइन सहायता प्रदान करना है। 7 अगस्त को **राष्ट्रीय हथकरघा दिवस** मनाया जाता है।

• हथकरघा क्षेत्र ग्रामीण भारत में कृषि के बाद दूसरा सबसे बड़ा रोजगार प्रदाता क्षेत्र है।

137. निम्नलिखित में से कौन-सी समिति मौलिक कर्त्तव्यों से सम्बन्धित है?

SSC CHSL Tier-1 05.07.2024 (Shift-IV)

(a) राजमन्नार समिति
(b) एल. एम. सिंघवी समिति
(c) वसन्तराव नाइक समिति
(d) वर्मा समिति

उत्तर (d)

• **वर्मा समिति** मौलिक कर्त्तव्यों से सम्बन्धित है।

• मौलिक कर्त्तव्यों को प्रभावी बनाने के लिए वर्ष 1999 में वर्मा समिति का गठन किया गया था।

138. कौन-सा अनुच्छेद यह प्रावधान करता है कि सभी अल्पसंख्यकों को अपनी पसन्द के शैक्षणिक संस्थान स्थापित करने और संचालित करने का अधिकार है?

SSC CHSL Tier-1 08.07.2024 (Shift-I)

(a) अनुच्छेद 26 (b) अनुच्छेद 24
(c) अनुच्छेद 32 (d) अनुच्छेद 30

उत्तर (d)

• अनुच्छेद 30 सभी अल्पसंख्यकों को अपनी पसन्द के शैक्षिक संस्थान स्थापित करने और संचालित करने का अधिकार देता है।

• **अनुच्छेद 30** के अन्तर्गत राज्य शैक्षणिक संरचनाओं को सहायता प्रदान करते समय किसी शैक्षणिक संस्था के विरुद्ध इस आधार पर कोई भेदभाव नहीं करेगा कि वह किसी अल्पसंख्यक के प्रबन्धन के अधीन है, चाहे वह अल्पसंख्यक धर्म या भाषा पर आधारित है।

• भारतीय संविधान का अनुच्छेद 30 समानता के सिद्धान्त को ध्यान में रखकर देश में अल्पसंख्यक समुदाय के विभिन्न अधिकारों की रक्षा करता है।

• अनुच्छेद 24 कारखानों आदि में बालकों के नियोजन का प्रतिषेध करता है।

• अनुच्छेद 26 धार्मिक कार्यों के प्रबन्धन के सन्दर्भ में उपबन्ध करता है।

• **अनुच्छेद 32** के आधार पर मौलिक अधिकारों के उल्लघंन पर सर्वोच्च न्यायालय द्वारा रिट जारी करने का प्रावधान है तथा अनुच्छेद 226 के तहत यह अधिकार उच्च न्यायालय को प्राप्त है।

139. भारत के संविधान में अनुच्छेदों के किस समूह को 'सांस्कृतिक और शैक्षिक अधिकार' के रूप में जाना जाता है?

SSC CHSL Tier-1 08.07.2024 (Shift-II)

(a) अनुच्छेद 29-30 (b) अनुच्छेद 14-15
(c) अनुच्छेद 19-20 (d) अनुच्छेद 23-24

उत्तर (a)

• भारतीय संविधान के अनुच्छेद 29-30 को सांस्कृतिक और शैक्षिक अधिकार के रूप में जाना जाता है।

140. ………… के कारण नागरिकों के साथ धर्म, जाति या लिंग के आधार पर भेदभाव नहीं किया जाता है।

SSC CHSL Tier-1 08.07.2024 (Shift-III)

(a) स्वतन्त्रता के अधिकार
(b) शोषण के विरुद्ध अधिकार
(c) समानता के अधिकार
(d) धर्म की स्वतन्त्रता के अधिकार

उत्तर (c)

• समानता के अधिकार के कारण नागरिकों के साथ धर्म, जाति या लिंग के आधार पर भेदभाव नहीं किया जाता।

• समता या समानता का अधिकार भारतीय संविधान के प्रदत्त मौलिक अधिकारों में से एक है।

• समता या समानता का अधिकार संविधान के भाग-3 में **अनुच्छेद 14 से 18** तक वर्णित है।

• इसके अन्तर्गत **अनुच्छेद-15** के तहत राज्य द्वारा धर्म, मूलवंश, जाति-लिंग एवं जन्म स्थान के आधार पर नागरिकों के प्रति जीवन के किसी भी क्षेत्र में भेदभाव नहीं किया जाएगा।

141. एक घरेलू नौकरानी अपनी 12 वर्षीय बेटी को स्कूल भेजने के बजाय एक आवासीय कॉलोनी में घर की सफाई के काम में मदद करवाती है। नौकरानी द्वारा किस मौलिक कर्त्तव्य का उल्लंघन किया जाता है?

SSC CHSL Tier-1 08.07.2024 (Shift-III)

(a) सार्वजनिक सम्पत्ति की सुरक्षा करना और हिंसा से दूर रहना
(b) अपने बच्चे को शिक्षा के अवसर प्रदान करना
(c) देश की रक्षा करना और राष्ट्र की सेवा करना
(d) समरसता और समान भ्रातृत्व की भावना को बढ़ावा देना

उत्तर (b)

• एक घरेलू नौकरानी अपनी 12 वर्षीय बेटी को स्कूल भेजने के बजाय एक आवासीय कॉलोनी में घर की सफाई के काम में मदद करवाती है। नौकरानी द्वारा 11**वाँ मौलिक कर्त्तव्य** अपने बच्चे को शिक्षा के अवसर प्रदान करना का उल्लंघन किया जाता है।

142. भारत के संविधान के ……… में मौलिक अधिकारों के कानूनी प्रवर्तन के प्रावधान हैं।

SSC CHSL Tier-1 08.07.2024 (Shift-IV)

(a) अनुच्छेद 19 (b) अनुच्छेद 32
(c) अनुच्छेद 28 (d) अनुच्छेद 29

उत्तर (b)

• भारत के संविधान के अनुच्छेद 32 में मौलिक अधिकारों के कानूनी प्रवर्तन के प्रावधान हैं।

143. आरम्भ में भारत के संविधान में कितने मौलिक अधिकार प्रदान किए गए थे?

SSC CHSL Tier-1 08.07.2024 (Shift-IV)

(a) नौ (b) आठ (c) सात (d) छ:

उत्तर (c)

• आरम्भ में भारत के संविधान में सात मौलिक अधिकार प्रदान किए गए थे।

• **44वें** संविधान संशोधन (1978) के द्वारा सम्पत्ति का अधिकार (अनुच्छेद 31 एवं 19(1)F) को मौलिक अधिकार से हटाकर संविधान के **अनुच्छेद 300(a)** के अन्तर्गत कानूनी अधिकार के रूप में रखा गया।

• मौलिक अधिकार अमेरिका के संविधान से लिया गया है।

• मौलिक अधिकार को भारत का अधिकार पत्र (magna carta) कहा जाता है।

144. भारत में नागरिकता प्राप्त करने का निम्नलिखित में से कौन-सा एक तरीका नहीं है?
SSC CHSL Tier-1 09.07.2024 (Shift-II)

(a) जन्म (b) पंजीकरण
(c) परित्याग (d) प्रान्त का समावेशन

उत्तर (c)

• भारत में नागरिकता प्राप्त करने का तरीका परित्याग नहीं है।
• इसके द्वारा नागरिकता से वंचित किया जाता है। भारत में नागरिकता **पाँच** तरीकों से प्राप्त की जा सकती है, वे हैं—जन्म से, वंश द्वारा, पंजीकरण द्वारा, प्रकृतिकरण द्वारा तथा क्षेत्र को शामिल करके।
• भारत के संविधान का **भाग 11 (अनुच्छेद 5-11)** भारत की नागरिकता से सम्बन्धित है।

145. भारत के संविधान में निहित राज्य नीति के निदेशक तत्त्वों के सन्दर्भ में, निम्नलिखित में से कौन-सा /से कथन सही है/हैं?

A. भारत के संविधान के अनुच्छेद 37 में यह प्रावधान है कि राज्य के नीति-निदेशक तत्त्व केवल उच्च न्यायालयों में लागू करने योग्य हैं।
B. अनुच्छेद 38 में यह प्रावधान है कि राज्य व्यक्तियों और लोगों के समूहों के बीच आय में असमानताओं को कम करने का प्रयास करेगा।
C. अनुच्छेद 39 में यह प्रावधान है कि राज्य अपनी नीति को यह सुनिश्चित करने की दिशा में निर्देशित करेगा कि पुरुषों और महिलाओं दोनों के लिए समान कार्य के लिए समान वेतन हो।

SSC CHSL Tier-1 09.07.2024 (Shift-II)

कूट
(a) केवल A (b) B और C
(c) A और C (d) केवल B

उत्तर (b)

• DPSP के सम्बन्ध में कथन B और C सही हैं।
• अनुच्छेद 37 संविधान के **भाग 4** में शामिल है।
• अनुच्छेद 37 के अनुसार, राज्य के नीति-निर्देशक सिद्धान्तों को देश की किसी भी अदालत द्वारा **लागू नहीं** किया जा सकता है।
• अनुच्छेद 38 लोक कल्याण की उन्नति हेतु राज्य सामाजिक व्यवस्था बनाएगा, जिससे नागरिकों को सामाजिक-आर्थिक और राजनैतिक न्याय मिलेगा।
• अनुच्छेद 39 (D) राज्य अपनी नीति को यह सुनिश्चित करने की दिशा में निर्देशित करेगा कि पुरुषों और महिलाओं दोनों के लिए समान कार्य के लिए **समान वेतन** हो।

146. निम्नलिखित में से कौन-सा मौलिक अधिकार भारत के संविधान में प्रदत्त मौलिक अधिकारों की मूल सूची से हटा दिया गया है?
SSC CHSL Tier-1 09.07.2024 (Shift-III)

(a) संवैधानिक उपचार का अधिकार
(b) सम्पत्ति का अधिकार
(c) धर्म की स्वतन्त्रता का अधिकार
(d) सांस्कृतिक और शैक्षिक अधिकार

उत्तर (b)

• सम्पत्ति के अधिकार को वर्ष 1978 में **44वें संविधान संशोधन** के द्वारा मौलिक अधिकार के रूप में हटा दिया गया।

147. भारत के संविधान के अनुच्छेद 15 में शामिल है
SSC CHSL Tier-1 09.07.2024 (Shift-III)

(a) सांस्कृतिक और शैक्षिक अधिकार
(b) वाक् और अभिव्यक्ति की स्वतन्त्रता
(c) केवल धर्म, मूलवंश, जाति, लिंग व जन्म स्थान के आधार पर किसी भी नागरिक के साथ भेदभाव का निषेध
(d) रोजगार या नियुक्ति से सम्बन्धित मामलों में सभी नागरिकों के लिए अवसर की समानता

उत्तर (c)

• भारत के संविधान का **अनुच्छेद 15** केवल धर्म, मूलवंश, जाति, लिंग या जन्म स्थान के आधार पर किसी भी नागरिक के साथ भेदभाव के निषेध का उल्लेख करता है।

148. निम्नलिखित में से कौन-सा मौलिक अधिकार भारतीयों के साथ-साथ विदेशियों के लिए भी उपलब्ध है? **SSC CHSL Tier-1 10.07.2024 (Shift-I)**

(a) अल्पसंख्यकों की भाषा, लिपि और संस्कृति की सुरक्षा का अधिकार
(b) सार्वजनिक रोजगार के मामलों में अवसर की समानता
(c) शैक्षणिक संस्थानों की स्थापना और प्रशासन करने का अल्पसंख्यकों का अधिकार
(d) प्रारम्भिक शिक्षा का अधिकार

उत्तर (d)

• प्रारम्भिक शिक्षा का मौलिक अधिकार (अनुच्छेद 21) भारतीयों के साथ-साथ विदेशियों के लिए भी उपलब्ध है।
• भारतीय संविधान के अनुच्छेद 15, 16, 19, 29 तथा 30 **केवल भारतीय नागरिकों** को प्राप्त हैं।
• भारतीय संविधान के अनुच्छेद 14, 20, 21, 21A, 22, 23, 24, 25, 26, 27 तथा 28 मूल अधिकार नागरिकों और विदेशियों दोनों को प्राप्त है।

149. निम्नलिखित में से कौन-सी भारत की नागरिकता प्राप्त करने की एक शर्त नहीं है?
SSC CHSL Tier-1 10.07.2024 (Shift-II)

(a) सम्पत्ति धारण करना (b) वंशज
(c) मूलनिवास (d) पंजीकरण

उत्तर (a)

• सम्पत्ति धारण करना, भारत की नागरिकता प्राप्त करने की शर्त नहीं है।
• नागरिकता अधिनियम 1955 के अनुसार, भारतीय नागरिकता **पाँच** तरीकों से प्राप्त की जा सकती है
(i) जन्म द्वारा (ii) वंश द्वारा
(iii) रजिस्ट्रेशन द्वारा (iv) प्रकृतिकरण द्वारा
(v) देशीयकरण द्वारा

150. 'पदोन्नति' में आरक्षण संविधान के निम्नलिखित में से किस अनुच्छेद के अन्तर्गत आता है?
SSC CHSL Tier-1 10.07.2024 (Shift-II)

(a) अनुच्छेद 15 (3B) (b) अनुच्छेद 16 (4A)
(c) अनुच्छेद 14 (4A) (d) अनुच्छेद 19 (2)

उत्तर (b)

• पदोन्नति में आरक्षण संविधान के **अनुच्छेद 16 (4A)** में आता है।
• 77 **वें संविधान संशोधन** 1995 के अन्तर्गत अनुसूचित जातियों व अनुसूचित जनजातियों के लिए पदोन्नति में आरक्षण का प्रावधान किया गया।

151. निम्नलिखित में से कौन-सी राज्य के नीति-निर्देशक सिद्धान्तों की एक विशेषता है और इसे मौलिक अधिकारों से अलग भी करती है? **SSC CHSL Tier-1 10.07.2024 (Shift-II)**

(a) यह व्यक्ति के हितों की रक्षा करते हैं
(b) यह वाद योग्य हैं
(c) यह निषेधात्मक प्रकृति के हैं
(d) यह वाद योग्य नहीं हैं

उत्तर (d)

• नीति-निर्देशक सिद्धान्तों की विशेषता, यह है कि वह **वाद योग्य नहीं** है, जो इन्हें मौलिक अधिकारों से अलग करती है।

152. सभी ऐतिहासिक स्मारकों पर यह निर्देश लगे होते हैं कि जनता को दीवारों पर कुछ नहीं लिखना चाहिए। दिया गया कथन किस मौलिक कर्त्तव्य से सम्बन्धित है?
SSC CHSL Tier-1 10.07.2024 (Shift-III)

(a) सार्वजनिक सम्पत्ति की रक्षा करना और हिंसा का त्याग करना
(b) देश की रक्षा करना और राष्ट्रीय सेवा करना
(c) सद्भाव और सामान्य भाईचारे की भावना को बढ़ावा देना
(d) वैज्ञानिक सोच का विकास करना

उत्तर (a)

• सभी ऐतिहासिक स्मारकों पर यह निर्देश लगे होते हैं कि जनता को दीवारों पर कुछ नहीं लिखना चाहिए। यह संविधान का मौलिक कर्त्तव्य हमारी सार्वजनिक सम्पत्ति को सुरक्षित रखने के अन्तर्गत आता है।

153. मान लीजिए एक खदान मजदूर अपने 9 वर्षीय पुत्र से स्कूल जाने के बजाए अपने साथ काम करने के लिए कहता है। इस प्रकरण में भारतीय संविधान के किस अनुच्छेद का उल्लंघन होगा?
SSC CHSL Tier-1 10.07.2024 (Shift-IV)

(a) अनुच्छेद-29 (b) अनुच्छेद-18
(c) अनुच्छेद-20 (d) अनुच्छेद-24

उत्तर (d)

• एक खदान मजदूर अपने 9 वर्षीय पुत्र से स्कूल जाने के बजाए अपने साथ काम करने के लिए कहता है। इस प्रकरण में भारतीय संविधान के अनुच्छेद-24 का उल्लंघन होगा।
• अनुच्छेद-24, बाल श्रम पर रोक, किसी फैक्ट्री, खान अथवा अन्य संकटमय परिस्थितियों व निर्माण कार्य या रेलवे में **14 वर्ष** से कम आयु के बच्चों के नियोजन का प्रतिषेध करता है।
• किन्तु यह किसी नुकसान न पहुँचाने वाले अथवा गैर-जोखिम युक्त कार्यों में नियोजन का प्रतिषेध नहीं करता है।

154. भारतीय संविधान के अन्तर्गत प्रावधान किए गए मौलिक कर्त्तव्यों में निम्नलिखित में से किसका उल्लेख नहीं है?

SSC CHSL Tier-1 10.07.2024 (Shift-IV)

(a) राष्ट्रीय ध्वज का सम्मान करना
(b) सार्वजनिक सम्पत्ति की सुरक्षा करना
(c) वैज्ञानिक सोच विकसित करना
(d) रक्षा बलों में शामिल होना

उत्तर (d)

• भारतीय संविधान के अन्तर्गत प्रावधान किए गए मौलिक कर्त्तव्यों में रक्षा बलों के शामिल होने का उल्लेख नहीं है।

155. भारत का कोई भी नागरिक ……… के तहत अपनी भारतीय नागरिकता त्यागने की घोषणा कर सकता है।

SSC CHSL Tier-1 11.07.2024 (Shift-II)

(a) नागरिकता अधिनियम, 1955
(b) नागरिकता अधिनियम, 1965
(c) नागरिकता अधिनियम, 1975
(d) नागरिकता अधिनियम, 1985

उत्तर (a)

• भारत का कोई भी **नागरिक नागरिकता अधिनियम, 1955** के तहत अपनी भारतीय नागरिकता त्यागने की घोषणा कर सकता है।

• नागरिकता अधिनियम 1955 के अनुसार, नागरिकता की समाप्ति **3 प्रकार** से होती है—त्याग, समाप्ति तथा वंचित करना।

• नागरिकता अधिनियम 1955 में नागरिकता पाँच तरह से अर्जित की जाती है—जन्म से, वंश से, पंजीकरण, देशीकरण तथा किसी भू-भाग को मिलाकर।

156. किस रिट का शाब्दिक अर्थ है 'आपका अधिकार क्या है'?

SSC CHSL Tier-1 11.07.2024 (Shift-III)

(a) परमादेश
(b) प्रतिषेध
(c) बन्दी प्रत्यक्षीकरण
(d) अधिकार पृच्छा

उत्तर (d)

• अधिकार पृच्छा रिट का शाब्दिक अर्थ है—'आपका अधिकार क्या है।'

• अधिकार पृच्छा का शाब्दिक अर्थ 'किस अधिकार या वारण्ट द्वारा' है। यह अदालत द्वारा यह जाँच करने के लिए जारी किया जाता है कि किसी व्यक्ति का सार्वजनिक पद पर दावा वैध है या नहीं।

157. भारत के संविधान का कौन-सा अनुच्छेद नागरिकता के विषय पर कानून बनाने के लिए संसद को पूर्ण शक्तियाँ प्रदान करता है?

SSC CHSL Tier-1 11.07.2024 (Shift-III)

(a) अनुच्छेद 11 (b) अनुच्छेद 6
(c) अनुच्छेद 8 (d) अनुच्छेद 5

उत्तर (a)

• भारतीय संविधान का **अनुच्छेद 11** नागरिकता के विषय पर कानून बनाने के लिए संसद को पूर्ण शक्तियाँ प्रदान करता है।

• अनुच्छेद 11 नागरिकता के अर्जन और समाप्ति तथा नागरिकता से सम्बन्धित अन्य सभी विषयों के सम्बन्ध में कोई उपबन्ध करने की संसद की शक्ति में कमी नहीं करेगा।

• भारतीय संविधान के भाग-II में अनुच्छेद 5-11 तक नागरिकता का उल्लेख किया गया है।

• नागरिकता अधिनियम, 1955 नागरिकता से सम्बन्धित कानून है। इसे नागरिकता (संशोधन) अधिनियम 1986, 1992, 2003 और 2005 द्वारा संशोधित किया गया है।

158. मूल संविधान में किसी मौलिक कर्त्तव्य का उल्लेख नहीं था, क्योंकि ……… ।

SSC CHSL Tier-1 11.07.2024 (Shift-IV)

(a) प्रारम्भ में मौलिक कर्त्तव्यों के पालन की अपेक्षा नहीं की जाती थी
(b) यह अपेक्षा की जाती थी कि देश के नागरिक अपने कर्त्तव्यों का बलपूर्वक पालन करेंगे
(c) यह अपेक्षा की जाती थी कि देश के नागरिक अपने कर्त्तव्यों का स्वेच्छा से पालन करेंगे
(d) प्रारम्भ में मौलिक कर्त्तव्य संविधान के अनुसार दण्डनीय थे

उत्तर (c)

• मूल संविधान में किसी मौलिक कर्त्तव्य का उल्लेख नहीं था, क्योंकि यह अपेक्षा की जाती थी कि देश के नागरिक अपने कर्तव्यों का स्वेच्छा से पालन करेंगे।

159. नीति-निर्माण के लिए राज्य द्वारा पालन किया जाने वाला कौन-सा निर्देशक सिद्धान्त नहीं है?

SSC CHSL 10.01.2024 I Tier-1I

(a) समुदाय के भौतिक संसाधनों का स्वामित्व सामान्य हित के लिए है।
(b) आर्थिक व्यवस्था के संचालन से धन का संकेन्द्रण करना।
(c) बच्चों की कम आयु का दुरुपयोग नहीं किया जाना चाहिए।
(d) समान काम के लिए समान वेतन।

उत्तर (b)

• **आर्थिक व्यवस्था के संचालन से धन का संकेन्द्रण करना** नीति-निर्माण के लिए राज्य द्वारा पालन किया जाना वाला निर्देशक सिद्धान्त नहीं है।

• भारतीय संविधान के **भाग IV** के तहत अनुच्छेद 36-51 राज्य के नीति-निर्देशक सिद्धान्तों से सम्बन्धित हैं।

SSC CHSL 2023 (Tier 1 & 2)

160. सरकार भारतीय संविधान के ……… के तहत श्रमिकों के लिए मानव गरिमा के अनुकूल जीवन को सुरक्षित करने के लिए अधिनियमित सामाजिक कल्याण और श्रम कानूनों का पालन सुनिश्चित करने के लिए बाध्य है।

SSC CHSL Tier-1 11.08.2023 (Shift-I)

(a) अनुच्छेद 15 (b) अनुच्छेद 21
(c) अनुच्छेद 17 (d) अनुच्छेद 19

उत्तर (b)

• वर्ष 2014 में सुप्रीम कोर्ट ने **अनुच्छेद 21** में प्रयुक्त शब्द 'जीवन' से विस्तारित करते हुए श्रमिकों के साथ जानवरों के जीवन को भी इसमें सम्मिलित किया।

• प्राथमिक स्तर पर शिक्षा के अधिकारों को 2002 के 86वें संविधान संशोधन द्वारा अनुच्छेद 21ए के तहत मौलिक अधिकार बना दिया गया।

161. भारतीय संविधान के 42वें संविधान संशोधन द्वारा निम्नलिखित में से कौन-सा सिद्धान्त शामिल किया गया था?

SSC CHSL Tier-1 11.08.2023 (Shift-I)

(a) राज्य को मुफ्त और अनिवार्य शिक्षा प्रदान करनी चाहिए
(b) पर्यावरण की रक्षा एवं सुधार और वनों एवं वन्य जीवन की रक्षा करना
(c) सर्विसेस में अनुसूचित जाति और अनुसूचित जनजाति के लिए आरक्षण
(d) कृषि और पशुपालन को आधुनिक और वैज्ञानिक आधार पर संगठित करना

उत्तर (b)

• भारतीय संविधान के 42वें संविधान संशोधन द्वारा **पर्यावरण की रक्षा एवं सुधार और वनों एवं वन्य जीवन की रक्षा करना** शामिल किया गया है।

• यह संशोधन संविधान के अनुच्छेद 48 में 48A जोड़ कर किया गया। यह संविधान के भाग-4 के अन्तर्गत नीति-निर्देशक तत्वों का भाग हैं।

162. निम्नलिखित में से कौन-सा अनुच्छेद भारतीय संविधान में सहकारी समितियों के प्रावधान से सम्बन्धित है?

SSC CHSL Tier-1 10.08.2023 (Shift-III)

(a) 243 ZH से 243 ZT
(b) 243 A से 243 O
(c) 243 P से 243 ZG
(d) 243 ZG से 243 ZJ

उत्तर (a)

• भारतीय संविधान में सहकारी समितियों से जुड़े प्रावधान **अनुच्छेद 243 ZH से 243 ZT** में है।

• वर्ष 2011 में हुए 97वें संविधान संशोधन के द्वारा सहकारी समितियों को संवैधानिक दर्जा दिया गया था।

• अनुच्छेद 19 के अनुसार, सहकारी समितियों का गठन करना एक मौलिक अधिकार है।

163. कामकाजी महिलाओं के लिए काम करने की परिस्थितियाँ उपलब्ध कराने के साथ-साथ उनके यौन उत्पीड़न की रोकथाम और इसके लिए संगठन में व्यवस्था करना भी शामिल है, यह ………… के अन्तर्गत आता है।

SSC CHSL Tier-1 09.08.2023 (Shift-I)

(a) अनुच्छेद 42 (b) अनुच्छेद 45
(c) अनुच्छेद 44 (d) अनुच्छेद 43

उत्तर (a)

• कामकाजी महिलाओं के लिए काम करने की परिस्थितियाँ उपलब्ध कराने के साथ-साथ उनके यौन उत्पीड़न की रोकथाम और इसके लिए संगठन में व्यवस्था करना भी शामिल है, यह **अनुच्छेद 42** के अन्तर्गत आता है।

• यह नीति-निदेशक तत्वों के समाजवादी सिद्धान्तों का हिस्सा है तथा ये लोक कल्याणकारी राज्य की स्थापना का मार्ग प्रशस्त करते हैं।

164. भारतीय संविधान का कौन-सा अनुच्छेद स्मारकों अथवा कलात्मक या ऐतिहासिक महत्त्व के स्थानों की रक्षा करता है?
SSC CHSL Tier-1 09.08.2023 (Shift-I)

(a) अनुच्छेद 51 (b) अनुच्छेद 49
(c) अनुच्छेद 48 (d) अनुच्छेद 50

उत्तर (b)

• भारतीय संविधान का **अनुच्छेद 49** स्मारकों अथवा कलात्मक या ऐतिहासिक महत्त्व के स्थानों की रक्षा करता है।
• यह अनुच्छेद राज्य के नीति-निदेशक तत्त्वों का भाग है।
• इस अनुच्छेद के अनुसार, भारत की समृद्ध सांस्कृतिक विरासत और इतिहास को भावी पीढ़ियों के लिए सुरक्षित रखना है।

165. भारतीय संविधान का निम्नलिखित में से कौन-सा अनुच्छेद जबरन श्रम को प्रतिबन्धित करता है और शोषण को रोकता है?
SSC CHSL Tier-1 02.08.2023 (Shift-I)

(a) अनुच्छेद 20 (b) अनुच्छेद 23
(c) अनुच्छेद 25 (d) अनुच्छेद 19

उत्तर (b)

• भारतीय संविधान के **अनुच्छेद 23** जबरन श्रम को प्रतिबन्धित करता है और शोषण को रोकता है।
• अनुच्छेद 23 का अधिकार, भारत के नागरिक तथा गैर-नागरिक दोनों के लिए उपलब्ध है।
• यह संविधान के भाग-3 में उपबन्धित हैं।

166. भारत में निम्नलिखित में से कौन-सा नीति-निर्देशक सिद्धान्तों का गाँधीवादी सिद्धान्त है? **SSC CHSL Tier-1 02.08.2023 (SHift-I)**

(a) समान काम के लिए समान वेतन
(b) समान नागरिक संहिता का संरक्षण करना
(c) न्यायपालिका को कार्यपालिका से अलग करना
(d) ग्राम पंचायत का गठन करना

उत्तर (d)

• भारत में नीति-निर्देशक सिद्धान्तों का गाँधीवादी सिद्धान्त **ग्राम पंचायत का गठन करना** है।
• यह भारतीय संविधान के अनुच्छेद 40 के अन्तर्गत आता है।

167. वर्ष 2022 तक की स्थिति के अनुसार, भारत में ...... संघ राज्यक्षेत्र हैं।
SSC CHSL Tier-1 21.03.2023 (Shift-IV)

(a) 9 (b) 8 (c) 7 (d) 10

उत्तर (b)

• वर्ष 2022 तक की स्थिति के अनुसार भारत में **8 संघ** राज्यक्षेत्र है।
• संघ राज्यक्षेत्रों में (केन्द्रशासित प्रदेश) अण्डमान एवं निकोबार द्वीप समूह, चण्डीगढ़, जम्मू एवं कश्मीर, लद्दाख, दिल्ली, पुदुचेरी, दादरा तथा नगर हवेली और दमन एवं दीव तथा लक्षद्वीप हैं।
• भारत का सबसे बड़ा केन्द्रशासित प्रदेश है। लद्दाख है।
• वर्ष 2019 में जम्मू और कश्मीर को एक राज्य से दो केन्द्रशासित प्रदेशों, जम्मू और कश्मीर तथा लद्दाख में विभाजित किया गया था।

168. वर्ष 2022 तक की स्थिति के अनुसार, भारत में ...... राज्य हैं।
SSC CHSL Tier-1 16.03.2023 (Shift-I)

(a) 29 (b) 28 (c) 30 (d) 31

उत्तर (b)

• वर्ष 2022 तक की स्थिति के अनुसार, भारत में **28 राज्य** है।
• इन्हें संविधान की **प्रथम अनुसूची** में शामिल किया गया है।
• राज्य पुनर्गठन अधिनियम जुलाई, 1956 के अनुसार भारत में 14 राज्य एवं 6 केन्द्रशासित प्रदेश स्थापित किए गए।

169. निम्नलिखित में से कौन-सा भारतीय संविधान में स्वतन्त्रता के अधिकार का एक प्रकार नहीं है? **SSC CHSL Tier-1 16.03.2023 (Shift-I)**

(a) भाषण की स्वतन्त्रता आदि के सम्बन्ध में कुछ अधिकारों का संरक्षण
(b) सशस्त्र सभा के लिए अपराध
(c) जीवन और व्यक्तिगत स्वतन्त्रता का संरक्षण
(d) अपराधों के लिए सजा के सम्बन्ध में संरक्षण

उत्तर (b)

• **सशस्त्र सभा के लिए अपराध** भारतीय संविधान में स्वतन्त्रता के अधिकार का एक प्रकार नहीं है।
• भारतीय संविधान में स्वतन्त्रता का अधिकार मूल अधिकारों में सम्मिलित है।
• संविधान में अनुच्छेद 19 से 22 तक में स्वतन्त्रता के अधिकारों का उल्लेख किया गया है।

170. सम्पत्ति के अनिवार्य अधिग्रहण से सम्बन्धित अनुच्छेद को भारतीय संविधान से हटा दिया गया है, इस अनुच्छेद की संख्या क्या है?
SSC CHSL Tier-1 16.03.2023 (Shift-I)

(a) 31B (b) 31 (c) 31D (d) 31A

उत्तर (b)

• **अनुच्छेद 31** सम्पत्ति के अनिवार्य अधिग्रहण से सम्बन्धित को भारतीय संविधान से हटा दिया गया है।
• सम्पत्ति के अधिकार को संविधान के भाग XII में अनुच्छेद 300 (A) के तहत कानूनी अधिकार या सांविधिक अधिकार बनाया गया है।

SSC MTS 2024 (Tier 1 & 2)

171. 42वें संवैधानिक संशोधन अधिनियम, 1976 द्वारा कितने मौलिक कर्त्तव्य जोड़े गए?
SSC MTS Tier-1 30.10.2024 (Shift-III)

(a) तेरह (b) दस
(c) ग्यारह (d) पन्द्रह

उत्तर (b)

• 42वें संवैधानिक संशोधन अधिनियम, 1976 द्वारा दस मौलिक कर्त्तव्य जोड़े गए।

172. भारत के संविधान का कौन-सा अनुच्छेद राज्य को उसकी आर्थिक क्षमता और विकास की सीमा के भीतर बेरोजगारी, वृद्धावस्था, बीमारी और विकलांगता के मामले में अपने नागरिकों को सार्वजनिक सहायता प्रदान करने का निर्देश देता है? **SSC MTS Tier-1 12.11.2024 (Shift-III)**

(a) अनुच्छेद 41 (b) अनुच्छेद 32
(c) अनुच्छेद 12 (d) अनुच्छेद 20

उत्तर (a)

• भारतीय संविधान का **अनुच्छेद 41** राज्य को उसकी आर्थिक क्षमता और विकास की सीमा के भीतर बेरोजगारी, वृद्धावस्था, बीमारी और विकलांगता के मामले में अपने नागरिकों को सार्वजनिक सहायता प्रदान करने का निर्देश देता है।
• **अनुच्छेद 32** संवैधानिक उपचारों के अधिकारों से सम्बन्धित है।
• **अनुच्छेद 20** अपराधों के लिए दोषसिद्धि के सम्बन्ध में संरक्षण से सम्बन्धित है।
• **अनुच्छेद 12** में राज्य शब्द को परिभाषित किया गया है।

173. जब 11वें मौलिक कर्त्तव्य को भारतीय संविधान में शामिल किया गया, तब प्रधानमन्त्री कौन थे?
SSC MTS Tier-1 11.11.2024 (Shift-III)

(a) इन्दिरा गाँधी
(b) लाल बहादुर शास्त्री
(c) गुलजारी लाल नन्दा
(d) अटल बिहारी वाजपेयी

उत्तर (d)

• जब 11वें मौलिक कर्त्तव्य को भारतीय संविधान में शामिल किया गया था, तब अटल बिहारी वाजपेयी प्रधानमन्त्री थे।

174. भारतीय संविधान का निम्नलिखित में से कौन-सा अनुच्छेद उद्योगों के प्रबन्धन में श्रमिकों की भागीदारी पर बल देता है?
SSC MTS Tier-1 05.10.2024 (Shift-IV)

(a) अनुच्छेद 42B (b) अनुच्छेद 43A
(c) अनुच्छेद 46D (d) अनुच्छेद 44C

उत्तर (b)

• भारतीय संविधान का अनुच्छेद **43A उद्योगों** के प्रबन्धन में श्रमिकों की भागीदारी पर बल देता है।
• इस अनुच्छेद को वर्ष 1976 में 42वें संशोधन अधिनियम के द्वारा संविधान में जोड़ा गया था।
• यह संविधान के **भाग 4 में है**, जिसमें भारत की राज्य नीति के निर्देशक सिद्धान्तों के प्रावधान शामिल हैं।
• यह अनुच्छेद श्रमिकों को सशक्त बनाने और औद्योगिक प्रतिष्ठानों में निर्णय लेने की प्रक्रियाओं में उनकी भागीदारी सुनिश्चित करने के महत्त्व को बल देता है।

175. राष्ट्रीय जनसंख्या रजिस्टर ...... और ...... के प्रावधानों के तहत् तैयार किया गया था।
SSC MTS Tier-1 05.10.2024 (Shift-IV)

A. नागरिकता अधिनियम, 1965
B. नागरिकता कानून, 2004
C. नागरिकता अधिनियम, 1955
D. नागरिकता कानून, 2003

(a) A; C (b) C; D
(c) A; B (d) B; D

उत्तर (b)

• राष्ट्रीय जनसंख्या रजिस्टर नागरिकता अधिनियम, **1955** और नागरिकता कानून, 2003 के प्रावधानों के तहत तैयार किया गया था।

• नागरिकता अधिनियम, 1955 भारतीय नागरिकता हासिल करने, उसे तय करने और रद्द करने से जुड़े नियमों की व्यवस्था करता है।
• नागरिकता कानून, 2003 ने केन्द्र सरकार को राष्ट्रीय नागरिक रजिस्टर बनाने और बनाए रखने तथा सभी पंजीकृत नागरिकों को राष्ट्रीय पहचान-पत्र जारी करने का अधिकार दिया था।

176. निम्नलिखित में से कौन-सा अनुच्छेद 'सार्वजनिक रोजगार मामलों में अवसर की समानता' पर जोर देता है?
SSC MTS Tier-1 17.11.2024 (Shift-III)
(a) अनुच्छेद 15 (b) अनुच्छेद 14
(c) अनुच्छेद 17 (d) अनुच्छेद 16

उत्तर (d)
• अनुच्छेद 16 सार्वजनिक रोजगार के मामले में अवसर की समानता पर जोर देता है।
• इस अनुच्छेद के अनुसार, किसी भी सरकारी कार्यालय में रोजगार में भेदभाव नहीं किया जा सकता।
• संविधान के अनुच्छेद 16(4) और 16(4A) में सकारात्मक भेदभाव या सकारात्मक कार्यवाही का प्रावधान है, इसके अनुसार, राज्य सरकारें पिछड़े वर्ग के नागरिकों के लिए आरक्षण का प्रावधान कर सकती है।

177. किस अनुच्छेद के अनुसार, भारत के प्रत्येक नागरिक का यह कर्त्तव्य होगा कि वह संविधान का पालन करे तथा उसके आदर्शों और संस्थाओं, राष्ट्रीय ध्वज और राष्ट्रगान का सम्मान करें? SSC MTS Tier-1 28.10.2024 (Shift-II)
(a) 51(a) (b) 54(b) (c) 14 (d) 52

उत्तर (a)
• अनुच्छेद 51A(a) के अनुसार, भारत के प्रत्येक नागरिक का यह कर्त्तव्य होगा कि वह संविधान का पालन करें तथा उसके आदर्शों और संस्थाओं, राष्ट्रीय ध्वज और राष्ट्रगान का सम्मान करें।

178. भारतीय संविधान के अनुच्छेद 51A के अनुसार, भारत की सम्प्रभुता, एकता और .... को बनाए रखना और उसकी रक्षा करना प्रत्येक नागरिक का मौलिक कर्त्तव्य है।
SSC MTS Tier-1 21.10.2024 (Shift-II)
(a) विविधता (b) अखण्डता
(c) समरसता (d) आध्यात्मिकता

उत्तर (b)
• भारतीय संविधान के अनुच्छेद **51A** के अनुसार भारत की सम्प्रभुता, एकता और अखण्डता को बनाए रखना और उसकी रक्षा करना प्रत्येक नागरिक का मौलिक कर्त्तव्य है।
• भारतीय संविधान के भाग IVA के अन्तर्गत अनुच्छेद **51A** में मौलिक कर्त्तव्य का वर्णन किया गया है।
• यह सोवियत संघ के संविधान से प्रेरित है।

179. मौलिक कर्त्तव्यों की अवधारणा निम्नलिखित में से किस देश से ली गई थी?
SSC MTS Tier-1 16.10.2024 (Shift-II)
(a) यूएसए (b) ऑस्ट्रेलिया
(c) आयरलैण्ड (d) रूस

उत्तर (d)
• मौलिक कर्त्तव्यों की अवधारणा **रूस** से ली गई थी।

180. राज्य के नीति-निर्देशक निम्नलिखित में से किससे प्रभावित है?
SSC MTS Tier-1 15.10.2024 (Shift-I)
(a) फ्रांसीसी मानवाधिकार घोषणा-पत्र
(b) गाँधीवादी विचारधारा
(c) इंग्लैण्ड की विधि संहिता
(d) अमेरिकी स्वतन्त्रता घोषणा-पत्र

उत्तर (b)
• राज्य के नीति-निर्देशक सिद्धान्त **गाँधीवादी विचारधारा** से प्रभावित हैं।
• भारतीय संविधान के राज्य के नीति-निर्देशक सिद्धान्त (DPSP) में शामिल लक्ष्य निम्न हैं
• ग्रामीण इलाकों में कुटीर उद्योगों को बढ़ावा देना।
• मादक पेय और नशीले पदार्थों का सेवन प्रतिबन्धित करना।
• ग्राम पंचायतों के संगठन पर जोर देना।
• स्थानीय स्वशासन की संस्थाओं को सशक्त बनाना।
• अनुसूचित जाति, अनुसूचित जनजाति व अन्य कमजोर वर्गों के शैक्षिक तथा आर्थिक हितों को बढ़ावा देना।
• सहकारी समितियों के स्वैच्छिक गठन को बढ़ावा देना।

181. 'अनुसूचित जाति, अनुसूचित जनजाति और अन्य कमजोर वर्गों के शैक्षिक और आर्थिक हितों को बढ़ावा देना' भारतीय संविधान के किस अनुच्छेद के अन्तर्गत आता है?
SSC MTS Tier-1 08.10.2024 (Shift-I)
(a) अनुच्छेद 56 (b) अनुच्छेद 46
(c) अनुच्छेद 36 (d) अनुच्छेद 66

उत्तर (b)
• अनुसूचित जाति, अनुसूचित जनजाति और अन्य कमजोर वर्गों के शैक्षिक और आर्थिक हितों को बढ़ावा देना भारतीय संविधान के **अनुच्छेद 46** के अन्तर्गत आता है।
• अनुच्छेद 46 राज्य नीति के निर्देशक सिद्धान्तों (DPSP) के तहत् आता है। इसका अभिप्राय है कि सरकार के पास इस अनुच्छेद को लागू करने का पूरा अधिकार है।
• संविधान का अनुच्छेद 46 आर्थिक न्याय के मूलभूत सिद्धान्तों आधारित है और आदेश देता है कि राज्य को अवसर की समानता को बढ़ावा देने का प्रयास करना चाहिए।

182. भारतीय संविधान में सार्वभौमिक वयस्क मताधिकार .... की आयु से भारतीय नागरिकों पर लागू होता है।
SSC MTS Tier-1 01.10.2024 (Shift-I)
(a) 21 वर्ष (b) 17 वर्ष
(c) 18 वर्ष (d) 22 वर्ष

उत्तर (c)
• भारतीय संविधान में सार्वभौमिक वयस्क मताधिकार **18 वर्ष** की आयु से भारतीय नागरिकों पर लागू होता है।
• भारतीय संविधान के **61वें संशोधन** के जरिए मतदान की उम्र को 21 साल से घटाकर 18 साल कर दिया गया था।
• सार्वभौमिक वयस्क मताधिकार जाति, लिंग, धर्म, सामाजिक स्थिति, जातीयता आदि के बावजूद सभी नागरिकों को वोट देने का अधिकार देता है।
• यह अधिकार लोगों को देश की राजनीतिक प्रक्रिया में सक्रिय रूप से भाग लेने का अवसर देता है।

SSC MTS 2023 (Tier 1 & 2)

183. राज्य के नीति-निदेशक सिद्धान्तों का स्रोत क्या है? SSC MTS Tier-1 06.09.2023 (Shift-I)
(a) भारत सरकार अधिनियम, 1935 से निर्देशों का साधन
(b) भारत सरकार अधिनियम, 1909 से निर्देशों का साधन
(c) भारत सरकार अधिनियम, 1919 से निर्देशों का साधन
(d) भारत सरकार अधिनियम, 1947 से निर्देशों का साधन

उत्तर (a)
• **भारत सरकार अधिनियम,** 1935 राज्य के नीति-निर्देशक सिद्धान्तों का स्त्रोत है।
• राज्य के नीति-निदेशक तत्त्व आर्थिक, सामाजिक और राजनीतिक कार्यों में राज्य की सहायता करते हैं।
• इन तत्त्वों का कार्य एक कल्याणकारी राज्य की स्थापना करना है।

184. भारतीय संविधान का कौन-सा अनुच्छेद सभी श्रमिकों के लिए जीवनयापन योग्य वेतन और सामाजिक व सांस्कृतिक अवसरों के साथ एक सभ्य जीवन स्तर सुरक्षित करता है?
SSC MTS Tier-1 05.09.2023 (Shift-II)
(a) अनुच्छेद 41 (b) अनुच्छेद 40
(c) अनुच्छेद 43 (d) अनुच्छेद 39

उत्तर (c)
• भारतीय संविधान का **अनुच्छेद 43** राज्य के सभी कामगारों के लिए निर्वाह योग्य मजदूरी और सामाजिक सांस्कृतिक अवसरों के साथ एक उचित जीवन स्तर सुनिश्चित करने का प्रयास करेगा।
• यह संविधान के नीति-निदेशक सिद्धान्त का भाग है।

185. निम्नलिखित में से कौन-सा मौलिक कर्त्तव्यों के अन्तर्गत नहीं आता है?
SSC MTS Tier-1 01.09.2023 (Shift-III)
(a) राष्ट्रगान का सम्मान करना
(b) कर का भुगतान करना
(c) सद्भाव को बढ़ावा देना
(d) वैज्ञानिक दृष्टिकोण विकसित करना

उत्तर (b)
• **कर का भुगतान करना** मौलिक कर्त्तव्यों के अन्तर्गत नहीं आता है।
• मौलिक कर्त्तव्य राष्ट्रगान का सम्मान, सद्भाव बढ़ाना तथा वैज्ञानिक दृष्टिकोण विकसित करने से सम्बन्धित है।

186. जम्मू और कश्मीर पुनर्गठन अधिनियम किस वर्ष पारित किया गया था?

SSC MTS Tier-1 13.09.2023 (Shift-I)

(a) वर्ष 2019 (b) वर्ष 2015
(c) वर्ष 2017 (d) वर्ष 2009

उत्तर (a)

• जम्मू और कश्मीर पुनर्गठन अधिनियम को **वर्ष 2019** में भारत के उच्च सदन में गृहमन्त्री अमित शाह ने 5 अगस्त, 2019 को प्रस्तुत किया था।

• इस अधिनियम के आधार पर जम्मू-कश्मीर तथा लद्दाख को केन्द्रशासित प्रदेश बना दिया गया।

187. 'कानून का शासन' की अवधारणा का प्रतिपादन किसने किया?

SSC MTS Tier-1 11.09.2023 (Shift-II)

(a) ऑस्टिन (b) सी. के. दफ्तरी
(c) ए. के. सेन (d) ए. वी. डायसी

उत्तर (d)

• 'कानून का शासन' की अवधारणा का प्रतिपादन ए. वी. डायसी द्वारा किया गया था।

• ए. वी. डायसी का पूरा नाम अल्बर्ट वेन डायसी था।

• ये एक ब्रिटिश न्यायविद् और संवैधानिक सिद्धान्तकार थे।

• उन्हें व्यापक रूप से 'इण्ट्रोडक्शन टू द स्टडी ऑफ द लॉ ऑफ द कॉन्स्टिट्यूशन' (1885) के लेखक के रूप में जाना जाता है।

188. भारत के संविधान के कौन-से अनुच्छेद का सम्बन्ध संघ एवं राज्यक्षेत्र से है?

SSC MTS Tier-1 11.09.2023 (Shift-I)

(a) अनुच्छेद 1-4 (b) अनुच्छेद 36-61
(c) अनुच्छेद 12-35 (d) अनुच्छेद 20

उत्तर (a)

• भारतीय संविधान के भाग प्रथम में चार अनुच्छेद (**1 से 4**) का संबंध संघ क्षेत्र से हैं।

• **अनुच्छेद 1** संघ का नाम और राज्यक्षेत्र

• **अनुच्छेद 2** नए राज्यों का प्रवेश या स्थापना

• **अनुच्छेद 3** नए राज्यों का निर्माण और वर्तमान राज्यों की क्षेत्र एवं सीमा निर्धारण।

• **अनुच्छेद 4** पहली अनुसूची और चौथी अनुसूची के संशोधन तथा अनुपूरक का उपबन्ध करता है।

SSC Steno 2024 (Tier 1 & 2)

189. अनुच्छेद 19 द्वारा गारण्टीकृत छ: अधिकारों को निम्नलिखित के आधार पर निलम्बित किया जा सकता है **SSC Steno Tier-1 10.12.2024 (Shift-I)**

1. युद्ध 2. बाह्य आक्रमण
3. सशस्त्र विद्रोह 4. आन्तरिक गड़बड़ी

कूट

(a) केवल 4 (b) 1 और 2 दोनों
(c) 2, 3 और 4 (d) 2 और 3

उत्तर (b)

• अनुच्छेद-19 के द्वारा गारण्टीकृत छ: अधिकारों को युद्ध व बाह्य आक्रमण के आधार पर निलम्बित किया जा सकता है।

• भारतीय संविधान के अनुच्छेद-19 में सभी नागरिकों को अभिव्यक्ति और वाक् की आजादी का अधिकार है।

• अनुच्छेद-358 के तहत स्वत: ही राष्ट्रीय आपातकाल की घोषणा होने के पश्चात् अनुच्छेद-19 के अन्तर्गत दिए गए छ: मौलिक अधिकार निलम्बित हो जाते हैं।

190. भारतीय संविधान का कौन-सा अनुच्छेद कानून के समक्ष समानता से सम्बन्धित है?

SSC Steno Tier-1 10.12.2024 (Shift-II)

(a) अनुच्छेद 18 (b) अनुच्छेद 14
(c) अनुच्छेद 20 (d) अनुच्छेद 16

उत्तर (b)

• भारतीय संविधान का अनुच्छेद-14 कानून के समक्ष समानता से सम्बन्धित है। यह अनुच्छेद मौलिक अधिकारों का हिस्सा है।

• भारतीय संविधान के **अनुच्छेद-14** के अन्तर्गत, राज्य किसी भी व्यक्ति को कानून के समक्ष समानता या कानूनों के समान संरक्षण से वंचित नहीं करेगा।

SSC GD 2024 (Tier 1 & 2)

191. भारतीय संविधान के निम्नलिखित में से किस अनुच्छेद में यह उल्लेखित किया गया है कि किसी अपराध के लिए अभियुक्त किसी व्यक्ति को स्वयं अपने विरुद्ध साक्षी होने के लिए बाध्य नहीं किया जाएगा?

SSC GD Tier-1 21.02.2024 (Shift-I)

(a) अनुच्छेद 16 (b) अनुच्छेद 14
(c) अनुच्छेद 20 (d) अनुच्छेद 18

उत्तर (c)

• संविधान के **अनुच्छेद 20** में यह उल्लेखित किया गया है कि किसी अपराध के लिए अभियुक्त किसी व्यक्ति को **स्वयं अपने विरुद्ध साक्षी** होने के लिए बाध्य नहीं किया जाएगा।

• संविधान का अनुच्छेद 14 विधि के समक्ष समानता से, अनुच्छेद 16 लोक नियोजन के विषय में अवसर की समानता से तथा अनुच्छेद 18 उपाधियों के अन्त से सम्बन्धित है।

192. भारतीय संविधान के किस अनुच्छेद के तहत स्वतन्त्रता के अधिकार में कोई भी पेशा, व्यवसाय, व्यापार या वाणिज्य करने का अधिकार शामिल है?

SSC GD Tier-1 21.02.2024 (Shift-III)

(a) अनुच्छेद 23 से 24 (b) अनुच्छेद 14 से 18
(c) अनुच्छेद 25 से 28 (d) अनुच्छेद 19 से 22

उत्तर (d)

• भारतीय संविधान के **अनुच्छेद 19 से 22** के तहत स्वतन्त्रता के अधिकार में कोई भी पेशा व्यवसाय, व्यापार या वाणिज्य करने का अधिकार शामिल है।

• अनुच्छेद 19 (1) **में 6** प्रकार की स्वतन्त्रताएँ दी गई हैं।

• अनुच्छेद 21 प्राण एवं दैहिक स्वतन्त्रता से सम्बन्धित है।

193. भारतीय संविधान के निम्नलिखित में से किस अनुच्छेद का सम्बन्ध धर्म की स्वतन्त्रता के अधिकार से है?

SSC GD Tier-1 23.02.2024 (Shift-II)

(a) अनुच्छेद 60 से 65 (b) अनुच्छेद 25 से 28
(c) अनुच्छेद 21 से 24 (d) अनुच्छेद 30 से 35

उत्तर (b)

• भारतीय संविधान के **अनुच्छेद 25 से 28** का सम्बन्ध धर्म की स्वतन्त्रता के अधिकार से है।

• यह अनुच्छेद मूल अधिकार से सम्बन्धित है, जो केवल भारतीय नागरिकों को उपलब्ध है।

• उल्लेखनीय है कि मूल अधिकारों का वर्णन अनुच्छेद **12 से 35** तक में किया गया है।

194. 'राज्य की लोक सेवाओं में न्यायपालिका को कार्यपालिका से पृथक् करने के लिए राज्य कदम उठाएगा। इसका उल्लेख भारत के संविधान के ……… के अन्तर्गत किया गया है। **SSC GD Tier-1 24.02.2024 (Shift-I)**

(a) भाग-IV (A) (b) भाग-IV
(c) भाग-III (d) भाग-V

उत्तर (b)

• भारतीय संविधान का भाग-IV नीति-निदेशक तत्त्वों से सम्बन्धित है, जो अनुच्छेद 50 के अन्तर्गत कार्यपालिका व न्यायपालिका के कार्यक्षेत्र को पृथक् किया गया है।

195. मौलिक कर्त्तव्यों के अन्तर्गत भारतीय संविधान का निम्नलिखित में से कौन-सा अनुच्छेद हमारी समग्र संस्कृति की समृद्ध विरासत के महत्त्व और संरक्षण से सम्बन्धित है?

SSC GD Tier-1 24.02.2024 (Shift-II)

(a) अनुच्छेद 51 A (f) (b) अनुच्छेद 51 A (c)
(c) अनुच्छेद 51 A (e) (d) अनुच्छेद 51 A (g)

उत्तर (a)

• मौलिक कर्त्तव्यों के अन्तर्गत भारतीय संविधान का **अनुच्छेद 51 A (f)** हमारी समग्र संस्कृति की समृद्ध विरासत के महत्त्व और संरक्षण से सम्बन्धित है।

196. निम्नलिखित में से कौन-सा भारत में अर्द्ध-न्यायिक निकायों का एक उदाहरण है?

SSC GD Tier-1 24.02.2024 (Shift-II)

(a) अन्तर-राज्य परिषद्
(b) क्षेत्रीय परिषद्
(c) राज्य उपभोक्ता विवाद निवारण आयोग
(d) सर्वोच्च न्यायालय

उत्तर (c)

• राज्य उपभोक्ता विवाद निवारण आयोग भारत में अर्द्ध-न्यायिक विकल्पों का एक उदाहरण है।

• अर्द्ध-न्यायिक निकाय ऐसा संगठन होता है, जिसके पास कानून लागू करने वाली निकायों (जैसे न्यायालय) के समान शक्ति होती है, किन्तु वे न्यायालय नहीं होते हैं।

• भारत में अर्द्ध-न्यायिक निकायों के उदाहरण भारती **प्रतिस्पर्द्धा आयोग** (CCI), **केन्द्रीय सूचना प्रयोग** (CVC), राष्ट्रीय हरित न्यायालय करण (NGT) आदि है।

SSC GD 2023 (Tier 1 & 2)

197. भारत के संविधान का कौन-सा अनुच्छेद अस्पृश्यता की अवधारणा को समाप्त करता है और किसी भी रूप में इसके व्यवहार को निषिद्ध करता है?
SSC GD Constable 06.02.2023 (Shift-I)

(a) 16 (b) 15
(c) 14 (d) 17

उत्तर (d)

- भारतीय संविधान का **अनुच्छेद 17** किसी भी व्यक्ति को जन्म, जाति, वंश या धर्म के आधार पर किसी भी प्रकार की अक्षमता या अस्पृश्य घोषित करने से मना करता है।
- यह सार्वजनिक स्थानों, जैसे-सड़कों, कुओं, मन्दिरों और शैक्षणिक संस्थानों में सभी नागरिकों के लिए समान पहुँच का अधिकार सुनिश्चित करता है।
- **संविधान (58वाँ संशोधन) अधिनियम,** 1989 ने अस्पृश्यता उन्मूलन अधिनियम, 1955 को संविधान में शामिल किया, ताकि इसे और अधिक सुदृढ़ बनाया जा सके।

SSC Selection Post 2024 & 2023

198. भारतीय संविधान के किस अनुच्छेद में उल्लेख है कि प्रत्येक धार्मिक सम्प्रदाय या वर्ग को चल और अचल सम्पत्ति के स्वामित्व और अर्जन का अधिकार होगा? SSC SP 20.06.2024 (Shift-III)

(a) अनुच्छेद 26 (a) (b) अनुच्छेद 26 (c)
(c) अनुच्छेद 26 (b) (d) अनुच्छेद 26 (d)

उत्तर (b)

- भारतीय संविधान के **अनुच्छेद 26 (c)** में चल और अचल सम्पति के स्वामित्व और अधिग्रहण के अधिकार का विवरण दिया गया है।
- राज्य कानून के द्वारा **धार्मिक सम्प्रदाय** की सम्पत्ति को विनियमित कर सकता है।
- भारतीय संविधान में अनुच्छेद-25 से 28 तक धार्मिक स्वतन्त्रता का अधिकार वर्णित है।

199. भारत के संविधान का निम्नलिखित में से कौन-सा अनुच्छेद यह परिभाषित करता है कि मौलिक कर्त्तव्य केवल भारतीय नागरिकों के लिए है, न कि विदेशियों के लिए?
SSC SP (10+2) 27.06.2023 (Shift-I)

(a) अनुच्छेद 46 B
(b) अनुच्छेद 67 A
(c) अनुच्छेद 51 A
(d) अनुच्छेद 81 C

उत्तर (c)

- भारत के संविधान का **अनुच्छेद 51 A** यह परिभाषित करता है कि मौलिक कर्त्तव्य केवल भारतीय नागरिकों के लिए है, न कि विदेशियों के लिए।

200. वर्ष 1978 के 44वें संशोधन अधिनियम द्वारा भारतीय संविधान में मूल सूची के कितने निदेशक तत्वों में संशोधन किया गया था?
SSC SP (10+1) 27.06.2023 (Shift-III)

(a) एक (b) दो (c) तीन (d) चार

उत्तर (a)

- वर्ष 1978 के 44वें संशोधन अधिनियम द्वारा भारतीय संविधान में मूल सूची के **एक निदेशक** तत्व में संशोधन किया गया।
- अनुच्छेद 38(2) राज्य आय की असमानता को कम करेगा तथा प्रतिष्ठा अवसर की सुविधाओं की असमानता को समाप्त करेगा।

201. भारतीय संविधान में निम्नलिखित में से किस कर्त्तव्य को 11वें मौलिक कर्त्तव्य के रूप में वर्णित किया गया है?
SSC SP (10+2) 20.06.2023 (Shift-II)

(a) अपनी संस्कृति की समृद्ध राष्ट्रीय विरासत को संजोना और संरक्षित करना
(b) 6-14 वर्ष की आयु के बच्चों को शिक्षा के अवसर प्रदान करना
(c) भारत की अखण्डता और एकता की रक्षा करना
(d) वैज्ञानिक सोच विकसित करना

उत्तर (b)

- भारतीय संविधान में **6-14 वर्ष** की आयु के बच्चों को शिक्षा के अवसर प्रदान करने को 11वें मौलिक कर्त्तव्य के रूप में वर्णित किया गया है।
- वर्तमान में अनुच्छेद 51 (A) के तहत वर्णित 11 मौलिक कर्त्तव्य हैं, जिनमें से 10 मौलिक कर्त्तव्यों को 42वें संशोधन के माध्यम से जोड़ा गया था, 11वें मौलिक कर्त्तव्य को वर्ष 2002 में **86वें संविधान संशोधन** के द्वारा संविधान में शामिल किया गया।

SSC Selection Post 2022

202. निम्नलिखित में से किस समिति ने भारत के संविधान में मौलिक कर्त्तव्यों को शामिल करने की अनुशंसा की थी?
SSC SP (10+2) 10.08.2022 (Shift-III)

(a) वर्मा समिति
(b) केलकर समिति
(c) बलवन्त मेहता समिति
(d) स्वर्ण सिंह समिति

उत्तर (d)

- **स्वर्ण सिंह समिति** ने भारत के संविधान में मौलिक कर्त्तव्यों को शामिल करने की अनुशंसा की थी।
- मौलिक कर्त्तव्यों का प्रावधान रूस (USSR) के संविधान से लिया गया है।

इसे **42वें संविधान संशोधन 1976** द्वारा भारत के संविधान के भाग-4क तथा अनुच्छेद 51(A) के अन्तर्गत रखा गया है।
- स्वर्ण सिंह समिति ने भारतीय संविधान में मौलिक कर्त्तव्यों को शामिल करने की बात की थी।
- वर्तमान में मौलिक अधिकारों की संख्या 11 है।

केन्द्र सरकार (राष्ट्रपति, लोकसभा, राज्यसभा)

राष्ट्रपति

- अनुच्छेद 52 के तहत भारत का एक राष्ट्रपति होगा, जिसमें संघ की समस्त कार्यपालिका शक्तियाँ (अनुच्छेद-53) निहित होंगी।
- राष्ट्रपति का कार्यकाल पाँच वर्ष का होता है। यह राष्ट्र का प्रथम नागरिक माना जाता है।

राष्ट्रपति के चुनाव के लिए योग्यताएँ

- वह भारत का नागरिक हो।
- उसने 35 वर्ष की आयु पूर्ण कर ली हो।
- वह **लोकसभा सदस्य** के रूप में चुने **जाने के योग्य** हो।
- चुनाव के समय लाभ का पद धारण नहीं करता हो।
- राष्ट्रपति उम्मीदवार के लिए निर्वाचक मण्डल के 50 सदस्य प्रस्तावक के रूप में तथा 50 सदस्य अनुमोदक के रूप में आवश्यक माने जाते हैं।

राष्ट्रपति के चुनाव

- राष्ट्रपति का चुनाव (**अनुच्छेद 54**) एक निर्वाचक मण्डल के सदस्यों द्वारा होता है। यह निर्वाचक मण्डल संसद के दोनों सदनों के चुने गए सदस्यों और राज्य/केन्द्रशासित प्रदेशों (वर्तमान में दिल्ली एवं पुदुचेरी) की विधानसभाओं के निर्वाचित सदस्यों से निर्मित होता है। इसमें मनोनीत सदस्य भाग नहीं लेते हैं।
- राष्ट्रपति का चुनाव एक समानुपाती प्रतिनिधित्व पद्धति के अनुसार एकल संक्रमणीय हस्तान्तरणीय मत के माध्यम से गुप्त मत-पत्र द्वारा होता है।
- राष्ट्रपति चुनाव के विषय में यदि कोई विवाद उत्पन्न होता है, तो केवल **सर्वोच्च न्यायालय** को ही इस मामले में हस्तक्षेप करने का अधिकार है।
- **डॉ. राजेन्द्र प्रसाद ने 26 जनवरी, 1950 को** भारतीय गणतंत्र के प्रथम राष्ट्रपति के रूप में पदभार ग्रहण किया। प्रथम राष्ट्रपति चुनाव- 1952 में
- **कार्यकाल** 1952-1957, 1957-1962

कार्य व शक्तियाँ

- **कार्यपालिका सम्बन्धी शक्तियाँ** महत्त्वपूर्ण अधिकारियों की नियुक्ति व पदच्युति, शासन संचालन सम्बन्धी शक्ति, सैनिक क्षेत्र में शक्ति इत्यादि।
- **विधायी शक्तियाँ** संसद द्वारा पारित विधेयकों पर अनुमति, सदस्यों का मनोनयन, अध्यादेश जारी करने (अनुच्छेद 123) की शक्ति आदि।
- **न्यायिक शक्तियाँ** उच्चतम न्यायालय के मुख्य न्यायाधीश तथा उच्चतम एवं उच्च न्यायालय के अन्य न्यायाधीशों की नियुक्ति, अनुच्छेद 72 के अन्तर्गत राष्ट्रपति की क्षमादान की शक्ति।
- **आपातकालीन शक्तियाँ** संकट की स्थिति का सामना करने के लिए संविधान द्वारा राष्ट्रपति को विशेष शक्तियाँ प्रदान की गई हैं।

भारत में आपातकाल की घोषणा
- **प्रथम** वर्ष 1962 में (भारत-चीन युद्ध के समय)
- **द्वितीय** दिसम्बर, 1971 (भारत-पाकिस्तान युद्ध के समय)
- **तृतीय** जून, 1975 (आंतरिक अशांति के आधार पर)

- युद्ध, बाहरी आक्रमण या सशस्त्र विद्रोह की स्थिति से सम्बन्धित संकटकालीन व्यवस्था (अनुच्छेद 352)
- राज्यों में संवैधानिक तन्त्र के विफल होने से उत्पन्न संकटकालीन व्यवस्था (अनुच्छेद 356)
- वित्तीय संकट (अनुच्छेद 360)

पद त्याग

- राष्ट्रपति निम्न दशाओं में पाँच **वर्ष से पहले भी पद त्याग** सकता है। उप-राष्ट्रपति को सम्बोधित अपने त्याग-पत्र द्वारा
- महाभियोग द्वारा हटाए जाने पर (अनु. 56 एवं 61)। महाभियोग के लिए केवल एक ही आधार है, जो अनुच्छेद 61(1) में उल्लेखित है, वह है–संविधान का अतिक्रमण (देशद्रोह, कदाचार, भ्रष्टाचार आदि)।

उप–राष्ट्रपति

- **अनुच्छेद 63** यह व्यवस्था करता है कि भारत का एक उप-राष्ट्रपति होगा।
- उप-राष्ट्रपति का चुनाव संसद के दोनों सदनों के सदस्यों (निर्वाचित व मनोनीत) द्वारा होता है।
- यह चुनाव एकल हस्तान्तरणीय मत के माध्यम से **समानुपाती प्रतिनिधित्व पद्धति** के अनुसार होता है।
- उप-राष्ट्रपति के चुनाव से सम्बन्धित या इससे जुड़ा कोई भी विवाद सर्वोच्च न्यायालय द्वारा निर्णयित होता है, जिसका न्यायक्षेत्र विशिष्ट और अन्तिम है।
- एक व्यक्ति के उप-राष्ट्रपति के रूप में चुनाव के लिए योग्यताएँ वही हैं, जो राष्ट्रपति के चुनाव के लिए होती हैं। इसके अतिरिक्त वह राज्यसभा का सदस्य निर्वाचित होने की अर्हता पूरी करता हो।
- उप-राष्ट्रपति **राज्यसभा का पदेन सभापति** होता है, लेकिन वह राज्यसभा का सदस्य नहीं होता है।
- अनच्छेद-65 के अन्तर्गत उप-राष्ट्रपति को राष्ट्रपति की अनुपस्थिति में राष्ट्रपति के कार्यों के निर्वहन का दायित्व प्रदान किया गया है।
- **डॉ.एस राधाकृष्णन** भारत के पहले उप-राष्ट्रपति थे।

प्रधानमन्त्री एवं मन्त्रिपरिषद्

- संविधान के **अनुच्छेद 74** के अनुसार राष्ट्रपति को उसके कार्यों में सहायता व सलाह देने हेतु एक मन्त्रिपरिषद् होती है, जिसका प्रमुख प्रधानमन्त्री होता है।
- संविधान के **अनुच्छेद 75** के अनुसार, प्रधानमन्त्री की नियुक्ति राष्ट्रपति करेगा और अन्य मन्त्रियों की नियुक्ति राष्ट्रपति, प्रधानमन्त्री की सलाह पर करेगा।
- पद ग्रहण से पूर्व प्रधानमन्त्री सहित प्रत्येक मन्त्री को राष्ट्रपति के समक्ष पद और गोपनीयता की शपथ लेनी होती है। (अनुच्छेद-75(4))
- मन्त्रिपरिषद्, सामूहिक रूप से लोकसभा के प्रति उत्तरदायी होती है। (अनुच्छेद 75 (3))
- प्रधानमन्त्री की सलाह पर ही राष्ट्रपति लोकसभा भंग करता है।

संसद (अनुच्छेद 79)

- भारत की संसद राष्ट्रपति, राज्यसभा तथा लोकसभा से मिलकर बनती है। राज्यसभा को **उच्च सदन** कहा जाता है, जबकि लोकसभा को **निम्न सदन**।

राज्यसभा

- राज्यसभा या संसद का उच्च सदन, (अनुच्छेद 80) राज्यों के प्रतिनिधियों से बनता है।
- राज्यसभा के सदस्यों की अधिकतम संख्या **250** है। वर्तमान में यह संख्या 245 है, जिनमें से 233 सदस्यों का चुनाव राज्यों से तथा शेष **12 सदस्य** (कला, साहित्य, विज्ञान व समाज सेवा क्षेत्र से) राष्ट्रपति द्वारा मनोनीत किए जाते हैं।
- राज्यसभा के सदस्य **6 वर्ष** की अवधि के लिए निर्वाचित किए जाते हैं। राज्यसभा एक स्थायी सदन है, इसके दो-तिहाई सदस्य हर दो वर्ष बाद सेवानिवृत्त हो जाते हैं।
- प्रत्येक राज्य विधानमण्डल के निर्वाचित सदस्य अपने प्रतिनिधि **आनुपातिक प्रतिनिधित्व के आधार** पर **एकल हस्तान्तरणीय मत** के माध्यम से चुनते हैं।
- राज्यसभा में **उत्तर प्रदेश** की सबसे अधिक सीटें (31) हैं और **महाराष्ट्र** की दूसरी सर्वाधिक सीटें (19) हैं।
- उत्तर-पूर्वी राज्यों (असम को छोड़कर) पुदुचेरी, गोवा में प्रत्येक की एक-एक सीट है।

राज्यसभा सदस्य की योग्यताएँ

- उम्मीदवार भारत का नागरिक होना चाहिए।
- उसकी आयु 30 वर्ष होनी चाहिए।
- किसी लाभ के पद पर कार्यरत् न हो।

राज्यसभा की शक्तियाँ और कार्य

- वैधानिक शक्तियों के विषय में राज्यसभा की शक्तियाँ लोकसभा की शक्तियों के समकक्ष ही हैं।
- कोई भी विधेयक तब तक कानून नहीं बन सकता, जब तक कि राज्यसभा उसे पारित न कर दे। किसी भी **धन विधेयक** को राज्यसभा में पेश नहीं किया जा सकता।
- जब लोकसभा एक धन विधेयक को पारित कर देती है और इसे राज्यसभा में भेजा जाता है, तो राज्यसभा इस विधेयक को अधिकतम **14 दिनों** के लिए रोककर रख सकती है, लेकिन यह विधेयक को रद्द नहीं कर सकती। हालाँकि यह इसमें संशोधन प्रस्तावित कर सकती है, जिसको मानना लोकसभा के लिए अनिवार्य नहीं है।
- केवल राज्यसभा को ही यह अधिकार प्राप्त है कि वह संविधान के **अनुच्छेद 249** के अन्तर्गत राज्य सूची के किसी विषय को राष्ट्रीय महत्त्व का घोषित कर सके। इसके अतिरिक्त अनुच्छेद 312 के तहत अखिल भारतीय सेवाओं का सृजन कर सकती है।

लोकसभा

- लोकसभा संसद का प्रथम या निम्न सदन (अनुच्छेद 81) है, जिसकी अध्यक्षता करने के लिए एक अध्यक्ष होता है। संविधान में लोकसभा की अधिकतम सदस्य-संख्या 552 निर्धारित की गई है।
- वर्तमान में लोकसभा की सदस्य संख्या 543 (राज्यों से 524 और केन्द्रशासित प्रदेशों से 19) है। इन सदस्यों में 550 सदस्य राज्यों से तथा 20 सदस्य केन्द्रशासित प्रदेशों से निर्वाचित होते हैं।
- वर्तमान में लोकसभा तथा राज्य विधानसभाओं में **एंग्लो-भारतीय वर्ग के मनोनयन** को समाप्त कर दिया गया है (104 वें संविधान संशोधन अधिनियम 2019 द्वारा)
- अगस्त, 2001 में संसद द्वारा पारित **84वें संविधान संशोधन** विधेयक के अनुसार लोकसभा एवं विधानसभाओं की सीटों की संख्या वर्ष **2026** तक यथावत रखने का प्रावधान किया गया है।
- लोकसभा में अनुसूचित जाति व जनजातियों के लिए सीटों की संख्या क्रमशः 84 व 47 है।
- लोकसभा के सदस्यों का प्रत्यक्ष मतदान द्वारा वयस्क मताधिकार (18 वर्ष) प्रणाली के आधार पर होता है। लोकसभा का कार्यकाल सामान्यतः 5 वर्ष का होता है।
- लोकसभा की दो बैठकों में 6 माह से अधिक का अन्तर नहीं होना चाहिए।
- संविधान के **अनुच्छेद 108** में संसद के **संयुक्त बैठक** की व्यवस्था है। संयुक्त बैठक राष्ट्रपति के द्वारा बुलाई जा सकती है।
- संसद की संयुक्त बैठक की अध्यक्षता लोकसभा अध्यक्ष करता है।

लोकसभा सदस्य की योग्यताएँ

- वह भारत का नागरिक हो।
- उसकी आयु 25 वर्ष या इससे अधिक हो।
- वह पागल तथा दिवालिया न हो।
- किसी लाभ के पद पर कार्यरत् न हो।

लोकसभा अध्यक्ष (स्पीकर)

- चुनाव – लोकसभा सदस्यों में से
- शपथ – एक सामान्य लोकसभा सदस्य के रूप में
- लोकसभा भंग होने के बाद भी स्पीकर अपने पद पर बना रहता है, जब तक नई निर्वाचित लोकसभा का पहला अधिवेशन न हो जाए।
- लोकसभा अध्यक्ष को कुल सदस्यों की संख्या के **दो-तिहाई** बहुमत द्वारा पद से हटाया जा सकता है।
- देश के पहले लोकसभा अध्यक्ष **जी वी मावलंकर** व पहली महिला लोकसभा अध्यक्ष **मीरा कुमार** थीं।

प्रोटेम स्पीकर

- वे नवगठित लोकसभा के सबसे वरिष्ठ सदस्य होते हैं, जिन्हें राष्ट्रपति नई लोकसभा की बैठक की अध्यक्षता करने, नए सदस्यों को शपथ दिलाने, अध्यक्ष पद के निर्वाचन का संचालन करने के लिए अस्थायी तौर पर नियुक्त करता है।

संसद की समितियाँ

समिति	कुल सदस्य संख्या	कार्य
लोक लेखा समिति	22 (15 लोकसभा, 7 राज्यसभा)	विभिन्न मन्त्रालयों के व्यय और नियन्त्रक एवं महालेखा परीक्षक के प्रतिवेदन पर विचार-विमर्श करना।
प्राक्कलन समिति	30 (सभी लोकसभा से)	सरकार को वित्तीय नीतियों के सम्बन्ध में सुझाव देना।
विशेषाधिकार समिति	15 (10 लोकसभा, 5 राज्यसभा)	संसद के किसी सदन या अध्यक्ष द्वारा विशेषाधिकार उल्लंघन से सम्बन्धित प्रेषित मामलों का परीक्षण करना।
सार्वजनिक उपक्रम समिति	22 (15 लोकसभा, 7 राज्यसभा)	नियन्त्रक एवं महालेखा परीक्षक के प्रतिवेदनों एवं सार्वजनिक उपक्रमों के लेखाकार प्रतिवेदनों की समीक्षा और संवीक्षा (Scrutiny) करना।
संयुक्त प्रवर समिति	45 (30 लोकसभा, 15 राज्यसभा)	विधेयकों की समीक्षा करना

SSC CGL 2024 (Tier I & II)

203. निम्नलिखित में से कौन भारत के सबसे कम समय तक सेवा करने वाले प्रधानमन्त्री थे?
SSC CGL Tier-1 28.09.2024 (Shift-II)
(a) गुलजारीलाल नन्दा
(b) चरण सिंह
(c) अटल बिहारी वाजपेयी
(d) चन्द्र शेखर

उत्तर (a)

• **गुलजारीलाल नन्दा** भारत के सबसे कम समय तक प्रधानमन्त्री रहे। वे **दो बार** भारत के **कार्यवाहक प्रधानमन्त्री** बने और दोनों बार उनका कार्यकाल 13-13 दिन का रहा।
• पहला कार्यकाल—27 मई, 1964 से 9 जून 1964 तक।
• दूसरा कार्यकाल— 11 जनवरी, 1966 से 24 जनवरी, 1966 तक।
• इन्हें वर्ष 1997 में भारत के सर्वोच्च नागरिक पुरस्कार 'भारत रत्न' से सम्मानित किया गया।

204. भारतीय संविधान का कौन-सा भाग उप-राष्ट्रपति के निर्वाचन से सम्बन्धित है?
SSC CGL Tier-1 26.09.2024 (Shift-I)
(a) भाग IV (b) भाग V
(c) भाग I (d) भाग VI

उत्तर (b)

• भारतीय संविधान का **भाग V** संघ सरकार के कामकाज से सम्बन्धित है।
• उप-राष्ट्रपति के निर्वाचन का उल्लेख संविधान के **अनुच्छेद 66** में किया गया है।
• उप-राष्ट्रपति का चुनाव संसद के दोनों सदनों के सदस्यों से मिलकर बने निर्वाचक मण्डल द्वारा आनुपातिक प्रतिनिधित्व प्रद्धति के अनुसार एकल संक्रमणीय मत द्वारा किया जाएगा।

205. भारतीय संविधान का/के निम्नलिखित में से कौन-सा/से अनुच्छेद संसद और उसकी कार्यवाहियों से सम्बन्धित है/हैं?
SSC CGL Tier-1 24.09.2024 (Shift-III)
(a) अनुच्छेद 51A (b) अनुच्छेद 12 से 35
(c) अनुच्छेद 79 से 122 (d) अनुच्छेद 36 से 51

उत्तर (c)

• अनुच्छेद 79 से 122 तक सभी अनुच्छेद भारतीय संविधान के भाग-5 में वर्णित 'भारत की संसद' से सम्बन्धित हैं।
• संसद से सम्बन्धित इन अनुच्छेदों में कुछ महत्त्वपूर्ण अनुच्छेद हैं।
— **अनुच्छेद 79** संघ के लिए एक संसद होगी, जो राष्ट्रपति और दो सदनों से मिलकर बनेगी।
— **अनुच्छेद 80** राज्यसभा का गठन।
— **अनुच्छेद 81** लोकसभा की संरचना।
— **अनुच्छेद 84** संसद की सदस्यता के लिए योग्यताएँ।
— **अनुच्छेद 85** संसद के सत्र, सत्रावसान और विघटन।
— **अनुच्छेद 110** धन विधेयक।

206. कौन-सा अनुच्छेद राष्ट्रपति के निर्वाचन से सम्बन्धित है?
SSC CGL Tier-1 24.09.2024 (Shift-I)
(a) अनुच्छेद 72 (b) अनुच्छेद 74
(c) अनुच्छेद 54 (d) अनुच्छेद 66

उत्तर (c)

• **अनुच्छेद 54** राष्ट्रपति के निर्वाचन के सम्बन्ध में प्रावधान करता है।
• राष्ट्रपति के चुनाव में निर्वाचक गण संसद के दोनों सदनों के निर्वाचित सदस्य और राज्यों की विधानसभाओं के निर्वाचित सदस्य होंगे।
• संविधान के **भाग V** में अनुच्छेद 52-62 तक राष्ट्रपति के चुनाव व अपदस्थ सम्बन्धी प्रावधानों का वर्णन किया गया है।

207. भारतीय संविधान के भाग V में अनुच्छेद 52 से 78 ……… से सम्बन्धित हैं।
SSC CGL Tier-1 23.09.2024 (Shift-I)
(a) राष्ट्रीय आपातकाल
(b) संघ की कार्यपालिका
(c) संविधान संशोधन
(d) भारतीय वित्त आयोग

उत्तर (b)

• भारतीय संविधान के भाग V में अनुच्छेद 52 से 78 संघ की कार्यपालिका से सम्बन्धित है।
• भारतीय संघ की कार्यपालिका में **राष्ट्रपति, उप-राष्ट्रपति** एवं **मन्त्रिपरिषद्** को शामिल किया जाता है।
• संघ की कार्यपालिकीय शक्ति संवैधानिक रूप में राष्ट्रपति में निहित होती है।

208. निम्नलिखित में से कौन-सा भारतीय संविधान का सबसे विवादास्पद अनुच्छेद है, जो किसी भी राज्य में राष्ट्रपति शासन का प्रावधान करता है? SSC CGL Tier-1 17.09.2024 (Shift-III)
(a) अनुच्छेद 358 (b) अनुच्छेद 356
(c) अनुच्छेद 352 (d) अनुच्छेद 360

उत्तर (b)

• **अनुच्छेद 356** किसी भी राज्य में राष्ट्रपति शासन का प्रावधान करता है।
• राज्य में सांवैधानिक तन्त्र की विफलता के कारण लगाए गए आपातकाल को **राष्ट्रपति शासन** के नाम से जाना जाता है।

209. भारतीय संविधान के भाग XI में अनुच्छेद 245 से 255 ……… से सम्बन्धित है।
SSC CGL Tier-1 17.09.2024 (Shift-III)
(a) केन्द्र और राज्यों के बीच वित्तीय सम्बन्ध
(b) अधिकरण
(c) आपातकालीन प्रावधान
(d) केन्द्र और राज्यों के बीच विधायी सम्बन्ध

उत्तर (d)

• भारतीय संविधान के भाग XI में अनुच्छेद 245 से 255 में केन्द्र और राज्यों के बीच **विधायी सम्बन्ध** से सम्बन्धित है।
• केन्द्र-राज्य सम्बन्ध के निम्न चार पहलू हैं— केन्द्र और राज्य के विधान की क्षेत्रीय सीमा, विधायी विषय का वितरण, राज्य विधान पर केन्द्र का नियन्त्रण तथा संविधान द्वारा विषयों का संघ सूची, राज्यसूची और समवर्ती सूची में विभाजन।

210. भारतीय संविधान के निम्नलिखित में से किस अनुच्छेद में यह कहा गया है कि 'राज्यों और केन्द्रशासित प्रदेशों के प्रतिनिधियों द्वारा भरे जाने वाले राज्य परिषद् में सीटों का आवण्टन चौथी अनुसूची में निहित प्रावधानों के अनुसार होगा'? SSC CGL Tier-1 19.09.2024 (Shift-III)
(a) अनुच्छेद 82 (b) अनुच्छेद 81
(c) अनुच्छेद 80 (d) अनुच्छेद 83

उत्तर (c)

• भारतीय संविधान के **अनुच्छेद 80** में यह कहा गया है कि राज्यों और केन्द्रशासित प्रदेशों के प्रतिनिधियों द्वारा भरे जाने वाले राज्य परिषद् में सीटों का आवण्टन चौथी अनुसूची में निहित प्रावधानों के अनुसार होगा।
• अनुच्छेद 80 के अनुसार, राज्यसभा में सदस्यों की अधिकतम संख्या **250** होती है।
• इसमें **12 सदस्यों** को राष्ट्रपति मनोनीत करते हैं और बाकी 238 सदस्य राज्यों और केन्द्रशासित प्रदेशों के प्रतिनिधि होते हैं।

211. MPLADS योजना किस वर्ष लागू की गई थी?
SSC CGL Tier-1 17.09.2024 (Shift-I)
(a) 2003 (b) 1993 (c) 2013 (d) 1983

उत्तर (b)

• MPLADS योजना वर्ष 1993 में लागू की गई थी।
• MPLADS एक केन्द्र सम्पोषित योजना है।
• संसद सदस्य स्थानीय क्षेत्र विकास योजना (MPLADS) के तहत विकास हेतु सांसदों को प्रतिवर्ष ₹ 5 **करोड़** प्राप्त होते हैं।

212. राष्ट्रपति द्वारा राज्यसभा के लिए कितने सदस्यों को मनोनीत किया जाता है?
SSC CGL Tier-1 13.09.2024 (Shift-III)
(a) 20 (b) 12
(c) 10 (d) 15

उत्तर (b) भारतीय संविधान के **अनुच्छेद 80** के अनुसार, राज्यसभा में सदस्यों की अधिकतम संख्या 250 होती है, जिनमें से **12 सदस्य** राष्ट्रपति मनोनीत करते हैं।
• राष्ट्रपति द्वारा मनोनीत यह सदस्य साहित्य, विज्ञान, कला व सामाजिक सेवा के क्षेत्र में विशेष ज्ञान व व्यावहारिक अनुभव रखते हैं।

213. अनुच्छेद 123 के अनुसार, अध्यादेश बनाने की शक्ति ……… की सबसे महत्त्वपूर्ण विधायी शक्ति है। SSC CGL Tier-1 13.09.2024 (Shift-III)
(a) भारत के मुख्य न्यायाधीश
(b) विधानपरिषद्
(c) राष्ट्रपति
(d) राज्यसभा

उत्तर (c)

• **अनुच्छेद** 123 के अनुसार, राष्ट्रपति केवल तभी अध्यादेश जारी कर सकता है, जब संसद के दोनों सदन या दोनों सदनों में से कोई एक सत्र में न हो।

• राष्ट्रपति, अध्यादेश को किसी भी समय वापस ले सकता है।

• अध्यादेश जारी करने की शक्ति राष्ट्रपति व **राज्यपाल** की सबसे महत्त्वपूर्ण विधायी शक्ति है।

214. निम्नलिखित में से कौन-सा अनुच्छेद राज्यसभा के गठन से सम्बन्धित है?
SSC CGL Tier-1 13.09.2024 (Shift-II)

(a) अनुच्छेद 76 (b) अनुच्छेद 84
(c) अनुच्छेद 80 (d) अनुच्छेद 92

उत्तर (c)

• **अनुच्छेद 80** राज्यसभा के गठन से सम्बन्धित है।

• राज्यसभा में अधिकतम **250 सदस्य** हो सकते हैं।

• यह भारतीय संसद का **उच्च सदन** होता है।

• राज्यसभा की पहली बैठक 13 मई, 1952 को आयोजित की गई थी।

215. निम्नलिखित में से कौन-सा विकल्प संसदीय कार्यवाही की विधि नहीं है?
SSC CGL Tier-1 13.09.2024 (Shift-II)

(a) शून्य काल चर्चा
(b) आधे घण्टे की चर्चा
(c) दो घण्टे की (लघु) चर्चा
(d) पूरे दिन की चर्चा

उत्तर (d)

• पूरे दिन की चर्चा संसदीय कार्यवाही की विधि नहीं है।

• लोकसभा की बैठक का पहला घण्टा प्रश्नों के लिए होता है, जिसे **प्रश्नकाल** कहते हैं।

• **शून्यकाल**, संसद में राष्ट्रीय और सार्वजनिक महत्त्व के महत्त्वपूर्ण तथ्यों को उजागर करने के लिए श:रु किया गया था।

216. भारत के संविधान के किस अनुच्छेद में यह प्रावधान है कि 'भारत का एक उप-राष्ट्रपति होगा? **SSC CGL Tier-1 12.09.2024 (Shift-I)**

(a) अनुच्छेद 62 (b) अनुच्छेद 63
(c) अनुच्छेद 66 (d) अनुच्छेद 61

उत्तर (b)

• भारत के संविधान के **अनुच्छेद 63** में यह प्रावधान है कि 'भारत का एक उप-राष्ट्रपति होगा'।

• वह राज्यसभा का पदेन सभापति होता है।

• राष्ट्रपति का पद रिक्त रहने पर इनके द्वारा राष्ट्रपति की भूमिका का निर्वहन किया जाता है।

• राज्यसभा में प्रस्तुत वित्तीय विधेयक का निर्धारण इनके द्वारा किया जाता है।

217. भारतीय संविधान का कौन-सा अनुच्छेद स्पष्ट रूप से यह व्यवस्था प्रदान करता है कि राष्ट्रपति पुनर्निर्वाचन के लिए योग्य है?
SSC CGL Tier-1 11.09.2024 (Shift-II)

(a) अनुच्छेद 58 (b) अनुच्छेद 57
(c) अनुच्छेद 59 (d) अनुच्छेद 56

उत्तर (b)

• **अनुच्छेद 57** में कहा गया है कि एक व्यक्ति, जो राष्ट्रपति के रूप में पद धारण करता है या जिसने पद धारण किया है, इस संविधान के अन्य प्रावधानों के अधीन, उस पद के लिए फिर से चुनाव के लिए पात्र होगा।

• अनुच्छेद 58 में राष्ट्रपति के रूप में चुनाव के लिए **योग्यता** का वर्णन है।

• अनुच्छेद 59 में राष्ट्रपति कार्यालय की शर्तों का वर्णन है। अनुच्छेद 56 में राष्ट्रपति के पद की अवधि का वर्णन है।

218. निम्नलिखित में से कौन-सा विकल्प केन्द्र सरकार का विधायी अंग है?
SSC CGL Tier-1 10.09.2024 (Shift-II)

(a) विधानसभा (b) संसद
(c) न्यायपालिका (d) कार्यकारिणी

उत्तर (b)

• **संसद** केन्द्र सरकार का विधायी अंग है।

• यह सरकार के संसदीय रूप को अपनाने के कारण भारतीय लोकतान्त्रिक राजनीतिक प्रणाली में एक प्रतिष्ठित और केन्द्रीय स्थान रखती है, जिसे सरकार के वेस्टमिंस्टर मॉडल के रूप में जाना जाता है।

• संसद भारत का **सर्वोच्च विधायी निकाय** है।

• भारतीय संसद में राष्ट्रपति तथा दो सदन-राज्यसभा एवं लोकसभा (लोगों का सदन) होते हैं।

219. भारत के संविधान का कौन-सा अनुच्छेद राष्ट्रपति को सर्वोच्च न्यायालय के न्यायाधीश नियुक्त करने की शक्ति प्रदान करता है?
SSC CGL Tier-1 10.09.2024 (Shift-II)

(a) अनुच्छेद 123 (a) (b) अनुच्छेद 124 (b)
(c) अनुच्छेद 127 (c) (d) अनुच्छेद 128 (d)

उत्तर (b)

• भारतीय संविधान के **अनुच्छेद 124(b)** के तहत राष्ट्रपति को सर्वोच्च न्यायालय के न्यायाधीशों की नियुक्ति करने का अधिकार है।

• वर्तमान (2024) में सर्वोच्च न्यायालय में मुख्य न्यायाधीश और राष्ट्रपति द्वारा नियुक्त **33 अन्य न्यायाधीश** हैं।

220. भारतीय संविधान का अनुच्छेद 77 .... से सम्बन्धित है।
SSC CGL Tier-1 09.09.2024 (Shift-III)

(a) उप-राष्ट्रपति पद की शपथ
(b) उपराष्ट्रपति की पदावधि
(c) भारत के उपराष्ट्रपति
(d) भारत सरकार के कार्यों का संचालन

उत्तर (d)

• अनुच्छेद 77 के अनुसार, भारत सरकार के सभी कार्य या कार्यवाहियाँ **राष्ट्रपति** के नाम से होंगी।

• अनुच्छेद 77 **भाग V** के अन्तर्गत भारतीय संविधान में शामिल है।

• इसके तहत राष्ट्रपति, मन्त्रिपरिषद् की सलाह पर अपनी शक्तियों का प्रयोग करते हैं।

221. निम्नलिखित में से कौन-सी भारत में राष्ट्रपति के पद के लिए एक शर्त नहीं है?
CGL Tier-1 09.09.2024 (Shift-I)

(a) वह किराए के भुगतान के बिना अपने आधिकारिक निवास का उपयोग करने का हकदार नहीं होगा
(b) वह संसद के किसी भी सदन का सदस्य नहीं होगा
(c) वह किसी लाभ के पद पर नहीं होगा
(d) उनके कार्यकाल के दौरान भत्तों में कमी नहीं की जाएगी

उत्तर (a)

• भारत में राष्ट्रपति के पद के लिए यह शर्त नहीं है कि वह किराए के भुगतान के बिना अपने आधिकारिक निवास का उपयोग करने का हकदार नहीं होगा।

• भारत में राष्ट्रपति पद के लिए निम्न शर्तें हैं

• वह संसद के किसी भी सदन का सदस्य नहीं होगा।

• वह किसी **लाभ के पद** पर नहीं होगा।

• उनके कार्यकाल के दौरान भत्तों में कमी नहीं की जाएगी।

• भारत के राष्ट्रपति पद की शर्तें संविधान के भाग-V **अनुच्छेद 59** में दी गई हैं।

SSC CGL 2023 (Tier I & II)

222. भारत के सेवानिवृत्त राष्ट्रपति के लाभों के सम्बन्ध में निम्नलिखित में से कौन-सा कथन सही है? **SSC CGL Tier-2 02.03.2023 (Shift-I)**

A. भारत के पूर्व राष्ट्रपति ₹ 2.5 लाख की मासिक पेंशन के हकदार होंगे।
B. वे एक निजी सचिव, एक निजी सहायक, एक अतिरिक्त निजी सचिव, दो चपरासी और प्रति वर्ष ₹ 1 लाख तक के कार्यालय व्यय सहित एक सचिवीय स्टाफ के हकदार हैं।
C. वे रेल, हवाई या स्टीमर द्वारा एक व्यक्ति के साथ भारत में कहीं भी उच्चतम श्रेणी की नि:शुल्क यात्रा के भी हकदार हैं।

कूट

(a) A और B
(b) A, B और C
(c) A और C
(d) B और C

उत्तर (b)

• दिए गए कथन A, B और C सही हैं।

• भारत के पूर्व राष्ट्रपति **₹ 2.5 लाख** की मासिक पेंशन के हकदार होंगे।

• वे एक निजी सचिव, एक निजी सहायक, एक अतिरिक्त निजी सचिव, दो चपरासी और प्रतिवर्ष ₹ 1 लाख तक के कार्यालय व्यय सहित एक सचिवीय स्टाफ के हकदार हैं।

• पूर्व राष्ट्रपति रेल, हवाई या स्टीमर द्वारा एक व्यक्ति के साथ भारत में कहीं भी उच्चतम श्रेणी की नि:शुल्क यात्रा के भी हकदार हैं।

• राष्ट्रपति की पेंशन भारत की **संचित निधि** पर भारित होती है।

223. भारत में पहली बार प्राक्कलन समिति का गठन किस वर्ष में किया गया?

SSC CGL Tier-2 02.03.2023 (Shift-I)

(a) 1949 में (b) 1950 में
(c) 1948 में (d) 1947 में

उत्तर (b)

• प्राक्कलन समिति का गठन वर्ष 1950 में तत्कालीन वित्त मन्त्री **जॉन मथाई** की सिफारिश से किया गया।
• इस समिति में लोकसभा के 30 सदस्य होते हैं, जिनका चुनाव लोकसभा सदस्यों में से एकल संक्रमणीय मत के द्वारा होता है।
• इस समिति का कार्यकाल **एक वर्ष** का होता है।
• मन्त्री इस समिति के सदस्य नहीं होते हैं तथा इसमें राज्यसभा के सदस्यों को शामिल नहीं किया जाता।

224. भारत में, निम्नलिखित में से कौन-सा विधेयक राज्यसभा में पुन: स्थापित नहीं किया जा सकता है? **SSC CGLTier-III 03.03.2023 (Shift-I)**

(a) साधारण विधेयक
(b) संविधान संशोधन विधेयक
(c) धन विधेयक
(d) संविधान संशोधन और साधारण विधेयक दोनों

उत्तर (c)

• राज्यसभा धन विधेयक में केवल संशोधन की सिफारिश कर सकती है, परन्तु उसे प्राप्ति की तिथि से **14 दिन** के भीतर सभी धन विधेयक लोकसभा को लौटाने होते हैं।
• कोई विधेयक धन विधेयक है या नहीं, इसका निर्धारण **लोकसभा अध्यक्ष** करता है।
• धन विधेयक का प्रावधान भारतीय संविधान के **अनुच्छेद-110** में है।

225. भारतीय संविधान के किस भाग में संघीय कार्यपालिका का प्रावधान है?

SSC CGL Tier-1 17.07.2023 (Shift-II)

(a) भाग V (b) भाग III
(c) भाग VI (d) भाग IV

उत्तर (a)

• संघीय कार्यपालिका का वर्णन संविधान के **भाग V** में **अनुच्छेद 52 से 151** तक किया गया है।
• भारत में **संसदीय व्यवस्था** लागू है तथा मन्त्रिपरिषद् सामूहिक रूप से लोकसभा के प्रति उत्तरदायी होता है।

226. भारतीय संविधान का निम्नलिखित में से कौन-सा अनुच्छेद भारत की द्विसदनी संसद का प्रावधान करता है?

SSC CGL Tier-1 17.07.2023 (Shift-III)

(a) अनुच्छेद-49
(b) अनुच्छेद-89
(c) अनुच्छेद-79
(d) अनुच्छेद-59

उत्तर (c)

• भारतीय संविधान का **अनुच्छेद-79** भारत की द्विसदनी संसद का प्रावधान करता है।
• भारतीय संसद **राष्ट्रपति, राज्यसभा** तथा **लोकसभा** से मिलकर बनती है।
• भारत में संघीय शासन व्यवस्था है, जिसमें विधायिका के संघीय स्वरूप को संसद के नाम से जाना जाता है।

227. संसद में प्रयुक्त होने वाली शब्दावली के सम्बन्ध में निम्नलिखित में से कौन-सा/से युग्म सही सुमेलित है/हैं?

SSC CGL Tier-1 18.07.2023 (Shift-IV)

A. विनियोग विधेयक —भारत की संचित निधि से निकासी या विनियोग के प्रावधान के लिए पारित धन विधेयक।
B. अनुदान की माँग —मन्त्रालय/विभाग के केवल नियोजित व्यय को पूरा करने के लिए बजटीय आवण्टन का निर्धारण।
C. अल्पावधि चर्चा —तत्काल सार्वजनिक महत्त्व के मामले पर चर्चा करने के लिए, जिसके लिए एक सदस्य द्वारा नोटिस दिया जाना और 50 सदस्यों का समर्थन होना आवश्यक होता है।

कूट

(a) B और C (b) केवल A
(c) A, B और C (d) A और C

उत्तर (b)

• दिया गया युग्म A सही सुमेलित है।
• **विनियोग विधेयक** भारत की संचित निधि से निकासी या विनियोग के प्रावधान के लिए पारित धन विधेयक।
• इस विधेयक में भारत की **संचित निधि** पर भारित व्यय की पूर्ति हेतु अपेक्षित धन व सरकार के खर्च हेतु अनुदान की माँग शामिल होती है।
• संविधान के **अनुच्छेद-114** के अनुसार, सरकार संसद से अनुमोदन प्राप्त करने के बाद ही संचित निधि से धन निकाल सकती है।

228. भारत के राष्ट्रपति को हटाने के सम्बन्ध में निम्नलिखित में से कौन-से कथन सत्य हैं?

SSC CGL Tier-1 19.07.2023 (Shift-II)

A. महाभियोग की प्रक्रिया संसद के किसी भी सदन में शुरू की जा सकती है।
B. महाभियोग के आरोप उस सदन के एक-तिहाई सदस्यों द्वारा हस्ताक्षरित होने चाहिए, जिसमें प्रक्रिया शुरू की गई है।
C. महाभियोग प्रक्रिया में राष्ट्रपति को 30 दिनों का नोटिस दिया जाना चाहिए।
D. महाभियोग प्रस्ताव उस सदन की कुल सदस्यता के दो-तिहाई बहुमत से पारित किया जाता है।

कूट

(a) B और C (b) A, B, C और D
(c) A, B और C (d) A और D

उत्तर (d)

• भारत के राष्ट्रपति को हटाने के सम्बन्ध में **कथन A और D सही** हैं। महाभियोग की प्रक्रिया संसद के किसी भी सदन में शुरू की जा सकती है।
• महाभियोग के आरोप तैयार करने वाले सदन के **एक-चौथाई सदस्यों** को हस्ताक्षर करना होगा और राष्ट्रपति को **14 दिनों** का नोटिस सौंपना होगा।
• महाभियोग प्रस्ताव उस सदन की कुल सदस्यता के **दो-तिहाई** बहुमत से पारित किया जाता है।
• संविधान का **अनुच्छेद-61** राष्ट्रपति पर महाभियोग प्रक्रिया से सम्बन्धित है।

229. भारत के उप-राष्ट्रपति को पद की शपथ कौन दिलाता है? **SSC CGL Tier-1 19.07.2023 (Shift-IV)**

(a) भारत के प्रधानमन्त्री
(b) लोकसभा अध्यक्ष
(c) भारत के मुख्य न्यायाधीश
(d) भारत के राष्ट्रपति

उत्तर (d)

• भारत के उप-राष्ट्रपति को पद की शपथ राष्ट्रपति दिलाता है।
• उप-राष्ट्रपति का निर्वाचन संसद के दोनों सदनों से मिलकर बनने वाले निर्वाचकगण के सदस्यों द्वारा आनुपातिक प्रतिनिधित्व पद्धति के अनुसार एकल संक्रमणीय मत द्वारा किया जाता है।
• उप-राष्ट्रपति राज्यसभा का **पदेन सभापति** होता है। वह राज्यसभा का सदस्य नहीं होता, अत: उसे मतदान का अधिकार नहीं है।
• उप-राष्ट्रपति का कार्यकाल **5 वर्ष** का होता है (अनुच्छेद-67 के तहत)।

230. राज्य लोक सेवा आयोग के अध्यक्ष को .... के आदेश द्वारा हटाया जा सकता है। **SSC CGL Tier-1 20.07.2023 (Shift-III)**

(a) प्रधानमन्त्री (b) राष्ट्रपति
(c) मुख्यमन्त्री (d) राज्यपाल

उत्तर (b)

• राज्य लोक सेवा आयोग के अध्यक्ष को कदाचार सम्बन्धित मामले में लिप्त पाए जाने पर या संविधान का उल्लंघन करने के मामले में पाए जाने के कारण **राष्ट्रपति** द्वारा पद से हटाया जा सकता है।
• राज्य लोक सेवा आयोग के अध्यक्ष और सदस्य, राज्यपाल को अपना त्याग-पत्र देते हैं।
• राज्य लोक सेवा आयोग के अध्यक्ष की नियुक्ति सम्बन्धित राज्यों के **राज्यपाल** द्वारा की जाती है।

231. संसदीय समितियों के सम्बन्ध में निम्नलिखित में से कौन-सा/से कथन सत्य है/हैं?

SSC CGL Tier-1 21.07.2023 (Shift-III)

A. एक मन्त्री लोक लेखा समिति का सदस्य नहीं हो सकता।
B. प्राक्कलन समिति के सदस्यों को लोकसभा के अध्यक्ष द्वारा नामित किया जाता है।
C. एक मन्त्री प्राक्कलन समिति का सदस्य हो सकता है, यदि उसे अध्यक्ष (स्पीकर) द्वारा मनोनीत किया जाता है।
D. सार्वजनिक उपक्रमों की समिति के सदस्य का कार्यकाल 2 वर्ष का होगा।

कूट

(a) A, B और C (b) B, C और D
(c) A, B, C और D (d) केवल A

उत्तर (d)

• दिया गया कथन A सत्य है।
• संसदीय समितियों के अन्तर्गत राज्य मन्त्री लोक लेखा समिति का सदस्य नहीं हो सकता।

• इस समिति में **22 सदस्य** होते हैं, जिसमें **15 सदस्य लोकसभा** और 7 **सदस्य राज्यसभा** के होते हैं।

• इस समिति का मुख्य कार्य भारत के नियन्त्रक **महालेखा** परीक्षक द्वारा दिए गए लेखा सम्बन्धी प्रतिवेदनों की जाँच करना व सरकार के व्यय के लिए सदन द्वारा प्रदान की गई राशियों के विनियोग दर्शाने वाली लेखाओं की जाँच करना है।

232. भारतीय सशस्त्र बलों के कमाण्डर-इन-चीफ होने के नाते गणतन्त्र दिवस के अवसर पर मार्च-पास्ट के दौरान सशस्त्र बलों के विभिन्न रेजीमेण्टों की सलामी कौन लेता है।

SSC CGL Tier-1 25.07.2023 (Shift-II)
SSC CGL Tier-1 05.10.2023

(a) भारत के प्रधानमन्त्री
(b) भारत के राष्ट्रपति
(c) भारत के गृहमन्त्री
(d) भारत के रक्षामन्त्री

उत्तर (b)

• गणतन्त्र दिवस के अवसर पर मार्च पास्ट के दौरान सशस्त्र बलों के विभिन्न रेजीमेण्टों की सलामी भारत के राष्ट्रपति लेते हैं।

• सैन्य बलों की सर्वोच्च शक्ति राष्ट्रपति में सन्निहित होती है, किन्तु इनका प्रयोग विधि द्वारा नियमित होता है। राष्ट्रपति सशस्त्र बलों का **सर्वोच्च कमाण्डर** होता है।

233. निम्नलिखित में से किसने भारत के प्रधानमन्त्री के रूप में सबसे कम अवधि तक अपनी सेवाएँ दीं? **SSC CGL Tier-1 27.07.2023 (Shift-III)**

(a) चन्द्रशेखर (b) वी. पी. सिंह
(c) आई. के. गुजराल (d) एच. डी. देवगौड़ा

उत्तर (a)

• दिए गए विकल्पों में **चन्द्रशेखर** भारत के सबसे कम अवधि के प्रधानमन्त्री थे।

• ये 10 नवम्बर, 1990 से 21 जून, 1991 तक प्रधानमन्त्री थे।

• कार्यवाहक प्रधानमन्त्री के रूप में न्यूनतम कार्यकाल **गुलजारी लाल नन्दा** का 13 दिनों का था, जबकि सामान्य रूप से अटल बिहारी वाजपेयी का कार्यकाल न्यूनतम रहा है (16 दिन)।

• प्रधानमन्त्री के रूप में सबसे लम्बा कार्यकाल जवाहरलाल नेहरू का रहा है। (16 वर्ष 9 माह 12 दिन)

234. भारत में, निम्नलिखित में से किसके पास किसी अपराधी के दण्ड को क्षमा करने, प्रविलम्बित करने या कम करने की शक्ति है?

SSC CGL Tier-1 27.07.2023 (Shift-III)

(a) उप-राष्ट्रपति
(b) प्रधानमन्त्री
(c) भारत के महान्यायवादी
(d) राष्ट्रपति

उत्तर (d)

• भारत के संविधान में राष्ट्रपति की **पाँच प्रकार** की क्षमा शक्तियों के बारे में चर्चा की गई है— क्षमा, लघुकरण, परिहार, विराम और प्रतिलम्बन।

• इसका वर्णन संविधान के **अनुच्छेद 72** में किया गया है।

SSC CGL 2022 (Tier 1 & 2)

235. भारत के निम्नलिखित राष्ट्रपतियों में से कौन योजना आयोग के उपाध्यक्ष भी थे?

SSC CGL Tier-I 01.12.2022 (Shift-I)

(a) वी. वी. गिरि
(b) के. आर. नारायणन
(c) रामास्वामी वेंकटरमण
(d) प्रणब मुखर्जी

उत्तर (d)

• योजना आयोग, भारत सरकार की एक संविधानेत्तर संस्था थी, जिसका उद्देश्य भारत में आर्थिक नियोजन हेतु पंचवर्षीय योजनाओं का निर्माण व क्रियान्वयन सुनिश्चित करना था।

• **प्रणब मुखर्जी** इस आयोग के उपाध्यक्ष भी थे।

236. भारत के/की किस प्रधानमन्त्री के नेतृत्व में भारत के संविधान में मौलिक कर्त्तव्यों को जोड़ा गया था?

SSC CGL Tier-I 01.12.2022 (Shift-I)

(a) नरसिम्हा राव (b) चरण सिंह
(c) लाल बहादुर शास्त्री
(d) इन्दिरा गाँधी

उत्तर (d)

• पूर्व प्रधानमन्त्री इन्दिरा गाँधी ने आपातकाल के दौरान वर्ष 1976 में भारतीय संविधान में **42वाँ संविधान संशोधन** कराया था तथा इसी के तहत संविधान में **10 मौलिक कर्त्तव्यों** को शामिल किया गया था।

237. 8वीं बार बिहार के मुख्यमन्त्री के रूप में किसने शपथ ली थी?

SSC CGL Tier-I 01.12.2022 (Shift-II)

(a) अनुग्रह नारायण (b) नीतीश कुमार
(c) प्रमोद सावन्त (d) तेजस्वी प्रसाद यादव

उत्तर (b)

• **नीतीश कुमार** बिहार राज्य के सबसे लम्बे समय तक रहने वाले मुख्यमन्त्री हैं।

• नीतीश कुमार **जनता दल यूनाइटेड** के प्रमुख नेता हैं।

• इन्होंने मार्च, 2001 से मई, 2004 तक केन्द्रीय रेल मन्त्री के रूप में भी अपनी सेवाएँ दी हैं।

238. भारत के उप-राष्ट्रपति के बारे में निम्नलिखित में से कौन-सा कथन गलत है?

SSC CGL Tier-1 02.12.2022 (Shift-II)

(a) उप-राष्ट्रपति का चयन पाँच वर्षों के लिए होता है
(b) वह राज्यसभा के पदेन सभापति के रूप में कार्य करता है
(c) लोकसभा और राज्यसभा द्वारा पारित एक प्रस्ताव के माध्यम से राष्ट्रपति के अनुमोदन से इन्हें इनके पद से हटाया जा सकता है
(d) राज्य विधानमण्डल के सदस्य इनके चुनाव में भाग नहीं लेते हैं

उत्तर (c)

• भारत के उप-राष्ट्रपति के बारे में **विकल्प (c) गलत है।**

• संविधान में वर्णित है कि उप-राष्ट्रपति को प्रभावी बहुमत (तत्कालीन सभी सदस्यों के बहुमत से) द्वारा पारित राज्यसभा के प्रस्ताव द्वारा हटाया जा सकता है और लोकसभा द्वारा एक साधारण बहुमत से सहमति व्यक्त की जाती है, लेकिन इससे पूर्व कम-से-कम 14 दिनों की अग्रिम सूचना देना आवश्यक है।

239. भारत के राष्ट्रपति के चुनाव के सन्दर्भ में निम्नलिखित में से कौन-सा कथन सही नहीं है?

SSC CGL Tier-1 03.12.2022 (Shift-I)

(a) राष्ट्रपति का चुनाव पाँच वर्ष की अवधि के लिए किया जाता है
(b) चुनाव आनुपातिक प्रतिनिधित्व के सिद्धान्त के अनुसार होता है
(c) राष्ट्रपति के चुनाव में सभी शंकाओं और विवादों की जाँच व निर्णय सर्वोच्च न्यायालय और उच्च न्यायालय दोनों द्वारा किया जा सकता है
(d) वह निर्वाचित MLAs और MPs द्वारा अप्रत्यक्ष रूप से चुना जाता है

उत्तर (c)

• भारत के राष्ट्रपति के चुनाव के सन्दर्भ में विकल्प (c) सही नहीं है

• भारतीय संविधान के **अनुच्छेद-71** के अनुसार, राष्ट्रपति या उप-राष्ट्रपति के चुनाव के सम्बन्ध में या उससे उत्पन्न सभी सन्देहों और विवादों की **सर्वोच्च न्यायालय** द्वारा ही जाँच की जाएगी और निर्णय किया जाएगा।

• इसके अतिरिक्त राष्ट्रपति और उप-राष्ट्रपति चुनाव अधिनियम, 1952 के अनुच्छेद-14 के अनुसार, सर्वोच्च न्यायालय के समक्ष एक चुनाव याचिका दायर की जा सकती है।

240. व्यक्तिगत नेतृत्व पर आधारित व्यवस्था है

SSC CGL Tier-1 03.12.2022 (Shift-II)

(a) राष्ट्रपति (b) उप-राष्ट्रपति
(c) उप-संसदीय (d) संसदीय

उत्तर (a)

• भारत का राष्ट्रपति, भारत गणराज्य का कार्यपालक अध्यक्ष होता है।

• संघ के सभी कार्यपालक कार्य इनके नाम से ही किए जाते हैं।

• **अनुच्छेद-53** के अनुसार संघ की कार्यपालिका शक्ति राष्ट्रपति में निहित होती है।

241. कौन-सा विशेष ज्ञान या व्यावहारिक अनुभव भारत के राष्ट्रपति द्वारा राज्यसभा के लिए मनोनीत किए जाने की एक शर्त नहीं है?

SSC CGL Tier-1 03.12.2022 (Shift-IV)

(a) वाक्पटुता (b) साहित्य
(c) कला (d) विज्ञान

उत्तर (a)

• वाक्पटुता राज्यसभा के लिए मनोनीत किए जाने की एक शर्त नहीं है।

• कला, साहित्य, विज्ञान और सामाजिक सेवाओं में उनके योगदान के लिए बारह सदस्यों को भारत के **राष्ट्रपति** द्वारा राज्यसभा में नामित किया जाता है।

• संविधान के **अनुच्छेद-80** में राज्यसभा की अधिकतम सदस्य संख्या 250 निर्धारित की गई है, जिसमें 12 सदस्य राष्ट्रपति द्वारा मनोनीत और 238 सदस्य राज्यों और तीन केन्द्रशासित प्रदेशों के प्रतिनिधि होते हैं।

242. वास्तविक कार्यपालिका मन्त्रिपरिषद् में निहित होती है, जिसका प्रमुख ………… होता है।
SSC CGL Tier-1 06.12.2022 (Shift-II)
(a) राज्यसभा के अध्यक्ष (b) उप-राष्ट्रपति
(c) प्रधानमन्त्री (d) राष्ट्रपति

उत्तर (c)

- प्रधानमन्त्री, मन्त्रिपरिषद् का **सांवैधानिक प्रमुख** होता है।
- वह संसद एवं अन्य मंचों पर मन्त्रिपरिषद् का प्रतिनिधित्व करता है।
- वह मन्त्रिमण्डलीय सभाओं की अध्यक्षता करता है तथा इन बैठकों की कार्य सूची व चर्चा के विषय तय करता है।

243. भारत का संविधान सरकार की ……. प्रणाली के साथ एक सम्प्रभु समाजवादी धर्मनिरपेक्ष लोकतान्त्रिक गणराज्य है।
SSC CGL Tier-1 06.12.2022 (Shift-IV)
(a) राजतन्त्रीय (b) संसदीय
(c) राष्ट्रपतीय (d) एकात्मक

उत्तर (b)

- भारत का संविधान, सरकार की **संसदीय** प्रणाली के साथ एक सम्प्रभु समाजवादी धर्मनिरपेक्ष लोकतान्त्रिक गणराज्य है।
- भारत का संविधान भारत का सर्वोच्च विधान है, जो संविधान सभा द्वारा **26 नवम्बर, 1949** को पारित तथा 26 जनवरी, 1950 से प्रभावी हुआ। अत: 26 नवम्बर को **संविधान दिवस** तथा 26 जनवरी को गणतन्त्र दिवस के रूप में मनाया जाता है।

244. कोई ऐसा मामला, जो भारत की तीनों संघीय सूचियों में उल्लिखित नहीं है, पर कानून बनाने की अवशिष्ट शक्ति ………… के पास होती है।
SSC CGL Tier-1 07.12.2022 (Shift-II)
(a) उच्चतम न्यायालय (b) राज्य विधायिका
(c) केन्द्र विधायिका (d) सम्बन्धित मन्त्रालय

उत्तर (c)

- संविधान के **अनुच्छेद-248 (a)** में उल्लेखित है कि संसद को उन सभी विषयों पर कानून बनाने का अधिकार केन्द्रीय विधायिका के पास होता है, जिनका उल्लेख समवर्ती सूची में नहीं है।
- संविधान में अवशिष्ट शक्तियों का प्रावधान **कनाडा के संविधान** से लिया गया है।

245. निम्नलिखित में से कौन-सा विधेयक केवल लोकसभा में ही पेश किया जा सकता है?
SSC CGL Tier-I 07.12.2022 (Shift-III)
(a) संविधान संशोधन विधेयक
(b) सरकारी विधेयक
(c) धन विधेयक
(d) निजी सदस्य विधेयक

उत्तर (c)

- संविधान के **अनुच्छेद-110** में धन विधेयक की परिभाषा दी गई है।
- धन विधेयक केवल लोकसभा में ही पेश किया जा सकता है। लोकसभा में पारित होने के उपरान्त इसे राज्यसभा के विचारार्थ भेजा जाता है।
- राज्यसभा को **14 दिनों** के अन्दर उसे स्वीकृति देनी होती है।
- धन विधेयक के सम्बन्ध में राज्यसभा को केवल सिफारिशें करने का अधिकार है, जिसे मानने के लिए लोकसभा बाध्य नहीं है।

246. निम्नलिखित में से कौन किसी राज्य की सीमा को परिवर्तित कर सकता है या उसका नाम बदल सकता है? SSC CGL Tier-1 08.12.2022 (Shift-II)
(a) उच्चतम न्यायालय
(b) राज्य सरकार
(c) उच्च न्यायालय
(d) संसद

उत्तर (d)

- भारतीय संविधान के **अनुच्छेद-3** के अन्तर्गत भारतीय संसद किसी भी राज्य से क्षेत्र को अलग करके दो या अधिक राज्यों या राज्य के कुछ हिस्सों में विलय करके एक नया राज्य बना सकती है और किसी राज्य की सीमा को भी घटा-बढ़ा सकती है अथवा नाम भी बदल सकती है।

247. लोकसभा सचिवालय द्वारा जारी एक पुस्तिका में उन शब्दों और अभिव्यक्तियों की सूची दी गई है, जिन्हें लोकसभा और राज्यसभा दोनों में असंसदीय माना जाएगा। निम्नलिखित में से कौन-सा शब्द असंसदीय घोषित नहीं किया गया है? SSC CGL Tier-I 12.12.2022 (Shift-II)
(a) शकुनी (b) नौटंकी
(c) चक्कर (d) गिरगिट

उत्तर (c)

- **चक्कर**, शब्द असंसदीय घोषित नहीं किया गया, जबकि शकुनी, नौटंकी व गिरगिट शब्द असंसदीय घोषित किए गए हैं।

248. संसदीय प्रणाली के तहत राष्ट्रीय स्तर पर सरकार कौन चलाता है?
SSC CGL Tier-1 12.12.2022 (Shift-II)
(a) राष्ट्रपति और मन्त्रिपरिषद्
(b) राष्ट्रपति
(c) प्रधानमन्त्री
(d) प्रधानमन्त्री और मन्त्रिपरिषद्

उत्तर (d)

- संसदीय प्रणाली के तहत राष्ट्रीय स्तर पर सरकार **प्रधानमन्त्री और मन्त्रिपरिषद्** चलाते हैं।
- भारत के संविधान में मन्त्रिमण्डल को कार्यपालिका का दर्जा प्राप्त है तथा प्रधानमन्त्री की अध्यक्षता में मन्त्रिमण्डल पर भारत सरकार के पूरे प्रशासन की जिम्मेदारी है।

249. भारत में कितने लोकसभा निर्वाचन क्षेत्र हैं?
SSC CGL Tier-1 09.12.2022 (Shift-II)
(a) 553 (b) 533 (c) 543 (d) 523

उत्तर (c)

- भारत में **543** लोकसभा निर्वाचन क्षेत्र हैं। लोकसभा की सीटों के आवण्टन का अधिकार परिसीमन आयोग के पास है।
- वर्तमान में 10 लाख जनसंख्या पर एक लोकसभा सीट का प्रावधान है।
- वर्तमान में लोकसभा सीटों की संख्या 550 है।

250. भारत के उप-राष्ट्रपति के रूप में चुने जाने के लिए पात्रता मानदण्ड के सन्दर्भ में निम्नलिखित में से कौन-सा कथन सही नहीं है?
SSC CGL Tier-1 13.12.2022 (Shift-II)
(a) उसे केन्द्र सरकार/राज्य सरकार या किसी अधीनस्थ स्थानीय प्राधिकरण के अधीन लाभ के उद्देश्य से कोई पद धारण नहीं करना चाहिए
(b) उसे लोकसभा सदस्य के रूप में चुनाव के लिए योग्य होना चाहिए
(c) उसे न्यूनतम 35 वर्ष की आयु का होना चाहिए
(d) उसे भारत का नागरिक होना चाहिए

उत्तर (b)

- भारत के उपराष्ट्रपति के रूप में चुने जाने के लिए पात्रता मानदण्ड के सन्दर्भ में विकल्प (b) सही नहीं है कि उसे **राज्यसभा** का सदस्य निर्वाचित होने के योग्य होना चाहिए।
- भारतीय संविधान के **अनुच्छेद-63** में उपराष्ट्रपति पद का प्रावधान किया गया है।
- उपराष्ट्रपति राज्यसभा का पदेन सभापति होता है।
- उपराष्ट्रपति का चुनाव संसद के दोनों सदनों के सदस्यों द्वारा आनुपातिक प्रतिनिधित्व पद्धति के अनुसार एकल संक्रमणीय मत द्वारा किया जाता है।

SSC CGL 2021 (Tier 1 & 2)

251. निम्न में से किस वर्ष पहली बार राज्यसभा गठित की गई थी?
SSC CGL Tier-1 18.08.2021 (Shift-I
(a) 1952 (b) 1950
(c) 1948 (d) 1947

उत्तर (a)

- भारतीय संविधान लागू होने के बाद **अप्रैल, 1952** में भारतीय संसद के उच्च सदन अर्थात् राज्यसभा का गठन हुआ।
- इसकी पहली बैठक मई, 1952 को तत्कालीन उपराष्ट्रपति डॉ. सर्वपल्ली राधाकृष्णन के द्वारा की गई।
- संविधान के अनुच्छेद-80 के तहत राज्य के सदस्यों की संख्या अधिकतम 250 हो सकती है।
- वर्तमान में राज्यसभा की सदस्य **संख्या 245** है।

252. भारत के संविधान के निम्न में से कौन-से अनुच्छेद में राष्ट्रपति के अध्यादेशों को घोषित करने की शक्ति निहित है?
SSC CGL Tier-1 13.08.2021 (Shift-III)
(a) अनुच्छेद-123
(b) अनुच्छेद-77
(c) अनुच्छेद-111
(d) अनुच्छेद-143

उत्तर (a)

- **अनुच्छेद-123** के अनुसार राष्ट्रपति द्वारा घोषित अध्यादेश की शक्ति संसद द्वारा बनाए गए कानून के बराबर ही होती है तथा यह तत्काल प्रभाव से लागू हो जाता है।
- अध्यादेश के अधिसूचित होने के बाद इसे संसद में पुन: बैठक के **6 सप्ताह** (42 दिन) के अन्तर्गत संसद द्वारा अनुमोदित किया जाना आवश्यक होता है।

253. निम्न में से किसने वर्ष 1979 में भारत के प्रधानमन्त्री मोरारजी देसाई की जगह ली?
SSC CGL Tier-1 13.08.2021 (Shift-I)

(a) जगजीवन राम (b) चन्द्रशेखर
(c) चरण सिंह (d) देवीलाल

उत्तर (c)

• राजनीतिक उच्चाकांक्षा के कारण जनता पार्टी के टूट जाने के बाद 15 जुलाई, 1979 को मोरारजी देसाई ने प्रधानमन्त्री पद से त्याग-पत्र दे दिया था तथा कांग्रेस एवं समाजवादियों की पार्टियों के सहयोग से चौधरी चरण सिंह ने 28 जुलाई, 1979 को देश के **5वें प्रधानमन्त्री** बनकर उनकी जगह ली।

• इन्दिरा गाँधी के नेतृत्व वाली कांग्रेस द्वारा एक माह के अन्तर्गत समर्थन वापस लेने के बाद चौधरी चरण सिंह को प्रधानमन्त्री पद से त्याग-पत्र देना पड़ा तथा वे संसद का सामना किए बिना ही प्रधानमन्त्री पद से हट गए।

SSC CPO 2024 (Tier 1 & 2)

254. भारतीय संविधान के किस अनुच्छेद में राज्यसभा के सभापति व उपसभापति और लोकसभा अध्यक्ष व उपाध्यक्ष के वेतन और भत्तों का उल्लेख है?
SSC CPO 27.06.2024 (Shift-III)

(a) अनुच्छेद 95 (b) अनुच्छेद 94
(c) अनुच्छेद 97 (d) अनुच्छेद 92

उत्तर (c)

• अनुच्छेद 97 में यह विशेषता है कि वहाँ राज्यसभा के सभापति और उपसभापति तथा लोकसभा के अध्यक्ष और उपाध्यक्ष के वेतन और भत्ते संसद की विधि द्वारा निर्धारित होते हैं।

• **अनुच्छेद-95** लोकसभा उपाध्यक्ष या अन्य व्यक्ति की अध्यक्ष के पद के कर्त्तव्यों का पालन करने या अध्यक्ष के रूप में कार्य करने की शक्ति का प्रावधान है।

• **अनुच्छेद-94** लोकसभा अध्यक्ष और उपाध्यक्ष का पद रिक्त होना, पद त्याग और पद से हटाए जाने का प्रावधान है।

• **अनुच्छेद-92** जब सभापति या उपसभापति को पद से हटाने का कोई संकल्प विचाराधीन है, तब उसका पीठासीन न होने का प्रावधान है।

255. भारतीय संविधान के निम्नलिखित में से किस अनुच्छेद में उल्लेख है कि भारत के उप-राष्ट्रपति राज्यसभा के पदेन सभापति होंगे?
SSC CPO 27.06.2024 (Shift-III)

(a) अनुच्छेद 92 (b) अनुच्छेद 89
(c) अनुच्छेद 91 (d) अनुच्छेद 90

उत्तर (b)

• भारतीय संविधान के **अनुच्छेद 89** में उल्लेख है कि भारत के उप-राष्ट्रपति राज्यसभा के पदेन सभापति होंगे।

• राज्यसभा, यथाशीघ्र, अपने किसी सदस्य को अपना उप-सभापति चुनेगी और जब-जब उप-सभापति का पद रिक्त होता है, तब-तब राज्यसभा किसी अन्य सदस्य को अपना उप-सभापति चुनेगी।

256. भारतीय संविधान के अनुच्छेद ········ के अनुसार मन्त्रिपरिषद् सामूहिक रूप से लोकसभा के प्रति उत्तरदायी होता है।
SSC CPO 27.06.2024 (Shift-I)

(a) 75(3) (b) 72(1) (c) 73(2) (d) 74(1)

उत्तर (a)

• भारतीय संविधान के **अनुच्छेद 75 (3)** के अनुसार मन्त्रिपरिषद् सामूहिक रूप से **लोकसभा** के प्रति उत्तरदायी होता है।

• अनुच्छेद-75 के अनुसार प्रधानमन्त्री की नियुक्ति राष्ट्रपति करेगा और अन्य मन्त्रियों की नियुक्ति राष्ट्रपति प्रधानमन्त्री की सलाह पर करेगा।

• जब तक मन्त्रिपरिषद् को लोकसभा का विश्वास प्राप्त है, तब तक वह काम करती है। अगर लोकसभा के सदस्यों को लगता है कि मन्त्रिपरिषद् में विश्वास खो दिया है, तो वे अविश्वास प्रस्ताव ला सकते हैं। फलत: मन्त्रिपरिषद् का विघटन हो जाता है।

257. यदि राष्ट्रपति, राज्यपाल की रिपोर्ट से सन्तुष्ट है, तो वह अनुच्छेद 356 के तहत राष्ट्रपति शासन की घोषणा कर सकता है, लेकिन ऐसी उद्घोषणा (proclamation) प्रारम्भ में ········ की अवधि के लिए होती है।
SSC CPO 28.06.2024 (Shift-I)

(a) छ: महीने (b) तीन महीने
(c) एक महीने (d) दो महीने

उत्तर (a)

• राष्ट्रपति शासन राष्ट्रपति द्वारा राज्यपाल की रिपोर्ट से सन्तुष्ट होने पर भारत के संविधान के **अनुच्छेद 356** के तहत लागू किया जाता है।

• राष्ट्रपति शासन की घोषणा प्रारम्भ में **छ: महीने** की अवधि के लिए होती है।

• राष्ट्रपति शासन को संसद द्वारा अनुमोदित किया जाना चाहिए।

• यदि संसद अनुमोदन नहीं करती है, तो राष्ट्रपति शासन समाप्त हो जाता है।

• कुल मिलाकर, राष्ट्रपति शासन 3 वर्ष तक जारी रह सकता है।

258. भारतीय संविधान का कौन-सा अनुच्छेद भारत सरकार के वार्षिक वित्तीय विवरण से सम्बन्धित है?
SSC CPO 29.06.2024 (Shift-III)

(a) अनुच्छेद 120 (b) अनुच्छेद 112
(c) अनुच्छेद 110 (d) अनुच्छेद 116

उत्तर (b)

• भारत सरकार के **वार्षिक वित्तीय विवरण** (Annual Financial Statement) से सम्बन्धित अनुच्छेद भारतीय संविधान का **अनुच्छेद 112** है।

• इसे बजट भी कहा जाता है, जिसमें किसी एक वित्तीय वर्ष में सरकार की अनुमानित प्राप्तियों और व्यय का विवरण होता है (जो चालू वर्ष में 1 अप्रैल से शुरू होकर अगले वर्ष के 31 मार्च को समाप्त होता है)।

• **अनुच्छेद-120** संसद में उपयोग की जाने वाली भाषाओं के बारे में उल्लेख है।

• **अनुच्छेद-110** धन विधेयक की परिभाषा का उल्लेख है।

• **अनुच्छेद-116** लेखानुदान, ऋणानुदान और असाधारण अनुदान का उल्लेख किया गया है।

259. संसद के दोनों सदनों में पहली बार किस वर्ष राष्ट्रीय खेल नीति पर एक प्रस्ताव रखा गया था?
SSC CPO 29.06.2024 (Shift-I)

(a) 1984 (b) 2000
(c) 2014 (d) 1948

उत्तर (a)

• **राष्ट्रीय खेल नीति** पर एक संकल्प अगस्त, 1984 में संसद के दोनों सदनों में रखा गया था।

• यह नीति भारत में खेलों के विकास और प्रोत्साहन के लिए एक महत्त्वपूर्ण कदम था।

• इस नीति का उद्देश्य भारतीय खिलाड़ियों को अन्तर्राष्ट्रीय स्तर पर प्रतिस्पर्द्धा करने के लिए सक्षम बनाना और देश में खेल संस्कृति को बढ़ावा देना था।

• राष्ट्रीय खेल नीति को वर्ष 1991, 1994, 2001, 2011 और 2017 में संशोधित किया गया था।

• नवीनतम नीति का उद्देश्य भारत को 2028 ओलम्पिक में शीर्ष 10 में लाना है।

260. भारतीय संविधान के अनुसार, देश के लिए कानून और नीतियाँ बनाने की शक्ति किसके पास होती है?
SSC CPO 29.06.2024 (Shift-I)

(a) राजनीतिक दलों (b) राजनीतिक दबाव समूह
(c) संसद (d) प्रधानमन्त्री

उत्तर (c)

• भारतीय संविधान के अनुसार, देश के लिए कानून और नीतियाँ बनाने की शक्ति **संसद** के पास है।

• संसद राष्ट्रपति, राज्यसभा और लोकसभा से मिलकर बनते हैं।

• संसद के पास भारत में कानूनों में संशोधन करने की शक्ति भी हैं।

• प्रधानमन्त्री मन्त्रिपरिषद् का प्रमुख होता है और मन्त्रिमण्डल का प्रमुख होता है और राष्ट्रपति के मुख्य सलाहकार के रूप में कार्य करता है।

261. भारतीय संविधान का कौन-सा अनुच्छेद संघीय कार्यपालिका से सम्बन्धित है?
SSC CPO 29.06.2024 (Shift-I)

(a) अनुच्छेद 80 से 86 (b) अनुच्छेद 52 से 78
(c) अनुच्छेद 38 से 50 (d) अनुच्छेद 112 से 118

उत्तर (b)

• भारतीय संविधान का **अनुच्छेद 52-78** संघीय कार्यपालिका से सम्बन्धित है।

• भारतीय संविधान का अनुच्छेद 52 में कहा गया है कि भारत का एक राष्ट्रपति होगा।

• संघीय कार्यपालिका के अन्तर्गत राष्ट्रपति उप-राष्ट्रपति और प्रधानमन्त्री के नेतृत्व में मन्त्रिपरिषद् शामिल होती है।

• संघीय कार्यपालिका का प्रमुख प्रधानमन्त्री होता है।

• संघीय कार्यपालिका में प्रधानमन्त्री, राष्ट्रपति को सलाह और सहायता प्रदान करता है।

SSC CPO 2022 (Tier 1 & 2)

262. भारत के राष्ट्रपति के बारे में निम्नलिखित में से कौन सही नहीं है?

SSC CPO Tier-1 10.11.2022 (Shift-I)

(a) राष्ट्रपति का कार्यकाल पाँच वर्ष का होता है
(b) वह संसद का एक अंग होता है
(c) संसद द्वारा पारित प्रत्येक विधेयक कानून बनने से पहले राष्ट्रपति के पास उनकी स्वीकृति के लिए भेजा जाता है
(d) उनके पास वीटो शक्ति (पावर) होती है, जिसके द्वारा वे संसद द्वारा पारित धन विधेयक सहित अन्य विधेयकों को अपने पास रोके रख सकते हैं या स्वीकृति देने से मना कर सकते हैं

उत्तर (d)

• भारत के राष्ट्रपति के सम्बन्ध में विकल्प (d) सही नहीं है, क्योंकि उनके पास **तीन** प्रकार की वीटो शक्तियाँ होती हैं।

• भारत के राष्ट्रपति की वीटो पावर भारतीय संविधान के **अनुच्छेद-111** द्वारा निर्देशित है।

• धन विधेयक के सम्बन्ध में राष्ट्रपति या तो अपनी सहमति दे सकता है अथवा असहमति प्रकट कर सकता है, लेकिन उसे पुनर्विचार के लिए संसद में वापस नहीं भेज सकते अर्थात् निलम्बन वीटो धन विधेयक पर लागू नहीं होता है।

263. भारत के प्रधानमन्त्री के सम्बन्ध में निम्नलिखित में से कौन-सा कथन सही नहीं है?

SSC CPO Tier-1 11.11.2022 (Shift-I)

(a) लोकसभा में प्रधानमन्त्री बहुमत दल का नेता होता है
(b) प्रधानमन्त्री की नियुक्ति भारत के राष्ट्रपति द्वारा की जाती है
(c) प्रधानमन्त्री सरकार का प्रमुख होता है
(d) यदि संसद के दोनों सदनों द्वारा दो-तिहाई बहुमत से अविश्वास प्रस्ताव पारित कर दिया जाए, तो प्रधानमन्त्री को उसके पद से हटाया जा सकता है

उत्तर (d)

• भारत के प्रधानमन्त्री के सम्बन्ध में विकल्प (d) सही नहीं है।

• अविश्वास प्रस्ताव लोकसभा में साधारण बहुमत द्वारा पारित कर प्रधानमन्त्री को मन्त्रिपरिषद् सहित हटाया जा सकता है।

• **अविश्वास प्रस्ताव** संसदीय परम्परा का एक महत्त्वपूर्ण हिस्सा जब पूर्ण बहुमत की सरकारें काम करती थीं, तब विपक्ष के प्रतीकात्मक विरोध का एक साधन माना जाता था।

264. निम्नलिखित में से किसके पास भारत के मुख्य न्यायाधीश से परामर्श करके न्यायाधीशों को एक उच्च न्यायालय से दूसरे उच्च न्यायालय में स्थानान्तरित करने का अधिकार है?

SSC CPO Tier-1 10.11.2022 (Shift-I)

(a) उपराष्ट्रपति (b) राष्ट्रपति
(c) महान्यायवादी (d) प्रधानमन्त्री

उत्तर (b)

• **राष्ट्रपति** के पास भारत के मुख्य न्यायाधीश से परामर्श करके न्यायाधीशों को एक उच्च न्यायालय से दूसरे उच्च न्यायालय में स्थानान्तरित करने का अधिकार है।

• यह मौलिक प्रावधान है, क्योंकि वर्ष 1935 के **भारत-शासन अधिनियम** में ऐसा कोई प्रावधान नहीं था।

• राष्ट्रपति उच्च न्यायालय के किसी अवकाश प्राप्त न्यायाधीश को भी उच्च न्यायालय के न्यायाधीश के रूप में कार्य करने का अनुरोध कर सकता है।

SSC CHSL 2024 & 2023 (Tier 1 & 2)

265. भारत में नागरिकता के अधिकार को विनियमित करने की शक्ति किसके पास है?

SSC CHSL Tier-1 01.07.2024 (Shift-III)

(a) सर्वोच्च न्यायालय (b) संसद
(c) राज्यपाल (d) राष्ट्रपति

उत्तर (b)

• भारत में नागरिकता के अधिकार को विनियमित करने की शक्ति **संसद** के पास है।

• भारतीय संविधान के अनुच्छेद 11 में संसद की इस शक्ति का वर्णन किया गया है।

• संसद ने वर्ष 1955 में **नागरिकता अधिनियम** बनाया था।

• भारत में सर्वोच्च निर्णय या कानून वाली संस्था संसद है।

266. संविधान के किस अनुच्छेद में यह उल्लेख किया गया है कि "संसद में राष्ट्रपति और दो सदन होते हैं, जिन्हें काउन्सिल ऑफ स्टेट (राज्यसभा) और हाउस ऑफ पीपल (लोकसभा) के रूप में जाना जाता है"?

SSC CHSL Tier-1 03.07.2024 (Shift-III)

(a) 79 (b) 82 (c) 73 (d) 70

उत्तर (a)

• संविधान के **अनुच्छेद 79** में उल्लेखित किया गया है कि "संसद में राष्ट्रपति और दो सदन होते हैं, जिन्हें काउन्सिल ऑफ स्टेट (राज्यसभा) और हाउस ऑफ पीपल (लोकसभा) के रूप में जाना जाता है।"

• राज्यसभा में ऐसे सदस्य होंगे, जो राज्यों और संघ राज्य क्षेत्रों का प्रतिनिधि होंगे और लोकसभा में ऐसे सदस्य होंगे जो लोगों द्वारा प्रत्यक्ष रूप से चुने जाएँगे।

267. भारतीय संविधान का निम्नलिखित में से कौन-सा अनुच्छेद राष्ट्रपति और राज्यपालों और राजप्रमुखों को सुरक्षा प्रदान करता है?

SSC CHSL Tier-1 05.07.2024 (Shift-III)

(a) अनुच्छेद 356 (b) अनुच्छेद 352
(c) अनुच्छेद 370 (d) अनुच्छेद 361

उत्तर (d)

• भारतीय संविधान का **अनुच्छेद 361** राष्ट्रपति और राज्यपालों को सुरक्षा प्रदान करता है।

• इसके अन्तर्गत राष्ट्रपति और राज्यपालों को उनके कार्यकाल के दौरान उनके आधिकारिक कार्यों के सम्बन्ध में किसी भी नागरिक या आपराधिक मामलों में वादी नहीं बनाया जा सकता।

• उन्हें उनके कार्यकाल के दौरान गिरफ्तार नहीं किया जा सकता।

• राष्ट्रपति और राज्यपाल के खिलाफ कोई भी अदालती कार्यवाही उनके कार्यकाल समाप्त होने के बाद ही शुरू की जाती है।

• **अनुच्छेद-352** में राष्ट्रीय आपात आयात अनुच्छेद 356 में राज्यों में संवैधानिक तन्त्र की विफलता जबकि अनुच्छेद 370 में जम्मू कश्मीर की विशेष स्थिति के सन्दर्भ में था। अब इसके प्रावधानों को निरस्त कर दिया गया है।

268. संसदीय स्थायी समितियों का कार्यकाल .... वर्ष का होता है।

SSC CHSL Tier-1 08.07.2024 (Shift-II)

(a) एक (b) तीन (c) चार (d) दो

उत्तर (a)

• संसदीय स्थायी समितियों का कार्यकाल 1 वर्ष का होता है। सामान्य तौर पर संसदीय समितियाँ दो प्रकार की होती हैं

(i) **स्थायी समितियाँ** स्थायी प्रकृति की होती हैं, जो निरन्तरता के आधार पर कार्य करती हैं।

(ii) **तदर्थ समितियाँ** की प्रवृति अस्थायी होती है तथा जिस प्रयोजन से उनका गठन किया जाता है वह समाप्त होते ही इनका कार्यकाल भी समाप्त हो जाता है।

269. भारतीय संविधान के निम्नलिखित में से किस अनुच्छेद में भारत के राष्ट्रपति पर महाभियोग की प्रक्रिया का उल्लेख है?

SSC CHSL Tier-1 13.03.2023 (Shift-III)

(a) अनुच्छेद-60 (b) अनुच्छेद-62
(c) अनुच्छेद-61 (d) अनुच्छेद-59

उत्तर (c)

• महाभियोग वह प्रक्रिया है, जिसका प्रयोग राष्ट्रपति, सुप्रीम कोर्ट या हाईकोर्ट के जजों को हटाने के लिए किया जाता है।

• इसका उल्लेख अनुच्छेद-61, 124(4), (5), 217 तथा 218 में किया गया है।

• भारतीय संविधान में महाभियोग की प्रक्रिया को **अमेरिका** के संविधान से लिया गया है।

270. भारतीय संविधान के किस अनुच्छेद में उल्लेख किया गया है कि बाहरी आक्रमण और आन्तरिक अशान्ति से राज्यों की रक्षा करना केन्द्र सरकार का कर्त्तव्य है?

SSC CHSL Tier-1 09.03.2023 (Shift-I)

(a) 358 (b) 353 (c) 356 (d) 355

उत्तर (d)

• **अनुच्छेद-355** के अनुसार राज्यों की रक्षा करना **केन्द्र सरकार** का कर्त्तव्य है।

• अनुच्छेद-356 के अनुसार यदि किसी राज्य के राज्यपाल द्वारा राष्ट्रपति को यह रिपोर्ट दी जाए कि उस राज्य में संवैधानिक तन्त्र असफल हो गया है, तो वहाँ राष्ट्रपति शासन लागू किया जा सकता है।

• **अनुच्छेद-353** आपात की उद्घोषणा का प्रभाव।

• **अनुच्छेद-358** आपात के दौरान अनुच्छेद 19 के उपबन्धों का निलम्बन।

SSC CHSL 2022 (Tier 1 & 2)

271. उप-राष्ट्रपति का चुनाव लड़ने के इच्छुक उम्मीदवार को जमानत राशि के तौर पर कितनी राशि जमा करनी होती है?
SSC CHSL Tier-1 31.05.2022 (Shift-I)

(a) ₹ 15,000 (b) ₹ 25,000
(c) ₹ 30,000 (d) ₹ 20,000

उत्तर (a)

• उपराष्ट्रपति का चुनाव लड़ने के इच्छुक उम्मीदवार को जमानत राशि के तौर पर ₹ 15,000 की राशि जमा करनी होती है, परन्तु यदि उम्मीदवार डाले गए मतों का छठाँ हिस्सा प्राप्त करने में विफल रहता है, तो जमानत राशि जब्त कर ली जाती है।

• भारतीय संविधान के **अनुच्छेद-63 से 71** के तहत उपराष्ट्रपति के चुनाव, योग्यता एवं निष्कासन से सम्बन्धित प्रावधान है।

272. भारतीय संविधान के किस अनुच्छेद में कहा गया है कि "राज्यसभा में, जब-जब उप-सभापति का पद रिक्त होगा, तब-तब राज्यसभा किसी अन्य सदस्य को अपना उपसभापति चुनेगी।"?
SSC CHSL Tier-1 20.03.2022 (Shift-III)

(a) अनुच्छेद-377 (b) अनुच्छेद-370
(c) अनुच्छेद-89 (d) अनुच्छेद-14

उत्तर (c)

• **अनुच्छेद-89** में कहा गया है कि "राज्यसभा में, जब-जब उप-सभापति का पद रिक्त होगा, तब-तब राज्यसभा किसी अन्य सदस्य को अपना उपसभापति चुनेगी।"।

• भारत का उप-राष्ट्रपति राज्यसभा का **पदेन सभापति** होता है।

• भारत में उप-राष्ट्रपति से सम्बन्धित प्रावधान **अमेरिका** के संविधान से लिया गया है।

SSC MTS 2024 (Tier 1 & 2)

273. भारतीय राजनीतिक व्यवस्था में राष्ट्रपति का पद ········ का है।
SSC MTS Tier-1 11.11.2024 (Shift-III)

(a) तानाशाह (b) राजा
(c) वास्तविक कार्यपालक
(d) नाममात्र कार्यपालक

उत्तर (d)

• भारतीय राजनीतिक व्यवस्था में राष्ट्रपति का पद नाममात्र कार्यपालक का है।

• यह देश के पहले नागरिक तथा भारतीय सशस्त्र बलों के सर्वोच्च कमाण्डर भी होते हैं।

• राष्ट्रपति संसद का सत्र बुला सकता हैं, लोकसभा को भंग कर सकता है और संसद के सत्र में न होने पर अध्यादेश जारी कर सकता है।

• द्रौपदी मुर्मू वर्तमान में भारत की 15वीं राष्ट्रपति हैं।

274. राष्ट्रपति के अभिभाषण के समय, जो कि लोकसभा के प्रत्येक सत्र के प्रारम्भ में होता है, लोकसभा की गणपूर्ति की सदस्य संख्या कितनी होती है?
SSC MTS Tier-1 05.10.2024 (Shift-IV)

(a) एक तिहाई भाग (b) एक दसवाँ भाग
(c) एक चौथाई भाग (d) एक बारहवाँ भाग

उत्तर (b)

• लोकसभा की गणपूर्ति की सदस्य संख्या **एक दसवाँ भाग** होती है।

• अनुच्छेद 85 राष्ट्रपति को **लोकसभा का सत्रावसान** करने का अधिकार देता है।

• अनुच्छेद 85(2) राष्ट्रपति को लोकसभा भंग करने का अधिकार देता है।

275. राष्ट्रपति को उसके कार्यों के निष्पादन में सहायता करने और सलाह देने के लिए प्रधानमन्त्री की अध्यक्षता वाली/वाला एक ………………… होगी/होगा।
SSC MTS Tier-1 30.10.2024 (Shift-III)

(a) मन्त्रिपरिषद्
(b) भारत का महान्यायवादी
(c) संसद
(d) राज्यसभा

उत्तर (a)

• अनुच्छेद 74(1) के तहत राष्ट्रपति को अपने कार्यों के निष्पादन में सहायता और सलाह देने के लिए प्रधानमन्त्री की अध्यक्षता में एक मन्त्रिपरिषद् होगी।

• अनुच्छेद 74(2) के तहत राष्ट्रपति को यह स्वतन्त्रता है कि वह अपने आदेशों को इस आधार पर निर्विवाद बना सके कि ये मन्त्रियों की सलाह के खिलाफ थे या फिर मन्त्रियों से कोई सलाह लिए बिना जारी किए गए थे।

276. भारतीय संविधान का कौन-सा अनुच्छेद भारत के महान्यायवादी की नियुक्ति और कर्त्तव्यों से सम्बन्धित है? **SSC MTS Tier-1 28.10.2024 (Shift-II)**

(a) अनुच्छेद 74 (b) अनुच्छेद 80
(c) अनुच्छेद 76 (d) अनुच्छेद 81

उत्तर (c)

• भारतीय संविधान का अनुच्छेद -76 भारत के महान्यायवादी की नियुक्ति और कर्त्तव्यों से सम्बन्धित है।

• महान्यायवादी भारत सरकार का **विधि अधिकारी** होता है।

• यह न तो संसद तथा न ही मन्त्रिमण्डल का सदस्य होता है।

• इसकी नियुक्ति राष्ट्रपति करता है तथा राष्ट्रपति के प्रसादपर्यन्त ही यह अपना पद धारण करता है।

• इसे भारत के राज्य क्षेत्र के **सभी न्यायालयों में सुनवाई** का अधिकार है।

277. संविधान के निम्नलिखित में से किस अनुच्छेद में प्रावधान है कि 'भारत सरकार की समस्त कार्यपालिका कार्रवाई राष्ट्रपति के नाम से की हुई कही जाएगी'?
SSC MTS Tier-1 18.10.2024 (Shift-II)

(a) अनुच्छेद 71 (1) (b) अनुच्छेद 76 (2)
(c) अनुच्छेद 77 (1) (d) अनुच्छेद 75 (1A)

उत्तर (c)

• **अनुच्छेद 77(1)** में प्रावधान है कि 'भारत सरकार की समस्त कार्यपालिका कार्रवाई राष्ट्रपति के नाम से की हुई कहीं जाएगी'।

• अनुच्छेद 77 के तहत राष्ट्रपति भारत सरकार के काम को आसानी से चलाने के लिए और मन्त्रियों के बीच काम का बँटवारा करने के लिए नियम बनाता है।

• राष्ट्रपति भारतीय सशस्त्र बलों का **सर्वोच्च कमाण्डर** होता हैं।

• यह वित्तीय और धन विधेयक लाने की सिफारिश करता है।

278. निम्नलिखित में से कौन-सा भारत के सरकारी खातों (government accounts) में से एक नहीं है? **SSC MTS Tier-1 09.10.2024 (Shift-I)**

(a) सामान्य भविष्य निधि
(b) भारत की संचित निधि
(c) भारत की आकस्मिक निधि
(d) भारत की लोक लेखा समिति

उत्तर (a)

• **सामान्य भविष्य निधि** भारत के सरकारी खातों में से एक नहीं है। कर्मचारी भविष्य निधि संगठन भारत की अनिवार्य अंशदायी पेंशन और बीमा योजना प्रदान करने वाला शासकीय संगठन है।

• **भारत की संचित निधि** का उल्लेख संविधान के अनुच्छेद 266(1) में किया गया है। यह सरकार की प्राथमिक निधि है, जिसमें सभी प्राप्तियाँ जमा की जाती हैं।

• **भारत की आकस्मिक** निधि का उल्लेख अनुच्छेद 267 के तहत किया गया है। इस निधि का उपयोग सरकार द्वारा किसी अचानक आने वाली जरूरत या आर्थिक संकट के लिए किया जाता है।

• **लोक लेखा समिति** एक संसदीय समिति है, जो सार्वजनिक धन और संसाधनों के उपयोग के लिए सरकारी संस्थानों को जवाबदेही ठहराने के लिए महालेखा परीक्षक द्वारा दी गई रिपोर्टों सहित सभी सम्बद्ध वित्तीय अभिलेखों की जाँच करती है।

279. कौन-सा अनुच्छेद राज्य में संवैधानिक तन्त्र की विफलता की स्थिति में प्रावधानों से सम्बन्धित है? **SSC MTS Tier-1 09.10.2024 (Shift-I)**

(a) अनुच्छेद 342 (b) अनुच्छेद 356
(c) अनुच्छेद 395 (d) अनुच्छेद 448

उत्तर (b)

• **अनुच्छेद 356** राज्य में संवैधानिक तन्त्र की विफलता की स्थिति में प्रावधानों से सम्बन्धित है।

• इसे राज्य आपातकाल या संवैधानिक आपातकाल के नाम से जाना जाता है।

• राष्ट्रपति शासन तब होता है, जब राज्य सरकार को निलम्बित कर दिया जाता है और केन्द्र सरकार सीधे राज्यपाल के कार्यालय के माध्यम से राज्य का प्रशासन करती है।

280. भारतीय संविधान के निम्नलिखित में से किस अनुच्छेद में यह उल्लेख है कि प्रत्येक मन्त्री और भारत के महान्यायवादी को संसद के किसी भी सदन में बोलने और उसकी कार्यवाहियों में भाग लेने का अधिकार होगा?
SSC MTS Tier-1 08.10.2024 (Shift-I)

(a) अनुच्छेद 89 (b) अनुच्छेद 87
(c) अनुच्छेद 88 (d) अनुच्छेद 86

उत्तर (c)

• भारतीय संविधान के **अनुच्छेद** 88 में उल्लेख है कि प्रत्येक मन्त्री और भारत के महान्यायवादी को संसद के किसी भी सदन में बोलने और उसकी कार्यवहियों में भाग लेने का अधिकार होगा।

• इस अनुच्छेद के तहत्, मन्त्री और अटार्नी जनरल को वोट देने का अधिकार नहीं होता है।

• यह अनुच्छेद मन्त्रियों और अटार्नी जनरल को कुछ खास अधिकार और शक्तियाँ देता है। इनसे उन्हें विधायी प्रक्रिया में सक्रिय रूप से हिस्सा लेने और संसद में फैसले लेने में मदद मिलती है।

SSC MTS 2023 (Tier 1 & 2)

281. भारत के संविधान का कौन-सा अनुच्छेद-राष्ट्रपति के कार्यों के निष्पादन में राष्ट्रपति को सहायता और सलाह देने के लिए प्रधानमन्त्री की अध्यक्षता में मन्त्रिपरिषद् का प्रावधान करता है? **SSC MTS 06.09.2023 (Shift-III)**

(a) अनुच्छेद-74 (b) अनुच्छेद-77
(c) अनुच्छेद-71 (d) अनुच्छेद-72

उत्तर (a)

• अनुच्छेद-74 के अनुसार राष्ट्रपति को सहायता और सलाह देने के लिए एक मन्त्रिपरिषद् होगी, जिसका प्रधान प्रधानमन्त्री होगा और राष्ट्रपति अपने कृत्यों का प्रयोग करने में इसकी सलाह के अनुसार कार्य करेगा।

• **अनुच्छेद-71** राष्ट्रपति या उपराष्ट्रपति के निर्वाचन से सम्बन्धित या सशक्त विषय।

• **अनुच्छेद-72** क्षमता आदि की और कुछ मामलों में दण्डादेश के निलम्बन, परिहार या लघुकरण की राष्ट्रपति की शक्ति।

• **अनुच्छेद-77** भारत सरकार के कार्य का संचालन।

282. निम्नलिखित में से कौन-सी कैबिनेट समिति नहीं है? **SSC MTS 05.09.2023 (Shift-II)**

(a) कैबिनेट की नियुक्ति समिति
(b) निवेश और विकास सम्बन्धी समिति
(c) मन्त्रियों के बीच विवाद पर समिति
(d) राजनीतिक मामलों की समिति

उत्तर (c)

• मन्त्रियों के बीच विवाद पर समिति कैबिनेट समिति नहीं है।

• कैबिनेट समिति का गठन या तो सीधे **प्रधानमन्त्री** कर सकते हैं या **कैबिनेट** कर सकती है।

• कैबिनेट समिति की मुख्य भूमिका सुरक्षा, राजनीति, अर्थव्यवस्था आदि से सम्बन्धित महत्त्वपूर्ण नीतिगत मुद्दों पर विचार-विमर्श करना और अन्तिम रूप देना है।

• इसमें कैबिनेट मन्त्री और राज्य मन्त्री शामिल होते हैं।

283. भारत में संसद के दोनों सदनों का चुनाव कौन कराता है? **SSC MTS 04.09.2023 (Shift-II)**

(a) निर्वाचन आयोग
(b) संसदीय कार्य मन्त्रालय
(c) प्रधानमन्त्री
(d) राष्ट्रपति

उत्तर (a)

• संसद के दोनों सदनों का चुनाव **निर्वाचन आयोग** कराता है।

• इसके अतिरिक्त यह राष्ट्रपति, उपराष्ट्रपति तथा राज्य विधानसभाओं के चुनावों का संचालन करता है।

• भारतीय संविधान का **भाग XV**, अनुच्छेद-324-329 निर्वाचन आयोग से सम्बन्धित हैं।

284. लोकसभा के प्रथम अध्यक्ष कौन थे? **SSC MTS 11.09.2023 (Shift-II)**

(a) अनन्तशयनम आयंगर
(b) एन. एस. रेड्डी
(c) मीरा कुमार
(d) जी. वी. मावलंकर

उत्तर (d)

• **जी. वी. मावलंकर** लोकसभा के प्रथम अध्यक्ष थे।

• इनका पूरा नाम श्री गणेश वासुदेव मावलंकर था।

• इनका कार्यकाल 15 मई, 1952 से 27 फरवरी, 1956 तक रहा।

• वर्तमान में (2025) 18वीं लोकसभा के अध्यक्ष **ओम बिड़ला** हैं।

SSC MTS 2022, 21 (Tier 1 & 2)

285. भारत के संविधान के अनुसार, भारत के राष्ट्रपति अपना पद ग्रहण करने की तिथि से ...... की अवधि के लिए पद धारण करते हैं। **SSC MTS 12.07.2022 (Shift-I)**

(a) तीन वर्ष (b) चार वर्ष
(c) पाँच वर्ष (d) छः वर्ष

उत्तर (c)

• अनुच्छेद-56 के अनुसार, राष्ट्रपति पद ग्रहण की तिथि से 5 वर्ष तक अपने पद पर बना रहता है।

• संविधान में यह उल्लिखित है कि वह पुन निर्वाचित होने की योग्यता रखता है।

• भारतीय संविधान के **भाग** 5 में **अनुच्छेद-52 से** 78 तक संघीय कार्यपालिका का वर्णन किया गया है।

286. भारतीय संविधान का कौन-सा अनुच्छेद 'आपातकाल की उद्घोषणा' से सम्बन्धित है? **SSC MTS 02.11.2022 (Shift-I)**

(a) 325 (b) 235
(c) 352 (d) 253

उत्तर (c)

• **अनुच्छेद-352** के अन्तर्गत युद्ध या बाह्य आक्रमण या सशस्त्र विद्रोह के कारण देश में आपातकाल लगाया जा सकता है।

• 44वें संविधान संशोधन द्वारा अनुच्छेद 352 के तहत उद्घोषणा सम्पूर्ण भारत में या उसके किसी भाग में की जा सकती है।

• भारतीय संविधान के अनुच्छेद-356 में राष्ट्रपति शासन तथा अनुच्छेद-360 में वित्तीय आपातकाल का प्रावधान है।

287. भारतीय संविधान के अनुच्छेद-360 में क्या प्रावधान है? **SSC MTS 06.10.2021 (Shift-I)**

(a) वित्तीय आपातकाल (b) मूल कर्त्तव्य
(c) जीवन का अधिकार (d) सम्पत्ति का अधिकार

उत्तर (a)

• **अनुच्छेद-360** के तहत **वित्तीय आपात** की घोषणा राष्ट्रपति द्वारा तब की जाती है, जब राष्ट्रपति को पूर्ण रूप से विश्वास हो जाए कि देश में ऐसा आर्थिक संकट बना हुआ है, जिसके कारण भारत के वित्तीय स्थायित्व या साख को खतरा है।

• राष्ट्रपति वित्तीय आपात की घोषणा को कभी भी वापस ले सकता है।

• भारत में वित्तीय आपात अब तक लागू नहीं हुआ है।

288. राज्यसभा के पहले अध्यक्ष निम्न में से कौन थे? **SSC MTS 06.10.2021 (Shift-I)**

(a) राजेन्द्र प्रसाद
(b) बी. आर. अम्बेडकर
(c) सच्चिदानन्द सिन्हा
(d) एस. राधाकृष्णन

उत्तर (d)

• राज्यसभा के पहले अध्यक्ष **डॉ.एस. राधाकृष्णन** थे।

• इनका कार्यकाल वर्ष 1952 से 1962 के मध्य था। वर्तमान (2025) में राज्यसभा के अध्यक्ष **जगदीप धनखड़** हैं।

• राज्यसभा का अध्यक्ष **उप-राष्ट्रपति** होता है। उप-राष्ट्रपति राज्यसभा का सदस्य नहीं होता है।

• इसे मतदान का अधिकार नहीं है, किन्तु सभापति के रूप में निर्णायक मत देने का अधिकार प्राप्त है।

SSC Steno 2024 (Tier 1 & 2)

289. निम्नलिखित में से किस वर्ष वस्तु एवं सेवा कर (राज्यों को मुआवजा) विधेयक पारित किया गया था? **SSC Steno Tier-1 10.12.2024 (Shift-I)**

(a) 2017 (b) 2002
(c) 2007 (d) 2014

उत्तर (a)

• वर्ष 2017 में वस्तु एवं सेवा कर (राज्यों को मुआवजा) विधेयक पारित किया गया था।

• इस विधेयक में प्रावधान किया गया था कि GST के लागू होने के बाद राजस्व के नुकसान के लिए राज्यों को 5 वर्षों की अवधि तक मुआवजा दिया जाएगा।

290. वर्ष 1919 के भारत सरकार अधिनियम के अन्तर्गत केन्द्रीय विधानसभा का कार्यकाल कितना था? **SSC Steno Tier-1 11.12.2024 (Shift-I)**

(a) तीन वर्ष (b) दो वर्ष
(c) सात वर्ष (d) पाँच वर्ष

उत्तर (a)

• वर्ष 1919 के भारत सरकार अधिनियम के अन्तर्गत केन्द्रीय विधानसभा का कार्यकाल 3 वर्ष था।

• इस अधिनियम के तहत, केन्द्रीय विधानसभा में द्विसदनीय व्यवस्था की स्थापना की गई थी।

• इस अधिनियम को मोण्टेग्यू-चेम्सफोर्ड सुधार के नाम से भी जाना जाता है।

SSC GD 2024

291. राज्यसभा की अधिकतम संख्या कितनी होती है?
SSC GD 22.02.2024 (Shift-I)

(a) 350 (b) 450 (c) 250 (d) 150

उत्तर (c)

• राज्यसभा में सदस्यों की अधिकतम संख्या 250 होती है, जिसमें से 238 सदस्य राज्यों तथा संघ राज्य क्षेत्रों के प्रतिनिधि होंगे तथा 12 सदस्यों को राष्ट्रपति द्वारा नामांकित किया जाएगा।
• राज्यसभा एक **स्थायी निकाय** है, इसे भंग नहीं किया जा सकता।
• संविधान के अनुच्छेद-80 में राज्यसभा के गठन का प्रावधान है।
• राज्यसभा भारतीय संसद का **उच्च सदन** है।

292. भारतीय संविधान के निम्नलिखित में से कौन-से अनुच्छेद का सम्बन्ध भारतीय संसद से है?
SSC GD 21.02.2024 (Shift-I)

(a) अनुच्छेद-79-122 (b) अनुच्छेद-1-12
(c) अनुच्छेद-12-40 (d) अनुच्छेद-40-71

उत्तर (a)

• संविधान का **भाग-V में अनुच्छेद-79-122** संसद के संगठन, संरचना, अवधि, अधिकार व शक्तियों से सम्बन्धित है।
• संविधान के अनुच्छेद-79 के अनुसार संघ के लिए एक संसद होगी।
• संसद, राष्ट्रपति और दो सदनों से मिलकर बनेगी।

293. राज्यसभा के कितने सदस्य अप्रत्यक्ष रूप से चुने जाते हैं और राज्यों व केन्द्रशासित प्रदेशों के प्रतिनिधि होते हैं? SSC GD 22.02.2024 (Shift-I)

(a) 238 (b) 236 (c) 239 (d) 237

उत्तर (a)

• राज्यसभा के 238 सदस्य अप्रत्यक्ष रूप से चुने जाते है और 12 सदस्य राष्ट्रपति द्वारा नामित होते हैं।
• संविधान के **अनुच्छेद-80** में राज्यसभा की अधिकतम संख्या 250 बताई गई है।
• राज्यसभा भारतीय संसद का **उच्च सदन** है।
• राज्यसभा में सर्वाधिक सीटें (31) उत्तर प्रदेश से हैं।

294. जुलाई, 2023 को भारत के विदेश मन्त्री एस. जयशंकर ने किस राज्य से राज्यसभा चुनाव के लिए अपना नामांकन-पत्र दाखिल किया?
SSC GD 22.02.2024 (Shift-I)

(a) हरियाणा (b) गुजरात
(c) उत्तर प्रदेश (d) महाराष्ट्र

उत्तर (b)

• **एस. जयशंकर** ने गुजरात से राज्यसभा के लिए अपना नामांकन-पत्र दाखिल किया।
• वे जनवरी, 2015 से जनवरी, 2018 तक भारत सरकार के विदेश सचिव रह चुके हैं।

295. भारत में राज्यसभा (काउन्सिल ऑफ स्टेट) के पीठासीन अधिकारी निम्नलिखित में से कौन हैं? SSC GD 23.02.2024 (Shift-I)

(a) उप-राष्ट्रपति (b) वक्ता
(c) राष्ट्रपति (d) प्रधानमन्त्री

उत्तर (a)

• उप-राष्ट्रपति संवैधानिक प्रावधानों के अन्तर्गत राज्यसभा के **पदेन सभापति** के रूप में कार्य करते हैं।
• भारत के वर्तमान उपराष्ट्रपति **श्री जगदीप धनखड़ हैं।** इन्होंने 7 अगस्त, 2022 को अपना पदभार सम्भाला था।

296. भारत के महान्यायवादी .... के प्रसादपर्यन्त पद पर बने रहते हैं। SSC GD 26.02.2024 (Shift-I)

(a) भारत के राष्ट्रपति
(b) प्रधानमन्त्री
(c) भारत के मुख्य न्यायाधीश
(d) भारत के कानून मन्त्री

उत्तर (a)

• भारत के महान्यायवादी (अटॉर्नी जनरल) को संविधान की **धारा-76 (1)** के तहत भारत के राष्ट्रपति द्वारा नियुक्त किया जाता है।
• महान्यायवादी देश का सर्वोच्च कानून। अधिकारी होता है।
• महान्यायवादी के पद पर उसे नियुक्त किया जाता है, जो व्यक्ति उच्चतम न्यायालय के न्यायाधीश होने की योग्यता रखता हो।
• वर्तमान (2025) में महान्यायवादी **के.के. वेणुगोपाल** हैं।

SSC GD 2023

297. निम्नलिखित में से कौन-सा कथन भारत के संसद के संयुक्त सत्र के बारे में सही नहीं है?
SSC GD 02.02.2023 (Shift-I)

(a) अब तक दोनों सदनों की संयुक्त बैठक तीन मौकों पर हो चुकी है।
(b) राज्यसभा के सभापति (उप-राष्ट्रपति) संयुक्त सत्र की अध्यक्षता करते हैं।
(c) राष्ट्रपति संयुक्त सत्र के लिए दोनों सदनों की बैठक बुला सकता है।
(d) संसद के दोनों सदनों के बीच गतिरोध को दूर करने के लिए संयुक्त सत्र का आयोजन किया जाता है।

उत्तर (b)

• भारत के संसद के संयुक्त सत्र के बारे में विकल्प (b) सही नहीं है।
• **लोकसभा अध्यक्ष** लोकसभा और राज्यसभा की संयुक्त बैठक की अध्यक्षता करता है तथा लोकसभा के उपाध्यक्ष उसकी अनुपस्थिति में अध्यक्षता करते हैं।
• यदि वह भी अनुपस्थित है, तो राज्यसभा के उप-सभापति इसकी अध्यक्षता करते हैं।

298. पहली निर्वाचित संसद निम्नलिखित में से किस वर्ष अस्तित्व में आई थी?
SSC GD 07.10.2023 (Shift-I)

(a) वर्ष 1949 (b) वर्ष 1955
(c) वर्ष 1952 (d) वर्ष 1950

उत्तर (c)

• भारत का संविधान 26 जनवरी, 1950 को प्रवृत्त हुआ। नए संविधान के तहत प्रथम आम चुनाव वर्ष 1951-52 में आयोजित किए गए थे तथा प्रथम निर्वाचित संसद **अप्रैल, 1952** में अस्तित्व में आई।
• संसद भारत का **सर्वोच्च विधायी निकाय** है। भारतीय संसद में राष्ट्रपति तथा दो सदन-राज्यसभा (राज्यों की परिषद्) एवं लोकसभा (लोगों का सदन) होते हैं।

299. भारतीय संविधान का कौन-सा अनुच्छेद, राष्ट्रपति और उपराष्ट्रपति के निर्वाचन से सम्बन्धित या संसक्त विषय से सम्बन्धित है?
SSC GD 09.02.2023 (Shift-I)

(a) अनुच्छेद-69 (b) अनुच्छेद-70
(c) अनुच्छेद-71 (d) अनुच्छेद-68

उत्तर (c)

• राष्ट्रपति और उपराष्ट्रपति के निर्वाचन से सम्बन्धित **अनुच्छेद-71** है।
• इसमें कहा गया है कि राष्ट्रपति या उपराष्ट्रपति के चुनाव के सम्बन्ध में सभी निर्णय सर्वोच्च न्यायालय करेगा और ये निर्णय अन्तिम होंगे तथा किसी भी प्रकार के हितों के टकराव से मुक्त होंगे।

SSC Selection Post 2024

300. जब कोई गैर मन्त्री किसी विधेयक का प्रस्ताव करता है, तो उसे क्या कहा जाता है?
SSC SP (10+2) 20.08.2024 (Shift-II)

(a) गैर-धन विधेयक
(b) निजी सदस्य विधेयक
(c) धन विधेयक
(d) सरकारी विधेयक

उत्तर (b)

• जब कोई गैर मन्त्री किसी विधेयक का प्रस्ताव करता है, तो उसे **निजी सदस्य विधेयक** कहा जाता है।
• सत्तारूढ़ दल और विपक्षी सांसदों द्वारा एक निजी सदस्य विधेयक पेश किया जा सकता है। वे एक महीने की पूर्व सूचना देने के बाद संसद में ऐसे विधेयक पेश कर सकते हैं।
• निजी सदस्य विधेयक को केवल **शुक्रवार** को पेश किया जा सकता है।

301. किसी सदन के मनोनीत सदस्य को सदन का सदस्य होने के लिए अयोग्य घोषित कर दिया जाएगा, यदि वह अपने पद ग्रहण करने की तिथि से .... की समाप्ति के बाद किसी भी राजनीतिक दल में शामिल हो जाता है।
SSC SP (10+2) 10.08.2024 (Shift-III)

(a) छः माह (b) तीन माह
(c) एक माह (d) एक वर्ष

उत्तर (a)

• किसी सदन के मनोनीत सदस्य को सदन का सदस्य होने के लिए अयोग्य घोषित कर दिया जाएगा, यदि वह अपने पद ग्रहण करने की तिथि से **छः माह** की समाप्ति के बाद किसी भी राजनीतिक दल में शामिल हो जाता है।
• 52वें संविधान संशोधन 1985 के द्वारा देश में **दल-बदल विरोधी कानून** पारित किया गया।
• इस कानून के तहत सदन के अध्यक्ष के पास सदस्यों को अयोग्य करार देने सम्बन्धी निर्णय लेने की शक्ति है।

राज्य सरकार (राज्यपाल, विधानसभा, विधानपरिषद्)

राज्यपाल

- **अनुच्छेद-153** के अन्तर्गत भारत संघ के प्रत्येक राज्य में एक राज्यपाल होगा। राज्यपाल की नियुक्ति राष्ट्रपति के द्वारा की जाती है। वह राज्य का मुख्य कार्यकारी अध्यक्ष होता है।
- राज्यपाल नियुक्त होने के लिए वह 35 वर्ष की आयु पूर्ण कर चुका हो एवं भारत का नागरिक हो।
- राज्यपाल के रूप में नियुक्त होने के लिए उसे उस राज्य का निवासी होना आवश्यक नहीं है।
- वह राष्ट्रपति के **प्रसादपर्यन्त कार्य** करता है, जिसकी नियुक्ति 5 वर्ष की अवधि के लिए की जाती है।
- राष्ट्रपति शासन के दौरान वह केन्द्र सरकार द्वारा नियुक्त परामर्शदाता की सहायता से सीधे तौर पर प्रशासन को चलाता है।

राज्यपाल की शक्तियाँ

- विधायी शक्तियाँ यह विधानमण्डल की बैठकों के लिए समय और स्थान को निश्चित करता है और उनका बुलावा भेजता है।
- वर्ष में एक बार सत्र के आरम्भ में विधानमण्डल की बैठकों को सम्बोधित करता है।
- विधानमण्डल द्वारा पारित किसी भी विधेयक पर उसकी स्वीकृति होनी आवश्यक है।
- जब भी विधानमण्डल का अधिवेशन नहीं चल रहा होता है, तो उसे एक अध्यादेश को लागू करने की शक्ति प्राप्त है अनुच्छेद-293(1)।
- वित्तीय शक्तियाँ राज्य की विधानसभा में कोई भी धन-विधेयक राज्यपाल की अनुमति के बिना पेश नहीं किया जा सकता।
- वह राज्य लोक सेवा आयोग के अध्यक्ष और इसके सदस्यों की नियुक्ति करता है।
- ऐसा नहीं पाए जाने पर वह अनुच्छेद-356(1) के अन्तर्गत राष्ट्रपति को रिपोर्ट भेज सकता है।

मन्त्रिपरिषद्/मुख्यमन्त्री

- मन्त्रिपरिषद् का मुखिया – मुख्यमन्त्री
- राज्यपाल, मुख्यमन्त्री और उसके मन्त्रियों की नियुक्ति करता है। मन्त्रिपरिषद् राज्य विधानसभा के प्रति सामूहिक रूप से उत्तरदायी है।

राज्य विधायिका

विधानपरिषद्

- राज्य विधानमण्डल का उच्च सदन – विधानपरिषद्
- वर्तमान में केवल **छः राज्यों** (उत्तर प्रदेश, कर्नाटक, महाराष्ट्र, बिहार तथा आन्ध्र प्रदेश एवं तेलंगाना) में विधानपरिषदें विद्यमान हैं।
- विधानपरिषद् का सदस्य बनने के लिए न्यूनतम आयु-सीमा 30 वर्ष है।
- विधानपरिषद् के प्रत्येक सदस्य का कार्यकाल 6 वर्ष होता है, किन्तु प्रति दूसरे वर्ष एक-तिहाई सदस्य अवकाश ग्रहण करते हैं तथा उनके स्थान पर नवीन सदस्य निर्वाचित होते हैं।
- विधानपरिषद् अपने सदस्यों में से दो को क्रमशः सभापति एवं उपसभापति चुनती है।

विधानसभा

- विधानसभा का कार्यकाल 5 वर्ष का होता है। विशेष परिस्थिति में राज्यपाल को यह अधिकार है कि वह इससे पूर्व भी उसको मुख्यमन्त्री की सिफारिश पर विघटित कर सकता है।
- विधानसभा में निर्वाचित होने के लिए न्यूनतम आयु सीमा 25 वर्ष है।
- प्रत्येक राज्य की विधानसभा में कम-से-कम 60 और अधिक-से-अधिक 500 सदस्य हो सकते हैं।
  अपवाद— अरुणाचल प्रदेश (40), गोवा (40), मिजोरम (40), सिक्किम (32)।
- विधानसभा के सदस्यों का चुनाव वयस्क मताधिकार (18 वर्ष) प्रणाली द्वारा होता है।

संघ और राज्य क्षेत्र

- संविधान का भाग 1, प्रथम अनुसूची (अनुच्छेद 1 से 4) संघ और इसके क्षेत्र से सम्बन्धित हैं।
- संविधान का अनुच्छेद 1 के अनुसार, **इण्डिया जोकि भारत, राज्यों का संघ होगा**।
- अनुच्छेद 3, नए राज्यों का निर्माण तथा वर्तमान राज्यों के क्षेत्रों, सीमाओं या नामों में परिवर्तन।

SSC एग्जाम स्कैनर

SSC CGL 2024 (Tier 1 & 2)

302. निम्नलिखित में से भारतीय संविधान का कौन-सा अनुच्छेद और भाग राज्य विधानमण्डल से सम्बन्धित है?

SSC CGL Tier-1 26.09.2024 (Shift-I)

(a) भाग VI में अनुच्छेद 168 से 212
(b) भाग VI में अनुच्छेद 214 से 231
(c) भाग IX में अनुच्छेद 243 से 243-0
(d) भाग V में अनुच्छेद 79 से 122

उत्तर (a)

- **भाग VI में अनुच्छेद 168 से 212** भारतीय संविधान के राज्य विधानमण्डल से सम्बन्धित है।
- संविधान के **भाग VI** में राज्य विधानमण्डल के संगठन, संरचना, अवधि, प्रक्रिया, विशेषाधिकार और अन्य जिम्मेदारियाँ शामिल है।
- राज्य विधानमण्डल, राज्य स्तर पर कानून बनाने वाली संस्था है।
- राज्य विधानमण्डल में दो सदन होते हैं, **विधानसभा** और **विधानपरिषद्**।

303. भारत में राज्य का सर्वोच्च विधि अधिकारी किसे माना जाता है?

SSC CGL Tier-1 24.09.2024 (Shift-II)

(a) उच्च न्यायालय के मुख्य न्यायाधीश
(b) महान्यायवादी
(c) महालेखापरीक्षक
(d) महाधिवक्ता

उत्तर (d)

- राज्य के किसी भी कानूनी मामलों या कानूनी कर्त्तव्यों के निर्वहन से **महाधिवक्ता** सम्बन्धित होता है, इसलिए वह राज्य का सर्वोच्च विधि अधिकारी होता है।
- महाधिवक्ता के सम्बन्ध में संविधान के **अनुच्छेद 165** में वर्णन है।
- महाधिवक्ता, राज्य सरकार को कानूनी मामलों में सलाह देता है। केन्द्र में इसके समकक्ष महान्यायवादी होता है।
- महाधिवक्ता की नियुक्ति **राज्यपाल** करता है।

304. किसी राज्य में मुख्यमन्त्री सहित मन्त्रियों की संख्या ……… से कम नहीं होनी चाहिए।

SSC CGL Tier-1 23.09.2024 (Shift-III)

(a) 13 (b) 11 (c) 12 (d) 10

उत्तर (c)

- 91वें संवैधानिक संशोधन अधिनियम, **2003** के अनुसार किसी राज्य में मुख्यमन्त्री **सहित मन्त्रियों** की संख्या **12** से कम नहीं होनी चाहिए।
- किसी राज्य में मन्त्रिपरिषद् में मुख्यमन्त्री सहित मन्त्रियों की कुल संख्या उस राज्य की विधानसभा की कुल संख्या के **15%** से अधिक नहीं होनी चाहिए।
- मुख्यमन्त्री, मन्त्रिपरिषद् की बैठक की अध्यक्षता करता है।
- मुख्यमन्त्री, राज्यपाल से मन्त्रियों की नियुक्ति के लिए सिफारिश करता है।

305. भारत के संविधान के किस अनुच्छेद में कहा गया है कि कानूनी मामलों पर राज्य सरकार को सलाह देना महाधिवक्ता का कर्त्तव्य होगा?

CGL Tier-1 17.09.2024 (Shift-II)

(a) अनुच्छेद 167
(b) अनुच्छेद 166
(c) अनुच्छेद 165
(d) अनुच्छेद 168

उत्तर (c)

- महाधिवक्ता का अधिकार और कार्य का वर्णन संविधान के **अनुच्छेद 165** के अन्तर्गत किया गया है।
- प्रत्येक राज्य का राज्यपाल एक ऐसे व्यक्ति को राज्य के लिए महाधिवक्ता नियुक्त करेगा, जो उच्च न्यायालय के न्यायाधीश के रूप में नियुक्त होने के लिए योग्य हो।

• यह **राज्यपाल** के प्रसादपर्यन्त पद धारण करता है।

• राज्य सरकार के कानूनी मामले महाधिवक्ता की सलाह के अनुसार संचालित किए जाते हैं।

306. राज्य विधानसभा में धन विधेयक को .... की पूर्व अनुमति से पेश किया जा सकता है।

SSC CGL Tier-1 12.09.2024 (Shift-II)

(a) वित्तमन्त्री
(b) भारत के नियन्त्रक एवं महालेखापरीक्षक (CAG)
(c) राज्यपाल
(d) महालेखापरीक्षक

उत्तर (c)

• राज्य विधानसभा में धन विधेयक को राज्यपाल की पूर्व अनुमति से ही पेश किया जाता है।

• धन विधेयक को केवल विधानसभा में ही पेश किया जा सकता है, विधानपरिषद् में नहीं।

• धन विधेयक का उल्लेख संविधान के **अनुच्छेद 110** में (केन्द्र के सम्बन्ध में) व **अनुच्छेद 198** में (राज्य के सन्दर्भ में) है।

307. भारत के संविधान का कौन-सा अनुच्छेद किसी राज्य सरकार के कामकाज के संचालन से सम्बन्धित है?

SSC CGL Tier-1 11.09.2024 (Shift-I)

(a) अनुच्छेद 177 (b) अनुच्छेद 164
(c) अनुच्छेद 167 (d) अनुच्छेद 166

उत्तर (d)

• भारत के संविधान का **अनुच्छेद 166** किसी राज्य सरकार के कामकाज के संचालन से सम्बन्धित है।

• **अनुच्छेद 177** सदनों के सम्बन्ध में मन्त्रियों और महाधिवक्ता के अधिकार का वर्णन है।

• **अनुच्छेद 164** राज्य विधानसभाओं और संसद के चुनाव से सम्बन्धित है।

• **अनुच्छेद 167** राज्यपाल को सूचना देने आदि के सम्बन्ध में मुख्यमन्त्री का कर्त्तव्य का वर्णन है।

308. संविधान का कौन-सा अनुच्छेद स्पष्ट करता है कि प्रत्येक राज्य की कार्यकारी शक्ति का प्रयोग इस प्रकार किया जाएगा कि संघ की कार्यकारी शक्ति के प्रयोग में बाधा या प्रतिकूल प्रभाव न पड़े और संघ की कार्यकारी शक्ति किसी राज्य को ऐसे निर्देश देने तक विस्तारित होगी, जो भारत सरकार को उस उद्देश्य के लिए आवश्यक प्रतीत होता हो?

SSC CGL Tier-1 09.09.2024 (Shift-II)

(a) अनुच्छेद 257 (b) अनुच्छेद 261
(c) अनुच्छेद 247 (d) अनुच्छेद 123

उत्तर (a)

• **अनुच्छेद 257** यह सुनिश्चित करने के लिए आवश्यक है कि संघ और राज्य अपनी कार्यकारी शक्तियों का सामंजस्यपूर्ण तरीके से प्रयोग करें।

• इस अनुच्छेद के तहत संघ, राष्ट्रीय या सैन्य महत्त्व के माने जाने वाले संचार साधनों के निर्माण और रख-रखाव के सम्बन्ध में राज्यों को निर्देश दे सकता है।

• **अनुच्छेद 261** भारत के राज्यक्षेत्र में सर्वत्र संघ तथा प्रत्येक राज्य के सार्वजनिक कार्यों, अभिलेखों तथा न्यायिक कार्यवाहियों को पूर्ण विश्वास और मान्यता दी जाएगी।

• **अनुच्छेद 247** सरकार के पास संसद द्वारा अधिनियमित कानूनों के बेहतर प्रशासन के लिए 'अतिरिक्त न्यायालय' स्थापित करने की शक्ति है, जिसमें चेक से सम्बन्धित परक्राम्य लिखित अधिनियम भी शामिल हैं।

• **अनुच्छेद 123** राष्ट्रपति की संसद के **अवकाश** के दौरान अध्यादेश जारी करने का अधिकार है।

SSC CGL 2023 (Tier 1 & 2)

309. भारत में राज्य चुनाव आयुक्त की नियुक्ति .... द्वारा की जाती है।

SSC CGL Tier-1 18.07.2023 (Shift-II)

(a) राज्यपाल (b) मुख्यमन्त्री
(c) राष्ट्रपति (d) मुख्य न्यायाधीश

उत्तर (a)

• भारत में राज्य चुनाव आयुक्त की नियुक्ति **राज्यपाल** द्वारा की जाती है।

• राज्य चुनाव आयुक्त के पास एक उच्च न्यायालय के न्यायाधीश के समान दर्जा, वेतन और भत्ता होता है।

• उच्च न्यायालय के न्यायाधीश के समान तरीके और समान आधारों को छोड़कर उसे पद से नहीं हटाया जा सकता है।

• राज्य निर्वाचन आयोग का प्रावधान भारतीय संविधान **अनुच्छेद 243** में है।

310. किसी राज्य में मन्त्रिपरिषद् में मुख्यमन्त्री सहित मन्त्रियों की कुल संख्या उस राज्य की विधानसभा के सदस्यों की कुल संख्या के .... से अधिक नहीं होगी।

SSC CGL Tier-1 18.07.2023 (Shift-III)

(a) 25% (b) 15% (c) 20% (d) 10%

उत्तर (b)

• **91वें संविधान संशोधन** (2003) के तहत केन्द्र व राज्य में मन्त्रिपरिषद् की सदस्य संख्या क्रमशः लोकसभा व विधानसभा की सदस्य संख्या का 15% रहने का प्रावधान किया गया।

• इस संशोधन के द्वारा अनुसूची 10 की धारा-3 को समाप्त कर दिया गया, जिसमें प्रावधान था कि एक-तिहाई सदस्य के साथ **दल-बदल** कर सकते हैं।

311. राज्य विधानपरिषद् की संरचना के सम्बन्ध में निम्नलिखित में से कौन-से कथन सत्य हैं?

SSC CGL Tier-1 19.07.2023 (Shift-I)

A. परिषद् के सदस्यों की अधिकतम संख्या विधानसभा की कुल संख्या के एक-तिहाई पर निर्धारित की गई है।
B. परिषद् की न्यूनतम शक्ति 40 निर्धारित की गई है।
C. परिषद् के सदस्यों की कुल संख्या में से कुल $\frac{5}{6}$ सदस्य अप्रत्यक्ष रूप से निर्वाचित होते हैं और $\frac{1}{6}$ सदस्य मनोनीत होते हैं।
D. राज्यपाल द्वारा किए गए मनोनयन (मनोनीत सदस्य) को न्यायालय में चुनौती दी जा सकती है।

कूट

(a) B, C और D (b) A, B और D
(c) A, B और C (d) ये सभी

उत्तर (c)

• दिए गए कथन A, B और C सही हैं।

• राज्यों में विधानपरिषद् का गठन **अनुच्छेद 169** के अन्तर्गत किया जाता है।

• विधानपरिषद् के सदस्यों की अधिकतम संख्या विधानसभा की कुल संख्या के एक-तिहाई पर निर्धारित की गई है।

• संविधान के **अनुच्छेद 171** के अनुसार, परिषद् की न्यूनतम शक्ति 40 निर्धारित की गई है।

• विधानपरिषद् की कुल संख्या में से कुल 5/6 सदस्य अप्रत्यक्ष रूप से निर्वाचित होते हैं और 1/6 सदस्य राज्यपाल द्वारा मनोनीत होते हैं।

• वर्तमान में (2025) केवल 6 राज्यों में विधानपरिषद् हैं, ये राज्य हैं— उत्तर प्रदेश, बिहार, महाराष्ट्र, कर्नाटक, आन्ध्र प्रदेश व तेलंगाना।

312. अनुच्छेद 172(2) के अनुसार, किसी राज्य की .... भंग नहीं होगी।

SSC CGL Tier-1 19.07.2023 (Shift-III)

(a) लोकसभा (b) राज्यसभा
(c) विधानपरिषद् (d) विधानसभा

उत्तर (c)

• अनुच्छेद 172(2) के अनुसार, किसी राज्य की **विधानपरिषद्,** जो राज्य विधानमण्डल का **उच्च सदन** होता है, भंग नहीं होगी।

• इसके कुल सदस्यों का चुनाव अप्रत्यक्ष रूप से होता है और 6 सदस्य **राज्यपाल** द्वारा मनोनीत किए जाते हैं तथा एक-तिहाई सदस्य प्रत्येक दूसरे वर्ष की समाप्ति पर अवकाश ग्रहण करते हैं।

313. राज्य कार्यकारिणी के सम्बन्ध में निम्नलिखित में से कौन-से कथन सत्य हैं?

SSC CGL Tier-1 24.07.2023 (Shift-IV)

A. भारतीय संविधान के अनुच्छेद 152 में वर्णित है कि जब तक किसी सन्दर्भ में आवश्यक न हो, अभिव्यक्ति 'राज्य' में जम्मू और कश्मीर शामिल नहीं है।
B. 7वें संविधान संशोधन अधिनियम ने एक ही व्यक्ति को दो या दो से अधिक राज्यों के राज्यपाल के रूप में नियुक्त करने का प्रावधान किया है।
C. सर्वोच्च न्यायालय ने स्पष्ट रूप से उल्लेख किया है कि राज्यपाल का कार्यालय केन्द्र सरकार के नियन्त्रण में है।

कूट

(a) A और B (b) A और C
(c) B और C (d) ये सभी

उत्तर (a)

• राज्य कार्यकारिणी के सम्बन्ध में विकल्प (a) सही उत्तर है।

• भारतीय संविधान के **अनुच्छेद 152** में वर्णित है कि जब तक किसी सन्दर्भ में आवश्यक न हो,

अभिव्यक्ति 'राज्य' में जम्मू और कश्मीर शामिल नहीं है।
• 7वें संविधान संशोधन अधिनियम ने एक ही व्यक्ति को दो या दो से अधिक राज्यों के राज्यपाल के रूप में नियुक्त करने का प्रावधान किया है।
• संविधान का अनुच्छेद 152 राज्य की परिभाषा से सम्बन्धित है। अनुच्छेद 152 से 237 में राज्यों से सम्बन्धित प्रावधान किए गए हैं।
• राज्यपाल का कार्यकाल राष्ट्रपति के नियन्त्रण में होता है।

314. एक भारतीय राज्य का राज्यपाल अपने कार्यालय में प्रवेश करने (अपना पद्भार ग्रहण करने) से पहले ...... के समक्ष शपथ या प्रतिज्ञा लेता है।
SSC CGL Tier-1 25.07.2023 (Shift-IV)
(a) भारत के प्रधानमन्त्री
(b) राज्य के सम्बन्ध में क्षेत्राधिकार का प्रयोग करने वाले उच्च न्यायालय के मुख्य न्यायाधीश
(c) भारत के राष्ट्रपति
(d) सम्बन्धित राज्य के मुख्यमन्त्री

उत्तर (b)
• एक भारतीय राज्य का राज्यपाल अपना पदभार ग्रहण करने से पूर्व राज्य के सम्बन्ध में क्षेत्राधिकार का प्रयोग करने वाले **उच्च न्यायालय के मुख्य न्यायाधीश** के समक्ष शपथ लेता है।
• राज्यपाल की नियुक्ति **अनुच्छेद 155** के अनुसार, राष्ट्रपति द्वारा पाँच वर्षों की अवधि के लिए की जाती है, परन्तु वह राष्ट्रपति के प्रसादपर्यन्त पद धारण करता है।
• अनुच्छेद 153 में कहा गया है कि प्रत्येक राज्य के लिए एक राज्यपाल होगा।

315. स्वतन्त्र भारत में किस राज्य की पहली महिला राज्यपाल की नियुक्ति की गई थी?
SSC CGL Tier-1 26.07.2023 (Shift-II)
(a) उत्तर प्रदेश (b) पश्चिम बंगाल
(c) राजस्थान (d) गुजरात

उत्तर (a)
• स्वतन्त्र भारत में उत्तर प्रदेश राज्य की पहली महिला राज्यपाल **सरोजिनी नायडू** थी।
• वे एक महान कवयित्री, स्वतन्त्रता सेनानी व कुशल राजनीतिज्ञ थी।
• उन्हें **भारतीय कोकिला** (द नाइटिंगेल ऑफ इण्डिया) के नाम से भी जाना जाता है।
• वे भारतीय राष्ट्रीय कांग्रेस की पहली भारतीय महिला अध्यक्ष (वर्ष 1925 में) भी रहीं।
• सरोजिनी नायडू संविधान सभा के लिए भी चुनी गई थीं।

316. भारतीय संविधान के अनुच्छेद 167 के तहत वर्णित मुख्यमन्त्री का कर्त्तव्य क्या है?
SSC CGL Tier-1 26.07.2023 (Shift-IV)
(a) मन्त्रिपरिषद् के सभी निर्णयों की सूचना राज्यपाल को देना
(b) मन्त्रिपरिषद् की नियुक्ति और निष्कासन करना।
(c) महान्यायवादी के परामर्श से राज्य के महाधिवक्ता की नियुक्ति करना
(d) विधानसभा के अध्यक्ष की नियुक्ति करना।

उत्तर (a)
• अनुच्छेद 167 के तहत वर्णित मुख्यमन्त्री का कर्त्तव्य मन्त्रिपरिषद् के सभी निर्णयों की सूचना **राज्यपाल** को देना है।
• मुख्यमन्त्री महाधिवक्ता, राज्य लोक सेवा आयोग के अध्यक्ष और सदस्यों आदि जैसे महत्त्वपूर्ण अधिकारियों की नियुक्ति के मामले में राज्यपाल को सलाह देते हैं।
• मन्त्रियों के बीच विभागों का बँटवारा **मुख्यमन्त्री** की इच्छा के अनुसार होता है।

SSC CGL 2022 (Tier 1 & 2)

317. निम्नलिखित में से कौन-सी कागज रहित बनने के लिए नेशनल ई-विधान एप्लिकेशन (NeVA) कार्यक्रम को लागू करने वाली भारत की पहली विधानसभा बन गई है?
SSC CGL Tier-1 05.12.2022 (Shift-II)
(a) हरियाणा
(b) असम
(c) नागालैण्ड
(d) त्रिपुरा

उत्तर (c)
• NeVA एक प्रकार की कार्य-प्रवाह प्रणाली है, जिसे NIC क्लाउड, मेघराज पर तैनात किया गया है, जो **नागालैण्ड** में स्थित है।
• यह सदन के अध्यक्ष द्वारा सदन की कार्यवाही को सुचारू रूप से संचालित करने में सहायता करता है।
• नागालैण्ड एक सदनीय विधानमण्डल है।
• नागालैण्ड का गठन **1 दिसम्बर, 1963** को हुआ।
• नागालैण्ड विधानसभा की सदस्य संख्या 60 है।

SSC CPO 2024 (Tier 1 & 2)

318. भारतीय संविधान के किस अनुच्छेद में उल्लेख है कि जहाँ एक ही व्यक्ति को दो या दो से अधिक राज्यों के राज्यपाल के रूप में नियुक्त किया जाता है, उसे देय परिलब्धियाँ और भत्ते उन राज्यों के बीच आवण्टित किए जाएँगे?
SSC CPO Tier-1 27.06.2024 (Shift-I)
(a) अनुच्छेद 160 (b) अनुच्छेद 155
(c) अनुच्छेद 157 (d) अनुच्छेद 153

उत्तर (d)
• **अनुच्छेद 153** एक ही व्यक्ति दो या दो से अधिक राज्यों के राज्यपाल के रूप में नियुक्त किया जाता है, उसे देश परिलब्धियाँ और भत्ते उन राज्यों के बीच आवण्टित किए जाएँगे।
• **अनुच्छेद 155** किसी राज्य के राज्यपाल की नियुक्ति भारत के राष्ट्रपति द्वारा मन्त्रिपरिषद् की सिफारिश पर की जाएगी।
• **अनुच्छेद 157** राज्यपाल की नियुक्ति हेतु योग्यता
• **अनुच्छेद 160** कतिपय आकस्मिकताओं में राज्यपाल के कार्यों का निर्वहन

319. भारतीय संविधान के किस अनुच्छेद में राज्य विधानमण्डल के सदन (या सदनों) में अभिभाषण करने और सन्देश भेजने के राज्यपाल के अधिकार के बारे में उल्लेख है?
SSC CPO Tier-1 27.06.2024 (Shift-II)
(a) अनुच्छेद 175 (b) अनुच्छेद 171
(c) अनुच्छेद 172 (d) अनुच्छेद 176

उत्तर (a)
• **अनुच्छेद 175** भारतीय संविधान में राज्यपाल को राज्य विधानमण्डल के सदन (या सदनों) को अभिभाषण देने और सन्देश भेजने का अधिकार प्रदान करता है।
• राज्यपाल का अभिभाषण आमतौर पर सरकार की नीतियों और कार्यक्रमों की रूपरेखा तैयार करता है।
• राज्यपाल द्वारा भेजे गए सन्देश विधानमण्डल के समक्ष किसी भी मामले पर विचार करने के लिए प्रस्तावित किए जा सकते हैं।
• **अनुच्छेद-171** विधानपरिषदों की संरचना
• **अनुच्छेद-172** राज्यों के विधानमण्डल की अवधि **अनुच्छेद-176** राज्यपाल का विशेष अभिभाषण

320. भारतीय संविधान के किस अनुच्छेद में उल्लेख है कि एक व्यक्ति को दो या दो से अधिक राज्यों के राज्यपाल के रूप में नियुक्त किया जा सकता है?
SSC CPO Tier-1 28.06.2024 (Shift-III)
(a) अनुच्छेद 151 (b) अनुच्छेद 150
(c) अनुच्छेद 152 (d) अनुच्छेद 153

उत्तर (d)
• अनुच्छेद 153 के तहत एक व्यक्ति दो या दो से अधिक राज्यों का राज्यपाल बनाया जा सकता है।
• राज्यपाल केन्द्र सरकार का एक नामित व्यक्ति होता है। इसे राष्ट्रपति नियुक्त करता है। ये राष्ट्रपति के प्रसादपर्यन्त पद धारण करता है।
• **अनुच्छेद-151** भारत के नियन्त्रक-महालेखा परीक्षक का संपरीक्षा प्रतिवेदन।
• **अनुच्छेद-150** भारत के CAG द्वारा संघ और राज्यों के लेखाओं का प्रारूप।
• **अनुच्छेद-152** संविधान के भाग-6 के अंतर्गत राज्यों से जुड़े प्रावधानों से सम्बन्धित है।

321. निम्नलिखित में से कौन-सा विकल्प, विधान सभा की सदस्यता के लिए योग्यता नहीं हैं?
SSC CPO Tier-1 28.06.2024 (Shift-I)
(a) 25 वर्ष की आयु प्राप्त कर ली हो
(b) किसी लाभ के पद पर न हो
(c) राजनीति का ज्ञान हो
(d) भारत का नागरिक हो

उत्तर (c)
• **राजनीति का ज्ञान** न होना विधानसभा सदस्यता के लिए योग्यता शामिल नहीं है। विधानसभा की सदस्यता के लिए अन्य सभी योग्यताएँ हैं
• 25 वर्ष की आयु प्राप्त कर ली हो।
• किसी लाभ के पद पर न हो।

• भारत का नागरिक हो।

• उम्मीदवार को किसी भी दण्डनीय अपराध के लिए दोषी नहीं ठहराया गया होना चाहिए।

• उम्मीदवार को संविधान या कानून द्वारा निर्धारित किसी भी अन्य अयोग्यता से मुक्त होना चाहिए।

322. राज्य विधानसभाओं के सम्बन्ध निम्नलिखित में से कौन-सा/से कथन सत्य है/हैं?

A. भाग XVII में किसी बात के होते हुए भी, किन्तु अनुच्छेद 348 के प्रावधानों के अधीन रहते हुए, किसी राज्य के विधानमण्डल में कामकाज राज्य की राजभाषा/राजभाषाओं या हिन्दी या अंग्रेजी में किया जाएगा।

B. विधानसभा के अध्यक्ष या विधानपरिषद् के सभापति किसी भी सभापति किसी भी सदस्य को अपनी मातृभाषा में बोलने की अनमति दे सकते हैं।

C. केवल सर्वोच्च न्यायालय को राज्य-विधानमण्डल की कार्रवाई की जाँच करने का अधिकार है।

SSC CPO Tier-1 28.06.2024 (Shift-II)

(a) A, B और C (b) A और C
(c) A और B (d) B और C

उत्तर (c)

• कथन A और B सही है। संविधान के भाग-XVII में किसी बात के होते हुए भी, किन्तु अनुच्छेद 348 के उपबन्धों के अधीन रहते हुए, संसद में कार्य हिन्दी या अंग्रेजी में किया जाएगा।

• संविधान के **अनुच्छेद** 348 के उपबन्धों के अधीन रहते हुए राज्य के विधानमण्डल में कार्य राज्य की राजभाषा या राज्यभाषाओं या हिन्दी में या अंग्रेजी में किया जाएगा।

• विधानसभा के अध्यक्ष या विधानपरिषद् के सभापित किसी भी सभापति किसी भी सदस्य का अपनी मातृभाषा में बोलने की अनुमति दे सकते हैं।

• कथन C सही नहीं है, क्योंकि सर्वोच्च न्यायालय और उच्च न्यायालय **राज्य-विधानमण्डल** की कार्रवाई की जाँच करने का अधिकार है।

323. भारतीय संविधान के किस अनुच्छेद में उल्लेख है कि मन्त्रिपरिषद् सामूहिक रूप से राज्य की विधानसभा के प्रति उत्तरदायी होगी?

SSC CPO Tier-1 28.06.2024 (Shift-II)

(a) अनुच्छेद 164 (2)
(b) अनुच्छेद 164 (3)
(c) अनुच्छेद 164 (4)
(d) अनुच्छेद 164 (1)

उत्तर (a)

• भारतीय संविधान के **अनुच्छेद 164 (2)** के तहत मन्त्रिपरिषद सामूहिक रूप से राज्य की विधानसभा के प्रति उत्तरदायी होगी।

• अनुच्छेद 163 केन्द्र में मन्त्रिपरिषद् के समान राज्यों में मन्त्रिपरिषद् के गठन और कार्यों का प्रावधान करता है।

• संविधान के **अनुच्छेद 164(1)** के अनुसार, मुख्यमन्त्री की नियुक्ति राज्यपाल द्वारा की जाएगी और अन्य मन्त्रियों की नियुक्ति राज्यपाल द्वारा मुख्यमन्त्री की सलाह पर की जाएगी।

• **अनुच्छेद 164 (3)** के अनुसार, किसी मन्त्री द्वारा पद ग्रहण करने से पहले, राज्यपाल तीसरी अनुसूची में इस प्रयोजन के लिए दिए गए प्रारूपों के अनुसार उसको पद और गोपनीयता की शपथ दिलाएगा।

324. भारतीय संविधान के अनुसार राज्यपालों की विशेष शक्तियों के सम्बन्ध में निम्नलिखित में से कौन-सा कथन सही है?

A. नागालैण्ड के राज्यपाल के पास राज्य में कानून व्यवस्था से सम्बन्धित विशेष जिम्मेदारी होगी।

B. मणिपुर के राज्यपाल राज्य में पहाड़ी क्षेत्रों के प्रशासन पर राष्ट्रपति को एक विशेष वार्षिक रिपोर्ट प्रस्तुत करेंगे।

C. सिक्किम के राज्यपाल के पास शान्ति व्यवस्था और विभिन्न वर्गों की सामाजिक और आर्थिक उन्नति सुनिश्चित करने के लिए समान व्यवस्था के लिए विशेष जिम्मेदारी होगी।

D. अरुणाचल प्रदेश के राज्यपाल की अरुणाचल प्रदेश राज्य में कानून और व्यवस्था के सम्बन्ध में विशेष जिम्मेदारी होगी। **SSC CPO Tier-1 29.06.2024 (Shift-III)**

कूट

(a) B, C और D (b) A, B और C
(c) A, B, C और D (d) A, C और D

उत्तर (c)

• दिए गए सभी कथन सही हैं। नागालैण्ड, मणिपुर, सिक्किम और अरुणाचल प्रदेश के राज्यपालों के विशेष जिम्मेदारियों को निम्नलिखित तरीके से संक्षेप में प्रस्तुत किया जा सकता है

• **नागालैण्ड** राज्यपाल के पास राज्य में **कानून व्यवस्था** (law and order) से सम्बन्धित विशेष जिम्मेदारी होगी। मणिपुर राज्यपाल राज्य के **पहाड़ी क्षेत्रों** (hill areas) के प्रशासन पर राष्ट्रपति को एक विशेष वार्षिक रिपोर्ट प्रस्तुत करेंगे।

• **सिक्किम** राज्यपाल के पास शान्ति व्यवस्था (peace and tranquillity) और विभिन्न वर्गों की सामाजिक और आर्थिक उन्नति सुनिश्चित करने के लिए समान व्यवस्था के लिए विशेष जिम्मेदारी होगी।

• **अरुणाचल प्रदेश** के राज्यपाल की राज्य में कानून और व्यवस्था (law and order) के सम्बन्ध में विशेष जिम्मेदारी होगी।

325. भारतीय संविधान का कौन-सा अनुच्छेद यह प्रावधान करता है कि राज्य के राज्यपाल को किसी विधेयक को राष्ट्रपति के विचारार्थ आरक्षित करने का अधिकार है?

SSC CPO Tier-1 29.06.2024 (Shift-III)

(a) अनुच्छेद 190 (b) अनुच्छेद 181
(c) अनुच्छेद 207 (d) अनुच्छेद 200

उत्तर (d)

• भारतीय संविधान का **अनुच्छेद 200** यह प्रावधान करता है कि राज्य के राज्यपाल को किसी विधेयक को राष्ट्रपति के विचारार्थ आरक्षित करने का अधिकार होता है।

• राज्यपाल कभी-कभी बिना अनुमति दिए या अनिश्चित काल के लिए विधेयक को पुनर्विचार के लिए वापस किए बिना सुरक्षित रख लेता है।

• **अनुच्छेद-181** राज्य के विधानमण्डल के अध्यक्ष या उपाध्यक्ष को पद से हटाने का कोई संकल्प विचाराधीन है, तब उसका पीठासीन न होना।

• **अनुच्छेद-190** विधानमण्डल के सदस्यों का रिक्त होना।

• **अनुच्छेद-207** राज्यों में वित्त विधेयक के बारे में उपबन्ध किया गया है।

• **अनुच्छेद-200** राज्य विधानमण्डल के विधेयकों पर अनुमति का उल्लेख किया गया है।

326. भारतीय संविधान के किस अनुच्छेद में उल्लेख है कि किसी राज्य की सरकार की समस्त कार्यपालिका कार्रवाई राज्यपाल के नाम से हुई व्यक्त की जाएगी?

SSC CPO Tier-1 29.06.2024 (Shift-I)

(a) अनुच्छेद-164 (1) (b) अनुच्छेद-165 (1)
(c) अनुच्छेद-163 (1) (d) अनुच्छेद-166 (1)

उत्तर (d)

• भारतीय संविधान का **अनुच्छेद-166 (1)** यह प्रावधान करता है कि किसी राज्य की सरकार की समस्त कार्यपालिका कार्रवाई राज्यपाल के नाम से हुई व्यक्त की जाएगी।

• यह प्रावधान राज्यपाल को राज्य में कार्यपालिका शक्ति का औपचारिक प्रमुख बनाता है। हालाँकि, राज्यपाल एक सांकेतिक प्रमुख होता है और उनकी वास्तविक शक्तियाँ मन्त्रिमण्डल द्वारा सीमित होती हैं।

• **अनुच्छेद-166 (2)** यह भी स्पष्ट करता है कि राज्यपाल को राज्य सरकार की ओर से सभी अनुबन्धों पर हस्ताक्षर करने का अधिकार है। यह प्रावधान राज्य सरकार को कानूनी रूप से बाध्यकारी अनुबन्ध करने में सक्षम बनाता है।

327. राज्य का मुख्य कार्यकारी प्रमुख कौन होता है?

SSC CPO Tier-1 29.06.2024 (Shift-I)

(a) राज्यपाल (b) राष्ट्रपति
(c) प्रधानमन्त्री (d) मुख्यमन्त्री

उत्तर (a)

• **राज्यपाल** राज्य का कार्यकारी प्रमुख होता है।

• वह राज्य सरकार के प्रमुख और राज्य की कार्यकारी शक्ति का प्रतिनिधित्व करता है।

• भारतीय संविधान के **अनुच्छेद 153 से 162** तक राज्यपाल के कार्यालय, नियुक्ति, कार्य और शक्तियों का विवरण दिया गया है।

• राज्यपाल का मुख्य कार्य यह सुनिश्चित करना है कि राज्य सरकार संविधान के अनुसार कार्य करें।

328. भारतीय संविधान के किस अनुच्छेद में राज्य विधानमण्डल की सदस्यता के लिए योग्यता का उल्लेख है? SSC CPO Tier-1 29.06.2024 (Shift-I)
(a) अनुच्छेद 180
(b) अनुच्छेद 171
(c) अनुच्छेद 173
(d) अनुच्छेद 179

उत्तर (c)

• भारतीय संविधान का **अनुच्छेद 173** राज्य विधानमण्डल की सदस्यता के लिए योग्यता राज्य सरकार से सम्बन्धित है।
• संविधान के अनुच्छेद-173 के अनुसार, किसी भी व्यक्ति के राज्य विधानपरिषद् में नामांकन के लिए निम्नलिखित अर्हताएँ बताई गई हैं
• वह भारत का नागरिक हो।
• उसकी आयु कम-से-कम 30 वर्ष होनी चाहिए।
• मानसिक रूप से असमर्थ और दिवालिया नहीं होना चाहिए।
• राज्यपाल द्वारा नामित होने के लिए व्यक्ति को सम्बन्धित राज्य का निवासी होना अनिवार्य है।
• **अनुच्छेद-171** विधानपरिषदों की संरचना।
• **अनुच्छेद-179** राज्य विधानमण्डल के अध्यक्ष और उपाध्यक्ष का पद रिक्त होना, पद त्याग और पद से हटाया जाना।
• **अनुच्छेद-180** राज्य विधानमण्डल के अध्यक्ष के पद के कर्त्तव्यों का पालन करना या अध्यक्ष के रूप में कार्य करने की उपाध्यक्ष या अन्य व्यक्ति की शक्ति।

329. भारतीय संविधान के अनुसार राज्य में मन्त्रिपरिषद् की न्यूनतम संख्या .... है। SSC CPO Tier-1 29.06.2024 (Shift-I)
(a) 13 व्यक्ति
(b) 12 व्यक्ति
(c) 14 व्यक्ति
(d) 15 व्यक्ति

उत्तर (b)

• भारतीय संविधान के अनुसार, राज्य में मन्त्रिपरिषद् की न्यूनतम संख्या **12** होती है।
• किसी राज्य की मन्त्रिपरिषद् में मुख्यमन्त्री सहित मन्त्रियों की कुल संख्या उस राज्य की विधानसभा के सदस्यों की कुल संख्या के 15% से अधिक नहीं होगी, परन्तु किसी राज्य में मुख्यमन्त्री सहित मन्त्रियों की संख्या 12 से कम नहीं होगी।
• संविधान (91वें संविधान संशोधन अधिनियम) के अनुसार, किसी राज्य में मन्त्रिपरिषद् की न्यूनतम संख्या 12 एवं अधिकतम संख्या विधानसभा का 15 प्रतिशत हो सकती है।
• भारत के राष्ट्रपति मन्त्रिपरिषद् के बिना अस्तित्व में नहीं हो सकते हैं, लेकिन राज्यपाल है। संविधान के **अनुच्छेद 163** के अनुसार, राज्यपाल को सहायता व सलाह देने के लिए मन्त्रिपरिषद् का प्रावधान करता है।

SSC CPO 2023 (Tier 1 & 2)

330. भारतीय संविधान का कौन-सा अनुच्छेद राज्य विधानमण्डल के सम्बन्ध में मन्त्रियों के अधिकारों को सन्दर्भित करता है? SSC CPO Tier-1 05.10.2023 (Shift-III)
(a) अनुच्छेद 177 (b) अनुच्छेद 175
(c) अनुच्छेद 176 (d) अनुच्छेद 178

उत्तर (a)

• **अनुच्छेद 177** राज्य विधानमण्डल के सम्बन्ध में मन्त्रियों के अधिकारों को सन्दर्भित करता है।
• इन अधिकारों में वोट देने के अधिकार के बिना, कार्यवाही में बोलने और भाग लेने का अधिकार है।
• राज्य के महाधिवक्ता को विधानमण्डल में बोलने और उसकी कार्यवाहियों में भाग लेने का अधिकार होगा और विधानमण्डल की किसी समिति को, जिसका वह सदस्य नामित किया गया हो, बोलने और भाग लेने का अधिकार होगा, लेकिन इस अनुच्छेद के अनुसार उसे मत देने का अधिकार प्राप्त नहीं है।

331. भारतीय संविधान के निम्नलिखित में से किस अनुच्छेद में यह प्रावधान है कि राज्यपाल मुख्यमन्त्री की नियुक्ति करता है और बाद में मुख्यमन्त्री राज्यपाल से मन्त्रियों की नियुक्ति की अनुशंसा करता है। SSC CPO Tier-1 04.10.2023 (Shift-II)
(a) अनुच्छेद 165 (b) अनुच्छेद 164
(c) अनुच्छेद 167 (d) अनुच्छेद 163

उत्तर (b)

• अनुच्छेद 164 के तहत् राज्यपाल मुख्यमन्त्री की नियुक्ति करता है और बाद में मुख्यमन्त्री राज्यपाल से मन्त्रियों की नियुक्ति की अनुशंसा करता है।
• **अनुच्छेद 163** राज्यपाल को सहायता और सलाह देने के लिए मन्त्रिपरिषद्।
• **अनुच्छेद 165** राज्यपाल द्वारा राज्य में महाधिवक्ता की नियुक्ति।
• **अनुच्छेद 167** राज्यपाल को सूचना देने आदि के सम्बन्ध में मुख्यमन्त्री के कर्त्तव्य।

332. 17वीं लोकसभा में पंजाब से कितने सांसद (Members of Parliament) चुने गए? SSC CPO Tier-1 03.10.2023 (Shift-I)
(a) 15 (b) 14 (c) 13 (d) 17

उत्तर (c)

• 17वीं लोकसभा में पंजाब से **13 सांसद** चुने गए।
• लोकसभा सदस्यों की अधिकतम संख्या **550** निर्धारित की गई है, जिसमें 530 सदस्य राज्यों और 20 सदस्य केन्द्रशासित प्रदेशों के प्रतिनिधि होते हैं।
• राज्यों के प्रतिनिधि सीधे राज्यों के क्षेत्रीय निर्वाचन क्षेत्रों के लोगों द्वारा चुने जाते हैं।
• पंजाब में राज्यसभा के लिए कुल 7 सीटों का आवंटन किया गया है।

SSC CPO 2022 (Tier 1 & 2)

333. राज्य विधानसभा के अध्यक्ष की शक्ति के सन्दर्भ में निम्नलिखित में से कौन-सा कथन सही नहीं है? SSC CPO 10.11.2022
(a) वह सदन की व्यवस्था और मर्यादा को बनाए रखता है।
(b) वह एक साधारण विधेयक को लेकर दोनों सदनों के बीच गतिरोध को हल करने के लिए विधानसभा और विधानपरिषद् के संयुक्त सत्र का आह्वान कर सकता है।
(c) वह कोरम के अभाव में विधानसभा को रद्द कर करता है या बैठक को स्थगित कर सकता है।
(d) वह तय करता है कि कोई विधेयक धन विधेयक है या नहीं।

उत्तर (b)

• राज्य विधानसभा के अध्यक्ष की शक्ति के सन्दर्भ में कथन (b) सही नहीं है।
• विधानसभा अध्यक्ष, विधानसभा एवं विधानसभा सचिवालय का प्रमुख **पीठासीन अधिकारी** (अध्यक्ष) होता है।
• उसे संविधान, प्रक्रिया, नियमों एवं स्थापित संसदीय परम्पराओं के अन्तर्गत व्यापक अधिकार प्राप्त होते हैं।
• वह सदन की व्यवस्था और मर्यादा को बनाए रखता है।
• वह कोरम के अभाव में विधानसभा या बैठक को रद्द कर सकता है या स्थगित कर सकता है।
• वह तय करता है कि विधेयक **धन विधेयक** है या नहीं। इस प्रकार कथन (a), (c) व (d) सही हैं।

SSC CHSL 2024 (Tier 1 & 2)

334. जुलाई, 2021 में किस राज्य सरकार ने एक तदर्थ समिति की रिपोर्ट (ad hoc committee report) का समर्थन करते हुए एक प्रस्ताव पारित किया, जिसमें एक विधानपरिषद् (Legislative council) बनाने का समर्थन किया गया था? SSC CHSL Tier-1 08.07.2024 (Shift-III)
(a) ओडिशा
(b) तेलंगाना
(c) बिहार
(d) पश्चिम बंगाल

उत्तर (d)

• जुलाई, 2021 में **पश्चिम बंगाल** राज्य सरकार ने एक तदर्थ समिति की रिपोर्ट का समर्थन करते हुए एक प्रस्ताव पारित किया, जिसमें एक विधानपरिषद् बनाने का समर्थन किया गया है।
• विधानपरिषद् राज्य का उच्च सदन है।
• वर्तमान (वर्ष 2025) में कुल **6 राज्यों**— उत्तर प्रदेश, बिहार, कर्नाटक, आन्ध्र प्रदेश, तेलंगाना व महाराष्ट्र में द्विसदनीय विधानमण्डल की व्यवस्था है।

SSC MTS 2024 (Tier 1 & 2)

335. भारतीय संविधान के अनुच्छेद 157 के अनुसार किसी व्यक्ति को राज्यपाल के तौर पर नियुक्त होने के लिए ······· वर्ष की आयु पूरी करना आवश्यक है।

SSC MTS Tier-1 30.10.2024 (Shift-III)

(a) 35 (b) 32 (c) 45 (d) 41

उत्तर (a)

• भारतीय संविधान के अनुच्छेद 157 के अनुसार, किसी व्यक्ति को राज्यपाल नियुक्त होने के लिए 35 वर्ष की आयु पूरी करना आवश्यक है और वह भारत का नागरिक हो।

• राज्यपाल की योग्यता से सम्बन्धित अन्य शर्तें-वह राज्य सरकार या केन्द्र सरकार या इन राज्यों के नियन्त्रण के अधीन किसी सार्वजनिक उपक्रम में लाभ के पद पर न हो और वह राज्य विधानसभा का सदस्य चुने जाने के योग्य हो।

• संविधान के अनुच्छेद 155 के अनुसार, राज्यपाल की नियुक्ति राष्ट्रपति के द्वारा की जाती है।

• संविधान के अनुच्छेद 156 के तहत राज्यपाल राष्ट्रपति के प्रसादपर्यन्त अपना पद धारण करेगा। इसके उपरान्त ही वह 5 वर्ष के कार्यकाल को पूरा करेगा।

336. राज्य विधानमण्डल में ········ विघटन (भंग करने) के अधीन है।

SSC MTS Tier-1 17.11.2024 (Shift-III)

(a) विधान परिषद् (b) विधानसभा
(c) राज्यसभा (d) लोकसभा

उत्तर (b)

• राज्य विधानमण्डल में विधानसभा विघटन (भंग करने) के अधीन है।

• राज्य विधानमण्डल को भंग करने का अधिकार राज्यपाल के पास होता है।

• इसे भंग करने का सबसे मुख्य कारण है, जब मुख्यमन्त्री राज्यपाल को राजनीतिक कारणों से विधानमण्डल भंग करने की सलाह देते हैं।

• भारतीय संविधान के **अनुच्छेद 174(2) (बी)** और 356 में राज्य विधानमण्डल के विघट्टन से जुड़ी जानकारी दी गई है। विधानमण्डल के विघटन के बाद नए विधानमण्डल के गठन के लिए चुनाव कराए जाते हैं।

337. राज्य विधानमण्डल में किस सदन को निचला सदन माना जाता है?

SSC MTS Tier-1 29.10.2024 (Shift-III)

(a) लोकसभा (b) विधानसभा
(c) विधान परिषद् (d) राज्यसभा

उत्तर (b)

• राज्य विधानमण्डल में **विधानसभा** को निचला सदन माना जाता है।

• इसके सदस्य राज्यों के लोगों द्वारा प्रत्यक्ष रूप से चुने जाते हैं।

• भारतीय संविधान में विधानसभा में अधिकतम सदस्यों की संख्या 400 तथा न्यूनतम 40 निर्धारित की गई है।

338. भारतीय संविधान के अनुसार, प्रत्येक राज्यपाल, अपने पद को धारण करने से पहले ······ की उपस्थिति में शपथ लेगा और हस्ताक्षर करेगा।

SSC MTS Tier-1 23.10.2024 (Shift-II)

(a) भारत के मुख्य न्यायाधीश
(b) मुख्यमन्त्री
(c) राष्ट्रपति
(d) उच्च न्यायालय के मुख्य न्यायाधीश

उत्तर (d)

• भारतीय संविधान के अनुसार, प्रत्येक राज्यपाल अपने पद को धारण करने से पहले उच्च न्यायालय के मुख्य न्यायाधीश की उपस्थिति में शपथ लेगा और हस्ताक्षर करेगा।

• राज्यपाल की नियक्ति भारत का राष्ट्रपति करता है तथा राष्ट्रपति के प्रसादपर्यन्त ही अपने पद पर रहता है।

• राज्यपाल की शपथ या प्रतिज्ञान का प्रारूप भारतीय संविधान की तीसरी अनुसूची, (अनुच्छेद 159) में दिया गया है।

• राज्यपाल, राष्ट्रपति को सम्बोधित करके अपना इस्तीफा दे सकता है।

339. भारत के संविधान के किस अनुच्छेद में एक ही व्यक्ति को दो या दो से अधिक राज्यों के लिए राज्यपाल नियुक्त करने का प्रावधान है?

SSC MTS Tier-1 22.10.2024 (Shift-II)

(a) अनुच्छेद 158(2) (b) अनुच्छेद 157
(c) अनुच्छेद 153 (d) अनुच्छेद 158

उत्तर (c)

• भारत के संविधान के अनुच्छेद 153 में एक ही व्यक्ति को दो या दो से अधिक राज्यों के लिए राज्यपाल नियुक्त करने का प्रावधान है।

• **अनुच्छेद 157** राज्यपाल के पद की अर्हताएँ/योग्यताओं का उल्लेख करता है।

• **अनुच्छेद 158(2)** राज्यपाल द्वारा किसी अन्य लाभ का पद धारण करने का उल्लेख करता है।

• **अनुच्छेद 158** राज्यपाल के पद की शर्तों का उल्लेख किया गया है।

340. भारतीय संविधान के अनुच्छेद 163 के अनुसार, मन्त्रियों द्वारा ..... को दी गई किसी भी सलाह की किसी भी अदालत में पूछताछ नहीं की जाएगी।

SSC MTS Tier-1 15.10.2024 (Shift-I)

(a) राज्यपाल
(b) मुख्यमन्त्री
(c) मुख्य न्यायाधीश
(d) राष्ट्रपति

उत्तर (a)

• भारतीय संविधान के **अनुच्छेद 163** के अनुसार, मन्त्रियों द्वारा राज्यपाल को दी गई किसी भी सलाह की किसी भी अदालत में पूछताछ नहीं की जाएगी।

• यह प्रावधान राज्यपाल और मन्त्रियों के बीच घनिष्ठ और गोपनीय सम्बन्धों पर बल देता है।

• यह अनुच्छेद संविधान के भाग 6 में शामिल है।

• इसके अनुच्छेद के अनुसार, राज्यपाल को अपने कार्यों में सहायता और सलाह देने के लिए मुख्यमन्त्री के नेतृत्व में एक मन्त्रिपरिषद् होगी।

• राज्य में राज्यपाल द्वारा लिया गया कोई भी फैसला अन्तिम फैसला होता है।

SSC MTS 2023, 2022 (Tier 1 & 2)

341. भारत के संविधान का कौन-सा अनुच्छेद प्रत्येक राज्य के लिए एक राज्यपाल का प्रावधान करता है?

MTS Tier-1 08.09.2023 (Shift-II)

(a) अनुच्छेद 157
(b) अनुच्छेद 156
(c) अनुच्छेद 173
(d) अनुच्छेद 153

उत्तर (d)

• भारतीय संविधान के अनुच्छेद 153 में प्रत्येक राज्य के लिए राज्यपाल का प्रावधान होता है।

• **अनुच्छेद 156** राज्यपाल राष्ट्रपति की इच्छा पर्यन्त पद धरण करेगा।

• **अनुच्छेद 157** राज्यपाल की नियुक्ति के लिए योग्यताओं के बारे में बताया गया है।

• **अनुच्छेद 173** राज्य विधानमण्डल के सदस्य बनने के लिए योग्यताओं के बारे में बताया गया है।

SSC Steno 2024 & 2021 (Tier 1 & 2)

342. निम्नलिखित में से कौन राज्य कार्यपालिका में शामिल नहीं होता है?

SSC Steno Tier-1 11.12.2024 (Shift-III)

(a) भारत के महान्यायवादी
(b) राज्यपाल
(c) राज्य के महाधिवक्ता
(d) मन्त्रिपरिषद्

उत्तर (a)

• भारत का महान्यायवादी राज्य कार्यपालिका में शामिल नहीं होता है। राज्य की कार्यपालिका में राज्यपाल, मुख्यमन्त्री व उसके मन्त्री परिषद् शामिल होते हैं। राज्यपाल, राज्य की कार्यपालिका शक्ति का प्रधान होता है। कथन (c) भारत के व्यापार पर वैश्वीकरण के प्रभाव को दर्शाता है।

343. राज्य की मन्त्रिपरिषद् सामूहिक रूप से इसकी ····· के प्रति जिम्मेदार होती है।

SSC Steno 15.11.2021 (Shift-II)

(a) राज्यपाल
(b) विधानसभा
(c) उच्च न्यायालय
(d) मुख्यमन्त्री

उत्तर (b)

• राज्य की मन्त्रिपरिषद् सामूहिक रूप से **विधानसभा** के प्रति जिम्मेदार होती है।

• इसी प्रकार केन्द्र मन्त्रिमण्डल लोकसभा के प्रति जिम्मेदार होता है।

• विधानसभा तथा लोकसभा में पर्याप्त बहुमत न होने पर राज्य तथा केन्द्र सरकार को **त्याग-पत्र** भी देना पड़ता है।

344. भारतीय संविधान का निम्न में से कौन-सा अनुच्छेद केन्द्र को राज्यपाल की सिफारिश पर राज्य प्रशासन को नियन्त्रण में लेने की शक्ति देता है?
Steno 11.11.2021

(a) अनुच्छेद 356 (b) अनुच्छेद 124
(c) अनुच्छेद 105 (d) अनुच्छेद 243

उत्तर (a)

- **अनुच्छेद 356** के अन्तर्गत यदि कोई राज्य सरकार संवैधानिक उपबन्धों के अनुरूप कार्य नहीं कर रही है, तो राष्ट्रपति वहाँ आपातकाल की घोषणा कर सकता है।
- ऐसी घोषणा का **संसद द्वारा अनुमोदन दो माह** के अन्दर होना आवश्यक है।
- **अनुच्छेद 357** केन्द्र सरकार द्वारा अनुच्छेद 356 के तहत जारी उद्घोषणा के तहत विधायी शक्तियों के उपयोग से सम्बन्धित हैं।

SSC GD 2024 (Tier 1 & 2)

345. भारत में, अनुच्छेद 333 के उपबन्धों के अधीन रहते हुए प्रत्येक राज्य की विधानसभा अधिकतम ……… सदस्यों से मिलकर बनेगी।
SSC GD Tier-1 20.02.2024 (Shift-II)

(a) चार सौ (b) पाँच सौ
(c) छ: सौ (d) तीन सौ

उत्तर (b)

- भारत में अनुच्छेद 333 के उपबन्धों के अधीन रहते हुए प्रत्येक राज्य की विधानसभा **पाँच सौ सदस्यों** से मिलकर बनेगी।
- इसमें न्यूनतम सदस्यों की संख्या 60 होती है।
- ये सदस्य प्रत्यक्ष चुनाव द्वारा चुने जाते हैं।
- संविधान के अनुच्छेद-371(F) द्वारा सिक्किम के विधानसभा में मात्र 32 सदस्यों की व्यवस्था की गई है।
- संविधान के अनुच्छेद 170 में विधानसभाओं की संरचना का उल्लेख है।

346. राज्यपाल के कार्यालय की शर्तों के सम्बन्ध में निम्नलिखित में से कौन-सा कथन सही है?
SSC GD 22.02.2024 (Shift-IV)

I. राज्यपाल अन्य कोई लाभ का पद धारण कर सकता है।
II. राज्यपाल, बिना किराया दिए, अपने शासकीय निवासों के उपयोग का हकदार होगा।

कूट
(a) केवल I
(b) केवल II
(c) I और II दोनों
(d) न तो I और न ही II

उत्तर (b)

- राज्यपाल के कार्यालय की शर्तों के सम्बन्ध में विकल्प (b) सही उत्तर है, क्योंकि राज्यपाल बिना किराया दिए अपने शासकीय निवासों के उपयोग का हकदार होगा।
- संविधान के भाग 6 में राज्य शासन के लिए प्रावधान है।
- संविधान के **अनुच्छेद 153** के तहत प्रत्येक राज्य के लिए एक राज्यपाल का प्रावधान किया गया है। केन्द्रशासित प्रदेशों में उप-राज्यपाल की नियुक्ति होती है।
- संविधान के **अनुच्छेद 155** के अनुसार राज्यपाल की नियुक्ति राष्ट्रपति द्वारा की जाती है।
- राज्यपाल अन्य कोई लाभ का पद धारण नहीं कर सकता है। इसलिए कथन I गलत है।

347. राष्ट्रीय राजधानी क्षेत्र दिल्ली सरकार (संशोधन) विधेयक, 2023 ने राष्ट्रीय राजधानी सिविल सेवा प्राधिकरण की स्थापना की, जिसमें मुख्यमन्त्री, दिल्ली के मुख्य सचिव और …… शामिल हैं।
SSC GD 23.02.2024 (Shift-I)

(a) दिल्ली के शिक्षा मन्त्री
(b) दिल्ली के प्रधान गृह सचिव
(c) भारत के राजस्व सचिव
(d) भारत के कैबिनेट सचिव

उत्तर (b)

- दिल्ली सरकार ने 'राष्ट्रीय राजधानी सिविल सेवा प्राधिकरण' की स्थापना की, जिसमें मुख्यमन्त्री, दिल्ली के मुख्य सचिव और **दिल्ली के प्रधान गृहसचिव** शामिल थे।
- इसके पास दिल्ली में कार्यरत् दानिक्स (DANICS) (दिल्ली, अण्डमान-निकोबार, लक्षद्वीप, दमन व दीव, दादरा और नगर हवेली सिविल सर्विसेज) और सभी ग्रुप ए अधिकारियों के **ट्रान्सफर** और **पोस्टिंग** करने की शक्ति होगी।

348. जैसा कि भारतीय संविधान के अनुच्छेद-168 में निहित है कि किसी राज्य के विधानमण्डल के दो सदन होते हैं, एक को …… और दूसरे को विधानसभा के रूप में जाना जाता है।
SSC GD Tier-1 24.02.2024 (Shift-III)

(a) लोकसभा
(b) विधानपरिषद्
(c) राज्यसभा
(d) राज्यपरिषद्

उत्तर (b)

- **विधानपरिषद्,** राज्य विधानमण्डल का उच्च सदन होता है, जबकि विधानसभा निम्न सदन।
- **अनुच्छेद 169** विधानपरिषद् की स्थापना या समाप्ति की प्रक्रिया से सम्बन्धित है।

SSC GD 2023 (Tier 1 & 2)

349. राज्य विधायिका के निम्न सदन को ……कहा जाता है।
SSC (GD) Constable Tier-1 13.02.2023 (Shift-IV)

(a) राज्यसभा
(b) लोकसभा
(c) विधानसभा
(d) विधानपरिषद्

उत्तर (c)

- राज्य विधायिका के निम्न सदन को **विधानसभा** कहते हैं, जबकि राज्य विधानमण्डल के उच्च सदन को विधानपरिषद् कहते हैं।
- विधानसभा लोकप्रिय रूप से निर्वाचित सदन है।
- किसी विधानसभा की अधिकतम सदस्य संख्या 500 से अधिक नहीं होनी चाहिए तथा 60 से कम नहीं होनी चाहिए।
- **उत्तर प्रदेश** में सर्वाधिक विधानसभा सीटें (403) हैं।
- यह राज्य स्तर पर कानून और नीतियाँ बनाने के लिए जिम्मेदार है और इसका कार्यकाल आमतौर पर 5 वर्ष होता है।

350. राज्य में संवैधानिक आपातकाल लगाने की अनुशंसा करने की शक्ति किसके पास है?
SSC GD Tier-1 08.02.2023 (Shift-I)

(a) भारत के उप-राष्ट्रपति
(b) उस राज्य के राज्यपाल
(c) भारत के प्रधानमन्त्री
(d) भारत के गृहमन्त्री

उत्तर (b)

- राज्य में संवैधानिक आपातकाल लगाने की अनुशंसा करने की शक्ति उस राज्य के **राज्यपाल के पास** है।
- भारतीय संविधान के **अनुच्छेद 356** के तहत राष्ट्रपति द्वारा आपातकाल लगाया जा सकता है।
- राज्यपाल राज्य में संवैधानिक विफलता की स्थिति में राष्ट्रपति को आपातकाल लगाने की सिफारिश कर सकता है।
- भारतीय संविधान के **भाग XVIII** में **अनुच्छेद 352** से **360** आपातकालीन प्रावधानों से सम्बन्धित हैं।

351. केवल …… वर्ष से अधिक की आयु के भारतीय नागरिक ही किसी राज्य के राज्यपाल के पद पर नियुक्ति के लिए पात्र होते हैं।
SSC GD Constable Tier-1 06.02.2023 (Shift-I)

(a) 28 (b) 25 (c) 40 (d) 35

उत्तर (d)

- केवल 35 वर्ष से अधिक की आयु के भारतीय नागरिक ही किसी राज्य के राज्यपाल के पद पर नियुक्ति के लिए पात्र होते हैं।
- भारतीय संविधान के **अनुच्छेद 157** के अनुसार, एक व्यक्ति को राज्यपाल नियुक्त कया जा सकता है।
- राज्य की कार्यपालिका शक्ति **राज्यपाल में निहित** होगी और वह इसका प्रयोग इस संविधान के अनुसार स्वयं या अपने **अधीनस्थ अधिकारियों के द्वारा** करेगा।
- राज्यपाल संसद के किसी सदन का या विधानमण्डल के किसी सदन का सदस्य नहीं होगा।
- राज्यपाल अन्य कोई लाभ का पद धारण नहीं करेगा तथा उपलब्धियाँ और भत्ते का हकदार होगा।

352. कैबिनेट और राज्यपाल के बीच सम्पर्क की एकमात्र कड़ी है
SSC GD Constable Tier-1 01.02.2023 (Shift-I)

(a) मुख्यमन्त्री
(b) राज्य लोक सेवा आयोग अध्यक्ष
(c) महाधिवक्ता
(d) मुख्य चुनाव आयुक्त

उत्तर (a)

• कैबिनेट और राज्यपाल के बीच सम्पर्क की एकमात्र कड़ी मुख्यमन्त्री है।

• **मुख्यमन्त्री** द्वारा महाधिवक्ता, राज्य लोक सेवा आयोग, राज्य चुनाव आयोग आदि के अध्यक्ष और सदस्यों जैसे महत्त्वपूर्ण अधिकारियों की नियुक्ति के सम्बन्ध में राज्यपाल को सलाह दी जाती है।

• संविधान का **अनुच्छेद 164 यह प्रावधान** करता है कि मुख्यमन्त्री की नियुक्ति राज्यपाल करेगा।

SSC Selection Post 2024

353. राज्यपाल, किसकी सलाह पर मन्त्रियों की नियुक्ति करता है? SSC SP 20.06.2024 (Shift-II)

(a) राष्ट्रपति (b) उप-राष्ट्रपति
(c) मुख्यमन्त्री (d) प्रधानमन्त्री

उत्तर (c)

• **राज्यपाल मुख्यमन्त्री की सलाह** पर मन्त्रियों की नियुक्ति करता है।

• राज्यपाल अपने कार्यपालिका सम्बन्धी कार्यों के तहत राज्य के मुख्य सचिव, महाधिवक्ता, राज्य लोकसेवा आयोग तथा सदस्यों की नियुक्ति करता है।

• राज्य के सभी कार्यपालिका कार्य राज्यपाल के नाम से चलाए जाते हैं।

354. राज्यपाल की नियुक्ति के मामले में कौन-सा विकल्प सही नहीं है? SSC SP 20.06.2024 (Shift-I)

(a) छः वर्ष के लिए नियुक्ति
(b) अपने कार्यकाल के दौरान लाभ का कोई पद धारण नहीं कर सकता।
(c) भारत का नागरिक
(d) कम से कम 35 वर्ष की आयु होनी चाहिए

उत्तर (a)

• राज्यपाल की नियुक्ति के मामले में विकल्प (d) सही नहीं है।

• भारतीय संविधान की **अनुच्छेद 157 और 158 के अनुसार राज्यपाल पद पर नियुक्ति** हेतु निम्नलिखित योग्यताओं का होना अनिवार्य है।

• वह भारत का नागरिक हो।
• पागल या दिवालिया न हो।
• उसनें 35 वर्ष की अवस्था पूरी कर ली हो।
• वह संसद अथवा किसी राज्य विधानमण्डल का सदस्य न हो।
• वह किसी लाभ के पद पर न हो।
• इसका कार्यकाल पाँच वर्ष के लिए होता है।

SSC SP 2023 (Tier 1 & 2)

355. भारत में, विधानसभा या विधान परिषद् के अधिवेशन के दौरान, यदि गणपूर्ति (Quorum) नहीं है, तो सदन या अधिवेशन को स्थगित करना ········· का कर्त्तव्य होगा। SSC SP 27.06.2023 (Shift-III)

(a) सभापति/राज्यपाल
(b) अध्यक्ष/मुख्यमन्त्री
(c) अध्यक्ष/सभापति
(d) राज्यपाल/मुख्यमन्त्री

उत्तर (c)

• भारत में, विधानसभा या विधान परिषद् के अधिवेशन के दौरान, यदि गणपूर्ति (Quorum) नहीं है, तो सदन या अधिवेशन को स्थगित करना **अध्यक्ष/सभापति का कर्त्तव्य** होगा।

• भारतीय संविधान के **अनुच्छेद 189(4)** के अनुसार, यदि किसी राज्य की विधानसभा या विधान परिषद् की बैठक के दौरान गणपूर्ति नहीं होती, तो अध्यक्ष या सभापति को ये कदम उठाने होते हैं।

• सदन में किसी बैठक के लिए गणपूर्ति अध्यक्ष सहित कुल सदस्य संख्या का 10वाँ भाग होती है।

356. भारतीय संविधान का निम्नलिखित में से कौन-सा अनुच्छेद यह प्रावधान करता है कि दिल्ली राष्ट्रीय राजधानी क्षेत्र के लिए एक विधानसभा होगी? SSC SP 27.06.2023 (Shift-III)

(a) अनुच्छेद 233AA
(b) अनुच्छेद 231AA
(c) अनुच्छेद 239AA
(d) अनुच्छेद 237AA

उत्तर (c)

• भारतीय संविधान के **अनुच्छेद 239AA यह प्रावधान करता** है कि दिल्ली राष्ट्रीय राजधानी क्षेत्र के लिए एक विधानसभा होगी।

• यदि मन्त्रिपरिषद् और उपराज्यपाल किसी भी मामले पर असहमत हों, तब **अनुच्छेद 239AA उपराज्यपाल को राष्ट्रपति से परामर्श** करने का अधिकार देता है।

• इस प्रकार उपराज्यपाल और निर्वाचित सरकार के बीच यह दोहरा नियन्त्रण एक शक्ति संघर्ष में परिणत हो सकता है।

न्यायपालिका

सर्वोच्च न्यायालय

सर्वोच्च न्यायालय में एक मुख्य न्यायाधीश और 33 अन्य न्यायाधीश सहित कुल 34 न्यायाधीश हैं।

न्यायाधीशों की नियुक्तियाँ

- **अनुच्छेद 124** में प्रावधान है कि राष्ट्रपति द्वारा सर्वोच्च न्यायालय के प्रत्येक न्यायाधीश की नियुक्ति, सर्वोच्च न्यायालय के न्यायाधीश और उच्च न्यायालय के ऐसे न्यायाधीशों के परामर्श द्वारा की जाएगी, जिनसे परामर्श करना राष्ट्रपति आवश्यक समझे।
- सर्वोच्च न्यायालय के न्यायाधीशों की अवकाश ग्रहण करने की अधिकतम आयु सीमा **65 वर्ष** है।

योग्यताएँ

- वह भारत का नागरिक हो।
- वह कम-से-कम 5 वर्ष तक उच्च न्यायालय का न्यायाधीश रह चुका हो।
- या वह कम-से-कम 10 वर्ष तक उच्चतम न्यायालय में वकील या अधिवक्ता रह चुका हो और राष्ट्रपति की दृष्टि में विधि का विद्वान् हो।

न्यायाधीश को हटाया जाना

- सर्वोच्च न्यायालय के न्यायाधीशों को केवल राष्ट्रपति के अध्यादेश द्वारा बर्खास्त किया जा सकता है।
- इसके लिए विशेष प्रस्ताव संसद के प्रत्येक सदन के सम्बोधन के बाद पारित किया जाता है जिसे **प्रार्थना** (समावेदन) कहते हैं। इस प्रस्ताव को सदन के उपस्थित और मतदान करने वाले सदस्यों के **दो-तिहाई** बहुमत का समर्थन प्राप्त होना चाहिए।
- इस विशेष प्रस्ताव को न्यायाधीश के दुर्व्यवहार या अक्षमता सिद्ध होने के आधार पर, उसी सत्र में, ऐसी बर्खास्तगी के लिए राष्ट्रपति को पेश किया जाता है।
- संसद को ये शक्तियाँ दी गई हैं कि वह न्यायाधीश के व्यवहार या अक्षमता की जाँच या साक्ष्यों के प्रस्तुतीकरण की प्रक्रिया को नियन्त्रित करे।

उच्च न्यायालय

- संविधान के अनुसार प्रत्येक राज्य के लिए एक उच्च न्यायालय होगा।
- वर्तमान समय में भारत में **25 उच्च न्यायालय** हैं।
- मेघालय, मणिपुर एवं त्रिपुरा में वर्ष 2013 में उच्च न्यायालयों की शुरुआत की गई थी तथा वर्ष 2019 में **तेलंगाना** में उच्च न्यायालय की स्थापना की गई।
- उच्च न्यायालय के न्यायाधीशों की अवकाश ग्रहण करने की अधिकतम आयु सीमा 62 वर्ष है।

योग्यताएँ

- वह भारत का नागरिक हो।
- कम-से-कम 10 वर्ष तक न्यायिक पद धारण कर चुका हो।
- कम-से-कम 10 वर्ष तक उच्च न्यायालय का अधिवक्ता रहा हो।

भारत में उच्च न्यायालय

उच्च न्यायालय	क्षेत्राधिकार	मुख्य पीठ
मद्रास (1862)	तमिलनाडु, पुदुचेरी	चेन्नई
कलकत्ता (1862)	पश्चिम बंगाल, अंडमान-निकोबार द्वीप	कोलकाता
बंबई (1862)	महाराष्ट्र, गोवा, दादरा एवं नगर हवेली और दमन एवं दीव	मुंबई
इलाहाबाद (1866)	उत्तर प्रदेश	प्रयागराज
कर्नाटक (1884)	कर्नाटक	बंगलुरु
पटना (1916)	बिहार	पटना
जम्मू एवं कश्मीर (1928)	जम्मू एवं कश्मीर, लद्दाख	श्रीनगर
मध्य प्रदेश (1956)	मध्य प्रदेश	जबलपुर
पंजाब एवं हरियाणा (1947)	पंजाब, हरियाणा, चंडीगढ़	चंडीगढ़
गुवाहाटी (1948)	असम, नागालैंड, मिजोरम, अरुणाचल प्रदेश	गुवाहाटी
उड़ीसा (1948)	ओडिशा	कटक
राजस्थान (1949)	राजस्थान	जोधपुर
केरल (1956)	केरल, लक्षद्वीप	एर्नाकुलम
गुजरात (1960)	गुजरात	अहमदाबाद
दिल्ली (1966)	दिल्ली	नई दिल्ली
हिमाचल प्रदेश (1971)	हिमाचल प्रदेश	शिमला
सिक्किम (1975)	सिक्किम	गंगटोक
छत्तीसगढ़ (2000)	छत्तीसगढ़	बिलासपुर
उत्तराखंड (2000)	उत्तराखंड	नैनीताल
झारखंड (2000)	झारखंड	राँची
मेघालय (2013)	मेघालय	शिलांग
मणिपुर (2013)	मणिपुर	इंफाल
त्रिपुरा (2013)	त्रिपुरा	अगरतल्ला
तेलंगाना (2019)	तेलंगाना	हैदराबाद
आन्ध्र प्रदेश (2019)	आंध्र प्रदेश	अमरावती

लोक अदालत

- यह लोक उपयोगी सेवाओं के विवादों के सम्बन्ध में मुकदमेबाजी पूर्व सुलह एवं निर्धारण के लिए है, ताकि लोगों को शीघ्र न्याय मिल सके।
- भारत में सर्वप्रथम **गुजरात** (1982) राज्य में लोक अदालतों का गठन किया गया।

SSC एग्जाम स्कैनर

SSC CGL 2024 (Tier 1 & 2)

357. उच्चतम न्यायालय के न्यायाधीशों की नियुक्ति के लिए निम्नलिखित में से कौन-सी एक योग्यता नहीं है? **SSC CGL Tier-2 20.01.2025**

(a) कम-से-कम पाँच वर्षों तक उच्च न्यायालय का न्यायाधीश होना
(b) राष्ट्रपति की राय में एक प्रतिष्ठित न्यायाधीश होना
(c) कम से कम दस वर्षों तक सर्वोच्च न्यायालय का वकील होना
(d) कम से कम दस वर्षों तक उच्च न्यायालय का वकील होना

उत्तर (c)

- कम-से-कम दस वर्षों तक सर्वोच्च न्यायालय का वकील होना न्यायाधीश की नियुक्ति के लिए एक योग्यता नहीं है।
- भारत के संविधान के अनुच्छेद 124(3) में उच्चतम न्यायालय के न्यायाधीशों की नियुक्ति के लिए आवश्यक योग्यताएँ बताई गई हैं।
- व्यक्ति ने कम-से-कम पाँच वर्षों तक उच्च न्यायालय के न्यायाधीश के रूप में सेवा दी हो या कम-से-कम दस वर्षों तक उच्च न्यायालय में वकील के रूप में कार्य किया हो अथवा राष्ट्रपति की राय में वह एक प्रतिष्ठित न्यायाधीश हो।
- कम-से-कम दस वर्षों तक सर्वोच्च न्यायालय का वकील होना' की कोई शर्त संविधान में उल्लेखित नहीं हैं।

358. निम्नलिखित में से किस मामले में, भारत के उच्चतम न्यायालय ने यह निर्णय दिया कि 'मौलिक अधिकारों और निर्देशक सिद्धान्तों के बीच किसी भी विसंगति की स्थिति में, मौलिक अधिकार ही मान्य होगा? **SSC CGL Tier-2 20.01.2025**

(a) केशवानन्द भारती मामला, 1973
(b) मिनर्वा मिल्स मामला, 1980
(c) चंपकम दोरईजन मामला, 1951
(d) गोलकनाथ मामला, 1967

उत्तर (c)

- चंपकम दोरईजन मामला (1951) में भारत के उच्चतम न्यायालय ने यह निर्णय दिया था कि यदि संविधान के मौलिक अधिकारों और निर्देशक सिद्धान्तों के बीच कोई टकराव होता है, तो मौलिक अधिकारों को प्राथमिकता दी जाएगी।
- इस मामले में, अदालत ने यह स्पष्ट किया कि यदि किसी राज्य द्वारा कोई कानून मौलिक अधिकारों का उल्लंघन करता है, तो वह कानून असंवैधानिक होगा, भले ही वह संविधान के निर्देशक सिद्धान्तों से मेल खाता हो।
- यह निर्णय भारतीय संविधान में मौलिक अधिकारों की सर्वोच्चता को स्थापित करने में

महत्त्वपूर्ण था और इसने संविधान में मौलिक अधिकारों को अत्यधिक महत्त्व दिया।

• अन्य मामलों; जैसे कि केशवानन्द भारती (1973) जिसमें संविधान के मूलभूत ढाँचे का सिद्धान्त दिया गया और मिनर्वा मिल्स (1980), जो संविधान की मौलिक संरचना और संसद की संशोधन करने की शक्ति से जुड़ा था।

359. जब निचली अदालत ने अपने अधिकार क्षेत्र से बाहर जाकर किसी मामले पर विचार किया हो, तो किसी उच्च न्यायालय या सर्वोच्च न्यायालय द्वारा कौन-सी रिट जारी की जाती है?

SSC CGL Tier-1 26.09.2024 (Shift-II)

(a) उत्प्रेषण लेख
(b) अधिकार पृच्छा
(c) बन्दी प्रत्यक्षीकरण
(d) निषेधाज्ञा

उत्तर (d)

• जब कोई निचली अदालत अपने अधिकार क्षेत्र से बाहर जाकर किसी मामले पर विचार करती है, तो उस पर **निषेधाज्ञा** (प्रोहिबिशन) रिट जारी की जाती है।

• निषेधाज्ञा रिट को 'स्टे ऑर्डर' के नाम से भी जाना जाता है। यह रिट किसी भी **उच्च न्यायालय या सर्वोच्च** न्यायालय द्वारा जारी की जा सकती है।

• इस रिट के जारी होने के बाद, निचली अदालत में कार्यवाही खत्म हो जाती है।

360. भारतीय संविधान के भाग VI में अनुच्छेद 214 से 231 ……… से सम्बन्धित हैं।

SSC CGL Tier-1 23.09.2024 (Shift-II)

(a) अधीनस्थ न्यायालय
(b) जिला न्यायालय
(c) उच्चतम न्यायालय
(d) उच्च न्यायालय

उत्तर (d)

• भारतीय संविधान के भाग VI में अनुच्छेद 214 से 231 उच्च न्यायालयों से जुड़े प्रावधान हैं।

• संविधान के अनुच्छेद 214 के अनुसार, प्रत्येक राज्य के लिए एक उच्च न्यायालय होगा, अनुच्छेद 231 के तहत संसद विधि द्वारा दो-या-दो से अधिक राज्यों और किसी संघ राज्य क्षेत्र के लिए एक ही उच्च न्यायालय स्थापित कर सकती है।

• भारत में **25** उच्च न्यायालय हैं।

• उच्च न्यायालय एक **अभिलेख न्यायालय** होता है, उसके निर्णय आधिकारिक माने जाते हैं।

• उच्च न्यायालय के न्यायाधीशों की नियुक्ति **राष्ट्रपति** द्वारा सर्वोच्च न्यायालय के न्यायाधीश के परामर्श पर की जाती है।

361. भारत के सर्वोच्च न्यायालय में भारत के राष्ट्रपति द्वारा नियुक्त मुख्य न्यायाधीश और अधिकतम ……… अन्य न्यायाधीश शामिल होते हैं।

SSC CGL Tier-1 13.09.2024 (Shift-I)

(a) 37 (b) 38
(c) 35 (d) 33

उत्तर (d)

• भारत के सर्वोच्च न्यायालय में राष्ट्रपति द्वारा नियुक्त मुख्य न्यायाधीश और अधिकतम 33 अन्य न्यायाधीश शामिल होते हैं।

• सर्वोच्च न्यायालय के समस्त न्यायाधीशों की नियुक्ति राष्ट्रपति के द्वारा की जाती है।

• सर्वोच्च न्यायालय के न्यायाधीश बनने के लिए न्यूनतम आयु-सीमा निर्धारित नहीं की गई है। एक बार नियुक्त होने के बाद इनके अवकाश ग्रहण करने की आयु-सीमा **65** वर्ष है।

• सर्वोच्च न्यायालय के मुख्य न्यायाधीश को '2,80,000 प्रतिमाह व अन्य न्यायाधीशों को '2,50,000 प्रतिमाह वेतन मिलता है।

362. जनहित याचिका की अवधारणा की उत्पत्ति ……. में हुई थी।

SSC CGL Tier-1 12.09.2024 (Shift-III)

(a) स्विट्ज़रलैण्ड (b) आइसलैण्ड
(c) यूएसए (d) न्यूजीलैण्ड

उत्तर (c)

• जनहित याचिका की अवधारणा की उत्पत्ति **यू.एस.ए** में हुई थी।

• जनहित याचिका का अर्थ, सार्वजनिक हित की रक्षा के लिए न्यायालय में दायर की जाने वाली याचिका है।

• **न्यायमूर्ति वी.आर.कृष्ण अय्यर** और **न्यायमूर्ति पी.एन भगवती** जनहित याचिका की अवधारणा के अग्रदूत थे।

363. मार्च, 2023 तक की स्थिति के अनुसार, भारत में कितने उच्च न्यायालय हैं?

SSC CGL Tier-1 10.09.2024 (Shift-II)

(a) 20 (b) 35 (c) 25 (d) 30

उत्तर (c)

• मार्च, 2023 तक भारत में कुल 25 उच्च न्यायालय हैं।

• आन्ध्र प्रदेश के अमरावती में देश का 25वाँ उच्च न्यायालय स्थापित किया गया है।

• उच्च न्यायालय भारतीय संविधान के अनुच्छेद 214 अध्याय 5 भाग 6 के अन्तर्गत स्थापित किए गए।

• न्यायिक प्रणाली के भाग के रूप में, उच्च न्यायालय राज्य विधायिकाओं और अधिकारी के संस्था से स्वतन्त्र है।

SSC CGL 2023 (Tier 1 & 2)

364. भारत के संविधान का कौन-सा अनुच्छेद उच्च न्यायालय को रिट (writ) जारी करने का अधिकार देता है? **SSC CGL 14.07.2023 (Shift-I)**

(a) अनुच्छेद-143
(b) अनुच्छेद-226
(c) अनुच्छेद-32
(d) अनुच्छेद-132

उत्तर (b)

• भारतीय संविधान के **अनुच्छेद-226** उच्च न्यायालय को रिट (writ) जारी करने का अधिकार देता है।

• रिट के अन्तर्गत बन्दी प्रत्यक्षीकरण, परमादेश, प्रतिषेध, अधिकार पृच्छा तथा उत्प्रेषण पाँच प्रकार सम्मिलित हैं।

• **सर्वोच्च न्यायालय अनुच्छेद-32** के तहत रिट जारी करता है।

• **अनुच्छेद-143 उच्चतम न्यायालय से परामर्श करने की शक्ति** राष्ट्रपति को प्रदान करता है।

365. न्यायाधीशों को एक उच्च न्यायालय से दूसरे उच्च न्यायालय में स्थानान्तरित करने का अधिकार किसके पास है?

SSC CGL 14.07.2023 (Shift-II)

(a) भारत के राष्ट्रपति
(b) सर्वोच्च न्यायालय के वरिष्ठतम न्यायाधीश
(c) भारत के कानून मन्त्री
(d) भारत के मुख्य न्यायाधीश

उत्तर (a)

• भारत का राष्ट्रपति न्यायाधीशों को एक उच्च न्यायालय से दूसरे उच्च न्यायालय में स्थानान्तरित कर सकता है।

• राष्ट्रपति **सर्वोच्च न्यायालय के मुख्य न्यायाधीश** के परामर्श से ही ऐसा करता है।

• भारतीय संविधान का **अनुच्छेद** 222 एक न्यायाधीश (मुख्य न्यायाधीश सहित) के स्थानान्तरण के लिए एक उच्च न्यायालय से किसी अन्य उच्च न्यायालय में प्रावधान करता है।

• भारतीय संविधान के **अनुच्छेद**-124 और 217 क्रमश: सर्वोच्च न्यायालय और उच्च न्यायालय में न्यायाधीशों की नियुक्ति से सम्बन्धित हैं।

366. भारत का प्रथम विधि अधिकारी कौन होता है?

SSC CGL 14.07.2023 (Shift-III)

(a) राज्य के महाधिवक्ता
(b) कानून मन्त्री
(c) भारत के मुख्य न्यायाधीश
(d) भारत के महान्यायवादी

उत्तर (d)

• भारत का प्रथम विधि अधिकारी **भारत का महान्यायवादी** होता है, जिसकी नियुक्ति भारत के राष्ट्रपति द्वारा की जाती है। ऐसे व्यक्ति को राष्ट्रपति महान्यायवादी के पद पर नियुक्त कर सकता है, जो व्यक्ति **सुप्रीम कोर्ट के न्यायाधीश** बनने की योग्यता रखता हो।

• भारत का महान्यायवादी भारत सरकार का **मुख्य कानूनी सलाहकार** तथा भारतीय उच्चतम न्यायालय में सरकार का प्रमुख वकील होता है।

367. न्यायमूर्ति इन्दु मल्होत्रा ने निम्नलिखित में से किस ऐतिहासिक निर्णय में असहमति व्यक्त की थी? **SSC CGL 19.07.2023 (Shift-III)**

(a) बुनियादी संरचना सिद्धान्त
(b) संविधान का प्रस्तावना भाग
(c) सबरीमाला में महिलाओं का प्रवेश
(d) भारत में भूमि सुधार

उत्तर (c)

• न्यायमूर्ति इन्दु मल्होत्रा ने **सबरीमाला में महिलाओं के प्रवेश** निर्णय में असहमति व्यक्त की थी।

• वर्ष 2018 में सुप्रीम कोर्ट ने केरल में सबरीमाला स्थित **अयप्पा मन्दिर** में सभी आयु की महिलाओं को प्रवेश की अनुमति दे दी। अपने फैसले में उन्होंने कहा "सबरीमाला मन्दिर में महिलाओं के प्रवेश पर प्रतिबन्ध लगाना लैंगिक भेदभाव है।"

• पौराणिक कथाओं के अनुसार, **अयप्पा** को भगवान शिव और मोहिनी (भगवान विष्णु का एक रूप) का पुत्र माना जाता है।

368. भारतीय संविधान का कौन-सा अनुच्छेद यह निर्धारित करता है कि सर्वोच्च न्यायालय द्वारा घोषित कानून भारत के क्षेत्र के भीतर सभी अदालतों पर बाध्यकारी होगा?
SSC CGL 21.07.2023 (Shift-II)

(a) अनुच्छेद-141 (b) अनुच्छेद-140
(c) अनुच्छेद-142 (d) अनुच्छेद-145

उत्तर (a)

• भारतीय संविधान का **अनुच्छेद-141** यह निर्धारित करता है कि सर्वोच्च न्यायालय द्वारा घोषित कानून भारत के क्षेत्र के भीतर सभी अदालतों पर बाध्यकारी होगा।

• **अनुच्छेद-140** उच्चतम न्यायालय की अनुषांगिक शक्तियाँ।

• **अनुच्छेद-142** उच्चतम न्यायालय के आदेशों और डिक्रियों का प्रकटीकरण आदि के बारे में आदेश।

369. भारत में न्यायिक समीक्षा के सम्बन्ध में निम्नलिखित में से कौन/से कथन सत्य हैं?
SSC CGL 25.07.2023 (Shift-I)

A. न्यायिक समीक्षा का अर्थ है कि कानून की अदालतों के पास संविधान के प्रावधानों के सन्दर्भ में विधायी और अन्य सरकारी कार्यवाही की वैधता का परीक्षण करने की शक्ति है।
B. भारतीय संविधान के अनुच्छेद-23 के तहत भाग III में मौलिक अधिकारों में न्यायिक समीक्षा की बाध्यता का वर्णन किया गया था।
C. न्यायिक समीक्षा की शक्ति मुख्य रूप से भारत के उच्च न्यायालयों और सर्वोत्तम न्यायालय में निहित है।

कूट
(a) B और C (b) A और C
(c) A और B (d) ये सभी

उत्तर (b)

• भारत में न्यायिक समीक्षा के सम्बन्ध में कथन A और C सही हैं।

• न्यायिक समीक्षा का अर्थ यह है कि कानून की अदालतों के पास संविधान के प्रावधानों के सन्दर्भ में विधायी और अन्य सरकारी कार्यवाही की वैधता का परीक्षण करने की शक्ति है।

• इसकी शक्ति मुख्य रूप से भारत के उच्च न्यायालयों और सर्वोच्च न्यायालय में निहित है।

• न्यायिक समीक्षा के दो महत्त्वपूर्ण कार्य हैं, सरकारी कार्यवाही को वैध बनाना और सरकार द्वारा किए गए किसी भी अनुचित कृत्य के खिलाफ संविधान का संरक्षण करना।

• अनुच्छेद-13 न्यायिक समीक्षा से सम्बन्धित है।

370. भारतीय संविधान का कौन-सा अनुच्छेद सर्वोच्च न्यायालय को अपने स्वयं के निर्णयों या आदेशों की समीक्षा करने का अधिकार देता है? **SSC CGL 25.07.2023 (Shift-III)**

(a) अनुच्छेद-137 (b) अनुच्छेद-138
(c) अनुच्छेद-136 (d) अनुच्छेद-135

उत्तर (a)

• भारतीय संविधान का **अनुच्छेद-137** सर्वोच्च न्यायालय को अपने स्वयं के निर्णयों या आदेशों की समीक्षा करने का अधिकार देता है।

• **अनुच्छेद - 135** विद्यमान विधि के अधीन फेडरल न्यायालय की अधिकारिता और शक्तियाँ का उच्चतम न्यायालय द्वारा प्रयोक्तव्य होना।

• **अनुच्छेद-136** अपील के लिए उच्चतम न्यायालय की विशेष स्वीकृति।

• **अनुच्छेद-138** उच्चतम न्यायालय की अधिकारिता की वृद्धि।

371. सर्वोच्च न्यायालय की सहायक शक्तियों के लिए प्रावधान निम्नलिखित में से कौन कर सकता है? **SSC CGL 26.07.2023 (Shift-I)**

(a) भारत की संसद
(b) भारत का विधि आयोग
(c) भारत के राष्ट्रपति
(d) विधि और न्याय मन्त्री

उत्तर (a)

• **संसद** भारत का सर्वोच्च विधायी निकाय है। यह सर्वोच्च न्यायालय की सहायक शक्तियों के लिए प्रावधान कर सकता है।

• भारतीय संसद में राष्ट्रपति तथा दो सदन राज्यसभा (राज्यों के परिषद्) एवं लोकसभा (लोगों का सदन) होते हैं। (अनु. 79)

• भारत का सर्वोच्च न्यायालय न्यायिक समीक्षा की शक्ति के साथ देश का **शीर्ष न्यायालय** है एवं यह भारत के संविधान के तहत न्याय की अपील हेतु **अन्तिम न्यायालय** है।

372. भारतीय संविधान का कौन-सा अनुच्छेद संसद को अपने द्वारा बनाए गए कानूनों के बेहतर प्रशासन के लिए अतिरिक्त अदालतें स्थापित करने की शक्ति देता है?
SSC CGL 26.07.2023 (Shift-III)

(a) अनुच्छेद-246 (b) अनुच्छेद-253
(c) अनुच्छेद-248 (d) अनुच्छेद-247

उत्तर (d)

• भारतीय संविधान का **अनुच्छेद-247** संसद को अपने द्वारा बनाए गए कानूनों के बेहतर प्रशासन के लिए अतिरिक्त अदालतें स्थापित करने की शक्ति देता है

• **अनुच्छेद-246 संघ** और **राज्यों** के बीच शक्ति के विभाजन से सम्बन्धित है। यह तीन सूचियों (संघ सूची, राज्य सूची और समवर्ती सूची) में उनकी शक्तियों को वर्गीकृत करके **संघ** और **राज्य** की शक्तियों का सीमांकन करता है।

• **अनुच्छेद** - 248 - अपशिष्ट विधायी शक्तियाँ

• **अनुच्छेद** - 253 - अन्तर्राष्ट्रीय करारों को प्रभावी करने का विधान।

SSC CPO 2024 (Tier 1 & 2)

373. भारत के सर्वोच्च न्यायालय के क्षेत्राधिकार के सम्बन्ध में निम्नलिखित में से कौन-से कथन सही हैं?

A. मूल क्षेत्राधिकार भारत सरकार और एक या अधिक राज्यों के बीच या भारत सरकार और किसी राज्य या राज्यों और दूसरी तरफ एक या अधिक राज्यों के बीच या दो या अधिक राज्यों के बीच किसी भी विवाद तक विस्तृत है।
B. अपीलीय अधिकार क्षेत्र का विस्तार तब होता है, जब संघ और कुछ राज्य विवाद के एक तरफ होते हैं और कुछ अन्य राज्य दूसरी तरफ होते हैं।
C. संविधान के अनुच्छेद 129 और 142 के तहत सर्वोच्च न्यायालय में अदालत की अवमानना के लिए दण्डित करने की शक्ति निहित है।
D. अभी तक, सर्वोच्च न्यायालय में अन्तर्राष्ट्रीय वाणिज्यिक मध्यस्थता शुरू नहीं की जा सकती है।

SSC CPO 27.07.2024 (Shift-III)

(a) A और C
(b) A, B, C और D
(c) B और D
(d) A और B

उत्तर (a)

• भारत के सर्वोच्च न्यायालय के क्षेत्राधिकार के सम्बन्ध में विकल्प a (कथन A और C) सही है।

• संविधान के अनुच्छेद 129 और 142 के तहत, सर्वोच्च न्यायालय में अदालत की अवमानना के लिए दण्डित करने की शक्ति निहित है।

• भारत में सर्वोच्च न्यायालय के अनुच्छेद 131 मूल क्षेत्राधिकार से सम्बन्धित है। यदि एक या अधिक राज्यों और भारत-सरकार के बीच कोई संघर्ष हो।

• भारत में सर्वोच्च न्यायालय की अपीलीय शक्ति संविधान के अनुच्छेद 132 (1), 133 (1) या 134 के तहत लागू होती है।

• सर्वोच्च न्यायालय में अन्तर्राष्ट्रीय वाणिज्यिक मध्यस्थता शुरू की जा सकती है।

374. भारतीय संविधान के किस अनुच्छेद में उल्लेख है कि सर्वोच्च न्यायालय द्वारा घोषित कानून भारत के राज्यक्षेत्र के भीतर सभी अदालतों पर बाध्यकारी होगा? **SSC CPO 27.07.2024 (Shift-II)**

(a) अनुच्छेद 151 (b) अनुच्छेद 141
(c) अनुच्छेद 137 (d) अनुच्छेद 147

उत्तर (b)

• भारतीय संविधान का अनुच्छेद 141 में उल्लेख है कि सर्वोच्च न्यायालय द्वारा घोषित कानून भारत के राज्यक्षेत्र के भीतर सभी अदालतों पर बाध्यकारी होगा।

• उच्च न्यायालयों सहित सभी निचली अदालतों को सर्वोच्च न्यायालय द्वारा दिए गए निर्णयों और फैसलों का पालन करना होगा।
• यह न्यायिक समीक्षा की शक्ति को स्थापित करता है और सभी नागरिकों के लिए समान न्याय सुनिश्चित करने में मदद करता है।
• **अनुच्छेद** 151 भारत के नियन्त्रक महालेखा परीक्षा के संपरीक्षा प्रतिवेदन का उल्लेख है।
• **अनुच्छेद** 137 निर्णयों या आदेशों का उच्चतम न्यायालयों द्वारा पुनर्विलोकन का उल्लेख है।
• **अनुच्छेद** 147 संविधान के भाग 5 में संघ का समावेश और निर्वाचन का उल्लेख है।

375. निम्नलिखित में से कौन राष्ट्रीय कानूनी सेवा प्राधिकरण के तहत नि:शुल्क कानूनी सहायता के लिए पात्र हैं?

A. अनुसूचित जाति या अनुसूचित जनजाति का सदस्य।
B. मानव तस्करी का शिकार या संविधान के अनुच्छेद 23 में G उल्लिखित भिखारी।
C. एक औद्योगिक कर्मकार।
D. अभाव की परिस्थितियों में एक व्यक्ति जैसे कि एक सामूहिक आपदा का शिकार होना।
E. सुप्रीम कोर्ट में कोई भी मुकदमा दायर करने के लिए यदि किसी व्यक्ति को मुफ्त कानूनी सहायता की आवश्यकता है, तो व्यक्ति की वार्षिक आय 10 लाख से कम होनी चाहिए। **SSC CPO 28.06.2024 (Shift-III)**

कूट
(a) A, B, C और D (b) B, C और D
(c) A, B, C, D और E (d) A, B और E

उत्तर (a)

• राष्ट्रीय कानूनी सेवा प्राधिकरण के तहत चारों कथन (A, B, C, D) पात्र हैं।
• राष्ट्रीय विधिक सेवा प्राधिकरण भारत का एक **वैधानिक निकाय** है, जिसकी स्थापना 9 नवम्बर, 1995 को की गई थी।
• प्राधिकरण के कार्यकारी अध्यक्ष भारत के मुख्य न्यायाधीश होते हैं।
• राष्ट्रीय विधिक सेवा प्राधिकरण (NALSA) के तहत नि:शुल्क विधिक सेवाएँ प्राप्त करने वाले सदस्य (अनुसूचित जाति या अनुसूचित जनजाति के सदस्य, एक औद्योगिक कामगार, मानसिक रूप से बीमार अथवा विकलांग व्यक्ति, महिला एवं बच्चा, मानव तस्करी या बेगार के शिकार व्यक्ति, किसी सामूहिक आपदा, जातीय हिंसा, जातीय अत्याचार, बाढ़, सूखा, भूकम्प और औद्योगिक आपदा के शिकार व्यक्ति) है।

376. भारतीय संविधान के किस अनुच्छेद में यह उल्लेख है कि 'प्रत्येक राज्य के लिए एक उच्च न्यायालय होगा'?
SSC CPO 29.06.2024 (Shift-I)

(a) अनुच्छेद-245 (b) अनुच्छेद-275
(c) अनुच्छेद-214 (d) अनुच्छेद-125

उत्तर (c)

• भारतीय संविधान का **अनुच्छेद** 214 यह स्थापित करता है कि प्रत्येक राज्य के लिए एक उच्च न्यायालय होगा।
• **अनुच्छेद-245** संसद द्वारा और राज्यों के विधानमण्डलों द्वारा बनाई गई विधि का विस्तार।
• **अनुच्छेद-275** कुछ राज्यों को संघ से अनुदान।
• **अनुच्छेद-125** संघ की न्यायपालिका में न्यायधीशों का वेतन

SSC CHSL 2024 (Tier 1 & 2)

377. भारत के सर्वोच्च न्यायालय के क्षेत्राधिकार के सम्बन्ध में निम्न में से कौन-सा कथन सत्य है?
SSC CHSL Tier-2 11.11.2024

(a) भारतीय संविधान का अनुच्छेद-30, उच्च न्यायालय द्वारा दिए गए निर्णयों को व्यापक मूल अधिकारिता प्रदान करता है
(d) सर्वोच्च न्यायालय को भारत के सभी न्यायालयों व न्यायाधिकरणों पर व्यापक सलाह क्षेत्राधिकार प्राप्त है
(c) प्रारम्भिक अधिकारिता, भारत सरकार और एक या एक से अधिक राज्यों के बीच किसी विवाद तक विस्तारित है
(d) उपरोक्त में से कोई नहीं

उत्तर (c)

• भारत के सर्वोच्च न्यायालय की प्रारम्भिक अधिकारिता भारत सरकार तथा एक या एक से अधिक राज्यों के मध्य विवाद तक विस्तारित है।
• प्रारम्भिक क्षेत्राधिकार के अन्तर्गत सर्वोच्च न्यायालय उसी विवाद को निर्णय के लिए स्वीकार करेगा, जिसमें किसी तथ्य या विधि का प्रश्न शामिल है।
• इसके अतिरिक्त सर्वोच्च न्यायालय के क्षेत्राधिकार में अपीलीय, परामर्शदात्री, पुनर्विचार, अभिलेख, न्यायालय को सम्मिलित किया जाता है।

378. निम्नलिखित में से कौन-से कथन गलत है?
SSC CHSL 10.01.2024 (Shift-I)

1. मूल क्षेत्राधिकार, संघीय मामलों से सम्बन्धित सभी विवादों में सर्वोच्च न्यायालय को एक अम्पायर के रूप में स्थापित करता है।
2. सर्वोच्च न्यायालय रिट के रूप में विशेष आदेश दे सकता है।
3. भारतीय संविधान के अनुच्छेद-129 में भारत के कार्यकारी मुख्य न्यायाधीश की नियुक्ति के बारे में उल्लेख किया गया है।
4. भारत के सर्वोच्च न्यायालय के प्रत्येक न्यायाधीश की नियुक्ति भारत के प्रधानमन्त्री द्वारा की जाएगी।

कूट
(a) 1 और 4 (b) 3 और 4
(c) 3 और 2 (d) 2 और 1

उत्तर (b)

• दिए गए कथन (3) और (4) गलत हैं।
• भारतीय संविधान के अनुच्छेद-129 में सर्वोच्च न्यायालय का **अभिलेखीय न्यायालय** के रूप में उल्लेख किया गया है, न कि कार्यकारी मुख्य न्यायाधीश का।
• अनुच्छेद 126 के तहत कार्यकारी मुख्य न्यायाधीश का उल्लेख किया गया है।
• भारत के सर्वोच्च न्यायालय के प्रत्येक न्यायाधीश की नियुक्ति भारत के राष्ट्रपति द्वारा की जाती है, न कि प्रधानमन्त्री द्वारा।
• मूल क्षेत्राधिकार, संघीय मामलों से सम्बन्धित सभी विवादों में सर्वोच्च न्यायालय को एक निर्णायक (अम्पायर) के रूप में स्थापित करता है।
• सर्वोच्च न्यायालय रिट के रूप में विशेष आदेश दे सकता है।

SSC CHSL 2023 (Tier 1 & 2)

379. निम्नलिखित में से कौन-सा भारत का सबसे पुराना उच्च न्यायालय है?
SSC CHSL 21.03.2023 (Shift-II)

(a) कलकत्ता (b) तेलंगाना
(c) इलाहाबाद (d) आन्ध्र प्रदेश

उत्तर (a)

• भारत का सबसे पुराना उच्च न्यायालय कलकत्ता उच्च न्यायालय है। कलकत्ता उच्च न्यायालय की स्थापना **1 जुलाई, 1862** को भारतीय उच्च न्यायालय अधिनियम, 1861 के तहत की गई थी।
• इलाहाबाद उच्च न्यायालय की स्थापना 17 मार्च, 1866 में की गई थी।
• तेलंगाना उच्च न्यायालय की स्थापना 1 जनवरी, 2019 को हुई थी।
• सबसे नवीनतम उच्च न्यायालय (25वाँ) आन्ध्र प्रदेश उच्च न्यायालय है, जिसकी स्थापना वर्ष 2019 में की गई।

SSC CHSL 2022 (Tier 1 & 2)

380. भारतीय संविधान के किस अनुच्छेद की विवेकाधीन शक्ति के तहत् भारत के सर्वोच्च न्यायालय ने यौन कार्य को पेशे के रूप में मान्यता दी? **SSC CHSL Tier-1 08.07.2024 (Shift-IV)**

(a) अनुच्छेद 140
(b) अनुच्छेद 143
(c) अनुच्छेद 141
(d) अनुच्छेद 142

उत्तर (d)

• भारतीय संविधान के **अनुच्छेद 142** की विवेकाधीन शक्ति के तहत् भारत के सर्वोच्च न्यायालय ने यौन कार्य को पेशे के रूप में मान्यता दी।
• अनुच्छेद 142 सुप्रीम कोर्ट को विवेकाधीन शक्ति प्रदान करता है, जिसमें प्रावधान किया गया है कि सुप्रीम कोर्ट अपने अधिकार का प्रयोग करते हुए ऐसा आदेश पारित कर सकता है या ऐसा आदेश दे सकता है।
• वर्ष 2020 में राष्ट्रीय मानवाधिकार आयोग ने यौनकर्मियों को अनौपचारिक श्रमिकों के रूप में मान्यता दी।

381. किसी अवर न्यायालय या न्यायाधिकरण को उसके अधिकार क्षेत्र से बाहर जाने से रोकने के लिए, जो कानूनी रूप से निहित नहीं है या क्षेत्राधिकार के बिना कार्य करने या प्राकृतिक न्याय के सिद्धान्तों के विरुद्ध कार्य करने से रोकने के लिए ………… जारी की जाती है।
SSC CHSL Tier-1 05.07.2024 (Shift-IV)

(a) प्रतिषेध रिट
(b) परमादेश रिट
(c) बन्दी प्रत्यक्षीकरण रिट
(d) अधिकार पृच्छा रिट

उत्तर (a)

• किसी अवर न्यायालय या न्यायाधिकरण को उसके अधिकार क्षेत्र से बाहर जाने से रोकने के लिए, जो कानूनी रूप से निहित नहीं है या क्षेत्राधिकार के बिना कार्य करने या प्राकृतिक न्याय के सिद्धान्तों के विरुद्ध कार्य करने से रोकने के लिए **प्रतिषेध रिट** जारी की जाती है।
• प्रतिषेध रिट का मुख्य उद्देश्य किसी अधीनस्थ न्यायालय को अपनी अधिकारिता का अतिक्रमण करने से रोकना है।
• यह रिट किसी भी न्यायिक या अर्द्धन्यायिक संस्था के विरुद्ध जारी होती है।
• भारतीय संविधान के **अनुच्छेद 32** में सर्वोच्च न्यायालय को पाँच प्रकार की रिट जारी करने की शक्ति दी गई है।

382. सर्वोच्च न्यायालय ने मई, 2023 में कहा कि वह ……… के तहत् अपने विवेकाधिकार का प्रयोग करके अपूर्ण रूप से टूट चुके विवाह या जिसमें सुधार की कोई सम्भावना न हो को आधार मानते हुए विवाह-विच्छेद का निर्णय दे सकता है। **SSC CHSL Tier-1 08.07.2024 (Shift-III)**

(a) भारतीय संविधान के अनुच्छेद 142
(b) भारतीय संविधान के अनुच्छेद 143
(c) भारतीय संविधान के अनुच्छेद 32
(d) भारतीय संविधान के अनुच्छेद 136

उत्तर (a)

• सर्वोच्च न्यायालय ने मई, 2023 में कहा कि वह भारतीय संविधान के **अनुच्छेद 142** के तहत अपने विवेकाधिकार का प्रयोग करके अपूर्ण रूप से टूट चुके विवाह या जिसमें सुधार की कोई सम्भावना न हो को आधार मानते हुए विवाह-विच्छेद का निर्णय दे सकता है।
• इससे पूर्व **हिन्दू विवाह अधिनियम, 1955** के तहत् विवाह-विच्छेद की प्रक्रिया दी गई है, जोकि हिन्दू, बौद्ध जैन तथा सिख धर्म मानने वालों पर लागू होती है।
• हिन्दू विवाह अधिनियम, 1955 के तहत् विवाह विच्छेद के सात आधार हैं— व्यभिचार, क्रूरता, परित्याग, धर्मांतरण, पागलपन, कुष्ठ रोग, यौन रोग और संन्यास।

383. निम्नलिखित में से किस संगठन ने कहा कि भारत में एक समानान्तर न्यायिक प्रणाली एक अमीरों के लिए और दूसरी गरीबों के लिए नहीं हो सकती है?
SSC CHSL Tier-1 09.07.2024 (Shift-I)

(a) उच्चतम न्यायालय
(b) केरल उच्च न्यायालय
(c) हिमाचल उच्च न्यायालय
(d) गुजरात उच्च न्यायालय

उत्तर (a)

• **उच्चतम न्यायालय** ने कहा कि भारत में एक समानान्तर न्यायिक प्रणाली एक अमीरों के लिए और दूसरी गरीबों के लिए नहीं हो सकती है।
• भारत की न्यायिक व्यवस्था इकहरी और एकीकृत है।
• भारतीय संविधान के **अनुच्छेद 15** में धर्म, नस्ल, जाति, लिंग या जन्म स्थान के आधार पर भेदभाव निषेध किया गया है।
• भारत के नीति-निदेशक सिद्धान्त के **अनुच्छेद 39(क)** में स्पष्ट कहा गया है कि समान न्याय और नि:शुल्क विधिक सहायता की व्यवस्था करता है।

384. 2 मार्च, 2023 को सर्वोच्च न्यायालय ने चुनाव आयोग की नियुक्तियों के मामले में एक आदेश जारी किया। इस आदेशानुसार, नियुक्तियाँ निम्नलिखित में से किन सदस्यों वाली समिति की सिफारिश के तहत् की जाएँगी?
SSC CHSL Tier-1 10.07.2024 (Shift-I)

(a) प्रधानमन्त्री भारत के मुख्य न्यायाधीश और लोकसभा अध्यक्ष
(b) प्रधानमन्त्री, विपक्ष के नेता और भारत के मुख्य न्यायाधीश
(c) प्रधानमन्त्री, विपक्ष के नेता और लोकसभा के अध्यक्ष
(d) प्रधानमन्त्री, विपक्ष के नेता और राज्यसभा के सभापति

उत्तर (b)

• 2 मार्च, 2023 को सर्वोच्च न्यायालय ने चुनाव आयोग की नियुक्तियों के मामले में एक आदेश जारी किया। इस आदेशानुसार, **प्रधानमन्त्री, विपक्ष के नेता** और **भारत के मुख्य न्यायाधीश** सदस्यों वाली समिति की सिफारिश के तहत् की जाएगी।
• यदि विपक्ष का नेता उपलब्ध न हो तो लोकसभा में सबसे अधिक जन-प्रतिनिधियों वाले विपक्षी दल का मुखिया इस समिति का सदस्य होगा।
• भारतीय संविधान का **भाग XV** (अनुच्छेद 324-329) निर्वाचन से सम्बन्धित है और इन मामलों के लिए एक आयोग की स्थापना की गई है।
• वर्तमान (2025) में चुनाव आयोग की नियुक्तियों से सम्बन्धित समिति में प्रधानमन्त्री, विपक्ष का नेता तथा प्रधानमन्त्री द्वारा सदस्य के रूप में नामित केन्द्रीय केबिनेट मन्त्री होता है।

385. अप्रैल, 2022 में भारत के मुख्य न्यायाधीश एन. वी. रमना ने एक "स्वतन्त्र छत्र संस्थान (Independent Umbrella Institution)" के निर्माण की सिफारिश की, ताकि विभिन्न एजेन्सियों को एक ही स्थान अथवा पटल पर लाया जा सके। उन्होंने निम्नलिखित में से किन एजेन्सियों को इस छत्र (Umbrella) के तहत् लाने का सुझाव दिया?
SSC CHSL Tier-1 10.07.2024 (Shift-III)

(a) ED, CBI और SFIO
(b) ED और NIA
(c) SFIO और CBI
(d) CBI, SFIO और NIA

उत्तर (a)

• अप्रैल, 2022 में भारत के मुख्य न्यायाधीश एन. वी. रमना ने **ED, CBI व SFIO** एजेन्सियों को स्वतन्त्र छत्र संस्थान के तहत् लाने का सुझाव दिया था।
• ED (Enforcement Department), प्रवर्तन निदेशालय एक बहुविषयक संगठन है, जिसे मनी **लॉड्रिंग के अपराध** और विदेशी मुद्रा कानूनों के उल्लंघन की जाँच का अधिकार है।
• CBI (Central Bureau of Investigation) केन्द्रीय अन्वेषण ब्यूरो, भारत की प्रमुख जाँच एजेन्सी है। यह आपराधिक व राष्ट्रीय सुरक्षा से जुड़े हुए भिन्न-भिन्न प्रकार के मामलों की जाँच करती है।
• SFIO (Serious Fraud Investigation Office) एक धोखाधड़ी जाँच एजेन्सी है।
• यह भारत सरकार में कॉर्पोरेट मामलों के अधिकार क्षेत्र के अन्तर्गत आती है।

386. ए. जी. पेरारीवलन बनाम तमिलनाडु राज्य में सर्वोच्च न्यायालय की टिप्पणी के सम्बन्ध में निम्नलिखित में से कौन-सा/कौन-से कथन सही है/हैं?

A. इसने इस बात पर प्रकाश डाला कि राज्यपाल की शक्तियाँ संवैधानिक जनादेश द्वारा अर्ह हैं, मुख्य रूप से उन्हें मन्त्रिपरिषद् की सहायता और सलाह में कार्य करने की आवश्यकता होती है।
B. न्यायमूर्ति एल. नागेश्वर राव की अध्यक्षता वाली पीठ ने राजीव गाँधी हत्याकाण्ड के दोषियों में से एक को रिहा करने का आदेश दिया।
C. पीठ की राय थी कि सत्ता के तीन स्रोत हैं—राज्यपाल, मंत्रिपरिषद् और संविधान।
SSC CHSL Tier-1 11.07.2024 (Shift-I)

कूट

(a) केवल A (b) B और C दोनों
(c) केवल C (d) A और B दोनों

उत्तर (d)

• ए.जी. पेरारीवलन बनाम तमिलनाडु राज्य में सर्वोच्च न्यायालय की टिप्पणी के सम्बन्ध में कथन (A) और (B) सही हैं।
• ए.जी. पेरारीवलन बनाम तमिलनाडु राज्य के सम्बन्ध में सर्वोच्च न्यायालय ने इस बात पर प्रकाश डाला है कि राज्यपाल की शक्तियाँ संवैधानिक जनादेश द्वारा अर्ह हैं। मुख्य रूप से उन्हें मन्त्रिपरिषद् की सहायता और सलाह से कार्य करने की आवश्यकता होती है।
• सुप्रीम कोर्ट ने अनुच्छेद 142 के तहत् विशेषाधिकार के तहत ए.जी. पेरारीवलन की रिहाई का आदेश दिया। राज्यपाल ने वर्ष 2008 में तमिलनाडु कैबिनेट की रिहाई के फैसले को राष्ट्रपति के पास भेजा था।

387. भारतीय दण्ड संहिता की निम्नलिखित में से किस धारा का सम्बन्ध 'बलात्कार' से है?
SSC CHSL Tier-1 11.07.2024 (Shift-III)

(a) धारा 375 (b) धारा 385
(c) धारा 370 (d) धारा 380

उत्तर (a)

• भारतीय दण्ड संहिता की **धारा-375** का सम्बन्ध 'बलात्कार' से है।
• भारतीय दण्ड संहिता (IPC), 1860 भारत में आधिकारिक आपराधिक संहिता थी, जो स्वतन्त्रता के बाद ब्रिटिश भारत से विरासत में मिली थी।
• IPC को दिसम्बर, 2023 में निरस्त कर भारतीय न्याय संहिता (BNS) द्वारा प्रतिस्थापित किया गया, जो **1 जुलाई, 2024** को लागू हुआ।
• भारतीय न्याय संहिता (BNS) के अनुसार धारा-63 में रेप, गैंग रेप धारा 70 में है।

SSC Steno 2024, 23 (Tier 1 & 2)

388. गत वर्ष दिसंबर में पेश किए गए कॉलेजियम के प्रस्ताव को केन्द्र द्वारा मंजूरी दिए जाने के बाद 2023 में राष्ट्रपति द्वारा निम्नलिखित में से किस न्यायाधीश को सर्वोच्च न्यायालय में नियुक्त नहीं किया गया था?
SSC Steno Tier-1 10.12.2024 (Shift-III)

(a) सुधीर सिंह (b) मनोज मिश्रा
(c) पी. वी. संजय कुमार (d) पंकज मिथल

उत्तर (a)

• गत वर्ष दिसम्बर में पेश किए गए कॉलेजियम के प्रस्ताव को केन्द्र द्वारा मंजूरी दिए जाने के बाद वर्ष 2023 में राष्ट्रपति द्वारा मनोज मिश्र, पी. वी. संजय कुमार और पंकज मिथल को सर्वोच्च न्यायालय में न्यायाधीश नियुक्त किया गया था, जबकि सुधीर सिंह को नियुक्त नहीं किया गया था।
• कॉलेजियम प्रणाली न्यायाधीशों की नियुक्ति और स्थानान्तरण की प्रणाली है।
• कॉलेजियम प्रणाली तीन जजेज केस के उपरान्त प्रतिस्थापित हुई।

389. दो या दो से अधिक राज्यों के बीच विवाद सर्वोच्च न्यायालय के ……… के अधीन है।
Steno 12.10.2023 (Shift-I)

(a) रिट क्षेत्राधिकार
(b) सलाहकार क्षेत्राधिकार
(c) मूल अधिकार क्षेत्र
(d) अपीलीय क्षेत्राधिकार

उत्तर (c)

• 'दो राज्यों के मध्य विवाद' सर्वोच्च न्यायालय के मूल अधिकार क्षेत्र के अधीन है।
• सर्वोच्च न्यायालय के क्षेत्राधिकार में शामिल हैं– मौलिक क्षेत्राधिकार, अपीलीय क्षेत्राधिकार, सलाहकार क्षेत्राधिकार।
• मौलिक क्षेत्राधिकार राज्यों के बीच, संघ और राज्यों के बीच विवादों का निपटारा करता है।
• निचली अदालतों द्वारा तय किए गए आपराधिक या दीवानी मामलों में अपील प्राप्त करना अपीलीय क्षेत्राधिकार के अन्तर्गत आता है।
• सलाहकार क्षेत्राधिकार राष्ट्रपति को सार्वजनिक महत्त्व और विधि के मामलों पर सलाह देता है।

SSC MTS 2024 (Tier 1 & 2)

390. जब कोई निचली अदालत किसी मामले को अपने अधिकार क्षेत्र से बाहर मानती है, तो उस न्यायालय या सर्वोच्च न्यायालय द्वारा कौन-सी रिट जारी की जाती है?
SSC MTS Tier-1 30.10.2024 (Shift-III)

(a) निषेधाज्ञा
(b) अधिकार पृच्छा
(c) बन्दी प्रत्यक्षीकरण
(d) परमादेश

उत्तर (a)

• जब कोई निचली अदालत किसी मामले को अपने अधिकार क्षेत्र से बाहर मानती है तो उच्च न्यायालय या सर्वोच्च न्यायालय द्वारा निषेधाज्ञा रिट जारी की जाती है।
• निषेधाज्ञा रिट अनुच्छेद 32 के तहत् सर्वोच्च न्यायालय तथा अनुच्छेद 226 के तहत् उच्च न्यायालय द्वारा जारी किया जाता है।
• रिट 5 प्रकार की होती हैं–बन्दी प्रत्यक्षीकरण, परमादेश, निषेध, प्रमाण-पत्र और अधिकार पृच्छा।

391. मई, 2023 में सर्वोच्च न्यायालय ने दिल्ली की शासन संरचना से सम्बन्धित किस अनुच्छेद की व्याख्या की, जो संघवाद, सहभागी लोकतन्त्र और सामूहिक उत्तरदायित्व के सिद्धान्तों को रेखांकित करता है?
SSC MTS Tier-1 05.10.2024 (Shift-IV)

(a) अनुच्छेद 323A (b) अनुच्छेद 226
(c) अनुच्छेद 243B (d) अनुच्छेद 239AA

उत्तर (d)

• मई, 2023 में सर्वोच्च न्यायालय ने दिल्ली की शासन संरचना से सम्बन्धित **अनुच्छेद 239 AA** की व्याख्या की, जो संघवाद, सहभागी लोकतन्त्र और सामूहिक उत्तरदायित्व के सिद्धान्तों को रेखांकित करता है।
• अनुच्छेद 239 में राष्ट्रपति प्रत्येक केन्द्रशासित प्रदेश का प्रशासन एक नियुक्त प्रशासक के माध्यम से करता है।
• अनुच्छेद 239 A में केन्द्रशासित प्रदेशों के लिए स्थानीय विधानमण्डलों या मन्त्रिपरिषद् के गठन से सम्बन्धित है।

392. संविधान के निम्नलिखित में से किस अनुच्छेद में उल्लेख किया गया है कि, ''उच्चतम न्यायालय के न्यायाधीशों को ऐसे वेतनों का संदाय किया जाएगा, जो संसद, विधि द्वारा, अवधारित करें और जब तक इसे निमित्त इस प्रकार उपबन्ध नहीं किया जाता है, तब तक ऐसे वेतनों का संदाय किया जाएगा, जो दूसरी अनुसूची में विनिर्दिष्ट हैं।''?
SSC MTS Tier-1 16.10.2024 (Shift-II)

(a) 126 (b) 124
(c) 125 (d) 127

उत्तर (c)

• अनुच्छेद 125, में उल्लेख है कि 'उच्चतम न्यायालय के न्यायाधीशों को ऐसे वेतनों का संदाय किया जाएगा, जो संसद, विधि द्वारा अवधारित करें, जब तक इस निमित्त इस प्रकार उपबन्ध नहीं किया जाता है, तब तक ऐसे वेतनों का संदाय किया जाएगा, जो दूसरी अनुसूची में विनिर्दिष्ट है।''
• अनुच्छेद 125 के अनुसार, सर्वोच्च न्यायालय के मुख्य न्यायाधीश को ' 2,80,000 प्रति माह व अन्य न्यायाधीशों को 2,50,000 प्रति माह वेतन मिलता है।
• इसके अतिरिक्त इन्हें नि:शुल्क आवास व अन्य सुविधाएँ जैसे कार, टेलीफोन, चिकित्सा आदि भी मिलती हैं।
• न्यायाधीशों का वेतन एवं उसे मिलने वाली अन्य सुविधाएँ उसके कार्यकाल में कम नहीं किया जा सकता है।

393. राष्ट्रीय न्यायिक आयोग विधेयक, जो राष्ट्रीय न्यायिक आयोग के माध्यम से न्यायाधीशों की नियुक्ति को विनियमित करने के लिए एक निजी सदस्य विधेयक है, राज्यसभा में कब पेश किया गया था?
SSC MTS Tier-1 01.10.2024 (Shift-I)

(a) अगस्त, 2023 (b) जुलाई, 2023
(c) मार्च, 2022 (d) दिसम्बर, 2022

उत्तर (d)

• राष्ट्रीय न्यायिक आयोग विधेयक, जो राष्ट्रीय न्यायिक आयोग के माध्यम से न्यायाधीशों की नियुक्ति को विनियमित करने के लिए एक निजी सदस्य विधेयक है, राज्यसभा में **दिसम्बर, 2022** को पेश किया गया था।
• निजी सदस्यों का विधेयक संसद के **गैर-मन्त्री सदस्यों** द्वारा प्रस्तावित किया जाता है और संसद के किसी भी सांसद को निजी विधेयक पेश करने का अधिकार है।
• इस विधेयक को संसद में पेश करने के लिए **एक महीने** का नोटिस होना चाहिए।

SSC MTS 2022 (Tier 1 & 2)

394. यदि न्यायपालिका का यह मानना है कि संसद द्वारा पारित विशेष कानून संविधान के मूल ढाँचे का उल्लंघन करते हैं, तो उसके पास ऐसे कानूनों को रद्द करने की शक्ति है। इसे ……… कहा जाता है।
MTS 14.07.2022 (Shift-I)

(a) न्यायिक समीक्षा (b) जनहित याचिका
(c) न्यायिक सक्रियता (d) विवाद समाधान

उत्तर (a)

• यदि न्यायपालिका का यह मानना है कि संसद द्वारा पारित विशेष कानून संविधान के मूल ढाँचे का उल्लंघन करते हैं, तो उसके पास ऐसे कानूनों को रद्द करने की शक्ति है। इसे न्यायिक समीक्षा कहा जाता है।
• न्यायिक समीक्षा विधायी अधिनियमों तथा कार्यपालिका के आदेशों की संवैधानिकता की जाँच करने हेतु न्यायपालिका की शक्ति है, जो केन्द्र एवं राज्य सरकारों पर लागू होती हैं।
• भारतीय संविधान में न्यायिक समीक्षा को **अमेरिकी संविधान** की तर्ज पर अपनाया गया है।

SSC GD 2024 (Tier 1 & 2)

395. सुप्रीम कोर्ट के किस पूर्व न्यायाधीश को आन्ध्र प्रदेश के राज्यपाल के रूप में नियुक्त किया गया है? **SSC GD 20.02.2024 (Shift-II)**

(a) भूषण रामकृष्ण गवई
(b) संजीव खन्ना
(c) संजय किशन कौल
(d) एस. अब्दुल नज़ीर

उत्तर (d)

- सुप्रीम कोर्ट के पूर्व न्यायाधीश **एस अब्दुल नजीर** को आन्ध्र प्रदेश के राज्यपाल के रूप में नियुक्त किया गया है।
- इससे पूर्व वे कर्नाटक उच्च न्यायालय (वर्ष 2017 में) के भी पूर्व न्यायाधीश रह चुके हैं।
- वे एकमात्र ऐसे मुस्लिम न्यायाधीश थे, जिन्होंने वर्ष 2017 में विवादास्पद **तीन तलाक** मामले की सुनवाई की थी।

396. भारतीय संविधान का अनुच्छेद ...... मौलिक अधिकारों को लागू करने के सम्बन्ध में सर्वोच्च न्यायालय को व्यापक मूल अधिकार क्षेत्र देता है। **SSC GD 22.02.2024 (Shift-I)**

(a) 226
(b) 31
(c) 32
(d) 13

उत्तर (c)

- भारतीय संविधान का अनुच्छेद-32 मौलिक अधिकारों को लागू करने के सम्बन्ध में सर्वोच्च न्यायालय को व्यापक मूल अधिकार क्षेत्र देता है।
- अनुच्छेद-32 के अन्तर्गत संवैधानिक उपचारों के अधिकार का वर्णन किया गया है। इसके अन्तर्गत व्यक्ति मौलिक अधिकारों के हनन की अवस्था में सर्वोच्च न्यायालय की शरण ले सकता है।
- डॉ. अम्बेडकर ने अनुच्छेद-32 को **संविधान की आत्मा** कहा है।
- संविधान का अनुच्छेद-32 सर्वोच्च न्यायालय को **5 प्रकार की रिट** जारी करने का अधिकार प्रदान करता है।

397. भारतीय संविधान के निम्नलिखित में से किस अनुच्छेद में सर्वोच्च न्यायालय को अभिलेख न्यायालय के रूप में वर्णित किया गया है? **SSC GD 23.02.2024 (Shift-II)**

(a) अनुच्छेद-127 (b) अनुच्छेद-123
(c) अनुच्छेद-129 (d) अनुच्छेद-125

उत्तर (c)

- भारतीय संविधान के **अनुच्छेद-129** के तहत सर्वोच्च न्यायालय को अभिलेख न्यायालय के रूप में वर्णित किया गया है।
- **अनुच्छेद-123** संसद के विश्रान्तिकाल में अध्यादेश प्रख्यापित करने की राष्ट्रपति की शक्ति के बारे में उल्लेख किया गया है।
- **अनुच्छेद-125** उच्चतम न्यायालय के न्यायधीशों के सम्बन्ध में उल्लेख किया है।
- **अनुच्छेद-127** तदर्थ न्यायाधीशों का उल्लेख किया गया है।

SSC GD 2023 (Tier 1 & 2)

398. भारतीय संविधान के अन्तर्गत उच्चतम न्यायालय निम्नलिखित में से कौन-सा मूल अधिकारों के प्रवर्तन के लिए जारी कर सकता है? **SSC GD 08.12.2023 (Shift-I)**

(a) रिट (b) अधिसूचना
(c) अध्यादेश (d) हुक्मनामा

उत्तर (a)

- भारतीय संविधान के अन्तर्गत उच्चतम न्यायालय मूल अधिकारों के प्रवर्तन के लिए **रिट** जारी कर सकता है।
- सर्वोच्च न्यायालय अनुच्छेद-32 के तहत एवं उच्च न्यायालय अनुच्छेद-226 के तहत रिट जारी कर सकते हैं।

रिट के पाँच प्रकार हैं

1. बन्दी प्रत्यक्षीकरण
2. परमादेश
3. प्रतिषेध
4. उत्प्रेषण
5. अधिकार पृच्छा

399. भगोड़े आर्थिक अपराधियों को भारतीय अदालतों के अधिकार क्षेत्र से बाहर रहकर भारत में कानून की प्रक्रिया से बचने से रोकने के उपाय प्रदान करता है **SSC GD Constable 07.02.2023 (Shift-I)**

(a) विदेशी आर्थिक अपराधी अधिनियम, 2018
(b) आर्थिक अपराधी अधिनियम, 2018
(c) भगोड़ा अपराधी अधिनियम, 2015
(d) भगोड़ा आर्थिक अपराधी अधिनियम, 2018

उत्तर (d)

- **भगोड़ा आर्थिक अपराधी अधिनियम**, 2018, भगोड़े आर्थिक अपराधियों को भारतीय अदालतों के अधिकार क्षेत्र से बाहर रहकर भारत में कानून की प्रक्रिया से बचने से रोकने के उपाय प्रदान करता है।
- भारतीय अधिकारियों को आर्थिक अपराधियों से जुड़े अपराध की आय और आर्थिक अपराधियों की सम्पत्तियों को कुर्क करने और जब्त करने के लिए सशक्त बनाने का भी उपाय करता है।

विभिन्न संस्थाएँ

महान्यायवादी

- महान्यायवादी (अनुच्छेद 76), केन्द्र सरकार का **प्रथम विधि अधिकारी** होता है।
- इसकी नियुक्ति राष्ट्रपति करता है तथा वह उसके प्रसादपर्यन्त पद धारण करता है।
- भारत का महान्यायवादी संसद या मन्त्रिमण्डल का सदस्य नहीं होता (यद्यपि संसद की कार्यवाही में भाग लेता है) है। इसलिए उसे संसद के किसी भी सदन में मतदान का अधिकार नहीं है।
- महान्यायवादी बनने के लिए वही अर्हताएँ होनी चाहिए, जो उच्चतम न्यायालय के न्यायाधीश बनने के लिए होती हैं।
- महान्यायवादी को भारत के राज्य क्षेत्र के सभी न्यायालयों में सुनवाई का अधिकार है।

नियन्त्रक एवं महालेखा परीक्षक

- नियन्त्रक एवं महालेखा परीक्षक (अनुच्छेद 148 से 151) की नियुक्ति राष्ट्रपति करता है, किन्तु उसे संसद के दोनों सदनों के समावेदन (Approval) पर ही पद से हटाया जा सकेगा।
- इसकी पदावधि पद ग्रहण करने की तिथि से 6 वर्ष तक होगी, लेकिन यदि इससे पूर्व 65 वर्ष की आयु प्राप्त कर लेता है, तो वह अवकाश ग्रहण कर लेता है।
- सेवानिवृत्ति के पश्चात् वह भारत सरकार के अधीन कोई पद धारण नहीं कर सकता।
- नियन्त्रक एवं महालेखा परीक्षक की नियुक्ति लोक धन के व्यय की निगरानी के लिए **संसदीय प्रहरी** (Watch Dog) के रूप में की जाती है।
- नियन्त्रक एवं महालेखा परीक्षक संसद की लोक लेखा समिति के मार्गदर्शक के रूप में कार्य करता है।

निर्वाचन आयोग

- निर्वाचन आयोग (अनुच्छेद 324-329) का गठन मुख्य निर्वाचन आयुक्त एवं निर्वाचन आयुक्तों को मिलाकर किया जाता है, जिनकी नियुक्ति राष्ट्रपति के द्वारा की जाती है।
- मुख्य चुनाव आयुक्त का कार्यकाल 6 वर्ष या 65 वर्ष की आयु, जो भी पहले हो तक होता है। अन्य चुनाव आयुक्तों का कार्यकाल 6 वर्ष या 62 वर्ष जो भी पहले हो तक रहता है।
- प्रारम्भ में चुनाव आयोग एक सदस्यीय आयोग था, परन्तु अक्टूबर, 1993 में इसे **तीन सदस्यीय आयोग** बना दिया गया। वर्तमान में यह तीन (1 मुख्य चुनाव आयुक्त + 2 चुनाव आयुक्त) सदस्यीय है।

निर्वाचन आयोग के मुख्य कार्य

- चुनाव क्षेत्रों का परिसीमन
- मतदाता सूचियों को तैयार करवाना
- विभिन्न राजनीतिक दलों को मान्यता प्रदान करना तथा उनके लिए आचार संहिता तैयार करवाना
- राजनीतिक दलों को आरक्षित चुनाव चिह्न प्रदान करना तथा चुनाव करवाना

सुकुमार सेन देश के पहले मुख्य चुनाव आयुक्त थे।

वित्त आयोग

- वित्त आयोग (अनुच्छेद 280) में राष्ट्रपति द्वारा एक अध्यक्ष एवं चार अन्य सदस्य नियुक्त किए जाते हैं।
- राज्य वित्त आयोग का गठन भारतीय संविधान के **अनुच्छेद** 243 (1) के अन्तर्गत किया जाता है।
- वित्त आयोग के पहले अध्यक्ष के.सी नियोगी थे।
- वित्त आयोग का प्रमुख कार्य केन्द्र व राज्यों के बीच करो का बंटवारा सम्बन्धी सिफारिश करता है।

संचित निधि (अनुच्छेद 266(1))

- संघ को प्राप्त सभी राजस्व एक निधि में जमा किए जाते हैं, जिसे भारत की संचित निधि कहा जाता है। संचित निधि से धन निकालने के लिए संसद की स्वीकृति आवश्यक होती है।

लोक लेखा निधि (अनुच्छेद 266 (2))

- सरकार की सामान्य प्राप्तियों एवं व्यय के अतिरिक्त जैसे– भविष्य निधि, अल्प बचत आदि रखे जाते हैं।
- इस निधि से धन निकालने हेतु संसद की स्वीकृति आवश्यक नहीं है।

आकस्मिक निधि (अनुच्छेद 267)

- भारतीय संविधान, संसद एवं राज्य विधानमण्डल को यथास्थिति, भारत या राज्य की आकस्मिकता निधि सृजित करने की शक्ति देता है।
- यह निधि वर्ष 1950 में गठित की गई थी, जिसकी राशि का निर्धारण संसद या विधानमण्डल विनियमित करता है।

संघ लोक सेवा आयोग (यूपीएससी)

- भारत सरकार अधिनियम, 1919 के अधीन सर्वप्रथम वर्ष 1926 में लोक सेवा आयोग (अनुच्छेद 315-323) की स्थापना की गई।
- लोक सेवा आयोग की स्थापना के लिए वर्ष 1924 में विधि आयोग ने अनुशंसा की थी।
- संघ लोक सेवा आयोग में **राष्ट्रपति** द्वारा नियुक्त अध्यक्ष और 10 अन्य सदस्य शामिल होते हैं।
- ये अपनी नियुक्ति की तारीख से लेकर 6 वर्ष तक तथा अधिकतम 65 वर्ष तक अपने पद पर बने रहते हैं।

लोकपाल एवं लोकायुक्त

- ओम्बुड्समैन संस्था का गठन पहली बार 1809 ई. में **स्वीडन** में किया गया था।
- **प्रथम प्रशासनिक सुधार आयोग** (1966) की सिफारिश पर पहली बार भारत में लोकपाल एवं लोकायुक्त की नियुक्ति की सिफारिश की गई। लोकपाल से सम्बन्धित प्रस्ताव भारत में पहली बार वर्ष 1969 में आया था।
- दिसम्बर, 2013 में राज्यसभा एवं लोकसभा द्वारा बिल को पास करने के पश्चात् राष्ट्रपति के हस्ताक्षर के लिए भेज दिया गया तथा 1 जनवरी, 2014 को राष्ट्रपति ने इस पर हस्ताक्षर किए। लोकपाल में एक अध्यक्ष और अधिकतम 8 सदस्यों का प्रावधान है।
- इनमें से 50% सदस्य न्यायिक पृष्ठभूमि से तथा शेष 50% सदस्य एस सी, एस टी, ओ बी सी, अल्पसंख्यक तथा महिला के होने का प्रावधान है।
- सुप्रीम कोर्ट के पूर्व न्यायाधीश **जस्टिस पिनाकी चन्द्र घोष** 23 मार्च, 2019 को देश के पहले लोकपाल बने, जिन्हें राष्ट्रपति ने शपथ दिलाई गई थी। वर्तमान में देश के लोकपाल अजय माणिकराव खानविलकर हैं।
- लोकपाल का कार्य भ्रष्टाचार और पद के दुरुपयोग आदि की जाँच करना है।

लोकपाल चयन समिति

- सदस्यों की संख्या– पाँच
- अध्यक्ष– प्रधानमन्त्री
- अन्य सदस्य– लोकसभा अध्यक्ष, नेता प्रतिपक्ष, उच्चतम न्यायालय के मुख्य न्यायाधीश अथवा उनके द्वारा नामित उच्चतम न्यायालय का कार्यरत् न्यायाधीश

सूचना का अधिकार अधिनियम, 2005

- प्रशासन की पारदर्शिता तथा लोगों के प्रति जवाबदेहिता बढ़ाने हेतु सूचना का अधिकार (आर टी आई) कानून 12 अक्टूबर, 2005 को प्रभावी हुआ।
- सूचना का अधिकार (संशोधन) अधिनियम 2019 के तहत मुख्य सूचना आयुक्त का कार्यकाल, वेतन, भत्ता आदि केन्द्र सरकार द्वारा तय किया जाएगा।

SSC CGL 2024 (Tier 1 & 2)

400. यूपीएससी (UPSC) एक संवैधानिक निकाय है, जो अनुच्छेद ………… के तहत क्रमश: संघ की सेवाओं और राज्य की सेवाओं हेतु नियुक्तियों के लिए परीक्षा आयोजित करता है।

SSC CGL Tier-1 26.09.2024 (Shift-III)

(a) 324 (b) 328
(c) 332 (d) 320

उत्तर (d)

- यूपीएससी (UPSC) एक संवैधानिक निकाय है, जो अनुच्छेद 320 के तहत क्रमश: संघ की सेवाओं और राज्य की सेवाओं हेतु नियुक्तियों के लिए परीक्षा आयोजित करता है।
- भारतीय संविधान के भाग XIV में **अनुच्छेद 315-323** के तहत संघ लोक सेवा आयोग की संरचना, उसके सदस्यों की नियुक्ति और निष्कासन तथा संघ लोक सेवा आयोग की शक्तियों और कार्यों से सम्बन्धित प्रावधान किए गए हैं।
- केन्द्र में संघ लोक सेवा आयोग (UPSC) के सामानान्तर राज्य में राज्य लोक सेवा आयोग (SPSC) कार्यरत है।
- UPSC के अध्यक्ष तथा अन्य सदस्यों की नियुक्ति **राष्ट्रपति** द्वारा की जाती है।
- UPSC का कोई भी सदस्य छ: वर्ष की अवधि के लिए या 65 वर्ष की आयु तक, जो भी पहले हो, पद पर रहेगा।

401. भारतीय संविधान का कौन-सा भाग चुनाव आयोग से सम्बन्धित है?

SSC CGL Tier-1 25.09.2024 (Shift-I)

(a) भाग XI (b) भाग XV
(c) भाग XII (d) भाग IV

उत्तर (b)

- भारतीय संविधान का **भाग XV** चुनाव आयोग से सम्बन्धित है।
- भारतीय निर्वाचन आयोग एक स्वायत्त संवैधानिक प्राधिकार है।
- चुनाव आयोग लोकसभा, राज्यसभा, राज्य विधानसभाओं, राज्य विधानपरिषदों और देश के राष्ट्रपति और उप-राष्ट्रपति के चुनाव करवाता है।
- निर्वाचन आयोग की स्थापना वर्ष 1950 में हुई थी।
- इसका मुख्यालय नई दिल्ली में स्थित है।

402. किस अनुच्छेद में भारत के नियन्त्रक एवं महालेखापरीक्षक का उल्लेख है?

SSC CGL Tier-1 24.09.2024 (Shift-II)

(a) अनुच्छेद 148
(b) अनुच्छेद 154
(c) अनुच्छेद 156
(d) अनुच्छेद 136

उत्तर (a)

- भारत के नियन्त्रक एवं महालेखापरीक्षक का उल्लेख अनुच्छेद 148 में है।
- **राष्ट्रपति** अपने हस्ताक्षर और मुहर से अधिपत्र जारी करके नियन्त्रक-महालेखापरीक्षक की नियुक्ति करते हैं।
- नियन्त्रक महालेखापरीक्षक संघ और राज्यों के लेखाओं के सम्बन्ध में कार्य करता है।
- नियन्त्रक महालेखापरीक्षक का पद ब्रिटेन से लिया गया है।
- **अनुच्छेद 136** अपील के लिए उच्चतम न्यायालय की विशेष आज्ञा का उल्लेख किया गया है।
- **अनुच्छेद 154** राज्य की कार्यपालिका शक्ति का उल्लेख किया गया है।
- **अनुच्छेद 156** राज्यपाल की पदावधि का उल्लेख किया गया है।

403. निम्नलिखित में से कौन राष्ट्रीय मानवाधिकार आयोग का सदस्य नहीं होता है?

SSC CGL Tier-1 18.09.2024 (Shift-III)

(a) जिला अधिकारी
(b) सर्वोच्च न्यायालय के पूर्व मुख्य न्यायाधीश
(c) उच्च न्यायालय के पूर्व मुख्य न्यायाधीश
(d) सर्वोच्च न्यायालय के पूर्व न्यायाधीश

उत्तर (a)

- **जिला अधिकारी** राष्ट्रीय मानवाधिकार आयोग का सदस्य नहीं होता है।
- राष्ट्रीय मानवाधिकार आयोग (NHRC) भारत सरकार की एक इकाई है। यह देश में मानवाधिकारों की सुरक्षा के लिए कार्य करता है।
- इसकी स्थापना वर्ष 1993 में मानवाधिकार संरक्षण अधिनियम के तहत की गई थी।
- सर्वोच्च न्यायालय के पूर्व मुख्य न्यायाधीश उच्च न्यायालय के पूर्व मुख्य न्यायाधीश सर्वोच्च न्यायालय के पूर्व न्यायाधीश इसके सदस्य होते हैं।

404. मुख्य चुनाव आयुक्त पद का कार्यकाल कितना होता है? **SSC CGL Tier-1 17.09.2024 (Shift-II)**

(a) 5 वर्ष या 65 वर्ष की आयु तक
(b) 5 वर्ष या 60 वर्ष की आयु तक
(c) 6 वर्ष या 65 वर्ष की आयु तक
(d) 6 वर्ष या 60 वर्ष की आयु तक

उत्तर (c)

- मुख्य चुनाव आयुक्त पद का कार्यकाल 6 **वर्ष या 65** वर्ष की आयु तक होता है।
- भारतीय मुख्य चुनाव आयुक्त भारतीय चुनाव आयोग का प्रमुख होता है और भारत में स्वतन्त्र एवं निष्पक्ष चुनाव करवाने के लिए उत्तरदायी होता है।
- मुख्य चुनाव आयुक्त की नियुक्ति भारत का **राष्ट्रपति** करता है।
- भारत के मुख्य निर्वाचन आयुक्त राजीव कुमार हैं एवं अन्य दो निर्वाचन आयुक्त ज्ञानेश कुमार और एस.एस. सिन्धु हैं।
- मुख्य चुनाव आयुक्त को संसद द्वारा महाभियोग आरोपित होने पर राष्ट्रपति द्वारा हटाया जा सकता है।

405. निम्नलिखित में से किस वर्ष में भारत के चुनाव आयोग की स्थापना की गई थी?

SSC CGL Tier-1 17.09.2024 (Shift-I)

(a) 1950 (b) 1947 (c) 1952 (b) 1955

उत्तर (a)

- वर्ष 1950 में भारत के चुनाव आयोग की स्थापना की गई थी।
- भारत चुनाव आयोग में एक मुख्य चुनाव आयुक्त और 2 चुनाव आयुक्त शामिल हैं।
- केन्द्रीय चुनाव आयोग के वर्तमान (2025) अध्यक्ष **राजीव कुमार** हैं।
- संविधान के **अनुच्छेद (324-329)** में भारतीय चुनाव आयोग का वर्णन किया गया है।

406. नियन्त्रक और महालेखापरीक्षक जिस संगठन का प्रमुख होता है, उसे ……… के नाम से जाना जाता है। **SSC CGL Tier-1 11.09.2024 (Shift-I)**

(a) लेखा महानियन्त्रक
(b) इंस्टीट्यूट ऑफ चार्टर्ड एकाउण्टेण्ट्स ऑफ इण्डिया
(c) भारतीय लेखापरीक्षा और लेखा विभाग
(d) भारतीय नागरिक लेखा संगठन

उत्तर (c)

- नियन्त्रक और महालेखा परीक्षक जिस संगठन का प्रमुख होता है, उसे भारतीय लेखापरीक्षा और लेखा विभाग के नाम से जाना जाता है।
- भारत के नियन्त्रक और महालेखा परीक्षक भारत के संविधान के तहत एक स्वतन्त्र प्राधिकरण है।
- भारत के वर्तमान नियन्त्रक और महालेखा परीक्षक **गिरीश चन्द्र मुर्मू** हैं।

SSC CGL 2023 (Tier 1 & 2)

407. निम्नलिखित में से किसका गठन भारतीय संविधान के अनुच्छेद-280 के तहत किया गया है?

SSC CGL 02.03.2023 I Tier-II

(a) महाधिवक्ता (b) वित्त आयोग
(c) केन्द्रीय सतर्कता आयोग
(d) राष्ट्रीय महिला आयोग

उत्तर (b)

- वित्त आयोग का गठन भारतीय संविधान के अनुच्छेद-280 के तहत किया गया है।
- **वित्त आयोग** यह एक **संवैधानिक निकाय** है, जो राजकोषीय संघवाद की धुरी है।
- इसका मुख्य दायित्व संघ व राज्यों की वित्तीय स्थितियों का मूल्यांकन करना, उनके बीच करों के बँटवारे की संस्तुति करना तथा राज्यों के बीच इन करों के वितरण हेतु सिद्धान्तों का निर्धारण करना है।

• प्रथम वित्त आयोग **वर्ष 1951** में केसी नियोगी की अध्यक्षता में गठित किया गया था।

• 16वें वित्त आयोग के अध्यक्ष **अरविन्द पनगढ़िया** हैं।

408. भारत में, राज्य के महाधिवक्ता की नियुक्ति कौन करता है? **SSC CGL 07.03.2023 I Tier-II**

(a) भारत का राष्ट्रपति
(b) राज्य का मुख्यमन्त्री
(c) राज्य का राज्यपाल
(d) भारत का प्रधानमन्त्री

उत्तर (c)

• भारत में **राज्य का राज्यपाल** राज्य के महाधिवक्ता की नियुक्ति करता है।

• संविधान के **अनुच्छेद 165** के अन्तर्गत महाधिवक्ता की नियुक्ति का प्रावधान है, जिसके तहत उन्हें न सिर्फ सरकार के कानूनी सलाहकार के तौर पर कार्य करना होता है, बल्कि उन्हें सी.आर.पी.सी. अवमानना कानून का भी निर्वहन करना होता है।

• संविधान के **अनुच्छेद 76** में भारत के महान्यायवादी के पद का प्रावधान है।

409. भारत में केन्द्र और राज्य सरकारों की सभी प्राप्तियों और व्यय की सम्परीक्षा करने की जिम्मेदारी निम्नलिखित में से किसकी होती है? **SSC CGL Tier-2 06.03.2023 (Shift-I)**

(a) भारत के महान्यायवादी (Attorney General for India)
(b) संघ लोक सेवा आयोग (Union Public Service Commission)
(c) महाधिवक्ता (Advocate General)
(d) नियन्त्रक एवं महालेखा परीक्षक (Comptroller and Auditor-General)

उत्तर (d)

• भारत के केन्द्र और राज्य सरकारों की सभी प्राप्तियों और व्यय की सम्परीक्षा करने की जिम्मेदारी नियन्त्रक एवं महालेखा परीक्षक की होती है।

• **नियन्त्रक एवं महालेखा परीक्षक** (Comptroller and Auditor-General) की लेखा परीक्षा रिपोर्ट संसद या राज्य या संघशासित प्रदेश के विधानमण्डल के समक्ष रखी जाती है।

• नियन्त्रक महालेखा परीक्षक सरकार की स्वामित्व वाली कम्पनियों का भी अंकेक्षण करता है।

• **अनुच्छेद 148 CAG** की नियुक्ति शपथ और सेवा की शर्तों से सम्बन्धित है।

410. भारतीय लेखापरीक्षा और लेखा विभाग का प्रशासनिक प्रमुख कौन होता है? **SSC CGL Tier-1 14.07.2023 (Shift-I)**

(a) महानिदेशक
(b) नियन्त्रक एवं महालेखापरीक्षक
(c) महालेखाकार
(d) प्रधान महालेखाकार

उत्तर (b)

• भारतीय लेखापरीक्षा और लेखा विभाग का प्रशासनिक प्रमुख **नियन्त्रक एवं महालेखापरीक्षक** होता है।

411. संघ लोक सेवा आयोग के सम्बन्ध में निम्नलिखित में से कौन-सा/से कथन सत्य है/हैं? **SSC CGL Tier-1 18.07.2023 (Shift-I)**

A. संसद के पास आयोग के अध्यक्ष, सदस्यों और कर्मचारियों की सेवा की शर्तों के रूप में नियम बनाने की शक्ति है।
B. भारत सरकार अधिनियम, 1935 में संघ के लिए एक लोक सेवा आयोग और प्रत्येक प्रान्त या प्रान्तों के समूह के लिए एक प्रान्तीय लोक सेवा आयोग की परिकल्पना की गई थी।
C. संघीय लोक सेवा आयोग को वर्ष 1950 में संविधान के अनुच्छेद 378 के खण्ड (1) के आधार पर संघ लोक सेवा आयोग के नाम से जाना जाने लगा।

कूट

(a) A और B (b) B और C
(c) A और C (d) ये सभी

उत्तर (b)

• संघ लोक सेवा आयोग के सम्बन्ध में विकल्प b (कथन B और C) सत्य है।

• **भारत सरकार अधिनियम, 1935** में संघ के लिए एक लोक सेवा आयोग और प्रत्येक प्रान्त या प्रान्तों के समूह के लिए प्रान्तीय लोक सेवा आयोग की परिकल्पना की गई थी।

• संघीय **लोक सेवा आयोग** को वर्ष 1950 में संविधान के **अनुच्छेद 378 के खण्ड** (1) के आधार पर **संघ लोक सेवा आयोग** के नाम से जाना जाने लगा।

• भारतीय संविधान के **भाग XIV** में **अनुच्छेद 315 से अनुच्छेद 323** के अन्तर्गत संघ लोक सेवा आयोग की संरचना, उनके सदस्यों की नियुक्ति और निष्कासन तथा संघ लोक सेवा आयोग की शक्तियों और कार्यों से सम्बन्धित प्रावधान किए गए हैं।

412. भारत के पहले मुख्य चुनाव आयुक्त निम्नलिखित में से कौन थे? **SSC CGL Tier-1 20.07.2023 (Shift-I)**

(a) के.वी.के. सुन्दरम (b) डॉ. नागेन्द्र सिंह
(c) एस.पी. सेन वर्मा (d) सुकुमार सेन

उत्तर (d)

• भारत के पहले मुख्य चुनाव आयुक्त **सुकुमार सेन** थे, जो 21 मार्च, 1950 से 19 दिसम्बर, 1958 तक इस पद पर रहे।

• वर्तमान (2025) में श्री राजीव कुमार ने **25वें मुख्य निर्वाचन आयुक्त** के रूप में अपना पदभार ग्रहण किया।

• संविधान के **अनुच्छेद 324 से 329** तक भारत निर्वाचन आयोग सम्बन्धी प्रावधान किए गए हैं।

413. भारत के वित्त आयोग के सम्बन्ध में निम्नलिखित में से कौन-सा/से कथन सत्य है/हैं? **SSC CGL Tier-1 20.07.2023 (Shift-IV)**

A. वित्त आयोग में एक अध्यक्ष और चार अन्य सदस्य होते हैं।
B. वित्त आयोग द्वारा की गई सिफारिशें सरकार के लिए बाध्यकारी हैं और सरकार को आयोग की सलाह के अनुसार धन देना पड़ता है।
C. भारतीय संविधान का, अनुच्छेद 280 वित्त आयोग की सिफारिशों के बारे में चर्चा करता है।

कूट

(a) केवल A (b) B और C
(c) A, B और C (d) A और B

उत्तर (a)

• भारत के वित्त आयोग के सम्बन्ध में केवल कथन A सत्य है।

• भारत के वित्त आयोग में एक अध्यक्ष और चार अन्य सदस्य होते हैं। इन सभी की नियुक्ति **राष्ट्रपति** द्वारा की जाती है।

• वित्त आयोग के सम्बन्ध में भारतीय संविधान के **अनुच्छेद 280** और **281** में उल्लेख किया गया है।

• वित्त आयोग एक **अर्द्धन्यायिक** एवं **सलाहकारी निकाय** है, न कि बाध्यकारी।

414. भारत के वित्त आयोग को ...... से सिफारिशें करने की आवश्यकता होती है। **SSC CGL Tier-1 21.07.2023 (Shift-I)**

(a) केन्द्रीय मन्त्रिमण्डल (b) संसद
(c) वित्त मन्त्रालय (d) भारत के राष्ट्रपति

उत्तर (d)

• भारत के वित्त आयोग को भारत के राष्ट्रपति से सिफारिशें करने की आवश्यकता होती है।

• वित्त आयोग के गठन का अधिकार **राष्ट्रपति** को प्राप्त है।

• वित्त आयोग के द्वारा संघ व राज्यों के बीच करों की शुद्ध आगमों का वितरण और राज्यों के बीच ऐसे आगमों का आवण्टन किया जाता है।

415. भारतीय संविधान का अनुच्छेद 323 .... से सम्बन्धित है। **SSC CGL Tier-1 24.07.2023 (Shift-III)**

(a) लोक सेवा आयोगों के कार्यों
(b) लोक सेवा आयोगों की रिपोर्टों
(c) लोक सेवा आयोगों के कार्यों का विस्तार करने की शक्ति
(d) लोक सेवा आयोगों के खर्चों

उत्तर (a)

• भारतीय संविधान के अनुच्छेद 323(2) के तहत राज्य लोक सेवा आयोग अपने प्रदर्शन पर राज्यपाल को एक वार्षिक रिपोर्ट प्रस्तुत करता है।

• भारत सरकार अधिनियम, 1935 ने प्रान्तीय स्तर पर लोक सेवा आयोग की स्थापना की गई थी, जिसे राज्य लोक सेवा आयोग के रूप में जाना जाता है।

SSC CGL 2022 (Tier 1 & 2)

416. भारत का नियन्त्रक एवं महालेखा परीक्षक निम्नलिखित में से क्या है? **SSC CGL Tier-1 02.12.2022 (Shift-I)**

(a) तीन-सदस्यीय निकाय
(b) छः-सदस्यीय निकाय
(c) एक-सदस्यीय निकाय
(d) द्वि-सदस्यीय निकाय

उत्तर (c)

• भारत का नियन्त्रक एवं महालेखा परीक्षक **एक सदस्यीय निकाय** है।
• संविधान के **अनुच्छेद** 148 के अन्तर्गत इनकी नियुक्ति मन्त्रिमण्डल की संस्तुति पर राष्ट्रपति द्वारा की जाती है।
• इसका कार्यकाल 6 वर्ष या 65 वर्ष की आयु पूर्ण होने तक निर्धारित है।
• यह अपनी रिपोर्ट **राष्ट्रपति** को सौंपता है।
• यह सरकार द्वारा खर्च किए गए, धन का ऑडिट करता है।

417. राज्य वित्त आयोग की नियुक्ति प्रत्येक .... वर्ष में .... द्वारा की जाती है।
SSC CGL Tier-1 09.12.2022 (Shift-IV)
(a) 5, केन्द्र सरकार (b) 2.5, केन्द्र सरकार
(c) 5, राज्य सरकार (d) 2.5, राज्य सरकार

उत्तर (c)
• राज्य वित्त आयोग की नियुक्ति प्रत्येक 5 वर्ष में **राज्य सरकार** द्वारा की जाती है।
• राज्य वित्त आयोग एक संवैधानिक निकाय है, जो **73वें संवैधानिक संशोधन अधिनियम**, 1992 के तहत बना है।

418. नीति (NITI) आयोग का पदेन अध्यक्ष कौन होता है? **SSC CGL Tier-1 13.12.2022 (Shift-I)**
(a) गृहमन्त्री (b) राष्ट्रपति
(c) प्रधानमन्त्री (d) वित्तमन्त्री

उत्तर (c)
• नीति (NITI) आयोग का पदेन अध्यक्ष **प्रधानमन्त्री** होता है।
• इस आयोग की गवर्निंग काउंसिल में सभी राज्यों के मुख्यमन्त्री, केन्द्रशासित प्रदेशों के राज्यपाल/प्रशासक को शामिल किया गया है तथा निजी क्षेत्र के विशेषज्ञों को महत्त्वपूर्ण भूमिका दी गई है, जो संघीय ढाँचे को मजबूत करेगी।
• इसका पूरा नाम **नेशनल इंस्टीट्यूट फॉर ट्रांसफॉर्मिंग इण्डिया** (NITI) है।

SSC CGL 2021 (Tier 1 & 2)

419. भारतीय संविधान का निम्न में से कौन-सा अनुच्छेद एक GST परिषद् की स्थापना से सम्बन्धित है? **SSC CGL Tier-1 16.08.2021 (Shift-I)**
(a) अनुच्छेद-323 (A) (b) अनुच्छेद-246 (A)
(c) अनुच्छेद-279 (A) (d) अनुच्छेद-269 (A)

उत्तर (c)
• **अनुच्छेद-279 (A)** 12 सितम्बर, 2016 को लागू हुआ, जिसके अनुसार GST परिषद् 23 सितम्बर, 2016 को अस्तित्व में आई।
• इस परिषद् में केन्द्रीय वित्तमन्त्री, केन्द्रीय राज्य वित्तमन्त्री एवं राज्यों के वित्तमन्त्रियों को स्थान दिया गया।
• **अनुच्छेद-323 (A)** प्रशासनिक न्यायाधिकरणों की स्थापना और उनके कार्यों से सम्बन्धित प्रावधान है।
• **अनुच्छेद-246 (A)** माल और सेवा कर के सम्बन्ध में विशेष प्रावधान का उल्लेख किया गया है।
• **अनुच्छेद-269 (A)** अन्तर-राज्यीय आपूर्ति पर जीएसटी का आरोपण और संग्रहण का उल्लेख है।

SSC CPO 2024 (Tier 1 & 2)

420. भारत के वित्त आयोग का उल्लेख किस अनुच्छेद में दिया गया है?
SSC CPO Tier-1 27.09.2024 (Shift-I)
(a) अनुच्छेद 375 (b) अनुच्छेद 280
(c) अनुच्छेद 370 (d) अनुच्छेद 292

उत्तर (b)
• भारत के वित्त आयोग का उल्लेख अनुच्छेद 280 में दिया गया है।

421. भारतीय संविधान के किस अनुच्छेद में राज्य विधानमण्डल में राज्य के महाधिवक्ता के बोलने के अधिकार के बारे में उल्लेख है?
SSC CPO Tier-1 28.09.2024 (Shift-I)
(a) अनुच्छेद 181 (b) अनुच्छेद 183
(c) अनुच्छेद 179 (d) अनुच्छेद 177

उत्तर (d)
• भारतीय संविधान का **अनुच्छेद 177** राज्य विधानमण्डल में राज्य के महाधिवक्ता को बोलने का अधिकार प्रदान करता है।
• राज्य का महाधिवक्ता राज्य विधानमण्डल के किसी भी सदन की कार्यवाही में भाग ले सकता है और उसमें बोल सकता है, लेकिन उसे मतदान का अधिकार नहीं होगा।
• महाधिवक्ता राज्य प्रमुख को विधि सम्बन्धी सलाह देने का कार्य करता है।

SSC CPO 2023 (Tier 1 & 2)

422. राष्ट्रीय महिला आयोग की स्थापना निम्नलिखित में से किस अधिनियम के तहत की गई थी?
SSC CPO 03.10.2023 I Tier-1
(a) राष्ट्रीय महिला आयोग अधिनियम, 1988
(b) राष्ट्रीय महिला आयोग अधिनियम, 1989
(c) राष्ट्रीय महिला आयोग अधिनियम, 1987
(d) राष्ट्रीय महिला आयोग अधिनियम, 1990

उत्तर (d)
• राज्य महिला आयोग की स्थापना राष्ट्रीय **महिला आयोग अधिनियम, 1990** के तहत की गई थी।
• राष्ट्रीय महिला आयोग, भारत सरकार का एक सांविधिक निकाय है, जो सामान्यत: महिलाओं को प्रभावित करने वाले सभी नीतिगत मामलों पर सरकार को सलाह देता है।
• इसका गठन **31 जनवरी, 1992** में किया गया था।
• राष्ट्रीय महिला आयोग की पहली महिला अध्यक्ष **जयन्ती पटनायक** थीं। जबकि वर्तमान में श्री मती विजया क. रहाटकर है।

423. संघ लोक सेवा आयोग, राज्य लोक सेवा आयोग तथा संयुक्त लोक सेवा आयोग की स्थापना, भारतीय संविधान की निम्नलिखित में से किस विशेषता के अन्तर्गत आती है?
SSC CHSL Tier-1 11.07.2024 (Shift-IV)
(a) राज्य के नीति-निदेशक सिद्धान्त
(b) संसदीय सरकार
(c) मौलिक अधिकार
(d) संघवाद

उत्तर (d)
• संघ लोक सेवा आयोग, राज्य लोक सेवा आयोग व संयुक्त लोक सेवा आयोग की स्थापना, भारतीय संविधान की संघवाद की विशेषता के अन्तर्गत आती है।
• भारतीय संविधान में **संघवाद** की विशेषता के अन्तर्गत **केन्द्र सरकार** व **राज्य सरकार** शामिल हैं।
• संघवाद को स्थानीय, केन्द्रीय व राज्य सरकारों के मध्य अधिकारों के वितरण के रूप में परिभाषित किया जाता है।

SSC MTS 2024 (Tier 1 & 2)

424. भारतीय संविधान के अनुच्छेद 280 के अनुसार, प्रत्येक .... के लिए वित्त आयोग नियुक्त किया जाना आवश्यक है।
SSC MTS Tier-1 12.11.2024 (Shift-III)
(a) तीन वर्ष (b) पाँच वर्ष
(c) एक वर्ष (d) दो वर्ष

उत्तर (b)
• भारतीय संविधान के अनुच्छेद 280 के अनुसार, प्रत्येक पाँच वर्ष के लिए वित्त आयोग नियुक्त किया जाना आवश्यक है।
• वित्त आयोग एक **संवैधानिक निकाय** है, जिसका गठन भारत का राष्ट्रपति करता है।
• वर्तमान (2024) में वित्त आयोग के 16वें अध्यक्ष **डॉ. अरविन्द पनगढ़िया** हैं तथा 15वें अध्यक्ष एन.के.सिंह थे।
• वित्त आयोग का मुख्य उद्देश्य केन्द्र और राज्य सरकार के वित्त की स्थिति का आकलन करना होता है।

425. वित्त आयोग में अध्यक्ष के अतिरिक्त अन्य कितने सदस्य होते हैं?
SSC MTS Tier-1 21.10.2024 (Shift-II)
(a) 4 (b) 6 (c) 3 (d) 5

उत्तर (a)
• वित्त आयोग में अध्यक्ष के अतिरिक्त चार (4) अन्य सदस्य होते हैं।
• वित्त आयोग एक **संवैधानिक निकाय** है, जिसकी स्थापना संविधान के **अनुच्छेद 280** के अन्तर्गत की जाती है।
• वित्त आयोग नियम 1951 संवैधानिक निकाय के सदस्य होने के मानदण्ड निर्धारित करता है।
• भारत के प्रथम वित्त आयोग के.सी. नियोगी थे।

426. भारतीय निर्वाचन आयोग द्वारा मान्यता प्राप्त एक पार्टी जो चार लोकसभा सीटें जीतने के अतिरिक्त लोकसभा अथवा चार या उससे अधिक राज्यों में विधानसभा के आम चुनाव में कुल वोटों का कम-से-कम .... वोट हासिल करती है, उसे राष्ट्रीय पार्टी कहा जाता है।
SSC MTS Tier-1 01.10.2024 (Shift-I)
(a) एक प्रतिशत
(b) तीन प्रतिशत
(c) छ: प्रतिशत
(d) आठ प्रतिशत

उत्तर (c)

• भारतीय निर्वाचन आयोग द्वारा मान्यता प्राप्त एक पार्टी जो चार लोकसभा सीटें जीतने के अतिरिक्त लोकसभा अथवा चार या उससे अधिक राज्यों में विधानसभा के आम चुनाव में कुल वोटों का कम-से-कम **छः प्रतिशत** वोट हासिल करती है, उसे राष्ट्रीय पार्टी कहा जाता है।

• वर्तमान में भारत में राष्ट्रीय पार्टियों में **6 पार्टियाँ शामिल** हैं–भारतीय जनता पार्टी (BJP), बहुजन समाज पार्टी (BSP), कांग्रेस, कम्युनिस्ट पार्टी ऑफ इण्डिया (CPI), नेशनल पीपुल्स पार्टी (NPP) और आम आदमी पार्टी (AAP)।

• वर्तमान में देश में तीन प्रकार की पार्टियाँ हैं– राष्ट्रीय, राज्य स्तरीय एवं पंजीकृत गैर-मान्यता प्राप्त।

SSC Steno 2024 (Tier 1 & 2)

427. निम्नलिखित में से कौन-सा एक संवैधानिक निकाय नहीं है? **SSC Steno Tier-1 10.12.2024 (Shift-I)**

(a) राष्ट्रीय पिछड़ा वर्ग आयोग
(b) भारतीय रिजर्व बैंक
(c) भारत के नियन्त्रक और महालेखा परीक्षक
(d) भारतीय निर्वाचन आयोग

उत्तर (b)

• भारतीय रिजर्व बैंक संवैधानिक निकाय नहीं है, बल्कि यह एक विधिक संस्थान है, जिसकी स्थापना रिजर्व बैंक ऑफ इण्डिया अधिनियम, 1934 के तहत 1 अप्रैल, 1935 को की गई थी।

• रिजर्व बैंक ऑफ इण्डिया का राष्ट्रीयकरण 1 जनवरी, 1949 को किया गया तथा इसके प्रथम गवर्नर सर ओसबोर्न स्मिथ थे।

• स्वतन्त्रता के समय RBI के गवर्नर सी डी देशमुख थे।

428. निम्नलिखित में से कौन-सा आयोग किसी जाति या समुदाय के हितों की रक्षा नहीं करता है? **SSC Steno Tier-1 10.12.2024 (Shift-II)**

(a) राष्ट्रीय अनुसूचित जनजाति आयोग
(b) भारतीय वित्त आयोग
(c) राष्ट्रीय अनुसूचित जाति आयोग
(d) राष्ट्रीय पिछड़ा वर्ग आयोग

उत्तर (b)

• भारतीय वित्त आयोग किसी जाति या समुदाय के हितों की रक्षा नहीं करता है।

• वित्त आयोग, भारत के राष्ट्रपति के द्वारा भारतीय संविधान के अनुच्छेद-280 के अन्तर्गत समय-समय पर गठित आयोग है, जो भारत की केन्द्र सरकार और व्यक्तिगत राज्य सरकारों के बीच वित्तीय सम्बन्धों को परिभाषित करता है।

429. राष्ट्रीय सम्बद्ध और स्वास्थ्य देख-रेख वृत्ति आयोग अधिनियम, 2021 में उपबन्धित रूप में राष्ट्रीय सम्बद्ध और स्वास्थ्य देख-रेख वृत्ति आयोग का एक पदेन सदस्य निम्नलिखित में से कौन होता है? **SSC Steno Tier-1 10.12.2024 (Shift-II)**

(a) संयुक्त सचिव, कानूनी मामलों के विभाग, कानून और न्याय मन्त्रालय
(b) सचिव, गृह मन्त्रालय, भारत सरकार
(c) स्वास्थ्य और परिवार कल्याण मन्त्री, भारत सरकार
(d) प्रधानमन्त्री

उत्तर (a)

• राष्ट्रीय सम्बद्ध और स्वास्थ्य देख-रेख वृत्ति आयोग अधिनियम, 2021 में उपबन्धित रूप में राष्ट्रीय सम्बद्ध और स्वास्थ्य देख-रेख वृत्ति आयोग का एक पदेन सदस्य संयुक्त सचिव, कानूनी मामलों के विभाग, कानून और न्याय मन्त्रालय होता है।

• इस विधेयक का उद्देश्य सम्बद्ध और स्वास्थ्य सेवा पेशेवरों की शिक्षा व कार्यों को विनियमित तथा मानकीकृत करना है।

430. निम्नलिखित में से कौन-सा एक संवैधानिक निकाय नहीं है? **SSC Steno Tier-1 10.12.2024 (Shift-III)**

(a) भाषायी अल्पसंख्यकों के लिए विशेष अधिकारी
(b) नियन्त्रक एवं महालेखा परीक्षक
(c) भारत के महान्यायवादी
(d) राष्ट्रीय अल्पसंख्यक आयोग

उत्तर (d)

• राष्ट्रीय अल्पसंख्यक आयोग एक संवैधानिक निकाय नहीं है, जबकि भाषायी अल्पसंख्यकों के लिए विशेष अधिकारी, नियन्त्रक एवं महालेखा परीक्षक तथा भारत के महान्यायवादी संवैधानिक निकाय हैं।

• राष्ट्रीय अल्पसंख्यक आयोग की स्थापना केन्द्र सरकार ने राष्ट्रीय अल्पसंख्यक आयोग अधिनियम, 1992 के तहत की थी। यह एक सांविधिक निकाय है।

SSC Steno 2023 (Tier 1 & 2)

431. भारतीय संविधान के किस अनुच्छेद में उल्लेख है कि ''संघ के लिए एक लोक सेवा आयोग और प्रत्येक राज्य के लिए एक लोक सेवा आयोग होगा''? **SSC Steno 13.10.2023 (Shift-I)**

(a) 315 (2) (b) 315 (4)
(c) 315 (3) (d) 315 (1)

उत्तर (d)

• भारतीय संविधान के अनुच्छेद 315(1) में 'संघ के लिए एक लोक सेवा आयोग और प्रत्येक राज्य के लिए एक लोक सेवा आयोग होगा''।

• संघ लोक सेवा आयोग UPSC के सदस्य का कार्यकाल 6 वर्ष या 65 वर्ष (जो पहले) होता है।

• UPSC के सदस्यों को राष्ट्रपति द्वारा नियुक्त किया और हटाया जाता है और इसे 1 **अक्टूबर, 1926** में स्थापित किया गया था।

• राज्य लोक सेवा आयोग के सदस्य क्रमशः राज्यपाल और राष्ट्रपति द्वारा नियुक्त किए और हटाए जाते हैं।

• **लॉर्ड कॉर्नवालिस** को भारत में नागरिक सेवाओं के पिता के रूप में जाना जाता है।

पंचायती राज, राजभाषा, अन्तर्राजकीय परिषद्, संविधान संशोधन

पंचायती राज

- पंचायती राज का उद्देश्य लोगों के संगठनों को वास्तविक शक्तियाँ सौंपकर लोकतन्त्र को ग्राम स्तर पर ले जाना है।
- इसका शुभारम्भ प्रधानमन्त्री जवाहरलाल नेहरू द्वारा **2 अक्टूबर, 1959** को **नागौर, राजस्थान** से किया गया। बाद में इसे 11 अक्टूबर, 1959 को आन्ध्र प्रदेश में लागू किया गया।
- **अनुच्छेद** 40 के अनुसार, संवैधानिक व्यवस्थाओं को आकार प्रदान करने के लिए **बलवन्त राय मेहता** समिति (1957) ने ग्रामीण स्तर पर सबल लोकतान्त्रिक संस्थाओं के प्रवर्तन को प्रोत्साहित करने के लिए शक्तियों के लोकतान्त्रिक विकेन्द्रीकरण की सिफारिश की थी।
- पंचायती राज का लक्ष्य लोगों को विकास और योजनाओं से जोड़ना है, ताकि अफसरशाही पर निर्भरता को कम किया जा सके।
- समिति ने त्रिस्तरीय पंचायती राज प्रणाली को लागू करने की सिफारिश की थी।

  पंचायती राज के निम्न तीन स्तर हैं

  1. ग्राम स्तर पर **ग्राम पंचायत**।
  2. ब्लॉक स्तर पर **पंचायत समिति**, जिसके सदस्य ब्लॉक के अन्तर्गत आने वाले गाँवों की पंचायतों द्वारा निर्वाचित किए गए हों।
  3. जिला स्तर पर **जिला परिषदें**।
- **अशोक मेहता समिति** (1977-78) ने द्विस्तरीय पंचायती राज प्रणाली तथा एल. एम. सिंघवी समिति (1986) ने पंचायती राज को संवैधानिक दर्जा देने की सिफारिश की थी।
- 73वाँ संविधान संशोधन पंचायती राज से सम्बन्धित है। इसके द्वारा संविधान के भाग-9 अनुच्छेद-243- 243(O) तथा अनुसूची-11 का प्रावधान किया गया है।

ग्राम पंचायत

- ग्राम पंचायत, पंचायती राज का निचला स्तर है।
- ग्राम सभा के सदस्यों द्वारा गुप्त मतदान करके ही सभी सदस्यों का चुनाव होता है।

ग्रामसभा

- इसमें ग्राम की मतदाता सूची में पंजीकृत सभी व्यक्तियों का समूह शामिल होता है।
- यह ग्रामीण विकास से सम्बन्धित कार्य करती है।

पंचायत समिति

- पंचायती राज में पंचायत समिति को मध्य स्तर कहा जाता है। इसे जनपद पंचायत, तालुका पंचायत और अँचल पंचायत आदि भी कहा जाता है।
- इसमें शामिल हैं
  1. पंचायतों के सरपंच (पदेन)
  2. स्थानीय सांसद, विधायक और विधानपरिषद् के सदस्य (मताधिकार सहित या मताधिकार रहित)
  3. नारी प्रतिनिधि, अनुसूचित जातियाँ और अनुसूचित जन-जातियाँ जो सहयोजित हैं और जिनकी सदस्यता आरक्षित है
  4. नगरपालिकाओं और सहकारी समितियों आदि का प्रतिनिधित्व करने वाले व्यक्ति।
- इस निकाय का अध्यक्ष एक गैर-सरकारी व्यक्ति होता है, जिसका चुनाव समिति के सदस्यों द्वारा होता है।
- यह समिति ग्राम पंचायत व जिला परिषद् के बीच समन्वय का काम करती है।

जिला परिषद्

- यह निचले स्तर पर ग्रामीण स्थानीय सरकारी निकायों के बीच एक कड़ी का कार्य करती है; जैसे–पंचायत समिति और राज्य विधानमण्डल व संसद।
- एक जिला परिषद् में सामान्यतः जिले की पंचायत समितियों के अध्यक्ष, जिले से सम्बन्धित सांसद और विधायक शामिल होते हैं।
- **जिला विकास अधिकारी** ही जिला परिषद् का मुख्य कार्यकारी अधिकारी या सचिव होता है और विभिन्न प्रशासनिक और विकास विभाग के जिला अधिकारी इसके मतदान में हिस्सा न लेने वाले सदस्य होते हैं।
- कई राज्यों में जिला अधिकारी (कलेक्टर) भी एक मतदान न करने वाले सदस्य के रूप में परिषद् से सम्बद्ध होता है।
- जिला परिषद् का कार्यकाल **5 वर्ष** है।
- देश के 21 राज्यों तथा 2 केन्द्रशासित प्रदेशों में ग्राम-पंचायतों में महिलाओं के लिए 50% आरक्षण का प्रावधान है।

नगरपालिकाएँ

- 74वें संविधान संशोधन अधिनियम (1992) के अनुसार भारतीय संविधान के अनुच्छेद 243(त) से 243(य छ) के अन्तर्गत इसका विशेष उल्लेख किया गया है।
- भारतीय संविधान को अनुसूची 12 में वर्णित 18 विषयों पर कार्य करने का अधिकार प्राप्त है।
- प्रथम नगरपालिका का गठन 1687 ई. में **मद्रास** में हुआ था।
- नगरपालिका अपने पहले अधिवेशन की तारीख से 5 वर्ष तक अपने अस्तित्व में बनी रह सकती है।
- इसके विघटन की तारीख से 6 माह के अन्दर उसका पुनर्गठन हो जाना चाहिए।
- भारतीय संविधान के अनुच्छेद-243(थ) के अनुसार, **तीन प्रकार** की नगरीय व्यवस्था है
  1. **नगर पंचायत** संक्रमणशील क्षेत्र के लिए वह क्षेत्र जो ग्रामीण व शहरी दोनों का सम्मिलित रूप है (10,000-20,000 की जनसंख्या वाले क्षेत्र में)।
  2. **नगरपालिका परिषद्** छोटे-छोटे नगरों के लिए 20001 से 3 लाख तक की जनसंख्या वाले क्षेत्र में।
  3. **नगर निगम** वृहत् नगरों के लिए जहाँ की जनसंख्या 3 लाख से अधिक हो।

राजभाषा

- संविधान के भाग–17 के अनुच्छेद 343 के अनुसार संघ की राजभाषा **हिन्दी** और लिपि **देवनागरी** है।
- वर्ष 1955 में **बी जी खरे** की अध्यक्षता में प्रथम राजभाषा आयोग का गठन किया गया था।
- संविधान की आठवीं अनुसूची के अनुसार 22 भाषाओं को आधिकारिक रूप से मान्यता प्राप्त है। प्रारम्भ में सिर्फ 14 भाषाएँ थी।

केन्द्र–राज्य सम्बन्ध

- भारत में केन्द्र-राज्य सम्बन्ध संघवाद की ओर उन्मुख है और संघवाद की इस प्रणाली को **कनाडा** के संविधान से लिया गया है।
- भारतीय संविधान की सातवीं अनुसूची में केन्द्र एवं राज्य की शक्तियों के बँटवारे से सम्बन्धित तीन सूचियाँ दी गई हैं–(i) संघ सूची, (98 (मूल 97) विषय) (ii) राज्य सूची (59 (मूल 66) विषय) (iii) समवर्ती सूची (52 (मूल 47) विषय)।
- **अवशिष्ट विधायी शक्ति** संघ सूची, राज्य सूची व समवर्ती सूची के अन्तर्गत जिन विषयों को शामिल नहीं किया गया है, उन पर कानून बनाने का अधिकार संसद को प्रदान किया गया है।
- केन्द्र-राज्य सम्बन्धों पर **सरकारिया आयोग** का गठन जून, 1983 में किया गया। इसने अपनी रिपोर्ट जनवरी, 1987 में सौंपी, 1988 में प्रकाशित।
- एम एम पुंछी आयोग का गठन अप्रैल, 2007 में किया गया, जिसने 2010 में अपनी रिपोर्ट सौंपी।

क्षेत्रीय परिषद्

- भारतीय संविधान में क्षेत्रीय परिषदों का उल्लेख नहीं किया गया है।
- इसकी स्थापना **राज्य पुनर्गठन अधिनियम**, 1956 के तहत की गई।
- राज्य पुनर्गठन अधिनियम, 1956 के द्वारा भारत के सम्पूर्ण राज्यक्षेत्र को पाँच क्षेत्रों में बाँटा गया है तथा प्रत्येक क्षेत्र के सामान्य हितों के सम्बन्ध में सलाह देने हेतु क्षेत्रीय परिषदें बनाई गई हैं।

क्षेत्रीय परिषदें एवं मुख्यालय

परिषद्	मुख्यालय	सम्मिलित राज्य/ केन्द्रशासित प्रदेश
उत्तरी क्षेत्रीय परिषद्	नई दिल्ली	पंजाब, हरियाणा, हिमाचल प्रदेश, राजस्थान, दिल्ली, चण्डीगढ़, जम्मू-कश्मीर तथा लद्दाख
दक्षिणी क्षेत्रीय परिषद्	चेन्नई	केरल, तमिलनाडु, कर्नाटक, आन्ध्र प्रदेश, पुदुचेरी तथा तेलंगाना
पूर्वी क्षेत्रीय परिषद्	कोलकाता	बिहार, ओडिशा, पश्चिम बंगाल तथा झारखण्ड
पश्चिमी क्षेत्रीय परिषद्	मुम्बई	महाराष्ट्र, गोवा, गुजरात, दादरा एवं नगर हवेली और दमन एवं दीव
मध्यवर्ती क्षेत्रीय परिषद्	प्रयागराज	उत्तर प्रदेश, मध्य प्रदेश, उत्तराखण्ड तथा छत्तीसगढ़
पूर्वोत्तर परिषद् (पूर्वोत्तर परिषद् अधिनियम 1977 के तहत)	शिलॉन्ग	असम, मणिपुर, मिजोरम, त्रिपुरा, नागालैण्ड, अरुणाचल प्रदेश और सिक्किम

अन्तर्राज्यीय परिषद्

- संविधान के **अनुच्छेद 263** के अन्तर्गत **राष्ट्रपति** द्वारा लोकहित में अन्तर्राज्यीय परिषद् का गठन किया जा सकता है।

परिषद् के प्रमुख कार्य

- राज्यों के मध्य उत्पन्न विवादों की जाँच करना तथा उस सम्बन्ध में आवश्यक सुझाव देना।

- अन्तर्राज्यीय विषयों से सम्बन्धित नीतियों एवं कार्यवाहियों में सुसमन्वय हेतु संस्तुति करना।
- केन्द्र एवं एक या एक से अधिक राज्यों के सामान्य हितों से सम्बन्धित मामलों की जाँच करना तथा विचार-विमर्श करना।
- अन्तर्राज्यीय परिषद् का गठन 28 मई, 1990 को किया गया, जिसकी पहली बैठक 10 अक्टूबर, 1990 को हुई।

प्रमुख संविधान संशोधन

प्रथम (1951)	राज्यों के भूमि सुधार कानूनों को नौवीं अनुसूची में रखकर न्यायालयों के अधिकार क्षेत्र से बाहर कर दिया गया।
7वाँ (1956)	भाषायी आधार पर राज्यों का पुनर्गठन किया गया। राज्यों एवं केन्द्रशासित प्रदेशों में उन्हें विभाजित किया गया।
13वाँ (1962)	कुछ विशेष उपबन्ध के साथ नागालैण्ड को भारत का नया राज्य घोषित किया गया।
26वाँ (1971)	राजाओं की उपाधियाँ प्रिवी पर्स तथा विशेषाधिकार समाप्त।
31वाँ (1973)	लोकसभा की सदस्य संख्या 525 से बढ़ाकर 545 कर दी गई है।
36वाँ (1975)	सिक्किम को पूर्ण राज्य का दर्जा दिया गया।
39वाँ (1975)	राष्ट्रपति, उप-राष्ट्रपति, लोकसभा अध्यक्ष और प्रधानमन्त्री के निर्वाचन को चुनौती नहीं दी जा सकती।
42वाँ (1976)	प्रस्तावना में **पंथनिरपेक्ष, समाजवादी** और **अखण्डता** शब्द जोड़े गए। मौलिक कर्त्तव्यों का समावेश।
44वाँ (1978)	सम्पत्ति के मौलिक अधिकार को समाप्त किया। सशस्त्र विद्रोह (आन्तरिक अशान्ति के स्थान पर) की स्थिति में और मन्त्रिमण्डल की लिखित सलाह पर आपात की घोषणा राष्ट्रपति द्वारा किए जाने का प्रावधान।
58वाँ (1987)	भारतीय संविधान का हिन्दी में प्राधिकृत रूप के लिए प्रावधान।
61वाँ (1989)	मताधिकार की आयु 21 से घटाकर 18 वर्ष की गई।
69वाँ (1991)	दिल्ली का नाम **राष्ट्रीय राजधानी क्षेत्र** किया गया तथा विधानसभा की स्थापना की गई।
70वाँ (1992)	दिल्ली तथा पुदुचेरी विधानसभा के निर्वाचित सदस्यों को राष्ट्रपति के निर्वाचन में भाग लेने का अधिकार प्रदान किया गया।
71वाँ (1992)	आठवीं अनुसूची में कोंकणी, मणिपुरी और नेपाली भाषा को सम्मिलित किया गया।
73वाँ (1992)	पंचायती राज सम्बन्धी प्रावधान शामिल किए गए।
74वाँ (1992)	नगरपालिका व्यवस्था को संवैधानिक दर्जा दिया गया, संविधान में बारहवीं सूची जोड़ी गई।
85वाँ (2001)	सरकारी सेवाओं में अनुसूचित जाति/जनजाति के अभ्यर्थियों के लिए पदोन्नतियों में आरक्षण की व्यवस्था।
86वाँ (2002)	6 से 14 वर्ष तक के सभी बच्चों को नि:शुल्क तथा अनिवार्य शिक्षा को मौलिक अधिकार की मान्यता।
92वाँ (2003)	संविधान की आठवीं अनुसूची में बोडो, डोगरी, मैथिली और संथाली भाषा का समावेश।
93वाँ (2005)	निजी एवं बिना सरकारी अनुदान प्राप्त शिक्षण संस्थाओं में प्रवेश हेतु सामाजिक एवं शैक्षणिक रूप से पिछड़ें व्यक्तियों के लिए आरक्षण।
95वाँ (2009)	अनुसूचित जाति/जनजाति के लिए आरक्षण की अवधि लोकसभा/राज्य की विधानसभा के लिए 60 वर्ष से बढ़ाकर 70 वर्ष (10 वर्ष के लिए)।
97वाँ (2011)	अनुच्छेद 19 (1)(c) में ''सहकारी समितियाँ'' शब्द को जोड़ा गया।
100वाँ (2015)	भारत-बांग्लादेश के मध्य भूमि हस्तांतरण समझौते से सम्बन्धित।
101वाँ (2016)	वस्तु एवं सेवा कर (GST) से सम्बन्धित
102वाँ (2018)	पिछड़ा वर्ग आयोग को संवैधानिक दर्जा प्रदान किया गया।
103वाँ (2019)	आर्थिक रूप से पिछड़े वर्ग को 10% आरक्षण प्रदान किया गया।
104वाँ (2019)	एंग्लो-इण्डियन को नामित करने का प्रावधान समाप्त तथा अनुसूचित जाति एवं जनजातियों के लिए लोकसभा व राज्यों की विधानसभा में आरक्षण की अवधि को 10 वर्ष (2021 से 2030 तक) के लिए बढ़ाया गया।
105वाँ (2021)	यह अधिनियम सामान्य और आर्थिक रूप से पिछड़े वर्गों की पहचान उल्लिखित करने के लिए राज्य सरकारों की शक्ति को परिभाषित करता है।
106वाँ (2023)	इसके अन्तर्गत लोकसभा और विधानसभाओं में महिलाओं को 33% आरक्षण देने का प्रावधान है। (नारी वंदन अधिनियम)

SSC एग्जाम स्कैनर

SSC CGL 2024 (Tier 1 & 2)

432. निम्नलिखित में से किस संवैधानिक संशोधन अधिनियम ने राष्ट्रपति को प्रधानमन्त्री की अध्यक्षता वाली मन्त्रिपरिषद् की सलाह से बाध्य कर दिया? **SSC CGL Tier-2 18.01.2025**

(a) 46वें (b) 40वें
(c) 48वें (d) 42वें

उत्तर (d)

- 42वें संवैधानिक संशोधन अधिनियम ने राष्ट्रपति को प्रधानमन्त्री की अध्यक्षता वाली मन्त्रिपरिषद् की सलाह से बाध्य कर दिया।
- यह संशोधन 3 जनवरी, 1977 से प्रभावी हुआ।
- अनुच्छेद 74 (2) न्यायालयों को मन्त्रिपरिषद् द्वारा राष्ट्रपति को दी गई सलाह की जाँच करने से रोकता है।
- 44वें संशोधन के तहत यह जोड़ा गया कि राष्ट्रपति एक बार पुनर्विचार के लिए सलाह वापस कर सकते हैं। हालाँकि, यदि मन्त्रिपरिषद् राष्ट्रपति को पुन: वही सलाह भेजती है, तो राष्ट्रपति को उसे स्वीकार करना होगा।

433. निम्नलिखित में से किस संवैधानिक संशोधन अधिनियम ने राष्ट्रपति को प्रधानमन्त्री की अध्यक्षता वाली मन्त्रिपरिषद् की सलाह से बाध्य कर दिया? **SSC CGL Tier-2 18.01.2025**

(a) 46वें (b) 40वें (c) 48वें (d) 42वें

उत्तर (d)

- 42वें संवैधानिक संशोधन अधिनियम ने राष्ट्रपति को प्रधानमन्त्री की अध्यक्षता वाली मन्त्रिपरिषद् की सलाह से बाध्य कर दिया।
- यह संशोधन 3 जनवरी, 1977 से प्रभावी हुआ।
- अनुच्छेद 74 (2) न्यायालयों को मन्त्रिपरिषद् द्वारा राष्ट्रपति को दी गई सलाह की जाँच करने से रोकता है।
- 44वें संशोधन के तहत यह जोड़ा गया कि राष्ट्रपति एक बार पुनर्विचार के लिए सलाह वापस कर सकते हैं। हालाँकि, यदि मन्त्रिपरिषद् राष्ट्रपति को पुन: वही सलाह भेजती है, तो राष्ट्रपति को उसे स्वीकार करना होगा।

434. निम्नलिखित में से किस संवैधानिक संशोधन अधिनियम के कारण वस्तु एवं सेवा कर परिषद् (Goods and Services Tax Council) का गठन हुआ? **SSC CGL Tier-1 25.09.2024 (Shift-III)**

(a) 100वाँ संविधान संशोधन अधिनियम
(b) 103वाँ संविधान संशोधन अधिनियम
(c) 101वाँ संविधान संशोधन अधिनियम
(d) 102वाँ संविधान संशोधन अधिनियम

उत्तर (c)

- वस्तु एवं सेवा कर परिषद् एक संवैधानिक निकाय है। इसका गठन **101वें संविधान संशोधन** द्वारा हुआ है।
- इसकी पहली बैठक 22-23 सितम्बर, 2016 को हुई।
- संविधान के अनुच्छेद 279A के अनुसार, जीएसटी परिषद् केन्द्र और राज्यों का संयुक्त मंच है, जिनमें शामिल सदस्य हैं।
- केन्द्रीय वित्तमन्त्री इसका अध्यक्ष होता है।
- केन्द्रीय राज्य मन्त्री, राजस्व या वित्त के प्रभारी-सदस्य।
- वित्त या कराधान का प्रभारी मन्त्री या प्रत्येक राज्य सरकार द्वारा नामित कोई अन्य मन्त्री-सदस्य।

435. निम्नलिखित में से कौन-सा राज्य उन राज्यों में से एक है, जहाँ कोई पंचायती राज संस्था नहीं है? **SSC CGL Tier-1 25.09.2024 (Shift-II)**

(a) नागालैण्ड
(b) पंजाब
(c) असम
(d) गुजरात

उत्तर (a)

- भारतीय संविधान के **अनुच्छेद 243M** के तहत नागालैण्ड, मेघालय और मिजोरम को छोड़कर सभी राज्यों में पंचायती राजव्यवस्था लागू है।
- भारतीय संविधान के **भाग IX** के अनुच्छेद 243 से 243'O' में पंचायती राजव्यवस्था से जुड़े प्रावधान हैं।
- पंचायती राजव्यवस्था लागू करने वाला प्रथम राज्य राजस्थान व दूसरा राज्य आन्ध्र प्रदेश है।

436. राज्य पुनर्गठन आयोग का गठन कब किया गया था, जिसने वृहत्तर भाषायी समूहों के आधार पर भाषायी राज्यों के सृजन की सिफारिश की थी?
SSC CGL Tier-1 25.09.2024 (Shift-II)

(a) दिसम्बर, 1956 (b) दिसम्बर, 1963
(c) दिसम्बर, 1953 (d) दिसम्बर, 1958

उत्तर (c)

• राज्य पुनर्गठन आयोग का गठन दिसम्बर, 1953 में किया गया था, जिसने वृहत्तर भाषायी समूहों के आधार पर भाषायी राज्यों के सृजन की सिफारिश की थी।
• आयोग का गठन, राज्यों की सीमाओं के पुनर्गठन के लिए किया गया था।
• राज्य पुनर्गठन आयोग के अध्यक्ष फजल अली एवं सदस्य के. एम. पणिक्कर और एच. एन कुंजरु थे।

437. निम्नलिखित में से किसे भारत में स्थानीय स्वशासन के जनक के रूप में जाना जाता है?
SSC CGL Tier-1 24.09.2024 (Shift-I)

(a) लॉर्ड विलियम बैण्टिक
(b) लॉर्ड रिपन
(c) लॉर्ड कॉर्नवालिस
(d) लॉर्ड वेलेस्ली

उत्तर (b)

• **लॉर्ड रिपन** ने 1882 ई. में स्थानीय स्वशासन का एक प्रस्ताव पारित किया, इसलिए रिपन को भारत में स्थानीय **स्वशासन का जनक** माना जाता है।
• लॉर्ड रिपन ने भारत में प्रतिनिधि संस्थानों की नींव रखी।
• लॉर्ड रिपन का कार्यकाल 1880-84 ई. तक (4 वर्षों का) था।
• लॉर्ड कॉर्नवालिस को भारतीय सिविल सेवा का जनक कहा जाता है।

438. निम्नलिखित में से कौन-सा संविधान संशोधन विधेयक तमिलनाडु में अनुसूचित जाति की सूची को संशोधित करने के प्रावधान से सम्बन्धित है? SSC CGL Tier-1 24.09.2024 (Shift-I)

(a) संविधान (अनुसूचित जाति) आदेश (संशोधन) विधेयक 2015
(b) संविधान (अनुसूचित जनजाति) आदेश संशोधन अधिनियम 2013
(c) संविधान (अनुसूचित जाति) आदेश (संशोधन) विधेयक 2021
(d) संविधान (अनुसूचित जनजाति) आदेश (संशोधन) विधेयक 2019

उत्तर (c)

• सामाजिक न्याय और अधिकारिता मन्त्री कृष्णपाल गुर्जर ने फरवरी, 2021 में लोकसभा में संविधान (अनुसूचित जाति) आदेश (संशोधन) विधेयक 2021 पेश किया।
• यह विधेयक संविधान (अनुसूचित जाति) आदेश 1950 को संशोधित करता है।
• यह विधेयक तमिलनाडु राज्य के देवेन्द्रकुलनाथन समुदाय की प्रविष्टि को देवेन्द्रकुल/वेलालर से बदल देता है।

439. राज्य के ········ नीति-निदेशक तत्त्वों को वर्ष 1976 के 42वें संविधान संशोधन अधिनियम द्वारा भारतीय संविधान में जोड़ा गया था। SSC CGL Tier-1 23.09.2024 (Shift-II)

(a) तीन (b) दो
(c) चार (d) पाँच

उत्तर (c)

• राज्य के **चार** नीति-निदेशक तत्त्वों को वर्ष 1976 के **42 वें संविधान संशोधन अधिनियम** द्वारा भारतीय संविधान में जोड़ा गया था, जिसमें अनुच्छेद 39, अनुच्छेद 39A, अनुच्छेद 43A, अनुच्छेद 48A शामिल थे।
• 42वें संशोधन द्वारा ही संविधान की प्रस्तावना में समाजवादी, धर्मनिरपेक्ष और अखण्डता शब्द जोड़े गए थे।
• भारतीय संविधान के 42वें संशोधन को **मिनी कॉन्स्टिट्यूशन** या इन्दिरा गाँधी का संविधान भी कहा जाता है।

440. संविधान का कौन-सा भाग पंचायतों से सम्बन्धित है? SSC CGL Tier-1 23.09.2024 (Shift-I)

(a) भाग IV
(b) भाग X
(c) भाग IX
(d) भाग VII

उत्तर (c)

• संविधान का भाग IX पंचायतों से सम्बन्धित है।
• संविधान के भाग IX को **73वें संविधान संशोधन 1992** के माध्यम से जोड़ा गया।
• इस संशोधन के माध्यम से संविधान में 11वीं अनुसूची जोड़ी गई।
• पंचायत से सम्बन्धित प्रावधान अनुच्छेद 243 के अन्तर्गत 243 'क' से 243 'ण' तक दिए गए हैं।
• पंचायतों के कार्यकाल की अवधि **5 वर्ष** होती है।
• पंचायतों के प्रत्येक स्तर पर महिलाओं के लिए सीटें आरक्षित की गई थीं।
• पंचायत के अन्तर्गत **29 विषय** शामिल किए गए हैं।

441. वर्ष 1989 में किस समिति ने स्थानीय सरकारी निकायों के लिए संवैधानिक मान्यता की सिफारिश की? SSC CGL Tier-1 18.09.2024 (Shift-III)

(a) पी.के. थुंगन समिति
(b) अशोक मेहता समिति
(c) वर्मा समिति
(d) बलवन्त राय समिति

उत्तर (a)

• पी.के.थुंगन की अध्यक्षता में **वर्ष 1988** में संसद की संविधान समिति की एक उपसमिति का गठन हुआ।
• इस समिति का उद्देश्य जिला एवं जिला नियोजन में राजनीतिक एवं प्रशासनिक ढाँचे की जाँच करना था।
• इस समिति ने पंचायती राज व्यवस्था को मजबूत बनाने तथा इसे संवैधानिक दर्जा देने का सुझाव दिया।

442. भारत में राजनीतिक दलों के सम्बन्ध में निम्नलिखित में से कौन-सा कथन सही है?
SSC CGL Tier-1 18.09.2024 (Shift-II)

(a) दल की स्थिति संसद द्वारा प्रदान की जाती है
(b) भारत में एक बहुदलीय प्रणाली है, जिसे राष्ट्रीय या क्षेत्रीय स्तर के रूप में वर्गीकृत किया गया है
(c) सभी दल भारत के सर्वोच्च न्यायालय में पंजीकृत होते हैं
(d) किसी राजनीतिक दल का प्रतीक भारत के राष्ट्रपति द्वारा आवण्टित किया जाता है

उत्तर (b)

• भारत में एक बहुदलीय प्रणाली है, जिसे राष्ट्रीय, राज्य या क्षेत्रीय स्तर के रूप में वर्गीकृत किया गया है, कथन सही है।
• चुनाव आयोग के लिए राजनीतिक संवैधानिक संस्थाओं को अनिवार्यत: पंजीकृत किया जाता है और प्रदर्शन के आधार पर उन्हें राष्ट्रीय या राज्य संवैधानिक संस्थाओं के रूप में मान्यता प्रदान की जाती है।

443. महामारी रोग (संशोधन) अधिनियम, 2020 ने निम्नलिखित में से किस अधिनियम में संशोधन किया? SSC CGL Tier-1 18.09.2024 (Shift-II)

(a) महामारी रोग अधिनियम, 1890
(b) महामारी रोग अधिनियम, 1897
(c) महामारी रोग अधिनियम, 1895
(d) महामारी रोग अधिनियम, 1892

उत्तर (b)

• महामारी रोग अधिनियम, 1897 की धारा 2 और धारा 3 (कुल धारा 4) को भारत सरकार के स्वास्थ्य मन्त्रालय ने 11 मार्च, 2020 को लागू किया।
• **महामारी रोग अधिनियम, 2020** कोविड-19 जैसी महामारियों से निपटने के लिए स्वास्थ्यकर्मियों की सुरक्षा सुनिश्चित करने और केन्द्र सरकार की शक्तियों का विस्तार करने के लिए बनाया गया था।
• इस अधिनियम के तहत स्वास्थ्यकर्मियों पर हमला करने वालों को **सात वर्ष** तक जेल हो सकती है।
• यह अपराध संज्ञेय और गैर-जमानती है।

444. संसद ने अगस्त, 2021 में आवश्यक रक्षा सेवा विधेयक, 2021 पारित किया। इसे पारित करने के पीछे निम्नलिखित में से कौन-सा उद्देश्य है? SSC CGL Tier-1 18.09.2024 (Shift-I)

(a) प्रत्यक्ष विदेशी निवेश (FDI)
(b) आवश्यक रक्षा सेवाओं में लगी इकाइयों में हड़ताल, तालाबन्दी और छँटनी पर रोक लगाना
(c) रक्षा सेवाओं में अधिक महिलाओं की नियुक्ति करना
(d) वन रैंक वन पेंशन लागू करना

उत्तर (b)

• संसद ने अगस्त, 2021 में आवश्यक रक्षा सेवा विधेयक, 2021 पारित किया, जिसका उद्देश्य

केन्द्र सरकार को आवश्यक रक्षा सेवाओं में लगी इकाईयों में हड़ताल, लॉक-आउट्स और छँटनी पर रोक लगाने की अनुमति देना है।

• इस विधेयक के तहत **अवैध तालाबन्दी** या **छँटनी** के माध्यम से निषेध आदेश का उल्लंघन करने वाले नियोक्ताओं को एक वर्ष तक के कारावास या '10000 के जुर्माने या दोनों से दण्डित किया जा सकता है।

445. भारतीय संविधान के भाग IV A को भारतीय संविधान में .... संवैधानिक संशोधन अधिनियम के माध्यम से शामिल किया गया था। SSC CGL Tier-1 18.09.2024 (Shift-I)

(a) 46वें (b) 44वें
(c) 48वें (d) 42वें

उत्तर (d)

• संविधान के भाग IV A में मौलिक कर्त्तव्यों को शामिल करने के लिए वर्ष 1976 में **42वाँ** संविधान संशोधन किया गया था।

• **42वें संविधान संशोधन** को मिनी-संविधान कहा जाता है।

• इस संशोधन के तहत, प्रस्तावना में समाजवादी, पन्थनिरपेक्ष और अखण्डता शब्द जोड़े गए थे।

• इस संशोधन के तहत भारत के शासन की एकात्मक प्रणाली को संघीय प्रणाली में बदला गया था।

446. सूक्ष्म, लघु और मध्यम उद्यम क्षेत्र के लिए कार्यशील पूँजी की उपलब्धता में मदद करने के लिए जुलाई, 2021 में संसद द्वारा कौन-सा विधेयक पारित किया गया था? SSC CGL Tier-1 13.09.2024 (Shift-II)

(a) आवश्यक वस्तु (संशोधन) विधेयक, 2020
(b) खनिज कानून (संशोधन) विधेयक, 2020
(c) फैक्टरिंग विनियमन (संशोधन) विधेयक, 2021
(d) दिवाला और दीवालियापन संहिता (संशोधन) विधेयक, 2021

उत्तर (c)

• सूक्ष्म, लघु और मध्यम उद्यम क्षेत्र के लिए कार्यशील पूँजी की उपलब्धता में मदद करने के लिए जुलाई, 2021 में **फैक्टरिंग विनियमन** (संशोधन) **विधेयक 2021** पारित किया गया।

• इस नीति के तहत केन्द्र सरकार के विभागों और सीपीएसई की वार्षिक खरीद का **25%** हिस्सा एमएसएमई से प्राप्त करना होता है।

• एमएसएमई मन्त्रालय केन्द्रीय लोक उपक्रमों (सीपीएसई) और सरकारी विभागों के साथ मिलकर विक्रेता कार्यक्रम आयोजित करता है।

447. निम्नलिखित में से किस राज्य के लिए संविधान (अनुसूचित जाति और अनुसूचित जनजाति) आदेश (द्वितीय संशोधन) विधेयक, 2022 संसद में पेश किया गया था? SSC CGL Tier-1 13.09.2024 (Shift-I)

(a) उत्तर प्रदेश (b) ओडिशा
(c) बिहार (d) मध्य प्रदेश

उत्तर (a) .

• उत्तर प्रदेश राज्य के लिए संविधान (अनुसूचित जाति और अनुसूचित जनजाति) आदेश (द्वितीय संशोधन) विधेयक, 2022 संसद में पेश किया गया।

• यह विधेयक 28 मार्च, 2022 को लोकसभा में पेश किया गया था।

• **14 दिसम्बर, 2022** को राज्यसभा ने इसे सर्वसम्मति से पारित किया था।

• इस विधेयक के तहत गौण्ड समुदाय को उत्तर प्रदेश के **चार जिलों** चन्दौली, कुशीनगर, सन्तकबीर नगर और सन्त रविदास नगर में अनुसूचित जनजाति में शामिल किया गया है।

448. हाल ही में संसद में पारित चुनाव कानून संशोधन विधेयक का उद्देश्य कुछ चुनावी सुधारों को लागू करना है। उनमें से एक पात्रता तिथि है। अब तक, केवल एक तिथि- 1 जनवरी को आयु के सम्बन्ध में पात्रता तय करने के लिए माना जाता था। इस सम्बन्ध में विधेयक क्या सुधार चाहता है? SSC CGL Tier-1 12.09.2024 (Shift-II)

(a) दो तिथियाँ 1 जनवरी और 1 जून लागू करना
(b) चार तिथियाँ 1 जनवरी, 1 अप्रैल, 1 जुलाई, 1 अक्टूबर लागू करना
(c) तीन तिथियाँ 1 जनवरी, 1 मई, 1 सितम्बर लागू करना
(d) वर्ष भर पात्रता तिथि-नामांकन के विचार को समाप्त करना

उत्तर (b)

• विधेयक एक कैलेण्डर वर्ष में 4 पात्रता तिथियाँ प्रदान करता है, जो 1 जनवरी, 1 अप्रैल, 1 जुलाई और 1 अक्टूबर होगी।

• **चुनाव कानून** (संशोधन विधेयक) 2021 मतदाता सूची डेटा और मतदाता पहचान-पत्र को इकोसिस्टम से जोड़ने हेतु प्रयासरत् है।

• इसका उद्देश्य विभिन्न स्थानों पर एक ही व्यक्ति के एकाधिक नामांकन को रोकना है।

• इस विधेयक के अनुसार, सेवा मतदाताओं की पत्नियों के पंजीकरण की भाषा को अब 'जीवनसाथी' से बदल दिया जाएगा। यह कानूनों को और अधिक 'लिंग तटस्थ' बनाएगा।

449. भारतीय संविधान के निम्नलिखित में से किस अनुच्छेद में ग्राम पंचायतों का उल्लेख है? SSC CGL Tier-1 10.09.2024 (Shift-II)

(a) अनुच्छेद 38
(b) अनुच्छेद 36
(c) अनुच्छेद 31
(d) अनुच्छेद 40

उत्तर (d)

• भारतीय संविधान के **अनुच्छेद 40** में ग्राम पंचायतों का उल्लेख है। इस अनुच्छेद में कहा गया है कि राज्य ग्राम पंचायतों को संगठित करने के लिए कदम उठाएँगे।

• पंचायती राज को भारत के संविधान में 73वें संविधान संशोधन अधिनियम, 1992 के द्वारा 11वीं अनुसूची के भाग IX में जोड़ा गया था।

• पंचायती राज में 29 विषय शामिल किए गए हैं।

• भाग IX में अनुच्छेद 243 या अनुच्छेद 243 क से 243 ण तक नवीन अनुच्छेद को जोड़ा गया है।

450. निम्नलिखित में से किस अधिनियम को निरस्त करने और प्रतिस्थापित करने के लिए संसद ने नौवहन सामुद्रिक सहायता विधेयक, 2021 पारित किया? SSC CGL Tier-1 10.09.2024 (Shift-I)

(a) डुरीन अधिनियम, 1910
(b) प्रकाश स्तम्भ अधिनियम, 1927
(c) खतरनाक मशीन (विनियमन) अधिनियम, 1983
(d) वैयक्तिक क्षति (आपात उपबन्ध) अधिनियम, 1962

उत्तर (b)

• प्रकाश स्तम्भ अधिनियम, 1927 को निरस्त करके और प्रतिस्थापित करने के लिए संसद ने **नौवहन सामुद्रिक सहायता विधेयक, 2021** पारित किया गया।

• इस अधिनियम का उद्देश्य भारत के मानदण्डों को अन्तर्राष्ट्रीय नौवहन सहायता से वाहन नेविगेशन लम्बी दूरी की पहचान और ट्रैकिंग प्रणाली में उपयोग होने वाली नई तकनीकों को कानूनी ढाँचा बनाता था।

• यह विधेयक प्रादेशिक जल, महाद्वीपीय, शेल्फ और अनन्य आर्थिक क्षेत्र सहित विभिन्न समुद्री क्षेत्रों सम्पूर्ण भारत पर लागू होता है।

451. मुस्लिम महिला (विवाह अधिकार संरक्षण) अधिनियम, 2019 की निम्नलिखित में से कौन-सी धारा निर्वाह भत्ते से सम्बन्धित है? SSC CGL Tier-1 09.09.2024 (Shift-III)

(a) धारा 5 (b) धारा 6 (c) धारा 4 (d) धारा 7

उत्तर (a)

• मुस्लिम महिला विवाह अधिकार संरक्षण अधिनियम 2019 की **धारा 5** के तहत, तलाकशुदा मुस्लिम महिलाएँ पति से गुजारा भत्ता पाने के लिए हकदार हैं।

• इसके तहत तलाकशुदा मुस्लिम महिलाएँ स्वयं के लिए व अपने आश्रित बच्चों के लिए गुजारा भत्ता पा सकती हैं।

• गुजारा भत्ते की रकम का निर्धारण **मजिस्ट्रेट** करता है।

• इसके अन्तर्गत धारा 4 के अनुसार तीन साल की जेल व जुर्माने का प्रावधान है।

452. उच्च न्यायालय और सर्वोच्च न्यायालय न्यायाधीश (वेतन और सेवा की शर्तें) संशोधन विधेयक, 2021 लोकसभा में कब पेश किया गया था? SSC CGL Tier-1 09.09.2024 (Shift-II)

(a) 27 सितम्बर, 2021 को
(b) 29 मार्च, 2021 को
(c) 30 नवम्बर, 2021 को
(d) 28 अप्रैल, 2021 को

उत्तर (c)

• 30 **नवम्बर, 2021** को उच्च न्यायालय और सर्वोच्च न्यायालय न्यायाधीश (वेतन और सेवा की शर्तें) संशोधन विधेयक के माध्यम से, उच्च

न्यायालय न्यायाधीश (वेतन और सेवा की शर्तें) अधिनियम, 1954 और सर्वोच्च न्यायालय न्यायाधीश (वेतन और सेवा की शर्तें) अधिनियम, 1958 में संशोधन किया जाना था।

• संसद, समय-समय पर उच्चतम न्यायालय के न्यायाधीशों के वेतन, भत्ते, विशेषाधिकार, अवकाश और पेन्शन तय करती है।

SSC CGL 2023 (Tier 1 & 2)

453. 103वें संविधान संशोधन अधिनियम की वैधता पर उच्चतम न्यायालय के फैसले के बारे में निम्नलिखित में से कौन-सा कथन सही है?

SSC CGL Tier-1 07.03.2023 (Shift-I)

A. इस केस के लिए, भारत के उच्चतम न्यायालय की संवैधानिक पीठ में 5 न्यायाधीश शामिल थे।

B. संवैधानिक बेंच ने 3-2 बहुमत के साथ ईडब्ल्यूएस (EWS) आरक्षण के 10% को बरकरार रखा है।

C. उच्चतम न्यायालय के फैसले के अनुसार, 103वाँ संविधान संशोधन वैध है, हालाँकि यह भारतीय संविधान के मूल ढाँचे का उल्लंघन कर रहा है।

कूट

(a) A और B (b) B और C
(c) A, B और C (d) A और C

उत्तर (a)

• 103वें संविधान संशोधन अधिनियम की वैधता पर उच्चतम न्यायालय के बारे में A और B कथन सही हैं।

• इस केस के लिए, भारत के उच्चतम न्यायालय की संवैधानिक पीठ में 5 न्यायाधीश शामिल थे।

• संवैधानिक पीठ ने 3-2 बहुमत के साथ ईडब्ल्यूएस (EWS) आरक्षण के **10%** को बरकरार रखा है।

• 103वें संविधान संशोधन को संविधान के मूल ढाँचे का उल्लंघन नहीं कहा जा सकता।

• आरक्षण पिछड़े वर्गों को मुख्य धारा में शामिल करने के लिए राज्य द्वारा **सकारात्मक** कार्रवाई का साधन है।

454. भारतीय संविधान का अनुच्छेद 148 ········ के एक स्वतन्त्र कार्यालय का उपबन्ध करता है।

SSC CGL Tier-1 06.03.2023 (Shift-I)

(a) भारत के महान्यायवादी
(b) भारत के राष्ट्रपति
(c) राज्य के महाधिवक्ता
(d) भारत के नियन्त्रक-महालेखा परीक्षक

उत्तर (d)

• **अनुच्छेद 148** के अनुसार भारत का एक नियन्त्रक-महालेखा परीक्षक होगा, जिसे राष्ट्रपति अपने हस्ताक्षर और मुद्रा सहित अधिपत्र द्वारा नियुक्त करेगा और उसे उन्हीं आधारों से हटाया जाएगा, जिस नीति से उच्चतम न्यायालय के न्यायाधीश को हटाया जाता है।

• नियन्त्रक-महालेखा परीक्षक, पद धारण करने के पश्चात् या तो सरकार के या किसी राज्य की सरकार के अधीन किसी और पद का पात्र नहीं होगा।

455. बहु-राज्य सहकारी समिति (संशोधन) विधेयक, 2022 के सम्बन्ध में निम्नलिखित में से कौन-से कथन सही हैं?

SSC CGL Tier-1 06.03.2023 (Shift-I)

A. लोकसभा ने इस विधेयक को संसद की संयुक्त समिति के पास भेज दिया, जिसमें निचले सदन के 21 सदस्य और उच्च सदन के 10 सदस्य शामिल थे।

B. इस विधेयक में चुनावी सुधार लाने के लिए एक 'सहकारी निर्वाचन प्राधिकरण' स्थापित करने का भी प्रस्ताव है।

C. विधेयक में एक अनुच्छेद-63A भी है, जो रुग्ण बहु-राज्य सहकारी समितियों के पुनरुद्धार के लिए 'सहकारी पुनर्वास, पुनर्निर्माण और विकास निधि की स्थापना' से सम्बन्धित है।

कूट

(a) A, B और C
(b) A और C
(c) B और C
(d) A और B

उत्तर (a)

• बहु-राज्य सहकारी समिति (संशोधन) विधेयक, 2022 के सम्बन्ध में दिए गए तीनों कथन सही हैं।

• बहुराज्यीय सहकारिता संविधान **(97वाँ) संशोधन अधिनियम 2011** सहकारिता से सम्बन्धित संवैधानिक प्रावधान है।

• लोकसभा ने इस विधेयक को संसद की संयुक्त समिति के पास भेज दिया है, जिसमें **निचले सदन** के 21 सदस्य तथा उच्च सदन के **10 सदस्य** शामिल थे।

• इस विधेयक में चुनावी सुधार लाने के लिए एक सहकारी निर्वाचन प्राधिकरण स्थापित करने का भी प्रस्ताव है।

• इस विधेयक में **अनुच्छेद 63(A)** भी है, जो रुग्ण बहु-राज्य सहकारी समितियों के पुनरुद्धार के लिए 'सहकारी पुनर्वास पुनर्निर्माण' और विकास निधि की स्थापना से सम्बन्धित है।

456. भारतीय संविधान में निम्नलिखित में से किस संशोधन ने सम्पत्ति के अधिकार को मूल अधिकार के स्थान पर कानूनी अधिकार बना दिया? **SSC CGL Tier-1 27.07.2023 (Shift-III)**

SSC CGL Tier-1 17.07.2023 (Shift-II)

(a) 44वें (b) 48वें (c) 45वें (d) 40वें

उत्तर (a)

• **44वें** संशोधन ने सम्पत्ति के अधिकार को किसी भी व्यक्ति को सम्पत्ति से वंचित नहीं करने के प्रावधान के साथ कानूनी अधिकार (अनुच्छेद 300 A के तहत) की मान्यता दी।

• इसी संशोधन द्वारा लोकसभा तथा विधानसभा की अवधि **6 वर्ष** से घटाकर पुन: **5 वर्ष** कर दी गई।

• 44वाँ संविधान संशोधन अधिनियम वर्ष 1978 में लाया गया। इस समय प्रधानमन्त्री **मोरारजी देसाई** थे।

457. निम्नलिखित में से किसे राष्ट्रीय कम्पनी कानून अपीलीय न्यायाधिकरण (NCLAT) के नए अध्यक्ष के रूप में चार वर्ष की अवधि या जब तक कि उनकी आयु 70 वर्ष नहीं हो जाती, जो भी नवम्बर, 2021 में पहले हो, के लिए नियुक्त किया गया है?

SSC CGL Tier-1 18.07.2023 (Shift-IV)

(a) जस्टिस अशोक भूषण
(b) जस्टिस अभय ओका
(c) जस्टिस बी. वी. नागरत्ना
(d) जस्टिस विक्रमनाथ

उत्तर (a)

• राष्ट्रीय कम्पनी विधि अपीलीय न्यायाधिकरण (NCLAT) को केन्द्र सरकार द्वारा कम्पनी अधिनियम 2013 की **धारा 410** के तहत **जस्टिस अशोक भूषण** को बनाया गया था।

• यह अधिकरण **नेशनल कम्पनी लॉ ट्रिब्यूनल** (NCLT) के आदेश पर अपील की सुनवाई के लिए उत्तरदायी है।

• वर्तमान 2024 में इसमें कुल **16 बेंच** हैं।

• NCLT के किसी भी आदेश से असहमत व्यक्ति सर्वोच्च न्यायालय में अपील दायर कर सकता है।

458. किस संवैधानिक संशोधन के तहत, राज्य छ: से चौदह वर्ष तक की आयु वाले सभी बच्चों को मुफ्त और अनिवार्य शिक्षा प्रदान करेगा?

SSC CGL Tier-1 26.07.2023 (Shift-III)

(a) 86वें (b) 42वें (c) 43वें (d) 62वें

उत्तर (a)

• 86वें संवैधानिक संशोधन के तहत, राज्य छ: से चौदह वर्ष तक की आयु वाले सभी बच्चों को मुफ्त और अनिवार्य शिक्षा प्रदान करेगा।

• 86वाँ संविधान संशोधन विधेयक **12 दिसम्बर, 2002** को पारित हुआ।

• इस संवैधानिक संशोधन 2002 के अन्तर्गत मूल अधिकारों में (अनुच्छेद-21) सम्मिलित किया गया।

• अनुच्छेद 21-क और आइटीई अधिनियम **1 अप्रैल, 2010** को लागू हुआ।

SSC CPO 2024 (Tier 1 & 2)

459. भारत में एक राजनीतिक दल के रूप में मान्यता प्राप्त करने के लिए आवश्यक शर्तों के सम्बन्ध में निम्नलिखित में से कौन-सा/से कथन सही है/हैं?

A. यदि किसी राजनीतिक दल को चार या अधिक राज्यों में एक मान्यता प्राप्त राजनीतिक दल के रूप में माना जाता है, तो इसे पूरे भारत में एक राष्ट्रीय दल के रूप में जाना जाएगा।

B. यदि किसी राजनीतिक दल को चार से कम राज्यों में एक मान्यता प्राप्त राजनीतिक दल के रूप में माना जाता है, तो इसे उस राज्य या राज्यों में एक राज्य दल के रूप में जाना जाएगा, जिसमें/जिनमें इसे मान्यता प्राप्त है।

C. राष्ट्रीय दलों को नामांकन दाखिल करने के लिए केवल एक प्रस्तावक की आवश्यकता होती है और वे मतदाता सूची के दो सेट मुफ्त पाने के भी हकदार होते हैं। **SSC CPO Tier-1 27.06.2024 (Shift-III)**

कूट

(a) B और C (b) A और C
(d) A और B (d) A, B और C

उत्तर (d)

• भारत में एक राजनीतिक दल के रूप में मान्यता प्राप्त करने के लिए आवश्यक शर्तों में सम्बन्ध में सभी कथन (A, B और C) सही हैं।

• जनप्रतिनिधित्व अधिनियम 1951 के अनुसार पंजीकृत राजनीतिक दल समय के साथ राज्य दल या राष्ट्रीय दल के रूप में मान्यता प्राप्त कर सकते हैं।

• भारत निर्वाचन आयोग चुनाव के उद्देश्य से राजनीतिक दलों को पंजीकृत करता है और उन्हें उनके चुनाव प्रदर्शन के आधार पर राष्ट्रीय या राज्य स्तरीय दलों के रूप में मान्यता प्रदान करता है।

460. निम्नलिखित में से कौन-सा अनुच्छेद, भारतीय संविधान में संशोधन की प्रक्रिया को निर्दिष्ट करता है? **SSC CPO Tier-1 28.06.2024 (Shift-III)**

(a) अनुच्छेद 368 (b) अनुच्छेद 366
(c) अनुच्छेद 365 (d) अनुच्छेद 367

उत्तर (a)

• संविधान के भाग XX में **अनुच्छेद 368** संविधान संशोधन की प्रक्रिया को निर्दिष्ट करता है।

• संविधान में संशोधन संसद के किसी भी सदन से शुरू किया जा सकता है।

• अनुच्छेद 368 **तीन प्रकार** के संशोधनों का प्रावधान करता है —संसद के साधारण बहुमत से संशोधन, संसद के विशेष बहुमत में संशोधन, कुल राज्यों के आधे से अनुसमर्थन के साथ संसद के विशेष बहुमत से संशोधन।

461. भारतीय संविधान के 42वें संशोधन (1976) में कहा गया है कि भारत एक .... राष्ट्र है। **SSC CPO Tier-1 28.06.2024 (Shift-III)**

(a) धर्मनिरपेक्ष (b) कुलीन
(c) पूँजीवादी (d) कुलीनतन्त्र

उत्तर (a)

• 42वाँ संविधान संशोधन वर्ष 1976 में हुआ और इसमें **समाजवादी** और **धर्मनिरपेक्ष** शब्द को जोड़ा गया।

• 42वें संविधान संशोधन को लघु संविधान की संज्ञा दी गई।

SSC CPO 2023 (Tier 1 & 2)

462. 73वें संविधान संशोधन की मुख्य विशेषताओं के बारे में निम्नलिखित में से कौन-सा गलत है? **SSC CPO Tier-1 04.10.2023 (Shift-II)**

(a) इस अधिनियम के द्वारा भारतीय संविधान में ग्यारहवीं अनुसूची जोड़ी गई है।
(b) इसमें पंचायतों के 29 कार्यात्मक विषय हैं और इनका सम्बन्ध अनुच्छेद-243 से 243 (O) तक है।
(c) इस अधिनियम का सम्बन्ध भारतीय संविधान के भाग III से है।
(d) यह अधिनियम पंचायती राज संस्थाओं को संवैधानिक दर्जा प्रदान करता है।

उत्तर (c)

• 73वें संविधान संशोधन अधिनियम, 1992 का सम्बन्ध भारतीय संविधान के भाग IX से है, न कि भाग III से। **भाग III भारतीय नागरिकों के मूल अधिकारों** से सम्बन्धित है, जबकि भाग IX पंचायती राज संस्थाओं के प्रावधानों को सम्बोधित करता है।

• 73वें संशोधन 1992 में जोड़े गए भाग IX का शीर्षक 'पंचायत' है, जिसमें अनुच्छेद 243 से 243 (O) के प्रावधान और पंचायतों के कार्यों के अन्तर्गत 29 विषयों को शामिल करने वाली एक नई ग्यारहवीं अनुसूची शामिल है।

SSC CHSL 2024 (Tier 1 & 2)

463. भारतीय संविधान के निम्नलिखित में से किस अनुच्छेद को साधारण बहुमत (Simple majority) के साथ संशोधित नहीं किया जा सकता है? **SSC CHSL Tier-1 1.07.2024 (Shift-III)**

(a) 3 (b) 169
(c) 2 (d) 21

उत्तर (d)

• **अनुच्छेद 21** को भारतीय संविधान में साधारण बहुमत के साथ संशोधित नहीं किया जा सकता। इसे विशेष बहुमत से संशोधित किया जा सकता है।

• भारत में संविधान संशोधन के तीन प्रकार साधारण बहुमत, विशेष बहुमत और राज्य विधानसभा की मंजूरी से किया जाता है, जोकि संविधान के अनुच्छेद 368 में संशोधन की प्रक्रिया के तहत् किए जाते हैं।

464. नागरिकता अधिनियम, 1955 .... से सम्बन्धित नहीं है। **SSC CHSL Tier-1 02.07.2024 (Shift-III)**

(a) समापन (b) निर्वाचन
(c) पर्यवसान (d) अर्जन

उत्तर (b)

• नागरिकता अधिनियम, 1955 का सम्बन्ध **निर्वाचन** से नहीं है।

• इस अधिनियम का सम्बन्ध नागरिकता के **पर्यवसान**, अर्जन और **समापन** से है।

• नागरिकता से सम्बन्धित प्रावधानों को भारत के संविधान के द्वितीय भाग के अनुच्छेद 5 से 11 में दिया गया है।

• भारतीय नागरिकता पाँच तरीकों से प्राप्त की जा सकती है, वे हैं- जन्म से, वंश द्वारा, पंजीकरण द्वारा, प्राकृतिकरण द्वारा, क्षेत्रों को शामिल करके।

465. 9 अगस्त, 2021 को संसद ने सीमित देयता भागीदारी (संशोधन) विधेयक, 2021 पारित किया था। इसने .... में संशोधन किया था। **SSC CHSL Tier-1 02.07.2024 (Shift-III)**

(a) सीमित देयता भागीदारी अधिनियम, 2008
(b) सीमित देयता भागीदारी अधिनियम, 2016
(c) सीमित देयता भागीदारी अधिनियम, 2004
(d) सीमित देयता भागीदारी अधिनियम, 2012

उत्तर (a)

• **सीमित देयता भागीदारी अधिनियम, 2008** को 9 अगस्त, 2021 को संसद ने सीमित देयता भागीदारी (संशोधन) विधेयक द्वारा संशोधित किया था।

• इस विधेयक का उद्देश्य **ईज ऑफ डूइंग बिजनेस** को सुगम बनाना और देशभर के स्टार्टअप्स को प्रोत्साहित करना है।

• यह कम्पनी अधिनियम, 2013 के तहत आने वाली बड़ी कम्पनियों की तुलना में सीमित देयता भागीदारी वाली कम्पनियों के लिए समान अवसर प्रदान करेगा।

466. संविधान के पचासवें संशोधन अधिनियम, 1984 द्वारा निम्नलिखित में से किस अनुच्छेद में संशोधन किया गया था? **SSC CHSL Tier-1 02.07.2024 (Shift-IV)**

(a) अनुच्छेद 99 (b) अनुच्छेद 33
(c) अनुच्छेद 56 (d) अनुच्छेद 78

उत्तर (b)

• **अनुच्छेद 33** को संविधान के पचासवें संशोधन अधिनियम, 1984 के द्वारा संशोधित किया गया था।

• यह संसद को सशस्त्र बलों के सदस्यों के **मौलिक अधिकारों** को प्रतिबन्धित करने का अधिकार देता है।

• यह मौलिक अधिकार सशस्त्र बलों के सदस्य या सार्वजनिक व्यवस्था बनाए रखने का दायित्व सम्भालने वाले बलों के सदस्य या राज्य द्वारा खुफिया संगठनों पर लागू होता है।

• मौलिक अधिकार भारत के संविधान के भाग 3 (अनुच्छेद 12 से 35) में वर्णित हैं।

467. 7 नवम्बर, 2022 को भारत के सर्वोच्च न्यायालय ने आर्थिक रूप से कमजोर वर्गों (EWS) के लिए आरक्षण को बरकरार रखा। किस संशोधन द्वारा इस आरक्षण को लाया गया? **SSC CHSL Tier-1 03.07.2024 (Shift-IV)**

(a) संविधान का 101वाँ संशोधन
(b) संविधान का 103वाँ संशोधन
(c) संविधान का 104वाँ संशोधन
(d) संविधान का 102वाँ संशोधन

उत्तर (b)

• 7 नवम्बर, 2022 को भारत के सर्वोच्च न्यायालय ने आर्थिक रूप से कमजोर वर्गों

(EWS) के लिए आरक्षण को बरकरार रखा। **भारतीय संविधान के 103वें संशोधन** द्वारा इस आरक्षण को लाया गया।

- 10% EWS (Economic worker section) कोटा 103वें संविधान (संशोधन) अधिनियम, 2019 के तहत् अनुच्छेद 15 व 16 में संशोधन करके पेश किया गया था।
- EWS वर्ग में वे लोग आते हैं, जिनके परिवार की वार्षिक आय **8 लाख से कम** है।
- EWS में एस.सी., एस.टी. व ओ.बी.सी. शामिल नहीं हैं।

468. निम्नलिखित में से कौन-सी त्रिपुरा की आधिकारिक भाषा है?

SSC CHSL Tier-1 04.07.2024 (Shift-I)

(a) खासी (b) गारो
(c) कोकबोराक (d) मिज़ो

उत्तर (c)

- त्रिपुरा की आधिकारिक भाषा **कोकबोराक** है।
- इसके अतिरिक्त **त्रिपुरा** की आधिकारिक भाषाओं में बंगाली और अंग्रेजी भी शामिल है।
- कोकबोराक का अन्य नाम त्रिपुरी है।
- त्रिपुरा के अधिकांश लोगों द्वारा उपयोग की जाने वाली भाषा 'बंगाली' है।
- कोकबोराक या त्रिपुरी भाषा के लेखन में बंगाली लिपि का प्रयोग किया जाता है।

469. निम्नलिखित में से किस वर्ष में संविधान (सौवाँ संशोधन) अधिनियम लागू हुआ था?

SSC CHSL Tier-1 04.07.2024 (Shift-II)

(a) 2001 (b) 2009
(c) 2015 (d) 2020

उत्तर (c)

- **वर्ष 2015** में संविधान का सौवाँ संशोधन अधिनियम लागू हुआ।
- **100वाँ संविधान संशोधन अधिनियम, 2015** भारत-बांग्लादेश भूमि हस्तान्तरण से सम्बन्धित है।
- इस अधिनियम के तहत बांग्लादेश से 51 गाँवों का अधिग्रहण किया गया तथा बांग्लादेश को 111 गाँव प्रदान किए गए।
- इस उद्देश्य के लिए इस संशोधित अधिनियम ने चार राज्यों (असम, पश्चिम बंगाल, मेघालय एवं त्रिपुरा) के भू-भागों से सम्बन्धित संविधान की पहली अनुसूची के प्रावधानों को संशोधित किया।

470. भारतीय संविधान के 42वें संशोधन में ……… जोड़ा गया। SSC CHSL Tier-1 05.07.2024 (Shift-I)

(a) मौलिक अधिकार (b) मौलिक कर्त्तव्य
(c) विधानमण्डल (d) राष्ट्रगान

उत्तर (b)

- भारतीय संविधान के 42वें संशोधन में **मौलिक कर्त्तव्य** जोड़े गए।
- वर्ष 1976 में गठित सरदार स्वर्ण सिंह समिति की सिफारिश पर 10 मौलिक कर्त्तव्य जोड़े गए।
- 11वाँ मौलिक कर्त्तव्य वर्ष 2002 में 86वें संविधान संशोधन के माध्यम से जोड़ा गया।

471. मराठी भाषा,………भाषा परिवार में है।

SSC CHSL Tier-1 05.07.2024 (Shift-II)

(a) चीन-भारत (b) इण्डो-आर्यन
(c) ऑस्ट्रिक (d) ऑस्ट्रो

उत्तर (b)

- मराठी भाषा **इण्डो-आर्यन** भाषा परिवार से सम्बन्धित है।
- मराठी भारत के महाराष्ट्र प्रान्त की इकलौती आधिकारिक राजभाषा है।
- मातृभाषियों की संख्या के आधार पर मराठी विश्व में दसवें और भारत में तीसरे स्थान पर है।

472. भारतीय संविधान ने किस वर्ष देवनागरी लिपि में लिखित हिन्दी को संघ की राजभाषा घोषित किया था? SSC CHSL Tier-1 05.07.2024 (Shift-IV)

(a) 1949 में (b) 1955 में
(c) 1952 में (d) 1951 में

उत्तर (a)

- भारतीय संविधान ने 14 **सितम्बर, 1949** में देवनागरी लिपि में लिखित हिन्दी को संघ की राजभाषा घोषित किया था।
- भारतीय संविधान के भाग 17 में अनुच्छेद 343 से 351 तक में राजभाषा से सम्बन्धित प्रावधान हैं।
- अनुच्छेद 343 में कहा गया है कि संघ की राजभाषा हिन्दी और लिपि देवनागरी होगी।
- प्रत्येक वर्ष 14 सितम्बर को **राष्ट्रीय हिन्दी दिवस** मनाते हैं।

473. हाल ही में, समान नागरिक संहिता (UCC) पर एक विधेयक प्रस्तुत किया गया था। समान नागरिक संहिता (UCC) के बारे में निम्नलिखित कथनों पर विचार कीजिए

A. भारत में समान नागरिक संहिता विधेयक, 2020 को लोकसभा में निजी सदस्य विधेयक के रूप में प्रस्तुत किया गया।
B. समान नागरिक संहिता, सभी व्यक्तिगत मामलों में भारत के सभी नागरिकों के लिए लागू नागरिक कानूनों के समान समुच्चय को सन्दर्भित करता है।
C. भारत के संविधान में समान नागरिक संहिता के प्रावधान का उल्लेख अनुच्छेद 44 के तहत किया गया है।

SSC CHSL Tier-1 08.07.2024 (Shift-II)

कूट

(a) केवल C (b) B और C
(c) केवल A (d) A और C

उत्तर (b)

- समान नागरिक संहिता (UCC) पर एक विधेयक प्रस्तुत किया गया था। समान नागरिक संहिता के बारे में दिए गए कथनों में कथन (B) और (C) सही हैं।
- भारतीय संविधान के भाग-4 के अनुच्छेद 44 में समान नागरिक संहिता का उल्लेख किया गया है।
- UCC सभी व्यक्तिगत मामलों में भारत के सभी नागरिकों कानूनों के समान समुच्चय को सन्दर्भित करता है।
- कथन (A) सत्य नहीं है, क्योंकि भारत में समान नागरिक संहिता विधेयक, 2020 में राज्यसभा में किरोड़ी लाल मीना ने निजी सदस्य विधेयक के रूप में प्रस्तुत किया।

474. निम्नलिखित में से किस अनुच्छेद को संविधान (पाँचवाँ संशोधन अधिनियम), 1955 में संशोधित किया गया था?

SSC CHSL Tier-1 08.07.2024 (Shift-III)

(a) अनुच्छेद 34 (b) अनुच्छेद 3
(c) अनुच्छेद 45 (d) अनुच्छेद 17

उत्तर (b)

- दिए गए विकल्पों में **अनुच्छेद-3** को संविधान (पाँचवाँ संशोधन अधिनियम), 1955 में संशोधित किया गया था।
- यह संशोधन राष्ट्रपति को नए राज्यों के गठन और मौजूदा राज्यों के क्षेत्रों, सीमाओं या नामों में परिवर्तन से सम्बन्धित प्रस्तावित केन्द्रीय कानूनों पर अपने विचार व्यक्त करने के लिए राज्य विधानमण्डल के लिए समय सीमा निर्धारित करने का अधिकार देता है।
- इस संशोधन ने संविधान के अनुच्छेद-3 के प्रावधानों को फिर से लागू किया।

475. निम्नलिखित में से किस संशोधन अधिनियम के द्वारा अनुच्छेद 21A को सामाहित किया गया था? SSC CHSL Tier-1 10.07.2024 (Shift-I)

(a) 86वाँ संशोधन अधिनियम, 2002
(b) 87वाँ संशोधन अधिनियम, 2003
(c) 85वाँ संशोधन अधिनियम, 2002
(d) 84वाँ संशोधन अधिनियम, 2002

उत्तर (a)

- **86वें संशोधन अधिनियम, 2002** के द्वारा अनुच्छेद 21 A को समाहित किया गया था।
- अनुच्छेद 21 A में कहा गया है कि राज्य 6 से 14 वर्ष की आयु के सभी बच्चों को नि:शुल्क और अनिवार्य शिक्षा प्रदान करेगा।
- अनुच्छेद 21 A भारतीय संविधान के भाग-3 के अन्तर्गत स्वतन्त्रता के अधिकार में समाहित है।

476. 11 अगस्त, 2021 को साधारण बीमा कारबार (राष्ट्रीयकरण) संशोधन विधेयक, 2021 संसद द्वारा पारित किया गया और इसने ……… में संशोधन किया।

SSC CHSL Tier-1 11.07.2024 (Shift-I)

(a) साधारण बीमा कारबार (राष्ट्रीयकरण) अधिनियम, 1972
(b) मोटर बीमा (राष्ट्रीयकरण) अधिनियम, 1980
(c) साधारण कारबार (राष्ट्रीयकरण) अधिनियम, 1970
(d) जीवन बीमा (राष्ट्रीयकरण) अधिनियम, 1975

उत्तर (a)

- **11 अगस्त, 2021** को साधारण बीमा कारबार (राष्ट्रीयकरण) संशोधन विधेयक, 2021 संसद द्वारा पारित किया गया और इसने **साधारण बीमा कारबार (राष्ट्रीयकरण) अधिनियम, 1972** में संशोधन किया।

• यह अधिनियम भारत में सामान्य बीमा व्यवसाय करने वाली सभी निजी कम्पनियों का राष्ट्रीयकरण करने के लिए बनाया गया था।
• यह विधेयक अधिनियम के तहत् विनियमित सार्वजनिक क्षेत्र की बीमा कम्पनियों में निजी क्षेत्र की अधिक भागीदारी प्रदान करने का प्रयास करता है।

477. सुमेलित कीजिए।
SSC CHSL Tier-1 11.07.2024 (Shift-I)

सूची I (राज्य)		सूची II (राजभाषाएँ)	
A.	आन्ध्र प्रदेश	1.	मलयालम
B.	केरल	2.	तेलुगू
C.	कर्नाटक	3.	कोंकणी
D.	गोवा	4.	कन्नड़

कूट

	A	B	C	D		A	B	C	D
(a)	1	2	4	3	(b)	2	1	4	3
(c)	2	1	3	4	(d)	1	2	3	4

उत्तर (b)
• सही सुमेलन **A-2, B-1, C-4, D-3** है।
• तेलुगू भाषा आन्ध्र प्रदेश तथा तेलंगाना में, मलयालम भाषा केरल, लक्षद्वीप और पुदुचेरी में, कन्नड़ भाषा कर्नाटक में तथा कोंकणी भाषा गोवा में बोली जाती है।

478. भारत की संसद ने 86वाँ संविधान संशोधन अधिनियम, 2002 पारित किया है, जो ……… आयु-वर्ग के बच्चों के लिए प्राथमिक शिक्षा के बुनियादी अधिकारों को स्थापित करता है? **SSC CHSL Tier-1 11.07.2024 (Shift-I)**
(a) 5-11 वर्ष (b) 6-17 वर्ष
(c) 6-14 वर्ष (d) 7-16 वर्ष

उत्तर (c)
• भारत की संसद ने 86वाँ संविधान संशोधन अधिनियम, 2002 पारित किया है, जो **6-14 वर्ष** की आयु वर्ग के बच्चों के लिए प्राथमिक शिक्षा के बुनियादी अधिकारों को स्थापित करता है।
• यह भारतीय संविधान के **अनुच्छेद 21ए** में एक संशोधन है, जिसे स्कूल स्तर पर मुफ्त और अनिवार्य शिक्षा के मौलिक अधिकार के साथ बच्चों को सशक्त बनाने के लिए शुरू किया गया था।

479. निम्नलिखित में से किस वर्ष में किशोर न्याय (बालकों की देख-रेख और संरक्षण) अधिनियम, 2015 में संशोधन किया गया था?
SSC CHSL Tier-1 11.07.2024 (Shift-III)
(a) 2021 (b) 2015 (c) 2019 (d) 2013

उत्तर (a)
• **वर्ष 2021** में किशोर न्याय (बालकों की देख-रेख और संरक्षण) अधिनियम, 2015 में संशोधित किया गया था।
• किशोर न्याय (बच्चों की देखभाल और संरक्षण अधिनियम), 2015 को संसद द्वारा पारित किया गया है। यह अधिनियम 15 जनवरी, 2016 से लागू हुआ।
• **वर्ष 2021** में इस अधिनियम में संशोधन किया गया कि गम्भीर अपराधों में गैर-जघन्य अपराध भी शामिल होंगे, जिनके लिए अधिकतम सजा सात वर्ष से अधिक की कैद है और न्यूनतम सजा निर्धारित नहीं है या सात वर्ष से कम है।

480. भारतीय संविधान का 42वाँ संविधान संशोधन अधिनियम वर्ष ……. में पारित किया गया था।
SSC CHSL Tier-1 11.7.2024 (Shift-IV)
(a) 1978 (b) 1979 (c) 1977 (d) 1976

उत्तर (d)
• भारतीय संविधान का 42वाँ संविधान संशोधन अधिनियम **वर्ष 1976** में पारित किया गया था।
• इस संशोधन द्वारा **समाजवादी, धर्मनिरपेक्ष एवं अखण्डता** शब्द प्रस्तावना में जोड़े गए।
• संविधान में एक नया भाग (IV A) और नया अनुच्छेद (अनुच्छेद 51a) जोड़कर इसमें मौलिक कर्त्तव्यों को शामिल किया गया।

SSC CHSL 2023 (Tier 1 & 2)

481. भारतीय संसद में प्रत्यक्ष कर संहिता विधेयक (डायरेक्ट टैक्स कोड बिल) कब पेश किया गया था? **SSC CHSL Tier-1 10.03.2023 (Shift-II)**
(a) वर्ष 2015 (b) वर्ष 2020
(c) वर्ष 2005 (d) वर्ष 2010

उत्तर (d)
• भारतीय संसद में प्रत्यक्ष कर संहिता विधेयक (डायरेक्ट टैक्स कोड बिल) **वर्ष 2010** में पेश किया गया था।
• इस विधेयक की मुख्य विशेषता यह है कि इसने आयकर अधिनियम विधेयक 1961 व सम्पत्ति कर अधिनियम 1957 का स्थान लिया।

482. भारत में दहेज प्रतिषेध अधिनियम (Dowry Prohibition Act) किस वर्ष पारित किया गया था? **SSC CHSL Tier-1 10.03.2023 (Shift-II)**
(a) वर्ष 1954 (b) वर्ष 1982
(c) वर्ष 1973 (d) वर्ष 1961

उत्तर (d)
• 20 मई, 1961 को भारत की संसद ने **दहेज निरोधक अधिनियम, 1961** दहेज देने या लेने पर रोक लगाने के लिए एक अधिनियम बनाया, जो 1 जुलाई, 1961 को लागू हुआ।
• दहेज लेना व देना अपराध है, जो दण्ड प्रक्रिया संहिता 1973 में वर्णित है।

SSC MTS 2024 (Tier 1 & 2)

483. भारतीय संविधान का कौन-सा अनुच्छेद 'सार्वभौमिक वयस्क मताधिकार' की एक प्रमुख विशेषता का वर्णन करता है, जो भारत में 18 वर्ष से अधिक आयु के नागरिकों को मतदान करने का अधिकार देता है?
SSC MTS Tier-1 30.10.2024 (Shift-III)
(a) अनुच्छेद 367 (b) अनुच्छेद 352
(c) अनुच्छेद 326 (d) अनुच्छेद 315

उत्तर (c)
• भारतीय संविधान के **अनुच्छेद 326** में सार्वभौमिक वयस्क मताधिकार की एक प्रमुख विशेषता का वर्णन करता है, जो भारत में 18 वर्ष से अधिक आयु के नागरिकों को मतदान करने का अधिकार देता है।
• अनुच्छेद 315 संघ और राज्यों के लिए लोक सेवा आयोगों (पीएससी) के गठन, शक्तियों और कार्यों से सम्बन्धित है।
• **अनुच्छेद 352** राष्ट्रपति को राष्ट्रीय आपातकाल की घोषणा करने की अनुमति देता है, जब देश की सुरक्षा, युद्ध, बाहरी आक्रमण या सशस्त्र विद्रोह से खतरे में पड़ जाती है।

484. सितम्बर, 2023 में किए गए निम्नलिखित में से किस संशोधन को 'नारी शक्ति वन्दन अधिनियम' के नाम से जाना जाता है?
SSC MTS Tier-1 30.10.2024 (Shift-III)
(a) 106वें (b) 104वें
(c) 128वें (d) 105वें

उत्तर (c)
• सितम्बर, 2023 में 128वें संशोधन को 'नारी शक्ति वन्दन अधिनियम' के नाम से जाना जाता है।
• यह संविधान **(106वाँ संशोधन)** अधिनियम, 2023 है, जो लोकसभा, राज्य विधानसभाओं और राष्ट्रीय राजधानी क्षेत्र दिल्ली में महिलाओं को **एक-तिहाई आरक्षण** (33%) देने के लिए संसद द्वारा पारित किया गया था।

485. स्वर्ण सिंह समिति के सम्बन्ध में निम्नलिखित में से कौन-सा कथन सत्य नहीं है?
SSC MTS Tier-1 29.10.2024 (Shift-III)
(a) 42वाँ संवैधानिक संशोधन अधिनियम इसकी अनुशंसाओं पर आधारित था।
(b) स्वर्ण सिंह समिति की स्थापना 1976 में की गई थी।
(c) इस समिति की स्थापना इन्दिरा गाँधी की सरकार के दौरान की गई थी।
(d) इसने नागरिकों के कर्त्तव्यों के रूप में नौ मदों का सुझाव दिया।

उत्तर (d)
• स्वर्ण सिंह समिति के सम्बन्ध में कथन (d) सत्य नहीं हैं, क्योंकि इसने नागरिकों के कर्त्तव्यों के रूप में 8 मदों का सुझाव दिया था, न कि 9 मदों का।
• इस समिति की स्थापना इन्दिरा गाँधी सरकार के दौरान वर्ष 1976 में की गई थी।
• 42वें संविधान संशोधन अधिनियम, 1976 के द्वारा मूल कर्त्तव्यों को जोड़ा गया।
• वर्तमान में मूल कर्त्तव्यों की संख्या 11 है।

486. संविधान (91वें संशोधन) अधिनियम, 2003 के अनुसार, प्रधानमन्त्री सहित मन्त्रियों की कुल संख्या ….. से अधिक नहीं होगी।
SSC MTS Tier-1 22.10.2024 (Shift-II)
(a) लोकसभा के सदस्यों की कुल संख्या के 10%
(b) लोकसभा के सदस्यों की कुल संख्या के 25%
(c) लोकसभा के सदस्यों की कुल संख्या के 15%
(d) लोकसभा के सदस्यों की कुल संख्या के 20%

उत्तर (c)

- संविधान (91वें संशोधन) अधिनियम, 2003 के अनुसार प्रधानमन्त्री सहित मन्त्रियों की कुल संख्या लोकसभा के सदस्यों की कुल संख्या के 15% से अधिक नहीं होगी।
- इसमें मन्त्रिपरिषद् के अधिकतम 81 मन्त्री हो सकते हैं, लेकिन 12 से कम नहीं होंगे।
- यह संशोधन 7 जुलाई, 2004 से प्रभावी है।
- इस संशोधन में 10वीं अनुसूची के दल-बदल विरोधी कानून के तहत् जिस व्यक्ति को अयोग्य घोषित किया गया है, उसे मन्त्री नहीं बनाया जाएगा।

487. फरवरी, 2023 में मुम्बई में पार्टी की राष्ट्रीय कार्यकारिणी की बैठक के दौरान शिवसेना (शिंदे गुट) के अध्यक्ष के रूप में किसे नामित किया गया था?

SSC MTS Tier-1 16.10.2024 (Shift-II)

(a) उद्धव ठाकरे
(b) संजय राऊत
(c) आदित्य ठाकरे
(d) एकनाथ शिंदे

उत्तर (d)

- फरवरी, 2023 में मुम्बई में पार्टी की राष्ट्रीय कार्यकारिणी की बैठक के दौरान शिवसेना (शिंदे गुट) के अध्यक्ष के रूप में एकनाथ शिंदे को नामित किया गया था।
- शिवसेना (अर्थात् शिवाजी की सेना), जिसे पहले **बालासाहेब बाँची शिवसेना** कहा जाता था, इसे शिंदे सेना या शिंदे गुट के रूप में भी जाना जाता है।
- यह दक्षिणपन्थी मराठी क्षेत्रवादी और हिन्दुत्व राजनीतिक पार्टी है।
- इस गुट का गठन वर्ष 2022 में महाराष्ट्र में एकनाथ शिंदे के नेतृत्व में किया गया।

488. किस तमिल सुपरस्टार ने 2 फारवरी, 2024 को 'पिरप्पोक्कुम एल्ला उयिरक्कुम' (जन्म से सभी समान हैं) के नारे के साथ तमिलनाडु और पुदुचेरी में तमिलागा वेट्री कजगम (TVK) राजनीतिक पार्टी की स्थापना की?

SSC MTS Tier-1 07.10.2024 (Shift-I)

(a) रजनीकान्त
(b) विजय
(c) धनुष
(d) कमल हसन

उत्तर (b)

- तमिल सुपरस्टार **विजय** ने 2 फरवरी, 2024 को **पिरप्पोक्कुम एल्ला उयिरक्कुम** (जन्म से सभी समान हैं) के नारे के साथ तमिलनाडु और पुदुचेरी में तमिलागा वेट्री कजगम राजनीतिक पार्टी की स्थापना की।
- वर्ष 2009 में विजय ने परोपकारी गतिविधियों को अंजाम देने के लिए पुदुक्कोट्टई में अपना फैन क्लब 'विजय मक्कल इयक्कम' लॉन्च किया।
- इस संगठन ने 2011 के विधानसभा चुनावों में एआईएडीएमके के नेतृत्व वाले गठबन्धन का समर्थन किया।

489. 3 अगस्त, 2023 को फार्मेसी (संशोधन) विधेयक, 2023 को लोकसभा में पेश किया गया था, जो .... को संशोधित करता है।

SSC MTS Tier-1 30.09.2024 (Shift-I)

(a) फार्मेसी अधिनियम, 1949
(b) फार्मेसी अधिनियम, 1947
(c) फार्मेसी अधिनियम, 1950
(d) फार्मेसी अधिनियम, 1948

उत्तर (d)

- 3 अगस्त, 2023 को फार्मेसी (संशोधन) विधेयक, 2023 को लोकसभा में पेश किया गया था, जो **फार्मेसी अधिनियम, 1948** को संशोधित करता है।
- इस विधेयक के तहत, जम्मू-कश्मीर के फार्मासिस्टों को भी फार्मेसी अधिनियम के तहत पंजीकृत होने की अनुमति मिली है।
- इस विधेयक के तहत, फार्मासिस्टों को ड्रेस कोड का पालन करना होगा।
- फार्मेसी अधिनियम के उल्लंघन पर दण्ड का प्रावधान किया गया है।

490. 31 अक्टूबर, 2023 तक की स्थिति के अनुसार, 17वीं लोकसभा में सबसे वरिष्ठ सदस्य (आयु के सन्दर्भ में), शफीकुर रहमान बर्क (Shafiqur Rahman Barq) किस राजनीतिक दल का प्रतिनिधित्व करते हैं?

SSC MTS Tier-1 30.09.2024 (Shift-I)

(a) समाजवादी पार्टी
(b) भारतीय जनता पार्टी
(c) भारतीय राष्ट्रीय कांग्रेस
(d) राष्ट्रीय जनता दल

उत्तर (a)

- 31 अक्टूबर, 2023 तक की स्थिति के अनुसार, 17वीं लोकसभा में सबसे वरिष्ठ सदस्य, शफीकुर रहमान बर्क **समाजवादी पार्टी** का प्रतिनिधित्व करते हैं।
- ये समाजवादी पार्टी के उम्मीदवार के रूप में मुरादाबाद से और वर्ष 2019 में सम्भल से लोकसभा के लिए चुने गए थे।
- इनकी मृत्यु फरवरी, 2024 में हुई।

SSC MTS 2023 (Tier 1 & 2)

491. संविधान (अनुसूचित जनजाति) आदेश (दूसरा संशोधन) विधेयक, 2022 ने नारिकोरवन और कुरीविक्करन समुदायों को किस राज्य की अनुसूचित जनजातियों की सूची में शामिल किया है?

SSC MTS Tier-1 01.09.2023 (Shift-I)

(a) छत्तीसगढ़ (b) तमिलनाडु
(c) बिहार (d) ओडिशा

उत्तर (b)

- संविधान (अनुसूचित जनजाति) आदेश (दूसरा संशोधन) विधेयक, 2022 ने नारिकोरवन और कुरीविक्करन समुदायों को **तमिलनाडु** की अनुसूचित जनजातियों की सूची में शामिल किया है।
- अनुसूचित जाति के रूप में शामिल करने के लिए राज्य द्वारा सिफारिश की जाती है, जिसे समितियों द्वारा जाँच के उपरान्त राष्ट्रपति अनुच्छेद-342 के अन्तर्गत सहमति देता है।

492. भारतीय संविधान की प्रस्तावना में पहली बार संशोधन किस वर्ष किया गया था?

SSC MTS Tier-1 13.07.2023 (Shift-I)

(a) वर्ष 1968 (b) वर्ष 1988
(c) वर्ष 1955 (d) वर्ष 1976

उत्तर (d)

- 42वें संविधान संशोधन अधिनियम 1976 द्वारा प्रस्तावना में 'समाजवाद', 'पन्थनिरपेक्ष' और 'राष्ट्र की अखण्डता' शब्द जोड़े गए।
- भारतीय संविधान का 42वाँ संशोधन **इन्दिरा गाँधी** के प्रधानमन्त्रित्व वाली भारतीय राष्ट्रीय कांग्रेस द्वारा आपातकाल के दौरान किया गया था।
- इस संशोधन को लघु संविधान भी कहा जाता है।

SSC Steno 2024 (Tier 1 & 2)

493. भारत में मतदान की आयु 21 वर्ष से घटाकर 18 वर्ष कब की गई थी?

SSC Steno Tier-1 10.12.2024 (Shift-III)

(a) वर्ष 1988 में (b) वर्ष 1990 में
(c) वर्ष 1987 में (d) वर्ष 1989 में

उत्तर (d)

- वर्ष 1989 में भारत में मतदान की आयु 21 वर्ष से घटाकर 18 वर्ष की गई। 61वें संविधान संशोधन अधिनियम 1988 द्वारा अनुच्छेद 326 में संशोधन करके लागू किया गया।
- भारत में लोकसभा के पहले आम चुनाव 25 अक्टूबर, 1951 से 21 फरवरी, 1952 के मध्य हुए।

SSC GD 2023 (Tier 1 & 2)

494. आपराधिक कानून संशोधन अधिनियम 2018, ने महिलाओं के बलात्कार के लिए न्यूनतम दण्ड को 7 से बढ़ाकर ········ वर्ष कर दिया है।

SSC GD Tier-1 08.02.2023 (Shift-I)

(a) 8 (b) 9 (c) 11 (d) 10

उत्तर (d)

- आपराधिक कानून संशोधन अधिनियम 2018, ने महिलाओं के बलात्कार के लिए न्यूनतम दण्ड को 7 से बढ़ाकर **10 वर्ष** कर दिया गया है।
- इस अधिनियम के तहत पहली बार यह प्रावधान किया गया कि 12 वर्ष से कम आयु की किसी बच्ची के साथ बलात्कार के मामले में न्यूनतम 20 वर्ष के कारावास या मृत्युदण्ड की सजा का प्रावधान होगा।

495. भारतीय संविधान के 101वें संविधान संशोधन अधिनियम ने निम्न प्रणाली की शुरुआत की।

SSC GD 02.01.2023 I Tier-1

(a) एक देश, एक आय (b) एक देश, एक कर
(c) एक व्यक्ति, एक कर (d) एक व्यक्ति, एक दर

उत्तर (b)

- 101वें संवैधानिक संशोधन अधिनियम द्वारा **वस्तु एवं सेवा कर** को लागू करके अप्रत्यक्ष कर प्रणाली के सरलीकरण की प्रक्रिया हासिल की गई।
- GST ने वस्तुओं और सेवाओं पर विभिन्न करों को **एक कर** में समेकित कर दिया, जिससे आपूर्ति श्रृंखला में कराधान सरल हो गया।

09

भारतीय अर्थव्यवस्था

भारतीय अर्थव्यवस्था एवं राष्ट्रीय आय

भारतीय अर्थव्यवस्था का आकार

- भारत एक **मिश्रित अर्थव्यवस्था** वाला देश है, जिसमें सार्वजनिक एवं निजी दोनों क्षेत्रों की भूमिका महत्त्वपूर्ण है।
- भारतीय अर्थव्यवस्था सकल घरेलू उत्पाद (जी.डी.पी.) के आधार पर विश्व की **पाँचवीं** बड़ी तथा **क्रय-शक्ति समता** (PPP) के आधार पर **तीसरी** बड़ी अर्थव्यवस्था है।

भारतीय अर्थव्यवस्था के लक्षण

- प्रति व्यक्ति आय का निम्न होना
- अधिकांश जनसंख्या प्राथमिक क्षेत्रक में संलग्न होना
- अर्थव्यवस्था पर जनसंख्या का बढ़ता दबाव
- बेरोजगारी की समस्या
- पर्याप्त पूँजी का अभाव
- दोषपूर्ण सम्पत्ति वितरण
- तकनीकी पिछड़ापन आदि।

अर्थव्यवस्था के क्षेत्रक

- **प्राथमिक क्षेत्रक** कृषि, वानिकी, पशुपालन आदि।
- **द्वितीयक या औद्योगिक क्षेत्रक** निर्माण, विनिर्माण, विद्युत, गैस एवं जलापूर्ति आदि।
- **तृतीयक या सेवा क्षेत्रक** परिवहन एवं संचार, बैंकिंग, बीमा, व्यापार, सामुदायिक सेवाएँ, भण्डारण आदि।

विकास के प्रमुख संकेतक

- मानव विकास सूचकांक (HDI) 1990 में पाकिस्तानी अर्थशास्त्री **महबूब-उल-हक** एवं नोबेल पुरस्कार विजेता भारतीय अर्थशास्त्री **प्रो. अमर्त्य सेन** ने प्रतिपादित किया।
- वर्ष 2023-24 की मानव विकास रिपोर्ट में 193 देशों की सूची में भारत **134वें** स्थान पर है, जबकि **स्विट्जरलैण्ड** प्रथम स्थान पर व **सोमालिया** अन्तिम स्थान पर रहा।
- HDI तीन मुख्य आयामों पर निर्धारित किया जाता है
  1. जीवन प्रत्याशा
  2. शिक्षा
  3. जीवन निर्वाह का स्तर, जिसे क्रय-शक्ति समता (Purchasing Power Parity), प्रति व्यक्ति आय (डॉलर) में व्यक्त करते हैं।

राष्ट्रीय आय

- राष्ट्रीय आय से आशय किसी देश में किसी वित्तीय वर्ष में उत्पादित सभी वस्तुओं एवं सेवाओं के मौद्रिक मूल्य के योग से है।
- वर्तमान में भारत सरकार का **केन्द्रीय सांख्यिकी संगठन** (CSO) भारत की राष्ट्रीय आय की गणना करता है।

सकल घरेलू उत्पाद (GDP)

- किसी देश की घरेलू सीमा के अन्तर्गत एक वर्ष में उत्पादित सभी अन्तिम वस्तुओं और सेवाओं के मौद्रिक मूल्य को सकल घरेलू उत्पाद कहते हैं।
- इसमें विदेशियों द्वारा देश में अर्जित आय को भी शामिल किया जाता है, किन्तु विदेशों में बसे भारतीयों द्वारा भेजी गई आय को शामिल नहीं किया जाता।

सकल मूल्य योजित (GVA)

इसका अनुमान कारक लागत के स्थान पर मूल कीमतों पर किया जाता है। इसके माप को GDP में सब्सिडी से प्रत्यक्ष बिक्री कर हो घटाकर प्रस्तुत करते हैं।

सकल राष्ट्रीय उत्पाद (GNP)

- किसी देश के द्वारा एक वर्ष में उत्पादित अन्तिम वस्तुओं और सेवाओं के मौद्रिक मूल्य को राष्ट्रीय उत्पाद कहते हैं।
- GNP = $GDP + X - M$[X = देश के निवासियों द्वारा विदेश में अर्जित आय, M = विदेशियों द्वारा देश में अर्जित आय]।

इस प्रकार यदि $X = M$, तो GNP = GDP बन्द अर्थव्यवस्था में भी GNP = GDP होता है।

शुद्ध राष्ट्रीय उत्पाद (NNP)

जब सकल राष्ट्रीय उत्पाद में प्रयुक्त मशीनों और पूँजी की गिरावट (ह्रास) को घटा दिया जाता है, तब इसे शुद्ध राष्ट्रीय उत्पाद कहते हैं।

व्यक्तिगत आय (PI)

यह वह आय है, जोकि वास्तव में देश की जनता द्वारा एक वित्तीय वर्ष में प्राप्त की जाती है।

इसकी गणना निम्न प्रकार की जाती है।

व्यक्ति आय = राष्ट्रीय आय–निगम व कम्पनियों पर कर
– कम्पनी के अवितरित लाभ
+ प्रॉविडेण्ट फण्ड में अंशदान
– (सरकार द्वारा सामाजिक सुधार पर व्यय)
+ व्यापारिक हस्तान्तर भुगतान

व्यय योग्य आय (DPI)

जनता के पास वह शुद्ध आय जिसे जनता व्यय करने को तत्पर है, व्यय योग्य आय कहलाती है। ऐसी आय की गणना हेतु व्यक्तिगत आय में से व्यक्तिगत प्रत्यक्ष करों को घटा दिया जाता है।

हिन्दू वृद्धि दर

राष्ट्रीय आय का वास्तविक वृद्धि दर से सम्बन्धित अवधारणा है। इसके प्रतिपादन प्रो. राज कृष्ण थे। हिन्दू वृद्धि दर की अवधि में (स्वतन्त्रता पश्चात् प्रथम तीन दशक) वास्तविक आर्थिक वृद्धि 3.5% प्रतिवर्ष रही।

प्रति व्यक्ति आय (PCI)

- सामान्यतः प्रति व्यक्ति आय को आर्थिक वृद्धि के मापन तथा जीवन स्तर का अनुमान लगाने के लिए किया जाता है। इसका आकलन निम्न विधि से किया जाता है

$$\text{प्रति व्यक्ति आय} = \frac{\text{राष्ट्रीय आय}}{\text{कुल जनसंख्या}}$$

वास्तविक प्रति व्यक्ति आय (RPCI)

स्थिर मूल्य पर राष्ट्रीय आय के आकलन के पश्चात् उसको देश की कुल जनसंख्या से विभाजित करने पर जो परिणाम मिलता है, उसे ही वास्तविक प्रति व्यक्ति आय (Real Per Capita Income, RPCI) कहते हैं

$$\text{वास्तविक प्रति व्यक्ति आय} = \frac{\text{स्थिर कीमतों पर राष्ट्रीय आय}}{\text{कुल जनसंख्या}}$$

हरित राष्ट्रीय आय (GNI)

जब वस्तुओं एवं सेवाओं के शुद्ध उत्पादन के योग में से उत्पादन की प्रक्रिया में देश के पर्यावरण एवं पारिस्थितिकी को जो हानि पहुँचती है, उसके मौद्रिक मूल्य को कम कर दिया जाता है, तो इसे हरित राष्ट्रीय आय (Green National Income, GNI) कहते हैं।

SSC एग्जाम स्कैनर

SSC CGL 2024 (Tier 1 & 2)

1. निम्नलिखित में से कौन-सा विकल्प उदारीकरण को सबसे अच्छे रूप में परिभाषित करता है? **SSC CGL Tier-2 20.01.2025**

(a) आर्थिक गतिविधियों पर सरकारी विनियमों और प्रतिबन्धों को कम करने या हटाने की प्रक्रिया
(b) आर्थिक गतिविधियों पर सख्त सरकारी नियन्त्रण लागू करने की प्रक्रिया
(c) आर्थिक गतिविधियों पर सरकारी विनियमों और प्रतिबन्धों में वृद्धि करने की प्रक्रिया
(d) आर्थिक गतिविधियों पर मौजूदा सरकारी विनियमों और प्रतिबन्धों को बनाए रखने की प्रक्रिया।

उत्तर (a)

• विकल्प (a) आर्थिक गतिविधियों पर सरकारी विनियमों और प्रतिबन्धों को कम करने या हटाने की प्रक्रिया है, उदारीकरण को सबसे अच्छे रूप में परिभाषित करता है।

• भारत में आर्थिक उदारीकरण की शुरुआत वर्ष 1991 में तत्कालीन प्रधानमन्त्री पीवी नरसिम्हा राव और वित्त मन्त्री डॉ. मनमोहन सिंह ने की थी।

• उदारीकरण का उद्देश्य आर्थिक गतिविधियों पर सरकारी हस्तक्षेप को कम करना तथा लाइसेंस राज को समाप्त करना है, जिससे निजी क्षेत्र को अधिक स्वतन्त्रता और विकास के अवसर मिल सकें और विदेशी निवेश को बढ़ावा मिल सके।

2. निम्नलिखित में से प्रत्येक कथन में दो शब्द शामिल हैं। तीन मामलों में दो शब्दों का अर्थ एक-दूसरे के समान है। निम्नलिखित में से किस मामले में दो शब्दों का अर्थ एक-दूसरे के समान नहीं है? **SSC CGL Tier-1 26.09.2024 (Shift-III)**

(a) आधार अवधि और सन्दर्भ अवधि
(b) वास्तविक जीडीपी और जीडीपी अपस्फीतिकारक में परिवर्तन
(c) वास्तविक जीडीपी और स्थिर कीमतों पर जीडीपी
(d) नॉमिनल जीडीपी और वर्तमान कीमतों पर जीडीपी

उत्तर (b)

• वास्तविक जीडीपी और जीडीपी अपस्फीतिकारक में परिवर्तन का अर्थ एक-दूसरे के समान नहीं है।

• **जीडीपी अपस्फीतिकारक** (डिफ्लेटर) एक सूचकांक संख्या है, जो मुद्रास्फीति को मापता है।

• जब किसी देश में सकल घरेलू उत्पाद की गणना की जाती है, तो इसे वर्तमान वर्ष की कीमतों पर मापा जाता है, जिसे **नाममात्र सकल घरेलू उत्पाद** कहा जाता है, जिसमें मुद्रास्फीति भी शामिल होती है।

• इस विसंगति को दूर करने तथा आधार वर्ष के अनुसार, वास्तविक वृद्धि ज्ञात करने के लिए वास्तविक जीडीपी का मान प्राप्त करने के लिए नाममात्र जीडीपी को जीडीपी अपस्फीतिकारक से विभाजित किया जाता है।

3. निम्नलिखित में से कौन-सा विकल्प प्रति व्यक्ति आय में गिरावट के प्राथमिक कारण का सबसे अच्छा वर्णन करता है? **SSC CGL Tier-1 26.09.2024 (Shift-III)**

(a) सकल घरेलू उत्पाद में गिरावट
(b) जनसंख्या वृद्धि में गिरावट
(c) आय का समान वितरण
(d) जनसंख्या वृद्धि में बढ़ोतरी

उत्तर (d)

• जनसंख्या वृद्धि में बढ़ोतरी प्रति व्यक्ति आय में गिरावट के प्राथमिक कारण का सबसे अच्छा वर्णन करता है।

• किसी भी देश के लिए **प्रतिव्यक्ति आय** की गणना देश की राष्ट्रीय आय को उसकी जनसंख्या से विभाजित करके की जाती है।

• देश में जनसंख्या में तेजी से वृद्धि, प्रतिव्यक्ति आय में गिरावट का प्रमुख कारण है।

• तेजी से बढ़ती आबादी के कारण, दुर्लभ संसाधनों के आवण्टन में समस्या आती है।

4. आय के चक्रीय प्रवाह के सम्बन्ध में निम्नलिखित में से कौन-सा सही नहीं है? **SSC CGL Tier-1 25.09.2024 (Shift-III)**

(a) वास्तविक प्रवाह और मौद्रिक प्रवाह विपरीत दिशा में चक्रीय गति करते हैं।
(b) बचत के साथ-साथ सरकारी व्यय चक्रीय प्रवाह में अन्त:क्षेपण (injections) हैं।
(c) एक क्षेत्र की आय दूसरे की व्यय बन जाती है।
(d) एक चक्रीय प्रवाह में क्षरण अन्त:क्षेपण (injections) के बराबर होते हैं।

उत्तर (b)

• आय के चक्रीय प्रवाह के सम्बन्ध में कथन (b) बचत के साथ-साथ सरकारी व्यय चक्रीय प्रवाह में अन्त: क्षेपण सही नहीं है।

• आय का चक्रीय प्रवाह अर्थव्यवस्था में धन के प्रवाह का मॉडल है। यह एक बन्द परिपथ में होता है।

• यह दो प्रकार का होता है, **वास्तविक प्रवाह** और **मौद्रिक प्रवाह**।

• खुली अर्थव्यवस्थाओं में आय के चक्रीय प्रवाह मॉडल में अन्तर्राष्ट्रीय व्यापार को भी शामिल किया जाता है।

5. एन.डी.पी. (NDP) = ………… । **SSC CGL Tier-1 25.09.2024 (Shift-I)**

(a) जी. डी.पी. (GDP) + मूल्यह्रास
(b) जी.डी.पी. (GDP) – विदेशों से शुद्ध कारक आय
(c) जी.डी.पी. (GDP) + विदेशों से शुद्ध कारक आय
(d) जी.डी.पी. (GDP) – मूल्यह्रास

उत्तर (d)

• एन. डी. पी. (NDP) = जी. डी. पी. (GDP) – मूल्यह्रास।

• NDP, किसी देश के **आर्थिक उत्पादन की वार्षिक माप** है। यह किसी देश में उत्पादित वस्तुओं और सेवाओं के बाजार मूल्य में से उन वस्तुओं और सेवाओं के उत्पादन में उपयोग की गई पूँजी के मूल्य को घटाकर प्राप्त की गई राशि होती है।

• **GDP** (सकल घरेलू उत्पाद) किसी निश्चित वर्ष में किसी देश द्वारा उत्पादित सभी वस्तुओं और सेवाओं के कुल मूल्य को कहते हैं।

6. जब कोई व्यक्ति सार्वजनिक वस्तुओं के लिए कुछ भी भुगतान नहीं कर रहा है, तो इसे ………… के रूप में जाना जाता है। **SSC CGL Tier-1 23.09.2024 (Shift-II)**

(a) निजी वस्तुएँ
(b) गैर-बहिष्कृत
(c) प्रतिद्वन्द्विता
(d) फ्री राइडर

उत्तर (d)

• जब कोई व्यक्ति सार्वजनिक वस्तुओं के लिए कुछ भी भुगतान नहीं कर रहा है, तो इसे **फ्री राइडर** के रूप में जाना जाता है।

• **सार्वजनिक वस्तुएँ** वे वस्तुएँ होती हैं, जिनका लाभ समाज या समुदाय के सभी लोगों को मिलता है।

• सार्वजनिक वस्तुएँ गैर-बहिष्कृत और गैर-प्रतिद्वन्द्वी होती हैं।

• सार्वजनिक वस्तुओं के उदाहरण राष्ट्रीय रक्षा, कानून प्रवर्तन, स्वच्छ वायु और जल, बाढ़ नियन्त्रण प्रणाली तथा प्रकाश स्तम्भ आदि हैं।

7. निम्नलिखित में से कौन-सा फिशर का विनिमय समीकरण है? **SSC CGL Tier-1 19.09.2024 (Shift-III)**

(a) $M = S + I$
(b) $MT = VP$
(c) $MV = PT$
(d) $\frac{M}{V} = \frac{T}{P}$

उत्तर (c)

• अमेरिकी अर्थशास्त्री **इरविंग फिशर** ने अपने विनिमय समीकरण के सूत्र

MV = PT का प्रतिपादन किया।

• फिशर का विनिमय समीकरण अर्थशास्त्र में एक अवधारणा है, जो मुद्रास्फीति के प्रभाव के तहत नाममात्र एवं वास्तविक ब्याज दरों के बीच सम्बन्ध का वर्णन करता है।

• **फिशर समीकरण** का प्रयोग उन स्थितियों में किया जाता है, जहाँ निवेशक या ऋणदाता उच्च मुद्रास्फीति के कारण क्रय शक्ति में हुई हानि की भरपाई करते हैं।

8. सुमेलित कीजिए
SSC CGL Tier-1 12.09.2024 (Shift-III)

	सूची I		सूची II
A.	सकल राष्ट्रीय उत्पाद	1.	किसी निश्चित अवधि में व्यक्ति के उत्पादन द्वारा प्राप्त वार्षिक आय
B.	कुल राष्ट्रीय उत्पाद	2.	व्यक्तिगत आय के कर के बाद
C.	व्यक्तिगत आय	3.	राष्ट्रीय उत्पादन का मौद्रिक मूल्य
D.	प्रयोज्य व्यक्तिगत आय	4.	वर्ष के दौरान माल सेवाओं का कुल उत्पादन

कूट

	A	B	C	D		A	B	C	D
(a)	3	1	2	4	(b)	2	1	3	4
(c)	4	3	2	1	(d)	3	4	1	2

उत्तर (d)

• सही सुमेलन A-3, B-4, C-1, D-2 है,
• **सकल राष्ट्रीय उत्पाद** का सम्बन्ध राष्ट्रीय उत्पादन के मौद्रिक मूल्य से है।
• **कुल राष्ट्रीय उत्पाद** का सम्बन्ध वर्ष के दौरान माल सेवाओं के कुल उत्पादन से है।
• व्यक्तिगत आय का सम्बन्ध किसी निश्चित अवधि में व्यक्ति के उत्पादन द्वारा प्राप्त वार्षिक आय से है।

9. शुद्ध निवेश क्या है?
SSC CGL Tier-I 12.09.2024 (Shift-I)
(a) सकल निवेश–मूल्यह्रास
(b) सकल पूँजी निवेश–अप्रत्यक्ष कर
(c) किसी देश में सभी निवेशों का योग
(d) सकल निवेश + मूल्यह्रास

उत्तर (a)

शुद्ध निवेश = सकल निवेश – मूल्यह्रास।

• सकल निवेश का तात्पर्य किसी फर्म अथवा कम्पनी में किए गए कुल निवेश की मात्रा है।
• मूल्यहास का तात्पर्य समय अन्तराल में मशीनों अथवा संसाधनों के गुण एवं उत्पादकता में कमी है।

10. CSO ने .... में सकल वर्धित मूल्य (Gross Value Added) की अवधारणा को अपनाया।
SSC CGL Tier-1 10.09.2024 (Shift-II)
(a) जनवरी, 2012 (b) जनवरी, 2015
(c) जनवरी, 2013 (d) जनवरी, 2017

उत्तर (b)

• CSO ने 2 जनवरी, 2015 में सकल वद्धित मूल्य (Gross Value Added) की अवधारणा को अपनाया था।
• सकल मूल्य वर्धत (जीवीए) एक आर्थिक उत्पादकता मीट्रिक है, जो किसी कॉर्पोरेट सहायक कम्पनी या नगरपालिका के किसी अर्थव्यवस्था, उत्पादक क्षेत्र या प्रदेश में योगदान को मापता है।

जीवीए = सकल घरेलू उत्पाद + रूपा – टोपी सपा = उत्पादों पर सब्सिडी टोपी = उत्पादों पर कर

• केन्द्रीय सांख्यिकी कार्यालय (सीएसओ) की स्थापना 2 मई, 1951 को हुई थी। यह भारत में सांख्यिकी गतिविधियों के समन्वय और सांख्यिकी मानकों को विकसित करने और बनाए रखने के लिए जिम्मेदार है।

11. एनडीपी (NDP) निकालने के लिए जीडीपी (GDP) में से क्या घटाया जाता है?
SSC CGL Tier-1 17.09.2024 (Shift-II)
(a) मूल्यह्रास
(b) अनुदान
(c) विदेश से शुद्ध कारक आय
(d) शुद्ध अप्रत्यक्ष कर

उत्तर (a)

• NDP की गणना सकल घरेलू उत्पाद (GDP) से मूल्यह्रास घटाकर की जाती है।
• किसी देश के आर्थिक उत्पादन या परिणामों का अनुमान उसके NDP से लगाया जाता है।
• यह एक निश्चित अवधि में देश के भीतर तैयार उत्पादों और सेवाओं के कुल मूल्य की गणना करता है।

SSC CGL 2023 (Tier 1 & 2)

12. अचल पूँजी के उपभोग को .... के रूप में भी जाना जाता है।
SSC CGL Tier-1 14.07.2023 (Shift I)
(a) मूल्यह्रास (b) निवल निवेश
(c) सकल निवेश (d) मूल्यवृद्धि

उत्तर (a)

• अचल पूँजी के उपभोग को **मूल्यह्रास** के रूप में भी जाना जाता है।
• मूल्यह्रास का अर्थ टूट-फूट के कारण सम्पत्ति में कमी है। यह एक अवधि में **पूँजीगत स्टॉक** के आर्थिक मूल्य में क्रमिक कमी है।
• **निवल निवेश** को सकल निवेश में से मूल्यह्रास को घटाकर प्राप्त किया जाता है।
• एक निश्चित अवधि में उत्पादक पूँजीगत वस्तुओं पर जो व्यय होता है, उसे **सकल निवेश** कहते हैं, जबकि किसी वस्तु के मूल्यों का बढ़ जाना ही **मूल्यवृद्धि** कहलाता है।

13. निम्नलिखित में से क्या घरेलू आय में शामिल नहीं है? **SSC CGL Tier-1 18.07.2023 (Shift-IV)**
(a) देश के सभी कर्मचारियों द्वारा अर्जित आय
(b) देश के निवासियों द्वारा अर्जित आय
(c) देश के सभी उद्योगों का लाभ
(d) देश के बाहर अनिवासियों द्वारा अर्जित आय

उत्तर (d)

• **देश के बाहर अनिवासियों द्वारा अर्जित आय** को घरेलू आय में शामिल नहीं किया जाता।
• **घरेलू आय** एक लेखा वर्ष के दौरान किसी देश के घरेलू क्षेत्र के भीतर स्थित सभी उत्पादन इकाइयों द्वारा उत्पन्न कारक आय का कुल योग होता है।
• यह सामान्य निवासियों द्वारा अर्जित कारक की कुल राशि है।

14. शुद्ध निवेश व मूल्यह्रास का योग निम्नलिखित में से क्या कहलाता है?
SSC CGL Tier-1 19.07.2023 (Shift-I)
(a) व्यक्तिगत आय (b) सकल निवेश
(c) सकल घरेलू उत्पाद (d) निजी निवेश

उत्तर (b)

• शुद्ध निवेश व मूल्यह्रास का योग सकल निवेश कहलाता है।
• **सकल निवेश** वह राशि है, जो किसी कम्पनी ने मूल्यह्रास पर विचार किए बिना विशेष परिसम्पत्तियों या सम्पूर्ण व्यवसाय में निवेश किया है।

सकल निवेश = शुद्ध निवेश + मूल्यह्रास।

15. कृषि क्षेत्र, ... का एक हिस्सा है।
SSC CGL Tier-1 20.07.2023 (Shift-II)
(a) द्वितीयक क्षेत्र (b) चतुर्थक क्षेत्र
(c) तृतीयक क्षेत्र (d) प्राथमिक क्षेत्र

उत्तर (d)

• कृषि क्षेत्र, प्राथमिक क्षेत्र का एक हिस्सा है।
• प्राथमिक क्षेत्र में बुनियादी **खाद्य पदार्थ** और **कच्चे माल** का उत्पादन शामिल है।
• इस क्षेत्र से सम्बन्धित गतिविधियों में खनन, वानिकी, कृषि, चराई, खेती, शिकार, मत्स्यपालन, उत्खनन करना और एकत्र करना शामिल हैं।
• अर्थव्यवस्था का यह क्षेत्र प्रत्यक्ष रूप से **प्राकृतिक संसाधन** पर निर्भर करता है।

16. शुद्ध राष्ट्रीय उत्पाद (Net National Product) क्या होता है?
SSC CGL Tier-1 21.07.2023 (Shift-II)
(a) शुद्ध राष्ट्रीय उत्पाद सकल राष्ट्रीय उत्पाद के बराबर होता है।
(b) सकल राष्ट्रीय उत्पाद और विदेशियों की आय का योग शुद्ध राष्ट्रीय उत्पाद होता है।
(c) सकल राष्ट्रीय उत्पाद और मूल्यह्रास का गुणनफल शुद्ध राष्ट्रीय उत्पाद होता है।
(d) सकल राष्ट्रीय उत्पाद और मूल्यह्रास का अन्तर शुद्ध राष्ट्रीय उत्पाद होता है।

उत्तर (d)

• शुद्ध राष्ट्रीय उत्पाद वास्तव में सकल राष्ट्रीय उत्पाद और मूल्यह्रास का अन्तर होता है।
• शुद्ध राष्ट्रीय उत्पाद किसी भी अर्थव्यवस्था की राष्ट्रीय आय है। यह आय को आकलित करने का सबसे अच्छा तरीका है।
• शुद्ध राष्ट्रीय उत्पाद (एनएनपी) किसी देश के नागरिकों द्वारा किसी निश्चित अवधि में उत्पादित वस्तुओं और सेवाओं का कुल बाजार मूल्य है, जिसमें से मूल्यह्रास घटाया जाता है। यह सकल राष्ट्रीय उत्पाद (जीएनपी) से मूल्यह्रास घटाकर निकाला जाता है।

शुद्ध राष्ट्रीय उत्पाद (NNP) = सकल राष्ट्रीय उत्पाद (GNP–) मूल्यह्रास

SSC CPO 2024 & 2023

17. निम्नलिखित में से कौन सा/से कथन निजी वस्तुओं के सम्बन्ध में सत्य है/हैं? **SSC CPO 27.06.2024 (Shift-II)**

I. खपत में प्रतिद्वन्द्विता II. गैर-बहिष्कृतता
III. ऋणात्मक सीमान्त लागत

कूट
(a) केवल I (b) केवल II
(c) केवल III (d) II और III दोनों

उत्तर (a)
- निजी वस्तुओं की खपत में प्रतिद्वन्द्विता होती है कथन I सत्य है।
- इसका अर्थ है कि एक व्यक्ति द्वारा वस्तु का उपभोग दूसरे व्यक्ति के उपभोग को कम करता है।
- वहीं यदि किसी वस्तु को गैर-प्रतिद्वंन्द्वी माना जाए, तो इसका अर्थ है कि उत्पादन के किसी भी स्तर पर अतिरिक्त व्यक्ति को इसे मुफ्त में दिया जा सकता है।
- उदाहरण के लिए, यदि आप एक सेब खाते हैं, तो अब वह सेब किसी अन्य व्यक्ति के लिए उपलब्ध नहीं है।

18. कौन-सा क्षेत्र अर्थव्यवस्था में आधुनिकीकरण और स्थिर रोजगार को बढ़ावा देता है? **SSC CPO 27.06.2024 (Shift-II)**
(a) ऊर्जा क्षेत्र (b) कृषि क्षेत्र
(c) सेवा क्षेत्र (d) औद्योगिक क्षेत्र

उत्तर (d)
- औद्योगिक क्षेत्र अर्थव्यवस्था में आधुनिकीकरण और स्थिर रोजगार को बढ़ावा देने में महत्त्वपूर्ण भूमिका निभाता है।
- इस क्षेत्र में विनिर्माण, खनन, निर्माण और उपयोगिता जैसे उद्योग शामिल हैं, जो आर्थिक विकास के लिए महत्त्वपूर्ण है।

19. राष्ट्रीय आय में मध्यवर्ती वस्तुओं को क्यों शामिल नहीं किया जाता है? **SSC CPO 28.06.2024 (Shift-III)**
(a) मध्यवर्ती वस्तुएँ आय में वृद्धि करती हैं।
(b) दोहरे लेखांकन से बचने के लिए
(c) मध्यवर्ती वस्तुएँ आय को घटाती हैं।
(d) मध्यवर्ती वस्तुएँ विश्वसनीय नहीं होती हैं।

उत्तर (b)
- दोहरे लेखांकन/गणना से बचने लिए राष्ट्रीय आय में मध्यवर्ती वस्तुओं को शामिल नहीं किया जाता है।
- मध्यवर्ती वस्तुओं का मूल्य पहले से ही अंतिम वस्तुओं के मूल्य में शामिल होता है।
- राष्ट्रीय आय में केवल अंतिम वस्तुओं और सेवाओं का मूल्य शामिल होता है।

20. विकास के उच्च स्तर पर, अर्थव्यवस्था का कौन-सा क्षेत्र जीडीपी (GDP) में कम योगदान देता है? **SSC CPO 28.06.2024 (Shift-I)**
(a) कृषि क्षेत्र (b) औद्योगिक क्षेत्र
(c) सेवा क्षेत्र (d) सेवा और कृषि दोनों क्षेत्र

उत्तर (a)
- विकास के उच्च स्तर पर, अर्थव्यवस्था का **कृषि क्षेत्र** जीडीपी (GDP) में कम योगदान देता है।
- आर्थिक समीक्षा **2023-24** के अनुसार, वर्तमान मूल्यों का समग्र GVA में **कृषि**, **उद्योग** और **सेवा** की हिस्सेदारी वित्त वर्ष 2024 में क्रमश: 17.7%, 26.6% और 54.7% है।
- भारत की जीडीपी में घरेलू खपत का योगदान करीब 70% है। भारत देश दुनिया का चौथा सबसे बड़ा उपभोक्ता बाजार है।

21. नियोजन युग के दौरान आर्थिक विकास को मापने के लिए किस उपकरण का उपयोग किया गया था? **SSC CPO 29.06.2024 (Shift-III)**
(a) राष्ट्रीय आय
(b) प्रति व्यक्ति सकल घरेलू उत्पाद
(c) प्रति व्यक्ति आय
(d) सकल घरेलू उत्पाद

उत्तर (d)
- नियोजन काल (1950-1990) के दौरान, भारत में आर्थिक विकास को मापने के लिए **सकल घरेलू उत्पाद** (जीडीपी) का उपयोग प्राथमिक उपकरण के रूप में किया जाता था।
- जीडीपी एक निर्धारित अवधि (आमतौर पर एक वर्ष) में किसी देश द्वारा उत्पादित सभी वस्तुओं और सेवाओं का बाजार मूल्य का योग होता है।
- यह देश की आर्थिक गतिविधि का एक व्यापक माप प्रदान करता है और इसका उपयोग विभिन्न देशों के बीच आर्थिक प्रदर्शन की तुलना करने के लिए किया जा सकता है।

22. देश की जीडीपी (GDP) वृद्धि, बाह्य शेष (External balance) और राजकोषीय शेष (Fiscal balance) का आकलन, बजट दस्तावेज के किस भाग में प्रस्तुत किया जाता है? **SSC CPO 05.10.2023 Shift III**
(a) वृहद् आर्थिक रूपरेखा विवरण
(b) विनियोग विधेयक
(c) राजकोषीय नीति कार्य योजना विवरण
(d) मध्यावधिक राजकोषीय नीति विवरण

उत्तर (a)
- देश की जीडीपी वृद्धि, बाह्य शेष और राजकोषीय शेष का आकलन, बजट दस्तावेज के **वृहद् आर्थिक रूपरेखा विवरण** के अन्तर्गत प्रस्तुत किया जाता है।
- संविधान के अनुच्छेद-112 के अनुसार एक वर्ष के केन्द्रीय बजट को वार्षिक वित्तीय विवरण कहा जाता है।
- सरकार द्वारा संचित निधि से रकम निकासी को मंजूरी दिलाने के लिए संसद में प्रस्तुत विधेयक **विनियोग विधेयक** कहलाता है।

23. निम्नलिखित में से किसे आर्थिक विकास का एक अच्छा संकेतक माना जाता है? **SSC CPO 03.10.2023 (Shift I)**
(a) अन्तर्राष्ट्रीय व्यापार में स्थिर वृद्धि
(b) जनसंख्या में स्थिर वृद्धि
(c) सकल घरेलू उत्पाद (GDP) में स्थिर वृद्धि
(d) ऋण में स्थिर वृद्धि

उत्तर (c)
- **सकल घरेलू उत्पाद (GDP) में स्थिर वृद्धि** आर्थिक विकास का अच्छा संकेतक माना जाता है।
- **सकल घरेलू उत्पाद**, किसी देश की सीमाओं के भीतर एक विशिष्ट समय में सामान्यत: एक वर्ष में उत्पादित सभी अन्तिम वस्तुओं और सेवाओं का मौद्रिक मूल्य है।
- किसी देश की अर्थव्यवस्था को मापने के लिए हम GDP का प्रयोग करते हैं।

SSC CHSL 2024 (Tier 1)

24. ब्रिटिश शासन से पहले निम्नलिखित में से कौन-सी भारतीय अर्थव्यवस्था की एक विशेषता थी? **SSC CHSL Tier-1 02.07.2024 (Shift-IV)**
(a) स्वतन्त्र अर्थव्यवस्था
(b) आश्रित अर्थव्यवस्था
(c) आत्मनिर्भर अर्थव्यवस्था
(d) समृद्ध अर्थव्यवस्था

उत्तर (a)
- ब्रिटिश शासन से पहले भारतीय अर्थव्यवस्था **स्वतन्त्र अर्थव्यवस्था** थी। उसका बड़े पैमाने पर निर्यात होता था और बदले में सोना व रत्न-मणियाँ आदि प्राप्त करता था।
- अर्थव्यवस्था मुख्यत: ग्रामीण थी, परन्तु **स्वतन्त्र** व **आत्मनिर्भर** थी।
- वस्त्र, शिल्प, जैसे हस्तशिल्प उद्योगों को कच्चा माल केवल कृषि द्वारा प्रदान किया गया था तथा कारीगर, बढ़ई, बुनकर वर्ग के लोग निर्माण कार्य में लगे थे।

25. स्थिर कीमतों पर राष्ट्रीय आय का क्या अर्थ है? **SSC CHSL Tier-1 04.07.2024 (Shift-IV)**
(a) किसी भी वर्ष की कीमतों पर अनुमानित आय
(b) अगले वर्ष की कीमतों के लिए अनुमानित आय
(c) आधार वर्ष की कीमतों पर अनुमानित आय
(d) चालू वर्ष की कीमतों पर अनुमानित आय

उत्तर (c)
- स्थिर कीमतों पर राष्ट्रीय आय का अर्थ है—आधार वर्ष की कीमतों पर अनुमानित आय।
- विभिन्न वर्षों की राष्ट्रीय आय की तुलना करने के लिए इसकी गणना एक विशेष वर्ष के सन्दर्भ में की जाती है। इस सन्दर्भ वर्ष को आधार वर्ष कहते हैं।
- **राष्ट्रीय आय** यह एक निश्चित अवधि में किसी देश में उत्पादित सभी अन्तिम वस्तुओं और सेवाओं के कुल मूल्य को सन्दर्भित करती है।
- वर्तमान में राष्ट्रीय आय की गणना के लिए आधार वर्ष 2011-12 है।

26. निम्नलिखित में से किसके बीच सम्बन्ध सही है? **SSC CHSL Tier-1 05.07.2024 (Shift-I)**
(a) बाजार मूल्य पर GDP = कीमत + अन्तिम वस्तुओं और सेवाओं की मात्रा
(b) घरेलू आय = बाजार मूल्य पर NDP + निवल अप्रत्यक्ष कर

(c) बाजार मूल्य पर NDP = बाजार मूल्य पर GDP + मूल्यह्रास
(d) राष्ट्रीय आय = कारक लागत पर NDP + विदेश से निवल कारक आय

उत्तर (d)

• विकल्प (d) में दिए गए सम्बन्ध सही हैं।

राष्ट्रीय आय = कारक लागत पर NDP + विदेश से निवल कारक आय

• राष्ट्रीय आय किसी अर्थव्यवस्था में किसी निश्चित समयावधि में उत्पादित सभी अन्तिम सेवाओं और वस्तुओं का कुल मूल्य है।

एनडीपी = जीडीपी – मूल्यह्रास

• देश की राष्ट्रीय आय का अनुमान लगाने वाले पहले भारतीय **दादाभाई नौरोजी** थे।

27. निम्नलिखित में से कौन-सी एकाधिकार की विशेषता नहीं है?
SSC CHSL Tier-1 05.07.2024 (Shift-II)
(a) एक क्रेता और कई विक्रेता
(b) कोई नजदीकी विकल्प उपलब्ध न होना
(c) एक विक्रेता और कई क्रेता
(d) विक्रेता का कीमत पर पूर्ण नियन्त्रण होना

उत्तर (a)

• एक क्रेता और कई विक्रेता **एकाधिकार** की विशेषता नहीं है।
• प्रतिस्पर्द्धा की कमी के कारण एक फर्म एक प्रतिस्पर्द्धी बाजार में कीमत से अधिक एक निर्धारित मूल्य वसूल सकता है, जिससे उसका **राजस्व अधिकतम** हो जाएगा।

28. भारत में राष्ट्रीय आय की गणना के लिए किस लागत पर विचार किया जाता है?
SSC CHSL Tier-1 08.07.2024 (Shift-II)
(a) उत्पाद लागत
(b) बाजार लागत
(c) कारक लागत
(d) विफल लागत

उत्तर (c)

• भारत में राष्ट्रीय आय की गणना के लिए कारक लागत (factor cause) पर विचार किया जाता है।
• राष्ट्रीय सांख्यिकी कार्यालय (NSO) सांख्यिकी और कार्यक्रम कार्यान्वयन मन्त्रालय राष्ट्रीय आय के अनुमान के लिए नोडल एजेन्सी है।
• कारक लागत का अर्थ है, वस्तुओं और सेवाओं के उत्पादन के लिए इस्तेमाल होने वाले उत्पादन कारकों की लागत। इसमें अप्रत्यक्ष करों को छोड़कर सब्सिडी शामिल होती है।

29. निम्नलिखित पर विचार करें। निम्नलिखित में से कौन-से कारण भारत में आर्थिक वृद्धि के लिए आकर्षण कारक माने जा सकते हैं?
SSC CHSL Tier-1 10.07.2024 (Shift-I)
A. श्रम की माँग
B. प्राकृतिक आपदा
C. मानव और नागरिक अधिकारों की सुरक्षा
D. उच्च उपभोग एवं जीवन स्तर

कूट
(a) A, C और D (b) A और D दोनों
(c) केवल B (d) B, C और D

उत्तर (a)

• श्रम की माँग भारत में आर्थिक वृद्धि के लिए आकर्षण कारक माने जा सकते है।
• मजदूरी की माँग, मानवाधिकार का संरक्षण तथा जीवन स्तर में सुधार भारत में प्रवासन के मुख्य कारण हैं।
• प्रवासन मुख्यतया **दो प्रकार** (आन्तरिक और बाह्य) का होता है। देशीय प्रवासन को आन्तरिक प्रवासन तथा अन्तर्राष्ट्रीय प्रवासन को बाह्य प्रवासन कहते हैं।

30. दी गई डेटा तालिका से वैयक्तिक आय (₹ करोड़ में) की गणना कीजिए।
SSC CHSL Tier-1 09.07.2024 (Shift-III)

विवरण	₹ (करोड़ में)
निजी आय	1800
निजी उद्यमों की निवल प्रतिधारित आय	500
निगम कर	250

(a) 1000 (b) 2050
(c) 1100 (d) 950

उत्तर (b)

• सही उत्तर 2050 है।
• दिए गए आँकड़े
• निजी आय = ₹ 1800 करोड़
• शुद्ध बरकरार अर्जन = ₹ 500 करोड़
• व्यक्तिगत आय = ₹ 1800 करोड़ + 500 करोड़ – 250 करोड़ = ₹ 2050 करोड़
अत: व्यक्तिगत आय = ₹ 2050 करोड़ हैं।

प्रयुक्त सूत्र = व्यक्तिगत आय = निजी आय + शुद्ध बरकरार अर्जन – कॉर्पोरेट कर

31. निम्नलिखित में से कौन-सा/से सार्वजनिक वस्तुओं को/के उदाहरण है/हैं?
SSC CHSL Tier-1 10.07.2024 (Shift-I)
A. रक्षा B. घर

कूट
(a) केवल A
(b) केवल B
(c) A और B दोनों
(d) न तो A और न ही B

उत्तर (a)

• केवल कथन 'A' सही हैं।
• 'रक्षा' सार्वजनिक वस्तुओं के उदाहरण हैं।
• यह गैर-अनन्य और गैर-प्रतिद्वन्द्वी है।
• एक सार्वजनिक वस्तु का उपयोग कोई भी कर सकता है और किसी भी व्यक्ति को उस वस्तु का उपयोग करने से नहीं रोका जा सकता।
• सार्वजनिक वस्तुओं के उदाहरण
राष्ट्रीय सुरक्षा और रक्षा, विज्ञापन, सड़क की बत्तियाँ तथा टेलिविजन का नेटवर्क।

SSC CHSL 2023 (Tier 1)

32. निवल आर्थिक कल्याण (NEW) की गणना करते समय, निम्नलिखित मदों में से किसे जीएनपी (GNP) में से घटाया जाता है?
SSC CHSL Tier-1 14.08.2023 (Shift-IV)
(a) प्रच्छन्न अर्थव्यवस्था
(b) स्वयं की जाने वाली गतिविधियाँ
(c) अवकाश के समय का मूल्य
(d) शहरी जीवन की भीड़ के समायोजन

उत्तर (d)

• निवल आर्थिक कल्याण (NEW) की गणना करते समय, **शहरी जीवन की भीड़ के समायोजन** को जीएनपी (GNP) में से घटाया जाता है।
• सकल राष्ट्रीय उत्पाद (जीएनपी) की तुलना में आर्थिक कल्याण के व्यापक माप की एक अवधारणा है।

33. इनमें से कौन-सा किसी अर्थव्यवस्था के तृतीयक क्षेत्र का एक घटक है?
SSC CHSL Tier-1 11.08.2023 (Shift-I)
(a) बिजली (b) होटल और रेस्टोरेण्ट
(c) खनन और उत्खनन (d) जल आपूर्ति

उत्तर (b)

• होटल, पर्यटन, सॉफ्टवेयर, रेस्टोरेण्ट आदि अर्थव्यवस्था के तृतीयक क्षेत्र के घटक हैं।
• **प्राथमिक** इसमें कच्चे माल की वस्तुओं की पुन: प्राप्ति और उत्पादन शामिल है; जैसे कोयला, लकड़ी या लोहा। खनिक किसान और मछुआरे सभी प्राथमिक क्षेत्र के श्रमिक हैं।
• **द्वितीयक** इसमें कच्चे या मध्यवर्ती पदार्थों को माल में बदलना शामिल है, जैसे कि स्टील को कार में बदलना या वस्त्रों को कपड़ों में बदलना। बिल्डर और ड्रेसमेकर द्वितीयक क्षेत्र में काम करते हैं।
• **तृतीयक** इसमें उपभोक्ताओं और व्यवसायों को बच्चों की देखभाल, सिनेमा या बैंकिंग जैसी सेवाएँ प्रदान करना शामिल हैं। दुकानदार और लेखाकार तृतीय क्षेत्र में काम करते हैं।

34. राष्ट्रीय आय की गणना में निम्नलिखित मदों में से किसे बाजार मूल्य पर एनएनपी (NNP) में से घटाया जाएगा?
SSC CHSL Tier-1 09.08.2023 (Shift-I)
(a) निवल अप्रत्यक्ष कर
(b) मूल्यह्रास
(c) निवल उत्पाद कर और निवल उत्पादन कर
(d) मूल्यह्रास और निवल उत्पाद कर

उत्तर (a)

• राष्ट्रीय आय की गणना में, बाजार मूल्य पर एनएनपी (NNP) से निवल अप्रत्यक्ष कर को घटाया जाता है।
• राष्ट्रीय आय निकालने का फॉर्मूला है—
राष्ट्रीय आय = उत्पादन लागत पर निवल राष्ट्रीय उत्पाद (NNP at Factor Cost) = $(NNP)_{mP}$ बजार कीमतों पर निवल राष्ट्रीय उत्पाद- निवल अप्रत्यक्ष कर + सब्सिडी।

• शुद्ध अप्रत्यक्ष कर, वस्तुओं और सेवाओं के उत्पादन और बिक्री पर लगाए गए करों को कहते हैं। ये कर सीधे उत्पाद की कीमत में शामिल नहीं होते।

35. अन्तिम वस्तुएँ कितने वर्गों में विभाजित होती हैं? **SSC CHSL Tier-1 08.08.2023 (Shift-II)**

(a) उपभोग वस्तुएँ और पूँजीगत वस्तुएँ
(b) एकल वस्तुएँ और मिश्रित वस्तुएँ
(c) कच्चा माल और अर्द्ध-निर्मित वस्तुएँ
(d) युद्ध वस्तुएँ और नागरिक वस्तुएँ

उत्तर (a)

• अन्तिम या सीमान्त वस्तुएँ दो भागों में विभाजित होती हैं- उपभोग वस्तुएँ और पूँजीगत वस्तुएँ।
• इसकी माँग भी लोचदार होती है अर्थात् कीमत बढ़ने पर माँग पर अविलम्ब प्रभाव पड़ने लगता है।
• अन्तिम वस्तुओं को दो मुख्य मानदण्डों के आधार पर भी वर्गीकृत किया जा सकता है; जैसे खरीदारी की आदतें, स्थायित्व।

36. इनमें से कौन-सा राष्ट्रीय आय को मापने की व्यय विधि का उचित रूप से कथित घटक नहीं है? **SSC CHSL Tier-1 07.08.2023 (Shift-IV)**

(a) अन्तिम सरकारी व्यय
(b) निर्यात और आयात व्यय
(c) फर्मों द्वारा अन्तिम निवेश व्यय
(d) परिवारों द्वारा अन्तिम उपभोग व्यय

उत्तर (d)

• **राष्ट्रीय आय** को मापने की व्यय विधि में परिवारों द्वारा अन्तिम उपभोग व्यय शामिल नहीं।
• **राष्ट्रीय आय** को मापने की व्यय विधि में खपत, निवेश, सरकारी खर्च और शुद्ध निर्यात को जोड़ा जाता है।
• इस विधि में, उस देश के लोगों द्वारा किए गए सभी व्यय शामिल होते है।
• **व्यय विधि** में शेयरों, बाण्डो और सेकिण्ड हैण्ड वस्तुओं की खरीद पर किए गए व्यय को शामिल नहीं किया जाता हैं।

37. निम्नलिखित में से कौन-सा राष्ट्रीय आय का व्यापक से संकीर्ण अवधारणाओं का सही क्रम है? **SSC CHSL Tier-1 07.08.2023 (Shift-IV)**

(a) कारक लागत पर सकल राष्ट्रीय उत्पाद बाजार मूल्य पर सकल राष्ट्रीय उत्पाद-बाजार मूल्य पर निवल राष्ट्रीय उत्पाद-वैयक्तिक आय
(b) कारक लागत पर सकल राष्ट्रीय उत्पाद-कारक लागत पर निवल राष्ट्रीय उत्पाद-वैयक्तिक आय-वैयक्तिक प्रयोज्य आय
(c) वैयक्तिक प्रयोज्य आय-वैयक्तिक आय बाजार मूल्य पर सकल राष्ट्रीय उत्पाद, कारक लागत पर सकल राष्ट्रीय उत्पाद
(d) बाजार मूल्य पर सकल राष्ट्रीय उत्पाद-बाजार मूल्य पर निवल राष्ट्रीय उत्पाद-कारक लागत पर सकल राष्ट्रीय उत्पाद-कारक लागत पर निवल राष्ट्रीय उत्पाद

उत्तर (b)

• राष्ट्रीय आय का व्यापक से संकीर्ण अवधारणाओं का सही क्रम कारक लागत पर सकल राष्ट्रीय उत्पाद-कारक लागत पर निवल राष्ट्रीय उत्पाद-वैयक्तिक आय-वैयक्तिक प्रयोज्य आय है।
• राष्ट्रीय आय से आशय उस देश की अर्थव्यवस्था में चालू वर्ष में उत्पादित सभी अन्तिम वस्तुओं तथा सेवाओं के कुल मौद्रिक रूप से है।

38. निम्नलिखित में से कौन-सी एक सही अभिव्यक्ति है? **SSC CHSL Tier-1 04.08.2023 (Shift-II)**

(a) निवल निवेश = सकल निवेश + मूल्यह्रास
(b) मूल्यह्रास = निवल निवेश – सकल निवेश
(c) सकल निवेश = निवल निवेश – मूल्यह्रास
(d) निवल निवेश = सकल निवेश – मूल्यह्रास

उत्तर (d)

• **निवल निवेश = सकल निवेश – मूल्यह्रास,** सही अभिव्यक्ति हैं।
• किसी अर्थव्यवस्था में पूँजी स्टॉक में वृद्धि को शुद्ध निवेश या नई पूँजी निर्माण द्वारा मापा जाता है।
• निवल निवेश वह कुल राशि है, जिसे कोई कम्पनी पूँजीगत परिसम्पत्तियों पर खर्च करती है, जिसमें से उन परिसम्पत्तियों के मूल्यह्रास की लागत घटा दी जाती है।
• यह आँकड़ा, कम्पनी के संचालन में इस्तेमाल होने वाले टिकाऊ सामानों पर वास्तविक खर्च का अनुमान देता है।

39. दी गई डेटा तालिका से बाजार मूल्य पर NNP (₹ करोड़ में) की गणना कीजिए। **SSC CHSL Tier-1 04.08.2023 (Shift-II)**

विवरण	मूल्य (₹ करोड़ में)
कारक लागत पर NDP	125250
विदेश से शुद्ध आय	(–) 581
शुद्ध अप्रत्यक्ष कर	18120

(a) 124669 (b) 143951
(c) 142789 (d) 125831

उत्तर (c)

• बाजार मूल्य पर **NNP** (शुद्ध राष्ट्रीय उत्पाद) की गणना कारक लागत पर **NDP** (शुद्ध घरेलू उत्पाद) में शुद्ध अप्रत्यक्ष करों को जोड़कर और शुद्ध आय को घटाकर की जा सकती है।
• बाजार मूल्य पर NNP

$= 125250 + 18120 - 581 = 142789$

आतः सही उत्तर विकल्प (c) है।

40. अर्थव्यवस्था में अन्तिम वस्तुओं के लिए समस्त माँग के स्तर को निर्धारित करने के लिए निम्नलिखित में से कौन-सी धारणा बनाई गई है? **SSC CHSL Tier-1 21.03.2023 (Shift-IV)**

I. अल्पकाल में नियत अन्तिम वस्तु कीमत और नियत ब्याज की दर को मान लेते हैं।
II. समस्त पूर्ति पूर्णतः लोचदार मानी जाती है।

कूट
(a) केवल II
(b) I और II दोनों
(c) केवल I
(d) न तो I और न ही II

उत्तर (b)

• अर्थव्यवस्था में अन्तिम वस्तुओं के लिए समस्त माँग के स्तर को निर्धारित करने के सन्दर्भ में दिए गए दोनों विकल्प सही हैं।
• अल्पकाल में नियत अन्तिम वस्तु कीमत और नियत ब्याज की दर को मान लेते हैं। समस्त पूर्ति पूर्णतः लोचदार मानी जाती है।
• अर्थव्यवस्था में अन्तिम वस्तुओं और सेवाओं की माँग को समग्र माण्ड (एडी) या घरेलू अन्तिम माँग (डीएफडी) कहते हैं
इसे प्रायः प्रभावी माँग भी कहा जाता है। यह किसी देश के सकल घरेलू उत्पाद की माँग होती है।

41. मुक्त बाजार अर्थव्यवस्था .... का एक महत्त्वपूर्ण पहलू है। **SSC CHSL Tier-1 21.03.2023 (Shift-II)**

(a) समाजवाद (b) प्रकार्यवाद
(c) पूँजीवाद (d) सामन्तवाद

उत्तर (c)

• मुक्त बाजार अर्थव्यवस्था **पूँजीवाद** का एक महत्त्वपूर्ण पहलू है।
• यह एक ऐसी आर्थिक व्यवस्था होती है, जिसमें माल और सेवाओं की कीमतें खुले बाजार में निर्धारित होती हैं।
• मुक्त बाजार में माँग और आपूर्ति सरकार या आधिकारिक हस्तक्षेप से स्वतन्त्र होती हैं।

42. सीमान्त उत्पादन सम्भावना के सन्दर्भ में निम्नलिखित में से कौन-सा कथन सही है? **SSC CHSL Tier-1 20.03.2023 (Shift-III)**

I. यह दो वस्तुओं के उन संयोगों को दर्शाती है, जिनका उत्पादन अर्थव्यवस्था के संसाधनों का पूर्णरूप से उपयोग करने पर किया जाता है।
II. यह अर्थव्यवस्था की उत्पादन सम्भावनाओं को दर्शाती है।

कूट
(a) केवल I
(b) केवल II
(c) I और II दोनों
(d) न तो I और न ही II

उत्तर (c)

• **सीमान्त उत्पादन सम्भावना** के सन्दर्भ में दिए गए दोनों कथन सही हैं।
• यह दो वस्तुओं के उन संयोगों को दर्शाती है, जिनका उत्पादन अर्थव्यवस्था के संसाधनों का पूर्णरूप से उपयोग करने पर किया जाता है। यह अर्थव्यवस्था की उत्पादन सम्भावनाओं को दर्शाती है।
• इसके अन्तर्गत एक वस्तु का अधिक मात्रा में उत्पादन करने के लिए दूसरी वस्तु का उत्पादन कम करना आवश्यक है।

43. एक वस्तु की सीमान्त उपयोगिता के सम्बन्ध में निम्नलिखित में से कौन-सा कथन सही है? **SSC CHSL Tier-1 17.03.2023 (Shift-II)**

I. यह कुल उपयोगिता में वह परिवर्तन है, जो वस्तु की एक अतिरिक्त इकाई के उपभोग से होता है।

II. यह वस्तु के उपयोग में वृद्धि के साथ गिर जाती है।

कूट

(a) न तो I और न ही II
(b) केवल II
(c) I और II दोनों
(d) केवल I

उत्तर (c)

• एक वस्तु की सीमान्त उपयोगिता के सम्बन्ध में कथन I और II दोनों विकल्प सही हैं।

• वस्तु की **सीमान्त उपयोगिता** कुल उपयोगिता में वह परिवर्तन है, जो वस्तु की अतिरिक्त इकाई के उपभोग से प्राप्त होती है।

• यह वस्तु के उपयोग में वृद्धि के साथ गिर जाती है।

• जब सीमान्त उपयोगिता शून्य हो जाती है, तब कुल उपयोगिता अधिकतम होती है।

44. दिए गए जीडीपी की अवस्था व्यय विधि के अनुसार निम्न में से कौन एक अर्थव्यवस्था के कुल आयात व्यय को दर्शाता है।

$$C + I + G + X - M$$

SSC CHSL Tier-1 15.03.2023 (Shift-IV)

(a) X (b) I
(c) M (d) C

उत्तर (c)

• व्यय पद्धति के अनुसार, सकल घरेलू उत्पाद की दी गई अभिव्यक्ति में **M** अर्थव्यवस्था द्वारा किए गए कुल आयात व्यय का प्रतिनिधित्व करता है।

• AD = कुल माँग – एक अर्थव्यवस्था में कुल नियोजित व्यय

$AD = C + I + G + X - M$

(AD) एग्रीगेट डिमाण्ड, विभिन्न कारकों C, I, G, X – M से बना है।

C→ उपभोक्ता खर्च (consumption)

I→ निवेश (सकल स्थायी पूँजी निर्माण) (investment)

G → सरकारी खर्च (Government expenditure)

X→ निर्यात (Export)

• M→ आयात (Import)

45. माँग का नियम बताता है कि .... के बीच एक ऋणात्मक सम्बन्ध होता है।

SSC CHSL Tier-1 14.03.2023 (Shift-I)

(a) किसी वस्तु की पूर्ति और उसकी कीमत
(b) किसी वस्तु की माँग और उसकी पूर्ति
(c) किसी वस्तु की माँग और उसकी कीमत
(d) किसी वस्तु और उसकी कीमत पर कर

उत्तर (c)

• माँग के नियमानुसार **किसी वस्तु की माँग और उसकी कीमत** के बीच ऋणात्मक सम्बन्ध होता है।

• **सूक्ष्म अर्थशास्त्र** में माँग का नियम कहता है कि ''सभी पहलुओं को बराबर रखते हुए, किसी वस्तु की कीमतों का गिरना उसकी माँग को बढ़ा देता है तथा किसी वस्तु की कीमतों का उठना उसकी माँग को गिरा देता है।''

46. यदि एक आलेख (ग्राफ) में प्रत्याशित समग्र माँग और प्रत्याशित समग्र पूर्ति को एकसाथ प्लॉट किया जाता है, तो किस बिन्दु पर सन्तुलन प्राप्त होगा?

SSC CHSL Tier-1 14.03.2023 (Shift-I)

(a) जहाँ प्रत्याशित समग्र माँग प्रत्याशित समग्र पूर्ति से कम है
(b) जहाँ प्रत्याशित समग्र माँग प्रत्याशित समग्र पूर्ति के बराबर है
(c) जहाँ प्रत्याशित समग्र माँग शून्य है
(d) जहाँ प्रत्याशित समग्र माँग प्रत्याशित समग्र पूर्ति से अधिक है

उत्तर (b)

• यदि एक आलेख (ग्राफ) में प्रत्याशित समग्र माँग और प्रत्याशित समग्र पूर्ति को एकसाथ प्लॉट किया जाता है, जहाँ प्रत्याशित समग्र माँग प्रत्याशित समग्र पूर्ति के बराबर बिन्दु पर सन्तुलन प्राप्त होगा।

• एक ग्राफिकल आरेख (ग्राफ) में जहाँ प्रत्याशित कुल माँग (AD) और प्रत्याशित कुल आपूर्ति (AS) एक साथ प्लॉट की जाती है, सन्तुलन उस बिन्दु पर पहुँच जाता है, जहाँ दो वक्र प्रतिच्छेद करते हैं।

• यह चौराहा वास्तविक उत्पादन और मूल्य स्तर के स्तर का प्रतिनिधित्व करता है, जहाँ मांग की गई वस्तुओं और सेवाओं की मात्रा (AD) आपूर्ति की मात्रा (AS) के बराबर होती है।

47. .... की गणना किसी दिए गए वर्ष में नाममात्र जीडीपी (Nominal GDP) को उसी वर्ष के लिए वास्तविक जीडीपी (Real GDP) से विभाजित करके और इसे 100 से गुणा करके की जाती है।

SSC CHSL Tier-1 13.03.2023 (Shift-III)

(a) जीडीपी अवस्फीतिक (GDP Deflator)
(b) प्रयोज्य आय (Disposable Income)
(c) वास्तविक आय (Real Income)
(d) प्रतिव्यक्ति आय (Per Capita Income)

उत्तर (a)

• जीडीपी की गणना किसी देश में की जाती है तो इसे वर्तमान वर्ष की कीमतों पर मापा जाता है, जिसमें मुद्रा स्फीति शामिल है।

• इस विसंगति को दूर करने और आधार वर्ष के अनुसार वास्तविक वृद्धि का पता लगाने के लिए नाममात्र GDP को वास्तविक GDP का मूल्य प्राप्त करने के लिए **GDP अपस्फीतिकारक** द्वारा विभाजित किया जाता हैं।

48. वर्ष 2022 की स्थिति के अनुसार, भारत दुनिया की ...... सबसे बड़ी अर्थव्यवस्था है (नाममात्र जीडीपी (Nominal GDP) द्वारा मापा गया)।

SSC CHSL Tier-1 10.03.2023 (Shift-II)

(a) चौथी (b) पाँचवीं (c) तीसरी (d) दूसरी

उत्तर (b)

• सितम्बर, 2022 में ब्रिटेन को पीछे छोड़कर भारत संसार की **5वीं** सबसे बड़ी अर्थव्यवस्था बन गया। (नाममात्र जीडीपी द्वारा मापा गया)।

• नाममात्र जीडीपी किसी देश के आर्थिक उत्पादन के वर्तमान मूल्य को दर्शाता है।

49. एक फर्म की मूल्यवर्द्धित गणना किस प्रकार की जाती है। **SSC CHSL Tier-I 09.03.2023 (Shift-I)**

(a) फर्म के उत्पादन का मूल्य – फर्म द्वारा प्रयुक्त मध्यवर्ती वस्तुओं का मूल्य
(b) फर्म के उत्पादन का मूल्य + फर्म द्वारा प्रयुक्त पूँजीगत वस्तुओं का मूल्य
(c) फर्म के उत्पादन का मूल्य/फर्म द्वारा प्रयुक्त मध्यवर्ती वस्तुओं का मूल्य
(d) फर्म के उत्पादन का मूल्य + फर्म द्वारा प्रयुक्त मध्यवर्ती वस्तुओं का मूल्य

उत्तर (a)

• फर्म की मूल्यवर्द्धित गणना = फर्म के उत्पादन का मूल्य–फर्म द्वारा प्रयुक्त मध्यवर्ती वस्तुओं के मूल्य के आधार पर की जाती है।

• वर्धित मूल्य उस मूल्य का वर्णन करता है, जो एक कम्पनी द्वारा उत्पादन प्रक्रिया के दौरान कच्चे माल या मध्यवर्ती वस्तुओं में जोड़ा जाता है।

• उत्पादन के मूल्य और मध्यवर्ती उत्पादों के मूल्य के बीच के अन्तर का उपयोग वर्धित मूल्य पद्धति का उपयोग करके राष्ट्रीय आय की गणना करने के लिए किया जाता है।

SSC MTS 2024

50. निम्नलिखित में से कौन-सा वस्तु-विनिमय प्रणाली का एक दोष नहीं है?

SSC MTS Tier-1 30.10.2024 (Shift-III)

(a) मूल्य की एक सामान्य इकाई का न होना
(b) संविदात्मक भुगतान में कठिनाई
(c) अधिशेष वस्तुओं को अन्य वस्तुओं से बदल दिया जाता है
(d) इच्छाओं का दोहरा संयोग

उत्तर (c)

• वस्तु विनिमय प्रणाली में अधिशेष वस्तुओं को अन्य वस्तुओं से बदल दिया जाता है। यह विनिमय प्रणाली का दोष नहीं है।

• इस प्रणाली को **बार्टरिंग** भी कहा जाता है।

• वस्तु विनिमय प्रणाली के दोषों में-मूल्य की एक सामान्य इकाई का न होना, इच्छाओं का दोहरा संयोग तथा संविदात्मक भुगतान में कठिनाई शामिल है।

51. निम्नलिखित में से किसे सकल राष्ट्रीय उत्पाद के आकलन में शामिल किया जाता है?

SSC MTS Tier-1 30.10.2024 (Shift-III)

(a) पेन्शन भुगतान (b) प्रतिभूतियों की बिक्री
(c) पुरानी कारों की बिक्री
(d) नई शर्टों की बिक्री

उत्तर (d)

• नई शर्टों की बिक्री को सकल राष्ट्रीय उत्पाद के आकलन में शामिल किया जाता है, जबकि पेन्शन भुगतान, प्रतिभूतियों की बिक्री और पुरानी कारों की बिक्री शामिल नहीं हैं।

• किसी देश की राष्ट्रीय आय को तीन वैकल्पिक तरीकों से मापा जाता है

1. उत्पाद (मूल्यवर्धित) विधि
2. आय विधि
3. व्यय विधि

• भारत में राष्ट्रीय आय का आकलन राष्ट्रीय सांख्यिकी कार्यालय (NSO) द्वारा किया जाता है।

52. गरीबी रेखा की गणना के लिए दादाभाई नौरोजी ने किस दृष्टिकोण का उपयोग किया?

SSC MTS Tier-1 11.11.2024 (Shift-III)

(a) कैदी मेनू
(b) निर्यात-आयात आँकड़े
(c) औद्योगिक उत्पादन
(d) कृषि उत्पादकता

उत्तर (a)

• दादाभाई नौरोजी ने गरीबी रेखा की गणना के लिए 'कैदी मेनू' दृष्टिकोण का उपयोग किया था।

• दादाभाई नौरोजी भारत के पहले व्यक्ति थे, जिन्होंने **गरीबी रेखा की अवधारणा** को समझाया था।

• धन की निकासी का सिद्धान्त दादाभाई नौरोजी ने दिया था तथा इन्हें **भारत के ग्रैण्ड ओल्ड मैन** और 'फादर ऑफ इण्डियन नेशनलिज्म' के नाम से भी जाना जाता है।

53. निम्नलिखित में से क्या राष्ट्रीय आय में शामिल नहीं है? **SSC MTS Tier-1 29.10.2024 (Shift-III)**

(a) किसी व्यक्ति को उसकी पूँजी के उपयोग के लिए प्राप्त हुई आय
(b) एक परिवार को उनकी भूमि के उपयोग के लिए प्राप्त हुई आय
(c) एक परिवार को उनके उद्यमशीलता कौशल के उपयोग के लिए प्राप्त हुई आय
(d) किसी व्यक्ति को दान के रूप में प्राप्त हुई आय

उत्तर (d)

• किसी व्यक्ति को दान के रूप में प्राप्त हुई आय राष्ट्रीय आय में शामिल नहीं है।

• राष्ट्रीय आय किसी देश की भौगोलिक सीमा के अन्दर एक निश्चित अवधि के दौरान उत्पादित सभी वस्तुओं और सेवाओं का कुल मूल्य होता है।

• राष्ट्रीय आय की गणना राष्ट्रीय सांख्यिकी कार्यालय (NSO) करता है, जो सांख्यिकी और कार्यक्रम कार्यान्वयन मन्त्रालय के अन्तर्गत आता है।

54. भारत में सकल घरेलू उत्पाद का आकलन करते समय निम्नलिखित में से किसे अन्तिम वस्तु के रूप में मान्यता दी जाती है?

SSC MTS Tier-1 23.10.2024 (Shift-II)

A. एक घर में रोटी बनाने के लिए खरीदा गया गेहूँ
B. एक होटल में रोटी बनाने के लिए खरीदा गया गेहूँ
C. एक घर में चाय बनाने के लिए उपयोग में लाया जाने वाला टी बैग
D. विश्वविद्यालय छात्रावास कैन्टीन में चाय बनाने के लिए उपयोग में लाया जाने वाला टी बैग

कूट

(a) B और C (b) B और D
(c) A और C (d) A और B

उत्तर (c)

• विकल्प (c) सही उत्तर है

• भारत में सकल घरेलू उत्पाद का आकलन करते समय घर में रोटी बनाने के लिए खरीदा गया गेहूँ तथा चाय बनाने के लिए उपयोग में लाए गए टी बैग को अन्तिम वस्तु के रूप में मान्यता दी जाती है।

• सकल घरेलू उत्पाद (GDP) किसी निश्चित समयावधि के दौरान देश की भौगोलिक सीमाओं के भीतर उत्पादित सभी अन्तिम वस्तुओं और सेवाओं का कुल मौद्रिक मूल्य है।

$$GDP = C + G + I$$

C = उपभोग व्यय

G = सरकारी व्यय

I = निवेश व्यय

55. वायु और राष्ट्रीय रक्षा निम्नलिखित में से किन वस्तुओं के उदाहरण हैं?

SSC MTS Tier-1 16.10.2024 (Shift-II)

(a) सामान्य वस्तुओं (b) सार्वजनिक वस्तुओं
(c) निजी वस्तुओं (d) क्लब वस्तुओं

उत्तर (b)

• वायु और राष्ट्रीय रक्षा सार्वजनिक वस्तुओं के उदाहरण हैं।

• राष्ट्रीय रक्षा एक सार्वजनिक वस्तु है, क्योंकि यह गैर बहिष्कृत व गैर-प्रतिद्वन्द्वी है।

• स्वच्छ वायु भी एक सार्वजनिक वस्तु है, क्योंकि प्रत्येक व्यक्ति इसका नि:शुल्क उपयोग कर सकता है।

• कानून प्रवर्तन, शिक्षा, सुरक्षा, जल, पर्यावरण संरक्षण सार्वजनिक वस्तुओं के कुछ अन्य उदाहरण है।

56. निम्नलिखित में से कौन-सी पूँजीगत वस्तुओं (capital goods) की विशेषताओं में से एक है?

SSC MTS Tier-1 30.09.2024 (Shift-I)

(a) वे निम्नस्तरीय वस्तुएँ होती हैं।
(b) वे सस्ती होती हैं।
(c) वे टिकाऊ होती हैं।
(d) वे घटिया वस्तुएँ होती हैं।

उत्तर (c)

• पूँजीगत वस्तुएँ, **मानव निर्मित और टिकाऊ** होती हैं।

• पूँजीगत वस्तुएँ किसी व्यवसाय या सरकार में ऐसी सम्पत्तियाँ होती हैं, जिनका उपयोग उत्पादन या सेवाओं के निर्माण में किया जाता है।

• पूँजीगत वस्तुओं के उदाहरण मशीनरी, वाहन, कारखानें, कच्चे माल और प्राकृतिक संसाधन हैं।

SSC MTS 2023 & 2021

57. कौन-सा घाटा सरकार की ऋण-ग्रहण आवश्यकताओं को दर्शाता है?

SSC MTS 14.09.2023 (Shift-I)

(a) राजकोषीय घाटा (b) पूँजीगत घाटा
(c) प्राथमिक घाटा (d) राजस्व घाटा

उत्तर (a)

• राजकोषीय घाटा सरकार की ऋण-ग्रहण आवश्यकताओं को दर्शाता है।

• राजकोषीय घाटे की गणना, देश के **सकल घरेलू उत्पाद (GDP)** के प्रतिशत के रूप में की जाती है।

कुल राजस्व – कुल व्यय = राजकोषीय घाटा

• यह घाटा राजकोषीय घाटा सरकार की कुल आय और उसके कुल राजस्व (उधार को छोड़कर) के बीच का अन्तर होता है तथा किसी सरकार के खर्च की तुलना में उसके राजस्व में कमी को सन्दर्भित करता है।

58. पूँजीगत व्यय क्या है?

SSC MTS 05.09.2023 (Shift-II)

(a) हेल्थकेयर कार्यक्रमों पर व्यय की गई धनराशि
(b) किसानों के लिए सब्सिडी पर व्यय की गई धनराशि
(c) ऋण चुकाने पर व्यय की गई धनराशि
(d) अवसंरचना (infrastructure) के विकास पर व्यय की गई धनराशि

उत्तर (d)

• अवसंरचना के विकास पर व्यय की गई धनराशि **पूँजीगत व्यय** कहलाता है।

• सरकार की परिसम्पत्तियों में वृद्धि करने वाले खर्चों को पूँजीगत व्यय माना जाता है;
जैसे— पुल, सड़क निर्माण आदि।

• पूँजीगत व्यय को वेलेंसशीट में परिसम्पत्तियों के अन्तर्गत दर्ज किया जाता है।

59. एक वर्ष के दौरान देश के भीतर उत्पादित सभी अन्तिम वस्तुओं और सेवाओं का मूल्य .... के रूप में जाना जाता है।

SSC MTS 11.09.2023 (Shift-II)

(a) निवल घरेलू उत्पाद
(b) सकल घरेलू उत्पाद
(c) सकल राष्ट्रीय उत्पाद
(d) निवल राष्ट्रीय उत्पाद

उत्तर (b)

• एक वर्ष के दौरान देश के भीतर उत्पादित सभी अन्तिम वस्तुओं और सेवाओं का मूल्य सकल घरेलू उत्पाद के रूप में जाना जाता है।

• **सकल घरेलू उत्पाद** किसी देश की आर्थिक स्थिति का सबसे महत्त्वपूर्ण संकेतक है। यह देश में उत्पादित सभी वस्तुओं और सेवाओं का मूल्य होता है।

सकल घरेलू उत्पाद = उपभोक्ता + सकल निवेश + सरकारी खर्च + (निर्यात-आयात)।

60. निम्नलिखित में से कौन-सी अवधारणाएँ बताती हैं कि सतत् विकास को प्रगति की धारणाओं के लिए एक समग्र दृष्टिकोण रखना चाहिए और कल्याण के गैर-आर्थिक पहलुओं को समान महत्त्व देना चाहिए? **SSC MTS 05.10.2021 (Shift-I)**

(a) सकल घरेलू उत्पाद (GDP)
(b) सकल राष्ट्रीय खुशहाली (GNH)
(c) सकल राष्ट्रीय उत्पाद (GNP)
(d) शुद्ध राष्ट्रीय उत्पाद (NNP)

उत्तर (b)

• **सकल राष्ट्रीय खुशहाली** (GNH) की अवधारणाएँ बताती हैं कि सतत् विकास को प्रगति की धारणाओं के लिए एक समग्र दृष्टिकोण रखना चाहिए और कल्याण के गैर-आर्थिक पहलुओं को समान महत्त्व देना चाहिए।

• इस अवधारण को **भूटान** के **चतुर्थ शासक जिग्मे सिग्मे वांगचुक** द्वारा वर्ष 1972 में प्रस्तुत किया गया था।

• इसके चार स्तम्भ हैं
(i) सतत् और न्यायसंगत सामाजिक-आर्थिक विकास
(ii) पर्यावरण संरक्षण
(iii) संस्कृति का संरक्षण तथा संवर्धन
(iv) सुशासन

SSC Steno 2024 & 2023

61. निम्नलिखित में से कौन-सा विकल्प सकल प्राथमिक घाटे के परिकलन के लिए सही सूत्र है? **SSC Steno Tier-1 10.12.2024 (Shift-I)**

(a) सकल राजकोषीय घाटा + निवल ब्याज देनदारियाँ
(b) सकल राजकोषीय घाटा – निवल ब्याज देनदारियाँ
(c) सकल राजकोषीय घाटा – आरबीआई से उधार राशियाँ
(d) सकल राजकोषीय घाटा – विदेशों से उधार राशियाँ

उत्तर (b)

• सकल प्राथमिक घाटे के परिकलन के लिए सही सूत्र सकल राजकोषीय घाटा-निवल ब्याज देनदारियाँ है।

• राजकोषीय घाटा ब्याज सहित कुल सरकारी उधार आवश्यकताओं को इंगित करता है, जबकि प्राथमिक घाटा ब्याज भुगतान को छोड़कर कुल सरकारी उधार आवश्यकताओं को इंगित करता है।

62. एक अर्थव्यवस्था के उपभोग फलन के सन्दर्भ में यदि एम पी सी = 0.6 है, तो एम पी एस का सम्भावित मान क्या है? **SSC Steno Tier-1 10.12.2024 (Shift-I)**

(a) –0.6 (b) 0.36 (c) 0.16 (d) 0.4

उत्तर (d)

• एक अर्थव्यवस्था के उपयोग फलन के सन्दर्भ में यदि सीमान्त उपयोग प्रवृत्ति (*MPC*) = 0.6 है, तो सीमान्त बचत प्रवृत्ति (*MPS*) = 0.4 होगा।

• सीमान्त उपभोग प्रवृत्ति आय में परिवर्तन के साथ उपयोग व्यय में परिवर्तन के बीच के अनुपात को कहा जाता है।

• सीमान्त बचत प्रवृत्ति आय में परिवर्तन के साथ बचत में परिवर्तन के बीच के अनुपात को कहा जाता है।

$$(MPC + MPS = 1)$$
$$MPC + 0.6 = 1$$
$$\boxed{MPC = 0.4}$$

63. वर्ष 1950 से 1990 तक, सकल घरेलू उत्पाद (GDP) में कृषि क्षेत्र के योगदान के अनुपात में ....। **SSC Steno Tier-1 10.12.2024 (Shift-II)**

(a) समान रहा
(b) उल्लेखनीय वृद्धि नहीं हुई
(c) उल्लेखनीय गिरावट नहीं आई
(d) काफी गिरावट आई

उत्तर (d)

• वर्ष 1950 से 1990 तक, सकल घरेलू उत्पाद (GDP) में, कृषि क्षेत्र के योगदान के अनुपात में काफी गिरावट आई।

• वर्ष 1950-51 में कृषि क्षेत्र का योगदान 57.9% था, जो वर्ष 1990-91 में मात्र 26.5% रह गया।

64. कपड़े बनाने में कपास का उपयोग किया जाता है। इस उदाहरण में कपास किस प्रकार की वस्तु है? **SSC Steno Tier-1 10.12.2024 (Shift-II)**

(a) निम्नस्तरीय (b) मध्यवर्ती
(c) घटिया (d) पूँजीगत

उत्तर (b)

• कपड़े बनाने में कपास का उपयोग किया जाता है। कपास मध्यवर्ती प्रकार की वस्तु है।

• कपास के रेशों का उपयोग कर कपड़े बुनना आर्थिक गतिविधि के द्वितीयक क्षेत्र के अन्तर्गत आता है, जिसमें कच्ची सामग्रियों का संसाधन, विनिर्माण और उद्योग शामिल है।

65. निम्नलिखित में से किस पहल ने औद्योगिम और तृतीयक क्षेत्रों के विकास को प्रोत्साहित करके समग्र अर्थव्यवस्था के विकास को बढ़ावा दिया? **SSC Steno Tier-1 10.12.2024 (Shift-III)**

(a) नियोजन (b) हरित क्रान्ति
(c) औपनिवेशिक शासत (d) स्वतन्त्रता

उत्तर (a)

• नियोजन द्वारा औद्योगिक और तृतीय क्षेत्रों के विकास को प्रोत्साहित करके समग्र-रूप से अर्थव्यवस्था के विकास को बढ़ावा दिया।

• वर्तमान परिस्थितियों को ध्यान में रखकर किसी लक्ष्य प्राप्ति के लिए भविष्य की रूप-रेखा तैयार करना नियोजन कहलाता है।

• नियोजित अर्थव्यवस्था ऐसी आर्थिक अर्थव्यवस्था होती है, जहाँ विभिन्न माल और सेवाओं से सम्बन्धित निवेश, उत्पादन और वितरण सरकार द्वारा बनाई योजनाओं के अनुसार होता है।

66. वर्ष 1950 में, सकल घरेलू उत्पाद में कृषि क्षेत्र का योगदान कितना था? **SSC Steno Tier-1 11.12.2024 (Shift-III)**

(a) 56.6% (b) 48.6%
(c) 67.5% (d) 72.3%

उत्तर (c)

• वर्ष 1950 में सकल घरेलू उत्पाद में कृषि क्षेत्र का योगदान 67.5% था।

• औद्योगीकरण बढ़ने के साथ-साथ कृषि का योगदान कम होता गया। वर्तमान में GDP में कृषि क्षेत्र का योगदान लगभग 18% है।

• GDP, किस देश में एक निश्चित अवधि में उत्पादित सभी वस्तुओं और सेवाओं के मूल्य को मापता है।

67. निम्नलिखित में से किन राज्यों में भूमि सुधार उपायों का प्रभावी कार्यान्वयन किया गया? **SSC Steno Tier-1 11.12.2024 (Shift-III)**

(a) उत्तर प्रदेश और केरल
(b) केरल और पश्चिम बंगाल
(c) आन्ध्र प्रदेश और पश्चिम बंगाल
(d) तमिलनाडु और गुजरात

उत्तर (b)

• भूमि सुधार उपायों का प्रभावी कार्यान्वयन केरल व पश्चिम बंगाल राज्यों में किया गया।

• पश्चिम बंगाल में 'ऑपरेशन बरगा' के अन्तर्गत अधिकतम बटाईदारों को भूमि का स्वामित्व दिया गया था।

• वर्ष 1961-62 के बीच सभी राज्य सरकारों ने लैण्ड सीलिंग अधिनियम पारित कर दिए थे।

• भूमि सुधार से तात्पर्य भारत में भूमि के स्वामित्व और विनियमन में सुधार के प्रयासों से है।

68. निम्नलिखित में से कौन-सा विकल्प अवसंरचना (इन्फ्रास्ट्रक्चर) क्षेत्र का हिस्सा नहीं है? **SSC Steno 13.10.2023 (Shift-I)**

(a) राजमार्ग (b) बाँध
(c) कृषि (d) विद्युत

उत्तर (c)

• 'कृषि' अवसंरचना (इन्फ्रास्ट्रक्चर) क्षेत्र का हिस्सा नहीं है।

• बुनियादी ढाँचे में सार्वजनिक और निजी भौतिक संरचनाएँ शामिल होती हैं; जैसे-सड़कें, रेलवे, पुल, सुरंगें, विद्युत, ग्रिड और दूरसंचार आदि।

• 'बुनियादी ढाँचा सुविधाओं और प्रणालियों का समूह है' जो किसी देश, शहर या अन्य क्षेत्र की सेवा करता है।

SSC GD 2024

69. मूल्यह्रास के सम्बन्ध में निम्नलिखित में से कौन-सा कथन सही है? **SSC GD 20.02.2024 (Shift-III)**

I. अचल सम्पत्तियों के उसके उपयोगी जीवन के दौरान घिसावट के कारण उसके मूल्य में होने वाली हानि को मूल्यह्रास कहा जाता है।
II. मूल्यह्रास में अप्रत्याशित या अचानक विनाश को शामिल नहीं किया जाता है।

कूट

(a) केवल I (b) केवल II
(c) I और II दोनों (d) न तो I और न ही II

उत्तर (c)

• मूल्यह्रास के सम्बन्ध में कथन (I) और (II) दोनों सही हैं।

• मूल्यह्रास लेखांकन में एक शब्द है, जो किसी कम्पनी द्वारा खरीदी गई सम्पत्ति की लागत को उसके जीवनचक्र की अवधि में आवण्टित करने की प्रक्रिया को सन्दर्भित करता है। मूल्यह्रास किसी अचल सम्पत्ति के प्रयोग के दौरान घिसावट के कारण उसके मूल्य में होने वाली कमी है।

70. भारत की किस पंचवर्षीय योजना के अन्त में देश में पाँच आईआईटी (IIT) स्थापित किए गए? **SSC GD 20.02.2024 (Shift-IV)**

(a) तीसरी (b) पहली
(c) चौथी (d) दूसरी

उत्तर (b)

• प्रथम पंचवर्षीय योजना की अवधि वर्ष 1951-56 थी। इस पंचवर्षीय योजना के अन्त में देश में पाँच आईआईटी (IIT) स्थापित किए गए।

• सर्वप्रथम आईआईटी खड़गपुर (1950), आईआईटी बॉम्बे (1958), आईआईटी मद्रास (1959), आईआईटी कानपुर (1959) एवं आईआईटी दिल्ली (1961) खोले गए थे।

• यह योजना हैरोड-डोमर पर आधारित थी।

71. गन्ने से चीनी बनाने की गतिविधि किस क्षेत्रक की आर्थिक गतिविधि के अन्तर्गत आती है? **SSC GD 23.02.2024 (Shift-IV)**

(a) चतुर्थक क्षेत्रक (b) द्वितीयक क्षेत्रक
(c) तृतीयक क्षेत्रक (d) प्राथमिक क्षेत्रक

उत्तर (b)

• गन्ने से चीनी बनाने की गतिविधि द्वितीयक क्षेत्रक की आर्थिक गतिविधि के अन्तर्गत आती है।

• कच्चे माल को तैयार माल में बदलने वाले सभी मानवीय कार्यों को **द्वितीयक क्षेत्र** का हिस्सा माना जाता है।

• द्वितीयक क्षेत्र के अन्तर्गत विनिर्माण उद्योगों में ऑटोमोबाइल, विद्युत उपकरण, रसायन ऊर्जा, धातुकर्म और निर्माण उद्योग, चीनी उद्योग, खाद्य और काँच उद्योग शामिल हैं।

SSC GD 2023

72. विनिर्मित वस्तुओं का निर्यात, व्यापार और वाणिज्य को ······· है। **SSC GD 02.02.2023 (Shift-I)**

(a) फैलाता (b) संकुचित करता
(c) कम करता (d) कमजोर करता

उत्तर (a)

• विनिर्मित वस्तुओं का निर्यात, व्यापार और वाणिज्य को फैलाता है।

• **विनिर्मित** वस्तुओं के निर्यात में घरेलू स्तर पर उत्पादित वस्तुओं को विदेशी बाजारों में बेचना, आर्थिक विकास को गति देना और रोजगार पैदा करना शामिल है। यह व्यापार व वाणिज्य को फैलाता है।

73. निम्नलिखित में से कौन-सी गतिविधि अर्थव्यवस्था के तृतीयक क्षेत्र से सम्बन्धित है? **SSC GD 07.02.2023 (Shift-I)**

(a) कपड़ा बुनना (b) ऑटोमोबाइल निर्माण
(c) मत्स्यन (d) भण्डारण

उत्तर (d)

• भण्डारण अर्थव्यवस्था के तृतीयक क्षेत्र से जुड़ी गतिविधि है।

• अर्थव्यवस्था के तृतीयक क्षेत्र (tertiary sector of economy) को **सेवा क्षेत्र** (service sector) भी कहते हैं।

• तृतीयक क्षेत्र, बाजार सेवा क्षेत्र और गैर-बाजार सेवा क्षेत्र से मिलकर बना है।

• अर्थव्यवस्था के अन्य दो क्षेत्र **प्राथमिक क्षेत्र** (कृषि, पशुपालन, मछली पालन आदि) तथा **द्वितीयक क्षेत्र** (विनिर्माण) हैं।

74. निवल मूल्य = परिसम्पत्तियाँ– **SSC GD 07.02.2023 (Shift-I)**

(a) मौजूदा परिसम्पत्तियाँ (b) देयताएँ
(c) हिस्सेदारी (d) बही ऋण

उत्तर (b)

• निवल मूल्य का अर्थ है, किसी व्यक्ति या संगठन की सम्पत्तियों का मूल्य, जिसमें से उनके द्वारा चुकाए गए दायित्वों (ऋणों) को घटाया जाता है। इसे **नेट वर्थ** भी कहते हैं।

• एक निगम के शेयरधारकों द्वारा धारित हिस्सेदारी के बुक वैल्यू को **निवल मूल्य** कहा जाता है।

• इसका सूत्र है

निवल मूल्य = परिसम्पत्तियाँ – देयताएँ

75. आयात से अधिक निर्यात ············· के परिणामस्वरूप व्यापार होता है। **SSC GD 09.02.2023 (Shift-IV)**

(a) अधिशेष (b) शून्य बजट
(c) घाटा (d) देयता

उत्तर (a)

• आयात से अधिक निर्यात अधिशेष के परिणामस्वरूप व्यापार होता है।

• **व्यापार अधिशेष** तब होता है, जब कोई देश आयात से अधिक उत्पादों का निर्यात करता है। व्यापार अधिशेष, व्यापार के सकारात्मक सन्तुलन की एक आर्थिक माप है।

• व्यापार घाटा तब होता है, जब कोई देश अपने निर्यात से ज्यादा आयात करता है। व्यापार घाटे का सामान्यत: मुद्रा विनिमय दरों पर विपरीत प्रभाव भी पड़ता है।

पंचवर्षीय योजनाएँ, नीति आयोग, निर्धनता, बेरोजगारी

भारत में आर्थिक नियोजन

- भारत में आर्थिक नियोजन की चर्चा सर्वप्रथम **सर एम. विश्वेश्वरैया** ने वर्ष 1934 में प्रकाशित पुस्तक Planned Economy for India में की थी।
- **बॉम्बे प्लान** नामक 15 वर्षीय एक योजना, वर्ष 1944 में मुम्बई के आठ उद्योगपतियों ने प्रस्तुत की।
- **गाँधीवादी योजना** को वर्ष 1944 में श्रीमन्नारायण ने प्रस्तुत किया।
- वर्ष 1945 में **एम एन राय** ने **जन-योजना (People's Plan)** प्रस्तुत की।
- वर्ष 1950 में जयप्रकाश नारायण के द्वारा सर्वोदय योजना प्रस्तुत की गई।

योजना आयोग

- स्थापना - 15 मार्च, 1950 (के.सी. नियोगी समिति की सिफारिश पर)
- मुख्य कार्य - पंचवर्षीय योजनाओं का क्रियान्वयन
- भारत में आर्थिक नियोजन 1 अप्रैल, 1951 से प्रारम्भ हुआ।

नीति आयोग (NITI Aayog)

- स्थापना - 1 जनवरी, 2015 (योजना आयोग के स्थान पर)
- पूर्ण रूप - National Institution for Transforming India (राष्ट्रीय भारत परिवर्तन संस्थान)
- अध्यक्ष - प्रधानमन्त्री
- मुख्य कार्य - विकास प्रक्रिया में निर्देश व परामर्श देना

राष्ट्रीय विकास परिषद् (NDC)

- स्थापना - 6 अगस्त, 1952
- प्रमुख कार्य - राष्ट्रीय स्तर पर योजनाओं के निर्माण व क्रियान्वयन की रूपरेखा तैयार करना।

पंचवर्षीय योजनाएँ

योजना	अवधि	केन्द्र बिन्दु
पहली योजना	1951-56	कृषि, सिंचाई, विद्युत
दूसरी योजना	1956-61	भारी उद्योग
तीसरी योजना	1961-66	खाद्यान्न, उद्योग
चौथी योजना	1969-74	स्थिरता के साथ आत्मनिर्भरता
पाँचवीं योजना	1974-79	निर्धनता उन्मूलन, आर्थिक आत्मनिर्भरता
छठी योजना	1980-85	गरीबी उन्मूलन व रोजगार सृजन
सातवीं योजना	1985-90	ऊर्जा, खाद्यान्न
आठवीं योजना	1992-97	मानव संसाधन, विकास
नौवीं योजना	1997-02	सामाजिक न्याय व समानता के साथ आर्थिक वृद्धि
दसवीं योजना	2002-07	रोजगार, ऊर्जा
ग्यारहवीं योजना	2007-12	तीव्र और अधिक समावेशी विकास
बारहवीं योजना	2012-17	तीव्र, संपोषणीय तथा अधिक समावेशी विकास

निर्धनता

- निर्धनता से आशय उस सामाजिक अवस्था से है जिसमें समाज का एक भाग अपने जीवन की आधारभूत आवश्यकताओं को भी पूरा नहीं कर पाता। निर्धनता मापने के प्रयास समय-समय पर होता रहा है सामान्यतः इसे मापने हेतु 2 विधियाँ प्रयोग में लाई जाती हैं;

निरपेक्ष निर्धनता

- इसमें राष्ट्रीय स्तर पर संसाधनों के अनुरूप परिमाणात्मकता के आधार पर जीविका स्तर निर्धारित किया जाता है और इस स्तर के नीचे के लोगों को निर्धन कहा जाता है।
- निरपेक्ष निर्धनता मापन को **हेड काउण्ट रेशियो** कहा जाता है। इस काउण्ट रेशियों (H) के स्थान पर अमर्त्य सेन ने निर्धनता सूचकांक (P) की संकल्पना प्रस्तुत की है। इसे **सेन गरीबी गुणांक** कहते हैं।

सापेक्ष निर्धनता

- इसमें उच्च आय वर्गों तथा निम्न आय वर्गों के बीच तुलना की जाती है तथा यह देखा जाता है कि विभिन्न आय वर्गों के बीच कितनी विषमता है।
- इसे प्रायः गिनी गुणांक तथा लॉरेन्ज वक्र द्वारा मापा जाता है। यह विधि विकसित देशों में निर्धनता मापने के लिए ज्यादा उपयुक्त है।

लॉरेंज वक्र

लॉरेंज वक्र (Lorenz Curve) द्वारा किसी देश के लोगों के बीच आय विषमता को ज्ञात करते हैं। इसे वर्ष 1905 में **मैक्स ओ लॉरेंज** ने विकसित किया।

गिनी गुणांक

यह लॉरेंज वक्र तथा निरपेक्ष समता रेखा के बीच का क्षेत्रफल और काल्पनिक समता रेखा के नीचे के पूरे क्षेत्रफल के अनुपात को प्रदर्शित करता है, जिसका मान 0 से 1 के बीच में होगा। यदि विषमता अधिकतम है तो इसका मान 1 होगा और यदि विषमता न्यूनतम है तो इसका मान शून्य होगा। गिनी गुणांक को इटैलियन **कोरेडो गिनी** ने वर्ष 1912 में विकसित किया था।

निर्धनता मापन की विभिन्न समितियाँ

लकड़ावाला समिति

- योजना आयोग ने सितम्बर, 1989 में **प्रो. डी टी लकड़ावाला** की अध्यक्षता में एक विशेष समूह की नियुक्ति की, जिसने प्रति व्यक्ति कैलोरी उपभोग को आधार बनाते हुए ग्रामीण क्षेत्रों में 2400 कैलोरी प्रति व्यक्ति तथा शहरी क्षेत्रों में 2100 कैलोरी प्रति व्यक्ति उपभोग को आधार माना।

सुरेश तेन्दुलकर समिति

- प्रधानमन्त्री की आर्थिक सलाहकार समिति के पूर्व अध्यक्ष **सुरेश तेन्दुलकर** की रिपोर्ट गरीबी का आँकड़ा वर्ष 2004-05 में 37.2% बताया है। देश में निर्धनता अनुपात का आकलन पहले योजना आयोग द्वारा राष्ट्रीय नमूना सर्वेक्षण संगठन(NSSO) के माध्यम से किया गया। तेदुंलकर समिति के फार्मूले के तहत वर्ष 2011-12 में देश में निर्धनता 21.9% पाई गई।
- तेन्दुलकर समिति के अनुसार ग्रामीण क्षेत्र में यदि कोई व्यक्ति 27 रुपया (₹ 816 प्रतिमाह) से अधिक तथा शहरी क्षेत्र में 33 रुपया से (₹ 1000 प्रतिमाह) अधिक प्रतिदिन खर्च करता है, तो उसे गरीब नहीं माना गया।
- तेन्दुलकर फॉर्मूले में निर्धनता रेखा का आकलन प्रतिव्यक्ति मासिक उपभोग व्यय के आधार पर किया गया।

रंगराजन समिति (2012)

- योजना आयोग ने डॉ. सी. रंगराजन की अध्यक्षता में एक नवीन विशेषज्ञ तकनीकी समूह का गठन 24 मई, 2012 को किया गया, जिसका मुख्य कार्य गरीबी की परिभाषा तथा गरीबों की संख्या तय करना था।
- रंगराजन समिति के अनुसार शहरों में प्रतिदिन ₹47 तक खर्च कर सकने वाले व्यक्ति को ही गरीब की श्रेणी में रखा जाए, जबकि ग्रामीण क्षेत्रों में यह सीमा ₹ 32 है। औसत माहवार खर्च के अनुसार ग्रामीण क्षेत्रों में ₹ 972 प्रतिमाह से कम तथा शहरों में ₹ 1407 से कम प्रतिमाह कमाने वालों को गरीब माना जाएगा।
- रंगराजन समिति के अनुसार वर्ष 2011-12 में देश में 29.5% लोग गरीब थे, जबकि तेंदुलकर समिति के अनुसार 21.9% लोग गरीब थे।
- योजना आयोग के आँकड़ों में वर्ष 2011-12 में देश में कुल 26.93 करोड़ लोग निर्धन आंकलित किए गए हैं। इसके अनुसार सबसे अधिक निर्धनता छत्तीसगढ़ में (39.93%) तथा सबसे कम गोवा (5.09%) में है।

बेरोजगारी

बेरोजगारी से आशय एक ऐसी स्थिति से है, जब देश में कार्य करने वाली जनशक्ति अधिक होती है और काम करने पर राजी भी होती है, परन्तु उन्हें प्रचलित मजदूरी दर पर कार्य नहीं मिल पाता।

भारत में बेरोजगारी

- भारत में पाई जाने वाली बेरोजगारी को विभिन्न श्रेणियों में वर्गीकृत किया जा सकता है

संरचनात्मक बेरोजगारी

- किसी अर्थव्यवस्था में औद्योगिक क्षेत्र में संरचनात्मक परिवर्तनों के परिणामस्वरूप उत्पन्न होने वाली बेरोजगारी को संरचनात्मक बेरोजगारी कहते हैं। भारत में बेरोजगारी का स्वरूप मूल रूप से संरचनात्मक बेरोजगारी का ही है।

घर्षणात्मक बेरोजगारी

- बाजार की दशाओं (माँग की पूर्ति) में परिवर्तन होने से उत्पन्न बेरोजगारी को घर्षणात्मक बेरोजगारी कहते हैं। उदाहरणस्वरूप द्वितीय विश्वयुद्ध के पश्चात् युद्धकालीन उद्योगों की माँग में कमी आने से बन्द कर दिए गए, जिससे उसमें लगे सारे कामगार बेरोजगार हो गए।

शिक्षित बेरोजगारी

- शिक्षित बेरोजगारी से आशय उस स्थिति से है, जब एक शिक्षित व्यक्ति को उसकी योग्यतानुसार कार्य नहीं मिलता है और वह बेरोजगारी से ग्रसित हो जाता है।

खुली बेरोजगारी

- यह बेरोजगारी का सबसे वीभत्स रूप है, इसमें श्रमिकों को बिना काम किए ही रहना पड़ता है। उन्हें थोड़ा काम भी नहीं मिल पाता है।

अदृश्य बेरोजगारी या छिपी हुई बेरोजगारी (प्रच्छन्न बेरोजगारी)

- जब किसी कार्य को करने में आवश्यकता से अधिक श्रमिक लगे होते हैं तथा इन अतिरिक्त श्रमिकों की सीमान्त उत्पादकता शून्य होती है तो इसे हम अदृश्य बेरोजगारी कहते हैं, इसका सर्वप्रथम अवधारणात्मक उल्लेख जॉन राबिन्सन ने किया था। मुख्यतः भारतीय कृषि क्षेत्रक में प्रच्छन्न बेरोजगारी व्याप्त है।

मौसमी बेरोजगारी

- यह मुख्य रूप से कृषि क्षेत्र में पाई जाती है, क्योंकि कृषि में लगभग 7 से 9 महीने ही श्रम की आवश्यकता होती है। इस प्रकार वर्ष के शेष महीनों में श्रमिक बेरोजगारी का सामना करते हैं।

SSC CGL 2024 (Tier 1 & 2)

76. भारत में निम्नलिखित में से कौन-सा क्षेत्र मौसमी बेरोजगारी का सामना करता है?
SSC CGL Tier-1 26.09.2024 (Shift-I)

(a) चिकित्सा (b) सूचना प्रौद्योगिकी
(c) विनिर्माण (d) कृषि

उत्तर (d)

- भारत में **कृषि क्षेत्र** मौसमी बेरोजगारी का सामना करता है।
- मौसमी बेरोजगारी वह स्थिति है, जिसमें वर्ष के कुछ विशिष्ट महीनों में बेरोजगारी का स्तर बढ़ने की उम्मीद होती है। फलत: लोगों को कुछ महीने नौकरी नहीं मिल पाती है।

77. 1947 से 1990 की अवधि के दौरान, कितनी पंचवर्षीय योजनाएँ पूरी की गईं?
SSC CGL Tier-1 25.09.2024 (Shift-II)

(a) 9 (b) 7 (c) 6 (d) 8

उत्तर (b)

- 1947 से 1990 की अवधि के दौरान 7 **पंचवर्षीय योजनाएँ** पूरी की गई।
- प्रथम पंचवर्षीय योजना का कार्यकाल **वर्ष 1951 से 1956** तक था।
- इस योजना का प्रमुख उद्देश्य ग्रामीण क्षेत्रों के कुछ उद्योगों का **विकेन्द्रीकरण** करना एवं कारखाना प्रतिष्ठानों की सापेक्ष हिस्सेदारी बढ़ाना था।
- सातवीं पंचवर्षीय योजना का कार्यकाल वर्ष 1985 से 1900 तक था।

78. निम्नलिखित में से कौन-सा कथन द्वितीय पंचवर्षीय योजना के सन्दर्भ में गलत है?
SSC CGL Tier-1 23.09.2024 (Shift-II)

(a) योजना में समाज का समाजवादी स्वरूप प्रतिबिम्बित था।
(b) योजना में भारी और मूल उद्योगों के तीव्र औद्योगिकीकरण पर बल दिया गया।
(c) यह योजना 'कीनेसियन मॉडल' पर आधारित थी।
(d) योजना के दौरान विद्युत, रेलवे, इस्पात आदि उद्योग स्थापित किए गए।

उत्तर (c)

- द्वितीय पंचवर्षीय योजना **महालनोबिस मॉडल** पर आधारित थी, न कि कीनेसियन मॉडल पर।
- इस योजना का उद्देश्य बुनियादी और भारी उद्योगों के विकास पर विशेष बल देने के साथ-साथ तेजी से औद्योगीकरण था।

79. ……… के दौरान, भारत सरकार द्वारा सूखा प्रवण क्षेत्रों में लोगों को रोज़गार प्रदान करने के लिए, सूखा प्रवण क्षेत्र कार्यक्रम (Drought Prone Area Programme, DPAP) शुरू किया गया था।
SSC CGL Tier-1 18.09.2024 (Shift-II)

(a) तीसरी पंचवर्षीय योजना
(b) चौथी पंचवर्षीय योजना
(c) सातवीं पंचवर्षीय योजना
(d) छठी पंचवर्षीय योजना

उत्तर (b)

- चौथी पंचवर्षीय योजना के दौरान, भारत सरकार द्वारा सूखा प्रवण क्षेत्रों में लोगों को रोज़गार प्रदान करने के लिए, सूखा प्रवण क्षेत्र कार्यक्रम (DPAP) शुरू किया गया था।
- चौथी पंचवर्षीय योजना (1969-1974) **गॉडगिल फॉर्मूले** पर आधारित थी, जिसके अन्तर्गत स्थिरता के विकास और आत्मनिर्भरता की ओर बढ़ना था।
- इस पंचवर्षीय योजना के अन्तर्गत 14 बैंकों का राष्ट्रीयकरण किया गया था।

80. धन, मजदूरी में परिवर्तन की दर और बेरोजगारी की दर के बीच अनुभवजन्य रूप से स्थापित सम्बन्ध को किस रूप में जाना जाता है? **SSC CGL Tier-1 13.09.2024 (Shift-II)**

(a) केनेसियन मॉडल
(b) फ्रीडमैन मॉडल
(c) बॉमोल परिकल्पना
(d) फिलिप्स वक्र

उत्तर (d)

- धन, मजदूरी में परिवर्तन की दर और बेरोजगारी की दर के बीच अनुभवजन्य रूप से स्थापित सम्बन्ध को **फिलिप्स वक्र** के रूप में जाना जाता है।
- न्यूजीलैण्ड के **अर्थशास्त्री विलियम फिलिप्स** ने इसकी खोज की थी।
- अल्पावधि में फिलिप्स वक्र नीचे की ओर झुका होता है, जबकि दीर्घावधि में यह लम्बवत् होता है।

81. निम्नलिखित में से कौन-सा भारत में बेरोजगारी के लिए सबसे उपयुक्त कारण है?
SSC CGL Tier-1 14.09.2024 (Shift-III)

(a) श्रम शक्ति का अभाव
(b) पर्यावरण की स्थिति
(c) उच्च शिक्षा प्रणाली
(d) अत्यधिक जनसंख्या

उत्तर (d)

- **अत्यधिक जनसंख्या** भारत में बेरोजगारी के लिए सबसे उपयुक्त कारण है।
- बढ़ती आबादी के साथ-साथ कार्य करने की क्षमता रखने वाले लोगों की संख्या भी बढ़ती है।
- भारत में दुनिया की कुल आबादी **17.78%** है।
- 2011 की जनगणना के अनुसार, भारत की आबादी में 52% पुरुष और 48% महिलाएँ शामिल हैं।

82. प्रथम पंचवर्षीय योजना की वास्तविक विकास दर क्या थी? **SSC CGL Tier-1 12.09.2024 (Shift-II)**

(a) 2.6% (b) 4.2%
(c) 2.1% (d) 3.6%

उत्तर (d)

- प्रथम पंचवर्षीय योजना की वास्तविक विकास दर 3.6% थी।
- प्रथम पंचवर्षीय योजना वर्ष **1957 से 1956** की अवधि के लिए थी।
- यह **हैरोड-डोमर मॉडल** पर आधारित थी।

83. भारत में निम्न में से किस प्रकार की बेरोजगारी तब पाई जाती है, जब लोग एक वर्ष की एक निश्चित अवधि के लिए पर्वतीय क्षेत्रों में पर्यटन रिसॉर्ट्स और विभिन्न पर्यटन सम्बन्धी गतिविधियों में कार्यरत् होते हैं, लेकिन ऑफ-सीजन में बेरोजगार होते हैं?
SSC CGL Tier-1 11.09.2024 (Shift-III)

(a) चक्रीय बेरोजगारी (b) प्रच्छन्न बेरोजगारी
(c) अल्प रोजगार (d) मौसमी बेरोजगारी

उत्तर (c)

- भारत में **अल्प रोजगार** की बेरोजगारी पाई जाती है। जब लोग एक वर्ष को एक निश्चित अवधि के लिए पर्वतीय क्षेत्रों में पर्यटन रिसॉर्ट्स और विभिन्न पर्यटन सम्बन्धी गतिविधियों में कार्यरत् होते हैं, लेकिन ऑफ-सीजन में बेरोजगार होते हैं।
- **अल्प बेरोजगारी** में लोग अपनी क्षमता से कम काम करते हैं या ऐसी नौकरी स्वीकार करते हैं, जो उनके कौशल और जरूरतों के अनुसार नहीं होती है।

84. भारत में राष्ट्रीय आय (NI) की गणना के इतिहास के सम्बन्ध में निम्नलिखित में से कौन-सा सही नहीं है?
SSC CGL Tier-1 10.09.2024 (Shift-I)

(a) NI की गणना करने का पहला आधिकारिक प्रयास पीसी महालनोबिस द्वारा किया गया था।
(b) NI की गणना करने के लिए पहली वैज्ञानिक पद्धति का उपयोग डॉ. वी.के. आर.वी. राव ने किया था।
(c) दादाभाई नौरोजी ने भारतीय अर्थव्यवस्था को दो भागों में विभाजित किया प्राथमिक क्षेत्र और द्वितीयक क्षेत्र।
(d) NI की गणना करने का पहला प्रयास दादाभाई नौरोजी ने किया था।

उत्तर (c)

- भारत में राष्ट्रीय आय (NI) की गणना के सम्बन्ध में विकल्प C सही नहीं है, क्योंकि दादाभाई नौरोजी ने भारतीय अर्थव्यवस्था को प्राथमिक और द्वितीयक क्षेत्र में विभाजित नहीं किया था।
- **दादाभाई नौरोजी** ने 1867-68 ई. में राष्ट्रीय आय का पहला प्रयास किया था। इन्होंने प्रति व्यक्ति आय ₹ 20 होने का अनुमान लगाया।
- राष्ट्रीय आय की गणना का पहला आधिकारिक प्रयास पी. सी. महालनोबिस ने किया था, जबकि पहला वैज्ञानिक प्रयास डॉ. वी. के. आर. वी. राव ने किया था।

85. कौन-सी पंचवर्षीय योजना मुख्य रूप से 'गरीबी हटाओ' पहल पर केन्द्रित थी?
SSC CGL Tier-1 10.09.2024 (Shift-I)
(a) पाँचवीं पंचवर्षीय योजना
(b) तीसरी पंचवर्षीय योजना
(c) छठी पंचवर्षीय योजना
(d) चौथी पंचवर्षीय योजना

उत्तर (a)
• पाँचवीं पंचवर्षीय योजना मुख्य रूप से **गरीबी हटाओ** पर केन्द्रित थी।
• पाँचवीं पंचवर्षीय योजना का कार्यकाल **वर्ष 1974 से 1978** तक था, जिसका उद्देश्य रोजगार गरीबी उन्मूलन और न्याय पर केन्द्रित था।

SSC CGL 2023 (Tier 1 & 2)

86. स्वतन्त्रता-पूर्व भारत में गरीबी रेखा पर चर्चा करने वाला पहला व्यक्ति निम्नलिखित में से कौन था? **SSC CGL Tier-1 14.07.2023 (Shift-IV)**
(a) महालनोबिस
(b) डॉ. बी. आर. अम्बेडकर
(c) दादाभाई नौरोजी
(d) आर. के. षणमुखम चेट्टी

उत्तर (c)
• **दादाभाई नौरोजी** ने अपनी पुस्तक **पावर्टी एण्ड अनब्रिटिश रूल इन इण्डिया** के माध्यम से गरीबी का सबसे पहले उल्लेख किया था। इस पुस्तक का प्रकाशन वर्ष 1901 में हुआ था।
• इन्होंने अपनी इस पुस्तक में **धन निष्कासन सिद्धान्त** दिया था।
• उन्होंने प्रतिव्यक्ति आय **₹ 16 से ₹ 35** का अनुमान लगाया था।

87. प्रधानमन्त्री रोजगार योजना किस पंचवर्षीय योजना के दौरान शुरू की गई थी?
SSC CGL Tier-1 17.07.2023 (Shift-I)
(a) दसवीं पंचवर्षीय योजना
(b) नौवीं पंचवर्षीय योजना
(c) सातवीं पंचवर्षीय योजना
(d) आठवीं पंचवर्षीय योजना

उत्तर (d)
• **प्रधानमन्त्री रोजगार योजना** आठवीं पंचवर्षीय योजना के दौरान शुरू की गई थी।
• इस योजना में (1992-97) उद्योगों के आधुनिकीकरण को बढ़ावा दिया गया।
• यह योजना राव-मनमोहन मॉडल के रूप में भी जानी जाती है।
• वर्ष 1993 में प्रधानमन्त्री, रोजगार (PMRY) का शुभारम्भ किया गया।

88. द्वितीय पंचवर्षीय योजना (1956-61) का प्रमुख उद्देश्य निम्नलिखित में से किस लक्ष्य को प्राप्त करना था? **SSC CGL Tier-1 17.07.2023 (Shift-II)**
(a) भारी उद्योगों पर फोकस के साथ तेजी से औद्योगीकरण
(b) आत्मनिर्भर एवं स्वजनी अर्थव्यवस्था
(c) स्थिरता के साथ विकास
(d) सामाजिक न्याय के साथ विकास

उत्तर (a)
• द्वितीय पंचवर्षीय योजना का उद्देश्य **समाजवादी समाज** की स्थापना करना तथा भारी उद्योगों पर फोकस के साथ तीव्र औद्योगीकरण था।
• यह योजना **पी.सी. महालनोबिस मॉडल** पर आधारित थी।
• इस योजना में भिलाई, दुर्गापुर और राउरकेला क्रमशः सोवियत संघ, ब्रिटेन (यूके) और पश्चिमी जर्मनी की सहायता से पूँजीगत उद्योगों की स्थापना की गई।

89. भारत में बेरोजगारी से सम्बन्धित निम्नलिखित कथनों पर विचार कीजिए
SSC CGL Tier-1 17.07.2023 (Shift-III)
1. मौसमी बेरोजगारी मुख्यतः शहरी क्षेत्रों में पाई जाती है।
2. शिक्षित बेरोजगार लोग मुख्य रूप से भारत के ग्रामीण क्षेत्रों में पाए जाते हैं।
3. ग्रामीण अर्थव्यवस्था में बेरोजगारी को कम करने के लिए उच्च फसल सघनता वांछनीय है।

दिए गए कथनों में कौन-सा/से कथन सही है/हैं?
(a) केवल 1 (b) 1 और 2
(c) केवल 3 (d) 2 और 3

उत्तर (c)
• भारत में रोजगारी से सम्बन्धित केवल **कथन 3** सही है।
• विकसित देशों में बेरोजगारी का कारण प्रभावी माँगों में कमी का होना है, जबकि विकासशील देशों में बेरोजगारी का मुख्य कारण जनसंख्या में अत्यधिक वृद्धि है।
• **मौसमी बेरोजगारी** ग्रामीण क्षेत्र में व शिक्षित बेरोजगारी मुख्यतः शहरी क्षेत्रों में पाई जाती है।

90. भारत में आर्थिक सुधारों की प्रक्रिया किस पंचवर्षीय योजना में प्रारम्भ की गई थी?
SSC CGL Tier-1 18.07.2023 (Shift-II)
(a) पाँचवीं (b) छठी
(c) दसवीं (d) आठवीं

उत्तर (d)
• भारत में आर्थिक सुधारों की प्रक्रिया वर्ष 1991 में नरसिम्हा राव सरकार द्वारा **आठवीं पंचवर्षीय योजना** (1992-97) में लागू की गई।
• उस दौरान डॉ. मनमोहन सिंह वित्तमन्त्री थे, इसलिए इस आर्थिक मॉडल को **राव मनमोहन मॉडल** भी कहा जाता है।
• इस योजना का मुख्य उद्देश्य **मानव संसाधन** का विकास करना था।

91. राष्ट्रीय बहुआयामी गरीबी सूचकांक, 2021 (MPI) निम्नलिखित में से किसके द्वारा जारी किया गया था? **SSC CGL Tier-1 19.07.2023 (Shift-I)**
(a) नीति आयोग
(b) वित्त मन्त्रालय
(c) विश्व बैंक
(d) सामाजिक न्याय और अधिकारिता मन्त्रालय

उत्तर (a)
• राष्ट्रीय **बहुआयामी गरीबी सूचकांक** (2021) नीति आयोग द्वारा जारी किया गया।
• यह कई आयामों में गरीबी को मापने का प्रयास करता है तथा प्रतिव्यक्ति उपभोग व्यय के आधार पर वर्तमान गरीबी के आँकड़ों का पूरक है।

92. गरीबी के आकलन में निम्नलिखित में से किसे सन्दर्भित किया जा सकता है?
SSC CGL Tier-1 19.07.2023 (Shift-II)
(a) औसत सीमान्त उपयोगिता
(b) न्यूनतम समर्थन मूल्य
(c) मासिक प्रतिव्यक्ति व्यय
(d) अधिकतम समर्थन मूल्य

उत्तर (c)
• गरीबी का आकलन **मासिक प्रतिव्यक्ति व्यय** द्वारा किया जा सकता है।
• इसकी गणना जनसंख्या के कुल मासिक व्यय को लेकर और उस जनसंख्या में लोगों की कुल संख्या से विभाजित करके की जाती है।
• इस न्यूनतम स्तर को **गरीबी रेखा** के नाम से जाना जाता है।

93. पंचवर्षीय योजनाओं में, योजना अवकाश की अवधि ………… के बीच थी।
SSC CHSL Tier-1 07.08.2023 (Shift-IV)
SSC CGL Tier-1 20.07.2023 (Shift-III)
(a) वर्ष 1974-1979
(b) वर्ष 1969-1974
(c) वर्ष 1961-1966
(d) वर्ष 1966-1969

उत्तर (d)
• पंचवर्षीय योजनाओं में, योजना अवकाश की अवधि वर्ष 1966-1969 के बीच थी।
• तीसरी योजना की विफलता के कारण **वर्ष 1966-1969** के बीच योजना अवकाश की शुरुआत की गई, ताकि **तीन वार्षिक योजनाओं के** माध्यम से आर्थिक अवनति में कुछ सुधार लाया जा सके।
• इस दौरान भारत सरकार ने देश के निर्यात को बढ़ाने के लिए **रुपए का अवमूल्यन** घोषित किया।

94. वर्ष 2021 में नीति आयोग द्वारा प्रकाशित राष्ट्रीय बहुआयामी गरीबी सूचकांक-बेसलाइन रिपोर्ट के अनुसार, शहरी क्षेत्रों में रहने वाली आबादी में से कितने प्रतिशत लोग गरीब हैं?
SSC CGL Tier-1 20.07.2023 (Shift-IV)
(a) 10.32% (b) 5%
(c) 8.81% (d) 21.09%

उत्तर (c)
• नीति आयोग ने वर्ष 2021 में राष्ट्रीय बहुआयामी गरीबी सूचकांक जारी किया, जिसके अनुसार शहरी क्षेत्रों में **8.81%** लोग गरीब हैं।
• यह इस सूचकांक का **प्रथम** संस्करण था।
• वर्ष 2023 में नीति आयोग द्वारा जारी बहुआयामी गरीबी सूचकांक की रिपोर्ट के अनुसार शहरी क्षेत्रों में गरीबी दर **8.65% से** घटकर **5.27%** रह गई।

95. वर्ष 2011-12 के लिए राष्ट्रीय गरीबी रेखा का प्राक्कलन, भारत के शहरी क्षेत्रों के लिए प्रतिव्यक्ति प्रतिमाह ········ पर किया गया था।

SSC CGL Tier-1 21.07.2023 (Shift-I)

(a) ₹ 2000 (b) ₹ 1500
(c) ₹ 1000 (d) ₹ 3000

उत्तर (c)

• वर्ष 2011-12 के लिए राष्ट्रीय गरीबी रेखा का प्राक्कलन, भारत के शहरी क्षेत्रों के लिए प्रतिव्यक्ति प्रतिमाह ₹ 1000 पर किया गया था।
• सुरेश तेन्दुलकर समिति के द्वारा गरीबी रेखा को 'मिश्रित सन्दर्भ अवधि' पर आधारित 'मासिक प्रतिव्यक्ति उपयोग व्यय' के रूप में व्यक्त किया गया था।
• इस आधार पर **वर्ष 2011-12** के मूल्य पर ₹ 816 ग्रामीण और ₹ 1000 शहरी मासिक रुपया प्रतिव्यक्ति उपभोग रखा गया।

96. 'भारत के लिए आर्थिक विकास की योजना' को ········ के रूप में भी जाना जाता है।

SSC CGL Tier-1 21.07.2023 (Shift-III)

(a) दिल्ली योजना
(b) बम्बई योजना
(c) गुजरात योजना
(d) सूरत योजना

उत्तर (b)

• 'भारत के लिए आर्थिक विकास की योजना' को **बम्बई योजना** के रूप में भी जाना जाता है।
• वर्ष 1944 में **बम्बई** के आठ उद्योगपतियों द्वारा **बॉम्बे प्लान** प्रस्तुत किया गया, जिसमें 15 वर्षीय सूत्रबद्ध योजना थी।
• इस प्लान के सूत्रधार सर **आर्देशिर दलाल** थे।

97. डी. पी. धर द्वारा कौन-सी पंचवर्षीय योजना तैयार और लॉन्च की गई थी?

SSC CGL Tier-1 21.07.2023 (Shift-IV)

(a) पाँचवीं पंचवर्षीय योजना
(b) छठी पंचवर्षीय योजना
(c) सातवीं पंचवर्षीय योजना
(d) चौथी पंचवर्षीय योजना

उत्तर (a)

• डी.पी. धर द्वारा **पाँचवीं पंचवर्षीय योजना** लॉन्च की गई।
• इस योजना का कार्यकाल केवल **4 वर्ष** का रहा।
• इस योजना में **सर्वोच्च प्राथमिकता कृषि को दी गई** एवं तत्पश्चात् उद्योग व खनिज क्षेत्र को दी गई।

98. निम्नलिखित में से किस पंचवर्षीय योजना का उद्देश्य खाद्यान्न उत्पादन में तेजी से वृद्धि करना था? **SSC CGL Tier-1 24.07.2023 (Shift- II)**

(a) पाँचवीं पंचवर्षीय योजना
(b) छठी पंचवर्षीय योजना
(c) सातवीं पंचवर्षीय योजना
(d) आठवीं पंचवर्षीय योजना

उत्तर (c)

• सातवीं पंचवर्षीय योजना **जॉन डब्ल्यू मिलर मॉडल** पर आधारित थी, जिसका उद्देश्य खाद्यान्न उत्पादन में तेजी से वृद्धि करना था।
• 'भोजन, काम व उत्पादन' का नारा इसी योजना में दिया गया।
• इस योजना में प्रतिव्यक्ति आय में **3.6% प्रतिवर्ष** की दर से वृद्धि हुई।

99. जवाहर रोजगार योजना किस पंचवर्षीय योजना में शुरू की गई थी?

SSC CGL Tier-1 24.07.2023 (Shift-II)

(a) चौथी (b) सातवीं
(c) छठीं (d) पाँचवीं

उत्तर (b)

• जवाहर रोजगार योजना **सातवीं पंचवर्षीय योजना** के तहत वर्ष 1989 में **राजीव गाँधी सरकार** द्वारा शुरू की गई थी।
• इसे राष्ट्रीय ग्रामीण रोजगार कार्यक्रम और ग्रामीण भूमिहीन रोजगार गारण्टी कार्यक्रम के विलय पर लागू किया गया था।
• सातवीं पंचवर्षीय योजना ने सामाजिक न्याय को भी प्रोत्साहित किया।

100. वर्ष 2011-12 के लिए राष्ट्रीय गरीबी रेखा का प्राक्कलन भारत के ग्रामीण क्षेत्रों के लिए प्रति व्यक्ति प्रतिमाह ······· पर किया गया था।

SSC CGL Tier-I 14.07.2023 (Shift-I)

(a) ₹ 816 (b) ₹ 900
(c) ₹ 760 (d) ₹ 1206

उत्तर (a)

• भारत में राष्ट्रीय गरीबी रेखा का प्राक्कलन भारत के ग्रामीण क्षेत्रों के लिए प्रतिव्यक्ति प्रतिमाह **₹ 816** तय किया गया।
• शहरी क्षेत्रों के लिए प्रतिव्यक्ति गरीबी स्तर ₹ 1000 प्रतिमाह तय किया गया था।
• यह रिपोर्ट तेन्दुलकर समिति ने प्रस्तुत की थी।
• इस समिति ने किसी व्यक्ति की बुनियादी जरूरतों को पूरा करने के लिए जरूरी न्यूनतम खर्च की गणना की थी।

101. स्वयं सहायता समूह में, ऋण और बचत सम्बन्धी निर्णय ·······द्वारा लिए जाते हैं।

SSC CGL Tier-1 24.07.2023 (Shift-IV)

(a) गैर-सरकारी संगठन (b) समूह के सदस्यों
(c) सरकार (d) बैंक

उत्तर (b)

• स्वयं सहायता समूह के अन्तर्गत ऋण और बचत सम्बन्धी निर्णय समूह के सदस्यों द्वारा लिए जाते हैं।
• **स्वयं सहायता समूह** (Self Help Group) लोगों के अनौपचारिक संघ हैं, जो अपने रहने की स्थिति में सुधार के तरीके खोजने के लिए एकसाथ आते हैं।
• आरबीआई के नियमों के अनुसार, बैंक इन समूहों को बहुत कम ब्याज दरों पर सम्पार्श्विक मुक्त ऋण सहित वित्तीय सेवाएँ प्रदान करते हैं।

102. भारत के शिक्षित युवाओं में रोजगार योग्य कौशल की कमी के कारण किस प्रकार की बेरोजगारी पैदा हो गई है?

SSC CGL Tier-1 27.07.2023 (Shift-III)

(a) तकनीकी बेरोजगारी (b) शिक्षित बेरोजगारी
(c) चक्रीय बेरोजगारी (d) संरचनात्मक बेरोजगारी

उत्तर (b)

• भारत के शिक्षित युवाओं में रोजगार योग्य कौशल की कमी के कारण **शिक्षित बेरोजगारी** पैदा करती है।
• इनमें कार्य करने योग्य एवं इच्छुक व्यक्तियों को कोई उपयुक्त रोजगार प्राप्त नहीं हो पाता है।
• इसे संरचनात्मक बेरोजगारी भी कहा जाता है। यह भारत के शहरी क्षेत्रों में ज्यादातर पाया जाता है।

SSC CGL 2022 (Tier 1 & 2)

103. बाजार में कार्य उपलब्धता और उपलब्ध श्रमिक के कौशल के बीच बेमेल होने के कारण उत्पन्न होने वाली बेरोजगारी कहलाती है

SSC CGL Tier-1 03.12.2022 (Shift-IV)

(a) मौसमी (b) आर्थिक
(c) आंशिक (d) संरचनात्मक

उत्तर (d)

• बाजार में कार्य उपलब्धता और उपलब्ध श्रमिक के कौशल के बीच बेमेल होने के कारण उत्पन्न होने वाली बेरोजगारी संरचनात्मक बेरोजगारी कहलाती है।
• यह **अनैच्छिक बेरोजगारी** का एक रूप है, जो अर्थव्यवस्था में कार्य उपलब्धता तथा श्रमिक कौशल के बीच बेमेल होने के कारण उत्पन्न होती है।

104. भारतीय अर्थव्यवस्था के सन्दर्भ में योजना बनाने के लक्ष्य के रूप में 'आधुनिकीकरण' का उद्देश्य ······ नहीं था।

SSC CGL Tier-1 05.12.2022 (Shift-II)

(a) सामाजिक दृष्टिकोण में परिवर्तन
(b) पश्चिमी जीवनशैली अपनाना
(c) नई तकनीक का प्रयोग
(d) वस्तुओं और सेवाओं के उत्पादन में वृद्धि

उत्तर (b)

• भारतीय अर्थव्यवस्था के सन्दर्भ में योजना बनाने के लक्ष्य के रूप में **पश्चिमी जीवनशैली अपनाना** आधुनिकीकरण का उद्देश्य नहीं था।
• पूर्व-आधुनिक या परम्परागत समाज का आधुनिक समाज में क्रमशः संक्रमण आधुनिकीकरण कहलाता है।
• भारत में पंचवर्षीय योजनाओं के प्रमुख उद्देश्यों में से एक अर्थव्यवस्था का आधुनिकीकरण करना था।

105. ग्रामीण भूमिहीन श्रम रोजगार गारण्टी कार्यक्रम (RLEGP), निम्नलिखित में से किस पंचवर्षीय योजना में शुरू किया गया था?

SSC CGL Tier-1 07.12.2022 (Shift-II)

(a) पाँचवीं (b) छठी
(c) सातवीं (d) चौथी

उत्तर (b)

• ग्रामीण भूमिहीन श्रम रोजगार गारण्टी कार्यक्रम (RLEGP) छठी पंचवर्षीय योजना में शुरू किया गया था।

• **छठी पंचवर्षीय** योजना को **आर्थिक उदारीकरण** के लिए शुरू किया गया था।

• इस योजना का मुख्य लक्ष्य देश से गरीबी का निवारण करना और आर्थिक विकास, आधुनिकीकरण तथा सामाजिक न्याय स्थापित करना था।

106. ··· बेरोजगारी व्यापार चक्र में आर्थिक गतिविधियों में बदलाव के साथ होती है।

SSC CGL Tier-1 09.12.2022 (Shift-II)

(a) संरचनात्मक
(b) चक्रीय
(c) आंशिक
(d) तकनीकमूलक

उत्तर (b)

• चक्रीय बेरोजगारी व्यापार चक्र में आर्थिक गतिविधियों में बदलाव के साथ होती है।

• **चक्रीय बेरोजगारी** समग्र बेरोजगारी का घटक है, जो सीधे व्यापारिक आर्थिक मन्दी और मन्दी के चक्र से उत्पन्न होती है।

• आर्थिक मन्दी के दौर में चक्रीय बेरोजगारी सबसे अधिक और आर्थिक विस्तार के दौरान सबसे कम होती है।

107. भारत में रोलिंग प्लान की अवधि क्या थी?

SSC CGL Tier-1 12.12.2022 (Shift- III)

(a) वर्ष 1977 से 1979 तक
(b) वर्ष 1978 से 1980 तक
(c) वर्ष 1976 से 1978 तक
(d) वर्ष 1975 से 1977 तक

उत्तर (b)

• भारत में **रोलिंग प्लान** की अवधि वर्ष 1978 से 1980 तक थी।

• रोलिंग प्लानिंग का अर्थ है कि पहले से बनाई गई योजना की समीक्षा की जाए और जरूरत पड़ने पर कुछ निश्चित समय अन्तराल के बाद उसे अपडेट किया जाए।

• रोलिंग प्लान में कई तरह की योजनाएँ प्रस्तावित की गई थी।

• वर्तमान के लिए योजना, जिसमें **सालाना बजट** शामिल था।

108. निम्नलिखित विकल्पों में से सही युग्म चुनिए

SSC CGL Tier-1 13.12.2022 (Shift-II)

(a) चौथी पंचवर्षीय योजना – जवाहरलाल नेहरू
(b) पाँचवीं पंचवर्षीय योजना – इन्दिरा गाँधी
(c) छठी पंचवर्षीय योजना – राजीव गाँधी
(d) सातवीं पंचवर्षीय योजना – पीवी नरसिम्हा राव

उत्तर (b)

• विकल्प (b) सही युग्म है। **पाँचवीं पंचवर्षीय योजना**, **प्रधानमन्त्री इन्दिरा गाँधी** सरकार द्वारा शुरू की गई थी।

• इस योजना का कार्यकाल **वर्ष 1974-78** तक रहा। इसका मुख्य उद्देश्य 'गरीबी-उन्मूलन व आत्मनिर्भरता की प्राप्ति' था।

• इस योजना में पहली बार गरीबी व बेरोजगारी पर ध्यान दिया गया तथा बीस सूत्री कार्यक्रम (1975) की शुरुआत की गई।

• इस योजना के दौरान 4.8% वार्षिक विकास की वृद्धि दर प्राप्त की गई।

SSC CPO 2021 (Tier 1 & 2)

109. ········ के कारण प्रत्येक योजना में लक्ष्यों का चयन किया गया है।

SSC CPO 27.07.2024 (Shift-III)

(a) असीमित संसाधन
(b) विकल्पों की सीमा
(c) संसाधनों की सीमा
(d) असीमित जनशक्ति

उत्तर (c)

• संसाधनों की सीमा के कारण प्रत्येक योजना में लक्ष्यों का चयन किया जाता है।

• यहाँ संसाधनों की सीमा से तात्पर्य उन संसाधनों से है, जो एक योजना को पूरा करने में उपलब्ध होते हैं, जैसे-मानव संसाधन, वित्तीय संसाधन, समय, तकनीकी ज्ञान आदि।

110. निम्नलिखित में से कौन-सा कार्यक्रम दसवीं पंचवर्षीय योजना का भाग नहीं है?

SSC CPO 27.06.2024 (Shift-I)

(a) राष्ट्रीय बागवानी मिशन
(b) सूक्ष्म सिंचाई कार्यक्रम
(c) जूट प्रौद्योगिकी मिशन
(d) सूखा प्रवण क्षेत्र कार्यक्रम

उत्तर (d)

• **सूखा प्रवण क्षेत्र कार्यक्रम** दसवीं पंचवर्षीय योजना का भाग नहीं है, बल्कि ये **चौथी पंचवर्षीय योजना** (1969-1974) का कार्यक्रम है।

• दसवीं पंचवर्षीय योजना का समय 2002-2007 है।

• इस योजना की विशेषताएँ 'समावेशी तथा समान विकास' को बढ़ावा देना था।

• सूखा प्रवण क्षेत्र कार्यक्रम **1973-74** में शुरू किया गया।

111. निम्नलिखित में से कौन-सा पंचवर्षीय योजनाओं के चार प्राथमिक स्पष्ट लक्ष्यों में से एक नहीं है? **SSC CPO 27.06.2024 (Shift--I)**

(a) आत्मनिर्भरता (b) शिक्षा
(c) विकास (d) समता

उत्तर (b)

• **शिक्षा** पंचवर्षीय योजनाओं के चार प्राथमिक स्पष्ट लक्ष्यों में से एक नहीं है।

• पंचवर्षीय योजनाओं में आत्मनिर्भरता, विकास, स्वं समता लक्ष्यों को लक्षित किया जाता है।

112. राष्ट्रीय बहुआयामी गरीबी सूचकांक रिपोर्ट 2023 के अनुसार, बहुआयामी गरीबी सूचकांक में निम्नलिखित में से किस राज्य की जनसंख्या सघनता (population concentration) सबसे कम है? **SSC CPO 28.06.2024 (Shift-III)**

(a) सिक्किम (b) गोवा
(c) तमिलनाडु (d) केरल

उत्तर (d)

• राष्ट्रीय बहुआयामी गरीबी सूचकांक 2023 के अनुसार बहुआयामी गरीबी सूचकांक (MPI) में **केरल राज्य** (0.55% आबादी) की जनसंख्या संघनता सबसे कम है।

• इस सूचकांक के तीन आयाम हैं, **स्वास्थ्य, शिक्षा** तथा **जीवन** स्तर।

• MPI के अनुसार, देश का सबसे गरीब राज्य बिहार (33-76 आबादी) है।

113. पर्वतीय क्षेत्र विकास कार्यक्रम की शुरुआत किस पंचवर्षीय योजना अवधि में हुई?

SSC CPO 28.06.2024 (Shift-II)

(a) चौथी पंचवर्षीय योजना
(b) पाँचवीं पंचवर्षीय योजना
(c) छठी पंचवर्षीय योजना
(d) आठवीं पंचवर्षीय योजना

उत्तर (b)

• भारत में पाँचवीं पंचवर्षीय योजना के दौरान **पहाड़ी क्षेत्र विकास कार्यक्रम** (HADP) की शुरुआत की गई थी, जिसका लक्ष्य देश भर के विशिष्ट पहाड़ी जिलों को लक्षित करना था।

114. राष्ट्रीय बहु-आयामी गरीबी सूचकांक रिपोर्ट, 2023 के अनुसार, निम्नलिखित में से किस केन्द्रशासित प्रदेश में गरीबी दर सबसे कम है?

SSC CPO 29.06.2024 (Shift-I)

(a) लद्दाख (b) पुदुचेरी
(c) जम्मू-कश्मीर (d) लक्षद्वीप

उत्तर (b)

• राष्ट्रीय बहुआयामी गरीबी सूचकांक (MPI) रिपोर्ट, 2023 के अनुसार, पुदुचेरी (0.85% आबादी) में सभी केन्द्रशासित प्रदेशों में सबसे कम गरीबी दर है। **इस रिपोर्ट में पुदुचेरी का MPI 0.047** है, जो देश में सबसे कम है।

• रिपोर्ट में **दिल्ली** (MPI- 0.054) का दूसरा तथा लद्दाख (MPI 0.122) को तीसरा सबसे कम गरीब केन्द्र शासित प्रदेश बताया गया है।

• अण्डमान और निकोबार द्वीप समूह सबसे अधिक गरीब केन्द्रशासित प्रदेश है, जिसका MPI 0.281 है।

115. विकास, जैसा कि पंचवर्षीय योजनाओं में परिकल्पना की गई है, का तात्पर्य है

SSC CPO 29.06.2024 (Shift-I)

(a) देश में समता की स्थिति में सुधार
(b) देश में शिक्षा एवं प्राथमिक स्वास्थ्य के स्तर में सुधार
(c) देश के भीतर वस्तुओं और उत्पादन की क्षमता में वृद्धि
(d) अपनी भौगोलिक सीमाओं के भीतर अपनी आवश्यकता की सभी वस्तुओं और सेवाओं के उत्पादन में आत्मनिर्भरता

उत्तर (d)

• **पंचवर्षीय योजनाओं** की परिकल्पना से तात्पर्य है कि अपनी भौगोलिक सीमाओं के भीतर अपनी आवश्यकता की सभी वस्तुओं और सेवाओं के उत्पादन में आत्मनिर्भरता से की गई है।

• पंचवर्षीय योजनाओं का सामान्य विचार है कि भारत सरकार अपनी ओर से दस्तावेज तैयार करती है, जिसमें अगले पाँच वर्षों के लिए उसकी आमदनी और खर्च की योजना होती है।

116. वर्ष 1991 में आर्थिक सुधारों के लिए निम्नलिखित में से कौन-सा कारक नहीं था?

SSC CPO 29.06.2024 (Shift-I)

(a) अर्थव्यवस्था में मुद्रास्फीति थी।
(b) देश के राजकोषीय घाटे में वृद्धि हुई थी।
(c) भारत के विदेशी भण्डार में गिरावट आई थी।
(d) अर्थव्यवस्था में मन्दी थी।

उत्तर (d)

• वर्ष 1991 में आर्थिक सुधारों के लिए अर्थव्यवस्था में मुद्रा स्फीति, राजकोषीय घाटे में वृद्धि और भारत के विदेशी भण्डार में गिरावट जैसे कारक जिम्मेदार थे।
• विदेशी मुद्रा आस्तियों में इस हद तक गिरावट आई कि यह मुश्किल से दो सप्ताह के आयात को वित्तपोषित करने के लिए पर्याप्त था।
• 1991 के आर्थिक सुधार को **एलपीजी के नाम से भी जाना जाता** है, जिसे उदारीकरण, निजीकरण एवं वैश्वीकरण के नाम से जाना जाता है।

SSC CPO 2023 (Tier 1 & 2)

117. निम्नलिखित में से कौन-सा नीतिगत उपाय उदारीकरण की दिशा में एक कदम है?

SSC CPO 04.10.2023 (Shift-II)

(a) टैरिफ बढ़ना
(b) अधिकांश वस्तुओं के आयात के लिए लाइसेंस समाप्त करना
(c) पूँजी संचय पर सीमाएँ लगाना
(d) बैंक रिजर्व की बढ़ती आवश्यकताएँ और ब्याज दरों पर प्रतिबंध।

उत्तर (b)

• अधिकांश वस्तुओं के आयात के लिए लाइसेंस समाप्त करता उदारीकरण की दिशा में एक कदम है। **उदारीकरण** आर्थिक गतिविधियों पर राज्य के नियन्त्रण को हटाने की प्रक्रिया है।
• भारत मे आर्थिक उदारीकरण 24 जुलाई, 1991 के बाद से शुरू हुआ, जो जारी रखने के वित्तीय सुधारों को दर्शाता है।

SSC CPO 2022, 20 (Tier 1 & 2)

118. राष्ट्रीय अपराध रिकॉर्ड ब्यूरो के वर्ष 2016 से 2019 तक के आँकड़ों के अनुसार, बेरोजगारी के कारण आत्महत्या के मामलों में .... की वृद्धि हुई है।

SSC CHSL Tier-1 01.07.2024 (Shift-II)

(a) 18% (b) 20% (c) 21% (d) 24%

उत्तर (d)

• **राष्ट्रीय अपराध रिकॉर्ड ब्यूरो** (NCRB) के वर्ष 2016 से 2019 तक के आँकड़ों के अनुसार, बेरोजगारी के कारण आत्महत्या के मामलों में 24% की वृद्धि हुई है।
• वर्ष 1986 में NCRB की स्थापना हुई।
• NCRB देश में होने वाले अपराधों का एक डेटाबेस तैयार करता है।

119. किसी देश के आधुनिकीकरण और समग्र समृद्धि को बढ़ावा देने के लिए निम्नलिखित में से कौन-सा अधिक महत्त्वपूर्ण है?

SSC CHSL Tier-1 01.07.2024 (Shift-IV)

(a) स्थिर निर्यात (b) स्थायी बेरोजगारी
(c) स्थायी रोजगार (d) स्थिर आयात

उत्तर (c)

• किसी देश के आधुनिकीकरण और समग्र समृद्धि को बढ़ावा देने के लिए **स्थायी रोजगार** अति महत्त्वपूर्ण है।
• **आधुनिकीकरण** में तकनीकी प्रगति, नवाचार, उत्पादकता में वृद्धि, निवेश में वृद्धि, आर्थिक स्थिरता और सामाजिक विकास प्रदान करता है।

120. निम्न में से कौन-सी विधि आय और उपभोग स्तरों के आधार पर गरीबी को मापती है?

SSC CHSL Tier-1 02.07.2024 (Shift-III)

(a) गरीबी सीमा (b) गरीबी बार
(c) गरीबी रेखा (d) गरीबी बैण्ड

उत्तर (c)

• **गरीबी रेखा** विधि आय और उपभोग स्तर के आधार पर गरीबी को मापती है।
• भारत में गरीबी रेखा का निर्धारण नीति आयोग NSSO द्वारा उपलब्ध कराए गए आँकड़ों के आधार पर किया जाता है।

121. निम्नलिखित में से कौन-सा विकल्प गलत है?

SSC CHSL Tier-1 05.07.2024 (Shift-I)

(a) प्रथम पंचवर्षीय योजना काल के दौरान भारत के आर्थिक विकास पर सलाह देने के लिए भारत तथा विदेश से जाने-माने अर्थशास्त्रियों को आमन्त्रित किया गया था।
(b) भारत के योजना आयोग की अध्यक्षता प्रधानमन्त्री को दी गई थी।
(c) भारत का योजना आयोग 1950 में स्थापित किया गया था।
(d) भारत ने पंचवर्षीय योजना का विचार पूर्व सोवियत संघ से लिया था।

उत्तर (a)

• विकल्प (a) गलत है, क्योंकि **प्रथम पंचवर्षीय योजना** में भारत और रूस के अर्थशास्त्रियों का सहयोग प्राप्त किया गया था।
• भारत का योजना आयोग **15 मार्च, 1950** को स्थापित किया गया था। इसके अध्यक्ष प्रधानमन्त्री होते थे।

122. सुमेलित कीजिए।

SSC CHSL Tier-1 09.07.2024 (Shift-II)

सूची I	सूची II
A. गरीबी हटाओ	1. पाँचवीं पंचवर्षीय योजना
B. एलपीजी नीतियाँ	2. नौवीं पंचवर्षीय योजना
C. रोलिंग प्लान	3. 1978-80
D. न्याय और समता के साथ विकास	4. आठवीं पंचवर्षीय योजना

कूट

	A	B	C	D
(a)	1	4	3	2
(b)	2	3	4	1
(c)	3	4	1	2
(d)	3	2	4	1

उत्तर (a)

• सही सुमेलन A-1, B-4, C-3, D-2 है।
• **गरीबी हटाओ** का नारा पाँचवीं पंचवर्षीय योजना के दौरान दिया गया था।
• **एलपीजी नीतियाँ** जोकि मनमोहन मॉडल पर आधारित हैं, आठवीं पंचवर्षीय योजना में लाई गईं।
• **रोलिंग प्लान** जनता पार्टी सरकार द्वारा वर्ष 1978-80 में लाया गया था।
• **न्याय और समानता के साथ विकास** नौवीं पंचवर्षीय योजना से सम्बन्धित है।

123. 10वीं पंचवर्षीय योजना में निर्धनता को .... कम करने का लक्ष्य रखा गया था।

SSC CHSL Tier-1 10.07.2024 (Shift-IV)

(a) 2% (b) 8%
(c) 9% (d) 5%

उत्तर (d)

• 10वीं पंचवर्षीय योजना (2002-2007) में निर्धनता को 5% कम करने का लक्ष्य रखा गया था।
• इस पंचवर्षीय योजना का उद्देश्य देश में गरीबी व बेरोजगारी को समाप्त करना था तथा अगले 10 वर्षों में प्रतिव्यक्ति आय दोगुनी करना प्रस्तावित किया गया था।

SSC CHSL 2023 (Tier 1 & 2)

124. स्वयं सहायता समूहों (SHGs) के सम्बन्ध में गलत कथन/कथनों की पहचान कीजिए।

SSC CHSL Tier-I 17.08.2023 (Shift-I)

i. इनमें सामाजिक और आर्थिक रूप से एक समान 20 लोगों तक के स्वैच्छिक समूह शामिल होते हैं।
ii. स्वयं सहायता समूहों (SHGs) के लिए निश्चित नियमों और उपनियमों का पालन करने की आवश्यकता नहीं होती है।
iii. अप्रैल, 1996 में आरबीआई ने SHG-BLP को एक प्राथमिकता क्षेत्रक की ऋण गतिविधि के रूप में घोषित किया।

(a) ii और iii (b) केवल ii
(c) केवल i (d) केवल iii

उत्तर (b)

• **स्वयं सहायता समूहों** (SHGs) के सम्बन्ध में केवल कथन (ii) गलत हैं।
• स्वयं सहायता समूहों (SHGs) के लिए निश्चित नियमों और उपनियमों का पालन करने की आवश्यकता होती है।
• **अप्रैल, 1996** में आरबीआई ने SHG-BLP को एक प्राथमिकता क्षेत्रक की ऋण गतिविधि के रूप में घोषित किया।
• **नाबार्ड बैंकों** को SHG के वित्तपोषण के लिए 100% पुनर्वित्त सहायता दे रहा है।

125. भारत में पंचवर्षीय योजनाओं का युग .... की स्थापना के साथ शुरू हुआ।

SSC CHSL Tier-I 11.08.2023 (Shift-I)

(a) योजना आयोग (b) संसद
(c) वित्त आयोग (d) नीति आयोग

उत्तर (a)

• भारत में पंचवर्षीय योजनाओं का युग **योजना आयोग** की स्थापना के साथ शुरू हुआ।
• इसकी स्थापना 15 मार्च, 1950 को की गई थी। इसका अध्यक्ष प्रधानमन्त्री होता था।
• **1 जनवरी, 2015** में **योजना आयोग** को भंग कर **नीति आयोग की स्थापना** की गई।

126. भारत में गरीबी रेखा का अनुमान निम्नलिखित में से किसके द्वारा किए गए सर्वेक्षण पर आधारित है?

SSC CHSL Tier-1 11.08.2023 (Shift-I)

(a) राष्ट्रीय सांख्यिकी कार्यालय (एनएसओ)
(b) भारतीय रिजर्व बैंक (आरबीआई)
(c) वित्त मन्त्रालय
(d) ग्रामीण विकास मन्त्रालय

उत्तर (a)

• **राष्ट्रीय सांख्यिकी कार्यालय** (NSO) के सर्वेक्षण के आधार पर भारत में गरीबी का अनुमान लगाया जाता है।
• वर्ष 2005 में NSSO/CSO को आपस में विलय कर NSO को पृथक् कार्यालय के रूप में स्थापित किया गया।

127. भारत में 'निर्देशात्मक नियोजन' (Indicative planning) को ...... पंचवर्षीय योजना के दौरान अपनाया गया था।

SSC CHSL Tier-1 10.08.2023 (Shift-III)

(a) आठवीं (b) छठी
(c) पाँचवीं (d) चतुर्थ

उत्तर (a)

• भारत में 'निर्देशात्मक नियोजन' (Indicative planning) को आठवीं पंचवर्षीय योजना के दौरान अपनाया गया था।
• इसमें 5.6% के लक्ष्य के मुकाबले विकास **दर 6.8** थी।
• इस योजना में सर्वोच्च प्राथमिक 'मानव संसाधन का विकास' माना गया।

128. निम्नलिखित में से कौन-सा एक सबल कारक है, जिसमें गरीब महिलाओं के समूहों को ऋण देने की अवधारणा में 98% की अत्यधिक उच्च चुकौती दर है,
जो डॉ. यूनुस द्वारा शुरू की गई थी?

SSC CHSL Tier-1 09.08.2023 (Shift-I)

(a) 'सूदखोरों' (loan sharks) की भागीदारी
(b) संयुक्त देयता ऋण चुकाने के लिए सामाजिक दबाव डालना
(c) आक्रामक ऋण वसूली एजेंटों की सेवाओं का उपयोग
(d) समूह से बकायेदार को निकालना

उत्तर (b)

• गरीब महिलाओं के समूहों को ऋण देने की अवधारणा में 98% की अत्यधिक उच्च चुकौती दर है, जिसके लिए संयुक्त देयता ऋण चुकाने के लिए सामाजिक दबाव डालना महत्त्वपूर्ण कारक है।
• वर्ष 1976 में मुहम्मद यूनुस ने बांग्लादेश में माइक्रो क्रेडिट अर्थात् छोटे-छाटे लोनों की शुरुआत की थी, जिससे वित्तीय विकेन्द्रीकरण को बढ़ावा मिला।

129. इनमें से कौन-सा तीन क्रमिक पंचवर्षीय योजनाओं के बनने के बाद पंचवर्षीय योजनाओं के विराम का एक कारण नहीं था?

SSC CHSL Tier-I 04.08.2023 (Shift-II)

(a) लगातार दो वर्ष सूखे की स्थिति
(b) खाड़ी युद्ध
(c) घरेलू मुद्रा का अवमूल्यन
(d) भारत-पाकिस्तान युद्ध

उत्तर (b)

• **खाड़ी युद्ध** पंचवर्षीय योजनाओं के विराम का एक कारण नहीं था।
• तीसरी पंचवर्षीय योजना की लक्ष्य, वृद्धि दर **5.6%** थी, जबकि वास्तविक विकास दर केवल 2.4% ही रही, जो तीसरी योजना की विफलता का संकेत था।
• योजना के असफलता के परिणामस्वरूप सरकार द्वारा योजना अवकाश (1966-67, 1967-68 और 1968-69) की घोषणा की गई।

130. यदि किसी देश में बेरोजगारी लम्बे समय तक बनी रहती है, तो इसे ...... बेरोजगारी कहा जाता है।

SSC CHSL Tier-1 13.03.2023 (Shift-III)

(a) प्रौद्योगिकीय (b) आकस्मिक
(c) दीर्घकालिक (d) प्रतिरोधात्मक

उत्तर (c)

• किसी देश में लम्बे समय तक बनी रहने वाली **बेरोजगारी दीर्घकालिक बेरोजगारी** कहलाती है।
• यदि किसी सर्वेक्षण वर्ष में किसी व्यक्ति को 183 दिन (8 घण्टे प्रतिदिन) रोजगार नहीं मिलता है, तो वह व्यक्ति दीर्घकालिक बेरोजगारी के अन्तर्गत आता है।
• वर्तमान में **183 दिन के मानक को 273 दिन** कर दिया गया है।

131. निम्नलिखित में से क्या नीति आयोग का एक उद्देश्य नहीं है?

SSC CHSL Tier-I 13.03.2023 (Shift- III)

(a) ग्राम स्तर पर विश्वसनीय योजनाएँ तैयार करने के लिए तन्त्र विकसित करना
(b) राष्ट्रीय विकास प्राथमिकताओं का एक साझा दृष्टिकोण विकसित करना
(c) नए करेन्सी नोटों को डिजाइन और प्रिण्ट करना और उन्हें चलन में लाना
(d) हमारे समाज के उन वर्गों पर विशेष रूप से ध्यान देना जिन पर आर्थिक प्रगति से उचित प्रकार से लाभान्वित ना हो पाने का जोखिम होगा

उत्तर (c)

• नए **करेन्सी नोटों को डिजाइन और प्रिण्ट** करना तथा इन्हें चलन में लाना नीति आयोग का उद्देश्य नहीं है।

SSC MTS 2024, 2022

132. राष्ट्रीय शहरी आजीविका मिशन (National Urban Livelihood Mission, NULM) निम्नलिखित में से किस पंचवर्षीय योजना में शुरू किया गया था?

SSC MTS Tier-1 17.10.2024 (Shift-II)

(a) दसवीं पंचवर्षीय योजना
(b) आठवीं पंचवर्षीय योजना
(c) छठी पंचवर्षीय योजना
(d) बारहवीं पंचवर्षीय योजना

उत्तर (d)

• राष्ट्रीय शहरी आजीविका मिशन (National Urban Livelihood Mission, NULM) **बारहवीं पंचवर्षीय योजना** (2012 से 2017 तक) में शुरू किया गया था।
• यह मिशन आवास और शहरी गरीबी उन्मूलन मन्त्रालय (एमएचयूपीए) ने मौजूदा स्वर्ण जयंती शहरी रोजगार योजना (एसजेएसआरवाई) के स्थान पर शुरू किया था।

133. तेन्दुलकर समिति के आधार पर, राष्ट्रीय गरीबी रेखा को निम्नलिखित में से किसके रूप में परिभाषित किया गया?

SSC MTS Tier-1 09.10.2024 (Shift-I)

I. ग्रामीण क्षेत्रों के लिए प्रति व्यक्ति प्रति माह ₹ 816
II. शहरी क्षेत्रों के लिए प्रति व्यक्ति प्रति माह ₹ 1000

कूट

(a) I और II दोनों सही हैं
(b) I और II दोनों गलत हैं
(c) केवल I सही है
(d) केवल II सही है

उत्तर (a)

• **तेन्दुलकर समिति** के आधार पर राष्ट्रीय गरीबी रेखा को ग्रामीण क्षेत्रों के लिए प्रति व्यक्ति प्रतिमाह ₹ 816 तथा शहरी क्षेत्र में प्रति व्यक्ति प्रतिमाह ₹ 1000 के रूप में परिभाषित किया गया।
• इस समिति ने भारत की कुल आबादी का 21.9% हिस्सा गरीबी रेखा से नीचे आकलित किया।

SSC Steno 2024 (Tier 1 & 2)

134. वह व्यापार रणनीति कौन-सी है, जिसे भारत ने प्रथम-सात पंचवर्षीय योजनाओं में अपनाया था?

SSC Steno Tier-1 10.12.2024 (Shift-I)

(a) आंशिक रूप से बहिर्केन्द्रित व्यापार रणनीति
(b) अन्तर्केन्द्रित व्यापार रणनीति
(c) बहिर्केन्द्रित व्यापार रणनीति
(d) आंशिक रूप से अन्तर्केन्द्रित व्यापार रणनीति

उत्तर (b)

• भारत ने प्रथम-सात पंचवर्षीय योजनाओं में अन्तर्केन्द्रित व्यापार रणनीति को अपनाया था।

• 1 अप्रैल, 1951 से भारत में प्रथम पंचवर्षीय योजना की शुरुआत की गई।

• वर्ष 1991 के उदारीकरण के बाद 8वीं पंचवर्षीय योजना से बहिर्केन्द्रित व्यापार पर भी ध्यान दिया जाने लगा।

135. जिलों को शामिल करते हुए ········ पंचवर्षीय योजना के दौरान पहाड़ी क्षेत्र विकास कार्यक्रम शुरू किए गए थे।
SSC Steno Tier-1 11.12.2024 (Shift-II)

(a) दूसरी (b) चौथी (c) छठी (d) पाँचवीं

उत्तर (d)

• 15 जिलों को शामिल करते हुए पाँचवीं पंचवर्षीय योजना के दौरान पहाड़ी क्षेत्र विकास कार्यक्रम शुरू किए गए थे।

• इन जिलों में उत्तर प्रदेश के सभी पहाड़ी जिले, असम की मिकिर हिल और उत्तरी कछार पहाड़ियाँ, पश्चिम बंगाल का दार्जिलिंग जिला और तमिलनाडु का नीलगिरि जिला शामिल थे।

136. निम्नलिखित में से कौन-सा भारत के व्यापार पर वैश्वीकरण का प्रभाव है?
SSC Steno Tier-1 11.12.2024 (Shift-III)

(a) इससे व्यापार की आत्मनिर्भरता और स्वायत्तता बढ़ी है
(b) इससे विदेशी बाजारों पर निर्भरता कम हुई है
(c) इससे व्यापार की मात्रा और विविधता में वृद्धि हुई है
(d) इसने व्यापार की प्रतिस्पर्धा और चुनौतियों को कम कर दिया है

उत्तर (c)

• वैश्वीकरण से भारत के व्यापार की मात्रा और विविधता में वृद्धि हुई है।

• वैश्वीकरण से व्यापार में प्रतिस्पर्धा को बढ़ावा मिला, जिससे उद्योगों को विस्तार मिला तथा रोजगार के अवसरों को भी बढ़ावा मिला है।

• भारत ने वर्ष 1991 में आर्थिक सुधारों के द्वारा इसे अपनाया था।

SSC Steno 2023 (Tier 1 & 2)

137. भारत के योजना आयोग (2011-12) के अनुसार निम्नलिखित राज्यों को गरीबी रेखा से नीचे की जनसंख्या के प्रतिशत के साथ सुमेलित कीजिए। **SSC Steno 13.10.2023 (Shift–I)**

राज्य		गरीबी रेखा से नीचे की जनसंख्या का %	
A.	मिजोरम	1.	20.40
B.	नागालैण्ड	2.	18.88
C.	ओडिशा	3.	32.59

कूट

	A	B	C		A	B	C
(a)	2	1	3	(b)	1	3	2
(c)	3	2	1	(d)	1	2	3

उत्तर (d)

• सही सुमेलन A-1, B-2, C-3 है।

• भारत के योजना आयोग (2011-12) के अनुसार निम्नलिखित राज्यों को गरीबी रेखा से नीचे की जनसंख्या के प्रतिशत का सुमेलन इस प्रकार है

	राज्य	गरीबी रेखा से नीचे की जनसंख्या का %
A.	मिजोरम	20.40
B.	नागालैण्ड	18.88
C.	ओडिशा	32.59

138. तीसरी पंचवर्षीय योजना के लक्ष्यों की प्राप्ति में असफलता का कारण निम्नलिखित में से किसे नहीं माना जाता है?
SSC Steno 13.10.2023 (Shift-1)

(a) भारत-पाक युद्ध (b) चीन का आक्रमण
(c) भयंकर अकाल (d) सरकार बदलना

उत्तर (d)

• **तीसरी पंचवर्षीय** योजना के लक्ष्यों की प्राप्ति में असफलता का कारण सरकार बदलना नहीं माना जाता है।

• भारत-चीन युद्ध (1962), भारत-पाक युद्ध (1965) और 1965-66 के दौरान भीषण सूखा पड़ने से तीसरी योजना पूरी तरह से असफल रही।

• इस योजना में रुपए का अवमूल्यन किया गया।

139. द्वितीय पंचवर्षीय योजना के विदेशी सहयोग से कितने एकीकृत इस्तात संयन्त्र स्थापित किए गए? **SSC Steno 12.10.2023 (Shift-I)**

(a) 3 (b) 6 (c) 5 (d) 9

उत्तर (a)

• द्वितीय पंचवर्षीय योजना के दौरान विदेशी सहयोग से **तीन एकीकृत इस्पात संयन्त्र** स्थापित किए गए।

• इस दौरान निम्न इस्पात संयन्त्रों की स्थापना विभिन्न देशों के सहयोग से की गई।

– दुर्गापुर इस्पात संयन्त्र- ब्रिटेन
– राउरकेला इस्पात संयन्त्र- जर्मनी
– भिलाई इस्पात संयन्त्र- रूस

140. भारत के योजना आयोग (2011-2012) के अनुसार, राज्यों के निम्नलिखित में से किस समूह में गरीबी रेखा के नीचे की जनसंख्या का प्रतिशत सर्वाधिक है?
SSC Steno 12.10.2023 (Shift-I)

(a) बिहार और ओडिशा
(b) छत्तीसगढ़ और झारखण्ड
(c) केरल और पंजाब
(d) गुजरात और हरियाणा

उत्तर (b)

• भारत के योजना आयोग (2011–12) के अनुसार, दिए गए विकल्पों में **छत्तीसगढ़** और **झारखण्ड** में गरीबी रेखा से नीचे की जनसंख्या का प्रतिशत सर्वाधिक है।

• 2011–12 में गरीबी रेखा से नीचे के व्यक्तियों का प्रतिशत 21.9% अनुमानित किया गया है।

141. भारत के योजना आयोग (2011-12) के अनुसार, चण्डीगढ़ में गरीबी रेखा से नीचे की जनसंख्या का प्रतिशत कितना है?
SSC Steno 12.10.2023 (Shift-I)

(a) 9.91% (b) 2.77% (c) 21.81% (d) 9.86%

उत्तर (c)

• भारत के योजना आयोग (2011–12) के अनुसार, चण्डीगढ़ के गरीबी रेखा से नीचे की जनसंख्या का प्रतिशत **21.81%** है।

• 2011–12 में ग्रामीण क्षेत्रों में 25.7%, शहरी क्षेत्रों में 13.7% तथा पूरे देश में 21.9% जनसंख्या का गरीबी रेखा ने नीचे होने का अनुमान लगाया गया है।

SSC GD 2024

142. स्वतन्त्रता के बाद भारत ने प्रथम प्रधानमन्त्री जवाहरलाल नेहरू के ········ प्रभाव में, वर्ष 1951 में अपनी पहली पंचवर्षीय योजना (FYP) लॉन्च की। **SSC GD 20.02.2024 (Shift-II)**

(a) अधिनायकवादी पूँजीवाद
(b) पूँजीवादी
(c) अराजकतावाद
(d) समाजवादी

उत्तर (d)

• स्वतन्त्र भारत के प्रथम प्रधानमन्त्री जवाहरलाल नेहरू के समाजवादी प्रभाव में वर्ष 1951 में प्रथम पंचवर्षीय योजना लागू की गई।

• इस योजना का मुख्य उद्देश्य अर्थव्यवस्था के सन्तुलित विकास की प्रक्रिया आरम्भ करना था। इस योजना के दौरान राष्ट्रीय आय में 18% व प्रतिव्यक्ति आय में 11% की कुल वृद्धि हुई।

143. हरित क्रान्ति (Green Revolution) की शुरुआत वर्ष 1965 में हुई और ········ पंचवर्षीय योजना वर्ष 1961-1966 के बीच थी।
SSC GD 20.02.2024 (Shift-IV)

(a) पाँचवीं (b) तृतीय (c) द्वितीय (d) प्रथम

उत्तर (b)

• हरित क्रान्ति की शुरुआत वर्ष 1965 में हुई और तृतीय पंचवर्षीय योजना वर्ष 1961-1966 के बीच थी।

• **एम.एस. स्वामीनाथन** को भारत में हरित क्रान्ति के जनक के रूप में जाना जाता है।

144. विश्व बैंक के अनुसार, वर्ष 2011 से 2019 के बीच भारत में अत्यधिक गरीबी में किस दर से कमी आई है? **SSC GD 22.02.2024 (Shift-II)**

(a) 12.3% (b) 15.3%
(c) 13.3% (d) 14.3%

उत्तर (a)

• विश्व बैंक के अनुसार, वर्ष 2011 से 2019 के बीच भारत में अत्यधिक गरीबी में 12.3% दर से कमी आई है।

• विश्व बैंक अनुसन्धान नीति कार्य-पत्र के अनुसार, भारत में **गरीबी दर** वर्ष 2011 में 22.5 से घटकर वर्ष 2019 में 10.2% हो गई है।

145. संरचनात्मक समायोजन नीतियों (Structural adjustment policies) की शुरुआत के बाद आठवीं पंचवर्षीय योजना अन्ततः .... में शुरू की गई थी। **SSC GD 21.02.2024 (Shift-IV)**

(a) वर्ष 1989 (b) वर्ष 1992
(c) वर्ष 1991 (d) वर्ष 1990

उत्तर (b)

• **आठवीं पंचवर्षीय** योजना वर्ष 1992 में शुरू की गई।

• संरचनात्मक समायोजन नीति आर्थिक सुधारों का एक समूह है, जिसका पालन किसी देश को अन्तर्राष्ट्रीय मुद्राकोष/विश्व बैंक से ऋण प्राप्त करने के लिए किया जाता है, जिसमें सरकारी खर्च को कम करना तथा मुक्त व्यापार को खोलना आदि शामिल हैं।

• 8वीं पंचवर्षीय योजना **जॉन डब्ल्यू मिलर मॉडल** पर आधारित थी।

146. .... एक ऐसी अवस्था या स्थिति है, जिसमें किसी व्यक्ति या समुदाय के पास न्यूनतम जीवन स्तर के लिए वित्तीय संसाधनों और आवश्यक वस्तुओं का अभाव होता है। **SSC GD 21.02.2024 (Shift-VI)**

(a) निर्धनता (b) अनैतिक
(c) निरक्षरता (d) बेरोजगारी

उत्तर (a)

• किसी व्यक्ति या समुदाय के पास न्यूनतम जीवन स्तर के लिए वित्तीय संसाधनों और आवश्यक वस्तुओं का अभाव **निर्धनता** कहलाती है।

• भारत में दो प्रकार की गरीबी है—पूर्ण गरीबी और सापेक्ष गरीबी। इन दोनों प्रकार की गरीबी का सम्बन्ध धन और उपभोग से है।

147. भारत में पंचवर्षीय योजना के सम्बन्ध में निम्नलिखित में से कौन-सा कथन सही है?

I. दसवीं पंचवर्षीय योजना के अन्त तक भारत सबसे तेजी से बढ़ती अर्थव्यवस्था में से एक बनकर उभरा था।

II. दसवीं पंचवर्षीय योजना ने विकास के कुछ प्रमुख संकेतकों के लिए निगरानी योग्य लक्ष्य निर्धारित किए थे। **SSC GD 22.02.2024 (Shift-II)**

कूट

(a) केवल I (b) केवल II
(c) I और II दोनों (d) न तो I और न ही II

उत्तर (c)

• भारत में पंचवर्षीय योजना के सम्बन्ध में दोनों कथन सही हैं। अतः विकल्प (c) सही उत्तर है।

• **दसवीं पंचवर्षीय** योजना के अन्त तक भारत सबसे तेजी से बढ़ती अर्थव्यवस्थाओं में से एक बनकर उभरा था। इस योजना में 7.7% की औसत वार्षिक वृद्धि दर प्राप्त की गई।

• इस योजना ने विकास के कुछ प्रमुख संकेतकों के लिए साक्षरता 75%, शिशु मृत्युदर 45 प्रति हजार या इससे कम तथा वनाच्छादन 25% करने का लक्ष्य निर्धारित किया था।

148. बारहवीं पंचवर्षीय योजना के लिए विकास दर लक्ष्य..............था। **SSC GD 23.02.2024 (Shift-II)**

(a) 7% (b) 6% (c) 5% (d) 8%

उत्तर (d)

• **बारहवीं पंचवर्षीय योजना** भारत की अन्तिम पंचवर्षीय योजना (2012-2017) थी, जिसमें विकास दर लक्ष्य 8% रखा गया।

• बारहवीं पंचवर्षीय योजना तेज, समावेशी और विकास पर केन्द्रित थी। इस योजना का लक्ष्य गरीबी को 10% तक कम करना था।

• इस योजना के अन्तर्गत प्रतिवर्ष 1 मिलियन हेक्टेयर तक हरित क्षेत्र को बढ़ाना और गैर-कृषि क्षेत्र में नए अवसर सृजित करना था।

149. आठवीं पंचवर्षीय योजना के दौरान भारत 1 जनवरी, ... को विश्व व्यापार संगठन का सदस्य बन गया। **SSC GD 24.02.2024 (Shift-I)**

(a) वर्ष 1995 (b) वर्ष 1978
(c) वर्ष 1948 (d) वर्ष 1998

उत्तर (a)

• **आठवीं पंचवर्षीय** योजना के दौरान भारत 1 जनवरी, 1995 को विश्व व्यापार संगठन का सदस्य बना।

• **विश्व व्यापार संगठन** एक अन्तर सरकारी संगठन है, जो राष्ट्रों के बीच अन्तर्राष्ट्रीय व्यापार के नियमन से सम्बन्धित है।

150. परिवार नियोजन कार्यक्रमों का कार्यान्वयन निम्नलिखित में से किस भारतीय पंचवर्षीय योजना के प्रमुख लक्ष्यों में से एक था? **SSC GD 24.02.2024 (Shift-II)**

(a) चौथी पंचवर्षीय योजना
(b) पाँचवीं पंचवर्षीय योजना
(c) छठी पंचवर्षीय योजना
(d) सातवीं पंचवर्षीय योजना

उत्तर (a)

• भारत में परिवार नियोजन कार्यक्रम वर्ष 1952 में **चौथी पंचवर्षीय** योजना के दौरान शुरू किया गया था।

• परिवार नियोजन कार्यक्रम का मुख्य उद्देश्य भारत में जनसंख्या वृद्धि को नियन्त्रित करना था।

• परिवार नियोजन लागू करने वाला विश्व का प्रथम देश भारत है।

SSC SP 2024

151. ...... वंचन की स्थिति है, जो एक व्यक्ति के सतत, स्वस्थ और यथोचित उत्पादक जीवन के लिए बुनियादी आवश्यकताओं को पूरा करने में असमर्थता को दर्शाती है। **SSC SP 10+2 20.06.2024 (Shift-II)**

(a) निरक्षता (b) अज्ञानता
(c) गरीबी (d) दासता

उत्तर (c)

• **गरीबी,** वंचन की स्थिति है जो एक व्यक्ति के सतत, स्वस्थ और यथोचित उत्पादक जीवन के लिए बुनियादी आवश्यकताओं को पूरा करने में असमर्थता को दर्शाती है।

• अल्पविकसित देशों में गरीबी का मुख्य कारण आय में असमानता है।

भारत का बजट, कर संरचना

बजट

- बजट धन (राजस्व) के आय एवं उसके व्यय की सूची को कहते हैं। बजट, समष्टि अर्थशास्त्र (Micro Economics) की एक महत्त्वपूर्ण अवधारणा है।
- भारत का प्रथम बजट 13 फरवरी, 1860 को **जेम्स विलसन** ने प्रस्तुत किया।
- भारत में रेल बजट अलग से प्रस्तुत करने की व्यवस्था वर्ष 1920-21 में **एक्वर्थ कमेटी** की सिफारिश पर प्रारम्भ हुई थी। वर्ष 2017 से रेल बजट आम बजट के साथ पेश किया गया। बजट पर मतदान की प्रणाली वर्ष 1935 में प्रारम्भ हुई।
- स्वतन्त्र भारत का प्रथम बजट (1947-49), **आर के शानमुखम् चेट्टी** ने प्रस्तुत किया था।
- शून्य आधारित बजट का निर्माण सर्वप्रथम वर्ष 1969 में **पीटर ए. पायर** द्वारा किया गया।
- भारत में शून्य आधारित बजट वर्ष 1987 में तत्कालीन वित्त मन्त्री **वी. पी. सिंह** द्वारा प्रारम्भ किया गया।

कर प्रणाली

केन्द्र सरकार के कर राजस्व का सबसे बड़ा स्रोत **आयकर** है।

केन्द्र सरकार के प्रत्यक्ष कर

- आय कर
- निगम कर
- धन कर
- एस्टेट ड्यूटी
- व्यय कर
- उपहार कर

राज्य सरकार के प्रमुख प्रत्यक्ष कर

- भू-राजस्व कर
- होटल प्राप्तियों पर कर
- कृषि आय पर कर
- व्यवसाय कर
- रोजगारों पर कर

केन्द्र सरकार के अप्रत्यक्ष कर

- केन्द्रीय उत्पाद शुल्क
- सेवा कर
- सीमा शुल्क
- केन्द्रीय बिक्री कर

राज्य सरकार के प्रमुख अप्रत्यक्ष कर

- बिक्री कर
- राज्य उत्पाद शुल्क
- वाहन कर
- प्रवेश कर
- विज्ञापन कर
- शिक्षा उपकर
- कच्चे जूट पर कर
- विद्युत कर
- स्टाम्प एवं पंजीयन शुल्क
- डीजल एवं पेट्रोल पर बिक्री कर

गुड्स एण्ड सर्विस टैक्स (GST)

- प्रारम्भ - 1 जुलाई, 2017
- उपबन्ध - वस्तुओं और सेवाओं पर एकसमान
- शामिल अप्रत्यक्ष कर - सेल्स टैक्स, सर्विस टैक्स, स्टाम्प ड्यूटी तथा एक्साइज ड्यूटी इत्यादि
- कर स्लैब - क्रमशः 5%, 12%, 18%, 28%
- इससे बाहर वस्तुएँ - पेट्रोलियम पदार्थ, शराब

आर्थिक सुधारों से सम्बन्धित प्रमुख समितियाँ

समिति	सम्बन्धित क्षेत्र
रंगराजन समिति	बचत एवं निवेश, सार्वजनिक व्यय
राजा चेलैया समिति	कर सुधार
केलकर समिति	प्रत्यक्ष एवं अप्रत्यक्ष कर
तारापोर समिति	रुपये की पूँजी खाते में परिवर्तनीयता
वाई. वी. रेड्डी समिति	लघु बचत सुधार
मालेगाम समिति	सूक्ष्म वित्त क्षेत्र की समीक्षा हेतु
व्यास समिति	ग्रामीण साख

SSC एग्जाम स्कैनर

SSC CGL 2024 (Tier 1 & 2)

152. निम्नलिखित में से किस स्थिति में सरकार घाटे का बजट चलाती है?
SSC CGL Tier-1 26.09.2024 (Shift-III)

(a) जब सरकारी व्यय राजस्व के बराबर होता है
(b) जब सरकारी व्यय राजस्व से अधिक हो जाता है
(c) जब सरकारी राजस्व व्यय से अधिक हो जाता है
(d) जब सरकारी व्यय और राजस्व दोनों शून्य हों

उत्तर (b)

- जब सरकारी व्यय राजस्व से अधिक हो जाता है, तो इस स्थिति में सरकार घाटे का बजट चलाती है।
- करों की वृद्धि भी घाटे को कम करने का एक तरीका है अर्थात् उच्च करों से राजस्व में वृद्धि होती है और बजट घाटे को कम करने में मदद मिलती है।
- नई कल्याणकारी योजनाओं का आरम्भ बजट घाटे को और बढ़ाता है।

153. निम्नलिखित में से कौन-सा पूँजीगत प्राप्तियों का उदाहरण है?
SSC CGL Tier-1 25.09.2024 (Shift-II)

(a) सरकारी बॉण्ड पर ब्याज
(b) अन्य सरकारों से सहायता अनुदान
(c) आय पर कर
(d) सरकारी परिसम्पत्तियों की बिक्री से राजस्व

उत्तर (d)

- सरकारी परिसम्पत्तियों की बिक्री से राजस्व पूँजीगत प्राप्तियों का उदाहरण है।
- पूँजीगत प्राप्तियाँ आय उत्पन्न करने वाले **गैर-संचालन स्रोत** होते हैं।
- पूँजीगत प्राप्तियाँ गैर-ऋण और ऋण दोनों तरह की होती हैं।

154. निम्नलिखित करों को लागू करने के क्रम की पहचान कीजिए।
SSC CGL Tier-1 17.09.2024 (Shift-III)

I. भूमि राजस्व
II. बिक्री कर
III. मोडवैट
IV. सेवा कर

कूट
(a) IV, II, I, III
(b) II, IV, I, III
(c) III, II, IV, I
(d) I, II, III, IV

उत्तर (d) I, II, III, IV

- करों को लागू करने का सही क्रम-भूमि राजस्व, बिक्री कर, मोडवैट और सेवा कर है।
- **कर** (टैक्स) एक अनिवार्य शुल्क या वित्तीय शुल्क है, जो सरकार द्वारा किसी व्यक्ति या संस्था पर राजस्व जुटाने के लिए लगाया जाता है।
- **बिक्री कर** सामान्यतः किसी व्यवसाय से उत्पादों और सेवाओं की खरीद के दौरान केवल अन्तिम ग्राहक से ही वसूला जाता है।
- **सेवा कर** एक अप्रत्यक्ष कर था, जो सरकार द्वारा सेवा प्रदाताओं द्वारा दी जाने वाली सेवाओं पर लगाया जाता था।
- **मोडवैट** (MODVAT) संशोधित मूल्यवर्धित कर है। माल के निर्माता जो अन्य निर्माताओं के कच्चे माल पर निर्भर थे, उन्हें दोहरे कराधान से बचने के लिए सभी कच्चे माल पर उत्पाद शुल्क क्रेडिट दिया जाता है।

155. निम्नलिखित में से कौन-सा सरकार के लिए गैर-कर राजस्व स्रोत का उदाहरण है?
SSC CGL Tier-1 13.09.2024 (Shift-III)

(a) मूल्य वर्धित कर
(b) कॉर्पोरेट आय कर
(c) शुल्क और जुर्माना
(d) व्यक्तिगत आय कर

उत्तर (c)

- शुल्क और जुर्माना सरकार के लिए गैर-कर राजस्व स्रोत का उदाहरण है। यह सरकार द्वारा करों के अतिरिक्त अन्य स्रोतों से अर्जित आवर्ती आय भी है।
- सरकार विभिन्न प्रयोजनों के लिए राज्यों को दिए गए ऋणों और धनराशियों पर गैर-कर राजस्व के रूप में ब्याज एकत्र करती है।
- **कर राजस्व** किसी व्यक्ति या संस्था द्वारा अर्जित आय (प्रत्यक्ष कर) पर तथा वस्तुओं और सेवाओं के लेन-देन के मूल्य (अप्रत्यक्ष कर) पर लगाया जाता है। जबकि गैर-कर राजस्व सरकार द्वारा प्रदान की गई सेवाओं पर लगाया जाता है।

SSC CGL 2023 (Tier 1 & 2)

156. निम्नलिखित में से किसे पूँजीगत व्यय माना जाता है? SSC CGL Tier-1 02.03.2023 (Shift-I)

(a) स्कूल की इमारत का निर्माण
(b) पेन्शन
(c) सब्सिडी
(d) वेतन का भुगतान

उत्तर (a)

- स्कूल की इमारत का निर्माण पूँजीगत व्यय माना जाता है।

• **पूँजीगत व्यय** में इसके अतिरिक्त, सड़कें और अस्पतालों जैसी परिसम्पत्तियों का निर्माण करना शामिल है।

• पूँजीगत व्यय **स्थायी परिसम्पत्तियों के विकास** के लिए सरकार द्वारा किए जाने वाला व्यय है।

• इसका उपयोग परिसम्पत्तियों को बनाने या देनदारियों को कम करने के लिए किया जाता है।

157. निम्नलिखित में से कौन-सा एक अप्रत्यक्ष कर है? **SSC CGL Tier-1 02.03.2023 (Shift-I)**

(a) वस्तु एवं सेवा कर
(b) सम्पत्ति कर
(c) उपहार कर
(d) पूँजीगत लाभ कर

उत्तर (a)

• **वस्तु एवं सेवा कर** एक अप्रत्यक्ष कर है।

• **वस्तु एवं सेवा कर** (जी.एस.टी.) गन्तव्य आधारित एकीकृत अप्रत्यक्ष कर है। इसका उद्देश्य भारत के बाजार को एकीकृत साझा बाजार बनाना है।

• इसे 101वें संविधान संशोधन अधिनियम, 2016 द्वारा वर्ष 2017 में लागू किया गया।

• संविधान में **अनुच्छेद 279 A(i)** के अन्तर्गत जी.एस.टी. परिषद् का गठन किया गया है।

• जी.एस.टी. के 4 प्रकार हैं

(1) CGST (2) SGST
(3) IGST (4) UTGST

158. सरकार का हस्तक्षेप, चाहे वह माँग का विस्तार करने के लिए हो अथवा इसे कम करने के लिए .... कहलाता है। **SSC CGL Tier-1 07.03.2023 (Shift-I)**

(a) स्थिरीकरण कार्य
(b) अनिश्चित कार्य
(c) लेन-देन कार्य
(d) पुन: आवण्टन कार्य

उत्तर (a)

• सरकार का हस्तक्षेप, चाहे वह माँग का विस्तार करने के लिए हो अथवा इसे कम करने के लिए **स्थिरीकरण कार्य** कहलाता है।

• यदि किसी वस्तु के लिए किसी उपभोक्ता की माँग उसी दिशा में होती है, जिस दिशा में उसकी आय होती है, तब उस वस्तु की कीमत के साथ उपभोक्ता की माँग का विपरीत सम्बन्ध होता है।

159. यदि सरकारी राजस्व व्यय, राजस्व प्राप्ति से अधिक है, तो इसे क्या कहा जाता है? **SSC CGL Tier-1 17.07.2023 (Shift-IV)**

(a) राजकोषीय घाटा (b) पूँजी घाटा
(c) प्राथमिक घाटा (d) राजस्व घाटा

उत्तर (d)

• यदि सरकारी व्यय, राजस्व प्राप्ति से अधिक है, तो इसे राजस्व घाटा कहा जाता है।

• केन्द्र सरकार, संविधान के **अनुच्छेद 275** के तहत राज्यों को विचलन के बाद **राजस्व घाटा** अनुदान प्रदान करती है।

• राजस्व घाटा = राजस्व व्यय – राजस्व प्राप्तियाँ।

• राजस्व घाटे को राजस्व व्यय में कटौती करके (मुख्य रूप से सब्सिडी) वित्त पोषित किया जाता है।

160. किस केन्द्रीय बजट में 'राष्ट्रीय निवेश और अवसंरचना कोष (NIIF)' नामक भारत के पहले सम्प्रभु धन कोष की घोषणा की गई थी? **SSC CGL Tier-1 20.07.2023 (Shift-IV)**

(a) 2019-20 (b) 2017-18
(c) 2015-16 (d) 2021-22

उत्तर (c)

• 'राष्ट्रीय निवेश और अवसंरचना कोष (NIIF)' नामक भारत के पहले सम्प्रभु धन कोष की घोषणा **2015-16** के केन्द्रीय बजट में की गई थी।

• राष्ट्रीय निवेश और अवसंरचना कोष (NIIF) अवसंरचना क्षेत्र के वित्तीय समस्या के समाधान के लिए सरकार को सलाह देता है। इसका पंजीकृत कार्यालय **नई दिल्ली** में है।

• वर्तमान (2025) में **संजीव अग्रवाल** इस कोष के एम डी एवं सी ई ओ (मुख्य कार्यपालक अधिकारी) हैं।

161. .... व्यय और .... प्राप्तियाँ सरकार बजट द्वारा दर्शायी जाती हैं। **SSC CGL Tier-1 21.07.2023 (Shift-IV)**

(a) वास्तविक, वास्तविक
(b) अनुमानित, अनुमानित
(c) वास्तविक, अनुमानित
(d) अनुमानित, वास्तविक

उत्तर (b)

• अनुमानित व्यय और अनुमानित प्राप्तियाँ सरकार बजट द्वारा दर्शायी जाती हैं।

• भारतीय संविधान के **अनुच्छेद 112(1)** के अनुसार **भारत सरकार की अनुमानित प्राप्तियों** और **अनुमानित व्यय** का विवरण **प्रतिवर्ष संसद** में प्रस्तुत किया जाता है।

• सरकार के एक वर्ष की अनुमानित आय-व्यय का लेखा-जोखा बजट कहलाता है।

• सरकार का बजट केवल आय-व्यय का विवरण मात्र ही नहीं होता, अपितु यह सरकार के क्रिया-कलापों एवं नीतियों का वितरण भी है।

162. सकल राजकोषीय घाटे के सम्बन्ध में निम्नलिखित में से कौन-सा विकल्प सही है? **SSC CGL Tier-1 24.07.2023 (Shift-I)**

(a) सकल राजकोषीय घाटा = शुद्ध घरेलू ऋण + आरबीआई से ऋण + विदेश से ऋण
(b) सकल राजकोषीय घाटा = शुद्ध घरेलू ऋण – आरबीआई से ऋण + विदेश से ऋण
(c) सकल राजकोषीय घाटा = शुद्ध घरेलू ऋण – आरबीआई से ऋण – विदेश से ऋण
(d) सकल राजकोषीय घाटा = शुद्ध घरेलू ऋण + आरबीआई से ऋण – विदेश से ऋण

उत्तर (a)

• **सकल राजकोषीय घाटा** = शुद्ध घरेलू ऋण + आरबीआई से ऋण + विदेश से ऋण।

• सकल राजकोषीय घाटा सरकार के कुल व्यय, चालू और पूँजी का अधिशेष है, साथ ही राजस्व प्राप्तियों से अधिक वसूली का ऋण है।

• राजकोषीय घाटा सरकार के **अनुमानित उधार** को दर्शाता है।

163. गैर-कर राजस्व .... का हिस्सा होता है। **SSC CGL Tier-1 25.07.2023 (Shift-III)**

(a) पूँजीगत व्यय (b) पूँजीगत प्राप्तियों
(c) राजस्व व्यय (d) राजस्व प्राप्तियों

उत्तर (d)

• **गैर-कर राजस्व प्राप्तियों** का हिस्सा होता है।

• गैर-कर राजस्व एक प्रकार की आय है, जो सरकार द्वारा करों के अतिरिक्त अन्य स्रोतों से अर्जित की जाती है।

• केन्द्रीय सरकार के गैर-कर राजस्व के तीन स्रोत हैं– (i) ब्याज प्राप्तियाँ (ii) लाभांश तथा लाभ (iii) विदेशी अनुदान।

164. निम्नलिखित में से कौन-सा उपादान भुगतान का उदाहरण नहीं है? **SSC CGL Tier-1 26.07.2023**

(a) वेतन (b) किराया
(c) पेन्शन (d) ब्याज

उत्तर (c)

• पेन्शन उपादान भुगतान का उदाहरण नहीं है।

• वेतन, किराया व ब्याज उपादान भुगतान के अन्तर्गत आता है।

• जब वस्तु या सेवा के बदले भुगतान किया जाता है, तो वह उपादान भुगतान कहलाता है।

• **पेन्शन, भत्ता, सामाजिक सुरक्षा अनुदान** आदि **अन्तरण भुगतान** के उदाहरण हैं, जो एक पक्षीय भुगतान है अर्थात् जिसमें कोई सामान या सेवा के बिना भुगतान हो रहा है।

165. निम्नलिखित में से कौन-सा विकल्प पूँजीगत प्राप्तियों में शामिल नहीं है? **SSC CGL Tier-1 27.07.2023 (Shift-III)**

(a) उधार राशियाँ (b) कर
(c) ऋणों की वसूली (d) विदेशी सहायता

उत्तर (b)

• **कर** पूँजीगत प्राप्तियों में शामिल नहीं है, जबकि अन्य उधार राशियाँ, ऋणों की वसूली और विदेशी सहायता शामिल है।

• **पूँजीगत प्राप्तियाँ** वे प्राप्तियाँ हैं, जो या तो देनदारियाँ पैदा करती हैं या सरकार की परिसम्पत्ति के मूल्य को कम करती हैं।

• पूँजीगत प्राप्तियाँ किसी कम्पनी द्वारा प्राप्त भुगतान है, जो वास्तव में आय नहीं है।

• पूँजीगत प्राप्ति में सरकार द्वारा बाजार हेतु लिए गए ऋण, भारतीय रिजर्व बैंक से ली गई उधारी और विनिवेश के द्वारा प्राप्त आमदनी को शामिल किया जाता है।

SSC CGL 2022 (Tier 1 & 2)

166. सकल प्राथमिक घाटा ········· के बीच का अन्तर है। SSC CGL Tier-1 01.12.2022 (Shift-IV)

(a) सकल राजकोषीय घाटा और ब्याज प्राप्तियाँ
(b) सकल राजकोषीय घाटा और शुद्ध ब्याज देयताएँ
(c) राजस्व घाटा और ब्याज प्राप्तियाँ
(d) राजस्व घाटा और ब्याज भुगतान

उत्तर (b)

• सकल प्राथमिक घाटा **सकल राजकोषीय घाटा और शुद्ध ब्याज देयताओं** के बीच का अन्तर है।

• **सकल प्राथमिक घाटा** पिछले वर्षों के उधारों के ब्याज भुगतान को घटाने के बाद शेष राजकोषीय घाटा है। यह अवधारणा 1993-94 के बजट में प्रारम्भ की गई थी।

• प्राथमिक घाटा = राजकोषीय घाटा – सरकार द्वारा ब्याज भुगतान।

167. किस वर्ष के भारतीय बजट में बजटीय विनिधान की लिंग संवेदनशीलता को विशेष महत्त्व देते हुए एक विवरण प्रस्तुत किया गया था? SSC CGL Tier-1 02.12.2022 (Shift-II)

(a) 2005-06 (b) 2008-09
(c) 2001-02 (d) 2010-11

उत्तर (a)

• वर्ष 2005-06 के भारतीय बजट में बजटीय विनिधान की लिंग संवेदनशीलता को विशेष महत्त्व देते हुए एक विवरण प्रस्तुत किया गया था।

• महिलाओं के खिलाफ होने वाले भेदभाव को समाप्त करने और लैंगिक समानता को बढ़ावा देने के लिए वर्ष 2005 से भारत सरकार ने औपचारिक रूप से वित्तीय बजट में **जेण्डर उत्तरदायी बजटिंग** को अंगीकार किया था।

• इसका उद्देश्य राजकोषीय नीतियों के माध्यम से लिंग सम्बन्धी चिन्ताओं का समाधान करना है।

168. निम्नलिखित में से कौन-सा अप्रत्यक्ष कर नहीं है? SSC CGL Tier-1 05.12.2022 (Shift-II)

(a) वैल्थ टेक्स
(b) कस्टम ड्यूटी
(c) वस्तु एवं सेवा कर
(d) एक्साइज टेक्स

उत्तर (a)

• **वैल्थ** (धन) **कर** अप्रत्यक्ष कर नहीं है। जबकि अन्य कस्टम ड्यूटी, वस्तु एवं सेवाकर और एक्साइज टेक्स अप्रत्यक्ष कर हैं।

• वैल्थ टेक्स धनी व्यक्तियों, कम्पनियों की शुद्ध सम्पत्ति पर लगाया जाता है।

• सीमा शुल्क (कस्टम ड्यूटी) एक अप्रत्यक्ष कर है, जो वस्तुओं और सेवाओं के आयात और निर्यात पर लगाया जाता है।

• उत्पाद शुल्क (एक्साइज टेक्स) देश के भीतर उत्पादित वस्तुओं पर लगाया जाने वाला एक प्रकार का कर है।

169. सरकारी बजट का निम्नलिखित में से कौन-सा कार्य आय के वितरण से सम्बन्धित है? SSC CGL Tier-1 07.12.2022 (Shift-IV)

1. आवण्टन प्रक्रिया
2. पुनर्वितरण प्रक्रिया

कूट

(a) केवल 1 (b) केवल 2
(c) 1 और 2 दोनों (d) न तो 1 और न ही 2

उत्तर (b)

• सरकारी बजट की **पुनर्वितरण प्रक्रिया कार्य** आय के वितरण से सम्बन्धित है।

• **बजट** सरकार के कर लगाने की योजना है और अन्य लेन-देनों, जो अर्थव्यवस्था और नागरिकों के जीवन को प्रभावित करते हैं, का ब्लूप्रिण्ट होता है।

• भारतीय संविधान के **अनुच्छेद** 112 के अनुसार, किसी विशिष्ट वित्तीय वर्ष के केन्द्रीय बजट को वार्षिक वित्तीय विवरण कहा जाता है। यह उधार आवश्यकताओं को इंगित करता है।

170. सकल प्राथमिक घाटा ······ के रूप में व्यक्त किया जा सकता है। SSC CGL Tier-1 08.12.2022 (Shift-I)

(a) पूँजीगत व्यय-राजस्व घाटा
(b) सकल राजकोषीय घाटा-शुद्ध ब्याज देयताएँ
(c) राजस्व घाटा + पूँजीगत व्यय
(d) सकल राजकोषीय घाटा + शुद्ध ब्याज देयताएँ

उत्तर (b)

• सकल प्राथमिक घाटा, सकल राजकोषीय घाटा-शुद्ध ब्याज देयताओं के रूप में व्यक्त किया जा सकता है।

171. निम्नलिखित में से कौन-सा सरकार के पूँजीगत व्यय का घटक नहीं है? SSC CGL Tier-1 08.12.2022 (Shift-IV)

(a) मशीनरी के अधिग्रहण पर व्यय
(b) ब्याज भुगतान
(c) भूमि के अधिग्रहण पर व्यय
(d) भवन के अधिग्रहण पर व्यय

उत्तर (b)

• **ब्याज भुगतान** सरकार के पूँजीगत व्यय का घटक नहीं है।

• सरकार द्वारा अधिग्रहीत विभिन्न सम्पत्तियों पर हुए खर्च को पूँजीगत व्यय की श्रेणी में रखा जाता है।

• वह धन जो सरकार मशीनरी, उपकरण, भवन, स्वास्थ्य सुविधाएँ, शिक्षा आदि के विकास पर खर्च करती है, **पूँजीगत व्यय** कहलाता है।

172. निम्नलिखित में से कौन-सा एक पूँजीगत व्यय नहीं है? SSC CGL Tier-1 09.12.2022 (Shift-I)

(a) सरकार द्वारा भूमि के अधिग्रहण पर व्यय
(b) केन्द्र सरकार द्वारा ऋण और अग्रिम भुगतान
(c) शेयरों में निवेश
(d) सब्सिडी भुगतान

उत्तर (d)

• **सब्सिडी भुगतान** पूँजीगत व्यय नहीं है। जबकि सरकार द्वारा भूमि के अधिग्रहण पर व्यय, केन्द्र सरकार द्वारा ऋण और अग्रिम भुगतान और शेयरों से निवेश पूँजीगत व्यय है।

• सब्सिडी पर होने वाले व्यय को **राजस्व व्यय** कहते हैं। सब्सिडी एक प्रकार की वित्तीय मदद है, जोकि सरकार द्वारा किसानों, उद्योगों, उपभोक्ताओं आदि को भुगतान की जाती है।

173. अर्थव्यवस्था में किस प्रकार का कर एक स्वत: स्थिरक के रूप में कार्य करता है? SSC CGL Tier-1 09.12.2022 (Shift-IV)

(a) वृत्ति कर
(b) आनुपातिक आयकर
(c) पूँजीगत लाभ कर
(d) सम्पत्ति कर

उत्तर (b)

• अर्थव्यवस्था में **आनुपातिक आयकर** एक स्वत: स्थिरक के रूप में कार्य करता है।

• **आनुपातिक कर** (Proportional Tax) एक आयकर प्रणाली है, जो प्रत्येक व्यक्ति पर समान प्रतिशत कर लगाती है, चाहे उनकी आय कुछ भी हो।

• आनुपातिक कर **निम्न, मध्य एवं उच्च आय वर्ग** करदाताओं के लिए एक समान होता है।

• इस प्रणाली में कर देयता और आय समान अनुपात में बढ़ती है।

174. निम्नलिखित में से कौन-सा/से कथन सत्य है/हैं? SSC CGL Tier-1 13.12.2022 (Shift-I)

A. सरकार द्वारा पेश किया गया वेतन विधेयक एक पूँजीगत व्यय है।
B. सरकार द्वारा किसी कम्पनी में किया गया विनिवेश एक प्रकार की पूँजीगत प्राप्ति है।

कूट

(a) केवल B
(b) केवल A
(c) A और B दोनों
(d) न तो A और न ही B

उत्तर (a)

• सरकार द्वारा किसी कम्पनी में किया गया विनिवेश एक प्रकार की पूँजीगत प्राप्ति है।

• **विनिवेश** (Disinvestment) से तात्पर्य सरकार द्वारा सार्वजनिक क्षेत्र के किसी उपक्रम में अपनी हिस्सेदारी की ब्रिकी से है।

• यह विनिवेश सरकार द्वारा **राजकोषीय भार** (Fiscal Deficit Burden) को कम करने या विशिष्ट आवश्यकताओं को पूरा करने के लिए धन जुटाने हेतु किया जाता है।

• सरकार द्वारा पेश किया वेतन विधेयक राजस्व व्यय का हिस्सा होता है, न कि पूँजीगत व्यय का।

SSC CPO 2024 (Tier 1 & 2)

175. उपहार कर, सम्पत्ति कर आदि जैसे करों को किस प्रकार के कर कहा जाता है?
SSC CPO 28.06.2024 (Shift-II)

(a) रिच कर
(b) प्रत्यक्ष कर
(c) कागजरहित कर
(d) कागजी कर

उत्तर (b)

• उपहार कर, सम्पति कर आदि जैसे करों का प्रत्यक्ष कर कहा जाता है।
• इसें अतिरिक्त आय कर, निगम कर व व्यय कर आदि **प्रत्यक्ष कर** के ही प्रकार हैं।
• प्रत्यक्ष कर में व्यक्ति या संगठन द्वारा कर, सीधे सरकार को भुगतान किया जाता है।
• भारत में वित्त मन्त्रालय के अन्तर्गत **केन्द्रीय प्रत्यक्ष कर बोर्ड** (CBDT) द्वारा प्रत्यक्ष कर का प्रशासन और संग्रह किया जाता है।

SSC CPO 2023 (Tier 1 & 2)

176. राजकोषीय क्षेत्र में सरकार की प्राथमिकताओं तथा उससे सम्बन्धित नीतियों एवं विचलनों का उल्लेख बजट दस्तावेज के किस भाग में किया जाता है? **SSC CPO 03.10.2023 (Shift-II)**

(a) राजकोषीय नीति कार्य योजना विवरण
(b) मध्यावधिक राजकोषीय नीति विवरण
(c) विनियोग विधेयक
(d) वृहद आर्थिक रूपरेखा विवरण

उत्तर (a)

• राजकोषीय क्षेत्र में सरकार की प्राथमिकताओं तथा उससे सम्बन्धित नीतियों एवं विचलनों का उल्लेख **राजकोषीय नीति कार्य योजना विवरण** में किया जाता है।
• राजकोषीय नीति मुख्य रूप से **वार्षिक केन्द्रीय बजट** के माध्यम से प्रकट होती है। जहाँ सरकार आगामी वित्तीय वर्ष के लिए अपने राजस्व और व्यय की रूपरेखा तैयार करती है।

SSC CPO 2022 (Tier 1 & 2)

177. दिवालियापन कानून सुधार समिति (BLRC) की स्थापना निम्न में से किस वर्ष की गई?
SSC CPO 11.11.2022 (Shift-I)

(a) 2009 (b) 2014
(c) 2010 (d) 2012

उत्तर (b)

• दिवालियापन कानून सुधार समिति (BLRC) का गठन **टी. के. विश्वनाथन** की अध्यक्षता में वित्त मन्त्रालय द्वारा **22 अगस्त, 2014** को किया गया।
• इसकी स्थापना का उद्देश्य दिवालियापन कानून सुधारों को समय एवं परिस्थिति के अनुरूप संशोधित करना था, ताकि इसका लाभ सरकार को हो सके।

178. निम्नलिखित में से क्या सरकार द्वारा राजस्व की प्राप्ति नहीं हैं? **SSC CPO 11.11.2022 (Shift-II)**

(a) विदेशों और अन्तर्राष्ट्रीय संगठनों से नकद अनुदान सहायता
(b) सरकार द्वारा किए गए निवेश पर लाभांश और लाभ
(c) सरकार द्वारा प्रदान की जाने वाली सेवाओं के लिए शुल्क और अन्य प्राप्तियाँ
(d) सरकारी सम्पत्तियों की बिक्री

उत्तर (d)

• **सरकारी सम्पत्तियों की बिक्री** सरकार द्वारा राजस्व की प्राप्ति नहीं है।
• सरकार द्वारा **राजस्व** की प्राप्ति का स्रोत सरकार द्वारा वसूले गए सभी प्रकार के कर और शुल्क, सरकारी निवेशों पर प्राप्त ब्याज तथा उससे प्राप्त होने वाला लाभांश, साथ ही विभिन्न सेवाओं के बदले प्राप्त रकम है।
• भारत सरकार के राजस्व के प्रमुख स्रोत GST और **आयकर** हैं।

SSC CHSL 2024 (Tier 1 & 2)

179. किस संगठन ने वर्ष 2021 में लगभग 12,000 सीमा शुल्क टैरिफ वस्तुओं (Customs Tariff items) के लिए सभी सीमा शुल्क प्रक्रियाओं और नियामक अनुपालन पर जानकारी तक मुफ्त पहुँच प्रदान करने के लिए भारतीय सीमा शुल्क अनुपालन सूचना पोर्टल (Compliance Information Portal – CIP) लॉन्च किया?
SSC CHSL Tier-1 01.07.2024 (Shift-IV)

(a) केन्द्रीय प्रत्यक्ष कर बोर्ड
(b) केन्द्रीय अप्रत्यक्ष कर और सीमा शुल्क बोर्ड
(c) आयकर निपटान आयोग
(d) प्रवर्तन निदेशालय

उत्तर (b)

• **केन्द्रीय अप्रत्यक्ष कर और सीमा शुल्क बोर्ड** ने वर्ष 2021 में लगभग 12000 सीमा शुल्क टैरिफ वस्तुओं के लिए सभी सीमा शुल्क प्रक्रियाओं और नियामक अनुपालन पर जानकारी तक मुफ्त पहुँच प्रदान करने के लिए भारतीय सीमा शुल्क अनुपालन सूचना पोर्टल लॉन्च किया।
• केन्द्रीय अप्रत्यक्ष कर और सीमा शुल्क का गठन 1 **जनवरी, 1964** को हुआ था।
• यह भारत सरकार के **वित्त मन्त्रालय** के अधीन काम करने वाली प्रमुख एजेन्सी है। इसका मुख्यालय नई दिल्ली में स्थित है।

180. राजकोषीय उत्तरदायित्व और बजट प्रबन्धन अधिनियम (FRBMA), 2003 का मुख्य उद्देश्य क्या है? **SSC CHSL Tier-1 01.07.2024**

(a) राजकोषीय घाटे को कम करना
(b) उत्पाद शुल्क बढ़ाना
(c) निर्यात बढ़ाना
(d) अनुदान कम करना

उत्तर (a)

• **राजकोषीय उत्तरदायित्व और बजट प्रबन्धन अधिनियम (FRBMA),** 2003 का मुख्य उद्देश्य राजकोषीय घाटे को चरणबद्ध तरीके से कम करना है।
• इस अधिनियम का उद्देश्य राजकोषीय एवं मौद्रिक नीति के मध्य बेहतर समन्वय बनाए रखना भी है।
• इसके अन्य उद्देश्य राजस्व घाटे को समाप्त करना, सार्वजनिक धन के प्रबन्धन में सुधार करना व पारदर्शिता लाना हैं।

181. आर्द्रभूमियों (wetlands) के संरक्षण के उद्देश्य से केन्द्रीय बजट 2023–24 में जिस योजना की घोषणा की गई थी, उसका नाम क्या है? **SSC CHSL Tier-1 04.07.2024 (Shift-I)**

(a) धरोहर (b) पर्यावरण प्रहरी
(c) अमृत धरोहर (d) पर्यावरण सुरक्षा

उत्तर (c)

• आर्द्रभूमियों के संरक्षण के उद्देश्य से केन्द्रीय बजट 2023-24 में **अमृत धरोहर** योजना की घोषणा की गई।
• इसका उद्देश्य पारिस्थितिक रूप से संवेदनशील आर्द्रभूमियों, विशेष रूप से चिल्का झील और सुल्तानपुर पक्षी अभयारण्य पर पर्यटन प्रथाओं में क्रान्तिकारी परिवर्तन लाना है।
• जनवरी, 2025 के आँकड़ों के अनुसार, भारत में रामसर स्थलों की संख्या 89 है।

182. .... को किसी राजकोषीय वर्ष के दौरान, ऋण ग्रहण को छोड़कर प्राप्तियों की तुलना में कुल व्यय के आधिक्य के रूप में परिभाषित किया जाता है।
SSC CHSL Tier-1 04.07.2024 (Shift-III)

(a) राजकोषीय घाटा (b) आय घाटा
(c) संरचनात्मक घाटा (d) सकल प्राथमिक घाटा

उत्तर (a)

• **राजकोषीय घाटा** को किसी राजकोषीय वर्ष के दौरान ऋण ग्रहण को छोड़कर कुल प्राप्तियों की तुलना में कुल व्यय के आधिक्य के रूप में परिभाषित किया जाता है।
• जब किसी सरकार का व्यय उसके राजस्व से अधिक हो जाता है, तो सरकार को घाटे को पूरा करने के लिए धन उधार लेना होगा या सम्पत्ति बेचनी होगी।
• जब सरकार के पास राजकोषीय अधिशेष होता है, तो उसकी आय उसके खर्चों से अधिक हो जाती है।

183. केन्द्रीय बजट 2023-24 में दी गई निम्नलिखित में से कौन–सी योजना रासायनिक उर्वरकों के उपयोग को कम करने से सम्बन्धित है?
SSC CHSL Tier-1 04.07.2024 (Shift-III)

(a) पीएम श्री (b) पीएम प्रणाम
(c) पीएम डिवाइन (d) सीड योजना

उत्तर (b)

• केन्द्रीय बजट 2023-24 में पीएम प्रणाम योजना, रासायनिक उर्वरकों के उपयोग को कम करने से सम्बन्धित है।

• PM PRANAM का पूर्ण रूप प्रमोशन ऑफ अल्टरनेटिव न्यूट्रिएंट्स फॉर एग्रीकल्चर मैनेजमेण्ट का है।

• इसका उद्देश्य रासायनिक उर्वरकों के स्थान पर **वैकल्पिक उर्वरकों** को खेती में बढ़ावा देना है।

184. राजस्व घाटे (revenue deficit) को कम करने के लिए सरकार निम्नलिखित में से कौन-सा उपाय अपना सकती है?

SSC CHSL Tier-1 11.07.2024 (Shift-IV)

(a) सब्सिडी को बढ़ाना
(b) मुफ्त में बाँटी जाने वाली चीजें
(c) कर सुधार
(d) मुद्रा आपूर्ति को बढ़ाना

उत्तर (c)

• राजस्व घाटे को कम करने के लिए सरकार **कर सुधार** को उपायों में शामिल कर सकती है।

• **राजस्व घाटा** किसी सरकार के खर्च की तुलना में उसके राजस्व में कमी को सन्दर्भित करता है।

• राजस्व घाटे को कम करने के लिए निम्न उपाय अपनाए जा सकते हैं

(i) राजकोषीय अनुशासन तथा सुदृढ़ीकरण
(ii) राजस्व संग्रहण में वृद्धि
(iii) व्ययों को युक्ति संगत बनाना
(iv) ऋण प्रबन्धन रणनीतियाँ
(v) दीर्घकालिक संरचनात्मक सुधार

SSC CHSL 2023 (Tier 1 & 2)

185. समष्टि आर्थिक प्रदर्शन का सबसे सामान्यत: उपयोग किया जाने वाला संकेतक कौन-सा है? **SSC CHSL Tier-1 17.08.2023 Shift I**

(a) मानव विकास सूचकांक
(b) जीवन स्तर
(c) प्रतिव्यक्ति सकल राष्ट्रीय उत्पाद
(d) जीवन सूचकांक की भौतिक गुणवत्ता

उत्तर (c)

• **प्रतिव्यक्ति सकल राष्ट्रीय उत्पाद** समष्टि आर्थिक प्रदर्शन का सबसे सामान्यत: उपयोग किया जाने वाला संकेतक है।

• **समष्टि अर्थशास्त्र** में किसी भी समग्र अर्थव्यवस्था के समग्र चरों; जैसे राष्ट्रीय आय, रोजगार, मूल्यह्रास, बचत विनियोग, भुगतान शेष आदि का अध्ययन किया जाता है।

• **व्यष्टि अर्थशास्त्र** अर्थशास्त्र की वह शाखा है, जो व्यक्तिगत आर्थिक इकाइयों के व्यवहार और निर्णयों का अध्ययन करती है।

186. गलत समीकरण की पहचान कीजिए।

SSC CHSL Tier-1 10.08.2023 (Shift-III)

(a) राजस्व घाटा = राजस्व व्यय - राजस्व प्राप्तियाँ
(b) सकल प्राथमिक घाटा = सकल राजकोषीय घाटा - निवल ब्याज अदायगी
(c) सकल राजकोषीय घाटा = कुल व्यय - (राजस्व प्राप्तियाँ + गैर-ऋण सृजन पूँजी प्राप्तियाँ)
(d) राजस्व प्राप्तियाँ = कर राजस्व (राज्य का निवल शेयर)-गैर-कर राजस्व

उत्तर (d)

• विकल्प (d) का समीकरण **राजस्व प्राप्तियाँ = कर राजस्व** (राज्य का निवल शेयर) **- गैर-कर राजस्व** गलत है। अन्य सभी सही हैं।

• राजस्व प्राप्तियाँ वे हैं, जो देनदारी पैदा नहीं करती हैं और सरकार के खिलाफ दावा नहीं करती हैं। यह दो प्रकार की होती है–
(i) कर राजस्व (ii) गैर कर राजस्व।

187. केन्द्रीय बजट वर्ष 2023-24 में 'अमृत पीढ़ी' का सम्बन्ध किससे है?

SSC CHSL Tier-1 10.08.2023 (Shift-III)

(a) बच्चे भारत का भविष्य
(b) युवा शक्ति
(c) अति वरिष्ठ नागरिक
(d) वरिष्ठ नागरिक

उत्तर (b)

• केन्द्रीय बजट वर्ष 2023-24 में 'अमृत पीढ़ी' का सम्बन्ध **युवा शक्ति** से है।

• युवाओं को सशक्त करने और 'अमृत पीढ़ी' के सपनों को साकार करने में मदद करने के लिए सरकार ने कौशलवर्द्धन पर **केन्द्रित राष्ट्रीय शिक्षा नीति** तैयार की है।

• इससे बड़े पैमाने पर रोजगार सृजन करने में सहायक आर्थिक नीतियाँ अपनाई गईं और व्यवसाय के अवसर का समर्थन किया गया।

• मेटा और केन्द्रीय महिला एवं बाल विकास मन्त्रालय ने **अमृत पीढ़ी अभियान** शुरू किया।

188. आनुपातिक कर स्वायत्त व्यय गुणक को कम करने में मदद करेंगे, क्योंकि ....।

SSC CHSL Tier-1 09.08.2023 (Shift-I)

(a) कर एमपीसी (MPC) को घटाते हैं।
(b) कर और एमपीसी (MPC) बराबर हो जाते हैं।
(c) एमपीसी (MPC) की इसमें कोई भूमिका नहीं है।
(d) कर एमपीसी (MPC) को बढ़ाते हैं।

उत्तर (a)

• आनुपातिक कर स्वायत्त व्यय गुणक को कम करने में मदद करेंगे, क्योंकि कर एमपीसी (MPC) को घटाते हैं।

• **व्यय गुणक** अर्थव्यवस्था में स्वायत्त व्यय की परिवर्तनशीलता में कुल व्यय तथा कुल माँग की प्रवृत्ति के प्रभाव को दर्शाता है।

• एम.पी.सी. (MPC) का फुल फॉर्म — मौद्रिक नीति समिति है। इसका गठन केन्द्र सरकार ब्याज दरों को तय करने की प्रक्रिया को और अधिक पारदर्शी और उपयोगी बनाने के लिए किया गया था।

• MPC को कम करके, आनुपातिक कर स्वायत्त व्यय में उतार-चढ़ाव, जैसे निवेश या सरकारी खर्च में बदलाव के प्रभावों को स्थिर करने में मदद कर सकते हैं।

189. निम्नलिखित में से कौन-सा कथन सत्य है?

A. राजकोषीय घाटे का वित्त पोषण ऋण-ग्रहण के द्वारा ही किया जाएगा।
B. ऋण वसूली एक राजस्व प्राप्ति है।

SSC CHSL Tier-1 04.08.2023 (Shift-II)

कूट

(a) न तो A और न ही B
(b) केवल B
(c) A और B दोनों
(d) केवल A

उत्तर (d)

• केवल कथन A सत्य है अर्थात् राजकोषीय घाटे का वित्त पोषण, ऋण ग्रहण के द्वारा ही किया जाएगा। अत: इससे सभी स्रोतों से सरकार के ऋण ग्रहण सम्बन्धी आवश्यकताओं का पता चलता है।

• ऋण वसूली एक राजस्व प्राप्ति नहीं है, बल्कि पूँजीगत प्राप्ति है।

SSC MTS 2024 (Tier 1 & 2)

190. निम्नलिखित में से कौन-सा/कौन-से गैर-कर राजस्व प्राप्ति का/के उदाहरण है/हैं?

SSC MTS Tier-1 11.11.2024 (Shift-III)

(a) आयकर
(b) विनिवेश
(c) बाह्य वाणिज्यिक ऋण ग्रहण
(d) ब्याज से प्राप्त आय

उत्तर (d)

• **ब्याज से प्राप्त आय** गैर–कर राजस्व प्राप्ति का उदाहरण है।

• गैर-कर राजस्व वह आवर्ती आय है, जो सरकार द्वारा करों के अतिरिक्त अन्य स्रोतों से अर्जित की जाती है।
उदाहरणत: **लाभांश**, जुर्माना, शुल्क और सरकारी गतिविधियों से प्राप्त अन्य प्राप्तियाँ शामिल हैं।

• कर राजस्व वह धन है, जो किसी सरकारी निकाय द्वारा अपने घटकों से सार्वजनिक व्यय के लिए एकत्र किया जाता है।

191. 2023-24 में प्रस्तावित, आयकर अधिनियम 1961 की कौन-सी धारा 75 वर्ष और उससे अधिक आयु के वरिष्ठ नागरिकों को आयकर रिटर्न दाखिल करने की छूट देती है?

SSC MTS Tier-1 29.10.2024 (Shift-III)

(a) धारा 194P
(b) धारा 80c
(c) धारा 139A
(d) धारा 234C

उत्तर (a)

• 2023-24 में प्रस्तावित आयकर अधिनियम, 1961 की **धारा 194P** , 75 वर्ष और उससे अधिक आयु के वरिष्ठ नागरिकों को आयकर रिटर्न दाखिल करने की छूट देती है।

• आयकर अधिनियम, 1961 भारत में आयकर का निर्धारण करने वाला कानून है। यह आयकर के आरोपण, प्रशासन, संग्रह और वसूली का प्रावधान करता है।

• इसमें कुल 298 धाराएँ और 23 अध्याय है।
• आयकर रिटर्न एक वित्तीय रिपोर्ट की तरह है, जिसे प्रत्येक वर्ष सरकार को जमा करना होता है।

192. विदेशों से सहायता में नकद अनुदान को कहाँ वर्गीकृत किया जाता है?
SSC MTS Tier-1 17.10.2024 (Shift-II)
(a) गैर-कर राजस्व (b) पूँजीगत प्राप्ति
(c) कर राजस्व (d) राजस्व व्यय

उत्तर (a)
• विदेशों से सहायता में नकद अनुदान को **गैर-कर राजस्व** में वर्गीकृत किया जाता है।
• पूँजीगत प्राप्तियाँ अचल सम्पत्तियों की बिक्री से प्राप्त नकदी, कम्पनी के शेयरों की बिक्री से प्राप्त नकदी और ऋण, ब्राण्ड जैसे ऋण साधन के मुद्दे के माध्यम से प्राप्त नकदी होती है।
• वह आय जो सरकार कराधान के माध्यम से प्राप्त होता है उसे कर राजस्व कहते हैं।

193. सामान्यत: घाटे को एक ……… संकल्पना माना जाता है। SSC MTS Tier-1 01.10.2024 (Shift-I)
(a) स्टॉक (b) सार्थक (c) प्रवाह (d) अधिशेष

उत्तर (c)
• सामान्यत: घाटे को एक **प्रवाह** संकल्पना माना जाता है।
• स्टॉक को इक्विटी भी कहा जाता है। यह किसी कम्पनी के एक हिस्से के स्वामित्व का प्रतिनिधित्व करता है।
• मार्जिन, ट्रेडिंग खाते में सुरक्षित रखे गए धन को कहते हैं, इसकी गणना, ट्रेडिंग खाते में मुद्रा के रूप में की जाती हैं।
• अपेक्षित या आवश्यकता से अधिक राशि या व्यय से अधिक आय को अधिशेष कहते हैं।

SSC MTS 2023 (Tier 1 & 2)

194. बजट घाटा क्या है?
SSC MTS Tier-1 01.09.2023 (Shift-III)
(a) रक्षा व्यय के लिए आवण्टित धनराशि
(b) व्यय पर सरकारी राजस्व की अधिकता
(c) राजस्व पर सरकारी व्यय की अधिकता
(d) समाज कल्याण कार्यक्रमों के लिए आवण्टित धनराशि

उत्तर (c)
• जब राज्य का व्यय (Expenditure) उसके राजस्व प्राप्तियों से अधिक हो जाता है, तो उस स्थिति को **बजट घाटा** कहते हैं।
• यदि बजट घाटा अधिक है, तो यह अर्थव्यवस्था के कमजोर होने का संकेत है।
• इस अवधारणा का उपयोग वर्ष **1997** में बन्द कर दिया गया, क्योंकि यह केवल भारतीय रिजर्व बैंक से सरकारी उधारी को प्रतिबिम्बित करता है।

195. राजस्व व्यय क्या है?
SSC MTS Tier-1 01.09.2023 (Shift-III)
(a) ऋण चुकाने पर व्यय की गई धनराशि
(b) परिसम्पत्तियों को खरीदने पर व्यय की गई धनराशि
(c) सड़कों के निर्माण पर व्यय की गई धनराशि
(d) दिन-प्रतिदिन के सरकारी कार्यों पर व्यय की गई धनराशि

उत्तर (d)
• **दिन-प्रतिदिन के सरकारी कार्यों पर व्यय की गई धनराशि राजस्व व्यय** है।
• इसके अन्तर्गत ऋण पर ब्याज का भुगतान, वेतन तथा पेन्शन, सब्सिडी की मदें आदि शामिल हैं।
• ये ऐसे व्यय हैं, जो न तो परिसम्पत्तियों के निर्माण में मदद करते हैं और न ही किसी व्यवसाय की देनदारियों को कम करने में।

SSC MTS 2022, 2021

196. अनुशंसित आहार भत्ता = ?
SSC MTS Tier-1 15.07.2022 (Shift-I)
(a) अतिरिक्त पोषक तत्त्व
(b) आन्तरायिक उपवास + अतिरिक्त पोषक तत्त्व
(c) सन्तुलित आहार – अतिरिक्त पोषक तत्त्व
(d) आवश्यकताएँ + संरक्षा का मार्जिन

उत्तर (d)
• **अनुशंसित आहार भत्ता = आवश्यकताएँ + संरक्षा का मार्जिन** है।
• इसके अन्तर्गत स्वस्थ शरीर हेतु पोषण आहार की पूर्ति की जाती है।
• यह एक पोषक तत्त्व की औसत सेवन सीमा निर्धारित करता है, जो स्वस्थ लोगों में महत्त्वपूर्ण शारीरिक कार्यों के साथ-साथ एक विशिष्ट जीवन चरण और लिंग समूह का समर्थन करता है।

197. US के 40वें राष्ट्रपति रोनाल्ड रीगन ने वर्ष 1981 में अपने देश के इतिहास की सबसे बड़ी टैक्स कटौती पर हस्ताक्षर किए। यह नीति किस आर्थिक सिद्धान्त पर केन्द्रित थी?
SSC MTS Tier-1 06.10.2021 (Shift-III)
(a) लैफर कर्व
(b) स्वीज़ी किंक्ड डिमाण्ड कर्व
(c) लॉरेंन्ज कर्व
(d) कुजनेट्स कर्व

उत्तर (a)
• US के 40वें राष्ट्रपति रोनाल्ड रीगन ने वर्ष 1981 में अपने देश के इतिहास की सबसे बड़ी टैक्स कटौती पर हस्ताक्षर किए। यह नीति लैफर कर्व आर्थिक सिद्धान्त पर केन्द्रित थी।
• यदि करारोपण की दरों को कम कर दिया जाए, तो सरकार को प्राप्त होने वाले राजस्व में वृद्धि होगी, लेकिन यह वृद्धि एक सीमा से अधिक कम कर दिए जाने पर करागत राजस्व में कमी आएगी।

SSC Steno 2024 (Tier 1 & 2)

198. निम्नलिखित में से कौन-सा एलिमेण्ट सरकारी घाटे को वित्त पोषित करने का एक तरीका नहीं है?
SSC Steno Tier-1 10.12.2024 (Shift-III)
(a) घाटे का वित्तपोषण
(b) घरेलू और अन्तर्राष्ट्रीय स्रोतों से उधार
(c) उच्च कराधान
(d) गैर-कर राजस्व

उत्तर (d)
• गैर-कर राजस्व सरकारी घाटे को वित्त पोषित करने का एक तरीका नहीं है।
• सरकारी घाटे कम करने के लिए सरकार निम्न उपाय अपनाती है
– कर राजस्व बढ़ाना
– सरकारी उपक्रमों का निजीकरण
– बुनियादी ढाँचा निवेश के लिए प्राइवेट क्षेत्र को प्रोत्साहित करना
– सब्सिडी को युक्ति-युक्त बनाना
– बॉण्ड जारी करना।

199. निम्नलिखित में से किस स्थिति में प्राथमिक घाटा शून्य होता है?
SSC Steno Tier-1 11.12.2024 (Shift-II)
A. यदि राजकोषीय घाटा शून्य है।
B. यदि ब्याज का भुगतान राजकोषीय घाटे के बराबर है।
(a) A और B दोनों (b) न तो A न ही B
(c) केवल B (d) केवल A

उत्तर (c)
• यदि ब्याज का भुगतान राजकोषीय घाटे के बराबर है, तो इस स्थिति में प्राथमिक घाटा शून्य होता है।
• प्राथमिक घाटा, ब्याज भुगतान को छोड़कर सरकार की उधार आवश्यकताओं को दर्शाता है।

200. आयकर अधिनियम में धारा 56 (2) (vii b) ……… से सम्बन्धित है।
SSC Steno Tier-1 11.12.2024 (Shift-III)
(a) एंजेल फण्ड (b) सामान्य कर लगाना
(c) सामान्य निवेश (d) एंजेल टैक्स

उत्तर (d)
• आयकर अधिनियम में धारा 56(2) (viib) **एंजेल टैक्स** से सम्बन्धित है।
• शेयर बेचने से हुई अतिरिक्त राशि को इनकम माना जाता है तथा इस इनकम पर जो टैक्स (कर) लगता है, इसे एंजेल टैक्स कहते हैं।
• वर्तमान में एंजेल टैक्स की संयुक्त प्रभावी दर 30.9% है।
• एंजेल टैक्स का अभिप्राय, गैर सूचीबद्ध कंपनियों द्वारा ऐंजल निवेशकों से जुटाएँ गए फण्ड पर देय आयकर से हैं।

SSC GD 2024

201. टेलीफोन सेवाओं, स्टॉक ब्रोकरों, स्वास्थ्य क्लबों, ब्यूटी पार्लरों, ड्राई क्लीनिंग आदि सेवाओं पर लगने वाला एक कर, सेवा कर ……… में पेश किया गया था।
SSC GD 21.02.2024 (Shift-I)
(a) वर्ष 1993-94 (b) वर्ष 1992-93
(c) वर्ष 1994-95 (d) वर्ष 1991-92

उत्तर (c)
• टेलीफोन सेवाओं, स्टॉक ब्रोकरों, स्वास्थ्य क्लबों, ब्यूटी पार्लरों, ड्राई क्लीनिंग आदि सेवाओं पर लगने वाला एक कर, सेवा कर **1994-95** में पेश किया गया था।

• तत्कालीन केन्द्रीय वित्तमन्त्री डॉ. मनमोहन सिंह ने अपने बजट भाषण में इस **सर्विस टैक्स** की नई अवधारणा शुरू की थी।

202. केन्द्रीय वस्तु एवं सेवा कर (संशोधन) विधेयक, 2023 के सम्बन्ध में निम्नलिखित में से कौन-सा कथन सही है?

SSC GD 21.02.2024 (Shift-III)

I. इसे अगस्त, 2023 में लोकसभा में पेश किया गया था।

II. यह केन्द्रीय वस्तु एवं सेवा कर (CGST) अधिनियम, 2017 का संशोधन करता है।

कूट

(a) केवल I (b) केवल II

(c) I और II दोनों (d) न तो I और न ही II

उत्तर (c)

• केन्द्रीय वस्तु एवं सेवा कर (संशोधन) विधेयक, 2023 के सम्बन्ध में दिए गए दोनों कथन I और II दोनों सत्य हैं अर्थात् इसे **अगस्त, 2023** में लोकसभा में पेश किया गया तथा यह केन्द्रीय वस्तु एवं सेवा कर (CGST) अधिनियम, 2017 का संशोधन करता है।

• **जीएसटी विधेयक, 2023** ने जीएसटी अपीलीय न्यायाधिकरण के अध्यक्ष की ऊपरी सीमा 65 वर्ष से बढ़ाकर 67 वर्ष कर दी।

SSC GD 2023

203. वैयक्तिक प्रयोज्य आय, वह धन है, जो घरेलू उपभोग, आयकर के लेखांकन के बाद खर्च के लिए उपलब्ध होती है।

SSC GD 01.02.2023 (Shift-I)

(a) बचत

(b) माल और सेवा कर

(c) बिक्री कर

(d) ब्याज

उत्तर (a)

• प्रयोज्य आय या **प्रयोज्य वैयक्तिक** आय एक आर्थिक शब्द है। इसका अर्थ है कि वह धन जो घरेलू उपभोग, बचत और खर्च करने के लिए आयकर के लेखांकन के बाद उपलब्ध है।

204. ब्याज भुगतान, रक्षा सेवाएँ, सब्सिडी, ... व्यय की मुख्य मदें हैं।

SSC GD 09.02.2023 (Shift-I)

(a) घरेलू

(b) गैर-योजनागत व्यय

(c) योजनागत

(d) अवशिष्ट

उत्तर (b)

• ब्याज भुगतान, रक्षा सेवाएँ, सब्सिडी **गैर-योजनागत** व्यय की मुख्य मदें हैं।

• **गैर-योजना व्यय** का अर्थ सरकार द्वारा किए जाने वाले नियमित व्यय हैं, जो किसी विशिष्ट योजना या परियोजना से सम्बन्धित नहीं होते हैं।

• उदाहरण के लिए, रक्षा सेवाओं पर व्यय, ब्याज का भुगतान, पेंशन तथा प्रशासनिक सेवाओं पर व्यय आदि।

SSC SP 2023, 2022

205. कराधान कानून (संशोधन) विधेयक, 2021 द्वारा निम्नलिखित में से किसमें संशोधन किया गया है?

SSC SP 01.08.2022 (Shift-IV)

(a) वित्त अधिनियम, 2014

(b) आयकर अधिनियम, 1961

(c) आयकर अधिनियम, 1962

(d) आयकर अधिनियम, 1963

उत्तर (b)

• कराधान कानून (संशोधन) अधिनियम, 2021 (2021 अधिनियम) ने **आयकर अधिनियम, 1961** (आयकर अधिनियम) में संशोधन किया गया।

• इन अधिनियम का उद्देश्य, 2012 के वित्त अधिनियम के पूर्व व्यापी प्रभाव का खत्म करना था।

• इस अधिनियम से भारतीय परिसम्पत्तियों के अप्रत्यक्ष हस्तान्तरण पर कर लगाने के लिए की नई कर माँगों को रद्द कर दिया गया।

मुद्रा बैंकिंग, बीमा क्षेत्र, विदेशी व्यापार

मुद्रा एवं बैंकिंग

- भारत का पहला बैंक, बैंक ऑफ हिन्दुस्तान था, जिसकी स्थापना यूरोपीय पद्धति पर एलेक्जेण्डर एण्ड कम्पनी द्वारा 1770 ई. में कलकत्ता में की गई थी।
- बैंक ऑफ बंगाल (1806 ई.), बैंक ऑफ बॉम्बे (1840 ई.) तथा बैंक ऑफ मद्रास (1843 ई.) को मिलाकर वर्ष 1921 में इम्पीरियल बैंक ऑफ इण्डिया की स्थापना की गई, जिसे 1 जुलाई, 1955 को राष्ट्रीयकरण के बाद **स्टेट बैंक ऑफ इण्डिया** के नाम से जाना गया।

भारतीय रिज़र्व बैंक

- स्थापना – 1 अप्रैल, 1935
- अधिकृत पूँजी – ₹ 5 करोड़
- राष्ट्रीयकरण – 1 जनवरी, 1949
- रिजर्व बैंक 5, 10, 20, 50, 100, 200, 500 के नोट निर्गमित करता है, जबकि सिक्कों का मुद्रण भारत सरकार करती है।
- दो रुपये या उससे अधिक के नोट पर भारतीय रिजर्व बैंक के **गवर्नर** के हस्ताक्षर होते हैं तथा एक रुपये के नोट पर **वित्त सचिव** के हस्ताक्षर होते हैं।
- वर्तमान में सिक्कों के द्वारा भुगतान करने एवं स्वीकार करने की अधिकतम सीमा एक हजार रुपये है।

भारतीय रिजर्व बैंक के प्रमुख कार्य

- सरकार का बैंकर
- बैंकों का बैंक
- नोट निर्गमन
- साख नियन्त्रण
- विदेशी विनिमय नियन्त्रण

बैंकों का राष्ट्रीयकरण

- ₹50 करोड़ से अधिक जमा पूँजी वाले 14 बड़े व्यावसायिक बैंकों का राष्ट्रीयकरण 19 जुलाई, 1969 को किया गया।
- 15 अप्रैल, 1980 को 200 करोड़ से अधिक जमा पूँजी वाले 6 निजी बैंकों का राष्ट्रीयकरण किया गया।
- न्यू बैंक ऑफ इण्डिया का विलय **पंजाब नेशनल बैंक** में 4 सितम्बर, 1993 को हुआ था।
- अगस्त, 2019 में पंजाब नेशनल बैंक में ओरिएण्टल बैंक ऑफ कॉमर्स और यूनाइटेड बैंक ऑफ इण्डिया, केनरा बैंक में सिण्डिकेट बैंक, यूनियन बैंक ऑफ इण्डिया में आन्ध्रा बैंक एवं कॉर्पोरेशन बैंक तथा इण्डियन बैंक में इलाहाबाद बैंक का विलय हो गया।
- वर्तमान में सार्वजनिक क्षेत्र के बैंकों की संख्या 12 (11 राष्ट्रीयकृत + एसबीआई) है।
- भारतीय रुपये का प्रतीक चिह्न ₹ है, जिसे मुम्बई आई आई टी के पोस्ट ग्रेजुएट **उदय कुमार** ने डिजाइन किया।
- **गोपीनाथ समिति** का गठन लघु बचत कोष की समीक्षा के लिए तथा **नरसिम्हन समिति** का गठन बैंकिंग सुधारों के लिए किया गया था।
- **बैंकिंग लोकपाल योजना** की शुरुआत 14 जून, 1995 को भारतीय रिजर्व बैंक ने की थी।

भारत के प्रमुख प्रतिभूति मुद्रण केन्द्र

छापेखाने	स्थल
इण्डिया सिक्योरिटी प्रेस	नासिक (*महाराष्ट्र*)
सिक्योरिटी प्रिण्टिंग प्रेस	हैदराबाद (*आन्ध्र प्रदेश*) वर्तमान तेलंगाना
करेन्सी नोट प्रेस	नासिक (*महाराष्ट्र*)
बैंक नोट प्रेस	देवास (*मध्य प्रदेश*)
सिक्योरिटी पेपर मिल	नर्मदापुरम (होशंगाबाद) (*मध्य प्रदेश*)

बीमा क्षेत्र

- भारत में बीमा क्षेत्र की शुरुआत वर्ष 1918 में **ओरिएण्टल लाइफ इन्श्योरेन्स कम्पनी** की कलकत्ता में स्थापना के साथ हुई थी।
- बीमा कम्पनियों का सर्वप्रथम राष्ट्रीयकरण 1 सितम्बर, 1956 को किया गया था।
- भारतीय जीवन बीमा निगम की स्थापना वर्ष 1956 में ₹ 5 करोड़ की अधिकृत पूँजी से हुई थी।
- बीमा क्षेत्र में सबसे पहले प्रवेश करने वाला बैंक **स्टेट बैंक ऑफ इण्डिया** है।
- भारतीय बीमा विनियामक एवं विकास प्राधिकरण (IRDAI 2000), भारतीय बीमा क्षेत्र को नियन्त्रित करता है।

राष्ट्रीय कृषि तथा ग्रामीण विकास बैंक (NABARD)
- **स्थापना** 12 जुलाई, 1982 (बी. शिवरामन समिति की सिफारिश पर)
- **उद्देश्य** कृषि एवं ग्रामीण विकास हेतु वित्त उपलब्ध कराना।

विदेश व्यापार

प्रत्यक्ष विदेशी निवेश (FDI)

- सामान्य शब्दों में किसी एक देश की कम्पनी द्वारा अन्य देश में किया गया निवेश प्रत्यक्ष विदेशी निवेश कहलाता है।
- भारत में वित्त वर्ष 2024-25 का प्रत्यक्ष विदेशी निवेश लगभग 55.6 अरब डॉलर है।

विदेशी संस्थागत निवेश (FII)

- इस प्रकार के निवेश में विदेशी निवेशक अन्य देश के शेयर बाजार में निवेश करते हैं।
- यह अस्थाई प्रकृति का होता है, जबकि FDI स्थाई प्रकृति का।

भुगतान सन्तुलन

- एक वित्त वर्ष के दौरान विश्व के अन्य देशों के साथ किए जाने वाले लेन-देन को भुगतान सन्तुलन द्वारा प्रदर्शित किया जाता है।
- भुगतान सन्तुलन के अन्तर्गत चालू खाते व पूँजी खाते के लेन-देन शामिल किए जाते हैं।
- भुगतान सन्तुलन में सुधार हेतु रिजर्व बैंक द्वारा **19 अगस्त, 1994** को रुपये को चालू खाते में पूर्ण परिवर्तनीय (एस तारापोर समिति की सिफारिश पर) घोषित कर दिया गया।
- चालू खाते में आयात-निर्यात के साथ-साथ बीमा, पर्यटन, उपहार एवं परिवहन जैसी अदृश्य मदों को भी शामिल किया जाता है।
- विदेशी मुद्रा भण्डार की दृष्टि से **भारत, चीन, जापान** एवं **स्विट्जरलैण्ड** के बाद **चौथा** सबसे बड़ा विदेशी मुद्रा भण्डार वाला देश है।

SSC एग्जाम स्कैनर

SSC CGL 2024, 25 (Tier I & II)

206. निम्नलिखित में से कौन-सा/से कथन सत्य है/हैं?

SSC CGL Tier-2 18.01.2025

1. सभी आइसोक्लाइन्स विस्तार पथ हैं, लेकिन सभी विस्तार पथ आइसोक्लाइन्स नहीं हैं।
2. अल्पकालिक उत्पादन कार्यों में आउटपुट को प्रभावित करने के लिए भूमि या पूँजी जैसे निश्चित इनपुट सहित सभी इनपुट को समायोजित करना शामिल है।
3. स्टॉक संसाधन वे संसाधन हैं, जिनका उपयोग उत्पादन की एक अवधि में नहीं किया जाता है, बल्कि बाद की अवधि के लिए संगृहीत किया जा सकता है।

(a) केवल 3
(b) केवल 2
(c) केवल 1
(d) 2 और 3

उत्तर (a)

- केवल 3 सत्य है।
- **स्टॉक संसाधन** वे संसाधन होते हैं, जो उत्पादन की विभिन्न अवधियों में उपभोग के लिए संगृहीत किए जा सकते हैं; जैसे—कोयला, तेल या अन्य-नवीकरणीय संसाधन।
- कथन 1 असत्य है, क्योंकि सभी आइसोक्लाइन्स विस्तार पथ नहीं होते और न ही सभी विस्तार पथ आइसोक्लाइन्स होते हैं।
- कथन 2 असत्य है क्योंकि **अल्पकालिक उत्पादन** में कुछ इनपुट (जैसे भूमि और पूँजी) निश्चित रहते हैं और केवल परिवर्तनशील इनपुट (जैसे श्रम) को समायोजित किया जा सकता है।

207. माइक्रोफाइनेंसिंग' शब्द का पहली बार उपयोग 1970 के दशक में बांग्लादेश के ग्रामीण बैंक के विकास के दौरान किया गया था, जिसकी स्थापना .... द्वारा की गई थी।

SSC CGL Tier-1 26.09.2024 (Shift-I)

(a) एडम स्मिथ
(b) जेरेमी बेंथम
(c) मुहम्मद यूनुस
(d) अल्फ्रेड मार्शल

उत्तर (c)

• **माइक्रोफाइनेंसिंग** शब्द का पहली बार उपयोग 1970 के दशक में बांग्लादेश के ग्रामीण बैंक के विकास के दौरान किया गया था, जिसकी स्थापना **मुहम्मद यूनुस** ने की थी।
• इन्हें वर्ष 2006 में सामाजिक और आर्थिक सुधार के लिए **नोबेल पुरस्कार** दिया गया।
• इन्होंने वर्ष 1983 में ग्रामीण बैंक की स्थापना की, जो दुनिया के विभिन्न देशों में गरीबी उन्मूलन में महत्त्वपूर्ण भूमिका निभाता है।

208. .... की अध्यक्षता में बने कार्य समूह ने वर्ष .... में एक नए मध्यवर्ती मौद्रिक समुच्चय को NM_2 के रूप में सन्दर्भित करने का प्रस्ताव दिया। **SSC CGL Tier-1 24.09.2024 (Shift-I)**

(a) डॉ. के. वी. कामथ; 1995
(b) डॉ. वाई.वी. रेड्डी; 1998
(c) डॉ. पी. के. मोहन्ती; 1998
(d) डॉ. सी. रंगराजन; 1996

उत्तर (b)

• **डॉ. वाई.वी. रेड्डी** की अध्यक्षता में बने कार्य समूह ने वर्ष 1998 में एक नए मध्यवर्ती मौद्रिक समुच्चय को NM_2 के रूप में सन्दर्भित करने का प्रस्ताव दिया।
• इस कमेटी ने छोटी बचत पर प्रशासित दरों को कम करने की सिफारिश की थी।
• NM_2 **मुद्रा आपूर्ति की माप** है, जो मौजूद तरलता के आधार पर भिन्न होती है।
• NM_2, NM_1 (संकीर्ण धन) और निवासियों की अल्पकालिक सावधि जमाराशि (1 वर्ष की संविदागत परिपक्वता सहित) का योग है।

209. लचीला मुद्रास्फीति लक्ष्यीकरण फ्रेमवर्क (FITF) भारत में .... में, भारतीय रिजर्व बैंक (RBI) अधिनियम, 1934 में हुए संशोधन के बाद लागू किया गया था।
SSC CGL Tier-1 23.09.2024 (Shift-I)

(a) वर्ष 2010 (b) वर्ष 2014
(c) वर्ष 2016 (d) वर्ष 2020

उत्तर (c)

• **लचीला मुद्रास्फीति लक्ष्यीकरण फ्रेमवर्क** (FITF) भारत में वर्ष 2016 में, भारतीय रिजर्व बैंक (RBI) अधिनियम, 1934 में हुए संशोधन के बाद लागू किया गया था।
• भारतीय रिजर्व बैंक अधिनियम, 1934 के तहत भारत सरकार के द्वारा आरबीआई के परामर्श से प्रत्येक **पाँच वर्ष** में एक बार मुद्रास्फीति लक्ष्य निर्धारित किया जाता है।

210. निम्नलिखित में से कौन-सा भारत में SHG-बैंक लिंकेज प्रोग्राम का एक घटक है?
SSC CGL Tier-1 19.09.2024 (Shift-II)

(a) गैर-सरकारी संगठन SHGs को क्षमता निर्माण प्रशिक्षण प्रदान करते हैं।
(b) सूक्ष्म वित्त संस्थाएँ SHGs को सीधे ऋण प्रदान करती हैं
(c) बैंक SHGs के व्यक्तिगत सदस्यों को ऋण प्रदान करते हैं
(d) राज्य सरकार SHGs को ऋण के लिए अनुदान प्रदान करती है

उत्तर (c)

• SHG बैंक लिंकेज प्रोग्राम के तहत स्वयं सहायता समूह (SHGs) के व्यक्तिगत सदस्यों को ऋण प्रदान किया जाता है।
• गरीबी उन्मूलन और महिला सशक्तीकरण के लिए महत्त्वपूर्ण कार्यक्रम है।
• NABARD ने वर्ष 1992-93 में SHG बैंक लिंकज प्रोग्राम की शुरुआत की थी।

211. मुद्रा आपूर्ति एक .... अवधारणा है।
SSC CGL Tier-1 18.09.2024 (Shift-I)

(a) प्रवाह
(b) स्टॉक
(c) अपरिमेय
(d) परिमेय

उत्तर (b)

• मुद्रा आपूर्ति **एक स्टॉक** अवधारणा है, यह किसी खास समय में किसी अर्थव्यवस्था में मौजूद कुल धनराशि को इंगित करता है।
• अर्थव्यवस्था को स्थिर रखने के लिए, बैंकिंग नियामक, नीतिगत बदलाव और नियामक निर्णयों के द्वारा मुद्रा आपूर्ति को बढ़ाते या घटाते हैं।
• मुद्रा आपूर्ति को मापने के लिए M_1, M_2, M_3 और M_4 का उपयोग किया जाता है।

212. सुमेलित कीजिए
SSC CGL Tier-1 17-09-2024 (Shift-I)

	सूची I		सूची II
i.	व्यापार प्राथमिकताओं की वैश्विक प्रणाली	a.	2021
ii.	भारत-खाड़ी सहयोग परिषद् मुक्त व्यापार समझौता	b.	1988
iii.	भारत-कोरिया गणराज्य व्यापक आर्थिक साझेदारी समझौता	c.	2004
iv.	7वीं व्यापार नीति समीक्षा	d.	2010

कूट
(a) i (c), ii (d), iii (a), iv (b)
(b) i (b), ii (c), iii (d), iv (a)
(c) i (b), ii (a), iii (d), iv (c)
(d) i (d), ii (a), iii (b), iv (c)

उत्तर (b)

• सही सुमेलन i (b), ii (c), iii (d), iv (a) है।
• **व्यापार प्राथमिकताओं की वैश्विक प्रणाली** वर्ष 1988 में लागू की गई। इसका उद्देश्य मुख्य रूप से तरजीही टैरिफ कटौतियों के माध्यम से दक्षिण-दक्षिण व्यापार को बढ़ाना है।
• **भारत-खाड़ी सहयोग परिषद् मुक्त व्यापार समझौता** वर्ष 2004 में हुआ।
• **भारत-कोरिया गणराज्य व्यापक आर्थिक साझेदारी समझौता** वर्ष 2010 में हस्ताक्षरित हुआ।
• WTO द्वारा भारत की 7वीं व्यापारनीति की समिक्षा वर्ष 2021 में आयोजित की गई थी।

213. भारत का अधिकांश अन्तर्राष्ट्रीय व्यापार किन मार्गों से होता है?
SSC CGL Tier-1 17.09.2024 (Shift-III)

(a) समुद्र और हवाई (b) रेलवे और हवाई
(c) केवल रेलवे (d) समुद्र और रेलवे

उत्तर (a)

• भारत का अधिकांश अन्तर्राष्ट्रीय व्यापार **समुद्र और हवाई** मार्गों से होता है।
• भारत तीन तरफ से पानी से घिरा है और इसकी तटरेखा **7516.6 किमी** है।
• भारी वस्तुओं को लम्बी दूरी तक ले जाने का सबसे सस्ता और सुविधाजनक तरीका जलमार्ग है। भारत का **70% व्यापार** समुद्री परिवहन के माध्यम से होता है।

214. वर्तमान में, निम्नलिखित में से कौन-सा देश भारत की शुल्क-मुक्त टैरिफ वरीयता (DFTP) योजना का लाभार्थी नहीं है?
SSC CGL Tier-1 13.09.2024 (Shift-II)

(a) म्यांमार (b) अंगोला (c) रवाण्डा (d) बुरुण्डी

उत्तर (b)

• भारत की **डीएफटीपी योजना** का अंगोला लाभार्थी नहीं हैं। यह एक गैर-पारस्परिक टैरिफ वरीयता योजना है, जो एलडीसी के उत्पादों के लिए शुल्क मुक्त और अधिमान्य बाजार पहुँच प्रदान करती है।
• यह योजना भारत को अल्प विकसित देशों से आयात पर टैरिफ वरीयता प्रदान करती है।
• इसे आधिकारिक तौर पर **13 अगस्त, 2008** को पेश किया गया था।

215. भारत का केन्द्रीय बैंक या भारतीय रिज़र्व बैंक स्वतन्त्रता से पहले वर्ष 1934 में बनाया गया था। एक केन्द्रीय बैंक बनाने की सिफारिश .... नामक एक आयोग द्वारा की गई थी।
SSC CGL Tier-1 13.09.2024 (Shift-I)

(a) हिल्टन यंग आयोग (b) नरसिम्हम समिति
(c) चेलैया समिति (d) कोठारी आयोग

उत्तर (a)

• भारत का केन्द्रीय बैंक RBI की स्थापना के लिए भारतीय रिजर्व बैंक अधिनियम, 1934 पारित किया गया था। एक केन्द्रीय बैंक बनाने की सिफारिश **हिल्टन यंग** नामक एक आयोग द्वारा की गई थी।
• वर्ष 1937 में RBI का मुख्यालय कोलकाता से मुम्बई स्थानान्तरित हो गया।
• RBI का राष्ट्रीयकरण 1 जनवरी, 1949 का हुआ था।

216. भारत सरकार ने उद्योगों की नौ श्रेणियों में भारतीय रिज़र्व बैंक द्वारा ......% तक की एफडीआई (FDI) की स्वचालित स्वीकृति की अनुमति दी। **SSC CGL Tier-1 11.09.2024 (Shift-II)**

(a) 60 (b) 51 (c) 74 (d) 41

उत्तर (c)

• भारत सरकार ने उद्योगों की **नौ श्रेणियों** में भारतीय रिज़र्व बैंक द्वारा **74%** तक की एफडीआई (FDI) की स्वचालित स्वीकृति की अनुमति दी।

• भारत में विदेशी निवेश के लिए विदेशी पोर्टफोलियो निवेशक (एफपीआई) के रूप में पंजीकरण करना होता है।

• FDI का मुख्य उद्देश्य व्यवसाय के स्वामित्व का नियन्त्रण है।

217. सुमेलित कीजिए।

SSC CGL Tier-1 11.09.2024 (Shift-II)

सूची I	सूची II
A. अवमूल्यन	1. विनिमय की बाजार दर में गिरावट
B. मूल्यह्रास	2. घरेलू मुद्रा का संकुचन
C. अपस्फीति	3. विदेशी मुद्रा नियन्त्रण विनिमय
D. विनिमय नियन्त्रण	4. आयात का संकुचन
	5. मुद्रा के बाह्य मूल्य में आधिकारिक कमी

कूट

	A	B	C	D		A	B	C	D
(a)	2	1	4	3	(b)	5	1	2	3
(c)	2	3	4	1	(d)	5	3	2	1

उत्तर (b)

• सही सुमेलन A-5, B-1, C-2, D-3 है।

• मुद्रा के बाह्य मूल्य में आधिकारिक कमी को **अवमूल्यन** कहा जाता है।

• विनिमय की बाजार दर में गिरावट को **मूल्यह्रास** कहा जाता है।

• घरेलू मुद्रा के संकुचन को **अपस्फीति** कहा जाता है।

• विदेशी मुद्रा नियन्त्रण विनियमन **विनिमय नियन्त्रण** के अन्तर्गत आता है।

218. भारत द्वारा अल्प विकसित देशों (LDCs) के लिए शुल्क-मुक्त टैरिफ वरीयता (DFTP) योजना की घोषणा कब की गई थी?

SSC CGL Tier-1 11.09.2024 (Shift-I)

(a) वर्ष 2006 (b) वर्ष 2009
(c) वर्ष 2010 (d) वर्ष 2008

उत्तर (d)

• भारत द्वारा **अल्प विकसित देशों** (LDCs) के लिए शुल्क-मुक्त टैरिफ वरीयता (DFTP) योजना की घोषणा वर्ष 2008 में की गई थी।

• यह एकतरफा **टैरिफ वरीयता योजना** है, जो अल्पविकसित देशों (एलडीसी) के वैश्विक निर्यात के 92.5% उत्पादों पर शुल्क मुक्त और तरजीही बाजार पहुँच प्रदान करती है।

219. यदि किसी बैंक की परिसम्पत्ति उसकी देनदारियों से अधिक है, तो इसे किस प्रकार दर्ज किया जाएगा?

SSC CGL Tier-1 10.09.2024 (Shift-III)

(a) रिज़र्व (b) शुद्ध सम्पत्ति (नेट वर्थ)
(c) देनदारियाँ (d) परिसम्पत्तियाँ

उत्तर (b)

• यदि किसी बैंक की परिसम्पत्तियाँ उसकी देनदारियों से अधिक हैं, तो इसे **शुद्ध सम्पत्ति** (नेट वर्थ) दर्ज किया जाएगा।

• शुद्ध सम्पत्ति किसी व्यक्ति या कम्पनी की कुल सम्पत्तियों में से उसकी कुल देनदारियों को घटाकर निकाली जाने वाली राशि है।

• यह किसी व्यक्ति या कम्पनी का मूल्य दर्शाता है, इसे प्राय: **बुक वैल्यू** भी कहा जाता है।

220. ब्याज दर और मुद्रा की माँग के बीच क्या सम्बन्ध है? SSC CGL Tier-1 09.09.2024 (Shift-II)

(a) प्रतिलोम (b) समानुपातिक
(c) प्रत्यक्ष (d) कोई सम्बन्ध नहीं है

उत्तर (a)

• ब्याज दर और मुद्रा की माँग के बीच **प्रतिलोम** का सम्बन्ध है।

• जब ब्याज दर कम होता है, तो मुद्रा की माँग अधिक होती है।

221. भारत में विदेशी निवेश को अधिकतर किस चुनौती का सामना करना पड़ता है?

SSC CGL Tier-1 09.09.2024 (Shift-I)

(a) कुशल श्रमिक अभाव
(b) अत्यधिक विदेशी प्रतिस्पर्धा
(c) अस्थिर विनियामक परिवेश
(d) उपभोक्ता आधार अभाव

उत्तर (c)

• भारत में विदेशी निवेश को अधिकतर **अस्थिर विनियामक परिवेश** को चुनौती का सामना करना पड़ता है।

• भारत में विदेशी निवेश से जुड़ी चुनौतियों में बुनियादी ढाँचे की कमी, लालफीताशाही, कुशल लोगों की कमी आदि शामिल हैं।

• भारत में विदेशी निवेश को आकर्षित करने के लिए भारत को अपनी प्रशासनिक व्यवस्था, जटिल कानून एवं कर व्यवस्था में सुधार की आवश्यकता है।

222. ······· एक उद्योग संघ और स्व-विनियामक संगठन (SRO) है, जिसका प्राथमिक उददेश्य सूक्ष्मवित्त क्षेत्र के सुदृढ़ विकास की दिशा में काम करना है। SSC CGL Tier-1 09.09.2024 (Shift-I)

(a) नाबार्ड
(b) सूक्ष्म वित्त संस्था नेटवर्क
(c) स्वयं सहायता समूह संघ
(d) सूक्ष्म वित्त एवं निवेश विनियामक प्राधिकरण

उत्तर (b)

• **सूक्ष्म वित्त संस्था** नेटवर्क एक उद्योग संघ और स्व-विनियामक संगठन (SRO) है, जिसका प्राथमिक उद्देश्य सूक्ष्मवित्त क्षेत्र के सुदृढ़ विकास की दिशा में कार्य करना है।

• सूक्ष्मवित्त संस्था एक वित्तीय उपकरण है, जो छोटे स्तर पर वित्तीय लेन-देन और निवेश के लिए उपयोग होता है।

SSC CGL 2023 (Tier I & II)

223. भारतीय रिजर्व बैंक ने ······ को एनबीएफसी-एमएफआई (NBFC-MFI) के लिए एक व्यापक नियामक ढाँचा पेश किया था।

SSC CGL 06.03.2023 (Shift-I)

(a) 10 दिसम्बर, 2015
(b) 8 दिसम्बर, 2013
(c) 2 दिसम्बर, 2011
(d) 5 दिसम्बर, 2012

उत्तर (c)

• रिजर्व बैंक द्वारा **2 दिसम्बर, 2011** को एनबीएफसी-एमएफआई (NBFC-MFI) के लिए एक व्यापक नियामक ढाँचा पेश किया था।

• **माइक्रोफाइनेन्स** संस्थान (एम.एफ.आई) एक वित्तीय संस्थान है, जो छोटे पैमाने पर ऋण और अन्य वित्तीय सेवाएँ प्रदान करने के व्यवसाय में है।

• NBFC का पूर्ण रूप नॉन-बैंकिंग फाइनेंशियल कम्पनी है।

224. भारत में, दिवाला और शोधन अक्षमता संहिता 2016 के अनुसार, कम्पनियों की दिवाला समाधान की प्रक्रिया कितने दिनों में पूरी होगी?

SSC CGL 06.03.2023 (Shift-I)

(a) 180 (b) 170
(c) 150 (d) 120

उत्तर (a)

• **दिवाला और शोधन अक्षमता संहिता 2016** के अनुसार, कम्पनियों को दिवाला समाधान की प्रक्रिया **180** दिनों में पूरी होगी।

• इस अधिनियम के अन्तर्गत अगर कोई कम्पनी कर्ज नहीं चुकाती है तो दिवाला और शोधन अक्षमता संहिता 2016 के तहत कर्ज वसूलने के लिए उस कम्पनी को दिवालिया घोषित किया जा सकता है।

225. वर्ष 1973 में भारत में विदेशी मुद्रा को विनियमित करने के लिए निम्नलिखित में से कौन-सा अधिनियम पेश किया गया था?

SSC CGL 14.07.2023 (Shift-IV)

(a) फेमा (b) एफआरबीएम
(c) फेरा (d) सरफेसी

उत्तर (c)

• वर्ष 1973 में भारत में विदेशी मुद्रा को विनियमित करने के लिए **फेरा अधिनियम** पेश किया गया था।

• यह अधिनियम 1 जनवरी, 1974 से लागू है।

• इस अधिनियम का मुख्य उद्देश्य विदेशी मुद्रा संसाधनों का संरक्षण व उनका उचित उपयोग करना था।

226. भारत में सूक्ष्मवित्त संस्थाओं का विनियामक कौन है? SSC CGL 14.07.2023 (Shift-IV)

(a) आर.बी.आई. (RBI)
(b) सेबी (SEBI)
(c) एस.बी.आई. (SBI)
(d) नाबार्ड (NABARD)

उत्तर (a)

• भारत में सूक्ष्मवित्त संस्थाओं का विनियामक RBI है। यह **माइक्रोफाइनेन्स इन्स्टीट्यूशन्स** की उधार दर और मार्जिन पर ऊपरी सीमा तय कर सकता है।

• **सूक्ष्मवित्त** बेरोजगार या कम आय वाले व्यक्तियों या समूहों को प्रदान की जाने वाली बैंकिंग सेवा है, जिनकी वित्तीय सेवाओं तक कोई अन्य पहुँच नहीं है।

227. भारत 'BFSI' का अर्थ बैंकिंग, वित्तीय सेवाएँ और ······· है। यह उन उद्योगों के व्यापक शब्द है, जो वित्तीय उत्पाद और सेवाएँ प्रदान करते हैं। **SSC CGL 17.07.2023 (Shift-IV)**

(a) निवेश
(b) इण्डेक्स फण्ड
(c) मुद्रास्फीति
(d) बीमा

उत्तर (d)

• भारत 'BFSI' का अर्थ बैंकिंग, वित्तीय सेवाएँ और बीमा है। यह उन उद्योगों के व्यापक शब्द है, जो वित्तीय उत्पाद और सेवाएँ प्रदान करते हैं।

• BFSI का उद्देश्य छात्रों को बैंकिंग और इसके सम्बद्ध क्षेत्रों से सम्बन्धित विभिन्न पहलुओं में प्रशिक्षित करना है।

228. M_2 मुद्रा आपूर्ति की एक माप है।
$M_2 = M_1 + ?$ **SSC CGL 18.07.2023 (Shift-I)**

(a) माँग जमा
(b) डाकघर में जमा बचत
(c) राष्ट्रीय बचत प्रमाण-पत्र
(d) सिक्के और करेन्सी नोट

उत्तर (b)

• **डाकघरों में जमा बचत M_2** मुद्रा आपूर्ति की एक माप है।

• भारतीय रिजर्व बैंक मुद्रा आपूर्ति के चार वैकल्पिक माप- M_1, M_2, M_3 और M_4 के आँकड़े प्रदर्शित करता है।

• $M_1 = CU + DD$
• $M_2 = M_1 +$ डाकघर बचत बैंकों में बचत जमा
• $M_3 = M_1 +$ धात्विक वाणिज्यिक बैंकों में राष्ट्र सावधि जमा
• $M_4 = M_3 +$ डाकघर में कुल जमा

229. निम्नलिखित में से कौन-सा विकल्प भारत में ऋण का एक संस्थागत स्रोत है? **SSC CGL 18.07.2023 (Shift-II)**

(a) कमीशन एजेण्ट (b) व्यापारी
(c) साहूकार (d) वाणिज्यिक बैंक

उत्तर (d)

• **वाणिज्यिक बैंक** भारत में ऋण का संस्थागत स्रोत है। इसके अतिरिक्त संस्थागत स्रोत में क्षेत्रीय **ग्रामीण बैंक** और **सहकारी बैंकों** को भी शामिल किया जाता है।

• गैर-संस्थागत साख स्रोतों में **साहूकार कमीशन** एजेण्ट सम्बन्धी **भू-स्थायी** व्यापारी व अन्य आते हैं।

230. एन.बी.एफ.सी.-एम.एफ.आई. के लिए सूक्ष्म वित्त ऋण की न्यूनतम आवश्यकता, ········ है। **SSC CGL 09.07.2023 (Shift-II)**

(a) कुल आस्तियों का 90%
(b) कुल इक्विटी का 75%
(c) कुल इक्विटी का 80%
(d) कुल आस्तियों का 75%

उत्तर (d)

• एन.बी.एफ.सी.-एम.एफ.आई. के लिए सूक्ष्मवित्त ऋण की न्यूनतम आवश्यकता **कुल** आस्तियों का **75%** है।

• ये ग्रामीण क्षेत्रों में और शहरी क्षेत्रों में कम आय वाले लोगों के बीच छोटे ऋण देने का कार्य करती हैं।

• भारत में **NBFC** को भारतीय रिजर्व बैंक द्वारा विनियमित किया जाता है।

231. सूक्ष्मऋण या सूक्ष्म वित्त, गरीबों के साथ बैंकिंग करने का एक नया दृष्टिकोण है। इस दृष्टिकोण में गरीबों को ········ के माध्यम से बैंक ऋण प्रदान किया जाता है। **SSC CGL 19.07.2023 (Shift-IV)**

(a) आँगनबाड़ी
(b) स्वयं सहायता समूह
(c) सहकारी क्रेडिट सोसायटी
(d) आर.बी.आई.

उत्तर (b)

• **सूक्ष्म ऋण** या सूक्ष्मवित्त, गरीबों के साथ बैंकिंग करने का एक नया दृष्टिकोण है। इस दृष्टिकोण में गरीबों को स्वयं सहायता समूह के माध्यम से बैंक ऋण प्रदान किया जाता है।

• **स्वयं सहायता समूह** गरीब नागरिकों के **10** से **20** तक के सदस्यों वाला एक स्वैच्छिक संगठन है।

• वर्ष 1992-93 में स्वयं सहायता समूह को विभिन्न बैंकों से जोड़ा गया।

232. अगस्त, 2021 में निम्नलिखित में से किसने 'उभरते सितारे फण्ड' को प्रायोजित किया था? **SSC CGL 20.07.2023 (Shift-III)**

(a) एचडीएफसी
(b) आईसीआईसीआई बैंक
(c) आईडीबीआई और एलआईसी
(d) एक्जिम बैंक और सिडबी

उत्तर (d)

• अगस्त, 2021 में **एक्जिम बैंक और सिडबी** उभरते सितारे फण्ड को प्रायोजित किया था।

• **भारतीय निर्यात-आयात बैंक** (एक्जिम बैंक) एक वित्तीय संस्था है, जिसकी स्थापना वर्ष 1982 में की गई थी। यह बैंक भारत के अन्तर्राष्ट्रीय व्यापार को वित्तपोषित करता है तथा सुविधा और बढ़ावा देता है।

• **भारतीय लघु उद्योग विकास बैंक** (सिडबी) भारत की एक स्वतन्त्र वित्तीय संस्था है, जो सूक्ष्म, लघु एवं मध्यम उद्योगों की वृद्धि एवं विकास को लक्षित करता है। इसकी स्थापना वर्ष 1990 में हुई थी।

233. यदि ब्याज दर बढ़ती है, तो धन की माँग ··············· । **SSC CGL 20.07.2023 (Shift-II)**

(a) पहले बढ़ेगी फिर घटेगी
(b) घटेगी
(c) बढ़ेगी
(d) समान रहेगी

उत्तर (b)

• यदि ब्याज दर बढ़ती है, तो धन की माँग घटेगी, क्योकि ब्याज दर बढ़ने से पैसा उधार लेना महँगा हो जाता है, जिससे लोग कम उधार लेते है और ज्यादा बचत करते हैं।

234. निम्नलिखित में से किसे प्रवाह चर का उदाहरण माना जा सकता है? **SSC CGL 21.07.2023 (Shift-I)**

(i) चावल का उत्पादन (ii) कपड़े का आयात
(iii) पूँजी में परिवर्तन

कूट

(a) (i) और (ii) (b) (i), (ii) और (iii) तीनों
(c) केवल (iii) (d) उपरोक्त में से कोई नहीं

उत्तर (b)

• चावल का उत्पादन, कपड़े का आयात और पूँजी में परिवर्तन प्रवाहचर के उदाहरण है।

• **प्रवाह चर** का अर्थ, एक ऐसा आर्थिक चर जिसकी मात्रा को किसी समय अवधि के दौरान मापा जाता है।

• प्रतिदिन, प्रतिमाह, आदि आयात को केवल प्रवाह अवधारणाओं के रूप में प्रयोग किया जाता है।

235. अर्थव्यवस्था में ऋण/उधार को हतोत्साहित करने के लिए केन्द्रीय बैंक ··········। **SSC CGL 24.07.2023 (Shift-I)**

(a) बैंक दर बढ़ा सकता है।
(b) एसएलआर (SLR) में कमी कर सकता है।
(c) खुले बाजार में प्रतिभूतियाँ खरीद सकता है।
(d) सी आर आर (CRR) घटा सकता है।

उत्तर (a)

• केन्द्रीय बैंक अर्थव्यवस्था ऋण को हतोत्साहित करने के लिए **बैंक दर को बढ़ा सकता है।**

• **बैंक दर** वह ब्याज दर होती है, जिस पर देश का केन्द्रीय बैंक घरेलू बैंकों को प्राय: बहुत कम अवधि ऋणों के रूप में पैसे उधार देता है।

• **आरक्षित नकदी निधि अनुपात** (CRR) की बढ़त करना, एक अन्य उपकरण है, जिसका उपयोग हैं। केन्द्रीय बैंक ऋण को हतोत्साहित करने के लिए कर सकता है।

236. भारत में सूक्ष्मवित्त संस्थाओं के सन्दर्भ में असत्य कथन की पहचान करें। **SSC CGL 24.07.2023 (Shift-III)**

(a) सूक्ष्मवित्त ऋण, सम्पार्श्विक-मुक्त ऋण होता है।
(b) सूक्ष्म ऋण देते समय, एक परिवार का अर्थ है एक व्यक्तिगत पारिवारिक इकाई अर्थात् पति, पत्नी और उनके अविवाहित बच्चे।
(c) ₹ 3,00,000 तक की वार्षिक घरेलू आय वाले परिवार को सूक्ष्मवित्त ऋण दिया जाता।
(d) सूक्ष्मवित्त ऋण को उधारकर्ता के जमा खाते पर ग्रहणाधिकार (लियन) के साथ जोड़ा जाना चाहिए।

उत्तर (d)

• सूक्ष्मवित्त संस्थाओं के सन्दर्भ में कथन 4 असत्य है।

• **माइक्रोफाइनेन्स ऋण** एक **सम्पार्श्विक-मुक्त ऋण** है, जिसका अर्थ है कि इसमें उधारकर्ता के जमा खाते पर किसी ग्रहणाधिकार की आवश्यकता नहीं होती है।

237. निर्यात और आयात के लिए माँग की लोच का योग ········ होने पर देश अपने भुगतान शेष में अवमूल्यन द्वारा सुधार कर सकता है।
SSC CGL 25.07.2023 (Shift-I)

(a) इकाई से कम (b) इकाई के बराबर
(c) इकाई से अधिक (d) शून्य

उत्तर (c)

• निर्यात और आयात के लिए माँग की लोच का योग **इकाई से अधिक** होने पर देश अपने भुगतान शेष में अवमूल्यन द्वारा सुधार कर सकता है।
• माँग की लोच से तात्पर्य किसी वस्तु या सेवा की कीमत में बदलाव के प्रति माँग की प्रतिक्रिया से है।

238. वर्ष 2010 में सूक्ष्मवित्त संस्थाओं में मुद्दों और चिन्ताओं का अध्ययन करने के लिए निम्नलिखित में से किस समिति का गठन किया गया था? **SSC CGL 25.07.2023 (Shift-I)**

(a) घोष समिति (b) खान समिति
(c) शिवगमन समिति (d) मालेगाम समिति

उत्तर (d)

• वर्ष 2010 में सूक्ष्मवित्त संस्थाओं में मुद्दों और चिन्ताओं का अध्ययन करने के लिए मालेगाम समिति का गठन किया गया था।
• इस समिति का गठन भारतीय रिजर्व बैंक द्वारा फरवरी, 2018 में किया गया था।
• इस समिति ने धोखाधड़ी की बढ़ती घटनाएँ, लेखापरीक्षा की प्रतिभाशीलता और डूबे ऋणों के वर्गीकरण की जाँच की थी।

239. निम्नलिखित में से कौन नोबेल पुरस्कार विजेता है, जिसे सूक्ष्मवित्त प्रणालियों के जनक के रूप में भी जाना जाता है?
SSC CGL 25.07.2023 (Shift-II)

(a) रघुराम राजन (b) सैण्ड्रा रोटमैन
(c) अमर्त्य सेन (d) मुहम्मद यूनुस

उत्तर (d)

• नोबेल पुरस्कार विजेता **मुहम्मद यूनुस** जिसे सूक्ष्मवित्त प्रणालियों के जनक के रूप में भी जाना जाता है। इन्होंने वर्ष 1983 में बांग्लादेश में ग्रामीण बैंक की स्थापना की।
• इन्हें गरीब लोगों की सहायता हेतु सूक्ष्मवित्त प्रणालियों के विकास हेतु वर्ष 2006 में शान्ति के **नोबेल पुरस्कार** से सम्मानित किया गया था।

240. निम्नलिखित में से कौन-सा भारत में अनुसूचित सार्वजनिक क्षेत्र के बैंकों में से एक नहीं है?
SSC CGL 26.07.2023 (Shift-I)

(a) यूको (UCO) बैंक (b) इण्डियन ओवरसीज बैंक
(c) बन्धन बैंक (d) केनरा बैंक

उत्तर (c)

• भारत में अनुसूचित सार्वजनिक क्षेत्र के बैंकों में से **बन्धन बैंक** नहीं है, जबकि अन्य सभी अनुसूचित सार्वजनिक क्षेत्र के बैंक हैं।
• **बन्धन बैंक** की स्थापना वर्ष 2015 में चन्द्र शेखर घोष ने की बन्धन बैंक की पहली मारक्रोफाइनेंस इन्स्टीयूशन थी, जिसे **यूनिवर्सल बैंक** बनने का गौरव हासिल है।
• अनुसूचित सार्वजनिक क्षेत्र में वे बैंक आते हैं, जो भारतीय रिजर्व बैंक अधिनियम, 1934 के खण्ड-42 के तहत विभिन्न मापदण्डों, मानदण्डों को पूरा करते हैं। वर्तमान में भारत में इन बैंकों की संख्या 12 हैं।

241. निम्नलिखित में से किस संस्था की स्थापना वर्ष 1982 में राष्ट्रीय स्तर पर किसानों के लिए ऋण सुविधा को सुव्यवस्थित करने के लिए की गई थी? **SSC CGL 26.07.2023 (Shift-II)**

(a) आईएफसीआई
(b) नेडफी
(c) नाबार्ड
(d) सिडबी

उत्तर (c)

• **नाबार्ड** की स्थापना वर्ष 1982 में राष्ट्रीय स्तर पर किसानों के लिए ऋण सुविधा को सुव्यवस्थित करने के लिए की गई थी।
• इसकी स्थापना राष्ट्रीय कृषि व ग्रामीण विकास बैंक अधिनियम, 1981 के तहत की गई थी।
• इसका मुख्यालय **मुम्बई** (महाराष्ट्र) में है।
• नाबार्ड में भारत सरकार की हिस्सेदारी 99% है।

242. वैधानिक तरलता के अनुपात के तहत् वाणिज्यिक बैंकों को ·········· तरल सम्पत्ति के रूप में एक अंश रखना आवश्यक है।
SSC CGL 26.07.2023 (Shift-II)

(a) सावधि जमा
(b) वर्तमान जमा
(c) बचत जमा
(d) कुल माँग और सावधि जमा

उत्तर (d)

• वैधानिक तरलता के अनुपात के तहत् वाणिज्यिक बैंकों को **कुल माँग और सावधि जमा** तरल सम्पत्ति के रूप में एक अंश रखना आवश्यक है।
• वैधानिक तरलता अनुपात तरलता का प्रबन्धन करने के लिए RBI द्वारा नियोजित एक मौद्रिक उपकरण है।
• तरल सम्पत्ति जैसे-**नकदी, स्वर्ण व विदेशी मुद्रा** के रूप में अपने पास रखना आवश्यक होता है।
• भारतीय रिज़र्व बैंक द्वारा बैंकों को वित्तीय संकट का सामना करने हेतु ऐसी व्यवस्था की गई है।

243. वर्ष 1992-93 में किस संस्था ने स्वयं सहायता समूह-बैंक सहबद्धता कार्यक्रम शुरू किया था?
SSC CGL 27.07.2023 (Shift-I)

(a) सिडबी (b) नाबार्ड
(c) आईडीबीआई (d) एसबीआई

उत्तर (b)

• वर्ष 1992-93 में **नाबार्ड** संस्था ने स्वयं सहायता समूह-बैंक सहबद्धता कार्यक्रम शुरू किया था।
• स्वयं सहायता समूह भारतीय **माइक्रोफाइनेन्स मॉडल** है, जो सामाजिक तथा आर्थिक उद्देश्यों के लिए गठित 10-12 लोगों का एक समूह होता है।
• नाबार्ड भारत में एक विकास वित्तीय संस्थान है, जिसे वर्ष 1982 में स्थापित किया गया।

244. किस समिति ने NBFC अर्थात् गैर-बैंकिंग वित्तीय कम्पनी-सूक्ष्मवित्त संस्था की एक नई श्रेणी के गठन की सिफारिश की?
SSC CGL 27.07.2023 (Shift-II)

(a) मालेगाम समिति (b) शाह समिति
(c) कामथ समिति (d) हुसैन समिति

उत्तर (a)

• मालेगाम समिति ने NBFC अर्थात् गैर-बैंकिंग वित्तीय कम्पनी-सूक्ष्मवित्त संस्था की एक नई श्रेणी के गठन की सिफारिश की।
• **मालेगाम समिति** समिति का गठन भारत में माइक्रोफाइनेन्स क्षेत्रों की समीक्षा के लिए भारतीय रिजर्व बैंक द्वारा किया गया था।
• इस समिति का गठन वर्ष 2010 में किया गया था, इसके अध्यक्ष **वाई एच मालेगाम** थे।

SSC CGL 2022 (Tier I & II)

245. देश के केन्द्रीय बैंक का निम्नलिखित में से कौन-सा कार्य नहीं है?
SSC CGL 01.12.2022 (Shift-III)

(a) यह देश की मुद्रा आपूर्ति को नियन्त्रित करता है।
(b) यह जनता से जमा स्वीकार करता है।
(c) यह सरकार के लिए एक बैंकर के रूप में कार्य करता है।
(d) यह देश की मुद्रा जारी करता है।

उत्तर (b)

• जनता से जमा स्वीकार करना केन्द्रीय बैंक का कार्य नहीं है।
• देश के **केन्द्रीय बैंक** के प्रमुख कार्य निम्नलिखित हैं

(i) यह देश की **मुद्रा आपूर्ति को नियन्त्रित** करता है।
(ii) यह सरकार के लिए एक **बैंकर के रूप** में कार्य करता है।
(iii) यह देश की **मुद्रा जारी** करता है और उसका प्रबन्धन करता है।
(iv) देश की वित्तीय स्थिरता और आर्थिक
(v) सम्प्रभुता सुनिश्चित करना।
(vi) मौद्रिक नीति को विनियमित करना।

246. MRTP अधिनियम 1969 में, 'M' अक्षर का पूर्ण रूप क्या है? **SSC CGL 02.12.2022 (Shift-I)**

(a) Monopoly (b) Monopolistic
(c) Monopolies (d) Multi

उत्तर (c)

• MRTP अधिनियम 1969 में, 'M' अक्षर का पूर्ण रूप Monopolies है।

• वर्ष 1969 में बाजार में एकाधिकार को समाप्त करने के लिए भारत सरकार द्वारा Monopolies and Restrictive Trade Practices Act 1969 पारित किया गया।

• वर्ष 2002 में प्रतिस्पर्द्धात्मक आयोग गठित करने के बाद, **MRTP Act 1969** को समाप्त कर दिया गया।

247. निम्नलिखित में से कौन-सा ई-कॉमर्स का वर्गीकरण नहीं है? **SSC CGL 03.12.2022 (Shift-I)**

(a) B2C (बिजनेस-टू-कन्ज्यूमर)
(b) C2C (कंज्यूमर-टू-कन्ज्यूमर)
(c) D2D (डिस्ट्रिब्यूटर-टू-डिस्ट्रिब्यूटर)
(d) B2B (बिजनेस-टू-बिजनेस)

उत्तर (c)

• ई-कॉमर्स के मान्य वर्गों में D2D शामिल नहीं हैं।

• **B2C** (व्यापार से उपभोक्ता) बी2सी ई-कॉमर्स कम्पनियाँ किसी अन्य खुदरा विक्रेता जैसे मध्यस्थ के माध्यम से माल वितरित करने के बजाय सीधे उत्पाद के अन्तिम उपयोगकर्ता को बेचती हैं।

• **B2B** (बिजनेस से-बिजनेस) यह B2C की तरह ही, एक ई-कॉमर्स व्यवसाय है, जो किसी अन्य कम्पनी को सामान बेच सकता है।

• **C2C** (उपभोक्ता से उपभोक्ता) व्यक्ति अपनी व्यक्तिगत वेबसाइट पर या ई-कॉमर्स प्लेटफॉर्म के माध्यम से अन्य व्यक्तियों को चीजें बेच सकते हैं।

248. ...., किसी फर्म की समस्त आस्तियों तथा देयताओं का लेखा होता है।
SSC CGL 31.02.2022 (Shift-III)

(a) बैंक बेलआउट (b) बिल फाइल
(c) तुलन पत्र (d) भुगतान देय

उत्तर (c)

• तुलन पत्र किसी फर्म की समस्त आस्तियों तथा देयताओं का लेखा होता है।

• वित्तीय लेखांकन में, एक **तुलन पत्र** या वित्तीय स्थिति का विवरण एकल स्वामित्व, व्यापार साझेदारी या किसी कम्पनी के वित्तीय बैलेंस का सार होता है।

249. भारत के विदेशी व्यापार के सम्बन्ध में किस वर्ष को विभाजन का वर्ष कहा जाता है?
SSC CGL 05.12.2022 (Shift-III)

(a) वर्ष 2010 (b) वर्ष 1991
(c) वर्ष 1981 (d) वर्ष 1996

उत्तर (b)

• भारत के विदेशी व्यापार के सम्बन्ध में **वर्ष 1991** को **विभाजन का वर्ष** कहा जाता है।

• वर्ष 1991 में **भुगतान सन्तुलन** की गम्भीर समस्या ने आर्थिक संकट को जन्म दिया।

• इससे निपटने के लिए भारत के आर्थिक प्रतिष्ठान ने भारत की व्यापक बैलेन्स शीट को सुधारने के लिए एवं विकास की गति को बढ़ाने के लिए एक बहुआयामी सुधार एजेण्डा शुरू किया था।

• इसके अन्तर्गत **L.P.G. नीति** को लागू किया गया।

250. निम्नलिखित में से क्या ग्रामीण बैंकिंग की संस्थागत संरचना का भाग नहीं है?
SSC CGL 06.12.2022 (Shift-III)

(a) वाणिज्यिक बैंक
(b) साहूकार
(c) क्षेत्रीय ग्रामीण बैंक
(d) सहकारी और भूमि विकास बैंक

उत्तर (b)

• **साहूकार** ग्रामीण बैंकिंग की संस्थागत संरचना का भाग नहीं है। ये संख्या कृषि की बुनियादी आवश्यकताओं को पूरा करने के लिए किसानों को ऋण प्रदान करते है।

• साहूकार को **संस्थागत श्रेणी** में अन्तर्गत रखा जाता है।

251. निम्नलिखित में से क्या भारतीय रिजर्व बैंक द्वारा खुले बाजार के संचालन में से एक है?
SSC CGL 12.12.2022 (Shift-I)

(a) खुले बाजार में सरकार द्वारा जारी बॉण्डों की खरीद और बिक्री
(b) खुले बाजार में सरकार द्वारा जारी बॉण्डों की केवल खरीद
(c) खुले बाजार में सरकार द्वारा जारी बॉण्डों की केवल बिक्री
(d) खुले बाजार में वाणिज्यिक बैंकों द्वारा जारी बॉण्डों की खरीद और बिक्री

उत्तर (a)

• **खुले बाजार में सरकार द्वारा जारी बॉण्डों की खरीद व बिक्री** भारतीय रिजर्व बैंक द्वारा खुले बाजार के संचालन में से एक है।

• **खुला बाजार परिचालन (OMO)** धन की कुल मात्रा को विनियमित या नियन्त्रित करने के लिए मात्रात्मक मौद्रिक नीति उपकरणों में से एक है।

252. .... जहाँ प्रत्येक महीने खातों में एक मासिक किस्त जमा की जाती है।
SSC CGL 12.12.2022 (Shift-III)

(a) पुनर्निवेश जमा (b) बचत बैंक जमा
(c) सावधि जमा (d) आवर्ती जमा

उत्तर (d)

• **आवर्ती जमा** प्रत्येक महीने एक छोटी-सी राशि जमा कर सकते हैं।

• इसमें निवेश करना अधिक सरल होता है।

• यह एफडी (FD) जितनी ही सुरक्षित होती है।

253. .... एक ऐसा आर्थिक परिदृश्य है, जहाँ निम्न वृद्धि एवं मुद्रास्फीति का एक विचित्र संयोजन उच्च बेरोजगारी को दर्शाता है।
SSC CGL 24.08.2022 (Shift-I)

(a) मूल्यह्रास (b) अपस्फीति
(c) स्टैगफ्लेशन (d) व्यापारिक मंदी

उत्तर (c)

• **मुद्रास्फीति जनित मन्दी** (स्टैगफ्लेशन) एक ऐसा परिदृश्य है, जहाँ निम्न वृद्धि एवं मुद्रास्फीति का एक विचित्र संयोजन उच्च बेरोजगारी को दर्शाता है।

• जहाँ अर्थव्यवस्था में एक ओर कीमत बढ़ती है, तो वहीं दूसरी ओर आर्थिक विकास अवरुद्ध होकर अर्थव्यवस्था में निष्क्रियता की स्थिति उत्पन्न होती है।

• ऐसी स्थिति में मुद्रास्फीति, महँगाई एवं बेरोजगारी साथ-साथ विद्यमान होती है।

SSC CGL 2021 (Tier I & II)

254. प्रवासियों द्वारा अपने मूल स्थान पर प्रेषित समस्त मौद्रिक अन्तरण अथवा वस्तुओं को .... कहा जाता है। **SSC CGL 24.08.2021 (Shift-III)**

(a) हुण्डी (बिल)
(b) भुगतान (पेमेण्ट)
(c) ड्राफ्ट
(d) विप्रेषण (रेमिटेन्स)

उत्तर (d)

• प्रवासियों द्वारा अपने मूल स्थान पर प्रेषित समस्त मौद्रिक अन्तरण अथवा वस्तुओं को विप्रेषण (रेमिटेन्स) कहा जाता है।

• भारत विश्व में सबसे अधिक **विप्रेषण** प्राप्त करने वाला देश है।

• उदाहरण के लिए खाड़ी देशों में कार्य कर रहे भारतीय कामगार या अमेरिका व ब्रिटेन में नौकरी कर रहे प्रवासी भारतीय द्वारा भारत में अपने माता-पिता या परिवार को (विप्रेषण) धनराशि भेजना विप्रेषण कहलाता है।

255. भारतीय औद्योगिक विकास बैंक (IDBI) का मुख्यालय निम्न में से किस राज्य में स्थित है?
SSC CGL 20.08.2021 (Shift-I)

(a) महाराष्ट्र (b) हरियाणा
(c) पश्चिम बंगाल (d) कर्नाटक

उत्तर (a)

• भारतीय औद्योगिक विकास बैंक की स्थापना जुलाई, 1964 में की गई थी। इसका मुख्यालय **महाराष्ट्र** में हैं।

• इस बैंक का कार्य औद्योगिक उद्यमों को वित्तीय सहायता प्रदान करना तथा उद्योगों के विकास में लगी संस्थाओं को बढ़ावा देना है।

• RBI ने 11 अक्टूबर, 2004 को एक अधिसूचना जारी करके इसे **अनुसूचित बैंक** का दर्जा दिया था।

• वर्तमान में यह बैंक निजी क्षेत्र के अन्तर्गत कार्य करता है।

256. बॉम्बे स्टॉक एक्सचेंज भारत में सोने और .... में कमोडिटी डेरीवेटिव अनुबन्ध शुरू करने वाला पहला स्टॉक एक्सचेंज है।
SSC CGL 18.08.2021 (Shift-I)

(a) हीरा (b) इक्विटी
(c) चाँदी (d) प्लैटिनम

उत्तर (c)

• **बॉम्बे स्टॉक एक्सचेंज** भारत में सोने और **चाँदी** में कमोडिटी डेरिवेटिव अनुबन्ध शुरू करने वाला पहला स्टॉक एक्सचेंज है।

• इसके तहत सोने एवं चाँदी जैसे लोकप्रिय वस्तुओं में अनुबन्ध किया जा सकता है।

• **1 अक्टूबर, 2018** से एकीकृत विनिमय व्यवस्था के बाद इस अनुबन्ध को लॉन्च किया गया।

257. .... एक अक्षरांकीय कोड है, जो इस प्रणाली में सहभागी बैंक की शाखाओं की विशिष्ट पहचान करता है। **SSC CGL 18.08.2021 (Shift-I)**

(a) STP (b) RTGS
(c) IFSC (d) SFMS

उत्तर (c)

• **भारतीय वित्तीय प्रणाली कोड** (IFSC) एक अक्षरांकीय कोड है, जो इस प्रणाली में सहभागी बैंक की शाखाओं की विशिष्ट पहचान करता है।

• इस कोड में 11 कैरेक्टर होते है। शुरू के चार अक्षर बैंक के नाम को दर्शाते हैं और पाँचवाँ कैरेक्टर सामान्यत: शून्य (0) होता है तथा आखिरी के 6 अंक ब्रान्च के कोड के बारे में बताते हैं।

• IFSC का प्रयोग ट्रान्जेक्शन के दौरान बैंकों के ब्रॉन्च की पहचान के लिए किया जाता है।

• यह कोड दो मुख्य भुगतान एवं निपटान प्रणालियों **RTGS** एवं **NEFT** में भाग लेने वाली बैंक शाखाओं को विशिष्ट रूप से चिह्नित करता है।

258. विशिष्ट लेन-देन सन्दर्भ संख्या .... वर्णों का एक कोड है, जिसका उपयोग RTGS प्रणाली में विशिष्ट लेन-देन की पहचान में किया जाता है। **SSC CGL 13.08.2021 (Shift-I)**

(a) 45 (b) 22
(c) 34 (d) 17

उत्तर (b)

• विशिष्ट लेन-देन सन्दर्भ में संख्या 22 वर्णों का एक कोड है, जिसका उपयोग RTGS प्रणाली में विशिष्ट लेन-देन की पहचान में किया जाता है।

• **रियल टाइम ग्रोस सेटलमेण्ट** (RTGS) पैसे ट्रान्सफर करने की सबसे तेज सेवाओं में से एक है।

• RTGS का प्रयोग 2 लाख या इससे ऊपर रकम भेजने के लिए किया जाता है।

• NEFT के विपरीत RTGS के तहत फण्ड ट्रान्सफर के निर्देश व्यक्तिगत रूप से ऑर्डर के आधार पर किए जाते हैं एवं उसी समय पैसा ट्रान्सफर हो जाता है।

SSC CPO 2024

259. निम्नलिखित में से कौन-सा चयनात्मक उधार-पत्र (selective credit instrument) है? **SSC CPO 27-7-2024 (Shift-III)**

(a) परिवर्तनीय आरक्षित अनुपात
(b) सी. आर.आर. (CRR)
(c) क्रेडिट राशनिंग
(d) बैंक दर

उत्तर (c)

• केवल **क्रेडिट राशनिंग** चयनात्मक उधार-पत्र (selective credit instrument) के रूप में वर्गीकृत किया जा सकता है।

• क्रेडिट राशनिंग का उपयोग केन्द्रीय बैंक अर्थव्यवस्था में उपलब्ध ऋण की मात्रा को नियन्त्रित करने के लिए करते हैं।

• यह सुनिश्चित करता है कि ऋण आवश्यक क्षेत्रों और गतिविधियों की ओर निर्देशित हो, जिससे अर्थव्यवस्था में संसाधनों के आवण्टन पर प्रभाव पड़े।

260. आरक्षित निधि अनुपात और मुद्रा आपूर्ति में .... है। **SSC CPO 27.6.2024 (Shift-II)**

(a) एक रैखिक सम्बन्ध
(b) कोई सम्बन्ध नहीं
(c) एक सममित सम्बन्ध
(d) एक नकारात्मक सम्बन्ध

उत्तर (d)

• आरक्षित निधि अनुपात और मुद्रा आपूर्ति में **नकारात्मक** सम्बन्ध है। इसका तात्पर्य है कि आरक्षित निधि अनुपात बढ़ने से मुद्रा आपूर्ति कम होती है और आरक्षित निधि अनुपात कम होने से मुद्रा आपूर्ति बढ़ती है।

• **रिज़र्व अनुपात** यह बैंक की जमाराशि का वह प्रतिशत है, जिसे उसे केन्द्रीय बैंक के पास रिजर्व के रूप में रखना होता है।

• **मुद्रा आपूर्ति** यह अर्थव्यवस्था में परिचालित होने वाली मुद्रा की कुल राशि है।

261. मुद्रा (MUDRA) की पूँजी में कितना प्रतिशत सिडबी (SIDBI) द्वारा योगदान दिया जाता है? **SSC CPO 28.6.2024 (Shift-III)**

(a) 90 (b) 50 (c) 75 (d) 100

उत्तर (d)

• मुद्रा की पूँजी में **100% सिडबी** द्वारा योगदान दिया जाता है।

• भारत सरकार द्वारा **8 अप्रैल, 2015** को मुद्रा की स्थापना गैर-कॉपोरेट लघु व्यवसाय क्षेत्र को धन मुहैया कराने के लिए की गई थी।

• **SIDBI** की स्थापना संसद के एक अधिनियम के तहत अप्रैल, 1990 को हुई। यह MSME क्षेत्र के प्रचार, वित्तपोषण और विकास के लिए प्रमुख संस्थान है।

• MUDRA के तहत प्रदान ऋण को तीन श्रेणियों में वर्गीकृत-शिशु (50,000 तक), किशोर (₹ 50000 से ₹ 500000); तरुण (₹ 5 लाख से ₹ 10 लाख)।

262. निम्नलिखित में से कौन-सा बैंक भारत की बैंकिंग और मौद्रिक प्रणाली का प्रभारी है? **SSC CPO 28.6.2024 (Shift-I)**

(a) आर.बी.आई (RBI) (b) बी.ओ.बी (BOB)
(c) एस.बी.आई. (SBI) (d) यूनियन बैंक

उत्तर (a)

• भारतीय रिज़र्व बैंक (RBI) भारत की बैंकिंग और मौद्रिक प्रणाली का प्रभारी है।

• यह देश का केन्द्रीय बैंक है, जिसे 1935 में स्थापित किया गया था।

• RBI मुद्रास्फीति को नियन्त्रित करने और देश की आर्थिक वृद्धि को बढ़ावा देने के लिए मौद्रिक नीति बनाता है।

263. निम्नलिखित में से कौन-सा विदेशी बाजार में प्रवेश करने का सबसे पारम्परिक माध्यम है? **SSC CPO 28.6.2024 (Shift-II)**

(a) पूर्ण स्वामित्व वाली विनिर्माण कारखाने की स्थापना
(b) विलय और अधिग्रहण
(c) पोर्टफोलियो निवेश उपक्रम
(d) निर्यात

उत्तर (d)

• विदेशी बाजारों में प्रवेश करने का पारम्परिक तरीका **निर्यात** है।

• निर्यात को दो प्रकारों में वर्गीकृत किया जाता है।

• **प्रत्यक्ष निर्यात** ऐसे लेन-देन होते हैं, जिनमें एक कम्पनी अपने उत्पाद सीधे किसी दूसरे देश में खरीदार को बेचती है।

• **अप्रत्यक्ष निर्यात** में लेन-देन की सुविधा के लिए तीसरे पक्ष के कौशल को काम पर रखना शामिल है।

264. निम्नलिखित में से कौन-सा कारक एक बैंक को अन्य वित्तीय संस्थानों से अलग करता है? **SSC CPO 29.06.2024 (Shift-III)**

(a) ऋण और उधार स्वीकार करना
(b) जमा स्वीकार करना
(c) दीर्घकालीन ऋण प्रदान करना
(d) ऋण देना

उत्तर (b)

• **जमा स्वीकार करना** (acceptance) एक बैंक को अन्य वित्तीय संस्थानों से अलग करते हैं।

• वित्तीय संस्थानों के दो बड़े वर्ग होते हैं— बैंकिंग और गैर बैंकिंग। सभी वित्तीय संस्थाओं के उद्देश्य अलग-अलग होते हैं और वे अलग-अलग सेवाएँ प्रदान करते हैं।

• बैंकिंग संस्थानों के वाणिज्यिक बैंक, बचत एवं ऋण संघ और क्रेडिट यूनियन शामिल हैं।

265. यदि नकद आरक्षित अनुपात का मूल्य/प्रतिशत गिरता है, तो धन गुणक का मूल्य **SSC CPO 29.6.2024 (Shift-III)**

(a) स्थिर रहता है
(b) गिरता है
(c) बढ़ता है
(d) उपरोक्त में से कोई नहीं

उत्तर (c)

• यदि नकद आरक्षित अनुपात (CRR) का मूल्य/प्रतिशत गिरता है, तो **धन गुणक** का मूल्य बढ़ जाएगा।

• **नकद आरक्षित अनुपात** (CRR) यह प्रतिशत है, जो वाणिज्यिक बैंकों को केन्द्रीय बैंक के पास जमा के रूप में रखना होता है।

• धन गुणक वह संख्या है, जिससे जमा राशि को गुणा करके अर्थव्यवस्था में कुल धन की गणना की जा सकती है।

266. विशेष आहरण अधिकार (SDR) को .... के नाम से भी जाना जाता है?
SSC CPO 29.6.2024 (Shift-III)

(a) गोल्डन पेपर्स
(b) गोल्ड पेपर्स
(c) पेपर गोल्ड
(d) अन्तर्राष्ट्रीय रिजर्व मनी

उत्तर (c)

• विशेष आहरण अधिकार SDR को 'पेपर गोल्ड' के रूप में भी जाना जाता है। इसका मूल्य सोने सहित कई प्रमुख मुद्राओं की एक टोकरी से जुड़ा होता है।
• SDR एक **आरक्षित मुद्रा** है, जिसका उपयोग सदस्य देशों द्वारा अपनी मुद्राओं का समर्थन करने और अन्तर्राष्ट्रीय भुगतान करने के लिए किया जा सकता है।

267. वित्तीय संसाधनों के निम्नलिखित में से किस स्रोत के लिए वित्तीय मध्यस्थता की आवश्यकता नहीं हो सकती है? **SSC CPO 29.6.2024 (Shift-I)**

(a) बैंकों से उधार
(b) सार्वजनिक निर्गम के माध्यम से इक्विटी जुटाना
(c) अखिल भारतीय विकास वित्तीय संस्थानों से उधार
(d) पारिवारिक निधियाँ

उत्तर (d)

• पारिवारिक निधियों के मामले में सामान्यत: वित्तीय मध्यस्थता की आवश्यकता नहीं होती है।
• **पारिवारिक निधि** सामान्यत: व्यक्तिगत बचत या उधार से प्राप्त होती है, जो सीधे उधारकर्ता द्वारा नियन्त्रित होती है।

268. आरबीआई अधिनियम, आरबीआई मौद्रिक नीति समिति (MPC) में कितने सदस्यों के लिए प्रावधान करता है? **SSC CPO 29.06.2024 (Shift-I)**

(a) 6 (b) 8 (c) 4 (d) 5

उत्तर (a)

• RBI अधिनियम, आरबीआई मौद्रिक नीति समिति (MPC) में **6 सदस्यों के** लिए प्रावधान करता है।
• **मौद्रिक नीति समिति** में 3 सदस्य RBI से तथा 3 सदस्य केन्द्र सरकार द्वारा नियुक्त किए जाते हैं।
• संशोधित भारतीय रिजर्व बैंक अधिनियम, 1934 के तहत एक 6 सदस्यीय मौद्रिक नीति समिति का प्रावधान करती है। समिति की वर्ष में कम-से-कम 4 बार बैठक होती है।

269. भारत में .... लाख से कम के सभी ऋणों को सूक्ष्म ऋण (micro loans) माना जाता है।
SSC CPO 03.10.2023 (Shift-I)

(a) ₹ 1 (b) ₹ 2 (c) ₹ 4 (d) ₹ 3

उत्तर (a)

• भारत में ₹ 1 लाख से कम के सभी ऋणों को सूक्ष्म ऋण (micro loans) माना जाता है।
• सामान्यत: सूक्ष्म ऋण सूक्ष्मवित्त संस्थानों द्वारा उपलब्ध कराया जाता है।
• **सूक्ष्मवित्त संस्थाएँ** उन कम्पनियों को कहा जाता है, जो निम्न आय वर्ग के लोगों को अपना व्यवसाय शुरू करने के लिए सस्ती ब्याज दरों पर ऋण उपलब्ध कराती हैं।
• इन संस्थाओं का नियमन RBI के गैर-बैंकिंग वित्तीय कम्पनी—माइक्रोफाइनेन्स इंस्टीट्यूशंस (रिजर्व बैंक) निर्देश, 2011 द्वारा किया जाता है।

270. एलईआरएमएस (LERMS) नीति के अनुसार, आरबीआई द्वारा सुनिश्चित की गई आधिकारिक विनिमय दर पर विनिमय के लिए विदेशी मुद्रा-विनिमय आय का कितना प्रतिशत आवश्यक था? **SSC CPO 10.11.2022**

(a) 20% (b) 60%
(c) 30% (d) 40%

उत्तर (d)

• एलईआरएमएस (LERMS) नीति के अनुसार, आरबीआई द्वारा सुनिश्चित की गई आधिकारिक विनिमय दर पर विनिमय के लिए विदेशी मुद्रा-विनिमय आय का 40% प्रतिशत आवश्यक था।
• भारत में विदेशी मुद्रा लेन-देन के प्रबन्ध के लिए वैधानिक ढाँचा **विदेशी मुद्रा प्रबन्धन अधिनियम वर्ष** 1999 में प्रदान किया गया है।
• **मार्च, 1992** में भारत सरकार ने उदारीकृत विनिमय दर प्रबन्धन प्रणाली को लागू किया।

SSC CHSL 2024

271. निम्नलिखित सूक्ष्मवित्त अवधारणाओं को उनके विवरण के साथ सुमेलित कीजिए।
SSC CHSL Tier-2 11.11.2024

सूची I (अवधारणाएँ)	सूची II (विवरण)
A. सूक्ष्म ऋण	1. कम आय वाले व्यक्तियों के लिए डिजाइन किए गए छोटे, प्राय: सहकर्मी-निगरानी वाले बचत उत्पाद
B. सूक्ष्म बचत	2. कम आय वाली आबादी के लिए विशिष्ट जोखिमों के विरुद्ध वित्तीय सुरक्षा
C. सूक्ष्म बीमा	3. ऋण चुकौती की गारण्टी के रूप में समूह उत्तरदायित्व का उपयोग
D. सामाजिक ऋणाधार	4. पारम्परिक बैंक ऋण के लिए अर्हता प्राप्त न कर पाने वाले बहुत गरीब उद्यमियों को प्रदान किए जाने वाले छोटे ऋण

कूट

	A B C D		A B C D
(a)	2, 3, 1, 4	(b)	1, 2, 3, 4
(c)	3, 4, 1, 2	(d)	4, 1, 2, 3

उत्तर (d)

• सूक्ष्मवित्त की अवधारणा के सम्बन्ध में विकल्प D (A-iv, B-i, C-ii, D-iii) सही सुमेलित है।
• **सूक्ष्म ऋण** पारम्परिक बैंक ऋण के लिए अर्हता न प्राप्त कर पाने वाले बहुत गरीब उद्यमियों को प्रदान किए जाने वाले छोटे ऋण।
• **सूक्ष्म बचत** कम आय वाले व्यक्तियों के लिए डिजाइन किए गए छोटे, प्राय: सहकर्मी-निगरानी वाले बचत उत्पाद।
• **सूक्ष्म बीमा** कम आय वाली आबादी के लिए विशिष्ट जोखिमों के विरुद्ध वित्तीय सुरक्षा।
• **सामाजिक ऋणाधार** ऋण चुकौती की गारण्टी के रूप में समूह उत्तरदायित्व उपयोग।

272. मुद्रा के कार्यों के सम्बन्ध में निम्नलिखित में से कौन-सा/से कथन सत्य हैं?
SSC CHSL Tier-2 11.11.2024

1. लेखा की एक इकाई के रूप में मुद्रा का अर्थ है कि यह वस्तुओं, सेवाओं और अन्य लेने-देन के बाजार मूल्य के माप की एक मानक संख्यात्मक इकाई है।
2. आस्थगित भुगतान के मानक के रूप में मुद्रा एक महत्त्वपूर्ण कार्य नहीं है, क्योंकि आधुनिक अर्थव्यवस्थाएँ भविष्य के भुगतान के लिए शायद ही कभी मुद्रा का उपयोग करती है।

कूट
(a) न तो 1 और न ही 2
(b) केवल 1
(c) केवल 2
(d) 1 और 2 दोनों

उत्तर (b)

• मुद्रा के कार्यों के सम्बन्ध में विकल्प 2 (केवल 1) सही उत्तर है।
• मुद्रा के कार्यों के सम्बन्ध में लेखा (account) की एक इकाई के रूप में मुद्रा का अर्थ है कि यह वस्तुओं, सेवाओं और लेनदेन के बाजार मूल्य के माप की एक मानक संख्यात्मक इकाई है।
• मुद्रा मूल्य के भण्डार के रूप में कार्य करती है, जिससे व्यक्ति बाद की तारीख तक बचत कर सकते हैं और खपत को स्थगित कर सकते हैं।
• मुद्रा के कुछ अन्य कार्य निम्न हैं
(i) मुद्रा विनिमय का माध्यम है।
(ii) मुद्रा में सामान्य स्वीकृति का गुण होता है।
(iii) मुद्रा का प्रयोग ऋणों व करों के भुगतान के लिए किया जाता है।

273. किसी देश का व्यापार-सन्तुलन क्या होता है?
SSC CHSL Tier-1 01.07.2024 (Shift-I)

(a) निर्यातों की संख्या
(b) आयातों की संख्या
(c) अन्तर्राष्ट्रीय व्यापार का अनुपात
(d) आयात और निर्यात के बीच अन्तर

उत्तर (d)

• किसी देश का व्यापार-सन्तुलन आयात और निर्यात के बीच का अन्तर होता है।
• व्यापार सन्तुलन को अन्तर्राष्ट्रीय व्यापार सन्तुलन, वाणिज्यिक सन्तुलन या शुद्ध निर्यात भी कहा जाता है।
• व्यापार सन्तुलन एक निश्चित समय अवधि में निर्यात और आयात के प्रवाह चर को मापता है।

274. एकाधिकारी प्रतिस्पर्द्धा की तुलना में, एकाधिकार में माँग वक्र ········ होता है।
SSC CHSL Tier-1 01.07.2024 (Shift-III)
(a) समान रूप से लोचदार
(b) अनन्त रूप से लोचदार
(c) कम लोचदार
(d) अधिक लोचदार

उत्तर (c)

• एकाधिकारी प्रतिस्पर्द्धा की तुलना में, एकाधिकार में **माँग वक्र** कम लोचदार होता है।
• **एकाधिकार** में एकल विक्रेता, कोई प्रतिस्पर्द्धा नहीं, माँग वक्र कम लोचदार, ग्राहक को सीमित विकल्प, कीमतें अधिक नियन्त्रित होती हैं।
• एकाधिकार प्रतिस्पर्द्धा में कई विक्रेता, कुछ प्रतिस्पर्द्धा, माँग वक्र अधिक लोचदार, उत्पादों की भिन्नता, ग्राहक के पास अधिक विकल्प होते हैं।

275. यदि किसी वस्तु की माँग में गिरावट होती है, तो सन्तुलन मूल्य (Equilibrium price) में ········ होने की अपेक्षा की जाती है।
SSC CHSL Tier-1 01.07.2024 (Shift-IV)
(a) पहले वृद्धि और उसके बाद तेज गिरावट
(b) गिरावट
(c) न तो वृद्धि और न ही गिरावट
(d) वृद्धि

उत्तर (b)

• यदि किसी वस्तु की माँग में गिरावट होती है, तो सन्तुलन कीमत के गिरने की उम्मीद होती है।
• **माँग गिरावट** की स्थिति में उपभोक्ताओं द्वारा वस्तु को खरीदने की इच्छा और क्षमता कम हो जाती है।
• माँग में गिरावट के कारण माँग वक्र बाएँ तरफ शिफ्ट हो जाता है।

276. निम्नलिखित में से किस वर्ष में भारतीय रिजर्व बैंक का पूरी तरह से राष्ट्रीयकरण किया गया और इसका स्वामित्व भारत सरकार के पास आ गया था? **SSC CHSL Tier-1 02.07.2024 (Shift-I)**
(a) 1948 (b) 1949
(c) 1947 (d) 1950

उत्तर (b)

• **वर्ष 1949** में भारतीय रिजर्व बैंक का पूरी तरह से राष्ट्रीयकरण किया गया और इसका स्वामित्व भारत सरकार के पास आ गया था।
• RBI अधिनियम, 1934 के तहत् 1 अप्रैल, 1935 को **₹ 5 करोड़ की पूँजी** के साथ रिजर्व बैंक ऑफ इण्डिया की स्थापना हुई।
• RBI के प्रथम गवर्नर **सर ओसबोर्न स्मिथ** थे, जबकि स्वतन्त्रता के समय RBI के गवर्नर सी.डी. देशमुख थे।
• 2025 में RBI के गवर्नर संजय मल्होत्रा हैं।

277. 2000-01 में, नाबार्ड ने ········ के कोष के साथ सूक्ष्मवित्त विकास निधि की स्थापना की थी।
SSC CHSL Tier-1 03.7.2024 (Shift-I)
(a) ₹ 150 करोड़ (b) ₹ 245 करोड़
(c) ₹ 189 करोड़ (d) ₹ 100 करोड़

उत्तर (d)

• 2000-01 में, नाबार्ड ने ₹ 100 करोड़ के कोष के साथ **सूक्ष्मवित्त विकास निधि** की स्थापना की थी।
• यह सूक्ष्मवित्त और ग्रामीण उद्यमिकता के सहयोग के लिए सहयोग करता है।
• **नाबार्ड** अपने सूक्ष्म ऋण नवप्रवर्तन विभाग (MCID) के माध्यम से लगातार देश में सूक्ष्मवित्त के सुविधा प्रदाता की भूमिका निभाता है।

278. निम्नलिखित में से क्या वाणिज्यिक बैंकों द्वारा अंकित मूल्य (Face Value) पर छूट पर जारी की जाती है?
SSC CHSL Tier-1 03.7.2024 (Shift-III)
(a) राजकोष बिल (b) वाणिज्यिक पत्र
(c) जमा प्रमाण-पत्र (d) वचन पत्र

उत्तर (c)

• **जमा प्रमाण-पत्र** वाणिज्यिक बैंकों द्वारा अंकित मूल्य पर (छूट पर) जारी किया जाता है।
• जमा प्रमाण-पत्र एक प्रकार का दस्तावेज है, जो किसी व्यक्ति द्वारा किसी संस्थान में जमा की गई राशि की पुष्टि करता है।
• भारत में **न्यूनतम ₹ 1 लाख** और उस राशि के गुणक में जमा प्रमाण-पत्र जारी किए जा सकते हैं।
• यह एक **गैर-जोखिम निवेश** का प्रकार भी है।

279. भारत में क्षेत्रीय ग्रामीण बैंकों का प्राथमिक उद्देश्य क्या है?
SSC CHSL Tier-1 04.07.2024 (Shift-II)
(a) ग्रामीण अर्थव्यवस्था का विकास
(b) अर्द्ध-शहरी अर्थव्यवस्था का विकास
(c) शहरी अर्थव्यवस्था का विकास
(d) महानगरीय अर्थव्यवस्था का विकास

उत्तर (a)

• भारत में क्षेत्रीय ग्रामीण बैंकों का प्राथमिक उद्देश्य **ग्रामीण अर्थव्यवस्था का विकास** करना है।
• इन्दिरा गाँधी की सरकार के कार्यकाल में **नरसिम्हन समिति** की सिफारिश पर 2 अक्टूबर, 1975 को पाँच क्षेत्रीय ग्रामीण बैंकों की स्थापना की गई।
• वर्तमान (2024) में भारत में 43 क्षेत्रीय ग्रामीण बैंक हैं, जिनकी 26 राज्यों और 3 केन्द्रशासित प्रदेशों में कुल 21,856 शाखाएँ हैं।

280. निम्नलिखित में से कौन-सी विनिमय दर माँग और आपूर्ति की बाजार शक्तियों द्वारा निर्धारित की जाती है?
SSC CHSL Tier-1 05.07.2024 (Shift-III)
(a) अस्थाई विनिमय दर
(b) मृदु नियन्त्रित विनिमय दर
(c) निश्चित विनिमय दर
(d) दृढ़ नियन्त्रित विनिमय दर

उत्तर (a)

• **अस्थाई विनिमय दर** माँग और आपूर्ति की बाजार शक्तियों द्वारा निर्धारित की जाती है।
• **अस्थायी विनिमय दर** वह होती है, जिसमें एक मुद्रा की कीमत अन्य मुद्राओं के सहयोग से माँग और आपूर्ति द्वारा तय की जाती है।
• यह निश्चित विनिमय दर से भिन्न होती है, जो पूरी तरह से सरकार द्वारा जारी की जाती है।

281. भारतीय रिज़र्व बैंक का केन्द्रीय कार्यालय प्रारम्भ में वर्ष 1935 में किस वर्तमान शहर में स्थापित किया गया था?
SSC CHSL Tier-1 05.07.2024 (Shift-III)
(a) दिल्ली (b) कलकत्ता
(c) चेन्नई (d) मुम्बई

उत्तर (b)

• भारतीय रिजर्व बैंक का केन्द्रीय कार्यालय प्रारम्भ में **वर्ष 1935** में कलकत्ता (वर्तमान नाम कोलकाता) में स्थापित किया गया था।
• रिजर्व बैंक भारत का **केन्द्रीय बैंक** है।
• RBI भारतीय बैंकिंग प्रणाली के नियमन के लिए जिम्मेदार है।
• यह देश की मुख्य भुगतान प्रणालियों का प्रबन्धन भी करता है और यह आर्थिक विकास को बढ़ावा देने के लिए भी काम करता है।

282. भारत में वैधानिक तरलता अनुपात (Statutory liquidity ratio) कौन निर्धारित करता है?
SSC CHSL Tier-1 05.07.2024 (Shift-IV)
(a) भारतीय रिजर्व बैंक
(b) वाणिज्यिक बैंक
(c) इण्डिया ब्राण्ड इक्विटी फाउण्डेशन
(d) राज्य सरकार

उत्तर (a)

• भारत में वैधानिक तरलता अनुपात (Statutory Liquidity Ratio) **भारतीय रिजर्व बैंक** निर्धारित करता है।
• **वैधानिक तरलता अनुपात** (SLR) जमा का न्यूनतम प्रतिशत है, जिसे एक वाणिज्यिक बैंक को तरल नकदी, सोना या अन्य प्रतिभूतियों के रूप में बनाए रखना होता है।
• SLR एक मौद्रिक नीति उपकरण है, जिसका उपयोग RBI बैंकों के निपटान में तरलता का आकलन करने के लिए किया जाता है।
• वर्तमान (2024) में SLR दर 18% है।

283. बाज़ार सन्तुलन के मामले में क्या होता है?
SSC CHSL Tier-1 08.07-2024 (Shift-I)
A. बाजार की माँग = बाजार की आपूर्ति।
B. बाजार में कोई अतिरिक्त आपूर्ति नहीं होती है।
कूट
(a) केवल A (b) केवल B
(c) A और B दोनों (d) न तो A और न ही B

उत्तर (c)

• बाजार सन्तुलन से सम्बन्धित विकल्प (c) (दोनों कथन A और B) सही है।
• बाजार सन्तुलन वह स्थिति है, जहाँ बाजार में आपूर्ति बाजार में माँग के बराबर होती है।
• बाजार की माँग = बाजार की आपूर्ति
• सन्तुलन मूल्य किसी वस्तु या सेवा की वह कीमत होती है, जब उसकी आपूर्ति बाजार में उसकी माँग के बराबर होती है।

284. MRTP अधिनियम के सम्बन्ध में निम्नलिखित में से कौन-सा/से कथन सत्य है/हैं?

SSC CHSL Tier-1 08.07.2024 (Shift-II)

A. एकाधिकार तथा प्रतिबन्धात्मक व्यापार व्यवहार अधिनियम (MRTP Act) को प्रतिस्पर्द्धा अधिनियम, 2002 द्वारा निरस्त व प्रतिस्थापित किया गया था।

B. पहले/मूल एकाधिकार तथा प्रतिबन्धात्मक व्यापार व्यवहार अधिनियम (MRTP Act) द्वारा MRTP कम्पनियों के लिए परिसम्पत्ति सीमा (asset limit) ' 25 करोड़ निर्धारित की गई थी।

C. एकाधिकार तथा प्रतिबन्धात्मक व्यापार अधिनियम (MRTP Act) पहली बार वर्ष 1969 में पारित किया गया था।

कूट

(a) A और C (b) A और B
(c) B और C (d) केवल C

उत्तर (a)

• MRTP अधिनियम के सम्बन्ध में कूट (a) (कथन A और C) सत्य है।

• पहले मूल एकाधिकार तथा प्रतिबन्धात्मक व्यापार व्यवहार अधिनियम (MRTP Act) द्वारा MRTP कम्पनियों के लिए परिसम्पत्ति सीमा **20 करोड़** निर्धारित की गई थी।

• एमआरटीपी अधिनियम, 1969 में स्थापित एक कानून है, जिसका प्राथमिक उद्देश्य एकाधिकार प्रथाओं पर अंकुश लगाना और भारतीय बाजार में प्रतिस्पर्द्धा को बढ़ावा देना है।

• **MRTP Act** को प्रतिस्पर्द्धा अधिनियम, 2002 द्वारा निरस्त व प्रतिस्थापित किया गया था।

• वर्ष 1977 से सरकार ने MRTP Act की अनिवार्य समीक्षा सुनिश्चित करने हेतु **सच्चर समिति** की नियुक्ति की।

285. मूल्य नियन्त्रण और राशनिंग ·········की जाँच के लिए प्रत्यक्ष नियन्त्रण उपाय हैं।

SSC CHSL Tier-1 08.07.2024 (Shift-IV)

(a) अपस्फीति (b) विस्फीति
(c) मुद्रास्फीति (d) प्रत्यवस्फीति

उत्तर (c)

• मूल्य नियन्त्रण और राशनिंग मुद्रास्फीति की जाँच के लिए प्रत्यक्ष नियन्त्रण उपाय हैं।

• मूल्य नियन्त्रण मुद्रास्फीति को निर्धारित करने के लिए प्रयुक्त एक अन्य प्रत्यक्ष नियन्त्रण विधि है। जबकि राशनिंग उन वस्तुओं या सेवाओं को सीमित करता है, जिसकी माँग अधिक और आपूर्ति कम है।

• मुद्रास्फीति वह स्थिति है, जिसमें कीमत स्तर में वृद्धि होती है और मुद्रा का मूल्य गिरता है।

286. घूर्णनशील बचत एवं क्रेडिट संघ (Rotating Savings and Credit Association - ROSCA) की शुरुआत शर्ली आर्डेनर (Shirley Ardener) द्वारा वर्ष ······· में की गई थी।

SSC CHSL Tier-1 09.07.2024 (Shift-II)

(a) 1955 (b) 1963 (c) 1964 (d) 1970

उत्तर (c)

• घूर्णनशील बचत एवं क्रेडिट संघ की शुरुआत शर्ली आर्डेनर द्वारा वर्ष **1964** में की गई थी।

• **घूर्णन बचत और ऋण संघ (ROSCA)** व्यक्तियों का एक समूह है, जो एकसाथ बचत करने और उधार लेने व एक निश्चित अवधि के लिए मिलने को सहमत होते हैं।

• ये संयुक्त पीयर-टू-पीयर बैंकिंग और पीयर-टू-पीयर उधार का एक रूप है।

• इसमें सभी सदस्य नियमित रूप से योगदान करते हैं और जमा की गई राशि को बारी-बारी से निकालते हैं।

• अर्थशास्त्री एफजेए बौमन ने इसे **गरीब आदमी का बैंक** बताया।

287. प्रतिस्पर्धी व्यवहार और प्रतिस्पर्धी बाज़ार संरचना ········ सम्बन्धित हैं।

SSC CHSL Tier-1 10.7.2024 (Shift-II)

(a) नहीं (b) प्रत्यक्षत:
(c) प्रतिलोमत: (d) आनुपातिक रूप स

उत्तर (c)

• **प्रतिस्पर्धी व्यवहार** और **प्रतिस्पर्धी बाजार संरचना** प्रतिलोमत: सम्बन्धित है, क्योंकि बाजार संरचना जितनी अधिक प्रतिस्पर्धी होगी, फर्मों का व्यवहार उतना ही कम प्रतिस्पर्धी होगा।

उदाहरण—कोक और पेप्सी बिक्री में उच्च स्तर या बाजार में अधिक हिस्सेदारी हासिल करने के लिए विभिन्न तरीकों से एक-दूसरे के साथ प्रतिस्पर्द्धा करते हैं।

• इसके विपरीत हम व्यक्तिगत किसानों को अधिक मात्रा में फसल बेचने के लिए आपस में प्रतिस्पर्धा करते नहीं पाते हैं।

288. मुद्रा के परिचालन का वेग तब अधिक होगा, जब ········ अर्थव्यवस्था की आवश्यकताओं से कम हो। **SSC CHSL Tier-1 10.07.2024 (Shift-IV)**

(a) मुद्रा की आपूर्ति (b) मुद्रा की लोच
(c) मुद्रा का वेग (d) मुद्रा की माँग

उत्तर (a)

• मुद्रा के परिचालन का वेग तब अधिक होगा, जब **मुद्रा की आपूर्ति** अर्थव्यवस्था की आवश्यकताओं से कम हो।

• जब मुद्रा की आपूर्ति कम होती है, तो लोगों और व्यापारियों के पास सीमित मात्रा में मुद्रा होती है जो लेन-देन की गति को तेज कर देती है, जिससे मुद्रा का वेग बढ़ जाता है।

• इसके विपरीत, जब मुद्रा की आपूर्ति अधिक होती है, तो मुद्रा का वेग कम हो सकता है, क्योंकि लोगों के पास अधिक मुद्रा होती है और लेन-देन की गति धीमी हो सकती है।

SSC CHSL 2023

289. भारत में, ······ अर्थव्यवस्था में बैंकों के लिए सीआरआर (CRR) तय करता है।

SSC CHSL 14.08.2023 (Shift-III)

(a) भारतीय स्टेट बैंक (b) भारतीय रिजर्व बैंक
(c) वित्त मन्त्रालय (d) विदेश मन्त्रालय

उत्तर (b)

• भारत में भारतीय रिजर्व बैंक RBI अर्थव्यवस्था में बैंकों के लिए CRR तय करता है।

• वाणिज्य बैंकों को अपने पास जमा कुल राशि का एक विशिष्ट भाग रिजर्व बैंक के पास नकद रूप में जमा करना पड़ता है, इसे ही **नकद आरक्षण** अनुपात कहते हैं।

• इसका का उद्देश्य मुद्रास्फीति को नियन्त्रण में रखना होता है।

• भारतीय रिजर्व बैंक अधिनियम, 1934 के तहत खुले बाजार के संचालन के लिए CRR, SLR बैंक दर नीति, आरक्षित प्रणाली, ऋण नियन्त्रण नीति, नैतिक अनुनय आदि के माध्यम से मौद्रिक नीति को लागू करता है।

290. किसी भी बैंक की नेट वर्थ (Net worth) ········ के बराबर होती है।

SSC CHSL 14.08.2023 (Shift-IV)

(a) (कोष + ऋण) - देनदारियाँ
(b) (कोष – ऋण) + देनदारियाँ
(c) ब्याज + देनदारियाँ
(d) देनदारियाँ - आस्तियाँ

उत्तर (a)

• किसी भी बैंक की नेट वर्थ (Net worth) **(कोष + ऋण)-देनदारियों** के बराबर होता है।

• किसी व्यक्ति या कॉरपोरेशन की देनदारियों को घटाने के बाद उसके पास बचे एसेट (परिसम्पत्ति) की कुल वैल्यू (मूल्य) **नेट वर्थ** कहलाती है।

291. इनमें से कौन-सा औपचारिक क्षेत्रक के तहत एक पारम्परिक कमजोर वर्ग ऋणदान है?

SSC CHSL 14.08.2022 (Shift-IV)

(a) व्यावसायिक बैंक प्राथमिकता क्षेत्रक ऋणदान
(b) स्वयं सहायता समूह बैंक लिंकेज मॉडल
(c) सूक्ष्मवित्त संस्थान
(d) साहूकार (Money lenders)

उत्तर (a)

• **व्यावसायिक बैंक प्राथमिकता क्षेत्र** औपचारिक क्षेत्रक के तहत एक पारम्पिरिक कमजोर वर्ग ऋणदान है।

• कमजोर वर्ग अपनी आर्थिक सुरक्षा के कारण **व्यावसायिक बैंकों** से ऋण लेते हैं।

• किसानों को आसानी से ऋण मिले, इसी उद्देश्य से इन्दिरा गाँधी ने वर्ष **1969 में बैंकों का राष्ट्रीयकरण** किया था।

292. करेन्सी नोटों के सम्बन्ध में निम्नलिखित में से कौन-सा/से कथन सत्य है/हैं?

SSC CHSL 11.08.2023 (Shift-I)

1. इनका नैज मूल्य नहीं होता है।
2. इन्हें कागजी मुद्रा कहा जा सकता है।
3. ये वैधानिक-पत्र नहीं हैं।

कूट

(a) केवल 2 (b) 2 और 3
(c) केवल 1 (d) 1 और 2

उत्तर (d)

• करेन्सी नोटों के सम्बन्ध में कथन 1 और 2 दोनों सही हैं।

• करेन्सी नोटों का अपना एक नैज मूल्य होता है। इस मूल्य का तात्पर्य आन्तरिक मूल्य जो किसी का वास्तविक मूल्य होता है।

• आन्तरिक मूल्य **परिसम्पति मूल्य** कहलाता है। इसके बिना करेन्सी का मूल्य शून्य होता है। इसे **कागज मुद्रा/नोट** कहते हैं।

293. मुद्रा की माँग के सम्बन्ध में निम्नलिखित में से कौन-से कथन सही हैं?

SSC CHSL 10.08.2023 (Shift-III)

(i) जब ब्याज दर अधिक होती है, तो मुद्रा की माँग कम होती है।
(ii) जब ब्याज दर कम होती है, तो मुद्रा की माँग भी कम होती है।
(iii) जब ब्याज दर अधिक होती है, तो मुद्रा की माँग भी अधिक होती है।
(iv) जब ब्याज दर कम होती है, तो मुद्रा की माँग अधिक होती है।

कूट

(a) (ii) और (iv) (b) (i) और (iv)
(c) (i) और (ii) (d) (ii) और (iii)

उत्तर (b)

• मुद्रा की माँग के सम्बन्ध में (कथन i और iv) सही है।

• जब ब्याज दर अधिक होती है, तो मुद्रा की माँग कम होती है तथा जब ब्याज दर कम होती है, तो मुद्रा की माँग अधिक होती है।

• जमा किए गए, उधार दिए गए या उधार लिए गए किसी धन पर प्रत्येक अवधि में जिस दर से ब्याज दिया या लिया जाता है, उसे **ब्याज दर** कहते हैं। मुद्रा की माँग का ब्याज दर के साथ **नकारात्मक सम्बन्ध है।**

294. मुद्रा के मूल्य के सम्बन्ध में निम्नलिखित में से कौन-सा कथन सही है?

SSC CHSL 08.08.2023 (Shift-II)

I. इसका सीधा सम्बन्ध कीमत स्तर से है।
II. इसका मूल्य स्तर से कोई सम्बन्ध नहीं है।
III. यह अप्रत्यक्ष रूप से मूल्य स्तर से सम्बन्धित है।

कूट

(a) कोई भी कथन सही नहीं है
(b) केवल III सही है
(c) केवल I सही है
(d) केवल II सही है

उत्तर (b)

• मुद्रा के मूल्य के सम्बन्ध में विकल्प (b) (केवल III) सही है।

• मुद्रा के मूल्य, **अप्रत्यक्ष रूप से मूल्य स्तर** से सम्बन्धित है। जिसे मूल्यवर्द्धित कर के रूप में जाना जाता है, जो अप्रत्यक्ष कर का एक प्रकार है।

• मुद्रा का मूल्य उन वस्तुओं और सेवाओं को सन्दर्भित करता है, जिन्हें धन के प्रति इकाई द्वारा खरीदा जा सकता है।

295. अर्थव्यवस्था में मुद्रास्फीति से निपटने के लिए रिजर्व बैंक द्वारा कौन-से उपाय किए जाने की सबसे अधिक सम्भावना होती है?

SSC CHSL 08.08.2023 (Shift-II)

(A) रेपो दर में बढ़ोतरी
(B) मुद्रा की पूर्ति में बढ़ोतरी
(C) नकद आरक्षित अनुपात में कमी

कूट

(a) A और C दोनों (b) B और C दोनों
(c) केवल B (d) केवल A

उत्तर (d)

• अर्थव्यवस्था में मुद्रास्फीति से निपटने के लिए रिजर्व बैंक द्वारा **रेपो दर में बढ़ोतरी** करने का उपाय किए जाने की सबसे अधिक सम्भावना होती है।

• रेपो दर में वृद्धि करने से ऋण लेने की प्रवृत्ति में कमी आती है। जिससे ब्याज दरें बढ़ जाने से लोगों में ऋण लेने की प्रवृत्ति स्वत: ही कम हो जाती है।

296. वर्ष 2014 में सूक्ष्म ऋणदाता बन्धन फाइनेंशियल सर्विसेज, जिसका मुख्यालय ……… में है, को आरबीआई द्वारा एक यूनिवर्सल बैंक शुरू करने के लिए सैद्धान्तिक स्वीकृति दी गई थी।

SSC CHSL 02.08.2023 (Shift-I)

(a) पुणे (b) लखनऊ
(c) मुम्बई (d) कोलकाता

उत्तर (d)

• **बन्धन फाइनेंशियल सर्विसेज** को आर.बी.आई. द्वारा एक यूनिवर्सल बैंक शुरू करने के लिए सैद्धान्तिक स्वीकृति दी गई थी, इसका मुख्यालय **कोलकाता** में है।

• बन्धन फाइनेंशियल सर्विसेज की स्थापना वर्ष **2001** में एक गैर-लाभकारी संस्था के रूप में की गई थी, जिसका उद्देश्य स्थायी आजीविका सृजन के माध्यम से वित्तीय समावेशन और महिला सशक्तीकरण करना था।

297. जब सामान्य ब्याज दर बहुत कम स्तर पर पहुँच जाती है, तो निम्नलिखित में से कौन-सा कथन सही होगा? **SSC CHSL 02.08.2023 (Shift-I)**

(a) अधिकांश लोग भविष्य में ब्याज दर बढ़ने की उम्मीद करेंगे।
(b) अधिकांश लोग बन्धपत्र (bonds) धारण करना पसन्द करेंगे।
(c) मुद्रा की पूर्ति में किसी भी वृद्धि से ब्याज दर में और अधिक गिरावट आएगी।
(d) अधिकांश लोग ब्याज दर में और गिरावट का अनुमान लगाएँगे।

उत्तर (a)

• जब सामान्य ब्याज दर बहुत कम स्तर पर पहुँच जाती है, तो अधिकांश लोग भविष्य में ब्याज दर बढ़ने की उम्मीद करेंगे।

• उनका अनुमान होगा कि केन्द्रीय बैंक ब्याज दरों में वृद्धि करके **अर्थव्यवस्था को प्रोत्साहित** करने का प्रयास करेगा।

298. जुलाई, 2022 में, निम्नलिखित में से किसने सोशल स्टॉक एक्सचेंज (SSE) के लिए विस्तृत रूपरेखा अधिसूचित की है?

SSC CHSL 21.03.2023 (Shift-II)

(a) सेबी (b) कॉर्पोरेट कार्य मन्त्रालय
(c) आर.बी.आई. (d) नीति आयोग

उत्तर (a)

• जुलाई, 2022 में, सेबी सोशल स्टॉक एक्सचेंज (SSE) के लिए विस्तृत रूपरेखा अधिसूचित की है।

• **सेबी** का पूर्ण रूप **प्रतिभूति और वित्त का नियामक बोर्ड** है। इसका मुख्यालय मुम्बई में स्क्ति हैं।

• इसकी स्थापना 12 अप्रैल, 1988 को हुई थी। यह एक वैधानिक निकाय है।

299. निम्नलिखित में से कौन-सा एक वर्ष के दौरान एक फर्म की मालसूची में परिवर्तन को व्यक्त करने का सही तरीका है?

SSC CHSL 17.03.2023 (Shift-II)

(a) एक वर्ष के दौरान एक फर्म की मालसूची में परिवर्तन (मूल्यवर्धित – फर्म द्वारा प्रयुक्त मध्यवर्ती वस्तुएँ + एक वर्ष के दौरान फर्म की बिक्री)
(b) एक वर्ष के दौरान एक फर्म की मालसूची में परिवर्तन (मूल्यवर्धित – फर्म द्वारा प्रयुक्त मध्यवर्ती वस्तुएँ – एक वर्ष के दौरान फर्म की बिक्री)
(c) एक वर्ष के दौरान एक फर्म की मालसूची में परिवर्तन (मूल्यवर्धित + फर्म द्वारा प्रयुक्त मध्यवर्ती वस्तुएँ + एक वर्ष के दौरान फर्म की बिक्री)
(d) एक वर्ष के दौरान एक फर्म की मालसूची में परिवर्तन (मूल्यवर्धित + फर्म द्वारा प्रयुक्त मध्यवर्ती वस्तुएँ – एक वर्ष के दौरान फर्म की बिक्री)

उत्तर (d)

• एक वर्ष के दौरान एक फर्म की मालसूची में परिवर्तन (मूल्यवर्धित + फर्म द्वारा प्रयुक्त मध्यवर्ती सुविधाएँ—एक वर्ष के दौरान फर्म की बिक्री) को व्यक्त करने का सही तरीका है।

• किसी उत्पाद में उत्पादक द्वारा जोड़ी गई अतिरिक्त अधिक कीमत को मूल्यवर्धित कहते हैं।

• ये वस्तुएँ जो उत्पादन प्रक्रिया में उपयोग की जाती है, लेकिन उत्पाद नहीं होती, को मध्यवर्ती वस्तु कहते हैं।

300. ……… 12 जुलाई, 1982 को RBI के कृषि ऋण (Agricultural Credit) सम्बन्धी कार्यों और उस समय के कृषि पुनर्वित्त और विकास निगम (Agricultural Refinance and Development Corporation) के पुनर्वित्त सम्बन्धी कार्यों को स्थानान्तरित करके अस्तित्व में आया था। **SSC CHSL 16.03.2023 (Shift-I)**

(a) भारतीय प्रतिभूति और विनिमय बोर्ड (SEBI)
(b) राष्ट्रीय कृषि और ग्रामीण विकास बैंक (NABARD)
(c) भारतीय लघु उद्योग विकास बैंक (SIDBI)
(d) भारतीय रिजर्व बैंक (RBI)

उत्तर (b)

• नाबार्ड 12 जुलाई, 1982 को RBI के कृषि ऋण सम्बन्धी कार्यों और उस समय के कृषि पुनर्वित्त और विकास निगम के पुनर्वित्त सम्बन्धी कार्यों को स्थानान्तरित करके अस्तित्व में आया।

• **राष्ट्रीय कृषि और ग्रामीण विकास बैंक** (NABARD) की स्थापना **शिवरामन समिति** के आधार पर की गई।
• यह कृषि एवं ग्रामीण विकास हेतु वित्त प्रदान करने के लिए शीर्ष बैंकिंग संस्थान है।

301. भारत में म्यूचुअल फण्ड उद्योग को किस संगठन द्वारा विनियमित किया जाता है?
SSC CHSL 12.08.2023 (Shift-III)
(a) SEBI और RBI
(b) वाणिज्य मन्त्रालय और SIDBI
(c) नीति आयोग और IIFCL
(d) IRDA और IFCI

उत्तर (a)
• भारत में म्यूचुअल फण्ड उद्योग को **SEBI एवं RBI** द्वारा विनियमित किया जाता है।
• **म्यूचुअल फण्ड** एक सामूहिक निवेश है, जिसमें कुछ निवेशकों के समूह मिलकर स्टॉक, अल्प अवधि के निवेश या अन्य प्रतिभूतियों में निवेश करते हैं।
• भारत में म्यूचुअल फण्ड का नियन्त्रण और देखरेख भारतीय प्रतिभूति और विनिमय बोर्ड (SEBI) द्वारा की जाती है।

SSC CHSL 2022

302. भारत में स्थापित पहला क्षेत्रीय ग्रामीण बैंक ……… था। **SSC CHSL (10+2) 27.15.2022 (Shift-I)**
(a) ग्रामीण बैंक (b) विकास बैंक
(c) आरोहण बैंक (d) प्रथमा ग्रामीण बैंक

उत्तर (d)
• भारत में 2 अक्टूबर, 1975 में तत्कालीन प्रधानमन्त्री इन्दिरा गाँधी द्वारा सबसे पहले **प्रथम ग्रामीण बैंक** की स्थापना की गई थी।
• इस बैंक को 5 करोड़ के प्रारम्भिक पूँजी के साथ उत्तर प्रदेश राज्य के **मुरादाबाद** में स्थापित किया गया था।
• 30 नवम्बर, 2007 को प्रथमा ग्रामीण बैंक में सर्व यूपी ग्रामीण बैंक के विलय के बाद यह **प्रथमा यूपी ग्रामीण बैंक** के नाम से जाना जाता है।

303. मुद्रा आपूर्ति के सन्दर्भ में दिए गए कथनों में से कौन-सा असंगत है?
SSC CHSL (10+2) 01.06.2022 (Shift-I)
(a) वाणिज्यिक बैंक क्रेडिट बढ़ाने के लिए प्राथमिक जमा का उपयोग करते हैं।
(b) सरकार द्वारा साख मुद्रा, मुद्रा आपूर्ति के उपायों में शामिल नहीं है।
(c) क्रेडिट मनी से तात्पर्य उस मुद्रा से है, जिसका मूल्य वस्तु मूल्य से अधिक है।
(d) किसी अर्थव्यवस्था में मुद्रा का कुल स्टॉक ही समग्र तरलता की अर्थव्यवस्था को निर्धारित नहीं करता है।

उत्तर (d)
• मुद्रा आपूर्ति के सन्दर्भ में दिया गया कथन (d) सही नहीं है।
• किसी अर्थव्यवस्था में मुद्रा का कुल स्टॉक ही समग्र तरलता की अर्थव्यवस्था को निर्धारित करता है।
• क्रेडिट मनी का तात्पर्य उन पैसों से है, जिसका मुद्रा मूल्य कमोडिटी से अधिक है।
• इसके अतिरिक्त वाणिज्यिक बैंक क्रेडिट बढ़ाने के लिए प्राथमिक जमा का उपयोग करते हैं तथा सरकार द्वारा साख मुद्रा, मुद्रा आपूर्ति के उपायों में शामिल नहीं है।
• मुद्रा आपूर्ति किसी अर्थव्यवस्था में किसी समय पर उपलब्ध पूरी मुद्रा की मात्रा होती है। भारत में मुद्रा आपूर्ति को **RBI** नियन्त्रित करता है।

SSC MTS 2024

304. निम्नलिखित में से किस बैंकिंग संस्थान से सूक्ष्मवित्त ऋणों के माध्यम से वित्तीय समावेशन और भारत में उनके विस्तार में महत्त्वपूर्ण भूमिका निभाई?
SSC MTS Tier-1 21.10.2024 (Shift-II)
(a) भारतीय स्टेट बैंक
(b) राष्ट्रीय कृषि और ग्रामीण विकास बैंक
(c) सेण्ट्रल बैंक ऑफ इण्डिया
(d) भारतीय रिजर्व बैंक

उत्तर (b)
• राष्ट्रीय कृषि और ग्रामीण विकास बैंक संस्थान ने सूक्ष्मवित्त ऋणों के माध्यम से वित्तीय समावेशन और भारत में उनके विस्तार में महत्त्वपूर्ण भूमिका निभाई।
• भारत में माइक्रोफाइनेन्स की शुरुआत **गुजरात** में **स्वनियोजन महिला संघ** (SEWA) ने की थी। SEWA ने वर्ष 1974 में SEWA बैंक की स्थापना की थी।
• राष्ट्रीय कृषि और ग्रामीण विकास बैंक **(नाबार्ड)** भारत का एक वित्तीय संस्थान है, इसकी स्थापना **12 जुलाई, 1982** को हुई थी, इसका मुख्यालय मुम्बई में है।

305. आक्रामक मौद्रिक नीति के रुख के मामले में भारतीय रिजर्व बैंक द्वारा रेपो दरों पर सामान्य उपचार क्या है?
SSC MTS Tier-1 08.10.2024 (Shift-I)
(a) 100 बीपीएस से अधिक की तीव्र कटौती
(b) बढ़ाई जाती है
(c) धीरे-धीरे घटाई जाती है
(d) अपरिवर्तित रखी जाती है

उत्तर (b)
• आक्रामक मौद्रिक नीति के रुख के मामले में भारतीय रिजर्व बैंक (RBI) द्वारा रेपो दरों पर सामान्य उपचार के रूप में **रेपो दर बढ़ाई** जाती है।
• आक्रामक मौद्रिक नीति का अर्थ है कि केन्द्रीय बैंक मुद्रास्फीति को नियन्त्रित करने के लिए ब्याज दरों में बढ़ोत्तरी करता है।

306. आरक्षित नकदी निधि अनुपात क्या है?
SSC MTS Tier-1 07.10.2024 (Shift-I)
(a) जमा का प्रतिशत जो किसी बैंक को केन्द्रीय बैंक के पास आरक्षित नकदी निधि के रूप में रखना चाहिए।
(b) जमा का प्रतिशत जो एक बैंक को किसी भी बैंक के पास आरक्षित नकदी निधि के रूप में रखना चाहिए।
(c) जमा का प्रतिशत जो केन्द्रीय बैंक को सरकार के पास आरक्षित नकदी निधि के रूप में रखना चाहिए।
(d) जमा का प्रतिशत जो केन्द्रीय बैंक को किसी बैंक के पास आरक्षित नकदी निधि के रूप में रखना चाहिए।

उत्तर (a)
• **आरक्षित नकदी** निधि (CRR) अनुपात का अर्थ जमा का प्रतिशत, जो किसी बैंक को केन्द्रीय बैंक (RBI) के पास आरक्षित नकदी निधि के रूप में रखना चाहिए।
• आरक्षित नकदी निधि अनुपात की गणना बैंक की शुद्ध माँग और समय की देनदारियों के आधार पर की जाती है।
• इसका निर्धारण RBI करता है और समय-समय पर बदलता रहता है। वर्तमान 2024 में सीआरआर **4.50%** है। इसका अर्थ है कि हर ₹ 100 की जमा राशि पर बैंक को RBI के पास ₹ 4.5 रखने होंगे।

SSC MTS 2023

307. निम्नलिखित में से कौन-सा भारत में सूक्ष्मवित्त संस्थानों का एक प्रमुख उद्देश्य है? **SSC MTS 06.09.2023 (Shift-I)**
(a) वित्तीय समायोजन को बढ़ावा देना और निर्धनता निवारण
(b) विशेष रूप से महिला उद्यमियों को ऋण उपलब्ध कराना
(c) शेयर धारकों के मुनाफे को बढ़ाना
(d) बड़े पैमाने पर औद्योगीकरण को प्रोत्साहित करना

उत्तर (a)
• वित्तीय समायोजन को बढ़ावा देना और निर्धनता निवारण भारत में सूक्ष्मवित्त संस्थाओं का एक प्रमुख उद्देश्य है।
• सूक्ष्म वित्त संस्थाएँ उन कम्पनियों को कहा जाता है, जो **निम्न आय वर्ग के लोगों** को छोटे ऋण प्रदान करती हैं, जो समाज के वंचित वर्गों से हैं तथा जिनके पास बैंकिंग सुविधा तक पहुँच उपलब्ध नहीं है।

308. निम्नलिखित में से कौन-सा कथन सूक्ष्मवित्त संस्थान को सबसे अच्छी तरह परिभाषित करता है? **SSC MTS 06.09.2023 (Shift-I)**
(a) सूक्ष्मवित्त संस्थान निवेश वे कम्पनियाँ हैं, जो विशेष रूप से बहुत अधिक नेट-वर्थ वाले व्यक्तियों को सेवाएँ प्रदान करती हैं।
(b) सूक्ष्मवित्त संस्थान सरकारी एजेन्सियाँ हैं, जो सूक्ष्मवित्त क्षेत्र को विनियमित करती हैं।
(c) सूक्ष्मवित्त संस्थान ऐसे बैंक हैं, जो केवल बड़े निगमों को ऋण प्रदान करते हैं।
(d) सूक्ष्मवित्त संस्थान गैर-लाभकारी संगठन है, जो कम आय वाले व्यक्तियों और छोटे व्यवसायों को वित्तीय सेवाएँ प्रदान करते हैं।

उत्तर (d)
• सूक्ष्मवित्त संस्थान एक **गैर-लाभकारी** संगठन हैं, जो कम आय वाले व्यक्तियों और छोटे व्यवसायों को वित्तीय सहायता प्रदान करते हैं।
• RBI भारत में सुक्ष्मवित संस्थानों को विनियमित और पर्यवेक्षण करने के लिए जिम्मेदार है।

309. निम्नलिखित में से कौन-सा मुद्रा का कार्य नहीं है? **SSC MTS 14.09.2023 (Shift-I)**

(a) विनिमय का माध्यम (b) संचय मूल्य
(c) वस्तु विनिमय प्रणाली (d) लेखा की इकाई

उत्तर (c)

• **वस्तु विनिमय प्रणाली** मुद्रा का कार्य नहीं है, जबकि अन्य विनिमय का माध्यम, संचय मूल्य और लेखा इकाई मुद्रा का कार्य है।

• वस्तु विनिमय प्रणाली से तात्पर्य एक ऐसी प्रणाली से है, जहाँ वस्तु के बदले वस्तु की प्राप्ति होती है।

310. डेबिट कार्ड और क्रेडिट कार्ड में क्या अन्तर है? **SSC MTS 01.09.2023 (Shift-I)**

(a) डेबिट कार्ड का उपयोग ऑनलाइन लेन-देन के लिए किया जाता है, जबकि क्रेडिट कार्ड का उपयोग व्यक्तिगत खरीदारी के लिए किया जाता है।
(b) क्रेडिट कार्ड के लिए पिन की आवश्यकता होती है, जबकि डेबिट कार्ड के लिए हस्ताक्षर की आवश्यकता होती है।
(c) डेबिट कार्ड पर क्रेडिट कार्ड की तुलना में ब्याज दरें अधिक होती हैं।
(d) डेबिट कार्ड से सीधे बैंक खाते से पैसे निकाले जा सकते हैं, जबकि क्रेडिट कार्ड से एक निश्चित सीमा तक ऋण लिया जा सकता है।

उत्तर (d)

• **डेबिट कार्ड** खरीद करने के लिए अपने बैंक खाते में मौजूदा धनराशि का उपयोग करने की अनुमति देता है, जबकि **क्रेडिट कार्ड** द्वारा खरीद करने के लिए निर्धारित सीमा तथा समय काल के पश्चात् ऋणों को भुगतान करना होता है।

311. भारत में कौन-सी नियामक संस्था सूक्ष्मवित्त संस्थानों (Micro Finance Institutions) की देख-रेख और विनियमन के लिए उत्तरदायी है? **SSC MTS 11.09.2023 (Shift-I)**

(a) भारतीय लघु उद्योग विकास बैंक (SIDBI)
(b) राष्ट्रीय कृषि और ग्रामीण विकास बैंक (NABARD)
(c) भारतीय प्रतिभूति और विनिमय बोर्ड (SEBI)
(d) भारतीय रिजर्व बैंक (RBI)

उत्तर (d)

• RBI नियामक संस्था सूक्ष्मवित्त संस्थानों की देख-रेख और विनियमन के लिए उत्तरदायी है।

• यह भारतीय रूपयों की आपूर्ति के प्रबन्धन और ऋण को नियन्त्रित करने का कार्य करती है।

SSC Steno 2024

312. भारत के अन्तर्राष्ट्रीय व्यापार के बदलते पैटर्न के बारे में निम्नलिखित में से कौन-सा कथन सत्य है? **SSC Steno Tier-1 10.12.2024 (Shift-II)**

(a) कृषि और सहबद्ध उत्पादों की हिस्सेदारी बढ़ी है, जबकि पेट्रोलियम और कच्चे उत्पादों तथा अन्य वस्तुओं की हिस्सेदारी में गिरावट आई है।
(b) कृषि और सहबद्ध उत्पादों की हिस्सेदारी में गिरावट आई है, जबकि पेट्रोलियम और कच्चे उत्पादों तथा अन्य वस्तुओं की हिस्सेदारी में वृद्धि हुई है।
(c) कृषि और सहबद्ध उत्पादों की हिस्सेदारी स्थिर बनी हुई है, जबकि पेट्रोलियम और कच्चे उत्पादों तथा अन्य वस्तुओं की हिस्सेदारी में उतार-चढ़ाव आया है।
(d) कृषि और सहबद्ध उत्पादों की हिस्सेदारी में भिन्नता रही है, जबकि पेट्रोलियम और कच्चे उत्पादों तथा अन्य वस्तुओं की हिस्सेदारी स्थिर रही है।

उत्तर (b)

• भारत के अन्तर्राष्ट्रीय व्यापार के बदलते पैटर्न में कृषि और सहबद्ध उत्पादों की हिस्सेदारी में गिरावट आई है, जबकि पेट्रोलियम और कच्चे उत्पादों तथा अन्य वस्तुओं की हिस्सेदारी में वृद्धि हुई है।

• पहले कृषि उत्पाद भारत के निर्यात का एक बड़ा हिस्सा हुआ करते थे। वर्तमान में सेवा क्षेत्र और विनिर्माण क्षेत्र में वृद्धि के साथ कृषि उत्पादों की हिस्सेदारी में कमी आई है

313. आरबीआई ने जमा राशि जुटाने और अर्थव्यवस्था के दुर्बल वर्गों को ऋण देने के लिए लीड बैंक स्कीम (LBS) शुरू की। यह योजना कब शुरू की गई थी? **SSC Steno Tier-1 11.12.2024 (Shift-I)**

(a) वर्ष 1973 (b) वर्ष 1962
(c) वर्ष 1958 (d) वर्ष 1969

उत्तर (d)

• आरबीआई ने जमा राशि जुटाने और अर्थव्यवस्था के दुर्बल वर्गों को ऋण देने के लिए **लीड बैंक स्कीम** (LBS) शुरू की। यह योजना वर्ष 1969 में शुरू की गई थी।

• लीड बैंक स्कीम अर्थात् अग्रणी बैंक योजना देश के ग्रामीण और अर्द्ध-शहरी क्षेत्रों में बैंकों की भूमिका बढ़ाने के लिए शुरू की गई थी।

• इस योजना के तहत अलग-अलग बैंकों को जिलों के लिए जिम्मेदारी सौंपी जाती है।

SSC Steno 2023 & 2022

314. NBFC-MFI के अतिरिक्त NBFC के लिए सूक्ष्मवित्त ऋण की अधिकतम सीमा ...... होती है। **SSC Steno 13.10.23 (Shift-I)**

(a) कुल आस्तियों की 25%
(b) कुल ऋणों की 85%
(c) कुल आस्तियों की 75%
(d) कुल इक्विटी की 25%

उत्तर (a)

• NBFC-MFI के अतिरिक्त NBFC के लिए सूक्ष्मवित्त ऋण की अधिकतम सीमा कुल आस्तियों की 25% होती है।

• **NBFC** (Non Banking Financial Company) का अर्थ एक गैर-बैंकिंग वित्तीय कम्पनी है, जो ग्रामीण क्षेत्रों में बैंकों की अनुपस्थिति में बैंकों के समान कार्य करती है।

• **MFI** (Micro finance Institute) का अर्थ माइक्रोफाइनेन्स संस्थानों से है।

315. आरबीआई (RBI) के प्रथम गवर्नर कौन थे? **SSC Steno 13.10.23 (Shift-I)**

(a) सर सी.डी. देशमुख (b) सर ओसबॉर्न स्मिथ
(c) एच.वी.आर. आयंगर (d) एन.सी. सेन गुप्ता

उत्तर (b)

• RBI के प्रथम गवर्नर **सर ओसबॉर्न स्मिथ** थे।

• भारतीय रिजर्व बैंक (RBI) भारत का सर्वोच्च बैंकिंग प्राधिकरण है।

• **सी.डी. देशमुख** भारतीय रिजर्व बैंक के पहले भारतीय गवर्नर थे।

• **सर बेनेगल रामा** राव भारतीय रिजर्व बैंक के सबसे लम्बे समय तक सेवा करने वाले गवर्नर हैं।

316. जब आरबीआई (RBI) रेपो दर को कम करने को निर्णय लेता है, तो मुद्रा आपूति ....। **SSC Steno 12.10.23 (Shift-I)**

(a) में कमी होगी
(b) शुरू में स्थिर होगी, फिर कमी होगी
(c) अप्रभावित रहेगी
(d) में बढ़ोतरी होगी

उत्तर (d)

• जब आरबीआई (RBI) रेपो दर को कम करने का निर्णय लेता है, तो मुद्रा आपूर्ति में **बढ़ोतरी** होती है।

• **रेपो दर** वह दर है, जिस पर भारतीय रिजर्व बैंक सरकारी प्रतिभूतियों के बदले भारत में वाणिज्यिक बैंकों या वित्तीय संस्थानों को पैसा उधार देता है।

• जब रेपो रेट कम होता है, तो होम लोन, इएमआई आदि पर लगाई जाने वाली ब्याज दर भी कम हो जाती है, जिससे ग्राहकों का ऋण लेना आसान हो जाता है।

• कम रेपो रेट विदेशी निवेश को हतोत्साहित करती है।

317. क्षेत्रीय ग्रामीण बैंकों में केन्द्र सरकार की पूँजी के स्वामित्व का अनुपात कितना है? **SSC Steno 17.11.2022 (Shift-I)**

(a) 50% (b) 60% (c) 55% (d) 45%

उत्तर (a)

• क्षेत्रीय ग्रामीण बैंकों में भारत सरकार की पूँजी के स्वामित्व का अनुपात 50% है।

• क्षेत्रीय ग्रामीण बैंकों (RRB) की स्थापना **26 सितम्बर, 1975** को प्रख्यापित अध्यादेश और क्षेत्रीय ग्रामीण बैंक अधिनियम, 1976 के प्रावधानों के तहत वर्ष **1975** में की गई थी।

• RRB का उद्देश्य ग्रामीण क्षेत्रों में ऋण के अन्तर को कम करना, वित्तीय समावेशन को सुविधाजनक बनाना तथा कृषि और ग्रामीण विकास करना है।

SSC GD 2024

318. .... की पहली और सबसे महत्त्वपूर्ण भूमिका यह है कि यह विनिमय के माध्यम के रूप में कार्य करती/करता है। **SSC GD 22.02.2024 (Shift-II)**

(a) मुद्रा (b) उत्पाद (c) बजट (d) योजना

उत्तर (a)

• **मुद्रा** की पहली और सबसे महत्त्वपूर्ण भूमिका यह है कि यह विनिमय के माध्यम के रूप में कार्य करती हैं।

• मुद्रा विनिमय के माध्यम से वस्तुओं और सेवाओं के लेन-देन को सुगम बनाती है।

• मुद्रा मूल्य का एक मापक भी है।

• किसी भी मुद्रा का मूल्य अन्य मुद्राओं की तुलना में लगातार बदलता रहता है।

319. भारत के व्यावसायिक बैंकों के बारे में निम्नलिखित कथनों को पढ़िए।

SSC GD 21.02.2024 (Shift-IV)

A. व्यावसायिक बैंक दूसरे प्रकार के संस्थान हैं, जो द्रव्य निर्माण अर्थव्यवस्था का एक भाग हैं।

B. वे जनता से जमा स्वीकार करते हैं और इस रकम का एक भाग उन लोगों को उधार देते हैं, जो उधार लेना चाहते हैं।

उपरोक्त में से कौन-सा/से कथन असत्य है/हैं?

कूट

(a) केवल A (b) केवल B
(c) A और B दोनों (d) न तो A और न ही B

उत्तर (d)

• भारत में व्यावसायिक बैंक के सम्बन्ध में विकल्प (d) सही है।

• **वाणिज्यिक बैंक** एक प्रकार का वित्तीय संगठन है, जो आम जनता के लिए धन जमा और निकासी के साथ-साथ निवेश ऋण और अन्य सामान्य गतिविधि से सम्बन्धित सभी कार्यों को करता है।

• ये बैंक लाभ कमाने वाले उद्यम हैं, जो केवल लाभ के उद्देश्य से व्यापार करते हैं।

• एक वाणिज्यिक बैंक के दो मूलभूत गुण होते हैं— उधार देना और उधार लेना।

320. अन्तर्मुखी व्यापार रणनीति में घरेलू उद्योगों को विदेशी प्रतिस्पर्द्धा से बचाने के लिए उपयोग की जाने वाली सुरक्षा के दो मुख्य रूप क्या हैं?

SSC GD 23.02.2024 (Shift-I)

(a) प्रशुल्क और मूल्य नियन्त्रण
(b) प्रशुल्क और सब्सिडी
(c) प्रशुल्क और कोटा
(d) कोटा और सब्सिडी

उत्तर (c)

• अन्तर्मुखी व्यापार रणनीति में घरेलू उद्योगों को विदेशी प्रतिस्पर्द्धा से बचाने के लिए उपयोग की जाने वाली सुरक्षा के दो मुख्य रूप प्रशुल्क और कोटा हैं।

• **प्रशुल्क या टैरिफ** अन्तर्राष्ट्रीय व्यापार में लगाए जाने वाला कर है, जो आमतौर पर 5% होता है।

• **कोटा विनियमन** का एक रूप है, जो सामान्यत: सरकार द्वारा किसी वस्तु की मात्रा को सीमित करने के लिए निर्धारित किया जाता है।

321. मुद्रा और बैंकिंग के सन्दर्भ में SLR क्या दर्शाता है?

SSC GD 23.02.2024 (Shift-III)

(a) स्टेट लिक्विडिटी रेश्यो
(b) स्टेट्यूटरी लीगल रेश्यो
(c) स्टेट्यूटरी लिक्विटिडी रेश्यो
(d) स्टेट लीगल रेश्यो

उत्तर (c)

• मुद्रा और बैंकिंग के सन्दर्भ में SLR **स्टेट्यूटरी लिक्विडिटी रेश्यो** (वैधानिक तरलता अनुपात) दर्शाता है।

• SLR वाणिज्यिक बैंकों के लिए एक आवश्यक है कि वे अपनी कुल मांग और समय देनदारियों (NDTL) का एक निश्चित प्रतिशत तरल सम्पत्तियों के रूप में रखें।

• यदि बैंक निर्धारित SLR से कम रिजर्व रखते हैं, तो उन पर RBI द्वारा दण्ड लगाया जाता है।

SSC GD 2023

322. ………… एक व्यापार नीति है, जो आयात या निर्यात को प्रतिबन्धित नहीं करती है।

SSC GD 13.12.2023 (Shift-II)

(a) स्थानीय व्यापार (b) स्विस व्यापार
(c) मुक्त व्यापार (d) निष्पक्ष व्यापार

उत्तर (c)

• मुक्त व्यापार एक व्यापार नीति है, जो आयात या निर्यात को प्रतिबन्धित नहीं करती है।

• **मुक्त व्यापार** इसके तहत विभिन्न अर्थव्यवस्था वाले देशों के खरीदार और विक्रेता स्वेच्छा से सरकार, वस्तुओं और सेवाओं पर टैरिक, कोटा, सब्सिडी या किसी अन्य प्रतिबन्ध की चिन्ता किए बिना व्यापार कर सकते हैं।

323. करेन्सी नोट और सिक्कों को कागजी मुद्रा कहते हैं। इन्हें ………… भी कहा जाता है।

SSC GD Constable 20.02.2024 (Shift-I)

(a) पट्टा विलेख (b) कानूनी निविदा
(c) ऋण विलेख (d) कानून अनुबन्ध

उत्तर (b)

• करेन्सी नोट और सिक्कों को कागजी मुद्रा कहते हैं। इन्हें **कानूनी निविदा** भी कहा जाता है।

• यह एक प्रकार का धन है, जिसे न्यायालयों को किसी भी मौद्रिक ऋण के लिए सन्तोषजनक भुगतान के रूप में मान्यता देने की आवश्यकता होती है।

324. ………… प्लास्टिक मनी का एक उदाहरण है।

SSC GD Constable 09.02.2023 (Shift-II)

(a) हार्ड कैश
(b) वैध मुद्रा
(c) सिक्के
(d) क्रेडिट कार्ड

उत्तर (d)

• **क्रेडिट कार्ड** प्लास्टिक मनी का एक उदाहरण है।

• बैंक नोट की जगह भुगतान करने के लिए **क्रेडिट कार्ड** प्रयोग कर सकते हैं।

• क्रेडिट कार्ड द्वारा खरीद करने के लिए निर्धारित सीमा तथा समयकाल के पश्चात् ऋणों को भुगतान करना होता है।

• इसके अतिरिक्त डेबिट कार्ड, एटीएम कार्ड, स्मार्ट कार्ड आदि भी प्लास्टिक मनी के उदाहरण हैं।

औद्योगिक संरचना

- देश में पहला **लौह-इस्पात कारखाना** बंगाल आमरन वर्क्स के नाम से 1874 ई. में कुल्टी (पश्चिम बंगाल) नामक स्थान पर तथा सबसे पहला बड़े पैमाने का कारखाना वर्ष 1907 में तत्कालीन बिहार राज्य में स्वर्ण रेखा नदी की घाटी में **साकची** नामक स्थान पर **जमशेदजी टाटा** द्वारा स्थापित किया गया था।
- **नई औद्योगिक नीति** (New Industrial Policy) को 24 जुलाई, 1991 को लागू किया गया था।
- लघु उद्योगों के विकास के लिए **आबिद हुसैन समिति** का गठन किया गया था।
- हथकरघा क्षेत्र के विकास के लिए **मीरा सेठ समिति** का गठन किया गया था।
- देश में पहला वस्त्र पार्क **तिरुपुर** (तमिलनाडु) में स्थापित किया गया है।

अनिवार्य लाइसेन्स वाले उद्योग

- तम्बाकू एवं सम्बद्ध उत्पाद
- एल्कोहॉल युक्त पेयों का निर्माण एवं आसवन
- माचिसों सहित औद्योगिक विस्फोटक सामग्री
- खतरनाक रसायन
- इलेक्ट्रॉनिक, एयरोस्पेस तथा रक्षा उपकरण

देश के प्रमुख इस्पात कारखानें

कारखाना	स्थल
टाटा आयरन एण्ड स्टील कम्पनी (*टिस्को*), (1907)	जमशेदपुर (*निजी क्षेत्र, झारखण्ड*)
इण्डियन आयरन एण्ड स्टील कम्पनी (*इस्को*), (1918)	बर्नपुर (*पश्चिम बंगाल*)
विश्वेश्वरैया आयरन एण्ड स्टील कम्पनी (1937)	भद्रावती (*कर्नाटक*)
राउरकेला एकीकृत इस्पात संयन्त्र (1956)	राउरकेला (*ओडिशा*)

महारत्न कम्पनियाँ

- भारतीय तेल निगम (IOC)
- तेल एवं प्राकृतिक गैस निगम (ONGC)
- कोल इण्डिया लिमिटेड (CIL)
- भारतीय इस्पात प्राधिकरण (SAIL)
- राष्ट्रीय ताप विद्युत निगम (NTPC)
- हिन्दुस्तान पेट्रोलियम कॉर्पोरेशन लिमिटेड (HPCL)
- पावर ग्रिड कॉर्पोरेशन ऑफ इण्डिया लिमिटेड (PGCIL)
- भारतीय गैस प्राधिकरण लिमिटेड (GAIL)
- भारत हैवी इलेक्ट्रिकल्स लिमिटेड (BHEL)
- भारत पेट्रोलियम कॉर्पोरेशन लिमिटेड (BPCL)
- पावर फाइनेन्स कॉर्पोरेशन (PFC)
- ग्रामीण विद्युतीकरण निगम लिमिटेड (RECL)
- ऑयल इण्डिया लिमिटेड (OIL)
- हिन्दुस्तान एयरोनॉटिक्स लिमिटेड (HAL)

नवरत्न कम्पनियाँ

- भारतीय नौवहन निगम (SCI)
- निवेली लिग्नाइट कॉर्पोरेशन (NLC)
- भारत इलेक्ट्रॉनिक्स लिमिटेड (BEL)
- महानगर टेलीफोन निगम लिमिटेड (MTNL)
- राष्ट्रीय खनिज विकास निगम (NMDC)
- नेशनल एल्युमीनियम कम्पनी (NALCO)
- राष्ट्रीय इस्पात निगम लिमिटेड (RINL)
- नेशनल बिल्डिंग कन्स्ट्रक्सन कॉर्पोरेशन (NBCC)
- कन्टेनर कॉर्पोरेशन ऑफ इण्डिया लिमिटेड (CONCOR)
- इन्जीनियर्स इण्डिया लिमिटेड (EIL)
- ऑयल एण्ड नैचुरल गैस कॉर्पोरेशन विदेश लिमिटेड (ONGCVL)
- रेलवे विकास निगम लिमिटेड (RVNL)
- रेल इण्डिया टेक्निकल एण्ड इकोनॉमिक सर्विस लिमिटेड (RITES)
- इण्डियन रेलवे कंस्ट्रक्शन इण्टरनेशनल लिमिटेड (IRCON)
- राष्ट्रीय केमिकल फर्टिलाइजर्स लिमिटेड (RCFC)
- नेशनल फर्टिलाइजर्स लिमिटेड (NFC)
- मझगाँव डॉक शिपबिल्डर्स लिमिटेड (MDL)
- सेण्ट्रल वेयरहाउसिंग कॉर्पोरेशन (CLOC)
- इण्डियन रिन्यूऐबल एनर्जी डेवलपमेण्ट एजेन्सी लिमिटेड (IREDA)
- रेलटेल कॉर्पोरेशन ऑफ इण्डिया लिमिटेड (Railtail)
- सोलर एनर्जी कॉर्पोरेशन ऑफ इण्डिया लिमिटेड (SECIL)
- सतलुज जल विद्युत निगम (SJVN)
- नेशनल हाइड्रो पॉवर कॉरपोरेशन (NHPC)
- हाउसिंग एण्ड डेवलेपमेण्ट कॉर्पोरेशन लिमिटेड (HUDCO)
- इण्डियन रेलवे कैटरिंग ऐण्ड टूरिज़्म कॉर्पोशन (IRCTC)
- इण्डियन रेलवे फ़ाइनेंस कॉर्पोरेशन (IRFC)

भारत में उद्योगों की स्थापना

उद्योग	स्थापित स्थल (सर्वप्रथम)
कागज	सेरामपुर (बंगाल) (1832)
सूती वस्त्र	कलकत्ता (कोलकाता) (1818)
जूट	रिशरा (1855)
सीमेण्ट	मद्रास (चेन्नई) (1904)
उर्वरक	रानीपेट (तमिलनाडु) (1906)

SSC एग्जाम स्कैनर

SSC CGL 2024 (Tier 1 & 2)

325. स्वतन्त्रता के समय भारत में किस प्रकार का सुप्रबन्धित उद्योग स्थापित किया गया था?

SSC CGL Tier-1 26.09.2024 (Shift.III)

(a) इस्पात और इलेक्ट्रॉनिक्स
(b) सीमेण्ट और चीनी
(c) इस्पात और सूती वस्त्र
(d) इलेक्ट्रॉनिक्स और इलेक्ट्रिकल्स

उत्तर (c)

- स्वतन्त्रता के समय भारत में **इस्पात और सूती वस्त्र** सुप्रबन्धित उद्योग स्थापित किया गया था।
- भारत का प्रमुख उद्योग कपास या सूती वस्त्र उद्योग था।
- स्वतन्त्रता प्राप्ति के समय तक टाटा लौह एवं इस्पात कम्पनी (TISCO), जो **वर्ष 1907** में स्थापित हुई थी, भारत का एकमात्र पूँजी उद्योग था।

326. भारत में पहली सफल कपड़ा मिल कहाँ स्थापित की गई थी?

SSC CGL Tier-1 25.09.2024 (Shift.III)

(a) सूरत
(b) कलकत्ता
(c) जयपुर
(d) मुम्बई

उत्तर (d)

- भारत में पहली सफल कपड़ा मिल की स्थापना 1854 ई. मुम्बई में **कावसजी नानाभाई डावर** ने की थी।
- मुम्बई को भारत का 'कपास पोलिस' कहते हैं।
- भारत में सबसे बड़ा कपड़ा उद्योग सूरत (गुजरात) में है।
- भारत का लगभग दो.तिहाई कपास उत्पादन महाराष्ट्र, गुजरात, आन्ध्र प्रदेश और तेलंगाना करते हैं, जिन्हें सामूहिक रूप से भारत की 'कपास टोकरी' कहा जाता है।

327. किस औद्योगिक नीति ने निजी कम्पनियों पर प्रतिबन्धों को कम करके भारतीय उद्योग में उदारीकरण की शुरुआत की?

SSC CGL Tier-1 24.09.2024 (Shift.III)

(a) औद्योगिक नीति, 1980
(b) औद्योगिक नीति, 1977
(c) औद्योगिक नीति, 1956
(d) औद्योगिक नीति, 1991

उत्तर (d)

- औद्योगिक नीति, 1991 ने निजी कम्पनियों पर प्रतिबन्धों को कम करके भारतीय उद्योग में उदारीकरण की शुरुआत की।
- **औद्योगिक नीति, 1991** के दौरान भारत के प्रधानमन्त्री नरसिम्हा राव व वित्तमन्त्री मनमोहन सिंह थें।
- इनके द्वारा **24 जुलाई, 1991** को नई आर्थिक नीति पेश की गई थी।

अन्तर्राष्ट्रीय बाजार में स्वयं को स्थापित करना, वैश्विक भागीदारी में भूमिका निभाना, मानव संसाधनों का इष्टतम उपयोग करना इत्यादि था।

328. विशेष आर्थिक क्षेत्रों (Special Economic Zones (SEZs)) में व्यवसायों को दिया जाने वाला प्राथमिक लाभ क्या है?
SSC CGL Tier-1 24.09.2024 (Shift.I)

(a) असीमित विदेशी निवेश
(b) कर और शुल्क रियायतें
(c) गारण्टीयुक्त मार्केट शेयर
(d) अनिवार्य सरकारी अनुबन्ध

उत्तर (b)

• विशेष आर्थिक क्षेत्रों (Special Economic Zones (SEZs)) में व्यवसायों को दिया जाने वाला प्राथमिक लाभ कर और शुल्क रियासतें हैं।
• विशेष आर्थिक क्षेत्र (SEZs) किसी देश के अन्दर ऐसा क्षेत्र होता है, जहाँ आर्थिक कानून देश के अन्य हिस्सों से अलग होता है।
• SEZs में व्यापार को बढ़ावा देने और रोजगार पैदा करने के लिए अलग-अलग **व्यापार** और **वाणिज्य** कानून होते हैं।

329. निम्न में से कौन-सा दस्तावेज़ भारत में सार्वजनिक एवं निजी उद्योगों की स्थापना के लिए एक रूपरेखा, नियम और विनियम प्रदान करता है?
SSC CGL Tier-1 19.09.2024 (Shift.II)

(a) कम्पनी का वित्तीय विवरण
(b) व्यापार संघ की वार्षिक रिपोर्ट
(c) केन्द्रीय बजट
(d) औद्योगिक नीति

उत्तर (d)

• **औद्योगिक नीति** दस्तावेज, भारत में सार्वजनिक एवं निजी उद्योगों की स्थापना के लिए एक रूपरेखा, नियम और विनियम प्रदान करता है।
• यह नीति किसी देश की अर्थव्यवस्था के विकास और वृद्धि को बढ़ावा देती है।
• भारत की पहली औद्योगिक नीति की घोषणा वर्ष 1948 में हुई थी।

330. निम्नलिखत में से कौन-सा संयुक्त क्षेत्र उद्योग का एक उदाहरण है?
SSC CGL Tier-1 19.09.2024 (Shift.I)

(a) ऑयल इण्डिया लिमिटेड
(b) स्टील अथॉरिटी ऑफ इण्डिया लिमिटेड
(c) भारत हैवी इलेक्ट्रिकल लिमिटेड
(d) टाटा आयरन एण्ड स्टील कम्पनी

उत्तर (a)

• आयॅल इण्डिया लिमिटेड संयुक्त क्षेत्र उद्योग का एक उदाहरण है।
• संयुक्त क्षेत्र के उद्योग निजी कार्यों और सरकारी एजेन्सियों द्वारा संयुक्त रूप से स्वामित्व और प्रबन्धित किए जाते हैं।
• जिन उद्योगों का स्वामित्व और प्रबन्धन निजी व्यक्तियों या लोगों के समूह द्वारा किया जाता है, उन्हें निजी उद्योग कहा जाता है; जैसे—**टाटा आयरन एण्ड स्टील**।

331. निम्नलिखित में से कौन-सा एक इनोसिलिकेट ऐम्फिबोल खनिज है, जिसका उपयोग राजमार्ग निर्माण और रेलमार्ग बैलास्ट के रूप में किया जाता है?
SSC CGL Tier-1 18.09.2024 (Shift.III)

(a) गाइज़राइट (Geyserite)
(b) ऑलिवीन (Olivine)
(c) शेल (Shale)
(d) हॉर्नब्लेण्ड (Hornblende)

उत्तर (d)

• हॉर्नब्लेण्ड एक इनोसिलिकेट ऐम्फिबोल खनिज है, जिसका उपयोग निर्माण और रेलमार्ग बैलास्ट के रूप में किया जाता है।
• एम्फिबोल, **डबल चेन सिलिका टेट्राहेड्रा** से बने होते हैं।
• इनमें हाइड्रॉक्सिल (OH) या हैलोजन (f – Cl) होता है।

332. निम्नलिखित में से कौन-सा भारत के प्रमुख औद्योगिक क्षेत्र का एक उदाहरण है?
SSC CGL Tier-1 18.09.2024 (Shift.II)

(a) भोजपुर-मुंगेर (b) छोटा नागपुर क्षेत्र
(c) बिलासपुर-कोरबा (d) जयपुर-अजमेर

उत्तर (b)

• **छोटा नागपुर क्षेत्र** (65000 वर्ग किमी) भारत के प्रमुख औद्योगिक क्षेत्र का एक उदाहरण है।
• यह क्षेत्र लौह-अयस्क, मैंगनीज, बॉक्साइट, ताँबा, कोयला और अभ्रक जैसे खनिजों से समृद्ध है।
• यह झारखण्ड के अधिकतर हिस्से के साथ-साथ छत्तीसगढ़, ओडिशा, पश्चिम बंगाल और बिहार के आस-पास के क्षेत्रों के अन्तर्गत शामिल हैं।

333. एक वर्ष के दौरान फर्म की माल-सूची में परिवर्तन को निम्नलिखित में से कौन-सा विकल्प सही ढंग से परिभाषित करता है?
SSC CGL Tier-1 18.09.2024 (Shift.II)

(a) वर्ष के दौरान फर्म की बिक्री-वर्ष के दौरान फर्म का उत्पादन
(b) वर्ष के दौरान फर्म का उत्पादन-पिछले वर्ष के दौरान फर्म की बिक्री
(c) पिछले वर्ष के दौरान फर्म का उत्पादन-वर्ष के दौरान फर्म की बिक्री
(d) वर्ष के दौरान फर्म का उत्पादन-वर्ष के दौरान फर्म की बिक्री

उत्तर (d)

• एक वर्ष के दौरान फर्म की माल-सूची में बदलाव को वर्ष के दौरान फर्म का उत्पादन-वर्ष के दौरान फर्म की बिक्री से परिभाषित किया जाता है।
• माल-सूची में बदलाव नियोजित अथवा अनियोजित हो सकता है।
• यह बदलाव एक समयावधि के बाद होता है।
• फर्म के पूँजी स्टॉक में अतिरिक्त योग को **निवेश** कहते हैं।

334. निम्नलिखित में से कौन-सा भारत में निजी क्षेत्र के उद्योग का एक उदाहरण है?
SSC CGL Tier-1 17.09.2024 (Shift.I)

(a) भारत हैवी इलेक्ट्रिकल्स लिमिटेड
(b) स्टील अथॉरिटी ऑफ इण्डिया लिमिटेड
(c) ऑयल इण्डिया लिमिटेड
(d) टाटा आयरन एण्ड स्टील कम्पनी

उत्तर (d)

• **टाटा आयरन एण्ड स्टील कम्पनी** निजी क्षेत्र की प्रमुख कम्पनी है।
• यह जमशेदपुर, झारखण्ड में स्थित है।
• इसका मुख्यालय मुम्बई में स्थित है।

335. निम्नलिखित में में से कौन-सा औद्योगिक नीति वक्तव्य 1980 का सामाजिक-आर्थिक उद्देश्य नहीं है?
SSC CGL Tier-1 13.09.2024 (Shift.III)

(a) निर्यातोन्मुख उद्योगों को बढ़ावा देना
(b) अधिकतम प्रत्यक्ष विदेशी निवेश की अनुमति
(c) उच्च रोजगार सृजन
(d) ऊँची कीमतों और खराब गुणवत्ता के विरुद्ध उपभोक्ता संरक्षण

उत्तर (b)

• अधिकतम प्रत्यक्ष विदेशी निवेश की अनुमति औद्योगिक नीति वक्तव्य 1980 का सामाजिक-आर्थिक उद्देश्य नहीं है।
• वह औद्योगिक नीति जिसमें लघु उद्योग/ इकाई के लिए निवेश सीमा बढ़ाकर ₹ 2 लाख कर दी गई है, **1980 की औद्योगिक नीति** थी।
• यह नीति **लघु उद्योगों** को बढ़ावा देने और उन्हें वित्तीय सहायता प्रदान करने के उद्देश्य से शुरू की गई थी।
• इस नीति में उत्पादों का आरक्षण कच्चे माल पर सब्सिडी और लघु उद्योगों को प्राथमिकता वाले ऋण देने जैसे उपाय भी शामिल किए गए, ताकि उनकी वृद्धि को और अधिक समर्थन मिल सके।

336. निम्नलिखित में से जिलों के उस समूह की पहचान कीजिए, जो भारत के औद्योगिक जिलों का उदाहरण नहीं है।
SSC CGL Tier-1 12.09.2024 (Shift-II)

(a) कानपुर और आगरा
(b) अलवर और भिवानी
(c) कटक और कोटा
(d) जबलपुर और भोपाल

उत्तर (b)

• राजस्थान के **अलवर और भिवानी** जिले, भारत के औद्योगिक जिले नहीं हैं।
• औद्योगिक जिला एक ऐसा स्थान है, जहाँ मुख्य उद्योग और **सहायक उद्योगों** में विशेषता प्राप्त श्रमिक और फर्म रहते हैं।

337. निम्नलिखित विकल्पों में से भारत की सबसे पुरानी लौह-इस्पात कम्पनी की पहचान कीजिए।
SSC CGL Tier-1 12.09.2024 (Shift.I)

(a) टाटा आयरन एण्ड स्टील कम्पनी (TISCO)
(b) विश्वेश्वरैया आयरन एण्ड स्टील वर्क्स
(c) मैसूर आयरन एण्ड स्टील वर्क्स
(d) इण्डियन आयरन एण्ड स्टील कम्पनी (IISCO)

उत्तर (a)

• भारत की सबसे पुरानी लौह-इस्पात कम्पनी **टाटा आयरन एण्ड स्टील कम्पनी** (TISCO) है।
• यहाँ उत्पादन कार्य वर्ष 1912 से प्रारम्भ हुआ।
• यह **स्वर्ण रेखा एवं खरकई नदी** के मिलन स्थल पर अवस्थित है।

338. इण्डिया इंफ्रास्ट्रक्चर प्रोजेक्ट डेवलपमेण्ट फण्ड (IIPDF) से सम्बन्धित निम्नलिखित कथनों पर विचार करें

SSC CGL Tier-1 11.09.2024 (Shift.I)

1. आईआईपीडीएफ (IIPDF) की स्थापना वर्ष 2017 में हुई थी।
2. IIPDF के लिए धन केन्द्र सरकार द्वारा प्रदान किया जाता है।
3. यह योजना आर्थिक कार्य विभाग के अन्तर्गत अधिसूचित है।

उपरोक्त में से कौन-सा/से कथन गलत है/हैं?
(a) 2 और 3
(b) 1 और 2
(c) केवल 1
(d) केवल 3

उत्तर (c)

• आईआईपीडीएफ (IIPDF) की स्थापना वर्ष 2007 में की गई थी। अत: केवल कथन (1) गलत है। यह केन्द्रीय क्षेत्र की योजना है।
• आईआईपीडीएफ परियोजना प्रायोजक प्राधिकरणों के लेन-देन से जुड़ी लागतें कवर करने में मदद करती है।
• इस योजना के तहत एक प्रस्ताव के लिए अधिकतम ₹ 5 करोड़ की राशि का वित्तपोषण किया जा सकता है।
• वित्तीय वर्ष 2022-23 से वर्ष 2024-25 हेतु कुल ₹ 150 करोड़ आवण्टित किए गए हैं।
• इसके अन्तर्गत अवसंरचनाओं का विकास किया जा रहा है।

SSC CGL 2023 (Tier 1 & 2)

339. निम्नलिखित में से सही कथन की पहचान कीजिए। SSC CGL Tier-2 02.03.2023 (Shift-I)

1. हिन्दुस्तान कॉपर लिमिटेड (HCL) को 9 नवम्बर, 1967 को निगमित किया गया था।
2. खेतड़ी कॉपर कॉम्पलेक्स (KCC) राजस्थान में स्थित है।
3. मिनरल एक्सप्लोरेशन कन्सल्टेन्सी लिमिटेड (MEC Ltd.) का मुख्यालय जयपुर में स्थित है।

कूट
(a) 1 और 3 (b) 2 और 3
(c) 1 और 2 (d) 1, 2 और 3

उत्तर (c)

• दिए गए कथनों में 1 और 2 सही हैं।
• हिन्दुस्तान कॉपर लिमिटेड को **9 नवम्बर, 1967** को निगमित किया गया था।
• खेतड़ी कॉपर कॉम्पलेक्स राजस्थान में स्थित है।
• कथन 3 गलत है, क्योंकि मिनरल एक्सप्लोरेशन कन्सल्टेन्सी लिमिटेड का मुख्यालय **नागपुर** (महाराष्ट्र) में है।

340. किस औद्योगिक नीति में अति लघु उद्योग/इकाई के लिए निवेश सीमा बढ़ाकर ' 2 लाख की गई?

SSC CGL Tier-2 14.07.2023 (Shift-I)

(a) 1980 (b) 1977 (c) 1991 (d) 1956

उत्तर (a)

• वर्ष 1980 के औद्योगिक नीति में अति लघु उद्योग/इकाई के लिए निवेश सीमा बढ़ाकर ₹ 2 लाख की गई।
• सूक्ष्म उद्योग के अन्तर्गत वे उद्योग आते हैं, जिनमें एक करोड़ रुपये का निवेश और टर्नओवर 5 करोड़ का हो।
• उन उद्योग को लघु उद्योग की श्रेणी में रखते हैं, जिन उद्योगों में निवेश ₹ 10 करोड़ और टर्नओवर 50 करोड़ तक है।

341. आधुनिक औद्योगिक प्रणाली के उदय से पहले भारतीय निर्यात में मुख्य रूप से ………… जैसे निर्माण शामिल थे।

SSC CGL 14.07.2023 (Shift-II)

(a) सूती और रेशमी वस्त्र
(b) हल्की मशीनरी
(c) इलेक्ट्रिकल्स
(d) रसायन

उत्तर (a)

• आधुनिक औद्योगिक प्रणाली के उदय से भारतीय निर्यात में मुख्य रूप से **सूती और रेशमी वस्त्र** जैसे उद्योग शामिल थे।
• आधुनिक रूप से भारतवर्ष का औद्योगीकरण 1850 ई. से प्रारम्भ हुआ। 1853-54 ई. में भारत में रेल और तार की प्रणाली प्रारम्भ हुई। यद्यपि रेल बनाने का मुख्य उद्देश्य कच्चे माल का निर्यात तथा निर्मित माल का **आयात** करना था।

342. सेल (SAIL) की सहायक कम्पनी की पहचान कीजिए, जो कोलकाता-आसनसोल रेलवे लाइन के किनारे स्थित है?

SSC CGL 17.07.2023 (Shift-I)

(a) इण्डियन आयरन एण्ड स्टील कम्पनी (IISCO)
(b) टाटा आयरन एण्ड स्टील कम्पनी (TISCO)
(c) ई.एस.एल. स्टील लिमिटेड (ESL)
(d) जिन्दल स्टील एण्ड पावर लिमिटेड (JSPL)

उत्तर (a)

• इण्डियन आयरन एण्ड स्टील कम्पनी सेल की सहायक कम्पनी है, जो कोलकाता-आसनसोल रेलवे लाइन के किनारे स्थित है।
• **इण्डियन आयरन एण्ड स्टील कम्पनी (IISCO)** की स्थापना **पश्चिम बंगाल के बर्नपुर में वर्ष 1918** में की गई थी।
• वर्ष 1972 में भारत सरकार द्वारा इसका अधिग्रहण किया गया तथा **वर्ष 2006** में इसका औपचारिक विलय **SAIL** में हो गया।

343. औद्योगिक नीति, 1956 की अनुसूची *A* में कितने उद्योगों को सूचीबद्ध किया गया था।

SSC CGL 18.07.2023 (Shift-I)

(a) 10 (b) 17
(c) 16 (d) 12

उत्तर (b)

• औद्योगिक नीति, 1956 की अनुसूची *A* में **17 उद्योगों** को शामिल किया गया है।
• इस नीति के अन्तर्गत उद्योगों को तीन भागों में विभाजित किया गया है
(i) सार्वजनिक क्षेत्र
(ii) निजी क्षेत्र
(iii) मिश्रित क्षेत्र

344. औद्योगिक नीति संकल्प में उद्योगों को ……… श्रेणियों में वर्गीकृत किया गया है?

SSC CGL 18.12.2022 (Shift-III)
SSC CGL 18.07.2023 (Shift-III)

(a) चार (b) तीन
(c) पाँच (d) दो

उत्तर (b)

• औद्योगिक नीति के अन्तर्गत उद्योगों को **तीन भागों** में बाँटा गया है।
• प्रथम अनुसूची के अन्तर्गत वे उद्योग शामिल होते थे, जो राज्य में पूर्ण स्वामित्व में होते थे।
• द्वितीय अनुसूची के उद्योग सार्वजनिक और निजी क्षेत्र दोनों के अन्तर्गत आते थे।
• इन दो अनुसूचियों में शामिल न किए गए सभी अन्य उद्योग **तीसरी श्रेणी** में आते हैं, जिन्हें निजी क्षेत्र के लिए खुला छोड़ दिया गया है।

345. भारत में सार्वजनिक क्षेत्र का पहला एकीकृत इस्पात संयन्त्र कौन-सा है?

SSC CGL 19.07.2023 (Shift-I)

(a) राउरकेला इस्पात संयन्त्र
(b) भारतीय लौह एवं इस्पात कम्पनी
(c) सेलम इस्पात संयन्त्र
(d) विश्वेश्वरैया लौह एवं इस्पात लिमिटेड

उत्तर (a)

• भारत में **सार्वजनिक क्षेत्र** का पहला एकीकृत इस्पात संयन्त्र राउरकेला इस्पात संयन्त्र है।
• यह संयन्त्र जर्मनी के सहयोग से ओडिशा राज्य में द्वितीय पंचवर्षीय योजना के दौरान स्थापित किया गया।
• सेलम इस्पात संयन्त्र सेलम, **तमिलनाडु** में स्थित है। इस संयन्त्र की स्थापना **चौथी पंचवर्षीय योजना** के दौरान की गई।
• **विश्वेश्वरैया लौह** एवं **इस्पात लिमिटेड** की स्थापना वर्ष 1923 में हुई थी। यह **भद्रावती नदी** के किनारे अवस्थित है।

346. हिन्दुस्तान कॉपर लिमिटेड (HCL) की स्थापना वर्ष ………… में हुई थी।

SSC CGL 19.07.2023 (Shift-III)

(a) 1972 (b) 1967
(c) 1981 (d) 1963

उत्तर (b)

• हिन्दुस्तान कॉपर लिमिटेड की स्थापना वर्ष 1967 में हुई थी।

• यह एक सार्वजनिक क्षेत्र का उपक्रम है। इसका मुख्यालय कोलकाता (पश्चिम बंगाल) में है।

347. निम्नलिखित में से कौन-सा आधुनिक उद्योग ब्रिटिश शासन के दौरान भारत में संचालित होता था? SSC CGL 24.07.2023 (Shift-I)

1. कपास
2. जूट
3. लोहा और इस्पात

कूट

(a) केवल 1 (b) ये सभी
(c) 1 और 2 दोनों (d) केवल 3

उत्तर (b)

• ब्रिटिश शासन के दौरान भारत में **कपास, जूट, लौह-इस्पात** जैसे आधुनिक उद्योग संचालित होते थे। अत: विकल्प (b) सही है।

• ब्रिटिशकाल के दौरान भारत में पहली सूती या कपास वस्त्र मिल 1854 ई. में बम्बई में स्थापित की गई, जिसमें 1856 ई. से उत्पादन प्रारम्भ हुआ।

• जूट उद्योग से सम्बन्धित पहला कारखाना कोलकाता के समीप **रिशरा** नामक स्थान पर 1855 ई. में लगाया गया था।

• भारत विश्व के 35% जूट से सम्बन्धित उत्पादों का निर्माण करता है।

• देश में पहला लौह-इस्पात कारखाना बंगाल आयरन वर्क्स के नाम से 1879 ई. में कुल्टी (पश्चिम बंगाल) नामक स्थान पर स्थापित किया गया।

348. राउरकेला स्टील प्लाण्ट जर्मनी के सहयोग से भारत के किस राज्य में स्थापित किया गया था? SSC CGL 02.03.2023 (Shift-I)

(a) ओडिशा (b) असम
(c) झारखण्ड (d) बिहार

उत्तर (a)

• राउरकेला स्टील प्लाण्ट जर्मनी के सहयोग से भारत के ओडिशा राज्य में स्थापित किया।

• इसका उद्घाटन वर्ष 1959 में तत्कालीन राष्ट्रपति डॉ. राजेन्द्र प्रसाद ने किया था।

SSC CPO 2024 (Tier 1 & 2)

349. उदारीकरण के भाग के रूप में उद्योगों के प्रगतिशील डिलाइसेंसिंग के साथ निम्नलिखित में से किस उद्योग को लाइसेंस की आवश्यकता से हटा दिया गया है? SSC CPO 27.6.2024 (Shift.III)

(a) तम्बाकू के सिगार और सिगरेट तथा निर्मित तम्बाकू के विकल्प
(b) कोयला और लिग्नाइट
(c) खतरनाक रसायन
(d) औद्योगिक विस्फोटक

उत्तर (b)

• उदारीकरण के तहत, भारत सरकार ने कोयला और लिग्नाइट को लाइसेंस की आवश्यकता से मुक्त कर दिया है, जिससे उन्हें अधिक स्वतन्त्रता और लचीलापन प्रदान किया गया है।

• वर्ष 1993 में सरकार ने **कोयला खनन** (विकास और विनियमन) **अधिनियम, 1957** में संशोधन करके लाइसेंसिंग आवश्यकताओं को हटा दिया।

350. निजीकरण के बारे में निम्नलिखित में से कौन-सा कथन गलत है? SSC CPO 29.6.2024 (Shift.I)

(a) मारुति उद्योग लिमिटेड, 1991 के आर्थिक सुधारों से पहले एक सार्वजनिक क्षेत्र का उद्यम था।
(b) वर्ष 1991 के पूर्व की अवधि की तुलना में वर्ष 1991 के आर्थिक सुधारों के बाद विनिवेश के मामलों में वृद्धि हुई।
(c) निजीकरण के बाद निजी कम्पनियों द्वारा एकाधिकार शक्ति के दोहन की कोई सम्भावना नहीं है।
(d) बेहतर प्रदर्शन निजीकरण के लाभों में से एक है।

उत्तर (c)

• निजीकरण के बारे में कथन (c) गलत है अर्थात् निजीकरण के बाद निजी कम्पनियों द्वारा **एकाधिकार शक्ति के दोहन** की कोई सम्भावना नहीं।

• यदि निजीकरण के बाद कोई कम्पनी किसी विशेष बाजार में अत्यधिक प्रभुत्व हासिल कर लेती है, तो वह एकाधिकार शक्ति का प्रयोग कर सकती है।

• इसका अर्थ है कि वह ऊँची कीमतें वसूल सकती है, **कम गुणवत्ता वाले उत्पाद** या सेवाएँ प्रदान कर सकती है और नवाचार को कम कर सकती है।

351. निम्नलिखित में से कौन-सा, भारत में संयुक्त क्षेत्र उद्यम (joint sector industry) है? SSC CPO 29.6.2024 (Shift-I)

(a) नालको
(b) डाबर
(c) टिस्को
(d) ऑयल इण्डिया लिमिटेड

उत्तर (d)

• **ऑयल इण्डिया लिमिटेड (OIL)** भारत में एक संयुक्त क्षेत्र उद्यम है।

• यह भारत सरकार और भारतीय पेट्रोलियम कॉर्पोरेशन लिमिटेड (IOCL) के बीच एक संयुक्त उद्यम है।

• OIL को **वर्ष 1959** में स्थापित किया गया था और यह भारत सरकार के पेट्रोलियम और प्राकृतिक गैस मन्त्रालय के प्रशासनिक नियन्त्रण के अधीन है।

352. निम्नलिखित में से कौन-सा औद्योगिक नीति संकल्प, 1956 से सम्बद्ध नहीं है? SSC CHSL Tier-1 1.7.2024 (Shift.III)

(a) निजी क्षेत्रों के लिए लाइसेन्स प्रणाली की शुरुआत की गई
(b) इसने उद्योगों को तीन श्रेणियों में वर्गीकृत किया
(c) इसने तीसरी पंचवर्षीय योजना को आधार बनाया
(d) क्षेत्रीय समानता को बढ़ावा दिया गया

उत्तर (c)

• इसने तीसरी पंचवर्षीय योजना को आधार बनाया औद्योगिक नीति संकल्प, 1956 से सम्बद्ध नहीं है, क्योंकि औद्योगिक नीति संकल्प, 1956 **द्वितीय पंचवर्षीय योजना** का आधार बना। अत: विकल्प (c) सही सम्बद्ध नहीं है।

• औद्योगिक नीति संकल्प 30 अप्रैल, 1956 में जारी किया गया। इस नीति में समाजवादी व्यवस्था के लक्ष्य की प्राप्ति हेतु **सार्वजनिक क्षेत्र** द्वारा अर्थव्यवस्था के विकास पर बल दिया गया।

• नीति संकल्प ने उद्योगों को तीन अनुसूचियों में विभाजित किया–

अनुसूची A : 17 उद्योग,
अनुसूची B : 12 उद्योग,
अनुसूची C : इनमें वे उद्योग शामिल थे, जिन्हें निजी क्षेत्र द्वारा संचालित किया जाना था।

353. निम्नलिखित का सही मिलान करें। SSC CHSL Tier-1 1.7.2024 (Shift.IV)

	उद्योग के प्रकार		कम्पनी का नाम
A.	सार्वजनिक क्षेत्र	1.	टाटा आयरन एण्ड स्टील कम्पनी
B.	निजी क्षेत्र	2.	भारत हैवी इलेक्ट्रिकल्स लिमिटेड
C.	संयुक्त क्षेत्र	3.	ऑयल इण्डिया लिमिटेड

कूट

	A	B	C		A	B	C
(a)	3	2	1	(b)	1	2	3
(c)	2	1	3	(d)	2	3	1

उत्तर (c)

• सही सुमेलन A-2, B-1, C-3 है।

1. सार्वजनिक क्षेत्र—भारत हैवी इलेक्ट्रिकल्स लिमिटेड
2. निजी क्षेत्र—टाटा आयरन एण्ड स्टील कम्पनी
3. संयुक्त क्षेत्र—ऑयल इण्डिया लिमिटेड

354. औद्योगिक नीति और संवर्धन विभाग के अनुसार निम्नलिखित में से कौन-सा एक प्रमुख उद्योग नहीं है? SSC CHSL Tier-1 8.7.2024 (Shift-I)

(a) उर्वरक
(b) जूट
(c) बिजली
(d) कच्चा तेल

उत्तर (b)

• औद्योगिक नीति और संवर्धन विभाग के अनुसार **जूट** एक प्रमुख उद्योग नहीं है।

• भारत की राष्ट्रीय अर्थव्यवस्था में जूट उद्योग का एक महत्त्वपूर्ण योगदान है। यह **बंगाल** के प्रमुख उद्योगों में से एक है।

• जूट को **गोल्डन फाइबर** कहा जाता है। यह एक प्राकृतिक नवीकरणीय बायोडिग्रेडेबल और पर्यावरण अनुकूल उत्पाद होने के कारण सुरक्षित पैकेजिंग के सभी मानकों को पूरा करता है।
• इस विभाग की स्थापना वर्ष 1995 में हुई थी।

355. निम्नलिखित में से कौन-सी समिति औद्योगिक लाइसेन्सिंग नीति जाँच से जुड़ी थी?

SSC CHSL Tier-1 8.7.2024 (Shift.IV)

(a) दत्त समिति (b) गॉडगिल समिति
(c) हजारी समिति (d) सेन समिति

उत्तर (a)

• **दत्त समिति** औद्योगिक लाइसेन्सिंग नीति जाँच से जुड़ी थी।
• इसकी स्थापना **श्री सुबिमल दत्त** की अध्यक्षता में एकाधिकार जाँच आयोग और हजारी समिति की रिपोर्ट के अनुवर्ती के रूप में की गई थी। दत्त समिति ने अपनी रिपोर्ट जुलाई, 1969 में प्रस्तुत की थी।
• दत्त समिति की सिफारिश के आधार पर वर्ष 1969 में एकाधिकार और प्रतिबन्धात्मक व्यापार व्यवहार अधिनियम लागू किया गया।

356. ऑयल इण्डिया लिमिटेड (OIL) किसके प्रशासनिक ढाँचे के अन्तर्गत है?

SSC CHSL Tier-1 9.7.2024 (Shift.I)

(a) पेट्रोलियम एवं प्राकृतिक गैस मन्त्रालय
(b) बिजली मन्त्रालय
(c) नवीन एवं अक्षय ऊर्जा मन्त्रालय
(d) वाणिज्य एवं उद्योग मन्त्रालय

उत्तर (a)

• ऑयल इण्डिया लिमिटेड (OIL) **पेट्रोलियम एवं प्राकृतिक गैस मन्त्रालय** के प्रशासनिक ढाँचे के अन्तर्गत है।
• ऑयल इण्डिया लिमिटेड (OIL) एक केन्द्रीय सार्वजनिक क्षेत्र का उपक्रम है, जो कच्चे तेल और प्राकृतिक गैस की खोज, विकास और उत्पादन, कच्चे तेल के परिवहन के उत्पादन के कारोबार में लगा हुआ है।
• ऑयल इण्डिया लिमिटेड एक **महारत्न कम्पनी** है।

357. निम्नलिखित में से कौन-सी भारत के राष्ट्रीय निवेश और विनिर्माण क्षेत्र (एनआईएमजेड) की विशेषता नहीं है?

SSC CHSL Tier-1 10.7.2024 (Shift.I)

(a) राज्य सरकार बिजली आपूर्ति, पानी तथा अन्य विनिर्माण सम्बन्धी सुविधाएँ प्रदान करेगी।
(b) एनआईएमजेड के कामकाज की देख-रेख के लिए विशेष प्रयोजन वाहन का गठन किया जाएगा।
(c) इसमें एनआईएमजेड को स्थापित करने के लिए कम-से-कम 10000 हेक्टेयर का क्षेत्रफल उपलब्ध कराया जाता है।
(d) इसमें एनआईएमजेड के लिए प्रस्तावित क्षेत्र का कम.से.कम 30% क्षेत्र विनिर्माण इकाइयों के लिए उपयोग में लिया जाएगा।

उत्तर (c)

• एनआईएमजेड को स्थापित करने के लिए कम-से-कम 10000 हेक्टेयर का क्षेत्रफल उपलब्ध कराया जाता है। यह भारत के राष्ट्रीय निवेश और विनिर्माण क्षेत्र (NIMZ) की विशेषता नहीं है।
• ये भारत सरकार द्वारा विकसित औद्योगिक टाउनशिप है। इनका उद्देश्य भारत में विनिर्माण और निवेश को बढ़ावा देना है।
• वाणिज्य एवं उद्योग मन्त्रालय एनआईएमजेड के लिए **नोडल मन्त्रालय** है।

358. सुमेलित कीजिए

SSC CHSL Tier-1 10.7.2024 (Shift.II)

	सूची I		सूची II
A.	सन्तुलित विकास सिद्धान्त	1.	रोसेनस्टीन रोडन
B.	बड़े धक्के का सिद्धान्त (बिग पुश थ्योरी)	2.	फेल्डमैन-महालनोबिस
C.	धर्मनिरपेक्ष पतन	3.	रगनार नर्क्से
D.	पूँजीगत वस्तुएँ और भारी उद्योग	4.	प्रेबिश-सिंगर

कूट

	A	B	C	D		A	B	C	D
(a)	3	1	4	2	(b)	3	4	1	2
(c)	1	2	4	3	(d)	4	1	2	3

उत्तर (a)

• सही सुमेलन A-3, B-1, C-4, D-2 है।
• **सन्तुलित विकास सिद्धान्त**, रगनार नर्क्से से सम्बन्धित है। इन्होंने ''अविकसित देशों में पूँजी निर्माण की समस्याएँ'' नामक पुस्तक में गरीबी को 'गरीबी के दुष्चक्र' नामक मॉडल में परिभाषित किया है।
• बड़े धक्के का सिद्धान्त (बिग पुश थ्योरी) **रोसेनस्टीन रोडन** ने दिया है। इस थ्योरी के अनुसार धक्का या एक बड़ा और व्यापक निवेश पैकेज, आर्थिक सुधार लाने में सहायक हो सकता है।
• **धर्मनिरपेक्ष पतन**, प्रेबिश-सिंगर की परिकल्पना है, जो यह सुझाव देती है कि प्राथमिक वस्तुओं की कीमतें, निर्मित वस्तुओं की कीमतों के सापेक्ष कम होती जाती हैं।
• **पूँजीगत वस्तुएँ व भारी उद्योग**, महालनोबिस, आर्थिक विकास का एक **मार्क्सवादी मॉडल** है, जिसे वर्ष 1953 में रूसी अर्थशास्त्री ग्रिगोरी फेल्डमैन व प्रशान्त चन्द महालनोबिस द्वारा बनाया गया था।

359. FY-2025 के लिए देश के बुनियादी ढाँचे के दृष्टिकोण और भारत में आयोजित होने वाले ऐसे पहले अभ्यास को .... नाम दिया गया है। **SSC CHSL Tier-1 10.7.2024 (Shift.II)**

(a) राष्ट्रीय अवसंरचना प्लानिंग
(b) राष्ट्रीय अवसंरचना परियोजनाएँ
(c) राष्ट्रीय अवसंरचना पाइपलाइन
(d) राष्ट्रीय अवसंरचना योजना

उत्तर (c)

• FY-2025 के लिए देश के बुनियादी ढाँचे के दृष्टिकोण और भारत में आयोजित होने वाले ऐसे पहले अभ्यास को **राष्ट्रीय अवसंरचना पाइपलाइन** नाम दिया गया है।
• अवसंरचना सेवाओं के माध्यम से लोगों के जीवन की गुणवत्ता में सुधार करना तथा वैश्विक मानकों के अनुरूप **जीवन सुगमता** (Ease of living) को प्राप्त करने का उद्देश्य लक्षित है।

360. रिफाइनरी तथा उनके सम्बन्धित राज्य के सम्बन्ध में गलत युग्म का चयन करें

SSC CHSL Tier-1 11.7.2024 (Shift.III)

(a) बीना रिफाइनरी — मध्य प्रदेश
(b) तातीपका रिफाइनरी — तेलंगाना
(c) कोयली रिफाइनरी — गुजरात
(d) नुमालीगढ़ रिफाइनरी — असम

उत्तर (b)

• रिफाइनरी तथा उनके सम्बन्धित राज्य के सम्बन्ध (b) गलत युग्म है, क्योंकि तातीपका रिफाइनरी **आन्ध्र प्रदेश** के पूर्वी गोदावरी जिले में स्थित है।
• **बीना रिफाइनरी** भारत के मध्य प्रदेश के सागर जिले के बीना में स्थित एक तेल रिफाइनरी है।
• **कोयली रिफाइनरी** भारत के गुजरात में वडोदरा जिले के कोयली में स्थित है।
• **नुमालीगढ़ रिफाइनरी** की स्थापना **वर्ष 1993** में असम राज्य में की गई थी।

361. कपड़ा उद्योग के विकास के लिए प्रारम्भिक वर्षों में राज्यों का कौन-सा समूह कपास उत्पादन में केन्द्रित था?

SSC CHSL Tier-1 11.7.2024 (Shift.IV)

(a) पश्चिम बंगाल और ओडिशा
(b) पंजाब और हरियाणा
(c) महाराष्ट्र और गुजरात
(d) बिहार और पश्चिम बंगाल

उत्तर (c)

• कपड़ा उद्योग के विकास के लिए प्रारम्भिक वर्षों में **महाराष्ट्र और गुजरात** कपास उत्पादन में केन्द्रित था।
• कपड़ा उद्योग भारतीय अर्थव्यवस्था में कृषि के बाद रोजगार देने वाला दूसरा सबसे बड़ा क्षेत्र है।
• वर्तमान में भी सूती वस्त्र उद्योग का सर्वाधिक केन्द्रीकरण महाराष्ट्र एवं गुजरात राज्य में है।
• पश्चिम बंगाल, मध्य प्रदेश, तमिलनाडु, आन्ध्र प्रदेश, केरल और उत्तर प्रदेश **सूती वस्त्र** के लिए अन्य प्रमुख राज्य हैं।

SSC CHSL 2023 (Tier 1 & 2)

362. भारत के किस राज्य में एल्युमीनियम प्रगलन संयन्त्रों की संख्या सबसे अधिक है?

SSC CHSL 02.08.2023 (Shift-I)

(a) तमिलनाडु
(b) महाराष्ट्र
(c) उत्तर प्रदेश
(d) ओडिशा

उत्तर (d)

• ओडिशा भारत का सबसे बड़ा बॉक्साइट उत्पादक राज्य है तथा यहाँ एल्युमीनियम प्रगलन सन्यन्त्रों की संख्या सबसे अधिक है।

• यह देश के कुल उत्पादन का आधे से अधिक हिस्सा उत्पादित करता है।

SSC MTS 2024 (Tier 1 & 2)

363. हुगली औद्योगिक क्षेत्र किस राज्य में स्थित है?
SSC MTS Tier-1 30.10.2024 (Shift-III)

(a) तेलंगाना (b) कर्नाटक
(c) गुजरात (d) पश्चिम बंगाल

उत्तर (d)

• हुगली औद्योगिक क्षेत्र **पश्चिम बंगाल** राज्य में स्थित है।

• इस औद्योगिक क्षेत्र का प्रमुख उद्योग **जूट** है।

• यह क्षेत्र उत्तर में बाँसबेरिया से लेकर दक्षिण में बिरलानगर तक विस्तृत है।

364. अधात्विक खनिज अभ्रक का उपयोग निम्नलिखित में से किस उद्योग में किया जाता है? SSC MTS Tier-1 05.10.2024 (Shift-IV)

(a) सीमेण्ट उद्योग (b) स्टील उद्योग
(c) विद्युत उद्योग (d) काँच उद्योग

उत्तर (c)

• अधात्विक खनिज अभ्रक का उपयोग विद्युत उद्योग में किया जाता है।

• इसके प्रमुख निक्षेप झारखण्ड, बिहार, राजस्थान और आन्ध्र प्रदेश में पाए जाते हैं।

365. 1854 ई. में भारत में पहली सफल कपड़ा मिल निम्नलिखित में से किस शहर में स्थापित की गई थी? SSC MTS Tier-1 15.10.2024 (Shift-I)

(a) बॉम्बे (b) भोपाल
(c) कलकत्ता (d) नई दिल्ली

उत्तर (a)

• 1854 ई. में भारत में पहली सफल कपड़ा मिल (बॉम्बे स्पिनिंग एण्ड वीविंग कम्पनी) **बॉम्बे शहर** में स्थापित की गई।

• आधुनिक ढंग की सूती वस्त्र की पहली मिल 1818 ई. में कलकत्ता के समीप फोर्ट ग्लास्टर में स्थापित की गई थी, जो असफल रही थी।

• 1861 ई. में अहमदाबाद में पहली कपास मिल स्थापित हुई।

SSC Steno 2024 (Tier 1 & 2)

366. वर्ष 1950 में भारत में लघु उद्योगों को उन सभी उद्योगों के रूप में परिभाषित किया गया, जिनमें अधिकतम निवेश की राशि ……… थी।
SSC Steno Tier-1 11.12.2024 (Shift-I)

(a) 5 लाख (b) 8 लाख (c) 6 लाख (d) 7 लाख

उत्तर (a)

• वर्ष 1950 में भारत में लघु उद्योगों को उन सभी उद्योगों के रूप में परिभाषित किया गया, जिनमें अधिकतम निवेश की राशि ₹ 5 लाख थी।

• लघु उद्योगों को बढ़ावा देने के लिए **कर्वे समिति** ने ग्रामीण विकास के लिए सलाह दी थी।

• 1955 में राष्ट्रीय लघु उद्योग निगम लिमिटेड की स्थापना की गई थी, जिसके तहत लघु उद्योग को बढ़ावा दिया गया।

367. कम्पनी अधिनियम, ……… कम्पनियों से सम्बन्धित कानून को समेकित और संशोधित करने के लिए एक अधिनियम है।
SSC Steno Tier-1 11.12.2024 (Shift-I)

(a) 2005 (b) 2017 (c) 2013 (d) 2020

उत्तर (c)

• कम्पनी अधिनियम, 2013 कम्पनियों से सम्बन्धित कानून को समेकित और संशोधित करने के लिए एक अधिनियम है।

• यह अधिनियम भारत में कम्पनियों के प्रशासन को नियन्त्रित करने वाला कानून है।

SSC GD 2023

368. किसी देश की ……… विनिर्माण उद्योगों के विकास से मापी जाती है।
SSC GD Constable 07.02.2023 (Shift-I)

(a) आर्थिक मजबूती (b) ऋण
(c) व्यय (d) दयता

उत्तर (a)

• किसी देश की आर्थिक मजबूती विनिर्माण उद्योगों के विकास से मापी जाती है।

• यह देश की **जीडीपी** में योगदान देती है और लोगों को रोजगार के अवसर प्रदान कराती है।

• ये परिवहन, संचार और सेवाओं जैसे दूसरे क्षेत्रों के विकास में भी मदद करता है।

369. उपभोक्ता संरक्षण अधिनियम, 2019 के अनुसार, एक ई-कॉमर्स इकाई भारतीय कम्पनी अधिनियम के अनुसार, निगमित कम्पनी है और यह अनुपालन सुनिश्चित करने के लिए एक ……… नियुक्त करेगी।
SSC GD Constable 13.02.2023 (Shift-IV)

(a) अधीनस्थ (b) सुलह अधिकारी
(c) कनिष्ठ कर्मचारी (d) नोडल अधिकारी

उत्तर (d)

• उपभोक्ता संरक्षण अधिनियम, 2019 के अनुसार एक ई-कॉमर्स इकाई भारतीय कम्पनी अधिनियम के अनुसार, निगमित कम्पनी है और यह अनुपालन सुनिश्चित करने के लिए एक नोडल अधिकारी नियुक्त करेगी।

• उपभोक्ता संरक्षण अधिनियम, 2019 में CCPA की स्थापना का प्रावधान है, जो **उपभोक्ताओं के अधिकारों** की रक्षा करने के साथ उनको बढ़ावा देगा और लागू करेगा।

विविध योजनाएँ

सामाजिक कल्याण/उत्थान से सम्बन्धित योजनाएँ

योजना	उद्देश्य
यूनिफाइड पेंशन स्कीम (UPS) (1 अप्रैल, 2024)	राष्ट्रीय पेंशन योजना (NPS) की कमियों को दूर करना व सरकारी कर्मचारियों को स्थिर पेंशन प्रदान करना।
बीमा सखी योजना (दिसम्बर, 2024)	18-70 वर्ष की महिलाओं को बीमा एजेण्ट बनाकर तीन वर्ष प्रशिक्षण तथा पहले, दूसरे एवं तीसरे वर्ष क्रमशः ₹ 7000, ₹ 6000, ₹ 5000 प्रतिमाह मानदेय मिलेगा।
प्रधानमन्त्री जनजातीय उन्नत ग्राम अभियान (PM-JUGA) (अक्टूबर, 2024)	आदिवासी समुदायों की आर्थिक, सामाजिक शैक्षिक व बुनियादी ढाँचे की स्थिति में सुधार हेतु।
एन पी एस वात्सल्य (सितम्बर, 2024)	अभिभावकों द्वारा बच्चों के अच्छे भविष्य के लिए दीर्घकालिक निवेश व पेंशन योजना।
प्रधानमन्त्री सूर्योदय योजना (फरवरी, 2024)	1 करोड़ घरों की छतों पर सोलर पैनल लगाए जाएँगें, जिससे प्रतिमाह 300 यूनिट तक बिजली निःशुल्क प्राप्त होगी। ₹ 78000 तक की सब्सिडी का भी प्रावधान है।
महिला सम्मान बचत-पत्र योजना (अप्रैल, 2023)	महिलाओं को आर्थिक रूप से सशक्त बनाना (₹2 लाख तक की राशि जमा कराने पर 7.5% का ब्याज)।
प्रधानमन्त्री जनजातीय आदिवासी न्याय महाअभियान (पीएम जनमन) (नवम्बर, 2023)	विशेष रूप से कमजोर जनजातीय समूहों की सामाजिक-आर्थिक स्थिति में सुधार करना।
पीएम विश्वकर्मा (सितम्बर, 2023)	पारम्परिक शिल्पकारों व कारीगरों के 30 लाख परिवारों को बिना गारण्टी न्यूनतम ब्याज दर पर ऋण उपलब्ध कराना।
पीएम पोषण शक्ति निर्माण (पहले मिड-डे मील) (2021)	शिक्षा मन्त्रालय द्वारा कक्षा 8 तक के बच्चों को दोपहर का पक्का भोजन उपलब्ध कराना।
पीएम गतिशक्ति (अक्टूबर, 2021)	लॉजिस्टिक लागत को कम करना तथा अर्थव्यवस्था को बढ़ावा देने के लिए बुनियादी ढाँचे का विकास करना।
पीएम गरीब कल्याण अन्न योजना (2020)	देश के लगभग 80 करोड़ लोगों को मुफ्त खाद्यान्न उपलब्ध कराना।
आत्मनिर्भर भारत अभियान (मई, 2020)	मध्यम उद्यमों को बढ़ावा देकर देश में विकास की गति को आगे बढ़ाना।
एक देश, एक राशनकार्ड (अगस्त, 2019)	राशनकार्डधारी देश के किसी भी हिस्से में सरकारी दुकान से राशन खरीद सकता है।
प्रधानमन्त्री ग्रामीण डिजिटल साक्षरता अभियान (फरवरी, 2017)	ग्रामीण क्षेत्रों के लोगों को कम्प्यूटर व डिजिटल उपकरणों के बारे में प्रशिक्षण देकर, डिजिटली साक्षर बनाना।
उड़ान योजना (अप्रैल, 2017)	आम नागरिकों तक हवाई यात्रा को सुलभ बनाना (500 किमी तक ₹ 2500 निर्धारित)।
सौभाग्य योजना (सितम्बर, 2017)	हर घर बिजली पहुँचाने के उद्देश्य से शुरु की गई योजना है।
स्टार्टअप इण्डिया अभियान (जनवरी, 2016)	नए उद्यमों को वित्तीय सहायता उपलब्ध कराकर रोजगार सृजन को प्रोत्साहित करना।
सुकन्या समृद्धि योजना (जनवरी, 2015)	10 वर्ष तक की आयु तक कन्याओं के खाते में ₹1000 प्रतिमाह जमा करना, 18 वर्ष तक होने पर 50% निकासी की जा सकती है
प्रधानमन्त्री कौशल विकास (जुलाई, 2015)	युवाओं को उद्योग से जुड़े कौशल प्रशिक्षण देकर उन्हें बेहतर रोजगार दिलाना।
दीनदयाल ग्राम ज्योति योजना (जुलाई, 2015)	देश के सभी गाँवों का विद्युतीकरण करना।
स्मार्ट सिटी मिशन (जून, 2015)	मूल बुनियादी सुविधाओं सहित गुणवत्तापूर्ण जीवन प्रदान करना तथा स्वच्छ पर्यावरण को ध्यान में रखते हुए स्मार्ट शहरों का निर्माण करना। 100 शहरों का चयन कर उनका विकास करना (सिंगापुर के सहयोग से)।
हृदय (हेरिटेज सिटी डेवलपमेण्ट एण्ड एगुमेंटेशन योजना) (जनवरी, 2015)	राष्ट्रीय विरासत एवं स्मारकों का रख-रखाव तथा सम्पूर्ण पारिस्थितिकी तन्त्र को उन्नत बनाना
डिजिटल इण्डिया (जुलाई, 2015)	ग्रामीण इलाकों को इण्टरनेट से जोड़ना तथा जनता की सरकारी विभागों तक पहुँच बढ़ाना
प्रधानमन्त्री सुरक्षा बीमा (मई, 2015)	18-70 वर्ष के लोगों को ₹20 वार्षिक प्रीमियम पर मृत्यु अथवा पूर्ण विकलांगता पर ₹ 2 लाख तथा आंशिक विकलांगता पर ₹ 1 लाख के बीमे का प्रावधान
अटल पेंशन योजना (वित्त मन्त्रालय द्वारा) (मई, 2015)	18-40 वर्ग समूह के व्यक्तियों को बैंक जमा के आधार पर 60 वर्ष उपरान्त ₹ 1000 से 5000 तक पेंशन प्रदान करना
प्रधानमन्त्री 'मुद्रा' योजना (अप्रैल, 2015)	सूक्ष्म उद्यमों के विकास के लिए वित्तीय सहायता प्रदान करना शिशु ऋण- ₹ 50 हजार तक, किशोर ऋण- ₹ 5 लाख तक, तरुण ऋण- ₹ 10 लाख तक
बेटी बचाओ बेटी पढ़ाओ (जनवरी, 2015)	बेटियों की भ्रूण हत्या से सुरक्षा व शिक्षा के लिए जागरुकता
पीएम जन धन (अगस्त, 2014)	देशभर के सभी परिवारों को बैंकिंग सुविधाएँ उपलब्ध कराना
मेक इन इण्डिया (सितम्बर, 2014)	देश में मैन्यूफैक्चरिंग को बढ़ावा तथा विनिर्माण का बड़ा केन्द्र बनाना
स्वच्छ भारत अभियान (अक्टूबर, 2014)	देश के प्रत्येक परिवार को सम्पूर्ण स्वच्छता से कवर करना
नमामि गंगे (जल संसाधन मन्त्रालय द्वारा) (जुलाई, 2014)	गंगा नदी के शुद्धीकरण एवं संरक्षण हेतु

कृषि सम्बन्धित योजनाएँ

नमो ड्रोन दीदी (नवम्बर, 2023)	महिलाओं को ड्रोन प्रशिक्षण देकर कृषि कार्यों के लिए प्रशिक्षित करना
पीएम प्रणाम पहल (PRANAM) 2023	जैव एवं जैविक उर्वरकों के साथ उर्वरकों के उपयोग को प्रोत्साहित करना।
प्रधानमन्त्री मत्स्य सम्पदा योजना (2020)	मत्स्य पालन को बढ़ावा देना (वर्ष 2024-25 तक 22 मिलियन मीट्रिक टन मत्स्य उत्पादन लक्ष्य)
पीएम किसान सम्मान निधि (2019)	2 हेक्टेयर तक की कृषि वाले किसानों को ₹ 6000 वार्षिक वित्तीय सहायता
प्रधानमन्त्री फसल बीमा योजना (2016)	इसमें फसलों का प्रीमियम खरीफ - 2%, रबी - 1.5%, वाणिज्यिक - 5%

शिक्षा एवं स्वास्थ्य योजनाएँ

वन नेशन वन सब्सक्रिप्शन योजना (ONOS)	जनवरी, 2025	छात्रों और रिसर्चर्स के लिए उच्च गुणवत्ता वाली शिक्षा तक पहुँच
प्रधानमन्त्री इण्टर्नशिप योजना	अक्टूबर, 2024	21-24 वर्ष के योग्य उम्मीदवारों के लिए 12 महीने की मासिक इण्टर्नशिप योजना का प्रारम्भ।
आयुष्मान भारत पीएम जन आरोग्य योजना (AB PM-JAY)	सितम्बर, 2018	प्रतिवर्ष प्रति परिवार (लगभग 12 करोड़) ₹5 लाख का स्वास्थ्य कवर प्रदान करना।
प्रधानमन्त्री विद्या लक्ष्मी योजना	नवम्बर, 2024	छात्रों को व्यावसायिक व तकनीकी शिक्षा प्रदान करने के लिए समग्र सहायता उपलब्ध कराना (ऋण सुविधा उपलब्ध कराना)
पीएम आयुष्मान भारत हेल्थ इन्फ्रास्ट्रक्चर मिशन	सितम्बर, 2021	स्वास्थ्य प्रणालियों की क्षमता विकसित करना तथा अनुसन्धान, परीक्षण व उपचार के लिए आधुनिक तन्त्र विकसित करना
प्रधानमन्त्री मातृत्व वन्दना	जनवरी, 2017	महिलाओं को सुरक्षित प्रसव व प्रसव पश्चात् मातृत्व लाभ प्रदान करना
राष्ट्रीय स्वास्थ्य बीमा	अप्रैल, 2008	गरीबी रेखा से नीचे (बीपीएल) परिवारों को स्वास्थ्य बीमा उपलब्ध कराना

गरीबी एवं रोजगार योजनाएँ

स्वनिधि से समृद्धि (2021)	सड़क विक्रेताओं के चहुँमुखी विकास व सामाजिक-आर्थिक उत्थान के लिए सहायता प्रदान करना
उन्नति योजना (2024)	पूर्वोत्तर राज्य में उद्योगों को विकसित करना तथा रोजगार के अवसर उपलब्ध कराना
पीएम श्रमयोगी मानधन (2019)	₹ 15000 से कम आय वाले असंगठित क्षेत्र के श्रमिकों के लिए 60 वर्ष के बाद ₹ 3000 पेंशन का प्रावधान
पीएम गरीब कल्याण रोजगार अभियान (2020)	प्रवासी मजदूरों की सहायता तथा उन्हें रोजगार के अवसर प्रदान करना
प्रधानमन्त्री उज्ज्वला योजना (2016)	बीपीएल परिवारों को मुफ्त एलपीजी कनेक्शन प्रदान करना
मनरेगा (फरवरी, 2006 में राष्ट्रीय रोजगार गारण्टी)	ग्रामीण क्षेत्रों में आजीविका सुरक्षा बढ़ाने के उद्देश्य से वर्ष में 100 दिनों का गारण्टीकृत रोजगार

SSC CGL 2024 (Tier 1 & 2)

370. राष्ट्रीय युवा नीति, 2014 युवाओं को ········ से ········ वर्ष की आयु के बीच की जनसंख्या के रूप में परिभाषित करती है।
SSC CGL Tier-1 26.09.2024 (Shift-III)
(a) 15 : 25 (b) 20 : 29
(c) 15 : 29 (d) 10 : 19

उत्तर (c)

- **राष्ट्रीय युवा नीति**, 2014 में 'युवा' की परिभाषा में 15 से 29 वर्ष आयु समूह के युवा शामिल हैं।
- इसका लक्ष्य युवाओं को पूर्ण क्षमता हासिल करने के लिए उन्हें **सशक्त बनाने** और उनके द्वारा देश को राष्ट्रों के बीच समर्थ बनाना है।
- इस लक्ष्य को हासिल करने के लिए नीति में भली-भाँति परिभाषित उद्देश्यों और प्राथमिकता वाले निम्न क्षेत्रों की पहचान की गई है।

1. शिक्षा
2. रोजगार और कौशल विकास
3. उद्यमिता
4. स्वास्थ्य और स्वस्थ जीवनशैली
5. खेल
6. सामाजिक मूल्यों को बढ़ावा देना
7. सामुदायिक सहभागिता
8. राजनीति और शासन में भागीदारी
9. युवा सहभागिता
10. समावेशन
11. सामाजिक न्याय

371. निम्नलिखित में से कौन-सा संगठन वेब संस्करण ई-गोपाला (e-GOPALA) एप्लीकेशन के विकास से जुड़ा है?
SSC CGL Tier-1 26.09.2024 (Shift-III)
(a) राष्ट्रीय कृषि विस्तार प्रबन्धन संस्थान
(b) राष्ट्रीय डेयरी विकास बोर्ड (NDDB)
(c) राष्ट्रीय डेयरी अनुसन्धान संस्थान (NDRI)
(d) भारतीय कृषि अनुसन्धान परिषद्

उत्तर (b)

- **राष्ट्रीय डेयरी विकास बोर्ड (NDDB)** द्वारा डेयरी किसानों की सहायता के लिए ई-गोपाला एप्लीकेशन का **वेब संस्करण 29 अगस्त, 2021** को लॉन्च किया।
- यह किसानों को सभी रूपों में रोग मुक्त जर्मप्लाज्म की खरीद और बिक्री सहित अपने पशुधन का प्रबन्धन करने में मदद करेगा।
- किसानों को पशु पोषण, उचित आयुर्वेदिक एथनोवेटनरी दवा का उपयोग करके पशुओं के उपचार के लिए मार्गदर्शन करना इसका कार्य है।
- यह पोर्टल विभिन्न परियोजनाओं और सरकारी योजनाओं की कवरेज और प्रगति की वास्तविक समय पर जाँच की सुविधा भी प्रदान करेगा।

372. कृषि क्षेत्र में सब्सिडी का आर्थिक औचित्य क्या है? **SSC CGL Tier-1 26.09.2024 (Shift-I)**
(a) यह उन्नत प्रौद्योगिकी का लाभ प्रदान करने और उत्पादन की लागत को कम करने के लिए एक प्रोत्साहन है।
(b) यह सेवा क्षेत्र में सरकारी व्यय का एक भाग है।
(c) इसका उपयोग अधिकतर अमीर किसानों को लाभ प्रदान करने के लिए किया जाता है।
(d) इसका उपयोग कृषि में पूँजीगत माल के उत्पादकों को लाभ प्रदान करने के लिए किया जाता है।

उत्तर (a)

- **कृषि क्षेत्र में सब्सिडी** का आर्थिक औचित्य, उन्नत प्रौद्योगिकी का लाभ प्रदान करने और उत्पादन की लागत को कम करने के लिए प्रोत्साहन देना है।
- कृषि क्षेत्र में सब्सिडी के द्वारा सरकार किसानों को मौद्रिक भुगतान करती है; जैसे-उर्वरक सब्सिडी, ऋण सब्सिडी, सिंचाई सब्सिडी आदि।
- कृषि क्षेत्र में सब्सिडी से वस्तुओं और सेवाओं की लागत कम होती है।

373. उजाला योजना (Ujala Yojana) किस वर्ष शुरू की गई थी? **SSC CGL Tier-1 25.09.2024 (Shift-I)**
(a) 2017 में (b) 2015 में
(c) 2016 में (d) 2014 में

उत्तर (b)

- **उजाला योजना** की शुरुआत 1 **मई, 2015** को प्रधानमन्त्री नरेन्द्र मोदी ने की।
उजाला से तात्पर्य उन्नत 'ज्योति बाय अफॉर्डेबल एलईडी फॉर ऑल' है।
इस योजना का उद्देश्य, गरीबी रेखा से नीचे रहने वाली महिलाओं को एल.पी.जी. कनेक्शन मुहैया कराकर स्वच्छ खाना पकाने की तकनीक तक पहुँच बढ़ाई जाए।
- यह योजना, भारत सरकार के सार्वजनिक क्षेत्र के उपक्रमों, केन्द्रीय विद्युत मन्त्रालय की ऊर्जा दक्षता सेवा लिमिटेड और डिस्कॉम की संयुक्त परियोजना है।

374. निम्नलिखित में से, भारत सरकार की कौन-सी योजना लक्ष्य समूह दृष्टिकोण का एक भाग है?
SSC CGL Tier-1 25.09.2024 (Shift-III)
(a) सूखा प्रवण क्षेत्र कार्यक्रम
(b) कमान क्षेत्र विकास एवं जल प्रबन्धन कार्यक्रम
(c) पहाड़ी क्षेत्र विकास कार्यक्रम
(d) सीमान्त कृषक विकास एजेंसी

उत्तर (a)

- भारत सरकार की सूखा प्रवण क्षेत्र कार्यक्रम योजना, लक्ष्य समूह दृष्टिकोण का एक भाग है।
- यह योजना कृषि योग्य भूमि के कुशल उपयोग पर ध्यान केन्द्रित करती है।
- इसका मकसद पर्यावरण संरक्षण और पारिस्थितिक सन्तुलन को बढ़ाना है।

375. प्रधानमन्त्री ग्रामीण आवास योजना में, उत्तर-पूर्वी और हिमालयी राज्यों के लिए इकाई सहायता की लागत केन्द्र और राज्य सरकारों के बीच .... के अनुपात में साझा की जाती है। **SSC CGL Tier-1 25.09.2024 (Shift-II)**
(a) 60 : 40 (b) 90 : 10
(c) 45 : 55 (d) 50 : 50

उत्तर (b)

- प्रधानमन्त्री ग्रामीण आवास योजना के तहत हिमालयी राज्यों के लिए सहायता लागत केन्द्र व राज्यों के बीच **90 : 10** के अनुपात में होगी।
- **मैदानी क्षेत्रों** में केन्द्र और राज्य सरकारों के बीच का अनुपात 60 : 40 है।
- प्रधानमन्त्री ग्रामीण आवास योजना के तहत लाभार्थी, स्थायी घर बनाने के लिए 3% से कम ब्याज दर पर ₹ 70,000 तक का लोन ले सकते हैं।
- इस योजना के तहत लाभार्थियों को शौचालय निर्माण के लिए ₹ 12,000 तक की वित्तीय सहायता प्रदान की जाती है।

376. अटल इनोवेशन मिशन (Atal Innovation Mission) वर्ष ······· में शुरू किया गया था।
SSC CGL Tier-1 25.09.2024 (Shift-I)
(a) 2014 (b) 2004
(c) 2021 (d) 2016

उत्तर (d)

- **अटल इनोवेशन मिशन** वर्ष 2016 में शुरू किया गया था।
- इसकी शुरूआत **नीति आयोग** ने की थी।
- अटल इनोवेशन मिशन भारत सरकार की एक प्रमुख पहल है, इसका उद्देश्य देश भर में नवाचार और उद्यमिता को बढ़ावा देना है।

377. भारत में सूक्ष्म, लघु और मध्यम उद्यम विकास (MSMED) अधिनियम, 2006 का प्राथमिक उद्देश्य क्या है?
SSC CGL Tier-1 25.09.2024 (Shift-I)
(a) केवल बड़े पैमाने के उद्योगों पर ध्यान केन्द्रित करना
(b) विदेशी कम्पनियों को विनियमित करना
(c) MSMEs के विकास को बढ़ावा देना और सुविधाजनक बनाना
(d) MSMEs की सुरक्षा के लिए आयात शुल्क बढ़ाना

उत्तर (c)

- भारत में सूक्ष्म, लघु और मध्यम उद्यम विकास अधिनियम, 2006 का प्राथमिक उद्देश्य **MSMEs** के विकास को बढ़ावा देना और सुविधाजनक बनाना है।
- इस अधिनियम के तहत उद्यमों को दो श्रेणियों में बाँटा गया है।
1. विनिर्माण उद्यम और
2. सेवा उद्यम
- MSMEs का अभिप्राय, सूक्ष्म, लघु एवं मध्यम उद्यम अर्थात् छोटे और मध्यम स्तर के व्यवसाय हैं।
- MSMEs का भारत के GDP में 29% से अधिक योगदान है।
- इसे भारतीय **अर्थव्यवस्था की रीढ़** कहा जाता है, क्योंकि यह भारत के सामाजिक आर्थिक विकास में महत्त्वपूर्ण योगदान देता है।

378. निम्नलिखित में से किस योजना के तहत, भारत में सदस्य ऋणदात्री संस्थाओं (MLIs) द्वारा ₹ 10 लाख तक के सम्पार्श्विक मुक्त ऋण दिए जाते हैं? SSC CGL Tier-1 24.09.2024 (Shift-II)
(a) वित्तीय समावेशन के लिए राष्ट्रीय रणनीति
(b) स्टैण्ड-अप इण्डिया योजना
(c) प्रधानमन्त्री मुद्रा योजना
(d) प्रधानमन्त्री जन-धन योजना

उत्तर (c)

• प्रधानमन्त्री मुद्रा योजना के तहत भारत में सदस्य ऋणदात्री संस्थाओं (MLIs) द्वारा ₹ 10 लाख तक के सम्पार्श्विक मुक्त ऋण दिए जाते हैं।
• इस योजना के तहत, विनिर्माण व्यापार और सेवा क्षेत्रों मं लगे उद्यमों को ऋण दिया जाता है।
• इस योजना के **तहत तीन** प्रकार के ऋण दिए जाते हैं
• शिशु ₹ 50000 तक का ऋण
• किशोर ₹ 50000 से 5 लाख का ऋण
• तरुण ₹ 5 लाख से ₹ 10 लाख का ऋण
• MUDRA ऋण का उद्देश्य सूक्ष्म इकाइयों के लिए उपकरण वित्त ऋण और व्यापारियों व दुकानदारों के लिए व्यावसायिक ऋण उपलब्ध कराना है।

379. निम्नलिखित मदों का मिलान कीजिए SSC CGL Tier-1 23.09.2024 (Shift-III)

सूची I		सूची II	
A.	कस्तूरबा गाँधी बालिका विद्यालय योजना	1.	1994
B.	मध्याह्न भोजन योजना	2.	2004
C.	राष्ट्रीय प्रत्यायन मूल्यांकन परिषद्	3.	1945
D.	अखिल भारतीय तकनीकी शिक्षा परिषद्	4.	1995

कूट

	A	B	C	D		A	B	C	D
(a)	3	4	2	1	(b)	2	4	1	3
(c)	2	3	4		(d)	4	1	2	3

उत्तर (b)

• सही मिलान A-2, B-4, C-1, D-3 है।
• **कस्तूरबा गाँधी बालिका विद्यालय योजना** वर्ष 2004 में शुरू की, जिसका उद्देश्य लड़कियों को आठवीं कक्षा तक शिक्षा आवासीय विद्यालयों के माध्यम से देना है व सर्वशिक्षा अभियान को बल प्रदान करना है।
• **मध्याह्न भोजन योजना** वर्ष 1995 में शुरू की गई थी, इसका उद्देश्य बच्चों के पोषण स्तर में सुधार करना और स्कूलों में बच्चों का प्रवेश और ठहराव सुनिश्चित करना है।
• **राष्ट्रीय प्रत्यायन मूल्यांकन परिषद्** एक स्वायत्त निकाय है, जो वर्ष 1994 में स्थापित की गई थी। इसका उद्देश्य उच्च शिक्षा की गुणवत्ता का मूल्यांकन करने पर विशेष बल दिया था।
• **अखिल भारतीय तकनीकी शिक्षा परिषद्** की स्थापना वर्ष 1945 में एक परामर्शी निकाय के रूप में की गई थी, जिसे वर्ष 1987 में सांविधिक दर्जा दिया गया था।

380. असंगठित श्रमिकों के लिए वृद्धावस्था सुरक्षा सुनिश्चित करने वाली पेन्शन योजना का नाम बताइए। SSC CGL Tier-1 23.09.2024 (Shift-II)
(a) प्रधानमन्त्री सुरक्षा बीमा योजना
(b) प्रधानमन्त्री मुद्रा योजना
(c) अटल पेन्शन योजना
(d) प्रधानमन्त्री श्रम योगी मानधन

उत्तर (d)

• असंगठित श्रमिकों के लिए वृद्धावस्था सुरक्षा सुनिश्चित करने वाली पेन्शन योजना का नाम प्रधानमन्त्री श्रम योगी मानधन हैं।
• प्रधानमन्त्री श्रम योगी मानधन है इसके तहत, 60 वर्ष की आयु के बाद हर महीने ₹ 3000 की पेन्शन दी जाएगी।
• इस योजना के तहत, यदि किसी ग्राहक की मौत हो जाती है, तो उसके जीवनसाथी को पेन्शन का 50% पारिवारिक पेन्शन के तौर पर मिलेगा।

381. पीएम दक्ष योजना का शुभारम्भ निम्नलिखित में से किस मन्त्रालय ने किया? SSC CGL Tier-1 23.09.2024 (Shift-II)
(a) सामाजिक न्याय एवं अधिकारिता मन्त्रालय
(b) खाद्य प्रसंस्करण उद्योग मन्त्रालय
(c) इलेक्ट्रॉनिक्स और सूचना प्रौद्योगिकी मन्त्रालय
(d) शिक्षा मन्त्रालय

उत्तर (a)

• पी एम दक्ष योजना की शुरुआत **वर्ष 2020-21** में सामाजिक न्याय और अधिकारिता मन्त्रालय द्वारा की गई थी।
• इस योजना के तहत कमजोर वर्गों के उत्थान के लिए कौशल विकास कार्यक्रमों को प्रस्तुत करना है।
• ओबीसी और ईडब्ल्यूएस उम्मीदवार, जिनके परिवार की वार्षिक आय ₹ 3 लाख से कम है, वे व्यक्ति इस योजना के लिए पात्र हैं।

382. राष्ट्रीय युवा नीति कब शुरू की गई थी? SSC CGL Tier-1 23.09.2024 (Shift-II)
(a) वर्ष 2012
(b) वर्ष 2013
(c) वर्ष 2014
(d) वर्ष 2015

उत्तर (c)

• राष्ट्रीय युवा नीति की वर्ष 2014 में शुरुआत की गई।
• इस नीति का लक्ष्य युवाओं की पूर्ण क्षमता हासिल करने के लिए उन्हें **सशक्त** बनाने और उनके द्वारा देश को समर्थ बनाना था।

383. किस राज्य के मुख्यमन्त्री ने वर्ष 2022 में 'कौशल्या मातृत्व योजना' शुरू की है, जो सुरक्षित मातृत्व के लिए दूसरी लड़की को जन्म देने वाली महिलाओं को ₹ 5,000 की वित्तीय सहायता प्रदान करती है? SSC CGL Tier-1 19.09.2024 (Shift-II)
(a) गुजरात (b) छत्तीसगढ़
(c) उत्तर प्रदेश (d) राजस्थान

उत्तर (b)

• **छत्तीसगढ़** राज्य के मुख्यमन्त्री ने 2022 में **'कौशल्या मातृत्व योजना'** शुरू की है, जो सुरक्षित मातृत्व के लिए दूसरी लड़की को जन्म देने वाली महिलाओं को ₹ 5000 की वित्तीय सहायता प्रदान करती है।
• इस योजना से बच्चियों के पालन और शिक्षा में सहायता मिलेगी।
• इन योजनाओं के माध्यम से विभिन्न जागरुकता कार्यक्रमों और आर्थिक सहायता से लेकर लिंगानुपात में सुधार करने का प्रयास किया जा रहा है।

384. निम्नलिखित कथनों पर विचार कीजिए और गलत कथन/कथनों की पहचान कीजिए। SSC CGL Tier-1 18.09.2024 (Shift-III)
1. 'सक्षम आँगनवाड़ी और पोषण 2.0' योजना को राष्ट्रीय खाद्य सुरक्षा अधिनियम, 2003 के तहत लागू किया गया है।
2. यह महिला एवं बाल विकास मन्त्रालय के तहत केन्द्र सरकार द्वारा प्रायोजित एक जारी योजना है।
3. यह केवल 6 वर्ष से कम आयु के बच्चों के लिए है।
4. इस योजना के तहत राष्ट्रीय स्वास्थ्य मिशन (National Health Mission) और जन स्वास्थ्य अवसंरचना (Public Health Infrastructure) के माध्यम से छः सेवाएँ प्रदान की जाती हैं।

(a) 1, 2 और 3 (b) 2 और 3
(c) 1, 3 और 4 (d) केवल 4

उत्तर (c)

• प्रश्न में दिए गए कथन 1, 3 एवं 4 गलत कथन हैं।
• सरकार ने 10 सितम्बर, 2013 को **राष्ट्रीय खाद्य सुरक्षा अधिनियम, 2013** को अधिनियमित किया।
• इसका उद्देश्य मानव जीवन चक्र में खाद्य और **पोषण सुरक्षा प्रदान** करना है।
• अधिनियम में लक्षित सार्वजनिक वितरण प्रणाली के अन्तर्गत सब्सिडीयुक्त खाद्यान्न प्राप्त करने के लिए ग्रामीण आबादी के 75% और शहरी आबादी के 50% तक को कवरेज प्रदान किया है।

385. निम्नलिखित में से किस संस्था ने ग्रामीण क्षेत्रों में मुख्यत: गरीब महिलाओं की आर्थिक स्थिति को सुधारने में योगदान दिया है? SSC CGL Tier-1 18.09.2024 (Shift-I)
(a) ग्रामीण स्वास्थ्य योजना
(b) एकीकृत विकास परियोजना
(c) स्वयं सहायता समूह
(d) इन्दिरा आवास योजना

उत्तर (c)

• स्वयं सहायता समूह ने ग्रामीण क्षेत्रों में मुख्यत: गरीब महिलाओं की स्थिति सुधारने में योगदान दिया।
• स्वयं सहायता समूह कुछ लोगों का एक अनौपचारिक संघ होता है जो अपने रहन-सहन की परिस्थितियों में सुधार करने के लिए स्वेच्छा से एकसाथ आते हैं।

• स्वयं सहायता समूह (SHG) एक वित्तीय मध्यस्थ समिति है।
• SHG का उद्देश्य गरीबों और जरूरतमन्दों को आर्थिक रूप से सशक्त बनाना और उन्हें वित्तीय सेवाएँ प्रदान करना है।
• SHG समूहों में 12-25 महिलाएँ होती हैं, जिनकी आयु 18-50 वर्ष के बीच होती है।
• भारत में कई स्वयं सहायता समूह बैंकों से जुड़े हुए हैं और सूक्ष्म ऋण लेते हैं।

386. प्रधानमन्त्री फसल बीमा योजना के अन्तर्गत, सभी खरीफ खाद्य और तिलहन फसलों के लिए किसानों द्वारा देय अधिकतम प्रीमियम .... होगा। **SSC CGL Tier 1 17.09.2024 (Shift-III)**

(a) 2% (b) 4%
(c) 6% (d) 8%

उत्तर (a)

• प्रधानमन्त्री फसल बीमा योजना के अन्तर्गत सभी खरीफ खाद्य और तिलहन फसलों के लिए किसानों द्वारा देय अधिकतम प्रीमियम 2% होगा।
• प्रधानमन्त्री फसल बीमा योजना केतहत, रबी की सभी खाद्यान्न और तिलहन फसलों के लिए किसानों का अधिकतम 1.5% प्रीमियम देना होता है।
• प्रधानमन्त्री फसल बीमा योजना किसानों को **प्राकृतिक आपदाओं**, कीटों और बीमारियों से होने वाली फसल हानि के लिए वित्तीय सहायता देती है।
• इस योजना के तहत, फसल कटाई के बाद होने वाले नुकसान के लिए भी कवरेज होता है।

387. 29 अक्टूबर, 2020 को विज्ञान एवं प्रौद्योगिकी मन्त्रालय ने SERB-POWER योजना का शुभारम्भ किया। उस योजना का लक्ष्य क्या है? **SSC CGL Tier-1 17.09.2024 (Shift-III)**

(a) विभिन्न अकादमिक कार्यक्रमों और प्रयोगशालाओं में विज्ञान और प्रौद्योगिकी अनुसन्धानार्थ वित्तपोषण में लैंगिक असमानता को न्यूनतम करना
(b) फ्रांस के साथ भारतीय सौर कार्यक्रम को सुदृढ़ करना
(c) विज्ञान एवं प्रौद्योगिकी मन्त्रालय में महिलाओं के लिए आरक्षण की अनुमति देना
(d) संसद और न्यायपालिका में महिला आरक्षण की अनुमति देना

उत्तर (a)

• वर्ष 2020 में **विज्ञान एवं प्रौद्योगिक मन्त्रालय** ने SERB-Power कार्यक्रम शुरू किया, जिसका उद्देश्य भारतीय शैक्षणिक संस्थानों और विज्ञान और प्रौद्योगिकी प्रयोगशाला में विभिन्न अकादमिक कार्यक्रमों में विज्ञान और इन्जीनियरिंग अनुसन्धान के वित्तपोषण में लैंगिक असमानता को कम करना है।

388. प्रधानमन्त्री किसान सम्मान निधि योजना में लाभार्थियों को प्रत्येक वर्ष कितनी राशि प्रदान की जाती है? **SSC CGL Tier-1 17.09.2024 (Shift-I)**

(a) ₹ 4,000 (b) ₹ 6,000
(c) ₹ 5,000 (d) ₹ 3,000

उत्तर (b)

• प्रधानमन्त्री किसान सम्मान निधि योजना में लाभार्थियों को प्रत्येक वर्ष 6000 की राशि 3 किश्तों में स्थानान्तरित की जाती है।
• इस योजना का प्रारम्भ 1 फरवरी, 2019 को किया गया।
• यह योजना छोटे और सीमान्त किसानों को वित्तीय सहायता देने हेतु शुरू की गई है।
• इस योजना के क्रियान्वयन हेतु **कृषि मन्त्रालय नोडल एजेन्सी** है।

389. 26 अगस्त, 2021 को असंगठित क्षेत्र के कामगारों और मजदूरों के कल्याण के लिए निम्नलिखित में से कौन-सी योजना शुरू की गई थी? **SSC CGL Tier-1 13.09.2024 (Shift-III)**

(a) पीएम मेण्टरिंग युवा स्कीम
(b) ई-श्रम पोर्टल
(c) पीएम दक्ष योजना
(d) ग्राम उजाला योजना

उत्तर (b)

• श्रम एवं रोजगार मन्त्रालय ने असंगठित क्षेत्र के श्रमिकों का राष्ट्रीय डेटाबेस तैयार करने के उद्देश्य से 26 अगस्त, 2021 को **ई-श्रम पोर्टल** का शुभारम्भ किया।
• राष्ट्रीय डेटाबेस को ई-श्रम पोर्टल पर प्रवासी कामगारों सहित **असंगठित क्षेत्र** के श्रमिकों के पंजीकरण के लिए राज्यों/केन्द्रशासित प्रदेशों को उपलब्ध कराया गया है।

390. जुलाई, 2020 में किस राज्य ने अल्पतर आय अर्जित करने वाले परिवारों से सम्बन्धित बेटियों के विवाह हेतु आर्थिक सहायता प्रदान करने के लिए 'आशीर्वाद योजना' की शुरुआत की? **SSC CGL Tier-1 12.09.2024 (Shift-II)**

(a) उत्तर प्रदेश (b) पंजाब
(c) बिहार (d) राजस्थान

उत्तर (b)

• जुलाई, 2020 में **पंजाब** राज्य में अल्पतर आय अर्जित करने वाले परिवारों से सम्बन्धित बेटियों के विवाह हेतु आर्थिक सहायता प्रदान करने के लिए **'आशीर्वाद योजना'** की शुरुआत की।
• आशीर्वाद योजना को पूर्व में पंजाब शगुन योजना के नाम से जाना जाता था।
• इस योजना के तहत वर्तमान में ₹ 51000 की आर्थिक सहायता दी जाती है।
• इस योजना का लाभ **अधिकतम दो बेटियों** वाले परिवारों को मिलता है।
• राज्य वार्षिक बजट 2024 के अनुसार, इस योजना हेतु ₹ 14 करोड़ आवण्टित किए गए।

391. डिजिटल इण्डिया मिशन (Digital India mission) किस वर्ष शुरू किया गया? **SSC CGL Tier-1 12.09.2024 (Shift-II)**

(a) 2017 में (b) 2016 में
(c) 2014 में (d) 2015 में

उत्तर (d)

• डिजिटल इण्डिया मिशन की शुरुआत 1 जुलाई, 2015 को प्रधानमन्त्री नरेन्द्र मोदी ने की थी।
• इसका उद्देश्य मिशन के तहत इलेक्ट्रॉनिक सेवाओं, उत्पादों, उपकरणों, विनिर्माण और रोजगार के अवसर को बढ़ावा देना है।
• इस मिशन के तहत Data Xgen Technologies pvt Ltd ने विश्व का पहला फ्री लिंग्विस्टिक ई-मेल अकाउण्ट लॉन्च किया था, जिसे **'DATAMAIL'** नाम दिया।
• इलेक्ट्रॉनिक और सूचना प्रौद्योगिकी मन्त्रालय इसका **नोडल मन्त्रालय** है।

392. वित्तीय सेवाओं अर्थात् मूल बचत और जमा खातों, विप्रेषण, ऋण, बीमा, पेन्शन तक किफायती तरीके से पहुँच सुनिश्चित करने के लिए वित्तीय समावेशन के लिए राष्ट्रीय मिशन कौन-सा है? **SSC CGL Tier-1 12.09.2024 (Shift-I)**

(a) स्वर्ण जयन्ती ग्राम स्वरोजगार योजना
(b) दीनदयाल अन्त्योदय योजना
(c) दीनदयाल उपाध्याय ग्रामीण कौशल्य योजना
(d) प्रधानमन्त्री जन-धन योजना

उत्तर (d)

• वित्तीय सेवाओं अर्थात् मूल बचत और जमा खातों, विप्रेषण, ऋण, बीमा, पेन्शन तक किफायती तरीके से पहुँच सुनिश्चित करने के लिए वित्तीय समावेशन हेतु राष्ट्रीय मिशन के रूप में **प्रधानमन्त्री जन-धन योजना** संचालित की जा रही है।
• **वर्ष 2014** में पूरे देश में इस योजना को लागू किया गया।
• यह विश्व की सबसे बड़ी वित्तीय समावेशन पहल है। इसकी घोषणा प्रधानमन्त्री नरेन्द्र मोदी के द्वारा 15 अगस्त, 2014 को की गई थी।

393. अगस्त, 2022 में सामाजिक न्याय और अधिकारिता मन्त्रालय ने 75 नगरपालिकाओं में भीख माँगने वाले लोगों को व्यापक पुनर्वास सेवाएँ प्रदान करने के उद्देश्य से योजना शुरू की। **SSC CGL Tier-1 12.09.2024 (Shift-I)**

(a) राइज-75 (b) स्माइल-75
(c) बीम-75 (d) ट्विकल-75

उत्तर (b)

• अगस्त, 2022 में सामाजिक न्याय और अधिकारिता मन्त्रालय ने 75 नगरपालिकाओं में भीख माँगने वाले लोगों को व्यापक पुनर्वास सेवाएँ प्रदान करने के उद्देश्य से **स्माइल-75** योजना शुरू की।
• इस योजना के अन्तर्गत पुनर्वास के अतिरिक्त चिकित्सा सुविधा शिक्षा, कौशल विकास इत्यादि पर मुख्य बल प्रदान किया जा रहा है।
• आगामी वित्तीय वर्ष 2025-26 तक के लिए इस योजना हेतु कुल ₹ 100 करोड़ का बजट आवण्टित किया गया है।

394. निम्नलिखित में से कौन-सी योजना उच्च शिक्षा संस्थानों में विद्यार्थियों की गतिशीलता को सक्षम बनाती है? **SSC CGL Tier-1 11.09.2024 (Shift-I)**

(a) पीएम उम्मीद स्कीम
(b) नेशनल एजुकेशनल टेक्नोलॉजी फोरम
(c) स्ट्रक्चर्ड ऐसेसमेण्ट फॉर एनालाइजिंग लर्निंग लेवल्स (SAFAL)
(d) एकेडमिक बैंक ऑफ क्रेडिट्स

उत्तर (d)

• एकेडमिक बैंक ऑफ क्रेडिट्स योजना उच्च शिक्षा संस्थानों में विद्यार्थियों की गतिशीलता को सक्षम बनाती है।

• ए. बी. सी. एक वर्चुअल/डिजिटल स्टोर हाउस है, जिसमें एक छात्र अपने शैक्षणिक करियर के दौरान क्रेडिट डेटा होता है।

• यदि कोई स्टूडेण्ट बीच में ही पढ़ाई छोड़ देता है, तो उसे टाइम पीरियड के हिसाब से सर्टिफिकेट, डिप्लोमा या डिग्री दी जाएगी।

395. निम्नलिखित कथनों पर विचार कीजिए

SSC CGL Tier-1 11.09.2024 (Shift-II)

1. उड़ान (UDAN) योजना ने वर्ष 2017 में लागू होने के पाँच वर्ष पूरे कर लिए हैं।
2. यह विज्ञान और प्रौद्योगिकी मन्त्रालय की प्रमुख योजना है।
3. भारतीय विमानपत्तन प्राधिकरण इस योजना की कार्यान्वियन एजेन्सी है।

उपरोक्त में से कौन-सा/से कथन सही है/हैं?

(a) 2 और 3 (b) केवल 2
(c) 1 और 3 (d) केवल 3

उत्तर (d)

• उड़ान योजना ने वर्ष **2022** में अपने पाँच वर्ष पूर्ण कर लिए हैं।

• भारतीय विमानपत्तन, प्राधिकरण इस योजना की कार्यान्वयन एजेन्सी है।

• इस योजना को नागरिक उड्डयन मन्त्रालय के द्वारा 27 अप्रैल, 2017 में प्रारम्भ किया गया था।

• उड़ान (UDAN) का तात्पर्य है **'उड़े देश का आम नागरिक**।

• यह टियर-II एवं टियर-III शहरों को अर्थात् देश के ग्रामीण क्षेत्रों को हवाई जहाज की सेवा से जोड़ती है।

• इसके अन्तर्गत 200 से 800 किमी लम्बी दूरी के मार्ग को संलग्न किया जाता है।

396. अगस्त, 2021 में शुरू की गई पी.एम. उज्ज्वला 2.0 योजना का उद्देश्य क्या है?

SSC CGL Tier-1 10.09.2024 (Shift-I)

(a) लाभार्थियों को 10 मिलियन एल. पी. जी. (LPG) कनेक्शन प्रदान किए जाएँगे
(b) बी.पी.एल. (BPL) परिवारों के लिए मुफ्त गैस चूल्हा
(c) व्यावसायिक उपयोग के लिए मुफ्त एल.पी.जी. (LPG) कनेक्शन
(d) लाभार्थियों को 20 मिलियन एल.पी.जी. (LPG) कनेक्शन प्रदान किए जाएँगे

उत्तर (a)

• पी.एम उज्ज्वला योजना 2.0 का उद्देश्य लाभार्थियों को 10 मिलियन एल.पी.जी. (LPG) कनेक्शन प्रदान किए जाएँगे।

• उज्ज्वल 2.0 योजना की शुरुआत वर्ष 2021 में हुई है, जिसके अन्तर्गत गरीब परिवार से सम्बन्धित एक ऐसी व्यस्क महिला, जिसके घर में एल.पी.जी. कनेक्शन नहीं हो, वह इस योजना की पात्र है।

• इस योजना के तहत कम आय वाले परिवारों को जमा मुक्त एल.पी.जी कनेक्शन प्रदान करना है, जो PMUY के पहले चरण के तहत कवर नहीं हो सके थे।

• उज्ज्वल 1.0 योजना की शुरुआत वर्ष 2016 में हुई थी।

397. हिमाचल प्रदेश द्वारा शुरू की गई 'मुख्यमन्त्री सुख आश्रय योजना' से किस समूह के लोग लाभान्वित होंगे?

SSC CGL Tier-1 10.09.2024 (Shift-I)

(a) अनाथ, दिव्यांग बच्चे, निराश्रित महिलाएँ और वरिष्ठ नागरिक
(b) कृषक और खेतिहर श्रमिक
(c) विद्यार्थी और शिक्षक
(d) बेरोजगार युवा

उत्तर (a)

• हिमाचल प्रदेश ने 16 फरवरी, 2023 को मुख्यमन्त्री **सुख आश्रय योजना शुरू** की, इसके तहत राज्य के 2700 नए चिह्नित अनाथ बच्चों को 27 वर्ष पूरे होने तक ₹ 4000 प्रतिमाह प्रदान किए जाएगें जिसमें अनाथ, दिव्यांग बच्चे, निराश्रित महिलाएँ और वरिष्ठ नागरिक शामिल है।

• 'मुख्यमन्त्री सुख आश्रय योजना' का बजट ₹ 101 करोड़ है।

• इस योजना के तहत **व्यावसायिक प्रशिक्षण** के लिए 17 बच्चों को 7.02 लाख दिए गए।

398. किस राज्य ने प्राथमिक विद्यालयों में मध्याह्न भोजन योजना के कार्यान्वियन की शुरुआत की?

SSC CGL Tier-1 10.09.2024 (Shift-II)

(a) मध्य प्रदेश (b) तमिलनाडु
(c) कर्नाटक (d) उत्तर प्रदेश

उत्तर (b)

• **तमिलनाडु** भारत का पहला राज्य था, जिसने प्राथमिक विद्यालयों में मध्याह्न भोजन की शुरुआत की थी।

• इस योजना को लागू करने वाला पहला स्कूल **सौराष्ट्र बॉयज हॉयर सेकेण्डरी स्कूल,** मदुरै था।

• इस योजना का उद्देश्य सरकारी प्राथमिक स्कूलों के बच्चों को पका हुआ दोपहर का भोजन उपलब्ध करना है।

• यह योजना दो महत्त्वपूर्ण सतत् विकास लक्ष्यों (एस डी जी) से जुड़ी है

(i) एस डी जी-2 भूखमरी को खत्म करना
(ii) एस डी जी-4-गुणवत्तापूर्ण शिक्षा

SSC CGL 2023 (Tier 1 & 2)

399. प्रधानमन्त्री ग्रामीण आवास योजना में, मैदानी क्षेत्रों के लिए इकाई सहायता की लागत केन्द्र और राज्य सरकारों के बीच के अनुपात में साझा की जाती है

SSC CGL Tier-2 03.03.2023 (Shift-II)

(a) 60 : 40 (b) 40 : 60
(c) 30 : 70 (d) 90 : 10

उत्तर (a)

• प्रधानमन्त्री ग्रामीण आवास योजना में, **मैदानी क्षेत्र में 60:40** और उत्तर-पूर्वी और हिमालयी राज्यों के लिए 90:10 के अनुपात में सहायता लागत राशि वितरित की जाती है।

• प्रधानमन्त्री ग्रामीण आवास योजना **वर्ष 2016** में स्वीकृत हुई।

• ग्रामीण आवास योजना व इन्दिरा आवास योजना को प्रधानमन्त्री ग्रामीण आवास योजना में परिवर्तित किया गया है।

• **ग्रामीण विकास मन्त्रालय** इससे सम्बद्ध नोडल एजेन्सी है।

400. भारत सरकार द्वारा दिसम्बर, 2022 में लघु बचत योजनाओं में किए गए परिवर्तनों के सम्बन्ध में निम्नलिखित में से कौन-सा/से कथन सही है/हैं?

SSC CGL Tier-2 03.03.2023 (Shift-I)

A. पाँच वर्षीय राष्ट्रीय बचत प्रमाण-पत्र की ब्याज दर 6.8% से बढ़कर 7% कर दी गई है।
B. वरिष्ठ नागरिक बचत योजनाओं पर ब्याज दर 7.6% से बढ़ाकर 8% कर दी गई।
C. सार्वजनिक भविष्य निधि, सुकन्या समृद्धि खाता और बचत जमा पर ब्याज दर 7.5% से 9% कर दी गई है।

(a) A और B (b) A, B और C
(c) A और C (d) B और C

उत्तर (a)

• दिसम्बर, 2022 में लघु बचत योजनाओं में किए गए परिवर्तन से सम्बन्धित दिए गए दोनों **कथन A और B** सही हैं।

• इसमें पाँच वर्षीय राष्ट्रीय बजट प्रमाण-पत्र की ब्याज दर 6.8% से बढ़ाकर **7%** कर दी गई है।

• वरिष्ठ नागरिक बचत योजनाओं पर ब्याज दर 7.6% से बढ़ाकर 8% कर दी गई है।

• वर्तमान में सुकन्या समृद्धि खाता पर ब्याज **दर 8.2%** कर दी गई है।

401. भारत में निम्न में से क्या राष्ट्रीय विनिर्माण नीति का एक उद्देश्य नहीं है?

SSC CGL Tier-2 03.03.2023 (Shift-I)

(a) वैश्विक प्रतिस्पर्द्धा, घरेलू मूल्यवर्धन, तकनीकी गहराई और विकास की पर्यावरणीय स्थिरता को बढ़ाना
(b) वर्ष 2022 तक GDP में विनिर्माण का सेक्टरल हिस्सा बढ़ाकर कम-से-कम 25% करना
(c) वर्ष 2022 तक विनिर्माण वस्तुओं के निर्यात को दोगुना करना
(d) रोजगार सृजन की दर में वृद्धि करना, ताकि वर्ष 2022 तक 100 मिलियन अतिरिक्त रोजगार सृजित किए जा सकें

उत्तर (c)

• वर्ष 2022 तक विनिर्माण वस्तुओं के निर्यात को दोगुना करना राष्ट्रीय विनिर्माण नीति का उद्देश्य नहीं है।

• राष्ट्रीय विनिर्माण नीति 2011 का उद्देश्य वर्ष 2022 तक GDP में विनिर्माण का सेक्टरल हिस्सा बढ़ाकर कम-से-कम **25%** करना है।

• वर्ष 2022 तक **100 मिलियन** अतिरिक्त रोजगार सृजित करना है।

• इसके अतिरिक्त वैश्विक प्रतिस्पर्द्धा, घरेलू मूल्यवर्धन तथा विकास की पर्यावरणीय स्थिरता को बढ़ावा देना है।

402. अगस्त, 2021 में, श्रम एवं रोजगार मन्त्रालय ने असंगठित श्रमिकों (UWs) का राष्ट्रीय डेटाबेस बनाने के लिए ········ पोर्टल लॉन्च किया। SSC CGL Tier-2 06.03.2023 (Shift-I)

(a) ई-श्रम (b) ई-रोजगार
(c) ई-उमंग (d) ई-ज्ञान

उत्तर (a)

• अगस्त, 2021 में, श्रम एवं रोजगार मन्त्रालय ने असंगठित श्रमिकों (UWs) का राष्ट्रीय डेटाबेस बनाने के लिए **ई-श्रम** पोर्टल लॉन्च किया।
• ई-श्रम पोर्टल का उद्देश्य 38 करोड़ असंगठित श्रमिकों जैसे कि निर्माण मजदूर, प्रवासी कार्यबल, स्ट्रीट वेण्डर, घरेलू कामगारों को पंजीकृत करना है।
• इन श्रमिकों को **12 अंकों** की विशिष्ट संख्या वाला एक ई-श्रम कार्ड जारी किया जाएगा।
• यदि कोई कर्मचारी ई-श्रम पोर्टल पर पंजीकृत है और वह दुर्घटना का शिकार होता है, तो वह मृत्यु या स्थायी विकलांगता पर 2 लाख तथा आंशिक विकलांगता पर ₹ 1 लाख का पात्र होगा।

403. भारत सरकार की नई एकीकृत खाद्य सुरक्षा योजना के सम्बन्ध में निम्नलिखित में से कौन-सा/से कथन सही है/हैं? SSC CGL Tier-2 07.03.2023 (Shift-I)

A. यह नई एकीकृत खाद्य सुरक्षा योजना 1 जनवरी, 2023 से शुरू की गई है।
B. भारत सरकार ने राष्ट्रीय खाद्य सुरक्षा अधिनियम के तहत 80 करोड़ से अधिक लाभार्थियों को खाद्यान्न आपूर्ति करने का लक्ष्य रखा।
C. पहली बार इस खाद्यान्न आपूर्ति कार्यक्रम को प्रभावी क्रियान्वयन के लिए सामाजिक न्याय मन्त्रालय के अधीन लाया गया।

(a) A और C (b) A, B और C
(c) B और C (d) A और B

उत्तर (d)

• एकीकृत खाद्य सुरक्षा योजना से सम्बन्धित **कथन A और B सही हैं।**
• भारत सरकार की नई एकीकृत खाद्य सुरक्षा योजना 1 जनवरी, 2023 से शुरू की गई है।
• इस योजना के तहत **80 करोड़** से अधिक लाभार्थियों को खाद्यान्न आपूर्ति करने का लक्ष्य रखा गया है।
• इसे उपभोक्ता मामले, खाद्य और सार्वजनिक वितरण मंत्रालय के अधीन रखा गया है।

404. प्राथमिक, माध्यमिक और तृतीयक देखभाल सेवाओं पर ध्यान देने के साथ देशभर में देखभाल के बुनियादी ढाँचे को मजबूत करने के लिए शुरू की गई सबसे बड़ी अखिल भारतीय योजना निम्नलिखित में से कौन-सी है? SSC CGL Tier-2 14.07.2023 (Shift-I)

(a) LaQshya (b) PM-MI
(c) PM-ABHIM (d) AB-PMJAY

उत्तर (c)

• प्राथमिक, माध्यमिक और तृतीयक देखभाल सेवाओं पर ध्यान देने के साथ देशभर में देखभाल के बुनियादी ढाँचे को मजबूत करने के लिए शुरू की गई PM-ABHIM सबसे बड़ी अखिल भारतीय योजना है।
• **PM-ABHIM** योजना का पूरा नाम **प्रधानमन्त्री- आयुष्मान भारत हेल्थ इन्फ्रास्ट्रचर मिशन** है। इस योजना की शुरुआत अक्टूबर, 2021 में हुई थी।
• यह योजना वाराणसी से शुरू की गई थी और सम्पूर्ण भारत में लागू है।
• PM-MI का पूरा नाम **पीएम-मित्र योजना**, AB-PMJAY का पूरा नाम **आयुष्मान भारत-प्रधानमन्त्री जन आरोग्य योजना** व LaQshya का पूरा नाम **लेबर रूम एण्ड क्वालिटी इम्प्रूवमेंट इनिशिऐटिव** है।

405. अन्तर्राष्ट्रीय महिला दिवस 2022 पर, एमएसएमई मन्त्रालय (Ministry of MSME) ने निम्नलिखित में से किस नाम से महिलाओं के लिए एक उद्यमिता अभियान का शुभारम्भ किया? SSC CGL Tier-1 14.07.2023 (Shift-IV)

(a) निर्भया
(b) उज्ज्वला
(c) समर्थ
(d) स्वाधार

उत्तर (c)

• अन्तर्राष्ट्रीय महिला दिवस 2022 पर, एमएसएमई मन्त्रालय (Ministry of MSME) द्वारा **समर्थ** नाम से महिलाओं के लिए एक उद्यमिता अभियान का शुभारम्भ किया।
• इस अभियान का उद्देश्य वित्तीय वर्ष **2022-23** में महिलाओं को **कौशल विकास** और बाजार विकास सहायता प्रदान करना और ग्रामीण और उपनगरीय क्षेत्रों से 7500 से अधिक महिला उम्मीदवारों को प्रशिक्षित करना है।
• इसके अतिरिक्त सम्बन्धित क्षेत्रीय प्रभागों, संगठनों के माध्यम से पारम्परिक क्षेत्रों में कौशल उत्पादों को भी बढ़ावा देना है।

406. राष्ट्रीय ग्रामीण रोजगार गारण्टी अधिनियम, 2005 योजना को पहले चरण में कितने जिलों में लागू किया गया था? SSC CGL Tier-1 17.07.2023 (Shift-I)

(a) 200 (b) 100
(c) 150 (d) 120

उत्तर (a)

• राष्ट्रीय ग्रामीण रोजगार गारण्टी अधिनियम, 2005 योजना को पहले चरण में 200 जिलों में लागू किया गया था।
• भारतीय संसद द्वारा **2 फरवरी, 2006** को राष्ट्रीय ग्रामीण रोजगार गारण्टी अधिनियम, 2005 के तहत्, 'काम का अधिकार' योजना ग्रामीण क्षेत्रों में रोजगार शुरू करने के लिए प्रारम्भ की गई थी।
• वर्ष 2009 में इसका नाम बदलकर **महात्मा गाँधी राष्ट्रीय ग्रामीण रोजगार अधिनियम, 2005** कर दिया गया।
• इस अधिनियम का मुख्य उद्देश्य कम-से-कम **100 दिनों** के लिए रोजगार दिए जाने की गारण्टी देना है।

407. वर्ष 2022-23 से 2025-26 तक चार वर्ष की अवधि के लिए पूर्वोत्तर में बुनियादी ढाँचा और सामाजिक विकास परियोजनाओं को निधि देने के लिए शुरू की गई योजना का नाम क्या है? SSC CGL Tier-1 17.07.2023 (Shift-II)

(a) PM-NERLP
(b) PM-FME
(c) PM-DevINE
(d) PM-DRUV

उत्तर (c)

• **PM-DevINE** योजना 2022-23 से 2025-26 तक की अवधि के लिए पूर्वोत्तर में विकास परियोजनाओं को निधि देने के लिए शुरू की गई।
• पीएम-डिवाइन योजना में **अरुणाचल प्रदेश**, **मणिपुर**, **मेघालय**, **मिजोरम**, **नागालैण्ड** आदि पूर्वोत्तर राज्यों को सम्मिलित किया जाएगा।
• इस योजना का 100% वित्तपोषण केन्द्र सरकार द्वारा तथा कार्यान्वयन उत्तर-पूर्व क्षेत्र विकास मन्त्रालय द्वारा किया जाएगा।
• इस योजना का उद्देश्य सामाजिक विकास परियोजनाओं का समर्थन करना तथा युवाओं और महिलाओं को सशक्त बनाना है।

408. वर्ष 2015 में भारत सरकार द्वारा शुरू किए गए अमृत-AMRUT (अटल नवीकरण और शहरी परिवर्तन) मिशन का प्राथमिकता क्षेत्र क्या है? SSC CGL Tier-1 17.07.2023 (Shift-III)

(a) सभी के लिए प्राथमिक शिक्षा
(b) सीवरेज के बाद जलापूर्ति
(c) शहरी निवासियों की स्वास्थ्य देखभाल
(d) बिजली और बिजली उत्पादन

उत्तर (b)

• अमृत-AMRUT (अटल नवीकरण और शहरी परिवर्तन) मिशन का प्राथमिकता क्षेत्र **सीवरेज के बाद जलापूर्ति है।**
• यह मिशन चयनित शहरों और कस्बों में जल आपूर्ति के क्षेत्र में बुनियादी ढाँचे के विकास पर ध्यान केन्द्रित करता है।
• AMRUT योजना का मूल उद्देश्य 500 शहरों/कस्बों में **बुनियादी शहरी अवसंरचना** में सुधार करना है।
• इस कार्यक्रम की शुरुआत केन्द्र सरकार द्वारा वर्ष 2015 में की गई थी।
• इस योजना में एक लाख से अधिक जनसंख्या वाले सभी शहरों और कस्बों को शामिल किया गया है।

409. शिक्षा मन्त्रालय की समग्र शिक्षा योजना के तहत स्कूलों और छात्रावासों का नाम बदलकर ······· के नाम पर रखा जाएगा। SSC CGL Tier-1 17.07.2023 (Shift-IV)

(a) सरदार वल्लभभाई पटेल
(b) श्यामाप्रसाद मुखर्जी
(c) दीनदयाल उपाध्याय
(d) नेताजी सुभाषचन्द्र बोस

उत्तर (d)

• शिक्षा मन्त्रालय की समग्र शिक्षा योजना के तहत स्कूलों और छात्रावासों का नाम बदलकर **नेताजी सुभाषचन्द्र बोस** के नाम पर रखा जाएगा।

• समग्र शिक्षा योजना का आरम्भ केन्द्र सरकार द्वारा **4 अगस्त, 2021** को किया गया।
• इस योजना की शुरुआत देश के बच्चों को प्राथमिक शिक्षा से लेकर बारहवीं कक्षा तक एक समान समावेशी कक्षा वातावरण प्रदान करने हेतु की गई है।
• यह योजना 1 अप्रैल, 2021 से लेकर 31 मार्च, 2026 तक कार्यान्वित की जाएगी।

410. हरियाणा सरकार ने अन्तर्राष्ट्रीय महिला दिवस, 8 मार्च, 2022 पर उद्यमियों को सहायता प्रदान करने के लिए ...... की घोषणा की।
SSC CGL Tier-1 17.07.2023 (Shift-IV)
(a) महिला ई-हाट योजना
(b) मातृशक्ति उद्यमिता योजना
(c) स्वाधार योजना
(d) उज्ज्वला योजना

उत्तर (b)
• हरियाणा सरकार ने 8 मार्च, 2022 को **मातृशक्ति उद्यमिता योजना** की घोषणा की।
• इस योजना के अन्तर्गत **परिवार पहचान-पत्र** के माध्यम से महिलाओं को **₹ 300000 तक** का उद्यम स्थापित करने के लिए **ऋण प्रदान** किया जाएगा।
• इस योजना का लाभ महिलाओं को तभी दिया जाएगा जब उनकी पारिवारिक वार्षिक आय **₹ 500000** या फिर उससे **कम** हो।

411. ट्रांसजेण्डर समुदाय और भीख माँगने के कार्य में लगे व्यक्तियों के कल्याण के उपायों के लिए, वर्ष 2022 में शुरू की गई योजना का नाम क्या है? **SSC CGL Tier-1 18.07.2023 (Shift-III)**
(a) शाइन (b) राइज
(c) स्माइल (d) श्री

उत्तर (c)
• वर्ष 2022 में प्रारम्भ **स्माइल** योजना ट्रान्सजेण्डर समुदाय तथा भीख माँगने के कार्य में लगे व्यक्तियों के कल्याण हेतु है।
• इस योजना के केन्द्र में बड़े पैमाने पर पुनर्वास, चिकित्सा सुविधाओं का प्रावधान, परामर्श, बुनियादी दस्तावेज, शिक्षा व कौशल विकास आदि का प्रावधान किया गया है।
• स्माइल (SMILE) योजना का पूरा नाम 'Super For Marginalized Individuals For Livelihood and Enterprise' है। इसका क्रियान्वयन **सामाजिक न्याय व अधिकारिता मन्त्रालय** द्वारा किया जाता है।

412. बच्चों को स्कूल के लिए तैयार करने के उद्देश्य से 29 जुलाई, 2021 को भारत सरकार ने .... के विद्यार्थियों के लिए एक प्री-स्कूल तैयारी कार्यक्रम विद्या प्रवेश का शुभारम्भ किया।
SSC CGL Tier-1 18.07.2023 (Shift-III)
(a) नर्सरी (b) किंडरगार्टन
(c) पहली कक्षा (d) प्री-नर्सरी

उत्तर (c)
• बच्चों को स्कूल के लिए तैयार करने के उद्देश्य से 29 जुलाई, 2021 को भारत सरकार ने **पहली कक्षा** के विद्यार्थियों के लिए एक प्री-स्कूल तैयारी कार्यक्रम विद्या प्रवेश का शुभारम्भ किया।
• इसे **राष्ट्रीय शिक्षा नीति 2020** की सिफारिशों के अनुसार विकसित किया गया है।
• **विद्या प्रवेश** यह भारतीय शिक्षा सन्दर्भ से लिया गया शब्द है, विशेषकर प्राथमिक शिक्षा के सन्दर्भ में अंग्रेजी में इसका अनुवाद 'शिक्षा में प्रवेश' या 'सीखने में पढ़ने' से किया जा सकता है।

413. IADP का पूर्ण रूप क्या है?
SSC CGL Tier-1 18.07.2023 (Shift-IV)
(a) एकीकृत कृषि जिला योजना
(b) भारतीय कृषि विकास कार्यक्रम
(c) गहन कृषि जिला कार्यक्रम
(d) गहन कृषि विकास परियोजना

उत्तर (c)
• IADP का पूर्ण रूप **गहन कृषि जिला कार्यक्रम** है।
• इस कार्यक्रम की शुरुआत **वर्ष 1960** में गहन कृषि विकास में प्रमुख पहल के रूप में की गई थी।
• इस कार्यक्रम को फोर्स फाउण्डेशन के साथ 7 राज्यों के जिलों में शुरू किया गया था।
• इसमें जिलों में उगाई जाने वाली महत्त्वपूर्ण फसलों, जैसे- धान, गेहूँ , बाजरा आदि पर ध्यान दिया गया है।

414. किस नीति के तहत केन्द्रीय ऊर्जा मन्त्रालय ने पाँच वर्षों के लिए 4500 MW की कुल बिजली खरीद के लिए एक योजना आरम्भ की है? **SSC CGL Tier-1 18.07.2023 (Shift-IV)**
(a) गतिशक्ति नीति (b) नई ऊर्जा नीति
(c) शक्ति नीति (d) ऊर्जा संचय नीति

उत्तर (c)
• शक्ति नीति के तहत केन्द्रीय ऊर्जा मन्त्रालय ने पाँच वर्षों के लिए **4500 MW** की कुल बिजली खरीद के लिए एक योजना आरम्भ की है।
• यह नीति वित्त, स्वामित्व व संचालन (Finance, Own and Operate) पर आधारित है, जिसके तहत भारत में सभी थर्मल पॉवर प्लाण्टों को कोयले की उपलब्धता सुनिश्चित कराना है, जो पारदर्शी व उद्देश्यपूर्ण हों।
• इस योजना का उद्देश्य आयातित कोयले पर निर्भरता कम करना और घरेलू उद्योगों को बढ़ावा देना है।

415. भारत सरकार द्वारा लोकसभा को दिए गए एक लिखित उत्तर के अनुसार, 20 जुलाई, 2022 तक असंगठित क्षेत्र के लगभग .... श्रमिक ई-श्रम पोर्टल पर पंजीकृत हैं।
SSC CGL Tier-1 19.07.2023 (Shift-I)
(a) 28 करोड़ (b) 27 करोड़
(c) 25 करोड़ (d) 26 करोड़

उत्तर (a)
• भारत सरकार द्वारा लोकसभा को दिए गए एक लिखित उत्तर के अनुसार, 20 जुलाई, 2022 तक असंगठित क्षेत्र के लगभग **28 करोड़** श्रमिक **ई-श्रम पोर्टल** पर पंजीकृत हैं।
• श्रम सुविधा पोर्टल, एक वेब पोर्टल है, जो सभी श्रम से जुड़ी जरूरतों व समस्याओं के लिए एक ही मंच प्रदान करता है।
• इसमें एक ई-श्रम कार्ड जारी किया जाता है, जिसमें 12 अंकों का अद्वितीय नम्बर शामिल होगा।
• यह श्रम पोर्टल केन्द्रीय श्रम व रोजगार मन्त्रालय द्वारा लॉन्च किया गया है।

416. प्रधानमन्त्री जीवन ज्योति बीमा योजना ...... के आयु वर्ग के भारतीय नागरिकों के लिए है।
SSC CGL Tier-1 19.07.2023 (Shift-IV)
(a) 40 से 70 वर्ष (b) 29 से 55 वर्ष
(c) 35 से 60 वर्ष (d) 18 से 50 वर्ष

उत्तर (d)
• प्रधानमन्त्री जीवन ज्योति बीमा योजना **18 से 50 वर्ष** समर्थित आयु वर्ग के भारतीय नागरिकों के लिए है।
• यह भारत सरकार द्वारा समर्थित एक बीमा योजना है, जिसे मई, **2015 में शुरू** किया गया था।
• यह योजना वार्षिक जीवन बीमा कवरेज प्रदान करती है, जिसमें वार्षिक प्रीमियम राशि **₹ 436** है।

417. शहरी भारत में ढाँचागत कमियों के निराकरण के लिए वर्ष 2005 में शुरू किए गए प्रमुख कार्यक्रम का नाम क्या है?
SSC CGL Tier-1 19.07.2023 (Shift-IV)
(a) छोटे और मध्यम शहरों का एकीकृत विकास
(b) कायाकल्प और शहरी परिवर्तन के लिए अटल मिशन
(c) राष्ट्रीय शहरी आजीविका मिशन
(d) जवाहरलाल नेहरू राष्ट्रीय शहरी नवीकरण मिशन

उत्तर (d)
• **जवाहरलाल नेहरू राष्ट्रीय शहरी नवीकरण मिशन (JNNURM)** कार्यक्रम भारत सरकार के शहरी विकास मन्त्रालय द्वारा **वर्ष 2005** में शुरू की गई एक योजना थी।
• इस योजना का मुख्य उद्देश्य भारत के शहरों में ढाँचागत कमियों के निराकरण एवं शहरों में विकास को गति प्रदान करना था।
• केन्द्र सरकार द्वारा अनुदान निधि का हिस्सा सबसे बड़े शहरों में **35%** से लेकर पूर्वोत्तर के शहरों में **90%** तक हो सकता है।
• प्रारम्भ में यह योजना **7 वर्षों** के लिए शुरू की गई थी, बाद में इसे **2 वर्ष** बढ़ाकर **वर्ष 2014** तक कर दिया गया था।

418. प्रधानमन्त्री आत्मनिर्भर स्वस्थ भारत योजना की घोषणा किस वर्ष केन्द्रीय बजट में की गई थी?
SSC CGL Tier-1 18.07.2023 (Shift-IV)
(a) 2020 – 21 (b) 2018 – 19
(c) 2021 – 22 (d) 2019 – 20

उत्तर (c)
• प्रधानमन्त्री आत्मनिर्भर स्वस्थ भारत योजना की घोषणा **वर्ष 2021–22** केन्द्रीय बजट में की गई थी।
• इसके लिए **₹ 64180 करोड़** का परिव्यय निर्धारित किया गया है।
• इस योजना का लक्ष्य देश के अन्तिम छोर तक प्राथमिक, माध्यमिक और तृतीयक देखभाल स्वास्थ्य प्रणालियों की क्षमता विकसित करना है।

• देश में ही अनुसन्धान, परीक्षण और उपचार के लिए एक आधुनिक पारिस्थितिकी तन्त्र विकसित करना है।

419. दिसम्बर, 2022 में भारत के पेंशन निधि नियामक और विकास प्राधिकरण ने संघीय सरकार से देश के ...... के लिए यूके पेंशन योजना आरम्भ करने की सिफारिश की है।
SSC CGL Tier-1 18.07.2023 (Shift-IV)
(a) किसानों
(b) चिकित्सा सहायकों
(c) कपड़ा श्रमिकों
(d) गिग वर्करों

उत्तर (d)

• दिसम्बर, 2022 में, भारत के पेंशन निधि नियामक और विकास प्राधिकरण ने संघीय सरकार से देश के गिग वर्करों के लिए **यू.के पेंशन योजना** आरम्भ करने की घोषणा की।
• गिग वर्कर, वे लोग होते हैं जो किसी कम्पनी से जुड़कर काम करते हुए ग्राहक को सीधे सेवाएँ देते हैं।
• इसका उद्देश्य गिग श्रमिकों के लिए सामाजिक सुरक्षा उपायों को बढ़ाना है।

420. निम्नलिखित में से कौन-सी भारत में सूक्ष्मवित्त (Microfinance) क्षेत्र के विकास के लिए सरकार की पहल नहीं है?
SSC CGL Tier-1 20.07.2023 (Shift-I)
(a) प्रधानमन्त्री मुद्रा योजना
(b) ई-शक्ति पहल
(c) इण्डिया माइक्रोफाइनेन्स इक्विटी फण्ड
(d) प्रधानमन्त्री जन धन योजना

उत्तर (d)

• **प्रधानमन्त्री जन-धन योजना** भारत में सूक्ष्मवित्त (Microfinance) क्षेत्र के विकास के लिए सरकार की पहल नहीं है?
• माइक्रोफाइनेन्स का अर्थ है, ऐसे व्यक्तियों तक वित्तीय सेवाएँ पहुँचाना जिनके पास पारम्परिक रूप से वित्त तक पहुँच नहीं है।
• प्रधानमन्त्री मुद्रा योजना, ई-शक्ति पहल और इण्डिया माइक्रोफाइनेन्स इक्विटी फण्ड सूक्ष्मवित्त क्षेत्र के विकास के लिए सरकार की पहल है।
• प्रधानमन्त्री मुद्रा योजना **8 अप्रैल, 2015** को ऋण प्रदान करने के लिए शुरू की गई थी। वित्त पोषण आवश्यकताओं के अनुरूप तीन उत्पादन हैं—शिशु, किशोर और तरुण।
गैर कृषि लघु/सूक्ष्म उद्यमों को **₹ 10 लाख** तक का ऋण प्रदान किया जाता है।
ई-शक्ति योजना—नाबार्ड की पहल है।

421. निम्नलिखित में से कौन-से राज्य गरीब कल्याण रोजगार अभियान का हिस्सा हैं?
SSC CGL Tier-1 22.07.2023 (Shift-II)
(a) हरियाणा और बिहार
(b) मध्य प्रदेश और गुजरात
(c) बिहार और मध्य प्रदेश
(d) असम और पश्चिम बंगाल

उत्तर (c)

• **बिहार और मध्य प्रदेश** गरीब कल्याण रोजगार का हिस्सा है।
• प्रधानमन्त्री नरेन्द्र मोदी ने **20 जून, 2020** को इस अभियान की शुरुआत बिहार के खगड़िया, जिले के ग्राम **तेलिहार** से वीडियो कॉन्फ्रेंसिंग द्वारा की।
• यह **125 दिन** का अभियान है, जिसे **मिशन मॉड** के रूप में संचालित किया गया था। इस योजना के तहत् सरकार लगभग **₹ 50 हजार करोड़** का निवेश किया गया।
• **116 जिलों** को इस अभियान के लिए चुना गया है, जिसमें **27 आकांक्षी** जिले भी शामिल हैं।

422. अनुसूचित जाति के उन विद्यार्थियों के लिए वर्ष 2022 में शुरू की गई योजना का नाम क्या है, जो अच्छे विद्यालयों में उच्च गुणवत्ता वाली शिक्षा प्राप्त नहीं कर सकें?
SSC CGL Tier-1 20.07.2023 (Shift-IV)
(a) सम्बल (b) सम्भव
(c) समर्थ (d) श्रेष्ठ

उत्तर (d)

• अनुसूचित जाति के उन विद्यार्थियों के लिए वर्ष 2022 में श्रेष्ठ शुरू की गई जो अच्छे विद्यालयों में उच्च गुणवत्ता वाली शिक्षा प्राप्त नहीं कर सकें?
• श्रेष्ठ योजना का पूर्णरूप है—(Students in High Schools in Targeted Areas)
• इस योजना का उद्देश्य अनुसूचित जाति के मेधावी छात्रों को गुणवत्तापूर्ण आवासीय शिक्षा उपलब्ध करवाना है।

423. निम्नलिखित में से किस राज्य सरकार ने फरवरी, 2022 में **परय शिक्षालय** योजना शुरू की है? **SSC CGL Tier-1 20.07.2023 (Shift-IV**
(a) पश्चिम बंगाल (b) ओडिशा
(c) झारखण्ड (d) आन्ध्र प्रदेश

उत्तर (a)

• **पश्चिम बंगाल** सरकार ने फरवरी 2022 में **'परय शिक्षालय'** योजना शुरू की है।
• परय शिक्षालय योजना के तहत कक्षा 1 से 7 तक के विद्यार्थियों को 'ओपन एयर क्लास रूम' में शिक्षित किया जाएगा, ताकि विद्यार्थियों में शारीरिक स्वतन्त्रता की अनुभूति हो सके।
• इस योजना का उद्देश्य उन छात्रों को अपनी शिक्षा जारी रखने के लिए प्रोत्साहित करना है, जो कोविड-19 महामारी के दौरान विद्यालयी कक्षा से बाहर हो गए थे।

424. अटल पेंशन योजना में लाभार्थी बनने के लिए आयु मानदण्ड क्या था?
SSC CGL Tier-1 21.07.2023 (Shift-I)
(a) 20-30 वर्ष (b) 40-60 वर्ष
(c) 18-40 वर्ष (d) 25-35 वर्ष

उत्तर (c)

• अटल पेंशन योजना में लाभार्थी बनने के लिए आयु **18-40 वर्ष** होनी अनिवार्य है।
• इस योजना का आरम्भ वर्ष 2015 से कलकत्ता से किया गया।
• अटल पेंशन योजना सरकार द्वारा संचालित पेंशन योजना है, जो मुख्यत: असंगठित क्षेत्र पर ध्यान केन्द्रित करने के लिए लाई गई थी।
• इस योजना के तहत **₹ 1000 से ₹ 5000** के बीच न्यूनतम मासिक पेंशन निर्धारित है।

425. पीएल 480 योजना के तहत भारत किस देश से गेहूँ का आयात करता था?
SSC CGL Tier-1 21.07.2023 (Shift-II)
(a) यूके (b) यूएसए
(c) फ्रांस (d) यूएसएसआर

उत्तर (b)

• पीएल 480 योजना के तहत भारत संयुक्त राज्य अमेरिका **(यूएसए)** देश से गेहूँ का आयात करता था
• वर्ष 1960 में दोनों देशों के बीच 4 वर्ष की अवधि के लिए **PL 480** नामक एक समझौता हुआ था। इस समझौते के तहत अमेरिका ने भारत को पर्याप्त मात्रा में खाद्यान्न भेजने का आश्वासन दिया था।
• **पीएल 480** खाद्य-घाटे वाले 'मित्र देशों' को स्थानी मुद्रा के साथ अमेरिकी कृषि वस्तुओं को खरीदने में सक्षम बनाता है, जिससे अमेरिकी अनाज अधिशेष से राहत मिलती है।

426. प्रधानमन्त्री जन-धन योजना के अन्तर्गत राष्ट्रीय वित्तीय समावेशन मिशन ने वर्ष 2022 में कार्यान्वयन के कितने वर्ष पूरे किए?
SSC CGL Tier-1 21.07.2023 (Shift-III)
(a) 6 वर्ष (b) 8 वर्ष
(c) 4 वर्ष (d) 9 वर्ष

उत्तर (b)

• प्रधानमन्त्री जन-धन योजना के अन्तर्गत राष्ट्रीय वित्तीय समावेशन मिशन ने वर्ष 2022 में **8 वर्ष** पूरे किए।
• इसका शुभारम्भ **28 अगस्त, 2014** को किया गया था।
• इसके अन्तर्गत **₹ 1 लाख** का दुर्घटना बीमा, व ₹ 30000 का जीवन बीमा लाभार्थियों को खाते के माध्यम से प्रत्यक्ष लाभ स्थानान्तरण प्राप्त होने का प्रावधान किया गया।

427. 'प्रधानमन्त्री कौशल विकास योजना' किस वर्ष आरम्भ की गई थी?
SSC CGL Tier-1 24.07.2023 (Shift-I)
(a) 2019 में (b) 2015 में
(c) 2020 में (d) 2014 में

उत्तर (b)

• 'प्रधानमन्त्री कौशल विकास योजना' **2015 में** आरम्भ की गई।
• इस योजना को कौशल विकास और उद्यमिता मन्त्रालय के मार्गदर्शन में राष्ट्रीय कौशल विकास निगम द्वारा शुरू किया गया है।
• इस योजना के तहत युवाओं को कट्रंक्शन, इलेक्ट्रॉनिक्स एवं हार्डवेयर, फूड प्रोसेसिंग, फर्नीचर एण्ड फिटिंग, हैण्डीक्राफ्ट लेदर टेक्नोलॉजी समेत 40 क्षेत्रों की ट्रेनिंग दी जाएगी।

428. अगस्त 2021 में शिक्षा मन्त्री धर्मेन्द्र प्रधान द्वारा की गई घोषणा के अनुसार, 'समग्र शिक्षा योजना-2' की अवधि 1 अप्रैल, 2021 से कब तक है? **SSC CGL Tier-1 24.07.2023 (Shift-IV)**
(a) 31 दिसम्बर, 2024
(b) 31 दिसम्बर, 2021
(c) 31 मार्च, 2023
(d) 31 मार्च, 2026

उत्तर (d)

• शिक्षा मन्त्री धर्मेन्द्र प्रधान द्वारा की गई घोषणा के अनुसार, '**समग्र शिक्षा योजना-2**' की अवधि 1 अप्रैल, 2021 से 31 मार्च, 2026 तक है।

• यह स्कूली शिक्षा के लिए एक एकीकृत योजना है, जो प्री-स्कूल से लेकर बारहवीं कक्षा तक के सम्पूर्ण दायरे को कवर करती है।

• इसका उद्देश्य समावेशी न्यायसंगत और सस्ती स्कूली शिक्षा प्रदान करना है।

429. फरवरी, 2022 में शिक्षा मन्त्रालय (MoE) ने नई राष्ट्रीय शिक्षा नीति (NEP) के अनुरूप वयस्क शिक्षा के सभी पहलुओं को शामिल करने हेतु अगले पाँच वर्षों के लिए किस नई योजना को स्वीकृति दी?
SSC CGL Tier-1 25.07.2023 (Shift-I)

(a) आशा (ASHA)
(b) नवभारत साक्षरता कार्यक्रम
(c) नवभारत शिक्षा योजना
(d) मुक्त शिक्षा कार्यक्रम

उत्तर (b)

• फरवरी, 2022 में शिक्षा मन्त्रालय (MoE) ने नई राष्ट्रीय शिक्षा नीति (NEP) के अनुरूप वयस्क शिक्षा के सभी पहलुओं को शामिल करने हेतु अगले पाँच वर्षों के लिए नवभारत साक्षरता कार्यक्रम को स्वीकृति दी?

• **नवभारत साक्षरता कार्यक्रम** में 15 वर्ष से 50 वर्ष की आयु तक के शिक्षार्थी को शामिल किया जाएगा।

• इस योजना का मूल उद्देश्य आधारभूत साक्षरता और संख्यात्मक ज्ञान प्रदान करना है।

430. प्रधानमन्त्री रोजगार सृजन कार्यक्रम योजना भारत सरकार के किस मन्त्रालय द्वारा शुरू की गई थी? SSC CGL Tier-1 25.07.2023 (Shift-II)

(a) वित्त मन्त्रालय
(b) आवास और शहरी मामलों का मन्त्रालय
(c) सूक्ष्म, लघु और मध्यम उद्यम मन्त्रालय
(d) ग्रामीण विकास मन्त्रालय

उत्तर (c)

• प्रधानमन्त्री रोजगार सृजन कार्यक्रम योजना भारत सरकार के किस मन्त्रालय द्वारा सूक्ष्म, लघु और मध्यम उद्यम मन्त्रालय द्वारा 15 अगस्त, 2008 को शुरू की गई थी?

• योजना का मुख्य उद्देश्य देश के ग्रामीण एवं शहरी दोनों क्षेत्रों में रोजगार सृजन करना है।

431. फरवरी, 2022 मे पश्चिम बंगाल सरकार ने कक्षा 1 से 7 के छात्रों के लिए ...... नाम से एक ओपन–एयर कक्षा कार्यकम शुरू किया।
SSC CGL Tier-1 27.07.2023 (Shift-II)

(a) श्रेया (b) समग शिक्षा
(c) परय शिक्षालय (d) शिक्षा अभियान

उत्तर (c)

• फरवरी, 2022 मे पश्चिम बंगाल सरकार ने कक्षा 1 से 7 के छात्रों के लिए परय शिक्षालय नाम से एक ओपन–एयर कक्षा कार्यकम शुरू किया।

• **परय शिक्षालय परियोजना** अन्तर्गत मध्याह भोजन की भी व्यवस्था है।

• इस कार्यक्रम का उद्देश्य कक्षा 1 से 7 तक के छात्रों को बाहरी वातावरण में शिक्षा प्रदान करना है।

432. भारत के बुनियादी ढाँचे में क्रान्ति लाने के उद्देश्य से केन्द्र सरकार द्वारा शुरू की गई परियोजना 'पीएम गति शक्ति' में कितने घटक शामिल हैं, जिन्हें इस परियोजना का इंजन कहा गया है? SSC CGL Tier-1 27.07.2023 (Shift-III)

(a) सात (b) चार (c) दो (d) नौ

उत्तर (a)

• भारत के बुनियादी ढाँचे में क्रान्ति लाने के उद्देश्य से केन्द्र सरकार द्वारा शुरू की गई परियोजना 'पीएम गति शक्ति' में **सात घटक शामिल है।** जिन्हें इस परियोजना का इंजन कहा जाता है।

• इस परियोजना की शुरुआत भारत के 75वें गणतन्त्र दिवस के अवसर पर 15 अगस्त, 2021 को प्रधानमन्त्री द्वारा की गई।

• इस योजना के अन्तर्गत ऑलराउण्ड डेवलपमेंट ऑफ इन्फ्रास्ट्रक्चर को सुनिश्चित किया जाएगा।

• इस योजना के लिए ₹ 100 लाख करोड़ का बजट निर्धारित किया गया है।

SSC CGL 2022 (Tier 1 & 2)

433. निम्नलिखित में से कौन-सा कथन सही है?
SSC CGL Tier-1 03.12.2022 (Shift-III)

I. परिवार कल्याण कार्यक्रम ने अनिवार्य आधार पर जिम्मेदार और योजनाबद्ध पितृत्व को बढ़ावा देने की माँग की है।

II. राष्ट्रीय जनसंख्या नीति 2000, 14 वर्ष की आयु तक मुफ्त और अनिवार्य शिक्षा प्रदान करने के लिए नीतिगत ढाँचा प्रदान करती है।

कूट

(a) I और II दोनों (b) न तो I और न ही II
(c) केवल I (d) केवल II

उत्तर (d)

• राष्ट्रीय जनसंख्या नीति 2000, 14 वर्ष की आयु तक मुफ्त और अनिवार्य शिक्षा प्रदान करने के लिए एक नीतिगत ढाँचा प्रदान करती है।

• इस नीति का उद्देश्य कुल प्रजननकर्ता को प्रतिस्थापन स्तर अर्थात् 2 बच्चे प्रति जोड़ा तक लाना है।

• वर्ष 2045 तक जनसंख्या को स्थिर करना इसका दूरवर्ती लक्ष्य है।

SSC CPO 2023, 2022 (Tier 1)

434. स्मार्ट सिटी मिशन के शुभारम्भ के समय, इस योजना के तहत कितने शहरों को शामिल करने का प्रस्ताव था?
SSC CPO Tier-1 05.10.2023 (Shift-III)

(a) 100 (b) 75
(c) 50 (d) 25

उत्तर (a)

• प्रधानमन्त्री नरेन्द्र मोदी ने 25 जून, 2015 को स्मार्ट सिटी मिशन शुरू किया था। इसके तहत **100 शहरों** को शामिल करने का प्रस्ताव था।

• इस योजना का लक्ष्य स्मार्ट समाधान के माध्यम से अपने नागरिकों को मुख्य बुनियादी ढाँचा स्वच्छ और टिकाऊ वातावरण प्रदान करना है।

• स्मार्ट सिटीज चैलेंज के आधार पर शहरों का चयन किया जाएगा, जहाँ शहर इस मिशन से लाभ प्राप्त करने के देशव्यापी प्रतियोगिता में भाग लेंगे।

435. निम्नलिखित में से किस प्रकार की अवसंरचना विकास के लिए भारत सरकार द्वारा 'प्रधानमन्त्री गति शक्ति योजना' शुरू की गई है?
SSC CPO Tier-1 10.11.2022 (Shift-III)

(a) अस्पताल (b) कृषि उत्पादन
(c) स्कूल और शिक्षा (d) परिवहन

उत्तर (d)

• प्रधानमन्त्री गति शक्ति योजना का मुख्य उद्देश्य **परिवहन** के क्षेत्र में अवसंरचना विकास और लॉजिस्टिक्स को बेहतर बनाना है।

• प्रधानमन्त्री गति शक्ति योजना की शुरुआत **13 अक्टूबर, 2021** को की गई थी।

• इस योजना के तहत केन्द्र सरकार के 16 मन्त्रालयों के बीच तालमेल स्थापित कर देश में चल रहे सड़क, रेल, तेल और गैस जैसे मन्त्रालयों को डिजिटल प्लेटफॉर्म पर लाना है।

436. किस राज्य/केन्द्रशासित प्रदेश ने प्रधानमन्त्री ग्राम सड़क योजना के तहत 2020-21 में 3,300 किमी ग्रामीण सड़कों का निर्माण किया?
SSC CPO 10.11.2022

(a) उत्तराखण्ड (b) जम्मू-कश्मीर
(c) दिल्ली (d) हिमाचल प्रदेश

उत्तर (b)

• **वर्ष 2021-22** के दौरान जम्मू-कश्मीर में प्रधानमन्त्री ग्राम सड़क योजना के तहत 3,300 किमी लम्बी सड़कें बनाए जाने का लक्ष्य निर्धारित किया गया है।

• प्रधानमन्त्री ग्राम सड़क योजना की शुरुआत दिसम्बर, 2000 में की गई थी।

• इस योजना का उद्देश्य राज्यों की दुर्गम बस्तियों में पक्के सड़क नेटवर्क के निर्माण में सहायता करना है।

SSC CHSL 2024 (Tier 1 & 2)

437. भारत सरकार द्वारा स्वर्ण जयन्ती ग्राम स्वरोजगार योजना (एसजीएसवाई) कब शुरू की गई थी? SSC CHSL 01.07.2024

(a) वर्ष 1999 (b) वर्ष 2000
(c) वर्ष 1991 (d) वर्ष 1995

उत्तर (a)

• भारत सरकार द्वारा स्वर्ण जयन्ती ग्राम स्वरोजगार योजना (एसजीएसवाई) **वर्ष 1999** में शुरू की गई थी।

• इस योजना का उद्देश्य ग्रामीण क्षेत्रों में गरीबी उन्मूलन व स्वरोजगार को बढ़ावा देना है।

• यह योजना स्वरोजगार के सभी पहलुओं; जैसे— स्व-सहायता समूह, प्रशिक्षण, ऋण, प्रौद्योगिकी, बुनियादी ढाँचा और विपणन में गरीबों के लिए सहायता उपलब्ध कराती है।

438. दीनदयाल अन्त्योदय योजना भारत सरकार के किस मन्त्रालय द्वारा शुरू की गई थी? SSC CHSL 01.07.2024
(a) कॉर्पोरेट कार्य मन्त्रालय
(b) ग्रामीण विकास मन्त्रालय
(c) गृह मन्त्रालय
(d) श्रम और रोजगार मन्त्रालय

उत्तर (b)

• दीनदयाल अन्त्योदय योजना भारत सरकार के ग्रामीण विकास मन्त्रालय द्वारा शुरू वर्ष 2011 की गई थी।
• इसका उद्देश्य देशभर में ग्रामीण गरीब परिवारों के लिए अनेक प्रकार की आजीविकाओं को बढ़ावा देने और वित्तीय सेवाओं तक बेहतर पहुँच के माध्यम से ग्रामीण गरीबी को समाप्त करना है।

439. मार्च, 2023 में भारत सरकार द्वारा शुरू की गई साक्षरता से सम्बन्धित केन्द्र प्रायोजित योजना का नाम क्या है? SSC CHSL 01.07.2024
(a) भारत साक्षरता कार्यक्रम
(b) भारत पढ़ेगा
(c) राष्ट्रीय साक्षरता कार्यक्रम
(d) नवभारत साक्षरता कार्यक्रम

उत्तर (d)

• मार्च, 2023 में भारत सरकार द्वारा शुरू की गई साक्षरता से सम्बन्धित केन्द्र प्रायोजित योजना का नाम **'नवभारत साक्षरता कार्यक्रम'** है।
• नवभारत साक्षरता कार्यक्रमों का उद्देश्य, राज्यों और केन्द्रशासित प्रदेश को 15 वर्ष और उससे अधिक आयु वर्ग में गैर-साक्षर लोगों के बीच साक्षरता को बढ़ावा देने में सहायता करना है।
• इसके वर्ष 2022-23 से 2026-27 तक की कार्यान्वित अवधि के दौरान पूरे देश में 5 करोड़ गैर-साक्षरों को कवर किया जाएगा।
• यह योजना न केवल शिक्षार्थियों को पढ़ने लिखने एवं अंकगणित कौशल हासिल करने की अनुमति देता है बल्कि आजीवन सीखने को प्रोत्साहित करते हुए उन्हें महत्त्वपूर्ण जीवन कौशल की समझ को भी समृद्ध करता है।

440. भारत सरकार द्वारा निम्नलिखित में से किस बेरोजगारी योजना की अवधि को जुलाई, 2022 से जून, 2024 तक दो वर्ष के लिए बढ़ा दिया गया? SSC CHSL 06.07.2024
(a) ग्रामीण उद्यमी योजना
(b) प्रधानमन्त्री बेरोजगारी भत्ता योजना
(c) अटल बीमित व्यक्ति कल्याण योजना
(d) आत्मनिर्भर भारत रोजगार योजना

उत्तर (c)

• भारत सरकार द्वारा **अटल बीमित व्यक्ति कल्याण योजना** की अवधि को जुलाई, 2022 से जून, 2024 तक दो वर्ष के लिए बढ़ा दिया गया।
• इस योजना का प्रारम्भ **1 जुलाई, 2018** को हुआ।
• योजना के तहत् बीमित व्यक्तियों को बेरोजगारी की दशा में नकद मुआवजा प्रदान किया जाता है।
• योजना का कार्यान्वयन **'कर्मचारी राज्य बीमा निगम'** द्वारा किया जाता है। योजना को प्रारम्भ में दो वर्ष के लिए पायलट आधार पर शुरू किया गया था।
• इस योजना को 30 जून 2024 तक बढ़ाया गया है, इस योजना के तहत मजदूरी की दर 25% से 50% करने का निर्णय भी लिया गया और यह बढ़ा हुआ लाभ 30 जून, 2024 तक प्रभावी रहेगा।

441. भारत सरकार द्वारा **'आत्मनिर्भर भारत रोजगार योजना'** किस वर्ष शुरू की गई थी? SSC CHSL 04.7.2024 (Shift-III)
(a) 2010 (b) 2022
(c) 2020 (d) 2015

उत्तर (c)

• भारत सरकार द्वारा 'आत्मनिर्भर भारत रोजगार योजना' 1 अक्टूबर, 2020 को शुरू की गई।
• यह योजना कोविड-19 महामारी के दौरान, सामाजिक सुरक्षा और रोजगार के नुकसान की भरपाई के साथ-साथ नए रोजगार सृजन को बढ़ावा देने के लिए शुरू हुई।
• यह योजना/पहल ने रोजगार बाजार को पुनर्जीवित किया और महामारी के दौरान व्यापक आर्थिक सुधार में योगदान देने में महत्त्वपूर्ण भूमिका निभाई है।

442. सात इंजनों द्वारा संचालित दृष्टिकोण, जो 'स्वच्छ ऊर्जा' और 'सबका प्रयास' पर आधारित (powered) है, निम्न में से किस योजना से सम्बन्धित है? SSC CHSL 05.7.2024 (Shift-II)
(a) आत्मनिर्भर भारत रोजगार योजना
(b) प्रधानमन्त्री मुद्रा योजना
(c) गरीब कल्याण रोजगार अभियान
(d) पीएम गति शक्ति मास्टर प्लान

उत्तर (d)

• सात इंजनों द्वारा संचालित दृष्टिकोण, जो 'स्वच्छ ऊर्जा' और 'सबका प्रयास' पर आधारित योजना का नाम **पीएम गति शक्ति मास्टर प्लान** है।
• प्रधानमन्त्री नरेन्द्र मोदी द्वारा 75वें गणतन्त्र दिवस के अवसर पर वर्ष 2021 में इस योजना की घोषणा की गई थी।
• इसका उद्देश्य देश के बुनियादी ढाँचे यानी इन्फ्रास्ट्रक्चर को मजबूत करना और लॉजिस्टिक्स को बेहतर बनाना है।
• इस योजना के तहत केन्द्र सरकार के 16 मन्त्रालयों के बीच तालमेल स्थापित कर देश में चल रहे सड़क, रेल, तेल और गैस जैसे मन्त्रालयों के प्रोजेक्ट्स को एक डिजिटल प्लेटफॉर्म पर लाना है।

443. निम्न स्तम्भों का मिलान कीजिए। SSC CHSL 09.7.2024 (Shift-III)

	सूची I		सूची II
A.	राष्ट्रीय विनिर्माण नीति	1.	2014
B.	मेक इन इण्डिया पहल	2.	2016
C.	स्टार्ट-अप इण्डिया योजना	3.	2011
D.	स्मार्ट सिटी प्रोजेक्ट	4.	2015

कूट
	A	B	C	D
(a)	4	3	1	2
(b)	3	1	2	4
(c)	3	4	2	1
(d)	2	1	4	3

उत्तर (b)

• सही सुमेलन A-3, B-1, C-2, D-4 है।
• **राष्ट्रीय विनिर्माण नीति,** 2011 में शुरू की गई जो देश में विनिर्माण क्षेत्र में बढ़ावा देने के लिए एक समग्र नीति है।
• **मेक इन इण्डिया पहल,** 2014 में शुरू की गई, यह निवेश को सुविधाजनक बनाने नवाचार को बढ़ावा देने, सर्वोत्तम बुनियादी ढाँचे का निर्माण करने तथा भारत को विनिर्माण, डिजाइन व नवाचार का केन्द्र बनाने के लिए शुरू की गई।
• **स्टार्ट-अप इण्डिया योजना, 2016** में शुरुआत हुई जिसे बैंक द्वारा वित्त प्रदान करके भारत में स्टार्ट-अप को बढ़ावा देने व समर्थन करने के उद्देश्य से शुरू किया गया।
• **स्मार्ट सिटी प्रोजेक्ट, 2015** में शुरु की गई इस योजना के अन्तर्गत अब तक कुल 100 स्मार्ट सिटी बनाई गई हैं।

444. 31 मार्च, 2024 तक महिला सम्मान बचत प्रमाण-पत्र के बारे में निम्नलिखित में से कौन-सा कथन सही नहीं है? SSC CHSL 11.07.2024 (Shift-II)
(a) इस योजना की घोषणा 2023-24 के बजट में की गई थी
(b) यह योजना 31 मार्च, 2025 तक वैध है।
(c) इस योजना की अवधि 5 वर्ष है
(d) इस योजना में जमा की अधिकतम सीमा 2 लाख प्रतिवर्ष है

उत्तर (c)

• 31 मार्च, 2024 तक महिला सम्मान बचत प्रमाण-पत्र के बारे में तीसरा कथन इस योजना की अवधि 5 वर्ष है विकल्प (c) सही नहीं है।
• इस योजना से कोई भी भारतीय महिला डाकघरों में अकाउण्ट खोलकर वार्षिक ₹ 1000 से ₹ 2 लाख तक का निश्चित ब्याज प्राप्त कर सकती है।
• यह योजना सिर्फ दो वर्ष की है और 31 मार्च, 2025 तक वैध रहेगी।
• इस योजना को शुरू करने का सरकार का मुख्य उद्देश्य महिलाओं को निवेश के प्रति प्रोत्साहित करना है।

445. 10 अप्रैल, 2023 को वाइब्रेण्ट विलेज प्रोग्राम निम्नलिखित में से किस राज्य से शुरू किया गया था? SSC CHSL 11.07.2024 (Shift-III)
(a) मिजोरम (b) नागालैण्ड
(c) सिक्किम (d) अरुणाचल प्रदेश

उत्तर (d)

• 10 अप्रैल, 2023 को वाइब्रेन्ट विलेज प्रोग्राम **अरुणाचल प्रदेश** राज्य द्वारा शुरू किया गया था।
• केन्द्रीय गृह मन्त्री अमित शाह ने अरुणाचल प्रदेश के सीमावर्ती गाँव किबिथू में 'वाइब्रेन्ट विलेज' प्रोग्राम की शुरुआत की।
• इस योजना के तहत् उत्तरी सीमावर्ती गाँवों में समग्र विकास कार्य किए जाने हैं।

• इससे चिह्नित सीमावर्ती गाँवों में रहने वाले लोगों के जीवन की गुणवत्ता में सुधार लाने में मदद मिलेगी।

राष्ट्रीय शहरी आजीविका मिशन को भारत सरकार के आवास और शहरी गरीबी उन्मूलन मन्त्रालय द्वारा 24 सितम्बर, 2013 को मौजूदा स्वर्ण जयन्ती शहरी रोजगार योजना के स्थान पर शुरू किया गया था।

SSC CHSL 2023

446. सरकार की 'प्रधानमन्त्री जन आरोग्य योजना' (PMJAY) निम्नलिखित में से किस राज्यनीति-निदेशक सिद्धान्तों से सम्बन्धित है?
SSC CHSL 02.11.2023 (Shift-I)
(a) सहकारी समितियों को बढ़ावा देना
(b) सार्वजनिक स्वास्थ्य के पोषण स्तर में वृद्धि करना और उसमें सुधार करना राज्य का कर्त्तव्य है
(c) उद्योगों के प्रबन्धन में श्रमिकों की भागीदारी
(d) समान न्याय और नि:शुल्क कानूनी सहायता

उत्तर (b)

• सरकार की प्रधानमन्त्री जन आरोग्य योजना सार्वजनिक स्वास्थ्य के पोषण स्तर में वृद्धि करना और उसमें सुधार करना राज्य कर्त्तव्य है। राज्य के नीति-दिनेशक सिद्धान्तों से सम्बन्धित है।
• प्रधानमन्त्री जन आरोग्य योजना को 23 सितम्बर, 2018 को राँची (झारखण्ड) से शुरू किया गया था।
• यह 50 लाख से अधिक लाभार्थियों को लक्षित करने वाला दुनिया का सबसे बड़ा सरकारी वित्त पोषित स्वास्थ्य सेवा कार्यक्रम है।
• **इसका उद्देश्य आर्थिक** रूप से कमजोर वर्ग (बीपीएल धारक) को ₹ 5 लाख तक का कैश रहित स्वास्थ्य बीमा उपलब्ध कराना है।

447. निम्नलिखित में से कौन-सा घटक नवभारत साक्षरता कार्यक्रम (New India Literacy Programme) से सम्बन्धित नहीं है?
SSC CHSL Tier-1 17.08.2023 (Shift-I)
(a) महत्त्वपूर्ण जीवन कौशल
(b) मूलभूत साक्षरता और संख्यात्मक ज्ञान
(c) बुनियादी शिक्षा
(d) व्यावसायिक कौशल विकास

उत्तर (d)

• **व्यावसायिक कौशल विकास**
• इस योजना के पाँच घटक मूलभूत साक्षरता और संख्यात्मक मान, महत्त्वपूर्ण जीवन कौशल, व्यावसायिक कौशल विकास तथा, बुनियादी शिक्षा **तथा शिक्षा** जारी रखना है।
• 15 वर्ष से अधिक आयु के सभी निरक्षर इस योजना का लाभ प्राप्त करने के पात्र हैं।
• सरकार ने वित्त वर्ष 2022-23 से 2026-27 तक पाँच वर्षों के दौरान ₹ 1037.90 करोड़ के वित्तीय परिव्यय के साथ कार्यान्वयन हेतु एक नई केन्द्र प्रायोजित योजना **'नव भारत साक्षरता कार्यक्रम'** शुरू किया है।

448. राष्ट्रीय परिवार स्वास्थ्य सर्वेक्षण (NFHS-V (2019-2021)) में स्व-सूचित (Self-reported) गोइटर या थायरॉइड विकार की व्यापकता क्या थी?
SSC CHSL Tier-1 14.08.2023 (Shift-IV)
(a) 2.9% (b) 4.2%
(c) 2.1% (d) 3.4%

उत्तर (a)

• राष्ट्रीय परिवार स्वास्थ्य सर्वेक्षण, 2019-21 के अनुसार थायरॉइड विकार की व्यापकता **2.9%** थी।
• थायरॉइड विकार, आयोडीन की कमी से होता है।
• पहाड़ी क्षेत्रों में रहने वाले लोगों में इस प्रकार की समस्या सामान्य रूप से पाई जाती है।
• राष्ट्रीय परिवार स्वास्थ्य सर्वेक्षण का पहला दौर 1992-93 में हुआ था।

449. नाबार्ड (NABARD) द्वारा वर्ष 2015 में कृषि और गैर-कृषि गतिविधियों दोनों में लोगों की आजीविका को बढ़ावा देने के लिए निम्नलिखित में से कौन-सा कार्यक्रम शुरू किया गया था?
SSC CHSL Tier-1 07.08.2023 (Shift-IV)
(a) एमईडीपी (MEDP)
(b) बीएलपी (BLP)
(c) एलडब्ल्यूई (LWE)
(d) एलईडीपी (LEDP)

उत्तर (d)

• नाबॉर्ड द्वारा वर्ष 2015 में कृषि और गैर-कृषि गतिविधियों दोनों में लोगों की आजीविका को बढ़ावा देने के लिए **एलईडीपी (LEDP)** कार्यक्रम शुरू किया गया।
• नाबार्ड के मुख्य तीन कार्यक्षेत्र हैं-वित्तीय विकासात्मक और पर्यवेक्षी, जिनके माध्यम से वह ग्रामीण अर्थव्यवस्था के लगभग हर पहलू में योगदान करता है।
• एलईडीपी (आजीविका उद्यम विकास कार्यक्रम) के अन्तर्गत कौशल उन्नयन प्रशिक्षण 25-30 सदस्यों के बैच में प्रदान किया जाता है।
• साथ ही इसमें कृषि से सम्बद्ध गतिविधियों के साथ-साथ ग्रामीण गैर-कृषि क्षेत्र की गतिविधियों को भी शामिल किया जाता है।

450. प्रधानमन्त्री मुद्रा योजना क्या है?
SSC CHSL Tier-1 21.03.2023 (Shift-IV)
(a) एक नि:शुल्क दवा योजना
(b) एक बीमा योजना
(c) एक ऋण योजना
(d) एक रोजगार योजना

उत्तर (c)

• प्रधानमन्त्री मुद्रा योजना **एक ऋण योजना** है। सरकार ने इस योजना को वर्ष 2015 में गैर-कॉर्पोरेट, गैर-कृषि छोटे/सूक्ष्म उद्योगों को ₹ 10 लाख तक का ऋण प्रदान करने हेतु लॉन्च किया था।
• मुद्रा, माइक्रो यूनिट्स डेवलपमेण्ट एवं रिफाइनेन्स एजेन्सी लिमिटेड सरकार द्वारा स्थापित एक वित्तीय संस्थान है।
• इस योजना के अन्तर्गत ऋण वाणिज्यिक बैंकों, RRBs, लघुवित्त बैंकों, MFIs और NBFCs द्वारा प्रदान किए जाते हैं।

451. महिलाओं के लिए वन स्टॉप सेण्टर योजना (One Stop Centre Scheme) निम्नलिखित में से किसके द्वारा वित्तपोषित है?
SSC CHSL Tier-1 15.03.2023 (Shift-IV)
(a) नकद सुविधा (b) निर्भया फण्ड
(c) साहा फण्ड (d) रग बिनीथ माय फीट

उत्तर (b)

• महिलाओं के लिए **वन स्टॉप सेण्टर योजना निर्भया फण्ड** द्वारा वित्तपोषित है।
• यह महिलाओं के खिलाफ हिंसा की समस्या के समाधान के लिए एक केन्द्र प्रायोजित योजना है।
• इस योजना को अप्रैल, 2015 में लॉन्च किया गया था।
• यह इन्दिरा गाँधी मातृत्व सहयोजना सहित राष्ट्रीय महिला सशक्तीकरण मिशन के लिए अम्ब्रेला योजना की एक उपयोजना है।
• **इसका उद्देश्य** परिवार के भीतर या कार्यस्थल पर या समुदाय के भीतर, निजी या सार्वजनिक स्थानों पर होने वाली हिंसा से प्रभावित महिलाओं का समर्थन करना है।
• वन-स्टॉप सेण्टर योजना महिलाओं को सहायता प्रदान करती है; जैसे-मेडिकल सहायता, कानूनी सहयोग, आश्रय, परामर्श, बचाव सेवाएँ, मनो-सामाजिक समर्थन।

SSC MTS 2024 (Tier 1 & 2)

452. केन्द्रीय बजट 2023 में 'प्रधानमन्त्री कौशल विकास योजना' के किस संस्करण की घोषणा की गई है? SSC MTS Tier-1 30.10.2024 (Shift-III)
(a) 2.0 (b) 4.0 (c) 5.0 (d) 3.0

उत्तर (b)

• केन्द्रीय बजट 2023 में प्रधानमन्त्री कौशल विकास योजना के 4.0 संस्करण की घोषणा की गई है।
• इस योजना की शुरूआत **जुलाई, 2015** में हुई थी।
• यह योजना **कौशल विकास** और **उद्यमिता मन्त्रालय** की प्रमुख योजना है।
• इस योजना के तहत युवाओं को प्रासंगिक कौशल प्रशिक्षण दिया जाता है।

453. 'नई चेतना-पहल बदलाव की' अभियान कब शुरू किया गया था?
SSC MTS Tier-1 17.10.2024 (Shift-II)
(a) मार्च, 2023 (b) जनवरी, 2023
(c) नवम्बर, 2022 (d) दिसम्बर, 2022

उत्तर (c)

• 'नई चेतना-पहल बदलाव की' अभियान की शुरुआत **नवम्बर, 2022** में हुई थी और अभियान का संचालन शहरी विकास मन्त्रालय द्वारा किया गया था।
• यह चार सप्ताह का अभियान था, जिसका उद्देश्य महिलाओं को हिंसा को पहचानने और रोकने एवं उन्हें उनके अधिकारों के बारे में जागरूक करने के लिए तैयार करना है।
• यह अभियान सभी राज्यों द्वारा नागरिक समाज संगठनों (Civil Society Orgnisation, CSO) के भागीदारों के सहयोग से लागू किया गया था।

454. भारत सरकार की निम्नलिखित में से कौन-सी पहल, उन सभी ग्रामीण परिवारों को 100 दिनों की गारण्टीकृत मजदूरी रोजगार का वादा करती है, जो स्वेच्छा से अकुशल शारीरिक श्रम करते हैं? SSC MTS Tier-1 16.10.2024 (Shift-II)

(a) महात्मा गाँधी राष्ट्रीय ग्रामीण रोजगार गारण्टी योजना
(b) प्रधानमन्त्री गरीब कल्याण रोजगार अभियान
(c) प्रधानमन्त्री रोजगार प्रोत्साहन योजना
(d) राष्ट्रीय करियर सेवा

उत्तर (a)

• 'महात्मा गाँधी राष्ट्रीय ग्रामीण रोजगार गारण्टी योजना' उन सभी ग्रामीण परिवारों को 100 दिनों की गारण्टीकृत मजदूरी रोजगार का वादा करती है, जो स्वेच्छा से अंकुशल शारीरिक श्रम करते हैं।
• इस रोजगार के लिए प्रतिदिन ₹ 220 की न्यूनतम मजदूरी दी जाती है।
• इस योजना का उद्देश्य ग्रामीण क्षेत्रों में रहने वाले लोगो के लिए सामाजिक सुरक्षा सुनिश्चित करना और उनकी क्रय शक्ति बढ़ाना है।
• इस योजना के तहत् ग्रामीण क्षेत्रों के प्राकृतिक संसाधनों का विकास किया जाता है।

455. निम्नलिखित में से किस स्वतन्त्रता सेनानी की जयन्ती पर स्वच्छ भारत मिशन आरम्भ किया गया था? SSC MTS Tier-1 08.10.2024 (Shift-I)

(a) सुभाष चन्द्र बोस (b) चन्द्रशेखर आजाद
(c) महात्मा गाँधी (d) भगत सिंह

उत्तर (c)

• प्रसिद्ध स्वतन्त्रता सेनानी **महात्मा गाँधी** जी की जयन्ती पर स्वच्छ भारत मिशन आरम्भ किया गया था।
• प्रधानमन्त्री नरेन्द्र मोदी ने महात्मा गाँधीजी की 145वीं जयन्ती पर स्वच्छ भारत अभियन (2018) की शुरुआत की थी।
• इस अभियान का मुख्य उद्देश्य देश के प्रत्येक परिवार को शौचालय, ठोस और तरल अपशिष्ट निपटान प्रणाली, पर्याप्त पेयजल आपूर्ति और गाँव को स्वच्छ सुविधाएँ उपलब्ध करना है।
• इस अभियान की शुरुआत राजघाट नई दिल्ली से आरम्भ की गई थी।

456. पीएम-स्वनिधि योजना (2020) भारत सरकार के किस मन्त्रालय द्वारा संचालित है? SSC MTS Tier-1 01.10.2024 (Shift-I)

(a) ग्रामीण विकास मन्त्रालय
(b) आवासन एवं शहरी कार्य मन्त्रालय
(c) श्रम एवं रोजगार
(d) वित्त मन्त्रालय

उत्तर (b)

• पीएम-स्वनिधि योजना (2020) भारत सरकार के **आवासन एवं शहरी कार्य मन्त्रालय** द्वारा संचालित है। इसका उद्देश्य, सड़क विक्रेताओं को औपचारिक बनाना और उन्हें आर्थिक रूप से मजबूत बनाना है।
• पीएम-स्वनिधि योजना का पूर्ण नाम प्रधानमन्त्री **स्ट्रीट वेण्डर्स आत्मनिर्भर निधि योजना** है।
• इस योजना के अन्तर्गत क्रमश: ₹ 10000 और ₹ 20000 के पहले एवं दूसरे ऋण के अलावा रुपय तक के तीसरे सावधिक ऋण की शुरुआत की गई है।

SSC MTS 2023

457. स्वर्ण जयन्ती शहरी रोजगार योजना भारत सरकार द्वारा वर्ष ······ में शुरू की गई थी। SSC MTS 08.09.2023 (Shift-II)

(a) 1997 (b) 2004
(c) 2010 (d) 1990

उत्तर (a)

• स्वर्ण जयन्ती शहरी रोजगार योजना एक केन्द्र प्रायोजित योजना है, जो 1 दिसम्बर, 1997 को शुरू की गई थी।
• इस योजना का उद्देश्य स्वरोजगार उपक्रमों या मजदूरी के प्रावधान के माध्यम से शहरी बेरोजगार या अर्द्ध-बेरोजगारों को लाभकारी रोजगार उपलब्ध कराना है।
• इस योजना का क्रियान्वयन शहरी स्थानीय निकायों एवं सामुदायिक संरचनाओं के माध्यम से किया जा रहा है।

SSC MTS 2022

458. निम्नलिखित में से किस राज्य सरकार ने छात्रों को मार्गदर्शन प्रदान करने और उनके कौशल में सुधार लाने के लिए फरवरी, 2022 में 'प्रोजेक्ट आरोहण' नामक चार वर्षीय परामर्श कार्यक्रम की घोषणा की? SSC MTS 15.07.2022 (Shift-I)

(a) कर्नाटक (b) उत्तर प्रदेश
(c) असम (d) हिमाचल प्रदेश

उत्तर (c)

• असम सरकार ने छात्रों को मार्गदर्शन प्रदान करने और उनके कौशल में सुधार लाने के लिए फरवरी, 2022 में 'प्रोजेक्ट आरोहण' नामक चार वर्षीय परामर्श कार्यक्रम की घोषणा की।
• यह एक ऐसी पहल है, जिसके माध्यम से दूरस्थ, ग्रामीण एवं गरीब परिवार के प्रतिभाशाली छात्रों की पहचान कर, उनके अकादमिक करियर की निगरानी की जाएगी।
• यह परियोजना टाटा समूह के सहयोग से संचालित की जाएगी। यह छात्रों के सर्वांगीण विकास का लक्ष्य रखती है, जिसके अन्तर्गत मुख्य फोकस कौशल विकास पर होगा।

SSC Steno 2024 (Tier 1 & 2)

459. आत्मनिर्भर भारत रोजगार योजना किस संगठन के माध्यम से लागू की गई थी? SSC Steno Tier-1 10.12.2024 (Shift-I)

(a) जीवन बीमा निगम
(b) एचडीएफसी बैंक
(c) इण्डिया पोस्ट पेमेण्ट्स बैंक
(d) कर्मचारी भविष्य निधि संगठन

उत्तर (d)

• आत्मनिर्भर भारत रोजगार योजना, कर्मचारी भविष्य निधि संगठन के माध्यम से लागू की गई थी।
• आत्मनिर्भर भारत रोजगार योजना (ABRY) कोविड-19 महामारी के दौरान शुरू की गई थी।
• इस योजना के तहत कर्मचारी भविष्य निधि संगठन के द्वारा, नियोक्ताओं के वित्तीय बोझ को कम करना और नए रोजगार सृजन को बढ़ावा देना था।

460. प्रधानमन्त्री फसल बीमा योजना के अन्तर्गत, बागवानी फसलों के लिए किसानों द्वारा देय अधिकतम प्रीमियम ·········· होगा। SSC Steno Tier-1 10.12.2024 (Shift-I)

(a) 5% (b) 3% (c) 6% (d) 4%

उत्तर (a)

• प्रधानमन्त्री फसल बीमा योजना के अन्तर्गत, बागवानी फसलों के लिए किसानों द्वारा देय अधिकतम प्रीमियम 5% होगा।
• इस योजना में किसानों द्वारा देय प्रीमियम और बीमा दर के बीच का अन्तर केन्द्र और राज्य दोनों सरकार बराबर-बराबर साझा करती हैं।
• इस योजना के अन्तर्गत खरीफ फसलों के लिए 2% तथा रबी फसलों के लिए 1.5% है।
• प्रधानमन्त्री फसल बीमा योजना की शुरुआत 18 फरवरी, 2016 को की गई थी।

461. निम्नलिखित में से कौन-सा विकल्प एकीकृत बाल विकास सेवा (ICDS) योजना के लिए सर्वोत्तम विकल्प का निरूपण करता है? SSC Steno Tier-1 10.12.2024 (Shift-I)

(a) वस्त्र समर्थन (b) गृह समर्थन
(c) पोषण समर्थन (d) यात्रा समर्थन

उत्तर (c)

• पोषण समर्थन एकीकृत बाल विकास सेवा (ICDS) योजना के लिए सर्वोत्तम निरूपण करता है।
• यह योजना केन्द्र सरकार समर्थित है, जिसका उद्देश्य 6 वर्ष से कम आयु के बच्चों और उनकी माताओं के स्वास्थ्य तथा पोषण में सुधार लाना है।
• इस योजना के तहत् पौष्टिक भोजन, टीकाकरण, स्वास्थ्य जाँच आदि सुविधाएँ प्रदान की जाती है।

462. भारत में हरित क्रान्ति की अवधि के दौरान, बाल पोषण केन्द्रित योजना, एकीकृत बाल विकास योजना (ICDS) ········ में शुरू की गई थी। SSC Steno Tier-1 10.12.2024 (Shift-II)

(a) वर्ष 1976 (b) वर्ष 1977
(c) वर्ष 1975 (d) वर्ष 1972

उत्तर (c)

• भारत में हरित क्रान्ति की अवधि के दौरान, बाल पोषण केन्द्रित योजना, एकीकृत बाल विकास योजना (ICDS) वर्ष 1975 में शुरू की गई थी।
• ICDS एक सरकारी कार्यक्रम है, जो 6 वर्ष से कम आयु के बच्चों और उनकी माताओं को पोषण, पूर्वस्कूली शिक्षा, प्राथमिक स्वास्थ्य सेवा और टीकाकरण जैसी सेवाएँ प्रदान करता है। इसका उद्देश्य कुपोषण और बाल मृत्यु दर को कम करना है।

• हरित क्रान्ति के दौरान कृषि उत्पादन में वृद्धि हुई, जिससे देश में खाद्य सुरक्षा में सुधार हुआ। इसी दौरान बच्चों के पोषण और स्वास्थ्य पर भी ध्यान केन्द्रित करने के लिए ICDS योजना शुरू की गई।

463. यूपीआई के लिए मार्गदर्शी परियोजना किस वर्ष शुरू की गई?
SSC Steno Tier-1 10.12.2024 (Shift-III)

(a) 2004 (b) 2010 (c) 2016 (d) 2014

उत्तर (c)

• यूपीआई (UPI) के लिए मार्गदर्शी परियोजना की शुरुआत वर्ष 2016 में की गई।

• यूपीआई का पूरा नाम यूनिफाइड पेमेण्ट्स इण्टरफेस है।

• इसका उपयोग मोबाइल उपकरणों पर दो बैंक खातों के बीच तुरन्त धनराशि स्थानान्तरित करने के लिए किया जाता है।

464. केन्द्रीय श्रम और रोजगार मन्त्री द्वारा मार्च, 2022 में प्रधानमन्त्री श्रम योगी मान-धन (PM-SYM) योजना के तहत निम्नलिखित में से किस पहल की घोषणा की गई थी?
SSC Steno Tier-1 11.12.2024 (Shift-I)

(a) लिव विथ पेंशन (b) क्लिक-2 पेंशन
(c) डोनेट-ए-पेंशन (d) इण्टरेस्ट-इन पेंशन

उत्तर (c)

• केन्द्रीय श्रम और रोजगार मन्त्री द्वारा मार्च, 2022 में प्रधानमन्त्री श्रम योगी मान-धन (PM-SYM) योजना के तहत डोनेट-ए-पेंशन (Donate-a-pension) पहल की घोषणा की गई थी।

• प्रधानमन्त्री श्रम योगी मान-धन (PM-SYM) योजना की शुरुआत फरवरी, 2019 में की गई एक सामाजिक कल्याण योजना है, जो असंगठित क्षेत्र के गरीब मजदूरों के लिए न्यूनतम 18 से 40 वर्ष की आयु तक के लिए है।

• डोनेट-ए-पेंशन के तहत असंगठित कामगार के लिए प्रीमियम अंशदान दे सकते हैं।

465. प्रधानमन्त्री मुद्रा योजना (2015) के तहत अधिकतम कितनी राशि का ऋण लिया जा सकता है? **SSC Steno Tier-1 11.12.2024 (Shift-I)**

(a) 8 लाख (b) 10 लाख
(c) 5 लाख (d) 6 लाख

उत्तर (b)

• प्रधानमन्त्री मुद्रा योजना (2015) के तहत अधिकतम ₹ 10 लाख राशि का ऋण लिया जा सकता है।

• यह योजना भारत सरकार की सूक्ष्म और लघु उद्यमियों को वहन योग्य शर्तों पर ऋण देने की प्रमुख योजना है।

• केन्द्रीय बजट वर्ष 2024-25 में ऋण सीमा 10 लाख से बढ़ाकर 20 लाख कर दी गई और यह सीमा 24 अक्टूबर, 2024 से प्रभावी हुई।

466. वित्तीय वर्ष 2022-23 के लिए केन्द्र सरकार की निम्नलिखित में से कौन-सी योजना 7.40% की निश्चित वार्षिक पेंशन दर प्रदान करती है, जो मासिक रूप से देय होती है?
SSC Steno Tier-1 11.12.2024 (Shift-II)

(a) वरिष्ठ पेंशन बीमा योजना
(b) निर्यात ऋण विकास योजना
(c) आयुष्मान सहकार योजना
(d) प्रधानमन्त्री वय वन्दना योजना

उत्तर (d)

• वित्तीय वर्ष 2022-23 के लिए केन्द्र सरकार की प्रधानमन्त्री वय वन्दना योजना 7.40% की निश्चित वार्षिक पेंशन दर प्रदान करती है, जो मासिक रूप से देय होती है।

• इस योजना के अन्तर्गत मासिक पेंशन ₹ 1000 से लेकर ₹ 9200 तक, जबकि तिमाही पेंशन ₹ 3000 से लेकर ₹ 27750 तक होती है।

SSC GD 2024 (Tier 1 & 2)

467. निम्नलिखित में से किस केन्द्रीय मन्त्रालय ने 'अमेज़न फ्यूचर इंजीनियर प्रोग्राम' प्रारम्भ करने की घोषणा की? **SSC GD 20.02.2024 (Shift-III)**

(a) शिक्षा मन्त्रालय
(b) विज्ञान और प्रौद्योगिकी मन्त्रालय
(c) इलेक्ट्रॉनिकी और सूचना प्रौद्योगिकी मन्त्रालय
(d) जनजातीय कार्य मन्त्रालय

उत्तर (d)

• सितम्बर, 2023 में **जनजातीय कार्य मन्त्रालय** ने 'अमेजन फ्यूचर इंजीनियर प्रोग्राम' प्रारम्भ करने की घोषणा की है।

• इस पहल में जनजातीय समुदायों के बीच मौजूद शैक्षणिक अन्तर को पाटने, उभरती प्रौद्योगिकियों में उनके सफल करियर को सुनिश्चित करने की क्षमता है।

• इस प्रोग्राम का उद्देश्य वंचित एवं कम प्रतिनिधित्व वाले समुदायों के छात्रों को कम्प्यूटर विज्ञान की शिक्षा प्रदान करना है।

468. वर्ष 2023 में कृषि और किसान कल्याण मन्त्रालय ने एक पीएम-किसान आर्टिफिशियल इण्टेलिजेन्स चैटबॉट ······· लॉन्च किया है, जो किसानों को पीएम-किसान योजना से सम्बन्धित उनकी शिकायतों के लिए एक ही जगह पर समाधान प्रदान करेगा। **SSC GD 20.02.2024 (Shift-IV)**

(a) किसान ई-योजना (b) किसान ई-सन्देश
(c) किसान ई-समाधान (d) किसान ई-मित्र

उत्तर (d)

• वर्ष 2023 में कृषि और किसान कल्याण मन्त्रालय ने एक पीएम-किसान आर्टिफिशियल इण्टेलिजेन्स चैटबॉट किसान ई-मित्र लॉन्च किया है, जो किसानों को पीएम-किसान योजना से सम्बन्धित उनकी शिकायतों के लिए एक ही जगह पर समाधान प्रदान करेगा।

• इस चैटबॉट से प्रश्न पूछने पर यह यूजर को जवाब देता है।

• इसे केन्द्रीय कृषि एवं किसान कल्याण राज्य मन्त्री कैलाश चौधरी ने सितम्बर, 2023 में लॉन्च किया।

469. 9 अगस्त, 2023 तक प्रधानमन्त्री जन-धन योजना (PMJDY) के अन्तर्गत, मध्य प्रदेश में ······· परिवारों का जन-धन खाता खुलवाया गया है। **SSC GD 02.02.2024 (Shift-I)**

(a) 75% (b) 100% (c) 25% (d) 50%

उत्तर (b)

• प्रधानमंत्री जन-धन योजना के तहत मध्य प्रदेश में 9 अगस्त, 2023 तक 100% परिवारों का जन-धन खाता खुलवाया गया।

• जन धन योजना की शुरुआत प्रधानमन्त्री नरेन्द्र मोदी ने 28 अगस्त, 2014 को की थी।

• यह योजना कमज़ोर एवं आर्थिक रूप से वंचित वर्गों को सस्ती वित्तीय सेवाएँ प्रदान करने के लिए वित्त मन्त्रालय के नेतृत्व में शुरू की गई।

• वित्त मन्त्रालय इस योजना के क्रियान्वयन हेतु नोडल एजेन्सी है।

470. 'मेक इन इण्डिया' 25 सितम्बर, ······· को लॉन्च किया गया था।
SSC GD 20.02.2024 (Shift-III)

(a) 2016 (b) 2014 (c) 2015 (d) 2011

उत्तर (b)

• 'मेक इन इण्डिया' कार्यक्रम **25 सितम्बर, 2014** को लॉन्च किया गया था।

• यह कार्यक्रम निवेश को सुविधाजनक बनाने, नवाचार को बढ़ावा देने, सर्वोत्तम श्रेणी के विनिर्माण, बुनियादी ढाँचे का निर्माण करने, व्यवसाय करने को आसान बनाने और कौशल को बढ़ावा देने के उद्देश्य से शुरू किया गया था।

471. निम्नलिखित में से किस राज्य की सरकार ने आदिवासी गाँवों को मुख्य सड़कों से जोड़ने के लिए 'भगवान बिरसा मुण्डा जोड़-रास्ते योजना' शुरू की है? **SSC GD 02.02.2024 (Shift-IV)**

(a) हरियाणा (b) पश्चिम बंगाल
(c) बिहार (d) महाराष्ट्र

उत्तर (d)

• **महाराष्ट्र** में आदिवासी गाँवों को मुख्य सड़कों से जोड़ने के लिए 'भगवान बिरसा मुण्डा जोड़-रास्ते' योजना शुरू की गई।

• इस योजना का मुख्य उद्देश्य राज्य के 17 जिलों के आदिवासी गाँवों को मुख्य सड़कों से जोड़ना है।

• ₹ 5000 करोड़ की अनुमानित लागत वाली इस परियोजना में लगभग 6,838 किमी सड़कों का निर्माण किया जाएगा।

472. वित्त मन्त्रालय के अन्तर्गत निम्नलिखित में से किस विभाग ने सरकार और सरकारी उपक्रमों के लम्बित संविदात्मक विवादों के प्रभावी ढंग से निपटान के लिए 'विवाद से विश्वास II' - (संविदात्मक विवाद) योजना शुरू की है?
SSC GD 22.02.2024 (Shift-IV)

(a) राजस्व विभाग
(b) आर्थिक कार्य विभाग
(c) वित्तीय सेवा विभाग
(d) व्यय विभाग

उत्तर (d)

• **व्यय विभाग** ने सरकार और सरकारी उपक्रमों के लम्बित संविदात्मक विवादों के प्रभावी ढंग से निपटान के लिए 'विवाद से विश्वास II' - (संविदात्मक विवाद) योजना शुरू की है।

• इस योजना का मुख्य उद्देश्य अनुबन्धात्मक विवादों को कुशलतापूर्वक हल करने के लिए एक मंच प्रदान करना।

• यह योजना, आयकर कानूनों (आईटीएल) के तहत 22 जुलाई, 2024 तक लम्बित विवादों के निपटारे के लिए लागू हुई।

473. जन औषधि ट्रेन को केन्द्रीय स्वास्थ्य व परिवार कल्याण और रसायन एवं उर्वरक मन्त्री डॉ. मनसुख मण्डाविया तथा रेल, संचार, इलेक्ट्रॉनिक्स और सूचना प्रौद्योगिकी मन्त्री श्री अश्विनी वैष्णव ने हरी झण्डी कब दिखाई थी?
SSC GD 22.02.2024 (Shift-I)

(a) 2022 में (b) 2023 में
(c) 2020 में (d) 2021 में

उत्तर (b)

• जन औषधि ट्रेन को वर्ष 2023 में केन्द्रीय स्वास्थ्य व परिवार कल्याण और रसायन एवं उर्वरक मन्त्री डॉ. मनसुख मण्डाविया तथा रेल, संचार, इलेक्ट्रॉनिक्स और सूचना प्रौद्योगिकी मन्त्री श्री अश्विनी वैष्णव ने हरी झण्डी कब दिखाई

• इस ट्रेन का उद्देश्य देश के अलग-अलग क्षेत्रों में जन औषधियों के प्रति जागरुकता पैदा करना है।

• इसे 9000 से अधिक जन औषधि केन्द्र यह सुनिश्चित करने के लिए काम कर रहे है कि लोगों को सस्ती कीमत पर गुणवत्तापूर्ण दवाएँ मिले।

474. .... राष्ट्रीय बाल भवन (NBB) की एक पहल है, जो चार प्रमुख क्षेत्रों में बच्चों की सृजनात्मक क्षमता को पहचानकर उन्हें अपनी सृजनात्मक क्षमता का विकास करने और बेहतर बनाने की दिशा में प्रेरित करती है। इसकी मूल्यांकन, चयन प्रक्रिया और कार्यविधि भिन्न प्रकार की है, जिसमें विभिन्न क्षेत्रों के ख्याति प्राप्त सृजनात्मक कलाकारों और विशेषज्ञों के परामर्श पर निरन्तर सुधार की आवश्यकता बनी रहती है। **SSC GD 23.02.2024 (Shift-III)**

(a) राष्ट्रीय बालश्री सम्मान
(b) श्री सम्मान
(c) राष्ट्रीय पद्मश्री सम्मान
(d) राष्ट्रीय मातृश्री सम्मान

उत्तर (a)

• **राष्ट्रीय बालश्री सम्मान** राष्ट्रीय बाल भवन (NBB) की एक पहल है, जो चार प्रमुख क्षेत्रों में बच्चों की सृजनात्मक क्षमता को पहचान कर उन्हें अपनी सृजनात्मक क्षमता का विकास करने और बेहतर बनाने की दिशा में प्रेरित करती है।

• इसका मूल्यांकन, चयन प्रक्रिया और कार्यविधि भिन्न प्रकार की है, जिनमें विभिन्न क्षेत्रों के ख्याति प्राप्त सृजनात्मक कलाकारों और विशेषज्ञों के परामर्श पर निरन्तर सुधार की आवश्यकता बनी रहती है।

• इस सम्मान की शुरुआत वर्ष 1996 में की गई थी। यह 9 से 16 वर्ष के आयु वर्ग के रचनात्मक बच्चों के लिए भारत सरकार द्वारा प्रदत्त सम्मान है।

SSC GD 2023

475. ......(ABDM) का उद्देश्य देश के एकीकृत डिजिटल स्वास्थ्य अवसंरचना का समर्थन करने हेतु आवश्यक आधार विकसित करना है।
SSC GD Constable 13.02.2023 (Shift-II)

(a) आयुष्मान भारत डिजिटल मैप
(b) आयुष्मान भारत डिजिटल मैनेजमेण्ट
(c) अजय भारत डिजिटल मिशन
(d) आयुष्मान भारत डिजिटल मिशन

उत्तर (d)

• आयुष्मान भारत डिजिटल मिशन (ABDM) का उद्देश्य देश के एकीकृत डिजिटल स्वास्थ्य अवसंरचना का समर्थन करने हेतु आवश्यक आधार विकसित करना है।

• इसे सितम्बर, 2021 में प्रधानमन्त्री द्वारा वीडियो कॉन्फ्रेंस के माध्यम से लॉन्च किया गया था।

• मिशन के पायलट प्रोजेक्ट की घोषणा प्रधानमन्त्री ने 15 अगस्त, 2021 को लाल किले की प्राचीर से की थी।

• इसकी कार्यान्वयन एजेंसी, स्वास्थ्य और परिवार कल्याण मन्त्रालय के तहत स्थापित राष्ट्रीय स्वास्थ्य प्राधिकरण (NHA) है।

SSC SP 2023

476. अप्रैल, 2022 में प्रधानमन्त्री स्ट्रीट वेण्डर्स आत्मनिर्भर निधि (पी.एम. स्वनिधि-PM SVANidhi) योजना को .... दिसम्बर तक बढ़ा दिया गया था।
SSC Selection Post (10th) 27.6.2023

(a) 2024 (b) 2026 (c) 2025 (d) 2023

उत्तर (a)

• 23 अप्रैल, 2022 में **प्रधानमन्त्री स्ट्रीट वेण्डर्स आत्मनिर्भर निधि योजना** को वर्ष 2024 दिसम्बर तक बढ़ा दिया गया था।

• प्रधानमन्त्री स्ट्रीट वेण्डर आत्मनिर्भर निधि (पीएम स्वनिधि) योजना, शहरी स्ट्रीट वेण्डरों के लिए एक सूक्ष्म ऋण योजना है।

• इसका उद्देश्य **₹ 50,000 तक** बिना किसी गारण्टी के कार्यशील पूँजी ऋण की सुविधा प्रदान करना है।

477. वर्ष 2023 में अन्तर्राष्ट्रीय वन दिवस के अवसर पर छत्तीसगढ़ सरकार द्वारा निम्नलिखित में से कौन-सी योजना शुरू की गई थी?
SSC Selection Post (10th) 1-8-2024 (Shift-II)

(a) मुख्यमन्त्री कृषि योजना
(b) कृषि विकास योजना
(c) किसान आय योजना
(d) मुख्यमन्त्री वृक्ष सम्पदा योजना

उत्तर (d)

• 21 **मार्च, 2023** को 'विश्व वानिकी दिवस' के अवसर पर छत्तीसगढ़ के मुख्यमन्त्री ने विधानसभा परिसर स्थित अपने कार्यालय कक्ष से राज्य के सभी 33 जिलों के 42 स्थानों में राज्य सरकार की महत्त्वाकांक्षी '**मुख्यमन्त्री वृक्ष सम्पदा योजना**' का वर्चुअल शुभारम्भ किया।

• यह योजना ग्रामीण क्षेत्रों में वाणिज्यिक वृक्षारोपण को बढ़ावा देकर किसानों की आय में वृद्धि करने के उद्देश्य से शुरू की गई है।

• यह राज्य के हरित आवरण और जैव विविधता को बढ़ाने के लिए एक वयापक प्रयासो का भाग है।

478. भारत सरकार की अन्नपूर्णा योजना का उद्देश्य क्या है?
SSC Selection Post (10+2) 27-6-2023 (Shift-III)

(a) सभी को भोजन उपलब्ध कराना
(b) वरिष्ठ नागरिकों को खाद्यान्न उपलब्ध कराना
(c) बच्चों को खाद्यान्न उपलब्ध कराना
(d) महिलाओं को खाद्यान्न उपलब्ध कराना

उत्तर (b)

• भारत सरकार की अन्नपूर्णा योजना का उद्देश्य वरिष्ठ नागरिको को खाद्यान्न उपलब्ध करना है।

• वरिष्ठ नागरिकों की आवश्यकताओं को पूरा करने के लिए खाद्य सुरक्षा प्रदान करना है, जो पात्र होने के बावजूद राष्ट्रीय वृद्धवस्था पेंशन योजना के अन्तर्गत शामिल नहीं हैं।

• इस योजना के तहत 65 साल या उससे अधिक उम्र के वृद्धजनों को हर महीने 10 किलोग्राम खाद्यान्न मुफ्त दिया जाता है।

479. अक्टूबर, 2020 में निम्नलिखित में से किस मन्त्रालय ने स्वास्थ्य सेवा सम्बन्धी आधारभूत संरचना के निर्माण में सहकारी समितियों की सहायता के लिए आयुष्मान सहकार स्कीम का शुभारम्भ किया? **SSC (SPGL) 20-6-2024 (Shift-III)**

(a) कॉर्पोरेट कार्य मन्त्रालय
(b) वाणिज्य एवं उद्योग मन्त्रालय
(c) कृषि एवं किसान कल्याण मन्त्रालय
(d) स्वास्थ्य एवं परिवार कल्याण मन्त्रालय

उत्तर (c)

• अक्टूबर, 2020 में **कृषि एवं किसान कल्याण मन्त्रालय** ने स्वास्थ्य सेवा सम्बन्धी आधारभूत संरचना के निर्माण में सहकारी समितियों की सहायता के लिए आयुष्मान सहकार स्कीम का शुभारम्भ किया।

• कोविड 19 के कारण ग्रामीण क्षेत्रों में स्वास्थ्य सुविधाओं की कमी पर प्रकाश पड़ने के साथ, कृषि मन्त्रालय के तहत एक स्वायत्त संस्था-राष्ट्रीय सहकारी विकास निगम ने अगले पाँच वर्षों के लिए सहकारी समितियों को ₹ 10,000 करोड़ के सावधि ऋण देने के लिए आयुष्मान सहकार योजना शुरू की है।

10

भौतिक विज्ञान

भौतिक विज्ञान, विज्ञान की वह शाखा है, जिसमें ऊर्जा के विभिन्न स्वरूपों तथा द्रव्य व इनसे सम्बन्धित विभिन्न क्रियाओं का अध्ययन किया जाता है।

भौतिक राशियाँ

- **सदिश राशियाँ** वे भौतिक राशियाँ, जिन्हें व्यक्त करने के लिए परिमाण के साथ दिशा की भी आवश्यकता होती है; जैसे-विस्थापन, वेग, त्वरण, बल, संवेग तथा बल आघूर्ण आदि।
- **अदिश राशियाँ** वे भौतिक राशियाँ, जिनमें केवल परिमाण होता है दिशा नहीं; जैसे-द्रव्यमान, चाल, आयतन, कार्य, समय, ऊर्जा, विद्युत धारा, ताप तथा दाब आदि।

महत्त्वपूर्ण राशियाँ एवं उनके मात्रक

राशि	मात्रक	राशि	मात्रक
लम्बाई	मीटर	कोणीय वेग	रेडियन/सेकण्ड
द्रव्यमान	किलोग्राम	आवृत्ति	हर्ट्ज
समय	सेकण्ड	संवेग	किलोग्राम मी/सेकण्ड
कार्य, ऊर्जा, ऊष्मा	जूल	विद्युत धारा	एम्पियर
पृष्ठ तनाव	न्यूटन/मीटर	ऊष्मागतिक ताप	केल्विन
विद्युत आवेश	कूलॉम	ज्योति तीव्रता	केण्डिला
विभवान्तर	वोल्ट	समतल कोण	रेडियन
विद्युत प्रतिरोध	ओम	त्वरण	मीटर/से^{2}
विद्युत धारिता	फैराड	बल	न्यूटन
दाब	पास्कल	चुम्बकीय- फ्लक्स	वेबर
ज्योति फ्लक्स	ल्यूमेन	क्षेत्रफल	वर्ग मीटर
प्रदीप्ति घनत्व	लक्स	आयतन	घन मीटर
प्रकाश तरंग दैर्ध्य	एंग्स्ट्राम	चाल/वेग	मीटर/से
खगोलीय दूरी	प्रकाश वर्ष	समुद्र की गहराई	फैदम
विद्युत शक्ति	वाट	पराध्वनि गति	मैक
लेन्स की क्षमता	डायोप्टर		

गति एवं बल

विरामावस्था

- जब किसी वस्तु या पिण्ड की स्थिति उसके परिवेश के सापेक्ष समय के साथ नहीं बदलती, तो वह वस्तु विरामावस्था (Rest) में कहलाती है। जैसे– किसी एक स्थान पर पेड़, पुल आदि

गति की अवस्था

- जब किसी वस्तु या पिण्ड की स्थिति उसके परिवेश के सापेक्ष समय के साथ बदलती हो, तो वह वस्तु गति की अवस्था में कहलाती है।
  जैसे– सड़कों पर वाहनों का चलना

न्यूटन के गति विषयक् नियम

प्रथम नियम

- यदि कोई वस्तु विराम अवस्था में है, तो वह विराम अवस्था में रहेगी और यदि किसी सरल रेखा में एकसमान चाल से चल रही है, तो ऐसे ही चलती रहेगी जब तक उस पर कोई बाह्य बल न लगाया जाए।
- इस नियम को गैलीलियो का नियम या जड़त्व का नियम भी कहते हैं।

द्वितीय नियम

- किसी वस्तु पर कार्य करने वाले बल का मान वस्तु के द्रव्यमान तथा वस्तु में उत्पन्न त्वरण के गुणनफल के बराबर होता है।

$$f = ma$$

- संवेग किसी वस्तु के द्रव्यमान तथा वेग के गुणनफल को संवेग कहते हैं।

तृतीय नियम

प्रत्येक क्रिया के बराबर तथा विपरीत दिशा में प्रतिक्रिया होती है।

बल

- बल वह भौतिक बाह्य कारक है, जो किसी वस्तु की प्रारम्भिक अवस्था में परिवर्तन लाता है या लाने की चेष्टा करता है। जैसे कोई खिलाड़ी फुटबॉल को ठोकर मारकर गति की अवस्था में ला सकता है।
- यह **सदिश राशि** है, जिसका SI मात्रक **न्यूटन** है।

घर्षण बल

घर्षण बल वह विरोधी बल है, जो दो वस्तुओं के बीच होने वाली आपेक्षिक गति का विरोध करता है।

बल–आघूर्ण

किसी पिण्ड पर लगे बल द्वारा पिण्ड को एक अक्ष के परितः घुमाने की प्रवृत्ति को बल-आघूर्ण कहते हैं। यह सदिश राशि है, जिसका SI मात्रक **न्यूटन- मीटर** है।

कार्य, शक्ति एवं ऊर्जा

कार्य

- कार्य, बल तथा बल की दिशा में वस्तु के विस्थापन के गुणनफल के बराबर होता है, इसका मात्रक **जूल** है। कार्य (W) = बल $(F) \times$ बल की दिशा में विस्थापन (S)
- यदि बल व विस्थापन, परस्पर **लम्बवत्** होते हैं, तो किया गया कार्य **शून्य** होता है।

शक्ति

कार्य करने की दर को शक्ति कहते हैं। यह एक अदिश राशि है, इसका मात्रक **वाट** है।

$$\text{शक्ति} = \frac{\text{कार्य}}{\text{समय}}$$

उर्जा (Energy)

- किसी वस्तु की कार्य करने की क्षमता को उस वस्तु की ऊर्जा कहते हैं। ऊर्जा एक अदिश राशि है, इसका मात्रक जूल है।

ऊर्जा रूपान्तरित करने वाले कुछ उपकरण

उपकरण	ऊर्जा का रूपान्तरण
डायनेमो	यान्त्रिक ऊर्जा को विद्युत ऊर्जा में
विद्युत मोटर	विद्युत ऊर्जा को यान्त्रिक ऊर्जा में
माइक्रोफोन	ध्वनि ऊर्जा को विद्युत ऊर्जा में
लाउडस्पीकर	विद्युत ऊर्जा को ध्वनि ऊर्जा में
विद्युत बल्ब	विद्युत ऊर्जा को प्रकाश व ऊष्मा ऊर्जा में
सोलर सेल	सौर ऊर्जा को विद्युत ऊर्जा में
मोमबत्ती	रासायनिक ऊर्जा को प्रकाश एवं ऊष्मा ऊर्जा में

गुरुत्वाकर्षण

न्यूटन का गुरुत्वाकर्षण का नियम

- किन्हीं दो पिण्डों के बीच कार्य करने वाला आकर्षण बल पिण्डों के द्रव्यमानों के गुणनफल के अनुक्रमानुपाती तथा उनके बीच की दूरी के वर्ग के व्युत्क्रमानुपाती होता है।

$$F = G\frac{m_1 m_2}{R^2}$$

- पृथ्वी के गुरुत्व के कारण ही पृथ्वी पर वायुमण्डल उपस्थित है, गुरुत्व के कारण ही वायुमण्डल के कण पृथ्वी को छोड़कर नहीं जा पाते।

- गुरुत्व के कारण जो त्वरण उत्पन्न होता है, उसे गुरुत्वजनित त्वरण (g) कहते हैं तथा पृथ्वी की सतह पर इसका मान **9.8 मी/से² होता है।**
- चन्द्रमा पर गुरुत्वीय त्वरण (g) का मान, पृथ्वी के गुरुत्वीय त्वरण मान का 1/6 होता है।
- गुरुत्वीय त्वरण (g) के मान को प्रभावित करने वाले तीन प्रमुख कारक-ऊँचाई, गहराई तथा अक्षांश एवं पृथ्वी का घूर्णन हैं।

g के मान में होने वाला परिवर्तन

- पृथ्वी तल से नीचे या ऊपर जाने पर g का मान घटता है।
- g का मान पृथ्वी के ध्रुव पर **अधिकतम** होता है।
- g का मान विषुवत् रेखा पर **न्यूनतम** होता है।
- पृथ्वी की घूर्णन गति बढ़ने पर g का मान कम हो जाता है। पृथ्वी की घूर्णन गति घटने पर g का मान बढ़ जाता है।
- पृथ्वी के केन्द्र पर 'g' का मान शून्य होता है।

भार

पृथ्वी प्रत्येक वस्तु को एक निश्चित बल से अपने केन्द्र की ओर आकर्षित करती है। अतः पृथ्वी किसी वस्तु को जिस बल से अपने केन्द्र की ओर आकर्षित करती है, उसे वस्तु का भार कहते हैं।

उपग्रह

- किसी ग्रह के चारों ओर परिक्रमा करने वाले पिण्ड को उस ग्रह का **उपग्रह** (Satellite) कहते हैं।
- प्रत्येक उपग्रह अपने ग्रह के चारों ओर कक्षा में नियत वेग से परिक्रमण करता है। उसके इस वेग को कक्षीय वेग कहते हैं।
- उपग्रह द्वारा ग्रह का एक पूरा चक्कर लगाने का समय परिक्रमण काल कहलाता है।
- **भू-स्थायी उपग्रह** (Geostationary satellite) पृथ्वी के अक्ष के लम्बवत् तल में पश्चिम से पूर्व की ओर पृथ्वी की परिक्रमा करता है।
- **भू-तुल्यकालिक** (Geosynchronous) कक्षा में संचार उपग्रह स्थापित करने की सम्भावना सबसे पहले **ऑर्थर-सी क्लार्क** ने व्यक्त की।

ध्रुवीय उपग्रह

- पृथ्वी की नजदीकी कक्षा में चक्कर लगाते हैं।
- इनका कक्षीय वेग 8 किमी/से तथा आवर्त काल 84 मिनट का होता है।
- इनका उपयोग **मौसम की जानकारी** के लिए किया जाता है।

ठोस तथा द्रव पदार्थों के गुण

प्रत्यास्थता

प्रत्यास्थता (Elasticity) किसी पदार्थ का वह गुण है, जिसके कारण वस्तु स्वयं पर लगाए गए बाहरी बल से उत्पन्न किसी भी प्रकार के परिवर्तन का विरोध करती है तथा जैसे ही बाहरी बल हटा लिया जाता है, वह अपनी पू

र्व अवस्था में वापस आ जाती है।

विकृति

किसी वस्तु के एकांक आकार में परिवर्तन उस वस्तु की **विकृति** (Strain) कहलाती है।

प्रतिबल

- प्रति एकांक क्षेत्रफल पर लगने वाले आन्तरिक बल को प्रतिबल (Stress) कहते हैं।
- इसका मात्रक **न्यूटन/मी² या पास्कल** होता है।
- प्रतिबल तथा विकृति का अनुपात नियतांक होता है, इसे **प्रत्यास्थता गुणांक** कहते हैं।

$$E = \frac{\text{प्रतिबल}}{\text{विकृति}}$$

इसे **हुक का नियम** कहते हैं।

- प्रत्यास्थता गुणांक (E) का मान भिन्न-भिन्न पदार्थों के लिए भिन्न-भिन्न होता है।
- यदि विकृति तथा प्रतिबल अनुदैर्ध्य हो, तो प्रत्यास्थता गुणांक को **यंग प्रत्यास्थता गुणांक** Y (Young's Modulus of Elasticity) कहते हैं।

दाब

- किसी सतह के एकांक क्षेत्रफल पर लगने वाले बाह्य बल को **दाब** (Pressure) कहते हैं।

$$\text{दाब } (P) = \frac{\text{बल } (F)}{\text{क्षेत्रफल } (A)}$$

- इसका मात्रक **न्यूटन/मी²** है। यह अदिश राशि है।
- **वायुमण्डलीय दाब** वह दाब होता है, जो पारे के 76 सेमी लम्बे कॉलम के द्वारा 0°C से 45° अक्षांश पर समुद्रतल पर लगाया जाता है।

बैरोमीटर

- वायुमण्डलीय दाब **बैरोमीटर** से मापा जाता है। इसकी सहायता से मौसम का पूर्वानुमान लगाया जाता है।

उत्प्लावकता

- उत्प्लावकता (Buoyancy) तरल का वह गुण है, जिसके कारण वह वस्तुओं पर ऊपर की ओर बल लगाता है। इस बल को उत्प्लावक बल (Upthrust force) कहते हैं।
- इसका अध्ययन सर्वप्रथम आर्किमिडीज ने दिया था।

आर्किमिडीज का सिद्धान्त

जब वस्तु किसी द्रव में पूरी या आंशिक रूप से डुबोई जाती है, तो उसके भार में कमी होती है, भार में यह आभासी कमी वस्तु द्वारा हटाए गए द्रव के भार के बराबर होती है।

- **उदाहरणार्थ** लोहे की बनी छोटी-सी गेंद पानी में डूब जाती है तथा बड़ा जहाज तैरता रहता है, क्योंकि जहाज द्वारा विस्थापित किए गए जल का भार उसके भार के बराबर होता है।

घनत्व

- द्रव्यमान प्रति एकांक आयतन, घनत्व (Density) कहलाता है।

$$\text{घनत्व} = \frac{\text{द्रव्यमान}}{\text{आयतन}}$$

- घनत्व का SI मात्रक **किलोग्राम/मी³** होता है।
- आपेक्षिक घनत्व = $\frac{\text{वस्तु का घनत्व}}{\text{4°C पर पानी का घनत्व}}$
- जल का अधिकतम घनत्व 4°C पर होता है। इस तापक्रम पर जल का घनत्व 103 किग्रा/मी³ होता है।
- आपेक्षिक घनत्व को **हाइड्रोमीटर** से मापा जाता है।

पृष्ठ तनाव

- प्रत्येक द्रव का स्वतन्त्र पृष्ठ सिकुड़कर न्यूनतम क्षेत्रफल ग्रहण करने की प्रवृत्ति प्रदर्शित करता है, जिसे द्रव का पृष्ठ तनाव (Surface tension) कहते हैं। इसका SI मात्रक **न्यूटन/मीटर** है।
- द्रव का ताप बढ़ाने पर पृष्ठ तनाव कम हो जाता है और क्रान्तिक ताप पर शून्य हो जाता है।

केशिकत्व

- केशनली में द्रव के ऊपर चढ़ने या नीचे उतरने की घटना को **केशिकत्व** (Capillarity) कहते हैं।

श्यानता

- श्यानता (Viscosity) द्रव का वह गुण है, जिसके कारण वह अपनी विभिन्न परतों में होने वाली आपेक्षिक गति का विरोध करता है अर्थात् तरल पदार्थ में आन्तरिक घर्षण को श्यानता कहते हैं।

सरल आवर्त गति

- **आवर्त गति** (Periodic Motion) एक निश्चित पथ पर गति करती हुई वस्तु जब एक निश्चित समय अन्तराल के पश्चात् बार-बार अपनी पूर्व गति को दोहराती है, तब उसकी गति आवर्त गति कहलाती है।

तरंग

- तरंग वह विक्षोभ है, जिसके माध्यम से ऊर्जा का संचरण एक स्थान से दूसरे स्थान तक होता है।
- तरंगें सामान्यतया दो प्रकार की होती हैं

1. **यान्त्रिक तरंगें** (अनुदैर्ध्य तरंग तथा अनुप्रस्थ तरंग)

- **अनुदैर्ध्य तरंग** (Longitudinal wave) जब तरंग गति की दिशा माध्यम के कणों के कम्पन करने की दिशा के **अनुदिश (या समान्तर)** होती है, तो ऐसी तरंग को अनुदैर्ध्य तरंग कहते हैं। ध्वनि तरंगें, अनुदैर्ध्य तरंगों के उदाहरण हैं।
- **अनुप्रस्थ तरंग** (Transverse wave) जब तरंग गति की दिशा माध्यम के कणों के कम्पन करने की दिशा के **लम्बवत्** होती है, तो इस प्रकार की तरंगों को अनुप्रस्थ तरंग कहते हैं। पानी की सतह पर उत्पन्न तरंगें, प्रकाश तरंगें अनुप्रस्थ तरंगें हैं।

2. **अयान्त्रिक तरंग या विद्युत चुम्बकीय तरंगें**

- ये ऐसी तरंगें होती हैं, जिसके संचरण के लिए किसी माध्यम की आवश्यकता नहीं होती।
- प्रकाश, ऊष्मा, विद्युत चुम्बकीय तरंगों के उदाहरण हैं। ये तरंगें प्रकाश की चाल से संचरण करती हैं। सभी विद्युत चुम्बकीय तरंगें फोटॉन की बनी होती हैं।

कैथोड किरणें, कैनाल किरणें, α, β-किरणें, ध्वनि तरंग तथा पराश्रव्य तरंगें विद्युत-चुम्बकीय तरंगें नहीं हैं।

प्रमुख विद्युत चुम्बकीय तरंगें

विद्युत चुम्बकीय तरंगें	खोजकर्ता	उपयोग
गामा-किरणें (अत्यधिक बेधन क्षमता)	पॉल विलार्ड	अत्यधिक नाभिकीय अभिक्रिया तथा कृत्रिम रेडियोधर्मिता में तथा गामा किरण का नामकरण रदरफोर्ड ने किया।
एक्स किरणें	रॉण्टजन	चिकित्सा एवं औद्योगिक क्षेत्र में
पराबैंगनी किरणें	रिटर	सिकाई करने, प्रकाशविद्युत प्रभाव को उत्पन्न करने
दृश्य-विकिरण	न्यूटन	इससे हमें वस्तुएँ दिखाई पड़ती हैं
अवरक्त विकिरण (ऊष्मीय विकिरण)	हर्शेल	कुहरे में फोटोग्राफी करने एवं रोगियों की सिकाई करने में
लघु रेडियो तरंगें या हट्र्जियन तरंगें	हेनरिक हट्र्ज	रेडियो, टेलीविजन एवं टेलीफोन में
दीर्घ रेडियो तरंगें	मार्कोनी	रेडियो एवं टेलीविजन में

ध्वनि तरंगें

- ध्वनि ऊर्जा का एक रूप है, जो हमारे कानों में संवेदन उत्पन्न करती है।
- ध्वनि तरंगें **अनुदैर्ध्य यान्त्रिक तरंगें** होती हैं।
- ध्वनि एक स्थान से दूसरे स्थान तक तरंगों के रूप में गमन करती है।
- ध्वनि तरंगों के आवृत्ति परिसर मुख्यतः तीन हैं

ध्वनि तरंगों के प्रकार

1. अपश्रव्य तरंगें (Infrasonic waves) 20 हर्ट्ज से कम की आवृत्ति वाली ध्वनि तरंगों को अपश्रव्य तरंगें कहते हैं। इन्हें सुन नहीं सकते। इन तरंगों को साँपों द्वारा सुना जा सकता है।
2. श्रव्य तरंगें (Audible waves) 20 हर्ट्ज से 20000 हर्ट्ज के बीच की आवृत्ति वाली तरंगों को श्रव्य तरंगें कहते हैं। इन तरंगों को हमारे कान सुन सकते हैं।
3. पराश्रव्य तरंगें (Ultrasonic waves) 20000 हर्ट्ज से अधिक की तरंगों को पराश्रव्य तरंगें कहा जाता है, मनुष्य के कान इसे सुन नहीं सकते हैं, लेकिन बिल्ली, कुत्ता, मच्छर इन तरंगों को सुन सकते हैं। चमगादड़ इन तरंगों को उत्पन्न भी कर सकता है।

- **सोनार** *(Sonar)* यह एक ऐसी विधि है, जिसके द्वारा समुद्र में डूबी हुई वस्तुओं का पता लगाया जाता है। इसके लिए पराश्रव्य तरंगों का प्रयोग किया जाता है।

ऊष्मा

- ऊष्मा (Heat) एक ऊर्जा है, जिससे हमें वस्तु की गर्माहट की अनुभूति होती है।
- इसका मात्रक **कैलोरी, किलो कैलोरी** तथा **जूल** है।
- 1 कैलोरी = 4.186 जूल।

ताप

- ताप, किसी वस्तु की गर्माहट तथा ठण्डक का मापन है।
- जब दो वस्तुएँ सम्पर्क में स्थित होती हैं, तो ऊष्मा का प्रवाह सदैव उच्च ताप वाली वस्तु से निम्न ताप वाली वस्तु की ओर होता है।

ताप मापन

- **सेल्सियस पैमाना** इस पैमाने में हिमांक को 0^0C व भाप बिन्दु को 100^0C अंकित किया जाता है।
- **फॉरेनहाइट पैमाना** इसका हिमांक 32^0F एवं भाप बिन्दु 212 ^0F है।
- **रोमर पैमाना** इसका हिमांक 0^0R एवं भाप बिन्दु 80^0R है।
- **केल्विन पैमाना** इसमें हिमांक 273.15K एवं भाप बिन्दु 373 K है।

$$\frac{C-0}{100} = \frac{F-32}{180} = \frac{R-0}{80} = \frac{K-273}{100}$$

- **तापमापी** (Thermometer) का निर्माण गैलीलियों ने किया था।
- किसी भी वस्तु का ताप –273.15°C से कम नहीं हो सकता है। इसे **परम शून्य ताप** कहते हैं। इसे केल्विन पैमाने पर 0K (शून्य केल्विन) लिखते हैं
  अर्थात् 0K = – 273.15°C एवं 273.15 K = 0°C

विशिष्ट ऊष्मा

- किसी पदार्थ के एकांक द्रव्यमान का ताप 1°C बढ़ने के लिए आवश्यक ऊष्मा की मात्रा को पदार्थ की विशिष्ट ऊष्मा (Specific heat) कहते हैं।

$$S = \frac{Q}{m\Delta T}$$

Q = ऊष्मा, m = द्रव्यमान, ΔT = तापान्तर

- इसका मात्रक जूल/किग्रा-केल्विन या कैलोरी/ग्राम °C होता है। जल की विशिष्ट ऊष्मा सबसे अधिक होती है।
- ताप बढ़ने पर अधिकतर पदार्थों की विशिष्ट ऊष्मा बढ़ती है।
  - जल की विशिष्ट ऊष्मा 15°C पर 4180 जूल/किग्रा-केल्विन होती है।
  - सोने की विशिष्ट ऊष्मा 130 जूल/किग्रा-केल्विन होती है।

गुप्त ऊष्मा

- नियत ताप पर पदार्थ की अवस्था में परिवर्तन के लिए अनावश्यक ऊष्मा की मात्रा को पदार्थ की **गुप्त ऊष्मा** (Latent heat) कहते हैं।
- बर्फ के गलन की गुप्त ऊष्मा **80 कैलोरी/ग्राम** है।
- वाष्पन की गुप्त ऊष्मा **540 कैलोरी/ग्राम** है।
- उबलते जल की अपेक्षा भाप से जलने पर अधिक जलन होती है, क्योंकि जल की अपेक्षा भाप की गुप्त ऊष्मा अधिक होती है।
- 0°C पर बर्फ, 0°C पर जल से अधिक ठण्डी लगती है।

ऊष्मीय संचरण

- ऊष्मा के एक स्थान से दूसरे स्थान तक जाने की प्रक्रिया को **ऊष्मा का संचरण** (Transmission of heat) कहते हैं।
- ठोसों में ऊष्मा का संचरण– **चालन** द्वारा
- गैसों तथा द्रवों में ऊष्मा का संचरण– **संवहन**
- वायुमण्डल **संवहन** विधि के द्वारा ही गर्म होता है।
- सूर्य से ऊष्मा पृथ्वी पर **विकिरण** विधि द्वारा पहुँचती है।

प्रकाश

- प्रकाश एक प्रकार की ऊर्जा है, जो विद्युत-चुम्बकीय तरंगों के रूप में संचरित होती है। यह अनुप्रस्थ तरंग होती है। इसका तरंगदैर्ध्य 3900 A° से 7800 A° के बीच होता है।
- प्रकाश के वेग की गणना सबसे पहले **ओले रोमर** ने की थी।
- वायु तथा निर्वात में प्रकाश की चाल सबसे अधिक (3×10^8 मी/से) होती है।
- सूर्य का प्रकाश पृथ्वी पर **8 मिनट 19 सेकण्ड** में पहुँचता है।

प्रकाश का परावर्तन

- प्रकाश के चिकने पृष्ठ से टकराकर वापस आने की घटना को **प्रकाश का परावर्तन** (Reflection of light) कहते हैं।
- आपतित किरण, आपतन बिन्दु पर अभिलम्ब तथा परावर्तित किरण एक ही तल में होते हैं।
- आपतन कोण सदैव परावर्तन कोण के बराबर होता है।
- प्रकाश का सबसे अच्छा परावर्तक चाँदी है।

प्रकाश का अपवर्तन

- जब प्रकाश की किरण एक माध्यम से दूसरे माध्यम में जाती है, तो अपने मार्ग से विचलित हो जाती है। यह घटना प्रकाश का **अपवर्तन** (Refraction of light) कहलाती है।
- जब प्रकाश की किरण एक माध्यम से दूसरे माध्यम में जाती है, तो इसकी **आवृत्ति अपरिवर्तित** रहती है, जबकि **तरंगदैर्ध्य** तथा **वेग** बदल जाता है।
- प्रकाश के अपवर्तन के कुछ उदाहरण निम्न हैं
  1. जल के अन्दर पड़ी हुई वस्तु वास्तविक गहराई से कुछ ऊपर दिखाई पड़ती है।
  2. पृथ्वी के वायुमण्डल में अपवर्तन के कारण ही हमें **तारे टिमटिमाते** प्रतीत होते हैं।

प्रकाश का क्रान्तिक कोण तथा पूर्ण आन्तरिक परावर्तन

- सघन माध्यम में बना वह आपतन कोण जिसके लिए विरल माध्यम में संगत अपवर्तन कोण 90° होता है, **क्रान्तिक कोण** (Critical angle) कहलाता है।
- प्रकाश का पूर्ण आन्तरिक परावर्तन (Total Internal Reflection) तब होता है, जब प्रकाश की किरण किसी सघन माध्यम से विरल माध्यम में जाती है और उसका आपतन कोण क्रान्तिक कोण से अधिक होता है। इस स्थिति में सम्पूर्ण प्रकाश परावर्तित होकर उसी माध्यम में लौट आता है।
- **उदाहरण** हीरे का चमकना, रेगिस्तान में मरीचिका का बनना, जल में पड़ी परखनली का चमकना आदि।

प्रकाश का वर्ण–विक्षेपण

- श्वेत प्रकाश किरण का अपने अव्यवी रंगों की प्रकाश किरणों में विभाजित होना प्रकाश का वर्ण-विक्षेपण कहलाता है।
- बैंगनी, जामुनी, नीला, हरा, पीला, नारंगी तथा लाल प्रकाश के सात रंग होते हैं। रंगों के इस क्रम को अंग्रेजी शब्द **VIBGYOR** के रूप में याद रखा जाता है।
- लाल प्रकाश की किरण में विचलन सबसे कम तथा बैंगनी प्रकाश की किरण में विचलन सबसे अधिक होता है।
- वर्षा के मौसम में इन्द्रधनुष दिखाई देता है, जो प्रकाश के **वर्ण-विक्षेपण** (Dispersion of Light)) का उदाहरण है।

प्रकाश का प्रकीर्णन

धूल तथा अन्य पदार्थों के अत्यन्त सूक्ष्म कणों से युक्त माध्यम द्वारा प्रकाश का सभी दिशाओं में असमान रूप से प्रसारित हो जाना, प्रकाश का प्रकीर्णन (Scattering of light) कहलाता है।

- आकाश का नीला रंग प्रकीर्णन के द्वारा दिखाई देता है।
- लाल रंग का **तरंगदैर्ध्य** अधिक होता है, जिसके कारण इसका प्रकीर्णन कम होता है एवं यह दूर तक दिखाई देता है।

लेन्स

- लेन्स दो प्रकार के होते हैं
  (i) **उत्तल लेन्स** (Convex Lens) यह लेन्स बीच में से मोटे तथा किनारों से पतले होते हैं।
  (ii) **अवतल लेन्स** (Concave Lens) यह लेन्स बीच में से पतले तथा किनारों से मोटे होते हैं।

मानव नेत्र

- मानव नेत्र एक विशेष प्रकार का प्रकाशिक यन्त्र है। इसका लेन्स प्रोटीन से बने पारदर्शी पदार्थ का बना होता है।
- नेत्र की रेटिना पर वस्तु का उल्टा एवं वास्तविक प्रतिबिम्ब बनता है।
- स्पष्ट दृष्टि की न्यूनतम दूरी **25 सेमी** होती है।

नेत्र दोष

निकट दृष्टि दोष

- (Myopia) इस रोग से ग्रसित व्यक्ति नजदीक की वस्तु तो देख लेता है, परन्तु दूर स्थित वस्तु को नहीं देख पाता है। इस दोष के निवारण में अवतल लेन्स का प्रयोग किया जाता है।

जरा दूर दृष्टि दोष

- (Hypermetropia) इस दोष में कुछ व्यक्ति दूर तथा पास की वस्तुओं को नहीं देख पाते हैं। इस दोष का निवारण द्विफोकसीय लेन्स द्वारा किया जाता है।

दूर दृष्टि दोष

- (Presbyopia) इस रोग से ग्रसित व्यक्ति निकट की वस्तु नहीं देख पाता है। इस दोष के निवारण के लिए उत्तल लेन्स का प्रयोग किया जाता है।

अबिन्दुकता

- (Astigmatism) इसमें नेत्र क्षैतिज दिशा में तो ठीक देख पाता है, परन्तु ऊर्ध्व दिशा में नहीं देख पाता है। इसके निवारण के लिए बेलनाकार लेन्स का उपयोग किया जाता है।

स्थिर विद्युत

विद्युत आवेश

- विद्युत आवेश (Electric charge) वह गुण है, जिससे युक्त वस्तु अन्य वस्तुओं पर विद्युत बल आरोपित करने लगती है।
- पदार्थों को परस्पर रगड़ने पर या घर्षण से उस पर जो आवेश की मात्रा संचित होती है, उसे **स्थिर विद्युत** कहते हैं, जिसमें आवेश स्थिर रहता है।
- **बेंजामिन फ्रैंकलिन** (Benjamin Franklin) ने दो प्रकार के आवेशों को **धनात्मक आवेश** तथा **ऋणात्मक आवेश** नाम दिया था।
- **समान प्रकार** के आवेश परस्पर **प्रतिकर्षित** करते हैं तथा **विपरीत प्रकार** के आवेश परस्पर आकर्षित करते हैं। किसी खोखले चालक के भीतर **विद्युत क्षेत्र शून्य** होता है।

विद्युत धारा

किसी चालक में विद्युत आवेश के प्रवाह की दर को विद्युत धारा (Electric current) कहते हैं। इसका मात्रक **एम्पियर** है। यह एक **अदिश** राशि है।

ओम का नियम

- नियत ताप पर चालक के सिरों पर लगाया गया विभवान्तर उसमें प्रवाहित धारा के अनुक्रमानुपाती होता है।

$$I = \frac{V}{R}$$ जहाँ, R प्रतिरोध है।

- अर्द्धचालक ओम के नियम का पालन नहीं करता है।
- विद्युत प्रतिरोध का मात्रक **ओम** (Ω) होता है।
  किसी चालक के प्रतिरोध के व्युत्क्रम को चालक की विद्युत चालकता कहते हैं। इसका मात्रक **(ओम)**$^{-1}$ या म्हो मीटर (σ) होता है।
- **ऐमीटर** विद्युत धारा को ऐम्पियर में मापने के लिए ऐमीटर नामक यन्त्र का प्रयोग किया जाता है। इसे परिपथ में सदैव श्रेणीक्रम में लगाया जाता है। आदर्श ऐमीटर का प्रतिरोध शून्य होता है।
- **वोल्टमीटर** का प्रयोग विभवान्तर मापने में किया जाता है। इसे परिपथ में सदैव समानान्तर क्रम में लगाया जाता है। एक आदर्श वोल्टमीटर का **प्रतिरोध अनन्त** होता है।
- **विद्युत फ्यूज** का प्रयोग परिपथ में लगे उपकरणों की सुरक्षा के लिए किया जाता है। यह ताँबा, टिन व सीसे की मिश्रधातु का बना होता है।
  इसका गलनांक कम होता है। इसे सदैव श्रेणीक्रम में जोड़ा जाता है।
- विद्युत सामर्थ्य की माप **अश्व शक्ति** (हॉर्स पावर) में की जाती है।
- **घरेलू परिपथ** (Domestic circuit) में सभी अवयव **समान्तर क्रम** में जोड़े जाते हैं।
  - बल्ब का फिलामेण्ट **टंगस्टन** का बनाया जाता है, जिसका गलनांक अधिकतम (3500 °C) होता है।
  - तड़ित के प्रभाव से ऊँची इमारतों को बचाने के लिए तड़ित चालकों को इमारतों की चोटी पर लगाया जाता है।
- **ट्रांसफार्मर** एक विद्युत उपकरण है, जो हमें प्रत्यावर्ती धारा (AC) विद्युत परिपथ में वोल्टेज को बढ़ाने या घटाने की अनुमति देता है, जिससे विद्युत धारा बनी रहती है।

चुम्बक

- चुम्बक (Magnet) लोहे तथा अन्य पदार्थों का एक टुकड़ा होता है, जो लोहे के पदार्थों को अपनी ओर आकर्षित करता है और स्वतन्त्र रूप से लटकाए जाने पर **उत्तर** तथा **दक्षिण दिशा** में ठहरता है।

चुम्बकीय पदार्थों का वर्गीकरण

प्रति चुम्बकीय पदार्थ	जस्ता, बिस्मथ, ताँबा, चाँदी, सोना, हीरा, नमक, जल आदि
अनुचुम्बकीय पदार्थ	प्लेटिनम, क्रोमियम, सोडियम, एल्युमीनियम, ऑक्सीजन आदि
लौह चुम्बकीय पदार्थ	लोहा, निकिल, कोबाल्ट, लौह-इस्पात

प्रमुख आविष्कार एवं उनके आविष्कारक

उपकरण	आविष्कारक
बैरोमीटर	ई. टौरसेली
विद्युत बैटरी	अलेसेण्ड्रो वोल्टा
बाईसाइकल	के. मैकमिलन
कार (आन्तरिक दहन)	सैमुअल ब्राउन
कार (पेट्रोल)	कार्ल बेन्ज
कार्बोरेटर	जी. डैमलर
कताई मशीन	सैमुअल क्रॉम्पटन
घड़ी (यान्त्रिक)	आई सिंग व लियांग सैन
घड़ी (पेंडुलम)	क्रिश्चियन ह्यूगेंस
डीजल इंजन	रूडोल्फ डीजल
डायनेमो, ट्रांसफार्मर	माइकल फैराडे
फाउण्टेनपेन	लेविस वाटरमैन
गैल्वेनोमीटर	एण्ड्रे-मेरी एम्पियर
ग्लाइडर	जॉर्ज कैले

उपकरण	आविष्कारक
ग्रामोफोन	थॉमस अल्वा एडीसन
लाउडस्पीकर	होरेस शार्ट
नियोन-लैम्प	जॉर्ज क्लाड
नायलॉन	डॉ. वालेस कैरायर्स
सैफ्टी पिन	वाल्टर हण्ट
सेफ्टीलैम्प	हम्फ्रे डेवी
सीमेण्ट (पोर्टलैण्ड)	जोसेफ अरगडीन
ट्रैक्टर	राबर्ट फॉरमिच
टेलीग्राफ कोड	सैमुअल मोर्स
टेलीफोन	ग्राहम बेल
ट्रांजिस्टर	जॉन बर्डीन, वाल्टर बेटन व विलियम शाकले
टाइपराइटर	पेलेग्रीन टेरी
थर्मोस्कोप	गैलीलियो गैलीलेई
थर्मामीटर	डेनियल गैबरियल फॉरेनहाइट
वाशिंग मशीन	हार्ले मीशन कम्पनी
वेल्डिंग मशीन (विद्युत)	एलीसा थॉमसन
पनडुब्बी	डेविड बुशनेल
विद्युत पंखा	व्हीलर
मशीन गन	सर जेम्स पकल
मोटर साइकिल	जी. डैमलर
माइक्रोफोन	ग्राहम बेल
पेनिसिलिन	एलेक्जेंडर फ्लेमिंग
प्रेशर कुकर	डेनिस पैपिन
पैराशूट	जीन पियरे क्लानचार्ड
प्लास्टिक	अलेक्जेण्डर पार्क्स
पाश्चुरीकरण	लुई पाश्चर
रडार	रॉबर्ट वाटसन वाट
रेफ्रीजरेटर	हैरीसन व टिनिंग
रबर (टायर)	थॉमस हॉनकाक
रिवाल्वर	सैमुअल कोल्ट
लेसर	थियोडर मेमैन
लाइटिंग-कण्डक्टर	बेंजामिन फ्रेंकलिन
लोकोमोटिव (रेल)	रिचर्ड ट्रेकिथिक
थर्मस फ्लास्क	जेम्स डेवर
माइक्रोमीटर	विलियम कोज़ीन
साइक्लोट्रॉन	ई.ओ. लॉरेन्स
हेलीकॉप्टर	पॉल कोर्नु

SSC एग्जाम स्कैनर

मात्रक तथा मापन

SSC CGL

1. विशिष्ट प्रतिरोध का मात्रक क्या होता है?
SSC CGL Tier-1 26.09.2024 (Shift-III)
(a) एम्पियर (b) फैरड
(c) कूलॉम (d) ओम-मीटर

उत्तर (d)

• विशिष्ट प्रतिरोध का मात्रक **ओम-मीटर** होता है। यह एक अदिश राशि है।
• विद्युत क्षेत्र की तीव्रता तथा धारा घनत्व के अनुपात को चालक का विशिष्ट प्रतिरोध या प्रतिरोधकता कहलाता है।

2. वर्नियर कैलीपर के सन्दर्भ में आन्तरिक जबड़े (जॉ) का उपयोग निम्न के मापन के लिए किया जाता है **SSC CGL Tier-1 26.09.2024 (Shift-II)**
(a) लम्बाई, जो 1 मिमी तक सटीक हो
(b) एक छड़ की लम्बाई और एक गोले का व्यास
(c) एक खोखले बेलन और पाइप का आन्तरिक व्यास
(d) बीकर की गहराई

उत्तर (c)

• वर्नियर कैलीपर के सन्दर्भ में आन्तरिक जबड़े से **एक खोखले बेलन और पाइप के आन्तरिक व्यास** का मापन करते हैं।
• जबकि इसके बाहरी जबड़े किसी वस्तु के बाहरी व्यास का मापन करते हैं।

3. निम्नलिखित में से कौन-सा कथन सही नहीं है? **SSC CGL Tier-1 26.09.2024 (Shift-I)**
(a) प्रकाश वर्ष एक वर्ष में प्रकाश द्वारा तय की गई दूरी है।
(b) प्रकाश वर्ष दूरी की इकाई है।
(c) प्रकाश वर्ष समय की इकाई है।
(d) एंग्स्ट्रॉम लम्बाई की इकाई है।

उत्तर (c)

• **प्रकाश वर्ष,** समय की इकाई नहीं, बल्कि दूरी की इकाई है तथा समय का मात्रक सेकण्ड होता है।
• प्रकाश वर्ष एक वर्ष में निर्वात् में प्रकाश द्वारा तय की गई दूरी है।

4. 1450 ई. में पहली बार आविष्कृत पवन मापक यन्त्र का क्या नाम था?
SSC CGL Tier-1 19.09.2024 (Shift-I)
(a) सीलिंग प्रोजक्टर (b) अध:पाती सोंड
(c) संचरणलेखित्र (d) पवन वेगमापी

उत्तर (d)

• 1450 ई. में पहली बार आविष्कृत पवन मापक यन्त्र का नाम **पवन वेगमापी** था।
• इसका उपयोग हवा की गति को मापने के लिए किया जाता है।
• यह मौसम केन्द्रों में उपयोग होने वाला उपकरण है।

5. निम्नलिखित में से कौन-सी ऊर्जा की इकाई नहीं है? **SSC CGL Tier-1 19.09.2024 (Shift-I)**
(a) किलोवाट घण्टा (b) कैलोरी
(c) जूल (d) न्यूटन

उत्तर (d)

• **न्यूटन** ऊर्जा की इकाई नहीं है, जबकि अन्य किलोवाट घण्टा, कैलोरी और जूल ऊर्जा की इकाई हैं।
• न्यूटन, बल की इकाई है। इसे N से प्रदर्शित किया जाता है।
• इसका नाम आइजैक न्यूटन के नाम पर रखा गया है।

6. धारा का SI मात्रक क्या है?
SSC CGL Tier-1 13.09.2024 (Shift-III)
(a) ओम (b) मीटर (c) वोल्ट (d) एम्पियर

उत्तर (d)

• धारा का SI मात्रक **एम्पियर** है।
• विद्युत धारा को प्रति इकाई समय अन्तराल पर प्रवाहित होने वाले आवेश या आवेश की दर के रूप में परिभाषित किया जाता है।

7. निम्नलिखित में से किन दो राशियों की विमाएँ समान हैं? **SSC CGL Tier-1 13.09.2024 (Shift-I)**
(a) शक्ति और जड़त्व आघूर्ण
(b) कार्य और कोणीय विस्थापन
(c) कार्य और बल आघूर्ण
(d) शक्ति और वृत्ताकार गति की त्रिज्या

उत्तर (c)

• **कार्य और बल आघूर्ण** की विमाएँ समान होती हैं।
• विमाएँ भौतिक राशियों के अर्थात् ML^2T^{-2} मात्रक ज्ञात करने के लिए मात्रकों पर लगाई जाने वाली घातें होती हैं।

8. लेंस की ऑप्टिकल पॉवर (प्रकाशीय शक्ति) के लिए माप की इकाई क्या है?
(a) योट्टा (b) कटल
(c) रेडियन (d) डायोप्टर

उत्तर (d)

• लेंस की ऑप्टिकल पॉवर (प्रकाशीय शक्ति) के लिए माप की इकाई **डायोप्टर** है। उपसर्ग (Prefix) योट्टा एक मीट्रिक प्रणाली मात्रक है, जो 10^{24} के गुणनखण्ड को दर्शाता है।
• कैटल, उत्प्रेरक क्रियाशीलता का SI मात्रक है। रेडियन, कोण मापने का मात्रक है।

9. वर्षा का सबसे आम मापन एक निश्चित अवधि के दौरान कुल वर्षा गहराई है, जिसे .... में व्यक्त किया जाता है।
SSC CGL 23.09.2024 (Shift-II)
(a) किलोपास्कल (kPa) (b) मिलीमीटर (mm)
(c) हेक्टोपास्कल (hPa) (d) मिलीबार (mbar)

उत्तर (b)

• वर्षा का सबसे आम मापन एक निश्चित अवधि के दौरान कुल वर्षा गहराई है, जिसे **मिलीमीटर** (mm) द्वारा व्यक्त किया जाता है। वर्षा को रेन गेज का उपयोग करके मापा जाता है, जिसे प्लुवियोमीटर या हाइटोमीटर भी कहा जाता है।
• किलोपास्कल (kPa): दाब का मात्रक है, जो 1,000 पास्कल के बराबर होती है। मिलीबार (mbar): वायुमण्डलीय दाब का मात्रक है, जो 100 पास्कल के बराबर होती है, जिसका उपयोग सामान्यत: मौसम विज्ञान में किया जाता है।

10. किस भौतिक इकाई को उस क्षेत्र की तीव्रता के रूप में परिभाषित किया जाता है, जो चालक के प्रति मीटर/एम्पियर (A) के लिए एक बल न्यूटन (N) का उत्पादन करती है?
SSC CGL Tier-1 26.07.2023 (Shift-IV)
(a) पास्कल (b) कूलॉम
(c) टेस्ला (d) कैण्डेला

उत्तर (c)

• **टेस्ला** भौतिक इकाई को उस क्षेत्र की तीव्रता के रूप में परिभाषित किया जाता है, जो चालक के प्रति मीटर/एम्पियर बल के लिए एक न्यूटन (N) का उत्पादन करती है।
• यह इकाई **चुम्बकीय क्षेत्र की तीव्रता** को प्रदर्शित करती है, जो एक सदिश राशि है।

11. वह कौन-सा उपकरण है, जो वर्षा का पता लगाने, उसकी गति और तीव्रता का निर्धारण करने और वर्षा, बर्फ या ओलों जैसे वर्षा प्रकारों की पहचान करने के लिए विद्युत चुम्बकीय ऊर्जा के स्पन्दनों को वायुमण्डल में भेजता है? **SSC CGL Tier-1 21.07.2023 (Shift-III)**
(a) डॉप्लर वेदर रडार (b) 2D सोनिक एनीमोमीटर
(c) बैरोमीटर (d) स्पेक्ट्रल पायरानोमीटर

उत्तर (a)

• **डॉप्लर वेदर रडार** वह उपकरण है, जो वर्षा का पता लगाने, उसकी गति व तीव्रता का निर्धारण करने व वर्षा, बर्फ या ओलों जैसे वर्षा प्रकारों की पहचान करने के लिए विद्युत चुम्बकीय ऊर्जा के स्पन्दनों को वायुमण्ल में भेजता है।
• छोटे आकार के कारण यह रडार, डॉप्लर ऑन व्हील्स की तरह एक स्थान से दूसरे स्थान तक ले जाने में सुविधाजनक होता है।

12. एक गैर-एस.आई. (Non-SI) इकाई जिसे 'निट' (nit) कहा जाता है, निम्नलिखित में से किस प्रकाशमिति राशि की इकाई है, जिसका उपयोग प्रकाश की तीव्रता की बहुलता को मापने के लिए किया जाता है?
SSC CGL 18.07.2023 (Shift-III)
(a) चमक (ल्यूमिनोसिटी)
(b) ज्योतिर्मयता (ल्यूमिनेंस)
(c) ल्यूमिनस उत्सर्जन
(d) चमकदार एक्सपोजर

उत्तर (b)

• एक गैर-एस. आई. (Non-SI) इकाई जिसे **निट** कहा जाता है, **ज्योतिर्मयता** (ल्यूमिनेंस) वह प्रकाशमिती राशि है, जिसका उपयोग प्रकाश की तीव्रता की बहुलता को मापने के लिए किया जाता है।

• "किसी वस्तु की स्पष्ट चमक जो मानव आँख को दिखाई देती है, उसे (ल्यूमिनेंस) के रूप में जाना जाता है।"
• (ल्यूमिनेंस) **ज्योतिर्मयता** की SI इकाई कैण्डेला प्रतिवर्ग मीटर है।

13. सिस्मोग्राफ का उपयोग .... मापने के लिए किया जाता है। SSC CGL 17.07.2023 (Shift-II)
(a) वर्षा अवक्षेप (b) भूमिगत जल स्तर
(c) भूकम्प (d) भूमिगत खनिज सामग्री

उत्तर (c)

• सिस्मोग्राफ का उपयोग भूकम्प मापने के लिए किया जाता है।
• रिक्टर स्केल - इसका उपयोग भूकम्प की तीव्रता को मापने के लिए किया जाता है।
• **उपकरण और उपयोग** लैक्टोमीटर (दूध की शुद्धता मापने के लिए), वेंचुरी मीटर (पाइप में द्रव की प्रवाह दर मापने के लिए), अल्टीमीटर (ऊँचाई मापने के लिए), मैनोमीटर (पाइप का दाब मापने के लिए)।

14. सही कथन की पहचान कीजिए
SSC CGL Tier-2 07.03.2023 (Shift-I)
(a) न्यूटन शक्ति का मात्रक है
(b) जूल बल का मात्रक है
(c) जूल शक्ति का मात्रक है
(d) न्यूटन बल का मात्रक है

उत्तर (d)

• दिए गए कथनों में सही कथन **बल** का मात्रक **न्यूटन** (SI पद्धति में) है।
• बल वह बाह्य कारक है, जो किसी वस्तु की प्रारम्भिक अवस्था में परिवर्तन करता है या परिवर्तन करने का प्रयास करता है। यह एक सदिश राशि है।

15. इवेंजेलिस्टा टोरिसेली किस खोज के लिए प्रसिद्ध है? SC CGL 03.12.2022 (Shift-III)
(a) स्प्रिंग तुला का आविष्कार
(b) पीज़ोमीटर का आविष्कार
(c) मरकरी बैरोमीटर का आविष्कार
(d) वैक्यूम गेज का आविष्कार

उत्तर (c)

• इवेंजेलिस्टा टोरिसेली **मरकरी बैरोमीटर के आविष्कार** की खोज लिए प्रसिद्ध हैं।
• स्प्रिंग तुला, (ऐसी तुला है, जो स्प्रिंग के तनाव से वजन मापता है। — रिचर्ड साल्टर पीजोमीटर (द्रव या गैस के दाब को मापने का उपकरण)- हंस क्रिश्चियन ओर्स्टेड।
• वैक्यूम गेज (वायुमण्डलीय दाब से कम दाब को मापता है)- मार्सेलो स्टेफ़ानों पिरानी।

16. चाल का SI मात्रक (इकाई) .... है।
SSC CGL Tier-1 13.02.2022 (Shift-I)
(a) किमी/घण्टा (b) मी/घण्टा
(c) मी/से (d) किमी/से

उत्तर (c)

• **चाल** (Speed) का SI मात्रक (इकाई) **मी/से** है। किसी वस्तु द्वारा प्रति सेकण्ड तय की गई दूरी को चाल कहते हैं। यह एक अदिश राशि है।

$$\therefore \quad \text{चाल} = \frac{\text{दूरी}}{\text{समय}}$$

17. निम्नलिखित में से किसकी इकाई मी/से^{2} है?
SSC CGL Tier-1 07.12.2022 (Shift-I)
(a) चाल (b) त्वरण (c) दूरी (d) वेग

उत्तर (b)

• दिए गए विकल्पों में से **त्वरण** की इकाई मी/से^{2} होती है। किसी गतिमान पिण्ड के वेग में परिवर्तन की दर को **त्वरण** कहते हैं। इसे a से प्रदर्शित करते हैं। अत: इसका SI मात्रक **मी/से^{2}** होता है।

18. विद्युत ऊर्जा की व्यावसायिक इकाई क्या है?
SSC CGL Tier-1 06.12.2022 (IV)
(a) वाट-घण्टा (b) वाट/घण्टा
(c) किलोवाट-घण्टा (d) किलोवाट/घण्टा

उत्तर (c)

• विद्युत ऊर्जा की व्यावसायिक इकाई **किलोवाट-घण्टा** है।
1 किलोवाट-घण्टा = 1000 वाट-घण्टा
$= 3.6 \times 10^6$ जूल

19. विद्युत आवेश की SI इकाई .... है।
SSC CGL Tier-1 05.12.2022 (Shift-II)
(a) जूल (b) न्यूटन
(c) कूलॉम (d) वाट

उत्तर (c)

• विद्युत आवेश का SI मात्रक **कूलॉम** है। एक कूलॉम को आवेश की मात्रा के रूप में परिभाषित किया जाता है, जो प्रति सेकण्ड एक एम्पियर ले जाने वाले विद्युत चालक से होकर गुजरता है।

20. किसी भौतिक राशि के अंकीय मान को क्या कहते हैं? SSC CGL Tier-1 05.12.2022 (Shift-II)
(a) सन्दर्भ (b) परिमाण
(c) दूरी (d) दिशा

उत्तर (b)

• किसी भौतिक राशि के अंकीय मान को **परिमाण** कहते हैं। किसी भौतिक राशि के आंकिक मान तथा उसके संगत मात्रक का गुणनफल सदैव नियत रहता है।

21. विद्युत धारा को नामक इकाई द्वारा व्यक्त किया जाता है SSC CGL Tier-1 03.12.2022 (Shift-I)
(a) वाट (b) जूल (c) मीटर (d) ऐम्पियर

उत्तर (d)

• विद्युत धारा को **एम्पियर** नामक इकाई द्वारा व्यक्त किया जाता है, जिसका मान कूलॉम/सेकण्ड होता है अर्थात् 1 सेकण्ड में 1 कूलॉम आवेश प्रवाहित होने पर उत्पन्न विद्युत धारा 1 एम्पियर कहलाती है।

22. त्वरण का SI मात्रक है
SSC CGL Tier-1 01.12.2022 (Shift-II)
(a) मी^{2}/सेकण्ड^2 (b) मी/सेकण्ड
(c) मी^{2}/सेकण्ड (d) मी/सेकण्ड^2

उत्तर (d)

• त्वरण का SI मात्रक मी/सेकण्ड^2 होता है, क्योंकि गतिमान पिण्ड के वेग में परिवर्तन की दर को त्वरण कहते हैं।

$$\text{अत: त्वरण} = \frac{\text{वेग में परिवर्तन}}{\text{परिवर्तन में लगा समय}}$$

इसकी विमा M^0LT^{-2} होती है।

23. किए गए कार्य की इकाई क्या है?
SSC CGL Tier-1 01.12.2022 (Shift-I)
(a) डेसिबल (b) जूल
(c) एम्पियर (d) वाट

उत्तर (b)

• किए गए कार्य की इकाई **जूल** होती है, यह SI पद्धति में कार्य का निरपेक्ष मात्रक होता है। अत: हम कह सकते हैं कि किसी वस्तु पर 1 न्यूटन बल लगाकर उसे बल की दिशा में 2 मीटर विस्थापित करने पर किया गया कार्य 1 जूल के तुल्य होता है।
अर्थात् 1 जूल = 1 न्यूटन × 1 मीटर

24. निम्नलिखित में से कौन-सी भौतिक राशि, व्यंजक चाप/त्रिज्या के लिए है?
SSC CGL 18.04.2022 (Shift-I)
(a) पृष्ठ तनाव (b) वेग
(c) रैखिक संवेग (d) समतल कोण

उत्तर (d)

• **समतल कोण** भौतिक राशि, व्यंजक चाप/त्रिज्या के लिए है। इसे रेडियन (एक वृत्त में 2π रेडियन) या डिग्री (एक वृत्त के लिए 360°) में मापा जाता है।

SSC CPO

25. निम्नलिखित में से कौन-सा/से कथन प्रकाश वर्ष के सन्दर्भ में सत्य है/हैं?
SSC CPO 27.06.2024 (Shift-III)
1. प्रकाश वर्ष, दूरी की इकाई है।
2. प्रकाश, समय की इकाई है।
3. प्रकाश वर्ष वह दूरी है, जो प्रकाश एक पृथ्वी वर्ष में तय करता है।
4. प्रकाश वर्ष प्रकाश की तीव्रता का माप है।

कूट
(a) 1 और 3 सही हैं
(b) केवल 2 सही है
(c) केवल 1 सही है
(d) 1 और 4 सही हैं

उत्तर (a)

• कथन 1 और 3 सही हैं। प्रकाश वर्ष, दूरी की एक इकाई है, जिसका उपयोग ब्रह्माण्डीय पैमाने पर दूरी को मापने के लिए किया जाता है। यह निर्वात में प्रकाश द्वारा एक वर्ष में तय की गई दूरी के बराबर होती है।
• प्रकाश वर्ष समय की इकाई नहीं है। यह दूरी को तय करने के लिए प्रयुक्त गति की मात्रा को दर्शाता है।
• एक प्रकाश वर्ष लगभग 9.46 ट्रिलियन किलोमीटर (5.88 ट्रिलियन मील) के बराबर होता है।
• प्रकाश वर्ष प्रकाश की तीव्रता का माप नहीं है। प्रकाश की तीव्रता को ल्यूमेन या कैण्डेला जैसी इकाइयों में मापा जाता है।

26. निम्नलिखित में से कौन-सा सही कथन है?
SSC CPO 03.10.2023 (Shift-II)
(a) शक्ति की इकाई जूल/न्यूटन है।
(b) कार्य की इकाई जूल है।
(c) ऊर्जा की इकाई वाट है।
(d) जूल/ सेकण्ड भी ऊर्जा की एक इकाई है।

उत्तर (b)

- कथन (b) सही है। **कार्य की इकाई जूल** है।
- कुछ अन्य SI इकाइयाँ (मात्रक) : ऊर्जा - जूल, शक्ति-वाट, बल या भार - न्यूटन, आवृत्ति - हर्ट्ज, प्रतिरोध - ओम।

27. दिए गए समीकरण में K_B का परिभाषित मान क्या है? KB = PV/TN
SSC CPO 09.11.2022 (Shift-I)

(a) $1.38 \times 10^{-23} JK^{-1}$
(b) $1.08 \times 10^{-23} JK^{-1}$
(c) $1.68 \times 10^{-23} JK^{-1}$
(d) $0.38 \times 10^{-23} JK^{-1}$

उत्तर (a)

- K_B का परिभाषित मान **$1.38 \times 10^{-23} JK^{-1}$** है। **बोल्ट्ज़मैन स्थिरांक (K_B)** मैक्स प्लैंक द्वारा पेश किया गया है और इसका नाम लुडविग बोल्ट्ज़मैन के नाम पर रखा गया है। बोल्ट्ज़मैन स्थिरांक का मान गणितीय रूप से व्यक्त किया जाता है
$K = \frac{R}{N_A}$ जहाँ, K बोल्ट्ज़मैन स्थिरांक (Boltzmann constant) है। N_A अवोगाद्रो संख्या (Avogadro number) है और R गैस स्थिरांक (gas constant) है।
- बोल्ट्ज़मैन स्थिरांक वह भौतिक स्थिरांक है, जो एक गैस उपपरमाण्विक (subatomic) कण की औसत गतिज ऊर्जा को उसके तापमान से जोड़ता है।

SSC CHSL

28. 0.05800 में सार्थक अंकों की संख्या ······· हैं।
SSC CHSL 08.08.2024

(a) दो (b) चार (c) छः (d) पाँच

उत्तर (b)

- 0.05800 में सार्थक अंकों की संख्या चार है। **पहला** नियम यह है कि सभी गैर-शून्य अंक सार्थक माने जाते है।
- **दूसरा** नियम यह है कि गैर-शून्य अंकों के बीच के शून्य को भी सार्थक अंक माना जाता है। उदाहरण 4.5006 में पाँच सार्थक अंक है।
- तीसरा नियम इस प्रकार दिया जा सकता है, संख्या के अन्त में या दाईं ओर शून्य भी सार्थक अंक होते हैं। उदाहरण –0.500 में तीन सार्थक अंक हैं।

29. सूची I में दिए गए बिन्दुओं को सूची II में दिए गए बिन्दुओं से सुमेलित कीजिए।

सूची I (उपकरण)	**सूची II** (उपयोग)
A. सेक्सटैण्ट	1. दो दृश्यमान वस्तुओं के बीच के कोण को मापता है
B. यूडोमीटर	2. विकिरित ऊष्मा की अल्प मात्रा को मापता है।
C. थर्मोपाइल	3. किसी सतह के तापमान को मापता है
D. पायरोमीटर	4. वर्षा की मात्रा को मापता है।

SSC CHSL Tier-2 26.06.2023

	A B C D		A B C D
(a)	2 4 3 1	(b)	1 4 2 3
(c)	3 4 2 1	(d)	3 2 4 1

उत्तर (b)

- सही सुमेलन A-1, B-4, C-2, D-3 है।
- पहला सेक्सटैण्ट जॉन बर्ड द्वारा निर्मित किया गया था। **थर्मोपाइल** का विकास लियोपोल्डो नोबिली और मैसेडोनियो मेलोनी द्वारा किया गया था। पायरोमीटर, जिसका आविष्कार जोशिया वेजवुड ने किया था।

30. CGS (सेण्टीमीटर ग्राम-सेकण्ड) प्रणाली में चुम्बकीय तीव्रता का मात्रक ······ है।
SSC CHSL Tier-2 26.06.2023

(a) गौस (b) कैण्डेला (c) वेबर (d) ओर्स्टेड

उत्तर (d)

- CGS (सेटीमीटर ग्राम-सेकण्ड) प्रणाली में चुम्बकीय तीव्रता का मात्रक **ओर्स्टेड** है। आर्स्टेड का नियम कहता है कि जब एक स्थिर विद्युत धारा किसी तार से होकर गुजरती है, तो यह उसके चारों ओर एक चुम्बकीय क्षेत्र बनाती है।

31. निम्नलिखित में से माप की कौन-सी एक इकाई है, जो ब्रह्माण्ड के विस्तार की दर की व्याख्या करती है? **SSC CHSL Tier-2 26.06.2023**

(a) फैराडे नियतांक (b) प्लांक नियतांक
(c) विद्युत नियतांक (d) हबल नियतांक

उत्तर (d)

- ब्रह्माण्ड के विस्तार की दर की व्याख्या (मापने की इकाई) हबल नियतांक करती है।

32. हॉर्सपावर शब्द इंजन द्वारा उत्पादित शक्ति को दर्शाता है, इस शब्द का सबसे पहले उपयोग किया था? **SSC CHSL Tier-1 04.07.2023 (Shift-IV)**

(a) एमेडियो अवोगाद्रो
(b) जॉन डाल्टन
(c) अल्बर्ट आइन्स्टीन
(d) जेम्स वॉट

उत्तर (d)

- हॉर्सपावर शब्द इंजन द्वारा उत्पादित शक्ति को दर्शाता है। इस शब्द का सबसे पहले उपयोग **जेम्स वॉट** ने किया था।
- जेम्स वाट के अनुसार, 1 अश्वशक्ति = 746 वॉट होता है।
- यह शक्ति का व्यावसायिक मात्रक है, जो भारी मशीनों द्वारा उत्पादित शक्ति को दर्शाता है।

SSC MTS

33. इन सूचीबद्ध भौतिक राशियों में से सदिश राशि की पहचान कीजिए।
SSC MTS Tier-1 14.09.2023 (Shift-I)

(a) घनत्व (b) द्रव्यमान
(c) ऊर्जा (d) गुरुत्वाकर्षण तीव्रता

उत्तर (d)

- **गुरुत्वाकर्षण तीव्रता** एक सदिश राशि है। वे भौतिक राशियाँ जिनमें परिमाण और दिशा दोनों होती हैं, **सदिश राशियाँ** कहलाती हैं। सदिश राशियों के कुछ उदाहरण हैं– त्वरण, वेग, बल, आघूर्ण, विस्थापन, गुरुत्वाकर्षण तीव्रता आदि।

34. शुद्धगतिक श्यानता की गॉसियन इकाई (Gaussian unit) क्या है?
SSC MTS 01.09.2023 (Shift-II)

(a) एम्पीयर
(b) जूल
(c) स्टोक्स
(d) डार्सी

उत्तर (c)

- शुद्धगतिक श्यानता की गॉसियन इकाई (Gaussian unit) **स्टोक्स** (St) है, जिसका नाम (भौतिक विज्ञानी सर जॉर्ज गेब्रियल स्टोक्स) के नाम पर रखा गया है।
- श्यानता एक तरल पदार्थ के प्रवाह के प्रति प्रतिरोध को दर्शाती है।
- अधिक सान्द्रता का अर्थ अधिक आन्तरिक घर्षण होता है। इसका SI इकाई पास्कल सेकण्ड ($kg.m^{-1}.s^{-1}$) है, जबकि गतिज सान्द्रता की इकाई m^2/s होती है।

35. रेखीय संवेग के मापन की इकाई क्या है?
SSC MTS 05.09.2023 (Shift-I)

(a) kg^2m/s (b) kgm/s^2
(c) k^2gm/s (d) $kg\,m/s$

उत्तर (d)

- रेखीय संवेग के मापन की इकाई $kg\,m/s$ है। रैखिक संवेग एक सदिश राशि है और इसे किसी वस्तु के द्रव्यमान (m) और उसके वेग (v) के गुणन के रूप में परिभाषित किया गया है।
- **मात्रक एवं मापन** तापमान-केल्विन, विद्युत धारा -एम्पियर, ज्योति तीव्रता - कैण्डेला, समतल कोण - रेडियन, ठोस कोण - स्टेरेडियन।

36. विकल्पों में उल्लिखित इकाइयों में से कौन-सा अन्य की तुलना में सबसे बड़ा है?
SSC MTS 05.10.2021

(a) हेक्टो (b) डेका
(c) टेरा (d) गीगा

उत्तर (c)

- **टेरा** (Tera) मीट्रिक प्रणाली में एक इकाई उपसर्ग है, जो एक ट्रिलियन या 10^{12} से गुणा को दर्शाता है, हेक्टो का अर्थ है सौ या 10^2, डेका का अर्थ है 10^1 गीगा का अर्थ 10^0 है।

SSC Steno

37. निम्नलिखित में से किस विकल्प में केवल ऊर्जा के मात्रक दिए गए हैं?
SSC Steno Tier-1 10.12.2024 (Shift-II)

(a) जूल, कैलोरी, किलोवाट घण्टा
(b) जूल, कैलोरी, न्यूटन
(c) कैलोरी, किलोवाट घण्टा, न्यूटन
(d) जूल, न्यूटन, किलोवाट घण्टा

उत्तर (a)

- विकल्प (a) में दिए गए **जूल, कैलोरी और किलोवाट घण्टा ऊर्जा** के मात्रक है।
- न्यूटन बल का मात्रक है, जिसे N के रूप में व्यक्त करते हैं।
- ऊर्जा का SI मात्रक जूल है, जबकि CGS मात्रक अर्ग तथा MKS मात्रक जूल है।

38. निम्नलिखित में से कौन-सा सही सुमेलित है?
SSC Steno 18.11.2022 (Shift-I)
(a) विद्युत ऊर्जा– किलोवाट घण्टा
(b) विद्युत विभव– किलोवाट सेकण्ड
(c) विद्युत बल– किलोवाट मिनट
(d) विद्युत शक्ति– किलो घण्टा

उत्तर (a)

• **विद्युत ऊर्जा** किसी भी विद्युत चालक में इलेक्ट्रॉनों द्वारा उत्पादित की जाने वाली ऊर्जा होती है। इसका एस.आई. मात्रक जूल होता है। 1 किलोवाट घण्टा ऊर्जा का व्यावसायिक मात्रक है तथा एक यूनिट विद्युत ऊर्जा की वह मात्रा है, जो किसी परिपथ में एक घण्टे में व्यय होती है।

$$\text{किलोवाट-घण्टा} = \frac{\text{oksYV} \times \text{,fEi;j} \times \text{?k.Vk}}{1000}$$

$$= \frac{\text{okV} \times \text{?k.Vk}}{100}$$

SSC GD

39. समय की मूल इकाई क्या है?
SSC GD 22.02.2024 (Shift-I)
(a) घण्टा (b) मिनट/सेकण्ड
(c) सेकण्ड (d) मिनट

उत्तर (c)

• समय की मूल इकाई **सेकण्ड** है। 1 घण्टा = 60 मिनट = 60 × 60 सेकण्ड = 3600 सेकण्ड
1 दिन में 24 घण्टे तथा 86400 सेकण्ड होते हैं।

40. सापेक्षकता के सिद्धान्त के साथ .... ने भौतिकी के परिदृश्य को बदल दिया। इस सिद्धान्त ने क्वाण्टम यान्त्रिकी के सिद्धान्त को डिजाइन करने में प्रमुख योगदान दिया।
SSC GD 21.2.2024 (Shift-I)
(a) आइजैक न्यूटन
(b) गैलीलियो गैलीली
(c) पॉल जी. हेविट
(d) अल्बर्ट आइंस्टीन

उत्तर (d)

• सापेक्षकता **अल्बर्ट आइंस्टीन** द्वारा तैयार की गई एक प्रमेय है, जो बताता है कि स्थान और समय एक-दूसरे के सापेक्ष हैं और सभी गतियाँ एक निर्देश फ्रेम के सापेक्ष होनी चाहिए।
• इस सिद्धान्त ने क्वाण्टम यान्त्रिकी के सिद्धान्त को डिजाइन करने में प्रमुख योगदान दिया।

41. ध्वनि की तीव्रता किस इकाई में मापी जाती है?
SSC GD 20.02.2024 (Shift-II)
(a) हर्ट्ज (b) वॉट/मी^{2}
(c) घनत्व (d) डेसीबल

उत्तर (d)

• ध्वनि की तीव्रता **डेसीबल** में मापी जाती है। इसका प्रतीक dB है।
• **एक डेसीबल** एक बेल का 10वाँ भाग होता है।
• **बेल** ध्वनि की तीव्रता के मापन का सबसे बड़ा मात्रक है।
0-80 डेसीबल (dB) की ध्वनि सुनने योग्य कहलाती हैं व उससे अधिक, ध्वनि प्रदूषण कहलाती है।

42. निम्नलिखित में से किस उपकरण का उपयोग हवा या गैस की आर्द्रता को मापने के लिए किया जाता है?
SSC GD Constable 06.02.2023 (Shift-I)
(a) वायुवेगमापी (b) हाइड्रोमीटर
(c) तेजमापी (d) आर्द्रतामापी

उत्तर (d)

• **हाइग्रोमीटर/आर्द्रतामापी** एक उपकरण है, जो हवा या किसी अन्य गैस की आर्द्रता को मापता है अर्थात् इसमें कितनी जलवाष्प है।
• आर्द्रता मापक उपकरण सामान्यत: पर कुछ अन्य मात्राओं के मापन पर निर्भर करते हैं; जैसे- तापमान, दबाव, द्रव्यमान और किसी पदार्थ में यान्त्रिक या विद्युत परिवर्तन; जैसे-नमी अवशोषित होती है।

SSC Selection Post

43. एक ...... मीटर का एक अरबवाँ भाग होता है
SSC Selection Post 25.05.2024 (Shift IV)
(a) पारसेक (b) माइक्रोमीटर
(c) एंगस्ट्रॉम (d) नैनोमीटर

उत्तर (d)

• एक **नैनोमीटर** मीटर का एक अरबवाँ भाग होता है। अन्तर्राष्ट्रीय इकाई प्रणाली में, उपसर्ग नैनो का अर्थ एक–बिलियन या 10^{-9} है। छोटी और बडी लम्बाई के लिए विशेष लम्बाई इकाइयाँ हैं: 1 माइक्रोमीटर (μm)= 10^{-6} मीटर 1 फर्मी (f) = 10^{-15} मीटर; 1 एंगस्ट्रॉम (Å) = 10^{-10} मीटर; 1 खगोलीय इकाई (AU) (पृथ्वी से सूर्य की औसत दूरी) = 1496×10^{11} मीटर।

44. उस उपकरण का नाम बताइए, जिसका उपयोग मौसम विज्ञानियों द्वारा सौर विकिरण को समतल सतह पर आयतन के गोलार्द्ध के क्षेत्र से मापने के लिए किया जाता है?
SSC Selection Post 27.06.2023 (Shift-I)
(a) हाइग्रोमीटर (b) एनीमोमीटर
(c) पाइरैनोमीटर (d) बैरोमीटर

उत्तर (c)

• **पाइरैनोमीटर** का उपयोग मौसम विज्ञानियों द्वारा सौर विकिरण को समतल सतह पर आपतन के गोलार्द्ध के क्षेत्र में मापने के लिए किया जाता है।

गति, बल तथा दाब

SSC CGL

45. लीवर और पुली के नियमों की खोज किसने की, जो हमें कम बलों का उपयोग करके भारी वस्तुओं को एक स्थान से दूसरे स्थान तक पहुँचाने में मदद करते हैं?
SSC CGL Tier-2 20.01.2025
(a) आर्किमिडीज (b) डेमोक्राइटस
(c) यूडोक्सस (d) पाइथागोरस

उत्तर (a)

• आर्किमिडीज ने लीवर और पुली के नियमों की खोज की थी। उन्होंने यह सिद्ध किया कि लीवर और पुली के माध्यम से भारी वस्तुओं को कम बलों के साथ स्थानान्तरित किया जा सकता है।
• आर्किमिडीज का सिद्धान्त बलों के अनुपात पर आधारित था, जो यान्त्रिकी में एक महत्त्वपूर्ण योगदान था। उनका प्रसिद्ध कथन था, 'यदि मुझे एक अच्छा बिन्दु मिल जाए तो मैं पृथ्वी को हिला सकता हूँ।'
• अन्य विकल्पों में दिए गए नाम जैसे डेमोक्राइटस, यूडोक्सस और पाइथागोरस अलग-अलग क्षेत्रों में प्रसिद्ध थे, लेकिन लीवर और पुली के नियमों के सम्बन्ध में आर्किमिडीज का योगदान ही महत्त्वपूर्ण था।

46. जब किसी पिण्ड पर दो बल विपरीत दिशा में कार्य करते हैं, तो क्या होता है?
SSC CGL Tier-1 24.09.2024 (Shift-III)
(a) पिण्ड पर लगने वाला परिणामी बल दोनों पिण्डों के बीच के अन्तर के बराबर होता है।
(b) पिण्ड पर लगने वाला परिणामी बल दोनों बलों के बीच के अन्तर के बराबर होता है।
(c) पिण्ड पर लगने वाला परिणामी बल दोनों पिण्डों के योग के बराबर होता है।
(d) पिण्ड पर लगने वाला परिणामी बल दोनों बलों के योग के बराबर होता है।

उत्तर (b)

• जब किसी पिण्ड पर दो बल विपरीत दिशा में कार्य करते हैं, तो **पिण्ड पर लगने वाला परिणामी बल दोनों बलों के बीच के अन्तर के बराबर होता है।**
• किसी वस्तु पर एक ही दिशा में लगने वाले कुल बलों के योग को परिणामी बल कहा जाता है।

47. गति और उनके उदाहरणों के सम्बन्ध में गलत युग्म की पहचान करें?
SSC CGL Tier-1 24.09.2024 (Shift-II)
(a) घूर्णन गति - पँखे के ब्लेड्स
(b) आवर्त गति - घड़ी की सूइयाँ
(c) दोलन गति - पृथ्वी का सूर्य के चारों ओर घूमना
(d) स्थानान्तरीय गति - चट्टान से गिर रही एक गेंद

उत्तर (c)

• दिए गए गति के उदाहरणों में से दोलन गति-पृथ्वी का सूर्य के चारों ओर घूमना, गलत युग्म है। जबकि अन्य विकल्प सही हैं।
• **दोलन गति** वह गति है, जिसमें कोई कण या पिण्ड साम्यावस्था के इधर-उधर आवर्ती गति करता है जैसे– लोड स्प्रिंग की गति

48. एक एथलीट द्वारा फेंका गया भाला, गति में होता है। **SSC CGL Tier-1 12.09.2024 (Shift-I)**
(a) आवर्ती (b) ऋजुरेखीय
(c) वक्रीय (d) दोलनी

उत्तर (c)

• एक एथलीट द्वारा फेंका गया भाला **वक्रीय गति** में होता है।
• जब कोई कण अथवा वस्तु सीधी रेखा के अतिरिक्त किसी अन्य वक्र पर गति करता है, तो उसे वक्रीय गति कहते हैं।
• वक्रीय गति त्वरित होती है, जिसका कारण वेग की दिशा का लगातार परिवर्तन होता है।

49. एकसमान त्वरण के विषय में निम्नलिखित में से कौन-सा कथन सही है?
SSC CGL Tier-2 06.03.2023 (Shift-I)
(a) स्थिर चाल से गतिमान एकसमान त्वरण का उदाहरण है।
(b) स्प्रिंग की गति एक एकसमान त्वरण का उदाहरण है।
(c) मुक्त रूप से गिरने वाली वस्तु एकसमान त्वरण का उदाहरण है।
(d) घर्षण रहित सतह पर गतिमान वस्तु एकसमान त्वरण प्राप्त कर सकती है।

उत्तर (c)

• किसी वस्तु का मुक्त रूप से गिरना एकसमान त्वरण का उदाहरण है।
• जब कोई वस्तु समान समय अन्तराल पर वेग में वृद्धि के साथ एक सीधी रेखा में गतिमान रहती है, तो वस्तु की गति को एकसमान त्वरित गति कहा जाता है।

50. उस विकल्प का चयन कीजिए, जो अभिकथन (A) और कारण (R) नामक निम्नलिखित दो कथनों के सम्बन्ध में सत्य है।
SSC CGL Tier-1 20.07.2023 (Shift-I)
अभिकथन (A) एक चिकनी सतह की तुलना में एक वस्तु खुरदरी सतह पर कम फिसलती है।
कारण (R) जब सतह खुरदरी होती है, तो घर्षण बल बढ़ता है।
(a) अभिकथन A सत्य है और कारण R असत्य है।
(b) अभिकथन A और कारण R दोनों सत्य हैं, लेकिन कारण R, अभिकथन A की सही व्याख्या नहीं है।
(c) अभिकथन (A) और कारण R दोनों सत्य हैं, तथा कारण R, अभिकथन A की सही व्याख्या है।
(d) अभिकथन A असत्य है, परन्तु कारण R सत्य है।

उत्तर (c)

• अभिकथन (A) और कारण R दोनों सत्य हैं, तथा कारण R, अभिकथन A की सही व्याख्या है।
• चिकनी सतहों की तुलना में खुरदरी सतहों में घर्षण बल अधिक होता है। इस प्रकार घर्षण बल सतह पर निर्भर करता है और गति का विरोध करता है।
• चलते समय घर्षण बल हमारी सहायता करता है। घर्षण की कमी के कारण चिकनी सतह पर चलना कठिन होता है।

51. पोस्ट टेंशनिंग की उपयुक्तता ...... के लिए अच्छी होती है। SSC CGL 14.07.2023 (Shift-III)
(a) लांग स्पैन (b) इण्ड स्पैन
(c) ब्रेक स्पैन (d) एज स्पैन

उत्तर (a)

• पोस्ट टेंशनिंग की उपयुक्तता **लांग स्पैन** के लिए अच्छी होती है।
• पोस्ट टेंशनिंग कंक्रीट को मजबूत करने की एक तकनीक है, जिसमें कंक्रीट डालने से पहले प्लास्टिक नलिकाओं के अन्दर प्रीस्ट्रेसिंग स्टील केबल को फॉर्म में रखा जाता है।
• **प्रीटेंशनिंग** वह तकनीक जिसमें कंक्रीट डालने से पहले स्ट्रैण्ड में तनाव प्रदान कर देते हैं, यह अधिक टिकाऊ और विश्वसनीय है।

52. .... पिण्ड की गति समान रूप से त्वरित गति का एक उदाहरण है।
SSC CGL Tier-1 01.12.2022 (IV)
(a) विराम (b) मन्द
(c) परवयलिक (d) मुक्त रूप से गिरने वाले

उत्तर (d)

• **मुक्त रूप से गिरने वाले** पिण्ड की गति एकसमान रूप से त्वरित गति का उदाहरण है, क्योंकि जब किसी वस्तु को पृथ्वी की सतह से कुछ ऊँचाई से छोड़ने पर वह पृथ्वी के गुरुत्व बल के कारण त्वरित होकर वायु के प्रतिरोध को नगण्य मानकर वस्तु का पतन मुक्त रूप से होता है, तब इसका मान ऋणात्मक गुरुत्वीय त्वरण के बराबर होता है अर्थात्
$a = -g = -9.8$ मी/से^{2}

53. किसी वस्तु द्वारा तय की गई दूरी समय के .... होती है।
SSC CGL Tier-1 01.12.2022 (Shift-III)
(a) दोगुना आनुपातिक (b) प्रत्यक्ष आनुपातिक
(c) व्युत्क्रमानुपाती (d) समान अनुपाती

उत्तर (b)

• किसी वस्तु द्वारा तय की गई दूरी समय के **प्रत्यक्ष आनुपातिक** होती है, जिसके कारण समय का मान बढ़ने पर दूरी का मान सदैव बढ़ता है।

54. जड़त्व के बारे में सही कथन की पहचान कीजिए।
SSC CGL Tier-1 01.12.2022 (Shift-III)
(a) द्रव्यमान जितना कम होगा, जड़त्व उतना ही अधिक होगा।
(b) भार जितना कम होगा, जड़त्व उतना ही अधिक होगा।
(c) द्रव्यमान जितना अधिक होगा, जड़त्व उतना ही अधिक होगा।
(d) द्रव्यमान जितना अधिक होगा, जड़त्व उतना ही कम होगा।

उत्तर (c)

• दिए गए कथनों में से, द्रव्यमान-जड़त्व सम्बन्ध के अनुसार द्रव्यमान जितना अधिक होगा, जड़त्व उतना ही अधिक होगा, सही है। क्योंकि अधिक द्रव्यमान की वस्तु की गति में परिवर्तन करने के लिए अधिक बल की आवश्यकता होती है।

55. पृथ्वी के चारों ओर चन्द्रमा की गति के लिए कौन-सा बल उत्तरदायी है?
SSC CGL Tier-1 03.12.2022 (Shift-IV)
(a) अभिकेन्द्रीय बल (b) घर्षणात्मक
(c) वानडर वाल्स (d) अपकेन्द्रीय बल

उत्तर (a)

• पृथ्वी के चारों ओर चन्द्रमा की गति के लिए **अभिकेन्द्रीय बल** उत्तरदायी है। जब कोई वस्तु किसी वृत्ताकार मार्ग पर चलती है, तो वृत्त के केन्द्र पर एक बल कार्य करता है, इस बल को अभिकेन्द्रीय बल कहते हैं।

56. यदि किसी वस्तु का वेग नियत है, तो उस वस्तु की गति .... होगी।
SSC CGL Tier-1 05.12.2022 (Shift-II)
(a) केवल मन्द (b) असमान
(c) समान (d) केवल त्वरित

उत्तर (c)

• यदि किसी वस्तु का वेग नियत है, तो उस वस्तु की गति **समान** होगी। जब एक वस्तु एक सीधी रेखा में स्थिर गति से चलती है, तो इसका अर्थ यह है कि वस्तु का वेग समय के साथ नहीं बदल रहा है और यह त्वरित या मन्द नहीं हो रहा है। निरन्तर वेग को सामान्यत: एक समान गति के रूप में वर्णित किया जाता है।

57. स्थिति में परिवर्तन होना .... होता है।
SSC CGL Tier-1 08.12.2022 (Shift-II)
(a) गति (b) चाल (c) वेग (d) दूरी

उत्तर (a)

• स्थिति में परिवर्तन होना **गति** कहलाता है। अत: गति को समय के सन्दर्भ में किसी वस्तु की स्थिति में परिवर्तन के रूप में परिभाषित किया जाता है।

58. वेग एक विशेष दिशा की .... है।
SSC CGL Tier-1 02.12.2022 (Shift-IV)
(a) दूरी (b) त्वरण
(c) चाल (d) विस्थापन

उत्तर (c)

• वेग एक विशेष दिशा की **चाल** है अर्थात् एकांक समय में निश्चित दिशा में चली गई दूरी को वेग कहा जाता है। यह एक सदिश राशि है।
• इसका SI मात्रक मीटर/सेकण्ड होता है। इसका विमीय सूत्र M^0LT^{-1} होता है।

59. एक निकाय वृत्ताकार पथ पर गति कर रहा है, यह उदाहरण है
SSC CGL Tier-1 07.12.2022 (Shift-III)
(a) मन्द गति (b) समान गति
(c) असमान गति (d) त्वरित गति

उत्तर (b)

• एक निकाय वृत्ताकार पथ पर गति कर रहा है, यह **समान गति** का उदाहरण है। इस प्रकार की गति में निकाय समान गति के साथ एक गोलाकार दिशा में चलता है। इसमें निकाय की निश्चित केन्द्र स्थिति होती है। यह हमेशा किसी भी ज्ञात बिन्दु से समान दूरी पर होता है।

60. .... समय ग्राफ किसी वस्तु की चाल दर्शाता है। SSC CGL Tier-1 06.12.2022 (Shift-IV)
(a) वेग (b) दूरी
(c) विस्थापन (d) त्वरण

उत्तर (b)

• दूरी व समय के मध्य ग्राफ किसी वस्तु की चाल को दर्शाता है।
• यदि वक्र रेखा बढ़ती है, तो वस्तु सीधी दिशा में आगे बढ़ती है और यदि घट रही है, तो वस्तु विपरीत दिशा में गति करती है।

61. 1653 ई. में किस फ्रांसीसी वैज्ञानिक ने देखा कि यदि किसी असम्पीड्य द्रव के किसी बिन्दु पर कुछ दाब डाला जाता है, तो द्रव के सभी बिन्दुओं और बर्तन की दीवारों पर समान दाब प्रसारित होता है?
SSC CGL Tier-1 12.12.2022 (Shift-III)
(a) यूजीन बॉर्डन (b) इवेंजेलिस्टा टोरिसेली
(c) डेनियल बनौली (d) ब्लेज पास्कल

उत्तर (d)

• फ्रांसीसी वैज्ञानिक **ब्लेज पास्कल** ने 1653 ई. में अनुभव किया कि किसी असम्पीड्य द्रव के किसी भाग के दाब में होने वाली वृद्धि, द्रव के सभी बिन्दुओं और बर्तन की दीवारों पर समान रूप से प्रसारित होती है।

62. बल की सीमा 10^{-16} मीटर के क्रम की है।
SSC CGL 13.04.2022 (Shift-I)

(a) विद्युत चुम्बकीय (b) गुरुत्वाकर्षण
(c) प्रबल नाभिकीय (d) दुर्बल नाभिकीय

उत्तर (d)

• **दुर्बल नाभिकीय बल** बल की सीमा 10^{-16} मीटर के क्रम की है। यह बहुत छोटा, 10^{-16} मीटर (परास), 10^{-13} (सापेक्ष शक्ति)। गुरुत्वाकर्षण बल — अनन्त (परास), 10^{-39} (सापेक्ष शक्ति), विद्युत चुम्बकीय बल - अनन्त (परास), $10^{-2}m$ (सापेक्ष शक्ति), प्रबल नाभिकीय बल - लघु नाभिकीय आकार 10^{-15} m (परास), 1 (सापेक्ष)

63. त्वरण, ... के परिवर्तन की दर के बराबर होता है। SSC CGL 20.04.2022 (Shift-III)

(a) संवेग (b) स्थिति
(c) विस्थापन (d) वेग

उत्तर (d)

• त्वरण वेग के परिवर्तन की बराबर होता है। दर के जिस पर कोई वस्तु अपना वेग बदलती है। यह सदिश राशि है। त्वरण की इकाई मीटर प्रति वर्ग सेकण्ड (m/s^2) होती है।

SSC CPO

64. निम्नलिखित में से कौन-सा बल केवल किसी वस्तु के सम्पर्क में आने पर ही लगाया जा सकता है?
SSC CPO 27.07.2024 (Shift-III)

(a) स्थिर वैद्युत बल
(b) चुम्बकीय बल
(c) गुरुत्वाकर्षण बल
(d) घर्षण बल

उत्तर (d)

• **घर्षण बल** दो सतहों के बीच सम्पर्क में आने पर ही उत्पन्न होता है।
• जब एक सतह दूसरी सतह पर गति करती है, तो उनके बीच अनियमितताओं और आकर्षण बलों के कारण घर्षण बल उत्पन्न होता है।
• यह बल गति का विरोध करता है और वस्तुओं को धीमा करता है।

65. निम्नलिखित में से कौन-सा विरामावस्था में जड़त्व का उदाहरण नहीं है?
SSC CPO 27.06.2024 (Shift-I)

(a) कपड़े को झाड़ते समय धूल के कणों का नीचे गिरना
(b) वाहन के अचानक चल पड़ने पर पीछे की ओर गिरना
(c) किसी वाहन में अचानक ब्रेक लगाना
(d) झटकों के कारण पत्तियों/फलों का टूट जाना

उत्तर (c)

• किसी वाहन में अचानक ब्रेक लगना जड़त्व का उदाहरण नहीं है।
• विरामावस्था में जड़त्व के उदाहरण हैं
(i) कम्बल को हाथ में पकड़कर डण्डे से पीटने पर धूल कण झड़कर गिर पड़ते हैं।
(ii) कपड़े को झाड़ते समय धूल के कणों का नीचे गिरना
(iii) झटके के कारण पत्तियों/फलों का टूटना
(iv) वाहन के अचानक चलने पर यात्री का पीछे की ओर गिरना।

66. एक आनत तल पर वस्तुओं की गति का अवलोकन करके ...... ने यह निष्कर्ष निकाला कि जब वस्तुओं पर कोई बल कार्य नहीं करता है, तो वस्तुएँ नियत गति से गतिमान रहती हैं।
SSC CPO 05.10.2023 (Shift-I)

(a) आर्किमिडीज (b) जोहान्स केप्लर
(c) गैलीलियो (d) माइकल फैराडे

उत्तर (c)

• यह आनत तल पर वस्तुओं की गति का अवलोकन करके गैलीलियो ने यह निष्कर्ष निकाला कि जब वस्तुओं पर कोई बल कार्य नहीं करता है, तो वस्तुएँ नियत गति से गतिमान रहती हैं।
• जड़त्व के नियम का निष्कर्ष गैलीलियो ने दोहरे झुकाव वाले आनत तल पर एक गेंद की गति के अवलोकन से लगाया था। गैलीलियो ने निष्कर्ष निकाला कि घर्षण रहित क्षैतिज तल पर चलने वाली किसी वस्तु में न तो त्वरण होना चाहिए और न ही गतिरोध अर्थात् उसे स्थिर वेग से चलना चाहिए।

67. किसी वस्तु को किसी अक्ष के परितः घुमाने वाले बल की माप को क्या कहा जाता है?
SSC CPO 05.10.2023 (Shift-III)

(a) शक्ति (b) अभिकेन्द्र बल
(c) जड़त्व आघूर्ण (d) बलाघूर्ण

उत्तर (d)

• किसी वस्तु को किसी अक्ष के परितः घुमाने वाले बल की माप को **बलाघूर्ण** कहा जाता है।
• इसका मान वस्तु पर लगे बल के परिमाण तथा निश्चित बिन्दु से बल की क्रिया रेखा की लम्बवत् दूरी के गुणनफल के बराबर होता है।
अर्थात् $\tau = F \times d$

68. गति का/के कौन-सा/से समीकरण सही है/हैं?
SSC CPO 11.11.2022

I. $v = (u/2) + at$ II. $s = 2ut + at^2$

कूट

(a) केवल I (b) न तो I और न ही II
(c) I और II दोनों (d) केवल II

उत्तर (b)

• गति के तीनों समीकरण के सूत्र निम्नलिखित हैं
(i) $v = u + at$
(ii) $S = ut + \frac{1}{2}at^2$
(iii) $v^2 = u^2 + 2as$

69. निम्नलिखित में से कौन—सा भौतिक सिद्धान्त रॉकेट इंजन, जेट इंजन और अपस्फीति वाले गुब्बारों द्वारा उत्पन्न होने वाले प्रणोद की व्याख्या करता है?
SSC CPO 10.11.2022 (Shift-II)

(a) न्यूटन के गति के नियम
(b) अपवर्जन सिद्धान्त
(c) फैराडे के विद्युत चुम्बकीय प्रेरण के नियम
(d) उष्मागतिकी के नियम

उत्तर (a)

• न्यूटन के गति के नियम भौतिक सिद्धान्त रॉकेट इंजन, जेट इंजन और अपस्फीति वाले गुब्बारों द्वारा उत्पन्न होने वाले प्रणोद की व्याख्या करता है।
• तीसरे नियम को प्रायः प्रणोद (प्रत्येक क्रिया के लिए एकसमान और विपरीत प्रतिक्रिया होती है) की उत्पत्ति के लिए स्पष्टीकरण के रूप में दिया जाता है।

SSC CHSL

70. निम्नलिखित में से कौन-सा बल पर लागू नहीं होता है? SSC CHSL Tier-1 10.07.2024 (Shift-II)

(a) बल वस्तु के द्रव्यमान को बढ़ा सकता है।
(b) बल किसी वस्तु के आकार को बदल सकता है।
(c) बल किसी गतिमान वस्तु की दिशा बदल सकता है।
(d) बल किसी वस्तु को गतिमान कर सकता है।

उत्तर (a)

• दिए गए विकल्पों में से विकल्प (a) बल पर लागू नहीं होता है, क्योंकि बल **वस्तु के द्रव्यमान** को नहीं बदल सकता है।
• द्रव्यमान किसी वस्तु की मूल भौतिक राशि है, जिसको किसी भी स्थिति में बदला नहीं जा सकता है।
• इसके विपरीत वस्तु पर आरोपित बल उसके आकार, दिशा तथा स्थिति में परिवर्तन कर सकता है।

71. निम्नलिखित में से कौन-सा सम्बन्ध सही है?
SSC CHSL Tier-1 08.07.2024 (Shift-IV)

(a) $F = a/m$ (b) $F = m/a$
(c) $F = ma$ (d) $F = m^2a$

उत्तर (c)

• दिए गए विकल्पों में से विकल्प (c) में दिया सम्बन्ध सही है अर्थात् $F = ma$
• **न्यूटन के द्वितीय नियमानुसार** वस्तु के संवेग में परिवर्तन की दर उस पर लगाए गए बल के अनुक्रमानुपाती होती है।

अर्थात् $F \alpha \frac{dp}{dt}$ या $F = \frac{dp}{dt}$

∵ हम जानते हैं कि $p = mv$

$$F = \frac{dmv}{dt}$$

$$F = \frac{mdv}{dt} \qquad \left[\because a = \frac{dv}{dt}\right]$$

$$F = ma$$

• वस्तु में उत्पन्न बल द्रव्यमान और त्वरण के गुणनफल के बराबर होता है।

72. 1600 के दशक में किस नियम को यह वर्णन करने के लिए विकसित किया गया था कि जब किसी सीमित तरल पर कोई बल लगाया जाता है, तो वह बल सभी दिशाओं में समान रूप से प्रसारित होता है, चाहे पात्र का आकार कुछ भी हो? SSC CHSL 14.08.2023 (Shift-III)

(a) मैग्नेस का नियम
(b) ग्राहम का नियम
(c) पास्कल का नियम
(d) टोरिसेली का नियम

उत्तर (c)

• 1600 के दशक में **पास्कल का नियम** को यह वर्णन करने के लिए विकसित किया गया था कि जब किसी सीमित तरल पर कोई बल लगाया जाता है, तो वह बल सभी दिशाओं में समान रूप से प्रसारित होता है, चाहे पात्र का आकार कुछ भी हो।

• ग्राहम का विसरण नियम: यह विसरण की दर और गैसों के घनत्व के बीच सम्बन्ध का वर्णन करता है। $R_1/R_2 = (M_2/M_1)^{1/2}$ जहाँ R_1, R_2 गैसों 1 और 2 की विसरण की दर और M_1 और M_2 उनके सम्बन्धित आण्विक द्रव्यमान है। यह नियम गतिज सिद्धान्त का एक सरल परिणाम है।

73. किस नियम को जड़त्व का नियम भी कहा जाता है? SSC CHSL Tier-1 14.03.2023 (Shift-I)

(a) न्यूटन का गति का पहला नियम
(b) न्यूटन का गति का दूसरा नियम
(c) केप्लर का नियम
(d) आर्किमिडीज का सिद्धान्त

उत्तर (a)

• **न्यूटन के गति के पहले** नियम को जड़त्व का नियम भी कहते हैं। भौतिकी के पिता न्यूटन ने 1687 ई. में अपनी पुस्तक 'प्रिंसिपल' में सबसे पहले गति के नियम को प्रतिपादित किया था।

• गति के पहले नियम में यदि कोई वस्तु विरामावस्था में है, तो वह विरामावस्था में ही रहेगी और यदि वह एक समान चाल से सीधी रेखा में चल रही है, तो वैसी ही चलती रहेगी, जब तक उस पर कोई बाह्य बल लगाकर उसकी वर्तमान अवस्था में परिवर्तन न किया जाए।

74. निम्नलिखित में से कौन-सा एक असम्पर्क बल नहीं है? SSC CHSL Tier-1 15.03.2022 (Shift-IV)

(a) गुरुत्वाकर्षण (b) घर्षण
(c) चुम्बकीय (d) स्थिर वैद्युत

उत्तर (b)

• **घर्षण** एक असम्पर्क बल नहीं है। असम्पर्क बल, एक वस्तु पर किसी अन्य वस्तु द्वारा लगाया गया बल होता है, जो सीधे सम्पर्क में नहीं होता।

• गुरुत्वाकर्षण बल, विद्युत चुम्बकत्व बल, प्रबल नाभिकीय बल, दुर्बल नाभिकीय बल, ये सभी चार ज्ञात मूलभूत असम्पर्क बल हैं।

• **घर्षण** वह बल होता है, जो गति का विरोध करता है, जब एक वस्तु की सतह दूसरी वस्तु के सम्पर्क में आती है। यह बल मुख्य रूप से सतह की बनावट और बल की मात्रा से प्रभावित होता है।

75. वायुदाब के सम्बन्ध में निम्नलिखित में से कौन-सा कथन सही है? SSC CHSL 09.03.2023 (shift-I)

(a) उच्च दाब बादलयुक्त आकाश और नम मौसम के साथ जुड़ा हुआ है।
(b) निम्न दाब स्पष्ट और साफ मौसम के साथ जुड़ा हुआ है।
(c) वायु हमेशा उच्च दाब क्षेत्र की ओर गमन करती है
(d) समुद्र तल पर वायुदाब सबसे कम होता है और ऊँचाई पर जाने पर बढ़ता जाता है।

उत्तर (c)

• वायुदाब को पृथ्वी की सतह पर वायु के भार द्वारा डाले गए दाब के रूप में परिभाषित किया जाता है। जब दाब क्षेत्र के बीच दाब का अन्तर अधिक होता है, तो हवा तेजी से गमन करती है और यह उच्च दाब वाले क्षेत्र से कम दाब के क्षेत्र में प्रवाहित होती है।

76. एक गेंद में 3000 इकाई का संवेग है। यदि गेंद का वेग दोगुना कर दिया जाए तो गेंद का नया संवेग क्या होगा? SSC CHSL 10.03.2023 (3rd Shift)

(a) 3000 इकाई (b) 6000 इकाई
(c) 20000 इकाई (d) 9000 इकाई

उत्तर (b)

• एक गेंद में 3000 इकाई का संवेग है। यदि गेंद का वेग दोगुना कर दिया जाए तो गेंद का नया संवेग **6000 इकाई** होगा।
हम जानते है कि संवेग वस्तु के द्रव्यमान (m) और वेग (v) के गुणनफल के समानुपाती होता है।

• संवेग (P) = द्रव्यमान $(m) \times$ वेग (v) और यदि वेग दोगुना कर दिया जए, तो संवेग भी दोगुना हो जाता है। अत: संवेग = $2 \times 3000 = 6000$ इकाई

77. निम्नलिखित में से कौन-सा घर्षण का सही क्रम है? SSC CHSL 20.03.2023 (Shift-II)

(a) स्थैतिक > घूर्णन > सर्पी
(b) घूर्णन > स्थैतिक > सर्पी
(c) स्थैतिक > सर्पी > घूर्णन
(d) सर्पी > स्थैतिक > घूर्णन

उत्तर (c)

• **स्थैतिक** > **सर्पी** > **घूर्णन** सही क्रम है।

• **स्थैतिक घर्षण** ऐसा बल जो पथ के साथ चलने वाली किसी वस्तु की गति में बाधा उत्पन्न करता है।

• **सर्पी घर्षण** किसी भी दो वस्तुओं द्वारा एक-दूसरे के विरुद्ध फिसलने पर उत्पन्न प्रतिरोध।

• **घूर्णन घर्षण** किसी सतह पर एक लढ़कती हुई वस्तु की गति का विरोध करने वाला बल।

SSC MTS

78. एक छोटी अवधि के दौरान किसी पिण्ड पर लगने वाले बल को ······· के रूप में जाना जाता है। SSC MTS 13.09.2023 (Shift-III)

(a) आवेग (b) दाब
(c) पृष्ठ तनाव (d) तनन प्रतिबल

उत्तर (a)

• एक छोटी अवधि के दौरान किसी पिण्ड पर लगने वाले बल को आवेग के रूप में जाना जाता है। पृष्ठ तनाव - किसी तरल पदार्थ की सतह का वह गुण जो उसके अणुओं की ससंजक प्रकृति के कारण उसे बाह्य बल का विरोध करने की अनुमति देता है। तननप्रति बल किसी पदार्थ की खींचने वाले (तनन) बल को सहने की क्षमता है।

79. घर्षण कम करने वाले पदार्थों को .... कहते हैं। SSC MTS 16.06.2023 (Evening)

(a) तरल (b) चुम्बक
(c) स्प्रिंग (d) स्नेहक

उत्तर (d)

• स्नेहक - कोई भी पदार्थ जो दो या दो से अधिक गतिशील सतहों के बीच घर्षण को कम करने के उद्देश्य से भौतिक रूप से एकीकृत होता है। उदाहरण— ग्रीस और तेल।

80. चाल क्या है? SSC MTS Tier-1 15.07.2022 (Shift-I)

(a) यह इकाई दूरी तय करने पर लगाया जाने वाला बल है।
(b) यह इकाई समय में किसी वस्तु द्वारा तय की गई दूरी है।
(c) यह प्रति इकाई समय में किसी वस्तु का वेग है।
(d) यह प्रति इकाई समय में किसी वस्तु का त्वरण है।

उत्तर (b)

• इकाई समय में किसी वस्तु द्वारा तय की गई दूरी को **चाल** कहते हैं अर्थात् चाल = दूरी/समय होता है।

• यह एक **अदिश राशि** है। इसका SI मात्रक **मीटर/सेकण्ड** (मी/से) है।

81. निम्नलिखित में से कौन-सा सम्पर्क बल का उदाहरण है? SSC MTS 14.07.2022 (Shift-I)

(a) गुरुत्वाकर्षण बल (b) पेशीय बल
(c) चुम्बकीय बल (d) विद्युत बल

उत्तर (b)

• **पेशीय बल** सम्पर्क बल का उदाहरण है। वह बल जो किसी वस्तु पर किसी अन्य वस्तु द्वारा एक-दूसरे के सम्पर्क में आने पर कार्य करता है, **सम्पर्क बल** कहलाता है।

कार्य तथा ऊर्जा

SSC CGL

82. गिरते नारियल, तेज रफ्तार से दौड़ती गाड़ियाँ लुढ़कते पत्थरों और उड़ने वाले विमान से किस प्रकार की ऊर्जा जुड़ी हुई है? SSC CGL Tier-2 26.10.2023

(a) स्थितिज ऊर्जा (b) गतिज ऊर्जा
(c) विकिरण ऊर्जा (d) प्रत्यास्थ ऊर्जा

उत्तर (b)

• गिरते नारियल, तेज रफ्तार से दौड़ती गाड़ियाँ लुढ़कते पत्थरों और उड़ने वाले विमान से **गतिज ऊर्जा** जुड़ी हुई है।

• किसी वस्तु में उसकी गति के कारण जो ऊर्जा होती है, उसे गतिज ऊर्जा कहते हैं।

• विकिरण ऊर्जा-विद्युत चुम्बकीय और गुरुत्वाकर्षण विकिरण की ऊर्जा। उदाहरण-उत्पन्न ऊष्मा, प्रकाश किरणें। प्रत्यास्थ ऊर्जा किसी बल के कारण किसी वस्तु में संगृहीत ऊर्जा जो अस्थायी रूप से उसका आकार बदल देती है। उदाहरण - सम्पीडित स्प्रिंग, धनुर्धर का फैला हुआ धनुष।

83. 25°C के तापमान पर एक आदर्श गैस के लिए एसआई (SI) इकाई में प्रति अणु औसत गतिज ऊर्जा क्या होगी? SSC CGL Tier-2 26.10.2023

(a) 9.17×10^{-22} J (b) 6.17×10^{-21} J
(c) 7.17×10^{-20} J (d) 8.17×10^{-22} J

उत्तर (b)

औसत गतिज ऊर्जा $(KE) = \frac{3}{2}KT$

बोल्ट्ज़मैन स्थिरांक = K
तापमान (T) = 25° C
डिग्री सेल्सियस से केल्विन का मान
$= T = °C + 273$
$T = 25 + 273 \Rightarrow T = 298K$
$1.38 \times 10^{-23} J/K$ होता है।
औसत गतिज ऊर्जा $(KE) = \frac{3}{2}KT$
$(KE) = \frac{3}{2}(1.38 \times 10^{-23} J/K)(298K)$
औसत गतिज ऊर्जा $(KE) = 6.17 \times 10^{-21} J$

84. बल की दिशा में विस्थापन के साथ बल के गुणन द्वारा क्या निरूपित किया जाता है?
SSC CGL Tier-1 17.08.2021 (Shift-I)

(a) आवेग (b) कार्य
(c) संवेग (d) शक्ति

उत्तर (b)

- बल (F) की दिशा में विस्थापन (S) के साथ बल के **गुणंन** द्वारा **कार्य** (W) को निरूपित किया जाता है। कार्य एक अदिश राशि है, इसका SI मात्रक जूल होता है।

कार्य = बल × विस्थापन

यदि बल (F) तथा विस्थापन (S) के मध्य θ कोण बने, तब

$$W = \mathbf{F} \times \mathbf{S} \cdot \cos\theta$$

SSC CPO

85. यो-यो के रिलीज होने से पहले उसमें किस प्रकार की ऊर्जा होती है?
SSC CPO 29.06.2024 (Shift-II)

(a) रासायनिक ऊर्जा
(b) गतिज ऊर्जा
(c) प्रकाश ऊर्जा
(d) स्थितिज उर्जा

उत्तर (d)

- यो-यो के रिलीज होने से पहले उसमें स्थितिज ऊर्जा होती है।
- स्थितिज ऊर्जा वह शक्ति है, जो किसी वस्तु द्वारा शून्य बिन्दु के सापेक्ष अपनी स्थिति के परिणामस्वरूप उसमें संचित की गई होती है।

86. यदि 2 किग्रा द्रव्यमान वाली किसी वस्तु को 10 मी की ऊँचाई से गिराया जाता है, तो 5 मी की ऊँचाई पर उसकी स्थितिज ऊर्जा और गतिज ऊर्जा का अनुपात क्या होगा?
(g = 10 मी/से^{2})
SSC CHSL Tier-1 09.07.2024 (Shift-II)

(a) 1:1 (b) 1:4
(c) 1:2 (d) 4:1

उत्तर (a)

दिया है।
m = 2 किग्रा, h_1 =10 मी, h_2= 5 मी,
g = 10 मी/से^{2}
10 मी ऊँचाई पर वस्तु की स्थितिज ऊर्जा
$P_1 = mgh_1$
$P_1 = 2 \times 10 \times 10 \Rightarrow 200$ जूल
5 मी ऊँचाई पर वस्तु की स्थितिज ऊर्जा
$P_2 = mgh_2$
$P_2 = 2 \times 10 \times 5 \Rightarrow 100$ जूल
5 मी ऊँचाई पर वस्तु की गतिज ऊर्जा
$K = P_1 - P_2$
$K = 200 - 100$
K =100 जूल
5 मी ऊँचाई पर वस्तु की गतिज ऊर्जा तथा स्थितिज ऊर्जा का अनुपात होगा
$\frac{K}{P_2} = \frac{100}{100} \Rightarrow 1:1$

SSC CHSL

87. सूची I और सूची II का मिलान कीजिए।
SSC CHSL Tier II 02.11.2023

सूची I		सूची II	
(A)	स्थितिज ऊर्जा (Potential energy)	(i)	सौर तापीय (Solar thermal)
(B)	रासायनिक ऊर्जा (chemical energy)	(ii)	पवन चक्की (wind turbine)
(C)	गतिज ऊर्जा (Kinetic energy)	(iii)	पनबिजली संयंत्र (Hydropower plant)
(D)	विकिरण ऊर्जा (Radiation energy)	(iv)	डीजल जनित्र (Diesel generator)

SSC CHSL Tier II 02.11.2023

(a) (A)-(ii), (B)-(iv), (C)-(iii), (D)-(i)
(b) (A)-(iii), (B)-(ii), (C)-(iv), (D)-(i)
(c) (A)-(iii), (B)-(i), (C)-(ii), (D)-(iv)
(d) (A)-(iii), (B)-(iv), (C)-(ii), (D)-(i)

उत्तर (d)

- स्थितिज ऊर्जा-किसी वस्तु या प्रणाली में उसकी स्थिति या भागों की व्यवस्था के आधार पर संगृहीत ऊर्जा। जब कोई वस्तु चलती है, तो स्थितिज ऊर्जा, गतिज ऊर्जा में बदल जाती है।
- रासायनिक ऊर्जा-परमाणुओं और अणुओं के बंधनों में संगृहीत ऊर्जा। रासायनिक ऊर्जा के उदाहरण बैटरी, बायोमास, पेट्रोलियम प्राकृतिक गैस और कोयला।

88. किसी वस्तु का ऊपर-नीचे होना, सेना की परेड और किसी भारी वस्तु का मुक्त रूप से गिरना ये सभी किस गति के उदाहरण हैं?
SSC CHSL 01.06.2022 (Shift-II)

(a) ऋजुरेखीय गति (b) आवर्त गति
(c) घूर्णन गति (d) दोलन गति

उत्तर (a)

- **ऋजुरेखीय गति** (Rectilinear Motion) एक रेखीय गति है, जिसमें वेग की दिशा स्थिर रहती है और पथ सैनिकों की परेड की तरह एक सीधी रेखा होती है।

89. दो बिन्दुओं के बीच विभवान्तर ज्ञात करने के लिए सही सूत्र की पहचान करें।
SSC CHSL 06.06.2022 (Shift-I)

(a) $Q = 1/W$ (b) $Q = Q/V$
(c) $V = Q/W$ (d) $V = W/Q$

उत्तर (d)

- दो बिन्दुओं के बीच विभवान्तर ज्ञात करने के लिए सही सूत्र $V = W/Q$ है।
- एक विद्युत परिपथ में, दो बिन्दुओं के बीच का विभव (V) इकाई आवेश (Q) को एक बिन्दुओं से दूसरे बिन्दु तक ले जाने में बाह्य कारक द्वारा किए गए कार्य (W) के बराबर होता है।

90. हाइड्रोइलेक्ट्रिक पावर स्टेशन पानी के बल का उपयोग करके विद्युत उत्पन्न करते हैं, जो टर्बाइनों में गिरती है और शाफ्ट को घुमाती है। टर्बाइन के शाफ्ट को घुमाकर पानी की स्थितिज ऊर्जा को .... ऊर्जा में परिवर्तित किया जाता है। **SSC CHSL 09.06.2022 (Shift-II)**

(a) रासायनिक (b) तापीय
(c) गुरुत्वीय (d) गतिज

उत्तर (d)

- जल विद्युत संयन्त्रों में, एक टर्बाइन जल की स्थितिज ऊर्जा को **गतिज ऊर्जा** में परिवर्तित करता है तथा गिरने वाले जल की गतिज ऊर्जा को यान्त्रिक ऊर्जा में परिवर्तित करता है और फिर एक जनरेटर यान्त्रिक ऊर्जा को विद्युत ऊर्जा में परिवर्तित करता है।
- भारत में सबसे बड़ा हाइड्रोइलेक्ट्रिक पावर स्टेशन कोयना हाइड्रोइलेक्ट्रिक प्रोजेक्ट (महाराष्ट्र) तथा पहला सिड्रापोंग हाइड्रोइलेक्ट्रिक पावर स्टेशन, (पश्चिम बंगाल)।

SSC MTS

91. यदि एक ईंट पर 7 N बल लगाया जाए और वह 5 मी तक गति करती है, तो किया गया कार्य कितना होगा?
SSC MTS Tier-1 01.09.2023 (Shift-III)

(a) 35 जूल
(b) 40 जूल
(c) 25 जूल
(d) 35 जूल

उत्तर (d)

- यदि एक ईंट पर 7 N बल लगाया जाता है तथा वह 5 मी तक गति करती है, तो किया गया कार्य = बल × विस्थापन के अनुसार, **35 जूल** होगा।

92. बैटरी में किस प्रकार का ऊर्जा रूपान्तरण होता है? **SSC MTS 03.05.2023 (Shift-I)**

(a) रासायनिक ऊर्जा का प्रकाश ऊर्जा में
(b) रासायनिक ऊर्जा का विद्युत ऊर्जा में
(c) यान्त्रिक ऊर्जा का रासायनिक ऊर्जा में
(d) रासायनिक ऊर्जा का ध्वनि ऊर्जा में

उत्तर (b)

- बैटरी में रासायनिक ऊर्जा का विद्युत ऊर्जा में रूपान्तरण होता है
- ऊर्जा में रूपान्तरण उपकरण–
- विद्युत जनरेटर-यान्त्रिक ऊर्जा को विद्युत ऊर्जा में।
- विद्युत मोटर-विद्युत ऊर्जा को यान्त्रिक ऊर्जा में।
- माइक्रोफोन ध्वनि ऊर्जा की विद्युत ऊर्जा में।
लाउडस्पीकर-विद्युत ऊर्जा को ध्वनि ऊर्जा में
- सितार-यान्त्रिक ऊर्जा को ध्वनि ऊर्जा में।

गुरुत्वाकर्षण

SSC CGL

93. हेनरी कैवेंडिश ने पृथ्वी के द्रव्यमान और घनत्व के साथ गुरुत्वाकर्षण स्थिरांक के मापन का वर्णन कब किया था?
SSC CGL Tier-1 19.07.2023 (Shift-I)

(a) जून, 1798 (b) अप्रैल, 1796
(c) मार्च, 1795 (d) मई, 1797

उत्तर (a)

• हेनरी कैवेंडिश ने **जून, 1798** में गुरुत्वाकर्षण स्थिरांक का मान स्थापित किया था।
• गुरुत्वाकर्षण स्थिरांक को G के द्वारा निरूपित किया जाता है।
• SI मात्रक में इसका मान लगभग **6.67×10^{-11} Nm²/kg²** होता है।
• इसे सार्वत्रिक गुरुत्वाकर्षण नियतांक भी कहते हैं।

94. G का मान किसने स्थापित किया?
SSC CGL Tier-1 8.12.2022 (Shift-I)

(a) हेनरी कैवेंडिश
(b) माइकल फैराडे
(c) सर आइजैक न्यूटन
(d) मैरी क्यूरी

उत्तर (a)

• G का मान **हेनरी कैवेंडिश** द्वारा ज्ञात गया था।
• यह एक सार्वत्रिक गुरुत्वाकर्षण नियतांक है, जिसका मान $6.67 \times 10^{-11} Nm^2/Kg^2$ होता है।

SSC CPO

95. सार्वत्रिक गुरुत्वाकर्षण नियम (Universal law of gravitation) के सम्बन्ध में गलत कथन की पहचान करें। **SSC CPO 05.10.2023 (Shift-II)**

(a) यह वह बल है, जो हमें पृथ्वी से बाँधकर रखता है।
(b) यह तारों और पृथ्वी के कारण ज्वार-भाटा उत्पन्न करने वाला बल है।
(c) यह वह बल है, जो सूर्य के चारों ओर ग्रहों की गति को बनाए रखता है
(d) यह वह बल है, जो पृथ्वी के चारों ओर चन्द्रमा की गति में सहायता करता है।

उत्तर (b)

• न्यूटन का सार्वत्रिक गुरुत्वाकर्षण का नियम-ब्रह्माण्ड का प्रत्येक कण प्रत्येक दूसरे कण को एक बल के साथ आकर्षित करता है, जिसका बल द्रव्यमान के गुणनफल के अनुक्रमानुपाती और उनके बीच की दूरी के वर्ग के व्युत्क्रमानुपाती होता है। G को गुरुत्वाकर्षण स्थिरांक के रूप में दर्शाया गया है।
• G का मान $= 6.67 \times 10^{-11}\ nm^2/kg^2$। ज्वार-भाटा पृथ्वी पर सूर्य और चन्द्रमा के संयुक्त गुरुत्वाकर्षण आकर्षण के कारण उत्पन्न होता है।

96. गुरुत्वाकर्षण के बारे में सही कथन का चयन कीजिए **SSC CPO 05.10.2023 (Shift-II)**

(a) गुरुत्वाकर्षण (g) की इकाई त्वरण की इकाई के समान है।
(b) गुरुत्वाकर्षण (g) की इकाई वेग की इकाई के समान है।
(c) गुरुत्वाकर्षण (g) की इकाई द्रव्यमान की इकाई के समान है।
(d) गुरुत्वाकर्षण (g) की इकाई घर्षण की इकाई के समान है।

उत्तर (a)

• गुरुत्वाकर्षण के सम्बन्ध में कथन (a) सही है।
• गुरुत्वाकर्षण ब्रह्माण्ड में सभी पदार्थों के बीच कार्य करने वाली सार्वभौमिक आकर्षण बल है। जिस भी वस्तु में द्रव्यमान होता है, उसमें गुरुत्वाकर्षण भी होता है।
• आइजैक न्यूटन ने गुरुत्वाकर्षण और गति के नियमों की खोज की।
• पृथ्वी पर गुरुत्वाकर्षण के कारण त्वरण का मान $9.8\ m/s^2$ होता है। गुरुत्वाकर्षण की SI इकाई न्यूटन (N) होती है।

SSC CHSL

97. गैलीलियो ने किस वर्ष गुरुत्वाकर्षण और उपार्जित संवेग की क्रिया द्वारा एक पेण्डुलम की नियमित, दोलायमान गति का वर्णन किया?
SSC CHSL Tier-1 08.07.2024 (Shift-III)

(a) 1599 ई. (b) 1602 ई.
(c) 1600ई. (d) 1605 ई.

उत्तर (a)

• गैलीलियो ने **1599 ई.** में गुरुत्वाकर्षण और उपार्जित संवेग की क्रिया द्वारा एक पेण्डुलम की नियमित, दोलायमान गति का वर्णन किया था।
• इन्होंने दोलन के सूत्र का प्रतिपादन किया।
• इन्होंने दूरदर्शी यन्त्र को अधिक उन्नत बनाया।
• इन्होंने गिरते पिण्डों के मूल नियम का प्रतिपादन किया।

98. सूत्र $T^2 \propto R^3$ द्वारा व्यक्त निम्नलिखित में से कौन-सा नियम किसी ग्रह की कक्षा के कक्षीय आवर्तकाल और त्रिज्या की तुलना अन्य ग्रहों की कक्षा के कक्षीय आवर्तकाल और त्रिज्या से करता है?
SSC CHSL 08.08.2020 (Shift-III)

(a) हबल का नियम
(b) कॉपरनिकस का नियम
(c) केप्लर का तीसरा नियम
(d) ब्रैग का नियम

उत्तर (c)

• **केप्लर का तीसरा नियम** किसी भी ग्रह का परिक्रमण काल का वर्ग उस ग्रह की दीर्घवृत्ताकार कक्षा के अर्द्ध दीर्घ अक्ष की तृतीय घात के अनुक्रमानुपाती होता है।
• **ब्रैग का नियम** $2d \sin(\theta) = n\lambda$ जहाँ, (d) (क्रिस्टल जालक समतलों के बीच की दूरी), θ (आयतन कोण), n (पूर्णांक), λ एक्स-रे की तरंदैर्ध्य है।
• कॉपरनिकस का नियम एक सूर्यकेन्द्रित प्रणाली का प्रस्ताव रखा, जिसके अनुसार ग्रह सूर्य के चारों ओर परिक्रमा करते हैं।

SSC MTS

99. एक मेट्रो स्टेशन में देखा गया कि प्रति मिनट औसतन 20 लोग 15 मीटर की ऊँचाई तक पहुँचने के लिए चलती सीढ़ी (एस्केलेटर) का उपयोग कर रहे थे। यदि लोगों का औसत द्रव्यमान 50 किग्रा और गुरुत्वीय त्वरण 10 मी/से² माना जाए, तो एस्केलेटर की शक्ति की गणना कीजिए।
SSC MTS Tier-1 22.10.2024 (Shift-II)

(a) 1.25 kW (b) 15 kW
(c) 2.5 kW (d) 150 kW

उत्तर (c)

• एक मेट्रो स्टेशन में देखा गया कि प्रति मिनट औसतन 20 लोग 15 मीटर की ऊँचाई तक पहुँचने के लिए चलती सीढ़ी का उपयोग कर रहे थे। यदि लोगों का औसत द्रव्यमान 50 किग्रा और गुरुत्वीय त्वरण 10 मी/से² माना जाए, तो एस्केलेटर की शक्ति 5 kw होगी।

औसत भार = 50 किग्रा

20 लोगों का कुल भार = 50 × 20= 1000 किग्रा

$w = mgh = 1000 \times 10 \times 15 = 150000$ जूल

$g = 10$ मी/से², $R = 15$ मी,

$f = 60$ सेकण्ड

$p = ?$ शक्ति $p = \frac{w}{t}$

$p = \frac{150000}{60} = 2500$ वाट

$p = 2.5\,kW$

100. 1 किग्रा और 2 किग्रा के दो पिण्ड 3.2 मीटर की ऊँचाई से गिराए जाते हैं। जमीन को छूने से ठीक पहले उनके सापेक्ष वेग ज्ञात कीजिए। (मान लीजिए गुरुत्वीय त्वरण $g = 10 m/s^2$)
SSC MTS 08.10.2024 (Shift-III)

(a) 8 मी/से और 4 मी/से (b) दोनों का 3.2 मी/से
(c) 4 मी/से और 8 मी/से (d) दोनों का 8 मी/से

उत्तर (d)

• 1 किग्रा और 2 किग्रा के दो पिण्ड 3.2 मीटर की ऊँचाई से गिराए जाते हैं। जमीन को छूने से ठीक पहले उनके सापेक्ष वेग दोनों का 8 मी/से होगा। हम मुक्त रूप से गिरने की गति के समीकरण का उपयोग करके जमीन को छूने से ठीक पहले दो पिण्ड के वेग की गणना कर सकते हैं। $v = \sqrt{2gh}$ जहाँ, $v =$ जमीन को छूने से ठीक पहले उनके सापेक्ष वेग

$g =$ गुरुत्वाकर्षण के कारण त्वरण (10 मी/से²)

$h =$ ऊँचाई जहाँ से द्रव्यमान गिराए गए (3.2 मी)

दोनों पिण्डों (1 किग्रा और 2 किग्रा) के लिए वेग समान होगा, क्योंकि समीकरण पिण्ड से स्वतन्त्र है।

$v = \sqrt{2 \times 10 \times 3.2}$

$v = \sqrt{64}$

$v = 8$ m/s

• अत: जमीन को छूने से ठीक पहले दोनों पिण्डों का वेग 8 मीटर/सेकण्ड होगा।

तरंग गति

SSC CGL

101. निम्नलिखित में से किस अग्रणी वैज्ञानिक ने 1890 के दशक में कई किमी की दूरी तक संकेतों को प्रसारित करने के लिए रेडियो तरंगों का प्रयोग किया था? SSC CGL Tier-1 19.07.2023 (Shift-IV)
(a) गूल्येल्मो मार्कोनी
(b) पॉल लैंगविन
(c) माइकल फैराडे
(d) पियरे वीस

उत्तर (a)

• **गूल्येल्मो मार्कोनी** ने 1890 के दशक में कई किमी की दूरी तक संकेतों को प्रसारित करने के लिए **रेडियो तरंगों** का प्रयोग किया था।
• रेडियो टेलीग्राफ का विकास भी मार्कोनी ने किया।
• रेडियो तरंग के माध्यम से संकेत प्रसारित करने की इस खोज के कारण इन्हें वर्ष 1909 का नोबेल पुरस्कार प्रदान किया गया।

102. ऑस्ट्रियाई वैज्ञानिक क्रिश्चयन डॉप्लर द्वारा डॉप्लर प्रभाव की खोज किस वर्ष की गई थी, जो एक पर्यवेक्षक के सन्दर्भ में एक गतिमान स्रोत द्वारा उत्पन्न किसी भी प्रकार की ध्वनि या प्रकाश तरंग की आवृत्ति में परिवर्तन का वर्णन करता है? SSC CGL Tier-2 03.03.2023 (Shift-I)
(a) 1844 (b) 1846
(c) 1840 (d) 1842

उत्तर (d)

• ऑस्ट्रियाई वैज्ञानिक **क्रिश्चयन डॉप्लर** द्वारा डॉप्लर प्रभाव की खोज **1842 ई.** में की गई थी, जो एक पर्यवेक्षक के सन्दर्भ में एक गतिमान स्रोत द्वारा उत्पन्न किसी भी प्रकार की ध्वनि या प्रकाश तरंगें की आवृत्ति में परिवर्तन का वर्णन करता है।

103. आवृत्तियों के अवरोही क्रम में विकिरणों का सही क्रम क्या है? SSC CGL Tier-2 03.03.2023 (Shift-I)
(a) X-किरणें > अवरक्त > सूक्ष्म तरंगें > रेडियो तरंगें
(b) अवरक्त > सूक्ष्म तरंगें > X-किरणें > रेडियो तरंगें
(c) अवरक्त > सूक्ष्म तरंगें > रेडियों तरंगें > X-किरणें
(d) रेडियों तरंगें > X-किरणें > सूक्ष्म तरंगें > अवरक्त

उत्तर (a)

• आवृत्तियों के अवरोही क्रम के आधार पर विकिरणों का सही क्रम है X किरणें > अवरक्त किरणें > सूक्ष्म तरंगें > रेडियो तरंगें।
• X किरणों की खोज **'रॉटजन'** ने की थी, इसकी आवृत्ति 10^{18} **से** 10^{16} **HZ** तक होती है।
• अवरक्त विकिरण की खोज **हर्शेल** ने की थी, इसकी आवृत्ति 10^{14} **से** 10^{10} **HZ** तक होती है।
• रेडियों तंरगों की खोज **'हेनरी हर्ट्ज'** ने की थी, इसकी आवृत्ति 10^{10} से 10^{8} HZ तक होती है तथा सूक्ष्म तरंगों की खोज **हर्ट्ज** ने की थी, इसकी आवृत्ति 10^{11} से 10^{9} Hz तक होती है।

104. निम्न में से कौन-सा कथन सही है? SSC CGL Tier-1 23.08.2021 (Shift-I)
(a) यदि माध्यम के घटक तरंग संचरण की दिशा में लम्बवत् दोलन करते हैं, तो हम तरंग को अनुदैर्ध्य तरंग कहते हैं।
(b) किसी विशेष तात्कालिक समय में समान फेज वाली तरंग में दो बिन्दुओं के बीच की न्यूनतम दूरी को तरंगदैर्ध्य कहा जाता है।
(c) एक तरंग की आवृत्ति प्रति मिनट कम्पन्न माध्यम में प्रत्येक घटक कण के दोलनों की संख्या है।
(d) यदि माध्यम के घटक तरंग संचरण की दिशा के साथ दोलन करते हैं, तो हम तरंग को अनुप्रस्थ तरंग कहते हैं।

उत्तर (b)

• कथन (*b*) सही है।
• किसी विशेष तात्कालिक समय में समान फेज वाली तरंग में दो बिन्दुओं के बीच की न्यूनतम दूरी को **तरंगदैर्ध्य** (Wavelength) कहा जाता है। इसे 'λ' से प्रदर्शित किया जाता है।
• सभी प्रकार की तरंगों में तरंग की चाल, तरंगदैर्ध्य व आवृत्ति के बीच निम्न सम्बन्ध होता है
तरंग चाल = आवृत्ति × तरंगदैर्ध्य, अर्थात् $v = n\lambda$

105. एक तरंग के लिए, आवर्तकाल द्वारा विभाजित तरंगदैर्ध्य .... के बराबर होती है। SSC CGL Tier-1 13.08.2021 (Shift-III)
(a) आवृत्ति (b) आयाम
(c) तरंग वेग (d) कलान्तर

उत्तर (c)

• एक तरंग के लिए, आवर्तकाल द्वारा विभाजित तरंगदैर्ध्य, **तरंग वेग** के बराबर होता है।
• तरंग के किसी बिन्दु, जैसे एक सम्पीडन या एक विरलन द्वारा एकांक समय में तय की गई दूरी को तरंग वेग कहते हैं।

SSC CPO

106. कौन-सी तरंग ध्वनि तरंग की गति के समानान्तर दोलन करती है? SSC CPO 29.06.2024 (shift-II)
(a) यान्त्रिक तरंग (b) विद्युत चुम्बकीय तरंग
(c) अनुप्रस्थ तरंग (d) अनुदैर्ध्य तरंग

उत्तर (d)

• **अनुदैर्ध्य तरंग** में दोलन तरंग की गति की दिशा के समानान्तर होते हैं।
• अनुप्रस्थ तरंग इसमें दोलन तरंग की गति की दिशा के लम्बवत होते हैं। उदाहरणों में पानी की लहरें और तार झंकार शामिल हैं। यान्त्रिक तरंग इन तरंगों को यात्रा करने के लिए किसी माध्यम (ठोस, तरल या गैस) की आवश्यकता होती है।

SSC CHSL

107. दृश्य प्रकाश की तरंगदैर्ध्य परास कितनी होती है? SSC CHSL Tier-1 05.07.2024 (Shift-IV)
(a) 1-2 μm (b) 0.4-0.7 μm
(c) 0.2 -0.3 μm (d) 0.7-0.9 μm

उत्तर (b)

• दृश्य प्रकाश की तरंगदैर्ध्य परास 0.4μm – 0.7 μm तक होती है।
• इसकी आवृति परास 8×10^{14} हर्ट्ज से 4×10^{14} हर्ट्ज तक होती है।
• इसका उत्पादन परमाणुओं तथा अणुओं के कम्पन से होता है।
• इसका उपयोग अणुओं की संरचना तथा परमाणु के बाह्यकोश में इलेक्ट्रॉन के पता लगाने में किया जाता है।

108. 1801 ई. में जोहान विल्हेम रिटर ने किस प्रकार के विद्युत चुम्बकीय विकिरण की खोज की? SSC CHSL Tier-1 08.07.2024 (Shift-II)
(a) एक्स-रे
(b) पराबैंगनी किरणें
(c) अवरक्त किरणें
(d) गामा किरणें

उत्तर (b)

• 1801 ई. में जोहान विल्हेम रिटर ने **पराबैंगनी** किरणों की खोज की थी।
• पराबैंगनी किरणों का उत्सर्जन एक विशेष प्रकार के लैम्प तथा बहुत अधिक तप्त वस्तुओं द्वारा होता है।
• इनकी आवृति परास 10^{14} **हर्ट्ज** से 10^{17} **हर्ट्ज** के मध्य होती है।
• इनका उपयोग अलार्म के रूप में, खनिजों के प्रतिदर्श के रूप में, अणुओं की संरचना ज्ञात करने में किया जाता है।

109. निम्नलिखित में से किसने रेडियों तरंगों की खोज करने के साथ ही मैक्सवेल के सिद्धान्तों की पुष्टि की और वे 1886 ई. में नियन्त्रित रेडियो तरंगों को प्रसारित करने और प्राप्त करने वाले पहले व्यक्ति भी बने?
(a) हेनरिक हर्ट्ज
(b) विलियम हॉपकिंस
(c) माइकल फैराडे
(d) गुग्लीलमो मार्कोनी

उत्तर (a)

• **हेनरिक हर्ट्ज** ने रेडियों तरंगों की खोज के साथ मैक्सवेल के सिद्धान्तों की पुष्टि की तथा वे 1886 ई. में नियन्त्रित रेडियों तरंगों को प्रसारित करने वाले तथा प्राप्त करने वाले पहले व्यक्ति बने।
• इन तरंगों का उत्सर्जन दोलनों के कारण होता है।
• इनकी आवृत्ति 500 किलो हर्ट्ज से 1000 मेगा हर्ट्ज तक परिवर्तित होती है।
• इनका उपयोग टीवी, रेडियो इत्यादि में किया जाता है।

110. प्रकाश-विद्युत प्रभाव प्रकाश की किस प्रकृति को दर्शाता है? SSC CHSL 04.08.2023 (Shift-I)
(a) क्रिस्टलीय प्रकृति (b) कणीय प्रकृति
(c) द्वैत प्रकृति (d) तरंगीय प्रकृति

उत्तर (b)

• प्रकाश-विद्युत प्रभाव प्रकाश की कणीय प्रकृति प्रकाश विद्युत प्रभाव किसी धातु की सतह पर उपयुक्त आवृत्ति का प्रकाश पड़ने पर उसकी सतह से इलेक्ट्रॉनों के उत्सर्जन की घटना है। सम्बन्धित नोबेल पुरस्कार अल्बर्ट आइंस्टीन (1921) और रॉबर्ट एण्ड्रयूज मिलिकन ने नोबेल (1923) जीता।

111. निम्नलिखित में से कौन-सी भूकम्पीय तरंगें पृष्ठीय तरंगें हैं। SSC CHSL 13.03.2023 (shift-III)
(a) P तरंगें (b) L तरंगें
(c) S तरंगें (d) M तरंगें

उत्तर (b)

• L तरंगें, S तरंगें, P तरंग से लगभग 1.7 गुना धीमी होती है। L तरंगों की तरंदैर्ध्य लम्बी होती है और भूकम्प से अधिकांश संरचनात्मक क्षति होती है।

112. विद्युतचुम्बकीय वर्णक्रम प्रकाश की सम्पूर्ण शृंखला का वर्णन करता है, जिसे सामान्यत: तरंगदैर्ध्य के ······· क्षेत्रों में ऊर्जा और आवृत्ति में वृद्धि के क्रम में विभाजित किया जाता है।
SSC CHSL 30.05.2022 (Shift-II)

(a) छह (b) आठ
(c) सात (d) पाँच

उत्तर (c)

• **सात** विद्युतचुम्बकीय वर्णक्रम प्रकाश की सम्पूर्ण शृंखला का वर्णन करता है, जिसे सामान्यत: पर तरंगदैर्ध्य। कुछ नाम हैं-रेडियो तरंगें, माइक्रोवेव, अवरक्त (IR), दृश्य प्रकाश, पराबैंगनी (UV) प्रकाश, एक्स-किरण और गामा-किरण हैं।

113. निम्नलिखित में से कौन सी तकनीक हमारे शरीर के अन्दर के अंगों और संरचनाओं को देखने के लिए एक बड़े चुम्बक और रेडियो तरंगों के संयोजन का उपयोग करती है?
SSC CHSL 01.06.2022 (Shift-I)

(a) कम्प्यूटेड टोमोग्राफी
(b) फ्लोरो स्कोपी
(c) पॉजिट्रॉन एमिशन टोमोग्राफी
(d) मैग्नेटिक रेजोनेंस इमेजिंग

उत्तर (d)

• **मैग्नेटिक रेजोनेंस इमेजिंग** एक चिकित्सा इमेजिंग तकनीक है, जिसका उपयोग रेडियोलॉजी में शरीर रचना और शरीर की शारीरिक प्रक्रियाओं की चित्र बनाने के लिए क्रिया जाता है।

• कम्प्यूटेड टोमोग्राफी एक इमेजिंग प्रक्रिया है, जो शरीर के अन्दर के क्षेत्रों के विस्तृत चित्र या स्कैन बनाने के लिए विशेष एक्स-रे उपकरण का उपयोग करती है। फ्लोरोस्कॉपी एक इमेजिंग तकनीक है, जो किसी वस्तु के इण्टीरियर की रीयल-टाइम मूविंग इमेज प्राप्त करने के लिए एक्स-रे का उपयोग करती है। पॉजिट्रॉन एमिशन टोमोग्राफी (PET) स्कैन एक इमेजिंग टेस्ट है, जो आपके ऊतकों और अंगों के उपापचय (metabolic) या जैव रासायनिक कार्य को प्रकट करने में मदद कर सकता है।

114. निम्नलिखित में से किस प्रकार का विकिरण, लगभग 300 GHz से kHz की आवृत्ति वाले या समतुल्य, लगभग 1 मिमी से 100 किमी तक की तरंगदैर्ध्य वाले विद्युत चुम्बकीय स्पैक्ट्रम के एक भाग को निर्दिष्ट करता है?
SSC CHSL Tier-2 30.05.2022 (Shift-I)

(a) पराबैंगनी किरणें
(b) अवरक्त तरंगें
(c) रेडियो तरंगें
(d) सूक्ष्म तरंगें

उत्तर (c)

• **रेडियो तरंगें** लगभग **300 GHz से kHz** की आवृत्ति वाले या समतुल्य लगभग 1 मिमी से 100 किमी तक की तरंदैर्ध्य वाले विद्युत चुम्बकीय स्पैक्ट्रम के एक भाग को निर्दिष्ट करता है। रेडियो तरंगों की खोज 'हेनरिक हट्र्ज' ने की थी। इन तरंगों का उपयोग रेडियो, टेलीविजन व टेलीफोन में किया जाता है।

115. वह दर क्या है, जिस पर एक लहर, पानी के माध्यम से चलती है और इसे समुद्री मील में मापा जाता है? **SSC CHSL 16.04.2021 (Shift-III)**

(a) तरंग ऊँचाई
(b) तरंग शृंग और गर्त
(c) तरंग आवृत्ति
(d) तरंग गति

उत्तर (d)

• तरंग गति जिस पर एक लहर, पानी के माध्यम से चलती है और इसे समुद्री मील में मापा जाता है वह दर है, तरंग ऊँचाई एक तरंग की गर्त और अगले शृंग के बीच ऊर्ध्वाधर दूरी। तरंग शृंग और गर्त तरंग के एक चक्र में ऊपर की ओर अधिकतम विस्थापन का मान शृंग बिन्दु होता है। गर्त, शृंग के विपरीत होता है, इसलिए यह चक्र में निम्नतम बिन्दु है।

SSC MTS

116. 0.04 सेकण्ड की आवर्तकाल वाली तरंग की आवृत्ति (f) क्या होगी?
SSC MTS 15.10.2024 (shift-II)

(a) 50 Hz (b) 25 Hz
(c) 40 Hz (d) 100 Hz

उत्तर (b)

• 0.04 सेकण्ड की आवर्तकाल वाली तरंग की आवृत्ति 25 Hz होगी।

हम जानते हैं कि $f = \frac{1}{7}$

जहाँ f = आवृत्ति और T = कम्पन की समयावधि

$f = \frac{1}{0.04} = 25$ Hz

117. वे वस्तुएँ जो एक निश्चित समय अन्तराल के पश्चात अपनी गति को दोहराती है .... में कहलाती है। **SSC MTS 15.06.2023 (Shift-III)**

(a) आवर्ती गति
(b) अर्द्ध-वृत्ताकार गति
(c) सरल रेखीय गति
(d) वृत्ताकार गति

उत्तर (a)

• वे वस्तुएँ जो एक निश्चित समय अन्तराल के पश्चात अपनी गति को दोहराती है आवर्ती गति कहलाती हैं।
उदाहरण- रॉकिंग चेयर, बाउंसिंग बॉल, कम्पन करता हुआ ट्यूनिंग फोर्क।

ध्वनि

SSC CGL

118. एक ध्वनि तरंग को 1.5 किमी की दूरी तय करने में कितना समय लगेगा, जिसकी आवृत्ति 5 kHz और तरंगदैर्ध्य 6 सेमी है?
SSC CGL Tier-1 11.09.2024 (Shift-III)

(a) 25 सेकण्ड (b) 2.5 सेकण्ड
(c) 50 सेकण्ड (d) 5 सेकण्ड

उत्तर (d)

दिया गया है, $d = 1.5$ किमी

$n = 5$ KHz = 5000 Hz

$a = 6$ सेमी = 0.06 मी

वेग $V = n\lambda$

$\Rightarrow V = 5000 \times 0.06 = 300.00 = 300$ मी/से

तरंग को 1.5 किमी दूरी तय करने में लगा

समय $t = \frac{d}{v}$

$= \frac{1.5 \times 1000 \text{ मी}}{300 \text{ मी / से}} = \frac{15}{3} = 5$ सेकण्ड

119. ध्वनि तरंगों के उत्पादन और संचरण के अध्ययन को क्या कहा जाता है?
SSC CGL 18.04.2022 (Evening)

(a) ऑप्टिक्स (b) फोटोनिक्स
(c) एस्ट्रोफिजिक्स (d) अकॉस्टिक्स

उत्तर (d)

• ध्वनि तरंगों के उत्पादन और संचरण के अध्ययन को **अकॉस्टिक्स** कहा जाता है। ऑप्टिक्स, भौतिक विज्ञान की वह शाखा है, जो दृश्य और अदृश्य प्रकाश दोनों के गुणों और घटनाओं से सम्बन्धित है।

• **फोटोनिक्स, प्रकाश** और अन्य प्रकार की दीप्तिमान ऊर्जा का अध्ययन है, जिनकी क्वाण्टम इकाई फोटॉन है। एस्ट्रोफिजिक्स, अन्तरिक्ष विज्ञान की एक शाखा है, जो ब्रह्मांड को समझने के लिए भौतिकी और रसायन विज्ञान के नियमों को लागू करती है।

SSC CPO

120. कौन-सी तरंग ध्वनि तरंग की गति के समानान्तर दोलन करती है?
SSC CPO 29.06.2024 (Shift-I)

(a) अनुदैर्ध्य तरंग
(b) अनुप्रस्थ तरंग
(c) यान्त्रिक तरंग
(d) विद्युत चुम्बकीय तरंग

उत्तर (a)

• **अनुदैर्ध्य तरंग** ध्वनि तरंग की गति के समानान्तर दोलन करती है।

• अनुदैर्ध्य तरंग वह तरंग जिसमें कणों की गति ऊर्जा की गति के समानान्तर होती है, अनुदैर्ध्य तरंग कहलाती है।

• ध्वनि तरंग अनुदैर्ध्य तरंग का एक उदाहरण है।

121. यदि कोई वस्तु प्रति सेकण्ड 10 दोलनों का निष्पादन करती है, तो किलोहर्ट्ज में इसकी आवृत्ति किसके बराबर होगी?
SSC CPO 23.11.2020 (Shift-III)

(a) 1 (b) 0.01
(c) 0.1 (d) 10

उत्तर (b)

1 किलोहर्ट्ज = 1000 दोलन प्रति सेकण्ड

10 दोलन प्रति सेकण्ड $= \frac{10}{1000}$

= 0.01 किलोहर्ट्ज़

SSC CHSL

122. निम्नलिखित में से किस पदार्थ में ध्वनि की गति सबसे अधिक होती है?
SSC CHSL Tier-1 16.03.2023 (Shift-I)
(a) निकेल (b) एल्युमीनियम
(c) लोहा (d) इस्पात

उत्तर (b)
- **एल्युमीनियम** पदार्थ में ध्वनि की गति सबसे अधिक होती है।
- **ठोसों** में ध्वनि की गति 3148 **मीटर/सेकण्ड, तरल/द्रवों** में ध्वनि की गति **1500 मीटर/सेकण्ड** एवं गैसों में ध्वनि की गति 343 मीटर/सेकण्ड होती है।
- ठोस में ध्वनि की गति अधिकतम होती है, इसके बाद यह तरल तथा सबसे कम गैस में होती है। ध्वनि की गति समान भौतिक स्थितियों के तहत किसी दिए गए माध्यम में सभी आवृत्तियों के लिए लगभग एक समान रहती है।

123. ध्वनि के सन्दर्भ में निम्नलिखित में से कौन-सा कथन सही नहीं है?
SSC CHSL 20.03.2023 (Shift-IV)
(a) ध्वनि निर्वात में संचारित हो सकती है।
(b) मानव वाक् तन्तुओं के कम्पन द्वारा ध्वनि उत्पन्न करते हैं।
(c) अप्रिय ध्वनियाँ शोर कहलाती है।
(d) आवृत्ति को हर्ट्ज (Hz) में व्यक्त करते हैं।

उत्तर (a)
- ध्वनि एक यान्त्रिक तरंग है और इसके प्रसार के लिए वायु, जल, स्टील आदि जैसे भौतिक माध्यम की आवश्यकता होती है। यह निर्वात में गमन नहीं कर सकती है।
- मानव कान की श्रव्य आवृति रेंज 20 हर्ट्ज से 20000 हर्ट्ज के बीच होती है। विभिन्न माध्यमों में ध्वनि की गति जल (समुद्र) 1531 मीटर/सेकण्ड जल (आसुत)- 1498 मीटर/सेकण्ड, वायु—346 मीटर/सेकण्ड।

SSC MTS

124. ध्वनि की प्रबलता, ध्वनि उत्पन्न करने वाले कम्पन के आयाम के....के समानुपाती होती है।
SSC MTS 11.07.2022 (Shift-III)
(a) घनमूल (b) घन
(c) वर्ग (d) वर्गमूल

उत्तर (c)
- **वर्ग** ध्वनि की प्रबलता को डेसिबल नामक इकाई में व्यक्त किया जाता है। डेसिबल का चिह्न dB होता है। श्रव्य ध्वनियों का ध्वनि दाब स्तर 0 dB से 120 dB के बीच होता है।

125. दिए गए विकल्पों में से कौन-सा विकल्प प्रतिध्वनि उत्पन्न करता है?
SSC MTS 04.09.2023 (Shift-I)
(a) जब ध्वनि परावर्तित होती है
(b) जब ध्वनि तरंगें किसी ठोस माध्यम से होकर गुजरती हैं।
(c) जब ध्वनि तरंगें किसी तरल माध्यम से होकर गुजरती हैं
(d) जब ध्वनि तरंगें निर्वात से होकर गुजरती हैं

उत्तर (a)
- जब ध्वनि परावर्तित होती हैं, प्रतिध्वनि उत्पन्न करती हैं।
- ध्वनि तरंगों के प्रारम्भिक उत्पादन और परावर्तक सतह से उनकी वापसी के बीच समय के अन्तर के कारण ध्वनि को एक से अधिक बार सुना जाता है। **प्रतिध्वनि के अनुप्रयोग** गहराई और ऊँचाई मापने में, दूरी मापने में, चिकित्सा निदान में।

126. गड़गड़ाहट की आवाज प्रकाश की चमक दिखाई देने की तुलना में बहुत बाद में सुनाई देती है। यह क्या दिखाता है?
SSC MTS 27.20.2021 (Shift-II)
(a) ध्वनि की गति प्रकाश की गति से बहुत कम होती है।
(b) ध्वनि की गति प्रकाश की गति से तीन से गुना है।
(c) ध्वनि की गति प्रकाश की गति से दोगुनी है।
(d) ध्वनि की गति प्रकाश की गति के समान होती है।

उत्तर (a)
- वायु में ध्वनि की गति लगभग 346 मीटर/सेकेण्ड होती है। एक स्थिर स्रोत से प्रकाश 300,00 किमी/सेकण्ड (186,000 मील/सेकण्ड) की गति से यात्रा करता है। प्रकाश द्वारा लिया गया समय - चन्द्रमा से पृथ्वी तक 1.3 सेकण्ड, सूर्य से पृथ्वी तक (1 AU) 8.3 मिनट।

तरल यांत्रिकी

SSC CGL

127. निम्नलिखित में से किसके नियम में कहा गया है कि उपसतह में किसी भी बिन्दु पर बहने वाले द्रव के प्रति इकाई द्रव्यमान की कुल ऊर्जा, गतिज, स्थितिज और द्रव-दाब ऊर्जा का योग होती है और एक नियत मान के बराबर होती है? **SSC CGL Tier-1 19.07.2023 (Shift-III)**
(a) ब्लेस पास्कल (b) इवेंजेलिस्टा टोरिसेली
(c) डेनियल बरनौली (d) मैरी पोइस्यूइल

उत्तर (c)
- **डेनियल बरनौली** के नियम के अनुसार, उपसतह में किसी भी बिन्दु पर बहने वाले द्रव के प्रति इकाई द्रव्यमान की कुल ऊर्जा, गतिज, स्थितिज और द्रव-दाब ऊर्जा का योग होती है और एक नियत मान के बराबर होती है।
- बरनौली का सिद्धान्त **ऊर्जा संरक्षण** के सिद्धान्त पर आधारित है।

128. निम्नलिखित में से पृष्ठीय तनाव के सम्बन्ध में कौन-सा कथन सही नहीं है?
SSC CGL Tier-1 8.7.2023 (Shift-I)
(a) जल की बूँद का आकार पृष्ठीय तनाव के कारण गोलाकार होता है।
(b) कमरे के तापमान पर जल का पृष्ठीय तनाव एथिल एल्कोहल से कम होता है।
(c) तरल अणुओं के बीच ससंजक बल पृष्ठीय तनाव के रूप में जानी जाने वाली परिघटना के लिए उत्तरदायी है।
(d) पृष्ठीय तनाव को सामान्यत: डाइन/सेमी (dynes/cm) में मापा जाता है।

उत्तर (b)
- दिए गए कथनों में से विकल्प (b) गलत है। कमरे के तापमान पर जल का पृष्ठीय तनाव **एथिल एल्कोहल** से कम होता है।
- पृष्ठ तनाव को सामान्यत: **डाइन/सेमी** में मापा जाता है, जो 1 सेमी लम्बाई की फिल्म को तोड़ने के लिए आवश्यक बल को इंगित करता है।
- पृष्ठ तनाव किसी द्रव का वह गुण, जिसके कारण उनका मुक्त पृष्ठ एक खिंची हुई प्रत्यास्थ झिल्ली की भाँति व्यवहार करता है, जोकि कम-से-कम क्षेत्रफल घेरने का प्रयत्न करता है, द्रव के इस गुण को **पृष्ठ तनाव** कहते हैं।

129. समान पदार्थ के अणुओं के बीच के आकर्षण बल को ..... कहा जाता है।
SSC CGL Tier-1 24.08.2021 (Shift-I)
(a) पृष्ठ तनाव (b) ससंजक बल
(c) श्यानता (d) आसंजक बल

उत्तर (b)
- समान पदार्थ के अणुओं के बीच लगने वाले आकर्षण बल को **ससंजक बल** कहा जाता है। ठोसों में ससंजक बल का मान अधिक होता है। फलस्वरूप उनके आकार निश्चित होते हैं, जबकि गैसों में ससंजक बल का मान नगण्य होता है।

SSC CPO

130. निम्नलिखित में से किसने एक सिद्धान्त की खोज की, जो बताता है कि किसी वस्तु पर उत्प्लावन बल वस्तु द्वारा विस्थापित द्रव के भार के बराबर होता है? **SSC CPO 29.06.2024**
(a) आइजैक न्यूटन (b) आर्किमिडीज
(c) नील्स बोहर (d) गैलीलियो गैलिली

उत्तर (b)
- **आर्किमिडीज** ने एक सिद्धान्त की खोज की, जो बताता है कि किसी वस्तु पर उत्प्लावन बल वस्तु द्वारा विस्थापित द्रव के भार के बराबर होता है।
- यह सिद्धान्त **हाइड्रोस्टैटिक्स** का एक महत्त्वपूर्ण सिद्धान्त है, जो तरल पदार्थों के सन्तुलन और गति का अध्ययन करता है।
- आर्किमिडीज एक प्राचीन ग्रीक गणितज्ञ, भौतिक विज्ञानी, इंजीनियर और आविष्कारक थे, जिन्हें इतिहास के सबसे महान वैज्ञानिकों में से एक माना जाता है।

SSC CHSL

131. 1851 में, किसने श्यानता के अपने नियम के साथ एक श्यान द्रव के माध्यम से एक छोटे से गोले के वेग का वर्णन करते हुए द्रव यान्त्रिकी की खोज की? **SSC CHSL 09.08.2023 (4th shift)**
(a) डेनियल बरनौली
(b) जॉर्ज गेब्रियल स्टोक्स
(c) इवेंजलिस्टा टोरिसेली
(d) हेनरिक गुस्ताव मैग्नस

उत्तर (b)

• जॉर्ज गेब्रियल स्टोक्स ने श्यानता के अपने नियम के साथ एक श्यान द्रव के माध्यम से एक छोटे से गोले के वेग का वर्णन करते हुए द्रव यान्त्रिकी की खोज की हैनरिक गुस्ताव मैग्नस - मैग्नस प्रभाव के लिए जाना जाता है। यह एक अवलोकनीय घटना है, जो सामान्यत: वायु या द्रव पदार्थ के माध्यम से घूमती हुई वस्तु से जुड़ी होती है।

132. .... एक अर्द्धपारगम्य झिल्ली के माध्यम से जल पर बल लगाकर दूषित पदार्थों को बाहर निकाल देता है। SSC CHSL 16.03.2023 (Shift-IV)

(a) क्वथन (b) आसवन
(c) उत्क्रम परासरण (d) निस्यंदन

उत्तर (c)

• **उत्क्रम परासरण** एक अर्द्धपरारगम्य झिल्ली के माध्यम से जल पर बल लगाकर दूषित पदार्थों को बाहर निकाल देता है।
• **निस्यंदन** (Filtration) वह प्रक्रिया जिसमें किसी द्रव या गैसीय तरल पदार्थ में से ठोस कणों को हटा दिया जाता है।
• **क्वथन** (Boiling) वह प्रक्रिया है, जिसके द्वारा द्रव अपने क्वथनांक तक गर्म होने पर वाष्प में बदल जाता है।
• **आसवन** (Distillation) एक ऐसी प्रक्रिया है, जिसमें द्रव को वाष्प में परिवर्तित किया जाता है, जिसक बाद में संघनित करके वापस द्रव रूप में बदल दिया जाता है।

133. चाँदी का आपेक्षिक घनत्व कितना होता है? SSC CHSL 19.03.2020 (Shift-III)

(a) 9.5 (b) 7.2 (c) 10.4 (d) 10.8

उत्तर (d)

• चाँदी का आपेक्षित घनत्व 10.8 होता है। आपेक्षिक घनत्व किसी पदार्थ के घनत्व का सन्दर्भ (सामान्यत: पानी) के घनत्व से तुलनात्मक माप है।

134. निम्नलिखित में से किसका घनत्व सबसे अधिक होता है? SSC Steno Tier-1 11.12.2024 (Shift-III)

(a) ठोस (b) गैस (c) द्रव (d) प्लाज्मा

उत्तर (a)

• सामान्य परिस्थितियों में ठोस का घनत्व अधिक होता है, क्योंकि इसके कण करता से भरे होते हैं।
• 27 का घनत्व ठोस से कम परन्तु गैस से अधिक होता है।
• गैस के कण दूर-दूर होते हैं

ऊष्मा, ताप तथा ऊष्मागतिकी

SSC CG

135. वर्ष 1931 में ऊष्मागतिकी का शून्यवाँ नियम शब्द किसने दिया था, जो यह प्रतिपादित करता है कि जब दो निकाय किसी तीसरे निकाय के साथ साम्य में होते हैं, तो वे आपस में भी साम्य में होते हैं? SSC CGL 27.07.2023 (shift-III)

(a) जेम्स क्लर्क मैक्सवेल
(b) मैक्स प्लैंक
(c) जोशिया विलार्ड गिब्स
(d) राल्फ एच. फाउलर

उत्तर (d)

• वर्ष 1931 ऊष्मागतिकी का शून्यवाँ नियम शब्द **राल्फ एच. फाउलर** ने दिया था। ऊष्मागतिकी ऊष्मा और ऊर्जा के अन्य रूपों के बीच सम्बन्धों से सम्बन्धित है।
• **जेम्स क्लर्क मैक्सवेल** विद्युत चुम्बकत्व का सिद्धान्त। **मैक्स प्लैंक** क्रिया का क्वांटम (प्लैंक स्थिरांक)। **जोशिया विलार्ड गिब्स** गिब्स ऊर्जा (एक निकाय में उपलब्ध ऊर्जा)।

136. त्रिक बिन्दु को किस प्रकार परिभाषित किया जा सकता है?

(a) तापमान की स्थिति जिसके तहत किसी पदार्थ के गैसीय और द्रव चरण साम्यावस्था में मौजूद हो सकते हैं।
(b) वह तापमान जिस पर ठोस द्रव में परिवर्तित होता है।
(c) दाब के स्थिति जिसके तहत किसी पदार्थ के ठोस और द्रव चरण साम्यावस्था में मौजूद हो सकते हैं।
(d) तापमान और दाब की स्थिति जिसके तहत किसी पदार्थ के गैसीय, द्रव और ठोस चरण साम्यावस्था में मौजूद हो सकते हैं।

उत्तर (d)

• पानी का त्रिक बिन्दु 273.16 केल्विन (0.01 डिग्री सेल्सियस या 32.02 डिग्री फॉरेनहाइट और 611.7 पास्कल का दाब है।

137. आर्द्रता क्या है? SSC CGL Tier-1 18.07.2023 (Shift-I)

(a) जब जल में वायु उपस्थित होती है।
(b) जब जलवाष्प वायु से जल में रूपान्तरित होती है।
(c) जब अन्य गैसें हवा में रूपान्तरित होती हैं।
(d) जब वायु में जलवाष्प उपस्थित होती है।

उत्तर (d)

• आर्द्रता तब होती है, जब **वायु में जलवाष्प उपस्थित** होती है।
• वायुमण्डल में **आर्द्रता 0 से 4% तक पाई जाती है।**
• यह सामान्यत: गैसीय अवस्था (जलवाष्प), तरल अवस्था (जल की बूँदें) एवं ठोस अवस्था (हिमकण) के रूप में विद्यमान रहती है।
• जलवायु विज्ञान में आर्द्रता का विशेष महत्त्व है, क्योंकि इसी पर वर्षा तथा वर्षण के विभिन्न रूप जैसे तूफान तथा विक्षोभ (चक्रवात) आधारित होते हैं।

138. खाना पकाने की किस विधि में भोजन को ऊष्मा के स्रोत पर धीरे-धीरे गर्म किया जाता है और आग के सम्बन्ध में भोजन की स्थिति के आधार पर उच्च ताप और वायु संवहन द्वारा पकाया जाता है? SSC CGL Tier-1 26.07.2023 (Shift-II)

(a) ब्रेजिंग (b) स्टूइंग (c) स्पिट-रोस्टिंग (d) पोचिंग

उत्तर (c)

• खाना पकाने की **स्पिट** (सींक)**-रोस्टिंग** विधि में भोजन को ऊष्मा के स्रोत पर धीरे-धीरे गर्म किया जाता है और आग के सम्बन्ध में भोजन की स्थिति के आधार पर उच्च ताप व वायु **संवहन** द्वारा पकाया जाता है।
• इस विधि में गहरे लोहे के आयताकार टब का प्रयोग किया जाता है, जिसमें कोयले की आँच पर भोजन को पकाया जाता है।
• इस विधि का प्रयोग कबाब व बारबेक्यू वाले खाद्य पदार्थों को भूनने के लिए किया जाता है।

139. 1787 ई. में किस नियम का अध्ययन किया गया था, जिसमें कहा गया था कि गैस का आयतन उसके परम तापमान के साथ बढ़ता है तथा उसका परम तापमान घटने पर उसका आयतन भी घट जाता है? SSC CGL Tier-2 03.03.2023 (Shift-I)

(a) डाल्टन का नियम (b) अवोगाद्रो का नियम
(c) बॉयल का नियम (d) चार्ल्स का नियम

उत्तर (d)

• 1787 **ई.** में **चार्ल्स के नियम** का अध्ययन किया गया, जिसमें कहा गया था कि गैस का आयतन उसके परम तापमान के साथ बढ़ता है तथा उसका परम तापमान घटने पर उसका आयतन भी घट जाता है।

अर्थात् $V \propto T$

$V = KT$

जहाँ K = समानुपाती नियंताक

T = तापमान (केल्विन में)

V = गैस का आयतन

140. गेलुसाक ने गैसीय आयतन का नियम कब दिया था? SSC CGL Tier-1 09.12.2022 (Shift-I)

(a) 1812 ई. (b) 1800 ई.
(c) 1802 ई. (d) 1808 ई.

उत्तर (d)

• **गेलुसाक ने गैसीय आयतन** का नियम 1808 ई. में दिया था और 1809 ई. में इसे प्रकाशित किया गया था। इस नियम के अनुसार, जब गैसें आपस में अभिक्रिया कर गैसीय उत्पाद बनाती हैं, तो अभिकारकों और उत्पादों के आयतन स्थिर तापमान और दाब पर एक-दूसरे के साथ एक सरल पूर्णांक अनुपात रखते हैं।

SSC CPO

141. 59° F सेल्सियस में कितना होगा? SSC CPO 29.06.2024 (shift-I)

(a) 30° C (b) 15° C (c) 45° C (d) 59° C

उत्तर (b)

• 59° F सेल्सियस में 15° होगा। 59° F के सेल्सियस में बदलने के लिए हम निम्न सूत्र का प्रयोग करते हैं

$$\Rightarrow C = \frac{5}{9} \times (F - 32) = \frac{5}{9} \times (59 - 32)$$

$$\Rightarrow C = \frac{5}{9} \times 27 = 15$$

142. यान्त्रिक कार्य और ऊष्मा स्थानान्तरण के बीच सम्बन्ध स्थापित करने का श्रेय किस भौतिक विज्ञानी को जाना जाता है? SSC CPO 28.06.2024 (Shift-II)

(a) जेम्स प्रेस्कॉट जूल (b) विलियम हेनरी
(c) हरमल हेल्महोल्ट्ज (d) जॉन डाल्टन

उत्तर (a)

• यान्त्रिक कार्य और ऊष्मा स्थानान्तरण के बीच सम्बन्ध स्थापित करने का श्रेय **जेम्स प्रेस्कॉट जूल** को जाता है।

• अंग्रेजी भौतिक विज्ञानी जेम्स प्रेस्कॉट जूल ने ऊर्जा संरक्षण सिद्धान्त के आधार को रेखांकित किया था।
• **ऊर्जा संरक्षण के नियम** के अनुसार, ऊर्जा को न तो बनाया जा सकता है और न ही नष्ट किया जा सकता है। हालाँकि इसे एक रूप से दूसरे रूप में परिवर्तित किया जा सकता है।

SSC CHSL

143. मानक ताप और दाब (STP) पर ताप का मान क्या होता है?
SSC CHSL Tier-2 02.11.2023 (Shift-I)
(a) 25.51°C (b) 0°C
(c) 27°C (d) 273.15°C
उत्तर (b)
• मानक ताप और दाब पर, सेल्सियस पैमाने पर ताप का मान **0°C** होता है, जोकि कैल्विन पैमाने पर 273.15 K के समान होता है।

144. निम्नलिखित में से किन तरीकों (प्रक्रमों) द्वारा ऊष्मा स्थानान्तरण के लिए किसी माध्यम की आवश्यकता नही होती? SSC CHSL 09.03.2023 (Shift-III)
(a) विकिरण और चालन दोनों
(b) चालन
(c) संवहन
(d) विकिरण
उत्तर (d)
• **विकिरण** (radiation) ऊर्जा जो किसी स्रोत से आती है और प्रकाश की गति से अन्तरिक्ष में यात्रा करती है। इसमें तरंग जैसे गुण होते हैं और इसे "विद्युत चुम्बकीय तरंगें" कहा जा सकता है।
• **चालन** (conduction) वह प्रक्रिया जिसके द्वारा निकटतम परमाणुओं या अणुओं के बीच टकराव के माध्यम से ऊष्मा ऊर्जा का संचार होता है।

SSC MTS

145. 10×10^4 Pa दाब और 300 K तापमान पर 0.09 mol CO_2 गैस का आयतन 22.4×10^{-3} मी³ है। यदि दाब घटाकर 2×10^4 Pa कर दिया जाए, तो गैस का आयतन कितना होगा?
SSC MTS Tier-1 04.11.2024 (Shift-III)
(a) 56.3×10^{-3} मी³ (b) 37.4×10^{-3} मी³
(c) 112.0×10^{-3} मी³ (d) 28.1×10^{-3} मी³
उत्तर (c)
• 10×10^4 pa दाब और **300 K** तापमान पर 0.09 mol CO_2 गैस का आयतन 22.4×10^{-3} मी³ है। यदि दाब घटाकर 2×10^4 pa कर दिया जाए, तो गैस का आयतन 112.0×10^{-3} मी³ हो जाएगा।
• किसी दिए गए गैस नमूने का आयतन स्थिर दबाव पर उसके निरपेक्ष तापमान के सीधे आनुपातिक होता है (चार्ल्स का नियम)। तापमान स्थिर रखने पर गैस की दी गई मात्रा का आयतन उसके दबाव के व्युत्क्रमानुपाती होता है।

146. किस तापमान पर सेल्सियस और फॉरेनहाइट पैमाने का मान समान होता है?
SSC MTS Tier-1 17.10.2024 (Shift-II)
(a) – 40°C (b) – 32°C
(c) 40°C (d) 32°C
उत्तर (a)
• – 40°C पर सेल्सियस (celcius) और फॉरेनहाइट (Fahrenheit) पैमाने का मान समान होता है।
• सेल्सियस और फॉरेनहाइट के बीच रूपान्तरण का फॉर्मूला $\Rightarrow \frac{C}{5} = \frac{F-32}{9}$
• पानी का क्वथनांक 100°C और गलनांक 0°C होता है।
• फॉरेनहाइट पैमाने पर पानी का क्वथनांक 212°F और गलनांक 32°F होता है।

147. – 273.15°C तापमान ······ कहलाता है।
SSC MTS Tier-1 15.10.2024 (Shift-I)
(a) जल का हिमांक
(b) शून्य-बिन्दु ऊर्जा
(c) मानक तापमान
(d) परम शून्य तापमान
उत्तर (d)
• – 273°.15°C तापमान परम शून्य तापमान कहलाता है।
• यह तापमान केल्विन पैमाने पर 0K = (केल्विन) के बराबर होता है।
• केल्विन पैमाना, तापमान मापने का एक निरपेक्ष पैमाना है।
• इस पैमाने पर पानी का हिमांक 273.15 K तथा क्वथनांक 373.515 K होता है।
• विज्ञान में सबसे ज्यादा उपयोग होने वाला तापमान पैमाना केल्विन स्केल है।

SSC MTS

148. .... के नियम के अनुसार, किसी विद्युत धारा उत्पन्न ऊष्मा चालक के प्रतिरोध, उसमें प्रवाहित धारा के वर्ग और समय के अनुक्रमानुपाती होता है।
SSC MTS 17.05.2023 (Shift-II)
(a) हुक (b) चार्ल्स
(c) फैराडे (d) जूल
उत्तर (d)
• जूल के नियम के अनुसार, किसी विद्युत धारा उत्पन्न ऊष्मा चालक के प्रतिरोध, उसमें प्रवाहित धारा के वर्ग और समय के अनुक्रमानुपाती होता है। जूल का तापन नियम, $H = I^2Rt$, जहाँ, H – ऊष्मा, I – धारा, R – प्रतिरोध, t – समय

149. तनन या सम्पीडन प्रतिबल को ······ भी कहा जा सकता है। SSC MTS 13.06.2023 (Shift-I)
(a) अनुदैर्ध्य प्रतिबल
(b) स्पर्शरेखीय प्रतिबल
(c) जलीय प्रतिबल
(d) अपरूपण प्रतिबल
उत्तर (a)
• **अनुदैर्ध्य प्रतिबल** (अक्षीय प्रतिबल) भी कहा जा सकता है। अन्य प्रकार के प्रतिबल : स्पशरेखीय प्रतिबल, ऐसा प्रतिबल जो किसी वस्तु की सतह पर लम्बवत कार्य करता है। जलीय प्रतिबल, ऐसा प्रतिबल जो किसी तरल पदार्थ के दाब के कारण उत्पन्न होता है। अपरूपण प्रतिबल, ऐसा प्रतिबल जो किसी वस्तु की सतह के समानान्तर कार्य करता है।

SSC MTS

150. फॉरेनहाइट पैमाने पर भाप बिन्दु क्या है?
SSC MTS 13.10.2021 (Shift-I)
(a) 32° F (b) 100° F
(c) 212° F (d) 80° F
उत्तर (c)
• फॉरेनहाइट पैमाने पर भाप बिन्दु **212° F** है। भाप बिन्दु वह तापमान है। जिस पर जल का अधिकतम वाष्पदाब एक वायुमण्डल के बराबर होता है। सेल्सियस पैमाने पर इसका मान 100° C होता है।

151. रयूमर पैमाने (Reaumur scale) के द्वारा निम्न में से क्या मापा जा सकता है?
SSC Steno 15.11.2021 (Shift-I)
(a) चाल (b) प्रत्यास्थता
(c) लम्बाई (d) तापमान
उत्तर (d)
• रयूमर पैमाने के द्वारा **तापमान** मापा जाता है। इस पैमाने को 'Octogesimal' के रूप में जाना जाता है। इस पैमाने का आविष्कार 1703 ई. में **रेने एटोनी फरचॉल्टडे रीमर** द्वारा किया गया था। उन्हीं के नाम पर इसका नाम 'रयूमर' (Re) रखा गया।

$$°C = \frac{°Re}{0.80000}$$

SSC GD

152. किसी पदार्थ का ·········· वह तापमान और दाब होता है, जिस पर उस पदार्थ के तीन चरण (गैस, द्रव और ठोस) ऊष्मागतिकीय साम्य में एकसाथ रह सकते हैं।
SSC GD 24.02.2024 (Shift-I)
(a) त्रिक बिन्दु (b) अपररूप
(c) त्रि-अवस्थी (d) द्विधागति
उत्तर (a)
• किसी पदार्थ का **त्रिक बिन्दु** वह तापमान और दाब होता है, जिस पर उस पदार्थ के तीन चरण (गैस, द्रव और ठोस) ऊष्मागतिकीय साम्य में एकसाथ रह सकते हैं। यह वह तापमान होता है, जिस पर ऊर्ध्वपातक, विलय व वाष्पीकरण वक्र मिलते हैं। जल का त्रिक बिन्दु 273.16 k या 0.01°C होता है।

SSC Selection Post

153. निम्नलिखित में से कौन-सा समूह ऊष्मा का अच्छा सुचालक है?
SSC Selection Post 10+2 01.08.2022 (Shift-I)
(a) पारा, लकड़ी और रेत
(b) रेत, लकड़ी और चाँदी
(c) स्टील, ताँबा और एल्युमीनियम
(d) लोहा, लकड़ी और ताँबा
उत्तर (c)
• स्टील, ताँबा और एल्युमीनियम ऊष्मा के अच्छे सुचालक हैं।
• इन सामग्रियों में मुक्त इलेक्ट्रॉन होते हैं, जो पदार्थ के माध्यम से ऊर्जा और आवेश दोनों का परिवहन कर सकते हैं।

विद्युत एवं चुम्बकत्व

SSC CGL

154. समीकरण $F = k\left(q_1 \times \frac{q_2}{r^2}\right)$ किसका निरूपण करता है? (जहाँ F दो बिन्दु आवेश q_1 और q_2 का आकर्षक या प्रतिकर्षक विद्युत बल है और r दो आवेशों के बीच की दूरी है)

SSC CGL Tier-2 20.01.2025

(a) कूलॉम्ब का नियम
(b) बायो-सेवर्ट का नियम
(c) चार्ल्स का नियम
(d) ओम का नियम

उत्तर (a)

- समीकरण $F = k\left(q_1 \times \frac{q_2}{r^2}\right)$ **कूलॉम्ब के नियम** का वर्णन करता है, जो दो आवेशित वस्तुओं के बीच लगने वाले बल को निर्धारित करता है।
- इस नियम के अनुसार दो बिन्दु आवेशों के बीच लगने वाला बल उनके आवेशों के गुणनफल के समानुपाती होता है और उनके बीच की दूरी के वर्ग के व्युत्क्रमानुपाती होता है।
- यहाँ k वह स्थिरांक है, जो माध्यम और वैक्यूम के गुणों को दर्शाता है। q_1 और q_2 बिन्दु आवेश हैं और r उनकी बीच की दूरी है।

155. जेम्स चैडविक ने विद्युत आवेश से रहित प्राथमिक कण, न्यूट्रॉन के अस्तित्व को कब सिद्ध किया? **SSC CGL Tier-2 20.01.2025**

(a) 1932 (b) 1920 (c) 1941 (d) 1955

उत्तर (a)

- **जेम्स चैडविक** ने **वर्ष 1932** में न्यूट्रॉन की खोज की थी, जो एक विद्युत आवेश से रहित प्राथमिक कण है। इसका प्रमाण उन्होंने बॉरोन और बेरिलियम जैसे तत्त्वों पर अल्फा कणों के प्रभाव से सम्बन्धित प्रयोगों से दिया।
- इस खोज ने परमाणु संरचना को समझने में एक बड़ा योगदान दिया और बताया कि परमाणु के केन्द्र में प्रोटॉन के साथ न्यूट्रॉन भी होते हैं।
- न्यूट्रॉन की खोज ने परमाणु भौतिकी और नाभिकीय ऊर्जा के अध्ययन में परमाणु बम और नाभिकीय ऊर्जा के विकास का मार्ग प्रशस्त किया।
- वर्ष 1920 में रदरफोर्ड ने न्यूट्रॉन के अस्तित्व का सुझाव दिया था, लेकिन यह सिद्ध वर्ष 1932 में चैडविक द्वारा किया गया।

156. निम्नलिखित में से कौन-सा/से कथन सत्य है/हैं?

कथन

(1) एम्पीयर का नियम विद्युत धारा और उसके द्वारा उत्पन्न चुम्बकीय क्षेत्र के बीच सम्बन्ध का वर्णन करता है।
(2) मैक्सवेल के समीकरण आवेशों और धाराओं की अनुपस्थिति में विद्युत और चुम्बकीय क्षेत्रों को नियन्त्रित करने वाले चार मूलभूत समीकरणों का एक समूह हैं।

SSC CGL Tier-2 18.01.2025

(a) केवल कथन 2
(b) केवल कथन 1
(c) न तो कथन 1 और न ही 2
(d) कथन 1 और 2 दोनों

उत्तर (b)

- एम्पीयर का नियम विद्युत धारा और उसके द्वारा उत्पन्न चुम्बकीय क्षेत्र के बीच सम्बन्ध को वर्णित करता है।
- यह चुम्बकीय क्षेत्र और विद्युत धारा के परिमाण तथा दिशा का सम्बन्ध बताता है।
- कथन 2 गलत है, क्योंकि मैक्सवेल के समीकरण विद्युत आवेशों और धाराओं की अनुपस्थिति में वर्णन नहीं करते हैं।

157. दाहिने हाथ के अँगूठे के नियम में, अँगूठे को निम्नलिखित में से किसकी दिशा की ओर निर्देशित किया जाता है?

SSC CGL Tier-1 19.09.2024 (Shift-III)

(a) चालक की गति (b) चुम्बकीय क्षेत्र
(c) विद्युत धारा (d) विद्युत क्षेत्र

उत्तर (c)

- दाहिने हाथ के अँगूठे के नियम में, अँगूठे को **विद्युत धारा** की दिशा की ओर निर्देशित किया जाता है।
- विद्युत धारा आवेश सामान्यत: इलेक्ट्रॉनों में विस्थापन या एक विद्युत आवेश प्रवाह की भौतिक घटना है, जो एक चालक पदार्थ के माध्यम से प्रवाहित होती है।

158. यदि एक छड़ चुम्बक को एक डोरी से लटका दिया जाए, तो उसका उत्तरी ध्रुव किस दिशा में इंगित करेगा? **SSC CGL Tier-1 26.09.2024 (Shift-II)**

(a) उत्तर (b) पूर्व
(c) दक्षिण (d) पश्चिम

उत्तर (a)

- यदि किसी छड़ चुम्बक को डोरी से लटका दिया जाए, तो चुम्बक का **उत्तरी ध्रुव** हमेशा उत्तर की ओर घूमेगा, जबकि विपरीत ध्रुव दक्षिण की ओर होगा।
- ऐसा इसलिए होता है, क्योंकि चुम्बक स्थानीय बल रेखाओं के साथ संरेखित हो जाता है।

159. लघु पथन (Short circuiting) को रोकने के लिए विद्युत इस्तरी (Electric iron) को .... के फ्यूज की आवश्यकता होती है?

SSC CGL Tier-1 12.09.2024 (Shift-III)

(a) 5A (b) 3A (c) 4A (d) 2A

उत्तर (a)

- **लघु पथन** को रोकने के लिए विद्युत इस्तरी को **5A** के फ्यूज की आवश्यकता होती है।
- फ्यूज विद्युत परिपथ को लघु पथन से बचाने के लिए लगाया जाने वाला एक सुरक्षा उपकरण है।

160. पूर्व की ओर प्रज्वलित एक आर्गन धनात्मक आयन चुम्बकीय क्षेत्र द्वारा दक्षिण की ओर विक्षेपित हो जाता है। चुम्बकीय क्षेत्र की दिशा है **Graduate Level 21.06.2024 (Shift-III)**

(a) ऊपर की ओर (b) उत्तर की ओर
(c) नीचे की ओर (d) दक्षिण की ओर

उत्तर (a)

- चुम्बकीय क्षेत्र की दिशा ऊपर की ओर है। प्रोटॉन पूर्व की ओर प्रक्षेपित है और प्रोटॉन पर चुम्बकीय बल की दिशा दक्षिण की ओर है। दाएँ हाथ के अँगूठे के नियम का उपयोग करते हुए, चुम्बकीय क्षेत्र की दिशा ऊर्ध्वाधर ऊपर की ओर है। प्रेरित धारा सबसे अधिक तब पाई जाती है, जब कुण्डली की गति की दिशा चम्बकीय क्षेत्र के लम्बवत् होती है।

161. फ्लेमिंग के दाएँ हाथ के नियम का उपयोग करते हुए, यदि चुम्बकीय क्षेत्र की दिशा उत्तर की ओर है और चालक ऊर्ध्वाधर रूप से ऊपर की ओर बढ़ रहा है, तो विद्युत धारा किस दिशा में प्रवाहित होगी?

Graduate Level 24.06.2024 (Shift-III)

(a) पश्चिम की ओर (b) दक्षिण-पश्चिम की ओर
(c) पूर्व की ओर (d) दक्षिण की ओर

उत्तर (a)

- यदि तर्जनी चुम्बकीय क्षेत्र की दिशा को दर्शाती है और अँगूठा चालक की गति की दिशा को दर्शाता है, तो मध्यमा प्रेरित धारा की दिशा दर्शाएगी। इस सरल नियम को फ्लेमिंग के दायाँ हाथ नियम कहते हैं।

162. सही कथन की पहचान कीजिए।

SSC CGL Tier-I 02.03.2023 (Shift-I)

(a) विशिष्ट प्रतिरोध तार के अनुप्रस्थ-काट क्षेत्रफल पर निर्भर करता है।
(b) तार का प्रतिरोध तार की लम्बाई और अनुप्रस्थ काट पर निर्भर करता है।
(c) तार का प्रतिरोध तार की लम्बाई और घनत्व पर निर्भर करता है।
(d) विशिष्ट प्रतिरोध सभी सुचालकों के लिए समान होता है।

उत्तर (b)

- **तार का प्रतिरोध तार की लम्बाई** और **अनुप्रस्थ काल पर निर्भर** करता है, क्योंकि तार का प्रतिरोध लम्बाई के अनुक्रमानुपाती होता है।

163. स्तम्भों का मिलान कीजिए।

SSC CGL Tier-1 07.03.2023 (Shift-I)

स्तम्भ A	स्तम्भ B
A. विद्युत धारा	1. हेनरी
B. विभवान्तर	2. फैरड
C. धारिता	3. वोल्ट
D. प्रेरकत्व	4. एम्पियर

कूट

	A	B	C	D
(a)	2	1	3	4
(b)	1	2	3	4
(c)	4	3	2	1
(d)	1	3	2	4

उत्तर (c)

- सही सुमेलन **A-4, B-3, C-2, D-1** है, जो इस प्रकार है

स्तम्भ A	स्तम्भ B
A. विद्युत धारा	एम्पियर
B. विभवान्तर	वोल्ट
C. धारिता	फैरड
D. प्रेरकत्व	हेनरी

164. 18 V की बैटरी से जलने वाला एक विद्युत बल्ब 3 A विद्युत धारा लेता है। बल्ब का प्रतिरोध क्या होगा? SSC CGL Tier-2 02.03.2023 (Shift-I)

(a) 4 Ω (b) 3 Ω (c) 6 Ω (d) 2 Ω

उत्तर (c)

• विभान्तर $(V) = 18\,V$

विद्युत धारा $(I) = 3\,A$

तब ओम के नियमानुसार

$$V = RI, R = \frac{V}{I}$$

$$R = \frac{18}{3} = 6\Omega, R = 6\Omega$$

अतः बल्ब का प्रतिरोध 6 Ω होगा।

165. निम्नलिखित में से कौन-सा स्तम्भ-A का स्तम्भ B के साथ सही मिलान है? SSC CGL Tier-1 24.07.2023 (Shift-I)

स्तम्भ A (भौतिक गुणधर्म)	स्तम्भ B (इकाई)
A. विद्युत धारा	1. टेस्ला
B. वोल्टेज	2. फैरड
C. धारिता	3. एम्पियर
D. चुम्बकीय क्षेत्र	4. वोल्ट

कूट

	A	B	C	D
(a)	3,	4,	1,	2
(b)	3,	1,	2,	4
(c)	3,	4,	2,	1
(d)	4,	3,	2,	1

उत्तर (c) सही सुमेलन इस प्रकार है

	भौतिक गुणधर्म		इकाई
A.	विद्युत धारा	1.	एम्पियर
B.	वोल्टेज	2.	वोल्ट
C.	धारिता	3.	फैरड
D.	चुम्बकीय क्षेत्र	4.	टेस्ला

166. कार्ल फेडरिक गॉस और विल्हेम एडुअर्ड वेबर ने दुनिया के पहले विद्युत चुम्बकीय टेलीग्राफ का आविष्कार कब किया था? SSC CGL Tier-1 24.07.2023 (Shift-IV)

(a) 1832 ई. (b) 1833 ई.
(c) 1830 ई. (d) 1831 ई.

उत्तर (b)

• **कार्ल फेडरिक गॉस** और **विल्हेम एडुअर्ड वेबर** ने दुनिया के पहले विद्युत चुम्बकीय टेलीग्राफ का आविष्कार 1833 ई. में किया।

• चुम्बकीय क्षेत्र के लिए सी.जी. एस. इकाई **गॉस** है, जिसका नाम वर्ष 1936 में फेडरिक ग्रॉस के नाम पर रखा गया था।

167. स्थायी चुम्बक बनाने के लिए निम्नलिखित में से कौन-सा तत्त्व अत्यधिक प्रभावी है? SSC CGL 26.07.2023 (shift-II)

(a) जिंक (b) एल्युमीनियम
(c) कॉपर (d) स्टील

उत्तर (d)

• स्थायी चुम्बक बनाने के **लिए स्टील** अत्याधिक प्रभावी है।

• **स्थायी चुम्बक** विशेष मिश्र धातुओं (लौह-चुम्बकीय पदार्थ) जैसे लोहा, निकल और कोबाल्ट, दुर्लभ-मृदा धातुओं के कई मिश्र धातुओं और लोडेस्टोन जैसे खनिजों से बने होते हैं हेडफोन, लाउडस्पीकर, MRI स्कैनर, हार्ड डिस्क ड्राइव, जनरेटर, ट्रांसड्यूसर में उपयोग किया जाता है। मैग्नेटाइट (Fe_3O_4)-लोहे का अयस्क जिसमें चुम्बकीय गुण (फेरिमैग्नेटिक) होते हैं।

168. प्रेरित धारा उच्चतम होती है, जब कुण्डली की गति की दिशा ...... होती है। SSC CGL Tier-2 06.03.2023 (Shift-I)

(a) चुम्बकीय क्षेत्र के लम्बवत्
(b) चुम्बकीय क्षेत्र के लम्बवत् नहीं
(c) विद्युत स्त्रोत के लम्बवत्
(d) विद्युत के लम्बवत्

उत्तर (a)

• प्रेरित धारा उच्चतम होती है, जब कुण्डली की गति की दिशा **चुम्बकीय क्षेत्र के लम्बवत्** होती है, क्योंकि इसमें प्रवाह कर्तन अधिकतम होता है।

• प्रेरित धारा चुम्बकीय प्रवाह में परिवर्तन की समय दर के समानुपाती होती है।

169. किस वैज्ञानिक ने सुझाव दिया कि चुम्बक को भी धारावाही चालक पर समान और विपरीत बल लगाना चाहिए? SSC CGL Tier-2 02.03.2023 (Shift-I)

(a) जोसेफ हेनरी (b) आन्द्रे मैरी एम्पियर
(c) माइकल फैराडे (d) विलियम गिल्बर्ट

उत्तर (b)

• **आन्द्रे मैरी एम्पियर** (1775-1836 ई. तक) एक फ्रांसीसी भौतिक विज्ञानी, गणितज्ञ व कैथोलिक थे, जिन्होंने सुझाव दिया कि चुम्बक को भी धारावाही चालक पर समान व विपरीत बल लगाना चाहिए।

• उन्होंने विद्युत चुम्बकत्व का एक नियम दिया, जिसे 'एम्पियर' का नियम कहा जाता है, जो दो विद्युत धाराओं के बीच चुम्बकीय बल का वर्णन करता है।

170. निम्न में से किसकी प्रतिरोधकता सबसे अधिक है? SSC CGL 17.07.2023 (shift-I)

(a) सिल्वर (b) नाइक्रोम (c) क्रोमियम (d) आयरन

उत्तर (b)

• **नाइक्रोम** की प्रतिरोधकता सबसे अधिक है।

• **प्रतिरोधकता** – यह धारा के प्रवाह का विरोध करने के लिए किसी पदार्थ की प्रतिरोध क्षमता का ताप है। विद्युत प्रतिरोधकता विद्युत चालकता का व्युत्क्रम है। **उच्च प्रतिरोधकता पदार्थ** – एबोनाइट, टंगस्टन, कार्बन। **उच्च चालकता पदार्थ** – तांबा, लोहा, एल्यूमीनियम और चाँदी।

171. आप चुम्बकीय क्षेत्र को कब अधिक प्रबल पाएंगे? Graduate Level 30.06.2023 (Shift-I)

(a) जब क्षेत्र की रेखाएँ सघन होती है
(b) जब रेखाएँ एकसाथ हों
(c) जब क्षेत्र रेखाएँ दिखाई नहीं देती हैं
(d) जब ध्रुव एकसाथ होते हैं

उत्तर (a)

• चुम्बकीय क्षेत्र रेखाओं के सघन होने पर अधिक प्रबल होते है। इसका प्रतीक B या H, तथा मात्रक-टेसला होता है। विलियम गिल्बर्ट ने पाया कि पृथ्वी एक चुम्बक हैं। चुम्बकीय क्षेत्र रेखाओं की सामर्थ्य इस बात पर निर्भर करती है कि चुम्बकीय क्षेत्र रेखाएँ कितनी करीब है। चुम्बकीय क्षेत्र रेखाओं से सम्बन्धित कुछ गुण : ध्रुवों के पास सबसे प्रबल (N या S), एक-दूसरे को कभी काटती नहीं है। हमेशा बन्द लूप बनाते हैं।

172. यदि Q = शुद्ध आवेश, t = समय है, तो निम्नलिखित में से कौन-सा समीकरण सही है? SSC CGL Tier-1 08.12.2022 (Shift-II)

(a) $t = Q \times I$ (b) $I = \frac{Q}{t}$
(c) $I = Q \times t$ (d) $Q = \frac{I}{t}$

उत्तर (b)

• समीकरण $I = \frac{Q}{t}$ सही है।

• किसी चालक में किसी बिन्दु से t सेकण्ड में q आवेश प्रवाहित हो, तो विद्युत धारा $(I) = \frac{Q}{t}$ होती है। विद्युत धारा का SI पद्धति में मात्रक **एम्पियर** है।

173. निम्नलिखित में से क्या एक चालक नहीं है? SSC CGL Tier-1 06.12.2022 (Shift-I)

(a) चाँदी (b) निकेल
(c) कठोर रबर (d) ताँबा

उत्तर (c)

• **कठोर रबर** एक चालक नहीं है, जबकि दिए गए अन्य विकल्प; जैसे—चाँदी, निकेल व ताँबा विद्युत के श्रेष्ठ सुचालक हैं, क्योंकि इनमें मुक्त इलेक्ट्रॉन उपस्थित होते हैं, जो सुगमता से विद्युत तथा ऊष्मा को अपने अन्दर से प्रवाहित होने देते हैं।

174. विद्युत में उच्च प्रतिरोध प्रकट करने वाले समान आकार के आदर्श घटक को क्या कहते हैं? SSC CGL Tier-1 02.12.2022 (Shift-III)

(a) कुचालक (b) अर्द्धचालक
(c) सुचालक (d) चालक

उत्तर (a)

• विद्युत के उच्च प्रतिरोध प्रकट करने वाले समान आकार के आदर्श घटक को **कुचालक** कहते हैं। इन पदार्थों में विद्युत आवेश का प्रवाह सुगमता से नहीं होता है; जैसे—काँच, लकड़ी, प्लास्टिक, नायलॉन इत्यादि, लेकिन ये स्वयं में प्रवाहित होने वाली विद्युत धारा के लिए उच्च प्रतिरोध आरोपित करते हैं।

175. दूरी बढ़ने पर किसी चालक में दी जाने वाली धारा द्वारा उत्पन्न चुम्बकीय क्षेत्र का क्या होता है? Graduate Level 05.08.20222 (Shift-II)

(a) यह रुक जाता है। (b) यह बढ़ता है।
(c) यह घटता है। (d) यह समान रहता है।

उत्तर (c)

• दूरी बढ़ने पर किसी चालक में दी जाने वाली धारा द्वारा उत्पन्न चुम्बकीय क्षेत्र घटता है।

• किसी दिए गए बिन्दु पर उत्पन्न चुम्बकीय क्षेत्र का परिमाण तार के माध्यम से धारा बढ़ने के साथ **बढ़ता** है। चुम्बकीय क्षेत्र एक गतिमान आवेश के आस-पास का क्षेत्र है, जो एक क्षेत्र उत्पन्न करता है। चुम्बकीय क्षेत्र तीव्रता की SI इकाई – **टेस्ला** (T)।

SSC CPO

176. .... को सामान्यत: ग्रीक अक्षर ρ (rho) द्वारा दर्शाया जाता है। **SSC CPO 29.06.2024 (Shift-II)**

(a) विद्युत प्रतिरोधकता (b) आवेशों का प्रवाह
(c) विद्युत चालकता (d) धारा

उत्तर (a)

• **विद्युत प्रतिरोधकता** को सामान्यत: ग्रीक अक्षर ρ(rho) द्वारा दर्शाया जाता है।

$$\rho = \frac{RL}{A}$$

• विद्युत प्रतिरोधकता की SI इकाई ओम-मीटर (Ω-m) है।

177. निम्नलिखित में से किसका प्रयोग 1 एम्पीयर का मान निर्धारित करने के लिए किया जाता है? **SSC CPO 27.06.2024 (Shift-II)**

(a) A = 1C/s (b) A = 2 C/s
(c) C = A x 2s (d) C = A/2s

उत्तर (a)

• A = 1c/s का प्रयोग 1 एम्पीयर का मान निर्धारित करने के लिए किया जाता है।
• किसी परिपथ में एक सेकण्ड में एक कूलॉम आवेश का प्रवाह होना **1 एम्पियर** कहलाता है। एम्पियर विद्युत धारा को मापने की इकाई है।
• यदि आवेश Q = 1, t = 1 सेकण्ड

तब, 1 एम्पियर = 1 कूलॉम/सेकण्ड

1A = 1C/s

178. 1785 ई. में विद्युत आवेशों के बीच के बल को मापने के लिए अंशाकित मरोड़ तुला का उपयोग किसने किया था? **SSC CPO 11.11.2022**

(a) हैंस क्रिश्चियन ऑर्स्टेड
(b) चार्ल्स ऑगस्टिन कूलॉम्ब
(c) आर. ए. मिलिकान
(d) जॉन मिशेल

उत्तर (b)

• 1785 ई. में विद्युत आवेशों के बीच के बल को मापने के लिए अंशाकित मरोड़ तुला का उपयोग **चार्ल्स ऑगस्टिन कूलॉम्ब** ने किया था।
• ये एक फ्रांसीसी भौतिक विज्ञानी थे, जो **कूलॉम्ब का नियम** तथा **इलेक्ट्रोस्टैटिक बल** के आकर्षण और प्रतिकर्षण जैसी खोजों के लिए विख्यात है।

179. व्हीटस्टोन ब्रिज .... प्रतिरोधों की एक व्यवस्था है, जिसका उपयोग प्रतिरोध के सटीक मापन के लिए किया जाता है। **SSC SPO 11.11.2022 (Shift-II)**

(a) तीन (b) छ (c) पाँच (d) चार

उत्तर (d)

• व्हीटस्टोन ब्रिज **चार** प्रतिरोधों की एक व्यवस्था है, जिसका उपयोग प्रतिरोध के सटीक मापन के लिए किया जाता है।
• व्हीटस्टोन ब्रिज सर्किट [सैमअल हण्टर क्रिस्टी (1833) द्वारा आविष्कार किया गया, सर चार्ल्स व्हीटस्टोन (1843) द्वारा लोकप्रिय बना] में चार भुजाएँ (दो भुजाँए ज्ञात प्रतिरोध, एक अज्ञात प्रतिरोध और एक चर प्रतिरोध) शामिल हैं। यह अशक्त विक्षेपण (null deflection) के सिद्धान्त पर काम करता है अर्थात् जब व्हीटस्टोन ब्रिज सन्तुलित होता है, तो उनके प्रतिरोधों का अनुपात बराबर होता है और गैल्वेनोमीटर से कोई धारा प्रवाहित नहीं होती है।

180. फ्यूज तार के सम्बन्ध में निम्नलिखित में से कौन-सा कथन सही है? **SSC CPO 11.11.2022 (Shift-III)**

(a) इसमें निम्न गलनांक और निम्न चालकता होती है।
(b) इसमें उच्च गलनांक और निम्न चालकता होती है।
(c) इसमें निम्न गलनांक और उच्च चालकता होती है।
(d) इसमें उच्च गलनांक और उच्च चालकता होती है।

उत्तर (a)

• फ्यूज में सामान्यत: उपयोग किया जाने वाला तार टिन (Sn) और लेड (Pb) का एक मिश्र धातु है। विद्युत फ्यूज विद्युत प्रणालियों की सुरक्षा के लिए सर्किट सुरक्षा उपकारण है।

SSC CHSL

181. 'n' फेरों वाली एक वृत्ताकार कुण्डली एक फेरे द्वारा उत्पन्न क्षेत्र की तुलना में ......गुना बड़ा क्षेत्र उत्पन्न करती है। **SSC CHSL Tier-1 01.07.2024 (Shift-III)**

(a) n (b) $2n$
(c) $3n$ (d) $4n$

उत्तर (a)

• 'n' फेरों वाली एक वृत्ताकार कुण्डली एक फेरे द्वारा उत्पन्न क्षेत्र की तुलना में ***n* गुना** बड़ा क्षेत्र उत्पन्न करती है, क्योंकि चुम्बकीय क्षेत्र कुल फेरों की संख्या के अनुक्रमानुपाती होता है अर्थात् $B \propto n$
• 'n' फेरों वाली एक वृत्ताकार कुण्डली को एक बन्द वलय के रूप में जोड़ी गई लम्बी **परिनालिका को टोराइड** कहते हैं।
• टोराइड के अन्तर्गत चुम्बकीय बल रेखाएँ **सकेन्द्रिय वृत्तों** के रूप में होती हैं।

182. हैंस क्रिश्चियन ओर्स्टेड ने किस वर्ष में यह खोज की। एक दिक्सूचक सूई के निकट रखे गए धातु के तार में से विद्युत धारा प्रवाहित होने पर दिक्सूचक सूई में विक्षेप उत्पन्न होता है? **SSC CHSL Tier-1 03.07.2024 (Shift-I)**

(a) 1820 (b) 1822
(c) 1824 (d) 1826

उत्तर (a)

• हैंस क्रिश्चियन ओर्स्टेड ने **1820 ई.** में यह खोजा कि एक दिक्सूचक सूई के निकट रखे गए धातु के तार में से विद्युत धारा प्रवाहित होने पर दिक्सूचक सूई में विक्षेप उत्पन्न होते हैं।
• यह विद्युत धारा का चुम्बकीय प्रभाव कहलाता है।
• उन्होंने इस प्रयोग में यह निष्कर्ष प्राप्त किया कि धारा प्रवाहित करने वाले तार के चारों ओर चुम्बकीय बल रेखाएँ वामावर्त दिशा में चक्कर लगाती हैं।

183. एक विद्युत परिपथ में तार की लम्बाई दोगुनी करने पर एमीटर की रीडिंग घटकर .... हो जाती है। **SSC CHSL Tier-1 04.07.2024 (Shift-III)**

(a) एक-तिहाई (b) एक-चौथाई
(c) आधी (d) एक-छठवाँ भाग

उत्तर (c)

• एक विद्युत परिपथ में तार की लम्बाई दोगुना करने पर एमीटर की रीडिंग घटकर **आधी** हो जाएगी।
• तार की लम्बाई l को दोगुना करने पर प्रतिरोध दोगुना हो जाता है, क्योंकि प्रतिरोध लम्बाई के अनुक्रमानुपाती होता है।
• जबकि **ओम के नियम** से प्रतिरोध धारा के व्युत्क्रमानुपाती होता है। अत: धारा का मान घटकर आधा रह जाएगा।

184. निम्नलिखित में से किसने यह खोज की थी कि विद्युत धारा प्रवाहित करने वाली तार अपने बगल में विद्युत धारा को प्रवाहित करने वाली एक अन्य तार को आकर्षित या प्रतिकर्षित कर सकती है? **SSC CHSL Tier-1 03.07.2024 (Shift-IV)**

(a) गुग्लीएल्मो मार्कोनी (b) आन्द्रे मैरी एम्पियर
(c) माइकल फैराडे (d) जेम्स मैक्सवेल

उत्तर (b)

• **आन्द्रे मैरी एम्पियर** ने ऑर्स्टेड के प्रयोगों के आधार पर सिद्ध किया कि विद्युत धारा प्रवाहित करने वाली तार अपने बगल में विद्युत धारा को प्रवाहित करने वाली एक अन्य तार को आकर्षित या प्रतिकर्षित कर सकती है।
• दो समान्तर धारावाही चालको के मध्य उनकी एकांक लम्बाई पर लगने वाला चुम्बकीय बल

$$\frac{F}{l} = \frac{\mu_2}{2\pi}\frac{i_1 l_2}{r}$$

185. जर्मन भौतिक विज्ञानी जॉर्ज साइमन ओम को 1827 ई. में उनके द्वारा की गई निम्नलिखित में से किस खोज के लिए जाना जाता है? **SSC CHSL Tier-1 11.07.2024 (Shift-III)**

(a) विद्युत धारा, प्रतिरोध और वोल्टता के बीच गणितीय सम्बन्ध को स्पष्ट करने के लिए
(b) मैग्नेटोमीटर का आविष्कार करने के लिए, जो किसी चुम्बकीय क्षेत्र की दिशा और शक्ति को मापने में सक्षम उपकरण है
(c) नाभिकीय कणों के चुम्बकीय गुणों को मापने के लिए
(d) विद्युत चुम्बकीय संकेतों को परिवर्द्धित और अपरिवर्तन (एम्प्लीफाई और मॉड्यूलेट) करने में सक्षम उपकरण विकसित करने के लिए, जो एक दोलक (ऑसिलेटर) के रूप में भी कार्य कर सकता है

उत्तर (a)

• जर्मन भौतिक विज्ञानी जॉर्ज साइमन ओम को **1827 ई.** में उनके द्वारा की गई खोज **विद्युत धारा, प्रतिरोध तथा वोल्टता के बीच गणितीय सम्बन्ध को स्पष्ट करने के लिए** जाना जाता है।
• ओम के नियमानुसार, यदि किसी चालक की भौतिक अवस्था नियत रहे, तो चालक में उत्पन्न धारा (i) उसके सिरों के बीच आरोपित विभवान्तर के अनुक्रमानुपाती होता है अर्थात् $V = Ri$ यहाँ R एक नियतांक है, जिसे प्रतिरोध कहा जाता है।

186. धारावाही तार पर चुम्बकीय क्षेत्र बल के कारण सूई विक्षेपण का उपयोग करके धारा प्रवाह को मापने के लिए किस उपकरण का उपयोग किया जाता है?
SSC CHSL Tier-1 05.07.2024 (Shift-III)
(a) गैल्वेनोमीटर (b) एमीटर
(c) पोटेंशियोमीटर (d) सोफोमीटर

उत्तर (a)

• धारावाही तार पर चुम्बकीय क्षेत्र बल के कारण सूई विक्षेपण का उपयोग करके धारा प्रवाह मापन के लिए **गैल्वेनोमीटर** उपकरण का उपयोग किया जाता है।
• धारामापी (गैल्वेनोमीटर) वह यन्त्र है, जो किसी **विद्युत परिपथ** में **धारा** की उपस्थिति का पता लगाने तथा मापने के लिए प्रयोग किया जाता है।
• यह दो प्रकार की होती हैं-निलम्बित धारामापी तथा किलकित धारामापी।

187. इनमें से कौन-सा विद्युत का सबसे खराब चालक है? **SSC CHSL 20.06.2024 (Shift-II)**
(a) नल का पानी (b) तालाब का पानी
(c) हैण्डपम्प का पानी (d) आसुत जल

उत्तर (d)

• **आसुत जल** विद्युत का सबसे खराब चालक है, क्योंकि इसमें घुलनशील लवण और खनिज नहीं होते, जो चालकता को बढ़ाते है। विद्युत के अच्छे चालक वे पदार्थ होते हैं, जो विद्युत धारा के आसान प्रवाह को सुगम बनाते है, जिनमें सामान्यत: मुक्त गतिशील इलेक्ट्रॉन होते है। इसके विपरीत, खराब चालक विद्युत धारा के प्रवाह का प्रतिरोध करते हैं, जिससे उनमें से विद्युत का प्रवाह कठिन हो जाता है।

188. किस धात्विक तत्व को उसके प्रबल आकर्षण के कारण लौह-चुम्बकीय कहा जाता है?
SSC CHSL 21.06.2024 (Shift-II)
(a) आयरन (b) मोलिब्डेनम
(c) गोल्ड (d) एल्युमीनियम

उत्तर (a)

• **आयरन** को उसके प्रबल आर्कषण के कारण लौह-चुम्बकीय कहा जाता है। (प्रतीक Fe, परमाणु संख्या 26) प्रबल चुम्बकीय गुण प्रदर्शित करता है और चुम्बकों की ओर प्रबलता से आकर्षित होता है। लौह-चुम्बकत्व, आयरन, कोबाल्ट और निकल जैसी पदार्थो की चुम्बकीय क्षेत्रों द्वारा चुम्बकित और प्रभावित होने की क्षमता है।

189. क्षैतिज रूप से स्थित छड़ चुम्बक के चुम्बकीय क्षेत्र में उदासीन बिन्दु कौन-सा होता है?
SSC CHSL 02.08.2023 (Shift-II)
(a) वह बिन्दु जहाँ चुम्बकीय क्षेत्र दिशा बदलता है।
(b) वह बिन्दु जहाँ चुम्बकीय क्षेत्र सबसे दुर्बल होता है।
(c) वह बिन्दु जहाँ चुम्बकीय क्षेत्र सबसे प्रबल होता है।
(d) वह बिन्दु जहां चुम्बकीय क्षेत्र शून्य होता है।

उत्तर (d)

• उदासीन बिन्दु यह एक ऐसा बिन्दु है, जहाँ एक छड़ चुम्बक के कारण उत्पन्न चुम्बकीय क्षेत्र, पृथ्वी के चुम्बकीय क्षेत्र के क्षैतिज घटक द्वारा पूरी तरह से सन्तुलित होता है। चुम्बकीय क्षेत्र किसी चुम्बकीय पदार्थ या गतिशील विद्युत आवेश के आस-पास का क्षेत्र जिसमें चुम्बकत्व का बल कार्य करता है।
• चुम्बक के प्रकार स्थायी चुम्बक, अस्थायी चुम्बक और विद्युत चुम्बक।

190. निम्नलिखित में से किस नियम फैराडे के नियम के अनुसार "प्रेरित विद्युत वाहक बल का परिणाम चुम्बकीय फ्लक्स में समय के साथ होने वाले परिवर्तन की दर के बराबर होता है"? **SSC CHSL 09.08.2023 (shift-II)**
(a) फैराडे का नियम
(b) कूलॉम का नियम
(c) किरचॉफ के नियम
(d) लाप्लास का नियम

उत्तर (a)

• **लाप्लास के नियम** के अनुसार, किसी खोखले गोले या बेलन की दीवारों में तनाव उसकी सामग्री के दाब और उसकी त्रिज्या पर निर्भर करता है।

191. निम्नलिखित में से 1 A की विद्युत धारा में निहित इलेक्ट्रानों की उचित संख्या क्या है?
SSC CHSL 17.08.2023 (shift-I)
(a) 6.25×10^{21} (b) 6.25×10^{18}
(c) 6.25×10^{19} (d) 6.25×10^{15}

उत्तर (b)

• 1A की विद्युत धारा में निहित इलेक्ट्रॉनों की उचित संख्या 6.25×10^{18} है।
• विद्युत धारा किसी चालक में इलेक्ट्रानों के प्रवाह की दर। **SI मात्रक** एम्पीयर (A)। **चालक** को उन पदार्थो के रूप में परिभाषित किया जाता है, जो विद्युत को उनके माध्यम से प्रवाहित करने की अनुमति देते है। उदाहरण - मानव शरीर, लोहा और चाँदी जैसे लवण और धातुओं के जलीय घोल।

192. 1834 ई. में किसने एक नियम प्रस्तावित किया था, जिसके अनुसार प्रवाह में परिवर्तन से प्रेरित विद्युत धारा परिवर्तन उत्पन्न करने वाले प्रभाव का प्रतिरोधी करती है?
(a) डेविड ब्रूस्टर
(b) हेनरी मोजलो
(c) किश्चियन जोहान डॉपलर
(d) हेनरिक फ्रेडरिच लेंच

उत्तर (d)

• **1834 ई. में हेनरिक फ्रेडरिच लेंच** ने एक नियम प्रस्तावित किया था, जिसके अनुसार प्रवाह में परिवर्तन से प्रेरित विद्युत धारा परिवर्तन उत्पन्न करने वाले प्रभाव का प्रतिरोधी करती है
• **लेन्ज का नियम** प्रेरित धारा की दिशा हमेशा ऐसी होती है, जो परिपथ में परिवर्तन या इसे उत्पन्न करने वाले चुम्बकीय क्षेत्र का विरोध करती है लेन्ज के नियम का उपयोग विद्युत चुम्बकीय ब्रेक ओर इंडक्शन कुकटॉप में किया जाता है। इसे विद्युत जनरेटर, AC जनरेटर पर भी लागू किया जाता है।
• **सर डेविड ब्रूस्टर** नियम कहता है कि जब अध्रुवीकृत प्रकाश किसी अंतराफलक पर पड़ता है, तो परावर्तित प्रकाश पूर्णतय ध्रुवीकृत हो जाता है, यदि आपतन कोण एक विशिष्ट कोण होता है। जिसे ब्रूस्टर कोण कहा जाता है।

SSC MTS

193. यदि प्रत्येक 4 ओम के चार प्रतिरोधक समानान्तर क्रम में जुड़े हुए हैं, तो उनका प्रभावी प्रतिरोध क्या होगा?
SSC MTS Tier-1 14.10.2024 (Shift-I)
(a) 16 ओम (b) 4 ओम
(c) 10 ओम (d) 1 ओम

उत्तर (d)

• यदि प्रत्येक 4 ओम के चार प्रतिरोधक समानान्तर क्रम में जुड़े हुए हैं, तो उनका प्रभावी प्रतिरोध 1 ओम होगा।

$$R_1 = R_2 = R_3 = R_4 = 4$$
$$\frac{1}{R} = \frac{1}{R_1} + \frac{1}{R_2} + \frac{1}{R_3} + \frac{1}{R_4}$$
$$\Rightarrow \frac{1}{4} + \frac{1}{4} + \frac{1}{4} + \frac{1}{4} = \frac{1+1+1+1}{4}$$
$$= \frac{4}{4} = 1 = 1\Omega$$

194. विद्युत धारा के प्रवाह को रोकने या प्रारम्भ करने के लिए परिपथ को तोड़ने अथवा पूरा करने के लिए किस युक्ति (device) का प्रयोग किया जाता है? **SSC MTS 08.05.2023 (Shift-I)**
(a) विद्युत–रोधक (b) तार
(c) स्विच (d) बल्ब

उत्तर (c)

• **स्विच** यह ऐसा उपकरण है, जिसका उपयोग परिपथ में इलेक्ट्रॉनों के प्रवाह को बाधित करने के लिए किया जाता है। **विद्युत-रोधक** एक ऐसा पदार्थ जिसमें विद्युत धारा स्वतन्त्र रूप से प्रवाहित नहीं होती है। **उदाहरण** — काँच, वायु, लकडी, प्लास्टिक और रबर।

195. 6v विभवान्तर वाले दो बिन्दुओं के बीच 4C के आवेश को स्थानांतरित करने में किया गया कार्य ...... है। **SSC MTS 05.07.2022 (Shift-III)**
(a) 48 J (b) 12 J (c) 36 J (d) 24 J

उत्तर (d)

• 24 J **विभवान्तर** एक विद्युत परिपथ में इकाई विद्युत आवेश को एक बिन्दु से दूसरे बिन्दु तक ले जाने के लिए किया गया कार्य है। इसे निम्न सूत्र द्वारा हल किया जाता है: $V = w/Q$ अर्थात् $W = V\times Q; W = 6\times 4 = 24$ जुल।

196. इलेक्ट्रिक रूम हीटर में प्रयुक्त तार की कुण्डली क्या कहलाती है?
SSC MTS 06.07.2022 (Shift-II)
(a) सेल (b) फ्यूज
(c) स्विच (d) एलिमेण्ट

उत्तर (d)

• एलिमेण्ट नाइक्रोम तार का उपयोग हीटिंग एलिमेण्ट के रूप में किया जाता है, क्योंकि यह उच्च तापमान पर भी बहुत स्थिर होता है।

SSC GD

197. निम्न में से कौन-सा कथन चुम्बकीय क्षेत्र के सन्दर्भ में सही है? **SSC GD 23.02.2024 (Shift-III)**

(a) चुम्बकीय क्षेत्र एक ऐसी मात्रा है, जिसके पास न तो दिशा और न ही परिमाण होता है।
(b) दो चुम्बकीय क्षेत्र रेखाएँ एक-दूसरे को काटती हैं।
(c) चुम्बकीय क्षेत्र रेखाएँ खुले वक्र के रूप में होती हैं।
(d) चुम्बकीय क्षेत्र रेखाएँ बन्द वक्र के रूप में होती हैं।

उत्तर (d)

• **चुम्बकीय क्षेत्र रेखाएँ** हमेशा उत्तर से चलकर दक्षिण की ओर जाती हैं एवं एक बन्द वक्र बनाती हैं।
• चुम्बकीय क्षेत्र रेखाएँ हमेशा एक-दूसरे के समानान्तर चलती हैं और कभी भी एक-दूसरे को नहीं काटती।

SSC Steno

198. निम्न में से कौन-सी गैस, तार (फिलामेण्ट) के जीवनकाल को बढ़ाने के लिए तापदीप्त बल्बों में भरी जाती है? **SSC Steno 11.11.2021**

(a) ओजोन (b) ऑक्सीजन
(c) कार्बन डाइऑक्साइड (d) नाइट्रोजन

उत्तर (d)

• नाइट्रोजन (N_2) गैस, तार (फिलामेण्ट) के जीवनकाल को बढ़ाने हेतु तापदीप्त बल्बों में भरी जाती है। इस गैस को ऑर्गन गैस के साथ मिलाकर तापदीप्त बल्बों में भरा जाता है। नाइट्रोजन एक रंगहीन, स्वादहीन गैस है। यह वायुमण्डल में 78% मात्रा में उपस्थित रहती है। इस गैस की खोज 1772 ई. में **डेनियल रदरफोर्ड** नामक रसायन वैज्ञानिक ने की थी।

199. निम्न विकल्पों में वर्णित चार पदार्थों में से किसकी, अन्य तीनों की तुलना में 20°C पर सबसे अधिक विद्युत प्रतिरोधकता है? **SSC Steno 12.11.2021**

(a) लोहा (b) मैंगनीज (c) पारा (d) क्रोमियम

उत्तर (b)

• मैंगनीज (Mn) की अन्य तीन (लोहा, पारा व क्रोमियम) की तुलना में 20°C पर सबसे अधिक विद्युत प्रतिरोधकता है।
• मैंगनीज आवर्त सारणी में मुख्यत: संक्रमण धातु समूह का सदस्य है।
• यह प्रकृति में शुद्ध रूप में नहीं मिलता, बल्कि अन्य तत्त्वों के साथ यौगिकों के रूप में मिलता है। इसका उपयोग अधिकतर मिश्र धातु बनाने, काँच उद्योग में तथा उर्वरकों के निर्माण में किया जाता है।

200. निम्न में से किस उपकरण का डिजिटल सर्किट में उपयोग किया जाता है, ताकि बड़े कम्प्यूटर की मेमोरी में संगृहीत जानकारी क्षणिक बिजली की विफलता के दौरान नष्ट न हो जाए? **SSC Steno 11.11.2021**

(a) ट्रान्समीटर (b) थर्मिस्टर
(c) सन्धारित्र (d) डायोड

उत्तर (c)

• सन्धारित्र (Capacitor) का उपयोग डिजिटल सर्किट में किया जाता है, ताकि बड़े कम्प्यूटर की मेमोरी में संगृहीत (Storage) जानकारी क्षणिक बिजली की विफलता के दौरान नष्ट न हो जाए।

SSC Steno

201. निम्नलिखित में से कौन-सा विद्युत का सुचालक नहीं है? **SSC Steno Tier-1 10.12.2024 (Shift-I)**

(a) चाँदी (b) एल्युमीनियम
(c) सोना (d) सल्फर

उत्तर (d)

• सल्फर विद्युत का सुचालक नहीं है, बल्कि कुचालक है।
• विद्युत का सबसे अच्छा सुचालक चाँदी है।
• सामान्य रूप से धातु विद्युत का सुचालक होता है, वहीं अधातु विद्युत का कुचालक होता है।

202. कूलॉम का नियम ···· के लिए लागू होता है। **SSC Steno Tier-1 10.12.2024 (Shift-II)**

(a) वितरित आवेश और बिन्दु आवेश दोनों
(b) न तो बिन्दु आवेश और न ही वितरित आवेश
(c) दो बिन्दु आवेशों के मध्य
(d) दो वितरित आवेशों के मध्य

उत्तर (c)

• कूलॉम का नियम **दो स्थिर बिन्दु आवेशों के मध्य** आकर्षण या प्रतिकर्षण को वर्णित करने हेतु लागू होता है।
• यह बल आवेशों के गुणनफल के अनुक्रमानुपाती और उनके मध्य की दूरी के वर्ग के व्युत्क्रमानुपाती होता है।
• यह नियम केवल बिन्दु आवेशों पर लागू होता है, न कि विस्तारित या वितरित आवेशों पर।

203. यदि 3Ω, 4 Ω, 5 Ω, और 6 Ω के चार प्रतिरोध श्रेणी क्रम में जुड़े हैं, तो चारों प्रतिरोधों का संयुक्त प्रतिरोध क्या होगा? **Matric Level 27.06.2023 (Shift-II)**

(a) 3Ω (b) 9Ω (c) 18Ω (d) 10Ω

उत्तर (c)

• 18Ω चारों प्रतिरोधों का संयुक्त प्रतिरोध है। प्रतिरोधों के श्रेणी परिपथ में (यहाँ, 3Ω, 4Ω, 5Ω, 6Ω), प्रत्येक प्रतिरोधक के माध्यम से धारा समान है। प्रत्येक प्रतिरोधक पर वोल्टेज ड्रॉप उसके प्रतिरोध के समानुपाती होता है। कुल प्रतिरोध अलग-अलग प्रतिरोधों के योग के बराबर होता है। समतुल्य प्रतिरोध

$R_n = R_1 + R_2 + R_3 + R_4 = 3\Omega + 4\Omega + 5\Omega + 6\Omega = 18\Omega$

प्रकाश और प्रकाशिकी

SSC CGL

204. प्राकृतिक रूप से पाए जाने वाले एल्युमीनियम ऑक्साइड खनिज की पहचान कीजिए, जो सामान्यत: हेक्सागोनल बैरल-आकृति (hexagonal barrel-shaped) के प्रिज्म बनाते हैं। **SSC CGL Tier-2 18.01.2025**

(a) ओलीवाइन (b) कैल्कोपाइराइट
(c) कोरण्डम (d) डोलोमाइट

उत्तर (c)

• **कोरण्डम** प्राकृतिक रूप से पाए जाने वाला एल्युमीनियम ऑक्साइड खनिज हैं।
• यह खनिज हेक्सागोनल क्रिस्टल संरचना में पाया जाता है।
• यह शुद्ध रूप से रंगहीन होता है, परन्तु इसमें अन्य तत्त्वों की उपस्थिति से यह विभिन्न रंगों (जैसे-लाल-रूबी और नीला-नीलम) में पाया जाता है।

205. किसने सर्वप्रथम अपवर्तन के उस सिद्धान्त को प्रतिपादित किया था, जो यह स्वत: सिद्ध करता है कि प्रत्येक पदार्थ का एक विशिष्ट बंकन अनुपात 'अपवर्तक सूचकांक' होता है? **SSC CGL Tier-1 23.09.2024 (Shift-II)**

(a) डेविड ब्रूस्टर (b) विलेबरोर्ड स्नेलियस
(c) थॉमस यंग (d) डेनिस गैबोर

उत्तर (b)

• अपवर्तक सिद्धान्त का प्रतिपादन **विलेबरोर्ड स्नेलियस** द्वारा किया गया था, जिसके अनुसार, प्रत्येक पदार्थ का एक विशिष्ट बंकन अनुपात 'अपवर्तक सूचकांक' होता है।
• अपवर्तक सूचकांक का सूत्र $(n) = \frac{C}{V}$ होता है, जो एक विशिष्ट अनुपात है।
• अपवर्तनांक एक मान को सन्दर्भित करता है, जिसका ऑप्टिकल विज्ञान में सामान्य उपयोग होता है।

206. उस परिघटना का नाम बताइए, जिसमें प्रकाश के पथ में रखी एक अपारदर्शी वस्तु अत्यन्त छोटी हो जाती है और जहाँ प्रकाश की प्रवृत्ति सरल रेखा में चलने के अतिरिक्त उसके चारों ओर मुड़ने की होती है। **SSC CGL Tier-1 23.09.2024 (Shift-I)**

(a) अपवर्तन कोण (b) प्रकाश का विवर्तन
(c) आपतन कोण (d) प्रकाश का परावर्तन

उत्तर (b)

• प्रकाश की तरंगें अवरोध से टकराने के पश्चात् अवरोध के किनारों पर मुड़ जाती हैं और अवरोधक के ज्यामितीय छाया में प्रवेश कर जाती हैं। प्रकाश की तरंगों का इस प्रकार मुड़ने की घटना को ही **प्रकाश का विवर्तन** कहा जाता है।
• **फ्रांसेस्को ग्रिमाल्डी** के द्वारा 1665 ई. में प्रकाश के विवर्तन का पहला अवलोकन किया गया था।

207. किसी उत्तल लेंस के बाईं ओर फोकस पर एक छोटी वस्तु रखे जाने पर, निम्नलिखित में से कौन-से स्थान पर प्रतिबिम्ब बनेगा? **SSC CGL Tier-1 13.09.2024 (Shift-II)**

(a) लेंस के दाईं ओर, केन्द्र पर
(b) लेंस के दाईं ओर, अनन्त पर
(c) लेंस के दाईं ओर, फोकस पर
(d) लेंस के बाईं ओर, अनन्त पर

उत्तर (b)

• किसी उत्तल लेंस के बाईं ओर फोकस पर एक छोटी वस्तु रखे जाने पर, प्रतिबिम्ब लेंस के दाईं ओर अनन्त पर बनेगा तथा प्रतिबिम्ब की प्रकृति वास्तविक, वस्तु से बड़ी व उल्टी होगी।

• जब उत्तल लेंस किसी वस्तु का वास्तविक प्रतिबिम्ब बनाता है, तो वस्तु और प्रतिबिम्ब के बीच न्यूनतम दूरी उत्तल लेंस की फोकस दूरी के **चार गुना** के बराबर होती है।

208. जब आप तेज रोशनी वाले कमरे से आते हैं, तो आप मन्द रोशनी वाले कमरे में वस्तुओं को क्यों नहीं देख पाते हैं? SSC CGL Tier-1 25.07.2023 (Shift-IV)

(a) कॉर्निया सिकुड़ कर पुतली को छोटा बना देती है, जिससे आँख में कम प्रकाश प्रवेश कर पाता है।
(b) काचाभ द्रव पुतली को फैलाता है, जिससे आँख में कम प्रकाश प्रवेश कर पाता है।
(c) परितारिका सिकुड़कर पुतली को छोटा बना देती है, जिससे आँख में कम प्रकाश प्रवेश कर पाता है।
(d) परितारिका अभिनेत्र लेंस को फैलाती है, जिससे आँख में कम प्रकाश प्रवेश कर पाता है।

उत्तर (c)

• जब आप तेज रोशनी वाले कमरे में आते हैं, तो आप मन्द रोशनी वाले कमरे में वस्तुओं को नहीं देख पाते हैं, क्योंकि आँखों की **परितारिका** सिकुड़कर पुतली को छोटा बना देती है, जिससे आँख में कम प्रकाश प्रवेश कर पाता है।

209. प्रकाश उत्सर्जित होने पर फॉस्फोरस-लेपित ग्लास स्क्रीन पर केन्द्रित एक इलेक्ट्रॉन बीम युक्त सीलबन्द ग्लास वैक्यूम ट्यूब की पहचान करें। SSC CGL Tier-2 27.07.2023 (Shift-I)

(a) कैथोड-रे-ट्यूब
(b) फ्लैट-एरे-ट्यूब
(c) लिक्विड क्रिस्टल डिस्प्ले ट्यूब
(d) लाट एमिटिंग डायोड ट्यूब

उत्तर (a)

• प्रकाश उत्सर्जित होने पर फास्फोरस-लेपित ग्लास स्क्रीन पर केन्द्रित एक इलेक्ट्रॉन बीम युक्त सीलबन्द ग्लास वैक्यूम ट्यूब **कैथोड-रे-ट्यूब** के रूप में होती है।
• कैथोड-रे-ट्यूब एक निर्वात् नली होती है, जिसमें एक या एक से अधिक इलेक्ट्रॉन गमन करते हैं, जिनमें से पुंज को फास्फोरस स्क्रीन पर प्रदर्शित करने के लिए प्रयोग किया जाता है।

210. किस मापक यन्त्र में एक धातु का त्रिकोणीय फ्रेम होता है, जिसके तीन पैर होते हैं। इसका उपयोग किसी वस्तु की वक्रता की त्रिज्या को मापने के लिए किया जाता है, जैसे कि पट्टे और घुमावदार दर्पण जो गोलाकार होते हैं? SSC CGL Tier-1 12.12.2022 (Shift-IV)

(a) विस्कोमीटर (b) वर्नियर कैलिपर
(c) स्फेरोमीटर (d) स्क्रू गेज

उत्तर (c)

• **स्फेरोमीटर** किसी गोलाकार या घुमावदार दर्पण की सतह की वक्रता त्रिज्या के सटीक मापन के लिए एक मापक उपकरण है।
• इस यन्त्र में एक धातु का त्रिकोणीय फ्रेम होता है, जिसके तीन पैर होते हैं।

211. एक-दूसरे से सममित रूप से (symmetrically) 120° पर झुके हुए दो दर्पणों द्वारा निर्मित प्रतिबिम्बों की कुल संख्या .... है। SSC CGL 05.03.2020 (Shift-II)

(a) 1 (b) 2
(c) 4 (d) 3

उत्तर (b)

• **2 दो दर्पणों** को एक दूसरे से थीटा (θ) कोण पर रखने पर बनने वाले प्रतिबिम्बों की संख्या निम्न द्वारा दी गई है–
• $n = (360°/\theta) - 1$ तो, यहाँ, हमारे पास दर्पण = 120° के कोण पर रखे गए है, बनने वाली प्रतिबिम्ब की संख्या,
$n = (360°/120°) - 1 = 3 - 1 = 2$ अत: कुल 2 प्रतिबिम्ब बनेंगें।

SSC CPO

212. द्विफोकसी लेन्स का कौन-सा भाग निकट दृष्टि सुगम बनाता है? SSC CPO 28.06.2024 (Shift-III)

(a) अवतल लेंस वाला ऊपरी भाग
(b) उत्तल लेंस वाला निचला भाग
(c) उत्तल लेंस वाला ऊपरी भाग
(d) अवतल लेंस वाला निचला भाग

उत्तर (b)

• द्विफोकसी लेंस का उत्तल लेंस वाला निचला भाग दृष्टि को सुगम बनाता है।
• यह एक प्रकाशीय युक्ति है।
• ये प्रकाश अपवर्तन के सिद्धान्त पर काम करता है।

213. अवतल दर्पण के लिए वस्तु की स्थिति-प्रतिबिम्ब की स्थिति–प्रतिबिम्ब के आकार का निम्नलिखित में से कौन-सा युग्म सही नहीं है? SSC CPO 10.11.2022 (Shift-II)

(a) C से परे–F और C के बीच– छोटा
(b) अनन्त पर– C पर– अत्यधिक छोटा
(c) F पर– अनन्त पर, अत्यधिक बड़ा
(d) C और F के बीच– C से परे-बड़ा

उत्तर (b)

• अवतल दर्पण के लिए वस्तु की स्थिति अनन्त पर हो, तो प्रतिबिम्ब की स्थिति फोकस पर तथा प्रतिबिम्ब का आकार वस्तु की तुलना में अधिक छोटा होता है। प्रतिबिम्ब की प्रकृति उल्टा व वास्तविक होती है। अत: दिए विकल्पों में (b) विकल्प सही नहीं है।

SSC CHSL

214. भौतिक माध्यम (material media) और उनके अपवर्तनांक के सम्बन्ध में गलत युग्म की पहचान करें? SSC CHSL 09.07.2024 (Shift-II)

(a) केरोसीन –1.44 (b) बेंजीन–2.24
(c) नीलम–1.77 (d) रूबी–1.71

उत्तर (b)

• **बेंजीन -2.42** किसी प्रकाशीय माध्यम का अपवर्तनांक एक आयामहीन संख्या है, जो उस माध्यम की प्रकाश को मोड़ने की क्षमता का संकेत देती है। कुछ भौतिक माध्यमों का निरपेक्ष अपवर्तनांक **बेंजीन-1.50, सेंधा नमक 1.54, कार्बन डाइसल्फाइड - 1.63, घने चकमक पत्थर का काँच -1.65, हीरा -2.42, क्राउन ग्लास -1.52, तारपीन का तेल -1.47, जल -1.33, एल्कोहल -1.36, फ्युज्ड कवॉर्ट्ज -1.46 वायु-1.0003.**

215. किसने यह प्रस्तावित किया कि 'प्रकाश' तरंगों से मिलकर बना है, जो अपनी गति की दिशा के लम्बवत् संचरण (propagating) करती है? SSC CHSL Tier-1 11.07.2024 (Shift-II)

(a) ह्यूजेन्स (b) पॉउली
(c) न्यूटन (d) केपलर

उत्तर (a)

• **ह्यूजेन्स या हाइगेन्स** ने यह प्रस्तावित किया कि 'प्रकाश' तरंगों से मिलकर बना है, जो अपनी गति की दिशा के लम्बवत् संचरण करती है।
• हाइगेन्स के सिद्धान्त के आधार पर कई प्रकाशीय परिघटनाओं, जैसे व्यतिकरण, विवर्तन तथा ध्रुवण की व्याख्या सम्भव हो सकी है, परन्तु यह प्रकाश विद्युत प्रभाव को समझाने में असफल रहे।

216. 1835 ई. में एक स्पष्ट काँच के फलक के एक तरफ धातु चाँदी की एक पतली परत चढ़ाने की प्रक्रिया किसने विकसित की और पहला दर्पण बनाया? SSC CHSL Tier-1 10.07.2024 (Shift-IV)

(a) विक्टर फ्रांसिस हेस
(b) जस्टन वॉन लिबिग
(c) सी.वी. रमन
(d) सी.एच. टाउन्स

उत्तर (b)

• 1835 ई. में एक स्पष्ट काँच के फलक के एक तरफ चाँदी की एक पतली परत चढ़ाने की प्रक्रिया **जस्टन वॉन लिबिग** ने विकसित की थी और पहले दर्पण का निर्माण किया।
• दर्पण का निर्माण किसी पारदर्शी माध्यम जैसे काँच के तल के एक पृष्ठ पर कलई अथवा लाल ऑक्साइड का लेप करके पृष्ठ को परावर्तक पृष्ठ बनाकर किया जाता है।
• यह प्राय: दो प्रकार के होते हैं–समतल तथा गोलीय।

217. प्रकाश-संचरण के लिए आवश्यक सैद्धान्तिक पदार्थ प्रकाशवाही ईथर के माध्यम से पृथ्वी की गति का पता लगाने के लिए किस प्रयोग की रूपरेखा तैयार की गई थी? SSC CHSL Tier-1 04.08.2023 (Shift-II)

(a) मार्कोनी और थॉमसन प्रयोग
(b) मैक्सवेल और हट्र्ज प्रयोग
(c) माइकल्सन और मोरले प्रयोग
(d) फैरो और हेनरी प्रयोग

उत्तर (c)

• प्रकाश-संचरण के लिए आवश्यक सैद्धान्तिक पदार्थ **प्रकाशवाही ईथर** के माध्यम से पृथ्वी की गति का पता लगाने के लिए **माइकल्सन और मोरले प्रयोग** की रूपरेखा तैयार की गई थी।
• माइकल्सन और मोरले प्रयोग, उन असफल प्रयोगों में से एक था, जो चमकदार ईथर अवधारणा के अस्तित्व के विरुद्ध प्रमाण के रूप में रखा था।

218. रमन अपने वाहन में पश्च-दृश्य दर्पण का प्रयोग करना चाहता है। इसके लिए उसे किस प्रकार के दर्पण का चयन करना चाहिए?
SSC CHSL Tier-1 10.03.2023 (Shift-II)
(a) बेलनाकार दर्पण
(b) अवतल दर्पण
(c) समतल दर्पण
(d) उत्तल दर्पण

उत्तर (d)

• रमन अपने वाहन में **पश्च-दृश्य दर्पण** का प्रयोग करना चाहता है। इसके लिए उसे **उत्तल दर्पण** का चयन करना चाहिए, क्योंकि ये सदैव सीधा छोटा एवं आभासी प्रतिबिम्ब बनाते हैं।
• उत्तल दर्पण एक प्रकार का गोलीय दर्पण होता है, जिसकी दर्पण में परावर्तक सतह बाहर की ओर उभरी हुई होती है।

219. श्वेत प्रकाश का उदाहरण है
SSC CHSL Tier-1 04.08.2023 (Shift-II)
(a) समतल ध्रुवित प्रकाश
(b) बहुरंगी प्रकाश
(c) मोनोक्रोमैटिक प्रकाश
(d) लेसर प्रकाश

उत्तर (b)

• श्वेत प्रकाश एक **बहुरंगी** (पॉलीक्रोमैटिक) (बहुवर्णी) **प्रकाश** का उदाहरण है।
• (पॉलीक्रोमैटिक) प्रकाश वह प्रकाश विकिरण है, जिसमें एक से अधिक रंगीन प्रकाश तरंगें होती हैं।

220. तापमान संवेदकों को प्रत्यक्ष या परावर्तित सूर्य के प्रकाश से प्रभावित होने से बचाने के लिए आर्द्र और शुष्क बल्ब तापमापी के लिए डिजाइन की गई इकाई का नाम बताइए।
SSC CHSL Tier-1 17.08.2023 (Shift-I)
(a) क्लैरिनेट स्क्रीन
(b) स्काईवार्न स्क्रीन
(c) कार्डिनल स्क्रीन
(d) स्टीवेन्सन स्क्रीन

उत्तर (d)

• तापमान संवेदकों को प्रत्यक्ष या परावर्तित सूर्य के प्रकाश से प्रभावित होने से बचाने के लिए आर्द्र और शुष्क बल्ब तापमापी के लिए डिजाइन की गई इकाई का नाम **स्टीवेन्सन स्क्रीन** है। हवा को इसके चारों ओर स्वतन्त्र रूप से प्रसारित करने की अनुमति है।
• स्टीवेन्सन स्क्रीन का द्वार हमेशा उत्तरी गोलार्द्ध में उत्तर की ओर तथा दक्षिणी गोलार्द्ध में दक्षिण की ओर होता है।

221. VIBGYOR के प्रकाश के किस रंग की तरंगदैर्ध्य न्यूनतम होती है?
SSC CHSL Tier-1 14.08.2023 (Shift-IV)
(a) पीला (b) बैंगनी
(c) हरा (d) लाल

उत्तर (b)

• VIBGYOR के प्रकाश में **बैंगनी** रंग की तरंगदैर्ध्य सबसे न्यूनतम (400-440 AOM) है, जबकि लाल रंग की तरंगदैर्ध्य सबसे अधिक (620-720 AM) है।
• इन्द्रधनुष के निर्माण में इन 7 रंगों का परिदृश्य स्पष्ट रूप से नजर आता है।

222. +25 डायोप्टर क्षमता वाले उत्तल लेंस की फोकस दूरी क्या होगी?
CHSL 28.06.2023 (Shift-II)
(a) 20cm (b) 10 cm
(c) 40 cm (d) 5 cm

उत्तर (c)

• +25 डायोप्टर क्षमता वाले उत्तल लेंस की फोकस दूरी **40cm** दिया गया है, क्षमता (p)=2.5 डायोप्टर। सूत्र का उपयोग करते हुए, उत्तल लेंस की फोकस लम्बाई, $f = 1/P = 1/2.5 = 0.4$ मीटर = 40 सेण्टीमीटर। उत्तल लेंस की फोकस लम्बाई हमेशा धनात्मक होती है और अवतल लेंस की फोकस लम्बाई हमेशा ऋणात्मक होती है।

223. उत्तल दर्पण द्वारा बनने वाला प्रतिबिम्ब सदैव ……… होता है। SSC CHSL 14.03.2023 (Shift-III)
(a) आभासी और उल्टा
(b) वास्तविक और सीधा
(c) आभासी और सीधा
(d) वास्तविक और उल्टा

उत्तर (c)

• आभासी और सीधा उत्तल दर्पण (अपसारी दर्पण)- परावर्तक सतह बाहर की ओर उभरी होती है, जो वक्रता केन्द्र से दूर होती है। उपयोग - पश्च दृश्य दर्पण, स्ट्रीट लाइट रिफ्लेक्टर आदि।

224. बिना किसी दृष्टि दोष वाले एक युवा वयस्क व्यक्ति के लिए स्पष्ट दृष्टि की न्यूनमत दूरी ……… है। SSC CHSL 11.08.2023 (Shift-IV)
(a) 20 m (b) 25 cm (c) 20 cm (d) 25 m

उत्तर (b)

• एक सामान्य नेत्र के लिए, दूर-बिन्दु (far Point) अनन्त पर होता है और स्पष्ट दृष्टि का निकट बिन्दु की नेत्र से दूरी लगभग **25 सेमी** होती है। हाइपरमेट्रोपिया (दूरी-दृष्टि दोष) : जब निकट बिन्दु 25 सेमी से अधिक दूर होता है, तो उत्तल लेंस का प्रयोग किया जाता है। मायोपिया (निकट दृष्टि दोष) : इसमें निकट की वस्तुएं स्पष्ट दिखाई देती है, परन्तु दूर की वस्तुएँ धुंधली दिखाई देती हैं। इसमें अवतल लेंस का प्रयोग किया जाते हैं।

225. प्रकाशिकी में कौन-सा शब्द लेन्स के डायफ्राम के खुलने को सन्दर्भित करता है, जो स्थानिक रूप से प्रकाश के प्रसार को सीमित करता है?
SSC MTS Tier-1 13.09.2023 (Shift-I)
(a) अपोस्टिल्ब (b) कोलिमेटर
(c) मेनिस्कस (d) अपर्चर

उत्तर (d)

• प्रकाशिकी में **अपर्चर द्वारक** शब्द लेन्स के **डायफ्राम** के खुलने को सन्दर्भित करता है, जो प्रकाश के प्रसार को सीमित करता है।

SSC Steno

226. एक अवतल गोलाकार दर्पण की वक्रता त्रिज्या 30 सेमी है। एक वस्तु को मुख्य अक्ष पर दर्पण के सामने ध्रुव से 15 सेमी की दूरी पर रखा गया था। निर्मित छवि की क्रमशः स्थिति, आकार और प्रकृति के लिए सही विकल्प का चयन कीजिए। SSC Steno 13.10.2023 (Shift-I)
(a) फोकस पर अत्यधिक छोटे बिन्दु-आकारीय, वास्तविक और उल्टी
(b) अनन्त पर अत्यधिक विवर्धित, वास्तविक और उल्टी
(c) फोकस और केन्द्र के बीच में, छोटी, वास्तविक और उल्टी
(d) दर्पण के पीछे, विवर्धित, आभासी और सीधी

उत्तर (b)

• अवतल दर्पण के लिए त्रिज्या = $2 \times f$

$$f = \frac{30}{2} = 15 \text{ सेमी}$$

$$u = 15 \text{ सेमी} \quad \frac{1}{v} = \frac{1}{u} + \frac{1}{v}$$

$$\frac{1}{f} = \frac{1}{15} - \frac{1}{15}$$

$$v = \frac{1}{0}$$

$$v = \infty$$

• अतः छवि अनन्त पर बनेगी। अवतल दर्पण की छवि हर परिस्थिति में वास्तविक व उल्टी होती है।

रेडियोधर्मिता

SSC CGL

227. नाभिकीय विस्फोटों, आकाशीय तड़ित और रेडियोधर्मी क्षय की कम उत्तेजक गतिविधि द्वारा निर्मित किस प्रकार की विकिरण में बहुत छोटी ($<10^{-3}$ nm) तरंगदैर्ध्य होती है?
SSC CGL Tier-1 11.09.2024 (Shift-I)
(a) अवरक्त
(b) सूक्ष्मतरंग
(c) पराबैंगनी
(d) गामा

उत्तर (d)

• नाभिकीय विस्फोटों, आकाशीय तड़ित और रेडियोधर्मी क्षय की कम उत्तेजक गतिविधि द्वारा निर्मित **गामा** प्रकार की विकिरण में अत्यन्त सूक्ष्म विकिरण है।
• गामा विकिरण परमाणु नाभिक के रेडियोधर्मी क्षय से उत्पन्न होने वाली विद्युत चुम्बकीय विकिरण का एक प्रकार है। जिसकी तरंगदैर्ध्य अत्यन्त छोटी होती है।

228. भारतीय भौतिक विज्ञानिक सत्येन्द्रनाथ बोस द्वारा दिए गए क्वाण्टम सूत्रीकरण (फॉर्मूलेशन) के आधार पर अल्बर्ट आइंस्टीन ने किस वर्ष में पदार्थ की एक नई अवस्था, बोस-आइंस्टीन कण्डेन्सेट (BEC) का अनुमान लगाया था? SSC CGL Tier-2 02.03.2023 (Shift-I)
(a) 1930 (b) 1919
(c) 1924 (d) 1935

उत्तर (c)

• भारतीय भौतिक वैज्ञानिक **सत्येन्द्रनाथ बोस** द्वारा दिए गए क्वाण्टम सूत्रीकरण के आधार पर अल्बर्ट आंइस्टीन ने **वर्ष 1924** में पदार्थ की एक नई अवस्था, बोस आइंस्टीन कण्डेन्सेट का अनुमान लगाया था।

229. वर्ष 1911 में अल्फा क्षय के अर्द्ध आयुकाल और उत्सर्जित अल्फा कणों की ऊर्जा के बीच एक प्रयोगसिद्ध सम्बन्ध किसने खोजा था?
SSC CGL Tier-2 07.03.2023 (Shift-I)

(a) गीगर और नट्टल
(b) चैडविक और लॉरेन्स
(c) फर्मी और मीटनेर
(d) सोडि और एस्टन

उत्तर (a)

• वर्ष 1911 में अल्फा क्षय के अर्द्ध आयुकाल और उत्सर्जित अल्फा कणों की ऊर्जा के बीच एक प्रयोगसिद्ध सम्बन्ध **गीगर और नट्टल** ने खोजा था।
• यह सम्बन्ध दर्शाता है कि अर्द्धजीवन घातीय रूप से क्षय ऊर्जा पर निर्भर है, इसलिए अर्द्धजीवन में बहुत बड़े परिवर्तन क्षय ऊर्जा और इस प्रकार अल्फा कण ऊर्जा में तुलनात्मक रूप से छोटे अन्तर से बने हैं।

230. पॉल डिराक नाम के ब्रिटिश भौतिक विज्ञानी 1930 में ...... की अवधारणा प्रस्तुत करने के लिए जाने गए।
SSC CGL Tier-1 09.12.2022 (Shift-I)

(a) तापीय आयतन
(b) प्रतिकण
(c) परमाणु के नाभिकीय मॉल
(d) अन्तरिक्ष विकिरण

उत्तर (b)

• **पॉल डिराक** नाम के ब्रिटिश भौतिक विज्ञानी वर्ष **1930** में **प्रतिकण** की अवधारणा प्रस्तुत करने के लिए जाने गए।
• किसी कण से सम्बद्ध प्रतिकण भी होता है, जिसका द्रव्यमान अभिन्न परन्तु विद्युत आवेश विपरीत होता है; जैसे—इलेक्ट्रॉन का प्रतिकण पॉजीट्रॉन है, जिसे रेडियोधर्मी पदार्थ के क्षय से बनाया जाता है।

231. पृथ्वी के आन्तरिक ऊष्मा इंजन को शक्ति किससे प्राप्त होती है?
SSC CGL 07.12.2022 (Shift-I)

(a) सौर ऊर्जा (b) ज्वालामुखी
(c) रेडियोधर्मी (d) ज्वार

उत्तर (c)

• वह प्रक्रिया जिसके द्वारा पृथ्वी ऊष्मा उत्पन्न करती है, **रेडियोधर्मी क्षय** कहलाती है।
• इसमें पृथ्वी के अन्दर प्राकृतिक रेडियोधर्मी तत्त्वों का विघटन शामिल है। उदाहरण—यूरेनियम और थोरियम।

232. माध्यम के अणुओं को जब कम्पन ऊर्जा के स्तर से उत्तेजित किया जाता है, तो इनके द्वारा प्रकाश का प्रकीर्णन निम्न में से किस परिघटना के परिणामस्वरूप होता है?
SSC CGL Tier-1 24.08.2021 (Shift-III)

(a) रैले प्रभाव (b) ह्यूजेन्स प्रभाव
(c) मैक्सवेल प्रभाव (d) रमन प्रभाव

उत्तर (d)

• **रमन प्रभाव**, वे प्रभाव है, जिसमें माध्यम के अणुओं को जब कम्पन ऊर्जा के स्तर से उत्तेजित किया जाता है, तो इनके द्वारा प्रकाश का प्रकीर्णन परिणामस्वरूप होता है।

233. निम्नलिखित में से कौन-सा अल्फा कण को दर्शाता है?
SSC CPO 25.11.2020 (Shift-I)

(a) $^{2}_{1}HE$ (b) $^{2}_{2}HE$
(c) $^{1}_{1}HE$ (d) $^{4}_{2}HE$

उत्तर (d)

• $^{4}_{2}HE$ अल्फा कणों में दो प्रोटॉन और दो न्यूट्रॉन एक हीलियम नाभिक की तरह एक कण में एकसाथ बँधे होते हैं।
• ये सामान्यत: अल्फा क्षय की प्रक्रिया में उत्पन्न होते हैं।

SSC CHSL

234. आवेशित कणों को उच्च वेग तक त्वरित करने के लिए निम्नलिखित में से किस उपकरण का प्रयोग किया जाता है?
SSC CHSL Tier-1 05.07.2024 (Shift-I)

(a) कॉस्मोट्रॉन (b) कोपेट्रॉन
(c) क्रयोट्रॉन (d) साइक्लोट्रॉन

उत्तर (d)

• आवेशित कणों को उच्च वेग तक त्वरित करने के लिए **साइक्लोट्रॉन** उपकरण का उपयोग किया जाता है।
• इसका उपयोग तटस्थ कणों जैसे इलेक्ट्रॉन में तेजी लाने के लिए नहीं किया जाता है, क्योंकि इलेक्ट्रॉन का द्रव्यमान लघुत्तम होता है।
• इसका उपयोग एल्फा तथा प्रोटॉन कणों को उच्च ऊर्जा प्राप्त करने के लिए उच्च वेग से त्वरित किया जा सकता है।

235. हेनरी बैकुरल को वर्ष 1903 में किस खोज के लिए भौतिकी का नोबेल पुरस्कार मिला था?
SSC CHSL Tier-1 03.07.2024 (Shift-III)

(a) नैदानिक रेडियोग्राफी
(b) स्वत: स्फूर्त रेडियोधर्मिता
(c) रेडियोधर्मी तत्त्व
(d) रेडियम उत्सर्जन

उत्तर (b)

• **हेनरी बैकुरल** को वर्ष **1903** में **स्वत: स्फूर्त रेडियोधर्मिता** के लिए भौतिकी का नोबेल पुरस्कार मिला था।
• उन्होंने यह खोज 1896 ई. में की थी, जब उन्होंने पाया कि यूरेनियम लवण विकिरण उत्पन्न करते हैं,
• हेनरी बैकुरल एक फ्रांसीसी भौतिक विज्ञानी थे।

236. निम्नलिखित में से किस समस्थानिक का उपयोग परमाणु ऊर्जा संयन्त्रों में विद्युत उत्पादन के लिए ईंधन के रूप में किया जाता है?
SSC CHSL 11.07.2024 (Shift-I)

(a) आर्सेनिक-74
(b) कार्बन-14
(c) यूरेनियम-235
(d) सोडियम-24

उत्तर (c)

• **यूरेनियम-235** का उपयोग परमाणु ऊर्जा संयन्त्रों में विद्युत उत्पादन के लिए ईंधन के रूप में किया जाता है।
• इसका उपयोग नौसैनिक परमाणु प्रणोदन प्रणाली में भी किया जाता है। कुछ समस्थानिक और उनके उपयोग : यूरेनियम-234 - परमाणु हथियारों और परमाणु ईंधन के निर्माण में। आयोडीन-131 - थायराइड विकारों के उपचार में उपयोग किया जाता है। कैडमियम-109 - मिश्र धातुओं का विश्लेषण करने के लिए उपयोग किया जाता है। फॉस्फोरस-33 - आण्विक जीव विज्ञान और आनुवंशिकी अनुसन्धान में उपयोग किया जाता है।

237. न्यूट्रॉन की खोज निम्नलिखित में से किसने की थी?
SSC CHSL Tier-1 09.03.2023 (Shift-I)

(a) जेम्स चैडविक (b) ई. गोल्डस्टीन
(c) नील्स बोहर (d) अर्नेस्ट रदरफोर्ड

उत्तर (a)

• न्यूट्रॉन की खोज **जेम्स चैडविक** ने की थी। न्यूट्रॉन एक आवेश रहित मूलभूत कण है, जो परमाणु के नाभिक में प्रोटॉन के साथ पाए जाते हैं, इसे n से दर्शाया जाता है।
• न्यूट्रॉन एक उपपरमाण्विक कण है, जोकि सभी प्रकार के पदार्थों के परमाणु के नाभिक में पाया जाता है।

238. 'टोकामक' नामक उपकरण निम्नलिखित में से किस प्रकार के ईंधन से सम्बन्धित है?
SSC MTS 12.10.2021 (Shift-I)

(a) हाइडेल (b) ज्वार
(c) भूतापीय (d) परमाणु

उत्तर (d)

• 'टोकामक' नामक उपकरण **परमाणु** के ईंधन से सम्बन्धित है।
• 'टोकामक' प्लाज्मा के चुम्बकीय बन्धन के लिए परमाणु-संलयन अनुसन्धान में उपयोग किया जाने वाला उपकरण है।
• टोकामक में संलयन अभिक्रिया हाइड्रोजन के दो समस्थानिक ड्यूटेरियम और ट्रिटियम से संचालित होती है।

भौतिक विज्ञान के अन्य विविध प्रश्नों के लिए, दिए गए QR Code को Scan करें।

11

रसायन विज्ञान

रसायन विज्ञान के अन्तर्गत पदार्थों के गुण, संघटन, संरचना तथा उनमें होने वाले परिवर्तनों का अध्ययन किया जाता है।

पदार्थ एवं उसकी प्रकृति

- पदार्थ वे वस्तुएँ हैं, जो स्थान घेरती हैं, जिनमें द्रव्यमान होता है और जो परिवर्तन का विरोध करती हैं; जैसे– कुर्सी, मेज, लकड़ी, जल, हवा आदि। भौतिक स्वरूप के आधार पर पदार्थ, ठोस, द्रव्य या गैस अवस्था में हो सकते हैं।
    1. **ठोस** ठोस के अन्तर्गत उन पदार्थों को सम्मिलित किया जाता है, जिनका आकार एवं आयतन दोनों निश्चित होते हैं; जैसे– लकड़ी का टुकड़ा, धातु
    2. **द्रव्य** द्रव्य के अन्तर्गत उन पदार्थों को सम्मिलित किया जाता है; जिनका आकार अनिश्चित तथा आयतन निश्चित होता है; जैसे– पानी, तेल आदि।
    3. **गैस** गैस के अन्तर्गत उन पदार्थों को सम्मिलित किया जाता है, जिनका आकार तथा आयतन दोनों अनिश्चित होते हैं; जैसे– हवा।

भौतिक एवं रासायनिक परिवर्तन

- वे परिवर्तन जो केवल पदार्थ के भौतिक गुणों; जैसे– रंग, कठोरता, घनत्व, गलनांक आदि को प्रभावित करते हैं, परन्तु पदार्थ के रासायनिक संघटन तथा रासायनिक गुणों पर कोई प्रभाव नहीं डालते हैं, भौतिक परिवर्तन कहलाते हैं।
- क्रिस्टलन, ऊर्ध्वपातन, क्वथन, गलन, वाष्पीकरण, वृक्षों को काटना, शर्करा या नमक का जल में घुलना आदि सभी भौतिक परिवर्तन हैं।
- रासायनिक परिवर्तन, पदार्थ के संघटन तथा रासायनिक गुणों को प्रभावित करते हैं।
- इन परिवर्तनों के फलस्वरूप **नए पदार्थ** का निर्माण होता है।
- ईंधन का दहन, मोमबत्ती का जलना, कागज का जलना, जल का विद्युत-अपघटन, फलों का पकना आदि सभी रासायनिक परिवर्तनों के उदाहरण हैं।

मोल संकल्पना

- **एक मोल** पदार्थ की वह मात्रा जिसका भार ठीक इसके ग्राम में सूत्रभार के बराबर है।
- पदार्थ की वह मात्रा जिसमें कणों की संख्या (परमाणु, आयन, अणु या सूत्र इकाई आदि) कार्बन-12 के ठीक 12 ग्राम में विद्यमान परमाणुओं के बराबर होती है अर्थात् 6.022×10^{23}।
- यह संख्या (6.022×10^{23}) आवोगाद्रो संख्या कहलाती है तथा इसे N_A या N_0 से व्यक्त करते हैं।

अम्ल तथा क्षारक

- **अम्ल** (Acid) वे पदार्थ हैं, जो नीले लिटमस को लाल कर देते हैं तथा सामान्यतः जलीय विलयन में प्रोटॉन प्रदान करते हैं और स्वाद में **सामान्यतः खट्टे** होते हैं।
- क्षारक (Base) वे पदार्थ हैं, जो लाल लिटमस को नीला कर देते हैं।
- ये प्रोटॉन (H^+) को ग्रहण करते हैं और स्वाद सामान्यतः खराब कसैला (**कड़वा**) होता है।

कुछ प्राकृतिक अम्ल

अम्ल	प्राकृतिक स्रोत
ऐसीटिक अम्ल	सिरका
सिट्रिक अम्ल	संतरा, नींबू
टार्टरिक अम्ल	इमली
लैक्टिक अम्ल	दूध
ऑक्सैलिक अम्ल	टमाटर
मैथेनॉइक अम्ल	चींटी का डंक
ब्यूटिरिक अम्ल	दुर्गन्धियुक्त मक्खन

pH अम्ल

pH अम्लता/क्षारकता की माप है।

- आमाशयी रस pH – 1.0-3.0
- यूरिन (मानव) pH – 6
- लार (मानव) pH – 6.5
- आँसू तथा मानव रक्त pH – 7.4
- दूध (गाय का) pH – 6.3-6.6
- समुद्री जल pH – 8.5

कोलॉइड विलयन

- ये विषमांगी विलयन होते हैं, जिनमें दो प्रावस्थाएँ होती हैं—परिक्षिप्त प्रावस्था (Dispersed phase) जैसे–विलेय तथा परिक्षेपण माध्यम (Dispersion phase) जैसे–विलायक।

कोलॉइड के प्रकार एवं उनके उदाहरण

प्रकार	प्रावस्था	माध्यम	उदाहरण
ऐरोसॉल	द्रव	गैस	कोहरा, बादल, कुहासा
ऐरोसॉल (ठोस)	ठोस	गैस	धुआँ, वाहनों से निकला अपशिष्ट
फॉम	गैस	द्रव	शेविंग क्रीम
पायस (इमल्शन)	द्रव	द्रव	दूध, फेस क्रीम
सॉल	ठोस	द्रव	मिल्क ऑफ मैग्नीशिया, कीचड़
फॉम	गैस	ठोस	फॉम, रबड़, स्पंज, प्यूमिस पत्थर
जैल	द्रव	ठोस	जेली, पनीर, मक्खन
ठोस सॉल	ठोस	ठोस	रंगीन रत्न पत्थर, दूधिया काँच

परमाणु, अणु तथा तत्त्व

- **परमाणु** (Atom) किसी तत्त्व का वह सूक्ष्मतम कण है, जो रासायनिक अभिक्रिया में भाग लेता है, परन्तु स्वतन्त्र अवस्था में नहीं रह सकता (डाल्टन के अनुसार)। परमाणु इलेक्ट्रॉनों, प्रोटॉनों एवं न्यूट्रॉनों से मिलकर बना होता है, जिनमें से प्रोटॉन तथा न्यूट्रॉन नाभिक में (परमाणु के केन्द्र में) उपस्थित रहते हैं, जबकि इलेक्ट्रॉन नाभिक के चारों ओर नियत कक्षा में घूमते रहते हैं।
- **अणु** (Molecule) किसी तत्त्व अथवा यौगिक का वह सूक्ष्मतम कण है, जो स्वतन्त्र अवस्था में रह सकता है तथा चर पदार्थ के सभी गुण-धर्मों को प्रदर्शित करता है।
- **तत्त्व** (Element) में केवल एक ही प्रकार के परमाणु उपस्थित होते हैं। उदाहरण–कार्बन (C), सल्फर (S), डायमण्ड, ग्रेफाइट आदि।

पदार्थ के मौलिक कण

कण	द्रव्यमान (kg में)	आवेश	खोजकर्ता
प्रोटॉन	1.6726×10^{-27}	$+1.6 \times 10^{-19}$	अर्नेस्ट रदरफोर्ड/गोल्डस्टीन
इलेक्ट्रॉन	9.108×10^{-31}	-1.6×10^{-19}	जे जे थॉमसन
न्यूट्रॉन	1.675×10^{-27}	0	चैडविक
पॉजिट्रॉन	1.108×10^{-31}	$+1.6 \times 10^{-19}$	एण्डरसन
न्यूट्रिनो	0	0	पाउली
पाई- मैसोन	इलेक्ट्रॉन का 274 गुना	धनात्मक एवं ऋणात्मक दोनों	युकावा हिदेकी
फोटोन	0	0	आइन्स्टीन

समस्थानिक एवं समभारिक

- **समस्थानिकों** (Isotopes) समस्थानिकों में परमाणु क्रमांक समान होता है, जबकि द्रव्यमान संख्या भिन्न होती है।
- **समभारिकों** (Isobars) समभारिकों में द्रव्यमान संख्या समान तथा परमाणु क्रमांक भिन्न होता है।

रेडियोसमस्थानिकों के उपयोग

रेडियोसमस्थानिक	उपयोग
आयोडीन-131 (I^{131})	घेंघा रोग (ग्वायटर) के उपचार के लिए, थायरॉइड ग्रन्थि के उपचार के लिए
आयोडीन-123 (I^{123})	मस्तिष्क चित्रण या ब्रेन इमेजिंग (Brain imaging) के लिए
कोबाल्ट- 60 (Co^{60})	रक्त कैंसर के उपचार के लिए
सोडियम-24 (Na^{24})	रक्त के थक्के का पता लगाने के लिए
फॉस्फोरस-32 (P^{32})	ल्यूकेमिया के उपचार में

ईंधन

- ईंधन वे पदार्थ हैं, जो दहन पर (जलने पर) ऊष्मा तथा प्रकाश उत्पन्न करते हैं।
- किसी ईंधन के 1 ग्राम को वायु की अधिकता में जलाने पर उत्पन्न ऊष्मा, उस ईंधन का **ऊष्मीय मान** (Calorific value) कहलाती है।
- रॉकेट में प्रयुक्त ईंधन प्रणोदक (Propellant) कहलाते हैं। द्रव हाइड्रोजन तथा द्रव ऑक्सीजन के मिश्रण को प्रमुख प्रणोदक के रूप में प्रयोग किया जाता है।

महत्त्वपूर्ण ईंधन एवं उनका संघटन

ईंधन	संघटन	स्रोत (प्राप्ति के)
भाप अंगार गैस *(वाटर गैस)*	$CO+H_2$	लाल तप्त कोयले पर भाप प्रवाहित करके
प्रोड्यूसर गैस	$CO+H_2+N_2$	लाल तप्त कोयले *(कोक)* पर अपर्याप्त वायु प्रवाहित करके
कोल गैस	$H_2+CH_4+CO+CO_2$	लकड़ी के प्रभाजी आसवन द्वारा
प्राकृतिक गैस	मीथेन (80%) + एथेन	पेट्रोलियम में
द्रवित पेट्रोलियम गैस (LPG)	$C_4H_{10}+C_3H_6$	तेल के कुएँ से
सम्पीडित प्राकृतिक गैस (CNG)	CH_4 95%	पेट्रोलियम से
बायो गैस या गोबर गैस	$CH_4+CO_2+H_2+N_2$	कार्बनिक अपशिष्टों से

कोयला

- कोयला, वनस्पति पदार्थों के कार्बोनीकरण द्वारा प्राप्त होता है।
- यह विभिन्न किस्मों में पाया जाता है–पीट (60% C), लिग्नाइट या भूरा कोयला (70% C), बिटुमिनस कोल (70-85% C), ऐन्थ्रासाइट कोल (85% C)।
- इनमें से बिटुमिनस सर्वाधिक पाई जाने वाली किस्म है।

कार्बन एवं उसके यौगिक

- कार्बन एक अधातु है, हीरा एवं ग्रेफाइट कार्बन के मुख्य **अपररूप** हैं।
- हीरा कार्बन का शुद्ध रूप है, इसका उपयोग काँच, चटटानें एवं संगमरमर को काटने में किया जाता है।
- ग्रेफाइट गहरे धूसर रंग का एक नर्म पदार्थ है। इसका प्रयोग शुष्क स्नेहक के रूप में, क्रुसिबल तथा इलेक्ट्रोड बनाने में, पेन्सिल बनाने में किया जाता है।

मानव निर्मित पदार्थ

साबुन

- ये उच्च वसीय अम्लों के सोडियम व पोटैशियम लवण हैं तथा साबुनीकरण के द्वारा बनते हैं।
  उदाहरण – सोडियम पॉमिटेट, सोडियम स्टीएरेट।
- एल्कोहल में विलय, नमी 10% से कम तथा मुक्त क्षार की अनुपस्थिति साबुन की विशेषताएँ हैं।

काँच

- काँच अक्रिस्टलीय ठोस के रूप में एक अतिशीतित द्रव है। इस कारणवश काँच की क्रिस्टलीय संरचना नहीं होती है।
- काँच में मुख्यतः **सिलिका** (SiO_2) उपस्थित रहती है।
- विभिन्न रंग के काँच को प्राप्त करने के लिए काँच में निम्न पदार्थ मिलाए जाते हैं

रंग	प्रयुक्त पदार्थ
लाल	कॉपर ऑक्साइड (Cu_2O)
हरा	फेरस सोडियम क्रोमेट ऑक्साइड $FeO \cdot Cr_2O_3$
रुबी जैसा लाल	गोल्ड क्लोराइड ($AuCl_3$)
नीला	कोबाल्ट ऑक्साइड (CoO)
भूरा	फेरिक ऑक्साइड (Fe_2O_3)

काँच के प्रकार एवं उपयोग

काँच के प्रकार	उपयोग
सोडा काँच या मृदु काँच	खिड़की के शीशे, बोतल, ट्यूब लाइट, साधारण बर्तन बनाने में।
पोटाश काँच या कठोर काँच	बीकर, परखनली, उच्च तापरोधी उपकरण बनाने में।
फोटोक्रोमेटिक काँच	धूप परिरक्षक चश्में बनाने में।
पाइरेक्स काँच या बोरोसिलिकेट काँच	प्रयोगशाला उपकरण बनाने में।
फ्लिण्ट काँच	कलात्मक वस्तुएँ, उपकरण, बल्ब तथा प्रकाशीय उपकरणों में।
क्राउन काँच	प्रकाशीय उपकरणों में, चश्मों के लेन्स बनाने में।
जेना काँच (काँच का सर्वश्रेष्ठ रूप)	प्रयोगशाला में अम्ल व क्षार रखने की बोतलें बनाने में।

प्रमुख विस्फोटक

विस्फोटक वे पदार्थ हैं, जो दहन होने पर अत्यधिक गर्मी, ऊर्जा और ध्वनि प्रदान करते हैं।

महत्त्वपूर्ण रासायनिक विस्फोट

- RDX (Research & Development Explosive) **जार्ज फ्रेडरिक हेनिंग** ने इसका अविष्कार 1898 ई. में किया था। इसका रासायनिक नाम साइक्लोट्राइमिथाइलीन ट्राइनाइट्रामीन है।
- TNG (Trinitroglycerine) एक रंगहीन तेल है, इसे **नोबेल का तेल** भी कहा जाता है।
- TNT (Trinitrotoluene) इसे टॉलुईन ($C_6H_5CH_3$) के साथ सान्द्र H_2SO_4 एवं सान्द्र HNO_3 की अभिक्रिया से बनाया जाता है।
- TNP (Trinitrophenol) इसे **पिक्रिक अम्ल** भी कहते हैं। इसे फिनॉल एवं सान्द्र HNO_3 अम्ल की अभिक्रिया से बनाया जाता है।
  (अणु भार = 20) इसका प्रयोग नाभिकीय रिएक्टर में शीतलक एवं नियन्त्रक के रूप में किया जाता है।

मिश्रधातु, संघटन तथा उपयोग

मिश्रधातु	संघटन	उपयोग
पीतल	Cu 70% + Zn 30%	बर्तन बनाने में
बैलमेटल	Cu 80% + Sn 20%	घण्टा बनाने में
कान्सटेण्टन	Cu 60% + Ni 40%	प्रतिरोध बॉक्स तथा तापीय युग्म बनाने में
गन मेटल	Cu 88% + Sn 10% + Zn 2%	बन्दूक, गियर आदि बनाने में
फॉस्फोरस ब्रोंज	Cu 85% + Sn 13% + P 2%	गियर बनाने में
रोल्ड गोल्ड	Cu 95% + Al 5%	नकली गहने बनाने में
जर्मन सिल्वर	Cu 60% + Zn 20% + Ni 20%	प्रतिरोध Coils, Table ware तथा गहने बनाने में
डेल्टा मेटल	Cu 55% + Zn 41% + Fe 4%	जहाज बनाने में
डच मेटल	Cu 85% + Zn 15%	नकली गहने बनाने में
एल्युमीनियम ब्रोंज	Al 90% + Cu 10%	फोटो फ्रेम, सिक्के तथा ट्रे बनाने में
मैग्नेलियम	Al 98% + Mg 2%	सस्ते तराजू बनाने में
इनवार	Fe 64% + Ni 36%	नापने वाले यंत्र तथा घड़ी का पेण्डुलम बनाने में
फैरो वैनेडियम	FeV 30% + C 3.2% + P 0.25% + S 0.4% + Si 13% + Al 1.5%	स्प्रिंग बनाने में
ऐलिन्को	Fe 63% Ni 20% Al 12% + Co 5%	स्थायी चुम्बक बनाने में

SSC एग्जाम स्कैनर

परमाणु की संरचना

SSC CGL

1. किस संख्या को अवोगाद्रो नियतांक कहा जाता है, जिसका नाम 19वीं शताब्दी के वैज्ञानिक एमेडियो अवोगाद्रो के नाम पर रखा गया है? **SSC CGL Tier-1 18.09.2024 (Shift-II)**

(a) 6.012×10^{21} (b) 6.022×10^{23}
(c) 6.032×10^{19} (d) 6.020×10^{20}

उत्तर (b)

• 6.022×10^{23} संख्या को अवोगाद्रो नियतांक कहा जाता है, जिसका नाम 19वीं शताब्दी के वैज्ञानिक एमेडियो अवोगाद्रो के नाम पर रखा गया है।

2. अर्नेस्ट रदरफोर्ड ने अल्फा प्रकीर्णन प्रयोगों के लिए लगभग .... मोटी सोने की पन्नी का उपयोग किया था। **SSC CGL 11.09.2024 (Shift-III)**

(a) 500 परमाणु
(b) 1000 परमाणु
(c) 900 परमाणु
(d) 700 परमाणु

उत्तर (b)

• अर्नेस्ट रदरफोर्ड ने सोने की पतली पन्नी पर अल्फा-कण प्रक्षेपित कर **1000 परमाणु** का अध्ययन किया। उन्होंने पाया कि परमाणु में अधिकतर खाली स्थान होता है और केन्द्र में एक छोटा, घना, धनात्मक आवेशित नाभिक होता है। इस खोज ने परमाणु संरचना की समझ को बेहतर बनाया।

SSC CPO

3. इलेक्ट्रॉन, प्रोटॉन और न्यूट्रॉन के आवेश के चिह्न क्रमशः .... होते हैं। **SSC CPO Tier-1 28.06.2024 (Shift-I)**

(a) ऋणात्मक, उदासीन और धनात्मक
(b) ऋणात्मक, धनात्मक और उदासीन
(c) धनात्मक, ऋणात्मक और उदासीन
(d) उदासीन, धनात्मक और ऋणात्मक

उत्तर (b)

• प्रोटॉन और न्यूट्रॉन को सामूहिक रूप से न्यूक्लिऑन कहा जाता है। किसी परमाणु की इलेक्ट्रॉनिक स्थिरता के लिए, इलेक्ट्रॉनों की संख्या प्रोटॉन की संख्या के बराबर होनी चाहिए, क्योंकि प्रोटॉन में धनात्मक (+1) आवेश होता है और इलेक्ट्रॉन में ऋणात्मक (–1) आवेश होता है। इसके विपरीत, न्यूट्रॉन उदासीन होते हैं और इस पर कोई आवेश नहीं होता है।

4. बेरिलियम में उपस्थिति प्रोटॉनों की संख्या कितनी है? **SSC CPO 29.06.2024 (Shift-II)**

(a) 4 (b) 2
(c) 1 (d) 3

उत्तर (a)

• बेरिलियम में उपस्थिति प्रोटॉनों की संख्या 4 होती है।

• बेरिलियम (Be) सबसे हल्की धातुओं में से एक है और हल्की धातुओं में इसका गलनांक सबसे अधिक है। लुई निकोलस वौक्वेलिन ने 1798 ई. में बेरिल और पन्ना दोनों में ऑक्साइड के रूप में बेरिलिमय की खोज की थी।

• **बेरिलियम** न्यूट्रॉन (5), इलेक्ट्रॉन (4), परमाणु संख्या (4), द्रव्यमान संख्या (9) तथा इलेक्ट्रॉनिक विन्यास ($1s^2 2s^2$)।

5. एक परमाणु या कार्यात्मक समूह की इलेक्ट्रॉनों के एक साझा युग्म को अपनी ओर आकर्षित करने की प्रवृत्ति को क्या कहा जाता है? **SSC CPO Tier-1 28.06.2024 (Shift-II)**

(a) विद्युत आकर्षण (b) वैद्युत धनात्मकता
(c) वैद्युत ऋणात्मकता (d) इलेक्ट्रॉन बन्धुता

उत्तर (c)

• एक परमाणु या कार्यात्मक समूह की इलेक्ट्रॉनों के एक साझा युग्म को अपनी ओर आकर्षित करने की प्रवृत्ति को **वैद्युत ऋणात्मकता** कहा जाता है।

• नाभिक पर आवेशों की संख्या बढ़ने के कारण आवर्त में विद्युत ऋणात्मकता बढ़ती है।

• यह इलेक्ट्रॉनों के आबन्ध युग्मों को अधिक प्रबलता पूर्वक आकर्षित करता है।

6. हाइड्रोजन अणु के K कोश में कितने इलेक्ट्रॉन होते हैं? **SSC CPO 27.06.2024 (Shift-II)**

(a) 4 (b) 2 (c) 1 (d) 3

उत्तर (b)

• हाइड्रोजन अणु के K कोश में 2 इलेक्ट्रॉन होते हैं।

• हाइड्रोजन अणु (H_2) में दो हाइड्रोजन परमाणु होते हैं, जिनमें से प्रत्येक में एक इलेक्ट्रॉन साझा करके एक रासायनिक बन्धन बनाते हैं, जिसे सहसंयोजन बन्धन कहते हैं।

7. आयनन ऊर्जा के बारे में दिए गए सही या गलत कथनों की पहचान कीजिए।

कथन A किसी परमाणु की आयनन ऊर्जा, ऊर्जा की वह मात्रा है, जो गैस प्रावस्था में परमाणुओं के एक मोल से एक इलेक्ट्रॉन को निकालने के लिए आवश्यक होती है।

कथन B आयनन ऊर्जा, समूहों में शीर्ष से नीचे की ओर जाने पर बढ़ती है और आवर्त में बाएँ से दाएँ जाने पर घटती है। **SSC CPO Tier-1 04.10.2023 (Shift-II)**

(a) केवल कथन A सही है
(b) कथन A और B दोनों गलत हैं
(c) कथन A और B दोनों सही हैं
(d) केवल कथन B सही है

उत्तर (c)

• कथन (A) और (B) दोनों सही हैं।

• **कथन** (A) किसी परमाणु की आयनन ऊर्जा, ऊर्जा की वह मात्रा है, जो गैसीय प्रावस्था में परमाणुओं के एक मोल से एक इलेक्ट्रॉन को निकालने के लिए आवश्यक होती है।

• **कथन** (B) आयनन ऊर्जा, समूहों में शीर्ष से नीचे की ओर जाने पर घटती है और आवर्त में बाएँ से दाएँ जाने पर घटती है।

SSC CHSL

8. ठीक 12 g कार्बन-12 में परमाणुओं की संख्या क्या कहलाती है? **SSC CHSL Tier-II 18.11.2024**

(a) रिडबर्ग का स्थिरांक
(b) प्लैंक का स्थिरांक
(c) फैराडे का स्थिरांक
(d) अवोगाद्रो का स्थिरांक

उत्तर (d)

• ठीक 12 g कार्बन-12 में परमाणुओं की संख्या अवोगाद्रो का स्थिरांक कहलाती है।

• किसी भी पदार्थ के एक मोल में मौजूद कणों (परमाणु, अणु या आयन) की संख्या निश्चित होती है, जिसका मान 6.022×10^{23} होता है। इस संख्या को अवोगाद्रो का स्थिरांक या अवोगाद्रो संख्या कहा जाता है, जिसका नाम इतालवी वैज्ञानिक, अमेडियो अवोगाद्रो के सम्मान में रखा गया है। रिडबर्ग सूत्र - इसका उपयोग स्पेक्ट्रल रेखाओं की तरंगदैर्ध्य का वर्णन करने के लिए किया जाता है और इसे स्वीडिश भौतिक विज्ञानी जोहान्स रिडबर्ग द्वारा तैयार किया गया था।

• **प्लैंक स्थिरांक** यह भौतिक स्थिरांक है जो एक फोटॉन द्वारा वहन की जाने वाली ऊर्जा को उसकी संगत आवृत्ति से जोड़ता है।

• **फैराडे स्थिरांक** इसे इलेक्ट्रॉनों के एक मोल द्वारा वहन किए जाने वाले विद्युत आवेश के परिमाण के रूप में परिभाषित किया जाता है।

9. 1812 ई. में, इस परिकल्पना का वर्णन किसने किया कि विभिन्न गैसों के समान आयतनों में समान संख्या में अणु होते हैं? SSC CHSL Tier-1 10.07.2024 (Shift-I)

(a) जॉन डाल्टन (b) जेम्स वॉट
(c) एमोडियो अवोगाद्रो (d) अल्बर्ट आइन्स्टीन

उत्तर (c)

• विभिन्न गैसों के समान आयतनों में समान संख्या में अणु होते हैं। इस परिकल्पना का वर्णन 1812 ई. में **एमोडियो अवोगाद्रो** ने किया।

• $V_2 n$ (स्थिर T तथा P पर) जहाँ n गैस के मोलों की संख्या है।

• STP पर किसी गैस का मोलर आयतन 22.4 लीटर होता है।

10. वर्ष 1960 में, लम्बाई के मानक माप को परिभाषित करने के लिए किस समस्थानिक का उपयोग किया गया था? SSC CHSL Tier-1 05.07.2024 (Shift-II)

(a) क्रिप्टॉन-88 (b) क्रिप्टॉन-86
(c) क्रिप्टॉन-90 (d) क्रिप्टॉन-83

उत्तर (b)

• वर्ष 1960 में, लम्बाई के मानक माप को परिभाषित करने के लिए **क्रिप्टॉन-86** समस्थानिक का उपयोग किया गया।
• क्रिप्टॉन एक रासायनिक तत्त्व है, जो निष्क्रिय गैसों के समूह में आता है।
• इसका परमाणु क्रमांक 36 है।

11. निम्नलिखित में से कौन-सी अभिक्रिया द्वारा एसिटिक एनहाइड्राइड से ग्लूकोज पेण्टाऐसीटेट का निर्माण होता है?
SSC CHSL Tier-1 05.07.2024 (Shift-III)
(a) अपचयन
(b) कीटोन का परिवर्धन
(c) ग्लूकोज का एसिटिलीकरण
(d) ऑक्सीकरण

उत्तर (c)
• ग्लूकोज के, एसिटिलीकरण अभिक्रिया द्वारा एसीटिक एनहाइड्राइड से ग्लूकोज पेण्टाऐसीटेट का निर्माण होता है।
• ग्लूकोज पेण्टाएसीटेट में पाँच—OH समूह उपस्थित होते हैं।

12. Cu का सही इलेक्ट्रॉनिक विन्यास क्या है?
SSC CHSL 07.08.2023 (Shift-I)
(a) $[Ar]3d^9 4s^2$ (b) $[Kr]3d^9 4s^2$
(c) $[Kr]3d^{10} 4s^1$ (d) $[Ar]3d^{10} 4s^1$

उत्तर (d)
• Cu का सही इलेक्ट्रॉनिक विन्यास $[Ar] 3d^{10} 4s^1$ है।
• **कॉपर** (Cu) - परमाणु क्रमांक (29), इलेक्ट्रॉनिक विन्यास - $1s^2 2s^2 2p^6 3s^2 3p^6 4s^1 3d^{10}$ या $[Ar]3d^{10} 4s^1$।

SSC MTS

13. यूरेनियम (U) का परमाणु क्रमांक क्या है?
SSC MTS Tier-1 13.11.2024 (Shift-III)
(a) 104 (b) 92
(c) 94 (d) 90

उत्तर (b)
• यूरेनियम (U) का परमाणु क्रमांक 92 है।
• इसका रासायनिक प्रतीक U दिया गया है। एक यूरेनियम परमाणु में 92 प्रोटॉन और 92 इलेक्ट्रॉन होते हैं, जिनमें से 6 संयोजकता इलेक्ट्रॉन होते हैं।
• यूरेनियम की खोज जर्मन रसायनशास्त्री **मार्टिन क्लोप्रोथ** ने 1789 ई. में की थी।
• यूरेनियम पृथ्वी की पपड़ी में पाए जाने वाले सबसे आम तत्त्वों में से एक है।
• इसका प्रयोग परमाणु ऊर्जा रिएक्टरों में ईंधन के रूप में किया जाता है। यूरेनियम के कई रूप होते हैं, जिन्हें आइसोटोप कहते हैं।

14. स्पेस-फिलिंग मॉडल (space-filling model) में प्रत्येक परमाणु का आपेक्षिक आकार प्रदर्शित किया जाता है, जो उसकी ………… पर आधारित होता है। SSC MTS 04.11.2024 (Shift-I)
(a) सहसंयोजक त्रिज्या
(b) आयनिक त्रिज्या
(c) सभी परमाणु के लिए निश्चित त्रिज्या
(d) वाण्डरवॉल्स त्रिज्या

उत्तर (d)
• स्पेस-फिलिंग मॉडल (space-filling model) में प्रत्येक परमाणु का आपेक्षिक आकार प्रदर्शित किया जाता है, जो उसकी वाण्डरवॉल्स पर आधारित है।
• यह परमाणु के समग्र आकार को दर्शाता है, जिसमें अबन्धित स्थिति में उसका संयोजकता कोश भी शामिल होता है। इसके अलावा, वाण्डरवाल्स त्रिज्या एक ठोस में अलग-अलग अणुओं में दो समान परमाणुओं के बीच की दूरी का आधा होता है। प्रत्येक परमाणु के योगदान को उस परमाणु की सहसंयोजक त्रिज्या कहा जाता है। आयनिक त्रिज्या एक आयन के नाभिक और आयन के सबसे बाहरी कोश के बीच की दूरी है।

15. जे.जे. थॉमसन को 1898 ई. में कौन-सा मॉडल विकसित करने के लिए जाना जाता है?
SSC MTS 23.10.2024 (Shift-I)
(a) गोल्ड फॉयल मॉडल
(b) प्लम पुडिंग मॉडल
(c) डबल-स्लिट मॉडल
(d) आयल ड्रॉप मॉडल

उत्तर (b)
• जे.जे. थॉमसन को 1898 ई. प्लम पुडिंग मॉडल विकसित करने के लिए जाना जाता है।
• इस मॉडल के अनुसार, परमाणु को एक धनात्मक रूप से आवेशित गोले से बना माना जाता है। जिसमें ऋणात्मक रूप से आवेशित इलेक्ट्रॉन अन्तर्निहित होते थे, जो पुडिंग में प्लम के समान होते थे। इस मॉडल को बाद में रदरफोर्ड के परमाणु मॉडल द्वारा प्रतिस्थापित किया गया।
• **गोल्ड फॉयल मॉडल** 1911 में अर्नेस्ट रदरफोर्ड द्वारा प्रस्तावित किया गया था।
• **डबल-स्लिट प्रयोग** 1801 में थॉमस यंग द्वारा किया गया था।
• **आयल ड्रॉप प्रयोग** वर्ष 1909 में रॉबर्ट ए. मिलिकन और हार्वे फ्लेचर द्वारा किया गया था।

16. निम्नलिखित में से कौन-से कथन डाल्टन के परमाणु सिद्धान्त की सही अवधारणाएँ हैं?
SSC MTS Tier-1 23.10.2024 (Shift-II)
A. सभी पदार्थ परमाणुओं से बने हैं। ये परमाणु रासायनिक अभिक्रियाओं में भाग लेते हैं।
B. रासायनिक अभिक्रिया के दौरान परमाणुओं का निर्माण या विनाश हो सकता है।
C. अलग-अलग तत्त्वों के परमाणु द्रव्यमान और रासायनिक गुण भिन्न-भिन्न होते हैं।
D. यौगिक पूर्ण या भिन्नात्मक संख्याओं के अनुपात में परमाणुओं का संयोजन है।
E. किसी यौगिक में सदैव परमाणुओं की सापेक्ष संख्या और प्रकार निश्चित होते हैं।

कूट
(a) B, D, E (b) A, B, D
(c) A, C, E (d) B, C, D

उत्तर (c)
• विकल्प (c) सही उत्तर है।
• डॉल्टन के परमाणु सिद्धान्त के अनुसार सभी पदार्थ परमाणुओं से बने हैं। ये परमाणु रासायनिक अभिक्रियाओं में भाग लेते हैं। अलग-अलग तत्त्वों के परमाणु द्रव्यमान और रासायनिक गुण भिन्न-भिन्न होते हैं। किसी यौगिक में सदैव परमाणुओं की सापेक्ष संख्या और प्रकार निश्चित होते हैं, सही कथन हैं।
• डॉल्टन के परमाणु सिद्धान्त के अनुसार, परमाणुओं को न तो बनाया जा सकता है और न ही नष्ट किया जा सकता है।
• डॉल्टन के परमाणु सिद्धान्त को द्रव्यमान संरक्षण के नियम और स्थिर संघटन के नियम पर आधारित किया गया था।

SSC Steno

17. निम्नलिखित विकल्पों में से इलेक्ट्रॉनिक विन्यास 2, 8, 1 वाले तत्त्व की पहचान करें।
SSC Stenographer 10.12.2024 (Shift-I)
(a) क्लोरीन (b) हाइड्रोजन
(c) मैग्नीशियम (d) सोडियम

उत्तर (d)
• **सोडियम** (Na), जिसका परमाणु क्रमांक 11 है, एक नरम, चाँदी-सफेद, अत्यधिक प्रतिक्रियाशील धातु है। यह क्षार धातु समूह के अन्तर्गत आता है। क्लोरीन (Cl) परमाणु क्रमांक 17; विन्यास 2, 8, 7। हाइड्रोजन (H) : परमाणु क्रमांक 1; विन्यास 1। मैग्नीशियम (Mg) : परमाणु क्रमांक 12; विन्यास 2, 8, 2।

18. जेम्स चैडविक वर्ष 1932 में की गई किस खोज के लिए प्रसिद्ध हैं?
SSC Steno Tier-1 10.12.2024 (Shift-I)
(a) इलेक्ट्रॉन
(b) तापीय आयनीकरण
(c) न्यूट्रॉन
(d) प्रकाश का तरंग सिद्धान्त

उत्तर (c)
• जेम्स चैडविक वर्ष 1932 में न्यूट्रॉन की खोज के लिए प्रसिद्ध है।
• न्यूट्रॉन परमाणु में एक आवेशरहित कण होता है।
• इलेक्ट्रॉन की खोज 1897 ई. में जे.जे. थॉमसन द्वारा की गई थी।

आवर्त सारणी

SSC CGL

19. मेण्डेलीफ की आवर्त सारणी के अनुसार, किन तत्त्वों के गुण ईका-सिलिकॉन के साथ पर्याप्त मेल खाते हैं? SSC CGL Tier-1 25.09.2024 (Shift-I)
(a) स्कैंडियम (b) जर्मेनियम
(c) टाइटेनियम (d) गैलियम

उत्तर (b)
• मेण्डेलीफ की आवर्त सारणी के अनुसार, **जर्मेनियम** तत्त्वों के गुण ईका-सिलिकॉन के साथ पर्याप्त मेल खाते हैं।

• इसका प्रतीक Ge है और इसकी परमाणु संख्या 32 है।

• जर्मेनियम एक अर्द्धचालक है, जर्मेनियम का आविष्कार 1886 ई. में सी. विंकलर ने किया था।

20. न्यूलैण्ड्स के अष्टक में लीथियम और .... के गुण समान पाए गए।
SSC CGL Tier-1 19.09.2024 (Shift-III)

(a) मैग्नीशियम
(b) सोडियम
(c) एल्युमीनियम
(d) बेरीलियम

उत्तर (b)

• न्यूलैण्ड्स के अष्टक में लीथियम और **सोडियम** के समान गुण पाए गए हैं।

• न्यूलैण्ड्स के अष्टक नियम में तत्त्वों को उनके परमाणु द्रव्यमान के बढ़ते क्रम में व्यवस्थित किया जाता है और यह देखा जाता है कि किसी भी तत्त्व से शुरू होने वाले आठ तत्त्वों का गुण प्रारम्भिक तत्त्वों से मिलता-जुलता है।

• इस नियम के अन्तर्गत पहला तत्त्व लीथियम (Li) से आरम्भ कर आठवें तत्त्व सोडियम (Na) के गुण लीथियम के समान है।

21. मेण्डेलीफ के अनुमान के अनुसार, एल्युमीनियम का परमाणु द्रव्यमान कितना था?
SSC CGL Tier-1 19.09.2024 (Shift-II)

(a) 68 (b) 44
(c) 100 (d) 72

उत्तर (a)

• मेण्डेलीफ के अनुसार एल्युमीनियम का परमाणु द्रव्यमान 68 है।

• मेण्डेलीफ ने वर्ष 1971 में आवर्त सारणी का निर्माण किया था।

• इस सारणी में तत्त्वों एवं उनके मूल गुण को परमाणु द्रव्यमान और रासायनिक गुणों के आधार पर व्यवस्थित किया गया था।

22. एक परमाणुक अणु की पहचान कीजिए।
SSC CGL 18.09.2024 (Shift-III)

(a) कार्बन मोनोऑक्साइड
(b) ऑक्सीजन
(c) हीलियम
(d) क्लोरीन

उत्तर (c)

• **हीलियम** (He) एक उत्कृष्ट गैस है (आवर्त सारणी में समूह 18)। **अणु** ये एक या एक से अधिक परमाणुओं से बने होते हैं और इन्हें तीन प्रकारों से वर्गीकृत किया जा सकता है—मोनोएटोमिक, डायटोमिक और ट्राइटोमिक।

• **मोनोएटोमिक अणु** बिना सहसंयोजक बन्ध के एकल परमाणु होते हैं, जैसे— हीलियम (He), नियॉन (Ne) और ऑर्गन (Ar) जैसी उत्कृष्ट गैसें।

• **डायटोमिक अणु** इसमें दो परमाणु एक साथ बँधे होते हैं, उदाहरण के लिए हाइड्रोजन और ऑक्सीजन।

• **ट्राइएटोमिक अणु** ये तीन परमाणुओं से बने होते हैं, जो एक ही या अलग-अलग तत्त्व हो सकते हैं; जैसे— ओजोन (O_3)।

23. आवर्तता (पीरियोडिसिटी) के सन्दर्भ में .... को मापने के लिए पिकोमीटर नामक इकाई का उपयोग किया जाता है।
SSC CGL Tier-1 18.09.2024 (Shift-I)

(a) परमाणु त्रिज्या (b) स्पिन क्वाण्टम संख्या
(c) मोलर द्रव्यमान (d) परमाणु घनत्व

उत्तर (a)

• आवर्तता (परियोडिसिटी) के सन्दर्भ में **परमाणु त्रिज्या** को मापन के लिए पिकोमीटर नामक इकाई का उपयोग किया जाता है।

• परमाणु त्रिज्या एक परमाणु के नाभिक और उसके संयोजकता इलेक्ट्रॉनों के बीच की दूरी है।

• जब परमाणु की त्रिज्या बढ़ती है, तो परमाणु का आकार भी बढ़ता है।

24. निम्नलिखित में से कौन-सी हैलोजन गैस नहीं है?
SSC CGL Tier-1 17.09.2024 (Shift-II)

(a) He (b) Cl (c) Br (d) F

उत्तर (a)

• **He** हैलोजन गैस नहीं है।

• हैलोजन रासायनिक तत्त्वों का एक परिवार है, आवर्त सारणी के समूह 17 में स्थित ये तत्त्व अधात्विक और अभिक्रियाशील होते हैं।

• हैलोजन तत्त्व हाइड्रोजन के साथ मिलकर मजबूत अम्लीय यौगिक बनाते हैं।

• प्रमुख हैलोजन-फ्लोरीन (F), क्लोरीन (Cl), ब्रोमीन, (Br), आयोडीन (I), एस्टेटिन (At), टेनेसीन (Ts) हैं।

25. संक्रमण तत्त्व वे तत्त्व हैं, जो आधुनिक आवर्त सारणी के समूह 3-12 में पाए जाते हैं, जो .... का निर्माण करते हैं।
SSC CGL Tier-1 13.09.2024 (Shift-II)

(a) *f*-ब्लॉक (b) *p*-ब्लॉक
(c) *s*-ब्लॉक (d) *d*-ब्लॉक

उत्तर (d)

• संक्रमण तत्त्व वे तत्त्व हैं, जो आधुनिक आवर्त सारणी के समूह 3-12 में पाए जाते हैं, जो *d*-**ब्लॉक** कर निर्माण करते हैं।

• ये इलेक्ट्रॉन रासायनिक आबन्धों के निर्माण में भाग ले सकते हैं।

• इनके यौगिक पानी में घुलने वाले संक्रमण धातु यौगिक चमकीला रंग प्रदर्शित करते हैं।

26. न्यूलैण्ड ने धातु Co और No को हैलोजन के साथ किस म्यूजिकल नोट में रखा था?
SSC CGL Tier-1 10.09.2024 (Shift-I)

(a) MI (b) Re
(c) Fa (d) Do

उत्तर (d)

• न्यूलैण्ड ने धातु Co और Ni को हैलोजन के साथ Do म्यूजिकल नोट में रखा जाता है।

• 1866 ई. में जॉन न्यूलैण्ड्स द्वारा उनके अष्टक नियम के अनुसार न्यूलैण्ड की तालिका तैयार की गई थी।

• अपने सिद्धान्त में उन्होंने कहा कि जब तत्त्वों को अपने बढ़ते परमाणु भार के अनुसार व्यवस्थित किया जाता है, तो प्रत्येक आठ तत्त्वों में पहले तत्त्व के समान गुण होते हैं।

27. रेडियम, बेरियम और स्ट्रोन्शियम जैसी क्षारीय मृदा धातुएँ किस समूह से सम्बन्धित हैं?
SSC CGL Tier-1 10.09.2024 (Shift-II)

(a) समूह 1A
(b) समूह 2A
(c) समूह 5A
(d) समूह 3A

उत्तर (b)

• क्षारीय मृदा धातुएँ आवर्त सारणी के **समूह 2A** में छः रासायनिक तत्त्व हैं।

• वे सभी चमकदार चाँदी-सफेद, मानक तापमान और दबाव पर कुछ हद तक अभिक्रियाशील धातुएँ हैं।

• इस समूह के तत्त्वों के क्वथनांक गलनांक तथा घनत्व कम होते हैं।

28. 'Au', निम्नलिखित में से किस तत्त्व का प्रतीक है?
SSC CGL Tier-1 10.09.2024 (Shift-II)

(a) सोना (b) एल्युमीनियम
(c) चाँदी (d) ऑर्गन

उत्तर (a)

• Au सोना तत्त्व का प्रतीक है।
• Ag चाँदी तत्त्व का प्रतीक है।
• Al एल्युमीनियम तत्त्व का प्रतीक है।
• Ar ऑर्गन तत्त्व का प्रतीक है।

29. निम्नलिखित में से कौन-सा तत्त्व एक उपधातु है?
SSC CGL 10.09.2024 (Shift-III)

(a) आयरन
(b) ऑक्सीजन
(c) सोडियम
(d) सिलिकॉन

उत्तर (d)

• सिलिकॉन एक उपधातु है।

• उपधातु ऐसे तत्त्व हैं, जो धातु और अधातु दोनों के गुण प्रदर्शित करते हैं। आधुनिक आवर्त सारणी में धातुओं को अधातु से अलग करने वाली एक जिग-जैग रेखा है।

• इस सीमा रेखा के साथ सात तत्त्व मध्यवर्ती गुण प्रदर्शित करते हैं और उन्हें उपधातु या अर्द्ध-धातु के रूप में वर्गीकृत किया जाता है—बोरॉन (B), जर्मेनियम (Ge), आर्सेनिक (As), एण्टीमनी (Sb), टेल्यूरियम (Te), पोलोनियम (Po)।

30. हाइड्रोजन आवर्त सारणी के किन समूहों के गुणों से मेल खाता है?
SSC CGL Tier-1 06.03.2023 (Shift-I)

(a) समूह 1 और समूह 3
(b) समूह 2 और समूह 17
(c) समूह 2 और समूह 4
(d) समूह 1 और समूह 17

उत्तर (d)

• हाइड्रोजन (H_2) आवर्त सारणी में **समूह 1** के तत्त्वों के गुणों से मेल खाता है। समूह 1 के तत्त्वों को क्षार धातुएँ (Alkali metals) कहते हैं।

• यह समूह आवर्त सारणी के *s*-ब्लॉक में है। अतः कोई भी विकल्प सही नहीं है।

SSC CPO

31. p-ब्लॉक के तत्त्वों के बारे में दिए गए सही या गलत कथनों की पहचान कीजिए।
SSC CPO 03.10.2024 (Shift-I)

कथन A p-ब्लॉक तत्त्वों में अन्तिम इलेक्ट्रॉन बाह्यतम p कक्षक में प्रवेश करता है।
कथन B अधातुएँ और उपधातुएँ केवल आवर्त सारणी के p-ब्लॉक में मौजूद होती हैं।
कूट
(a) कथन A और B दोनों गलत हैं।
(b) केवल कथन A सही है।
(c) केवल कथन B सही है।
(d) कथन A और B दोनों सही हैं।

उत्तर (d)

- कथन A और B दोनों सही हैं।
- **कथन A** p-ब्लॉक तत्त्वों में अन्तिम इलेक्ट्रॉन बाह्यतम p कक्षक में प्रवेश करता है।
- **कथन B** अधातुएँ और उपधातुएँ केवल आवर्त सारणी के p-ब्लॉक में मौजूद होती हैं।

32. मेण्डेलीफ की आवर्त सारणी के अनुसार, किस तत्त्व के गुण ईका-एल्युमीनियम के साथ उल्लेखनीय रूप से मेल खाते हैं?
SSC CPO Tier-1 29.06.2024 (Shift-I)
(a) टाइटेनियम (b) स्कैंडियम
(c) जर्मेनियम (d) गैलियम

उत्तर (d)

- मेण्डेलीफ की आवर्त सारणी के अनुसार, गैलियम (Gallium) के गुण ईका-एल्युमीनियम के साथ उल्लेखनीय रूप से मेल खाते हैं। मेण्डेलीफ ने अपनी आवर्त सारणी में कई तत्त्वों की भविष्यवाणी की थी, जिनमें से एक 'ईका-एल्युमीनियम' था।
- बाद में, जब गैलियम की खोज हुई, तो यह पाया गया कि इसके गुण मेण्डेलीफ द्वारा भविष्यवाणी किए गए ईका-एल्युमीनियम के गुणों के साथ बहुत मेल खाते हैं।

33. बेरिलियम में उपस्थित प्रोटॉनों की संख्या कितनी है? **SSC CPO Tier-1 29.06.2024 (Shift-I)**
(a) 1 (b) 3
(c) 2 (d) 4

उत्तर (d)

- बेरिलियम का रासायनिक प्रतीक Be है, इसमें प्रोटॉनों की संख्या **4** तथा न्यूट्रॉनों की संख्या 5 होती है। इसकी परमाणु संख्या (4) है।

34. एक परमाणु या कार्यात्मक समूह की इलेक्ट्रॉनों के एक साझा युग्म को अपनी ओर आकर्षित करने की प्रवृत्ति को क्या कहा जाता है?
SSC CPO 28.06.2024 (Shift-II)
(a) वैद्युत ऋणात्मकता (b) इलेक्ट्रॉन बन्धुता
(c) वैद्युत धनात्मकता (d) विद्युत आकर्षण

उत्तर (a)

- **वैद्युत ऋणात्मकता** एक रासायनिक गुण है, जो अणु में साझा इलेक्ट्रॉनों को आकर्षित करने की परमाणु की क्षमता को मापता है। किसी परमाणु की वैद्युत ऋणात्मकता उसके परमाणु क्रमांक और धनात्मक आवेशित नाभिक से उसके संयोजकता इलेक्ट्रॉनों की दूरी से प्रभावित होती है।

SSC CHSL

35. लीथियम का व्यवहार मैग्नीशियम के व्यवहार के समान होता है। इस प्रकार की समानता को सामान्यत: ……… कहा जाता है।
SSC CHSL 02.11.2023 (Shift-I)
(a) अक्रिय युग्म प्रभाव
(b) समइलेक्ट्रॉनी स्पीशीज
(c) समान जेफ
(d) विकर्ण सम्बन्ध

उत्तर (d)

- लीथियम का व्यवहार मैग्नीशियम के व्यवहार के समान होता है। इस प्रकार की समानता को सामान्यत: **विकर्ण सम्बन्ध** कहा जाता है। विकर्ण सम्बन्ध के कारण इन दोनों के गुण समान होते हैं, इसलिए इनकी आयनिक त्रिज्या और आवेश-त्रिज्या अनुपात समान होते हैं।

36. परमाणु संख्या 106 वाले उस परायूरेनियम तत्त्व का नाम बताएँ, जो ऑक्सीजन$^{-18}$ नाभिक के साथ कैलीफोनियम$^{-249}$ बमबारी करके बनाया गया है। **SSC CHSL Tier-1 17.8.2023 (Shift-I)**
(a) सीबर्गियम (b) हैशियम
(c) कॉपरनीशियम (d) ड्यूबनियम

उत्तर (a)

- सीबर्गियम (Sg^{106}_{271}) परायूरेनियम तत्त्व है, जो ऑक्सीजन$^{-18}$ नाभिक के साथ कैलीफोर्नियम$^{-249}$ बमबारी करके बनाया गया है। Sg, प्राकृतिक रूप से प्राप्त नहीं होता, इसे कृत्रिम रूप से बनाया जाता है। वैज्ञानिकों के अनुसार, Sg का रंग सिल्वर (Grey) हो सकता है।

37. समूह 13 के किस तत्त्व की परमाणु संख्या 113 है और इसका इलेट्रॉनिक विन्यास [Rn] $5f^{14}6d^{10}7s^{2}7p^{1}$ है?
SSC CHSL 14.08.2023 (Shift-I)
(a) गैलियम (b) इण्डियम
(c) निहोनियम (d) थैलियम

उत्तर (c)

- **निहोनियम** (Nh)—यह एक स्थिर आइसोटोप, परमाणु द्रव्यमान-286 u के साथ एक अत्यन्त रेडियोधर्मी सिन्थेटिक रासायनिक तत्त्व है, इसका आधा जीवन 10 सेकण्ड है और यह p-ब्लॉक में एक ट्रांसएक्टिनाइड तत्त्व है।

38. हैलोजन की इलेक्ट्रॉन बन्धुता का सही क्रम क्या है? **SSC CHSL Tier-1 11.08.2023 (Shift-I)**
(a) F < I < Br < Cl (b) I < Br < Cl < F
(c) I < Br < F < Cl (d) I > Br > F > Cl

उत्तर (c)

- हैलोजन की इलेक्ट्रॉन बन्धुता वह ऊर्जा परिवर्तन है, जो तब होता है, जब एक ऋणात्मक आयन बनाने के लिए एक उदासीन परमाणु में एक इलेक्ट्रॉन जोड़ा जाता है। हैलोजन की इलेक्ट्रॉन बन्धुता का सही क्रम निम्न प्रकार है **I < Br < F < Cl**

39. बोरियम की परमाणु संख्या क्या है, जिसका नाम क्वाण्टम सिद्धान्त के संस्थापकों में से एक भौतिक विज्ञानी नील्स बोर के नाम पर रखा गया है? **SSC CHSL 11.08.2023 (Shift-III)**
(a) 117 (b) 107 (c) 113 (d) 101

उत्तर (b)

- बोरियम की परमाणु संख्या 107 है।
- प्रतीक-Bh, बोरियम के नाम पर नील्स बोर को परमाणुओं की संरचना पर उनके कार्य के लिए वर्ष 1922 में नोबेल पुरस्कार से सम्मानित किया गया था।

40. आवर्त सारणी में उस 87वें तत्त्व का क्या नाम है जिसकी कोई ज्ञात जैविक भूमिका नहीं है क्योंकि इसका अर्द्ध—आयु काल केवल 22 मिनट का है? **SSC CHSL 10.08.2023 (Shift-IV)**
(a) मिटनेरियम (b) ड्यूबनियम
(c) सीबोर्गियम (d) फ्रांसियम

उत्तर (d)

- 87वें तत्त्व का नाम फ्रांसियम (Fr) है।
- यह कमरे के तापमान पर तरल रूप में होता है और दूसरा सबसे-अधिक विद्युत-धनात्मक तत्त्व (सीजियम के बाद) है।

41. आवर्त सारणी में कौन-सा d-ब्लॉक तत्त्व ग्रीक प्रतीक 'α' और धात्विक 'किरणों' द्वारा दर्शाया जाता है? **SSC CHSL Tier-1 9.8.2023 (Shift-I)**
(a) लैन्थेनम (b) रीनियम
(c) टंगस्टन (d) एक्टिनियम

उत्तर (d)

- आवर्त सारणी में **एक्टिनियम** d-ब्लॉक तत्त्व ग्रीक प्रतीक 'α' और धात्विक 'किरणों' द्वारा दर्शाया गया है। आवर्त सारणी में d-ब्लॉक में मौजूद तत्त्वों की संख्या 40 है। 'd'-ब्लॉक तत्त्वों को संक्रमण धातु के रूप में भी जाना जाता है, क्योंकि इन तत्त्वों में अन्तिम इलेक्ट्रॉन d-उपकोश में प्रवेश करता है। इनका सामान्य इलेक्ट्रॉनिक विन्यास $(n-1)d_1 10_{ns1-2}$ होता है।

42. लेथेनाइड शृंखला में परमाणु संख्या 59 वाली नरम, अघातवर्धनीय और चाँदी के समान पीली धातु कौन-सी है?
SSC CHSL 09.08.2023 (Shift-III)
(a) नियोडिमियम (b) प्रेजियोडिमियम
(c) प्रोमीथियम (d) गैडोलीनियम

उत्तर (b)

- **प्रेजियोडिमियम** (Pr) यह घरों में रंगीन टेलीविजन, प्रतिदीप्ति लैम्प, ऊर्जा-बचत लैम्प और चश्मे जैसे उपकरणों में पाया जाता सकता है। यह कमरे के तापमान पर ठोस होता है।

SSC MTS

43. निम्नलिखित कथनों में से कौन-सा कथन सत्य है? **SSC MTS Tier-1 30.10.2024 (Shift-III)**
(a) फ्लोरीन (Fluorine) की इलेक्ट्रॉन बन्धुता सबसे अधिक होती है और विद्युत ऋणात्मकता सबसे अधिक होती है।
(b) फ्लोरीन की इलेक्ट्रॉन बन्धुता सबसे अधिक होती है, जबकि क्लोरीन (chlorine) की विद्युत-ऋणात्मकता सबसे अधिक होती है।

(c) फ्लोरीन की इलेक्ट्रॉन बन्धुता सबसे अधिक होती है, जबकि ब्रोमीन (bromine) की विद्युत-ऋणात्मकता सबसे अधिक होती है।
(d) क्लोरीन की इलेक्ट्रॉन बन्धुता सबसे अधिक होती है, जबकि फ्लोरीन की विद्युत ऋणात्मकता सबसे अधिक होती है।

44. परमाणु क्रमांक 59 वाला तत्त्व आवर्त सारणी के किस ब्लॉक में स्थित होता है?
SSC MTS 29.10.2024 (Shift-I)

(a) *s*-ब्लॉक (b) *f*-ब्लॉक
(c) *p*-ब्लॉक (d) *d*-ब्लॉक

उत्तर (b)

• *f*-ब्लॉक में लैथेनॉइड्स (परमाणु संख्या 57-71) और एक्टिनॉइड्स (परमाणु संख्या 89-103) शामिल हैं। लैथेनॉइड्स में लैथेनम (57), सेरियम (58), प्रेजोडियम (59), नियोडिमियम (60) और ल्यूटेटियम (71) तक के अन्य तत्त्व शामिल हैं।
• एक्टिनॉइड्स में एक्टिनियम (89), थोरियम (90), यूरेनियम (92), नेप्टुनियम (93) और लॉरेन्सियम (103) तक के अन्य तत्त्व शामिल हैं। ये तत्त्व अपने अद्वितीय गुणों के लिए जाने जाते हैं और मुख्य रूप से दुर्लभ मृदा समूह में पाए जाते हैं।

45. मोसले (moseley) के अनुसार $\sqrt{v}$, और परमाणु क्रमांक (Z) के मध्य वक्र आलेखित करने पर एक सरल रेखा प्राप्त होती है। यहाँ V क्या दर्शाता है?
SSC MTS 28.10.2024 (Shift-III)

(a) उत्सर्जित β-किरणों की आवृत्ति
(b) उत्सर्जित X-किरणों की आवृत्ति
(c) उत्सर्जित γ-किरणों की आवृत्ति
(d) उत्सर्जित α-किरणों की आवृत्ति

उत्तर (b)

• उत्सर्जित X-किरणों की आवृत्ति दर्शाता है।
• हेनरी मोसले के वर्ष 1913 के प्रयोग में विभिन्न तत्त्वों के एक्स–रे स्पेक्ट्रा का अध्ययन शामिल था और इससे परमाणु क्रमांकों की खोज हुई। उन्होंने देखा कि किसी तत्त्व द्वारा उत्सर्जित X-किरणों की आवृत्ति (v) उसके परमाणु संख्या Z के वर्ग के सीधे आनुपातिक थी।

46. आवर्त सारणी के समूह 17 के तत्त्वों को किस रूप में जाना जाता है?
SSC MTS Tier-1 21.10.2024 (Shift-II)

(a) हैलोजनों (b) संक्रमण धातुओं
(c) क्षार धातुओं (d) उत्कृष्ट गैसों

उत्तर (a)

• आवर्त सारणी के समूह 17 के तत्त्वों को **हैलोजनों की श्रेणी** में रखा जाता है।
• समूह 17 के तत्त्वों को हैलोजन इसलिए कहा जाता है, क्योंकि ये धातुओं के साथ प्रतिक्रिया करके लवण बनाते हैं।
• समूह 17 के तत्त्वों में ऊपर से नीचे तक फ्लोरीन (F) क्लोरीन (Cl), ब्रोमीन (Br), आयोडीन (I) और स्टोटिन (At) शामिल हैं।
• हैलोजन तत्त्व **हैलाइड लवण** के रूप में पाए जाते हैं।

SSC Steno

47. उस तत्त्व की पहचान कीजिए, जो आवर्त 4 से सम्बन्धित नहीं है।
SSC Steno 11.12.2024 (Shift-III)

(a) पोटैशियम (b) कैल्शियम
(c) लिथियम (d) जिंक

उत्तर (c)

• लीथियम आवर्त श्रेणी 4 का सदस्य नहीं है।
• आवर्त 4 के तत्त्वों ये कार्बन (C), नाइट्रोजन (N), ऑक्सीजन (O), फ्लोरीन (F) आदि आते हैं।
• लिथियम एक रासायनिक तत्त्व है। साधारण परिस्थितियों में यह प्रकृति की सबसे हल्की धातु है तथा सबसे कम घनत्व वाला ठोस पदार्थ है।

48. तत्त्वों के वर्गीकरण में 'त्रिक (triads)' शब्द का उपयोग किसने किया था?
SSC Steno 11.12.2024 (Shift-III)

(a) ए.ई.बी.डी. चांकोर्टोइस
(b) जॉन न्यूलैण्ड्स
(c) दिमित्री मेण्डेलीव
(d) जोहान डोबेरिनर

उत्तर (d)

• तत्त्वों के वर्गीकरण में त्रिक शब्द का उपयोग जोहान डोवेरिनर ने किया था।
• डोवेरिनर के त्रिक समान गुणों वाले तत्त्वों के समूह थे।
• इन्होंने त्रिक के अपने नियम में कहा कि त्रिक में पहले और तीसरे तत्त्व के परमाणु द्रव्यमान का अंकगणितीय माध्य उस त्रिक में दूसरे तत्त्व के परमाणु द्रव्यमान के लगभग बराबर होगा।

49. निम्नलिखित विकल्पों में से इलेक्ट्रॉनिक विन्यास 2, 8, 1 वाले तत्त्व की पहचान करें।
SSC Steno Tier-1 10.12.2024 (Shift-I)

(a) मैग्नेशियम (b) सोडियम
(c) क्लोरीन (d) हाइड्रोजन

उत्तर (b)

• सोडियम इलेक्ट्रॉनिक विन्यास 2, 8, 1 वाला तत्त्व है।
• सोडियम (Na) का परमाणु क्रमांक 11 है, जिसके बाहरी शैल में एक इलेक्ट्रॉन है।
• इलेक्ट्रॉनिक विन्यास का अर्थ है, किसी तत्त्व के इलेक्ट्रॉन उसके कोशों या ऊर्जा स्तरों के बीच किस प्रकार वितरित है।

50. आवर्त सारणी में हैलोजन समूह के सम्बन्ध में गलत कथन की पहचान करें।
SSC Steno 10.12.2024 (Shift-III)

(a) वे आवर्त सारणी पर आदर्श गैसों के बाईं ओर स्थित होते हैं।
(b) वे अभिक्रियाशील अधातु हैं।
(c) उनके आवर्त में उनका परमाणु आकार सबसे बड़ा होता है।
(d) वे अपनी तात्विक अवस्थाओं में द्विपरमाणुक अणु बनाते हैं।

उत्तर (c)

• आवर्त सारणी में हैलोजन समूह के सम्बन्ध में कथन C गलत है।
• हैलोजन समूह के तत्त्वों (क्लोरीन, फ्लोरीन, ब्रोमीन, आयोडीन आदि) का परमाणु आकार उनके आवर्त में सबसे बड़ा नहीं होता है।
• हैलोजन समूह के तत्त्वों का परमाणु आकार उनके आवर्त में धातुओं और अन्य अधातुओं की तुलना में छोटा होता है।

51. निम्नलिखित में से भिन्न (विषम) विकल्प को पहचानिए।
SSC Steno 10.12.2024 (Shift-II)

(a) ऑर्गन (b) ब्रोमीन
(c) फ्लोरीन (d) क्लोरीन

उत्तर (a)

• ऑर्गन (Ar) बाकी तीनों तत्त्वों से भिन्न/अलग है।
• फ्लोरीन (F), क्लोरीन (Cl), और ब्रोमीन (Br) सभी हैलोजन समूह (Group 17) के तत्त्व है।
• ऑर्गन (Ar) एक निष्क्रिय गैस (Noble Gas, Group 18) है।

52. निम्नलिखित में से किसने 56 तत्त्वों को उनके परमाणु द्रव्यमान के आरोही क्रम में व्यवस्थित किया और पाया कि प्रत्येक 8वें तत्त्व के गुण समान थे?
SSC Steno 10.12.2024 (Shift-III)

(a) जॉन न्यूलैण्ड्स (b) दिमित्री मेंडेलीव
(c) वैन स्प्रोन्सेन (d) लोथर मेयर

उत्तर (a)

• जॉन न्यूलैण्ड्स में 56 तत्त्वों को उनके परमाणु द्रव्यमान के आरोही क्रम में व्यवस्थित किया और पाया कि प्रत्येक 8वें तत्त्व के गुण समान थे।
• जॉन न्यूलैण्ड्स द्वारा इसे Law of uctaves कहा गया।
• इस व्यवस्था ने तत्त्वों के गुणों के पुनरावृत्ति के पैटर्न को उजागर किया।

53. निम्नलिखित में से कौन-सा तत्त्व प्राकृतिक रूप से पाया जाने वाला सबसे संघन तत्त्व है?
SSC Steno Tier-1 12.11.2021

(a) पैलेयिम (b) इरियिम
(c) रूथेनियम (d) ऑस्मियम

उत्तर (d)

• **ऑस्मियम** प्राकृतिक रूप से पाया जाने वाला सबसे संघन तत्त्व है।
• इसका प्रतीक 05 है तथा परमाणु संख्या 76 है।

SSC GD

54. मेण्डेलीफ की आवर्त सारणी में परिवर्तन किया गया तथा .... को आधुनिक आवर्त सारणी के आधार के रूप में स्वीकार किया गया।
SSC GD 26.02.2024 (Shift-I)

(a) समान गुणधर्म (b) परमाणु द्रव्यमान
(c) मोलर द्रव्यमान (d) परमाणु संख्या

उत्तर (b)

• परमाणु द्रव्यमान को अधुनिक आवर्त सारणी के आधार के रूप में स्वीकार किया गया।
• दिमित्री मेण्डेलीफ एक रूसी रसायनज्ञ थे, जिन्होंने 1869 ई. में आवर्त सारणी की खोज की थी, जिसके अनुसार तत्त्वों को उनके परमाणु द्रव्यमान के बढ़ते क्रम में समूहों में रखा गया,

परन्तु कुछ मुख्य कमियों के कारण यह सारणी असफल रही।

• इसके पश्चात् हेनरी मोसले ने वर्ष 1913 में आधुनिक आवर्त सारणी की खोज की और पुरानी सारणी में परिवर्तन करने के पश्चात् तत्त्वों को उनकी बढ़ती परमाणु संख्या के आधार पर रखा जाने लगा।

55. आधुनिक आवर्त सारणी में कितनी क्षैतिज पंक्तियाँ होती हैं? SSC GD 24.02.2024 (Shift-III)

(a) 5 (b) 11 (c) 9 (d) 7

उत्तर (d)

• आधुनिक आवर्त सारणी में 18 समूह एवं 7 क्षैतिज पंक्तियाँ होती हैं। आधुनिक आवर्त सारणी को 'हेनरी मोस्ले' ने वर्ष 1913 में प्रस्तुत किया था।

• इस सारणी के आने से पहले तत्त्वों को उनके बढ़ते परमाणु भार के क्रम में रखा जाता था, जिससे अनेक समस्याएँ आती थीं, परन्तु आधुनिक आवर्त सारणी की प्रस्तुति के बाद तत्त्वों को उनकी बढ़ती परमाणु संख्या के क्रम में रखा जाने लगा।

56. किस तत्त्व की परमाणु संख्या सबसे अधिक है और यह प्राकृतिक रूप से पाया जाने वाला सबसे भारी तत्त्व है? SSC GD 23.02.2024 (Shift-IV)

(a) यूरेनियम (b) प्लूटोनियम
(c) थोरियम (d) नेपट्यूनियम

उत्तर (a)

• **यूरेनियम** (Uranium) की परमाणु संख्या 92 है। इसका परमाणु चिह्न 'U' है। यह एक लौह धातु है और प्राकृतिक रूप से पाया जाने वाला सबसे भारी तत्त्व है। यह भारत के कुछ राज्य; जैसे— झारखण्ड, आन्ध्र प्रदेश, तेलंगाना आदि में पाया जाता है। भारत में 99.3% यूरेनियम 'U-238' पाया जाता है, जबकि केवल 0.7% 'U-235' पाया जाता है। यूरेनियम का उपयोग अब विद्युत निर्माण करने वाले परमाणु रिएक्टरों को ऊर्जा प्रदान करने में होता है।

57. 1866 ई. में एक अंग्रेज वैज्ञानिक जॉन न्यूलैण्ड्स ने तत्कालीन ज्ञात तत्त्वों को .... के क्रम में व्यवस्थित किया। इसे 'न्यूलैण्ड्स के अष्टक के नियम' के नाम से जाना जाता है। SSC GD 20.02.2024 (Shift-IV)

(a) घटते परमाणु द्रव्यमान
(b) घटती परमाणु संख्या
(c) बढ़ते परमाणु द्रव्यमान
(d) बढ़ती परमाणु संख्या

उत्तर (c)

• जॉन न्यूलैण्ड्स नाम के एक ब्रिटिश रसायनज्ञ ने 1866 ई. में उस समय ज्ञात 62 तत्त्वों को संयोजित करने का प्रयास किया।

• उन्होंने उन्हें उनके परमाणु **द्रव्यमान के बढ़ते क्रम** में व्यवस्थित किया और पाया कि प्रत्येक आठवें तत्त्व के गुण समान थे। इस खोज के परिणामस्वरूप न्यूलैण्ड के ऑक्टेव्स नियम का जन्म हुआ।

58. डॉबेराइनर के त्रिकों में कितने त्रिकों का उल्लेख किया गया था? SSC GD 20.02.2024 (Shift-III)

(a) दो (b) आठ
(c) चार (d) छ:

उत्तर (c)

• डॉबेराइनर के त्रिकों में **चार** त्रिकों का उल्लेख किया गया था, जोकि (Li, Na, K), (Ca, Sr, Ba), (Cl, Br, I), (S, Se, Te) थे। डॉबेराइनर का मानना था कि यदि तत्त्वों को उनके बढ़ते परमाणु भार के क्रम में लगाया जाए, तो त्रिकों के समूह (triads) मिलेंगे, जिनके रासायनिक गुण समान होंगे। परन्तु यह त्रिकों की अवधारणा असफल रही, क्योंकि डॉबेराइनर कई तत्त्वों के त्रिकों को बनाने में असफल रहे और समस्थानिक तत्त्वों का असमान परमाणु भार होना भी इस अवधारणा के विफल होने का मुख्य कारण रहा।

59. किसी कोश में भरे जा सकने वाले इलेक्ट्रॉनों की अधिकतम संख्या .... द्वारा निरूपित की जाती है, जहाँ n-कोशों की संख्या है। SSC GD 08.02.2023 (Shift-I)

(a) $2n^2$ (b) $2n^3$
(c) $3n^2$ (d) $3n^3$

उत्तर (a)

• किसी कोश से भरे जा सकने वाले इलेक्ट्रॉनों की अधिकतम संख्या $\mathbf{2n^2}$ द्वारा निरूपित की जाती है। जहाँ n कोशों की संख्या है।

• प्रत्येक उपकोश अधिकतम $4l + 2$ इलेक्ट्रॉनों को धारण करने के लिए बाध्य है।

• विभिन्न कोशों और उपकोशों में किसी तत्त्व के इलेक्ट्रॉनों की व्यवस्था को उसके इलेक्ट्रॉन विन्यास के रूप में जाना जाता है।

SSC Selection Post

60. कृत्रिम रूप से निर्मित पहला तत्त्व, टेक्नेटियम (Technetium), जो कई चिकित्सीय नैदानिक इमेजिंग स्कैन में उपयोग किया जाता है, आवर्त सारणी के किस समूह में पाया जाता है? SSC Selection Post (10+2) 27.06.2023 (Shift-I)

(a) समूह 14 (b) समूह 12
(c) समूह 19 (d) समूह 7

उत्तर (d)

• कृत्रिम रूप से निर्मित पहला तत्त्व, टेक्नेटियम (Technetium), जो कई चिकित्सीय नैदानिक इमेजिंग स्कैन में उपयोग किया जाता है, आवर्त सारणी के **समूह 7** में पाया जाता है।

61. किसी तटस्थ परमाणु के इलेक्ट्रॉन ग्रहण करने की सम्भाव्यता क्या कहलाती है? SSC SP 24.06.2024 (Shift-II)

(a) विद्युत-ऋणात्मकता (b) विद्युत आकर्षण
(c) इलेक्ट्रॉन बन्धुता (d) विद्युत धनात्मकता

उत्तर (c)

• किसी तटस्थ परमाणु के इलेक्ट्रॉन ग्रहण करने की सम्भाव्यता इलेक्ट्रॉन बन्धुता कहलाती है।

• यह ऊर्जा परिवर्तन को सन्दर्भित करता है, जब एक इलेक्ट्रॉन को एक उदासीन गैसी परमाणु में जोड़ा जाता है, जिससे एक ऋणात्मक आयन बनता है। विद्युत धनात्मकता, जो मुख्यत: क्षार धातुओं और क्षारीय मृदा धातुओं में देखी जाती है, एक परमाणु की इलेक्ट्रॉनों को त्याग करने और धनायन बनाने की प्रवृत्ति है।

62. नोबेल पुरस्कार विजेता ग्लेन टी. सीबार्ग के सम्मान में अमेरिकी शोधकर्ताओं द्वारा किस कृत्रिम तत्त्व को अस्थायी रूप से सीबोर्गिमय नाम दिया गया है? SSC SP 24.06.2024 (Shift-I)

(a) तत्त्व 103 (b) तत्त्व 106
(c) तत्त्व 90 (d) तत्त्व 97

उत्तर (b)

• कृत्रिम तत्त्व 106 को अस्थायी रूप से सीबोर्गियम नाम दिया गया।

• सीबोर्गिमय एक अत्यधिक रेडियोधर्मी तत्त्व है, जिसका सबसे स्थिर समस्थानिक केवल कुछ मिनटों का अर्द्ध-आयु काल रखता है। इसकी खोज सबसे पहले वर्ष 1974 में कैलिफोर्निया में लॉरेन्स बर्कले, नेशनल लेबोरेटरी के वैज्ञानिकों की एक टीम द्वारा की गई थी। उल्लेखनीय तत्त्वों में तत्त्व 103 - लॉरेन्सियम, तत्त्व 90 - थोरियम और तत्त्व 97 - बर्केलियम शामिल हैं।

63. कार्बन समूह में कौन-सा उपधातु रासायनिक रूप से अपने समूह पड़ोसियों टिन और सिलिकॉन के समान होता है? SSC SP 20.06.2024 (Shift-I)

(a) जर्मेनियम (b) फ्लेरोवियम
(c) लेड (d) आर्सेनिक

उत्तर (a)

• **जर्मेनियम** (Ge) आवर्त सारणी के कार्बन समूह (समूह 14) में एक उपधातु है और यह रासायनिक रूप से अपने समूह पड़ोसी तत्त्वों टिन (Sn) और सिलिकॉन (Si) के समान हैं। यह समानता इसलिए उत्पन्न होती है, क्योंकि तीनों तत्त्व समान इलेक्ट्रॉन विन्यास और रासायनिक गुण साझा करते हैं, जैसे सहसंयोजक बन्ध बनाना और अर्द्धचालक विशेषताएँ होना।

आदर्श गैस का नियम

SSC CGL 2024

64. 1811 ई. में आयतनों के संयोजन (Combination of Volumes) पर गे-लुसाक के परिणामों के साथ डाल्टन की परमाण्वीय परिकल्पना का मिलान किसने किया था? SSC CGL Tier-1 23.09.2024 (Shift-II)

(a) जैक्स चार्ल्स (Jacques Charles)
(b) रॉबर्ट बॉयल (Robert Boyle)
(c) फ्रेड हॉयल (Fred Hoyle)
(d) अमेदिओ अवोगाद्रो (Amadeo Avogadro)

उत्तर (d)

• 1811 ई. में आयतनों के संयोजन पर गे-लुसाक के परिणामों के साथ डाल्टन की परमाण्वीय परिकल्पना का मिलान **अमेदिओ अवोगाद्रो** द्वारा किया जाता था।

• डाल्टन के परमाणु सिद्धान्त के अनुसार सभी तत्त्व, यौगिक या मिश्रण सूक्ष्म कणों से बने होते हैं, इन्हें परमाणु कहते हैं।

65. किस संख्या को अवोगाद्रो नियतांक कहा जाता है, जिसका नाम 19वीं शताब्दी के वैज्ञानिक एमेडियो अवोगाद्रो (Amedo Avogadro) के नाम पर रखा गया है?

SSC CGL 18.09.2024 (Shift II)

(a) 6.022×10^{23} (b) 6.020×10^{20}
(c) 6.032×10^{19} (d) 6.012×10^{21}

उत्तर (a)

• अवोगाद्रों नियतांक 6.022×10^{23} है, जो किसी भी पदार्थ के 1 मोल में कणों (परमाणु, अणु या आयन) की निश्चित संख्या को दर्शाता है। यह मान प्रयोगात्मक रूप से निर्धारित किया जाता है और इसे N_A के रूप में दर्शाया जाता है। एमेडियो अवोगाद्रो (अवोगाद्रो की परिकल्पना (1811)) में कहा गया है कि गैस के परमाणुओं/अणुओं की कुल संख्या स्थिर तापमान और दाब पर गैस द्वारा आच्छादित आयतन के अनुक्रमानुपाती होती है।

66. निम्नलिखित में से किसका उपयोग लार्ज हैड्रोन कोलाइडर (LHC) और MRI स्कैनर तथा NMR स्पेक्ट्रोमीटर में अतिचालक चुम्बकों के लिए शीतलन माध्यम के रूप में किया जाता है?

SSC CGL 14.07.2023 (Shift I)

(a) नियॉन (b) क्लोरीन
(c) ऑर्गन (d) हीलियम

उत्तर (d)

• हीलियम (He) परमाणु संख्या-2, समूह-18 (नोबल गैस), ब्लॉक-s, रासायनिक रूप से अक्रिय। हीलियम के अन्य उपयोग-उपग्रह उपकरणों को ठण्डा रखने के लिए, ऑर्क वेल्डिंग के लिए, फाइबर ऑप्टिक्स और अर्द्धचालक बनाने के लिए एक निश्चित सुरक्षात्मक वातावरण प्रदान करना।

67. एक आदर्श गैस का एक मोल 273 K और 1 atm दाब पर .... लीटर का आयतन आच्छादित करता है।

SSC CGL 19.04.2022 (Shift-III)

(a) 21.2 (b) 25.1
(c) 20.3 (d) 22.4

उत्तर (d)

• एक आदर्श गैस का एक मोल 273 K और 1 atm दाब पर 22.4 लीटर का आयतन आच्छादित करता है।

• **आदर्श गैस नियम** (Ideal gas law), जिसे सामान्य गैस समीकरण भी कहा जाता है, एक काल्पनिक आदर्श गैस की अवस्था का समीकरण है। $PV = nRT$, जहाँ P = दाब, V = आयतन, n = पदार्थ की मात्रा, R = आदर्श गैस स्थिरांक, T = तापमान।

68. 1662 ई. में किसने वर्णित किया कि जब किसी गैस को एक बन्द पात्र में पम्प किया जाता है, तो वह उस पात्र में व्यवस्थित होने के लिए संकुचित हो जाएगी, परन्तु पात्र पर गैस द्वारा डाला गया दाब बढ़ जाएगा?

SSC CGL 07.08.2023 (Shift III)

(a) जैक्स चार्ल्स (b) जोसेफ गे लुसाक
(c) एमेडियो अवोगाद्रो (d) रॉबर्ट बॉयल

उत्तर (d)

• रॉबर्ट बॉयल फ्रांसीसी भौतिक विज्ञानी जैक्स चार्ल्स (1746-1823) ने स्थिर दाब पर गैस के आयतन पर तापमान के प्रभाव का अध्ययन किया।

69. 1860 के दशक में किसने कार्बन डाइऑक्साइड में दाब ताप और आयतन के सम्बन्धों को व्यक्त करने वाले गैसीय नियम की गहन जाँच की?

SSC CHSL 03.08.2023 (Shift-IV)

(a) थॉमस एण्ड्रयूज
(b) गिउलिओ नट्टा
(c) जॉन डाल्टन
(d) मारगुएराइट पेरे

उत्तर (a)

• थॉमस एण्ड्रयूज वह एक आयरिश भौतिक विज्ञानी और रसायनज्ञ थे, जो गैसों के द्रवीकरण पर अपने कार्य के लिए जाने जाते हैं।

70. निम्नलिखित में से किस नियम के अनुसार गैसों के मिश्रण का दाब, अवयवी गैसों के आंशिक दाबों के योग के बराबर होता है?

SSC CHSL 13.03.2023 (Shift-IV)

(a) चार्ल्स के नियम
(b) बॉयल के नियम
(c) डाल्टन के नियम
(d) ग्राहम के नियम

उत्तर (c)

• **डाल्टन के नियम** के अनुसार गैसों के मिश्रण का दाब, अवयवी गैसों के आंशिक दाबों के योग के बराबर होता है

• **चार्ल्स के नियम** स्थिर दाब पर एक आदर्श गैस का आयतन उसके परम ताप के अनुक्रमानुपाती होता है।

• **ग्राहम के नियम** किसी गैस के विसरण की दर उसके आण्विक भार के वर्गमूल के व्युत्क्रमानुपाती होती है।

SSC MTS 2024

71. वह न्यूनतम ताप जिस पर कोई पदार्थ जलने लगता है, उस पदार्थ का .... कहलाता है।

SSC MTS 11.05.2023 (Shift-I)

(a) गलनांक (b) विस्फोटन बिन्दु
(c) ज्वलन ताप (d) दहन ताप

उत्तर (c)

• वह न्यूनतम ताप जिस पर कोई पदार्थ जलने लगता है, उस पदार्थ का ज्वलन ताप कहलाता है।

• ज्वलन ताप मिट्टी के तेल का ज्वलन तापमान कम और कोयले का ज्वलन तापमान अधिक होता है।

• **ज्वलनशील पदार्थ** बहुत कम ज्वलन तापमान, लौ से आसानी से आग पकड़ सकता है। उदाहरण—तरलीकृत पेट्रोलियम गैस, पेट्रोल, मैग्नीशियम, मिट्टी का तेल।

कार्बनिक रसायन विज्ञान

72. कॉपर (I) हैलाइड उत्प्रेरक का उपयोग करके एरिल डायज़ोनियम लवण को एरिल हैलाइड में परिवर्तित करने के लिए उपयोग की जाने वाली कार्बनिक अभिक्रिया क्या कहलाती है?

SSC CGL Tier-1 25.09.2024 (Shift-I)

(a) बाल्ज-शीमन अभिक्रिया
(b) गैटरमैन अभिक्रिया
(c) फिंकेलस्टीन अभिक्रिया
(d) सैण्डमेयर अभिक्रिया

उत्तर (d)

• कॉपर (I) हैलाइड उत्प्रेरक का उपयोग करके एरिल डायजोनियम लवण को एरिल हैलाइड में परिवर्तित करने के लिए **सैण्डमेयर अभिक्रिया** का उपयोग किया जाता है, जो कार्बनिक अभिक्रिया कहलाती है।

• इस रासायनिक अभिक्रिया में एरिल डायजोनियम लवणों को विविध एरिल हैलाइड में परिवर्तित करना शामिल है।

73. रासायनिक सूत्र C_9H_{20} वाले ऋजु श्रृंखलित ऐल्केन का नाम बताइए, जिसका उपयोग एक शोध रसायन के रूप में और जैवनिम्नीकरणीय अपमार्जक के निर्माण में किया जाता है।

SSC CGL 25.09.2024 (Shift-II)

(a) नोनेन (Nonane)
(b) डोडेकेन (Dodecane)
(c) नोनाडेकेन (Nonadecane)
(d) इकोसेन

उत्तर (a)

• **नोनेन** एक रंगहीन तरल पदार्थ है, जिसकी गंध गैसोलीन जैसी होती है। यह गैसोलीन, स्टोडर्ड विलायक (यह पेट्रोलियम से बना एक स्पष्ट, रंगहीन तरल है) में पाया जाता है। डोडेकेन ($C_{12}H_{26}$), प्लैटिनम, पैलेडियम या निकल की उपस्थिति में 973 K तक गर्म करने पर केरोसिन तेल का एक घटक है, जो हेप्टेन और पेण्टीन का मिश्रण प्रदान करता है।

74. वर्ष 1933 में असंतृप्त यौगिकों में अभिकर्मकों को मिलाने पर परॉक्साइड प्रभाव को देखने के लिए कौन-से दो कार्बनिक रसायनज्ञ जाने जाते हैं?

SSC CGL Tier-1 19.09.2024 (Shift-I)

(a) जस्टस वॉन लिबिंग और फ्रेडरिक वोहलर
(b) सी जॉन कैडोगन और लुईस एम कैम्पोस
(c) बी स्टीवन बैचराच और रोआल्ड हॉफमैन
(d) मॉरिस एस खराश और फ्रैंक आर मेयो

उत्तर (d)

• वर्ष 1993 में असंतृप्त यौगिकों में अभिकर्मकों को मिलाने पर परॉक्साइड प्रभाव देखने के लिए **मॉरिस एस खराश और फ्रैंक आर मेयो** कार्बनिक रसायनज्ञ जाने जाते हैं।

75. ग्रिग्नार्ड अभिकर्मक को निम्न रूप में दर्शाया जाता है:

SSC CGL Tier-1 13.09.2024 (Shift-II)

(a) H-Mg-H (b) CH_3-Mg-Cl
(c) CH_3-Be-F (d) CH_3-Ca-F

उत्तर (b)

- ग्रिग्नार्ड अभिकर्मक को $CH_3 - Mg - Cl$ के रूप में दर्शाया जाता है।
- ग्रिग्नार्ड अभिकर्मक मैग्नीशियम के धात्वीक कार्बनिक यौगिक हैं।
- कार्बन-कार्बन बन्धों के निर्माण के लिए यह अभिक्रिया अत्यन्त महत्त्वपूर्ण है।

76. बेरियम सल्फेट ($Pd/BaSO_4$) पर पैलेडियम को ······ के रूप में भी जाना जाता है।
SSC CGL Tier-1 11.09.2024 (Shift-I)

(a) रोजेनमुण्ड उत्प्रेरक
(b) हिलमैन अभिक्रिया उत्प्रेरक
(c) ऐल्डॉल अभिक्रिया उत्प्रेरक
(d) कैनिजारो अभिक्रिया उत्प्रेरक

उत्तर (a)

- बेरियम सल्फेट पर पैलेडियम को **रोजेनमुण्ड उत्प्रेरक** के रूप में जाना जाता है। रोजेनमुण्ड उत्प्रेरक एक हाइड्रोजनीकरण प्रक्रिया है, जिसमें आण्विक हाइड्रोजन बेरियम सल्फेट पैलेडियम की उपस्थिति में एसाइल क्लोराइड के साथ अभिक्रिया करता है।
- इस अभिक्रिया की खोज सर्वप्रथम वर्ष 1918 में विल्हेम रोजेनमुण्ड के द्वारा की गई थी।

77. जब हैलोऐल्केन, एरिल और विनाइल हैलाइड मैग्नीशियम धातु के साथ अभिक्रिया करते हैं, तो वे किस अभिकर्मक का उत्पादन करते हैं?
SSC CGL Tier-1 11.09.2024 (Shift-II)

(a) फेलिंग अभिकर्मक (b) ग्रिग्नार्ड अभिकर्मक
(c) टॉलेंस अभिकर्मक (d) हिंसबर्ग अभिकर्मक

उत्तर (b)

- **ग्रिग्नार्ड अभिकर्मक**, एल्कोहॉल के संश्लेषण में काफी उपयोगी होता है।
- ये बहुत अच्छे न्यूक्लियोफाइल होते हैं और इलेक्ट्रोफाइल के साथ अभिक्रिया करते हैं।
- ग्रिग्नार्ड अभिकर्मक का उपयोग कार्बनिक यौगिकों को संश्लेषित करने में उपयोग किया जाता है।
- ये अत्यधिक क्रियाशील होते हैं।

78. तृतीयक ब्युटाईल ऐल्कोहॉल (Tertiarybutyl alcohol) का IUPAC नाम क्या है?
SSC CGL Tier-1 09.09.2024 (Shift-II)

(a) 2-मेथाइलप्रोपेन-2-ol
(b) 1-एथाइलप्रोपेन-3-ol
(c) 1-मेथाइलप्रोपेन-3-ol
(d) 1-प्रोपाइलप्रोपेन-3-ol

उत्तर (a)

- तृतीयक ब्यूटाईल ऐल्कोहॉल का IUPAC नाम **2-मेथाइलप्रोपेन-2-ol** है।
- इसका रासायनिक सूत्र $(CH_3)_3COH$ होता है।
- यह एक रंगहीन ठोस पदार्थ है एवं इसमें कपूर जैसी गन्ध होती है।

79. यौगिक और उसके गलनांक का/के निम्नलिखित में से कौन-सा/से युग्म सही है/हैं? **SSC CGL Tier-1 27.07.2023 (Shift-III)**

I. ऐसीटिक अम्ल - 290 K
II. एथेनॉल - 156 K

(a) केवल I
(b) केवल II
(c) I और II दोनों
(d) न तो I और न ही II

उत्तर (c)

- I और II दोनों सही हैं।
- यौगिक और उसके गलनांक का सही युग्म है
- ऐसिटिक अम्ल- 290 K, एथेनॉल-156 K
- किसी पदार्थ का गलनांक एक **भौतिक गुण** है।
- यह वह तापमान है, जिस पर ठोस को तरल में परिवर्तित किया जाता है। यह स्वयं यौगिक की एक विशेषता है।

SSC CPO

80. कॉलम-A को कॉलम-B से मिलान करें।
SSC CPO 29.06.2024 (1st Shift)

कॉलम A		कॉलम B	
A.	एल्केन	(i)	ईथेन
B.	एल्कीन	(ii)	ब्यूटाइन
C.	एल्काइन	(iii)	प्रोपीन
D.	एल्डिहाइड	(iv)	मेथेनल

कूट
(a) A-(iv), B-(iii), C-(ii), D-(i)
(b) A-(i), B-(iii), C-(ii), D-(iv)
(c) A-(i), B-(iii), C-(iv), D-(ii)
(d) A-(iii), B-(iv), C-(ii), D-(i)

उत्तर (b)

- a(i), b(iii), c(iii), d(iv)

81. ब्यूटेन का रासायनिक सूत्र क्या होता है?
SSC CPO Tier-1 29.06.2024 (Shift-III)

(a) C_2H_8 (b) C_4H_{10}
(c) C_2H_{10} (d) C_2H_6

उत्तर (b)

- ब्यूटेन का रासायनिक सूत्र C_4H_{10} होता है।

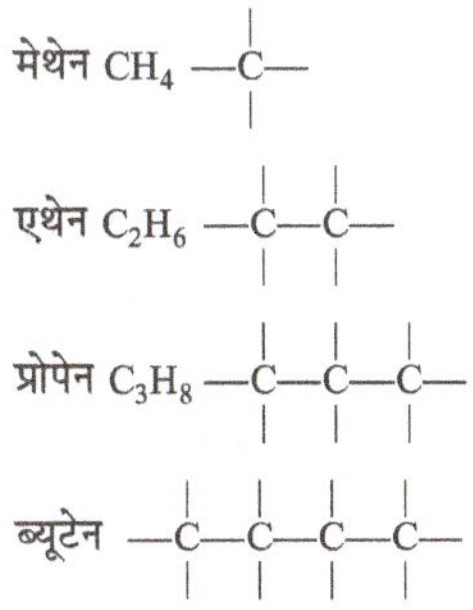

82. निम्नलिखित में से कौन-सा यौगिक एक ऐलिसाइक्लिक यौगिक है?
SSC CPO Tier-1 28.06.2024 (Shift-II)

(a) एसीटिक अम्ल (b) एथेन
(c) साइक्लोप्रोपेन (d) आइसोब्यूटेन

उत्तर (c)

- साइक्लोप्रोपेन यौगिक एक ऐलिसाइक्लिक यौगिक है।
- साइक्लोप्रोपेन तीन सदस्यीय वलय वाला एक ऐलिसाइक्लिक यौगिक है।
- ऐलिसाइक्लिक यौगिक ऐसे यौगिक हैं, जिनमें एक या अधिक कार्बन वलय होते हैं।

83. उस पदार्थ की पहचान करें जो कार्बन का अपरूप नहीं है। **SSC CPO 28.06.2024 (1st Shift)**

(a) हीरा (b) ग्रेफाइट
(c) बकमिनस्टरफुलरीन (d) फास्फोरस

उत्तर (d)

- फास्फोरस कार्बन का अपरूप नहीं है।
- अपरूप (Allotropes) एक ही भौतिक अवस्था में एक रासायनिक तत्त्व के विभिन्न रूप हैं, जो विभिन्न परमाणु बन्ध व्यवस्थाओं से उत्पन्न होते हैं। फुलरीन की खोज वर्ष 1985 में रिचर्ड स्माले ने की थी, जो 60 या उससे अधिक परमाणुओं से बना एक बड़ा गोलाकार अणु है, जिसमें बकमिन्स्टरफुलरीन इसका पहला ज्ञात उदाहरण है।

84. निम्नलिखित में से कौन-सा एक खुली शृंखला वाला कार्बनिक यौगिक है?
SSC CPO Tier-1 28.06.2024 (Shift-II)

(a) बेंजीन
(b) टेट्राहाइड्रोफ्यूरान
(c) टालुईन
(d) एसीटैल्डिहाइड

उत्तर (d)

- एसीटैल्डिहाइड CH3CHO एक खुली शृंखला वाला कार्बनिक यौगिक है।
- यह यौगिक जिनमें कार्बन परमाणु परस्पर जुड़कर वलय का निर्माण नहीं करते हैं खुली शृंखला यौगिक कहलाते हैं।

85. 2-मिथाइल प्रोपेन-2-ऑल को सामान्यत: किस रूप में जाना जाता है?
SSC CPO Tier-1 28.06.2024 (Shift-III)

(a) मेथनॉल
(b) टर्ट-ब्यूटाइल एल्कोहल
(c) एथिल एल्कोहोल
(d) प्राइम-प्रोपिल एल्कोहल

उत्तर (b)

- मिथाइल प्रोपेन-2 ऑल को सामान्यत: **टर्ट-ब्यूटाइल एल्कोहल** के रूप में जाना जाता है।
- जिसका सूत्र (CH_3) COH है।
- टर्ट-ब्यूटाइल एल्कोहल एक रंगहीन ठोस पदार्थ है, जो कमरे के तापमान पर पिघल जाता है और इसमें कपूर जैसी गन्ध होती है।

86. एक यौगिक से सम्बन्धित सबसे लम्बी कार्बन शृंखला में उपस्थित कार्बन परमाणुओं की कुल संख्या को दर्शाता है।
SSC CPO Tier-1 28.06.2024 (Shift-II)

(a) सफिक्स (b) इन्फ्रिक्स
(c) रूट (d) प्रीफिक्स

उत्तर (c)

- **रूट** यौगिक से सम्बन्धित सबसे लम्बी कार्बन शृंखला में मौजूद कार्बन परमाणुओं की कुल संख्या को दर्शाता है।
- उदाहरण के लिए Meth- 1 कार्बन परमाणु वाली शृंखला को सन्दर्भित करता है और Pent 5

कार्बन परमाणुओं वाली शृंखला को सन्दर्भित करता है।

• IUPAC नामकरण में जोड़े जाने वाले मूल शब्द और प्रत्यय नीचे दिए गए हैं।

कार्बन परमाणु	नाम
1	मेथ
2	ऐथ
3	प्रोप
4	ब्यूट
5	पेण्ट

87. *m*-डाइक्लोरोबेंजीन का IUPAC नाम निम्नलिखित में से कौन-सा है?

SSC CPO Tier-1 28.06.2024 (Shift-I)

(a) 1, 2, 3-डाइक्लोरोबेंजीन
(b) 2, 3, 4-डाइक्लोरोबेंजीन
(c) 3, 1, 2-डाइक्लोरोबेंजीन
(d) 4, 1, 3-डाइक्लोरोबेंजीन

उत्तर (d)

• *m*-डाइक्लोरोबेंजीन का IUPAC नाम 4, 1, 3-डाइक्लोरोबेंजीन है।

• *m*-डाइक्लोरोबेंजीन में क्लोरीन परमाणु बेंजीन रिंग के 1 और 3 नम्बर वाले कार्बन परमाणुओं से जुड़े होते हैं, इसलिए इसका IUPAC नाम 1,3-डाइक्लोरोबेंजीन है।

• IUPAC नामकरण सम्मेलनों के अनुसार, डाइक्लोरोबेंजीन के आइसोमरों का नामकरण करते समय, क्लोरीन परमाणुओं की स्थिति को उनके सम्बन्धित कार्बन परमाणुओं की संख्याओं का उपयोग करके दर्शाया जाता है।

88. निम्नलिखित में से कौन-सा पॉलीहैलोजन यौगिक फ्रीऑन रेफ्रिजरेण्ट R-22 के उत्पादन में उपयोग किया जाता है?

SSC CPO Tier-1 27.06.2024 (Shift-II)

(a) डाइक्लोरोडाइफेनिलट्राइक्लोरोइथेन
(b) क्लोरोफार्म
(c) मेथिलीन क्लोराइड
(d) कार्बन टेट्रा क्लोराइड

उत्तर (b)

• क्लोरोफार्म ($CHCl_3$) फ्रीऑन रेफ्रिजरेण्ट R-22 ($CHClE_2$) के उत्पादन में उपयोग किया जाता है।

• R-22 एक हाइड्रोक्लोरोफ्लोरोकार्बन (HCFC) है, जिसे क्लोरोफ्लोरोकार्बन (CFC) के विकल्प के रूप में विकसित किया गया था।

• R-22 का उत्पादन क्लोरोफार्म और हाइड्रोजन फ्लोराइड (HF) के संयोजन से होता है।

89. संरचनात्मक सूत्र $CH_3 — CH_2 — CH_2 — CH_2 — CH_2 — CH_3$ के साथ हाइड्रोकार्बन के नाम का चयन करें। **SSC CPO Tier-1 27.06.2024 (Shift-I)**

(a) 2-मिथाइलपेण्टेन
(b) 2.2-डाइमिथाइल ब्यूटेन
(c) 3-मिथाइल हेक्सेन
(d) n-हेक्सेन

उत्तर (d)

• संरचनात्मक सूत्र $CH_3 — CH_2 — CH_2 — CH_2 — CH_2 — CH_2$ के साथ हाइड्रोकार्बन के नाम **n-हेक्सेन** है।

• एल्केन श्रेणी का सामान्य सूत्र C_nH_{2n+2} होता है।

• एल्कीन श्रेणी का सामान्य सूत्र C_nH_{2n} होता है।

• एल्काइन का सामान्य रासायनिक सूत्र C_nH_{2n-2} होता है।

90. दी गई आकृति में ऐरोमैटिक यौगिक का नाम क्या है? **SSC CPO Tier-1 27.06.2024 (Shift-II)**

(a) ट्रोपोन
(b) नैफ्थैलीन
(c) साइक्लोहेक्सीन
(d) टेट्राहाइड्रोफ्यूरेन

उत्तर (b)

• **नैफ्थैलीन** ऐरोमैटिक को प्रदर्शित करता हैं

• नैफ्थैलीन एक हाइड्रोकार्बन है, जिसका अणुसूत्र $C_{10}H_8$ है।

• ऐरोमैटिक यौगिक चक्रीय अणु होते हैं। जिनमें क्रमबद्ध रूप से एकल (singal) और दौहरे (double) बन्धन bond होते हैं।

91. निम्नलिखित में से कौन-सा कार्बनिक यौगिक एक बेन्जीनॉइड है?

SSC CPO Tier-1 27.07.2024 (Shift-III)

(a) ऐसिटैल्डिहाइड
(b) हेक्सेन
(c) ऐनिलीन
(d) प्रोपेन

उत्तर (c)

• **ऐनिलीन** (Aniline) एक बेन्जीनॉइड है।

• बेन्जीनॉइड वे कार्बनिक यौगिक होते हैं, जिनमें छः सदस्यीय बेंजीन वलय होता है, जो तीन दोहरे बन्धनों द्वारा परस्पर जुड़े होते हैं।

• ऐनिलीन ($C_6H_5NH_2$) में एक बेंजीन वलय होता है, जिसमें एक नाइट्रो समूह ($-NH_2$) भी होता है।

• यह नाइट्रोबेंजीन का उपजात है।

92. रासायनिक सूत्र $C_6H_4(OH)_2$ वाले बेंजीनडायोल (Benzenediol) के 1, 3 आइसोमर (या *मेटा* आइसोमर) का नाम क्या है?

SSC CPO Tier-1 05.10.2023 (Shift-III)

(a) कैटेकोल
(b) रेसोर्सिनोल
(c) ग्लिसरॉल
(d) *m*-क्रिसोल

उत्तर (b)

• बेंजीनडायोल (Benzendiol) के 1, 3 आइसोमर (या *मेटा* आइसोमर) का नाम रेसोर्सिनोल (Resorcinol) है।

93. किस यौगिक संरचना में 4-कार्बन अणुओं के साथ संतृप्त लघु-शृंखला वसीय अम्ल शामिल है, जो सामान्यतः जन्तु वसा और पौधों के तेल में एस्टरीकृत रूप से पाया जाता है?

SSC CPO 04.10.2023 (Shift-I)

(a) प्रोपेनोइक अम्ल
(b) ब्यूटिरिक अम्ल
(c) सक्सिनिक अम्ल
(d) लैक्टिक अम्ल

उत्तर (b)

• प्रोपेनोइक अम्ल ($C_3H_6O_2$) रंगहीन द्रव जिसमें तीक्ष्ण विकृत गन्ध होती है। यह एक लघु-शृंखला संतृप्त वसा अम्ल है, जिसमें कार्बोक्सी समूह के कार्बन से जुड़ा ईथेन होता है।

• सक्सिनिक अम्ल ($C_4H_6O_4$) एक अल्फा, ओमेगा-डाइकारबॉक्सिलिक अम्ल, जो ब्यूटेन के प्रत्येक टर्मिनल मिथाइल समूह के सम्बन्धित कार्बोक्सी समूह में औपचारिक ऑक्सीकरण से उत्पन्न होता है।

94. निम्नलिखित में से कौन-सा एक प्राथमिक एरिलऐमीन (arylamine) है, जिसमें बेंजीन हाइड्रोजन में से किसी एक के स्थान पर एक एमिनो क्रियात्मक समूह (amino functional group) प्रतिस्थापित हो जाता है?

SSC CPO 04.10.2023 (Shift-III)

(a) पिरीडीन
(b) एनिलीन
(c) टोल्यूडीन
(d) क्विनोलिन

उत्तर (b)

• एनिलीन ($C_6H_5NH_2$)

• पिरिडीन (C_5H_5N) एक अप्रिय गन्ध वाला रंगहीन द्रव है। इसका उपयोग दवाएँ, विटामिन, खाद्य स्वाद और पेण्ट बनाने के लिए किया जाता है। टोल्यूडीन (C_7H_9N) का उपयोग रंगों और कार्बनिक रसायन निर्माण में किया जाता है।

95. निम्नलिखित में से कौन-सा कार्बनिक यौगिकों के परिवार से सम्बन्धित नहीं है?

SSC CPO 03.10.2023 (Shift-I)

(a) फ्यूरान
(b) डेकेन
(c) अमोनिया
(d) नोनेन

उत्तर (c)

• अमोनिया (NH_3) नाइट्रोजन और हाइड्रोजन का एक अकार्बनिक यौगिक है।

SSC CHSL

96. निम्नलिखित में से किस द्रव में एन्थ्रेसीन आसानी से घुल जाएगा?

SSC CHSL Tier-1 11.07.2024 (Shift-IV)

(a) मीथेन
(b) सोडियम क्लोराइड
(c) बेंजीन
(d) जल

उत्तर (c)

• बेंजीन द्रव में एन्थ्रेसीन आसानी से घुल जाएगा।

• बेंजीन और एन्थ्रेसीन दोनों ही अध्रुवीय विलायक हैं, जिसके कारण ये दोनों एक-दूसरे में आसानी से घुल जाते हैं।

• बेंजीन और एन्थ्रेसीन की आण्विक संरचना समान है।

97. ग्लूकोज की छः अवयवों वाली चक्रीय संरचना को पाइरानोज संरचना (pyranose structure) क्यों कहा जाता है? **SSC CHSL 08.07.024 (Shift-II)**

(a) पाइरान एक गैर-चक्रीय कार्बनिक यौगिक है, जिसमें एक ऑक्सीजन परमाणु और पाँच कार्बन परमाणु रिंग में होते हैं।
(b) फ्यूरॉन एक पाँच अवयव वाला चक्रीय यौगिक है, जिसमें एक ऑक्सीजन और चार कार्बन परमाणु होते हैं।
(c) पाइरॉन एक चक्रीय कार्बनिक यौगिक है, जिसमें एक ऑक्सीजन परमाणु और पाँच कार्बन परमाणु रिंग में होते हैं।
(d) फ्यूरॉन एक पाँच अवयव वाला गैर-चक्रीय यौगिक है, जिसमें एक ऑक्सीजन और चार कार्बन परमाणु होते हैं।

उत्तर (c)

• ग्लूकोज की छ: अवयव की चक्रीय संरचना को पाइरानोज संरचना कहा जाता है, जो पाइरान के अनुरूप है। पाइरॉन एक चक्रीय कार्बनिक यौगिक है, जिसमें एक ऑक्सीजन परमाणु और पाँच कार्बन परमाणु होते हैं। ग्लूकोज की चक्रीय संरचना को हॉवर्थ संरचना द्वारा अधिक सही ढंग से दर्शाया जाता है।

98. यौगिक CH_3NH_2 का IUPAC नाम क्या है? SSC CHSL 08.07.2024 (Shift-I)

(a) 2-मेथिल प्रोपेन-1-ऐमीन
(b) प्रोपेन-1-ऐमीन
(c) ऐथेनेमीन
(d) मेथेनेमीन

उत्तर (d)

• मेथेनेमीन यौगिक में एक एकल कार्बन परमाणु (CH_3 से) होता है जो एक अमाइन समूह ($—NH_2$) से जुड़ा होता है, इसलिए इसका IUPAC नाम मीथेन (एक कार्बन) प्लस अमाइन से लिया गया है।

99. निम्नलिखित में से कौन-सी अभिक्रिया द्वारा एसिटिक एनहाइड्राइड (acetic anhydride) से ग्लूकोज, पेण्टाऐसीटेट (glucose pentaacetate) का निर्माण होता है? SSC CGSL 05.07.2024 (Shift-III)

(a) ग्लूकोज का एसिटिलीकरण
(b) अपचयन
(c) कीटोन का परिवर्धन
(d) ऑक्सीकरण

उत्तर (a)

• ग्लूकोज का एसिटिलीकरण

• एसिटिलीकरण एक रासायनिक अभिक्रिया है जिसमें एक एसिटिल समूह ($CH_3CO—$) को अणु में प्रवेश किया जाता है। ग्लूकोज के लिए एसिटिलीकरण तब होता है, जब ग्लूकोज एसिटिक एनहाइड्राइड के साथ अभिक्रिया करता है, जिससे ग्लूकोज पेण्टाएसीटेट का निर्माण होता है।

• इस अभिक्रिया को इस प्रकार दर्शाया जा सकता है। ग्लूकोज + 5 एसिटिक एनहाइड्राइड → ग्लूकोज पेण्टाएसीटेट + 5 एसिटिक एसिड।

100. आणविक सूत्र C_2H वाला निम्नलिखित में से कौन-सा यौगिक एसिटिलीन के हाइड्राइड से प्राप्त होता है? SSC CGSL 17.08.2023 (2nd Shift)

(a) एथीनाइल
(b) प्रोपार्जिल
(c) विनाइल
(d) ऐलिल

उत्तर (a)

• एथीनाइल एसीटिलीन के हाइड्राइड से प्राप्त होता है।

• एक कार्बनिक मूलक और एक टर्मिनल एसिटाइलेनिक यौगिक।

• **उपयोग**—ईंधन, औद्योगिक अनुप्रयोग, चिकित्सा अनुप्रयोग।

101. अत्यधिक सान्द्र सल्फ्यूरिक अम्ल के साथ एथेनॉल को गर्म करने से निम्न में से क्या उत्पन्न होता है? SSC CHSL 10.08.2023 (Shift-I)

(a) एथेन (b) एथाइन
(c) ब्यूटेन (d) एथीन

उत्तर (d)

• CH_3CH_2OH (जलीय) + H_2SO_4 (सांद्र) → C_2H_4 + H_2O। इस अभिक्रिया में सांद्रित सल्फ्यूरिक अम्ल निर्जलीकरण घटक के रूप में कार्य करता है।

102. निम्नलिखित में से कौन-सा ऐल्केनो में एक वैध आबन्ध है, जो कार्बन परमाणुओं को जोड़ता है? SSC CHSL 10.08.2023 (Shift-II)

(a) एकल आबन्ध
(b) द्वि-आबन्ध
(c) त्रि-आबन्ध
(d) कोई आबन्ध नहीं होता

उत्तर (b)

• द्वि-आबन्ध ऐल्केनों में ऐक वैध आबन्ध है, जो कार्बन परमाणुओं को जोड़ता है।

• **एल्कीन (C_nH_{2n})**

• **उदाहरण** एथीन (C_2H_4), प्रोपीन (C_3H_6), ब्यूटीन (C_4H_8)।

• **एल्काइन (C_nH_{2n-2})** हाइड्रोकार्बन में ट्रिपल बंध के साथ कार्बन से जुड़ा हुआ कार्बन होता है, और फिर प्रत्येक कार्बन शून्य या एक हाइड्रोजन परमाणु से जुड़ा होता है।

• **उदाहरण** एथाइन (C_2H_2), प्रोपाइन (C_3H_4)।

• **एल्केन (C_nH_{2n+2})** इसमें प्रबल कार्बन-कार्बन एकल बंध और प्रबल कार्बन-हाइड्रोजन बंध होते हैं।

• **उदाहरण** मेथेन (CH_4), एथेन (C_2H_6)।

SSC MTS

103. त्रिक आबन्ध वाली चार-कार्बन शृंखला को ………… कहा जाता है। SSC MTS Tier-1 12.11.2024 (Shift-III)

(a) ब्यूटीन (b) ब्यूटनॉल
(c) ब्यूटाइन (d) ब्यूटेनल

उत्तर (c)

• त्रिक आबन्ध वाली चार-कार्बन शृंखला को **ब्यूटाइन** कहा जाता है।

• यह एक अत्यधिक ज्वलनशील गैस है।

• ब्यूटाइन का रासायनिक सूत्र C_4H_6 है।

104. ब्यूटेन और हेक्सेन के अणुओं में, घटक परमाणुओं के बीच क्रमश: कितने सहसंयोजक आबन्ध उपस्थित होते हैं? SSC MTS Tier-1 14.11.2024 (Shift-III)

(a) 11 और 19
(b) 13 और 19
(c) 10 और 16
(d) 14 और 20

उत्तर (b)

• ब्यूटेन और हेक्सेन के अणुओं में, घटक परमाणुओं के बीच क्रमश: 13 और 19 सहसंयोजक आबन्ध उपस्थित होते हैं।

• **सहसंयोजक बन्धन** एक रासायनिक बन्धन है, जिसमें दो परमाणुओं के बीच इलेक्ट्रॉनों के जोड़े साझा किए जाते हैं।

• ब्यूटेन का सूत्र C_4H_{10} और हेक्सेन का सूत्र C_6H_{14} होता है।

105. साइक्लोहेक्सेन (cyclohexane), यौगिकों के निम्नलिखित में से किस वर्ग से सम्बन्धित है? SSC MTS 29.10.2024 (2nd Shift)

(a) नॉन-बेंजेनॉइड एरोमैटिक यौगिक
(b) विषमचक्रीय यौगिक
(c) बेंजेनॉइड एरोमैटिक यौगिक
(d) ऐलिसाइक्लिक यौगिक

उत्तर (d)

• ऐलिसाइक्लिक यौगिक एक कार्बनिक यौगिक हैं, जो ऐलिफैटिक और चक्रीय दोनों होते हैं। ये संतृप्त या असंतृप्त हाइड्रोकार्बन होते हैं, जिनमें कार्बन परमोणुओं के गैर-सुगन्धित वलय होते हैं। इनमें एक या अधिक ऐलिफैटिक साइड चेन जुड़ी होती हैं।

• उदाहरण—साइक्लोप्रोपेन, साइक्लोब्यूटेन, साइक्लोपेण्टेन, साइक्लोपेण्टीन, साइक्लोहेक्सेन, साइक्लोहेक्सीन आदि।

106. एक 0.25 g कार्बनिक यौगिक, पूर्ण दहन के पश्चात् 0.13 g जल देता है। हाइड्रोजन का प्रतिशत संघटन (percentage composition) ……… है। SSC MTS 29.10.2024 (3rd Shift)

(a) 11.11% (b) 52.00%
(c) 5.78% (d) 4.58%

उत्तर (c)

• हाइड्रोजन का प्रतिशत संघटन 5.78% है।

• हाइड्रोजन के प्रतिशत की गणना करने के लिए

जल का आण्विक भार

$(H_2O) : 2(H) + 16(O) = 18$ mol/g

जल में हाइड्रोजन का योगदान $= \frac{2}{18} = \frac{1}{9}$

0.13 ग्राम जल में हाइड्रोजन का द्रव्यमान

$0.13 \times \frac{1}{9} = 0.0144$ g

कार्बनिक यौगिक में हाइड्रोजन का प्रतिशत

$\frac{\text{हाइड्रोजन का द्रव्यमान}}{\text{यौगिक का द्रव्यमान}} \times 100$

$= \frac{0.0144}{0.25} \times 100 = 5.78\%$

107. वह गुण जिसके आधार पर कार्बन C—C सहसंयोजक आबंध बना सकता है, ……….. कहलाता है। SSC MTS 22.10.2024 (3rd Shift)

(a) अपररूपता (b) सहसंयोजकता
(c) चतु:संयोजकता (d) शृंखलन

उत्तर (d)

• **शृंखलन** (catenation) कार्बन का वह गुण है, जो इसी C—C सहसंयोजक बन्धों के माध्यम से लम्बी शृंखलाएँ, शाखित संरचनाएँ या वलय बनाने की अनुमति देता है। यह अद्वितीय क्षमता कार्बन के छोटे आकार और प्रबल सहसंयोजक

बन्ध के कारण है, जो इसे अन्य कार्बन परमाणुओं के साथ स्थिर बन्ध बनाने में सक्षम बनाता है।

- **अपररूपता** (allotropy) किसी तत्त्व का विभिन्न भौतिक रूपों में विद्यमान होना तथा उनके रासायनिक गुण समान होना।
- **चतु:संयोजकता** (tetravalency) एक परमाणु की अन्य परमाणुओं के साथ चार सहसंयोजक बन्ध बनाने की क्षमता। कार्बन एक टेट्रावैलेण्ट तत्त्व है।
- **सहसंयोजकता** (Covalency) एक अणु में अन्य परमाणुओं के साथ एक परमाणु द्वारा बनाए जा सकने वाले रासायनिक बन्धों की संख्या।

108. $CH_3 - (CH_2)_{18} - CH_3$ का आईयूपीएसी (IUPAC) नाम .... है।

SSC MTS Tier-1 01.10.2024 (Shift-I)

(a) डेकेन (b) डोडेकेन
(c) ट्राईकॉण्टेन (d) इकोसेन

उत्तर (d)

- CH_3 - $(CH_2)_{18}$ - CH_3 का आईयूपीएसी (IUPAC) नाम **इकोसेन** है।
- IUPAC का पूर्ण नाम-**इण्टरनेशनल यूनियन ऑफ प्योर एप्लाइड केमिस्ट्री** है।

SSC Steno

109. एसिटिलीन (C_2H_2) में, कार्बन परमाणुओं का संकरण .... होता है।

SSC Steno 10.12.2024 (Shift-III)

(a) sp (b) sp^2
(c) sp^2d (d) sp^3

उत्तर (a)

- एसिटिलीन (C_2H_2) ये कार्बन परमाणुओं का संकरण sp होता है।
- एसिटिलीन में प्रत्येक कार्बन परमाणु एक SP संकरित कक्षक बनाता है, जो pn हाइड्रोजन परमाणु और दूसरे कार्बन परमाणु के साथ सिग्मा बन्धन बनाता है।
- दोनों कार्बन परमाणुओं के मध्य पाई (π) बन्धन भी होते हैं।

SSC GD

110. प्रोपाइन का रासायनिक सूत्र क्या है?

SSC GD 09.02.2023 (Shift-I)

(a) C_3H_4 (b) C_4H_5
(c) C_3H_5 (d) C_4H_4

उत्तर (a)

- प्रोपाइन का रासायनिक सूत्र C_3H_4 है।
- यह एक असंतृप्त हाइड्रोकार्बन है, जिसमें एक ट्रिपल बॉन होता है।
- यह तीन कार्बन परमाणुओं और चार हाइड्रोजन परमाणुओं से बना होता है।
- प्रोपाइन एक गैस है, जो रंगहीन और हल्की गन्ध वाली होती है।
- यह ज्वलनशील होती है और इसका उपयोग ईंधन और रासायनिक संश्लेषण में किया जाता है।

विलयन

SSC CGL

111. निम्नलिखित में से किसके शोध ने पृष्ठ तनाव के रूप में जानी जाने वाली वर्तमान अवधारणा की नींव रखी, जो तरल और ठोस सतहों तथा अंतराफलकों के गुणों का वर्णन करती है?

SSC CGL 21.07.2023 (Shift-III)

(a) गर्टी कोरि (b) नेटी स्टीवंस
(c) लिस मीटनर (d) एग्नेस पॉकेल्स

उत्तर (d)

- **एग्नेस पॉकेल्स** ने पृष्ठ तनाव के रूप में जानी जाने वाली वर्तमान अवधारणा की नींव रखी, जो तरल और ठोस सतहों तथा अंतराफलकों के गुणों का वर्णन करती है।
- **पृष्ठ तनाव** एक ऐसी घटना जिसमें द्रव की सतह, जहाँ द्रव गैस के सम्पर्क में है, एक पतली प्रत्यास्थ शीट के रूप में कार्य करती है।
- **उदाहरण** जल पर चलने वाले कीड़े, जल की सतह पर तैरती हुई एक सुई।

SSC CPO

112. निम्नलिखित में से कौन-से विकल्प में समांगी मिश्रण हैं?

SSC CPO 04/10/2023 (Shift-III)

(a) विलयन, कोलॉइड, दूध, टूथपेस्ट, लवणीय जल, पीतल
(b) कोलॉइड, निलंबन, दूध, टूथपेस्ट
(c) विलयन कोलॉइड, निलम्बन दूध, टूथपेस्ट, लवणीय जल पीतल
(d) विलयन लवणीय जल, पीतल

उत्तर (d)

- विलयन, लवणीय जल, पीतल समांगी मिश्रण है।
- मिश्रण दो प्रकार के होते हैं **समांगी** और **विषमांगी**।
- मिश्रण दो या दो से अधिक सरल पदार्थों से बना एक पदार्थ है।
- समांगी मिश्रण के उदाहरण- वायु, शराब, सिरका, कॉफी, प्राकृतिक गैस, स्टील।
- विषमांगी मिश्रण के उदाहरण- तेल और जल, कंक्रीट, संतरे का रस, रेतीला जल, दूध में अनाज, सैंडविच, रक्त।

SSC CHSL

113. दिए गए विकल्पों में से घ्राण सूचक (olfactory indicator) का चयन करें।

SSC CHSL Tier-1 08.07.2024 (Shift-IV)

(a) पिटुनिया (b) हल्दी
(c) लौंग का तेल (d) गोभी का रस

उत्तर (c)

- लौंग का तेल घ्राण सूचक (Olfactory indicator) है।
- घ्राण सूचक वे सूचक होते हैं, जिनकी ग्रन्थ अम्लीय या क्षारीय विलयन के साथ मिश्रित होने पर परिवर्तित हो जाती है, घ्राण सूचक कहलाते हैं।

SSC Selection Post

114. कार्बन डाइऑक्साइड में कार्बन और ऑक्सीजन के द्रव्यमान का अनुपात क्या है?

SSC SP 30.06.2023 (Shift-II)

(a) 3 : 8 (b) 3 : 13
(c) 3 : 1 (d) 3 : 2

उत्तर (a)

- कार्बन डाइऑक्साइड (CO_2) में कार्बन और ऑक्सीजन का अनुपात
- $= \{12 : (16 \times 2)\} = \{12 : 32\} = (3 : 8)$।
- एक परमाणु द्रव्यमान इकाई को एक कार्बन-12 परमाणु के द्रव्यमान के बारहवें भाग के रूप में परिभाषित किया गया है।
- सभी तत्त्वों के सापेक्ष परमाणु द्रव्यमान कार्बन-12 के एक परमाणु के सम्बन्ध में पाए गए हैं। कार्बन डाइऑक्साइड (CO_2) कार्बन और ऑक्सीजन का परमाणु द्रव्यमान क्रमश: 12u और 16u है।

रासायनिक गुण

SSC CGL

115. जब जल में विद्युत धारा प्रवाहित की जाती है, तो किस प्रकार की रासायनिक अभिक्रिया होती है?

SSC CGL Tier-1 09.09.2024 (Shift-II)

(a) विस्थापन (b) दोहरा विस्थापन
(c) अपघटन (d) संयोजन

उत्तर (c)

- जब जल में विद्युत धारा प्रवाहित की जाती है, तो **अपघटन** अभिक्रिया होती हैं।
- यह उस प्रकार की प्रक्रिया है, जिसके द्वारा रासायनिक यौगिक के मध्यम से विद्युत धारा प्रवाहित करके रासायनिक बन्धों को तोड़ा जाता है।

116. यदि निम्नलिखित समीकरण को सन्तुलित किया जाए, तो उत्पाद पक्ष में कार्बन डाइऑक्साइड और पानी के अणुओं की संख्या कितनी होगी?

SSC CGL Tier-1 26.09.2024 (Shift-I)

$$C_2H_5OH + O_2 \longrightarrow CO_2 + H_2O$$

(a) क्रमश: 3 और 2 (b) क्रमश: 2 और 3
(c) क्रमश: 3 और 6 (d) क्रमश: 1 और 1

उत्तर (b)

- दिए गए समीकरण को सन्तुलित किया जाए, तो उत्पाद पक्ष में कार्बन डाइऑक्साइड और पानी के अणुओं की संख्या क्रमश: 2 और 3 होगी
- असन्तुलित अभिक्रिया

$$C_2H_5OH + O_2 \rightarrow CO_2 + H_2O$$

- सन्तुलित अभिक्रिया

$$C_2H_5OH + O_2 \rightarrow 2CO_2 + 3H_2O$$

117. रेडॉक्स अभिक्रिया का कारण क्या है?
SSC CGL Tier-1 10.09.2024 (Shift-III)
(a) दो अभिकारकों के बीच हैलोजन का विनिमय
(b) दो अभिकारकों के बीच न्यूट्रॉनों का स्थानान्तरण
(c) दो उत्पादों के बीच इलेक्ट्रॉनों का स्थानान्तरण
(d) दो अभिकारकों के बीच इलेक्ट्रॉनों का स्थानान्तरण

उत्तर (d)

• रेडॉक्स अभिक्रिया का कारण **दो अभिकारकों के बीच इलेक्ट्रॉनों का स्थानान्तरण है।**
• इलेक्ट्रॉनों के इस स्थानान्तरण को अभिक्रिया करने वाली प्रजातियों की ऑक्सीकरण अवस्थाओं में परिवर्तन को देखकर पहचाना जा सकता है।
• रेडॉक्स या ऑक्सीकरण-अपचयन अभिक्रियाओं में ऑक्सीकरण और अपचयन अभिक्रियाएँ हमेशा एकसाथ होती हैं।

118. निम्नलिखित में से कौन-सी अपघटन अभिक्रिया रेडॉक्स अभिक्रिया नहीं है?
SSC CGL Tier-1 09.09.2024 (Shift-I)
(a) कैल्शियम कार्बोनेट का अपघटन
(b) डी-हाइड्रोजन मोनोऑक्साइड का अपघटन
(c) सोडियम हाइड्रॉइड का अपघटन
(d) पोटैशियम क्लोरेट का अपघटन

उत्तर (a)

• **कैल्शियम कार्बोनेट** ($CaCO_3$) **का अपघटन** ($CaCO_3 \rightarrow CaO + CO_2$) एक अपघटन अभिक्रिया है, लेकिन रेडॉक्स अभिक्रिया नहीं है, क्योंकि इस अभिक्रिया में किसी भी तत्त्व के ऑक्सीकरण संख्या में परिवर्तन नहीं होता है।
• रेडॉक्स अभिक्रिया एक रासायनिक अभिक्रिया है, जिसमें ऑक्सीकरण और अपचयन दोनों प्रक्रियाएँ होती हैं। इस दौरान तत्त्वों के ऑक्सीकरण संख्या में परिवर्तन होता है।

119. एक रासायनिक अभिक्रिया, जिसमें अभिक्रिया की दर अभिकारक की सान्द्रता की प्रथम घात के अनुक्रमानुपाती होती है,……… कहलाती है।
SSC CGL Tier-1 23.09.2024 (Shift-I)
(a) द्वितीय कोटि की अभिक्रिया
(b) प्रथम कोटि की अभिक्रिया
(c) शून्य कोटि की अभिक्रिया
(d) तृतीय कोटि की अभिक्रिया

उत्तर (b)

• एक रासायनिक अभिक्रिया, जिसमें अभिक्रिया की दर अभिकारक की सान्द्रता की प्रथम घात के अनुक्रमानुपाती होती है, तो वह **प्रथम कोटि की अभिक्रिया** कहलाती है।
• प्रथम कोटि की अभिक्रिया की कोटि सदैव 1 होती है।
• प्रथम कोटि की अभिक्रिया को 75% तक पूर्ण होने में 40 मिनट का समय लगता है।

120. अभिक्रिया का वह प्रकार, सामान्यत: पर तब पाया जाता है, जब अभिक्रिया के आगे बढ़ने के लिए आवश्यक सामग्री, जैसे सतह या उत्प्रेरक, अभिकारकों द्वारा संतृप्त होता है, ……… कोटि की अभिक्रिया कहलाता है।
SSC CGL Tier-1 25.09.2024 (Shift-III)
(a) शून्य (b) द्वितीय
(c) प्रथम (d) तृतीय

उत्तर (a)

• **शून्य** कोटि की अभिक्रिया एक रासायनिक अभिक्रिया है, जिसमें अभिकारकों की सान्द्रता बढ़ने या घटने पर स्थिर रहती है।
• शून्य कोटि अभिक्रियाओं में दर अभिकारकों की सान्द्रता की शून्य घात के समानुपाती होती है।
• शून्य कोटि की अभिक्रिया के लिए वेग स्थिरांक की इकाई मोल ली$^{-1}$ $\left(\frac{\text{मोल}}{\text{लीVर}}\right)$ है।

121. मैग्नीशियम हाइड्रॉक्साइड के संरचनात्मक सूत्र की पहचान करें
SSC CGL Tier-1 13.09.2024 (Shift-II)
(a) Mg_2H_2 (b) MgO_2
(c) $MgOH$ (d) $Mg(OH)_2$

उत्तर (d)

• $\mathbf{Mg(OH)_2}$ मैग्नीशियम हाइड्रॉक्साइड का संरचनात्मक सूत्र है।
• इसका उपयोग रेचक और एण्टासिड के रूप में किया जाता है।
• इसका उपयोग खाद्य उत्पादों में अम्लता नियामक और पीएच समायोजक के रूप में किया जाता है।

122. एक गर्म प्लेटिनम सतह पर गैसीय अमोनिया का अपघटन उच्च दाब पर ……… कोटि की अभिक्रिया है। SSC CGL Tier-1 10.09.2024 (Shift-I)
(a) तीन (b) दो
(c) शून्य (d) एक

उत्तर (c)

• एक गर्म प्लेटिनम सतह पर गैसीय अमोनिया का अपघटन उच्च दाब पर **शून्य** कोटि की अभिक्रिया है।
• इसका कारण यह है कि शून्य कोटि की अभिक्रिया में अभिक्रिया की दर प्रारम्भिक सान्द्रता से स्वतन्त्र होती है।
• प्लेटिनम की सतह पर अमोनिया पर अमोनिया का विघटन

$$2NH_3(g) \xrightarrow{Pt} N_2(g) + 3H_2(g)$$

123. जिंक और सल्फ्यूरिक अम्ल की अभिक्रिया से कौन-सा उत्पाद निर्मित होता है?
SSC CGL Tier-1 12.09.2024 (Shift-II)
(a) जिंक हाइड्रॉक्साइड (b) जिंक ऑक्साइड
(c) जिंक सल्फाइड (d) जिंक सल्फेट

उत्तर (d)

• जिंक सल्फेट एक अकार्बनिक यौगिक है।
• जिंक और सल्फ्यूरिक अम्ल की अभिक्रिया से **जिंक सल्फेट** का निर्माण होता है।
• जिंक सल्फेट को गर्म करने पर यह सल्फर डाइऑक्साइड गैस और जिंक ऑक्साइड धुएँ में बदल जाता है।

124. कैलोरीमीटर अच्छी तापीय चालकता वाली ……… की पतली शीट से बना एक छोटा कण्टेनर है। SSC CGL Tier-1 17.09.2024 (Shift-I)
(a) प्लैटिनम (b) चाँदी
(c) ताँबे (d) सीज़ियम

उत्तर (c)

• कैलोरीमीटर अच्छी तापीय चालकता वाली **ताँबे** की पतली शीट से बना एक छोटा कण्टेनर है।
• कैलोरीमीटर का उपयोग रासायनिक अभिक्रियाओं या भौतिक परिवर्तनों की ऊष्मा मापने हेतु किया जाता है।

125. $4NH_3(g) + 5O_2(g) \rightarrow 4NO(g) + 6H_2O(g)$ के आधार पर, निम्नलिखित में से कौन-से कथन सत्य हैं? SSC CGL Tier-1 18.09.2024 (Shift-II)
1. N उपचयित हो जाता है।
2. O उपचयित हो जाता है।
3. N अपचयित हो जाता है।
4. O अपचयित हो जाता है।

कूट
(a) 2 और 4 (b) 2 और 3
(c) 1 और 2 (d) 1 और 4

उत्तर (d)

$4NH_3(g) + 5O_2(g) \rightarrow 4NO(g) + 6H_2O(g)$
• इस क्रिया के फलस्वरूप N उपचयित हो जाता है तथा O अपचयित हो जाता है।
• उपचयित का अर्थ है- किसी पदार्थ में ऑक्सीजन का योग होना।

126. निम्नलिखित में से कौन-सी रासायनिक अभिक्रिया तब होती है, जब अनबुझा चूना जल के साथ अभिक्रिया करता है?
SSC CGL Tier-1 18.09.2024 (Shift-III)
(a) $C(s) + O_2(g) \rightarrow CO_2(g)$
(b) $CH_4(g) + 2O_2(g) \rightarrow CO_2(g) + 2H_2O(g)$
(c) $CaO(s) + H_2O(l) \rightarrow Ca(OH)_2(aq)$
(d) $CaO(s) + H_2O(l) \rightarrow CO + H_2(aq)$

उत्तर (c)

जब अनबुझा चूना जल के साथ अभिक्रिया करता है, तो $CaO(s) + H_2O(l) \rightarrow Ca(OH)_2(aq)$.
• जब अनबुझा चूना जल के साथ अभिक्रिया करता है, दो यौगिक (CaO और H_2O) मिलकर एक यौगिक ($Ca(OH)_2$) बनाते हैं।
• इस अभिक्रिया में बहुत अधिक ऊष्मा निकलती है।
• इस प्रक्रिया को चूने का बुझना कहते हैं।

127. निम्नलिखित में से कौन-सा, रासायनिक सूत्र $CH_3CH_2CH_2CO_2H$ युक्त एक सीधी-श्रृंखला अल्काइल कार्बोक्जिलिक अम्ल है?
SSC CGL Tier-1 09.09.2024 (Shift-III)
(a) मेथेनोइक अम्ल (b) ब्यूटिरिक अम्ल
(c) ईथेनोइक अम्ल (d) प्रोपियॉनिक अम्ल

उत्तर (b)

• **ब्यूटिरिक अम्ल** $CH_3CH_2CH_2CO_2H$ कार्बोक्जिलिक अम्ल है।
• इसके एक अप्रिय गन्ध वाला एक तैलीय रंगहीन तरल है।
• ब्यूटिरिक एसिड के लवण और एस्टर को ब्यूटेनोएटस के रूप में जाना जाता है।

128. निम्नलिखित में से कौन-सा कथन गलत है?
SSC CGL Tier-1 09.09.2024 (Shift-III)
(a) चिप्स को खराब होने से बचाने के लिए, चिप्स निर्माता सामान्यत: चिप्स के बैगों को नाइट्रोजन से भर देते हैं
(b) उपचयन को रोकने के लिए वसा और तेल युक्त खाद्य पदार्थों में एण्टीऑक्सीडेण्ट मिलाए जाते हैं
(c) वसा और तेल, समय के साथ अपचयित हो जाते हैं और उनमें से दुर्गन्ध आने लगती है
(d) वसा और तेल उपचयित होने के कारण बासी हो जाते हैं

उत्तर (b)
- कथन (b) गलत है।
- **उपचयन को रोकने के लिए वसा और तेल युक्त** पदार्थों में नाइट्रोजन गैस मिलाई जाती है।
- यह एक निष्क्रिय गैस है, जिससे खाद्य पदार्थों के ऑक्सीकरण की प्रक्रिया धीमी हो जाती है।
- यह गैस रंगहीन, गन्धहीन और स्वादहीन होती है।

129. तापमान में 10° की वृद्धि के साथ एक रासायनिक अभिक्रिया के लिए, दर स्थिरांक लगभग ······· हो जाता है।
SSC CGL Tier-1 19.09.2024 (Shift-II)
(a) तीन गुना
(b) दोगुना
(c) आधा
(d) एक-चौथाई

उत्तर (b)
- तापमान में 10° की वृद्धि के साथ एक रासायनिक अभिक्रिया के लिए दर स्थिरांक लगभग **दोगुना** हो जाती है।
- यह अभिकारकों की सान्द्रता और रासायनिक अभिक्रिया की दर के बीच सम्बन्ध को बताती है।
- दर स्थिरांक को 'K' द्वारा निरूपित किया जाता है।

130. निम्नलिखित में से कौन-सा भौतिक परिवर्तन नहीं है? SSC CGL Tier-1 24.09.2024 (Shift-I)
(a) दूध से दही बनाना
(b) डीजल का वाष्पीकरण
(c) NH_4Cl का ऊर्ध्वपातन
(d) लोहे की छड़ को गर्म करके लाल करना

उत्तर (a)
- **दूध से दही बनाना भौतिक** नहीं, बल्कि रासायनिक परिवर्तन है।
- भौतिक परिवर्तन वे परिवर्तन हैं, जो किसी रासायनिक पदार्थ के रूप को प्रभावित करते हैं, लेकिन इसकी रासायनिक संरचना को नहीं।

131. जब आप लेड नाइट्रेट पाउडर का क्वथन नली में लेते हैं और उसे गर्म करते हैं, तो आप देखेंगे कि भूरे रंग के धुएँ का उत्सर्जन होता है, जो ·········· का होता है।
SSC CGL 25.09.2024 (Shift-II)
(a) नाइट्रस ऑक्साइड
(b) नाइट्रिक ऑक्साइड
(c) नाइट्रोजन डाइऑक्साइड
(d) डाइनाइट्रोजन ट्राइऑक्साइड

उत्तर (c)
- जब लेड नाइट्रेट पाउडर को एक क्वथन नली में गर्म किया जाता है, तो जो भूरे रंग का धुआँ निकलता है, वह नाइट्रोजन डाइऑक्साइड होता है।
- रासायनिक अभिक्रिया

$$2Pb(NO_3)_{2(s)} \longrightarrow 2PbO_{(s)} + 4NO_{2(g)} + O_{2(g)}$$

132. निम्नलिखित में से कौन-सी रासायनिक अभिक्रिया तब होती है, जब अनबुझा चूना जल के साथ अभिक्रिया करता है?
SSC CGL 18.09.2024 (Shift-III)
(a) $CaO(s) + H_2O(l) \longrightarrow Ca + H_2(aq)$
(b) $C(s) + O_2(g) \longrightarrow CO_2(g)$
(c) $CaO(s) + H_2O(l) \longrightarrow Ca(OH)_2(aq)$
(d) $CH_4(g) + 2O_2(g) \longrightarrow CO_2(g) + 2H_2O(g)$

उत्तर (c)

$$CaO(s) + H_2O(l) \longrightarrow Ca(OH)_2(aq)$$

इस अभिक्रिया को चूने का बुझना कहते हैं, जिसमें अनबुझा हुआ चूना (कैल्शियम ऑक्साइड) जल के साथ अभिक्रिया करके कैल्शियम हाइड्रॉक्साइड बनाता है।

SSC CPO

133. सोडियम सल्फेट और बोरियम क्लोराइड की अभिक्रिया में बनने वाले श्वेत अवक्षेप का नाम लिखिए। SSC CPO 29.06.2024 (shift-II)
(a) सोडियम क्लोराइड
(b) सोडियम ऑक्साइड
(c) बेरियम हाइड्रोक्साइड
(d) बेरियम सल्फेट

उत्तर (d)
- सोडियम सल्फेट और बेरियम क्लोराइड की अभिक्रिया में बनने वाले श्वेत अवक्षेप बेरियम सल्फेट है। सोडियम सल्फेट (Na_2SO_4) और बेरियम क्लोराइड ($BaCl_2$) अपने जलीय विलयन में आयनिक रूप में रहते हैं। जब इन यौगिकों के जलीय विलयन को मिलाया जाता है, तो क्लोराइड और सल्फेट आयनों के आदान-प्रदान से जुड़ी एक दोहरी विस्थापन अभिक्रिया होती है, तथा बनने वाला उत्पाद बेरियम सल्फेट ($BaSO_4$) का एक ठोस अवक्षेप है। अभिक्रिया के लिए रासायनिक समीकरण है

$$Na_2SO_4 + BaCl_2 \longrightarrow 2NaCl + BaSO_4$$

SSC CHSL

134. विद्युत रासायनिक सेल एक ऐसी युक्ति है, जो एक ·········· में रासायनिक ऊर्जा को विद्युत ऊर्जा में परिवर्तित करती है।
SSC CHSL Tier-1 04.07.2024 (Shift-II)
(a) ऑक्सीजन अभिक्रिया
(b) अपचयन अभिक्रिया
(c) अप्रत्यक्ष रेडॉक्स अभिक्रिया
(d) प्रत्यक्ष रेडॉक्स अभिक्रिया

उत्तर (d)
- विद्युत रासायनिक सेल एक ऐसी युक्ति है, जो एक प्रत्यक्ष रेडॉक्स अभिक्रिया में रासायनिक ऊर्जा को विद्युत ऊर्जा में परिवर्तित करती है।
- रेडॉक्स अभिक्रिया में ऑक्सीकरण और अपचयन दोनों साथ-साथ होते हैं।
- विद्युत रासायनिक सेल को वोल्टीय सेल भी कहते हैं।

135. निम्नलिखित में से किस द्रव में एन्थ्रेसीन (anthracene) आसानी से घुल जाएगा?
SSC CHSL 11.07.2024 (Shift-IV)
(a) मीथेन
(b) पानी
(c) बेंजीन
(d) सोडियम क्लोराइड

उत्तर (c)
- बेंजीन द्रव में एन्थ्रेसीन आसानी से घुल जाएगा।
- यह कमरे के तापमान पर रंगहीन या हल्का पीला द्रव होता है। इसका व्यापक रूप से प्लास्टिक, रेजिन, सिंथेटिक फाइबर, रबर और स्नेहक के उत्पादन में उपयोग किया जाता है।
- बेंजीन अणु में कार्बन परमाणुओं के बीच बारी-बारी से एकल और द्विबंध होते हैं, जो कुल 9 एकल बंध और 3 द्विबंध बनाते हैं। एक नियमित षट्कोणीय आकार और 120° के बंध कोण के साथ इसकी समतल संरचना होती है। इसके अतिरिक्त बेंजीन का उपयोग गैसोलीन में एक योजक के रूप में किया जाता है।

136. घुलनशील ठोसों के मिश्रण को एक उपयुक्त गर्म विलायक में घोलकर और फिर तापमान को धीरे-धीरे कम करके उसे पृथक् करने की विधि कहलाती है।
SSC CHSL 01.07.2024 (Shift-III)
(a) एजोट्रोपिक आसवन
(b) उर्ध्वपातन
(c) प्रभाजी आसवन
(d) आंशिक क्रिस्टलन

उत्तर (d)
- घुलनशील ठोसों के मिश्रण को एक उपयुक्त गर्म विलायक में घोलकर और फिर तापमान को धीरे-धीरे कम करके उसे पृथक करने की विधि आंशिक, क्रिस्टलन कहलाती है।
- एजोट्रोपिक आसवन, आसवन की प्रक्रिया द्वारा एजोट्रोपिक मिश्रण के सभी घटकों को अलग करने की प्रक्रिया है। ऊर्ध्वपातन, ठोस अवस्था से द्रव अवस्था में जाए बिना सीधे गैसीय अवस्था में परिवर्तन है।

137. निम्नलिखित में से कौन-सा 'द्रव में ठोस' प्रकार के विलयन का एक उदाहरण हैं?
SSC CHSL 02.07.2024 (Shift-II)
(a) सिरका (b) आयोडीन टिंचर
(c) पीतल (d) काँसा

उत्तर (b)
- आयोडीन टिंचर 'द्रव में ठोस' प्रकार का विलयन है।

• आयोडीन टिंचर को एण्टीसेप्टिक माना जाता है। ऐल्कोहॉल-जल मिश्रण में आयोडीन के 2-3% विलयन को आयोडीन टिंचर के रूप में जाना जाता है।
• विलयन एक ऐसा मिश्रण है, जो तब बनता है जब एक ठोस, द्रव या गैसीय पदार्थ को एक द्रव के साथ समांगी किया जाता है।

SSC MTS

138. निम्नलिखित विकल्पों में से असन्तुलित रासायनिक समीकरण का चयन कीजिए। **SSC MTS Tier-1 28.10.2024 (Shift-II)**

(a) $3Cacl_2 + 2Na_3PO_4 \rightarrow Ca_3(PO_4)_2 + 6Nacl$
(b) $3Hg(OH)_2 + 2H_3PO_4 \rightarrow Hg_3(PO_4)_2 + 6H_2O$
(c) $10KClO_3 + 3P_4 \rightarrow 3P_4O_{10} + 10KCl$
(d) $6HClO_4 + P_4O_{10} \rightarrow 4H_3PO_4 + 6Cl_2O_7$

उत्तर (d)
• विकल्प (d) असन्तुलित रासायनिक समीकरण है
$6HClO_4 + P_4O_{10} \longrightarrow 4H_3PO_4 + 6Cl_2O_7$
• समीकरण में हाइड्रोजन और ऑक्सीजन की संख्या बराबर नहीं है।

139. शर्करा को गर्म करने पर उसका कैरामेल सिरप में बदल जाना, कौन-सी रासायनिक अभिक्रिया है? **SSC MTS Tier-1 17.10.2024 (Shift-II)**

(a) मेलार्ड अभिक्रिया (b) उदासीनीकरण
(c) शर्करा दहन (d) अवक्षेपण

उत्तर (c)
• शर्करा को गर्म करने पर उसका कैरामेल सिरप (carmel syrup) में बदल जाना, **शर्करा दहन** अभिक्रिया है।
• इस प्रक्रिया में चीनी की आण्विक संरचना टूट जाती है।
• शर्करादहन (caramelisation) के कारण कैरामेल कैण्डी, क्रेम ब्रुली और भुने हुए मार्शमैलोज जैसे कैरामेलयुक्त खाद्य पदार्थों को उनका स्वाद और रंग मिलता है।

140. निम्नलिखित में से कौन-सा कथन भौतिक परिवर्तन का एक उदाहरण है? इस उदाहरण में पदार्थ के रासायनिक संघटन में कोई परिवर्तन नहीं होता है। **SSC MTS Tier-1 11.11.2024 (Shift-III)**

A. कोयले के जलने पर, उसका कोयले की राख में बदलना।
B. जल में शर्करा मिलाकर मीठा पेय तैयार करना।
C. चूने और जल के विलयन का उपयोग करके दीवारों को सफेदी करना।
D. एक बीकर में लवण और नींबू का रस मिश्रित करना।

कूट
(a) केवल C (b) केवल A
(c) केवल B (d) केवल D

उत्तर (c)
• जल में शर्करा मिलाकर मीठा पेय तैयार करना, भौतिक परिवर्तन का एक उदाहरण है। इस उदाहरण, में पदार्थ के रासायनिक संघटन में कोई परिवर्तन नहीं होता है।
• जब किसी पदार्थ का आकार, रंग, आयतन या चरण बदलता है, तो इसे **भौतिक परिवर्तन** कहते हैं। भौतिक परिवर्तन में पदार्थ का प्रकार नहीं बदलता और न ही उसकी रासायनिक संरचना में कोई बदलाव होता है।
• जब कोई पदार्थ किसी दूसरे पदार्थ से मिलकर नया पदार्थ बनाता है, तो इसे **रासायनिक परिवर्तन** कहते हैं। उदाहरणत: लोहे पर जंग लगना, कोयले का जलना आदि।

141. नीचे दो रासायनिक समीकरण दिए गए हैं

$Zn(s) + CuSO_4(aq) \rightarrow ZnSO_4(aq) + Cu(s)$

$Pb(s) + CuCl_2(aq) \rightarrow PbCl_2(aq) + Cu(s)$

दोनों ही स्थितियों में कॉपर (copper) अपने यौगिक रूप से पृथक् क्यों हो जाता है? **SSC MTS Tier-1 08.10.2024 (Shift-I)**

(a) जिंक (Zinc) और लेड (Lead) तत्त्व रूप में अस्थायी होते हैं।
(b) जिंक (Zinc) और लेड (Lead), कॉपर (Copper) की तुलना में अधिक अभिक्रियाशील होते हैं।
(c) कॉपर (Copper), जिंक (Zinc) और लेड (Lead) की तुलना में अधिक अभिक्रियाशील होता है।
(d) कॉपर (Copper) के यौगिक उच्च दाब पर अपघटित हो जाते हैं।

उत्तर (b)
• दिए गए रासायनिक समीकरण के दोनों की स्थितियों में कॉपर (copper) अपने यौगिक रूप में पृथक् हो जाता है, क्योंकि जिंक (zinc) और लेड (lead) कॉपर की तुलना में अधिक अभिक्रियाशील होते है।
• यह विस्थापन अभिक्रिया का एक उदाहरण है।
• विस्थापन अभिक्रिया एक रासायनिक अभिक्रिया है, जिसमें अधिक क्रियाशील तत्त्व अपने यौगिक से कम क्रियाशील तत्त्व को विस्थापित कर देता है।

142. निम्नलिखित रासायनिक अभिक्रिया का उत्पाद क्या है? $NaCl + H_2O + CO_2 + NH_3$ **SSC MTS 15.10.2024 (Shift-II)**

(a) विरंजन-चूर्ण
(b) खाने का सोडा
(c) जिप्सम
(d) धुलाई का सोडा

उत्तर (b)
• प्रश्न में दी गई रासायनिक अभिक्रिया का उत्पाद खाने का सोडा है।
• सोडियम क्लोराइड (NaCl), जल (H_2O), कार्बन डाइऑक्साइड (CO_2) और अमोनिया (NH_3) के बीच की अभिक्रिया से सोल्वे प्रक्रिया के भाग के रूप में सोडियम बाइकार्बोनेट (बेकिंग सोडा) बनता है। इस अभिक्रिया के लिए रासायनिक समीकरण है

$NaCl + H_2O + CO_2 + NH \longrightarrow NaHCO_3 + NH_4Cl$

• यहाँ $NaHCO_3$ बेकिंग सोडा है, और NH_4Cl (अमोनियम क्लोराइड) एक उप-उत्पाद है।

SSC Steno

143. भोजन में स्टार्च की उपस्थिति की पहचान करने के लिए उपयोग किए जाने वाले विलयन का नाम क्या है? **SSC Steno 11.12.2024 (Shift-II)**

(a) क्लोरीन विलयन
(b) कॉपर सल्फेट विलयन
(c) अमोनियम क्लोराइड
(d) आयोडीन विलयन

उत्तर (d)
• भोजन में स्टार्च की उपस्थिति की पहचान करने के लिए उपयोग किए जाने वाले विलयन का नाम आयोडीन विलयन है।
• खाद्य पदार्थ में आयोडीन घोल की कुछ बूँदे डालने पर यदि खाद्य पदार्थ का रंग नीला-काला हो जाता है, तो उसमें स्टार्च मौजूद होता है।
• स्टार्च एक पॉलीसैकेराइड होता है, जो पौधों की हरी पत्तियों में पाया जाता है।

SSC GD

144. वह रासायनिक अभिक्रिया जिसमें .... को जोड़ या .... का निष्कासन हो, अपचयन कहा जाता है। **SSC GD 13.02.2023 (Shift-II)**

(a) कार्बन डाइऑक्साइड, हाइड्रोजन
(b) ऑक्सीजन, हाइड्रोजन
(c) कार्बन डाइऑक्साइड, ऑक्सीजन
(d) हाइड्रोजन, ऑक्सीजन

उत्तर (d)
• वह रासायनिक अभिक्रिया जिसमें **हाइड्रोजन** का जोड़ या **ऑक्सीजन** का निष्कासन हो, उसे अपचयन कहा जाता है
• अपचयन प्रक्रिया एक प्रकार की रासायनिक अभिक्रिया है, जिसमें किसी परमाणु या अणु का इलेक्ट्रॉन घनत्व बढ़ जाता है।
• अपचयन अभिक्रियाएँ ऑक्सीजन प्रतिक्रियाओं के विपरीत होती हैं, जिसमें इलेक्ट्रॉनों की हानि या परमाणु या अणु की ऑक्सीकरण अवस्था में वृद्धि शामिल होती हैं।

SSC Selection Post

145. शुष्क सेल एक बाहरी कंटेनर .... से बना होता है, जो एनोड के रूप में कार्य करता है। **SSC SP 25.06.2024 (Shift-II)**

(a) मैंगनीज (b) लेड
(c) निकल (d) जिंक

उत्तर (d)
• शुष्क सेल एक प्रकार की जिंक-कार्बन बैटरी है, जो निम्नलिखित भागों से बनी होती है
• **कार्बन रॉड** केन्द्र में स्थित, यह रॉड कैथोड के रूप में कार्य करती है।
• **इलेक्ट्रोलाइट** अमोनियम क्लोराइड से बना पेस्ट जिंक एनोड को घेरता है, जिससे आयनों का प्रवाह सुगम होता है।
• **मैंगनीज डाइऑक्साइड शील्ड** यह शील्ड सेल को घेरती है, जो बैटरी की दक्षता और बैटरी लाइफ में सुधार करने में मदद करती है।

अम्ल, क्षार और लवण

SSC CGL 2024

146. कौन-सी अमीनो एसिड सेरोटोनिन का अग्रदूत, कोई न्यूरोट्रांसमीटर है, जो आपकी भूख, नींद और मूड को नियन्त्रित करता है?
SSC CGL Tier-2 20.01.2025

(a) आइसोल्यूसीन (b) वैलीन
(c) ट्रिप्टोफैन (d) मेथिओनिन

उत्तर (c)

• **ट्रिप्टोफैन** एक आवश्यक अमीनो एसिड है, जो सेरोटोनिन बनाने में सहायक होता है। सेरोटोनिन एक न्यूरोट्रांसमीटर है, जो भूख, नींद और मूड को नियन्त्रित करने में महत्त्वपूर्ण भूमिका निभाता है।
• ट्रिप्टोफैन शरीर में सेरोटोनिन के संश्लेषण में प्रयोग होता है। इसे आहार के माध्यम से प्राप्त किया जा सकता है।
• आइसोल्यूसीन, वैलीन, और मेथिओनिन अन्य अमीनो एसिड हैं, लेकिन ये सेरोटोनिन बनाने के रूप में कार्य नहीं करते हैं।

147. कौन-सा पदार्थ सामान्यत: अम्ल-क्षारक सूचक के रूप में उपयोग किया जाता है, जो अम्लीय घोल में लाल और क्षारीय घोल में नीला हो जाता है?
SSC CGL Tier-2 20.01.2025

(a) लिटमस पेपर (b) ब्रोमोथाइमॉल नील
(c) मेथिल ऑरेंज (d) फिनॉल

उत्तर (a)

• **लिटमस पेपर** सामान्यत: अम्ल-क्षारक सूचक के रूप में उपयोग किया जाता है, जो अम्लीय घोल में लाल और क्षारीय घोल में नीला हो जाता है।
• लिटमस पेपर का प्रयोग यह निर्धारित करने के लिए किया जाता है कि घोल अम्ल है या क्षार, लेकिन इसका उपयोग घोल के pH मान का अनुमान लगाने के लिए नहीं किया जा सकता।
• ब्रोमोथाइमॉल नील तथा मेथिल ऑरेंज pH सूचक हैं और फिनॉल (कार्बोलिक एसिड) एक हल्का एसिड है।

148. वर्ष 1923 में स्वतन्त्र रूप से प्रस्तुत किए गए किस सिद्धान्त ने संयुग्मी अम्ल-क्षार की अवधारणा को जन्म दिया?
SSC CGL Tier-2 18.01.2025

(a) ब्रॉन्स्टेद-लोरी सिद्धान्त
(b) लुईस का सिद्धान्त
(c) आरेनियस का सिद्धान्त
(d) डेवी का सिद्धान्त

उत्तर (a)

• वर्ष 1923 में स्वतन्त्र रूप से प्रस्तुत किए गए **ब्रॉन्स्टेद-लोरी सिद्धान्त** ने संयुग्मी अम्ल-क्षार की अवधारणा को जन्म दिया।
• इस सिद्धान्त के अन्तर्गत जब कोई अम्ल और क्षार एक-दूसरे के साथ अभिक्रिया करते हैं, तो प्रोटॉन (H^+) के आदान-प्रदान के द्वारा अम्ल अपना संयुग्मी क्षार बनाता है तथा क्षार अपना एक संयुग्मी अम्ल बनाता है।
• यह सिद्धान्त आरेनियस सिद्धान्त का सामान्यीकरण है।

149. सिरका, मसालेदार सब्जियों और सॉस में मिलाए जाने वाले खट्टे कारक (souring agent) के रूप में और सीज़निंग के लिए कच्चे माल के रूप में किस अम्ल का उपयोग किया जाता है?
SSC CGL Tier-1 25.09.2024 (Shift-III)

(a) एसीटिक अम्ल
(b) फॉर्मिक अम्ल
(c) साइट्रिक अम्ल
(d) टार्टरिक अम्ल

उत्तर (a)

• सिरका, मसालेदार सब्जियों और सॉस में मिलाए जाने वाले खट्टे कारक के रूप में और सीजनिंग के लिए कच्चे माल के रूप में **एसीटिक अम्ल** का उपयोग किया जाता है।
• सिरके में 6-10% एसीटिक अम्ल होता है।
• एसीटिक अम्ल (CH_3COOH) को एथेनोइक अम्ल भी कहा जाता है।
• एसीटिक अम्ल का उपयोग रेयॉन फाइबर के निर्माण में किया जाता है।

150. दूधवाला ताजे दूध में बहुत कम मात्रा में बेकिंग सोडा क्यों मिलाता है?
SSC CGL Tier-1 18.09.2024 (Shift-I)

(a) ताजे दूध का pH, 6 से बढ़ाकर थोड़ा क्षारीय करने के लिए
(b) ताजे दूध का pH, 6 से घटाकर थोड़ा अधिक अम्लीय करने के लिए
(c) ताजे दूध का pH, 6 से घटाकर थोड़ा क्षारीय करने के लिए
(d) ताजे दूध का pH लम्बे समय तक 6 पर बनाए रखने के लिए

उत्तर (a)

• एक दूधवाला दूध के अम्लीकरण को रोकने के लिए ताजे दूध में थोड़ी मात्रा में बैकिंग सोडा ($NaHCO_3$) मिलाता है।
• थोड़ी मात्रा में बैकिंग सोडा मिलाकर, दूधवाला **ताजे दूध के pH को 6 से बढ़ाकर थोड़ा क्षारीय में** बदल देता है, ताकि वह इसे अधिक समय तक क्षारीय स्थिति में दूध के रूप में रख सके।
• इस तरह दूध के खट्टे व खराब होने में अधिक समय लगता है।

151. निम्नलिखित में से कौन-सा सबसे अधिक अम्लीय है? **SSC CGL 17.09.2024 (3rd Shift)**

(a) HCOOH
(b) ए २ट ५एछछट
(c) C_3H_7COOH
(d) CH_3COOH

उत्तर (a)

• **HCOOH** (फॉर्मिक एसिड) pH मान जितना 0 के नजदीक होता है, अम्ल उतना ही प्रबल होता है। अरहेनियस सिद्धान्त के अनुसार, अम्ल जल में हाइड्रोजन आयनों (H^+) की सान्द्रता को बढ़ाते हैं। फ्लोरोएण्टिमोनिक अम्ल को अब तक खोजे गए सबसे प्रबल अम्ल के रूप में जाना जाता है।

152. निम्नलिखित में से कौन-सा क्षारकता का सही क्रम है? **SSC CGL 09.09.2024 (Shift-I)**

(a) LiOH > NaOH > KOH > CsOH
(b) LiOH > KOH > CsOH > NaOH
(c) KOH > CsOH > NaOH > LiOH
(d) CsOH > KOH > NaOH > LiOH

उत्तर (d)

• **CsOH > KOH > NaOH > LiOH** यह क्रम क्षारीय धातु आयनों के बढ़ते आकार के कारण है, जो बेहतर विलयन और अधिक क्षारीयता की ओर ले जाता है। जैसे-जैसे समूह में नीचे की ओर जाते हैं, क्षारीयता बढ़ती जाती है, क्योंकि बड़े क्षारीय धातु आयन (जैसे Cs^+) छोटे आयनों (जैसे Li^+) की तुलना में अधिक आसानी से विघटित हो सकते हैं और जल के साथ अन्त:क्रिया कर सकते हैं।

153. कौन-सा बहुपरमाणुक आयनी यौगिक ऐसा सफेद, क्रिस्टलीय पाउडर होता है, जिसका उपयोग अग्निशामक यन्त्रों में और अम्ल तथा क्षार को उदासीन करने में किया जाता है?
SSC CGL Tier-1 13.09.2024 (Shift-I)

(a) सोडियम बाइकार्बोनेट
(b) सोडियम बाइसल्फाइट
(c) सोडियम थायोसल्फेट
(d) सोडियम क्रोमेट

उत्तर (a)

• सोडियम बाइकार्बोनेट का उपयोग अग्निशामक यन्त्रों में और अम्ल तथा क्षार को उदासीन बनाने में किया जाता है।
• सोडियम बाइकार्बोनेट जिसे सामान्यत: बेकिंग सोड़ा या सोडियम बाइकार्बोनेट के नाम से जाना जाता है, एक रासायनिक यौगिक है, जिसका सूत्र $NaHCO_3$ है।
• इसका उपयोग खाना पकाने में एवं बेकिंग पाउडर में एक लेवनिंग एजेण्ट के रूप में किया जाता है।

SSC CPO

154. सूची A को सूची B के साथ मिलाएँ।
SSC CPO Tier-1 29.06.2024 (Shift-III)

सूची-A		सूची-B	
A.	नींबू	1.	टार्टरिक अम्ल
B.	दूध	2.	साइट्रिक अम्ल
C.	सिरका	3.	लैक्टिक अम्ल
D.	इमली	4.	एसीटिक अम्ल

	A	B	C	D		A	B	C	D
(a)	2	1	3	4	(b)	2	3	4	1
(c)	1	2	3	4	(d)	4	3	2	1

उत्तर (b)

• सही विक्लप A-2, B-3, C-4, D-1 है।
• नींबू (Lemon)- 2. साइट्रिक अम्ल
• दूध (Milk)-3. लैक्टिक अम्ल
• सिरका (Vinegar)-4. एसीटिक अम्ल
• इमली (Tamarind)-1. टार्टरिक अम्ल

155. अम्ल और पानी को मिलाने का सही तरीका क्या है? SSC CPO 29.06.2024 (3rd Shift)

(a) पानी को अम्ल में मिलाया जाना चाहिए।
(b) मिलाने से पहले पानी को गर्म करना चाहिए।
(c) मिलाने से पहले अम्ल को गर्म करना चाहिए।
(d) अम्ल को धीरे-धीरे पानी में मिलाना चाहिए।

उत्तर (d)

• जल में अम्ल या क्षार को घोलने की प्रक्रिया अत्यधिक ऊष्माक्षेपी होती है। सान्द्र नाइट्रिक अम्ल या सल्फ्यूरिक अम्ल को जल में मिलाते समय सावधानी बरतनी चाहिए। अम्ल को हमेशा धीरे-धीरे जल में मिलाना चाहिए और लगातार हिलाते रहना चाहिए। अम्ल या क्षार को जल में मिलाने से प्रति इकाई आयतन में आयनों (H_3O^+/OH^-) की सांन्द्रता में कमी आ जाती है। ऐसी प्रक्रिया को तनुकरण कहते हैं और अम्ल या क्षार को तनुकृत कहा जाता है।

156. जल में घुलनशील क्षार क्या कहलाते हैं? SSC CPO 28.06.2024 (Shift-I)

(a) एल्कीन (b) अम्ल (c) अल्कली (d) ऐल्केन

उत्तर (c)

• जब कोई क्षार जल में घुलता है, तो वह हाइड्रॉक्साइड आयन (OH^-) बनाता है, जो विलयन को क्षारीय बनाता है जिसका pH मान 7 से अधिक होता है। सभी क्षार घुलनशील नहीं होते, लेकिन जो घुलनशील होते हैं, जैसे सोडियम हाइड्रॉक्साइड (NaOH) और पोटैशियम हाइड्रॉक्साइड (KOH), उन्हें अल्कली कहते हैं।

SSC CHSL

157. दही का pH मान ………… होता है। SSC CHSL Tier II 18.11.2024

(a) 7 से अधिक
(b) दूध के pH मान से कम
(c) दूध के pH मान से अधिक
(d) लगभग 7

उत्तर (b)

• दही का pH मान दूध के pH मान से कम होता है।

• दही का pH मान 4.5 और 5.5 के बीच होता है, जिसका अर्थ है कि यह ताजे दूध की तुलना में अधिक अम्लीय है, जिसका pH मान लगभग 6 है। जब दूध दही में बदल जाता है, तो लैक्टोबैसिलस नामक बैक्टीरिया दूध में मौजूद शर्करा (लैक्टोज) को लैक्टिक अम्ल में बदल देता है, जिससे दूध के प्रोटीन जम जाते हैं और दही बन जाता है। कुछ सामान्य पदार्थों का pH मान: बेकिंग सोडा (9), बोरेक्स (9.2), चूने का जल (12.4), नींबू का रस (लगभग 2.2), गैस्ट्रिक जूस (लगभग 1.2), शुद्ध जल (7), रक्त (7.4) मिल्क ऑफ मैग्नेशिया (10) सोडियम हाइड्रॉक्साइड विलयन (लगभग 14)।

158. बेकिंग सोडा तैयार करने के लिए निम्नलिखित में से किस कच्चे पदार्थ (raw materials) का उपयोग नहीं किया जाता है? SSC MTS 21.10.2024 (Shift-III)

(a) H_2O (b) Na_2CO_3 (c) NaCl (d) NH_3

उत्तर (b)

• बेकिंग सोडा तैयार करने के लिए उपयोग किए जाने वाले कच्चे माल हैं—

• **सोडियम क्लोराइड (NaCl)** इसे साधारण नमक के रूप में भी जाना जाता है, यह सोडियम आयनों का स्रोत है।

• **अमोनिया (NH_3)** कार्बन डाइऑक्साइड और जल के साथ अभिक्रिया करके अमोनियम बाइकार्बोनेट बनता है।

• **कार्बन डाइऑक्साइड (CO_2)** अमोनियम बाइकार्बोनेट को अवक्षेपित करता है।

• **जल (H_2O)** अभिक्रिया में उपयोग किया जाता है।

• **अभिक्रिया** $NaCl + H_2O + CO_2 + NH_3 \rightarrow NH_4Cl + NaHCO_3$

159. दिए गए विकल्पों में से घ्राण संकेतक (olfactory indicator) का चयन करें। SSC CHSL 08.07.2024 (shift-IV)

(a) हल्दी (Turmeric)
(b) पेटूनिया (Petunia)
(c) लौंग का तेल (Clove oil)
(d) गोभी का रस (Cabbage juice)

उत्तर (c)

• **लौंग का तेल** (Clove oil) घ्राण संकेतक है।

• घ्राण संकेतक एक ऐसा पदार्थ है जो अम्लीय या क्षारीय विलयन के साथ मिश्रित होने पर अलग गन्ध देता है। प्रयोगशालाओं में घ्राण सूचक का उपयोग यह निर्धारित करने के लिए किया जाता है कि कोई विलयन अम्लीय है या क्षारीय, इस प्रक्रिया को घ्राण अनुमापन कहा जाता है। अन्य घ्राण सूचक: प्याज, वेनिला।

160. अम्ल और धातु की अभिक्रिया से क्या उत्पन्न होता है? SSC CHSL 05.07.2024 (Shift-IV)

(a) हाइड्रोजन गैस और लवण
(b) कार्बन डाइऑक्साइड, लवण और जल
(c) लवण और जल
(d) कार्बन डाइऑक्साइड, लवण और हाइड्रोजन गैस

उत्तर (a)

• जब कोई अम्ल किसी धातु के साथ अभिक्रिया करता है, तो उत्पाद सामान्यत: **लवण और हाइड्रोजन गैस** होते हैं। उदाहरण के लिए, जब सोडियम (Na) हाइड्रोक्लोरिक अम्ल (HCl) के साथ अभिक्रिया करता है, तो सोडियम क्लोराइड (NaCl) और हाइड्रोजन गैस (H_2) उत्पन्न होती है। सन्तुलित रासायनिक समीकरण

$$2Na(s) + 2HCl(aq) \longrightarrow 2NaCl(aq) + H_2(g)$$

161. जोहान्स निकोलस ब्रोंस्टेड (Johannes Nicolaus Bronsted) और थॉमस मार्टिन लौरी (Thomas Martin Lowry) ने अम्ल और क्षार की मूल अवधारणा का प्रस्ताव किस वर्ष में दिया था? SSC CHSL 01.07.2024 (Shift-I)

(a) 1928 (b) 1921
(c) 1925 (d) 1923

उत्तर (d)

• जोहान्स निकोलस ब्रोंस्टेड (Johannes Nicolaus Bronsted) और थॉमस मार्टिन लौरी (Thomas Martin Lowry) ने अम्ल और क्षार की मूल अवधारणा का प्रस्ताव **वर्ष 1923** में दिया था।

• **ब्रोंस्टेड-लोरी सिद्धान्त** के अनुसार, अम्ल एक ऐसा पदार्थ है जो H^+ आयन या प्रोटॉन का त्याग करता है और अपना संयुग्मी क्षार बनाता है तथा क्षार एक ऐसा पदार्थ है, जो H^+ आयन या प्रोटॉन ग्रहण करता है और अपना संयुग्मी अम्ल बनाता है।

162. एक 100 mL विलयन में 0.01 मोल NaOH घुला हुआ है। विलयन का pH कितना होगा? SSC CHSL Tier-2 10.01.2024

(a) 13 (b) 1
(c) 10 (d) 2

उत्तर (a)

• एक 100mL विलयन में 0.01 मोल NaOH घुला हुआ है। विलयन का pH मान 13 होगा।

OH आयनों की सान्द्रता

$$= \frac{0.01 \text{ मोल}}{100 \text{ mL}} = \frac{0.01 \text{ मोल}}{0.1 \text{ L}} = 0.1 \text{ M}$$

इसलिए, $[OH^-] = 0.1M$ अब,

$pOH = -\log[OH^-]$

$pOH = -\log(10^{-1}), pOH = 1\log 10 = 1$

हम जानते हैं कि $pH + pOH = 14$

$pH = 14 - pOH = 14 - 1 = 13$

SSC MTS

163. जब मृदा का pH मान 7.5 से अधिक होता है, तो उसे ……… माना जाता है। SSC MTS Tier-1 30.10.2024 (Shift-III)

(a) उदासीन मृदा
(b) थोड़ी अम्लीय मृदा
(c) क्षारीय मृदा
(d) अत्यधिक अम्लीय मृदा

उत्तर (c)

• जब मृदा का pH मान 7.5 से अधिक होता है, तो उसे **क्षारीय मृदा** माना जाता है।

• मिट्टी का pH मान 7 से कम होने पर वह **अम्लीय** होती है।

• मिट्टी का pH मान 7 होने पर वह **उदासीन** होती है।

• मिट्टी का pH मान 11 से ज्यादा होने पर मिट्टी व्यावहारिक रूप से **अनुपजाऊ** होती है।

164. सन्तरे और नींबू जैसे खट्टे फलों में पाया जाने वाला प्राथमिक अम्ल कौन-सा है? SSC MTS Tier-1 22.10.2024 (Shift-II)

(a) लैक्टिक अम्ल (b) सीट्रिक अम्ल
(c) एसीटिक अम्ल (d) टार्टरिक अम्ल

उत्तर (b)

• सन्तरे और नींबू जैसे खट्टे फलों में पाया जाने वाला प्राथमिक अम्ल सीट्रिक अम्ल है।

• सिट्रिक अम्ल सन्तरा और नींबू के अतिरिक्त मौसमी, अमरूद और अँगूर में भी पाया जाता है।

• सिट्रिक अम्ल का उपयोग भोजन एवं मृदु पेयों में खट्टापन लाने के लिए तथा विभिन्न खाद्य उत्पादों में परिरक्षक और स्वाद बढ़ाने वाले एजेण्ट के रूप में किया जाता है।

165. निम्नलिखित में से कौन-सा अम्ल सिरे के pH को अम्लीय बनाता है?
SSC MTS 14.06.2023 (Shift-II)
(a) टार्टरिक अम्ल
(b) साइट्रिक अम्ल
(c) लिनोलिक (Linoleic) अम्ल
(d) एसिटिक अम्ल

उत्तर (d)

• सिरका एक तरल पदार्थ है, जो एल्कोहल को किण्वित करके बनाया जाता है। किण्वन प्रक्रिया **एसिटिक अम्ल** का उत्पादन करती है, जो सिरके को इसका खट्टा स्वाद और अम्लीय गुण प्रदान करती है। इसका pH लगभग 2.4 होता है।

166. पेट की अम्लता को उदासीन करने के लिए निम्नलिखित में से किसका उपयोग प्रति अम्ल (antacid) के रूप में किया जाता है?
SSC MTS 18.05.2023 (Shift-II)
(a) आयोडोफार्म
(b) मॉर्फीन
(c) क्लोरीन
(d) मैग्नीशियम हाइड्रॉक्साइड

उत्तर (d)

• यह एक अकार्बनिक यौगिक है। यह प्राकृतिक रूप से ब्रुसाइट खनिज के रूप में पाया जाता है। इसका उपयोग एण्टासिड (प्रतिअम्ल) के रूप में किया जा सकता है।

SSC Steno

167. मैग्नीशियम हाइड्रॉक्साइड यौगिक का सही रासायनिक सूत्र .... है।
SSC Steno 10.12.2024 (Shift-II)
(a) $Mg_2(OH)$
(b) $Mg(OH)_2$
(c) $MgOH_2$
(d) $Mg(OH)$

उत्तर (b)

• मैग्नीशियम, हाइड्रॉक्साइड अकार्बनिक यौगिक है, जिसका सही रासायनिक सूत्र $\mathbf{Mg(OH)_2}$ होता है।
• इसमें एक मैग्नीशियम (Mg^{2+}) आयन और हाइड्रॉक्साइड (OH^-) आयन होते हैं, जो इसे एक सन्तुलित आयनिक यौगिक बनाते हैं।

SSC GD

168. बेरियम हाइड्राइड का रासायनिक सूत्र क्या है?
SSC GD 21.02.2024 (Shift-II)
(a) $Ba(OH)_2$ (b) Ba_2OH
(c) $Ba(OH)_3$ (d) BaOH

उत्तर (a)

• **बेरियम हाइड्राइड** का रासायनिक सूत्र $\mathbf{Ba(OH)_2}$ है। यह एक सफेद पाउडर के रूप में मिलता है, जिसमें कोई गन्ध नहीं होती। इसकी उत्पत्ति पानी में बेरियम ऑक्साइड मिलाने पर होती है। यह जलीय घोल में एक मजबूत कास्टिक क्षार बनाता है। यह तीन रूपों में पाया जाता है, जोकि एनहाइड्रस, मोनो-हाइड्रेट एवं औकटल हाइड्रेट हैं। इसका उपयोग उर्वरक, काँच, साबुन आदि बनाने में होता है।

169. दिए गए कथनों में से कौन-सी कथन सही है?
SSC GD (Constable) 07.02.2023 (Shift-I)
I. अम्ल लाल लिटमस को नीला कर देता है।
II. अम्ल स्वाद में कड़वे होते हैं।
कूट
(a) केवल I
(b) केवल II
(c) I तथा II दोनों
(d) ना तो I ना ही II

उत्तर (d)

• लाल लिटमस पेपर क्षारीय परिस्थितियों में नीला हो जाता है।
• अम्ल स्वाद में खट्टे होते हैं। क्षार का स्वाद कड़वा होता है।

170. क्षारक लाल लिटमस पत्र को .... कर देता है।
SSC GD (Constable) 01.02.2023 (Shift-I)
(a) बैंगनी (b) गुलाबी
(c) नीला (d) पीला

उत्तर (c) क्षारक लाल लिटमस पत्र को नीला कर देता है।
• क्षार का स्वाद कड़वा होता है।

धातु, अधातु और मिश्रधातु

SSC CGL

171. निम्नलिखित में से कौन-सी गैस टाइटेनियम, एल्युमीनियम, स्टेनलेस स्टील और मैग्नीशियम की वेल्डिंग में महत्त्वपूर्ण भूमिका निभाती है?
SSC CGL 25.09.2024 (Shift-III)
(a) फ्लोरीन (b) नीयॉन
(c) ऑर्गन (d) क्लोरीन

उत्तर (c)

• **ऑर्गन (Ag)** एक रासायनिक तत्त्व है, जिसका परमाणु क्रमांक 18 है। यह एक उत्कृष्ट गैस है, जिसका अर्थ है कि यह निष्क्रिय है और अन्य पदार्थों के साथ अभिक्रिया नहीं करता है।

172. लोहे और जल की अभिक्रिया से कौन-सी गैस निकलती है? SSC CGL 24.09.2024 (Shift-II)
(a) हाइड्रोजन (b) ऑक्सीजन
(c) अमोनिया (d) मीथेन

उत्तर (a)

• जब आयरन (Fe) जल (H_2O) के साथ अभिक्रिया करता है, तो अभिक्रिया से **हाइड्रोजन गैस** (H_2) मुक्त होती है। यह धातु-जल अभिक्रिया का एक उदाहरण है।
• **अभिक्रिया** Fe (आयरन) + $2H_2O$ (जल) → $Fe(OH)_2$ (फेरस हाइड्रॉक्साइड) + H_2(हाइड्रोजन गैस)।

173. जिंक के सल्फ्यूरिक अम्ल के साथ अभिक्रिया करने पर कौन-सी गैस निकलती है?
SSC CGL Tier-1 23.09.2024 (Shift-II)
(a) हाइड्रोजन
(b) कार्बन डाइऑक्साइड
(c) हाइड्रोजन सल्फाइड
(d) ऑक्सीजन

उत्तर (a)

• जिंक के सल्फ्यूरिक अम्ल के साथ अभिक्रिया करने पर **हाइड्रोजन** गैस निकलती है।

$$Zn + H_2SO_4 \longrightarrow ZnSO_4 + H_2$$

• हाइड्रोजन एक ज्वलनशील गैस है, जिसके जलने पर चटकने जैसी आवाज निकलती है।

174. जिंक और सल्फ्यूरिक अम्ल की अभिक्रिया से कौन-सा उत्पाद निर्मित होता है?
SSC CGL 12.09.2024 (Shift-II)
(a) जिंक सल्फेट (b) जिंक हाइड्रॉक्साइड
(c) जिंक सल्फाइड (d) जिंक ऑक्साइड

उत्तर (a)

• जिंक और सल्फ्यूरिक अम्ल के साथ अभिक्रिया करके **जिंक सल्फेट** बनाता है और अभिक्रिया से हाइड्रोजन गैस निकलती है। यह एक धातु द्वारा अधातु की एकल विस्थापन अभिक्रिया है। धातु और अधातु दोनों ही विस्थापन अभिक्रिया है। धातु और अधातु दोनों ही विस्थापन अभिक्रियाओं में भाग लेते हैं।
• $Zn(s) + H_2SO_4(aq) \longrightarrow ZnSO_4(aq) + H_2(g)$

175. निम्नलिखित में से कौन-सा तत्त्व एक उपधातु है?
SSC CGL Tier-1 10.09.2024 (Shift-III)
(a) सोडियम (b) ऑक्सीजन
(c) सिलिकॉन (d) आयरन

उत्तर (c)

• **सिलिकॉन** तत्त्व एक उपधातु है।
• सिलिकॉन एक कठोर और भंगुर क्रिस्टलीय ठोस होते हैं।
• सिलिकॉन का उपयोग अर्द्धचालक उद्योग में होता है।

SSC CPO

176. सोडियम सल्फेट और बेरियम क्लोराइड की अभिक्रिया में बनने वाले श्वेत अवक्षेप का नाम लिखिए। SSC CPO Tier-1 29.06.2024 (Shift-II)
(a) सोडियम क्लोराइड
(b) बेरियम सल्फेट
(c) सोडियम ऑक्साइड
(d) बेरियम हाइड्रोक्साइड

उत्तर (b)

• सोडियम सल्फेट और बेरियम क्लोराइड की अभिक्रिया में बनने वाले श्वेत अवक्षेप का नाम **बेरियम सल्फेट** है।
• जब बेरियम क्लोराइड अपने जलीय घोल के रूप में सोडियम सल्फेट के साथ मिलाता है, तो बेरियम सल्फेट का एक सफेद अवक्षेप बनता है, जो पानी में अघुलनशील होता है।

$$BaCl_2 + Na_2SO_4 \rightarrow BaSO_4 + 2NaCl$$

177. एल्युमीनियम सल्फेट $Al_2(SO_4)_3$ के एक मोल में .... रहते हैं।
SSC CPO Tier-1 28.06.2024 (Shift-III)
(a) ऑक्सीजन परमाणुओं के 12 मोल
(b) ऑक्सीजन परमाणुओं के 6 मोल
(c) ऑक्सीजन परमाणुओं के 3 मोल
(d) ऑक्सीजन परमाणुओं के 4 मोल

उत्तर (a)

• एल्युमीनियम सल्फेट के एक मोल में ऑक्सीजन परमाणुओं के 12 मोल रहते हैं।

• एल्युमीनियम सल्फेट के एक मोल में सल्फर परमाणु के 3 मोल होंगे।

• $2 \times 10 - 2$ मोल एल्युमीनियम सल्फेट में 0.24 मोल ऑक्सीजन होता है।

SSC CHSL

178. चर्म शोधन उद्योग से निकलने वाला कौन-सा धातु आयन गम्भीर जल प्रदूषण का कारण बनता है?
SSC CHSL 09.08.2023 (Shift-I)

(a) Mg (b) As (c) Cr (d) Zn

उत्तर (c)

• चर्म शोधन उद्योग से निकलने वाले क्रोमियम (Cr) धातु आयन गम्भीर जल प्रदूषण का कारण बनता है। टेनरी अपशिष्ट जल इसमें बाल, प्रोटीन, अम्ल द्वार, क्रोमियम लवण, सल्फाइड, क्लोराइड, टैनिन, विलायक, रंग होते हैं।

179. निम्नलिखित में से कौन-सा/से कथन सही नहीं है/हैं?

I. धातुओं का वह गुण जिसके द्वारा उन्हें पीटकर पतली चादर में बदला जा सकता है, आघातवर्धनीयता (malleability) कहलाता है।

II. धातु का वह गुण जिसके द्वारा उसे खींचकर तार में बदला जा सकता है, तन्यता (ductility) कहलाता है।
SSC CHSL 21.03.2023 (Shift-IV)

(a) न तो I और न ही II
(b) I और II दोनों
(c) केवल I
(d) केवल II

उत्तर (a)

• **आघातवर्धनीयता** (Malleability) धातुओं को पीटकर पतली चादर बनाने का गुण। **उदाहरण** ताँबा, चाँदी।

• **तन्यता** (Ductility) धातु का तार में खींचे जाने का गुण। **उदाहरण** सोना, चाँदी और ताँबा। धातुओं का घनत्व और गलनांक उच्च होता है।

SSC MTS

180. मिठाइयों को सजाने के लिए चाँदी के बहुत पतले पत्रक तैयार करने के लिए धातुओं के निम्नलिखित दो गुणों में से किसका उपयोग किया जाता है?
SSC MTS Tier-1 05.11.2024 (Shift-III)

(a) तन्यमा और चमक
(b) चमक और ध्वानिक
(c) आघातवर्धनीयता और ध्वानिक
(d) आघातवर्धनीयता और चमक

उत्तर (d)

• मिठाइयों को सजाने के लिए चाँदी के बहुत पतले पत्रक तैयार करने के लिए धातुओं के दो गुणों में से **आघातवर्धनीयता और चमक** का उपयोग किया जाता है।

• चाँदी में **एण्टी बैक्टीरियल गुण** पाए जाते हैं, जो मिठाई को लम्बे समय तक खराब होने से बचाते हैं।

• चाँदी में विद्युत चालकता सबसे अधिक होती है।

• इसका रासायनिक प्रतीक Ag एवं परमाणु क्रमांक 47 हैं।

181. निम्नलिखित में से किस तत्त्व की छवि साइप्रस के मानचित्र पर दिखाई गई है, जिससे तत्त्व को इसका नाम मिला? SSC MTS 13.09.2023 (Shift-II)

(a) चाँदी (b) कोबाल्ट (c) ताँबा (d) सल्फर

उत्तर (c)

• ताँबा (Cu, परमाणु संख्या 29)। यह ऊष्मा और विद्युत का सुचालक है। यह आवर्त सारणी के समूह 11, आवर्त 4 और ब्लॉक 'd' में है। यह पृथ्वी पर मनुष्य द्वारा उपयोग की जाने वाली प्रथम धातु थी।

धातुकर्म

182. सीमेण्ट में मौजूद सिलिका की अनुमानित मात्रा ……….. होती है।
SSC CGL Tier-1 18.07.2023 (Shift-II)

(a) 37% से 45% के बीच
(b) 47% से 55% के बीच
(c) 27% से 35% के बीच
(d) 17% से 25% के बीच

उत्तर (d)

• सीमेण्ट में मौजूद सिलिका की अनुमानित मात्रा **17% से 25%** के बीच होती है।

• इसमें चूने की मात्रा 62 – 65%, **ऐलुमिना** की मात्रा 3 से 8%, जिप्सम की मात्रा 3 – 4%, लौह ऑक्साइड की3 – 4% तथा मैग्नीशिया की 1 – 3% होती है।

183. निम्नलिखित में से कौन-सा खनिज आतिशबाजी में हरा रंग उत्पन्न करता है
SSC CGL Tier-1 22.07.2023 (Shift-II)
SSC CGL Tier-1 20.08.2021 (Shift-I)

(a) सोडियम (b) बेरियम
(c) जिंक (d) ताँबा

उत्तर (b)

• **बेरियम** का उपयोग आतिशबाजी में हरा रंग उत्पन्न करने के लिए किया जाता है और यह अन्य अस्थिर तत्त्वों को स्थिर करने में भी सहायता कर सकता है।

• यह फुलझड़ियों का एक सामान्य घटक है।

• सोडियम आतिशबाजी को सुनहरा या पीला रंग प्रदान करता है।

SSC CPO

184. $CaCO_3$ और अन्य सामग्रियों का वह निक्षेपण पैटर्न क्या कहलाता है, जो चूना पत्थर की गुफा के तल से ऊपर की ओर बढ़ता है?
SSC CPO Tier-1 27.06.2024 (Shift-III)

(a) ड्रिपस्टोन (b) स्टैलक्टाइट
(c) हेटेक्टाइट (d) स्टैलग्माइट

उत्तर (d)

• चूना पत्थर की गुफाओं में $CaCO_3$ और अन्य सामग्रियों का जो निक्षेपण पैटर्न तल से ऊपर की ओर बढ़ता है, उसे स्टैलग्माइट कहा जाता है।

• स्टैलग्माइट खनिज के जमा होते हैं, जो चूना पत्थर की गुफाओं की छत से लटकते हुए बनते हैं।

• ये गुफा की दीवारों से नीचे की ओर बहने वाले पानी से बनते हैं, जो खनिजों से संतृप्त होता है। जब पानी वाष्पित हो जाता है, तो खनिज पीछे रह जाते हैं और स्टैलग्माइट बनाते हैं।

185. निम्नलिखित में से कौन-सी अशुद्ध धातुओं के शोधन के लिए सर्वाधिक व्यापक रूप से उपयोग की जाने वाली विधि है?
SSC CPO 03.10.2023 (Shift-II)

(a) दंड-विलोडन परिष्करण
(b) वाष्प प्रावस्था परिष्करण
(c) द्रवीकरण परिष्करण
(d) विद्युत-अपघटनी परिष्करण

उत्तर (d)

• **विद्युत-अपघटनी परिष्करण** प्रक्रिया धातुओं के निष्कर्षण और शुद्धिकरण के लिए उपयोग की जाने वाली एक तकनीक है। ताँबा, निकेल, सोना, सीसा, चाँदी और जस्ता जैसी धातुओं को विद्युत-अपघटन का उपयोग करके शुद्ध किया जा सकता है।

186. ……… के द्वारा दिए गए एक नियम के अनुसार, विद्युत अपघट्य विलयन में पारित होने वाली विद्युत की समान मात्रा द्वारा मुक्त होने वाले भिन्न पदार्थों की मात्रा उनके रासायनिक तुल्य भार के समानुपातिक होती है।
SSC CPO 25.11.2020 (Shift-III)

(a) जोसेफ फोरियर (b) जॉन डाल्टन
(c) माइकल फैराडे (d) अल्फ्रेड नोबेल

उत्तर (c)

• माइकल फैराडे द्वारा दिए गए विद्युत-अपघट्य नियम में कहा गया है कि इलेक्ट्रोड-इलेक्ट्रोलाइट सीमा पर धारा द्वारा उत्पादित रासायनिक परिवर्तन की मात्रा उपयोग की जाने वाली विद्युत की मात्रा के समानुपाती होती है, और समान मात्रा में बिजली द्वारा उत्पादित रासायनिक परिवर्तनों की मात्रा अलग-अलग होती है।

SSC MTS

187. ऑक्सीकृत पारे का सबसे आम अयस्क कौन-सा है, जो ज्वालामुखी गतिविधि और उष्ण स्रोत (hot springs) से सम्बन्धित दानेदार परतों या शिराओं (granular crusts or veins) में होता है?
SSC MTS 06.09.2023 (2nd Shift)

(a) डायस्पोर (Diaspore)
(b) सिडेराइट (Siderite)
(c) सिनेबार (Cinnabar)
(d) कोरण्डम (Corundum)

उत्तर (c)

• सिनेबार पारे (Hg) का एक अयस्क है जो ज्वालामुखी गतिविधि और उष्ण स्रोत (hot springs) से सम्बन्धित दानेदार परतों या शिराओं (granular crusts or veins) में होता है।

• डायस्पोर {AlO (OH)} कोरण्डम से जुड़ी अत्यधिक एल्युमीनियम रूपान्तरित चट्टानों में

परतदार द्रव्यमान के रूप में होता है। सिडेराइट जिसे चैलेबाइट भी कहा जाता है, आयरन कार्बोनेट ($FeCO_3$), एक व्यापक खनिज है, जो लोहे का एक अयस्क है। **कोरण्डम** प्राकृतिक रूप में पाया जाने वाला एल्युमीनियम ऑक्साइड खनिज (Al_2O_3) है, जो हीरे के बाद, सबसे कठोर ज्ञात प्राकृतिक पदार्थ है।

188. वह प्रक्रिया जिसमें धातुओं को उसके अयस्कों द्वारा गलनांक बिंदु से अधिक गर्म करके निष्कर्षित किया जाता है, ……… कहलाती है।
SSC MTS 09.05.2023 (Shift-III)

(a) कताई (b) प्रगलन
(c) उत्थान (d) निष्कर्षण

उत्तर (b)

- वह प्रक्रिया जिसमें धातुओं को उसके अयस्कों द्वारा गलनांक बिंदु से अधिक गर्म करके निष्कर्षित किया जाता है, प्रगलन कहलाती है।
- **भर्जन** एक सल्फाइड अयस्क को हवा की उपस्थिति में उच्च तापमान पर गर्म करने की एक प्रक्रिया है।
- **निस्तापन** किसी ठोस पदार्थ को नियन्त्रित वातावरण में गर्म करने की प्रक्रिया है।
- **कताई** स्टेपल या छोटी लम्बाई के फाइबर, जैसे कपास या रेयान, को निरन्तर सूत या धागे में परिवर्तित करने की प्रक्रिया है।

SSC Steno

189. फाइलोसिलिकेट के सर्वोत्तम उदाहरण क्या हैं?
SSC Steno 10.12.2024 (Shift-III)

(a) मर्करी, ग्रेफाइट, डायमण्ड
(b) पाइराइट, गैलेना, स्फालराइट
(c) माइकास, क्लोराइट, टाल्क और सर्पेण्टाइन
(d) कैल्साइट, मैग्नेसाइट, डोलोमाइट

उत्तर (c)

- फाइलोसिलिकेट के सर्वोत्तम उदाहरण "माइकास, क्लोराइट, टाल्क और सर्वेण्टाइन है।
- फाइलोसिलिकेट जिन्हें शीट सिलिकेट भी कहा जाता है, ये सिलका टेटा हेड्रॉन की परतदार संरचना होती है।
- यह खनिज परतदार रूप में पाए जाते हैं और इनमें अच्छा विद्युतीय इन्सुलेशन गुण होता है।
- इनका उपयोग विद्युत क्षेत्र, सौन्दर्य प्रसाधन और औद्योगिक उत्पादों में किया जाता है।

190. निम्नलिखित में से कौन-सा पोटैशियम लवण एक खनिज पूरक है, जिसका उपयोग रक्त में पोटैशियम के निम्न स्तरों के उपचार या रोकथाम के लिए किया जाता है?
SSC Selection Post (10+2) 27.06.2023 (Shift-I)

(a) पोटैशियम आयोडाइड
(b) पोटैशियम क्लोराइड
(c) पोटैशियम साइट्रेट
(d) पोटैशियम नाइट्रेट

उत्तर (b)

- **पोटैशियम क्लोराइड** एक खनिज पूरक है, जिसका उपयोग रक्त में पोटैशियम के निम्न स्तरों के उपचार या रोकथाम के लिए किया जाता है।

साधारण नाम

SSC CGL

191. मैग्नीशियम हाइड्रॉक्साइड के संरचनात्मक सूत्र की पहचान करें। SSC CGL 13.09.2024 (Shift-II)

(a) MgOH (b) MgO_2
(c) Mg_2H_2 (d) $Mg(OH)_2$

उत्तर (d)

- मैग्नीशियम हाइड्रॉक्साइड एक अकार्बनिक यौगिक है। इसका संरचनात्मक सूत्र ($Mg(OH)_2$) है।
- यह प्राकृतिक रूप से खनिज ब्रुसाइट के रूप में पाया जाता है। मैग्नीशियम हाइड्रॉक्साइड को एंटासिड या रेचक के रूप में मौखिक तरल निलंबन (oral liquid suspension) या चबाने योग्य टैबलेट के रूप में प्रयोग किया जा सकता है।

192. निम्नलिखित में से कौन-सी सीधी श्रृंखला वाला एल्काइल कार्बोक्सिलिक अम्ल है, जिसका रासायनिक सूत्र $CH_3CH_2CH_2CO_2H$ है?
SSC CGL 13.09.2024 (Shift-II)

(a) मेथेनोइक अम्ल
(b) प्रोपियॉनिक अम्ल
(c) ईथेनोइक अम्ल
(d) ब्यूटाइरिक अम्ल

उत्तर (d)

- **ब्यूटाइरिक अम्ल** सीधी श्रृंखला वाला एल्काइल कार्बोक्सिलिक अम्ल है।
- इसका उपयोग विभिन्न ब्यूटाइरेट एस्टर (जैसे, मिथाइल ब्यूटाइरेट) के उत्पादन में किया जाता है, जिनकी सुगंध व स्वाद रोचक होता है और जिनका उपयोग खाद्य पदार्थों, इत्र, स्वाद, वार्निश, फार्मास्यूटिकल्स और कीटाणुनाशक में योजक के रूप में किया जाता है। मेथेनोइक अम्ल (HCOOH), ईथेनोइक अम्ल (CH_3COOH), प्रोपेनॉइक अम्ल (CH_3CH_2COOH)।

193. टर्शियरी ब्यूटाईल ऐल्कोहॉल (Tertiarybutyl alcohol) का IUPAC नाम क्या है?
SSC CGL 09.09.2024 (Shift-II)

(a) 2-मेथाइलप्रोपेन-2-ol (2-Methylpropan-2-ol)
(b) 1-प्रोपाइलप्रोपेन-3-ol (1-propylpropan-3-ol)
(c) 1-मेथाइलप्रोपेन-3-ol (1-Methylpropan-3-ol)
(d) 1-एथाइलप्रोपेन-3-ol (1-ethylpropan-3-ol)

उत्तर (a)

- टर्शियरी ब्यूटाईल ऐल्कोहॉल (Tertiarybutyl alcohol) का IUPAC नाम 2-मधाइलप्रोपन-2ol है।
- तृतीयक ब्यूटाइल एल्कोहल, जिसे टर्ट-ब्यूटाइल एल्कोहल भी कहा जाता है, ईंधन और ईंधन योजक, मध्यवर्ती और प्रयोगशाला रसायनों में उपयोग किया जाने वाला तृतीय एल्कोहल है। यह एक रंगहीन तैलीय तरल है, जिसमें एल्कोहल की तीखी गंध होती है।

SSC CPO

194. एक यौगिक के IUPAC नाम में, ……… यौगिक से सम्बन्धित सबसे लम्बी कार्बन श्रृंखला में उपस्थित कार्बन परमाणुओं की कुल संख्या को दर्शाता है। SSC CPO 28.06.2024 (Shift-II)

(a) इन्फिक्स (b) साफिक्स
(c) रूट (d) प्रीफिक्स

उत्तर (c)

- IUPAC नामकरण में सफिक्स (suffix) आमतौर पर अणु में उपस्थित कार्यात्मक समूह (functional group) होता है, जो नाम रूट (root) के बाद आता है। उदाहरण के लिए, एल्कोहल के मामले में, प्रत्यय-ओल (-ol) है, जैसा कि इथेनॉल में देखा जाता है। प्रीफिक्स (prefixes) यौगिक के IUPAC नामकरण के मूल से पहले जोड़े जाते हैं। उदाहरण के लिए, 2-मिथाइलब्यूटेन में, मिथाइल उपसर्ग है, जो ब्यूटेन श्रृंखला से जुड़े मिथाइल समूह को दर्शाता है।

195. रासायनिक सूत्र $C_6H_4(OH)_2$ वाले बेंजीनडाइयोल (benzenediol) के 1,3-आइसोमर (या मेटा-आइसोमर) का नाम क्या है?
SSC CPO 05.10.2023 (Shift-III)

(a) ग्लिसरॉल (b) रेसोर्सिनोल
(c) कैटेकोल (d) m-efeâmeesue

उत्तर (b)

- रासायनिक सूत्र $C_6H_4(OH)_2$ वाले बेंजीनडाइयोल (benzenediol) के 1,3-आइसोमर (या मेटा-आइसोमर) का नाम रेसोर्सिनोल है।
- ऑर्थो स्थायी बेंजीन रिंग पर दो आसन्न स्थितियों को संदर्भित करती है। मेटा स्थायी बेंजीन रिंग पर एक कार्बन परमाणु द्वारा अलग की गई स्थिति को संदर्भित करती है।
- पैरा स्थायी बेंजीन रिंग पर विपरीत स्थिति (दो कार्बन परमाणुओं द्वारा अलग) को संदर्भित करती है। हाइड्रॉक्सिल समूहों के ऑर्थो- मेटा- और पैरा-स्थिति को ध्यान में रखते हुए, बेंजोनडाइयोल में क्रमश: कैटेकोल, रेसोरर्सिनॉल और हाइड्रोक्विनोन नामक तीन समावयवी होते हैं।

SSC CHSL

196. मिल्क ऑफ मैग्नीशिया जल में ……… का निलम्बन होता है। SSC CHSL 09.07.2024 (Shift-IV)

(a) मैग्नीशियम क्लोरेट
(b) मैग्नीशियम ब्रोमाइड
(c) मैग्नीशियम हाइड्रॉक्साइड
(d) मैग्नीशियम ऑक्सालेट

उत्तर (c)

- मैग्नीशियम हाइड्रॉक्साइड एक अकार्बनिक यौगिक है। जल में निलम्बन के रूप में इसे प्राय: "मिल्क ऑफ मैग्नेशिया" कहा जाता है, क्योंकि इसका रूप दूध जैसा होता है।
- **क्षार का नाम और उपयोग** कैल्शियम हाइड्रॉक्साइड : चूने का पानी, अमोनियम हाइड्रॉक्साइड : विंडो क्लीनर, सोडियम हाइड्रॉक्साइड/पोटैशियम हाइड्रॉक्साइड-साबुन।

197. एक तत्व का IUPAC नाम यूनिलेनियम (Unnilennium) है। उस तत्त्व का प्रतीक क्या है?
SSC CHSL 11.08.2023 (Shift-IV)
(a) Une (b) UnI (c) Unm (d) Unu

उत्तर (a)
• एक तत्व का IUPAC नाम यूनिलेनियम (Unnilennium) है। उस तत्त्व का प्रतीक (Une) है।
• इण्टरनेशल यूनियन ऑफ प्योर एण्ड एप्लाइट केमिस्ट्री (IUPAC) : यह रासायनिक नामकरण एवं शब्दावली पर विश्व प्राधिकरण है। यह मूल रूप से कुछ नियमों के अनुसार कार्बनिक यौगिकों के नामकरण की एक विधि है, **स्थापना**-1919, **मुख्यालय**-उत्तरी कैरोलिना (संयुक्त राज्य)।

198. ऐलिलऐमीन (allylamine) का IUPAC नाम क्या है, जिसका उपयोग दवाएँ और अन्य रसायनों को बनाने के लिए किया जाता है?
SSC CHSL 07.08.2023 (Shift-IV)
(a) प्रोपेन-1-ऐमीन
(b) बेंजेनामाइन
(c) एन-मिथाइलेथेनामिन
(d) प्रोप-2-ईन-1-ऐमीन

उत्तर (d)
• $NH_2—\overset{1}{C}H_2—\overset{2}{C}H = \overset{3}{C}H_2$
[प्रोप-2-ईन-1-ऐमीन]

199. ऑक्सोलेन (Oxolane) किस यौगिक का पर्याय है जिसका आण्विक सूत्र $(CH_2)_3CH_2O$ है?
SSC CHSL 07.08.2023 (Shift-II)
(a) थियोफीन (b) टेट्राहेड्रेन
(c) टेट्राहाइड्रोफ्यूरैन (d) ट्रोपोलोन

उत्तर (c)
• ऑक्सोलेन टेट्राहाइड्रोफ्यूमैन का यौगिक से है।
• **अन्य पर्याय शब्द** ब्यूटिलीन ऑक्साइड, टेट्रामेथिलीन ऑक्साइड।
• यौगिक को विषमचक्रीय यौगिक, विशेश रूप से चक्रीय ईथर के रूप में वर्गीकृत किया गया है। यह कम श्यानता वाला रंगहीन, जल में घुलनशील कार्बनिक द्रव है।

SSC MTS

200. बहुपरमाणुक धनायनों के सामान्य नाम प्राय: प्रत्यय ·········· के साथ समाप्त होते हैं।
SSC MTS 16.05.2023 (Shift-I)
(a) इक (-ic) (b) आइड (-ide)
(c) ओनियम (-onium) (d) Deme (-ous)

उत्तर (c)
• बहुपरमाणुक धनायनों के सामान्य नाम प्राय: प्रत्यय अमोनिया के साथ समाप्त होते है।
• **आयन** इलेक्ट्रॉनों की हानि या लाभ के कारण शुद्ध विद्युत आवेश वाला एक परमाणु या अणु।
• **आयनों के प्रकार** कैटायन-धनात्मक आवेश वाले आयन।
• एनायन-ऋणावेशित आयन होते हैं।
• **मोनोएटोमिक** जिसमें केवल एक परमाणु होता है। बहुपरमाणुक आयन-ऐसा आयन जिसमें एक से अधिक परमाणु हों।

201. आयनिक यौगिक $MgCl_2$ का रासायनिक नाम क्या है?
SSC MTS 16.05.2023 (Shift-II)
(a) सोडियम आयोडाइड
(b) मैंगनीज क्लोराइड
(c) सीजियम फ्लोराइड
(d) मैग्नीशियम क्लोराइड

उत्तर (d)
• **मैग्नीशियम क्लोराइड** ($MgCl_2$) में एक आयनिक बन्ध में एक मैग्नीशियम बन्ध में एक मैग्नीशियम आयन (Mg^{2+}) और दो क्लोराइड आयन (Cl^-) होते हैं।

202. सोडियम हाइड्रॉक्साइड निम्नलिखित में से किस सामान्य पदार्थ का रासायनिक नाम है?
SSC MTS 16.05.2023 (Shift-III)
(a) विरंजक चूर्ण (b) सुहागा
(c) कास्टिक सोडा (d) चाक

उत्तर (c)
• **कास्टिक सोडा** उपयोग साबुन, रेयान, कागज, विस्फोटक, डाईस्टफ और पेट्रोलियम उत्पादों के निर्माण के लिए किया जाता है।

SSC Steno

203. निम्नलिखित रसायनों से मेथिल क्लोराइड के रासायनिक सूत्र की पहचान कीजिए।
SSC Steno 13.10.2023 (Shift-II)
(a) CH_4 (b) C_2H_2
(c) CH_3Cl (d) C_2H_6

उत्तर (c)
• CH_3Cl (मिथाइल क्लोराइड) क्लोरोमेथेन के नाम से भी जाना जाता है। यह एक शुद्ध रंगहीन गैस है। इसमें हल्की, मीठी गन्ध होती है। यह वायु से भारी है और अत्यधिक ज्वलनशील है। इसका उपयोग मुख्य रूप से सिलिकॉन के निर्माण में किया जाता है, लेकिन पहले इसका उपयोग रेफ्रिजरेंट और निश्चेतक के रूप में उपयोग किया जाता था।

खोजें

SSC CGL

204. 18वीं शताब्दी में ऑक्सीजन के साथ रासायनिक अभिक्रिया के रूप में दहन के सिद्धान्त को किसने विकसित किया, जिसमें फ्लॉजिस्टन सिद्धान्त शामिल नहीं था?
SSC CGL Tier-I 11.09.2024 (Shift-I)
(a) रॉबर्ट बॉयल
(b) जोहान बीचर
(c) एण्टोनी लवॉजियर
(d) फ्रेडरिक वोहलर

उत्तर (c)
• 18वीं शताब्दी में ऑक्सीजन के साथ रासायनिक अभिक्रिया के रूप में दहन के सिद्धान्त को **एण्टोनी लवॉजियर** ने विकसित किया था, जिसमें फ्लॉजिस्टन सिद्धान्त शामिल नहीं था।
• यह एक फ्रांसीसी रसायनज्ञ थे, जिन्हें आधुनिक रसायन विज्ञान का जनक कहा जाता है।

205. 1789 ई. मे एण्टोनी-लॉरेण्ट लेवोजियर (Antoine-Laurent Lvaoisier) का रसायन विज्ञान में सर्वाधिक महत्त्वपूर्ण योगदान क्या था?
SSC CGL 12.09.2024 (Shift-III)
(a) द्रव्यमान संरक्षण का नियम
(b) गुणित अनुपात का नियम
(c) स्थिर अनुपात का नियम
(d) ऊर्जा संरक्षण का नियम

उत्तर (a)
• **द्रव्यमान संरक्षण का नियम** कहता है कि रासायनिक अभिक्रिया में द्रव्यमान को न तो निर्माण किया जा सकता है और न ही नष्ट किया जा सकता है।
• गुणित अनुपात का नियम (जॉन डाल्टन) कहता है कि एक तत्त्व के द्रव्यमान, दूसरे तत्त्व के निश्चित द्रव्यमान के साथ संयोजित होकर, पूर्ण संख्याओं के अनुपात में होते हैं।
• ऊर्जा संरक्षण का नियम (जूलियस रॉबर्ट मेयर) कहता है कि ऊर्जा को न तो निर्माण किया जा सकता है और न ही नष्ट किया जा सकता है, इसे केवल एक रूप से दूसरे रूप में परिवर्तित किया जा सकता है।

206. 1985 में रॉबर्ट एफ कर्ल (Robert F Curl), हेरोल्ड डब्ल्यू क्रोटो (Harold W Kroto) और रिचर्ड ई स्माली (Richard E Smalley) ने कार्बन के किस अपररूप की खोज की थी?
SSC CGL 17.09.2024 (Shift-III)
(a) ग्राफीन (b) लौन्सडेलाइट
(c) कार्बोफीन (d) फुलेरिन

उत्तर (d)
• **फुलेरीन** कार्बन का एक अणु है, जो एक खोखले गोले, दीर्घवृत्ताकार या ट्यूब के आकार का होता है, जिसका सामान्य सूत्र C_{2n} ($n \geq 30$) होता है। लेजर से ग्रेफाइट को वाष्पित करके बनाया गया फुलेरिन कार्बन एलोट्रोप्स में अद्वितीय है, जिसमें हीरा, ग्रेफाइट और कार्बन के अन्य रूप भी शामिल हैं- जो कोयले और कालिख जैसे पदार्थों में पाया जाता है।

207. वर्ष 1933 में असंतृप्त यौगिकों में अभिकर्मकों को मिलाने पर परॉक्साइड प्रभाव को देखने के लिए कौन-से दो कार्बनिक रसायनज्ञ जाने जाते हैं।
SSC CGL 19.09.2024 (Shift-I)
(a) मॉरिस एस खराश और फ्रैंक आय मेया (Morris S Kharasch and Frank R Mayo)
(b) सी जॉन कैडोगन और लुइस एम कैम्पोस (C John Cadogan and Luis M campos)
(c) बी स्टीवन बैचराव और रोआल्ड हॉफमैन (B Steven Bachrach and Roald Hoffmann)
(d) जस्टस वॉन लिबिग और फ्रेडरिक वोहलर (Justus von Liebig and Friedrich Wohler)

उत्तर (a)
• मॉरिस एस खराश और फ्रैंक आय मेया
• पेरॉक्साइड प्रभाव या खराश प्रभाव मार्कोवनिकोव के नियम का एक अपवाद है, जो पेरॉक्साइड की उपस्थिति में असममित एल्कीन पर हाइड्रोजन ब्रोमाइड (HBr) के योग का वर्णन करता है।

• इस प्रभाव के परिणामस्वरूप ऐसे उत्पाद बनते हैं, जो मार्कोवनिकोव के नियम द्वारा अनुमानित उत्पादों से भिन्न होते हैं।

208. 1811 ई. में आयतनों के संयोजन (combination of volumes) पर गे-लुसाक के परिणामों के साथ डाल्टन की परमाण्वीय परिकल्पना का मिलान किसने किया था?
SSC CGL 23.09.2024 (Shift-III)

(a) रॉबर्ट बॉयल (Robert Boyle)
(b) अमेदिओ अवोगाद्रो (Amadeo Avogadro)
(c) फ्रेड हॉयल (Fred Hoyle)
(d) जैक्स चार्ल्स (Jacques Charles)

उत्तर (b)

• **अमेदिओ अवोगाद्रो** के उल्लेखनीय शोधपत्र में डाल्टन की परमाणु परिकल्पना को गे-लुसाक के आयतन संयोजन सम्बन्धी निष्कर्षों के साथ सामंजस्य स्थापित करने का प्रयास किया गया था।

SSC MTS

209. जॉन डाल्टन ने 1808 ई. में रासायनिक अभिक्रियाओं को समझाने के लिए कौन-सा सिद्धान्त प्रकाशित किया था?
SSC MTS 06.09.2023 (Shift-III)

(a) परमाणु सिद्धान्त
(b) संयोजकता आबन्ध सिद्धान्त
(c) कांटम फील्ड सिद्धान्त
(d) आण्विक कक्षक सिद्धान्त

उत्तर (a)

• डाल्टन के **परमाणु सिद्धान्त** में कहा गया है कि सभी पदार्थ चाहे तत्त्व हों या यौगिक या मिश्रण, छोटे कणों से बने होते हैं जिन्हें परमाणु कहा जाता है। परमाणु अविभाज्य कण होते हैं, जिन्हें रासायनिक अभिक्रिया में बनाया या नष्ट नहीं किया जा सकता है।

SSC Steno

210. कोशिका के केन्द्रक की खोज किसने की थी?
SSC Steno 11.12.2024 (Shift-II)

(a) रोबर्ट हुक (b) ऐण्टन वॉन ल्यूवेनहॉक
(c) रॉबर्ट ब्राउन (d) वॉटसन

उत्तर (c)

• कोशिका के केन्द्रक की खोज **रॉबर्ट ब्राउन** ने की थी।

• इन्होंने 1831 ई. में ऑर्किड की एपिडर्मल कोशिकाओं में केन्द्रक की खोज की थी।

• इन्होंने सूक्ष्मदर्शी से प्रजनन कोशिकाओं में केन्द्रक को खोजा था।

• इन्होंने वर्ष 1953 में एसिटाबुलरिया पर ग्राफ्टिंग प्रयोगों की मदद में कोशिका नाभिक की मौजूदगी की पुष्टि की।

211. 1803 ई. में किसने विभिन्न तत्त्वों के परमाणुओं को दर्शाने के लिए वृत्त और तीर के चिह्नों का उपयोग किया था? **SSC Steno 11.12.2024 (Shift-I)**

(a) एण्टोनी लवॉजिएर (b) जैकब बर्जेलियस
(c) एमेडियो अवोगाद्रो (d) जॉन डाल्टन

उत्तर (d)

• 1803 ई. में **जॉन डाल्टन** ने विभिन्न तत्त्वों के परमाणुओं को दर्शाने के लिए वृत्त और तीर के चिह्नों का उपयोग किया था।

• डॉल्टन ने परमाणु सिद्धान्त का प्रतिपादन किया था, जो यह बताता है, कि सभी तत्त्व परमाणुओं से बने हैं।

• उन्होंने परमाणु द्रव्यमान के आधार पर 21 तत्त्वों की तालिका बनाई।

• उन्होंने परमाणुओं और उनके गुणों के आधार पर पदार्थों का वर्णन किया था।

212. निम्नलिखित में से किसने वर्ष 1779 में मरकरी ऑक्साइड द्वारा उत्सर्जित किए गए तत्त्व के लिए ऑक्सीजन नाम तय किया था?
SSC Steno 11.12.2024 (Shift-II)

(a) मार्टिन क्लैप्रोथ
(b) जॉन डॉल्टन
(c) जॉन्स जैकब ब्रजेलियस
(d) एण्टोनी लवॉजियर

उत्तर (d)

• **एण्टोनी लवॉजियर** ने 1779 ई. में मरकरी ऑक्साइड द्वारा उत्सर्जित किए गए तत्त्व के लिए ऑक्सीजन नाम तय किया था।

• इन्हें आधुनिक रसायन विज्ञान का जनक माना जाता है।

• इन्होंने तत्त्वों के नामकरण की प्रणाली विकसित की, जिसमें रसायन विज्ञान अधिक वैज्ञानिक बना।

• फ्रांसीसी क्रान्ति के दौरान सरकार के विरुद्ध काम करने के झूठे अपराध में उन्हें गिलोटिन से मार दिया गया।

दैनिक जीवन में रसायन

213. रासायनिक सूत्र C_9H_{20} वाले ऋजु श्रृंखलित एल्केन का नाम बताइए, जिसका उपयोग एक शोध रसायन के रूप में और जैवनिम्नीकरणीय अपमार्जक के निर्माण में किया जाता है।
SSC CGL Tier-I 25.09.2024 (Shift-II)

(a) नोनेन (b) डोडेकेन
(c) इकोसेन (d) नोनाडेकेन

उत्तर (a)

• **नोनेन** (Nonane) एक रंगहीन, ज्वलनशील तरल है, जिसका अणुभार 128.2551 है।

• इसमें 35 संरचनात्मक समावयवी होते हैं।

• यह पानी में अघुलनशील और पानी से कम घना है।

• इसका फ्लैश प्वॉइण्ट 86°F है।

SSC CPO

214. निम्नलिखित में से कौन-सा पॉलीहैलोजन यौगिक फ्रीऑन रेफ्रिजरेंट R-22 के उत्पादन में उपयोग किया जाता है?
SSC CPO 27.06.2024 (Shift-II)

(a) क्लोरोफार्म
(b) कार्बन टेट्राक्लोराइड
(c) मेथिलीन क्लोराइड
(d) डाइक्लोरोडाइफेनिलट्राइक्लोरोइथेन

उत्तर (a)

• **क्लोरोफार्म** ($CHCl_3$) पॉलीहैलोजन यौगिक फ्रीऑन रेफ्रिजरेंट R-22 के उत्पादन में उपयोग किया जाता है।

• IUPAC नाम- ट्राइक्लोरोमेथेन।

• इसे वसा, एल्कलॉइड, आयोडीन और अन्य पदार्थों के लिए विलायक के रूप में उपयोग किया जाता है।

• क्लोरोफॉर्म के लगातार सम्पर्क से यकृत (जहाँ क्लोरोफॉर्म का उपापचय फॉस्जीन में होता है) और गुर्दे को नुकसान हो सकता है।

• यह प्रकाश की उपस्थिति में वायु द्वारा धीरे-धीरे ऑक्सीकृत होकर एक अत्यन्त जहरीली गैस, कार्बोनिल क्लोराइड में परिवर्तित हो जाता है।

215. कोयले की खानों और दलदली जगहों में निम्नलिखित में से कौन-सी गैस पाई जाती है?
SSC CPO 29.06.2024 (Shift-I)

(a) भाप
(b) ओजोन
(c) नाइट्रोजन डाइऑक्साइड
(d) मीथेन

उत्तर (d)

• **मीथेन** गैस (CH_4) कार्बनिक पदार्थ के एरोबिक अपघटन (anaerobic decay) द्वारा उत्पन्न होती है। इसलिए, यह बायोगैस, कोयला, खदानों दलदली भूमि की सतह और सेप्टिक सिस्टम में पाई जाती है।

• यह प्राकृतिक गैस का एक महत्त्वपूर्ण घटक है, जिसका व्यापक रूप से घरेलू ईंधन के रूप में उपयोग किया जाता है। यह एक ग्रीन हाउस गैस है, जो वायुमण्डल में ऊष्मा को रोकती है।

SSC CHSL

216. ग्लूकोज की छः अवयवों वाली चक्रीय संरचना को पाइरानोज संरचना (Pyranose structure) क्यों कहा जाता है?
SSC CHSL Tier-I 08.07.2024 (Shift-II)

(a) पाइरन एक चक्रीय कार्बनिक यौगिक है, जिसमें एक ऑक्सीजन परमाणु और पाँच कार्बन परमाणु वलय में होते हैं
(b) पाइरन एक गैर-चक्रीय कार्बनिक यौगिक है, जिसमें एक ऑक्सीजन परमाणु और पाँच कार्बन परमाणु रिंग में होते हैं
(c) फुरान एक पाँच अवयव वाला चक्रीय यौगिक है, जिसमें एक ऑक्सीजन और चार कार्बन परमाणु होते हैं
(d) फुरान एक पाँच अवयव वाला गैर-चक्रीय यौगिक है, जिसमें एक ऑक्सीजन और चार कार्बन परमाणु होते हैं

उत्तर (a)

• ग्लूकोज की छः अवयवों वाली चक्रीय संरचना को पाइरानोज संरचना कहा जाता है।

• क्योंकि ग्लूकोज की चक्रीय संरचना में पाँच कार्बन व एक ऑक्सीजन परमाणु मिलकर 6 सदस्यी वलय का निर्माण करते हैं।

• ग्लूकोज की यह चक्रीय संरचना पाइरेन के समान होती है। अतः ग्लूकोज को पाइरानोज भी कहते हैं।

217. मिल्क ऑफ मैग्नीशिया जल में..........का निलम्बन होता है।
SSC CHSL Tier-I 09.07.2024 (Shift-IV)
(a) मैग्नीशियम ब्रोमाइड
(b) मैग्नीशियम हाइड्रॉक्साइड
(c) मैग्नीशियम ऑक्सेलेट
(d) मैग्नीशियम क्लोरेट

उत्तर (b)

- मिल्क ऑफ मैग्नीशिया जल में **मैग्नीशियम हाइड्रॉक्साइड** का निलम्बन होता है।
- इसका रासायनिक सूत्र $Mg(OH)_2$ है।
- $Mg(OH)_2$ को मिल्क ऑफ मैग्नीशिया इसलिए कहते हैं, क्योंकि यह जल में घुलकर दूध जैसा दिखता है।

218. निम्नलिखित में से किसमें गैस में परिक्षेपित द्रव की छोटी-छोटी बूँदे या ठोस के कण होते हैं।
SSC CHSL 04.07.2024 (Shift-I)
(a) ऐरोसॉल (b) जेल
(c) वाष्प (d) फोम

उत्तर (a)

- **ऐरोसॉल** गैस में परिक्षेपित द्रव की छोटी-छोटी बूँदे या ठोस के कण होते हैं।
- जेल एक अर्द्ध-ठोस पदार्थ है, जो द्रव में निलम्बित ठोस कणों का मिश्रण होता है। वाष्प एक विसरित पदार्थ (जैसे धुआँ या कोहरा) है, जो हवा में चलायमान रहता है और इसकी पारदर्शिता को खराब करता है।
- फोम, द्रव में विसरित गैस के बुलबुले की एक कोलॉइडी तन्त्र है।

SSC MTS

219. सोडियम बाइकार्बोनेट का रासायनिक सूत्र क्या है?
SSC MTS Tier-I 30.09.2024 (Shift-I)
(a) NaOH
(b) $NaHCO_3$
(c) NaCl
(d) Na_2CO_3

उत्तर (b)

- सोडियम बाइकार्बोनेट का रासायनिक सूत्र **$NaHCO_3$** है।
- सोडियम कार्बोनेट एक सफेद, गंधहीन, अकार्बनिक यौगिक है।
- इसका उपयोग बेकिंग पाउडर, पेय पदार्थों में एक घटक के रूप में और शुष्क रासायनिक अग्निशामक के घटक के रूप में किया जाता है।

220. हल्दी में निम्नलिखित में से कौन-सा रासायनिक यौगिक मौजूद होता है?
SSC MTS Tier-I 30.09.2024 (Shift-I)
(a) कैप्साइसिन
(b) करक्यूमिन
(c) कैरोटीन
(d) टार्टरिक अम्ल

उत्तर (b)

- हल्दी में **करक्यूमिन** नामक रासायनिक यौगिक मौजूद होता है।
- करक्यूमिन में सूजन रोधी, एण्टीऑक्सीडेण्ट और रोगाणुरोधी गुण होते हैं।
- हल्दी अम्लीय या तटस्थ घोल में पीली रहती है, लेकिन क्षार में लाल हो जाती है।

221. टमाटर के सॉस में परिरक्षक के रूप में सामान्यत: किस रासायनिक यौगिक का उपयोग किया जाता है?
SSC MTS Tier-I 30.10.2024 (Shift-III)
(a) सोडियम बेंजोएट
(b) ग्रीन टी एक्सट्रैक्ट
(c) सिरका
(d) कार्नोसिक अम्ल

उत्तर (a)

- टमाटर की सॉस में परिरक्षक के रूप में सामान्यत: सोडियम बेन्जोएट यौगिक का प्रयोग किया जाता है।
- इसका प्रयोग अम्लीय खाद्य पदार्थों जैसे सलाद ड्रेसिंग, जैम, फलों के रस, अचार, मसालों और जमे हुए दही टॉपिंग में किया जाता है।
- इसके अत्यधिक प्रयोग से कैंसर की आशंका बढ़ जाती है।
- इसका प्रयोग सनस्क्रीम, मॉइस्चराइजर, क्रीम, सीरम में भी किया जाता है।

222. भोजन में स्टार्च की उपस्थिति का परीक्षण करने के लिए किस विलयन का उपयोग किया जाना चाहिए?
SSC MTS Tier-I 21.10.2024 (Shift-II)
(a) एथिलीन ग्लाइकोल-जल विलयन
(b) टैल्क विलयन
(c) मैग्नीशियम विलयन
(d) आयोडीन विलयन

उत्तर (d)

- भोजन में स्टार्च की उपस्थिति का परीक्षण करने के लिए **आयोडीन विलयन** का उपयोग किया जाना चाहिए।
- स्टार्च के लिए रासायनिक परीक्षण में आयोडीन विलयन को मिश्रित किया जाता है और उसका रंग नीले या काले रंग में परिवर्तित होता है, जिससे स्टार्च की उपस्थिति ज्ञात होती है।
- स्टार्च पौधें की हरी पत्तियों में होता है। ये पौधों में आरक्षित खाद्य पदार्थ के रूप में कार्य करते हैं।

SSC GD

223. ब्लू विट्रिऑल का रासायनिक नाम क्या है?
SSC GD 09.02.2023 (Shift-II)
(a) सल्फ्यूरिक एसिड
(b) कॉपर सल्फेट
(c) सोडियम हाइड्रॉक्साइड
(d) जिंक सल्फेट

उत्तर (b)

- ब्लू विट्रिऑल का रासायनिक नाम **कॉपर सल्फेट** है $CuSO_4\ 5H_2O$
- इसका उपयोग मुख्य रूप से एक मौंट, कीटनाशक, कवकनाशी और उत्कीर्णन में किया जाता है।

SSC Steno

224. निम्नलिखित में से किसका उपयोग खाद्य परिरक्षक के रूप में नहीं किया जाता है?
SSC Steno 11.12.2024 (Shift-I)
(a) सादा नमक (b) चीनी
(c) सोडियम बेंजोएट
(d) सोडियम हाइड्रोजन कार्बोनेट

उत्तर (d)

- **सोडियम हाइड्रोजन कार्बोनेट** का उपयोग खाद्य परिरक्षक के रूप में नहीं किया जाता है।
- खाद्य परिरक्षक के रूप में सादा नमक, सोडियम बेंजोएट, सिरका, चीनी और सोडियम नाइट्रेट का प्रयोग किया जाता है।
- खाद्य परिरक्षकों का प्रयोग खाद्य पदार्थों को लम्बे समय तक सुरक्षित रखने के लिए किया जाता है।

225. आलू चिप्स के निर्माता सामान्यत: .... चिप्स की थैलियों को मुख्य रूप से नाइट्रोजन जैसी गैस से भर देते हैं। SSC Steno 13.10.2023 (Shift-I)
(a) चिप्स को ऑक्सीकृत होने से बचाने के लिए
(b) परिवहन के दौरान चिप्स को टूटने से बचाने के लिए
(c) जीवाणु सम्बन्धी क्रिया से चिप्स के अपघटन को रोकने के लिए
(d) व्यावसायिक लाभ के लिए पैकेटों को बड़ा दिखाने के लिए

उत्तर (a)

- आलू चिप्स के निर्माता सामान्यत: चिप्स की थैलियों में मुख्य रूप से नाइट्रोजन जैसी गैस भर देते हैं, क्योंकि चिप्स में मिश्रित तेल व अन्य पदार्थ ऑक्सीकृत होकर चिप्स को बासी कर देते हैं। बासी होने की इस प्रक्रिया को 'Raxiding' कहते हैं।

226. पीने के पानी की बोतलें और कई अन्य घरेलू सामान बनाने में प्रयुक्त होने वाली कठोर प्लास्टिक में निम्नलिखित में से कौन-सा रासायनिक यौगिक मौजूद होता है?
SSC Steno 13.10.2023 (Morning)
(a) बिसफेनॉल A (b) ट्राइफलेरिन
(c) क्रोम एलम (d) हेप्टाक्लोर

उत्तर (a)

- पीने के पानी की बोतलें और कई अन्य घरेलू सामान बनाने में प्रयुक्त होने वाली कठोर प्लास्टिक में **बिसफेनॉल A** रासायनिक यौगिक मौजूद होता है।
- **अन्य उपयोग** पेय कंटेनर, कॉम्पैक्ट डिस्क, प्लास्टिक डिनरवेयर, प्रभाव-प्रतिरोधी सुरक्षा उपकरण, ऑटोमोबाइल पार्ट्स और खिलौनों में उपयोग किया जाता है।

रसायन विज्ञान के अन्य विविध प्रश्नों के लिए, दिए गए QR Code को Scan करें।

12

जीव विज्ञान

- जीव विज्ञान, विज्ञान की वह शाखा है, जिसके अन्तर्गत सजीवों का अध्ययन किया जाता है।
- जीव विज्ञान शब्द **लैमार्क** एवं **ट्रेविरेनस** द्वारा 1802 ई. में दिया गया।

जीव विज्ञान की विभिन्न शाखाओं के जनक

शाखा	जनक
जीव विज्ञान/जन्तु विज्ञान	अरस्तू
वनस्पति विज्ञान	थियोफ्रेस्टस
प्रतिरक्षा विज्ञान	एडवर्ड जेनर
आनुवंशिकी	ग्रेगर जॉन मेण्डल
कोशिका विज्ञान	रॉबर्ट हुक
पादप-शारीरिकी	स्टीफन हेल्स
चिकित्साशास्त्र	हिप्पोक्रेटस
कवक विज्ञान	हेनरिक एंटोन डी बैरी
जीवाणु विज्ञान	लुई पाश्चर
सूक्ष्मजैविकी	ल्यूवेनहॉक
आधुनिक भ्रूण विज्ञान	वॉन बेयर
वर्गिकी अथवा वर्गीकरण विज्ञान	कैरोलस लीनियस
शैवाल विज्ञान	एफ. ई. फ्रिश्च
भारतीय शैवाल विज्ञान	ओ. पी. आयंगर

सजीव जगत

- जीव विज्ञान की वह शाखा जिसमें जीवों का वर्गीकरण किया जाता है, **वर्गिकी** (Taxonomy) कहलाती है।
- **आर एच व्हिटेकर** (1969) ने सभी जीवों को पाँच जगतों—**मोनेरा** (जीवाणु, *माइकोप्लाज्मा*), **प्रोटिस्टा** (प्रोटोजोआ), **फंजाई** (कवक), **प्लाण्टी** (शैवाल, ब्रायोफाइटा, टेरिडोफाइटा, जिम्नोस्पर्म एवं एन्जियोस्पर्म) तथा **एनिमेलिया** (अकशेरूकी एवं कशेरूकी) में वर्गीकृत किया।
- **विषाणु** अत्यन्त सूक्ष्म, पूर्ण परजीवी, न्यूक्लिओ- प्रोटीन के कण होते हैं, जो केवल जीवित कोशिका के अन्दर सक्रिय होते हैं। विषाणु की खोज **इवानोवस्की** (Ivanowaski) ने 1892 ई. में तम्बाकू में की।
- **जीवाणु** अतिसूक्ष्म, सरल, एक कोशिकीय, सर्वव्यापी तथा प्रोकैरियोटिक जीव हैं एवं इन जीवों को जीवाणु नाम **एहरेनबर्ग** (Ehrenberg) द्वारा 1829 ई. में दिया गया।
- **कैरोलस लीनियस** ने जीवों के नामकरण की **द्विनाम पद्धति** प्रतिपादित की, इसके अनुसार प्रत्येक जीव का विशिष्ट वैज्ञानिक नाम **वंश** तथा **जाति** से मिलकर बना होता है।

कुछ जीवधारियों के वैज्ञानिक नाम

जीवधारी	वैज्ञानिक नाम
मनुष्य (Man)	*Homo sapiens*
मेंढक (Frog)	*Rana tigrina*
बिल्ली (Cat)	*Felis domestica*
कुत्ता (Dog)	*Canis familiaris*
गाय (Cow)	*Bos indicus*
घरेलू मक्खी (Housefly)	*Musca domestica*
सरसों (Mustard)	*Brassica compestris*
मटर (Pea)	*Pisum sativum*
गेहूँ (Wheat)	*Triticum aestivum*
धान (Rice)	*Oryza sativa*
आम (Mango)	*Mangifera indica*
चना (Gram)	*Cicer arietinum*

कोशिका से सम्बन्धित खोजें

वैज्ञानिक	वर्ष	खोज
फोण्टाना	1781	केन्द्रिका
रॉबर्ट ब्राउन	1831	केन्द्रक
पुरकिन्जे	1839	जीवद्रव्य नाम दिया
वाल्थर डब्ल्यू. फ्लेमिंग	1877	समसूत्री कोशिका विभाजन की खोज की
वाल्थर डब्ल्यू. फ्लेमिंग	1879	गुणसूत्रों का विभाजन एवं क्रोमेटिन शब्द का प्रतिपादन
कोलिकर	1880	माइटोकॉण्ड्रिया
कैमिलो गॉल्जी	1891	गॉल्जीकाय
कार्ल बेण्डा	1897	माइटोकॉण्ड्रिया नाम दिया
जेम्स वॉटसन और फ्रांसिस क्रिक	1953	DNA की डबल हेलिक्स संरचना

मानव शरीर तन्त्र

- शरीर की संरचनात्मक एवं क्रियात्मक इकाई कोशिका है। समान कोशिकाएँ मिलकर ऊतक बनाती हैं।
- ऊतक मिलकर अंग तथा अंग मिलकर अंग-तन्त्र बनाते हैं।
- मानव के शरीर में विभिन्न प्रकार के अंग-तन्त्र; जैसे—पाचन, श्वसन, परिसंचरण, पेशीय, कंकाल, जनन, तन्त्रिका तथा अन्तःस्रावी तन्त्र उपस्थित होते हैं।

प्रमुख विटामिन एवं उनसे सम्बन्धित तथ्य

नाम	स्रोत	कमी का प्रभाव
वसा में घुलनशील विटामिन		
विटामिन-A (रेटिनॉल)	कैरोटिन रंगाओं से यकृत व आँतीय श्लेष्मा की कोशिकाओं में संश्लेषित, दूध, मक्खन, अण्डा, यकृत, मछली का तेल।	कॉर्निया व त्वचा की कोशिकाओं का शल्कोष्ट रतौंधी, कुण्ठित वृद्धि।
विटामिन-D (कैल्सीफेरॉल)	मक्खन, यकृत, मछली का तेल, गुर्दे, अण्डे, त्वचा और यीस्ट में सूर्य-प्रकाश में संश्लेषण।	सूखा रोग, ऑस्टियोमैलेसिया।
विटामिन-E (टोकोफेरॉल)	तेल, गेहूँ, अण्डे की जर्दी, सोयाबीन।	जनन क्षमता की कमी, जननांग तथा पेशी कमजोर।
विटामिन-K (नैफ्थोक्विनोन या फिल्लोक्विनोन)	हरी पत्तियाँ, अण्डा, यकृत, टमाटर, गोभी, सोयाबीन, आँत के जीवाणु।	चोट पर रुधिर का थक्का न जमने से अधिक रुधिर स्राव।
जल में घुलनशील विटामिन		
विटामिन- B_1 (थायमीन)	अनाज, फलियाँ, सोयाबीन, दूध, यीस्ट, अण्डे, मांस।	बेरी-बेरी
विटामिन-B_2 (राइबोफ्लैविन)	पनीर, अण्डे, यीस्ट, हरी पत्तियाँ, मांस, यकृत।	चीलोसिस
विटामिन-B_3 (निकोटिनिक अम्ल)	यीस्ट, मांस, यकृत, मछली, अण्डे, दूध, मटर, मेवा, फलियाँ।	पेलाग्रा
विटामिन-B_5 (पैन्टोथीनिक अम्ल)	अण्डे, जिगर, मांस, दूध, टमाटर, मूँगफली, गन्ना।	चर्म रोग, वृद्धि कम, बाल सफेद, जनन क्षमता कम
विटामिन-B_6 (पाइरिडॉक्सिन)	दूध, यीस्ट, अनाज, मांस, यकृत, मछली।	रक्तक्षीणता, चर्म रोग, पेशीय ऐंठन
विटामिन-B_7 (बायोटिन)	मांस, गेहूँ, अण्डा, मूँगफली, चॉकलेट, सब्जी, फल, यीस्ट।	चर्म रोग, बालों का झड़ना
विटामिन-B_{12} (सायनोकोबालएमीन)	मांस, मछली, यकृत, अण्डा, दूध, आँत के जीवाणु।	रुधिरक्षीणता, तन्त्रिका तन्त्र की गड़बड़ियाँ
विटामिन-C (एस्कॉर्बिक अम्ल)	नींबू वंश के फल, टमाटर, सब्जियाँ, आलू, अन्य फल।	स्कर्वी रोग

परिसंचरण तन्त्र

- **खुला परिसंचरण तन्त्र** तिलचट्टा, प्रॉन, कीट, मकड़ी आदि में पाया जाता है।
- **बन्द परिसंचरण तन्त्र** एनेलिडा, कुछ मोलस्क तथा सभी कशेरुकियों में पाया जाता है।
- **हृदय** एक मोटा, पेशीय, संकुचनशील एवं स्वतः पम्पिंग अंग है।

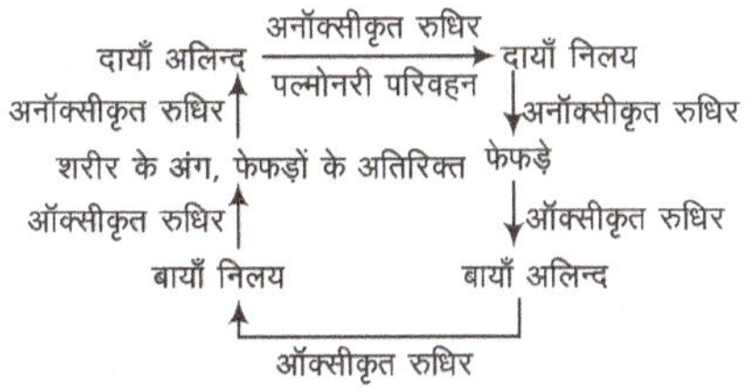

- मछलियों में हृदय दो कोष्ठीय, उभयचरों तथा सरीसृपों में तीन कोष्ठीय तथा मगरमच्छ, पक्षियों व स्तनधारियों में चार कोष्ठीय होता है।
- नवजात शिशु की हृदय स्पन्दन लगभग 160-190 बार प्रति मिनट होती है।

श्वसन

- श्वसन एक ऑक्सीकारक एवं ऊर्जा प्रदान करने वाली प्रक्रिया है
- इसमें जटिल कार्बनिक यौगिकों के टूटने से सरल कार्बनिक यौगिक बनते हैं।
- **अनॉक्सी श्वसन** (ऑक्सीजन की अनुपस्थिति में) के फलस्वरूप पाइरुविक अम्ल बनता है, जबकि ऑक्सी श्वसन (ऑक्सीजन की उपस्थिति में) के फलस्वरूप CO_2, जल तथा 38 ATP ऊर्जा उत्पन्न होती है।

खाद्य पदार्थों के पाचन के फलस्वरूप प्राप्त ग्लूकोज का कोशिका में ऑक्सीकरण होता है, इस क्रिया को कोशिकीय श्वसन कहते हैं।

कुछ जीवों के मुख्य श्वसन अंग

श्वसन अंग	उदाहरण
फेफड़े	मनुष्य, मेंढक, पक्षी, छिपकली
त्वचा	मेंढक, केंचुआ
गिल्स	टैडपोल, मछली, प्रॉन (झींगा)
श्वसन नाल	कीट
शरीर सतह	*अमीबा, यूग्लीना*

उत्सर्जन तन्त्र

- विभिन्न जन्तु भिन्न-भिन्न प्रकार के नाइट्रोजनी पदार्थ उत्सर्जित करते हैं; **उदाहरण** अमोनिया, यूरिया, यूरिक अम्ल।
- मानव शरीर का प्रमुख उत्सर्जी अंग **वृक्क** (Kidney) है। यह अनेक छोटी-छोटी संरचनात्मक एवं क्रियात्मक इकाइयों का बना होता है, इन्हें **नेफ्रॉन** कहते हैं।

प्रमुख उत्सर्जी अंग

उत्सर्जी अंग	उदाहरण
शरीर की सतह व रिक्तिका	*अमीबा*
ज्वाला कोशिका	फीताकृमि
रिनेट कोशिका	*ऐस्केरिस*
नेफ्रीडिया	केंचुआ
मैल्पीघियन नलिकाएँ	कॉकरोच (कीट)
वृक्क	मनुष्य, उभयचर, पक्षी तथा अन्य स्तनी

तन्त्रिका-तन्त्र

- यह केन्द्रीय, परिधीय तथा स्वायत्त तन्त्रिका तन्त्र से मिलकर बना होता है।
- केन्द्रीय तन्त्रिका तन्त्र **मस्तिष्क** तथा **मेरुरज्जु** का बना होता है। मस्तिष्क तीन भागों अग्र-मस्तिष्क, मध्य- मस्तिष्क तथा पश्च-मस्तिष्क में विभाजित होता है।
- मनुष्य का मस्तिष्क अस्थियों के खोल **क्रेनियम** में बन्द रहता है।
- **सेरीब्रम** मनुष्य की बुद्धिमत्ता, स्मृति, इच्छा शक्ति, ऐच्छिक गतियों एवं चिन्तन का केन्द्र है।
- **थैलेमस** दर्द, ठण्डा तथा गर्म को पहचानने का कार्य करता है।
- **हाइपोथैलेमस** भूख, प्यास, ताप नियन्त्रण, प्यार, घृणा आदि का केन्द्र है।
- **सेरीबेलम** शरीर का सन्तुलन बनाए रखता है।
- **मेड्यूला ऑब्लोंगेटा** का मुख्य कार्य हृदय की धड़कनों, श्वसन दर तथा उल्टी जैसी अनैच्छिक क्रियाओं का नियमन करना है।

शरीर के कुछ रोग एवं उनसे प्रभावित अंग

रोग	प्रभावित अंग
आर्थाराइटिस (गठिया)	जोड़ों की सूजन
डिफ्थीरिया	गला, श्वासनली
एग्जीमा	त्वचा
प्लूरिसी	छाती
कैटारेक्ट एवं ग्लाउकोमा	आँखें
हेपेटाइटिस	यकृत
ट्रेकोमा	अग्न्याशय, वृक्क तथा आँखें
डायबिटीज	अग्न्याशय, वृक्क तथा आँखें
घेंघा	थायरॉइड ग्रन्थि
पर्किन्सन्स	मस्तिष्क
रिकेट्स	हड्डियाँ
सुजाक एवं श्वेत प्रदर	मूत्र मार्ग
एथलीट फुट	पैर

प्रोटोजोआ द्वारा मनुष्य में होने वाले प्रमुख रोग

रोग	प्रभावित अंग	परजीवी
पायरिया	दाँतों की जड़ें तथा मसूड़े	*एण्टअमीबा जिन्जिवेलिस*
पेचिस	आँत	*एण्ट अमीबा हिस्टोलिटिका*
काला-अजार	रुधिर, लसिका, प्लीहा तथा अस्थिमज्जा	*लीशमानिया-डोनावानी (वाहक-बालू मक्खी)*
निद्रा रोग	रुधिर, सेरीब्रोस्पाइनल द्रव तथा केन्द्रीय तन्त्रिका तन्त्र	*ट्रिपैनोसोमा गैम्बियन्स (वाहक-सी-सी मक्खी)*
मलेरिया	लाल रुधिराणु, प्लीहा तथा यकृत	*प्लाज्मोडियम (वाहक-मादा एनॉफिलीज)*

जीवाणुओं द्वारा मनुष्यों में होने वाले प्रमुख रोग

रोग	प्रभावित अंग	परजीवी
निमोनिया	फेफड़े	*डिप्लोकोकस न्यूमोनी एवं होमोफिलस इन्फ्लूएंजी*
टिटनेस	तन्त्रिका तन्त्र तथा माँसपेशियाँ	*क्लॉस्ट्रीडियम टिटेनी*
मियादी बुखार *(टायफॉइड)*	आँत का रोग	*साल्मोनेला टाइफी*
कुष्ठ रोग (कोढ़)	त्वचा तथा तन्त्रिका कोशिकाएँ	*माइकोबैक्टीरियम लेप्री*
क्षय रोग (TB)	शरीर का कोई भी अंग, विशेषकर फेफड़े	*माइकोबैक्टीरियम ट्यूबरकुलोसिस*
हैजा	आँत या आहार नाल	*विब्रिओ कॉलेरी*
डिफ्थीरिया	गला एवं श्वास नली (Trachea)	*कोरीनेबैक्टीरियम डिफ्थेरी*
काली खाँसी	श्वसन तन्त्र	*हीमोफिलस परटूसिस*
सिफिलिस	जनन अंग, मस्तिष्क, तन्त्रिका तन्त्र	*ट्रेपोनेमा पैलिडम*
प्लेग	बगलें या काँखें, फेफड़े, लाल रुधिर कणिकाएँ	*पाश्चूरेला पेस्टिस*
गोनोरिया	मूत्र मार्ग	*नीसेरिया गोनोरियाई*
मेनिनजाइटिस	मस्तिष्क के ऊपर की झिल्लियाँ, मस्तिष्क तथा स्पाइनल कॉर्ड	*नीसेरिया मेनिनजाइटिडिस (Neisseria meningitidis)*

कवक जनित मानव रोग

रोग	प्रभावित अंग	रोगकारक कवक
ऐस्परगिलोसिस	फेफड़े	*ऐस्पर्जिलस फ्लेक्स, ऐ. फ्यूमिगेटस*
छाले होना	गला व मुँह	*ऐ. नाइजर* तथा *मोनीलिया*
परागज ज्वर (Hay Fever)	समस्त शरीर	*आल्टरनेरिया, हेल्मिन्थोस्पोरियम फोमा* तथा *ट्राइकोडर्मा* जाति
दाद	त्वचा	*माइक्रोस्पोरम लेनोसन*

चिकित्सा सम्बन्धी आविष्कार

आविष्कार	आविष्कारक
रुधिर परिसंचरण	विलियम हार्वे
रुधिर समूह	कार्ल लैण्डस्टीनर
विटामिन	फंक
स्टैथोस्कोप	रेने लैनेक
सल्फा ड्रग्स	गेरहाई डोमक
हृदय प्रत्यारोपण	क्रिश्चियन बर्नार्ड
हैजे का टीका	जैमे-फैरेन
होम्योपैथी	हैनीमैन
TB के कीटाणु तथा चिकित्सा	रॉबर्ट कोच
DDT	पॉल मुलर
पेनिसिलिन	एलैक्जेण्डर फ्लेमिंग
पोलियो का टीका	जॉन्स ई साल्क
BCG टीका	गुइरिन कालमेट
DNA	फ्रेडरिक मिशर
इन्सुलिन	बैटिंग/बेस्ट
चेचक का टीका	एडवर्ड जेनर

वर्गिकी

SSC CGL

1. आम का वानस्पतिक नाम क्या है?
SSC CGL Tier-1 17.08.2021 (Shift-III)
(a) *मोनून लोंगिफोलियम* (b) *मैंजिफेरा इण्डिका*
(c) *कोकोस न्यूसीफेरा* (d) *कैस्यूरिना*

उत्तर (b)

• आम (Mango) का वानस्पतिक नाम **मैंजिफेरा इण्डिका** है। यह एक रसीला फल है। इसकी मूल प्रजाति को भारतीय आम (indian mango) कहते हैं।
• आम के पेड़ की ऊँचाई सामान्यत: 35-40 मी तक होती है।
• विश्व में भारत, चीन, थाईलैण्ड, मैक्सिको व पाकिस्तान आम के प्रमुख उत्पादक देश हैं।

2. वर्गिकी (taxonomy) के अनुसार, निम्नलिखित में से कौन—सा क्रम सही है।
SSC CHSL Tier-1 03/07/2024 (Shift-IV)
(a) वर्ग-संघ-कुल-गण-वंश-प्रजाति
(b) वर्ग-संघ-गण-कुल-वंश-प्रजाति
(c) कुल-संघ-वर्ग-गण-वंश-प्रजाति
(d) संघ-वर्ग-गण-कुल-वंश-प्रजाति

उत्तर (d)

• वर्गिकी पदानुक्रम के अनुसार सही क्रम—
• **संघ > वर्ग > गण > कुल > वंश > प्रजाति** है।
• अध्ययन की सुविधा हेतु जीवों का वर्गीकरण करते समय, इन्हें कई छोटे-बड़े समूहों में स्थापित किया जाता है। इन समूहों को वर्गक (taxon) एवं श्रेणी (catagory) कहते हैं।
• वर्गीकरण पद्धति में किसी जीव को उच्च वर्गकों से निम्न वर्गकों से निम्न वर्गकों (जगत, संघ, वर्ग, गण, कुल, वंश व जाति) में उनके लक्षणों के आधार पर व्यवस्थित करना वर्गिकीय पदानुक्रम या वर्गिकीय श्रेणीबद्धता (taxonomic hierarchy) कहलाता है।
• सभी सात श्रेणियों का पदानुक्रम निम्नलिखित प्रकार से है—जगत, संघ (जन्तुओं में)/प्रभाग (पादपों में), वर्ग, गण, कुल, वंश, जाति।

3. सी-पेन (समुद्री पिच्छक) के वैज्ञानिक नाम की पहचान कीजिए, जो संघ निडेरिया से सम्बन्धित है। **SSC Steno 10.12.2024 (Shift-III)**
(a) *ओबेलिया* (b) *गोर्गोनिया*
(c) *एडम्सिया* (d) *पेनाटुला*

उत्तर (d)

• सी-पेन (समुद्री पिच्छक) का वैज्ञानिक नाम **पेनाटुला** है, जो समुद्री जीवों की एक प्रजाति तथा संघ निडेरिया से सम्बन्धित है।
• यह जीव कोरल की भान्ति एक कॉलोनी में रहता है।
• वह सागर का नर्म जीव है, जो गहरे समुद्र में पाया जाता है।
• इसकी संरचना पेन जैसी होने के कारण इसे 'सी-पेन' कहा जाता है।
• यह समुद्री परिस्थितिकीय तन्त्र में महत्त्वपूर्ण भूमिका निभाते हैं।
• (β – 1, 4 linkage) से जुड़े होते हैं।
• एसीटिल म्यूरेमिक अम्ल से एक पेप्टाइड श्रृंखला जुड़ी रहती है, जिसमें L- ऐलैनिन, D-एलैनिन, D- ग्लूटैमिक अम्ल तथा डाइएमीनोपीमेलिक अम्ल भी उपस्थित हो सकते हैं।
• जीवाणु में कोशिका भित्ति बाहर की ओर से एक श्लेष्मी परत या सम्पुट (capsule) द्वारा ढकी रहती है। यह पॉलीसैकेराइड, जैसे -डेक्सट्रॉन, लेवॉन तथा अमीनों अम्ल से निर्मित होती है।

सक्ष्म जीवी

SSC CGL

4. निम्नलिखित में से कौन-सी श्रेणी *गोनिओलेक्स (Gonyaulax)* से सम्बन्धित है?
SSC CGL Tier-1 11.09.2024 (Shift-I)
(a) यूग्लीनोएड्स (b) डाइनोफ्लैजलेट्स
(c) प्रोटोजोअन्स (d) क्राइसोफाइट्स

उत्तर (b)

• *गोनिओलेक्स* डाइनोफ्लैजलेट्स से सम्बन्धित है, जो प्रोटिस्टा जगत का सदस्य है।
• ये अतिसूक्ष्म, एककोशिकीय समुद्री शैवाल है।
• *गोनिओलेक्स* की अधिकता से समुद्री जल लाल दिखने लगता है; जिसे लाल ज्वार कहते हैं।

5. लाल शैवाल निम्नलिखित में से किस विधि द्वारा प्रजनन करते हैं?
SSC CGL Tier-1 24.09.2024 (Shift-I)
(a) फ्रेगमेंटेशन (खण्डीभवन)
(b) माइक्रोप्रोपगेशन (सूक्ष्म प्रवर्द्धन)
(c) कटिंग/कलम लगाना
(d) ग्राफ्टिंग/रोपण

उत्तर (a)

• फ्रेगमेंटेशन, अलैंगिक प्रजनन का एक रूप है। इसमें जीव स्वयं को कई टुकड़ों में विखण्डित करते हैं। लाल शैवाल इसी माध्यम से प्रजनन करते हैं।

6. स्पाइरोगाइरा में किस प्रकार के युग्मक पाए जाते हैं? **SSC CGL Tier-1 24.09.2024 (Shift-II)**
(a) विषमयुग्मकी और गैर-कशाभी
(b) समयुग्मकी और कशाभी
(c) समयुग्मकी और गैर-कशाभी
(d) विषमयुग्मकी और कशाभी

उत्तर (c)

• *स्पाइरोगाइरा* में लैंगिक प्रजनन के अन्तर्गत दो आकारिकीय रूप से समयुग्मकी और गैर-कशाभी युग्मक पाए जाते हैं।
• *स्पाइरोगाइरा* एक शैवाल है। इसमें क्लोरोफिल पाया जाता है। अत: यह प्रकाश-संश्लेषण की क्रिया द्वारा अपना भोजन स्वयं बनाता है।

7. भूरे समुद्री शैवाल, मैक्रोएल्गी और डायटम में कौन-सा समुद्री कैरोटिनॉइड प्रचुर मात्रा में पाया जाता है?
SSC CGL Tier-1 18.09.2024 (Shift-I)
(a) निओजैन्थिन (b) ऐस्टेजैन्थिन
(c) β-क्रिप्टोजैन्थिन (d) फ्यूकोजैन्थिन

उत्तर (d)

• भूरे समुद्री शैवाल, मैक्रोएल्गी और डायटम में फ्यूकोजैन्थिन (fucoxanthin) नामक समुद्री कैरोटिनॉइड प्रचुर मात्रा में पाया जाता है।
• यह भूरे रंग का वर्णक होता है, जो समुद्री शैवालों को रंग प्रदान करने एवं प्रकाश-संश्लेषण में सहायता करता है।
• भूरे समुदी शैवालों के कुछ उदाहरण *एक्टोकार्पस, लैमिनेरिया, सरगासम* और *फ्यूकस* हैं।

8. राइजोबियम, *नाइट्रोसोमोनास* और *नाइट्रोबैक्टर* जैसे सूक्ष्मजीवों का उपयोग कहाँ किया जाता है? **SSC CGL Tier-1 12.09.2024 (Shift-I)**
(a) नाइट्रोजन चक्र
(b) सल्फर चक्र
(c) जल चक्र
(d) कार्बन चक्र

उत्तर (a)

• *राइजोबियम, नाइट्रोसोमोनास* और *नाइट्रोबैक्टर* जैसे सूक्ष्मजीवों का उपयोग नाइट्रोजन चक्र में किया जाता है।
• नाइट्रोजन चक्र एक जैव-रसायनिक प्रक्रिया है, जिसके अन्तर्गत नाइट्रोजन कई रूपों में परिवर्तित होती है एवं क्रमिक रूप से वायुमण्डल से मिट्टी में, तत्पश्चात् जीवों में एवं पुन: वायुमण्डल में वापस चली जाती है।
• नाइट्रोजन पौधों (फसलों) के लिए एक महत्त्वपूर्ण पोषक तत्त्व है।

9. वे जीव जिनमें निश्चित केन्द्रक या अंगक नहीं होते, उन्हें जगत में वर्गीकृत किया जाता है।
SSC CGL Tier-1 12.09.2024 (Shift-I)
(a) फंजाई (b) प्रॉटिस्टा
(c) मोनेरा (d) प्लाण्टी

उत्तर (c)

• वे जीव जिनमें निश्चित केन्द्रक या अंगक नहीं होते, उन्हें मोनेरा जगत में वर्गीकृत किया जाता है।
• मोनेरा प्रॉकैरियोटिक जीव होते हैं, जिसमें वास्तविक केन्द्रक अनुपस्थित होता है। ये सूक्ष्मजीवी होते हैं।
• मोनेरा जीव स्वपोषी अथवा विषमपोषी दोनों हो सकते हैं।
• मोनेरा जीवों का प्रजनन अलैंगिक प्रजनन द्विविखण्डन विधि के माध्यम से होता है।

SSC CHSL

10. बासी और गीली ब्रेड के ऊपर रुई जैसी संवृद्धि को क्या कहते हैं?
SSC CHSL Tier-2 18.11.2024
(a) कवक (b) शैवाल
(c) लाइकेन (d) जीवाणु
उत्तर (a)
• बासी और गीली ब्रेड के ऊपर रुई जैसी संवृद्धि को कवक (Fungi) कहते हैं।
• कवक, एकल कोशिका वाले या बहुत जटिल बहुकोशिका जीव होते हैं। ये अधिकांशत: भूमि पर रहते हैं।
• कवक के कुछ उदाहरण कुकुरमुत्ता, हरीकाली फंगस, खमीर और सफेद पीली फंगस हैं।
• कवक जीवित रहने वाले कार्बनिक पदार्थ से पोषक तत्वों के अवशोषित करके भोजन करते हैं।
• एथलीट फुट और दाद मनुष्यों में होने वाली दो फंगल बीमारियाँ हैं।

11. एक ऐसे जीव की पहचान कीजिए जो समैकान्तरण (मेटाजेनेसिस) प्रदर्शित करता है।
SSC CGL Tier-1 26.07.2023 (Shift-III)
(a) *यूस्पंजिया* (b) *स्पंजिला*
(c) *साइकन* (d) *ओबेलिया*
उत्तर (d)
• *ओबेलिया* जीव समैकान्तरण (मेटाजेनेसिस) प्रदर्शित करता है।
• समैकान्तरण का अर्थ—जानवरों में पीढ़ियों का एकान्तरण है।
• *ओबेलिया* एक बहुरूपी सीलेण्ट्रेट जन्तु है, जिसमें पॉलिप, (अलैंगिक रूप) एवं मेड्युसा (लैंगिक रूप) का एकान्तरण होता है।
• *ओबेलिया* मुख्यत: समुद्र तट के उथले जल में, चट्टानों तथा समुद्री खरपतवारों इत्यादि से चिपके हुए पाए जाते हैं।

12. माइटोकॉण्ड्रिया ········ में नहीं पाया जाता है।
SSC CGL Tier-1 18.07.2023 (Shift-IV)
(a) यीस्ट (b) शैवाल
(c) कवक (d) जीवाणु
उत्तर (d)
• माइटोकॉण्ड्रिया 'जीवाणु' में नहीं पाया जाता है। यह DNA व हरित लवक में पाया जाता है।
• माइटोकॉण्ड्रिया कोशिका का श्वसन स्थल है तथा कोशिका में इसकी संख्या निश्चित नहीं होती। इसी कारण इसे कोशिका का 'पॉवर हाउस' भी कहा जाता है।

13. स्तम्भ A को स्तम्भ B से सुमेलित कीजिए।
SSC CHSL Tier-1 17.07.2023 (Shift-IV)

स्तम्भ A (शैवाल के प्रकार)	स्तम्भ B (उचित नाम)
A. नील-हरित शैवाल	1. *सारगैसम*
B. लाल शैवाल	2. *क्लैमाइडोमोनास*
C. हरित शैवाल	3. रोडोफाइटा
D. भूरे शैवाल	4. सायनोबैक्टीरिया

कूट

	A B C D		A B C D
(a)	3 4 1 2	(b)	1 2 3 4
(c)	4 3 2 1	(d)	1 3 2 4

उत्तर (c)
• सही सुमेलन इस प्रकार है। A-4, B-3, C-2, D-1.

14. निम्नलिखित में से कौन अपरदन को सरल अकार्बनिक पदार्थों में निम्नीकृत कर सकता है?
SSC CGL Tier-2 03.03.2023 (Shift-I)
(a) लाइकेन
(b) कवकीय एन्जाइम
(c) पादपप्लवक
(d) शैवाल
उत्तर (b)
• कवकीय एन्जाइम (Fungal enzyme) अपरदन को सरल अकार्बनिक पदार्थों में निम्नीकृत कर सकता है।
• कवकीय एन्जाइम वास्तव में प्रोटीन होते हैं, जो जटिल पदार्थों को अलग करके सरल उत्पादों में बदल देते हैं।
• यह एन्जाइम चिकित्सियक आवश्यकताओं, वाणिज्यिक प्रसंस्करण, जैव-उपचार आवश्यकताओं व कृषि अनुप्रयोगों की एक विस्तृत शृंखला के लिए उपयुक्त है।

15. जीवाणु कशाभिका के सबसे लम्बे भाग की पहचान कीजिए।
SSC CGL Tier-1 09.12.2022 (Shift-III)
(a) पूँछ
(b) हुक
(c) आधारीकाय
(d) फिलामेण्ट
उत्तर (d)
• जीवाणु कशाभिका के तीन भाग होते हैं आधारीकाय, हुक व फिलामेण्ट जिसमें से फिलामेण्ट कशाभिका का सबसे लम्बा भाग होता है।

16. बैक्टिरियल कशाभ के तीन भाग कौन-से हैं?
SSC CGL Tier-1 01.12.2022 (Shift-II)
(a) फिलामेन्ट, हुक, आधारकाय
(b) सिर, पूँछ और निम्न अंग
(c) फिलामेन्ट, पूँछ और हुक
(d) आधारकाय, पूँछ और फिलामेन्ट
उत्तर (a)
• बैक्टिरियल कशाभ (Flagella) के तीन मुख्य भाग होते हैं, जो इस प्रकार हैं आधारकाय (basal body), हुक (hook), फिलामेण्ट (Filament)। ये कशाभ फ्लैजैलिन नामक प्रोटीन से बना होता है।
• इसमें आधारकाय दण्डनुमा (rod) संरचना है, जो कोशिका आवरण में धँसी होती है।
• हुक, कशाभ का सबसे मोटा भाग होता है, जो कोशिकाभित्ति में प्रवेश कर तन्तु को आधारकाय से जोड़ता है।
• फिलामेण्ट या तन्तु कोशिकाभित्ति के बाहर स्थित होता है।

17. बैक्टिरियल कोशिका के कोशिका आवरण में पाए जाने वाली बाह्य परत होती है
SSC CGL Tier-1 02.12.2022 (Shift-III)
(a) प्लाज्मा झिल्ली (b) कोशिका द्रव्य
(c) ग्लाइकोकेलिक्स (d) कोशिका झिल्ली
उत्तर (c)
• बैक्टिरियल (जीवा) कोशिका के कोशिका आवरण (Cell envelope) में पाए जाने वाली बाह्य परत ग्लाइकोकेलिक्स होती है।
• कोशिका भित्ति प्लाज्मा झिल्ली और ग्लाइकोकेलिक्स के मध्य स्थित होती है।
• यह कोशिका को निश्चित आकृति व आकार बनाए रखने में सहायता करती है।

18. निम्न में कौन-सी वायरस से होने वाली बीमारी नहीं है? **SSC CGL Tier-1 23.08.2021 (Shift-II)**
(a) जीका (b) इबोला
(c) एड्स (d) प्लेग
उत्तर (d)
• 'प्लेग' वायरस से होने वाली बीमारी नहीं है।
• यह जीवाणुजनित रोग है, जो मुख्यत: *पाश्चुरेला पेस्टिस* नामक जीवाणु के कारण होता है।
• इस रोग के प्रमुख लक्षण तेज बुखार व शरीर पर गिल्टियाँ पड़ जाना आदि हैं।
• इस रोग में सर्वाधिक प्रभावित अंग फेफड़े (Lungs) होते हैं।

SSC CPO

19. बैक्टीरिया के सम्बन्ध में PPLO का पूर्ण रूप क्या है? **SSC CPO 03.10.2023 (Shift-I)**
(a) निमोनिया प्लेटलेट लाइक ऑर्गेनिज्म
Pneumonia Platelet Like Organisms
(b) प्लुरो निमोनिया लाइक ऑर्गेनिज्म
Pleuro Pneumonia Like Organisms
(c) प्लेटलेट प्रोन लाइक ऑर्गेनिज्म
Platelet Prone Like Organisms
(d) प्लुरो प्लेटलेट लाइक ऑर्गेनिज्म
Pleuro Platelet Like Organisms
उत्तर (b)
• PPLO का पूरा नाम प्लुरो निमोनिया लाइक ऑर्गेनिज्म (Pleuro Pneumonia Like Organisms) है।
• यह मोनेरा जगत का *माइकोप्लाज्मा* है, जो प्रॉकैरियोटिक, अवायवीय व कोशिका भित्ति विहीन होता है।
• PPLO सजीव जगत की सबसे छोटी ज्ञात कोशिका है।

20. आप उस ग्लाइकोकैलिक्स (glycocalyx) को क्या कहेंगे, जो एक ढ़ीली आच्छद प्रकार की है? **SSC CPO 05.10.2023 Shift (III)**
(a) कैप्सूल (Capsule)
(b) नलिका (Tubules)
(c) अवपक परत (Slime layer)
(d) मीसोसोम (Mesosomes)
उत्तर (c)

• ढीली आच्छद (loose sheath) प्रकार की ग्लाइकोकैलिक्स अवपक परत (slime layer) कहलाती है।
• यह ढीली रूप से जुड़े ग्लाइकोप्रोटीन अणुओं की बनी होती है। यह एक पतली व चिकनी परत है, जो कुछ जीवाणुओं मे कोशिका भित्ति को घेरे रहती है।
• यह आधार से चिपकने, निर्जलीकरण से बचाने व पोषकों की क्षति को रोकने का कार्य करती है।

21. निम्न में से कौन-सा युग्म पादप रोग व सूक्ष्म जीवों के सम्बन्ध में सही है? SSC CPO 10.11.2022

I. सिट्रस कैंकर – वायरस
II. गेहूँ का रस्ट – फंगस

(a) केवल I (b) केवल II
(c) I व II दोनों (d) न तो I न ही II

उत्तर (b)

• पादप रोग व सूक्ष्म जीवों के सम्बन्ध में युग्म (II) सही है।
• साइट्रस कैंकर, नींबू के सबसे महत्त्वपूर्ण रोगों में से एक है, जो जीवाणु *जैन्थोमोनस सिट्री* के कारण होता है।
• इस रोग के अन्तर्गत नींबू के पेड़ की पत्तियाँ व फल समय से पूर्व ही गिर जाते हैं।
• रस्ट ऑफ व्हीट (पीला रतुआ रोग) गेहूँ के सबसे खतरनाक और विनाशकारक रोगों में से एक है। यह *पक्सीनिया स्ट्राईफारमिस* नामक कवक से होता है।

22. जीवाणुओं की कोशिका भित्ति किससे बनी होती है? SSC CHSL Tier-1 09.07.2024 (Shift-IV)

(a) ग्लाइकोजन (b) पेप्टिडोग्लाइकेन
(c) पेप्टॉन (d) सेलुलोस

उत्तर (b)

• जीवाणुओं की कोशिका भित्ति पेप्टिडोग्लाइकेन की बनी होती है।
• जीवाणु की कोशिका भित्ति प्रबल व दृढ़ (rigid) होती है तथा पॉलीसैकेराइड, लिपिड और प्रोटीन की बनी होती है।
• इसमें म्यूकोपेप्टाइड या म्यूरीन व पेप्टिडोग्लाइकेन पदार्थ उपस्थित होता है, जिसमें एसीटिल ग्लूकोसामीन और एसीटिल म्यूरेमिक अम्ल के अणु एक-दूसरे से बीटा 1, 4 लिंकेज

SSC Steno

23. जीवाणु कोशिका भित्ति के सम्बन्ध में सही कथन का चयन कीजिए। SSC Steno 10.12.2024 (Shift-II)

(a) जीवाणु कोशिका भित्ति का प्रमुख घटक काइटिन है।
(b) जीवाणु कोशिका भित्ति का प्रमुख घटक पेक्टिन है।
(c) जीवाणु कोशिका भित्ति का प्रमुख घटक सेल्यूलोज है।
(d) जीवाणु कोशिका भित्ति का प्रमुख घटक पेप्टिडोग्लाइकन यो म्यूरिन है।

उत्तर (d)

• जीवाणु कोशिका भित्ति का मुख्य घटक पेप्टिडोग्लाइकन (या म्यूरिन) होता है।
• यह जीवाणुओं को संरचनात्मक सहायता और सुरक्षा प्रदान करता है।
• काइटिन, पेक्टिन और सेल्यूलोज अन्य जीवों जैसे कवक और पौधों की कोशिका में पाए जाते हैं, जीवाणु में नहीं।

24. सूक्ष्म जीवों की अदृश्य दुनिया की खोज के लिए घर में बने सूक्ष्मदर्शी का प्रयोग किसने किया, जिसके लिए उन्हें सूक्ष्म जीव विज्ञान (माइक्रोबायोलॉजी) का जनक कहा जाता है? SSC Steno 10.12.2024 (Shift-I)

(a) मथियास स्लेडेन
(b) रूडोल्फ विरचो
(c) एण्टोनी वैन ल्यूवेनहॉक
(d) रॉबर्ट ब्राउन

उत्तर (c)

• सूक्ष्म जीवों की खोज एण्टोनी वैन ल्यूवेनहॉक के द्वारा की गई थी, जिसके कारण उन्हें सूक्ष्मजीव विज्ञान का जनक भी कहा जाता है।
• ल्यूवेनहॉक एक डच व्यापारी और वैज्ञानिक थे।
• इन्होने सूक्ष्मजीव विज्ञान की स्थापना में महत्त्वपूर्ण योगदान दिया था।

25. *पक्सीनिया* एक परजीवी .... है। SSC Steno 17.11.2022 (Shift-I)

(a) शैवाल (b) पादप
(c) कवक (d) जन्तु

उत्तर (c)

• *पक्सीनिया* एक परजीवी कवक है। इस वंश की सभी प्रजातियाँ बाह्यकारी पादप रोग जनक हैं।
• इस जींस की लगभग 4000 प्रजातियाँ व्याप्त हैं।

26. कोशिका शब्द .... के लिए उपयोग नहीं किया जाता है। SSC Steno 18.11.2022 (Shift-II)

(a) कवक (b) शैवाल
(c) विषाणु (d) जीवाणु

उत्तर (c)

• कोशिका शब्द विषाणु के लिए उपयोग नहीं किया जाता है।
• कोशिका किसी भी सजीव के शरीर की रचनात्मक एवं क्रियात्मक इकाई होती है। शरीर में जितने भी कार्य होते हैं, वे कोशिका के स्तर पर ही सम्पन्न होते हैं।
• वायरस एक अकोशिकीय जीव है, जो बैक्टीरिया से 10 से 100 गुना छोटा होता है।
• इसका आकार 20-300 एन-एम होता है। इसका स्वतन्त्र अस्तित्व नहीं होता है।

पादप जगत

27. 1735 ई. में प्राकृतिक तीन जगतों को वर्गीकृत करते हुए और पादपों के वर्गीकरण के लिए लैंगिक प्रणाली को रेखांकित करते हुए *सिस्टेमा नेचुरे* (*Systema Naturae*) का प्रकाशन किसने किया था? SSC CGL Tier-1 23.09.2024 (Shift-II)

(a) रॉबर्ट व्हिटेकर
(b) कार्ल वोइज़
(c) कैरोलस लिनियस
(d) अर्न्स्ट हेकेल

उत्तर (c)

• 1735 ई. में प्राकृतिक तीन जगतों को वर्गीकृत करते हुए और पादपों के वर्गीकरण के लिए लैंगिक प्रणाली को रेखांकित करते हुए *सिस्टेमा नेचुरे* (*Systema Naturae*) का प्रकाशन **कैरोलस लिनियस** ने किया था।
• इन्होंने अपनी पुस्तक '*सिस्टेमा नेचुरे*' में जीवों के नाम तथा आधुनिक वर्गीकरण पद्धति का वर्णन किया।
• इस आधार पर इन्हें आधुनिक वर्गीकरण विज्ञान का जनक कहते हैं।

28. सर्पिल आकार के बैक्टीरिया की पहचान कीजिए। SSC CGL Tier-1 18.09.2024 (Shift-III)

(a) विब्रियो (b) कॉकस
(c) स्पाइरिलम (d) बैसिलस

उत्तर (c)

• **स्पाइरिलम** सर्पिल आकार के जीवाणु (Bacteria) होते हैं।
• जीवाणु को आकृति के आधार पर 4 वर्गों में विभाजित किया गया है।
(i) गोलाकार जीवाणु- कॉकस
(ii) छड़ आकार के जीवाणु- बैसिलस
(iii) कोमा आकार के जीवाणु- विब्रियो
(iv) सर्पिल आकार के जीवाणु- स्पाइरिलम

29. एकबीजपत्री पत्तियों में संवहन बण्डल के समान आकार का कारण क्या है? SSC CGL Tier-1 11.09.2024 (Shift-III)

(a) अरीय शिरा-विन्यास
(b) आयताकार शिरा-विन्यास
(c) समानान्तर शिरा-विन्यास
(d) घनाकार शिरा-विन्यास

उत्तर (c)

• एकबीजपत्री पत्तियों में संवहन बण्डल के समान आकार का कारण **समानान्तर शिरा-विन्यास** है।
• समानान्तर शिरा-विन्यास में पत्ती की मुख्य शिराएँ एक-दूसरे के समानान्तर होती हैं।
• जिन पौधों में तन्तुमय जड़े होती है और पत्तियों में समान्तर शिरा विन्यास होता हैं, उनमें गेहूँ, मक्का, घास, केला, बाँस आदि शामिल हैं।

30. बीजाणुद्भिद अवस्था किस पादप समूह में प्रभावी होती है? SSC CGL Tier-1 25.07.2023 (Shift-I)

(a) ब्रायोफाइट (b) टेरिडोफाइटा
(c) संवहनी पादप (d) शैवाल

उत्तर (c)

• बीजाणुद्भिद अवस्था संवहनी पादप समूह में प्रभावी होती है।
• इस समूह के पादपों में संवहन ऊतक पूर्ण विकसित होते हैं तथा पौधों का शरीर जड़, तना, शाखा व पत्तियों में विभेदित रहता है।
• उदाहरण- टेरिडोफाइटा, जिम्नोस्पर्म एवं एंजियोस्पर्म।

31. किस प्रकार के लिवरवर्ट छत के आकार की संरचनाएँ बनाते हैं, जिनमें मुख्य युग्मकोद्भिद के ऊपर युग्मकधानियाँ बनती हैं और इन संरचनाओं के नीचे बीजाणुद्भिद विकसित होते हैं? **SSC CGL Tier-1 20.07.2023 (Shift-III)**

(a) *फ्यूनेरिया*
(b) *मार्केन्शिया*
(c) *स्फैग्नम*
(d) *पॉलीट्राइकम*

उत्तर (b)

- **मार्केन्शिया** प्रकार के लिवरवर्ट छत के आकार की संरचनाएँ बनाते हैं, जिनमें मुख्य युग्मकोद्भिद् के ऊपर युग्मकधानियाँ बनती हैं और इन संरचनाओं के नीचे बीजाणुद्भिद् विकसित होते हैं।
- *मार्केन्शिया* ब्रायोफाइट्स की एक प्रजाति है, ये नम व छायादार स्थानों पर पाए जाते हैं। इनमें वास्तविक जड़, तना व पत्तियों का अभाव होता है।

32. पादपों में ………… मध्य पटल (middle lamella), प्राथमिक कोशिका और द्वितीयक भित्तियों में उपस्थित होता है और यह कोशिका विस्तार के समय विकास के प्रारम्भिक चरणों में संचित होता है। **SSC CGL Tier-1 19.07.2023 (Shift-III)**

(a) काइटिन (b) एल्गिनेट
(c) जिलेटिन (d) पेक्टिन

उत्तर (d)

- **पेक्टिन** पादप मध्य पटल, प्राथमिक कोशिका और द्वितीयक भित्तियों में उपस्थित होता है और यह कोशिका विस्तार के समय विकास के प्रारम्भिक चरणों में संचित होता है।
- यह कोशिका भित्ति की तीन परतों में से बाहरी परत है। मध्य पटल उस भाग के रूप में कार्य करती है, जो दूसरी कोशिकाओं को जोड़ती है।
- यह **कैल्शियम** और **मैग्नीशियम** पेक्टेट से बनी होती है।

33. जिम्नोस्पर्म के बारे में गलत कथन का चयन कीजिए। **SSC CGL Tier-1 18.07.2023 (Shift-III)**

(a) जिम्नोस्पर्म काष्ठीय झाड़ियों (woody shrubs) पेड़ों या लिआनास के रूप में पाए जाते हैं और इनमें कोई वास्तविक जलीय शामिल नहीं होता है और कुछ एपिफाइट्स शामिल होते हैं।
(b) जिम्नोस्पर्म बीजरहित फूल वाले पौधे हैं।
(c) जिम्नोस्पर्म सामान्य प्रजनन के मामले में धीमे होते हैं, परागण और निषेचन के बीच एक वर्ष तक का समय लग सकता है और बीज की परिपक्वता के लिए 3 वर्ष की आवश्यकता हो सकती है।
(d) जिम्नोस्पर्म शंकु या स्ट्रोबिली और अनावृत्त बीज प्रदर्शित करते हैं, लेकिन फूल नहीं।

उत्तर (b)

- **जिम्नोस्पर्म बीजरहित फूल वाले पौधे हैं**, यह कथन गलत है।
- जिम्नोस्पर्म समूह में पुष्प तथा आवरणयुक्त बीज नहीं पाए जाते हैं। इन पौधों में बीज फूलों में व फलों में बन्द होने की बजाए छोटी टहनियों या शंकुओं में खुली या नग्न अवस्था में होते हैं।
- सबसे ऊँचा/लम्बा जिम्नोस्पर्म **सिकोया वृक्ष** है।
- जिम्नोस्पर्म शंकु या स्ट्रोबिली और अनावृत्तबीज प्रदर्शित करते हैं, लेकिन फूल नहीं।
- जिम्नोस्पर्म में प्रजनन अवस्था धीमी होती है इनमें परागण व निषेचन के बीच 1 वर्ष का समय लग सकता है तथा बीज की परिपक्वता 3 वर्ष तक होती है।

34. निम्नलिखित में से कौन-सा युग्म गलत रूप से सुमेलित है **SSC CGL Tier-1 19.07.2023 (Shift-III)**

(a) ब्रायोफाइटा - मॉस
(b) एंजियोस्पर्म - गुलाब
(c) जिम्नोस्पर्म - *पाइनस*
(d) टेरिडोफाइटा - *साइकस*

उत्तर (d)

- टेरिडोफाइटा-*साइकस* का सुमेलन गलत है। *साइकस* एक जिम्नोस्पर्म है, जबकि टेरिडोफाइटा फर्न किस्म के पौधे होते हैं।
- टेरिडोफाइटा में फूल नहीं लगते, पर इनमें वास्तविक जड़े तथा सुविकसित पत्तियाँ होती हैं।

35. फर्न, हॉर्सटेल और लाइकोफाइट्स निम्नलिखित में से किस समूह से सम्बन्धित हैं? **SSC CGL Tier-1 18.07.2023 (Shift-I)**

(a) कवक
(b) ब्रायोफाइटा
(c) शैवाल
(d) टेरिडोफाइट्स

उत्तर (d)

- फर्न, हॉर्सटेल और लाइकोफाइट्स **टेरिडोफाइट्स** समूह से सम्बन्धित हैं।
- टेरिडोफाइट्स प्रथम पूर्णत: स्थलीय पौधे हैं। इसलिए पानी और भोज्य पदार्थों के संवहन के लिए इनमें **संवहन तन्त्र** पाया जाता है।
- **टेरिडोफाइट्स** में संवहनी ऊतक (Vascular Tissue) का केन्द्रीय भाग स्टील या **रम्भ** बनाता है।
- स्टील या रम्भ टेरिडोफाइट्स में संवहन तन्त्र की इकाई है।

36. स्तम्भों का मिलान कीजिए। **SSC CGL Tier-1 14.07.2023 (Shift-I)**

स्तम्भ A (वर्ग)	स्तम्भ B (सामान्य नाम)
A. क्लोरोफाइसी	(1) भूरा शैवाल
B. फियोफाइसी	(2) हरी शैवाल
C. रोडोफाइसी	(3) नीले-हरे शैवाल
D. सायनोफाइसी	(4) लाल शैवाल

कूट

	A	B	C	D
(a)	4	3	2	1
(b)	1	2	3	4
(c)	2	3	1	4
(d)	2	1	4	3

उत्तर (d)

- सही सुमेलन A-2, B-1, C-4, D-3 है

A.	**क्लोरोफाइसी**	2.	हरी (ग्रीन) शैवाल जैसे–चारा व *स्पाइरोगाइरा*
B.	**फियोफाइसी**	1.	भूरा शैवाल जैसे–केल्प, *सरगासम*
C.	**रोडोफाइसी**	4.	लाल शैवाल जैसे–*ग्रेसिलेरिया*, *पोरिफाइरा*
D.	**सायनोफाइसी**	3.	नीले-हरे शैवाल जैसे–नॉस्टॉक, *ऐनाबीना*

37. *स्फेनोप्सिडा* का एकमात्र जीवित प्रतिनिधि कौन-सा है, जिसमें एक भूमिगत, धीरे-धीरे बढ़ने वाला और बारहमासी प्रकन्द होता है और जो वायवीय के साथ-साथ भूमिगत शाखाएँ भी देता है? **SSC CGL Tier-1 14.07.2023 (Shift-IV)**

(a) *एडिएण्टम* (b) *इक्विसेटम*
(c) *ड्रायोप्टेरिस* (d) *सिलैजिनेला*

उत्तर (b)

- *स्फेनोप्सिडा* का एकमात्र जीवित प्रतिनिधि ***इक्विसेटम*** है, जिसमें एक भूमिगत, धीरे-धीरे बढ़ने वाला और बारहमासी प्रकन्द होता है, जो हवा के साथ-साथ भूमिगत शाखाएँ भी देता है।
- *इक्विसेटम* पौधे में न केवल पोषण मूल्य होते हैं, बल्कि चिकित्सीय मूल्य भी होते हैं।
- इस पौधे का उपयोग **कैंसर में कीमोप्रिवेण्टिव** एजेण्ट के रूप में कीमोथैरेपी के सह-सहायक के रूप में भी किया जाता है।

38. निम्नलिखित में से कौन-सा लाल शैवाल है? **SSC CGL Tier-1 14.07.2023 (Shift-II)**

(a) लिवरवर्ट (b) फियोफाइसी
(c) रोडोफाइसी (d) क्लोरोफाइसी

उत्तर (c)

- **रोडोफाइसी** के सदस्यों को सामान्यत: लाल शैवाल कहा जाता है।
- लाल शैवाल अन्य शैवाल से अलग होते हैं, क्योंकि लाल शैवाल में **कशाभिका** की कमी होती है।
- लाल शैवाल जलीय जीवों के लिए भोजन प्रदान करते हैं।

39. उस समूह की पहचान कीजिए, जिसमें आने वाले पादपों की शारीरिक संरचना स्पष्ट नहीं होती है, इन पादपों को सामान्यत: शैवाल कहा जाता है और ये पौधे मुख्य रूप से जलीय होते हैं। **SSC CGL Tier-II 06.03.2023 (Shift-I)**

(a) ब्रायोफाइटा (b) इंजियोस्पर्स
(c) थैलोफाइटा (d) टेरिडोफाइटा

उत्तर (c)

- **थैलोफाइटा** (Thallophyta),पादप जगत का ऐसा समूह है, जिसमें आने वाले पादपों (पौधों) की शारीरिक संरचना स्पष्ट नहीं होती है।

• इसके अन्तर्गत शैवाल, कवक व लाइकेन आदि आते हैं. जो अधिकांशत: जलीय (Aquatic) होते हैं।

• इस समूह के पादपो का शरीर जड़, तना व पत्तियों में विभाजित नहीं रहता है तथा इनमें संवहनीय तन्त्र भी नहीं पाया जाता है। इन पादपों को सामान्यत: 'शैवाल' कहा जाता है।

40. अधिकांश क्लोरोफाइसी में एक या एक से अधिक भण्डारण निकाय होते हैं, जिन्हें ...... कहा जाता है, जो क्लोरोप्लास्ट में स्थित होते हैं। **SSC CGL Tier-1 12.12.2022 (Shift-IV)**

(a) कैरोटीनॉयड (b) क्लोरोफिल
(c) पाइरेनॉइड्स (d) स्टोमेटा

उत्तर (c)

• अधिकांश क्लोरोफाइसी शैवालों में एक या एक से अधिक भण्डारण निकाय होते हैं, जिन्हें **पाइरेनॉइड्स** कहा जाता है, जो क्लोरोप्लास्ट में स्थित होते हैं।

• इनमें मण्ड का भण्डारण होता है।

41. निम्नलिखित में से किस समूह में दिए गए सभी पौधे एकलिंगाश्रयी हैं? **SSC CGL Tier-1 09.12.2022 (Shift-I)**

(a) मक्का, खीरा, अंजीर और तरबूज
(b) पपीता, चिनार, गुलाब और अंजीर
(c) खीरा, पपीता, चिनार और गुलाब
(d) मक्का, पपीता, चिनार और गुलाब

उत्तर (a)

दिए गए विकल्पों में से मक्का, खीरा, अंजीर और तरबूज एकलिंगाश्रयी पादपों के उदाहरण हैं। जब पुंकेसरी और स्त्रीकेसरी पुष्प एक ही पादप पर उत्पन्न होते हैं, तो इस प्रकार के पादप एकलिंगाश्रयी कहलाते हैं।

42. हरे शैवाल के विषय में सही कथन की पहचान कीजिए। **SSC CGL Tier-1 07.12.2022 (Shift-IV)**

(a) हरे शैवाल में सामान्यत: एक दृढ़ कोशिका भित्ति होती है, जो वसा की एक आन्तरिक परत और प्रोटीन की एक बाह्य परत से बनी होती है।
(b) हरे शैवाल में सामान्यत: एक नम्य कोशिका भित्ति होती है, जो पेक्टोज की एक आन्तरिक परत से बनी होती है।
(c) हरे शैवाल में सामान्यत: एक दृढ़ कोशिका भित्ति होती है, जो प्रोटीन की एक आन्तरिक परत और तन्तु की एक बाह्य परत से बनी होती है।
(d) हरे शैवाल में सामान्यत: एक दृढ़ कोशिका भित्ति होती है, जो सेलुलोस की एक आन्तरिक परत और पेक्टोज की एक बाह्य परत से बनी होती है।

उत्तर (d)

• हरे शैवाल में सामान्यत: एक दृढ़ कोशिका भित्ति होती है, जो सेलुलोस की एक आन्तरिक परत और पेक्टोज की एक बाह्य परत से बनी होती है।

• हरे शैवाल, शैवालों का एक विशाल वर्ग है, जिससे उच्च पादपों का विकास हुआ है। इनमें भोजन मण्ड के रूप में संचित होता है।

43. पादप कोशिकाओं के बारे में निम्नलिखित में से कौन-सा विकल्प सही नहीं है? **SSC CGL Tier-1 03.12.2022 (Shift-II)**

(a) पादप कोशिकाएँ समसूत्री विभाजन द्वारा विभाजित नहीं हो सकती।
(b) सामान्यत: सभी पादप कोशिकाओं में हरितलवक (क्लोरोप्लास्ट) होता है।
(c) एक पादप कोशिका में सामान्यत: एक बड़ी रिक्तिका होती है।
(d) पादप कोशिका की कोशिका भित्ति सेलुलोस से बनी होती है।

उत्तर (a)

• पादप कोशिकाओं के बारे में दिए गए विकल्पों में से विकल्प (a) सही नहीं है, क्योंकि पादप कोशिकाएँ समसूत्री विभाजन द्वारा विभाजित हो सकती हैं।

• यह कायिक कोशिकाओं में होने वाला विभाजन है। इसमें सन्तति कोशिकएँ मातृ कोशिकाओं के समान होती हैं।

44. उस जीव की पहचान को जो बायोलुमिनसेंस दर्शाता है **SSC CPO 29.06.2024 (Shift-III)**

(a) यकृत पर्णाभि (b) फैसिओला
(c) समुद्री अखरोट (d) फीताकृमि

उत्तर (c)

• समुद्री अखरोट बायोलुमिनसेंस को दर्शाता है।

• समुद्री अखरोट जेलीफिश की तरह दिखता है

• यह कंघी जेली या टीनोप्लाना के रूप में जाना जाता है।

• बायोलुमिनसेंस जीवित जीवों की प्रकाश उत्सर्जित करने की क्षमता हैं। प्रकाश ल्यूसिफेरिन नामक एक प्रकाश उत्सर्जक अणु से जुड़ी रासायनिक प्रतिक्रिया द्वारा उत्पन्न होता है।

45. निम्नलिखित में से किस शैवाल को केल्प (Kelp) भी कहा जाता है और यह गहरे समुद्र में पाया जाता है? **SSC CPO 03.10.2023 (Shift-I)**

(a) फ्यूकस (Fucus)
(b) नॉस्टॉक (Nostoc)
(c) क्लैमाइडोमोनस (Chlamydomonas)
(d) लैमिनारिया (Lamanaria)

उत्तर (d)

• **लैमिनारिया** भूरा शैवाल है, जिसे केल्प कहा जाता है।

• यह गहरे व ठण्डे समुद्रों में पाया जाता है।

• यह समुद्री खरपतवार एक जटिल शैवाल है, जो आयोडीन का अच्छा स्रोत होता है।

46. लाल लकड़ी वाला पेड़ सिकुआ .... की सबसे ऊँची वृक्ष प्रजातियों में से एक है। **SSC CPO 11.11.2022**

(a) टेरिडोफाइटा (b) जिम्नोस्पर्म
(c) लिवरवर्ट (d) मोसेस (Mosses)

उत्तर (b)

• लाल लकडी वाला पेड़ *सिकुआ* **जिम्नोस्पर्म** की सबसे ऊँची वृक्ष प्रजातियों में से एक है। इसकी ऊँचाई 120 मीटर तक होती है। इसे 'रेड वुड ऑफ *कैलीफोर्निया*' भी कहते हैं।

• अनावृत्त बीजी पादप (gymnosperm plant) ऐसे संवहनी पौधे हैं, जिसमें बीज तो बनते हैं, परन्तु वे बीज नग्न रूप से पादपों पर ही लगे रहते हैं अर्थात् उनमें अण्डाशय का पूर्णतया अभाव होता है अत: फल का निर्माण भी नहीं होता है।

47. कुछ पौधों में हरे और कोमल तने होते हैं। सामान्यत: आमतौर पर कम होते हैं तथा इनकी अधिक शाखाएँ भी नहीं होती। इन पौधों को कहा जाता है। **SSC CHSL Tier 1 21.08.2023**

(a) बेल (b) जड़ी-बूटी/क्षुप
(c) झाड़ियाँ (d) पेड़

उत्तर (b)

• जिन पौधों के तने हरे और कोमल होते हैं तथा वे सामान्यत: कम होते हैं और उनमें अधिक शाखाएँ नहीं होती हैं, वे **जड़ी-बूटी** (शाक) कहलाते हैं।

• धनिया, तेजपत्ता, पुदीना आदि इसके उदाहरण हैं।

48. निम्नलिखित में से किस वनस्पति जगत के पौधों को शैवाल के नाम से जाना जाता है? **SSC CHSL Tier 1 09.02.2023 (Shift-III)**

(a) ब्रायोफाइटा (b) थैलोफाइटा
(c) एंजियोस्पर्म (d) टेरिडोफाइटा

उत्तर (b)

• **थैलोफाइटा** वनस्पति जगत के पौधों को शैवाल के नाम से जाना जाता है।

• थैलोफाइटा के अन्तर्गत कवक, शैवाल और लाइकेन आते हैं और कभी-कभी जीवाणु और मिक्सोमाइकोटा (myxomycota) को भी इसमें सम्मिलित कर लिया जाता है।

• इनमें पुष्प व फल का निर्माण नहीं होता है, इसलिए इसे क्रिप्टोगैम या अपुष्पोदभिद् भी कहते हैं।

49. निम्नलिखित में से कौन-से अपुष्पी है? **SSC CHSL 07.08.2023 (Shift-IV)**

(a) आवृतबीजी (जिम्नोस्पर्म) (b) द्विबीजपत्री
(c) जिम्नोस्पर्म (d) टेरिडोफाइटा

उत्तर (d)

• **टेरिडोफाइटा** संवाहनी पादप परिवार से सम्बन्धित है। वे बीज के अतिरिक्त बीजाणुओं के माध्यम से प्रजनन करते है। उदाहरण - फर्न हॉर्सटेल टिल और लाइकोफाइट्स। टेरिडोफाइटा के चार वर्ग -साइलोप्सिडा, लाइकोप्सिडा, स्फेनोप्सिडा, टेरोप्सिडा।

• **क्रिप्टोगैम्स** पुष्पहीन और बीजरहित पौधों का समूह जिसमें छिपे हुए यौन अंग होते है। तीन मुख्य विभाग - थैलोफाइटा, ब्रायोफाइटा और टेरिडोफाइटा। वे संवहनी ऊतक रखने वाले पहले स्थलीय पौधे है।

50. निम्नलिखित में से कौन-सा ब्रायोफाइटा का एक सामान्य प्रकार है? **SSC CHSLTier 1 15.03.2020 (Shift-IV)**

(a) *मार्सिलिया* (b) *क्लैडोफोरा*
(c) मोनोकॉट (d) *मार्केन्शिया*

उत्तर (d)

• **मार्केन्शिया**, ब्रायोफाइटा का एक सामान्य प्रकार है।

• ब्रायोफाइटा की उत्पत्ति 'बायन' शब्द से हुई है, जिसका अर्थ है 'काई' और फाइटन का अर्थ है 'पौधे'।

• ब्रायोफाइटा में मॉस हॉर्नवार्ट्स और लिवरवॉर्ट्स जैसे भ्रूण सम्मिलित हैं। ये छोटे पौधे हैं, जो छायादार और नम क्षेत्रों में उगते हैं, उनमें संवहनी ऊतकों की कमी होती है।

• वे फूल और बीज नहीं बनाते, बल्कि बीजाणुओं के माध्यम से प्रजनन करते हैं। ब्रायोफाइट्स के अध्ययन को ब्रायोलॉजी कहते हैं।

51. *पार्थेनियम हिस्टेरोफोरस* का सामान्य नाम क्या है? SSC CHSL 01.06.2022 (Shift-I)

(a) लॉन घास (b) गाजर घास
(c) लेमन घास (d) घोड़ा घास

उत्तर (b)

• *पार्थेनियम हिस्टेरोफोरस* का सामान्य नाम **गाजर घास** है। यह तीव्र गति से अर्थात् तीव्र गति से बढ़ती है।

• इसे एक वर्षीय शाकीय पौधा कहा जाता है, जो किसी भी प्रकार के वातावरण में तेजी से पनपती है। इसे विनाशकारी खरपतवार भी कहते हैं।

52. उस पादप की पहचान करें, जो पत्तियों के माध्यम से अनुकूलन दिखाता है, जो काँटों में बदल जाती है। SSC CHSL 21.05.2022 (Shift-I)

(a) छूई-मूई (b) गुलाबी
(c) नागफनी (d) गुड़हल

उत्तर (c)

• **नागफनी** (कैक्टस) पत्तियों के माध्यम से अनुकूलन दिखाता है जो काँटों में बदल जाती है। गुड़हल (ओरहुल) प्रतिरक्षा प्रणाली को बढावा देने मे मदद करता है।

• **छूई-मूई** (टच मी नॉट) पाइल्स अनिद्रा, डायरिया आदि कई विकारों के इलाज में मदद करता है।

53. निम्नलिखित में से किसे पादप जगत का उभयचर कहा जाता है? SSC MTS 14.06.2023 (Shift-II)

(a) अनावृतबीजी (Gymnosperm)
(b) ब्रायोफाइटा (Bryphyte)
(c) थैलोफाइटा (Thallophyte)
(d) आवृतबीजी (Angiosperm)

उत्तर (b)

• **ब्रायोफाइटा** को पादप जगत का उभयचर कहा जाता है।

• ये स्थलीय पौधे है, जिन्हें लैगिक प्रजनन के लिए जल कि आवश्यकता होती है, इसलिए ये ज्यादातर पानी के नजदीक नम स्थानों में पाए जाते हैं।

54. छाया में उगाए जाने वाले पौधे कहलाते हैं Higher Secondary 27.06.2023 (Shift-III)

(a) मोनोकॉट (b) हेलोफाइट्स
(c) सैमोफाइट्स (d) साइकोफाइट्स

उत्तर (d)

• छाया में उगाए जाने वाले पौधे साइकोफाइट्स (Sciophytes) कहलाते है। उदाहरण : जावा मॉस, माउण्टेन फर्न मॉस। **मोनोकॉट** (Monocots) - लिलिओप्सिडा या मोनोकोटाइलाडॉन वर्ग से सम्बन्धित फूलों के पौधों का एक समूह। **उदाहरण** - ताड़, घास, ऑर्किड और लिली।

• **हेलोफाइट्स** (Halophytes) - कोई भी बारहसासी दलदली पौधा जो सतह के नीचे कीचड़ में अपनी सर्दियो की कलियों को धारणा करता है। उदाहरण - सैलिकोर्निया यूरोपिया, बिग साल्टबश।

• **सैमोफाइट्स** (Pasammophytes) एक पौधा जो रेतीली और प्राय: अस्थिर मिट्टी में उगाता है। उदाहरण-एग्रीओफिलम स्क्वैरोसम, हैलोक्सिलॉन एमोडेण्ड्रोन

55. निम्नलिखित में से किसे स्वपोषित जीव के रूप में वर्गीकृत किया गया है? SSC Steno 10.12.2024 (Shift-II)

(a) कवक (b) जन्तु
(c) पादप (d) मानव

उत्तर (c)

• हरे पौधे (पादप), शैवाल और प्लवक स्वपोषी जीवों के उदाहरण हैं।

• हरे पेड़-पौधे प्रकाश की उपस्थिति में प्रकाश संश्लेषण के द्वारा अपना भोजन स्वयं बनाते हैं।

• स्वपोषी सजीवों को खाद्य शृंखला में उत्पादक कहा जाता है।

56. निम्नलिखित में से कौन-सा क्लोरोफिल युक्त, सरल, थैलॉयड, स्वपोषी और मुख्य रूप से जलीय (मीठे जल और समुद्री दोनों) जीवों का एक समूह है? SSC Steno 11.12.2024 (Shift-I)

(a) ब्रायोफाइट्स (b) जिम्नोस्पर्म
(c) शैवाल (d) टेरिडोफाइट

उत्तर (c)

• शैवाल, क्लोरोफिल युक्त, सरल, थैलॉयड, स्वपोषी और मुख्य रूप से जलीय (मीठे जल और समुद्री दोनों) जीवों का एक समूह है।

• शैवाल के अध्ययन की फाइकोलॉजी के रूप में जाना जाता है।

• एफ. ई. फ्रिश्च ने शैवाल का सबसे प्रमाणिक तथा व्यापक वर्गीकरण प्रस्तुत किया है।

• शैवालों की मुख्यत: तीन भागों में बाँटा जा सकता है

(i) क्लोरोफाइसी - हरी शैवाल
(ii) फियोफाइसी - भूरा शैवाल
(iii) रोडोफाइसी - लाल शैवाल

57. निम्नलिखित में से कौन-सा हरा शैवाल है? SSC Steno 17.11.2022 (Shift-I)

(a) क्लोरोफाइसी
(b) रोडोफाइसी
(c) फियोफाइसी
(d) लिवरवॉर्ट

उत्तर (a)

• **क्लोरोफाइसी** हरा शैवाल है।

• इसके वर्ग के अन्तर्गत आने वाले शैवालों में क्लोरोफिल-a तथा क्लोरोफिल-b अपेक्षाकृत अधिक मात्रा में होता है, जिसके कारण ये गहरे रंग के होते हैं।

58. माइकोलॉजी ······· का अध्ययन है। SSC Steno 12.11.2021

(a) कवक (b) प्रोटोजोआ
(c) जीवाश्मों (d) छिपकलियों

उत्तर (a)

• **कवकों** (fungus) के अध्ययन करने वाली विज्ञान की शाखा को माइकोलॉजी कहा जाता है।

• माइकोलॉजी के अन्तर्गत कवकों की जैव-रासायनिक विशेषताओं का, आनुवंशिक विशेषता व मानव कल्याण हेतु उनके उपयोग का अध्ययन किया जाता है।

जन्तु जगत

SSC CGL 2024

59. सुमेलित कीजिए। SSC CGL Tier-I 26.09.2024 (Shift-II)

सूची I (उपसंघ)		सूची II (जीव)	
A.	हेक्सापोडा	1.	डैफ्निया
B.	क्रस्टेशिया	2.	मच्छर
C.	मीरियापोडा	3.	लिमूलस
D.	केलिसिरेटा	4.	जूलस

	A	B	C	D		A	B	C	D
(a)	1	2	3	4	(b)	2	3	1	4
(c)	2	1	4	3	(d)	4	3	2	1

उत्तर (c)

• सही सुमेलन A-2, B-1, C-4, D-3 है।

• मच्छर उपसंघ-*हेक्सापोडा* का सदस्य है। यह उपसंघ दो वर्गों इन्सेक्टा व एन्टोग्नेपा में विभाजित होता है। यह उपसंघ आथ्रोपोड़ा संघ का सबसे बड़ा समूह है।

• *डैफ्निया* उपसंघ-क्रस्टेशिया का सदस्य है। इस उपसंघ के सदस्यों में लार्वा अवस्था पाई जाती है।

• *जूलस* उपसंघ-*मीरियापोडा* का सदस्य है। इस उपसंघ के सदस्यों में असंख्य पाद उपस्थित होते हैं।

• *लिमूलस* उपसंघ-*केलिसिरेटा* का सदस्य है। इस उपसंघ के सदस्यों का शरीर सेफेलोथोरैक्स और धड़ में विभाजित होता है।

60. सुमेलित करें।

सूची I		सूची II	
A.	वलयांकित कृमि	1.	फीताकृमि
B.	सन्धिपाद	2.	समुद्री तारा मछली
C.	इकाइनोडर्मेटा	3.	चींटी
D.	पृथुकृमि	4.	केंचुआ

SSC CGL Tier-I 12.09.2024 (Shift-I)

कूट

	A	B	C	D
(a)	2	1	3	4
(b)	1	3	2	4
(c)	4	3	2	1
(d)	1	2	3	4

उत्तर (c)

• सही सुमेलन A-4, B-3, C-2, D-1 है।
• वलयांकित कृमि का सम्बन्ध केंचुए से है
• सन्धिपाद से चींटी (Ants) सम्बन्धित है। आर्थ्रोपोडा संघ के सदस्यों में संधित उपाँग पाए जाते हैं। इनका शरीर सिर, वक्ष और उदर में विभाजित होता है।
• इकाइनोडर्मेटा का सम्बन्ध समुद्री तारा मछली से है। इनका शरीर काँटेदार, कठोर त्वचा से बने होते हैं।
• पृथुकृमि (Plathyhelminthes) का सम्बन्ध फीताकृमि (Tapeworm) से है। ये कोमल शरीर वाले अकशेरुकी जानवरों का एक समूह है।

61. संगठन के स्तर और उसके उदाहरण के सम्बन्ध में निम्नलिखित में से कौन-सी जोड़ी गलत है? **SSC CGL Tier-I 09.09.2024 (Shift-I)**

(a) कोशिकीय स्तर संगठन - *साइकॉन*
(b) ऊतक-अंग स्तर संगठन - *यूप्लेक्टेला*
(c) कोशिका-ऊतक स्तर संगठन-*जेलीफ़िश*
(d) प्रोटोप्लाज्मिक स्तर संगठन - *पैरामीशियम*

उत्तर (b)

• ऊतक-अंग स्तर संगठन-***यूप्लेक्टेला*** गलत युग्म है।
• *यूप्लेक्टेला* एक स्पंज है और स्पंज में कोशिका स्तर संगठन होता है। इसलिए इसे ऊतक-अंग स्तर पर नहीं रखा जा सकता है।
• ऊतक-अंग स्तर संगठन, वह संगठन है, जिसके ऊतक एकसाथ मिलकर एक विशिष्ट अंग का निर्माण करते हैं और यह अंग एक विशेष कार्य करता है, लेकिन अंग तन्त्र अभी पूरी तरह विकसित नहीं होता है।
• ऊतक-अंग स्तर संगठन, कोशिका-ऊतक स्तर संगठन से अधिक विकसित होता है, लेकिन अंग-तन्त्र स्तर संगठन से कम विकसित होता है।

62. निम्नलिखित में से कौन-सी विशेषता, एवीज़ (Aves) की नहीं है? **SSC CGL Tier-I 10.09.2024 (Shift-III)**

(a) ये गर्म खून वाले जीव होते हैं।
(b) ये जीवित बच्चों को जन्म देते हैं, कुछ अपवादों को छोड़कर जोकि अण्डे देते हैं।
(c) ये फेफड़ों से साँस लेते हैं।
(d) इनका हृदय चार कक्षीय होता है।

उत्तर (b)

• विकल्प (b) में दी गई विशेषता एवीज की नहीं है।
• एवीज (Aves) कशेरुकियों का एक वर्ग है, जिसमें पक्षी प्रजातियाँ शामिल हैं।
• ये जीवित बच्चों को जन्म नहीं देते हैं, ये अण्डे देते हैं।
• अत: पक्षी अण्डज होते हैं, उनके पास पँख और दो पैर होते हैं, वे एण्डोथर्मिक होते हैं।

63. किन जीवों को एवीज (Aves) के रूप में वर्गीकृत किया जाता है? **SSC CGL Tier-I 10.09.2024 (Shift-I)**

(a) मेंढक
(b) मछलियाँ
(c) साँप
(d) पक्षी

उत्तर (d)

• पक्षी वर्ग के जीवों को एवीज (Aves) के रूप में वर्गीकृत किया जाता है।
• एवीज जन्तु जगत के कॉर्डेटा संघ से सम्बन्धित है।
• ये समतापी या ग्रीष्म रुधिर धारी प्राणी होते हैं।

64. किस प्रजाति को ब्लैक-लिप्ड मोती सीप के रूप में जाना जाता है, जो हिन्द-प्रशान्त क्षेत्र में उष्णकटिबन्धीय प्रवाल भित्तियों के भीतर पाई जाती है? **SSC CGL Tier-I 10.09.2024 (Shift-II)**

(a) *पिंकटाडा मार्गारिटिफेरा*
(b) *ऐप्लीसिया डैक्टाइलोमेला*
(c) *डेण्टलियम नियोहेक्सागोनम*
(d) *कीटोप्ल्यूरा एपीकुलाटा*

उत्तर (a)

• *पिंकटाडा मार्गारिटिफेरा* को ब्लैक-लिप पर्ल ऑयस्टर के नाम से जाना जाता है।
• यह एक समुद्री द्विकपाटीय मोलस्क है, जो इण्डोपैसिफिक क्षेत्र में उष्णकटिबन्धीय प्रवाल भित्तियों के अन्दर आमतौर पर पाया जाता है।
• यह इण्टरटाइडल जोन से लेकर 75 मीटर गहराई तक पाया जाता है।

65. निम्नलिखित में से कौन-सा विकल्प, PPLO (प्ल्यूरो न्यूमोनिया जैसे जीव) के आकार को इंगित करता है? **SSC CGL Tier-I 17.09.2024 (Shift-III)**

(a) लगभग 0.1 μm
(b) लगभग 30 μm
(c) लगभग 20 μm
(d) लगभग 10 μm

उत्तर (a)

• लगभग 0.1μm, PPLO (प्ल्यूरो न्यूमोनिया जैसे जीव) के आकार को इंगित करता है।
• ये सबसे सरल तथा सूक्ष्म प्रॅकैरियोटिक जीव है।
• इनमें कोशिका भित्ति का अभाव होता है।
• इन्हें वनस्पति जगत को जोकर भी कहते हैं।

66. निम्नलिखित में से कौन-सा पोरीफेरा (Porifera) की श्रेणी से सम्बन्धित नहीं है? **SSC CGL Tier-I 17.09.2024 (Shift-II)**

(a) *साइकॉन*
(b) *स्पॉन्जिला*
(c) *यूप्लेक्टेला*
(d) *हाइड्रा*

उत्तर (d)

• *हाइड्रा* पोरीफेरा से सम्बन्धित नहीं है।
• *हाइड्रा* संघ-निडेरिया से सम्बन्धित है।
• संघ-पोरीफेरा का वर्गीकरण उनमें उपस्थित कटिकाओं पर आधारित होता है, क्योंकि इन कटिकाओं में अत्यन्त विविधता पाई जाती है।

67. निम्नलिखित में से किस वर्ग में कछुओं का कुल शामिल है? **SSC CGL Tier-I 24.09.2024 (Shift-II)**

(a) उभयचर (Amphibia)
(b) कॉण्ड्रिक्थीज़ (Chondrichthyes)
(c) एवीज (Aves)
(d) सरीसृप (Reptilia)

उत्तर (d)

• सरीसृपों में साँप, छिपकली, मगरमच्छ और कछुए शामिल हैं।
• सरीसृपों की त्वचा शल्कदार होती है, वे फेफड़ों द्वारा श्वसन करते हैं तथा उनका हृदय तीन कक्षीय होता है।
• सरीसृप शीत रुधिरधारी कशेरुकियों का एक वर्ग है। उनके शरीर का तापमान उनके पर्यावरण के साथ बदलता रहता है।
• अधिकांश सरीसृप अण्डज होते हैं।

68. निम्नलिखित में से किसमें स्तनधारी और पक्षी दोनों की विशेषता है? **SSC CGL Tier-I 26.09.2024 (Shift-I)**

(a) वर्णकित त्वचा (Pigmented skin)
(b) वातिल अस्थि (Pneumatic bones)
(c) सजीवप्रजता (Viviparity)
(d) नियततापी या गर्म-रुधिर (Warm blooded)

उत्तर (d)

• नियततापी या गर्म-रुधिर स्तनधारी और पक्षी दोनों की विशेषता है।
• नियततापी या गर्म रुधिर धारी प्राणियों के रुधिर का तापमान अन्य शीत रुधिरधारी प्राणियों की तुलना में अधिक होता है।

69. निम्नलिखित में से कौन-सा एवीज (पक्षी) वर्ग का एक सदस्य नहीं है? **SSC CGL Tier-I 25.09.2024 (Shift-II)**

(a) *टेरोपस (Pteropus)*
(b) *सिटाकुला (Psittacula)*
(c) *स्ट्रुथियो (Struthio)*
(d) *नियोफ्रॉन (Neophron)*

उत्तर (a)

• *टेरोपस* संघ-कॉर्डेटा का एक स्तनी है, जिसके अन्तर्गत मेगाबैट या विशाल चमगादड़ की प्रजाति सम्मिलित, जिसे फ्लाइंग फॉक्स या फ्रूट बैट के नाम से भी जाना जाता है।
• ये दुनिया के सबसे बड़े चमगादड़ में से एक हैं।

70. निम्नलिखित में से कौन-सा संघ-ऑर्थ्रोपोडा का उदाहरण है? **SSC CGL Tier-I 19.09.2024 (Shift-I)**

(a) तितली
(b) *नेरीस*
(c) जोंक
(d) घोंघा

उत्तर (a)

• तितली ऑर्थ्रोपोडा संघ का उदाहरण है।
• ऑर्थ्रोपोडा में संधित पाद वाले प्राणी सम्मिलित हैं।
• इनमें कीड़े, मकड़ियाँ, चीटियाँ, मधुमक्खियाँ, केकड़े, झींगें, मिलीपीड, सेण्टीपीड आदि शामिल हैं।

71. कॉलम A में उल्लेखित पशुओं का मिलान कॉलम B में उल्लेखित उस संघ (फाइलम) में करें जिनसे वे सम्बन्धित हैं।
SSC CGL Tier-I 19.07.2023 (Shift-I)

	कॉलम-A (जीव)		कॉलम-B (संघ)
A.	जेलीफिश	1.	मोलस्का
B.	क्रेफिश	2.	स्तनपायी
C.	व्हेल मछली	3.	आर्थ्रोपोडा
D.	डेविल फिश	4.	सीलेण्ट्रेटा

कूट
A B C D A B C D
(a) 1 3 2 4 (b) 4 1 2 3
(c) 1 2 3 4 (d) 4 3 2 1

उत्तर (d)
• सही मिलान निम्न है

A.	जेलीफिश	4.	सीलेण्ट्रेटा
B.	क्रेफिश	3.	आर्थ्रोपोडा
C.	व्हेल	2.	स्तनपायी
D.	डेविल फिश	1.	मोलस्का

72. निम्नलिखित में से कौन ताजे पानी के तालाबों, झीलों और दलदलों में पाए जाने वाले जन्तुओं का संघ है, जिनमें चलन (locomotion) हेतु शूक (setae) या पैरापोडिया होती है?
SSC CGL Tier-I 19.07.2023 (Shift-IV)
(a) एनेलिडा (b) प्लैटीहेल्मिन्थीज
(c) टीनोफोरा (d) पोरीफेरा

उत्तर (a)
• एनेलिडा ताजे पानी के तालाबों, झीलों और दलदलों में पाए जाने वाले जन्तुओं का संघ है, जिनमें चलने के लिए **शूक** या **पैरापोडिया** होती है।
• इस संघ में आने वाले जन्तुओं का शरीर लम्बा एवं कृमि के आकार का होता है। प्रत्येक खण्ड वलय जैसा होने के कारण इन्हें **एनेलिडा** कहा जाता है।
• ये बहुकोशिकीय (Multicellular) तथा त्रिस्तरीय (Triploblastic) होते हैं।
• ये द्विपार्श्विक सममित (Bilaterally symmetrical) तथा सीलोमयुक्त (Coelomate) होते हैं। जैसे—केंचुआ, जोंक, नेरीस आदि।

73. संघ सन्धिपाद (Phylum-Arthropoda) के बारे में गलत कथन का चयन कीजिए।
SSC CGL Tier-I 18.07.2023 (Shift-IV)
(a) सभी ज्ञात पशु प्रजातियों में से 85% से अधिक सन्धिपाद हैं।
(b) लिग्निन सन्धिपाद (Arthropoda) के बहि:कंकाल (Exoskeletons) का मुख्य घटक होता है।
(c) वर्ग-इंसेक्टा, संघ सन्धिपाद का सबसे बड़ा वर्ग है।
(d) संघ-सन्धिपाद में कठोर बहि:कंकाल और संयुक्त उपांग वाले जानवरों की एक विस्तृत विविधता शामिल है।

उत्तर (b)
• संघ सन्धिपाद के बारे में कथन (b) गलत है।
• सन्धिपाद जन्तुओं का बाह्यकंकाल काइटिन का बना हाता है।

74. पृथुकृमि (प्लैटाहल्मिन्थीज) में परासरण नियमन में कौन-सी कोशिकाएँ सहायता करती हैं?
SSC CHSL Tier-I 18.07.2023 (Shift-I)
(a) ज्वाला कोशिकाएँ
(b) हुक्स
(c) गुच्छिका
(d) तन्त्रिका कोशिकाएँ

उत्तर (a)
• संघ-प्लैटीहेल्मिन्थीज के सदस्यों में ज्वाला कोशिकाएँ परासरण नियमन में सहायता करती हैं।
• ज्वाला कोशिका की गुहा में कशाभों का एक गुच्छा होता है, जो दीपक की लौ के समान हिलता रहता है।
• इस संघ के प्रमुख जन्तु प्लेनेरिया, लिवर फ्ल्यूक व फीताकृमि आदि हैं।

75. *टायफ्लोप्स (Typhlops)* क्या है?
SSC CGL Tier-I 18.07.2023 (Shift-II)
(a) ब्लाइण्ड स्नेक
(b) ग्रास स्नेक
(c) ग्लास स्नेक
(d) सी स्नेक

उत्तर (a)
• *टायफ्लोप्स* अन्धे साँप या ब्लाइण्ड स्नेक (बिना जहरीले साँपों) की एक प्रजाति है, जो ज्यादातर अफ्रीका और एशिया में पाई जाती है।
• ये साँप प्राय: अण्डे देने वाले होते हैं।

76. उस जन्तु की पहचान करें, जिसमें द्विपक्षीय समरूपता नहीं है
SSC CGL Tier-I 21.07.2023 (Shift-IV)
(a) निडेरियन (b) आर्थ्रोपोडा
(c) एनेलिडा (d) मोलस्का

उत्तर (a)
• निडेरियन में द्विपक्षीय एकरूपता नहीं है, जबकि आर्थ्रोपोडा, एनेलिडा व मोलस्का संघ द्विपक्षीय एकरूपता दर्शाते हैं।

77. *मीएण्ड्रिना* किस सीलेण्ट्रेटा जन्तु का सामान्य (जेनेरिक) नाम है, जिसका नरम, ट्यूब आकार का शरीर होता हैं, जो समूहों में एकसाथ रहते हैं?
SSC CGL Tier-I 20.07.2023 (Shift-III)
(a) मेडुसा (b) सी-एनीमोन
(c) ब्रेन कोरल (d) सी-फैन

उत्तर (c)
• *म्मीएण्ड्रिना* ब्रेन कोरल नामक सीलेण्ट्रेटा जन्तु का सामान्य (जेनेरिक) नाम है, जिसका नरम, ट्यूब आकार का शरीर होता है, जो सामान्यत: समूहों में निवास करते हैं।
• ब्रेन कोरल विश्व के सभी महासागरों में मूँगा चट्टानों पर पाए जाते हैं। इनका जीवनकाल **900 वर्ष** का होता है।

78. ऐनिमेलिया जगत के किस समूह में अखण्डित, द्विपार्श्विक रूप में सममित, कोमल शरीर वाले प्राणी होते हैं, जिनमें एक त्रिकोरकी संरचना (कोशिकाओं की तीन परतें होती हैं) और यह किसी प्रगुहा, कंकाल और गुदा से रहित होती हैं? **SSC CGL Tier-I 24.07.2023 (Shift-III)**
(a) चपटे कृमि (b) पोरीफोरा
(c) टीनोफोरा (d) निडेरिया

उत्तर (a)
• ऐनिमेलिया जगत के चपटे कृमि समूह में अखण्डित, द्विपार्श्विक रूप में सममित, कोमल शरीर वाले प्राणी होते हैं, जिनमें एक त्रिकोरकी संरचना (कोशिकाओं की तीन परतें होती हैं) और यह किसी प्रगुहा, कंकाल और गुदा से रहित होती हैं।

79. एक ऐसे जीव की पहचान कीजिए, जिसमें सुपरिभाषित पेशीय ग्रसनी हो।
SSC CGL Tier-I 22.07.2023 (Shift-I)
(a) *एस्कैरिस* (b) *गोरगोनिया*
(c) *टीनोप्लाना* (d) *ऐडैम्सिया*

उत्तर (a)
• *एस्कैरिस* में **पेशीय ग्रसनी** उपस्थित होती है।
• *एस्कैरिस* फाइलम-निमेटोडा के अन्तर्गत राउंडवॉर्म की एक प्रजाति है।
• वे सामान्यत: पर छोटी आँत के परजीवी होते हैं।
• मनुष्यों को प्रभावित करने वाली सबसे आम प्रजाति ***एस्कैरिस लुम्ब्रिकोइड्स*** है।

80. *ऐन्किलोस्टोमा* के लिए सामान्य शब्द क्या है?
SSC CGL Tier-I 14.07.2023 (Shift-II)
(a) फाइलेरिया कृमि (b) अंकुश कृमि
(c) गोलकृमि (d) फीताकृमि

उत्तर (b)
• *ऐन्किलोस्टोमा* के लिए सामान्य शब्द **अंकुश कृमि** है।
• *ऐन्किलोस्टोमा डुओडेनेल* राउण्डवर्म (गोलकृमि) की एक प्रजाति है, जो फाइलम-एस्कैहेल्मिन्थीज संघ से सम्बन्धित है।
• यह एक परजीवी सूत्र कृमि है, जो मानव, बिल्लियों और कुत्तों जैसे परपोषी की **क्षुद्रांत्र** में पाया जाता है।

81. निम्नलिखित में से कौन-से युग्म का गलत मिलान किया गया है?
SSC CGL Tier-I 17.07.2023 (Shift-III)
(a) *एस्कैरिस*-गोलकृमि
(b) टीनिया-फीताकृमि
(c) *वुचेरेरिया*-फाइलेरिया कृमि
(d) *एंकिलोस्टोमा*-पिनकृमि

उत्तर (d)
• **एंकिलोस्टोमा** पिनकृमि, युग्म का गलत मिलान किया गया है। अत: विकल्प (d) का सही रूप है।
• **एंकिलोस्टोमा** अंकुश कृमि (Hookworm) से सम्बन्धित है। अंकुश कृमि बेलनाकार छोटे-छोटे भूरे रंग के कृमि होते हैं।

• ये अधिकतर मनुष्य के **क्षुद्र आंत** (Small intestine) के पहले भाग में रहते हैं।
• अंकुश कृमि एक परजीवी है, मानव शरीर में इनकी उपस्थिति के कारण हल्के **दस्त** व **पेट में मरोड़** जैसी समस्या हो जाती है।

82. स्तनधारियों के यकृत में निम्नलिखित में से कौन-सी कोशिकाएँ पाई जाती हैं?
SSC CGL Tier-I 14.07.2023 (Shift-III)
(a) माइक्रोग्लियल कोशिकाएँ
(b) पार्किंजे कोशिकाएँ
(c) संवेदी कोशिकाएँ
(d) कुफ्फर कोशिकाएँ

उत्तर (d)
• कुफ्फर कोशिकाएँ यकृत में पाई जाती हैं, जो साइनाइड की भित्तियों से जुड़ी होती हैं।
• यकृत **हिपेटोसाइट्स** नाम की विशेष कोशिकाओं से बना होता है।
• कुफ्फर कोशिकाएँ ~ 15 से 20 माइक्रोन तारकीय फेगोसाइटिक कोशिकाएँ होती हैं, इनमें 70 एनएम परत होती है तथा 15 एनएम मोटी ग्लाइकोकैलिक्स (2931) सम्मिलित होती है, जो यान्त्रिक रूप से साइनॉइड से जुड़ी होती है।

83. प्लैटीहेल्मिन्थीज में पाई जाने वाली एक विशेष उत्सर्जी कोशिका कौन-सी है, जो किडनी की तरह काम करती है तथा निस्यन्दन के माध्यम से अपशिष्ट पदार्थ को हटाती है?
SSC CGL Tier II 06.03.2023 (Shift-I)
(a) स्टेम कोशिका
(b) स्पंज कोशिका
(c) वसा कोशिका
(d) फ्लेम कोशिका

उत्तर (d)
• 'फ्लेम कोशिका' किडनी की तरह काम करती है तथा निस्यन्दन के माध्यम से अपशिष्ट पदार्थ को हटाती है।

84. जन्तुओं के किस समूह का नाम उनकी काँटेदार त्वचा के कारण रखा गया है और उनमें विशिष्ट जल संवहन नाल तन्त्र पाया जाता है, जो उनके चलन में सहायक है?
SSC CGL Tier-2 03.03.2023 (Shift-I)
(a) एस्कैहेल्मिन्थीज (Aschelminthes)
(b) हेमीकोर्डेटा (Hemichordata)
(c) इकाइनोडर्मेटा (Echinodermata)
(d) मोलस्का (Mollusca)

उत्तर (c)
• जन्तु संघ के अन्तर्गत 'इकाइनोडर्मेटा' संघ के जन्तुओं का नाम उनकी काँटेदार त्वचा के कारण रखा गया है।
• इन संघ के सभी जन्तु समुद्री होते हैं तथा इनमें जल संवहन तन्त्र पाया जाता है।
• इसके अतिरिक्त प्रचलन, भोजन-ग्रहण करने हेतु नाल-पाद विकसित होते हैं, जो संवेदी अंग का कार्य करते हैं। उदाहरण—जेलीफिश, शैल फिश, स्टार फिश, ब्रिटिल स्टार व रेजरफिश आदि।

SSC CPO

85. गतिशील जीवाणु कोशिकाओं की कोशिका भित्ति में पाए जाने वाले पतले तन्तुमय विस्तार (filamentous extensions) क्या कहलाते हैं?
SSC CPO 27.06.2024 (Shift-I)
(a) पिली (b) फिम्ब्री
(c) कशाभिका (d) लैमिली

उत्तर (c)
• कशाभ का अर्थ है कोड़ा और यह कौड़ जैसी संरचना एक कोशिका को तरल में आगे बढ़ने में सक्षम बनाती है।
• कशाभिका कुछ जीवों में संवेदी अंगों के रूप में कार्य करते हैं, जो कि तापमान के प्रति संवेदना ग्रहण करती हैं।

86. प्राणि जगत के सबसे बड़े संघ की पहचान कीजिए **SSC CPO 29.06.2024 (Shift-I)**
(a) मोलस्का (b) एनीलिडा
(c) प्लैटीहेल्मिन्थीज (d) आर्थ्रोपोडा

उत्तर (d)
• प्राणि जगत का सबसे बड़ा संघ-आर्थ्रोपोडा (Arthropoda) है।
• यह जन्तु जगत का सबसे बड़ा संघ है, जिसमें 10 लाख से अधिक प्रजातियाँ शामिल हैं। यह संघ पृथ्वी पर सभी ज्ञात प्रजातियों का 80% हिस्सा बनाता है।
• लगभग दो-तिहाई जाति पृथ्वी पर आर्थ्रोपोडा का ही हैं। क्योंकि इनमें अंग-तन्त्र स्तर का शरीर संगठन होता है तथा ये द्विपार्श्व सममिति, त्रिकोरकी, विखण्डित तथा प्रगुही प्राणी हैं।

87. संघ (फाइलम) .... का शरीर अखण्डित और पृष्ठीय रूप से चपटा होता है।
SSC CPO 29.06.2024 (Shift-I)
(a) मोलस्का (b) सीलेण्ट्रेटा
(c) आर्थ्रोपोडा (d) प्लैटीहेल्मिन्थीज

उत्तर (d)
• प्लैटीहेल्मिन्थीज़ (Platyhelminthes) संघ का शरीर अखण्डित और पृष्ठीय रूप से चपटा होता है।
• प्लैटीहेल्मिन्थीज़ के शरीर की संरचना सरल होती है और इनका शरीर सामान्यत: तीन परतों से बना होता है: एक बाहरी एपिडर्मिस, एक मध्य मीसोडर्म और एक आन्तरिक गैस्ट्रोडर्मिस।
• इनकी कोई शारीरिक गुहा (coelom) नहीं होती और इनका शरीर बिल्कुल चपटा होता है. जिससे वे अपने पर्यावरण में आसानी से घुल-मिल सकते हैं।
• इस संघ में चपटे कृमि (flatworms) जैसे, फ्लूक्स, और टैपवर्म्स शामिल हैं।

88. कौन-सी हेयरपिन-जैसी संरचना टिक के मुखांग को उसके परपोषी की त्वचा से जोड़ने और स्थिर करने एवं तरल पदार्थों के आदान-प्रदान के माध्यम का काम करती है?
SSC CPO 28.06.2024 (Shift-II)
(a) ट्रंक (b) हाइपोस्टोम
(c) पेडंकल (d) सब्स्ट्रेटम

उत्तर (b)
• हाइपोस्टोम हेयरपिन- जैसी संरचना टिक के मुखांग को उसके परपोषी की त्वचा से जोड़ने और स्थिर करने एवं तरल पदार्थों के आदान-प्रदान के माध्यम का काम करती है।
• हाइपोस्टोप को मैक्सिला, रेड्यूला या लेबियम भी कहा जाता है।

89. रक्त चूसने वाली जोंक किस संघ से सम्बन्धित है? **SSC CPO 28.06.2024 (Shift-III)**
(a) प्लैटीहेल्मिन्थीज़ (b) ऐस्कैहेल्मिन्थीज
(c) निडेरिया (d) एनीलिडा

उत्तर (d)
• रक्त चूसने वाली जोक एनीलिडा संघ से सम्बन्धित है।
• इसका वैज्ञानिक नाम *हिरुडिनेरिया ग्रैनुलोसा* है।
• ये नम मिट्टी मे पाई जाती है।
• इस संघ के जीव लम्बे शरीर वाले त्रिस्तरीय होते हैं।
• इनका शरीर खण्डों में विभाजित होता है।
• इनमें नैफ्रिडिया द्वारा उत्सर्जन होता है।
• इनका शरीर द्विपार्श्व सममित होता है।

90. निम्नलिखित में से कौन-सी जीव संघ-एपिकॉम्प्लेक्सा (Apicomplexa) से सम्बन्धित है? **SSC CPO 05.10.2023 Shift (III)**
(a) *फाइसेलिया (Physalia)*
(b) *हाइड्रा (Hydra)*
(c) *प्लाज्मोडियम (Plasmodium)*
(d) स्पंज *(Sponge)*

उत्तर (c)
• एपिकॉम्पलेक्सा संघ के अन्तर्गत *प्लाज्मोडियम* आता है।
• यह एक एककोशिकीय प्रोटोजोअन (प्रोटिस्ट) है, जो मलेरिया रोग उत्पन्न करता है।
• संघ-एपिकॉम्पलेक्सा में 6000 से अधिक अविकल्पी परजीवी प्रोटिस्ट आते हैं।
• ये सभी कशेरूकी व अकशेरूकी जीवों में अन्त: परजीवी होते हैं।

SSC CHSL

91. निम्नलिखित में से कौन-सा कथन साइक्लोस्टोमेटा समूह का सबसे सटीक वर्णन करता है? **SSC CHSL Tier-I 11.07.2024 (Shift-I)**
(a) वे गर्म रक्त वाले, अण्डाकार, द्विपाद, पंख वाले, परों वाले और दाँत रहित कशेरुक होते हैं।
(b) उनकी त्वचा शल्क/प्लेटों से ढकी होती है और उनके हृदयों में केवल दो कक्ष होते हैं।
(c) वे बाह्ययोष्मी (एक्टोथर्म) जन्तु होते हैं, जिनकी त्वचा में श्लेष्म ग्रन्थियाँ होती हैं और एक तीन-कक्षीय हृदय होता है।
(d) वे एक लम्बे ईल जैसे शरीर, वलयाकार मुँह, पतली त्वचा वाले होते हैं और उनमें शल्क नहीं पाए जाते हैं।

उत्तर (d)
• साइक्लोस्टोमेटा समूह (वर्ग) के जन्तुओं में ईल जैसा लम्बा बेलनाकार शरीर, वलयाकार मुँह एवं शल्क विहीन पतली त्वचा पाई जाती है।

- इस वर्ग के अधिकांश जन्तु समुद्री तथा कुछ अलवण जलीय होते हैं।
- ये जन्तु असमतापी (poikilothermous) या शीत रुधिर धारी (cold-blooded) होते हैं अर्थात् जन्तु शरीर का ताप वातावरण के अनुसार घटता-बढ़ता रहता है।
- इनका शरीर बेलनाकार व मछली-सदृश होता है, जिसके अग्र सिरे पर गोल कीपनुमा, चूषक मुख होता है। मुख में हॉर्नी दाँत होते हैं।
- इनका सिर स्पष्ट नहीं होता तथा मस्तिष्क अल्पविकसित होता है।
- इनमें त्वचा कोमल, चिकनी, शल्कविहीन होती है।
- इनमें शरीर के पिछले भाग में मध्य-पृष्ठ रेखा पर एक पख होता है। युग्मित पखों का अभाव होता है।
- इनका हृदय दो वेश्मी (two-chambered) होता है।
- इनमें परिवर्द्धन अप्रत्यक्ष होता है तथा लार्वा अवस्था अनुपस्थित होती है, किन्तु *पेट्रोमाइज़ॉन* में *'एमोसीट लार्वा'* पाया जाता है;

उदाहरण- *पेट्रोमाइज़ॉन* (लैम्प्रे), *मिक्सीन (हेगफिश)।*

92. नीचे दिए गए विकल्पों में से अकशेरुकीय के सम्बन्ध में गलत कथन की पहचान कीजिए।
SSC CHSL Tier-I 04.07.2024 (Shift-I)

(a) उनमें एक रीढ़ और एक आन्तरिक कंकाल होता है
(b) उनमें खुली परिसंचरण प्रणाली होती है, क्योंकि वितरण में कोई रचना नहीं होती है
(c) उनमें ठोस तन्त्रिका रज्जुओं की एक जोड़ी होती है, जो अधर में स्थित होती है और खण्डित रूप से व्यवस्थित गैन्गिलिया को प्रभावित करती है
(d) उनमें अरीय या द्विपक्षीय शरीर समरूपता होती है

उत्तर (a)

- अकशेरुकी (invertebrate) जन्तुओं में रीढ़ और आन्तरिक कंकाल नहीं होता है। यह कशेरुकी जन्तुओं की विशेषता है।
- अकशेरुकी जन्तुओं में खुला (जैसे-तितली, घोंघा, मक्खी) एवं बन्द (जोंक, केंचुआ, नेरीस) दोनों प्रकार का परिसंचरण तन्त्र पाया जाता है।
- ये अरीय या रेडियल (जैसे-तारामछली, सी-एनीमोन) तथा द्विपक्षीय या द्विपार्श्व (जैसे—तितली, जोंक) सममित हो सकते हैं।
- केंचुआ, जोंक आदि के अधर में एक जोड़ी ठोस तन्त्रिका रज्जु पाई जाती हैं, जो खण्डित रूप से व्यवस्थित गैन्गिलिया को प्रभावित करती हैं।

93. जन्तुओं के निम्नलिखित में से किस समूह में कुछ आदिम रूपों (primitive forms) के साथ एक खण्डित रीढ़ की हड्डी का स्तम्भ (segmented spinal column) होता है, जिसमें रीढ़ की हड्डी द्वारा एक नोटोकॉर्ड का प्रतिनिधित्व किया जाता है?
SSC CHSL Tier-I 01.07.2024 (Shift-III)

(a) वर्टिब्रेटा (b) इकाइनोडर्मेटा
(c) आर्थ्रोपोडा (d) मोलस्क

उत्तर (a)

- जन्तुओं के वर्टिब्रेटा उपसंघ में कुछ आदिम रूपों के साथ एक खण्डित रीढ़ की हड्डी होती है, जिसमें रीढ़ की हड्डी द्वारा एक नोटोकॉर्ड का प्रतिनिधित्व किया जाता है।
- इनमें स्पष्ट सिर तथा सुविकसित मस्तिष्क उपस्थित होता है।
- ग्रसनीय क्लोम दरारें केवल भ्रूण में उपस्थित होती है।

94. प्लैटीहेल्मिन्थीज़ संघ के जन्तुओं का शरीर .... स्तरीय संगठन दिखाता है।
SSC CHSL 02.06.2022 (Shift-I)

(a) प्रोटोप्लाज्मिक (b) कोशिका ऊतक
(c) ऊतक अंग (d) कोशिकीय

उत्तर (c)

- प्लेटीहेल्मिन्थीज संघ के जन्तुओं का शरीर ऊतक अंग स्तरीय संगठन दिखाता है। यह अकशेरुकीय संघ का जीव होता है, इसका शरीर नरम होता है, आर्थ्रोपोडा, एनीलिडा, पोरीफेरा संघ के जीव इसी वर्ग में शामिल हैं।

95. जन्तुओं के किस समूह के शरीर की दीवार वर्तुलाकार और अनुदैर्ध्य पेशी तन्तुओं, दोनों से बनी होती है, जो एक नम, कोशिकीय क्यूटिकल से घिरी होती है, जो एक एपिडर्मल एपिथीलियम द्वारा स्रावित होती है?
SSC CHSL 27.05.2022 (Shift-I)

(a) आर्थ्रोपोडा (b) एनीलिडा
(c) सीलण्ट्रेटा (d) प्लैटीहेल्मिन्थीज

उत्तर (b)

- जन्तुओं के एनीलिडा समूह के शरीर की दीवार वर्तुलाकार और अनुदैर्ध्य पेशी तन्तुओं, दोनों से बनी होती है, जो एक नम कोशिकीय क्यूटिकल से घिरी होती है, जो एक एपिडर्मल एपिथीलियम द्वारा स्रावित होती है।
- एनीलिडा का शाब्दिक अर्थ होता है खण्डयुक्त कृमि इनका शरीर लम्बा, पतला व कोमल होता है। इनके शरीर की दीवार मुद्राकार समखण्डों में बँटी होती हैं।

SSC MTS

96. फाइलम आर्थ्रोपोडा के बारे में निम्नलिखित में से कौन-सा कथन सत्य है?
SSC MTS Tier-I 28.10.2024 (Shift-II)

A. आर्थ्रोपोडा के जन्तुओं के उपांग संयुक्त होते हैं।
B. इनमें मिश्रित आँखें होती हैं।
C. ये पृथ्वी पर सभी जन्तुओं का प्रौढ़ बनाते हैं।
D. सभी आर्थ्रोपॉड में प्रजनन की विधि वानस्पतिक है।

(a) C और D (b) A और C
(c) A, B और C (d) B, C और D

उत्तर (c)

- फाइलम आर्थ्रोपोडा के सम्बन्ध में विकल्प (c) सही उत्तर है।
- आर्थ्रोपोडा के जन्तुओं के उपांग संयुक्त होते हैं, इनमें मिश्रित आँखें होती हैं, ये पृथ्वी पर सभी जन्तुओं का प्रौढ़ बनाते हैं।
- आर्थ्रोपोडा सबसे बड़ा संघ है, जिसमें लगभग नौ लाख प्लाण्ट हैं। वे जलीय, स्थलीय या परजीवी भी हो सकते हैं।
- तिलचट्टा, तितली, केकड़ा, मकड़ी, मक्खी, मच्छर इसके प्रमुख उदाहरण हैं।

97. अरस्तू द्वारा जन्तुओं को वर्गीकृत करने के लिए निम्नलिखित में से किस विशेषता का उपयोग किया गया था?
SSC MTS Tier-I 23.10.2024 (Shift-II)

(a) शरीर की कोशिकाओं के प्रकार
(b) प्राकृतिक वास
(c) प्रकाश-संश्लेषण
(d) विशिष्ट अंग

उत्तर (b)

- अरस्तू द्वारा जन्तुओं को वर्गीकृत करने के लिए प्राकृतिक वास का उपयोग किया गया है।
- प्राकृतिक वास (आवास) के आधार पर, अरस्तू ने जानवरों को स्थलीय, जलीय एवं उड़ने वाले जन्तुओं में वर्गीकृत किया है।

98. जोंक निम्नलिखित में से किस संघ के अन्तर्गत आती है? **SSC MTS Tier-I 14.10.2024 (Shift-I)**

(a) एनेलिडा (b) सीलेण्टरेटा
(c) प्लेटिहेल्मिन्थीज (d) नेमाटोडा

उत्तर (a)

- जोंक, एनेलिडा संघ के अन्तर्गत आती है।
- ऐनेलिडा संघ के अन्तर्गत आने वाले कुछ अन्य जीवों में केंचुआ और पॉलीचेट कृमि आते हैं। ये जीव समुद्री जल, ताजे पानी और नम स्थलीय क्षेत्रों में पाए जाते हैं।
- इस संघ के अन्तर्गत लगभग 15000 प्रजातियाँ वर्गीकृत की गई हैं।
- इस संघ को **खण्डित कृमि** भी कहा जाता है।

99. रज्जुकी में पृष्ठरज्जू का प्राथमिक कार्य क्या होता है? **SSC MTS Tier-I 28.10.2024 (Shift-II)**

(a) श्वसन (b) गमन
(c) आधार (d) पाचन

उत्तर (c)

- रज्जुकी में पृष्ठरज्जू का प्राथमिक कार्य आधार (Support) प्रदान करना होता है।
- पृष्ठरज्जू, **पाचन नली और तन्त्रिका रज्जू** के बीच स्थित होता है और समर्थन प्रदान करता है।
- पृष्ठरज्जू युक्त जीवों को रज्जुकी (कॉर्डेट) और पृष्ठरज्जू रहित जीवों को अरज्जुकी (नॉनकॉर्डेट) कहते हैं।
- रज्जुकी जीवों की विशेषताएँ हैं
- पृष्ठीय ट्यूबलर तन्त्रिका कार्ड की उपस्थिति, ग्रसनी गिल की उपस्थिति, गुदा के बाद पूँछ।

100. निम्नलिखित में से कौन-सा कथन गलत है?
SSC MTS 13.07.2022 Shift (I)

(a) चूर्णप्रावार (मोलस्का) सबसे बड़ा जन्तु संघ है।
(b) कंकतधर (टीनोफोरा) को सामान्यत: समुद्री अखरोट के रूप में जाना जाता है।
(c) रज्जुकी संघ (कॉर्डेट्स) में गुद-पश्च पूँछ उपस्थित होती है।
(d) टिड्डी सन्धिपाद (आर्थ्रोपोडा) का एक उदाहरण है।

उत्तर (a)

- 'चूर्णप्रावार (मोलस्का) दूसरा सबसे बड़ा जन्तु संघ है।' कथन गलत है। क्योंकि संघ-आर्थ्रोपोडा

सबसे बड़ा जन्तु संघ हैं अन्य सभी विकल्पों में दिए गए कथन सत्य हैं।

101. निम्नलिखित में से किसकी रीढ़ की हड्डी नहीं होती है? SSC MTS 15.07.2022 Shift (I)

(a) मानव (b) कबूतर (c) मकड़ी (d) मेंढक

उत्तर (c)

- मकड़ी में रीढ़ की हड्डी नहीं होती है। मकड़ी नॉन-कॉर्डेट आर्थ्रोपोड होते हैं।
- इनके 8 पैर होते हैं तथा शरीर की लम्बाई 0.5 से लेकर लगभग 90 मिमी तक होती है।

102. फीताकृमि (टेपवर्म) प्राणिजगत के किस वर्ग (ग्रुप) से सम्बन्धित है? SSC MTS 06.09.2022 Shift (I)

(a) सीलेण्ट्रेटा
(b) चपटेकृमि (प्लैटीहेल्मिन्थीज)
(c) पोरीफेरा
(d) एनीलिडा

उत्तर (b)

- फीताकृमि प्राणिजगत के चपटेकृमि (प्लैटीहेल्मिन्थीज) वर्ग से सम्बन्धित है।
- फीताकृमि एक परजीवी होता है, जो हमारी आँतों में पाया जाता है, जो साफ-सफाई के अभाव में हमारे शरीर में प्रवेश कर जाता है।

SSC Selection Post

103. निम्नलिखित में से किस वर्ग में जन्तुओं की संख्या सबसे अधिक है? SSC SP 27.06.2023 (Shift-IV)

(a) सरीसृप (b) मत्स्य
(c) कीट (d) स्तनधारी

उत्तर (c)

- कीट वर्ग में जन्तुओं की संख्या सबसे अधिक है।
- कीट वर्ग में मधुमक्खियाँ तितलियाँ, मक्खियाँ, चीटियाँ एवं भृंग जैसी विविध प्रजातियाँ आती हैं।
- इन्हें तीन भाग वाले शरीर की संरचना (सिर, वक्ष, उदर), संयुक्त आँखे, एवं एक जोड़ी एंटेना द्वारा पहचाना जाता है।
- कीट वर्ग पारिस्थितिकी तन्त्र में महत्त्वपूर्ण भूमिका निभाते हैं, जिसमें परागण, अपघटन एवं अन्य जन्तुओं के लिए भोजन स्रोत के रूप में कार्य करते हैं।

104. स्तम्भ को मिलाइए। SSC SP 27.06.2023 (Shift-III)

फाइलम		जन्तु
A. प्रोटोजोआ	1.	गोलकृमि (Roundworm)
B. निमैटोडा	2.	*अमीबा* (Amoeba)
C. आर्थ्रोपोडा	3.	सितारा मछली (Starfish)
D. इकाइनोडर्मेटा	4.	तिलचट्टा (Cockroach)

	A	B	C	D		A	B	C	D
(a)	2,	1,	4,	3	(b)	2,	1,	3,	4
(c)	1,	2,	3,	4	(d)	1,	2,	4,	3

उत्तर (a)

- दिए गए स्तम्भ का सही सुमेलन A-2, B-1, C-4 और D-3 है।

SSC Steno

105. चपटे कृमि में पाई जाने वाली विशिष्ट कोशिकाओं के प्रकार की पहचान कीजिए, जो परासरण नियमन में सहायक है। SSC Steno 10.12.2024 (Shift-II)

(a) मध्य त्वचा (b) स्टेम कोशिकाएँ
(c) शुक्राणु कोशिकाएँ (d) ज्वाला कोशिकाएँ

उत्तर (d)

- चपटे कृषि में ज्वाला कोशिकाएँ विशेष रूप से परासरण नियमन और उत्सर्जन में सहायक होती है।
- यह कोशिकाएँ एक तरह की प्रारम्भिक उत्सर्जन प्रणाली का भाग होती है, जो शरीर से अतिरिक्त पानी और अपशिष्ट पदार्थों को बाहर निकालने में मदद करती है।

106. निम्नलिखित में से कौन-सा आर्थ्रोपोडा संघ का सदस्य नहीं है? SSC Steno 10.12.2024 (Shift-II)

(a) घोंघा (b) झींगा
(c) टिड्डी (d) तितली

उत्तर (a)

- घोंघा एक मोलस्क है, जो आर्थ्रोपोडा संघ का सदस्य नहीं है। आर्थ्रोपोडा संघ में जीव होते है, जिनके शरीर खण्डित होते हैं और जिनके अंग सन्धियुक्त होते हैं, जैसे-कीट, एरेक्निडा और क्रस्टेशियन।
- झींगा एक क्रस्टेशियन है, जो आर्थ्रोपोडा संघ का सदस्य है।
- **टिड्डा** एक कीट है, जो आर्थ्रोपोडा संघ का सदस्य है।
- **तितली** एक कीट है, जो आर्थ्रोपोडा संघ का सदस्य है।

कोशिका

107. सिंगर और निकोलसन द्वारा फ्ल्यूड मोजेक मॉडल किस वर्ष प्रस्तावित किया गया था? मॉडल सामान्यत: कोशिका झिल्ली संरचना और गतिशीलता का निरूपण करता है। SSC CGL Tier-2 20.01.2025

(a) 1972 (b) 1993 (c) 1981 (d) 1960

उत्तर (a)

- सिंगर और निकोलसन द्वारा प्रस्तावित फ्ल्यूड मोज़ेक मॉडल वर्ष 1972 में प्रस्तावित किया गया था। यह मॉडल कोशिका झिल्ली की संरचना और गतिशीलता को स्पष्ट करता है।
- इस मॉडल के अनुसार, कोशिका झिल्ली फॉस्फोलिपिड्स को एक द्वि-परत से बनी होती है।
- इस मॉडल के अनुसार, झिल्ली तरल होती है और इसमें मौजूद अणु गति करते हैं।

108. चारकोट-मैरी-टूथ रोग किस गुणसूत्र पर पेरिफेरल माइलिन प्रोटीन-22 (PMP-22) जीन के द्विगुणन के कारण होता है? SSC CGL Tier-2 18.01.2025

(a) क्रोमोसोम 17 (b) क्रोमोसोम 8
(c) क्रोमोसोम 15 (d) क्रोमोसोम 21

उत्तर (a)

- चारकोट-मैरी-टूथ रोग **क्रोमोसोम** 17 पर पेरिफेरल माइलिन प्रोटीन-22 (PMP 22) जीन के द्विगुणन के कारण होता है।
- यह एक आनुवंशिक विकार है, जो हाथों और पैरों की नसों को प्रभावित करता है।
- यह एक वंशानुगत न्यूरोपैथी है, जो एक तन्त्रिका सम्बन्धी स्थिति है, जो दर्द, सूजन या अन्य लक्षण को उत्पन्न करती है।

109. वाल्टर फ्लेमिंग ने किस वर्ष में गुणसूत्रों को स्पष्ट रूप से देखने और समसूत्रन (माइटोसिस) की पूरी प्रक्रिया का वर्णन करने के लिए गुणसूत्रों का अभिरंजन किया? SSC CGL Tier-2 18.01.2025

(a) 1956 (b) 1780 (c) 1901 (d) 1882

उत्तर (d)

- वाल्टर फ्लेमिंग ने 1882 ई. में गुणसूत्रों का अभिरंजन किया था।
- गुणसूत्र धागे जैसी संरचनाएँ होती हैं, जो आनुवंशिक जानकारी को एक कोशिका से दूसरी कोशिका तक ले जाती हैं।
- ये डीएनए और प्रोटीन से बने होते हैं।
- ये पौधे और जन्तुओं की कोशिकाओं के नाभिक में पाए जाते हैं।

110. कोशिका विभाजन के सन्दर्भ में तनुपट्ट (लेप्टोटीन) अवस्था में कौन-सा गुणसूत्र सम्बन्धी व्यवहार होता है? SSC CGL Tier-1 26.09.2024 (Shift-I)

(a) समजात गुणसूत्र जोड़े बनना
(b) गुणसूत्र का संघनित होना
(c) गुणसूत्रों का सूत्रयुग्मन रहित होना
(d) सूत्रयुग्मन का पूर्ण हो जाना

उत्तर (b)

- कोशिका विभाजन के सन्दर्भ में तनुपट्ट (लेप्टोटीन) अवस्था में **गुणसूत्र का संघनित** सम्बन्धी व्यवहार होता है।
- इस उप प्रावस्था में केन्द्रक के आयतन में वृद्धि होती है। केन्द्रक जाल खुलकर लम्बे पतले धागे के आकार की रचना बनाता है, जो बाद में संघनित हो जाते हैं। ये गुणसूत्र कहलाते हैं।
- गुणसूत्र डी. एन.का एक पैकेज है, जिसमें किसी जीव की आनुवंशिक सामग्री का कुछ या पूरा भाग होता है।

111. निम्नलिखित में से कौन-सा प्रॉकैरियोटिक कोशिकाओं का उदाहरण है? SSC CGL Tier-1 19.09.2024 (Shift-II)

(a) *प्लाज्मोडियम* (b) यीस्ट
(c) बैक्टीरिया (d) *लीशमैनिया*

उत्तर (c)

- **बैक्टीरिया** प्रॉकैरियोटिक कोशिकाओं का उदाहरण है।
- बैक्टीरिया एक कोशिकीय होते हैं और इनका आकार 0.2 से 10 माइक्रोन होता है।
- इन में झिल्लीबद्ध केन्द्रक और अन्य कोशिकांगों का अभाव होता है।
- प्रॉकैरियोटिक कोशिकाओं में नीले-हरित शैवाल, *माइकोप्लाज्मा* आदि शामिल होते हैं।

112. निम्नलिखित में से कौन-सा युग्म गलत सुमेलित है? **SSC CGL Tier-1 11.09.2024 (Shift-II)**

(a) माइटोकॉण्ड्रिया-सेल का पावर हाउस
(b) राइबोसोम-प्रोटीन का कारखाना
(c) लाइसोसोम-आत्मघाती थैली
(d) केन्द्रक-लिपिड चयापचय

उत्तर (d)

- विकल्प (d) गलत सुमेलित है।
- लिपिड चयापचय एक जटिल प्रक्रिया है, जिसमें कई कोशिकांग सम्मिलित होते हैं, जिनमें अन्त: प्रद्रव्यी जालिका परॉक्सीसोम, माइटोकॉण्ड्रिया, लाइसोसोम आदि हैं।
- लिपिड चयापचय में लिपिड को ट्राइग्लिसरॉइड्स के रूप में संगृहीत किया जाता है।

113. निम्नलिखित में से कौन-सा चित्रण माइटोकॉण्ड्रिया का संरचनात्मक विवरण दिखाता है? **SSC CGL Tier-1 09.09.2024 (Shift-III)**

(i) (ii) (iii) (iv)

(a) (ii) (b) (iv) (c) (iii) (d) (i)

उत्तर (a)

- दी गए संरचना (ii) माइटोकॉण्ड्रिया को दर्शाती हैं। 1897 ई. में माइटोकॉण्ड्रिया शब्द का प्रथम बार प्रयोग सी बेण्डा ने किया था।
- माइटोकॉण्ड्रिया को 'कोशिका का पावरहाउस' कहते हैं।
- जीवाणु, नील-हरित शैवाल एवं परिपक्व मानव रुधिर कणिका को छोड़कर माइटोकॉण्ड्रिया सजीवों की प्रत्येक कोशिका में पाए जाते हैं।

114. किस कोशिका अंगक को छोटे गोलाकार कोशिकांग के रूप में परिभाषित किया गया है, जो हाइड्रोजन परॉक्साइड का उत्पादन करने के लिए ऑक्सीकरण अभिक्रिया से गुजरता है? **SSC CGL Tier-1 10.09.2024 (Shift-III)**

(a) रसधानी (b) न्यूक्लियस
(c) परॉक्सीसोम्स (d) सेण्ट्रोसोम

उत्तर (c)

- **परॉक्सीसोम्स** एक हाइड्रोजन परॉक्साइड का उत्पादन करने के लिए ऑक्सीकरण अभिक्रिया से गुजरता है।
- परॉक्सीसोम्स, लगभग सभी यूकैरियोटिक कोशिकाओं में पाए जाते हैं।
- स्तनधारी कोशिकाओं में कोशिका में कई सौ से लेकर कई हजार परॉक्सीसोम्स उपस्थित होते हैं।

115. विभज्योतक की कोशिकाओं के पास .... नहीं होती हैं। **SSC CGL Tier-2 13.12.2023 (Shift-IV)**

(a) कोशिकाद्रव्य (b) रसधानियाँ
(c) केन्द्रक (d) कोशिका भित्ति

उत्तर (b)

- विभज्योतक (Meristematic) की कोशिकाओं के पास **रसधानियाँ** नहीं होती हैं, जबकि जीवद्रव्य सघन तथा केन्द्रक बड़े होते हैं।
- इस ऊतक की कोशिकाओं के बीच अन्तरकोशिकीय स्थानों का अभाव होता है।
- विभज्योतक ऊतक से बनी सन्तति कोशिकाएँ वृद्धि करके पौधे के विभिन्न अंगों का निर्माण करती हैं।

116. निम्नलिखित में से कौन-सा कोशिकांग राइबोसोमल RNA और प्रोटीन से बना होता है? **SSC CGL Tier-1 14.07.2023 (Shift-IV)**

(a) केन्द्रक (b) लाइसोसोम
(c) गॉल्जीकाय (d) राइबोसोम

उत्तर (d)

- **राइबोसोम,** राइबोसोमल RNA और प्रोटीन से बना होता है, ये प्रोटीन संश्लेषण में सहायता करते हैं।
- ये डमरू की आकृति के या लगभग गोलाकार और **140-160 Å** व्यास वाले सघन सूक्ष्म कण होते हैं।
- राइबोसोम की खोज 1955 के दशक में रोमानिया के जीव वैज्ञानिक **जॉर्ज पेलेड** ने की थी। उन्होंने इस खोज के लिए इलेक्ट्रॉन सूक्ष्मदर्शी का प्रयोग किया था, जिसके लिए उन्हें नोबेल पुरस्कार से सम्मानित किया गया था।

117. कोशिका झिल्ली के सम्बन्ध में निम्नलिखित में से कौन-सा कथन सही है? **SSC CGL Tier-1 24.07.2023 (Shift-III)**

I. झिल्ली इसके दोनों ओर उपस्थित कुछ अणुओं के लिए चुनिन्दा रूप से पारगम्य होती है।
II पानी भी इस झिल्ली से होकर निम्न से उच्च सान्द्रता में जा सकता है।

कूट
(a) केवल I
(b) केवल II
(c) I और II दोनों
(d) न तो I और न ही II

उत्तर (a)

- कोशिका झिल्ली के सम्बन्ध में केवल कथन I सही है।
- झिल्ली इसके दोनों ओर उपस्थित कुछ अणुओं के लिए चुनिन्दा रूप से पारगम्य होती है।
- पानी इस झिल्ली से होकर निम्न से उच्च सान्द्रता में न जाकर उच्च सान्द्रता से निम्न सान्द्रता की ओर गति करता है।

118. पादप कोशिकाओं का सबसे बाहरी आवरण क्या कहलाता है? **SSC CGL Tier-1 26.07.2023 (Shift-III)**

(a) कोशिका झिल्ली (b) गॉल्जी उपकरण
(c) लाइसोसोम (d) कोशिका भित्ति

उत्तर (d)

- पादप कोशिका के बाहरी आवरण को **कोशिका भित्ति** कहा जाता है।
- यह पादप कोशिकाओं में कोशिका झिल्ली के बाहर एक संरचनात्मक परत होती है।
- यह मुख्य रूप से पादप कोशिका को संरचनात्मक सहायता और संरक्षण प्रदान करती है तथा यह सख्त, लचीली और कभी-कभी कठोर भी हो सकती है।

119. सही कथन का चयन कीजिए। **SSC CGL Tier-1 24.07.2023 (Shift-II)**

(a) कवकीय कोशिका में हरितलवक, राइबोसोम तथा केन्द्रक उपस्थित होते हैं।
(b) जन्तु कोशिकाओं में राइबोसोम, सूत्र कणिकाएँ और लयनकाय पाए जाते हैं।
(c) बैक्टीरिया में सूत्र कणिकाएँ और केन्द्रक पाए जाते हैं।
(d) पादप कोशिका में सूत्र कणिकाएँ तथा केन्द्रक अनुपस्थित होते हैं।

उत्तर (b)

- कथन (b) सही है।
- जन्तु कोशिकाओं में राइबोसोम, सूत्र कणिकाएँ और लयनकाय पाए जाते हैं।
- राइबोसोम जीवित कोशिकाओं के अन्दर पाई जाने वाली एक जटिल आण्विक मशीन है।

120. वाल्थर फ्लेमिंग ने किस वर्ष में कोशिका के केन्द्रक में पाए जाने वाले रंगीन पदार्थ के लिए 'क्रोमैटिन' शब्द प्रतिपादित किया था? **SSC CGL Tier-1 25.07.2023 (Shift-III)**

(a) 1840 (b) 1900
(c) 1879 (d) 1849

उत्तर (c)

- वाल्थर फ्लेमिंग ने 1879 ई. में कोशिका के केन्द्रक में पाए जाने वाले रंगीन पदार्थ के लिए **क्रोमैटिन** शब्द प्रतिपादित किया था।
- वाल्थर फ्लेमिंग (1843-1905) एक जर्मन जीव विज्ञानी और **साइटोजेनेटिक्स** के संस्थापक थे।
- साइटोजेनेटिक्स विज्ञान वह क्षेत्र है, जिसमें माइक्रोस्कोप के माध्यम से कोशिका के केन्द्रक में संरचनाओं और प्रक्रियाओं का विश्लेषण किया जाता है।

121. निम्नलिखित में से क्या केवल पादप कोशिकाओं में पाया जाता है? **SSC CGL Tier-1 25.07.2023 (Shift-IV)**

(a) कोशिका भित्ति
(b) केन्द्रक
(c) माइटोकॉण्ड्रिया
(d) कोशिका झिल्ली

उत्तर (a)

- **कोशिका भित्ति** (Cell wall) केवल पादप कोशिकाओं में पाई जाती है।
- यह सेलुलोस की बनी होती है तथा कोशिका को एक निश्चित आकृति व आकार बनाए रखने में सहायता करती है।
- जीवाणु की कोशिका भित्ति पेप्टिडोग्लाइकेन (एक पॉलीसेकैराइड, जिसमें शर्करा और अमीनो एसिड होते हैं) की बनी होती है।

122. कोशिकाओं में प्रोटीन का संश्लेषण किसमें होता है? **SSC CGL Tier-1 18.07.2023 (Shift-II)**

(a) गॉल्जी उपकरण
(b) केन्द्रक
(c) माइटोकॉण्ड्रिया
(d) राइबोसोम

उत्तर (d)

• कोशिकाओं में प्रोटीन का संश्लेषण **राइबोसोम** में होता है।

• इसी कारण राइबोसोम को **प्रोटीन की फैक्ट्री** भी कहा जाता है।

• पादप कोशिका में राइबोसोम की खोज वर्ष 1953 में रॉबिन्सन व ब्राउन ने की थी, जबकि जी.पैलेड ने वर्ष 1953 में इसे जन्तु कोशिका में देखा।

• राइबोसोम कोशिका मुख्यत: राइबोन्यूक्लिक एसिड (RNA) नामक अम्ल व प्रोटीन की बनी होती है।

123. निम्नलिखित में से कौन-सा पादप ऊतक है?
SSC CGL Tier-2 13.12.2022 (Shift-II)

I. विभज्योतक ऊतक II. स्थायी ऊतक

कूट

(a) केवल I
(b) केवल II
(c) I तथा II दोनों
(d) न ही I और न ही II

उत्तर (c)

• विभज्योतक उत्तक (Meristematic Tissue) व स्थायी ऊतक (Permanent Tissue) दोनों ही पादप ऊतक हैं।

• विभज्योतक ऊतक पौधे के वर्धी क्षेत्रों में निर्मित होते हैं, इनसे बनी सन्तति कोशिकाएँ-वृद्धि करके पौधे के विभिन्न अंगों का निर्माण करती हैं।

• इनकी भित्तियाँ पतली व एकसार (Homogenous) होती हैं तथा जीवद्रव्य सघन, केन्द्रक बड़े व रसधानी छोटी होती हैं।

• ये मुख्यत: तीन प्रकार के होते हैं—शीर्षस्थ विभज्योतक, पार्श्व विभज्योतक व अन्तर्वेशी विभज्योतक।

• स्थायी ऊतक उन परिपक्व कोशिकाओं के बने होते हैं, जो विभाजन की क्षमता खो चुकी होती हैं। ये कोशिकाएँ मृत या जीवित हो सकती हैं। ये ऊतक मुख्यत: दो प्रकार के होते हैं—सरल ऊतक व जटिल ऊतक।

124. पॉलीसोम में राइबोसोम की क्या भूमिका होती है?
SSC CGL Tier-1 09.12.2022 (Shift-IV)

(a) एक पॉलीसोम के राइबोसोम *r*RNA को प्रोटीन में परिवर्तित करते हैं।
(b) एक मोनोसोम के राइबोसोम *r*RNA को प्रोटीन में परिवर्तित करते हैं।
(c) एक पॉलीसोम के राइबोसोम *m*RNA को प्रोटीन में परिवर्तित करते हैं।
(d) राइबोसोम वसा का संश्लेषण करते हैं।

उत्तर (c)

• **पॉलीसोम में राइबोसोम *m*RNA को प्रोटीन में परिवर्तित करते हैं।**

• प्रोटीन-संश्लेषण के समय एक ही *m*RNA अणु पर कई राइबोसोम शृंखला रूपी दिखाई देते हैं।

• इस प्रकार बनी संरचना को पॉलीराइबोसोम या पॉलीसोम्स कहते हैं।

125. सुमेलित कीजिए।
SSC CGL Tier-1 08.12.2022 (Shift-II)

सूची I	सूची II
A. G_1	1. कोशिका DNA की एक पूरी प्रतिलिपि का संश्लेषण करती है।
B. S	2. पहला अन्तराल चरण, कोशिका शारीरिक रूप से बड़ी होती है।
C. G_2	3. कोशिका समसूत्रण की तैयारी में अपनी सामग्री को पुनर्गठित करना शुरू कर देती है।
D. M	4. कोशिका अपने कॉपी किए गए DNA और साइटोप्लाज्म को दो नई कोशिकाओं को बनाने के लिए विभाजित करती है।

कूट

	A B C D		A B C D
(a)	1 2 3 4	(b)	3 1 2 4
(c)	2 1 3 4	(d)	2 1 4 3

उत्तर (c)

• सूची I व सूची II का सही सुमेलन निम्न है।
A-2, B-1, C-3, D-4

• G_1 अवस्था कोशिका विभाजन की प्रथम अवस्था है। इसमें कोशिका शारीरिक रूप से बड़ी होती है।

• S अवस्था में कोशिका DNA की एक पूरी प्रतिलिपि का संश्लेषण करती है।

• G_2 अवस्था में कोशिका समसूत्रण की तैयारी में अपनी सामग्री को पुनर्गठित करना शुरू कर देती है।

• M अवस्था में कोशिका अपने कॉपी किए गए DNA और साइटोप्लाज्म को दो नई कोशिकाओं को बनाने के लिए विभाजित करती हैं

126. जीव के लिए .... मूलभूत रूप से संरचनात्मक इकाई है।
SSC CHSL Tier-1 09.12.2022 (Shift-II)

(a) अंग तन्त्र (b) अंग
(c) कोशिका (d) ऊतक

उत्तर (c)

• कोशिका जीव की मूलभूत रूप से संरचनात्मक व कार्यात्मक इकाई होती हैं।

• इसकी खोज **रॉबर्ट हुक** ने 1665 ई. में **कॉर्क** के टुकड़े में की थी। कोशिका अध्ययन को 'साइटोलॉजी' कहा जाता है।

127. .... संरचना और कार्यविधि में समान कोशिकाओं का समूह है।
SSC CGL Tier-1 07.12.2022 (Shift-II)

(a) अंग तन्त्र (b) अंग
(c) अणु (d) ऊतक

उत्तर (d)

• समान उत्पत्ति एवं समान कार्य करने वाली कोशिकाओं का ऐसा समूह जिसकी मूलभूत संरचना भी समान हो, **ऊतक** कहलाती है। पादप ऊतक मुख्यत: दो प्रकार के होते हैं

1. विभज्योतकी ऊतक
2. स्थायी ऊतक

128. प्लाज्मिड डीएनए के कार्य की पहचान करें।
SSC CGL Tier-1 06.12.2022 (Shift-III)

(a) रुधिर कोशिकाओं को बनाना
(b) आरआरएनए के निर्माण में सहायता करना
(c) जीवाणुओं को कुल विशिष्ट समलक्षणीय लक्षण प्रदान करना।
(d) उपरोक्त में से कोई नहीं

उत्तर (c)

जीवाणुओं को विशिष्ट समलक्षणीय लक्षण प्रदान करना, प्लाज्मिड डीएनए का कार्य है।

129. सुमेलित करें
SSC CGL Tier-1 05.12.2022 (Shift-III)

सूची I	सूची II
A. माइटोकॉण्ड्रिया	1. प्रोटीन संश्लेषण
B. राइबोसोम	2. एक कोशिका के क्रियाकलाप का विनियमन
C. केन्द्रक	3. कोशिका का पाचन तन्त्र
D लाइसोसोम	4. ऊर्जा निर्माण

कूट

	A B C D		A B C D
(a)	3 1 4 2	(b)	4 1 2 3
(c)	1 2 3 4	(d)	2 1 3 4

उत्तर (b)

• सूची I व सूची II का सही सुमेलन निम्न है—A-4, B-1, C-2, D-3

• माइटोकॉण्ड्रिया में श्वसन क्रिया द्वारा ऊर्जा का निर्माण या उत्पादन ATP अणु के रूप में होता है।

• राइबोसोम द्वारा प्रोटीन का संश्लेषण होता है।

• केन्द्रक आनुवंशिक गुणों को नियन्त्रित करता है। अत: यह कोशिका के क्रिया-कलाप व जैविक क्रियाओं को विनियमित करता है।

• लाइसोसोम में जल-अपघटनी एन्जाइम भरे होते हैं अत: यह कोशिका का पाचन तन्त्र कहलाता है।

130. *m*RNA से जुड़े राइबोसोम के समूह को कहा जाता है
SSC CGL Tier-1 05.12.2022 (Shift-II)

(a) पॉलीसोम (b) मोनोमर
(c) पॉलीमर (d) पॉलीपेप्टाइड

उत्तर (a)

• *m*RNA से जुड़े राइबोसोम के समूह को **पॉलीसोम** कहा जाता है।

• प्रोटीन संश्लेषण के समय एक ही *mRNA* अणु पर कई राइबोसोम शृंखला रूपी दिखाई देते हैं। इस प्रकार बनी संरचना को पॉलीराइबोसोम्स या पॉलीसोम्स कहते हैं।

131. उस विकल्प की पहचान करें, जो प्राक्केन्द्रकी कोशिकाओं का वर्णन नहीं करता है
SSC CGL Tier-1 03.12.2022 (Shift-III)

(a) शुक्राणु
(b) नील-हरित शैवाल
(c) कवक द्रव्य
(d) प्लूरोन्यूमोनिया सूक्ष्मजीव

उत्तर (a)

• **शुक्राणुओं** में प्राक्केन्द्रकी कोशिकाओं (prokaryotic cell) का वर्णन नहीं किया जाता है, क्योंकि इन कोशिकाओं में अल्पविकसित केन्द्रक पाया जाता है तथा केन्द्रक के प्रमुख अवयव; जैसै—केन्द्रक कला, गुणसूत्र, केन्द्रिका इत्यादि अनुपस्थित होते हैं।

• इनमें राइबोसोम पाया जाता है। उदाहरण जीवाणु, नील हरित शैवाल, कवक, द्रव्य, प्लूरोन्यूमोनिया सूक्ष्मजीव इत्यादि।

132. कोशिका चक्र के बारे में निम्नलिखित में से कौन-सा कथन असत्य है?

SSC CGL Tier-1 01.12.2022 (Shift-II)

(a) समसूत्री विभाजन की तैयारी G_2 चरण में होती है।
(b) G_1 चरण में, कोशिका शारीरिक रूप से बड़ी हो जाती है और कोशिकांगों को प्राकृतिक बनाती है।
(c) S चरण में डी.एन.ए की प्रतिकृति बनती है।
(d) M चरण में कोशिका शारीरिक रूप से बड़ी हो जाती है और कोशिकांगों की प्रतिकृति बनाती है।

उत्तर (d)

• कोशिका चक्र के बारे में कथन (d) गलत है, क्योंकि M चरण कोशिका की विभाजन अवस्था होती है, जिसमें अन्तरावस्था में संश्लेषित पदार्थों के परिपूर्ण होने के पश्चात् कोशिका विभाजन की तरफ अग्रसर होती है।

• यह अवस्था मुख्यतया दो भागों में विभाजित होती है (i) समसूत्री विभाजन (ii) अर्द्धसूत्री विभाजन।

133. कोशिका विभाजन के ……… मुख्य प्रकार हैं।

SSC CGL Tier-1 03.12.2022 (Shift-I)

(a) 4 (b) 3 (c) 5 (d) 2

उत्तर (d)

• अन्तरावस्था में संश्लेषित पदार्थों के परिपूर्ण होने के पश्चात् कोशिका विभाजन **दो** प्रकार का होता है—समसूत्री विभाजन व अर्द्धसूत्री विभाजन।

• समसूत्री विभाजन में एक कोशिका विभाजित होकर दो संतति कोशिका का निर्माण करती है, जबकि अर्द्धसूत्री विभाजन में दो कोशिका का विभाजन होकर चार संतति कोशिका का निर्माण होता है।

134. पादपों में जाइलम ऊतक का …… भाग भोजन का भण्डारण करता है।

SSC CGL Tier-1 01.12.2022 (Shift-I)

(a) जाइलम फाइबर (b) जाइलम पैरेन्काइमा
(c) वाहिनिका (d) वाहिका

उत्तर (b)

• पादपों में जाइलम ऊतक का **जाइलम पैरेन्काइमा** (दारू मृदूतक) भाग भोजन का भण्डारण करता है।

• इसमें सजीव व मोटी भित्ति वाली कोशिकाएँ होती हैं, जो कि पादपों के मृदु भागों तथा बाह्य त्वचा; जैसे—फूल के गूदे इत्यादि में पाई जाती हैं। इसका मुख्य कार्य खाद्य पदार्थों; जैसे—मण्ड, प्रोटीन तथा वसा का संग्रह करना है; जैसे—यूफोर्बिया, नागफनी।

135. गॉल्जीकाय में, परिपक्व भाग ……… होता है।

SSC CGL Tier-1 01.12.2022 (Shift-I)

(a) उत्तल (b) द्वि-अवतल
(c) गोलाकार (d) अवतल

उत्तर (d)

• गॉल्जीकाय में परिपक्व भाग **अवतल** होता है।

• यह कोशिका झिल्ली (cell membrane) की ओर होता है। इसे ट्रान्स के रूप में भी जाना जाता है। ये चपटी नलिकाओं में पाए जाते हैं।

• यह नलिकाएँ दो परत वाली एक-दूसरे के समान्तर थैलियों के समूह में व्यवस्थित होती हैं, प्रत्येक थैली किनारे पर ऊपर की ओर मुड़ी होती है, जिससे इनका आकार प्यालेनुमा हो जाता है। इस प्रकार की संरचनाएँ सिस्टर्नी कहलाती हैं। इसके दोनों ओर अवतल तथा उत्तल दो तल होते हैं।

136. ………… में ग्लाइकोजन, पॉली-B-हाइड्रॉक्सी ब्यूटरेट कणिकाएँ, सल्फर कणिकाएँ तथा गैस पुटिकाएँ शामिल होती हैं।

SSC CGL Tier-1 20.08.2021 (Shift-I)

(a) मीसोसोम्स (b) कोशिकाद्रव्य
(c) प्लाज्मा झिल्ली (d) कशभिका

उत्तर (b)

• **कोशिकाद्रव्य (Cytoplasm)** में ग्लाइकोजन, पॉली-β-हाइड्रॉक्सी ब्यूटरेट कणिकाएँ, सल्फर कणिकाएँ तथा गैस पुटिकाएँ सम्मिलित होती हैं।

• कोशिकाद्रव्य, जीवद्रव्य (Protoplasm) का प्रमुख भाग है। इसमें कोशिकांग उपस्थित होते हैं।

SSC CPO

137. सूत्री विभाजन (mitosis) की चौथी अवस्था क्या है, जिसमें गैर-काइनेटोकोर तर्कुतन्तु कोशिका को लम्बी करती है और बढ़ाती है?

SSC CPO 27.07.2024 (Shift-III)

(a) पश्चावस्था (Anaphase)
(b) अन्त्यावस्था (Telophase)
(c) पूर्वावस्था (Prophase)
(d) मध्यावस्था (Metaphase)

उत्तर (a)

• सूत्री विभाजन (mitosis) की चौथी अवस्था, जिसे पश्चावस्था (anaphase) कहते हैं, में गैर-काइनेटोकोर माइक्रोट्यूब्यूल्स कोशिका को लम्बी करते हैं और बहिर्वेशन की प्रक्रिया में भाग लेते हैं।

• इस अवस्था में काइनेटोकोर माइक्रोट्यूब्यूल्स क्रोमेटिड्स को विपरीत ध्रुवों की ओर खींचते हैं, जिससे प्रत्येक ध्रुव पर एक समान संख्या में क्रोमोसोम्स पहुँचते हैं।

• समसूत्री विभाजन एक सतत् प्रक्रिया है, जिसे निम्नलिखित पाँच चरणों में विभाजित किया जाता है।

प्रोफेज → प्रोमेटाफेज → मेटाफेज → एनाफेज → टीलोफेज

138. पादप कोशिका में उपस्थित उस कोशिकांग की पहचान कीजिए, जो जन्तु कोशिका में नहीं होता है।

SSC CPO 27.06.2024 (Shift-I)

(a) न्यूरॉन (b) कोशिका द्रव्य
(c) प्लास्टिड (d) केन्द्रक

उत्तर (c)

• **प्लास्टिड** भोजन के निर्माण और भण्डारण के लिए जिम्मेदार होते हैं।

• प्लास्टिड, पौधों के विकास पर्यावरण संवेदन, ऊर्जा विनियमन, प्रकाश-संश्लेषण, लिपिड संश्लेषण और अमीनो एसिड संश्लेषण में शामिल होते हैं।

139. सुकेन्द्रकी जीव (यूकैरियोटिक) और साथ ही प्राक्केन्द्रकी जीव (प्रोकैरियोटिक) दोनों में पाए जाने वाले कोशिकांग की पहचान कीजिए।

SSC CPO 28.06.2024 (Shift-II)

(a) लाइसोसोम (b) एण्डोसोम
(c) राइबोसोम (d) माइटोकॉण्ड्रिया

उत्तर (c)

• **राइबोसोम** सजीव कोशिका के कोशिका द्रव में स्थित बहुत ही सूक्ष्म कण हैं, जिनकी प्रोटीन के संश्लेषण में महत्त्वपूर्ण भूमिका है।

• ये आनुवंशिक पदार्थों के संकेतों को प्रोटीन शृंखला में परिवर्तित करते हैं।

140. कोशिका चक्र के किस चरण के दौरान उपापचय परिवर्तन, समसूत्रण (mitosis) और कोशिकाद्रव्य विभाजन (cytokinesis) के लिए आवश्यक कोशिकाद्रव्यी सामग्री को एकत्र करते हैं?

SSC CPO 04.10.2023 (Shift-II)

(a) G_2 चरण (b) M चरण
(c) S चरण (d) G_1 चरण

उत्तर (a)

• **कोशिका चक्र** के **G_2 चरण** के दौरान, कोशिका उपापचय परिवर्तन, समसूत्रण और कोशिकाद्रव्यी विभाजन के लिए आवश्यक कोशिकाद्रव्यी सामग्री को एकत्रित करती है।

• यह समसूत्री विभाजन के पूर्व की अवस्था है, जिसमें RNA प्रोटीन व नए कोशिकांगों का संश्लेषण होता है। इस अवस्था में मानव कोशिका 3-4 घण्टे तक रहती है।

141. कौन-सा पतला लचीला अवरोध कोशिका के आन्तरिक वातावरण को कोशिका बाह्य तरल से अलग करता है?

SSC CPO 11.11.2022

(a) नियन्त्रण अवरोध
(b) प्लाज्मा झिल्ली
(c) केन्द्रकीय आवरण
(d) कोशिकाद्रव्य की झिल्ली

उत्तर (b)

• **प्लाज्मा झिल्ली** नामक पतला लचीला अवरोध कोशिका के आन्तरिक वातावरण को कोशिका बाह्य तरल से अलग करता है।

• **प्लाज्मा झिल्ली** एक जैविक झिल्ली है तथा बाह्य वातावरण से सभी कोशिकाओं के अन्त:भाग को अलग करती है, जिससे कोशिका को उसके पर्यावरण से बचाव में सहायता मिलती है।

• कोशिका झिल्ली- (प्लाज्मा झिल्ली) कोशिका को आकार प्रदान करना, यान्त्रिक सहायता प्रदान करना तथा क्षमता निर्माण में सहायक होती है। इसकी खोज रॉबर्ट हुक द्वारा की गई थी।

SSC CHSL

142. निम्नलिखित में से किस पादप में जड़े, मूलांकुर (radicle) के अतिरिक्त पौधे के अन्य भागों से निकलती हैं?

SSC CHSL Tier-1 10.07.2024 (Shift-IV)

(a) मक्का
(b) शलजम
(c) *मॉन्स्टेरा*
(d) सरसों का पौधा

उत्तर (c)

• **मॉन्स्टेरा** पादप में जड़े, मूलांकुर के अतिरिक्त पौधे के अन्य भागों से निकलती हैं।
• *मान्स्टेरा* में वायवीय प्रकार की अपस्थानिक जड़े पाई जाती हैं, जो तने की पर्वसन्धियों से निकलती हैं।
• ये जड़े हवा में लटकी रहती हैं और हवा में लटककर नमी का अवशोषण करती हैं, क्योंकि इनकी जड़ों में आर्द्रताग्राही ग्रन्थिल संरचना पायी जाती हैं।
• इनमें उपस्थित वेलामेन ऊतक (velamen tissue) जल का संग्रह करते हैं।

143. निम्नलिखित में से कौन–सा कोशिकाओं के विस्तार और फैलाव का कारण बनता है?

SSC CHSL Tier-1 08.07.2024 (Shift-I)

(a) स्फीति दाब (b) अन्त:शोषण
(c) परासरण दाब (d) दाब विभव

उत्तर (a)

• **स्फीति दाब** (turgor pressure) कोशिकाओं के विस्तार और फैलाव का कारण बनता है।
• ऐसी कोशिका, जो जल से भरी होती है और कोशिकाभित्ति पर दबाव डालती है, वह कोशिका अपनी स्फीति अवस्था में होती है अर्थात् जीवद्रव्य द्वारा कोशिकाभित्ति पर बाहर की ओर डाला गया दबाव स्फीति दाब कहलाता है।
• कोशिकाभित्ति भी स्फीति कोशिका पर एक दबाव बनाती है, जिसे भित्ति दाब (wall pressure) कहते हैं। यह भित्ति का दाब जीवद्रव्य के ऊपर लगता है तथा स्फीति दाब के बराबर, परन्तु विपरीत दिशा में (अन्दर की ओर) होता है।
• कोशिका में जल के प्रवेश करने पर दोनों का मान बढ़ने लगता है।
• श्लथ कोशिका में स्फीति दाब शून्य होता है।
• पूर्ण स्फीति कोशिका में स्फीति दाब का मान व भित्ति दाब का मान अधिकतम होता है तथा यह परासरण दाब के बराबर होता है।

144. एक सिमपोर्ट में

SSC CHSL Tier-1 04.07.2024 (Shift-IV)

(a) दोनों अणु एक ही दिशा में झिल्ली को पार करते हैं
(b) एक अणु अन्य अणुओं से स्वतन्त्र एक झिल्ली को पार करता है
(c) दोनों अणु झिल्ली को विपरीत दिशा में पार करते हैं
(d) एक अणु अन्य अणुओं के अनुसार झिल्ली को पार करता है

उत्तर (a)

• सिमपोर्ट सहज या सुसाध्य विसरण (Faciliated diffusion) की प्रक्रिया है, जिसमें दोनों अणु एक ही दिशा में झिल्ली को पार करते हैं।
• जब दो भिन्न प्रकार के पदार्थों के अणु एकसाथ कोशिका कला में उपस्थित संवाहक प्रोटीन चैनल (Carrier protein channel) द्वारा कोशिका में प्रवेश करते हैं, तो यह प्रक्रिया सिमपोर्ट कहलाती है तथा संवाहक (Carrier) प्रोटीन को सिमपोर्टर कहते हैं।

145. केन्द्रक के अतिरिक्त कोशिका का वह भाग जिसमें डीएनए और राइबोसोम होते हैं और इस प्रकार अपना प्रोटीन स्वयं बना सकते हैं, को ...... के रूप में जाना जाता है।

SSC CHSL Tier-2 18.11.2024

(a) राइबोसोम
(b) अन्त: प्रद्रव्यी जालिका
(c) गॉल्जीकाय
(d) माइटोकॉण्ड्रिया

उत्तर (d)

• केन्द्रक के अतिरिक्त कोशिका का वह भाग जिसमें डीएनए और राइबोसोम होते हैं और इस प्रकार अपना प्रोटीन स्वयं बना सकते हैं, को **माइटोकॉण्ड्रिया** के रूप में जाना जाता है।
• माइटोकॉण्ड्रिया को 'कोशिका का पावर हाउस' कहा जाता है।
• माइटोकॉण्ड्रिया ऑक्सीडेटिव फॉस्फोराइलेशन के माध्यम से ऊर्जा (ATP) का उत्पादन करने के लिए कोशिका प्रतिक्रिया का अंग है।

146. अर्द्धसंरक्षी DNA प्रतिकृतिकरण से आप क्या समझते हैं? **SSC CHSL Tier-1 03.07.2024 (Shift-II)**

(a) प्रोटीन के संश्लेषण के लिए RNA, DNA पर निर्भर होता है।
(b) प्रतिकृति के पूर्ण होने के बाद, प्रत्येक DNA अणु में दो पैतृक और दो नव संश्लेषित सूत्र होते हैं।
(c) प्रतिकृति के पूर्ण होने के बाद, प्रत्येक DNA अणु में एक पैतृक और एक नव संश्लेषित सूत्र होता है।
(d) DNA प्रोटीन के संश्लेषण के लिए RNA पर निर्भर होता है।

उत्तर (c)

• अर्द्धसंरक्षी DNA प्रतिकृतिकरण (Semi-conservative DNA replication) प्रक्रिया में प्राप्त परिणामी DNA में, एक सूत्र या रज्जुक (Strand) पैतृक एवं दूसरा नव-संश्लेषित होता है।
• DNA प्रतिकृतिकरण की इस प्रक्रिया के दौरान, पैतृक DNA के दोनों सूत्र या रज्जुक खुल जाते हैं तथा प्रत्येक सूत्र एक साँचे की तरह कार्य करता हुआ अपने पूरक DNA रज्जुक का संश्लेषण कर लेता है।
• इस प्रक्रिया में टोपोआइसोमरेज, DNA प्राइमेज, DNA पॉलीमरेज, DNA लाइगेज जैसे एन्जाइम भाग लेते हैं।

147. निम्नलिखित में से कौन जड़ों में पाए जाने वाले शीर्ष विभज्योतक का एक भाग है?

SSC CHSL Tier-1 04.07.2024 (Shift-III)

(a) अक्षीय कली
(b) विभेदक संवहनी ऊतक
(c) लीफ प्रिमोर्डियम
(d) अधित्वक

उत्तर (d)

• **अधित्वक** (protoderm) जड़ों में पाए जाने वाले शिखर विभज्योतक (Apical Meristem) का एक भाग है।
• **अधित्वक** मूल के शीर्ष विभज्योतक की मध्य परत होती है, जिससे कोशिका विभाजन द्वारा वल्कुट (Cortex) का निर्माण होता है।

148. DNA के सन्दर्भ में, निम्नलिखित में से कौन–सा सिद्धान्त अनुलेखन (transcription) की प्रक्रिया को नियन्त्रित करता है?

SSC CHSL Tier-1 01.07.2024

(a) पूरकता का सिद्धान्त
(b) वंशागति का सिद्धान्त
(c) DNA की अर्द्धसंरक्षी प्रकृति
(d) रूपान्तरण सिद्धान्त

उत्तर (a)

• DNA के सन्दर्भ में, **पूरकता का सिद्धान्त** अनुलेखन प्रक्रिया को नियन्त्रित करता है।
• अनुलेखन वह प्रक्रिया है, जिसमें DNA से *m*RNA का निर्माण होता है अर्थात् DNA की आनुवंशिक सूचनाओं का *m*RNA अणु के रूप में स्थानान्तरण होता है।
• इस प्रक्रिया में DNA के क्षारक अपनी पूरकता के अनुसार, *m*RNA के न्यूक्लियोटाइडों के अनुक्रम का नियमन करते हैं– जैसे DNA के एडीनीन (A) से RNA का यूरेसिल (U), DNA के थाइमिन (T) से RNA का (A), DNA के ग्वानिन (G) से RNA का साइटोसीन (C) तथा DNA के (C) से RNA का (G) जुड़ता है।

149. निम्नलिखित में से कौन–सा संयोजी ऊतक का एक प्रकार है? **SSC CGL Tier 1 17.03.2023 (Shift-II)**

I. रक्त II. अस्थि III. अस्थि-बन्धन

कूट

(a) I, II और III
(b) I और III
(c) II और III
(d) केवल III

उत्तर (a)

• **रक्त, अस्थि एवं अस्थि-बन्धन** संयोजी ऊतक के प्रकार हैं।
• संयोजी ऊतक मानव शरीर के अंगों को दूसरे अंगों से जोड़ने का कार्य करता है।
• ये ऊतक रेशेदार होता हैं।
• यह तरल रूप में भी विद्यमान होता है।
• शरीर का लगभग 30% भाग संयोजी ऊतक द्वारा निर्मित होता है तथा यह कोशिका ऊतकों और अंगों के बीच रहता है।

150. माइट्रोकॉण्ड्रिया के बारे में निम्नलिखित में सें कौन-सा कथन सही है? SSC CHSL 02.11.2023

(a) माइट्रोकॉण्ड्रिया किसी झिल्ली से बँधा नहीं होता है।
(b) माइट्रोकॉण्ड्रिया केवल जीवाणु में उपस्थित होता है।
(c) बाहरी झिल्ली के बिना माइट्रोकॉण्ड्रिया को माइटोप्लास्ट कहा जाता है।
(d) माइट्रोकॉण्ड्रिया सभी जीवित कोशिकाओं में उपस्थित होता है।

उत्तर (c)

- माइट्रोकॉण्ड्रिया के सन्दर्भ में कथन (c) सही है। बाह्य झिल्ली के बिना माइट्रोकॉण्ड्रिया को माइटोप्लास्ट भी कहते हैं। इसे ऊर्जा घर भी कहा जाता है। यह सभी जीवित जीवों में विद्यमान नहीं रहता है।
- माइट्रोकॉण्ड्रिया द्वि-झिल्लीबद्ध कोशिकांग है।

151. यूकैरियोटिक कोशिकाओं में संवेदी ग्राही, संचलन और भ्रूणजनन सहित विभिन्न कोशिकीय प्रक्रियाओं में सम्मिलित प्रमुख सूक्ष्मनलिका व्यवस्थापन केन्द्र (माइक्रोट्यूब्यूल ऑर्गेनाइजिंग सेण्टर—MTOC) कौन-सा है? SSC CHSL 02.06.2022 (Shift-I)

(a) रिक्तिकाएँ
(b) सेण्ट्रोसोम
(c) प्लास्टिड
(d) लाइसोसोम

उत्तर (b)

- यूकैरियोटिक कोशिकाओं में संवेदी ग्राही, संचलन और भ्रूणजनन सहित विभिन्न कोशिकीय प्रक्रियाओं में शामिल प्रमुख सूक्ष्म नलिका व्यवस्थापक केन्द्र (माइक्रोटयूब्यूल ऑर्गेनाइजिंग सेण्टर MTOC सेण्ट्रोसोम (तारककाय) है।

152. जन्तु कोशिका में निम्न में से कौन-सा कोशिका अंग है, जो सामान्यत: छोटा होता है व अपशिष्ट उत्पादों को अलग करने में सहायता करता है? SSC CHSL 31.05.2022

(a) लवक
(b) गॉल्जीकाय
(c) रसधानी
(d) साइटोसिस

उत्तर (c)

- जन्तु कोशिकाओं में **रसधानी** (रिक्तिका) एक झिल्ली बाध्य कोशिका अंग है, जो सामान्यत: छोटा होता है और अपशिष्ट उत्पादों को अलग करने में सहायक है। जबकि पादप कोशिकाओं में रिक्तिका (vacuoles) का कार्य जल सन्तुलन को बनाए रखना होता है।

153. उस घटक की पहचान करें, जो केवल प्रॉकैरियोट्स में अद्वितीय रूप से पाया जाता है। SSC CHSL 31.05.2022

(a) गुणसूत्र (b) मीजोसोम
(c) केन्द्रक (d) केन्द्रक झिल्ली

उत्तर (b)

- **मीजोसोम** नामक घटक केवल प्रोकैरियोट्स में अद्वितीय रूप से पाया जाता है।
- प्रोकैरियोट्स में केन्द्रकीय झिल्ली (केन्द्रक झिल्ली) तथा वास्तविक केन्द्रक का अभाव होता है।
- इतना ही नहीं प्रोकैरियोटिक कोशिका में क्लोरोप्लास्ट, गॉल्जीबॉडी, तारककाय, माइट्रोकॉण्ड्रिया तथा अन्त: प्रद्रव्यी जालिका (ER) नहीं पाई जाती है।

SSC MTS

154. निम्नलिखित में से कौन-सा विकल्प कॉलम A को कॉलम B से सही ढंग से सुमेलित करता है? SSC MTS Tier-1 05.11.2024 (Shift-IV)

	कॉलम A		कॉलम B
A	कोशिका झिल्ली	1.	प्रोटीन-संश्लेषण
B	चिकनी अन्त: प्रद्रव्यी जालिका	2.	ग्लाइकोप्रोटीन और ग्लाइकोलिपिड के निर्माण का महत्त्वपूर्ण स्थल
C	गॉल्जी उपकरण	3.	वसा (लिपिड) का संश्लेषण
D	राइबोसोम	4.	अणुओं का परिवहन

कूट

	A B C D		A B C D
(a)	4 3 2 1	(b)	3 4 1 2
(c)	3 4 2 1	(d)	3 1 4 2

उत्तर (a)

- सही मिलान A-4, B-3, C-2, D-1 है।
- **कोशिका झिल्ली** का कार्य अणुओं का परिवहन करना है।
- चिकनी अन्त: प्रद्रव्य जालिका वसा (लिपिड) का संश्लेषण करती हैं।
- गॉल्जी उपकरण ग्लाइकोप्रोटीन और ग्लाइकोलिपिड के निर्माण का महत्त्वपूर्ण स्थल है।
- राइबोसोम का कार्य प्रोटीन-संश्लेषण करना है।

155. कई जैविक प्रक्रियाएँ एंजाइमों द्वारा उत्प्रेरित होती हैं। पाचन एंजाइम कोशिका के किस भाग में मौजूद होते हैं? SSC MTS Tier-1 29.10.2024 (Shift-III)

(a) गॉल्जी सम्मिश्र
(b) राइबोसोम
(c) सूत्रकणिका
(d) लाइसोसोम

उत्तर (d)

- कई जैविक प्रक्रियाएँ एंजाइमों द्वारा उत्प्रेरित होती हैं। पाचन एंजाइम कोशिका के **लाइसोसोम** भाग में मौजूद होते हैं।
- लाइसोसोम कोशिका के अन्दर पाई जाने वाली छोटी गोलाकार थैलीनुमा संरचना होती है।
- इसे **कोशिका की आत्मघाती थैली** के रूप में भी जाना जाता है।
- ये बैक्टीरिया और वायरस से सुरक्षा प्रदान करते हैं।

156. कोशिकांगों की सूची I को सूची II में उनके कार्यों से सुमेलित कीजिए। SSC MTS Tier-1 16.10.2024 (Shift-II)

	सूची I		सूची II
A.	अन्तर्द्रव्यी जालिका	1.	अन्तर्द्रव्यी जालिका के निकट संश्लेषित पदार्थों के संवेष्टन और उन्हें विभिन्न लक्ष्य स्थानों तक भेजने के लिए।
B.	रिक्तिकाएँ	2.	एटीपी उत्पन्न करता है।
C.	गॉल्जी उपकरण	3.	ठोस या तरल पदार्थों के लिए भण्डारण थैली है।
D.	माइटोकॉण्ड्रिया	4.	प्रोटीन के परिवहन के लिए माध्यम के रूप में कार्य करते हैं।

	A B C D		A B C D
(a)	4 1 3 2	(b)	4 1 2 3
(c)	4 3 1 2	(d)	1 4 3 2

उत्तर (c)

- सही सुमेलन विकल्प (c) है।

157. कोशिकाओं में वह परिवहन तन्त्र जिसके द्वारा बाहर से भोजन या अन्य उपयोगी अणुओं को कोशिका के अन्दर ले जाया जाता है, ... कहलाता है। SSC MTS Tier-1 17.10.2024 (Shift-II)

(a) परासरण (b) बहि:कोशिकता
(c) संलयन (d) अन्त:कोशिकता

उत्तर (d)

- कोशिकाओं में वह परिवहन तन्त्र जिसके द्वारा बाहर से भोजन या अन्य उपयोगी अणुओं को कोशिका के अन्दर ले जाया जाता है, उसे **अन्त:कोशिकता** (Endocytosis) कहते हैं।
- कोशिका के बाहर आहार नली में या सड़ते हुए कार्बनिक पदार्थों पर खाद्य पदार्थों का टूटना **बहि:कोशिकता** (Exocytosis) कहलाता है।
- किसी अर्द्धपारगम्य झिल्ली के द्वारा विलायक अणुओं का कम सान्द्रता वाले घोल से ज्यादा सान्द्रता वाले घोल की ओर जाना परासरण (Osmosis) कहलाता है।
- जब कोई एक केन्द्रीय कोशिकाएँ मिलकर बहुकेन्द्रीय कोशिका बनाती है, उसे कोशिका संलयन (cellfusion) कहते हैं।

158. निम्नलिखित में से किस कोशिकांग में स्वयं का डीएनए होता है और वह अपने कार्यों के लिए प्रोटीन का संश्लेषण कर सकता है? SSC MTS Tier-1 08.10.2024 (Shift-I)

(a) अन्त: प्रद्रव्यी जालिका
(b) हरित लवक
(c) गॉल्जी सम्मिश्र
(d) तारक काय

उत्तर (b)

- **हरित लवक** में स्वयं का डीएनए होता है और वह अपने कार्यों के लिए प्रोटीन का संश्लेषण कर सकता है।

• हरित लवक को 'कोशिका का रसोईघर' भी कहते हैं।
• हरित लवक प्रकाश-संश्लेषण द्वारा प्रकाशीय ऊर्जा को रासायनिक ऊर्जा में परिवर्तित करते हैं।

159. लाइसोसोम के भीतर पाचन एंजाइम ………… द्वारा बनाए जाते हैं।
SSC MTS Tier-1 07.10.2024 (Shift-I)
(a) रूक्ष अन्त: प्रद्रव्य जालिका
(b) स्वयं प्लास्टिड
(c) गॉल्जी उपकरण
(d) सूत्रकणिका

उत्तर (a)
• लाइसोसोम के भीतर पाचन एंजाइम **रूक्ष अन्त:प्रद्रव्य जालिका** द्वारा बनाए जाते हैं।
• लाइसोसोम में लगभग 50 तरह के हाइड्रोलिटिक एन्जाइम होते हैं।
• लाइसोसोम के कई कार्य होते हैं, जैसे कि बाहरी पदार्थों और घिसे-पिटे कोशिकांगों को पचाना, बैक्टीरिया और वायरस से सुरक्षा प्रदान करना और कोशिका को साफ रखना।
• लाइसोसोम की खोज वर्ष 1958 में क्रिश्चियन डी डूवे ने की थी।

160. गॉल्जी उपकरण में उपस्थित चपटी झिल्ली से घिरी थैलियाँ किस नाम से जानी जाती हैं?
SSC MTS 08.09.2023 (Shift-II)
(a) क्रिस्टी (b) पीठिका
(c) पुटिकाएँ (d) कुण्ड

उत्तर (c)
• गॉल्जी उपकरण में उपस्थित चपटी झिल्ली से घिरी थैलियाँ **पुटिकाएँ** (cistermae) कहलाती हैं।
• इन संरचनाओं को कोशिका का ट्रैफिक पुलिस भी कहते हैं।

161. किस प्रक्रिया को कभी-कभी 'न्यूनीकरण विभाजन' कहा जाता है, क्योंकि यह शुक्राणु और अण्डे बनाने के लिए गुणसूत्रों की संख्या को सामान्य संख्या से आधा कर देता है?
SSC MTS 06.09.2022 (Shift-I)
(a) असूत्री विभाजन
(b) कोशिका द्रव्य विभाजन
(c) केन्द्रक विभाजन
(d) अर्द्धसूत्री विभाजन

उत्तर (d)
• **अर्द्धसूत्री विभाजन** को न्यूनीकरण विभाजन कहा जाता है, क्योंकि इसमें सन्तति कोशिका में मातृ कोशिका की तुलना में गुणसूत्रों की संख्या आधी हो जाती है।
• इस विभाजन का उपयोग **लैंगिक जनन** में होता है, जहाँ युग्मकजनन की प्रक्रिया में द्विगुणित मातृ कोशिका अगुणित जनन कोशिकाओं या युग्मकों (शुक्राणु एवं अण्डाणु) का निर्माण होता है।

162. नारियल के रेशेयुक्त छिलके ……… उत्तक के बने होते हैं।
SSC GD 13.12.2023
(a) जाइलम (b) पैरेन्काइमा
(c) स्क्लेरेन्काइमा (d) कॉलेन्काइमा

उत्तर (c)
• नारियल के रेशेयुक्त छिलके **स्क्लेरेन्काइमा** (दृढ़ोतक) उत्तक के बने होते हैं।
• दृढ़ोतक उत्तक एक पौधे में एक सहायक या मजबूत उत्तक होता है।
• स्क्लेरेन्काइमा एक प्रकार का सरल स्थायी उत्तक है।
• स्क्लेरेन्काइमा लम्बी, मृत कोशिकाएँ होती हैं। जिनकी कोशिका भित्ति में लिनिन जमा होता है।
• पौधे को अपनी सामर्थ्य स्क्लेरेन्काइमा से मिलती है।

163. प्रॉकैरियोटिक कोशिकाओं को सबसे अच्छी तरह से क्या परिभाषित करता है?
I. एकल गुणसूत्र **SSC GD 09.02.2023**
II. झिल्ली-बद्ध कोशिका अंग अनुपस्थित
(a) न तो I और न ही II
(b) केवल I
(c) I और II दोनों
(d) केवल II

उत्तर (c)
• प्रॉकैरियोटिक कोशिकाएँ सबसे आदिम प्रकार की होती हैं और इनमें बैक्टीरिया या साइनोबैक्टीरिया की तरह कोई निश्चित केन्द्रक नहीं होता।
• प्रॉकैरियोटिक कोशिकाएँ यूकैरियोटिक कोशिकाओं से छोटी होती हैं और उनमें द्विविभाजन के रूप में अलैंगिक विभाजन देखा जाता है।
• इनमें झिल्लीबद्ध कोशिकांग अनुपस्थित होते हैं।
• प्रॉकैरियोटिक कोशिकाओ में एक ही गुणसूत्र होता हैं और इसलिए सभी प्रतिक्रियाएँ कोशिका द्रव्य के भीतर होती हैं।

164. कोशिकाद्रव्य में राइबोसोम माइट्रोकॉण्ड्रिया और गॉल्जीकाय जैसे ………… होते हैं।
SSC GD Constable 02.02.2023 (Shift-I)
(a) अंग (b) कोश
(c) कोशिकांग (d) ऊतक

उत्तर (c)
• कोशिकाद्रव्य में राइबोसोम माइट्रोकॉण्ड्रिया और गॉल्जीकाय जैसे **कोशिकांग** होते हैं।
• जिस प्रकार शरीर के विभिन्न अंग भिन्न-भिन्न कार्य करते हैं, उसी प्रकार कोशिका के अन्दर स्थित संरचनाएँ विशिष्ट कार्य करती हैं।

165. कोशिका झिल्ली के विषय में सही कथन की पहचान कीजिए। **SSC SP 06.2023 (Shift-IV)**
(a) कोशिका झिल्ली केवल वसा और तन्तु से बनी होती है।
(b) कोशिका झिल्ली केवल लिपिड से बनी होती है।
(c) कोशिका झिल्ली कार्बोहाइड्रेट, लिपिड और प्रोटीन से बनी होती है।
(d) कोशिका झिल्ली रफेज से बनी होती है।

उत्तर (c)
• कोशिका झिल्ली कार्बोहाइड्रेट, लिपिड और प्रोटीन से बनी होती है।
• कोशिका झिल्ली, जिसे प्लाज्मा झिल्ली भी कहा जाता है, सभी कोशिकाओं में पाई जाती है और कोशिका के अन्दरूनी भाग को बाहरी वातावरण से अलग करती है।
• कोशिका झिल्ली में एक लिपिड बाइलेयर होती है, जो अर्द्धपारगम्य होती है।
• कोशिका झिल्ली कोशिका में प्रवेश करने और बाहर निकलने वाले पदार्थों के परिवहन को नियन्त्रित करती है।

166. उस प्रोटीन का नाम क्या है, जो उन लम्बी शृंखलाओं या तन्तुओं में बहुलकित होता है, जो ऐसी सूक्ष्म नलिकाएँ और खोखले फाइबर बनाते हैं तथा जो जीवित कोशिकाओं के लिए कंकाल तन्त्र के रूप में कार्य करते हैं?
SSC SP 01.08.2022 (Shift-IV)
(a) ट्यूबलिन (b) इलास्टिन
(c) फ्रेरिटिन (d) फाइब्रिनोजेन

उत्तर (a)
• ट्यूबलिन प्रोटीन उन लम्बी शृंखलाओं या तन्तुओं में बहुलकित होता है, जो ऐसी सूक्ष्म नलिकाएँ और खोखले फाइबर बनाते हैं, जो जीवित कोशिकाओं के लिए कंकाल तन्त्र के रूप में कार्य करते हैं।

167. किस कोशिकांग में RNA होता है?
SSC Steno Tier-1 10.12.2024 (Shift-I)
(a) साइटोप्लाज्म (b) कोशिका भित्ति
(c) राइबोसोम (d) कोशिका आधार

उत्तर (c)
• **राइबोसोम** में RNA होता है।
• राइबोसोम छोटे कोशिकांग होते हैं, जो राइबोसेमल आरएनए और प्रोटीन से मिलकर बने होते हैं।
• राइबोसोम सजीव कोशिका के कोशिका द्रव्य में स्थित बहुत ही सूक्ष्म कण है।

168. पुटिकाओं, नलिकाओं और पट्टनलिकाओं के रूप में पाई जाने वाली संरचना की पहचान कीजिए। **SSC Steno 11.12.2024 (Shift-III)**
(a) लाइसोसोम (b) प्लास्टिड
(c) मीसोसोम (d) कोशिका द्रव्य

उत्तर (c)
• पुटिकाआ, नलिकाओं और पट्नलिकाओं के रूप में पाई जाने वाली संरचना भी मीसोसोम है।
• यह बैक्टीरिया की कोशिका में पाया जाने वाला एक संरचनात्मक तत्त्व है।
• यह कोशिका की दीवार के अन्दर स्थित, झिल्ली की तरह की एक संरचना होती है।

169. ए.टी.पी (ATP) उत्पादन का मुख्य स्थान ……… है। **SSC Steno 11.12.2024 (Shift-I)**
(a) प्लास्टिड (b) माइटोकॉण्ड्रिया
(c) केन्द्रक (d) पराॅक्सीसोम

उत्तर (b)
• ए.टी.पी (ATP) उत्पादन का मुख्य स्थान माइटोकॉण्ड्रिया है।
• इसे कोशिका का पावर हाउस भी कहा जाता है।
• ए.टी.पी उत्पादन कोशिकीय श्वसन नामक प्रक्रिया के माध्यम से होता है।

• माइटोकॉण्ड्रिया ए.टी.पी. एडेनोसिन ट्राइफॉस्फेट (ATP) के उत्पादन के लिए जिम्मेदार है, जो कोशिका का मुख्य ऊर्जा मुद्रा है।

170. निम्नलिखित में से कौन-सा साइटोस्केलेटन फिलामेण्ट्स से सम्बन्धित नहीं है?
SSC Steno 10.12.2024 (Shift-III)

(a) तारककेन्द्र
(b) सूक्ष्म नलिकाएँ
(c) अन्तस्थ
(d) एक्टिन

उत्तर (a)

• 'तारककेन्द्र' साइटोस्केलेटन फिलामेण्ट्स से सम्बन्धित नहीं हैं।
• साइटोस्केलेटन तीन प्रमुख फिलामेण्ट्स से बना होता है, सूक्ष्म नलिकाएँ, अन्तस्थ तन्तु और एक्टिन तन्तु।
• तारककेन्द्र स्वयं कोई फिलामेण्ट नहीं है, बल्कि यह सूक्ष्म नलिकाओं के संगठन और विभाजन में सहायता करता है।

171. उस संरचना की पहचान कीजिए, जो गतिशीलता में भूमिका निभाती है।
SSC Steno 11.12.2024 (Shift-II)

(a) पिली (b) फिम्ब्रिया
(c) विली (d) फ्लैजेला

उत्तर (d)

• गतिशीलता में प्रमुख भूमिका निभाने वाली संरचना फ्लैजेला है।
• फ्लैजेला, कोशिका की गति में मदद करने वाली सूक्ष्म बाल जैसी संरचनाएँ होती हैं।
• फ्लैजेला को कशाभिका नाम से भी जाना जाता है।
• इसकी चाबुक जैसी संरचना तरल पदार्थों में कोशिका को आगे बढ़ाने में मदद करती है।

172. कोशिकांगों के सन्दर्भ में एक सेण्ट्रीओल (तारक-केन्द्र) ······है।
SSC Steno 10.12.2024 (Shift-III)

(a) एक झिल्ली-बद्ध कोशिका अंग, जिसमें पाचन एंजाइम होते हैं
(b) जन्तु कोशिकाओं के कोशिका द्रव्य में केन्द्रक झिल्ली के पास स्थित एक युग्मित बैरल के आकार का अंग
(c) पादप कोशिकाओं में सर्वत्र पाए जाने वाले कोशिकागों का एक विषमांगी परिवार
(d) कोशिका के कोशिकाद्रव्य (Cytoplasm) के अन्दर झिल्लियों द्वारा निर्मित छोटे चपटे थैलों का एक ढेर

उत्तर (b)

• कोशिकांगों के सन्दर्भ में एक सेण्ट्रीओल (तारक-केन्द्र) जन्तु कोशिकाओं के कोशिका द्रव्य में केन्द्रक झिल्ली के पास स्थित एक युग्मित बैरल के आकार का अंग है।
• सेण्ट्रीओल जन्तु कोशिकाओं में पाया जाने वाला एक कोशिकांग है, जो कोशिका विभाजन के दौरान तारक के निर्माण में महत्त्वपूर्ण भूमिका निभाता है।

173. सुकेन्द्रकी और प्राक्केन्द्रकी कोशिका के मध्य कौन-सा अंगक उभयनिष्ठ होता है?
SSC Steno 10.12.2024 (Shift-III)

(a) केन्द्रक (b) कोशिका झिल्ली
(c) कोशिका अंगक (d) राइबोसोम

उत्तर (d)

• सुकेन्द्रकी और प्राक्केन्द्रकी कोशिकाओं में **राइबोसोम** ही एकमात्र उभयनिष्ठ कोशिकांग है।
• राइबोसोम प्रोटीन संश्लेषण में सहायक होता है।
• प्राक्केन्द्रकी कोशिकाओं में 70S राइबोसोम, जबकि सुकेन्द्रकी कोशिकाओं में 80S राइबोसोम पाए जाते हैं।

174. सक्रिय विलेय परिवहन द्वारा निर्मित परासरणी प्रवणता की प्रतिक्रिया में कोशिका झिल्ली में जल परिवहन किस चैनल प्रोटीन का प्राथमिक कार्य है?
SSC Steno 12.10.2023 (Shift-I)

(a) ऐक्वापॉरिन (b) क्यूप्रेडॉक्सिन
(c) म्यूसिन (d) ट्रांस्फेरिन

उत्तर (a)

• सक्रिय विलेय परिवहन द्वारा निर्मित परासरणी प्रवणता की प्रतिक्रिया में कोशिका झिल्ली में जल परिवहन गुणसूत्रों **ऐक्वापॉरिन** (Aquaporins) चैनल प्रोटीन का प्राथमिक कार्य है।
• वे जल के परिवहन को नियन्त्रित करते हैं और कोशिका में जल सन्तुलन बनाए रखने में मदद करते हैं।
• अन्य विकल्प सही नहीं हैं
• **क्यूप्रेडॉक्सिन** (Cupredoxins) ताँबे से जुड़े प्रोटीन हैं, जो ऑक्सीडेटिव फॉस्फोरिलेशन में शामिल होते हैं।
• **म्यूसिन** (Mucins) ग्लाइकोप्रोटीन हैं, जो श्लेष्मा के उत्पादन में शामिल होते हैं।
• **ट्रांसफेरिन** (Transferrin) एक प्रोटीन है, जो लोहे के परिवहन में शामिल होता है।

175. कुछ कोशिका प्रकारों में कौन-सी संरचना परत मुख्य रूप से सेलुलोस, हेमिसेलुलोस और लिग्निन जैसे कार्बोहाइड्रेट के 4 : 3 : 3 के अनुपात में और मोम जैसे कुछ वसायुक्त पदार्थों से बनी होती है?
SSC Steno 12.10.2023 (Shift-I)

(a) प्लाज्मा झिल्ली (b) कोशिका भित्ति
(c) कोशिका विलेय (d) केन्द्रक आवरण

उत्तर (b)

• **कोशिका भित्ति** एक संरचना है, जो कुछ कोशिकाओं के बाहरी भाग में पाई जाती है, जैसे कि पौधों और कवक की कोशिकाओं में।
• यह मुख्य रूप से सेलुलोस, हेमिसेलुलोस और लिग्निन जैसे कार्बोहाइड्रेट्स के 4 : 3 : 3 के अनुपात में बनी होती है और कुछ मोम जैसे वसायुक्त पदार्थों से भी बनी होती है।

अन्य विकल्प सही नहीं हैं

• **प्लाज्मा झिल्ली** कोशिका की बाहरी परत है, जो कोशिका के अन्दरूनी भाग को बाहरी वातावरण से अलग करती है।
• **कोशिका विलेय** कोशिका के अन्दरूनी भाग में पाया जाने वाला एक तरल है, जिसमें कोशिका के विभिन्न अंग और पदार्थ तैरते हैं।
• **केन्द्रक आवरण** कोशिका के केन्द्र में पाया जाने वाला एक आवरण है, जो कोशिका को घेरता है।

176. कौन-सी कोशिकीय संरचना अन्तरावस्था पर कोशिका की गतिशीलता, आसंजन और ध्रुवता को नियन्त्रित करती है और समसूत्रण के दौरान स्पिण्डल ध्रुवों के संगठन की सुविधा प्रदान करती है?
SSC Steno 13.10.2023 (Shift-I)

(a) सेण्ट्रोसोम (Centrosomes)
(b) ग्लाइऑक्सीसोम (Glyoxysomes)
(c) लाइसोसोम (Lysosomes)
(d) परॉक्सीसोम (Peroxisomes)

उत्तर (a)

• **सेण्ट्रोसोम** (Centrosome) कोशिकीय संरचना अन्तरावस्था पर कोशिका की गतिशीलता, आसंजन और ध्रुवता को नियन्त्रित करती है और समसूत्रण के दौरान स्पिण्डल ध्रुवों के संगठन की सुविधा प्रदान करती है।
• 1888 ई. में बोवेरी द्वारा इसे तारककॉय नाम दिया गया।
• ये संरचनाएँ जन्तु कोशिकाओं, कवकों तथा मॉस के केन्द्रक के समीप पाई जाती है।

177. निम्नलिखित में से क्या कोशिकाओं को एक निश्चित आकार प्रदान करता है?
SSC Steno 17.11.2022 (Shift-I)

(a) माइटोकॉण्ड्रिया (b) राइबोसोम
(c) झिल्ली (d) केन्द्रक

उत्तर (c)

• कोशिका झिल्ली (cell membrane), कोशिकाओं को एक निश्चित आकार प्रदान करती है।
• यह एक अर्द्ध पारगम्य झिल्ली (semipermeable membrane) होती है, जिसका मुख्य कार्य कोशिका के अन्दर जाने वाले व अन्दर से बाहर आने वाले पदार्थों का निर्धारण करना है।

178. किस वैज्ञानिक ने समझाया कि कोशिकाएँ विभाजित होती हैं और नई कोशिकाएँ पहले से उपस्थित कोशिकाओं से बनती हैं?
SSC Steno 18.11.2022 (Shift-I)

(a) थिओडोर श्वान
(b) रुडोल्फ विरचोव
(c) एण्टोनी वॉन ल्यूवेनहॉक
(d) रॉबर्ट हुक

उत्तर (b)

• वैज्ञानिक **रुडोल्फ विरचोव** ने समझाया कि कोशिकाएँ विभाजित होती हैं और नई कोशिकाएँ पहले से उपस्थित कोशिकाओं से बनती हैं।
• कोशिका जीव की संरचनात्मक एवं कार्यात्मक इकाई होती है। शरीर के सभी कार्य कोशिका के स्तर पर ही सम्पन्न होते हैं।

179. किस कोशिकांग में यूरेट ऑक्सीडेज क्रिस्टल से बना न्यूक्लियॉइड नामक क्रिस्टलीय पदार्थ का केन्द्रीय कोर होता है?
SSC Steno 17.11.2022 (Shift-I)
(a) परॉक्सीसोम (b) ग्लाइऑक्सीसोम्स
(c) स्फेरोसोम्स (d) लाइसोसोम

उत्तर (a)
- **परॉक्सीसोम** (peroxysome) नामक कोशिकांग में यूरेट ऑक्सीडेज क्रिस्टल से बना न्यूक्लियॉइड नामक क्रिस्टलीय पदार्थ का केन्द्रीय कोर होता है।
- यह एकल झिल्ली बद्ध कोशिकांग है, जो सभी यूकैरियोटिक कोशिकाओं के साइटोप्लाज्म में पाया जाता है।
- इसका प्रमुख कार्य बीटा ऑक्सीडेज के माध्यम से बहुत लम्बी शृंखला वाले फैटी एसिड को तोड़ना है।

पादपों में पोषण

SSC CGL

180. निम्नलिखित में से कौन-सा चित्रण क्लोरोप्लास्ट से सम्बन्धित है?
SSC CGL Tier-1 19.09.2024 (Shift-III)

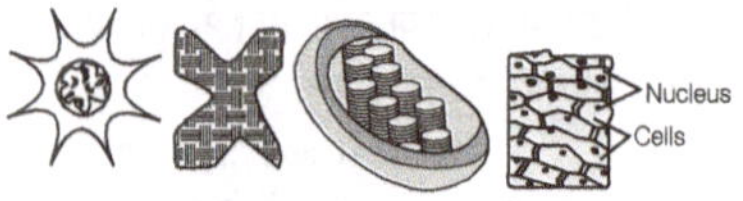

(1) (2) (3) (4)

Nucleus - केन्द्रक
Cells - कोशिकाएँ
(a) 2 (b) 3
(c) 4 (d) 1

उत्तर (b)
- चित्र '3' क्लोरोप्लास्ट से सम्बन्धित है।
- क्लोरोप्लास्ट एक कोशिकांग है, जो झिल्लीनुमा होता है, जो ज्यादातर पौधे और शैवाल कोशिकाओं में प्रकाश संश्लेषण का कार्य करता है।
- इसमें प्रकाश-संश्लेषी वर्णक पर्णहरिम पाया जाता हैं।

181. जब द्वार कोशिकाओं में जल प्रवाहित होता है, तो उनमें क्या होता है?
SSC CGL Tier-1 27.07.2023 (Shift-III)
(a) द्वार कोशिकाएँ बन्द हो जाती हैं।
(b) स्टोमी या रूध्रीय छिद्र सिकुड़ जाते हैं।
(c) स्टोमी या रूध्रीय छिद्र खुल जाते हैं।
(d) स्टोमी या रूध्रीय छिद्र बन्द हो जाते हैं।

उत्तर (c)
- जब द्वार कोशिकाओं में जल प्रवाहित होता है, तो **स्टोमी या रूध्रीय छिद्र खुल जाते हैं।**
- रक्षक कोशिकाएँ वे कोशिकाएँ होती हैं, जो प्रत्येक रन्ध्र को घेरे रहती हैं। वे पत्ती के ऊपरी और निचले एपिडर्मिस पर उपस्थित होते हैं।
- उनका मुख्य कार्य रन्ध्र को खोलना और बन्द करना है। वाष्पोत्सर्जन को विनियमित करने में सहायता करना और रन्ध्र छिद्र की रक्षा करना है।

182. निम्नलिखित में से कौन-सा विकल्प स्टार्च का दूसरा नाम है, जो विशेष रूप से मकई, आलू, गेहूँ और चावल के बीजों, फलों, कन्दों, पौधों की जड़ों और तनों के गूदे में पाया जाता है?
SSC CGL Tier-1 17.07.2023 (Shift-II)
(a) सैपोनिन (b) ओलेटस्ट्रा
(c) जैन्थि (d) एमाइलम

उत्तर (d)
- **एमाइलम** नामक स्टार्च मकई, आलू, गेहूँ, चावल के बीजों, फलों, कन्दों, पौधों की जड़ों और तनों के गूदें में पाया जाता है।
- स्टार्च मानव भोजन और पशु आहार के लिए एक **प्रमुख ऊर्जा संसाधन** है।
- **एमाइलम प्रीबायोटिक** के रूप में भी कार्य करता है।

183. **क्लोरेला** किस पोषक तत्त्व से भरपूर होता है?
SSC CGL Tier-1 06.12.2022 (Shift-IV)
(a) वसा (b) कार्बोहाइड्रेट
(c) प्रोटीन (d) रफेज

उत्तर (c)
- *क्लोरेला* प्रोटीन पोषक तत्त्व से भरपूर होता है। यह एक शैवाल है, जिसका उपयोग भोजन के रूप में व अनेक रोगों के इलाज; जैसे—उच्च रक्तचाप व मधुमेह के उपचार में किया जाता है।
- इस शैवाल में प्रोटीन व अन्य खनिज लवण प्रचुर मात्रा में पाए जाते हैं।

184. मेवे, वनस्पति तेल और मछली निम्न में से किसके अच्छे स्रोत हैं?
SSC CGL Tier-1 05.12.2022 (Shift-I)
(a) स्वस्थ वसा (b) प्रोटीन
(c) कार्बोहाइड्रेट (d) खनिज

उत्तर (a)
- मेवे, वनस्पति तेल व मछली **स्वस्थ वसा** के अच्छे स्रोत हैं।
- खाद्य पदार्थों में मुख्यत: तीन प्रकार की वसा (चिकनाई) पाई जाती हैं—संतृप्त वसा (Saturated fat), असंतृप्त वसा (Unsaturated fat) व बहुसंतृप्त वसा (Polly unsaturated fat)। मक्खन, घी, नारियल व पाम ऑयल संतृप्त वसा के प्रमुख स्रोत हैं, जबकि मूँगफली, सरसों व जैतून ऑयल असंतृप्त वसा के प्रमुख स्रोत हैं।

185. निम्न में से किस स्थान पर उगने वाले पौधे रात में कार्बन डाइऑक्साइड लेते हैं?
SSC CGL Tier-1 18.08.2021 (Shift-I)
(a) पहाड़ी क्षेत्र (b) महासागरीय तल
(c) छत का ऊपरी भाग (d) रेगिस्तान

उत्तर (d)
- **रेगिस्तान** (Deserts) में उगने वाले पौधे रात में कार्बन डाइऑक्साइड (CO_2) गैस लेते हैं।
- रेगिस्तान में उगने वाले पौधों को जीरोफाइट (मरुद्भिद) कहा जाता है।
- पलाश, बबूल, खेजड़ी, नागफनी, अमलतास आदि रेगिस्तान में उगने वाली प्रमुख वनस्पतियाँ हैं।

186. निम्नलिखित में से कौन-सी संचयी जड़/मूल नहीं है?
SSC CGL Tier-1 18.08.2021 (Shift-I)
(a) श्वसन मूल (b) फ्यूजीफॉर्म मूल
(c) शंक्वाकार मूल (d) नेपिफॉर्म मूल

उत्तर (a)
- श्वसन मूल एक संचयी जड़/मूल (Storage root) नहीं है, जबकि शंक्वाकार मूल (conical root), कुम्भीरूप मूल (napiform root) तथा तुर्करूपी मूल (fusiform root) संचयी जड़ के अन्तर्गत आते हैं।
- जड़ या मूल पौधे का अवरोही भाग होता है, जो मूलांकुर से विकसित होता है।

187. कोलेजन एक प्रकार का/की ·····है।
SSC CGL Tier-1 20.08.2021 (Shift-II)
(a) कार्बोहाइड्रेट (b) विटामिन
(c) प्रोटीन (d) वसा

उत्तर (c)
- कोलेजन एक प्रकार का प्रोटीन है। यह विशेषत: संयोजी ऊतक का प्रमुख प्रोटीन है, जो स्तनधारियों में प्रचुर मात्रा में पाया जाता है।
- सम्पूर्ण शरीर में पाई जाने वाली प्रोटीन सामग्री का लगभग 25% से 35% कोलेजन से बनता है।
- शरीर में उपस्थित, स्नायु, कण्डरा, हड्डी व त्वचा का मुख्य घटक है। इनके अतिरिक्त यह धमनियों को मजबूत बनाता है तथा ऊतकों के विकास में भी महत्त्वपूर्ण भूमिका निभाता है।

188. निम्न में से कौन-सा पादप के मूल तन्त्र के मुख्य कार्यों में सम्मिलित नहीं है?
SSC CGL Tier-1 17.08.2021 (Shift-III)
(a) पौधे के भागों को सहारा (एंकरेज) प्रदान करना
(b) पौधे के भागों को भोजन की आपूर्ति करना
(c) मिट्टी से खनिज का अवशोषण
(d) मिट्टी से पानी का अवशोषण

उत्तर (b)
- **पौधे के अन्य भागों को भोजन की आपूर्ति करना** मूल तन्त्र (root system) का प्रमुख कार्य नहीं है।
- मूल तन्त्र के प्रमुख कार्य पौधें के भागों को सहारा प्रदान करना, मिट्टी से खनिज व पानी का अवशोषण करना, पौधे में वृद्धि नियामकों का संश्लेषण करना व पौधे को यान्त्रिक आधार प्रदान करना आदि हैं।

189. अनाज में कौन-सा प्रोटीन पाया जाता है?
SSC CPO 27.06.2024 (Shift-I)
(a) आर्जिनिन (b) गम प्रोटीन
(c) ग्लूटेन (d) डेल्टा प्रोटीन

उत्तर (c)
- अनाज में **ग्लूटेन** प्रोटीन पाया जाता है।
- ग्लूटेन एक प्रकार का लसलसा पदार्थ होता है, जो शरीर में भोजन को लोचदार बनाए रखने में सहायता करता है।

190. गाजर में मौजूद प्रो-विटामिन या कैंसररोधी यौगिक क्या कहलाता है?
SSC CPO 27.06.2024 (Shift-II)
(a) डेल्टा-टरपीन्स (b) अल्फा-रेजिन
(c) बीटा-कैरोटीन (d) अल्फा-टरपीनॉयड

उत्तर (c)
• **बीटा-कैरोटीन** विटामिन या कैंसररोधी यौगिक है, जो गाजर में उपस्थित होता है।
• बीटा-कैरोटीन एक एण्टीआक्सीडेण्ट है, जो ऑक्सीडेटिव तनाव को कम करता है।

191. निम्नलिखित में से कौन-सा लौंग के तेल का प्रमुख सक्रिय तत्त्व है?
SSC CPO 28.06.2024 (Shift-III)
(a) टार्टरिक अम्ल (b) करकुमा
(c) मैलिक अम्ल (d) यूजेनॉल

उत्तर (d)
• यूजेनॉल लौंग के तेल का प्रमुख सक्रिय तत्त्व है।
• ये एनेस्थेटिक और जीवाणुरोधी एजेण्ट के रूप में कार्य करता है।
• ये सूजनरोधी व एण्टीफंगल है।
• इसे कहीं से भी आसानी से प्राप्त किया जा सकता है।

192. पौधों में रन्ध्रों (stomata) की स्थिति की पहचान कीजिए। SSC CPO 03.10.2023 (Shift-I)
(a) तने की नोक पर (b) पत्तियों की सतह पर
(c) जड़ों के भीतर (d) पुष्प के भीतर

उत्तर (b)
• पादपों में **पत्तियों की सतह** पर अनेक रन्ध्र पाए जाते हैं, जो गैसों के विनिमय एवं वाष्पोत्सर्जन का नियमन करते हैं।
• ये प्राय: पत्ती की निचली सतह पर अधिक पाए जाते हैं।
• रन्ध्रों का खुलना व बन्द होना एक जोड़ी द्वार कोशिकाओं द्वारा नियन्त्रित होता है।

193. निम्नलिखित में से पोषक तत्त्व-पोषक तत्त्व प्रकार का कौन-सा युग्म सही है?
SSC CPO 10.11.2022
I. मैक्रोन्यूट्रिएण्ट-आयरन
II. सूक्ष्म पोषक तत्त्व - कैल्शियम
(a) केवल I
(b) I और II दोनों
(c) I व II दोनों नहीं
(d) केवल II

उत्तर (c)
• आयरन एक सूक्ष्म पोषक तत्त्व है, जिसकी आवश्यकता पौधों को मैक्रोन्यूट्रिऐण्टस की तुलना में कम होती है।
• कैल्शियम एक मैक्रोन्यूट्रिएंट है, जो पौधो के लिए महत्त्वपूर्ण है।

194. मेवा (Nuts), वनस्पति तेल और मछली.......के अच्छे स्रोत हैं। SSC CPO 11.11.2022 (Shift-I)
(a) ओमेगा-3 (b) कार्बोहाइड्रेट
(c) खनिज तत्त्वों (d) विटामिन

उत्तर (a)
• मेवा, वनस्पति तेल और मछली ओमेगा-3 के अच्छे स्रोत हैं। कार्बोहाइड्रेट के सबसे सामान्य रूप शर्करा, फाइबर और स्टार्च है। स्वास्थ्य के लिए, आवश्यक खनिज है: आयरन कैल्शियम, मैग्नीशियम, जस्ता, पोटैशियम आदि।

195. पौधों की पत्तियों में से जल की बूँदों के रूप में जल का क्षय (loss) होना ········ कहलाता है।
SSC CHSL Tier-1 02.07.2024 (Shift-I)
(a) बिन्दुस्राव
(b) स्थानान्तरण
(c) दाब प्रवणता
(d) जीवद्रव्यकुंचन

उत्तर (a)
• पौधों की पत्तियों में से जल की बूँदों के रूप में जल का क्षय होना बिन्दुस्राव कहलाता है।
• मूल दाब (root pressure) के प्रभाव से कुछ पादपों की पत्तियों के किनारों तथा शीर्ष पर जल की बूंदे स्रावित होती हैं। इस क्रिया को बिन्दुस्राव कहा जाता है। इसका अध्ययन **बर्गरस्टीन** (Burgerstein; 1887) ने किया था।
• कुछ घास, शाकीय पादप, जौ, टमाटर, *नेस्टरशियम*, घुइयाँ आदि की पत्तियों में यह स्पष्ट रूप से दिखाई पड़ता है।
• यह क्रिया तब होती है, जब पादप की जड़ों द्वारा अधिक मात्रा में जल का अवशोषण हो तथा वायुमण्डलीय उच्च आर्द्रता के कारण वाष्पोत्सर्जन की दर कम हो या बिल्कुल न हो रहा हो।
• बिन्दुस्रावण विशेष रन्ध्रों द्वारा होता है, जिसे जलरन्ध्र या जलछिद्र (Hydathode) कहते हैं। ये पत्तियों के अग्रकों पर शिराओं के सिरों पर स्थित होते हैं।

196. प्रकाश-संश्लेषण की प्रक्रिया में कौन-सी गैस मुक्त होती है?
SSC CHSL Tier 1 12.08.2023 (Shift-III)
(a) नाइट्रस डाइऑक्साइड
(b) ऑक्सीजन
(c) नाइट्रोजन
(d) कार्बन डाइऑक्साइड

उत्तर (b)
• प्रकाश-संश्लेषण प्रक्रिया, जिसके द्वारा हरे पौधे सूर्य के प्रकाश की उपस्थिति में जल एवं कार्बन डाइऑक्साइड के संयोग से कार्बोहाइड्रेट का निर्माण करते हैं।
• इस प्रक्रिया में उत्पाद के रूप में ऑक्सीजन गैस निर्मुक्त होती है।

197. कौन-सा खाद्य पदार्थ, सम्पूर्ण प्रोटीन का अच्छा स्रोत है?
SSC MTS Tier-1 16.10.2024 (Shift-II)
(a) पालक (b) चावल (c) अण्डा (d) मसूर

उत्तर (c)
• **अण्डा**, सम्पूर्ण प्रोटीन का एक अच्छा स्रोत है।
• माँस, अण्डा, दूध, सोया व क्विनोआ जैसे पशु स्रोतों से मिलने वाले प्रोटीन को सम्पूर्ण प्रोटीन कहा जाता है।
• इन पदार्थों में शरीर के लिए जरूरी सभी आवश्यक अमीनो एसिड होते हैं और वे उच्चतम गुणवत्ता वाले प्रोटीन स्रोत होते हैं।
• एक प्रोटीन, जो सभी नौ आवश्यक अमीनो एसिड प्रदान करता है, **पूर्ण प्रोटीन** माना जाता है।

198. फल, सब्जियों और अनाज में पाए जाने वाले परिवर्तनशील फेनोलिक संरचनाओं वाले प्राकृतिक पदार्थों के समूह को क्या कहा जाता है? SSC MTS Tier-1 14.10.2024 (Shift-I)
(a) होपानोइड्स
(b) पेक्टिन्स
(c) फ्लेवोनोइड्स
(d) रेजिन्स

उत्तर (c)
• फल, सब्जियों और अनाज से पाए जाने वाले परिवर्तनशील फेनोलिक संरचनाओं वाले प्राकृतिक पदार्थों के समूह को **फ्लेवोनोइड्स** कहा जाता है।
• फ्लेवोनोइड्स पौधों में पाए जाने वाले हाइड्रॉक्सिलेटेड **पॉलीफेनोलिक यौगिक** का बड़ा परिवार है।
• ये पौधों में कोशिका वृद्धि को नियन्त्रित करते हैं।
• फ्लेनोवोइड्स के कुछ उदाहरण एपिजेनिन, ल्यूटोलिन, बैकेलिन और क्रिसिन आदि हैं।

199. निम्नलिखित में से कौन-सा विकल्प किसी पारितन्त्र में ऊर्जा के सही प्रवाह को दर्शाता है?
SSC MTS Tier-1 04.11.2024 (Shift-III)
(a) सूर्य का प्रकाश → उत्पादक → शाकाहारी → माँसाहारी
(b) सूर्य का प्रकाश → शाकाहारी → माँसाहारी → उत्पादक
(c) सूर्य का प्रकाश → शाकाहारी → उत्पादक → माँसाहारी
(d) सूर्य का प्रकाश → माँसाहारी → उत्पादक → शाकाहारी

उत्तर (a)
• सूर्य का प्रकाश-उत्पादक-शाकाहारी-माँसाहारी, पारितन्त्र में ऊर्जा के सही प्रवाह को दर्शाता है।
• सूर्य का प्रकाश ऊर्जा का प्राथमिक स्रोत है।
• उत्पादक (पौधे) प्रकाश-संश्लेषण के माध्यम से सूर्य के प्रकाश को रासायनिक ऊर्जा में परिवर्तित करते हैं।
• शाकाहारी ऊर्जा प्राप्त करने के लिए उत्पादकों का सेवन करते हैं।
• माँसाहारी ऊर्जा प्राप्त करने के लिए शाकाहारियों का सेवन करते हैं।
• पारिस्थितिकी तन्त्र के सन्तुलन को बनाए रखने के लिए ऊर्जा का यह प्रवाह महत्त्वपूर्ण है।

200. पौधे किस प्रक्रिया के द्वारा हवा में पानी छोड़ते हैं?
SSC MTS 02.11.2021 (Shift-II)
(a) वाष्पोत्सर्जन
(b) प्रकाश-संश्लेषण
(c) दीप्तिकालिता
(d) अनुवर्तन

उत्तर (a)

• पौधे के वायवीय भागों द्वारा जल के वाष्प के रूप में हानि को **वाष्पोत्सर्जन** कहते हैं। वाष्पोत्सर्जन वह क्रिया है, जिसमें जल पादप सतह से जलवाष्प के रूप में उड़ता है।
• जल की पर्याप्त मात्रा वाष्प के रूप में पत्ती की निम्न सतह पर उपस्थित रन्ध्रों के माध्यम से निष्कासित हो जाती है।

201. पौधों की सिंचाई के लिए निम्न में से किस तकनीकी के अन्तर्गत संकरी नलिकाओं का उपयोग किया जाता है, जिससे पानी सीधे पौधों की जड़ों तक पहुँचता है?
SSC Steno 11.11.2021
(a) अधोभूमि सिंचाई
(b) छिड़काव (स्प्रिंकलर) सिंचाई
(c) सीढ़ीदार खेती
(d) टपक (ड्रिप) सिंचाई

उत्तर (d)
• **टपक** (ड्रिप) **सिंचाई** पौधों की सिंचाई की एक तकनीक है, जिसमें संकरी नलिकाओं का उपयोग किया जाता है, जिससे पानी सीधे पौधों की जड़ों तक पहुँचता है।
• इस विधि से सिंचाई करने से पानी और खाद की बचत होती है।
• ड्रिप सिंचाई कम पानी की उपलब्धता वाले क्षेत्रों के लिए एक सफल तकनीकी है।
• ड्रिप सिंचाई विधि का आविष्कार सर्वप्रथम इजरायल में हुआ था, जिसका प्रयोग आज विश्व के अनेक देशों में हो रहा है।

202. वे पौधे जो सूर्य के तीव्र प्रकाश में उगने के लिए अनुकूलित होते है, वो क्या कहलाते है?
Graduate Level 28.06.2023 (Shift-3)
(a) मरुद्भिद (Xerophyte)
(b) आतपोद्भिद (Heliphytes)
(c) नवोद्भिद (Neophytes)
(b) आद्योद्भिद (Protophytes)

उत्तर (b)
• वे पौधे जो सूर्य के तीव्र प्रकाश में उगने के लिए अनूकूलित होते हैं वे, **आतपोद्भिद** कहलाते है।
• उदाहरण सूरजमूखी, अजवायन के फूल, सफेद तिपतिया घास, नरम वेल्क्रो, मुलीन। मरुद्भिद- पौधों का एक समुह जो रेगिस्तान और बर्फ से ढके क्षेत्रो जैसे शुष्क क्षेत्रो में जीवित रहने के लिए अनुकूलित होता है।
• उदाहरण - नागफनी, अनन्नास। टेरिडोफाइट्स - पौधो में एक संवाहनी प्रणाली होती है और बीजाणुओं के माध्यम से प्रजनन करते हैं।
• उदाहरण - व्हिस्क फर्न, डिक्सोनिया, सेलाजिनेला। निओफाइट्स पौधा जो किसी भौगोलिक क्षेत्र में मूल रूप से नहीं पाया जाता है और यह आधुनिक समय में विकसित हुआ। उदाहरण - स्वीट फ्लैग, छोटा बाल्सम, करौंदा।

जन्तुओं में पोषण

SSC CGL

203. कौन-सा आवश्यक एमिनो अम्ल कैल्शियम अवशोषण को बढ़ाता है और कोलेजन के निर्माण में भी महत्त्वपूर्ण भूमिका निभाता है?
SSC CGL Tier-1 25.09.2024 (Shift-I)
(a) आर्जिनिन (b) लाइसीन
(c) हिस्टीडीन (d) टायरोसीन

उत्तर (b)
• आवश्यक एमिनो अम्ल **लाइसीन** कैल्शियम अवशोषण को बढ़ाता है और कोलेजन के निर्माण में भी महत्त्वपूर्ण भूमिका निभाता है।
• इसके अतिरिक्त यह प्रोटीन संश्लेषण व उतक मरम्मत में भी सहायक है।

204. निम्नलिखित में से कौन-सा विटामिन-C का दूसरा नाम है?
SSC CGL Tier-1 23.09.2024 (Shift-II)
(a) पाइरिडोक्सल
(b) पाइरिडोक्सिन
(c) एस्कॉर्बिक अम्ल
(d) पाइरिडोक्सामाइन

उत्तर (c)
• विटामिन C का दूसरा नाम **एस्कॉर्बिक अम्ल** है।
• **अल्बर्ट सेण्ट ग्योर्गी** को **विटामिन** C की खोज के लिए वर्ष 1937 में **फिजियोलॉजी** या मेडिसिन में **नोबेल पुरस्कार** से सम्मानित किया गया था।
• विटामिन 'C' की कमी से स्कर्वी रोग हो सकता है।

205. मात्रात्मक और पौष्टिक दोनों रूप से दूध का सबसे महत्त्वपूर्ण प्रोटीन घटक कौन-सा है, जो गोजातीय दूध में कुल प्रोटीन का लगभग 80% भाग होता है?
SSC CGL Tier-1 19.09.2024 (Shift-III)
(a) केसिन (b) एक्टिन
(c) पेप्सिन (d) एल्बुमिन

उत्तर (a)
• मात्रात्मक और पौष्टिक दोनों रूप से दूध का सबसे महत्त्वपूर्ण प्रोटीन घटक केसिन होता है, जो गोजातीय दूध में कुल प्रोटीन का लगभग 80% होता है। मानव दूध में **केसिन** 20-60% होती है।
• यह बॉडीबिल्डर और एथलीटों के बीच एक लोकप्रिय प्रोटीन सप्लीमेण्ट है।

206. निम्नलिखित में से कौन-सा युग्म गलत सुमेलित है?
SSC CGL Tier-1 13.09.2024 (Shift-I)
(a) माल्टोज: गेहूँ, कॉर्नमील और जौ
(b) स्टार्च: अण्डे की जर्दी
(c) फ्रक्टोज अँगूर
(d) लैक्टोज दूध

उत्तर (b)
• विकल्प (b) गलत सुमेलित है। स्टार्च एक स्वादहीन, गन्धहीन, सफेद पाउडर है, जो पौधों में कार्बोहाइड्रेट के रूप में भण्डारित है।
• इसका रासायनिक सूत्र $(C_6H_{10}O_5)_n$ है।
• आलू, जई जैसे खाद्य पदार्थों से स्टार्च प्राप्त होता है।
• माल्टोज गेहूँ, कॉर्नमील और जौ में पाया जाता है।
• फ्रक्टोज अँगूर में पाया जाता है।
• लैक्टोज दूध में पाया जाता है।

207. निम्न कथनों में कौन-सा कथन असत्य है?
SSC CGL Tier-1 26.07.2023 (Shift-I)
(a) हिस्टिडीन वृद्धि, क्षतिग्रस्त ऊतकों की मरम्मत और रुधिर कोशिकाओं के निर्माण में महत्त्वपूर्ण भूमिका निभाता है।
(b) वेलिन एक अनावश्यक अमीनो अम्ल है और यह मानव शरीर में संश्लेषित होता है।
(c) लाइसिन सामान्य वृद्धि और माँसपेशियों के टर्नओवर में महत्त्वपूर्ण भूमिका निभाता है।
(d) हिस्टिडीन एक आवश्यक अल्फा अमीनो अम्ल है और वृद्धि एवं ऊतक की मरम्मत का कार्य करता है।

उत्तर (b)
• विकल्प (b) में दिया गया कथन असत्य है।
• वेलिन एक आवश्यक अमीनो अम्ल है, इसका संश्लेषण मानव शरीर में नहीं होता है। यह मुख्य रूप से माँस, मछली, सोया व डेयरी जैसे प्रोटीन खाद्य पदार्थों में पाया जाता है।
• यह शरीर में माँसपेशियों में वृद्धि व ऊतकों की मरम्मत में सहायता करता है।

208. चिकित्सकों द्वारा अनुशासित आहार सम्बन्धी दिशा-निर्देशों के अनुसार, स्वस्थ वयस्कों और चार वर्ष से अधिक आयु के बच्चों में कोलेस्ट्रॉल के अन्तर्ग्रहण के लिए आरडीए मिली/दिन है। **SSC CGL Tier-1 25.07.2023 (Shift-II)**
(a) 300 (b) 500
(c) 600 (d) 400

उत्तर (a)
• चिकित्सकों द्वारा अनुशासित आहार सम्बन्धी दिशा-निर्देशों के अनुसार, स्वस्थ वयस्कों और चार वर्ष से अधिक आयु के बच्चों में कोलेस्ट्रॉल के अन्तर्ग्रहण के लिए **आरडीए 300** मिलीग्राम/दिन है।
• उच्च कोलेस्ट्रॉल वाले और वे व्यस्क जो हृदय रोग के उच्च जोखिम में हैं, ऐसे लोगों को भोजन में कोलेस्ट्रॉल का प्रतिदिन 300 मिलीग्राम से अधिक सेवन नहीं करना चाहिए।

209. विटामिन और खनिज निम्नलिखित में से किसके लिए सहायक होते हैं?
SSC CGL Tier-1 24.07.2023 (Shift-I)
(a) हमारे शरीर में उपापचयी अभिक्रियाओं के लिए
(b) उचित वसा भण्डारण
(c) उचित श्वसन
(d) उचित पसीना

उत्तर (a)

• विटामिन और खनिज हमारे शरीर में उपापचयी अभिक्रियाओं में सहायक होते हैं।

• विटामिन एक कार्बनिक यौगिक है, जो शरीर के उपापचय में रासायनिक प्रतिक्रियाओं के नियमन के लिए अत्यन्त आवश्यक है। इन्हें रक्षात्मक पदार्थ भी कहा जाता है।

210. निम्नलिखित में से किसे 'बॉडी बिल्डिंग फूड' के रूप में जाना जाता है?
SSC CGL Tier-1 20.07.2023 (Shift-IV)

(a) वसा (b) विटामिन
(c) कार्बोहाइड्रेट (d) प्रोटीन

उत्तर (d)

• **प्रोटीन** को बॉडी बिल्डिंग फूड के नाम से जाना जाता है।

• यह शरीर को ऊर्जा प्रदान करता है।

• इसे माँसपेशियाँ और हड्डियाँ मजबूत होती हैं एवं ऊतकों की नियमित मरम्मत होती है।

• प्रोटीन शब्द का उपयोग सर्वप्रथम **जे. बर्जीलियस** ने किया था। यह एक जटिल कार्बनिक यौगिक है। मानव शरीर का लगभग 15% भाग प्रोटीन से ही निर्मित होता है।

211. निम्नलिखित में से कौन-सा कॉलम A का कॉलम B के साथ सही मिलान है?
SSC CGL Tier-1 17.07.2023 (Shift-I)

कॉलम A (पोषक तत्त्व)	कॉलम B (स्रोत)
A. प्रोटीन युक्त भोजन	1. गेहूँ
B. वसा युक्त भोजन	2. नींबू
C. कार्बोहाइड्रेट युक्त भोजन	3. सफेद अण्डे
D. विटामिन-C युक्त भोजन	4. मक्खन और पनीर

कूट

	A	B	C	D		A	B	C	D
(a)	3	4	1	2	(b)	3	4	2	1
(c)	4	3	2	1	(d)	3	1	2	4

उत्तर (a)

• सही मिलान है- A-3, B-4, C-1, D-2

• प्रोटीन युक्त भोजन सफेद अण्डे में पर्याप्त मात्रा में होता है।

• वसा युक्त भोजन मक्खन और पनीर में पर्याप्त मात्रा में होता है, कार्बोहाइड्रेट युक्त भोजन गेहूँ से प्राप्त होता है।

• विटामिन-C युक्त भोजन नींबू से प्राप्त किया जाता है।

212. कॉलम सुमेलित करें
SSC CGL Tier-2 07.03.2023 (Shift-I)

पोषक तत्त्व	उदाहरण
A. प्रोटीन	1. कैल्शियम, फॉस्फोरस
B. कार्बोहाइड्रेट	2. कोलेस्ट्रॉल
C. वसा	3. शर्करा
D. खनिज पदार्थ	4. मायोसिन

कूट

	A	B	C	D		A	B	C	D
(a)	3	4	2	1	(b)	4	3	2	1
(c)	1	2	3	4	(d)	1	3	2	4

उत्तर (b)

सही सुमेलन इस प्रकार है A-4, B-3, C-2, D-1.

213. रुधिर में हीमोग्लोबिन बनाने के लिए निम्न में से क्या आवश्यक है?
SSC CGL Tier-2 03.03.2023 (Shift-I)

(a) कैल्शियम (b) प्रोटीन
(c) आयरन (d) वसा

उत्तर (c)

• रुधिर में हीमोग्लोबिन बनाने हेतु आयरन (Fe) की आवश्यकता होती है। हीमोग्लोबिन में उपस्थित हीम (haem) नामक रंजक (dye) होता है, जिसके कारण इसका रंग लाल होता है।

• ग्लोबिन (Globin) लौह युक्त प्रोटीन है, जो ऑक्सीजन व कार्बन डाइऑक्साइड से संयोग करने की क्षमता रखता है।

• एक वयस्क मनुष्य में औसतन 5-6 लीटर रुधिर होता है।

214. आयरन, आयोडीन और जिंक को निम्नलिखित में से क्या माना जा सकता है?
SSC CGL Tier-1 12.12.2022 (Shift-IV)

(a) सूक्ष्म पोषक तत्त्व
(b) वृहद् पोषक तत्त्व
(c) स्टेरॉयड हॉर्मोन प्रेरक
(d) गैर-अनिवार्य पोषक तत्त्व

उत्तर (a)

• आयरन, आयोडीन व जिंक को सूक्ष्म पोषक तत्त्व या लघु पोषक तत्त्व कहते हैं।

• ये पादपों द्वारा कम मात्रा में उपयोग किए जाते हैं। सूक्ष्म पोषक तत्त्वों की आवश्यकता से अधिक मात्रा विषाक्तता का कारण बन जाती है।

215. भोजन के रूप में उपयोग होने वाले समुद्री शैवाल की पहचान कीजिए।
SSC CGL Tier-1 12.12.2022 (Shift-III)

(a) *स्पाइरोगाइरा* (b) *सरगासम*
(c) *वॉलवॉक्स* (d) *यूलोथ्रिक्स*

उत्तर (b)

• भोजन के रूप में उपयोग होने वाले समुद्री शैवाल का नाम **सरगासम** है।

• इसके अतिरिक्त *पोरफाइरा, अल्वा, कॉन्ड्रस, क्लोरेला, लैमिनेरिया* आदि का भी उपयोग भोजन के रूप में होता है।

216. निम्न में से किसमें शर्करा की सबसे कम मात्रा होती है? SSC CGL Tier-1 08.12.2022 (Shift-III)

(a) आम (b) केला
(c) सेब (d) आलू

उत्तर (d)

• दिए गए विकल्पों में से **आलू** में सबसे कम मात्रा में शर्करा होती है।

• इसमें 0.8g/100g शर्करा की मात्रा होती है, जबकि आम, केला व सेब में अधिक मात्रा में शर्करा होती है।

217. वह कथन पहचानिए जो, ATP के बारे में सत्य नहीं है SSC CHSL Tier-1 08.12.2022 (Shift-III)

(a) तन्त्रिका आवेग का प्रवर्धन
(b) एन्जाइम्स का स्रावण
(c) प्रोटीन संश्लेषण
(d) पेशियों का संकुचन

उत्तर (b)

एन्जाइम्स के स्रावण में ATP का कोई योगदान नहीं होता है, जबकि तन्त्रिका आवेग के प्रवर्धन, प्रोटीन संश्लेषण व पेशियों के संकुचन से ATP सम्बन्धित होता है।

218. सुमेलित कीजिए।
SSC CHSL Tier-1 01.12.2022 (Shift-III)

सूची I (विटामिन)	सूची II (वैकल्पिक नाम)
A. विटामिन-A	1. एस्कॉर्बिक अम्ल
B. विटामिन B_{12}	2. रेटिनॉल
C. विटामिन-C	3. कोबालमिन
D. विटामिन-D	4. एर्गोकैल्सिफेरॉल

कूट

	A	B	C	D		A	B	C	D
(a)	2	1	3	4	(b)	1	2	3	4
(c)	2	3	1	4	(d)	3	2	4	1

उत्तर (c)

• दिए गए विकल्पों में विकल्प (c) का कूट सही है, जिसके अनुसार, A-2 B-3 C-1 ,D-4 होगा। अत: विटामिन-A का वैकल्पिक नाम रेटिनॉल है, इसकी कमी से रतौन्धी नामक रोग होता है।

• विटामिन-B_{12} का वैकल्पिक नाम कोबालमिन है, इसकी कमी से रक्ताल्पता रोग होता है।

• विटामिन-C का वैकल्पिक नाम एस्कॉर्बिक अम्ल है। इसकी कमी से स्कर्वी नामक रोग होता है।

• विटामिन-D का वैकल्पिक नाम एर्ग्रोकैल्सिफेरॉल है। इसकी कमी से रिकेट्स नामक रोग होता है।

219. हमारे शरीर में ऊर्जा भोजन के किस रूप में संगृहीत रहती है?
SSC CGL Tier-1 01.12.2022 (Shift-III)

(a) ग्लूकोस (b) माल्टोस
(c) ग्लाइकोजन (d) स्टार्च

उत्तर (c)

• शरीर में खाने से प्राप्त ऊर्जा को ग्लाइकोजन के रूप में संगृहीत करते हैं।

220. **रोक्फोर्टाइन C** ······· में पाया जाता है।
SSC CGL Tier-1 03.12.2022 (Shift-IV)

(a) पनीर (b) माँस (c) चिकन (d) अण्डे

उत्तर (a)

• रोक्फोर्टाइन C, **पनीर** में पाया जाता है।

• मायकोटॉक्सिन के प्राकृतिक रूप से पाए जाने वाले 2, 5-डाइकेटोपाइपरजीन वर्ग को रोक्फोर्टाइन के रूप में जाना जाता है।
• यह मुख्यत: भेड़ के दूध से बनने वाली ब्लू पनीर में उपस्थित होता है।
• यह कवक मुख्यत: *पेनिसिलियम* की कुछ प्रमुख उपजातियों में से एक है, जिसका उपयोग पनीर की स्वादिष्ट किस्मों; जैसे—फैममबर्ट व रॉकफोर्ट के परिपक्वन में किया जाता है।

221. निम्न में से कौन-सा विटामिन जल में घुलनशील है? **SSC CGL Tier-1 16.08.2021 (Shift-I)**
(a) विटामिन-K (b) विटामिन-D
(c) विटामिन-C (d) विटामिन-A

उत्तर (c)
• **विटामिन-C**, जल में घुलनशील है। इसके अतिरिक्त विटामिन-B भी जल में घुलनशील है।
• विटामिन-C का रासायनिक नाम एस्कॉर्बिक एसिड है।
• इसकी कमी से स्कर्वी नामक रोग हो जाता है। इसके प्रमुख प्राकृतिक स्रोत नींबू, सन्तरा, टमाटर, मिर्च व अंकुरित अनाज हैं।

222. कौन-सा विटामिन लाल रक्त कोशिकाओं के निर्माण, तन्त्रिकीय कार्य-प्रणाली और डीएनए संश्लेषण से जुड़ा हुआ है? **SSC CPO 29.06.2024 (Shift-I)**
(a) विटामिन-K (b) विटामिन-B_7
(c) विटामिन-E (d) विटामिन-B_{12}

उत्तर (d)
• **विटामिन-B_{12}** लाल रक्त कोशिकाओं के निर्माण, तन्त्रिकीय कार्य प्रणाली और डीएनए संश्लेषण से जुड़ा हुआ है।
• विटामिन-B_{12} जिसे कोबालामिन भी कहा जाता है।
• यह एकमात्र धातु युक्त विटामिन है।
• विटामिन-B_{12} में कोबाल्ट धातु होती है।

223. निम्नलिखित में से कौन-सा विटामिन-D का सबसे महत्त्वपूर्ण स्वास्थ्य लाभ है? **SSC CPO 04.10.2023 (Shift-II)**
(a) किशोर आयु के बाद तीव्र वृद्धि
(b) हृदय की धड़कन में वृद्धि करना
(c) अस्थियों और माँसपेशियों को मजबूत बनाना
(d) रक्तचाप कम करना

उत्तर (c)
• विटामिन-D आँतों में कैल्शियम के अवशोषण को बढ़ाता है और अस्थियों व माँसपेशियों में Ca^{2+} के जमाव/निक्षेपण द्वारा इनकी मजबूती बढ़ाता है।
• वसा में घुलनशील यह विटामिन सूर्य के प्रकाश में त्वचा द्वारा संश्लेषित होता है।
• इस विटामिन की कमी से व्यस्कों में हड्डियाँ कमजोर (ऑस्टियोमैलेशिया), जबकि बच्चों में विकृत (रिकेट्स) हो जाती हैं तथा पेशियों में टिटेनी रोग हो जाता है।

224. हमारे शरीर में कौन-सा विटामिन सूर्य के प्रकाश की उपस्थिति में संश्लेषित होता है? **SSC CHSL Tier 1 08.08.2023 (Shift-II)**
(a) विटामिन-B (b) विटामिन-A
(c) विटामिन-D (d) विटामिन-C

उत्तर (c)
• हमारे शरीर में **विटामिन-D** सूर्य के प्रकाश की उपस्थिति में संश्लेषित होता है।
• इसकी कमी से हड्डियाँ कमजोर हो जाती हैं तथा **रिकेट्स** (बच्चों में) व **ऑस्टियोमलेशिया** (वयस्कों में) नामक बीमारी होने की सम्भावना बढ़ जाती है।

225. विटामिन के सम्बन्ध में गलत कथन का चयन करें। **SSC CHSL 21.11.2023 (Shift-I)**
(a) विटामिन कार्बनिक यौगिक है।
(b) आँत में कुछ बैक्टीरिया विटामिन का उत्पादन नहीं करते हैं।
(c) पौधे लगभग सभी विटामिनों का संश्लेषण कर सकते हैं।
(d) अधिकांश विटामिन हमारे शरीर में पर्याप्त मात्रा में संश्लेषित नहीं हो पाते हैं।

उत्तर (b)
• विकल्प (b) विटामिन के सम्बन्ध में गलत है। विटामिन-K की दैनिक आवश्यकता का आधा भाग आँत बैक्टीरिया द्वारा संश्लेषित किया जाता है।
• विटामिन रासायनिक रूप से कार्बनिक यौगिक होते हैं। इन्हें शरीर द्वारा पर्याप्त मात्रा में स्वयं उत्पन्न नहीं किया जा सकता, बल्कि भोजन के रूप में लेना आवश्यक है।
• कुछ प्रमुख जल में घुलनशील विटामिन; जैसे—थायमिन, फोलेट बायोटीन, राइबोफ्लेबिन और पैन्थोथेनिकए सिड इत्यादि आहार में अधिक मात्रा में होते हैं, लेकिन ये आँत के बैक्टीरिया द्वारा भी संश्लेषित होते हैं।

226. विटामिन-'B_{12}' सामान्यत: ...... में उपस्थित नहीं होता है। **SSC CHSL Tier 1 04.08.2021 (Shift-I)**
(a) दुग्ध उत्पादों
(b) मत्स्य उत्पादों
(c) कुक्कुट उत्पादों
(d) वनस्पति-आधारित खाद्य पदार्थों

उत्तर (d)
• विटामिन-B_{12} सामान्यत: **वनस्पति आधारित खाद्य पदार्थों में उपस्थित** नहीं होता है।
• इसका रासायनिक नाम *साइनोकोबालमिन* है।
• इसकी कमी से एनीमिया व पाण्डुरोग नामक बीमारी हो जाती है।
• इसके प्रमुख प्राकृतिक स्रोत माँस, कलेजी व दूध आदि हैं।

227. पास्ता, नूडल्स, पिज्जा और ब्रेड जैसे विभिन्न खाद्य पदार्थों में ग्लूटेन का निर्माण देखा जाता है। ग्लूटेन तब बनता है, जब दो विशिष्ट प्रोटीन जल के साथ मिश्रित होते है। ग्लूटेन निर्माण के लिए उत्तरदायी दो प्रोटीनों के नाम बताइए। **SSC MTS Tier-1 11.11.2024 (Shift-III)**
(a) ग्लूटेनिन और ग्लाइसीन
(b) ग्लूटेनिन और एल्बुमिन
(c) ग्लूटेनिन और कैसिइन
(d) ग्लूटेनिन और ग्लियाडिन

उत्तर (d)
• ग्लूटेन निर्माण के लिए **ग्लूटेनिन और ग्लियाडिन** आवश्यक होता है, जो पास्ता, नूडल्स, पिज्जा और ब्रेड जैसे विभिन्न खाद्य पदार्थों में पाया जाता है।
• यह प्रोटीन अनाज के उत्पादों में बनावट और लचीलेपन के लिए जिम्मेदार होता है।
• ग्लूटेन, खाद्य पदार्थों में प्रोटीन, बनावट और स्वाद जोड़ने के लिए भी प्रयोग किया जाता है।

228. वसा और कार्बोहाइड्रेट युक्त खाद्य पदार्थों को ....भी कहा जाता है। **SSC MTS Tier-1 18.10.2024 (Shift-II)**
(a) रूक्षांश
(b) ऊर्जा देने वाले खाद्य पदार्थ
(c) शरीर निर्माण खाद्य पदार्थ
(d) किण्वित खाद्य पदार्थ

उत्तर (b)
• वसा और कार्बोहाइड्रेट युक्त खाद्य पदार्थों को **ऊर्जा देने वाले खाद्य पदार्थ** कहा जाता है।
• कार्बोहाइड्रेट शरीर को ग्लूकोज के रूप में ऊर्जा देते हैं।
• वसा को फैटी एसिड में बदलने के बाद ऊर्जा के रूप में प्रयोग किया जा सकता है।
• एक ग्राम कार्बोहाइड्रेट से लगभग **17 किलो-जूल** ऊर्जा मिलती है, जबकि एक ग्राम वसा से **37 किलो-जूल** ऊर्जा मिलती है।

229. पोषक तत्त्वों के बारे में निम्नलिखित में से कौन-सा कथन सही है?
कथन A : C, H, O, N, P और K स्थूल पोषक तत्त्व (macro nutrients) हैं।
कथन B : Fe, Mn, Ni, Co और Mo सूक्ष्म पोषक तत्त्व (micronutrients) हैं।
कथन C : सूक्ष्म पोषक तत्त्व हमारे शरीर के लिए आवश्यक नहीं है।
SSC MTS Tier-1 08.10.2024 (Shift-I)
(a) कथन A और C
(b) कथन A, B और C सभी
(c) कथन B और C
(d) कथन A और B

उत्तर (d)
• पोषक तत्त्वों के बारे में विकल्प (d) (कथन A और B) सही है।
• C, H, O, N, P और K स्थूल पोषक तत्त्व (macro nutrients) हैं, जबकि Fe, Mn, Ni, Co और Mo एक सूक्ष्म पोषक तत्त्व है।
• मैक्रोन्यूट्रिएण्ट्स वे पोषक तत्त्व (Micronutrients) होते हैं, जिनकी शरीर को बड़ी मात्रा में आवश्यकता होती है, जबकि सूक्ष्म पोषक तत्त्व की आवश्यकता शरीर में कम होती है।

230. दूध, समुद्री भोजन, मेवे और साबुत अनाज में कौन-सा खनिज उच्च मात्रा में होता है, जो हड्डियों के स्वास्थ्य और हमारे शरीर की मरम्मत प्रक्रिया में सहायता करता है? **SSC MTS 05.09.2023 (Shift-II)**
(a) जिंक (b) कैल्शियम
(c) फॉस्फोरस (d) फ्लोराइड

उत्तर (*)

• दूध, समुद्री भोजन, मेवे और साबुत अनाज में **कैल्शियम** और **फॉस्फोरस** उच्च मात्रा में होता है, जो हड्डियों के स्वास्थ्य और शरीर की मरम्मत प्रक्रिया में सहायक होते हैं।

231. मानव शरीर के द्वारा कार्बोहाइड्रेट का उपयोग किस रूप में किया जाता है?
SSC MTS 14.09.2023

(a) ग्लूकोज (b) न्यूक्लिमोटाइड
(c) फाइबर (d) अमीनो एसिड

उत्तर (a)

• मानव शरीर में कार्बोहाइड्रेट उपयोग **ग्लुकोज** के रूप में होता है।
• जटिल कार्बोहाइड्रेट सरल शर्करा में परिवर्तित हो जाते है और फिर शरीर द्वारा उपयोग किए जाते हैं।
• अतिरिक्त कार्बोहाइड्रेट को शरीर में ग्लाइकोजन जैसी शर्करा में परिवर्तन कर भण्डारण किया जाता है।

232. यकृत, दूध, अण्डे और मछली सहित विभिन्न खाद्य पदार्थों में पाए जाने वाले जल में घुलनशील विटामिन कौन-सा है, जो आपके शरीर की रक्त और तन्त्रिका कोशिकाओं को स्वस्थ रखने में मदद करता है?
SSC SP .06.2023 (Shift-I)

(a) विटामिन-B_{12} (b) विटामिन-C
(c) विटामिन-A (d) विटामिन-E

उत्तर (a)

• यकृत, दूध, अण्डे और मछली सहित विभिन्न खाद्य पदार्थों में पाया जाने वाला जल में घुलनशील **विटामिन-B_{12}** है।
• यह आपके शरीर की रक्त और तन्त्रिका कोशिकाओं को स्वस्थ रखने में मदद करता है।

233. निम्नलिखित में से कौन-सा विटामिन अण्डे में अनुपस्थित होता है? SSC SP 10.08.2022 (Shift-III)

(a) विटामिन-B (b) विटामिन-K
(c) विटामिन-C (d) विटामिन-A

उत्तर (c)

• अण्डे में विटामिन-C नहीं पाया जाता है।
• अण्डे में कैल्शियम, विटामिन-K, विटामिन-A, विटामिन-B, विटामिन-D और प्रोटीन की उपस्थिति हड्डियों से जुड़ी बीमारियों के जोखिम को भी कम कर सकती है।

234. निम्नलिखित में से कौन-सा बैक्टीरिया दूध में पनपकर उसे दही में बदल देता है?
SSC SP 20.06.2024 (Shift-II)

(a)`E कर्डी
(b)`*साल्मोनेला टाइफी*
(c)`लैक्टिक एसिड बैक्टीरिया
(d)`*साल्मोनेला लैक्टे*

उत्तर (c)

• **लैक्टिक एसिड बैक्टीरिया** दूध में पनपकर उसे दही में बदल देता है।
• लैक्टिक एसिड बैक्टीरिया को कई खाद्य किण्वन में उपयोग किया जाता है।
• इस बैक्टीरिया का उपयोग किण्वन खाद्य संरक्षण की सबसे पारम्परिक और मान्यता प्राप्त कलाओं में से एक है।

235. स्वस्थ त्वचा और दाँतों के लिए कौन-सा अमीनो अम्ल आवश्यक है, क्योंकि यह दाँतो के इनेमल, कोलेजन और इनास्टिन का एक घटक होता है?
Graduate Level 01/08/2022 (Shift - 4)

(a) ल्यूसीन (Leucine)
(b) अर्जिनीन (Arginine)
(c) फेनिलएलनीन (Phenylalanine)
(d) थ्रिओनीन (Threonine)

उत्तर (d)

• **थ्रिओनीन** प्रोटीन के जैव-संश्लेषण में उपयोग किया जाता है। ल्यूसीन प्रोटीन संश्लेषण के लिए एक आवश्यक अमीनो अम्ल है। आर्गिनिन का उपयोग हृदय और रक्त वाहिकाओं की स्थिति के उपचार के लिए किया जाता है, जिसके साथ-साथ कंजेस्टिव हार्ट फेलर (CHF), सीने में दर्द, उच्च रक्तचाप आदि शामिल हैं। फेनिलएलनीन का उपयोग एक विकार के लिए किया जाता है, जिसके कारण त्वचा पर सफेद धब्बे (विटिलिगो) विकसित हो जाते हैं।

236. दूध में किस विटामिन का अभाव होता है?
SSC Steno 11.12.2024 (Shift-II)

(a) D (b) B कॉम्प्लेक्स
(c) C (d) A

उत्तर (c)

• दूध में **विटामिन 'सी'** का अभाव होता है।
• दूध में विटामिन A, B और D मौजूद होता है।
• दूध कैल्शियम और अन्य आवश्यक पोषक तत्त्वों का एक उत्कृष्ट स्रोत है।
• दूध में विटामिन 'सी' के साथ लौह तत्त्व भी अनुपस्थित रहती है।

237. पोषक तत्त्वों के सन्दर्भ में, 'टायरोसिन', 'ग्लाइसिन' और 'ऑर्निथिन' ⋯के प्रकार हैं।
SSC Steno 12.11.2021

(a) अमीनो अम्ल (b) कैल्शियम
(c) विटामिन (d) प्रोटीन

उत्तर (a)

• पोषक तत्त्वों के सन्दर्भ में टायरोसिन ग्लाइसिन और ऑर्निथिन **अमीनो अम्ल** के प्रकार है।
• प्रकृति में 300 से अधिक अमीनो अम्ल पाए जाते हैं।

पाचन तन्त्र

238. खाद्य पदार्थों का पाचन, जन्तु शरीर का एक महत्त्वपूर्ण कार्य होता है। शेर, गाय, मनुष्य आदि जन्तुओं में, मुख से शुरू होकर गुदा (anus) तक विभिन्न अंगों का उपयोग इस प्रक्रिया में शामिल होता है। इस मार्ग के दीर्घतम भाग को ⋯⋯कहा जाता है।
SSC CGL Tier-1 23.09.2024 (Shift-III)

(a) ग्रसिका (Oesophagus)
(b) छोटी आँत (Small intestine)
(c) आमाशय (Stomach)
(d) बड़ी आँत (Large intestine)

उत्तर (b)

• खाद्य पदार्थों का पाचन, जन्तु शरीर का एक महत्त्वपूर्ण कार्य होता है। शेर, गाय, मनुष्य आदि जन्तुओं में मुख से शुरू होकर गुदा तक विभिन्न अंगों का उपयोग इस प्रक्रिया में शामिल होता है। इस मार्ग के दीर्घतम भाग को **छोटी आँत** कहा जाता है।
• छोटी आँत पाचन तन्त्र का एक महत्त्वपूर्ण भाग है, यह आमाशय और बड़ी आँत के बीच होती है और भोजन से पोषक तत्त्वों का अवशोषण करती है।

239. यकृत के सम्बन्ध में निम्नलिखित में से कौन-सा कथन सही नहीं है?
SSC CGL Tier-1 21.07.2023 (Shift-III)

(a) यह पित्त रस को स्रावित करता है, जो पित्ताशय नामक थैली में जमा होता है।
(b) यह शरीर की सबसे बड़ी ग्रन्थि है।
(c) यह उदर के ऊपरी भाग में बाईं ओर स्थित होता है।
(d) यह लाल-भूरे रंग की एक ग्रन्थि है।

उत्तर (c)

• दिए गए कथनों में कथन (c) सही नहीं है।
• यकृत (Liver) मानव शरीर की सबसे बड़ी ग्रन्थि है, इसका वजन लगभग 1.5-2 किग्रा तक होता है। यह शरीर के दाईं ओर, फेफड़ों के नीचे स्थित होता है।
• यकृत द्वारा पित्त रस स्रावित होता है, जो पित्ताशय नामक थैली में जमा होता है। यह पित्त आँत में उपस्थित एन्जाइम की क्रिया को तीव्र कर देता है।
• यकृत प्रोटीन के उपापचय में सक्रिय रूप से भाग लेता है, यह प्रोटीन की अधिकतम मात्रा को कार्बोहाइड्रेट में परिवर्तित कर देता है।

240. निम्नलिखित में से क्या आमाशय से आने वाले अम्लीय भोजन को क्षारीय बनाने में सहायक होता है? SSC CHSL Tier-1 17.07.2023 (Shift-IV)

(a) पेप्सिन (b) जठर रस
(c) पित्त रस (d) हाइड्रोक्लोरिक अम्ल

उत्तर (c)

• आमाशय से आने वाले अम्लीय भोजन को क्षारीय बनाने में **पित्त रस** सहायक होता है।
• पित्त रस एक तरल पदार्थ है, जो यकृत द्वारा बनाया जाता है।
• यह पित्ताशय की थैली में जमा होता है और पित्त पाचन में सहायता करता है।
• यह वसाओं का इमल्सीकरण करता है तथा भोजन के साथ आए हानिकारक जीवाणुओं को नष्ट करता है।
• पित्त रस क्षारीय होता है, इसका pH मान 7.7 होता है।

241. किस भोजन के लिए लम्बी छोटी आँत की आवश्यकता होती है?
SSC CGL Tier-1 13.12.2022 (Shift-III)

(a) अण्डे (b) घास
(c) चिकन (माँस) (d) मटन (माँस)

उत्तर (b)

• **घास** को पचाने के लिए लम्बी छोटी आँत की आवश्यकता होती है। ये शाकाहारी प्राणियों में सेलुलोस के पाचन के लिए आवश्यक होती हैं।

242. निम्न में से कौन-सा अंग हाइड्रोक्लोरिक अम्ल स्रावित करता है, जो रोगजनक बैक्टीरिया को मारने में हमारे शरीर की सहायता करता है?
SSC CGL Tier-1 16.08.2021 (Shift-III)

(a) मस्तिष्क (b) हृदय
(c) आमाशय (d) वृक्क

उत्तर (c)

• मानव शरीर में **आमाशय** (stomach) हाइड्रोक्लोरिक अम्ल स्रावित करता है, जो भोजन के साथ आए हानिकारक जीवाणुओं को नष्ट कर देता है तथा एन्जाइम की क्रिया को तीव्र कर देता है।
• हाइड्रोक्लोरिक अम्ल भोजन के माध्यम को अम्लीय बना देता है, जिससे लार की टायलीन की क्रिया समाप्त हो जाती है।
• हाइड्रोक्लोरिक अम्ल का स्रावण अमाशय की आक्सेण्टिक कोशिकाओं से होता है।

243. निम्नलिखित में से कौन-सी पेशी आमाशय से छोटी आँत में भोजन के निर्गत (exit) को नियन्त्रित करती है?
SSC CHSL Tier-1 10.07.2024 (Shift-II)

(a) वक्षपेशी (b) संवरणी
(c) गैस्ट्रॉनिमियस (d) रेक्टस

उत्तर (b)

• **पाइलोरिक संवरणी** (pyloric sphincter) पेशी आमाशय से छोटी आँत में भोजन के निर्गत को नियन्त्रित करती है।
• यह पेशी आमाशय के पाइलोरिक भाग एवं आँत के ग्रहणी (duodenum) भाग के सन्धि स्थल पर स्थित होती है एवं भोजन की आमाशय में वापसी को रोकती है।

244. किस प्रकार का कार्बोहाइड्रेट जठरांत्र पथ (GI ट्रैक्ट) द्वारा विघटित नहीं किया जा सकता है, ऊर्जा प्रदान नहीं करता है, लेकिन शरीर से अपशिष्ट पदार्थों को बाहर निकालने में मदद करता है और आंत्र ट्रैक्ट को स्वस्थ रखता है?
SSC CHSL 27.05.2022 (Shift-I)

(a) फाइबर (Fiber)
(b) स्टार्च (Starch)
(c) शर्करा (Sugar)
(d) ग्लाइकोजन (Glycogen)

उत्तर (a)

• **फाइबर** (Fiber)। एक प्रकार का कार्बोहाइड्रेट है, जिसे शरीर पचा नहीं पाता है।
• **ग्लाइकोजन** स्तनधारियों में कार्बोहाइड्रेट का संगृहीत रूप है। सरल शर्करा, जिसे मोनोसेकेराइड भी कहा जाता है, इसमें ग्लूकोज, फ्रुक्टोज और गैलेक्टोज शामिल हैं।

245. मनुष्यों में, क्षुद्रान्त्र (छोटी आँत) कुण्डलित होती है और लगभग .... मी लम्बी होती है।
SSC MTS 12.07.2022 (Shift-I)

(a) 3 से 3.5 (b) 1 से 1.5
(c) 2 से 2.5 (d) 7 से 7.5

उत्तर (d)

• मनुष्यों में, क्षुद्रान्त्र (छोटी आँत) कुण्डलित होती है और लगभग 7 से 7.5 मी लम्बी होती है।
• क्षुद्रान्त्र (छोटी आँत) में भोजन का पाचन एवं अवशोषण होता है।
• यह अमाशय एवं बड़ी आँत (वृहदं) के मध्य लगभग 7 से 7.5 मी लम्बी होती है। छोटी आँत में ट्रिप्सिन नामक पाचक एन्जाइम प्रोटीन को तोड़कर भोजन पचाने में सहायक होता है।

246. पाचन तन्त्र का कौन-सा भाग यकृत और अग्न्याशय से स्राव प्राप्त करता/करती है/हैं?
SSC MTS 02.11.2021 (Shift I)

(a) छोटी आँतें (b) आमाशय
(c) पित्ताशय, (d) बड़ी आँतें

उत्तर (a)

• पाचन तन्त्र की **छोटी आँतें** का ग्रहणी भाग यकृत और अग्न्याशय से स्राव प्राप्त करती हैं।
• छोटी आँत मानव पाचन तन्त्र का एक महत्त्वपूर्ण भाग है, जो आमाशय से आरम्भ होकर वृहदांत्र (बड़ी आँत) पर पूर्ण होती है।
• छोटी आँत में ही भोजन का सबसे अधिक पाचन और अवशोषण होता है।

श्वसन तन्त्र

247. सुमेलित कीजिए।
SSC CGL Tier-1 26.09.2024 (Shift-II)

	सूची I		सूची II
A	ग्लूकोस	1.	ग्लूकोस के टूटने में मध्यवर्ती पदार्थ
B	यीस्ट	2.	ग्लूकोस पाइरुविक अम्ल में परिवर्तित हो जाता है
C	ग्लाइकोलिसिस	3.	किण्वन प्रक्रम के लिए पोषक तत्त्वों का उपयोग करता है
D	पाइरुविक अम्ल	4.	श्वसन के लिए सर्वोत्तम कार्बनिक क्रियाधार

कूट

	A	B	C	D
(a)	4	3	2	1
(b)	1	2	3	4
(c)	2	4	1	3
(d)	2	1	4	3

उत्तर (a)

• सही सुमेलन A-4, B-3, C-2, D-1 है।
• **ग्लूकोस** श्वसन के लिए सर्वोत्तम कार्बनिक क्रियाधार है।
• **यीस्ट** किण्वन प्रक्रम के लिए पोषक तत्त्वों का उपयोग करता है।
• **ग्लाइकोलिसिस** ग्लूकोस पाइरुविक अम्ल में परिवर्तित हो जाता है।
• **पाइरुविक अम्ल** ग्लूकोस के टूटने में मध्यवर्ती पदार्थ होते हैं।

248. जलीय प्राणियों को पानी के अन्दर साँस लेने के लिए निम्नलिखित में से किसकी आवश्यकता होती हैं?
SSC CHSL 24.02.2024 (Shift-II)

(a) घुलित H_2S (b) घुलित नाइट्रोजन
(c) घुलित ऑक्सीजन (d) घुलित CO2

उत्तर (c)

• जलीय प्राणियों को पानी के अन्दर साँस लेने के लिए **घुलित ऑक्सीजन** (O_2) की आवश्यकता होती है।
• जलीय प्राणियों का आकार सुव्यवस्थित होता है, जोकि उन्हें तैरने में सहायता करता है। अधिकतम जलीय प्राणियों के पास साँस लेने के लिए गलफड़े होते हैं। जलीय प्राणियों का हृदय द्विवेश्मी होता है, परन्तु मगरमच्छ का हृदय त्रिवेश्मी होता है।

249. निम्न में से कौन-सा अवायवीय गतिविधि का एक उदाहरण है?
SSC MTS Tier-1 18.10.2024 (Shift-II)

(a) तैरना (b) कूदना
(c) चलना (d) रस्सी कूदना

उत्तर (b)

• **कूदना** अवायवीय गतिविधि का एक उदाहरण है।
• अवायवीय व्यायाम, ऑक्सीजन के बिना शरीर में ग्लूकोज को तोड़ने का एक प्रकार का व्यायाम है।
• इस व्यायाम में **लैक्टिक एसिड** का निर्माण होता है।
• यह हृदय सम्बन्धी सहनशक्ति को बेहतर बनाने एवं वजन कम करने में मदद करता है।

250. श्वसन के सन्दर्भ में, ग्लाइकोलाइसिस चरण में, ······का पाइरुविक अम्ल में विघटन होना सम्मिलित है।
SSC Steno 12.11.2021

(a) ग्लूकोस
(b) लैक्टिक अम्ल
(c) साइट्रिक अम्ल
(d) फ्रुक्टोस

उत्तर (a)

• श्वसन के सन्दर्भ में, ग्लाइकोलाइसिस चरण में **ग्लूकोस** का पाइरुविक अम्ल में विघटन होना सम्मिलित है।
• ग्लाइकोलाइसिस चरण को अनॉक्सी श्वसन या शर्करा किण्वन भी कहा जाता है, इसमें ऑक्सीजन की अनुपस्थिति में ऊर्जा मुक्त होती है।
• यह अवस्था ऑक्सी एवं अनॉक्सी दोनों प्रकार के श्वसन में उपस्थित रहती है।
• इसमें एक ग्लूकोस अणु का ग्लाइकोलाइसिस में विघटन के फलस्वरूप पाइरुविक अम्ल के दो अणु बनते हैं तथा प्रक्रिया के अन्त में 4 अणु ATP (Adenosine triphosphate) के प्राप्त होते हैं।

परिसंचरण तन्त्र

251. मछलियों के हृदय में कितने प्रकोष्ठ होते हैं?
SSC CGL Tier-1 11.09.2024 (Shift-II)
(a) 2 (b) 4
(c) 1 (d) 3

उत्तर (a)
- मछली के हृदय में 2 प्रकोष्ठ होते हैं। मछली के हृदय को 'शिरापरक हृदय' कहा जाता है।
- इसके हृदय में साइनस वेनोसस, अलिन्द, निलय और कोनस या बल्बस आर्टेरियोसस होते हैं।
- इसके हृदय में तीन वाल्व होते हैं।

252. निम्न में से कौन-सा विकल्प शीत-रुधिरधारी जन्तुओं के वर्ग से सम्बन्धित है?
SSC CGL Tier-1 10.09.2024 (Shift-II)
(a) सिटाकुला (Psittacula)
(b) मैक्रोपस (Macropus)
(c) पावो (Pavo)
(d) गिरगिट (Chameleon)

उत्तर (d)
- गिरगिट शीत-रुधिरधारी प्राणियों के वर्ग सरीसृप से सम्बन्धित है।
- शीतरुधिर धारी या असमतापी प्राणियों के शरीर का ताप वातावरण के अनुसार घटता बढ़ता रहता है।
- मछली, सरीसृप और उभयचर शीतरुधिर धारी प्राणी के उदाहरण हैं।

253. गर्भनाल में कितनी धमनियाँ (arteries) होती हैं?
SSC CGL Tier-1 13.08.2021 (Shift-III)
(a) एक (b) दो (c) तीन (d) चार

उत्तर (b)
- गर्भनाल में **दो** धमनियाँ होती हैं।
- गर्भनाल, महिला के शरीर का एक अभिन्न अंग है, जो गर्भावस्था के दौरान बच्चे को सुरक्षा व पोषण देने का कार्य करता है।
- गर्भवती महिला इसी नाल के माध्यम से अपने बच्चे से जुड़ी होती है।
- गर्भनाल ही बच्चे के विकास को प्रेरित करती है। यह शरीर में लैक्टोजन के बनने में सहायता करती है, जो माँ के शरीर में दूध बनने की प्रक्रिया को बढ़ाता है।

254. लिम्फ श्वेत रक्त कोशिकाओं से बना एक हल्का, स्पष्ट तरल पदार्थ है, जो रक्त में हानिकारक पदार्थों .... पर हमला करता है।
(a) वायरस (b) बैक्टीरिया
(c) कवक (d) प्रोटोजोआ

उत्तर (b)
- लिम्फ श्वेत रक्त कोशिकाओं से बना एक हल्का, स्पष्ट तरल पदार्थ है, जो रक्त में हानिकारक **बैक्टीरिया** पर हमला करता है।
- यह रक्तप्रवाह से खराब हो चुके लाल रक्त कोशिकाओं और अन्य विदेशी निकायों (जैसे कीटाणुओं) को साफ करके शरीर की रक्षा करने मे मदद करता है।

255. नीली सूजनयुक्त शिराएँ, जो ठीक से बन्द न होने वाले वॉल्व से उत्पन्न होती है, उन्हें ⋯कहा जाता है।
SSC CHSL Tier 1 12.08.2023 (Shift-III)
(a) उपरिस्थ शिराएँ (Superficial veins)
(b) गहरी शिराएँ (Deep veins)
(c) अपस्फीत शिराएँ (Varicose veins)
(d) दैहिक शिराएँ (Systemic veins)

उत्तर (c)
- वॉल्व के ठीक से बन्द न होने या दुर्बल होने से रक्त सुचारु रूप से ऊपर हृदय की ओर नहीं जा पाता तथा कभी-कभी नीचे की ओर बहने लगता है, ऐसी स्थिति में शिराएँ सूज जाती हैं तथा नीली या गहरी बैंगनी रंग की हो जाती हैं, जिसे **अपस्फीत शिराएँ** (varicose veins) कहा जाता है।
- इसके कारण माँसपेशियों में ऐंठन, पैरों के निचले भाग में भारीपन एवं सूजन, लम्बे समय तक बैठने या खड़े होने पर दर्द आदि समस्याएँ होती हैं।

256. असत्य कथन का चयन कीजिए।
SSC Steno 11.12.2024 (Shift-III)
(a) मेंढक का हृदय चार कक्षीय होता है।
(b) मछलियों में दो कक्षीय हृदय होता है।
(c) पक्षियों का हृदय चार कक्षीय होता है।
(d) मगरमच्छ के चार हृदय कक्ष होते हैं।

उत्तर (a)
- प्रश्नानुसार, विकल्प (a) असत्य है, क्योंकि मेंढक का हृदय चार कक्षीय नहीं बल्कि तीन कक्षीय (दो अलिन्द, एक निलय) होता है।
- मेंढक के हृदय को *पेरीकार्डियम* नामक सुरक्षा कवच बचाता है।
- मेंढक त्वचा के माध्यम से भी ऑक्सीजन अवशोषित कर सकता है।

257. ········ गोलाकार और द्वि-अवतल होती है ताकि वे रक्त कोशिकाओं में आसानी से गुजर सकें और ऑक्सीजन का परिवहन कर सकें?
SSC Steno 11.12.2024 (Shift-III)
(a) गार्ड कोशिकाएँ (रक्षक कोशिकाएँ)
(b) श्वेत रक्त कणिकाएँ
(c) लाल रक्त कणिकाएँ
(d) तन्त्रिका कोशिकाएँ

उत्तर (c)
- लाल रक्त कणिकाएँ गोलाकार और द्वि-अवतल होती है ताकि वे रक्त कोशिकाओं में आसानी से गुजर सकें और ऑक्सीजन का परिवहन कर सकें

258. .... अमीबाभ (अमीबा जैसे संचलन, स्यूडोपोडिया के साथ) हैं, जिन्हें कोशिका भित्तियों के माध्यम से निचोड़ सकते हैं।
SSC Steno 10.12.2024 (Shift-II)
(a) रक्षक कोशिकाएँ
(b) सफेद रक्त कोशिकाएँ
(c) लाल रक्त कोशिकाएँ
(d) तन्त्रिका कोशिकाएँ

उत्तर (b)
- **सफेद रक्त कोशिकाएँ** (WBC) अमीबाभ गति प्रदर्शित करती है, जिसका अर्थ है, कि वे स्यूडोपोडिया का उपयोग करके अपने आकार को बदल सकती है और कोशिका भित्तियों के माध्यम से निचोड़ सकती है।
- यह विशेषता उन्हें संक्रमण से लड़ने और शरीर की प्रतिरक्षा प्रणाली में महत्त्वपूर्ण भूमिका निभाने में मदद करती है।

259. मानव शरीर में निम्न में से कौन-से प्रकार की शिराएँ, पेशी ऊतक के भीतर स्थिर होती हैं और पास में संगत धमनी होती है? SSC Steno 11.11.2021
(a) उपरिस्थ शिराएँ (b) दैहिक शिराएँ
(c) फुफ्फुस शिराएँ (d) गहरी शिराएँ

उत्तर (d)
- मानव शरीर में **गहरी शिराएँ**, पेशीय ऊतक (muscle tissue) के भीतर स्थिर होती हैं और पास में संगत धमनी होती है।
- पेशीय ऊतक मुख्यत: आकुंचित (Contractile) ऊतक है, जो समस्त अंगों में गति उत्पन्न करता है। मानव शरीर का 40% भाग पेशीय ऊतक का ही बना होता है।

260. मानव रक्त का pH कितना होता है?
SSC CHSL Tier 1 17.03.2023
(a) 7.4 (b) 10
(c) 6.5 (d) 5.8

उत्तर (a)
- मानव रक्त का pH मान 7.4 होता है। pH स्केल या अम्ल-क्षार स्केल, 0-14 तक चलता है।
- यह परीक्षण करता है कि किसी पदार्थ के लिए पानी का विलयन कितना अम्लीय है।
- कम pH विलयन में उच्च हाइड्रोजन आयन सान्द्रता होती है और यह अम्लीय होते हैं।
- उच्च pH विलयन में हाइड्रोजन आयन की सान्द्रता कम होती है और ये क्षारीय होते हैं।

उत्सर्जन तन्त्र

261. मनुष्यों में अपशिष्ट उत्पादों का निस्यंदन वृक्क में होता है। वृक्क के भीतर काफी संख्या में निस्यंदन इकाइयाँ (filtration units) होती हैं, जो इस कार्य को करने में सहायक होती हैं। इन निस्यन्दन इकाइयों को ⋯⋯कहा जाता है।
SSC CGL Tier-1 18.09.2024 (Shift-II)
(a) केशिका (b) बोमैन सम्पुट
(c) कूपिका (d) वृक्काणु

उत्तर (d)
- वृक्काणु, वृक्क की कार्यात्मक व निस्यन्दन इकाई है।
- यह रुधिर से अपशिष्ट और विषाक्त पदार्थों को छानकर अणुओं को फिर से रुधिर में वापस भेजते हैं।
- यह रक्तचाप व आयतन को नियन्त्रित करते हैं।
- वृक्काणु एरिथ्रोपोइटिन हॉर्मोन का स्राव करते हैं।

262. .... गुर्दे (किडनी) की संरचनात्मक और कार्यात्मक इकाई है।
SSC CGL Tier-1 13.08.2021 (Shift-I)
(a) मूत्रवाहिनी (यूरेटर)
(b) वृक्काणु (नेफ्रॉन)
(c) वल्कुट (कॉर्टेक्स)
(d) मज्जा (मेडुला)

उत्तर (b)

• **वृक्काणु** (नेफ्रॉन), गुर्दे (किडनी) की संरचनात्मक व कार्यात्मक इकाई है। प्रत्येक नेफ्रॉन में एक छोटी प्यालीनुमा संरचना होती है, जिसे बोमेन सम्पुट कहा जाता है।
• वृक्क (किडनी), स्तनधारियों में मुख्य उत्सर्जी अंग है।
• इसका वजन लगभग 140 ग्राम होता है। इसके बाहरी भाग को कोर्टेक्स (Cortex) व भीतरी भाग को मेडूला (Medulla) कहते हैं।
• वृक्क द्वारा प्रति मिनट औसतन 125 मिली अर्थात् दिनभर में 180 ली रुधिर का निस्यंदन (filtration) होता है।

263. शरीर से अपशिष्ट पदार्थ के बाहर निकलने के लिए जिम्मेदार पेशी की पहचान कीजिए।
SSC CPO 28.06.2024 (Shift-II)
(a) ऋजु पेशी
(b) गैस्ट्रॉनिमियस
(c) अंस पेशी
(d) संकोचक पेशी

उत्तर (d)

• शरीर से अपशिष्ट पदार्थ के बाहर निकलने के लिए जिम्मेदार पेशी **संकोचक पेशी** है।
• शरीर से चयापचयी अपशिष्ट पदार्थों को निकाले जाने को उत्सर्जन कहा जाता है और इस प्रक्रिया को उत्सर्जन प्रक्रिया कहा जाता है।
• होमोस्टेसिस द्वारा उत्पादित नाइट्रोजनयुक्त अपशिष्ट पदार्थ को हटाने के लिए उत्सर्जन प्रणाली उत्तरदायी है।

264. चपटे कृमियों के उत्सर्जन तन्त्र में उपस्थित वह एक विशेष कोशिका कौन-सी है, जो उन्हें अपशिष्ट पदार्थों को बाहर निकालने में सहायता करती है? SSC MTS Tier-1 22.10.2024 (Shift-II)
(a) ज्वाला कोशिका
(b) दंशकोरक कोशिका
(c) पथ कोशिका
(d) लैसिस कोशिका

उत्तर (a)

• चपटे कृमियों के उत्सर्जन तन्त्र में उपस्थित **ज्वाला कोशिका** एक विशेष कोशिका है, जो उन्हें अपशिष्ट पदार्थों को बाहर निकालने में सहायता करती है।
• इन कोशिकाओं को 'सोलेनोसाइट्स' भी कहा जाता है।
• इन कोशिकाओं में एक केन्द्रकयुक्त कोशिका शरीर होता है, जिसमें एक 'कप के आकार का' प्रक्षेपण होता है।

कंकाल एवं पेशीय तन्त्र

265. किसी व्यक्ति द्वारा अचानक की गई शारीरिक गतिविधि के बाद ऐंठन क्यों होती है?
SSC CGL Tier-1 13.12.2022 (Shift-III)
(a) अचानक की गई गतिविधि के कारण हमारी माँसपेशियों में लैक्टिक अम्ल का निर्माण ऐंठन का कारण होता है।
(b) पेप्सिन एन्जाइम ऐसे रसायन अवमुक्त करते हैं, जो ऐंठन का कारण बनते हैं।
(c) ऑक्सीजन के अणुओं के टूटने के कारण
(d) अचानक की गई गतिविधि के कारण हमारी माँसपेशियों में हाइड्रोक्लोरिक अम्ल का निर्माण ऐंठन का कारण बनता है।

उत्तर (a)

• किसी व्यक्ति द्वारा अचानक की गई शारीरिक गतिविधि के बाद ऐंठन, अचानक की गई गतिविधि के कारण माँसपेशियों में लैक्टिक अम्ल का निर्माण होने के कारण आती है।

266. पेशीय कोशिकाएँ गति करने में किस प्रकार सहायता करती हैं? SSC CHSL Tier-1 02.07.2024
(a) कोशिकाओं का रक्त प्रवाह गति में मदद करता है।
(b) भीतर वाहिकाओं की लाइनिंग गति में मदद करती है।
(c) कोशिका परत की मोटाई गति में मदद करती है।
(d) इन कोशिकाओं के संकुचन और विश्राम के परिणामस्वरूप गति होती है।

उत्तर (d)

• पेशीय कोशिकाओं के संकुचन एवं विश्राम (शिथिलन) के कारण शरीर में गति होती है।
• बहुकोशिकीय जन्तुओं में गति और प्रचलन एक विशिष्ट ऊतक द्वारा सम्पन्न होता है, जिसे पेशीय ऊतक कहते हैं।
• शरीर की सभी पेशियाँ भ्रूणीय मीसोडर्म से विकसित होती हैं, केवल आइरिस, सिलियरी काय की पेशियाँ एक्टोडर्म से विकसित होती हैं।
• पेशियों के कुछ विशिष्ट गुण उत्तेजनशील, संकुचनशीलता (contractility) प्रत्यास्थता एवं चालकता है। पेशियाँ शरीर का लगभग 50% भाग बनाती हैं।
• पेशियों में मौजूद एक्टिन एवं मायोसीन प्रोटीन के तन्तुओं में संकुचन और शिथिलन के कारण इनमें गति होती है

267. मानव के कन्धे का जोड़ ...... सन्धि का एक उदाहरण है। SSC MTS 02.11.2021 (Shift I)
(a) धुराग्र
(b) अचल
(c) बॉल और सॉकेट
(d) कोर

उत्तर (c)

• मानव के कन्धे की सन्धि **बॉल और सॉकेट** सन्धि का एक उदाहरण है।
• बॉल और सॉकेट ज्वॉइण्ट एक प्रकार का सिनोवियल ज्वॉइण्ट है।
• इसमें एक गोल हड्डी की बॉल के आकार की सतह दूसरी हड्डी के कपनुमा आकार में फिट हो जाती है।

268. निम्नलिखित में से कौन-सा अम्ल मनुष्यों में माँसपेशियों की थकान के लिए जिम्मेदार है?
SSC Steno 15.11.2021
(a) एसीटिक एसिड
(b) नाइट्रिक एसिड
(c) लैक्टिक एसिड
(d) हाइड्रोक्लोरिक एसिड

उत्तर (c)

• लैक्टिक एसिड के संचय के कारण माँसपेशियों में थकान होती है।

तंत्रिका तन्त्र

269. कौन-सी कोशिकाएँ, जिन्हें न्यूरिलेम्मा कोशिकाएँ भी कहा जाता है। पीएनएस में मुख्य ग्लियल कोशिकाएँ हैं और न्यूरॉन्स के अस्तित्व और कार्यों में एक आवश्यक भूमिका निभाती हैं? SSC CGL Tier-1 25.07.2023 (Shift-II)
(a) प्रकाशग्राही कोशिकाएँ
(b) गैंग्लियोन कोशिकाएँ
(c) द्विध्रुवी कोशिकाएँ
(d) श्वान कोशिकाएँ

उत्तर (d)

• **श्वान कोशिकाएँ**, जिन्हें न्यूरिलेम्मा कोशिकाएँ भी कहा जाता है। ये PNS में मुख्य ग्लियल कोशिकाएँ हैं, जो न्यूरॉन्स के अस्तित्व और कार्यों में एक आवश्यक भूमिका निभाती हैं।
• ये कोशिकाएँ परिधीय तन्त्रिका तन्त्र (पीएनएस) को अक्षतन्तुओं को घेरे रहती हैं तथा ये अक्षतन्तु के चारों ओर माइलिन का आवरण बनाती हैं।

270. मानव मस्तिष्क का कौन-सा भाग सीधी रेखा में चलने के लिए उत्तरदायी है?
SSC CHSL Tier 1 20.08.2023 (Shift-III)
(a) प्रमस्तिष्क (b) मेड्यूला
(c) अनुमस्तिष्क (d) पौंस

उत्तर (c)

• मानव मस्तिष्क का सेरिबेलम, भाग (अनुमस्तिष्क) सीधी रेखा में चलने के लिए उत्तरदायी है।
• सेरिबेलम, मस्तिष्क का एक भाग है, जिसकी मुख्य भूमिका शारीरिक गति को नियन्त्रित करना होता है।
• गाड़ी चलाने, गेंद फेंकने या चलने में मस्तिष्क का यह भाग सहायक होता है।

271. तृप्ति की अनुभूति, भूख से जुड़े एक केन्द्र के कारण होती है, जो ········· के एक अलग हिस्से में होता है। SSC CHSL Tier 1 21.03.2023 (Shift-II)

(a) अग्र-मस्तिष्क
(b) पक्ष-मस्तिष्क
(c) पीयूष ग्रन्थि
(d) मध्य-मस्तिष्क

उत्तर (a)

• तृप्ति की अनुभूति, भूख से जुड़े एक केन्द्र के कारण होती है, जो **अग्र-मस्तिष्क** (Forebrain) के एक अलग भाग में होता है।
• शरीर के दो हॉर्मोन 'लेप्टिन' तथा 'ग्रेलिन' भूख तथा तृप्ति के लिए मुख्य रूप से उत्तरदायी होते हैं।

संवेदी अंग

SSC CGL

272. उस संरचना की पहचान करे, जो पुतली के आकार को नियन्त्रित करती है।
SSC CPO 29.06.2024 (Shift-III)

(a) विट्रस ह्यूमर
(b) कॉर्निया
(c) आइरिस
(d) सिलिअरी माँसपेशियाँ

उत्तर (c)

• पुतली के आकार को नियन्त्रित करने वाली संरचना **परितारिका** (iris) है।
• परितारिका आँख का रंगीन भाग होता है, जो पुतली (pupil) को घेरता है।
• यह माँसपेशियों से बना होता है, जो संकुचित और फैल सकती हैं, जिससे पुतली का आकार बदल जाता है।
• इस बदलाव के माध्यम से आँख में प्रवेश करने वाले प्रकाश की मात्रा को नियन्त्रित किया जाता है। पुतली प्रकाश की तीव्रता के अनुसार स्वचालित रूप से समायोजित होती है।
• कम रोशनी में पुतली बड़ी हो जाती है, ताकि अधिक प्रकाश आँख में प्रवेश कर सके।
• तेज रोशनी में पुतली छोटी हो जाती है, ताकि कम प्रकाश आँख में प्रवेश करे।

273. नेत्रगोलक (आईबॉल) का आकार कैसा होता है? SSC CPO 29.06.2024 (Shift-I)

(a) बेलनाकार (b) अण्डाकार
(c) गोलाकार (d) वृत्तीय

उत्तर (c)

• नेत्रगोलक (आईबॉल) का आकार लगभग **गोलाकार** होता है, जिसका व्यास औसतन 2.3 सेमी होता है।
• यह आकार स्क्लेरा नामक सफेद ऊतक द्वारा बनाया जाता है, जो नेत्रगोलक का बाहरी आवरण होता है।
• गोलाकार आकार प्रकाश को सही ढंग से केन्द्रित करने में सहायता करता है, जिससे स्पष्ट छवि बनती है।
• यदि नेत्रगोलक का आकार असामान्य होता है, तो इससे दृष्टि समस्याएँ हो सकती हैं, जैसे कि निकट दृष्टि या दूर दृष्टि।

274. वह मुख्य संवेदी अंग कौन-सा है, जिसके लिए वर्चुअल रियलिटी डिस्प्ले लक्ष्य कर रही हैं?
SSC CHSL Tier-1 03.07.2024

(a) स्वाद (b) दृष्टि
(c) गन्ध (d) स्पर्श

उत्तर (b)

• दृष्टि, वह मुख्य संवेदी अंग है, जिसके लिए वर्चुअल रिएलिटी डिस्प्ले लक्ष्य कर रही है।
• वर्चुअल रियलिटी डिस्प्ले कम्प्यूटर तकनीक से बनाया गया एक सिम्यूलेटेड इण्टरैक्टिव और थ्री डायमेन्शनल अनुभव होता है।

275. मायोपिया का दूसरा नाम क्या है?
SSC MTS 02.11.2021 (Shift-II)

(a) जरा दूरदृष्टि
(b) दूर दृष्टि दोष
(c) निकट दृष्टि दोष
(d) दृष्टिवैषम्य

उत्तर (c)

• मायोपिया (Myopia) का दूसरा नाम निकट दृष्टि दोष है। यह आँखों का दोष है, जिसमें निकट की चीजें तो साफ-साफ दिखती हैं, किन्तु दूर की चीजें साफ नहीं दिखती हैं।

प्रजनन

SSC CGL

276. ······ एक एकल कोशिका द्वारा जननक्षम, पूर्ण जीव को पैदा करने की क्षमता को कहते हैं।
SSC CGL Tier-1 17.08.2021 (Shift-I)

(a) उत्परिवर्तन (b) प्रतिरूपण
(c) बहुशक्तता (d) पूर्णशक्तता

उत्तर (d)

• **पूर्णशक्तता** (Totipotency) एक एकल कोशिका द्वारा जननक्षम, पूर्ण जीव को पैदा करने की क्षमता को कहा जाता है।
• बीजाणु व युग्मनज, टोटिपोटेन्सी या पूर्णशक्तता के प्रमुख उदाहरण हैं।

277. निम्नलिखित में से कौन-सा जानवर अपने जीवनकाल के दौरान अपना लिंग बदल सकता है?
SSC CHSL Tier-1 02.07.2024 (Shift-III)

(a) नेरीस (b) मनुष्य
(c) घोंघा (d) *एस्कैरिस*

उत्तर (c)

• घोंघा अपने जीवनकाल के दौरान अपना लिंग बदल सकता है।
• इस प्रक्रिया को अनुक्रमिक उभयलिंजीता (Sequential hermaphroditism) कहते हैं।
• घोंघों में प्राय: बड़े आकार के नर घोंघे अन्य नर घोंघे के सम्पर्क में आने पर मादा में परिवर्तित हो जाते हैं। यह प्रक्रिया वातावरणीय घटकों द्वारा भी नियन्त्रित होती है।

278. मधुमक्खियों में, ... ।
SSC CHSL Tier-1 09.07.2024 (Shift-I)

(a) नर द्विगुणित होते हैं और मादा अगुणित होती हैं
(b) नर त्रिगुणित होते हैं और मादा चतुर्गुणित होती हैं
(c) नर चतुर्गुणित होते हैं और मादा त्रिगुणित होती हैं
(d) नर अगुणित होते हैं और मादा द्विगुणित होती हैं

उत्तर (d)

• मधुमक्खियों में नर अगुणित एवं मादा (रानी एवं श्रमिक) द्विगुणित होती हैं।
• मधुमक्खियों में सामान्यत: निम्नलिखित तीन प्रकार के सदस्य होते हैं
(i) **द्विगुणित रानी** (Diploid Queen) इसका विकास निषेचित अण्डे से होता है। केवल रानी मक्खी में जनन की क्षमता पाई जाती है।
(ii) **द्विगुणित श्रमिक** (Diploid Workers) ये अर्द्धविकसित मादाएँ हैं, जिनका विकास निषेचित अण्डों से होता है, परन्तु इनमें जनन अंग विकसित नहीं होते हैं।
(iii) **अगुणित नर या ड्रोन** (haploid Male or Drone) इनका विकास अनिषेचित अण्डों से उन निषेकजनन द्वारा होता है। नर शुक्राणु उत्पन्न करने की क्षमता रखता है। इस प्रकार के विकास को आर्हीनोटोकी कहते हैं।
• अत: अनिषेचित अण्डाणुओं से नर का विकास तथा निषेचित अण्डाणुओं से मादा का विकास होता है। अत: मादाएँ द्विगुणित ($2n$) एवं नर अगुणित (n) होते हैं। अण्डाणु अर्द्धसूत्री विभाजन (meiosis division) द्वारा तथा शुक्राणु समसूत्री विभाजन (mitosis division) द्वारा निर्मित होते हैं।

279. निम्नलिखित में से कौन-सा फूल का घटक नहीं है? SSC CGL Tier-1 13.09.2024 (Shift-III)

(a) काँटा (b) पुमंग
(c) दलपुंज (d) कर्णिका

उत्तर (a)

• फूल के घटकों में काँटों को सम्मिलित नहीं किया जाता।
• अधिकांश फूलों में चार मुख्य घटक होते हैं—बाह्यदल, पंखुड़ियाँ, पुंकेसर व अण्डप।
• पुंकेसर नर पुष्प के प्रजनन भाग को दर्शाते हैं।
• अण्डप, मादा पुष्प के प्रजनन भाग को दर्शाते हैं।
• पंखुडियाँ, फूल का रंगीन भाग होती हैं।
• पुष्पदल (बाह्यदल), यह पुष्प के बाहरी भाग से जुड़ी हुई पत्ती जैसी संरचना होती है।
• काँटे पत्तियों का रूपान्तरण होते हैं।

280. निम्नलिखित में से कौन-सा कथन उभयलिंगाश्रयी (monoecious) को सर्वोत्तम रूप से परिभाषित करता है?
SSC CGL Tier-1 09.09.2024 (Shift-I)

(a) केवल पुमंग युक्त फूल
(b) पुमंग और जायांग दोनों से युक्त फूल
(c) केवल जायांग युक्त फूल
(d) द्विकोष्ठी फूल

उत्तर (b)

• पुमंग और जायांग दोनों से युक्त फूल उभयलिंगाश्रयी को सर्वोतम रूप से परिभाषित करता है।

• जब नर व मादा जननांग एक ही पादप में स्थित होते हैं, तो ये द्विलिंगी या उभयलिंगी कहलाते हैं।

281. अवर्णी लवक का कौन-सा रूप तेल संश्लेषण और भण्डारण में दक्ष होता है और परागकणों में उन कोशिकाओं की परत में मुख्य रूप से पाया जाता है, जो परागकणों को विकसित करती हैं? SSC CGL Tier-1 24.07.2023 (Shift-IV)

(a) क्लोरोप्लास्ट
(b) जेरोण्टोप्लास्ट
(c) प्रोटीनोप्लास्ट
(d) इलीयोप्लास्ट

उत्तर (d)

• अवर्णी लवक का **इलीयोप्लास्ट**, तेल संश्लेषण और भण्डारण में दक्ष होता है। परागकणों में उन कोशिकाओं की परत में मुख्य रूप से पाया जाता है, जो परागकणों को विकसित करती हैं।

• इलीयोप्लास्ट, बीज में वसा का संग्रहण करते हैं।

282. ब्रायोफाइटा (गैर-संवहनी पौधों) और फर्न में शुक्राणु कोशिकाओं का निर्माण और उन्हें होल्ड या धारण करने वाली संरचना क्या कहलाती है? SSC CPO 03.10.2023 (Shift-I)

(a) *मेगास्पोरेन्जिया (Megasporangia)*
(b) *एन्थेरिडियम (Antheridium)*
(c) आर्किगोनियम *(Archegonium)*
(d) *प्रोटोनिमा (Protonema)*

उत्तर (b)

• ब्रायोफाइटा (गैर-संवहनी पौधों) और फर्न में शुक्राणु (पुंमणु) कोशिकाओं का निर्माण और उन्हें धारण (होल्ड) करने वाली संरचना को पुंधानी या **एन्थेरिडियम** कहते हैं।

• यह नर जननांग होता है, जो चल पुंमणुओं का निर्माण कर लैंगिक जनन में भाग लेता है।

283. यूडोरिना की प्रजातियों में होने वाला, दो भिन्न आकार के युग्मकों का संलयन, ... कहलाता है। SSC CPO 11.11.2022

(a) असमयुग्मन (Anisogamous)
(b) समयुग्मन (Isogamous)
(c) विषययुग्मन (Oogamous)
(d) लैंगिक जनन (Zoogamous)

उत्तर (a)

• यूडोरिना की प्रजातियों में होने वाला, दो भिन्न आकार के युग्मकों का संलयन **असमयुग्मन** (Anisogamas) कहलाता है।

• असमयुग्मन का अभिप्राय है— आकारिकी में भिन्न युग्मकों का संलयन, जो चल या अचल हो सकते हैं।

• यूडोरिना की प्रजाति में होने वाला संलयन असमयुग्मन का उदाहरण है।

284. निम्नलिखित में से कौन-से अपुष्पी पादप हैं? SSC CHSL Tier 1 07.08.2023 Shift (IV)

(a) आवृत्तबीजी (b) जिम्नोस्पर्म
(c) टेरिडोफाइटा (d) द्विबीजपत्री

उत्तर (c)

• **टेरिडोफाइटा** अपुष्पी पादप होते हैं।

• टेरिडोफाइटा इस समूह के पौधों में अच्छी तरह से विकसित मूल, तने और पत्ते होते हैं और भोजन तथा पानी के संचालन के लिए अलग-अलग ऊतक होते हैं, लेकिन वे फूल और फल पैदा नहीं करते।

285. फूल रहित पौधे, नग्न बीज, सुई जैसी पत्तियाँ और प्रजनन संरचना के रूप में शंकु किसकी विशेषताएँ है? SSC SP 06.2024 (Shift-III)

(a) जिम्नोस्पर्म
(b) टेरिडोफाइट्स
(c) ब्रायोफाइट्स
(d) एंजियोस्पर्म

उत्तर (a)

• **जिम्नोस्पर्म** पुष्प पदार्थों रहित पौधों का एक समूह है, जो बीज और शंकु उत्पन्न होते हैं। जिम्नोस्पर्म का शाब्दिक अर्थ 'नग्न बीज' होता है।

• इसमें बीज तो बनते हैं, परन्तु वे बीज नग्न रूप से पादपों पर ही लगे रहते हैं। ये बीज किसी आवरण से आवरित नहीं होते हैं।

286. कलम बाँधना (ग्राफ्टिंग) और ·······बागवानी तकनीकें हैं, जिनका उपयोग दो-या-दो से अधिक पौधों के भागों को जोड़ने के लिए किया जाता है, ताकि वे एक ही पौधे के रूप में विकसित हो सकें। SSC Steno 11.11.2021

(a) कलिका रोपण
(b) संलयन
(c) लेयरिंग
(d) कर्तन

उत्तर (a)

• कलम बाँधना (ग्राफ्टिंग) व **कलिका रोपण** ऐसी बागवानी तकनीकें हैं, जिनका उपयोग दो-या-दो से अधिक पौधों के भागों को जोड़ने के लिए किया जाता है, ताकि वे एक ही पौधे के रूप में विकसित हो सकें।

287. फूल के अण्डाशय के अन्दर छोटे मनके जैसी संरचनाओं को ·····कहते हैं। SSC Steno 12.11.2021

(a) बाह्यदल (b) बीजाण्ड
(c) स्त्रैमेन (d) पँखुड़ी

उत्तर (b)

• फूल के अण्डाशय के अन्दर छोटे मनके जैसी संरचनाओं को **बीजाण्ड** (Ovule of Seed) कहा जाता है।

• यह किसी भी बीज उत्पन्न करने वाले फूल की वह संरचनाएँ होती हैं, जहाँ मादा प्रजनन कोशिकाओं का निर्माण व भण्डारण होता है।

खोज तथा अविष्कारक

SSC CGL

288. वर्ष 1925 में किसने एरिथ्रोसाइट नमूने से लिपिड का निष्कर्षण किया और यह पाया कि लिपिड की मोनो-परतें आण्विक सतह क्षेत्रफल बनाम पार्श्व दाब को मापने के लिए बेहतर हैं? SSC CGL Tier-1 18.09.2024 (Shift-III)

(a) कार्सन और एक्लस (Carson and Eccles)
(b) एवरी और बक (Avery and Buck)
(c) मार्गुलिस और रुस्का (Margulis and Ruska)
(d) गॉर्टर और ग्रैण्डल (Gorter and Grendel)

उत्तर (d)

• वर्ष 1925 में गॉर्टर और ग्रैण्डल ने एरिथ्रोसाइट नमूने से लिपिड का निष्कर्षण किया और यह पाया कि लिपिड की मोनो परतें आण्विक सतह क्षेत्रफल बनाम पार्श्व दाब को मापने के लिए बेहतर है।

289. जो हिन जिओ नाम के एक अमेरिकी कोशिका- आनुवंशिकी विज्ञानी ने किस वर्ष में एक शोध प्रकाशित किया था, जिसमें $2n = 46$ को मानव गुणसूत्रों की सटीक संख्या के रूप में परिभाषित किया गया था? SSC CGL Tier-1 20.07.2023 (Shift-IV)

(a) 1956 (b) 1950
(c) 1952 (d) 1960

उत्तर (a)

• जो हिन जिओ नाम के एक अमेरिकी कोशिका आनुवंशिकी विज्ञानी ने वर्ष 1956 में एक शोध प्रकाशित किया था, जिस में $2n = 46$ को मानव गुणसूत्रों की सटीक संख्या के रूप में परिभाषित किया गया था।

• गुणसूत्र का नामकरण **डब्ल्यू. वाल्टेयर** ने 1888 ई. में किया था।

290. ई. गोर्टर और एफ. ग्रैण्डल ने किस वर्ष में वसा (लिपिड) के सतह क्षेत्रफल की जाँच करके एक बड़ी सफलता प्राप्त की और निष्कर्ष निकाला कि कोशिकाओं को घेर रही वसा सतह दो परतों वाली होनी चाहिए? SSC CGL Tier-1 19.07.2023 (Shift-I)

(a) 1945 (b) 1962
(c) 1910 (d) 1925

उत्तर (d)

• **ई. गोर्टर** और **एफ. ग्रैण्डल** ने वर्ष 1925 में वसा के सतह क्षेत्रफल की जाँच करके निष्कर्ष निकाला कि कोशिकाओं को घेर रही वसा सतह दो परतों वाली होनी चाहिए।

• वर्ष 1926 में गॉर्टर और ग्रैण्डल ने देखा कि यदि कोशिकाओं की पूरे सतह क्षेत्र में एक परत उपस्थित है, तो **एरिथ्रोसाइट झिल्ली** से निकाला गया पदार्थ अपेक्षित मात्रा में दोगुना था।

291. निम्नलिखित में से कौन-सा 1897 ई. में खोजा गया पहला B विटामिन था?
SSC CGL Tier-II 02.03.2023 (Shift-I)
(a) फोलेट (b) बायोटिन
(c) राइबोफ्लेविन (d) थायमीन
उत्तर (d)
• 1897 ई. में खोजा गया पहला B विटामिन 'थायमीन' था।

292. एण्टोनी वॉन ल्यूवेनहॉक ने ······· में एकल कोशिका वाले जीवन रूपों की खोज की थीं।
SSC CGL Tier-1 18.07.2023 (Shift-III)
(a) 1837 ई. (b) 1674 ई.
(c) 1774 ई. (d) 1884 ई.
उत्तर (b)
• एण्टोनी वॉन ल्यूवेनहॉक ने 1674 ई. में एकल–कोशिका वाले जीवन रूपों की खोज की थी।
• उन्हें 'सूक्ष्मजैविकी का पिता' कहा जाता है, इसके अतिरिक्त उन्होंने व्यावहारिक सूक्ष्मदर्शी का भी आविष्कार किया था।

293. निम्नलिखित में से किसने शैवाल की संरचना और उनके प्रजनन तन्त्र की व्याख्या की थी?
SSC CGL Tier-II 06.03.2023 (Shift-I)
(a) एम.ओ.पी. अयंगर (b) कैरोलस लिनियस
(c) विलियम हेनरी (d) एफ. ई. फ्रिंच
उत्तर (d)
• ब्रिटिश जीव वैज्ञानी (1879-1954 ई. तक) एफ. ई. फ्रिंच ने सर्वप्रथम शैवाल की संरचना व प्रजनन तन्त्र की व्याख्या की थी।
• उन्होंने वर्ष 1935 में पूरे शैवाल को वर्णांध के प्रकार, आरक्षित खाद्य सामग्री की प्रकृति, प्रजनन के तरीके आदि के आधार पर 11 वर्गों में वर्गीकृत किया। यह वर्गीकरण उन्होंने अपनी पुस्तक 'द स्ट्रक्चर ऑफ रिप्रोडक्शन ऑफ एल्गी' में उल्लेखित किया।

294. सपनों के वैज्ञानिक अध्ययन को ·········· कहा जाता है। **SSC CGL Tier-1 24.08.2021 (Shift-III)**
(a) मॉर्फोलॉजी (b) एण्टोमोलॉजी
(c) केलोलॉजी (d) ओनिरोलॉजी
उत्तर (d)
• सपनों के वैज्ञानिक अध्ययन को ओनिरोलॉजी कहते हैं।
• वैज्ञानिक अनुसन्धान प्रयोगशाला में सर्वप्रथम सपनों का अध्ययन एसरिन्स्की एवं क्लेटमैन द्वारा 1955 ई. में किया गया था।

295. निम्न में से किसे मनोविश्लेषण (psychoanalysis) के संस्थापक के रूप में जाना जाता है?
SSC CGL Tier-1 18.08.2021 (Shift-I)
(a) जीन पियाजे (b) टी. एरिक्सन
(c) कार्ल यंग (d) सिगमण्ड फ्रायड
उत्तर (d)
• सिगमण्ड फ्रायड को मनोविश्लेषण के संस्थापक के रूप में जाना जाता है।
• सिगमण्ड फ्रॉयड को 'मनोविज्ञान का जनक' माना जाता है। इन्होंने मनोविज्ञान के शुरुआती विचारों एवं सिद्धान्तों को प्रस्तुत किया। वह ऐसे प्रथम मनोवैज्ञानिक हैं, जिन्होंने मूल प्रवृत्तियों को मानव व्यवहार का निर्धारक तत्व माना।
• फ्रायड ने मूल प्रवृत्तियों को दो रूपों जिजीविषा तथा मुमूर्षा को बताया है।
• ऑस्ट्रियन न्यूरोलॉजिस्ट सिगमण्ड फ्रायड का मनोविश्लेषण पर आलेख एन्साइक्लोपीडिया ब्रिटैनिका के 13वें संस्करण में प्रकाशित हुआ था।

SSC CPO

296. 1674 ई. में किसने शैवाल *स्पाइरोगाइरा* का वर्णन किया और चर जीवों का नाम ऐनिमलक्यूल्स रखा, जिसका अर्थ है छोटे जानवर? **SSC CPO 28.06.2024 (Shift-III)**
(a) रॉबट रेमक
(b) एण्टोनी वॉन ल्यूवेनहॉक
(c) मौरिस विल्किंस
(d) बार्थेलेमी डूमॉर्टियर
उत्तर (b)
• 1674 ई. में एण्टोनी वॉन ल्यूवेनहॉक ने शैवाल *स्पाइरोगाइरा* का अध्ययन किया और चर जीवों का नाम ऐनिमूलक्यूल्स (anemalcules) रखा।
• ऐनिमूलक्यूल्स का अर्थ है 'छोटे जानवर'।

297. प्रोटीन की संरचना की व्याख्या किसने की?
SSC CPO 04.10.2023 Shift (II)
(a) आर.एफ.रोज
(b) पॉलिंग और कोरी
(c) एमिल फिशर
(d) जॉनसन और क्रिस्टी
उत्तर (b)
• प्रोटीन की संरचना की व्याख्या पॉलिंग और कोरी ने की।
• वर्ष 1951 में लिनस पॉलिंग और रॉबर्ट कोरी ने प्रोटीन की द्वितीयक संरचना α-हैलिक्स व β-शीट की व्याख्या की थी।
• प्रोटीन अमीनो अम्लों के बहुलक (पॉलीपेप्टाइड) होते हैं।
• α-हैलिक्स व β-शीट पॉलीपेप्टाइड शृंखला में हाइड्रोजन बन्धों के बनने के कारण निर्मित द्वितीयक संरचनाएँ होती हैं।

SSC CHSL

298. विभाजन के दौरान गुणसूत्रों का व्यवस्थित अध्ययन करने वाला पहला व्यक्ति कौन था, जिसने इस प्रक्रिया को समसूत्री विभाजन (mitosis) कहा था?
SSC CHSL Tier-I 11.07.2024 (Shift-IV)
(a) फ्रेडरिक मिशेर
(b) वाल्थर फ्लेमिंग
(c) एण्टोनी वॉन ल्यूवेनहॉक
(d) थॉमस हण्ट मॉर्गन
उत्तर (b)
• कोशिका विभाजन के दौरान, गुणसूत्रों का व्यवस्थित अध्ययन करने वाला पहला व्यक्ति **वाल्थर फ्लेमिंग** था, जिन्होंने इस प्रक्रिया को समसूत्री विभाजन (mitosis) कहा।
• समसूत्री विभाजन (mitosis) एक ग्रीक शब्द है, जिसका शाब्दिक अर्थ (Gr. *Mitos* - thread) सूत्र होता है।
• माइटोसिस की खोज सर्वप्रथम ई. स्ट्रासबर्गर (E Strasburger, 1875) ने पादप कोशिकाओं में तथा जन्तु कोशिकाओं में वाल्थर फ्लेमिंग (Walther Flemming, 1879) ने की थी। 'सूत्री विभाजन' शब्द सर्वप्रथम फ्लेमिंग ने प्रयोग किया था।
• समसूत्री विभाजन कायिक कोशिकाओं (somatic cells) में होने वाला विभाजन है। इसमें पुत्री कोशिकाएँ मातृ कोशिकाओं के समान होती हैं तथा इसमें गुणसूत्र संरचना एवं जीन्स जनक कोशिका के बराबर होती है।
• इस विभाजन का अध्ययन प्याज के मूलाग्र की स्लाइड बनाकर संयुक्त सूक्ष्मदर्शी से आसानी से किया जा सकता है।

299. वैज्ञानिकों की एक तिकड़ी, एवेरी, मैक्लियॉड और मैक्कार्टी (Avery, MacLeod and McCarty) ने किस वर्ष में यह सिद्ध किया था कि वायरस को छोड़कर, सभी सजीवों में उनका आनुवंशिक पदार्थ डी.एन.ए (DNA) होता है? **SSC CHSL Tier-I 11.07.2024 (Shift-II)**
(a) वर्ष 1918 (b) वर्ष 1944
(c) वर्ष 1902 (d) वर्ष 1961
उत्तर (b)
• वर्ष 1944 में एवेरी, मैक्लियॉड व मैक्कार्टी ने जीवाणु में रूपान्तरण (transformation) की जैव-रसायनिक विवेचना हेतु *स्ट्रेप्टोकोकस न्यूमोनी* जीवाणु पर एक प्रयोग किया और सिद्ध किया कि वायरस को छोड़कर सभी जीवों में आनुवंशिक पदार्थ DNA (डीऑक्सीराइबो न्यूक्लिक अम्ल) होता है।
• उन्होंने यह सिद्ध किया कि DNA ही वह रासायनिक पदार्थ है, जो वंशागत होता है अर्थात् DNA एक आनुवंशिक पदार्थ है।
• इससे यह भी सिद्ध हुआ कि DNA को एक कोशिका में निष्कर्षित करके दूसरी कोशिका में स्थानान्तरित किया जा सकता है।

300. भोजन में सूक्ष्मजीवों की वृद्धि को रोकने के लिए उसका तापमान बढ़ाकर भोजन की गुणवत्ता को बनाए रखने की तकनीक किसने विकसित की थी?
SSC CHSL Tier-I 03.07.2024 (Shift-III)
(a) रॉबर्ट कोच
(b) एण्टोनी वॉन ल्यूवेनहॉक
(c) लुईस पाश्चर
(d) जोसेफ लिस्टर
उत्तर (c)
• भोजन में सूक्ष्मजीवों की वृद्धि को रोकने के लिए उसका तापमान बढ़ाकर भोजन की गुणवत्ता को बनाए रखने की तकनीक लुईस पाश्चर ने विकसित की थी।
• दूध को 15 सेकण्ड तक 71°C पर (62.8°C पर 30 मिनट) गर्म करके शीघ्र ही ठण्डा करने पर लैक्टिक अम्ल के जीवाणुओं की संख्या कम हो जाती है, परन्तु इन जीवाणुओं के सभी बीजाणु और कोशिकाएँ नष्ट नहीं हो पाती हैं तथा

रोगकारक बीजाणुओं की भी मृत्यु हो जाती है। इस क्रिया को पाश्चुरीकरण (pasteurisation) कहते हैं।

- यह विधि **लुईस पाश्चर** ने दी थी। अत: उन्हीं के नाम पर इस विधि का नाम रखा गया। पाश्चुरीकृत दूध को साधारण दूध से अधिक समय तक फ्रिज में रखा जा सकता है।

301. निम्नलिखित में से कौन-सा भारत का पहला स्वदेशी रूप से विकसित COVID-19 वैक्सीन है? **SSC CHSL Tier I 16.03.2023 Shift (I)**

(a) कोविशील्ड (b) नोवावैक्स
(c) कोवैक्सीन (d) स्पुतनिक-V

उत्तर (c)

- कोवैक्सीन भारत की पहली स्वदेशी रूप से विकसित COVID-19 वैक्सीन है।
- इसे होल-वायरीऑन इन एक्टिवेटेड वेरो सेल-डिराइण्ड प्लेटफॉर्म' तकनीक का प्रयोग करके तैयार किया गया था।

कोवैक्सीन को भारत बायोटेक ने तैयार किया था।

SSC MTS

302. 1873 ई. में ब्लैक रिएक्शन तकनीक से रँगे तन्त्रिका ऊतक की पहली तस्वीर किसने प्रकाशित की, जिसमें सम्पूर्ण तन्त्रिका कोशिका का वर्णन किया गया था? **SSC MTS 01.09.2023 Shift (I)**

(a) पॉल एर्लिच (b) गुण्टर ब्लोबेल
(c) कैमिलो गॉल्जी (d) विलियम हार्वे

उत्तर (c)

- कैमिलो गॉल्जी ने 1873 ई. में ब्लैक रिएक्शन तकनीकी से रगे तन्त्रिका ऊतक की पहचान की।
- इन्होंने पहली बार केन्द्रक के पास स्थित घनी जालीदार संरचनाओं का अवलोकन किया, जिन्हें बाद में गॉल्जीकाय का नाम दिया गया।

303. बैरी मार्शल और रॉबिन वॉरेन ने किस बैक्टीरिया की खोज की थी, जो मानव पेट में निवास करता है और लम्बे समय तक पेट के ऊपरी हिस्से में छाले का कारण बनता है? **SSC MTS 13.09.2023 Shift (I)**

(a) *हेलिकोबैक्टर पाइलोरी*
(b) *कैम्पाइलोबैक्टर जेजुनी*
(c) *नाइसेरिया गोनोरहोई*
(d) *एण्टअमीबा हिस्टोलिटिका*

उत्तर (a)

- **बैरी मार्शल** और **रॉबिन वॉरेन** ने *हेलिकोबैक्टर पाइलोरी* बैक्टीरिया की खोज की थी, जो मानव पेट में निवास करता है और लम्बे समय तक पेट के ऊपरी भाग में छाले का कारण बनता है।

304. ऑर्निथोलॉजी किससे सम्बन्धित है? **SSC MTS 06.10.2021 Shift (III)**

(a) कीटों का अध्ययन
(b) सरीसृपों और उभयचरों का अध्ययन
(c) मछली का अध्ययन
(d) पक्षियों का अध्ययन

उत्तर (d)

- पक्षियों का अध्ययन ऑर्निथोलॉजी कहलाता है। जीव विज्ञान की इस शाखा के अन्तर्गत पक्षियों की बाह्य और अन्तररचना का वर्णन, उनका वर्गीकरण, विस्तार एवं विकास, उनकी दिनचर्या और मानव के लिए प्रत्यक्ष या अप्रत्यक्ष आर्थिक उपयोगिता इत्यादि से सम्बन्धित विषय आते हैं।
- पक्षी विज्ञानी (ऑर्निथोलॉजिस्ट) वे व्यक्ति हैं, जो पक्षियों और पक्षियों के आवास के व्यवहार, शरीर विज्ञान और संरक्षण का अध्ययन करते हैं।

SSC Steno

305. निम्नलिखित में से किसने सबसे पहले केन्द्रक को कोशिकांग के रूप में वर्णित किया था? **SSC Steno 11.12.2024 (Shift-III)**

(a) एडुआर्ड स्ट्रासबर्गर
(b) लुसियो फोंटाना
(c) रॉबर्ट कोच
(d) रॉबर्ट ब्राउन

उत्तर (d)

- रॉबर्ट ब्राउन ने सबसे पहले केन्द्रक को कोशिकांग के रूप में वर्णित किया था।
- इन्होंने 1831 ई. में केन्द्रक को कोशिकांग के स्व में वर्णित किया था।
- एक कोशिका सभी मौजूदा जीवित जीवों के जीवन की एक बुनियादी संरचनात्मक और कार्यात्मक इकाई है।

मानव रोग एवं प्रतिरक्षा

SSC CGL

306. *क्लॉस्ट्रिडियम टेटेनाई* नामक विष उत्पन्न करने वाले जीवाणु से होने वाले टिटनेस का दूसरा नाम क्या है? **SSC CGL Tier-1 19.09.2024 (Shift-I)**

(a) खण्डित जबड़ा
(b) स्फुटन जबड़ा
(c) धनुस्तम्भ
(d) विदलित जबड़ा

उत्तर (c)

- *क्लॉस्ट्रिडियम टेटेनाई* नामक विष उत्पन्न करने वाले जीवाणु से होने वाले टिटनेस का दूसरा नाम **धनुस्तम्भ** है।
- यह एक छड़ के आकार का ग्राम पॉजिटिव जीवाणु है, जो सामान्यत: 0.5 माइक्रोन चौड़ा और 2.5 माइक्रोन लम्बा होता है।
- यह 33-37°C तापमान में वृद्धि करता है।

307. कौन-सा एक गम्भीर संक्रामक जीवाणु से फैलने वाला संक्रमण है, जो सामान्यत: नाक और गले की श्लेष्मा झिल्ली को प्रभावित करता है? **SSC CGL Tier-1 17.09.2024 (Shift-II)**

(a) मेनिंगोकॉकल (b) डिप्थीरिया
(c) शिगेलॉसिस (d) क्लेमाइडिया

उत्तर (b)

- **डिप्थीरिया** *कॉरीनेबैक्टीरियम डिफ्थीरी* जीवाणु से फैलने वाला संक्रमण है, जो सामान्यत: नाक और गले की श्लेष्मा झिल्ली को प्रभावित करता है।
- यह रोग संक्रमित व्यक्ति के खाँसने व छींकने से वायु द्वारा फैलता है।
- यह सामान्यत: एक श्वसन संक्रमण के रूप में प्रकट होता है, जो केन्द्रीय तन्त्रिका तन्त्र, गले और अन्य अंगों को नुकसान पहुँचाता है।

308. सुमेलित कीजिए। **SSC CGL Tier-1 25.09.2024 (Shift-I)**

सूची-I (रोग)		सूची-II (उत्तरदायी जीव)	
A.	मलेरिया	1.	*विब्रियो*
B.	अतिसार	2.	*साल्मोनेला*
C.	आन्त्र ज्वर	3.	*रोटोवायरस*
D.	हैज़ा	4.	*प्लाज्मोडियम*

कूट

	A	B	C	D		A	B	C	D
(a)	2	1	3	4	(b)	1	3	2	4
(c)	4	3	2	1	(d)	1	2	3	4

उत्तर (c)

- सही सुमेलन A-4, B-3, C-2, D-1 है।
- मलेरिया रोग का सम्बन्ध *प्लाज्मोडियम* (प्रोटोजोआ) से, अतिसार रोग का सम्बन्ध *रोटोवायरस* से, आन्त्र ज्वर रोग का सम्बन्ध *साल्मोनेला* (जीवाणु) से तथा हैजा रोग का सम्बन्ध *विब्रियो* (जीवाणु) से है।

309. निम्नलिखित में से कौन-सा दवाओं का वर्गीकरण मानदण्ड नहीं है? **SSC CGL Tier-1 24.09.2024 (Shift-III)**

(a) रासायनिक संरचना (b) आण्विक लक्ष्य
(c) औषधीय प्रभाव (d) व्यावहारिक स्थिति

उत्तर (d)

- दवाओं का वर्गीकरण उनकी रासायनिक संरचना, आण्विक लक्ष्य व औषधीय प्रभावों के आधार पर किया जाता है।
- व्यावहारिक स्थिति दवाओं के वर्गीकरण का मानदण्ड नहीं है।
- दवाओं की कुछ सामान्य औषधि श्रेणियाँ इस प्रकार हैं।
- एनाल्सेजिक, एण्टीप्रेसेण्ट्स, एण्टीबायोटिक्स, एण्टीकोएगुलण्टस।

310. विटामिन B_2 की कमी के कारण मुँह के कोनों में दरारें, पपड़ी और स्केलिंग का कारण बनने वाली सूजन-सम्बन्धी स्थिति का क्या नाम है? **SSC CGL Tier-1 25.09.2024 (Shift-II)**

(a) सोरायसिस (Psoriasis)
(b) एक्जिमा (Atopic dermatitis)
(c) ओष्ठविदरता (Cheilosis)
(d) पित्ती (Urticaria)

उत्तर (c)

- **ओष्ठविदरता** (Cheilosis) विटामिन-B_2 या राइबोफ्लेविन की कमी के कराण मुँह के कोनों में दरारें, पपड़ी और सूजन सम्बन्धी स्थिति होती है।
- ओष्ठविदरता रोग मुख्य तथा नकली दाँतों के सेट लगाने या मास्क पहनने से बढ़ती है।
- विटामिन-B_2 RBC के निर्माण में सहायक है। इसके मुख्य स्रोत दूध, पनीर, माँस, अण्डे व हरी पत्तेदार सब्जियाँ आदि हैं।

311. रोगों का कौन-सा समूह जीवाणुओं के कारण होता है? **SSC CGL Tier-1 17.09.2024 (Shift-I)**
(a) इन्फ्लुएंजा, डेंगू, हैजा
(b) डेंगू, मलेरिया, हैजा
(c) आन्त्र ज्वर, हैजा, तपेदिक
(d) मलेरिया, सामान्य सर्दी-जुकाम, इन्फ्लूएंजा

उत्तर (c)
• **आन्त्र ज्वर**, **हैजा**, **तपेदिक** (TB) जैसी बीमारियाँ जीवाणुओं के द्वारा होती हैं।
• जबकि इन्फ्लुएंजा, डेंगू, सामान्य जुकाम वायरस जनित तथा मलेरिया प्रोटोजोआ जनित रोग हैं।

312. निम्नलिखित में से कौन-सा खाद्य पदार्थ रक्तचाप बढ़ा सकता है? **SSC CPO 29.06.2024 (Shift-II)**
(a) प्रोटीन से भरपूर भोजन
(b) कम नमक और कम चीनी वाला भोजन
(c) फाइबर से भरपूर भोजन
(d) नमक, चीनी और संतृप्त या ट्रांस वसा से भरपूर भोजन

उत्तर (d)
• **नमक, चीनी और संतृप्त या ट्रांस वसा से भरपूर** भोजन रक्तचाप को बढ़ा सकती है। सामान्य रक्तचाप की सीमा 120/80 मिमी है।
• रक्तचाप को एक उपकरण द्वारा मापा जाता है, जिसे स्फिग्मोमैनोमीटर के रूप में जाना जाता है।

313. दन्त प्लाक (dental plaque) बनने के कारण की पहचान कीजिए। **SSC CPO 29.06.2024 (Shift-I)**
(a) जब अम्ल दाँतों में चिपक जाता है।
(b) जब जीवाणु शर्करा पर क्रिया करके अम्ल उत्पन्न करते हैं।
(c) तार, मज्जा (pulp) से चिपक जाती है।
(d) बहुत सारी जीवाणु कोशिकाएँ भोजन के कणों के साथ मिलकर दाँतों में चिपक जाती हैं।

उत्तर (d)
• दन्त प्लाक बनने के मुख्य कारण है कि बहुत सारी जीवाणु कोशिकाएँ भोजन के कणों के साथ मिलकर दाँतों में चिपक जाती हैं।
• यह दन्त प्लाक बनने का सबसे महत्त्वपूर्ण कारण है।
• जब हम खाते हैं, तो भोजन के टुकड़े हमारे दाँतों पर चिपक जाते हैं। प्लाक बनाने वाले बैक्टीरिया इन भोजन कणों को अपना भोजन मानते हैं और इनका विघटन करने लगते हैं।
• इस प्रक्रिया में, बैक्टीरिया एसिड का उत्पादन करते हैं, जो दाँतों को नुकसान पहुँचा सकता है।
• समय के साथ, ये बैक्टीरिया और भोजन के कण एक साथ मिलकर चिपचिपी परत बनाते हैं, जिसे दन्त प्लाक कहा जाता है।

314. कम-से-कम 3 महीने तक आहार में पर्याप्त विटामिन-C नहीं लेने के कारण कौन-सी बीमारी होती है, जिसमें कमजोरी, रक्ताल्पता, मसूड़ों की बीमारी और त्वचा सम्बन्धी समस्याएँ होती हैं? **SSC CPO 05.10.2023 (Shift-III)**
(a) बेरी-बेरी (b) पेलाग्रा
(c) स्कर्वी (d) रिकेट्स

उत्तर (c)
• विटामिन-C की कमी के कारण **स्कर्वी** रोग होता है, जिसमें कमजोरी, रक्ताल्पता, मसूड़ों की बीमारी और त्वचा सम्बन्धी समस्याएँ होती हैं।
• विटामिन -C जल में घुलनशील विटामिन है, जो शरीर मे संचित नहीं होता है। यह विटामिन मुख्यतया खट्टे फलों में पाया जाता है।

315. निम्नलिखित में से कौन-सा आयरन की कमी से होने वाली रक्ताल्पता/एनीमिया (IDA) का प्रकटीकरण नहीं है? **SSC CPO 05.10.2023 (Shift-II)**
(a) नरम तालु (Soft palate)
(b) अन्धापन (Blindness)
(c) आँखों की कन्जंगक्टिव लता (Conjunctive) का पीलापन
(d) सामान्य पाण्डुरता (General pallor)

उत्तर (b)
• **अन्धापन** आयरन की कमी से होने वाले एनीमिया (IDR) का लक्षण / प्रकटीकरण नहीं है। यह विटामिन-A की कमी के कारण हो सकता है।
• IDA के प्रमुख लक्षणों में तालु का नरम होना, त्वचा का सामान्य पाण्डुता / पीलापन और नेत्र की श्लेष्मलता का पीलापन शामिल है।

316. स्कर्वी पर्याप्त ………… नहीं होने के कारण होता है, जिसके परिणामस्वरूप सामान्य कमजोरी, रक्ताल्पता, मसूढ़ों की बीमारी और त्वचा का रक्तस्राव होता है। **SSC CPO 10.11.2022**
(a) एस्कॉर्बिक अम्ल (b) थायमिन
(c) सायनोकोबालमिन (d) नियासिन

उत्तर (a)
• स्कर्वी 'विटामिन-C' की कमी के कारण होने वाला रोग होता है।
• 'विटामिन-C' का रासायनिक नाम **एस्कॉर्बिक अम्ल** होता है। स्कर्वी रोग में विशेषकर जाँघ और पैर में चकते पड़ जाते हैं। यह रोग बढ़ने पर मसूढ़े सूज जाते हैं और फिर दाँत गिरने लगते हैं।
• विटामिन-C के प्रमुख प्राकृतिक स्रोत नींबू सन्तरा, नारंगी, आँवला, टमाटर, हरी मिर्च व खट्टे खाद्य पदार्थ है।

317. निम्नलिखित में से कौन-सा उत्परिवर्तन-आधारित (mutation-based) रोग नहीं है? **SSC CHSL Tier-1 09.07.2024 (Shift-II)**
(a) सिकल सेल एनीमिया (b) डाउन सिण्ड्रोम
(c) फेनाइलेक्टोनुरिया (d) मलेरिया

उत्तर (d)
• **मलेरिया** उत्परिवर्तन आधारित आनुवंशिक रोग नहीं है।
• यह रोग एककोशिकीय प्रोटोजोअन परजीवी *प्लाज्मोडियम* द्वारा होता है तथा इस रोग का वाहक मादा *एनॉफिलीज* मच्छर होता है।
• मानव पोषद् के शरीर में *प्लाज्मोडियम* के स्पोरोजोइट्स के प्रवेश से लेकर रोग के प्रथम आक्रमण तक के समय को उद्भवन काल कहते हैं। *प्लाज्मोडियम फैल्सीपैरम* में यह 12 दिन, *प्लाज्मोडियम वाइवैक्स* तथा *प्लाज्मोडियम ओवेल* में 14 तथा प्लाज्मोडियम *मलेरी* में 28 दिन का होता है।
• मलेरिया में बुखार चढ़ने से पहले रोगी की भूख खत्म हो जाती है, कब्ज हो जाती है, मुँह सूखने लगता है, सिर, पेशियों और जोड़ों में दर्द होने लगता है तथा जी मिचलाने लगता है।

318. निम्नलिखित में से कौन-सी दूषित भोजन या पेय पदार्थों के सेवन से होने वाली खाद्य जनित बीमारी है? **SSC CHSL Tier-1 09.07.2024 (Shift-III)**
(a) तपेदिक (b) चिकन पॉक्स
(c) हैजा (d) मलेरिया

उत्तर (c)
• **हैजा** दूषित भोजन या पेय पदार्थों के सेवन से होने वाली खाद्य जनित संक्रामक बीमारी है।
• यह रोग *विब्रियो कोलेरी* नामक जीवाणु के द्वारा उत्पन्न होता है।
• यह घरेलू मक्खी द्वारा संदूषित या गन्दगी युक्त भोजन तथा खाद्य पदार्थों के सेवन से फैलता है।
• प्रयासरहित जलीय मल त्याग (effortless watery stool), उल्टी, निर्जलीकरण (dehydration), माँसपेशियों में ऐंठन (muscular cramps) इसके लक्षण हैं।
• हैजा रोग में ओ.आर.एस (ORS, *i.e.*, Oral Rehydration Solution) उपयोग करते हैं।

319. भोजन और ऊर्जा की कमी के कारण होने वाले गम्भीर अल्पपोषण को कहा जाता है। **SSC CHSL 10.01.2023 (Shift-I)**
(a) क्वाशियोरकोर (b) मरास्मस
(c) मनोभ्रंश (d) बर्बाद करना

उत्तर (b)
• **मरास्मस** रोग भोजन व ऊर्जा के गम्भीर अल्प पोषण का एक रूप है, जो भोजन में सभी प्रोटीन, कार्बोहाइड्रेट एवं वसा आदि की कमी से होता है।
• यह रोग सामान्यत: 1-2 वर्ष के बच्चों में होता हैं, जिसमें शरीर का वजन आयु के अनुसार कम होता है। बच्चों का आकार और विकास अवरुद्ध हो जाता है।

320. चिकनगुनिया ……… मच्छर के कारण होने वाला एक संक्रमण है। **SSC CHSL Tier 1 10.03.2023 (Shift -II)**
(a) *क्यूलेक्स* (b) *एनाफिलीज*
(c) *एडीज* (d) *मैनसोनिया*

उत्तर (c)
• चिकनगुनिया **एडीज मच्छर** के कारण होने वाला एक संक्रमण है।
• चिकनगुनिया एक मच्छर जनित वायरल बीमारी है, जिसकी पहचान पहली बार वर्ष 1952 में दक्षिणी तंजानिया में इसके संक्रमण के दौरान की गई थी।
• यह संक्रमित मच्छर के काटने से लोगों में फैलता है।

321. निम्नलिखित में से 'रोग-अवधि' का कौन-सा युग्म सही है? **SSC CHSL Tier 1 14.03.2023 (Shift-I)**
I. तीव्र (Acute) – लम्बी अवधि
II. दीर्घकालिक (Chronic) – कम समय

कूट
(a) केवल I (b) केवल II
(c) I और II दोनों (d) न तो I और न ही II

उत्तर (d)

• दिए गए प्रश्न के सम्बन्ध में न तो युग्म I और न ही II सही है।

• कुछ रोग अचानक होते हैं और कुछ दिनों तक रहते हैं। इन्हें तीव्र (Acute) रोगों के रूप में जाना जाता है, जैसे—सामान्य सर्दी। ऐसे रोग जो समय के साथ होते हैं और लम्बे समय तक रहते हैं, दीर्घकालिक (chronic) रोग कहलाते हैं।

• सामान्यत: यदि कोई रोग तीन वर्ष से अधिक समय तक रहता है, तो उसे दीर्घकालीन रोग कहते हैं।

322. किस प्रकार की निगरानी का उद्देश्य विशेष रूप से रोग के लापता मामलों की पहचान करना है? **SSC CHSL Tier 1 09.08.2023 (Shift-I)**

(a) निष्क्रिय निगरानी
(b) सक्रिय निगरानी
(c) प्रत्यक्ष निगरानी
(d) प्रहरी निगरानी

उत्तर (d)

• **प्रहरी निगरानी** का उद्देश्य विशेष रूप से रोग के लापता मामलों की पहचान करना है।

• प्रहरी निगरानी प्रणाली का उपयोग तब किया जाता है, जब किसी विशेष बीमारी के बारे में उच्च गुणवत्ता वाले डेटा की आवश्यकता होती है, जिसे एक निष्क्रिय प्रणाली के माध्यम से प्राप्त नहीं किया जा सकता है।

323. निद्रा रोग एक रोगवाहक सूक्ष्मजीवों द्वारा जनित रोग है, जो किस सूक्ष्म परजीवी प्रजातियों के संक्रमण के कारण होता है? **SSC CHSL Tier 1 11.08.2023 (Shift-I)**

(a) *जिआर्डिया डुओडेनैलिस*
(b) *बलैण्टिडायसिस कोलाई*
(c) *साइक्लोस्पोरा केयेटेनेन्सिस*
(d) *ट्रिपैनोसोमा ब्रूसी*

उत्तर (d)

• निद्रा रोग एक रोगवाहक सूक्ष्मजीवों द्वारा जनित रोग है, जो किसी सूक्ष्म परजीवी प्रजातियों के संक्रमण के कारण होता है, ऐसी सूक्ष्म प्रजातियों को ***ट्रिपैनोसोमा ब्रूसी*** कहते हैं।

• अफ्रीका के उष्णआर्द्र प्रदेशों में इस प्रकार के सूक्ष्मजीव पाए जाते हैं। इससे पीड़ित व्यक्ति को अधिक नींद आती है।

324. मानव शरीर में अत्यधिक मात्रा में कैडमियम की उपस्थिति के कारण कौन-सा रोग होता है? **SSC CHSL Tier 1 04.08.2023 (Shift-II)**

(a) एल्जिमा (b) इटाई-इटाई
(c) मिनामाता (d) रक्ताल्पता

उत्तर (b)

• मानव शरीर में अत्यधिक मात्रा में कैडमियम की उपस्थिति के कारण **इटाई-इटाई** रोग होता है।

• इस बीमारी को यह नाम वर्ष 1912 में जापान के टोयामा प्रान्त के स्थानीय लोगों द्वारा दिया गया था।

• कैडमियम, प्राकृतिक रूप से एक अत्यन्त विषैला औद्योगिक और पर्यावरण प्रदूषक है, जिसे मानव कैंसरजन के रूप में वर्गीकृत किया गया है।

325. मानव शरीर के आन्तरिक अंगों की जाँच उपचार के दौरान देखने के लिए किस उच्च चुम्बकीय व रेडियो तरंगों का उपयोग किया जाता है? **SSC CHSL 01.06.2022 (Shift-I)**

(a) फ्लुरोस्कोपी
(b) पॉजिट्रॉन उत्सर्जन टोमोग्राफी
(c) परिकलित टोमोग्राफी
(d) मैग्नेटिक रेसोनेंस इमेजिंग

उत्तर (d)

• मानव शरीर के आन्तरिक अंगों की जाँच करके अथवा उपचार के दौरान देखने के लिए, जिस उच्च चुम्बकीय एवं रेडियो तरंगों का उपयोग किया जाता है, वह **मैग्नेटिक रेसोनेंस इमेजिंग** है। गम्भीर बीमारियों के बारे में जानने के लिए MRI कराना अनिवार्य होता है।

326. विश्व स्वास्थ्य संगठन (WHO) के अनुसार, 2019 में, किस बीमारी को विश्व स्तर पर मृत्यु का सातवाँ प्रमुख कारण माना गया था? **SSC CHSL 30.05.2022 (Shift-I)**

(a) फेफड़ों का कैंसर (b) मधुमेह
(c) आघात (स्ट्रोक) (d) अल्जाइमर रोग

उत्तर (d)

• WHO के अनुसार, 2019 में **अल्जाइमर बीमारी** को विश्व की सातवीं सबसे बड़ी बीमारी बताया गया, जिसके कारण लोगों की मृत्यु हो जाती है। यह एक मस्तिष्क सम्बन्धित रोग है। जिसे विज्ञान की भाषा में डिमेंशिया कहते हैं।

327. रिकेट्स और रतौंधी क्रमश: ...और ...... की कमी के कारण होते हैं। **SSC CHSL Tier 1 12.08.2023 (Shift-III)**

(a) विटामिन-E, विटामिन-A
(b) विटामिन-D, विटामिन-C
(c) विटामिन-D, विटामिन-A
(d) विटामिन-B1, विटामिन-C

उत्तर (c)

• रिकेट्स रोग विटामिन-D तथा रतौंधी रोग विटामिन-A की कमी के कारण होते हैं, जबकि विटामिन-B_1 की कमी से बेरी-बेरी, विटामिन-C की कमी से स्कर्वी, विटामिन-E की कमी से जनन शक्ति का क्षय एवं विटामिन-K की कमी से रक्त का थक्का न जमना रोग होते हैं।

328. जल डीफ्लोराइडेशन द्वारा रोकथाम के किस स्तर को लक्षित किया जाता है? **SSC CHSL Tier 1 10.08.2023 (Shift-III)**

(a) तृतीयक रोकथाम (b) प्राथमिक रोकथाम
(c) मूल रोकथाम (d) माध्यमिक रोकथाम

उत्तर (b)

• जल डीफ्लोराइडेशन रोकथाम का प्राथमिक स्तर है।

• प्राथमिक रोकथाम का उद्देश्य किसी बीमारी या स्थिति को शुरू होने से पहले ही रोकना है।

• **द्वितीयक माध्यमिक रोकथाम** यह किसी बीमारी या स्थिति का शीघ्र पता लगाता है और उसका इलाज करता हैं।

• **तृतीयक रोकथाम** यह किसी बीमारी या स्थिति की गम्भीरता को कम करता है, जिसके बाद जीवन की गुणवत्ता में सुधार आता है।

329. एड्स रोग उत्पन्न करने के लिए कौन-सा वायरस जिम्मेदार होता है? **SSC MTS Tier-1 05.11.2024 (Shift-III)**

(a) हर्पीज सिम्प्लेक्स वायरस
(b) ह्यूमन पैपिलोमा वायरस
(c) इन्फ्लुएंजा वायरस
(d) ह्यूमन इम्युनोडेफिशिएंसी वायरस

उत्तर (d)

• एड्स रोग उत्पन्न करने के लिए **ह्यूमन इम्युनो डेफिशिएंसी वायरस (HIV)** जिम्मेदार होता है।

• यह वायरस शरीर में श्वेत रक्त कोशिकाओं को नष्ट करता है, जिससे प्रतिरक्षा प्रणाली कमजोर हो जाती है।

• इसके उपचार के लिए **एण्टीरेट्रोवायरल थेरेपी** (एआरटी) का उपयोग किया जाता है।

330. कोविड-19 जैसा रोग एक प्रकार का ...... है। **SSC MTS Tier-1 15.10.2024 (Shift-I)**

(a) जलजनित रोग
(b) पशुजन्य रोग
(c) खाद्य जनित रोग
(d) प्रोटीन की कमी से होने वाला रोग

उत्तर (b)

• कोविड-19 जैसा रोग एक प्रकार का **पशुजन्य रोग** है।

• COVID-19, SARS-COV-2 के कारण होने वाली बीमारी है, जो वर्ष 2019 में सामने आई।

• 11 मार्च, 2020 को विश्व स्वास्थ्य संगठन द्वारा इसे वैश्विक महामारी घोषित किया गया था।

• भारत ने COVID-19 से बचाव के लिए **कोविशील्ड व कोवैक्सीन** के नाम की स्वदेशी वैक्सीन बनाई।

• वन्यजीव (संशोधन) अधिनियम 2022 को 1 अप्रैल, 2023 से लागू किया गया है।

331. एक बच्चा खाना खाने में नखरे करता है। वह दूध का जरा भी सेवन नहीं करता है और अन्य प्रकार का भोजन भी मुश्किल से खाता है। जब उसके दूध के दाँत गिरने लगे, तो उनकी जगह नए दाँत नहीं आ रहे थे। इसका निदान उसे ...... देकर किया जा सकता है। **SSC MTS Tier-1 13.11.2024 (Shift-III)**

(a) विटामिन B संकुल
(b) विटामिन C
(c) कैल्शियम परिपूरक
(d) कार्बोहाइड्रेट युक्त भोजन

उत्तर (c)

• एक बच्चा खाना खाने में नखरे करता है। वह दूध का जरा भी सेवन नहीं करता है और अन्य प्रकार का भोजन भी मुश्किल से खाता है। जब उसके दूध के दाँत गिरने लगे, तो उनकी जगह

नए दाँत नहीं आ रहे थे। इसका निदान उसे **कैल्शियम परिपूरक** देकर किया जा सकता है।

• शिशुओं को प्रतिदिन 200 मिलीग्राम कैल्शियम की आवश्यकता होती है, जिनकी आयु 6 महीने से कम है।

• कैल्शियम हड्डियों और दाँतों को मजबूत बनाता है और उनकी संरचना को कठोरता प्रदान करता है।

332. कब्ज (constipation) से राहत पाने के लिए निम्नलिखित में से किस चीज का अधिक मात्रा में सेवन करने की सलाह दी जाती है?

SSC MTS Tier-1 09.10.2024 (Shift-I)

(a) प्रोटीन (b) माँस
(c) रेशा (d) मछली

उत्तर (c)

• कब्ज से राहत पाने के लिए **रेशा या फाइबर** युक्त आहार का अधिक मात्रा में सेवन करने की सलाह दी जाती है।

• फाइबर एक तरह का कार्बोहाइड्रेट होता है, जो भोजन के लिए आवश्यक तत्त्व है। यह आँतों में चिपकता नहीं और पेट में आँतों की सफाई में सहायक है।

• फाइबर अनाज, फल, पत्तेदार सब्जी, रोटी, फलियों, दालों व खाद्य पदार्थों में पाया जाता है।

333. ऐनोरेक्सिया नर्वोसा किशोरों में खाने का एक विकार है। इसमें शरीर का भार ......।

SSC MTS Tier-1 09.10.2024 (Shift-I)

(a) अत्यधिक घटता है
(b) थोड़ा बढ़ता है
(c) परिवर्तित नहीं होता है
(d) अत्यधिक बढ़ता है

उत्तर (a)

• ऐनोरेक्सिया नर्वोसा किशोरों में खाने का एक विकार है। इसमें शरीर का भार **अत्यधिक घटता** है।

• ऐनोरेक्सिया नर्वोसा एक मनोवैज्ञानिक बीमारी है, जिसमें भोजन का सेवन लगातार कम होता जाता है। वजन घटने का डर रहता है और शरीर की छवि विकृत हो जाती है।

• इसमें खून की कमी, आन्त्र, प्रतिरक्षा प्रणाली, किडनी तथा हड्डियों का कमजोर होना आदि समस्याएँ होती हैं।

334. कौन-सी स्थिति हड्डियों में दर्द, हड्डियों के अच्छे से विकसित न होने और नरम, कमजोर हड्डियों का कारण बनती है, जिससे हड्डियों में विकृति आ सकती है?

SSC MTS 11.09.2023 (Shift-II)

(a) सूखा रोग (b) प्लीहाभाव
(c) मस्तिष्क पक्षाघात (d) काली खाँसी

उत्तर (a)

• **सूखा रोग** की स्थिति हड्डियों में दर्द, हड्डियों के अच्छे से विकसित न होने और नरम, कमजोर हड्डियों का कारण बनती है, जिससे हड्डियों में विकृति आ सकती है।

• विटामिन-'D' की कमी के कारण सूखा रोग होता है।

335. घेंघा रोग में किस ग्रन्थि के आकार में वृद्धि हो होने के कारण गले के अगले भाग में सूजन आ जाती है?

SSC MTS 01.09.2023 (Shift-III)

(a) अधिवृक्क ग्रन्थि (b) पीयूष ग्रन्थि
(c) थाइरॉइड ग्रन्थि (d) पिनियल ग्रन्थि

उत्तर (c)

• घेंघा रोग में **थाइरॉइड ग्रन्थि** के आकार में वृद्धि होने के कारण गले के अगले भाग में सूजन आ जाती है। यह रोग आयोडीन की कमी के कारण होता है।

• आयोडीन का मुख्य स्रोत आयोडीन युक्त नमक है तथा समुद्री शैवाल भी इसके मुख्य स्रोतों में शामिल हैं।

336. स्वस्थ प्रतिरक्षा प्रणाली, कम प्रकाश में देखने की क्षमता और स्वस्थ त्वचा के लिए कौन-सा विटामिन आवश्यक है?

SSC MTS 04.09.2023 (Shift-III)

(a) विटामिन-K (b) विटामिन-B_9
(c) विटामिन-A (d) विटामिन-C

उत्तर (c)

• स्वस्थ प्रतिरक्षा प्रणाली, कम प्रकाश में देखने की क्षमता और स्वस्थ त्वचा के लिए **विटामिन-A** आवश्यक है।

• यह हृदय, फेफड़े व गुर्दे को ठीक से कार्य करने में सहायता करता है।

• विटामिन-A की कमी से रतौंधी रोग होता है तथा इसका रासायनिक नाम रेटिनॉल है।

337. शहरीकरण के कारण, मानव जीवनशैली में गम्भीर बदलाव आया है; ऐसी स्थिति में मोटापा एक प्रमुख स्वास्थ्य समस्या है। निम्नलिखित में से कौन-सा मोटापे का कारण है?

SSC MTS 11.09.2023 (Shift-I)

(a) पानी की अत्यधिक खपत
(b) उच्च कैलोरी वाले खाद्य पदार्थ का अत्यधिक सेवन
(c) प्रोटीन की कमी
(d) नियमित आहार में विटामिन की कमी

उत्तर (b)

• शहरीकरण के कारण, मानव जीवनशैली में गम्भीर बदलाव आया है; ऐसी स्थिति में मोटापा एक प्रमुख स्वास्थ्य समस्या है।

• उच्च कैलोरी वाले खाद्य पदार्थों का अत्यधिक सेवन मोटापे का मुख्य कारण है।

338. सूडान रंजकों की मिलावट से कौन-से खाद्य पदार्थ सर्वाधिक प्रभावित होते हैं?

SSC Steno 11.12.2024 (Shift-I)

(a) हॉट पैपरिका (b) कॉफी पाउडर
(c) चाय (d) धनिया पाउडर

उत्तर (a)

• सूडान रंजकों की मिलावट से **हॉट पैपरिका** खाद्य पदार्थ सर्वाधिक प्रभावित होते हैं।

• लाल रंग के खाद्य पदार्थ जैसे वैवरिका, मिर्च पाउडर और पाम कर्नेल तेल में कभी-कभी अंका रंग निखारने तथा उनका मूल्य बढ़ाने के लिए इसका प्रयोग किया जाता है।

• सूडान रंजकों की मिलावट का पता प्रथम बार वर्ष 2003 में खाद्य पदार्थों में चला था।

339. बच्चों में विटामिन डी की कमी से होने वाले रोग का क्या नाम है?

SSC Steno 11.12.2024 (Shift-I)

(a) स्कर्वी (b) रक्तस्रावी प्रवणता
(c) ऑस्टियोपोरोसिस (d) सूखा रोग

उत्तर (d)

• बच्चों में विटामिन डी की कमी से होने वाले रोग का नाम सूखा रोग है।

• वयस्कों में विटामिन डी की कमी से ऑस्टियो मलेरिया नामक रोग होता है।

• विटामिन डी को कैल्सीफेरॉल के नाम से भी जाना जाता है।

• यह वसा में घुलनशील विटामिन है।

340. निम्नलिखित में से कौन-सा तत्त्व उच्च रक्तचाप के लिए उत्तरदायी है?

SSC Steno 10.12.2024 (Shift-III)

(a) पोटैशियम (b) सोडियम
(c) कैल्शियम (d) मैग्नीशियम

उत्तर (b)

• **सोडियम** की अधिक मात्रा रक्तचाप को बढ़ा सकती है।

• सोडियम शरीर में पानी की मात्रा को बढ़ाता है, जिससे रक्त कोशिकाओं पर दबाव बढ़ जाता है।

• सोडियम का सीमित मात्रा में उपयोग उच्च रक्तचाप को नियन्त्रित करने में मददगार होता है।

341. निम्नलिखित में से कौन-सा अल्पपोषण के कारण भोजन न करने का मनोवैज्ञानिक विकार है?

SSC Steno 10.12.2024 (Shift-I)

(a) क्वाशियोरकर (b) एनोरेक्सिया नर्वोजा
(c) बुलिमिया नर्वोजा (d) मरास्मस

उत्तर (b)

• **एनोरेक्सिया** नर्वोजा अल्पपोषण के कारण भोजन न करने का मनोवैज्ञानिक विकार है।

• इसके कारण लोग अपने वजन और खानपान के प्रति अत्यधिक चिन्तित हो जाते हैं।

342. शरीर की प्रतिरक्षा प्रणाली किस स्थिति में वास्तविक आन्तर फैक्टर प्रोटीन या आपके आमाशय की परत में इसे बनाने वाली कोशिकाओं पर हमला करती है?

SSC Steno 12.10.2023 (Shift-I)

(a) हार्टनप रोग (b) प्रणाशी अरक्तता
(c) वर्निक-कोर्साकॉफ सिण्ड्रोम
(d) यकृत सिरोसिस

उत्तर (b)

• शरीर की प्रतिरक्षा प्रणाली **प्रणाशी अरक्तता** स्थिति में वास्तविक आन्तर फैक्टर प्रोटीन या आमाशय की परत में इसे बनाने वाली कोशिकाओं पर हमला करती है। प्रणाशी रक्ताल्पता रोग विटामिन-B_{12} की कमी से होती है।

जीव विज्ञान के अन्य विविध प्रश्नों के लिए, दिए गए QR Code को Scan करें।

13

कम्प्यूटर

- कम्प्यूटर एक इलेक्ट्रॉनिक मशीन है, जिसका प्रयोग सामान्य जीवन के सभी क्षेत्रों में किया जाता है।
- **चार्ल्स बैबेज** को 'कम्प्यूटर का जनक' कहा जाता है। अबेकस सबसे पहला गणना यंत्र था।

हार्डवेयर

कम्प्यूटर के वे भाग, जिन्हें हम आँखों से देख सकते हैं और हाथ से स्पर्श कर सकते हैं अर्थात् यान्त्रिक, विद्युत तथा इलेक्ट्रॉनिक भाग कम्प्यूटर हार्डवेयर के नाम से जाने जाते हैं। हार्डवेयर निम्न प्रकार के होते हैं।

इनपुट यूनिट/ डिवाइस

- वे डिवाइस, जिनका प्रयोग उपयोगकर्ता के द्वारा कम्प्यूटर को डेटा और निर्देश प्रदान करने के लिए किया जाता है, **इनपुट डिवाइस** कहलाती हैं।
- कुछ प्रमुख इनपुट डिवाइसेज निम्न हैं– की-बोर्ड,बारकोड रीडर (BCR), प्वॉइण्टिंग डिवाइसेज (माउस, लाइट पेन), स्कैनर,माइक्रोफोन, ऑप्टिकल मार्क रीडर (OMR), ऑप्टिकल करैक्टर रिकॉग्निशन (OCR), मैग्नेटिक इंक करैक्टर रिकॉग्निशन (MICR) आदि।

आउटपुट डिवाइस

- डेटा तथा निर्देशों को परिणाम के रूप में प्रदर्शित करने के लिए जिन यूनिट्स का उपयोग किया जाता है, उन्हें आउटपुट यूनिट या आउटपुट डिवाइस कहते हैं;जैसे–प्रिण्टर, मॉनीटर प्लॉटर, स्पीकर, प्रोजेक्टर ।

सेण्ट्रल प्रोसेसिंग यूनिट (सीपीयू)

- कम्प्यूटर में किए जाने वाले सभी कार्य सीपीयू के द्वारा ही किए जाते हैं। सीपीयू को **कम्प्यूटर का मस्तिष्क** कहा जाता है।
- इसका मुख्य कार्य प्रोग्रामों को क्रियान्वित करना है। इसके अतिरिक्त सीपीयू कम्प्यूटर के सभी भागों; जैसे–मेमोरी, इनपुट एवं आउटपुट डिवाइसेज के कार्यों को भी नियन्त्रित करता है।
- सेण्ट्रल प्रोसेसिंग यूनिट के दो भाग होते हैं

1. अर्थमैटिक लॉजिक यूनिट (ALU)
2. कण्ट्रोल यूनिट (CU)

मेमोरी यूनिट

- यह डेटा तथा निर्देशों को संगृहीत करती है। यह आधुनिक कम्प्यूटरों के मूल कार्यों में से एक अर्थात् सूचना स्टोरेज की सुविधा देती है।

इसमें दो प्रकार की मेमोरी होती हैं

1. **प्राथमिक मेमोरी** इसे आन्तरिक (Internal) या मुख्य (Main) मेमोरी भी कहा जाता है, क्योंकि यह कम्प्यूटर के सीपीयू का ही भाग होती है।
   प्राथमिक मेमोरी को दो भागों में बाँटा जाता है
   (i) RAM (रेण्डम एक्सेस मेमोरी) – अस्थायी मेमोरी
   (ii) ROM (रीड ओनली मेमोरी) – स्थायी मेमोरी
2. **सेकेण्डरी मेमोरी** इसे बाह्य या सहायक मेमोरी भी कहा जाता है। इसमें डेटा स्टोर करने की क्षमता प्राइमरी मेमोरी से अधिक होती है। फाइल सिस्टम स्थायी रूप से सेकेण्डरी मेमोरी में स्टोर रहती है; जैसे-सीडी, डीवीडी, फ्लॉपी, ब्लू-रे डिस्क, पेन ड्राइव, हार्ड डिस्क ड्राइव आदि।

मेमोरी की इकाइयाँ

1 बिट	= बाइनरी डिजिट (0, 1)
8 बिट्स	= 1 बाइट = 2 निबल
1024 बाइट्स	= 1 किलोबाइट (1 KB)
1024 किलोबाइट	= 1 मेगाबाइट (1 MB)
1024 मेगाबाइट	= 1 गीगाबाइट (1 GB)
1024 गीगाबाइट	= 1 टेराबाइट (1 TB)

नोट बिट (Bit) सबसे छोटी तथा जिओपबाइट [Geop Byte] सबसे बड़ी मेमोरी इकाई है।

सॉफ्टवेयर

यह प्रोग्रामिंग भाषा में लिखे गए निर्देशों अर्थात् प्रोग्रामों की वह शृंखला है, जो कम्प्यूटर सिस्टम के कार्यों को नियन्त्रित करता है तथा कम्प्यूटर के विभिन्न हार्डवेयरों के बीच समन्वय स्थापित करता है।

सिस्टम सॉफ्टवेयर

- जो प्रोग्राम कम्प्यूटर को चलाने, उसे नियन्त्रित करने, उसके विभिन्न भागों की देखभाल करने तथा उसकी सभी क्षमताओं का अनुकूलतम उपयोग करने के लिए लिखे जाते हैं, उनको सम्मिलित रूप में 'सिस्टम सॉफ्टवेयर' कहा जाता है; जैसे—ऑपरेटिंग सिस्टम, भाषा अनुवादक।
- **डिवाइस ड्राइवर** इस सॉफ्टवेयर में सामान्यतः हार्डवेयर डिवाइस को चलाने के निर्देश होते हैं।

एप्लीकेशन सॉफ्टवेयर

- ये विशेष कार्यों के लिए डिजाइन किए गए सॉफ्टवेयर हैं; जैसे- कार्यालय के कर्मचारियों की वेतन गणना करना, पत्र-दस्तावेज तैयार करना आदि।
  उदाहरण-MS-Word, Chrome, DBMS, Excel आदि।

यूटिलिटी सॉफ्टवेयर

इसका उपयोग सिस्टम के प्रदर्शन को सुधारने, डेटा को सुरक्षित रखने और कार्यों में मदद के लिए किया जाता है।

ऑपरेटिंग सिस्टम

ऑपरेटिंग सिस्टम कुछ विशेष प्रोग्रामों का ऐसा व्यवस्थित समूह है, जो किसी कम्प्यूटर के सम्पूर्ण क्रियाकलाप को नियन्त्रित करता है।

कुछ सामान्य ऑपरेटिंग सिस्टम हैं– विण्डोज, लिनक्स (Linux), macos, ios, Android आदि।

प्रोग्रामिंग भाषाएँ

- कम्प्यूटर के लिए विशेष प्रकार की भाषाओं में प्रोग्राम लिखे जाते हैं। इन भाषाओं को प्रोग्रामिंग भाषाएँ कहते हैं। इन भाषाओं के लिए एक अलग व्याकरण होता है। प्रोग्रामिंग भाषाओं को तीन प्रमुख भागों में विभाजित किया गया है

1. **निम्न स्तरीय भाषाएँ** कम्प्यूटर की आन्तरिक कार्यप्रणाली के अनुसार बनाई जाती हैं। इनके दो प्रमुख उदाहरण हैं
   (i) **मशीनी भाषाएँ** ये भाषाएँ केवल बाइनरी अंकों (0 या 1) से बनी होती हैं। प्रत्येक कम्प्यूटर के लिए उसकी अलग मशीनी भाषा होती है।
   (ii) **असेम्बली भाषाएँ** इनमें 0 से 1 की शृंखलाओं के स्थान पर अंग्रेजी के अक्षरों और कुछ गिने-चुने शब्दों को कोड के रूप में प्रयोग किया जाता है।
2. **मध्य स्तरीय भाषाएँ** निम्न स्तरीय तथा उच्च स्तरीय भाषाओं के मध्य पुल का कार्य करती हैं।

3. **उच्च स्तरीय भाषाएँ** कम्प्यूटर की आन्तरिक कार्यप्रणाली पर आधारित नहीं होती हैं। इन भाषाओं में अंग्रेजी के कुछ चुने हुए शब्दों और साधारण गणित में प्रयोग किए जाने वाले चिह्नों का प्रयोग किया जाता है; जैसे—फोर्ट्रॉन, पास्कल आदि।

भाषा अनुवादक

- ये ऐसे प्रोग्राम हैं, जो विभिन्न प्रोग्रामिंग भाषाओं में लिखे गए प्रोग्रामों का अनुवाद कम्प्यूटर की मशीनी भाषा में करते हैं।

  ये मुख्यतः तीन श्रेणियों में बाँटे गए हैं

  (i) **असेम्बलर** यह प्रोग्राम, असेम्बली भाषा में लिखे गए प्रोग्राम का अनुवाद मशीनी भाषा में करता है।

  (ii) **कम्पाइलर** यह उच्च स्तरीय भाषा में लिखे गए सोर्स प्रोग्राम का अनुवाद मशीनी भाषा में करता है। यह पूरे प्रोग्राम को एकसाथ अनुवाद करता है।

  (iii) **इण्टरप्रेटर** यह उच्च स्तरीय भाषा में लिखे सोर्स प्रोग्राम का अनुवाद मशीनी भाषा में करता है, परन्तु यह एक बार में केवल एक लाइन का अनुवाद करता है।

माइक्रोसॉफ्ट ऑफिस

यह एक प्रकार का पैकेज है, जो विभिन्न प्रकार के सॉफ्टवेयर के संगठन से बना है, इसलिए इसका नाम MS-Office है। MS-Office के प्रमुख सॉफ्टवेयर निम्नलिखित हैं

माइक्रोसॉफ्ट वर्ड

- यह एक प्रकार का वर्ड प्रोसेसिंग सॉफ्टवेयर है, जिसका प्रयोग किसी डॉक्यूमेण्ट को बनाने, उसमें कुछ सुधार करने के लिए किया जाता है।
- इसका फाइल फॉर्मेट .doc या .docx होता है।

माइक्रोसॉफ्ट एक्सेल

- यह एक पावरफुल स्प्रेडशीट प्रोग्राम है, जो आपके डेटा को व्यवस्थित करने, निर्णय तक पहुँचने, ग्राफ, डेटा तथा रियल टाइम डेटा को एक्सेस करने की सुविधा देता है।
- इसमें वर्कशीट्स के समूह को **वर्कबुक** कहा जाता है। इसका फाइल फॉर्मेट .xls या .xlsx होता है।

माइक्रोसॉफ्ट पावर प्वॉइण्ट

- यह एक प्रेजेण्टेशन सॉफ्टवेयर है।
- यह विभिन्न प्रकार के प्रेजेण्टेशन को सरलता और शीघ्रता से तैयार करने, उन्हें सुधारने तथा प्रेजेण्टेशन का अभ्यास करने में सहायता करता है।
- इसका फाइल फॉर्मेट .ppt या .pptx होता है।
- **फाइल** ये डेटा संगृहीत करने के लिए मूल इकाई हैं। फाइल का एक विशिष्ट फाइल नाम और एक्सटेंशन होता है, जो फाइल के प्रकार की पहचान करता है।
- **फोल्डर्स** इनका प्रयोग फाइलों को संगृहीत करने के लिए किया जाता है।

माइक्रोसॉफ्ट एक्सेस

माइक्रोसॉफ्ट एक्सेस एक प्रकार का डेटाबेस मैनेजमेण्ट सिस्टम है। इसका फाइल फॉर्मेट .accdb होता है।

एम एस-ऑफिस शॉर्टकट कीज़

कुंजियाँ	कार्य
Ctrl +A	सभी आइटम्स को सिलेक्ट (चयन) करने के लिए
Ctrl + C	सिलेक्टेड टेक्स्ट को कॉपी करना
Ctrl + V	सिलेक्टेड टेक्स्ट को पेस्ट करना
Ctrl + X	सिलेक्टेड टेक्स्ट को कट करना
Ctrl + P	डॉक्यूमेण्ट को प्रिण्ट करना
Enter	डॉक्यूमेण्ट में अगली लाइन में जाना
Ctrl +B	सिलेक्टेड टेक्स्ट को बॉल्ड करना

नेटवर्किंग

- ऐसी प्रक्रिया जिसके माध्यम से विभिन्न उपकरण व कम्प्यूटर परस्पर जुड़े होते हैं, जिससे वे डेटा और संसाधनों को साझा कर सकें।
- यह विभिन्न प्रकार के नेटवर्क लोकल एरिया नेटवर्क (LAN), मेट्रोपॉलिटन एरिया नेटवर्क (MAN) तथा वाइड एरिया नेटवर्क (WAN) में कार्य करता है।

इण्टरनेट

इण्टरनेट 'नेटवर्कों का नेटवर्क' है, जिसमें दुनिया भर में फैले छोटे-बड़े कम्प्यूटरों का एक बड़ा जाल है, जो टेलीफोन के माध्यम से एक-दूसरे से सम्पर्क में रहते हैं।

इण्टरनेट कनेक्शन्स

इण्टरनेट एक्सेस के लिए कुछ इण्टरनेट कनेक्शन्स निम्न प्रकार हैं

1. **डायल-अप कनेक्शन** यह टेलीफोन लाइन की सहायता से इण्टरनेट से जुड़ने का एक माध्यम है।
2. **ब्रॉडबैण्ड कनेक्शन्स** इसका प्रयोग हाई स्पीड इण्टरनेट एक्सेस के लिए किया जाता है। यह इण्टरनेट से जुड़ने के लिए **टेलीफोन लाइनों** का प्रयोग करता है; **जैसे-** डिजिटल सब्सक्राइबर लाइन (DSL), केबल मॉडम, फाइबर ऑप्टिक, ब्रॉडबैण्ड ओवर पावर लाइन आदि।
3. **वायरलैस कनेक्शन्स** इस प्रकार के कनेक्शन में केबल या मॉडम इत्यादि की आवश्यकता नहीं होती; **जैसे-** वाई-फाई (वायरलैस फिडेलिटी), वाई मैक्स, मोबाइल वायरलेस ब्रॉडबैण्ड सर्विसेज, सेटेलाइट आदि।

इण्टरनेट सम्बन्धी घटक

- **वेबसाइट** यह वेब पेजों का एक संग्रह होता है, जिसमें सभी वेब पेज हाइपरलिंक द्वारा एक-दूसरे से जुड़े होते हैं। किसी वेबसाइट के एड्रेस को उसका URL (यूनीफॉर्म रिसोर्स लोकेटर) कहा जाता है। जैसे- http://www.bseindia.com
- **वेब पेज** किसी वेबसाइट में सूचनाओं को कई भागों में बाँटकर दिखाया जाता है। प्रत्येक भाग को **वेब पेज** कहा जाता है। वेबसाइट के पहले या प्रमुख वेब पेज को उसका **होम पेज** कहा जाता है।
- **वर्ल्ड वाइड वेब** (WWW) यह विशेष रूप से स्वरूपित डॉक्यूमेण्ट्स का समर्थन करने वाले इण्टरनेट सर्वर की एक प्रणाली है। इसे वेब भी कहते हैं, जिसमें कई मिलियन डॉक्यूमेण्ट सम्मिलित होते हैं।
- **वेब ब्राउजर** यह एक एप्लीकेशन सॉफ्टवेयर है, जिसका प्रयोग वर्ल्ड वाइड वेब के कण्टेण्ट को ढूँढ़ने व प्रदर्शित करने में किया जाता है।
- **ई-मेल** इलेक्ट्रॉनिक मेल (ई-मेल) एक ऐसा इलेक्ट्रॉनिक सन्देश होता है, जो किसी नेटवर्क से जुड़े विभिन्न कम्प्यूटरों के बीच भेजा और प्राप्त किया जाता है।
- **वीडियो कॉन्फ्रेंसिंग** दो या अधिक लोगों के बीच वीडियो एवं ऑडियो के रूप में किए जाने वाले ट्रांसमिशन को वीडियो कॉन्फ्रेंसिंग कहा जाता है।
- **सर्च इंजन** ये ऐसे प्रोग्राम होते हैं, जो किसी विषय की सूचनाएँ रखने वाली वेबसाइटों का पता लगाते हैं; जैसे-गूगल, याहू, Bing इत्यादि।

सुपर कम्प्यूटर

- सुपर कम्प्यूटर सर्वाधिक गति, संग्रह क्षमता एवं उच्च विस्तार वाले होते हैं। इनका आकार एक सामान्य कमरे के बराबर होता है।
- विश्व का प्रथम सुपर कम्प्यूटर 'क्रे रिसर्च कम्पनी' द्वारा वर्ष 1976 में विकसित **क्रे-1** (Cray-1) था।
- वर्तमान समय में भारत के कई सुपर कम्प्यूटर हैं; जैसे-ऐरावत-ए आई, परम, प्रत्यूष आदि।
- इनका विकास C-DAC ने किया है। सुपर कम्प्यूटर का मुख्य उपयोग मौसम की भविष्यवाणी करने, एनीमेशन तथा चलचित्र का निर्माण करने, अन्तरिक्ष यात्रा इत्यादि कार्यों में किया जाता है।

भारत के शीर्ष 3 सुपर कम्प्यूटर

1.	ऐरावत	(CDAC, पुणे)
2.	परमसिद्धि	(CDAC, पुणे)
3.	प्रत्यूष	(IITM, पुणे)

विश्व के शीर्ष 3 सुपर कम्प्यूटर

1.	पहला	फ्रण्टियर (U.S.A)
2.	दूसरा	अरोरा सिस्टम (U.S.A)
3.	तीसरा	ईगल (U.S.A)

कम्प्यूटर सिक्योरिटी

कम्प्यूटर सिक्योरिटी को साइबर सिक्योरिटी या IT सिक्योरिटी के नाम से भी जाना जाता है। यह सूचना प्रौद्योगिकी की एक शाखा है, जिसे विशेष तौर पर कम्प्यूटरों की सुरक्षा के लिए बनाया गया है।

(i) मालवेयर (ii) वायरस (Virus)
(iii) वॉर्म (WORM) (iv) ट्रॉजन

SSC CGL 2024 (Tier I & II)

1. एमएस पावरपॉइण्ट में, आप स्लाइड शो एक्जिट करके एडिटिंग मोड पर कैसे लौट सकते हैं? **SSC CGL Tier-2 20.01.2025**

(a) Alt + Tab प्रेस करें
(b) Spacebar प्रेस करें
(c) Esc प्रेस करें
(d) Ctrl + S प्रेस करें

उत्तर (c)

• एमएस पॉवरपॉइण्ट में, Esc 'की' प्रेस करके आप स्लाइड शो एक्जिट करके एडिटिंग मोड (स्लाइड डेक) पर वापस लौट सकते हैं।

2. आउटबॉक्स में निम्नलिखित में से कौन-सी क्रियाएँ विशिष्ट रूप से की जा सकती हैं? **SSC CGL Tier-2 20.01.2025**

(a) प्राप्त ईमेल को डिलीट करना
(b) कॉण्टेक्ट लिस्ट को मैनेज करना
(c) उन ईमेल को एडिट करना जो अभी भेजे जाने बाकी हैं
(d) आर्काइव (Archived) ईमेल को देखना

उत्तर (c)

• आउटबॉक्स में विशेष रूप से "उन ईमेल को एडिट करना जो अभी भेजे जाने बाकी हैं" क्रिया की जा सकती है।

• आउटबॉक्स वह फोल्डर होता है, जहाँ पर वे सभी ईमेल अस्थायी रूप से स्टोर होते हैं, जिन्हें आपने भेजने के लिए तैयार किया है, लेकिन अभी तक भेजे नहीं गए हैं।

3. एक्सेल वर्कशीट में, जब कोई यूजर एक नई पंक्ति (Row) इन्सर्ट करता है, तो क्या होता है? **SSC CGL Tier-2 20.01.2025**

(a) पंक्ति में मौजूद डेटा ओवरराईट (Overwrite) हो जाता है।
(b) मौजूदा पंक्तियाँ दाईं ओर शिफ्ट हो जाती हैं।
(c) नई पंक्ति वर्कशीट के बॉटम में ऐड हो जाती है।
(d) मौजूदा पंक्तियाँ नीचे की ओर शिफ्ट हो जाती हैं।

उत्तर (d)

• जब आप एक्सेल वर्कशीट में एक नई पंक्ति (Row) इन्सर्ट करते हैं, तो वर्कशीट में ऊपर से नीचे तक की मौजूदा पंक्तियाँ नीचे की ओर शिफ्ट हो जाती हैं, जिससे नई पंक्ति उसके ऊपर आ सके।

4. एमएम एक्सेल 2010 में, COUNT ( ) फंक्शन का क्या कार्य है? **SSC CGL Tier-2 20.01.2025**

(a) सेल की संख्या गिनना
(b) सेल की संख्या प्रिण्ट करना
(c) सेल की संख्या स्टोर करना
(d) सेल की संख्या को डुप्लिकेट करना

उत्तर (a)

• एमएस एक्लेस 2010 में COUNT( ) फंक्शन का उपयोग किसी भी डेटा रेंज में संख्याओं की गिनती करने के लिए किया जाता है। यह केवल संख्यात्मक मानों को गिनता है, अर्थात् वह सेल जो संख्याएँ कंटेन (Contain) करती है।

5. विण्डोज सिस्टम पर एक्सेक्यूटेबल इंस्टॉलेशन फाइलों (Executable installation files) के लिए किस फाइल एक्सटेंशन का सबसे अधिक उपयोग किया जाता है? **SSC CGL Tier-2 20.01.2025**

(a) .txt (b) .exe
(c) .mp3 (d) .jpg

उत्तर (b)

• विण्डोज सिस्टम पर एक्सेक्यूटेबल इंस्टॉलेशन फाइलों (Executable installation files) के लिए .exe (executable) फाइल एक्सटेंशन का सबसे अधिक उपयोग किया जाता है।

6. लोकल एरिया नेटवर्क (LAN) में, निम्नलिखित में से किसका उपयोग यह सुनिश्चित करने के लिए सबसे अधिक किया जाता है कि डेटा पैकेट को उसके MAC एड्रेस के आधार पर सही डिवाइस पर कुशलतापूर्वक अग्रेषित किया गया है? **SSC CGL Tier-2 20.01.2025**

(a) राउटर (Router)
(b) लेयर 3 स्विच (Layer 3 Switch)
(c) हब (Hub)
(d) ब्रिज (Bridge)

उत्तर (b)

• लोकल एरिया नेटवर्क (LAN) में लेयर 3 स्विच का उपयोग यह सुनिश्चित करने के लिए सबसे अधिक किया जाता है कि डेटा पैकेट को उसके MAC एड्रेस के आधार पर सही डिवाइस पर कुशलतापूर्वक अग्रेषित किया गया है।

• लेयर 3 स्विच एक प्रकार का नेटवर्क डिवाइस है, जो MAC एड्रेस के आधार पर डेटा को स्विच करने के साथ-साथ IP एड्रेस के आधार पर रूटिंग भी कर सकता है।

7. .... विधि का उपयोग सामान्यत: डेटा की इण्टीग्रिटी (Integrity) को वेरीफाई करने के लिए किया जाता है। **SSC CGL Tier-2 20.01.2025**

(a) कैशिंग (Caching)
(b) डुप्लिकेशन (Duplication)
(c) हैशिंग (Hashing)
(d) कम्प्रेशन (Compression)

उत्तर (c)

• हैशिंग विधि का उपयोग सामान्यत: डेटा की इण्टीग्रिटी को वेरीफाई करने के लिए किया जाता है। यह एक प्रक्रिया है, जिसमें डेटा के एक निश्चित आकार का हैश वैल्यू (या कोड) उत्पन्न किया जाता है। यदि डेटा में कोई बदलाव होता है, तो हैश वेल्यू भी बदल जाएगी, जिससे यह पता चलता है कि डेटा में कोई छेड़छाड़ की गई है।

8. डेस्कटॉप और लैपटॉप ऑपरेटिंग सिस्टम को एम्बेडेड सिस्टम की तुलना में अधिक उन्नत मेमोरी प्रबन्धन तकनीकों की आवश्यकता क्यों होती है? **SSC CGL Tier-2 20.01.2025**

(a) वे सीमित हार्डवेयर संसाधनों के कारण स्टेटिक मेमोरी एलोकेशन पर निर्भर करते हैं।
(b) वे अधिक हार्डवेयर संसाधनों का उपयोग करते हैं और उन्हें डायनामिक मेमोरी एलोकेशन (Allocation) की आवश्यकता होती है।
(c) वे एक समय में केवल एक ही एप्लीकेशन रन करते हैं, जिससे मेमोरी प्रबन्धन सरल हो जाता है।
(d) डेस्कटॉप और लैपटॉप ऑपरेटिंग सिस्टम के लिए मेमोरी प्रबन्धन आवश्यक नहीं है।

उत्तर (b)

• डेस्कटॉप और लैपटॉप ऑपरेटिंग सिस्टम को एम्बेडेड सिस्टम की तुलना में अधिक उन्नत मेमोरी प्रबन्धन तकनीकों की आवश्यकता होती है, क्योंकि वे अधिक हार्डवेयर संसाधनों का उपयोग करते हैं और उन्हें डायनामिक मेमोरी एलोकेशन (Allocation) की आवश्यकता होती है।

• इसके विपरीत, एम्बेडेड सिस्टम आमतौर पर सीमित संसाधनों और एक विशि कार्य को ध्यान में रखकर बनाए जाते हैं, इसलिए उन्हें अधिक जटिल मेमोरी प्रबन्धन की आवश्यकता नहीं होती।

9. विण्डोज़ में, सिस्टम सेटिंग्स को मॉडिफाई करते समय, यूजर अकाउण्ट कण्ट्रोल (UAC) की क्या भूमिका होती है? **SSC CGL Tier-2 20.01.2025**

(a) सॉफ्टवेयर अपडेट को स्वचालित बनाना।
(b) सिस्टम-वाइड परिवर्तन करने से पहले अनुमति के लिए प्रॉम्प्ट (Prompt) करना
(c) डिस्प्ले सेटिंग को एडजस्ट करना
(d) मेमोरी यूसेज और परफॉरमेंस को मॉनिटर करना

उत्तर (b)

• विण्डोज में, सिस्टम सेटिंग्स को मॉडिफाई करते समय, यूजर अकाउण्ट कण्ट्रोल (UAC) की भूमिका सिस्टम-वाइड परिवर्तन करने से पहले अनुमति के लिए प्रॉम्प्ट (Prompt) करना है।

• यूजर अकाउण्ट कण्ट्रोल (UAC) विण्डोज में एक सुरक्षा फीचर है जो सिस्टम में महत्त्वपूर्ण परिवर्तन करने से पहले यूजर से अनुमति प्राप्त करता है।

10. एमएस पावरप्वॉइण्ट में ब्लैंक प्रेजेण्टेशन क्रिएट करने के लिए सही चरण (steps) क्या है? **SSC CGL Tier-2 20.01.2025**

(a) File > New > Blank > Presentation
(b) New > Blank > Presentation > File
(c) File > Blank > Presentation > New
(d) Blank > Presentation > New > File

उत्तर (a)

• एमएस पावरप्वॉइण्ट में ब्लैंक प्रेजेण्टेशन क्रिएट करने के लिए सबसे पहले 'File' मेनू पर जाएँ, फिर 'New' पर क्लिक करें और अन्त में 'Blank Presentation' ऑप्शन का चयन करें।

11. निम्नलिखित में से कौन-सा परिदृश्य, सिस्टम सॉफ्टवेयर और एप्लीकेशन सॉफ्टवेयर की परस्पर निर्भरता को सही ढंग से स्प करता है? **SSC CGL Tier-2 20.01.2025**

(a) एक डिवाइस ड्राइवर जो प्रिण्टिंग कार्यक्षमता प्रदान करने के लिए एप्लीकेशन सॉफ्टवेयर के रूप में कार्य करता है।
(b) एक एण्टीवायरस प्रोग्राम, जो डिस्क स्कैन करने और मैलवेयर हटाने के लिए सिस्टम यूटिलिटी (System utilities) पर निर्भर होता है।
(c) एक वर्ड प्रोसेसर, जो किसी ऑपरेटिंग सिस्टम की आवश्यकता के बिना स्वतन्त्र रूप से कार्य करता है।
(d) एक ऑपरेटिंग सिस्टम, जिसमें हार्डवेयर संसाधनों को प्रबन्धित करने के लिए मीडिया प्लेयर की आवश्यकता होती है।

उत्तर (b)

• दिए गए विकल्पों में से 'एक एण्टीवायरस प्रोग्राम, जो डिस्क स्कैन करने और मैलवेयर हटाने के लिए सिस्टम यूटिलिटी (System Utility) पर निर्भर होता है।' विकल्प सिस्टम सॉफ्टवेयर और एप्लीकेशन सॉफ्टवेयर की परस्पर निर्भरता को सही ढ़ंग से स्प करता है।

• एण्टीवायरस प्रोग्राम एक एप्लीकेशन सॉफ्टवेयर है, जो मैलवेयर का पता लगाने और हटाने के लिए डिजाइन किया गया है। यह सिस्टम यूटिलिटीज (जो कि सिस्टम सॉफ्टवेयर का हिस्सा है) का उपयोग करता है।

12. ROM का उपयोग मुख्यत: निम्नलिखित में से किस उद्देश्य के लिए किया जाता है? **SSC CGL Tier-2 20.01.2025**

(a) रैण्डम डेटा एक्सेस
(b) BIOS या फर्मवेयर को स्टोर करना
(c) स्थायी एक्सेस के लिए फ़ाइलें स्टोर करना
(d) अस्थायी डेटा संग्रहण

उत्तर (b)

• ROM (रीड-ओनली मेमोरी) का मुख्य उद्देश्य स्थिर और स्थायी डेटा को स्टोर करना है, जैसे BIOS या फर्मवेयर, जो कम्प्यूटर या अन्य इलेक्ट्रॉनिक डिवाइस के प्रारम्भिक संचालन के लिए आवश्यक होते हैं। ROM में डेटा को स्थायी रूप से सेव किया जाता है और इसे उपयोगकर्ता द्वारा संशोधित नहीं किया जा सकता।

13. WAN संचार के लिए सामान्यत: किस प्रकार के मीडिया का उपयोग किया जाता है? **SSC CGL Tier-2 20.01.2025**

(a) एचडीएमआई केबल
(b) फाइबर ऑप्टिक केबल
(c) कोएक्सियल केबल
(d) ट्विस्टेड पेयर केबल

उत्तर (b)

• WAN (Wide Area Network) संचार के लिए सामान्यत: फाइबर ऑप्टिक केबल का उपयोग किया जाता है।

• फाइबर ऑप्टिक केबल उच्च गति और लम्बी दूरी तक डेटा संचारित करने में सक्षम होते है, क्योंकि ये लाइट सिग्नल का उपयोग करते हैं, जो अधिक तेज और कम क्षतिग्रस्त होते हैं।

14. PC पर पासवर्ड को इनेबल करने का उद्देश्य क्या होता है? **SSC CGL Tier-2 20.01.2025**

(a) PC के डेटा को प्रिण्ट करना
(b) सुरक्षा का एक अतिरिक्त स्तर प्रदान करना
(c) इंस्टॉल किए गए एप्लीकेशन को कम करना
(d) डेटा सिग्नल की स्ट्रैंथ (Strength) में सुधार करना

उत्तर (b)

• PC पर पासवर्ड को इनेबल करने का उद्देश्य सुरक्षा को बढ़ाना, सुरक्षा का एक अतिरिक्त स्तर प्रदान करना होता है। पासवर्ड से केवल अधिकृत उपयोगकर्ताओं को ही सिस्टम का एक्सेस मिल पाता है, जिससे डेटा और प्राइवेट जानकारी सुरक्षित रहती है।

15. मल्टीपार्ट ईमेल मैसेज में, Content-Type हेडर में बाउण्ड्री पैरामीटर क्या दर्शाता है? **SSC CGL Tier-2 20.01.2025**

(a) यह ईमेल की बॉडी को अटैचमेण्ट से अलग करता है।
(b) यह मल्टीपार्ट मैसेज में प्रत्येक भाग के आरम्भ और अन्त को चिह्नित करता है।
(c) यह प्रत्येक अटैचमेण्ट के फ़ाइल साइज़ को सीमित करता है।
(d) यह ईमेल मैसेज की लेंथ (length) निर्धारित करता है।

उत्तर (b)

• मल्टीपार्ट ईमेल मैसेज में, Content-Type हेडर में बाउण्ड्री, पैरामीटर मैसेज में प्रत्येक भाग के आरम्भ और अन्त को चिह्नित करता है। यह निर्धारित करता है कि प्रत्येक भाग (जैसे एक अटैचमेण्ट या सन्देश का एक हिस्सा) कहाँ शुरू होता है और कहाँ समाप्त होता है।

16. प्रत्येक ASCII कैरेक्टर का बिट में साइज़ कितना होता है? **SSC CGL Tier-2 20.01.2025**

(a) 8 बिट (b) 16 बिट (c) 4 बिट (d) 5 बिट

उत्तर (a)

• प्रत्येक ASCII कैरेक्टर का बिट में साइज 8 बिट होता है। ASCII में कुल 128 कैरेक्टर्स होते हैं और इन्हें 7 बिट्स में कोड किया जाता है, लेकिन आमतौर पर इनका प्रतिनिधित्व 8 बिट्स (1 बाइट) में किया जाता है।

17. एमएस वर्ड 2010 में, किसी पैराग्राफ में इण्डेण्ट बढ़ाने के लिए किस कीबोर्ड शॉर्टकट का उपयोग किया जाता है? **SSC CGL Tier-2 20.01.2025**

(a) Ctrl + U (b) Ctrl+K
(c) Ctrl+M (d) Ctrl+D

उत्तर (c)

• एमएस वर्ड 2010 में पैराग्राफ में इण्डेण्ट बढ़ाने के लिए Ctrl + M कीबोर्ड शॉर्टकट का उपयोग किया जाता है। जब आप इस शॉर्टकट का उपयोग करते हैं, तो पैराग्राफ का टेक्स्ट दाईं ओर शिफ्ट हो जाता है।

18. एमएस वर्ड में कौन-सा ऑप्शन, यूजर को डॉक्यूमेण्ट में टेक्स्ट को बाईं ओर, बीच में, दाईं ओर अलाइन करने या पूरे पेज पर इसे जस्टिफाई करने की सुविधा देता है? **SSC CGL Tier-2 20.01.2025**

(a) Text Direction: टेक्स्ट के ओरिएण्टेशन को बदलता है, जैसे लम्बवत् या क्षैतिज, लेकिन उसका एलाइनमेण्ट नहीं बदलता
(b) Line Spacing: टेक्स्ट की पंक्तियों के बीच के स्पेस को एडजस्ट करता है, लेकिन टेक्स्ट एलाइनमेण्ट को प्रभावित नहीं करता है
(c) Font Style: यह टेक्स्ट के अपीयरेन्स को बदलाव है, लेकिन उसके एलाइनमेण्ट को प्रभावित नहीं करता है।
(d) Paragraph Alignment : टेक्स्ट के एलाइनमेण्ट को बाईं ओर, बीच में, दाईं ओर एडजस्ट करता है या इसे जस्टिफाई करता है।

उत्तर (d)

• Paragraph Alignment ऑप्शन उपयोगकर्ता को एमएस वर्ड डॉक्यूमेण्ट में टेक्स्ट को बाईं ओर, बीच में, दाईं ओर अलाइन करने या पूरे पेज पर इसे जस्टिफाई करने की सुविधा देता है। आप इसे 'Home' टैब में 'Paragraph' सेक्शन से चुन सकते हैं, जहाँ आपको विभिन्न अलाइनमेण्ट ऑप्शन मिलते हैं।

19. सेण्ट्रल प्रोसेसिंग (CPU) यूनिट के सम्बन्ध में, निम्नलिखित में से कौन-सा/से कथन सही है/हैं? **SSC CGL Tier-2 20.01.2025**

1. CPU को प्राय: 'कम्प्यूटर का मस्ति' कहा जाता है।
2. CPU में तीन मुख्य इकाइयाँ होती हैं: नियन्त्रण इकाई (CU), अंकगणितीय तर्क इकाई (ALU) और कैश मेमोरी।

(a) केवल 1
(b) केवल 2
(c) 1 और 2 दोनों
(d) न तो 1 और न ही 2

उत्तर (a)

• सेण्ट्रल प्रोसेसिंग यूनिट (CPU) के सम्बन्ध में दिए गए दोनों कथनों में से केवल पहला कथन सही है।

• CPU को 'कम्प्यूटर का मस्तिष्क कहा जाता है, क्योंकि यह सभी प्रमुख संचालन (जैसे डेटा प्रोसेसिंग, नियन्त्रण और निर्देश निादन) करता है। दूसरा कथन गलत है, क्योंकि कैश मेमोरी CPU की तीन मुख्य इकाइयों में से एक नहीं है।

20. कम्प्यूटर के वायरस से संक्रमित (Infected) होने का सामान्य संकेत क्या है?
SSC CGL Tier-2 20.01.2025

(a) तीव्रतर (Faster) सिस्टम बूट समय
(b) हार्ड ड्राइव स्पेस में वृद्धि
(c) सिस्टम सुरक्षा में सुधार
(d) सिस्टम का असामान्य रूप से धीमा होना और अप्रत्याशित त्रुटियाँ (Error)

उत्तर (d)

• कम्प्यूटर वायरस के संक्रमण से सिस्टम का प्रदर्शन धीमा हो सकता है और अप्रत्याशित त्रुटियाँ (Errors) उत्पन्न हो सकती हैं।
• वायरस सिस्टम के सामान्य संचालन में हस्तक्षेप करता है, जिससे प्रक्रियाएँ धीमी हो जाती हैं और समस्याएँ सामने आती हैं।

21. एमएस पावरप्वॉइण्ट में प्रेजेण्टेशन क्रिएट करते समय टेम्पलेट का उपयोग करने का मुख्य उद्देश्य क्या है? **SSC CGL Tier-2 18.01.2025**

(a) कंसिस्टेंसी और प्रोफेशनलिज्म सुनिश्चित करना
(b) स्लाइडों में इण्टरैक्टिव क्विज़ेस (Interactive quizzes) क्रिएट करना
(c) मल्टीमीडिया कण्टेण्ट को स्वचालित रूप से इन्सर्ट करना
(d) कॉम्प्लेक्स एनिमेशन को आसानी से ऐड (add) करना

उत्तर (a)

• टेम्पलेट का उपयोग पावरप्वॉइण्ट में प्रेजेण्टेशन को व्यवस्थित और आकर्षक बनाने के लिए किया जाता है, जिससे स्लाइडों का स्वरूप और डिजाइन समान रहता है और पेशेवर दिखता है।

22. सूची I में फ़ाइल लोकेटिंग फीचर का सूची II में उनकी संगत कार्यक्षमताओं से मिलान कीजिए। **SSC CGL Tier-2 18.01.2025**

सूची I	सूची II
A. सर्च बार (Search Bar)	1. हाल ही में एक्सेस की गई फाइलों और फोल्डरों को प्रदर्शित करता है
B. क्विक एक्सेस (Quick Access)	2. एट्रिब्यूट (attributes) के द्वारा फाइलों को ग्रुपिंग (grouping) करने और सॉर्टिंग (sorting) करने की सुविधा देता है
C. वाइल्डकार्ड्स (Wildcards)	3. आंशिक नामों वाली फाइलों के लिए सर्च को रिफाइन करता है
D. फाइल सॉर्टिंग (File Sorting)	4. कीवर्ड टाइप करके फ़ाइलों और फोल्डरों को लोकेट करता है

कूट

	A	B	C	D		A	B	C	D
(a)	2	4	1	3	(b)	3	2	1	4
(c)	1	3	2	4	(d)	4	1	3	2

उत्तर (d)

• सही सुमेलन A-4, B-1, C-3, D-2 है।
1. सर्च बार (Search Bar) का उपयोग फाइलों और फोल्डर्स को खोजने के लिए किया जाता है, जहाँ यूजर कीवर्ड टाइप करके उन्हें ढूँढ सकते हैं।
2. क्विक एक्सेस (Quick Access) एक विशेषता है, जो हाल ही में खोली गई फाइल्स और फोल्डर्स को प्रदर्शित करती है, जिससे उन्हें फिर से खोला जा सके।
3. वाइल्डकार्ड्स (Wildcards) जैसे * या ? का उपयोग आंशिक नामों वाली फाइलों को खोजने के लिए किया जाता है। यह सर्च को और अधिक सटीक बनाता है।
4. फाइल सॉर्टिंग (File Sorting) यह सुविधा एट्रिब्यूट्स (जैसे नाम, तारीख, प्रकार आदि) के आधार पर फाइलों को क्रमबद्ध और सामूहित करने की अनुमति देती है।

23. निम्नलिखित में से कौन-सी तकनीक, वेब ब्राउज़र से परे अतिरिक्त सॉफ़्टवेयर या हार्डवेयर की आवश्यकता के बिना इण्टरनेट पर वास्तविक समय संचार, जैसे वॉयस और वीडियो कॉल की सुविधा देती है?
SSC CGL Tier-2 18.01.2025

(a) Email (b) FTP
(c) WebRTC (d) VoIP

उत्तर (c)

• Web RTC एक तकनीक है, जो वेब ब्राउजर से परे किसी अतिरिक्त सॉफ्टवेयर या हार्डवेयर की आवश्यकता के बिना, इण्टरनेट पर वास्तविक समय संचार की अनुमति देती है; जैसे कि वॉइस और वीडियो कॉल।

24. एमएस एक्सेल 2003 में, एक कॉलम में अधिकतम कितने कैरेक्टर समायोजित किए जा सकते हैं? **SSC CGL Tier-2 18.01.2025**

(a) 65536 कैरेक्टर
(b) 255 कैरेक्टर
(c) 1064 कैरेक्टर
(d) 512 कैरेक्टर

उत्तर (b)

• एमएस एक्सेल 2003 में, एक कॉलम में अधिकतम 255 कैरेक्टर समायोजित किए जा सकते हैं। यह सीमा टेक्स्ट और संख्याओं दोनों पर लागू होती है।

25. निम्नलिखित में से कौन-सा विकल्प, इलेक्ट्रॉनिक मेल (ई-मेल) का सर्वोत्तम वर्णन करता है? **SSC CGL Tier-2 18.01.2025**

(a) क्लाउड पर डिजिटल फ़ाइलों को स्टोर करने की एक प्रणाली
(b) इण्टरनेट के माध्यम से फोन कॉल करने के लिए उपयोग की जाने वाली एक सेवा
(c) कम्प्यूटर नेटवर्क पर इलेक्ट्रॉनिक रूप से सन्देश भेजने की एक विधि
(d) एक प्रकार की सुरक्षित ऑनलाइन ट्रांजेक्शन प्रणाली।

उत्तर (c)

• इलेक्ट्रॉनिक मेल (ई-मेल) एक ऐसी सेवा है, जिससे इण्टरनेट या अन्य कम्प्यूटर नेटवर्क के माध्यम से सन्देश, फाइलें और अन्य डेटा भेजे जाते हैं। इसमें सन्देश तैयार करना, भेजना और प्राप्त करना शामिल होता है।

26. किस प्रकार का वायरस, फ्लॉपी डिस्क के बूट सेक्टर या हार्ड डिस्क के मास्टर बूट रिकॉर्ड (MBR) को संक्रमित (Infect) करता है?
SSC CGL Tier-2 18.01.2025

(a) बूट सेक्टर वायरस
(b) रेजिडेण्ट वायरस
(c) डायरेक्ट एक्शन वायरस
(d) मैक्रो वायरस

उत्तर (a)

• बूट सेक्टर वायरस एक प्रकार का वायरस है, जो फ्लॉपी डिस्क के बूट सेक्टर या हार्ड डिस्क के मास्टर बूट रिकॉर्ड (MBR) को संक्रमित करता है। यह वायरस सिस्टम को बूट करते समय सक्रिय होता है और फिर अन्य डिस्कों या डिवाइसिस को संक्रमित कर सकता है।

27. एमएस वर्ड में कौन-सा फीचर, यूजर को हैडिंग, टाइटल और सब-टाइटल जैसे टेक्स्ट एलिमेण्ट में एक कंसिस्टेण्ट लुक अप्लाई करने की सुविधा देता है?
SSC CGL Tier-2 18.01.2025

(a) Macros (b) Styles
(c) Table (d) Template

उत्तर (b)

• एमएस वर्ड में 'Styles' फीचर यूजर को हेडिंग, टाइटल और सब टाइटल जैसे टेक्स्ट एलिमेण्ट्स में एक कन्सिस्टेण्ट लुक अप्लाई करने की सुविधा देता है। इससे आप जल्दी से एक समान फॉर्मेटिंग सेट कर सकते हैं और उसे पूरे डॉक्यूमेण्ट में लागू कर सकते हैं।

28. एमएस वर्ड 2010 में, बुलेट्स ऐड (add) करने के लिए किस कीबोर्ड शॉर्टकट का उपयोग किया जाता है? **SSC CGL Tier-2 18.01.2025**

(a) Ctrl+Shift+L (b) Ctrl+Alt+ L
(c) Ctrl +L (d) Shift + L

उत्तर (a)

• एमएस वर्ड 2010 में बुलेट्स जोड़ने के लिए Alt+Shift+L कीबोर्ड शॉर्टकट का उपयोग किया जाता है। यह चयनित टेक्स्ट पर जल्दी से बुलेट प्वॉइण्ट्स लागू कर देता है।

कम्प्यूटर के अन्य प्रश्नों के लिए, दिए गए QR Code को Scan करें।

POWER PACK

arihant
SUCCESS AND NOTHING LESS

नवीनतम्
करेण्ट अफेयर्स

सभी SSC परीक्षाओं के उपयोगी संकलन

करेण्ट अफेयर्स

- राष्ट्रीय परिदृश्य
- अन्तर्राष्ट्रीय परिदृश्य
- चर्चित व्यक्तित्व
- चर्चित स्थान
- योजना/कार्यक्रम अभियान
- ऐप/पोर्टल
- सूचकांक/रिपोर्ट
- सैन्य अभ्यास/अभियान
- खेल–खिलाड़ी
- पुरस्कार/सम्मान
- कौन क्या है?

राष्ट्रीय परिदृश्य

- **वर्ष 2025 सुधारों का वर्ष** वर्तमान एवं भविष्य के सुधारों को गति देने के लिए रक्षा मन्त्रालय ने वर्ष 2025 को 'सुधार वर्ष' के रूप में मनाने का निर्णय लिया। इसका उद्देश्य सशस्त्र बलों को तकनीकी रूप से उन्नत और युद्धक 'परिस्थितियों से निपटने के लिए तैयार बल में रूपान्तरित करना है, जो बहु-क्षेत्रीय एकीकृत संचालन में सक्षम हो।
- भारतीय जनता पार्टी (बीजेपी) ने दिल्ली विधानसभा की 48 सीटें जीतकर 27 वर्षों बाद वापसी की है। 20 फरवरी, 2025 को रेखा गुप्ता दिल्ली की नई मुख्यमन्त्री बनीं। 70 सदस्यीय दिल्ली विधानसभा के चुनाव 5 फरवरी, 2025 को सम्पन्न हुए, जबकि परिणाम 8 फरवरी, 2025 को जारी किया गया।
- 29 जनवरी, 2025 को भारतीय अन्तरिक्ष अनुसन्धान संगठन (इसरो) ने श्रीहरिकोटा के सतीश धवन अन्तरिक्ष केन्द्र से अपना **100वाँ प्रक्षेपण** सफलतापूर्वक लॉन्च किया। इस मिशन में जियोसिंक्रोनस सैटेलाइट लॉन्च व्हीकल (GSL-V-F15) से लॉन्च किया गया, जिसने NVS-02 उपग्रह को उसकी कक्षा में स्थापित किया।
- 28 जनवरी, 2025 को मध्य प्रदेश के इन्दौर व राजस्थान के उदयपुर शहर को रामसर कन्वेंशन के तहत देश के पहले **वेटलैण्ड सिटी** के रूप में मान्यता प्रदान की गई। यह मान्यता शहरी क्षेत्रों में वेटलैण्ड्स के महत्त्व और उनके संरक्षण की आवश्यकता को दर्शाती है।
- 27 जनवरी, 2025 को विदेश व्यापार महानिदेशालय (DGFT) ने उन्नत इलेक्ट्रॉनिक सर्टिफिकेट ऑफ ओरिजन (e-Coo)-2.0 प्रणाली शुरू की। इस अपग्रेड का उद्देश्य निर्यातकों के लिए प्रमाणन प्रक्रिया को सरल बनाना व व्यापार दक्षता में सुधार करना है।
- 26 जनवरी, 2025 को 76वें गणतन्त्र दिवस समारोह का आयोजन नई दिल्ली के **कर्त्तव्य पथ** पर किया गया। इस वर्ष इस दिवस की थीम- 'स्वर्णिम भारत विरासत और विकास' रही। वर्ष 2025 में इस समारोह के मुख्य अतिथि इण्डोनेशियाई राष्ट्रपति **प्रबावो सुबियांतो** रहे।
- 16 जनवरी, 2025 को भारत सरकार ने केन्द्रीय सरकारी कर्मचारियों व पेंशनभोगियों के लिए 8वें वेतन आयोग के गठन की घोषणा की। 7वें वेतन आयोग का कार्यकाल वर्ष 2026 में समाप्त होगा।
- **18वें प्रवासी भारतीय दिवस सम्मेलन** का आयोजन (8-10 जनवरी, 2025) **भुवनेश्वर** (ओडिशा) में किया गया। इस सम्मेलन का विषय 'विकसित भारत में प्रवासी भारतीयों का योगदान' रहा।
- जम्मू-कश्मीर के रियासी जिले में स्थित **अंजी-खाद रेल पुल** का उद्घाटन 8 जनवरी, 2025 को किया गया। यह भारत का पहला केबल-स्टेड रेल पुल है, जिसकी लम्बाई 725.5 मी है।
- **गुरु घासीदास-तिमोर पिंगला** वन्यजीव अभयारण्य (छत्तीसगढ़) तथा **रातापानी वन्यजीव अभयारण्य** (मध्य प्रदेश) को क्रमशः देश का 56**वाँ** व **57वाँ** टाइगर रिजर्व घोषित किया गया है।
- भारत की पहली **ग्रीन हाइड्रोजन हब** (GHH) **परियोजना** की शुरुआत पुदिमदका, विशाखापत्तनम (आन्ध्र प्रदेश) में की गई। इसका उद्देश्य भारत में ग्रीन हाइड्रोजन उत्पादन क्षमता बढ़ाना है।

किसान कवच, भारत का पहला स्वदेशी कीटनाशक बॉडी सूट है, जिसे 20 दिसम्बर, 2024 को विज्ञान व प्रौद्योगिकी मन्त्रालय द्वारा लॉन्च किया गया। इस सूट का उद्देश्य किसानों को कीटनाशकों के हानिकारक प्रभावों से बचाना है।

- **ग्रामीण भारत महोत्सव** का आयोजन जनवरी, 2025 भारत मण्डपम् (नई दिल्ली) में किया गया। इस महोत्सव की थीम-'विकसित भारत @ 2047 के लिए सक्षम ग्रामीण भारत का निर्माण' थी।
- भारत सरकार ने **सकल घरेलू उत्पाद** (GDP) की गणना के लिए आधार वर्ष को 2011-12 से संशोधित कर वर्ष 2022-23 किया है।
- भारत के पहले **ग्रीन हाइड्रोजन फ्यूलिंग** स्टेशन का शुभारम्भ 25 नवम्बर, 2024 को लेह (लद्दाख) में किया गया। यह विश्व में सर्वाधिक ऊँचाई पर स्थापित फ्यूल स्टेशन है।
- दिसम्बर, 2024 में **पंजाब** हर घर जल स्कीम के तहत ग्रामीण घरों में **100%** पाइप से जलापूर्ति करने वाला देश का **5वाँ** राज्य बन गया है।
- **43वाँ भारतीय अन्तर्राष्ट्रीय व्यापार मेला** 14 नवम्बर से 27 नवम्बर, 2024 के बीच नई दिल्ली के भारत मण्डपम् में आयोजित किया गया। इस मेले की थीम (विषय) **विकसित भारत @2047** थी।
- भारतीय अन्तरिक्ष अनुसन्धान संगठन (इसरो) द्वारा नवम्बर, 2024 में लेह (लद्दाख) में भारत का पहला **एनालॉग अन्तरिक्ष मिशन** लॉन्च किया गया। इस मिशन का उद्देश्य अन्तरिक्ष वातावरण प्रणालियों का परीक्षण करना है।

केन्द्रीय बजट 2025-26

1 फरवरी, 2025 को वित्तमन्त्री निर्मला सीतारमण द्वारा केन्द्रीय बजट 2025-26 पेश किया गया।

प्रमुख बिन्दु

- देश की स्वास्थ्य सेवा प्रणाली के विकास, रखरखाव और सुधार के लिए ₹ 98,311 करोड़ का आवण्टन।
- अनुपालन को सरल बनाने और मध्यम वर्ग को राहत देने के लिए नया आयकर विधेयक। विधेयक में ₹ 12 लाख (पूंजीगत लाभ को छोड़कर)।
- **किसान क्रेडिट कार्ड ऋण** सीमा बढ़ाकर ₹ 5 लाख की जाएगी।
- **जन विश्वास विधेयक 2.0** पेश किया गया, ताकि व्यावसायिक कानूनों को और अधिक गैर-अपराधी बनाया जा सके।परमाणु ऊर्जा मिशन के लिए ₹ 20,000 करोड़ का आवण्टन।
- 1 करोड़ गिग वर्कर्स को लाभ पहुँचाने के लिए **ई-श्रम पोर्टल** का नवीनीकरण किया गया।
- पीएम गति शक्ति डेटा अब निजी क्षेत्र के लिए सुलभ है।
- टीडीएस, टीसीएस को सरल बनाया गया; किराए, एलआरएस और शिक्षा ऋण के लिए अधिक छूट।
- 50,000 **अटल टिंकरिंग लैब**, भारतीय भारत पुस्तक योजना और आईआईटी विस्तार से भारत में नवाचार को बढ़ावा मिलेगा।
- प्रधानमन्त्री धन धान्य कृषि योजना की घोषणा बजट में की गई।
- चिकित्सा पर्यटन और स्वास्थ्य सेवा के बुनियादी ढाँचे को बढ़ावा देने के लिए **हील इन इंडिया** पहल।
- 1 के स्थान पर 2 स्व-कब्जे वाली संपत्तियों का मूल्य 'शून्य' हो सकता है।
- अद्यतन कर रिटर्न दाखिल करने की समय सीमा 2 वर्ष से बढ़ाकर 4 वर्ष कर दी गई है।
- एलआरएस प्रेषण पर टीसीएस की सीमा ₹ 7 लाख से बढ़ाकर ₹ 10 लाख कर दी गई है।

आर्थिक सर्वेक्षण 2024-25

- 31 जनवरी, 2025 को केन्द्रीय वित्त मन्त्री निर्मला सीतारमण ने संसद में आर्थिक सर्वेक्षण-2024-25 प्रस्तुत किया। यह आर्थिक सर्वेक्षण भारत के लक्ष्य विकसित 'भारत 2047' पर केन्द्रित है।

प्रमुख बिन्दु

- भारत का सकल घरेलू उत्पाद (GDP) वित्तीय वर्ष 2025-26 में **6.3%-6.8%** के बीच बढ़ने का अनुमान है।
- वित्तीय वर्ष 2024-25 में भारत की वास्तविक जीडीपी 6.4% बढ़ने का अनुमान है, जो कृषि व सेवाओं द्वारा संचालित होगी, जबकि विनिर्माण को चुनौतियों का सामना करना पड़ेगा।

क्षेत्रकवार प्रदर्शन

- **कृषि** रिकॉर्ड खरीफ उत्पादन हुआ और मजबूत ग्रामीण माँग के कारण वित्तीय वर्ष 2025 में 3.8% की वृद्धि हुई।
- **उद्योग व विनिर्माण** वित्तीय वर्ष 2025 में 6.2% की वृद्धि हुई, परन्तु कमजोर वैश्विक माँग के कारण विनिर्माण धीमा हुआ।
- **सेवाएँ** वित्तीय वर्ष 2025 में 7.2% की दर से सबसे तेजी से बढ़ने वाला क्षेत्र बना, जिसका नेतृत्व सूचना प्रौद्योगिकी, वित्त व अतिक्ष्य द्वारा किया गया।

- आरबीआई व आईएमएफ (IMF) के अनुसार भारत की उपभोक्त मूल्य स्फीति वित्तीय वर्ष 2026 में 4% अनुमानित है।

- भारत में बेरोजगारी दर 2017-18 के 6% की तुलना में घटकर 2023-24 में 3.2% रह जाने से भारतीय श्रम बाजार के संकेतकों में सुधार हुआ है।
- भारत विश्व में **धन प्रेषण** का शीर्ष प्राप्तकर्ता बना रहा है, जिससे चालू खाता घाटे को GDP के 1.5% पर बनाए रखने में सहायता मिली।

अन्तर्राष्ट्रीय परिदृश्य

- **म्युनिख सुरक्षा सम्मेलन 2025** का आयोजन 14-16 फरवरी, 2025 में किया गया, जिसमें अन्तर्राष्ट्रीय सुरक्षा नीति पर विचार किया गया।
- **हिन्द महासागर सम्मेलन 2025** का आयोजन मस्कट (ओमस) में 16 फरवरी, 2025 को किया गया, जिसका उद्देश्य क्षेत्रीय सहयोग को मजबूत बनाना है।
- **विश्व स्वास्थ्य संगठन** (WHO) द्वारा 27 जनवरी, 2025 को जॉर्जिया को आधिकारिक रूप से मलेरिया मुक्त प्रमाणित किया गया। इस प्रमाणन के साथ जॉर्जिया उन 45 अन्य देशों में शामिल हो गया, जो मलेरिया मुक्त प्रमाणित हैं।
- 28 जनवरी, 2025 को अफ्रीकी देश तंजानिया के दार एस सलाम में **अफ्रीका ऊर्जा शिखर सम्मेलन** आयोजित हुआ। यह शिखर सम्मेलन विश्व बैंक और अफ्रीकी विकास बैंक की पहल 'मिशन-300' का हिस्सा था। इस शिखर सम्मेलन का लक्ष्य वर्ष 2030 तक उप-सहारा अफ्रीका में 300 मिलियन लोगों को बिजली उपलब्ध कराना है।
- **इण्टरनेशनल बिग कैट अलायन्स** (IBCA) इण्टरनेशनल बिग कैट अलायन्स (IBCA) में भारत जनवरी, 2025 को आधिकारिक रूप से शामिल हुआ। यह एक सन्धि-आधारित अन्तर-सरकारी संगठन और अन्तर्राष्ट्रीय विधिक इकाई बन गया। IBCA का शुभारम्भ प्रधानमन्त्री द्वारा वर्ष 2023 में प्रोजेक्ट टाइगर की 50वीं वर्षगाँठ पर किया गया था। इस पहल का मुख्य उद्देश्य बिग कैट की सात प्रमुख प्रजातियों का संरक्षण करना है, जिनमें बाघ, शेर, तेंदुआ, हिम तेंदुआ, चीता, जगुआर और प्यूमा शामिल हैं।
- **त्रिनिदाद और टोबैगो में आपातकाल** दिसम्बर 2024 में त्रिनिदाद और टोबैगो ने देश में सामूहिक हिंसा में वृद्धि के बाद आपातकाल घोषित कर दिया, जिसके परिणामस्वरूप वर्ष 2013 के बाद से वार्षिक मृत्यु दर उच्चतम हो गई थी। इससे पहले आपातकाल की घोषणा वर्ष 2014 में सामूहिक हिंसा के लिए तथा वर्ष 2021 में कोविड-19 प्रतिबन्धों के लिए की गई थी।
- **मैक्सिको की खाड़ी और डेनाली के नाम** जनवरी, 2025 को अमेरिकी राष्ट्रपति डोनाल्ड ट्रम्प ने अमेरिकी महानता के सम्मान में मैक्सिको की खाड़ी (Gulf of Mexico) का नाम बदलकर अमेरिका की खाड़ी (Gulf of America) करने तथा उत्तर अमेरिका की सबसे ऊँची पर्वत चोटी डेनाली का नाम बदलकर माउण्ट मैकिन्ले करने के कार्यकारी आदेश पर हस्ताक्षर किए।
- **डायनासोर हाईवे** जनवरी, 2025 को इंग्लैण्ड के ऑक्सफोर्डशायर के डेवर्सफार्म क्वारी में खोजे गए तथा बड़ी संख्या में पाए गए पैरों के निशानों के कारण इस स्थान को 'डायनासोर हाईवे' का उपनाम दिया गया। इन पैरों के निशानों में सॉरोपोड्स (सीटिओसॉरस 60 फीट तक) जैसे बड़े शाकाहारी जीव एवं मेगालोसॉरस (तीन-पंजे के निशान वाला 30 फीट लम्बा मांसाहारी जीव) के निशान शामिल हैं।
- **भारत सौर गठबन्धन का अध्यक्ष** नवम्बर, 2024 में भारत को वर्ष 2024-2026 तक की अवधि के लिए अन्तर्राष्ट्रीय सौर गठबन्धन (ISA) का अध्यक्ष (President) चुना गया। इसके साथ ही फ्रांस को इस संगठन के सह-अध्यक्ष (Co-President) के रूप में चुना गया है। आईएसए असेम्बली (ISA Assembly) ने स्थायी समिति (Standing Committee) के लिए 8 उपाध्यक्षों का भी चुनाव किया। इनका चुनाव आईएसए की चार क्षेत्रीय श्रेणियों (RegionalCategories) में से किया गया तथा प्रत्येक श्रेणियों से दो प्रतिनिधि शामिल हैं।

इण्डोनेशिया 7 जनवरी, 2025 को **ब्रिक्स समूह** का पूर्ण सदस्य बन गया। इसके साथ ही ब्रिक्स (BRICS) के सदस्य देशों की संख्या 10 हो गई है।

- **नेपाल-तिब्बत सीमा** पर 7 जनवरी, 2025 को आए 7.1 तीव्रता के भूकम्प से 186 लोगों की मृत्यु हो गई। इस भूकम्प का केन्द्र **शिबागे** (तिब्बत) में था।
- **न्यूयॉर्क** (यूएसए) 6 जनवरी, 2025 को भीड़-भाड़ मूल्य निर्धारण लागू करने वाला विश्व का पहला शहर बन गया है।
- **बाल्ड ईगल** (Bald Eagle) को 28 दिसम्बर, 2024 को संयुक्त राज्य अमेरिका का राष्ट्रीय पक्षी घोषित किया गया।

- **गढ़ीमाई महोत्सव** दिसम्बर, 2024 में **नेपाल** में मनाया गया। यह महोत्सव प्रत्येक 5 वर्ष में आयोजित किया जाता है। यह विश्व का **सबसे बड़ा पशु-बलिदान मेला** है।
- आर्मेनिया, नवम्बर, 2024 में **अन्तर्राष्ट्रीय सौर गठबन्धन** (ISA) का पूर्णकालिक 104वाँ सदस्य बन गया। यह काकेशियन प्रक्षेत्र का पहला देश है, जो ISA में शामिल हुआ है।
- **16वें ब्रिक्स शिखर सम्मेलन** का आयोजन 22-24 अक्टूबर, 2024 के बीच **कजान** (रूस) में किया गया। सम्मेलन की थीम 'न्यायसंगत वैश्विक विकास और सुरक्षा के लिए बहुपक्षवाद को सुदृढ़ करना' थी।
- **19वाँ जी-20 शिखर सम्मेलन** 18-19 नवम्बर, 2024 के मध्य **रियो-डी-जिनेरियो** (ब्राजील) में आयोजित किया गया। इस सम्मेलन की थीम-'एक न्यायपूर्ण विश्व व टिकाऊ ग्रह का निर्माण' था।
- यू.एस.ए. की अन्तरिक्ष एजेन्सी 'स्पेसएक्स' द्वारा 19 नवम्बर, 2024 को भारत के संचार उपग्रह **GSAT-N2** का सफल प्रक्षेपण किया गया।

चर्चित व्यक्तित्व

- **रेखा गुप्ता** को दिल्ली के मुख्यमन्त्री पद की शपथ 20 फरवरी, 2025 को दिलाई गई। वह दिल्ली की चौथी महिला मुख्यमन्त्री हैं।
- **वी. नारायणन** को भारतीय अन्तरिक्ष अनुसन्धान संगठन (इसरो) का अध्यक्ष नियुक्त किया गया। इन्होंने इसरो के अध्यक्ष के रूप में एस. सोमनाथ का स्थान ग्रहण किया है।
- **राजगोपाला चिदम्बरम्** का 4 जनवरी, 2025 को मुम्बई में निधन हो गया। वह भारतीय परमाणु कार्यक्रम के प्रणेता तथा भारत सरकार के दूसरे वैज्ञानिक सलाहकार (2002-2018) रहे थे।

- **जाकिर हुसैन** का 15 दिसम्बर, 2024 को सैन फ्रांसिस्को में निधन हो गया। जाकिर हुसैन ने चार बार ग्रैमी अवॉर्ड्स जीता। वर्ष 2023 में 'पद्म विभूषण' से अलंकृत हुसैन का सम्बन्ध तबला वादन के **पंजाब घराने** से था।
- **डॉ. मनमोहन सिंह** का 26 दिसम्बर, 2024 को दिल्ली में निधन हो गया। वह लगातार दो कार्यकालों (2004-2014) के लिए भारत के प्रधानमन्त्री रहे। इसके अतिरिक्त वह वित्त सचिव, यूजीसी अध्यक्ष, आरबीआई गवर्नर तथा वित्त मन्त्री के पद पर भी रहे।

- **मदन बी. लोकुर** को संयुक्त राष्ट्र की आन्तरिक न्यास परिषद् (IJC) का अध्यक्ष नियुक्त किया गया है। वह वर्ष 2012-18 तक सुप्रीम कोर्ट के न्यायाधीश रहे हैं।

श्याम बेनेगल का 23 दिसम्बर, 2024 को मुम्बई में निधन हो गया। बेनेगल ने फिल्मों में **समानान्तर सिनेमा** के रूप में एक नए युग की शुरुआत की। बेनेगल को वर्ष 1991 में 'पद्म भूषण' तथा वर्ष 2007 में दादा साहेब फाल्के सम्मान प्रदान किया गया। वह राज्यसभा सदस्य (2006-2012) तथा 8 बार नेशनल फिल्म अवॉर्ड प्राप्त करने वाले एकमात्र फिल्म निर्माता-निर्देशक थे।

- **एम एस कृष्णा** का निधन 10 दिसम्बर, 2024 को बेंगलुरु (कर्नाटक) में हो गया। वह डॉ. मनमोहन सिंह की कैबिनेट में विदेश मन्त्री (2009-2004) रहे। एम एस कृष्णा वर्ष 1999-2004 के बीच कर्नाटक के मुख्यमन्त्री भी रहे।
- **बिबेक देबरॉय** का निधन 1 नवम्बर, 2024 को नई दिल्ली में हो गया। वर्ष 2017-18 में वह प्रधानमन्त्री के आर्थिक सलाहकार परिषद् के अध्यक्ष थे। प्रसिद्ध अर्थशास्त्री बिबेक देबरॉय को वर्ष 2015 में पदमश्री से अलंकृत किया गया था।
- **के. संजय मूर्ति** को 18 नवम्बर, 2024 को नए CAG के रूप में नियुक्ति प्रदान की गई। वर्ष 1988 में सिविल सेवा के लिए चयनित संजय मूर्ति ने कैग के रूप में जीसी मुर्मू का स्थान ग्रहण किया।
- **संजीव खन्ना** ने सर्वोच्च न्यायालय के मुख्य न्यायाधीश के रूप में 11 नवम्बर, 2024 को पद ग्रहण किया तथा सर्वोच्च न्यायालय के 51वें मुख्य न्यायाधीश बने। वह 18 जनवरी, 2019 को सर्वोच्च न्यायालय में न्यायाधीश नियुक्त किए गए थे।

- **कतर के अमीर**, अमीर तामिन बिन हमद अल थानी ने 18-19 फरवरी,2025 को भारत की राजकीय यात्रा की तथा द्विपक्षीय सम्बन्धों से जुड़े मुद्दों पर हस्ताक्षर किया।

- **डोनाल्ड ट्रम्प** ने अमेरिका के 47वें राष्ट्रपति के रूप में शपथ ग्रहण की। रिपब्लिकन उम्मीदवार के रूप में ट्रम्प ने डेमोक्रेटिक उम्मीदवार कमला हैरिस को हराकर राष्ट्रपति चुनाव जीता।
- **जस्टिन ट्रूडो** ने 8 जनवरी, 2025 को कनाडा के प्रधानमन्त्री पद से इस्तीफा दिया। ये वर्ष 2015 से 2025 के बीच कनाडा के प्रधानमन्त्री रहे। ये कनाडा के दूसरे सबसे युवा प्रधानमन्त्री रहे।
- **श्रीराम कृष्णन** अमेरिका के नवनिर्वाचित राष्ट्रपति डोनाल्ड ट्रम्प द्वारा आर्टिफिशियल इण्टेलिजेन्स पर व्हाइट हाउस में वरिष्ठ नीति सलाहकार नियुक्त किए गए हैं।
- **क्रिस्ट्रुन फ्रॉस्टडॉटिर** दिसम्बर, 2024 में आइसलैण्ड की सबसे युवा प्रधानमन्त्री निर्वाचित हुई हैं। वह सोशल डेमोक्रेटिक एलायंस राजनीतिक दल से सम्बन्धित हैं।
- **जिमी कार्टर** 29 दिसम्बर, 2024 को 100 वर्ष की आयु में निधन हो गया। वह यूएसए के 39वें राष्ट्रपति [1976-1980] थे।
  विश्व शान्ति के लिए उल्लेखनीय योगदान हेतु वर्ष 2002 में उन्हें 'शान्ति का नोबेल पुरस्कार' प्रदान किया गया था।
- **जोवियर मिलेई** (अर्जेण्टीना के वर्तमान राष्ट्रपति) को दिसम्बर, 2024 में इटली की नागरिकता प्रदान की गई। राष्ट्रपति के रूप में किसी अन्य देश की नागरिकता प्राप्त करने वाले मिलेई पहले व्यक्ति हैं।
  मासातों कांडा को एशियाई विकास बैंक (ADB) के 11वें अध्यक्ष के रूप में 28 नवम्बर, 2024 को नियुक्ति प्रदान की गई। मासातों कांडा विश्व बैंक में जापान के कार्यकारी निदेशक के पद पर कार्य कर चुके हैं।

चर्चित स्थान

राष्ट्रीय

चर्चित स्थल	*विशेष तथ्य*
केसलापुर गाँव (तेलंगाना)	28 जनवरी, 4 फरवरी, 2025 के मध्य तेलंगाना के केसलापुर गाँव मे **नागोबा जतरा** नामक आदिवासी त्योहार का आयोजन किया गया। यह भारत का **दूसरा सबसे बड़ा** आदिवासी मेला है, जो गोण्ड समुदाय की समृद्ध सांस्कृतिक विरासत व परम्पराओं को दर्शाता है।
प्रयागराज (उत्तर प्रदेश)	13 जनवरी से 26 फरवरी, 2025 के बीच **महाकुम्भ** का आयोजन। प्रयागराज को संगम नगरी के नाम से भी जानते हैं, जहाँ गंगा और यमुना नदी का संगम है।
जम्मू (जम्मू-कश्मीर)	6 जनवरी, 2025 को प्रधानमन्त्री नरेन्द्र मोदी ने जम्मू को भारतीय रेलवे का **59वाँ डिवीजन** घोषित किया। जम्मू को फिरोजपुर डिवीजन से अलग कर नया डिवीजन बनाया गया है।
कन्याकुमारी (तमिलनाडु)	1 जनवरी, 2025 को भारत का **पहला ग्लास-सी ब्रिज** का उद्घाटन किया गया। यह ब्रिज तिरुवल्लूवर प्रतिमा व विवेकानन्द रॉक मेमोरियल को जोड़ता है।
नागपुर (महाराष्ट्र)	29 दिसम्बर, 2024 को भारत के पहले **बायो - बिटुमेन राष्ट्रीय राजमार्ग** का शुभारम्भ
इन्दौर (मध्य प्रदेश)	27 दिसम्बर, 2024 को इन्दौर अन्तर्राष्ट्रीय हवाई अड्डे को भारत का पहला **शून्य अपशिष्ट** (Zero wastage) हवाई अड्डा घोषित किया।
मसालीगाँव (गुजरात)	दिसम्बर, 2024 को **सौर ऊर्जा** से चलने वाला देश का पहला सीमावर्ती गाँव बना।

अन्तर्राष्ट्रीय

दावोस (स्विट्ज़रलैण्ड)	20-24 जनवरी, 2025 के मध्य 55वीं विश्व आर्थिक मंच (WEF) की वार्षिक बैठक स्विट्ज़रलैण्ड के **दावोस** में आयोजित की गई। इस बैठक की थीम-'बुद्धिमान युग के लिए सहयोग' रही।
कैलिफोर्निया (यूएसए)	कैलिफोर्निया (यूएसए) के जंगलों में लगी आग जनवरी, 2025 में लॉस एन्जेल्स शहर के रिहायशी इलाकों में फैल गई, जिससे **फिल्म सिटी** (हॉलीवुड) से जुड़ी कई इमारतें आग से नष्ट हो गईं।
पेरिस (फ्रांस)	21-22 जनवरी, 2025 को फ्रांस की राजधानी पेरिस में **तीसरे कृत्रिम बुद्धिमत्ता** (AI) **शिखर सम्मेलन 2025** का आयोजन किया गया। इस सम्मेलन की थीम-'भविष्य के रुझान' थी।
ग्रीनलैण्ड (डेनमार्क)	दिसम्बर, 2024 को डेनमार्क जलडमरूमध्य के नीचे **विश्व की सबसे बड़ी झील** की खोज की गई (TB. - 11,500 फीट) यह झील इस क्षेत्र के कभी गर्म तथा बर्फ रहित होने की पुष्टि करती है।

प्रमुख योजना/कार्यक्रम/अभियान

'हर घर लखपति' योजना
(5 जनवरी, 2025)

भारतीय स्टेट बैंक (SBI) द्वारा लॉन्च यह योजना मध्यम वर्ग के लिए है, जिसके अन्तर्गत 3-10 वर्ष की अवधि के लिए प्रत्येक माह छोटी राशि (₹ 591) जमा करके ₹ 1 लाख की राशि (10 वर्ष) जमा कर सकते हैं।

प्रोजेक्ट 'सशक्त बेटी'
(3 जनवरी, 2025)

दिल्ली विश्वविद्यालय (DU) द्वारा शुरू इस प्रोजेक्ट के तहत उन छात्राओं को लैपटॉप प्रदान करके सशक्त बनाना है, जो अनाथ हैं या जिनके परिवार की वार्षिक आय ₹ 4 लाख से कम है।

अन्य योजना/कार्यक्रम/अभियान	*विशेष तथ्य*
टीम पहल (28 जनवरी, 2025)	केन्द्रीय सूक्ष्म, लघु व मध्यम उद्यम मन्त्रालय (MOMSME) ने भारत में छोटे व्यवसायों की डिजिटल उपस्थिति को बढ़ाने के उद्देश्य से शुरू की गई है।
'फरल सखी' पहल (4 जनवरी, 2025)	मीरा भयंदर नगर निगम (MBMC) महाराष्ट्र द्वारा शुरू इस पहल का उद्देश्य शहर में **महिला उद्यमियों** को सशक्त बनाना है।
हरित जीडीपी पहल (4 जनवरी, 2025)	छत्तीसगढ़ राज्य सरकार द्वारा शुरू की गई यह पहल वनों की पारिस्थितिकी सेवाओं को **हरित सकल घरेलू उत्पाद** (ग्रीन जीडीपी) में एकीकृत करती है।
वन नेशन वन सब्सक्रिप्शन (ONOS) पहल (2 जनवरी, 2025)	केन्द्र सरकार द्वारा आरंभ की गई यह पहल **विकसित भारत @2047** के व्यापक दृष्टिकोण के अनुरूप है, जिसका उद्देश्य भारत को नवाचार व शोध में वैश्विक नेता के रूप में स्थापित करना है।
संजीवनी स्वास्थ्य योजना (23 दिसम्बर, 2024)	दिल्ली सरकार द्वारा लॉन्च की गई यह स्वास्थ्य योजना 60 वर्ष से अधिक आयु के नागरिकों को **निःशुल्क स्वास्थ्य सेवाएँ** प्रदान करेगी।
संजीवनी स्वास्थ्य योजना (23 दिसम्बर, 2024)	दिल्ली सरकार द्वारा लॉन्च की गई यह स्वास्थ्य योजना 60 वर्ष से अधिक आयु के नागरिकों को **निःशुल्क स्वास्थ्य सेवाएँ** प्रदान करेगी।
'अब कोई बहाना नहीं' अभियान (25 नवम्बर, 2024)	केन्द्रीय महिला व बाल विकास मन्त्रालय व संयुक्त राष्ट्र महिला (UN Women) के सहयोग से आरंभ इस अभियान का उद्देश्य भारत में **लिंग आधारित हिंसा** के खिलाफ सार्वजनिक कार्रवाई को संगठित करना है।
'तम्बाकू मुक्त युवा अभियान -2.0' (1 अक्टूबर, 2024)	केन्द्रीय स्वास्थ्य व परिवार कल्याण मन्त्रालय द्वारा शुरू किए गए इस अभियान का उद्देश्य युवाओं को तम्बाकू के हानिकारक प्रभावों के प्रति जागरूक करना है।
राष्ट्रीय प्राकृतिक खेती मिशन (25 नवम्बर, 2024)	केन्द्रीय कैबिनेट ने इस मिशन को स्वीकृति प्रदान की। इसका उद्देश्य **शून्य बजट प्राकृतिक कृषि** को बढ़ावा देना है।
अटल इनोवेशन मिशन 2.0 (25 नवम्बर, 2024)	अटल इनोवेशन मिशन (AIM) को 31 मार्च, 2028 तक के लिए बढ़ा दिया गया है। इसका उद्देश्य **ग्रामीण नवाचार केन्द्रों** तथा **डीप टेक रिएक्टरों** को प्रभावी बनाना है।
नई चेतना - पहल बदलाव की (23 नवम्बर, 2024)	इस अभियान का उद्देश्य लिंग आधारित हिंसा के प्रति जागरुकता को बढ़ाना देना तथा समुदायों को सशक्त बनाना है।
राष्ट्रीय खाद्य तेल-तिलहन मिशन (4 अक्टूबर, 2024)	वर्ष 2024-25 तथा वर्ष 2030-31 की अवधि के लिए 'NMEO'- तिलहन' मिशन की शुरुआत की गई है। इसका बजट ₹ 10103 करोड़ है। इस मिशन का उद्देश्य अगले 7 वर्षों में **तिलहन उत्पादन में आत्मनिर्भरता** लाना है।

अन्य योजना/कार्यक्रम/अभियान	*विशेष तथ्य*
PM विद्यालक्ष्मी योजना (6 नवम्बर, 2024)	वर्ष 2024-25 से अगले पाँच वर्षों के लिए यह योजना आरम्भ की गई है। इस योजना का उद्देश्य गुणवत्तापूर्ण उच्च शिक्षा प्रदान करना है। इसका बजटीय प्रावधान **₹ 3600 करोड़** है।
अमृत भारत स्टेशन पुनर्विकास योजना (3 नवम्बर, 2024)	रेल मन्त्रालय द्वारा अमृत भारत स्टेशनों के निर्माण के लिए घोषणा की गई। **1334 रेलवे स्टेशनों** का पुनर्विकास ₹ 1 लाख करोड़ के निवेश द्वारा किया जाएगा।
PM-RKVY एवं कृषकोन्नति योजना (4 अक्टूबर, 2024)	प्रधानमन्त्री **राष्ट्रीय कृषि विकास योजना** (PM - RKVY) तथा **कृषकोन्नति योजना** (KY) को **केन्द्रीय कैबिनेट** ने स्वीकृति प्रदान की। PM-RKVY टिकाऊ कृषि को बढ़ावा प्रदान करेगा, जबकि KY का उद्देश्य कृषि क्षेत्र में आत्मनिर्भरता लाना है।

ऐप/पोर्टल

पोर्टल/ऐप	*विशेष तथ्य*
माई-ईजी/स्पीड-ई (31 जनवरी 2025)	'माई-ईजी' पोर्टल को सेंट्रल डिपॉजिटरी सर्विसेज लिमिटेड (सीडी एसएल) तथा 'स्पीड-ई' पोर्टल को नेशनल सिक्योरिटीज डिपॉजिटरी लिमिटेड (एनएसडीएल) द्वारा लॉन्च किया गया।
स्वरेल ऐप (31 जनवरी 2025)	भारतीय रेलवे का यह सुपर ऐप रेलवे की अलग-अलग सर्विसेज को एक प्लेटफॉर्म पर एकीकृत करता है।
एंटिटी लॉकर प्लेटफॉर्म (21 जनवरी, 2025)	भारत सरकार द्वारा व्यावसायिक व संगठनात्मक दस्तावेजों के प्रबन्धन व सत्यापन के उद्देश्य से **एंटिटी लॉकर प्लेटफॉर्म** लॉन्च किया है। इस प्लेटफॉर्म को राष्ट्रीय ई-गवर्नेंस **प्रमाण** (NeGD) द्वारा विकसित किया गया है।
बहुभाषी ई-श्रम पोर्टल (8 जनवरी, 2025)	केन्द्र सरकार द्वारा इस पोर्टल पर बहुभाषी सुविधा प्रारम्भ की गई है, जो 22 भाषाओं का समर्थन करती है।
भारतपोल पोर्टल (7 जनवरी, 2025)	केन्द्रीय जाँच ब्यूरो (CBI) द्वारा विकसित इस पोर्टल का उद्देश्य **इण्टरपोल** के माध्यम से अन्तर्राष्ट्रीय पुलिस सहयोग बढ़ाना है।
अमृत ज्ञान कोष पोर्टल (12 दिसम्बर, 2024)	क्षमता निर्माण आयोग व कर्मयोगी भारत द्वारा संयुक्त रूप से विकसित यह पोर्टल सरकारी अधिकारियों व कर्मचारियों को विभिन्न विषयों पर **उच्च गुणवत्ता वाले प्रशिक्षण व संसाधन** प्रदान करता है।
राष्ट्र पर्व वेबसाइट व ऐप (27 दिसम्बर, 2024)	रक्षा मन्त्रालय द्वारा निर्मित इस ऐप पर गणतन्त्र दिवस, स्वतन्त्रता दिवस व बीटिंग रिट्रीट जैसे आयोजनों की जानकारी मिलती है।
'सुरक्षा' मोबाइल ऐप (29 नवम्बर, 2024)	भारतीय रेलवे द्वारा विकसित इस ऐप की शुरुआत का उद्देश्य यात्रियों की **सुरक्षा व संरक्षा** को बढ़ाना है।
ई-दाखिल पोर्टल (22 नवम्बर, 2024)	**राष्ट्रीय उपभोक्ता विवाद निवारण आयोग** द्वारा विकसित यह पोर्टल उपभोक्ता से सम्बन्धित शिकायतों को उपभोक्ता फोरम तक पहुँचाने का कुशल व सुविधाजनक तरीका प्रदान करता है।
सिविल रजिस्ट्रेशन सिस्टम मोबाइल ऐप (29 अक्टूबर, 2024)	केन्द्र सरकार द्वारा लॉन्च इस ऐप के माध्यम से नागरिक घर बैठे जन्म व मृत्यु प्रमाण-पत्र का रजिस्ट्रेशन करा सकते हैं।
अन्न चक्र तथा SCAN पोर्टल (5 दिसम्बर, 2024)	अन्न चक्र तथा SCAN (सब्सिडी क्लेम एप्लीकेशन फॉर NFSA) पोर्टल लॉन्च किया गया। यह सब्सिडी दावों की जाँच तथा अनुमोदन के लिए **एकल खिड़की** (Single Window) का कार्य करेगा।

सूचकांक/रिपोर्ट

फिस्कल हेल्थ इण्डेक्स 2025 राजकोषीय प्रशासन में सुधार लाने के उद्देश्य से, नीति आयोग ने अपना पहला फिस्कल हेल्थ इण्डेक्स (FHI) 2025 लॉन्च किया। इसमें वर्ष 2022-23 की अवधि में 18 प्रमुख भारतीय राज्यों की राजकोषीय स्थिति का व्यापक मूल्यांकन किया गया। इसके अनुसार शीर्ष प्रदर्शनकर्ता राज्य **ओडिशा** (67.8) है, इसके बाद **छत्तीसगढ़** (55.2) और **गोवा** (53.6) का स्थान है, जिनके ऋण सूचकांक, राजस्व संग्रहण और राजकोषीय विवेकशीलता की स्थिति सुदृढ़ है।

- **लीड्स 2024 रिपोर्ट** केन्द्र सरकार ने छठी लॉजिस्टिक्स ईज़ एक्रॉस डिफरेण्ट स्टेट्स (LEADS) 2024 रिपोर्ट जारी की। यह रिपोर्ट राज्य/संघ राज्य क्षेत्र स्तर पर लॉजिस्टिक्स सेवाओं की दक्षता को मापती है, जो निर्यात और आर्थिक विकास को बढ़ावा देने के लिए महत्त्वपूर्ण है। इसके अनुसार राज्यों की अवस्थिति इस प्रकार है

समूह	*अचीवर्स*	*फास्ट मूवर्स*	*आकांक्षी*
तटीय राज्य	गुजरात, कर्नाटक, महाराष्ट्र, ओडिशा, तमिलनाडु	आंध्र प्रदेश, गोवा	केरल, पश्चिम बंगाल
स्थलरुद्ध राज्य	हरियाणा, तेलंगाना, उत्तर प्रदेश, उत्तराखण्ड	बिहार, हिमाचल प्रदेश, मध्य प्रदेश, पंजाब, राजस्थान	छत्तीसगढ़, झारखण्ड
पूर्वोत्तर राज्य	असम, अरुणाचल प्रदेश	मेघालय, मिजोरम, नगालैण्ड, सिक्किम, त्रिपुरा	मणिपुर
केन्द्र शासित प्रदेश	चण्डीगढ़, दिल्ली	दादरा एवं नगर हवेली तथा दमन एवं दीव, जम्मू- कश्मीर, लक्षद्वीप, पुडुचेरी	अण्डमान और निकोबार द्वीप समूह, लद्दाख

प्रमुख सूचकांक भारत की स्थिति

विभिन्न रिपोर्ट / सूचकांक	*जारीकर्ता*	*प्रथम स्थान*	*भारत का स्थान (वर्तमान)*	*भारत का सूचकांक (गत वर्ष)*	*अन्तिम स्थान*
हरून ग्लोबल यूनीकॉर्न सूचकांक 2024	हरून रिसर्च इन्स्टीट्यूट	अमेरिका	3	-	-
ग्लोबल फायरपावर सूचकांक 2025	ग्लोबल फायरपावर	अमेरिका	4	4 (2024 में)	भूटान
जलवायु परिवर्तन प्रदर्शन सूचकांक 2025	जर्मनवाच	प्रथम 3 कोई नहीं (चौथा -डेनमार्क)	10	7 (2024 में)	ईरान
पहला साइबर अपराध सूचकांक 2024	ऑक्सफोर्ड विश्वविद्यालय + यू एन एस डब्लू	रूस	10	-	-
विश्व निवेश रिपोर्ट 2024	अंकटाड	अमेरिका	15	8 (2023 में)	-
विश्व प्रतिस्पर्धात्मकता सूचकांक 2024	आई एम डी	सिंगापुर	39	40 (2023 में)	वेनेजुएला
ग्लोबल इनोवेशन इण्डेक्स 2024	विश्व बौद्धिक सम्पदा संगठन	स्विट्ज़रलैण्ड	39	40 (2023 में)	अंगोला
वैश्विक लोकतन्त्र सूचकांक 2023	इकोनॉमिस्ट इण्टेलिजेंस यूनिट	नॉर्वे	41	46 (2022 में)	अफ़ग़ानिस्तान
अन्तर्राष्ट्रीय बौद्धिक सम्पदा सूचकांक 2024	यू एस चैम्बर ऑफ़ कॉमर्स	अमेरिका	42	42 (2023 में)	-
वैश्विक ऊर्जा संक्रमण सूचकांक 2024	विश्व आर्थिक मंच	स्वीडन	63	67 (2023 में)	यमन
कृत्रिम बुद्धिमता (AI) तैयारी सूचकांक 2024	आई एम एफ	सिंगापुर	72	-	-
ग्लोबल हंगर इण्डेक्स 2024	कंसर्न वर्ल्ड वाइड और वेयल्युंगरहिल्फ	22 देश प्रथम स्थान पर	105	111 (2023 में)	सोमालिया
वैश्विक सतत विकास रिपोर्ट 2024	सतत विकास समाधान नेटवर्क	फिनलैण्ड	109	112 (2023 में)	दक्षिण सूडान

विभिन्न रिपोर्ट / सूचकांक	जारीकर्ता	प्रथम स्थान	भारत का स्थान (वर्तमान)	भारत का सूचकांक (गत वर्ष)	अन्तिम स्थान
वैश्विक शान्ति सूचकांक 2024	इंस्टीट्यूट फॉर इकोनॉमिक्स एण्ड पीस	आइसलैण्ड	116	126 (2023 में)	यमन
विश्व खुशहाली सूचकांक 2024	संयुक्त राष्ट्र सतत विकास समाधान नेटवर्क	फिनलैण्ड	126	126 (2023 में)	अफ़ग़ानिस्तान
विश्व आर्थिक स्वतन्त्रता सूचकांक 2024	हेरिटेज फाउण्डेशन और वाल स्ट्रीट जर्नल	सिंगापुर	126	131 (2023 में)	उत्तर कोरिया
ग्लोबल जेण्डर गैप इण्डेक्स 2024	विश्व आर्थिक मंच (W.E.F)	आइसलैण्ड	129	127 (2023 में)	सूडान
मानव विकास सूचकांक 2023-24	संयुक्त राष्ट्र विकास कार्यक्रम (UNDP)	स्विट्ज़रलैण्ड	134	133 (2023 में)	सोमालिया
विश्व प्रेस स्वतन्त्रता सूचकांक 2024	रिपोर्ट्स विदाउट बॉर्डर्स	नॉर्वे	159	161 (2023 में)	इरीट्रिया
प्रथम वैश्विक प्रकृति संरक्षण सूचकांक 2024	बेन गुरियन, यूनिवर्सिटी	लक्ज़मबर्ग	176	-	-

योजना एवं कार्यक्रम

पी. एम. विद्यालक्ष्मी योजना

प्रारम्भ नवम्बर, 2024 को

उद्देश्य मेधावी छात्रों को उच्च शिक्षा प्राप्त करने में वित्तीय सहायता प्रदान करने के लिए

प्रमुख तथ्य

- यह योजना राष्ट्रीय शिक्षा नीति, 2020 के तहत एक प्रमुख पहल है।
- यह देश के शीर्ष 860 गुणवत्तापूर्ण उच्च शिक्षण संस्थानों (QHEI) में प्रवेश पाने वाले छात्रों को शिक्षा ऋण के विस्तार की सुविधा प्रदान करती है।

जल ही अमृत योजना

प्रारम्भ अक्टूबर, 2024 में

प्रारम्भकर्ता केन्द्रीय आवास एवं शहरी मामले मन्त्रालय

उद्देश्य शहरों के बीच प्रतिस्पर्धा पैदा करना, क्षमता विकसित करना और उपचार सुविधाओं में प्रयुक्त उपचारित जल की सर्वोत्तम गुणवत्ता प्राप्त करने के लिए प्रोत्साहित करना।

प्रमुख तथ्य

- इस योजना में राज्यों और केन्द्रशासित प्रदेशों को 'प्रयुक्त जल (Sewage) उपचार संयन्त्रों (UWTPs/ STPs) का कुशलतापूर्वक प्रबन्धन करने के लिए प्रोत्साहित करने की परिकल्पना की गई है।
- इसके अन्तर्गत अपशिष्ट जल संयन्त्रों को स्टार रेटिंग (3 स्टार से 5 स्टार के बीच) प्रमाण-पत्र के रूप में स्वच्छ जल क्रेडिट प्रदान किया जाएगा, जो 6 माह के लिए वैध होगा।

मिशन मौसम

प्रारम्भ 11 सितम्बर, 2024 को

कार्यान्वयन पृथ्वी विज्ञान मन्त्रालय द्वारा

उद्देश्य वायुमण्डलीय विज्ञान, मौसम निगरानी, मॉडलिंग, पूर्वानुमान और प्रबन्धन में अनुसन्धान तथा विकास व क्षमता को बढ़ावा देना।

प्रमुख तथ्य

- इसके तहत उन्नत अवलोकन प्रणाली, उच्च-प्रदर्शन कम्प्यूटिंग और कृत्रिम बुद्धिमत्ता व मशीन लर्निंग जैसी अत्याधुनिक तकनीकों को एकीकृत किया जाएगा।

SEHER कार्यक्रम

प्रारम्भ 5 जुलाई, 2024 को

कार्यान्वयन महिला उद्यमिता मंच (WEP) तथा ट्रांसयूनियन सिबिल

उद्देश्य महिला उद्यमियों के लिए वित्त तक पहुँच में तेजी लाना।

प्रमुख तथ्य

- SEHER एक ऋण शिक्षा कार्यक्रम है, जो महिला उद्यमियों को वित्तीय साक्षरता सामग्री और व्यावसायिक कौशल के साथ व्यवसाय विकास के लिए वित्तीय उपकरणों तक पहुँच बनाने में मदद करेगा।

अदिति योजना

प्रारम्भ 4 मार्च, 2024 को

कार्यान्वयन रक्षा मन्त्रालय का रक्षा उत्पादन विभाग

उद्देश्य महत्त्वपूर्ण और रणनीतिक रक्षा प्रौद्योगिकियों में नवाचारों को बढ़ावा देना।

प्रमुख तथ्य

- इसका लक्ष्य प्रस्तावित समय सीमा में लगभग 30 डीप-टेक महत्त्वपूर्ण नीतिक प्रौद्योगिकियों का विकास करना है।
- **ADITI** 'एसिंग डेवलपमेण्ट ऑफ इनोवेटिव टेक्नोलॉजीज विद iDEX'

प्रधानमन्त्री जनजातीय आदिवासी न्याय महा अभियान

प्रारम्भ 29 नवम्बर, 2023 को

कार्यान्वयन जनजातीय कार्य मन्त्रालय

उद्देश्य विशेष रूप से कमज़ोर जनजातीय समूहों (PVTG) की सामाजिक-आर्थिक स्थिति में सुधार लाना।

प्रमुख तथ्य

- प्रधानमन्त्री द्वारा जनजातीय गौरव दिवस के अवसर पर 15 नवम्बर, 2023 को झारखण्ड के खूंटी में इस अभियान की घोषणा की गई।
- यह अभियान 9 अन्य सम्बन्धित मन्त्रालयों के माध्यम से 11 महत्त्वपूर्ण अन्तः सम्बन्धित पहलों पर ध्यान केन्द्रित करेगा।
- केन्द्रीय मन्त्रिमण्डल द्वारा ₹ 24,104 करोड़ के कुल परिव्यय के साथ इस अभियान को मंजूरी दी गई।

अनाज भण्डारण योजना

प्रारम्भ 24 फरवरी, 2024 को

कार्यान्वयन सहकारिता मन्त्रालय

उद्देश्य अनाज भण्डारण की सुविधा को आसान बनाना।

प्रमुख तथ्य

- यह सहकारी क्षेत्र में विश्व की सबसे बड़ी अनाज (700 लाख मीट्रिक टन) भण्डारण योजना है।
- यह पायलट प्रोजेक्ट के रूप में, 11 राज्यों में 11 प्राथमिक कृषि ऋण समितियों (PACS) में शुरू की गई।

पीएम सूर्य घर मुफ्त बिजली योजना

प्रारम्भ 13 फरवरी, 2024 को

उद्देश्य भारत में एक करोड़ परिवारों को मुफ्त बिजली उपलब्ध कराना।

कार्यान्वयन राष्ट्रीय कार्यक्रम कार्यान्वयन एजेंसी और राज्य कार्यान्वयन एजेंसियों द्वारा

प्रमुख तथ्य

- इस योजना के तहत प्रत्येक महीने 1 करोड़ घरों को 300 यूनिट तक मुफ्त बिजली प्रदान प्रदान की जाएगी। योजना के तहत लाभार्थियों को सब्सिडी प्रदान की जाएगी, जो अधिकतम 3 किलोवाट क्षमता तक सीमित है।
- प्रत्येक जिले में एक 'आदर्श सौर गाँव' विकसित किया जाएगा।
- शहरी स्थानीय निकायों और पंचायती राज संस्थाओं को अपने-अपने क्षेत्रों में छतों पर सौर ऊर्जा संयन्त्र लगाने को बढ़ावा देने के लिए प्रोत्साहन मिलेगा।

अन्तर्राष्ट्रीय सम्मेलन तथा कान्फ्रेंश

सम्मेलन/बैठक	*तिथि*	*स्थल*	*मुख्य बिन्दु*
पेरिस एआई शिखर सम्मेलन	फरवरी, 2025	पेरिस	प्रधानमन्त्री मोदी ने सम्मेलन की सह-अध्यक्षता की इस सम्मेलन में तकनीकी-कानूनी ढाँचे और AI सुरक्षा पर बल दिया गया।
G-20 सम्मेलन, 2024	नवम्बर, 2024	रियो-डी-जेनेरियो, ब्राजील	**विषय** Global Alliance Against Hunger and Poverty
पहला एशियाई बौद्ध शिखर सम्मेलन	नवम्बर, 2024	नई दिल्ली	**विषय** एशिया को मजबूत बनाने में बौद्ध धर्म की भूमिका। आयोजक संस्कृति मन्त्रालय और अन्तर्राष्ट्रीय बौद्ध परिसंघ (IBC) **मुख्य अतिथि** राष्ट्रपति द्रौपदी मुर्मु

सम्मेलन/बैठक	तिथि	स्थल	मुख्य बिन्दु
7वीं अतर्राष्ट्रीय सौर गठबन्धन सभा	नवम्बर, 2024	नई दिल्ली	भारत की अध्यक्षता और फ्रांस गणराज्य की सह-अध्यक्षता में आयोजित
16वीं ब्रिक्स शिखर बैठक और पहली ब्रिक्स प्लस शिखर बैठक	नवम्बर, 2024	कजान (रुस)	**विषय** निष्पक्ष वैश्विक विकास और सुरक्षा के लिए बहुपक्षवाद को मजबूत करना। भारत की ओर से प्रधानमन्त्री नरेन्द्र मोदी ने भाग लिया।
संयुक्त राष्ट्र जैव विविधता सम्मेलन (COP16)	नवम्बर, 2024	कैली (कोलम्बिया)	**उद्देश्य** प्रकृति के नुकसान को रोकने और उसे बदलने के लिए ऐतिहासिक प्रतिबद्धताओं का आकलन करने के लिए।
6th क्वाड लीडर्स शिखर सम्मेलन	सितम्बर, 2024	अमेरिका	इसकी अध्यक्षता अमेरिका के राष्ट्रपति जो बाइडन द्वारा की गई।
पहला अन्तर्राष्ट्रीय सौर महोत्सव 2024	सितम्बर, 2024	नई दिल्ली (भारत)	**उद्देश्य** अन्तर्राष्ट्रीय सौर गठबन्धन के सदस्य देशों में समुदायों पर सौर ऊर्जा के परिवर्तनकारी प्रभाव का जश्न मनाना है।
विश्व शिक्षा सम्मेलन 2024	जुलाई, 2024	दुबई	इस सम्मेलन में टेक लीडर्स फोरम ऑफ इण्डिया का शुभारम्भ किया गया। यह फोरम इंजीनियरों को सशक्त बनाने की एक पहल है।
24वाँ शंघाई सहयोग संगठन शिखर सम्मेलन	जुलाई, 2024	अस्ताना. कजाकिस्तान	भारत का प्रतिनिधित्व विदेश मन्त्री एस. जयशंकर ने किया। इस सम्मेलन में बेलारूस को SCO के 10वें सदस्य देश के रूप में स्वीकार किया गया। जुलाई, 2023 में SCO के नई दिल्ली समिट में ईरान 9वाँ सदस्य बना था।
50वाँ G7 शिखर सम्मेलन	जून, 2024	इटली	इटली के अपुलिया, फसानों शहर के बोर्गी एग्राजिया में 50वें G7 शिखर सम्मेलन, 2024 का आयोजन किया गया है। इसकी अध्यक्षता इटली के प्रधनमन्त्री 'जॉर्जिया मेलोनी' द्वारा की गई।
विश्व हाइड्रोजन शिखर सम्मेलन	मई, 2024	रॉटरडैम, नीदरलैण्ड	इस आयोजन में पहली बार भारत के नवीन और नवीकरणीय ऊर्जा मन्त्रालय द्वारा स्वयं का पवेलियन स्थापित किया गया है।
77वीं विश्व स्वास्थ्य सभा	मई, 2024	जिनेवा, स्विट्जरलैण्ड	**विषय** सभी के लिए स्वास्थ्य
26वीं विश्व उर्जा कांग्रेस	अप्रैल, 2024	रॉटरडैम, नीदरलैण्ड	**विषय** लोगों और धरती के लिए ऊर्जा को नया स्वरूप देना।
विश्व सतत् विकास शिखर सम्मेलन (23वाँ संस्करण)	फरवरी, 2024	इण्डिया हैबिटेट नई दिल्ली	The Energy and Resources Institute (TERI) द्वारा इस सम्मेलन का आयोजन किया गया एवं इसका उद्घाटन उपराष्ट्रपति जगदीप धनखड़ ने किया। **विषय** सतत् विकास और जलवायु न्याय के लिए नेतृत्व।
हिन्द महासागर सम्मेलन (7वाँ संस्करण)	फरवरी, 2024	पर्थ, ऑस्ट्रेलिया	**थीम** एक स्थिर और टिकाऊ हिन्द महासागर की ओर (Towards a stable and sustainable Indian Ocean)
विश्व पुस्तक मेला 2024	फरवरी, 2024	नई दिल्ली	**विषय** चतुरंगः संघर्ष, प्रतियोगिकता, सहयोग, निर्माण, **थीम** बहुभाषी भारत, एक जीवन्त परम्परा (अतिथी देश -सउदी अरब)

महत्त्वपूर्ण दिवस

2024-25 में घोषित महत्त्वपूर्ण दिवस

दिवस	*मनाए जाने की तिथि*	*महत्त्वपूर्ण तथ्य*
संविधान हत्या दिवस	25 जून	आपातकाल की अवधि (25 जून, 1975 को लागू) के दौरान सत्ता के घोर दुरुपयोग का सामना और संघर्ष करने वाले सभी लोगों को श्रद्धांजलि देने के लिए
अन्तरिक्ष दिवस	23 अगस्त	चंद्रमा पर चन्द्रयान-3 की सफल लैण्डिंग की याद में मनाया जाता है। (वर्ष 2024 के लिए थीम - चन्द्रमा को छूते हुए जीवन को छूना : भारत की अन्तरिक्ष गाथा)
हैदराबाद मुक्ति दिवस	17 सितम्बर	हैदराबाद को मुक्त कराने वाले शहीदों की याद में और युवाओं के मन में देशभक्ति की लौ जगाने के लिए

अन्य महत्त्वपूर्ण दिवस

तिथि	*दिवस*	*विषय*
8 मार्च, 2024	अन्तर्राष्ट्रीय महिला दिवस	महिलाओं में निवेश करें, प्रगति में तेजी लाएँ
27 जून, 2024	सूक्ष्म, लघु और मध्यम उद्यम दिवस	'सूक्ष्म, लघु और मध्यम उद्यम तथा सतत विकास लक्ष्य'
24 जून, 2024	अन्तर्राष्ट्रीय योग दिवस 2024	'स्वयं और समाज के लिए योग'
6 जुलाई, 2024	अन्तर्राष्ट्रीय सहकारिता दिवस	सहकारिता सभी के लिए बेहतर भविष्य का निर्माण कर रही है।
29 अगस्त, 2024	राष्ट्रीय खेल दिवस	शान्तिपूर्ण तथा समावेशी समाजों के संवर्द्धन और विकास के लिए खेल
16 सितम्बर, 2024	विश्व ओजोन दिवस	मॉण्ट्रियल प्रोटोकॉलः जलवायु कार्रवाई को आगे बढ़ाना।

भारत वन स्थिति रिपोर्ट, 2023

- केन्द्रीय पर्यावरण, वन और जलवायु परिवर्तन मन्त्री ने भारत वन स्थिति रिपोर्ट 2023 (ISFR 2023) जारी की। रिपोर्ट के अनुसार, देश का कुल **वन** और वृक्षावरण 8,27,357 वर्ग किमी है, जो देश के भौगोलिक क्षेत्र का 25.17% है। इसमें 7,15,343 वर्ग किमी (21.76%) वनावरण और 1,12,014 वर्ग किमी (3.41%) वृक्षावरण शामिल है।

वर्ग	*क्षेत्रफल (किमी)*	*भौगोलिक क्षेत्र (GA) का प्रतिशत*
वन आवर्द्धन	7,15,342.61	21.76%
वृक्षारोपण	1,12,014 34	3.41%
कुल वन एवं वृक्ष क्षेत्रफल	8,27,356.95	25.17%
स्क्रब	43,622.64	1.33%
गैर वन क्षेत्र	24,16,489.29	73.50%
देश का भौगोलिक क्षेत्र	32,87,468.88	100.00%

अन्य तथ्य

- देश के वन और वृक्षावरण में 1,445 वर्ग किमी की वृद्धि हुई है, जिसमें वनावरण में 156 वर्ग किमी और वृक्षावरण में 1,289 वर्ग किमी की वृद्धि शामिल है। इनमें सबसे अधिक वृद्धि वाले राज्य–छत्तीसगढ़, उत्तर प्रदेश, ओडिशा और राजस्थान हैं।

क्षेत्रफल के अनुसार, सबसे अधिक वन क्षेत्र वाले शीर्ष तीन राज्य

1. मध्य प्रदेश – 77,073 वर्ग किमी
2. अरुणाचल प्रदेश – 65,882 वर्ग किमी
3. छत्तीसगढ़ – 55,812 वर्ग किमी

- कुल भौगोलिक क्षेत्र के सम्बन्ध में वनावरण के प्रतिशत की दृष्टि से, लक्षद्वीप (91.33%) में सबसे अधिक वनावरण हुए, जिसके बाद मिज़ोरम (85.34%) और अण्डमान एवं निकोबार द्वीप (81.62%) का स्थान है।

क्षेत्रफल के अनुसार सबसे कम वन क्षेत्र वाले शीर्ष तीन राज्य

1. मध्य प्रदेश – 612 वर्ग किमी
2. कर्नाटक – 459 वर्ग किमी
3. लद्दाख – 159 वर्ग किमी

- देश के वन क्षेत्रों में कुल कार्बन स्टॉक का अनुमान 7,285.5 मिलियन टन है, जो पिछले आकलन की तुलना में 81.5 मिलियन टन की वृद्धि दर्शाता है।
- भारत का मैंग्रोव कवर घटकर 4,991.46 वर्ग किमी रह गया है, जिसमें 7.43 वर्ग किमी की कमी आई है।
- गुजरात में मैंग्रोव क्षेत्र में सबसे अधिक कमी आई है, जो 36.39 वर्ग किमी है।
- वर्ष 2023-24 में सबसे अधिक आग की घटनाओं वाले शीर्ष तीन राज्य उत्तराखण्ड, ओडिशा और छत्तीसगढ़ हैं।

अन्य महत्त्वपूर्ण रिपोर्ट

रिपोर्ट	*जारीकर्ता*	*निष्कर्ष*
ग्लोबल वाटर मॉनीटर रिपोर्ट 2024	ऑस्ट्रेलिया, सऊदी अरब, चीन, जर्मनी के विश्वविद्यालय की टीम	▪ औसत वैश्विक तापमान, औद्योगिक स्तर के 1.5°C ऊपर ▪ अत्यधिक शुष्क महीनों में वृद्धि
बिजनेस रेडी (बी-रेडी) रिपोर्ट 2024	विश्व बैंक	▪ सिंगापुर (प्रथम) ▪ भारत के व्यापार तथा श्रम विनिमय में सुधार
विश्व मलेरिया रिपोर्ट 2024	विश्व स्वास्थ्य संगठन (WTO)	▪ मलेरिया से होने वाली 88% मौतें भारत तथा इण्डोनेशिया में ▪ भारत में मलेरिया के मामलों में **69% गिरावट**

सैन्य अभ्यास/अभियान

अभ्यास	*तिथि*	*देश*	*सेना*	*स्थिति*
मालाबार (28वाँ)	अक्टूबर, 2024	भारत, जापान, यूएसए, ऑस्ट्रेलिया	थल सेना, नौसेना और वायु सेना	विशाखापत्तनम
सिम्बेक्स (31वाँ)	अक्टूबर, 2024	भारत - सिंगापुर	नौसेना	विशाखापत्तनम
अभ्यास काजिंद (8वाँ)	अक्टूबर, 2024	भारत - कजाकिस्तान	थल सेना	औली, उत्तराखण्ड
वरुण (22)	सितम्बर, 2024	भारत-फ्रांस	नौसेना	भूमध्य सागर
युद्ध अभ्यास (20वाँ)	सितम्बर, 2024	भारत - यूएसए	थल सेना	राजस्थान
अल नजाह (5वाँ)	सितम्बर, 2024	भारत - ओमान	थल सेना	सलालाह, ओमान
उदार शक्ति (10वीं)	अगस्त, 2024	भारत - मलेशिया	वायु सेना	मलेशिया
खान क्वेस्ट (21वाँ)	27 जुलाई-9 अगस्त, 2024	बहुराष्ट्रीय	थल सेना	उलानबटार, मंगोलिया
मित्र शक्ति (10वाँ)	अगस्त, 2024	भारत - श्रीलंका	वायु सेना	मदुरु ओया, श्रीलंका
नोमैडिक एलीफेण्ट (16वाँ)	जुलाई, 2024	भारत - मंगोलिया	थल सेना	उमरोई, मेघालय
मैत्री (13वाँ)	जुलाई, 2024	भारत - थाईलैण्ड	थल सेना	टाक प्रांत, थाईलैण्ड
होपेक्स (चौथा)	जून, 2024	भारत - मिस्र	वायु सेना	मिस्र

अभ्यास	तिथि	देश	सेना	स्थिति
जिमेक्स (JIMEX) (8वाँ)	जून, 2024	भारत - जापान	नौसेना	योकोसुका, जापान
रेड फ्लैग (दूसरा संस्करण)	जून, 2024	बहुराष्ट्रीय	वायु सेना	अलास्का, यूएसए
शक्ति (7वाँ)	मई, 2024	भारत-फ्रांस	थल सेना	उमरोई, मेघालय
अभ्यास तरकश	अप्रैल, 2024	भारत - यूएसए	थल सेना	कोलकाता
दुस्तलिक (5वाँ)	अप्रैल, 2024	भारत उज्बेकिस्तान	थल सेना	तरमेज़, उज्बेकिस्तान
टाइगर ट्रायम्फ (प्रथम संस्करण) मानवीय सहायता और आपदा राहत (HADR) पर ध्यान केन्द्रित	मार्च, 2024	भारत - यूएसए	थल सेना, नौसेना और वायु सेना	विशाखापत्तनम और काकीनाडा (भारतीय पूर्वी तट)
सी डिफेण्डर्स	मार्च, 2024	भारत - यूएसए	तट रक्षक	पोर्ट ब्लेयर
आईएमटी ट्राइलैट	मार्च, 2024	भारत, मोजाम्बिक, तंजानिया	नौसेना	ज़ांजीबार (तंजानिया) मापुटो, (मोज़ाम्बिक)
लामितिये (10वाँ)	मार्च, 2024	भारत - सेशेल्स	थल सेना	सेशल्स
समुद्र लक्ष्मण (तीसरा)	28 फरवरी, -02 मार्च, 2024	भारत - मलेशिया	नौसेना	विशाखापत्तनम
धर्म गार्जियन (5वाँ)	5 फरवरी, - 9 मार्च, 2024	भारत - जापान	थल सेना	महाजन, राजस्थान
शान्ति प्रयास (चौथा)	20 फरवरी, - 4 मार्च, 2024	बहुराष्ट्रीय	थल सेना	काठमाण्डू, नेपाल
मिलन (12वाँ)	फरवरी, 2024	बहुराष्ट्रीय	नौसेना	विशाखापत्तनम
दोस्ती (16वाँ)	फरवरी, 2024	भारत, श्रीलंका, मालदीव	तट रक्षक	मालदीव
सदा तनसीक (प्रथम संस्करण)	29 जनवरी, - 10 फरवरी, 2024	भारत - सऊदी अरब सेना	थल सेना	महाजन, राजस्थान

रक्षा प्रौद्योगिकी

बहुत कम दूरी की वायु रक्षा प्रणाली (VSHORADS)

- 1 फरवरी, 2025 को रक्षा अनुसन्धान और विकास संगठन (DRDO) द्वारा ओडिशा के तट से दूर एकीकृत परीक्षण रेंज, चाँदीपुर से बहुत कम दूरी की वायु रक्षा प्रणाली (VSHORADS) मिसाइल का सफलतापूर्वक परीक्षण किया गया।
- यह एक मैन पोर्टेबल वायु रक्षा प्रणाली है, जिसे DRDO के रिसर्च सेण्टर इमारत (RCI), हैदराबाद द्वारा अन्य DRDO प्रयोगशालाओं और भारतीय उद्योग भागीदारों के सहयोग से स्वदेशी रूप से डिज़ाइन एवं विकसित किया गया है।
- इस मिसाइल में लघु प्रतिक्रिया नियन्त्रण प्रणाली (RCS) और एकीकृत एवियोनिक्स सहित कई नवीन प्रौद्योगिकियाँ शामिल हैं, जो डुअल थ्रस्ट ठोस मोटर द्वारा संचालित हैं।
- इस मिसाइल को कम दूरी के निम्न ऊँचाई वाले हवाई खतरों को निष्प्रभावी करने के लिए डिज़ाइन किया गया है, जिसकी प्रभावी सीमा 6 किमी तक है।

स्क्रैमजेट इंजन ग्राउण्ड टेस्ट

- 21 जनवरी, 2025 को रक्षा अनुसन्धान और विकास संगठन (DRDO) ने स्क्रैमजेट-संचालित हाइपरसोनिक तकनीक का सफलतापूर्वक ग्राउण्ड टेस्ट किया।
- स्क्रैमजेट एयर-ब्रीदिंग इंजन हैं, जो बिना किसी गतिशील भाग का उपयोग किए हाइपरसोनिक गति पर दहन को बनाए रखने में सक्षम है, जो अगली पीढ़ी की हाइपरसोनिक मिसाइलों को विकसित करने में महत्त्वपूर्ण है।
- इसमें तरल हाइड्रोजन और तरल ऑक्सीजन का उपयोग किया जाता है और इनमें केवल एक इनलेट, कम्बस्टर (ईंधन इंजेक्टर और फ्लेम होल्डर के साथ) और एक नोजल होता है।

लम्बी दूरी की हाइपरसोनिक मिसाइल

- रक्षा अनुसन्धान और विकास संगठन (DRDO) ने 16 नवम्बर, 2024 को ओडिशा के तट पर डॉ. ए.पी.जे अब्दुल कलाम द्वीप से भारत की पहली लम्बी दूरी की हाइपरसोनिक मिसाइल का सफलतापूर्वक परीक्षण किया।
- इस परीक्षण के पश्चात् भारत हाइपरसोनिक हथियारों के क्षेत्र में चीन, रूस और अमेरिका जैसी अग्रणी सैन्य शक्तियों में शामिल हो गया।
- यह मिसाइल सशस्त्र बलों के लिए 1,500 किलोमीटर से अधिक दूरी तक विभिन्न पेलोड ले जा सकती है।
- हाइपरसोनिक मिसाइलें मैक 5 (5,400 किमी/घण्टा से अधिक) से अधिक गति से यात्रा करते हुए उच्च गति एवं उच्च प्रभाव वाले हमलों से हवाई सुरक्षा को भेदने में कारगर होती हैं।

निर्देशित पिनाका हथियार प्रणाली

- 14 नवम्बर, 2024 को रक्षा अनुसन्धान एवं विकास संगठन (DRDO) ने गाइडेड पिनाका हथियार प्रणाली का सफलतापूर्वक उड़ान परीक्षण किया।
- पिनाका एक मल्टी बैरल रॉकेट लॉन्चर सिस्टम है, जिसे DRDO की प्रयोगशाला, आर्मामेण्ट रिसर्च एण्ड डेवलपमेण्ट एस्टेब्लिशमेण्ट (ARDE) द्वारा डिजाइन किया गया है।
- यह अपनी गतिशीलता, तीव्र प्रतिक्रिया और दुश्मन के लक्ष्यों पर केन्द्रित मारक क्षमता के लिए प्रसिद्ध है।
- इसकी मारक क्षमता 40-75 किलोमीटर तक है और इसका पहली बार प्रयोग कारगिल युद्ध के दौरान किया गया था।

लम्बी दूरी की लैण्ड अटैक क्रूज मिसाइल (LRLACM)

- रक्षा अनुसन्धान और विकास संगठन (DRDO) ने 12 नवम्बर, 2024 को एकीकृत परीक्षण रेंज, चाँदीपुर, ओडिशा से लम्बी दूरी की लैण्ड अटैक क्रूज मिसाइल (LRLACM) का पहला उड़ान परीक्षण सफलतापूर्वक किया।
- यह 1,000 किलोमीटर की मारक क्षमता वाली अत्याधुनिक स्वदेशी मिसाइल है।
- यह मिसाइल निर्भय लम्बी दूरी की लैण्ड अटैक क्रूज मिसाइल का उन्नत संस्करण है।
- इसे बेंगलुरू में एयरोनॉटिकल डेवलपमेण्ट एस्टेब्लिशमेण्ट (ADE) द्वारा विकसित किया गया है।

चौथी परमाणु ऊर्जा चालित बैलिस्टिक मिसाइल पनडुब्बी (SSBN)

- भारत ने अपनी चौथी परमाणु ऊर्जा चालित बैलिस्टिक मिसाइल पनडुब्बी (SSBN) को विशाखापत्तनम में 16 अक्टूबर, 2024 को लॉन्च किया। इसे S4* के नाम से जाना जाता है।
- यह 3,500 किलोमीटर की रेंज वाली कलाम-4 परमाणु बैलिस्टिक मिसाइलों से सुसज्जित है, जिन्हें वर्टिकल लॉन्चिंग सिस्टम के माध्यम से दागा जा सकता है।
- अन्य तीन परमाणु ऊर्जा चालित बैलिस्टिक मिसाइल पनडुब्बियाँ INS अरिहन्त, INS अरिघाट और INS अरिदमन हैं।
- SSBN परमाणु रिएक्टरों द्वारा संचालित स्टील्थ पोत हैं। ये पनडुब्बी से लॉन्च की जाने वाली बैलिस्टिक मिसाइलों (LSBM) से लैस हैं, जो दूसरे हमले की क्षमता के साथ परमाणु निरोध के लिए एक महत्त्वपूर्ण मंच प्रदान करते हैं।

LSAM 12 (मिसाइल कम एम्युनिशन बार्ज)

- भारतीय नौसेना ने 10 अक्टूबर, 2024 को मीरा भयंदर, महाराष्ट्र में मिसाइल कम एम्युनिशन बार्ज, LSAM 12 (यार्ड 80) लॉन्च किया।
- यह गोला-बारूद और आपूर्ति के परिवहन के लिए डिजाइन किए गए आठ बाजों की श्रृंखला में छठा पोत है।
- इसे अपने परिचालन रसद को मजबूत करने के लिए मेसर्स सेकॉन इंजीनियरिंग प्रोजेक्ट्स प्राइवेट लिमिटेड द्वारा विकसित किया गया है।

- यह बार्ज जेटी और बाहरी बन्दरगाहों पर (नौसेना के प्लेटफार्मों पर) गोला-बारूद और आपूर्ति के कुशल परिवहन, लोडिंग और अनलोडिंग को सक्षम बनाता है।

लम्बी दूरी का ग्लाइड बम (LRGB)

- रक्षा अनुसन्धान एवं विकास संगठन (DRDO) ने 13 अगस्त, 2024 को गौरव नामक लम्बी दूरी के ग्लाइड बम (LRGB) का पहला उड़ान परीक्षण सफलतापूर्वक किया।
- यह परीक्षण ओडिशा तट से भारतीय वायु सेना के सुखोई-30 MK-1 (Su-30MKI) लड़ाकू विमान का उपयोग करके किया गया।
- यह 1,000 किलोग्राम का हवा से प्रक्षेपित ग्लाइड बम है, जिसे लम्बी दूरी के सटीक हमलों के लिए हैदराबाद स्थित रिसर्च सेण्टर इमारत (RCI) द्वारा स्वदेशी रूप से विकसित किया गया है।

मध्यम दूरी का माइक्रोवेव ऑब्स्क्यूरेण्ट चैफ रॉकेट (MR-MOCR)

- रक्षा अनुसन्धान और विकास संगठन (DRPO) ने 26 जून, 2024 को मध्यम दूरी के माइक्रोवेव ऑब्स्क्यूरेण्ट चैफ रॉकेट भारतीय नौसेना को सौंपा।
- इस माइक्रोवेव ऑब्स्क्यूरेण्ट चैफ (MOC) को DRDO की रक्षा प्रयोगशाला, जोधपुर ने विकसित किया है। यह एक ऐसी तकनीक है, जो रडार संकेतों को अस्पष्ट करती है और प्लेटफार्मों तथा परिसम्पत्तियों के चारों ओर माइक्रोवेव शील्ड बनाती है।
- इस प्रकार यह रडार की पकड़ में आने की आशंका को कम करती है।

रुद्रम-II मिसाइल

- 29 मई, 2024 को हवा से सतह पर मार करने वाली रुद्रम-II मिसाइल का ओडिशा तट से भारतीय वायु सेना के Su-30 MK-1 विमान से सफलतापूर्वक उड़ान परीक्षण किया गया।
- रुद्रम-II एक स्वदेशी रूप से विकसित हवा से प्रक्षेपित मिसाइल है, जो ठोस प्रणोदक द्वारा संचालित है, जिसे DRDO द्वारा हवा से सतह पर मार करने वाले अभियानों के लिए डिज़ाइन किया गया है।
- इस अगली पीढ़ी की एण्टी-रेडिएशन मिसाइल (NGARM) में एक इनर्शियल नेविगेशन सिस्टम (INS), ग्लोबल पोजिशनिंग सिस्टम (GPS) और एक पैसिव होमिंग हेड (PHH) है। PHH एक व्यापक आवृत्ति स्पेक्ट्रम में लक्ष्यों का पता लगाने, उन्हें वर्गीकृत करने और उन पर हमला करने में सक्षम है।

अग्नि-प्राइम बैलिस्टिक मिसाइल

- 3 अप्रैल, 2024 को सामरिक बल कमान (SFC) और DRPO द्वारा संयुक्त रूप से ओडिशा तट पर स्थित अब्दुल कलाम द्वीप से अग्नि-प्राइम बैलिस्टिक मिसाइल का सफलतापूर्वक परीक्षण किया गया।
- अग्नि-प्राइम दो-चरणों वाली एक बैलिस्टिक मिसाइल है, जो ठोस प्रणोदक द्वारा संचालित है और मल्टीपल इण्डिपेडेण्टली टारगेटेबल री-एण्ट्री व्हीकल (MIRV) तकनीक से लैस है।
- अग्नि प्राइम, अग्नि श्रेणी की मिसाइलों की एक परमाणु-सक्षम नई (पीढ़ी का उन्नत संस्करण) मिसाइल है।
- यह अग्नि श्रृंखला की सभी पूर्ववर्ती मिसाइलों से हल्की है।
- इसकी अधिकतम सीमा 1,000 से 2,000 किमी है और इसका पहली बार परीक्षण जून, 2021 में किया गया था।

मिशन दिव्यास्त्र अग्नि-5 बैलिस्टिक मिसाइल

- 11 मार्च, 2024 को DRDO ने ओडिशा के डॉ. एपीजे अब्दुल कलाम द्वीप से अग्नि-5 बैलिस्टिक मिसाइल का सफलतापूर्वक परीक्षण किया।
- अग्नि-5 मिसाइल को DRDO द्वारा स्वदेशी रूप से विकसित किया गया है।
- इसकी मारक क्षमता 5,000 किलोमीटर से अधिक है और यह मल्टीपल इण्डिपेडेण्टली टारगेटेबल री-एण्ट्री व्हीकल (MIRV) तकनीक से लैस है।

अन्तरिक्ष कार्यक्रम प्रमुख प्रक्षेपित उपग्रह

प्रक्षेपित उपग्रह	विवरण
NVS-02 नेविगेशन सैटेलाइट	ISRO ने श्रीहरिकोटा से GSLV-F15 रॉकेट द्वारा जनवरी, 2025 में प्रक्षेपित किया है। यह मिशन भारत के 'नाविक' (NavIC) प्रणाली को मजबूत करता है, जिससे उपग्रह आधारित नेविगेशन में आत्मनिर्भरता बढ़ेगी। इसका पेलोड भार 120 टन है । यह ISRO का श्रीहरिकोटा से 100वाँ मिशन है ।
प्रोबा-3 उपग्रह	प्रोबा-3 उपग्रह को 5 दिसम्बर, 2024 को सतीश धवन अन्तरिक्ष केन्द्र से इसरो के PSLV-C59 रॉकेट द्वारा प्रक्षेपित किया गया। यह यूरोपीय अन्तरिक्ष एजेंसी का इन-ऑर्बिट डेमोस्ट्रेशन (IOD) मिशन है। इस मिशन का उद्‌देश्य सूर्य के वायुमण्डल की बाहरी परत अर्थात् कोरोना का अध्ययन करना है।
क्यूबसैट (CubeSat)	मई, 2024 में NASA ने पृथ्वी के ध्रुवों पर ऊष्मा उत्सर्जन का अध्ययन करने के लिए क्यूबसैट (CubeSat) नामक लघु उपग्रहों की एक जोड़ी को प्रक्षेपित किया है। यह उपग्रह PREFIRE (पोलर रेडिएण्ट एनर्जी इन द फार-इन्फ्रारेड एक्सपेरिमेण्ट) मिशन का हिस्सा है। इस मिशन का उद्‌देश्य पृथ्वी के ध्रुवों से निकलने वाले ऊष्मा उत्सर्जन का अध्ययन करके ग्रह के ऊर्जा बजट को समझने वाले एक महत्त्वपूर्ण अन्तराल को दूर करना है।
हाई एल्टीटयूड स्यूडो सैटेलाइट व्हीकल (HAPS)	यह पूर्णतः सौर ऊर्जा से संचालित एक छद्म उपग्रह (स्यूडो सैटेलाइट) है। यह नई पीढ़ी का मानव रहित हवाई वाहन (UAV) है, जिसे नेशनल एयरोस्पेस लेबोरेटरीज ने फरवरी, 2024 में लॉन्च किया है। यह जमीन से लगभग 20 किमी की ऊँचाई तक उड़ान भर सकता है और महीनों या वर्षां तक हवा में रह सकता है।
PACE सैटेलाइट	PACE सैटेलाइट का अर्थ 'प्लैंकटन, एरोसोल, क्लाउड और ओशन इकोसिस्टम' सैटेलाइट है। इसे NASA ने स्पेस X फाल्कन 9 रॉकेट का इस्तेमाल करके फरवरी,, 2024 में लॉन्च किया। यह महासागरों में फाइटोप्लांकटन पर जलवायु परिवर्तन के प्रभाव का अध्ययन करेगा।
इनसैट-3DS उपग्रह	इसे मौसम पूर्वानुमान और आपदा चेतावनी क्षमताओं को बढ़ाने के उद्‌देश्य से इसरो द्वारा GSLV-F14 का उपयोग करके फरवरी, 2024 में लॉन्च किया गया है। इसमें इमेजर, साउण्डर, डेटा रिले ट्रांसपोण्डर और सैटेलाइट एडेड सर्च एण्ड रेस्क्यू ट्रांसपोण्डर पेलोड शामिल हैं। यह उपग्रह भूस्थिर कक्षा से तीसरी पीढ़ी के मौसम सम्बन्धी उपग्रह का अनुवर्ती मिशन है।
क्वाण्टम सैटेलाइट	यह 'राष्ट्रीय क्वाण्टम मिशन' के तहत भारत का पहला क्वाण्टम सैटेलाइट लॉन्च करने की योजना है। क्वाण्टम सैटेलाइट क्वाण्टम भौतिकी पर आधारित होता है, जो अत्यधिक सुरक्षित डेटा ट्रांसमिशन को सक्षम बनाता है।
स्टारलिंक सैटेलाइट	हाल ही में मणिपुर से एक स्टारलिंक सैटेलाइट डिवाइस की खोज की गई है, जिसने इसके सम्भावित दुरुपयोग के बारे में चिन्ता जताई है। इसे स्पेस एक्स द्वारा डिज़ाइन किया गया है। यह एक सैटेलाइट इण्टरनेट सेवा है। इसे भारत में संचालित करने की अनुमति नहीं है।
लिग्नोसैट	इसे 5 नवम्बर, 2024 को फ्लोरिडा में नासा के कैनेडी स्पेस सेण्टर से स्पेसएक्स रॉकेट पर लॉन्च किया गया था। यह क्योटो विश्वविद्यालय के शोधकर्ताओं द्वारा विकसित दुनिया का पहला लकड़ी का उपग्रह है। यह मैगनोलिया की लकड़ी से बना है।

प्रमुख मिशन/प्रोजेक्ट/समझौता

मिशन/प्रोजेक्ट/समझौता	विवरण
SpaDeX मिशन	इसरो ने 30 दिसम्बर, 2024 को श्रीहरिकोटा (सतीश धवन अन्तरिक्ष केन्द्र) से PSLV-C60 का उपयोग करके SpaDeX अन्तरिक्ष यान का सफल प्रक्षेपण किया। इस मिशन का उद्देश्य अन्तरिक्ष यान के मिलन, डॉकिंग और अनडॉकिंग में भारत की तकनीकी शक्ति का प्रदर्शन करना है। इसमें दो छोटे उपग्रह SDX01 (चेज़र) और SDX02 (टारगेट) शामिल हैं, प्रत्येक का वजन लगभग 220 किलोग्राम है। भारत यह तकनीकी उपलब्धि हासिल करने वाला अमेरिका, रूस और चीन के बाद दुनिया का चौथा देश बन गया।
चन्द्र परमाणु रिएक्टर परियोजना	इस परियोजना का लक्ष्य भविष्य के चन्द्र मिशन के लिए एक छोटा बिजली पैदा करने वाला रिएक्टर बनाना है। नासा ने चन्द्रमा के लिए परमाणु रिएक्टर (विखण्डन) विकसित करने की परियोजना का पहला चरण पूरा कर लिया है। वर्ष 2022 में नासा ने इस प्रोजेक्ट के लिए 5 मिलियन डॉलर का अनुबन्ध किया था।
स्टार्ट (START) कार्यक्रम	इसरो ने अप्रैल-मई, 2024 में अन्तरिक्ष विज्ञान और प्रौद्योगिकी जागरूकता प्रशिक्षण (START) कार्यक्रम आयोजित किया। इसका उद्देश्य युवाओं को अन्तरिक्ष विज्ञान की ओर आकर्षित करना है। इसमें भारतीय अन्तरिक्ष कार्यक्रमों के साथ-साथ अन्तरिक्ष विज्ञान के विभिन्न क्षेत्रों को शामिल किया जाएगा।
कलाम (KALAM)-250	यह एक स्टेज-2 प्रणोदन प्रणाली है, जिसका परीक्षण 27 मार्च, 2024 को स्काईरूट एयरोस्पेस द्वारा विक्रम-1 अन्तरिक्ष प्रक्षेपण यान से किया गया है।
इण्टयूटिव मशीन (IM) मिशन	यह चन्द्रमा के दक्षिणी ध्रुव पर उतरने वाला पहला निजी अमेरिकी लैण्डर है, जिसे SpaceX ने लॉन्च किया था।
	इसने नासा के छह पेलोड के साथ नोवा-सी चन्द्र लैण्डर 'ओडीसियस' को फरवरी, 2024 में चन्द्रमा पर सफल लैंडिंग की।
एक्सिओम-4 मिशन	यह नासा और अमेरिकी कम्पनी एक्सिओम स्पेस का एक निजी अन्तरिक्ष यात्री मिशन है। भारतीय वायुसेना के अधिकारी शुभांशु शुक्ला को इस मिशन के लिए स्पेसएक्स ड्रैगन अन्तरिक्ष यान का पायलट चुना गया है।
IRIS2 अन्तरिक्ष कार्यक्रम	यह 290 उपग्रहों के समूह को ले जाने के लिए यूरोपीय संघ का एक महत्त्वाकांक्षी कार्यक्रम है।
शुक्रयान-1	केन्द्रीय मन्त्रिमण्डल ने शुक्र ग्रह पर भारत के पहले मिशन को मंजूरी दे दी, जिसे इसरो ने मार्च, 2028 में प्रक्षेपित करने का लक्ष्य रखा है। इस मिशन को लॉन्च व्हीकल मार्क-3 से लॉन्च किया जाएगा।
MACE प्रोजेक्ट	मेजर एटमॉस्फेरिक चेरेनकोव एक्सपेरीमेण्ट (MACE) वेधशाला का उद्घाटन 4 अक्टूबर, 2024 को हानले, लद्दाख में किया गया। यह परियोजना कॉस्मिक-रे अनुसन्धान में भारत के लिए एक महत्त्वपूर्ण उपलब्धि है, जिसका उद्देश्य अन्तर्राष्ट्रीय सहयोग को बढ़ावा देना और अन्तरिक्ष अनुसन्धान में भारत की भूमिका को मजबूत करना है। MACE उच्च ऊर्जा गामा किरणों का अवलोकन करेगा, जो सुपरनोवा, ब्लैक होल और गामा-रे विस्फोट जैसी घटनाओं पर वैश्विक अनुसन्धान में सहायता करेगा। यह एशिया की सबसे बड़ी और दुनिया की सबसे ऊँची इमेजिंग चेरेंकोव दूरबीन है, जो लगभग 4300 मीटर की ऊँचाई पर स्थित है। इसे भाभा परमाणु अनुसन्धान केन्द्र (BARC) ने ECIL और अन्य भारतीय उद्योग भागीदारों की मदद से स्वदेशी रूप से निर्मित किया है।
लूनर पोलर एक्सप्लोरेशन मिशन (LUPEX)	यह इसरो और JAXA का संयुक्त मिशन है, जिसे वर्ष 2025 में लॉन्च किया जाएगा। इसका उद्देश्य चन्द्रमा की सतह का पता लगाना और उप-सतही जल की खोज करना है।

मिशन/प्रोजेक्ट/समझौता	विवरण
निसार (NISAR) परियोजना	NASA-ISRO सिन्थेटिक एपर्चर रडार (NISAR) एक निम्न पृथ्वी कक्षा (LEO) वेधशाला है, जिसे NASA और ISRO द्वारा संयुक्त रूप से विकसित किया जा रहा है। इसे मार्च, 2025 में लॉन्च किया जाएगा।
स्पेस मैत्री	'ऑस्ट्रेलिया-भारत की प्रौद्योगिकी, अनुसन्धान और नवाचार के लिए मिशन' (मैत्री) न्यू स्पेस इण्डिया लिमिटेड और ऑस्ट्रेलिया की स्पेस मशीन कम्पनी के बीच एक संयुक्त पहल है। इस पहल के तहत, इसरो लघु उपग्रह प्रक्षेपण यान (SSLV) पर ऑस्ट्रेलिया के ऑप्टिमस अन्तरिक्ष यान को लॉन्च करेगा।

महत्त्वपूर्ण तथ्य

- J0529-4351 **क्यासर** यह खगोलविदों द्वारा खोजी गई ब्रह्माण्ड की सबसे चमकीली वस्तु है। यह 12 अरब प्रकाश वर्ष दूर है।
- **क्षुद्रग्रह रयुगु** वैज्ञानिकों ने जापान के हायाबुसा द्वारा एकत्र किए गए नमूनों का विश्लेषण किया और जीवन के लिए आवश्यक दो कार्बनिक योगिकों का पता लगाया। यह क्षुद्रग्रह कार्बनयुक्त (सी प्रकार) है।
- **लाल बौना तारा TOI-715** नासा के ट्रांजिटिंग एक्सोप्लैनेट सर्वे सैटेलाइट ने एक लाल बौने तारे ToI-715 को घुमाने वाले एक सुपर-अर्थ एक्सोप्लैनेट की पहचान की है। यह वोलान्स नक्षत्र में मौजूद है।
- **क्षुद्रग्रहों पर पानी** क्षुद्रग्रहों आइरिस और मैसालिया पर पहली बार पानी का पता चला है।
- **सखी ऐप** इसे विक्रम साराभाई अन्तरिक्ष केन्द्र द्वारा विकसित गया है, जो गगनयान मिशन पर अन्तरिक्ष यात्रियों के लिए एक बहुउद्देशीय ऐप है।
- **पुष्पक** इसरो ने पुष्पक पुनः प्रयोज्य प्रक्षेपण यान (RLV) का दूसरा परीक्षण पूरा कर लिया है। RLV को एक अन्तरिक्ष विमान के रूप में डिज़ाइन किया गया है, जिसका उपयोग पेलोड को लो अर्थ ऑर्बिट (LEO) में ले जाने के लिए किया जाता है।

अन्तरिक्ष अवसंरचनाओं का उद्घाटन (केरल में)

- **SLV** इण्टीग्रेशन सतीश धवन अन्तरिक्ष केन्द्र (श्रीहरिकोटा)
- सेमी-क्रायोजेनिक्स इण्टीग्रेटेड इंजन और स्टेज टेस्ट (SIEST) केंसिलिटी ISRO प्रोपल्शान कॉम्प्लेक्स (महेन्द्रगिरि)

- ट्राइसोनिक खिण्ड टनल विक्रम साराभाई अन्तरिक्ष केन्द्र (तिरुवनन्तपुरम)

- **भारतीय अन्तरिक्ष यात्री** प्रधानमन्त्री ने गगनयान मिशन के लिए भारतीय अन्तरिक्ष यात्री जीसी प्रशान्त बालकृष्ण नायर, जीसी अजीत कृष्णन, जीसी अंगद प्रताप और डब्ल्यूसी सुभांशु शुक्ला के नामों की घोषणा की।
- **भूत कण (Ghost Particles)** खगोलविदों ने अण्टार्कटिका में आइसक्यूब न्यूट्रिनो वेधशाला का विश्लेषण करते हुए इन कणों की खोज की है। ये ताउ न्यूट्रिनो हैं, जिन्हें 'भूत कण' नाम दिया गया है।
- **शिव और शक्ति** ये तारों की दो प्राचीन धाराएँ हैं, जिन्हें मिल्की वे आकाशगंगा का निर्माण खण्ड माना जाता है। इनकी पहचान ESA के गैया टेलीस्कोप का उपयोग करके की गई है।
- **स्टेशन शिब शक्ति** यह चन्द्रयान-3 के विक्रम लैण्डर के लैण्डिग स्थल का नाम है, जिसे अन्तर्राष्ट्रीय खगोलीय संघ द्वारा अनुमोदित किया गया है।

अन्तरिक्ष क्षेत्र में 100% FDI

- सैटेलाइट विनिर्माण और प्रचालन के लिए स्वचालित मार्ग के तहत 74% तक की अनुमति है।
- प्रक्षेपण यान और सम्बन्धित प्रणालियाँ या उपप्रणालियाँ, अन्तरिक्ष यान को प्रक्षेपित करने तथा रिसीव करने के लिए 49% तक की मंजूरी स्वचालित मार्ग के तहत दी गई है।
- उपग्रहों, ग्राउण्ड सेगमेण्ट और यूज़र सेगमेण्ट के घटकों (पार्ट-पुर्जों) के निर्माण के लिए 100% तक की अनुमति है।

- **सेमी-क्रायोजेनिक प्री बर्नर इग्निशन टेस्ट आर्टिकल (PITA)** इसरो ने पहली बार सेमी-क्रायोजेनिक इंजन (SCE-200) पर प्री बर्नर टेस्ट किया। यह SCE ऑक्सीडाइज़र के रूप में लिक्विड ऑक्सीजन और ईंधन के रूप में रिफाइण्ड केरोसिन का उपयोग करता है।
- **खगोल विज्ञान के लिए शॉ पुरस्कार 2024** श्रीनिवास कुलकर्णी को 2024 के लिए खगोल विज्ञान में शॉ पुरस्कार से सम्मानित किया गया। यह पुरस्कार उन्हें खगोलीय क्षणिकाएँ (Astronomical Transient) में कार्य हेतु दिया गया था। ये वे खगोलीय पिण्ड हैं, जिनमें तीव्र परिवर्तन होते रहते हैं। ये हिंसक अन्तरिक्ष घटनाओं से जुड़े हैं।
- **प्रवाह सॉफ्टवेयर** इसे इसरो द्वारा विकसित किया गया है। 'एयरोस्पेस व्हीकल एयरो-थर्मो-डायनामिक्स एनालिसिस के लिए पैरेलल RANS सॉल्वर (प्रवाह) एक कम्प्यूटेशनल फ्लुइड डायनेमिक्स सॉफ्टवेयर है, जिसका उपयोग एयरोस्पेस वाहनों के एयरोडायनामिक्स डिजाइन और विकास के लिए किया जाता है।
- **भारतीय अन्तरिक्ष स्टेशन (BAS-1)** केन्द्र सरकार ने गगनयान के अपने विस्तारित कार्यक्रम के हिस्से के रूप में भारतीय अन्तरिक्ष स्टेशन (BAS-1) के विकास को मंजूरी दे दी है। इसके 2035 तक चालू होने की उम्मीद है।
- **मिनी-मून (2024-PT5)** यह एक छोटा-सा क्षुद्रग्रह है जिसे कुछ समय के लिए पृथ्वी द्वारा ग्रहण किया जाएगा। आधिकारिक तौर पर इसे 2024-PT5 कहा जाता है। यह दो महीने तक पृथ्वी के प्रभाव में रहेगा।

खेल–खिलाड़ी

राष्ट्रीय

स्पर्द्धा	*विजेता*
पुरुष खो-खो विश्व कप-2025 (13-19 जनवरी, 2025)	▪ भारत (विजेता) ▪ नेपाल (उप-विजेता)
सन्तोष ट्रॉफी 2024-25 (फाइनल - 31 दिसम्बर, 2024)	▪ पश्चिम बंगाल (विजेता) ▪ केरल (उप-विजेता)
विश्व शतरंज चैम्पियनशिप 2024 (25 नवम्बर, 12 दिसम्बर, 2024)	▪ डी. गुकेश (विजेता) ▪ डिंग लिरेन (चीन-उप-विजेता)
वर्ल्ड रेपिड चेस चैम्पियनशिप 2024 (26-28 दिसम्बर, 2024)	▪ कोनेरू हम्पी (महिला वर्ग) ▪ वोलोदर मुर्जिन (पुरुष वर्ग)
बॉर्डर गावस्कर ट्रॉफी 2024-25 (30 अक्टूबर, 2024-5 जनवरी, 2025 के बीच)	▪ ऑस्ट्रेलिया (3-1) (प्लेयर ऑफ द सीरीज-जसप्रीत बुमराह)
सैयद मुश्ताक अली ट्रॉफी 2024-25 (23 नवम्बर से 15 दिसम्बर, 2024)	▪ मुम्बई (विजेता) ▪ मध्य प्रदेश (उप-विजेता)
ब्रिस्बेन इण्टरनेशनल टेनिस 2024 (27 दिसम्बर, 2024-7 जनवरी, 2025)	पुरुष एकल-जिरी लेहका (चेक रिपब्लिक)/महिला एकल-अर्याना सेबलेंका (बेलारूस)
सैयद मोदी इण्टरनेशनल बैडमिण्टन 2024 (26 नवम्बर - 1 दिसम्बर, 2024)	▪ पुरुष एकल - लक्ष्य सेन ▪ महिला एकल - पीवी सिन्धु
महिला एशियाई हॉकी चैम्पियनशिप 2024 (11-20 नवम्बर, 2024)	▪ भारत (तीसरा खिताब)
वर्ल्ड मिलिट्री रेसलिंग चैम्पियनशिप 2024 (फाइनल - 22 नवम्बर, 2024)	▪ भारत (7 पदक) (स्वर्ण-3, रजत-1, कांस्य-3)

अन्तर्राष्ट्रीय

स्पर्द्धा	*विजेता*
ऑस्ट्रेलिया ओपन (टेनिस) (आयोजन- 6-26 जनवरी, 2025 तक ऑस्ट्रेलिया के मेलबर्न में)	▪ सिंगल्स - महिला - मैडिसन कीज (यू.एस.ए.) ▪ पुरुष - जैनिक सिनर (इटली) ▪ डबल्स - महिला कैटरिना सिनियाकोवा (चेक रिपब्लिक) व टेलर टाउनसेंड (यू.एस.ए.) ▪ पुरुष - हैरी हेलिओवारा (फिनलैण्ड) व हेनरी पैटन (ब्रिटेन) ▪ मिश्रित युगल - ओलिविया गैडेकी व जॉन पीयर्स (दोनों ऑस्ट्रेलिया से)
एटीपी टूर फाइनल, 2024 (आयोजन 10-17 नवम्बर, 2024 के मध्य ट्यूरिन (इटली में)	▪ सिंगल्स - जैनिक सिनर (विजेता) ▪ टेलर फ्रिट्ज (उप-विजेता) ▪ युगल - केविन क्राविट्ज व टिम पुएट्ज (विजेता) ▪ मार्सेलो अरेवलो व मेट पॉविक (उप विजेता)

खेल व्यक्तित्व

- **पंकज आडवाणी** ने 14वाँ एशियाई स्नूकर चैम्पियनशिप का खिताब दोहा (कतर) में 20 फरवरी, 2025 को जीता
- जसप्रीत बुमराह को उनके बेहतरीन प्रदर्शन के लिए जनवरी, 2025 में ICC पुरुष टेस्ट क्रिकेटर ऑफ द ईयर-2024 चुना गया है। उन्होंने वर्ष 2024 में 14.92 की औसत से 13 टेस्ट मैचों में 71 विकेट लिए।
- **स्मृति मंधाना** को क्रिकेट के एकदिवसीय मैचों मे असाधारण प्रदर्शन के लिए जनवरी, 2025 में ICC महिला वनडे क्रिकेट ऑफ द ईयर-2024 चुना गया है। वे भारत की सलामी बल्लेबाज व उप-कप्तान है।
- **डी. गुकेश** ने विश्व शतरंज चैम्पियनशिप, 2024 के फाइनल में डिंग लिरेन (चीन) को हराकर खिताब जीता। विश्वनाथन आनन्द के बाद यह खिताब जीतने वाले दूसरे भारतीय तथा सबसे कम आयु (18 वर्ष) में खिताब जीतने वाले पहले खिलाड़ी हैं।

- **वैभव सूर्यवंशी** सबसे कम आयु में आईपीएल (इण्डियन प्रीमियर लीग) की नीलामी में चयनित होने वाले प्रथम खिलाड़ी बने।
  वह राजस्थान रॉयल्स टीम की ओर से आईपीएल 2025 का हिस्सा बनेंगे।
- **लियोनेल मेस्सी** (फुटबॉल खिलाड़ी) को 5 जनवरी, 2024 को संयुक्त राज्य अमेरिका का सर्वोच्च नागरिक सम्मान 'प्रेसिडेंशियल मेडल ऑफ फ्रीडम' से सम्मानित किया गया। मेस्सी अर्जेण्टीना टीम के खिलाड़ी हैं, जिन्हें आठ बार **बैलन डी ओर अवॉर्ड** प्राप्त हो चुका है।
- **मारिया शारापोवा** को 28 अक्टूबर, 2024 को ब्रायन बन्धुओं के साथ 'इण्टरनेशनल टेनिस हॉल ऑफ फेम' में शामिल किया गया है। सारापोवा रूस की टेनिस खिलाड़ी हैं।

अन्य चर्चित खिलाड़ी

खिलाड़ी	*उपलब्धि*
मन्दीप जांगड़ा	विश्व मुक्केबाजी संघ का सुपर फेदरवेट खिताब जीता।
गुरप्रीत पाल सिंह	ACO विश्व शतरंज स्पर्द्धा में गोल्ड मेडल जीता।
विराट कोहली	टेस्ट क्रिकेट में 9000 रन पूरे किए
हरमनप्रीत कौर	IWLF वेटलिफ्टिंग इवेण्ट में राष्ट्रीय रिकॉर्ड बनाया।
दिव्यांशी	ISSF जूनियर विश्व चैम्पियनशिप में स्वर्ण पदक प्राप्त किया।

पुरस्कार/सम्मान

सुभाष चन्द्र बोस आपदा प्रबन्धन पुरस्कार 2025 भारतीय राष्ट्रीय महासागर सूचना सेवा केन्द्र (INCOIS) को आपदा प्रबन्धन में उत्कृष्ट कार्य के लिए इस पुरस्कार से सम्मानित किया गया। इस पुरस्कार की घोषणा प्रत्येक वर्ष 23 जनवरी को नेताजी सुभाषचन्द्र बोस की जयन्ती पर की जाती है। इनकॉइस की स्थापना वर्ष 1999 में हैदराबाद, तेलंगाना में की गई थी।

- **राष्ट्रीय पंचायत पुरस्कार 2024** विज्ञान भवन, नई दिल्ली में पंचायती राज मन्त्रालय द्वारा इसका आयोजन किया गया। राष्ट्रपति द्वारा विभिन्न श्रेणियों में चुने गए 45 पुरस्कार विजेताओं को राष्ट्रीय पंचायत पुरस्कार प्रदान किए गए। दिए गए पुरस्कारों की सूची अग्रलिखित है

श्रेणी	रैंक	पंचायत	राज्य
सर्वश्रेष्ठ ग्राम पंचायतें	1	मान्याचिवाड़ी (ब्लॉक पाटन, जिला सतारा)	महाराष्ट्र
	2	बेबेजिया डेमी बंगधाई (ब्लॉक खगरिजन जिला नागाँव)	असम
	3	थानाधार (ब्लॉक नारकण्डा, जिला शिमला	हिमाचल प्रदेश
सर्वश्रेष्ठ ब्लॉक पंचायतें	1	छत्रपुर (जिला गंजम)	ओडिशा
	2	अमरपुर (जिला गोमती)	त्रिपुरा
	3	तिरोरा (जिला गौदिया)	महाराष्ट्र
सर्वश्रेष्ठ जिला पंचायतें	1	गोमती	विपुरा
	2	कोरापुट	ओडिशा
	3	उड्डपी	कर्नाटक

पुरस्कार/सम्मान

अवॉर्ड	प्राप्तकर्ता
पद्म पुरस्कार	पद्म विभूषण (7), पद्म भूषण (19), पद्म श्री (113)
सी.के.नायडू लाइफटाइम अचीवमेंट अवार्ड 2024	सचिन तेन्दुलकर
प्रवासी भारतीय सम्मान 2025	27 प्रवासी भारतीयों को सम्मान; (उषा कुमारी (ब्रिटेन), क्रिस्टीन कार्ला-कगालू (त्रिनिडाड-टोबैगो), शर्मिला फोर्ड (यूएसए) इत्यादि।)
राष्ट्रीय पंचायत पुरस्कार 2024	45 संस्था/संगठनों को पुरस्कार
इंदिरा गाँधी पुरस्कार 2024	मिशेल बाचेलेट (चिली)
गंगाधर नेशनल अवॉर्ड 2023-24	पवित्रा सथपती (ओडिया कवयित्री)
चन्द्रशेखरेन्द्र सरस्वती पुरस्कार 2024	एस. जयशंकर
चौधरी चरण सिंह पुरस्कार 2024	नीरजा चौधरी
ध्यानचन्द खेल रत्न अवॉर्ड 2024	मनु भाकर (निशानेबाजी), हरमनप्रीत सिंह (हॉकी), प्रवीण कुमार (पैरा-एथलीट), डी. गुकेश (शतरंज)
अर्जुन पुरस्कार 2024	अन्नू रानी (एथलेटिक्स), नीतू (बॉक्सिंग), सलीमा टेटे (हॉकी), अभिषेक (हॉकी), सुखजीत सिंह (हॉकी) इत्यादि
अर्जुन पुरस्कार (लाइफ टाइम)	सुचा सिंह (एथलेटिक्स), मुरलीकान्त राजाराम पेटकर (पैरा तैराक)
द्रोणाचार्य पुरस्कार 2024	**रेगुलर** सुभाष राणा (पैरा-शूटिंग), दीपाली देशपाण्डे (शूटिंग), संदीप सांगवान (हॉकी) **लाइफटाइम** एस. मुरलीधरन (बैडमिण्टन), अरमांडो एगनेलो कोलाको (फुटबॉल)
राष्ट्रीय खेल प्रोत्साहन पुरस्कार	फिजिकल एजुकेशन फाउण्डेशन ऑफ इण्डिया
मौलाना अबुल कलाम आजाद (एमएकेए) ट्रॉफी	चण्डीगढ़ यूनिवर्सिटी
प्रधानमन्त्री बाल पुरस्कार 2024	17 साहसी बच्चों को (सौरभ कुमार, लोआना थापा, व्यास ओम जिग्नेश, सिन्धुरा राजा इत्यादि।)
तानसेन सम्मान 2023 (म.प्र.)	पण्डित स्वप्न चौधरी (तबलावादक)
साहित्य अकादमी पुरस्कार, 2024	21 भाषाओं के रचनाकारों को, (हिन्दी भाषा-गगन गिल)
82वाँ गोल्डन ग्लोब अवॉर्ड 2025	सर्वश्रेष्ठ फिल्म - द ब्रुटलिस्ट (ड्रामा), सर्वश्रेष्ठ फिल्म - एमिलिया पेरेज (कॉमेडी), सर्वश्रेष्ठ अभिनेत्री - फर्नाण्डा टोरेस, सर्वश्रेष्ठ अभिनेता - एड्रियन ब्रॉडी
टर्नर अवॉर्ड 2024	जसलीन कौर (स्कॉटलैण्ड)
बुकर पुरस्कार, 2024	सामंथा हार्वे ('आर्बिटल' उपन्यास के लिए)

नोबेल पुरस्कार, 2024

- **भौतिक** जॉन जे. हॉपफील्ड (यूएसए), जेफ्री ई. हिण्टन (ब्रिटेन)।
- **रसायन विज्ञान** डेविड बेकर (यूएसए), जॉन जम्पर (यूएसए), डेविड हैसाबिस (ब्रिटेन)।
- **चिकित्सा** विक्टर एम्ब्रोस (यूएसए), गैरी रुवकुन (यूएसए)
- **अर्थशास्त्र** डेरान ऐसमोग्लू (यूएसए), साइमन जॉनसन (ब्रिटेन), जेम्स ए. रॉबिन्सन (यूएसए)
- **साहित्य** हॉन कॉग (दक्षिण कोरिया)
- **शांति** निहोन हिडांक्यो समूह (जापान)

अवॉर्ड	प्राप्तकर्ता
वर्ल्ड स्पेस अवॉर्ड	एस. सोमनाथ
डब्ल्यू टी ए पुरस्कार, 2024	सर्वश्रेष्ठ स्पोर्ट्स पर्सन - आर्यना सबालेंका (बेलारूस) सर्वश्रेष्ठ उन्नत खिलाड़ी - एम्मान वारी (यूएसए)
चैम्पियन ऑफ द अर्थ 2024	माधव गॉडगिल
जेसी डेनियल अवॉर्ड 2024	शाजी एन. करुण
प्रेसीडेंशियल मेडल ऑफ फ्रीडम 2024	प्रमुख 18 हस्तियों को (हिलेरी क्लिंटन, रॉबर्ट एफ कैनेडी)
ग्रैण्ड कमाण्डर ऑफ द ऑर्डर ऑफ द नाइजर	नरेन्द्र मोदी (नाइजीरिया का सर्वोच्च सम्मान)
द ऑर्डर ऑफ विसम मुबारक अल-कबीर	नरेन्द्र मोदी (कुवैत का सर्वोच्च सम्मान)
मेडल ऑफ इफिसिएन्सी	डॉ. रवि पिल्लई (बहरीन का सर्वोच्च सम्मान)
स्वॉर्ड ऑफ ऑनर अवॉर्ड	राममन्दिर, अयोध्या (ब्रिटेन सरकार का पुरस्कार)
ग्लोबल पीस अवॉर्ड	नरेन्द्र मोदी (AIAM द्वारा दिया गया अवॉर्ड)

97वें अकादमी पुरस्कार (ऑस्कर)

श्रेणी	विजेता	फ़िल्म
सर्वश्रेष्ठ फ़िल्म	-	अनोरा
सर्वश्रेष्ठ निर्देशक	सीन बेकर	अनोरा
सर्वश्रेष्ठ अभिनेता	एड्रियन ब्रॉडी	द ब्रूटलिस्ट
सर्वश्रेष्ठ अभिनेत्री	माइकी मैडिसन	अनोरा

नवीनतम कौन क्या है?

राष्ट्रपति	द्रौपदी मुर्मू
उपराष्ट्रपति	जगदीप धनखड़
प्रधानमन्त्री	नरेन्द्र मोदी
मुख्य न्यायाधीश, सर्वोच्च न्यायालय	संजीव खन्ना
महान्यायवादी	आर. वेंकटरमणि
अध्यक्ष, लोकसभा	ओम बिड़ला
उपसभापति, राज्यसभा	हरिवंश नारायण
नियन्त्रक एवं महालेखा परीक्षक	संजय मूर्ति
चीफ ऑफ डिफेन्स स्टॉफ	अनिल चौहान
वायु सेना अध्यक्ष	अमरप्रीत सिंह
नौसेना अध्यक्ष	दिनेश त्रिपाठी
थल सेना अध्यक्ष	मनोज पाण्डे

सचिव, सलाहकार एवं आयुक्त

कैबिनेट सचिव	राजीव गौबा
प्रधान सचिव, प्रधानमन्त्री	पी के मिश्रा
विदेश सचिव	विक्रम मिस्त्री
राष्ट्रीय सुरक्षा सलाहकार	अजीत डोभाल
मुख्य वैज्ञानिक सलाहकार	अजय कुमार सूद
मुख्य चुनाव आयुक्त	ज्ञानेश कुमार

भारत के राज्य एवं केन्द्रशासित प्रदेश

नाम	राज्यपाल	मुख्यमन्त्री
आन्ध्र प्रदेश	एस. अब्दुल नजीर	एन. चन्द्रबाबू नायडू
अरुणाचल प्रदेश	केटी परनाइक	पेमा खाण्डू
असम	लक्ष्मण प्रसाद आचार्य	हिमन्त बिस्वा सरमा
उत्तर प्रदेश	आनन्दीबेन पटेल	योगी आदित्यनाथ
उत्तराखण्ड	गुरमीत सिंह	पुष्कर सिंह धामी
ओडिशा	हरिबाबू कम्भमपति	मोहन चरण मांझी
कर्नाटक	थावरचन्द्र गहलोत	सिद्धारमैया
केरल	राजेन्द्र विश्वनाथ अर्लेकर	पिनाराई विजयन
गोवा	पीएस श्रीधरन पिल्लै	प्रमोद सावन्त
गुजरात	आचार्य देवव्रत	भूपेन्द्र पटेल
छत्तीसगढ़	रेमन डेक	विष्णुदेव साय
झारखण्ड	सन्तोष कुमार गंगवार	हेमन्त सोरेन
तमिलनाडु	आरएन रवि	एमके स्टालिन
तेलंगाना	जिष्णु देव वर्मा	ए. रेवन्त रेड्डी

नाम	राज्यपाल	मुख्यमन्त्री
नागालैण्ड	ला गणेशन	नीपिहु रियो
पंजाब	गुलाबचन्द कटारिया	भगवन्त सिंह मान
पश्चिम बंगाल	सीवी आनन्द बोस	ममता बनर्जी
बिहार	आरिफ मोहम्मद खान	नीतीश कुमार
मध्य प्रदेश	मंगूभाई छगनभाई पटेल	मोहन यादव
महाराष्ट्र	सीपी राधाकृष्ण	देवेन्द्र फड़नवीस
मणिपुर	अजय कुमार भल्ला	एन. बीरेन सिंह
मेघालय	सीएच विजयशंकर	कोनराड संगमा
मिजोरम	विजय कुमार सिंह	लालदुहोमा
राजस्थान	हरिभाऊ किशनराव बागड़े	भजनलाल शर्मा
सिक्किम	ओम प्रकाश माथुर	प्रेम सिंह तमांग
हिमाचल प्रदेश	शिव प्रताप शुक्ला	सुखविन्दर सिंह
हरियाणा	बण्डारु दत्तात्रेय	नायब सिंह सैनी
त्रिपुरा	इन्द्रसेन रेड्डी नलू	माणिक साहा

केन्द्रशासित प्रदेश

नाम	मुख्यमन्त्री/उप-राज्यपाल
अण्डमान-निकोबार द्वीपसमूह	देवेन्द्र कुमार जोशी (उप-राज्यपाल)
चण्डीगढ़	बनवारीलाल पुरोहित (प्रशासक)
जम्मू-कश्मीर	उमर अब्दुल्ला (मुख्यमन्त्री), मनोज सिन्हा (उप-राज्यपाल)
दिल्ली	रेखा गुप्ता (मुख्यमन्त्री)
दादरा एवं नगर हवेली और दमन एवं दीव	प्रफुल्ल पटेल (प्रशासक)
पुदुचेरी	एन. रंगास्वामी (मुख्यमन्त्री), के. कैलाशनाथन (उप-राज्यपाल)
लक्षद्वीप	प्रफुल्ल पटेल (प्रशासक)
लद्दाख	बीडी मिश्रा (उप-राज्यपाल)

राष्ट्रीय स्तर पर नियुक्तियाँ

पद	नियुक्त व्यक्ति	तिथि
कैबिनेट सचिव	टी. वी. सोमनाथन	30 अगस्त, 2024
विदेश सचिव	विक्रम मिस्री	15 जुलाई, 2024
गृह सचिव	गोविन्द मोहन	14 अगस्त, 2024
रक्षा सचिव	राजेश कुमार सिंह	31 अक्टूबर, 2024
वित्त सचिव	तुहिन कान्ता पाण्डे	13 सितम्बर, 2024
राजस्व सचिव	तुहिन कान्ता पाण्डे	9 जनवरी, 2025
प्रधानमन्त्री के प्रधान सचिव	प्रमोद कुमार मिश्रा (दूसरी बार)	10 जून, 2024
नियन्त्रक एवं महालेखा परीक्षक (CAG)	के. संजय मूर्ति (15वाँ)	21 नवम्बर, 2024
भारत के लेखा महानियन्त्रक (CGA)	श्री एस.एस. दुबे (28वें)	06 मार्च, 2023
भारत के मुख्य सांख्यिकीविद्	जीपी सामन्त	10 मार्च, 2021-अप्रैल, 2025
भारत के अटॉर्नी जनरल	आर. वेंकटरमणी (16वें)	1 अक्टूबर, 2022
भारत के सॉलिसिटर जनरल	तुषार मेहता (तीसरी बार)	1 जुलाई, 2023
भारत के लोकपाल अध्यक्ष	अजय माणिकराव खानविलकर	10 मार्च, 2024
रक्षा प्रमुख (CDS)	अनिल चौहान (दूसरे)	30 सितम्बर, 2022
नौसेना प्रमुख	दिनेश कुमार त्रिपाठी (26वें)	30 अप्रैल, 2024
वायुसेना प्रमुख	अमर प्रीत सिंह (28वें)	30 सितम्बर, 2024
सेना प्रमुख	उपेन्द्र द्विवेदी (30वें)	30 जून, 2024
भारत के मुख्य चुनाव आयुक्त	राजीव कुमार (25वें)	15 मई, 2022
चुनाव आयोग के सदस्य	ज्ञानेश कुमार, सुखबीर सिंह सन्धू	06 जून, 2024

पद	नियुक्त व्यक्ति	तिथि
भारत के मुख्य सूचना आयुक्त	हीरालाल सामरिया (12वीं)	06 नवम्बर, 2023
राष्ट्रीय मानवाधिकार आयोग के अध्यक्ष	न्यायमूर्ति वी. रामसुब्रमण्यम	23 दिसम्बर, 2024
राष्ट्रीय चिकित्सा आयोग के अध्यक्ष	डॉ. बी. एन. गंगाधर	03 जुलाई, 2024
केन्द्रीय सतर्कता आयोग (CVC) के अध्यक्ष	प्रवीण कुमार श्रीवास्तव (19वें)	29 मई, 2023
भारतीय प्रतिस्पर्धा आयोग (CCI) के अध्यक्ष	रवनीत कौर	23 मई, 2023
राष्ट्रीय महिला आयोग की अध्यक्ष	विजया किशोर रहाटकर (9वीं)	19 अक्टूबर, 2024
UPSC के अध्यक्ष	प्रीति सूदन	1 अगस्त, 2024
भारत के मुख्य न्यायाधीश	न्यायमूर्ति संजीव खन्ना (51वें)	11 नवम्बर, 2024
CBSE के अध्यक्ष	राहुल सिंह	13 मार्च, 2024
राष्ट्रीय परीक्षण एजेंसी (NTA) के महानिदेशक	प्रदीप सिंह खरोला	23 जून, 2024
SSC के अध्यक्ष	एस गोपालकृष्णन	1 नवम्बर, 2024
16वें वित्त आयोग के अध्यक्ष	अरविन्द पनगढ़िया	31 दिसम्बर, 2023
22वें विधि आयोग के अध्यक्ष	ऋतु राज अवस्थी	9 नवम्बर, 2022-31 अगस्त, 2024
विक्रम साराभाई अन्तरिक्ष केन्द्र (VSSC) के निदेशक	डॉ. एस. उन्नीकृष्णन नायर	07 फरवरी, 2022
इसरो (ISRO) के अध्यक्ष	डॉ. वी. नारायणन	13 जनवरी, 2025
डीआरडीओ (DRDO) के अध्यक्ष	डॉ. समीर वी. कामत	26 अगस्त, 2022-31 मई, 2025
आईसीएमआर (ICMR) के महानिदेशक	डॉ. राजीव बहल	7 अक्टूबर, 2022
प्रमुख वैज्ञानिक सलाहकार	अजय कुमार सूद	अप्रैल, 2022
मुख्य आर्थिक सलाहकार	वी. अन्त नागेश्वरन	28 जनवरी, 2022
राष्ट्रीय सुरक्षा सलाहकार	अजीत डोभाल (तीसरी बार)	13 जून, 2024
एनएसजी (NSG) का महानिदेशक	बी श्रीनिवासन	27 अगस्त, 2024
एनआईए (NIA) का महानिदेशक	सदानन्द वसन्त दाते	27 मार्च, 2024
सीबीआई (CBI) प्रमुख	प्रवीण सूद	25 मई, 2023
आईबी (IB) प्रमुख	तपन कुमार डेका (दूसरी बार)	30 जून, 2024
ईडी (ED) निदेशक	राहुल नवीन	14 अगस्त, 2024
सीआरपीएफ (CRPF) महानिदेशक	ज्ञानेन्द्र प्रताप सिंह	30 जनवरी, 2025
आईटीबीपी (ITBP) महानिदेशक	राहुल रसगोत्रा	28 दिसम्बर, 2023
रॉ (RAW) प्रमुख	रवि सिन्हा	19 जून, 2023
भारतीय रिजर्व बैंक के गवर्नर	संजय मल्होत्रा (26)	11 दिसम्बर, 2024
RBI के मुख्य वित्तीय अधिकारी	सुधा बालाकृष्णन (पहली बार)	मई, 2018
भारतीय स्टेट बैंक के अध्यक्ष	चल्ला श्रीनिवासुलु सेट्टी (27वें)	28 अगस्त, 2024
रेलवे बोर्ड के सीईओ और अध्यक्ष	सतीश कुमार (प्रथम दलित अध्यक्ष)	1 सितम्बर, 2024
भारतीय विशिष्ट पहचान प्राधिकरण (UIDAI) के मुख्य कार्यकारी अधिकारी (CEO)	भुवनेश कुमार	1 जनवरी, 2025
नीति आयोग के सीईओ	बी.वी.आर सुब्रमण्यम	25 फरवरी, 2023
नीति आयोग के उपाध्यक्ष	डॉ. सुमारी के. बेरी	1 मई, 2022

18वीं लोकसभा और नियुक्तियाँ

पद	नियुक्त व्यक्ति
18वीं लोकसभा के अध्यक्ष	ओम बिड़ला
18वीं लोकसभा के प्रोटेम स्पीकर	भर्तृहरि महताब
18वीं लोकसभा में विपक्ष के नेता	राहुल गाँधी
राज्यसभा में सदन के नेता	जेपी नड्डा
लोकसभा के महासचिव	उत्पल कुमार सिंह
लोक लेखा समिति के अध्यक्ष	के.सी. वेणुगोपाल
प्राक्कलन समिति के अध्यक्ष	संजय जयसवाल
सार्वजनिक उपक्रम समिति के अध्यक्ष	बैजयन्त पाण्डा

नई कैबिनेट नियुक्तियाँ

पद	नियुक्त व्यक्ति
रक्षा मन्त्री	राजनाथ सिंहबार (दूसरी बार)
गृह और सहकारिता मन्त्री	अमित शाह (दूसरी बार)
वित्त और कॉर्पोरेट मामलों के मन्त्री	निर्मला सीतारमण (दूसरी बार)
विदेश मन्त्री	डॉ. सुब्रह्मण्यम जयशंकर (दूसरी बार)
सड़क परिवहन और राजमार्ग मन्त्री	नितिन गडकरी (तीसरी बार)
वाणिज्य और उद्योग मन्त्री	पीयूष गोयल
कृषि एवं किसान कल्याण और ग्रामीण विकास मन्त्री	शिवराज सिंह चौहान
स्वास्थ्य मन्त्री	जेपी नड्डा
भारी उद्योग और इस्पात मन्त्री	एचडी कुमारस्वामी (एकमात्र गैर-भाजपा नेता)
रेल मन्त्री	अश्विनी वैष्णव (दूसरी बार)
पर्यावरण, वन और जलवायु परिवर्तन मन्त्री	भूपेन्द्र यादव
महिला और बाल विकास मन्त्री	अन्नपूर्णा देवी
जनजातीय मामलों का मन्त्री	जुआल ओराम
कपड़ा मन्त्री	गिरिराज सिंह
नागरिक उड्डयन मन्त्री	राममोहन नायडू (सबसे युवा मन्त्री)
श्रम और रोजगार मन्त्री	मनसुख मण्डाविया
युवा मामले और खेल मन्त्री	मनसुख मण्डाविया
खेल राज्य मन्त्री	रक्षा खडसे (सबसे कम उम्र की महिला मन्त्री)
कोयला और खान मन्त्री	जी. किशन रेड्डी
खाद्य प्रसंस्करण उद्योग मन्त्री	चिराग पासवान
पेट्रोलियम और प्राकृतिक गैस मन्त्री	हरदीप सिंह पुरी
आवास एवं शहरी विकास और ऊर्जा मन्त्री	मनोहर लाल खट्टर

अन्तर्राष्ट्रीय स्तर पर नियुक्तियाँ

पद	*नियुक्त व्यक्ति*
इण्टरपोल के महासचिव	वाल्डेसी उरक्विज़ा
ICC की भ्रष्टाचार निरोधक इकाई के अध्यक्ष	सुमति धर्मवर्धन
नेपाल के मुख्य न्यायाधीश	प्रकाश मान सिंह राऊत
अन्तर्राष्ट्रीय हॉकी महासंघ के अध्यक्ष	मोहम्मद तैय्यब इकराम
79वीं संयुक्त राष्ट्र महासभा के अध्यक्ष	फिलेमोन यांग (कैमरून के पूर्व प्रधानमन्त्री)
IMF के प्रबन्ध निदेशक	क्रिस्टालिना जॉर्जीवा (दूसरी बार)
नाटो (NATO) के नए महासचिव	मार्क रुटे (नीदरलैण्ड के पूर्व प्रधानमन्त्री)
भारत में नेपाल के राजदूत	लोकदर्शन रेग्मी
NASA के पहले AI अधिकारी	डेविड साल्वाग्निनी
UNHCR के वैश्विक सद्भावना राजदूत	थियो जेम्स
उत्तरी आयरलैण्ड के प्रथम मन्त्री	मिशेल ओनील
पंजाब में पाकिस्तान के प्रथम सिख मन्त्री	रमेश सिंह अरोड़ा
भारत में ब्रिटेन की प्रथम महिला उच्चायुक्त	लिण्डी कैमरून
पाकिस्तान के नए गृह मन्त्री	मोहसिन नकवी
कॉप (COP) 30 के अध्यक्ष	आंद्रे कोरिया डो लागो
ब्रिटेन के विदेश मन्त्री	डेविड लैमी
अमेरिका की प्रथम मुस्लिम महिला संघीय न्यायाधीश	नुसरत चौधरी
ऑस्ट्रेलिया के सैण्ट्रल बैंक की प्रथम महिला गवर्नर	मिशेल बुलॉक
ब्रिक्स बैंक के अध्यक्ष	डिल्मा रुसेफ
न्यूयॉर्क के प्रथम अश्वेत मुख्य न्यायाधीश	रोवन विल्सन
पाकिस्तान के नए सेना प्रमुख	आसिम मुनीर
स्विट्जरलैण्ड के मैत्री राजदूत	नीरज चोपड़ा
अन्तर्राष्ट्रीय श्रम संगठन के महानिदेशक	गिल्बर्ट हौंगबो (टोगो)
यूनिसेफ के नए प्रमुख	कैथरीन रसेल
अन्तर्राष्ट्रीय समुद्रतल प्राधिकरण (ISA) के महासचिव	लेटिसिया रीस डी कार्वाल्हो
फ्रांस में भारत के नए राजदूत	संजीव कुमार सिंगला
जर्मनी में भारत के नए राजदूत	अजित विनायक गुप्ता
मॉरीशस में भारत के नए राजदूत	अनुराग श्रीवास्तव
आइसलैण्ड में भारत के नए राजदूत	श्री आर. रवीन्द्र
अल्जीरिया में भारत के नए राजदूत	डॉ. स्वाति विजय कुलकर्णी
ओलम्पिक काउंसिल ऑफ एशिया (OCA) के अध्यक्ष	बाजा रणधीर सिंह
भारतीय चैम्बर ऑफ कॉमर्स के अध्यक्ष	अभ्युदय जिन्दल

पद	नियुक्त व्यक्ति
अन्तर्राष्ट्रीय सौर गठबन्धन (ISA) के महासचिव	आशीष खन्ना
संयुक्त राष्ट्र में भारत के स्थायी प्रतिनिधि (न्यूयॉर्क)	पार्वथानेनी हरीश
एशियाई क्रिकेट परिषद् के अध्यक्ष	शम्मी सिल्वा (तीसरी बार)
अन्तर्राष्ट्रीय नारकोटिक्स नियन्त्रण बोर्ड में पुनः निर्वाचित सदस्य	जगजीत पवाडिया (तीसरी बार)
आपदा जोखिम न्यूनीकरण के लिए संयुक्त राष्ट्र के विशेष प्रतिनिधि	कमल किशोर
इण्डोनेशिया में संयुक्त राष्ट्र के रेजिडेण्ट समन्वयक	गीता सभरवाल
77वीं विश्व स्वास्थ्य सभा में समिति के अध्यक्ष	अपूर्व चन्द्रा
विश्व बैंक के आर्थिक सलाहकार पैनल में नियुक्त	राकेश मोहन
ब्रिटेन में संस्कृति और खेल मन्त्री	लिसा नन्दी
अमेरिका में नए भारतीय राजदूत	विनय मोहन क्वात्रा
संयुक्त राष्ट्र आर्थिक और सामाजिक परिषद् के अध्यक्ष	बॉब रे
संयुक्त राष्ट्र (जिनेवा) में भारत के स्थायी प्रतिनिधि	अरिंदम बागची
सिंगापुर के राष्ट्रपति	थरमन शन्मुगरत्नम
टेस्ला के मुख्य वित्तीय अधिकारी (CFO)	वैभव तनेजा
WHO के बाह्य लेखा परीक्षक (2024-2027)	गिरीश चन्द्र मुर्मू
अन्तर्राष्ट्रीय श्रम संगठन (ILO) के बाह्य लेखा परीक्षक	गिरीश चन्द्र मुर्मू
विश्व बैंक के नए अध्यक्ष	अजय बंगा
यू-ट्यूब के सीईओ	नील मोहन
UNHRC में पहली भारतीय और एशियाई महिला विशेष दूत	अश्विनी के. पी
IMF में भारत के लिए कार्यकारी निदेशक	केवी सुब्रमण्यन

प्रमुख देशों के नवनिर्वाचित राष्ट्राध्यक्ष एवं शासनाध्यक्ष

पद	नियुक्त व्यक्ति	तिथि
आयरलैण्ड के नए प्रधानमन्त्री	माइकल मार्टिन (दूसरी बार)	23 जनवरी, 2025
अमेरिका के 47वें राष्ट्रपति	डोनाल्ड ट्रम्प (दूसरी बार)	20 जनवरी, 2025
मैक्सिको की पहली महिला राष्ट्रपति	क्लाउडिया शिनबाम	1 अक्टूबर, 2024
श्रीलंका के नए राष्ट्रपति	अनुरा कुमारा दिसानायके	22 सितम्बर, 2024
जॉर्डन के नए प्रधानमन्त्री	जफर हसन	15 सितम्बर, 2024
थाईलैण्ड के नए प्रधानमन्त्री	पैतोंगतार्न शिनावात्रा	16 अगस्त 2024
रवाण्डा के नए राष्ट्रपति	पॉल कागमे (चौथी बार)	11 अगस्त, 2024
वेनेजुएला के नए राष्ट्रपति	निकोलस मादुरो (तीसरी बार)	28 जुलाई, 2024
ईरान के नौवें राष्ट्रपति	मसूद पेजेशकियन	30 जुलाई, 2024

पद	*नियुक्त व्यक्ति*	*तिथि*
एस्टोनिया के अगले प्रधानमन्त्री	क्रिस्टन मिशल	22 जुलाई, 2024
यूनाइटेड किंगडम के 58वें प्रधानमन्त्री	किएर स्टार्मर (लेबर पार्टी)	5 जुलाई, 2024
नीदरलैण्ड के नए प्रधानमन्त्री	डिक शूफ	2 जुलाई, 2024
दक्षिण अफ्रीका के राष्ट्रपति	सिरिल राम्माफोसा (दूसरी बार)	19 जून, 2024
स्लोवाकिया के नए राष्ट्रपति	पीटर पेलेग्रिनी	15 जून, 2024
हैती के नए प्रधानमन्त्री	गैरी कॉनिल	3 जून, 2024
वियतनाम के नए राष्ट्रपति	टू लैम	22 मई, 2024
ताइवान के राष्ट्रपति	विलियम लाई चिंग-ते	20 मई, 2024
स्कॉटलैण्ड के सातवें प्रथम मन्त्री	जॉन स्वाइनी	8 मई, 2024
मिस्र के राष्ट्रपति	अब्देल फतेह अल-सीसी (तीसरी बार)	2 अप्रैल, 2024
सेनेगल के नए राष्ट्रपति	बस्सिरौ दियोमाये फेय	2 अप्रैल, 2024
कॉन्गो गणराज्य की पहली महिला प्रधानमन्त्री	जूडीथ सुमिनवा तुलूका	1 अप्रैल, 2024
फिलिस्तीन के नए प्रधानमन्त्री	मोहम्मद मुस्तफा	14 मार्च, 2024
पाकिस्तान के 14वें राष्ट्रपति	आसिफ अली जरदारी	10 मार्च, 2024
कजाकिस्तान के नए प्रधानमन्त्री	ओल्जास बेक्टेनोव	6 फरवरी, 2024
यमन के नए प्रधानमन्त्री	अहमद अवद बिन मुबारक	5 फरवरी, 2024
एल सल्वाडोर के नए राष्ट्रपति	नायब बुकेले	4 फरवरी, 2024
मलेशिया के 17वें राजा	सुल्तान इब्राहिम इस्कन्दर	31 जनवरी, 2024
डेनमार्क के नए राजा	युवराज 'फ्रेडरिक X'	14 जनवरी, 2024